ENZYKLOPÄDIE DES MITTELALTERS

Aryeh Grabois

ENZYKLOPÄDIE DES MITTELALTERS

Deutsche Übersetzung von Dr. Michael Toch
Wissenschaftliche Redaktion der deutschen Ausgabe von Doz. Dr. Peter Dinzelbacher

EDITION ATLANTIS

Titel der englischen Ausgabe:
MEDIEVAL CIVILIZATION: An Illustrated Encyclopaedia.

Edition Atlantis
Lizenzausgabe für
Atlantis Verlag, Zürich
© Athenäum Verlag GmbH, Frankfurt
© G. G. The Jerusalem Publishing House Ltd., Jerusalem
Umschlaggestaltung: Bine Cordes, Weyarn
Alle Rechte vorbehalten
Printed in Hungary
ISBN: 3-7611-0726-9

Seite 1: Die Krönung Karls d. Gr.; Miniaturbild aus den Chroniques de France, 14. Jh.
Seite 2: Der hl. Ambrosius krönt den Künstler Volvinus, Ausschnitt aus dem Ambrosiusaltar zu Mailand (Karolingerzeit)

INHALTSVERZEICHNIS

VORWORT

Seit den 'Etymologiae' des Isidor von Sevilla zu Beginn des Mittelalters entstanden immer wieder Enzyklopädien und Lexika, die dem gebildeten Nichtfachmann Zusammenfassungen des bestehenden Wissens zur Verfügung stellen. Die Unterteilung der modernen Künste und Wissenschaften in zahlreiche spezielle Fächer macht die Enzyklopädie für den Gelehrten, Studenten und andere interessierte Leser auf der Suche nach Information unentbehrlich. Es ist nur zu natürlich, daß mit dem kolossalen Wachstum der modernen Zivilisation auch die Zahl der Enzyklopädien derart zugenommen hat, daß selbst die Herstellung einer Bibliographie zu einer nicht einfachen Aufgabe geworden ist. Entsprechend den Ansprüchen der verschiedenen Nationen entstanden spezialisierte Enzyklopädien und Wörterbücher zu den spezifischen Disziplinen, Themen und Perioden. Während nun zahlreiche Werke unser Wissen über das Mittelalter bereichern, gibt es — trotz des eindrucksvollen Fortschritts der mittelalterlichen Geschichtswissenschaft in den letzten hundert Jahren — keine komplette, speziell dieser Periode gewidmete Arbeit.

Der vorliegende Band stellt einen ersten Versuch dar, diese Lücke mit einem allgemein gehaltenen, einbändigen Nachschlagewerk zu schließen. Wie alle Neuanfänge hat es auch bestimmte Vorteile wie Nachteile. Das Werk richtet sich an ein breites Publikum und ist deshalb keine wissenschaftliche Publikation, sondern bietet nur eine Auswahl aus der Vielfalt der mittelalterlichen Zivilisation. Die etwa 4000 Artikel mit Illustrationen und Kurzbibliographien spiegeln die Auffassung des Autors über das Wesen der Geschichte des Mittelalters im Lichte der modernen Forschung wider.

Die traditionelle Anschauung vom Mittelalter, die gewöhnlich in den allgemeinen Nachschlagewerken zum Ausdruck kommt, ist auf Westeuropa in den Jahren 500-1500 beschränkt und berührt nur gelegentlich die Nachbarkulturen. Dies hat seine Vorzüge, da so eine kulturelle Einheit behandelt wird: das Christentum als gemeinsame Religion, Latein als Gelehrtensprache und der Feudalismus als gemeinsame Form der sozialen Organisation. Dennoch war der Großteil der Menschheit nicht in Europa ansässig, ebensowenig wie die Zivilisation alleinige Sache dieses Erdteils war. Der Islam zum Beispiel wurde in seinen Errungenschaften erst im 13. Jahrhundert von Europa eingeholt und kann in einer Enzyklopädie des Mittelalters nicht ignoriert werden, ebensowenig wie die großen orientalischen Zivilisationen Indiens, Chinas und Japans, die isoliert von der Welt des Westens und des Mittleren Ostens große Höhepunkte erreichten. Im Gegensatz zu einem Abriß der antiken Welt, der sich auf die Mittelmeerregion konzentrieren kann, muß eine Enzyklopädie des Mittelalters universal konzipiert sein. Dies bringt auch Schwierigkeiten mit sich. So schaffen die zahlreichen traditionellen Übertragungsweisen islamischer und orientalischer Namen Probleme der Terminologie. Gewöhnlich habe ich mich an den eingebürgerten Brauch gehalten. Tiefliegender ist das Problem der traditionellen chronologischen Begrenzungen des Mittelalters, die auf der westlichen Geschichte beruhen und die anderen Zivilisationen willkürlichen Einteilungen unterwerfen.

Der vorliegende Band spiegelt die Auffassung des Verfassers von der Geschichte als Summe der Tätigkeiten des Homo Sapiens seit seiner Frühzeit wider. Die politische Geschichte mit ihren Begebenheiten und handelnden Personen ist nur ein Teil der Gesamthistorie. Der Glaube, gesellschaftliche und wirtschaftliche Faktoren, sie alle sind legitime Bestandteile der Geschichte. Auch die Geschichte des literarischen und künstlerischen Schaffens, des geistigen Lebens und der wissenschaftlichen und technologischen Entwicklungen gehören zum Gesamtbild der Zeit, das ohne sie verzerrt wäre. Möglicherweise besteht keine bessere Methode, die Universalität der mittelalterlichen Welt aufzuzeigen, als das Studium der andauernden Wechselbeziehungen auf den Gebieten des intellektuellen und wissenschaftlichen Lebens, in denen auf der Grundlage des antiken Erbes Christen, Juden, Moslems und Orientalen voneinander trotz aller politischen und religiösen Feindschaften lernten. Es mag für einen einzelnen waghalsig sein, ein Werk solcher Breite anzugehen. Dennoch war die Herausforderung der

Mühe wert, auch und gerade in einer Zeit der engen Spezialisierung und Gemeinschaftsarbeit. Der Hauptvorteil liegt in der Einheit der Auffassung. Wo nötig verließ ich mich auf anerkannte Autoritäten. Ich wurde öfter an die Worte Johanns von Salisbury, des Gelehrten aus dem 12. Jahrhundert, erinnert, daß "wir Zwerge auf den Schultern von Riesen sind, aus der Höhe aber unser Blickfeld erweitern können", besonders wo ich mich auf frühere Autoritäten anstatt auf die letzten Untersuchungen dieses oder jenes Aspekts stützte.

Diese Enzyklopädie legt dem Leser allgemeine Artikel über große, umfassende Themen wie Feudalismus, Kunst des Mittelalters oder die Araber vor; dazu zahlreiche kürzere Beiträge über spezifische Begriffe, Themen und Personen. Letztere werden hier in einer beweglichen Weise behandelt: ein raubgieriger Abenteurer, der ein respektables Herrscherhaus gegründet hat, mag neben einem Arzt erscheinen, dessen Studien der Physiologie zu Fortschritten in der Diagnose und Heilung von Krankheiten geführt haben. Ein System von Kreuzverweisen macht zusätzliche Information leicht zugänglich. Illustrationen und Landkarten verleihen dem Text eine weitere sichtbare Dimension.

Dank schulde ich den zahlreichen Kollegen, mit denen ich im Laufe der Jahre Ansichten ausgetauscht habe und deren Beistand und Rat von unschätzbarem Wert waren; Herrn Zwi Baras, der die Einträge des Buchstaben 'D' verfaßte; Herrn Dr. Michael Toch (Buchstaben U-Z); meiner Forschungsgehilfin Fr. Irith Schai und dem Stab des Jerusalem Publishing House, der von größter Hilfe war.

Uxori vero, amplissimam

Arieh Grabois

VORWORT DES BEARBEITERS DER DEUTSCHEN AUSGABE

Die vorliegende Mittelalterenzyklopädie ist das Werk eines bekannten, in Israel lehrenden Mediävisten. So sind in der Auswahl der Stichworte verständlicherweise die Mittelmeerwelt sowie die Bereiche der jüdischen und islamischen Kultur besonders berücksichtigt. Dies wird der deutschsprachige Leser umso mehr begrüßen, als sich hier auch Stichworte finden, die man selbst in den umfangreichsten enzyklopädischen Lexika unserer Sprache vergebens sucht.

Gewiß waren auch in der deutschen Bearbeitung weder die Auswahl der Artikel noch die Gewichtung der Informationen innerhalb dieser durch Professor Grabois zu ändern. Was war dann die Aufgabe des Redakteurs des vorliegenden Buches? Neben der sprachlichen Überarbeitung der Übersetzung wurden die einzelnen Artikel auf sachliche Richtigkeit überprüft (wobei viele Druckfehler und Versehen berichtigt werden konnten) und Literaturangaben teils auf den neuesten Stand gebracht, teils mit Arbeiten in deutscher Sprache ergänzt. Wenn einzelne Irrtümer stehengeblieben sind, dann ist dies bei einem Werk, das so viele verschiedene Themenbereiche umfaßt, wohl unvermeidlich. Weiter hat der Bearbeiter eine Reihe von Beiträgen verfaßt, die sich nicht in der englischen Edition finden; sie sind durch sein Signum (Din) gekennzeichnet und entstammen meist dem Gebiet der deutschen Geschichte, der Mystik sowie der europäischen Dichtung, Kunst und Musik des hohen und namentlich späten Mittelalters.

Peter Dinzelbacher

BENUTZUNGSHINWEISE

Ein Sternchen (*) verweist auf Artikel, die weitere Informationen zum Thema enthalten. Bei Lebens- und Regierungsdaten bedeutet 'ca.', daß beide angegebe Jahreszahlen nur ungefähre sind; 'um' steht dagegen nur vor der Angabe, die unsicher ist, und betrifft die zweite nicht.

An Abkürzungen wurde verwendet:

Hg.: Herausgeber.

MGh: Monumenta Germaniae historica, 1826 ff.

PG: J.-P. Migne (Hg.), *Patrologiae cursus completus, series Graeca,* 1857 ff.

PL: ders. (Hg.), *Patrologiae cursus completus, series Latina,* 1844 ff.

Wer Informationen sucht, die über das im Rahmen eines einbändigen Lexikons Gebotenen hinaus- gehen, sei auf die Bibliographie am Ende des Bandes verwiesen sowie auf folgende Nachschlagewerke: Viele das Mittelalter betreffende Fragen werden in theologischen Enzyklopädien behandelt, wie be- sonders in dem *Lexikon f. Theologie und Kirche* (1957-65[2]), der *Theologischen Realenzyklopädie* (1974 ff.) und dem *Dictionnaire d'histoire et de géographie ecclésiastique* (1912 ff.). Ausgaben und Literatur zu den Quellentexten finden sich im *Repertorium fontium historiae medii aevi* (1962 ff.) sowie in den verschiedenen Literaturgeschichten. Viele mittelalterliche Werke sind besprochen im *Kindlers Literatur Lexikon* (1964 u.ö.), im Druck befindet sich das *Sachwörterbuch zur europäischen Literatur des Mittelalters.* Für einzelne Persönlichkeiten wendet man sich an die verschiedenen Nationalbiographien, d.h. für Deutschland an die *Neue deutsche Biographie* (1953 ff.), für England an *The Dictionary of National Biography* (1885-1950), für Italien an den *Dizionario biografico degli italiani* (1960 ff.) usf. Grundlegend sind das *Lexikon des Mittelalters* (1977 ff.), z.Zt. aber erst bei 'B', und die geplante *Encyclopaedia of the Middle Ages, Renaissance and Reformation.* Für die isla- mische Welt sei verwiesen auf die *Encylopaedia of Islam* (1966-76[2]) und *Eyzyklopädie des Islam* (1913-38) sowie die *Encyclopédie de l'Islam* (1954[2] ff.); für das Judentum auf die *Encyclopaedia Judaica* (1971 f.).

Die Madonna aller Heiligen von Giotto di Bondone (um 1305)

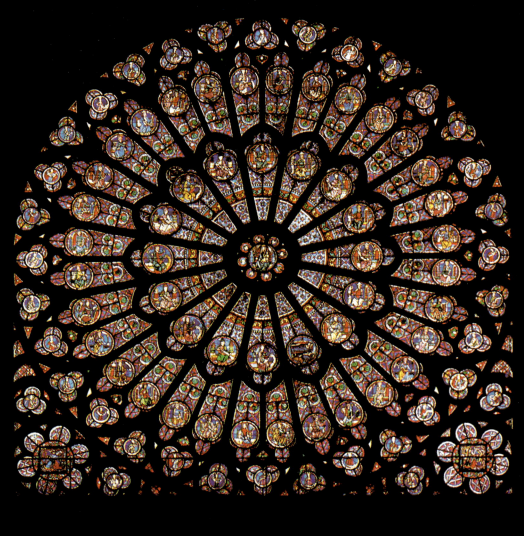

A

AACHEN (Aix-la-Chapelle) Deutsche Stadt und politischer Mittelpunkt des karolingischen und deutschen Reiches. Der Ort mit seinen heißen Quellen gehörte zu einem karolingischen Gut. *Karl d.Gr. baute am Ort eine Pfalz samt Kirche, deren Äußeres eindrucksvoll an S. Vitale in Ravenna erinnert. Seit Karl d.Gr. war A. das eigentliche Zentrum des karolingischen Reiches. Im 9. Jh. entwickelte sich neben Pfalz und Kirche eine kleine Stadt. Mit *Otto I. wurde A. Krönungsort der dt. Könige (936). Diese Tradition wurde 1356 durch die *Goldene Bulle rechtlich festgeschrieben. Bis 1531 erlebte A. 30 Königskrönungen. Infolge der Heiligsprechung Karls d.Gr. (1165) entwickelte sich A. mit dem im Dom aufgestellten Schrein des heiligen Kaisers zum Wallfahrtsort. Die Umwandlung des örtlichen Marktes in ein Handelszentrum trug zu Aachens Wohlstand bei. Ende des Mittelalters verlor die Stadt an politischer Bedeutung, blieb aber freie Reichsstadt.
A. Huyskens (Hg.), *Das alte Aachen*, 1953;
B. Poll (Hg.), *Geschichte Aachens in Daten*, 1965[2].

AALST Flandrische Stadt zwischen Gent und Brüssel, Mittelpunkt einer im Mittelalter dem deutschen Reich angehörenden Provinz. Im 12. Jh. ging die politische Herrschaft in der Stadt an die Bürger über, welche infolge der wirtschaftlichen Hochblüte der *flandrischen Städte bedeutend an Macht gewonnen hatten. Wie auch in anderen Städten teilten sich im Laufe des 13. Jh.s die Stadtbürger in mehrere um die Herrschaft kämpfende Klassen. 1276 konnten die Patrizier die Zunftbürger vom *Schöffenamt ausschließen. Im 14. Jh. war das Geschick der Stadt eng mit dem *Gents verbunden.
A. van der Heyden, *Geschichten der Stadt Aalst*, 1945.

AARHUS Stadt im östlichen Jütland (Dänemark). Aus der Wikingersiedlung des 8. Jh.s wuchs A. zum Mittelpunkt der Provinz heran und wurde nach der Bekehrung Dänemarks zum Christentum Sitz eines Bistums (um 948). Vom 10. Jh. an war die Hafenstadt ein blühendes Handelszentrum. Das älteste Stadtprivileg stammt aus dem Jahre 1441 und verweist auf ein verlorenes älteres Privileg, das die autonomen Organe der Selbstverwaltung begründete.
H. H. Andersen, *A. in der Zeit von 900-1200*, in: Abhandlgn. d. Akademie der Wissenschaften in Göttingen, 1972.

AARON BEN JOSEPH HALEVI (gest. 1305) Spanischer Rabbiner und Staatsman. In Barcelona geboren, wo er an der Schule des *Nachmanides studierte, nahm er 1284 auf Bitten König *Peters III. von Aragon hin den Posten des Rabbiners von Saragossa an. Später kehrte er nach Barcelona zurück, wo er seine Lehrtätigkeit und Studien, hauptsächlich auf dem Gebiet der Rechtsprechung, weiter betrieb. Sein *Bedek Bajt* (Instandsetzung des Hauses) befaßt sich mit den Regeln des jüdischen Gesetzes und Benehmens.

Fensterrose in der Notre Dame-Kathedrale, Paris, 13. Jh.

I. Baer, *Geschichte der Juden im christlichen Spanien*, 1929.

AARON BEN MESCHULLAM BEN JAKOB VON LUNEL (gest. 1210) Einer der wichtigsten Gelehrten der Schule von Lunel in Südfrankreich. Er befaßte sich hauptsächlich mit der Gesetzesauslegung, war aber auch als Dichter und Astronom tätig und schrieb eine Abhandlung über den christlichen und jüdischen Kalender. A. war ein eifriger Anhänger des *Maimonides.
H. Gross, *Gallia Judaica*, 280.

ABAELARD, Petrus (1079-1142) Gelehrter und Dichter. In der Bretagne als Sohn einer kleinen Adelsfamilie geboren, studierte er unter *Roscelin von Compiègne in

Kapelle der Pfalz Karls d.Gr. zu Aachen

Tours. Um 1100 ließ er sich in Paris nieder, verließ die Stadt aber nach heftigen Zusammenstößen mit *Wilhelm von Champeaux, dem Leiter der Domschule, und führte seit 1102 mit großem Erfolg eine Schule in Melun. Nach Wilhelms Rückzug in das Kloster von St. Victor wurde A. kurzzeitig sein Nachfolger (1108). Zum Theologiestudium besuchte er 1113 die Schule *Anselms von Laon, kehrte jedoch enttäuscht zu seinen zahlreichen Schülern nach Paris zurück, wo seine vielversprechende Laufbahn dann durch das Abenteuer mit *Heloïse, der Nichte des Kanonikers Fulbert, unterbrochen wurde. 1116 heiratete er sie heimlich und nahm sie auf sein Familiengut in der Bretagne mit. Ihr Sohn Astrolabius kam dort zur Welt. Nach der Rückkehr nach Paris wurde A. von dem rachsüchtigen Onkel überfallen und entmannt. Das Paar trennte sich; Heloïse trat in das Kloster Argenteuil ein, und A. nahm seinen Lehrberuf wieder auf. Er befaßte sich insbesondere mit dem Problem der göttlichen Einheit und der Dreifaltigkeit, wobei er den Glauben in rationalen Begriffen erklären wollte. 1121 mußte er sich deshalb gegen die Anschuldigungen seiner Gegner, der Schüler Anselms von Laon, verteidigen, wurde auf dem Konzil von Soissons verurteilt und in das Kloster von St. Denis verbannt. Dort anfangs freundlich aufgenommen, erregte er bald durch seine Kritik an *Dionysius Areopagita (den man mit Dionysius von Paris, dem Schutzheiligen des Klosters, verwechselte) die Abneigung der Mönche. Nun baute sich A. die Klause Paraclet in der Champagne, die bald wieder zu einer vielbesuchten Schule wurde. Aus den dort gehaltenen Vorlesungen entstand A.s wichtigstes philosophisches Werk, das *Sic et non* (Ja und Nein), in welchem er die scholastische Methode der Konfrontation einander widersprechender Väterzitate anwandte. 1128 wurde er zum Abt von St. Gildas in der Bretagne gewählt, fand jedoch (wegen Mordanschlägen gegen ihn) seine Mönche zu "barbarisch" und blieb in Paraclet. Da zu dieser Zeit die Nonnen von Argenteuil aus ihrem Kloster ausgewiesen wurden, stellte er Heloïse und ihren Genossinen Paraclet zur Verfügung und verfaßte für sie zum Regel. 1136 war A. wieder in Paris und eröffnete am linken Seineufer eine stark besuchte Schule, die zum Kern der späteren Universität wurde. Alte und neue Gegner, mit *Bernhard von Clairvaux an der Spitze, brachten seine Verurteilung auf dem Konzil von Sens (1140) zustande. Auf dem Weg nach Rom, wo er beim Papst Berufung gegen das über ihn ausgesprochene Berufsverbot einlegen wollte, ließ er sich von Abt *Peter dem Ehrwürdigen überzeugen, in *Cluny zu bleiben. Dort schrieb er sein letztes Werk, ein Gespräch zwischen einem Juden, einem Christen und einem Philosophen über das Wesen des Monotheismus. Er starb 1142 vor Abschluß des Buches und wurde in Paraclet beerdigt.

A.s Theologie steht wohl auf dem Boden des katholischen Glaubens, doch war sein Versuch einer rationalen und humanistischen Auslegung dieses Glaubens seiner Zeit voraus; deshalb der Ruf der Abweichung. Seine Lehrtätigkeit bahnte den Weg zur Entstehung der Pariser Universitäten. Seine methodischen Schriften förderten scholastisches Denken. A. war zwar hauptsächlich als Philosoph und Theologe bekannt, wirkte jedoch auch als Musiker und Verfasser religiöser und weltlicher Lieder. A. besaß ein großes menschliches Empfindungsvermögen, das er, wie seine Selbstbiographie (*Historia Calamitatum*) zeigt, auch auffallend persönlich zu formulieren verstand. Die Echtheit seines berühmten Briefwechsels mit Heloïse ist nach wie vor umstritten.
Werke: *PL*, 178; dt. von E. Brost, *Die Leidensgeschichte und der Briefwechsel*, 1963[3];
E. Gilson, *Heloise und Abelard*, 1955;
L. Grane, *P.A.*, 1970;
P. Dronke, *A. and Heloise in Medieval Testimonies*, 1976.

ABAKUS (Rechenbrett) Siehe *MATHEMATIK, *FIBONACCI.

ABBADIDEN Arabische Dynastie in Andalusien, 11. Jh. Ihr Begründer, Abul Kasim Mohammed Ibn Abbad, zu Beginn des 11. Jh.s Kadi (religiöser Richter und Bürgermeister) von Sevilla, erhob sich 1023 erfolgreich gegen das Kalifat von *Córdoba. Sein Sohn Abbad al Mu'tadid (1042-69) eignete sich die arabischen Kleinreiche von West- und Nordandalusien an. Unter dessen Sohn und Nachfolger al-Mu'tamid (1069-91) wurde Sevilla der Mittelpunkt der arabischen Kultur. Vorübergehend wurde sogar Córdoba besetzt. Beunruhigt durch die Politik der Reconquista Alfons' VI. von Kastilien, verbündete er sich mit den maurischen *Almoraviden, die sich gegen ihn kehrten und 1095 Sevilla eroberten.

ABBA MARI HA-JARKI VON LUNEL (provenzalisch: 'N Astruc) Rabbiner zu Montpellier (um 1300), Führer der traditionalistischen Partei in Südfrankreich, nach dem das Judentum auf dem Glauben in die Einheit Gottes beruht, und die weltlichen Wissenschaften, mit Ausnahme der Medizin, den Menschen zum Glaubensverlust veranlassen können. A. bekämpfte die philosophischen Werke des *Maimonides und veröffentlichte die nachdrücklichste Streitschrift gegen diesen, das *Minchat Kenaot* (Das Anerbieten des Eifers).
Werk: Hg. Pressburg, 1828.

ABBASIDEN Dynastie moslemischer Kalifen von Bagdad (749-1258). Ursprünglich eine *schiitische Sekte unter Abbas, einem Onkel des Propheten Mohammed, die sich gegen die *Omajjaden-Kalifen auflehnte. Sie trieben intensive Agitation u.a. in Chorasan (Ostpersien), wo die nichtarabischen Mohammedaner wegen ihrer wirtschaflichen und fiskalischen Benachteiligung durch die Araber das Regime der Omajjaden ablehnten. Andere schiitische Gruppen, besonders Südarabiens, schlossen sich der von dem Propagandisten Abu Muslim geführten Opposition an. Im Jahre 747 brach die Rebellion aus, und innerhalb von 3 Jahren waren die Omajjaden geschlagen. Die Kalifenwürde ging auf den Imam Abu Al-Abbas as-Saffah über. Nur in Spanien gelang es den Omajjaden, einen unabhängigen Staat zu gründen.

Die A. gaben später die religiösen Grundsätze ihrer Revolte auf und nahmen den von der Mehrheit der Bevölkerung vertretenen *sunnitischen Ritus an. Abu Muslim und zahlreiche weitere Führer der Revolution wurden hingerichtet, und die neue Dynastie setzte sich unter al-Mansur (754-775) seit 762 im Irak fest, wo die neue Hauptstadt Bagdad errichtet wurde. Das neue Kalifat blieb zwar in arabischen Händen, und die Amtssprache war Arabisch, aber die A. verliehen den nichtarabischen Mohammedanern Gleichberechtigung und ernannten Wesire persischer Herkunft, die eine bürokratische Verwaltung in der persischen Tradition aufbauten, den Kalifen isolierten und absolutistisch regierten. Im Gegensatz zu den Omajjaden, die sich auf das Mittelmeer konzentriert hatten, richteten die A. ihr Augenmerk auf den östlichen Teil des Reiches und pflegten die Handelsbeziehungen zu Indien, China und Zentralasien.

Die ersten 100 Jahre des A.-Kalifats werden als Glanzperiode der Moslemzivilisation angesehen, die ihren Höhepunkt in der Regierungszeit von *Harun Al-Raschid (786-809) erreichte. Der Glanz des Bagdader Hofes und der ins Legendäre wachsende Ruf des Kalifen fanden ihren Widerhall in den Erzählungen von *Tausendundeiner Nacht.* Die islamische Theologie unter der Zusammenarbeit von Arabern und Persern war von einer ungekannten Schöpferkraft; Prosa und Dichtung blühten unter dem Mäzenat der Dynastie. Der persisch-arabische Baustil breitete sich vom Kalifat bis nach Spanien und Nordafrika aus.

Der Niedergang der A. begann in der Mitte des 9. Jh.s. Die westlichen Provinzen rebellierten unter der Führung der *Fatimiden, allen voran der Maghreb, in dem die Herrschaft der Dynastie nie wirkungsvoll gewesen war. Im Osten machten sich persische Generäle und Statthalter selbständig und waren nur formell dem Kalifen untertan. Dieser verlor sogar in Bagdad die Herrschaft, obwohl seine religiöse Autorität erstarkte. Der Abbau der tatsächlichen Macht der A. war zu Beginn des 11. Jh.s abgeschlossen, so daß sie den Aufstieg der türkischen *Seldschuken dulden mußten, die 1055 Bagdad eroberten und ein neues Reich in den östlichen Provinzen des Kalifats gründeten. Dennoch trugen die A. weiter ihren Titel. Ihr religiöses Prestige fand seinen Ausdruck im Zeremoniell der "Innenstadt". Auch die größten Herrscher wie *Saladin erwiesen dem Kalif ihre Ehrerbietung und erstrebten seine Zustimmung, um ihre Herrschaft zu legitimieren. 1258 eroberten die *Mongolen Bagdad und machten dem Kalifat ein Ende.
C. Brockelman, *Geschichte der islamischen Völker und Staaten,* 1943;
B. Spuler, *Chalifenzeit,* 1952.

ABBEVILLE (Abbatisvilla) Nordfranzösische Stadt nahe der Sommemündung. Aus der im 9. Jh. zum Schutz der Untertanen der Abtei St. Riquier vor normannischen Überfällen erbauten Burg erwuchs das Verwaltungszentrum des Landbesitzes der Abtei. Im Laufe des 12. Jh.s entwickelte sich in der Gegend eine Textilmanufaktur. Im 13. Jh. wurde A. der Mittelpunkt eines kleinen Gebietes, um dessen Oberhoheit sich die Grafen von Flandern und die Könige von Frankreich und England stritten. Während des größeren Teiles des *Hundertjährigen Krieges befand sich A. unter englischer, später burgundischer Herrschaft, wurde aber 1452 endgültig von Frankreich in Besitz genommen. Die Stadt wurde nach den Verwüstungen des Krieges mit einer spätgotischen Kirche (Saint-Vulfran) neu aufgebaut.
A. Ledieu, *Histoire de A.,* 1907.

ABBO VON FLEURY, Hl. (940/45-1004) Mönch und Staatsmann. Bei Orléans geboren, wurde er Mönch in Fleury und studierte in Paris und Reims. Als einer der gebildetsten Männer seiner Zeit leitete er den Unterricht in seiner Abtei sowie in Ramsey (England; 985-987). Im Jahre 988 wurde er zum Abt von Fleury erwählt. A. unterstützte die Reformbewegung der *Cluniazenser und verteidigte in seinen Schriften die päpstliche Autorität sowie die Unabhängigkeit der Klöster von bischöflichen und weltlichen Eingriffen. Dennoch war er bereit, ein gewisses Maß königlichen Einflusses auf die Kirche anzuerkennen und förderte als Ratgeber

König Roberts II. von Frankreich die Zusammenarbeit beider Mächte. A. verfaßte Werke über Kirchenrecht, Mathematik und Astronomie und schrieb eine kurze Geschichte des Papsttums. Er wurde bei dem Versuch, das Priorat La Réole (Gascogne) zu reformieren, getötet und dann als Märtyrer verehrt.
Werke: *PL,* 139;
P. Cousin, *A. de F.,* 1954.

ABD AL-MALIK IBN MARWAN (647-705) Kalif (685-705) aus der *Omajjadendynastie. Er stellte den Krieg gegen Byzanz ein, um freie Hand für die Bekämpfung der aufständischen Hedschasstämme zu gewinnen, die nach einem Angriff auf die Kaaba in Mekka unterdrückt werden konnten (692). A. erbaute den berühmten Felsendom in *Jerusalem, dem drittheiligsten Platz des Islams. Als Ausdruck der erneuerten Reichseinheit setzte er in der Verwaltung des Kalifats den einheitlichen Gebrauch der arabischen Sprache (anstelle von Griechisch, Syrisch und Koptisch) durch und brachte die ersten arabischen Goldmünzen in Umlauf.

ABD AL-MUMIN Siehe *ALMOHADEN.

ABD AL-RAHMAN Arabischer Statthalter in Spanien (1. Hälfte des 8. Jh.s). Er festigte nach der Eroberung Spaniens die arabische Herrschaft und nahm 731 die Ausdehnung seines Machtbereichs nach dem christlichen Norden in Angriff. In der Gegend von Poitiers wurde er 732/33 vom fränkischen Heer *Karl Martells geschlagen. Damit blieb die arabische Expansion in Europa auf Spanien (und Süditalien) beschränkt.

ABD AR-RAHMAN I. (731-88) Omajjadenprinz, floh nach der Eroberung von Damaskus durch die *Abbasiden nach Spanien. 756 gründete er das Emirat von Córdoba, das die Grundlage des unabhängigen Omajjadenreiches in Spanien wurde.

ABD AR-RAHMAN III. (889-961) Kalif von Córdoba (912-61) und bedeutendster Herrscher des moslemischen Spaniens. Neben dem Wiederaufbau seines dem Zerfall nahen Staates führte er erfolgreiche Kriege gegen die christlichen Königreiche im Norden. 929 nahm er als erster spanischer Herrscher den Titel des Kalifen an. Sein Machtbereich erstreckte sich bis Nordafrika. Politische Stabilität und kulturelle Blüte, Toleranz gegenüber den Nichtmoslems, besonders den Juden, verliehen seiner Periode den Ruf eines goldenen Zeitalters.

ABLASS Bezeichnung des Nachlasses der Sündenstrafen durch die katholische Kirche. Bis zum 11. Jh. wurde der A. persönlich einzelnen Gläubigen erteilt, die bereut hatten. Zur Zeit der *Kreuzzüge wurde der A. generell allen Teilnehmern erteilt. Seit dem 11. Jh. wurde er auch auf jene Menschen ausgedehnt, die wegen Alter oder Krankheit nicht persönlich am Kreuzzug teilnehmen konnten und statt dessen Geld spendeten. Im Spätmittelalter fand eine maßlose Ausdehnung des A.es statt, und der A. konnte von allen erlangt werden, die z.B. zum Bau einer Kirche beitrugen. Die seit dem späten 15. Jh. verbreitete Praxis des A.-Verkaufs durch päpstliche Agenten wurde von Moralisten und Reformern angegriffen.
N. Paulus, *Geschichte des Ablasses im Mittelalter,* 3 Bde, 1922-23.

ABRAHAM ABULAFIA (1241-ca. 1292) Kabbalist und prophetischer Mystiker aus Saragossa. A. entwickelte die kabbalistische Methode weiter, wonach die Erfüllung der biblischen Heilsprophezeiungen aus den Buchstaben des Textes kalkulierbar sei. Im Jahre 1280

kam er zur Überzeugung, daß die Rettung der Juden, die für ihn gleichbedeutend mit der Rettung der Menschheit war, durch die Bekehrung der Völker zum Judentum erreicht werden könne, und ging nach Rom, um Papst Nikolaus III. zu bekehren. Er wurde zum Scheiterhaufen verurteilt, jedoch durch den plötzlichen Tod des Papstes gerettet.

G. Scholem, *Die jüdische Mystik in ihren Hauptströmungen*, 1957.

ABRAHAM BAR HIJA (12. Jh.) Mathematiker, Astronom und Philosoph in Barcelona am Hof von Alfons I. von Aragón. Seine lateinischen Übersetzungen wissenschaftlicher Werke aus dem Arabischen trugen zur Rezeption der griechisch-arabischen Wissenschaft in Europa bei. Sein Hauptwerk, *Megillat Hamegaleh* (Das Buch des Offenbarers; 1129, auch lateinisch), ist eine geschichtsphilosophische Untersuchung des Judentums. Das Christentum erhält darin die Rolle des Katalysators in der Rettung der Juden, so durch die Kreuzzüge, die als Mittel zur Zerstörung des moslemischen Hauptfeindes der Juden bejaht werden.

J. Guttmann, *Philosophie des Judentums*, 1933.

ABRAHAM BEN DAVID HA-LEVI VON TOLEDO (gen. Rabad I.; um 1110-80) Philosoph, Historiker, Arzt und Astronom. Er studierte in Córdoba und ließ sich dann in Toledo nieder. Sein *Sefer ha Kabbalah* (Das Buch der Tradition) ist ein geschichtsphilosophisches Porträt der Kontinuität und Einheit des jüdischen Volkes auch in der Zerstreuung.

M. Katz, *Sefer ha-kabala* (Diss. Bern), 1914;
G. Cohen, *Abraham ben Daud's Book of Tradition*, 1968.

ABRAHAM BEN DAVID VON POSQUIERES (gen. Rabad III; 1120-98) Talmudgelehrter und Philosoph. In Narbonne geboren und erzogen, ging er als Rabbiner und Leiter einer Talmudakademie nach Posquières bei Nîmes. Als geistiger Führer des jüdischen Südfrankreichs verfaßte er maßstabsetzende Kommentare zum Talmud und interpretierte die aktuellen Probleme der Zeit. Sein philosophisches Hauptwerk besteht in den polemischen Kommentaren zur Philosophie von *Alfasi, Zarchiah *Halevi und insbesondere von *Maimonides, den er mit kritischem Respekt beurteilte.

I. Twerski, *The Rabad of Posquières*, 1962.

ABRAHAM BEN NATHAN HAJARCHI (1155-1215) Talmudgelehrter. In Lunel geboren, besuchte er mehrere Schulen in Languedoc und Nordfrankreich. Während langer Reisen durch Westeuropa beobachtete er Sitten und Gebräuche der verschiedenen Völker und Religionen, besonders der jüdischen Gemeinden. Sein *Sefer ha-Minhag* (Das Buch des Brauches) ist eine der ersten Beschreibungen von Volksbräuchen und Volkssagen.

ABRAHAM IBN ESRA (gen. Avenezra; 1089-1164) Jüdischer Philosoph, Dichter und Arzt. Sohn einer armen Familie aus Tudela (Aragón), ließ sich im Alter von 40 Jahren als Arzt in Toledo nieder, wo er sich mit seinen weltlichen und religiösen Gedichten einen Namen machte. Nach 1140 zog er als wandernder Gelehrter durch Italien und Frankreich. Neben Schriften zur Grammatik und Astronomie (in Latein) stehen Bibelkommentare, die zu den bedeutendsten in der jüdischen Literatur zählen. Seine darin enthaltene Philosophie beruht auf den neuplatonischen und aristotelischen Ideen seiner Vorgänger.

M. Friedländer, *Abraham Ibn Ezra*, 4 Bde., 1934.

ABRAVANEL, Isaak ben Judah (1437-1508) Staatsmann, Bibelkommentator und Humanist. Er diente als Schatzmeister bei König *Alfons V. von Portugal und war eine der einflußreichsten Personen im Reich. Unter dem streng absolutistischen Regime König Johanns II. (1481-95) mußte A. wegen seiner Beziehungen zur Adelsopposition fliehen (1483) und ließ sich in Kastilien nieder. 1484 ernannte ihn Königin *Isabella zum Leiter der Finanzverwaltung, besonders zur Finanzierung des Krieges gegen Granada, die letzte maurische Festung in Spanien. Bei der Austreibung der spanischen Juden 1492 durfte A. einen Teil seines Vermögens und seine große Bibliothek mitnehmen und ließ sich in Neapel nieder. Dort beendete er seinen Kommentar zu den biblischen Büchern der Könige, wurde wiederum zum Finanzverwalter des Königreiches gemacht, mußte aber nach der französischen Eroberung 1494 flüchten. Zuerst in Messina und dann in Monopoli (Apulien) arbeitete er an seinen literarischen und exegetischen Werken weiter, 1503 ließ er sich in Venedig nieder und schrieb seine Kommentare zu den Propheten, desgleichen Pamphlete zur Aufrichtung der von der Austreibung katastrophal getroffenen spanischen Juden, worin er den Messias für 1532 prophezeite.

B. Netanyahu, *Don I. Abrabanel*, 1972[3].

ABSALON VON LUND (1128-1201) Dänischer Prälat und Staatsmann, Verwandter von König *Waldemar I., mit dessen Hilfe er 1158 Bischof von Roskilde und später Erzbischof von Lund wurde. A. trug durch sein Drängen auf den Kreuzzug gegen die *Wenden wesentlich zur Stärkung der dänischen Monarchie und der Festigung ihrer Stellung gegenüber dem deutschen Reich bei. In den Jahren 1177-82 war er Vormund des minderjährigen Königs Knut VI., gleichzeitig baute er die Stellung seines Erzbistums als kirchlicher Mittelpunkt Nordeuropas aus.

A. gründete die Zisterzienserabtei Sorø und die Stadt Havn, das spätere Kopenhagen.

H. Olrik, *Absalon*, 2 Bde., 1908-9.

ABSOLUTION (Sündenerlaß) Die sakramentale Handlung des Priesters, in der dem büßenden Sünder die Vergebung seiner Sünden verkündet wird. Vorbedingung sind die öffentliche oder vertrauliche Beichte und der Wille zur Reue. Der berühmteste Fall von kirchenpolitischer Bedeutung war die Lossprechung Kaiser *Heinrichs IV. durch Papst *Gregor VII. in Canossa (1077).

B. Poschmann, *Der Ablaß im Lichte der Bußgeschichte*, 1948.

ABT (Vater) Der Vorstand einer *Abtei. Die benediktinische Regel verlieh dem A. weitgehende Vollmacht über die Mönche der Abtei, aber auch die Verpflichtung, sie auf den rechten Weg der Erlösung zu führen. Nach der Wahl durch die Klostergemeinschaft mußte er die Bestätigung des Bischofs erlangen, welche durch die Abtsweihe die Stellung des A.s erhöhte (nicht aber begründete).

Im 7. Jh. wurden die Äbte zu den Kirchenkonzilien zugelassen. Seit den Karolingern wurden sie als Mitglieder des Adels, aus dem sie meist kamen, betrachtet. Sie nahmen an den Beratungen des Hofes teil und dienten in den höchsten Ämtern. Schon im 8. Jh. fielen viele Klöster in die Hände von weltlichen Herren, die sich als Laienäbte etablierten. Dies bewirkte, auch nach der Abschaffung des Laienabttums, eine ausgesprochene Veränderung im Lebensstil der Äbte. Im Widerspruch

zur Mönchsregel befanden sich in solchen Klöstern reich ausgestattete Gemächer und das feudale Gefolge des A.s. Da die Äbte in Politik und Gutsverwaltung stark beschäftigt waren – sie gehörten auf Grund von Schenkungen zu den reichsten Grundbesitzern und Lehnsherrn – überließen sie oft die Leitung der Abtei dem Prior. Die karolingische und die cluniazensische Reformbewegung sowie die Askeseorden des 12. u. 13. Jh.s versuchten, meist mit wenig Erfolg, diese Situation zu verbessern. Gegen Ende des Mittelalters kamen die Äbte gewöhnlich aus dem Hochadel; in England besaßen sie als Pairs Sitz im Oberhaus.
B. Heggelin, *Der benediktinische Abt in rechtsgeschichtlicher Entwicklung und geltendem Kirchenrecht*, 1961; P. Salmon, *L'abbé dans la tradition monastique*, 1962.
ABTEI Klösterliche Anstalt, meist gleichbedeutend mit Kloster gebraucht. Da durch die Schaffung von Klostergemeinden und -verbindungen einige Klöster ihre Äbte verloren und von der "Mutteranstalt" abhängig wurden, sind genau genommen nur jene unabhängigen Klöster Abteien, die von ihren eigenen erwählten Äbten regiert werden.
Die A. lebt nach der Mönchsregel, meist der des hl. Benedikt aus dem 6. Jh. mit ihren späteren Revisionen. Diese verpflichtet den Mönch zum Abschied vom weltlichen Leben und zum Verbleib in der A., die von der Außenwelt abgeschlossen und vor dem Zugriff weltlicher Gewalten geschützt (*Immunität*) ist. Die A. besitzt üblicherweise mehrere getrennte Raum- bzw. Bauelemente: die Kirche, die allen Gläubigen zum Gottesdienst offensteht; das Kloster selbst, bestehend aus dem gemeinsamen Schlafraum (*Dormitorium*) oder den einzelnen Zellen der Mönche um einen Innenhof (Kreuzgang); das *Refektorium*, ein Saal für die gemeinsamen Mahlzeiten; der Kapitelsaal zur Versammlung aller Mönche (das "Kapitel"); die Bibliothek und das *Skriptorium*, wo die Mönche Bücher kopierten. Letztere waren der intellektuelle Mittelpunkt der A. und standen gewöhnlich auch fremden Gelehrten offen. Weitere Teile der A. waren das Verwaltungszentrum mit dem Abtshaus sowie die Wirtschaftsbauten mit Speichern und Handwerkstätten.
Vom 10. Jh. bis zum Ausgang des Mittelalters war die A. eine feudale Einrichtung, die Grundstücke und Güter ihr eigen nannte und politische, richterliche und wirtschaftliche Macht besaß. Nach der Mönchsregel war die Versammlung (*congregatio monachorum*) die höchste Instanz der A. Ihre hauptsächliche Befugnis bestand aber in der Wahl des *Abtes*, der sonst die weiteste Macht hatte. Oft besaßen jedoch Adelige das Recht, als Erben des Gründers der A. ihre Kandidaten vorzuschlagen. Die A. von *Cluny machte darin eine Ausnahme und war ausdrücklich von dieser Verpflichtung befreit.
C. Butler, *Benediktinisches Mönchstum*, 1929; F. H. Crossley, *The english Abbey in life and work in the Middle Ages*, 1949; G. Brooke, *Les monastères*, 1000-1300, 1975; W. Braunfels, *Abendländ. Klosterbaukunst*, 1976².
ABU BAKR, UTMAN IBN ABDALLAH Erster Kalif des Islams (632-34). Sohn einer reichen Familie in Mekka, Schwiegervater und einer der ersten Anhänger Mohammeds, den er 622 auf der *Hedschra nach Medina begleitete. Nach dem Tod des Propheten wurde er zum Kalifen (Stellvertreter des Propheten) gewählt.

A. unterdrückte die letzten antiislamischen Aufstände in *Arabien und leitete die kriegerische Ausdehnung des Islams in Persien und Byzanz ein.
ABU JAKUB Siehe *ALMOHADEN.
ABUL ABBAS AL SAFFAH Erster Abbasidenkalif (749-54) siehe *ABBASIDEN, OMAJJADEN.
ABULFIDA (1273-1331) Geschichtsschreiber und Geograph, Prinz aus der Ejjubidendynastie und Herrscher von Hama (Syrien). Er verfaßte unter Verwendung von Originalquellen eine Weltgeschichte, deren erster Teil unter dem Titel "Alte Geschichte" die vorislamische Periode behandelt. Der zweite Teil, die "Moderne Zeit", ist der Periode nach Mohammed gewidmet. A. schrieb auch eine Weltgeographie mit dem Schwerpunkt auf den islamischen Ländern.
ABU NUWAS, AL HASSAN IBN HASI (um 747-815) Einer der beliebtesten Dichter der Abbasidenzeit, wirkte am Hofe des Harun al-Raschid und beschrieb die Freuden des Lebens, der Tafel und des Weins, daneben auch die Vorzüge der hochgestellten Hofleute im Stil der Diwanliteratur.
E. Wagner (Hg.), *Der Diwan des Abu Nuwas*, 3 Bde. (1958-72).
ABU SUFJAN, Omajjadenführer Siehe *Mohammed.
ACCURSIUS, FRANCISCUS (um 1185-1263) Italienischer Jurist und Lehrer für Rechtswissenschaft (*Doctor Legum*) an der Universität von Bologna. Seine ca. 100 000 Glossen zum Justinianischen *Kodex trugen zur Erneuerung des römischen Rechtes bei und gehörten bis zum Ende des Mittelalters zur juristischen Standardliteratur.
ACHAIA Lateinisches Fürstentum in der Peloponnes, von Teilnehmern des 4. *Kreuzzugs gegründet, die 1205-10 unter Führung der französischen Barone *Wilhelm von Champlitte und Gottfried von *Villehardouin Morea erobert hatten. Unter der Herrschaft der beiden (1209-30) entwickelte sich in A. ein feudales Regime auf der Linie des in der Champagne üblichen Rechtes, in den *Assises de Romanie kodifiziert. Zu den französischen Elementen gesellten sich bald italienische und griechische. 1259 machte Kaiser Michael VIII. *Palaiologos der Unabhängigkeit von A. ein Ende, als er Prinz Gottfried II. besiegte und gefangennahm. Dagegen ging Gottfried ein Bündnis mit *Karl von Anjou ein, der nach Gottfrieds Tod die Herrschaft übernahm (1278). Die *Angevinen von Neapel regierten A. bis 1383, mußten aber Teile des Fürstentums an Byzanz abgeben. Nach dem Aussterben der achajischen Linie der Angevinen wurde A. durch Kämpfe zwischen italienischen und navarresischen Thronanwärtern geschwächt, bis es endlich 1430 Byzanz unterlag.
Cambridge Medieval History, Bd. IV, 1966.
ACTA SANCTORUM Die bedeutendste Sammlung von Heiligenlegenden, kalendarisch nach den Gedenktagen angelegt. Sie wurde 1643 in Antwerpen von den *Bollandisten begonnen und wird bis heute fortgesetzt. Nach dem Plan des belgischen Jesuiten H. Rosweyde (gest. 1629) und J. Bollandus (gest. 1665) sind hier alle Quellen im lateinischen Original oder in lateinischer Übersetzung über das Leben der Heiligen versammelt. Die Reihe ist eines der wichtigsten Forschungsmittel für alle Aspekte des Mittelalters. Sie wird durch die Zeitschrift *Analecta Bollandiana* (1882ff.) ergänzt.
AD ABOLENDAM (lateinisch: um abzuschaffen) Dekretale Papst *Lucius' III. vom 4. November 1184,

Ergebnis des Treffens mit *Friedrich Barbarossa in Verona. Darin bannte der Papst insbesondere die *Albigenser und gebot den bischöflichen Gerichtshöfen, allen Verdächtigen nachzugehen. Damit war ein erstes, vorläufig noch den Bischöfen anvertrautes Muster der Inquisition geschaffen.

R. Leiber, *Die mittelalterliche Inquisition*, 1966.

ADALBERO VON REIMS (um 920/30-989) Erzbischof von Reims seit 969 und Staatsmann. A. stammte aus einer Adelsfamilie aus der Ardennengegend, reformierte die Reimser Kirche und machte Gerbert von Aurillac (*Silvester II.) zum Leiter der Domschule. Er stand auf gutem Fuß mit Kaiser *Otto I., Kaiserin *Adelheid sowie *Otto II., was ihn mehrmals vor Gericht brachte. Als eine der wichtigsten politischen Figuren in Frankreich führte er die Bewegung zur Krönung *Hugo Capets an.

H. Zimmermann, *Ottonische Studien I*, MIÖG Ergänzungsband 20, 1, 1962.

ADALBERT VON BREMEN (um 1000-1072) Erzbischof von Bremen-Hamburg seit 1043, förderte er die Heidenmission in den nördlichen Ländern und bemühte sich um die Patriarchenwürde, um den Bestrebungen des Dänenkönigs Sven Estridson nach einem eigenen Erzbistum begegnen zu können. Im Jahre 1053 ernannte ihn Papst Leo IX. aber lediglich zum Legaten für die nördlichen Nationen. A. war enger Vertrauter Kaiser *Heinrichs IV. und während dessen Minderjährigkeit sein Vormund, wobei er sich großen Besitz aneignen konnte. Der Neid seiner Feinde führte 1066 zu seiner Entlassung, seit 1069 gewann er wieder an Einfluß am Königshof.

W. Lammers, *Adalbert von Hamburg-Bremen*, in: *Geschichte Schleswig-Holsteins*, Bd. 4, 1972, 165ff.

ADALBERT VON MAGDEBURG (gest. 981) Mönch in St. Maximin zu Trier, Abt von Weißenburg und Kaplan Kaiser *Ottos II. Im Sinne der ottonischen Kirchen- und Ostpolitik wurde er 968 zum Erzbischof des neugegründeten Erzbistums Magdeburg, von wo aus er die Mission der Slawenstämme östlich der Elbe organisierte. Verfasser einer von 907 bis 967 reichenden Fortsetzung der Chronik *Reginos von Prüm.

E. Quiter, *Untersuchungen zur Entstehungsgeschichte der Kirchenprovinz Magdeburg*, 1969.

ADALBERT VON PRAG (hl.; um 956-97) Mitglied einer wichtigen ostböhmischen Familie und enger Freund Herzog Boleslaws II. der ihm bei seiner Ernennung zum Bischof von Prag (983) durch Kaiser *Otto II. behilflich war. A. trug wesentlich zum Ausbau der herzoglichen Herrschaft bei. Seine letzten Lebensjahre verbrachte er als Mönch in Rom und war hauptsächlich in der Slawenmission tätig, wobei er 997 von Prussen ermordet wurde.

H. G. Voigt, *A. v. P.*, 1898.

ADALGIS Sohn des letzten Langobardenkönigs Desiderius, kämpfte in seines Vaters Armee gegen *Karl d.Gr. und entfloh nach der Eroberung Pavias. 775 fand er Zuflucht in Konstantinopel, wo er den Titel eines *patricius* erhielt. A. landete mit einem byzantinischen Heer in Kalabrien und versuchte, die Langobarden gegen Karl d.Gr. zu vereinigen, scheiterte aber am Widerstand Grimoalds, des Herzogs von Benevent (787).

R. Winston, *Karl d.Gr.*, 1962.

ADALLAH BEN JASSIN Siehe *ALMORAVIDEN.

ADAM (LE BOSSU) DE LA HALE (ca. 1240-88) *Troubadour aus *Artois (Nordfrankreich). Der begabte Dichter und Musiker wird allgemein als Erneuerer des weltlichen französischen Theaters betrachtet: Erhalten sind sein Schäferspiel *Robin und Marion* sowie sein autobiographisches *Spiel von Adam*. In seinen satirischen Gedichten kritisierte er Kirche und Gesellschaft auf unterhaltende Weise. Vorbildlich wurden seine mehrstimmigen Rondeaux.

F. Gegou, *Recherches biographiques et littéraires sur A. de l. H.*, 1977.

ADAMNANUS VON HY (hl.; 624-704) Sohn einer irischen Adelsfamilie; er wurde von den Mönchen von St. *Columban erzogen, trat 650 dem Kloster *Iona bei und wurde 679 Abt. A. versuchte, den römischen Ritus in Irland einzuführen, und sein 697 erlassenes Verbot der Tötung von Frauen und Kindern im Krieg wurde in die kirchliche Gesetzgebung aufgenommen. Er ist der Verfasser einer *Vita Columbae*, also der Biographie des hl. Columba, und einer Beschreibung des Heiligen Landes, das er nach dem mündlichen Bericht des fränkischen Bischofs Arculf festhielt.

Werke: D. Meehan, *Adamnan's De Locis sanctis*, Scriptores Latini Hiberniae, Bd. 3, 1958; A.O. u. M.O. Anderson (Hgg.), *Adoman's Life of Columba*, 1961.

ADAM VON BREMEN (gest. nach 1081) Geschichtsschreiber und Domscholastiker zu Bremen. Sein Werk *Gesta Hammaburgensis ecclesiae pontificum* (Taten der Erzbischöfe von Hamburg) ist eine der wichtigsten Quellen für die Geschichte des Erzbistums und die Entwicklung der nordischen Länder und Völker.

Werk: W. Trillmich (Hg.), *Ausgewählte Quellen z.dt. Geschichte des Mittelalters XI*, 1961 (lat.-dt.).

ADEL Die oberste soziale Klasse in der mittelalterlichen Zivilisation, deren Kennzeichen von Epoche zu Epoche und Land zu Land verschieden waren. Gemeinsam war dem gesamten mittelalterlichen A., daß er militärische und herrschaftliche Funktionen sowie Land besaß. Im *byzantinischen Reich war der Kaiserdienst bei weitem wichtiger als der Landbesitz, letzterer wurde nicht als Qualifizierung zur Zugehörigkeit zum Adel betrachtet. Dazu war der byzantinische A. neuen Mitgliedern offen, die vom Kaiser mit Ämtern betraut worden waren. Mit der Zeit bürgerte sich jedoch die Sitte ein, daß die Söhne von A.sfamilien Vorrang bei der Besetzung von adelschaffenden Ämtern besaßen.

Bei den *Arabern der Zeit der Eroberungen (7. Jh.) bestand der A. aus der Stammesaristokratie und den Militärführern. Seit dem 8. Jh. traten auch hohe Würdenträger und reiche Landbesitzer dem A. bei, seit dem 10. Jh. nahm das nichtarabische Element im moslemischen A. zu. Die Häufigkeit von Militärrevolten und politischen Ermordungen schuf ein hohes Maß sozialer Mobilität.

Im Westen besaß infolge des Untergangs der alten römischen Aristokratie und der raschen Veränderung in der Stammesführerschaft der Germanen die Zeit bis ins 8. Jh. den Charakter einer Übergangsperiode, deren A. vor allem sein Heil im Kampf erweisen mußte. Erst seit dem 9. Jh. festigte sich mit der intensiven Verbreitung des *Lehnswesens und vor allem durch den zunehmenden Brauch der Erblichkeit der *Lehen der A. als Klasse der Landbesitzer, Kämpfer und Regierenden. Die Weitergabe des A.stitels durch Erbfolge machte den europäischen A. zu einer geschlossenen Klasse, ein Kennzeichen, das durch den Niedergang des Lehnswesens und den Aufstieg des bürokratischen Staates im 13. Jh. noch verstärkt wurde. Gleichzeitig erschien parallel eine neue Klasse von adeligen Beamten, die *noblesse de robe*.

O. v. Dungern, *Adelsherrschaft im Mittelalter*, 1927; Ph. Contamine (Hg.), *La noblesse au Moyen Age*, 1976; T. Reuter (Hg.), *The Medieval Nobility*, 1979.

ADELANTANDO Kastilianischer Adeliger, der im Namen des Königs Feldzüge führte. Seit Beginn des 13. Jh.s wurden die Inhaber dieses Titels zu Richtern und Bezirksverwaltern bestellt. Unter der Regierung Ferdinands III. (1217-52) bildete sich eine obere Gruppe der A.s, die als Bezirksberufungsrichter fungierten und in ihrem Bereich für die Bereitstellung des Heeres verantwortlich waren.

ADELARD VON BATH (frühes 12. Jh.) Englischer Mathematiker und Philosoph; er studierte in Tours und Laon und reiste in Europa, Nordafrika und Kleinasien. A. übersetzte wissenschaftliche Werke aus dem Arabischen und entwickelte in seinem Hauptwerk *De eodem et diverso* (Über das Gleiche und Verschiedene) eine Theorie der freien Künste. Darin versuchte er, die platonische und aristotelische Lehre in Einklang zu bringen. In seiner Anschauung sind Universalien und Partikularien das gleiche, und der einzige Unterschied liegt in der menschlichen Wahrnehmung.

F. J. P. Bliemetzrieder, *Adelhard von Bath*, 1935.

ADELHEID (hl.; um 931-99) Deutsche Kaiserin, Tochter *Rudolfs II. von Hochburgund, der sie mit König Lothar von Italien verheiratete. Nach dem Tod ihres Gatten wurde sie von *Berenger von Friaul gefangengehalten, durch *Otto I. aber befreit, der sie 951 heiratete. Sie übte am Hof ihres Sohnes Otto II. und ihres Enkels Otto III. einen wichtigen Einfluß aus und war maßgebend an der Festigung der kaiserlichen Autorität beteiligt. Nach 994 zog sie sich vom Hofleben zurück und widmete sich geistlichen Belangen. A. förderte die cluniazensische Reformbewegung (siehe *Cluny) und gründete bzw. erneuerte Klöster in Deutschland und Lothringen.

B. Wimmer, *Kaiserin A.*, 1897.

ADENET LE ROI (Adam der König (der Spielleute)) (um 1240-1300) Dichter und Musiker. In Brabant als Hofdichter ausgebildet, war er später am Hofe des Grafen von Flandern, Guy von Dampierre, tätig. Sein Hauptwerk ist das Epos *Enfances Ogier*, das auf der Legende von Ogier dem Dänen aus der karolingischen Heldendichtung beruht.

A. Adnes, *A. dernier grand trouvère*, 1970.

AD EXTIRPANDAM (lateinisch: um auszurotten) Konstitution *Innozenz' IV. (1252), in der zur Verfolgung von Ketzern die Aufstellung von Ausschüssen angeordnet wurde, die aus Angehörigen der *Bettelorden zusammengesetzt sein sollten. Damit erhielt die *Inquisition neue und weitere Befugnisse, insbesondere die der Folter.

R. Leiber, *Die mittelalterliche Inquisition*, 1966.

ADHÉMAR VON MONTEIL (gest. 1098) Bischof von Le Puy und einer der Führer des ersten *Kreuzzuges. Als Freund Papst Urbans II. wurde er auf dem Konzil von Clermont (1095) zum Kreuzzugslegaten bestellt. A. war zwar hauptsächlich mit der Armee des Raimund von Saint-Gilles verbunden, pflegte aber auch zu den anderen Führern des Kreuzzugs zu vermitteln. Nach dem Fall von Antiochia (1098) erkrankte A. und starb nahe Latakia.

H. E. Mayer, *Geschichte der Kreuzzüge*, 1973[3].

ADOLF VON NASSAU (um 1250-98) Deutscher König (1292) durch die Wahl der Habsburggegner unter den Kurfürsten, welche die Ausbildung einer neuen Dynastie befürchteten. Nachdem er Ansätze einer selbständigen Politik entwickelt hatte, Thüringen und Meißen zur Hausmachtbildung an sich nehmen wollte und mit Eduard I. von England ein Bündnis gegen Philipp IV. von Frankreich eingegangen war, zogen sich die Fürsten von ihm zurück. Sie setzten ihn Ende Juli 1298 ab und übertrugen ihre Stimmen auf *Albrecht von Österreich. A. fiel in der Schlacht bei Göllheim (nahe Worms) gegen Albrecht.

H. Grundmann, in: Gebhardt, *Handbuch der deutschen Geschichte* 5 (dtv), 1973.

ADOPTIANISMUS Irrlehre, die im 8. Jh. in Spanien entstand und behauptete, daß Jesus Christus als Mensch nicht der eigentliche Sohn Gottes, sondern nur dessen Adoptivsohn sei. Die Ursprünge des A. gehen auf das arianische Schisma zurück sowie möglicherweise auf gewisse Tendenzen in den östlichen Kirchen (*Nestorianer), die in Spanien nach der arabischen Eroberung Eingang gefunden hatten. Die wichtigste Gestalt des A. war Elipand, Erzbischof von Toledo (um 718-802) und Organisator der Sekte. Seine Lehre gründet sich auf die metaphorische Auslegung der Heiligen Schrift, wonach der mit Gott identifizierte Logos (das Wort) das von Jesus repräsentierte menschliche Wesen adoptiert habe. Die spanischen Bischöfe teilten die Ansichten des Elipand den Papst und Karl d.Gr. mit, und letzterer ließ die Irrlehre auf dem Frankfurter Konzil (794) verurteilen. Wegen der arabischen Herrschaft in Toledo hatte der kirchliche Bann gegen Elipand keine Wirkung, und der eigentliche Streit wurde gegen *Felix, Bischof im (damals) fränkischen *Urgel und namhaften Anhänger des Elipand, geführt. *Alkuin veröffentlichte eine Reihe von Streitschriften gegen den A. unter dem Titel *Contra Felicem* (gegen Felix). 799 setzte Papst Leo III. Felix ab und rief die spanischen Christen zum Kampf gegen A. auf. Nach Elipands Tod zerstreuten sich seine führerlosen Anhänger, und die Lehre verschwand. Einige ihrer Ideen erhielten sich in der katholischen Theologie bis zum 12./13. Jh.

W. Heil, in: W. Braunfels (Hg.), *Karl d.Gr.*, II, 1965.

ADRIANOPEL Thrakische Stadt und wichtiges Zentrum des byzantinischen Kaiserreichs. Die Stadt diente schon im 4. Jh. als Schlüsselstellung zur Verteidigung *Konstantinopels und war 378 Schauplatz der byzantinischen Niederlage gegen die Goten. Die Schlacht von A. wird von vielen Forschern als symbolischer Endpunkt der antiken Welt und als Beginn des Mittelalters angesehen, u.a. weil der Sieg der berittenen Goten über die römischen Legionen den Aufstieg der mittelalterlichen Kavallerie ankündigte. Valens Nachfolger *Theodosius baute seine Herrschaft von A. aus auf. Im 6. Jh. wurde die Stadt mit der Erbauung des Domes (heute Moschee) im Stil der *Hagia Sophia zu einem religiösen Zentrum. Seit den bulgarischen Einfällen und der Gründung des bulgarischen Reiches im 9. Jh. war A. ein bedeutender Grenzposten mit zunehmend militärischem Charakter. Auf den Durchmärschen der *Kreuzfahrerheere kam es,

besonders 1147, zu Differenzen zwischen den Rittern und der Bevölkerung von A. 1204 fiel die Stadt in die Hände der Streitkräfte des 4. Kreuzzugs und wurde Teil des *Lateinischen Kaiserreichs von Konstantinopel (1204-61). Unter der wiederhergestellten byzantinischen Herrschaft blieb A. bis zur türkischen Eroberung (1369?) Provinzhauptstadt und diente dann bis zur Eroberung Konstantinopels (1453) als Hauptstadt des osmanischen Reichs. Unter türkischer Herrschaft verlor die nunmehr Edrene (Edirne) genannte Stadt langsam ihren christlich-byzantinischen Charakter.
G. Ostrogorsky, *Geschichte des byzantinischen Staates*, 1963;
K. Kreiser, *Edirne*, 1975.

AEGELNOTH (AILNOTH) VON CANTERBURY (11./ 12. Jh.) Geschichtsschreiber. In Canterbury geboren, verließ er England nach der normannischen Eroberung und ließ sich als Mönch in Dänemark nieder (um 1085). Seine Ablehnung *Wilhelms I. und der normannischen Unterdrückung der Angelsachsen führte ihn zur Verehrung des Andenkens König *Knuts II. Sein Hauptwerk ist daher eine Geschichte des hl. Knut II.
E. Hoffmann, *Die hl. Könige bei den Angelsachsen u. den skandinavischen Völkern*, 1975.

AEGIDIUS ROMANUS Siehe *GILES.

AELFRIC (der Grammatiker; ca. 955-1025) Abt von Eynsham. In Winchester erzogen, wurde A. einer der bedeutendsten Gelehrten des angelsächsischen Englands und literarische Hauptgestalt seiner Generation. Sein Hauptwerk, neben altenglischen Predigten und lateinischen Lehrwerken, ist *Das Leben der Heiligen*. A. versorgte auch die Landpfarrer mit einfachen Homilien und Gebetsliteratur.
J. Hurt, *Aelfric*, 1972.

AELRED Siehe *AILRED.

AENEASROMAN (Roman d'Enéas) Französischer Abenteuerroman, um 1160 von einem anonymen bretonischen Dichter verfaßt. Der A. baut auf der klassischen *Aeneis* des Vergil auf, ist aber auf die ritterlichen Sitten des 12. Jh.s zugeschnitten und erreichte in der aristokratischen Gesellschaft Frankreichs und Englands große Beliebtheit. Die Gestalt des *Eneas* ist als idealer christlicher Ritter gezeichnet. Das Werk beeinflußte *Chrétien von Troyes und über diesen die Literatur des späten 12. und 13. Jh.s.
M. Schöler-Beinhauer (übers.), *Le roman d'Enéas*, 1972.

AFRIKA Dritter der mittelalterlichen Kontinente. Wie die Antike kannte das Mittelalter nur einen Teil von A., hauptsächlich die nördlichen und östlichen Regionen an den Küsten des Mittel- und Roten Meeres. Nach der *islamischen Eroberung und dem Eindringen moslemischer Einflüsse in Ost- und Zentralafrika lernten arabische Reisende und Geographen größere Teile des Kontinents kennen, hauptsächlich den Sudan und die Sahara (siehe Karte). Die wirkliche Entdeckung A.s wurde erst am Ende des Mittelalters von portugiesischen Erforschern in Angriff genommen. Im Mittelalter kann der afrikanische Kontinent nach Stand unseres Wissens und aufgrund der unterschiedlichen Entwicklung der verschiedenen Zivilisationen in 4 Hauptregionen eingeteilt werden.

1. Nordafrika von der Mittelmeerküste bis zu den Atlasbergen, mit dem Niltal in Ägypten und im Sudan, war Teil der klassischen Welt und seit dem 7. Jh. wichtiger Bestandteil des islamischen Reiches mit Hauptzentren in Ägypten, Kairuan und Marokko. Daneben erhielt sich in dieser Gegend die alte Zivilisation der ägyptischen Kopten.

2. Ostafrika mit dem unabhängigen Christenreich *Äthiopien sowie den arabischen und Negersiedlungen der Somalier und der Suaheli sprechenden Bevölkerungen bis Sansibar und der Küste des heutigen Tansaniens.

3. Die tropische Region der Sahara und des westlichen Sudans, den Europäern gar nicht und den Moslems nur wenig bekannt. Dort entwickelten sich unter dem Einfluß des nordafrikanischen Islams die Negerstaaten Ghana und Mali mit einer eigenen, auf Stammestraditionen begründeten Kultur.

4. Die zentralen und südlichen, flächenmäßig größten Teile des Kontinents, die sich im Mittelalter in einem praehistorischen Stadium ihrer Entwicklung befanden. Die dortigen Stammeskulturen, z.B. der Bantus, waren dem Islam und Europa völlig unbekannt und wurden erst in moderner Zeit entdeckt.

Zu Beginn des Mittelalters hatte das Christentum die nordafrikanischen Provinzen erreicht und schlug hauptsächlich in Ägypten und der Provinz *Africa* Wurzeln. Karthago wurde im Mittelpunkt christlich-lateinischer Literatur und Theologie unter *Augustin von Hippo. Im Jahre 429 eroberten die *Wandalen die Provinz und machten Karthago zur Hauptstadt ihres Königreichs. Sie bauten eine Flotte, mit deren Hilfe sie einige Zeit lang das westliche Mittelmeer beherrschten und auch Italien angriffen. 534 wurde das Wandalenreich von den Byzantinern unter Justinian zerstört. Unter byzantinischer Herrschaft erlebte die nordafrikanische Provinz eine Periode kultureller Blüte, die mit der arabischen Eroberung (640 Ägypten, 698 Karthago) ein Ende fand. Die *Omajjadenherrschaft (660-750) brachte eine relativ schnelle Islamisierung und wirtschaftlichen Aufstieg mit sich. Nach den Goldfunden im Ostsudan wurde der Machtbereich der Kalifen von Damaskus auch auf dieses Gebiet ausgedehnt. Die *Abbasidenrevolution (750) verlegte das Schwergewicht im Kalifat nach Osten. In Nordafrika machten sich örtliche Dynastien unter Emiren (Statthaltern) praktisch selbständig, so die Schiitendynastie der *Fatimiden, in *Kairuan. Diese eroberten auf dem Zug nach Osten Ägypten und erbauten als ihre Hauptstadt *Kairo. Wirtschaftliche Beweggründe, hauptsächlich die Suche nach Negersklaven, führten arabische Händler und Missionare nach Schwarzafrika, wo sich der Islam über die Sahara, den Sudan und Ostafrika ausbreitete. Damit wurde Äthiopien, das im 5. Jh. von ägyptischen Mönchen zum Christentum bekehrt worden war und in den Perserkriegen des frühen 7. Jh.s Byzanz als wichtiger Bundesgenosse gedient hatte, von den christlichen Zentren abgeschnitten und entwickelte sich von nun an in der Isolierung. Die Unkenntnis dieses Christenstaates führte im mittelalterlichen Westen zur Entstehung der Legende vom Königreich des *Priesters Johannes. Im 11. Jh. zerbrach die Einheit des Islams in A. Die Fatimiden bauten ihre Herrschaft in Ägypten weiter aus und eroberten Palästina und Teile Syriens. Der Westen Nordafrikas wurde zwischen mehreren örtlichen Dynastien aufgeteilt, von denen die *Almoraviden die meiste Macht besaßen, und das arabische Element trat vor den militanten und fanatisch gläubigen Berbern zurück. Auf der Suche nach Negersklaven stießen die Moslems mit den Tuaregstaaten der Sahara zusammen und zerstörten das Reich von Ghana (4.-

11. Jh.). Kulturell und künstlerisch gesehen, war das moslemische Nordafrika eines der Hauptzentren islamischer Zivilisation. Die von den Fatimiden gegründete Schule von Al-*Azhar (Kairo 970) entwickelte sich rasch zum Mittelpunkt der islamischen Studien für den gesamten moslemischen Bereich. In den bedeutenden theologischen Zentren von Kairuan und Fez entwickelte sich eine sakrale Kunst, die hauptsächlich in der Ornamentik Ausdruck fand (z.B. Koranschriften). Erste Zeichen eines Niederganges waren im moslemischen Afrika im 12. Jh. fühlbar. Während in Ägypten die *Ejjubiden (1171-1250) zur Macht kamen und unter *Saladin das Nilland Herz und Mittelpunkt des Islam war, leitete in Nordwestafrika der Aufstieg der *Almohaden (1147-1269) eine Periode der Gewalttätigkeit und Unterdrückung ein. Der Versuch der Kreuzfahrer und italienischen Kommunen, sich in Ägypten festzusetzen (1217, 1247-48) schlug fehl, ebenso in Tunis (1270). Der Niedergang war eher ein Ergebnis der mörderischen Bürgerkriege und des Aufstiegs der Berber. Dazu kam der Abbruch der traditionellen Politik des Landesausbaus durch die *Mamluken in Ägypten. Im 14. und 15. Jh. wurde Nordafrika und besonders Ägypten Opfer einer Reihe von Epidemien (die *Schwarze Pest 1348) und Hungersnöten. Daneben bewirkte auch die Eröffnung des mongolischen Handelsweges in den fernen Osten eine fühlbare Wirtschaftskrise in A.

Die Entwicklung des tropischen A. folgte im Mittelalter anderen Linien. Das Christenreich Äthiopien konnte um den Preis der Isolierung seine Unabhängigkeit von den Arabern bewahren, verlor aber die Küstenprovinzen (das heutige Eritrea und Somalia). Dagegen waren die Stämme und Reiche von Ghana und *Mali stärker dem moslemischen Einfluß ausgesetzt. Eine Reihe von Handelswegen durch die Sahara und den Sudan stellte die Verbindung zwischen dem moslemischen Nordafrika und den polytheistischen Negerstämmen her. Das von moslemischen Führern gegründete Reich von Mali bildete im 13. und 14. Jh. den stärksten Negerstaaten. Die Hauptstadt Timbuktu war ein wichtiger Handelsplatz für Salz, Sklaven und Gold und wurde im 15. Jh. von italienischen Kaufleuten besucht. Der Aufstieg des islamischen Gao-Königreiches in Mali im 15. Jh. erleichterte den Kontakt zwischen der Mittelmeerzivilisation und den nigerischen Stämmen, die eine bedeutende Kultur entwickelt hatten. Die restlichen Teile des Kontinents, von Nigerien südwärts, befanden sich noch in der Steinzeit. Ihre technischen und künstlerischen Errungenschaften zeigen jedoch große Meisterschaft im Gebrauch von Steinwerkzeugen. Einiges in ihrer Kunst scheint in den Motiven eigenständig zu sein, die Völkerkundler vermuten jedoch auch den Einfluß der Steinzeitkulturen des Mittleren Ostens.
D. Westermann, *Geschichte Afrikas*, 1952;
UNESCO (Hg.), *L'Histoire de l'Afrique*, III/IV, (im Druck).

AGAPET I. (gest. 536) Papst (535-36) und eifriger Verteidiger der Orthodoxie gegen die *Monophysiten. Nach seiner Erhebung ging A. nach Konstantinopel, wo es ihm gelang, trotz des Widerstandes von Kaiserin Theodora die Absetzung des monophysitischen Patriarchen Anthimos und die Wahl von Menas durchzusetzen.
Werk: *PL* 66;
E. Caspar, *Geschichte des Papsttums*, II, 1933.

AGAPET II. (gest. 955) Papst (946-55). In Rom geboren, wurde er von dem Herren der Stadt, *Alberich II., zum Papst ernannt. Ihm mußte A. zwar in den politischen Angelegenheiten Roms und Italiens gehorchen, versuchte jedoch, seine Autorität in der Kirche fühlbar zu machen. So griff er zugunsten des königlichen Kandidaten für das Reimser Erzbistum in der Auseinandersetzung zwischen König *Ludwig IV. und Herzog *Hugo d.Gr. ein. Die Reimser Angelegenheit bahnte den Weg zum Verständnis mit Ludwigs Bundesgenossen *Otto I. von Deutschland. Als Otto jedoch 951 nach Italien kam und *Berengar besiegte, wurde A. von Alberich gezwungen, Otto die Krönung zu verweigern.
Werk: *PL* 1932;
J. Haller, *Das Papsttum*, II, 1962.

AGDE Südfranzösische Stadt. A. war nach der Eroberung durch die *Westgoten (415) ein wichtiges kirchliches Zentrum und Sitz mehrerer Konzile. Von Bedeutung war besonders die Synode von 506, deren Beschlüsse zu Gliederung, Disziplin und Hierarchie der Kirche verbindliche Richtlinien für das gesamte Mittelalter lieferten. Auf dem Gebiet der kirchlich-weltlichen Beziehungen erhielten aristokratische Gesellschaftsstruktur, Kirchenbesitz und Leibeigenschaft eine religös-ideologische Untermauerung. Im 8. Jh. fiel A. in die Hände der *Araber, wurde aber 754 von *Pippin dem Jüngeren erobert und an das Frankenreich angeschlossen. Unter *Karl d.Gr. war A. Mittelpunkt einer Grafschaft, die im 9. Jh. an die mächtigen Grafen von *Toulouse überging. Im 12. Jh. waren *Albigenser in der Stadt tätig. Nach den Ketzerkreuzzügen des 13. Jh.s wurde A. Teil des französischen Gerichtsbezirks *Beaucaire.
A. Castaldo, *L'Eglise d'Agde*, 1970.

AG(H)LABIDEN Arabische Dynastie in Nordafrika (um 800-909). Von Ibn Aghlab, Statthalter von Sab (Algerien) gegründet, der von *Harun-al-Raschid für seine treuen Dienste mit der Regierung der gesamten Provinz Ifrikija (der heutige Maghreb) belohnt wurde und im Jahre 800 das Erbrecht auf seinen Machtbereich erhielt. Der A.-Staat mit der Hauptstadt Kairuan war nur formell von den Abbasidenkalif abhängig und entwickelte sich zu einem blühenden Gemeinwesen. Der Versuch, die Herrschaft auch über Marokko durchzusetzen, wurde von den *Idrisiden vereitelt. Zwischen 830 und 865 eroberten die A. Sizilien, wo ihre Regierung auf einer Mischung arabischer Tradition und byzantinischer Bürokratie gründete. Der A.-Statthalter Siziliens hieß nach einem seiner Aufgabenbereiche Emir Al-Bahr (Emir der Meere). Dieser Titel wurde später von den normannischen Eroberern der Insel in der französischen Schreibweise übernommen, woraus sich die heutige "Admiral" entwickelte. Am Ende des 9. Jh.s mußten die A. mehrere Berberaufstände unterdrücken, wurden aber 908 gestürzt. Nach ihrer Flucht nach Bagdad gründete die neue Dynastie der *Fatimiden ein unabhängiges Kalifat.
M. Talbi, *L'émirat aghlabide*, 1966.

AGILA König der Westgoten (549-55). Nach seiner Erhebung versuchte er, sich der Städte Córdoba und Sevilla zu bemächtigen, wurde aber von einer gemeinsamen Revolte spanischer Katholiken und westgotischer Adeliger unter *Athanagild angegriffen und ermordet.
D. Claude, *Geschichte der Westgoten*, 1970.

AGILULF Herzog von Turin und König der Langobarden (591-616). Er richtete seine Bemühungen auf die

Vereinigung der Langobardenstaaten in Italien, bekämpfte die Byzantiner in Ravenna und brach eine Belagerung
Roms erst nach Erhalt von 500 Pfund Gold von Papst
*Gregor I. ab. Sein Versuch, die Langobardenherzog-
tümer Spoleto und Benevent zu bezwingen, schlug fehl.
Infolge seiner Heirat mit der katholischen Theodekinde
von Bayern (590) schlug der Katholizismus auch unter
den arianischen Langobarden Wurzeln. A. selbst blieb
zwar Arianer, förderte jedoch das katholische Mönchtum und gestattete die Errichtung des Klosters *Bobbio
durch irische Mönche.

L.-M. Hartmann, *Geschichte Italiens im Mittelalter*, 1969.

AGINCOURT Siehe *AZINCOURT.

AGOBARD (ca. 769-840) Erzbischof von Lyon (816-
40), eine der hervorragendsten Gestalten der *karolingischen Renaissance. A. war Gelehrter, Theologe, Dichter und kirchlicher Publizist, dazu Ratgeber Kaiser
*Ludwigs I. A. war tief vom Glauben an die kirchliche
Mission des Kaiserreiches durchdrungen, bekämpfte
·den *Adoptianismus, die Liturgie des Amalarius von
Metz, die ihm als Bedrohung der kirchlichen Einheit
erschienen, sowie viele Formen des Aberglaubens (z.B.
die *Gottesurteile). Er versuchte auch, die unter kaiserlichem Schutz stehenden Juden in Mißkredit zu bringen, und schlug vor, ihnen den Landbesitz, das Halten
christlicher Dienstboten und das Bekleiden von Ämtern
zu verbieten.

Werke: *PL* 104;
E. Boshof, *Erzbischof Agobard von Lyon*, 1969.

ÄGYPTEN Zu Beginn des Mittelalters war Ä. eine der
wohlhabendsten Provinzen des *byzantinischen Reiches
sowie ein bedeutendes kulturelles und kirchlich-religiöses
Zentrum. Die Patriarchen von *Alexandrien genossen
höchstes Ansehen als Führer der orthodoxen Kirche,
das jedoch nach den Verwaltungsreformen *Justinians
(6. Jh.), die den kirchlichen Schwerpunkt des Reiches
nach Konstantinopel verlegten, abnahm. Der Widerstand gegen diese Maßnahmen führte zur Entwicklung
dissidenter religiöser Gruppen (*Monophysiten und
*Monotheliten) und zur Ausbildung einer eigenständi-
gen *koptischen Kirche. Auch die Bemühungen Kaiser
*Herakleios, die kirchliche Einheit wiederherzustellen,
hatten keinen Erfolg, und am Vorabend der arabischen
Eroberung war das gesamte Ä. gegen den Kaiser eingestellt. Diese Lage ermöglichte den Arabern im Jahre
640, das Land ohne nennenswerte Schwierigkeiten zu
nehmen. Damit begann die gesellschaftlich-kulturelle
Revolution, die aus Ä. ein arabisches und moslemisches
Land machte. Von ihrem Lager zu *Fustat aus zwangen
die Araber der Mehrheit der Bevölkerung den Islam auf;
es bestanden jedoch weiter gültige Minderheiten von
koptischen und griechischen Christen und von Juden.
Andererseits assimilierten die arabischen Eroberer das
klassisch-hellenistische Erbe Alexandriens und übersetzten die griechischen philosophischen und naturwissenschaftlichen Werke ins Arabische. In dieser Zeit genoß
Ä. auch bedeutenden wirtschaftlichen Wohlstand, der
sich auf den Mittelmeer- und Schwarzafrikahandel
gründete. Der Niedergang des *Abbasidenkalifats gegen
Ende des 9. Jh.s verlieh den Statthaltern des Landes
ein weites Maß von Selbständigkeit, beraubte sie aber
auch der Unterstützung der Zentralregierung. Die
*Fatimiden nützten diese Lage aus und bemächtigten
sich 974 des Landes. Mit der neuen Hauptstadt *Kairo
war Ä. nunmehr ein unabhängiger Staat, der infolge

des *Schiitentums der Fatimiden einen zentralen Platz
in der moslemischen Welt einnahm. Die *Al-Azhar-
Moschee in Kairo wurde einer der Mittelpunkte der moslemischen Theologie und Wissenschaft. Die Instabilität,
die nach der Ankunft der *seldschukischen Türken im
Mittelosten herrschte, ließ die eigentliche Macht zunehmend auf die Militärkommandanten, die *Wesire, übergehen. Der Ausbau der italienischen Handelskolonien
in den Kreuzfahrerstaaten war ein weiterer Schlag.
Das geschwächte Ä. erschien reif für die Eroberung
durch die Kreuzfahrer (1169), was wiederum *Saladin
mit einer Armee nach Ä. führte und 1170 in der
Absetzung der Fatimiden endete. Unter dem Haus der
*Ejjubiden wurde Ä. 1174 mit Syrien vereinigt und
nahm aufs neue die Rolle der Zentralmacht in der moslemischen Welt ein.

Unter Al-Adil, dem Bruder Saladins, wurde Ä. wiederum selbständig (1194). Seit dem 5. Kreuzzug unternahmen die Kreuzfahrer neue Feldzüge in Ä. (*Damietta),
was zum Aufstieg der *Mamlukenkämpfer und -kom-
mandeure führte, die 1252 nach dem Fehlschlag des
Kreuzzugs *Ludwigs IX. die Macht in Ä. ergriffen.

Die Mamluken regierten bis zum 16. Jh. Als Berufs-
soldaten führten sie andauernd Krieg gegen die Kreuzfahrerstaaten. Auch die *Mongolen warfen sie zurück
und breiteten ihre Macht bis an die anatolische Grenze
aus. Die inneren Angelegenheiten wurden örtlichen
Beamten überlassen, die nicht gerade das Wohl des
Landes im Auge hatten. Den wirtschaftlichen Abstieg
beschleunigten die Verheerungen des *Schwarzen
Todes, der den Großteil der städtischen Bevölkerung
auslöschte.

St. Lane Poole, *A History of Egypt in the Middle Ages*,
1925[4]-1968.

AHMED Khan der *Goldenen Horde (um 1460-81),
Sohn und Nachfolger des Kuchuk Mohammed. A. führte
eine Reihe von Kriegen gegen *Iwan III. von Moskau,
der ein Bündnis mit dem Mongolenkhan der *Krim
abgeschlossen hatte und sich weigerte, Tribut zu zahlen
(1476). Dabei erhielt A. Waffenhilfe von *Kasimir IV.
von Polen, blieb aber erfolglos. 1481 wurde er von
einem Rivalen ermordet.

AHMED IBN BUJA (10. Jh.) Persischer General und
Gründer einer örtlichen Dynastie in *Isfahan. Er stellte
sich bei den internen Kämpfen in Bagdad auf die Seite des
Kalifen Mustakfi, eroberte die Stadt (945) und erhielt
als Oberbefehlshaber der Armee volle Machtbefugnisse
über das Kalifat. A. installierte von Persien aus seine
Günstlinge als Kalifen und war der eigentliche Herrscher
Bagdads.

AHMED IBN TULUN (835-84) Statthalter Ägyptens
(868-84). Von türkischer Abstammung und Sohn eines
ehemaligen Sklaven, stieg in der Armee im Dienste der
*Abbasiden auf und wurde 868 zum Oberbefehlshaber
Ägyptens ernannt. Er ergriff dort die Macht, eroberte
Teile Syriens und schuf einen praktisch unabhängigen
Staat, in dem wirtschaftliche Reformen durchgeführt,
Märkte errichtet und Häfen (Akkon) repariert wurden.
Die von ihm gegründete *Tulunidendynastie (868-905)
hat sich um die Entwicklung des Niltales verdient ge-
macht.

AIGUES-MORTES Südfranzösische Stadt bei Nîmes,
von König Ludwig IX. als Einschiffhafen für die *Kreuzzüge von 1246 und 1270 erbaut. Die Stadt wurde nach
einem rechteckigen Plan mit geraden, einander kreuzen-

Aigues-Mortes – eine guterhaltene Kreuzfahrerstadt in Südfrankreich

den Straßen angelegt und ist ein Beispiel für den Typus der geplanten mittelalterlichen Stadt (*Gründungsstadt*). Nach einer Blütezeit (bis zur Mitte des 14. Jh.s) durch den vom König begünstigten Handel wurde A. großteils verlassen.
P. Lavedan, *Histoire de l'Urbanisme*, I, 1926;
A. Fliche, *A.-M. et Sainte-Gilles,* 1961[3].

AILLI, PETER VON (Ailly, Pierre d'; Petrus de Alliaco; um 1350-1420) Französischer Kardinal und Theologe. In Compiègne geboren, studierte in Paris (Doktor der Theologie 1381), lehrte an der Universität und wurde 1389 ihr Kanzler und Beichtvater König *Karls VI. Selbst unter dem Einfluß *Occams hatte er unter anderen *Gerson zum Schüler. Als Günstling Papst *Benedikts XIII. erhielt er zahlreiche kirchliche Pfründen und mehrere Bistümer. Doch zog er seine Anerkennung dieses Papstes zurück (1408), um eine Beendigung des Großen *Schismas zu erreichen, und nahm an den Konzilen von Pisa (1409), Rom (1411) und Konstanz teil, wo er eine Generalreform der Kirche befürwortete. Als Anhänger der *konziliaren Bewegung war er der Meinung, daß die Bischöfe ihre Autorität direkt von Gott erhielten. Sein *Tractatus de reformatione Ecclesiae* (Über die Reform der Kirche) übte besonders in Deutschland und England großen Einfluß aus. Im Jahre 1411 wurde er zum Kardinal ernannt und diente als päpstlicher Legat bei Kaiser *Sigismund. Seine astrologischen und geographischen Studien (*Imago mundi*; Über das Bild der Welt) mit dem Gedanken eines westlichen Seeweges nach Indien waren für Kolumbus' Entdeckungen von Bedeutung.

B. Meller, *Studien zur Erkenntnislehre des P. v. Ailly,* 1954;
F. Oakley, *The Political Thought of P. d'A.,* 1964.

AILNOTH Siehe *AEGELNOTH.

AILRED (um 1109-67) Abt von Rievaulx. Von angelsächsischer Herkunft, weilte in seiner Jugend am Hofe König Davids von Schottland. 1134 trat er dem *Zisterzienserorden bei, ging in das Kloster Rievaulx und wurde 1147 zum Abt gewählt. Seine von *Bernhard von Clairvaux beeinflußten Schriften vereinigen mystische und spekulative Theologie. A. befaßte sich hauptsächlich mit den Themen der Nächstenliebe und der geistlichen Freundschaft, weswegen er "der englische hl. Bernhard" genannt wurde. Auch eine Biographie König *Eduards des Bekenners ist erhalten.
Werk: *PL* 195;
Corpus Christianorum, Continuatio Mediev. 1, 1971;
A. Squire, *Aelred of R.,* 1969.

AISCHA (um 614-78) Tochter des *Abu-Bakr und Lieblingsfrau des Propheten Mohammed in Medina. Sie begleitete ihren Mann seit 627 zu allen seinen Kämpfen und wurde nach seinem Tod "Mutter der Gläubigen" genannt. A. bekämpfte Ali, den Schwiegersohn des Propheten, und organisierte den Widerstand gegen sein Kalifat. Von Mekka und Basra (Irak) aus unterstützte sie die *Omajjaden und trug damit zur Vertiefung der Kluft zwischen *Schiiten und *Sunniten bei.
N. Abbott, *Aishah,* 1942.

AIX-EN-PROVENCE Eine der ältesten römischen Städte in Gallien, bis zum 9. Jh. klein und unbedeutend. Nach der Teilung des *Karolingerreiches wurde A.

Der Hafen von Akkon

Residenz der Grafen von Toulouse und erlebte im 10.-11. Jh. eine Blütezeit. Der Übergang an das Haus *Aragón brachte neuen Wohlstand. Im 13. Jh. erlangte die Stadt kommunale Vorrechte und durfte ihre Organe der Verwaltung selbst bestimmen, 1290 wurden die Stadtratsstatuten vom königlichen Hof genehmigt. Der Rat wurde sowohl von Adeligen wie auch von Bürgern besetzt, was auf italienischen Einfluß hinweist. Im 14. und 15. Jh. war A. ein wichtiges kulturelles und künstlerisches Zentrum für die gesamte Provence.
J. Pourrière, *La ville des tours d'A.-en-P.*, 1958.
AIX-LA-CHAPELLE Siehe *AACHEN.
AJJUBIDEN Siehe *EJJUBIDEN.
AKKON (Acre, Acco, Ptolemais, Saint-Jean d'Acre) Palästinensische Hafenstadt, im 2. Jahrtausend v. Chr. von den Phöniziern gegründet und seitdem ohne Unterbrechung bewohnt. Zu Beginn des Mittelalters war A. (Ptolemais) ein Provinzhafen und byzantinischer Bischofssitz zweiten Ranges. 636 von den Arabern erobert, blühte die Stadt nach einer Periode des Niedergangs im 9. Jh. unter den ägyptischen *Tulunidenstatthaltern wieder auf. Der Hafen wurde für den Seehandel neu erbaut. Die Kreuzfahrer eroberten die Stadt im Jahre 1104 und machten sie zu ihrem Haupthafen und der zweiten Hauptstadt des Lateinischen Königreiches von *Jerusalem. Venedig, Genua und Pisa erhielten als Gegenleistung für den Einsatz ihrer Flotten den Hafen von A. und weitgehende Privilegien, autonome Viertel, Kirchen, eigene Rechtsprechung und Befreiung von bestimmten Steuern. Dadurch erlangte A. eine Vorrangstellung in dem von den Italienern beherrschten Ost-West-Handel. Infolge der raschen Ansiedlung von Angehörigen verschiedenster Nationen und Religionen litt die Stadt seit dem 12. Jh. an Überbevölkerung. Die Herrschaft, mit Ausnahme der italienischen Enklaven,

lag in den Händen eines königlichen Vizeregenten, der als Vorstand des Bürgergerichts und des Hafengerichtshofes (*Gericht von der Kette*, nach der zur nächtlichen Absperrung des Hafens benutzten Kette) fungierte. Das Hafengericht spielte eine wichtige Rolle in der Formulierung des mittelalterlichen Schiffahrtsrechtes.
Nach der Eroberung durch *Saladin (1187) wurde A. von den Streitkräften des 3. Kreuzzuges unter *Richard I. von England und *Philipp II. Augustus belagert, wieder genommen und die moslemische Bevölkerung vertrieben. A. wurde zur Hauptstadt des neuen verkleinerten Kreuzfahrerstaates. Der italienische Einfluß wuchs weiter an, daneben errichteten die Ritterorden (*Johanniter und *Templer) in der Stadt ihre Hauptquartiere. 1250-52 befestigte *Ludwig IX. von Frankreich A. und versuchte, den inneren Kämpfen zwischen Adel und Kommune Einhalt zu gebieten. Der Krieg zwischen Venedig und Genua trug zur Schwächung der Stadt bei, und ein Teil des Adels wanderte nach Zypern aus. Der wirtschaftliche Niedergang wurde 1265 durch die Erschließung des Landweges über das Mongolenreich in den Fernen Osten ausgelöst, und das Interesse der italienischen Handelsstädte an A.s Hafen nahm merkbar ab. Während die Kreuzfahrerstadt in mörderischen Bürgerkriegen absank, wuchs die jüdische Gemeinde und konnte Einwanderer aus Westeuropa anziehen. Hervorragende Rabbiner aus Frankreich und Spanien machten A. zu einem berühmten Mittelpunkt jüdischer Gelehrsamkeit.
1291 eroberte der Mamlukensultan *Kalawun A. und tötete einen Teil der Bevölkerung, der Rest floh nach Zypern. Unter der Mamlukenherrschaft sank die Stadt im 14. und 15. Jh. auf die Stufe eines Fischerdorfes.
H. E. Mayer, *Geschichte der Kreuzzüge*, 1965;
H. E. Mayer, *Bistümer, Klöster und Stifte im Königreich Jerusalem*, 1977;
B. Dichter, *The Maps of Acre*, 1973.
AKTIENGESELLSCHAFTEN Das Erscheinen des Konzepts der beschränkten Haftung im wirtschaftlichen Leben ist mit der Entwicklung des italienischen Handels mit dem Nahen Osten in der Zeit der *Kreuzzüge verbunden. Im späten 11. und 12. Jh. vertraute ein Kaufmann seine Ware oder sein Geld einem Seefahrer an, der im Orient die Fracht verkaufte und neue Waren aus dem Osten nach Hause brachte, wo sich die beiden dann zu gleichen Teilen den Profit teilten. Diese Praxis wurde im 12. Jh. durch die Verteilung der Waren auf mehrere Schiffe verbessert, was das Risiko verkleinerte. Der nächste Schritt war die Errichtung von Gesellschaften zwischen mehreren Kaufleuten, die ursprünglich nach einer Fahrtsaison aufgelöst wurden, mit der Zeit aber längere Lebensdauer besaßen. Die Gesellschafter erhielten je nach ihrer Einlage Anteile; Schiffe und Magazine waren Besitz der Gesellschaft, die auch besoldete Kräfte anstellte. Von Italien verbreiteten sich die A. über ganz Europa und wurden in Deutschland besonders von den süddeutschen Handelshäusern des 15. Jh.s entwickelt.
H. Aubin/W. Zorn (Hgg.), *Handbuch der deutschen Wirtschafts- und Sozialgeschichte* I, 1971.
ALA-AL-DIN MUHAMMED Chwarism-Schah (1199-1220) Siehe *CWAR.
AL-ANDALUS Siehe *SPANIEN, RECONQUISTA.
ALANEN Nomadenstämme iranischer Herkunft, die unter dem Druck der Hunnen nach Westen wanderten.

Ein Teil der A. schloß sich den Hunnen an und drang in Gallien und Italien ein. Die Mehrzahl der A. überschritt jedoch zusammen mit den *Sueben und *Wandalen den Rhein, durchkreuzte Gallien und nahm an der Eroberung Spaniens teil. Sie wurden Untertanen der Wandalenkönige und zogen mit diesen nach Nordafrika (430), wo sie größtenteils im Gastvolk aufgingen. Noch im 14. Jh. werden aber A. unter den byzantinischen Truppen erwähnt.

B. S. Bachrach, *A History of the A.*, 1973.

ALANUS VON LILLE (ab Insulis; um 1128-1203) Philosoph und Dichter. Studierte in Chartres, nahm am 3. *Laterankonzil teil (1179) und trat vermutlich dem Kloster *Citeaux bei. A. besaß eine rationalistisch-mythische Anschauung vom rechten Verhältnis zwischen Philosophie und Glauben, wonach alle Glaubenswahrheiten allein mit Hilfe des Verstandes entdeckt werden können. Seine Philosophie gründet sich auf die pythagoräisch-neuplatonische mit dem Schlüsselbegriff der vermittelnden Natur zwischen Gott (*Verbum*) und Sache (*Physis*). A.s Berühmtheit als Lehrer in Paris und Montpellier verschaffte ihm den Titel *doctor universalis*. Viele der ihm zugeschriebenen Schriften konnten jedoch als Werke anderer Autoren identifiziert werden. Gesichert sind aber die beiden allegorischen Hauptwerke *De planctu naturae* (Über die Klage der Natur – nämlich über perverse Liebe) und *Anticlaudianus* (die Natur als Schöpferin des Menschen).

Werke: R. Bossuat (Hg.), 1955;
M. Baumgartner, *Die Philosophie des Alanus de Insulis*, 1896;
M.-Th. D'Alverny, *Alain de L.*, 1965;
P. Ochsenbein, *Studien zum Anticlaudianus des A. de L.*, 1975.

ALARICH I. (um 370-410) König der Westgoten. Diente unter *Theodosius als Befehlshaber der römischen Armee und wurde nach des Kaisers Tod (395) in der Hoffnung enttäuscht, unter dessen Nachfolger Arcadius einen höheren Posten zu erhalten. Um 397 zum König der Westgoten erwählt, ließ er erst nach Erhalt einer Geldsumme von Kaiser Arcadius von dem geplanten Angriff auf den Balkan ab. Statt dessen führte er sein Heer nach Italien, wo er an der adriatischen Nordküste ein Königreich errichtete. Im Jahre 410 besetzte er Rom, und die mehrere Wochen dauernde Plünderung der Stadt löste in der römischen Welt tiefste Bestürzung aus. A. starb während der Vorbereitungen zur Invasion Nordafrikas und soll im Flußbett des Cosenzo begraben sein.

D. Claude, *Geschichte der Westgoten*, 1970.

ALBANIEN Land an der adriatischen Küste des Ostbalkans, in der Antike Teil der römischen Provinz Illyricum (bzw. Epirus). Im Mittelalter wuchsen die illyrischen und thrakischen Elemente der Bevölkerung zu einer nach Stämmen gegliederten Einheit zusammen, die zwar ihre Sprache und Sitten erhalten, nicht aber politische Einheit erlangen konnte. Nach der Teilung des römischen Reiches (395) gehörte A. als eigene militärische Provinz Dyrrachium mit der Hauptstadt Durazzo zum *byzantinischen Kaiserreich. Das Eindringen der *Slawen in den Balkan (8. Jh.) isolierte A. vom Zentrum des Reiches und schirmte es vom Einfluß der griechisch-byzantinischen Kultur ab. Die albanischen Stämme bewahrten eine Zeitlang ihre Unabhängigkeit von den *Jugoslawen und *Bulgaren und verblieben unter der Herrschaft byzantinischer Statthalter aus den

italienischen Reichsprovinzen. Doch erfolgte nach und nach die Slawisierung. Nachdem die byzantinische Herrschaft über den Balkan durch Basileios II. (1014) wiederhergestellt war, wurde A. direkt vom Kaiserhof aus als Teil der Provinz *Epiros regiert. Am Ende des 11. Jh.s drangen normannische Abenteurer aus Apulien unter *Robert Guiscard und dessen Nachkommen wiederholt in das Land ein. Im Hochmittelalter wuchs der venezianische Einfluß auf Durazzo und den westlichen Teil Albaniens, und der Katholizismus gewann langsam an Boden. Nach dem 4. *Kreuzzug wurde A. zwischen den byzantinischen Herrschern von Epiros und den italienischen Kolonien aufgeteilt. Der mittlere Teil des Landes wurde vom Königreich *Neapel erobert, und *Karl von Anjou erklärte sich zum König von A. Im 14. Jh. wurde Ostalbanien von den Serben unter *Stephan Dusan erobert. Nach seinem Tode konnten die albanischen Stämme die serbische Herrschaft abwerfen, und auch die *Angevinen verschwanden nach dem Zusammenbruch der neapolitanischen Herrschaft auf dem Balkan. Besonders in dieser Zeit breiteten sich die albanischen Wanderhirten bis weit nach Griechenland hin aus. Die Küste mit den Städten Skutari, Durazzo und Valona wurde von den Venezianern annektiert. 1430 begannen die *osmanischen Türken mit der Eroberung Albaniens; Georg Kastriota, gen. *Skanderbeg, vereinigte jedoch die Stämme und führte A. zur Unabhängigkeit (1444-66). Nach seinem Tod brach der Widerstand zusammen, und A. wurde Teil des osmanischen Reiches. Ungefähr 2/3 der Bevölkerung nahmen die islamische Religion an.

G. Stadtmüller, *Forschungen zur albanischen Frühgeschichte*, 1966[2].

ALBATEGNI Siehe *BATTANI.

ALBERICH Senator von Rom (um 915-54). Sohn des Markgrafen Alberich von Spoleto und Enkel des Herrschers von Rom *Theophylaktus. 932 führte er einen erfolgreichen Aufstand der Römer gegen die geplante Heirat seiner Mutter Marozia mit Hugo, König von Italien und Anwärter auf den Kaiserthron. Als "Senator von Rom" besaß er nunmehr volle Gewalt über die Stadt und den Papst. Im Jahre 951 widersetzte er sich dem Versuch, den deutschen König *Otto I. zur Kaiserkrönung nach Rom einzuladen. Vor seinem Tod ernannte er seinen unehelichen Sohn zum Erben der weltlichen Ämter und zukünftigen Papst (*Johann XII.).

O. Gerstenberg, *Die politische Entwicklung des röm. Adels im 10. und 11. Jh.*, 1933.

ALBERT VON AACHEN Geschichtsschreiber (um 1100). A. war Priester am Dom zu *Aachen und verfaßte eine Geschichte des 1. *Kreuzzugs und des Lateinischen Königreichs von Jerusalem bis 1119. Obwohl A. nie das Heilige Land besucht hatte, ist sein Buch eine wichtige Quelle für die Geschichte der Kreuzzüge und beruht auf Berichten von Teilnehmern sowie Briefen aus dem Heiligen Land.

Werk: *PL* 166;
dt.: H. Hefele, *Geschichte des 1. Kreuzzuges*, 1923;
B. Kugler, *Albert von Aachen*, 1885;
P. Knoch, *Studien zu A. v. A.*, 1966.

ALBERT VON LÖWEN Siehe *HEINRICH VI.

ALBERTUS MAGNUS (hl.; um 1193-1280) Theologe. Sohn einer deutschen Adelsfamilie, trat in Padua dem *Dominikanerorden bei (1223) und wurde als Theologielehrer u.a. nach Köln entsandt. Ab 1245 wirkte er

Die gotische Kathedrale von Albi, Frankreich

an der Pariser Universität, wo er als einer der bedeutendsten Theologen galt (einer seiner Schüler war *Thomas von Aquin). A.s Pariser Kommentare zu *Petrus Lombardus z.B. repräsentieren eine neue scholastische Betrachtungsweise. 1248 organisierte er die dominikanische Schule in Köln, und 1254 erhielt er den Posten des Provinzobersten seines Ordens in Deutschland. 1250 wurde er Bischof von Regensburg, trat aber 1262 zurück, um sich seinen Studien und der Lehrtätigkeit zu widmen. Er lebte nun in Würzburg, Straßburg und Köln, soll aber 1277 noch einmal nach Paris gezogen sein, um Thomas v. Aquin zu verteidigen. Sein breites Wissen verschaffte ihm den Titel "der Große" und "doctor universalis". In seinem sehr umfangreichen Werk bemühte er sich, die Theologie mit der *aristotelisch beeinflußten Philosophie in Einklang zu bringen, verwendete die rationale Methode des *Maimonides und nahm das Werk seines berühmtesten Schülers teilweise vorweg, ohne jedoch dessen stilistische Klarheit zu erreichen. A. interessierte sich auch für Naturwissenschaft, namentlich Biologie und Medizin, auch für die frühe Chemie (*Alchemie). Die ihm unterschobene Abhandlung *Die Geheimnisse der Frauen* diente im späteren Mittelalter als beliebtes Handbuch der Schwangerschaft und Geburt.
Werk: B. Geyer (Hg.), 1951ff.;
H. Ch. Scheeben, *Albertus Magnus*, 1955[2];
H. Balss, *A. M. als Biologe*, 1947;
Miscellanea Mediaevalia 13, 1981.
ALBI Südfranzösische Stadt in der Provinz *Languedoc. Wahrscheinlich im 4. Jh. von den Römern als befestigter Vorposten gegründet, wird A. im 5. Jh. als Bischofsstadt im *Westgotenreich erwähnt. In der *Karolingerzeit diente A. als Sitz eines Grafen im Bereich des Königreichs *Aquitanien, in der Mitte des 9. Jh.s

wurde es an die Grafen von *Toulouse verliehen, die es bis in die Mitte des 13. Jh.s innehatten. Danach kam es zu den französischen Krongütern. Während der tolosanischen Periode wurde A. von den Grafen von Trancavel, einer örtlichen Adelsfamilie und Lehnsleuten des Grafen von Toulouse, regiert. Seit Ende des 11. Jh.s war die Stadt Ausgangspunkt der *Albigenser, im Albigenserkreuzzug (1208-26) wurde sie kaum mitgenommen, da ihr Bischof Willhelm de Pierre sich sogleich unterwarf. Seit damals war der Bischof Stadtherr, dem gewählte Konsuln von Seiten der Bürgerschaft gegenüberstanden. Zur Stärkung des katholischen Glaubens erhielt A. 1276 einen befestigten gotischen Dom, der als einer der schönsten der Zeit gilt und das wichtigste Baudenkmal der Stadt darstellt.
E. Leroy Ladurie, *Histoire du Languedoc*, 1965.
ALBIGENSER Ketzersekte, nach der Stadt *Albi benannt, in deren Umgebung sie im 11. Jh. entstanden ist. In anderen Teilen Europas wurden die A. oft *Katharer genannt. Die Sekte glaubte an den dualistischen Grundsatz des *Manichäismus von den Kräften des Guten und Bösen und versuchte, diesen Grundsatz mit der christlichen Religion zu vereinigen. Die A. behielten die Heiligen Schriften bei, legten sie jedoch rein allegorisch aus und lehnten die katholische buchstäbliche Bibelinterpretation als Verderbnis des Glaubens und Werk des Teufels ab; so leugneten sie z.B. Christi körperliches Leiden. Sie zweifelten an der Vermittlerrolle der katholischen Kirche und lehnten deshalb die Sakramente und die zentrale Rolle des im Widerspruch zu den Evangelien im Reichtum lebenden Klerus ab. Ihre strenge Lehre verbot Heirat und Genuß jeglicher Fleischnahrung. Da die große Masse der Gläubigen jedoch solche Einschränkungen nicht akzeptieren konnte, teilten sich die A. in zwei Klassen: die Reinen (*perfecti*) erhielten das Sakrament der Tröstung (*consolamentum*) und lebten nach den strengen Grundsätzen der Sekte; die Gläubigen lebten normal und nahmen erst vor dem Tod das Sakrament an. Auch die Letzteren waren jedoch verpflichtet, allem äußeren Reichtum abzusagen. Die A. schlossen sich damit nur in der Lehre, sondern auch sozial von der katholischen Gesellschaft ab und schufen ihre eigenen Gemeinschaften. Im 12. Jh. verbreitete sich die Sekte über ganz Südfrankreich, hauptsächlich wegen der Ablehnung der offiziellen Kirche, was sie weithin populär machte. Wiederholte Verurteilung durch Kirchenkonzile und Verfolgung durch die weltliche Gewalt zeigten keine Ergebnisse, zumal sich auch mehrere Adelige der Sekte anschlossen. 1167 waren die A. stark genug, um das Albigenserbistum *Val d'Aran, eine Vereinigung der Ketzergemeinschaften, zu gründen. Auch die Errichtung der *Inquisition durch den Konzilbeschluß von Verona (1184) konnte das Wachstum der Sekte nicht hindern, ebensowenig die von Papst *Innozenz III. ausgesandten Mönchsmissionare (darunter auch der hl. *Dominikus). Im Jahre 1208 wurde der päpstliche Legat Peter von Castelnau ermordet, was zum Entschluß führte, die A. mit Hilfe eines nordfranzösischen Kreuzzugs auszurotten. Unter dem Befehl des *Simon von Montfort veranstalteten die französischen Ritter im Laufe des Kreuzzugs eine Reihe von Blutbädern, wie in Béziers (1208), wo sowohl Ketzer als auch gute Katholiken umkamen. Eine Koalition südfranzösisch-spanischer Kräfte unter *Peter von Aragón und dem Grafen Raimund VI. von Toulouse trat den Nordfranzo-

sen entgegen, wurde aber 1213 von Montfort bei Muret geschlagen. Trotz Montforts Gewaltherrschaft über die Provinz waren die A. noch nicht gänzlich vernichtet, und nach seinen Tod (1218) führte Prinz Ludwig (der spätere König *Ludwig VIII.) einen neuen Kreuzzug, der 1226 abgeschlossen wurde. Ludwigs Witwe *Blanca von Kastilien handelte 1229 den Frieden von Paris aus, in welchem die politischen Probleme des französischen Südens zu Gunsten der Krone geregelt wurden. Ein Teil der Grafschaft Toulouse kam zum Krongut, und der künftige Übergang des restlichen Landes wurde durch die Heirat der Erbin von Toulouse mit *Alfons von Poitiers, dem zweiten Sohn des Königs, gesichert. Die Überreste der A. wurden der von Papst *Gregor IX. neu organisierten und den Dominikanern anvertrauten Inquisition überlassen. In blutigen Unterdrückungsmaßnahmen wurden die Ketzer ausgerottet, mit dem Höhe- und Endpunkt der Niedermetzelung der Insassen der letzten Festung der A., Montségur (1244). Spuren der A. erhielten sich jedoch bis ins 14. Jh.

A. Borst, *Die Katharer*, 1953;
F. Niel, *Albigeois et Cathares*, 1956;
W. L. Wakefield, *Heresy, Crusade and Inquisition in Southern France*, 1974;
E. Le Roy Ladurie, *Montaillou*, 1980.

ALBIZZI Guelfenfamilie in Florenz, die im Laufe des 13. und 14. Jh.s in der Wolltuchindustrie ein Vermögen aufgebaut hatte. 1375 war Peter A. Führer der aristokratischen Partei und eigentlicher Herrscher der Stadt, wurde aber 1378 im *Ciompiaufstand ermordet. Trotz der Verbannung der Familie konnte Peters Neffe Maso degli A. 4 Jahre später die Macht in der Stadt an sich reißen. In den Jahren bis zu seinem Tod (1417) erwarb sich Maso einen prominenten Rang in der italienischen und europäischen Politik und war eifrig um das Wohlergehen seines Stadtstaates bemüht. Sein Sohn und Nachfolger Rinaldo scheiterte bei dem Versuch, Lucca zu erobern, und konnte der von den *Medici geführten Opposition nur durch die Vertreibung von Cosimo de Medici begegnen (1433), wurde aber 1434 gestürzt und starb 1442 in Ancona.
R. Davidsohn, *Geschichte von Florenz*, 1896.

ALBOIN König der Langobarden (ca. 561-72). Er führte nach seiner Wahl die Langobarden aus der Donaugegend nach Italien (568), wo er die Abneigung der Bevölkerung gegen die byzantinische Herrschaft geschickt ausnutzte und trotz der zahlenmäßig geringen Stärke seines Heeres Friaul, Aquileia, Verona und Mailand eroberte. A. wurde auf Anstiftung seiner Gattin beim Sturm auf Pavia ermordet.
Th. Hodgkin, *Italy and her Invaders* V, 1916.

ALBORNOZ, GIL ÁLVAREZ (1302-67) Kardinal. In Cuenza (Kastilien) geboren, stieg er zum höchsten kirchlichen Würdenträger der spanischen Kirche auf und wurde 1338 Erzbischof von *Toledo. Er stand in enger Verbindung mit König *Alfons XI. und trat für eine konsequent antimaurische Politik und die Wiederaufnahme der *Reconquista ein. Seine Beziehungen zum nächsten König, *Peter d. Grausamen, waren gespannt, und A. mußte Spanien verlassen, ging an den päpstlichen Hof nach Avignon und wurde zum Kardinal ernannt. 1353 machte ihn *Innozenz VI. zum päpstlichen Legaten in Italien und Statthalter im Kirchenstaat. A. reorganisierte die Verwaltung Roms und der Umgebung und schuf eine neue Verfassung.

F. Filippini, *Il Cardinale Egidio Albornoz*, 1933;
A. Erler, *Aegidius A. als Gesetzgeber des Kirchenstaates*, 1970.

ALBRECHT I. VON ÖSTERREICH (1255-1308) Sohn *Rudolfs von Habsburg und deutscher König seit 1298. 1282 erhielt er von seinem Vater das Herzogtum *Österreich und baute nach Kämpfen mit dem Adel ein starkes Regiment auf. Damit sollte die Habsburger-Dynastie ununterbrochen bis 1918 in Österreich herrschen. Nach seines Vaters Tod (1291) zogen die Kurfürsten den weniger ehrgeizigen *Adolf von Nassau als König vor. A. konnte jedoch in der Folge eines Aufstands gegen Adolf die Königswürde gewinnen. Er schlug seinen Rivalen in der Schlacht von Göllheim (1298), unterdrückte Rebellionen der rheinischen Fürsten und setzte sich auch in *Böhmen durch. A. begünstigte den Handel und förderte das Wachstum der Städte auf Kosten des Adels. Er ging ein Bündnis mit Frankreich ein und führte in der Schweiz eine Politik der Unterdrückung durch, die zum Kampf der Kantone um Unabhängigkeit führte. A. wurde von seinem Neffen Johann Parricida ermordet, dem er ererbte Güter vorenthalten hatte.
Die Zeit der frühen Habsburger (Ausstellungskatalog Wiener Neustadt), 1979.

ALBRECHT II. VON HABSBURG (1397-1439) Deutscher König seit 1438. Herzog von *Österreich (als Albrecht V.) seit 1411, baute durch ein Bündnis mit König *Sigmund seine Macht aus, nahm an der Bekämpfung der *Hussiten teil und heiratete Sigmunds Tochter Elisabeth (1422). Nach dem Tod des Königs erbte A. *Böhmen und *Ungarn und legte damit das territoriale Fundament für das *Habsburgerreich. In Ungarn kämpfte er gegen die *osmanischen Türken.
W. Wostry, *König Albrecht II.*, 1906/07.

ALBRECHT III. ACHILLES VON HOHENZOLLERN (1414-86) Kurfürst von Brandenburg seit 1470. Als dritter Sohn des Kurfürsten Friedrich I. (1415-40) erbte er die Fürstentümer Ansbach und Kulmbach. Er bemühte sich von *Bayreuth aus um die Vereinigung der Familienbesitzungen, wobei er gegen den heftigen Widerstand *Nürnbergs anzukämpfen hatte (1453). Durch den Verzicht seines Bruders Friedrich II. wurde er 1470 Kurfürst von Brandenburg und konnte die gesamten Besitzungen der Hohenzollernfamilie in seiner Hand vereinigen. 1473 verkündete er in dem Hausgesetz *Dispositio Achillea* die Unteilbarkeit des brandenburgischen Besitzes und legte damit das Fundament für das spätere Preußen.
E. W. Kanter, *Markgraf Albrecht Achilles*, 1911.

ALBRECHT I. "DER BÄR" (1100-70) Erster Markgraf von *Brandenburg (1150). Sohn Ottos d. Reichen aus dem bedeutenden sächsischen Askanierhause, war seit 1123 Herr von Anhalt. *Lothar III. belehnte ihn in Anerkennung seiner Verdienste in Italien mit der Nordmark, dem Kern des späteren Brandenburg. Er kämpfte gegen die *Slawen und fügte seine Eroberungen bis zur Elbe zu seinen Gütern. 1138 ernannte ihn König *Konrad III. zum Herzog von *Sachsen. Er konnte sich jedoch nicht gegen den Widerstand der *Welfen halten und kehrte 1143 in seine brandenburgischen Besitzungen zurück, von wo er die deutsche Kolonisierung der Mark weiter betrieb.
J. Schultze, *Die Mark Brandenburg* I, 1961;
E. Schmidt, *Die Mark Brandenburg unter den Askaniern*, 1973.

ALBRET Gascognische Adelsfamilie, die im Dienst der Herzöge von *Aquitanien im 11. Jh. große Güter südlich der Garonne erworben hatte. Im 14. Jh. kämpfte sie auf der englischen Seite als Lehnsleute des Herzogs von *Guyenne in den ersten Phasen des *Hundertjährigen Krieges. Der Versuch des *Schwarzen Prinzen, die Gascogne zu besteuern, ließ das Haupt der Familie, Arnault Amanieu (1358-1401), auf die französische Seite schwenken. Er heiratete Margarete von *Bourbon; sein Sohn Karl I. (1401-15) diente als Oberbefehlshaber (*Connétable*) von Frankreich und war einer der Führer der *Armagnaken. Er fiel in der Schlacht von *Azincourt. Sein Sohn Karl II. (1415-71) bereitete durch wohlüberlegte Heiraten seiner Töchter die Vereinigung der Fürstentümer *Foix und *Bearn in den Händen des Hauses A. vor. Alain d.Gr. (1471-1522) brachte zu Ende des 15. Jh.s den Plan zur Ausführung, und das Haus der A. wurde zu einer der Wurzeln der Bourbonendynastie.

A. Luchaire, *Alain, le Grand Sire d'Albret*, 1877;
P. S. Lewis, *Later Medieval France*, 1968.

ALBUMASAR (latinisiert für Abu Ma'schar; 787-886) Astrologe. Er stammte aus Balkh (Chorasan) und ließ sich Mitte des 9. Jh.s in Bagdad nieder. Seine Einführung in die Astronomie wurde im 12. Jh. ins Hebräische und Lateinische übersetzt. Mittelalterliche Wissenschaftler des Westens wie Roger *Bacon zitierten oft seine Ansichten über den Zusammenhang zwischen Sternkonstellationen und dem Aufstieg der Religionen.

F. J. Carmody, *Arabic Astronomical and Astrological Sciences in Latin Translation*, 1956.

ALCANTARA, ORDEN VON Geistlicher Orden der spanischen Ritter, 1156 zur Verteidigung der Stadt St. Julian del Ferriero ins Leben gerufen und 1176 mit der von den *Templern übernommenen Satzung durch Papst *Alexander III. anerkannt. Der Orden wurde 1213 von König *Alfons IX. von Kastilien mit der Verteidigung der neueroberten Stadt Alcantara am Tagusfluß betraut und erhielt die Stadt und die umliegenden Ländereien als fromme Schenkung. Im 13. und 14. Jh. nahm der Orden an den Kriegen der *Reconquista teil und sammelte großen Reichtum an. In seiner Politik war er eng an das kastilianische Königtum gebunden und besaß einen Prinzen aus dem Könighaus als Generalmeister. 1494 machte sich König *Ferdinand der Katholische zum Hochmeister des Ordens.

G. G. King, *A brief account of the Military Orders of Spain*, 1921;
F. Gutton, *L'Ordre d'A.*, 1975.

ALCAZAR (vom arabischen al-kasr: Festung) Bezeichnung für die von den arabischen und maurischen Herrschern in Spanien erbauten Festungen nahe ihren Hauptstädten, die als Regierungssitze und Residenzen dienten. Die christlichen Könige behielten die weiter mit dem arabischen Namen bezeichneten Festungen bei. Der berühmteste A. befindet sich innerhalb der Stadtmauern von *Sevilla und diente als Lieblingsresidenz der Könige von Kastilien. Auch die *Alhambra in Granada war ein A.

ALCHARIZI, JUDAH BEN SALOMON (um 1170-1235) Dichter und Übersetzer. Sohn einer reichen jüdischen Familie, in Toledo geboren und erzogen. Er besuchte 1190 die Provence und lebte lange im Mittleren Osten. Gegen sein Lebensende kehrte er nach Spanien zurück. Sein wichtigstes Werk ist *Tachkemoni* (1229 abgeschlossen), ein Klassiker der hebräischen Dichtung: eine autobiographische Beschreibung der Reisen des Verfassers und des Lebens der Juden im Mittleren Osten. Teile davon wurden ins Lateinische übersetzt. A. übertrug auch arabische Gedichte ins Hebräische und dazu den *Führer der Verworrenen* des *Maimonides. Diese Übersetzung wurde die Vorlage der lateinischen Version des Werkes.

Werk: dt.: *Die ersten Makamen des Charisi*, 1858.

ALCHEMIE (vom arabischen al-chimia: Chemie) Die theoretische und erfahrungsgemäße Suche nach dem Weg, unedle Metalle in Gold und Silber umzuwandeln, die schon in Indien und China und in der hellenistischen Epoche praktiziert wurde. Grundlage der mittelalterlichen A. der Araber und Europäer war die aristotelische Theorie der 4 Elemente. Danach besteht alles Natürliche, auch die Metalle, aus Erde, Luft, Feuer und Wasser. Der wiederholte Fehlschlag, andere Metalle direkt in Gold umzuwandeln, führte die mittelalterlichen Gelehrten zum Glauben an das Bestehen einer geheimnisvollen Substanz, den "Stein der Weisen". Die Suche nach dieser Substanz wurde Mittelpunkt der A. Die Weiterentwicklung dieses Gedankens bestand im Glauben an ein Lebenselixier, eine angeblich schon den alten Ägyptern von ihren Göttern anvertraute Substanz, mit deren Hilfe flüssiges Gold den Menschen verjüngen könne. Die frühen Alchemisten kamen aus den ägypti-

Ein Alchimist; Holzschnitt aus dem 16. Jh.

schen *Gnostikerkreisen des 3. und 4. Jh.s. Die wichtigen Abhandlungen wurden jedoch aufgrund rein spekulativer Überlegungen zwischen dem 7. und 10. Jh. in Byzanz geschrieben. Westeuropa kannte die A. nur durch die Übersetzungen koptischer Handschriften aus Ägypten ins Arabische. Unter den arabischen Alchemisten war Abu Mussa Tschaben Ibn Khijan al-Sufi von besonderer Bedeutung, der die Experimente der Gnostiker wiederholen wollte. Seit Anfang des 12. Jh.s fand die A. allmählich über Spanien und Süditalien in Europa Eingang, wo sie als eigene Wissenschaft anerkannt und mit den kosmologischen Systemen verbunden wurde. Obwohl die mittelalterlichen Labors kein Gold erzeugten, konnten sie dennoch wichtige Entdeckungen machen (Alkohol, Schwefelsäure). Die Kirche betrachtete die A. als Wissenschaft und erlaubte im 13. Jh. Gelehrten wie *Albertus Magnus, *Thomas von Aquin und *Raimund Lull ihr Studium. Sie bekämpfte aber die mystischen Tendenzen in Verbindung mit der *Astrologie: 1326 verurteilte Papst *Johann XXII. die "alchemistischen Quacksalber".
E. O. v. Lippmann, *Die Entstehung und Ausbreitung der Alchemie*, 3 Bde., 1954;
J. Fabricius, *Alchemy*, 1976.

AL-CHWARIZMI, MOHAMMED IBN MUSSA (um 780-845) Persischer Mathematiker, Astronom und Geograph. Eine der führenden Persönlichkeiten der *abbasidischen Akademie in Bagdad, wo er sein wichtigstes Werk, das Buch *Al-Gebr* und *Al-Mukabaleh,* verfaßte. Das Werk stützt sich auf das griechisch-indische wissenschaftliche Erbe und behandelt zum ersten Mal das Konzept der *Algebra. In der Übersetzung des *Adelhard von Bath (12. Jh.) diente es als Handbuch des Algebrastudiums im westlichen Mittelalter. A. verfaßte auch trigonometrische Tabellen und schrieb in seinen astronomischen Werken über das *Astrolabium und das Sonnenjahr.

ALCHWINE Siehe *ALKUIN.

ALEMANNEN (Alamannen) Kollektivname für eine Gruppe germanischer Stämme, die auch unter der Bezeichnung Sueben (Schwaben) bekannt sind. Die A. stammen vom Südufer der Ostsee, begannen im 1. Jh. n. Chr. ihre Wanderungen und kamen im 3. Jh. mit den Römern in Berührung, als sie in Gallien und Italien eindringen wollten. Sie ließen sich zwischen dem Main und dem Bodensee nieder und eroberten das *Elsaß. 357 wurden sie von Kaiser Julian besiegt, konnten sich aber nach des Kaisers Tod bis Passau ausbreiten. Gegen Ende des 5. Jh.s waren sie mit den *Franken in Kriegszustand und wurden 496 von *Chlodwig geschlagen, der ihr Siedlungsgebiet dem Frankenreich einverleibte. Die A. bewahrten ihre ethnische und sprachliche Identität über Jahrhunderte immer in Spannung zu den *Merowingern. Vom 9. Jh. an festigte sich in Süddeutschland das Herzogtum Alemannien (*Schwaben).
E. Schwarz, *Die Herkunft der Alamannen*, 1954;
W. Müller (Hg.), *Zur Frühgeschichte der A.*, 1975;
R. Christlein, *Die A.*, 1978.

ALEPPO Nordsyrische Stadt und eine der ältesten geschichtlichen Siedlungen der Welt. Die im 6. Jh. erbauten Befestigungen konnten A. vor den Persern schützen (540, 611), jedoch nicht vor der arabischen Eroberung (637). Als Provinzhauptstadt war A. Bindeglied zwischen der moslemischen und syrisch-christlichen Zivilisation hellenistischer Prägung. 945 erhob

Saif Al-Daula, der Begründer der *Hamdanidendynastie, A. zur Hauptstadt seines Königreiches, eine Stellung, welche die Stadt bis zur *fatimidischen Eroberung (1015) beibehielt. Im 11. Jh. wurde A. durch Beduinenaufstände erschüttert, 1086 machten sich die *seldschukischen Türken zu Herrschern der Stadt, die im weiteren den Angriffen der *Kreuzfahrer widerstand und als wichtige Ausgangsstellung im Kampf der Moslems gegen das christliche Fürstentum *Antiochia diente. Seit 1128 regierte *Sengi A. als Mittelpunkt seines nordsyrischirakischen Königreiches. Unter *Saladin war Hauptstadt des *Ejjubidenreichs und erlebte eine wirtschaftliche und kulturelle Blütezeit. 1260 von den Mongolen zerstört, fiel es in die Hände der *Mamluken.

Kulturell kam A. im 12. Jh. eine bedeutende Rolle in der Synthese des hellenistischen Erbes mit dem Islam zu. Die Schulen der Stadt waren Beispiele für ein harmonisches Zusammenleben *sunnitischer und *schiitischer Lehranstalten, bis unter *Nur a-Din dem religiösen Liberalismus ein jähes Ende gesetzt wurde (Schließung der schiitischen Schulen).
J. Sauvaget, *Alep*, 1941.

ALESSANDRIA Norditalienische Stadt, 1168 vom *Lombardenbund als Hindernis gegen *Friedrich Barbarossas italienische Pläne gegründet und nach Papst *Alexander III., dem Führer des Bundes, benannt. Friedrichs Eroberungsversuche wurden zurückgeschlagen, und 1198 erlangte A. den Status einer freien Stadt. Im 13. Jh. genoß die Stadt politische Unabhängigkeit und wirtschaftlichen Wohlstand, im 14. Jh. litt sie, wie andere italienische Städte, unter den Kämpfen adliger Parteien. 1348 wurde A. zum Herzogtum von *Mailand geschlagen.
G. Pislarino, *A.*, in: Studi Medievali 3. Ser., 11, 1970.

ALEXANDER II. (Anselm von Lucca) Papst (1061-73). In Baggio bei *Mailand geboren, Inhaber wichtiger Kirchenämter in Mailand und ein einflußreicher Führer der *Patariabewegung. 1056 zum Bischof von Lucca erwählt, zeichnete er sich bald als eines der Häupter der Reformbewegung aus. 1061 wurde er mit Unterstützung Hildebrands (des späteren *Gregor VII.) zum Papst gewählt und weigerte sich, von *Heinrich IV. die kaiserliche Wahlbestätigung zu erbitten. Heinrich ernannte einen Gegenpapst (Honorius II.), der sich jedoch gegen den allgemein anerkannten A. nicht durchsetzen konnte. A. erneuerte das Verbot der Priesterehen, der *Simonie und der *Investitur kirchlicher Würdenträger durch Laien. Zur Durchsetzung dieser Beschlüsse sandte er Legaten nach Lombardien, Spanien, Frankreich, England und Deutschland und bannte einige der Ratgeber Heinrichs IV. 1066 gab er dem Normannenherzog *Wilhelm I. seinen Segen zur Eroberung Englands.
T. Schmidt, *A. II.*, 1977.

ALEXANDER III. (Orlando Bandinelli, um 1105-81) Papst (1159-81). Der Sohn einer Adelsfamilie aus Siena studierte Kirchenrecht und war um 1140 einer der hervorragendsten Rechtsgelehrten in *Bologna. Als Kardinal (1150) war er Berater von Papst *Hadrian IV., auf den er großen Einfluß ausübte. Nach dessen Tod wurde er von der Mehrheit der Kardinäle zum Papst gewählt, konnte sich aber gegen *Friedrich Barbarossa und seinen Gegenpapst Viktor IV. nicht in Italien halten. Er floh nach Frankreich und erhielt die Unterstützung der französischen und englischen Kirche und Könige, was ihm 1166 die Rückkehr nach Italien ermöglichte. Dort wurde er Haupt des *Lombardenbundes im Kampf gegen die kaiserliche Herrschaft über Norditalien. Keine der Parteien erreichte ihr Ziel; die in Venedig ausgearbeitete Kompromißlösung (Frieden von Rialto, 1177) anerkannte jedoch A. als rechtmäßigen Papst. Das 3. *Laterankonzil, das A. 1179 einberief und leitete, verdeutlichte die Stellung des Papstes als Führer der katholischen Welt. A. war auch in anderen politischen Fragen tätig: Er half *Ludwig VII. seine Herrschaft in Frankreich zu festigen und verlieh ihm den Titel des "allerchristlichsten Königs"; in England bemühte er sich halbherzig, zwischen *Heinrich II. und Thomas *Becket zu vermitteln, und zwang später den König, öffentliche Buße für den Mord des Erzbischofs zu leisten (1171); in Spanien förderte er die *Reconquista. A. verfaßte (von *Abaelard beeinflußte) Kommentare zu *Gratians Dekret und zu den *Sententiae Rolandi*. Seine Schriften wie seine Tätigkeit zielten auf die Errichtung eines theokratischen Regimes, mit dem Papst als Führer der Christenheit.

Werke: *PL* 200;
M. Pacaut, *Alexandre III.*, 1956;
M. W. Baldwin, *A. III and the XIIth Century*, 1968.

ALEXANDER IV. (Rainald von Segni) Papst (1254-61), stammte aus einer römischen Grafenfamilie, 1231 Kardinal-Bischof von Ostia. Im heftig tobenden Kampf zwischen dem Papsttum und den *Hohenstaufen stellte er sich gegen *Manfred und *Konradin, den Enkel *Friedrichs II. Nach Anwachsen des *ghibellinischen Einflusses in Rom mußte er 1258 nach *Viterbo fliehen. Auf gesamtkirchlichem Gebiet war A. bemüht, eine Aussöhnung zwischen der katholischen und der griechisch-orthodoxen Kirche zu erreichen und einen *Kreuzzug gegen die *Mongolen in Bewegung zu setzen. Er unterstützte die Bettelorden und gründete die *Augustiner-Eremiten.

F. Tenckhoff, *Papst Alexander IV.*, 1907;
S. Sibilia, *Allessandro IV.*, 1961.

ALEXANDER V. (Peter Philargis; um 1340-1410) Papst (1409-10). In Candia auf Kreta geboren, trat er als junger Mann dem *Franziskanerorden bei, studierte in Oxford und Paris, wo er 1381 Meister der Theologie wurde. Später ging er im Auftrag seines Ordens in die Lombardei, wo er nacheinander Bischof von Piacenza (1386), Vicenza (1388), Novara (1389) und Erzbischof von Mailand (1402) wurde. 1409 auf dem zur Beendigung des großen *Schismas einberufenen Konzil von *Pisa einstimmig zum Papst erwählt (mit der Hoffnung, daß der hervorragende Theologe und energische Führer die Einheit der Kirche erneuern werde), starb er jedoch 10 Monate nach der Wahl. In seinen *Kommentaren zu den Sentenzen* lieferte A. einen bedeutenden Beitrag zur *nominalistischen Philosophie.

F. Ehrle, *Der Sentenzenkommentar Peters von Candia*, 1925.

ALEXANDER I. (um 1078-1124) König von Schottland. Sohn Malcolms III. und der hl. *Margarete, regierte 1107-24. Er führte unter dem beherrschenden Einfluß seiner Mutter englische Gebräuche in Schottland ein und bekämpfte die Autonomie der Clans.

E. W. Robertson, *Scotland under her Early Kings*, 1862.

ALEXANDER II. (1198-1249) König von Schottland. Sohn *Wilhelms d. Löwen, regierte 1214-49. Um Northumberland zu erhalten, griff er 1215 in die Revolte gegen *Johann I. von England ein, mußte aber 1236

nach einer Reihe erfolgloser Versuche seine Absichten aufgeben und sich mit *Heinrich III. verständigen. Unter seiner Regierung erfreute sich Schottland einigen Wohlstandes und wurde das Lehnswesen als politisch-gesellschaftliches System gefördert.

A. A. M. Duncan, *Scotland, The Making of the Kingdom*, 1975.

ALEXANDER III. (1241-86) König von Schottland (1249-86). Nach seiner Regierungsübernahme (1262) zwang der Sohn *Alexanders II. den während seiner Minderjährigkeit außer Kontrolle geratenen Clans seine Herrschaft auf und eroberte von den Norwegern die Insel Man und die Hebriden. Seine Regierungszeit war für Schottland eine Periode des Friedens und der Gerechtigkeit und erhielt sich im Gedächtnis des Volkes als "goldenes Zeitalter". Sein Tod wurde allgemein betrauert, und eines der ältesten schottischen Volkslieder, das *Lament for Alisaunder,* erinnert an den geliebten König.

A. A. M. Duncan, *Scotland, The Making of the Kingdom*, 1975.

ALEXANDER NEWSKI (um 1220-63) Großfürst von *Wladimir und *Nowgorod (1252-63), Sohn des Jaroslaw von Wladimir. Nach anfänglichem Kampf gegen die *mongolischen Eroberer unterwarf er sich und stimmte der Forderung zu, jährlichen Tribut zu zahlen. Damit erhielt er Rückenfreiheit, die Schweden und die deutschen Ritter des livländischen Ordens in Nordwestrußland zu bekämpfen. 1240 gewann er die Entscheidungsschlacht gegen die Schweden am Newafluß (daher sein Beiname). 1242 vernichtete er die livländischen Ritter auf dem Eis des Peipussees nahe der estnischen Grenze. Damit war der Weg zur Annexion des Fürstentums Nowgorod frei und dem Vordringen des Katholizismus in Rußland Einhalt geboten. A. konnte zwar nicht die russischen Fürstentümer vereinigen, wurde jedoch allgemein als Führer anerkannt. Nach seinem Tod wurde er zum Heiligen der russisch-orthodoxen Kirche und legendären Verkörperer der russischen Unabhängigkeit.

A. v. Taube, *Die Schlacht auf dem Eise des Peipus*, 1942;
A. M. Ammann, *Kirchenpolitische Wandlungen im Ostbaltikum bis zum Tod A.N.s*, 1936.

ALEXANDER VON HALES (um 1170-1245) Philosoph und Theologe. In Gloucestershire (England) geboren und im Kloster von Hales erzogen, studierte und lehrte in Paris, 1236 Professor der Theologie am Pariser Franziskanerkolleg. A. vereinigte in seiner Lehre die Gedanken *Augustins, *Anselms und *Hugo von St. Victoirs mit der *aristotelischen Methode und errang großen Ruhm als *Doctor Irrefragabilis* (unwiderlegbarer Gelehrter). Eine große Anzahl von Werken anderer Franziskaner wurden ihm irrtümlich zugeschrieben; sein wichtigstes Opus ist eine umfangreiche theologische "Summe".

Werk: B. Klumper (Hg.), *Summa Theologica*, 1924ff.;
V. Marcolino, *Das Alte Testament in der Heilsgeschichte*, 1969.

ALEXANDER VON NECKAM Siehe *NECKAM.

ALEXANDER VON ROES (2. Hälfte 13. Jh.) Kölner Kanoniker und Verfasser einer staatstheoretischen Schrift "Über den Vorrang des Römischen Reiches" (um 1281), in der die Aufgaben der verschiedenen Nationen beschrieben werden: den Deutschen gehört seit *Karl d.Gr. auf ewig das Kaisertum (*imperium*), den Franzosen die Wissenschaft (*studium*) und den Italie-

nern das Papsttum (*sacerdotium*). So hat die göttliche Ordnung jeder Nation in einem Bereich eine Führungsrolle zugewiesen, um die Christenheit vor dem *Antichrist zu bewahren. 1285 verfaßte A. die Parabeldichtung *Der Pfau* (gemeint ist der Papst) und 1288 eine *Weltkunde*, in der die Geschichtsphilosophie seiner ersten Denkschrift wiederaufgenommen und vertieft wird.   (Din)
Werke: lat.-dt. H. Grundmann, H. Heimpel (Hgg.), 1949-69.

ALEXANDER VON TRALLES (525-605) Byzantinischer Arzt, in Tralles (Anatolien) geboren, durchreiste in Ausübung seines Berufes das byzantinische Reich und Westeuropa und sammelte Informationen über verschiedene Krankheiten. Er ließ sich in Rom nieder, wo er eine medizinische Abhandlung schrieb (*Therapeutika*), die später von den Arabern benutzt wurde.
Werk: Th. Puschemann (Hg.), (Neudruck) 1963.

ALEXANDERROMAN Das von Alexandre de Bernai im 12. Jh. verfaßte und aus vier Gedichten zusammengesetzte Werk behandelt Jugend, Kriege, Indienzug und Tod Alexanders d.Gr. Die geschichtliche Figur Alexanders dient hier als Hintergrund für eine rein mittelalterliche Erzählung, in der das Ideal des vollkommenen Ritters mit Motiven aus christlichem Glauben und Mythos vermischt ist. Der Roman war Ausgangspunkt für die meisten europäischen Alexanderlegenden.
E. C. Armstrong (Hg.), *The Medieval French Roman d'Alixandre*, 1937/76.

ALEXANDRIA Ägyptische Hafenstadt, 332 v. Chr. durch Alexander d.Gr. gegründet, als Hauptstadt Ägyptens Zentrum der Geisteskultur in der hellenistischen Periode. Als ein der Überlieferung nach vom hl. Markus gegründeter Patriarchensitz besaß A. eine unabhängige apostolische Tradition. Die wirtschaftliche Blüte der Stadt beruhte auf ihrer Position als Angelpunkt des Mittelmeerhandels und als Hauptstadt der byzantinischen Provinz Ägypten. Nur Konstantinopel übertraf A. an Reichtum und Bedeutung. Die Bevölkerung lebte in ethnisch gesonderten Vierteln (Griechen, Kopten und Juden). 616 wurde die Stadt von König *Chosrau von Persien erobert. Zur Zeit der arabischen Besetzung (642) war A. schon im Niedergang begriffen. Viele der Einwohner flohen, und auch die moslemische Ansiedlung konnte nicht das Bevölkerungsdefizit wettmachen. A. blieb zwar Handelszentrum und kultureller Treffpunkt zwischen Hellenismus und Islam, verlor aber durch die Verlegung der Hauptstadt nach *Fustat an politischer und durch die Errichtung italienischer Kolonien in *Akkon an wirtschaftlicher Bedeutung. Nach einer Periode neuen Aufschwungs im 13. Jh. bewirkten die Entdeckung neuer Handelswege über das Mongolenreich, der *Schwarze Tod (1348) und schließlich die Entdeckung der Kap-Route durch die Portugiesen den endgültigen Niedergang A.s.
R. Taragan, *Alexandria*, 1931; J. Marlowe, *The Golden Age of A.*, 1971.

ALEXIOS I. KOMNENOS (1048?-1118) Gründer der Komnenendynastie und byzantinischer Kaiser (1081-1118). In der Periode vor der Machtergreifung von A. hatten politische Wirren die *seldschukische Eroberung Kleinasiens ermöglicht. A. richtete die öffentliche Ordnung wieder auf und stärkte die Reichsmacht in einer Reihe von Schlachten gegen die *Normannen in Süditalien, die *Petschenegen und die Seldschuken. 1096

mußte er sich mit den Teilnehmern des 1. *Kreuzzugs auseinandersetzen, die sich in Konstantinopel versammelt hatten. Bevor er sie zum Kampf gegen die Moslems weitersandte, ließ er sie den Treueid schwören und ihre Hilfe zur Wiederaufrichtung der byzantinischen Macht in Kleinasien versprechen. Jedoch konnte er die Oberherrschaft über die neuerrichteten Kreuzfahrerstaaten nicht durchsetzen.
G. Ostrogorsky, *Geschichte des byzantinischen Staates*, 1963[3].

ALEXIOS II. KOMNENOS (1169-83) Byzantinischer Kaiser (1180-83), Sohn von *Manuel Komnenos und Marias von Antiochia, die als Regentin seine Regierungszeit beherrschte und wegen ihres westlichen Ursprungs höchst unbeliebt war. 1182/83 lehnte sich die Kaiserfamilie auf, Maria und A. wurden ermordet, und ein neuer Regent, Andronikus, kam an die Macht.
G. Ostrogorsky, *Geschichte des byzantinischen Staates*, 1963[3].

ALEXIOS III. ANGELOS (gest. 1210) Byzantinischer Kaiser (1195-1203), stammte aus der mit den *Komnenen verwandten Angeloidynastie, erhob sich gegen seinen Bruder *Isaak II. und wurde dessen Nachfolger. Seine Regierungszeit war durch dynastische Konflikte, unglückliche Kämpfe gegen die Bulgaren und das rasche Wachsen des venezianischen Einflusses in Byzanz geprägt. Die venezianische Hilfe für Isaak und dessen Sohn *Alexios IV. machte schließlich A.s Herrschaft ein Ende.
G. Ostrogorsky, *Geschichte des byzantinischen Staates*, 1963[3].

ALEXIOS IV. ANGELOS (1183-1204) Sohn *Isaaks II. und byzantinischer Kaiser (1203-04). Er erhob sich mit venezianischer Hilfe gegen seinen Onkel *Alexios III., entthronte diesen und regierte zusammen mit seinem Vater. Seine eigene Absetzung (1204) schuf eine Situation politischer Anarchie, in der die Teilnehmer des 4. *Kreuzzugs Gelegenheit erhielten, Konstantinopel zu überwältigen und das *Lateinische Kaiserreich zu gründen.
G. Ostrogorsky, *Geschichte des byzantinischen Staates*, 1963[3].

ALEXIOS V. DUKAS (gest. 1204) Schwiegersohn von *Alexios III., leitete die Revolte gegen *Alexios IV. und versuchte als Kaiser von Byzanz vergeblich, den Kreuzfahrern entgegenzutreten. Er wurde bei der Verteidigung Konstantinopels getötet.
G. Ostrogorsky, *Geschichte des byzantinischen Staates*, 1963[3].

ALEXIOS (hl.; um 1293-1378) Metropolit (Erzbischof) von Moskau und einer der Väter der russisch-orthodoxen Kirche. Er beschützte den hl. *Sergius und stärkte die Vorherrschaft Moskaus über die russische Kirche. In der Zeit der Unmündigkeit von *Dimitrij Donskoj (1359-62) übte A. die Regentschaft aus und unterdrückte den unruhigen Adel.
R. A. Klostermann, *Probleme der Ostkirche*, 1955.

ALFONS I. ("Der Kämpfer") König von Aragón und Navarra (1104-34). Nach seiner Heirat mit *Urraca, der Erbin von *Kastilien, beanspruchte er das Land seiner Gemahlin und wollte sich zum Kaiser von Spanien aufschwingen (1106). Urraca begegnete dem Ehrgeiz ihres Gatten mit kriegerischen Maßnahmen. A. konnte in Kastilien eindringen, richtete aber seine hauptsächlichen Bemühungen gegen die Moslems. Er gelangte in einer

Reihe von Feldzügen, die ihm den Beinamen "der Kämpfer" verliehen, nach *Andalusien und eroberte die wichtigen Städte Tudela (1115) und Saragossa (1118).

J. M. Lacarra, *Vida de A. el Batallador*, 1971.

ALFONS II. (Raimund; 1154-96) König von Aragón (1164-96), Sohn von *Ramón-Berengar IV., Graf von Barcelona, und Petronellas, der Enkelin von *Alfons I. und Erbin von Kastilien. Er kämpfte zusammen mit *Alfons VIII. von Kastilien gegen die Mauren und gegen Sancho VI. von Navarra (1177). Sein Hauptinteresse lag jedoch in der Fortführung der traditionellen katalanischen Politik in der *Provence, wo er den Grafen von *Toulouse, *Raimund V., bekriegte. A. war Mäzen der Dichter und Troubadours, er selbst verfaßte Lieder in der südfranzösischen Sprache.

J. Ventura, *A. el Casto*, 1961.

ALFONS III. (1265-91) König von Aragón (1285-91). Sohn *Peters III. Seine Regierungszeit stand im Schatten des Krieges gegen Frankreich und dessen Alliierte auf den Balearaninseln. Um den Adel an sein Haus zu binden, verlieh er ihm weitgehende Vorrechte, darunter das Recht, Krieg und Frieden zu bestimmen, Steuern zu bewilligen und Beamte zu bestellen.

H. J. Chaytor, *A History of Aragon and Catalonia*, 1933.

ALFONS IV. (1299-1336) König von Aragón (1327-36). Sohn *Jakobs II., in dessen Namen er 1320 Teile Sardiniens eroberte und einen Krieg gegen den von den Genuesen beherrschten Teil der Insel führte. Als König ist er u.a. durch die drückenden Steuern bekannt, mit welchen er besonders die Juden belastete.

ALFONS V. ("Der Große"; 1396-1458) König von Aragón (1416-58). Sohn *Ferdinands I., von dem er die Königreiche Aragón, *Mallorca, *Sizilien und Sardinien erbte. Sein Versuch, Korsika zu erobern (1421), schlug jedoch fehl. Als Adoptivsohn der neapolitanischen Königin Johanna II. wurde er 1419 in die Affären Süditaliens verstrickt. Sein Krieg gegen die *angevinischen Parteigänger in Neapel verursachte Unruhen im Königreich. Johanna hob die Adoption auf und nahm *Rainer von Anjou als Erben an (1435). Unter Führung Papst *Eugens IV. bildete sich gegen A. eine Koalition Mailands, Venedigs und Genuas; 1435 wurde die aragonische Kriegsflotte bei Gaeta durch die Genuesen zerstört, und A. fiel in Gefangenschaft. Er konnte jedoch den Mailänder Fürsten Philip Maria *Visconti auf seine Seite ziehen, erlangte die Freiheit und eroberte 1442 Neapel. Sein glänzender Hof zog viele bekannte Literaten und Humanisten an; auch im Feld ließ er sich täglich aus antiken Schriftstellern vorlesen.

J. Ametller y Viñas, *Alfonso V. de Aragón*, 3 Bde., 1903-28;
A. F. Ch. Ryder, *The Kingdom of Naples under Alfonso the Magnanimous*, 1976.

ALFONS I. (693-757) König von *Asturien (739-57). Gründer des Königreiches, das er unter Ausnutzung der Konflikte zwischen den arabischen Herrschern in Nordspanien erobern und aufbauen konnte. A. annektierte auch die Provinz Galicien.

ALFONS II. (791-842) König von *Asturien. Kämpfte gegen die Moslems und erweiterte sein Königreich bis zum Duerofluß. Der Überlieferung nach gründete er *Santiago de Compostela mit dem in ganz Westeuropa verehrten Schrein des hl. Jakob.

ALFONS III. ("Der Große"; 838-910) König von *Asturien und *León (866-910). Bekämpfte die Moslems und vergrößerte sein Reich sowohl territorial als auch bevölkerungsmäßig durch Einwanderer. In späteren Zeiten wurde A. zum Sagenheld.

A. Cotarello Valledon, *Historia . . . de A. III. el Magno*, 1933.

ALFONS IV. ("Der Mönch") König von *Asturien und *León (924-27). Der willensschwache Herrscher dankte zu Gunsten seines Bruders *Ramir ab und ging ins Kloster, bereute jedoch nach kurzer Zeit seinen Entschluß und lehnte sich gegen Ramir auf. Er wurde geschlagen, geblendet und in sein Kloster zurückgesandt, wo er 932 starb.

G. Jackson, *The Making of Medieval Spain*, 1972.

ALFONS V. (994-1028) König von *Asturien und *León (999-1028). Er ordnete das heruntergekommene Königreich von neuem und verlegte den Schwerpunkt seiner Regierung nach León und Kastilien. A. unterstützte die Städte als Mittel zur Bändigung des Adels und verlieh ihnen als erster König Privilegien (*fueros*). Bei der Belagerung von Viseu in Nordportugal ist er im Kampf mit den Moslems gefallen.

A. Castro, *The Structure of Spanish History*, 1954.

ALFONS VI. (1040-1109) König von León (1065-1109) und *Kastilien (1072-1109). Sohn von *Ferdinand I., sollte nach seines Vaters Erbbestimmungen León erhalten, mußte aber wegen einer Fehde mit seinem vom *Cid unterstützten Bruder *Sancho II. nach dem moslemischen Toledo flüchten und wurde nach seines Bruders Tod (1072) als König von Kastilien und León anerkannt. Er nutzte den Niedergang und Wirrwarr in den moslemischen Staaten Spaniens, um seinen Herrschaftsbereich auszudehnen. So brach er in Andalusien ein, belagerte Sevilla und bedrohte Granada. Nach Alkadars Verzicht auf Toledo nahm er die Stadt 1085 und machte sie zur Hauptstadt Kastiliens. Seine Siege führten zum Zusammenbruch der *Abbadiden und zur Eroberung des moslemischen Spaniens durch die *Almoraviden. Diese fügten A. 1086 und 1108 zwei schmerzhafte Niederlagen zu. Nach der Eroberung Toledos nannte sich A. "Kaiser aller Spanier". Er ermutigte die Niederlassung französischer Ritter und Stadtbürger in seinem Reich und führte in Spanien die Klosterreform von *Cluny ein. Trotz seiner strengen christlichen Überzeugung übte er gegenüber seinen moslemischen und jüdischen Untertanen religiöse Toleranz.

R. Menéndez Pidal, *Das Spanien des Cid*, 2 Bde., 1936/37.

ALFONS VII. (1105-57) König von Kastilien und León (1126-57). Enkel von *Alfons VI. Nahm an den Kriegen zwischen seiner Mutter *Urraca und seinem Stiefvater *Alfons I. von Aragón teil und erhielt sein Reich durch den Vertrag von Tamara (1125). A. gelang es, den widerspenstigen Adel unter seine Herrschaft zu zwingen, und wurde auch von den Königen von Navarra und Aragón als oberster Lehensherr anerkannt, so daß er sich 1135 zum Kaiser krönen konnte. Dagegen mußte er die faktische Unabhängigkeit Portugals akzeptieren. A. nahm an den Kriegen gegen die andalusischen Mauren teil und besetzte zeitweilig Córdoba und Almeria.

P. Rassow, in: Archiv für Urkundenforschung 10, 1928.

ALFONS VIII. ("Der Edle"; 1155-1214) König von Kastilien (1158-1214). Während seiner Minderjährigkeit erklärten sich Navarra und Aragón unabhängig, und *Ferdinand II. von León griff Kastilien an. Gegen den

Angriff seiner Feinde versuchte A. durch eine Heirat mit Eleonore, der Tochter *Heinrichs II. von England, *angevinische Hilfe zu gewinnen. Der bis 1196 chronische Kriegszustand zwischen den Christenstaaten Spaniens kam den Mauren zugute, die 1195 A. bei Alarcos besiegten und Guadalajara und Madrid einnahmen. Nach Abschluß eines Friedensvertrages mit *Peter II. von Aragón konnte A. seine Kräfte gegen die *Almohaden konzentrieren, wozu Papst Innozenz III. 1210 einen spanischen Kreuzzug ausrief. 1212 vernichtete A. die Almohaden in der Schlacht von Las Navas de Tortosa, die als größter und glanzvollster Sieg der *Reconquista angesehen wird.

J. González, *El reino de Castilla en la época de A. VIII.*, 3 Bde., 1960.

ALFONS IX. (1171-1230) König von León (1188-1230). Seine Regierungszeit stand im Schatten der langen Auseinandersetzung mit dem Papsttum um seine verbotenen Heiraten mit Theresa von Portugal und Berengaria von Kastilien, derentwegen er mehrfach gebannt wurde. Obwohl A. die Unterstützung des Adels und der Priesterschaft von León besaß, konnte er das Problem der Thronfolge nicht lösen. Die von ihm einberufenen Gerichte ließen erstmalig auch Stadtbürger zu und verabschiedeten mit der *Magna Charta* zu vergleichende Gesetze gegen Machtmißbrauch. Nach seinem Tod brach allgemeine Anarchie aus.

J. González, *Alfonso IX*, 2 Bde., 1944.

ALFONS X. ("Der Weise"; 1221-84) König von Kastilien und León (1252-84) und römischer Kaiser (1267-72). Im fortlaufenden Krieg gegen die Mauren schloß A. die christliche Eroberung Andalusiens ab (1265), festigte mit Hilfe des Emirs von Granada seine Herrschaft im Guadalquivirtal und versuchte sogar, Marokko zu besetzen. Er regelte durch eine Reihe von Heiraten die endgültig aufgegebenen Ansprüche Kastiliens auf die Gascogne und erlangte englische sowie portugiesische Hilfe. 1257 wurde er zum deutschen König und zum Kaiser gewählt, kam jedoch nie nach Deutschland, um der Wahl Wirkung zu verleihen. Nach der Wahl *Rudolfs von Habsburg (1273) mußte er auf den Titel verzichten. Seit 1270 sah er sich inneren Schwierigkeiten gegenüber. Ein Teil des Adels erhob sich unter der Führung des Hauses Lara und verlangte die Abschaffung gewisser Steuern und Dienste. Der Aufstand konnte erst 1275 unterdrückt werden. Nach dem Tod seines ältesten Sohnes und designierten Thronfolgers Ferdinand von La Cerda (1275) forderte der jüngere Sohn Sancho das Erbe, so daß das Königreich in 2 Lager gespalten war: die Cortes von Valladolid beschlossen, A. abzusetzen, während die Cortes von Sevilla Sancho zum Rebellen erklärten.

A. besaß ein reges Interesse an Literatur, Wissenschaft und Rechtsprechung. Er förderte die Übersetzung arabischer und hebräischer Werke über Religion, Astronomie und Astrologie und gab den Anstoß zur Entwicklung des Kastilischen als Schriftsprache anstelle des Lateinischen. Er gab den Anstoß zur ersten offiziellen Geschichtsschreibung Spaniens, hielt an seinem Hofe Dichter und Troubadours und scheint auch selbst einige Gedichte verfaßt zu haben. Berühmt ist seine Sammlung von 427 Marienhymnen (*Cantigas de S. Maria*).

A. Ballasteros y Beretta, *Alfonso X. el Sabio*, 1963; J. E. Keller, *Alfonso X. el Sabio*, 1967.

ALFONS XI. (1311-50) König von Kastilien und León (1312-50). In den Jahren seiner Minderjährigkeit herrschte im Königreich allgemeine Anarchie. Nach seiner Mündigkeitserklärung durch die *Cortes* (1325) stellten die Parteien ihre Feindseligkeiten ein. Die Heirat mit Maria von Portugal sollte den inneren Frieden sichern, doch seine Vorliebe galt der schönen Eleonore de Guzmán, die ihm u.a. den (illegitimen, aber erfolgreichen) Thronerben Heinrich II. gebar. 1331 mußte A. den Krieg gegen Granada einstellen und sich auf die inneren Angelegenheiten konzentrieren. Zur Niederhaltung des Adels privilegierte er die Städte 1337. Mit Hilfe von Rittern aus England, Frankreich, Navarra und Portugal erneuerte er den Kampf gegen Granada und Marokko und gewann 1340 mit der Eroberung von Algeciras und der Belagerung Gibraltars einen entscheidenden Sieg, der den spanischen Islam von seinem afrikanischen Rückhalt abschnitt. A. fiel dem *Schwarzen Tod zu Opfer, der 1349/50 das Königreich heimsuchte.

ALFONS I. (um 1110-85) König von *Portugal (1139-85). Sohn Heinrichs von Burgund und Thereses von Kastilien. Er erbte 1112 die Grafschaft von Portugal, deren Regierung jedoch in den Händen seiner Mutter lag. 1128 erhob er sich gegen sie und schlug ihren Parteigänger *Alfons VII. von Kastilien. Danach löste er die Lehensbindung zu León und eroberte in einer Reihe von Feldzügen Santarém und Lissabon (1147). 1139 hatten ihn seine Truppen zum König akklamiert, und 1179 wurde sein Titel von Papst *Alexander III. anerkannt.

M. Blöcker-Walter, *A. I. v. Portugal*, 1966.

ALFONS II. (1185-1223) König von Portugal (1211-23). Er schlug die Mauren bei Alcácer do Sal, einer Schlüsselposition südlich des Tagus. A. war hauptsächlich mit der Verwaltung seines Landes beschäftigt und stieß mit Adel und Klerus wegen der Frage der Besteuerung zusammen. 1220 wurde er von Papst *Honorius III. wegen des Versuchs der Enteignung von Kircheneinkommen gebannt.

H. V. Livermore, *A History of Portugal*, 1947.

ALFONS III. (1210-79) Zweiter Sohn von *Alfons II. und König von Portugal (1248-79) nach der Absetzung seines Bruders *Sancho II. Er eroberte 1249-50 die Provinz Algarve von den Mauren und legte damit die Grenzen Portugals fest, deren Hauptstadt Lissabon wurde. 1254 nahm er Vertreter der Städte in die Cortes auf.

H. V. Livermore, *A History of Portugal*, 1947.

ALFONS IV. (1291-1357) König von Portugal (1325-57). Er rebellierte gegen seinen Vater *Dionysus, unterstützte Maria von Portugal gegen ihren Gemahl *Alfons XI. von Kastilien, stand diesem aber nach der Versöhnung der Ehegatten gegen die Marokkaner bei. In seinen letzten Regierungsjahren führte sein Sohn Peter eine Revolte in den nördlichen Provinzen gegen ihn.

H. V. Livermore, *A History of Portugal*, 1947.

ALFONS V. (1432-81) König von Portugal (1438-81). Die Regentschaft seiner Mutter Eleonore aus Aragón endete im Jahre 1448. A. eröffnete die portugiesische Kolonialpolitik mit einem Angriff auf Nordafrika und der Eroberung von Tanger (1464). A. ermutigte die Seefahrt und gab damit den Anstoß zur Entdeckung der Seeroute nach Indien. Er heiratete die Tochter *Heinrichs IV. von Kastilien und forderte in ihrem Namen den kastilianischen Thron (1476). A. förderte die Humani-

Der Löwenhof der Alhambra, Granada

sten und schuf die große königliche Bibliothek in Coimbra.

H. V. Livermore, *A History of Portugal*, 1947.

ALFONS VON POITIERS (1220-71) Sohn *Ludwigs VIII. von Frankreich und Blancas von Kastilien, Bruder und engster Vertrauter von König *Ludwig IX. von Frankreich. Er erhielt die Grafschaft von *Poitou als Ausstattung und zur Sicherung gegen die Pläne *Heinrichs III. von England in *Aquitanien. Durch diesen Schritt sollten auch die Barone Aquitaniens in ein Lehensverhältnis mit der französischen Krone gebracht werden. Als Teil der Lösung der *Albigenserfrage wurde er 1229 mit der Erbin von *Toulouse vermählt und erhielt die Grafschaft 1249 im Namen seiner Frau Johanna. Obwohl A. der stärkste Feudalherr Frankreichs war, versuchte er nicht, eine eigene Herrschaft aufzubauen, sondern blieb seinem Bruder und den Zielen der französischen Politik ergeben (Teilnahme an den Kreuzzügen Ludwigs). A. zentralisierte die Verwaltung seiner Ländereien und setzte eigene Beauftragte zur Erledigung von Beschwerden aus der Bevölkerung ein.

E. Boutaric, *Saint Louis et Alphonse de Poitiers*, 1870.

ALFRED DER GROSSE (um 849-99) König von England (871-99). Er wurde von seinem Bruder Aethelred I. seit 866 an der Regierung beteiligt und war mit der Kriegsführung gegen die *Dänen beauftragt, die er 871 bei Ashdown schlug. Obwohl es ihm gelang, die Invasion von Wessex zunächst abzuwehren, wurde sein Heer 878

vernichtend geschlagen und das Land von den Eindringlingen überrannt. A. zog sich nach Somerset zurück, stellte seine Armee neu zusammen und schlug die Dänen im gleichen Jahr bei Edington. Damit zerfiel England in ein unabhängiges angelsächsisches (von Wessex dominiertes) Gebiet und in die dänischen Territorien nordwestlich der Verbindungsstraße zwischen London und Chester, das sog. *Danelaw. A. entwickelte ein starkes Verteidigungssystem auf der Grundlage des allgemeinen Wehrdienstes aller Freien, einer Flotte und der Errichtung von Befestigungen. Diese Maßnahmen bewährten sich 893 bei einem neuen dänischen Invasionsversuch.

A. ist als erster angelsächsischer König den skandinavischen Invasionen Englands erfolgreich entgegengetreten, doch ohne alle von den Dänen besetzten Gebiete befreien zu können. Die Geschichtsschreibung seiner und späterer Zeiten präsentiert ihn als Verteidiger des Christentums gegen die Heiden und Nationalheld. In den kurzen Friedensperioden seiner Regierung verbesserte er die Verwaltung des Königreiches und zwang seinen Untertanen Recht und Einheit auf. An seinem Hof errichtete er nach karolingischem Vorbild eine Schule für die Söhne des Adels und förderte die Gelehrten und die Klöster, in der Übersetzung lateinischer Werke ins Angelsächsische ermutigt wurden. A. schrieb möglicherweise selbst über die Geschichte und Geographie seines Landes und übersetzte *Augustin, *Boethius und *Gregor d.Gr. Seine literarischen Aktivitäten ebneten den Weg zur Entwicklung der angelsächsischen Schriftsprache.

R. Pauli, *König Alfred und seine Stelle in der Geschichte Englands*, 1851;

H. R. Loyn, *A. the Great*, 1967.

ALGEBRA Ein Zweig der Arithmetik, der als Rechenhilfe Zeichen für die unbekannten Werte einer Gleichung gebraucht. Die Bezeichnung stammt vom Titel des arabischen Werkes von *Al-Chwarismi (8. Jh.). Die Methode war schon den alten Ägyptern bekannt, wurde von den Griechen weiterentwickelt, dann von den Arabern in Spanien und Süditalien angewandt. Die Übersetzung des Al-Chwarismi und die Aufnahme der algebraischen Methode durch die Schule von *Chartres wurde durch die lateinische Übersetzung des Werkes von *Abraham Bar Chija von Barcelona vorbereitet. Der Begriff A. wurde somit im Westen für das System der Lösung unbekannter Gleichungen üblich. *Leonardo von Pisa vervollkommnete die A., wie sie dann bis ins 18. Jh. gebraucht werden sollte.

B. L. van der Waerden, *Erwachende Wissenschaft*, 1956.

ALGECIRAS (arabisch: die Insel) Südspanische Stadt bei Gibraltar, fiel als erste europäische Stadt in die Hände der Araber (711). Sie war erst Teil des Kalifats von *Córdoba, dann des Emirats Andalusien und im 13. Jh. im Machtbereich Marokkos. 1344 wurde A. nach langer Belagerung und anscheinend unter Anwendung von Kanonenfeuer durch die Kastilianer eingenommen. Bei der Eroberung durch das granadische Heer (1369) wurde die Stadt vollkommen zerstört.

L. Bertrand, C. Petrie, *The History of Spain*, 1952.

ALGIRDAS Siehe *OLGIERD.

ALHAMBRA Der Königspalast von *Granada und das künstlerisch bedeutendste Werk des maurischen Spaniens. Der Bau der A. auf einem die Stadt beherrschenden Hügel wurde in der zweiten Hälfte des 13. Jh.s unter Sultan Muhammed El-Achmar in Angriff genommen

und im 14. Jh. abgeschlossen. Ein Teil des Gebäudekomplexes wurde 1527 von Karl V. zerstört, um einem Renaissancebau Platz zu machen (im 19. Jh. restauriert). Die A. besteht aus einer Reihe von Gebäuden mit weiträumigen offenen Hallen rund um 2 Höfe, und diente den amtlichen Funktionen der Herrscher. Der Baustil ist von der moslemisch-persischen Architektur beeinflußt und zeichnet sich durch reiche Dekorationen aus, darunter auch Verse aus dem Koran.
F. P. Bargebuhr, *The Alhambra*, 1968.

ALI IBN ABI TALEB (um 600-61) Neffe und Schwiegersohn von *Mohammed und vierter Kalif (656-61). Nach der Ermordung *Othmans zum Kalifen gewählt, erweckte er Mißtrauen durch seine Weigerung, sich von den Mördern zu distanzieren. Othmans Parteigänger verbanden sich mit Alis alter Feindin *Aischa, der Witwe Mohammeds, die schon früher seine Wahl verhindert hatte. A. besiegte ihre Partei und baute von Arabien aus seine Herrschaft im Irak auf. Während der Vorbereitung zur entscheidenden Auseinandersetzung wurde er in Kufa ermordet. Die *Schiiten sehen in ihm den einzig legitimen Kalifen, wegen der Wahl durch den Propheten und aufgrund des Erbrechts.
E. L. Peterson, *A. and Muawiya in Early Arab Tradition*, 1964.

ALICANTE Südostspanische Stadt, unter den *Westgoten Mittelpunkt einer Grafschaft, die nach der arabischen Eroberung Spaniens für eine Zeit unabhängig war. Zwischen 1097 und 1250 wechselte A. mehrmals zwischen maurischer und christlicher Herrschaft, bis sie endgültig *Alfons X. von Kastilien in die Hand fiel. Dieser verlieh ihr weitgehende Privilegien. 1296 wurde A. von *Jakob d. Eroberer eingenommen.
J. Pastor della Roca, *Historia general de la Ciudad y Castillo de Alicante*, 1891.

ALIDEN Bezeichnung für die wirklichen und vorgeblichen Nachkommen *Alis.

AL-IDRISI Arabischer Geograph und Reisender, ließ sich um die Mitte des 12. Jh.s am Hof *Rogers II. in Palermo nieder. Seine Geographie beschreibt die christlichen und moslemischen Länder, die er persönlich auf seinen Reisen von Nordafrika und dem Mittleren Osten bis nach England kennengelernt hatte, unter Betonung der menschlichen und wirtschaftlichen Aspekte.

ALKUIN (um 730-804) Angelsächsischer Mönch aus York, bekanntester Gelehrter des 8. Jh.s und eine treibende Kraft der *karolingischen Renaissance. Er wurde an der Domschule von York erzogen und leitete diese seit 766. Auf einer Italienreise im Jahre 781 traf er Karl d.Gr., der ihn an seinen Hof einlud und zu seinem Vertrauensmann in allen kirchlichen und erzieherischen Fragen machte. A. war wie kein anderer an der Ausarbeitung der kaiserlichen Ideologie beteiligt, wobei das Konzept des biblischen Königtums nach dem Vorbild Davids von großer Bedeutung war. Ein Teil der *Libri Carolini*, eine Karl d.Gr. zugeschriebene theologisch-politische Schrift, entstammt möglicherweise seiner Feder (795). A. bevorzugte die Dialogform als Mittel der Belehrung und beschäftigte sich in seinen Werken hauptsächlich mit *Augustinus, *Boethius und den Grammatikern. 796 machte ihn Karl zum Abt von St. Martin in Tours, wo er in seinen letzten Lebensjahren eine einflußreiche Schule und wichtige Bibliothek aufbaute. A. revidierte die *Vulgataübersetzung der Bibel und änderte Elemente der gallischen Liturgie ab, so daß

sie mit dem römischen Ritus übereinstimmten. Er verfaßte eine Streitschrift gegen den *Adoptianismus, eine Geschichte der Yorker Kirche und lateinische Gedichte. Seine Briefe galten im 9. Jh. als Handbuch für das Studium des lateinischen Satzbaus. Auch eine mathematische Schrift war unter seinem Namen im Umlauf.
Werk: *PL* 100-1;
A. Kleinclausz, *Alcuin*, 1948;
W. Heil, *A. studien*, 1970.

ALLEGORIE und ALLEGORESE Zwei verwandte Hauptformen mittelalterlichen Denkens und Formulierens. In Allegorien werden abstrakte Begriffe, Verhältnisse, Vorgänge usw. verdinglicht in Wort und Bild, so z.B. wenn *Prudentius Tugenden und Laster als Frauen beschreibt, die ganz realistisch mit einander kämpfen, oder wenn *Herrad v. Landsberg den Aufstieg der Mönche zum Himmel so zeichnet, daß sie eine Leiter hinaufklettern, von der die Dämonen sie herunterstürzen möchten. Allegorien sind neben dem religiösen Schrifttum (Menschenleben als Pilgerschaft, Kampf von Gut und Böse als Turnier usw.) besonders in der Liebesdichtung des Spätmittelalters ungemein beliebt (*Roman de la Rose; *Ruiz). Allegorese dagegen meint die Ausdeutung eines gegebenen Textes oder Bildes, in das neue, über den Buchstabensinn hinausgehende Bedeutungen hineininterpretiert werden. Vor allem bei der Heiligen Schrift begnügte man sich nicht mit dem Erzählten, sondern erklärte alles auf mehreren Ebenen. So ist z.B. Jerusalem dem Wortsinn nach die Stadt in Judäa, dem tropologischen (auf die Glaubenslehre bezogenen) Sinn nach die Kirche, dem moralischen (auf die Sittenlehre bezogenen) Sinn nach die Seele und dem anagogischen (auf das Jenseits bezogenen) Sinn nach der Himmel. Auch Werke antiker heidnischer Autoren wurden so uminterpretiert (z.B. die *Aeneis* Vergils durch *Bernardus Silvestris), und manche Dichter, wie etwa *Dante, wollten ihre Dichtungen ausdrücklich so vieldeutig verstanden wissen. Die bildende Kunst des Mittelalters kennt ebenfalls viele allegorische Motive religiöser und profaner Art, z.B. Christus in der Kelter (d.h. der Erlöser am Kreuz gibt sein Blut für die Eucharistie wie die Traube den Wein in der Presse) oder die Erstürmung der Minneburg (wie Ritter eine Burg belagern, muß der Liebende seine Dame zu erobern suchen).   (Din)
H. de Lubac, *Exégèse médiévale*, 2 Bde., 1959-64;
C. S. Lewis, *The Allegory of Love*, 1936-77;
Chr. Meier, *Überlegungen zum gegenwärtigen Stand der A.forschung*, in: Frühmittelalterliche Studien 10, 1976.

ALLERHEILIGEN Feiertag zu Ehren aller Heiligen. Mit der Vermehrung der Zahl der Heiligen fand ihre Verehrung zunehmend divergierende Formen. Um den einheitlichen Brauch zu erhalten, führte Papst *Bonifaz IV. im Jahre 609 ein Gebet für alle Märtyrer und Heiligen ein. *Gregor III. bestimmte als Datum den 1. November, an dem im Jahre 740 in der Petrusbasilika eine Kapelle für alle jene Heiligen geweiht worden war, die keine eigenen Kapellen oder Altäre besaßen.

ALLERSEELEN Siehe *ODILO VON CLUNY.

ALLOD ("Vollgut") Uneingeschränktes Eigentum, besonders an Grund und Boden, "Eigen" im Gegensatz zum *Lehen. Während dieses im Todesfall an den Lehnsherrn zurückfallen muß, bleibt das A. uneingeschränktes

Stadt und Hafen Amalfi, Italien

Familienerbe. Eigener Landbesitz war oft eine Grundlage für Herrschaft; so gab es Grafen, die ihr Amt nicht vom König verliehen bekommen hatten, sondern sich die gräflichen Rechte nur aufgrund ihrer Besitzungen und der Macht über die dort lebenden Bauern anmaßten ("Allodialgrafschaften"). Während es in England seit 1066 kein A. mehr gab, war es in Deutschland immer von Bedeutung, besonders auch für die Entstehung der spätmittelalterlichen Landesherrschaft.   (Din)
H. Mittels, *Lehnrecht und Staatsgewalt*, 1933;
H. Ebner, *Das freie Eigen*, 1969.

ALMAGEST Name der um 140 n.Chr. in Alexandrien verfaßten Abhandlung von Claudius *Ptolemäus über die *Astronomie. Die Schrift wurde im 9. Jh. ins Arabische übersetzt und war Grundlage des astronomischen Wissens im Mittelalter. *Adelard von Bath führte sie in den Schulen von Paris und Chartres ein. In der Übersetzung Gerards von Cremona (1175) diente sie als Handbuch der Astronomie.
dt.: K. Manitius, *Ptolemäus, Handbuch der Astronomie*, 1963².

AL-MANSUR, MOHAMMED IBN AMR (939-1002) Spanisch-arabischer Staatsmann. Er diente am Hofe des letzten *Omajjadenkalifen von *Córdoba als Verwalter und Rat und war gleichzeitig Statthalter von Sevilla. 977 leitete er einen Feldzug gegen die nordspanischen Christen, erhielt den Titel des Hauptwesirs (erster Minister) und machte sich zum allmächtigen Führer des Córdobakalifats. 985 eroberte er Barcelona und 987 Santiago de Compostela.
E. Levi-Provençal, *Histoire de l'Espagne Musulmane*, II., 1950.

ALMERÍA Südostspanische Hafenstadt, unter der moslemischen Herrschaft (713-1489) Zentrum des Handels mit Italien und Nordafrika. Seit 1031 war A. ein unabhängiges Fürstentum, 1288 wurde es an das Königreich von Granada angeschlossen, 1489 von den Christen erobert.

ALMOHADEN (Al-Muahedin) Islamische Dynastie (12.-13. Jh.) in Nordafrika und Spanien, von dem Reformator Mohammed Ibn Tumart (1128) begründet, dessen Ziel die Wiederherstellung der ursprünglichen Glaubensgrundsätze war. Die Weigerung der *Almoraviden, die Reform zu verwirklichen, führte 1122 zur Verkündung des heiligen Krieges. Abd Al-Mumin eroberte bis 1145 Marokko und den gesamten Maghreb. Zur Hilfeleistung für die von der christlichen *Reconquista bedrohten maurischen Kleinstaaten landete er 1150 in Spanien und brachte Andalusien unter seine Gewalt. 1172 gehörte das ganze maurische Spanien zum neuen Almohadenreich. Die A. waren von einem extremen religiösen Eifer beseelt, der den Widerstand der gemäßigten Moslems und der nunmehr blutig verfolgten religiösen Minderheiten wie der Juden hervorrief. Bis zum Ausgang des 12. Jh.s hatten Abu Jakub Jusuf (1163-84) und sein Enkel Jakub Al Mansur (1184-99) die Heere Kastiliens und Aragoniens geschlagen, Madrid erobert und die Grenze beim Tagusfluß festgelegt. Im 13. Jh. konnten die A. ihre Herrschaft im Maghreb bewahren, nicht aber in Spanien, wo die Kastilianer 1248 Sevilla einnahmen.
R. Millet, *Les Almohades: Histoire d'une dynastie berbère*, 1923.

ALMORAVIDEN (Al-Murabitun) Berberdynastie, die im 11. und 12. Jh. Marokko, Teile von Algerien und das maurische Spanien regierte. Die A. stammen von den islamisierten Tuaregstämmen der Sahara ab. Zu Beginn des 11. Jh.s kontrollierten die A. die Handelsrouten in der Sahara und damit den Zufluß afrikanischen Goldes in den Maghreb, von dem die Staatsgebilde in Marokko und Algerien politisch abhängig waren. Dadurch ging die Eroberung dieser beiden Länder relativ leicht vor sich, und die A. zerstörten die Überreste des *Fatimidenregimes. Nach der Eroberung des gesamten Maghreb erbaute Jusuf ben Taschfin Marrakesch als Hauptstadt der A. (1082). Nach dem Fall von Toledo (1085) riefen die Mauren den A.-Herrscher zu Hilfe, der 1086 *Alfons VI. von Kastilien in der Schlacht von Silaca besiegte. Jusuf blieb in Spanien und begann, die Maurenfürstentümer zu annektieren. Zum Zeitpunkt seines Todes (1107) reichte das A.-Reich von der Grenze *Ghanas in der Sahara bis zum Ebro in Spanien. Jusufs Nachfolger konnten diese Machtstellung nicht halten. Sie verloren ihr Reich in Europa wieder an die Maurenfürstentümer, in Afrika an die *Almohaden.
J. Bosch Vilá, *Los Almorávides*, 1956.

ALP ARSLAN Neffe und Nachfolger des *Togril-Beg als Sultan der *Seldschuken (1063-72), verheerte *Armenien und brach in Anatolien ein. Bei *Mantzikert errang er einen entscheidenden Sieg über Byzanz (1071) und nahm Kaiser *Romanos IV. gefangen.

AL-RASI Siehe *RHASES.

ALVASTRA Erstes *Zisterzienserkloster Schwedens (1143), dank *Bernhard von Clairvauxs Einfluß in den königlichen Schutz aufgenommen und entwickelte sich zu einem bedeutenden Zentrum des religiös-kulturellen Lebens im mittleren Schweden. Im 14. Jh. war A. Zufluchtsort der hl. *Brigitte von Schweden.

AMALFI Süditalienische Stadt am Golf von Salerno. Im 8. Jh. gehörte die Stadt zum Herzogtum Neapel, zu Beginn des 9. Jh.s setzte die eigenständige Entwicklung als Seehandelszentrum ein, und nach der langobardischen Eroberung (836) erlangte A. 839 die Unabhängigkeit. Als erster Stadtstaat Italiens baute A. noch vor *Pisa und *Genua den Handel in allen Teilen des Mittelmeers aus und konkurrierte erfolgreich mit Venedig auf den östlichen Mittelmeerrouten. Im 10. Jh. gründete die Stadt in Nordafrika, Ägypten und Palästina Handelskolonien. Im Jahre 1055 erwarben Kaufleute aus A. ein Stück Land und eine Kirche in Jerusalem, gründeten ein Hospital und legten damit den Grundstein für den berühmten *Johanniter- (oder Hospitaler-) Orden. Die normannische Eroberung durch *Roger II. von Sizilien (1131) leitete den Niedergang der Stadt ein, der noch durch den Ausbruch von Epidemien beschleunigt wurde. Am Ende des 12. Jh.s ging ein Großteil des Handels an Genua, Pisa, Neapel und Palermo über.

Die *Tabula amalphitana*, eine Reihe von Bestimmungen zum Seehandel, welche die Stadtregierung im 11. Jh. verordnet hatte, diente bis 1570 als allgemeines Seerecht der Mittelmeerstädte.

Moretti, *La prima republica marinara d'Italia*, 1904; U. Schwarz, *A. im frühen Mittelalter (9.-11. Jh.)*, 1977.

AMALRICH I. (1136-74) König von Jerusalem (1163-74). Zweiter Sohn *Fulks von Anjou und Melisandes von Jerusalem, gelangte nach dem Tod seines Bruders *Balduin III. zur Herrschaft, die als Höhepunkt des Kreuzfahrerreiches und zugleich als Schwelle zum Abstieg angesehen wird. A. führte mit byzantinischer Unterstützung mehrere Feldzüge gegen Ägypten und setzte der *Fatimidenherrschaft ein Ende, brachte aber damit *Saladin zur Macht. Er verstieß seine Gemahlin, um durch die Heirat mit der Prinzessin Maria Komnena byzantinische Hilfe zu erlangen. Doch *Nur-a-Din eroberte 1164 Banias, Saladin 1170 Eilat, Daron und Gaza. A. war ein begabter Administrator; seine Bemühungen, die königlichen Vorrechte gegen die wachsende Macht des Hochadels zu bewahren, schlugen jedoch fehl. In der *Assise des A. legte er fest, daß alle Adligen beim königlichen Hochgericht anwesend sein sollten – in der Annahme, daß der Niederadel mit dem König stimmen und damit die großen Herren isolieren würde. Dieses zu A.s Lebzeiten erfolgreiche System brach aber nach seinem Tod zusammen.

H. E. Mayer, *Geschichte der Kreuzzüge*, 1965; J. Prawer, *Histoire du royaume latin de Jérusalem* I, 1973[2].

AMALRICH II. VON LUSIGNAN König von Jerusalem und Zypern (1194-1205). Aus der Familie der Herren von Lusignan im *Poitou, ging ins Heilige Land, wo er sich in den Kriegen des Königreichs auszeichnete und 1179 von *Balduin IV. zum Connétable erhoben wurde. 1194 erbte er das Königreich Zypern und wurde nach seiner Heirat mit Isabella von Courtenay König von Jerusalem (1197).

H. E. Mayer, *Geschichte der Kreuzzüge*, 1965.

AMALRICH (auch Arnald Amalrici, Amaury; gest. 1225) Abt von Citeaux (1192-1209) und Erzbischof von Narbonne (1209-25). Als einer der energischsten Kirchenmänner seiner Zeit wurde er 1204 von Papst *Innozenz III. als päpstlicher Legat zur Unterdrückung der *Albigenser abkommandiert. Nach der Ermordung seines Amtsgenossen *Peter von Castenau ging die kirchliche Leitung des Albigenserkreuzzugs in seine Hände über (1207). Bei der Belagerung von *Béziers befahl er die Ermordung aller Einwohner, angeblich mit dem Ausruf: "Tötet sie alle, Gott wird die Seinen auswählen." Nach der Eroberung Narbonnes (1209) wurde er Erzbischof der Stadt und damit Haupt der katholischen Hierarchie Südfrankreichs, doch im Konflikt mit *Simon von Montfort.

Z. Oldenbourg, *Massacre at Montségur*, 1968.

AMANDUS (hl.; 7. Jh.) Der *merovingische Apostel Flanderns, in Nantes geboren, durch sein einsiedlerisch-

Münze Amalrichs I. (oben). Siegel eines Stadtbürgers (unten)

asketisches Leben bekannt. 628 wurde er auf Ersuchen *Chlothars II. zum Missionsbischof geweiht und nach Flandern gesandt, wo er in Gent 2 Klöster und später bei Tournai ein weiteres (Elno) gründete, in dem er selbst als Abt wirkte.

E. de Moreau, *Saint-Amand*, 1927.

AMAURY Siehe *AMALRICH.

AMBROSIUS (hl.; 339-97) Bischof von Mailand und lateinischer Kirchenvater. Als Sohn des römischen Statthalters von Gallien in Trier geboren, studierte und praktizierte er Rechtswissenschaft, wurde 370 zum Statthalter der Provinz Emilia-Liguria mit der Residenz in Mailand ernannt. Er war gläubiger Christ, erhielt aber erst 374, nach dem Tod des arianischen Bischofs von Mailand, die Taufe. Nach einigem Zögern gab er nur eine Woche danach dem Drängen der Mailänder Katholiken nach und wurde zum Bischof geweiht. A. widmete sich dem Studium der Theologie und zeichnete sich als eifriger Verteidiger der katholischen Rechtgläubigkeit und hervorragender Prediger aus. Dank Mailands zentraler Stellung im römischen Reich pflegte er enge Beziehungen zu den Kaisern, besonders zu *Theodosius, der 381 das Christentum als Staatsreligion anerkannte. Dennoch verteidigte er die kirchliche Unabhängigkeit gegen die weltlichen Gewalten. So zögerte er nach der Hinmetzelung der Christen von Thessalonike nicht, den Kaiser mit dem Bann zu belegen. Ambrosius wichtigstes Werk, *De officiis ministrorum* (Über die

Ämter der Priester), behandelt die priesterliche Sittenlehre und gründet sich auf Cicero. Er schrieb auch über das asketische Leben, verfaßte liturgische Abhandlungen, Bibelauslegungen und Hymnen und bearbeitete griechische Gebete für den lateinischen Ritus. Sein Einfluß war im gesamten Westreich fühlbar und reichte zuweilen auch bis in den Osten. Sein Werk blieb für das gesamte Mittelalter verpflichtend.

Werke: *PL* 14-17;
O. Bardenhewer u.a., *Des hl. Kirchenlehrers A. v. M. ausgewählte Schriften*, 1914/17;
J. Huhn, *Ambrosius von Mailand, ein sozialer Bischof*, 1946.

AMIENS Nordfranzösische Stadt in der Picardie, Bistum seit dem 4. Jh. Im 9. Jh. war A. Zentrum einer Grafschaft, deren Grafen im 11. Jh. dank der sorgfältigen Wahrung des politischen Gleichgewichtes zwischen dem König, dem Normannenherzog und den Grafen von Flandern und Vermandois zum Rang wichtiger Feudalherren aufstiegen. Nach Aussterben der Grafenfamilie ging die Grafenwürde am Ende des Jh.s an das Haus *Vermandois über. Im 12. Jh. wuchs die Stadt und erlangte im Kampf gegen Bischof und Grafen kommunale Privilegien. Ein erster Freibrief wurde 1185 von König *Philipp August anläßlich des Übergangs der Besitzungen der Vermandois an die Krondomäne bestätigt und ausgeweitet. A. war nunmehr Hauptstadt der Picardie und erhielt zur Förderung des Textilgewerbes und des Handels weitere Freiheiten. 1220 begann der Bau der Kathedrale, der sich bis zum Ausgang des Jh. hinzog.

Der Dom ist der größte Frankreichs und einer der schönsten der Hochgotik, zu dessen Portalplastik der berühmte *Beau Dieu* (schöne Gott) und die *Vierge dorée* (vergoldete Jungfrau) zählen. Im 14. Jh. wurde A. von den Franzosen regiert, nach der Schlacht von *Azincourt (1414) ging die Stadt in englische Hände über, seit 1418 und bis zum Ende des *Hundertjährigen Krieges war sie *burgundisch. Gegen Ende des 15. Jh.s wurde A. wiederum an Frankreich angeschlossen und diente als Amtssitz des königlichen Vogtes (*bailli*) der Picardie.

A. de Callone, *Histoire de la ville d'Amiens*, 1899;
M. Echapane, *Notre-Dame d'A.*, 1960.

AMIRIDEN Moslemische Dynastie slawischer Abstammung in Spanien, von Umar (Amar), einem Soldaten in der Armee des *Al-Mansur Ende des 10. Jh.s gegründet. Umar baute in Valencia ein unabhängiges Fürstentum auf. Seine Nachkommen regierten, mit Ausnahme eines kurzen Zwischenspiels am Ende des 11. Jh.s, bis zur endgültigen Eroberung des Fürstentums durch Aragón (1238).

E. Levy-Provençal, *Historie de l'Espagne Musulmane* II, 1951.

AMMIANUS, MARCELLINUS (um 330-400) Römischer Geschichtsschreiber, schrieb in Weiterführung des Werkes von Tacitus eine römische Geschichte bis zur Schlacht von *Adrianopel (378), die im Frühmittelalter durch die römische Schule Galliens (5. Jh.) bekannt wurde und als Modell für die mittelalterlichen Geschichtswerke diente.

Werk: E. Seyfarth (Hg.), 1968ff. (lat.-dt.).

AMRAM (gest. um 875) *Gaon (Haupt) der jüdischen Akademie von Sura und eine der führenden Gestalten des mesopotamischen Judentums. Sein wichtigstes Werk ist das verbreitete Gebetsbuch (*Siddur*), das er auf Bitte der jüdischen Gemeinde Barcelonas zusammenstellte.

A. Marx, *Untersuchungen zum Siddur des Gaon R. Amram*, 1908.

AMSTERDAM Stadt in Nordholland. A. entstand um etwa 1270 als Kaufmannssiedlung, die für die Niederlande Getreide einführte und landwirtschaftliche, mehr noch handwerkliche Produkte exportierte. Der wirtschaftliche Aufschwung A.s hatte ein Konkurrenzverhältnis zu den *Hansestädten zur Folge, die A. vergebens zur See bekriegten. Die Kaufleute beherrschten die Stadt, die von einem Rat und 4 Bürgermeistern aus ihren Reihen regiert wurde.   (Din)
H. Brugmans, *Geschiedenis van A.* I, 1930/1972.

ANAGNI Italienische Stadt in der Provinz von Rom, seit dem 8. Jh. von einem päpstlichen Beamten regiert. Im Mittelalter war A. als eine der päpstlichen Residenzen und war Schauplatz des Angriffs *Nogarets auf Papst *Bonifaz VIII. (1303). Während des päpstlichen Aufenthalts in *Avignon im 14. Jh. litt A. unter Unruhen. Die Alleinherrschaft der Familie Caetani in A. wurde erst mit der Wiederherstellung der päpstlichen Autorität um 1400 beendigt. A. hat einen bedeutenden romanischen Dom mit Mosaikfußboden und Fresken.
S. Sibilia, *La cittá dei papi; storia di Anagni*, 1939.

ANAKLET II. (Petrus Pierleone; um 1090-1138) Papst (1130-38). Enkel von Leone, einem jüdischen Geldleiher in Rom, der in der Mitte des 11. Jh.s konvertierte und als Finanzier des Reformpapsttums zu einem der Führer der römischen Aristokratie aufstieg. A. war von Jugend auf für die Kirche bestimmt, studierte in Italien und Frankreich und wurde 1120 zum Kardinal erhoben. Er führte heikle diplomatische Aufgaben in Deutschland und Frankreich aus und trat energisch für die Durchsetzung der päpstlichen Autorität ein. Nach dem Tod von *Honorius II. wurde er von einer knappen Mehrheit der Kardinäle zum Papst erwählt. Der Gegenkandidat *Innozenz II. floh nach Frankreich, wo er die Anerkennung König *Ludwigs VI., des *cluniazensischen Ordenshauptes *Peters des Ehrwürdigen und *Bernhards von Clairvaux erlangte. Deren Propaganda und Streitschriften verschafften Innozenz die Unterstützung Kaiser *Lothars III. und König *Heinrichs I. von England. A. konnte sich trotz der Macht seiner Gegner und des auf dem Konzil von Pisa (1134) ausgesprochenen Bannes bis zu seinem Tod in Rom halten, hauptsächlich dank der Unterstützung des von ihm als König von Sizilien anerkannten *Roger II. A. wurde in der Polemik als jüdischer Papst angegriffen, der die Schätze der Kirche unter den Juden verteilen wolle.
J. Schmale, *Studien zum Schisma des Jahres 1130*, 1961.

ANAN BEN DAVID (8. Jh.) Gründer der *Karäersekte, welche die Autorität des Talmuds leugnete und sich einzig auf das Alte Testament berief. Sein 762-67 verfaßtes *Sefer Hamitzwot* (Buch der Pflichten) wurde zum Gesetz der Karäer.
L. Nemoy, *Anan Ben David*, 1947.

ANASTASIOS I. (um 430-518) Byzantinischer Kaiser (491-518), Sohn einer einfachen Familie aus Dyrrhachium (Albanien), diente unter *Zenon I. als Soldat und wurde von dessen Witwe Ariadne zum Kaiser berufen. Er schlug einen Aufstand der *isaurischen Leibwache seines Vorgängers nieder (492-96) und kämpfte danach andauernd, jedoch ohne greifbaren Erfolg gegen die slawischen und bulgarischen Eindringlinge auf dem Balkan. Konstantinopel befestigte er mit einem neuen Mauerring. Im Osten hatte er den persischen Angriff auf *Armenien abzuwehren (502-06) wie auch das Eindringen *arabischer Stämme in Palästina. Er unterhielt freundliche Beziehungen zu den germanischen Stämmen im römischen Westreich und erlangte deren Anerkennung seiner weit entfernten Oberherrschaft. Sein Versuch, den griechischen Einfluß in Rom zu verstärken, führte zu der bekannten Auseinandersetzung mit Papst *Gelasius I. A. schaffte den Ämterkauf ab und förderte den Handel durch Steuersenkungen, jedoch auf Kosten der Landbevölkerung. Am Ende seiner Regierungszeit herrschte trotz Kriegslasten im Reich allgemeiner Wohlstand.

G. Ostrogorsky, *Geschichte des byzantinischen Staates*, 1963[3];
C. Capizzi, *L'Imperatore Anastasio I*, 1969.

ANASTASIOS II. (gest. 721) Byzantinischer Kaiser (713-15). Er war Kanzler und Nachfolger des Philippikos-Bardanes (711-13), konnte der politischen Wirren im Reich nicht Herr werden und wurde von aufständischen Truppen abgesetzt. 720 unternahm er einen erfolglosen Restaurationsversuch.

G. Ostrogorsky, *Geschichte des byzantinischen Staates*, 1963[3].

ANASTASIOS SINAITES (gest. nach 700) Abt des Katharinenklosters auf dem Sinaiberg und Theologe, eifriger Verteidiger des orthodoxen Glaubens gegen die *Monophysiten, Verfasser von Streitschriften (*Hodegos*, Der Führer) und Bibelkommentaren (*Fragen und Antworten*).

Werk: *PG* 89;
H.-G. Beck, *Kirche u. theologische Literatur im byzantinischen Reich*, 1959.

ANASTASIUS I. (Hl.) Papst (399-401). Einer der hervorragendsten Priester der römischen Kirche, bekannt für seine Bemühungen, das Christentum im noch teilweise heidnischen Rom zu festigen.

E. Caspar, *Gesch. des Papsttums* I, 1930.

ANASTASIUS II. Papst (496-98). Römer von Geburt, pflegte im Gegensatz zu seinem Vorgänger *Gelasius I. gute Beziehungen zu Kaiser *Anastasios I. und erregte den Widerstand des römischen Klerus gegen den griechischen Einfluß.

E. Caspar, *Geschichte des Papsttums* II, 1933.

ANASTASIUS III. Papst (911-13). Römer, wurde von *Theophylaktus gefördert und möglicherweise zum Papst gemacht. Seine Amtszeit war ohne jegliche Bedeutung.

H. Zimmermann, *Das dunkle Jahrhundert*, 1973.

ANASTASIUS IV. Papst (1153-54). Aus einer wichtigen römischen Familie, wurde nach dem Tod von *Eugen III. als gemeinsamer Kandidat der verschiedenen Parteien der Kardinäle gewählt und führte die Politik seines Vorgängers versöhnlicher weiter.

J. Haller, *Das Papsttum III*, 1953.

ANASTASIUS BIBLIOTHECARIUS (ca. 812-79) Gelehrter und Gegenpapst. Römer von Geburt, wurde er von griechischen Mönchen erzogen und gilt als einer der besten Griechischkenner im Westeuropa seiner Zeit. 855 von der kaiserlichen Partei als Gegenpapst gegen *Benedikt III. ausgerufen, wurde er jedoch schon nach einem Monat fallen gelassen. Er kehrte zu seinen Studien zurück und arbeitete als Bibliothekar am päpstlichen Hof. A. übersetzte die Beschlüsse des 8. Generalkonzils (Konstantinopel 869) ins Lateinische.

J. Haller, *Das Papsttum* II, 1953.

ANATHEMA Kirchlicher Begriff griechischen Ursprungs für Verfluchung und Kirchenbann (Exkommunikation). Im Mittelalter wurde A. als Bezeichnung für die Ausstoßung von Ungläubigen, meistens Ketzern, aus der Gemeinschaft der Gläubigen gebraucht. Zuweilen wird A. auch gleichbedeutend zur Bannung von Einzelpersonen angewandt.

H. E. Feine, *Kirchliche Rechtsgeschichte* I, 1964.

ANATOMIE Die Wissenschaft vom menschlichen Körper. Das Mittelalter ererbte die antiken Auffassungen von der A., die mit den philosophischen Grundlagen der griechischen Wissenschaft eng verbunden waren. Diese fanden in Westeuropa im 10.-11. Jh. über die Werke moslemischer und jüdischer Verfasser Eingang, namentlich auf dem Gebiet der Medizin. Das anatomische Wissen des *Talmuds dagegen hatte sich hauptsächlich aus dem praktischen Studium der Medizin und Chirurgie entwickelt und übte einen wichtigen Einfluß auf die A. in Syrien, Sizilien und Spanien aus. Im Westen hat das Studium der A. mit der Gründung der Medizinschule von Salerno (1030) begonnen, an der jüdische Ärzte wie Schabtai-Isaak *Donolo neben Christen wirkten. In der gleichen Periode schrieb in Salerno der Benediktinermönch Konstantin der Afrikaner sein Lehrbuch der A. der Schweine, das für Jh.e als Lehrbuch der A. im allgemeinen diente. Im 12. und 13. Jh. wurde die A. nach chirurgischen Methoden studiert und seit Beginn des 14. Jh.s war sie Lehrgegenstand an den medizinischen Fakultäten von Bologna, Padua und Montpellier. 1315 gab Modino dei Luzzi in Bologna öffentliche Vorlesungen über die A., die sowohl auf der bekannten Theorie wie auch auf dem praktischen Sezieren von Körpern aufbauten. In seinem Buch *Anatomia* (1316) betonte er die Bedeutung des Sezierens menschlicher Körper, ohne damit jedoch auf allgemeinen Anklang zu stoßen. Nördlich der Alpen hielt man im 14. Jh. noch an der Anschauung fest, daß zum Studium der A. der Gebrauch von Handbüchern und das Sezieren von Tierkörpern vollauf genüge und daß kein Grund zur "Entweihung" menschlicher Körper bestehe. Langsam verschafften sich jedoch auch Modinos Theorien Geltung, und 1404 fand die erste Sektion eines menschlichen Körpers in Wien statt. 1491 resümierte Ketham in einer illustrierten Sammlung *Fasciculus Medicinae* die Errungenschaften der mittelalterlichen A.

G. W. Cornen, *History of Anatomy*, 1930.

ANCONA Mittelitalienische Stadt an der Adria. Sie erhielt sich gegen die *ostgotischen Angriffe (539, 551) ihre Unabhängigkeit und wurde nach der *justinianischen Restauration in Italien Teil des byzantinischen Reiches, mit dem sie bis zur langobardischen Eroberung Italiens (Ende des 6. Jh.s) durch den Seehandel verbunden blieb. 848 wurde A. bei einem arabischen Angriff zerstört, in der zweiten Jh.hälfte jedoch wieder aufgebaut. A. bestand als Stadtrepublik unter der formellen Oberhoheit des Kirchenstaates weiter. Wie Venedig entwickelte A. den Handel mit dem Osten, wobei die im 10. Jh. gegründete jüdische Gemeinde eine bedeutende Rolle spielte. Im Kampf zwischen *Friedrich Barbarossa und *Alexander III. unterstützte die Stadt den Papst und wurde 1174 erfolglos von den kaiserlichen Kräften belagert. Der Aufstieg des venezianischen Reiches im 13. Jh. und die Gründung des *Lateinischen Kaiserreichs von Konstantinopel nahmen A. einen wichtigen Teil des Orienthandels. 1355 wurde A. an den Kirchenstaat angeschlossen, erhielt sich aber bis zum 16. Jh. ein gewisses Maß an Selbständigkeit. Im 11.-12. Jh. entwickelte sich in A. ein besonderer Baustil, der romanische und byzantinische Einflüsse vereinigte (Kirche des hl. Zyriacus).

G. Fasoli, *Dalla "civitas" al commune nell'Italia settentrionale,* 1969.

ANDALUSIEN Südspanische Provinz zwischen den Bergen der Sierra Montana und dem Mittelmeer, seit dem Altertum eine der fortgeschrittensten und reichsten Gegenden Spaniens und des weströmischen Reiches. Zu Beginn des 5. Jh.s wurde A. von den *Wandalen erobert, die der Provinz den Namen gaben. 554 kam A. wieder an Byzanz, und es entwickelte eine bedeutende Kultur, die auch nach der *westgotischen Eroberung weiterblühte und ihren Höhepunkt im 7. Jh. zur Zeit *Isidors von Sevilla hatte. 711 eroberten die Araber das Land und bauten in *Córdoba ihre Hauptstadt auf. Vom 9. bis zum 11. Jh. war A. Herz und Mittelpunkt der moslemischen und jüdischen Zivilisation in Europa, die derart ausgeprägt war, daß die arabischen Quellen vom gesamten moslemischen Spanien als *Al-Andalus* sprachen. Nach dem Fall des *Omajjadenkalifats von Córdoba (1034) wurde A. in mehrere Fürstentümer aufgeteilt, von welchen das der *Abbadiden die meiste Macht besaß. Zu Ende des 11. Jh.s fiel A. in die Hände der *Almoraviden und 1150 in die der *Almohaden. Damit begann der kulturelle Niedergang der Provinz, die im 13. Jh. aus einer Reihe unabhängiger Maurenstaaten bestand. Das christliche Königreich von Kastilien setzte sich im Guadalquivirtal fest und annektierte nacheinander die wichtigsten Städte des Landes. Trotzdem konnten sich die Mauren im Süden halten, wo sie das Königreich *Granada errichteten (1258). Diese letzte Festung des moslemischen Spaniens fiel 1492 an *Isabella und *Ferdinand.

W. M. Watt, *The History of Islamic Spain,* 1965.

ANDECHS Westbayrisches Adelsgeschlecht, benannt nach ihrer Burg A. am Ammersee. Als Vögte der Bischöfe von Brixen kontrollierten sie Südtirol, als Lehensleute der Staufer Istrien (Krain). 1180 in den Herzogsstand erhoben, verloren die mächtige Andechser 1208 wegen angeblicher Beteiligung an der Ermordung *Philipps v. Schwaben ihr Gut großteils an die *Wittelsbacher und die Grafen v. *Tirol; 1251 ausgestorben. Der Ort A. hatte eine besonders im Spätmittelalter blühende Wallfahrt, die als die älteste im deutschsprachigen Bereich gilt. (Din)

A. Fink (Hg.), *Bayrische Steifzüge durch das 12. Jh.,* 1971.

ANDERNACH Deutsche Stadt bei Koblenz. Die mittelalterliche Siedlung wurde auf den Überresten einer römischen Siedlung aus dem 1. Jh. errichtet. *Karl d. Kahle wurde hier 876 von *Ludwig III. besiegt. 1108 erhielt die Stadt einen Freibrief und den Rang einer Reichsstadt. Kaiser *Heinrich V. machte sie zu seinem Stützpunkt und erlitt in der Nähe von A. eine Niederlage gegen die aufständischen deutschen Fürsten (1114). Im 12. Jh. erweiterte die Stadt ihre Handelsbeziehungen über das Rheintal bis in die Niederlande. 1167 schenkte *Friedrich Barbarossa die Stadt an den Erzbischof von Köln, der A. bis 1801 innehatte. Aus dem frühen 13.

Jh. ist die schöne romanische Basilika (Unsere Liebe Frau) erhalten.

P. Adams, K. Wind, *Kurzgefaßte Geschichte der Stadt A.,* 1955.

ANDORRA Gemeinwesen von Landwirten und Schäfern in den Pyrenäen, in den Quellen seit dem 9. Jh. als unabhängige Republik erwähnt. Es scheint, daß das Fehlen jeglicher feudaler Abhängigkeit hauptsächlich auf die isolierte geographische Lage zurückzuführen ist. Der örtliche Priester wurde durch den katalanischen Bischof von *Urgel geweiht. Im Laufe der Feudalisierung Südfrankreichs meldeten im Mitte des 13. Jh.s die Grafen von *Foix ihren Anspruch auf A. an, ebenso die Bischöfe von Urgel. 1278 wurde ein Kompromiß unterzeichnet, der bis heute in Kraft ist. Danach hatten Graf und Bischof gemeinsam die Oberhoheit über A., dessen 6 Dörfer das Recht besaßen, ihren Rat selbst zu wählen, der jedoch vom Herren vor dem Amtsantritt genehmigt werden mußte. Die Rechtsprechung lag in den Händen von Richtern, die vom Graf und (für geistliche Belange) Bischof ernannt wurden.

B. Neumann, *Andorra, Past and Present,* 1931.

ANDREAS I. König von Ungarn (1046-61), aus der Dynastie des hl. *Stephan. Er erlangte die Krone nach einer Periode der Unruhe, die durch deutsche und venezianische Eingriffe in Ungarn und einen heidnischen Aufstand gekennzeichnet war. A. stellte die Macht der Monarchie wieder her und drängte den deutschen Einfluß zurück. Er heiratete Anastasia, die Tochter des *Jaroslaw von Kiew, und suchte gegen Ende seiner Regierungszeit die Freundschaft des deutschen Kaisers, um dem Aufstand seines Bruders Bela I. zu entgegnen, wurde aber getötet.

B. Homan, *Geschichte des ungarischen Mittelalters,* 1940.

ANDREAS II. (um 1175-1235) König von Ungarn (1205-35). Er förderte die deutsche Ansiedlung als Mittel zur Entwicklung des Handels und der Bevölkerung des Königreiches. Dadurch stieß er mit den Adligen zusammen, die während eines Feldzugs gegen Galizien rebellierten und seine deutsche Gemahlin ermordeten. 1217 führte er einen ungarischen Kreuzzug ins Heilige Land, wurde aber bei Beth-Schan von einem Gegenangriff der *Ejjubiden überrascht und mußte den Feldzug abbrechen. Nach seiner Rückkehr zwangen ihn die Adeligen zur Verleihung weitgehender Vorrechte, die in der Goldenen Bulle von 1220 die rechtliche Grundlage für die späteren Freiheiten des ungarischen Adels lieferten.

B. Homan, *Geschichte des ungarischen Mittelalters,* 1940.

ANDREAS CAPELLANUS Lateinischer Schriftsteller des 12. Jh.s, wahrscheinlich aus Frankreich. Um 1170 gelangte er an den Hof der Grafen der Champagne zu Troyes und erhielt das Amt eines Kaplans der Gräfin Maria. Er wird 1186 zum letzten Mal in dieser Stellung erwähnt, danach schweigen die Quellen. A. verfaßte die "Kunst der ehrbaren Liebe" (*De arte honeste amandi*), eine Abhandlung über die höfische Liebeskunst, die Leben und Sitten der ritterlichen Gesellschaft Frankreichs in der zweiten Hälfte des 12. Jh.s widerspiegelt. Das Werk ist durch die "Liebeskunst" des Ovid und die moslemisch-spanische Dichtung zum gleichen Thema beeinflußt. A. wählte die Form der gelehrten Abhandlung mit eingebauten Dialogen und Novellen zur Abwägung der Einstellung verschiedener sozialer Klassen zur

Liebe. Das Werk diente vielleicht als Vorbild für die "Gerichtshöfe der Liebe" des späten 12. und 13. Jh.s und hat jedenfalls auf die spätere volkssprachliche Liebesliteratur gev´rkt.
Werk: P. G. Walsh (Hg.), 1980; dt.: H. M. Elster, 1924; F. Schlösser, *A. C., seine Minnelehre und das christliche Weltbild um 1200*, 1960.

ANDREJ BOGOLJUBSKIJ (um 1110-74) Prinz von Susdal (1157-74). Sohn des Juri Dolgorukij, dessen Politik der Konfrontation mit den Fürsten von *Kiew er fortsetzte. 1169 eroberte und plünderte er Kiew und nannte sich Großfürst, weigerte sich jedoch, seinen Regierungssitz in die alte Hauptstadt zu verlegen, wie es die Tradition verlangte. Statt dessen regierte er von Wladimir aus, dessen nördlichere Lage nach der Eroberung Kiews und Südrußlands durch die *Mongolen (1240) von Vorteil war. A. führte den Widerstand gegen die Mongolenherrschaft. Er baute in der Hauptstadt Kirchen, förderte die Gründung neuer Dörfer und Güter und entwickelte die Landwirtschaft. Seine Kriege gegen die *Bulgaren an der Wolga führten zum Fall des alten Bulgarenreichs und leiteten die russische Besiedlung ein. A.s Versuch, die Macht der Feudalherren durch die Schaffung eines neuen Adels zu begrenzen, führte zu einer Palastrevolution und seiner Ermordung.
H. Jablonowski, *Geschichte der Kultur der alten Russen. Die vormongolische Periode*, 2 Bde., 1959-62.

ANDRONIKOS I. KOMNENOS (1122-85) Byzantinischer Kaiser (1183-85). Neffe Manuels I., gelangte durch eine Adelsverschwörung an die Regierung (1182), die er anfangs mit dem minderjährigen *Alexios II. ausübte, bis er ihn ermorden ließ. A. war bemüht, die Verwaltungspraxis zu verbessern, die Regierungsausgaben zu senken und die stark angewachsene Macht der Aristokratie zu beschneiden. Diese Aufgaben wollte er jedoch durch ein Terrorregime verwirklichen, weshalb er selbst einem Aufstand zum Opfer fiel und von der aufgehetzten Menge zerfleischt wurde.
Ch. M. Brand, *Byzantium Confronts the West* 1180-1204, 1968.

ANDRONIKOS II. PALAIOLOGOS (um 1260-1332) Byzantinischer Kaiser (1282-1328). Sohn Michaels VIII. Er widersetzte sich den Bemühungen zur Vereinigung der byzantinischen und katholischen Kirche und war hauptsächlich an religiösen Fragen interessiert, mußte sich aber mit der *osmanischen Bedrohung auseinandersetzen. Seine Abhängigkeit von westlichen Söldnern, die ihre eigenen politischen Interessen verfolgten, schwächte das Kaiserreich. 1295 machte er seinen ältesten Sohn *Michael IX. zum Mitkaiser. Nach dessen Tod (1320) wurde sein Enkel *Andronikos III. Mitregent. 1325 brach infolge von Hofintrigen ein Krieg zwischen den beiden Herrschern aus, wonach der alte Kaiser 1328 abgesetzt und 1330 ins Kloster geschickt wurde.
G. Ostrogorsky, *Geschichte des byzantinischen Staates*, 1963³.

ANDRONIKOS III. PALAIOLOGOS (1295-1341) Byzantinischer Kaiser (1328-41), der versuchte, als Mitregent seines Großvaters *Andronikos II. die Einheit des Reiches wiederherzustellen. Er konnte die westlichen Söldner unter seine Gewalt bringen und Chios und Lesbos von den Genuesen erobern. Gegen die *Serben und *Osmanen waren seine Anstrengungen fruchtlos. Die wahre Macht im Staate lag während seiner Regierungsperiode in den Händen von *Johannes Kantakuzenos.
U. V. Bosch, *Kaiser A. III. P.*, 1965.

ANDRONIKOS IV. PALAIOLOGOS (1348-85) Byzantinischer Kaiser (1376-79). Er revoltierte gegen die politische Ohnmacht seines Vaters *Johannes V., setzte diesen ab und regierte mit genuesischer Hilfe. 1379 wurde er seinerseits von seinem Vater gestürzt, der die Unterstützung der Türken besaß.
G. Ostrogorsky, *Geschichte des byzantinischen Staates*, 1963.

ANGELA VON GOLIGNO (sel.; um 1248-1309) Mystikerin, lebte bis um 1285 mit ihrer Familie zusammen, um dann ein radikales Bußleben im Sinne der Armutsbewegung zu führen. 1291 wurde sie Franziskaner-Tertiarin und gründete in ihrer Vaterstadt eine Schwesterngemeinschaft. Ihre von schweren Zweifeln unterbrochenen mystischen Erfahrungen (meist eher abstrakte Erleuchtungen sowie göttliche Anreden) sind von ihrem Beichtvater aufgezeichnet worden und schildern A.s stufenweise Annäherung an Christus.   ⁺ (Din)
Werk, dt.: *A. v. F., Gesichte und Tröstungen*, 1975; S. Andreoli, *Beata A. de F.*, 1976.

ANGELICO, FRA oder BEATO (um 1400-55) Maler. Der dem Dominikanerorden angehörende A. (1450-52 Prior in Fiesole) begann mit der Buchmalerei und widmete sich später vor allem der Tafelmalerei (Altaraufsätze in Florenz, Cortona, Perugia usw.). Seit 1438 arbeitete er an der Freskierung des florentiner Markusklosters, 1447-50 an der Stephanus- und Laurentiuslegende in der Kapelle des Papstes Nikolaus V. im Vatikan. Trotz aller Anwendungen der künstlerischen Errungenschaften der Renaissance (Architekturperspektive, Landschaftsschilderungen usw.) blieb A. stark der Gotik verpflichtet (Goldhintergrund, gleichmäßige Lichtführung usw.).   (Din)
E. Morante, U. Baldini, *L'opera complete dell'A.*, 1970.

ANGELN Germanischer Volksstamm in Schleswig-Holstein, der im 5. Jh. mit den *Sachsen nach England zog und sich im Südosten der Insel niederließ. Dort errichteten die A. Ost-Anglia, eines der *angelsächsischen Königreiche.

ANGELOI Siehe *BYZANZ.

ANGELSACHSEN Die gemeinsame Bezeichnung für die germanischen Volksstämme der *Angeln, *Sachsen und *Jüten, die ursprünglich in Jütland und Norddeutschland ansässig waren, im 5. Jh. in Britannien einbrachen und den Großteil der Insel von den keltischen *Briten eroberten. In Britannien gründeten die A. 7 Königreiche (die *Heptarchie) und verliehen dem Land den Namen England. Die wichtigsten dieser Königreiche waren *Wessex, *Mercia und *Northumbria. Im 9. Jh. wurde der Großteil der angelsächsischen Besitzungen von den *Dänen erobert. Nur Wessex blieb unter *Alfred d.Gr. unabhängig, wurde aber 1015 von *Knut II. d.Gr. besiegt und konnte erst 1042 unter *Eduard dem Bekenner die dänische Herrschaft abschütteln und ganz England vereinigen. Die Nachfolgekrise nach Eduards Tod führte zur normannischen Eroberung des Inselreiches (1066).

Die A. waren in der Hauptsache Bauern und siedelten in den ihnen zugeteilten Gegenden im Rahmen von Hundertschaften (*hundreds*). Die Hundertschaft war eine soziale Einheit, die dem Gebiet nach abgegrenzt war und eigene Führung, Rechtsprechung und Finanzen

Burg von Angers, 12.-15. Jh.

Ausschnitt aus dem berühmten Wandteppich der Apokalypse von Angers; *14. Jh.*

besaß, jedoch dem königlichen Sheriff unterworfen war. Neben diesen freien Bauern gab es auch Leibeigene, die die Güter der *thanes* (Adeligen) bearbeiteten. Im 9. Jh. wurde die Stammesorganisation durch ein vorfeudales System abgelöst, in dem die Bauernschaft zunehmend von den Herren abhängig wurde. Im Gegensatz zum Kontinent blieben jedoch die meisten von ihnen bis zur normannischen Eroberung persönlich frei. Das im 7. Jh. eingeführte Christentum übte tiefen Einfluß auf die angelsächsische Gesellschaft aus und ließ bedeutende Werke der Dichtkunst und Gelehrsamkeit entstehen, die dann im 8. Jh. auf Kontinentaleuropa zurückwirkten (*Beda, *Bonifatius). Die angelsächsische (altenglische) Sprache gehört zur Gruppe des Altniederdeutschen und bildete sich seit dem 7. Jh. nach Aufnahme geringer keltischer und kirchenlateinischer Elemente zur Schriftsprache aus. In dieser wurde bis zum 12. Jh. eine hochentwickelte Literatur und Dichtung, Gesetzgebung, Rechtsprechung und Geschichtsschreibung geschaffen. Das Buchwissen der Laien war weit höher entwickelt als in anderen Ländern, da die Landessprache gleichzeitig Schriftsprache war. Die normannische Eroberung drückte sie auf den Rang der Sprache der niedersten sozialen Schichten hinab, und bis ins 14. Jh. war Französisch die Sprache der Literatur.

F. M. Stenton, *Anglo-Saxon England*, 1962;
D. M. Wilson (Hg.), *The Archaeology of Anglo-Saxon England*, 1976.

ANGELSÄCHSISCHE CHRONIK Eine historische Zusammenstellung, die zwischen dem 9. und 12. Jh. in der Abtei Peterborough angelegt wurde und das geschichtliche Nationalwerk der Angelsachsen darstellt. Sie dient als wichtige Quelle für die Geschichte der angelsächsischen Königreiche bis zur normannischen Eroberung und liefert Einblicke in die Reaktion der Bevölkerung auf die Eroberung.

D. Whitelock (Hg.), *English Historical Documents* I, 1978².

ANGERS Nordwestfranzösische Stadt und Hauptstadt von *Anjou, wurde Mitte des 9. Jh.s von den *Normannen verheert und dann durch die Grafen von Anjou wieder aufgebaut und befestigt. Im 10.-12. Jh. diente A. als Mittelpunkt der mächtigen Grafschaft, 1206 wurde sie von den Franzosen annektiert. Burg und Dom wurden im sogenannten *angevinischen Stil großzügig neu erbaut.

C. Urseau, *Les monuments anciens d'Angers*, 1934⁷.

ANGEVINEN Eigentlich die Einwohner von *Anjou. Seit dem 12. Jh. Bezeichnung für die verschiedenen Dynastien aus dem Hause Anjou: Fulk von Anjou im *Lateinischen Königreich Jerusalem, die englischen Könige bis *Richard III. (auch Anjou-Plantagenet genannt) und die Könige von Sizilien und Neapel im 13.-15. Jh. A. bezeichnet auch die Anhänger der Herzöge von Anjou im Rahmen der französischen Politik des 14.-15. Jh.s.

ANGILBERT (um 750-814) Mitglied des fränkischen Hofs zur Zeit *Karls d.Gr., der ihn zum Laienabt von *Saint-Riquier und Grafen von Ponthieu machte. A. verlor seinen Einfluß am Hof infolge seiner Affäre mit Bertha, einer Tochter Karls. Sohn der beiden war der zukünftige Chronist *Nithard. A. trat besonders als Bauherr in seinem Kloster hervor.

J. Fleckenstein, *Karl der Große und sein Hof*, in: H. Beumann u.a. (Hgg.), *Karl der Große* I, 1965.

ANGILRAM (gest. 791) Bischof von Metz (776-91) und Erzkaplan *Karls d.Gr. Sohn der fränkischen *Austrierdynastie. Als Bischof von Metz war er stark am politischen Leben des Reiches beteiligt, als Erzkaplan (seit dem Tod des *Fulrad von St. Denis, 784) wirkte er als wichtigster Berater des Königs. A. galt als einer der gelehrtesten Männer seiner Zeit und trug wesentlich zur *karolingischen Renaissance bei.

H. Frederichs, *Die Gelehrten um Karl d.Gr. in ihren Schriften, Briefen und Gedichten*, 1931.

ANGOULÊME Stadt in *Aquitanien, Bischofssitz seit dem 3. Jh., im 9. Jh. von den Normannen zerstört und 868 als Sitz der neugeschaffenen Grafschaft A. wieder aufgebaut. Im 11. und 12. Jh. profitierte die Stadt von ihrer Lage am Wege von Poitiers nach Bordeaux und Santiago de Compostela. Der romanische Dom der Stadt (mit Kuppeln) gilt als eines der schönsten Baudenkmäler der Zeit, und die Domschule mit der reichen Bücherei war ein Hauptzentrum der Gelehrsamkeit in Westfrankreich. Der Grafenpalast im Mittelpunkt der Stadt wurde im 13. Jh. umgebaut und ist heute teilweise in das moderne Rathaus integriert. Die Grafschaft von A. konnte sich trotz der formellen Abhängigkeit vom Herzog von Aquitanien durch politische und eheliche Bündnisse mit anderen Feudalherren weitgehend selbständig erhalten. Zu Beginn des 13. Jh.s ging die Grafschaft durch Heirat an England über und widerstand französischen Annexionsplänen bis 1302. Im Laufe des *Hundertjährigen Krieges war die Stadt wieder in englischen Händen (1360-73).

O. Chabannais, *A.*, 1938.

ANIANE Südfranzösisches Kloster. Ursprünglich eine Eremitenklause, an deren Stelle *Benedikt von A. 780 eine Klostergemeinde gründete, für welche er die *Benediktinerregel umarbeitete. Das Kloster erhielt den kaiserlichen Schutz *Karls d.Gr. und *Ludwigs d. Frommen und wurde eines der bedeutendsten Zentren klösterlicher Reform im Karolingerreich.

S. Dulcy, *La règle de St. Benôit d'Aniane et la réforme monastique a l'époque Carolingienne*, 1935.

ANJOU Westfranzösische Grafschaft an der Loire. Sie wurde im 9. Jh. gegen die normannischen Überfälle gegründet und von *Karl dem Kahlen 861 an Robert den Starken, den Grafen von Tours, verliehen. Ihm gelang es, die skandinavischen Einfälle in das Loiretal abzuwehren. Er setzte in A. seinen Lehnsmann Fulk ein, der die angevinische Dynastie begründete. Dessen Nachfolger konnten die Grafschaft unversehrt erhalten und entwickelten sie im 11. Jh. zu einer der mächtigsten Feudalherrschaften Frankreichs. Mit dem Anschluß von Tours an A. (1054) kontrollierten die Grafen den Weg nach Spanien, was ihnen hohe Einkünfte einbrachte. Die angevinische Münze von Tours galt als eine der besten Währungen Westeuropas. Zu Beginn des 12. Jh.s ging die Grafschaft Maine (nördlich von A.) an A., was zu Zusammenstößen mit den Herzögen der Normandie führte. *Fulk V. (1109-26) verbesserte die Verwaltung und straffte seine Kontrolle über die Vasallen. Die Könige Frankreichs und Englands suchten seine Freundschaft, und 1125 schloß er ein Bündnis mit *Heinrich I. von England zur Regelung der wegen Maine aufgetretenen Spannungen. Fulks Sohn *Gottfried Plantagenet wurde mit Heinrichs Tochter Mathilde, der Witwe Kaiser *Heinrichs V., verheiratet, und Fulk übergab die Regierung von A. an seinen Sohn. Dieser eroberte 1151 im Namen seiner Frau und seines Sohnes *Heinrich II. (von England) die Normandie. Nach Gottfrieds Tod (1151) schloß das *angevinische Reich* große Ländereien ein, von denen A. nur ein nicht mehr zentraler Bestandteil war. Die soziale und administrative Struktur von A., die Fulk V. geschaffen hatte, garantierte die reibungslose Abwicklung der Regierungsgeschäfte auch in Abwesenheit des Grafen. 1204 annektierte *Philipp II. von Frankreich die Grafschaft, beließ jedoch die politischen Institutionen unversehrt und begnügte sich mit der Auswechslung des Grafen durch einen königlichen Seneschall. Seit der Mitte des 13. Jh.s diente A. als *Apanage für die jüngeren Brüder des französischen Königs. So übergab *Ludwig IX. 1246 A. an seinen Bruder *Karl, den Begründer der zweiten Dynastie von A. Seit 1268 war Karl auch König von Sizilien; die Grafschaft ging als Mitgift an Karls Enkelin Margarete, die *Karl von Valois geheiratet hatte. 1328 kam A. mit der Krönung von *Philipp VI., Sohn Karls von Valois, wieder an die französische Krondomäne. 1360 erhob *Johann II. A. in den Rang eines Herzogtums und übergab es an seinen zweiten Sohn Ludwig, den Begründer der dritten Dynastie. Zur Zeit dessen Enkels René regierte die Dynastie Provinzen in Frankreich, Lothringen, der Provence und Italien. Nach Renés Tod (1480) kam das Fürstentum A. wieder an die französische Krondomäne.

Dornic F., *Histoire de l'A.*, 1961.

ANKARA (Ancyra, Angora) Stadt in Kleinasien und Kreuzpunkt der Wege von Konstantinopel nach dem Osten und vom südlichen Kleinasien zum Schwarzen Meer. Während der byzantinischen Zeit verlor A. viel von seiner früheren Bedeutung. Im 6. Jh. wurde es mehrmals von den *Persern angegriffen; 1072 eroberten und plünderten es die *Seldschuken. 1079 fiel A. in die Hände der *Kreuzfahrer, zu Beginn des 12. Jh.s ging es an die Seldschuken von *Konia über. Danach wechselte es mehrmals den Besitzer und wurde 1354 durch die *Osmanen erobert. 1402 war A. Schauplatz einer Schlacht, in der die *Mongolen unter *Timur-leng (Tamerlan) die Osmanen besiegten. Alle diese Ereignisse waren für A. kaum von Bedeutung, da die Stadt schon seit dem 10. Jh. kaum mehr als ein kleines Provinzstädtchen war.

P. Wittek, *Zur Geschichte Angoras im Mittelalter*, in: Festschrift f. G. Jacob, 1932.

ANNA KOMNENA (1083-um 1154) Byzantinische Kaiserin und Geschichtsschreiberin. Tochter von *Alexios I. Komnenos, Gemahlin von *Nikephoros Bryennios, nach deren Tod sie sich in ein Kloster zurückzog. Dort schrieb sie die *Alexias*, eine Geschichte der Regierungszeit ihres Vaters, die als wichtigste Quelle für die byzantinische Geschichte im ausgehenden 11. und frühen 12. Jh. gilt. Ihre schriftstellerische Begabung, breite Belesenheit und durchgehende Kenntnis der byzantinischen Gesellschaft und Regierung verleihen dem Werk besondere Qualität.

Werk (franz. Übers.): B. Leib (Hg.), 3 Bde., 1937-45/ 1967;
Ch. Diehl, *Figures byzantines* II, 1927.

ANNALEN (Jahrbücher) Eine Gattung der Geschichtsschreibung, die seit dem Frühmittelalter weitverbreitet war. In den A. werden die wichtigen Ereignisse eines Jahres in kurzen Eintragungen aufgezeichnet, ohne Einzelheiten, Beweggründe oder den geschichtlichen

Hintergrund zu berühren. Die meisten A. stammen aus Klöstern, nur wenige aus Domschulen. Sie wurden gewöhnlich über Generationen von sich abwechselnden anonymen Verfassern geführt und ermangeln deshalb einer einheitlichen Auffassung. Trotzdem liefern sie oft ein gutes Bild der Ereignisse aus dem örtlichen Blickwinkel der Verfasser. Ein Höhepunkt der Annalistik waren die *Annales Regni Francorum* (Fränkische Reichsannalen), die die offizielle Stellung des Karolingerhofes zu den Ereignissen der Jahre 741-829 wiedergeben.

H. Hoffmann, *Untersuchungen zur karolingischen Annalistik*, 1958;
M. McCormick, *Les annales du Haut Moyen Age*, 1975.

ANNO II. (hl.; um 1010-75) Erzbischof von Köln (seit 1056). Aus schwäbischem Adel stammend, versuchte A. als Erzkanzler die Regierung des Reiches an sich zu bringen, indem er 1062 den elfjährigen König *Heinrich IV. in Kaiserswerth zusammen mit den Reichsinsignien auf ein Rheinschiff entführte und nach Köln brachte, wodurch die bisherige Regentin, Heinrichs Mutter Agnes, entmachtet war. Doch bald wurde A. von Erzbischof *Adalbert von Hamburg-Bremen verdrängt, so daß er sich mehr auf seine Klöster konzentrierte, die er der Reformbewegung öffnete. In seinem Lieblingskloster Siegburg fand er 1074 Aufnahme, als ihn die Kölner wegen seiner harten Herrschaft vertrieben. Wahrscheinlich dort entstand um 1080 das mittelhochdeutsche *Annolied*, in dem A.s Wirken in den Rahmen der Heilsgeschichte gestellt und verherrlicht wird.

A. Leger (Hg.), *Monumenta Annonis* (Ausstellungskatalog Köln), 1975.

ANSEGIS (hl.; gest. 833) Abt von Fontenelle. Eine der wichtigsten Persönlichkeiten am Hof *Ludwigs d. Frommen, legte 827 eine Sammlung der *Kapitularien *Karls d.Gr. und Ludwigs an, die zum Maßstab für die spätere fränkische Gesetzgebung wurde. A. war auch führend beim Bau der Aachener Pfalz und bei dem seines eigenen Klosters tätig.

J. Boussard, *The Civilization of Charlemagne*, 1968.

ANSEGISEL Siehe *ARNULF VON METZ.

ANSELM VON CANTERBURY (hl.; 1033-1109) Erzbischof von Canterbury (1093-1109). In Aosta (Savoyen) geboren, trat er 1059 der von *Lanfranc geleiteten Klosterschule von *Bec (Normandie) bei, wo er 1063 Lanfrancs Nachfolger als Prior und 1079 Abt wurde. Er erwarb sich durch seine kraftvolle Persönlichkeit und geistige Fähigkeiten den Ruf eines ausgezeichneten Lehrers und hervorragenden Philosophen und konnte das Vertrauen *Wilhelms d. Eroberers, des englisch-normannischen Adels und des Klerus gewinnen. Nach seiner Wahl zum Erzbischof von Canterbury (1089) weigerte er sich im Sinne der *gregorianischen Kirchenreform, die *Investitur aus den Händen des Herrschers zu erhalten. *Wilhelm II. hielt seinerseits seine Zustimmung zur Wahl bis 1093 zurück. Erst im Gefolge einer schweren Erkrankung kam es zu einem Gesinnungswechsel des Königs, doch nach seiner Gesundung brach der Konflikt aufs neue aus. 1097 verließ A. England und ging an den päpstlichen Hof, wo er sich als eifriger Vorkämpfer im Investiturstreit gegen *Heinrich IV. hervortat. 1100 kehrte er nach England zurück, stieß aber mit Wilhelms Nachfolger *Heinrich I. zusammen und ging wieder ins Exil (1103). Die gemäßigte Politik von Papst *Paschalis II. brachte einen Kompromiß zuwege, wo-

Die romanische Kathedrale von Angoulême, Frankreich, 12. Jh.

nach das königliche Recht der Zustimmung zur Bischofswahl anerkannt wurde. A. kehrte 1107 in sein Erzbistum zurück und verbrachte seine letzten Lebensjahre mit der Reform seines Klerus.

A. gilt als einer der bedeutendsten Denker zwischen *Augustinus und *Thomas von Aquin. Er lehrte, daß der Glaube Vorbedingung für den Gebrauch des Verstandes sei: *Credo ut intellegam* (Ich glaube, um zu verstehen). Seine Hauptwerke sind das *Monologion* (Selbstgespräch: der Versuch einer Gottes- und Dreifaltigkeitslehre rein von der Vernunft her), das *Proslogion* (Anrede: enthält den ontologischen Gottesbeweis: etwas Größeres als Gott läßt sich nicht denken, daher muß er auch existieren) und *Cur Deus homo* (Warum wurde Gott Mensch? Eine Erklärung der Fleischwerdung Christi zur Erlösung der Menschen).

Werk: F. S. Schmitt (Hg.), 1946ff.;
W. v. d. Steinen, *Vom heiligen Geist des Mittelalters*, 1926;
R. W. Southern, *St. Anselm*, 1963.

ANSELM VON LAON (um 1050-1117) Theologe. In *Bec erzogen, leitete er die Domschule zu Laon, machte sich besonders in der Deutung der Heiligen Schrift einen Namen und war Lehrer *Wilhelms von Champeaux und *Abaelards. Seine Bibelauslegung nach der *scholastischen Methode gab den Ton für diesen gesamten Zweig der Theologie im 12. Jh. an.

M. Grabmann, *Geschichte der scholastischen Methode* I, 1956.

ANSELM VON LUCCA (hl.; um 1036-86) Bischof von Lucca (1073-86). Er wurde von seinem Onkel, Papst *Alexander II., zum Bischof ernannt, nahm die *Investitur durch *Heinrich IV. an, bereute dann aber sein unkanonisches Vorgehen und trat in ein Kloster ein. Auf Dringen Papst *Gregors VII. kehrte er in sein Bistum zurück, zerstritt sich aber mit seinen Domkanonikern wegen der Einführung von Reformen und wurde aus Lucca vertrieben. Als päpstlicher Legat in der Lombardei war er Vorkämpfer der *gregorianischen Reform. Er verfaßte eine berühmte Kanonessammlung und war ein hervorragender Kirchenrechtler.

R. Montanari, *La Collectio Canonum di S. Anselmo di Lucca e la Riforma gregoriana*, 1941.

ANSGAR (hl.; um 801-65) Erzbischof von Hamburg-Bremen und Apostel des Nordens. In der Picardie geboren, trat er dem Kloster *Korvei bei, war dann, von Visionen geleitet, als Missionar in Schleswig tätig und gründete die erste Kirche in Schweden. 832 wurde er Erzbischof von Hamburg und 848 erster Erzbischof von Bremen. 854 kehrte er nach Skandinavien zurück und bekehrte König Erik von Jütland. Nach seinem Tod fielen die skandinavischen Länder wieder ins Heidentum zurück.

H. Dörries, G. Kretschmar, *A.*, 1965.

ANTELAMI, BENEDETTO Italienischer Bildhauer, zwischen 1178 und 1233 in Parma, seinem Geburtsort, tätig. Sein Werk ist von der provenzalischen Romanik und der Gotik beeinflußt, was schon an seinem ersten Relief, der 1178 für den Dom von Parma geschaffenen *Kreuzabnahme*, sichtbar ist. Den Höhepunkt seines Werkes beherbergt die 1196 begonnene Taufkapelle von Parma, deren gesamte Plastiken von A. geschaffen wurden. Sein Werk ist von einem in seiner Zeit seltenen Gefühl für Bewegung erfüllt.

K. W. Forster, *B. A.*, 1961.

Majakunst, Detail eines Tempels

Der Antichrist bei der Bestechung der Gläubigen, 15. Jh.

ANTICHRIST Eine die Feinde Christi symbolisierende Gestalt, erscheint zum ersten Mal in den Johannisbriefen und wird im Laufe der Zeit mit verschiedenen Personen identifiziert. Im Frühchristentum wurden die Juden und Römer wegen ihrer Feindschaft zum christlichen Glauben A. genannt. Im Mittelalter wurde der A. meistens als teuflische Figur dargestellt, die das Christentum verfolgen und die Glaubensstärke der Christen durch Heimsuchungen prüfen wollte. Die Gestalt entspricht, sicherlich unbewußt, der dualistischen (*manichäistischen) Anschauung von 2 Mächten: das Gute wird von Christus und der Kirche, das Böse vom A. repräsentiert. Im 10. Jh. verband sich der Glaube an den A. mit dem Chiliasmus, der für das Weltende einen weltweiten Krieg zwischen Christus und A. voraussagte. Seit dem 11. Jh. wurde Kaiser Nero, der erste Verfolger der Christen, der Prototyp des A. Die Streitschriften des *Investiturstreits bedienten sich gerne dieses Feindbildes. In der Kreuzzugzeit erfuhr der A. wiederum eine Konkretisierung in der Gestalt des Islams. Mit der zunehmenden Kritik an der Kirche seit dem 14. Jh. erschien manchen Kreisen der Papst selbst als Verkörperung des A., so z.B. *Wyclyf und den *Hussiten. Das religiöse Theater kennt A.-Spiele seit dem 12. Jh. (Tegernseer *Ludus de Antichristo*).

A. Jeremias, *Der A. in Geschichte und Gegenwart*, 1930;
H. D. Rauh, *Das Bild des A. im Mittelalter*, 1973.

ANTIOCHIA Im 4. Jh. v. Chr. als hellenistische Stadt in Nordsyrien gegründet, war A. zu Beginn des Mittelalters Hauptstadt des byzantinischen Syriens und als

Patriarchat Brennpunkt der innerkirchlichen Debatten (*Monophysitismus); eines der Hauptzentren der frühchristlichen Kirche. Nach Erdbeben und dem Abflauen des Handelsverkehrs begann im 6. Jh. der Niedergang der Stadt. Seit 640 war A. Grenzstadt und von dem arabisch besetzten Syrien abgeschnitten. 1085 fiel es in die Hände der *Seldschuken und wurde Teil des Fürstentums *Aleppo. Nach einer fünf Monate währenden Belagerung eroberten es 1098 die *Kreuzfahrer unter Bohemund von Tarent. Dieser gründete das christliche Fürstentum A., das Sitz eines lateinischen Patriarchs wurde und permanenten Krieg gegen Aleppo führte. Die Fürsten von A. unterhielten gute Beziehungen zum byzantinischen Kaiserreich, und unter den Kreuzfahrern war die Stadt ein wichtiges Handelszentrum. Sie konnte den Angriffen *Nuredins und *Saladins in der zweiten Hälfte des 12. Jh.s widerstehen. 1268 wurde sie von den *Mamluken unter *Baibars erobert und zerstört und die Einwohnerschaft zerstreut. Danach war die kleine Provinzstadt ohne jegliche Bedeutung. Ein Teil der Baudenkmäler aus der Antike und der Kreuzfahrerzeit besteht heute noch. Das altfranzösische *Chanson d'Antioch* (12. Jh.) feiert die Einnahme der Stadt durch die Kreuzritter.
P. Jacquout, *Antioche*, 1931;
S. Duparc-Quioc, *Le Cycle de la Croisade*, 1955.

ANTONIUS DER GROSSE VON ÄGYPTEN (hl.; um 251-356) Einsiedler und Vater der christlichen Askese. Um 275 verließ er Alexandrien, um als Asket einsam in der Wüste zu leben. Seine Heiligkeit und die geordnete Disziplin seines Lebens wurden in Ägypten und dem ganzen Mittleren Osten nachgeahmt und machten ihn zu einem der beliebtesten Heiligen des Mittelalters. Seine Kämpfe mit Dämonen wurden für viele Heiligenlegenden vorbildlich.
L. v. Hertling, *A. der Einsiedler*, 1929.

ANTONIUS VON PADUA (hl.; 1195-1231) Franziskanermönch aus Lissabon. Er wirkte 1220 als Missionar in Marokko, wurde 1222 zum Professor der Theologie in *Bologna berufen, 1224 nach Montpellier gesandt und 1227 zum Leiter der italienischen Ordensprovinz Emilia ernannt. Er wurde später auf seine Bitte von diesem Amt befreit, um sich ganz der Predigt widmen zu können. Seine Predigten richteten sich gegen Ketzerei, Wucher und Ausbeutung der Armen, und sein Eintreten für die Armut als christliches Ideal machte ihn noch zu seinen Lebzeiten zum Schutzheiligen der Armen.
B. Kleinschmidt, *A. v. Padua in Leben und Kunst, Kult und Volkstum*, 1931;
S. Clasen, *A.*, 1959.

ANTWERPEN (Anvers) Stadt in Flandern, seit dem 7. Jh. in den Quellen erwähnt, 836 durch die Normannen zerstört, wegen der verkehrsgünstigen Lage an der Scheldemündung aber bald wieder aufgebaut. 1106 ging die Stadt an die Herzöge von *Brabant über, die Handel und Bautätigkeit förderten. 1291 wurden die kommunalen Vorrechte und Organe der Selbstverwaltung anerkannt. Als Mitglied der *Hanse (seit 1315) gewann die Stadt eine Bedeutung, welche der *Brügges nahekam. 1337 verbot *Edward III. von England die Ausfuhr englischer Wolle nach der Grafschaft Flandern, die zu Beginn des *Hundertjährigen Krieges an die Seite Frankreichs getreten war, und machte A. zum Stapelplatz der englischen Wolle. Dadurch waren die Bedingungen für das stürmische Wachstum der Stadt gegeben, die sich

zum größten Hafen des späteren Belgiens und zu einer der volkreichsten Städte Europas entwickelte. Im 15. Jh. nahm ihre Bedeutung noch weiter zu, als die Niederlande unter der Herrschaft der Fürsten von *Burgund vereinigt wurden. Zu dieser Zeit entwickelte sich in A. die berühmte Schule der *flämischen Kunst. 1460 gründeten die Kaufleute der Stadt eine Börse. 1482 ging A. infolge der Heirat der burgundischen Thronerbin Maria mit *Maximilian von Österreich an die *Habsburger über.
F. Prims, *Geschiedenis van A.*, 28 Bde., 1927-49;
H. van der Wee, *The Growth of the A. Market*, 3 Bde., 1963.

APANAGE Französische Bezeichnung für jene Landgebiete, die den jüngeren Königssöhnen zur standesgemäßen (aber unveräußerlichen) Ausstattung übergeben werden. Der Brauch der A. bestand schon seit der Zeit der *Kapetinger, wurde aber seit dem 13. Jh., als das *Lehnswesen in Verfall geraten war, verstärkt angewandt. Dabei wird das Territorium dem Prinzen und dessen männlichen Nachkommen einschließlich aller Herrschaftsrechte übertragen und geht erst nach Aussterben der männlichen Linie an die Krone zurück.
C. T. Wood, *The French Apanages and the Capetian Monarchy*, 1966.

APULIEN (Puglia) Südostitalienische Provinz, nach dem Fall des weströmischen Reiches von germanischen Stammesführern und um 500 von den *Ostgoten erobert. 535 diente die Provinz als Aufmarschgebiet des byzantinischen Angriffs auf Italien und wurde in dem zwanzigjährigen Krieg verwüstet. Gleichzeitig konnten jedoch die Hafenstädte ihre Handelsverbindungen zu Konstantinopel stärken. Nach der Eroberung Italiens durch die *Langobarden (568) gehörte Apulien teils zum Fürstentum *Benevent, der größere Teil mit den Städten blieb aber byzantinisch und nahm verstärkt oströmischen Charakter an. Seit 839 war A. Schauplatz heftiger Kämpfe zwischen den Arabern und den Byzantinern. Die Hauptstadt *Bari entglitt zunehmend der byzantinischen Kontrolle, und im 9.-11. Jh. war die Provinz teils den Moslems, teils Byzanz untertan. 1017 landeten *normannische Abenteurer in Süditalien und begannen die Eroberung von A., das 1042 ganz in ihren Händen war. 1059 nahm *Robert Guiscard den Titel Herzog von A. an. Seine Nachkommen verloren 1128 A. an *Roger II. von Sizilien. Zu Beginn des 13. Jh.s war A. unter der Herrschaft *Friedrichs II. eines der hochentwickeltsten Länder Europas. Es konnte in der zweiten Hälfte des Jh.s trotz häufiger Kriege seinen Wohlstand bewahren, hauptsächlich dank der regen Handestätigkeit Baris. Die politische Führungsrolle ging aber an Neapel über. Seit der "Sizilianischen Vesper" (1282) und bis zum Ausgang des Mittelalters wurde A. wie Neapel von den *Angevinen beherrscht.
S. La Sousa, *Storia di Puglia*, 1953;
C. A. Willemsen, D. Odenthal, *A.*, 1966².

AQUITANIEN Französische Provinz, erstreckte sich zur Zeit ihrer größten Ausdehnung auf den Raum zwischen den Pyrenäen im Süden, der Loire im Norden, dem Golf von Biskaya im Westen und dem Rhein und der Loire im Osten. Zu Beginn des 5. Jh.s wurde der größere Teil von A. durch die *Westgoten erobert, die *Toulouse zur Hauptstadt ihres Königreiches machten. 507 schlug *Chlodwig die Westgoten bei *Vouille. Die fränkische Herrschaft bestand jedoch nur dem

Namen nach. Der Versuch örtlicher Machthaber im Süden des Landes (Gascogne), sich von den Franken zu befreien, wurde von *Pippin d. Kurzen und seinen Söhnen Karlmann und *Karl d.Gr. unterdrückt. Die Karolinger ernannten fränkische Grafen zur Regierung der Provinz, und 778 schuf d.Gr. für seinen jüngeren Sohn *Ludwig d. Frommen das Königreich A. Nach seiner Kaiserkrönung übergab dieser 817 das Königreich an seinen Sohn Pippin, der zuerst auf Kosten seines Bruders *Karl d. Kahlen sein Reich ausdehnen konnte (831), dann aber den Süden mit Toulouse und der Gascogne verlor (836). Sein Sohn Pippin II. erbte 838 einen geschwächten Staat, in dem die Grafen von *Poitiers und Auvergne große Macht besaßen. 856 beugte sich Pippin II. dem Druck seines Onkels Karl d. Kahlen und dankte ab. Karl schaffte den Königstitel ab, konnte aber seine Herrschaft in dem nunmehr als Herzogtum bezeichneten A. nicht durchsetzen. In der zweiten Hälfte des 9. Jh.s kämpften die Grafen von Auvergne, Poitiers und Toulouse und die Herzöge der Gascogne um die Vorherrschaft in A. Zu Beginn des 10. Jh.s war das Herzogtum von A. von bedeutend kleinerem Umfang als das alte Königreich und wurde von den mächtigen Grafen von Poitiers beherrscht. Nach dem Anschluß der Gascogne (1054) wurden die Herzöge von A. auch in der spanischen Politik aktiv und verfügten dank ihrer Kontrolle über die Pilger- und Handelsstraße nach *Santiago de Compostela über bedeutende Einkünfte. Der herzögliche Hof von Poitiers war seit der zweiten Hälfte des 11. Jh.s eines der wichtigsten kulturellen Zentren Westeuropas (siehe *Troubadours). Die Epoche *Wilhelms IX. und seines Sohnes *Wilhelm X. bedeutet den Höhepunkt der politischen und kulturellen Entwicklung A.s. 1137 heiratete die Erbin A.s, *Eleonore, König *Ludwig VII. von Frankreich. Durch ihre Scheidung (1152) und Ehe mit *Heinrich II. Plantagenet wurde A. Teil des *Angevinenreichs. Während Heinrich und sein Sohn *Richard Löwenherz regierten, war der aquitanische Adel in ständigem Aufruhr begriffen. In der Auseinandersetzung zwischen *Johann ohne Land und *Philipp II. von Frankreich blieb A. unter englischer Herrschaft. Der Aufbau der mächtigen Feudalherrschaft der *Lusignans innerhalb des Herzogtums im ausgehenden 12. und frühen 13. Jh. legte jedoch bereits die Grundlagen für die spätere Teilung des Landes. Der Norden geriet immer stärker unter französischen Einfluß und wurde schließlich als Teil der französischen Krondomäne an *Alfons von Poitiers ausgegeben. Der Frieden von Paris (1258) legte die endgültige Teilung fest: Poitou und Auvergne blieben französisch, Gascogne und Teile des mittleren A. englisch. Das Herzogtum erhielt den Namen Guyenne, und der Sitz der Regierung war Bordeaux. Wenig später verschärften sich die Konflikte zwischen beiden Mächten wegen des Problems der konkurrierenden Rechtsprechung. Im *Hundertjährigen Krieg diente Guyenne unter der Regierung des *Schwarzen Prinzen als Hauptstützpunkt der Engländer. Der Frieden von Brettigny-Calais (1360) postulierte zwar die Wiedervereinigung des alten A.s, doch konnten die Franzosen unter *Karl V. ihre Gebiete allmählich wiedergewinnen und bis 1383 die Engländer auf das Gebiet von Guyenne zurückdrängen. Zu Beginn des 15. Jh.s schufen sich die mächtigen Grafen von *Foix eine Mittelrolle zwischen England und Frankreich und spielten beide Mächte gegeneinander

aus. 1453 wurde die letzte Schlacht des Hundertjährigen Krieges durch das französische Kanonenfeuer bei Libourne (bei Bordeaux) entschieden, und die letzten Reste der englischen Herrschaft fielen an Frankreich. Ch. Higounet (Hg.), *Histoire de l'A.*, 1971.

ARABER Die Wüstenstämme aus *Arabien und die im Mittelalter aus der Mischung zwischen diesen und der lokalen Bevölkerung der eroberten Gebiete des Nahen Ostens hervorgegangenen Völker. Zu Beginn des Mittelalters besaßen die meisten arabischen Stämme heidnisch-fetischistische Religionen, nur im Osten konnten persische dualistische und im Norden christliche Einflüsse eindringen. Die Nabatäer nahmen die hellenistisch-griechische Kultur, die *Ghassaniden das nestorische Christentum an. Das Auftreten *Mohammeds und seiner streng monotheistischer Religion war daher nicht nur geschichtlich, sondern auch kulturell eine wahre Revolution, die in zehnjährigem Kampf siegte. Der Islam wurde *die* arabische Religion. In der Folge war der Krieg zur Verbreitung des *Islams zentraler Punkt des Glaubens. Nach Mohammeds Tod (632) wählten seine Anhänger *Abu Bakr zum Kalifen (Stellvertreter). Dessen Generäle eroberten den Irak, das byzantinische Transjordanien und Südpalästina (634). Der Krieg ging unter dem zweiten Kalifen *Omar weiter. 635 fiel Damaskus unter Hilfeleistung der von den byzantinischen Herrschern als Ketzer verfolgten syrischen Christen. 636 errangen die A. ihren größten Sieg in der Schlacht am *Jarmuk, wo sie das byzantinische Heer des *Heraklius vernichteten. 638 fiel Jerusalem, und der Tempelberg wurde heiliger Ort des Islams. Zwischen 637 und 661 wurde Persien arabisch. Die Eroberung Ägyptens begann 640, wiederum unter Stützung auf die örtlichen koptischen Christen; 642 fiel Alexandrien. Alle diese Siege wurden in kürzester Zeit, innerhalb von 10 Jahren nach dem Tod des Propheten, durch religiös überzeugte Truppen und unter Ausnutzung der religiösen Kluft zwischen den griechisch-orthodoxen Machthabern und den orientalischen Christen errungen. Auch die Massenübertritte zum Islam trugen zum raschen Erfolg bei. (Die Ägyptenarmee war mit 4000 Mann ausgezogen und mit 10 000 am Ziel angekommen.) Die eroberten Provinzen wurden von Militärgouverneuren (Emiren) regiert, denen zur Eintreibung der Steuern von den Nicht-Moslems Schatzmeister (Amal) zur Seite standen. Zu diesem Zeitpunkt beschränkte sich die arabische Anwesenheit auf die Garnisonstädte. Die Stellung der Nichtmoslems war noch nicht genau festgelegt; es bestand jedoch die Unterscheidung zwischen den Anhängern monotheistischer Religionen (Christen und Juden), die als "Völker des Buches" (der Bibel) geduldet, und den heidnischen Persern, die zur Annahme des Islams gezwungen wurden. Nach Omars Tod (644) setzten die arabischen Heerführer die Eroberungszüge fort; gleichzeitig entwickelte sich im Kalifat eine schwerwiegende Krise. Nach der Ermordung *Othmans und *Alis entstanden zwei Parteien, die *schiitische Minderheit der Anhänger Alis und die *sunnitische Mehrheit unter Führung *Moawijas, des Statthalters von Syrien. Dieser wurde 661 zum Kalifen ausgerufen, verlegte den Sitz der Kalifen nach Damaskus und gründete die *Omajjadendynastie. Unter den Omajjaden begann die Niederlassung der Araber in den eroberten Gebieten, wobei die Verwaltung Bestehendes übernahm. 704 wurde der Indusfluß erreicht; vor Ende des 7. Jh.s waren Sudan und Nordafrika arabisch; die Eroberung Spaniens begann 711. 732 gelangten die arabischen Armeen bis *Poitiers, wo sie von den Franken unter *Karl Martell zurückgeschlagen wurden. Trotz dieser Erfolge hatten die Omajjaden mit großen Schwierigkeiten zu kämpfen. In Arabien brach ein Aufstand der Stämme aus; 683 wurde in Mekka ein Gegenkalif ausgerufen, der die Unterstützung der heiligen Städte Mekka und Medina besaß. Der offene Widerstand der Schiiten fand besonders in Persien, wo die Politik der Zwangsislamisierung Unruhe geschaffen hatte, breiten Zulauf. 750 brach der große Schiitenaufstand aus, die *Abbasiden an die Macht brachte. Von den Omajjaden konnte sich nur *Abd al-Rahman I. nach Spanien retten, wo er ein eigenes Reich aufbaute. Unter den Abbasiden erreichte das Kalifat seinen politischen und kulturellen Höhepunkt. Zu dieser Zeit machte die arabische Gesellschaft tiefgreifende Veränderungen durch. Im Laufe des Prozesses der Ansiedlung in den fruchtbaren Ländern des Kalifats hatte sich die Stammesstruktur der nomadischen A. aufgelöst. Es entstand der Gegensatz zwischen den Beduinenstämmen der Wüste und der neuen Gesellschaft, die aus dem Zusammenwachsen der Eroberer mit den islamisierten und sprachlich arabisierten eroberten Völkern erwachsen war. Bis zum 10. Jh. hatte sich die neue arabische Gesellschaft, hauptsächlich in den neugegründeten Städten (Bagdad, Ramleh, Fustat, Kairuan), voll entwickelt. Es fand auch eine berufliche Umstrukturierung statt, und die Nachkommen der arabischen Krieger wurden Staatsbeamte und Landbesitzer oder in den unteren Schichten Kaufleute und Handwerker. Der Militärdienst wurde den Nomaden und den Neger- und Turkmenensklaven überlassen. Im 10. Jh. war die nunmehr völlig aus nichtarabischen Elementen zusammengesetzte Armee wichtigster Machtfaktor im Reich. Außer dem Kalifat blieben nurmehr einige religiöse Funktionen in den Händen der A. Das Ergebnis waren der Niedergang und endlich die Auflösung des arabischen Kalifats. In den von türkischen Beamten regierten östlichen Provinzen lebte die persische Sprache und Kultur wieder auf. In Nordafrika konnte die schiitische *Fatimidendynastie ihre Herrschaft auf Ägypten ausdehnen (983). In Syrien bauten die Beduinenstämme ihre eigenen Reiche auf. Zu Beginn des 11. Jh.s war die tatsächliche Macht des Kalifen auf den Irak begrenzt, obwohl er dem Namen nach Haupt aller Gläubigen und Oberherr der Herrscher der Teilreiche blieb. Mit dem Einbruch der *seldschukischen Türken in das Kalifat und der Eroberung Bagdads durch *Togril-Begh war die politische Geschichte der A. im Mittelalter zu Ende.

Die arabische Zivilisation beruht auf dem *Islam: die Einheit des Glaubens bestimmte die sprachliche und kulturelle Einheit. Die arabische Sprache entwickelte sich aus dem semitischen Dialekt (Nordarabiens), der Sprache Mohammeds und des *Korans. Im Laufe der Eroberungen des 7. Jh.s wurde das Arabische in alle Teile des Reiches getragen und in der offiziellen Version des Korans aus der Zeit Othmans konserviert. Die Erhaltung des klassischen Arabisch wurde als religiöse Aufgabe angesehen und von den Grammatikern zu einer hochentwickelten Wissenschaft gemacht. Mit der Entwicklung der Theologie (*Hadith) seit dem 8. Jh. entstand eine neue Sprache, die im Gegensatz zum klassischen Arabisch jedem Wort eine einzige Bedeutung

zuteilte. Diese Entwicklung wurde durch die Übersetzung philosophischer und naturwissenschaftlicher Werke aus dem Griechischen, Aramäischen und Persischen und den Einfluß der griechischen Grammatik begünstigt. Im 9. Jh. hatte die arabische Hochsprache eine Stufe erreicht, auf der für die Schaffung philosophischer, naturwissenschaftlicher und theologischer Werke wie auch einer weltlichen Literatur und Dichtung möglich war. In der Abbasidenzeit blühte die literarische Kreativität, hauptsächlich in der Form der *Diwandichtung der Hofpoeten und der wahrscheinlich auf die christliche Dichtung einwirkenden Liebesdichtung. Dagegen besitzen wir aus der Omajjadenzeit nur theologische Schriften und, in Fortsetzung der vorislamischen Tradition, politische Lieder. Der kulturell-literarische Unterschied zwischen den beiden Epochen ist Ausdruck der bereits erwähnten gesellschaftlichen Umwandlung vom Nomadentum zur städtisch-höfischen Gesellschaft der Abbasiden. Künstlerisch unerreichter Ausdruck der Abbasidenzeit sind die Geschichten von *Tausendundeiner Nacht,* in denen sich bereits der wiedererwachende persische Einfluß ankündigt. Die Geschichtsschreibung machte unter den Arabern bedeutende Fortschritte. Ihre Anfänge liegen im 8. Jh. in Ägypten, wo noch starke byzantinische Einflusse fühlbar sind. Im Sinne der besonderen Bedeutung, welche die *Hedschra (622) als Wendepunkt zwischen der alten heidnischen Periode und der neuen, exklusiv islamischen Zeit besaß, konnten die arabischen Historiker in der Untersuchung der Beziehungen zwischen Moslems und Nichtmoslems kaum objektiv sein. Diese Begrenzung wurde erst zu *Saladins Zeiten überwunden, als sich die Geschichtsschreiber zum ersten Mal auch der nichtmoslemischen Welt zuwandten. Eine andere Errungenschaft der A. ist die Geographie und die Reiseliteratur. Die Grundlage blieb zwar die hellenistische Geographie des *Ptolemäus von Alexandrien, dazu kamen jedoch die auf Reisen gesammelten eigenen Beobachtungen der Verfasser, z.B. *Al-Idrisi, des bedeutendsten arabischen Geographen, oder *Usama Ibn Munkud und *Ibn-Batutta. Die Araber führten auch die hellenistische Tradition des Kartenzeichnens fort. Ihre besondere Stärke lag in der Herstellung von Seekarten mit Beschreibung der Küsten und Häfen.

Die arabische Musik entwickelte sich in der Abbasidenzeit aus der Verbindung der arabischen Tradition mit persischen, byzantinischen und gotischen Einflüssen. In der Musiktheorie übernahmen die A. die aristotelische Auffassung (*Ibn-Farabi). Die Liturgie blieb wegen des islamischen Verbots, sich an der Musik zu erfreuen, eintönig, die weltliche Musik erreichte dagegen einen hohen Stand der Entwicklung.

Auf dem Gebiet der Philosophie bestehen 2 Grundtendenzen: die islamische Theologie (Kalam) mit ihrem von Anfang an apologetischen Charakter und die reine Philosophie, die in Inhalt und Form universal war und auf dem griechisch-hellenistischen Erbe aufbaute. Besondere Bedeutung kam dabei den Übersetzungen der Werke von Platon und Aristoteles (8. Jh.) zu. Zu Beginn des 9. Jh.s gründeten die Abbasidenherrscher in Bagdad eine Akademie (Haus der Weisheit) zur Förderung der Übersetzung und Lehre der Philosophie. Das selbständige philosophische Schaffen der A. begann mit *Farabi und dessen berühmteren Schülern *Ibn Sinna und *Maimonides. Ibn Sinnas Weiterentwicklung des

*Aristotelismus war von höchster Bedeutung für die mittelalterliche Philosophie Europas, wo er als Avicenna bekannt wurde. Der eigentliche Höhepunkt der arabischen Philosophie liegt im Spanien des 12. Jh.s. *Ibn Ruschd (Averroes) entwickelte in seinen Kommentaren zu Aristoteles das Werk Ibn Sinnas zu einer allumfassenden Synthese des islamischen Glaubens. In der gleichen Zeit lebte im Irak und Iran das platonische Erbe auf und fand Ausdruck in einer idealistisch-mystischen Schule, die auch alte persische Traditionen weiterführte und starken Einfluß auf den moslemischen Pietismus ausübte.

Auf dem Gebiet der Naturwissenschaften entwickelten die A. die Grundlagen des Hellenismus weiter und verknüpften diese mit persisch-indischen und mesopotamischen Traditionen. Wichtigen Fortschritt gab es in der *Algebra und Geometrie; die *Astronomie blieb mit der *Astrologie verbunden; in der Physik wurden die Optik und die Magnetfeldtheorie entwickelt. In der *Alchemie fanden wertvolle theoretische Überlegungen statt, die *Medizin blühte, wesentlich auch durch die Tätigkeit der jüdischen Ärzte. Die kosmologischen Ideen des Aristoteles wurden von den A.n zur Theorie einer organischen Welt weiterentwickelt, basierend auf der Lehre von den 4 Elementen (Feuer, Wasser, Luft und Erde).

C. Brockelmann, *Geschichte der islamischen Völker und Staaten*, 1943;
The Cambridge History of Islam, 2 Bde., 1970;
S. u. N. Ronart (Hgg.), *Lexikon der Arabischen Welt*, 1972.

ARABIEN Westasiatische Halbinsel, hauptsächlich Wüste, seit frühesten Zeiten von semitischen Nomadenstämmen bewohnt. Seit altersher war der Südwesten der Halbinsel, der heutige Jemen, am weitesten entwickelt. In Mekka gab es um den großen Stein (Kaaba) schon früh ein religiöses Zentrum. Im 5.-6. Jh. wurde die Stadt unter der Herrschaft des *Kuraschstammes ein wichtiger Handelspunkt mit Kontakten bis Damaskus. In der Pilgerstadt Mekka begann *Mohammed mit der Verbreitung seines neuen Glaubens, des Islams, gegen den Widerstand seiner Stammesgenossen.

Unter Mohammeds Nachfolgern, den Kalifen, war A. das Herz des neuen Glaubens. Nach der Übertragung des Kalifats nach Damaskus (661) blieben Mekka und Medina zwar weiter die heiligen Stätten des Islams, deren wirtschaftliches Wohlergehen durch den Hadsch (die vom Koran vorgeschriebene Pilgerreise) gesichert war, politisch war A. von nun an aber Provinz. Nach der Niederschlagung des Aufstandes der Stämme unter dem Gegenkalifen *Abdallah Ibn Al-Zubair (683-92) gab es keine weiteren Versuche, das Kalifat nach A. zurückzuholen. Dagegen besaßen die Kalifen in A. kaum Gewicht, und die Stämme waren weiterhin praktisch unabhängig. Im Jemen hatten im 8. Jh. die Schiiten die Macht ergriffen, und 820 erklärte sich der Statthalter Zijad als Imam des Jemens unabhängig. Zu Beginn des 10. Jh.s konnten die aus Oman stammenden Karmaten für einige Zeit einen Großstaat in A. halten. 930 nahmen sie Mekka und entfernten den heiligen Stein der Kaaba, mußten diesen aber auf Druck der *Fatimiden zurückgeben. 985 wurden sie von den Fatimiden besiegt. *Saladin versuchte nach 1171, A. unter seiner Herrschaft zu vereinigen. Nach seinem Tode erlangten der Jemen und Hadramaut wiederum die Unabhängigkeit, andere Teile von A. verfielen in Anarchie. Der einzige Faktor der Ordnung und der Kontinuität waren die Haschemitenscherifen von Mekka, die als Hüter der heiligen Stadt in der arabischen Welt großes Gewicht besaßen und bis 1922 regierten.
H. v. Wissmann, *Arabien*, 1965.

ARAGÓN (Aragonien) Nordostspanisches Königreich, aus dem Zusammenschluß der von den Arabern nicht eroberten christlichen Gebiete entstanden. Im 9. Jh. eroberten die Könige von *Navarra die Grafschaft A. mit der Stadt Jaca als Mittelpunkt. 1035 übergab sie *Sancho-Garcia von Navarra einem dritten Sohn *Ramiro und verlieh ihm den Königstitel. Ramiro war der eigentliche Begründer A.s und vergrößerte sein Reich um 2 weitere Grafschaften. Nach seinem Tod kehrte A. wieder an die Könige Navarras zurück. Erst die Errichtung der Hauptstadt in der von den Mauren eroberten Stadt Huesca sicherte die Unabhängigkeit A.s. Am Ende des 11. Jh.s bildete der Ebro die Grenze zu den Maurenstaaten. *Alfons I. führte die *Reconquista mit Hilfe französischer Ritter weiter, eroberte 1118 Saragossa und schlug 1131 einen maurischen Gegenangriff ab. A. stieg zu einem mächtigen Staat zwischen dem nördlichen Nachbarn Navarra und der Grafschaft Katalonien auf. 1154 wurde A. durch Heirat mit Barcelona-Katalonien zu einem größeren Königreich verbunden, das aus dynastischen Gründen mehr nach der *Provence als nach Spanien orientiert war. Im 12. Jh. setzte sich das *Lehnswesen durch, und die Versammlung der Adeligen (*fuero*) besaß als königlicher Rat bedeutende Befugnisse auf dem Gebiet der Gesetzgebung und Rechtsprechung. Der König hatte jedoch in den katalanischen Handelsstädten eine wichtige Einnahmequelle, so daß der Einfluß des Adels nie das französische Maß erreichte. Auch die Kirche besaß bedeutende Macht, und gegen Ende des 12. Jh.s trat der König in ein Lehnsverhältnis zum Papst. Nach dem Tod *Peters II. (1213) annektierten die Könige von A. die Ebene südlich des Ebros, die Balearen (1229) und das Fürstentum *Valencia (1238). Damit war A. nach Kastilien die zweitstärkste Macht in Spanien. Die Rivalität zwischen den beiden Reichen führte im 13. Jh. wiederholt zu kriegerischen Zusammenstößen. Dazu kam noch der Konflikt mit dem sizilianischen König *Karl von Anjou über Schiffahrts- und Handelsrechte im Mittelmeer. Peter III. eroberte 1282 unter Ausnutzung des Aufstandes gegen die *Angevinen (die "Sizilianische Vesper") die Insel. Ein französischer Gegenangriff in den Pyrenäen schlug fehl (1285), und A. konnte sich durch die folgende Einverleibung Sardiniens und des südfranzösischen Montpellier die Herrschaft im westlichen Mittelmeer sichern. Am Ende des 13. Jh.s war A. ein bedeutender Machtfaktor europäischen Ranges, und die Kaufleute Barcelonas konkurrierten erfolgreich mit Genua. Die langen Kriege zwangen jedoch den König, die Unterstützung des Adels durch Konzessionen zu erkaufen. Die alte Adelsversammlung (*fueros*) wurde durch die mit weiteren Vollmachten ausgestatteten *Cortes* ersetzt, in denen neben dem Klerus und dem Hochadel auch die Ritter (*hidalgos*) und die Städte vertreten waren. Seit 1283 besaßen die Cortes das Recht der Steuerbewilligung, und 1289 erlangten sie das Recht, die königlichen Räte zu ernennen. Im 14. Jh. konnte der König den Cortes wieder seine Macht aufzwingen. Gleichzeitig gingen die Eroberungen weiter: in den Jahren 1311-78

regierten die Könige von A. auch das lateinische Herzogtum *Athen in Griechenland. Dynastische Erwägungen führten zur Teilung des Reiches, die Balearen wurden unter dem Titel Mallorca zu einem eigenen Königreich erhoben, Sizilien von einer aragonischen Seitenlinie regiert. Nach dem Tod *Martins, des letzten Herrschers aus dem Hause Aragón-Katalonien (1412), wurde Prinz *Ferdinand von Kastilien als König anerkannt. Dessen Sohn *Alfons V. eroberte 1448 *Neapel und setzte der Angevinenherrschaft in Italien ein Ende. Während seiner Abwesenheit war sein Bruder *Johann Regent und folgte ihm auch als König nach. Johann hatte schwer gegen den aragonischen und kastilianischen Adel wie auch gegen Frankreich zu kämpfen. Er war zwar politisch erfolgreich, konnte aber der durch den Auszug der Juden und Mauren verursachten Wirtschaftskrise nicht Herr werden. Sein Sohn *Ferdinand heiratete die kastilianische Thronerbin *Isabella und vereinigte damit Spanien.
J. Vinke, *Staat und Kirche in Katalonien und A. während des Mittelalters*, 1931;
H. J. Chaytor, *A History of A. and Catalonia*, 1969.

ARBOGAST Fränkischer Stammesführer im späten 4. Jh. Er trat wie viele andere germanische Krieger dem römischen Heer bei. 388 ernannte ihn Kaiser *Theodosius zum Heerführer in Gallien und Berater des Mitkaisers Valentinian II. A. drängte die ripuarischen Franken von der Rheingrenze zurück. Er verhalf einer großen Zahl von Verwandten und Stammesgenossen zu hohen Kriegs- und Verwaltungsämtern. Nach Valentinians Tod (392), an dem A. nicht schuldlos war, bestellte er Eugenius, einen Palastbeamten römischer Herkunft, zum "Augustus des Westens" und förderte die heidnische Reaktion. 394 wurde er von Theodosius geschlagen und beging Selbstmord. Im 7. und 8. Jh. entstanden um seine Person Legenden als Urheber der *salischen Stammesrechte.
M. A. Wes, *Das Ende des Kaisertums im Westen des römischen Reiches*, 1976.

ARCHIPOETA Namentlich unbekannter deutscher Dichter (zweite Hälfte des 12. Jh.s). A. war der bekannteste Vagantenpoet und feierte in seinen lateinischen Liedern Wein, Weib und Gesang. Er scheint aus der Rheingegend zu stammen und war seit 1160 in der Umgebung des kölnischen Erzbischofs *Rainald von Dassel in Italien tätig. In seinen Satiren griff er auch die Kirche an und stellte sich in den Dienst der staufischen Kaiserpropaganda.
Werk (lat.-dt.): K. Langosch (Hg.), 1966.

ARCHITEKTUR Siehe *BAUKUNST.
ARELAT Siehe *BURGUND, ARLES.
ARIANISMUS Von dem libyschen Priester Arius (um 260-336) begründete Form des Christentums, wonach der Gottessohn nicht wesenseins mit dem Vater, sondern in der Zeit geschaffen und vom Vater mit Göttlichkeit ausgestattet wurde. Mit dieser Lehre kamen fast alle Germanenstämme zuerst in Berührung, ehe sie zum Katholizismus übertraten (*Ulfilas). So überzog eine dünne arianische Oberschicht von Germanen die breite katholische Unterschicht im eroberten Römerreich, was zu Spannungen führte und ein Grund für das Scheitern der meisten germanischen Reichsgründungen auf römischem Boden wurde (*Wandalen). Da die *Franken, das erfolgreichste Germanenvolk, aber gleich das römische Christentum annahmen, wechselten bis ins 7. Jh. auch alle anderen Germanenreiche zum Katholizismus über.
M. Meslin, *Les Ariens d'Occident*, 1967. (Din)

ARIBERT VON ANTIMIANO (gest. 1045) Erzbischof von Mailand (1018-44). Sohn einer lombardischen Adelsfamilie, mit Hilfe des Mailänder Hochadels zum Erzbischof erhoben. Nach 1022 trat er gegen die kaiserliche Politik in der Lombardei auf und vereinigte die Stadt im Widerstand gegen *Konrad II., dessen Anhänger er früher gewesen war.
E. Wunderlich, *Aribert v. Antemiano*, 1914.

ARICEBRON Siehe *GABIROL.
ARISTOTELISMUS Die durch das Werk des Aristoteles beeinflußten philosophischen und theologischen Richtungen im Mittelalter. In der Spätantike und im Frühmittelalter lehrte man Aristoteles' Werk in der Akademie von *Athen, bis diese 529 auf Befehl *Justinians geschlossen wurde. Die Gelehrten flohen mit ihren Büchern nach dem Osten, wo erst in Persien und dann im 7. Jh. in *Antiochia und *Alexandrien neue Schulen entstanden. Das Frühchristentum zog das platonische Ideengebäude dem A. vor, dagegen fanden die *Monophysiten Syriens im A. Ansatzpunkte für den Widerstand gegen die griechisch-orthodoxe Kirche. Der A. blühte daher in den großen monophysitischen Zentren Syriens und Ägyptens, auch nach der arabischen Eroberung. Die dort seit dem 8. Jh. angefertigten Übersetzungen ins Arabische führten zur Entwicklung einer rationalistischen Sicht des *Islams. Die Bagdader Schule des 9. Jh.s war ausschließlich auf den A. begründet und schrieb jede griechische philosophische Abhandlung unbekannten Ursprungs automatisch Aristoteles zu. *Ibn Sinna führte ein Klassifizierungssystem ein, das die moralischen und ethischen von den wissenschaftstheoretischen Schriften trennte. In Andalusien wurde Ibn-Sinnas Werk zur Grundlage der moslemischen und jüdischen Philosophie, mit dem Höhepunkt der Schule von *Córdoba, die im 12. Jh. die beiden Hauptvertreter des A., *Ibn Ruschd und *Maimonides hervorbrachte. Beide benutzten den A. zum Aufbau einer rationalistischen Theorie von der Welt und der göttlichen Offenbarung. Über *Toledo wurden die christlichen Gelehrten am Ende des 12. Jh.s durch Übersetzungen mit dem A. vertraut, der *Chartres, das Zentrum der naturwissenschaftlichen Studien, und *Paris, den Mittelpunkt der Theologie, erreichte. Seine Bedeutung für Medizin und Naturwissenschaften wurde die einer grundlegenden Autorität. Nach einer kurzen Übergangsperiode der individuellen Rezeption des A. gelang *Thomas von Aquin die volle Integrierung des A. als methodische Grundlage der christlichen Theologie. Er vereinigte das universelle Konzept des Naturrechts mit dem christlichen Begriff des offenbarten göttlichen Rechtes. Obschon die Aristoteles-Lektüre im frühen 13. Jh. von der Kirche streng verboten wurde, setzte sich sein Studium so schnell durch, daß seit 1255 in Paris Aristoteles-Vorlesungen obligatorisch waren.
M. Grabmann, *Mittelalterliches Geistesleben* III, 1956;
F. Van Steenberghen, *Die Philosophie im 13. Jh.*, 1977.

ARLES Stadt in der *Provence an der Rhonemündung. Zu Beginn des 4. Jh.s war A. Residenz von Kaiser *Konstantin und eigentliche Hauptstadt Galliens. Als Sitz eines Erzbischofs und Schauplatz mehrerer wichtiger Konzile war die Stadt kirchlicher Mittelpunkt des südfranzösischen Bereiches. Im 5. Jh. fiel A. in die Hände der *Westgoten, dann der *Ostgoten und schließlich

der *Franken (509), in deren Königreich es eine der
wichtigsten Städte war. Nach einem kurzen arabischen
Zwischenspiel wurde es 730 von *Karl Martell zurückerobert. Im 10. Jh. war A. Hauptstadt des neugegründeten Königreichs *Burgund, das davon seinen Namen
Arelat erhielt. Gegen Ende des Jh.s kam es an das Reich
und war nach der Auflösung Arelats im 11. Jh. eine
freie Reichsstadt mit autonomer Selbstverwaltung. Das
12. Jh. sah die Ausbildung der Organe dieser Selbstverwaltung mit einem von den Bürgern gewählten *podesta* (Bürgermeister) und vom Erzbischof ernannten Kon-
sulen. Im ausgehenden 12. Jh. fochten die Grafen von
*Barcelona und *Toulouse im Kampf um die Provence
auch die Autonomie von A. an. 1251 wurde es von *Karl
von Anjou erobert und an die Provence angegliedert.
Die wirtschaftliche Lage der Stadt verschlechterte sich
infolge der Konkurrenz von *Marseille. Auf dem Gebiet
der Baukunst war jedoch die angevinische Herrschaft
noch eine Blütezeit. Aus der Romanik steht noch die
Kathedrale mit dem berühmten (auf römische Triumph-
bogenarchitektur zurückgehenden) Portal. 1485 fiel
A. mit der gesamten Provence an Frankreich und verlor seine Bedeutung.
R. Grieser, *Das Arelat in der europäischen Politik*, 1925;
A. Benoit, *Arles, ses monuments, son histoire*, 1927.

ARMAGH Stadt und Königreich in Nordirland, nach
der legendären Irenkönigin Ard-Macha benannt. 445
wurde das Erzbistum A. als religiöser Mittelpunkt der
Insel gegründet, dessen Haupt auch als religiöser Führer
der Klans diente. Das Kloster von A. besaß im 6. Jh.
eine blühende Schule und eine reich ausgestattete Bibliothek sakraler und weltlicher Werke. Ferdommach
von A. schrieb diese Sammlung im 9. Jh. auf Irisch und
Lateinisch ab. In der Zeit der *normannischen Einfälle
(1021-1105) konnten die Grafen von A. ihre Herrschaft
auch über die Kirche von A. durchsetzen. Die Reform-
versuche der Bischöfe des 12. Jh.s (hl. *Maleachi) stießen auf starken Widerstand und konnten den Niedergang von A. nicht aufhalten. Unter der englischen Herrschaft (seit 1176) verlor die Stadt vollends ihre Bedeutung, und die Kirche wurde von englischen Prälaten
beherrscht.
A. Gwynn, *The Medieval Province of A.*, 1946.

ARMAGNAC Südwestfranzösische Grafschaft, die im
10. Jh. aus mehreren Lehngütern zusammengesetzt und
von den Herren der Burg A. (bei Auch) beherrscht
wurde. Bis zum 13. Jh. hatten die Grafen von A. ihre
Herrschaft gefestigt und waren dabei mit anderen Feudalherren der Gascogne, besonders den Grafen von
*Foix, zusammengestoßen. Johann I. (1319-73) trat als
erster in die hohe Politik ein und nahm auf französischer
Seite am *Hundertjährigen Krieg teil. Johann II. (1373-
84) half *Karl V., die von England eroberten Provinzen
zurückzugewinnen. Bernhard VII. (1391-1418) wurde
dank seiner Beziehungen zu *Ludwig von Orléans Connétable von Frankreich. Nach Ludwigs Ermordung
(1407) wurde Bernhard Schwiegervater *Karls von
Orléans, dem Sohn Ludwigs. Er bekämpfte die *Burgunder und plünderte mit seinen Parteigängern, den
*Armagnaken, die Stadt Paris und unterdrückte den
Aufstand der *Cabochiens (1413). Bis zu seiner Ermordung durch die Burgunder (1418) war er der eigentliche
Herrscher Frankreichs. Sein Sohn Johann IV. (1418-
50) war hauptsächlich in der Gascogne tätig und versuchte, zwischen England und Frankreich zu manövrie-

ren. Nach dem französischen Siegeszug in der Gascogne
(1432) mußte er sich *Karl VII. unterwerfen und wurde
mit seinem Heer gegen die Schweizer gesandt. Mit seiner
Niederlage bei Basel (1444) begann der Niedergang der
Grafen von A. Blutschänderischer Beziehungen zu seiner
Schwester Isabella beschuldigt, verlor Johann V. (1450-
73) viele seiner Anhänger. Antikönigliche Aktivitäten
führten 1460 zur Beschlagnahme seiner Länder. Ludwig
XI. begnadigte ihn anläßlich seiner Thronbesteigung,
ging aber später wiederum gegen Johann vor. Nach dem
Tod des kinderlosen letzten Grafen Karl (1473-97)
fiel A. an die französische Krondomäne.
Ch. Samaran, *La Maison d'Armagnac au XVe siècle*,
1907.

ARMAGNAKEN Volkstümliche Bezeichnung für die
Parteigänger des Hauses *Armagnac in den politischen
Kämpfen in Frankreich im 15. Jh. (besonders gegen
Burgund), vor allem in der Zeit der Grafen Bernhard
VII. und Johann IV. Die von den A. in Paris (1408-18),
im Gascogner Krieg (1432) und in Deutschland (1440-
42) begangenen Greueltaten machten den Namen A.
zum sprichwörtlichen Ausdruck für Grausamkeit. Im
spätmittelalterlichen Französisch wurde A. als Schimpf-
wort gebraucht.
J. d'Avout, *La querelle des Armagnacs et des Bourguignons*, 1943.

ARMENIEN Land in Kleinasien zwischen dem oströmischen Reich und Persien, welche sich im 4. Jh. die
Herrschaft über A. teilten (daneben bestanden auch
verhältnismäßig unabhängige Kleinreiche). Der Übergang A.s zum Christentum im späten 2. Jh., die Schaffung des armenischen Alphabets durch den hl. Mesrob
(Anfang des 5. Jh.s) und die Übersetzung der Heiligen
Schriften legten die Grundlage für die Entwicklung der
armenischen Sprache und Kultur. 527 eroberte *Justinian den persischen Teil des Landes. Unter der byzantinischen Herrschaft (bis 629) drangen Armenier in zahlreiche Schlüsselpositionen der kaiserlichen Bürokratie
und Heeresleitung ein, und zwei Kaiser, Leo V. und
Basilios I., waren armenischer Abstammung. 639 besetzten die *Araber das Land, wobei sie den religiösen Haß
der Armenier gegen die intoleranten Byzantiner ausnützten. Die Araber überließen den Einwohnern die Verwal-
tungsgeschäfte und begnügten sich mit der Einhebung
von Steuern. In dieser Zeit stärkte sich die Stellung der
Landbesitzer, so daß Ansätze einer feudalen Gesell-
schaftsordnung sichtbar wurden. Unter den großen
Familien nahmen die Bagratuni als angebliche Nachfahren König Davids, Besitzer großer Ländereien und Hüter
der national-religiösen Tradition, eine besondere Stellung
ein. 806 wurde Aschot I. vom *Abbasidenhof als Prinz
von A. anerkannt. Sein Enkel Aschot III. herrschte
über A., Georgien und den Kaukasus, führte den Titel
"Prinz der Prinzen" und wurde 886 vom Klerus zum
König erwählt. Unter seiner Herrschaft erreichte A.
seine größte Bedeutung und dehnte sich vom Kaspischen
Meer bis zum Euphrat aus. Im 10. Jh. erlitt die königliche Macht Einbußen, und das Land zerfiel in 6 praktisch
unabhängige Machtbereiche. Zu Anfang des 11. Jh.s
konnten die Byzantiner das geschwächte Land zurückerobern, verloren es aber 1071 an die *Seldschuken.
1240 eroberten es die *Mongolen, die bis 1349 herrschten. In dieser Periode verarmte das Land, und die
Bevölkerung ging durch Hungersnot und Auswanderung
ganzer Stämme stark zurück. Eine frühe Auswande-

rungswelle war an die südöstliche Küste Kleinasiens gelangt, wo die byzantinische Regierung als Siedlungsgebiet das sogenannte "Kleinarmenien" zur Verfügung stellte. Rupen, ein Adliger aus der Bagratidendynastie, wandelte es 1080 zu einem Fürstentum um, wonach es die strategisch wichtigen Tauruspässe zwischen Kleinasien und Syrien kontrollierte. 1098 leisteten die Rupeniden den Teilnehmern des Ersten *Kreuzzugs wichtige Hilfe auf dem Weg ins Heilige Land. Damit war die Grundlage für die engen politischen, dynastischen und kulturellen Beziehungen zwischen den Adelsschichten des Kreuzfahrerstaates *Antiochia und dem armenischen Königreich gelegt. Unter Leo II. (1187-1219) erreichte Kleinarmenien den Höhepunkt seiner Entwicklung. Leo nahm am 3. Kreuzzug teil, schwor Kaiser *Heinrich VI. den Lehenseid und wurde als König von Kilikien und A. bestätigt. In der zweiten Hälfte des 13. Jh.s mußten die Rupeniden die Oberhoheit der Seldschuken und dann der Mongolen anerkennen und sich gleichzeitig gegen die Mamluken verteidigen. Zu diesem Zweck gingen sie eine Reihe von dynastischen Allianzen mit den Königen von Zypern ein, womit den westlichkatholischen Einflüssen die Türe geöffnet wurde. Dies führte wiederum zu Aufständen der armenischen Adeligen und zur verstärkten Abhängigkeit des Könighauses von Zypern. Nach dem Aussterben der Rupeniden (1342) ging die Königswürde an das zyprische Haus *Lusignan über. In Armenien wurde eine katholischarmenische Kirche errichtet, welche zwar den Papst anerkannte, aber die alten Traditionen bewahrte. Unterdessen drangen die *Mamluken in immer weitere Teile des Landes ein und nahmen 1375 die letzte Festung Sis. In Großarmenien führte der Niedergang des Mongolenkhanats von Persien zum Aufstieg einheimischer Machthaber unter der losen Oberhoheit der Mongolen und seit 1404 der *Turkmenen. Auf dem Gebiet der Kirchenpolitik gingen die Verhandlungen über die Union mit Rom immer noch weiter. Die Unionsformel des Konzils von Florenz (1445) wurde durch die *osmanische Eroberung (1460) hinfällig gemacht, und die armenische Kirche erhielt unter *Mohammed II. dem Eroberer volle religiöse Freiheit und Selbstbestimmung.

H. Pastermadijan, *History of Armenia*, 1947;
F. Heyer (Hg.), *Die Kirche Armeniens*, 1978;
T. S. R. Boase, *The Cilician Kingdom of A.*, 1978.

ARMUTSBEWEGUNG Siehe *ALBIGENSER, BEGINEN, *DOMINIKANER, *FRANZISKANER, *HUMILATI, *PATARIA, *WALDENSER, *ZISTERZIENSER.

ARNALD AMALRICI Siehe *AMALRICH.

ARNALD VON VILLANOVA (um 1235-1311) Arzt und Gelehrter. Der Spanier A. beschäftigte sich mit der antiken und arabischen Medizin und Alchemie, wobei er sich selbst um eine auf Erfahrung und nicht (wie bisher vor allem) auf der Lehre der alten Autoritäten beruhende Wissenschaft bemühte. Dabei schenkte er u.a. der Gewinnung und medizinischen Verwertung des Alkohols besondere Aufmerksamkeit. Viele unter seinem Namen laufende alchimistische Schriften sind unecht. A. hat dagegen ein bedeutendes theologisches Werk in Latein und Katalanisch hinterlassen, das sich um Fragen der *Eschatologie dreht. (Din)
J. A. Paniagua, *El maestro A. de V. médico*, 1969.

ARNOLD VON BRESCIA (gest. 1154) Revolutionärer Kirchenreformator. In Brescia geboren, studierte er in Paris unter *Abälard bis 1140 und griff nach dem Fall seines geliebten Lehrers mit seinen Studenten kirchliche Würdenträger an. Er wurde aus Paris ausgewiesen, kehrte nach Italien zurück und begann, gegen die Verweltlichung der Kirche zu predigen. Er wandte sich gegen die Beichte vor dem Priester, verneinte den Wert der von einem sündigen Priester gespendeten Sakramente und verdammte den kirchlichen Besitz irdischer Güter und weltlicher Macht. A. wurde auch aus Brescia ausgewiesen und gesellte sich in Rom zu der städtischen Bewegung gegen die weltliche Macht des Papstes. *Eugen III. bannte ihn (1148), was jedoch seinen Rückhalt in der Bevölkerung nicht erschütterte. Als Gegenleistung für seine Krönung (1155) zerstörte *Friedrich Barbarossa die revolutionäre Kommune und lieferte A. an den Stadtprefekten aus, der A. hinrichten ließ.
A. Frugoni, *Arnaldo da Brescia nelle fonto del secolo XII.*, 1954.

ARNOLFO DI CAMBIO (ca. 1245-1302) Bildhauer und Architekt, erhielt seine Ausbildung unter *Nicola Pisano, als dessen Gehilfe er 1266-69 (Plastiken des Domes von Siena) diente. Danach arbeitete er eine Zeitlang für *Karl von Anjou in Neapel, ging nach Perugia (1277), wo er mehrere Skulpturen schuf, und ließ sich 1285 in Rom nieder. Aus dieser Zeit stammt die Plastik *Bonifaz d. VIII.* im Petersdom. In Florenz (seit 1296) schuf er seine Meisterwerke, den Plan und die Ausführung der Domfassade und das Rathaus (*Palazzo Vecchio*). A. repräsentiert die sogenannte "Florentiner Gotik", den Stil der Übergangszeit von der Kunst des Mittelalters zur Renaissance.
V. Mariani, *Arnolfo di Cambio*, 1943.

ARNULF (hl.; ca. 580-655) Bischof von Metz (614-55). Sohn aus edlen fränkischen Familie, übte wichtige Ämter am Hofe von *Theudebert II., des Königs von *Austrien, aus. Als eine der einflußreichsten Personen in der Regierung *Chlothars II. erhielt er dann das Metzer Bistum, war aber weiter am Hofe tätig. Um 630 scheint er sich von der hohen Politik zurückgezogen zu haben, um sich der Meditation und dem Gebet zu widmen. Vor seiner Ordinierung hatte A. eine Familie besessen. Sein Sohn Ansegisel heiratete Begga, die Tochter des austrischen Hausmeiers *Pippin. Die Arnulfinger, die Nachkommen aus dieser Union der beiden mächtigsten Familien des Frankenreiches, waren Vorfahren der *Karolinger.
O. G. Oexle, *Die Karolinger und die Stadt des hl. Arnulf*, in: Frühmittelalterliche Studien 1, 1967.

ARNULF VON BAIERN Siehe *BAYERN.

ARNULF VON CHOCQUES Patriarch von Jerusalem (1099, 1112-18). Er begleitete als Kaplan den Herzog der Normandie *Robert Kurzhose auf dem Ersten *Kreuzzug und galt trotz seiner umstrittenen Persönlichkeit als einer der redegewandtesten Prediger im Kreuzfahrerheer. Im Juli 1099 wurde er zum Patriarchen von Jerusalem gewählt. Seine Gegner aus der südfranzösischen Priesterschaft stritten die Wahl jedoch als unkanonisch an, und nach der Ankunft *Daimberts von Pisa mußte A. zurücktreten. 1112 wurde er erneut und diesmal widerstandslos gewählt und legte in seiner Amtszeit die Grundlagen für die kirchliche Organisation des Lateinischen Kreuzfahrerreiches.
H. E. Mayer, *Geschichte der Kreuzzüge*, 1965.

ARNULF VON KÄRNTEN (um 850-99) Ostfränkischer König und Kaiser. Der uneheliche Sohn des bay-

rischen Königs Karlmann wurde 876 mit der Herrschaft in Kärnten betraut, wo er sich eine unabhängige Stellung erwarb. 878 zum König gewählt, zog er sich auf die Stammlande um Regensburg zurück, wo er sich eine neue Pfalz erbaute. A. kämpfte erfolgreich gegen die einfallenden *Normannen und das großmährische Reich des *Svatopluk. 896 empfing er in Rom als letzter Karolinger die Kaiserkrone. (Din)
E. Mühlbacher, *Dt. Geschichte unter den Karolingern*, 1896.

ARPAD (um 850-905) Ungarischer Fürst, Begründer des Königreichs *Ungarn und der bis 1301 regierenden Arpadendynastie. Er vereinigte die magyarischen Stämme und machte sie in der altrömischen Provinz Pannonien seßhaft. Mit Ausnahme der militärischen Hilfe, die er *Leo VI. von Byzanz gegen die *Bulgaren und König *Arnulf gegen die Mähren leistete, sind kaum Nachrichten über ihn überliefert. Später wurde er zum Mittelpunkt eines Legendenkreises als Gründer Ungarns.
B. Homan, *Geschichte des ungarischen Mittelalters*, 1940.

ARRAS Nordfranzösische Stadt, Sitz eines seit der Spätantike bezeugten Wollgewerbes und Bistum seit dem 4. Jh. Nach der fränkischen Eroberung Galliens verlor die Stadt an Bedeutung. Im 10. Jh. kam sie an Flandern und erhielt als erste Stadt der Grafschaft einen Freibrief und das Recht, selbst die Richter zu wählen. 1180 ging A. als Mitgift an *Philipp II. von Frankreich und 1237 als *Apanage an Robert von Artois, den Sohn König *Ludwigs VIII. Damit wurde sie zur Hauptstadt der Grafschaft Artois, mit deren Geschichte ihr weiteres Geschick verbunden blieb. In den Wirren des 14. und 15. Jh.s wurde die Stadt mehrmals zerstört, konnte jedoch ihr Wolltuchgewerbe und den Handel in der Krise bewahren. Im 14. Jh. fanden die drei Jh.e während Unruhen und Zusammenstöße zwischen den Wollstickern und den Kaufleuten mit dem Sieg der letzteren ein Ende. Im Laufe dieses Kampfes hatte die Kirche gegen die Arbeiter die Anklage der Ketzerei erhoben, und aus dem niedrigen Volk waren Tausende den Verfolgungen zum Opfer gefallen. Im 15. Jh. ging die eigentliche Macht in der Stadt an die Beamten der Herzöge und des Königs über.

1435 wurde in A. ein Friedensvertrag ausgehandelt, der das französisch-burgundische Verhältnis festlegte und *Karl VII. die Legitimation als König von Frankreich verlieh. Die Verwerfung des Vertrags von A. durch England führte zum erneuten Ausbruch des *Hundertjährigen Krieges.
E. Lecesne, *Histoire d'Arras*, 2 Bde., 1880; J. Lestocquoy, *Le diocèse d'A.*, 1949; ders., *Etudes d'histoire urbaine*, 1966.

ARSUF Stadt an der Mittelmeerküste Palästinas. Die *Kreuzfahrer befestigten die vorher bedeutungslose Kleinstadt, machten sie zum Zentrum einer Grundherrschaft und bauten den alten römischen Hafen wieder auf. Im 12. Jh. gehörten die Herren von A. zum Hochadel des *Lateinischen Königreichs von Jerusalem. 1191 war A. Schauplatz einer Schlacht, die *Richard Löwenherz den Weg nach *Jaffa öffnete. Danach ging die Herrschaft von A. an die *Ibelinen über, die sie 1261 an die *Johanniter verkauften. 1265 wurde die Stadt von *Baibars erobert und zerstört.

ARTEVELDE, JAKOB VAN (1290-1345) Flämischer Wollkaufmann und Volksführer. Unter dem Eindruck der englischen Wollsperre gegen Flandern setzte er sich an die Spitze der Genter Bevölkerung, vertrieb den mit Frankreich gegen England gehenden flandrischen Grafen und erreichte 1338 in Verhandlungen mit England die Anerkennung der flandrischen Neutralität im *Hundertjährigen Krieg zwischen England und Frankreich. Die englische Wollsperre wurde aufgehoben, und die flämischen Industriestädte hatten wieder Arbeit. Brügge und Ypern gingen mit Gent ein Bündnis ein, an dessen Spitze A. 7 Jahre lang stand. 1345 wurde er gestürzt und ermordet, als er einen Weberaufstand mit englischer Hilfe unterdrücken wollte.
H. van Werveke, *Jacques van Artevelde*, 1942.

ARTEVELDE, PHILIPP VAN (1340-82) Sohn Jakobs v. *A. und Führer Gents in einem weiteren Aufstand gegen den Grafen von Flandern. Nachdem er Brügge genommen hatte, kam die französische Armee dem Grafen zu Hilfe und schlug das Genter Heer bei *Roosebeke. A. wurde in der Schlacht getötet.

ARTHUR I. VON DER BRETAGNE (1187-um 1203) Sohn von Gottfried *Plantagenet, Enkel *Heinrichs II. von England. Er meldete 1199, nach dem Tod *Richards II., seinen Anspruch auf die englische Krone an und wurde dabei von einer Adelspartei und *Philipp II. von Frankreich unterstützt. Sein erfolgreicher Gegenspieler *Johann I. (ohne Land) ließ ihn jedoch verhaften und ermordete ihn, wahrscheinlich mit eigener Hand, im Gefängnis. Durch dieses Verbrechen verlor Johann die Unterstützung des Adels in seinen französischen Besitzungen, und Philipp II. konnte verhältnismäßig leicht die Normandie und Anjou erobern.
F. M. Powicke, *The Loss of Normandy*, 1912.

ARTOIS Nordfranzösische Grafschaft. Seit dem 9. Jh. Teil der mächtigen Grafschaft *Flandern, ging 1180 als Mitgift der Isabella von Hennegau an *Philipp II. von Frankreich über. 1237 verlieh *Ludwig IX. A. an seinen Bruder Robert, der den Titel Graf von A. annahm. In der zweiten Hälfte des 13. Jh.s baute Graf Robert I. die Verwaltung nach dem Vorbild der französischen Krongüter straff aus. Zu Beginn des 14. Jh.s schuf ein Erbstreit große Unruhe in A. Der *Hundertjährige Krieg und der *Schwarze Tod hinterließen verhältnismäßig geringen Schaden. Durch die Heirat der Erbin von A., Margarete von Flandern, mit *Philipp dem Kühnen kam A. an Burgund und ging 1477 zusammen mit den Niederlanden an *Maximilian von Habsburg über.
L. Trenard (Hg.), *Histoire des Pays-Bas français*, 1972.

ARTUR III. VON RICHEMONT (1393-1458) Connétable von Frankreich und Herzog der Bretagne seit 1457. Er war einer der hervorragendsten Heerführer *Karls VII. in den letzten Phasen des *Hundertjährigen Krieges und engster Vertrauter des Königs. Zur Belohnung erhielt er große Ländereien in Westfrankreich und nach dem Aussterben der Seniorenlinie der Herzöge der Bretagne den Herzogtitel.
E. Cosneau, *Le connétable de Richemont, Arthur de Bretagne*, 1887.

ARTUS Sagenheld der keltischen Briten und Gegenstand zahlreicher mittelalterlicher literarischer Werke. Um 540 berichtete der keltische Geschichtsschreiber Gildas von einem A. genannten Krieger, der zu Beginn des 3. Jh.s die *angelsächsischen Eroberer in einigen Schlachten aufgehalten hatte. Im 9. und 10. Jh. wurde A. als heiliger Kämpfer gegen die heidnischen Angelsachsen beschrieben, seit Beginn des 12. Jh.s wandelte

König Artus Tafelrunde, um 1400

sich sein Bild in das eines legendären Königs. Nach an Wundern reichen Jahren der Wanderschaft habe er Spanien und Italien erobert. Zwölf Ritter saßen mit ihm an seiner Tafelrunde, vergleichbar Christus und den zwölf Aposteln. Doch Mordred, der Sohn seiner zauberkundigen Schwester Morgain, der dem König die Gemahlin Guinevere geraubt hatte, erhob sich gegen seinen Herrn und eroberte dessen Reich. Der schwerverwundete A. soll zusammen mit Morgain (*Morgain le Fay*) Zuflucht auf der Insel Avalon gefunden haben, von wo er das Land seiner Schwester zwar sehen, jedoch nie erreichen könne (daher die "Fata Morgana"). Dort erwarte er bis heute den rechten Zeitpunkt seiner Rückkehr, um Britannien von den fremden Eroberern zu retten, zu denen die Chronisten des 12. Jh.s auch die Normannen hinzufügten.

Seit 1160 diente diese keltische Legende als Grundlage für sehr zahlreiche literarische Schöpfungen. In Gedichten und Romanen wurden A. und seine Tafelritter als Ur- und Vorbild der französischen Ritterschaft und aller ihrer Tugenden gepriesen. Der bedeutendste Verfasser dieser Literaturgattung war *Chrétien von Troyes, der zwischen 1160 und 1170 Romane über fünf Helden aus der A.-Legende schrieb. Unter der zunehmenden Zahl der Werke seit dem ausgehenden 12. Jh. ragt der *Parzival* *Wolframs von Eschenbach hervor. 1470 schrieb Sir Thomas *Malory eine dichterische Zusammenfassung aller Heldensagen des A.-Zyklus, *Morte d'Arthur*. Auch der Tristan-Stoff wurde in den Zyklus eingefügt.

W. F. Schirmer, *Die frühen Darstellungen des Arthusstoffes,* 1958;
R. S. Loomis (Hg.), *The Arthurian Literature in the Middle Ages,* 1959;
R. Barber, *The Figure of Arthur in Legend and History,* 1974.

ARUNDEL, THOMAS (1353-1414) Englischer Prälat und Staatsmann aus der bedeutenden Adelsfamilie der Grafen von Arundel, wurde 1374 Bischof von Ely, 1388 Erzbischof von York und 1397 als Erzbischof von Canterbury höchster kirchlicher Würdenträger Englands. Er besaß großen politischen Einfluß und war zusammen mit seinem Bruder Führer der Opposition gegen Richard II. 1397 wurde er vor Gericht gestellt, *Heinrich IV. setzte ihn jedoch zwei Jahre später wieder in alle Würden ein und machte ihn zum Kanzler. Er förderte die Verfolgung der *Lollarden.
M. E. Aston, *Thomas A.,* 1967.

ASAF "DER ARZT" (6. Jh.) Jüdischer medizinischer Schriftsteller und Arzt, lebte wahrscheinlich in Persien oder Irak. Sein hebräisch verfaßtes Buch wurde hauptsächlich von seinen Schülern niedergeschrieben, im 7.-10. Jh. erweitert und ist eine wertvolle Quelle über das medizinische Wissen des mittelalterlichen Judentums. Es enthält neben den talmudischen Vorschriften zur Körperpflege und Medizin auch griechische und persische Einflusse, jedoch keinerlei arabische Einwirkungen. Ungewöhnlich ist das Interesse für die Entwicklung des Embryos. Die medizinische Grundrichtung des Buches ist vorbeugend, was in der hohen Bewertung der hygienischen Bedingungen in Bezug auf Klima und Speise zum Ausdruck kommt. A.s Werk war in Spanien weit verbreitet, wurde 1279 ins Lateinische übersetzt und diente in der Folge zum Medizinstudium an den westeuropäischen Universitäten.
L. Venetianer, *Asa Judeus, der älteste medizinische Schriftsteller in hebräischer Sprache,* 2 Bde., 1916-17.

ASCHER BAR YECHIEL (gen. Rosch; ca. 1250-1327) Einer der bedeutendsten rabbinischen Bibelexegeten des Mittelalters. In Deutschland als Sohn des berühmten Pietisten Rabbi Yechiel geboren, studierte er unter seinem Vater und in Troyes und ließ sich in Köln nieder. Später ging er nach Worms zu Rabbi *Mayer von Rothenburg. Nach der Festnahme seines Meisters wurde er Führer der jüdischen Gemeinden Deutschlands, und seine Entscheidungen zum Verhalten der Juden in einer kritischen Zeit der Verfolgung fanden allgemeine Anerkennung. 1303 verließ er Deutschland, wo ihm das Schicksal seines Lehrers drohte, und gelangte über Italien nach Toledo, wo er 1305 zum Rabbiner berufen wurde. Er führte in Spanien die *aschkenasischen Lehrmethoden, besonders die Lehren der *Tossafisten ein und verfaßte neben Rechtsgutachten auch Kommentare zur Mischnah. Sein Ruf wurde so groß, daß man sich aus ganz Europa (Rußland eingeschlossen) an ihn um Rat wandte.

ASCHKENAS Hebräischer geographischer Begriff für das westliche Deutschland, seit dem 11. Jh. für das ganze Deutschland und seit der Austreibung der Juden aus England (1291) und Frankreich (1306) für die europäischen Juden (mit Ausnahme Spaniens und Italiens) allgemein. Als solcher bezieht sich A. seit dem Spätmittelalter auch auf den Gebrauch des Jiddischen als Volkssprache.

ASCHTORI HAFARHI (ca. 1280-1355) Jüdischer Arzt und Geograph. In der Provence als Sohn einer spanischen Familie geboren, studierte Talmud und Medizin in Montpellier und reiste nach 1306 in Spanien und Ägypten. Seit 1310 weilte er im Heiligen Land, wo er sich zuerst in Jerusalem und dann in Beth-Schan aufhielt. Auf seinen Reisen durch das Land studierte er Topographie, Flora und Fauna Palästinas und schrieb eine erste Geographie des Heiligen Landes unter dem symbolischen Titel *Kaftor Wa-Perach* ("Knospe und Blume", eine Sprachwendung für 'wunderbar'). Eine von ihm erwähnte medizinische Abhandlung ist verlorengegangen.

E. Grünhut, *Die Geographie Palästinas nach Estori Farchi*, 1913.

ASIEN Der größte der 3 im Mittelalter bekannten Kontinente. Mit Ausnahme der Ebenen Nordsibiriens fanden sich im mittelalterlichen Asien Hochkulturen mit wesentlichen kulturellen und technologischen Errungenschaften, die jedoch nicht immer miteinander in Berührung standen und deshalb gesondert betrachtet werden müssen. Für die Periode 500-1500 ergeben sich 4 kulturelle und geschichtliche Hauptgruppen:

1) Westasien mit den *byzantinischen, *persischen und *arabischen Reichen;

2) Zentralasien, das Land der Steppen und der Nomadenstämme, erst unter der Herrschaft der *türkischen und *turkmenischen Stämme und seit dem 13. Jh. der *Mongolen;

3) Südasien mit dem *indischen Landteil;

4) Ostasien mit *China, *Japan, *Korea und Hinterindien.

Zu Beginn des Mittelalters wurde Westasien politisch und kulturell von 2 Großmächten beherrscht: das byzantinische Reich in Kleinasien, Syrien und Palästina vertrat den römischen Staatsgedanken, das antike Erbe und den christlichen Glauben, das *Sassanidenreich die alte persische Kultur und die dualistische Religion. Der Kampf zwischen den beiden Mächten beherrschte das 6.-7. Jh. Die Perser errangen zwar einige aufsehenerregende Siege wie die Eroberung Jerusalems im Jahre 613, konnten aber ihre Herrschaft in den besetzten Gebieten angesichts der Gegenoffensive von *Herakleios nicht auf Dauer festigen. Der lange Krieg schwächte beide Reiche und erleichterte die rasche Eroberung Westasiens durch die *Araber (636-61). Byzanz konnte sich nur in Kleinasien halten, Persien wurde vollständig erobert und islamisch gemacht. Für die nächsten 2 Jh.e war Westasien Herz des arabischen Kalifats, erst unter den *Omajjaden mit der Hauptstadt Damaskus (661-750), dann unter den *Abbasiden mit Bagdad (750-1055). Der arabische Vormarsch ging in der zweiten Hälfte des 7. Jh.s weiter und erreichte 704 das Industal. Damit kamen die Araber mit Indien und den vortürkischen Stämmen Zentralasiens in Berührung. Die Schwierigkeiten der Verwaltung eines so ausgedehnten Reiches und die permanente Nachfrage nach ausgebildeten Verwaltungskräften machten die Abbasiden von den Persern abhängig, die ihrer Abneigung gegen die arabische Beherrschung durch die Annahme des *schiitischen Ritus Ausdruck gaben. Vom 9. Jh. an wuchs der persische Einfluß sowohl am Bagdader Hof als auch in der Provinzverwaltung der östlichen Teile des Kalifats, wo örtliche Machthaber sich zu Statthaltern aufschwangen, Herrscherdynastien gründeten und ein reiches Maß an Unabhängigkeit gewannen. In diesen Staaten blühte die persische Kultur wieder auf, so in Ghazna (im heutigen Afghanistan), wo der türkische General *Mahmud zwischen 980 und 1020 ein Großreich mit den heutigen Staaten Afghanistan, Usbekistan, Tadschikistan, den sowjetischen Turkmenenrepubliken und Korasan aufbaute. In Indien zwang er Millionen den Islam auf

und legte die Grundlage für die heutige religiöse und politische Spaltung des Subkontinentes. Das Ghaznareich überlebte den Tod seines Gründers nicht und wurde zum Sprungbrett für das Eindringen der *seldschukischen Türken in das Kalifat und dessen Eroberung im Jahre 1055.

Die mongolischen und vortürkischen Stämme standen seit dem 2. Jh. mit ihren seßhaften Nachbarn, den Chinesen und Parthern, durch Krieg, Handel und Tausch in Berührung. Bis zum 5. Jh. waren die Handelswege nach Westen und Süden in Händen der *Hunnen. Im 4. Jh. brach eine hunnische Stammesgruppe aus der Gegend des Altaigebirges unter *Attila in Europa ein. Andere Turkstämme unter Führung der Tobgatschdynastie eroberten Nordchina, wurden jedoch zum Buddhismus bekehrt und langsam von den Chinesen aufgesogen. Die in den Steppengebieten verbliebenen Turkstämme eroberten zwischen 552 und 565 die heutige Mongolei und Turkistan und beherrschten ein Riesenreich von der Chinesischen Mauer bis zur persischen Grenze. Ihre Herrscher (*Khagane*) übernahmen das syrische Alphabet und schufen in den Inschriften von Orkhon die ersten Schriftdenkmäler der türkischen Sprache. Das unter der T'ang-Dynastie (618-907) erstarkte China brach die Einheit des Türkenreiches, das seit der Mitte des 8. Jh.s wieder in unabhängige Stammesgruppen zerfiel. Die *Khazaren, *Awaren und andere wanderten westwärts und ließen sich in Südrußland und Pannonien nieder. Die Stämme des westlichen Turkistan gingen zum Islam über und traten in den abbasidischen Kriegsdienst, darunter auch die *Seldschuken, die Eroberer Bagdads, und die *Chwarismer, die Gründer eines Reiches in Südturkistan und Ostpersien. Letztere flohen nach der Zerstörung ihres Reiches durch die *Mongolen nach Westen, eroberten 1244 Jerusalem und schlugen die *Kreuzfahrer bei *Askalon.

Auch Westasien fand in dieser Periode keine Ruhe. Die Fatimiden Ägyptens hatten zu Ende des 10. Jh.s Palästina und den größeren Teil Syriens, mußten aber andauernd mit den unruhigen Beduinenstämme kämpfen. Byzantinische Versuche, die an die Araber verlorenen Provinzen zurückzuerobern, schlugen fehl. Im Jahre 1071 schlugen die Seldschuken die Byzantiner bei Mantzikert und eroberten den größeren Teil Kleinasiens und Palästinas sowie Syrien. Ihre Herrschaft zersplitterte jedoch in selbständige Teilreiche, und die Kreuzfahrer konnten fast ungestört ihre Staaten in *Jerusalem, *Antiochia, *Tripolis und *Edessa errichten (1097-99). Der türkische Emir von Mosul, *Sengi, versuchte in der Mitte des 12. Jh.s die Kräfte des Islams zu vereinigen, übernahm Aleppo und wurde nach der Eroberung von Damaskus zu einer ernsten Gefahr für die Kreuzfahrerstaaten. Nach seinem Tod (1171) übernahm der Kurdenprinz und Statthalter Ägyptens, *Saladin, die Führung des Kampfes, besiegte die Kreuzfahrer 1187 bei *Hittin und zerstörte das erste *Lateinische Königreich von Jerusalem. Er konnte jedoch nicht die Wiedererrichtung eines kleinen Kreuzfahrerstaates durch die Teilnehmer des 3. Kreuzzuges verhindern. Nach Saladins Tod wurde das *Ejjubidenreich unter den Mitgliedern seiner Familie aufgeteilt und dann in der zweiten Hälfte des 13. Jh.s von den *Mamluken erobert. Das bedeutendste Ereignis im 13. Jh. war der Aufstieg des Mongolenreiches in Asien. Temudschin, der sich später *Dschingis Khan nannte, vereinigte

1204 die Nomadenstämme der Mongolei und begann eine Reihe von Eroberungszügen, in denen China in drei Königreiche geteilt wurde und Westturkistan, Nordpersien und Teile Südostrußlands unter mongolische Herrschaft gerieten. Seine Nachfolger eroberten Persien, Irak und Teile von Syrien und Kleinasien. 1258 wurde das Bagdader Kalifat, das letzte Symbol der islamischen Einheit, aufgehoben. Dagegen war die Einheit des riesigen Mongolenreichs mehr fiktiver Natur, und der Großkhan von *Karakorum besaß nur formell die Oberherrschaft über die Abkömmlinge von Dschingis-Khan, welche die mongolischen Teilreiche regierten. Die Mongolendynastien in China, Persien, Turkistan und Rußland (die *Goldene Horde) glichen sich durch Heirat zunehmend der einheimischen Bevölkerung an. Im 14. Jh. verschwand auch die Fiktion der mongolischen Einheit. Timur-leng (Tamerlan), der Herr Samarkands, machte sich gegen Ende des 14. Jh.s zum Herrscher Turkistans, Persiens, Iraks und Kleinasiens, seine Nachfolger konnten aber nur mit Mühe Turkistan und Persien halten. Der besondere ethnische, religiöse und kulturelle Charakter *Chinas bedingte die separate geschichtliche Entwicklung des Landes. Seit dem Baubeginn der Großen Chinesischen Mauer (4. Jh. v. Chr.) und während des gesamten Mittelalters war es das Hauptmotiv der chinesischen Politik, ein Eindringen der Steppenvölker zu verhindern. Trotzdem fielen Türken und Mongolen in Nordchina ein, gewöhnten sich aber rasch an die chinesische Lebensweise und gingen im Gastvolk auf, so die Tabgatschtürken (5. Jh.) oder die Ghengizidenmongolen, die unter *Kublai-Khan ganz China regierten (Yüan-Dynastie, 1259-1368). Die chinesische Zivilisation des Konfuzianismus und Buddhismus war im Mittelalter genügend lebenskräftig, um eine kulturelle Einheit Chinas zu garantieren. Während der Haupttrend der chinesischen Geschichte der Kampf um diese Einheit war, gab es auch eine expansive Bewegung nach Ostasien, die hauptsächlich über die Ausbreitung des kulturellen und wirtschaftlichen Einflusses Chinas verlief, seltener politische Annexion bedeutete (wie z.B. in Korea). Das unabhängige japanische Reich entwickelte seine Kultur auf der Grundlage der chinesischen Philosophie, das Khmerreich Angkors (Kambodscha) fügte der buddhistischen Kultur einige Elemente der indischen Religion hinzu.

In *Indien wurde die Guptadynastie im 5. Jh. durch den Einbruch hunnischer Stämme zu Fall gebracht. Weitere Invasionen der Hunnen und anderer Turkvölker schufen immer wieder Unsicherheit, bis im 7. Jh. die Harschadynastie das alte indische Reich wiederaufrichten konnte und eine buddhistische Renaissance einleitete, die aber bald vom Hinduismus abgelöst wurde. Zu Beginn des 11. Jh.s wurde Indien von Mahmud von Ghazna erobert und teilweise islamisiert. Zu Ende des 12. Jh.s eroberte ein weiterer moslemischer Führer, Mohammed von Ghor (1186-1206), das Land und baute im Sultanat von Delhi einen unabhängigen islamischen Staat auf, der bis zum 16. Jh. bestand. Seine Kultur war eine Mischung hinduistischer und persisch-islamischer Komponenten.

E. Waldschmidt, C. Alsdorf, B. Spuler und andere, *Geschichte Asiens*, 1950;
R. Grousset, *Histoire de l'Asie*, 1958;
W. Bingham u.a., *A History of Asia*, 2 Bde., 1964/65;
W. Durant, *Das Vermächtnis des Ostens*, o.D.

ASKALON (Ashqelon) Stadt an der Mittelmeerküste im südlichen Palästina. Bis zum 10. Jh. sank die ehemals bedeutende Hafenstadt unter der byzantinischen und arabischen Herrschaft zum Rang einer Provinzstadt ab. Unter den *Fatimiden erholte sich A. zunehmend; die Bevölkerungszahl stieg an, und eine große jüdische Gemeinde ließ sich in der Stadt nieder. Besonders in den ersten Jahren des Kreuzfahrerreiches war A. für die Fatimiden als Ausfallposition gegen die Christen von großer Bedeutung, und alljährlich spielten sich in der Ebene zwischen A. und *Ramlah Gefechte zwischen der in A. stationierten ägyptischen Armee und den Kreuzfahrern ab. 1153 eroberte die Kreuzritter die Stadt und machten sie zum Sitz einer Grafschaft. 1187 fiel sie in die Hände *Saladins. 1191 und 1239 war sie wiederum in christlichem Besitz, kam dann 1247 an die *Ejjubiden und wurde 1270 durch *Baibars zerstört, um eine etwaige Landung der Kreuzfahrer zu verhindern.

ASKANIER Siehe *BRANDENBURG.

ASKESE Begriff aus dem Mönchswesen, griechisch für "Übung", bezeichnete im Frühchristentum die Vorbereitung für den Märtyrertod bzw. die moralische Übung in der Anbetung Gottes (im Sinne der stoischen Philosophie, besonders im Kampf gegen das Böse). Seit *Antonius von Ägypten (Anfang des 4. Jh.s) nahm die A. zunehmend körperliche Bedeutung an wie Abschließung in der Wüste, Enthaltsamkeit, Fasten und Nachtwachen. Im *benediktinischen Mönchstum des Westens betonte die A. die Buße und das körperliche Leiden in Nachahmung der Leiden Christi. Im 12. Jh. fand das asketische Ideal neuen Ausdruck im *Zisterzienserorden, der seine Klöster in verlassenen Gegenden gründete und Brachland bebaute. Im 13. Jh. setzten die *Bettelorden die A. mit der freiwilligen Armut und der geistlichen Seelsorge gleich. Die Praxis der mittelalterlichen A. bestand in Fasten, Beten, Selbstgeißelung, Tragen von schmerzhaft rauher Kleidung (mit Nägeln, Ketten usw.), ununterbrochenen Kniebeugen usf. Ziel war, den meist als Feind betrachteten Körper auf alle Weise zu schwächen, um die Seele von seinen Bedürfnissen zu befreien und ihre Konzentration auf Gott und die andere Welt zu erleichtern. Die A. ist oft eine Vorbedingung mystischen Erlebens und führt, besonders seit dem Hochmittelalter, nicht selten zur Schau von Visionen (*Vision). Seit jener Epoche sind auch die meisten Heiligen bedeutende Aszetiker; z.B. *Angela v. Foligno, *Dorothea v. Montau, *Franziskus v. Assisi, Heinrich *Seuse usw.

L. Gougaud, *Dévotions et pratiques ascétiques du moyen âge*, 1925;
H. E. Hengstenberg, *Christliche Askese*, 1948.

ASKOLD und DIR (9. Jh.) Dänische Stammesführer und Anhänger *Roriks. Gingen mit ihrem Herrn nach *Nowgorod und wirkten seit 862 in dessen Dienst bei der Eroberung *Kiews. Anscheinend wollten sie nach Roriks Tod ein unabhängiges Fürstentum errichten, wurden aber von Roriks Erben *Oleg getötet. Der Angriff von 860 auf Byzanz soll unter ihrer Führung gestanden haben, doch ist in der Überlieferung Echtes und Erfundenes kaum zu trennen.

M. de Taube, *Rome et la Russie avant l'invasion des Tartars* I, 1947.

ASPAR (um 400-71) Alanenführer und oströmischer General. Nach Theoderichs II. Tod gewann er maßgeben-

Kathedrale und Konvent des hl. Franziskus zu Assisi, 13. Jh. und später

den Einfluß auf die Staatsleitung in Konstantinopel, verheiratete seinen Vertrauten Markian mit der Schwester des Kaisers und machte ihn zum Kaiser (450). Nach Markians Tod (457) ließ er Leon I., einen Soldaten aus Dacia, zum Kaiser wählen, verlor aber nach einer Niederlage gegen die *Wandalen die Macht und wurde auf Leons Befehl ermordet.

G. Vernadsky, *Flavius Ardabur Aspar*, in: Südostforschungen 6, 1941.

ASSASSINEN (Haschischin) Radikale Moslemsekte innerhalb der *ismailitischen Partei der *Schiiten, durch ihre Gewalttätigkeit, bedingungslosen Gehorsam und den Haschischgebrauch bekannt. Die Sekte wurde um 1090 von Hasan-i Sabbah im Kampf gegen die *Seldschuken in Nordpersien gegründet und breitete sich nach Irak, Syrien und Ägypten aus. Die persischen A. wurden im 13. Jh. im Kampf gegen die *Mongolen vollkommen aufgerieben. In Syrien erhielten sie von der Damaskener Regierung die Grenzstadt Banias, lieferten diese aber nach der Unterdrückung ihrer Gesinnungsgenossen in der Hauptstadt an die Kreuzfahrer aus und wandten sich erneut gegen ihre islamischen Feinde. In Aleppo machten sie sich zur Schutzmacht der schiitischen Bevölkerung und flohen dann 1152, nach vergeblichen Kampf gegen *Nur ed-Din, ins Gebirge. Dort gründete Sinan (Raschid a-Din), "der alte Mann vom Berg" (gest. 1193), einen kleinen Staat, der auch gegen Saladin seine Unabhängigkeit bewahrte. 1192 ermordeten sie König *Konrad von Montferrat, und im 13. Jh. machten sie sich sogar Kreuzfahrerstaaten tributpflichtig. Erst *Baibars setzte der Unabhängigkeit der A. ein Ende (1261).

B. Lewis, *The Assassins*, 1970.

ASSISEN Altfranzösische Bezeichnung für feudale Gesetzgebung, entweder in der Form einzelner königlicher Gesetze (A. von *Clarendon) oder Rechtskodifikationen (*A. von Jerusalem, Romania). In Nordfrankreich bedeute A. auch Gerichtshof, dessen Urteile als *Gewohnheitsrecht betrachtet wurden.

ASSISEN DER ROMANIA Das feudale Recht der venezianischen Besitzungen auf dem Balkan, darunter auch im Bereich des *Lateinischen Kaiserreichs von Konstantinopel (erste französische Ausgabe 1325). Im 15. Jh. gab die venezianische Regierung 2 offizielle Redaktionen der A. heraus. Sie sind eine wichtige Quelle für die Untersuchung des byzantinischen Einflusses auf die feudal-koloniale Gesellschaft der Lateiner in Griechenland.

D. Jacoby, *La Féodalité en Grèce médiévale: les Assises de Romanie*, 1971.

ASSISEN VON JERUSALEM Das feudale Gewohnheitsrecht des *Lateinischen Königreichs von Jerusalem, das im 13. Jh. u.a. von *Johann von Ibelin in französischer Sprache verzeichnet wurde. Es enthält 2 Teile: a) das Recht des Königreiches und des Adels, mit einem staatsrechtlichen "Brief des Adels an den König", in dem die Souveränität des *Haute Cour* (Obergericht und Adelsversammlung) festgehalten wird; b) die *Assises aux Bourgeois* über Recht und Rechtsstellung von Städten, Bürgern und Handel.

J. Riley-Smith, *The Feudal Nobility and the Kingdom of Jerusalem*, 1973.

ASSISI Mittelitalienische Stadt. Sie wurde 545 von den *Ostgoten zerstört und etwas später als Sitz eines Bistums wieder aufgebaut. Unter den *Langobarden gehörte A. zum Herzogtum *Spoleto und wurde in der Mitte des 9. Jh.s Mittelpunkt einer Grafschaft. 1197 erlangten die Bischöfe volle Gewalt über die Stadt, im 13. Jh. wurde A. Teil des Kirchenstaates.

Der Höhepunkt ihrer Entwicklung liegt im 13. Jh., als Geburtsstadt des hl. *Franziskus und eines der Zentren seines Ordens. Die Kirche mit den Grabmälern des Franziskus und der hl. Klara war Ziel einer der beliebtesten Pilgerfahrten des Spätmittelalters (darin Fresken von *Giotto, *Cimabue, *Martini u.a.). Zu Beginn des 14. Jh.s kämpfte eine kommunale Bewegung mit Unterstützung *Perugias gegen die Bischofsherrschaft. In der Folge wurde A. Spielball der Interessen von größeren Mächten und kam endlich ganz unter die Herrschaft des Kirchenstaates.

F. Hermann, *Assisi, the City of St. Francis*, 1928.

Araber mit Astrolabium und Astronom mit Sextant, 16. Jh.

ASTROLOGIE Die Wissenschaft von den Himmels-körpern, ihren Bewegungen und ihrem vermutlichen Einfluß auf das menschliche Leben und die irdischen Geschehnisse. Die mittelalterliche A. leitete sich nicht von der uralten astrologischen Tradition Babylons ab, sondern baute auf persischen, indischen und griechischen Elementen auf. Dabei war die Theorie der kosmischen Harmonie von besonderer Bedeutung. Die Kirchenväter bekämpften die A. als heidnisch, und das europäische Frühmittelalter beschäftigte sich nur mit den medizinischen Anwendungen der A. (*Beda, *Hrabanus Maurus). Dagegen blühte das Studium der A. im Bereich des Islams, wo die Lehre des Ptolemaios von Alexandrien (der *Almagest) auf besonderes Interesse stieß. Zwischen dem 9. und 11. Jh. beschrieben arabische und jüdische Astrologen ihre Beobachtungen und Vorstellungen über den Zusammenhang zwischen kosmischen und irdischen Ereignissen (Albumassar, Sahel Ibn Bischar, Mesalla, Abenragel). Das Ziel war in allen Fällen die Voraussage der Zukunft mit Hilfe des Horoskops, das die Stellung der Gestirne während der 12 Monate des Jahres interpretierte. Abenragels Werke wurden im 12. Jh. ins Lateinische übersetzt und trugen zum Aufleben des Interesses an der A. im Westen bei. Die Theologen lehnten die A. weiter ab; Wissenschaftler wie Roger *Bacon beschäftigten sich zunehmend mit ihr. Erst zu Beginn des 14. Jh.s, mit der Anstellung von Hofastrologen auch an der päpstlichen Kurie zu *Avignon, setzte sich eine günstige Einstellung zur A. durch. Gegen den übermächtigen Einfluß der jüdischen Astrologen wurde eine "christliche A." begründet, die sich aber wiederum von Übersetzungen arabischer Werke nährte und dabei Lehren jüdischer Astrologen wie *Abraham bar Chija oder *Gersonides aufnahm. Im 15. Jh. war das Studium der A. Teil der humanistischen Erziehung der italienischen Renaissance.
E. v. Xylander, *Astrologie*, 1953;
F. Boll u.a., *Die Geschichte und das Wesen der A.*, 1966.

ASTRONOMIE Die mittelalterliche Wissenschaft von den Himmelskörpern stand lange Zeit im Schatten der *Astrologie und kam kaum über das dem Westen durch den *Almagest vermittelte ptolemäische System hinaus. Nur in Andalusien trat im 12. Jh. mit der Entwicklung der Trigonometrie ein bedeutender Fortschritt in den Methoden astronomischer Beobachtung ein. Die Tabellen König *Alfons X. (1252) dienten zusammen mit den von dem Perser Nasir al-Din al Tusi (1201-74) auf seiner Sternwarte entwickelten Tabellen der Schiffahrt. Erst im 15. Jh. wurde unter dem Einfluß von Kardinal Johann *Bessarion durch Georg v. Peuerbach (*Neue Planetentheorien*, 1454) das ptolemäische System voll verarbeitet und der Weg zu den bahnbrechenden Erkenntnissen des Kopernikus gefunden.
F. Becker, *Geschichte der A.*, 1947;
M. Pihl, *Early Physics and Astronomy*, 1974.

ASTURIEN Nordspanische Region und 718-910 Königreich. Zu Beginn des Mittelalters war A. Teil des *Westgotenreichs. Der erste König A.s, Pelagius, hielt 718 den arabischen Vormarsch auf, 765 machte Froila, ein Sohn *Alfons I., die Stadt Oviedo zum Zentrum des Landes, und gegen Ende des 9. Jh.s konnte *Alfons III. fast das gesamte christliche Spanien unter seiner Herrschaft vereinigen. Nach seinem Tod (911) zerfiel sein Reich in drei Teilherrschaften; A., Galicien und León. In A. regierten örtliche Machthaber, und das ganze Land wurde 1037 an Kastilien geschlagen. Zur Erinnerung an die vergangene Einheit A.s wird der kastilianische Thronprinz seit 1388 Prinz von A. genannt.
C. Sánchez-Albornoz, *Origenes de la nación española* II/III, 1974/75.

ATABEG Türkischer Begriff für "Statthalter". Im 10.-11. Jh. war der A. ein verdienter Offizier, der im Hause des Fürsten (*beg*) mit der Verwaltung und besonders der Erziehung der Fürstensöhne beauftragt war. Nach der *seldschukischen Eroberung des Kalifats diente der A. als Statthalter. Seit dem 13. Jh. machten sich die A.e selbständig und gründeten ihre eigenen Herrschaften, z.B. *Sengi in Mosul und Aleppo.

ATHALARICH (516-34) Enkel und Nachfolger *Theoderichs als König der *Ostgoten in Italien (526-34). Bis zu seiner Volljährigkeit (533) war seine Mutter Amalasuntha Regentin, danach ernannte er *Cassiodor zum Prätorianerpräfekten und eigentlichen Herrscher.
N. Aberg, *Die Goten und Langobarden in Italien*, 1923.

ATHANAGILD (gest. 567) König der *Westgoten (555-67), nachdem er *Agila mit byzantinischer Militärhilfe abgesetzt hatte. Als Preis für Kaiser *Justinians Beistand mußte er Andalusien und einen Teil Cartagenas an die Byzantiner abgeben. Er verlegte die Hauptstadt nach Toledo, drängte die Basken nach Navarra zurück und verhinderte den weiteren Vormarsch der Franken nach Süden.
D. Claude, *Geschichte der Westgoten*, 1970.

ATHANARICH (gest. 381) Führer der *Westgoten, die er 375 unter Druck der *Hunnen in den römischen Balkan führte, wo er 378 die Armee des Kaiser Valens bei *Adrianopel schlug. Dies war die erste Niederlage der römischen Legionen gegen die germanischen Reiterscharen.
K. K. Klein, *Frithigern, Athanarich und die Spaltung des Westgotenvolkes*, in: Südostforschungen 19, 1960.

ATHANASIUS (hl.; um 296-373) Bischof von Alexandrien (327-73) und hauptsächlicher Widersacher des Arianismus (siehe *Kirche). Auf dem 1. Konzil von Nicaea (325) verfaßte er das Athanasische Glaubensbe-

kenntnis, das bis heute das Glaubensbekenntnis des katholischen und orthodoxen Christentums blieb. A. wurde wegen seines Widerstandes gegen den *Arianismus mehrere Male von den Kaisern Konstantin und Julian ins Exil geschickt und hielt sich in Trier und Rom auf, wo er sich die Unterstützung der westlichen Kirche sicherte, bis seine Partei 366 endlich den Sieg davontrug. A. ist als Freund und Förderer der ägyptischen Einsiedlermönche bekannt; er verfaßte die Biographie des hl. *Antonius.
Werk: H. G. Opitz (Hg.), 1934ff.;
G. Müller, *Lexicon Athanasianum,* 1944/52;
D. Ritsche, *A.,* 1964.

ATHANASIUS VOM BERG ATHOS (hl.; ca. 920-1003)
Byzantinischer Mönch, errichtete 961 das erste Großkloster (Laura) auf dem *Athos trotz des heftigen Widerstandes der bereits auf dem Berg wohnenden Einsiedler. Mit Hilfe des byzantinischen Kaisers entwickelte sich das Klosterwesen rasch und zählte zum Zeitpunkt des Todes von A. 58 Mönchsgemeinden.
J. Ph. Fallmerayer, *Der heilige Berg Athos,* 1947.

ATHAULF (gest. 415) König der *Westgoten (410-15), Schwager und Nachfolger *Alarichs. Er bewunderte die römische Zivilisation und heiratete die von den Goten als Geisel genommene Galla Placida, die Schwester des Kaisers Honorius. A. führte sein Volk von Süditalien nach Gallien, wo er 412 das Königreich von *Toulouse gründete, das auch Teile von Spanien einschloß.
D. Claude, *Geschichte der Westgoten,* 1970.

ATHEN Zu Beginn des Mittelalters verkörperte A. noch immer das antike Erbe, obwohl es nicht mehr als eine Provinzstadt ohne politische Bedeutung war. Hervorragendster Ausdruck dieses Erbes war die Akademie Platos mit ihren hellenistisch-paganen Traditionen, die aber 529 auf Befehl Kaiser *Justinians geschlossen wurde. Im 7.-8. Jh. wurde die Stadt von den *Awaren und *Slawen angegriffen, hielt aber dank ihrer renovierten antiken Befestigungen stand. Trotzdem wurde die byzantinische Provinzhauptstadt von Hellas von A. nach Theben übertragen. Nach der Gründung des *Lateinischen Kaiserreiches von Konstantinopel (1204) wurden A. und das Umland als Lehen an den burgundischen Ritter Eudes de la *Roche vergeben. Die Grundherrschaft erhielt 1270 den Rang eines Herzogtums. 1311 wurde Herzog *Walter I. von Brienne durch die *Katalanische Kompanie geschlagen, welche durch die Kaufleute Barcelonas das Herzogtum zu einem blühenden Handelszentrum machte. 1387-88 griffen die italienischen Handelskonkurrenten der katalanischen Städte unter Hilfe der *Angevinen von Neapel A. an, und ihr Führer *Ranieri Acciajuoli machte sich zum Herzog. Seine Nachkommen regierten A. bis zur Eroberung durch die *osmanischen Türken (1456).
F. Gregorovius, *Geschichte der Stadt Athen im Mittelalter,* 1889[2];
K. M. Setton, *Athens in the Middle Ages,* 1975.

ÄTHIOPIEN Ostafrikanisches Land, das von verschiedenen ethnischen und sprachlichen Gruppen bewohnt ist, von denen die Geez im Norden und die Suaheli im Süden und Osten die bedeutendsten sind. Zu Beginn des Mittelalters war der Großteil des Landes unter der Herrschaft der Könige von *Aksum, die sich zusammen mit dem ganzen Land zum Christentum bekehrten. Im 6. Jh. war das Königreich Aksum einer der bedeutendsten Staaten in Afrika und wurde trotz des *mono-

Kloster des Dionysius Areopagites am Berg Athos.

physitischen Ritus der äthiopischen Kirche von *Byzanz beeinflußt. Der Aufstieg des Islams untergrub den äthiopischen Halt auf der arabischen Halbinsel (7. Jh.), und die Eroberung Nordafrikas schnitt Ä. vollständig von Europa und besonders Byzanz ab. Die heidnische und zum Teil nur oberflächlich christianisierte Nomadenbevölkerung Ä.s wurde islamisch. Die seßhafte Bevölkerung des Landes entwickelte unter dem Einfluß des versteinerten Hellenismus und des Frühchristentums eine eigene, monophysitische Kultur.
A. H. Jones, E. Monroe, *A History of Ethiopia,* 1955.

ATHIS-SUR-ORGE, FRIEDE VON Der Vertrag zwischen *Philipp IV. von Frankreich und den *flandrischen Städten (1305), wonach Lille, Douai und andere Teile des wallonischen Flanderns an Frankreich gingen, während die flämischen Städte an den König Entschädigung zahlten. Der Vertrag bezeichnet den Höhepunkt der französischen Macht in Flandern, und seine Unterzeichnung leitete eine Periode der Unruhe ein, die dann unter *Artevelde zum Aufstand ausbrach.

ATHOS, BERG Mittelpunkt einer Reihe von Mönchsgemeinden in der griechischen Provinz *Thessalonike. Nach der Ansiedlung von Einsiedlern im Frühmittelalter wurde Laura, das erste Kloster, 963 vom hl. *Athanasius gegründet. Der Ort wurde für heilig erklärt und entwickelte sich unter freigiebiger materieller Hilfe der byzantinischen Kaiser rasch zu einer wahren Kolonie von Mönchsgemeinden, die nach der strengen Regel des hl. *Basileios lebten. Im 11. Jh. kamen zu den griechischen Klöstern auch noch die fremder Nationen wie der Russen (1080) und der Serben (1198). Im 15. Jh. sollen ca. 24000 Mönche hier gelebt haben. Ein Oberabt regierte den gesamten Berg und war für die Beziehungen zu den kaiserlichen Behörden verantwortlich. Unter dem *Lateinischen Kaiserreich weigerten sich die militant orthodoxen Mönche, die fränkischen Herrscher anzuerkennen, daher waren sie Verfolgungen ausgesetzt. 1430 unterwarfen sie sich den *osmanischen Tür-

ken und erhielten das Recht auf religiöse Duldung und Selbstverwaltung. Einem uralten Gesetz zufolge dürfen Nichtchristen und Personen oder Tiere weiblichen Geschlechts den Berg nicht betreten. Der A. ist ein Zentrum byzantinischer Fresken-, Ikonen- und Miniaturmalerei.
J. Ph. Fallmerayer, *Der heilige Berg Athos,* 1947; P. Huber, *A.,* 1978[2].

ATTIGNY *Karolingische Pfalz östlich von Reims, diente als beliebter Aufenthaltsort der Könige und war Schauplatz mehrerer Reichsversammlungen.

ATTILA (gest. 453) König der Hunnen (434-53), regierte erst zusammen mit seinem Bruder Bleda und nach dessen Ermordung (um 445) allein die Hunnenstämme zwischen dem Kaspischen Meer und dem Rhein, griff den römischen Balkan an und zwang Kaiser Theodosius II. zur Tributzahlung. Nachdem der weströmische Kaiser Valentinian III. seine Forderung, ihm die Prinzessin Honoraria mit einem Teil des Reiches zur Frau zu geben, zurückgewiesen hatte, brach A. 451 in Gallien ein. Nach einem raschen Vormarsch, auf dem die Hunnen alles auf ihrem Weg zerstörten, trafen sie auf den Katalaunischen Feldern (bei Châlons) auf die römisch-fränkisch-gotische Armee und wurden in blutiger Schlacht besiegt. A. verließ Gallien, brachte seine Kräfte wieder auf Kampfstärke und fiel in Norditalien ein. Flüchtlinge vor seinem Vormarsch retteten sich auf die Inseln der adriatischen Küste und gründeten *Venedig. A. marschierte bis Florenz, wo seine Armee von einer Seuche heimgesucht wurde. Unterdessen hatte die von Panik ergriffene Regierung in Rom Papst Leo I. nach Florenz gesandt (453), um Attilas Rückzug zu erkaufen. Dieser nahm angesichts der mißlichen Lage seines Heeres das ungeheuer hohe Lösegeld in Gold und Juwelen an und verließ Italien. Die päpstlichen Quellen haben das Treffen von Florenz später als ein vom Papst ins Werk gesetztes Wunder dargestellt. A. kehrte nach Ungarn zurück, wo er auf seiner Hochzeit mit der burgundischen Prinzessin Ildico plötzlich starb. Sein Reich zerfiel, aber die Erinnerung an die "Geisel Gottes" hat sich auf Jahrhunderte erhalten, in den altnordischen Atliliedern, im A.-Epos des Niccolò da Càsola (1353), im *Nibelungenlied.
F. Altheim, *Attila und die Hunnen,* 1951.

AUBUSSON, PETER VON (1423-1503) Großmeister des *Johanniterordens. Aus der französischen Adelsfamilie der Aubusson, trat in Rhodos dem Orden bei und zeichnete sich als begabter Kriegsführer aus. Seine erfolgreiche Verteidigung der Insel gegen die *Osmanen (1480) war ein Strahl der Hoffnung in einer Periode spektakulärer christlicher Niederlagen auf dem Balkan.

AUCASSIN UND NICOLETTE Französische *chante fable* (gesungene Erzählung im Wechsel von Vers und Prosa) aus dem 13. Jh., Werk eines unbekannten Verfassers. Die Liebesgeschichte zwischen dem adeligen Christen Aucassin und dem Sarazenenmädchen Nicolette spiegelt den geschichtlichen Hintergrund der *Reconquista und der feudalen Gesellschaft Südfrankreichs wieder. A. und N. ist eine Parodie auf die *Chansons de Geste,* da dem Mädchen die aktive Rolle zufällt, während ihr Geliebter sie nur immer anbetet.
Werk: J. Dufournet (Hg.), 1973; dt. P. Hausmann, 1957.

AUDOIN Siehe *OUEN.

AUGSBURG Süddeutsche Stadt an der Lech. Eine römische Gründung, Bischofssitz und Mittelpunkt der Missionstätigkeit im Frühmittelalter. 497 wurde die Stadt zusammen mit dem umliegenden Siedlungsgebiet der *Alemannen durch *Chlodewech I. an das Frankenreich angeschlossen. Mehrmals griffen im 10. Jh. die *Ungarn A. an, wurden jedoch auf dem nahen *Lechfeld von *Otto I. geschlagen (955), woran der Bischof von A., *Ulrich, entscheidend mitwirkte. Zwischen dem 10. und 13. Jh. profitierte die Stadt von ihrer verkehrsgünstigen Lage an der Hauptader des Handels zwischen Venedig und Norddeutschland und wuchs zu einem süddeutschen Handelszentrum heran, das von den *Hohenstaufen besonders gefördert wurde. Im 13. Jh. erkämpften die wirtschaftlich und politisch erstarkten Stadtbürger die Unabhängigkeit von der bischöflichen Herrschaft und machten ihr Gemeinwesen zu einer freien *Reichsstadt. Im 15. Jh. war A. dank seines Reichtums eine der bedeutendsten und volkreichsten Städte des Reiches (siehe auch *Fugger), ein Zentrum des jungen *Buchdrucks. Der romanische Dom enthält die fünf ältesten Glasgemälde Deutschlands (um 1040).
W. Zorn, *Augsburg, Geschichte einer deutschen Stadt,* 1955; K. Bosl, *Die wirtsch. und gesellsch. Entwicklung des A.er Bürgertums vom 10.-14. Jh.,* Sitzungsber. d. bayer. Akad. d. Wissensch., philos. hist. Kl., 1969.

AUGUSTINERCHORHERREN Die Bezeichnung einer Kongregation von regulierten *Kanonikern, die nach der dem hl. *Augustinus zugeschriebenen Regel des gemeinsamen Lebens organisiert waren. Die A. entstanden in Norditalien in der zweiten Hälfte des 11. Jh.s unter dem Einwirkung des *gregorianischen Reformgedankens. Ihre Regel erhielt 1059 die Zustimmung der Lateransynode. Im 12. Jh. verbreiteten sie sich rasch über ganz Europa und reformierten die bisher oft rein feudale Lebensweise der weltlichen Priesterschaft. *Benedikt XII. förderte ihre Lebensweise nachdrücklich. Auch unabhängige Gemeinschaften wie die *Viktoriner und die *Prämonstratenser gehören in ihrer Organisation zu den A.
Analecta Augustiniana, 1905ff.; M. Heimbucher, *Die Orden und Kongregationen der katholischen Kirche,* 1966[2].

AUGUSTINER-EREMITEN Bettelorden, von Papst *Alexander IV. durch die Vereinigung mehrerer Eremitengemeinschaften 1256 gegründet, lebte nach der Regel des hl. *Augustinus und war nach dem Vorbild der *Dominikaner organisiert. Eine Hauptaufgabe der A. war die Mission (in Afrika schon im 14. Jh.!). Seit dem Hochmittelalter standen auch Nonnenklöster unter der geistlichen Leitung der A. ("Augustinerinnen").
B. Wild, *Die Augustiner,* 1968.

AUGUSTINUS, AURELIUS (hl.; 354-430) Bischof von Hippo und wichtigster der lateinischen Kirchenväter. Sein Leben und Werk gehören chronologisch zwar in die Spätantike, der Einfluß seiner Lehre auf das Mittelalter kann aber nicht hoch genug bewertet werden, besonders vor dem Sieg des *Aristotelismus. A. eignete sich die platonische Philosophie an und machte sie dadurch zum vorherrschenden philosophischen System in Europa. Seine Anschauung vom Christentum als einem organischen Glaubensgebäude, welches durch das Wissen um Gott und das rechte Verhalten des einzelnen im Rahmen der den Körper Christi repräsentierenden Kirche die Vorbedingungen zur Erlösung schaffe, formte grundlegend die Struktur der mittelalterlichen

Minarette der Al-Azhar Moschee und Universität, Kairo, Ägypten

Der päpstliche Palast zu Avignon, Frankreich, 14. Jh.

Kirche und deren Beziehungen zur weltlichen Gesellschaft. Seine politischen Ideen, die in *De civitate Dei* (Die Stadt Gottes) zum Ausdruck kamen, legten das Fundament zur mittelalterlichen christlichen Staatsauffassung vom idealen theokratischen Regime unter der Führung der Kirche. Diese Auffassung leitet sich von der christlichen, durch A. prägnant zum Ausdruck gebrachten Anschauung ab, daß die Gegenwart nur eine Vorstufe zum idealen Zustand des zukünftigen Reiches Gottes sei. Noch leben die Bürger der Gottesstadt zusammen mit denen der Stadt des Teufels in einer irdischen Gesellschaft vermischt: erst beim Jüngsten Gericht werden sie getrennt werden. Damit schloß der "politische Augustinismus" die kirchliche Billigung des sozialen Systems der christlichen Staaten ein, einschließlich die Ungerechtigkeiten und Grausamkeiten wie etwa Sklaverei, wobei die weltlichen Herrscher die geistliche Führungsrolle und moralische Kritik der Kirche akzeptieren sollten. Die Identifizierung von Staat und christlicher Gesellschaft (*Corpus Christi*) bedeutete den Ausschluß der Nichtchristen aus der politischen Gemeinschaft, wie er im 8. Jh. von *Karl d.Gr. gegen die heidnischen Sachsen praktiziert wurde. Die meisten mittelalterlichen Theologen und Denker kannten das Werk des A., mit Ausnahme der "Stadt Gottes", nur aus Auszügen und Interpretationen späterer Gelehrter.

Werk: siehe G. Andresen (Hg.), *Bibliographia Augustiniana*, 1973[2];
dt. *Ausgewählte Schriften,* in: Bibliothek der Kirchenväter, 10 Bde., 1911-25;
Augustine magister, Congrès international augustien, 3 Bde., 1954/55;
P. Brown, *Der hl. A.,* 1975.

AUGUSTINUS VON CANTERBURY (hl.; gest. um 604) Missionar und erster Erzbischof von *Canterbury. Der römische Geistliche wurde 596 von Papst *Gregor d.Gr. zur Wiederherstellung der britischen Kirche nach England gesandt. In Kent gelang es ihm dank der Unterstützung von Seiten der Königin Bertha, einer fränkischen Christin, deren Gemahl König *Aethelbert zur Annahme des Christentums für sein Reich zu bewegen. H. Mayr-Harting, *The Coming of Christianity to Anglo-Saxon England,* 1972.

AUSCULTA FILI ("Höre mein Sohn") Bulle des Papstes *Bonifaz VIII. an *Philipp IV. von Frankreich (1301), in der die französischen Prälaten mit ihrem König nach Rom zitiert wurden, wo Philipps Vergehen gegen die Kirche gerichtet werden sollten. Die A. war ein weiterer Schritt im Machtkampf um die Herrschaft über den französischen Klerus und führte zu den schroffen Ansprüchen auf päpstliche Allgewalt in der Bulle *Unam Sanctam. Philipp ließ die Bulle verbrennen.
A. Baumhauer, *Philipp der Schöne und Bonifaz VIII. in ihrer Stellung zur französischen Kirche,* 1920.

AUSTRIEN (Austrasien) Die östlichen Teile des Frankenreiches an Rhein und Maas im 6.-8. Jh. In den zahlreichen Teilungen des *Merowingerreiches hatte sich A. als mehr oder weniger permanente territoriale Einheit mit starker germanischer Bevölkerung in Nordostfrankreich, den Niederlanden und Westdeutschland entwickelt. Im 7. Jh. war mit der Schwächung des merowingischen Königtums eine Stärkung des austrischen Adels fühlbar. Die Union der Familien des hl. *Arnulf von Metz und des *Pippin von Landen schufen eine mächtige austrische Dynastie, die das Amt des merowingi-

schen *Hausmeiers monopolisierte und sich zum Haus der *Karolinger entwickelte. Nach dem Tod *Karls d.Gr. (814) verlor A. den inneren Halt als territoriale Einheit und verschwand 843 durch den Teilungsvertrag von *Verdun vollkommen.
F. Steinbach, *Austrien und Neustrien,* in: Rheinische Vierteljahrsblätter 10, 1940.

AUTHENTICA HABITA Privileg *Friedrich Barbarossas an die Scholaren der Universität *Bologna (1158), in dem die Freiheit des Studiums und die Befreiung von der weltlichen Gerichtsbarkeit garantiert wurden. Ursprünglich zwar nur den Studenten von Bologna verliehen, galt die Urkunde bald als allgemeines Vorbild für die Vorrechte der mittelalterlichen Universitäten.
W. Stolzer, *Zum Scholarenprivileg Friedrich Barbarossas (Authentica Habita),* in: Deutsches Archiv 34, 1978.

AUTODAFÉ (portugiesisch für "Akt des Glaubens") Bezeichnung für die feierliche Verkündung und Vollstreckung der von der spätmittelalterlichen *Inquisition gefällten Urteile. Das A. fand nach einer kirchlichen Prozession, Predigt und dem Hochamt statt und bestand meist in der Verbrennung der Ketzer.

AUTUN Französische Stadt, gehörte im 5. Jh. zum Königreich von *Burgund und seit *Chlodwig zum Frankenreich. Im 9. Jh. wurde A. Sitz eines Grafen, der sich mit dem Bischof in der Herrschaft über die Stadt teilte. Die Grafen von A. wurden 880 Herzöge von Burgund und beherrschten A. auch nach dem formellen Übergang der Grafschaft an den Bischof (1276). Erst 1477 wird eine städtische Eigenverwaltung erlaubt. Die Kathedrale Saint-Lazare zählt zu den Hauptwerken der burgundischen Romanik (1120-32) (siehe *Gislebertus).
J. Richard, *Le duché de Bourgogne, 1953.*

AUVERGNE Mittelfranzösische Region und Grafschaft. Die Grafen traten nach der Aufhebung des Herzogtums *Aquitanien im Kampf um die Vorherrschaft in der Region gegen die Grafen von *Poitiers auf. Die langen Kriege führten zum Zerfall der Herrschaft (11. Jh.) und zum Aufstieg der Feudalherren der Region. Zu Beginn des 12. Jh.s kristallisierten sich 4 Machtbereiche heraus: 2 Grafschaften, die dem Herzog von Aquitanien lehnsrechtlich untertan waren, und die Herrschaften der Bischöfe von *Clermont und Le Puy, welche unter dem Schutz des französischen Königs standen. Infolge eines königlichen Feldzuges nach A. mußte 1166 *Heinrich II. von England, der Herzog von Aquitanien, seine Oberherrschaft über die A. aufgeben. Im 13. Jh. wurde sie an *Alfons von Poitiers, den Bruder König *Ludwigs IX., übergeben, der den Prozeß der Integrierung in das französische Königreich einleitete. 1360 wurde die A. Herzogtum; daneben blieb ein Rest der Grafschaft A. bestehen.
G. Fournier, *Histoire de l'Auvergne,* 1971.

AUXERRE Mittelfranzösische Grafschaft und Stadt, deren Klosterschule im 5. und 6. Jh. eines der bedeutendsten Zentren der Gelehrsamkeit in Westeuropa war (siehe hl. *Patrick). Im 9. Jh. war die Schule von A. ein Mittelpunkt der *karolingischen Renaissance. König *Robert II. annektierte A. 1003; im 15. Jh. stand die Stadt auf burgundischer Seite. Im Spätmittelalter war A. ein Zentrum der burgundischen Gotik (Kathedrale Saint-Etienne).

AUXILIUM Begriff aus dem *Lehnswesen für den Militärdienst und die finanzielle Hilfe, die der Vasall (Lehnsmann) seinem Herrn zu leisten hat. Die 4 Fälle des A. waren: Verteidigung der Burg des Herren, Auslösung des Herrn aus der Gefangenschaft, Beitrag zum Ritterschlag des ältesten Sohnes des Herrn und Beitrag zur Verheiratung der ältesten Tochter des Herrn. Im 12. Jh. kam dazu noch der finanzielle Beitrag im Falle des Auszugs des Herrn ins Heilige Land.

F. L. Ganshof, *Was ist das Lehnswesen?*, 1961.

AVA (FRAU AVA) (Frühes 12. Jh.) Erste bekannte Dichterin deutscher Sprache, lebte wahrscheinlich als Klausnerin beim Kloster Melk (Niederösterreich). A. schilderte in epischen Gedichten Themen aus dem Neuen Testament und der *Eschatologie, die zu der sich an Laien wendenden mittelhochdeutschen Frömmigkeitsdichtung zählen. (Din)

Werk: F. Maurer (Hg.), *Die Dichtungen der Frau A.*, 1966.

AVEMPACE Siehe *IBN-BAJJAH.

AVENCEBROL Siehe *GABIROL.

AVERROES Siehe *IBN RUSCHD.

AVERROISMUS Die auf den Theorien des Averroes (*Ibn Ruschd) beruhende philosophische Richtung in Westeuropa. Die Schriften des Ibn Ruschd wurden im 13. Jh. im Westen bekannt und dienten Gelehrten wie *Siger von Brabant zum Aufbau einer Profanphilosophie. Die Betonung des menschlichen Verstandes erregte den Widerstand der orthodoxen Theologen wie *Albertus Magnus (1267 *Über die Einheit des Intellekts gegen Averroes*) und *Thomas von Aquin (1270, *Summe gegen die Heiden*). 1277 erging ein kirchliches Verbot, den A. in Paris zu lehren, dennoch blieben die Averroisten weiter einflußreich und versuchten, ihre Anschauungen als mit dem katholischen Dogma vereinbar zu beweisen. Der Angriff des hl. Thomas (1270) führte zur Verhängung des Bannes über die Averroisten durch den Pariser Bischof. Danach verschwand der A. aus Paris und hielt sich nur mehr bei einzelnen Gelehrten wie *Johann von Jandun. Im Spätmittelalter tauchte er auch in Italien (Padua) auf.

M. Grabmann, *Der lateinische Averroismus des 13. Jh.s und seine Stellung zur christlichen Weltanschauung*, 1931.

AVICEBRON Siehe *IBN GABIROL.

AVICENNA Siehe *IBN SINA.

AVIGNON Stadt in der Provence an der Rhône. Eine uralte keltisch-römische Siedlung, beherbergte seit dem 3. Jh. eine christliche und jüdische Gemeinde. Im 5. Jh. wurde A. durch die *Westgoten und die *Burgunder erobert und verheert, seit dem 6. Jh. war es Teil des Frankenreiches. Im 10.-11. Jh. plünderten es mehrmals moslemische Seeräuber aus Algerien. Erst im 11. Jh. blühte die Stadt mit der Zunahme des Handelsverkehrs wieder auf und wurde als Teil der Grafschaft *Provence an das *Heilige Römische Reich angegliedert. Im 12. Jh. erlangte die Stadt politische und kommunale Selbständigkeit und war Heim einer bedeutenden *Albigensergemeinde. 1226 wurden als Strafe für die Beherbergung der Ketzer die Befestigungen zerstört, und 1246 hob *Karl von Anjou, der Erbe der Provence, die Stadtautonomie auf und ließ A. durch seine Beamten regieren. *Bonifaz III. gründete 1303 die Universität. 1309 erhielt Papst *Clemens V. die Stadt als Residenz, ließ sich mit seinem Hof in ihr nieder und eröffnete damit das 70 Jahre währende "babylonische Exil des Papsttums", in dem der Papst weitgehend unter französischem Einfluß stand. In dieser Periode blühte die Stadt

wirtschaftlich und künstlerisch, da der gesamte päpstliche Hof mit seiner ungeheuren Finanzkraft beherbergt und verpflegt werden mußte. Neue Stadtmauern, eine Bücke über die Rhône, der monumentale Papstpalast und viele Häuser der Kardinäle und Kurienbeamten stammen aus dieser Zeit. Auch nach der Rückkehr des Papstes nach Rom blieb A. päpstlicher Besitz und kam erst 1791 an Frankreich.

T. Okey, *The Story of Avignon*, 1921;
Y. Renouard, *La papauté à A.*, 1954;
S. Gagnière, *A. de la préhistoire à la papauté*, 1970.

AWAREN Türkisch-mongolische Reiterstämme aus Zentralasien, die im 6. Jh. nach Westen wanderten. Sie stellten sich zunächst in den Dienst des *byzantinischen Reiches und kämpften gegen die landsuchenden Slawen auf dem Balkan, die sie großteils unterwerfen konnten. Die A. errichteten in der Gegend des heutigen Ungarn ein Großreich, das am Ende des 6. Jh.s vom Schwarzen Meer bis zu den Alpen reichte. Unter dem Druck der A. verließen die *Langobarden ihr Siedlungsgebiet an der Donau und fielen in Italien ein. Die A. griffen auch Konstantinopel (626) und die *Chasaren an, wurden aber im 7. Jh. durch den permanenten Kriegszustand zwischen den verschiedenen Linien der Königsfamilie geschwächt. Die Bulgaren, Tschechen und Mähren konnten sich von der A.-Herrschaft befreien. Zu Ende des 8. Jh.s (791-803) wurden die A. von *Karl d.Gr. vernichtet, der ihr Reich zerstörte und die Schätze ihres "Ringes" (die befestigte, ringförmig in hierarchischer Ordnung gebaute Zeltstadt mit dem Prunkzelt des Khans im Mittelpunkt) plünderte. Die A.-Beute (vor allem von Byzanz erpreßtes Gold) bildete eine der wirtschaftlichen Grundlagen der *karolingischen Renaissance. Im 9. Jh. verschwand die awarische Restbevölkerung vollkommen unter den Slawen und Ungarn; nur im Kaukasus erhielt sich ein kleiner Stamm.

A. Kollautz, *Die A.*, 1954;
W. Braunfels (Hg.), *Karl d.Gr.* I, 1965.

AZHAR, AL- Moschee und deren Schule in Kairo. Die A.-Moschee wurde 970 als erstes Gebetshaus der neugegründeten Stadt Kairo erbaut. Wenige Jahre später sorgte der *Fatimidenkalif für die Anstellung von 35 islamischen Rechtsgelehrten an der Moschee. Daraus entwickelte sich die von den Herrschern unterhaltene erste Akademie für islamisches Recht und Theologie, die dann im 12. Jh. die unbestrittene Führungsrolle in der moslemischen Welt einnahm.

AZINCOURT Ort in der Grafschaft *Artois (Nordfrankreich) und Schauplatz einer der wichtigsten Schlachten des *Hundertjährigen Krieges (25.10.1415). Die hauptsächlich aus Infanterie und Bogenschützen bestehende englische Armee unter König *Heinrich V. nutzte die Bodenlage geschickt aus und vernichtete die französische Kavallerie, die der starke Regen zum Absteigen gezwungen hatte. Als Ergebnis der Schlacht gelangte ganz Nordfrankreich unter englische Herrschaft.

A. H. Burne, *The Agincourt War*, 1956.

AZRIEL VON GERONA (13. Jh.) Rabbiner und führender Kopf der *Kabbalaschule von Gerona (Nordspanien). Seine zahlreichen Werke übten einen bedeutenden Einfluß auf die Entwicklung des jüdischen Mystizismus aus. Auf der philosophischen Grundlage des Neoplatonismus baute er eine Theorie der Allmacht des göttlichen Willens und dessen hierarchisch gegliederten Ausdrucks in den Sphären des Kosmos auf.

B

BABENBERGER Siehe *ÖSTERREICH.

BACCALARIUS Akademischer Grad. Ursprünglich bedeutete das im 9. Jh. auftauchende Wort einen jungen Mann in untergebener Stellung, später den Junggesellen jeden Alters. Seit dem 13. Jh. ist der B. auch ein Kleriker, der einen ersten Studiengang mit Prüfung abgeschlossen hatte. Obwohl die Ausbildung noch weiterging, konnte er schon beschränkt Vorlesungen halten. Der Titel gab bis zum Ende des Mittelalters seinem Träger die Vorrechte des Klerus, wodurch er u.a. nur vor geistliche (nicht vor weltliche) Gerichte geladen werden konnte.

BACHARITEN Siehe *MAMLUKEN, *BAIBARS.

BACON, ROGER (ca. 1219-92) Philosoph und Naturwissenschaftler. Wahrscheinlich in Ilchester (England) geboren, studierte er in Oxford und lehrte seit 1241 in Paris, wo er das Studium des *Aristotelismus einführte. Um 1247 zog er sich von der Lehre zurück, um sich ganz der experimentellen Naturwissenschaft zu widmen. Nach seiner Rückkehr nach England trat er dem *Franziskanerorden bei. Wieder in Frankreich, verfaßte er auf Ersuchen von Papst *Clemens IV. zwei ausführliche Abhandlungen (1268), die *Communia Naturalium* und die *Communia Mathematicae*, die das naturwissenschaftliche bzw. mathematische Wissen seiner Zeit zusammenfaßten. Sie wurden durch zwei weitere Werke ergänzt, das *Opus Majus* und das *Opus Minus* (größeres und kleineres Werk), die eine Art von Enzyklopädie darstellen und die Philosophie, Theologie, Grammatik, Mathematik, Geographie, Astronomie, Perspektivlehre, Physiologie sowie die Experimentalwissenschaft (die "Herrin aller Wissenschaften") behandeln. Mit Clemens Tod im Jahre 1268 wurde B.s Hoffnung auf päpstliche Förderung enttäuscht, und nach einem Streit mit seinen Pariser Vorgesetzten kehrte er nach Oxford zurück. Dort schrieb er eine Grammatik der griechischen und hebräischen Sprache, vollendete seine Enzyklopädie mit dem *Opus Tertium* (Drittes Werk) und veröffentlichte 1272 eine bittere Anklage gegen den Frevel und die Ignoranz des Klerus (*Compendium Studii Philosophiae*, Handbuch des Philosophiestudiums). Seine letzten Jahre standen im Zeichen bitterer Auseinandersetzungen mit den Autoritäten der Zeit, besonders wegen seiner Betonung der experimentellen Methode in der Wissenschaft. B. hob stets die Wichtigkeit wissenschaftlich exakten Arbeitens auch in der Theologie hervor, und forderte daher u.a. eine Kenntnis der Bibelsprachen und eine Textkritik an der Heiligen Schrift.
Werk: R. Steele u.a. (Hgg.), *Opera*, 1905ff./1964;
E. Heck, *Roger Bacon, ein mittelalterlicher Versuch einer historischen und systematischen Religionswissenschaft*, 1957.

BADAJOZ Stadt und Provinz in Südwestspanien, die 711 von den Arabern erobert und später Teil des *Omajjadenkalifats von *Córdoba wurde. Nach dem Aussterben der Omajjaden (1031) und bis zur Eroberung durch *Ferdinand III. war B. eines der unabhängigen *Taifenreiche. Der Vertrag von B. (1267) regelte den Grenzverlauf zwischen Portugal und Kastilien.

BAERZE, JAKOB VON Flämischer Bildschnitzer des späten 14. Jh.s. Er schuf hauptsächlich Gruppen für Flügelaltäre, am bekanntesten wurde die in Dijon. Seine vielfigurigen Darstellungen in zierlichem Architekturrahmen sind typisch für den niederländischen *Flügelaltar. (Din)

BAGDAD Stadt im heutigen Irak. Sie wurde 762 von *Al-Mansur als Hauptstadt des *Abbasidenreiches gegründet und entwickelte sich im Laufe des 9. Jh.s zu einem wichtigen Handelspunkt mit dem Fernen Osten, den zentralasiatischen Steppen und Nordosteuropa. Die Regierungsgebäude und Kalifenpaläste befanden sich im Osten der Stadt und wurden im 10. Jh. in den als *Dar al-Mamlaka* (Königshaus) bekannten Nordteil verlegt. Auch auf kulturellem Gebiet entfaltete B. eine bedeutende Tätigkeit (Treffpunkt der persischen und der hellenistischen Traditionen). Die Akademie von B. spielte eine wichtige Rolle in der Entwicklung der arabischen Philosophie und Wissenschaft, auf der Grundlage des nach B. vermittelten *Aristotelismus.

Die *seldschukische Eroberung von 1055 verlegte zwar das politische Zentrum des Kalifats nach Persien, beließ aber B. in seiner Rolle als Kalifenstadt. Die Bauwelle des 12. Jh.s verlieh der Stadt ihr mittelalterliches Aussehen. Die Stadtmauern und die von *Benjamin von Tudela als eines der Weltwunder beschriebenen Kalifenhöfe, die eine eigene innere Stadt bilden, stammen aus dieser Epoche. Am Ende des 12. Jh.s besaß B. zwölf Schulen. Der Einbruch der Mongolen (1258) setzte auch der kulturellen Rolle B.s ein Ende, unter den Turkmenen (1411) verlor es auch seine wirtschaftliche Bedeutung.
C. Le Strange, *Baghdad During the Abbaside Caliphate*, 1924[2].

BAGRATIDEN Siehe *ARMENIEN, *GEORGIEN.

BAIBARS (um 1223-77) *Mamlukensultan in Ägypten (1260-77). Er war Sohn einer Familie türkischer Abstammung aus Südrußland und wurde 1246 als Sklavensoldat (Mamluk) nach Ägypten gebracht, wo er in der Leibgarde des Sultans Al-Salach Ejjub zum Offizier aufstieg. B. nahm an der Mamlukenrevolte von 1250 teil und wurde 1260, nach der Ermordung von Kotuz, vierter Sultan der Bachritenlinie. Zur Stärkung seiner Herrschaft erkannte er den Onkel des letzten Abbasidenkalifen an. 1261 schlug er als Verteidiger des Islams die Mongolen bei Ain Dschalud (Palästina). Dieser erste Sieg gegen die bisher ungeschlagenen Eindringlinge verlieh ihm großes Ansehen und erleichterte die Eroberung der *ejjubidischen Besitzungen in Syrien

Baibars Wappenschild über dem Stephanstor, Jerusalem

(1262/63). Danach ging er zum Angriff auf die Reststaaten der Kreuzfahrer über und eroberte zwischen 1265 und 1271 Caesaria, Arsuf, Safed, Antiochia, Beaufort, Jaffa sowie Montfort. B. griff auch das armenische Cilicien an und eroberte eine Reihe von Festungen an den Taurusübergängen. Als erfahrener Staatsmann unterstützte B. seine Feldzüge durch wohlgeplante Bündnisse. In Ägypten förderte er wirtschaftliche Entwicklungsprojekte und trug wesentlich zum Wohlstand des Landes bei.

A.-A. Khowaiter, *B. the First,* 1978.

BAILLEUL, URSEL VON (11. Jh.)   Normannischer Söldner und Abenteurer. Zuerst war er in Süditalien tätig und trat 1070 in byzantinischen Dienst. 1074 versuchte er in Kleinasien einen eigenen Staat zu errichten und erhob den Cäsar Johannes Dukas zum Gegenkaiser. Erst eine Koalition von Byzanz mit den Seldschuken führte zum Fall B.s. Er wurde an Kaiser *Michael VII. ausgeliefert, kam aber nach kurzer Zeit aus der Haft und kämpfte im Dienste des Kaisers gegen neue Usurpationsversuche.

G. Schlumberger, *Deux chefs normands des armées byzantines,* in: Revue historique 16, 1881.

BAILLI (bailiff, bayle)   Beamtentitel im mittelalterlichen Frankreich und England. Das Amt des B. entstand

im Herzogtum Normandie im 11. Jh. Es handelte sich um die Verwalter der herzöglichen Güter, die neben den wirtschaftlichen Aufgaben auch gewisse gerichtliche Befugnisse wahrnahmen. Im 12. Jh. übernahmen auch die französischen Könige den B. für ihre Krongüter, verliehen den Inhabern des Amtes aber weitere Vollmachten, so daß sich der B. zu einer Art Statthalter entwickelte. Die B.s residierten seit dem 13. Jh. in einer der Städte ihres Amtbereiches (*baillage-Ballai*) und unterstanden der Kontrolle des Pariser Parlaments bzw. der königlichen Finanzkammer einerseits in ihren gerichtlichen Funktionen, andererseits in ihrem Finanzgebaren. Da die B.s ihre Macht direkt vom König erhielten, waren sie an der Ausweitung und Durchsetzung ihrer Befugnisse interessiert, was wiederum der königlichen Politik der Zentralisierung diente. In diesem Zusammenhang spielten die französischen B.s eine bedeutende Rolle in der allmählichen Aushöhlung der englischen Herrschaft auf französischem Boden.

In England war der *bailiff* zuerst allgemein ein Beamter auf den Großgütern (*manor*) und entwickelte sich parallel zu seinem französischen Namensgenossen in der königlichen Verwaltung zu einem Vollstreckungsbeamten des Sheriffs. Seine wichtigste Funktion war die Abhaltung der Gerichte des *shire* (Grafschaft). In den Städten Südeuropas und der Kreuzfahrerstaaten bedeutete *bayle* leitender Beamter.

R. Holtzmann, *Französische Verfassungsgeschichte,* 1910;
T. F. T. Plucknett, *The Mediaeval Bailiff,* 1954.

BAJEZID I. "ILDERIM" (1360-1403)   *Osmanischer Sultan (1378-1402). Sohn des Murad. Er führte die schnelle Eroberung des Balkans durch und gewann damit den Beinamen "Blitz". 1396 besiegte er das europäische Kreuzfahrerheer bei Nikopolis. Auf dem Höhepunkt seiner Macht wurde er 1402 von den Mongolen unter *Timur-Leng bei *Ankara geschlagen und gefangengenommen.

BAJEZID II. (1447-1512)   *Osmanischer Sultan (1481-1512). Als Sohn *Mohammeds II. führte er dessen agressive Politik gegen Bosnien, Moldau, Österreich sowie die venezianischen Besitzungen in Griechenland und Albanien mit wechselndem Erfolg weiter. Aus Süditalien mußte er sich 1501 zurückziehen. B. wurde 1512 durch einen Militärputsch gestürzt.

BALDRICH (BAUDRI) VON BOURGUEIL (1046-1130)   Dichter und Geschichtsschreiber, Bischof von Dol (1107-30). Als Abt von Bourgueil leitete er einen literarischen Kreis und schrieb 256 tiefreligiöse und dem Werk Ovids nachempfundene Gedichte. In Dol (Bretagne) verfaßte B. u.a. Viten des hl. *Samson und des *Robert von Arbrissel (um 1110) sowie eine Bearbeitung der anonymen Geschichte des Ersten *Kreuzzugs.

J. de Ghellinck, *L'Essor de la Littérature latine au XIIe s.,* 1954.

BALDUIN I. (1171-1205)   Kaiser von Konstantinopel (1204-05). Als Graf von Flandern war B. einer der Führer des Vierten *Kreuzzuges. Er wurde nach der Eroberung Konstantinopels gegen die Konkurrenz des *Bonifaz v. Montferrat zum ersten Kaiser des *Lateinischen Reiches erhoben (1204). 1205 rebellierten die Griechen der Hauptstadt, die Slawenstämme Thrakiens und die *Bulgaren gegen seine Herrschaft. B. fiel in der Schlacht von Adrianopel (1205) in die Hände der Bulgaren und starb wahrscheinlich in der Gefangenschaft.

BALDUIN I. VON BOULOGNE (1058-1118) Erster König des *Lateinischen Königreiches von Jerusalem (1100-18), Bruder und Nachfolger des *Gottfried von Bouillon, in dessen Heer er am Ersten *Kreuzzug teilgenommen hatte. 1097 kam B. mit geringen Kräften dem armenischen Herrscher Thoros von Edessa zu Hilfe und wurde von diesem adoptiert. Nach dessen Tod (1098) baute er den Kreuzfahrerstaat Edessa auf. Als sein Bruder 1100 starb, wurde er gegen den Widerstand *Tankreds und des Patriarchen Daimbert von den Adeligen zum König von Jerusalem gewählt. Er übergab Edessa an seinen Vetter *Balduin von Bourg und wurde am 25.12.1100 in Bethlehem gekrönt. Seine ersten Bemühungen galten der Abwehr der *fatimidischen Angriffe, der Einspannung des Adels in den königlichen Dienst und der territorialen Abrundung des Reiches. Alle drei Ziele konnten erreicht werden: durch seine mutige Kriegsführung gegen die Ägypter vereinigte er Adel und Kirche unter seiner kraftvollen Herrschaft. Das Königreich wurde nach lehnsrechtlichen Prinzipien organisiert. 1104 eroberte er *Akkon, 1110 Sidon und unterwarf das gesamte Gebiet zwischen Mittelmeer und Jordan der Kreuzfahrerherrschaft. Von ihm errichtete Burgen im südlichen Transjordanien und bei Akaba am Roten Meer beherrschten den Verbindungsweg zwischen Ägypten und Syrien. B. förderte den Zuzug von Italienerinnen als Ehefrauen seiner Ritter, besiedelte Jerusalem von neuem und verlieh zur Stärkung des Seehandels Privilegien an die italienischen Hafenstädte. Er starb 1118 auf einem Feldzug gegen Ägypten. B. war der eigentliche Gründer des Königreiches Jerusalem.
A. Wolff, *König Balduin I. von Jerusalem*, 1884;
J. Prawer, *Histoire du Royaume Latin de Jérusalem* I, 1969.

BALDUIN II. VON BOURG (gest. 1131) König von Jerusalem (1118-31). Vetter *Balduins I., von dem er 1100 die Grafschaft Edessa erhielt. Er war 1104-08 in moslemischer Gefangenschaft und wurde nach dem Tode Balduins I. 1118 zum König von Jerusalem gewählt. B. führte die Expansionspolitik seines Vorgängers weiter und war besonders in Nordsyrien tätig, wo er als Lehnsherr der Kreuzfahrerstaaten Tripolis, Antiochia und Edessa anerkannt wurde. 1123-24 war er wiederum in moslemischer Gefangenschaft, nach seiner Befreiung führte er eine Reihe von Feldzügen nach Transjordanien. Mit seinen harten Gesetzen gegen Ehen zwischen den Kreuzfahrern und einheimischen Frauen (Konzil von Nablus 1120) beabsichtigte B., im Königreich eine rein westliche Gesellschaft zu errichten. In seinen letzten Regierungsjahren wuchs die Macht des Adels, und B. mußte zur Wahrung seiner Autorität seine Tochter und Erbin Melisenda an *Fulk von Anjou verheiraten. Mit seinem Tod kam die zweite, im Lande geborene Generation der Kreuzfahrer an die Macht.
E. R. Labande, *Étude sur B. de Sebourc*, 1940;
H. E. Mayer, *Geschichte der Kreuzzüge*, 1965.

BALDUIN III. (1130-63) König von Jerusalem (1143-64), Sohn des *Fulk von Anjou und der Melisenda, die das Reich während B.s Minderjährigkeit regierte. An Stelle der Kooperation mit dem Moslems im Nordosten trat in dieser Zeit der Krieg gegen Damaskus (siehe Zweiter *Kreuzzug), der *Nur ed-Din die Gelegenheit gab, ganz Syrien unter seiner Herrschaft zu vereinigen (1154). 1152 rebellierte B. gegen seine Mutter und machte sich nach einem Bürgerkrieg zum Herrscher. Er mußte aber dem Adel einen größeren Teil der politischen Macht zugestehen. 1153 rundete er mit der Eroberung *Askalons die Westgrenze gegen Ägypten ab, 1157 schlug er Nur ed-Din bei Chastelet zurück. Zur Stärkung seiner Position ging B. eine Heirat mit Theodora Komnena ein, einer Verwandten des byzantinischen Kaisers Manuel. Er starb in Beirut während eines Feldzuges zur Hilfeleistung für das Fürstentum Antiochien.
H. E. Mayer, *Geschichte der Kreuzzüge*, 1965.

BALDUIN IV. DER AUSSÄTZIGE (1161-85) König von Jerusalem (1173-85). Trotz seiner Krankheit, extrem ungünstigen außenpolitischen Verhältnissen (Syrien und Ägypten unter *Saladin vereinigt), und der Spaltung des lateinischen Adels in eine gemäßigte und eine aktivistische Partei, gelang es B. seine Herrschaft aufrechtzuerhalten. 1177 schlug er bei Montgisard eine Invasion Saladins zurück und ernannte *Rainald von Châtillon, einen der Helden der Schlacht, zum Fürsten von Transjordanien. Dieser Adelige, ein Führer der Aktivistenpartei, heizte jedoch durch seine Heereszüge zum Roten Meer den Konflikt mit Saladin aufs neue an. Der "heilige Krieg" wurde ausgerufen, von 1182 bis 1185 griffen die Moslems alljährlich die Burgen in Transjordanien an und versuchten über das Beisantal ins Königreich einzufallen. Nur der mutige Widerstand B.s rettete vorläufig die Lage. Sofort nach seinem Tod stürzte jedoch die Nachfolgekrise und die andauernde Spaltung des Adels das Königreich Jerusalem in einen Zustand der Anarchie, von dem es sich nicht mehr erholen konnte.
H. E. Mayer, *Geschichte der Kreuzzüge*, 1965.

BALDUIN V. (1175-86) Sohn der Sybille von Jerusalem und des Wilhelm von Montferrat. Er wurde 1183 zum Erben des Königreichs von Jerusalem bestimmt und 1185 zum König gewählt. Die Regentschaft lag in den Händen der Führer der gemäßigten Partei, Raimund III. von Tripoli und Joscelin III. von Courtenay, woge-

Siegel Balduins I., des lateinischen Kaisers von Konstantinopel

Der romanische Dom von Bamberg, Apsis, 13. Jh.

gen sich eine Gegenpartei unter Sybille und Guy von *Lusignan erhob. B. starb 1186 in Akkon, dem Gerücht nach an Vergiftung.

F. Groh, *Der Zusammenbruch des Reiches Jerusalem,* 1909.

BALDUIN I. "EISENARM" (862-79) Der eigentliche Gründer der Grafschaft Flandern. B. vereinigte die Feudalherrschaften des Gebietes in seiner Hand und bekämpfte die Normannen.

BALDUIN II. Graf von Flandern (879-918) Er setzte die Politik seines Vaters *Balduin I. fort und war einer der mächtigsten Feudalherren seiner Zeit. B. heiratete Elftrud, die Tochter *Alfreds d. Großen, und begründete die im ganzen Mittelalter bestehende Verbindung zwischen Flandern und England.

BALDUIN IV. DER BÄRTIGE, Graf von Flandern (988-1035) Sohn Arnulfs II., befriedete das Land und förderte die Entwicklung der Städte.

BALDUIN V. VON LILLE, Graf von Flandern (1035-67) Verbündete sich mit den Kapetingerkönigen Frankreichs und heiratete eine Tochter *Roberts II. In den Jahren 1059-65 war B. Regent von Frankreich.

BALDUIN VIII. (1150-95) Graf von Hennegau und Flandern (1191-96), Bruder des Philipp von Elsaß. Er brachte Namur unter seine Herrschaft. Seine Tochter Isabella heiratete *Philipp II. Augustus von Frankreich.

BALDUIN VON LUXEMBURG (1285-1354) Kurfürst-Erzbischof von Trier (seit 1307). Der in Frankreich erzogene Bruder Kaiser *Heinrichs VII. war einer der bestimmenden Männer der deutschen Politik unter den frühen Luxemburger-Königen. Nicht nur die Wahl Heinrichs 1308 war teilweise sein Werk, sondern auch die seines Großneffen *Karl IV. (1346), nachdem er die Absetzung *Ludwig d. Bayern durchgesetzt hatte, gegen den er sich erst nach einer längeren Neutralität gewandt hatte. Auch der Kurverein von *Rhens geht im wesentlichen auf ihn zurück. Im unmittelbar eigenen Interesse betrieb B. eine erfolgreiche Territorialpolitik, die durch die Übernahme der Verwaltung ("Pflegschaft") der unbesetzten Bistümer Mainz, Speyer und Worms den luxemburgischen Machtbereich bis Thüringen ausdehnte und damit eine Verbindung vom Stammland zum seit 1310 (auch mit B.s Hilfe) luxemburgischen Böhmen (*Johann der Blinde) herstellte. In seinem Auftrag wurde die Bilderchronik der Romfahrt Kaiser Heinrichs VII. (1308-13) mit 73 Miniaturen geschaffen. (Din)

F. Seibt (Hg.), *Kaiser Karl IV.,* 1978.

BALEAREN Siehe *MALLORCA.

BALL, JOHN (gest. 1381) Englischer Priester und Sozialprediger. 1366 wurde er vor den Erzbischof von Canterbury zitiert und der Predigt der *Wyclyfschen Lehre beschuldigt. Er brach das ihm auferlegte Verbot der öffentlichen Predigt, griff weiter den Kirchenbesitz an und lehrte die Gleichberechtigung aller Menschen. 1376 wurde er festgenommen, kam jedoch 1381 nach Ausbruch der englischen *Bauernrevolte frei und nahm aktiv am Aufstand teil. Im gleichen Jahr wurde er in Coventry festgenommen, vor den König gebracht und als Verräter hingerichtet.

R. B. Dobson, *The Peasants' Revolt of 1381,* 1970.

BALLAI Siehe *BAILLI.

BALUE, JEAN (um 1421-91) Französischer Staatsmann. Der skrupellose Jurist B. bekleidete unter *Ludwig XI. eine Reihe wichtiger Ämter, wurde 1465 Bischof von Evreux, 1467 von Angers und war die graue Eminenz hinter dem König, seitdem es ihm gelungen war, die aufständischen Pariser Bürger zu beschwichtigen. 1467 ernannte ihn Papst Paul II. zum Kardinal, der in Frankreich den Türkenzehnten eintreiben sollte. Zwei Jahre später stürzte er jedoch, der Verschwörung mit Burgund angeklagt, und wurde 11 Jahre eingekerkert. 1480 nach Rom entlassen, kehrte er bald als päpstlicher Legat nach Frankreich zurück; 1491 starb er als Legat in der Mark Ankona.

H. Forgeot, *J. B.,* 1899.

BAMBERG Deutsche Stadt im Herzogtum Franken. Sie entwickelte sich gegen Ende des 10. Jh.s aus einem Burgflecken zur Stadt und ist seit 1007 Sitz eines Bistums. Damit wurde B. Mittelpunkt einer bedeutenden kirchlichen Grundherrschaft, die im 11. und 12. Jh. dank der engen Verbindung mit den deutschen Kaisern ihr Gebiet stark vergrößerte und oft Schauplatz von Reichstagen war. Seit dem 13. Jh. waren die Bischöfe Reichsfürsten, die ihre Herrschaft über B. auch gegen den Widerstand der Bürger durchsetzen konnten. Im Spätmittelalter wurde B. ein Zentrum der *Buchdruckerkunst. 1803 gingen Stadt und Fürstentum an das Königreich Bayern über. Der an mittelalterlichen Plastiken reiche Dom zeigt den Übergang von der Romanik zur Gotik (1185-1237) und beherbergt u.a. aus dieser Zeit das wohl älteste Reiterstandbild seit der Antike ("Bamberger Reiter").

B. Schimmelpfennig, *B. im Mittelalter,* 1964.

BAMBURGH (Bamborough) Burg und Stadt in *Northumbrien (England). Im 6. Jh. nahe der keltischen Grenze errichtet, diente es im 7. und 8. Jh. als wichtiges lokales Zentrum. Nach der normannischen Eroberung Englands war B. Mittelpunkt einer Gutsherrschaft (*manor*) und Festung gegen die Schotten. Im Krieg der *Rosen spielte es eine wichtige militärische Rolle.

BANKWESEN Das Verleihen von Kredit als Berufstätigkeit verbreitete sich im Hochmittelalter in Norditalien und wurde danach von den Lombarden sowie anderen italienischen Kaufleuten in den Handelszentren Westeuropas getragen. Die Praxis des Kredites bestand schon seit Beginn des Mittelalters, beschränkte sich aber bis zum 10. Jh. auf das Ausleihen von Geld gegen Pfand oder Bürgschaft. Mit den wirtschaftlichen Veränderungen des 11. Jh.s wuchs der Bedarf nach Kredit und wurde bis zum 12. Jh. durch die Juden, denen die Geldanlage in Grundbesitz verboten war, und durch Klöster gedeckt. Das kirchliche Verbot des Zinsnehmens führte zur Entwicklung eines Pfandsystems, wobei Grundbesitz oder Einnahmequellen (wie z.B. Steuern) verpfändet wurden, damit der Geldleiher zur Rückzahlung des Kapitals (Hauptsumme) die Einnahmen genießen konnte. Im allgemeinen hatte das Pfand ein Einkommen von 45% des Kapitals pro Jahr zu produzieren, Zinssätze bis zu 60% waren jedoch auch üblich. In vielen Fällen machten diese Bedingungen die Rückzahlung des Kapitals unmöglich, und zahlreiche verpfändete Besitzstücke gingen an die Geldleiher über. Fromme Stiftungen an Klöster verbargen oft solche Kreditoperationen. Im Gegensatz dazu war das B. der Juden weit stärker durch kirchliche und weltliche Gesetzgebung reguliert, es war hauptsächlich auf kleinere Summen und streng kontrollierte Zinssätze beschränkt. Im 13. Jh. begannen die städtischen Kaufleute, erst in Italien, dann auch im restlichen Europa, in B., Geld- und Wechselgeschäften zu investieren. Die *banchieri* (Geldwechsler) legten auf die ausgeliehenen Geldsummen das *agio* (Zinsen). Päpste und Prinzen bedienten sich des B.s zur Finanzierung ihrer politischen Operationen, wie etwa der Kreuzzüge, mit Hilfe der auf die Einnahmen ihrer Schatzämter ausgeschriebenen Kreditbriefe. Diese Briefe wurden auf den internationalen Geldmärkten gehandelt. Italienische Bankhäuser, wie die *Datini von Prato und die *Medici von Florenz, unterhielten Filialen und Partnergesellschaften in den wichtigsten europäischen Häfen und Hauptstädten.
R. de Roover, *Money, Banking and Credit in Medieval Bruges,* 1948;
W. v. Stromer, *Die oberdeutschen Geld- und Wechselmärkte,* in: Scripta Mercaturae 10, 1976.

BANN Siehe *RECHT, *EXKOMMUNIKATION, *INTERDIKT.

BANNOCKBURN Siehe *EDUARD II.

BAR Grafschaft und Herzogtum (959-1480) an der Maas in Nordostfrankreich. B. war seit 843 Teil des lotharingischen Königreichs und seit 888 dem deutschen Reich angegliedert. 959 errichtete *Otto I. die Grafschaft. Im 11. Jh. orientierten sich die Grafen von B. durch Heiratsbündnisse mit den Grafen von Troyes-*Champagne stärker nach Frankreich. 1151 erbte Heinrich I. von der Champagne die Grafschaft und leistete für den östlichen Teil dem deutschen Kaiser den Lehnseid. 1301 ging der westliche Teil von B. zusammen mit der Champagne an die französische Krone über, während

eine zweite Grafenlinie weiter das deutsche oder kaiserliche B. regierte. 1354 wurde die Grafschaft in den Rang eines Herzogtums erhoben. 1431 erbte *Rainer von Anjou B. und Lothringen, die nach seinem Tod (1480) vereinigt wurden.
A. Martin, *Le pays Barrois,* 1912;
H. Thomas, *Zwischen Regnum und Imperium,* 1973.

BARBARO Venezianische Familie. Durch Handel zu Geld gekommen, brachte sie im 15. Jh. mehrere bedeutende Humanisten hervor und besaß eine wichtige Stellung in der venezianischen Regierung.
P. P. Gothein, *Frühhumanismus und Staatskunst in Venedig,* 1932.

BARBO Venezianische Familie. Die reichen Kaufleute spielten eine führende Rolle in der Politik der Republik. Marco (1420-91), Kardinal und Patriarch von Aquileia, war ein leitender Diplomat unter den Päpsten Paul II. und Sixtus IV.
G. Gracco, *Società e Stato nel Medio Evo veneziano,* 1967.

BARCELONA Hauptstadt Kataloniens und bedeutende Hafenstadt. Die antike Siedlung diente im 6. Jh. zeitweilig als Hauptstadt der *Westgoten und fiel 713 in die Hände der Araber. 801 eroberten die Franken unter *Ludwig d. Frommen die Gegend und machten B. zur Hauptstadt der Spanischen *Mark. Aus dieser entwickelte sich die 874 konstituierte Grafschaft von B., die bis ins 12. Jh. lehnsrechtlich vom französischen König abhängig war. 914 und 986 war B. vorübergehend in maurischen Händen. Im 11. Jh. entwickelte sich die Stadt zu einem wohlhabenden und bedeutenden Handels- und Schiffahrtszentrum im westlichen Mittelmeer. Die Grafen gewannen an Macht und begannen, in die südfranzösische Politik einzugreifen und mit den Grafen von *Toulouse zu wetteifern. Graf Ramon Berenguer setzte um 1068 mit seinen *Usatges,* einer Zusammenfassung des katalanischen Gewohnheitsrechtes, Maßstäbe für spätere Gesetzeswerke. Mit der Vereinigung *Aragóns und Kataloniens (1137) begann die Hochblüte B.s. Die Stadt schwang sich zur eigentlichen politischen und wirtschaftlichen Hauptstadt des Reiches auf und baute ihre Handelsbeziehungen aus. Dabei kam neben den Juden B.s der "Katalanischen Kompanie" besondere Bedeutung zu. Diese Gesellschaft der Kaufleute B.s errang nach der aragonischen Eroberung Siziliens (1282) eine Vormachtstellung im Mittelmeerhandel. Außerdem trugen das von italienischen Kaufleuten im 13. Jh. eingeführte hochentwickelte Bankwesen und die politische Unabhängigkeit der Stadt zum wirtschaftlichen Erfolg bei. 1359 kam die gesamte Bevölkerung *Peter von Aragón gegen die kastilianische Kriegsflotte zu Hilfe. 1460 rebellierte B. gegen das zentralistische Regime *Johanns II. Die Errichtung der Inquisition in der Stadt (1480), die Zwangstaufen und die Ausweisung der Juden setzten die Zeichen für den wirtschaftlichen Niedergang B.s, der im 16. Jh. infolge der Entwicklung des Atlantikhandels schmerzhaft fühlbar wurde.
W. Weber, *Barcelona,* 1928;
A. Duran i Sanperte, *B. i za seva Historia,* 3 Bde., 1972ff.

BARDI Kaufmanns- und Bankierfamilie aus Florenz, seit dem späten 13. Jh. im internationalen Geschäft tätig. Ihre Blütezeit fällt in das frühe 14. Jh., als Könige und Fürsten ihren Kredit in Anspruch nahmen. So finanzierten sie 1337 *Edwards III. von England mili-

Bischofssitz in der Basilika des hl. Niccola, Bari, um 1100

tärische Operationen in Frankreich. Dank ihrer weitgestreuten Investitionen und den englischen Siegen
im *Hundertjährigen Krieg überstanden die B. die Wirtschaftskrisen des 14. Jh.s relativ intakt. Am Ende des
14. Jh.s verbanden sie sich mit den *Medici und teilten
deren politischen Aufstieg. Ihre Begräbniskapelle in
Florenz, die *Giotto um 1325 mit Szenen aus der
Franziskus-Legende ausgemalt hat, gilt als eines der
schönsten Kunstwerke der Epoche (*Capella Bardi* in
S. Croce).
E. Friedmann, *Der mittelalterliche Welthandel von
Florenz*, 1912.
BARDOWICK Markt und Handelsstation in Nordsachsen an der Elbe. Bereits in der Stammesperiode ist B.
als Tauschmarkt zwischen Slawen und Germanen be-
zeugt. Am Ende des 8. Jh.s legte *Karl d.Gr. in B. eine
Zollstelle für den blühenden Handel zwischen dem Fran-
kenreich und den nördlichen Ländern an. Nach Errichtung der *Nordmark wurde B. durch Lüneburg und
Lübeck überflügelt. Durch die Einnahme *Heinrichs d.
Löwen (1189) sank es dann in völlige Bedeutungslo-
sigkeit herab.
G. Meyer, *B.*, in: Reallexikon d. Germanischen Altertumskunde II, 1976.
BARGELLO (Palazzo del Popolo) Der Regierungspalast
der Stadt *Florenz.
BARHEBREUS (1226-86) *Monophysitischer Bischof
und syrischer Philosoph. Er war Sohn eines konvertier-

ten jüdischen Arztes und studierte Medizin. 1246 wurde
er zum Bischof geweiht und 1264 zum monophysitischen Patriarchen von Mosul erwählt. B. besaß eine
breite theologische und philosophische Bildung, die er
in seinem Hauptwerk, der enzyklopädischen "Auslese
der Wissenschaft", ausbreitete. Er verfaßte auch eine
Weltgeschichte, die eine wichtige Quelle für die mittelöstlichen Ereignisse des 10.-13. Jh.s darstellt.
A. Baumstark, *Geschichte der syrischen Literatur*, 1922.
BARI Süditalienische Stadt und Hauptstadt von *Apulien. Zu Beginn des 6. Jh.s war B. eine Kleinstadt im
*Ostgotenreich. Die Byzantiner nahmen es 536 ein
und entwickelten die Stadt zu ihrem Haupthafen im
Krieg gegen die Ostgoten. Auch nach der langobardischen Eroberung Italiens verblieb B. unter byzantinischer Herrschaft, seit dem 7. Jh. diente es als wichtigstes
Verbindungsglied zwischen Italien, Byzanz und den
Moslems im östlichen Mittelmeer. In dieser Zeit wurden
die Relikte des hl. Nikolaus nach B. gebracht, von wo
sich der Kult des Heiligen über ganz Europa verbreitete.
Im 9. Jh. beherbergte der Hafen von B. die Schiffe moslemischer und jüdischer Kaufleute (siehe *Rhadaniten).
Außerdem diente es als Einschiffungsort für die Pilger
ins Heilige Land. Im 10. Jh. war die Stadt zeitweise in
der Hand sizilianischer Moslems, und 1071 machte sie
der Normanne *Robert Guiscard zum Teil seines Königreiches. Als die Stadt gegen seinen Nachfolger *Wilhelm
I. rebellierte, wurde sie größtenteils von diesem zerstört
(1154). Nach 1282 gehörte B. zum Angevinenreich von
*Neapel. Die Ungarn eroberten die Stadt 1349, doch
kam sie bald an die Anjous zurück, ab 1442 gehörte
sie der spanischen Dynastie von Neapel. Das Land- und
Seerecht von B. verbreitete sich auch in allen umliegenden Regionen. Seit der Normannenzeit war es Sitz
eines Erzbischofs. Der romanische Dom zeichnet sich
durch den Einfluß des byzantinischen Baustils aus.
Hebräische Inschriften bezeugen die Existenz einer
starken jüdischen Gemeinde im 9.-12. Jh.
F. Caraballesse, *Bari*, 1909.
BARLAAM UND JOASAPH   Eine   mittelalterliche
Legende über einen indischen Prinzen J., der unter dem
Einfluß des Einsiedlers B. den christlichen Glauben annahm. Die nach buddhistischen Vorlagen im griechischen Osten zur Verherrlichung des Mönchtums geschriebene Geschichte stammt anscheinend aus dem 8. Jh.
und war später auch in Westeuropa weit verbreitet.
Werk: dt. von L. Burchard, 1924.
BARON Adelstitel. Ursprünglich in Frankreich und
England die Bezeichnung des *Lehnsmannes eines
großen Herren. Seit der Aufgliederung des Adels in
mehrere Klassen im 12. Jh. bezeichnet B. den direkten
Lehnsmann des Königs und alle jene Adligen, die nicht
die obersten Ränge des Herzogs oder Grafen einnahmen.
In England waren alle B.e Mitglieder des *Parlaments.
F. L. Ganshof, *Was ist das Lehnswesen*, 1961.
BARRIO DE LOS FRANCOS   "Die Siedlungen der
Franken". Bezeichnung für die christlichen Neusied-
lungen in den von den Mauren eroberten Gebieten Nord-
westspaniens im 11. und 12. Jh.
**BARTHOLOMEUS VON PISA (VON RINONICHIS)
(gest. um 1401)** Als Franziskaner in Pisa verfaßte er
einen ausführlichen Vergleich des Lebens seines Ordens-
gründers mit dem Jesu Christi und ein Marienleben.
BARTHOLOMEUS ANGLICUS (ca. 1180-1275) Der
Franziskanermönch war 1231 Lehrer in Magdeburg

und Verfasser einer weit verbreiteten Enzyklopädie der Naturwissenschaften ("Über die Eigenschaften der Dinge"), in der alle irdischen Erscheinungen auf den Einfluß der Himmelskörper zurückgeführt werden.
H. Butterfield, *The Origins of Modern Science,* 1957.

BARTHOLOMEUS VON BOLOGNA (gest. um 1294) Theologe. B. war Italiener, er trat dem Franziskanerorden bei, studierte und lehrte Theologie in Paris. Er wurde dann als Haupt der theologischen Fakultät nach Bologna berufen. Sein Hautpwerk *De Luce* (Über das Licht) faßt die theologischen Auffassungen seiner Zeit über die Naturwissenschaften am Beispiel der Optik zusammen.

BARTHOLOMEUS VON EXETER (gest. 1184) Bischof von Exeter (1161-84) und Kanonist. Nach ursprünglichem Widerstand gegen Thomas *Becket war er einer der treuesten Anhänger des Erzbischofs. In seinem "Dialog gegen die Juden" sprach er sich dagegen aus, jüdische Autoritäten in Fragen der Bibelexegese zu konsultieren.
A. Morey, *Bartholomew of Exeter,* 1937.

BARTHOLOMEUS VON PISA (VON S. CONCORDIO) (1260-1347) Theologe. Er trat 1277 dem *Dominikanerorden bei, studierte in Bologna sowie Pisa und lehrte in mehreren Häusern seines Ordens. Seine *Summa de Causis Conscientiae* (Summe über die Gewissensgründe) von 1338 ist eine alphabetisch angelegte Konkordanz der Moraltheologie seiner Zeit und diente als Handbuch an den Universitäten.

BARTOLO VON SASSOFERRATO (1314-57) Italienischer Rechtsgelehrter. B. studierte in Bologna und lehrte seit 1343 an der Universität von Perugia. Er galt als größte Autorität seiner Zeit auf dem Gebiet des Römischen *Rechts. Insbesondere beschäftigte B. sich mit dem Ausgleich zwischen dem universalen römischen Recht und den partikularen örtlichen Gewohnheitsrechten. Letztere waren nach seiner Anschauung vom Willen des Herrschers abhängig. Damit gelangte B. zu einer Definition der Souveränität, die Eingang ins politische Denken seiner Zeit gefunden hat.
C. N. S. Woolf, *B. of Sassoferrato,* 1913;
B. Kurtscheid, in: Apollinaris 11, 1938.

BASEL Schweizer Stadt am Rhein. B. wurde erstmals 374 als römische Festung erwähnt und war im 7. Jh. Sitz eines Bistums. Die Oberhoheit über die Stadt sowie ihre Umgebung ging 912 an Burgund über und mit diesem 1032 an das deutsche Reich über. Die Stadtherrschaft lag seit altersher in den Händen der Bischöfe. Der wirtschaftliche Aufschwung im 12. Jh. stärkte die Bürgergemeinde, deren Kampf um Unabhängigkeit und Selbstregierung 1350 durch die Erhebung zur Reichsstadt endgültig mit Erfolg gekrönt wurde. Eine Blüte B.s liegt in der Zeit zwischen 1350 und dem Ende des 15. Jh.s, sie fand ihren Ausdruck in der reichen gotischen Bautätigkeit. Mit der Errichtung der Universität (1460) entwickelte sich die Stadt auch zu einem Zentrum der Gelehrsamkeit. Die seit 1400 vom Bischof erworbenen Ländereien wurden im 16. Jh. zum Schweizer Kanton Basel.

Das Konzil von Basel (1431-49) wurde von Papst *Martin V. in Fortsetzung des *Konstanzer Konzils einberufen. Es postulierte den Vorrang des Generalkonzils vor dem Papst und legte mehrere Bestimmungen zur Einschränkung der päpstlichen Gewalt während der Konzilsdauer fest. Eine der führenden Persönlichkeiten des B.er Konzils war *Nikolaus von Cusa. Als

Papst *Eugenius IV. 1437 die Entscheidungen von B. ablehnte, setzten ihn die Teilnehmer des Konzils ab und wählten an seiner Stelle Herzog Amadeus VIII. von Savoyen (*Felix V.; 1439). Damit war das Schisma von neuem ausgebrochen. Felix und das B.er Konzil verloren jedoch an Anhang. Eugenius konnte 1448 das Konzil nach Luzern verlegen, wo Felix abdanken mußte. 1449 wurde das Konzil aufgelöst, sein Konzept der konziliarischen Vollmacht erfreute sich aber weiter in kirchlichen Kreisen großer Beliebtheit und wirkte auf die Reformation des 16. Jh.s ein.
R. Wackernagel, *Geschichte der Stadt Basel* I, 1906;
P. Roth, *Das Basler Konzil 1431-1448,* 1931.

BASIL DIGENIS AKRITAS Byzantinisches Volksepos aus der ersten Hälfte des 11. Jh.s. Das Gedicht beschreibt eine Liebesgeschichte zwischen einem arabischen Emir und einer christlichen Prinzessin, deren Sohn Basil Digenis (Sohn zweier Rassen) Akritas (Grenzwanderer) die Verteidigung des byzantinischen Reiches und seiner Werte unternimmt.
J. Mavrogordato (Hg.), *Digenis Akrites,* 1956.

BASILEIOS I. MAKEDON (812-86) Byzantinischer Kaiser (867-86) und Begründer der makedonischen Dynastie. Er stieg vom Bauernsohn und Stalljungen zum Höfling und engern Vertrauten *Michaels III. auf. Als er 866 den Onkel des Kaisers, Bardas, wegen dessen Intrigen ermordete, wurde er mit einem Regierungsamt betraut. Ein Jahr später ermordete B. Michael und machte sich zum Kaiser. Seine Regierung war kraftvoll und auch geschickt. 867 versuchte er, die Kluft zur lateinischen Kirche zu überbrücken und verstieß den Patriarchen *Photius. Auf dem Balkan konnte B. die byzantinische Herrschaft über die Slawen durchsetzen. Er eroberte Bari (871) von den Arabern, besiegte die arabische Flotte (880), konnte aber nicht die Eroberung Siziliens durch die *Aghlabiden verhindern. Seine steuertechnischen und administrativen Reformen brachten Ordnung in die komplizierte Verwaltung des Reiches.
A. Vogt, *Basile I, Empereur de Byzance,* 1908;
G. Ostrogorsky, *Geschichte des byzantinischen Staates,* 1963[3].

BASILEIOS II. BULGAROKTONOS ("Bulgarentöter"; um 957-1025) Kaiser (963-1025) und eine der großen Herrschergestalten von Byzanz, war ein Mann von eisernem Willen und das letzte Glied der makedonischen Dynastie. In seiner Jugend fungierte er als Mitkaiser seiner Stiefväter *Nikephoros Phokas und *Johannes Tzimiskes. Bis 989 mußte B. gegen Höflinge und Generale kämpfen. Sein erster Feldzug gegen den Bulgarenzar *Simeon schlug fehl (986) und führte zu einem Aufstand der byzantinischen Aristokratie, den er mit Hilfe des Kiewer Prinzen *Wladimir blutig unterdrückte (989). Darauf brach er durch eine Reihe von drakonischen Maßnahmen die politische sowie wirtschaftliche Macht des Adels und hob den Status der freien Bauern. 995 und 999 schlug B. arabische Einbrüche an den Grenzen Kleinasiens zurück. Danach traf er weitere Vorbereitungen für den Rachefeldzug gegen die Bulgaren und deren Zar, den er als persönlichen Feind betrachtete. Im Jahre 1001 begann er die systematische Zerstörung des Bulgarenreiches, die erst 1014 abgeschlossen wurde. Dabei ließ B. Tausende von Gefangenen blenden und erwarb sich seinen Beinamen.
G. Ostrogorsky, *Geschichte des byzantinischen Staates,* 1963[3].

Wood Hall von Lavenham, Suffolk, 15. Jh.

Spätmittelalterliches Gebäude des Queen's College, Cambridge

BASILEIOS (BASILIUS) DER GROSSE (hl.; um 330-79) Kirchenvater. Der Sohn einer Adelsfamilie aus Cäsarea (Kappadokien) nahm 356 das Christentum an, besuchte Syrien, Palästina und Ägypten, wo er von den mönchischen Einsiedlern sehr beeindruckt wurde. Danach gründete B. auf einem seiner Familiengüter eine Mönchsgemeinde, die den Rückzug von der Welt mit körperlicher Arbeit verband, ohne jedoch in die Extremformen des Anchoritentums zu verfallen. Mit der für seine Gemeinschaft verfaßten Regel legte B. den Grundstein für die griechisch-orthodoxe Tradition des Mönchtums. 362 ging er nach Cäsarea (Kappadokien) und wurde 370 zum Bischof der Stadt erwählt. Er verfaßte Streitschriften gegen die Arianer, Bibelkommentare und ein Werk über die hl. Dreifaltigkeit.
B. Schewe, *Basilius der Große als Theologe,* 1943.

BASILEUS (griechisch: "König") Der Titel der byzantinischen Kaiser wurde seit der Gräcisierung des byzantinischen Staates im 6. Jh. anstelle der alten römischen Kaisertitel gebraucht.

BASILIKA Bezeichnung für die frühchristlichen und frühmittelalterlichen Kirchen. In Fortsetzung des klassischen *Baustils war die rechteckige B. durch Säulen und Gewölbe unterteilt, der Boden war mit Mosaiken verziert, die in ihren Mustern die Symbole des Glaubens wiederholten. Später wurde der Altar mit der Apsis eingeführt, und im 9. Jh. löste der kreuzförmige Bau die B. ab. Allgemeiner wird jede Kirche mit gegenüber den Seitenschiffen erhöhtem Mittelschiff B. genannt.
G. Fuchs, in: Bonner Jahrbuch 161, 1961.

BASILIKA Byzantinische Rechtsbücher, im 9. Jh. unter der Regierung von *Leo VI. zusammengestellt. Sie beinhalten neben dem *Corpus Iuris Civilis die gesamte nachjustinianische Kaiserdekrete.
H. J. Schaltema (Hg.), 1953ff.

BASKEN Ein altes, nicht indogermanisches Bauern- und Hirtenvolk, in Römerzeit und Mittelalter Vascones genannt. Ihr Siedlungsgebiet lag um die Bucht von Biskaya auf beiden Seiten der Pyrenäen. Die B. nahmen zwar das Christentum an, bewahrten aber gegenüber den spanischen *Westgotenreich ihre Unabhängigkeit (5. Jh.). Die Truppen *Karls d.Gr. schlugen sie 787 in der Schlacht von *Roncevalles zurück. Im 10. Jh. war das Baskenland Teil des Königreichs *Navarra und mehrerer kleinerer Herrschaften, die lehnsrechtlich vom Herzog von *Gascogne abhängig waren. Diese Herrschaften wurden im 15. Jh. in der Hand der Grafen von *Foix vereinigt, die Baskengemeinden genossen jedoch weiterhin eine örtliche Autonomie.
J. Caro Baroja, *Los Vascos,* 1949.

BASRA Stadt im südlichen Irak. Die antike Stadt wurde im 6. Jh. verlassen, und die arabischen Eroberer gründeten 638 nahebei ein Heerlager. Dieses entwickelte sich unter den *Abbasiden zu einer großen Stadt und zum Haupthafen Bagdads. Im 11. Jh. begann der Niedergang B.s, 1258 wurde es von den Mongolen zerstört.

BASTARS DE BOUILLON Anonymes französisches Heldengedicht aus dem späten 13. Jh. Es behandelt ritterliche Abenteuer und Liebesgeschichten mit sarazenischen Prinzessinen. Daneben verspottet es als Ausdruck des volkstümlichen Antiklerikalismus die Unsitten der Priester.
A. Scheler (Hg.), 1887.

BASTIDES Bezeichnung für die südwestfranzösischen Städte des 12.-13. Jh.s, die sich oft aus Dörfern entwickelt hatten oder herrschaftliche Neugründungen waren. Um Neusiedler anzuziehen, verlieh der Feudalherr den Einwohnern gewöhnlich das Recht der beschränkten Selbstregierung und gewisse wirtschaftliche Privilegien.
C. Petit-Dutaillis, *Les Communes francaises,* 1947.

BATTANI, MUHAMMED BEN GEBIR (Albategnius; 858-929) Arabischer Astronom, der in Bagdad wirkte. B. war Verfasser eines auf Ptolemäus von Alexandrien sowie auf eigene Beobachtungen begründeten Handbuches, das sich in der lateinischen Übersetzung des 12. Jh.s in Europa bis ins 16. Jh. größter Beliebtheit erfreute.
F. J. Carmody, *Arabic Astronomical and Astrological Sciences in Latin Translations,* 1956.

BATU-KHAN (ca. 1205-56) Enkel des *Dschinghis-Khan und Führer der *Goldenen Horde. Er herrschte anfangs zusammen mit seinem General Subotai über die Westprovinzen des Mongolenreichs, zwischen dem Aralsee und dem Uralgebirge. 1236 begannen die beiden mit der Eroberung Rußlands, 1237 zerstörten sie das *Bulgarenreich an der Wolga, und bis 1241 hatten sie die russischen Fürstentümer besiegt. Die südlichen Staaten um Kiew wurden dem Tatarenreich angegliedert, die nördlichen Fürstentümer mußten Tributgeld zahlen. Danach schlug B. Polen sowie Ungarn und gelangte bis Schlesien und Dalmatien. Erst der Tod des Großkhans Ogodai und die hastige Rückkehr B.s nach Karakorum bannten die Mongolengefahr aus Mitteleuropa. B. nahm nunmehr unter den Khanen des Mongolenreichs eine Vorrangstellung ein und wirkte entscheidend auf die Wahl des Großkhans ein, ohne jedoch selbst diesen Titel tragen zu wollen. Sein Herrschaftsbereich war Rußland, mit dem Schwerpunkt in der neuerbauten Hauptstadt Sarai an der Wolga. Unter seiner strikten und gutorganisierten Regierung blühte der Handelsverkehr mit dem Westen.
B. Spuler, *Geschichte der Mongolen nach östlichen und europäischen Zeugnissen des 13. und 14. Jh.s,* 1968.

BAUDRI Siehe *BALDRICH.

BAUERN Siehe *LANDWIRTSCHAFT, *FEUDALISMUS.

BAUKUNST Die mittelalterliche B. setzte in vielen Beziehungen die Traditionen der Antike fort, entwickelte aber mit der Zeit neue Formen, die den funktionellen, sozialen und ästhetischen Bedürfnissen der Zeit wie auch den Unterschieden im Klima entsprachen. Es bestehen fünf Hauptgruppen der mittelalterlichen B.: die frühmittelalterliche, byzantinische, islamische, romanische und gotische B.

Die frühmittelalterliche B. war stark von der klassischen Tradition geprägt und fand ihren Ausdruck in der einfachen *Basilika. Seit dem 5. Jh. wurden Kirchen nach dem Kreuzgrundriß errichtet, der das Hauptsymbol des christlichen Glaubens baulich ausdrückt, aber auch den Altar und den Priesterraum von der Gemeinde trennt, was der hierarchischen Auffassung der Zeit entsprach. Die Fassade der Kirche ist antiker Herkunft, die gerundete Apsis geht in der lateinischen Übersetzung orientalische Einflüße zurück. Bis zum 10. Jh. besaßen die verhältnismäßig kleinen Kirchen nur eine Apsis. Das Frühmittelalter brachte den Glockenturm, der frei stand oder über dem Eingang (der in Analogie zum Pilgerweg ins Heilige Land "Galiläa" genannt wurde) gebaut war. Zur Kirche kam noch ein kleiner, durch eine Mauer an den Kreuzarm der Kirche angeschlossener Friedhof. Der Gründerheilige, verehrte Priester und Stifteradelige wurden in der Gruft (Krypta)

Christ Church College zu Oxford, 14. Jh. und später

Stück eines gotischen Schwibbogens, Kathedrale zu Bourges

begraben. Mit der Ausdehnung des *Mönchswesens erschien das Kloster mit der Klosterkirche und den Mönchsgebäuden rings um einen rechteckigen Innenhof.

Die byzantinische B. entwickelte sich aus dem Zusammentreffen zwischen dem klassischen und dem orientalischen Baustil, hauptsächlich in der Zeit des *Justinian. Der Dom der hl. Sophia in Konstantinopel ist Ausdruck und Höhepunkt dieser Entwicklung. Die wichtigste Neuerung bestand in der Kombination von gerundeten Kuppeln und Apsiden mit dem üblichen rechteckigen Grundriß. Von Säulen gestützte Bögen ermöglichten eine bis dahin ungekannte Bauhöhe. Daneben gab es auch Kirchen mit sechs- oder achteckigem Grundriß. Die B. der byzantinischen Klöster kannte verstreute Mönchszellen, die ihre eigenen Kuppeln und Glockentürme besaßen und in ungleicher Höhe um die Kirche geschart waren. Dadurch entstand der Eindruck einer Stadt, der bewußt Gedankenassoziationen mit einer Stadt in der Wüste hervorrufen sollte. Ein wichtiges Element byzantinischer Baukunst, neben den hauptsächlich römisch inspirierten Kaiserpalästen, war die Festung. Innerhalb des Mauernrechtecks befanden sich Kirche, Kommandantur und Dienstleistungsgebäude. Die byzantinische B. übte einen starken Einfluß auf die islamische Welt und über Italien auch auf Westeuropa aus.

Die islamische B. war in erster Linie ebenfalls Ausdruck religiöser Erfordernisse. Die Form der Moschee festigte sich unter byzantinischem und persischem Einfluß und übernahm die Säulen, Kuppeln und Kurven, die ihr gegenüber den primitiven "Wüstenbauten" einen völlig neuen Charakter verliehen. Anstelle des christlichen Glockenturms kam das Minarett, mit einer kleinen Dachwölbung und dem Raum für den Muezzin, der die Gläubigen zum Gebet ruft. Die religiöse Pflicht des Fußwaschens machte den Bau von Springbrunnen notwendig. Der Grundriß blieb meistens rechteckig, unter dem Eindruck des Jerusalemer Felsendomes gab es jedoch auch achteckige Formen. Die Profanbauten waren stark vom persischen Einfluß geprägt, mit großen Höfen und kunstvoll angelegten Gärten, manchmal auch innerhalb von befestigten Palästen. Der Höhepunkt des persischen Einflusses lag in der Periode *Harun al-Raschids (Ende des 8. Jh.s) in Bagdad, dessen Regierungspalast auch im bislang byzantinisch bauenden Spanien nachgeahmt wurde. Die hervorstechendste Errungenschaft der islamischen B. ist der Gebäudekomplex der *Alhambra bei Granada.

In Westeuropa erschienen im Laufe der *karolingischen Renaissance neue Entwicklungen. Im Kirchenbau herrschte zwar weiter der frühchristliche Stil vor, im Kaiserpalast zu Aachen ahmten die karolingischen Baumeister jedoch letztlich byzantinische Bauformen nach (achteckige Pfalzkapelle). Der karolingische Monumentalbau fand in den unsicheren Verhältnissen des 9. Jh.s keine Nachfolger. Eine vorherrschende Bauform wurde vielmehr die Burg, von Graben und Wällen umschlossen. Erst die gesicherteren Verhältnisse in der zweiten Hälfte des 10. Jh.s brachten die architektonischen Neuerungen der *Ottonenzeit mit sich: Kirchen und Klöster größeren Maßstabs, mit Säulen und Gewölben zur Stützung der nunmehr höheren Dächer, wie sie in vollendeter Form in Lüttich zu sehen sind. Die romanischen Kirchen des 11. und 12. Jh.s zeichneten sich durch das Prinzip der Dreiteilung in das höhere Mittel- oder Hauptschiff und zwei Seitenschiffe aus, mit je einer Apsis und einem Altar am Ende der Schiffe. Auch der Eingang spiegelte das theologische Prinzip der Dreifaltigkeit wider und besaß drei m. t farbig gefaßter Bauplastik verzierte Portale (siehe auch *Kunst, *Romanischer Stil). Die Vergrößerung der Kirchen infolge des Bevölkerungswachstums der Periode führte zu einer Verzerrung der Proportionen zwischen dem für die Priester reservierten und durch das Querschiff abgeschlossenen Chor und den Seitenschiffen, die immer mehr verlängert wurden. Der traditionelle Kreuzgrundriß wurde auch durch den Bau immer neuerer Kapellen und Apsiden weiter abgeändert. Im *Burgenbau entwickelte sich die Turmhügelburg. Allgemein nahm der Gebrauch von Stein als Baumaterial zu (siehe *Bautechnik). Die romanische B. verbreitete sich über ganz Europa und war, mit regionalen Unterschieden, bis in die zweite Hälfte des 12. Jh.s vorherrschend.

Die Gotik stellte teilweise eine Weiterentwicklung der Grundsätze der romanischen B. dar. Das erste gotische Bauwerk war die Abtei St. Denis bei Paris (1144), in der Kreuzform und Dreiteilung der Kirchenschiffe beibehalten, die Höhe des Gebäudes jedoch bedeutend gesteigert wurde. Dies geschah durch die Konstruktion von Säulen und spitzeren, festeren Gewölben. Um die Proportionen des Kreuzes zu erhalten, wurde auch der Chor vergrößert und um das *ambulacrum* (Umgang) bereichert, das den Zugang zu mehreren Kapellen gestattete. Das Neue an diesem Stil waren jedoch die Auflösung der kompakten romanischen Wände durch Glasfenster, das Strebsystem, in dem das Dach nicht mehr von der ganzen Breite der Mauer getragen wurde, sondern von einzelnen Pfeilern und Bögen, und die Betonung der Lot-

Vorderseite der Kathedrale von Winchester, 14. Jh.

Klosterbaukunst: Kirche und Abtei Maria Laach, 1. Hälfte des 12. Jh.

Die Gewölbe der Mezquita zu Córdoba, islamisch 8.-10. Jh.

rechten. Über dem Mittelpunkt der Kirche ("Vierung") ragte ein schlanker pfeilförmiger Turm in die Höhe. Der klassische gotische Stil wurde im späten 12. und im 13. Jh. beim Dombau in ganz Europa angewandt und ist z.B. an den Kathedralen von Chartres, Reims und Amiens erhalten. Seit dem 14. Jh. breitete sich eine Lebendigkeit in Gestalt und Detail aus, die der B. der Zeit den Namen des Flamboyant verlieh und z.B. an der Westminsterabtei Londons und dem Mailänder Dom zu sehen ist. Im Burgenbau wich der alte enge Turm weitläufigen, beinahe palastartigen Gebäuden, mit großen Sälen als Mittelpunkt der neuerwachenden weltlichen Hof- und Ritterkultur. Die gotische Stadt war zwar weiterhin eine eng zusammengedrängte Ansammlung von Häusern und schmalen winkligen Straßen, die Stadtzentren wandelten sich jedoch zu monumentalen Schaufenstern des Bürgerstolzes, mit weitem Marktplatz und eindrucksvollen Rat- und Zunfthäusern.

E. Adam, *Baukunst des Mittelalters*, 2 Bde., 1963; A. Stange, *Basiliken, Kuppelkirchen, Kathedralen*, 1964; P. Kidson, *Romanik und Gotik*, 1968.

BAUTECHNIK Das Fehlen von billigen Arbeitskräften (Sklaven) führte im Frühmittelalter dazu, daß die antike Tradition der steinernen Monumentalbauten nicht mehr fortgesetzt wurde. Außer in Italien und Spanien, wo römische Ruinen als Baumaterial zur Verfügung standen, und bei einzelnen Bauwerken, wie dem Palast *Karls d.Gr. in Aachen, wurden Holz und Erde als wichtigste Baumaterialen verwendet. Erst der Bevölkerungsanstieg seit dem 11. Jh. machte eine Rückkehr zum Steinbau für Kirchen und Festungen möglich, was wiederum die Voraussetzung für die Errichtung größerer Kirchen für die steigende Bevölkerung schuf. Ausdruck dieser veränderten Bedingungen und Erfordernisse war die romanische Baukunst, die mit der Anwendung von steinernen Wölbungen, Pfeilern und Säulen die statischen Grundlagen für die Errichtung größerer Bauwerke entwickelte. Der gotische Baustil führte diese Tendenzen mit der Anwendung von Strebebögen weiter, die dünnere Wände, größere Wandöffnungen und die Einführung von Glasfenstern ermöglichten. Die dabei auftretenden Probleme der Geometrie und der Statik wurden anscheinend rein empirisch gelöst, obwohl die Notizen von Baumeistern (*Villard von Honnecourt) ein gewisses Maß an theoretischem Wissen bezeugen. Mit dem wirtschaftlichen Aufschwung seit dem 12./13. Jh. drang der Steinbau auch in die Städten vor, der Privatbau blieb aber weiterhin der hölzernen Fachwerktechnik treu.

H. Straub, *Die Geschichte der Bauingenieurkunst*, 1964[2]; G. Binding, *Mittelalterlicher Baubetrieb in zeitgenössischen Darstellungen*, 1978.

BAUTZEN Deutsche Stadt in der Lausitzer Mark (Sachsen). Sie war von slawischem Ursprung und seit dem 10. Jh. von *Wenden bewohnt. Diese wurden im 12. Jh. ausgerottet, und ihren Platz nahmen deutsche Siedler ein. Die Herren von B., Lehnsleute der *sächsischen Herzöge, erbauten im Mittelpunkt der Stadt eine Burg und eine befestigte Kirche. Im Spätmittelalter stritten sich die Könige von Böhmen und die Herzöge von Sachsen um die Oberhoheit über B.

F. Reichel, *B.*, 1961.

BAYERN Deutsches Herzogtum zwischen Alpen und Donau. Es wurde gegen Ende des 5. Jh.s von den Bajuwarenstämmen gegründet, die aus Norddeutschland und Böhmen ausgewandert waren. Im 6. und 7. Jh. ließen

Die der hl. Maria Magdalene geweihte Klosterkirche von Vezelay, 12.-19. Jh.

sich die nunmehr christianisierten B. in den Ländern zwischen den Alpen, der Lech und der Donau nieder. 560 vereinigten die Agilolfinger unter Anerkennung der fränkischen Oberhoheit die bayerischen Stämme und gründeten das Herzogtum B., das dann im Laufe der Zeit seine Unabhängigkeit gewann. Erst die *Karolinger, unter *Pippin d. Kurzen und *Karl d.Gr., stellten die fränkische Oberhoheit über B. wieder her. 788 setzte Karl den Herzog Tassilo ab und gliederte B. unter einem fränkischen Herzog in das Karolingerreich ein. Durch den Teilungsvertrag von Verdun (843) wurde B. zum Mittelpunkt des östlichen Reiches *Ludwigs d. Deutschen, der es zum Königreich erhob und seinen Sohn verlieh. Die *Ungarneinfälle des späten 9. Jh.s führten zum Fall der Karolinger und konnten erst durch Herzog Arnulf (907-36) zurückgeschlagen werden. *Otto I. verlieh 947 das neuerstandene Herzogtum an seinen Bruder Heinrich und fügte ihm nach dem entscheidenden Sieg über die Ungarn (*Lechfeld, 955) weitere Gebiete hinzu. 976 erhob sich Herzog Heinrich II. gegen *Otto II. Nach seiner Niederlage wurde das Herzogtum in drei Bestandteile zerstückelt: die *Ostmark (*Österreich), das Herzogtum *Kärnten-Friaul-Verona und das eigentliche Bayern. Im frühen 11. Jh. wurde B. an die Söhne der *salischen Kaiser verliehen,

1061 ging es an den Sachsen Otto von Nordheim, 1070 an *Welf I., den Gründer des Welfenhauses. Die Welfen regierten B. und *Sachsen im 11. sowie 12. Jh. und stießen wiederholt mit dem *staufischen Kaiserhaus zusammen. So verlieh *Konrad III. B. 1139 an den Babenberger Leopold IV. von Österreich, und erst *Friedrich Barbarossa gab es 1156 an die Welfen zurück. Doch die Welfen verloren durch den Sturz *Heinrichs d. Löwen 1180 das Herzogtum, das dann von Friedrich an Herzog Otto von *Wittelsbach übergeben wurde. Die Wittelsbacher regierten B. bis 1918. *München wuchs im 13. Jh. zur Hauptstadt des Landes, die Donaustädte entwickelten sich zu wichtigen Handelszentren. Politisch hatte B. unter häufigen Erbteilungen zu leiden. Erst Albrecht IV. der Weise (1460-1508) vereinigte die vier rivalisierenden Herzogtümer und sicherte mit seinem Gesetz der Primogenitur die Einheit des Landes.

M. Spindler (Hg.), *Handbuch der bayerischen Geschichte*, 3 Bde., 1967ff.

BAYEUX Stadt in der Normandie. Bischofssitz seit dem Jahr 360, war B. unter den Franken Teil *Neustriens und Mittelpunkt einer von *Karl d.Gr. errichteten Grafschaft. Die Grafen konnten die normannische Eroberung von 890 nicht abwehren, und seit dieser Zeit ist das Geschick der Stadt mit dem der *Normandie verbunden. Der Dom von B. weist Bauelemente vom 8. bis zum 15. Jh. auf. Der berühmte Wandteppich von B. ist mit seinen über 70 Metern ein Prachtbeispiel der romanischen Kunst. Er wurde von Königin Mathilde, der Gattin *Wilhelms d. Eroberers, und ihren Hofdamen zum Gedenken an die Schlacht von *Hastings und die normannische Eroberung Englands angefertigt. Die lebensnahen Motive sind eine wichtige Quelle für das Studium der materiellen Kultur (Waffen, Schiffe, Geräte, Kleidung) der Zeit.

F. M. Stenton, *Der Wandteppich von Bayeux,* 1957.

BEAUFORT, HENRY (Heinrich; um 1375-1447) Staatsmann aus englischer Familie (Nebenlinie des Plantagenethauses), die aus der Verbindung des Herzogs von Lancaster *Johann von Gent mit seiner Geliebten Katherine Swynford entstammte. Unter ihren vier Kindern war Heinrich von B. der bekannteste. Er studierte in Cambridge und Oxford, wurde Kanzler der Oxforder Universität (1397) und Bischof von Lincoln (1398). 1403 erhielt er das englische Kanzleramt und 1404 das Bistum Winchester. Er war eine treue Stütze seines Halbbruders *Heinrich IV. und übte durch seine massive finanzielle Unterstützung auf *Heinrich V. großen Einfluß aus. 1417 diente er als Sprecher der englischen Kirche auf dem Konzil von *Konstanz. 1421-26 war er als Mitregent von *Heinrich VI. der eigentliche Herrscher Englands. Danach mußte er nach einem Zusammenstoß mit *Gloucester den Hof verlassen, wurde zum Kardinal ernannt und war gegen die *Hussiten und in Frankreich tätig. Nach Gloucester's Fall kehrte er nach England zurück und erreichte den Höhepunkt seiner Macht.

L. B. Radford, *Henry Beaufort,* 1908.

BEAUJEU (BEAUJOLAIS) Ostfranzösische Grafschaft, 443 burgundisch, 532 fränkisch. Graf Eduard II. verkaufte B. 1400 an *Ludwig II. v. Bourbon, dessen Nachkommen es bis 1527 innehatten.

M. Méras, *Le B. au moyen âge,* 1957.

BEAUMANOIR, JOHANN VON (gest. 1366) Französischer Ritter. Er war Held der "Schlacht der Dreißig" (1351) gegen die englischen Kräfte in der Bretagne. B.

Die normannische Eroberung Englands; *der Wandteppich von Bayeux, Normandie, aus dem späten 11. Jh.*

und seine Genossen wurden im 14./15. Jh. als Beispiele perfekten Rittertums gefeiert.

BEAUMANOIR, PHILIPPE DE RÉMI (um 1250-96) Französischer Jurist. Als Sohn einer Pariser Beamtenfamilie studierte er an der Universität von Paris und trat um 1275 in den königlichen Dienst. Als *bailli in Beauvais (Nordostfrankreich) bemühte er sich um die Sicherung der königlichen Vorrechte. Dazu studierte er das örtliche Gewohnheitsrecht, das er 1283 unter dem Titel *Les Coutumes de la Beauvesie* (Die Gewohnheiten von Beauvais) analysierte und herausgab. Das Werk gilt bis heute als die beste Quelle für das feudale Gewohnheitsrecht in Frankreich. Von B. stammen auch zwei Versromane und Gedichte.
Werk: A. Salmon (Hg.), 2 Bde., 1899-1900.

BEAUMONT Familie normannischer Barone, die mit *Wilhelm d. Eroberer 1066 nach England gekommen waren und sich auf einer umfangreichen Grundherrschaft in Mittelengland angesiedelt hatten. Im 12. Jh. erbten sie die Grafschaften von Leicester und Warwick. Sie nahmen eine prominente Stellung im englischnormannischen Adel ein. Im Krieg der *Rosen kämpften die B. auf Seite der *Lancaster und erlitten schwere Verluste.

BEAUNE Burgundische Stadt und Mittelpunkt einer klösterlichen Feudalherrschaft. Die Klosterkirche beherbergt den bekannten Altar von B., der von Rogier van der *Weyden stammt. Das Spital von B. (1443) ist ein hervorragendes Beispiel der burgundischen Baukunst des 15. Jh.s (*Rolin).
R. Oursel, *Hostel Dieu de B.*, 1968.

BEAUNEVEU, ANDREAS (ca. 1330-1410) Architekt, Bildhauer und Miniaturmaler. B. wurde in Valenciennes (Flandern) geboren, wirkte in Paris als Architekt und Bildhauer. 1364 schuf er auf Einladung König *Karls V. das Grabmahl von *Johann II. und *Philip VI. sowie danach die Grabstätte des Königs und dessen Gattin Johanna von Bourbon. Seine realistische Ausdrucksform eröffnete eine neue Periode in der französischen Bildhauerei. Nach Karls Tod wirkte B. am Hofe des Herzogs von *Berry, wo er unter anderem die Miniaturen der berühmten Berry-Bibel schuf.
R. de Lasteyrie, *Les miniatures d'André Beauveneu*, 1896.

BEAUVAIS Stadt und Grafschaft in der Picardie (Nordfrankreich). Eine keltisch-römische Siedlung von strategisch günstiger Lage am Oisefluß, die seit dem 9. Jh. Mittelpunkt einer Grafschaft war. 1015 wurden Stadt und Umgebung als Feudalherrschaft der Bischöfe von B. anerkannt. Die Bischöfe nannten sich nunmehr auch Grafen von B. und wurden im 13. Jh. unter die *Pairs von Frankreich aufgenommen. Die Kommunalverfassung der Stadt wurde nach 1122 von *Ludwig VI. genehmigt. Seit dem 13. Jh. teilten sich der königliche Bailli, die Geldwechsler- und die Goldschmiedezunft die Macht. 1358 war die Gegend von B. Mittelpunkt des Bauernaufstands der *Jacquerie. Unter *Karl VII. ging die Rechtsprechung vom Bischof auf einen königlichen Beamten über, und B. wurde zu einer königlichen Stadt. Die berühmte Kathedrale sollte die Höhentendenz der Gotik in extremen Maß erfüllen, weshalb sie mehrmals einstürzte.
L. H. Labande, *Histoire de Beauvais*, 1892.

BEC Benediktinerkloster bei Rouen (Normandie). Es wurde 1041 von Herluin gegründet, der es zu einem

Zentrum der mönchischen Gelehrsamkeit machte, das Intellektuelle wie *Lanfranc und später *Anselm anzog. 1060 wurde B. in großzügigen Dimensionen neu erbaut. Nach der normannischen Eroberung Englands diente das Kloster als Ausbildungsstätte für den englischen Klerus und stand unter königlichem Schutz. Im 13. Jh. verlor es nach einem schweren Brand an Bedeutung.
M. de Boüard, J. Merlet, *L'abbaye du B.-Herlouin*, 1964.

BECCHERIA Kaufmannsfamilie aus Pavia, die im 12. Jh. an Bedeutung gewann und im 13. Jh. um die Vorherrschaft in der Stadt kämpfte. Seit der zweiten Hälfte des 13. Jh.s und bis zur Eroberung der Stadt durch Mailand zu Beginn des 14. Jh.s waren die B. die Führer Pavias.
P. Vaccari, *Pavia nell'alto medioevo e nell'età communale*, 1956.

BECKET, THOMAS (hl.; 1118-70) Erzbischof von Canterbury. Er war Sohn normannischer Einwanderer, studierte in England und Paris Theologie. Nach 1141 wurde B. von seinem Dienstherrn Theobald, dem Erzbischof von Canterbury, zum Rechtsstudium nach Bologna und Auxerre gesandt und 1154 zum Erzdiakon von Canterbury gemacht. Ein Jahr später erhob ihn sein enger Freund König *Heinrich II. zum Kanzler des Landes. 1162 wurde er zum Erzbischof von Canterbury gewählt. Sehr bald stieß B. mit dem König wegen der Frage der Besteuerung der Kirche zusammen. Nach der Veröffentlichung der Konstitution von *Clarendon (1164), die Heinrich volle Schiedsgewalt über den Klerus verlieh, brach er öffentlich mit dem König. 1166 floh B. nach Frankreich, von wo er gegen den König einen Propagandakrieg führte, ohne jedoch die volle Unterstützung des Papstes zu besitzen. Der Konflikt verschärfte sich 1170 mit der Krönung des Thronerben, ein traditionelles Vorrecht des Erzbischofs von Canterbury, durch den Erzbischof von York. B. konnte noch im gleichen Jahr nach England zurückkehren und wurde von der Bevölkerung mit Begeisterung empfangen. Seine Weigerung, die an der ungesetzlichen Krönung beteiligten Bischöfe zu absolvieren, löste den Konflikt von neuem aus. Am Weihnachtstag 1170 exkommunizierte B. die Bischöfe. Die Wut des Königs über diesen Schritt verleitete vier seiner Ritter dazu, Becket am 29. Dezember im Dom von Canterbury zu ermorden. Die Bluttat löste in ganz Europa große Empörung aus, und der König mußte in *Avranches öffentliche Buße leisten, obwohl seine direkte Schuld nicht feststand. B. wurde bald zu einem Heiligen, und man berichtete von Wundern, die an seinem Grab in Canterbury geschehen waren. 1173 wurde er heilig gesprochen. Über den Anlaß des Streitfalles hinaus lag die eigentliche Bedeutung des Konflikts in der Auffassung B.s, daß die traditionellen Vorrechte des Klerus als Damm gegen die absolutistischen Bestrebungen der Krone wirken sollten. Diese Auffassung wurde im Laufe des Konflikts von verschiedenen Gelehrten entwickelt, von denen *Johann von Salisbury mit seinem *Policraticus* der bedeutendste war.
J. Haller, *Die Tragödie des Thomas Becket*, in: Die Welt als Geschichte 4, 1938;
A. Duggan, *Thomas Becket*, 1956;
A. Grabois, *L'Idéal de la royauté biblique dans la pensée de Th. B.*, 1973.

BEDA VENERABILIS (673-735) Englischer Gelehrter. In Northumbrien geboren, wurde mit sieben Jahren dem Kloster *Wearmouth übergeben und lehrte seit 692 an der Klosterschule von Jarrow. Dort verfaßte er didaktische Schriften und später zwei Handbücher der Festrechnung. Seine Kenntnis der Astronomie fand auch in der auf *Isidor von Sevilla und klassischen Autoren beruhenden kosmographischen Sammlung *De Natura Rerum* (Über die Natur der Dinge) Ausdruck. Der Großteil seiner Bibelkommentare wurde im frühen 8. Jh. verfaßt. Sein Hauptwerk ist die *Historia Ecclesiastica Gentis Anglorum* (Kirchengeschichte der englischen Nation), die 731 fertiggestellt wurde und eine Quelle allerersten Ranges für die frühe Geschichte der englischen wie auch der kontinentalen sächsischen Stämme darstellte.

Werk: B. Colgrave, R. A. Mynors (Hgg.), 1969; A. H. Thompson (Hg.), *Bede, His Life, Times and Writings,* 1935; G. Musca, *Il Venerabile B. Storico,* 1973.

BEDFORD, JOHN PLANTAGENET (1389-1435) Herzog von Lancaster. Als dritter Sohn *Heinrichs IV. von England, war er 1413 während des Frankreichzuges seines Bruders *Heinrich V. Regent von England. Seit 1422 war er im Namen des minderjährigen Königs Heinrich VI. Regent des eroberten Frankreich und errang eine Reihe von Siegen gegen *Karl VII. Sein Versuch, 1429 Orléans einzunehmen, scheiterte am Widerstand der *Jeanne d'Arc, für deren spätere Hinrichtung er die Hauptverantwortung trug. Durch diesen Mißerfolg verlor B. seinen Einfluß auf den Kronrat, in dem nunmehr sein Bruder *Gloucester die Macht gewann.

B.'s Privatinteressen in den Niederlanden schwächten das englisch-burgundische Bündnis, wodurch die Franzosen an Boden gewannen. Mit seinem Tod war das englische Übergewicht im *Hundertjährigen Krieg zu Ende.

A. H. Burne, *The Agincourt War,* 1956; E. F. Jacob, *The 15th Century,* 1961.

BEDUINEN Siehe *ARABER.

BEGGA (gest. um 698) Tochter des *austrasischen Hausmeiers *Pippin d. Älteren, Gattin des Ansegisel, des Sohn *Arnulfs von Metz. Ihr Sohn war Pippin II. der Begründer des *Karolingerhauses.

BEGINEN, BEGHARDEN Die B. waren religiöse, gemeinsam lebende Frauen, die seit dem 12. Jh. in den Niederlanden auftraten und sich durch einen einfachen und arbeitsamen Lebensstil auszeichneten, ohne jedoch die Nonnengelübde abzulegen oder einem Orden beizutreten. Die Begharden waren das männliche Gegenstück zu den B. Die B.-Gemeinden des 13. Jh.s in Frankreich und in den Städten des Rheintals widmeten sich der Mädchenerziehung und der Armen- und Krankenfürsorge. Sie akzeptierten oft die geistliche Führung der *Franziskaner, wurden aber wegen ihrer Nähe zu den Ketzerbewegungen der Zeit oft von der Kirche bekämpft und 1311 auf dem Konzil von *Vienne verurteilt. *Johannes XXII. gewährte ihnen 1321 Toleranz. Im 15. Jh. gingen sie meistens in den *Tertiariern auf oder wandelten sich zu städtischen Wohlfahrtsorganisationen um. Ihre mauerumschlossenen Siedlungen in den Städten hießen "B.-höfe" (z.B. in Brügge, Amsterdam, Köln).

E. W. McDonnell, *The Beguines and Beghards in Medieval Culture,* 1954; E. Neumann, *Rheinisches Beginen- und Begardenwesen,* 1960.

BEIRUT (Baruth) Stadt an der Ostküste des Mittelmeers. Die frühmittelalterliche Stadt wurde im 6. Jh. von Erdbeben zerstört. Nach der arabischen Eroberung 635 und der Errichtung des Kalifats von Damaskus wurde B. ein Haupthafen des Reiches und erlebte bis zum 9. Jh. eine Periode der wirtschaftlichen Blüte. Danach nahm seine Bedeutung ab. Im Jahre 1100 eroberten es die *Kreuzfahrer nach einer dreimonatigen Belagerung. B. wurde Bistum und Sitz einer Feudalherrschaft, deren Herren zum Hochadel des *Lateinischen Königreichs zählten. Von 1187 bis zur Wiedereroberung durch die Kreuzfahrer Kaiser *Heinrichs VI. war B. in moslemischer Hand, 1291 wurde die nunmehr fast bevölkerungsleere Stadt von den *Mamluken erobert. Im 14. Jh. diente sie als Handelsstation zwischen Zypern und Syrien.

BELA I. König von *Ungarn (1060-77). Er erhob sich an der Spitze des Adels gegen seinen mit deutscher Unterstützung regierenden Bruder *Andreas, den B. mit polnischer Hilfe besiegte.

BELA II. ("der Blinde"; 1108-41) König von Ungarn (1131-41). Sohn des Almos, wurde schon während dessen Aufstand gegen *Stephen II. geblendet und kehrte erst nach des letzteren Tod aus dem Exil in Konstantinopel zurück. Er mußte den größeren Teil seiner Regierungszeit im Kampf gegen den von Deutschland unterstützten Prätendenten Boris verbringen, konnte aber dank der Treue des Adels seine Position festigen und das Thronerbe seines Sohnes *Geza II. sichern.

B. Homan, *Geschichte des ungarischen Mittelalters* I, 1940.

BELA III. (um 1148-96) König von Ungarn (1173-96). Der zweite Sohn des *Geza II. verbrachte seine Jugend im Exil in Konstantinopel, kehrte 1173 nach Ungarn zurück und versuchte, sein Königreich nach dem byzantinischen Vorbild zu ordnen. Politisch stand er sowohl mit dem deutschen Kaiser wie auch mit *Manuel II. Komnenos, seinem früheren Gastgeber, in guten Beziehungen. Nach dessen Tod (1180) verfolgte er auf dem Balkan eine Politik der Expansion, die ihn mit Venedig in Konflikt brachte. Den Serben half er bei ihrem Kampf gegen die byzantinische Herrschaft.

F. Dölger, *Ungarn in der byzantinischen Reichspolitik,* in: Archivum Europae centroorientalis 8, 1942.

BELA IV. (1206-70) König von Ungarn (1235-70). Sohn und Nachfolger von *Andreas II. Sein Aufbauwerk nach den Unruhen der Regierungsperiode seines Vaters wurde 1241 durch den *Mongoleneinfall unterbrochen. Danach lud er deutsche Kolonisten und Juden als Neusiedler in die Städte ein. Einen zweiten Einbruch der Mongolen konnte B. 1261 nahe der Grenze zurückwerfen.

B. Homan, *Geschichte des ungarischen Mittelalters* II, 1943.

BELGIEN Die römische Provinz B. wurde im 5. Jh. zentraler Bestandteil des *Frankenreiches und verlor ihre politische Identität. Im 7.-8. Jh. war sie Teil von *Austrien, im 9. Jh. gingen die Feudalherrschaften in den Gegenden Reims, Picardie und Flandern an Frankreich. Die restlichen Teile B.s gehörten seit 834 zum Königreich *Lothars und wurden 889 als Herzogtum Niederlothringen an Deutschland angeschlossen. Im 11. Jh. ging der Herzogtitel an das Haus *Bouillon über. Zu Ende des 11. Jh.s nahm Niederlothringen etwa das Gebiet des heutigen wallonischen Belgiens ein und war in mehrere Feudalherrschaften gespalten (die Grafschaften Namur, Löwen, Hennegau und Luxemburg), während die Herrschaften des Nordteils, auf dem niederländischen Gebiet, lehnsrechtlich zum Deutschen Reich gehörten. Im 12. Jh. kam der Hennegau durch Heirat an Flandern, die Luxemburger erlangten später die Kaiserkrone und verlegten ihre Hauptgewicht nach Böhmen. Das neugegründete Herzogtum *Brabant baute auf der wachsenden Wirtschaftsmacht der Städte *Antwerpen und *Brüssel auf. 1364 heiratete Herzog *Philipp d. Kühne von Burgund Margarete von Flandern und erhielt den flämischen Teil Belgiens. 1419 kamen auch Brabant und *Holland durch Heirat an Burgund, Namur und Luxemburg wurden käuflich erworben. Damit war B. im Rahmen des mächtigsten und wirtschaftlich fortgeschrittensten Staates Westeuropa vereinigt. Durch die Heirat von Maria, Tochter *Karls d. Kühnen, mit *Maximilian I. wurde B. Teil des Habsburgerreiches.

H. Pirenne, *Geschichte Belgiens*, 1899ff.

BELGRAD (BEOGRAD) Stadt auf dem Balkan. Das römische Kastell wurde zu Beginn des 5. Jh.s von den *Hunnen zerstört. Die Byzantiner nahmen den Ort im Jahre 531 und gliederten ihn in ihr Verteidigungssystem gegen die Slawenstämme ein, konnten aber nicht die *awarische Eroberung verhindern. Seit dem 9. Jh. war B. bulgarisch, um 1015 und bis 1124 wieder byzantinisch, dann ungarisch (1124), byzantinisch (1154), wieder ungarisch, bulgarisch und schließlich serbisch. 1403 machte es König *Stefan zur Hauptstadt Serbiens, 1433 nahmen es wieder die Ungarn. 1456 war es Schauplatz eines ungarischen Sieges gegen die Türken. Die vielen Kriege und Herrschaftswechsel verliehen der Stadt einen betont militärischen Charakter und ließen trotz der verkehrsgünstigen Lage an der Donau keine Wirtschaftsentfaltung aufkommen.

B. N. Gavrilović u.a., Beograd, 1940.

BELISAR (um 494-565) Byzantinischer General. Enger Freund Kaiser *Justinians, der ihn 526 zum Oberkommandanten im Krieg gegen die *Perser machte. B. konnte keine Entscheidung erringen und wurde entlassen, dann aber nach Ausbruch der *Nikarevolte (532) wieder zurückberufen. 533-34 vernichtete er das *Wandalenreich in Nordafrika. 535 ging er an die Eroberung des *ostgotischen Italien, die er erst 541 mit der Einnahme Roms sowie Ravennas und der Gefangennahme König *Witigis abschloß. Danach kämpfte er mit Erfolg gegen die Perser und festigte die Reichsgrenze am Euphrat. Weitere Feldzüge in Italien, Spanien und auf dem Balkan waren weniger erfolgreich, Hofintrigen um den Ursprung seines großen Vermögens brachten ihn in Ungnade. Sein Eigentum wurde beschlagnahmt, und er verbrachte seine letzten Jahre in Armut, ohne jedoch den Glauben an den Kaiser zu verlieren.

G. Ostrogorsky, *Geschichte des byzantinischen Staates*, 1963³; R. Graves, *Count Belisarius*, 1968.

BENEDIKT I. (Papst 575-79) Römer von Geburt akzeptierte er die byzantinische Vorherrschaft über das Papsttum und förderte das Mönchswesen.

BENEDIKT II. (hl.; Papst 684-85) Römer von Geburt widmete er sich dem Bau und der Restauration von Kirchen. Er gewann die Zustimmung Konstantinopels, daß der neugewählte Papst nur vom *Exarchen von Ravenna und nicht vom Kaiserhof anerkannt werden mußte.

BENEDIKT III. (Papst 855-58) Römer von Geburt, wuchs er am Papsthof auf, wurde von *Leo IV. zum Kardinal gemacht und als Nachfolger designiert. Er konnte den Widerstand der kaiserlichen Partei und deren Gegenpapstes *Anastasius überwinden und die Anerkennung seiner Wahl erlangen.

J. Haller, *Das Papsttum* II, 1943.

BENEDIKT IV. (Papst 900-03) Römischer Adeliger. Seine einzige Amtshandlung war die Krönung des letzten Karolingerkaisers *Ludwig III. d. Blinden (900).

J. Haller, *Das Papsttum* II, 1943.

BENEDIKT V. (Papst 964-66) Gegenkandidat der Anhänger *Johanns XII. gegen den bereits gewählten und von Kaiser *Otto I. anerkannten Leo VIII. Er wurde vom Kaiser abgesetzt und nach Hamburg in die Verbannung geschickt.

H. Zimmermann, *Papstabsetzungen des Mittelalters*, 1968.

BENEDIKT VI. (Gegenpapst 973-74) Als Kandidat von Kaiser *Otto I. gegen *Bonifaz VII. konnte er sich jedoch nach Bekanntwerden des Todes des Kaisers nicht gegen die Volkswut halten und wurde ermordet.

BENEDIKT VII. (Papst 974-83) Sohn einer wichtigen römischen Familie, Bischof von Sutri, wurde er als Kandidat *Ottos II. zum Papst erhoben. Er versöhnte die zerstrittenen Parteien in Rom, förderte die *cluniazensische Bewegung und gab seine Zustimmung zur Errichtung neuer Missionsbistümer für die Slawen. Otto II. nahm 981 an einem Konzil teil, auf dem B. die *Simonie verdammte.

J. Haller, *Das Papsttum* II, 1943.

BENEDIKT VIII. (Theophilactus; Papst 1012-24) Sohn des Gregor, Graf von Tusculum und kaiserlicher Admiral, von dem er die Grafenwürde erbte, diese aber nach seiner Papstwahl an seinen Bruder Alberich übergab. Kaiser *Heinrich II. setzte ihn als Statthalter in Italien ein, und B. regierte in allen Beziehungen als Feudalherr. Er ernannte seinen Bruder Romanus zum Herzog von Rom, führte 1016 einen erfolgreichen Krieg zur Vertreibung der nordafrikanischen Araber aus der Küstengegend von Pisa und aus Sardinien, blieb aber gegen die Byzantiner in Süditalien ohne Erfolg. Daneben war er auch in kirchlichen Angelegenheiten tätig, förderte die Reformbestrebungen von *Cluny und unterstützte 1120 auf der Deutschlandreise die Bemühungen des Kaisers zur Reformierung der Kirche. 1022 hielt er auf dem Höhepunkt seiner Macht das Konzil von Pavia, das als erster Schritt in der großen Kirchenreform des 11. Jh.s angesehen wird.

K.-J. Hermann, *Das Tuskulanerpapsttum 1012-64*, 1973.

BENEDIKT IX. (Papst 1032-45) Der Neffe *Benedikts VIII. wurde von seiner Tuskulanerfamilie zum Papst erhoben, erweckte aber durch sein anstoßendes Benehmen und seine politische Unerfahrenheit starken Widerstand. Auch die Unterstützung Kaiser *Konrads II. konnte ihn nicht vor der Volkswut beschützen (1044), und am Ende mußte er zugunsten *Gregors VI., von dem er jedoch erhebliche Geldsummen bekam, abdanken.

K.-J. Hermann, *Das Tuskulanerpapsttum 1012-64*, 1973.

BENEDIKT X. (Johannes Mincius; Papst 1058-59) Er war erfolgloser Kandidat der Grafen von Tusculum gegen den von Kaiser *Heinrich III. und einem Teil des Klerus unterstützten *Nikolaus II.

H. Zimmermann, *Papstabsetzungen des Mittelalters*, 1968.

BENEDIKT XI. (Nikolaus Boccassino; Papst 1303-04)
Seit 1296 war er General des *Dominikanerordens und
enger Freund seines Vorgängers *Bonifaz VIII. Er
versuchte die Beziehungen zu Frankreich wieder zu nor-
malisieren.
P. Funke, *Papst Benedikt XI.,* 1891.

BENEDIKT XII. (Jacques Fournier; Papst 1334-42) In
einfachen Verhältnissen in der Gascogne geboren, trat
er dem *Zisterzienserorden bei, studierte in Paris Theologie, wurde 1311 zum Abt von Fontfroide und 1317
zum Bischof von Pamiers (Südfrankreich) gewählt. Als
Kardinal (1327) nahm er an den heftigen Auseinandersetzungen um die apostolische Armut der *Franziskaner teil. Als Papst führte er Reformen zur Läuterung des
Klerus und der Mönchsorden durch. Seine Bemühungen
um eine friedliche Schlichtung des französisch-englischen
Konfliktes schlugen fehl, ebenso die Ausrufung eines
neuen *Kreuzzugs. Seine Beziehungen zu *Ludwig d.
Bayern, dem deutschen Kaiser, waren wegen des deutschen Strebens nach Loslösung von der päpstlichen Vorherrschaft gespannt. B. begann den Bau des berühmten
Papstpalastes von *Avignon.
K. Jacob, *Studien über Papst Benedikt XII,* 1910.

BENEDIKT XIII. (Pedro de Luna; gest. 1423)   Der
letzte Papst (Gegenpapst) in *Avignon (1394-1417).
Spanier von Geburt, war er Doktor des Kirchenrechts,
Kardinal seit 1375 und Anhänger des Avignoner Papstes
*Clemens VII., dem er 1394 im Amt nachfolgte. Die
Verhandlungen mit den Päpsten in Rom (*Bonifaz IX.,
*Innozenz VII. und *Gregor XII.) zur Beendigung des
*Schismas schlugen fehl und B. weigerte sich hartnäckig
abzudanken. Seine Absetzung durch das Konzil von Pisa
(1409) ließ er durch seine Anhänger aus Aragón, Kasti-
lien, Schottland und Sizilien auf der Synode von Perpig-
nan annullieren. 1417 wurde er auf dem Konzil von
*Konstanz nochmals abgesetzt und allmählich von
seinen Anhängern verlassen.
A. Glasfurd, *The Antipope (Peter de Luna),* 1965.

BENEDIKT BISCOP (hl.; um 628-89)   Er war englischer Mönch, Sohn einer Adelsfamilie aus Northumbria,
wurde am Hof erzogen, besuchte Rom und trat 666 dem
Kloster Lérins bei. 669 kehrte er als Abt von St. Peter
und Paul in Canterbury nach England zurück, 674 gründete er das Kloster *Wearmouth und 682 dessen Bruder-
anstalt Jarrow.
A. Zimmermann, *Kalendarium Benedictinum* I, 1933.

BENEDIKT VON ANIANE (Wiliza; hl.; um 750-821)
Mönch. Sohn einer südfranzösischen Adelsfamilie,
diente als Heerführer unter *Pippin d. Kurzen und
*Karl d.Gr. und trat 773 dem Kloster von St. Seine
(Dijon) bei. 779 gründete er auf seinen Ländereien in
Aniane (Languedoc) ein Kloster, das sich mit der Unterstützung Karls d.Gr. und *Ludwigs d. Frommen
rasch zum Mittelpunkt der monastischen Reform im
fränkischen Reich entwickelte. Die von ihm verfaßte
strenge Revision der *Benediktinerregel wurde 817
von Ludwig zum Gesetz erhoben. Ludwig erbaute für
ihn die Abtei Cornelimünster, wo B. seine letzten Jahre
verbrachte.
J. Narberhaus, *B. v. A.,* 1930.

BENEDIKT VON NURSIA (hl.; um 480-550)   Der
Vater des westlichen Mönchtums. Sohn einer alten
römischen Familie aus Nursia, der in Rom erzogen
wurde. In Abscheu vor der moralischen Entartung seiner
Zeit zog er sich in eine Höhle bei Subiaco zurück, wo

Der hl. Benedikt von Perugino

er in Nachahmung der ägyptischen Einsiedler vollkommen isoliert lebte. Nach einigen Jahren begann jedoch
der Zuzug von Schülern und Nachahmern, so daß allmählich eine Gemeinschaft von Mönchen entstand.
Diese organisierte er in zwölf Gruppen von jeweils zwölf
Mönchen. B. konnte den wachsenden Spannungen innerhalb der Gemeinde nicht Herr werden und ging 525
nach *Monte Cassino, wo er seine Ideen zu Wesen und
Organisation des Mönchtums unter Verwendung einer
älteren Mönchsregel in die Sprache der *Benediktinerregel umsetzte, welche bis heute als grundlegendes
Dokument des westlichen Mönchswesens dient. Gebet,
Arbeit, Gehorsam sind die Hauptprinzipien dieser
"Schule für den Dienst des Herrn".
Werk (lat.-dt.): B. Stiedle (Hg.), *Die Benediktusregel,*
1978[3];
H. S. Brechter (Hg.), *Benedikt, Vater des Abendlandes,*
1947.

BENEDIKTINER Die erste mönchische Bewegung im
Abendland. Sie bezieht sich in ihrem Namen und Wesen
direkt auf den hl. Benedikt von Nursia und dessen
Regel. Trotz des unverkennbaren Einflusses früherer
Mönchsregeln postuliert sie nicht die extreme persönliche *Askese des östlichen Mönchtums, sondern legt
den Schwerpunkt auf das gemeinschaftliche Leben. Der
von der Gemeinde erwählte *Abt besitzt volle Gewalt
über die Mönche, die sich durch die Mönchsgelübde
zur völligen Loslösung von der weltlichen Gesellschaft,
zur Seßhaftigkeit im Kloster, zu Gehorsam und Armut
verpflichten. Die Lebensaufgabe des Mönches ist das
Werk Gottes (*opus Dei*), d.h. körperliche und geistige
Arbeit, Studium und Gebet.
    Nach der Plünderung von *Monte-Cassino durch die
*Langobarden (580) gingen die Mönche des hl. Benedikt
mit ihrer Regel nach Rom. Inzwischen war die Regel

auch von anderen Mönchsgemeinden, wie der *Gregors d. Großen, übernommen worden. Mit der Erhebung Gregors zum Papst (590) verbreitete sich das benediktinische Mönchtum auch nach Gallien und Britannien und von dort über das gesamte christliche sowie im weiteren Verlauf christianisierte Europa. Die ursprünglich als geistige Zufluchtsorte gedachten Klöster begannen, wichtige gesellschaftliche Aufgaben zu erfüllen, und wurden zum Muster für den Aufbau weltlicher Wirtschafts- und Herrschaftseinheiten in der sich neu ordnenden Welt des Frühmittelalters. Die von der Regel postulierte Verpflichtung zum Studium führte zur Errichtung von Schulen und Bibliotheken, die bis zum 12. Jh. die fast einzigen Orte der Gelehrsamkeit waren und wesentlich zur Erhaltung der christlich-klassischen Kultur beigetragen haben.
G. Butler, *Benedictine Monasticism*, 1924;
Ph. Schmitz, *Geschichte des Benediktinerordens*, 6 Bde., 1947ff.

BENEDIKTUS LEVITA (9. Jh.) Anonymer Kompilator kirchlicher Rechtssprechung, die von ihm nur teilweise mit Berechtigung dem *Isidor von Sevilla zugeschrieben wurde. Das Ziel der Abhandlung war, das Kirchenrecht in einem der bischöflichen Autorität günstigen Licht darzustellen und Eingriffe von Laien fernzuhalten.
Werk: MGH, LL II, 2 Bde., Neudr. 1960;
E. Seckel, *Studien zu Benediktus Levita*, 1919.

BENEFICIUM Wörtlich "Wohltat", in diesem Sinne wurde es im Frühchristentum gebraucht, daneben zu Beginn des Mittelalters auch in der Bedeutung der frommen Schenkung von Geld oder Land, wofür der Schenker für sich und seine Familie die göttliche Gnade erwarten konnte. Seit dem 8./9. Jh. entspricht B. dem deutschen *Lehen und dem lateinischen *feudum, d.h. dem vom Herrn an den Vasallen zur Benutzung übergebenen Gut. Seit dem 12. Jh. wird die Bezeichnung B. auch für die mit einem kirchlichen Amt verbundene Vermögensmasse bzw. deren Erträge verwendet (siehe *Pfründe, Präbende).
F. L. Ganshof, *Was ist das Lehnswesen*, 1961.

BENEFICIUM FORI (Vorrecht der Geistlichen) Bezeichnung für das im Kirchenrecht verankerte und oft disputierte Vorrecht der Geistlichen, von der Gerichtsbarkeit der weltlichen Gerichtshöfe ausgenommen zu werden. Das B. wurde auch auf geistliche Randgruppen, wie die Studenten, angewandt.

BENEVENT Stadt und Herzogtum in Süditalien. Seit 570 war die Stadt Mittelpunkt des langobardischen Herzogtums gleichen Namens, das sich im 8. Jh. von *Pavia unabhängig machte. Herzog *Grimuald konnte die Selbständigkeit B.s auch nach *Karls d.Gr. Eroberung des Langobardenreiches erhalten, mußte aber die fränkische Oberhoheit anerkennen. Die langen und aufreibenden Abwehrkämpfe gegen die Byzantiner und Araber (9.-10. Jh.) schwächten die Macht der Herzöge, und zu Beginn des 11. Jh.s löste sich das Herzogtum in mehrere Kleinstaaten auf. Der Großteil des Landes ging dann im süditalienischen Staat der *Normannen auf, die Stadt B. kam 1054 zum Kirchenstaat.
H. Belting, *Studien zum beneventinischen Hof im 8. Jh.*, in: Dumbarton Oak Papers 16, 1962;
F. Hirsch, *Il ducato di Benevento*, 1968².

BENJAMIN VON TUDELA (gest. 1173) Jüdischer Reisender und Autor des "Buches der Reisen", das die Periode 1159-72 umfaßt. B. bereiste als Juwelenhändler Spanien, Frankreich, Italien, Byzanz, Zypern, Syrien, Palästina, Irak, Persien, Ägypten sowie Sizilien und beschrieb mit großer Genauigkeit Leben und Sitten der verschiedenen jüdischen Gemeinden wie auch der christlichen und moslemischen Bevölkerung.
Werk (dt.): L. Grünhut, 1907.

BENOIT VON SAINTE-MOR (MAURE; 12. Jh.) Normannischer Dichter, der zwischen 1154 und 1173 den "Roman de Troie" verfaßte, eines der populärsten Werke der höfischen Dichtung des 12. Jh.s, sowie eine "Chronik der Herzöge der Normandie". Im erstgenannten Werk wird die klassische Welt im Lichte der ritterlichen Auffassungen dargestellt; das zweite verarbeitet lateinische Vorlagen und *Wace.
M. Klippel, *Die fränkische Trojansage in Geschichtswerk und Dichtung*, Diss., 1936.

BENTIVOGLIO Adelsfamilie aus Bologna. In der zweiten Hälfte des 14. Jh.s führten sie die kommunale Bewegung gegen die päpstlichen Statthalter. Johann I. B. machte sich 1401 zum Herrn der Stadt, wurde aber 1402 in einem Streit mit den *Visconti aus Mailand getötet. Sein Sohn Anton B., ein Jurist, setzte die väterliche Politik bis zu seinem Tod im Jahre 1435 fort. 1446 übernahm Sante B. die Macht in der Stadt und stellte durch ein Abkommen mit dem Papst die Ordnung wieder her. Er organisierte die Universität von neuem und verschaffte ihr wieder den alten Rang.
C. M. Ady, *The Bentivoglio of Bologna*, 1937.

BENZO VON ALBA (11. Jh.) Er war seit 1060 Bischof von Alba (Nordwestitalien) und einer der Führer der antigregorianischen und kaiserfreundlichen Partei in der italienischen Kirche. Sein *Liber ad Heinricum* (Buch an Heinrich IV.) war eine der wichtigsten Streitschriften im *Investiturstreit.
Werk: MGH SS 11;
P. E. Schramm, *Kaiser, Rom und Renovatio* I, 1929.

BEOWULF Altenglisches Epos, das wahrscheinlich im frühen 8. Jh. von einem anonymen angelsächsischen Autor mit klassischer Bildung verfaßt wurde. Es überliefert in epischer Form die mündlichen Traditionen der angelsächsischen Stämme des 5. und 6. Jh.s über die altschwedischen Goten anhand der Lebensgeschichte des Heldens. Dieser wird zuerst als edler Krieger in seiner Jugend und dann als weiser und greiser König dargestellt. B. siegt im Kampf gegen das Ungeheuer Grendel und gegen einen Drachen, dessen Feueratem ihn aber tödlich versengt.
Werk (dt.): F. Genzmer, 1960;
J. Hoops, *Kommentar zum Beowulf*, 1932.

BERBER Die Eingeborenen Nordwestafrikas. Ethnisch von gemischter indoeuropäischer und negroider Herkunft, konnten sie trotz fortdauernder Beherrschung durch Römer, Wandalen und Byzantiner ihre Stammesorganisation, Sprache und Kultur bewahren. 667 kämpften sie an der Seite der Araber gegen die Byzantiner, erhoben sich dann aber gegen den arabischen Versuch, die Atlasregion zu unterwerfen (683). In der Folge nahmen sie eine oberflächliche Version des *sunnitischen Islams an, wurden aber von den Arabern als unterworfenes Volk behandelt und mußten Tribut zahlen". Die Aufstände gegen die arabische Herrschaft dauerten bis zum 12. Jh. an und hörten erst mit dem Sturz der *Almoraviden und der Errichtung des *Almohadenregimes durch die B. auf. Nach dem Niedergang der Almohaden in der

Mitte des 13. Jh.s zerfiel deren Machtbereich in mehrere Fürstentümer, die bis zum 15. Jh. die Aufplitterung in Stammeseinheiten nicht überwunden hatten. Der Prozeß der Arabisierung Nordafrikas drängte die B. gegen Ende des Mittelalters bis südlich der Atlasberge zurück.

G. Marçais, *La Berbérie musulmaine et l'Orient au Moyen Age,* 1946.

BERCEO, GONZALO DE (13. Jh.) Erster namentlich bekannter spanischer Dichter, der außer Hymnen, Heiligenleben und didaktischen Gedichten *Milagros de Nuestra Señora* (Wunder Unserer Lieben Frau) verfaßte, alles nach lateinischen Quellen.

J. Artiles, *Los recursos literarios de B.,* 1964.

BERCHTOLD VON KÄRNTEN (um 899-948) Herzog von Bayern (938-48), jüngerer Sohn des Markgrafen von Bayern Luitpold (starb 907). Er wurde 938 nach einer Revolte seines Neffen Eberhard gegen *Otto I. als Herzog von Bayern eingesetzt. Er überließ dem König das strittige Recht der Bischofseinsetzung und bewahrte Otto in den Kämpfen der Zeit die Treue.

Gebhardt, *Handbuch der deutschen Geschichte* I, 1970[9].

BERENGAR I. (gest. 924) König von Italien (888-924) und Römischer Kaiser (915-24). Graf von Friaul, über seine Mutter mit den *Karolingern verwandt, nutzte die Anarchie im Karolingerreich und ließ sich 887 zum König von Italien wählen. Bis 905 mußte er gegen *Guido von Spoleto, *Ludwig von Provence und andere Adelige kämpfen. 915 erreichte er von Papst Johannes X. gegen politische Hilfe in Rom die Kaiserkrönung, ohne daß ihm der Titel aber irgendwelche reale Macht verlieh. 923 wurde er von König Rudolf von Hochburgund besiegt und wenige Monate später in Pavia ermordet.

G. Fasoli, *I re d'Italia 888-962,* 1949.

BERENGAR II. (gest. 966) König von Italien (950-63). Enkel von Berengar I., versuchte er 940 vergeblich, Italien von *Hugo von Provence zu erobern, und floh an den Hof König *Ottos I. von Deutschland. 945 kehrte er nach Italien zurück, besiegte Hugo und machte sich 950 nach dem Tod von Hugos Sohn und Nachfolger Lothar zum König. Otto I. mußte mehrmals in die anarchischen Verhältnisse von B.s Regierung eingreifen. 951 zwang er B., Lothars Witwe Adelheid freizugeben und heiratete sie dann selbst. 952 setzte er ihn auf einem Italienzug ab. Nach Ottos Kaiserkrönung wurde B., der unterdessen wieder den Königstitel angenommen hatte, endgültig abgesetzt und bis zu seinem Tod in Bamberg gefangen gehalten.

G. Fasoli, *I re d'Italia 888-962,* 1949.

BERENGAR VON TOURS (um 999-1088) Theologe. In Tours geboren, studierte er in Chartres unter *Fulbert, leitete die Domschule zu Tours und wurde 1040 Kanoniker zu Angers. Seine von Johannes Scotus *Erigena beeinflußte Philosophie wurde wegen seiner Ansichten über das Hl. Abendmahl als ketzerisch verurteilt. Die Exkommunikation (1050/51) wurde zwar 1054 und nochmals 1059 aufgehoben, er blieb aber weiterhin verdächtig und mußte 1079 auf Befehl des Papstes *Gregor VII. seine späteren Werke zurückziehen. Sein Hauptwerk *De Sacra Coena* (Über das Hl. Abendmahl) weist die buchstäbliche Auslegung des Sakraments als Verwandlung von Brot und Wein in den Leib Christi zugunsten einer symbolischen Auslegung zurück. Seine Ansicht, daß ein simonistischer Priester das Sakrament ungültig mache, lieferte die Parole für viele religiös-

soziale Bewegungen bis zum Hussitismus und zur Reformation.

J. Geiselmann, *Die Eucharistielehre der Vorscholastik,* 1926.

BERGAMO Lombardische Stadt nördlich von Mailand. Sie diente im 7.-8. Jh. als Sitz eines Herzogtums und war gegen Ende des 9. Jh.s Mittelpunkt einer autonomen Feudalherrschaft. Zur wirtschaftlichen Beherrschung B.s durch Mailand kam 1264 auch die politische Unterwerfung durch die *Visconti. 1428 fiel B. unter venezianische Herrschaft und erlebte in der Folge eine Periode der wirtschaftlichen Blüte.

C. Antonucci, *Bergamo,* 1946.

BERGBAU Das Frühmittelalter führte die antiken Methoden des B.s fort, hauptsächlich nördlich der Alpen. Die zahlreichen Wasserläufe komplizierten die seit dem 8. Jh. üblichen Grubenarbeiten und machten die Entwicklung von Abstützungs- und Entwässerungstechniken nötig. Die Einführung von Handpumpen im 13. Jh. bedeutete in dieser Hinsicht einen großen Fortschritt, ebenso die Entwicklung von B.-*Zünften, die berufliche Maßstäbe setzten. Im Spätmittelalter wurde der Bergbau nicht mehr durch Fronarbeiten eines Grundherrn betrieben, sondern von Lohnarbeitern des Landesfürsten oder einer Gemeinschaft von Miteigentümern. Im 13. Jh. wurde das beim Metall-B. erworbene Wissen auch auf den Kohlen-B. angewandt, der im späteren Mittelalter zu einem wichtigen Energieversorger wurde.

G. Schreiber, *Der Bergbau in Geschichte, Ethos und Sakralliteratur,* 1962.

BERGEN Norwegische Stadt. 1070 im Byfjord von König Olav Kyrre nahe einer alten Winkingersiedlung als Fischer- und Schäferniederlassung gegründet, entwickelte sie sich im 12. Jh. zum Haupthafen Norwegens und zum Mittelpunkt der nordischen Fischerei. 1158 wurde B. mit der Gründung eines Bistums auch kirchlicher Mittelpunkt Mittelnorwegens. Um 1350 errichtete die *Hanse einen Kontor in B. und nahm die Stadt in den Bund auf. Die wirtschaftlichen und politischen Beziehungen zu Deutschland trugen wesentlich zu B.s Wachstum bei, das bis 1880 größer als Oslo war. 1450 wurde in der "Union von B." die dänisch-norwegische Personalunion von 1380 bestätigt.

A. v. Brandt, *Die Hanse und die nordischen Mächte im Mittelalter,* 1962.

BERLIN Deutsche Stadt in *Brandenburg. Ursprünglich eine slawische Siedlung, an deren Ort im 12. Jh. zwei deutsche Siedlungen errichtet wurden, Cölln und Berlin, die 1232 bzw. 1244 Stadtrecht bekamen, 1317 wurden die beiden unter dem Namen B. vereinigt. 1305 stand B. bereits an der Spitze eines Bundes von fünf Städten zur Verteidigung ihrer Handelsinteressen. Zur gleichen Zeit trat B. der *Hanse bei und entwickelte sich zu einem bedeutenden Zentrum des Wollhandels. 1442 wurde die Stadt von Markgraf *Friedrich II. von Brandenburg übernommen, der die städtische Selbstregierung abschaffte, 1448 einen Bürgeraufstand niederschlug und die Mitgliedschaft in der Hanse aufhob. 1486 wurde B. Hauptstadt Brandenburgs.

A. v. Mueller, *Berlin vor 800 Jahren,* 1968.

BERN Schweizerische Stadt. Die alte römische Siedlung wurde im 5. Jh. zerstört und erst 1191 von Herzog Berthold V. von *Zähringen als Burg wiedererbaut, entwickelte sich dann aber rasch zu einer bevölkerungsreichen Stadt. 1218 erhielt es den Status einer freien

Reichsstadt und begann den Erwerb der Städte und Dörfer, die später das Territorium der Stadt und den Kanton B. bilden sollten. Der Kampf gegen die Feudalherren Südschwabens war um 1339 siegreich beendet. 1353 trat B. der Schweizer Eidgenossenschaft als mächtigstes Mitglied bei und nahm an den Kämpfen gegen die *Habsburger und der Eroberung derer Güter im Aargau (1415) teil. Im Schweizer Krieg gegen Burgund führte B. die Eidgenossen. Die Wirtschaftsblüte des 15. Jh.s spiegelt sich in der spätgotischen Architektur des Stadtzentrums wieder.

R. Feller, *Geschichte Berns*, 4 Bde., 1949ff.

BERNHARD (um 797-818) König von Italien. Enkel von *Karl d.Gr. und Sohn des Pippin von Italien, wurde er von Karl zum Nachfolger seines Vaters bestellt. Er sah sich durch die Versuche *Ludwigs d. Frommen, das Karolingerreich zu einigen (817), in seiner Herrschaft bedroht, lehnte sich erfolglos auf und wurde mit Blendung bestraft, an deren Folgen er starb.

B. Malfatti, *Bernardo re d'Italia*, 1876.

BERNHARD IV. VON ANHALT (gest. 1202) Herzog von *Sachsen (1180-1202). Jüngster Sohn *Albrechts d. Bären, der ihm 1170 die Grafschaft von Anhalt vererbte. Als einer der treuesten Anhänger von *Friedrich Barbarossa kämpfte B. gegen *Heinrich d. Löwen und erhielt 1180 vom Kaiser das sächsische Herzogtum des gestürzten Welfen. Er wußte sich jedoch nicht gegen die mächtigen Adligen des Landes durchzusetzen und konnte auch nicht die deutschen Siedlungsgebiete gegen das Vordringen der Dänen halten.

R. Kötzschke-H. Kretzschmar, *Sächsische Geschichte*, Neudr. 1965.

BERNHARD VON AOSTA Siehe *B. VON MENTHON.

BERNHARD VON ARMAGNAC Siehe *ARMAGNAC.

BERNHARD VON CHARTRES (gest. um 1130) Philosoph, Theologe, hervorstechender *Scholastiker. Er war Führer der Schule von *Chartres, der er in den Jahren 1117-30 vorstand. B. vertrat einen extremen platonischen Realismus (die Ideen im Geist Gottes sind mit den Arten der Einzeldinge identisch).

M. Grabmann, *Geschichte der scholastischen Methode* I, Neudr. 1956.

BERNHARD VON CLAIRVAUX (hl.; 1090-1153) Mönch, Schriftsteller und ungekrönter Führer der europäischen Kirche in der ersten Hälfte des 12. Jh.s. Sohn einer Ritterfamilie aus Fontaines (bei Dijon), trat er 1113 zusammen mit dreißig anderen jungen Adeligen dem Kloster *Cîteaux bei und wurde 1115 von Abt *Stefan Harding ausgesandt, in Clairvaux ein neues Kloster zu gründen. Dieses leitete er bis zu seinem Tod. In kurzer Zeit machte er sich zum Führer der mönchischen Reformbewegung zur führenden Persönlichkeit in der westlichen Kirche. Er stellte sich gegen König *Ludwig VI. von Frankreich, den er des Widerstands gegen die Kirchenreform beschuldigte, und wegen des prunkvollen Reichtums seines Klosters gegen seinen Freund und Rivalen *Peter d. Ehrwürdigen von Cluny. B. förderte die Ritterorden, für die er in seiner Schrift *De laude nova militiae* (Zum Lobe der neuen Ritterschaft) die ideologischen Grundlage legte. 1128 verfaßte er für die *Templer einen Teil ihrer Ordensstatuten. 1131 propagierte er die Wahl *Innozenz' II. zum Papst und defamierte dessen Rivalen *Anaklet II. Er verfolgte *Abaelard sowie dessen rationalistische Philosophie, ließ ihn 1140 auf dem Konzil von Sens verurteilen und griff

Der hl. Bernhard von Clairvaux, von Fra Filippo Lippi

auch die Pariser *Scholastiker als Vorboten des neuen Babylon an. B.s Macht wuchs nach der Wahl seines Schülers *Eugenius II. zum Papst bedeutend an, und sein Vorgehen glich manchmal dem eines Diktators. Seine Grundansichten über die Aufgaben der Kirche drückte er in der an Eugenius gerichteten Schrift *De consideratione* aus. Die Regierung der christlichen Welt sei Sache des Papstes, Könige und Adelige besäßen nur die Pflicht, die Ungläubigen zu bekämpfen. B. predigte mit großem Eifer den Zweiten *Kreuzzug, sein Einschreiten gegen die Pogrome der Kreuzzugsteilnehmer rettete die Juden des Rheinlandes vor der Vernichtung. Neben B.s kirchenpolitischen Aktivitäten war auch seine mystische Theologie von größter Bedeutung, die vor allem in seinem Hoheliedkommentar niedergelegt ist. B. sieht darin die Beziehung zwischen Braut und Bräutigam (Seele und Christus) ganz von wechselseitiger Liebe bestimmt, nicht von Furcht und Unterwerfung (wie die ältere Theologie). Gegen Ende seines Lebens wurde B. von weiten Kreisen als Heiliger angesehen.

Werk: J. Leclercq, C. H. Talbot (Hgg.), 1957ff.;
E. Gilson, *Die mystische Theologie des hl. Bernhard*, 1953;
A. H. Bredero, *Bernhard von Clairvaux im Widerstreit der Historie*, 1966;
J. Leclercq, *St. Bernard*, 1975.

BERNHARD VON CLUNY (von Morval/Morlas; gest. um 1140) Mönch in *Cluny, anscheinend englischer Herkunft, war er Verfasser von Predigten und Gedichten. Sein Hauptwerk ist das umfangreiche satirische Lehrgedicht *De contemptu mundi* (Von der Geringschätzung der Welt), das die Vergänglichkeit alles Irdischen betont und dabei auch Übelstände im Mönchswesen angreift.

F. J. E. Raby, *A History of Christian Latin Poetry*, 1953.

BERNHARD VON GOTHIA (9. Jh.) Französischer Feudalherr, der mit seinen Kämpfen gegen *Bernhard von Septimanien und Bernhard von Toulouse über die

Mark von Gothia (Languedoc) das Reich *Karls d. Kahlen beunruhigte. 878 wurde er auf dem Konzil von Troyes seiner Lehen entkleidet und gebannt.

J. Calmette, *La question des Pyrénées et la Marche d'Espagne*, 1947.

BERNHARD GUI (DONIS; um 1261-1331) Inquisitor. Als Sohn einer niedrigen Adelsfamilie aus Limousin (Frankreich) trat er 1279 dem *Dominikanerorden bei, studierte bis 1290 Theologie in Montpellier und war danach als Prior in verschiedenen Ordenshäusern in Südfrankreich. 1307 ernannte ihn Papst *Clemens V. zum Inquisitor von *Toulouse, mit dem Auftrag, die *Albigenser zu bekämpfen. 1324 wurde er Bischof von Lodève. Seine Erfahrungen mit den verschiedenen Ketzerbewegungen legte er in seinem Werk *Practica inquisitionis hereticae pravitatis* (Führung der Untersuchung ketzerischer Verderbtheit) nieder. B. verfaßte noch historische, liturgische und hagiographische Werke.

Werk: G. Mollat (Hg.), 2 Bde., 1926/27.

BERNHARD PLANTEVELNE (gest. 885) Französischer Feudalherr. Sohn des *Bernhard von Septimanien, wurde er von *Karl d. Kahlen von Frankreich mit der Grafschaft von Autun belehnt, nach einer Revolte gegen den König enterbt, dann als Graf von Auvergne eingesetzt und 868 zum Markgrafen erhoben. Nach Karls Tod diente er als Berater *Ludwigs II. und Vormund *Ludwigs III. sowie *Karlmanns. Er fiel im Kampf gegen den Thronprätendenten *Boso.

F. Lot, *La Naissance de la France*, 1948.

BERNHARD SILVESTRIS (12. Jh.) Philosoph, enger Freund des *Thierry von Chartres, Meister der Schule von *Tours. Seine neuplatonische Lehre wandte er in der *Cosmographia* auf das Verständnis des Kosmos an: der Mikrokosmos (die Menschenwelt) steht dem Makrokosmos (der Natur) gegenüber. Er schrieb auch einen Kommentar zu Vergils Aeneas, der das Epos *allegorisch erklärt (Aeneas ist die Seele auf ihrer Wanderschaft).

F. Überweg, *Grundriß der Geschichte der Philosophie* II, 1928.

BERNHARD VON MENTHON (von Aosta; hl.; 10. oder 11. Jh.) Einsiedler und Gründer von Unterkünften auf dem Pilgerweg über das Montblancmassiv. Er verlieh dem St. Bernhard-Pass (und den Bernhardinerhunden) den Namen.

BERNHARD I. VON SACHSEN (gest. 1011) Herzog von Sachsen (973-1011). Als Verwandter und enger Anhänger *Ottos II. war er unter diesem und unter *Otto III. stark an der Ostpolitik beteiligt und förderte die deutsche Ansiedlung an der Elbe, wo seine *Billungerfamilie große Güter gewann.

H.-J. Freytag, *Die Herrschaft der Billunger in Sachsen*, 1951.

BERNHARD II. VON SACHSEN (gest. 1059) Herzog von Sachsen (1011-59). Sohn *Bernhards I., der anfangs gegen seine mächtigen Lehnsleute zu kämpfen hatte und dann mit *Adalbert von Bremen wegen der Behandlung der christianisierten Elbslawen in Konflikt kam. In diese Konflikte wurde auch Kaiser *Heinrich III. hineingezogen. Die Unruhen im Herzogtum hörten erst nach B.s Tod auf.

H.-J. Freytag, *Die Herrschaft der Billunger in Sachsen*, 1951.

BERNHARD VON SEPTIMANIEN (von Barcelona; gest. 844) Er war Herzog von Septimanien und der spanischen Mark seit 820 und einer der einflußreichsten Personen im Reiche *Ludwigs d. Frommen. 827 verteidigte er Barcelona gegen die Araber, 829 wurde er als Kämmerer an den Hof berufen. Die Gerüchte über eine Affäre zwischen ihm und Kaiserin Judith führten zur Revolte des Wala (831), und B. mußte den Hof verlassen. Er kehrte nach Septimanien zurück und verbündete sich 840 mit Pippin II. von Aquitanien gegen *Karl d. Kahlen. Nach der Reichsteilung (843) ließ ihn Karl als Verräter zum Tode verurteilen.

J. Wallasch, *Eine adlige Familie des frühen Mittelalters*, in: Archiv für Kulturgeschichte 39, 1957.

BERNHARD VON VENTADOUR (12. Jh.) Französischer Dichter, Verfasser der bekanntesten Liebesgedichte aus dem Kreis um *Eleonore von Aquitanien. In Ventadour bei Limoges geboren, zog er mit der Königin nach England, um dann wieder an die Höfe Südfrankreichs zurückzukehren.

M. Lazar, *B. de V.*, 1966.

BERNHARDIN VON SIENA (hl.; 1380-1444) *Franziskanischer Reformator und Prediger. Er trat 1402 dem Orden bei, wurde 1438 zum italienischen Generalvikar der Observanten (siehe *Franziskaner) erwählt und zeichnete sich 1439 auf dem Konzil von Florenz als eifriger Befürworter der Kirchenreform aus. Papst *Eugenius IV. reinigte ihn von der Beschuldigung des Ketzertums, die ihm seine Verehrung des Namen Jesu eingetragen hatte.

M. Sticco, *San Bernardino da Siena*, 1944.

BERNICIA Nordöstliche Provinz des angelsächsischen Königreiches *Northumbrien. Sie bildete im 7. Jh. ein unabhängiges Königreich und hatte besonders in der Zeit des Oswalds (633-41) ihre Blüte.

BERNO (850-927) Erster Abt von *Cluny (910-26). Sohn einer burgundischen Adelsfamilie, war er Mönch in Autun und gründete 890 die Abtei Gigny, wo er die strenge Einhaltung der *Benediktinerregel durchsetzte. 910 wurde er zusätzlich als Haupt des neugegründeten Cluny berufen.

E. Sackur, *Die Cluniazenser* I, Nachdr. 1965.

BERNO VON REICHENAU Abt des Inselklosters (1008-48). Der in Prüm ausgebildete B. wurde von *Heinrich II. auf die Reichenau entsandt, um die tyrannische Herrschaft des Abtes Ymmo zu beenden. Stets kaiserlich gesinnt förderte er genauso seine Klöster im Sinne der *Cluniazenser und war mit den bedeutendsten Kirchenführern seiner Zeit bekannt. Neben Hymnen verfaßte B. vor allem liturgische und musikalische Werke.   (Din)

F. J. Schmale (Hg.), *Die Briefe des Abtes B. v. R.*, 1961.

BERNWARD VON HILDESHEIM (hl.; um 960-1022) Bischof von Hildesheim. Sohn einer sächsischen Adelsfamilie, erhielt er als Mönch in *Korvey eine breite literarische Bildung. Er diente als Kaplan *Ottos II. und als Lehrer für dessen Sohn, des zukünftigen *Otto III. Unter letzterem war B. Mitglied des Kreises deutscher Kirchenfürsten, die zusammen mit dem Kaiser die imperiale Ideologie der Ottonen entwickelten. Unter ihm entstanden in Hildesheim eine Reihe bedeutender ottonischer Kunstwerke, u.a. Kreuz, Leuchter, reliefierte Bronzetüren und eine fast 4m hohe Säule mit Szenen aus dem Leben Christi ("bernwardinische Kunst").

BÉROUL (12. Jh.) Dichter, der anscheinend in den Jahren 1170-90 in der Normandie tätig war. Sein Hauptwerk *Tristan* diente als Vorlage für *Gottfried von Straßburgs *Tristan und Isolde.

BERRY Französische Landschaft im Zentrum des Landes. Ihre größte Stadt *Bourges war zu Beginn des Mittelalters kirchlicher Mittelpunkt *Aquitaniens. *Karl d. Kahle trennte im 9. Jh. B. vom Königreich Aquitanien und teilte es unter seinen Vasallen auf. Im 10. Jh. vereinigten die Vicomtes von Bourges den östlichen Teil des Landes in ihrer Hand, 1101 verkaufte Eudes Harpin, der letzte seines Hauses, den Besitz an König *Philipp I. Das westliche B. mit seinen zahlreichen Feudalherrschaften kam unter die Oberherrschaft der Herzöge von Aquitanien. Im 11.-12. Jh. stiegen im Südwesten die Grafen von La Marche zur ersten Macht auf. Die Bemühungen, auch das westliche B. unter königliche Herrschaft zu bringen, wurden 1199 mit der Heirat von Ludwig, Sohn *Philipps II., mit Blanche von Kastilien, der Nichte von *Johann Ohneland, mit Erfolg gekrönt. Im Laufe des 13. und bis Beginn des 14. Jh.s gelang es den Beamten des französischen Königs, die gesamte Provinz zu einer Einheit zu vereinigen. 1360 wurde B. als *Apanageherzogtum an *Johann von Berry, den dritten Sohn von König *Johann II., ausgegeben. Dieser förderte die Wirtschaft wie auch die Künste und brachte Ordnung in die Verwaltung des Landes. Nach Johanns Tod ging B. 1416 an die französische Krondomäne zurück und wurde als eine der zentralen Provinzen Frankreichs von eigenen Beamten verwaltet. Im *Hundertjährigen Krieg war die fruchtbare und reiche Gegend eine der Hauptstützen der französischen Kriegsführung.
M. Marion, *Histoire du Berry,* 1934.

BERTA "MIT DEN GROSSEN FÜSSEN" (Berthe aux grands pieds) Französisches Epos aus dem 12. Jh. über Betrada, die Mutter *Karls d.Gr., die in der legendären Darstellung erst nach langen Abenteuern und Irrfahrten (B. lebte lange in der Waldeinsamkeit) ihrem Bräutigam *Pippin d. Kurzen zugeführt wird.
A. Memmer, *Die altfranzösische B. sage,* 1935.

BERTHOLD VON REGENSBURG (gest. 1272) Franziskanermönch und Volksprediger. B. durchzog auf seinen Predigtfahrten Süddeutschland, die Schweiz, Böhmen und Ungarn, wo er überall größte Mengen mit seinen anschaulichen und lebendigen Predigten anzog, in denen er Laster und Aberglaube geißelte. Sie sind zu einem großen Teil (in Deutsch und Latein) erhalten.   (Din)
Werk (dt.): O. H. Brandt, 1924;
G. Witt, *B. v. R. als deutscher Kanzelredner* (Diss. Königsberg), 1942.

BERTHOLD II. VON ZÄHRINGEN (um 1050-1111) Herzog von Kärnten, Schwaben und Zähringen. B., ein Gegner *Heinrichs IV., gründete zur Durchsetzung seiner Ansprüche auf ererbte Besitzungen und zu deren Vergrößerung eine Reihe Reformklöster im Schwarzwald (Alpirsbach, St. Peter, Reichenbach u.a.). Nach dem Tode seines Schwiegervaters *Rudolf v. Rheinfelden trat er noch dessen Nachfolge in der Schweiz an. Bis 1097 konkurrierte B. mit dem *Hohenstaufen Friedrich v. Büren um die Herrschaft in Schwaben, erkannte ihn schließlich als Herzog an und söhnte sich auch mit dem Salier aus.   (Din)
H. Büttner, *Staufer und Zähringer,* 1961.

BERTRAM VON MINDEN (um 1340-1415) Er war Maler und norddeutscher Hauptmeister zur Zeit des "Schönen (Weichen) Stils", von dem u.a. der sog. Grabower-Altar (um 1380) mit Schöpfungsszenen erhalten ist. Zu der Eleganz rhythmisch geschwungener Bewegungen einerseits, treten andererseits besonders auf

dem Passionsaltar (gegen 1390) ausdrucksstarke Darstellungen des Häßlichen.   (Din)
P. Portmann, *Meister B.,* 1963.

BERTRAND, PIERRE (gest. 1361) Jurist und Kardinal. Er studierte und lehrte römisches sowie kanonisches Recht in Avignon, Montpellier und Paris. 1322 wurde B. zum Bischof von Autun berufen. 1329 verteidigte er gegenüber *Philipp VI. von Frankreich im Namen des Klerus das Prinzip der unabhängigen kirchlichen Gerichtsbarkeit (*Immunität*). Papst *Johann XXII., der selbst juristisch ausgerichtet war, machte ihn zum Kardinal (1331), zum Erzbischof von Bourges und zum päpstlichen Berater.
J. F. v. Schulte, *Geschichte der Quellen und der Literatur des kanonischen Rechts* II., 1880.

BERTRAN(D) VON BORN (um 1140-1215) Aquitanischer Adeliger und Troubadour. B. war Freund von *Richard Löwenherz und Verfasser vieler populärer Lieder, in denen er Liebe und Freundschaft, Krieg und Turniere pries, aber auch in die Politik eingriff. Im Alter trat er in ein Kloster ein.
C. Appel, *Bertram von Born,* 1931.

BESANÇON Stadt in Ostfrankreich. Gehörte im 5. Jh. zum Königreich der *Burgunder, war dann fränkisch (843 zu Lothringen) und schließlich Teil des neuen Königreichs Burgund. Mit diesem kam es 1033 zum Reich. 1156 fand hier der Reichstag statt, auf dem *Friedrich Barbarossa zum erstenmal mit Roland Bandinelli, dem späteren Papst *Alexander III., wegen der Frage nach der lehensrechtlichen Unabhängigkeit des Kaisertums vom Papsttum zusammenstieß. 1282 endete die erzbischöfliche Herrschaft über B., und die Stadt wurde freie Reichsstadt. Durch Erbfolge kam sie 1360 an Burgund und 1477 an die *Habsburger.
C. Fohlen (Hg.), *Histoire de B.,* 2 Bde., 1966ff.

BESSARION, JOHANNES (1403-72) Humanist, Kardinal, Patriarch v. Konstantinopel. Der aus Trapezunt gebürtige B. studierte in Konstantinopel, wurde 1437 Erzbischof von Nikäa und trat auf dem Basler Konzil für die Union von Katholiken und Orthodoxen ein. In Italien lebend machte ihn *Eugen IV. 1439 zum Kardinal. B. übersetzte Werke des Aristoteles und des Xenophon ins Lateinische.
L. Mohler, *Kardinal B.,* 3 Bde., 1923-42.

BETHLEHEM Stadt in Palästina, Geburtsort Christi. Das kleine Dorf entwickelte sich im Frühmittelalter dank des anwachsenden Pilgerstroms zu einem bedeutenden religiösen Zentrum. Anstelle der um 330 von Helene, der Mutter Konstantine d.Gr., erbauten Kirche errichtete *Justinian im 6. Jh. ein prachtvolles Heiligtum. Um das Dorf siedelten sich Einsiedler und kleine Mönchsgemeinden an. Unter der arabischen Herrschaft (636-1099) war B. ohne Bedeutung, nach der Eroberung durch die Kreuzfahrer (1099) wurde es Sitz eines lateinischen Bistums und Krönungsort der Könige von Jerusalem. Zwischen 1160 und 1170 vergrößerten byzantinische Baumeister die Kirche. Auch nach dem moslemischen Sieg (1187) bestand die Kirche von B. weiter, und ihre Bischöfe erhielten ihr Einkommen von Gütern in Frankreich. Am Ende des 13. Jh.s wurde das Bistum nach Frankreich verlegt.
R. W. Hamilton, *A Guide to B.,* 1939.

BÉZIERS Südfranzösische Stadt. Im 5. Jh. westgotisch, 720-23 arabisch, seit 754 Sitz einer fränkischen Grafschaft, deren Inhaber sich mit den Bischöfen die Herr-

Die Opferung Isaaks; *aus dem Psalter von York, 12. Jh.*

Die Offenbarung, *aus einer Armenbibel des 14. Jh.*

schaft über die Stadt teilten. Im 10. Jh. wurde B. Lehensbesitz der Grafen von Toulouse, die es im 11. Jh. durch einen Viscount verwalten ließen. Im 12. Jh. errang die Trencavelfamilie von den Bischöfen die volle Macht in der Stadt und öffnete in der zweiten Hälfte des Jh.s den *Albigensern die Tore. 1209 war B. eines der ersten Ziele des Albigenserkreuzzugs, die Bevölkerung wurde nach Einnahme der Stadt grausam hingeschlachtet. Danach wurde es an die neugeschaffene Seneschallerie *Carcassonne angeschlossen und seit 1224 von einem Beamten des französischen Königs regiert.

E. Sabatier, *Histoire de ville et des évêques de Béziers,* 1854.

BIBEL (aus dem Gr. biblia, Bücher) Bezeichnung für die 39 Bücher des Alten Testaments und das Neue Testament. Seit Beginn des 2. Jh.s schloß der jüdische Kodex des Alten Testaments folgende Bücher ein: 1) die Torah (Pentateuch) mit den Büchern Genesis, Exodus, Leviticus, Numeri und Deuteronomium; 2) die Propheten mit den historischen Büchern Samuel I und II, Könige I und I und den Propheten Jesaias, Jeremias, Ezechiel und den zwölf kleinen Propheten; 3) die Bücher Psalmen, Sprüche Salamonis, Hiob, Hohelied Salamonis, Ruth, Klagelieder Jeremiae, Prediger Salomonis, Esther, Daniel, Esra, Nehemia, Bücher der Chronik I und II. Die in der griechischen Übersetzung (Septuaginta) etwas abgeändert Reihenfolge wurde auch von der späteren lateinischen Version, der Vulgata, übernom-

men. Das Neue Testament schloß seit der Mitte des 2. Jh.s die vier Evangelien des Matthäus, Markus, Lukas und Johannes, die Apostelgeschichte, die Briefe des Paulus, die des Jakob, Petrus, Johannes und Judas, und die Geheime Offenbarung ein.

Bis zum 4. Jh. waren im Westen zahlreiche lateinische Teilfassungen der B. im Umlauf (*Vetus Latina*). Die später Vulgata genannte Neuübersetzung des Alten Testaments durch den hl. Hieronymus schuf den verpflichtenden Text der lateinischen Kirche. Trotzdem gab es im Bibelstudium, sowohl der Juden wie auch der Christen, im Mittelalter beträchtliche Schwierigkeiten des Textverständnisses und der Auslegung. Nach der jüdischen Tradition bestanden vier Auslegungsweisen, die wörtliche (*Peschat*), die moralische (*Remes*—Andeutung), die historische (*Derasch*) und die allegorische (*Sod*—Geheimnis). Die wörtliche und die historische Methode befaßten sich mit dem Verständnis des Textes, die moralische und die *allegorische Auslegung mit dem Geist des Textes, mit der verborgenen Botschaft. Unter den jüdischen Bibelinterpretatoren bestanden zwei große Schulen: die Spanier des 10.-13. Jh.s betonten die wörtliche und die moralisch-philosophische Auslegung (*Dunasch ben Labrat, *Abraham Ibn Esra, *David Kimchi, *Nachmanides). Die *Aschkenasen (11.-14. Jh.) bemühten sich mehr um den geschichtlichen Aspekt und fanden ihren bedeutendsten Repräsentanten in *Raschi. In der zweiten Hälfte des 12.

Jh.s entwickelte sich in Südfrankreich und Nordspanien eine dritte, mystische Richtung, die *Kabbala, die dann in der Frühneuzeit zu einer gewaltigen Bewegung im Judentum werden sollte.

Die Geschichte der christlichen Bibelauslegung läßt sich in drei Perioden einteilen: 1) Die Zeit der Kirchenväter und des Frühmittelalters befaßte sich besonders mit den wörtlichen und moralischen Aspekten der Bibel. Philon von Alexandrien, Papst *Gregor I., *Beda und *Alkuin gehörten alle dieser Richtung an, 2) Im 11.-13. Jh. entwickelten die Schule von *St. Victor (Paris) und einzelne Gelehrte die vierfache Auslegungsweise (*Allegorie) und führten die Glossentechnik ein. Es fanden Beratungen zwischen Christen und Juden über Probleme des Textverständnisses statt, und einzelne Gelehrte studierten sogar Hebräisch. Führende Geister der Periode aber, wie *Bernhard von Clairvaux, besaßen eher wenig Interesse für die wörtliche Auslegung der B. und befaßten sich hauptsächlich mit dem moralischen und allegorischen Sinn. 3) Im 14. und 15. Jh. sind im Bibelstudium bereits die Anfänge neuer Tendenzen, des Rationalismus, Humanismus und der Renaissance, zu finden. Gleichzeitig gab es für das kaum lesekundige Volk die "Armenbibeln", die die Bibel in Holzschnitten nacherzählten. Kein Werk wurde im Mittelalter öfter abgeschrieben als die Bibel bzw. Teile von ihr. Übersetzungen für Laien in die einzelnen Volkssprachen sind seit *Ulfilas immer wieder, besonders im Spätmittelalter, unternommen worden, stießen jedoch auf den Widerstand der Kirche, da sie ein "Interpretationsmonopol" beanspruchte. Durch griechische Gelehrte lernte der Westen die Septuaginta kennen. Die Vulgata erfuhr mit der Verbreitung des Buchdrucks eine bisher ungekannte Popularisierung über weite Kreise der weltlichen Bevölkerung.

H. Rost, *Die B. im Mittelalter*, 1939;
A. Rober-A. Feuillet, *Einleitung in die Hl. Schrift*, 2 Bde., 1963/64;
A. Grabois, *The Intellectual Relations between Jews and Christians in the 12th c.*, 1975.

BIBLIOTHEKEN Der Niedergang der weltlichen Kultur zu Beginn des Mittelalters und das kirchliche Monopol auf die Erziehung übten einen formativen Einfluß auf die Entwicklung der mittelalterlichen B. aus. In Byzanz bestanden die kaiserlichen B. weiter fort, daneben entwickelten sich die B. von Kirchen und Klöstern. Im Westen verschwanden im 5. Jh. die weltlichen B. und wurden von denen der Klöster ersetzt, deren Bestände infolge der von den Mönchen als einer der ersten Pflichten angesehen Praxis des Abschreibens ständig anwuchsen. Die wichtigsten B. des Frühmittelalters befanden sich in *Lerins, *Monte Cassino, *Sevilla, *Iona und *York. Zur Zeit der *karolingischen Renaissance wurden in den großen Klöstern *scriptoria

Anfangsbuchstabe der Prophezeiung des Joel *in der Winchester Bibel, spätes 12. Jh.*

errichtet, die die neuen Abteien mit zusätzlichen religiösen, klassischen und zeitgenössischen Werken versorgten. Unter den wichtigsten und am reichsten ausgestatteten B. der Karolinger- und Nachkarolingerzeit waren
die B. der Klöster *Bobbio, *St. Gallen, *Fulda und
*St. Denis. Seit dem 10. Jh. besaßen auch Domschulen,
wie die von *Reims, *Mainz und *Chartres, eigene B.
Zu Beginn des 12. Jh.s waren die meisten europäischen
Zentren mit B. ausgestattet, die sich entweder in
Klöstern oder in Kathedralen, seit dem 13. Jh. auch in
den *Universitäten befanden. Im 13. und 14. Jh. ließen
Kirchenfürsten und weltliche Herrscher reich ausgestal-
tete Bücher herstellen, im 15. Jh. waren die B. der welt-
lichen Fürsten allgemein verbreitet.
J. Vorstius, *Grundzüge der Bibliotheksgeschichte*,
1954[3];
G. Cavallo (Hg.), *Libri e lettori nel medioevo*, 1977.

BIEL (BYHEL) GABRIEL (um 1410-95) Theologe. In
Heidelberg und Erfurt ausgebildet, wirkte B. vor allem
in Urach und an der Tübinger Universität. Er war ein
Hauptvertreter des *Ockhamismus. Auch verfaßte er in
Latein einen ''Traktat über Macht und Nutzen des
Geldes'', worin er die Preisgebung als abhängig von An-
gebot und Nachfrage beschreibt.
J. Haller, *Die Anfänge der Universität Tübingen* I, 1927.

BILDERSTREIT Siehe *IKONOKLASMUS.

BILL OF ATTAINDER (Ehrverlustigkeitserklärung)
Eine im England des 15. Jh.s gebrauchte Technik,
unbeliebte Minister oder Feinde des Königs ohne Ge-
richtsurteil, sondern durch Parlamentsbeschluß mittels
Gesetz als Verbrecher zu brandmarken.
B. Lyon, *A Constitutional and Legal History of Medieval England*, 1960.

BILLUNGER Sächsische Herzogsdynastie (10.-12. Jh.).
961 machte *Otto I. seinen Verwandten Hermann B.
zum Herzog von Sachsen, der sich bereits in den Kämpfen mit den Slawen in diesem Gebiet ausgezeichnet
hatte. Nach seinem Tod 973 hatte die Familie bis zu
ihrem Verlöschen 1106 das Herzogtum inne, obwohl sie
eher gegen die Könige opponierte. Das Haus Askanien
wurde ihr Erbe.
H. J. Freytag, *Die Herrschaft der B. in Sachsen*, 1951.

BIRGIR MAGNUSSON (Birger Jarl; gest. 1266) Regent von Schweden. Sohn der Grafenfamilie der Fol-
kunger, heiratete er die Schwester König *Eriks XI.
und war seit 1234 der eigentliche Herrscher Schwedens.
Nach Eriks Tod (1250) war er Regent für seinen eigenen
Sohn *Waldemar. Er bemühte sich um die Durchsetzung
der königlichen Gerichtsbarkeit, unterdrückte den alten
Adel und schuf eine Klasse von neuen, mehr vom König
abhängigen Adeligen, verbot die Leibeigenschaft und
förderte die Niederlassung deutscher Kolonisten. Die
Eroberung Finnlands setzte die militärische Übermacht *Alexander Newskis seinen weiteren Expansions-
plänen ein Ende. B. gilt als Gründer *Stockholms.
I. Anderson, *Schwedische Geschichte*, 1950.

**BIRGITTA (BRIGITTE) VON SCHWEDEN (hl.; um
1303-73)** Schwedische Fürstentochter, verheiratet mit
Ulf Gudmarsson (8 Kinder), seit 1335 Hofmeisterin
am Königshof. Sie trat nach einer Pilgerreise nach *Santiago de Compostela und nach ihrer Verwitwung dem
*Zisterzienserkloster *Alvastra bei (1342). Dort be-
schrieb sie ihre religiösen Visionen und Auditionen in
einem ''Offenbarungen'' betitelten Werk, das in kurzer
Zeit große Beliebtheit erlangte. 1346 gründete sie einen

Ein versilberter und emaillierter Bischofsstab, 15. Jh.

nach ihr benannten Frauenorden und pilgerte 1349
nach Rom, wo sie, wie *Katharina v. Siena, sich um die
Rückkehr der Päpste aus *Avignon bemühte. In Rom
pflegte sie die *Pestkranken und erlangte den Ruf einer
Heiligen.
Werk (dt.): L. Clarius, 1888[4];
S. Stolpe, *Die Offenbarungen der hl. B. v. S.*, 1961.

BIRINUS (gest. um 649) Missionar italienischer Herkunft, der 634 nach *Wessex gesandt wurde, 635 den
König des Landes zur Annahme des Christentums bewegte und das Bistum von Dorchester sowie die Kirche
von Winchester gründete.
T. Varley, *St. Birinus and Wessex*, 1934.

BIRKA Schwedische Stadt auf einer Insel im Mälarsee
bei Stockholm. Sie war eines der wichtigsten Zentren
im Handel zwischen dem Frankenreich, Rußland und
dem Araberreich von ca. 800-970. *Anskar versuchte
hier zu missionieren. Die Vereinigung Rußlands (um
970) schnitt die direkte Verbindung zu den Moslems
ab und trug zum Niedergang der Stadt bei.
H. Jankuhn, *Typen und Funktionen vor- und frühwikingerzeitlicher Handelsplätze im Ostseegebiet*, 1971.

BISCHOF Der höchste Priesterrang in der christlichen Kirche. In der frühchristlichen Zeit wurde der B.
von den Gemeindemitgliedern zur Überwachung der
Priester und zur Führung der Gläubigen gewählt. Seit
dem 4. Jh. gibt es in fast jeder größeren Stadt des römischen Reiches Bischöfe. Die B.e von Provinzhaupt-

städten wurden Metropoliten oder Erzbischöfe genannt, sie standen Provinzsynoden vor und ordinierten die neuerwählten B.e. Mit dem Fall des römischen Reiches im Westen erlangten die B.e auch weltliche Macht. Im Prinzip wurden sie weiterhin "von Klerus und Volk" gewählt, in der Praxis gewannen die Herrscher weitgehenden Einfluß auf die Wahl und ernannten oft ihre Kapläne zu B.en. Mit der Auflösung des *Karolingerreichs wurden die Bistümer, wie auch die gesamte Kirche, feudalisiert, und örtliche Machthaber erlangten neben den Königen Einfluß auf die Besetzung der Bistümer. Der Ämterkauf (*Simonie) wurde damit weitverbreitete Praxis, mit der Ausnahme von Deutschland, wo die *ottonischen Kaiser die Besetzung der Bistümer fest in der Hand hielten. Die *gregorianische Reformbewegung bekämpfte diese Laieninvestitur (Verleihung des Bistums als Lehen durch einen Laien). Der *Investiturstreit wurde 1122 durch das *Konkordat von Worms beendet, das dem Klerus die freie Wahl, dem Kaiser oder König die Zustimmung und die Verleihung der rein weltlichen Güter, dem Erzbischof die geistliche Weihe vorbehielt. Im 14. Jh. machten die Päpste von *Avignon die schon früher geübte Praxis, Bischöfe direkt zu ernennen, zur Regel, um ihre Günstlinge versorgen und hohe Einkünfte einnehmen zu können. Gleichzeitig wuchs auch der königliche Druck auf die Wahlkörper (meistens die Domkapitel) und auf die päpstliche Kurie, um die Bistümer mit königlichen Kandidaten zu besetzen.
W. Telfer, *The Office of a Bishop*, 1962.
BLANCA VON KASTILIEN (hl.; 1188-1252) Königin von Frankreich. Tochter des *Alfons VIII. von Kastilien und der Eleonore von England, Enkelin *Heinrichs II., wurde 1200 in Erfüllung des Friedensvertrages zwischen ihren Onkeln *Johann ohne Land und *Philipp II. Augustus mit dem französischen Kronerben Ludwig (den späterer *Ludwig VIII.) verlobt. Nach dem plötzlichen Tod ihres Gatten (1226) übernahm sie im Namen ihres unmündigen Sohnes *Ludwig IX. die Regentschaft von Frankreich und übte diese bis zu Ludwigs Großjährigkeit (1234) aus. In dieser Zeitspanne gelang es ihr, die Adelsparteien zu versöhnen, den Frieden von Paris (1229) zur Lösung der politischen Probleme nach dem *Albigenserkreuzzug auszuarbeiten, den Überlauf der Herren von *Lusignan-La Marche aus dem englischen Lager zustandezubringen und die französische Expansion in Aquitanien fortzusetzen. Auch nach Ludwigs Großjährigkeit übte sie immer bedeutenden Einfluß auf die königliche Politik aus. Zur Zeit seines Kreuzzugs (1247) übernahm sie wiederum die Regentschaft.
E. Berger, *Histoire de Blanche de Castille, reine de France*, 1895.
BLEDA Siehe *ATTILA.
BLEMMYDES, NIKEPHOROS (1197-1268) Byzantinischer Gelehrter. B. diente als Lehrer des nachmaligen Kaisers *Theodoros II. Laskaris und Leiter der kaiserlichen Schule zu Nikäa, für den er einen Fürstenspiegel (*Andrias*) schrieb. B. entwickelte das Philosophiestudium, sammelte griechische Manuskripte und verfaßte eine Selbstbiographie, die für das Studium der Verhältnisse der Zeit von Bedeutung ist.
A. Heisenberg, *Nicephori Blammydae curriculum vitae et carmina*, 1896.
BLOIS Französische Stadt an der Loire. Das römische Lager wurde 584 Sitz eines fränkischen Grafen und kam durch den Vertrag von *Verdun 843 zu Neustrien. Gegen Ende des 10. Jh.s wurden die Herrn von B. eine der mächtigsten gräflichen Dynastien Frankreichs, die auch über Tours und Troyes herrschte. Doch wurde sie durch das Erstarken der *Anjous zurückgedrängt, bis nach 1151 ihr Besitz zwischen der Champagne und der Grafschaft Blois-Chartres geteilt wurde. Die allgemeine Entwicklung des Handels ließ auch das verkehrsgünstig an der Nord-Süd-Verbindung gelegene B. aufblühen; 1379 kam es an Ludwig von Orléans, 1498 an die Krone.
J. Caplat, *Histoire de B.*, 1959[2].
BLONDEL VON NESLE (12. Jh.) Troubadour, der am Hof des englischen Königs *Richard Löwenherz wirkte, den er der Sage des 13. Jh.s nach aus der deutschen Gefangenschaft befreien half.
Werk: L. Wiese (Hg.), *Die Lieder des Blondel*, 1904.
BOABDIL (Mohammed XI.; gest. 1493) Letzter Maurenherrscher in Spanien. Er erhob sich auf Antrieb seiner Mutter Aischa 1482 gegen seinen Vater Hassan und erklärte sich zum König von *Granada. Im Krieg gegen seinen Vater verbündete er sich mit den Katholischen Königen *Ferdinand und Isabella, diese griffen ihn jedoch später an und eroberten 1492 nach langer Belagerung Granada. B. starb im Exil in Marokko.
F. Fernández Martinez, *Boabdil*, 1939.
BOBBIO Norditalienisches Kloster, 612 von dem hl. *Columban gegründet. 628 wurde es von der bischöflichen Aufsicht befreit und direkt dem Papst unterstellt. Abt Bertulf (gest. 639) führte die *Benediktinerregel ein und brachte diese mit dem irischen Ritus in Einklang. In der Karolingerzeit war B. eines der wichtigsten kulturellen Zentren des Reiches und besaß die größte Bibliothek Westeuropas. Beim Amtsantritt des Abtes *Gerbert von Aurillac (983) wurden über 700 Handschriften gezählt. Im 11. Jh. begann der Niedergang des Klosters, dessen Mönche sich mehr für die Verwaltung ihrer Güter als für das Werk Gottes interessierten. Die Handschriftenschätze wurden zu Beginn des 16. Jh.s auf Betreiben der Humanisten in die Vatikanbibliothek überführt.
P. Collure, *La precarolina e carolina in Bobbio*, 1943.
BOCCACCIO, GIOVANNI (1313-75) Italienischer Schriftsteller. In Paris als unehelicher Sohn einer Florentiner Bankierfamilie geboren, wuchs in Florenz im Haus einer anscheinend mißgünstigen Stiefmutter auf, studierte Latein und wurde zum Studium des Rechts sowie der Handelspraxis nach Neapel gesandt (1328), wo er jedoch hauptsächlich in Dichterkreisen verkehrte. 1336 sagte er sich von seinem Vater los und widmete sich ganz der Literatur. Er hatte wahrscheinlich eine Affäre mit Maria d'Aquino, der unehelichen Tochter König *Roberts von Anjou, wodurch er das Palastleben kennenlernte. 1340 kehrte er nach Florenz zurück, versöhnte sich mit seinem Vater und nahm eine ehrbare Stellung als Notar und Diplomat im Dienste der Stadt ein. Zwischen 1348 und 1353 schrieb er sein Hauptwerk, den *Decamerone*. Danach erfuhr B. einen ernsten Gesinnungswechsel, gab die Poesie, die weltlichen Themen, die italienische Sprache und schließlich nach einer schweren Krankheit die gesamte humanistische Orientierung auf und wandte sich ganz dem Glauben zu. Seine letzten Lebensjahre verbrachte er abgeschlossen in der Kleinstadt Certaldo (bei Florenz).
   B. verfaßte mehrere Geschichtswerke, Kommentare zu Büchern anderer Autoren (wie etwa zu Dantes "Gött-

licher Kommödie", über die er als erster öffentliche Vorlesungen abhielt) und einen autobiographischen Roman (*Corbaccio,* 1354). Sein Hauptwerk ist der *Decamerone* (100 Novellen, meist um die Liebe), der in ironischer Weise die verschiedenen Gesellschaftsklassen der Zeit darstellte und die Freiheit des Menschen von jeglicher Bevormundung verficht.

Werk (dt.): B. Wolfram (Hg.), *Gesammelte Werke,* 3 Bde., 1921;
C. Grabher, *Boccaccio,* 1946;
V. Branca, *Boccaccio medievale,* 1965[2].

BODEL, JEAN (um 1170-1210) Französischer Dichter, Herold seiner Heimatstadt Arras. Er erkrankte 1204 knapp vor seinem Auszug zum 4. *Kreuzzug am Aussatz und schrieb ein rührendes Abschiedsgedicht, das zum Vorbild dieses Genres geworden ist. Daneben verfaßte B. ein Epos über *Karls d.Gr. Sachsenkrieg (*Saisnes*) und einige Schäferlieder. Sein Hauptwerk ist das "Spiel vom hl. Nikolaus", eine dramatische Lobpreisung des Heiligen, die auch das städtische Leben seiner Zeit schildert.

O. Rohnström, *Etude sur Jean Bodel,* 1900;
Ch. Foulon, *L'oeuvre de Jean B.,* 1958.

BOETHIUS, ANICIUS MANLIUS (um 480-524) Staatsmann und Philosoph. Sohn einer römischen Adelsfamilie, trat er in den Dienst des Ostgotenkönigs *Theoderich d.Gr., war Konsul (510) und Aufseher der Ämter (522), wurde jedoch 524 des Verrats verdächtigt, festgenommen und hingerichtet. Sein Hauptwerk, die "Trostschrift" (*Consolatio Philosophiae*), wurde im Gefängnis geschrieben: die personifizierte Philosophie hält tröstende Zwiesprache mit dem Dichter. Als Philosoph wandte B. die aristotelische Methode an und trug durch seine Kommentare zur Kategorienlehre wesentlich zur Aufnahme des *Aristotelismus bei. Seine Trostschrift erlangte im Mittelalter weiteste Verbreitung und wurde trotz ihrer ganz und gar nicht christlichen ethischen Grundanschauung als Teil der kirchenväterlichen Tradition angesehen. Durch sein Werk, das auch musiktheoretische und mathematische Traktate umfaßt, war B. einer der wichtigsten Vermittler des klassischen Erbes an das Mittelalter.

Werk (dt.): H. M. Endres, 1961;
K. Burdach, *Die humanistischen Wirkungen der Trostschrift,* in: Deutsche Vierteljahrschrift für Literaturgeschichte 11, 1933;
H. R. Patch, *The Tradition of B.,* 1935.

BOGOMILEN Dualistische Sekte, Vorläufer der *Katharer. Sie wurde von Bogomil gegründet, der zwischen 927 und 950 in Bulgarien tätig war. Von ihrem Zentrum in Philipopolis (Thrakien) breitete sie sich nach Konstantinopel aus, wo sie zu Beginn des 12. Jh.s blutig unterdrückt wurde. Auf dem Balkan und in Kleinasien erhielten B. sich bis zur *osmanischen Eroberung. Die B. glaubten an einen guten Gott (den Vater) und an einen bösen Gott, Satanael. Letzterer ist der verstoßene Sohn des Vaters und Schöpfer des Menschen, er beherrscht die Welt. Die Rettung der Menschheit erfolgt durch die von Jesus (Gottes zweitem Sohn) und dem heiligen Geist (dessen Geschöpf) angeregte Tätigkeit der B., der einzig wahren Christen.

H. Grundmann, *Ketzergeschichte des Mittelalters,* 1963.

BOHEMUND I. VON TARENT (um 1050-1111) Sohn *Robert Guiskards und Fürst von *Antiochia. Er führte das süditalienisch-normannische Kontingent auf dem Ersten *Kreuzzug und spielte eine hervorragende Rolle bei der Eroberung Antiochias (1098). B. wurde Fürst dieses ersten Kreuzfahrerstaates. 1100-03 war er in arabischer Gefangenschaft, danach kehrte er nach Europa zurück, um einen Angriff auf Byzanz vorzubereiten. Dieser schlug jedoch fehl (1108), und B. mußte in einem Vertrag die Oberhoheit Kaisers *Alexios Komnenos anerkennen.

R. B. Yewdale, *Bohemond I.,* (Neudr.), 1970.

BOHEMUND II. (1109-30) Sohn *Bohemunds I. und ab 1126 Fürst von Antiochia. Er verbrachte seine Regierungszeit im Streit mit seinen christlichen Nachbarn in Edessa und Kleinasien, wobei er 1130 am Tauruspaß den Tod fand.

BOHEMUND III. (1144-1201) Fürst von Antiochia (1162-1201). Sohn der Konstanza von Antiochia und des Raimund von Poitiers und über seine Mutter Enkel *Bohemunds II. Seine Regierungszeit war durch den andauernden Kampf gegen *Nur ed-Din und die Könige von Kleinarmenien gekennzeichnet. 1164 wurde er gefangengenommen. Kaiser *Manuel I. Komnenos zahlte sein Lösegeld, wodurch er sich das Recht zur Errichtung eines griechischen Patriarchats in Antiochia erwarb. 1188 bewahrte B. sein Fürstentum vor der Eroberung durch *Saladin und schloß sich dem Dritten *Kreuzzug an, ging aber 1192 einen Frieden mit Saladin ein.

H. E. Mayer, *Geschichte der Kreuzzüge,* 1965.

BOHEMUND IV. (1175-1233) Fürst von Antiochia und Graf von Tripolis (1201-33). Sohn Bohemunds III., der zwanzig Jahre gegen die armenischen Ansprüche auf Antiochia kämpfte, bis 1222 seine Rechte in einem Friedensvertrag anerkannt wurden.

BOHEMUND V. (gest. 1251) Fürst von Antiochia und Graf von Tripolis (1233-51). Als Sohn Bohemunds IV. setzte er dessen armenische Politik fort. 1244 wurde sein Land von den *Chawarismen besetzt, und B. mußte Tribut zahlen. Durch seine Heirat mit der zypriotischen Königswitwe Alix (1219) begründete er die späteren Ansprüche seines Sohnes B. VI. auf den Thron von Jerusalem, da B. damit auch dem Königshaus von Jerusalem verschwägert war.

BOHEMUND VI. (1237-75) Fürst von Antiochia (1251-68) und Graf von Tripolis (1251-75). Von seiner Mutter Alix, der Regentin des Fürstentums, wurde er mit der Tochter des armenischen Königs verheiratet (wodurch den endlosen Streitigkeiten mit Armenien ein Ende gesetzt wurde). B. unterhielt gute Beziehungen zu dem *Mongolenkhan *Hülagü, konnte von diesem aber keine Waffenhilfe gegen *Baibars erhalten, der 1268 der Existenz des Kreuzfahrerstaates ein Ende setzte. 1271 gelang B. der Friedensschluß mit Baibars.

BOHEMUND VII. (gest. 1287) Graf von Tripolis (1275-87). Er versuchte nach dem Tod von *Baibars 1277 ein Bündnis mit dem *Johanniterorden, den *Armeniern und den *Mongolen Antiochia wiederzuerobern, wurde aber 1281 vom ägyptischen Sultan Al Malik Al Mansur besiegt.

BÖHMEN Königreich in Mitteleuropa, im Mittelalter Teil des deutschen Reiches. Die Ureinwohner des Landes, die Bojer, wanderten zu Beginn des Mittelalters nach Bayern aus. An ihrer Stelle siedelten sich im 6.-7. Jh. germanische Stämme an, die dann im 8. Jh. nach Italien weiterwanderten und das Land der slawischen Ansiedlung freigaben. Im 9. Jh. kamen die slawischen Stämme B.s unter fränkischen Einfluß. *Ludwig d. Deutsche versuchte in mehreren Heerzügen (846-55) der fränkischen Oberhoheit praktisch Nachdruck zu verleihen, erreichte aber nur die Einführung des Christentums in das Land. Infolge der ungarischen Einfälle des frühen 10. Jh.s brach die Verbindung zu Deutschland ab. B. machte sich unter den *Premysliden selbständig. 929 mußte Herzog *Wenzel I. die Oberhoheit *Heinrichs I. von Deutschland anerkennen, wurde jedoch von seinem eigenen Bruder *Boleslaw I. ermordet. Erst 950 konnte *Otto I. der böhmischen Unabhängigkeit ein Ende machen und die Christianisierung vorwärtstreiben. 975 wurde das von Mainz abhängige Bistum Prag gegründet. Die fortwährenden Bruderkämpfe zwischen den einzelnen Mitgliedern der Herrscherfamilie verurteilten alle weiteren Auflehnungen gegen den deutschen Einfluß zum Scheitern, begünstigten aber gleichzeitig die polnische Intervention. So eroberte 1003 *Boleslaw von Polen das Land, wurde aber von *Heinrich II. zurückgezwungen. Im Laufe des 11. Jh.s und namentlich während des *Investiturstreits erwarben sich die Premysliden eine besondere Stellung im deutschen Reich. *Bretislaw I. erhielt von *Heinrich IV. in Anerkennung seiner Verdienste in Italien den persönlichen Königstitel und legte das Erstgeburtsrecht fest. Im 12. Jh. erlebte B. einen wirtschaftlichen Aufschwung, der auf den expandierenden Bergbau und das Wachstum der hauptsächlich deutschen Städte zurückzuführen ist. Auch Wladislaw II. (1140-73) erhielt den Königstitel, seine Nachfolger mußten jedoch die Abtrennung Mährens hinnehmen. *Ottokar I. (1197-1230) legte die Fundamente für den eigenständigen böhmischen Staat, als er sich 1198 die erbliche Königswürde sicherte, 1212 in der Goldenen Bulle *Friedrichs II. die Kontrolle über die böhmischen Bistümer erhielt und an Stelle der veralteten Stammesorganisation das Lehnssystem einführte. Das Interregnum im Reich stärkte B. weiter, *Ottokar II. (1253-78) nahm nach dem Aussterben des Babenbergerhauses *Österreich und *Kärnten an sich und erlangte die *Kurfürstenwürde. Seine Kandidatur zur Königswahl (1272) scheiterte jedoch am Widerstand seines Gegenspielers *Rudolf von Habsburg. Im Kampf um die babenbergische Erbschaft fiel Ottokar in der Schlacht auf dem Marchfeld (1278). Danach wandte sich B. nach Osten. König *Wenzel II. erhielt auch die polnische Krone und kandidierte, allerdings erfolglos, für die ungarische Königswürde. Auf die Ermordung des letzten Premysliden *Wenzel III. (1308) folgten dreijährige Thronwirren, bis die Krone 1310 auf Johann von Luxemburg überging. Unter den Luxemburgern (bis 1437) und besonders unter König *Karl IV., der auch deutscher Kaiser war, stieg B. zum Rang einer europäischen Macht auf. Der deutschen Ansiedlung, besonders in den Städten, wurden alle Tore geöffnet, das Dorf blieb jedoch unter der Herrschaft des Adels weitgehend slawisch. Karl annektierte Schlesien, befreite die böhmische Kirche durch die päpstliche Erhebung Prags zum Erzbistum von der Abhängigkeit von der deutschen Kirche und gründete 1348 die Universität in Prag. Diese entwickelte sich rasch zum bedeutendsten geistigen Zentrum des Römischen Reiches und zog auch zahlreiche deutsche Studenten an. Von Anfang an war die Universität jedoch Brennpunkt des tschechischen Nationalgefühls. Die Konstitution Karls (*Majestas Carolina*) kam den Traditionen des Landes entgegen und verlieh dem Adel, nicht aber der Bauernschaft, ein gesetzlich

gesichertes Mitspracherecht. Unter Karls Söhnen und Nachfolgern *Wenzel und *Sigmund erstarkte der Adel weiter, B. trat in eine Periode religiöser, sozialer und nationaler Wirren ein. Vorbereitet durch die latente Existenz von *katharischen Lehren, die unterschwelligen antideutschen Gefühle und radikale Prediger vom Schlage eines Milič von Kremsier (gest. 1374) brach die Krise mit dem Auftreten von Johann *Hus aus. Seine Polemik gegen den weltlichen Reichtum der Kirche wurde mitsamt ihrer theologischen Implikationen von Arm und Reich mit Begeisterung aufgenommen. Seine Verurteilung als Ketzer (1415) führte zur Solidarisierung des Adels, und seine Hinrichtung gab das Zeichen für den allgemeinen Aufstand. Seit 1419 gelang es den *Hussiten unter der Führung von Johann *Žiška und *Prokop, Sigmunds Machtübernahme zu verhindern, alle Eroberungsversuche zurückzuschlagen und wiederholt zum Gegenangriff in Deutschland einzudringen. Gleichzeitig war der Hussitenkrieg ein Bürgerkrieg zwischen rivalisierenden wirtschaftlichen und landschaftlichen Gruppen, durch den das Land fast gänzlich ruiniert wurde. Weder Sigmunds Nachfolger *Albrecht (VI.) von Österreich (1437-39) noch der 1457 von den böhmischen Ständen gewählte *Georg Podiebrad konnten bei der fortwährenden Einmischung fremder Mächte den Frieden sichern. 1468 übernahm *Matthias Corvinus von Ungarn die Führung des 1466 von Papst *Pius II. erneut ausgerufenen Hussitenkreuzzugs und fiel in Mähren ein. Zu Ausgang des Mittelalters stand B. unter der politischen Herrschaft Polens.
K. Bosl (Hg.), *Handbuch der Geschichte der böhmischen Länder*, 1967 ff.

BÖHMISCHE BRÜDER Siehe *BRÜDERUNITÄT.

BOILEAU, ETIENNE VON (gest. 1270) Französischer Jurist, Provost von Paris unter *Ludwig IX. Verfasser des *Livre des Métiers* ("Buch der Handwerke"), einer Sammlung der Gesetze und Gewohnheiten der Handwerkszünfte von Paris.

BOINEBROCKE, JAN (gest. um 1286) Kaufmann aus Douai (Flandern). Aus reicher Familie, erweiterte er seine kommerziellen Aktivitäten vom Tuchhandel auf Lebensmittel und Luxusartikel, betrieb selbst den Tuchverlag (also die Produktion), investierte in Geldgeschäften sowie Liegenschaften und wurde einer der führenden Frühkapitalisten in den Niederlanden.
C. Espinas, *Les Origines du Capitalisme: Sire Jehan Boinebroke*, 1933.

BOLESLAW I. (gest. 967) Herzog von Böhmen (929-67). Durch einen antideutschen Aufstand gegen seinen Bruder, den hl. *Wenzel, an die Macht gekommen, besiegte B. die gegen ihn ausgesandten sächsischen und thüringischen Heere und leistete erst nach 950 von *Otto I. persönlich geleitete Strafexpedition die Mannschaft (*hommagium*) und den Treueid (**fidelitas*). Nach der Vertreibung der Ungarn 955 dehnte er seine Macht bis Kleinpolen aus.
K. Bosl (Hg.), *Handbuch der Geschichte der böhmischen Länder* I, 1967.

BOLESLAW II. (gest. 999) Herzog von Böhmen (967-99). Er unterstützte den Aufstand *Heinrichs des Zänkers gegen *Otto II., unterwarf sich aber 982 dem Kaiser und akzeptierte die Ernennung des hl. *Adalbert zum Bischof von Prag.
K. Bosl (Hg.), *Handbuch der Geschichte der böhmischen Länder* I, 1967.

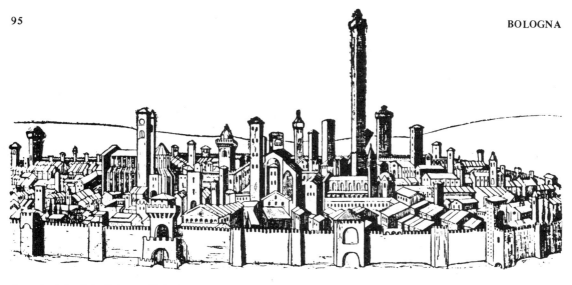

Das mittelalterliche Bologna; Holzschnitt

BOLESLAW III. (gest. 1037) Herzog von Böhmen (999-1003). Unter seiner Regierung wurde Böhmen durch die Ansprüche seiner Stiefbrüder Jaromir und Udalrich auf Herzogswürde in einen Bürgerkrieg gestürzt, den *Boleslaw I. Chrobry von Polen zur Eroberung des Landes ausnützte (1003). B. wurde von dem Eindringling geblendet und verbrachte den Rest seines Lebens in polnischer Gefangenschaft.
K. Bosl, *Handbuch der Geschichte der böhmischen Länder* I, 1967.

BOLESLAW I. CHROBRY ("Der Tapfere"; gest. 1025) Herzog und König von Polen (992/1000-1025). Sohn und Nachfolger von Herzog Miesko I., machte er in einer Reihe von Kriegen das kleine polnische Herzogtum zu einem großen Staat, der im Norden bis zur Ostsee, im Süden bis zu den Karpaten, im Westen bis zur Elbe und im Osten bis zur Wolhynien reichte. 996 eroberte er Pommern, dann die böhmische Stadt Krakau und im Jahre 1000 scheint ihn *Otto III. im Dom zu *Gnesen, der neuen kirchlichen Hauptstadt Polens, zum König gekrönt zu haben. 1003 nützte er den Tod des Kaisers aus und fiel in Deutschland ein, eroberte dann Böhmen und nahm *Boleslaw III. den Herzogstitel. Damit waren alle westslawischen Stämme unter seiner Herrschaft vereint. 1005 zwang ihn jedoch Kaiser *Heinrich II. zur Herausgabe Böhmens. 1018 schlug B. den russischen Prinzen *Jaroslaw und zog in Kiew ein, konnte sich aber nicht in Rußland halten.
H. Ludat, *Reichspolitik und Piastenstaat um die Jahrtausendwende*, in: Saeculum 14, 1963.

BOLESLAW II. ("Der Kühne"; um 1040-83) Herzog und König von Polen (1058/76-1079). Er versuchte, ohne handgreiflichen Erfolg, die nach dem Tod seines Großvaters *Boleslaw I. verlorenen Gebiete in Böhmen wiederzugewinnen. Gegenüber dem *Kiewer Reich betrieb er eine erfolgreiche Politik, die zu Gebietsgewinnen führte. Er nützte den *Investiturstreit aus, um die deutsche Oberhoheit abzuschütteln, und ließ sich 1076 zum König krönen. Seine ungeschickte und oft brutale Politik gegenüber dem polnischen Adel und besonders die Ermordung des Führers der Adelsopposition, Bischof Stanislaw von Krakau, führte zu seiner Exkom-

munizierung durch Papst *Gregor VII. (1079) und einem Aufstand. Er starb im Exil in Ungarn.
G. Rhode, *Kleine Geschichte Polens,* 1965.

BOLESLAW III. ("Schiefmund") Herzog von Polen (1102-38). Seine Regierungszeit war durch den andauernden Krieg gegen Kaiser *Heinrich V. und gegen Böhmen gekennzeichnet. Er eroberte Schlesien, schlug 1109 den Kaiser bei Breslau zurück und begann seine Herrschaft gegen Pommern zu erweitern. Dazu verweigerte er die Anerkennung der deutschen Lehnsherrschaft. Einen Aufstand seiner Vasallen und des slawischen Pommernstammes ließ er in einem Blutbad unterdrücken, das durch die Ausrottung der slawischen Bevölkerung erst die wenig später einsetzende deutsche Ansiedlung in Polen ermöglichte. Gegen Ende seiner Regierungszeit führte er erfolglos Krieg gegen Böhmen und Ungarn. In seinem Testament regelt er die Erbfolge durch ein Teilungs- und Senioratssystem.
G. Rhode, *Kleine Geschichte Polens,* 1965.

BOLESLAW IV. Herzog von Polen (1146-73). Als zweiter Sohn *Boleslaws III. stürzte er seinen Bruder *Wladislaw II. und schlug dessen Beschützer *Konrad III. zur Deutschland zurück. 1157 mußte er sich jedoch dem starken Heer *Friedrich Barbarossas unterwerfen, Schlesien herausgeben und dem Kaiser den Lehnseid schwören.
G. Rhode, *Kleine Geschichte Polens,* 1965.

BOLESLAW V. Herzog von Polen (1227-79). Bei seiner Mündigkeitserklärung (1238) fand er eine leere Staatskasse und einen übermütigen Adel vor. 1240 wurde Schlesien von dem Einfall der *Mongolen verwüstet. Seine Restaurationsmaßnahmen führten zur Verarmung des Bauernstandes und verliehen dem Adel weitere Vorrechte (1260), die diesen praktisch souverän machten.
G. Rhode, *Kleine Geschichte Polens,* 1965.

BOLLANDISTEN Die von Jean Bolland 1629 zur Herausgabe der Acta Sanctorum, einer Biographiereihe aller Heiligen, gegründete Jesuitengesellschaft.

BOLOGNA Norditalienische Stadt, an einem die Apeninnenpässe strategisch beherrschenden Ort gelegen. Im 5. Jh. wurde die Stadt von den *Ostgoten verheert,

im 6. Jh. war sie Teil des byzantinischen Exarchats von
*Ravenna, dann des Langobardenreiches. 753 schenkte
sie *Pippin der Kurze und 774 nochmals *Karl d.Gr.
an den *Kirchenstaat. Unter der bis ins 12. Jh. währenden Regierung der Erzbischöfe war B. praktisch unabhängig. Im 11. Jh. begann das erneute Wachstum der
Stadt, nicht zuletzt dank des europäischen Rufes der
Universität. 1112 erhielt B. den Rang einer freien Stadt
und trat dem *Lombardenbund bei. Im Kampf zwischen
Papst und Kaiser wechselte die Stadt je nach Gelegenheit die Seiten. Im 13. Jh. kam die antistaufische *Guelfenpartei an die Macht, und zwischen 1244 und 1272
wurde ein unehelicher Sohn *Friedrichs II. in der
Stadt gefangengehalten. Im 14.-15. Jh. wechselte die
Macht in der Stadt zwischen der Familie der *Bentivoglio und den mailändischen *Visconti. B. besitzt
eine Fülle von gotischen Bauwerken, von denen der
Dom (13.-14. Jh.), der Statthalterpalast (1201 begonnen), das Rathaus (1290), das Gebäude der Kaufmannsgilde (14. Jh.) und zwei Türme aus dem 12. Jh. her-
vorstechen.

Der höchste Ruhm B.s ist die Universität, die als eine
der ältesten Europas angesehen wird. Die von *Irnerius
um 1100 gegründete Glossatorenschule entwickelte sich
im 12. Jh. zum wichtigsten Zentrum des Studiums
des römischen als auch kanonischen Rechts und zählte
Persönlichkeiten wie *Gratianus und Roland Bandinelli
(Papst *Alexander III.) zu ihren Professoren. 1159
erhielt die Rechtsfakultät von Friedrich Barbarossa ein
Gründungsprivileg (die *Authentica Habita), das Studenten und Lehrer von der weltlichen Gewalt befreite.
Die Artistenfakultät (studium generale) wurde etwa um
die gleiche Zeit gegründet, die Medizinische Fakultät
im 13. Jh. Die Universitätsbibliothek zählte mit 5000
Bänden zu den reichsten Europas.
Studi e memorie per la storia dell'Università di Bologna,
1907ff.;
A. Hessel, Geschichte der Stadt Bologna 1116-1280,
1910.

BONAVENTURA (hl.; Giovanni di Fidanza; 1221-74)
Franziskanermönch und Theologe. Er trat um 1240 dem
*Franziskanerorden bei. Er studierte (1236-42) und
lehrte (1248-55) in Paris. Dabei litt B. unter der Verfolgung der Bettelmönche durch die weltlichen Professoren der Universität und erhielt erst 1257 den Doktor-
tiel. Im gleichen Jahr wurde er zum Generalmeister
seines Ordens ernannt und ging in der Folge streng gegen
die *Joachimiten in den Reihen der Franziskaner vor.
Sein "Leben des hl. Franziskus" wurde zur offiziellen
Biographie des Gründers erklärt, 1271 war er maßgebend an der Wahl *Gregors X. zum Papst beteiligt,
1273 wurde er zum Kardinalbischof von Albano ernannt.

In der Theologie blieb B. dem augustinischen
Denken verhaftete und zeigte wenig Sympathie für den
*Aristotelismus und dessen wichtigsten Vertreter, den
Dominikaner *Thomas von Aquin. B.s Hauptwerke

Darbringung Jesu; *Relief von Jacopo della Quercia am Portal der Basilika von Bologna*

Die Patriarchen; gotische Skulpturen an der Kathedrale von Chartres, Frankreich, 13. Jh.

sind der "Weg der Vernunft zu Gott", in dem er eine mystische Erkenntnistheorie entwickelt, und sein Kommentar zu *Petrus Lombardus.
Werk: *Opera omnia*, 10 Bde., 1882-1902;
K. Ruh, *Bonaventura*, 1956;
E. Gilson, *Die Philosophie des hl. B.*, 1960².

BONCOMPAGNO VON SIGNA (ca. 1165-1240) Professor der Rhetorik in Bologna und einer der angesehensten Vertreter seine Faches. Seine *Rethorica antiqua* und *Rhetorica Novissima* stützten sich ganz auf die ciceronische Tradition und wurden als bedeutender Beitrag zur Erneuerung der lateinischen Sprache angesehen. Außerdem schrieb B. über die Freundschaft, das Alter, die Liebe, die Briefstellerei u.sw. insgesamt 16 Traktate.
C. Sutter, *Aus Leben und Schriften des Magisters B.*, 1894.

BONIFATIUS (hl.; um 673-754) Der Apostel Deutschlands, Bischof und Erzbischof (722-54). Angelsachse von Geburt, Wynfrid genannt,wurde er im Kloster Nursling (bei Southampton) erzogen und ging 715 als Missionar nach Friesland. 717 war er in Rom, wo ihm Papst *Gregor II. den Missionsauftrag für Deutschland erteilte und den römischen Heiligennamen B. verlieh. Er begann seine Mission unter den Hessen sowie Thüringern und gründete die Klöster Amöneburg und Fritzlar. Sein großer Erfolg veranlaßte den Papst, ihn 722 zu einem weiteren Romaufenthalt die Bischofswürde zu verleihen. 732 wurde er zum Erzbischof von Mainz erhoben. Nach *Karl Martells Tod beauftragten ihn des Herrschers Söhne mit der Reform der fränkischen Kirche und stellten ihm ihre weltlichen Machtmittel zur Verfügung. Als Gegenleistung unterstützte er 751 die Entmachtung des letzten *Merowingers *Childerich III. und die Wahl *Pippins, an dem er selbst die Königssalbung vollzog. 754 gab B. alle seine Ämter auf und ging wiederum auf eine Missionsreise nach Friesland, wo er im gleichen Jahr in der Nähe von Dokkum den Märtyrertod fand.
Werk (lat.-dt.): R. Rau, *Die Briefe des B.*, 1968;
Th. Schieffer, *Winfrid-Bonifatius und die christliche Grundlegung Europas*, 1954.

BONIFATIUS I. (hl.; Papst 418-22) Römischer Priester, als Gegenkandidat zu Erzdiakon Eulalius zum Papst gewählt, konnte er sein Amt jedoch erst nach Eingreifen des Kaiser Honorius antreten. Er versuchte. die Autorität Roms über die westlichen Kirchen durchzusetzen.

BONIFATIUS II. (Papst 530-32) Er unterhielt gute Beziehungen zum *ostgotischen Hof in Ravenna und begnügte sich mit seinem Amtsbereich Rom.

BONIFATIUS III. (Papst 607) Vor seiner Wahl war er päpstlicher Botschafter in Konstantinopel und Berater *Gregors I. B. erlangte ein kaiserliches Dekret, in dem der kirchliche Vorrang Roms festgestellt wurde.

BONIFATIUS IV. (hl.; Papst 608-15) Ein großer Förderer des Mönchtums, wurde von *Gregor I. an den päpstlichen Hof berufen und widmete sich als Papst hauptsächlich dem Kirchenbau und der Förderung der Heiligenverehrung.
E. Caspar, *Geschichte des Papsttums* II, 1933.

BONIFATIUS V. (Papst 619-25) Befaßte sich in seinem Pontifikat mit rechtlichen sowie administrativen Fragen wie der Organisation der erstarkten englischen Kirche und der Einführung des Amtes des päpstlichen Notars. Letzteres führte zur Durchbrechung des kaiser-

lich-byzantinischen Monopols der Bewilligung von Notaren und trug im weiteren Verlauf zur Aushöhlung der oströmischen Oberhoheit über den Westen bei.
E. Caspar, *Geschichte des Papsttums* II, 1933.

BONIFATIUS VI. (Papst 896) Römischer Priester, der von Aufständischen nach dem Tod von Papst *Formosus zum Papst erhoben wurde, aber nach 15 Tagen starb.

BONIFATIUS VII. (Franco; Papst 974, 984-85) Er wurde nach dem Tode *Ottos I. von antikaiserlichen römischen Adligen zum Gegenpapst erhoben und ließ seinen Rivalen *Benedikt VI. ermorden. Angesichts des Anrückens deutscher Kräfte floh er nach Konstantinopel. Nach *Ottos II. Tod kehrte er nach Rom zurück, ließ den erwählten Papst *Johann XIV. einsperren und töten und erhob sich zum Papst.
J. Haller, *Das Papsttum* I, 1950.

BONIFATIUS VIII. (Benedikt Gaetani; um 1234-1303; Papst 1294-1303) In Anagni als Sohn der Adelsfamilie Gaetani geboren, studierte er römisches als auch kanonisches Recht und machte sich als Verfasser des *Liber Sextus*, einer Untersuchung des Kirchenrechts des 13. Jh.s, einen Namen. Als Kardinal (seit 1281) erwarb er sich auf Gesandtschaften nach Deutschland und Frankreich diplomatische Erfahrungen. Als Papst sah er in der Wiederherstellung des päpstlichen Vorranges, der Befriedung Europas und der Erneuerung des Kreuzzuggedankens seine Hauptziele, scheute jedoch nicht vor der Bevorzugung seiner Familienangehörigen zurück. Die Fortführung der traditionellen Allianz mit Frankreich und den Angevinen von Neapel scheiterte an seiner Furcht vor den italienischen Plänen *Karls II. von Anjou. In Deutschland konnte er dem *Kurfürsten zerstrittenen *Albrecht von Österreich an seine Seite ziehen und von diesem eine formelle Anerkennung des päpstlichen Rechtes erlangen, den Kaiser zu krönen. Mit Florenz lag B. wegen der päpstlichen Gebietsforderungen in der Toskana im Krieg. Gegen die mächtige römische Adelsfamilie der *Colonna, die unter Berufung auf die fragwürdige Abdankung seines Vorgängers *Cölestins V. die Rechtmäßigkeit seines Pontifikats bestritt, führte er offenen Krieg. Dabei hatte er auch gegen die Propaganda der spirituellen Franziskaner anzukämpfen. Alle diese Konflikte hinderten ihn, sein erklärtes Ziel zu erreichen und Europa den Frieden zu bringen, machten ihn vielmehr selbst zur Partei in der europäischen Machtpolitik. Am schwerwiegendsten zählte dabei sein Zusammenstoß mit König *Philipp IV. von Frankreich, in den drei Phasen zu unterscheiden sind. In den Jahren 1294-96 bestanden zwischen den beiden herzliche Beziehungen, die B. als Vorbedingung für seinen geplanten Kreuzzug Frankreich und England versöhnen wollte. Zwischen 1296 und 1301 verschlechterten sie sich wegen der Frage der königlichen Besteuerung des französischen Klerus. B.s Ansicht, daß nur der Papst eine solche Besteuerung genehmigen könne (Bulle *Clericis Laicos*, 1296) war angesichts der Abhängigkeit des Papstes von Frankreich in den inneritalienischen Konflikten nicht aufrechtzuerhalten. Sein Sieg über die Colonna (1296) und der Erfolg des päpstlichen Jubeljahres 1300, das wahre Heerscharen von Pilgern nach Rom brachte, ermutigten B. in seinem Wunsch, dem Grundsatz der päpstlichen Vorherrschaft erneuten Ausdruck zu verleihen. Die Verhaftung seines engen Freundes Bischof Bernhard Saisset von Pamiers unter dem

Segnung Enochs: Fresko der Abtei St. Savin, Frankreich, 11. Jh.

Papst Bonifatius VIII.; *Skulptur von Arnolfo di Cambio*

Vorwand des Hochverrats führte zur öffentlichen Konfrontation mit dem französischen König, in der beide Widersacher immer schärfere Töne anschlugen. Die letzte Bulle des Papstes (*Unam Sanctam,* 1302) bedrohte den König mit dem Bann, drückte den päpstlichen Anspruch auf Allgewalt über alle politischen Mächte aus und erklärte den Gehorsam gegen den Papst für alle Menschen als heilsnotwendig. Dagegen ließ Philipp auf einer Versammlung der französischen Generalstände den Papst der Ketzerei beschuldigen und auf ein Generalkonzil vorladen. Als *Wilhelm Nogaret, Philipps allmächtiger Berater, und Sciarra Colonna in Anagni dem Papst die Vorladung überreichten, wurde B. tätlich angegriffen und starb vier Wochen später.

Der Konflikt mit Philipp war nicht nur persönlicher Natur, sondern Ausdruck des Zusammenstoßes zweier Ideen, der päpstlichen Universalherrschaft und der nationalen Souveränität der Könige. Nicht B. hat die Forderung nach päpstlicher Allgewalt erfunden. Er hat sie von seinen Vorgängern übernommen und im Eifer des Kampfes aufs schroffste gesteigert. Dagegen hatte der König die reale Macht auf seiner Seite. Die Vertreter der französischen Gesellschaft, des Klerus, Adels und Volkes unterstützten die Handlungen Philipps. Die sozialen und politischen Enwicklungen des 13. Jh.s hatten die nationalen Monarchen gestärkt und der päpstlichen Ideologie den Boden des politischen Macht entzogen, die ein Papst wie *Innozent III. zu Beginn des Jahrhunderts noch besessen hatte. Dies hat B. nicht verstanden, daher seine Niederlage.
H. Finke, *Aus den Tagen Bonifaz' VIII.,* (Neudr.), 1964;

A. Barmhauer, *Philipp der Schöne und Bonifatius VIII. in ihrer Stellung zur französischen Kirche,* 1920;
C. T. Wood, *Philip the Fair and B. VIII,* 1967.
BONIFATIUS IX. (Pietro Tomacelli; um 1345-1404; Papst 1389-1404) Seine kirchliche Karriere fällt in die Zeit der Rückkehr der Päpste nach Rom (1378) und des Beginns des *Großen Schismas. Als Papst konnte B. zwar in Italien seine Autorität durchsetzen und den Kirchenstaat wiedergewinnen (1400), nicht aber das Schisma beilegen. Er schuf sich und dem Papsttum durch den übersteigerten Fiskalismus seines Hofes (*Ablässe) viele Feinde, besonders in Deutschland.
M. Jansen, *Papst Bonifatius IX. und seine Beziehungen zur deutschen Kirche,* 1904;
A. Esch, *Bonifaz IX. und der Kirchenstaat,* 1969.
BONIFAZ VON CANOSSA Markgraf von Tuszien (1030-52). Sohn der Herren von *Canossa, die seit dem 9. Jh. von ihrer Burg aus die Apeninnenübergänge beherrschten, wurde er 1030 von Kaiser *Konrad II. zum Markgrafen von Tuszien ernannt und mit Beatrix, der Tochter Herzog Friedrichs von Oberlothringen, verheiratet. B. war einer der tatenfreudigsten Fürsten seiner Zeit, er ordnete die Situation in der Toskana und förderte die Entwicklung der Städte. Seine Tochter war die berühmte Gräfin *Mathilda.
A. Falce, *Bonifacio di Canossa,* 2 Bde., 1926.
BONIFAZ II. VON MONTFERRAT Markgraf von Montferrat (1188-1207) und König von Thessalonike (1204-07). Sohn des Wilhelm von Montferrat, eines mächtigen Feudalherrn in Norditalien, und der Sophia, Tochter *Friedrich Barbarossas. 1204 wurde er zum Führer des Vierten *Kreuzzugs gewählt, jedoch nach der Eroberung Konstantinopels aus Furcht vor seiner Übermacht zugunsten *Baldwins von Flandern bei der Wahl des Kaisers von Konstantinopel übergangen. Statt dessen erhielt er das Königreich Thessalonike sowie weitere, noch zu erobernde Gebiete in Griechenland und auf dem Balkan. Bis 1205 hatte B. die ihm zugewiesenen Länder bis *Athen erobert, 1207 fiel er in der Schlacht von Mossynopolis gegen die Bulgaren. Von B.
E. Gerland, *Geschichte des lateinischen Kaiserreichs von Konstantinopel* I, 1905.
BONIZO (BONITHO) VON SUTRI (um 1045-95) Bischof von Sutri, später von Piacenza. Als einer der wichtigsten Publizisten der gregorianischen Partei im *Investiturstreit wurde B. zeitweise von *Heinrich IV. gefangengehalten, um 1090 von seinen Feinden gestürzt und geblendet. Er verfaßte das "Buch an einen Freund", in dem er eine parallele Geschichte des Gottes- und des Weltreiches entwirft und schildert, wie die Kirche, gerade wenn sie angegriffen wurde, erstarkte. Von B. stammt auch ein kanonistisches Handbuch "Über das christliche Leben", in dem er u.a. das Idealbild des zeitgenössischen Ritters entwarf.   (Din)
W. Berschin, *B. v. S.* (Diss. Tübingen), 1967.
BONNEUIL, ETIENNE DE (13. Jh.) Französischer Architekt, der unter Peter von *Montreuil, dem Baumeister der Abtei von *St. Denis, arbeitete; er erbaute den gotischen Dom von *Uppsala (Schweden).
BONVESIN DE LA RIPA (um 1240-1314) Italienischer Schriftsteller und Historiker. Er war Verfasser der *De magnalibus urbis Mediolani* (Über die Größe der Stadt Mailand), einer lebensnahen Beschreibung der Bevölkerungsdichte und des Reichtums seiner Heimatstadt zu Beginn des 14. Jh.s.

BORDEAUX Hauptstadt von Aquitanien (Westfrankreich). Nach den Zerstörungen der Völkerwanderungszeit war B. unter den *Westgoten und *Franken von geringer Bedeutung. Erst im 11. Jh., mit der Entwicklung der Pilgerroute nach *Santiago de Compostela, nahm auch die Bedeutung der Stadt als Handelszentrum und gelegentliche Residenz der Herzöge von Aquitanien zu. Die Hochblüte von B. begann mit dem Übergang des Herzogtums an die englischen Könige (1152). B. wurde zum wichtigsten Ausfuhrhafen der Gascogneweine nach England und im 13. Jh., nach dem Verlust von Poitiers, zur Hauptstadt der Herzöge von *Guyenne. Während des *Hundertjährigen Krieges hielt die Stadt den englischen Königen die Treue und wechselte erst nach der Eroberung von 1451 die Farben. Der Übergang an Frankreich (1453) beschnitt jedoch die städtischen Freiheiten, 1458 erhoben sich die Einwohner gegen die Einführung der *Gabelle (Salzsteuer). Die Revolte wurde blutig niedergeschlagen, und die Bürger mußten sich der neuen Regierung fügen. Unter den Baudenkmälern der Stadt sind die romanische Kirche des hl. Kreuzes (12.-13. Jh.) und der gotische Andreasdom (12.-15. Jh.) von Bedeutung. Die Universität wurde 1441 als Ausdruck des örtlichen Separatismus gegründet.
C. Higounet, *Histoire de Bordeaux au Moyen Age*, 1969.
BORGHESANO, FRANCESCO (13. Jh.) Italienischer Erfinder, der 1272 eine Seidenspinnmaschine baute, die vor der Umwelt bis Ende des Mittelalters geheimgehalten wurde.
BORGOGNONI Ärztefamilie aus Bologna. Hugo B. (starb um 1255) und sein Sohn Theoderich (1205-98) benutzten in ihrem Labor regelmäßig Chemikalien wie Arsenoxid, Antimon und Quecksilbersalz zur Herstellung von Arzneimitteln.
J. R. Bartington, *Origin and Development of Applied Chemistry*, 1935.
BORIL Zar der Bulgaren (1207-18). Neffe und Nachfolger von *Kajolan. Er schloß 1208 einen Friedensvertrag mit *Heinrich von Flandern, dem Lateinischen Kaiser von Konstantinopel, und heiratete dessen Tochter. B.s Abhängigkeit von den Lateinern führte zu einer Revolte, die von den russischen Prinzen unterstützt wurde. B. wurde von *Iwan Asen II., dem Sohn Kajolans, abgesetzt, geblendet und starb im Gefängnis.
C. J. Jiriček, *Geschichte der Bulgaren*, 1876.
BORIS I. (gest. 907) Bulgarenkhan (852-89). Er versuchte den Staat der *Bulgaren auf dem Balkan zu festigen, konnte jedoch nicht alle südslawischen Stämme vereinigen. Im Jahre 864 ließ er sich taufen, widerstand aber den griechischen Versuchen, Bulgarien auf kirchlichem Gebiet zu annektieren, und errichtete 869 das unabhängige Erzbistum von *Tirnowo. Er förderte die christliche Mission in Bulgarien und umgab sich mit Mönchen und Priestern. 889 dankte er ab und zog sich in ein Kloster zurück.
C. J. Jiriček, *Geschichte der Bulgaren*, 1876.
BORIS II. (944-79) Zar von Bulgarien (969-72). Er versuchte den Frieden mit dem mächtigen byzantinischen Reich zu bewahren, wurde aber 972 von Kaiser *Johannes Tzimiskes zur Abdankung gezwungen.
BORIS UND GLEB (hl.; gest. 1015) Söhne des Fürsten Wladimir I. von Kiew, die von ihrem Halbbruder Swatopolk aus politischen Gründen getötet wurden. 1039 heiliggesprochen, gehörten sie zu den beliebtesten russischen Heiligen. (Din)

BORIWOJ (starb 902) Herzog von Böhmen (892-902) und erster christlicher Herrscher des Landes. Er wurde von den mährischen Missionären des *Methodius 894 getauft und öffnete sein Land den mährisch-byzantinischen Einflüssen.
BORNA (gest. 821) Herzog der Kroaten, führte er seinen Stamm in die Gegend des heutigen Kroatien und Dalmatien. Im Jahre 818 stieß er mit den Franken zusammen.
BORNHÖLM Insel in der Ostsee, der Tradition und archäologischen Zeugnissen nach das Ursprungsland der *burgundischen Stämme (2. Jh. v. Chr.) und im 3.-9. Jh. eine unabhängige und wohlhabende Wikingersiedlung. Im 10. Jh. kam B. unter schwedischen Einfluß, und im 12. Jh. wurden auf der Insel wehrhafte Rundkirchen erbaut, die noch bestehen. Vom ausgehenden 12. Jh. bis zum ausgehenden 15. Jh. war B. Teil Schwedens, danach kam es unter hansischen Einfluß, nachdem bereits im 14. Jh. eine Niederlassung von deutschen Kaufleuten errichtet worden war.
H. Jankuhn, *Typen und Funktionen vor- und frühwikingerzeitlicher Handelsplätze im Ostseegebiet*, 1971.
BOROUGH Siehe *BURG, *STADT.
BOROUGH-ENGLISH Bezeichnung für den altenglischen Brauch des Letztgeburtsrechts, wonach der gesamte Landbesitz vom jüngsten Sohn geerbt wurde. Das B. war unter den unfreien Bauern der *angelsächsischen und auch der normannischen Periode üblich.
J. E. A. Jolliffe, *The Constitutional History of Medieval England*, 1961.
BOSO König von Niederburgund (879-87). Sohn einer fränkischen Adelsfamilie, Schwager *Karls d. Kahlen und Schwiegersohn Kaiser *Ludwigs II. Mit Hilfe seines Schwagers wurde er Statthalter von *Aquitanien (871) und Graf von *Bourges (875) sowie Statthalter in Italien. Als einer der wichtigsten Berater König *Ludwigs II. nahm er 879 an der Regentschaft teil und sicherte die Krönung der Königssöhne *Ludwig III. und *Karlmann. Im Herbst desselben Jahres verließ er den Hof, machte sich zum Herr des niederburgundischen Königreichs der Provence, rief sich zum König aus und verteidigte sein Reich erfolgreich gegen König Karlmann. Sein Sohn und Nachfolger *Ludwig der Blinde wurde als erster Nichtkarolinger Kaiser des Römischen Reiches.
F. Seemann, *Boso von Niederburgund*, 1911.
BOTANIK Die mittelalterliche B. wurde von den Werken der Antike und besonders der Naturgeschichte des älteren Plinius (1. Jh. v. Chr.) wesentlich beeinflußt. Sie befaßte sich hauptsächlich mit der Einteilung der Pflanzen und ihren Eigenschaften. Im Frühmittelalter waren *Isidor von Sevilla, *Beda und der Pseudo-Apuleius an den medizinischen Eigenschaften der Pflanzen interessiert. Das Pflanzenbuch des Rufinus (9. Jh.) faßte das botanische Wissen der Zeit zusammen, im 10. Jh. verfaßte Achmad Ibn Wukaschie ein Pflanzenlexikon. Im 13. Jh. diente das pseudoaristotelische "Pflanzen- und Gemüsebuch" als wichtigste Autorität auf dem Gebiet der B. Wissenschaftler wie Roger *Bacon und *Albert de Gr. gingen jedoch schon über die Wiederholung des antiken Wissens hinaus und veröffentlichten ihre eigenen Beobachtungen. 1287 erschien eine zweite genauere Ausgabe des rufinischen Pflanzenbuches. Im ganzen blieb jedoch die mittelalterliche B. der Erforschung der medizinischen Anwendungen verhaftet.
H. W. K. Fischer, *Mittelalterliche Pflanzenkunde*, 1929.

BOUCHARD, WILHELM (13. Jh.) Französischer Goldschmied, der in der Mitte des 13. Jh.s am Hof des *mongolischen Großkhans in Karakorum tätig war.

BOUCIQUAUT, JEAN (Jean Meingre; gest. 1367) Marschall von Frankreich und einer der Generäle König *Johanns II. 1360-62 führte er die Friedensverhandlungen von *Bretigny.

BOUCIQUAUT, JEAN (II.) (1366-1421) Sohn des Jean *B. und Marschall von Frankreich seit 1391. 1382 zeichnete er sich in der Schlacht von *Roosebeke aus, 1396 wurde er auf dem Kreuzzug von *Nikopolis gefangengenommen und kämpfte nach seiner Freilassung von Konstantinopel gegen *Bajazid I. Nach seiner Rückkehr nach Frankreich zeichnete er sich als Statthalter von Genua aus (1401-09). 1415 fiel er in der Schlacht von *Azincourt wieder in Gefangenschaft und starb 1421 in englischer Haft.

BOUILLON Hochmittelalterliches Herzogtum an der heutigen belgisch-französischen Grenze. B. entstand im 8. Jh. als eine kleine Feudalherrschaft, die bis zum 11. Jh. von den Herzögen von Niederlothringen lehnsrechtlich abhängig war. Kaiser *Heinrich IV. machte die Herren von B. zu direkten kaiserlichen Vasallen und erhob 1093 *Gottfried von B. zum Herzog. Mit Gottfrieds Auszug zum Ersten *Kreuzzug (1096) ging die Herrschaft an die Bischöfe von Lüttich über, in deren Händen sie bis zum 15. Jh. verblieb.
J. F. Ozeray, *Histoire de la ville et du duche de Bouillon*, 1864.

BOULOGNE Nordwestfranzösische Stadt an der Kanalküste. Die alte gallo-römische Siedlung und Festung war im Frühmittelalter kaum mehr als ein kleines Fischerdorf. Im 7. Jh. erreichte es einigen Ruhm als Marienwallfahrtsort, unter *Karl d.Gr. wurde die Festung zur Abwehr der *normannischen Angriffe neu erbaut. Mit dem Niedergang der Karolingermacht kam die Grafschaft von B. unter die Oberhoheit der Grafen von *Flandern. Im späten 11. Jh. erbte ein Mitglied der Grafenfamilie das Herzogtum *Bouillon und erlangte unter dem Namen *Gottfried von Bouillon weltweiten Ruhm als Führer des Ersten *Kreuzzugs. Sein Bruder *Baldwin war der erste lateinische Herrscher von Jerusalem. Ein anderer Zweig der Familie verheiratete sich im 12. Jh. mit dem englischen Königshaus. Im Spätmittelalter war B. ein wichtiger Kanalhafen und Zankapfel zwischen England und Frankreich. Nach dem Zerfall des burgundischen Staates *Karls d. Kühnen (1477) ging B. an Frankreich über.
P. Héliot, *Histoire de B.*, 1937.

BOURBON Feudalherrschaft und Herzogtum in Mittelfrankreich. Die Grundherrschaft B. entwickelte sich im 10. Jh. im Südosten der Grafschaft *Bourges um die Burg von Bourbon L'Archambault, das Zentrum einer intensiven Kolonisationstätigkeit, in deren Verlauf sich zahlreiche Neusiedler aus den umgebenden Provinzen in der entforsteten Region von B. ansiedelten. Die wachsende politische Bedeutung B.s fand 1317 in der Erhebung zum Herzogtum seinen Ausdruck. Die Stadt Moulins entwickelte sich zum Handelszentrum der Provinz und diente als Residenzstadt des herzöglichen Hofes.
M. Fazy, *Les origines du Bourbonnais*, 2 Bde., 1924.

BOURBON Bezeichnung der Herrscherfamilien des Herzogtums *Bourbon. Die erste Dynastie wurde im ausgehenden 9. Jh. von Aymard von B.-Archambault,

einem Adeligen anscheinend aquitanischer Herkunft, gegründet. Zu Beginn waren die B. Lehnsleute der Grafen von *Bourges, im 10. Jh. wurden sie direkte Vasallen der *Kapetingerkönige Frankreichs. Nach Erlöschen der ersten Dynastie B. gingen die Herrschaft und der Titel 1198 durch Heirat an Guido (Guy) von Dampierre, einen der treuesten Anhänger *Philipps II. Augustus, über. Unter den Dampierre erlebte B. eine wirtschaftliche und politische Hochblüte. Die Herren von B. stiegen durch Königsdienst und Heiraten in den Rang des Hochadels auf. 1276 kam B. durch Heirat an *Robert von Clermont, den Sohn König Ludwigs IX. Damit begann die Herrschaft der kapetingischen Dynastie von B., die 1327 in den Herzogstand erhoben wurde und zu Ausgang des 16. Jh.s die französische Königswürde übernahm.
M. Fazy, *Les origines du Bourbonnais*, 2 Bde., 1924.

BOURGES Mittelfranzösische Stadt und Hauptstadt der Provinz *Berry. Im Frühmittelalter lag die Herrschaft über die Stadt in den Händen der Erzbischöfe. Erst unter dem Druck der *normannischen Einfälle ernannte *Karl der Kahle einen Grafen und verlieh 871 Stadt sowie Grafschaft an seinen Schwager *Boso. 878 wurde B. von den Normannen verheert, gegen Ende des 9. Jh.s begann unter der Leitung der Vicomtes der Wiederaufbau. Der letzte Sproß der Vicomtefamilie, Eudes-Harpin, verkaufte die Stadt an *Philipp I. von Frankreich, um seinen Auszug nach Jerusalem (1096) zu finanzieren. Im 12. Jh. entwickelte sich die Stadt zu einem wichtigen Handelszentrum und erreichte unter der Regierung des Herzogs Johann von Berry (1360-1418) den Höhepunkt ihres Wohlstands. Zahlreiche begüterte Pariser, darunter auch Jakob *Coeur, bauten sich im ruhigen B. erlesene Privathäuser. In dieser Zeit entstanden auch durch die Bautätigkeit der Könige und Erzbischöfe außergewöhnliche schöne gotische Gemeinbauten. Die querschifflose Kathedrale Saint-Etienne zählt zu den bedeutendsten Werken gotischer Architektur. Im 15. Jh. wurden in B. mehrere Konzile der französischen Kirche abgehalten, von denen die Nationalsynode von 1438 mit der *Pragmatischen Sanktion von B. die berühmteste ist.
L. Raynal, *Bourges et ses antiquités*, 1899;
D. Claude, *Topographie und Verfassung der Städte B. und Poitiers bis in das 11. Jh.*, 1960.

BOURGUIGNONEN Französische Adelspartei, die Anhänger des Herzogs von Burgund, *Johann ohne Furcht, in dessen Kampf gegen die Herzöge von *Orléans und *Armagnac um die Vorherrschaft in Frankreich. Neben einem Großteil des französischen Adels wurde Johann auch von der Hofpartei der Königin Isabella von Bayern, der Pariser *Sorbonneuniversität und der Pariser Bevölkerung unterstützt. Zwischen 1404 und 1414 wurde der Kampf hauptsächlich in den Straßen von Paris mit gegenseitigen Greueltaten ausgetragen. Nach 1414 stellten sich die B. auf die Seite des englisch-burgundischen Bündnisses und wurden in Frankreich als Verräter angesehen.
J. D'Avout, *La querelle des Armagnacs et des Bourguignons*, 1943.

BOUVIER, GILLES LE (1386-1457) Herold des Herzogs von Berry. Er verfaßte Berichte über seine ausgedehnten Reisen in der Form geographischer Länderbeschreibungen sowie eine Biographie *Karls VII. und ein heraldisches Handbuch.

BOUVINES, SCHLACHT BEI (1214) Die Entscheidungsschlacht im englisch-französischen Krieg, der 1202 in der Normandie begonnen hatte, entscheidend auch für den deutschen Kronstreit zwischen *Friedrich II. und *Otto IV. Der französische Sieg führte zur Eroberung der Normandie, Anjous als auch Tourraines und löste die Revolte der englischen Barone gegen König *Johann ohne Land aus. Johanns Neffe und Verbündeter Otto IV. verlor den deutschen Thron an Friedrich II., den Verbündeten König *Philipps II. von Frankreich.
A. Cartellieri, *Die Schlacht bei Bouvines im Rahmen der europäischen Geschichte*, 1914;
G. Duby, *Le Dimanche de B.*, 1973.

BOVARIUS (Bouvier, "Ochsenführer") Die bessergestellte Gruppe unter den hörigen Bauern auf den mittelalterlichen Grundherrschaften, die seit dem 10. Jh. infolge der wachsenden Bedeutung des von Ochsen gezogenen schweren Pfluges an sozialem und wirtschaftlichem Ansehen gewann.

BRABANT Provinz Belgiens, im Mittelalter ein Herzogtum im Rahmen des Römischen Reichs. B. wird als eigene politische Einheit (*pagus*) zum ersten Mal im Jahre 870 genannt. Im 10. Jh. gehörte es zum Herzogtum Niederlothringen, seit dem 11. Jh. wurde es von den Grafen von Löwen regiert, die sich seit 1106 Herzöge nannten. Im 12. Jh. profitierte die gesamte Region vom Wirtschaftsaufschwung der Textilstädte Brüssel, Löwen und Antwerpen. 1355 ging B. durch Heirat an Wenzel von Luxemburg, den jüngeren Bruder Kaiser *Karls IV., über. Die Stände erhielten in dieser Periode weitgehende Freiheiten, in den Städten ging die Regierung auf die Gilden der Textilverleger über. Nach Wenzels Tod (1388) kam in B. ein Nebenzweig der burgundischen Fürstenfamilie, 1430 die burgundische Hauptdynastie an die Macht. Seit dem Ende des 14. Jh.s ist die Geschichte B.s die Burgunds.
P. J. Blok, *Geschichte der Niederlande*, 1902ff.;
M. Martens, *L'Administration du domaine ducal en B. au Moyen Âge*, 1954.

BRABANZONEN Die aus *Brabant stammenden Söldner, die sich im 12. Jh. in den englischen, deutschen als auch französischen Heeren verdingten und nach ihrer Entlassung als Räuberbanden Furcht und Schrecken erregten.
H. Grundmann, *Rotten und B.*, in: Deutsches Archiv 5, 1942.

BRACTON, HENRY VON (gest. 1268) Englischer Jurist. Sohn einer niedrigen Adelsfamilie, diente seit 1245 als reisender *Richter in Südwestengland und 1267 als Mitglied einer Kommission zur Untersuchung der Beschwerden der Anhänger Simon von *Montforts, deren Güter konfisziert wurden. Bis 1258 schrieb B. an seinem Buch *De Legibus et Consuetudinibus Angliae* (Über die Rechte und Gebräuche Englands). Das fünfteilige Werk behandelt die gesamten Probleme der englischen Rechtsprechung der Zeit aus einer intimen Kenntnis des Feudal- und Gewohnheitsrechts, das sich seit der angelsächsischen Zeit und besonders seit der normannischen Eroberung entwickelt hatte. Es stellt daher eine erstklassige Quelle zum Studium der Rechts- und Verfassungsgeschichte Englands dar und diente bis ins 18. Jh. als Handbuch des englischen *Common Law*.
W. v. Thadden, geb. Fesefeldt, *Englische Staatstheorie des 13. Jh.s: Henry de Bracton und sein Werk*, 1962.

BRADWARINE, THOMAS (um 1290-1349) Englischer Theologe und Naturwissenschaftler. Zunächst war er Kaplan des Bischofs von Durham, ab 1337 Beichtvater König *Eduards III., 1349 Erzbischof von Canterbury. In seinen theologischen Werken, die u.a. *Wyclyf beeinflußten, vertritt B. eine antipelagianische Prädestinationslehre; in seinen bedeutenden naturwissenschaftlichen Schriften (bes. zur Bewegungslehre) geht er über Aristoteles hinaus.
H. A. Obermann, *Archbishop T. B.*, 1957.

BRAGA Portugiesische Stadt und Grafschaft. Sie wurde 712 von den Arabern, 1040 von Kastilien erobert. Danach war sie Sitz einer Grafschaft und 1130 erste Hauptstadt Portugals.

BRANDENBURG Grenzmark und später Fürstentum zwischen Elbe und Oder. B. war Heimat der germanischen Semnonen, Langobarden, Wandalen und Burgunder und seit dem 5. Jh. Siedlungsgebiet slawischer Gruppen, von denen die *Wenden am mächtigsten waren. Ihre Hauptstadt Branibor wurde 928/29 von König *Heinrich I. erobert, fiel aber durch den Slawenaufstand von 983 wieder an die heidnischen Wenden zurück. Von den deutschen Eroberungen erhielt sich nur der nordwestliche Teil des Wendenlandes, wo *Otto II. in Verbindung mit dem Herzogtum Sachsen die Nordmark gegründet hatte. 1134 verlieh Kaiser Lothar die Mark an seinen Verwandten *Albrecht d. Bären, Begründer der *Askanierdynastie in B., der bis 1320 herrschte. Unter den Askaniern breitete sich die Nordmark nach Osten aus, die Wenden wurden zum Teil ausgerottet und zum Teil assimiliert, Branibor wurde als deutsche Stadt auf B. umgetauft (1170). Der Fall *Heinrichs d. Löwen befreite die Markgrafen von den Herzögen von Sachsen, ihren mächtigen Nachbarn und Lehnsherren. B. konnte damit lehnsrechtlich direkt an das Reich gebunden werden. Die Markgrafen stiegen in den Stand der Reichsfürsten auf und wurden gegen Ende des 13. Jh.s ins *Kurfürstenkollegium aufgenommen. Zum gleichen Zeitpunkt war auch die Germanisierung des östlichen Teile B.s abgeschlossen. Nach dem Aussterben der Askanier (1320) ernannte Kaiser *Ludwig IV. seinen Sohn Ludwig von Wittelsbach zum Markgrafen, dieser konnte sich jedoch nicht gegen die einheimischen Adeligen und die umliegenden Fürstentümer durchsetzen. Auch Otto von Wittelsbach wurde der inneren Wirren nicht Herr und mußte 1365 die Herrschaft an Kaiser *Karl IV. übergeben. Dieser verlieh sie seinem jüngeren Sohn *Sigmund von Luxemburg. Sigmund stellte in seiner langen Regierungszeit als Markgraf (1378-1411) die Ordnung und Wohlhabenheit des Landes wieder her. Gleichzeitig traten aber die brandenburgischen Interessen hinter den weiten politischen Horizont des Luxemburgerreiches zurück. Nach seiner Königswahl (1411) verlieh Sigmund B. 1415 an seinen Freund und Bundesgenossen, den Burggrafen von Nürnberg, Friedrich von Zollern. Das neue Herrscherhaus (bis 1918) nahm die askanische Politik der territorialen Expansion wieder auf und schuf einen sozial streng gegliederten und politisch disziplinierten Staat. Kurfürst Friedrich II. nahm dem Adel den Großteil seiner Vorrechte, *Albrecht Achilles baute die Gerichts- und Finanzordnung aus. Gegen Ende des 15. Jh.s wurde in Frankfurt an der Oder eine Universität gegründet. B. war am Ende des Mittelalters das bestregierte Fürstentum Deutschlands. Die Kurfürsten griffen häufig in die

Angelegenheiten des schwachen polnischen Staates ein und hielten mit dem Großmeisteramt des *Deutschherrenordens eine Schlüsselposition in der Hand, die im 16. Jh. zur Vereinigung B.s mit Preußen ausgenützt werden sollte.

J. Schultze, *Die Mark Brandenburg*, 5 Bde., 1961-68; H. Herzfeld (Hg.), *Geschichten von B. und Berlin*, 1968ff.

BRANIMIR (9. Jh.) Kroatenführer. Er vereinigte die Kroaten unter seiner Herrschaft und förderte die Verbreitung des Christentums, setzte die Eroberung Dalmatiens von Byzanz fort und verhandelte 879 mit Rom über die Einführung des lateinischen Ritus. Venedig wurde von ihm zur See besiegt und tributpflichtig gemacht.

F. von Sisic, *Geschichte der Kroaten*, 1917.

BRAULIO (hl.; Bischof von Saragossa um 630) Er war Schüler und enger Mitarbeiter *Isidors von Sevilla, dessen Werke er edierte und kommentierte. Von ihm sind u.a. 44 Briefe und ein Hymnus erhalten.

Werk: *PL* 80.

BRAUNSCHWEIG Sächsische Stadt, 961 als Kaufmannssiedlung gegründet. In der zweiten Hälfte des 12. Jh.s baute *Heinrich der Löwe am Ort eine Burg und stellte vor ihr die Plastik des "Braunschweiger Löwen", seines Wappentiers, auf (1166). 1227 erhielt B. das Stadtrecht und trat um die gleiche Zeit der *Hanse bei. Der Höhepunkt der wirtschaftlichen Entwicklung der Stadt fällt in das 15. Jh. Das Selbstbewußtsein der Stadtbürger fand seinen architektonischen Ausdruck in dem den Konturen des herzöglichen Schlosses nachgebauten Rathaus (14. Jh.) und den reichen Bürgerhäusern der Stadt.

H. Dürre, *Geschichte der Stadt Braunschweig im Mittelalter*, 1875.

BRAUNSCHWEIG Herzogtum in Nordsachsen. 1180 wurde es aus den in den Händen *Heinrichs d. Löwen verbliebenen Gütern geschaffen und 1235 von Friedrich II. offiziell für Otto das Kind, den Enkel Heinrichs, als Herzogtum anerkannt. Nach Ottos Tod (1252) wurde B. in mehrere Territorien aufgeteilt und verlor im Laufe des Spätmittelalters seine Identität als politische Einheit.

O. Hochstein, *Geschichte des Herzogtums Braunschweig*, 1908.

BREISGAU Südwestdeutsche Grafschaft. Im 10. Jh. wurde sie im Rahmen des Herzogtums *Schwaben an die *Zähringer verliehen. Diese machten den B. zur Basis ihrer Machtposition im 12./13. Jh. und verliehen der Gegend durch ihre kolonisatorischen Bemühungen und Städtegründungen (Freiburg im B.) Wohlstand. Im Jahre 1272 nahm *Rudolf von Habsburg den B. zu den Familiengütern seines Hauses, wo er bis 1801 verblieb.

K. S. Bader, *Der deutsche Südwesten in seiner territorialstaatlichen Entwicklung*, 1950.

BREMEN Norddeutsche Stadt am Beginn der Wesermündung. 787 errichtete *Karl d.Gr. in B. ein Bistum, dessen Haupt *Ansgar im 9. Jh. in der skandinavischen Mission tätig war. 845 wurde es zum Erzbistum erhoben, 967 verlieh *Otto I. dem Erzbischof die Grafschaft von B. und schuf damit ein kirchliches Fürstentum im Herzen des Herzogtums *Sachsen. Zur gleichen Zeit schloß der Papst Dänemark, Schweden, Norwegen, Island und später auch Grönland in die Jurisdiktion des Erzbistums ein. Die Stadt begann sich um diese Zeit als Handelszentrum und Hafen zu entwickeln (965 Markt-

privileg). Im 12. Jh. verloren die Erzbischöfe von B. durch die Errichtung von nationalen Erzbistümern in Skandinavien ihre politische und kirchliche Bedeutung. Gleichzeitig erstarkte die im Nord- und Ostseehandel reich gewordenen Bürgerschaft auch politisch. 1186 verlieh *Friedrich Barbarossa der Stadt Handelsprivilegien und legte mit der Erlaubnis zur Selbstwahl des Rates den Grundstein für den Emanzipationsprozeß von der erzbischöflichen Herrschaft. 1276 trat B. der Hanse bei, die Stadtregierung lag in den Händen der patrizischen Vereinigung der Seekaufleute. 1285 eröffnete eine demokratische Revolution den anderen Kaufleuten und den Handwerkern den Zugang zum Rat. Die Hanse reagierte mit Ausschluß der Stadt, bis 1358 die patrizische Verfassung wieder hergestellt wurde. 1427 gelang den niederen Zünften wiederum die Machtergreifung, die Stadt wurde bis zur aristokratischen Reaktion (1433) wiederum von der Hanse suspendiert. Der großzügige Umbau des Stadtzentrums und die Erweiterung der Mauern im 14./15. Jh. bezeugen die wirtschaftliche Blüte Bremens.

H. Tiedemann, *Abriß der Geschichte Bremens*, 1954; S. Glaeske, *Die Erzbischöfe von Hamburg-Bremen*, 1962.

BRESCIA Norditalienische Stadt. Die mittelalterliche Siedlung wurde im 6. Jh. am Ort der 452 von den *Hunnen zerstörten römischen Stadt gegründet. Sie diente erst als Zentrum eines *langobardischen Fürstentums und im 9. Jh. als fränkische Grafschaft. Im 12. Jh. nahm B. im Rahmen des *Lombardenbundes an den norditalienischen Konflikten teil. Mit der Auflösung des Bundes und der fortschreitenden Territorienbildung der italienischen Großstädte mußte die Stadt um ihre Unabhängigkeit kämpfen. 1426 wurde sie endgültig von *Venedig erobert. Gleichzeitig war das Spätmittelalter eine Zeit des wirtschaftlichen Aufschwungs der Stadt, hauptsächlich in der Seiden- und Glasproduktion.

C. Treccani degli Alfieru (Hg.), *Storia di Brescia*, 4 Bde., 1961-64.

BRESLAU (WROCLAW) Stadt in Schlesien. Im 8. Jh. wurde der Ort von Slawen besiedelt. Die Wrotitzla genannte Burg wurde Mittelpunkt der von den *böhmischen Herzögen gegründeten Stadt. Zwischen dem ausgehenden 10. Jh. und 1157 gehörte B. zur Krondomäne der polnischen *Piasten. *Friedrich Barbarossa zwang 1157 den polnischen König, Schlesien mit B. auszuliefern, und verlieh die Stadt an die Söhne des 1146 gestürzten *Ladislaus. Zu diesem Zeitpunkt hatte B. infolge der deutschen Ostbewegung bereits seinen polnischen Charakter verloren. 1241 wurde die in Holz gebaute Altstadt von den *Mongolen verbrannt und in der Folge in kurzer Zeit neu aufgebaut. 1261 erhielt die Bürgerschaft das deutsche Stadtrecht nach dem Muster von *Magdeburg. 1294 trat B. der *Hanse bei, 1355 kam es nach Aussterben der Piastendynastie an das Königreich Böhmen. Die Luxemburger bauten das Stadtzentrum, mit Ausnahme des aus dem 13. Jh. stammenden Domes, völlig um. Das Rathaus gilt als erlesenes Beispiel der deutschen Spätgotik.

Beiträge zur Geschichte der Stadt Breslau 1-11, 1935-40; H. Aubin, *Antlitz und geschichtliche Individualität Breslaus*, 1964.

BRETAGNE Nordfranzösische Provinz. Ab dem 5. Jh. ließen sich die aus Britannien verdrängten keltischen Briten in der alten römischen Provinz Armorica nieder und verliehen ihr den neuen Namen B. Die Briten waren

Seite aus einem katalanischen Brevier; Bilderhandschrift des 15. Jh.s

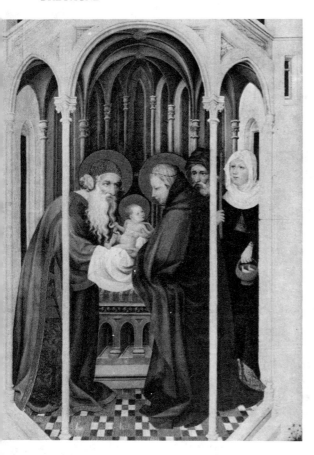

Die Darbringung im Tempel *von Broederlam*

zu dieser Zeit durch die dichten Wälder von Maine von den *Franken abgeschlossen und konnten ihre Sprache und Gebräuche erhalten. Bis zum 8. Jh. war die Kirche die einzige vereinende Kraft unter den bretonischen Stämmen. Allmählich erweiterten die Herren von *Dol (Nordosten der B.) ihren Machtbereich und vereinigten die Briten im Kampf gegen die Franken. *Roland wurde zwar von *Karl d.Gr. zum Grafen der sog. bretonischen *Mark eingesetzt, beherrschte aber nur ein verhältnismäßig kleines Gebiet. Der Höhepunkt der bretonischen Macht fällt ins 9. Jh. Durch die *normannischen Einfälle aufgeschreckt, wählten die Briten 826 den Nominoe, Grafen von Vannes, zu ihrem Herzog. Dieser verteidigte sein Land erfolgreich gegen die Eindringlinge, rief sich zum König aus, schlug *Karl d. Kahlen (845) und eroberte einen Großteil des fränkischen *Neustriens. Sein Sohn Erispoe (851-66) führte die Eroberungszüge seines Vaters fort. Sein Nachfolger Salomon nahm Teile der Normandie, wurde aber im Osten durch *Robert d. Starken von Tours zum Stehen gebracht. Die erneuten Einfälle der Normannen im 11. Jh. führten zum Fall der Nominoedynastie. An ihre Stelle traten die Grafen von Rennes, welche der Expansionspolitik den Rücken kehrten und Vasallen der Herzöge der Normandie wurden. Im 12. Jh. erweiterte sich die Rivalität

zwischen den Grafenfamilien von Rennes und Nantes zu einem umfassenden Bürgerkrieg. Gleichzeitig wuchsen die östlichen, französisch beeinflußten Gebiete und die ethnisch rein bretonischen Gegenden der Halbinsel auch kulturell auseinander. 1171 kam das Herzogtum der B. durch Heirat an die *Angevinendynastie von England. 1203 wurde Herzog *Arthur von König *Johann ohne Land ermordet, und die Bretagne ging an Peter von Dreux über, ein Mitglied des *Kapetingerhauses. Die zweite Hälfte des 12. Jh.s war für die Schiffahrt und die Landwirtschaft der B. eine Zeit der stürmischen Entwicklung. 1171 führte Herzog Geoffrey mit seiner *Assise die feudale Verwaltungsstruktur des normannischen Englands in der B. ein. Dieses System wurde auch von dem Haus Dreux beibehalten, daneben wuchs der von den Bischöfen und dem Herzogshof getragene französische Einfluß. Nach dem Aussterben der Dreux (1341) kämpften die Häuser Montfort und Penthievre um das herzogliche Erbe, gleichzeitig wurde die B. in den *Hundertjährigen Krieg hineingezogen. Eine Kompromißlösung brachte 1365 die Monforts an die Macht. Diese regierten mit wechselnder Parteinahme im Hundertjährigen Krieg., versorgten u.a. die französischen Heere mit Soldaten und Generälen wie Bertrand *Duguesclin, und führten französische Institutionen wie die Generalstaaten ein. 1414 wurde in Nantes eine Universität gegründet. Nach dem Aussterben der männlichen Herzogslinie (1488) ging die B. durch die Heirat der Erbin Anne mit *Karl VIII. an Frankreich über.
M. Planiol, *Histoire des institutions de la Bretagne*, 3 Bde., 1953-54;
E. Durtelle de Saint-Sauveur, *Histoire de la Bretagne*, 2 Bde., 1957[4].
BRETIGNY, VERTRAG VON (1360) Der Abschluß der ersten Phase des *Hundertjährigen Krieges nach den französischen Niederlagen von *Crecy und *Poitiers und der Erschöpfung beider Seiten, auch infolge des *Schwarzen Todes. Der Vertrag von B. (südöstlich von Chartres) setzte den Verzicht König *Edwards III. von England auf die französische Krone fest und zum anderen seine volle und lehensfreie Herrschaft über Aquitanien sowie ein Lösegeld in der Höhe von drei Millionen Goldtalern zur Freilassung des gefangenen französischen Königs *Johann II. Der Vertrag blieb nur bis 1369 in Kraft.
BREVIARIUM ALARICANUM Eine von König *Alarich II. für die Römer des *Westgotenreichs zusammengestellte und 506 auf dem Konzil von Agde für rechtsgültig erklärte Abkürzung des *Codex Theodosianus*.
M. Conrat, *Breviarium Alaricanum*, 1903.
BREVIER (lat. breviarium, kurzes Verzeichnis) Das Liturgiebuch der Pflichtgebete des Welt- und Ordensklerus mit dem bei der Hl. Messe vorzutragenden Chorgebet. Ursprünglich enthielt das B. nur Psalmen und Bibellesungen, im 6. Jh. wurden Hymnen hinzugefügt, und die gesamte Liturgieordnung wurde in tägliche, sonntägliche und feiertägliche Teile aufgeteilt. Im 8. Jh. wurden auch die Stundengebete eingeführt (Morgen-, Mittags- und Abendgebet). Im Spätmittelalter oft auch Auszüge aus Heiligenviten.
S. Bäumer, *Geschichte des Breviers*, 1895.
BRIENNE Grafschaft in der Champagne (Ostfrankreich), im 9. Jh. durch die Aufteilung des merowingischen Pagus von Brenois geschaffen. Im 10. und 11. Jh.

verloren die Grafen von B. an Macht und wurden zu
Vasallen der Grafen von Troyes. Im 12. Jh. konnten sie
jedoch einen Großteil der verlorenen Gebiete wieder-
gewinnen und bauten durch ihre Teilnahme an den
*Kreuzzügen den Ruhm ihrer Familie auf. *Johann von
B. wurde 1210 König von Jerusalem und 1231 Kaiser
von Konstantinopel. Im 14. Jh. waren *Walter V. und
Walter VI. Herzöge von *Athen.

BRIGITTAORDEN (Birgittaorden, Erlöserorden)
Mönchs- und Nonnenorden, 1346 von der hl. *Birgitta
von Schweden gegründet. Die Angehörigen des Ordens
lebten getrennt in einem gemeinsamen Kloster und durften private Bücher besitzen. Sie waren der Äbtissin untergeordnet. Im 14. und 15. Jahrhundert verbreitete
sich der Orden über ganz Europa. Die *Brigittinnen*
dagegen wurden von der Patronin Irlands, der hl. Brigitta
(453-523) gestiftet.
M. Heimbucher, *Die Orden und Kongregationen der katholischen Kirche*, (Neudr.), 1966.

BRINDISI Süditalienische Hafenstadt. Sie führte im
Frühmittelalter bis zur Zerstörung durch die Araber
(893) eine blühende Existenz. Im 11. Jh. wurde die
Stadt von den Byzantinern wiederaufgebaut und 1071
von *Robert Guiscard erobert. Im 12. Jh. diente sie als
wichtiger Einschiffhafen für die Kreuzritter. Der Reichtum der Periode ist heute in den reich verzierten Kirchen von B. zu ersehen. 1456 wurde die Stadt durch
ein Erdbeben zerstört.
F. Ascoli, *La Storia di Brindisi*, 1936.

BROEDERLAM, MELCHIOR (um 1328-1410) Der
Vater der flämischen Malschule diente als Hofmaler
Herzog Philipps des Guten von Burgund. Sein
Meisterwerk sind die für die Abtei Champrol gemalten
und heute teilweise im Museum von Dijon befindli-
chen Tafelbilder eines *Flügelaltars.
J. Schaefer, *Les primitifs du XIVe et du XVe siècle*,
1940.

BRUCE (Brus) Schottisches Adels- und Herrscherge-
schlecht normannischen Ursprungs. Ihr Gründer Robert
Brus kam 1066 als normannischer Ritter mit *Wilhelm
d. Eroberer nach England. Sein Sohn Robert ließ sich
in Schottland nieder und erwarb große Güter in der
Gegend von Dunfries. Seine Nachkommen vergrößerten ihren Machtbereich. Roberts d. IV. Versuch, den
schottischen Thron zu erlangen, schlug zwar 1290 fehl,
seine Nachkommen *David und *Robert wurden jedoch
Könige.
A. Mackenzie, *Robert Bruce*, 1934.

BRÜDERSCHAFT VOM ROSENKRANZ Bezeichnung
für mehrere Laienkongregationen im 14. und 15. Jh.,
die unter dem Einfluß der *Zisterzienser und der *Dominikaner die Rosenkranzliturgie pflegten.
M. Heimbucher, *Die Orden und Kongregationen der
katholischen Kirche*, (Neudr.), 1966.

BRÜDER UND SCHWESTERN VOM FREIEN GEIST
Eine mystische Bewegung, die sich u.a. in Frankreich
und den Niederlanden in der Mitte des 13. Jh.s von der
kirchlichen Autorität lossagte, und unter Verwerfung
vieler kirchlicher Dogmen, nach dem Gebot des freien
Geistes der Gläubigkeit leben wollte. Wegen ihres ausgesprochenen Individualismus können die B. kaum als
Ketzerbewegung bezeichnet werden. Mit ihrem Nonkonformismus bereiteten sie jedoch die großen Protest-
bewegungen eines *Wyclyf und *Hus vor.
R. E. Lerner, *The Heresy of the Free Spirit*, 1972.

BRÜDERUNITÄT (BÖHMISCHE BRÜDER) Eine
*hussitische Sekte mit extremen Anschauungen über
das Wesen des hl. Abendmahls, dessen Wirksamkeit
nach ihnen von der Würde des Spenders abhinge. Sie
trennten sich 1467 von den gemäßigteren *Utraquisten.
Ihr geistiger Begründer war der Theologe Peter Chelsicky
(gest. 1460). Im Jahre 1494 organisierte Lucas von Prag
die bis dahin streng elitäre und asketische Sekte als
Kirche. Im 16. Jh. bekannten sich die B. zum Protestan-
tismus.
G. Burckhard, *Die Brüdergemeinde*, 2 Bde., 1905-32.

**BRÜDER VOM GEMEINSAMEN LEBEN (Frater-,
Kugelherrn)** Eine im 14. Jh. unter dem Einfluß des
Gerald von Groote (gest. 1384) in Deventer von Florentius Radewijn zur Pflege des christlichen Lebens und
der Frömmigkeit gegründete Kleriker- und Laiengemein-
schaft. Die B. legten keine Mönchsgelübde ab, betonten
die Lehrtätigkeit, das Abschreiben und im späten 15.
Jh. auch den Druck von Traktaten und theologischen
Werken, sie gründeten zahlreiche Schulen in den Nieder-
landen und in Deutschland. Aus ihren Reihen gingen
u.a. *Thomas von Kempen, Papst *Hadrian IV., Gustav
*Biel und *Nikolaus Cusanus hervor.
I. Crusius, *Die Brüder vom Gemeinsamen Leben in
Deutschland*, 1965.

BRÜGGE Flandrische Stadt. Sie entwickelte sich aus
der im 7. Jh. erbauten Festung und dem im 9. Jh. in Anschluß an die Festung entstandenen, 867 von Graf *Balduin II. von Flandern befestigten *Wik (Kaufmannssiedlung). Im 10. Jh. breitete sich der Handel der Stadt
aus, bis sie im 11. Jh. als Hauptknotenpunkt der englischen Wollausfuhr diente, was wiederum zur Entwicklung des Tuchgewerbes von B. beitrug. Seit dem frühen
12. Jh. wurde B. von den italienischen Handelsflotten
angelaufen und wurde damit zu einem zentralen Verbindungsglied zwischen den Waren des Orients und den Ab-
satzgebieten in Nord- und Nordwesteuropa. Ein wichtiges Ergebnis dieser Entwicklung war die Niederlassung
italienischer Kaufleute, wie auch die bewußte Förderung der Stadt durch die Grafen von Flandern. 1190
erhielt B. das Recht der Selbstverwaltung und weitgehende Handelsprivilegien, die nach der Machtergreifung der in der "Flämischen Hanse" organisierten Kaufmannsschicht im 13. Jh. noch erweitert wurden. 1240
erhielt die Kaufmannsgilde Handelsprivilegien in
London. Gegen Ende des 13. Jh.s trug B. den stolzen
Titel "Venedig des Nordens". Die sozialen Spannungen
zwischen den patrizischen Kaufleuten und den Handwerkerzünften wurden durch die Allianz zwischen der
Stadtregierung und *Philipp IV. von Frankreich noch
erschwert. In der Revolte vom 18. Mai 1302 wurden
4000 französische Besatzungssoldaten getötet. Auch
nach der Kompromißlösung, die den Handwerkern den
Zugang zur Stadtregierung eröffnete, hörte die soziale
Agitation nicht auf, wurde aber durch den anhalten-
den Wirtschaftsaufschwung entschärft. In dieser Periode
wurden die eindrucksvollen gotischen Bauprojekte des
Hauptmarktes, Stadtturms und Rathauses ausgeführt.
Der *Hundertjährige Krieg mit seinen wirtschaftlichen
Erschütterungen und besonders der Errichtung des
englischen Wollstapels in *Antwerpen führte zum lang-
samen Niedergang der Stadt. 1488 zogen die fremden
Kaufleute nach Antwerpen um.
R. Hapke, *Brügges Entwicklung zum mittelalterlichen
Weltmarkt*, 1908.

Das im 14. Jh. im gotischen Stil erbaute Rathaus von Brügge

BRUGMAN, JOHANNES (Jan; gest. 1473) Holländischer Wanderprediger (Franziskaner) im Rheintal und in den Niederlanden, der sich die Stärkung der volkstümlichen Religiösität zum Ziel gesetzt hatte. Seine Theologie beruht auf der Vermenschlichung der Gottheit. Er stellte Jesus in seinen Predigten als Abbild des braven Stadtbürgers dar.
W. Moll, *Johannes Brugman,* 1854.

BRUN I. (hl.; Bruno; 925-65) Erzbischof von Köln (953-65) und deutscher Staatsmann. Er war der jüngste Sohn *Heinrichs I., wurde 941 zum Priester geweiht und von seinem Bruder *Otto I. zum Abt von *Lorsch und *Korvey gemacht. In dieser Funktion ging er trotz seiner Jugend energisch an die Reformierung der Klöster, die er gleichzeitig zu Ausbildungszentren für die kaiserliche Hofverwaltung ausbaute. 950 ernannte ihn sein Bruder zum Erzkanzler des Reiches und 953 zum Erzbischof von Köln sowie Herzog von Lothringen. Diese Ämter verliehen B. weitesten politischen Einfluß, den er zur Stärkung der königlichen Macht und zum Ausgleich der inneren Konflikte im Reich benutzte. Als Erzkanzler bereite B. Ottos Kaiserkrönung (962) vor. Er war die treibende Kraft der kulturellen Renaissance der Ottonenzeit und förderte die Reformbewegung von *Gorze.
H. Schrörs, *Erzbischof Bruno von Köln, eine geschichtli-* che Charakteristik, in: Annalen des Historischen Vereins für den Niederrhein 100, 1957.

BRUN VON QUERFURT (hl.; um 977-1009) Deutscher Missionsbischof. Sohn einer sächsischen Adelsfamilie, wurde er in Magdeburg erzogen. Seit 995 war B. Geistlicher an der Hofkapelle *Otto III. und einer der engsten Berater des Kaisers. Unter dem Einfluß von *Adalbert von Prag wurde er 998 Mönch und ging nach Adalberts Tod selbst auf die Preußenmission (1009), nachdem er schon in Ungarn und Rußland missionarisch tätig gewesen war. Gleich zu Beginn seines Zuges wurden B. und seine 18 Gefährten von den Preußen getötet. B. ist der Verfasser einer Biographie Adalberts.
R. Wenskus, *Studien zur historisch-politischen Gedankenwelt Brunos von Querfurt,* 1956.

BRUNHILDE (Brunichild; um 548-613) Merowingische Königin, Töchter des *Westgotenkönigs *Athanagild und Gemahlin von *Sigibert I., des Königs der austrasischen *Franken. Auf ihre Anstiftung begann Sigibert den Krieg gegen den neustrischen König *Chilperich I., den sie nach Ermordung ihres Gatten allein fortsetzte. Es gelang ihr, Austrien im Namen ihres Sohnes und Enkels bis 613 zu regieren. Sie wurde aber nach Ausbruch einer Adelsrevolte (613) an *Chlothar II. ausgeliefert und grausam hingerichtet.
Gebhardt, *Handbuch der deutschen Geschichte* I, 1970[9].

BRUNO (hl.; um 1032-1101) Gründer des *Kartäuserordens. In Köln wurde er geboren und erzogen. Kanoniker ebendort, war er ab 1057 Leiter der Domschule von Reims, wo er unter anderen auch den zukünftigen Papst *Urban II. unterrichtete. Er verließ Reims nach einem Streit mit Erzbischof Manasse I. 1076 und wurde unter dem hl. *Robert, dem späteren Gründer von *Cîteaux, Mönch in Solesme. Um 1084 gründete er zusammen mit sechs Gesinnungsgenossen im Tal von Chartreuse bei Grenoble eine Eremitensiedlung, die Keimzelle des Kartäuserordens. Nach einem kurzen Aufenthalt in Rom als Berater Urbans II. (1090), zog er sich in die Wildnis von Kalabrien zurück, wo er das Kloster La Torre gründete und starb.
H. Löbbel, *Der Stifter des Kartauserordens, der heilige Bruno aus Köln*, 1899.

BRUNO VON MAGDEBURG (Von Merseburg; 11. Jh.) Sächsischer Kleriker und vielleicht Kanzler des Gegenkönigs *Hermann v. Salm. B. schrieb um 1080 eine haßerfüllte Darstellung "Über den Sachsenkrieg" *Heinrichs IV.   (Din)
Werk (Lat.-dt.): F. J. u. I. Schmale (Hgg.), *Ausgewählte Quellen zur deutschen Geschichte des Mittelalters* XII, 1963.

BRÜSSEL Stadt im Herzogtum *Brabant. Zum ersten Mal im späten 7. Jh. erwähnt und seit der Errichtung des Herzogtums von Brabant Residenzstadt. Die Herzöge erbauten um den alten *Wik eine Festung, die die Handelsstraße zwischen Brügge und Köln sicherte. Daneben entwickelte sich auch das Textilgewerbe, und im 12. Jh. dehnte sich die Stadt auf neue Viertel aus. Im 14. Jh. wurden die verschiedenen Stadtteile durch den Bau einer Mauer (1357-79) vereinigt. 1383 wurde die Hauptstadt des Herzogtums von *Löwen nach B. verlegt, das hatte die Ansiedlung zahlreicher Adeliger und Hofbeamten zur Folge. Trotzdem blieb die Regierung der Stadt weiter in den Händen der Kaufmannsgilde. Unter den burgundischen Herzögen erreichte B. den Höhepunkt seiner mittelalterlichen Entwicklung und wurde Hauptstadt der Niederlande. Die Handwerker waren seit 1421 an dem Stadtregime beteiligt, dessen Symbol der prachtvolle Hauptplatz der Stadt mit seinem erlesenen Rathaus und den Zunfthäusern wurde. Der Herzogshof machte B. zu einem der Mittelpunkte der nördlichen Renaissance. Im Jahre 1455 war B. mit ungefähr 45 000 Einwohnern eine europäische Großstadt.
M. van Hamme, *Les origines de Bruxelles*, 1943; *Bruxelles au 15e siècle* (Ausstellungskatalog Brüssel), 1953.

BRYENNIOS, JOSEPH (um 1345-1431) Orthodoxer Theologe und Prediger. B. wirkte auf Kreta, Konstantinopel und Zypern gegen die diskutierte Vereinigung der römischen und griechischen Kirche. In diesem Sinne predigte er gegen die westliche Lehre vom Heiligen Geist.
H.-G. Beck, *Kirche und theologische Literatur im byzantinischen Reich*, 1959.

BRYENNIOS, NIKEPHOROS (gest. 1079) Byzantinischer Heerführer. Er stammt aus einer Familie des Militäradels, diente Mitte des 11. Jh.s als Befehlshaber der Balkanarmee und Herzog von Dyrrhachium und baute in den Jahren der Anarchie unter den Dukaskaisern (siehe *Byzanz) seine Macht aus. 1072 warf er den großen Slawenaufstand nieder. 1077 erhob er sich gegen

*Michael VII. Dukas und rief sich 1078 in seiner Heimatstadt Adrianopolis zum Kaiser aus. Er konnte sich jedoch nicht gegen die anderen aufständischen Generäle aus Kleinasien halten und wurde 1079 von *Alexios Komnenos getötet.

BRYENNIOS, NIKEPHOROS CÄSAR (gest. um 1140) Byzantinischer Geschichtsschreiber. Er war Enkel des gleichnamigen Generals und wurde durch die Vermittlung der Kaiserin mit *Alexios Komnenos versöhnt, dessen Tochter *Anna Komnena er heiratete. Der Intellektuelle versagte, als seine Gemahlin nach Alexios' Tod für ihn den Thron forderte, und verließ den Hof (1118). Sein Werk über die frühen Komnenen ist eine wichtige Quelle für das Studium der byzantinischen Geschichte des 11. Jh.s.
Werk (französisch): H. Gregoire (Hg.), in: Byzantion 23, 1953, 25/27, 1955/57.

BUCCELLARII Privatsoldaten der großen Landbesitzer in der letzten Periode des antiken Römischen Reiches, auch Bezeichnung für die Leibwachen Kaiser *Justinians.

BUCH DES PRÄFEKTEN (Buch des Eparchen) Byzantinische Sammlung von Gesetzen zur Regelung des Wirtschaftslebens der Hauptstadt Konstantinopel, der großen Rechtskodifizierung unter Kaiser *Leo VI. Nach dem B. unterstanden die in Zünften organisierten Wirtschaftssparten einer strengen staatlichen Überwachung und waren für Güte, Preise und Verkaufsbedingungen verantwortlich.
A. Stöckle, *Spätrömische und byzantinische Zünfte*, 1911.

BUCH, BUCHDRUCK Das Mittelalter verwendete zum Schreiben zwar noch Wachstafel und Griffel wie die Antike, band aber die aus Pergament und ab dem 13. Jh. mehr und mehr aus Papier bestehenden Blätter als Kodizes nebeneinander (die bis heute übliche Form) und nicht als Rollen hintereinander, wie das Altertum. Die handschriftliche Vervielfältigung wurde im frühen Mittelalter fast nur in den Skriptorien (*scriptorium) der Klöster betrieben; im Hochmittelalter treten im Zusammenhang mit den aufblühenden Universitäten die ersten städtischen Lohnschreiber auf. Als Buchschmuck dienten neben Zierschriften farbige Anfangsbuchstaben (Initialen) und Textillustrationen (Miniaturen) sowie Einbände aus Leder, Edelmetallen, Holz und Elfenbein mit Flachreliefen. Bis zum 12. Jh. war die B. so gut wie ausschließlich den Klerikern vorbehalten, da nur sie lesen konnten. Im Spätmittelalter verbreitete es sich auch in die wohlhabenden städtischen Laienkreise. Doch erst im 15. Jh. ermöglichte die Erfindung des Buchdrucks seine weiteste Verbreitung. Es entstanden einerseits die "Blockbücher" (mit Holzschnitten verzierte Texte, die aus einer Holztafel geschnitten werden), andererseits die mit beweglichen Lettern (Typenstempeln) hergestellten Bücher. Um die Jahrhundertmitte schuf Johannes Gutenberg (gest. um 1468) Typen aus Metall und eine besondere Druckerpresse. Dieses Verfahren setzte sich so schnell durch, daß um 1500 in Deutschland bereits ca. 200 Druckereien existierten. Damit gehörte auch der (zunächst reisende) Buchhändler zum Alltagsbild der Städte.
F. Schmidt-Künsemüller, *Die Erfindung des Buchdrucks*, 1951;
H. Hunger u.a. (Hgg.), *Geschichte der Textüberlieferung* I, 1961;

BUCHARA Stadt und Fürstentum in Ostturkestan. Die Stadt wird seit dem 7. Jh. v. Chr. erwähnt und diente seit frühester Zeit als Knotenpunkt der Handelswege von Persien nach Samarkand und Taschkent sowie vom kaspischen Meer nach China. Das frühmittelalterliche türkische Fürstentum wurde 709 von den Arabern erobert und unter dem Namen *Transoxanien an die Provinz *Chorasan angeschlossen. Die Einwohner mußten zum Islam übertreten, erhielten sich aber ihre alte Kultur. 874 kam die örtliche *Samanidendynastie an die Macht, die die Gegend bis 1004 regierte und unter Emir Ismail (892-907) ihre große Herrschaft über große Teile der zentralasiatischen Steppe und bis zur persischen Grenze ausdehnte. Sie wurde durch die *Seldschuken abgelöst, unter deren Oberhoheit eine örtliche Emirendynastie zentralasiatischen Ursprungs ein religiös tolerantes und kulturell aufgeschlossenes Regime führte. Ihre Herrschaft wurde seit Ende des 12. Jh.s durch die anhaltenden Kriege gegen die *Chwarismschahs geschwächt. 1220 eroberte *Dschingis-Khan B. und verkaufte die überlebende Bevölkerung in die Sklaverei. Die Ruinen der Stadt dienten zwar anfänglich als Hauptstadt der Tschagataikhans, auf die Dauer konnte sich jedoch die zerstörte Stadt nicht halten und verschwand aus der Geschichte.
B. Spuler, *Geschichte Mittelasiens seit 552*, in: Handbuch der Orientalistik V, 5, 1966.

BUCHFÜHRUNG Die mittelalterliche B. bestand bis zum 12. Jh. nur in einfachster Form und meistens nur in kirchlichen Anstalten. Mit der Entwicklung des internationalen Handels und der Einrichtung von Handelsgesellschaften im 12. Jh. wurde die Buchführung zur Abwicklung der immer komplizierteren Geschäfte unentbehrlich. Die ältesten Zeugnisse für die neue, über die einfache Aufzeichnung von Einkommen und Ausgaben hinausgehende B. stammen aus den italienischen Hafen- und Handelsstädten. Dort lag die B. in den Händen von *Notaren, die ihr offiziellen Charakter verliehen. Auf Schiff wurden besonders vereidigte Schreiber mit der B. vertraut. Im 13. Jh., mit der wachsenden Seßhaftigkeit der Kaufleute, wurde die B. im Handelskontor erledigt und entwickelte sich zur sog. "doppelten Buchführung", die einen sofortigen Einblick in den Schulden- und Guthabenstand aller Kunden sowie der gesamten Handelsgesellschaft mit ihren Filialen gestattete. Dieses System wurde bis zum 14. Jh. fortdauernd verbessert, hat jedoch nicht überall Fuß gefaßt. So bedienten sich die *Hansekaufleute bis Ende des Mittelalters der einfachen Formen der B. des 12. Jh.s. Im 15. und 16. Jh. wurde die doppelte B. durch gedruckte Handbücher über ganz Europa verbreitet.
B. Penndorf, *Geschichte der Buchhaltung in Deutschland*, 1913.

BUDA (Ofen) Ungarische Stadt, seit 1872 durch Zusammenfassung mit Pest Budapest. Die mittelalterliche Stadt entwickelte sich auf den Ruinen der keltisch-römischen Siedlung Aquincum und aus dem in 5. Jh. von *Attila erbauten Königspalast. Die ungarische Stadt wurde 1241 von den *Mongolen zerstört, jedoch bald mit der Ansiedlung deutscher als auch jüdischer Kaufleute und Handwerker wiederaufgebaut. Im 14. Jh. war B. die Hauptstadt Ungarns. Der königliche Palast und die Befestigungen wurden durch *Matthias Korvinus umgebaut und erweitert. Die 1389 gegründete Universität mußte 1465 ihre Tore schließen.

B. Homan, *Geschichte des ungarischen Mittelalters* I, II, 1940-43.

BUDONITZA Griechische Provinz, die 1205 von *Bonifaz von Montferrat erobert und als Marquisat an dessen Lehnsmann Guido Pallavicini verliehen wurde. 1236 ging die Oberhoheit an die Prinzen von *Morea über, welche die Pallavicini weiter im Besitz von B. beließen. Die Pallavicini beherrschten B. auch nach dem Fall des *Lateinischen Kaiserreiches von Konstantinopel (1261). Nach dem Aussterben des Hauses (1338) ging die Provinz durch Heirat an den venezianischen Adeligen Nicolo Giorgio über, dessen Nachkommen unter der Schutzherrschaft Venedigs bis zur *osmanischen Eroberung (1414) regierten.
W. Miller, *The Marquisate of Boudonitza (1204-1414)*, in: Journal of Hellenic Studies 28, 1908.

BUEIL, JOHANNES VON (1405-78) Französischer Heerführer. Er zeichnete sich in den letzten Phasen des *Hundertjährigen Krieges gegen England aus, wurde zum Admiral von Frankreich und Grafen von Sancerre erhoben. Nach der Thronbesteigung *Ludwigs XI. (1461) wurde er aus dem Königsrat entfernt und 1465 schloß er sich dem Aufstand der Bien Public an. Nach dem Fehlschlag der Revolte zog er sich vom öffentlichen Leben zurück und verfaßte einen autobiographischen Roman, *Le Jouvencel*, mit pädagogischen Tendenzen.
Werk: L. Lecestre (Hg.), 1887.

BULAN (8. Jh.) Legendärer König der *Chasaren. Er soll mit seiner Familie und dem Adel die jüdische Religion angenommen haben. Die Legende von B. rafft die historisch belegten Fälle von Übertritten zum Judentum im Laufe mehrer Generationen zusammen.
D. M. Dunlop, *The History of the Jewish Khazars*, 1954.

BULGAR (Bolgar) Stadt an der Wolga. Im 5. Jh. als Hauptstadt der Bulgaren gegründet, diente sie vom 7. zum 13. Jh. als Hauptstadt der Schwarzen Bulgaren (Wolgabulgaren). Im Jahre 922 wurde B. von dem arabischen Reisenden Ibn Fadlan besucht, der die Bevölkerung auf 100 000 schätzte. Im gleichen Jahr bekehrte sich der Khan von B. zum Islam. Bis zur Eroberung und Zerstörung durch *Batu-Khan diente die Stadt als nördlichster Vorposten der moslemischen Welt. Im Spätmittelalter wechselte sie mehrfach die Herrscher.

BULGARIEN Der von den Bulgaren im 9. Jh. zwischen Donau und Thrakien auf byzantinischem Reichsboden gegründete Staat. Die Bulgaren waren der Nachkommen der sog. Weißen Bulgaren, eines finnisch-mongolischen Stammes, der an der Wolga seßhaft war und im 7. Jh. unter *Kovrat (Kubrat) nach der Westukraine weiterwanderte. Kovrat verbündete sich mit Byzanz und nahm am Krieg gegen die *Awaren teil. Sein Sohn Asparuch führte die Bulgaren um 679 über die Donau in die Gegend des Balkans. Byzanz mußte das neue Reich nach einer verlorenen Schlacht (681) anerkennen. Im 8. Jh. entstand aus der Vereinigung der Oberschicht der Bulgaren und der Südslawen des Ostbalkans sowie örtlicher byzantinischer Elemente die bulgarische Nation. Diese siedelte unter der Führung der Kovratdynastie auf beiden Ufern der Donau, nahm die südslawische Sprache an und baute das erste bulgarische Reich auf. 812 vernichtete ihr Khan *Krum (803-14) in der Schlacht von Adrianopel die byzantinische Armee und ließ sich nur durch die Zahlung von Tributgeld von der Eroberung Konstantinopels abhalten. In der gleichen Periode wirkte jedoch die byzantinische Kultur tief auf die Bulgaren ein, die sich unter *Boris I. zum Christentum nach dem slawischen Ritus bekehrten. Unter *Simeon I. (893-927) erreichte B. die drei Meere, das Schwarze, Ägäische und das Adriatische. Simeon ließ sich 918 zum Zar der Bulgaren und der Griechen krönen und errichtete das bulgarische Patriarchat. Die Thronstreitigkeiten nach seinem Tod und die militärische Intervention des Kiewer Fürsten *Swjatoslaw führten zur raschen Schwächung B.s. 972 besetzten die Byzantiner Ostbulgarien und setzten der Korraldynastie ein Ende. Westbulgarien blieb unter Zar *Samuel vorläufig unabhängig und konnte sich sogar auf Serbien, Bosnien und Dalmatien ausdehnen. 1014 wurde jedoch das bulgarische Heer von Kaiser *Basileios II. geschlagen, der Samuel tötete, 1018 Westbulgarien besetzte und im Lande *Petschenegenstämme ansiedelte.

Die Brüder Asen I. und *Kajolan aus dem Adelsgeschlecht Sisman nutzten gegen Ende des 12. Jh.s die Schwäche von Byzanz aus und errichteten das Zweite Bulgarische Reich von Tirnowo (1186-1393). In der zweiten Hälfte des 13. Jh.s verlor B. durch innere Zwistigkeiten und die *Mongoleneinfälle Makedonien und die Wallachei. Im 14. Jh. mußte es die Oberhoheit *Serbiens anerkennen. Nach der Schlacht von Kossovo (1366) wurde der Großteil des Landes von den Türken besetzt. 1396, nach dem Fehlschlag des Kreuzzugs von *Nikopolis, fiel das gesamte Land in die Hände der *Osmanen.

C. J. Jiricek, *Geschichte der Bulgaren,* 1876; V. Beševliev, J. Irmscher (Hgg.), *Antike und Mittelalter in B.,* 1960.

BULGARUS (gest. 1167) Rechtslehrer in *Bologna. Er war Schüler des *Irnerius und seit 1125 als Lehrer tätig. Besonders widmete er sich der Anwendung des Römischen Rechts auf die aktuellen Probleme der Zeit. 1158 lud ihn Kaiser *Friedrich Barbarossa auf den Reichstag von Roncaglia ein, um seine Meinung zur Formulierung der kaiserlichen Prärogative in Italien zu erhalten.

H. Appelt, *Friedrich Barbarossa und das römische Recht,* in: Römische historische Mitteilungen 5, 1961/62.

BULLE (lat. bulla: Kapsel) Das im Mittelalter in eine Kapsel eingeschlossene Siegel der Souveräne und kirchlicher Gerichtshöfe. Je nach Ausstellungszweck wurden bleierne Siegel für gewöhnliche Urkunden, silberne Siegel für wichtigere Anlässe und goldene Siegel für festliche Kaiser- und Papsturkunden verwendet. Seit dem 13. Jh. bezeichnet B. auch das besiegelte Schriftstück selbst, so die "Goldene Bulle" *Karls IV.

P. Ewald, *Siegelkunde,* 1914.

BUNTGLAS Die zur Verzierung von Kirchenfenstern benützten farbigen Glasstücke. Die Technik des B. war bereits zu Ausgang des 11. Jh.s bekannt und wurde z.B. in den Kirchen der Maasgegend angewandt. Die Zubereitung von B. fand in drei Phasen statt: die Isolierung der mineralischen Farben mit Hilfe von Holzkohle in flüssiger Form, die Zusammenfügung des Glases und der Farben zu einer festen Einheit und schließlich der Gebrauch von bleiernen Rahmen zur Teilung größerer Flächen. In der Mitte des 12. Jh.s erreichte die B.-Kunst unter *Suger einen ersten Höhepunkt beim Bau der Klosterkirche von Saint-Denis. Im gotischen Kirchenbau diente das B. als integrales Element der Raumgestaltung.

BUONSIGNORI Bankiersfamilie aus Siena. In der zweiten Hälfte des 13. Jh.s erweiterte Orlande B. die Tätigkeiten der Familiengesellschaft auf Katalonien, Frankreich und England. Aus der Finanzierung des Eroberungszuges *Karls von Anjou in Süditalien und Sizilien (1268) zog er riesige Profite. Zu Beginn des 14. Jh.s konnten die B. in der allgemeinen Wirtschaftskrise ihren Verpflichtungen nicht mehr nachkommen und machten Bankrott.

M. Chiandano, *I Rothschild del ducento, la gran tavola di Orlando Buonsignori,* 1935.

Auszug aus dem Fenster des Stammbaums Christi; *Buntglasfenster des 13. Jh.s in der Kathedrale von Amiens*

Der Prophet Maleachi; *Buntglasfenster zu Bourges, um 1300*

BURCHARD VON RAETIEN (gest. 911) Markgraf von Raetien, versuchte zu Beginn des 10. Jh.s, sich zum Herzog von *Schwaben zu machen, scheiterte aber am Widerstand des Bischofs von Konstanz sowie adeliger Rivalen und wurde 911 ermordet oder hingerichtet.
H.-W. Klewitz, *Das alemannische Herzogtum bis zur staufischen Epoche*, in: Fr. Maurer (Hg.), *Oberrheiner, Schwaben, Südalemannen*, 1942.

BURCHARD I. Herzog von Schwaben (917-26). Sohn des *Burchard von Raetien, setzte seines Vaters Kampf um das schwäbische Herzogtum fort und erlangte 917 die Anerkennung des ganzen Landes. König *Konrad I. mußte dies geschehen lassen, sein Nachfolger *Heinrich I. machte sich B. zum Vasallen und Bundesgenossen, indem er ihm die Verfügungsgewalt über die Kirchen überließ. B. fiel 926 auf einem Italienzug vor Novara.
H.-W. Klewitz, *Das alemannische Herzogtum bis zur staufischen Epoche*, in: Fr. Maurer (Hg.), *Oberrheiner, Schwaben, Südalemannen*, 1942.

BURCHARD VON URSBERG (gest. 1231) Propst des schwäbischen Prämonstratenserklosters Ursberg und pro-staufischer Geschichtsschreiber. Er setzte in seiner Universalchronik die Annalen des *Ekkehard von Aura für die Jahre 1125-1225 fort und lieferte aus eigenen Beobachtungen in Rom und am Kaiserhof wichtige Nachrichten.
Werk: O. Holder-Egger (Hg.), *Die Chronik des Propstes Burchard von Ursberg*, 1916.

BURCHARD I. VON WORMS (um 965-1025) Bischof von Worms (1000-25). Er diente am Hof *Ottos III., war Erzieher *Konrads II. und zeichnete sich im Bistum Worms als pflichtbewußter sowie kaisertreuer Prälat aus. Von besonderer Bedeutung ist seine Sammlung der geistlichen Gesetzgebung (*Decretum collectarium*), die die Rechtseinheit der Karolingerzeit wiederherstellte und bis zu den italienischen Werken des ausgehenden 11. Jh.s im ganzen Abendland verbreitet war. Seine Aufzeichnung des Hofrechts der bischöflichen Dienstleute ist ein seltenes Dokument zur Stellung der unteren Schichten seiner Zeit. B. wirkte stark auf *Gratian ein.
Werk: *MGH Constitutiones* I;
PL 140;
A. M. Koeniger, *Burchard I. von Worms und die deutsche Kirche seiner Zeit*, 1905.

BURCHARD VON WÜRZBURG (hl.; gest. 753) Bischof von Würzburg. Angelsachse und Mitarbeiter des *Bonifatius, wurde er von *Pippin d. Kurzen 742 zum Bischof ernannt, diente als Berater des Königs und nahm an der berühmten Prälatengesandtschaft teil, die von Papst *Zacharias die Erlaubnis erhielt, die Merowinger zu stürzen.
W. Engle, in: *Neue Deutsche Biographie* 3, 1957.

BURELLUS Siehe *BOREL.

BURG (burgus, bourg, borough, borge) Eigentlich ein befestigter Wohnsitz. Im Frühmittelalter die Bezeichnung für die neugegründeten Städte bzw. Kaufmannssiedlungen (*Wik), im Gegensatz zur *civitas*, der Bischofsstadt römischen Ursprungs. Im nord- und mitteleuropäischen Bereich wurde die Bezeichnung B. im Hochmittelalter auf die eigentliche Befestigungsanlage, die Burg im heutigen Wortsinn, eingeengt (siehe *Kriegstechnik). In England bezeichnet *borough* die privilegierte Stadt, deren Bürger als Hausbesitzer das Recht besaßen, am öffentlichen Leben teilzunehmen, eigenen Rat zu führen und gegen eine Pauschalsumme (*fee*) Steuern einzunehmen.
J. Tait, *The Medieval English Borough*, 1936.

BURG Die lateinische Bezeichnung für die B. kannte im Mittelalter zwei Formen, 1) Das *castrum* bedeutete seit der römischen Zeit das befestigte Wehrlager und wurde im Mittelalter für das befestigte *borough* (*Burg) gebraucht, das vom *dominus castri* (Herrn der Feste) besessen und von dessen Rittern bewohnt wurde. Die städtische Entwicklung des 12.-13. Jh.s machte die städtische B. bedeutungslos, sie erhielt sich aber in zahlreichen Stadtnamen. 2) Auch die Bezeichnung *castellum* kam aus dem militärischen Sprachgebrauch Roms und wurde im Mittelalter gleichbedeutend für eine kleine Festung gebraucht. Nach den großen Fliehburgen des Frühmittelalters, die vor allem aus Erdwällen mit Gräben bestanden, ist etwa seit dem 9. Jh. das *castel* oder *chastel,* die deutsche "B.", das befestigte Haus des Grundherrn, das auf erhöhtem Grund zu Verteidigungszwecken gebaut wurde. Es war von einem Graben umgeben und enthielt einen anfangs hölzernen, bald steinernen Turm, am Wohnort des Herrn und seiner Familie diente (Turmhügelburg oder Motte). Eine Anzahl von Gebäuden im Hof waren die Wohnhäuser der im Haushalt des Herrn lebenden Ritter, der Dienstboten und Magazine. Die eigentliche B. entstand durch Konzentration dieser Elemente um einen Innenhof erst im 12. Jh. und war ein befestigter Gebäudekomplex, der von Mauern umgeben und mit Wachttürmen ausgestattet war. Neben dem Bergfried (Donjon) befand sich in ihm der Palast des Herren, wo die große Halle lag, in der Versammlungen, Empfänge und Feste abgehalten wurden. Im Spätmittelalter mußte man von der bisherigen Tendenz, möglichst hoch zu bauen, um den Feind von oben bekämpfen zu können, abgehen, da diese Konstruktion den Pulvergeschützen zu viel Angriffsmöglichkeiten bot. So wurden die Mauern niedriger und dicker, von Kanonentürmen für die eigene Artillerie geschützt. In der Renaissance ersetzt so die Festung die Burg in ihrer militärischen Funktion, während ihre Wohnfunktion dem Schloß bzw. Stadthaus zufällt.

O. Piper, *Burgenkunde*, 1967[4];
H.-J. Mrusek, *Burgen in Europa*, 1975[2];
J. u. F. Gies, *Life in a Medieval Castle*, 1975;
G. Fournier, *Le château dans la France médiévale*, 1978.

BÜRGER Siehe *STÄDTE.

BURGOS Nordkastilische Stadt, 882 von *Alfons III. von Asturien als Angriffsbasis gegen die Mauren gegründet. Im 10. Jh. war B. die Hauptstadt der Grafschaft von Asturien in den Händen einer Nebenlinie des Königshauses, 1037-87 Hauptstadt des vereinigten Königreiches Kastilien-León und danach Residenzstadt. Seit dem 12. Jh. war B. ein wohlhabendes Handelszentrum (Wollexport) im Knotenpunkt der großen Verkehrswege Spaniens, verlor aber nach dem Schwarzen Tod (Mitte des 14. Jh.s) und der Ausweisung der Juden (1492) an wirtschaftlicher Bedeutung. Der gotische Dom und die mit Motiven aus der spanischen Reconquista reich verzierten Paläste sind Zeugen der mittelalterlichen Hochblüte von B.

O. Jürgens, *Spanische Städte*, 1926;
J. Perez de Urbel, *B.*, 1959.

BURGUND, HERZOGTUM Die Gebiete des Herzogtums B. wurden nach dem Tod von *Boso von Vienne (887) vom Königreich *Provence abgetrennt und als Konglomeration mehrerer Ländereien mit dem Kern *Autun an Bosos Bruder Richard (gest. 921) verliehen. Dieser erwarb in der Folge Güter um Dijon, welche zusammen mit seinem früheren Besitz das Herzogtum B. bildeten. 1015 starb das Haus Richards aus, und B. fiel an die *Kapetinger, wurde aber auf Drängen des Adels nicht zur Krondomäne geschlagen, sondern als separate Herrschaft behandelt. Robert, der jüngere Sohn König Roberts II., erhielt 1032 das Herzogtum und wurde zum Stammvater der Kapetingerdynastie von B., die bis 1361 regierte. Die Nachkommen Roberts zeichneten sich, wie auch das kapetingische Königshaus, als begabte Verwalter aus und zwangen im Laufe des 12. Jh.s mit Hilfe der Kirche den unruhigen Adeligen B.s Recht und Ordnung auf. Trotz ihrer gesteigerten Macht blieben sie dem französischen Königshaus treu. Unter ihrer Regierung blühten in B. die Mönchsorden (*Cluny, *Zisterzienser) und die Domschule von Dijon, die Gelehrte wie *Wilhelm von Volpiano und *Lanfranc zu ihren Mitgliedern zählte und als Vermittler der intellektuellen Errungenschaften Italiens nach Westeuropa diente. Die burgundische Baukunst spielte eine bedeutende Rolle in der Entwicklung des romanischen und gotischen Stils. Auch auf wirtschaftlichem Gebiet war das Hochmittelalter für B. eine Zeit der Blüte, an der die wirksame Verwaltung und Rechtsprechung nicht geringen Anteil hatten. Im *Hundertjährigen Krieg lag das Herzogtum außerhalb des militärischen Operationsfeldes, der Adel nahm aber

aktiv an der Seite Frankreichs teil. Nach dem Tod Herzog Philipps ging B. 1361 an das französische Königshaus über.

J. Richard, *Les ducs de Bourgogne et la formation territoriale du duche*, 1954;
K. Bußmann, *B.*, 1977.

BURGUND, GROSSHERZOGTUM ("Zwischenreich B.') 1363 verlieh *Johann II. von Frankreich das ehemalige Herzogtum *Burgund als *Apanage an seinen jüngeren Sohn *Philipp. Dieser erwarb bis Ausgang des 14. Jh.s durch Heirat und mit Waffengewalt die Freigrafschaft Burgund (Franche-Comté), Flandern, Charolais und Brabant. Zur Zeit seines Todes (1404) war der größere Teil Belgiens und Hollands in burgundischer Hand. Philipps Mäzenat legte die Grundlagen für die künstlerische Hochblüte, die als "Goldenes Zeitalter von Burgund" bekannt ist. Sein Sohn *Johannes ohne Furcht (1404-19) setzte Philipps Politik fort und nahm auch an den innerfranzösischen Kämpfen zwischen den *Armagnaken und *Bourguignonen teil. Seine Ermordung (1419) drängte seinen Sohn und Nachfolger Philipp den Guten (1419-67) in das englische Lager. Erst 1435 im Frieden von *Arras gibt Philipp dieses Bündnis auf und erhält als Teil der von den Engländern abgenommenen Beute Gebiete in der Picardie sowie die Grafschaften Auxerre und Mâcon sowie die Anerkennung seiner lehnsrechtlichen Unabhängigkeit von Frankreich. Mit der Erwerbung *Luxemburgs (1451-62) war Philipp einer der mächtigsten Herrscher Europas. Unter seiner Regierung entfaltete sich die sog. "burgundische Renaissance" zu ihrer höchsten Blüte, besonders auf den glänzenden Herzogshöfen von Brüssel und Dijon. Der Versuch seines Sohnes *Karl d. Kühnen (1467-77), auch noch *Lothringen zu erwerben und damit das europäische Kräfteverhältnis entscheidend zu verändern, scheiterte an einer Notallianz zwischen *Ludwig XI. von Frankreich, Kaiser *Friedrich III. und den Schweizer Eidgenossen. 1476 erlag die burgundische Armee vor Grandson den Schweizer Fußtruppen, und 1477 fiel der Herzog in der Schlacht von Nancy. Mit seinem Tod verschwand das Großherzogtum B. von der politischen Bühne. Die französischen Territorien Picardie und Burgogne fielen an die Krondomäne zurück, die Niederlande, Luxemburg und Franche-Comté, gingen durch die Heirat Marias, der Tochter Karls, mit Maximilian I. an die Habsburger.

J. Huizinga, *Herbst des Mittelalters*, 1952[6];
J. Calmette, *Die Großherzoge von Burgund*, 1963;
K. Bußmann, *B.*, 1977.

BURGUND, KÖNIGREICH Das Königreich B. entstand auf dem alten Siedlungsgebiet der *Burgunder aus der Erbmasse des *Karolingischen Reiches. 879 machte sich Graf *Boso von Vienne zum König von Niederburgund (die Gegend von Lyon, Vienne und Arles), 888 wurde Graf *Rudolf I. König von Hochburgund (in der Gegend der heutigen Westschweiz). Um 934 vereinigte *Rudolf II. beide Reiche und errichtete das Königreich B. (oder Arelat, nach der Hauptstadt *Arles). 1032 ging die burgundische Krone kraft eines Erbvertrags Rudolfs und *Konrads d. II. an den Kaiser über, das Land wurde aber weiterhin separat regiert. Die Bemühungen *Friedrich Barbarossas, B. in das Reich einzugliedern (1179 ließ er sich zum König von B. krönen), zeitigten keine dauerhaften Erfolge. B. zerfiel in drei Teile: Hochburgund im Norden, Niederburgund im

Christos Pantokrator; *Mosaik zu Monreale, 12. Jh.*

Zentrum und die Provence im Süden. Letztere geriet im 12. Jh. unter den Einfluß der Grafen von Toulouse und der Grafen von Katalonien. Im Spätmittelalter verblieb von B. nurmehr die Grafschaft Hochburgund mit der Hauptstadt Besançon, der Rest wurde von Frankreich und den Habsburgern annektiert.

R. Poupardin, *Le royaume de Bourgogne,* 1907.

BURGUNDER Germanisches Volk, das anscheinend im 2. Jh. seine Heimat auf der Insel *Bornholm in der Ostsee verließ und sich zwischen Weichsel und Oder ansiedelte, von wo sie im 3. Jh. unter dem Druck der *Goten nach Westen weiterwanderten und in die Maingegend gelangten. Um das Jahr 400 wurden sie als *foederati* (Verbündete) von den Römern im Gebiet um Mainz und Worms einquartiert. Als ihr König Gunter um 435 aus bis heute unklaren Gründen Anstalten machte, nach Westen vorzustoßen, ließ der römische General Aetius durch seine hunnischen Söldner das Königshaus und einen Teil des Adels vernichten (437). Diese Begebenheit ist der historische Hintergrund des *Nibelungenlieds. Die Überreste der B. siedelte Aetius in Savoyen an, wo sie den katholischen Glauben annahmen. In der 2. Hälfte des 5. Jh.s waren die B. wieder stark genug, ihr Reich auf das römische Gallien auszudehnen und unter König *Gundobad in die Regierungskrisen des Römischen Reiches einzugreifen. Nach seinem Tod machten sich die Franken zu Herren des Burgunderreiches (534), die B. selbst wurden unter den Franken assimiliert.

R. Wenkus, *Stammesbildung und Verfassung,* 1961; 1965.

BURGUNDIO VON PISA (gest. um 1194) Jurist und Übersetzer. Der Rechtsanwalt und Richter seiner Heimatstadt Pisa reiste oft in diplomatischen Aufträgen nach Süditalien und Byzanz. So wurde er mit der griechischen Literatur vertraut und übersetzte juristische, theologische und medizinische Werke ins Lateinische.

H. Dausend, *Zur Übersetzungsweise B.s.,* 1914.

BURIDAN, JOHANNES (um 1300-66) Spätscholastiker, Lehrer in Paris und Rektor der Universität (1328 und 1340). Er übernahm anfänglich den *Nominalismus seines Lehrers Wilhelm *Ockham, lehnte diesen aber 1340 als nicht rechtgläubig ab. Seine Naturphilosophie anerkannte nur Faktenmaterial als Grundlage sowie strenge Kausalität. Seine Auffassung von der Luft als eigenständiger Kraft war später für die Theorien des Galilei und Kopernikus von Bedeutung, ebenso seine Kritik an den naturwissenschaftlichen Anschauungen des *Aristotelismus und der Kosmologie des Ptolemäus.

E. J. Dijksterhuis, *Die Mechanisierung des Weltbildes,* 1956.

BURIDEN Türkische Herrscherfamilie von Damaskus (1117-54), von Tadsch-al Din Buri, dem seldschukischen Emir von Damaskus, begründet. Ihre Allianz mit den Königen von Jerusalem zerbrach nach dem Angriff der Teilnehmer des Dritten *Kreuzzugs auf Damakus, der die Eroberung der Stadt durch Nur-ad Din zur Folge hatte (1154).

BYZANZ (Byzantinisches, Oströmisches Reich) Der einzige Staat, dessen Existenz das gesamte Mittelalter überspannt (395-1453). In dieser langen Zeit hat B. seine eigenen charakteristischen Geschichts-, Gesellschafts- und Zivilisationsformen entwickelt.

Die Geschichte B.' beginnt mit der Spaltung des Römischen Reichs nach dem Tod von *Theodosius I. (395) in einen westlichen und östlichen Teil. Die Zeit bis zum 6. Jh. war eine Übergangsperiode mit starken römischen Vorzeichen und wird manchmal von den Historikern als die spätrömische Periode bezeichnet. An ihrem Beginn liegt der Einbruch germanischer Stämme in die Balkangegend. Kaiser Arcadius (gest. 408) erkaufte den Abzug der *Westgoten, andere Stämme wurden als Verbündete oder besser Söldner im kaiserlichen Heer beschäftigt. B. hatte damit eine Atempause zur inneren Neugestaltung und militärischen Stärkung erhalten, die dem Westen nicht vergönnt war. Kaiser *Theodosius II. (408-50) nützte sie zum Ausbau der kaiserlichen Bürokratie als auch der kirchlichen Hierarchie und festigte die Herrschaft über den Balkan, Kleinasien, Syrien, Ägypten und Ostlybien. Die Kodifizierung des römischen Rechts (Codex Theodosianus) schuf ein einheitliches Gebäude der rechtlichen und politischen Institutionen. Kaiser *Zenon (474-91) schränkte die Autonomie der Kirche ein, integrierte die kirchlichen Würdenträger in die weltliche Herrschaftsstruktur und machte sie vom Kaiser abhängig (siehe *Henotikon). Die Proteste der westlichen Bischöfe und des Papstes *Gelasius I. vergrößerten die bereits bestehende Kluft zwischen dem lateinischen Westen und dem immer stärker griechisch orientierten Osten. Zu Ende des 5. Jh.s war der Aufbau B.' als eigener Staat abgeschlossen. Gleichzeitig begannen innere Spannungen auf kirchlich-dogmatischem Gebiet zwischen den Fraktionen der Aristokratie der Hauptstadt und zwischen den kulturell unterschiedlichen Teilen des Reiches, die neugewonnene Einheit zu bedrohen.

Justinian I. (527-65) und seiner Gattin *Theodora gelang es, die Einheit wiederherzustellen. Er unterdrückte den *Nika-Aufstand (532) und begann mit einer langen Reihe von Kriegen die Wiedervereinigung des

Arche Noah; Buntglasfenster des 13. Jh.s, Frankreich

gesamten Römischen Reiches. Nach Sicherung der persischen Grenze gewannen seine begabten Generäle Belisarius und Narses Nordafrika von den *Wandalen (534), den Großteil von Italien von den *Ostgoten (536-56) und Südspanien von den *Westgoten. Das Mittelmeer war wiederum ein römisches Meer. Neben diesen Erfolgen war die persische Grenze jedoch unsicher, auf dem Balkan begann das Eindringen slawischer Stämme, und in Palästina mußten Aufstände der Juden und Samariter blutig niedergeschlagen werden. Der Staatsaufbau ging unter Justinian verstärkt weiter. Der *Codex Justinianus* diente der Zentralisierung der Verwaltung und der Schaffung eines einheitlichen Staates. Die Kodifizierung der Rechtsprechung wurde durch das Monumentalwerk des *Corpus Juris Civilis* (siehe Römisches *Recht) gekrönt. Auf kirchlichem Gebiet legte Justinian mit seinem Konzept des dirigistisch regierten Reiches die Grundlagen für die konstante Einmischung der byzantinischen Kaiser in die Angelegenheiten der Kirche. Politische Staatstreue wurde mit dem Glauben an die griechisch-orthodoxen Dogmen gleichgesetzt. Deshalb mußte z.B. die Akademie von *Athen, eine Zufluchtsstätte heidnischer Philosophie, geschlossen werden.

Nach Justinians Tod gingen innerhalb kurzer Zeit große Teile Italiens an die *Langobarden verloren. Auf dem Balkan nahm die Einwanderung der Slawen die Form einer Massenbewegung an, im Osten begannen die Perser mit Unterstützung der örtlichen Bevölkerung wieder den Krieg. Die orientalischen Christen boykottierten die byzantinische Staatskirche. General *Phokas, der sich 602 zum Kaiser machte, begegnete der allgemeinen Anarchie mit blutigen Unterdrückungsmaßnahmen. 610 wurde er von *Herakleios gestürzt, der sich die Unterstützung der Kirche und der Armee sicherte, die *Awaren im Norden besiegte und 629 durch die Vernichtung der persischen Armee das Haus der *Sassaniden zu Fall brachte. Nach Überwindung dieser Krisen kam der Angriff der Araber umso überraschender und fand B. nach der Niederlage am *Jarmukfluß (Palästina) (636) hilflos. Für die blitzartige Eroberung der orientalischen Provinzen B.' war die Entfremdung der örtlichen Christen durch die byzantinische Staatskirche von größter Bedeutung. Selbst Konstantinopel wurde 673-78 nur mit knapper Not vor der arabischen Eroberung gerettet. Am Ende des 7. Jh.s waren nur mehr Kleinasien, Griechenland und der Balkan unter byzantinischer Herrschaft. Das Reich verwandelte sich nunmehr endgültig in einen ethnisch-kulturell homogenen griechischen Staat. Die dynastischen Wirren zu Beginn des 8. Jh.s, die Aufstände gegen Justinian II. (685-711) und die Errichtung des *Bulgarenreiches südlich der Donau trugen zur weiteren Schwächung von B. bei.

Erst *Leo III., dem Gründer der syrischen Isaurerdynastie, gelang es, die arabische Grenze am Taurusgebirge zu festigen. Sein Verbot der Bilderverehrung (726) leitete die langwierige religiös-innenpolitische Krise des *Ikonoklasmus ein, die erst 843 überwunden wurde. Von sofortiger positiver Auswirkung war die von Herakleios begonnene und von Leo III. zu Ende geführte Reorganisierung der Reichsverwaltung und besonders die Errichtung der Themenverfassung. Die Themen (Militärprovinzen) erhielten die direkte Verantwortung für die Bereitstellung der Grenzheere, was zu einer raschen Verbesserung der militärischen Schlagfähigkeit führte.

Auf lange Sicht trug die Reform jedoch wesentlich zum Aufstieg der Militäraristokratie, zur Unterordnung der Wirtschaft unter die militärischen Bedürfnisse und damit zur wachsenden Staatsintervention auch in den wirtschaftlichen Ordnung bei. Nach Leos Tod brach der Bilderstreit in aller Schärfe aus. Auf dem Balkan wuchs die Macht der Bulgaren und Slawen, in Italien ging der letzte Stützpunkt Ravenna an die Langobarden verloren (751), und das *Papsttum wandte sich endgültig von B. ab und der aufsteigenden Macht der Franken zu. Während in B. Kaiserin *Irene und ihr Sohn *Konstantin VI. um den Thron stritten, wurde der Franke *Karl d.Gr. der erste westliche Kaiser des Römischen Reiches. Erst die makedonische Dynastie (867-1056) setzte den Machtkämpfen und der Generäleherrschaft des 9. Jh.s ein Ende. Die Kaiser *Basileios I. und *Basileios II. führten ruhmreiche Feldzüge gegen die Bulgaren, *Leo VI. errichtete mit seiner *Basilika ein Rechtssystem von einmaliger Kohärenz und Klarheit. Die Versuche der Kaiser *Nikephoros II. Phokas und *Johannes I. Tzimiskes, die an die Araber verlorenen Gebiete wiederzuerobern, schlugen zwar im ganzen fehl, brachten aber ein Wiedererstarken von B. auch im Osten mit sich. Auf kirchlichem Gebiet öffnete die Missionstätigkeit des hl. *Kyrill und des hl. *Methodius die Gebiete Mährens, Bulgariens und Rußlands der byzantinischen Kultur. Gleichzeitig vertiefte sich weiter die kirchliche Kluft mit dem Westen. Das *photische Schisma in der zweiten Hälfte des 9. Jh.s und die gegenseitige Bannung Papst *Leos IX. und des Patriarchen *Michael Kerularios im Jahre 1054 setzten die Zeichen für den endgültigen Bruch in der christlichen Kirche. Die letzten Jahre der Makedonier und die Zeit bis 1081 waren durch die Schwäche des Kaiserhauses und häufige Thronkämpfe zwischen der Beamtenaristokratie der Hauptstadt und dem Militäradel gekennzeichnet. 1071 fielen die *Seldschuken in Kleinasien ein, vernichteten die kaiserliche Armee in der Schlacht von *Mantzikert und eroberten innerhalb weniger Jahre fast ganz Kleinasien. Zur gleichen Zeit nahmen die *Normannen die letzten byzantinischen Stützpunkte in Süditalien und griffen auf dem Balkan an. Die Bulgaren, Serben und Bosnier machten sich unabhängig. Erst der Regierungsantritt von *Alexios I. Komnenos, des Gründers der Komnenendynastie (1081-1185) setzte der Anarchie ein Ende. Die Komnenen ordneten das nunmehr auf Griechenland beschränkte Reich aufs neue und konnten mit Hilfe der *Kreuzfahrer einen Teil Kleinasiens wiedergewinnen. Gleichzeitig schuf das Zusammentreffen von Griechen und Lateinern im Laufe der Kreuzzugsbewegung neuen Haß, der nach dem Aussterben der Komnenen aufs schärfste ausbrach und in den Thronwirren zu Beginn des 13. Jh.s zur Eroberung Konstantinopels im Vierten Kreuzzug führte. Mit der Errichtung des *Lateinischen Kaiserreiches von Konstantinopel (1204-61) und anderer Kreuzfahrerstaaten auf griechischem Boden blieben von B. nur einige Widerstandsherde übrig: der von den Lateinern verfolgte griechische Klerus in den besetzten Gebieten und die Reststaaten von *Nikäa, *Trapezunt und *Epiros. In Nikäa erhielt sich die alte Reichstradition und wurde in den Schulen weitergepflegt. 1261 nützte *Michael VIII. Palaiologos die inneren Streitigkeiten der Lateiner aus, machte sich zum Herrn von Epiros, eroberte Konstantinopel und stellte das Kaiserreich wieder her. Dieses erstreckte sich nunmehr auf den Westteil Klein-

Darbringung Christi im Tempel; romanisches Relief zu Moissac, Frankreich, 12. Jh.

Eine Dame von Rang; byzantinische Marmorskulptur aus dem 6. Jh.

asiens, die Gegend von Konstantinopel, Adrianopel, Thrakien und Teile Griechenlands. Der nördliche Balkan blieb in Händen der Serben und Bulgaren, Südgriechenland war unter lateinischer und venezianischer Herrschaft. Michael konnte einen Angriff *Karls von Anjou abwehren, seine Erben waren jedoch gegenüber der neuen Gefahr aus dem Osten hilflos. Im frühen 14. Jh. begannen die *Osmanen mit der systematischen Eroberung der byzantinischen Provinzen. 1326 nahmen sie Brussa, 1329 Nikäa, 1354 setzten sie sich auf der europäischen Seite des Bosporus in Gallipoli fest, von wo sie Adrianopel erstürmten. Bulgarien und Serbien fielen bis 1389 unter ihre Herrschaft, 1396 wurde der europäische Kreuzzug zur Rettung B.' bei *Nikepolis vernichtet. Nur der Mut des französischen Marschalls *Boucicaut rettete Konstantinopel vor der Einnahme durch die Osmanen. Die *mongolische Invasion Kleinasiens unter *Tamerlan gab B. die letzte Atempause, die 1444 mit der Niederlage einer weiteren Kreuzzugarmee bei

*Varna zu Ende ging. 1453 griff *Mohammed II. Konstantinopel mit schweren Kanonen an und eroberte die Stadt. Der letzte Kaiser, Konstantin XI. fiel im Kampf, und das oströmische Reich verschwand von der Bühne der Geschichte.

Kultur: In seiner tausendjährigen Existenz entwickelte B. eine hochstehende Kultur, die sich auf die klassischen Traditionen, die griechische Sprache und das Christentum gründete. Die Literatur war im Anfang der Form nach eine direkte Fortsetzung der klassischen griechischen Tradition und vereinigte heidnische Motive mit christlichen Ideen. Im 5./6. Jh. kündigte sich mit langen beschreibenden Gedichten, in denen die christlichen Tugenden dem Heidentum gegenübergestellt wurden, der Wandel an. Seit dem 7. Jh. diente die Geschichtsdichtung, wie z.B. die des Hofpoeten Georg *Pisides, zur Verherrlichung des Kaisers. Als Gegenpol entwickelte sich die sog. "heilige Dichtung", die sich in der Form von Hymnen und liturgischen Gesängen zur eigentlichen Literaturgattung von B. entwickelte. Der *Kanon, eine Vereinigung mehrerer Gedichte von verschiedener Länge, war Teil der kirchlichen Liturgie sowie Ausdruck der Heiligenverehrung und übte über B. hinaus großen Einfluß auf die Entstehung der slawischen Dichtung aus. Im 11. Jh. drangen satirische Elemente in die Dichtung ein. Das 12. Jh. sah unter westlichem Einfluß die Entstehung von Heldengedichten, die sich nicht mehr auf die Verherrlichung der Kaiser beschränkten.

Die Prosaliteratur besaß von Anfang an gelehrten und kirchlichen Charakter. Sie baute auf den Schriften der griechischen Kirchenväter (z.B. der Zusammenfassung der frühchristlichen Tradition durch *Gregor von Nissa im 4. Jh.) auf und sah ihr Hauptanliegen in der Verteidigung der Orthodoxie. Im 7. Jh. und besonders in der Folge des Bilderstreits trat die Polemik vollends in den Vordergrund, wie etwa bei *Theodor von Studion und *Johannes von Damaskus. Seit dem 9. Jh. und besonders nach Anlauf der Unionsverhandlungen mit der westlichen Kirche im 14./15. Jh. richtete sich die Polemik verschärft gegen die lateinische Kirche.

Die Geschichtsliteratur erreichte in der Frühzeit B.s unter dem andauernden klassischen Einfluß ein hohes Niveau (*Eusebius von Cäsarea, *Prokopius von Gaza), das jedoch in den Mönchschroniken (seit dem 7. Jh.) nicht mehr aufrecht erhalten wurde. Werke wie die des Theophanes (Beginn des 9. Jh.s) trugen jedoch zur Entwicklung der Volkssprache bei. Unter der Makedonendynastie blühte die Geschichtsschreibung wie auch andere Fächer der Geistestätigkeit mit neuem auf (siehe Michael *Psellos). Die hervorragendste Leistung war die Alexiade der *Anna Komnena (12. Jh.). Im 13. Jh. schuf die Schule von Nikäa wichtige Werke, die die kaiserlichen Traditionen in einer Zeit der politischen und moralischen Machtlosigkeit bewahrten.

Die Hagiographie B.' schuf eine gewaltige Menge von Heiligenviten, besonders im Verlauf des Bilderstreits, die dann im 10. Jh. systematisch gesammelt wurden.
Siehe *BAUKUNST, *KIRCHE, *KUNST.

H. W. Haussig, *Kulturgeschichte von Byzanz,* 1959;
G. Ostrogorsky, *Geschichte des byzantinischen Staates,* 1963[3];
F. Dölger, *Byzanz und die europäische Staatenwelt,* 1967[2].

C

UNTER C VERMISSTE ARTIKEL SUCHE MAN AUCH UNTER K UND Z.

CABALLERIA POPULAR (Bauernritter) Die Bezeichnung für die wohlhabenden Bauern, die im Königreich León, dann in Kastilien und Portugal, im 12.-13. Jh. als berittene und schwerbewaffnete Kämpfer gegen die Mauren eingesetzt wurden. Viele der C. schlossen sich im 13. Jh. dem Niederadel an.

CABOCHE, SIMON (gest. um 1420) Pariser Volksführer. Er machte sich im Jahre 1412 zum Führer der Metzgerzunft von Paris und unterstützte die burgundische Partei im Kampf gegen die *Armagnaken. Unter der wohlwollenden Neutralität Johanns des Furchtlosen errichteten er und seine Anhänger (die sog. *Cabochiens*) in Paris ein Schreckensregime, das aber auch vernünftige Reformmaßnahmen durchsetzte. 1419 stürzte ihn eine Koalition aus dem Königshof, dem Parlament und dem Großbürgertum unter *Jouvenel d'Oursins.
A. Coville, *Les Cabochiens,* 1890.

CADE, JACK (gest. 1450) Englischer Aufständischer. Er erschien im März 1450 als Verwandter des im Volk beliebten Prinzen von York in Kent und fachte die allgemeine Unzufriedenheit mit der Regierung *Heinrichs VI. zu einem Aufstand an, der sich auf Essex und Kent ausdehnte. Zu Beginn des Monats Juli war London in seiner Hand, wenig später wurde die Revolte niedergeschlagen und C. getötet.
R. L. Storey, *The End of the House of Lancaster,* 1966.

CADIZ Südspanische Stadt. Die alte griechische Siedlung erlebte unter den Karthagern und Römern eine Blütezeit und verlor im Frühmittelalter an Bedeutung. Nach den Wandalen, Westgoten und Byzantinern fiel sie 711 den Arabern zu. Der Fall des Kalifats von Córdoba ließ C. zum Mittelpunkt eines *Taifa-Emirats werden, das auch unter der Oberhoheit der *Almoraviden und *Almohaden seine Unabhängigkeit bewahrte, indem es die Wirtschaftsmacht der Hafenstadt C. (Verbindung nach Marokko) ausnutzte. Die Stadt wurde 1250 von *Ferdinand III. von Kastilien und 1262 von *Alfons X. erobert.
W. M. Watt, *A History of Islamic Spain,* 1965.

CAEDMON (gest. um 680) Frühester bekannter englischer Dichter, Mönch in Whitby und Verfasser religiöser Gedichte, von denen jedoch nur eine Hymne erhalten ist. Hauptsächlich brachte er Bibeltexte in altenglische Langzeilen.
Werk (engl.-dt.): R. Breuer, R. Schöwerling (Hgg.), *Altenglische Lyrik,* 1972.

CAEN Stadt in der *Normandie. C. entwickelte sich im 10. Jh. um eine herzogliche Burg, diente im 11. Jh. als Residenz der Herzöge der Normandie und beherbergte ein von *Wilhelm d. Eroberer reich dotiertes Doppelkloster mit erlesenen romanischen Baudenkmälern. Auch unter der französischen Herrschaft (seit 1204)

Inneres der "Abbaye aux Hommes" zu Caen

diente C. weiter als Tagungsort der Adelsversammlungen der Provinz. 1419 nahmen die Engländer die Stadt ein; 1432 gründete der Herzog von Bedford als Regent im Namen König *Heinrichs VI. von England eine Universität. Gegen Ende des *Hundertjährigen Krieges ging C. an Frankreich über.
E. Lambert, *Caen roman et gothique,* 1935.

CAESAREA Antike Hafenstadt in Palästina. Provinzhauptstadt und Bischofssitz in der byzantinischen Periode. C. wurde 640 nach langer Belagerung von den Arabern erobert und verlor danach an Bedeutung. Im Jahre 1101 fiel C. in die Hände der *Kreuzfahrer, die ein Erzbistum und eine Feudalherrschaft errichteten, die im Rahmen des Kreuzfahrerstaates eine bedeutende Stellung einnahm. 1187 wurde C. von *Saladin, 1191

Teil der Kreuzfahrerzitadelle von Caesarea

wieder von den Kreuzfahrern erobert. *Ludwig IX. erweiterte in der Zeit seines Aufenthaltes im Heiligen Land ihre Befestigungen, was jedoch nicht die Zerstörung durch die *Mamluken (1265) verhindern konnte.
L. Haefeli, *C. am Meer*, 1923.

CAESARIUS (hl.; um 470-542) Erzbischof von Arles (502-42). Er trat 489 dem Kloster *Lerius bei und erlangte dank seiner guten Beziehungen zu *Alarich II. und *Theoderich d.Gr. die Erhebung Arles zum Erzbistum von Gallien. Als Primas des Landes spielte C. eine herausragende Rolle in den theologischen und kirchenrechtlichen Kämpfen seiner Zeit und berief mehrere Konzilien ein. Seine Predigten gaben der Germanenmission kommender Jahrhunderte das notwendige Handwerkszeug; seine Mönchsregel wurde bald von der des hl. *Benedikt verdrängt.
Werk: G. Morin (Hg.), 2 Bde., 1937-42.

CAESARIUS VON HEISTERBACH (um 1180-1240) Zisterziensermönch und Geschichtsschreiber. Er ist der Verfasser des *Dialogus Miracularum* ("Wunderdialog", um 1223), in dem er zur Erbauung der Klosternovizen historische Anekdoten erzählte. Seine acht Bücher der Mirakel befassen sich mit geschichtlichen Ereignissen des 12. und 13. Jh.s und erwähnen zahlreiche übernatürliche Begebenheiten. Sie dienen als wichtige Quelle für die Erforschung des Volksglaubens und der Ketzerbewegungen seiner Ziet. Daneben sind mehrere Heiligenriten aus seiner Feder erhalten.
Werk (dt.): H. Hesse (Hg.), *Geschichten aus dem Mittelalter*, 1976.

CAESAROPAPISMUS Bezeichnung für das politische System des *byzantinischen Reiches, wonach der Kaiser die Kirche beherrscht und gleichsam als Papst handelt. Die von den Historikern des 18. und 19. Jh.s geprägte Anschauung wurde von der modernen Forschung als ungenau angesehen und bedarf der weiteren Klärung der theologischen und rechtlichen Aspekte der kaiserlichen Vorherrschaft.
H. Raab (Hg.), *Kirche und Staat*, 1966.

CAETANI Siehe *GAETANI.

CAFFARO (um 1081-1166) Genuesischer Geschichtsschreiber. Er besaß als Konsul seiner Heimatstadt Zugang zu den Staatspapieren und arbeitete seit seiner Jugend an den *Annalen der Stadt. Sein Werk ist für das Studium der Geschichte Genuas und ganz Norditaliens, des Papsttums, der genuesischen Kolonien und der *Kreuzzüge von großer Bedeutung. G. gilt als ältester Laienhistoriker des Mittelalters.
Werk: *Fonti per la storia d'Italia* I-II, 1887; C. Imperiale di Sant 'Angelo (Hg.), *C. e suoi tempi*, 1894.

CAHORS Südwestfranzösische Stadt in *Aquitanien. Nach der fränkischen Eroberung (507) war C. Sitz einer Grafschaft. In der Folge stritten sich die Herzöge von Aquitanien, die Karolinger und die Grafen von Toulouse um die Oberhoheit über die Stadt, während die direkte Herrschaft in den Händen der Bischöfe von C. verblieb. Seit 858 gehörte die Stadt zur Grafschaft Toulouse. In den friedlicheren Zeiten seit dem 11. Jh. zog die Messe von C. Kaufleute aus der gesamten Umgebung an. Der wirtschaftliche Erfolg (Weinstapel, Bankgewerbe) hat sich in den charakteristischen Baudenkmälern der Epoche niedergeschlagen. Im 13. Jh. erlangte die Messe von C. überregionale Bedeutung und entwickelte sich zu einem Zentrum der Finanzgeschäfte. Die Bezeichnung *Cahorsinen* (*Kahorsinen*) wurde zu einem Synonym für Geldleiher überhaupt. Im *Hundertjährigen Krieg erhoben sowohl die englischen Herren von *Guyenne wie auch die Grafen von *Armagnac Anspruch auf die Stadt. Letztere annektierten sie zu Beginn des 15. Jh.s.
J. Fourgous, *Cahors au cours des siecles*, 1944.

CALAIS Nordfranzösische Stadt. Dank seines Hafens und seiner Seeleute, die im Handelsverkehr zwischen England und Flandern tätig waren, entwickelte sich das kleine Fischerdorf im 12. Jh. zu einer Stadt. Ihre Bedeutung nahm im 15. Jh. infolge der unruhigen Verhältnisse in den flämischen Städten zu, und C. wurde ein wichtiger Umschlaghafen für die englische Rohwolle. Die Engländer griffen C. 1347 an; aber die Stadt fiel erst nach einer sechsmonatigen Belagerung, in deren Verlauf sich die Bürger unter Eustache von St. Pierre tapfer verteidigt hatten. Die Errichtung des Wollstapels durch die englischen Eroberer sicherte auch im weiteren den Wohlstand der Stadt. Die Versuche, durch die Ansiedlung von englischen Stadtbürgern den Charakter von C. zu verändern, hatten nur oberflächlich Erfolg. C. blieb bis 1558 unter englischer Herrschaft.
F. Lenuel, *Histoire de Calais*, 2. Bde., 1901-11.

CALATRAVA Spanischer Ritterorden, 1158 von den Zisterziensermönchen von C. und einer Anzahl von Rittern zur Verteidigung des Klosters und der Stadt C. in Nachahmung der *Templer gegründet. Die Könige von Kastilien verliehen dem Orden Burgen und Ländereien an der andalusischen Grenze. 1164 erhielt der Orden die Approbation Papst *Alexanders III. Organisatorisch verblieb er weiterhin mit den Zisterziensern verbunden. Im 14. und 15. Jh. spielte er eine bedeutende Rolle in den inneren Auseinandersetzungen in Kastilien, 1482 wurde er an die kastilianische Krone gebunden.
F. Gutton, *L'ordre de Calatrava*, 1955.

CALIMALA Die Zunft der Tuchhandwerker in Florenz. Seit dem 13. Jh. übte sie die Kontrolle aus über die unter verschiedenen Handwerkern verteilte Tuchherstellung und besaß eine über die Stadt hinausgehende Machtstellung. In der zweiten Hälfte des 13. Jh.s wurde sie auch politisch tätig. Seit 1273 war sie eine der fünf Körperschaften, die das demokratische Regime in Florenz trugen.

F. Scherill, *Medieval and Renaissance Florence*, 1961.

CALIXT II. (Guido von Vienne; 1060-1124) Papst (1119-24). Er war über seine Vorfahren, die Grafen von Burgund, mit Kaiser *Heinrich V. und König *Ludwig VI. von Frankreich verwandt und wurde 1088 zum Erzbischof von Vienne gewählt. Er war in der *gregorianischen Reformbewegung gegen die Laieninvestitur tätig und trug 1112 auf der Lateransynode zur Bannung *Heinrichs V. bei. Nach seiner Papstwahl, die in Cluny, dem Zufluchtsort seines Vorgängers *Gelasius II., abgehalten wurde, verschaffte er sich die Unterstützung der Könige von Frankreich und England und ließ Heinrich auf dem Konzil von Reims nochmals bannen. Der darauf in Deutschland von neuem ausgebrochene Bürgerkrieg wurde erst durch das Konkordat von *Worms (1122) und dessen Verkündung auf der Lateransynode von 1123 beendet. Diese Synode gilt als erstes ökumenisches Konzil der katholischen Kirche. Im innerkirchlichen Bereich machte C. von päpstlichen Legaten Gebrauch, denen er als Vertreter der päpstlichen Alleinherrschaft Vorrang vor dem örtlichen Klerus einräumte.

A. Maurer, *Papst Calixt II.*, 2 Bde., 1886-89; U. Robert, *Histoire de C. II*, 1891.

CALIXT III. (Alfons von Borgia; 1378-1458) Papst (1455-58). In Valencia (Aragón) geboren, studierte und lehrte C. Rechtswissenschaft an der Universität von Lérida und wurde 1416 als Jurist an den Hof *Alfons V. von Aragón berufen. 1429 ernannte man ihn in Anerkennung seiner Verdienste um die Beendigung des päpstlichen Schismas zum Bischof von Valencia und 1444 zum Kardinal. Als Papst bemühte er sich ohne Erfolg um die Organisierung eines *Kreuzzugs gegen die *Osmanen. Sein Pontifikat ist hauptsächlich wegen seiner Eingriffe in die Thronstreitigkeiten Aragóns und wegen seines Nepotismus bekannt. Einer seiner Neffen wurde später unter dem Namen *Alexander VI. Papst.

G. Fusero, *I Borgia*, 1966.

CALTABELLOTTA Stadt im Süden Siziliens, wo 1302 ein Friedensvertrag zwischen *Karl von Valois und den Aragonesen unterzeichnet wurde, in dem die Herrschaft Aragóns über Sizilien anerkannt wurde.

CAMALDULENSER Mönchsorden, 1012 vom hl. *Romuald in Camaldoli (bei Arezzo) als Gruppe asketischer Einsiedler gegründet. Im 12. Jh. wurde die anfängliche Strenge gemildert. Die Mönche wurden auch im Dienste der Kirche eingesetzt, blieben aber weiterhin eine zahlenmäßig kleine und streng asketische Elite; ihre Grundlage war die Benediktusregel.

A. Pagnani, *Storia dei benedettini camaldolesi*, 1949.

CAMBRAI Stadt in Flandern. Die gallisch-römische Stadt diente nach 430 als Hauptstadt eines fränkischen Teilkönigreiches und kam 490 an das Reich *Chlodwigs. Erst im 10. und 11. Jh. entwickelte sich C. zu einem bedeutenden Textilzentrum und wurde von den deutschen Kaisern, den Lehnsherren der Stadt, in den Rang eines Bistums erhoben. Die Kaiser bemühten sich, mittels der Bischöfe, die seit 1007 das Grafenamt innehat-

Queen's College, Cambridge, 15. Jh.

ten, stärkeren Einfluß auszuüben, aber die Bürger konnten ihre Vorrechte bewahren. In der Folge waren Bischöfe, Bürgerschaft und die Grafen von Flandern an der Stadtregierung beteiligt. Zu Beginn des 15. Jh.s fiel das Bistum unter die Schutzherrschaft der Großherzöge von Burgund. Unter *Karl dem Kühnen wurde C. ethnisch und wirtschaftlich Teil des französischsprechenden Flanderns. Der von *Villard von Honnecourt entworfene Dom von C. ist eines der hervorragendsten Zeugnisse der gotischen Baukunst des 13. Jh.s.

W. Reinecke, *Geschichte der Stadt Cambrai bis 1227*, 1896; A. Dubrulle, *C. à la fin du Moyen Age*, 1904.

CAMBRIDGE Stadt in England. Die keltisch-römische Ansiedlung verlor nach der angelsächsischen Eroberung Englands an Bedeutung, erholte sich dann aber dank ihrer Lage am Fluß Cam, der ihr als Knotenpunkt zur Straße nach den Midlands eine beherrschende Stellung verschuf. Die Dänen eroberten C. mehrere Male in der zweiten Hälfte des 9. Jh.s und machten es zu einem Verwaltungszentrum der Provinz Cambridgeshire. Im 10. Jh. stieg die Stadt zu einem überregionalen Handelsplatz auf und zog Kaufleute aus Irland und Kontinentaleuropa an. Nach 1066 bauten die Normannen nahe der Stadt eine Festung. 1122 erhielten die Bürger von *Heinrich I. einen Freibrief und das Monopol über den Wasserverkehr in der Provinz. Während der Bürgerkriege in der Zeit König *Stephans war C. Kriegsschauplatz

Luftansicht von Cambridge

und für kurze Zeit eine unabhängige Grafschaft. Unter der Regierung *Heinrichs II. entwickelte es sich zu einem Mittelpunkt der mönchischen Gelehrsamkeit. Im Jahre 1209 verließen einige Lehrer und Studenten nach einem Streit *Oxford und ließen sich in C. nieder. Die von ihnen gegründete Schule wurde 1229 von *Heinrich III. in eine Universität umgewandelt und gewann rasch internationales Ansehen. Zu Ende des 15. Jh.s lag die Zahl der *Kollegien C.s bei 15. 1381 war die Stadt ein Brennpunkt des großen Bauernaufstandes (siehe *England), dessen Niederschlagung auch zum Ruin der reichen Stadtbürger führte, die unter der Führung des Bürgermeisters an der Rebellion teilgenommen hatten.

J. P. Roach (Hg.), *Victoria History of the County of C.* III, 1959.

CAMBRIDGE-LIEDER (CARMINA CANTABRIGIEN-SIA) Eine Sammlung von 50 lateinischen Gedichten aus dem 11. Jh., die anscheinend von Sängern aus der Rheingegend und den Niederlanden verfaßt wurden. Die rein weltlichen Lieder haben die Freuden der Natur und der Liebe zum Gegenstand.

Werk: K. Strecker (Hg.), 1967[3];

K. Breul, *The Cambridge Songs; a Goliard's Song Book of the 11th Century*, 1913.

CAMERON, JOHANN (gest. 1446) Bischof von Glasgow (1428-46) und schottischer Staatsmann. Als Sekretär König *Jakobs I. (1424) und Kanzler des Reiches unterstützte er den königlichen Angriff auf die kirchliche Gerichtsbarkeit auch gegen den päpstlichen Befehl. 1433 wurde er ohne konkrete Ergebnisse von Papst *Eugenius III. wegen Gehorsamsverweigerung gebannt. Im folgenden Jahr vertrat er die schottische Kirche auf dem Konzil von Basel. 1436 verwirklichte er mit päpstlicher Zustimmung die von ihm geforderte Reform der schottischen Kirche.

CAMPAGNA, CAMPANIA COMMUNIS Lat. Bezeichnung für die von der Dorfgemeinde gemeinsam bestellten Felder (siehe *LANDWIRTSCHAFT).

CAMPAGNA Eine fruchtbare Ebene zwischen Rom und Neapel. Sie war Hauptversorgerin von Lebensmitteln für die Hauptstadt und deshalb wiederholt Ziel der Angriffe aller Eroberer Italiens im Frühmittelalter. Die Oberhoheit über die C. wurde 774 von *Karl d.Gr. an den *Kirchenstaat verliehen. Dieser hatte sie bis 1859 inne. Seit dem Ende des 8. Jh.s war jedoch tatsächlich nur der nördliche Teil der Provinz unter päpstlicher Herrschaft und trug weiter den Namen C. Die frühere Provinzhauptstadt *Capua wurde Mittelpunkt eines *langobardischen Fürstentums und fiel im 10. Jh.

unter byzantinische Herrschaft. Die *Normannen eroberten im 11. Jh. den Großteil der C. und gliederten
sie an ihren süditalienischen Staat an. Der nördliche
Teil, die sog. Römische C., blieb weiterhin in päpstlicher Hand.

E. R. Labande, *Naples et la Campanie,* 1953.

CAMPALDINO, SCHLACHT BEI (1289) Das letzte
Gefecht in der langen Reihe von Kriegen zwischen den
*Guelfen von *Florenz und den *Ghibellinen der Um-
gebung. Der florentinische Sieg sicherte die Vorherr-
schaft der Arnostadt in der Toskana und legte den
Grundstein für den florentinischen Territorialstaat in
Mittelitalien.

R. Davidsohn, *Geschichte von Florenz* III, 1940.

**CAMPUS MAURIACUS (Mauriazensisches Feld),
Schlacht von (451)** Schauplatz der Schlacht bei Troyes
(Ostfrankreich), in der der römische General *Aetius zu-
sammen mit *westgotischen und *fränkischen Kontin-
genten die von *Attila geführten *Hunnen besiegte. Die
Schlacht befreite Gallien von der hunnischen Bedrohung,
konnte jedoch nicht den Niedergang der römischen
Macht und den Aufstieg der Germanenreiche in Gallien
aufhalten. Sie ist auch unter der Bezeichnung der
"Schlacht auf den katalaunischen Feldern" bekannt.

F. Altheim, *Geschichte der Hunnen,* 2 Bde., 1959-62.

CANALA, MARTINO VON (gest. um 1290) Venezianischer Geschichtsschreiber. Er verfaßte eine Geschichte der Stadt von ihrer Gründung bis zu seiner
Zeit. Für die Periode 1250-75 verarbeitete er seine eigenen Erfahrungen wie auch staatliche Dokumente. C.
war einer der ersten französisch schreibenden Historiker.

CANOSSA Burg in der nördlichen Toskana (bei Reggio)
im Besitz der Markgrafen von Tuszien. 1077 beherbergte
Markgräfin *Mathilde auf C. Papst *Gregor VII. Der
Papst war auf der Durchreise zu den Feinden des von
ihm gebannten *Heinrich VII. Um das Zusammentreffen
zu verhindern, ging Heinrich nach C., wo er drei Tage
lang im Schnee stehend öffentlich Buße tat. Obwohl der
Konflikt auch politischer Natur war, konnte Gregor die
religiös motivierte Bitte um Absolution nicht abweisen
und löste Heinrich vom Bann. Darauf konnte dieser
mit ruhigem Gewissen gegen die aufständischen Adeligen vorgehen und hatte gleichzeitig den Papst in ein un-
günstiges Licht gesetzt. Aus der Affäre ging eigentlich
der Kaiser siegreich hervor, trotzdem hat sich die Rede-
wendung vom "Gang nach Canossa" als Ausdruck für
eine öffentliche Selbsterniedrigung erhalten.

H. Kämpf (Hg.), *Canossa als Wende,* 1963.

CANTERBURY Südostenglische Stadt und Sitz des
englischen Primas. Im 6. Jh. Hauptstadt des Königreichs
*Kent. 597 ließ sich der hl. *Augustin in C. nieder,
601 wurde sein Sitz zum Erzbistum mit Jurisdiktion
über alle Bischöfe Südenglands erhoben. Der religiöse
Charakter der Stadt bildete sich im 8. Jh. mit dem Bau
von Kirchen und dem mit der Ausbreitung des Christentums über ganz England parallel laufenden Machtzuwachs des Erzbischofs weiter aus. C. wurde zum kirchlichen Mittelpunkt des gesamten angelsächsischen Britanniens. Der alte Dom erfuhr mehrere Umbauten im
romanischen und gotischen Stil. Das Kloster Peter und
Paul, mit den Grabmälern der Erzbischöfe und der
Könige von Kents, stammt zum Teil aus dem frühen 7.
Jh. Die Klosterkirche mit dem Grab des hl. Augustin
wurde im 8. Jh. eingeweiht. Im 12.-13. Jh. stießen die
Mönche mit den Kanonikern der Christuskirche wegen

der Frage der Vorrechte beider Körperschaften zusammen. Im 13. Jh. verlegten die Erzbischöfe ihre Residenz
in den Lambeth-Palast von London. C. blieb aber
weiterhin kirchliche Hauptstadt Englands.

F. R. H. Du Boulay, *Canterbury,* 1966.

CAPELLA PALATINA Die eindrucksvolle Palast-
kirche des normannischen Königs von Sizilien in *Palermo. Sie wurde in der Zeit *Rogers II. (12. Jh.) erbaut
und von seinen Nachfolgern vollendet. Der Baustil und
die Dekoration vereinigen arabische, byzantinische und
romanische Elemente in einer seltenen Einheit der Konzeption.

CAPESTRANO, JOHANN (VON) (hl.; 1368-1456)
Franziskanermönch und Prediger. In Capestrano (Abruzzen) geboren, studierte Rechtswissenschaft in Perugia
und wurde 1412 königlicher Statthalter der Stadt.
Seine Gefangennahme in einer Schlacht führte zu einer
Krise in seiner gesamten Lebensanschauung, 1416
ließ er seine Heirat annullieren und trat dem Franziskanerorden bei. Durch seine Predigerkunst erlangte
er höchsten Ruhm und war als eine der führenden Persönlichkeiten des Ordens bekannt. Er predigte gegen
die Juden und Ketzer und 1451 in Böhmen gegen die
*Hussiten. Nach dem Fall *Konstantinopels (1453)
organisierte er einen *Kreuzzug gegen die Türken, den
er 1456 siegreich führte. Kurz darauf starb er an der
Pest.

E. Jakob, *Johann de Capestrano,* 2 Bde., 1903-11.

CAPITANO DEL POPOLO (Haupt des Volkes) Titel
der Führer der Handwerkerzünfte in Italien im 13. und
14. Jh. In der zweiten Hälfte des 13. Jh.s ergriffen sie
die Macht in den meisten Stadtstaaten Italiens, mit
Ausnahme Venedigs. Mit der Errichtung aristokratischer
Fürstentümer im 14. Jh. ging ihre Macht zurück, im 15.
Jh. fanden sich kaum mehr Capitani del p.

E. Mayer, *Italienische Verfassungsgeschichte* II, 1909.

CAPITULARE (Kapitularien) Die schriftliche Nieder-
legung der im königlichen oder kaiserlichen Gerichts-

Heinrich IV., Mathilde und Hugo von Cluny zu Canossa

Mauern und Befestigungen von Carcassonne, Languedoc; 13. Jh.

hof erlassenen Satzungen (*placitum*). Die Bezeichnung stammt vom lat. *caput* (Kopf). Die C. waren besonders in der *Karolingerzeit (9.-10. Jh.) in Gebrauch und wurden durch kaiserliche Gesandte (*missi dominici*) im ganzen Reich oder je nach Fall in einer Provinz verbreitet. Dem Inhalt nach werden drei Arten der C. unterschieden: Rechtsprechung, Verwaltung und Deklarationen des Herrschers. In gewissen Fällen wurden Probleme der Verwaltung und der Politik zusammen erörtert; die rechtsprechenden C. erschienen aber immer gesondert. Um 830 wurden die C. in einigen Klöstern abgeschrieben und sind in Registern erhalten.
R. Schneider (Hg.), *Kapitularien*, 1967;
F. L. Ganshof, *Was waren die Kapitularien?*, 1961.

CAPREOLUS, JOHANNES (1380-1444) Philosoph und Theologe. In Languedoc (Südfrankreich) geboren, trat dem *Dominikanerorden bei und studierte in Rodez und Paris. Seit 1408 lehrte er in Paris, 1411 wurde er zum Leiter des Dominikanerstudiums von Toulouse ernannt. Sein Hauptwerk ist eine vierbändige Abhandlung (1409-33) über die Lehre des *Thomas v. Aquin, der in C.s Zeit heftig angegriffen worden war. Das Werk übte einen bedeutenden Einfluß auf die Wiedergeburt des *Thomismus aus.
J. Heygi, *Die Bedeutung des Seins bei den klassischen Kommentatoren des hl. Thomas*, 1959.

CAPUA Mittelitalienische Stadt an der Via Appia zwischen Rom und Neapel. Die antike Stadt war unter der Langobardenherrschaft von *Benevent (6.-8. Jh.) dem Untergang nahe. Im 9. Jh. wurde sie mehrmals von den Sarazenen angegriffen und 840 gänzlich zerstört. 856 bauten die Langobarden C. vier Kilometer nördlich als Hauptstadt eines gleichnamigen Fürstentums wieder auf. Die Streitigkeiten zwischen den Langobarden und den Byzantinern über die Oberhoheit öffneten *Otto II. alle Tore, der sich in der zweiten Hälfte

des 10. Jh.s zum Herrn der Fürsten von C. machte. Im 11. Jh. wurde C. mehrmals von den *Normannen angegriffen und 1058 von dem Abenteurer Richard von Aversa erobert. Dessen Nachkommen regierten C. unter der formalen Oberhoheit des Papstes bis zur Eroberung durch *Roger II. von Sizilien. Danach ging die politische Geschichte der Stadt in der des Königreichs *Sizilien auf. Im 12. Jh. entwickelte sich C. zu einem bedeutenden Textilzentrum. 1231 verlieh *Friedrich II. den Juden der Stadt das Monopol über die Tuchfärberei. Im 14. und 15. Jh. war C. der finanzielle Mittelpunkt des Königreichs Neapel, bis er verlor es an Bedeutung.
M. W. Frederiksen, *Capua*, 1959.

CAPULETTO Einflußreiche ghibellinische Familie in Verona, die im Spätmittelalter mit den Montagues um die Stadtherrschaft kämpfte. Die Geschichte um Romeo und Julia ist legendär.

CARACCIOLO, JOHANNES (1382-1431) Mitglied einer neapolitanischen Adelsfamilie, seit 1415 Geliebter der Königin Johanna und mächtigster Mann im Reich. Ein Aufstand gegen ihn führte zum Eingreifen des *Alfons v. Aragón, doch festigte sich die Position C.s nach 1427 noch, bis er in Ungnade fiel und auf Anstiften der Königin ermordet wurde.
N. F. Faraglia, *Storia della Regina Giovanna II*, 1904.

CARCASSONNE Stadt in Languedoc (Südfrankreich). Bis 725 war die Stadt Teil des *Westgotenreichs, 759 kam sie unter fränkische Herrschaft. Im 9. Jh. wurden die Stadt und die umliegende Grafschaft unter der formalen Oberhoheit der Grafen von *Toulouse von einer örtlichen Adelsfamilie regiert. Durch Heirat ging der Grafentitel zur Mitte des 11. Jh.s an die Grafen von Barcelona über, diese mußten jedoch die Herrschaft der Vizegrafenfamilie Trencavel von Béziers anerkennen. Unter den Trencavel blühte C. dank seiner vorteilhaften Lage an der Hauptstraße zwischen Toulouse und der Mittelmeerküste auf. 1209 wurde es zusammen mit den anderen Besitzungen der Trencavel von den Kreuzfahrern unter *Simon von Montfort erobert, obwohl es in C. kaum *Albigenser gab. 1229 wurde die Stadt als Sitz eines königlichen Seneschalls an die französische Krondomäne geschlagen. Die mächtigen, doppelten Stadtmauern aus dem 13. Jh. und der gotische Dom bestehen bis heute. Im Spätmittelalter war C. eine unbedeutende Provinzstadt.

J. Poux, *La cité de Carcassonne, histoire et description*, 5 Bde., 1922-38.

CARLISLE Hauptstadt der Grafschaft Cumberland (Nordengland) im angelsächsischen Königreich *Northumbrien. Unter der dänischen Besetzung (9.-10. Jh.) war C. ohne Bedeutung, nach der *normannischen Eroberung diente es als wichtige Festung an der schottischen Grenze. 1092 errichtete *Wilhelm II. für Verteidigungszwecke die Grafschaft C., die die Grafschaften Cumberland und Westmoreland einschloß. 1133 machte *Heinrich I. C. zu einem Bistum und siedelte eine Gruppe von *Augustinerchorherrn an, die zum Wohlstand der Stadt beitrugen. Unter den *Plantagenets (14./15. Jh.) ging die Herrschaft über C. von den Bischöfen an Prinzen aus dem Königshaus über.

K. Smith, *C.*, 1951.

CARMINA BURANA Sammlung lateinischer Lieder, die im späten 12. und frühen 13. Jh. von Studenten und wandernden Gelehrten verfaßt und dann zwischen 1225 und 1250 im Moseltal oder im bayerischen Kloster Benediktbeuren niedergeschrieben wurden. Die C. enthalten 250 Lieder, die Wein, Weib, Liebe, antiklerikale Satire sowie die Freuden der Natur, der Jugend und des Studentenlebens als Thema haben.

Werk: (lat.-dt.): C. Fischer u.a., 1974.

CARMINA CANTABRIGIENSIA Siehe CAMBRIDGE-LIEDER.

CARTA CARITATIS Siehe *ZISTERZIENSER.

CARTAGENA Spanische Stadt an der Mittelmeerküste (Provinz Murcia). Die alte römische Stadt war im Frühmittelalter in den Händen der *Wandalen, *Westgoten und seit der Mitte des 6. Jh.s in den Händen der Byzantiner, die C. im 7. Jh. gegen wiederholte westgotische Angriffe behaupten konnten. 711 wurde sie von den Arabern erobert. Diese errichteten ein Emirat, das erst von Statthaltern regiert und dann den Kalifen von *Córdoba unterstellt wurde. Zur Mitte des 13. Jh.s eroberte Kastilien C. und ihre Provinz.

I. Martinez Rizo, *Fechas y fechos de Carthagena*, 2 Bde., 1894.

CASALE Norditalienische Stadt in Piemont, am Ufer des Flusses Po. Ihre Entwicklung begann im 12. Jh. mit dem Eintritt in den *Lombardenbund. Im 13. Jh. kämpften die *Guelfen und *Ghibellinen um die Herrschaft in der Stadt. Im 14. Jh. lockte die Schwäche von C. fremde Eingriffe an. In ihrem Bestreben, C. zu beherrschen, hielten sich Mailand, Montferrat (zu dem C. gehörte) und Savoyen gegenseitig im Gleichgewicht und ermöglichten eine relativ unabhängige Existenz der Stadt bis zum 15. Jh.

H. Visconti, *La biscia Viscontea*, 1929.

CASAMENTUM Lat. Bezeichnung aus dem *Lehnswesen (im 8.-11. Jh.) für ein Haus, das ein Herr zusammen mit einem Gut einem Vasallen übergibt. Der *vassus casatus* war ein Lehnsmann, der nicht mehr am Hofe des Herrn lebte, sondern als Inhaber eines Gutes ein hohes

Maß an Selbständigkeit besaß. Die Praxis des C. führte zur Zersplitterung der großen Gutsherrschaften in eine Unzahl kleiner, politisch und wirtschaftlich nur schlecht funktionsfähiger Einheiten. Mit der Neuordnung der Adelsgesellschaft und der Errichtung von Fürstentümern und starken Monarchien im 12./13. Jh. wurde das C. von Geldzahlungen an die Vasallen abgelöst.

F. L. Ganshof, *Was ist das Lehnswesen?*, 1961.

CASLAV (CESLAW) Serbenführer des 10. Jh.s. Er leitete den Kampf gegen die bulgarische Besetzung und konnte 927, nach dem Tod des mächtigen Bulgarenzaren *Symeon, die Serben unter seiner Herrschaft vereinigen. Um die Unabhängigkeit seines Volkes gegenüber den Bulgaren und Kroaten zu wahren, erkannte er die Oberhoheit des byzantinischen Kaisers an.

K. Jiricek, *Geschichte der Serben* I, 1911.

CASPE, KOMPROMISS VON (1412) Die Vereinbarung, die die seit 1387 andauernden dynastischen Kriege in *Aragón beendigte und das Land an *Ferdinand von Kastilien übergab.

CASSEL Südflandrische Stadt und Schauplatz zweier wichtiger Schlachten. 1071 schlugen die Flamen unter Graf Robert die Armee *Philip I. von Frankreich und erreichten die Einschränkung der französischen Macht in Flandern. 1328 besiegte *Philipp VI. von Frankreich das Volksheer der flämischen Städte und festigte mit Hilfe der franzosenfreundlichen Grafen von Flandern seine Herrschaft im Lande.

H. Pirenne, *Geschichte Belgiens*, 1899 ff.

CASSIANUS, JOHANNES (ca. 360-435) Kirchenschriftsteller und Mönch. Er trat als junger Mann einem Kloster in *Bethlehem bei, ging dann nach Ägypten und wurde 385 Diakon in Konstantinopel. Zu Beginn des 5. Jh.s besuchte er Rom und ließ sich dann in Gallien nieder. 415 gründete er zwei Klöster bei Marseille, wo er seine 'Institutionen" und "Zusammenkünfte" schrieb. Beide Werke behandeln die mönchische Lebensweise als Stufe auf dem Weg zur Erlösung und übten einen bedeutenden Einfluß auf die Entwicklung des Mönchswesens im Westen aus. Gegenüber *Augustinus betont C. die aktive Vorbereitung des Menschen auf den Empfang der göttlichen Gnade.

Werk: *PL* 49, 50;

O. Chadwick, *John Cassian*, 1950.

CASSIODORUS, FLAVIUS MAGNUS AURELIUS (ca. 485-580) Schriftsteller und Staatsmann. Sohn einer römischer Adelsfamilie, diente 507 als Questor von Rom, 514 als Konsul und trat später in den Dienst des *Ostgotenkönigs *Theoderich, der ihn 526 zum Meister der Ämter machte. Nach Theoderichs Tod am Hof tätig und wurde 533 zum Prätorianerpräfekten erhoben. Trotz der religiösen Kluft zwischen den katholischen Römern und den *arianischen Ostgoten bemühte er sich im Laufe seines gesamten Lebens, die beiden Völker einander näherzubringen. 540 zog er sich vom öffentlichen Leben zurück und gründete auf seinen Gütern in *Vivarium (Süditalien) zwei Benediktinerklöster. Nachdem ein früherer Versuch, in Rom eine Schule der Theologie zu gründen, fehlgeschlagen war, baute er mit den Mönchen von Vivarium eine reiche Bibliothek auf und legte damit den Grundstein für die mönchische Tradition der Gelehrsamkeit, die so viel zur Erhaltung des klassischen Erbes im Mittelalter beigetragen hat. Von C.s eigenen Werken dienten die zwölf Bände der kaiserlichen Edikte den mittelalterlichen Herrscherkanzleien als formale Vorbilder. Sein Hauptwerk ist die *Institutiones Divinarum et Saecularium Litterarum* ("Die Einrichtungen der göttlichen und weltlichen Literatur"), in denen er unter dem Einfluß von *Augustinus seine Anschauung einer christlichen Erziehung verteidigt, die auf religiöse und profane Studien aufbaut. Das Werk hatte großen Einfluß auf die Entwicklung der mittelalterlichen Lehrpläne.

Werk: *PL* 69-70;

A. Momigliano, *C.,* 1956;

H.-D. Kahl, *Der Übergang von der Antike zum Mittelalter im Lebensgang des Cassiodorus Senator,* in: Nachrichten der Gießener Hochschulgesellschaft 34, 1965.

CASTEL, JOHANNES (1425-76) Französischer Geschichtsschreiber. Sohn eines königlichen Beamten, trat 1439 dem Kloster St. Martin bei. 1461 ernannte ihn König *Ludwig XI. zum ersten Hofhistoriker von Frankreich und 1470 zu seinem Sekretär. 1472 wurde er für seine Dienste mit den Pfründen des Klosters St. Maur belohnt. Seine nur in Auszügen überlieferten Geschichtswerke sind von mittelmäßiger Qualität. Wichtiger ist seine Dichtung, in der der Einfluß *Villons spürbar ist.

P. Champion, *Louis XI,* 1926.

CASTRACANI, CASTRUCCIO (1281-1328) Ghibellinischer Machthaber von Lucca (Italien). Der begabte Abenteurer spielte trotz seiner Jugend zu Beginn des 14. Jh.s eine bedeutende Rolle als Krieger und Staatsmann. Nach dem Zusammenbruch des demokratischen Regimes Luccas verbündete er sich mit Uguccione della Faggiuola, dem Machthaber von Pisa, und ergriff selbst die Macht in Lucca. Seine Politik der territorialen Expansion brachte ihn in Konflikt mit Florenz. 1315 besiegte er das Heer der Arnostadt bei Montecatini, eroberte Pistoia und Prato, konnte aber trotz eines weiteren Sieges über die florentinischen Söldner (1325) Florenz selbst nicht erobern. Als wichtigste Stütze der deutschen Pläne in Italien ernannte ihn *Ludwig der Bayer 1327 zum erblichen Herzog von Lucca.

F. Winkler, *Castruccio Castracani, Herzog von Lucca,* 1897;

Sammelband: *Castruccio Castracani degli Antelminelli,* 1934.

CATALOGUS BARONUM Die Aufzeichnung einer 1152 auf Befehl *Rogers II. unternommenen Untersuchung der Hilfsleistungen, die die Adligen Siziliens ihrem König schuldeten. Diese Dienste waren mit vierzigtägigem Militärdienst und Burg- und Küstenwache fühlbar schwerer als in anderen Staaten Westeuropas. Das detaillierte Register ist eine wertvolle Quelle für Untersuchungen über die Struktur des sizilianischen Adels.

C. Cahen, *Le régime féodal de l'Italie normande,* 1940.

CAUCHON, PIERRE (um 1371-1442) Bischof von Beauvais. Er wirkte im *Hundertjährigen Krieg auf der Seite der Burgunder und Engländer und wurde 1431 zum Richter im Fall der *Jeanne d'Arc bestellt. Als solcher trug er die Verantwortung für ihre Hinrichtung. Nach der Verhandlung ernannte ihn der Herzog von *Bedford zum Bischof von Lisieux (Normandie).

J. Bouissounouse, *Jeanne et ses juges,* 1955.

CAUSA Im mittelalterlichen Latein in zwei Bedeutungen gebraucht. Die *Kanonisten und Theologen bezeichneten als C. die systematische Erörterung eines strittigen Punktes im Rahmen eines breiteren Fragenkomplexes.

Die theoretischen Naturwissenschafter des 13. Jh.s bezeichneten unter Einfluß des *Aristotelismus als C. die Beweggründe der physischen, astronomischen und geologischen Erscheinungen.

CEDDA (hl.; gest. 664) Bischof der Ostsachsen. Er wurde in *Lindisfarne erzogen, 653 zum Priester geweiht und danach zur Mission der Ostsachsen von Essex gesandt. In Essex gründete er zahlreiche Klöster und Kirchen. Auf der berühmten Synode von *Whitby (664) öffnete er durch die Übernahme der römischen Osterrechnung dem päpstlichen Einfluß auf England die Tore. Kurz darauf starb er an den Pest.

K. Schäfendiek, *Bekehrung und Bekehrungsgeschichte,* III. *England und Schottland,* 1967.

CENSUALES Mittellateinische Bezeichnung für die *Census-pflichtigen Klassen der Bevölkerung, hauptsächlich die hörigen Bauern.

CENSUS (Zins) Bezeichnung einer Steuer, die den Bauern des Mittelalters von ihren Herren aufgezwungen wurde. Im 8. Jh. war sie mit der Kopfsteuer identisch, so daß sie die freien Bauern und auch die im Besitz von Lehen befindlichen Vasallen nicht betraf. Im Laufe der Jahrhunderte nahm ihr Wert ab, und die C. wandelte sich von einer tatsächlichen Belastung zu einem Kennzeichen der Hörigkeit.

CERDA Grafschaft in *Kastilien. 1270 verlieh sie *Alfons X. an seinen ältesten Sohn Ferdinand. Nach Ferdinands Tod erhoben seine Söhne, die sog. *Infantes de La C.,* Ansprüche auf den Thron gegen *Sancho IV., den zweiten Sohn von Alfons. Dabei wurden sie von einem bedeutenden Teil des Adels sowie dem Papst und dem französischen König unterstützt. Der Konflikt zog sich bis ins 14. Jh. hin und trug erheblich zur Schwächung der königlichen Macht in Kastilien bei.

R. Konetzke, *Geschichte des spanischen und portugiesischen Volkes,* 1939.

CERDAGNE (CERDAÑA) Grafschaft in den Pyrenäen, am Mittelmeer zwischen Frankreich und Spanien. Die Grafschaft wurde um 850 in Verbindung mit der Spanischen Mark der Karolinger gegründet. Im 10. Jh. war sie von den Grafen von Barcelona lehnsrechtlich abhängig und gehörte zu *Katalonien. Im Vertrag von *Corbeil (1258) verzichtete Frankreich endgültig auf C. zugunsten *Jakobs I. von Aragón. 1468 übergab sie *Johann II. von Aragón an *Ludwig XI., um französische Waffenhilfe gegen die Aufständischen im eigenen Land zu gewinnen. 1492 gehörte C. wieder zu Spanien.

Ph. Wolff, *Le Languedoc,* 1968.

CESARINI, JULIAN (1398-1444) Kardinal. Sohn einer römischen Familie, studierte in Perugia und Padua, wo er Bekanntschaft mit *Nikolaus von Cues machte. 1417 trat er in den Dienst der päpstlichen Kurie und war auf diplomatischen Missionen und besonders im Kampf gegen die *Hussiten beschäftigt. 1426 wurde er zum Kardinal ernannt. Bei seinen kurzen Aufenthalten in Rom versuchte er, den weltlich-humanistischen Tendenzen in Italien entgegenzuwirken. 1426 wurde er auch mit der Leitung des *Basler Konzils betraut. Er bemühte sich, den neuen Papst *Eugenius IV. zur Annahme des Prinzips der konziliaren Autorität zu bewegen. 1439 nahm er an den Unionsverhandlungen mit der griechischen Kirche teil. 1442 predigte er in Ungarn den Türkenkreuzzug. Unter seinem Einfluß brach König *Ladislaus Postumus den Vertrag mit den Türken und erklärte 1444 den Krieg. In der Schlacht von Varna wurde das ungarische Kreuzfahrerheer vernichtet und C. getötet.

P. Becker, *Giuliano C.* (Diss. Münster), 1935.

CHAISE-DIEU *Benediktinerkloster in Auvergne, 1046-52 vom strengen hl. *Robert gegründet. Die Klosterkirche (Mitte 14. Jh.) gilt als eines der wichtigsten Denkmäler der gotischen *Baukunst. Im 12. Jh. waren die Äbte von C. in der Politik der Provinz Auvergne tätig und förderten die Errichtung der französischen Königsherrschaft.

G. Fournier, *Le peuplement de l'Auvergne au moyen âge*, 1964.

CHALCEDON Stadt im nordwestlichen Kleinasien, bekannt durch die im kaiserlichen Palast der Stadt abgehaltenen Kirchenversammlungen. Von diesen Synoden errang das Vierte Ökumenische Konzil (451) mit der Teilnahme von 360 hauptsächlich aus dem christlichen Osten stammenden Bischöfen die größte Bedeutung. Es setzte sich die Bekämpfung der Ketzerbewegung n als Ziel und beschloß die sog. Formel von C., die die Ketzerei verurteilte und Regeln zur Bestimmung der Rechtgläubigkeit festsetzte. Ein weiterer Beschluß des Konzils betraf die Festlegung der fünf Patriarchensitze der christlichen Kirche auf Rom, Konstantinopel, Alexandrien, Antiochia und Jerusalem.

H. Bacht, *Das Konzil von Chalcedon*, 1954.

CHÂLONS-SUR-MARNE Ostfranzösische Stadt in der *Champagne. Von der römischen Stadt war im Frühmittelalter nur das Bistum von C. erhalten. Im 9. Jh. übernahmen die Bischöfe den Großteil der umliegenden Ländereien, im 10. Jh. auch die Grafenwürde. Trotzdem mußten sie einen Teil ihres Besitzes an die Herzöge von *Burgund und an *Troyes abtreten. Im 13. Jh. gingen diese Ländereien an die Grafen von *Champagne über, die sich zu den eigentlichen Herren der Grafschaft aufschwangen. Trotz des Machtverlustes wurden die Bischöfe von C. im 13. Jh. als kirchliche *Pairs von Frankreich anerkannt. Die Entwicklung des Handels im 11.-12. Jh. machte C. zu einem der Zentren Ostfrankreichs. 1360 fielen Stadt und Grafschaft an die Krone.

A. de Barthélemy, *Châlons-sur-Marne*, 1889.

CHAMBELLAGE Begriff aus dem hoch- und spätmittelalterlichen Frankreich, England und Spanien; bezeichnet die Einkünfte des *Kämmerers (*chamberlain*) aus der Vergütung für die Dienste, die er den Bauern und später auch den Stadtbürgern leistete.

CHAMBRE DES COMPTES Behörde in der Finanzverwaltung des spätmittelalterlichen Frankreichs. Sie entstand zu Ende des 12. Jh.s aus dem Hofamt, das die Finanzgebarung der königlichen *bailiffs* überprüfte, und wurde im 13. Jh. nach dem Beispiel des englischen *Exchequeramtes umgewandelt. Zu Beginn des 14. Jh.s organisierte *Philipp IV. die C. als zentralisierte Buchhaltungskanzlei der Provinzstatthalter. Sie besaß ihre eigenen Beamten und eine Dokumentensammlung, in der die fiskalen Vorrechte der Krone an jedem Ort genau festgehalten wurden.

F. Lot–R. Fawtier, *Histoire des institutions françaises au moyen âge* II, 1957; R. Holzmann, *Französische Verfassungsgeschichte*, 1910.

CHAMPAGNE Provinz und Grafschaft in Ostfrankreich, zu beiden Seiten des Marneflusses. Unter den Römern blühte das reiche Weinland, 483 fiel es unter

fränkische Herrschaft und wurde Teil *Austriens. Im 8.-9. Jh. kam es zur Teilung der Provinz in zahlreiche Feudalherrschaften. Die C. hörte auf, als geschlossene Gebietseinheit zu bestehen. Im 9. und 10. Jh. kämpften die Herren von *Vermandois und *Burgund um die Vorherrschaft in der Gegend; kirchliche Anstalten wie das Erzbistum von Reims entwickelten sich zu großen Feudalherrschaften. Die Errichtung der Grafschaft *Troyes und ihre Vererbung an Graf *Eudes von Blois zu Beginn des 11. Jh.s stellten einen wichtigen Schritt zur Wiederherstellung der C. dar. Die Grafen von Blois und Troyes konnten trotz ihrer lehnsrechtlichen Abhängigkeit von den burgundischen Herzögen eine mächtige Herrschaft aufbauen, die die königliche Domäne von Paris und Orléans bedrohte. Vor 1050 erbten sie auch die Grafschaft von *Meaux. Sie nützten die neu aufblühende Handelstätigkeit und errichteten am Brennpunkt der Landwege zwischen Italien und den Niederlanden die sog. Champagne-Messen von Troyes, Provins und Lagny (bei Meaux). Diese entwickelten sich rasch zum Treffpunkt der Kaufleute Europas und brachten den Grafen hohe Einkünfte. Am Ende des 11. Jh.s waren die Grafen von Troyes der mächtigste Zweig der großen Bloisdynastie und zu Beginn des 12. Jh.s beherrschten sie die gesamten Besitzungen des Hauses. Durch die Heirat Adeles, der Tochter *Wilhelms d. Eroberers, mit Graf Stephan von Blois wurden sie auch mit den Königen von England verwandt. Ihr jüngerer Sohn Stephan wurde 1134 König von England, der ältere Sohn *Thibaut gründete die Grafschaft von C. Seine Macht war auf das Bündnis mit England, eine gutausgebaute Verwaltung und die großzügige Unterstützung kirchlicher Anstalten gestützt und verschaffte ihm weiten Ruhm als Staatsmann. Sein Sohn *Heinrich der Freigiebige, ein Prototyp des "idealen Ritters" der zweiten Hälfte des 12. Jh.s, machte zusammen mit seiner Gemahlin Maria von Frankreich, der Tochter *Ludwigs VII., den Grafenhof zu Troyes zu einem der wichtigsten Brennpunkte der ritterlichen Kultur. Unter den Dichtern, die an seinem Hof wirkten, waren Meister vom Rang eines *Chrétien von Troyes. Heinrich, der mit drei Königen verwandt war (Friedrich Barbarossa, Ludwig VII. und Heinrich II.), spielte eine bedeutende Rolle in der Politik seiner Zeit. In geschickter Ausnützung des neuerwachenden Interesses an den *Karolingern stellte er sich als Abkömmling der Kaiser dar und feierte die Heirat seiner Tochter Adele mit Ludwig VII. von Frankreich als Versöhnung der karolingischen und *kapetingischen Königshäuser. Sein Sohn Heinrich wurde 1192 König von Jerusalem, sein Urenkel Graf Thibaut IV. 1253 König von Navarra. Im 13. Jh. verlor die C. an Bedeutung. Die wachsende königliche Macht schränkte die Unabhängigkeit der Grafen ein. 1284 zog *Philipp IV. durch seine Heirat mit Johanna von Navarra, der Erbin von C., die Provinz an sich und schloß sie an die königliche Domäne an. Im Spätmittelalter verloren die C.-Messen durch die Wirtschaftskrise des 14. Jh.s, den *Schwarzen Tod und die Neuordnung der europäischen Handelswege ihre internationale Bedeutung.

R. Crozet, *La Champagne*, 1946.

CHAMPOL Niederlassung der *Kartäuser bei Dijon (Burgund), 1383 von *Philipp dem Kühnen von Burgund als Begräbnisstätte seines Hauses gegründet. Das Gebäude besitzt reiche Kunstwerke flämischer Künstler,

Die Heimsuchung; *gotische Skulptur des 13. Jh.s an der Kathedrale von Chartres, Frankreich*

von denen die Skulpturen Klaus *Sluters herausragen.
O. Cartellieri, *Geschichte der Herzöge von Burgund* I,
1910.

CHANDOS, SIR JOHN (gest. 1370) Englischer Heerführer. Sohn einer niedrigen Adelsfamilie, zeichnete sich
in den ersten Phasen des *Hundertjährigen Kriegs gegen
Frankreich aus und wurde von *Eduard III. befördert.
In der Schlacht von *Poitiers (1346) führte er eine
Abteilung des Heeres und errang sich den Ruhm eines
"idealen Ritters". 1348 erhielt er als einer der ersten
den *Hosenbandorden. Als engster Vertrauter des
Königs und des *Schwarzen Prinzen war er Mitglied des
"Rates der Gascogne", in dem alle wichtigen Entscheidungen in Bezug auf die Kriegsführung in Frankreich
und Kastilien gefällt wurden.

CHANSON DE GESTE (Heldengedicht) Bezeichnung
für die meistens in französisch geschriebenen Epen, die
die *geste* (Heldentat) tatsächlicher oder legendärer
Persönlichkeiten als Muster der Rittertugenden beschreiben. Die frühesten überlieferten Chansons de geste
stammen von unbekannten Verfassern und wurden
manchmal den Heeren am Vorabend von Schlachten
vorgetragen. So hörten die Soldaten *Wilhelm des Eroberers noch vor der Schlacht von *Hastings (1066)
die Chanson de *Roland. Andere Gelegenheiten zur
Entwicklung der C. fanden sich bei festlichen Zusammenkünften auf den Höfen der Feudalherren. Spätere
Generationen von Dichtern fügten diesen Gedichten
weitere Teile hinzu, bis im 12. und 13. Jh. die meisten
Dichtungszyklen ihre endgültige Form fanden. Belieb-

teste Themen der C. waren die Entstehung des *Karo-
lingerhauses und die *Kreuzzüge, daneben wurden auch
Ereignisse wie die *Nibelungenschlacht und einzelne
Persönlichkeiten, wie etwa der *Cid, behandelt.
A. de Mandach, *Naissance et dévelopement de la C.
d. g. en Europe*, 1961 ff.;
K. H. Bender, *König und Vasall. Untersuchungen zur
Chanson de geste des XII. Jahrhunderts*, 1967.
CHANSON DE ROLAND Siehe *ROLAND.
CHARIBERT I. (gest. 567) Sohn *Chlothars I. und
Frankenkönig von Paris und *Neustrien (561-67), den
merowingischen Neueroberungen des 6. Jh.s. Nach C.s
Tod wurde sein Reich unter seinen Brüdern aufgeteilt.
E. Zöllner, *Geschichte der Franken bis Mitte des 6.
Jahrhunderts*, 1976.
CHARIBERT II. (gest. 632) Sohn *Chlothars II. und
Frankenkönig (629-32). Wegen seiner geistigen
Beschränktheit erhielt er von seinem Bruder *Dagobert I
nur einige Städte um Toul, das sog. "Markenkönigtum";
wurde ermordet.
E. Ewig, *Die fränkischen Teilreiche im 7. Jh. (613-714)*,
in: Trierer Zeitschrift 22, 1953.
CHARNY, GOTTFRIED VON (gest. 1356) Französi-
scher Ritter und Schriftsteller. Er stammte aus der Graf-
schaft Auxerre, trat in den Dienst König *Johanns II.
und starb als Bannerträger in der Schlacht von *Poitiers.
Im Jahre 1352 verfaßte er unter dem Titel "Demandes"
für den König eine Abhandlung über die wichtigsten
Aspekte des ritterlichen Lebens.
Werk: A. Piaget (Hg.), *Le livre de Messire Geoffroi de C.*,
in: Romania 26, 1897.
CHAROLAIS Grafschaft in Mittelfrankreich, aus der
Vereinigung einer Anzahl von Feudalherrschaften entstanden und 1316 mit dem Herzogtum Burgund vereinigt.
CHARROUX Kloster in Poitou (Westfrankreich), 772
zur Durchsetzung der fränkischen Herrschaft in *Aquitanien gegründet und von *Karl d.Gr. mit großen
Ländereien ausgestattet. Der 987 auf einer Bischofs-
synode in C. beschlossene *Gottesfriede diente als Modell
für die Friedensvereinigungen des 11. Jh.s. C. besaß be-
sonders im Spätmittelalter viel Macht durch seine
großen Besitzungen.
A. Richard, *Histoire des Comtes de Poitou*, 1898.
CHARTIER, ALAIN (ca. 1385-1433) Französischer
Dichter. In Bayeux (Normandie) geboren, diente als
Sekretär *Karls VI. und *Karls VII. und schrieb kurze,
oft *allegorische Gedichte in Latein und im normannisch-
französischen Dialekt, die sich zu seiner Zeit großer
Beliebtheit erfreuten.
P. Champion, *Histoire poetique du XVe siecle* I, 1923.
CHARTRES Nordfranzösische Stadt westlich von
Paris, nach der fränkischen Eroberung (483) ein minder
bedeutendes kirchliches Zentrum. Im 9. Jh. war C. Mit-
telpunkt einer Grafschaft, die im 10. Jh. von den mäch-
tigen Grafen von *Blois annektiert wurde. Die Domschule von C. erreichte zu Beginn des 11. Jh.s unter
Bischof *Fulbert, einem Schüler *Gerberts, große
Berühmtheit. Sie spezialisierte sich auf Philosophie und
Naturwissenschaft und zählte im 11. und 12. Jh. bedeutende Gelehrte zu ihren Mitgliedern. Durch die Reisen
der Gelehrten nach Spanien und Süditalien vermittelte
C. die arabische Wissenschaft an Europa. Erst in der
zweiten Hälfte des 12. Jh.s wurde C. von der Pariser
Schule überflügelt und sank dann mit der Errichtung der

Das romanische Portal der Kathedrale von Chartres, 12. Jh.

Pariser Universität endgültig ab. 1286 kam C. an die
französische Krone.
In der gleichen Periode erlangte C. durch den Dom,
ein Meisterwerk gotischer Baukunst, neuen Ruhm. Seine
Gestaltung und Ausstattung (Portalplastik!) setzten
neue Maßstäbe und Richtlinien für die religiöse Kunst
Westeuropas. Die Buntglasfenster mit ihren originellen
Motiven erreichten eine bis dahin unbekannte techni-
sche Perfektion (das sog. C.-Blau der Fenster konnte
auch später nie wieder erreicht werden). Im Spätmittel-
alter sank C. zum Rang einer Provinzstadt ab, deren
hauptsächliche Bedeutung im Pilgerwesen lag.
M. Grabmann, *Geschichte der scholastischen Methode*
II, 1911;
K. Heyer, *Das Wunder von Chartres*, 1938;
L. Grodecki, *Chartres*, 1963.
M. Aubert, *La Cathédrale de Chartres*, 1952.

CHASAREN Türkischer Volksstamm aus den zentralasiatischen Steppen, der ursprünglich Teil der *Petschenegen war. Bis *Attilas Tod standen sie unter der Herrschaft der *Hunnen und gegen Ausgang des 6. Jh.s wanderten sie westwärts in die Wolga- und Donggegend. 627 verbündeten sie sich mit den Byzantinern und kämpften gegen die Perser, besonders im Kaukasus, wo ihr Führer Khagan Jagbu sein Hauptquartier errichtete. Nach der chinesischen Überlieferung soll er "eine Vielzahl von Stämmen" unterworfen und um 640 die Länder zwischen der chinesischen Grenze und dem Don beherrscht haben. Im 7. Jh. dehnten sich die C. weiter aus, machten sich die Ukraine untertan und drängten die *Bulgaren nach Süden. Sie verlegten ihre Hauptstadt nach Itil an der unteren Wolga, wo sie den Ost-, West- und Nord-Südverkehr kontrollieren konnten. Neben den wirtschaftlichen Erwägungen war für diese Wanderung auch der Krieg mit den Arabern (um 650) verantwortlich, der den kaukasischen Schwerpunkt der C. bedrohte. Ein zweiter Krieg (727-37) brachte den Arabern keine weiteren Erfolge. In dieser Zeit breiteten sich die C. nach Norden aus und unterwarfen das Bulgarenreich an der Wolga und Kama. Infolge ihrer Feindschaft gegen die Araber verbündeten sich die C. mit Byzanz, was sich in Heiraten zwischen den beiden Herrscherhäusern und gegenseitigen Besuchen von Adeligen und Kaufleuten ausdrückte. Die strategische Lage des C.-Reiches ermutigte sowohl Byzantiner als auch Moslems, wirtschaftliche Beziehungen mit den C. aufzunehmen. Der christliche und islamische Einfluß drang allmählich in das große Steppenreich ein, dessen Herrscher um ihre Unabhängigkeit zu fürchten begannen.

Anscheinend lag dieser Faktor hinter der Entscheidung des Herrscherhauses, zum Judentum überzutreten (zweite Hälfte des 8. Jh.s). Der Übertritt umfaßte nur die königliche Familie und Teile des Adels und hatte keine Bedeutung für die türkischen und finnisch-ugrischen Stämme, die die Mehrheit der Bevölkerung ausmachten. Im 9. und 10. Jh. war das C.-Reich ein Vielvölker- und Vielreligionenstaat, der fetischistische und schamanistische Mongolen, Christen, Moslems und Juden einschloß. Die C. lebten weiterhin nach ihren alten Gesetzen und waren nach primitiven stammeshaften Prinzipien organisiert. An der Spitze des Reiches standen der Khagan und der Beg, eine Art von Premierminister mit weiten Vollmachten als militärischer Führer des Staates.

Im 9. Jh. nahmen die C. Handelsbeziehungen mit den nordischen *Warägern auf, die entlang der osteuropäischen Flüsse in Richtung Konstantinopel vordrangen. Die kommerzielle Rivalität eskalierte rasch in Kriege gegen die Fürstentümer der *Rurikiden, *Nowgorod und *Kiew. 965 fügte der Kiewer Fürst *Swjatoslaw den C. eine schwere Niederlage zu und zerstörte die Hauptstadt Itil. Zu Beginn des 11. Jh.s zerbrach das C.-Reich unter den Angriffen der Russen von Westen und der *Polowzer von Osten; die Überlebenden wurden zum Islam bekehrt.

D. M. Dunlop, *The Khazars,* 1966.

CHASTELLAIN, GEORGE (gest. 1475) Dichter und Geschichtsschreiber. Im französischsprechenden Teil Flanderns geboren, studierte an der Universität von Löwen (1430) und trat dann in den Dienst des Herzogs von Burgund, *Philipp d. Guten. In den Jahren 1435-46 lebte er in Frankreich, bereiste das Land und nahm an einigen Schlachten des *Hundertjährigen Kriegs teil.

Nach seiner Rückkehr nach Brüssel nahm er verschiedene Ämter am großherzoglichen Hof ein und beendete seine Karriere als Mitglied des herzoglichen Rates. Als Hofhistoriker hatte er Zugang zu Staatsdokumenten, die er zur Verfassung einer "Zeitgeschichte der christlichen Welt" benutzte. Darunter verstand er allerdings nur die französischsprechenden Länder. 1473 wurde er Mitglied und Historiker des Ordens vom *Goldenen Vlies. Als Dichter erntete er mit seinen Hof- und Glaubensgedichten weiten Ruhm. Daneben verfaßte er ein großes Lobesgedicht zu Ehren des Friedens von *Peronne und des Herzogs *Karl d. Kühnen.

K. Urwin, *George Chastellain,* 1937.

CHATEAU-GAILLARD Burg an der Grenze zwischen der Normandie und der Ile-de-France, die im 12. Jh. zur Kontrolle des Seinetales erbaut und 1196 von *Richard Löwenherz neu befestigt wurde. Sie verlor nach der Eroberung der Normandie durch *Philipp II. (1204-06) an Bedeutung und verfiel. Sie ist ein Paradebeispiel einer mächtigen, von den Anlagen in den Kreuzfahrerstaaten beeinflußten Königsburg.

CHATELET (franz. kleine Burg) Bezeichnung für eine Reihe von Festungen, die im 11. und 12. Jh. zur Verteidigung der Seinebrücken von Paris erbaut wurden. Die wichtigsten C.s waren das "Grand C." auf dem rechten und das "Petit C." auf dem linken Seineufer, die beide die nordsüdliche Hauptstraße beherrschten. Im 13. Jh. wurde das "Grand C.", das nunmehr einfach C. genannt wurde, Sitz des königlichen Provost von Paris, dessen Polizeiämter sich zu einer der wichtigsten richterlichen Behörden Frankreichs entwickelten. Die Archive des C. bergen reiche Schätze zur Geschichte der Verwaltung und Verfassung von Frankreich.

F. Olivier-Martin, *Le Châtelet de Paris,* 1914.

CHAUCER, GEOFFREY (1340-1400) Englischer Dichter. Sohn eines Londoner Weinhändlers und Page am Hofe *Eduards III., dessen Feldzügen in Frankreich er folgte. 1355 fiel er in Gefangenschaft und wurde vom König freigekauft. Danach diente er wieder am Hof und erfüllte unter anderem diplomatische Missionen, wobei er auch nach Italien kam und Petrarca sowie Boccaccio kennenlernte. Sein Hauptwerk ist die Reihe der *Canterbury Tales* (1386-90). Sie gelten als eine lebendige und lebensnahe Beschreibung der englischen Gesellschaft in der zweiten Hälfte des 14. Jh.s und charakterisieren die auf einer Pilgerreise zum Schrein des hl. Thomas *Becket zusammentreffenden Vertreter der einzelnen Sozial- und Berufsgruppen. Das Werk ist von dem neuen weltlichen Sinn der Zeit erfüllt und spart nicht an antiklerikaler Kritik. Daneben schrieb C. allegorische Traumvisionen, eine "Legende von den guten Frauen" (Dido, Kleopatra, Lucretia u.a.), "Troilen und Cressida" sowie teilweise eine Übersetzung des *Rosenromans.

Werk: A. v. Düring, 3 Bde., 1883-86;

P. M. Kean, *C. and the Making of English Poetry,* 1972.

CHELLES Kloster in der Champagne. Es wurde im 7. Jh. gegründet und von den *Merowingern und *Karolingern reich ausgestattet. Im 12. und 13. Jh. genossen die Äbte von C. großes Ansehen. Das Kloster wurde allgemein als Inbegriff der mönchischen Geistigkeit angesehen.

CHEMIE Die mittelalterliche C. entwickelte sich als empirische Kunst aus der Theorie und Praxis der *Alchemie. Im 13. Jh. boten die zahlreich bestehenden Theorien die Möglichkeit, ein Erklärungssystem der

Veränderungen unbelebter Materie zu schaffen. Die wichtigsten Quellen der praktischen C. waren zu dieser Zeit die lateinischen Übersetzungen arabischer und griechischer Abhandlungen über die Färbkunst, Malerei, Glaserzeugung, Medizin, den Bergbau und die Metallurgie. Diese Werke dienten als Wegweiser in der praktischen Anwendung und entwickelten auf theoretischem Feld die alte griechische Anschauung von den vier Elementen weiter. Erst die Wissenschaftler des 13. Jh.s – *Albert d.Gr., Roger *Bacon und andere – befreiten die C. zu einem gewißen Grad vom Einfluß der Alchemie und wiesen den Weg zu den Labortechniken des Destillierens, die dann in der Pharmazeutik und der Alkoholbereitung angewandt wurden. Im ausgehenden Mittelalter beschäftigte sich die C. mit den als Grundmetalle betrachteten Gold, Siber, Blei, Zinn, Kupfer und Eisen, deren Metallgewicht man experimentell festzulegen suchte. Daraus wurden dann Gesetze über die Eigenschaften der verschiedenen Metalle abgeleitet. Trotzdem bestand noch keine klare Trennung zwischen Alchemie und C. Thomas Norton (um 1477), einer der letzten mittelalterlichen Theoretiker der C., betrachte beide Künste als identisch.
R. Sachtleben–A. Hermann, *Von der Alchemie zur Großsynthese,* 1961[2];
J. R. Partington, *A History of Chemistry,* 1962 ff.

CHERBOURG Hafenstadt in der Normandie. Sie wurde 912 von den *Normannen besetzt und diente im 11.-12. Jh. als wichtiges Verbindungsglied zwischen dem englischen und kontinentalen Teil des Normannenreichs. Im *Hundertjährigen Krieg spielte C. eine bedeutende Rolle und wurde 1345 von den Engländern und kurz darauf wieder von den Franzosen erobert. Zwischen 1346 und 1366 war es Teil der Güter *Karls von Navarra, der es an England auslieferte. C. blieb bis zum Ende des Krieges unter englischer Herrschaft und wurde stark befestigt, bis Frankreich es 1450 erhielt.
M. de Masson d'Autume, *Cherbourg pendant la guerre de cent ans, de 1345 à 1450,* 1948.

CHERSONES Stadt und Provinz auf der Krim (Südrußland). Die griechische und später römische Stadt beherrschte die Mündung des Don- und Dnjeprflußes und war seit dem Frühmittelalter als Teil des byzantinischen Reiches Knotenpunkt auf dem Handelsweg zu den Ländern der Slawen und Mongolen. 987 wurde C. von *Wladimir, dem Fürsten von Kiew, erobert und dann anläßlich der Heirat Wladimirs mit der Tochter von Kaiser *Johannes Tzimiskes (992) als Teil des Kiewer Reiches anerkannt. In der Folgezeit verlor die Stadt ihre frühere Bedeutung, 1238 kam sie unter die Herrschaft der Mongolen und streifte allmählich ihren christlichen Charakter ab. Nach der Plünderung durch die Tataren wurde die Stadt zur Wüstung.

CHESTER Englische Stadt an der Küste der Irischen See. Ihr Name leitet sich von der alten römischen Siedlung (*castra*) ab. Nach der angelsächsischen Eroberung (5. Jh.) und der Bistumsgründung (7. Jh.) erfolgte der Niedergang der Stadt, bis sich nach der Restauration *Eduards des Bekenners C. mit dem Aufleben des Handels aufs neue entwickelte. *Wilhelm d. Eroberer bestätigte 1081 ihre Privilegien und Freibriefe, errichtete aber am Ort eine normannische Grafschaft zur Verteidigung gegen Wales. Die Grafschaft wurde an Hugo, einen Abkömmling der Vizegrafenfamilie von Avranches, verliehen. Seine Nachkommen beherrschten C. bis ins

13. Jh. Danach übernahmen königliche Sheriffs die Administration der Grafschaft. Der Hafen war im 13. und 14. Jh. einer der wichtigsten Englands.

CHÉTIFS, CHANSON DES Französisches Heldengedicht aus dem späten 12. bzw. frühen 13. Jh. Es gehört zum Kreis der Kreuzzugsgeschichten und behandelt die Abenteuer und Liebesaffären einer Gruppe von Kreuzfahrern, die das Heer bei Antiochia verlassen hatten und allein glorreiche Schlachten gegen die Sarazenen bestanden. Keines der im C. erzählten Ereignisse hat je stattgefunden, einige der aufgeführten Personen gehörten jedoch französischen Ritterhäusern an, die sich im Gedicht unsterblich machen wollten.
H. Hatem, *Les poèmes épiques des Croisades,* 1930.

CHEVALIER AU CYGNE, CHANSON DU Französisches Heldengedicht aus dem 13. Jh. Es behandelt das Schicksal eines Ritters und seiner Partnerin, einer in einen Schwan verzauberten Tochter eines ungarischen Königs sowie ihres Nachkommen, des Befreiers der Begräbniskirche in Jerusalem, *Gottfried v. Bouillon. Neben der Freude am Abenteuer ist das C. vom Willen beseelt, den lateinischen Königen von Jerusalem eine ehrenvolle königliche und zugleich mythologische Abstammung zu verleihen.
H. Hatem, *Les poèmes épiques des Croisades,* 1930.

CHEVALIER, ETIENNE (1410-74) Schatzmeister von Frankreich unter *Karl VII., trug auf bedeutende Weise zur Neugestaltung der französischen Finanzen nach dem Verheerungen des *Hundertjährigen Krieges bei und befand sich im intimen Kreis der königlichen Räte. Agnes Sorel, die Geliebte des Königs, schätzte ihn besonders. C. war auch ein Förderer der Künste und beschäftigte unter anderen den Maler Jean *Fouquet.
G. Du Fresne de Beaucourt, *Historie de Charles VII,* 1891.

CHEVROT, JOHANNES Bischof von Tournai (1430-68). Er diente dem Herzog von Burgund, *Philipp d. Guten, als Rat und Bischof und machte sich als Förderer der flämischen Malschule des 15. Jh.s einen Namen.
O. Cartellieri, *Am Hof der Herzöge von Burgund,* 1926.

CHICHELE, HENRY (um 1362-1443) Erzbischof von Canterbury (1414-43) und englischer Staatsmann. Er studierte in Oxford, wurde 1408 Bischof von St. David und diente 1409 als Vertreter der englischen Kirche auf dem Konzil von Pisa. 1414 wurde er in den Kronrat aufgenommen und übernahm während der Abwesenheit *Heinrichs V. die Verwaltung Englands. 1438 gründete er das All Souls College von Oxford.
E. F. Jacob, *Archbishop Chichele,* 1932.

CHICHESTER Stadt in Sussex (England), im 5. Jh. auf den Ruinen der römischen Stadt als angelsächsische Provinzhauptstadt gegründet. Mit der normannischen Eroberung und der Errichtung eines Bistums (1075) begann die Blütezeit der Stadt. Der Dom von C. (12.-13. Jh.) gilt als eines der schönsten gotischen Bauwerke Englands.
A. S. Duncan-Jones, *The Story of Chichester Cathedral,* 1933.

CHILDEBERT I. (um 495-558) Sohn *Chlodwigs I. und Frankenkönig von Paris (511-58). Unter seiner Herrschaft wurde das mittelfränkische Reich konsolidiert, indem C. es bis zu den Pyrenäen und nach Burgund ausdehnte.
J. Laporte, *Le royaume de Paris dans l'oeuvre de Fortunant,* in: Etudes mérovingiennes, 1953.

Das Tributpferd; *chinesische Malerei in Tinte und Farbe auf Seide aus der Zeit der Sung-Dynastie*

CHILDEBERT II. Frankenkönig (575-95). Sohn *Sigiberts I. und der Brunhilde, wurde nach seines Vaters Tod zum König von *Austrien ausgerufen (575). 593 erhielt er auch die Königswürde von Burgund und Orléans. Seine Regierungszeit stand im Zeichen der Kämpfe gegen die *Langobarden und die anderen Merowingerreiche, die im wesentlichen von seiner machtgierigen Mutter heraufbeschworen wurden.
W. A. Eckhardt, *Die Decretio Childeberti und ihre Überlieferung*, in: Zeitschrift der Savignystiftung für Rechtsgeschichte, Germanistische Abteilung 84, 1967.

CHILDEBERT III. (683-711) Frankenkönig (695-711). Sohn des *Theuderich III. und einer der letzten *Merowinger. Der Hausmeier *Pippin II. von Heristal, der eigentliche Herrscher, rief ihn zum König des gesamten Frankenreichs aus.
F. Dahn, *Die Könige der Germanen* VIII., 1899.

CHILDERICH Siehe *HILDERICH.

CHILDERICH I. (ca. 436-81) Frankenkönig (457-81). Von seinem Königreich in Tournai aus unterwarf er im Bund mit den Römern die Kleinreiche der salischen Franken in den Niederlanden und bereitete die großen Eroberungen seines Sohnes und Nachfolgers *Chlodwig vor. C. wird als der eigentliche Gründer des nach seinem Vater benannten *Merowingerhauses angesehen.
L. Schmidt, *Allgemeine Geschichte der germanischen Völker bis zur Mitte des 6. Jahrhunderts*, 1909; C. Verlinden, *Frankish Colonization*, 1954.

CHILDERICH II. (650-75) Frankenkönig von Austrien (656-75). Sohn Chlodwigs II., dem er im Alter von 6 Jahren als König nachfolgte. Unter seiner Regierung stieg die pippinisch-arnulfische Hausmeierfamilie (siehe *Karolinger) zur stärksten Macht in Austrien auf und wurde zum eigentlichen Herrscher des Reiches.

CHILDERICH III. (gest. 754) Letzter König der Franken aus dem *Merowingerhaus (743-51). Er wurde von *Karl Martell auf den Thron erhoben und 743 von *Pippin dem Kurzen und *Karlmann zum König ausgerufen, war aber nur eine Puppe in deren Händen. 751 setzte ihn Pippin mit päpstlicher Zustimmung ab, ließ ihn tonsieren und in ein Kloster senden, wo er 754 starb.
K. Sprigade, *Abschneiden des Königshaars und kirchliche Tonsur bei den Merowingern*, in: Die Welt als Geschichte 22, 1962.

CHILPERICH (gest. 480) Burgunderkönig. Bruder Königs *Gundioch und einer der hervorragenden Heerführer zur Zeit der burgundischen Eroberung der Gebiete zwischen Alpen und Rhône und im Krieg gegen die Sueben. Er wurde nach seines Bruders Tod zum König ausgerufen und setzte die Eroberungen im Gebiet der heutigen Schweiz und in Burgund fort.
A. Jahn, *Geschichte der Burgundionen und Burgundiens bis zum Ende der 1. Dynastie* I, 1874.

CHILPERICH I. (539-84) Frankenkönig von Soissons (561-84). Sohn *Chlotars I. und Gatte der *Fredegund.

C. war in Verwaltung und Gesetzgebung wirksam und auch literarisch und theologisch interessiert, wurde aber von seiner ehrgeizigen Frau gelenkt, was zu fortlaufenden Zusammenstößen mit den anderen Frankenkönigen führte. Um Fredegund heiraten zu können, ließ er seine Gattin Gailswintha, eine Schwester *Brunhildes, erdrosseln.
F. Beyerle, *Das legislative Werk Chilperichs I.*, in: Zeitschrift der Savignystiftung für Rechtsgeschichte, Germanistische Abteilung 78, 1961.

CHILPERICH II. (670-721) Frankenkönig (715-21). Letzter König von Neustrien, führte unter der Aufsicht von *Karl Martell eine Schattenherrschaft.

CHINA Das ostasiatische Riesenreich erstreckte sich im Mittelalter über die gesamte fruchtbare Erde zwischen der Pazifikküste und den Ländern der Steppenvölker. Von den anderen Zivilisationen durch Bergketten im Süden und Westen und durch Wüsten im Nordwesten abgeschnitten, entwickelte sich C. (oder Kathay, wie es im mittelalterlichen Europa genannt wurde) als eine vollständig unabhängige und ethnisch autonome soziale und historische Einheit.

Geschichte: Nach dem Fall der Han-Dynastie (220) zerbrach die politische Einheit des Reiches. Im 3. Jh. zerfiel C. in die "Drei Reiche" (Wei im Norden, Schu-Han im Südwesten und Wu im Süden). Der durch die Kämpfe zwischen den Herrschern der drei Reiche herbeigeführte Zustand der politischen und sozialen Labilität bereitete den Boden für den Aufstieg des Feudaladels vor, dessen Macht auf Großgrundbesitz gegründet war. Türkisch-ugurische Stämme und im 4. Jh. die *Hunnen drangen in C. ein und ließen sich als Söldner der Könige und der Adeligen nieder. Gleichzeitig wuchs in den Nachbarländern Burma, Thailand und Hinterindien der chinesische Einfluß durch die Ansiedlung von Chinesen und durch den Aufschwung des Handels. Das südliche Wu-Reich, das nicht unter den Barbareneinfällen gelitten hatte, erreichte im 5. Jh. einen verhältnismäßig hohen Grad der politischen Stabilität. Ein Einbruch tibetischer Stämme wurde 383 zurückgeworfen. Die Bürgerkriege, die den großen Bauernaufstand von 400 ausgelöst hatten, wurden 420 mit der Thronbesteigung des Heerführers Liu-ju, des Gründers der Sung-Dynastie, beendet. Wie ihre Nachfolger herrschten die Sung nur kurze Zeit (420-78), konnten aber die Ordnung wiederherstellen. Bis 598 lösten sich vier Herrscherhäuser ab.

Im Norden ließ der vorherrschende Einfluß der Uigurenstämme Turkistans keine festen Staatsformen zu. Die gewöhnlich untereinander auf Kriegsfuß stehenden Uigurentürken wurden im Jahr 351 von dem tibetischen Führer Fu-dschin zusammengefaßt und zu einem Reich vereinigt, das sich von Korea bis Turkistan erstreckte (351-84). Seine Armee bestand aus chinesischen Fußtruppen und türkischen Reitern, die Verwaltung lag in den Händen chinesischer Beamter. Nach Fus Tod zerfiel sein Staat in acht Königreiche, von denen das nördliche Wei-Reich das größte Gewicht besaß. Bis zum 5. Jh. hatten sich die Nomadenstämme zu einem hohen Maß an die chinesischen Lebensformen gewöhnt: das chinesische Element war auch im Norden wieder im Aufstieg.

Die Wiedervereinigung Chinas war das Werk des südlichen Heerführers Sui, der 589 die Macht ergriff und die nördlichen Reiche eroberte. Seine kraftvolle Regierung stützte sich auf eine zentralisierte und gut organisierte Verwaltung und eine starke Armee, die jeden Aufstandsversuch blutig unterdrückte. Wirtschaftlich gesehen war die Periode der Sui-Dynastie (589-618) eine Zeit der Blüte für die Landwirtschaft und den Handel. Neue Schulen wurden errichtet in denen der *Konfuzianismus eine führende Rolle spielte. Die Verwaltungsreform schloß ein neues System der Auslese durch Examen ein und führte zum Aufstieg des Beamtentums, das in der Folge einen hervorragenden Einigungsfaktor darstellte. Andererseits wandte die Sui-Dynastie in ihrer Politik der Zentralisierung despotische Methoden an, die 618 zu ihrem Sturz führten. Ihr Nachfolger, die Tang-Dynastie (618-907), zog den Nutzen aus diesen Reformen. Tai-Tsung (627-49) führte C. auf den Gipfel der politischen Stabilität und des Wohlstands. Er weitete seine Herrschaft auf *Mongolien und Turkistan aus und kontrollierte die Handelsrouten nach Persien und Indien. Der Versuch seiner Nachfolger, Tibet und Korea zu erobern, brachte nicht deren tiefgreifende Beherrschung, sondern nur die Errichtung der chinesischen Oberhoheit über diese Gebiete.

Im 8. Jh. fielen die Araber in Mittel-C. ein. 751 ging Turkistan verloren, im gleichen Jahr wurden die Chinesen in Thailand geschlagen. Im Inneren erhoben sich Aufstände. Erst der Rückzug aus den Grenzgebieten ermöglichte die Wiederherstellung der Ordnung. Die Zusammenstößte zwischen buddhistischen Mönchen und den Anhängern des Konfuzius in der zweiten Hälfte des 9. Jh.s hatten einen allgemeinen Bürgerkrieg zur Folge. Die dabei zerstörten Bewässerungsanlagen legten die Landwirtschaft still und lösten eine Hungersnot aus, die letzten Endes zum Fall der Tang-Dynastie führte. Die Zeit der Siu und Tang-Dynastien gilt als eine der glücklichsten Perioden in der Geschichte C.s. Die kaiserliche Verwaltung, die von der Idee der Einheit des Landes und eines hierarchisch gegliederten Berufsbeamtentums geleitet war, konnte die Macht der Hocharistokratie einschränken und deren politische Rolle an den niederen Provinzadel weitergeben. Die Entwicklung des Bewässerungssystems machte die Landwirtschaft zum wichtigsten Faktor in der chinesischen Wirtschaft. Die Ausbreitung der politischen Macht und des Einflusses C.s hatte auch die Entwicklung des Handels mit den Märkten Vorderasiens und Europas zur Folge. Im 7. Jh. wurden der Buchdruck und im 9. Jh. das Schießpulver erfunden.

Der Fall der Tang-Dynastie im 10. Jh. brachte ausgedehnte Machtkämpfe zwischen den verschiedenen Heerführern. Das Reich wurde in zehn Staaten geteilt. Türkische und mongolische Söldner rissen in mehreren Königreichen die Macht an sich. Erst im 11. Jh. wurde C. von der nördlichen Sung-Dynastie (960-1126) geeint, ein Teil des Landes blieb aber weiterhin in fremden Händen. Das kaiserliche Schatzamt war gezwungen, zur Vermeidung neuer Einfälle Tribut an die "Barbaren" zu zahlen. Die Sung führten eine Verwaltungsreform durch und stützten ihre Herrschaft auf die kleinen Gutsbesitzer. Sie waren auch als Förderer der Künste tätig. Ihre Herrschaft brach aber nach einem Bauernaufstand zusammen, der von den Mißernten, der Hungersnot und den schweren Steuern des angehenden 12. Jh.s verursacht wurde. Die südlichen Sung (1127-1279) retteten die Lage durch eine neue Verwaltungsreform. Sie errichteten einen Art Kronrat von hohen Beamten, dem die

Planung langfristiger Politik übergeben wurde. Zu Ende des 12. Jh.s führte dieses System zu Hofintrigen und Komplotten und erregte im Norden Widerstand gegen die Herrschaft der als Fremdlinge angesehenen südlichen Beratern. Die Sung-Dynastie richtete ihr Hauptaugenmerk auf die inneren Angelegenheiten C.s und vernachlässigte die Außenpolitik. Dies sollte sich mit der Ausbildung der Mongolenmacht zu Beginn des 13. Jh.s als tödlicher Fehler erweisen. Zuerst gingen die nördlichen Provinzen mit Peking an *Dschingis-Khan verloren (1211-15). Sein Sohn *Ogodai führte die Eroberungszüge auf dem Boden C.s weiter. Zwischen 1251 und 1276 machten sich auch der Großkhan *Mongka und dessen Bruder *Kublai-Khan zu Herren Südchinas. Damit wurde C. zu einem Teil des mongolischen Riesenreiches, das sich über den Großteil Asiens erstreckte. Zu dieser Zeit lernten europäische Reisende wie *Marco Polo zum ersten Mal C. kennen und lieferten dem europäischen Publikum farbige Schilderungen vom Hofe des Großkhans.

Im Jahre 1279 verlegte Kublai-Kahn seine Hauptstadt nach Peking und begründete die auf chinesisch Yüan genannte Mongolendynastie (1279-1368). Die "innere Stadt" Pekings mit dem Khanpalast und den zum Teil mit Mongolen, Persern und nestorianischen Christen bevölkerten Regierungsgebäuden war für Ausländer nicht betretbar. Die ersten Kaiser setzten sowohl die mongolische Tradition einer strengen und oft grausamen Regierung fort als auch die Eroberungszüge in Hinterindien, Burma und Java. Im 14. Jh. wurde das Großkhanat in mehrere Nachfolgestaaten aufgeteilt. Der chinesische Charakter des Reiches trat wieder in den Vordergrund. Der Zustrom von Mongolen zum Hof und in die Armee hörte auf, und die Beamtenschaft rekrutierte sich wieder in verstärktem Maß aus der chinesischen Intelligenz. 1315 wurden die Beamtenprüfungen wieder eingeführt. Zur gleichen Zeit suchte eine schwere Wirtschaftskrise das Land heim, die noch verschärft wurde durch die Abwertung der Währung, einer Maßnahme zur Wahrung der Steuereinkommen. Im Jahre 1340 organisierte sich eine Reihe von Geheimgesellschaften gegen die Regierung. Sie wurden 1351 von Chu-Yuan-Tschang, einem Bauern und dem Führer des "Weißen Lotus", vereint. 1356 nahmen die Aufständischen Nanking, und Chu rief sich zum Kaiser aus. Mit der Kapitulation der letzten Streitkräfte der Yüan in Peking (1368) begann die Regierungszeit der neuen Ming-Dynastie, die bis 1644 herrschte. Chu stellte die alten chinesischen Bräuche wieder her und verbesserte die Wirtschaftsstruktur des Landes. Die Früchte seiner Bemühungen wurden im 15. Jh., einer Zeit des Wohlstands und der Stabilität, sichtbar. Die chinesische Ausdehnung in Südasien ging weiter, 1433 wurde Hinterindien erobert und an C. angegliedert. 50 Städte und Fürstentümer an der Küste des Indischen Ozeans bis Persien und Aden erkannten unter dem Eindruck einer gewaltigen Kriegsflotte die Oberhoheit des Kaisers an. In der zweiten Hälfte des 15. Jh.s richteten sich die außenpolitischen Bemühungen C.s nach Norden, wo die Mandschurei und der größere Teil Mongoliens erobert sowie das chinesische Protektorat in Korea wieder aufgerichtet wurde.

Gesellschaft: Die chinesische Gesellschaft war im 5.-15. Jh. von Grund auf landwirtschaftlich strukturiert. Die Bauern machten nicht nur den Großteil der

Bevölkerung aus, sondern stellten in Krisenzeiten einen systembedrohenden Faktor dar, der von der Obrigkeit besonders behandelt werden mußte. Dabei war die Bauernschaft keineswegs homogen. Die Dörfer zeichneten sich durch eine komplexe Sozialstruktur aus. Neben den landlosen und deshalb zur Sklaverei auf den Großgütern verurteilten Unterschichten gab es Millionen freier Bauern mit kleinen Stücken Land, die Steuern an die Adeligen zahlten und zu Arbeitsdiensten verpflichtet waren. Diese Gruppen sind mit den Bauern Europas im 5.-6. Jh. vergleichbar und waren wie diese das Fundament feudaler Sozialstrukturen und Gutswirtschaftsformen. Die freien Bauern mit verhältnismäßig großem Landbesitz stellten die dörflichen Oberschichten dar, die ihre Unabhängigkeit von den Herren bewahren konnten. Aus dieser Klasse stiegen in der Sung-Periode nicht wenige zu hohem wirtschaftlichen Rang auf und wurden als Standespersonen in ihrem Dorf angesehen. Aus der gleichen Sozialschicht kam auch der niedrige Adel, der in der Tang-Periode durch die Verbindung mit großen Herren seinen Status errungen hatte. In den Zeiten der Gesetzlosigkeit wurden die Adeligen politisch aktiv und verbanden sich mit den verschieden Heerführern zu Parteien. Im ganzen ähnelt jedoch der chinesische Adel eher der englischen Gentry des Spätmittelalters als den kampflustigen Feudalherren Europas im 10. Jh. Er bestand aus Gruppen von reichen Landbesitzern, die in ihrer Gegend Ansehen besaßen und gelegentlich verschiedenen Bereichen der Verwaltung dienten. Im Gegensatz zum europäischen Adel besaß die chinesische Aristokratie als Klasse wenig politischen Einfluß.

Die Stadtbewohner stellten zwar nur eine kleine Minderheit der Bevölkerung dar, besaßen jedoch infolge der demographischen Dimensionen des Landes eine Bedeutung, die bei weitem die der europäischen Stadtbewohner überstieg. Die chinesische Stadt wuchs andauernd durch die Einwanderung aus dem Landgebiet und hatte hauptsächlich Handwerker und Kaufleute. Diese bestimmten durch ihre wirtschaftlichen Interessen und ihre Wanderungsbewegungen außerhalb Chinas in hohem Maß die chinesische Außenpolitik, besonders in Südostasien. Trotz ihrer wirtschaftlichen Bedeutung erlangte die chinesische Stadt nie die politische und institutionelle Autonomie ihres europäischen Gegenstücks. Sie wurde von Beamten und Militärgouverneuren, in Krisenzeiten von örtlichen Machthabern regiert.

Die hervorragendste Sozialgruppe C.s war ohne Zweifel die Beamtenschaft, die ihre Wurzeln in den alten Traditionen der Han-Dynastie fand und auf dem Prinzip der Hierarchie begründet war. Die Schwierigkeit der chinesischen Schrift verhinderte den Eintritt von Ungebildeten in diese Klasse. Die politischen Reformen der Sui- und Tang-Dynastien machten sie zur eigentlichen Stütze der kaiserlichen Herrschaft und schufen das Prinzip der Auslese durch Examen, was die soziale Exklusivität nur weiter verstärkte. Seit dem 8. Jh. besaßen die Beamten nicht nur politische Macht, sondern auch ein hohes Maß an Selbständigkeit. Das Interesse dieser Führungsschicht an der Bewahrung der Einheit und des Wohlstands des Landes verband sich direkt mit dem Willen, die eigene privilegierte Sozialposition zu erhalten.

Sprache und Literatur: Die chinesische Sprache besteht aus einer Gruppe von Mundarten und zum Teil auch Sprachen, die sich von Provinz zu Provinz unterscheiden. Die politischen Teilungen des Mittelalters waren zu einem gewissen Ausmaß auch Ergebnis der sprachlichen Eigenheiten und der Kluft zwischen Süden und Norden. Dennoch schufen der gleiche Ursprung der Dialekte und besonders die Einheit der Schrift eine chinesische Einheitssprache, die durch die zunehmend bedeutendere Rolle der Beamtenintelligentia im Laufe des Mittelalters an Kraft gewann. Das literarische Erbe C.s ist eines der ältesten der Welt. Es wurde durch den konservativen Charakter der Schrift im Mittelalter erhalten und weiterentwickelt. Unter den bedeutendsten Werken finden sich Geschichtsdarstellungen, die neben den Begebenheiten der Zeit und den Taten der Kaiser auch lange Dialoge, satirische Einfügungen und Anekdoten enthalten. In der Tang-Periode wurden moralisch-religiöse Abhandlungen und Literaturkritiken verfaßt. Der Aufstieg der Stadtbewohner und der Beamtenklasse brachte Werke mit moralisch-didaktischer Zielsetzung wie auch der Entspannung mit sich. Die Romane der Tang-, Sung- und Yüanzeit behandelten die Lebensgeschichten einzelner Persönlichkeiten und volkstümliche Traditionen aus der chinesischen Vergangenheit. Seit dem 7. Jh. erfuhren die Schriftwerke durch die Erfindung des Buchdrucks eine gesteigerte Verbreitung, was zur Vereinheitlichung der chinesischen Kultur beitrug.

Die Dichtung im mittelalterlichen C. war im Gegensatz zu den hauptsächlich epischen Werken der Antike stark lyrisch eingestellt und behandelte oft Themen aus der Natur. Auch die mystische Betrachtung fand in dieser Periode literarischen Ausdruck. Texte für das Theater und insbesondere für das Puppentheater, das im 12.-14. Jh. einen Höhepunkt erreichte, wurden in Reimen verfaßt.

Bildende Kunst: Auch auf diesem Gebiet brachte die Kontinuität mit den vorhergegangen Epochen eine Einheit der Materie, des Stils und der Techniken mit sich, die im Westen nicht zu finden ist. Eine Neuerung des 5. Jh.s stellt die Aneignung der indischen Darstellungsweise von Göttern dar. Sie ist von dem Einsickern buddhistischer Ideen und Praktiken in ein C. bestimmt, das bislang keine künstlerische Darstellung menschenähnlicher Götter kannte. Von überragendem Einfluß auf die chinesische Kunst war die kunsttheoretische Abhandlung Chieh-ho's (6. Jh.). Seine Grundsätze der Malerei wurden von den Künstlern der Tang-Periode wie etwa Li Su Chau (7. Jh.) übernommen. Dessen naturalistische Schule blühte bis ins 13. Jh. Die mongolische Eroberung führte zu einem Niedergang der Malerei. Erst in der zweiten Hälfte des 14. Jh.s ist ein erneuter Aufschwung spürbar. Die Bildhauerei wurde im 5.-9. Jh. entwickelt und erreichte mit dem Eindringen des Buddhismus ihren Höhepunkt. Eine Spezialität der chinesischen Kunst war die hoch ausgebildete, technisch und stilistisch perfekte Töpferei der Sung-Periode, die auch unter der Mongolenherrschaft mit der neuen Blau-Weiß-Technik Arbeiten von hoher Qualität hervorbrachte.

Grundlegend für die Baukunst war die Idee der Übereinstimmung zwischen Bauwerk und natürlicher Umgebung. Der antike Grundriß des Wohnhauses blieb unverändert, in den religiösen Monumentalbauten wurde der dreieckige Aufriß entwickelt. Die großen Neuerungen erschienen erst zur Zeit der Mongolenherrschaft in der Pekinger "Innenstadt". Diese war als ein von Mauern umschlossener Komplex von Palästen, Tempeln und Dienstleistungsgebäuden integral geplant. Unter der Ming-Dynastie des 15. Jh.s, die die Hauptstadt wieder nach Peking verlegte, erreichte diese Art komplexer Stadtplanung ihren Höhepunkt.

Philosophie und Religion des mittelalterlichen C. beruhen auf dem Konfuzianismus. Die Philosophie des Konfuzius (6. Jh. v. Chr.) negierte die Idee der menschenähnlichen Gottheit. Sie hatte hauptsächlich die moralischen Qualitäten des Menschen und das Streben nach menschlicher Vervollkommnung im Auge. Andere philosophische Systeme, wie etwa der Taoismus, konnten die Vorherrschaft des Konfuzianismus nicht brechen. Im 5. Jh. drangen jedoch aus Indien und Tibet buddhistische Ideen ein. Zahlreiche Klöster wurden gegründet, deren Mönche mit großer Beredsamkeit den Buddhismus predigten. Im 6.-7. Jh. verbanden sich Buddhismus und Taoismus zu einem System des philosophischen Synkretismus, das jedoch nicht die religiösen Praktiken berührte. In der Tang-Periode entstand aus der Polemik mit dem Buddhismus der sog. Neokonfuzianismus, als dessen Gründer Han Yu (768-824) zu betrachten ist. Seine Schüler entwickelten im 11. und 12. Jh. ein dualistisches System, in dem Geist (Li) und Sache (Chi) in ihrem Zusammenwirken die Schöpfer der Gottheit, der Natur und des Menschlichen sind. Der Neokonfuzianismus wurde von der Intelligenz und der Beamtenschaft mit Begeisterung aufgenommen, konnte aber trotz der Unterdrückungsmaßnahmen des 8. und 9. Jh.s nicht den bereits im Volk verwurzelten Buddhismus verdrängen.

O. Franke, *Geschichte des chinesischen Reiches,* 5. Bde., 1930-52;
W. Eberhard, *C.s Geschichte,* 1948;
H. Franke, R. Tranzettel, *Das Chinesische Kaiserreich,* 1968.

CHINDASWINTH (gest. 653)   Westgotenkönig (642-53). Er kam durch eine Adelsrevolte an die Macht und schlug seine Widersacher blutig nieder. Innerhalb von vier Jahren stellte er den Frieden im Westgotenreich her und eröffnete 646 die Synode von Toledo, die die Zeichen für eine reiche legislative Tätigkeit setzte. Unter seiner Aufsicht wurde der neue Kodex der Westgoten geschaffen.

D. Claude, *Geschichte der Westgoten,* 1970;

CHIOGGIA   Siehe *VENEDIG.

CHIOS   Insel im Ägäischen Meer. Sie war ein byzantinisches Handelszentrum, wurde 669 von den Arabern erobert, aber 678 unter Einsatz des *griechischen Feuers wieder zurückgeholt. Im 12. Jh. eroberten die Venezianer den byzantinischen Besitz mehrere Male und erlangten von dem geschwächten byzantinischen Staat die Anerkennung ihrer Handelsprivilegien. Im Jahre 1204 ging C. an das *Lateinische Kaiserreich von Konstantinopel über, 1225 wurde es von Theodoros Laskaris, dem Kaiser von Nikäa, wiedererobert. 1261 erhielt Genua die bisher Venedig gewährten Handelsprivilegien.

Die genuesische Ansiedlung auf C. wurde 1304 zum Sprungbrett für die Eroberung der gesamten Insel. C. verblieb bis zum 16. Jh. unter genuesischer Herrschaft. Angriffe der Türken, Byzantiner und Venezianer wurden zurückgeschlagen. Die machtvolle Genueser Kaufmannsfamilie der Giustianni, deren "Mahonna" genannte Handelsgesellschaft eine große Kriegsflotte zur Verfügung hatte, machte die Insel zu ihrem Sitz. Im 15. Jh.

diente C. als Umschlagsplatz des Genueser Handels mit dem Schwarzen Meer.

Ph. Argenti, *The Occupation of Chios by the Genoese,* 3 Bde., 1958.

CHLODIO (gest. um 460) König der salischen Franken, herrschte in der Gegend von Löwen und dehnte den fränkischen Machtbereich nach Südwesten aus. Er wurde von den späteren fränkischen Geschichtsschreibern als Stammvater der *Merowinger angesehen.

E. Zöllner, *Geschichte der Franken bis zur Mitte des 6. Jh.,* 1970.

CHLODOMER I. (495-524) Zweiter Sohn *Chlodwigs I., von dem er das südliche Merowingerreich erbte. Er griff die Burgunderkönige, die Brüder Godomar und Sigismund, an, tötete letzteren und wurde seinerseits von burgundischen Truppen enthauptet.   (Din)

CHLODWIG I. (um 466-511) Frankenkönig (482-511). Er erbte von seinem Vater *Childerich I. das Reich der salischen Franken, das sich um die Hauptstadt Tournai auf Teile des heutigen Belgiens erstreckte. C. vereinte die fränkischen Stämme unter seiner Herrschaft und griff 486 Syagrius, den römischen General und Statthalter Nordgalliens an. Der Sieg über die Römer führte zur Eroberung des gesamten Bereiches zwischen dem Loirefluß und der Nordsee und zur Gründung des Frankenreiches mit der Hauptstadt Paris. Im weiteren schloß er die Rheinfranken an sein Reich an und griff auf das Gebiet östlich des Rheins über. Der Konflikt mit den *Burgundern, die C.s Südflanke bedrohten, wurde durch seine Heirat mit *Chrodechilde, der Nichte des Burgunderkönigs *Gondebald, beigelegt. Gleichzeitig ging er mit *Theoderich d.Gr., dem König der Ostgoten und Herrscher Italiens, ein Bündnis ein und gab ihm seine Schwester zur Frau. Damit konnte C. seine Herrschaft festigen, die *Thüringer besiegen und 596 die *Alemannen in einer schweren Schlacht niederwerfen, deren glücklichen Ausgang er der Intervention jenes Christengottes zuschrieb, der offensichtlich seiner Frau beistand. Die darauffolgende Bekehrung C.s zum katholischen Christentum, ein Ergebnis der hartnäckigen Überzeugungsversuche seiner Gemahlin und des Remigius von Reims, war von größter Bedeutung für die Geschichte Europas. C. gewann damit das Vertrauen der katholischen, gallisch-römischen Bevölkerung und legte die Grundlage für ein friedliches Zusammenwachsen der Eroberten und der germanischen Eroberer. Dies machte später die Entstehung des französischen Volkes möglich. Der Höhepunkt von C.s Siegeszug war der Krieg gegen die *Westgoten südlich der Loire. Auf den Sieg bei *Vouillé (507) folgte die Eroberung Aquitaniens bis Toulouse, der westgotischen Hauptstadt. Um keine Rivalen zu haben, rottete er seine Verwandten nach Möglichkeit aus.

C. war nicht nur ein fähiger Feldherr und Politiker, sondern wußte auch seine Armee durch kluge Verteilung der Beute in der Hand zu halten. Zur Belohnung der Heerführer beschlagnahmte er Staatsgüter und schenkte diese an seine Begleiter, die sog. *leudes,* die den neuen Adel des Frankenreichs bildeten. Gleichzeitig vermied er die Enteignung von Privatgütern. Damit konnte er die in der Verwaltung erfahrene gallisch-römische Aristokratie als Staatsdiener in die Herrscherklasse des Frankenreiches integrieren.

G. Kurth, *Clovis,* 1923[3];

W. von der Steinen, *Theoderich und Chlodwig,* 1933.

CHLODWIG II. (um 635-57) König von Neustrien und Burgund (639-57). Er war ein jüngerer Sohn von *Dagobert und der erste der *merowingischen Schattenkönige, die von ihren Hausmeiern beherrscht wurden. C. heiratete die angelsächsische Prinzessin Bathilde, die wegen ihrer Frömmigkeit und engen Verbindung zur Kirche bekannt wurde.

CHLODWIG III. (gest. 675) Frankenkönig von Austrien (675). Er wurde im Jahr seiner Thronbesteigung von *Ebroin abgesetzt und getötet.

CHLODWIG III. (682-95) Frankenkönig von Neustrien (690-95). Ältester Sohn *Theoderichs III., wurde nach seines Vaters Tod von *Pippin II. von Herstal, dem Hausmeier und eigentlichen Herrscher von Neustrien, zum Schattenkönig gemacht.

CHLOTAR I. (um 497-561) Frankenkönig (511-61) aus dem *Merowingerhaus. Als jüngster Sohn des *Chlodwig wurde er nach dem Tod seines Vaters zum König von Soissons bestimmt, stand seinen Brüdern bei ihren Eroberungszügen bei und ergriff *Thüringen. 555 wurde er nach dem Tod seiner älteren Brüder alleiniger König des Frankenreichs und unterwarf den Bayernherzog Grimoald der fränkischen Oberhoheit. C. war ein energischer Herrscher, der auch grausam sein konnte. Als sein Sohn 560 gegen ihn rebellierte, ließ er ihn ohne Zögern verbrennen. C. förderte die Niederlassung von jüdischen und syrischen Kaufleuten im Frankenreich.

E. Ewig, *Die fränkischen Teilungen und Teilreiche 511-613,* 1952.

CHLOTAR II. (584-629) Frankenkönig (613-29) aus dem *Merowingerhaus. Sohn *Chilperichs I., war nach der Ermordung seines Vaters unter der Obhut seiner Mutter *Fredegune König von *Neustrien. So mußte er sich gegen die Angriffe der Brunhilde und ihrer Söhne verteidigen. Der Tod und die Ermordung der anderen Merowingerherrscher machten ihn 613 zum alleinigen König der Franken. Darauf ließ er Brunhilde unter dem Vorwand des zehnfachen Königsmordes hinrichten. Einige dieser Morde gingen jedoch auf seine eigene Rechnung. C. gilt wegen seiner legislativen Tätigkeit als einer der bedeutendsten Frankenkönige. Die im Edikt von 614 zusammengefaßten Beschlüsse einer von ihm in Paris abgehaltenen Synode aus Prelaten und Adeligen führten zu einer tiefgreifenden konstitutionellen Reform des Frankenreiches. Das Amt des Hausmeiers wurde für die vier Frankenreiche (Neustrien, Austrien, Burgund und Orléans) legalisiert. Die Ernennung seines Vertrauten *Pippin von Landen zum Hausmeier von Austrien legte den Grundstein für den Aufstieg des *Karolingerhauses. Er erkannte die Vorrechte des Adels an und schuf damit die Vorbedingung für die Entstehung des *Lehnswesens.

Die Kleriker erhielten für ihre Person und ihre Güter die *Immunität. C. unterstützte auch die Missionstätigkeit der *irischen Mönche und verlieh ihnen weite Landgüter.

A. Nissle, *Zur Geschichte des Chlotharischen Edikts von 614,* in: MIÖG, Erg. Bd. 3, 1894.

CHLOTAR III. (654-73) Frankenkönig von Neustrien (657-73). Sohn und Nachfolger *Chlodwigs II. als König von Neustrien und Burgund, war jedoch ein Schattenkönig in der Hand des Hausmeiers *Ebroin.

L. Dupraz, *Essai sur une chronologie nouvelle des règnes de Clotaire III et Childeric II,* in: Schweizerische Zeitschrift für Geschichte 2, 1952.

CHLOTAR IV. (gest. 719) Frankenkönig aus dem Merowingerhaus von Gnaden *Karl Martells, wurde jedoch nur in Austrien anerkannt.

CHLOTHILDE Siehe *CHRODECHILDE.

CHORASAN Der Ostteil Irans, der im Mittelalter Ostpersien, Afghanistan und die von Iranern bewohnten Gegenden bis zum Aralsee umfaßte. Die *Sassaniden hatten C. zu Beginn des Mittelalters an Persien angeschlossen. 650 wurde es von den Arabern erobert und machte den Prozeß der Islamisierung durch. Der Widerstand gegen das arabische Kalifat nahm mit der Ausbreitung der *Schiiten gegen Ausgang des 7. Jh.s religiöse Form an. Die *Abbasidenrevolution nahm 743 in C. ihren Ursprung. Zahlreiche iranische Beamte und Gelehrte, die sich in Bagdad niederließen, stammten ursprünglich aus C. Gegen Ende des 10. Jh.s wurden die verschiedenen Teile C.s unter der Regierung *Machmuds von Ghazni vereinigt; in der Zeit der *Ghaznaviden erlangte C. politische Unabhängigkeit und blühte als Mittelpunkt der persisch-islamischen Zivilisation. Diese Periode wurde durch die *seldschukische Eroberung abgeschlossen, die C. teilte. Unter den Seldschuken und *Chwarism genoß C. weiterhin wirtschaftlichen Wohlstand. Die *Mongolen zerstörten jedoch 1220 das Land fast völlig. Im 14. Jh. erholte sich Ch. wiederum unter der Regierung der Mongolenkhane Persiens. 1398 unterwarf und verwüstete es *Timur-leng.
P. Schwarz, *Iran im Mittelalter*, 1936.

CHOSRAU I. ANOSCHARWAN ("der Unsterbliche") König von Persien (531-79). Sohn Kawats I., widerrief die Reformen seines Vaters (siehe *Persien) und stellte das Familienleben wie auch das Privateigentum wieder her. Seine legislativen Reformen, die ihm den Beinamen "persischer *Justinian" verschafften, trugen zur Stärkung des Steuerwesens und der Bauernschaft bei. Die Armeereform machte die *Kavallerie zur wichtigsten Truppe. Der im Jahre 540 gegen Byzanz begonne Krieg zog sich bis 561 mit Kampfhandlungen im Kaukasus, Armenien und Syrien und mit der Eroberung des Jemens hin. Am Ende hatte keine Seite bedeutende Gewinne zu verzeichnen, Byzanz mußte sich aber zur Tributzahlung verpflichten. Der zweite Krieg gegen Byzanz begann 572 und war bei C.s Tod noch im Gange.
B. Rubin, *Das Zeitalter Justinians I.*, 1960.

CHOSRAU II. APARWES ("der Siegreiche") König von Persien (590-628), wurde von *Chosraus I., durch einen Militärrevolte zum König ausgerufen nach einer Militärrevolte zum König ausgerufen und schlug 591 mit Hilfe des byzantinischen Kaisers *Maurikios die Aufständischen nieder. Nach der Ermordung des Kaisers (602) nahm er den Krieg gegen Byzanz wieder auf, eroberte innerhalb einiger Jahre Armenien und drang in Kleinasien ein. Eine zweite Armee nahm 611 Antiochia und 614 mit Hilfe der Juden Palästina ein. 619 fiel Ägypten, und C. wurde als "parvez" (Siegreicher) und Wiederhersteller des alten persischen Reiches gefeiert. Kaiser *Herakleios nahm jedoch in seinem wuchtigen Gegenangriff die gesamten Eroberungen der Perser wieder an sich und besetzte sogar die Hauptstadt *Ctesiphon; C. wurde auf der Flucht ermordet. Die Herrschaft des letzten Sassanidenkönigs war gewalttätig und kraftvoll, seine militärischen Erfolge konnten jedoch nicht das mangelnde politische Verständnis überdecken, das außer kriegerischen Eroberungen keine anderen Ziele kannte.
S. L. Christensen, *Iran sous les Sassanides*, 1971.

CHRÉTIEN VON TROYES (ca. 1135-83) Französischer Dichter. Sohn einer armen Ritterfamilie, brachte seine Jugend am Hof der Grafen von Flandern zu und wurde als bereits bekannter Dichter am Hofe von *Champagne, dem bedeutendsten literarischen Zentrum der Epoche, aufgenommen. Unter der Förderung der Gräfin Marie nahm er dort eine wichtige Stellung ein. In seinen zahlreichen Romanen über Gestalten aus der *Artuslegende pries er die höfische Bildung und die ritterlichen Tugenden. C. war der eigentliche Schöpfer des höfischen Romans mit den Figuren der verheirateten Frau und der eigenwilligen und selbständigen Dame. Seine Hauptwerke sind "Erec und Enide", der erste französische Roman (1165), *Cligès* (1165-70), *Lancelot* (1170), *Yvain* (1175) und der unvollendete *Perceval* (1180). Unter dem Eindruck seiner Werke wurden Begriffe wie "Tafelrunde" in das politisch-soziale Leben der Fürstenhöfe aufgenommen. Seine Darstellung König Arturs und seiner zwölf Ritter beeinflußte die Entstehung der zwölf *Pairs von Frankreich. C. wird als größter Dichter Frankreichs im 12. Jh. betrachtet. Seine Werke übten einen bedeutenden Einfluß auf die Literatur Englands und Deutschlands (*Hartmann v. Aue) aus.
St. Hofer, *Chrétien de Troyes; Leben und Werke des altfranzösischen Epikers*, 1954.

CHRISTIAN I. VON OLDENBURG (1426-81) König von Dänemark (seit 1448), Norwegen (seit 1450) und Schweden (seit 1457). Sohn des deutschen Grafenhauses von Oldenburg, wurde vom dänischen, vom norwegischen und nach den Bestimmungen der *Kalmarer Union auch vom schwedischen Adel zum König gewählt. 1460 ernannten ihn auch die Adeligen von Schleswig und Holstein zum Herzog, wodurch diese beiden deutschen Fürstentümer bis 1864 bei Dänemark blieben. 1471 lehnten sich die Schweden gegen seine Herrschaft auf und machten in der Folge alle Versuche C.s zunichte, das Land wieder zu gewinnen. Die andauernden Kriege in Schweden waren eine schwere Last für die königliche Schatzkammer. C. mußte sich zunehmend auf den dänischen Adel stützen, der an Macht gewann. Im Jahre 1479 gründete C. die Universität von Kopenhagen.
M. Gerhardt–W. Hubatsch, *Deutschland und Skandinavien im Wandel der Jahrhunderte*, 1950.

CHRISTINA VON BELGIEN (VON ST-TROND) (hl.; ca. 1150-1224) Nachdem sie etwa 17 Jahre als einfache Hirtin gelebt hatte, schaute sie in einer Jenseitsvision die armen Seelen im Fegefeuer und beschloß, sie zu erretten. Dazu führte sie ein Leben beispielloser Kasteiungen, indem sie sich Verbrennungen zufügte, im Winter in Flüssen badete, sich am Galgen hängte usw., so daß sie den Beinahmen *mirabilis* (die Wunderbare) bekam. Mit prophetischen Gaben versehen, verlebte sie ihre letzten Jahre zusammen mit der ebenfalls mystisch begnadeten Ivetta v. Huy im Katharinenkloster zu St-Trond.   (Din)
P. Dinzelbacher, *Vision und Visionsliteratur im Mittelalter*, 1980.

CHRISTINA DIE KÖLNISCHE VON STOMMELN (sel.; 1242-1312) Mystikerin. C. erlebte seit ihrer ersten Christus-Erscheinung mit 11 Jahren ein intensives mystisches Leben, das in der Stigmatisierung gipfelte. Dabei wurde sie von heftigen, auch körperlichen Angriffen der bösen Mächte gequält. Sie wohnte bei den *Beginen

zunächst in Köln, später bei denen in Stommeln (bei Köln) und wurde von dem schwedischen Dominikaner Petrus Dacus betreut. Der Briefwechsel zwischen beiden ist größtenteils erhalten und bildet ein sehr wertvolles Denkmal mittelalterlichen Geisteslebens. (Din)
W. Oehl, *Deutsche Mystikerbriefe des Mittelalters,* (Neudr.) 1972.

CHRISTINE VON PISAN (ca. 1364-1430) Dichterin und Geschichtsschreiberin. Sie wurde in Venedig geboren und wuchs in Frankreich auf, wo sie 1372 Etienne Castel, einen pikardischen Adeligen, heiratete. Nach dem Tod ihres Gatten (1389) begann sie, in den literarischen Kreisen von Paris zu verkehren, und machte sich als Dichterin einen Namen. Sie verfaßte lyrische und didaktische Gedichte wie etwa die *Cent ballades d'amant et de dame* (Hundert Balladen von dem Liebhaber und seiner Dame). Ihr wichtigstes Werk ist die "Geschichte Karls V.", wo sie moralische Lehren darlegt, die aus der Historie zu ziehen sind. Das "Buch der drei Tugenden", ein Handbuch für die Mädchenerziehung, behandelt ähnliche Fragen. In ihren letzten Lebensjahren schrieb C. im Kloster ein Lobgedicht auf *Jeanne d'Arcs mutiges Vorgehen in Orléans. C. gilt als einer der bedeutendsten Geister der unruhigen Periode *Karls VI. und *Karls VII.
J. M. Pinet, *Christine de Pisan,* 1927;
M. Rohrbach, *C. de P.,* 1934.

CHRISTOPH I. (1219-59) König von Dänemark (1252-59). Dritter Sohn *Waldemars d. Siegreichen, wurde nach dem Tod seiner älteren Brüder zum König gewählt. Um die leeren Staatskassen zu füllen, wollte er den Klerus besteuern, was zu einem Zusammenstoß mit der Kirche und einem Bürgerkrieg in Dänemark führte. Zur Zeit seines Todes waren C. und sein Land unter kirchlichem Bann.

CHRISTOPH II. (1276-1332) König von Dänemark (1320-26; 1330-32). Bruder und Nachfolger *Eriks VI. durch die Wahl des Adels, dem er in einer Wahlkapitulation weitgehende Privilegien einräumen mußte. Seine Steuerpolitik führte zu einem Bürgerkrieg und zu seiner Absetzung (1326). Im Jahre 1330 wurde er zurückberufen, übte aber im weiteren Verlauf nur eine schwache Herrschaft aus.
M. v. Donarus, *Die Beziehungen des deutschen Königs von Rudolf v. Habsburg bis Ludwig dem Bayern zu Dänemark,* 1891.

CHRISTOPH III. (1418-48) König von Dänemark, Schweden und Norwegen (1440-48). Als Sohn einer Seitenlinie des dänisch-norwegischen Königshauses bestieg er 1440 nach der Absetzung seines Oheims Erik den Thron der drei skandinavischen Königreiche. Als Sohn Johanns von Bayern war er auch ein deutscher Prinz, und seine Heirat mit Dorothea von Brandenburg förderte das Eindringen deutscher Kräfte in Skandinavien. Mit seinem Tod starb die Dynastie *Waldemars d.Gr. aus.

CHRISTOPHORUS VON MYTILENE (11. Jh.) Byzantinischer Dichter, kaiserlicher Sekretär und Richter. In Mytilene (Lesbos) geboren, wurde am Kaiserhof von Konstantinopel durch den erlesenen Stil seiner Gedichte berühmt. Seine Epigramme vereinigen religiöse und weltliche Lieder.
Werk: L. Kurtz (Hg.), 1903.

CHRODECHILDE (hl.; 474-545) Frankenkönigin. Sie war eine Nichte des Burgunderkönigs *Gundobald und

heiratete 492 in Erfüllung des burgundisch-fränkischen Bündnisses den Frankenkönig *Chlodwig. Sie bemühte sich, ihren Gatten zur Annahme ihres katholischen Glaubens zu bewegen, unterstützte den katholischen Klerus und brachte Remigius, den Bischof von Reims, an den Hof. Diesem gelang es dann, Chlodwig zu bekehren. Nach dem Tod ihres Gatten zog sie sich in das Kloster des hl. Martin in Tours zurück.
R. Buchner, *Germanentum und Papsttum von Chlodwig bis Pippin,* 1956.

CHRODEGANG (hl.; um 715-66) Bischof und Erzbischof von Metz (742/54-66). Er war enger Vertrauter *Karl Martells und *Pippins d. Kurzen und diente als deren Sekretär und Ratgeber. Auch nach seiner Ernennung zum Bischof von Metz behielt er seine Hofposten bei. Als Bischof zeichnete er sich als aktiver Vertreter der Kirchenreform aus, gründete Klöster (*Gorze 748) und führte in seiner Diözese den römischen Kirchenbrauch ein. Am berühmtesten ist seine Einrichtung des Regularkanonikats am Metzer Dom, wofür er 755 eine Kanonikerregel schrieb, die in erweiterter Form im ganzen Karolingerreich Gültigkeit erlangte.
Regel: W. Schmitz (Hg.), 1889;
E. Ewig, *Beobachtungen zur Entwicklung der fränkischen Reichskirche unter Chrodegang von Metz,* 1968.

CHRONIK Eine der hauptsächlichen Quellengattungen des Mittelalters. Die Bezeichnung leitet sich aus dem Griechischen ab und bedeutet die Aufzeichnung der Ereignisse in der Reihenfolge ihres Geschehens, wie etwa bei den Büchern der Chronik in der Bibel. Die Chronisten des Mittelalters, im Westen wie auch im Osten, begannen ihr Werk zumeist mit einer kurzen Zusammenfassung der heiligen (biblischen) und der römischen Geschichte und schritten dann zu den eigentlichen mittelalterlichen Perioden fort, die in größerer Breite und unter oft wortgetreuer Benutzung früherer Quellen behandelt wurden. Der persönliche Beitrag des Verfassers machte meist nur einen kleinen Bruchteil des Werkes aus und fällt oft mit der Lebenszeit des Verfassers zusammen. Man unterscheidet nach der Breite des behandelten Stoffes zwischen Universal-, National- und Lokalchroniken. Für die ersteren war das Vorbild die Chronik des *Prokopius von Gaza, die hauptsächlich die Kaisergeschichte behandelte. Im Westen erfüllten die C. des *Gregor von Tours (spätes 6. Jh.) und die des *Beda Venerabilis (7. Jh.) eine ähnliche Rolle. Die westlichen Chronisten besaßen dank ihrer Zugehörigkeit zu kirchlichen und klösterlichen Anstalten ein größeres Maß an Unabhängigkeit von den Herrschern, was ihnen breiteren Spielraum in der Beurteilung politischer Ereignisse und Persönlichkeiten verlieh. Andererseits gaben sie infolge dieser Zugehörigkeit den C.en einen ausgesprochen ideologischen und didaktischen Charakter. Die C. soll nachfolgenden Generationen über die guten und bösen Taten der handelnden Personen eine moralische Lehre vermitteln. Deshalb finden sich in den C.en neben der Beschreibung der Ereignisse nicht wenige kritische Urteile über die Beweggründe der Helden. Die Neigung der Verfasser, sich auf Hörensagen zu verlassen und oft zu übertreiben, bringt schwere Probleme für die historische Kritik mit sich.

Die C.en des Westens lassen sich zeitlich und geographisch in mehrere Gruppen einteilen. Nach den C.en

des Frühmittelalters (6.-8. Jh.) kennt man eine deutsche Gattung der C., die in der *Ottonenzeit entstanden ist und mit den Werken des *Otto von Freising (12. Jh.) ihren Höhepunkt erreichte. Sie wollte mit dem Heiligen Römischen Reich im Mittelpunkt einen Blick auf die ganze Welt geben. Die französischen und englisch-normannischen C.en des 12.-14. Jh.s sind meistens nur von lokalem Interesse. Wenige Ausnahmen, wie etwa die C. des Matthäus *Paris, bestätigen die Regel. Die *Kreuzzüge waren Gegenstand wichtiger C.en, die sowohl in Europa wie auch in den Kreuzfahrerstaaten verfaßt wurden (*Wilhelm von Tyrus). Die italienischen und deutschen Stadtchroniken sind örtlich begrenzt. Im Spätmittelalter entstanden C.en in den Landes-sprachen, die die Probleme und Konflikte der nunmehr ausgeprägten Nationen Europas widerspiegeln.
B. Lacroix, *L'historien au moyen âge*, 1971;
K. H. Krüger, *Die Universalchroniken*, 1976.

CHRONIKEN VON SAINT-DENIS (Grandes Chroniques de France) Ein im Kloster von *St. Denis (bei Paris) verfaßtes Gemeinschaftswerk zum Teil bekannter und zum Teil anonymer Geschichtsschreiber, das die Regierungsperioden der französischen Könige vom 12.-15. Jh. behandelt. Sie wurden erst lateinisch und seit dem 14. Jh. französisch geschrieben. Die Verfasser waren auf Grund ihrer Nähe zum Königshof in der Regel gut unterrichtet.
Werk: J. Viard (Hg.), *Les Grandes Chroniques de France*, 10 Bde., 1920-53.

CHRYSOLORAS, MANUEL (um 1355-1415) Byzantinischer Gelehrter. Sohn einer Adelsfamilie aus Konstantinopel, wurde als Diplomat ausgebildet und studierte griechische und byzantinische Literatur. Seine Beschreibung der Stadt Konstantinopel gilt als stilistisches Meisterstück. Nach einigen diplomatischen Missionen in Italien ließ er sich 1395 in Florenz nieder, wo er mit der Lehre der griechischen Sprache und Schrift beauftragt wurde. Seine Lehrtätigkeit in anderen Städten Italiens trug zur Verbreitung des griechischen Erbes im Westen bei und bereitete die Renaissance vor. Er übertrug Platons "Staat" udn Homers "Odysee" ins Lateinische.
G. Cammelli, *Manuele Crisolora*, 1941.

CHRYSOSTOMOS, JOHANNES (hl.; 347-407) Bischof von Konstantinopel und einer der griechischen Kirchenväter. Nach dem Studium des Rechte in Antiochia und der Theologie unter Diodorus von Tarsus wandte er sich dem kirchlichen Leben zu und erlangte rasch Berühmtheit als Prediger und Gelehrter. Im Jahre 398 wurde er von Kaiser Arkadius gegen seinen Willen zum Patriarchen von Konstantinopel erhoben. Seine eifrigen Reformbemühungen schufen ihm in der Hauptstadt viele Feinde, darunter auch die Kaiserin Eudoxia, die sich von seiner moralischen Kritik verletzt fühlte. Im Jahre 403 wurde er auf einem von den Anhängern der Kaiserin einberufenen Konzil angeklagt und seiner Würde enthoben. Seine unnachgiebige Haltung führte zu seiner Verbannung erst nach Antiochia und dann nach Pontus, wo er ermordet wurde.
  C. wurde in seinem Kampf von Papst Innozenz I. und der gesamten westlichen Kirche unterstützt und stellte eine der letzten Führerpersönlichkeiten des ungeteilten Christentums dar. Seine Predigten und sein Vorgehen in Konstantinopel dienten im Mittelalter sowohl der griechisch-byzantinischen wie auch der römisch-katholischen Kirche als Vorbild.

Ch. Baur, *Der heilige Johannes Chrysostomos und seine Zeit*, 2 Bde., 1929-30.

CHUR Stadt in der heutigen Schweiz. Als Hauptstadt der römischen Provinz Rätien erhielt das von Ostgoten, Burgundern, Alemannen und Bayern umgebene C. im Frühmittelalter den römisch-romanischen Charakter der Gegend. Die Bischöfe der Stadt nahmen die weltliche Macht an sich und akzeptierten im 7. Jh. die fränkische Oberhoheit. Im 9. Jh. war C. Teil des Herzogtums *Schwaben; 956 erkannte *Otto I. das Besitzrecht der Bischöfe an, die in der Folge ihre Jurisdiktion auf die romanisch sprechenden Einwohner der Täler Rätiens zwischen Rhein und Engadin ausdehnten. 1368 erhielt das Bistum den Rang eines Fürstentums und verblieb als solches bis zur Reformation im Rahmen des Heiligen Römischen Reiches. Die Bedeutung C.s liegt in der Tatsache, daß es den herrschaftlichen Rahmen zum ethnisch-kulturellen Überleben der Romanen der Schweiz geliefert hat.
P. Lanta, *Verfassungsgeschichte der Stadt Chur im Mittelalter*, 1879;
J. G. Mayer, *Geschichte des Bistums Chur*, 2 Bde., 1907-14.

CHWARISM Zentralasiatisches Land und Volk am Fluß Amu-Daria. Es wurde 712 von den Arabern erobert, die die alte iranische Kultur durch den Islam ersetzten. Unter der Kontrolle der Statthalter von *Chorasan wurde das Land weiter von einer örtlichen Dynastie regiert, die zum Islam übergetreten war. Der Niedergang der *Abbasidenherrschaft führte zum Wiederaufleben der örtlichen Traditionen. 995 rief der Emir Mamun die Unabhängigkeit aus und förderte die Entwicklung einer persisch-islamischen Kultur. 1017 wurde C. von *Machmud von Ghazni erobert, der türkische Elemente in das Land brachte und allmählich die ethnische Zusammensetzung der Bevölkerung änderte. Unter seinen Söhnen genossen die türkischen Emire ein gewisses Maß an Selbständigkeit. Unter den *Seldschuken, die 1043 C. eroberten, wurde das Land von einer örtlichen Dynastie regiert. Nach der Auflösung des Seldschukenstaats (1199) erlangte C. unter der Führung Ala Al-Din Mohammeds II. (gest. 1220) wiederum Selbständigkeit und entwickelte sich zu einer Großmacht. Die C.-Schahs eroberten einen Großteil Turkestans, Persiens und der Ostküste Arabiens und waren zu Beginn des 13. Jh.s die stärkste moslemische Macht. Nach dem Tod Ala Al-Dins brach sein Reich unter den Schlägen der *Mongolen zusammen, die 1221 das Land eroberten und in den folgenden Jahren das gesamte Großreich zerstörten. Die Überreste der Bevölkerung wurden nach Westen in den Irak und nach Syrien gedrängt, zerstörten 1224 das Kreuzfahrerreich *Jerusalem und vernichteten die Kreuzfahrerarmee in der Schlacht von Forbie (zwischen Gaza und Askalon). Ihr Versuch, auch Ägypten zu ergreifen, schlug fehl. Die C. wurden unter den restlichen Türkenvölkern des Mittleren Ostens zerstreut.
B. Spuler (Hg.), *Handbuch der Orientalistik* V₁/5, 1966.

CHWARISMI, MOHAMMED IBN MUSSA AL- (ca. 780-845) Wissenschaftler. Sohn einer iranischen Familie aus Chwarism, lernte in seinen Mathematik-, Astronomie- und Geographiestudien die Werke der Perser und Griechen kennen und schuf eine Synthese aus ihren Lehren. Er wurde an die Bagdader Akademie eingeladen und fand bei Kalif Al-Mamun Interesse. Seine Mathematikstudien führten zur Entwicklung der Algebra. Er entwickelte das Astrolabium und astronomische bzw. trigonometrische Tabellen der Sinus- und Tangensfunktionen. Seine Werke wurden im 12. Jh. ins Lateinische übersetzt.

A. P. Juschkewitsch, *Geschichte der Mathematik im Mittelalter*, 1964.

CID CAMPEADOR (Rodrigo Diaz de Vivar; um 1043-99) Spanischer Nationalheld. Sohn einer niedrigen Adelsfamilie aus Burgos (Kastilien), trat in den Dienst König *Alfons' VI. und wurde 1081 wegen Verdachts des Mißbrauchs von Tributgeldern verbannt. C. bot darauf dem Maurenkönig von Saragossa seine Dienste an und errang großen Ruhm im Kampf gegen Raymund Berengar II., den zweimal von ihm gefangengenommenen Grafen von Barcelona. Aus dieser Epoche stammt sein arabischer Titel *sid* (Herr). 1093 machte er sich selbständig, eroberte ein Jahr später Valencia und ließ sich zum Herrn des Fürstentums ausrufen, das er in der Folge mit großem Geschick regierte. Leben und Abenteuer des C. sind Gegenstand des bekanntesten spanischen Heldenliedes, des *Cantar de mio *Cid.

W. Kienast, *Zur Geschichte des Cid.*, in: Deutsches Archiv zur Erforschung des Mittelalters 3, 1939.

CID, CANTAR DE MIO Kastilianisches Heldenepos, um 1140 von einem unbekannten Autor verfaßt. Es berichtet von den Heldentaten des *Cid Campeador. In der Dichtung sind historische Tatsachen mit Legenden und Anekdoten bunt gemischt. Der Cid wird nicht nur als Ausbund aller Rittertugenden, sondern auch entgegen der geschichtlichen Wahrheit als frommer Kreuzfahrer gegen die Mauren dargestellt.

Werk (span.-dt.): H. J. Neuschäfer (Hg.), 1964.

CIMABUE, GIOVANNI (ca. 1240-1302) Florentinischer Maler, der bereits im 13. Jh. Berühmtheit erlangte und von *Dante in der "Göttlichen Komödie" erwähnt wurde. Er hinterließ nur wenige mit Sicherheit identifizierte Werke und noch weniger Nachrichten über sein Leben. Er malte in verschiedenen Kirchen in Florenz und Assisi und schuf in seinen letzten Lebensjahren Mosaiken im Dom von Pisa, Meisterwerke mittelalterlicher Mosaikkunst.

R. Oertel, *Die Frühzeit der italienischen Malerei*, 1966².

CINCO REINOS Spanische Bezeichnung für das aus fünf Reichen (Asturien, Galizien, León, Alt- und Neukastilien) zusammengesetzte Königreich Kastilien. Zu Ende des Mittelalters wurde C. auch als Bezeichnung für die fünf Königreiche der iberischen Halbinsel (Aragón, Kastilien, Navarra, Portugal, Mallorca) gebraucht.

CINO VON PISTOIA (ca. 1270-1337) Italienischer Professor der Rechtswissenschaft. Er wurde in Pistoia (bei Florenz) geboren, studierte in Siena Recht und machte sich durch sein breites Wissen und seine scharfen Analysen rechtlicher Probleme einen Namen. Er lehrte in Siena und Perugia, wo er für den Italienzug Kaiser *Heinrichs VII. eintrat. In Bologna befreundete er sich mit *Dante an und übte einen wichtigen Einfluß auf den jungen Petrarca aus. C. verbrachte die letzten Lebensjahre auf Einladung König Roberts in Neapel, wo er weiterhin Recht lehrte und auch lebensfrohe Gedichte in einem neuen realistischen Stil schrieb.

Werk: G. Contini (Hg.), *Poeti del Duecento*, 1960; G. N. Monti, *Cino da Pistoia*, 1924.

CINQUE PORTS Ein Bund der südostenglischen Hafenstädte Sandwich, Dover, Fordwich, Romney und Hastings, der 1051 errichtet und von *Eduard d. Bekenner mit den Einkünften der örtlichen Gerichtshöfe betraut wurde. Als Gegenleistung hatten die C. die königliche Flotte mit Schiffen und Seeleuten zu versorgen. Der Bund überstand die Erschütterung der normannischen Eroberung und wurde von *Wilhelm dem Eroberer und *Heinrich II. bestätigt. Letzterer setzte 1171 einen Baron an die Spitze der C. Die Führer der C. waren unter den Empfängern der *Magna Charta und spielten im 13. Jh. in der englischen Politik eine bedeutende Rolle. Im *Hundertjährigen Krieg gegen Frankreich sicherte die Flotte der C. die englische Übermacht auf dem Meer.

K. M. E. Murray, *The Constitutional History of the Cinque Ports*, 1935.

CIOMPI (Wollkämmer, Taglöhner) Eine Vereinigung der niedrigen Sozialschichten von *Florenz. Sie wurde 1343 gegründet und bestand hauptsächlich aus den unorganisierten Arbeitern der Tuchindustrie der Stadt. Im Jahre 1378 nützten die C. eine politische Krise in der Stadt aus, um sich gegen die Herrschaft der Großgilden zu erheben und mit Hilfe von Einschüchterung und Gewalt ihre Herrschaft zu errichten. Nach kurzer Zeit wurden die C. jedoch von den Zünften niedergeschlagen und vernichtet.

CÎTEAU Kloster in Ostfrankreich, 1098 vom hl. *Robert von Molesme gegründet, der zusammen mit einer kleinen Gruppe von Mönchen aus dem Benediktinerkloster *Molesme eine strengere Form des Mönchstums suchte. Nach Roberts erzwungener Rückkehr in das Mutterkloster blieben seine Gefährten in C. zurück und hatten unter der Führung des Abtes Stephan *Harding eine schwere Zeit durchzustehen. Erst die Ankunft des Novizen *Bernhard, des späteren Gründers von *Clairvaux, und einer großen Gruppe seiner Verwandten (1112) öffnete den Weg zum Wachstum des Klosters. In den nachfolgenden Jahren wurde C. zum Mutterhaus des *Zisterzienserordens.

A. Schneider (Hg.), *Die Cistercienser, Geschichte, Geist, Kunst*, 1977².

CIVIDALE Norditalienische Stadt in der Mark Friaul. Sie war 569-744 eines der kulturellen und künstlerischen Zentren des *Langobardenreichs. Im 9. Jh. wurde sie Teil der Mark Friaul. Nach der Errichtung des Deutschen Reiches gehörte C. zum Herzogtum *Bayern und später zur *Karantinischen Mark. Seit ca. 737 war C. eine Residenz der Patriarchen von Aquileia, die jedoch kaum echte Macht besaßen. 1415 wurde die Stadt von Venedig erobert und zum Territorium der Lagunenstadt geschlagen.

CLAIRVAUX *Zisterzienserkloster in der Champagne, 1115 vom hl. *Bernhard in einem abgeschlossenen Tal der Grafschaft *Châlons gegründet. Unter Bernhards Leitung (1115-53) erfreute sich C. des höchsten Ansehens in Europa und galt als inoffizielle Hauptstadt des westlichen Christentums. *Alfons I. von Portugal erklärte z.B. sein Land zum Lehen des Klosters und verpflichtete sich zu einem jährlichen Tribut zu zahlen. Im 13. Jh. nahm die internationale Bedeutung von C. ab, das Kloster blieb aber weiterhin mit seiner bedeutenden Bibliothek eines der wichtigsten Zentren des Zisterzienserordens, zu dem Mönche zur Erlernung der Regel und der örtlichen Gewohnheiten pilgerten. Gegen Ende des 13. Jh.s verschlechterte sich die Mönchszucht, das Kloster verfiel einem geistigen Abstieg.

J.-M. Canivez, *L'Abbaye de Citeaux,* in: Dictionaire d'histoire et de géographie ecclésiastiques 12, 1953.

CLARENDON Residenz des englischen Königs *Heinrich II. und Ort der Bekanntmachung mehrerer Ordnungen, von denen die Konstitutionen von C. (1164) und die Assise von C. (1166) am bedeutendsten sind.

Die *Konstitutionen* von C. wurden veröffentlicht im Januar 1164 nach dem Ausbruch des Konflikts zwischen Heinrich II. und Thomas *Becket wegen der Aufsichtsrechte über die englische Kirche. Sie beinhalten eine Zusammenfassung früherer Gesetze zu dieser strittigen Frage. Eine Neuerung Heinrichs lag in der Klausel über die von königlichen Beamten durchzuführenden Untersuchungen klerikaler Verbrechen. Die Urteilsfällung in solchen Fällen verblieb zwar weiterhin in der Hand kirchlicher Gerichtshöfe, mußte aber in Anwesenheit eines königlichen Richters geschehen. Dazu sollte der verurteilte Kleriker noch zur Ausführung des Urteils an die königlichen Organe übergeben werden. All dies trug wesentlich zur Vertiefung der Kluft zwischen Becket und dem König bei.

Die *Assise* von C. wurde unter Zustimmung des Großen Rates beschlossen und gilt als Grundgesetz Englands in Bezug auf Fragen der Kriminalprozedur. Sie legte bei allen begangenen Verbrechen die gerichtliche Untersuchung (*inquest*) vor dem Gerichtshof des örtlichen Sheriffs oder vor einem königlichen Wanderrichter fest, sowie noch die Einrichtung des großen Geschworenengerichtshofes der Männer der Grafschaft oder des *boroughs.*

Text: W. Stubbs (Hg.), *Selected Charters,* 1913[9]; B. Lyons, *A Constitutional and Legal History of Medieval England,* 1960.

CLEMENS II. (Suitger von Bamberg; gest. 1047) Papst (1046-47). Der sächsischer Adelige wurde 1041 zum Bischof von Bamberg gemacht und 1046-von König *Heinrich III. nach der Absetzung *Benedikts IX. und der Weigerung Erzbischof *Adalberts von Bremen zum Papst erhoben. Am folgenden Tag krönte er Heinrich zum Kaiser. Er war der erste der deutschen Päpste des 11. Jh.s und ebnete durch seine Tätigkeit der *gregorianischen Reformbewegung den Weg, indem er 1047 strenge Verbote gegen die *Simonie erließ.
J. Haller, *Das Papsttum* II, 1952.

CLEMENS III. (Paulus Scolaro; gest. 1191) Papst (1187-91). Römer von Geburt, zeichnete sich an der päpstlichen Kurie in der Zeit *Alexanders III. aus und wurde nach dem Tod *Gregors VIII. zum Papst erhoben. Zur Durchführung des Dritten *Kreuzzugs versöhnte er *Philipp II. von Frankreich und *Richard I. von England. Im Kampf um die *sizilianische Erbschaft unterstützte er *Tankred von Lecce gegen König *Heinrich VI. von Deutschland.
J. Geyer, *Papst Clemens III.,* (Diss. Jena), 1914; J. Haller, *Das Papsttum* III., 1952.

CLEMENS (III.) (Wibert von Ravenna; gest. 1100) Gegenpapst (1080/84-1100). Er unterstützte als Erzbischof von Ravenna Kaiser *Heinrich IV. gegen *Gregor VII., wurde vom Kaiser zum Papst erhoben und nach Rom gesetzt. Gregors Nachfolger *Urban II. mußte anfänglich in Frankreich Zuflucht suchen, zog aber rasch die wenigen Anhänger von C. an sich.
J. Haller, *Das Papsttum* II, 1952.

CLEMENS IV. (Guido Fulcould; gest. 1268) Papst (1265-68). Sohn einer französischen Familie aus dem Niederadel, studierte in Paris Rechtswissenschaft und diente in Toulouse unter *Alfons von Poitiers. Seine treuen Dienste erweckten die Aufmerksamkeit König *Ludwigs IX., der ihn zum königlichen Rat machte. Als Papst setzte C. die traditionelle Politik fort, verfolgte *Manfred, den Sohn *Friedrichs II., und unterstützte *Karl von Anjou, den er 1265 mit Sizilien belehnte und dessen Eroberungszug er finanzieren half. C. förderte die Heerfahrten des *Deutschherrenordens in Preußen und Livland und plante einen neuen Kreuzzug gegen die Mauren in Spanien.
J. Heidenmann, *Papst-Clemens IV., Vorleben und Legationsregister,* 1903.

CLEMENS V. (Bertrand von Got; um 1264-1314) Papst (1305-14). Von französischer Geburt, studierte in Toulouse, Orléans und Bologna Rechtswissenschaft, wurde 1295 Bischof von Comminges. Als Erzbischof von Bordeaux (seit 1299) errang er sich den Respekt des englischen und französischen Königs. Nach dem Tod *Benedikts XI. wurde er zum Papst gewählt und in Anwesenheit Philipps IV. von Frankreich, der einen überwältigenden Einfluß auf ihn ausübte, in Lyon geweiht. 1309 verlegte er den Sitz des Papsttums nach *Avignon. Auf Wunsch des Königs löste er den *Templerorden auf und übergab dessen führende Mitglieder als Ketzer an die weltliche Gewalt. C. wurde auch durch seinen hochentwickelten Nepotismus bekannt und versorgte viele seiner Verwandten und Landsleute mit Stellen am Papsthof. Dagegen förderte er Gelehrte und trug selbst zur Weiterentwicklung des Kirchenrechts bei.
P. Eitel, *Der Kirchenstaat unter Clemens V.,* 1906; J. Haller, *Papsttum und Kirchenreform* I, (Nachdr.), 1966.

CLEMENS VI. (Pierre Roger; um 1291-1352) Papst (1342-52). Sohn einer südfranzösischen Beamtenfamilie, wurde im Alter von zehn Jahren an das Kloster *Chaise-Dieu übergeben, studierte und lehrte dann in Paris. 1326 wurde er zum Abt von Fécamp (Normandie) erhoben, 1328 zum Bischof von Arras, 1329 zum Erzbischof von Sens und 1330 zum Erzbischof von Rouen. Im Jahre 1338 machte ihn der Papst zum Kardinal. C. ließ sich in Avignon nieder, wo er 1342 zum Papst gewählt wurde. Als erklärter Anhänger *Philipps VI. (dessen Kanzler er vorher gewesen war) konnte er trotz des 1343 von ihm vermittelten Waffenstillstands keinen Frieden zwischen Frankreich und England stiften. Er setzte den Kampf gegen *Ludwig den Bayern fort und unterstützte Karl von Luxemburg, den späteren *Karl IV., in seiner Forderung nach der deutschen Königswürde. Es gelang ihm, Wilhelm von *Ockham und die von Papst *Johann XXII. verurteilten Franziskaner wieder an das Papsttum zu binden. 1348 erwarb er von Königin Johanna von Neapel die Stadt Avignon als feste Papstresidenz und zeigte keinerlei Neigung, nach Rom zurückzukehren. Trotz seiner starken Vetternwirtschaft und Geldverschwendung tat er sein Bestes, die Leiden der Armen zur Zeit des *Schwarzen Todes zu mildern. Die letzten Jahre seines Pontifikates standen im Zeichen verschärfter Kritik am Papst und seinem Avignoner Hof.
A. Pilissier, *Clement VI le magnifique, premier pape limousin,* 1951; K. Frank, *Klemens' VI. finanzpolitische Beziehungen zu Deutschland,* in: Römische Quartalschrift für christliche Altertumskunde und für Kirchengeschichte 38, 1930.

CLEMENS (VII.) (Robert von Genf; 1342-94) Gegenpapst in Avignon (1378-94). Sohn der Grafenfamilie von Genf, war 1361 Bischof, 1368 Erzbischof und 1371 Kardinal und wurde 1378 von den nichtitalienischen, hauptsächlich französischen Kardinälen aus Angst vor dem herrschsüchtigen italienischen Papst *Urban VI. zum Papst gewählt. C. kehrte nach Avignon zurück, fand beim französischen König *Karl V. und anderen Herrschern Rückhalt, wurde aber von dem römischen Papst gebannt. Die Doppelwahl des Jahres 1378 leitete das *Große Schisma ein.

M. Seidlmayer, *Die Anfänge des großen abendländischen Schismas*, 1940.

CLEMENS DER SCHOTTE VON IRLAND (gest. um 830) Gelehrter. Der gebürtige Ire ließ sich zu Beginn des 9. Jh.s im Frankenreich nieder und war zur Zeit *Karls d.Gr. und *Ludwigs d. Frommen an der Palastschule von *Aachen tätig. Er zeichnete sich als Lehrer der Literatur aus und trug zum Wiederaufleben der lateinischen Sprache bei. Seine Gedichte behandeln religiöse Themen.

CLEMENTINEN Bezeichnung für die *Dekretale Papstes *Clemens V., die von seinen Nachfolgern ins Kirchenrecht aufgenommen wurden. Die *Pseudo-Clementinen* dagegen sind eine frühchristliche Lehrschrift in Form einer Petrus-Legende.

CLEONI Adelsfamilie aus Bergamo (Lombardei), die im 13. Jh. die Macht in der Stadt ergriff und erst gegen die deutschen Reichsvikare der Lombardei und dann gegen Mailand um die Unabhängigkeit der Stadt kämpfte. Der Plan, Bergamo zu einem erblichen Fürstentum der C. zu machen, wurde gegen Ende des 13. Jh.s durch die Rivalität der Soardi-Familie vereitelt.

CLERICIS LAICOS Bulle des Papstes *Bonifatius' VIII. vom 25. Februar 1296, die den Klerus von Frankreich und England vor der fiskalen Ausbeutung durch die weltliche Macht schützen sollte. Sie verbot den Klerikern die Auszahlung von kirchlichen Einkommen an weltliche Personen ohne ausdrückliche Genehmigung der Kurie und verbot den Laien, solche Zahlungen entgegenzunehmen. Die scharf formulierte Bulle erregte den Widerstand der Könige und trug wesentlich zum Ausbruch des Konflikts zwischen dem Papst und König *Philipp IV. von Frankreich bei.

CLERMONT-FERRAND Mittelfranzösische Stadt in der Grafschaft Auvergne. Sie war im 5. Jh. einer der letzten Stützpunkte der Römer in Gallien, fiel dann in die Hände der *Westgoten und wurde 507 von den Franken erobert. In der Zeit *Karls d. Kahlen gründete der Franke *Bernhard von Auvergne das Grafenhaus von C., das sich mit den Bischöfen in der Herrschaft über die Stadt teilte. Zu wiederholten Zusammenstößen führte die Tatsache, daß die Grafen Lehnsleute der Herzöge von Aquitanien waren, während die Bischöfe sich an die *Kapetingerkönige von Frankreich hielten. Im 12. Jh. setzte sich die königliche Autorität über C. durch und war im 13. Jh., unter der Herrschaft des Bruders König *Ludwigs IX., *Alfons von Poitiers, endgültig gefestigt. Unter Alfons' Oberhoheit baute die Grafenfamilie von C. eine kleine Feudalherrschaft auf, die sich gegen Ende des Mittelalters zu einem bedeutenden Fürstentum entwickelte.

C. erlangte Berühmtheit durch das Konzil des Jahres 1095, das von Papst *Urban II. unter Teilnahme von zweihundert Prälaten aus Frankreich, Spanien, England und Deutschland sowie einer großen Zahl französischer Adeliger abgehalten wurde. Das Konzil bestätigte die Grundsätze des *Gottesfriedens und befaßte sich mit Problemen der kirchlichen Hierarchie. Am wichtigsten war jedoch der dramatische Aufruf des Papstes zum *Kreuzzug, der als Wendepunkt in der Geschichte des Mittelalters angesehen wird.

G. Fournier, *Le peuplement de l'Auvergne au moyen âge*, 1965;
H. Meyer, *Geschichte der Kreuzzüge*, 1965.

CLISSON, OLIVER VON (1326-1407) Französischer Heerführer. Sohn einer bretonischen Adelsfamilie, Vertrauter und Mitkämpfer *DuGuesclins, mit dem er in der Zeit *Karls V. einen Großteil der früher an England verlorenen Gebiete Frankreichs zurückeroberte. Er wurde Nachfolger seines Freundes als *Connetable von Frankreich und übte in den Jahren 1388-92 großen Einfluß auf die politisch-militärischen Entscheidungen *Karls VI. aus. Nach dessen Entmachtung mußte er sich zurückziehen.

E. Perroy, *The Hundred Years War*, 1959.

CLUNIAZENSISCHE REFORM Die im 10.-11. Jh. unter dem Einfluß von *Cluny in vielen Klöstern eingeführte monastische Reform. Sie wirkte nicht nur auf die direkt mit Cluny verbundenen Anstalten, sondern auch auf eine weitaus größere Zahl von weiterhin selbständigen *Benediktinerabteien ein. Sie trug wesentlich zur Orientierung des Mönchswesens auf Rom und den Papst bei. Hauptziel war die Freiheit der Klöster von laikaler und bischöflicher Bevormundung. Dies sollte dann im Verlauf der *gregorianischen Reformbewegung und des *Investiturstreits von größter Bedeutung sein.

L. M. Smith, *The Early History of the Movement of Cluny*, 1925.

CLUNY Kloster in Südburgund, 910 von Wilhelm d. Frommen, dem Herzog von Aquitanien gegründet und direkt dem Papst unterstellt. Die Stiftungsurkunde wendet sich ausdrücklich gegen jede Art von Kontrolle durch die bischöfliche oder feudale Gewalt und ist ein früher Ausdruck der Reaktion gegen das Eigenkirchenwesen. Die Mönchsgemeinschaft wurde von Abt Berno (910-27) auf der Grundlage der streng ausgelegten *Benediktinerregel aufgebaut, wobei jedoch an Stelle der Verpflichtung zur körperlichen Arbeit das liturgische Gebet und die Meditation stark hervortraten. Dies kam dem ausgeprägt aristokratischen Charakter der Stiftung entgegen und sollte weiterhin ein wichtiges Kennzeichen der cluniazensischen Bewegung bleiben. Bennos Nachfolger Odo, Majolus, Odilo und Hugo waren alle starke Persönlichkeiten, die eine strenge Disziplin führten und alle Versuche der äußeren Einflußnahme auf das Geschick des Klosters erfolgreich abzuwehren wußten. Gleichzeitig wuchs das Ansehen und der Einfluß C.s auf die Kirche und auf weltliche Kreise. Durch die sorgfältige Pflege und Praxis der Auffassung, daß der Mönch durch das Gebet nicht nur seine eigene Erlösung, sondern auch die der Laien erlange, erhielt C. in wachsendem Ausmaß Stiftungen von Gütern, Geldeinkommen und Eigenklöster. Diese Schenkungen ermöglichten den Bau der gigantischen Klosterkirche von C., die zum Vorbild des romanischen Baustils wurde. Eine Krise, die infolge des eigenmächtigen Verhaltens des Abtes Pons (1122-26) gegen Mönche und Papst ausgebrochen war, wurde durch die Absetzung

von Pons und die kraftvolle Amtsperiode des Abtes
*Peter des Ehrwürdigen (1126-51) gelöst. Trotzdem litt
C. an den finanziellen Nachwirkungen dieser Episode.
Zur gleichen Zeit machte die wachsende Macht der
großen Feudalherrn das Kloster von den weltlichen
Gewalten abhängiger. Bis zum Tod Peters hatten die
Äbte einen außerordentlich starken Einfluß besessen,
Bistümer und sogar den päpstlichen Sitz mit ihren
Mönchen besetzt und ihre geistige Führerrolle über
Kaiser und Könige ausgeübt. In der Folgezeit mußten
sie mehr und mehr auf den Schutz der Könige von
Frankreich bauen. C. war dem Niedergang nahe, galt
aber auch weiterhin als bedeutende kirchliche Institu-
tion, wie der großartige gotische Palast ausweist, der in
Paris für den Aufenthalt der Äbte gebaut wurde.

Die Kongregation von C. bestand aus einer Gruppe
von Abteien und Prioreien, die den Inhalt der cluniazensischen Reformgedanken, die Regel von C. und
die Führungsrolle des Abtes von C. annahmen. Sie breitete sich zuerst in Frankreich und Italien und in geringe-
rem Maße im Reichsgebiet aus. Im 11. Jh. zählte der
Orden um die tausend Klöster und war von Spanien,
wo er eine bedeutende Rolle in der christlichen *Reconquista spielte, bis zum Heiligen Land vertreten.
K. Hallinger, *Gorze-Cluny*, 2 Bde., 1950/51;
G. de Valous, *Le monachisme clunisien*, 1970²;
E. Magnien, *C.*, 1975.

CODEX ALEXANDRINUS Griechische Bibelhand-
schrift aus dem 5. Jh., anscheinend das Werk eines
ägyptischen Schreibers. Sie wurde nach der arabischen
Eroberung Ägyptens nach Konstantinopel überführt
und scheint später dem Kloster am Berg *Athos übergeben worden zu sein. Der C. diente als offizielle

Vorlage für die byzantinischen Bibelabschriften. Heute
im Britischen Museum in London.
F. C. Burkitt, *Codex Alexandrinus*, 1910.

CODEX JUSTINIANUS Die umfassendste Kodifizierung des römischen Rechts. Der C. wurde 528 von
einem Kommittee aus Rechtswissenschaftlern angelegt,
das auf Initiative Tribonians ernannt wurde, der selbst
Jurist und zudem enger Vertrauter Kaiser Justinians
war. Der C. besteht aus vier Teilen: dem eigentlichen
Codex mit den Edikten und Gesetzen der Kaiser, die
zwischen der Mitte des 5. Jh.s und 529 erlassen wurden;
den *Digesten*, einer 534 herausgegebenen und auf dem
*Codex *Theodosianus* (438) beruhenden Abhandlung
über das alte römische Recht; den *Institutionen*, einem
Handbuch für die Rechtslehre (532); und den *Novellen*,
einer Sammlung der Gesetze Justinians und zweier
seiner Nachfolger. Zusammen bilden die vier Werke
das *Corpus Iuris Civilis*, den "Körper des Zivilrechts",
das als Grundlage aller mittelalterlichen und neuzeitlichen Zivilrechte Europas diente.
Werk: Th. Mommsen u.a. (Hgg.), (Neudr.) 1954;
L. Wenger, *Die Quellen des römischen Rechts*, 1953.

COEUR, JACQUES (um 1395-1456) Reicher Kaufmann und finanzieller Berater des französischen Königs
*Karl VII. Nach einer kaufmännischen Karriere, die die
Leitung der Münzstätte von Bourges (1427) und Handels-
reisen nach dem Orient (1432) einschloß, wurde er 1436
auf Grund seiner guten Beziehungen als Münzmeister
von Paris angestellt. 1439 beförderte ihn *Karl VII.
zum *argentier* (Finanzminister) und 1442 zum Mitglied des Kronrats. C. reformierte das Schatzamt und die
königlichen Finanzen und erfüllte diplomatische Missionen in Italien. Um 1450 stand seine Macht nur der des

Die Abtei Cluny in einem Stich des 17. Jh.s

Königs nach. Seine hohe Position und sein fürstlicher Lebensstil schufen ihm zahlreiche Feinde. 1451 wurde er unter dem Vorwand einer erfundenen Schwindelaffäre verhaftet und eingesperrt. 1455 konnte er aus dem Gefängnis entkommen, starb aber ein Jahr später. C. trug wesentlich zur Wiederherstellung Frankreichs nach Ausgang des *Hundertjährigen Krieges bei und wurde nach seinem Tod von *Ludwig XI. rehabilitiert.
H. de Man, *Jacques Coeur. Der königliche Kaufmann*, 1950.

COIMBRA Portugiesische Stadt. Sie war bis zum 11. Jh. eine Grenzstadt des maurischen Spaniens, wurde von *Ferdinand I. von Kastilien 1064 erobert. 1157 wurde sie Hauptstadt des Königreichs Portugal. Nach der Ernennung *Lissabons als Hauptstadt verblieb ein Teil des Hofes in C. Auch die Universität Portugals wechselte im 14. und 15. Jh. mehrmals ihren Sitz zwischen C. und Lissabon, bis sie 1515 endgültig in C. blieb.
R. Konetzke, *Geschichte des spanischen und portugiesischen Volkes*, 1939.

COLA DI RIENZO (um 1313-54) Römischer Volksführer. Sohn eines armen Gastwirts, erlangte als Autodidakt den Rang eines Notars, wurde als junger Mann in die öffentlichen Angelegenheiten seiner Heimatstadt hineingezogen. 1343 nahm er an einer Mission zum Papsthof in Avignon teil. Papst *Clemens VI. war von dem eifrigen jungen Mann beeindruckt und verlieh ihm das wichtige Amt eines Notars der apostolischen Kammer in Rom. Nach seiner Rückkehr in die Tiberstadt begann C., seine Träume von der Größe Roms und seiner eigenen Sendung in die Wirklichkeit umzusetzen. 1347 deklarierte er sich in aller Form nach der alten römischen Tradition als Volkstribun und konnte innerhalb einiger Monate eine Volksbewegung in Gang setzen, die ihn zum Herrn der Stadt machte. Mit dem erklärten Ziel der Einigung ganz Italiens gewann er auch außerhalb Roms weiten Anhang. Auf der Höhe seines Erfolges erklärte er sich zum *Augustus* und berief den Papst nach Rom, mußte aber vor einer aristokratischen Gegenbewegung fliehen. Er ging nach Prag zu Karl IV., wo er prompt gefangengenommen wurde. 1353 ließ ihn Papst *Innozenz VI. freisetzen und schickte ihn mit Kardinal *Albornoz nach Italien, um den Kirchenstaat wieder zu erobern. Als Senator konnte C. wirklich seine Herrschaft in Rom durchsetzen, stieß aber die Bevölkerung durch seine Unterdrückungsmaßnahmen vor den Kopf, bis er in einem vom Adel angezettelten Volksaufstand den Tod fand.
P. Piur, *Cola di Rienzo*, 1931.

COLCHESTER Englische Stadt. Die ehemalige römische Festung war nach der angelsächsischen Eroberung Englands Teil des Königreiches *Essex, wurde 936 von *Wessex und dann von den Dänen annektiert. Unter den letzteren diente C. als Festung gegen die angelsächsischen Angriffe. Die Normannen erbauten um 1080 aus den römischen Ruinen von C. eine neue Festung, die als Mittelpunkt der Grafschaft Essex diente.
G. H. Martin, *The Story of Colchester from Roman Times to the Present Day*, 1959.

CÖLESTIN I. (hl.; gest. 432) Papst (422-32). Ein gebürtiger Römer, setzte die Politik seines Vorgängers Bonifaz I. fort und entwickelte die Theorie, daß der Papst als Nachfolger des hl. Petrus die *Orthodoxie verkörpere. Er bekämpfte die Ketzerbewegung des *Nestorius. Trotz seiner doktrinären Forderungen wurde seine Autorität beschränkt durch die traditionellen Vorrechte der Bischöfe (besonders Afrikas) und die Tätigkeit der kaiserlichen Verwaltung. Seine hauptsächliche Errungenschaft besteht in der Formulierung des petrinischen Primats, das dann im Mittelalter als Grundlage der päpstlichen Autorität diente.
A. M. Bernardini, *S. Celestino*, 1938.

CÖLESTIN II. (Guido von Tuszien; gest. 1144) Papst (1143-44). Einer der Führer des gemäßigten Flügels der Kardinäle, als Kompromißkandidat im Streit zwischen den Konservativen und militanten Verfechtern der Theokratie zum Papst erwählt. Sein kurzes Pontifikat ließ ihm keine Zeit, seine eigenen Anschauungen zu verwirklichen.

CÖLESTIN III. (Hyacinth Bobo; 1106-98) Papst (1191-98). Sohn der römischen Adelsfamilie der *Orsini, studierte in Paris unter *Abaelard, den er 1141 offen gegen das kirchliche Lehrverbot verteidigte. Als Kardinal (seit 1144) vertrat er eine gemäßigte Linie in der Frage der Beziehungen zwischen Staat und Kirche. C. versuchte im Konflikt mit Kaiser *Friedrich Barbarossa und zwischen Thomas *Becket und *Heinrich II. zu vermitteln. Trotz seines greisen Alters von 85 Jahren war er als Papst sehr rührig. Er konnte zwar nicht *Heinrich VI. von der Eroberung Siziliens abhalten, zwang aber *Alfons IX. von León und *Philipp II. von Frankreich, auf ihre Heiratspläne zu verzichten, die im Gegensatz zum kirchlichen Moralrecht standen. Er wirkte an der Vorbereitung eines neuen *Kreuzzugs mit und bestätigte die Regel des *Deutschherrenordens.
J. Leinweber, *Studien zur Geschichte Papst Cölestins III.*, 1905;
V. Pfaff, *Papst Cölestin III*, in: Zeitschrift der Savignystiftung für Rechtsgeschichte, Kanonistische Abteilung 47, 1961.

CÖLESTIN IV. (Gottfried von Castiglione; gest. 1241) Papst (1241). Sohn einer lombardischen Adelsfamilie und Mitarbeiter und Nachfolger *Gregors IX., Zisterzienser. Regierte nur zwei Wochen.

CÖLESTIN V. (hl.; Petrus von Morrone, 1215-96) Papst (1294). Er trat 1232 einem *Benediktinerkloster bei, verließ es aber und zog sich in die Wildnis des Monte Morrone (Abruzzengebirge) zurück. Dort errichtete er ein Eremitenkloster, die Zelle des späteren *Cölestinerordens. Als 1294 die Papstwahl durch Stimmengleichheit zu keinem Ergebnis kam, entsann man sich des heiligen Mannes und erhob ihn zum Papst. Der naivratlose und völlig unpolitische C. wurde rasch zum Werkzeug in den Händen *Karls II. von Neapel. Noch im gleichen Jahr mußte er abdanken und wurde von seinem Nachfolger *Bonifaz VIII. auf der Burg Fumore gefangengehalten, wo er starb.
F. X. Seppelt, *Studien zum Pontifikat Cölestins V.*, 1910;
F. Baethgen, *Der Engelspapst*, 1943.

CÖLESTINERORDEN Ein Zweig der Benediktiner, 1250 von dem späteren Papst *Cölestin V. bei Monte Morrone (Abruzzengebirge, Italien) gegründet. Die C. führten eine streng asketische Lebensweise in das gelockerte Benediktinerleben ein. Seit Ausgang des 13. Jh.s verbreiteten sie sich über ganz Europa.
F. X. Seppelt, *Monumenta Coelestiniana*, 1921.

COLETTA BOILLET VON CORBIE (1381-1447) Ordensgründerin. Lebte zunächst als Begine, dann als Klausnerin und wurde schließlich Klarissin, wobei sie

viele Kloster zur ursprünglichen franziskanischen Strenge zurückführte. Die Schwestern der 18 von ihr neugegründeten Klöster und ihre Nachfolger heißen *Colettinnen*, C. war durch Visionen und Stigmen begnadet. (Din)
C. Yver, *C.*, 1945.

COLIN MUSET Französischer Minnesänger des 13. Jahrhunderts. Er bereiste mit seinem *muset* (einer Art Dudelsack) die Gegenden Ost- und Nordfrankreichs und vergnügte mit seinen selbstverfaßten Liedern die Gäste bei örtlichen Festen und in den Hallen der Ritterburgen.

COLOMBINI, GIOVANNI (um 1300-67) Ordensgründer. Aus vornehmer und reicher Familie gebürtig, lebte zunächst ein weltliches Patrizierleben, bis er sich von der Lektüre einer Heiligenlegende bekehrt trotz zweier Kinder scheiden ließ und den Laienorden der *Jesuaten* gründete, der besonders in der Zeit der großen Pest karitativ tätig war. Seine Briefe sind ein Beitrag zur italienischen Mystik, die gegen die Strömung der Renaissance gerichtet war.
G. Pardi, *Il Beato C.*, 1927.

COLONNA Römisches Adelsgeschlecht, das zwischen dem 12. und dem 18. Jh. eine bedeutende Rolle in der päpstlichen und europäischen Politik spielte. Als Lehnsleute der Päpste besaßen sie rings um Rom große Güter und gewannen mit der Erhebung von Familienmitgliedern in den Rang von *Kardinälen* im 12. Jh. auch innerhalb der Stadt Rom an Bedeutung. Im 13. Jh. standen sie als Gegenspieler der *Orsini* auf der *ghibellinischen*, kaiserfreundlichen Seite, was dann zur Ende des Jh.s zum offenen Krieg mit Papst *Bonifaz VIII.* führte. Dieser bannte sie im Jahre 1297 und versuchte, ihre Güter in Beschlag zu nehmen. Als Gegenzug verbündeten sich die C. unter der Führung von Sciarra C. (gest. 1329) mit Florenz und dem französischen König *Philipp IV.* Sciarra C. griff Anagni an und nahm den dort befindlichen Papst gefangen. 1328 vollzog er die Kaiserkrönung an *Ludwig d. Bayern*. Zur Zeit des Aufenthalts der Päpste in *Avignon* (14. Jh.) rissen die C. die Macht in Rom an sich und machten sich zu Herren des *Kirchenstaats*. Im Jahre 1417 wurde Oddo C. unter dem Namen *Martin V.* zum Papst ernannt. Nach seinem Tod verlor die Familie an Einfluß und mußte weiterhin gegen die Orsini kämpfen.
P. Colonna, *I Colonna dalle origine all' inizio del secolo 19*, 1927.

COLUMBA (hl.; um 521-97) Irischer Abt und Missionar. Sohn einer irischen Adelsfamilie, wurde in mehreren Klöstern erzogen und gründete in der Folge zahlreiche Kirchen und Klöster in seinem Heimatland. Im Jahre 563 ging er als Missionar zur westschottischen Insel *Jona*, wo er mit zwölf Gefährten ein Kloster gründete, das als Ausgangspunkt der Christianisierung Schottlands diente.
W. B. Simpson, *The Historical St. Columba*, 1927.

COLUMBAN (hl.; um 550-615) Abt von Luxeuil und Bobbio, Missionar. In Irland geboren, ließ sich 590 in Gallien nieder, wo er in der Wildnis des Vogesengebirges das Kloster *Luxeuil* gründete. Seine weiteren Versuche, die irische Art des Mönchstums zu verbreiten, stießen auf heftigen Widerstand der gallischen Kirche, gegen den er jedoch in Rom und auf einer Synode des fränkischen Hofs (603) ebenso heftig ankämpfte. Dank seiner engen Beziehungen zu König *Chlotar II.* konnte er weiter im Frankenreich wirken, mußte aber 612 nach der Aus-

weisung seiner Mönche auf das Gebiet der *Alemannen* ausweichen, wo er als Missionar tätig war. Später gründete er in Norditalien das Kloster *Bobbio*. Für seine Mönche schrieb er ein Bußbuch und strenge Regeln.
F. Blanke, *Columban und Gallus*, 1940.

COMITATUS *Karolingische Bezeichnung für das von einem *comes* (Graf) regierte Gebiet. Bis zur zweiten Hälfte des 9. Jh.s war der C. mehr oder weniger mit der spätrömischen *civitas* und in Deutschland mit dem traditionellen Gau identisch. C. schloß die Güter von Einzelpersonen, der Kirche und der *Lehnsleute* ein und wurde als Teil des Königs- bzw. Kaiserreichs betrachtet. So bedeutete C. auch verwaltungstechnische, steuerliche und gerichtliche Attribute der Königsgewalt innerhalb eines bestimmten Territoriums. Der Niedergang und Fall des Karolingerreiches führte zur Auflösung des C. (10. Jh.) und zur Errichtung einer neuen, lehnsrechtlichen *Grafschaft, die sich nicht mehr unter der direkten königlichen Autorität befand. Der Herrschafts- und Rechtsbereich des C. wurde allerdings durch einzelne *Immunitäten durchbrochen.
C. Claude, *Untersuchungen zum fränkischen Comitat*, in: Zeitschrift für Rechtsgeschichte, Germanistische Abteilung 81, 1964.

COMMENDATIO Siehe *KOMMENDATION.

COMMUNIO PRO PACE Bezeichnung für die im 11. Jh. hauptsächlich in Frankreich errichteten Bünde zur Wahrung des *Gottesfriedens. Sie setzten sich aus Klerikern, Adeligen und Stadtbürgern zusammen, die vor dem Bischof die Aufrechterhaltung des Friedens beschworen hatten. Die C. mobilisierten eigene Heere zum Kampf gegen die Friedensbrecher. Ihr Erfolg in der Erhaltung des Friedens war aber insgesamt nur begrenzt.
H. Hoffmann, *Gottesfriede und Treuga Dei*, 1964.

COMMUNITAS REGNI (Gemeinschaft des Reiches) Begriff aus der englischen Verfassungsgeschichte des 13. Jh.s, der die Vertretung des Landes bezeichnet und als Vorform des *Parlaments gilt. Die Barone, die 1215 König *Johann ohne Land zur Unterzeichnung der *Magna Charta zwangen, sahen sich als Sprecher des gesamten Reiches an, die keiner weiteren Vertretung anderer Stände bedurften. Die gleiche Auffassung findet sich in den Provisionen von Oxford (1259) und in den Äußerungen der von Simon von *Montfort geführten aufständischen Barone. Auf der anderen Seite beriefen die Könige, die sich in ihrem Kampf gegen die Barone die Unterstützung der niedrigeren Klassen sichern wollten, seit 1213 Versammlungen der ritterlichen Abgeordneten der *shires* und der Vertreter der Städte ein, die sog. *commons*. Die 1275 von *Eduard I. abgehaltene Versammlung der C. war der Kern des englischen Parlaments.
H. Powicke, *King Henry II. and Lord Edward. The community of the Realm in the 13th Century*, 2 Bde., 1947.

COMMYNES, PHILIP VON (1447-1511) Historiker. Aus vornehmer flandrischer Familie stammend kam C. 1464 an den Hof *Philipps des Guten, dessen Sohn Karl er als Berater zur Seite stand. 1472 schwenkte er jedoch zu den Franzosen über, wofür ihn Ludwig XI. mit der Stadt Argenton belohnte. Nach dessen Tode 1484-89 in der Gefangenschaft Annas von Beaujeu verfaßte er Memoiren, die eine Hauptquelle zur burgundisch-französischen Geschichte in der zweiten Hälfte des 15. Jh.s darstellen.
Werk (dt.): F. Ernst, 1952.

COMPIÈGNE Nordostfranzösische Stadt. Sie besaß einen fränkischen Palast, der in der Folge als Versammlungsort mehrerer Hoftage diente. 757 bestimmte *Pippin d. Kurze auf dem Reichstag von C. die Grundsätze der Kirchenreform im Karolingerreich. 833 entschied sich eine Bischofsversammlung in C. zur Absetzung Kaiser *Ludwigs d. Frommen. Unter der Oberhoheit der Karolinger und nachher der *Kapetinger wurde die Stadt von den Äbten des Klosters S. Corneille verwaltet. 1431 wurde *Jeanne d'Arc bei der Verteidigung von C. gefangengenommen.

CONDOTTIERI Italienische Söldnerführer des 14. und 15. Jh.s, die sich und ihre Truppen jedermann vertraglich zur Verfügung stellten, der sie bezahlen konnte. Manche von ihnen stiegen so zu Gründern italienischer Fürstenhäuser auf.

CONNAUGHT Stammeskönigtum in Westirland. Wie die anderen irischen Reiche des Frühmittelalters eine Konföderation gälischer Stämme. Zur Zeit der *Wikingereinfälle im 10. Jh. gelang es dem Klan der O'Connor, seine Führungsrolle zu sichern und die Unabhängigkeit von C. zu erhalten. Im 12. Jh. nahmen die O'Connors die Position der Oberkönige von Irland ein. Rory O'Connor leitete den Widerstand gegen die englische Eroberung des Landes und wurde von den Engländern im Vertrag von Windsor gegen Tributzahlung als Oberkönig von Irland anerkannt. Die politischen Wirren nach Rorys Tod (1198) erleichterten die englische Machtübernahme auf der Insel.
E. Curtis, *The History of Medieval Ireland*, 1938.

CONNÉTABLE (constabularius, constable) Bezeichnung für den in Abwesenheit des Königs oder Feudalherrn mit der Heerführung beauftragten Offizier. Der Begriff leitet sich von *comes stabuli* (Stallgrafen) ab, der am *karolingischen Hof für die Reitertruppen verantwortlich war. Das Absinken der Fußtruppen und der Aufstieg der berittenen Kämpfer (siehe *Rittertum) sowie die vollendete Ausbildung des Feudalismus auch auf dem Gebiet der Kriegsführung verliehen dem C. erhöhte Bedeutung. Im 9.-10. Jh. begann er, das Heer in Abwesenheit des Königs zu führen. Große Feudalherren schufen an ihren Höfen ähnliche Posten. Mit dem Anwachsen der königlichen Gewalt im 12. Jh. erscheinen in Frankreich mehrere C.s, die jeweils eine Anzahl von Provinzen befehligten. Im Frankreich des 14. Jh.s entwickelte sich der C. zum wichtigsten militärischen Posten des Landes und erhielt dementsprechende Ehrungen. Im allgemeinen wurde das Amt nur an Mitglieder des Hochadels verliehen; militärisch hochbegabte Führerpersönlichkeiten von niedrigerem sozialen Rang wie *Du Guesclin und *Clisson waren die Ausnahme. Im Spätmittelalter nahm mit der Einführung der Feuerwaffe die Bedeutung des Amtes ab.

In England war der *constable* mit der Polizeiaufsicht in den *shires* beauftragt und nahm nie eine militärische und damit sozial hochgestellte Position ein.
E. Boutarie, *Institutions militaires de la France*, 1863.

CONON I. (gest. 992) Graf von Rennes und Herzog der *Bretagne (987-92). 987 führte er den langen Kampf seines Hauses gegen die Grafen von Nantes erfolgreich zu Ende und vereinigte das bisher zerrissene Herzogtum Bretagne unter seiner Herrschaft. Seine Nachkommen regieren die Provinz bis 1169.
E. Durtelle de Saint-Saveur, *Histoire de Bretagne*, 1946.

CONON II. (gest. 1066) Herzog der Bretagne (1040-66). Er bemühte sich, die Ordnung im Herzogtum wiederherzustellen und kämpfte gegen *Wilhelm d. Eroberer, seinen normannischen Nachbarn.

CONON III., der Dicke (gest. 1148) Herzog der Bretagne (1122-48). Er trat nach der Abdankung seines Vaters Alain Fergent als Minderjähriger die Regierung an und konnte erst nach seiner Großjährigkeit die zwischen den Adelsparteien wütenden Bürgerkriege unterdrücken. Dabei mußte er die Hilfe von *Gottfried Martel, des Grafen von *Anjou, in Anspruch nehmen und damit dem angevinischen Einfluß in der Bretagne die Tore öffnen.
E. Durtelle de Saint-Saveur, *Histoire de Bretagne*, 1946.

CONON IV. (gest. 1171) Der letzte einheimische Herzog der Bretagne (1156-69). Enkel *Conons III. Er wurde von dem Adel der westlichen Bretagne in seinem Kampf gegen *Heinrich II. von England unterstützt, konnte sich jedoch nicht gegen die englisch-normannisch-angevinische Übermacht behaupten und mußte seine Tochter und Erbin an Heinrichs dritten Sohn Gottfried verheiraten. 1169 setzte ihn Heinrich ab und ließ Gottfried an seiner Stelle die Bretagne regieren.
E. Durtelle de Saint-Saveur, *Histoire de Bretagne*, 1946.

CONON VON BÉTHUNE (ca. 1150-1219) Französischer Dichter. Sohn einer Adelsfamilie aus der Grafschaft *Artois, nahm am Dritten und Vierten *Kreuzzug teil und hielt eine hochrangige Stellung im Heer *Balduins von Flandern inne. 1216 wurde er zum Regenten von Konstantinopel ernannt. Eines seiner berühmtesten Gedichte beklagt den inneren Widerstreit zwischen der religiösen Pflicht, am Kreuzzug teilzunehmen, und der Liebe zu einer Dame seines Heimatlandes.
Ph. A. Becker, *Die Kreuzzugslieder von Conon de Béthune,* in: Zeitschrift für französische Sprache und Literatur 64, 1940.

CONQUES Benediktinerkloster in Aquitanien, von *Ludwig d. Frommen gegründet und im 9.-12. Jh. umgebaut. In dieser Zeit war C. ein bedeutender Mittelpunkt der bildenden Künste. Es gilt als eines der schönsten Baudenkmäler der Romanik.
Ch. Bernoulli, *Die Skulpturen der Abtei Conques,* 1956.

CONQUETE DE JERUSALEM Episches Gedicht aus Nordfrankreich (13. Jh.), das sehr frei die Ereignisse des Jahres 1099 schildert und die Ahnen einiger im 13. Jh. bedeutender Geschlechter hervorhebt.
S. Duparc-Quioc, *Le Cycle de la Croisade,* 1955.

CONSILIUM Bezeichnung für die am Hof des Feudalherrn unter Mitwirkung der Vasallen abgehaltenen Beratungen militärischer, lehnsrechtlicher oder politischer Natur. Die Teilnahme am C. war für den Lehnsmann sowohl Pflicht wie auch Vorrecht. Das C. ist die Keimzelle für alle späteren Ständeversammlungen und Parlamente.
F. L. Ganshof, *Was ist das Lehnswesen?,* 1961.

CONSISTORIUM Bezeichnung aus dem mittelalterlichen Kirchenrecht. In der römischen Periode bedeutete das C. die Vorkammer des Palastes, in der der Kaiser Recht sprach. Im mittelalterlichen Osten wurde C. als Bezeichnung für den bischöflichen Gerichtshof verwendet, im Westen wurde der Begriff allmählich auf die Gesamtheit der in Anwesenheit des Papstes versammelten *Kardinäle eingeengt.
H. E. Feine, *Kirchliche Rechtsgeschichte,* 1964[4].

CONSOLAMENTUM Das einize von den *Albigensern geübte Sakrament. Es reinigte den Gläubigen und verpflichtete ihn zur strengen Askese. Das C. wurde deshalb der Mehrzahl der Albigenser nur einmal im Leben, meistens kurz vor dem Tod, gespendet.
A. Borst, *Die Katharer*, 1958.

CONSTITUTIONES AEGIDIANAE Rechtsbuch, das 1357 vom Kardinallegat Aegidius *Albornoz nach der. Wiederherstellung der päpstlichen Herrschaft im Kirchenstaat herausgegeben wurde.

CONSTITUTIO ROMANA VON MELFI Siehe *MELFI.

CONTADO Ital. für *Grafschaft. Der Begriff bezeichnete im 9.-13. Jh. sowohl das unter der Zuständigkeit eines Grafen stehende Gebiet als auch die Herrschaftsrechte über dieses Gebiet. Im Laufe der Zeit wurden die in der *Karolingerzeit noch ungeteilten Herrschaftsrechte unter den Adelsfamilien zersplittert. Seit Ende des 11. Jh.s nimmt der Begriff C. eine völlig andere Bedeutung an und bezeichnet die um die Städte liegenden Landgebiete. Im 12.-13. Jh. wurden diese Gebiete wirtschaftlich und politisch den sich entwickelnden Stadtstaaten Nord- und Mittelitaliens untergeordnet; die Feudalherren zogen in die Stadt und übergaben ihre Herrschaftsrechte an die kommunale Regierung. Im Spätmittelalter befreiten die Städte die Leibeigenen des C., unterwarfen das Landgebiet aber einer oft unbarmherzigen fiskalen Ausbeutung.
E. Mayer, *Italienische Verfassungsgeschichte*, 2 Bde., 1909;
J. K. Hyde, *Society and Politics in Medieval Italy*, 1973.

CONTARINI Venezianische Adelsfamilie, die im Orienthandel reich geworden war und im 12. Jh. mehrere Dogen stellte. Im 14. Jh. war sie im Handel mit China und Indien tätig und stellte wirtschaftliche Verbindungen mit dem *Mongolenreich her. Ihre Mitglieder nahmen wichtige Posten in der Verwaltung der venezianischen Kolonien in Griechenland wahr. Der Palast der C. am Großen Kanal von Venedig war ein künstlerisches Zentrum der Renaissance.
H. Kretschmayer, *Geschichte von Venedig*, 1920.

CORBEIL Französische Stadt bei Paris. Sie diente im 11.-13. Jh. als eine der königlichen Residenzen. Sie wurde durch den Vertrag von C. (1258) berühmt, in dem die Bevollmächtigten *Ludwigs d. IX. von Frankreich und *Jakobs I. von Aragón das Problem der Oberhoheit über die frühere *karolingische Mark von Spanien lösten. Die Franzosen ließen ihre Ansprüche auf die Mark fallen und erkannten die Unabhängigkeit Kataloniens an, wogegen Aragón auf Languedoc (mit der Ausnahme von Montpellier) verzichtete.
O. Engels, *Der Vertrag von Corbeil (1258)*, in: Gesammelte Aufsätze zur Kulturgeschichte Spaniens, 1962.

CORBIE Benediktinerkloster, das mit Mönchen aus *Luxeuil um 660 auf einem Gut der *Merowinger in C. (Picardie, nahe Amiens) gegründet wurde und sich im Frühmittelalter zu einem Zentrum der Gelehrsamkeit nördlich der Alpen entwickelte. Die Mönche von C. waren in der Zeit *Karls d.Gr. als Missionare in Sachsen tätig, wo sie das Tochterkloster *Korvey gründeten. Sie trugen wesentlich zur *karolingischen Renaissance des 9. Jh.s bei.
P. Heliot, *Die Abtei Corbie vor den normannischen Einfällen*, 1956;
H. Wiesemeyer, *Corbie und die Entwicklung der Cor-*

Der gotische Contarini Palast zu Venedig

veyer Klosterschule vom 9. bis 12. Jh., in: Westfälische Zeitschrift 113, 1963.

CORBINIAN (fränk. WALDEKISO) (hl.; gest. 725) Bischof von Freising. Er wurde in Melun (Frankreich) geboren und war in der Zeit *Pippins II. in der deutschen Mission tätig. Man sandte ihn mit seinen Klerikern nach Bayern, wo er das Bistum Freising gründete und dessen erster Bischof wurde. Seine Tätigkeit trug zur Stärkung des fränkischen Einflusses in Bayern bei.
R. Bauerreiß, *Kirchengeschichte Bayerns*, 1958.

CORDOBA Andalusische Stadt. Unter den Westgoten war C. eine unbedeutende Provinzstadt. Nach der arabischen Eroberung (711) wurde C. 719 Hauptstadt des maurischen Spaniens und entwickelte sich zu einer der größten und reichsten Städte Westeuropas. Ihre Lederzeugnisse wurden in Europa und Afrika verkauft, und die Seiden- und Goldschmiedgewerbe besaßen internationalen Ruf. Mit dem Niedergang der Omajjadenkalifen kam C. 1013 unter die Herrschaft von Berberstatthaltern und war seit der Mitte des 11. Jh.s dem Niedergang nahe. Trotzdem blieb C. auf kulturellem Gebiet weiterhin eines der bedeutendsten Zentren der wissenschaftlichen und philosophischen Traditionen und Brennpunkt des *aristotelischen Denkens (*Ibn Raschid, *Maimonides). Unter den *Almoraviden wurden die großen Baudenkmäler der Omajjadenzeit, die Moschee und der *Alcazar, fertiggestellt. Die *Almohaden eroberten C. im Jahre 1148, zerstörten die berühmte Schule der Stadt und vertrieben die meisten ihrer maurischen, jüdischen und christlichen Gelehrten. *Ferdinand III. von Kastilien eroberte C. 1362 und wandelte die Moschee in eine Kirche um. Die Seuchen des 14. Jh.s dezimierten die Bevölkerung und trugen zum weiteren Niedergang der Stadt bei. Sie blieb aber mit ungefähr 70 000 Einwohnern weiterhin eine der Großstädte Europas. Die Moschee-Kathedrale von C. (die sog. Mezquita) gilt mit ihren 850 Säulen als hervorragendes Beispiel der maurisch-christlichen Baukunst des 10.-14. Jh.s.
K. A. Schmidt, *Córdoba und Granada*, 1902;
M. S. Hierro, *Cordoba*, 1963.

CORPUS IURIS CANONICI Die Zusammenfassung des *kanonischen Rechts der römisch-katholischen Kirche. Es besteht aus: 1) dem *Decretum* des *Gratian,

Die Mezquita *von Córdoba, Spanien, 10. Jh.*

Die Dame und das Einhorn; Wandteppich der burgundischen Schule, 15. Jh.

Gottesmutter und Kind von Dirk Bouts, 15. Jh.

einer systematischen Sammlung des kirchlichen Rechts bis 1140; 2) den *Dekretalen des Papstes *Gregor IX. (auch *Liber vagantium* genannt), die von dem Kaplan Raimund von *Peñafort 1230 zusammengestellt wurden; 3) dem *Liber *Sextus*, einer von Papst *Bonifatius VIII. verfaßten Ergänzung der fünf Bücher Gregors IX.; 4) den *Clementina*, einer von *Clemens V. begonnenen und von *Johannes XXII. revidierten und 1317 veröffentlichten Sammlung; 5) den *Extravagantes Communes*, einer 1500 erschienenen Sammlung der Kanone und Dekrete der Jahre 1261-1471.
Text: E. Friedberg (Hg.), 1880[2];
H. E. Feine, *Kirchliche Rechtsgeschichte* I, 1964[4].

CORPUS IURIS CIVILIS   Siehe *CODEX JUSTINIANUS.

CORRECTORIA   Handbücher aus dem 13. Jh. mit verschiedenen Lesarten der Hl. Schrift, die beim Bibelstudium an den Universitäten und in den Klosterschulen (besonders der Bettelorden) zur "Korrektion" des verdorbenen *Vulgatatexts verwendet wurden.
A. Denifle, *Die mittelalterlichen Correctoria*, 1892.

CORTENUOVA, SCHLACHT BEI (1237)   Eine Entscheidungsschlacht im Krieg zwischen *Friedrich II. und dem *Lombardenbund. Der Sieg des Kaisers führte zur Auflösung des Bundes und zur Unterwerfung eines großen Teils der norditalienischen Städte.
K. Hadank, *Die Schlacht bei Cortenuova*, (Diss.) 1905; R. Cessi, *Dopo Cortenova*, in: Archivio Stor. Pugliese 13, 1960.

CORTES   Die Versammlungen der Vertreter des Adels und der Städte in den Königreichen León und Kastilien. Sie waren in der feudalen Tradition des *consiliums* verankert, traten aber bis zum 13. Jh. nur gelegentlich zur Bewilligung besonderer Steuern zusammen. Danach entwickelten sie sich, nicht zuletzt infolge der Beteiligung des Klerus, zu einem Organ des Staates. Sie erörterten regelmäßig die verfassungsrechtlichen und politischen Probleme des Reiches. Ihre Macht schwankte je nach Charakter und Machtfülle des herrschenden Monarchen und der Grad der Einheit des Adels. Ihr Höhepunkt lag im 14. und 15. Jh.
E. de Tapia, *Las Cortes de Castilia 1188-1833*, 1964.

CORVEY   Benediktinerabtei in Sachsen, nach 778 von *Karl d.Gr. mit Mönchen aus *Corbie zur Christianisierung des eroberten Landes gegründet. Im 9. und 10. Jh. war C. ein ausgesprochen wichtiges künstlerisches und literarisches Zentrum und trug in der *Ottonenzeit wesentlich zur Formulierung der kaiserlichen Ideologie bei.
H. Wiesemeyer, *Die Gründung der Abtei Corvey im Lichte der Translatio S. Viti*, in: Westfälische Zeitschrift 112, 1962.

CORVINUS   Siehe *MATTHIAS.

COUCY   Burg in der Picardie (Nordfrankreich) aus dem späten 11. Jh., im 13. Jh. im gotischen Baustil umgebaut. Die Herren von C. waren Vasallen der Grafen von *Vermandois, deren Schwäche sie im 11. Jh. ausnützten, um unter Anwendung aller ehrlichen und unehrlichen Mittel, einschließlich Straßenraubs, ihren Besitz und ihre Einkünfte zu vergrößern. Thomas de Marle z.B. war in der ganzen Picardie gefürchtet und wurde als Friedensbrecher von der Kirche gebannt. Er nahm zwar am Ersten *Kreuzzug teil, verließ das Heer aber 1098 nach der Belagerung von Antiochia. König *Ludwig VI. mußte zwei Kriege gegen ihn führen, bevor er ihn 1130

besiegen und hinrichten konnte. Die späteren Generationen des Hauses C. dienten treu im *Hundertjährigen Krieg und ließen ihren nichtsnutzigen Vorfahren Thomas de Marle zu einem Kreuzzugshelden umdichten. Ein Kastellan v. C. (gest. 1203, Guy?) wurde als Minnedichter bekannt.
T. Du Plessis, *Histoire de la ville et des seigneurs de Coucy*, 1728.

COUR DES COMPTES   Siehe *CHAMBRE DES COMPTES.

COURONNEMENT DE LOUIS (Ludwigskrönung)   Französische Dichtung aus dem 12. Jh., eine großteils frei erfundene Beschreibung der Krönung *Ludwigs des Frommen. Im Gedicht verhindern Verrat und Intrigen die Erfüllung des Wunsches *Karls d.Gr., seinen letzten Sohn zu krönen, bis die Treue einiger Ritter endlich das glückliche Ende möglich macht.
Werk: E. Langlois (Hg.), 1888; Martin de Riquer, *Les chansons de geste français*, 1957[2].

COURTENAY   Französische Adelsfamilie aus der Gegend der Ile-de-France, aus der Joscelin I., Graf von Edessa seit 1118, hervorging. Sein Nachkomme Graf Joscelin II. verlor Edessa 1144 an *Senghi und erhielt eine Feudalherrschaft in Galiläa. Seine Tochter Agnes heiratete 1157 Amalrich, den Grafen von Jaffa und Askalon und zukünftigen König von Jerusalem. Ihr Sohn Joscelin III. war der letzte Sproß der Kreuzfahrerlinie von C. und Seneschall des Königreichs und Befehlshaber von Akkon, das er 1187 an *Saladin auslieferte.

In Frankreich verbanden sich die Herren von C. durch die Ehe Isabellas von C. mit Peter I., viertem Sohn *Ludwigs VI., mit dem *kapetingischen Königshaus. Ihr Sohn Peter II. wurde 1217 Lateinischer Kaiser von Konstantinopel. Ein dritter Zweig ließ sich in England nieder und stieg im 14. und 15. Jh. in den Hochadel des Landes auf.

COURT OF THE EXCHEQUER   Siehe *EXCHEQUER.

COURT OF PIEPOWDERS   Bezeichnung für die städtischen Gerichtshöfe, die in England im 13. Jh. zur raschen Behandlung von Gerichtsfällen der zu Messen anreisenden Kaufleute errichtet wurden. Das Wort leitet sich vom französischen *pieds poudrés* ab, den Reisenden, die keine Zeit haben, ihre staubigen Schuhe zu bürsten.
A. Harding, *The Law Courts of Medieval England*, 1973.

COURTOISIE   Siehe *RITTERTUM.

COURTRAI (KORTRIJK)   Flandrische Stadt. 1302 war sie Schauplatz einer Schlacht, in der die von *Philipp IV. zur Niederwerfung eines örtlichen Aufstands ausgesandte französische Armee von der Bürgermiliz besiegt wurde. In der Folge lockerte sich der Griff der französischen Monarchie auf das englandfreundliche Flandern. Die Schlacht von C. trug indirekt zum Ausbruch des *Hundertjährigen Krieges bei.
J. F. Verbruggen, *De Slag der Guldensporen*, 1952.

COUTUMIERS (Brauchtümer)   Bezeichnung für die örtlichen Rechtsgewohnheiten und Brauchtümer, die im 15. Jh. als Provinz- und Ortsrechte nach der mündlichen Überlieferung aufgezeichnet wurden. Die Feststellung und Aufzeichnung dieser C. war die Aufgabe königlicher Beamter, von denen Philip von *Beaumanoir mit seinen *Coutumes de la Beauvesie* die höchste Berühmtheit erlangte. Die seit Jahrhunderten bestehenden

C. erlangten durch die amtliche Kodifizierung Rechtskraft für eine begrenzte Gegend (siehe *WEISTÜMER).

J. Ellul, *Histoire des Institutions Françaises au Moyen Age,* 1966.

CRÉCY, SCHLACHT BEI (1346) Eine der Entscheidungsschlachten des *Hundertjährigen Krieges zwischen Frankreich und England. Nahe dem Dorf C. in der Bretagne vernichteten die englischen Bogenschützen und Infanteriesoldaten *Eduards III. die Blüte der französischen Ritterschaft. Der englische Sieg führte zur Eroberung von *Calais und öffnete ganz Nordfrankreich den englischen Einfällen.

A. H. Burne, *The Crecy war,* 1955.

CREDO Kirchlicher Begriff für das prägnant kurze und von der Kirche autorisierte Glaubensbekenntnis. Das wichtigste C. wurde auf dem Konzil von *Nikäa (325) formuliert.

CREMONA Norditalienische Stadt. Nach einer langen Periode des Niedergangs im Früh- und Hochmittelalter setzte im 11. Jh. trotz des Einflusses der mächtigen Nachbarstadt *Mailand die Entwicklung C.s ein. Im 12. und 13. Jh. wurde sie von Adelsfraktionen regiert und stand auf der *ghibellinischen Seite. Nach der Niederlage *Manfreds (1267) fiel sie den lombardischen *Guelfen zu. Im 14. Jh. machte sich die Übermacht Mailands bemerkbar; C. wurde dem Fürstentum Mailand angegliedert.

E. Signori, *Cremona,* 1928.

CRESCENTIER Römische Patrizierfamilie, die seit 976 an der Spitze des römischen Adels stand. Crescentius, das Haupt der Familie, führte 972 den Aufstand gegen *Otto II. und ergriff 980 als Konsul die Macht. Sein Sohn übernahm nach Crescentius' Tod (984) die Führung Roms, stellte sich gegen *Otto III. und erhob seine eigenen Päpste, die sog. C.-Päpste. Er wurde 996 vom Kaiser geschlagen, wegen Hochverrats verurteilt und enthauptet. Sein Sohn Johann II. Crescentius nützte Ottos Tod aus und ergriff 1002 als Führer der deutschfeindlichen Bewegung die Macht in Rom.

W. Kölmel, *Beiträge zur Verfassungsgeschichte Roms im 10. Jh.,* in: Historisches Jahrbuch 55, 1935; H. Zimmermann, *Papstabsetzungen des Mittelalters,* 1968.

CRESCENZI, PETHER VON (1230-1321) Italienischer Naturwissenschaftler. C. wurde in Mittel- und Norditalien erzogen, wo er die klassischen Werke über die Landwirtschaft kennenlernte. 1306 verfaßte er das *Ruralium Commodorum opus* ("Werk der landwirtschaftlichen Hilfsmittel"), eine Zusammenstellung der ihm bekannten Daten über Pflanzen, Tiere, Garten und Landwirtschaft. C. stützte sich auf römische Autoren wie Cato den Älteren, Varro und Plinius sowie auf Gelehrte aus der Schule des *Albertus Magnus.

Text: J. M. Gesner (Hg.), 2 Bde., 1735.

CREVECOEUR, PHILIPP VON (gest. 1494) Burgundisch-französischer Heerführer und Staatsmann. Sohn einer nordfranzösischen Adelsfamilie, diente als Rat *Karls d. Kühnen von Burgund und zeichnete sich 1466 im Krieg des *Bien public* gegen die Armee König *Ludwigs XI. von Frankreich aus. Er diente bis Karls Tod (1477) in den burgundischen Reihen und ging dann an den französischen Hof, wo er weiter mit militärischen und diplomatischen Posten in Flandern und England betraut wurde. 1484 machte ihn *Karl VIII. zum *Marschall von Frankreich.

E. Déprez, *Les premières grandes puissances,* 1939.

CROISADE DES ALBIGEOIS, CHANSON DE LA (eigenl. provenzalisch: CANSO DE LA CROZADA CONTRIA'LS ETERGES D'ALBIGES) Französisches Heldengedicht aus dem 13. Jh. Es wurde 1210 von Wilhelm von Tudela begonnen und von einem unbekannten Verfasser fertiggestellt. Es behandelt auf dem historischen Hintergrund des *Kreuzzugs gegen die *Albigenser (1209-19) die Heldentaten einzelner Ritter. Wilhelm steht auf der französischen Seite, sein Fortsetzer dagegen auf der provenzalischen.

Werk: E. Martin-Chabot (Hg.), 1931-61.

CROY Französische Adelsfamilie aus der Picardie, die im 15. Jh. durch den Fürstendienst im Großherzogtum Burgund und durch Ehen mit höhergestellten Häusern beträchtlichen Einfluß gewann. Anton von C. (gest. 1475) war am Hof *Philipp des Guten von Burgund tätig, wurde zum Ritter des *Goldenen Vlies ernannt und diente als Statthalter von Luxemburg. Er verließ 1461 den burgundischen Dienst und wurde von *Ludwig XI. von Frankreich zum Großmeister des königlichen Haushalts gemacht. Sein Bruder Johannes (gest. 1472) war Statthalter von Brabant und erwarb große Güter im heutigen Belgien. Sein Sohn Philipp diente als Kämmerer *Karls des Kühnen von Burgund, mußte nach Konflikten mit dem Herzog einige Jahre im Exil verbringen, wurde aber 1473 zum Ritter des Goldenen Vlies gemacht und in seinen Ämtern installiert.

O. Cartellieri, *Am Hofe der Herzöge von Burgund,* 1926.

CURIA, CURIA REGIS Siehe *HOF.

CYNEWULF (um 750) Angelsächsischer Dichter, dessen religiöse Lieder aus der lateinischen Tradition der christlichen Mystik und Heiligenverehrung schöpfen. Er ist nicht, wie manchmal angenommen, mit dem gleichnamigen Bischof von *Lindisfarne (gest. 783) identisch.

Werk (dt.): Ch. W. Grein, *Dichtungen der Angelsachsen,* 1930[3].

CZASLAU (Tschaslau) Böhmische Stadt. Im 15. Jh. war sie eine der Hochburgen der *Hussiten und des Widerstandes des tschechischen Adels gegen die *Luxemburger und *Habsburger.

D

DACIA Lateinische Bezeichnung für Dänemark und andere skandinavische Länder im Mittelalter. Sie wurde ursprünglich auf die römische Provinz D. im heutigen Rumänien angewandt und im 11. Jh. irrtümlich in der Chronik des Franzosen Dudo von S. Quentin auf Dänemark übertragen. Der Brauch der Bettelorden, die neuchristianisierten Gegenden Skandinaviens als D. zu bezeichnen, trug zur Einbürgerung des Namens bei.

DAGOBERT I. (um 605-39) Frankenkönig aus dem Merowingerhaus, Sohn *Chlothars II. 623 wurde er König von Austrien, 629 zog er nach seines Vaters Tod gegen die Magnaten von Neustrien zu Felde und zwang sie, ihn als König des gesamten Frankenreichs anzuerkennen. Er ernannte als Hauptstadt das zentral gelegene Paris, beschwichtigte aber neustrische Befürchtungen durch die Ernennung seines Sohnes Sigibert (III.) zum König von Neustrien. 631/32 von *Samo besiegt; 636 schlug er aber einen Aufstand der Bretonen und zwang ein Jahr später eine Erhebung der Gascognen nieder. 629 knüpfte er diplomatische Verbindungen mit Byzanz an und hielt die Sachsen und Wenden nieder. Seine Reisen durch das Land, auf denen er Recht sprach, verliehen ihm den Ruf eines gerechten Königs. Unter den von ihm geförderten kirchlichen Einrichtungen war er besonders mit der Abtei St. *Denis verbunden.
R. Barroux, *Dagobert, roi des Francs,* 1938.

DAGOBERT II. (652-um 679) Frankenkönig (656-79). Er wurde nach dem Tod seines Vaters Sigibert III. als Kind dem Hausmeier *Grimoald unterstellt, der ihn dann 660 nach Irland ins Exil schickte. Erst 676 brachte ihn eine austrische Reaktion wieder an den Thron. Die von dem Hausmeier geführten Neustrier ermordeten D. jedoch drei Jahre später auf einem Jagdausflug in den Wäldern. Wegen seines grausamen Todes galt D. als Märtyrer.

DAGOBERT III. (ca. 699-716) Merowingerkönig Neustriens (711-16). Sohn des Childebert III., dem er noch im kindlichen Alter als König nachfolgte. D.s Regierungszeit steht ganz im Schatten des mächtigen austrischen Hausmeiers *Pippin II. von Herstal.

DAIMBERT (Dagobert; um 1050-1107) Patriarch von Jerusalem (1099-1102) und einer der wichtigsten Persönlichkeiten in den ersten Jahren des Kreuzfahrerreiches Jerusalem. Als Erzbischof von Pisa begleitete er Papst *Urban II. zum Konzil von Clermont (1095), wo der Kreuzzug ausgerufen wurde. 1098 war D. als päpstlicher Legat in Spanien tätig, nach dem Tod *Adhemars von Le Puy wurde er von Urban zum Legaten des Kreuzzugs ernannt. Zu Ende des Jahres 1098 machte sich D. mit einer pisanischen Flotte auf den Weg ins Heilige Land, wo er sich dann mit *Bohemund von Antiochia verbündete und 1100 Arnulf absetzte, den Patriarchen von Jerusalem. Als neuerwählter Patriarch machte er *Gottfried von Bouillon und Bohemund zu

seinen Lehnsleuten, begnügte sich aber nicht mit der formellen Oberhoheit, sondern forderte von Gottfried Ländereien und die Herrschaft über Jaffa und Teile Jerusalems. Seine Intrigen und politischen Ambitionen brachten ihn rasch mit *Balduin, dem Bruder und Nachfolger Gottfrieds, in Konflikt und führten zu D.s Absetzung und Verbannung aus Jerusalem (1102). D. verbündete sich mit *Tankred und konnte nach dessen Intervention zeitweilig wieder sein Amt einnehmen. Ein von dem neuen Papstlegaten einberufenes Konzil verurteilte ihn endgültig, doch hatte der Einspruch bei dem neuen Papst *Paschal II. Erfolg. Auf dem Weg von Rom nach Jerusalem starb D. 1107 bei Messina.
F. Kühn, *Geschichte der ersten lateinischen Patriarchen von Jerusalem,* 1886;
H. Meyer, *Geschichte der Kreuzzüge,* 1963.

DALMATIEN Küstenprovinz am adriatischen Meer, nach den Dalmatiern benannt, einem illyrischen Stamm, der sich in dieser Gegend im 4. Jh. v. Chr. niedergelassen hatte. Die strategisch günstige Lage D.s machte die Provinz zu einem Angriffsziel zahlreicher Eroberer. Nach einer kurzen Periode der Unabhängigkeit (um 460-76) fiel D. in die Hände *Odowakars und *Theoderichs, die es bis 535 beherrschten. Im 6. Jh. wurden die Kriege zwischen den Byzantinern und den Goten auch auf dalmatischem Boden ausgetragen. Schließlich wurde die Provinz an das Reich Justinians angeschlossen. Im folgenden Jahrhundert fielen die *Awaren ins Land ein, worauf Kaiser *Heraklios die Kroaten und Serben nach D. berief, um die Eindringlinge wieder hinauszutreiben. Die slawischen Stämme ließen sich in der Folge auf dem Lande nieder, während sich die alte römische Bevölkerung auf die befestigten Küstenstädte konzentrierte. Beide Bevölkerungsteile schieden sich auch in ihrer religiösen Zugehörigkeit in orthodoxe und römische Christen. Die Slawen erkannten eine eher formelle byzantinische Oberhoheit an. Zu Beginn des 9. Jh.s war D. für kurze Zeit unter fränkischer Herrschaft, im Jahre 829 wurde es von den Sarazenen geplündert. 998 machte sich der Doge von Venedig nach einem Seesieg zum Herzog von D. unter byzantinischer Oberhoheit. In der Folge wandten sich die von Sarazenen- und Normanneneinfällen hart bedrängten Küstenstädte an Italien und das mit Venedig verbündete Ungarn. 1102 wurde die Union mit Ungarn errichtet und König *Koloman erkannte die Autonomie D.s und die alten Privilegien der Städte an. Die ungarische Allianz fand besonders unter den Bauern und Kaufleuten des Landesinneren Anklang, während die Küstenstädte mehr an venezianischer Hilfe interessiert waren. Zwischen 1115 und 1420 war D. ein ständiges Schlachtfeld zwischen Ungarn und Venedig, die bis zu 21 Kriege um die Provinzherrschaft austrugen. Zu Beginn des 15. Jh.s hatten die Venezianer die Oberhand; 1409 wurde es an

Der Eingang in die Omajjadenmoschee von Damaskus

Venedig verkauft, das im Jahre 1420 die gesamte Provinz unterwarf. Die venezianische Herrschaft (1420-1797) stand im Zeichen des Kampfes gegen die Türken.
J. J. Wilkes, *Dalmatia,* 1969;
L. Voinovic, *Histoire de Dalmatie,* 2 Bde. 1934.

DAMASKUS (Dimasch as Scham) Eine alte südsyrische Stadt, die durch ihre Lage am Treffpunkt der Wüsten- und Flußrouten einen Großteil des Handels zwischen Arabien, Palästina, Mesopotamien und dem fruchtbaren Halbmond kontrollierte. Nach der Teilung des römischen Reiches (395) entwickelte sich D. zu einem bedeutenden christlichen Zentrum, litt in der Folge aber an den dauernden Kriegen zwischen Byzanz und Persien. 613 wurde es von den Persern erobert, 635 fiel es in die Hände der arabischen Invasionsarmeen. Als Kalif *Muawiyah 650 die Hauptstadt des Kalifats nach Mesopotamien verlegte, fiel die Wahl auf D. Unter den *Omajjaden (667-750) blühte D. wirtschaftlich und kulturell auf. Seine feinen Stoffe und hochqualitativen Metallerzeugnisse waren in der ganzen Welt bekannt. Sein Reichtum zog aber auch Plünderer wie etwa die *Seldschuken an. Seit dem 9. Jh. gehörte D. formell zur ägyptischen Dynastie, 1076 fiel es in die Hände der seldschukischen Türken. 1126 wurde die Stadt von den *Kreuzfahrern angegriffen, jedoch nicht erobert. Seit 1154 war sie unter der Herrschaft *Nureddins, dessen Nachfolger *Saladin sie dann zum wichtigsten Stützpunkt in einer Reihe von Kriegen gegen die Kreuzfahrerstaaten machte. Nach der mongolischen Besetzung (1260) wurde D. von den Truppen *Timur-lengs (Tamerlan) 1399 eingeäschert, und die Bevölkerung versklavt. Seit 1516 war D. im Besitz der *Osmanen.
C. Watzinger-K. Wulzinger, *Damaskus* II, 1924.

DAMASUS I. (hl.; um 305-84) Papst (seit 366). D. war unermüdlich im Kampf gegen die Doktrinen der *Arianer und Donatisten tätig. Er wehrte die unter Hinweis auf die politische Rolle der Hauptstadt vorgebrachten Ansprüche auf den Vortritt Konstantinopels ab und betonte den Vorrang des römischen Bischofs als echten Nachfolger und Erben des hl. Petrus (Konzil von Rom, 382). Er führte das Lateinische als offizielle liturgische Sprache in Rom ein und verbesserte die Verwaltungsmethoden der päpstlichen Kanzlei. Sein Privatsekretär, der hl. *Hieronymus, wurde mit der Neuübersetzung der Testamente beauftragt, die später als Teil der *Vulgata bekannt wurde.
E. Caspar, *Geschichte des Papsttums* I, 1933.

DAMASUS II. Poppo (gest. 1048) Papst (1048). Bischof von Brixen und enger Vertrauter Kaiser *Heinrichs III. Als Exponent der kirchlichen Reformbewegung war er maßgebend an den Reformkonzilen der Periode beteiligt. 1047 ernannte ihn Heinrich zum Nachfolger des Papstes *Clemens II.; die Thronbesteigung zögerte sich jedoch bis zum Juli des Jahres 1048 hinaus. Erst zu diesem Zeitpunkt konnte der abgesetzte Papst Benedikt IX. aus Rom vertrieben werden. Nach 23 Tagen starb D. an Malaria.
J. Haller, *Das Papsttum* II, 1951.

DAME (lat. domina) Die französische Bezeichnung für adlige Frauen. Auch die französische *dameisle, donsele, doncele* stammt vom mittellateinischen *domicella,* dem jungen Mädchen. Der letztere Titel wurde im Frühmittelalter an unverheiratete Töchter von Adeligen und Herren verliehen, ebenso das männliche Gegenstück *domicellus* und *damoiseau.* D. wurde im Mittelalter auch als Bezeichnung der Nonnen des *Benediktiner-, Zisterzienser- und Brigittenordens verwendet. Die vom Mann mit Galanterie verehrte D. ist ein Geschöpf der Renaissance des 12. Jhs.

DAMIETTE (arab. Dumyat) Eine alte ägyptische Stadt im Osten des Nildeltas. Dank ihrer vorteilhaften Lage war D. in der Antike ein wohlhabendes Handelszentrum, das jedoch im 4. Jh. vor Chr. von Alexandrien überflügelt wurde. Unter der arabischen Herrschaft (seit Mitte des 7. Jh.s) schwang sich D. wieder zu seinem früheren Rang auf und entwickelte zusätzlich zum Handel auch das Tuchgewerbe. Als Zentrum des Reichtums von Ägypten war D. Ziel zahlreicher Angriffe der Kreuzfahrer und Hauptschauplatz des Fünften *Kreuzzugs. Eine eineinhalb Jahre während Belagerung wurde 1219 mit der Einnahme der Stadt beendet, 1221 wurden die Christen jedoch wieder aus D. vertrieben. 1249 lenkte König *Ludwig IX. von Frankreich den Sechsten *Kreuzzug nach D. und nahm die Stadt ohne größere Schwierigkeiten, mußte sie aber nach der Niederlage von Mansura (1250) als Teil der Bedingungen zu seiner Freilassung zurückgeben. *Baibars zerstörte D. 1251, sperrte den Flußlauf ab und verlegte die Stadt an ihren heutigen Ort, um weiteren Angriffen vorzubeugen.

DANDOLO Patrizierfamilie aus Venedig, die seit dem 11. Jh. wichtige Ämter besetzte. Vier Dogen und mehrere Befehlshaber der venezianischen Kolonien stammen aus dem Haus D.

DANDOLO, Enrico D. (Doge 1192-1205) der größte Doge Venedigs, verdrängte die Konkurrentin Pisa aus der Adria und stellte den Kreuzfahrern des Vierten *Kreuzzugs eine Flotte zur Verfügung. Als Entgelt mußten sie ihm das (christliche!) Zara in Dalmatine erobern.

Dann lenkte er den Kreuzzug nach Konstantinopel um, wo er vor 30 Jahren von Kaiser *Manuel geblendet worden war. Reichste Beute war Venedigs Lohn für die Vernichtung von Byzanz.   (Din)

DANDOLO, GIOVANNI (Doge in den Jahren 1280-89) stärkte die Armee der Stadt und bereitete sie für die entscheidende Auseinandersetzung mit dem Rivalen Genua vor.

DANDOLO, FRANCESCO (Doge 1329-39) ließ von der traditionellen Politik der Expansion auf den Meeren ab und ging statt dessen auf dem italienischen Festland gegen Verona vor, das die Landrouten nach den Handelszentren Europas blockierte. Er besetzte Treviso und legte den Grundstein für das Territorium Venedigs in Italien.

DANDOLO, ANDREA (Doge 1343-54) führte Venedig im bitteren Kampf gegen Genua. Er unterwarf die aufständische Stadt Zara und besiegte die Ungarn (1345), die Drahtzieher der Revolte. Danach wandte er sich gegen Genua, das venezianische Besitzungen angegriffen hatte, und errang bei Lojera einen großen Seesieg (1353). Der frühere Student der Rechte Andrea D. gab auch einen Rechtskodex heraus (1346) und wurde als Historiker bekannt. Seine Chronik und seine Dokumentensammlung gelten als wichtige Quellen für die venezianische Geschichte.

A. Kretschmayr, *Geschichte von Venedig* I-II, 1905, 1920.

DANEGELD Eine Steuer, die von den angelsächsischen Königen im 10. Jh. zur Finanzierung des an die *Dänen zu zahlenden Tributes eingeführt wurde. Sie wurde gewöhnlich nach dem Steuerfuß von zwei Schillingen per Hufe erhoben, zeitweilig jedoch auf vier Schillinge und mehr erhöht. Das D. wurde seit 991 bezahlt, die Bezeichnung selbst bürgerte sich jedoch erst nach der normannischen Eroberung ein. Auch die normannischen Könige Wilhelm der Eroberer und Heinrich II. forderten weiterhin das D. und benutzten die Beträge zur Finanzierung außergewöhnlicher militärischer Ausgaben.

F. M. Stenton, *Anglo-Saxon England*, 1947.

DANEHOF Die Bezeichnung des dänischen Parlaments, das sich zur Mitte des 13. Jh.s entwickelt hatte. Der D. war ursprünglich eine Adelsversammlung und erhielt im Rahmen des Kampfes des Adels gegen das autokratische Regime König *Erichs V. feste Formen.

DANELAGH (Danelaw) Bezeichnung für die von den Dänen im 9. Jh. besiedelten Gegenden des nördlichen und östlichen angelsächsischen Englands. Das D. schloß die Königreiche Northumbrien und Ostanglia sowie die fünf dänischen *boroughs* ein und bestand als eigenständische politische Einheit mit dänischen Gewohnheiten und Recht. Die dänische Besetzung dauerte zwar nur weniger als ein halbes Jahrhundert (866-920), hinterließ aber tiefe Spuren, besonders auf dem Gebiet der örtlichen Gewohnheiten, der Verwaltung und des Rechtsganges.

F. M. Stenton, *The Danes in England*, 1928.

DÄNEMARK Aus der Halbinsel Jütland und mehreren Inseln bestehendes skandinavisches Königreich. Es wurde im Frühmittelalter von dänischen Stämmen besiedelt und blieb lange Zeit vom restlichen Europa abgeschloßen. Erst die Eroberungen *Karls d.Gr. brachten es mit Europa in Berührung. Die Dänen konnten unter ihren Königen Gottfried (gest. 810) und Hemming den fränkischen Vormarsch aufhalten und in einem

811 unterzeichneten Vertrag die Grenze am Eiderfluß stabilisieren. Gleichzeitig begann eine Epoche verstärkter Kontakte infolge der wikingischen Handels-, Raub- und Eroberungszüge, an denen auch die Dänen teilnahmen.

Die ersten Missionare hatten im 8. Jh. in D. wenig Erfolg zu verzeichnen. Glücklicher waren die Missionszüge des *Ebbo von Reims und des hl. *Ansgar, des päpstlichen Legaten für Nordeuropa und späteren Bischofs von Hamburg. Neben der politischen Unterstützung *Ludwigs d. Frommen konnte er sich auch die Hilfe des neubekehrten dänischen Königs Harald Klak sichern. Die offizielle Bekehrung D.s fand jedoch erst im 10. Jh. statt, als König *Harald Blaatand 960 das Christentum annahm. Harald förderte die Kirche und legte die Grundlagen für ein vereintes dänisches Königreich. Seine Eroberungen wurden von seinen Nachfolgern fortgesetzt. Nachdem Harald Norwegen erobert hatte, nahm Sven I. 1013 England. *Knut II. festigte das englisch-skandinavische Königreich und fügte ihm Teile Schwedens hinzu. Im frühen 11. Jh. erlebte auch die dänische Kirche eine Welle der Ausdehnung und zählte zur Mitte des Jahrhunderts acht Bischofssitze und Hunderte von Kirchen und Klöstern.

Nach dem Tod von Knut (1035) zerfiel sein Großreich. D. besaß in Skandinavien für die nächsten hundert Jahre weniger Macht und wurde dazu noch zeitweise von den norwegischen Herrschern dominiert. Gelegentliche Versuche, das Königreich wiederzuvereinigen, wie etwa durch Sven II. und seine Söhne (1074-1134), brachten keine dauerhafte Ergebnisse. Die andauernden Thronkämpfe führten zur steigenden Abhängigkeit der Könige vom deutschen Reich und zur lehnsrechtlichen Unterwerfung unter den Kaiser. Die Adeligen vergrößerten ihren Einfluß, gleichzeitig wirkte jedoch die Kirche als stabilisierender Faktor. Im Jahre 1104 machte Papst *Urban II. D. zu einer unabhängigen Kirchenprovinz unter dem Metropolitensitz von Lund und eröffnete den Weg zur Errichtung einer nationalen Kirche. *Waldemar I. (1157-82) setzte den inneren Wirren ein Ende, schlug seine Rivalen, vereinigte das Königreich und festigte die dänische Unabhängigkeit, die danach fast zweihundert Jahre währen sollte. Er schuf eine starke Armee und baute in Zusammenarbeit mit den kirchlichen Staatsmännern *Eskil (1138-77) und *Absalon (1177-1201) ein wohlorganisiertes Verwaltungswesen auf. In dieser goldenen Zeit D.s wurden über 2000 Kirchen gebaut; die geistigen Neuerungen auf dem Gebiet der Wissenschaften und Geschichtsschreibung fallen mit der europäischen "Renaissance des 12. Jh.s" zusammen. Der Verfasser der *Gesta Danorum, *Saxo Grammaticus, der Philosoph Boethius von D., der Mathematiker und Astronom Peter von D. und der Philosoph und Dichter Anders Sunesen sind hervorragende Gestalten dieser Geistesbewegung.

Unter *Waldemar II. (1204-41) griff D. auf die baltischen und slawischen Länder über, erreichte in einer Reihe von Kreuzzügen die Bekehrung der Wenden und übernahm die Kontrolle über Pommern (1169) und Estland. Der um seine Macht kämpfende deutsche König mußte 1214 die dänische Oberhoheit über die slawischen Länder nördlich der Elbe anerkennen. Die Orientierung nach Osten war jedoch eine schwere Belastung für die dänische Wirtschaft. Zur inneren Schwächung des Königreichs trug auch Waldemars Gewohnheit

Runensteine der Könige Gorm und Harald aus Jelling in Dänemark, 10. Jh.

bei, große Ländereien zu verteilen. Nach der verlorenen Schlacht von Bornhöved gegen die norddeutschen Heere 1227 gingen die meisten Eroberungen wieder abhanden.

Nach Waldemars Tod begann eine Periode des Niedergangs, die bis 1340 währte. Seine Erben trugen blutige Kriege um den Thron aus. Ein langer Konflikt zwischen der Kirche und der Krone trug zur weiteren Verschärfung der Gegensätze bei. Der Hochadel (*Danehof) verbündete sich mit den Prelaten. 1250 zwang die vereinigte Opposition unter Erzbischof Jacob Erlandsen den König zur Anerkennung des *hof*, des dänischen Parlaments. 1282 beschnitten die Stände auch formell die Vorrechte des Königs. Erich VI. (1286-1319) versuchte zwar die königliche Macht wiederherzustellen, mußte aber scheitern, weil er aus Liquiditätsschwierigkeiten große Gebiete verpfändete. Nach einer achtjährigen Thronvakanz bis 1340 zwang Waldemar IV. D. wieder unter die königliche Autorität. Auf der Nationalversammlung von Kalundborg (1360) legte er die Beziehungen zwischen Herrscher und Nation in rechtlicher Form fest. Ein Jahr später vertrieb ihn eine Koalition des Feudaladels und der *Hanse aus dem Land. Um seinen Thron zu erhalten, mußte er die weitgehenden Handelsvorrechte der Hansestädte bestätigen.

Mit seinem Tod starb die Hauptlinie der dänischen Monarchie aus. Der Staatsrat wählte Olaf zum König, den jüngeren Sohn der Margarete, Tochter des Waldemar und Königin von Norwegen. Damit wurde D. Teil der skandinavischen Union, die von *Margarete dominiert wurde.

P. Lauring, *Geschichte Ds.*, 1964;
F. C. Dahlmann-D. Schäfer, *Geschichte von Dänemark*, 5 Bde., 1840-1902.

DANEWERK Ein 17 km. langer Erdwall, der zwischen dem 9. und 12. Jh. zur Verteidigung Dänemarks gegen den Süden erbaut wurde. Seine frühesten Teile stammen aus dem Jahre 808, als die Dänen die Errichtung einer Mark durch *Karl d.Gr. mit der Befestigung der Stadt Haithabu (Schleswig) beantworteten.

DANIEL VON GALIZIEN (DANILO ROMANO-WITSCH; um 1202-64) Fürst und später König von Galizien und Wolynien (im heutigen Polen und der Ukraine). Während seiner langen Minderjährigkeit

(1205-21) wüteten dauernd Bürgerkriege zwischen verschiedenen Thronanwärtern und den Adeligen. D. machte sich 1221 zum Herrn von Wolynien, konnte jedoch erst 1238 seine Autorität in Galizien durchsetzen. Danach erfreuten sich die beiden Reiche, die von seinem Vater unter einer Herrschaft vereint worden waren, eines wachsenden Wohlstandes, der auf den das Land durchquerenden Handelsrouten zwischen Ost und West aufbaute. D. förderte die Niederlassung von Neueinwanderern und baute neue Städte wie Lemberg und Chelm. Der Einbruch der Mongolen (1240-41) zwang ihn, deren Oberhoheit anzuerkennen. Im Jahre 1245 errang er einen entscheidenden Sieg über die Polen und Ungarn, der ihn zum mächtigsten Herrscher der Region machte. Er suchte westliche Waffenhilfe, um das mongolische Joch abzuwerfen, nahm nach Verhandlungen mit Papst *Innozenz IV. den katholischen Glauben an und wurde mit dem Königstitel belohnt (1253). Als die versprochene Hilfe nicht eintraf, marschierte er 1256 allein gegen die Mongolen und vertrieb sie aus Wolynien. Im Jahre 1260 mußte er jedoch aufs neue deren Herrschaft auf sich nehmen.

M. Hrushevsky, *A History of the Ukraine*, 1941.

DANIEL VON MORLEY (Morilegus) Astronom, Naturwissenschaftler und Philosoph des späten 12. Jh.s. Er studierte in Paris und Oxford, ohne jedoch seinen Wissendrang in der Naturwissenschaft befriedigen zu können und lernte in *Toledo die neuesten Fortschritte auf dem Gebiet der Physik und Astronomie kennen. Zusammen mit Gelehrten wie Adelard von Bath und Robert von Chester war D. einer der ersten Übersetzer arabischer wissenschaftlicher Werke ins Lateinische.

Ch. H. Haskin, *Studies in the History of Mediaeval Science*, 1924.

DANIEL VON MOSKAU (1261-1303) Fürst und Gründer des Reiches von Moskau und des Moskauer Großfürstenhauses. Er war der jüngste Sohn *Alexander Newskijs, der von dem Mongolenkhan der *Goldenen Horde das Amt eines Statthalters in Rußland erhalten hatte und das auch D. bekam. Mit mongolischer Unterstützung baute D. seine Macht gegenüber den rivalisierenden russischen Fürsten aus. Er siedelte Bauern und Kaufleute an und machte das kleine Fürstentum Rostow-Susdal zu dem wohlhabenden und bedeutenden Großfürstentum Moskau.

DANILO ROMANOWITSCH Siehe *DANIEL VON GALIZIEN.

DANTE (Durante) ALIGHIERI (1265-1321) Italienischer Dichter. Sohn einer alten Florentiner Familie, zeigte schon in frühem Alter Begabung für die Dichtung. Er lernte Grammatik und Rhetorik und wurde in seinen Interessen durch die Freundschaft von Poeten wie Latini und Cavalcanti bestärkt. Sein erstes bedeutendes Werk in der Florentiner Volkssprache war die *Vita Nuova* (Das Neue Leben, um 1293), in der er in Vers und Prosa seine Gedanken und Gefühle über seine steigende Liebe zu Beatrice niederlegte. Der Tod des Mädchens (1290), das er seit dem Alter von neun Jahren geliebt hatte, war für D. eine traumatische Erfahrung. Wenig später heiratete D. jedoch und führte seine Studien fort. Er besuchte die Schulen der *Franziskaner und *Dominikaner und eignete sich Kenntnisse in Philosophie, Logik und Theologie an. Im Jahre 1295 begann er seine politische Karriere und nahm bald bedeutende Positionen als Verwalter und Diplomat im Dienste der Stadt ein und wurde auch einer der sechs *Priori* (Stadtvorsteher).

Zur Wahrung des inneren Friedens ließ er die Führer der verfeindeten Parteien innerhalb der *Guelfen (Schwarze und Weiße) aus der Stadt verbannen. Später wurde er einer der Führer der Weißen. Sie nahmen eine gemäßigte Linie gegenüber den Schwarzen ein, die von Papst Bonifaz VIII. in ihrer Politik der territorialen Expansion in der Toskana unterstützt wurden. Als *Karl I. von Valois auf Bitte des Papstes in die Toskana einmarschierte, wurde D. zum Papst gesandt, konnte jedoch keinen Erfolg erzielen. Der Einmarsch Karls in Florenz brachte die Schwarzen an die Macht, die sich sofort an den als *Ghibellinen bezeichneten Weißen rächten und unter anderen auch Dante, der nicht zu seinem Prozeß erschien, zum Tode verurteilten. Damit begann die Zeit der Exilswanderungen D.s, die ihn nach Verona (1303, 1316), Bologna (1304-06), Lucca (1308) und Ravenna (1318-21) führten. In den ersten Jahren nach seiner Verbannung nahm D. an den ghibellinischen Umsturzplänen teil, zog sich dann aber von den Racheplänen seiner Kameraden zurück.

In den Jahren des Exils schuf D. den Großteil seiner besten Werke. In Bologna verfaßte er das *Convivio* (Das Gastmahl) und *De vulgari eloquentia* (Über die Redekunst in der Volkssprache), in denen er sein neuerwachtes Interesse an der Philosophie und der Rhetorik zum Ausdruck brachte. Das letzte Werk bezeugt auch D.s Vorliebe für das Italienische, das er als echte Sprache der Dichtung betrachtete. In der lateinischen *De Monarchia* legt D. seine Anschauungen über die Universalmonarchie dar, die unter der Führung eines weltlichen, mit dem göttlichen Recht autorisierten Kaisers die einzige Rettungsmöglichkeit für das zerrissene Italien wie auch für die gesamte christliche Welt darstelle. D. verbrachte seine letzten Lebensjahre in Ravenna, wo er seine größte Dichtung, die Göttliche Komödie (*La Divina Commedia*) zu Ende führte. Das Werk besteht aus drei Teilen, dem *Inferno*, dem *Purgatorio* (Fegefeuer) und dem *Paradiso*. Es beschreibt in erlesenen Versen die Reise des Dichters durch die Reiche der anderen Welt. Unter der Führung von Vergil wandert er vom dunklen *Inferno*, wo er unter den Sündern der Vergangenheit Kaiser, Päpste, Kirchenmänner, Politiker, Männer und Frauen findet, zum Fegefeuer. Dieses besteht im Aufstieg auf einen hohen Berg. Am Eingang des Paradises übernimmt Beatrice die Leitung und führt ihn durch die zehn Himmel zur höchsten Sphäre, wo ihm dank der Vermittlung des hl. Bernhard ein Blick auf die Gottheit vergönnt ist. Neben der ästhetischen und dichterischen Leistungen ist das Werk auch als eine zeitgenössische Zusammenfassung der mittelalterlichen Wissenschaften bedeutsam und offenbart D.'s ungeheure Belesenheit. Die *Commedia* steht in der Tradition der realen Jenseits-*Visionen, will aber in mehrfachem Sinn *allegorisch verstanden werden und enthält eine Fülle dementsprechender Anspielungen.

Werk (lat.-dt.): E. Laaths, 1963[2];
F. Schneider, *Dante*, 1960[5];
Enciclopedia Dantesca, 1970 ff.

DANZIG (poln.: GDANSK) Hafenstadt am baltischen Meer am Ausfluß der Weichsel. D. wird zum ersten Mal 997 anläßlich der Bekehrung der Einwohner durch *Adalbert von Prag erwähnt. Im 11. Jh. entwickelte sich die kleine, um ein Herrenschloß gebaute Stadt zum wichtigen Seehafen und Verkehrsmittelpunkt Pommerns. Im Jahre 1227 wird ein Markt der deutschen Kaufleute Lübecks in D. erwähnt, um 1240 erhielt D. das Stadtrecht. Für längere Zeit war es Eigentum der Herzöge von Pommern, deren Güter 1294 auf dem Erbweg an die Großherzöge von Polen übergingen. 1308 nahmen die *Deutschordensritter die Stadt, die sich unter deren Herrschaft im 14. und 15. Jh. zu einem bedeutenden Umschlagplatz des Hansehandels entwickelte. D. nahm an dem polnisch-pommerischen Kampf gegen den Deutschen Orden (1454-66) teil, nachdem frühere Aufstände fehlgeschlagen waren, und erhielt 1466 von Kasimir IV. von Polen die städtische Autonomie. Seit dem 14. Jh. nahm die Stadt eine führende Stellung im West-Ost-Handel ein.

E. Kayser, *Danzigs Geschichte*, 1929[2].

DARGUN Zisterzienserabtei in Mecklenburg-Schwerin, 1172 von Mönchen aus dem dänischen Zisterzienserkloster Esrom besiedelt. Im Jahre 1199 gefährdeten die andauernden Kriege die Existenz des Klosters derart, daß es nach Eldena (bei Greifswald) verlegt wurde. Zehn Jahre später kehrten die Mönche an den ursprünglichen Siedlungsort zurück. D. war ein Hauptstützpunkt für die Missionierung der slawischen Bevölkerung.

G. Schmalz, *Kirchengeschichte Mecklenburgs* I, 1935.

DAUPHINÉ Südfranzösische Provinz, die ihren Namen von Graf Guigues IV. Dauphin erhalten hat. Die Bezeichnung Dauphin wurde auf die Herrscher der Provinz und später auf die französischen Kronerben angewandt. Die Ursprünge der D. gehen auf die Grafschaft Vienne zurück, die 1029 an Guigues I. de Vion, den Grafen von Alban und Ahnvater Guigues IV. (1133-42) verliehen wurde. Guigues I. und seine Nachkommen vergrößerten ihren Machtbereich betrachtlich. Weitere Besitzungen wurden von dem Haus von Burgund (1162-1282) und dem Haus La Tour du Pin (1282-1349) erworben, an die die D. durch Heirat fiel. Die territoriale Ausdehnung führte zum Zusammenstoß mit den Grafen von Savoyen und zur wirtschaftlichen Erschöpfung der Provinz. Humbert II., der letzte Dauphin (1333-49), blieb ohne Erbe und mit leeren Kassen und verkaufte die Provinz an den König von Frankreich, Philipp VI. Nach dem Kaufvertrag ging die D. für 200.000 Florin an Karl, den Enkel Philipps und zukünftigen König Karl V. Die D. wurde nicht an die Krondomäne angeschlossen und verblieb traditionell in der Hand des französischen Thronerben. Der Versuch des Dauphin Ludwig II. (1440-57), des späteren Königs *Ludwig XI., die Provinz unabhangig zu regieren und als Ausgangsbasis in seinem Konflikt mit seinem Vater *Karl VII. zu benützen, führte 1457 zum Anschluß der D. an Frankreich.

G. Letonnelier, *Histoire du Dauphiné*, 1958[2].

DAVID König von Israel, eine im Mittelalter in christlichen und jüdischen Kreisen höchst beliebte Gestalt. Im Judentum verbindet sich der Glaube an den Erlöser mit der Abstammung von D. Dies verlieh D. einen bedeutenden Platz in der Liturgie. Seine angenommene Autorschaft des Psalters mehrte seine Popularität und führte dazu, daß sein Grab am Zionsberg in Jerusalem in die Wallfahrtsrouten der Juden einbezogen wurde. Die jüdischen Führer in Mesopotamien wurden für Abkömmlinge D.s gehalten und genossen bis zum 13. Jh. höchstes Ansehen. Auch in Europa betonten mehrere Gemeindeführer ihre Abstammung von D., darunter die Vorsteher der jüdischen Gemeinde von Narbonne. Deren Familie

(9.-14. Jh.) betrachtete man sogar in christlichen Kreisen als von D. abstammend und bezeichnete sie dementsprechend als "jüdisches Königshaus von Narbonne".

Die Beliebtheit der D.s-Figur mehrten in der christlichen Gesellschaft sowohl die Christologie mit ihrer Betonung der Prophezeiung Isaijas und Abstammung Marias aus dem Hause D. als auch der liturgische Einfluß des Psalters. Die Idee der biblischen Monarchie und ihre Verkörperung im christlichen Kaiserreich verbanden sich mit der Person D.s als eines idealen Herrschers. So wurden im 8. Jh. *Pippin d. Kurze und dann *Karl d.Gr. als D. dargestellt, die sowohl die Gerechtigkeit wie auch das Mitleid des Dichterkönigs besitzen sollten. Diese Figur blieb als beispielhafter Typus des Herrschers fixiert und wurde im weiteren Verlauf des Mittelalters mit anderen Königen, wie etwa *Ludwig VII. von Frankreich, in Verbindung gebracht.

H. Steger, *David Rex et Propheta*, 1961;
A. Grabois, *Le souvenir et la légende de Charlemagne dans les textes hébraiques médiévaux*, 1966.

DAVID I. (um 1084-1153) König von Schottland (1124-53). Jüngster Sohn *Malcolms III. und der Mar-

König David spielt die Harfe; *Psalter von Siegbury*

garete, verbrachte lange Jahre am Hof König *Heinrichs I. von England, dessen Schwester er heiratete. Nach dem Tode seines Bruders Edgar (1107) erhielt D. die südlichen Teile Schottlands, während sein zweiter Bruder *Alexander I. den Norden und die Krone gewann. D.s Gemahlin Matilda führte ihm die Grafschaft Huntingdon zu (1113). 1124 wurde er Nachfolger seines verstorbenen Bruders Alexander als König von Schottland. In seinem Treueeid an Heinrich (1127) erkannte er Matilda als Erbin Englands an, was ihn nach der Machtergreifung *Stephans in die englischen Thronkämpfe verstrickte (1135). Nach 1141 zog er sich in sein Reich zurück und baute eine starke Regierung auf. Der Prozeß der Feudalisierung wurde durch seine Aufnahme anglo-normannischer Adeliger in den schottischen Königsdienst erheblich beschleunigt. D. förderte die Kirche, die er nach dem europäischen Modell neu organisierte. Er errichtete fünf Bistümer und gründete zwölf Klöster und zahlreiche Kirchen. Seine Regierungszeit gilt als eine Glanzperiode der schottischen Geschichte.

W. C. Dickinson, *Scotland from the Earliest Times . . .*, 1961;
R. L. Mackie, *A Short History of Scotland*, 1962.

DAVID II. BRUCE König von Schottland (1324-71). Sohn *Roberts I. Bruce und seit dem Alter von vier Jahren Gatte der englischen Königstochter Johanna. D. verbrachte den Großteil seiner Regierungszeit außerhalb Schottlands, zum Teil im Exil und zum Teil im Gefängnis. Das erste Mal mußte er von Eduard Balliol, seinem erfolgreichen Rivalen und eigentlichen Herrscher Schottlands von Gnaden Eduards III., 1334 nach Frankreich fliehen. Dort verbrachte er sieben Jahre und kämpfte an der Seite König Philipps VI. gegen die Engländer. 1341 konnte er nach Schottland zurückkehren und die Macht ergreifen. 1346 fiel er zur Hilfeleistung für die Franzosen in England ein, wurde aber bei Neville's Cross besiegt und gefangengenommen. In der Folge verbrachte er 11 Jahre in einem Londoner Gefängnis. 1357 ließ man ihn gegen das enorm hohe Lösegeld von 100.000 Mark frei. Nach einigen Zahlungen stellte sich heraus, daß diese Summe bei weitem die wirtschaftlichen Möglichkeiten Schottlands überstieg. Deshalb schlug der kinderlose D. vor, Eduard selbst oder eines von dessen Kindern als Thronerben einzusetzen. D.s Neffe und designierter Erbe *Robert II. sowie das schottische Parlament widersetzten sich diesem Vorschlag, und am Ende wurde die gesamte Summe mit großer Mühe bezahlt.

W. C. Dickinson, *Scotland from the Earliest Times . . .*, 1961;
R. L. Mackie, *A Short History of Scotland*, 1962.

DAVID BEN SAKKAI (917-40) Jüdischer *Exilarch von Sura (Babylon). Er war zuerst Haupt der jüdischen Akademie von Sura und ernannte als seinen Nachfolger den großen *Saadiah Gaon (927), mit dem er jedoch drei Jahre später einen bitteren Streit um die geistige und politische Führung des babylonischen Judentums hatte. Am Ende mußte die Angelegenheit vor die Kalifen gebracht werden, der zu D.s Gunsten entschied. Erst im Jahre 937 versöhnten sich die beiden Widersacher. D.s langer Kampf sicherte die Autorität der traditionellen Exilarchenführung im östlichen Judentum.

DAVID KIMCHI (Radak, Maistre Petit; ca. 1160-1235) Jüdischer Bibelkommentator und Philologe, Sohn einer alten Gelehrtenfamilie. D. lehrte in Narbonne, wo er 1232 im Streit um das Werk des *Maimonides den großen Philosophen verteidigte. Sein wichtigstes philologisches Werk ist der *Michlol* (Kompendium), dessen lexikographische Teile später getrennt als "Buch der Wurzeln" bekannt wurden. In der Bibelauslegung vereinigte er die spanischen spekulativen und philologischen Traditionen des *Ibn Esrah mit der rabbinischen *Midrasch*-Methode und der einfachen volkstümlichen Tradition des *Raschi. Die sich kritisch auf die christliche Bibelauslegung beziehenden Teile seiner Exegese wurden separat unter dem Titel *Tschuwot Ha-Notzrim* (Christliche *Responsa*) herausgegeben. D.s Werk übte einen wichtigen Einfluß auf die christlichen Hebräisten und Humanisten der Renaissance aus.

F. Talmage, *R. D. K. as Polemicist*, in: Hebrew Union College Annual (Cincinnati) 38, 1967.

DAVID VON AUGSBURG (um 1200-72) Deutscher Prediger, Theologe und Mystiker. Er trat in jungem Alter der Regensburger Franziskaner bei, wo er nach seinen Studien als Lehrmeister der Novizen diente (1235-50). Im Jahre 1246 wurde er zum Visitator des Ordens in Augsburg ernannt. Seit 1250 war er als reisender Prediger tätig und machte sich durch seine eingängige Lehre des bescheidenen und gehorsamen Lebens einen Namen. Er predigte auch gegen die Waldenser. Einige seiner lateinischen Werke wurden irrtümlich dem hl. Bernhard und dem hl. Bonaventura zugeschrieben. Seine acht deutschen Abhandlungen über Fragen der Mystik übten einen bedeutenden Einfluß auf die spätmittelalterlichen deutschen Mystiker sowie auf die *Devotia moderna aus.

K. Ruh (Hg.), *Die deutsche Literatur des Mittelalters. Verfasserlexikon*, 1977².

DAVID VON DINANT (ca. 1160-1210) Frühscholastischer Philosoph. Er lehrte die Lehre des Aristoteles an der Universität Paris auf der Grundlage der Philosophie des *Erigena. Seine pantheistische Anschauung von der in Sache, Intellekt und Geist geteilten Wirklichkeit und von der Identifizierung Gottes mit den aristotelischen Urwesen wurde 1210 und 1215 auf zwei Kirchenversammlungen als häretisch verurteilt. D. selbst wurde aus Paris verbannt; alle Abschriften seines Hauptwerkes *De Tomis, id est de divisionibus* ("Über die Unterteilungen") fielen dem Scheiterhaufen zum Opfer. Nur in den Werken seiner Widersacher haben sich einige Zitate und Zusammenfassungen von D.s Lehre erhalten.

M. Grabmann, *Geschichte der scholastischen Methode* I, 1909, 1956.

DAVID, DEWI VON MENEVIA (hl.; ca. 520-601) Der Nationalheilige von Wales, eine mehr sagenhafte als historisch belegte Figur, die zum ersten Mal im 11. Jh. Gegenstand eines Heiligenlebens war. Nach dieser Überlieferung war D. von adeliger Geburt und Schüler des hl. Paulinus aus Wales. D. gründete Klöster und ließ sich dann als Abt in Mynyw (Menevia) nieder, wo er ein heiliges Leben führte und den Beinamen "Wassertrinker" (*aquaticus*) erwarb. Er machte sein Kloster zum Mittelpunkt des Mönchswesens in Wales und war auch auf Kirchensynoden tätig; dort soll er den Pelagianismus bekämpft haben. Der Legende nach wallfahrte er nach Jerusalem und wurde dort zum Erzbischof ernannt.

N. K. Chadwick, *Studies in the Early British Church*, 1958.

DE ARTE VENANDI CUM AVIBUS (Die Kunst der Falkenjagd) Eine Abhandlung, die Kaiser *Friedrich II. um 1248 nach dreißig Jahren Vorbereitung geschrieben hat. Das sechs Bücher umfassende Werk behandelt hauptsächlich die Aufzucht bzw. die Zähmung von Jagdfalken und weniger die Jagd selbst. Die zoologische Studie zeichnet sich durch ein breites, in eigener praktischer und theoretischer Beschäftigung gesammeltes Wissen aus und benutzt die zeitgenössische biologische und zoologische Überlieferung nur als Rahmen. Anstelle des in der Schlacht bei Parma verlorenen Originals bereitete Friedrichs Sohn *Manfred eine neue Handschrift vor, auf die sich die späteren Drucke des Werks stützen.

Werk: C. A. Willemsen (Hg.), 2 Bde., 1964;
J. Zahlten, *Medizinische Vorstellungen im Falkenbuch Kaiser Friedrich II.*, in: Sudhoffs Archiv 54, 1970.

DECIMA NOVALIUM (lat.: "die Zehnte vom Neuen") Bezeichnung für die den mittelalterlichen Klöstern von neubebauten Feldern zugewiesenen Zehnte. Sie sind nicht mit den gewöhnlichen Feldzehnten identisch. Die D. gewannen wirtschaftliche Bedeutung besonders im 12. und 13. Jh., einer Zeit der intensiven Kolonisation bisher unbebauter Gegenden.

H. Planitz, *Deutsches Privatrecht*, 1948³.

DEIRA Angelsächsisches Königreich mit der Hauptstadt York, das später dem Königreich Northumbrien einverleibt wurde. Die ersten schriftlichen Zeugnisse über D. stammen aus der zweiten Hälfte des 6. Jh.s, es bestanden jedoch weit früher angelsächsische Siedlungen in der Provinz. Um 560 herrschte König Aelle in D. Sein Nachfolger war Aetnelfrith, der als Gründer des Königreichs Northumbrien betrachtet wird. Zu Beginn des 7. Jh.s waren beide Reiche in der Hand König Edwins (617-32), des Sohnes von Aelli. Seit dieser Zeit war D. weitgehend von Northumbrien abhängig.

F. M. Stenton, *Anglo-Saxon England*, 1947.

DEKAN (decanus) Ursprünglich der Titel jener Mönche, die mit der Beaufsichtigung von zehn Mönchen oder Novizen beauftragt waren. Im weiteren erweiterte sich die Bedeutung des Titels und wurde für die Inhaber niedriger Kirchenämter gebraucht, die als Leiter einer Gruppe dienen. Es gibt deshalb den a) Domdekan, der als Haupt des *Kapitels und rechte Hand des Bischofs dient und die Führung des Gottesdienstes sowie die Verwaltung der Domkirche innehat; b) den von einem Erzbischof mit der Führung von zehn oder mehr Pfarren beauftragten D.; c) den D. des Heiligen Kardinalskollegiums, der immer ein Kardinalbischof ist.

Daneben bestehen auch weltliche Ämter des D.s wie etwa der D. eines Kollegiums oder einer Universität.

H. E. Feine, *Kirchliche Rechtsgeschichte*, 1972⁵.

DEKRETALE Die päpstlichen Entscheidungen, Vorschriften und Äußerungen zu Fragen der kanonischen Disziplin. Ursprünglich waren die D. päpstliche Briefe, die in Antwort auf Anfragen, Berichte oder Berufungen an die Bischöfe gesandt wurden. Das erste bekannte D. stammt aus dem 4. Jh. Da die D. Rechtskraft besaßen, wurden sie gesammelt und später dem Kirchenrecht einverleibt. Vor der Sammlung *Gratians war besonders die römische Sammlung der *Dionysiana Collectio* von Bedeutung, die dann im 8. Jh. zur weitverbreiteten *Dionysio-Hadriana Collectio* umgewandelt wurde; weiterhin die fränkische *Collectio Corbeiensis* (um 524), die *Collectio Andegavensis* (um 670) und besonders die spanische *Hispana Collectio* (um 600), die irrtümlich dem *Isidor von Sevilla zugeschrieben wurde. Die seit der Mitte des 9. Jh.s verstärkt verbreiteten falschen D. (*Pseudodekretale), die zahlreiche Fälschungen zur Erhöhung der päpstlichen Autorität beinhalteten, gingen zum großen Teil in die Kodifizierungen der D. ein, von denen das *Dekret Gratians am bedeutendsten war. Zu der Zeit Papst *Alexanders III. (um 1170) begann eine neue Stufe in der Entwicklung des Kirchenrechts. In die zahlreichen systematischen Sammlungen von D., die sog. *libri decretalium* oder *libri extravagantium*, wurden hauptsächlich neue oder zeitgenössische D. aufgenommen, die ganz von den theokratischen Auffassungen der Zeit durchdrungen waren. Am bekanntesten sind die "Fünf alten Kompilationen", die an den Platz der meisten älteren Sammlungen traten. Zur Mitte des 13. Jh.s wurden die "Fünf" von den Gregorianischen D. (1234) ersetzt, die dann vom *Liber Sextus* des *Bonifaz VIII. (1298) und den *Constitutiones Clementinae* des *Johannes XXII. (1317) zum offiziellen *Corpus Iuris Canonici* ergänzt wurden.

H. E. Feine, *Kirchliche Rechtsgeschichte*, 1972⁵.

DEKRET GRATIANS Abgekürzte Bezeichnung für die von *Gratian um 1140-41 unter dem vollen Titel *Concordantia Discordantium Canonum* herausgegebene Sammlung von *Dekretalen. Das Werk enthält um die 4000 Zitate aus verschiedenen krichlichen Quellen wie apostolische Konstitutionen, Texte der Kirchenväter, Erlässe von Kirchenversammlungen und päpstliche Dekretale, die zum Teil echt und zum Teil gefälscht sind und von der frühchristlichen Zeit bis zur Periode Gratians reichen. Sämtliche Quellen sind nach dem scholastischen Methode derartig angeordnet, daß sich der Eindruck der Übereinstimmung in den verschiedenen Fragen ergibt. Das D. errang rasch die Autorität eines allgemeinen Lehrbuchs des Kirchenrechts und wurde besonders an den Rechtsfakultäten von Bologna, Paris und Oxford und an den Gerichtshöfen Europas benutzt. Das D. gilt als erster Teil des *Corpus Iuris Canonici*.

H. E. Feine, *Kirchliche Rechtsgeschichte,* 1972⁵.

DELHI Stadt und Sultanat in Nordindien. Die alte Stadt wurde bis 1193 von einer Reihe von Hindu-Dynastien regiert, bis sie im gleichen Jahr von dem Moslem Mohammed von Ghor erobert wurde. Dessen Statthalter Kutb Al-Din Ajbak erklärte sich 1206 unabhängig. Sein Nachfolger Itutmisch (1211-36) machte D. 1211 zur Hauptstadt des gleichnamigen Sultanats, das er gegen andere Heerführer Mohammeds von Ghor aufbauen konnte. Die zehnjährigen Thronstreitigkeiten nach des Sultans Tod wurden 1246 durch die Machtübernahme Ghijas al-Din Balbans beendet, der bis 1287 unter Vermeidung von Zusammenstößen mit der Mongolenmacht ein geordnetes Staatswesen aufbaute. Die Khalij-Sultane (1290-1326) machten D. zu einer Großmacht, die die anderen Hindu-Königreiche des Südens unterwarf und auch einige Male die Mongolen besiegen konnte. Die Einfälle *Timur-Lengs (Tamerlans) in den Jahren 1398-99 brachen die Kraft D.s, das belagert und geplündert wurde und in der Folgezeit unter den Sajiden (1414-51) zu einem unbedeutenden Fürstentum absank.

P. Spear, *Delhi: A Historical Sketch,* 1945.

DELLA FAGIUOLA, UGUCCIONE (1250-1319) Ghibellinenführer, Soldat und Staatsmann, der in verschiedenen italienischen Städten tätig war. 1297 wurde aus dem Söldnerführer ein Streiter auf der ghibellinischen Seite. 1303 wurde er zum *podesta* von Arezzo berufen,

jedoch nach kurzer Zeit vertrieben. Später schwang er sich zum Führer der Ghibellinen in der Toskana auf. 1313 war er podesta von *Pisa; 1314 machte er sich zum Herr von Lucca, wurde aber 1316 wegen seiner despotischen Methoden hinausgetrieben. Danach fand er bei Cangrande della *Scala, dem kaiserlichen Statthalter von Verona, Zuflucht und half diesem, einen Ghibellinenstaat in Norditalien aufzubauen.

DELLA SCALA Siehe *SCALIGER.

DELLA TORRE Italienische Adelsfamilie, deren Mitglieder im 13. und zu Beginn des 14. Jh.s *Mailand regierten. Der Aufstieg der Familie begann im 13. Jh., als Pagano D. Führer der Volkspartei in Mailand wurde und sich auf Seite der *Guelfen stellte. Die eindrucksvollste Persönlichkeit der D. war Martino, der 1247 die Herrschaft in Mailand übernahm. Zwei Jahre nach der Niederlage der *Ghibellinen (1257) wurde Martino zum *podesta* gewählt und behielt diesen Posten bis zu seinem Tod. Sein Nachfolger war sein Bruder Filippo D., der den bisher an der Regierung beteiligten Volkskapitän Pallavicini entließ und von 1263-65 allein herrschte. Nach ihm kam sein Neffe Napoleone (Napo). Dieser regierte bis zur Machtergreifung der traditionellen Rivalen der D., der *Visconti (1273). Danach versuchte Napo mit Hilfe *Karls von Anjou wieder an die Macht zu kommen, wurde jedoch nach einem langen Kampf geschlagen. In den Jahren 1302-11 konnten die D. nochmals die Regierung in Mailand übernehmen. Infolge des Italienzuges *Heinrichs VII. mußten sie aber endgültig den Visconti weichen.

G. Treccani (Hg.), *Storia de Milano,* 1953-62.

DEMETRITZES, SCHLACHT BEI (1185) Schauplatz eines Sieges der Byzantiner über die Normannen. *Wilhelm II. von Sizilien war 1185 in Ausnutzung der Thronstreitigkeiten zwischen *Isaak Angelos und *Alexios Komnenos in Griechenland eingefallen, eroberte Thessalonike und Serres und ließ dann das Land von kleinen Banden verheeren. Der byzantinische General Alexios Branas stellte die Normannen bei D., brach den vereinbarten Waffenstillstand und besiegte sie in einem plötzlichen Angriff. Alexios Komnenos und zwei normannische Heerführer wurden gefangen genommen. Der Sieg von D. setzte den normannischen Eroberungsversuchen in Griechenland ein Ende.

G. Ostrogorsky, *Geschichte des byzantinischen Staates,* 1963.

DEMETRIUS König von *Kroatien (1076-89). Er erlangte den Thron dank seiner Heiratsverbindungen mit dem ungarischen Herrscherhaus der *Arpaden, dank der Unterstützung der lateinischen Partei des Landes und dank der engen Beziehung zu Papst *Gregor VII. 1076 wurde D. von dem päpstlichen Legaten in Split gekrönt. Sein Versuch, den kroatischen Adel für seinen Kreuzzugsplan gegen die *Seldschuken zu gewinnen, erregte großen Widerstand und führte dazu, daß er als eine Puppe des Papstes zum Tode verurteilt wurde.

DEMETRIUS VON MONTFERRAT König von *Thessalonike (1207-22). Er erbte als Kind von seinem Vater *Bonifaz von Montferrat das Königreich, das dann für den längeren Teil seiner Regierungszeit von der Mutter beherrscht wurde. Ein Aufstand der lombardischen Barone gegen die Oberhoheit des Kaisers von Konstantinopel, *Heinrich von Flandern, wurde 1209 vom Kaiser niedergeschlagen, der im gleichen Jahr D. krönte und damit seine feudale Oberhoheit bekräftigte. Nach des Kaisers Tod (1216) bedrohte *Theodor, der griechische Despot von Epirus, die Herrschaft D. und griff 1222 das Land an. D. floh nach Italien und organisierte mit Hilfe des Papstes *Honorius III. einen Kreuzzug, der jedoch zu spät eintraf und keinen Nutzen mehr brachte. 1224 fiel Thessalonike in die Hände der Griechen.

G. Ostrogorsky, *Geschichte des byzantinischen Staates,* 1963.

DENIS (DIONYSIUS) (hl.; 3. Jh.) Bischof von Paris und Schutzheiliger von Frankreich. Über sein Leben ist nur sehr wenig bekannt. Nach der Überlieferung *Gregor von Tours (6. Jh.) war D. einer der sieben Bischöfe, die in der Zeit Kaiser Decius zur Missionierung Galliens ausgesandt wurden. Nachdem er das Bistum Paris errichtet hatte, soll er in den Christenverfolgungen Kaiser Valerians den Märtyrertod erlitten haben (258). Im 6. Jh. wurden die Gebeine des D. in das Benediktinerkloster St. D. bei Paris überführt; die Verehrung des Heiligen verbreitete sich rasch in ganz Gallien. Die Abtei wurde zum Beerdigungsplatz der Könige von Frankreich. Der Name D. diente als Schlachtruf der französischen Ritter des Mittelalters. Die Oriflamme, die Fahne der Abtei, wurde von den Königen Frankreichs übernommen. D. war für Frankreich eine Figur, um sich das Nationalgefühl kristallisieren konnte. Im 9. Jh. wurde die Gestalt des D. irrtümlich mit der des *Dionysius Areopagites gleichgesetzt.

R. J. Loenetz, *La Légende parisienne de S. Denys,* in: Analecta Bollandiana 69, 1951.

DERBY, DERBYSHIRE Stadt und Grafschaft in Mittelengland. Der Name D. ist eine Verballhornung des dänischen Namens Dearaby. Im 9. Jh. war die gesamte Gegend dänischen Überfällen ausgesetzt und danach dauernd in dänischen Händen, bis sie 918 von Aethelflaed zurückerobert wurde. Im weiteren Verlauf wechselte sie nochmals die Herrscher, aber blieb seit 941 in angelsächsischer Hand. Die Gründung der Grafschaft geht auf das 9. Jh. zurück, längere Zeit war D. jedoch an Nottinghamshire gebunden. Unter den Normannen verliehen *Wilhelm I. und *Heinrich I. der Stadt mehrere Privilegien. König Stephan ernannte 1138 Robert de Ferres zum *earl* (Grafen) von D. Dessen Nachkommen besaßen den Titel bis 1236, als Graf Robert wegen seiner Teilnahme am Aufstand gegen *Heinrich III. die Grafschaft verlor. Der König übertrug sie an seinen Sohn Edmund. Später ging die Grafenwürde an John von Gaunt und dessen Sohn, den späteren König Heinrich IV., über.

J. P. Yeatman u.a., *Victoria County History of Derbyshire,* 2 Bde., 1905-07.

DESCHAMPS, EUSTACHE (ca. 1346-1406) Französischer Dichter. Er wurde in Reims von seinem Onkel Wilhelm von Machaut erzogen und studierte später Recht in Orléans. Danach trat er in den Dienst König *Karls V. und bereiste als Kurier die Gegenden Zentraleuropas, diente als *bailiff* von Valois und Senlis und erlebte am eigenen Besitz die Verwüstungen des *Hundertjährigen Krieges. Der Haß gegen die Engländer, die sein Haus niedergebrannt hatten, spiegelt sich deutlich in seinen Werken wieder.

D. verfaßte über tausend Balladen und Gedichte. Besonders die Balladen, die die Untugenden des Klerus und der Beamtenschaft satirisch behandelten, fanden großen Anklang. Unter seinen Werken verdienen besondere Erwähnung der *Fiction du Lion* ("Löwengedicht") (1382), eine an den jungen Karl VI. adressierte allegorische Beschreibung der Pflichten des Königs, des weiteren der *Miroir du mariage* ("Ehespiegel"), eine Satire auf das weibliche Geschlecht, zwei Komödien und schließlich das *Art de dictier* ("Dichtkunst") (1392), eines der frühesten Lehrwerke über die Dichtkunst.

E. Hoepffner, *E. Deschamps, Leben und Werke,* 1904; D. Poirion, *Le poète et le prince,* 1965.

DESIDERIUS König der Lombarden (756-74). Er war durch die Heirat seiner beiden Töchter mit *Karl d.Gr. und Karlmann mit dem fränkischen Königshaus verbunden. Nach seiner Wahl zum König erkannte er die päpstliche Herrschaft über die in der *Pippinischen Schenkung vergebenen Gegenden an, stieß aber dann mit *Hadrian I. zusammen. Dadurch geriet er auch mit Karl d.Gr. in Konflikt. Die Beziehungen zwischen den beiden hatten sich bereits 771 abgekühlt, als Karl die Ansprüche von Karlmanns Kindern, der Enkel von D., ignorierte und Karlmanns Güter an sich nahm. Als D.s Tochter an seinen Hof floh, akzeptierte er seine Enkel als rechtmäßige Frankenkönige, verband sich mit *Tassilo III. v. Bayern und übte auf den Papst Druck aus, um ihre Krönung zu erlangen. Darauf wandte sich Hadrian an Karl und bat ihn um Hilfe. Karl marschierte prompt in die Lombardei ein und belagerte D. in Pavia (774). D. ergab sich, wurde abgesetzt und für den Rest seines Lebens in ein französisches Kloster verbannt. Sein Reich wurde dem Karolingerstaat einverleibt.

L.-M. Hartmann, *Geschichte Italiens im Mittelalter* I, 1923².

DESIDERIUS (DIDIER) (hl.; 630-55) Bischof von Cahors. Sohn einer Adelsfamilie. D. hatte am Hof der Merowingerkönige *Chlothar II. und *Dagobert verschiedene Ämter inne. D.s Bruder wurde als Bischof von Cahors ermordet, und D. folgte ihm 630 im Amt nach, obwohl er noch nicht in den Priesterstand aufgenommen war. Er zeichnete sich als eifriger Seelsorger aus und gründete mehrere Klöster, darunter Moissac und St. Gery bei Cahors, wo er dann beerdigt wurde. Er soll eine Klosterregel verfaßt haben.

DESIDERIUS (DIDIER) (hl.; ca. 595-611) Bischof von Vienne. Ein gelehrter und begabter Mann, der mehrere kirchliche Ämter zurückgewiesen hatte, bevor er die Bischofswürde von Vienne annahm (595). Er führte einen Briefwechsel mit Papst *Gregor I. und beherbergte den hl. *Augustin auf dem Weg nach England. Er wurde 602 auf dem Konzil von Chalon-sur-Saône auf Antreiben der Königin *Brunhilde wegen angeblich unmoralischen Verhaltens suspendiert, nach einigen Jahren jedoch wieder in sein Amt zurückberufen. Da er weiterhin den Sohn der Brunhilde, *Theoderich II. tadelte, nahm man ihn in seiner Kirche fest und ließ ihn später von gedungenen Mördern umbringen.

DESPENSER Englische Adelsfamilie, die im 13. und 14. Jh. hervortrat. Unter ihren Mitgliedern sind besonders folgende von Bedeutung gewesen:

Hugh Le D. (um 1232-65), ein Führer der Baronenopposition gegen *Heinrich III., Mitglied des 1258 vom Oxford Parlament ernannten Adelskomitees, Richter und Vermittler in mehreren Streitfragen zwischen dem König und den Baronen.

Hugh Le D. (1261-1326), Sohn des vorigen, kämpfte auf Seite *Eduards I. gegen Frankreich und Schottland und diente seit 1312 als wichtigster Berater des Königs.

Die Heiligen Christoph, Eustachius und Erasmus; *Holzstatue Riemenschneiders, 15. Jh.*

In dieser Funktion war er Ziel heftiger Angriffe der Barone. 1315 wurde er für kürzere Zeit seiner Würden enthoben. 1322 erhielt der den Titel *earl* von Winchester.

Hugh Le D. (gest. 1326), Sohn des vorigen. Diente seit 1318 als Kämmerer *Eduards II., wurde 1321 mit seinem Vater auf Grund einer Beschuldigung wegen Amtsmißbrauchs seiner Ämter enthoben, 1322 aber rehabilitiert. Seine fortgeschrittenen Finanzmethoden schufen ihm viele Feinde. Während der Revolte der Königin Isabella und des *Roger Mortimer blieben beide D. dem König treu und wurden 1326 hingerichtet.
R. F. Treharne, *The Baronial Plan of Reform*, 1932.

DESSAISINE (Dessaizine) Französische Bezeichnung für die im Feudalrecht gebrauchte Prozedur der Übereignung von Lehen, die von dem alten Vasallen bei der Belehnung eines neuen Vasallen gefordert wurde.

DEUSDEDIT I. (ADEODATUS) Papst (615-18). Sein Pontifikat fiel mit einer Epoche der Anarchie in Norditalien zusammen, wo sich die Langobarden gegen den byzantinischen Exarchen erhoben hatten. D. bewahrte dem Kaiser die Treue und rettete damit Rom vor den Heimsuchungen des neuen byzantinischen Statthalters. Er stellte auch das Gleichgewicht zwischen Weltklerus und Mönchen wieder her, das sich unter seinen Vorgängern Bonifaz IV. und Gregor I. zu Gunsten der letzteren verschoben hatte.
E. Caspar, *Geschichte des Papsttums* II., 1933.

DEUSDEDIT II. (ADEODATUS) Papst (672-76). D. wurde dank seines entschlossenen Vorgehens gegen den Monothelatismus bekannt und begünstigte den Benediktinerorden und das Kloster St. Erasmus, aus dem er hervorgegangen war.

DEUTSCHER ORDEN (Deutschritter, Deutschorden, Kreuzherrn, Deutschherren) Kreuzritterorden. Der D. wurde 1198 als Brüderschaft der deutschen Kreuzritter gegründet und von Papst Innozenz III. 1199 bestätigt. Der D. hob sich von Anfang an von den französisch orientierten großen Militärorden der *Johanniter und *Templer ab. *Friedrich II. förderte die kolonisatorischen Interessen des D. im slawischen Osten und nutzte dessen Aktivitäten in Verbindung mit seinem *Kreuzzug. Im Heiligen Land besaß der D. zwar von seinem Hauptquartier aus, der Festung *Montfort, eine wichtige Grundherrschaft im westlichen Galiläa und verteidigte die Gegend nordöstlich von *Akkon, erlangte aber nicht die Stellung der älteren Ritterorden. Mit der Eroberung *Montforts durch *Baibars (1268) war seine Funktion im Heiligen Land beendet. In Europa machte sich der Hochmeister *Hermann von Salza (nach einem anfänglichen Rückschlag im ungarischen Gebiet) 1226 an die Eroberung *Preußens, das in der Folge zur zentralen Machtgrundlage der D. werden sollte. Im Laufe des 13. Jh.s wurde die pruzzische Bevölkerung bekehrt oder ausgerottet und das Land mit deutschen Ansiedlern bevölkert. Nach der Vereinigung mit dem *Schwertbrüderorden machten sich die D. auch zum Herrn über Livland und Kurland. Der Versuch, sich auf russischem Gebiet festzusetzen, schlug fehl, nachdem der Orden 1242 am Peipus-See von *Alexander Newskij besiegt worden war. Im 14. Jh. stellten die D., deren Sitz 1309 die *Marienburg wurde, einen wichtigen politischen und wirtschaftlichen Machtfaktor in Osteuropa dar, mußten aber den im vorigen Jh. von ihnen selbst und von der *Hanse gegründeten Städten weitgehende Vorrechte einräumen. Nach der Niederlage gegen Polen in der Schlacht von *Tannenberg mußten die Ordensritter Ostpommern und Westpreußen abgeben (1436) und konnten sich danach nur noch in Ostpreußen um Königsberg halten.
M. Tumler, *Der D. O.*, 1955.

DEUTSCHES REICH Siehe *HEILIGES RÖMISCHES REICH.

DEUTSCHLAND Zu Beginn des Mittelalters besaß D. noch keinen klar bestimmten politischen und territorialen Status. Teile der germanischen Stämme, die es im 4.-6. Jh. bevölkert hatten, zogen in die alten westlichen Provinzen des Römischen Reiches weiter. Die übrigen bewohnten die westlichen Teile des Landes. In die Länder östlich der Elbe einschließlich der böhmischen Hochebene und des heutigen Österreichs wanderten slawische Stämme ein. Zu Beginn des 6. Jh.s war das westliche D. in mehrere politische Einheiten aufgeteilt: die Sachsen und *Friesen waren vollkommen unabhängig, die *Thüringer, *Bayern und *Alemannen (*Schwaben) kamen dagegen unter fränkischen Einfluß. Die Franken eroberten und besiedelten den mittleren Teil des Landes auf beiden Ufern des Mains, in der Folge *Franken genannt. Unter *Pippin dem Kurzen setzten die Franken ihre direkte Herrschaft über Schwaben und Friesland durch und einigten in Zusammenarbeit mit dem hl. *Bonifaz, dem Erzbischof von Mainz und Primas D.s, das Land auch in kirchlicher Hinsicht.

*Karl d.Gr. brachte mit der Eroberung Sachsens (774-804), Bayerns (792) und der karantinischen und österreichischen Mark (798-99) auch die politische Einigung D.s zuwege, das mit dem östlichen Frankenreich identisch war. Die Geschichte D.s als einer eigenen politischen Einheit kann man mit der Errichtung eines Königreichs für *Ludwig den Deutschen, einen der Söhne *Ludwigs des Frommen, im frühen 9. Jh. beginnen lassen. Ludwig sollte die Francia Orientalis genannten Reichsteile östlich des Rheins bekommen. Die Teilung des Karolingerreiches wurde 843 durch den Vertrag von *Verdun endgültig bekräftigt. Ludwig und seine Söhne dehnten ihre Herrschaft nach Westen auf den größeren Teil des Königreiches *Lotharingien einschließlich der *Provence aus und verfügten über ihr Reich nach dynastischen Gesichtspunkten. Sachsen, Bayern und Schwaben wurden beim Tod Ludwigs (876) unter seinen Söhnen *Ludwig, Karlmann und *Karl den Dicken aufgeteilt. Der Tod des ersten Sohnes ermöglichte es Karl, der 881 den Kaisertitel erhalten hatte, das Land zu vereinen. Für die Dauer eines Jahres konnte er 887 das Karolingerreich wieder aufrichten. 888 trennte sich jedoch *Frankreich wieder ab; auch *Burgund und die Provence machten sich selbständig. In der Zeit der letzten deutschen Karolinger (888-911) war D. nur dem Namen nach vereinigt. Auf dem aus den alten Stämme entstandenen Herzogtümer nutzten die starken Bande der ethnisch-sprachlichen und stammesrechtlichen Traditionen zur Stärkung ihrer Macht aus. Das ostfränkische Königreich entwickelte sich zu einer Föderation der Stammesherzogtümer Sachsen, Lotharingien, Franken, Schwaben und Bayern. Es schloß auch die östlichen Marken ein und hielt die Oberhoheit über *Böhmen. Es bestand jedoch kein klarer Mittelpunkt, auf dem die königliche Macht aufbauen konnte, obwohl in der ersten Hälfte des 10. Jh.s weiterhin regelmäßig Könige gewählt wurden. In dieser Zeit trugen die Einfälle der Normannen in Sachsen und Lotharingien

sowie der *Ungarn in Bayern und den östlichen Marken
zur Schwächung des Landes bei. Als sich die Großen des
Reiches 911 beim Aussterben der ostfränkischen *Karolinger nicht an den westfränkischen König aus dieser
Dynastie, Karl III. den Einfältigen (von Frankreich)
wandten, sondern an Herzog *Konrad (I.) von Franken,
war die Eigenentwicklung des ostfränkischen Reichsteils
als D. besiegelt.

Die Wiederherstellung der Königsmacht und der politischen Einheit war das Werk *Ottos des Großen.
Seine Macht gründete sich auf eine starke Armee, die
zum großen Teil in seinem Erbland Sachsen rekrutiert
wurde. Ihr gelang mit Hilfe der anderen Stämme die
Vertreibung der Ungarn (*Lechfeld 955). Weitere
Kraft schöpfte er aus seiner Beherrschung des nördlichen Italien – Ergebnis der Heerfahrten der Jahre
951 und 962. Auf dem Romzug im Jahre 962 erhielt
Otto auch die Kaiserwürde. Alle diese Bedingungen ermöglichten dem Kaiser, seine Autorität über die deutschen Herzogtümer durchzusetzen und Änderungen in
der politischen Struktur des Landes zu vollziehen. Wann
immer ein Herzogamt frei wurde, besetzte es Otto mit
Mitgliedern seines Hauses. Zusätzlich verlieh er den
Bischöfen große Ländereien, die von den Herzogtümern
abgetrennt wurden, und sicherte sich die Kontrolle
über die Besetzung der Bischofsämter. Ungefähr ein
Drittel der kirchlichen Besitztümer stand so unter der
königlichen Verwaltung. Um die starke karolingische
Tradition in Lotharingien zu schwächen, teilte Ottos
Bruder, der Erzbischof *Bruno von Köln, das Herzogtum im Jahre 965 in Nieder- und Oberlothringen. Das
von den Ungarn zurückeroberte Kärnten wurde von
Bayern abgetrennt und zum Herzogtum erhoben. Mit
seiner Kaiserkrönung (962) vereinigte Otto Deutschland
und Italien zum wiederhergestellten *Römischen Reich
unter der Führung des deutschen Kaisers. Die ottonische Zeit legte die Grundlage für die von den französischen Bedingungen abweichende Entwicklung des
*Lehnswesens in D. Dieses war hierarchisch aufgebaut
und enthielt als Klassen der Reichsfürsten die Herzöge,
Markgrafen, Grafen und Bischöfe.

Unter Otto und seinen Nachfolgern begann die deutsche Ausdehnung nach Osten. Polen nahm zeitweilig
die deutsche Oberhoheit auf sich, Böhmen entwickelte
sich zu einem voll ins Reich integrierten Herzogtum.
Deutsche Bischöfe und Missionare wirkten bei den slawischen Stämmen zwischen Elbe und Oder und bereiteten die politische Angliederung dieser Gegenden an
D. vor. Das Ergebnis dieser Bemühungen war die Errichtung eines multinationalen deutschen Staates, der in
der Auffassung *Ottos III. gegen Ende des 10. Jh.s
Deutsche, Slawen, Franzosen und Italiener vereinigte.

Nach dem Aussterben des *Ottonenhauses kam D.
unter die Herrschaft der *salischen Könige (1024-
1125), einer Dynastie fränkischen Ursprungs. Unter
*Heinrich III. war die Königsmacht immer noch stark.
Der der Kirchenreform zugeneigte Heinrich führte das
ottonische Reichskirchensystem weiter und verstärkte
die Kontrolle über die Herzöge, mußte aber aus Rücksicht auf die italienische Reichspolitik den Fürsten und
Lehnsleuten größere Macht einräumen. Nach Heinrichs
Tod führten D.s Verstrickung in die italienische Politik
und der *Investiturstreit zur Schwächung der kaiserlichen Macht und zur Stärkung der Fürsten. Die Regierungszeit *Heinrichs IV. ist durch eine Reihe von Auf-

ständen in Sachsen und Schwaben sowie die Wahl von
Gegenkönigen in den Jahren 1076-80 gekennzeichnet.
Über die letzten Jahre seiner Regierung und die seines
Sohnes *Heinrich V. kann man von halbanarchischen
Zuständen in D. sprechen. Die Kaiser waren gezwungen,
persönlich die häufigen Revolten niederzuschlagen und
die Treue der Fürsten durch steigende Zugeständnisse
zu erkaufen. Die Fürsten ihrerseits waren sich ihrer
Macht bewußt und diktierten auf den 1119-20 einberufenen Reichstagen die Bedingungen für die Beendigung des Investiturstreits, die dann 1122 im Konkordat
von *Worms niedergelegt wurden.

Die Zeit der Salier ist auch durch die Entwicklung
des Stadtwesens, besonders im Rheintal, gekennzeichnet. Die ursprünglich kirchlichen Stadtsiedlungen entwickelten sich infolge wachsenden *Handels zu immer
stärker bürgerlich gefärbten Gemeinwesen. Die Wiederaufnahme der deutschen Ostbewegung mit verstärkter
Ansiedlung von Bauern war das Ergebnis der demographischen Revolution des 11. Jh.s. In dieser Hinsicht
kann die Regierungszeit *Lothars III., jedoch mit Ausnahme der Versöhnung zwischen Staat und Kirche, als
Fortsetzung der wirtschaftlichen und sozialen Tendenzen der Salierzeit bezeichnet werden.

Das Zeitalter der Hohenstaufen (1137-1254) gilt
als glänzendste Periode der mittelalterlichen deutschen
Geschichte. Die Macht der Hohenstaufen gründete sich
auf ihr schwäbisches Herzogtum. Von dort aus wollten
sie ihren Einfluß auf die restlichen Gebiete des Reiches
ausbreiten. Dazu diente einerseits die nichtfeudale
Verwaltung, die durch *ministeriales, Beamte unfreien
Herkommens, besetzt wurde, denen man wichtige Ämter anvertraute, und dazu diente andererseits die Weiterentwicklung des Lehnswesens zu Gunsten des Königs-
tums. *Friedrich Barbarossa gab dieser Politik auf dem
Reichstag von *Besancon (1156) Ausdruck, als er die
kaiserliche Souveränität verkündete und auf den königlichen Rechten der regalia (Ausübung der Rechtsprechung, Steuerwesen, Erhaltung der öffentlichen Ordnung) bestand. Ein Ergebnis der Politik Friedrichs
war eine teilweise Auflösung der historischen Stammesherzogtümer sowie die Teilung D.s in eine große Zahl
feudaler Einheiten von verschiedener Größe. Dies
konnte jedoch erst nach einem langen Kampf gegen das
Haus der *Welfen geschehen, die Bayern und Sachsen
beherrschten. Um die Macht *Heinrichs d. Löwen zu
brechen, mußte Friedrich erst Bayern zurückdrängen.
*Österreich unter den treuen Babenbergern wurde zum
Herzogtum erhoben, Kärnten von Bayern abgetrennt
und der böhmische Herzog zum König gemacht. Friedrich
machte sich auch das Lehnsrecht zunutze, als er 1180
auf dem Reichstag von Gelnhausen Heinrich d. Löwen
die Reichslehen aberkennen ließ und Sachsen in drei
Herzogtümer aufteilte. Die Lehnsmänner östlich der
Elbe wurden zu direkten Vasallen des Reiches erklärt.
Die radikale Änderung der politischen Struktur D.s
wirkte sich bis zur Wiedervereinigung Norddeutschlands
unter preussischer Herrschaft (1864) aus. In der zweiten
Hälfte des 12. Jh.s ging die Ostkolonisation mit verstärktem Schwung weiter. Unter der Führung von Fürsten wie Heinrich d. Löwen wurden die Länder zwischen
Elbe und Oder militärisch erobert und annektiert. Die
am Ort verbliebenen Slawen hatte man mit Gewalt
getauft und germanisiert. Deutsche Bauern besiedelten
einen Großteil des Landes. 1157 begann Friedrich Bar-

barossa den Prozeß der Germanisierung in dem von Polen gewonnenen *Schlesien. Das gleiche geschah in Pommern.

Die Ausbreitung des deutschen Stadtwesens unter deutschem Stadtrecht war ein weiterer Ausdruck der Ostkolonisation. Sie wurde gleichzeitig auch von den polnischen und ungarischen Herrschern zur wirtschaftlichen Entwicklung ihrer Länder gefördert.

Auf längere Sicht schwächten die Errungenschaften Friedrich Barbarossas die kaiserliche Autorität und die Einheit D.s. Friedrichs schlechte Beziehungen zum Papsttum und zu den italienischen Mächten führten zum Bund zwischen den besiegten Welfen und dem Papst. Nach Friedrichs Tod ging die deutsche Krone mit Unterstützung *Innozenz' III. an *Otto von Braunschweig über, den Sohn Heinrichs d. Löwen. Erst als klar wurde, daß der neue Herrscher die Politik seines Vorgängers fortsetzte, ließ der Papst den jungen *Friedrich II. aus Sizilien kommen, um dessen deutsches Erbe zu gewinnen (1214). Mit dem Sieg des Bundes der Hohenstaufen-*Kapetinger gegen die welfisch-englische Allianz bei *Bouvines 1214 begann eine neue Periode der deutschen Geschichte. Dies war hauptsächlich das Ergebnis des starken Interesses, das Friedrich an Italien und Sizilien hatte. Mit einer Konstitution zugunsten der Fürsten wollte er deren Treue gewinnen, seine dauernde Abwesenheit aus Deutschland hinterließ das Land jedoch ohne tatsächliche Regierung. Seine Söhne *Heinrich (VII.) (der 1234 gegen seinen Vater rebellierte) und danach *Konrad IV. besaßen trotz ihres Königstitels nicht genügend Gewicht, um im Land Herr zu werden. Der andauernde Konflikt zwischen Kaiser und Papst mit den wiederholten *Exkommunikationen Friedrichs verlieh den Aufständen in D. religiöse Sanktion. Der 1246 gewählte Gegenkönig *Heinrich von Raspe konnte sich jedoch nicht durchsetzen. Nach dem Tode Konrads IV. (1254) gelang es den Fürsten nicht, sich auf einen Thronkandidaten zu einigen. Verschiedene Adelige und Herren wie *Alfons X. von Kastilien, *Richard von Cornwall (der Bruder König *Heinrichs III. von England) und *Wilhelm von Holland traten als Kandidaten auf, ohne die nötige Unterstützung zu erlangen. In der Zeit des Großen Interregnums (1254-72) nahm die Macht der Fürsten weiter zu, die nunmehr als Klasse alle mit den Vorrechten der Herrschaft ausgestatteten Herren einschloß. Andererseits strebten die Städte immer stärker nach Unabhängigkeit und errichteten Städtebünde, von denen der Rheinische Bund der Städte zwischen Basel und Köln und besonders die norddeutsche *Hanse das meiste Gewicht besaßen. Trotz der politischen Instabilität war für sie eine Periode des Wohlstandes, wie die Baudenkmäler der Zeit beweisen.

Die Wahl *Rudolfs von Habsburg zum deutschen König (1273) eröffnete die letzte Periode des mittelalterlichen D. Er gab die kaiserlichen und italienischen Aspirationen seiner Vorgänger auf und konzentrierte sich statt dessen auf das deutsche Gebiet. Die Notwendigkeit einer starken Hausmacht führte zur Errichtung des Habsburgerterritoriums auf dem Boden Österreichs, der Steiermark und Kärntens. Allmählich verlegte sich das politische Zentrum des Landes von der Rheingegend zur Donau, wo *Wien als Hauptstadt aufstieg. Die Erhebung der Schweizer Kantone, die den Habsburgern ihre alten Ländereien raubte, beschleunigte diesen Prozeß. Die deutschen Fürsten waren jedoch

nicht gewillt, sich mit der Errichtung einer neuen Dynastie abzufinden. So wählte man nach Rudolfs Tod (1291) zunächst nicht seinen Sohn Albrecht, sondern den kleinen Graf Adolf v. Nassau (1291-98), nach Albrechts kurzer Regierung (1298-1308) einen Luxemburger, Heinrich VII. (1308-13), und einen Bayern, Ludwig. Nach dem Tode *Ludwigs d. Bayern ging die Königs- und Kaiserwürde an *Karl von Luxemburg, den König von Böhmen über, dessen Nachkommen D. bis 1437 regierten. Karl IV. trug der Macht der Fürsten Rechnung und gab der Situation durch die Bestimmungen der *Goldenen Bulle eine geordnete Form. Am wichtigsten war dabei die Errichtung des *Kurfürstenkollegiums, dessen sieben Mitglieder aus den höchsten Reihen der deutschen Fürsten kamen. Karls besonderes Interesse galt seinen böhmischen Ländern; unter der Herrschaft der Luxemburger wurde der Schwerpunkt des Reiches weiter nach osten verlegt, nach Prag. Dies führte zur Vernachlässigung des Westens. Dort gewann der französische Einfluß an Boden. Im ganzen begnügten sich die Luxemburger damit, die Hauptrolle einer großen Konföderation praktisch unabhängiger Fürstentümer zu spielen, deren Herrscher in ihrem Bereich souveräne Rechte genossen. Ein Ergebnis dieser Politik war die ungehinderte Errichtung des *burgundischen Staates zu Ausgang des 14. Jh.s, der das heutige Belgien, die Niederlande und Luxemburg einschloß. Erst die *Hussitenwirren schufen ein gewisses Maß von Zusammenarbeit zwischen Herrscherhaus und Fürstentum. Im Jahre 1437 kamen die Habsburger wieder in Besitz der Königswürde. Das 15. Jh. war, verglichen mit dem vorhergehenden krisengeschüttelten, eine Periode des wirtschaftlichen Wohlstands, dessen Früchte hauptsächlich von den süddeutschen Reichsstädten wie Augsburg und Nürnberg geerntet wurden.

Literatur: Wie auch in anderen Ländern Europas bediente sich die gebildete Gesellschaft D.s vor dem Spätmittelalter des Lateinischen als Sprache der Literatur, des Rechtswesens und der Verwaltung. Es bestand jedoch seit dem 8. und 9. Jh. eine nicht geringe Literatur volkssprachlicher religiöser Texte, Heiligenviten und Bibelübersetzungen in den verschiedenen germanischen Dialekten (Altsächsisch, Niederfränkisch, Ostfränkisch, Bayrisch und Alemannisch). Im späten Früh- und beginnenden Hochmittelalter wurden Heldenepen wie das "Waltharilied" in Latein verfaßt. Der Investiturstreit und die darauffolgenden Konflikte mit dem Papsttum führten zur Entstehung einer breitgefächerten theologisch-historischen und polemischen Literatur. Die Periode der Hohenstaufen brachte höchstbedeutende Ritterepen nach dem französischen Vorbild hervor. *Gottfried von Straßburg und *Wolfram von Eschenbach waren die berühmtesten Dichter dieser Literaturgattung. Ein wichtiges Werk dieser Zeit ist ohne Zweifel das *Nibelungenlied, das in seiner Thematik typisch für den deutschen Nationalstolz und dessen Tragödie war. Auch die Kunst der Minnesinger erfreute sich in den ritterlichen Zentren des Rhein-, Mainz- und Donautales großer Beliebtheit. Erbauungsliteratur in der Volkssprache verbreitete sich im 13. und 14. Jh. in den schriftkundigen oberen Schichten der städtischen Gesellschaft. Theologische Werke wie etwa die mystischen Abhandlungen *Alberts d.Gr. oder die Meister *Eckhart und anderer Dominikaner überschwemmten das schriftkundige Publikum und wurden von manchen geistlichen und weltlichen Obrigkeiten mit Unwillen gesehen. Gegen Ende des 14. Jh.s vermehrte und verbreitete sich die städtische und ritterliche Literatur; im 15. Jh. traten die Humanisten in den Vordergrund.

Baukunst: Die künstlerischen Entwicklungen in D. liefen – allerdings mit Verzögerungen – parallel mit den ganzeuropäischen Stiländerungen, hatten jedoch in gewissen Perioden einen unverkennbar eigenen Charakter. So fand die Majestät des neugegründeten Ottonenreiches seinen Ausdruck in der Architektur des späteren 10. Jh.s, wie etwa in der Klosterkirche von Gervode im Harz. In der Salierzeit herrschte der romanische Stil vor, der durch eindrucksvolle Formen wie etwa die spezifisch deutsche Kaiserapsis im Westen der Kirchen geprägt war. Die deutsche Gotik ist zunächst eine Übernahme des in Frankreich geschaffenen Stils; erst die spätmittelalterliche Entwicklung führt mit den Hallenkirchen zu einer "Sondergotik".

Gebhardt, *Handbuch der deutschen Geschichte* I, 1970[9];
H. Aubin, W. Zorn (Hgg.), *Handbuch der dt. Wirtschaftsu. Sozialgeschichte* I, 1971;
H. Weigert, *Geschichte der dt. Kunst*, 1963;
H. de Boor, *Geschichte der dt. Literatur*, 1966 ff.

DEUTZ Der östliche Teil der Stadt *Köln, der durch seine Lage auf dem Ostufer des Rheins die Brücke über den Fluß beherrschte. 1002 gründete Erzbischof Heribert von Köln mit Hilfe Kaiser *Ottos III. in D. eine Benediktinerabtei, deren Kirche nach dem großen Feuer von 1019 neu erbaut wurde. Das Kloster unter dem Abt *Rupert spielte in den Auseinandersetzungen um das benediktinische Mönchswesen zu Beginn des 12. Jh.s eine bedeutende Rolle.

DEVON, DEVONSHIRE Grafschaft an der Südwestküste Englands, die ihren Namen von dem britischen Stamm der Dumnonii erhalten hat, der in der Gegend die angelsächsische Eroberung überdauert hatte. D. wurde zur Mitte des 8. Jh.s zu einer Grafschaft gemacht, dann an das Königreich Wessex angeschlossen und war bis 909 Teil der Diözese Sherborne. Im Jahre 1050 wurde das Bistum nach Exeter verlegt. Im 9. und 10. Jh. litt D. schwer unter den dänischen Überfällen. Auch die normannischen Eroberer, die in der Grafschaft (1141) zahlreiche Lehen erhielten, fanden unter der Bevölkerung nur wenig Anklang. Im Bürgerkrieg zwischen *Stephan und *Mathilda und im Krieg der *Rosen fanden auf dem Boden D.s zahlreiche militärische Operationen statt. Die Grafschaft war seit 1258 und dann dauernd seit 1295 im Parlament vertreten.

W. C. Hoskins, *Devon*, 1954.

DEVOTIO MODERNA Die Bewegung der neuerwachten religiösen Geistigkeit, die gegen Ende des 14. Jh.s in den Niederlanden entstanden war und sich dann nach Frankreich, Spanien und Norddeutschland ausbreitete. Sie betonte die Vertiefung des geistigen Lebens, die Kontemplation und die Lektüre von Erbauungsschriften. Die D. fand in der anfänglichen Entwicklung im Kreise von *Groote in Deventer sowohl unter dem Klerus als auch unter den Laien großen Anklang. Letztere organisierten sich in unabhängigen Verbindungen, die ohne formelle Verpflichtung eine religiöse Lebensweise auf sich nahmen; sie wurden bekannt unter dem Namen der *Brüder vom Gemeinsamen Leben. Die kirchlichen Anhänger der Bewegung waren wiederum an der Lebensweise der Regularkanoniker von Windesheim orientiert. Unter den Mitgliedern der Bewegung waren Schrift-

steller wie G. Groote, F. Radewijns, G. Peters, Mombaer, H. Mande und besonders *Thomas a Kempis von Bedeutung. Dessen *Imitatio Christi* gilt als ein hervorragender Führer zur Erlangung der gesteigerten Geistigkeit der D.

M. A. Lücker, *Meister Eckhart und die Devotio moderna*, 1950;
S. Axters, *De Moderne devotie 1380-1550*, 1956.

DHIMMI (dhimma) Arabische Bezeichnung für die gegen Anerkennung der islamischen Autorität und Steuerzahlung in den moslemischen Staaten tolerierten und geschützten Ungläubigen. Die Grundlage der Institution liegt in der im *Koran (IX, 24) verankerten Pflicht, die Ungläubigen zu bekämpfen, bis sie sich bereit erklären, die Kopfsteuer zu bezahlen. Sie stützt sich auf die Politik des Propheten, mit den jüdischen und christlichen Gemeinden Verträge der Unterwerfung und Beschützung zu unterzeichnen.

DHUL-NUNIDEN VON TOLEDO Eine alte Maurenfamilie, deren Mitglieder zu Beginn des 9. Jh.s die an Toledo angrenzende Gegend regierten und später Könige des Taifenreiches von Toledo waren. Al-Samh, ein Vorfahr des Hauses, soll einer der Eroberer Andalusiens im 8. Jh. gewesen sein. Um 1030 nützte Ismail, der Wesier von Toledo, die inneren Zwistigkeiten im Kalifat von Córdoba aus und machte sich in Toledo selbständig. Sein Sohn Jahya Al-Ma'mun (1043-75) verbündete sich zu Beginn seiner Herrschaft mit den Christen gegen andere Prätendenten und gab 1069 *Alfons VI. Asyl. 1065 eroberte er Valencia, 1075 Córdoba. Sein Enkel und Nachfolger Jahya Al *Kadir (1075-92), der letzte Herrscher der Familie, verlor die beiden Eroberungen an seine Feinde. Er wandte sich an Alfons VI. um Hilfe, mußte aber 1085 Toledo an die Christen ausliefern.

DIAKON Der niedrigste Rang der Kirchenämter. Das Amt stammt aus der Frühzeit des Christentums, als der D. mit der Einsammlung und Verteilung der milden Gaben beauftragt war. Er wurde auch bei der Vorlesung der Bibel beschäftigt und als Assistent des Priesters bei der Feier der Messe. Im Laufe der Zeit entwickelte sich der D., und besonders der Erzdiakon der Diözese, zum Verwaltungsbeamten des Bischofs und war neben der Armenfürsorge auch mit der Überwachung des Kirchenbesitzes und der Ordnung der Finanzen beauftragt. In Rom nahm der D. infolge seiner engen Beziehung zum Papst eine hervorragende Stellung ein und diente oft als päpstlicher Bote auf vertraulichen und wichtigen Missionen. Seine weiten Pflichten und die damit verbundene Macht führten oft zu Mißbräuchen.

H. Krimm, *Das Diakonenamt der Kirche*, 1965[2].

DIAKONISSE Frühkirchliche Bezeichnung für die Frauen, die ähnliche Aufgaben wie der *Diakon erfüllten und besonders bei der Taufe von Frauen tätig waren. Daraus entwickelten sich andere priesterliche Aufgaben wie die Spendung der Eucharistie an Frauen und das Vorlesen der Heiligen Schrift. Letzteres war besonders in Ketzerkirchen und -gemeinden verbreitet. Mit dem Verfall der Erwachsenentaufe verringerte sich auch die Bedeutung der D.; im 6. Jh. wurde das Amt offiziell abgeschafft. In einigen Gegenden hielt es sich in abgeänderter Form bis ins 11. Jh.

F. Heiler, *Wertung und Wirksamkeit der Frau in der christlichen Kirche*, in: *Festschrift f. J. Hessen*, 1949.

DIALOGUS DE SCACCARIO Eine um 1179 von Richard Fitzneale, dem Bischof von London und

Überreste einer überwölbten Straße in Cäsarea

Schatzmeister König *Heinrichs II., geschriebene Abhandlung, die in der Form eines Dialoges zwischen dem Erzähler und einem Laien die verwickelten Arbeitsmethoden des *exchequers, des königlichen Schatzamts, zu erklären versucht. Diese Methoden waren zum großen Teil vom Vater des Verfassers, dem Schatzmeister König *Heinrichs I., eingeführt worden.

C. Johnson (Hg.), *Dialogue of the Exchequer,* 1950.

DIASPORA Die Bezeichnung für die geographische Zerstreuung der Juden nach der Vertreibung aus dem Heiligen Land. Ursprünglich bezeichnete das Wort D. die jüdischen Gemeinden des Nahen Ostens nach den Deportationen der Assyrer und Babylonier im 6. Jh. v. Chr.

Im Mittelalter vergrößerte sich die D. mit der Ansiedlung in Nord- und Westeuropa. Die jüdischen Gemeinden besaßen sowohl im christlichen Europa als auch im arabischen Osten ihre eigenen rechtlichen, sozialen und erzieherischen Institutionen und standen unter eigener Führung wie etwa der des *Exilarchen von Babylon und des Nagids von Ägypten. Sie unterhielten enge Beziehungen zu der im Heiligen Land verbliebenen Gemeinde, unterstützten diese in Notzeiten und wallfahrteten zu den heiligen Stätten.

DICTATUS PAPAE Die von Papst *Gregor VII. zu Beginn seines Pontifikats diktierte Liste von Punkten seiner politischen und theokratischen Vorstellungen. Der D. enthält 27 im Telegrammstil gehaltene Einträge, von denen sich die meisten mit Gregors Politik in der Frage der päpstlichen Stellung in Kirche und Staat befassen. Der D. verkündet die päpstliche Vorherrschaft im Christentum und die volle Herrschaft über den Klerus und die weltlichen Staatsführer. Zum ersten hat der Papst als Bischof von Rom oberste gerichtliche, gesetzgeberische und administrative Gewalt in der Kirche. Zum zweiten nimmt sich der Papst das Recht, Kaiser abzusetzen und die Untertanen von der Gehorsamspflicht gegen ungerechte und despotische Herrscher zu befreien. Die Beweggründe zur Verfassung des D. sind bis heute nicht geklärt. Ein Teil der Forscher sieht in ihm nur eine private Notiz ohne bindende Gewalt, andere sehen darin die Inhaltsangabe einer geplanten Sammlung des *kanonischen Rechts. Wieder andere interpretieren den D. und besonders die weltlichen Herrscher betreffenden Artikel als ein Ergebnis des *Investiturstreits.

K. Hofman, *"Dictatus Papae" Gregors VII.,* 1933.

DIDIER Siehe *DESIDERIUS.

DIES IRAE (Tag des Zorns) Die Anfangsworte des bekannten Kirchenliedes, das einen Teil der römisch-katholischen Totenmesse darstellt. Die Sequenz wurde früher dem Franziskaner *Thomas von Celano zugeschrieben. Die moderne Forschung hat jedoch ältere Teile im D. aufgedeckt; es scheint, daß Thomas ein früheres Werk umgearbeitet oder mehrere ältere Texte zusammengezogen hat. Wie aus dem persönlichen Ton der in Ich-Form geschriebenen Hymne hervorgeht, war das Werk ursprünglich wohl nicht für liturgische Zwecke bestimmt. Es wurde erst 1570 von Papst Pius V. in die Römische Messe aufgenommen. Die Sequenz beschreibt in eindrucksvoller Sprache das Letzte Gericht (Vers 1-7) und den Anruf der Gnade Christi (Vers 9-17).

F. Ermini, *Il "dies irae",* 1928.

DIETRICH VON BERN Name *Theoderichs d.Gr. in der Sage.

DIETRICH VON FREIBERG (ca. 1250-1310) Deutscher Theologe und Gelehrter. Er studierte und lehrte an der Dominikanerschule von Freiberg und setzte später sein Studium in Paris fort. D. war ein vielseitiger Gelehrter, der Werke über Philosophie, Naturwissenschaften, Logik und Theologie verfaßte und selbst geometrische und optische Studien betrieb. In seinem Hauptwerk *De intellectu et intelligibili* ("Über den Verstand und das Verstehbare") versuchte er, die klassische heidnische Philosophie mit der christlichen Lehre in Übereinstimmung zu bringen. Seine platonischen Auffassungen über die Schöpfung und die Offenbarung beeinflußten spätere deutsche Mystiker wie *Eckhart und *Tauler.

F. Stegmüller, *Meister Dietrich von Freiberg über die Zeit und das Sein,* in: Archives d'Histoire doctrinale et litterataire du Moyen Age 13, 1942.

DIGENES AKRITES Siehe *BASIL.

DIGESTEN (Padekten; 533) Der zweite Teil des *Corpus iuris civilis* des Kaisers *Justinian, eine Sammlung von Gutachten der hervorragendsten römischen Rechtsgelehrten. Das von *Tribonian und einer Gruppe von Juristen zusammengestellte Werk besteht aus 50 Büchern, die nach der Sachmaterie geordnet sind. Die D. errangen sich rasch bindende Autorität und dienten als wichtiges Nachschlagbuch. Zur Zeit des Wiedererwachens des römischen Rechtes im 12. Jh. wurden die D. als Hauptquelle der Rechtswissenschaft betrachtet. Sie dienten als Grundlage des Studiums auf den Universitäten, daneben auch als Fundgrube für die königlichen Juristen und deren Bemühungen, die Loslösung von der päpstlichen Autorität theoretisch zu untermauern.

L. Wenger, *Die Quellen des römischen Rechts,* 1953.

DIJON Alte ostfranzösische Stadt und Hauptstadt der Herzöge von *Burgund. Ursprünglich ein befestigtes römisches Lager, das dank seiner Mauern eine wichtige Straßenkreuzung beherrschte. 525 wurde bei D. die Abtei St. Bénigne gegründet, um die sich bald eine Siedlung erhob. D. wurde 737 von den Arabern, 888 von den Normannen zerstört. Festung und Klostersiedlung wuchsen in der Folge zusammen. Im 10. Jh. machten die *Kapetinger die Stadt zum Mittelpunkt des neugegründeten Herzogtums Burgund, mit dessen übrigen westlichen Teilen es 1477 an Frankreich kam. Die große Messe von D. trug bedeutend zur wirtschaftlichen Entwicklung der gesamten Gegend bei und diente den Herzögen als wichtige Einnahmequelle. Auch nach der Vereinigung Burgunds mit dem Königreich Frankreich hielt D. seine Position als Provinzhauptstadt.

P. Quarre-P. Gras u.a., *Le Diocèse de Dijon, histoire et art,* 1957;

P. Quarre, *D.,* 1961.

DIMITRIJ DONSKOIJ (1350-89) Großfürst von Wladimir-Moskau, Sohn und Nachfolger des *Iwan Iwanowitsch. 1362 wurde er von dem Tatarenkhan als Fürst von Wladimir anerkannt. D. befestigte Moskau durch den Bau der Kreml-Festung. Seine Regierungszeit stand im Zeichen des langen und am Ende erfolgreichen Kampfes zur Errichtung der Moskauer Vorherrschaft über die anderen russischen Fürstentümer. Wegzeichen dieses Kampfes waren der Sieg über Twer und die Litauer, die er erst im Moskau zurückschlug und 1372 mit Hilfe des Großkhans besiegte, sowie der Sieg über die vereinigten tatarischen und litauischen Kräfte in der Ebene von Kulokowo (1380), auf den jedoch die Ein-

Französisches Schiff auf dem Weg zum Kreuzzug; aus einer Handschrift des 14. Jh.

nahme Moskaus durch die Mongolen (1382) folgte. D. mußte zwar die mongolische Oberhoheit anerkennen, konnte aber seine Stellung als unbestrittener Führer der russischen Prinzen bewahren.

G. Vernadsky, *The Mongols and Russia*, 1953.

DINANT Alte Stadt in der Provinz Namur (im heutigen Belgien) und ein Zentrum der metallischen Kunstgewerbe. Im 7. Jh. stand die kleine Siedlung unter der Herrschaft des Bischofs von Tongres, seit dem 10. Jh. war sie Lehen des Bischofs von Lüttich. Im Jahre 1040 wurde in D. eine starke Festung errichtet. Zu Ausgang des Mittelalters entwickelte sich die Stadt zum Mittelpunkt einer blühenden Kupferwarenindustrie, 1466 flohen jedoch die meisten Handwerker vor den Kriegswirren, was zum Niedergang D.s führte.

H. Pirenne, *Histoire de la constitution de la ville de Dinant au Moyen Age*, 1889.

DINIZ (DIONYSIUS; 1261-1325) König von Portugal (1279-1325), Sohn *Alfons' III. und einer unehelichen Tochter *Alfons. X. von Kastilien. D. heiratete 1282 Isabella von Portugal. Es gelang ihm, die langumstrittene Grenze zwischen seinem Land und Kastilien festzulegen, die Macht des Königs zu stärken und die Vorrechte des Adels und der Kirche zu beschneiden. Sein langer Konflikt mit der Kirche, deren Ländereien er zum Teil konfisziert hatte, wurde erst 1290 durch ein Konkordat mit dem Papst beendet. D. förderte die wirtschaftliche Entwicklung Portugals durch Aufforstung, Feldverbesserung, Schiffsbau und erweiterte Handelsbeziehungen mit anderen europäischen Staaten. Als begabter Dichter förderte er auch die Künste und besonders den Gebrauch der Volkssprache, indem er das Portugiesische zur offiziellen Gerichtssprache machte. 1280 gründete er die Universität Lissabon.

A. Livermore, *A History of Portugal*, 1947.

DIONYSIO-HADRIANA Eine Sammlung des Kirchenrechts, das Papst *Hadrian I. im Jahre 774 an *Karl d.Gr. übersandte. Der D. ist eine erweiterte Fassung des *Dionysiana collectio*, einer im 6. Jh. in Rom verfaßten Sammlung von *Kanonen. Die D. enthielten die Bestimmungen der Kirchenkonzile von Nikäa, Konstantinopel, Chalkedon und fanden weite Verbreitung. Im 7. und 8. Jh. wurden sie bedeutend erweitert. Betont wurde die Vorherrschaft der Römischen Kirche, aber vermieden die Erwähnung jener Bestimmungen, die dem Bischof von Konstantinopel gleichrangige Autorität verliehen. Die D. wurden 802 von der fränkischen Kirche offiziell anerkannt und dienten in der Folge als Grundlage weiterer Sammlungen.

C. de Clercq, *La Législation religieuse franque de Clovis à Charlemagne*, 1936.

DIONYSIUS (hl.) Siehe *DENIS.

DIONYSIUS AREOPAGITES Bischof von Athen, der vom hl. Paulus bekehrt worden sein soll. Er wurde im 9. Jh. irrtümlich mit dem hl. *Denis von Paris identifiziert. Im Mittelalter hielt man ihn auch für den Verfasser der sog. Pseudo-Dionysischen Schriften, einer Sammlung von neuplatonisch-christlichen griechischen Texten aus dem 5. Jh. Diese waren aus der *monophysitischen Kontroverse entwachsen und übten im Mittelalter einen entscheidenden Einfluß auf die mystische Theologie aus. Das Korpus befaßt sich hauptsächlich mit dem Problem der mystischen Vereinigung der Seele mit Gott, die auf drei Stufen vonstatten geht. Die Seele muß erst die reinigende, dann die erleuchtende und endlich die

vereinigende Stufe durchlaufen. Das Werk erlangte mit der Zeit sowohl im christlichen Osten als auch im Westen Autorität und wurde durch *Gregor I., *Martin I. und besonders durch die lateinische Übersetzung von *Erigena (858) bekannt gemacht. Theologen wie *Hugo von St. Victor, *Albert d.Gr., *Thomas v. Aquin und *Bonaventura schrieben Kommentare dazu. Mystiker wie *Eckhart, *Tauler und *Rolle fanden darin eine Quelle der Inspiration.

Werk (dt.): W. Tritsch, 1956;
D. Rutledge, *Cosmic Theology*, 1964.

DIONYSIUS DER KARTHÄUSER VON RIJKEL (DENYS; 1402-71) Theologe und Mystiker. Er studierte in Köln und trat 1424 dem *Karthäuserorden bei. 1451 begleitete er *Nikolaus von *Cues auf seiner Reise durch Deutschland und die Niederlande. Seine 42 Bände umfassenden Werke behandeln die Heilige Schrift sowie Fragen der Philosophie und Theologie. Er verfaßte Kommentare zu *Boethius und *Dionysius Areopagites, deren Werke ihn stark beeinflußt hatten. Seine breitgefächerten theologischen Abhandlungen wie auch sein tiefgeistiger und mystisch-visionärer Lebensstil verschafften ihm den Ruf des *"Doctor Ecstaticus"*.

E. Ewig, *Die Anschauungen des Karthäusers Dionysius von Roermond über den christlichen Ordo*, 1936.

DIONYSIUS VON PORTUGAL Siehe *DINIZ.

DIÖZESE (griech. Dioikesis: Verwaltung) Die Gebiets- und Verwaltungseinheit unter der Jurisdiktion eines Bischofs. Die Bezeichnung stammt aus der Zeit Diokletians, als das Römische Reich in D.n und Provinzen eingeteilt wurde. Die Kirche übernahm diese Verwaltungseinheiten und setzte die Bischöfe, die von einem Rat verschiedener Ämterinhaber unterstützt wurden, an die Spitze der D.n. Die Kirchenprovinz wurde von einem Metropoliten regiert. Nur der Papst konnte eine D. errichten, teilen, abschaffen oder sie mit einer anderen D. verbinden. Die D. war weiter in Pfarren und Dekaneien untergeteilt.

H. E. Feine, *Kirchliche Rechtsgeschichte* I, 1972[5].

DIR Siehe *ASKOLD.

DOBERAN Zisterzienserabtei in Mecklenburg, eine der ältesten Niederlassungen des Ordens im nördlichen Europa. D. wurde 1170 von Bischof Berus von Schwerin gegründet, 1179 von den heidnischen Wenden zerstört und 1186 wieder errichtet. Im 13. Jh. diente D. als Kernzelle und Mutterhaus für zahlreiche weitere Niederlassungen, darunter die Abtei *Dargun. Die einfache romanische Klosterkirche (1232) wurde im frühen 14. Jh. durch eine große Kirche im gotischen Stil ersetzt.

K. Schmaltz, *Kirchengeschichte Mecklenburgs* 1, 1935.

DOGE Siehe *VENEDIG.

DOL Alte Stadt in der *Bretagne. Der Überlieferung nach wurde sie in Zusammenhang mit dem um 550 von irischen Mönchen gegründeten Kloster St. Samson erbaut. Später diente D. als Bischofssitz und wurde in der Mitte des 9. Jh.s zum Metropolitansitz der Bretagne erhoben, nachdem die Könige und Herzöge des Landes zu diesem Zweck genügend Druck ausgeübt hatten. Dies führte zu einem langen Konflikt mit dem Erzbistum *Tours, das sich weigerte, D. als Erzbistum anzuerkennen. 1199 entschied Papst *Innozenz III. zu Gunsten Tours'. D. wurde zu einem einfachen Bistum degradiert. Im 9. und 10. Jh. litt D. unter den Einfällen der Normannen. Wilhelm der Eroberer belagerte es ohne Erfolg, Heinrich II. eroberte es im Jahre 1164. Die Stadt

blieb bis 1206 in der Hand der *Plantagenets, bis sie zusammen mit dem restlichen Herzogtum von *Philipp II. Augustus erobert wurde. Im 12. Jh. war D. ein Zentrum der Gelehrsamkeit. Unter ihren großen Bischöfen zählt der Dichter und Chronist *Baldrich von Bourgueil.
E. Durtelle de St. Sauveur, *Histoire de Bretagne* II., 1957.

DOLCE STIL NUOVO Der in der italienischen und besonders der florentinischen Liebesdichtung zu Ende des 13. Jh.s aufgekommene Stil, der durch eine edle und delikate Ausdrucksart sowie die Auffassung von der Liebe als einer geistig erhöhten Inspiration gekennzeichnet ist. Die führenden Exponenten des D. waren Guido Guinizelli, Guido Cavalcanti und *Dante.

DOLCINO Siehe *FRA D.

DOM Siehe *KATHEDRALE.

DOM (lat. dominus: Herr) Titel und Anrede der ordentlichen *Benediktiner-, *Zisterzienser- und *Karthäusermönche, sowie der Regularkanoniker der *Prämonstratenser in Frankreich.

DOMESDAY BOOK Der volkstümliche Name der auf Befehl *Wilhelms I. unternommenen und 1086 abgeschlossenen großen Besitzaufnahme Englands. Das eigentlich "Buch von Winchester" genannte Werk erhielt im Volksmund den Namen "Buch des jüngsten Gerichts", da gegen seine Festlegung keine Berufung möglich war. Das D. ist die Zusammenfassung einer ausgedehnten Untersuchung, die von mehreren Gruppen königlicher Beamter unter Abhaltung von öffentlichen Verhören in den Hundertschaften jeder Grafschaft durchgeführt wurde. Die Aufzeichnungen dieser Kommissionen ordnete man dann am königlichen Schatzamt in Winchester systematisch und schrieb sie verkürzt nieder. Der Zweck der Untersuchung, die mit Ausnahme Nordenglands (Northumberland, Durham, Westmoreland, Cumberland) und einiger größerer Städte (London, Winchester) alle Grafschaften des Reiches einschloß, war der Wunsch des Königs, den genauen Umfang und Wert der Güter zu erfahren, die seine und seine direkten Lehnsleute besaßen.

Das D. besteht aus zwei Bänden. Der erste, das sog. Große D., enthält die abgekürzten Aufzeichnungen aller Grafschaften mit Ausnahme der im zweiten Band (Kleines D. genannt) vollständig verzeichneten Grafschaften Essex, Norfolk und Suffolk. Beide Bände sind nach der Rangfolge der Lehen geordnet; zu Beginn der königlichen Güter jeder Grafschaft, dann die Güter von Kirchenmännern (Erzbischöfe, Bischöfe) und kirchlichen Anstalten, danach der Besitz der direkten königlichen Lehnsleute (Barone, Grafen) und am Ende die in der Hand von Frauen und königlichen Sergeanten befindlichen Güter. Jedes Lehen wird mit Größe, Grenzen, Menge des bebauten Landes, Zahl von Weiden, Wäldern, Fischteichen u.s.w. genau beschrieben. Das D. war für seine Zeit eine außerordentliche verwaltungstechnische Errungenschaft. Es dient als wichtigste Quelle für die Erforschung der sozialen, wirtschaftlichen und demographischen Bedingungen des ländlichen Englands wie auch als Ausgangspunkt für topographische und genealogische Studien.
F. W. Maitland, *Domesday Book and Beyond*, 1907; R. Welldon Finn, *An Introduction to Domesday Book*, 1963.

DOMINIKANER (ordo Fratrum Praedicatorum) Der vom hl. *Dominikus gegründete Predigerorden. Er entstand in der Zeit der Ketzerei der *Albigenser, die zu Beginn des 13. Jh.s eine ernste Bedrohung der kirchlichen Einheit darstellten. Der Orden mit seinem Namen, der Regel und seiner Zielsetzung wurde von Papst *Honorius III. in zwei Bullen von 1216 und 1217 bestätigt. Der eigentliche Charakter der D. wurde jedoch erst auf den 1220 und 1221 in Bologna abgehaltenen Generalkapiteln geprägt.

Die D. eigneten sich die Augustinische Regel und eine Lebensweise zwischen Konvent und Wanderschaft an. Sie nahmen die Prinzipien der Armut und des Bettelwesens auf sich; sie propagierten anfänglich gemäß dem Evangelium, daß der Mönch ein bescheidenes Wander- und Predigerleben zu führen habe. Um der Predigeraufgabe gerecht zu werden, betonten die D. die Bedeutung des Studiums und der Erziehung und ließen die bis dahin unter den Mönchsbewegungen übliche körperliche Arbeit beiseite. Sie waren hauptsächlich in den Städten tätig und verbreiteten sich im Laufe des 13. Jh.s über ganz Europa. Überall gründeten sie Schulen, die sich rasch zu Mittelpunkten des Studiums und der Erziehung entwickelten. Die obersten Schulen der D. waren die sog. *Studia Generalia*, die meistens mit einer Universität verbunden waren, an der ihre Lehrer als Theologieprofessoren wirkten. Die D. brachten in dieser Epoche die größten Philosophen und Wissenschaftler hervor wie etwa *Albert d.Gr., *Thomas von Aquin und andere, daneben aber auch den Erzinquisitor *Bernhard von Guy.

Die D. waren direkt dem Papst unterstellt und dienten diesem dank ihrer Ausbildung und vollständigen Gehorsamkeit als stets einsatzbereite Kampftruppe auf vielen Fronten innerhalb und außerhalb des christlichen Europa. Sie predigten die Kreuzzüge, sammelten Steuern ein, unternahmen diplomatische Missionen, dienten in der Mission der Juden, Moslems und Mongolen und stellten auf päpstliches Geheiß seit 1232 das Personal der Inquisition. Diese letzte Tätigkeit verschaffte ihnen den Spitznamen *Domini canes* (Hunde des Herrn).

Der Orden war in Provinzen und Prioreien gegliedert; er besaß als oberste Institution im Generalkapitel, das auch den Generalmeister wählte. Am jährlich zusammentretenden Generalkapitel nahmen die Prioren und die von jeder Provinz gewählten Vertreter teil. Neben dem eigentlichen Orden bestand der sog. Zweite Orden aus Nonnen und der Dritte Orden (Tertiarier) aus Laienbrüdern. Mitte des 14. Jh.s, vor den Verwüstungen des Schwarzen Todes, zählten die Dominikaner 21 000 Mitglieder in 630 Prioreien.
O. M. Rohling, *Der Predigerorden in Deutschland*, 1938; A. M. Walz, *Wahrheitskünder. Die Dominikaner in Geschichte und Gegenwart*, 1960.

DOMINIKUS VON CALARUEGA (Domingo de Guzman; hl.; um 1180-1221) Gründer des *Dominikanerordens. D. wurde in dem Dorf Calaruega bei Burgos (Spanien) geboren und studierte in Palencia Theologie. Schon in jugendlichem Alter zeigte er großes Mitgefühl für die Armen und Leidenden; er soll einmal seine wertvolle Büchersammlung zu deren Unterstützung verkauft haben. 1195 trat er dem Domkapitel von Osma bei, wo er die Prinzipien des apostolischen Lebens kennenlernte und bald zum Haupt der Gemeinschaft der Kanoniker aufstieg. 1203 begleitete er den Bischof von Osma auf einer Reise in Südfrankreich und mußte sich mit der Erscheinung der *Albigenserketzerei auseinandersetzen. Drei Jahre später begann er, in der gleichen Gegend zu

predigen, und entwickelte die Grundgedanken des Bettelmönchtums. Um die Albigenser, die die weltlichen Besitztümer verabscheuten, überzeugen zu können, müßten die Prediger der Kirche durch ihre Lebensweise selbst ein persönliches Beispiel setzen können und das Leben der Armut praktizieren. Im gleichen Jahr 1206 gründete D. ein Nonnenkloster im Albigenserterritorium in Prouille. Im folgenden Jahr, das mit dem Beginn des Albigenserkreuzzugs zusammenfiel, begann er mit einigen Schülern die systematische Predigt unter den Albigensern. 1215 errichtete er mit der Zustimmung des örtlichen Bischofs dem kürzlich von den Albigensern eroberten Toulouse ein religiöses Haus. Die Zustimmung Papst Innozenz' III. zu seinem Werk erhielt er nur unter der Bedingung, eine schon erprobte Regel anzunehmen. Die formale Bestätigung des neugegründeten Ordens traf erst 1216 und 1217 in zwei Bullen von Papst Honorius III. ein. In den Jahren 1217-21 legte D. die organisatorischen Grundlagen des Dominikanerordens. Er reiste durch ganz Europa, errichtete weitere Häuser in Paris, Bologna, Madrid und Rom und hielt seine Mönche zu Studium, Lehrtätigkeit und Predigt an. 1220 berief er das erste Generalkapitel nach Bologna. D. war von bescheidenem Charakter und wies zahlreiche Ehrungen zurück, war aber in seiner Mission von glühendem Eifer beseelt und zögerte nicht, sein Leben aufs Spiel zu setzen. Er wurde 1234 heilig gesprochen.
B. Altauer, *Der hl. Dominikus. Untersuchungen und Texte*, 1922;
M. H. Vicaire, *Geschichte des heiligen Dominikus*, 2 Bde., 1962/65.

DOMINIUM Begriff aus der Rechtspraxis des Lehnswesen, der in Bezug auf das Recht an Lehen eine Unterscheidung trifft zwischen dem *D. directum,* dem vollen Besitz an einem Gut, und dem *D. utile,* dem Benutzrecht am Lehen.
F. L. Ganshof, *Was ist das Lehnswesen?.* 1961.

DONATIO Siehe *KONSTANTINISCHE, *PIPPINISCHE SCHENKUNG.

DONATISTEN Eine religiöse Bewegung, die im 4. und 5. Jh. durch ihre abweichenden Anschauungen vom Wesen der Sakramente das sog. donatistische Schisma in der nordafrikanischen Kirche hervorgerufen hatte und sich dann zu einer Ketzerbewegung entwickelte. Die D. entstanden aus der Weigerung vieler Gläubiger, die geistige Führerschaft jener Bischöfe zu akzeptieren, die während der diokletianischen Verfolgungen (303-05) die heiligen Bücher an die Obrigkeit ausgeliefert hatten. Die Bewegung setzte ihre eigenen Bischöfe ein, von denen Bischof Donatus von Karthago (ca. 313-55) der gesamten Bewegung den Namen verlieh. Trotz der Unterdrückungsmaßnahmen verschiedener Kaiser gewannen die D. immer mehr Anhänger, verloren jedoch zu Beginn des 5. Jh.s an Bedeutung.
Die D. hielten die von unwürdigen Priestern gespendeten Sakramente für ungültig und das Seelenheil nur im Rahmen ihrer eigenen Gegenkirche für gesichert.
W. H. C. Frend, *The Donatist Church,* 1952;
H. Lietzmann, *Geschichte der alten Kirche* III, 1961[3].

DOON DE MAYENCE Adelige Hauptfigur eines altfranzösischen Epos aus dem 13. Jh., *Geste de Doon de Mayence,* das in teils fiktiver und teils an die Ereignisse in Sachsen angelehnter Weise die Geschichte der aufständischen Adeligen unter *Karl d.Gr. erzählt.
M. de Riquer, *Les Chansons de Gestes françaises,* 1957.

DOROTHEA VON MONTAU (hl.; 1347-94) Mystikerin. Einer reichen Bauernfamilie entstammend lebte D. 26 Jahre mit einem Schwertfeger verheiratet in Danzig und gebar neun Kinder. Dabei praktizierte sie weiter die äußerst harten Selbstkasteiungen, die sie seit ihrer Kindheit gewohnt war. Mehrere Pilgerfahrten führten sie u.a. bis nach Rom. Seit 1393 lebte sie als Reklusin am Dom von Marienwerder, wo ihre Bußstrenge, ihr Gnadenleben (Visionen, Erscheinungen, Stigmatisierung, Kontemplation . . .) und ihre Hilfsbereitschaft ihr bald Heiligkeit brachten. Der Theologe Johannes v. Marienwerder hat ihr Leben und ihre Offenbarungen in Deutsch und Latein aufgezeichnet.   (Din)
H. Westpfahl, *D. v. M.,* 1949.

DORPAT (TARTU) Stadt in Estland, die zur Zeit der russischen Besiedlung Tartu genannt wurde und 1030 mit der Errichtung einer Festung durch den Fürsten von Nowgorod an Bedeutung gewann. Infolge der Ausdehnung des *Deutschen Ordens entlang der baltischen Küste wurde D. zum Streitobjekt zwischen Deutschen und Russen. 1224 ergriffen es die deutschen Ritter, verliehen der Stadt den Namen D. und machten sie zum Sitz eines Erzbischofs. Als Mitglied der *Hanse kontrollierte D. den Handel der Provinz Nowgorod und erlangte großen Reichtum. D. blieb bis zur russischen Eroberung von 1558 unter deutscher Herrschaft.
R. Wittram, *Baltische Geschichte,* 1954.

DOR(E)STAD Friesische Kaufmannssiedlung (Wik) am Niederrhein, die aus einem Fischerdorf entstanden ist und im Laufe der kaufmännischen friesischen Expansion an Bedeutung gewann. Gegen Ende der Merowingerzeit beherrschte D. den Großteil des friesischen Handels und war als "Stadt der vierzig Kirchen" bekannt. Im 9. Jh. ging der Handel D.s infolge der Wikingereinfälle und der Verlegung der Haupthandelsroute der Provinz zur Stadt Tiel an der Waal sehr zurück, mit der Plünderung von 863 ging D. unter.
H. Jankuhn, *Typen und Funktionen vor- und frühwikingerzeitlicher Handelsplätze,* 1972.

DORTMUND (Throtmania) Stadt in Westfalen, die dank ihrer günstigen Handelslage bereits im 9. Jh. von Bedeutung war. Sie war Schauplatz des von Kaiser *Heinrich II. im Jahre 1005 einberufenen Kirchenkonzils sowie des Reichstages von 1016. Im 12. Jh. wurde die Stadt durch den Bau einer Stadtmauer neu befestigt, 1220 erhielt sie den Rang einer freien Reichsstadt und zur Mitte des 13. Jh.s trat sie dem *Hansebund bei. Im späteren Mittelalter erwarb sie durch ihre Handelsverbindungen mit England, Schottland, Polen und Russland großen Reichtum. Mehrere Dortmunder Kaufleute sind als Kreditgeber der Könige von England bekannt. Fehden im späten 14. und 15. Jhrhundert schwächten D.s Wirtschaftsleben.
L. v. Winterfeld, *Geschichte der freien Reichs- und Hansestadt Dortmund,* 1963[4].

DORYLAEUM Alte Stadt im Nordwesten Kleinasiens, die unter byzantinischer Herrschaft als Ausgangspunkt für die Kriegszüge im Osten diente und 708 von den Arabern erobert wurde. Ihre strategisch wichtige Lage ließ sie auch in der Folge öfters zum Schauplatz kriegerischer Auseinandersetzungen werden. Die ersten *Kreuzfahrer schlugen 1097 auf dem Weg ins Heilige Land die *Seldschuken bei D., der zweite Kreuzzug aber wurde 1147 in der gleichen Gegend besiegt. Im Jahre 1175 befestigte Manuel I. Komnenos die Stadt, verlor sie jedoch bald an die Seldschuken. Diese siedelten sich in der ersten Hälfte des 13. Jh.s in D. und der Umgebung an und machten es unter der Herrschaft von *Othman zu einem unabhängigen Staat, der als Wiege der osmanischen Türken bekannt wurde.

G. Ostrogorsky, *Geschichte des byzantinischen Staats*, 1963.

DOUAI Nordfranzösische Stadt südlich von Lille. Sie entstand aus einem römischen Lager, das im 7. Jh. durch eine Burg verstärkt wurde, in deren Schutz sich dann die weitere Ansiedlung entwickelte. D. war ein bedeutendes Zentrum der flämischen Tuchgewerbe und gehörte dem Graf von Flandern. Im Laufe des 12. und 13. Jh.s erhielt die Stadt mehrere kommunale Vorrechte; im Jahre 1228 wurde die städtische Autonomie bestätigt. In der ersten Hälfte des 13. Jh.s litt D. unter scharfen sozialen Spannungen und Kämpfen zwischen den Patriziern und den von *Boinebroke geführten Kaufleuten. Der Niedergang der Stadt war jedoch hauptsächlich das Ergebnis der Zerstörungen und wirtschaftlichen Veränderungen des *Hundertjährigen Krieges. Seit 1312 fiel D. mehrere Male in französische Hände. Im Jahre 1369 ging es durch Heirat an die Herzöge von Burgund, 1477 kam es an Österreich.

V. Bufquin, *Histore de la ville de Douai*, 1951.

DOVER Südenglische Hafenstadt, deren Existenz bereits in der vorrömischen Zeit belegt ist. Im 4. Jh. bauten die Sachsen bei D. eine starke Festung zum Schutz des strategisch wichtigen Hafens, der die kürzeste Seeverbindung zum europäischen Festland ermöglicht. Zur Zeit der normannischen Eroberung (1066) galt D. als wichtigster Hafen der Insel; *Wilhelm I. baute die Befestigungen weiter aus. Im 11. Jh. besaß D. als eines der Gründungsmitglieder des Hafenstadtbundes der *Cinque Ports eine hervorragende Bedeutung für die Bereitstellung der englischen Flotte. Die daraus fließenden Privilegien wurden im weiteren Verlauf noch ausgedehnt. Im 14. Jh. verlor D. an Bedeutung.

DRESDEN Stadt an der Elbe und Hauptstadt von Sachsen. D. war ursprünglich ein Slawendorf, dem sich im Verlauf der deutschen Ostkolonisation auf der gegenüberliegenden Westseite des Flusses eine deutsche Siedlung zugesellte. Seit der Mitte des 12. Jh.s gehörte das Gebiet der *Wettin-Dynastie. Die 1206-16 von Markgraf Dietrich erbaute Altstadt entwickelte sich rasch zum Mittelpunkt des Bergbaus und des regionalen Handels; sie wurde 1270 von Heinrich dem Erlauchten, dem Markgraf von Meißen, zur Hauptstadt seiner Mark gemacht. Im 13. Jh. gehörte sie vorübergehend Wenzel I. von Böhmen und später den Markgrafen von Brandenburg an. Mit der Teilung Sachsens (1485) kam sie zur Albertinischen Linie.

O. Richter, *Geschichte der Stadt Dresden* I, 1900; H. Butte, *Geschichte D.s bis zur Reformationszeit*, 1967.

DREUX Stadt und Grafschaft nordwestlich von Chartres. Im späten 10. Jh. kam D. von den Grafen von Chartres an König *Robert d. Frommen. *Ludwig VI. gab die Grafschaft an seinen Sohn Robert, von dem sich die Dynastie von D. herleitet. 1377 gelangte D. an die Familie von Thonars. Die an alten Bauwerken reiche Stadt war eine bedeutende Feste.

Ch. Maillier, *D. et le pays drouais*, 1958.

DRISTRA (SILISTRIA) Bulgarische Stadt an der Donau. Der Sitz der regionalen Verwaltung im Byzantinischen Reich wurde unter den Bulgaren zum Sitz eines Patriarchen. 971 besiegte hier Basileus *Johannes I. die Russen, die sich in das befestigte D. zurückzogen, aber dann Bulgarien räumen mußten. D. blieb eine byzantinische Feste gegen die Ottomanen.

S. Runciman, *A History of the First Bulgarian Empire*, 1930.

DROGO VON METZ (801-55) Unehelicher Sohn *Karls d.Gr., Bischof von Metz und einer der führenden Persönlichkeiten in der Zeit *Ludwigs des Frommen. 818 fiel er in Ungnade und wurde in ein Kloster gesteckt; er gewann aber 823 wieder des Kaisers Gnade und wurde zum Bischof von Metz und später zum Erzkaplan Ludwigs gemacht. Der Kaiser hatte in ihm einen der engsten und einflußreichsten Berater, aber auch einen Gegner der Reichsteilung. D. förderte die Kirchenreform und trug zur Hebung des geistigen Niveaus des Klerus bei. Er diente auch als päpstlicher Vikar des Frankenreichs (844) mit dem Schwerpunkt östliche deutsche Reichshälfte. 855 ertrank er bei Luxeuil.

H. Jedin (Hg.), *Handbuch der Kirchengeschichte* III, 1966.

DRONTHEIM Siehe *TRONTHEIM.

DRUSEN (arab. Duruz, Durzi) Die nach ihrem ersten Führer al-Darasi benannte Gemeinschaft, die gegen Anfang des 11. Jh.s in den Bergen Syriens und Libanons entstand. Die Lehre des religiösen Führers Hamsa, die dem damaligen Fatimidenkalifen al-*Hakim neben der Hauptrolle im Islam auch die Verkörperung des kosmischen Einheitsprinzips zugewiesen hatte, wurde von den D. nach dem mysteriösen Verschwinden Hakims und Hamsas in eine eschatologische Lehre umgewandelt. Danach würde der Hakim zurückkehren, die Welt richten und die Drusen zum Führervolk der Welt machen. Damit verbunden ist auch die drusische Auffassung von der Seelenwanderung als einem Mittel zur fortlaufenden Verbesserung des Menschen bis zu seiner Aufnahme in den Himmel.

Die D. hielten ihre Lehre geheim und verbaten die Heirat mit Mitgliedern anderer Glaubensgemeinschaften. Dadurch entwickelten sie sich mit der Zeit zu einer ethnisch, religiös und soziologisch engverbundenen und solidarischen Gemeinschaft. Nur die Weisen (*ukkal*) dürfen die heiligen Schriften lesen und beim geheimen Kult mitwirken.

F. Massey, *Druze History*, 1952.

DRYBURGH Schottische Prämonstratenserabtei südlich von Edinburgh, die 1150 von Hugh von Moreville, dem Konstabler von Schottland, am Ort eines alten keltischen Klosters gegründet und 1152 von Prämonstratensern aus Alnwick besiedelt wurde. Sie wurde 1322 von König *Eduard II. eingeäschert, wiederaufbaut und 1385 von *Richard II. aufs neue verbrannt. Zu ihren Äbten zählen Adam Scotus (um 1388), der in Frankreich bekannte Prediger, sowie der Scholast Ralph Strode (um 1354).

J. S. Richardson, M. Wood (Hgg.), *Dryburgh Abbey*, 1948.

DSCHIHAD Siehe *HEILIGER KRIEG.

DSCHINGIS-KHAN (1155-1227) Gründer und Großkhan des *Mongolenreiches (1203-27). D. war der Sohn des Häuptlings der Jesügai, eines Nomadenstammes, und wurde eigentlich Temutschin genannt. Nach seines Vaters Tod (1165) mußte der Knabe seinen Stamm, der vom Zerfall bedroht war, neu organisieren und sich als Krieger bewähren. Dies bewies er in den folgenden dreißig Jahren, in denen er ununterbrochen Krieg führte. Bis 1203 war die östliche und zentrale Mongolei unter seiner Herrschaft. 1206 erkannten ihn alle Mongolenstämme als Herrscher an. Auf einer Versammlung in Karakorum erhielt er die Treueerklärung sämtlicher Stammeshäuptlinge und den Titel D. (Oberlehnsherr). In seiner Armee, die aus Zehnschaften, Hunderschaften und Tausendschaften sowie einer Leibwache von Adeligen zusammengesetzt war, achtete er auf strenge Disziplin. Er ließ die Gewohnheitsrechte der Mongolen in einem zusammenhängenden Kodex, dem *Jassak,* sammeln und verlieh ihnen absolute Gültigkeit.

1211 begann D. den Angriff auf *China und eroberte bis 1216 über die Hälfte des Landes. Im gleichen Jahr führte eine Strafexpedition gegen die Nomadenstämme des Nordwestens zur Eroberung Turkestans (1218) und des *Chwarismreiches. Im Jahre 1220 war mit der Eroberung und Zerstörung der Großstädte Buchara und Samarkand die Unterwerfung Zentralasiens abgeschlossen. Darauf folgte die Einnahme Khorasans und Afghanistans, deren Stadtbevölkerung D. umbringen ließ.

D.s treuer General *Subotai griff Persien an und nahm *Georgien in einem Gewaltmarsch um das Kaspische Meer. Die *russischen Fürsten wurden am Ufer des Kalkaflusses vernichtend geschlagen (1223). Eine weitere Mongolenarmee verwüstete Beludschistan bis zum Indusfluß und sandte Vortruppen bis in das Pundschabreich. 1225 kehrte D. in seine Hauptstadt Karakorum zurück und starb während der Vorbereitungen zu einem neuen Krieg gegen die sibirischen Tangutstämme. Vor seinem Tode legte er die Erbfolge seines Riesenreiches fest. Unter seinen vier Söhnen oder deren Nachkommen sollte der neue Großkhan erwählt werden, dem alle anderen unbedingten Gehorsam zu schulden hätten. D. war der größte Eroberer der Weltgeschichte. Er stieg vom armen Häuptling eines unbedeutenden Stammes zum absoluten Herrscher eines Reiches auf, das den größeren Teil Chinas und Zentralasiens, Teile von Persien und Afghanistan sowie Gebiete Indiens umfaßte und im Westen bis an den Dnjeprfluß reichte. Neben Führer und Soldat war er ein begabter Staatsmann, der seinem Riesenreich ein einheitliches Rechts- und Verwaltungssystem schuf. Gleichzeitig blieb er in vielen Hinsichten ein Nomade, dessen Truhen mit der Beute eroberter Städte füllte, deren Einwohner er hinmetzeln ließ. Diese Politik führte in den moslemischen Ländern Zentralasiens zum Verschwinden mehrerer alter Zivilisationen.

V. Spuler, *Die Mogolenzeit,* 1953[3];
M. de Ferdinandy, *Tschingis Khan,* 1958.

DUANA Eine Fiskaleinrichtung moslemischen Ursprungs, die von *Roger II. in die Verwaltung des normannischen Siziliens eingeführt wurde. Die D. war die zentrale Fiskalabteilung des Königreiches und besaß schriftliche Unterlagen über alle Staatseinkünfte. Sie war Teil der königlichen *curia* und beschäftigte eine große Zahl moslemischer Beamter. Die Unterabteilung der *duana de secretis* behandelte sämtliche königlichen Einkünfte und Steuern und hatte genaue Register von königlichen Gütern und Verkäufen. Die *duana baronum* führte Buch über die Feudalgüter und die davon an den König zu leistenden Dienste und Abgaben. Unter anderem wurde auch der *Catalogus baronum* in der D. *baronum* verfaßt. Die Ähnlichkeit zwischen der D.

und dem anglo-normannischen Amt des *Exchequer rührt von der gegenseitigen Beeinflussung beider Institutionen her, deren Personal zuweilen von einem Land in das andere wechselte. So diente z.B. Thomas Brown erst als Fiskusbeamter Rogers II. und dann *Heinrichs II. Daneben wirkten auf die D. auch arabische und byzantinische Einflüsse ein.

C. H. Haskins, *Studies in Norman Institutions,* 1918; P. Kirn, *Die mittelalterliche Staatsverwaltung als geistesgeschichtliches Problem,* in: Historische Vierteljahrschrift 27, 1932.

DUARTE Siehe *EDUARD.

DUBLIN Irische Stadt und Grafschaft, Seehafen an der Mündung des Liffeyflusses. Die bereits im 3. Jh. bestehende Siedlung wird im Mittelalter erst anläßlich der dänischen Besetzung König Thorkels I. erwähnt (832). Die Gegend von D. hatte aber schon im 7. Jh. Bischöfe; 1152 wurde das Erzbistum D. errichtet, dessen Inhaber in Canterbury geweiht wurden. Die dänische Herrschaft dauerte bis zum ausgehenden 12. Jh. und wurde mehrere Male von den einheimischen Iren angegriffen. Erst *Heinrich II. von England vertrieb die Dänen endgültig im Jahre 1171. Der König setzte Hugh von Lacey als Statthalter ein. In der Folge war D. Mittelpunkt der englischen Besitzungen in Irland. Die Erzbischöfe waren seit dieser Zeit allesamt anglo-normannischer Abstammung. Im Laufe des 13. Jh.s war D. dabei, *Armagh den Rang als Hauptstadt Irlands abzulaufen. Im Jahre 1315 schlug die Stadt unter der Unterstützung der irischen Kirche die Invasion des Edward Bruce zurück. 1394 verlieh König *Richard II. D. den Rang eines Marquisats und übergab es an Robert von Vere.

J. T. Gilbert, *History of the City of Dublin,* 3 Bde., 1861[2];
Viking and Medieval Dublin (Ausstellungskatalog), 1973.

DUBOIS, PIERRE (Petrus a Bosco; ca. 1250-1321) Französischer Jurist und Publizist. Er studierte in Paris und wirkte in Coutances (Normandie) als erfolgreicher Rechtsanwalt, bis er im Jahre 1300 zum königlichen Advokaten ernannt wurde. Während des Konfliktes zwischen König *Philipp IV. und Papst *Bonifaz VIII. verfaßte er einige anonyme Pamphlete, die als Stimme des Volkes die königliche Position untermauern sollten. 1302 und 1308 vertrat er seine Stadt auf den Ständeversammlungen, die Philipp zur Mobilisierung der öffentlichen Meinung einberufen hatte. D. Ansichten fanden ihren treffendsten Ausdruck in seiner Abhandlung "Über die Wiedererlangung des Heiligen Landes", die in Zusammenhang mit der Kreuzzugsfrage das Kernproblem der königlichen Macht behandelte. Um in Europa Frieden zu stiften und einen neuen Kreuzzug in Gange zu bringen, sei die königliche Macht durch eine Reihe von radikalen Reformen, darunter auch die Enteignung von Kirchenbesitz, entscheidend zu stärken. Auf längere Sicht fügte sich D.s Werk in den Prozeß ein, der den Rang des Königs von Frankreich zur theoretischen und praktischen Aufwertung führte.

E. Zeck, *Der Publizist Pierre Dubois,* 1911;
H. Kämpf, *Pierre Dubois und die geistigen Grundlagen des französischen Nationalbewußtseins um 1300,* 1935.

DUCCIO DI BUONINSEGNA (um 1255-1319) Hauptmeister der Malerschule von Siena. D. arbeitete zunächst noch ganz in der *maniera bizantina,* d.h. unter dem Einfluß der byzantinischen Ikonenmalerei, gelangte aber

durch Aufnahme französischer Einflüsse zu einem mehr
zu der neuen Plastizität der Zeit *Giottos neigenden
Ausdruck. Sein Hauptwerk ist die vielteilige *Maestà*, ein
Altaraufsatz für den Dom von Siena.　　　　　(Din)
E. Carli, *D.*, 1963.

DUFAY Siehe *MUSIK.

DU GUESCLIN, BERTRAND (um 1320-80) Französischer Heerführer. Sohn einer Adelsfamilie, der in
den ersten Phasen des *Hundertjährigen Krieges gegen
England militärische Erfahrung sammelte und sich zum
ersten Mal in der Schlacht von Rennes (1357) als mutiger Kämpfer auszeichnete. Im gleichen Jahr erhielt er
das Kommando über Pontorson, wurde gefangengenommen und vom König gegen ein hohes Lösegeld freigekauft. 1360 ernannte ihn Karl V. zum Befehlshaber der
Kampagne gegen die Söldnertruppen, die die Normandie
und Maine ausplünderten. 1364 schlug er das Heer Karls
II. von Navarra aus Mantes und Meulun zurück; ein Jahr
später mißglückte seine Expedition nach Spanien.
Er fiel in die Hände des Schwarzen Prinzen. Ein zweiter
Feldzug brachte auch in Spanien Erfolg. 1370 machte
ihn Karl V. zum Konstabler von Frankreich. In dieser
Funktion leitete er zahlreiche Operationen gegen die
Engländer, die sich angesichts der Übermacht des Feindes durch eine vorsichtige Taktik auszeichneten. D. gilt
als ein Ritter von außergewöhnlichem persönlichen Mut
und war Gegenstand zahlreicher Heldendichtungen.
E. V. Stoddard, *Bertrand Du Guesclin*, 1897;
R. Maran, *B. du G.*, 1960.

DUKAS Siehe *KONSTANTIN X., MICHAEL VII.

DUNASCH BEN LABRAT (um 920-80) Hebräischer
Dichter und Sprachforscher. D. wurde in Bagdad geboren, wo er unter *Saadiah Gaon studierte. Er ließ sich
in *Córdoba nieder, wo er infolge seiner Sprachstudien
in eine Auseinandersetzung mit *Menachem ben Saruk
geriet, dessen Wörterbuch er als Verwirrung des rechten
Glaubens kritisierte. D. schrieb religiöse und weltliche
Gedichte und eignete sich als erster hebräischer Poet
das arabische Versmaß an. Sein bekanntestes Gedicht ist
das Sabbatlied *Dror Jikrah*.
D. Merowsky, *Hebrew Grammar and Grammarians*,
1955.

**DUNOIS, JEAN COMTE DE (Bastard von Orléans;
1403-68)** Der uneheliche Sohn des Herzogs von Orléans
und einer der hervorragenden Befehlshaber und Diplomaten in den letzten Phasen des *Hundertjährigen Krieges. Er begann 1421 seine Laufbahn als Berater des
zukünftigen Königs Karl VII., wurde zum Großkämmerer von Frankreich ernannt und befehligte die französischen Heere in zahlreichen Schlachten gegen die
Engländer. Der Sieg von Montargis (1427) war Wendepunkt seiner militärischen Karriere. Er verteidigte
*Orléans bis zur Ankunft der *Jeanne d'Arc. 1439
erreichte er die Freilassung von Karl, Herzog von Orléans,
und wurde mit dem Grafentitel belohnt. 1440 kehrte
er in den königlichen Dienst zurück, war auf diplomatischen Missionen tätig, 1449-50 nahm er an der Wiedereroberung der Normandie und Guienne teil. Nach
der Thronbesteigung *Ludwigs XI. wurde er wegen
früherer Schritte, die er gegen den Dauphin unternommen hatte, seiner Ämter und Würden enthoben. Er
nahm am Aufstand des Bien Public teil, machte 1468
seinen Frieden mit dem König und wurde rehabilitiert.
M. Caffin de Mérouville, *Le Beau Dunois et son temps*,
1961.

DUNS SCOTUS, JOHANNES (um 1264-1308) Berühmter Scholastiker und Theologe, oft als *Doctor subtilis*
und *Doctor maximus* gerühmt. D. wurde in Schottland
geboren und von den Franziskanern erzogen, denen er
mit 15 Jahren beitrat. 1291 wurde er zum Priester
geweiht und nach Oxford, dann nach Paris zum Studium
der Theologie entsandt. 1302 mußte er vor Erhalt seines
Doktortitels Paris verlassen, nachdem sich die Franziskaner im Streit zwischen König *Philipp IV. und Papst
*Bonifaz VIII. auf die Seite des Papstes gestellt hatten.
1304 war er wieder in Paris, wo die *Quaestiones in
Metaphysicam* ("metaphysische Fragen") verfaßte.
Ein Jahr später erhielt er endlich seinen Doktortitel.
Die von ihm im Zusammenhang mit seinen Vorlesungen
über die Sentenzen von *Petrus Lombardus (Oxford
1297-1301, Paris 1302-05, Köln 1307-08) vorbereiteten
Notizen wurden unter dem Titel *Ordinatio* (*Opus
Oxoniense*) zusammengefaßt und bilden zusammen mit
den bereits erwähnten *Quaestiones* sein philosophisches
Hauptwerk. D. verfaßte auch den Traktat *de primo principio* sowie zahlreiche Kommentare zu Aristoteles.
Seine Philosophie, die nach der Verurteilung des
*Averroes (1277) ausbildete, vereinigt die des Aristoteles mit der Theologie des hl. Augustinus. Seine Auffassung
von der Unbefleckten Empfängnis wurde in Kreisen der
Scholastiker heftig diskutiert, dann aber als Glaubensdogma anerkannt. Seine Lehre, der "Skotismus" basiert
auf der Liebe Gottes, aus der sich alles ableiten läßt.
D. betont auch den Willen als vorrangig vor dem Intellekt.
Werk: C. Balic (Hg.), 1950 ff.;
E. Gilson, *J. D. S.*, 1959.

DUQAQ (DUKAK), SCHAMS AL-MALIK Herrscher von Damaskus (1095-1104) und einer der ersten
moslemischen Führer, die sich mit den *Kreuzfahrern
auseinandersetzen mußten. 1098 wurde seine Hilfsexpedition gegen die Antiochia belagernden Kreuzritter von *Bohemund geschlagen. 1100 überfiel er
Bohemund und Balduin auf deren Rückweg von den
Krönungsfeierlichkeiten in Jerusalem. Sein Angriff
auf *Baalbeck hatte keinen Erfolg. Im folgenden Jahr
mußte er sich aus dem von *Tankred und *Gottfried
verwüsteten Gebiet von Suwat zurückziehen. Auch ein
erneuter Überfall auf Balduin (1101) war ein völliger
Mißschlag und kostete D. ein enorm hohes Lösegeld für
die in der Schlacht gefangenen Kämpfer. Auch gegen
Raymond von Tripoli hatte D. wenig Glück (1103).
D.s Tod im Jahre 1104 führte zur gänzlichen Auflösung der Damaszener Macht, die den jungen Kreuzfahrerstaaten trotz der wenig glücklichen Kriegsführung
eine nicht zu unterschätzende Gegenwehr geboten hatte.
H. E. Meyer, *Geschichte der Kreuzzüge*, 1965.

**DURANDUS (DURANTIS), WILHELM DER ÄLTERE
VON MENDE (1237-96)** Kanonist und Bischof von
Mende (Languedoc). Er zeichnete sich als hervorragender Student der Rechte in Bologna und Modena aus, war
im Jahr 1260 im Dienst des Kardinals Hostiensis in Rom
und wurde später zum Berufungsrichter am päpstlichen
Gerichtshof ernannt. 1274 half er Papst *Gregor X. bei
der Abfassung der Entschlüsse des Zweiten Konzils von
Lyon. Seit 1278 hatte D. verschiedene hohe Verwaltungsämter in den neuerworbenen päpstlichen Territorien
Bologna und Romagna inne, 1286 wurde er zum Bischof
von Mende erwählt, trat aber das Amt erst 1291 an.
D. galt als einer der führenden Kirchenrechtler seiner

Zeit. Sein *Speculum judiciale* ("Rechtsspiegel") diente als autoritatives Handbuch der Gerichtsprozedur. Seine Umarbeitung des *Pontificale Romanum* war Vorbild für den 1488 von *Innozenz VIII. herausgegebenen offiziellen Text des kirchlichen Gebetsbuches. Das *Rationale divinorum operum* beschreibt die gesamte mittelalterliche Liturgie.

L. Falletti, *Guillaume Durand*, in: Dictionnaire de droit canonique 5, 1953.

DURANDUS (DURANTIS), WILHELM DER JÜNGERE (um 1271-1330) Bischof von Mende (Languedoc). Er war Neffe und Nachfolger (1296) des älteren *D. 1305 wurde er als Haupt einer Delegation von Papst *Clemens V. zu Befriedung Italiens und des Kirchenstaates ausgesandt. 1308 ernannte man D. zum Mitglied einer Kommision, die mit der Untersuchung von Anschuldigungen gegen den *Templerorden beauftragt war. In diesem Zusammenhang bereitete er für das Konzil von Vienne (1311) eine lange Abhandlung vor. In diesem *Tractatus de modo concilii generalis celebrandi* ("Traktat über die Abhaltung eines allgemeinen Konzils") kritisierte er den Machtzuwachs der päpstlichen Kurie auf Kosten der bischöflichen Vorrechte. D. verfaßte auch ein Memorandum über die Aussendung eines neuen Kreuzzugs. Als Berater des königlichen Hofes besuchte er 1329 den mittleren Osten und starb auf dem Wege nach Hause in Zypern.

M. Heber, *Gutachten und Reformvorschläge für das Vienner Konzil*, (Diss. Leipzig) 1896.

DURANDUS VON SAINT-POURCAIN (de S. Porciano; um 1275-1334) Theologe und Philosoph, trat in Clermont dem Dominikanerorden bei und studierte in Paris Theologie. In seinen Vorlesungen über die Sentenzen des *Petrus Lombardus an der Universität von Paris kritisierte er scharf die von seinem Orden offiziell angenommene Lehre des *Thomas von Aquin. Deshalb tadelte ihn eine Kommission des Ordens. Im Jahre 1313 wurde er zum Vortragenden in Theologie am Papsthof in Avignon und im folgenden zum Bischof von Limoux (1317) und Meaux (1326) ernannt. Man sah ihn als Nominalist und Vorläufer des *Ockham an. D. lehrte eine scharfe Unterscheidung zwischen Vernunft und Glaube, die einander nicht bedürfte. Neben seinem mehrmals korrigierten kommentar zu den Sentenzen (1313-27) verfaßte D. eine Abhandlung über den rechtlichen Konflikt zwischen *Petrus *Johann XXII. und König *Philipp VI. (1329) sowie einen vom Papst bestellten Traktat über die Anschauung Gottes der gerechten Seelen vor dem Letzten Gericht (1333). Seine Werke wurden besonders im 15. und 16. Jh. hoch geschätzt.

J. Koch, *Durandus de S. Porciano*, 1927.

DÜREN Deutsche Reichsstadt an der Ruhr. D. war ursprünglich eine fränkische Pfalz, um die sich die Bürgerstadt entwickelte. Sie besaß eine günstige Verkehrsverbindung zu den großen Zentren *Aachen und *Köln und diente in der karolingischen Zeit als Versammlungsort mehrerer Reichstage. Im 12. Jh. entwickelte sich D. zu einem regionalen Mittelpunkt des Getreide-, Vieh- und Textilhandels. Im Jahre 1242 wurde die Stadt von Kaiser *Friedrich II. an Graf Wilhelm von Jülich verpfändet, der sie in seine Besitzungen eingliederte.

A. Schoop, *Geschichte der Stadt Düren bis zum Jahre 1816*, 1923.

DURHAM Bischofsstadt und Grafschaft in Nordengland. Das Bistum D. wurde im Jahre 995 durch die Übertragung der Reliquien des hl. *Cuthbert aus *Lindisfarne und der Errichtung der Kirche auf einer leicht zu verteidigenden Halbinsel gegründet. Die heutige Kathedrale wurde 1093 von Bischof Wilhelm von St. Carilef unter Auswechslung des sächsischen Klerus durch eine Gemeinschaft von *Benediktinermönchen begonnen. Die Kirche wird als typisches Beispiel der normannischen Baukunst angesehen und war ein vielbesuchtes Wallfahrtszentrum. Neben dem Schrein des hl. Cuthbert besaß sie auch die Gebeine des hl. *Beda. D.s strategische Lage an der schottischen Grenze verlieh dem Ort steigende Bedeutung. Die Bischöfe trugen den Titel von Pfalzgrafen und waren große Feudalherren. Sie befehligten ihre eigenen Armeen, die in den Grenzkriegen eingesetzt wurden. Die bekanntesten Bischöfe von D. waren Hugh de Puiset (1153-95), Anthony Bek (1284-1311), Richard von Bury (1333-45) und Thomas Hatfield (1345-81).

N. Pevsner, *County Durham*, 1953.

DÜSSELDORF Stadt am Rhein. Gehörte seit dem 12. Jh. den Grafen von Berg, die es Ende des 15. Jh.s zur ständigen Residenz machten.

DUSTAN (hl.; um 909-88) Benediktinermönch, Abt und Erzbischof von Canterbury. D. wurde in Glastonbury erzogen, wo er 945 Abt wurde. Er führte die Benediktinerregel ein und machte die Abtei zu einem kulturellen Mittelpunkt Englands. D. selbst führte ein asketisches Leben und teilte seine Zeit ein mit Studium und praktischer Arbeit wie Abschreiben und Illuminieren von Handschriften und Anfertigung von Metallarbeiten. Er diente auch als Berater mehrerer Könige und erreichte wichtige Reformen im politischen und kirchlichen Leben Englands, wurde aber um 955 von König Edwig vertrieben. 957 rief man ihn vom kontinentalen Exil zurück und machte ihn zum Bischof von Worcester und London. 960 erhielt er mit der Würde des Erzbischofs von Canterbury das höchste Kirchenamt der Insel. In dieser Funktion war er führend an der Einführung der römischen Klosterordnung in England beteiligt.

E. S. Duckett, *Saint Dunstan of Canterbury*, 1955.

DYRRHACHION (DURAZZO, DURRES, DRAC) Hafenstadt an der adriatischen Küste Illyriens (im heutigen Albanien). In der spätrömischen Zeit war D. Hauptstadt der Provinz Epirus nova und wurde 449 Sitz eines Erzbischofs. Nach der Teilung des Reiches lag es im Machtbereich Ostroms und diente als Stützpunkt zur Bekämpfung der in der Adria zahlreich zu findenden Seeräuber. Im Laufe des Mittelalters litt D. unter wiederholten Angriffen wie etwa der Ostgoten (481) und der Bulgaren im 10. und 11. Jh., verblieb aber die meiste Zeit unter byzantinischer Herrschaft. Im Jahre 1082 wurde es von den Normannen unter *Robert Guiskard besetzt, die jedoch 1085 nach Roberts Tod von den Einwohnern vertrieben wurden. In der Folge wechselte die Stadt öfters den Herren. Im Vierten *Kreuzzug bemächtigten sich die Venezianer der Stadt. 1258 ging sie als Mitgift an *Manfred von Sizilien und später an *Karl von Anjou über. Im Jahre 1273 zerstörte ein Erdbeben die Stadt, die aber rasch wieder aufgebaut wurde. Unter Johann von Anjou war D. ein unabhängiges Herzogtum, zwischen 1336 und 1355 war es in der Hand des serbischen Königs Stephan Duschan und ging 1358 an das albanische Haus Topias über. 1394 machte sich Venedig wieder zur Herrin der Stadt. 1501 wurde sie von den Osmanen erobert.

E

EADMER (ca. 1066-1130) Englischer Geschichtsschreiber. E. wurde im Kloster der Christ Church in Canterbury erzogen, wo er 1093 Sekretär und enger Vertrauter des hl. *Anselm war und eine Biographie seines Meisters sowie eine Geschichte (*Historia novorum*) seiner Zeit schrieb. 1121 wurde er zum Bischof von St. Andrews erhoben, verließ aber nach kurzer Zeit seinen Posten und kehrte nach Canterbury zurück, wo er weiter an der Geschichte der englischen Heiligen arbeitete.
R. W. Southern, *Saint Anselm and his Biographer*, 1963.

EALDORMAN (Alderman) Bezeichnung für die angelsächsischen Notablen, die in den Gremien der *Hundertschaften und anderer Institutionen der lokalen Verwaltung teilnahmen. Gegen Ende der angelsächsischen Periode wurde der Begriff eingeengt auf die Mitglieder des Stadtrates, die mit Verwaltung und Steuereinnahme beschäftigt waren, und als solcher auch nach der normannischen Eroberung gebraucht.

EARL Mitglied der oberen Schicht der angelsächsischen Aristokratie. Der E. entspricht dem kontinentalen *Grafen. Bis zur normannischen Eroberung waren die E.s mit der Regierung eines Bezirkes betraut, in Kriegszeiten dienten sie als Heerführer. Nach der normannischen Eroberung übertrug man die Grafschaften (*shires*) den eigenen königlichen Beamten, den *sheriffs*, während die E.s (meist als Mitglieder von Juniorenlinien des Königshauses) zum höchsten Rang des anglonormannischen Adels aufstiegen.
B. Lyon, *A Constitutional and Legal History of Medieval England*, 1960.

EASTANGLIA Siehe *OSTANGLIA.

EBERHARD Herzog von Bayern (935-39). Sohn des Herzogs Arnulf, wurde von seinem Vater zum Herzog ausgerufen und erhielt nach dessen Tod den Treueeid der herzoglichen Lehnsleute. Da er sein Amt durch Erbrecht und Wahl des Volkes erhalten haben wollte, weigerte er sich, König *Otto I. den Treueeid zu schwören und erhob sich 937 gegen ihn. E. wurde besiegt und 939 abgesetzt, machte aber bis zu seinem Tod (um 966) mehrere erfolglose Versuche, seine Erbschaft wiederzugewinnen.
G. Tellenbach, *Königtum und Stämme in der Werdezeit des deutschen Reiches*, 1939.

EBERHARD II. DER GREINER (1315-92) Graf von Württemberg. Der Enkel von Graf Eberhard I. dem Erlauchten (1265-1325) wandte sich nach einigen Schwanken schließlich *Karl IV. (und nicht den Habsburgern) zu. Hartnäckig kämpfte er gegen die immer mächtiger werdenden Städte, deren Schwäbischen Bund er 1388 in der Schlacht von Döffingen (südwestlich von Stuttgart) besiegte, wobei aber sein Sohn fiel.   (Din)
K. u. A. Weller, *Württembergische Geschichte*, 1971[6].

EBERHARD V. IM BART (1445-96) Graf (seit 1459) und erster Herzog (seit 1495) von Württemberg. E. vereinigte die 1442 in zwei Teile getrennte Grafschaft wieder, war 1488 an der Gründung des antiwittelsbachischen Schwäbischen Bundes beteiligt und trat vor allem als Förderer der Wissenschaften hervor, indem er 1477 die Universität Tübingen gründete. Auch war ihm an der Reform der Klöster gelegen.   (Din)
K. u. A. Weller, *Württembergische Geschichte*, 1971[6].

EBROIN (gest. um 680) Hausmeier von *Neustrien. Sohn einer Familie, die im Dienst der Merowingerkönige aufgestiegen war. 657 wurde er Hausmeier und errichtete ein straffes Regime, das sich besonders gegen den alten fränkischen Adel wandte. Die neustrischen Aristokraten gingen ein Bündnis mit *Austrien ein und schlugen E., der in ein Kloster gesteckt wurde (673). Nach zwei Jahren konnte E. wieder die Macht ergreifen, provozierte aber durch seine Unterdrückungsmaßnahmen einen neuen Krieg mit Austrien, wurde von *Pippin II. von Landen besiegt und schließlich ermordet.
J. Fischer, *Der Hausmeier Ebroin*, 1954.

ÉCHEVIN Siehe *SCABINUS.

ÉCHEVINAGE Die im mittelalterlichen Frankreich für die Bezahlung der örtlichen *échevins* eingehobene Steuer, deren Einträge im 13. Jh. an das königliche Schatzamt übergingen.

ECHTERNACH Lothringisches Kloster (im heutigen Luxemburg), 697 von der Gattin *Pippins II. von Landen, Plektrud, gegründet, 698 dem hl. *Willibrord vermacht. E. diente als Ausgangspunkt der *Friesenmission und unterhielt im 8. Jh. Beziehungen zu den angelsächsischen Klöstern. Im Laufe des 10. Jh.s machte sich ein Niedergang der Abtei bemerkbar, der jedoch 1010 durch die von Kaiser *Heinrich II. angeordnete Zuweisung von Gütern zur Förderung der Klosterschule aufgehalten wurde. E. machte sich rasch einen Namen als geistiges und künstlerisches Zentrum. Die im sog. "angelsächsischen Stil" (eigentlich das Werk örtlicher Künstler) gehaltenen Miniaturmalereien von E. waren weithin berühmt. Seit dem 11. Jh. Wallfahrtsort; es hat sich bis heute in E. eine spätmittelalterliche "Springprozession" (in Tanzschritten) erhalten.
C. Wampach, *Geschichte der Grundherrschaft Echternach im Frühmittelalter*, 2 Bde., 1929-30.

ECK(E)HART, MEISTER (um 1260-1327) Deutscher Dominikanermönch und Mystiker. Sohn einer thüringischen Adelsfamilie, trat dem Dominikanerkonvent zu Erfurt bei, erhielt 1302 den Meistertitel in Theologie in Paris und wurde 1304 zum Provinzial des Ordens in Sachsen ernannt. 1311 ging er als Professor nach Paris, kehrte nach kurzer Zeit nach Deutschland zurück, und ließ sich in Köln nieder, wo er als Prediger tätig war. Daneben führte er seine Studien in der Mystik weiter. 1326 wurde er im Gerichtshof des Kölner Erzbischofs der Häresie für schuldig befunden. Inmitten der Berufungsverhandlung an der päpstliche Kurie starb E. 1328 bestätigte Papst *Johannes XXII. einen Teil des Gerichtsspruches, was jedoch nicht verhindern konnte, daß E. von seinen Schülern weiter verehrt wurde. Die mystische Anschauung von der Welt, wie sie E. in seinen lateinisch und deutsch geschriebenen Werken ausbreitete, scheint einem pantheistischen Gottesbild nahezukommen. Sein Ziel ist die Vergottung des Menschen ohne die üblichen Methoden der Meditation – "sich selbst und Gott um Gottes willen lassen". Höher als mystische Verzückung stellt E. aber tätige Nächstenliebe.

Werk: E. Seeberg, J. Koch u.a. (Hgg.), 1934 ff.;
F. Heer, *Meister E.*, 1956;
J. Koch, *Kritische Studien zum Leben Meister Eckharts*, in: Archivum Fratrum Praedicatorum 29, 30, 1959-60.

EDDA Sammlung altnordischer mythologischer Überlieferungen, deren einzelne Elemente in die heidnische Zeit zurückreichen, die aber erst von Christen im 13. Jh. auf Island aufgezeichnet wurden. Die *Lieder-Edda* (auch *ältere* oder *Saemundar-E.*) umfaßt eine Reihe Lieder in stabreimgeschmückten Langzeilen, die einerseits die Taten und Schicksale der germanischen Götter und andererseits der irdischen Helden zum Inhalt haben. Manches, wie die *Voluspa*, die ergreifende Dichtung der Weissagung vom Weltenende, scheint schon christlich beeinflußt. Die *jüngere* oder *Prosa-E.* ist dagegen das Werk *Snorris*. (Din)
Werk (dt.): K. Simrock, 1926; F. Genzmer, 1963[2].

EDESSA Stadt in der nordmesopotamischen Ebene zwischen Euphrat und Tigris (in der heutigen Türkei). Zu Beginn des Mittelalters war E. ein wichtiges Zentrum der syrischen Kultur, 640 wurde es von den Arabern erobert und als Grenzfestung gegen die Byzantiner benutzt. Unter der arabischen Herrschaft verlor die zum großen Teil von syrischen und armenischen Christen bewohnte Stadt an Bedeutung. Eine Gruppe von *Kreuzrittern unter der Führung *Balduins von Boulogne eroberte E. 1098 und machte die Stadt zu einem Kreuzfahrerstaat, der Grafschaft von E. Mit seiner Erhebung zum König von Jerusalem (1100) überließ Balduin E. seinem Neffen *Balduin von Bourg, dem eigentlichen Gründer des Kreuzfahrerstaates E. Balduin von Bourg befestigte die Stadt und errichtete eine Anzahl von Burgen an den Übergängen des Euphrat. 1118 erbte er die Königswürde und verlieh E. an Joscelin I. von *Courtenay. Dessen Nachkommen bemühten sich, die territoriale Verbindung zu den anderen Kreuzfahrerstaaten herzustellen und befanden sich in ständigem Kriegszustand mit den Moslemherrschern von *Aleppo, konnten aber angesichts ihres kleinen Landes und ihres schwachen Heeres keine Erfolge erzielen. 1143 nahm Senghi, der Atabek von Mosul-Aleppo, die Grafschaft ein, deren Wiedereroberung zur Zeit des Zweiten Kreuzzugs zwar geplant war, jedoch nicht realisiert wurde.
D. Ter-Gregorian Iskanderian, *Die Kreuzfahrer und ihre Beziehungen zu den armenischen Nachbarfürsten*, 1915.

EDGAR DEN AETHELING (ca. 1055-1130) Enkel des Königs *Edmund Ironside von Essex und rechtmäßiger Erbe der englischen Krone nach dem Tode *Edwards d. Bekenners (1066). Er wurde jedoch vom *Witan als zu jung betrachtet und in der Erbfolge zurückgestellt; die Königswürde ging an den Earl

*Harald von Wessex. Nach der normannischen Eroberung Englands mußte E. auf dem Kontinent Zuflucht suchen, wurde aber weiterhin vom angelsächsischen Adel als rechtmäßiger Erbe betrachtet.
F. M. Stenton, *Anglo-Saxon England*, 1947.

EDGAR DER FRIEDLICHE (943-75) König von *Wessex, *Mercien und *Northumbrien (959-75). Unter seiner Regierung, die mit einer friedlichen Periode in der englischen Geschichte zusammenfällt, erlebte die angelsächsische Kultur eine neue Blüte. E. verbesserte die Verwaltung seines Reiches, beließ dem *Danelaw eigene Rechtsbräuche und sammelte die alten Gesetze der Angelsachsen in der Zusammenstellung "Rechte des E.". Seine größte Errungenschaft war die Reform der Kirche und die Wiederbelebung der alten Tradition des gelehrten Mönchstums mit der Hilfe des hl. *Dunstan.
F. M. Stenton, *Anglo-Saxon England*, 1971[3].

EDINBURGH Stadt in Schottland, Residenz und im Spätmittelalter Hauptstadt der schottischen Könige. Die frühere piktische Siedlung fiel im 7. Jh. in die Hände der Angelsachsen *Northumbriens, deren König *Edwin die Stadt neu gegründet und ihr den Namen verliehen haben soll. Edwin baute eine Festung auf dem Hügel von E., die sich später zu dem berühmten Königsschloß entwickelte. Im 9. Jh. wurde die Stadt mehrere Male von den *Wikingern zerstört, im 11. Jh. wurde sie Teil des Königreiches Schottland. Unter dem immer stärkeren normannischen Einfluß baute 1076 Königin Margarete das Schloß im normannisch-romanischen Stil um und errichtete das reich ausgestattete Kloster Holyrood (1128). Festung und Kloster dienten von nun an als Zentren für das Wachstum der Stadt, die ihren kirchlichen Mittelpunkt in dem im 13./14. Jh. errichteten gotischen St. Giles-Dom fand. Die Kriege gegen England im späten 13. und im 14. Jh. erhöhten die strategische Bedeutung E.s und führten zur Verlegung der königlichen Hauptstadt nach E. (1498).
J. S. Richardson, *Edinburgh*, 1949.

EDMUND I. (um 922-46) König von Wessex (939-46). Nachfolger seines Bruders Athelstan, verlor Mercien und Northumbrien an die Normannen, konnte aber dank seiner überlegenen Politik die nördlichen Gebiete wieder gewinnen. 944 war er Herrscher über ganz England. 946 wurde er ermordet inmitten der Vorbereitungen zu einem Feldzug nach Frankreich, der aus Hilfe für seinen Neffen *Ludwig IV. erfolgen sollte.
F. M. Stenton, *Anglo-Saxon England*, 1971[3].

EDMUND II., IRONSIDE (um 980-1016) König von England (1016). Er rebellierte gegen seinen Vater, König Eadrich von Mercien und wurde 1015 von den englischen Dänen der *Fünf Bouroughs als ihr Herrscher anerkannt. Sein selbständig geführter Krieg gegen die Invasion *Knuts machte ihn im Lande beliebt. 1016 wurde er nach dem Tod König Ethelreds zum Herrscher von Wessex ausgerufen. Mit Knut einigte er sich auf eine Reichsteilung.
F. M. Stenton, *Anglo-Saxon England*, 1971[3].

EDMUND DER MÄRTYRER (hl.; um 841-70) König von Ostanglia (855-70). E. ist für seine gerechte Herrschaft bekannt, die 870 durch die Invasion der Dänen abrupt beendet wurde. Infolge seiner Weigerung, sich die Herrschaft mit dem heidnischen Dänenhäuptling zu teilen, wurde er ermordet. Im 10. Jh. errichtete man am Ort seiner Beisetzung das Kloster Bury St. Edmund's.
F. Hervey, *The Story of King Edmund the Martyr and the Early Years of his Abbey*, 1927.

Imaginäres Porträt Eduards II. von England

EDMUND RICH VON ABINGTON (hl.; um 1180-1240) Erzbischof von Canterbury (1233-40). Er war vor seiner Erhebung zum Erzbischof Professor für Logik in Oxford, 1222 Schatzmeister der Kathedrale von Salisbury. Als Erzbischof stellte er sich zuerst mutig gegen königliche Mißherrschaft und päpstliche Forderungen, resignierte aber bald und floh nach Pontigny (Frankreich) zurück. 1246 wurde er auf Wunsch des Volkes heilig gesprochen.
C. H. Lawrence, *St. E. of A.*, 1960.

EDMUND VON LANGLEY (1341-1402) Vierter Sohn *Eduards III., 1385 Herzog von York und Regent Englands. E. ist der Gründer des Hauses York (1385-1485).

EDUARD (DURATE; 1391-1438) König von Portugal (1433-38), trug in seiner kurzen Regierungszeit wesentlich zur Stärkung der königlichen Macht bei. Der ausgebildete Jurist gab 1434 das Gesetz *lei mental* heraus; es machte die Verleihung von Gütern durch die Feudalherren von der Zustimmung des Königs abhängig. Das Kronlehen wurde für unteilbar und unveräußerlich erklärt. E. war auch als Verfasser von philosophischen und erzieherischen Werken tätig und machte auf Rat seines Bruders, des späteren Königs *Heinrich d. Seefahrers, mehrere Versuche, die afrikanische Westküste zu erforschen. Seine Invasion Marokkos endete jedoch in einer Katastrophe.

EDUARD (der "Schwarze Prinz"; 1330-76) Sohn und Erbe *Eduards III., Prinz von Wales und Feldherr seines Vaters in der *Gascogne und *Guienne. E. war einer der berühmtesten Ritter seiner Zeit und ein begabter Befehlshaber; er errang rasch die Achtung der in seiner Armee dienenden gascognischen Adeligen. In den Jahren 1354-56 befehligte er mehrere Feldzüge in Südfrankreich und erwarb sich großen Ruhm mit dem Sieg über die französische Armee bei *Poitiers. 1367 schlug er die Franzosen unter *Du Guesclin und die verbündeten Anhänger des kastilianischen Thronprätendenten *Heinrich von Trastamare bei *Nájera. Unter dem Beinamen "der Schwarze Prinz" (nach seiner schwarzen Rüstung) wurde E. ein Symbol des vollendeten Ritters seiner Epoche.
H. J. Hewitt, *The Black Prince's Expedition of 1354-1356*, 1958.

EDWARD DER BEKENNER (hl.; um 1003-66) König von England (1042-66). Sohn Königs *Ethelred II. von Wessex und der Emma von Normandie, weilte in den Jahren 1013-42 im Normandie am Hofe seines Onkels, des Herzogs Richard. Im Jahre 1042 wurde E. nach dem Tod seines Halbbruders *Hardiknut zum König von England ausgerufen. E.s ruhige Regierungszeit stand im Zeichen des wachsenden Einflusses der von ihm nach England gebrachten normannischen Priester und der englischen Aristokratie, die von *Godwin und dessen Sohn *Harold, den Earls von Wessex, geführt wurde. E. beschäftigte sich hauptsächlich mit religiösen Fragen und wurde wegen seiner Frömmigkeit berühmt. Er erbaute die *Westminsterabtei, die 1065 eingeweiht wurde. Das Fehlen einer starken königlichen Macht führte nach E.s Tod zu Thronstreitigkeiten und zur normannischen Eroberung Englands.
T. J. Oleson, *The Reign of Edward the Confessor*, 1955.

EDUARD I. (1239-1307) König von England (1272-1307). Sohn Heinrichs III., zu dessen Regierungszeit er bereits in Staatsaffären tätig war. E. festigte besonders die englische Herrschaft in Wales. 1256 schlug er die Barone unter Simon von *Montfort; 1270-71 war er Führer eines *Kreuzzugs ins Heilige Land. Zu Beginn seiner Regierungszeit steht die Verwaltungsreform, die den Adel und die Ritter an der Regierung beteiligte (1274). Seine Kriege gegen Schottland führten nicht zur erhofften Errichtung der englischen Oberhoheit über den Norden und wurden durch die Aufstände der Schottenführer Wallace und Bruce immer wieder verlängert.

E. erwarb sich den Ruhm des größten Gesetzgebers unter den englischen Königen und wurde oft der "englische Justinian" genannt. Seine Reformen zielten auf die Errichtung einer zentralisierten königlichen Verwaltung, die die Souveränität des Gesetzes zur Grundlage haben sollte und die die Barone und die Vertreter der Gemeinden, kurz das *Parlament einbezog. Seine Rechtsprechung und Gesetzgebung behandelten einen weiten Bereich von Problemen und wurden zur Grundlage der englischen Verfassung des späteren Mittelalters. Die 1297 verkündete "Bestätigung der Privilegien" verlieh dem Parlament das alleinige Recht, Steuern aufzuerlegen und Gelder zu bewilligen, und führte zur Entwicklung fortgeschrittener Etattechniken.
M. Powicke, *The 13th Century*, 1962[2].

EDUARD II. (1284-1327) König von England (1307-27). Sohn *Eduards I., wurde als erster in der englischen Geschichte zum Prinzen von Wales ausgerufen (1301) und begann seine Regierungszeit mit einer Reihe von schwerwiegenden Fehlern. E. verhalf seinen Favoriten *Gaveston und den *Despensern, die von den Baronen gehaßt wurden, zu hohen Ämtern. 1314 wurde D. von Robert *Bruce und die Schotten bei *Banockburn geschlagen. Die Baronenopposition in England erhob sich in offenem Aufstand. 1327 trat auch seine Frau

Isabella von Frankreich an die Seite der Rebellen. D. war gezwungen, zu Gunsten seines Sohnes Eduard III. abzudanken. Später wurde er von Roger Mortimer, Isabellas Liebhaber, grausam ermordet.
H. F. Hutchinson, *Eduard II*, 1972.

EDUARD III. (1312-77) König von England (1327-77). Sohn *Eduards II. und Isabellas, der Tochter *Philips IV. von Frankreich. 1330 setzte er der Regentschaft seiner Mutter ein Ende und übernahm die Regierung. Der begabte Staatsmann stellte gegen die Erbansprüche *Philipps VI. von Valois seine eigenen Rechte als Enkel Philipps IV. Dies und die andauernden Zusammenstöße mit der französischen Verwaltung in Flandern und der Gascogne führten zum Ausbruch des *Hundertjährigen Krieges. E. reagierte auf Frankreichs Kriegserklärung zum einen mit der Errichtung einer Wirtschaftsblockade gegen das französische Flandern, die eine Einfuhr englischer Wolle verhinderte, und zum anderen mit der Errichtung des englischen Wollstapels in *Antwerpen, was Brabant förderte. Seine Kriegsführung zeichnete sich durch überlegene militärische Taktik aus; gleichzeitig isolierte er Frankreich diplomatisch von den Niederlanden und den deutschen Fürstentümern am Rhein. Der Seesieg von Sluis (1340) ermöglichte die Invasion Nordfrankreichs, wo er große Reiter- und Fußtruppen geschickt gegen die französischen Ritterheere einsetzte. Auf den Sieg von *Crecy (1346) folgte die Einnahme von *Calais, das E. zu einer englischen Stadt machte. In der Bretagne errichtete er ein englisches Protektorat und stützte sich dabei auf das Haus Montfort. Sein Sohn *Eduard, der Schwarze Prinz, führte unterdessen im Süden die englisch-gascognischen Heere. Die Schlacht von *Poitiers (1356) löschte die französische Armee aus, führte zur Gefangennahme des französischen Königs und ermöglichte einen für England günstigen Friedensvertrag. Das mit dem Dauphin *Karl V. ausgehandelte Abkommen von *Brétigny-Calais beendete die erste Phase des Hundertjährigen Krieges, verlieh E. die Herrschaft über etwa die Hälfte des französischen Territoriums und legte ein hohes Lösegeld für die Freilassung des gefangenen französischen Königs *Johann II. fest. Dies war der Höhepunkt des Ansehens und der Macht E.s. Sein Hof galt als einer der glänzendsten Europas; die Errichtung des *Hosenbandordens symbolisierte eine neue Phase in der Entwicklung des Rittertums. Nach der Krönung *Karls V. und der Wiederaufnahme des Krieges (1365) mußte E. jedoch einige Rückschläge einstecken. Die Ausweitung des Krieges auf *Kastilien endete mit dem Fall seines Verbündeten, Peter des Grausamen. In Frankreich führte der Kleinkrieg *Du Guesclins zum Verlust eines großen Teils der im Vertrag von Brétigny-Calais erworbenen Gebiete. Dazu hatten noch die ständige Kriegsführung und die wirtschaftlichen Folgen des *Schwarzen Todes einen verheerenden Effekt auf die königlichen Finanzen. E. wurde mehr und mehr vom Parlament abhängig; im Lande regte sich der aus religiösen Quellen gespeiste Widerstand, den die von *Wycliff geführten Gelehrten Oxfords leisteten. Dennoch konnte E.s Ansehen den Ausbruch von Unruhen verhindern.
M. McKisack, *The 14th Century 1307-99*, 1959.

EDUARD IV. VON YORK (1442-83) König von England (1461-83). Sohn Richards, des Herzogs von York, und Führer der *Yorkisten im Krieg der *Rosen. Er besiegte mit Hilfe des Earl von *Warwick 1461 Heinrich

VI. bei *Mortimer Cross und entthronte ihn. Nach der Niederwerfung der *Lancasterpartei errichtete E. ein strenges Regime, das in der Folge Warwick zum Aufstand reizte. E. floh nach Burgund (1470), kehrte ein Jahr später zurück und besiegte die Aufständischen bei Barnet. Der Tod Warwicks ermöglichte ihm die vollständige Machtergreifung; Heinrich VI. wurde im Tower ermordet.
C. L. Scofield, *The Life and Reign of Edward IV.*, 1923.

EDUARD V. (1470-83) König von England (1483) nach dem Tod seines Vaters *Eduard IV. und unter der Regentschaft seines Onkels *Richard (III.) von Gloucester, der ihn in den Londoner Tower sandte und dort anscheinend ermorden ließ.

EDWARD, KÖNIGE VON ENGLAND Siehe *EDUARD.

EDWIN (hl.; um 583-633) König von Northumbrien (617-33). Nach der Enthronung seines Vaters Aella, des Königs von *Deira, war E. für lange Jahre ein Flüchtling, bis er 617 mit Hilfe König Redwalds von Ostanglia sein Reich wiedergewinnen und nach einigen Jahren mit Northumbrien vereinigen konnte. Sein Herrschaftsgebiet entsprach dem südlichen Schottland. Die von ihm erbaute Festung *Edinburgh ist nach E. benannt. Er ließ sich 627 von seiner Frau Ethelburga, der Tochter des Königs von Kent, zum Christentum bekehren und ernannte deren Kaplan Paulinus zum ersten Bischof von York. Die Kriege gegen *Mercien endeten 633 mit seiner Niederlage gegen *Penda, den heidnischen König der Mercier. D. starb an seinen Wunden, sein Reich Northumbrien zerfiel nach seinem Tod.
F. M. Stenton, *Anglo-Saxon England*, 1971[3].

EGBERT DER GROSSE (um 775-839) König von Wessex (802-39). E. wurde in seiner Jugend von *Offa, dem König von Mercien und Eroberer seines Vaters Reiches, ins Exil geschickt und verbrachte die Jahre 789-92 am Hofe *Karls d.Gr. Im Jahre 802 wurde er zum König des wieder unabhängigen Wessex ausgerufen; bis 820 festigte er seine Herrschaft und begann danach eine lange Reihe von Kriegen. Unter Ausnutzung des Zerfalls von Mercien eroberte er systematisch die südlichen angelsächsischen Reiche und machte sich 825 zum Herrscher des gesamten angelsächsischen Englands.
F. M. Stenton, *Anglo-Saxon England*, 1971[3].

EGINHARD Siehe *EINHARD.

EIGENKIRCHE Moderne Bezeichnung für den rechtlichen Status zahlreicher Kirchen des 9.-12. Jh.s, die Feudalherren gehörten. Die Bezeichnung schließt nicht die an Burgen und Palästen erbauten Kapellen ein. Der Herr einer E. besaß Gebäude und Zubehör einer Kirche, Landgüter und Dienstgebäude sowie das Recht auf Kircheneinkommen von Zehnten und anderen Titeln. Er konnte den Priester ernennen, dessen Weihe vom Bischof ausgeführt wurde. Da der Inhaber einer E. die kirchlichen Sachgüter für sich in Beschlag nahm, war er verpflichtet, für den Lebensunterhalt des Priesters aufzukommen. Das E.'n wesen, das zahlreiche Mißstände mit sich brachte, wurde von der gregorianischen *Reformbewegung als Extremform der Laieninvestitur bekämpft
U. Stutz, *Die Eigenkirche als Element des mittelalterlichen germanischen Kirchenrechts*, 1895 (1971).

EIKE VON REPGOW (ca. 1180-1235) Deutscher Jurist. Ein Sohn des südsächsischen Repgows; Richter am

herzöglichen Hof von Anhalt. Er sammelte das Lehnsrecht des Herzogtums und verfaßte zwischen 1224 und 1235 den Rechtskodex *Sachsenspiegel*. Dieser enthält das private und öffentliche Landrecht Ostfalens und Nordschwabens sowie das Lehnrecht. Obwohl er eine reine Privatarbeit war, bekam der *Sachsenspiegel* in Norddeutschland bald Gesetzeskraft, da er irrtümlich für ein Werk Karls d.Gr. gehalten wurde. E. ist wohl auch der Autor eines Geschichtswerks in deutscher Prosa, der *Sächsischen Weltchronik*.
E. Wolf, *Große Rechtsdenker*, 1963[4].

EINHARD (EGINHARD; um 770-840) Gelehrter und Geschichtsschreiber. In Franken geboren, wurde E. an der Abtei *Fulda und später an der Palastakademie *Karl d.Gr. erzogen, wo er Freundschaft mit dem Kaiser schloß. Auch *Ludwig d. Fromme war ihm gewogen und verlieh ihm große Güter. E. verfaßte nach antikem Vorbild eine Geschichte Karls, die eine der bemerkenswertesten Biographien des Mittelalters darstellt und neben den Taten des Kaisers auch die physische und moralische Verfassung des Helden behandelt. E.s Briefe zur Verwaltung seiner deutschen Güter dienen als wichtige Quelle zur Geschichte Deutschlands im 9. Jh. Im Jahre 830 zog sich E. vom Kaiserhof auf seinen Landbesitz zurück.

Werk (lat.-dt.): E. Scherabon Firchow, 1968.
H. Beumann, *Ideengeschichtliche Studien zu Einhard und anderen Geschichtsschreibern des früheren Mittelalters*, 1962.

EINSIEDLER (Eremit) Die vom griech. *heremos* (die Wüste) abgeleitete Bezeichnung für jemand, der aus religiösen Gründen die menschliche Gesellschaft verläßt, um sich einem Leben des Gebets, der Meditation und der Anschauung Gottes zu widmen. Die ersten E. lebten im 3. Jh. in Ägypten, im 4. und 5. Jh. verbreitete sich der Brauch nach Palästina und Syrien. Ganze Gebiete, wie etwa die Sinai- und Judäawüste, waren mit E. bevölkert, die in Höhlen lebten und als Heilige verehrt wurden. Auch nach der Entwicklung von Mönchsgemeinden und -regeln im Osten erhielt sich weiter der Brauch, daß ein Mönch für eine gewisse Zeit in einer Höhle lebte. Das westliche Mönchtum lernte den E. etwas später kennen; bis zum 11./12. Jh. hatte sich die Praxis aber in ganz Europa verbreitet. Gegen Ende des 11. Jh.s entstanden Gemeinden von E.n wie die *Kartäuser und im 12. Jh. die *Karmeliter. Im ganzen genossen die E. auch in der westlichen Gesellschaft großes Ansehen. Eine besonders strenge Form waren Klausner (Inklusen, Reklusen), die sich lebenslänglich (meist bei einer Kirche) einschließen ließen, wobei oft

Einsiedler; Fragment einer Wandmalerei des 14. Jh.s aus Pisa

die Tür zugemauert wurde und nur ein Fenster den Kontakt mit der Außenwelt (Lebensmittel!) erlaubte.
L. Gougaud, *Ermits et Reclus*, 1928.

EJJUBIDEN Herrscherfamilie in Äygpten, Syrien und Teilen Arabiens im 12.-13. Jh. Die E. stammen von einem Kurdenstamm Armeniens ab. Der Gründer des Hauses Ejjub, Ibn Schaddi Ibn Marwan, diente als Offizier und Berater unter *Nur ed-Din. Sein Sohn *Saladin wurde 1169 nach Ägypten gesandt, um den von den Kreuzfahrern bedrängten *Fatimiden zu helfen. Zwei Jahre später starb das Fatimidenhaus aus und Saladin machte sich zum Herrscher von Ägypten, das er 1174 mit Syrien vereinigte. Unter Saladin (1171-93) erreichten die E. den Höhepunkt ihrer Macht und regierten u.a. auch den Jemen. 1187 eroberte Saladin fast das gesamte Kreuzfahrerreich Jerusalem. Nach seinem Tod wurde das E.-Reich unter den Mitgliedern des Hauses aufgeteilt. Im 13. Jh. befeindeten sich die E.- *Sultane von Ägypten und Damaskus und hatten daneben noch gegen die häufigen Versuche, das Kreuzfahrerreich wieder aufzurichten, sowie gegen die Angriffe der *Chwaresmer und der Mongolen anzukämpfen. Der ägyptische Zweig der E. wurde 1250 von den *Mamluken gestürzt, die syrische Linie erlosch im Jahre 1260. Nur in Hama regierten die E. weiter, bis das Fürstentum 1341 von den Mamluken erobert wurde.
C. Brockelmann, *Geschichte der islamischen Völker und Staaten*, 1943[2].

EKKEHARD (gest. 1002) Markgraf von Meissen. Er zeichnete sich unter *Otto III. in den Kämpfen gegen die aufständischen Slawen aus, stellte die Reichsherrschaft über Böhmen wieder her und kandidierte nach Ottos Tod für die Königswürde, wurde aber von persönlichen Widersachern ermordet. Sein Tod nutzte König *Boleslaw von Polen zum Angriff auf die Mark.
H. Patje, *Die Entstehung der Landesherrschaft in Thüringen* I, 1962.

EKKEHARD VON AURA (gest. um 1126) Mönch und später Abt des Klosters Aura; Teilnehmer an dem fehlgeschlagenen Kreuzzug von 1101. Nach seiner Rückkehr ins Kloster beschäftigte er sich mit literarischen Studien und schrieb um 1115 eine Geschichte des Ersten Kreuzzugs. Danach redigierte er die Annalen von Aura und schrieb eine Fortsetzung der Universalchronik des Frutolf von Bamberg für die Jahre 1099-1125.
Werk (lat.-dt.): F. J. u. I. Schmale, 1972.

EKKEHART I. VON ST. GALLEN (um 910-73) Lateinischer Dichter, Mönch im Kloster St. Gallen, verfaßte geistliche Hymnen und möglicherweise das Epos *Waltharius:* der Held, ein aquitanischer Königssohn, flieht mit der Burgunderprinzessin Hildegund vom Hofe Attilas. Nach harten Kämpfen um den Schatz wird Waltharius König.
Werk (lat.-dt.): K. Langosch (Hg.), 1956.

EKKEHART IV. VON ST. GALLEN (ca. 980-1060) Geschichtsschreiber. E. war 1022-32 Leiter der Schule in Mainz, dann wieder Mönch in St. Gallen. Er setzte für die Jahre 860-972 die Klosterchronik fort und gab für den Schulgebrauch lateinische Gedichte heraus. Seine Darstellung ermöglicht einen selten lebendigen Blick in das frühmittelalterliche Klosterleben im Alemannischen.   (Din)
Werk (dt.): H. Helbling, 1958.

ELBING Preußische Stadt an der Niederweichsel, im 14. Jh. von den *Deutschherren gegründet, die eine die

Stadt beherrschende Festung erbauten. Die von deutschen Siedlern bevölkerte Stadt entwickelte sich im 15. Jh. zu einem bedeutenden Handelszentrum im Rahmen der *Hanse. Infolge der Weigerung des Ordens, den Einwohnern die üblichen Vorrechte zu verleihen, trat E. 1440 dem "preußischen Bund" der Städte bei, der in Opposition zu den Rittern stand. 1466 wurde E. von König *Kasimir IV. von Polen erobert und zum Krongut geschlagen.
E. Carstenn, *Geschichte der Hansestadt Elbing*, 1937.

ELEASAR BEN JEHUDA VON WORMS (ca. 1165-1232) Jüdischer Mystiker und Pietist. Er wurde zu Mainz als Sohn einer in Deutschland und Frankreich hochgeschätzten Familie der *Kalonymus geboren, studierte an den besten Schulen des rheinländischen Judentums und floh 1188 vor der Judenverfolgung aus Mainz. E. ließ sich in Worms nieder, wo 1196 seine Frau und zwei Töchter von Teilnehmern der in der Stadt versammelten Kreuzzugs ermordet wurden. 1201 wurde er Vorsteher der jüdischen Gemeinde von Worms und Leiter ihrer berühmten Akademie. E. war bereits in seiner Jugend in die *Kabbalah, die "Geheimnisse Gottes", eingeweiht worden und war der erste Gelehrte des *aschkenasischen Judentums, der den breiten Publikum Zugang zu dieser Lehre eröffnete. In seiner Abhandlung "Kommentar zu den Gebeten und deren geheime Botschaft" erklärte er, wie die mündliche Überlieferung der mystischen Gebete von Mesopotamien nach Italien und über seine Familie nach Deutschland gelangte. D. behandelte die Auslegung der Buchstaben und Verse der Heiligen Schrift und die geistige Interpretation der Gottheit in seinem Hauptwerk "Fegefeuer der Weisheit". Gestützt auf die philosophischen Ideen *Saadia Gaons und die pietistischen Praktiken seines Lehrers *Jehudah des Hassids entwickelte er ein Theorie des Kosmos und der Gottheit, in der sich rationalistische und mystische Elemente verbanden. Sein weit verbreitetes Werk *Rokeach* behandelt pietistische Praktiken und religiöses Benehmen.
G. Scholem, *Ursprünge und Anfänge der Kabbalah*, 1962.

ELEASAR HA-KALIR (8. Jh.) Jüdischer Dichter, der in Palästina lebte und in seinen Werken hauptsächlich die Zerstörung des Tempels und die Unterwerfung des jüdischen Volkes beklagte. Seine 150 überlieferten Gedichte sind in einem besonderen Stil geschrieben, der später für die hebräische Dichtung des Mittelalters kennzeichnend wurde. Große Teile seines Werks haben Eingang in die jüdische Liturgie gefunden. E. wird allgemein als der größte hebräische Dichter des Frühmittelalters angesehen.

ELEONORE (ALIENOR) VON AQUITANIEN (1122-1204) Erbtochter des letzten Herzogs von Aquitanien, *Wilhelm X. Seit dessen Tod unter der Obhut *Ludwigs VI. von Franreich, der sie 1137 mit *Ludwig VII. verheiratete und zur Königin von Frankreich machte. Sie begleitete ihren Gemahl auf dem Zweiten *Kreuzzug, in dessen Verlauf sich die Ehegatten entzweiten. 1152 wurde die Heirat getrennt. Sie kehrte an ihren Hof zu Poitiers zurück und heiratete *Heinrich II. Plantagenet. Dieser schlug Aquitanien zu seinen großen französischen Besitzungen. E. mischte sich in die Regierungsangelegenheiten ein und ermutigte ihre Söhne, sich gegen Heinrich aufzulehnen. Sie versuchte stets *Johann Ohneland in seinen Schwierigkeiten beiseite zu stehen,

Eleonore von Aquitanien, Phantasiebild

und hielt das *Angevinenreich bis zu ihrem Tode zusammen. An ihrem Hof förderte sie Dichter und Künstler. E. wurde in einem reich verzierten Grabmahl im Kloster *Fontevrault neben ihrem Gemahl und ihrem geliebten Sohn *Richard Löwenherz beerdigt.
A. Kelly, *Alienor of Aquitaine*, 1952;
J. Markate, *Aliénor d'Aquitaine*, 1979.

ELIAS VON CORTONO   Siehe *FRANZISKANER.

ELIESER BEN-JOEL HALEVI (1140-1225) Jüdischer Exeget aus Deutschland. E. wurde in Mainz geboren, wo er an der berühmten Talmudakademie studierte und großen Ruhm erwarb. Nach Abschluß seiner Studien wies er die Rabbinerwürde zurück, da er für sein Wissen keine Bezahlung annehmen könne. Im folgenden wanderte er in Deutschland und Italien von Gemeinde zu Gemeinde und nahm erst im Jahre 1200 die Rabbinerstellung in Köln an. Seine *Responsa* wurden weithin als verbindlich angenommen.
J. Ellbogen, *Germania Judaica* I, 1935.

ELIGIUS (hl.; um 590-660)   Bischof von Noyon. E. wurde in Aquitanien geboren; seine Kunstfertigkeit als Goldschmied brachte ihn an den Hof von *Chlothar II., der ihn zum Münzmeister von Marseille machte. Chlothars Sohn *Dagobert I. erhob ihn zu seinem Berater und Bevollmächtigten und 641 zum Bischof von Noyon. In dieser Funktion zeichnete er sich als eifriger Seelenhirt und Missionar in Flandern aus.
P. Parsy, *Saint Eloi*, 1907.

ELISABETH VON SCHÖNAU (hl.; um 1129-64) Aus adeligem Geschlecht geboren, lebte sie etwa seit ihrem 12. Lebensjahr im Kloster Schönau (südwestlich von Bonn). Von häufiger Krankheit mit schmerzlichen Anfällen geplagt, erfüllte sie ihr Leben mit Gebet, vor allem brieflicher Seelsorge und Askese. Seit 1152 erlebte sie

eine Fülle von *Visionen, die von ihrem Bruder Eckbert aufgezeichnet wurden. Ihre Schauungen führten sie besonders an Festtagen in den Himmel, wo sie Christus und viele Heilige, die Leidensgeschichte des Herrn und symbolische Bilder sah. E. stand in Briefwechsel mit vielen Religiösen ihrer Zeit, darunter der hl. *Hildegard. Besonders wichtig wurden ihre Visionen für die Entwicklung der Kölner Legende von der hl. Ursula und ihren Jungfrauen.   (Din)
P. Dinzelbacher, *Vision und Visionsliteratur im Mittelalter*, 1980.

ELISABETH VON UNGARN (hl.; 1207-31) Tochter des König *Andreas II. von Ungarn, der sie 1211 nach Thüringen sandte, um ein politisches Bündnis zu untermauern. Im Jahre 1221 wurde sie an den Landgrafen Ludwig IV. von Thüringen verheiratet, zeigte aber unter dem Einfluß der *Franziskaner hauptsächlich Interesse für das asketische Leben und stiftete große Geldsummen für fromme Werke. Nach ihres Gatten Tod (1127) wurde sie von ihrem Schwager *Heinrich von Raspe unter dem Vorwand der Geldverschwendung vom Hofe vertrieben. Sie ließ sich in Marburg nieder, trennte sich von ihren drei Kindern und lebte ein Leben der äußersten Einfachheit, der Kasteiung und der Armen- und Krankenfürsorge. Sie wurde 1235 heilig gesprochen.
E. Busse-Wilson, *Das Leben der heiligen Elisabeth*, 1931.

ELSASS Die römische Rheinprovinz wurde im 4. Jh. von den *Alemannen erobert, deren Niederlassung der Gegend den germanischen Charakter verlieh. Im Jahre 496 ging das E. mit dem Alemannenreich an die *Franken über und war seit dem 9. Jh. Teil des Herzogtums *Schwaben. Im 11. Jh. wurde das Land in eine Anzahl von Feudalherrschaften aufgesplittert, von denen eine zwar bis zur Mitte des 12. Jh.s den Namen E. trug, jedoch keine weitere Macht besaß. Die wichtigste politische Macht im E. war die Herrschaft der Bischöfe von Straßburg, die direkt dem Kaiser unterstellt waren. In der zweiten Hälfte des 12. Jh.s erreichten einige Städte, wie etwa Straßburg, den Rang der freien *Reichsstadt, und schüttelten die Abhängigkeit vom Stadtherrn ab. Diese Reichsstädte bildeten im 13. Jh. gegen die Feudalherren einen Städtebund, die *Dekapolis*. Die *Habsburger hatten im 11. Jh. im südlichen E. Ländereien geerbt, die dann im 13. Jh. die weitgestreuten Besitzungen des Hauses in Süddeutschland und der Schweiz waren. Mit der Königswahl *Rudolfs I. war die Vorherrschaft der Habsburger im E. nicht mehr in Frage gestellt.

Seit dem 12. Jh. gilt der E. als einer der wichtigsten Mittelpunkte deutscher Kunst und Kultur. Das gotische Münster Straßburgs ist eines der hervorragendsten Zeugnisse der Baukunst im deutschen Bereich. Gegen Ende des Mittelalters waren nach dem Niedergang der Feudalherrn die Habsburgerbesitzungen, das Straßburger Bistum und die Reichsstädte die maßgebenden Faktoren des E.
H. Büttner, *Geschichte des Elsaß* I, 1939.

EMILIA Norditalienische Provinz. Zu Beginn des Mittelalters war die E. unter den *Herulern, *Ostgoten und *Byzantinern eine ungeteilte Einheit. 570 nahmen die *langobardischen Eroberer den Westteil der Provinz, während der Osten mit der Hauptstadt *Ravenna bis zur Mitte des 8. Jh.s in byzantinischer Hand blieb. Nach der Eroberung des Langobardenreiches durch

*Karl d.Gr. (774) ging der Großteil des östlichen E. mit den Städten Ravenna und *Bologna an den *Kirchenstaat; der Rest wurde unter fränkischen Grafen aufgeteilt. Im 9. Jh. verschärfte sich die feudale Zersplitterung der E. Die häufigen Kriege zwischen den Grafen, die sich bis ins 10. Jh. hinzogen, führten zur vollständigen Anarchie. In dieser Zeit entwickelten sich die Herrschaften, unter denen *Parma, *Modena, *Reggio und *Ferrara am bedeutendsten waren. Im Laufe des 12. und 13. Jh.s verlor der Feudaladel seine Macht und siedelte sich in den Städten an, die ihre Herrschaft auf das Landgebiet (*contado) ausdehnten. Zu Ende des 13. Jh.s erstarkten infolge örtlicher Konflikte die Prinzenfamilien. Eine ähnliche Entwicklung ist im Kirchenstaat festzustellen; sie wurde jedoch zur Mitte des 14. Jh.s durch die Neuordnung der päpstlichen Verwaltung unter Kardinal *Albornoz abgebremst.
M. Longhera, *Emilia*, 1931;
J. K. Hyde, *Society and Politics in Medieval Italy*, 1973.

EMMANUEL BEN SALOMON, DER RÖMER (Manoello Romano; 1261-1336) Jüdischer Dichter und Gelehrter. Sohn einer vornehmen jüdischen Familie aus Rom, studierte neben den üblichen religiösen Disziplinen auch weltliche Fächer, verließ Rom um 1295, nachdem er seinen gesamten Reichtum verloren hatte, und durchwanderte als armer Dichter Italien. 1328 ließ er sich in Fermo nieder, wo sein "Notizbuch des E." entstand, eine Sammlung seiner hebräischen Gedichte. E. schrieb auch einige Sonette auf Italienisch. Der Einfluß *Dantes ist in seinem Werk erkennbar, ohne daß ein persönliches Zusammentreffen der beiden bekannt ist. E.s Dichtung enthält auch erotisch-satirische Kommentare auf die Sitten seiner Zeit, die in ihrem Grundton von der jüdischen Tradition weit entfernt sind. Andere Werke behandeln das Grundproblem der jüdischen Existenz seiner Zeit, die *Diaspora.
M. D. Cassuto, *Dante e Manuello Romano*, 1936.

EMMA VON DER NORMANDIE (gest. 1044) Tochter des normannischen Herzogs Richard, Gattin des Königs von Wessex *Ethelred II. und Mutter Alfreds und *Edwards d. Bekenners. Sie heiratete nach dem Tod ihres Gatten und der dänischen Eroberung Englands den Dänenkönig *Knut d.Gr. und wurde nach dem Tod ihres zweiten Gatten (1036) nach Flandern verbannt. Von dort aus unterstützte sie die Thronansprüche ihres jüngsten Sohnes *Hardiknut.
A. Campell (Hg.), *Encomium Emmae Reginae*, 1949.

EMPHYTEUSE (Erbleihe) Das im spätrömischen und byzantinischen Reich übliche System des Grundbesitzes, wonach einzelne Personen unbearbeitetes Land und Steuerfreiheit für eine Anzahl von Jahren erhielten. Der Grundgedanke der E. lag in der Notwendigkeit, die durch Steuerlast und Epidemien verursachte Landflucht aufzuhalten und durch Begünstigung von Neuansiedlern die fiskalische Grundlage des byzantinischen Staates zu erneuern.

ENCLOSURE (Umzäunung) Die durch das Fehlen von Arbeitskräften nach dem *Schwarzen Tod verursachte Praxis, große Teile des englischen Ackerlandes in weniger Arbeit benötigendes Weideland für Schafe umzuwandeln. Den Bauern wurde der Zugang zu diesen umzäunten Weiden verweigert. Dies bedeutete eine Einschmälerung der bäuerlichen Rechte am Allgemeingut und führte gegen Ausgang des 14. Jh.s zu Unruhen,

die im großen Bauernaufstand von 1381 kulminierten. Nach der Unterdrückung der Revolte wurde das E.-System weiter ausgebaut.
E. Lipson, *The Economic History of England* I, 1937.

ENFANCES DE CHARLEMAGNE Französisches Heldenepos aus dem späten 12. oder frühen 13. Jh., das die Sippe des Kaisers verherrlicht.

ENFANCES DE GOIDEFROI Französisches Heldenepos aus dem 14. Jh., das die Geschichte der Kindheit und Jugend des *Gottfried von Bouillon mit Blick auf die späteren Taten des Helden erzählt. Der Verfasser verlieh Gottfried eine historisch nicht gegebene königliche Abstammung und stellte ihm einen asiatischen Prinzen zur Seite, mit dem er allerlei Abenteuer erlebte.
S. Duparc-Quioc, *Le Cycle de la Croisade*, 1955.

ENGELBREKTSON, ENGELBREKT (um 1390-1436) Schwedischer Bergwerksbesitzer. Der Adelige aus der Provinz Bergslagen erhob sich vom Führer der unzufriedenen Bergarbeiter und Bauern seiner Gegend zum Haupt der nationalen Opposition gegen König Erich XIII. und dessen dänische und deutsche Berater und führte ein Bauernheer ins Feld. 1435 konnte er eine Kompromißlösung erzwingen, die ihm als Regent die Macht im Staat gab und die Rückkehr zur traditionellen Adelsherrschaft ermöglichte. Seine Ermordung (1436) durch eine rivalisierende Adelspartei führte zur Revolution in Schweden.
J. Paul, *E. E.*, 1921;
K. Kumlien, *Med svenskarna och Engelbrekt*, 1935.

ENGLAND Die südlichen und mittleren Teile der britischen Insel, die ihren Namen von den *angelsächsischen Eroberern und Ansiedlern erhalten haben.

Die letzten römischen Stützpunkte in Britannien wurden zu Beginn des 5. Jh.s verlassen. Seit 407 war das Land in den Händen der unter sich verfeindeten teilweise romanisierten *keltischen Stämme und Klans. Deren politische und militärische Schwäche ermöglichte es den angelsächsischen und jütischen Stämmen, sich Mitte des 5. Jh.s auf der Insel festzusetzen und Siedlungen in der Gegend von Kent zu errichten, die als Ausgangsbasis für die weitere Eroberung des Landesinneren dienten. Die zu spät unternommenen Abwehrmaßnahmen der Briten konnten diese Entwicklung nicht aufhalten. In einer Reihe von Schlachten wurden die Briten an die Westküste der Insel gedrängt, wo sie weiter in ihren Fürstentümern Wales und Cornwall ein eigenständiges Leben führten. Teile der flüchtenden britischen Bevölkerung ließen sich auf der anderen Seite des Ärmelkanals in der *Bretagne nieder. Zur Mitte des 6. Jh.s war die angelsächsische Landnahme mit der Errichtung der ersten Königreiche durch die Nachfahren der Eroberer beendet.

Im 6. und 7. Jh. war die politische Struktur der angelsächsischen Königreiche noch in der Entwicklung begriffen; einige dieser Reiche waren nur von kurzer Dauer (Lindsey, Deira, Bernicia). Allmählich wurde die Zahl der politischen Einheiten auf sieben reduziert, die sich in der sog. *Heptarchie konstituierten: *Kent, *Essex, *Sussex, *Wessex, *Ostanglia, *Mercia und *Northumbrien. Die geopolitische Lage und die Beziehungen mit dem *Frankenreich begünstigten Kent, das zu Ende des 6. Jh.s den höchsten Grad an politischer Organisation erreicht hatte. Es diente als Pforte zur Christianisierung E.s, die von dem hl. Augustin über das 601 errichtete Erzbistum *Canterbury in Gang gesetzt wurde. Im 7. Jh. verlagerte sich der politische Schwerpunkt von dem flächenmäßig kleinen Kent auf die Königreiche Northumbrien und Mercien, die untereinander um die Vorherrschaft kämpften. Das northumbrische Reich dehnte sich unter *Edwin auf Südschottland aus und brachte im 8. Jh. das kulturelle und intellektuelle Zentrum *York hervor, in dem Geister vom Range eines *Beda und *Alkuin wirkten. Zur gleichen Zeit wurde die Vorherrschaft Northumbriens erfolgreich von Mercien angefochten. Unter der Führung des heidnischen *Penda und des Christen *Offa konnte Mercien seine Herrschaft auf eine Reihe von Kleinreiche ausdehnen und gegen Ende des 8. Jh.s fast ganz E. beherrschen. Offa verhandelte mit *Karl d.Gr. als Gleicher mit Gleichem. Die Thronstreitigkeiten nach seinem Tod schwächten Mercien; 802 erlangte Wessex wieder die Unabhängigkeit. In der Folge stieg Wessex zum bedeutendsten angelsächsischen Königreich auf, dessen Vorherrschaft in der Zeit *Egberts (802-39) von den restlichen Staaten anerkannt wurde.

Gleichzeitig begannen die ersten Einfälle der Skandinavier, besonders der Dänen. Dies nahm zur Mitte des Jahrhunderts die Form einer massiven Invasion an. In den Jahren 866 bis 870 wurden die nördlichen Königreiche Northumbrien, Mercien und Ostanglia erobert. Nur *Alfreds d.Gr. mutiger Widerstand verhinderte den Fall von Wessex und ermöglichte die Festsetzung der Grenze zwischen dem dänischen Besatzungs- und Siedlungsgebiet (*Danelaw) und dem restlichen, von Wessex dominierten E. Das Abkommen von 878 zwischen Alfred und dem Dänenführer *Guthrum leitete die Wiederbelebung des angelsächsischen Geisteslebens ein, das die bisher um die lateinische Kirchenkultur kreisenden Kräfte in eine Gesamtkultur erhob, die sich in der Volkssprache ausdrückte und weite Gebiete des öffentlichen Lebens umfaßte.

Im 10. und 11. Jh. trat ein Wandel der politischen Bedingungen ein. Das Dänenreich ·Guthrums wurde durch Thronkämpfe und die Errichtung norwegischer Fürstentümer geschwächt und zerfiel. Der Großteil seines Territoriums wurde als rechtlich eigenständige Einheit an Wessex angeschlossen, das nun über ein sächsisches und ein anglo-dänisches Reich herrschte. Im Jahre 1015 fiel *Knut d.Gr. in England ein und eroberte die Insel. Sein "Reich des Nordens" umfaßte Dänemark, Norwegen, Teile von Schweden und wurde nach gänzlich neuen Gesichtspunkten regiert. Nach seinem Tod löste sich das Reich auf; 1042 wurde das angelsächsische E. unter der Führung *Edwards d. Bekenners, des Königs von Wessex, wieder aufgerichtet. Edwards Regierungszeit (1042-66) war eine Periode des Übergangs, in der von ihm importierten normannischen Ritter und Priester einen neuen Einfluß auf das nunmehr gereifte angelsächsische Regierungssystem ausübten. Dieses System wurde vom Adel unter der Führung von *Godwin, earl von *Essex, getragen und lebte sowohl auf der örtlichen Ebene (*Hundertschaften) wie auch auf der nationalen Ebene (*Witan). Alt und neu prallten nach Edwards Tod in Gestalt der zwei Thronanwärter *Harold, Sohn Godwins, und Wilhelm, Herzog der Normandie, aufeinander. Harold, der die Unterstützung des englischen adels besaß, wurde 1066 bei *Hastings mit seinen Fußtruppen von den Rittern Wilhelms geschlagen und im Kampf getötet. Wilhelm, nun König durch das Recht der Eroberung, suchte und erhielt jedoch die formale Sanktion durch die Wahl des Witans.

Mit der normannischen Eroberung beginnt eine gänzlich neue Periode in der Geschichte E.s. Der angelsächsische Klerus und Adel wurde vertrieben und zu Grunde gerichtet. Wilhelm verlieh seinen Lehnsleuten Güter und errichtete einen neuen anglo-normannischen Adel, dessen Sprache und Lebensweise französisch waren. Die Verwaltung des Reiches wurde in die Hände von königlichen Beamten, der viscounts und *sheriffs, gelegt. Auf die Zerstörung der angelsächsischen Führungsschicht folgte die Ausmerzung der angelsächsischen Sprache aus der Verwaltungs- und Rechtspraxis. An ihre Stelle traten Latein und Französisch. Auf der regionalen Ebene bestand die alte Tradition der sich selbst regierenden Dörfer und Hundertschaften weiter, der persönliche Status der freien Bauern sank jedoch zu dem der *Leibeigenen ab. Die angelsächsischen Aufstände der Jahre 1070-72 wurden blutig niedergeschlagen. Das große Grundkatasterwerk des *Domesday Book versetzte Wilhelm in die Lage, seine Herrschaft auf volle Information über die Besitzverteilung zwischen den einzelnen Bevölkerungsklassen zu gründen. Die Despotenherrschaft Wilhelms II. brachte keine nennenswerten Änderungen in der Regierungsstruktur, wie sie von Wilhelm dem Eroberer errichtet worden war. Dagegen brach wie auch in anderen Ländern Europas der Konflikt zwischen Kirche und Staat voll aus. Unter der Regierung von Wilhelms jüngstem Sohn, *Heinrich I., ging der Prozeß des Aufbaus der für E. typischen feudalen Institutionen weiter. Gleichzeitig begann Heinrich, sich aufs neue für die kontinentalen Besitzungen seines Hauses zu interessieren und in der französischen Politik eine aktive Rolle zu spielen. Zur Förderung dieser Interessen und infolge des Todes seines Sohnes Wilhelm (1120) ging Heinrich eine Allianz mit dem Haus *Anjou ein, die 1126 mit der Heirat von Heinrichs Tochter Mathilde mit *Geoffrey Plantagenet, dem Erben von Anjou, besiegelt wurde.

Der Tod Heinrichs (1135) bewirkte eine unruhige Periode in der Geschichte E.s. Ein Großteil des Adels unterstützte Heinrichs Neffen *Stephan von Blois gegen Mathilde und ihre Partei. Ein Bürgerkrieg brach aus, der große Zerstörungen und eine Schwächung der königlichen Macht mit sich brachte und erst 1152 beendet wurde. Mathildes Sohn *Heinrich II., der bereits den Herzogtum Normandie, die Grafschaft Anjou und durch seine Heirat mit *Eleonore das Herzogtum Aquitanien innehatte, erhielt 1154 die englische Krone. Unter Heinrich II. entwickelte sich das englische Regierungssystem in eine neue Richtung. Der Konflikt mit Thomas *Becket verstärkte sein Begehren, die Königsmacht auf solide institutionelle Grundlagen zu stellen. Diese fand er in der Vereinigung von Gesetzgebung und Verwaltung, die von königlichen Gerichtshaltern (*justiciars) und dem Hof kontrolliert wurden, während die Strafgerichtsbarkeit an die *Großen Geschworenengerichtshöfe übergeben wurde, die aus Mitgliedern der örtlichen Honoratiorenschicht zusammengesetzt waren. Das Schatzamt des *Exchequers machte Fortschritte in der Erstellung und Planung von Staatsetats, was Heinrich die Möglichkeit gab, statt seiner den Militärdienst leistenden Lehnsleute Söldner zu beschäftigen. Die Funktionsfähigkeit dieses Systems zeigte sich schon zur Zeit Heinrichs, der sich ohne Sorge mit Kriegen auf dem Kontinent und in *Irland beschäftigen konnte, aber auch zur Zeit *Richards I., der die meiste Zeit aus E. abwesend war. Die Angevinenzeit zeichnete sich auch durch eine günstige wirtschaftliche Entwicklung und besonders durch das Wachstum der Städte aus, denen ein gewisses Ausmaß an Selbstbestimmung verliehen wurde. König *Johann setzte diese Traditionen fort, hatte jedoch infolge des gegen ihn gerichteten Widerstandes der Barone mit wachsenden Schwierigkeiten zu kämpfen. Die häufigen Niederlagen·auf dem Kontinent führten zum Verlust der Normandie und Anjous und bluteten das Land aus. Nach der Niederlage von *Bouvines (1214) erhoben sich die Barone und zwangen Johann in der *Magna Charta (1215) zu weitgehenden Zugeständnissen. Zur Beschränkung der willkürlichen Königsgewalt wurde ein Rat der Barone, die *Community of the Realm (Communitas Regni), geschaffen. Die Versuche *Heinrichs III., sich von den Beschränkungen der Magna Charta zu befreien, stießen wiederum auf den Widerstand der Barone, die sich dazu noch von der Einwanderung französischer Adeliger aus Poitou und der Provence zurückgesetzt fühlten. Wiederum mußte der König Zugeständnisse machen (Provisionen von *Oxford 1258), die den Baronen weitere Machtbefugnisse wie das Bewilligungsrecht neuer Steuern einräumten. Erst die Energie *Eduards I. brachte ein Wiederaufleben der königlichen Vormacht, verlieh aber gleichzeitig den Baronen und den Repräsentanten der *shires im Parlament eine dauernde institutionelle Funktion. Die Eroberung von Wales und die Kriege gegen Schottland in dieser Zeit waren wichtige Schritte zur Vereinigung der gesamten britischen Insel.

Das 13. Jh. war auch eine Periode der erwachenden englischen Gelehrsamkeit. Im Gegensatz zum 12. Jh., als englische Gelehrte hauptsächlich in Frankreich wirkten, gab die Errichtung der Universitäten von Oxford und Cambridge den englischen Wissenschaftlern und Denkern neue Betätigungsfelder. Männer wie Robert *Grosseteste und Roger *Bacon entwickelten die aristotelischen und naturwissenschaftlichen Studien und machten E. zu einem wichtigen Faktor in der intellektuellen Gemeinschaft Europas.

Das Spätmittelalter war für E. eine Zeit der tiefen Krise. Die Schwierigkeiten begannen in der Zeit *Eduards II. (1307-28) infolge der persönlichen Unfähigkeit des Königs und seines Versuches, mit Hilfe von Hoffavoriten zu herrschen. Die Erbitterung des Adels wurde durch Eduards Niederlagen gegen die Schotten verschärft, bis der König endlich abgesetzt wurde. Sein Sohn und Nachfolger *Eduard III. konnte mit seinen glänzenden Siegen gegen die Franzosen und den neuen Gewinnen in den kontinentalen Kriegen den Abstieg zeitweise aufhalten. Unter seinem Nachfolger *Richard II. machten sich dann die fürchterlichen Auswirkungen des *Schwarzen Todes bemerkbar, der bis zu zwei Drittel der englischen Bevölkerung hinweggerafft haben soll. Eine aufsässige Aristokratie, die durch die Wiedereinführung feudaler Abgaben belastete Bauernschaft sowie die von den nonkonformistischen und antiklerikalen Tendenzen *Wycliffs und der *Lollarden infizierten Intellektuellen schufen ein Klima der Unsicherheit, das sich im großen *Bauernaufstand von 1381 entlud. Auch die Niederschlagung des Aufstands und die Repressionen gegen die Intellektuellen konnten die Krise nicht lösen, verstärkten dagegen die Abhängigkeit

des Königs vom Adel und führten letzten Endes zu einem allgemeinen Aufstand sowie zur Absetzung des Königs durch das Parlament.

Mit *Heinrich IV. kam die *Lancasterlinie des Hauses Plantagenet zur Macht. Mit seinen Führungsqualitäten konnte Heinrich die Königsmacht wieder stärken und Vorbereitungen für die Wiederaufnahme des Krieges gegen Frankreich treffen. Sein Sohn *Heinrich V. schlug die Franzosen bei *Azincourt (1415) und wurde durch den Vertrag von *Troyes zum Erben von Frankreich ausersehen. Nur der wiedererwachte französische Widerstand unter *Jeanne d'Arc vereitelte die hochfliegenden Pläne von einer englisch-französischen Doppelmonarchie. Im Vertrag von Arras (1435) scharten sich Frankreich und Burgund um den legitimen König *Karl VII.; bis 1453 hatte E. alle Besitzungen auf dem Kontinent mit der Ausnahme von *Calais verloren. Die Nachwirkungen dieser Niederlage, die hundertjährigen Anstrengungen E.s zerstörte, machten sich im Aufstieg des Hauses *York bemerkbar, das sich nach der Thronbesteigung *Eduards IV. (1461) im Bürgerkrieg der *Rosen gegen das Haus Lancaster erhob. Der Krieg dezimierte die Reihen der Adeligen und versetzte dem mittelalterlichen Gesellschaftssystem E.s den Todesstoß. Mit der Thronbesteigung Heinrich Tudors (Heinrich VII.), der die neue Klasse der Gentry vertrat, war das englische Mittelalter beendet.

Das Spätmittelalter war auf kulturellem Gebiet für E. eine Zeit weitgehender Veränderungen. Im 14. Jh. trat auch unter den höheren Gesellschaftsklassen das Englische an die Stelle des Lateinischen und Französischen. Eine neue englische Sprache entstand, die zwar auf dem Angelsächsischen basierte, aber um viele französische Wörter und Begriffe erweitert war. *Chaucer machte in seinen Canterbury-Erzählungen dieses Englisch auch zur Schriftsprache. Der Niedergang der alten Aristokratie und der Aufstieg der Gentry festigten die Stellung des Englischen als Amtssprache des Landes. Seit 1433 wurde im Parlament und besonders im Unterhaus Englisch gesprochen; auch die Krönungseide der Yorker Könige wurden auf Englisch gehalten.

The Oxford History of England, 15 Bde., 1934 ff.; G. M. Trerelyan, *Geschichte E.s* I., 1949⁴; *The Pelican History of England* II-IV, 1965 u.ö.; F. Schubel, *Englische Literaturgeschichte*, 3 Bde., 1954-60.

ENZIO VON HOHENSTAUFEN (um 1220-72) König von Sardinien (1238-49). Unehelicher Sohn Kaiser *Friedrichs II., dem er seit 1236 als Befehlshaber einer Armee in Mittelitalien wirksam gegen Papst *Gregor IX. und die Guelfen beistand. 1238 machte ihn Friedrich zum König von Sardinien, das ein päpstliches Protektorat unter der formalen Oberhoheit des Reiches war. 1239 hinderte er Gregor, in Rom ein Konzil zur Absetzung des Kaisers abzuhalten, und ließ die anreisenden Bischöfe bei Ostia abfangen. Später kämpfte er gegen die norditalienischen Guelfen, wurde aber 1249 von den Truppen *Bolognas gefangengenommen und bis zu seinem Tod im Gefängnis gehalten.
E. Kantorowicz, *Kaiser Friedrich II.*, (Neudr.) 1963.
EPHESUS Stadt in Kleinasien an der ägäischen Küste. Die alte griechische Stadt wurde 263 von den *Goten eingeäschert und erlangte trotz des sofortigen Wiederaufbaus nie wieder ihre frühere Größe. Im oströmischen Reich diente sie als Provinzhauptstadt. 431 wurde in

E. das dritte ökumenische *Konzil abgehalten; dort verkündete man die Verehrung der hl. Maria, was von der noch immer unter dem Eindruck des heidnischen Kultes der Artemis stehenden Bevölkerung mit Begeisterung aufgenommen wurde. 449 verurteilte ein weiteres Konzil die *Nestorianer und bereitete mit seinen Entschlüssen das Konzil von *Chalkedon vor. Die Neuordnung der byzantinischen Verwaltung Kleinasiens im 6. Jh. nahm der Stadt jede Bedeutung. Im 7. Jh. wurde sie allmählich von den Einwohnern verlassen und sank zu einem Dorf ab, war aber bis 1403 Sitz eines Metropoliten. 1402 kam es an die *Seldschuken.
W. Alzinger, *Die Stadt des siebten Weldwunders*, 1962.

EPHRAIM BEN ISAAK (Rabbi E. der Große; 1110-75) Bibelkommentator und hebräischer Dichter. Er wurde zu Regensburg geboren, reiste in seiner Jugend und studierte an rheinischen und französischen Schulen, wo er sich großen Ruhm als Gelehrter erwarb. Im Jahre 1136 ließ er sich in der Funktion eines Gemeinderabbiners in Regensburg nieder. E. verfaßte Kommentare zum Talmud und rechtliche Entscheidungen, die wegen ihrer Gedankenschärfe weite Verbreitung fanden. Viele seiner Gedichte sind in das jüdische Gebetsbuch eingegangen.
S. W. Baron, *A Social and Religious History of the Jewish People* VI, 1959.

EPHRAIM BEN JACOB VON BONN (1137-97) Jüdischer Bibelkommentator und Dichter. Er studierte in seiner Heimatstadt und wurde später Haupt ihres rabbinischen Gerichtshofes. In dieser Funktion verfaßte er Rechtsgutachten, die als Interpretation des Talmuds Bedeutung haben. Seine elegischen Gedichte behandeln die Verfolgungen, unter denen die rheinischen Juden während des zweiten *Kreuzzugs zu leiden hatten, und dienen als wichtige Geschichtsquelle für die Erforschung jüdischer Gemeinden des 12. Jh.s.
S. W. Baron, *A Social and Religious History of the Jewish People* VI, 1959.

EPIRUS Byzantinische Provinz im nordöstlichen Griechenland. Sie litt zu Beginn des Mittelalters unter den Überfällen der Goten und Slawen. Erst im 8. Jh. konnten die byzantinischen Statthalter die Ordnung wieder herstellen. Die *normannischen Fürsten von *Apulien machten im 11. Jh. mehrere Versuche, E. zu erobern. Der Erste *Kreuzzug durchquerte E. auf dem Weg ins Heilige Land. Mit der ansteigenden strategischen Bedeutung von E. im späten 11. und im 12. Jh. wurde die Regierung der Provinz den Mitgliedern des byzantinischen Kaiserhauses anvertraut.
Bei der Errichtung des *Lateinischen Kaiserreiches Konstantinopel (1204) machte sich der Statthalter *Michael Angelos Komnenos unabhängig und gründete das Despotat von E. Er konnte das Eindringen der lateinischen Eroberer verhindern und einen selbständigen byzantinischen Staat auf europäischem Boden aufbauen. Sein Bruder und Nachfolger *Theodor (1214-30) kämpfte gegen die Lateiner und Bulgaren, eroberte Thessalien sowie große Teile Makedoniens und nahm 1222 die zweite Stadt des byzantinischen Reiches, Thessalonike, wo er sich zum Kaiser krönte. Die Ausdehnung nach Osten führte jedoch zum Zusammenstoß mit *Johannes Asen, dem Bulgarenzar, der ihn im Jahre 1230 bei Klokonitza besiegte und gefangennahm. Theodors Bruder und Nachfolger Manuel verlor die meisten Eroberungen seines Bruders und mußte sich am Ende

dem Kaiser von *Nikäa unterwerfen. Nach der Rückeroberung Konstantinopels durch *Michael VIII. Paläologos (1261) hatten sich die Herrscher von E. sowohl gegen das neuerstandene byzantinische Kaisertum wie auch gegen die Eroberungspläne *Karls von Anjou (1278) zu verteidigen. Nur mit Hilfe der serbischen Allianz gelang es ihnen, sich gegen Kaiser und Angevinen zu halten. Im Jahre 1318 starb die Dynastie der Angeloi von E. aus; die Provinz hörte auf, als unabhängiger griechischer Staat zu bestehen.
In der Folge wurden die byzantinischen Herrscher wegen der türkischen Bedrohung von der endgültigen Eroberung E.' abgehalten; das Land wurde Teil des Serbenreiches von *Stephan Duschan. 1431 fiel es in die Hände der Türken.
D. M. Nicol, *The despotate of Epirus*, 1957;
G. Ostrogorsky, *Geschichte des byzantinischen Staates*, 1963.

ERFURT Stadt in *Thüringen. Sie wurde im 8. Jh. gegründet und erhielt 741 ein Bistum, das vom hl. *Bonifaz als Missionszentrum für Sachsen gedacht war. 752 wurde das Bistum jedoch wieder abgeschafft; *Pippin d. Kurze verlieh die Stadt an die Erzbischöfe von Mainz. 805 errichtete *Karl d.Gr. in E. einen Markt. Die Handelstätigkeit war ein wichtiger Faktor in der Entwicklung der Stadt, die sich zum bedeutenden Vermittlungsplatz im ost-westdeutschen Verkehrswesen aufschwang (12.-13. Jh.). 1379 wurde die Universität von E. gegründet. 1483 kam die Stadt zum Kurfürstentum Sachsen.
K. Beyer, J. Bierexe, *Geschichte der Stadt Erfurt* I., 1935.

ERICH VII. DER SIEGREICHE König von Schweden (ca. 980-1000), regierte in *Uppsala, vereinte nach seinem Sieg über den Rivalen Styrbjörn die schwedischen Fürstentümer und zwang den südschwedischen Dänen seine Oberhoheit auf. E. empfing als erster Schwedenkönig die Taufe.

ERICH IX. DER HEILIGE König seit 1158, um 1160 von Adeligen ermordet. Er wurde innerhalb kurzer Zeit als Schutzheiliger Schwedens betrachtet und gilt als Gründer der Erichdynastie, die das Land bis 1250 regierte.

ERICH VII. DER POMMER (um 1382-1459) König von Norwegen, Dänemark und Schweden. Er wurde von seiner Großtante *Margarete adoptiert, der Regentin der drei Länder, und 1397 von Klerus und Adel zum König gewählt. Seine eigentliche Regierung begann jedoch erst nach dem Tode Margaretes (1412). In Dänemark machte er sich rasch unbeliebt, weil er den deutschen Klerikern und Adeligen an seinem Hof Vorrang gab. In Schweden als E. XIII. und Norwegen als E. IV. stützte er sich auf Deutsche und Dänen. Trotz des Widerstandes der Adeligen konnte er sich in den ersten 25 Jahren seiner Regierung dank der deutschen und dänischen Investitionen halten. Eine Absatzkrise der mittelschwedischen Kupferminen führte jedoch 1439 zum Aufstand des *Engelbrekt Engelbrektson, dem sich die Bauern und Adeligen anschlossen. Die darauffolgenden Revolten der norwegischen und dänischen Aristokratie zwangen 1442 E., zugunsten seines Neffen Christoph abzudanken.
G. Carlsson, *König E. d. P.*, in: Baltische Studien, N.F. 40, 1938.

ERICH V., KLIPPING (der Geschorene; um 1249-86) König von Dänemark. Die ersten Jahre seiner Regierungs-

zeit (seit 1259) standen unter dem Zeichen der mütterlichen Regentschaft und der Auswirkungen des Konflikts, den sein Vater mit der Kirche hatte. Erzbischof *Erlandsen, der von E.s Vater eingesperrt worden war, weigerte sich, E. zu krönen; statt dessen nahm er 1261 nach einem Sieg über die königliche Armee E. und dessen Mutter gefangen. Erst die Intervention des Papstes und der deutschen Fürsten führte zur Wiedereinsetzung E.s (1266), der jedoch durch seine Willkür rasch den Widerstand des Hochadels erregte. 1282 gab E. dem Druck des Adels nach und erkannte den *Danehof als rechtmäßige Regierungsinstanz an. 1286 wurde E. auf Anstiftung des Adels ermordet.
L. Musset, *Les Peuples Scandinaves au Moyen Age*, 1951.

ERICH DER ROTE (ca. 940-1007) Norwegischer Häuptling und Seefahrer. Er wurde wegen Totschlags verbannt, ließ sich in Island nieder, mußte 982 aus dem gleichen Grund die Insel verlassen und segelte nach Westen. Er entdeckte *Grönland und verbrachte die Zeit seiner Verbannung mit der Planung weiterer Niederlassungen an der Südostküste. 986 führte er eine Expedition von 25 Schiffen von Island nach Grönland und errichtete die erste skandinavische Niederlassung, die aus einzelnen um das Erijksfjord verstreuten Bauernhöfen bestand. Sein Sohn *Leif sollte Amerika entdecken.
A. W. Brögger, *Vinlandfahrten*, 1939.

ERI(U)GENA, JOHANNES SCOTUS (ca. 810-77) Philosoph. Er wurde in Irland geboren und ließ sich im Frankenreich nieder, wo er die Gunst *Karls des Kahlen errang, der ihn zum Haupt der Pariser Palastschule machte. E. spielte eine bedeutende Rolle in den theologischen Disputen seiner Zeit und war Widersacher des *Gottschalk. E.s Philosophie bestand in dem Versuch, die neoplatonische Idee der Ausstrahlung mit der biblischen Schöpfung zu verbinden. In seiner bedeutendsten Abhandlung *De divisione naturae* ("Über die Einteilung der Natur") entwickelte er eine hierarchisch gegliederte Naturanschauung, in der die Welt mit Gott als der Wurzel aller Dinge beginnt und endet. Dieses Konzept fand auch eine Stütze in den von ihm ins Lateinische übersetzten Werken des *Dionysius Areopagites (E. war einer der ganz wenigen westlichen Gelehrten des Frühmittelalters, die Griechisch verstanden). E. soll seine letzten Lebensjahre auf Einladung König *Alfreds d.Gr. in England verbracht haben. Im 13. Jh. wurde seine Lehre von der Kirche offiziell verurteilt.
J. Huber, *Johannes Scotus Erigena. Beiträge zur Geschichte der Philosophie und Theologie im Mittelalter*, 1960.

ERIKSKRÖNIKAN (Chronik des Erich) Anonymes schwedisches Heldenepos von ca. 1330, das auf dem Hintergrund der Ereignisse des 13. Jh.s die Taten König Erichs behandelt. Die Ausdruckskraft und Anmut des Stils machen die E. zur größten literarischen Errungenschaft des mittelalterlichen Schweden.

ERWIN VON STEINBACH (um 1244-1318) Deutscher Baumeister. Er wurde in dem Dorf Steinbach (Elsaß) geboren und wirkte an den Dombauten im Rheintal. Die Planung der Westfassade des Straßburger Münsters war sein Werk, die Ausführung lag in den Händen seiner beiden Söhne. E. trug zum Übergang des klassischen zum spätgotischen Baustil bei.
H. Jantzen, *Das Münster zu Straßburg*, 1933.

ERZÄMTER (archiofficia) Die aus der Merowingerzeit stammenden, von den Karolingern weiterentwickelten und von den feudalen Monarchien Europas geerbten zentralen Ämter des königlichen Haushalts, deren Inhabern auch öffentliche Aufgaben verliehen wurden. In Frankreich bestanden im Hochmittelalter die Ämter des *Seneschalls, der die Armee kommandierte und Gericht hielt, des *Konstabels, der ebenfalls militärische Funktionen wahrnahm, des *Kämmerers, der das Schatzamt innehatte, des *Mundschenks, der die wirtschaftlichen Aufgaben versah, und des *Kanzlers, der als Sekretär die Monarchen diente. Im deutschen Reich entwickelten sich die E. infolge der weit stärker bewahrten öffentlichen Natur des Königsamtes in eine andere Richtung. Die Struktur des Reiches erforderte neben dem Truchseß, dem Marschall, dem Kämmerer und dem Erzmundschenk eine Dreiteilung des Erzkanzleramtes für Deutschland, Italien und Gallien mit Burgund. Gleichzeitig waren die verschiedenen E. traditionell an bestimmte Territorialherrn (im Spätmittelalter Inhaber der Kurfürstenwürde) verliehen und wurden deshalb auch geographisch auf die großen Gebietseinheiten des Reiches verteilt (Erztruchseß: Pfalzgraf bei Rhein; Erzmarschall: Herzog v. Sachsen; Erzkämmerer: Markgraf v. Brandenburg; Erzschenk: König von Böhmen; Erzkanzler: die Erzbischöfe von Mainz, Köln und Trier).
Handwörterbuch zur deutschen Rechtsgeschichte I, 1964.

ERZIEHUNGS- UND BILDUNGSINSTITUTIONEN Mit Ausnahme der fernöstlichen Zivilisationen war die mittelalterliche Erziehung im christlichen, islamischen und jüdischen Kulturkreis eine Sache der religiösen Autoritäten. Zu Beginn des Mittelalters verschwanden die von der platonischen Akademie Athens repräsentierten Überreste des klassischen Erziehungssystems. Dennoch stützten sich die christlichen E. mit den sieben freien Künsten (*Trivium, *Quadrivium) auf die klassische Tradition.

Die kirchliche Vorherrschaft über das Erziehungswesen wurde in Byzanz am frühesten entwickelt. Die städtischen Schulen kamen unter kirchliche Kontrolle; an die Stelle der weltlichen Akademie trat die kaiserliche, deren Lehrer Staatsangestellte waren. Neben den üblichen freien Künsten lehrte die Akademie von Konstantinopel auch Theologie und Geschichte und betonte besonders die Rechtswissenschaft, die für die Ausbildung von Staatsbeamten unerläßlich war. Im 10. Jh. wurde das gesamte byzantinische Erziehungswesen unter Staatskontrolle gestellt; man vereinheitlichte die Lehrpläne und machte die klassischen Autoren zur Pflichtlektüre. Der Kaiserhof bildete den inneren Kern der höheren Erziehung. Nach der Unterwerfung von Byzanz durch die Teilnehmer des vierten *Kreuzzugs wurden aus den griechischen Schulen innerhalb des Machtbereichs des *Lateinischen Kaiserreichs nun Klosterschulen, die als Mittelpunkt der religiösen Ausbildung dienten. In *Nikäa hielten sich die staatlichen Schulen, die sich zu philosophisch-theologischen Zentren weiterentwickelten und auf der Grundlage der griechisch-orthodoxen Tradition den Widerstand gegen den lateinischen Klerus Griechenlands und die Unionsversuche mit der römischen Kirche propagierten.

In der Welt des Islams basierte die Erziehung auf Koran- und Sprachstudium. Im 8. Jh. nahmen die von den Kalifen errichteten Akademien in der Folge des griechisch-persischen Einflusses auch philosophische und naturwissenschaftliche Studien in ihren Lehrplan auf. Zu Beginn des 9. Jh.s fand das moslemische Erziehungssystem in der von Kalif *Al-Mamun gegründeten Akademie von Bagdad seinen Höhepunkt. Hier kamen die besten Gelehrten des Kalifats zusammen und entwickelten das Studium der aristotelischen Philosophie, der Mathematik, Physik, Astronomie und Astrologie zu einer bis dahin nicht gekannten Perfektion. In der zweiten Hälfte des 9. und im 10. Jh. entstanden weitere wichtige Schulen in *Kiaruan, *Córdoba und an der Al-Azhar Moschee von Kairo. Bis zu Beginn des 12. Jh.s hatte das moslemische Erziehungssystem die höchsten Fortschritte vorzuweisen und wirkte tief auf die anderen Kulturkreise ein. In der zweiten Hälfte des 12. Jh.s führten die Reformen *Nur ed-Dins, der die alten philosophisch-naturwissenschaftlich ausgerichteten Schulen schloß und die streng *sunnitischen *medressa*-Schulen errichtete, zum Niedergang der ägyptischen E. Die *medressa* bildeten Propagandisten und Staatsbeamte aus, basierten auf dem Studium von Rechtswissenschaft und Religion und benutzten eher die Rute als die analytische Methode. Mit der Verbreitung dieses Systems und der *mongolischen Zerstörung der geistigen Zentren Persiens und Iraks gab die moslemische Erziehung die intellektuelle Kreativität auf.

Im westlichen und zentralen Europa verschwanden mit der Zerstörung des Stadtwesens auch die alten Schulen. Dagegen entwickelten sich die Klosterschulen auf der Grundlage des Programms, das *Cassiodorus zu Beginn des 6. Jh.s erstellt hatte; sie verbreiteten sich rasch über Italien, Spanien und Gallien und drangen dann gegen Ausgang des 6. Jh.s in Irland und im 7. Jh. in das angelsächsische England ein. Das hochentwickelte irische Mönchtum wirkte im 7. Jh. auf Kontinentaleuropa zurück und führte unter anderem zur Wiederaufnahme klassischer Studien in den fränkischen Klöstern. *Alkuin errichtete gegen Ende des 8. Jh.s unter Verwertung angelsächsischer Errungenschaften die Palastschule des karolingischen Hofes und setzte die Reform des fränkischen Erziehungswesens in Gang, wonach jedes Bistum und Kloster eine Schule besitzen mußte. Diese Maßnahmen führten zusammen mit dem allgemeinen kulturellen Aufleben der *karolingischen Renaissance zur Wiederaufnahme theologischer Studien, und diese später zur Entstehung der Scholastik. Eine Bereicherung der Lehrpläne bewirkte der Einfluß des arabischen Geisteslebens, das von Spanien aus durch lateinische Übersetzungen Eingang im Westen fand. In der zweiten Hälfte des 10. Jh.s entstanden in Lothringen, Westfrankreich und den Niederlanden neue Schulen. Die Klosterschulen Norditaliens, Ostfrankreichs und der Normandie erlebten eine neue Hochblüte. Diese Entwicklungen führten endlich zur wichtigsten Errungenschaft des Erziehungswesens in Europa, der Entstehung der *Universitäten im 12. Jahrhundert (*Bologna, Paris). Im 13. Jh. verbreiteten sich die Universitäten über ganz Europa. Das Hochmittelalter erlebte im Westen eine Vertiefung und Pluralisierung der Erziehung, die in Unterschulen an Domkirchen, Universitäten und Klosterschulen gegliedert war. Neue Lehrmethoden wurden eingeführt, die sich auf die aristotelische Philosophie sowie das neuerwachte Interesse an den Naturwissenschaften stützten und von der analytischen Methode Gebrauch

machten. Im späten Mittelalter begann sich auch zögernd eine mehr laikale Erziehung zu entwickeln. Das Judentum schuf sein eigenes Erziehungswesen. Dieses bestand zu Beginn des Mittelalters und bis zum 8. Jh. auf höherer Ebene ausschließlich aus den großen Talmudakademien Mesopotamiens und legte besonderen Wert auf das Rechtsstudium und die Interpretation der Heiligen Schrift. Geopolitische Bedingungen und die Auswanderung von Lehrern in andere Länder führten zur Gründung kleinerer örtlicher Schulen, an deren Spitze der Gemeinderabbiner stand. Es entwickelten sich Unterschiede zwischen dem spanischen (*sephardischen) und dem französisch-deutschen (*aschkenasischen) Erziehungssystem. Das spanische war von der arabischen Erziehung beeinflußt und konzentrierte sich auf philosophische, naturwissenschaftliche und sprachkundliche Studien (letztere entwickelten hauptsächlich die rechtlichen und exegetischen Aspekte).

A. O. Norton, *Readings in the History of Education*, 1909;

J. Bühler, *Das deutsche Geistesleben im Mittelalter*, 1927;

W. Wuehr, *Das abendländische Bildungswesen im Mittelalter*, 1950.

ERZURUM (ERSURUM) Eine der ältesten Städte *Armeniens, wurde 422 von den Byzantinern erobert, 530 befestigt, fiel 642 in die Hände der Araber und wurde in der zweiten Hälfte des 7. Jh.s von den Byzantinern wiedergewonnen. Zwischen 1050 und 1070 griffen die *Seldschuken mehrmals die Stadt an und zerstörten sie. Im 12. Jh. fiel E. in die Hände der *Georgier und war in der Folge Streitobjekt zwischen diesen und den Türken. 1224 zerstörte *Dschingis-Khan E., 1241 nahmen es wieder die Türken. 1378 wurde E. von *Timur-Leng erobert, dessen Nachkommen E. bis zur osmanischen Eroberung (1514) beherrschten.

ESCHATOLOGIE (Lehre von den Letzten Dingen) Der Komplex der eschatologischen Glaubensvorstellungen hat das Mittelalter in allen Lebensbereichen sehr tief beeinflußt, wie Kunst und Literatur bezeugen. Tod, persönliches Gericht, Jenseits und Weltende sind die vier großen Themen der E. Erst ab dem Hochmittelalter begann man sich intensiver mit dem Tod zu beschäftigen, da in dieser Epoche ein neues, dem Diesseits zugewandtes Lebensgefühl entstand, das das Ende des irdischen Daseins schärfer ins Bewußtsein treten ließ. Immer wieder hatten die lateinischen und volkssprachlichen Dichter seit *Helinand vom personifizierten Tod und seiner Unerbittlichkeit gesprochen, am bekanntesten ist vielleicht der "Ackermann" des *Johannes v. Saaz. Es entstand eine eigene Meditationsliteratur über das Sterben, die Ars moriendi ("Kunst des Sterbens"), die auf einen bußfertigen Tod vorbereiten soll. Erst im Spätmittelalter entwickelte sich in der Kunst das Bild des Knochenmannes, der alle Welt in seinen *Totentanz hineinzieht. Auch der Verstorbene wurde nun in der Grabplastik, was den vorgehenden Jahrhunderten unbekannt war, als Skelett dargestellt.

Über das besondere Gericht waren dagegen schon seit dem Frühmittelalter viele Legenden verbreitet: die Seele des Toten würde vom Erzengel Michael mit ihren Taten gewogen; sie müßte über eine Brücke gehen, die die Gerechten leicht überschreiten konnten, da sie für diese immer breiter wurde, während die Sünder in den darunter brausenden Feuerfluß hineinstürzten, da sie sich bei ihnen auf Haaresbreite zusammenzog; sie würde von Gott selbst vor seinen Richtstuhl geladen, von den Dämonen angeklagt, von den Engeln aber verteidigt ... Viele Menschen schauten solche *Visionen in der Todesstunde oder in schwerer Krankheit.

Sie berichteten auch über das Jenseits: der Himmel wurde als herrliche Stadt aus Gold und Edelsteinen oder als paradiesischer Garten gezeichnet, das Fegefeuer als eine gigantische Übersteigerung mittelalterlicher Folterpraxis mit allen denkbaren und undenkbaren Torturen, Ungeheuern und Teufeln geschildert, die Hölle als so furchtbar beschrieben, daß sie oft gar nicht mehr geschildert wurde. Himmel und Hölle waren für den mittelalterlichen Menschen ganz real und hatten daher Einfluß auf sein Handeln: Almosen wurden gespendet, Kirchen gebaut, Pilgerfahrten unternommen usw., damit es nach dem Tode der Seele vergolten würde.

Schließlich rechneten alle Generationen des Mittelalters bis hin zu Columbus und Luther mit dem baldigen, ja im Neuen Testament verheißenen Anbruch der Endzeit. Nur deshalb war es möglich, in der politischen Propaganda den Gegner immer wieder als *Antichrist zu verteufeln. Im Frühmittelalter waren es besonders (anglo-)sächsische Dichtungen, die den Weltuntergang (*Muspilli*) beschrieben, im Hochmittelalter auch lateinische Werke wie das *Dies Irae,* im späten Mittelalter vor allem die Weltgerichtsdramen (*Schauspiel) und die bildende Kunst: es gab keine Kirche, in der nicht die Herabkunft Christi, die Auferstehung der Toten und die Einweisung in Himmel und Hölle als Fresko, Tafelbild oder Tympanonrelief zu finden gewesen wäre.   (Din)

E. Döring-Hirsch, *Tod und Jenseits im Spätmittelalter,* 1927;
A. Tenenti, *Il senso della morte e l'amore della vita nel Rinascimento,* 1957;
D. D. R. Owen, *The Vision of Hell,* 1970;
P. Dinzelbacher, *Klassen und Hierarchien im Jenseits,* in: Miscellanea Mediaevalia 12, 1979.

ESKIL (gest. 1181) Erzbischof von Lund (1158-78). Sohn einer dänischen Adelsfamilie, wurde in *Hildesheim erzogen, wo er den *Zisterzienserorden kennenlernte. Auf Reisen befreundete er sich mit dem hl. *Bernhard von Clairvaux, der E.s Entwicklung tief beeinflußte. 1134 wurde er Bischof von Roskilde, zeichnete sich als eifriger Betreiber der Kirchenreform aus und führte die Zisterzienser in Dänemark ein. 1138 wurde er zum Erzbischof von Lund erhoben. 1157 geriet er in Burgund bei der Rückkehr von einem Romaufenthalt in Gefangenschaft, gegen die *Friedrich Barbarossa nichts unternahm, was ein Anlaß zu seiner Entzweiung mit dem Papst wurde. E.s weitere Amtszeit stand im Zeichen des andauernden Konfliktes mit König *Waldemar I. Konträr zur königlichen Politik erkannte er Papst Alexander III. an, was 1160 zu seiner Verbannung führte, die er in Clairvaux verbrachte. 1167 kehrte er an seinen Posten zurück, 1170 krönte er *Knut IV., an dessen Hof er großen Einfluß ausübte. 1177 zog er sich von seinem Amt zurück und starb als einfacher Mönch in Clairvaux.

W. Seegrün, *Das Papsttum und Skandinavien bis zur Vollendung der nordischen Kirchenorganisation,* 1967.

ESSEN Deutsche Stadt an der Ruhr. 873 gründete der Hildesheimer Bischof Altfrid ein adeliges Damenstift, das seit 947 reichsunmittelbar war. Dieses wurde der Siedlungskern für Altessen, das sich als Markt vergrößerte, doch sich nicht gegen die Herrschaft des Stiftes durchzusetzen vermochte. Weberei, Goldschmiedehandwerk und Kohletagbau waren im Spätmittelalter die wichtigsten Gewerbezweige. Von der Stiftskirche des 11. Jh.s blieben der Westbau und die Krypta erhalten sowie zahlreiche Kleinodien in der Schatzkammer. (Din)
R. Jahn, *Essener Geschichte,* 1957.

ESSEX Angelsächsisches Königreich am Nordufer der Themse östlich von London. Es wurde gegen Ende des 5. Jh.s von Einwanderern aus Sachsen unter Bewahrung der alten dynastischen Traditionen und ihrer Sprache gegründet. Die geschichtliche Entwicklung des Kleinreiches E. ist nicht geklärt. Das Land konnte seine Unabhängigkeit hauptsächlich dank andauernder Rivalität seiner Nachbarmächte bewahren. Im 6. Jh. breitete sich E. nach Westen aus und schloß *London ein, das sich zur wichtigsten Stadt des Königreiches entwickelte. Im Jahre 652 trat die Herrscherfamilie unter dem Einfluß der Herrscher von *Northumbrien zum Christentum über und richtete das Bistum London wieder auf. Im 8. Jh. war E. im Niedergang begriffen und verlor den Großteil seines Territoriums einschließlich Londons an *Mercien, dessen Könige die Oberhoheit über E. besaßen. König *Offa nahm E. dann gänzlich die Unabhängigkeit. 842 eroberte es *Egbert von Wessex, in der zweiten Hälfte des 9. Jh.s der Dänenführer *Guthrum, der E. nach Teil zum *Danelaw machte. Unter *Edward dem Bekenner war E. eine unbedeutende Grafschaft. Nach der *normannischen Eroberung wurde der Titel des Grafen von E. als bloßes Ehrenzeichen an verschiedene normannische Herren verliehen.

W. R. Powel (Hg.), *Victoria County History: Essex,* 1903 ff.

ESTE Adels- und Herrscherfamilie aus *Ferrara. Sie stammt aus dem feudalen Landadel und ließ sich im 11. Jh. in der Stadt nieder. Im 12. Jh. festigten sie ihre Macht in Ferrara. 1196 wurde Azzo VI. Podesta der Stadt. 1208 vertrieb er die rivalisierenden Adelsfamilien aus der Stadtregierung und machte sich als *signore* von Ferrara zum Herrn des Stadtterritoriums. Im 13. Jh. nahmen die E. eine kaiserfeindliche Haltung ein und zählten zu den führenden *Guelfendynastien Norditaliens. Seit 1240 kämpften sie gegen *Friedrich II. Azzo VIII. nutzte seinen Sieg über *Ezzelino da Romano zur Errichtung eines mächtigen Staates, dessen Freundschaft im Jahre 1266 sowohl *Manfred von Hohenstaufen wie auch dessen Widersacher *Karl von Anjou suchten. Sein Sohn Obizzo stärkte die Herrschaft durch die Zerschlagung der Handwerkerzünfte und förderte die wirtschaftliche Entwicklung Ferraras. Im 14. Jh. dienten die E. als päpstliche Bevollmächtigte in der Emilia und konnten mehrere Angriffe Venedigs zurückschlagen. Gegen Ende des Jahrhunderts entwickelte sich in Ferrara ein glänzendes Hofleben, das ein wichtiger Bestandteil der großartigen künstlerischen Blüte Ferraras in der Renaissancezeit war.

C. von Chledowski, *Der Hof von Ferrara,* 1913.

ESTORI Siehe *ASCHTORI.

ÉTABLISSEMENTS DE SAINT LOUIS (Die Einrichtungen des hl. Ludwig) Französischer Kodex des lokalen Gewohnheitsrechtes, der gegen Ende des 13. Jh.s erstellt wurde. Die Zuschreibung an den König *Ludwig

IX. verlieh ihm große Autorität, obwohl der Großteil des Werkes von französischen Juristen aus der Zeit *Philipp IV. stammt.

P. Viollet (Hg.), 1881.

ETHELBALD König von *Mercien (716-57). Sohn einer Juniorenlinie des Königshauses, wurde nach langen Jahren des Exils auf den Thron berufen und baute danach eine strenge Herrschaft auf, die keine Rücksicht auf die Vorrechte des Adels nahm. Im Jahre 726 begann er eine lange Reihe von Eroberungskriegen gegen die angrenzenden Königreiche Kent und Wessex, die zur Errichtung der Oberhoheit Merciens über den Süden Englands führten. E.s dreißigjährige Herrschaft wurde erst mit E.s Ermordung durch einen seiner Leibwächter infolge eines Streits mit den Adeligen beendet.

F. M. Stenton, *Anglo-Saxon England*, 1971[3].

ETHELBERT König von Kent (hl.; um 560-616). Ein Nachfahre von *Hengist, des Reichsgründers im 5. Jh. Er dehnte seine Macht auf weite Gegenden Südenglands aus und war der wichtigste angelsächsische Herrscher seiner Zeit. Seine Heirat mit Bertha, der Tochter des Frankenkönigs *Charibert I., verlieh ihm großes Ansehen und öffnete dem fränkischen Einfluß in Kent die Tore. Die Königin ließ christliche Missionare ins Land kommen, unter ihnen den hl. *Augustinus, der 597 E. bekehrte. Als erster Angelsachse ließ er Gesetze in der Volkssprache aufzeichnen.

F. M. Stenton, *Anglo-Saxon England*, 1971[3].

ETHELRED I. König von Wessex (865-71). Dritter Sohn des *Ethelwulf. E. hatte sich gegen die *dänische Invasion zu wehren, die 865 das Königreich Northumbrien zerstörte und auch Wessex bedrohte. Mit Hilfe seines jüngeren Bruders *Alfred befestigte er die Flußübergänge der Themse und traf 870 auf die Dänen in der Schlacht von Reading, die jedoch keine Entscheidung brachte.

ETHELRED II. DER UNBERATENE (968-1016) König von *Wessex und England (978-1016). E. kam nach der Ermordung seines älteren Bruders *Edward an die Macht, litt aber trotz der ihm von ganz England erbrachten Anerkennung an dem Mord, den man seiner Mutter anlastete. Um sein Ansehen zu heben, heiratete er *Emma, die Tochter des Normannenherzogs *Richard I. Im Jahre 1014 mußte er sich vor der Invasion König *Svens von Dänemark nach Wessex zurückziehen, von wo aus er mit Hilfe des örtlichen Adels den Widerstand gegen die Eroberer leitete. Ein Jahr später konnte er seine Herrschaft wieder herstellen, wurde aber 1016 von *Knut, dem Sohn Svens, besiegt und starb kurz darauf. Seine Witwe heiratete den Eroberer, der sich das ganze Land untertan machte.

F. M. Stenton, *Anglo-Saxon England*, 1971[3].

ETHELWULF König von Wessex und Kent (839-58). Sohn König *Egberts, von dem er 836 das Unterkönigtum Kent erhielt und dessen Nachfolger er 839 wurde. E. konnte zwar die Dänen zurückwerfen, erregte aber in seiner Vorliebe für Kent den Widerstand der alten Aristokratie von Wessex. Während einer Romreise (855) erhob sich Wessex gegen ihn. 856 dankte E. zugunsten seines Sohnes *Ethelbald ab, behielt aber das Königreich Kent.

F. M. Stenton, *Anglo-Saxon England*, 1971[3].

EUBÖA (Negroponte) Insel in ägäischen Meer, bis 1204 unter byzantinischer Herrschaft und danach Teil des venezianischen Kolonialreiches. Nach dem Fall des *lateinischen Kaiserreichs von Konstantinopel (1261) diente E. als Mittelpunkt der venezianischen Besitzungen im Osten und wurde von Mitgliedern der venezianischen Adelsfamilien regiert. 1479 fiel es in die Hände der *Osmanen und ging nach dem Fehlschlag des *Kreuzzugs von Papst *Pius II. (1480) endgültig verloren.

F. Thiriet, *La Romanie Vénitienne au Moyen Âge*, 1959.

EUDES Siehe *ODO.

EUGEN I. (hl.) Papst (654-57). Über sein Leben und Pontifikat sind nur ganz wenige Einzelheiten bekannt. Wie sein Vorgänger *Martin I. weigerte er sich, den monothelitischen Patriarchen von Konstantinopel anzuerkennen.

EUGEN II. Papst (824-27). Sohn einer reichen römischen Familie, krönte *Lothar I. und stand ganz unter fränkischem Einfluß. Er stimmte der *Constitutio Romana* zu, die jeden neugewählten Papst zum Treueid auf den Kaiser verpflichtete.

EUGEN III. (Bernhard Pignatelli; gest. 1153) Papst (1145-53). In Pisa geboren, trat 1135 dem *Zisterzienserkloster *Clairvaux bei und wurde vom hl. *Bernhard zum Abt von St. Anastasio (Rom) gemacht. Nach seiner Papstwahl weigerte er sich, die Gewalt des römischen Senats anzuerkennen und mußte nach Viterbo fliehen. Zu Weihnachten 1146 rief er einen neuen *Kreuzzug aus und ging 1147 nach Frankreich, wo er seinen Lehrer Bernhard ersuchte, den Kreuzzug zu predigen. Zur gleichen Zeit mußte er den Aufstand des *Arnold von Brescia in Rom niederschlagen. 1149 kehrte er nach Rom zurück, mußte aber wiederum vor den Volksunruhen fliehen und konnte erst 1153 dank der Intervention *Friedrich Barbarossas zurückkehren.

E. war auf Rat seines Lehrers Bernhard, der für ihn die berühmte Abhandlung *De consideratione* schrieb, besonders in der Wiederherstellung der Sitten des Klerus tätig.

H. Gleber, *Papst Eugen III.*, 1936.

EUGEN IV. (Gabriele Condulmaro; um 1383-1447) Papst (1431-47). Sohn einer reichen venezianischen Familie, trat in jungen Jahren den *Augustinerchorherren bei und wurde 1408 von seinem Onkel Papst *Gregor XII. zum Kardinal erhoben. Als Papst versuchte er, das *Basler Konzil aufzulösen, mußte aber 1433 nachgeben und die Rechtmäßigkeit des Konzils anerkennen. Im gleichen Jahr zwang ihn ein Aufstand in Rom, Zuflucht in Florenz zu suchen, wo er bis 1443 residierte. Inzwischen verschlechterten sich die Beziehungen zum Konzil, das 1439 den Gegenpapst *Felix V. wählte. E. berief ein neues Konzil nach Ferrara (1438) und erreichte in einer weiteren Sitzung in Florenz (1439) die Unterzeichnung des Unionsdokuments zwischen der griechischen und der römischen Kirche. Dies trug wesentlich zur Erhöhung seines Ansehens bei und erlaubte ihm, den Konflikt mit dem Basler Konzil in einer ihm günstigen Weise abzuschließen. Seine Bemühungen, einen Kreuzzug gegen die Türken in Bewegung zu setzen, endeten mit der Niederlage der Christen bei *Varna. E.s Beziehungen zu Frankreich waren infolge der *pragmatischen Sanktion von Bourges (1438) gespannt, in Bezug auf Deutschland war ihm dank der diplomatischen Geschicklichkeit seines Legaten Piccolomini (*Pius II.) die Unterstützung sicher. E. war ein Mann der strengen Frömmigkeit und in seinen politischen Ansichten dogmatisch, gleichzeitig förderte er aber die Künste.

P. Roth, *Das Basler Konzil 1431-48,* 1931;
E. Gill, *The Council of Florence,* 1959.

EUGENIUS VON PALERMO, DER ADMIRAL (12. Jh.) Gelehrter und Staatsmann im normannischen Sizilien. In Palermo als Sohn einer griechischen Adels- und Beamtenfamilie geboren, erlangte nach 1153 den Titel des "Admirals" (erster Minister) und diente am Hofe *Rogers II. und Wilhelms I. Neben seinen offiziellen Tätigkeiten betrieb E., der neben Latein auch Griechisch und Arabisch beherrschte, die Übersetzung von naturwissenschaftlichen Werken aus dem Arabischen, darunter der Optik des Ptolemäus. E. war auch ein Dichter, der griechische Trauergedichte auf König *Wilhelm I. hinterließ sowie auch einige im Gefängnis nach seiner Absetzung durch Wilhelm II. geschriebene Gedichte über die Freuden der Einsamkeit und der Klassiker.

E. Jamison, *Admiral Eugenius of Sicily,* 1957.

EULENSPIEGEL, TILL (ca. 1300-50) Norddeutscher Bauer, der kurz nach dem *Schwarzen Tod starb. Die zeitgenössischen Quellen stellen E. als eine anziehende Figur des Wanderers dar, der es immer wieder verstand, der Strafe für seine Missetaten aus dem Wege zu gehen. Seine Figur, die zum ersten Mal 1483 schriftlich erwähnt wird, inspirierte zahlreiche spätere Versionen grotesker und satirischer Natur.

W. Kablec, *Untersuchungen zum Volksbuch von Eulenspiegel,* 1916.

EURICH König der *Westgoten (466-84). E. ermordete seinen Bruder Theoderich II. und begann nach der Machtergreifung eine Politik der territorialen Ausdehnung gegen die letzten römischen Stützpunkte in Gallien. 475 erreichten die Grenzen seines Reiches die Flüsse Rhône und Loire; im nächsten Jahr breitete er seine Herrschaft über die Provence aus und eroberte weite Gegenden in Spanien. Unter E.s Regierung war das Westgotenreich der mächtigste Staat Westeuropas, und sein Hof zu Toulouse ein wichtiges politisches Zentrum. Neben seiner militärischen Begabung besaß E. auch die eines großen Verwalters. Er gestaltete das Regierungssystem von neuem und gab für seine römischen Untertanen einen eigenen Rechtskodex heraus. Seine arianische Religion behielt E. mehr als Ausdruck der Unabhängigkeit vom römischen Universalismus denn aus religiöser Überzeugung bei.

K. F. Stroheker, *Eurich, König der Westgoten,* 1937.

EUSTACE Graf von Boulogne (1087-1126). Er erbte in England Grafschaft und Güter seines Vaters, der an der normannischen Eroberung des Landes teilgenommen hatte. E. war durch seine Heirat mit Maria von Schottland mit der angelsächsischen Dynastie Englands verwandt. In den Jahren 1096-99 nahm E. am Ersten *Kreuzzug teil und kehrte nach der Schlacht von Askalon nach Hause zurück. Als Schwager *Heinrichs I. wurde er in die englische Politik verwickelt und verheiratete 1125 seine einzige Tochter Mathilde an den Kronerben *Stephan von Blois.

F. M. Stenton, *The First Century of English Feudalism,* 1949.

EUSTACHE VON SAINT-PIERRE (um 1287-1371) Bürger von *Calais und ein Führer des Widerstandes gegen die Belagerung durch *Eduard III. (1347). Nach dem Fall der Stadt gedachte Eduard, die Einwohnerschaft hinrichten zu lassen. E. stand an der Spitze der Gesandtschaft von Honoratoren, die mit ihrem eigenen Leben die Bevölkerung retten wollte. Eduard ließ sich jedoch von seiner Gemahlin Philippa umstimmen. E. erlangte durch seinen Opfermut große Berühmtheit.

EUTHYMIOS ZIGABENOS (12. Jh.) Byzantinischer Theologe und Mönch. Er predigte am Kaiserhof und erhielt von *Alexios I. Komnenos den Auftrag, ein Buch zur Verdammung der Ketzerei zu schreiben. Seine *Panoplia Dogmatica* wurden Standardwerk der Rechtgläubigkeit; sie zählten systematisch alle Ketzereien auf. Die den *katharischen Bogomilen gewidmeten Teile sind von besonderer Bedeutung als hauptsächliche Geschichtsquelle zu dieser Sekte.

H. G. Beck, *Kirche und theologische Literatur im byzantinischen Reich,* 1959.

EVIATHAR BEN ELIJAH HACOHEN (1040-1109) Geschichtsschreiber und letzter *Gaon von Palästina. Er erwarb sich unter der Obhut seines Vaters, des Gaon Elijah, ein breites Wissen, floh 1071 vor der seldschukischen Eroberung Jerusalems nach Tyrus und half dort seinem Vater, das geistige Zentrum des Judentums im Heiligen Land zu erhalten. Im Jahre 1048 wurde er zum Gaon von Haifa ernannt und verteidigte die Stellung des Heiligen Landes gegen die Führer der Gemeinde von Kairo. Im Zusammenhang mit dieser Polemik verfaßte er eine Geschichte des palästinensischen Gaonatentums. Nach der Eroberung des Landes durch die Kreuzfahrer floh er nach Syrien.

J. Mann, *The Jews in Egypt and Palestine,* 1924.

EVREUX Nordfranzösische Stadt am Iton. In der Frankenzeit war E. eines der Zentren der christlichen Kirche und schon seit dem 4. Jh. Sitz eines Bistums. Die Stadt wurde im 9. Jh. durch *Karl d. Kahlen gegen die Normannen befestigt und einem Grafen verliehen. Infolge der geopolitischen Lage E.'s zwischen Frankreich und der Normandie konnten die Grafen ein gewisses Maß an Selbständigkeit bewahren gegenüber dem Herzogtum Normandie, zu dem sie seit 911 gehörten; sie kamen aber 1204 unter direkte französische Herrschaft. Im 13. Jh. starb die Grafenfamilie aus. Im 14. Jh. formte man die Grafschaft von E. zu einer *Apanage der Könige von *Navarra um. Mitte des 14. Jh.s nahm E. als Hauptstützpunkt *Karls d. Bösen von Navarra eine bedeutende Rolle ein.

EXCHEQUER (Schatzamt) Die Bezeichnung für die Finanzverwaltung des anglo-normannischen Englands und des normannischen Süditaliens. Der Ursprung des E. liegt in der karierten Tafel an manchen Herrenhöfen, auf die die hörigen Bauern ein Zeichen niederlegten, das ihre Abgaben symbolisierte. Im 12. Jh. legten in England die *sheriffs ihre Finanzabrechnungen auf die Tafel des E. Unter *Heinrich I. errichtete man ein besonderes Amt, das die von den Grafschaften zu zahlenden Steuern verzeichnete und die Rechnungsbücher der *sheriffs kontrollierte. Besonders ausgewählte Mitglieder der *curia regis* verhandelten die mit der Rechnungslegung verbundenen Gerichtsfälle und wurden als "Barone des E." bezeichnet. Die volle Entwicklung des E. ist aus dem *"Dialog des E." von Richard Fitzneale ersichtlich.

König *Roger II. von Sizilien führte mit Hilfe des englischen Finanzspezialisten Thomas Brown das E.-System in seinem Reich ein, glich es jedoch den griechisch-moslemischen Verwaltungstraditionen und der feudalen Mentalität der normannischen Barone der Insel an.

Wanderhändler, Manessekodex, 14. Jh.

Goldmünze aus der Regierungszeit
Eduards IV. von England

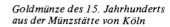

Goldmünze des 15. Jahrhunderts aus der Münzstätte von Köln

B. Lyon, *A Constitutional and Legal History of Medieval England,* 1960.

EXEGESE (griech. Erklärung) Die im Westen seit dem 12. Jh. übliche Bezeichnung für die Kommentare zur Bibel und andere heilige Bücher wie die Werke der Kirchenväter. Im Gegensatz zur Glosse (Erläuterung) die als technisches Hilfsmittel auch in weltlichen Werken gebraucht wurde, bezieht sich die E. auf die Erklärung des heiligen Textes auf der wörtlichen, historischen, allegorischen und mystischen Ebene (*Allegorie).

EXETER Südwestenglische Hafenstadt, die zu Beginn des 5. Jh.s von den keltischen Einwohnern verlassen wurde. Um 685 wurde am Ort ein Kloster gegründet, das als Kern der neuen Siedlung diente. Das Kloster entwickelte sich rasch zu einem Zentrum der Gelehrsamkeit und zählte u.a. den hl. *Bonifatius zu seinen Schülern. Im 9. Jh. wuchs E. infolge des auflebenden Seehandels und wurde 1050 Sitz eines Bistums. Wilhelm der Eroberer brachte in der Festung der Stadt seine Verwaltung unter. In der Folge wuchsen der Wohlstand und die Bedeutung der Hafenstadt, die auch weiter als Regierungs- und Kirchenzentrum Südwestenglands diente.

F. Barlow, *Feudal England,* 1967.

EXILARCH Der bis ins 13. Jh. von den Häuptern der jüdischen Gemeinde Mesopotamiens getragene Titel. Die E.en wurden für Nachfahren des Hauses *David und "Prinzen des Exils" gehalten. Ihre Autorität stützte sich auf ihr geschichtliches Ansehen und auf die Bevorzugung durch die persischen und dann die arabischen Herrscher. Als Gegenleistung waren die E.en für die Einsammlung von Steuern und die Bewahrung der inneren Ordnung verantwortlich.

S. W. Baron, *A Social and Religious History of the Jews* IV, 1957.

EXKOMMUNIKATION (Bann) Der von der zuständigen kirchlichen Instanz angeordnete Ausschluß einer Person aus der Gemeinschaft der Gläubigen. Im Gegensatz zum *Interdikt wird die E. nur gegen Einzelpersonen angewandt, denen das Recht genommen wird, die *Sakramente zu erhalten oder zu spenden und mit den anderen Christen Umgang zu pflegen. Die E. führt nicht zum Ausschluß aus der Kirche, sondern ist eine temporäre Aufhebung der Mitgliedschaft, die den Sündigen zur Beichte ihrer Sünden ermutigen soll. Der politische Gebrauch, den das Papsttum seit dem *Investiturstreit davon machte, verringerte seit dem 12. Jh. die Wirksamkeit der E.

K. Mörsdorf, *Handbuch theologischer Grundbegriffe* I, 1962.

EXPEDITIO Die aus der Feudalpraxis genommene Bezeichnung für die Heerfahrt. Die E. war eine der wichtigsten Pflichten, die der Lehnsmann seinem Herrn schuldete. Sie war ursprünglich von unbegrenzter Dauer, was sich in der Karolingerzeit wegen der Größe des Reiches als eine untragbare Last herausstellte. In der Folge wurde die Pflicht zur E. auf 40 Tage im Jahr beschränkt. Was darüber hinausging, mußte vom Herrn finanziert werden. Seit dem Aufkommen von Söldnerheeren im 12. Jh. bürgerte sich die Ablösung der E. durch Bezahlung einer besonderen Steuer, der *scutage, ein.

F. L. Ganshof, *Was ist das Lehnswesen?,* 1961.

EZZELINO III. DA ROMANO (1194-1259) Tyrann von Verona und *Ghibellinenführer in Norditalien. E. war Sohn der norditalienischen Adelsfamilie der Romano und trat 1233 in den Dienst Kaiser *Friedrichs II., dem er die Unterstützung der von seiner Familie beherrschten Städte Treviso und Vicenza sicherte; er heiratete 1238 Friedrichs Tochter Selvaggia. Seine Stellungnahme für die kaiserliche Sache entsprang auch der gemeinsamen Feindschaft gegen die lombardischen Städte und das Haus *Este. E. war ein begabter, aber rücksichtsloser Heerführer. 1242 wurde er zum kaiserlichen Vikar der Mark Treviso ernannt, was ihm Gelegenheit gab, Verona zu ergreifen. Nach dem Tod Friedrichs (1250) und dem Fall der Ghibellinen in Norditalien konnte sich E. noch einige Zeit halten, bis er 1259 bei Cassano durch eine von den Este geleiteten Koalition geschlagen und tödlich verwundet wurde. E. war wegen seiner Grausamkeit berüchtigt.

H. Stieve, *Ezzelino von Romano,* 1909.

Der Florenzer Tuchmarkt, Miniaturbild des 14. Jh.s

Der hl. Franziskus predigt den Vögeln, *Wandmalerei von Giotto in der Kirche des hl. Franziskus zu Assisi*

F

FALIERO Venezianische Adelsfamilie, deren Söhne im Mittelalter wichtige Staatsämter der Lagunenrepublik innehatten. Unter ihnen waren: Vitale (gest. 1096) Doge im Jahr 1084. Er drängte den Angriff der süditalienischen Normannen unter *Robert Guiscard zurück.

Ordelafo (gest. 1118) Doge (1102-18). Er gilt als einer der tatkräftigsten Führer Venedigs im frühen 12. Jh., genoß das Vertrauen des Adels der Stadt, baute Kriegsflotten und leitete die venezianische Expansionspolitik in Dalmatien ein.

Marino (gest. 1355) Doge (1354-55). Er fühlte sich gegenüber dem *Rat der Zehn zurückgesetzt und intrigierte mit dem Ziel, die Macht des Dogen in eine Erbherrschaft umzuwandeln. Nach Aufdeckung der Verschwörung wurde er enthauptet.
H. Kretschmayer, *Geschichte von Venedig,* 1934.

FALUN Mittelschwedische Stadt westlich von Stockholm. Zu Beginn des 12. Jhs. setzte die systematische Ausbeutung der reichen Kupferminen von F. ein. Bis zum 14. Jh. war die Stadt auch Sitz eines bedeutenden Goldschmiedegewerbes. Der Ruf der hochstehenden Metallhandwerke F.s gelangte auch ins europäische Ausland.

FAMAGUSTA Stadt im Südosten *Zyperns und dank ihrer günstigen Lage an einer geräumigen Bucht seit dem 12. Jh. der wichtigste Hafen der Insel. F. erlebte seine große Zeit unter der Herrschaft der *Lusignanerkönige, die die Stadt entwickelten und mächtige Befestigungsanlagen bauten. Nach 1233 führte die wirtschaftliche Vorherrschaft *Genuas zum Niedergang der Stadt und endlich zur Eroberung durch die Genuesen. *Peter II. nahm F. im Jahre 1464 und verlieh Venedig weitgehende Handelsvorrechte, 1480 ging die Stadt als Erbteil der *Katherina Cornaro ganz an Venedig über.
F. G. Maier, *Cypern, Insel am Kreuzweg der Geschichte,* 1964.

FAMULUS Mittellateinische Bezeichnung für die auf den Landgütern angestellten landwirtschaftlichen Hilfskräfte, die seit dem späten 12. Jh. in Westeuropa an Stelle der hörigen Bauern traten, deren Frondienste durch Zinszahlungen abgelöst wurden. Unter den F. unterscheidet man zwischen den Taglöhnern und den für ein ganzes Erntejahr angestellten Arbeitskräften. Beide Klassen erhielten nur geringe Entlohnung und waren gegen Krankheiten und Unfälle nicht gesichert.
G. Duby, *L'économie rurale et la vie des campagnes dans l'occident médiéval,* 2 Bde., 1955.

FARABI, AL (Muhammad b. Muhammad Abu-Nasr Al-Farabi; um 873-951) Philosoph. F. wurde in Farab (Mittelasien) geboren, studierte in Khorasan und Bagdad, wo er sich dem *Aristotelismus widmete, dessen Anwendung auf die islamische Philosophie sein Hauptwerk werden sollte. F. und seine Schriften wurden im Westen im 13. Jh. bekannt. Nach einem langjährigen Aufenthalt in Bagdad ließ sich F. in Aleppo am Hofe des *Saif Al-Dauhlah nieder (942). Unter dem Einfluß der griechischen Philosophie strebte F. im Rahmen des Kalifats nach der Position eines Philosophen-Propheten, der durch Verstand und Glaube menschliche Perfektion erlangen könnte. F. machte den Islam mit der griechischen Logik, der platonischen Staatstheorie, der griechischen Musiktheorie bekannt und beschäftigte sich auch mit den Naturwissenschaften.
Werk (dt.): Fr. Dieterich, *Alfarabis philosophische Abhandlungen,* 2 Bde., 1890-92;
R. Hammond, *The Philosophy of Al-Farabi and its Influence on Medieval Thought,* 1947.

FARGHANI, AL (Abu-Abbas Achmad b. Muhammad Al-Fargani, 9. Jh.) Arabischer Astronom. Er wirkte an der *Bagdader Akademie unter dem Schutz des mit ihm verwandten *Abbasidenkalifen Al Mamun. F. gilt als bedeutendster Interpret der *ptolemäischen Kosmologie. Sein Buch 'Über die Weisheit der Astronomie und die Bewegung der Himmelselemente' erfreute sich im Mittelalter großer Beliebtheit und wurde in der lateinischen Übersetzung bis zur Zeit des Kopernikus als führendes Werk. Im Jahre 861 erhielt F. den Auftrag, ein Observatorium am Nil, das sog. Nilometer, zu errichten.
F. Sezgin, *Geschichte des arabischen Schrifttums* VI, 1978.

FARNESE Adelsfamilie aus Parma (Italien), die ursprünglich aus der Toskana stammte und im 12. und 13. Jh. ihre Macht um die Burg von Farnetti (bei Orvieto) ausbaute. Im 14. Jh. dienten die F. in der päpstlichen Armee und ließen sich in Parma nieder, wo sie sich mit den örtlichen Honoratiorenhäusern verheirateten. Ranuccio d. Ältere (gest. 1460) führte das Heer der Stadt gegen die *Sforza von Mailand und verhinderte die Eroberung seiner Heimatstadt. Diese Tat machte den Aufstieg der F. zur beherrschenden Kraft in Parma und zu einer der größten italienische Adelsfamilien möglich.
G. Drei, *I Farnese,* 1954.

FÄRÖR-INSELN Die im Atlantik zwischen Schottland und Island gelegene Inselgruppe war schon keltisch besiedelt, als sie um 800 die Wikinger entdeckten und im folgenden Jh. von Norwegen aus besiedelten. In der Folge diente sie als Zwischenstation auf den Schiffszügen im Nordatlantik und war ein Glied auf dem Weg nach Island. Politisch blieben die F. Teil des norwegischen Königreiches, 955 führte König *Olaf Tryggvason das Christentum auf den Inseln ein. Die Thingversammlung der Freien der Insel besaß weitgehende politische Rechte, wurde aber von den meistens mit dem norwegischen Königshaus verwandten Statthaltern gelenkt. Die F. dienten öfters als Exilort für verbannte Königs-

Golddinar des Fatimidenkalifen Al-Mustansir; 1046

söhne. Im Spätmittelalter unterhielten die F. Handelsverbindungen mit *Bergen, das die Fischbeute der F. an die Hansekaufleute weiterleitete.

M. Gerhardt-W. Hubatsch, *Norwegische Geschichte*, 1963.

FAS(T)NACHT Siehe *KARNEVAL.

FASTOLF, SIR JOHN (um 1378-1459) Englischer Militärführer, der aus dem Niederadel stammte und zu Beginn des 15. Jh.s eine militärische Kariere begann, in deren Verlauf er an den Feldzügen *Heinrichs V. und *Bedfords teilnahm. Mit Lösegeld von Gefangenen und dem Anwerben von Truppen häufte er ein beachtenswertes Vermögen an, das er in Landbesitz anlegte.

H. S. Bennet, *Six Medieval Men and Women*, 1962.

FATIMA (um 606-32) Tochter des Propheten Mohammed und dessen erster Frau Khadija. F. begleitete ihren Vater auf seinen Reisen und wurde mit *Ali, dem Neffen und einem der ersten Anhänger des Propheten, verheiratet. Im 9. Jh. beriefen sich die *Schiitenführer in Nordafrika, die *Fatimiden, auf ihre Abstammung von F.

H. Lammers, *Fatima*, 1912.

FATIMIDEN Eine moslemische Schiitendynastie (909-1171), die ursprünglich in Nordsyrien zu Hause war, wo der Zweig der Ismailiten unter einem eigenen *Mahdi ein Fürstentum errichtet hatte. Gegen Ausgang des 9. Jh.s ließ sich *Abu Abdullah, einer der Führer der Bewegung, in Nordafrika nieder und stürzte mit Hilfe der Berberstämme die Herrschaft der *Aghlabiden.

909 eroberte er Kairuan, wo er zusammen mit dem Mahdi Ubayadullah einen unabhängigen Schiitenstaat gründete. Abdullah nahm den Kalifentitel an und ließ die neue Hauptstadt Mahddija erbauen. Die Fatimiden sahen sich infolge ihrer vorgeblichen Abstammung von *Fatima, der Tochter des Propheten, als rechtmäßige Herrscher des gesamten Islams an. Sie betrieben mit Hilfe der Berber eine Expansionspolitik, bei der die militärische Eroberung durch Propagandaarbeit von Missionaren vorbereitet wurde. Der Abstieg der *Abbasiden erleichterte das Werk der F., die 969 unter Kalif Al-Muijz (gest. 975) Ägypten eroberten. Nach der Festigung ihrer Herrschaft und der Errichtung der neuen Hauptstadt *Kairo eroberten die F. das Hedschas, Palästina und Syrien von den Abbasiden. Ihr Erfolg ist neben der Militärhilfe der Berber hauptsächlich auf die tolerante Politik gegenüber den *dhimmi (Juden und Christen) und der sunnitischen Mehrheit zurückzuführen; dies entsprang neben praktischen Erwägungen auch der religiösen Überzeugung, daß nur eine kleine Minderheit religiöse Perfektion erreichen könne, während der Rest der Monotheisten als gleichberechtigt zu behandeln sei. So konnten die F. trotz ihrer kleinen Zahl Ägypten, Palästina und den größeren Teil Syriens mit deren großer sunnitischer Mehrheit regieren und den jüdischen und christlichen Gemeinden eine weitgehende Autonomie einräumen. Mit der Ausnahme des Kalifen Al-*Hakim (966-1021), der jedoch geistig gestört war, hielten sich die F.-Kalifen an diese Grundsätze und zogen aus ihnen Nutzen. Unter ihrer Herrschaft blühte das Reich wirtschaftlich auf und wurde im späteren 11. Jh. zum Knotenpunkt des Mittelmeer- und Indienhandels.

Die Eroberungen der *Seldschuken führten zum Verlust Syriens und des größeren Teils Palästinas (1071). Die Gegenangriffe in Asien ließen die F.-Herrscher mehr und mehr von ihren Militärführern abhängig werden, die seit dem Ende des 11. Jh.s den Kalifen ihren Willen aufzwingen konnten. Auch die *Kreuzfahrer beschnitten zunehmend die Handlungsfähigkeit der F. und nahmen der Reihe nach die letzten Stützpunkte auf asiatischem Boden. Der Einfall *Balduins I. nach Ägypten wurde nur durch seinen Tod in der Sinaiwüste gestoppt; 1153 fiel Askalon. Zur gleichen Zeit ging in Ägypten die Macht vollständig an die Wesire über. Die Invasion Ägyptens durch *Amalrich I. führte zum Aufstieg *Saladins, der 1171 dem Fatimidenkalifat ein Ende setzte.

L. E. O'Leary, *A Short History of the Fatimid Caliphate* (1923);

S. M. Stern, *Fatimid Decress*, 1964.

FÉCAMP Kloster in der Normandie, das im 7. Jh. von den *Merowingern als Frauenkloster gegründet und im 9. Jh. von den Normannen zerstört wurde. 932 wiedererrichtet; 990 ließ sich am Ort eine Kongregation von Regularkanonikern nieder, die *Wilhelm von Vulpiano zum Abt erwählten. Unter dessen Leitung entwickelte sich F. zu einem wichtigen Zentrum der Gelehrsamkeit und Reform, das besonders im 11.-12. Jh. blühte. Im Jahre 1101 wurde das Kloster von neuem erbaut.

J. F. Lamaignier, *Etudes sur les Abbayes normandes*, 1937.

FEG(E)FEUER Siehe *PURGATORIUM.

FELIX (gest. 818) Bischof von Urgel (Spanien) und einer der Führer der *Adoptianisten. F. wurde 792 in Anwesenheit *Karls d.Gr. auf der Synode von Regens-

burg als Ketzer angeklagt; er zog vor Papst *Hadrian I.
seine Ansichten zurück, verfiel aber nach der Rückkehr
in die Heimat wiederum dem Adoptianismus. Die Zen-
sur *Alkuins führte zu einer weiteren Verurteilung auf
der Synode von Frankfurt (794) und einer erneuten
Zurücknahme seiner Ansichten. Er konnte zwar seine
Bischofswürde beibehalten, mußte jedoch bis zum Lebensende unter der Aufsicht des Erzbischofs von Lyon
verbleiben. 798 wiederholte sich in Aachen der Vorgang
von 792.

W. Heil, *Der Adoptianismus, Alkuin und Spanien,* in:
H. Beumann u.a. (Hgg.), *Karl der Große* II, 1965.

FELIX II. (III.) (hl.; gest. 492) Papst (483-92). Er weigerte sich, das *Henotikon* zu unterzeichnen, das von
Kaiser *Zeno zum Abschluß des *Monophysitismusstrei-
tes und zur Wiederherstellung des kirchlichen Friedens
herausgegebene Einigungsdokument. F. verurteilte am
484 auf einer in Rom versammelten Synode. Als der
Patriarch von Konstantinopel, Akakios, seiner Ladung
nach Rom nicht Folge leistete, bannte er ihn wegen feh-
lenden Gehorsams gegen das Haupt der Universalkirche.

H. Jedin (Hg.), *Handbuch der Kirchengeschichte* II/2,
1975.

FELIX III. (IV.) (hl.; gest. 530) Papst (526-30) dank
der Fürsprache des *Ostgotenkönigs Theoderich und
gegen den offenen Widerstand des römischen Klerus.
Als Papst bekämpfte er den *Pelagianismus und verbreitete die Lehre des hl. Augustinus von der göttlichen
Gnade. Er ließ die alten heidnischen Tempel Roms in
Kirchen umwandeln.

E. Caspar, *Geschichte des Papsttums* II, 1933.

FELIX V. (Amadeus VIII. von Savoyen; 1383-1451)
Papst (1440-49). Er erbte 1391 die Grafenwürde von Savoyen und erhielt 1416 den Herzogstitel. F. widmete
sich aber seit 1422 mehr und mehr religiösen Beschäftigungen und zog sich 1434 in die Einsiedlerklause
Ripaille (bei Genf) zurück. 1439 wurde er vom Konzil
von *Basel statt des abgesetzten *Eugenius zum Papst
erhoben; 1440 erhielt er die Papstweihe. Sein Pontifikat stand im Zeichen des andauernden Streites mit
Eugenius, der sich starken Anhanges in der Kirche erfreute. 1449 legte F. sein Amt nieder und wurde in
der Folge von Papst *Nikolaus V. zum Kardinal erhoben.

J. Stutz, *Felix V.,* in: Zeitschrift für schweizerische Kirchengeschichte 24, 1930.

FELSENDOM (arab. Kubbet-es-Sahra) Das irrtümlich
Omarmoschee genannte islamische Heiligtum am Tempelberg in Jerusalem. Der F. wurde auf dem heiligen
Felsen erbaut, der in der religiösen Überlieferung als
Mittelpunkt oder Herz der Welt angesehen wird, von
dem *Mohammed in den Himmel aufgestiegen sein soll.
Der F. wurde 691 von Kalif *Abd-al-Malik an Stelle des
ein Jahrhundert vorher von *Omar errichteten hölzernen Schreins erbaut und gilt als eines der schönsten Beispiele der islamischen Baukunst.

FERDAUSI Siehe *FIRDOUSI.

FERDINAND I., DER GROSSE (um 1017-65) König
von Kastilien und León (1035-65). Er wurde von seinem
Vater, König *Sancho III. von Navarra, 1029 zum Grafen von Kastilien erhoben und machte sich 1035 zum
König eines Teils des Landes, während der andere Teil
weiter unter Navarra verblieb. Im Jahre 1037 erbte er
das Königreich León, besiegte in der Schlacht von
Tamerón den Adel und festigte seine Herrschaft über das
Land. Kurz danach nahm er die *Reconquistakriege

gegen die Mauren wieder auf und eroberte große Landstriche zwischen den Flüssen Duero und Tagus. 1054
schlug er die Armee Navarras und annektierte die kastilianischen Gebiete von Navarra. Unter dem Titel eines
Kaisers von Spanien regierte er fast die Hälfte der iberischen Halbinsel.

Menandez Oidal, *El Imperio Hispanico y los cinco reinos,*
1950.

FERDINAND II. (1137-88) König von León (1157-
88). Sohn des *Alfons VII. von Kastilien-León, dessen
Königreich er erbte. F. konnte den mächtigen Adeligen
des Reiches seine Herrschaft aufzwingen. Er eroberte
von den *Almohaden die Provinzen der Extremadura,
wo er in einem großangelegten Siedlungsprojekt die
vertriebenen maurischen Bauern durch Neusiedler
ersetzte. Daneben kämpfte er auch gegen die Expan-
sionspläne seiner kastilianischen und portugiesischen
Nachbarn. Im Jahre 1158 verlieh er dem neugegründeten
Ritterorden von *Calatrava seinen Schutz und gab
1175 die Erlaubnis zur Errichtung des Ritterordens von
*Santiago.

W. C. Atkinson, *Geschichte Spaniens und Portugals,*
1962.

FERDINAND III., DER HEILIGE (1199-1252) König
von Kastilien (1217) und León (1230-52). F. war der
Sohn des *Alfons IX. von León. Im Jahre 1217 erbte
er von seinem Onkel *Heinrich I. die Krone von Kastilien, mußte diese aber gegen die Invasion seines Vaters
verteidigen. Nach dessen Tod vereinigte F. die beiden
Reiche, begrenzte die Macht des Adels und reformierte
das Recht des Landes mit seinem *Codigo de las siete
partidas,* einer Zusammenstellung des kastilianischen
Zivilrechts. 1239 gründete er die Universität von Salamanca. Seine größte Errungenschaft war die Wiederbelebung der *Reconquista. Unter Ausnutzung des
Niederganges der *Almohaden errang er 1233 den Sieg
von Jérez und fuhr danach mit der systematischen Eroberung *Andalusiens fort. 1236 nahm er Córdoba, 1242
Murcia, 1245 Jaén und 1248 Sevilla, welches er zur

Das Innere des Felsendomes zu Jerusalem (Ausschnitt)

königlichen Residenzstadt machte. Nur das Königreich *Granada erhielt seine Unabhängigkeit als Maurenstaat.

P. L. Fernandez de Retana, *San Fernando III y su epoca,* 1941.

FERDINAND IV. (1285-1312) König von Kastilien (1295-1312), Sohn und Erbe *Sanchos IV. Zu seiner Jugend wüteten in seinem Land Bürgerkriege und Adelsrevolten unter portugiesischer und granadischer Anstiftung. Es gelang ihm durch ein Bündnis mit Aragón, den Aufständen Einhalt zu gebieten.

W. C. Atkinson, *Geschichte Spaniens und Portugals,* 1962.

FERDINAND V. König von Kastilien Siehe *FERDINAND II, der Katholische.

FERDINAND I. (1345-83) König von Portugal (1367-83), Sohn und Erbe *Peters I. F. griff in die Thronwirren in Kastilien ein und forderte nach dem Tod *Peters d. Grausamen 1369 die Krone des Landes. Sein Kampf gegen *Heinrich II. von Kastilien brachte keine Erfolge und trug nur zur Schwächung Portugals bei.

W. C. Atkinson, *Geschichte Spaniens und Portugals,* 1962.

FERDINAND (FERRANTE) VON PORTUGAL (1186-1233) Graf von Flandern (1211-33). Sohn *Sanchos I. von Portugal und Gemahl der Johanna, Erbin von Flandern. Im Jahre 1212 verbündete er sich mit *Johann ohne Land von England und nahm auf englisch-welfischer Seite an der Schlacht von *Bouvines teil, wo er in die Gefangenschaft *Philipps II. von Frankreich fiel. Seine Freilassung wurde mit territorialen Zugeständnissen an Frankreich erkauft, was F.s Ansehen und Macht als Graf von Flandern schwächte.

A. Cartellieri, *Die Schlacht bei Bouvines im Rahmen der europäischen Geschichte,* 1914.

FERDINAND I. VON ANTEQUERA (1380-1416) König von Aragón (1412-16). Enkel *Peters IV. von Aragón und jüngerer Sohn *Johanns I. von Kastilien. F. nahm 1410 das maurische Antequera ein. Er wurde nach dem Tod seines Onkels *Martin I. (1410) zum König von Aragón gewählt und versuchte in dem stark antikastilianisch eingestellten *Katalonien seine Herrschaft zu festigen, was erst nach seinem Schwur gelang, die "Katalonischen Freiheiten" zu bewahren.

H. J. Chaytor, *A History of Aragón and Catalonia,* 1933.

FERDINAND II. DER KATHOLISCHE (1452-1516) König von Aragón und Kastilien (1474-1516), der erste Herrscher des vereinigten Spaniens. F. war der Sohn *Johanns II. von Aragón; 1472 heiratete er *Isabella von Kastilien, deren Land er seit 1474 gemeinsam mit ihr regierte. Nach seines Vaters Tod erbte er das Königreich Aragón (1479), dessen Regierung jedoch rechtlich und verwaltungstechnisch von Kastilien getrennt blieb. F. begrenzte die Macht des Adels in beiden Reichen und schuf 1476 die Bruderschaft der Heiligen (*Santa Hermandad*), um die Unterstützung der Kirche zu sichern. Die *Inquisition wurde neu geordnet, unter die königliche Aufsicht gestellt und sowohl gegen Ketzer und "schlechte Christen" (konvertierte Juden und Moslems) wie auch gegen den Adel gerichtet. In seiner Eigenschaft als Prinzgemahl von Kastilien führte er gegen Portugal Krieg und besiegte 1476 Alfons V., was zur Festlegung der historischen Grenzen zwischen den beiden Ländern führte. Seine größte militärische Errungenschaft war die Eroberung von *Granada, des letzten Maurenreiches auf der spanischen Halbinsel.

Der Krieg gegen Granada (1482-92) hatte für F. und Isabella auch den Charakter eines religiösen Feldzuges. Der Erfolg war einerseits von der Ausweisung der Juden aus Spanien begleitet, was der Wirtschaft großen Schaden zufügte, sowie andererseits von der Entsendung des Christoph Kolumbus auf dem Westweg nach Indien, was zur Entdeckung und späteren Eroberung der amerikanischen Kolonien führte. Der spätere Teil der Regierungszeit F.s mit der aragonischen Intervention in Italien und Nordafrika gehört bereits in die Neuzeit.

W. H. Prescott, *Spaniens Aufstieg zur Weltmacht,* 1938; *V. Congreso de Historia de la Corona de Aragón,* 5 Bde., 1955-1961.

FERRANTE I. (um 1431-94) König von Neapel (1458-94). Ein unehelicher Sohn *Alfons' V. von Aragón, der ihm das Königreich Neapel verlieh. F. bekämpfte die aufständischen angevinenfreundlichen Adeligen mit Hilfe albanischer Truppen. Seine Versuche, eine feste Zentralregierung aufzubauen, brachten ihm die Feindseligkeit des örtlichen italienischen Adels ein, der sich mit *Karl VII. von Frankreich verbündete. F. führte auch ständig Krieg mit Venedig.

F. Giunta, *Aragonesi e Catalini nel Mediterraneo,* 1953.

FERRARA Die wichtigste Stadt der norditalienischen Provinz *Emilia. Im Frühmittelalter stand die kleine Stadt unter dem Einfluß der byzantinischen Statthalter von *Ravenna. Die langobardische Eroberung (753) machte F. von Ravenna unabhängig und verlieh ihr den Rang einer Langobardengrafschaft. 774 schenkte *Karl d.Gr. F. an den Papst, dessen Herrschaft jedoch unwirksam blieb. Im späten 9. und im 10. Jh. wurde die Stadt von örtlichen Familien regiert. 998 wurde sie von den Grafen von Canossa erobert, unter deren Herrschaft sie bis zum Tode der Markgräfin *Mathilda (1102) verblieb. Im 12. Jh. erlangte die Stadt wiederum die Unabhängigkeit und war Mitglied des *Lombardenbundes. Nach der vorübergehenden Besetzung durch *Friedrich Barbarossa (1158) kämpften die Ghibellinenfamilie Salanguerra und das Guelfenhaus Adelardi um die Vorherrschaft. 1184 erbten die Grafen von Este die politischen Vorrechte der Adelardi. 1240 machten sie sich unter Ezzo VII., einem Verbündeten des Papstes, endgültig zu Herren der Stadt. Unter der Regierung der Este, die 1471 die Herzogswürde erlangten, blühte F. auf und entwickelte sich zu einem der bedeutendsten politischen, literarischen und künstlerischen Zentren Norditaliens.

R. Janucci, *Storia di Ferrara,* 1958; R. Renzi (Hg.), *Ferrara,* 2 Bde., 1969.

FERRER Siehe *VINZENZ.

FÈS (FEZ) Stadt im marokkanischen Maghreb, 789 von Idris I., dem Begründer der Idrisidendynastie Marokkos, als Hauptstadt errichtet. 980 wurde die Stadt von den spanischen *Omajjaden eingenommen, unter deren Regierung sie eine Hochblüte erlebte. Nach dem Niedergang der Omajjadenkalifen von *Córdoba fiel F. in die Hände der Berberstämme, die es in zwei sich ständig bekriegende Stadtteile aufspalteten. Die *Almoraviden eroberten F. im Jahre 1070 und machten es zu einer wichtigen Garnison. Auch unter den *Almohaden (1143) blühten Handel und Gewerbe, besonders Textil und Lederwaren, weiter. Neue Stadtmauern und herrliche Paläste und Moscheen künden von dieser Glanzperiode der andalusisch-maurischen Kultur. Nach dem Fall der Almohaden (1269) stritten sich örtliche Machthaberdynastien um die Stadt, bis die *Mariniden die Oberhand gewannen und F. wiederum zur Hauptstadt Marokkos machten.

R. Le Tourneau, *Fès in the Age of the Marinides*, 1961.

FEUDALISMUS (FEUDALWESEN, LEHNSWESEN)

Die Bezeichnung neuzeitlicher Geschichtsforscher für die soziale, politische und wirtschaftliche Struktur des europäischen Mittelalters. Sie leitet sich vom altdeutschen *fihu* (Vieh) ab, das als Synonym für Besitz überhaupt im Mittellatein als *feudum* (Lehen) erscheint. Der F., der grundsätzlich die Entwicklung von Abhängigkeitsbeziehungen meint, vollzog sich auf zwei verschiedenen gesellschaftlichen Ebenen: jener der infrastrukturellen Grundherrschaft in den Beziehungen zwischen Bauern und Landbesitzern und jener der lehnsrechtlichen Beziehungen zwischen Herrn und *Vasallen.

Das Netz von Abhängigkeiten der Grundherrschaft stammt zum Teil noch aus der spätrömischen Zeit, als die Gutsbesitzer einen wichtigen Teil der öffentlichen Gewalt übernahmen und für die Kolonen, die durch spätrömische Gesetzgebung an die Scholle gebundenen Bauern, verantwortlich waren. Diese Bauern wurden von der Aristokratie der Gutsbesitzer kontrolliert und waren gezwungen, ihre Steuern in Form landwirtschaftlicher Produkte und Arbeitsdienste für öffentliche Werke abzuliefern. Mit dem Niedergang und Fall des Römischen Reiches suchten die freien Bauern Schutz bei den großen Gütern, den *Villae*, wo der örtliche Herr residierte und sich Handwerker und öffentliche Einrichtungen befanden. Als Gegenleistung forderte der Herr Arbeitsdienste an seinen Gütern, daneben mußten ihn die Bauern mit einem Teil ihrer Produkte und ihres Viehs beliefern. Allmählich und synchron mit dem Verschwinden letzter Überreste der römischen Zivilverwaltung nahmen die Herren der *villae* die Gerichtsbarkeit in ihre Hände, so daß sich die *villa* in die Grundherrschaft umwandelte. Gleichzeitig mit dem Rückgang der Sklaverei wurde die Mehrzahl der Bauern zu Hörigen oder Leibeigenen. Nur die Bauern, die größere Landstücke (*Allod) besaßen, blieben weiterhin persönlich frei und direkt dem *gräflichen Gerichtshof unterstellt, der bis zum Ende des 9. Jh.s den König repräsentierte.

Nur dank dieser agrarischen Infrastruktur (die Städte waren kaum bedeutend) konnten sich die Abhängigkeiten entwickeln. Sie basierten andererseits auf der alten germanischen Praxis des *Comitatus, der Gemeinschaft von Kämpfern, die als Gefolgsleute eines Heerführers dienten. Die Errichtung der germanischen Königreiche im Westen entzog den Gefolgschaften der Wanderungszeit ihre ursprüngliche Existenzgrundlage (Beute); sie wurden durch Gruppen von freien Kämpfern ersetzt, die in Gegenleistung für ihre militärischen Dienste entweder Landgüter oder Ämter erhielten. Dies war der Beginn des neuen Adels der germanischen Königreiche. Im 7. Jh. konnte jedoch auch ein Teil dieser Freien unter der andauernden Kriegsführung nicht mehr seine Unabhängigkeit erhalten und mußte den Schutz eines mächtigen Herren suchen. Sie unterstellten sich einem solchen Herren und übergaben ihm ihre Güter, um diese wieder als Lehnsleute zurückzuerhalten. Diese *Vasallen waren verpflichtet, ihren Herren als Krieger zu dienen und ihnen die Treue zu halten. Die berühmtesten der großen Herren, die das Vasallentum zum Ausbau ihrer Macht benutzten, waren die

*pippinisch-arnulfischen Hausmeier Austriens, die Ahnherren der *Karolinger. Sie machten sich zu den größten Landbesitzern des fränkischen Reiches und besaßen eine große Zahl von Vasallen, die in ihrem Heer dienten und ihnen in der Zeit *Pippins II. halfen, sich zu den eigentlichen Herrschern des Königreiches zu machen.

Eine wichtige Modifizierung des Systems erfolgte im 8. Jh. unter *Karl Martel und *Pippin d. Kurzen. Technologische Verbesserungen in der Reit- und Kriegstechnik führten zur Einführung des *Rittertums. Die berittenen Kämpfer, die selbst ihre Pferde und Bewaffnung mitbringen mußten, waren auf größere Mittel angewiesen. Daraufhin konfiszierte Karl Martel Kirchengüter und verteilte sie an seine Kämpfer als Lehen. Die ersten, die von dieser Neuerung profitierten, waren die *vassi casati,* die Vasallen mit Lehen; im 8. Jh. verbreitete sich das Lehnswesen rasch im ganzen Frankreich. Unter Pippin d. Kurzen wurde der Treueeid zu einem religiösen Schwur erhoben und für politische Zwecke gebraucht. So mußte *Tassilo III., der Herzog von Bayern, 758 dem fränkischen König den Treueeid schwören und erhielt dann sein Herzogtum wiederum als Lehen zurück. Es entwickelte sich der Grundsatz, daß es 'kein Land ohne Lehnsherrn' geben sollte; dies vertiefte die Praxis des Lehnswesens im ganzen Reich. Mit der Verleihung der Grafschaften an die Mitglieder der großen Familien wurde auch der politische Rahmen des F. geschaffen. Es bestand natürlich ein Unterschied zwischen den Lehen der Kämpfer, die meist bis zu 12 Hufe hatten, und den großen Lehen der Grafen und anderen Amtsträger.

Die karolingische Praxis wurde im 9. Jh. mit einer wichtigen Neuerung fortgeführt: die Vasallen konnten ihre Lehen an ihre Erben weitergeben. Dies war das Ergebnis der schwindenden Königsmacht, die Ungewißheit in Bezug auf Landbesitz und Lehnsverhältnisse schuf. Damit wurde auch die Vererbbarkeit der öffentlichen Ämter und der öffentlichen Macht im territorialen Rahmen des Lehens akzeptiert. Dies führte im 10.-11. Jh. zum Aufstieg der Verwalter von Burgen zu Zellen politischer Macht. Nur wenige der alten Grafschaften und Herzogtümer besaßen die innere Kraft, ihre territoriale Einheit aufrechtzuerhalten: so die Normandie, Flandern, und die deutschen Herzogtümer. Auch führte die Teilung der Lehen zwischen den Nachkommen der Herren gegen Ende des 11. Jh.s zum Zerfall der kleinen Feudaleinheiten und schuf die Vorbedingungen für den Aufstieg der feudalen Fürstentümer, die die letzte Phase des politischen F. bilden.

Die Errichtung von Feudalfürstentümern erlaubte in Frankreich und England die Wiederbelebung der Königsmacht, die sich auf die Schaffung der Krondomäne im 12. Jh. stützte. Die verstärkte Einsetzung königlicher Beamter führte zur Restauration der königlichen Verwaltung. Entscheidende Faktoren in diesem Prozeß waren das Wiederaufleben des Handels und die Einrichtung nicht-feudaler Einkommensquellen der königlichen Schatzämter. Die Vielzahl der Lehen, die ein Mann haben konnte, brachte auch eine Vielzahl von Verpflichtungen gegenüber verschiedenen Lehnsherren mit sich. Daraus entwickelte sich in Frankreich und England das Prinzip, daß der König Oberlehnsherr sei (*Ligesse).

Mit dem Wiedererwachen des Staates im 12.-13. Jh. verlor der F. im Westen seine Lebenskraft und wurde

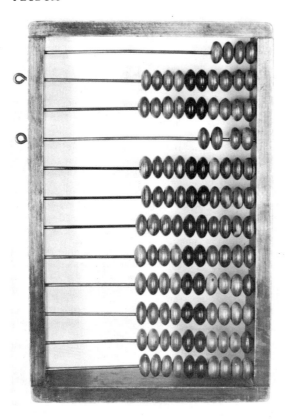

Ein russisches Rechenbrett

zunehmend juristisch definiert, wie die zahlreichen Abhandlungen des 13. Jh.s ausweisen. Andererseits wurde er durch die *Kreuzzugsbewegung nach Osten, in die Kreuzfahrerstaaten des Mittleren Ostens und Griechenlands, getragen. Ohne die Grundlage der europäischen Grundherrschaft schlug dort das politische System des F. als Lebensform des Adels Wurzeln und verlieh diesem weitgehende Macht über die Monarchie.

M. Bloch, *Feudal Society*, 1958 u.ö.

Th. Mayer (Hg.), *Studien zum mittelalterlichen Lehnswesen*, 1960;

H. Mitteis, *Der Staat des hohen Mittelalters*, 1962[7].

FEUDUM Siehe *LEHEN.

FEUERWAFFEN F. beruhen auf den explosiven Eigenschaften der Mischung von Salpeter, Schwefel und Holzkohle und waren in China bereits zwischen 500 und 700 bekannt. Im Westen wandte man andere entzündbare Mischungen an, wie das byzantinische *"griechische Feuer", eine Zusammensetzung aus ungelöschtem Kalk, Erdöl und Schwefel. Die Anwendung von Schießpulver verbreitete sich von China aus erst im 12. Jahrhundert und erreichte im späten 13. Jh. über die Mongolen Westeuropa. Die früheste europäische Formel für Schießpulver findet sich im *Liber Ignium* (Buch der Feuer), einer lateinischen Handschrift aus der Zeit um 1300. Der Westen wurde in der Erzeugung von Waffen führend. Die ersten Geschütze brachte man zwischen 1311 und 1345 zur Anwendung. Ihre Erzeugung basierte auf den beim Glockenguß angewandten Methoden. Im *Hundertjährigen Krieg benutzten sowohl Engländer als auch Franzosen F., die letzteren jedoch infolge ihrer tiefverwurzelten Vorstellungen von ritterlicher Kriegsführung nur zögernd. Die *Osmanen bedienten sich des Geschützfeuers in der Schlacht von *Kosovo mit verheerender Wirkung. Die Geschütztechnik verbreitete sich über ganz Europa und verblieb bis zum Ende des 14. Jh.s die hauptsächliche Form der F. Im Laufe des 15. Jh.s wurde teilweise der im 13. Jh. erfundene Langbogen durch die Handfeuerwaffe ersetzt; doch blieb die Armbrust bis ins 16. Jh. in Gebrauch.

B. Rathgen, *Das Geschütz im Mittelalter*, 1928.

FIBONACCI, LEONARDO (gest. um 1240) Mathematiker. In Pisa als Sohn einer Kaufmannsfamilie geboren, gelangte auf Geschäftsreisen nach Nordafrika, wo er mit der indischen Rechenweise vertraut wurde. Nach seiner Rückkehr nach Pisa verfaßte er eine Abhandlung über den Abakus (*Liber Abaci*, 1202), das mit verschiebbaren Steinchen ausgestattete Rechenbrett. In die zweite Ausgabe des Werkes (1228) brachte er weitere Erfahrungen ein, die er auf zusätzlichen Reisen in Ägypten, Syrien, Sizilien und der Provence gesammelt hatte. Sein Werk spielte eine bedeutende Rolle in der Einführung der arabischen Ziffern in Europa und schloß neben einer Zusammenfassung der griechischen und arabischen Mathematik auch F.s eigene Forschungen auf dem Gebiet der Algebra ein. Sein zweites Buch, die *Practica Geometriae* über praktische Geometrie und Trigonometrie, brachte ihm weiteren Ruhm sowie eine Einladung Kaiser *Friedrichs II., an dessen Hof in Palermo er sich niederließ.

Ch. C. Gillispie (Hg.), *Dictionary of Scientific Biography* IV, 1971.

FICINO (FACINO) CANE (um 1360-1412) Italienischer Heerführer, seit 1368 im Dienste Mailands, schlug 1401 das Heer König *Ruprechts bei Brescia. F. gewann große Besitztümer, darunter die Städte Alessandria, Piacenza und Novara. 1409 besiegte er auch die Franzosen vor Genua.

N. Valeri, *La Vita di F. C.*, 1940.

FIDELITAS Siehe *TREUEID.

FIERABRAS Französisches Heldenepos aus dem späten 12. Jh. Es behandelt die fiktiven Taten einer Gruppe von Rittern Karls d.Gr. in ihrem Kampf zur Wiedererlangung von heiligen Reliquien, die von dem moslemischen Riesen F. aus Rom geraubt wurden.

FILIOQUE-STREIT Die lateinische Bezeichnung für "und vom Sohn", eine Wendung, die die römische Kirche dem *Credo von Nikäa an der Stelle "der Heilige Geist kommt vom Vater" hinzugefügt hat. Die Ostkirche lehnte dies ab. Dieses Problem war seit dem ausgehenden 10. Jh. Angelpunkt heftiger theologischer Dispute zwischen der lateinischen und der byzantinischen Kirche. Letztere mußte sich 1439 auf dem Konzil von *Florenz als Vorbedingung für die Kirchenunion auch in der Sache des F.s fügen, was jedoch keine weitere Folgen hatte.

FINNLAND Das nordeuropäische Land war zu Beginn des Mittelalters bereits von finnisch-ugrischen Stämmen besiedelt. Der Name F. stammt von Fenni, die von Tacitus für die Stämme gebrauchte Bezeichnung. Im 6.-11. Jh. lebten diese Stämme in verschiedenen, den *Wikingern ähnlichen Verbänden. Einer davon, Suomi genannt, gab in der finnischen Sprache dem gesamten Land seinen Namen. F. profitierte vom Pelzhandel mit den angrenzenden Ländern, Byzanz und dem Bagdader Kalifat. Trotzdem bot auch Suomi der von König *Erich IX. von Schweden als Kreuzzug bezeichneten Eroberung in der Mitte des 12. Jh.s kaum Widerstand. Das 1156 von Erzbischof Heinrich von Uppsala eingeführte Christentum verbreitete sich rasch im Lande. Eine weitere Reihe von Kreuzzügen in der zweiten Hälfte des 13. Jh.s führte zur Unterwerfung des gesamten Landes und wurde mit der Einnahme von Karelien (1293) abgeschlossen.

Unter schwedischer Herrschaft erlebte F. eine rasche Entwicklung, die besonders durch die Gründung von Küstenstädten im Südwesten vorwärtsgetrieben wurde. Die Ansiedlung von Schweden brachte für das Land eine gewisse Veränderung des ethnischen Charakters mit sich. In sozialer Hinsicht bewahrten die Finnen ihre Freiheit, im Gegensatz zu den Baltenstämmen, die von den deutschen Rittern *Livlands unterworfen waren. Die Finnen sanken nicht zum Status von Leibeigenen herab. Sie nahmen auch an den Organen der Selbstverwaltung der Städte und Grafschaften teil. 1326 erhielt F. den Rang eines schwedischen Herzogtums, in dem Schweden und Finnen jeweils ihre eigene Ständeversammlung besaßen.

A. Sauvagest, *Les anciens Finnois,* 1961;
E. Jutikkala, K. Pirinen, *Geschichte F.s.,* 1964.

FIRDOUSI (FERDAUSI; Abu'l Qasim Mansur, um 935-1020) Der bedeutendste persische Dichter. Er wurde in der Gegend von Mesched (Nordostpersien) geboren und lebte am Hofe des Sultans *Mahmud von Ghazni, wo er sein Hauptwerk, das große *Schah-Nama* (Königsbuch), verfaßte. Das Königsbuch ist das Ergebnis von 35 Jahren Arbeit und wurde 1010 abgeschlossen. Es besingt die Größe Persiens seit sagenhaften Zeiten und bis zum Vorabend der arabischen Eroberung. In 50 000 Doppelversen beschreibt F. die persischen Könige im Krieg, in ihren Palästen, auf der Jagd und bei anderem Zeitvertreib. Daneben ist das Königsbuch auch ein Spiegelbild der großen persischen Errungenschaften auf dem Gebiet der Religion und der Wissenschaften, der Künste und Gewerbe; all dies im Gang durch die persische Geschichte. Wie in allen Heldengedichten baut die Handlung auf heroischen Gestalten auf, die F. vor dem geschichtlichen Hintergrund seines Werkes darstellt. F. war von größter Bedeutung für das Wiederaufleben der persischen Sprache.

Werk (dt.): K. Kanus-Credé, *Das Königsbuch,* 1967ff.;
D. Monchi-Zadeh, *Topographisch-historische Studien zum iranischen Nationalepos,* 1975.
V. Minorsky, *The Older Preface to the Shah-Name,* 1956.

Prozession von Flagellanten; Stich aus dem 17. Jh.

Teil des Hardwick *Jagdteppichs; flämische Schule des 15. Jh.s*

FISCUS (Fiskalgut) Die im 5.-8. Jh. gebrauchte lateinische Bezeichnung für die königlichen Güter. Ursprünglich bezeichnete der F. bei den Römern den Staatsbesitz im Gegensatz zum kaiserlichen Privatbesitz. Später verschwand diese Unterscheidung; die Einkünfte aus dem F. wurden als Eigentum der Monarchen, ihrer Familien und Zugehörigen betrachtet.

FITZNEALE (FITZNIGEL), RICHARD (gest. 1196) Schatzmeister von England. Er trat 1155 in den Dienst *Heinrichs II. 1158 erwarb sein Vater Nigel, der Erzbischof von *Ely, für ihn den Posten des Schatzmeisters, den F. bis zu seinem Tode innehatte. 1159 wurde F. auch zum Bischof von London erhoben und spielte danach eine bedeutende Rolle in der Regierung *Richards I. F. verfaßte den *Dialogus Scacarii,* eine eingehende Beschreibung von Struktur und Funktion des englischen Schatzamtes (*exchequer).

FIVE BOROUGHS Siehe *FÜNF B.

FLAGELLANTEN (Geißler) Christliche Bruderschaften, deren Mitglieder sich als Buße für die Sünden der Welt in öffentlichen Umzügen selbst geißelten. Die bekanntesten F. traten 1260 in Italien (*Joachim v. Fiore) und in den Pestjahren 1348-49 auf. In Deutschland beschuldigten sie die Juden und die Kirche der Herbeiführung des Schwarzen Todes und wurden als Ketzer verurteilt.

G. F. Collas, *Geschichte der Flagellanten* I, 1913;
A. Hübner, *Die deutschen Geißellieder,* 1931.

FLAMBARD, RANDULF (gest. 1126) Englisch-normannischer Staatsmann. Er entstammte einer einfachen Familie aus der Normandie, wurde Priester am herzöglichen Hof in Caen und erhielt in der Folge mehrere niedrige Kirchenposten in England. Im Jahre 1083 machte ihn *Wilhelm der Eroberer zu seinem Kaplan und zum Sekretär des Kanzlers von England. Vier Jahre später erhielt er den Posten des Justitiar, der zugleich oberster Richter und mächtigster Minister war. F. zwang dem Reich mit Hilfe eines für seine Zeit hocheffizienten Verwaltungsapparates den Willen seines Herren auf. Seine skrupellosen Mittel schufen ihm viele Feinde; im Jahre 1100 ließ ihn *Heinrich I. auf Bitten der Barone im Tower von London einsperren. Er konnte jedoch bald entfliehen und ein Jahr später wieder die königliche Gunst erlangen. Von 1101 bis 1126 war er Bischof von Durham.

R. W. Southern, *Ranulf Flambard and Early Anglo-Norman Administration,* 1933.

FLANDERN Grafschaft in den Niederlanden und im Mittelalter Teil des Königreichs Frankreich. Als die Römer 358 die *Franken als Verbündete im Reich ansiedeln ließen, wurde F. Sammelpunkt der *salischen Franken. Diese errichteten in F. eine Anzahl von Stammesfürstentümern, von denen Tournai als erste Hauptstadt der *Merowinger (5. Jh.) die größte Bedeutung hatte. Mit dem Abzug der Römer veränderte sich der ethnische Charakter des Landes; die Sprache der Franken, das spätere Flämisch, wurde vorherrschend. Nach der Eroberung Galliens durch *Chlodwig hörte das Reich von Tournai auf zu bestehen. F. wurde zu einer fränkischen Provinz. Große Ländereien gingen an die im 6.-8. Jh. gegründeten Klöster über. Diese entwickelten die Schafzucht, was zur Gründung eines bald sich immer weiter ausbreitenden Wolltuchgewerbes führte. Die friedliche Epoche F.s ging 820 zu Ende, als die Normannen das wegen fehlender straffer Führung hilflose Land ausplünderten. Die Versuche mehrerer lokaler Herrn im 9. Jh., die Einfälle durch den Bau von Burgen zurückzuweisen, waren vergeblich. 862 errichtete *Karl d. Kahle, König des westlichen Frankenreiches seit dem Vertrag von *Verdun (843), die Grafschaft F. und verlieh sie seinem Schwiegersohn *Balduin I. Dieser konnte die Normannen zurückschlagen und mit Hilfe der Klöster seine Macht über die Lehnsleute durchsetzen. Sein Sohn *Balduin II. (879-918) vollendete sein Werk, ordnete die gräfliche Regierung und ermutigte die Gründung von städtischen Siedlungen wie etwa Brügge, das um seine Burg herum entstand.

Die Grafen des 10. und 11. Jh.s (die Balduine)

widmeten sich dem Ausbau der Grafschaft und vergrößerten ihren Herrschaftsbereich um die anliegenden
Grafschaften *Artois (in Frankreich), *Hennegau und
Waasland (im Römischen Reich). Trotz ihres Lehns-
verhältnisses zu dem König von Frankreich genossen
die Grafen ein weites Maß an Selbständigkeit. Das Wiedererwachen des Handels trug zum Wachstum der Städte
bei, die sich zu Mittelpunkten der europäischen Wollindustrie entwickelten. Da Flandern auf die Einfuhr
von englischer Rohwolle angewiesen war, entwickelten
beide Länder enge politische Beziehungen, die durch
Heiraten zwischen den regierenden Häusern verstärkt
wurden. Unter *Robert II. (1087-1111) erlangte F. den
Höhepunkt seiner Macht und beherrschte militärisch
die Nordsee. Das 12. Jh. stand im Zeichen innerer Auseinandersetzungen. Balduin VII. (1111-19) konnte zwar
die aufständischen Adeligen niederhalten, nicht aber
die Städte, wo sich sozial-religiöse Agitationen häuften.
Unter seinem Nachfolger *Karl d. Guten steigerten sich
die Revolten und führten zur Ermordung des Grafen
(1127). Ludwig VI. von Frankreich intervenierte und
machte *Wilhelm Clito von der Normandie zum Grafen,
in der Hoffnung, damit F. von der englandfreundlichen
Linie abzubringen. Der Plan schlug fehl, und Adel und
Städte erkannten *Thierry von Elsaß an, den Begründer
der zweiten Grafendynastie. Er und sein Sohn *Philipp
konnten sowohl mit Frankreich als auch mit England
gute Beziehungen aufrechterhalten. F. blühte im 12. Jh.
weiter, trotz der Unterdrückung der Textilarbeiter, von
denen viele als Ketzer den Tod fanden. Graf Philipp
verheiratete seine Nichte Isabella von Hennegau mit König *Philipp II. von Frankreich und verlieh ihr als Mitgift
die Artois, was im weiteren zur verstärkten Einmischung
Frankreichs in die Angelegenheiten F.s führte. So gelang
es ihm, F. *Ferdinand v. Portugal zu übertragen, der sich
jedoch gegen ihn wandte. Philipps Sieg über England
bei *Bouvines (1214) verlieh ihm die Macht, die Erbin
von F. mit seinem treuen Lehnsmann Wilhelm von
Dampierre zu verehelichen.

Im 13. Jh. verloren die Grafen trotz französischer
Unterstützung an Macht, die Städte dagegen erlebten
einer weiteren Aufschwung. Mit der raschen Industriali-
sierung kam auch der Klassenkampf; die Kaufmannsgilden ('Patrizier') fochten gegen die Handwerker
('Demokraten') um die Vormacht in der Stadtregierung.
Als im späten 13. Jh. die stürmische wirtschaftliche Entwicklung einer Flaute und dann einer Wirtschaftskrise
Platz machte, waren die Bedingungen für den Ausbruch
von Aufständen gegeben. Der soziale Konflikt wurde
noch durch die Außenpolitik verschärft, da die Patrizier Frankreich, die Demokraten jedoch England unterstützten. Es gelang den Demokraten, in Brügge und Gent
die Macht zu ergreifen und 1302 in der sog. 'Frühmesse
von Brügge' einen Teil der französischen Besatzungstrup-
pen niederzumetzeln. Im gleichen Jahr schlugen sie auch
ein französisches Heer bei *Courtrai; F. nahm die Verbindungen zu England wieder auf. Die weiteren sozialen
Unruhen führten jedoch zur erneuten Machtergreifung
der Patrizier. Der Frankreich treu gebliebene Graf
*Ludwig von Nevers rief die Franzosen zurück, die
1328 die Städte in der Schlacht von Cassel schlugen und
im Lande eine den Interessen der Städte entgegenlaufen-
de englandfeindliche Politik durchsetzten.

Beim Ausbruch des *Hundertjährigen Krieges (1337)
erklärte *Eduard III. von England eine Ausfuhrsperre

Die Burg der Grafen von Flandern zu Gent; 12. Jh.

für Wolle nach F. und errichtete in *Antwerpen einen
Wollstapel. In F. brach eine schwere Wirtschaftskrise
aus; die Demokraten lehnten sich auf und ergriffen
unter der Führung Jakobs von *Artevelde die Macht,
verbündeten sich mit England und erreichten die Aufhebung des Embargos. Im Jahre 1345 einigten sich die drei
Parteien auf Anerkennung der flandrischen Neutralität.
Der Bürgerkrieg tobte jedoch weiter; dazu kamen noch
die Verheerungen des *Schwarzen Todes. Auch die
Rückkehr der Patrizier brachte keine Besserung der
Lage. Der Machtkampf um die Grafenwürde wurde 1376
durch die Heirat *Philipps d. Kühnen von Burgund mit
der Erbin des Grafen *Ludwig von Male entschieden.
Philipp schlug mit Hilfe seines Neffen *Karls VI. von
Frankreich das Heer Philipps von *Artevelde bei
*Roosebeke (1382) und annektierte das Land an sein
burgundisches Herzogtum. Seitdem war die Geschichte
F.s die Geschichte Burgunds.

H. Sproemberg, *Die Entstehung der Grafschaft Flandern*,
1935;
J. Lestocquoy, *Histoire de la Flandre et de l'Artois*,
1949.

FLEURY-SUR-LOIRE Benediktinerkloster in Frankreich, 651 gegründet. F. erlangte Berühmtheit durch die
angebliche Überführung der Gebeine des hl. Benedikt
aus Monte Cassino anläßlich der Verwüstung Italiens
durch die Langobarden und änderte seinen Namen in
St. Benoît-sur-Loire um. F. wurde unter den *Karolingern reich ausgestattet. Im 10.-12. Jh., zur Zeit der
Erbauung der bis heute bestehenden romanischen Klosterkirche, war F. ein bedeutendes Zentrum des Mönchswesens und der Reform von *Cluny.
A. Vidier, *L'historiographie à St. Benoît-sur-Loire et
les miracles de Saint Benoît*, 1965.

FLODOARD VON REIMS (894-966) Fränkischer
Chronist. Er wirkte in Reims, wo er die Stellung eines
*Kanonikers an der erzbischöflichen Kirche erlangte.
F. bereiste Deutschland und kam auch nach Rom;
dabei machte er die Bekanntschaft einer großen Zahl

kirchlicher und weltlicher Persönlichkeiten seiner Zeit. Unter seinen Werken sind besonders die 'Geschichte der Kirche von Reims' und die 'Annalen' von Bedeutung. Letztere umspannen die Jahre 918-65 und gelten als wichtigste französische Chronik im 10. Jh. Seine persönliche Teilnahme an den Ereignissen und die Tatsache, daß er Zugang zu Dokumenten besaß, machen F.s Geschichtswerke zur besten Quelle zur Zeit der späten Karolinger in Frankreich.

Werke: *Historia Remensis ecclesiae, MG SS* XIII; Ph. Lauer (Hg.), *Les Annales de Flodoard*, 1906.

FLORENTIUS VON WORCESTER (gest. 1118) Kanoniker an der Domkirche von Worcester (England) und Verfasser einer Geschichte Englands von der angelsächsischen bis zu seiner Zeit. F.s persönlicher Beitrag beschränkte sich jedoch auf die Periode *Heinrichs I. (um 1100-18) und zeichnet sich durch Klarheit des Stils, Genauigkeit und methodisch gelungene Benutzung von Originalquellen aus.

Werk: T. Forester (Hg.), 1854.

H. Richter, *Englische Geschichtsschreiber des 12. Jh.s*, 1938.

FLORENZ (FIRENZE) Mittelitalienische Stadt am Fluß Arno und Hauptstadt der Toskana. Die altrömische Kolonie wurde nach dem Fall des Römischen Reiches von verschiedenen Machthabern beherrscht, bis sie im späten 6. Jh. Sitz eines Langobardenherzogtums wurde. Im Verlauf der Eroberung des Langobardenreiches durch Karl d.Gr. (774) wurde F. zerstört. Der Wiederaufbau wird zwar dem Kaiser zugeschrieben, dürfte jedoch eher das Werk seines Enkels Kaiser *Lothar I. gewesen sein, der 825 die Domschule errichtete. Die Karolinger förderten die Errichtung von Klöstern in Florenz und Umgebung und statteten diese reich aus. In der zweiten Hälfte des 9. Jh.s wurde F. Hauptstadt des in den Rang einer Markgrafschaft erhobenen Tusciens. Im 10. Jh. wurde der Sitz der Markgrafschaft in die Burg von *Canossa verlegt, die Stadt F. wurde aber weiterhin von markgräflichen Beamten regiert, die sich mit dem Erzbischof die Jurisdiktion teilten. Im Jahre 1115 errang F. nach dem Tod der Markgräfin *Mathilde das Recht zur Selbstregierung als Belohnung für seine Treue zum Papst im *Investiturstreit. Die Errichtung der unabhängigen *Kommune fiel zeitlich mit dem Anlaufen der wirtschaftlichen Entwicklung zusammen, die sich auf die Textilerzeugung gründete; deren Güte erlangte im 12. und 13. Jh. internationale Berühmtheit. Trotz der im Vergleich zu anderen toskanischen Städten wie *Pisa und *Lucca verhältnismäßig spät einsetzenden Wirtschaftsentwicklung erreichte der Handel von F. rasch bedeutenden Umfang und Verbreitung. Der wirtschaftliche Fortschritt wirkte sich bereits im frühen 12. Jh. auf die soziale und demographische Struktur der Stadt aus. Der Zustrom bäuerlicher Bevölkerung trug spürbar zum Wachstum der Stadt bei und war von einer relativen Schwächung des Feudaladels begleitet, der ebenso aus den umliegenden Gebieten nach F. gezogen war. Die demographischen Entwicklungen beeinflußten das Regierungssystem. Die Verfassung von 1138, nach der die Regierung in den Händen eines Ausschusses von 6-8 Konsuln und eines Rates von 100 Standespersonen lag, verlieh sowohl den Adeligen wie auch den Zünften Anteil an der Macht, ohne jedoch von letzteren als befriedigend erachtet zu werden. Der Kampf zwischen *torri* (Türme, d.h. Adelige, die in ihren Ge-

schlechtertürmen wohnten) und *arti* (Zünfte) war mit den größeren Konflikten zwischen dem Papsttum und der kaiserlichen Partei in Italien verflochten und erreichte zu Beginn des 13. Jh.s den Grad eines Bürgerkrieges. Dabei verloren die Parteien ihren ursprünglichen Charakter. Unter den Zunftmitgliedern schieden sich die Kaufleute und die Handwerker, und die neue Aristokratie schloß sowohl Adelige wie auch Kaufleute ein; die *arti* spalteten sich in privilegierte und niedere Zünfte. Um der Anarchie Einhalt zu gebieten, wurde 1193 das Amt des Podesta als den einzigen Führer der Stadt geschaffen. Seit 1207 wurde dieses Amt nur Nichtflorentinern anvertraut. Die Gewalttätigkeiten zwischen *Guelfen und *Ghibellinen dauerten jedoch weiter an, was zur Schwächung des Adels und zur Stärkung der Gilden beitrug. Diese machten aus F. ein wohlhabendes Zentrum des internationalen Handels.

Der seit 1252 geprägte Goldflorin war in allen europäischen Handelsstätten verbreitet. Das Bankwesen wuchs in der zweiten Hälfte des 13. Jh.s stetig an und galt als einer der bedeutendsten Florentiner Wirtschaftszweige. Die sozialen und wirtschaftlichen Veränderungen des Kräfteverhältnisses zwischen Adeligen und Zünften hatten auch politische Auswirkungen und führten zur Bildung der Volkspartei, die unter der Führung des *capitano del popolo* (Volkskapitän) und eines Ältrenrates zusammen mit dem aristokratischen Podesta die Regierung innehatte. Die Volkspartei war aus den oberen Zünften, den Bankiers, Kaufleuten, Wollhandwerkern und Angehörigen der freien Berufe sowie den 'demokratischen' Zünften der weniger bedeutenden *arti* zusammengesetzt. Letztere erkämpften sich den Zugang zur Regierung, was 1293 in den 'Ordnungen der Gerechtigkeit' (*Ordinamenti di Giustizia*) anerkannt wurde. Die ausführende Gewalt wurde einem neuen Amtsträger, dem *gonfaloniere della giustizia*, übergeben, der zusammen mit einem kleinen Rat von Angehörigen der oberen Zünfte regierte. Bis Ausgang des 12. Jh.s dehnte F. seine Gewalt in der Toskana aus und machte sich zum Herrn einiger umliegender Städte. Im Vergleich zu anderen Stadtstaaten der Periode übte F. jedoch nur geringen selbständigen Einfluß auf die italienische Politik aus und mußte sich in der Außenpolitik anderen Kräften wie dem Papsttum, Frankreich, den *Angevinen von Neapel und den römischen *Colonna unterordnen.

Ein Höhepunkt von F. liegt im 14. Jh. Die Stadt war mit ungefähr 100 000 Einwohnern eine der größten Europas; ihre erlesenen Textilwaren fanden auf dem ganzen Kontinent Verbreitung und ihre Bankhäuser hielten trotz einiger Fehlschläge die Spitze des europäischen Geldhandels. Trotz dieser Blüte, die auch in der systematischen Eroberung der toskanischen Städte (mit Ausnahme der Küstenstädte) Ausdruck fand, hörten die inneren Kämpfe nicht auf.

Die Guelfen, die gegen Ende des 13. Jh.s die Macht ergriffen hatten, teilten sich bald in eine Weiße und Schwarze Partei. Letztere hatten im Jahre 1301 die Überhand gewonnen und ihre Widersacher, darunter auch *Dante, aus der Stadt verbannt. Unter der Führung der großen Bankhäuser hielten sich die Schwarzen Guelfen bis 1339, dem Jahr des Zusammenbruchs der *Bardi- und *Peruzzibanken, an der Macht. Im gleichen Jahr machte sich Walter von *Brienne, der Herzog von *Athen, zum Tyrannen der Stadt und versuchte seine Stellung durch eine neue Verfassung zu festigen, die den 'kleinen Zünften' (*popolo minuto*) Anteil an der Macht verlieh. Die oberen Zünfte rebellierten (1343) und vertrieben den Tyrannen, mußten aber infolge eines neuen Aufstandes (1344) die kleinen Zünfte an die Macht lassen. Der Krieg gegen die Annexionspläne des Papstes *Gregor XI. in der Toskana (1378), der im Bündnis mit Bernabo *Visconti, dem Herzog von Mailand geführt wurde, machte F. zu einer politischen Macht von italienischem Range. Ein Umsturzversuch der Aristokratie hatte den Arbeiteraufstand der *Ciompi zur Folge, der wiederum zur Wahl von Salvestro da *Medici als *gonfaloniere* führte. Der Aufstand der Ciompi wurde zwar unterdrückt, die Zünfte der Arbeiter erlangten jedoch Anerkennung und nahmen, zum ersten Mal in der Geschichte Italiens, an der Regierung teil. 1382 wurden jedoch die Ordnungen des Jahres 1378 abgeschafft; unter der Führung der Albizzi-Familie kam ein oligarchisches Regime an die Macht, das eine agressive Außenpolitik betrieb. 1406 wurde Pisa, 1421 Livorno erobert, womit die gesamte Toskana unter Florentiner Herrschaft stand. Eine mächtige Kriegsflotte förderte die weitere Ausbreitung der Handelsbeziehungen. 1423 erlangte die von den Medici geführte und von den Demokraten unterstützte Opposition die Macht, vertrieb die Albizzi und begründete die erbliche Herrschaft der Medicifamilie in F. Unter den Medici kamen die bereits seit dem späten 14. Jh. sichtbaren Tendenzen zur vollen Blüte; F. wurde zur Wiege der italienischen Renaissance.

R. Davidsohn, *Geschichte von Florenz,* 4 Bde., 1896-1927;
R. Davidsohn, *Forschungen zur älteren Geschichte von Florenz,* 4 Bde., 1896-1908;
F. Shevill, *Medieval and Renaissance Florence,* 1963.

FLORENZ, KONZIL VON (1438-45) Das 17. ökumenische *Konzil der römisch-katholischen Kirche, das von Papst *Eugen IV. einberufen und erst in Ferrara (1438-39), dann in Florenz (1439-42) und schließlich in Rom (1443-45) abgehalten wurde. Der Hauptzweck des F. war die Union mit der griechischen Kirche. Unter den Teilnehmern befand sich eine starke griechische Delegation, die von Kaiser *Johannes VIII. Palaeologos geführt wurde und den Patriarchen von Konstantinopel und den späteren Kardinal *Bessarion einschloß. Die zeitraubende Erörterung der theologischen Differenzen zwischen den beiden Kirchen führte zu keinem Ziel, und die Diskussion der strittigen *Filioque-Frage verbreiterte nur die Kluft. 1439 verließen die Griechen das Konzil. Unter den Beschlüssen von F. waren die Aufhebung der Beschlüsse des *Basler Konzils sowie die Erklärung des päpstlichen Vorranges, die der *konziliaren Bewegung des Mittelalters ein Ende setzten.

J. Gill, *The Council of Florence,* 1950.

FLOTTE, PIERRE (gest. 1302) Französischer Jurist, in Languedoc geboren und an der Universität von Toulouse und Paris ausgebildet. *Philipp IV. der Schöne machte ihn 1296 zum Siegelbewahrer und Kanzler. In dieser Eigenschaft diente er seinem König in der großen Auseinandersetzung mit Papst *Bonifaz VIII. 1302 wurde er mit der französischen Armee zur Unterdrückung eines Aufstandes nach Flandern gesandt und in der Schlacht von *Courtrai getötet.

F. J. Pegues, *The Lawyers of the Last Capetians,* 1962.

FLÜGELALTAR Unrichtige, aber eingebürgerte Bezeichnung für den typisch spätgotischen Altaraufsatz

(Retabel). Er besteht aus der tragenden Staffel (Prädella), dem Schrein (mit Plastiken), dem bekrönenden Gesprenge und den beweglichen, außen (Alltagsseite) stets bemalten, innen (Feiertagsseite) auch mit Reliefschnitzerei versehenen Flügeln. Es gibt zwei Haupttypen des geschnitzten F.s: der niederländische mit vielen kleinen Figuren (Passionsszenen) im Schrein und der alpenländische mit einer großen Figurengruppe. Beispiele wären einerseits der große Passionsaltar in der Wiener Votivkirche, andererseits das Werk *Pachers. Daneben gibt es auch nur aus gemalten Tafeln bestehende F.e, etwa der Apokalypsenaltar aus der Werkstatt Meister *Bertrams in London (Victoria & Albert Museum).(Din)

M. Hasse, *Der F.,* 1941;
L. Schmidt, *Vor gotischen Flügelaltären,* 1948.

FOIX Stadt und Grafschaft in Südfrankreich, die von den Herren der Burg Foix, Lehnsleuten der Grafen von Toulouse, begründet wurde. Allmählich festigten die Herren von F. ihre Herrschaft über andere Lehnsleute im Tal von Ariège und nützten die Rivalität zwischen den Grafen von Barcelona und Toulouse aus, um selbst den Grafentitel sowie weitere Lehen und Herrschaften zu erlangen. Im 12. Jh. entwickelte sich F. zu einer bedeutenden Handelsstadt. Die Grafen von F. unterstützten den Grafen von Toulouse im Widerstand gegen die nordfranzösischen *Albigenserkreuzfahrer und mußten 1229 den Frieden von Paris unterzeichnen. Im weiteren wurde F. gut katholisch; die Grafen dienten nach einem fehlgeschlagenen Versuch, ihre Unabhängigkeit zu bewahren (1270), treu den Königen von Frankreich. 1290 erbte der mit Margarete von Béarn verheiratete Graf Roger-Bernard III. das Fürstentum Béarn und legte damit den Grundstein für eines der mächtigsten Adelshäuser Südfrankreichs. Im 14. Jh. kamen weitere Herrschaften an die Dynastie von F. Im *Hundertjährigen Krieg bewahrten die Grafen Frankreich die Treue und genossen ein weites Maß an Unabhängigkeit, besonders in ihren Beziehungen zu *Aragón. Die direkte Grafenlinie regierte in F. bis zum Tod von Gaston-Febus (1391), danach erbte die Nebenlinie der Herren von Castelbon das Fürstentum. Diese stiegen im 15. Jh. in den Rang der Prinzen des Königshauses gleichwertigen zehn größten Familien Südfrankreichs auf. Über eine Reihe von Heiraten erwarben sie *Narbonne und wurden mit der *Bourbonenfamilie und den Königen von *Navarra verwandt. 1479 wurde F. mit Navarra vereinigt.

P. Tucco-Chala, *Le Vicomte de Béarn et le problème de la souveraineté des origines à 1620,* 1961.

FOLIOT, GILBERT (gest. 1187) Bischof von London (1163-87). Von normannischer Abstammung, trat ins Kloster *Cluny ein, wo er sich durch Bildung, Redekunst und einfachen Ernst auszeichnete. Im Jahre 1139 wurde er zum Abt von Gloucester (England) erwählt, 1148 wurde er Bischof von Hereford. Als Bischof spielte F. eine bedeutende Rolle in den kirchlichen und politischen Affären Englands. Er unterstützte die Partei *Mathildas gegen *Stephan von Blois und diente als Vertrauter des Erzbischofs von Canterbury, Theobald. Im Jahre 1162 widersetzte er sich der Wahl Thomas *Beckets zum Erzbischof und blieb auch weiter sein Gegner. Ein Jahr später verlieh ihm *Heinrich II. das Londoner Bistum, das er von der Aufsicht von Canterbury lösen wollte. F. unterstützte den König in der Auseinandersetzung mit Thomas Becket und vertrat

Kreuzgang der Zisterzienserabtei Fontenay, im 12. Jh. im romanischen Stil erbaut

Heinrich in den Gesprächen mit dem Papst. Im Jahre 1169 bannte Becket den Bischof, ohne jedoch eine tatsächliche Wirkung zu erzielen; F. verteidigte sich in einer Reihe von Streitschriften. 1170 nahm er an den Krönungsfeierlichkeiten für den Sohn Heinrichs II. teil, wofür er und andere Bischöfe, die der vom Erzbischof von York ungesetzlich vorgenommenen Krönung beigewohnt hatten, mit dem Bann bestraft wurden. Nach der Rückkehr Beckets nach Canterbury floh F. in die Normandie in den Schutz des Königs und kehrte erst nach der Ermordung Beckets nach London zurück. 1172 wurde er von der Schuld am Mord freigesprochen und spielte weiter eine bedeutende Rolle in der englischen Kirche.
D. Knowles, *The Episcopal Colleagues of Archbishop Thomas Becket,* 1951.
FONDACCO DEI TEDESCHI Siehe *VENEDIG.
FONTENAY *Zisterzienserabtei, die 1118 von *Bernhard von Clairvaux gegründet wurde. Die zwischen 1130 und 1147 erbaute Kirche gilt als ein bedeutendes Baudenkmal des romanischen Zisterzienserstils.
K. Bußmann, *Burgund,* 1977.

FONTENOY, SCHLACHT BEI (841) Ein Meilenstein im Prozeß der Teilung des *karolingischen Reiches. Die Schlacht wurde zwischen einer Koalition *Ludwigs des Deutschen und *Karls d. Kahlen gegen Kaiser *Lothar I. ausgetragen. Letzterer hatte die Gültigkeit des ein Jahr früher beschworenen Teilungsvertrages von *Straßburg bestritten. Der Sieg Karls und Lothars über ihren Bruder führte zur endgültigen Teilung des Reiches im Vertrag von *Verdun (843).
F. Pietzcker, *Die Schlacht bei Fontenoy 841,* in: Zeitschrift der Savignystiftung für Rechtsgeschichte, Germanistische Abteilung 81, 1964.
FONTEVRAULT, ORDEN VON Ein Doppelorden von Mönchen und Nonnen, die zwar in getrennten Baulichkeiten, aber unter der Autorität einer gemeinsamen Äbtissin lebten. Der Orden wurde im Jahre 1101 von *Robert von Arbrissel in Fontevrault (Anjou) gegründet und mit einer strengen Regel versehen. Er blühte unter dem Schutz der Grafen von Anjou, die seit 1154 auch Könige von England waren. Im 12. und 13. Jh. wurden in Frankreich, England und Spanien weitere Niederlassungen gegründet. Die Klosterkirche von F. ist ein

Meisterwerk des spätromanischen Baustils; sie wurde Begräbnisstätte der Plantagenets. Der Orden erreichte im 14. Jh. seinen Höhepunkt.

H. Grundmann, *Religiöse Bewegungen im Mittelalter*, 1977[4].

FORCHHEIM Stadt in *Franken, die dank ihrer günstigen verkehrstechnischen Lage seit dem 10. Jh. als Ort zahlreicher Reichs- und Fürstentage diente. Die berühmteste dieser Versammlungen fand im Jahre 1077 statt, als die gegen Kaiser *Heinrich IV. rebellierenden Fürsten *Rudolf von Rheinfelden als Gegenkönig wählten.

FORMOSUS (um 816-96) Papst (891-96). F. machte sich verdient um die Christianisierung der Bulgaren, wurde 864 zum Kardinalbischof von Porto erhoben und in der Folge öfters auf diplomatische Missionen an den Karolingerhof und nach Byzanz gesandt. Als Papst schlug er einen harten Kurs gegen die Ostkirche ein und kämpfte verbissen gegen *Photius, den Patriarchen von Konstantinopel. Seine Härte führte zur Entstehung einer oppositionellen Partei an der päpstlichen Kurie, die nach F.' Tod mit der Wahl *Stephans VI. an die Macht kam. F. wurde posthum gewalttätiger Aneignung der Papstwürde beschuldigt, sein Pontifikat annulliert und sein Körper enterdigt und mißhandelt (897). Spätere Päpste revidierten wiederum dieses Urteil.

G. Arnoldi, *Papa Formoso e gli imperatori della casa di Spoleto*, 1951.

FORTESCUE, SIR JOHN (um 1394-1476) Englischer Jurist, studierte in Oxford, wurde 1430 zum Wanderrichter berufen und 1442 zum Obersten Richter erhoben. F. ist der Verfasser von drei Abhandlungen, deren Niederschrift er während seines Exils in Frankreich (1460-71) vornahm. Die *De Natura Legis Naturae* (Über die Natur des Naturrechts, 1461-63) ist eine politische Streitschrift, die den Anspruch der *Lancaster auf den englischen Thron durch Berufung auf das Naturrecht zu untermauern sucht. Sie umfaßt daneben auch eine wichtige rechtliche Erörterung der verfassungsmäßigen Stellung des Königtums. *De Laudibus Legum Angliae* (Zum Lob des englischen Rechtes) wurde zur Unterweisung seines Schützlings, des Prinzen Edward, verfaßt und behandelt die Grundsätze des englischen Rechts. Sie gilt als die bedeutendste rechtliche Untersuchung des Spätmittelalters und wurde im 16. Jh. in der englischen Übersetzung ein viel benutztes Lehrbuch. *De Monarchia* ("Die Regierung von England") wurde im Jahre 1470 verfaßt und vergleicht die konstitutionelle Monarchie Englands mit der absoluten Monarchie Frankreichs.

Werk (lat.-engl.): S. B. Chrimes (Hg.), *Sir John Fortescue, De Laudibus Legum Angliae*, 1942.

FORTUNATUS VENANTIUS Siehe *VENANTIUS FORTUNATUS.

FOUAGE Siehe *HERDSTEUER.

FOUNTAINS ABBEY Eine Zisterzienserabtei in Yorkshire (Nordengland), die 1132 gegründet wurde, sich rasch zum Mutterhaus von acht weiteren englischen Zisterzen entwickelte und in der zweiten Hälfte des 12. Jh.s eine bedeutende Rolle in der landwirtschaftlichen Erschließung Nordenglands spielte.

G. Hodges, *Fountains Abbey*, 1904.

FOUQUET, JEAN (um 1420-77) Französischer Maler im Übergang von der Gotik zur Renaissance. F., gebürtig aus Tours und ausgebildet in Paris und wohl auch in

Italien, war Hofmaler *Karls VII. von Frankreich. Er schuf u.a. Illustrationen zu religiösen Werken (Stundenbücher des Etienne Chevalier) und zu profanen Texten (Boccaccio, antike und mittelalterliche Historiker). Berühmt sind auch seine Porträts, namentlich das der Geliebten Karls, Agnes Sorel, als Madonna.

L. Castelnuovo, *Jehan F.*, 1966.

FRA DOLCINO (gest. 1307) *Franziskanermönch, der in Norditalien predigte und 1305 in der Provinz Novarra eine Armutsbewegung gründen wollte. Aus Angst vor den sozialen Auswirkungen dieses Gedankens wurde er von den Obrigkeiten der Städte Novara und Vercelli der Ketzerei schuldig erklärt. F. bekämpfte mit seinen Anhängern den gegen ihn ausgesandten Kreuzzug, wurde gefangengenommen und verbrannt.

B. Töpfer, *Die Apostelbrüder und der Aufstand des Dolcino*, in: Städtische Volksbewegungen des 14. Jahrhunderts, 1960.

FRANCESCA VON ROM (hl.; 1384-1440) Mystikerin. Als F. nach zehnjährigem Eheleben verwitwete, zog sie sich in eine von ihr 1425 gestiftete klösterliche Gemeinschaft (Oblaten von Tor de' Specchi) zurück und widmete sich ganz der Gottes- und Nächstenliebe. Von heftigen Anfechtungen der Dämonen geplagt, erlebte sie auch visionär viele Begegnungen mit den Himmlischen, besonders aber eine ausgedehnte Jenseitsvision, die sie in Anlehnung an Dantes *Divina Commedia* in Himmel, Fegefeuer und Hölle führte; dort sah sie die verschiedenen irdischen Stände, deren spezifische Fehler eindringlich geschildert werden.   (Din)

P. Dinzelbacher, *Vision und Visionsliteratur im Mittelalter*, 1980.

FRANCIA Die in den Quellen des 9. Jh.s gebrauchte Bezeichnung für das Land der *Franken. Nach der Teilung des *Karolingerreichs (843) wurde F. für die drei Reiche der *F. Occidentalis* (West-F., später Frankreich), *F. Orientalis* (Ost-F., später Deutschland) und *F. Media* (Mittel-F. oder *Lothringen) gebraucht, dazu noch für einzelne fränkische Herzogtümer wie *Franken in Deutschland und F. in Frankreich.

L. Böhm, *Gallia und Francia im Mittelalter*, 1964.

FRANCO VON KÖLN (13. Jh.) Musiktheoretiker. F. war Kanoniker am Kölner Dom und Leiter der Sängerschule. Sein Traktat über die "Kunst des Mensuralgesanges" faßt die Erneuerung der Musik seiner Zeit zusammen. Harmonie wird nach ihm erreicht, wenn zwei Töne so gut zusammenklingen, daß sie vom Ohr kaum mehr unterschieden werden können.   (Din)

Werk (dt.): P. Bohn, 1880.

FRANGIPANE Römische Adelsfamilie, die sich in der zweiten Hälfte des 11. Jh.s der Herrschaft in Rom bemächtigte. Im Jahre 1130 erlangten sie die Unterstützung einer bedeutenden Kardinalspartei und ließen *Innozenz II. zum Papst wählen, der sich auch die Hilfe der außeritalienischen Kirche, Kaiser *Lothars III. und der Könige von Frankreich und England sichern konnte. In der zweiten Hälfte des 12. Jh.s sank die Macht der F. mit ihrem Wechsel auf die kaiserliche Seite nach und nach ab, bis sich dann im 13. Jh. die Familien *Colonna und *Orsini zu den führenden Kräften in Rom machten.

F. Munzer, *Römische Adelsparteien und Adelsfamilien*, 1920;

F. J. Schmale, *Studien zum Schisma des Jahres 1130*, 1961.

FRANKEN Mitteldeutsche Landschaft zwischen der Fulda und dem Neckar, deren Name von der fränkischen Eroberung und Landnahme des 7. Jh.s stammt. Im Jahre 720 wurde F. zum Krongut von *Austrasien geschlagen und diente als Ausgangsstellung weiterer *karolingischer Eroberungen in Deutschland. Die ersten städtischen Mittelpunkte Deutschlands (Mainz, Speyer, Worms und Würzburg) lagen in F. und waren Basis für die Ausbreitung des Christentums über das ganze Land. Im Jahre 843 wurde F. zu einem der Herzogtümer des neugegründeten ostfränkischen Königreichs. Die im Maintal ansässigen Babenberger und die Konradiner von Worms, beides Grafenfamilien, kämpften zwischen 840 und 906 um die Herzogswürde, konnten jedoch bei der Übermacht des karolingischen Königshauses keine echte herzogliche Macht erringen. 906 wurde der Kampf zugunsten der Konradiner entschieden. Mit der Wahl ihres Führers *Konrad I. zum deutschen König (911-18) ging das Herzogtum an dessen Bruder Eberhard. 939 erhob sich Eberhard gegen *Otto I., wurde jedoch geschlagen und getötet. Otto teilte darauf F. auf und verlieh große Teile des Landes an die Bischöfe und an einige bedeutende Äbte. Der Rest ging zusammen mit der Herzogswürde an eine Seitenlinie der Konradiner, das Haus der *Salier, dessen Haupt Konrad der Rote Ottos Tochter Liutgard geheiratet hatte. Die Salier erlangten 1027 die deutsche Krone und regierten bis 1125. In dieser Zeit war F. Kern der kaiserlichen Macht, verlor aber durch die Abtrennung und Verleihung großer Ländereien an Kirchen und Lehnsleute seinen geschichtlichen Charakter. Die Herzogswürde wurde zeitweise an Verwandte des Kaisers verliehen und ging dann 1168 durch ein Privileg *Friedrich Barbarossas an den Bischof von Würzburg über, dessen Nachfolger sie bis 1803 innehatten. Im Westen von F. bauten die *Pfalzgrafen bei Rhein ihr eigenes Fürstentum auf, der Osten war zwischen dem Bischof von Würzburg und den Grafen von Babenberg aufgeteilt. Zahlreiche Städte am Rhein erlangten den Rang von *Reichsstädten und errichteten zu Beginn des 13. Jh.s den "Rheinischen Städtebund", der in vielerlei Hinsicht den Charakter eines Staats im Staate annahm. Während des Interregnums (1250-72) wurde F. weiter in zahlreiche Herrschaften aufgespalten, ein Prozeß, der sich im Spätmittelalter verstärkt fortsetzte.

G. Scherzer u.a., *Franken: Land, Volk, Geschichte und Wirtschaft*, 1962.

FRANKEN Sammelname für eine Gruppe germanischer Stämme, die im 5. Jh. die römische Provinz Gallien, das spätere *Frankreich, eroberten. Sie stammten wahrscheinlich aus der Gegend von Pommern, obwohl als ursprünglicher Siedlungsort manchmal auch die dänischen Inseln angenommen werden. Die frühesten Nachrichten über die F. stammen aus dem 3. Jh. und berichten über die Niederlassung nordöstlich des Rheins und die Spaltung in zwei Gruppen, die *Salier und die *Ripuarier. Zu Beginn des 4. Jh.s überschritten die F. den Rhein und die Maas, zum Teil als Verbündete und zum Teil als Feinde der Römer. 358 wurden sie von Kaiser Julian geschlagen, unterwarfen sich dem römischen Reich und durften sich als Grenztruppe gegen die anderen Germanenstämme in Belgien niederlassen. Dort gründeten sie eine Reihe von kleinen Stammesfürstentümern und besiedelten das von den Gallorömern geräumte Land. Im Jahre 451 nahmen die Salier unter ihrem König Merowing von Tournai, dem Herrscher des bedeutendsten Teilreiches, in Bündnis mit den Römern an der Schlacht von *Châlons-sur-Marne gegen die Hunnen teil. Ein Jahr später begannen sie ihre Ausdehnung nach Süden. 481 erbte *Chlodwig die Herrschaft von Tournai und machte sich zum König aller Salier. Er schlug Syagrius, den letzten römischen Statthalter von Gallien, eroberte die Hauptstadt Soissons und breitete seine Macht bis zur Loire aus. Gestützt auf diese Erfolge und Bündnisse mit den Ripuariern, den *Burgundern und den italienischen *Ostgoten konnte Chlodwig 496 die *Alemannen besiegen und 507 in der Schlacht von Vouillé die *Westgoten vernichtend schlagen, was die Eroberung des größeren Teils von Aquitanien ermöglichte. Zwischen 496 und 506 bekehrten sich die F. zum römischen Christentum und erwarben sich damit die Unterstützung der christlichen Bevölkerung Galliens im Kampf gegen die arianischen Westgoten.

Zur Zeit von Chlodwigs Tod (510) war das Frankenreich der mächtigste Staat in Westeuropa und erstreckte sich über den Großteil Galliens und weite Gegenden Deutschlands, zum Teil in direkter Herrschaft und zum Teil in Oberhoheit über abhängige Fürsten, wie im Falle der Alemannen. Chlodwigs Söhne schlossen ihres Vaters Eroberungen 536 mit dem Anschluß des Burgunderreiches ab.

Die merowingischen Nachkommen Chlodwigs teilten das Reich unter sich auf. Die salischen Erbsitten wurden als Grundgesetz des Reiches angesehen und im 6. und 7. Jh. allmählich kodifiziert. Dennoch gab es kein einheitliches Rechtssystem, da die F. die Stammesrechte der Ripuarier, Burgunder und Alemannen anerkannten sowie auch Elemente des römischen Rechts rezeptierten. Auch die Juden durften nach ihrem eigenem Recht, dem Talmud, leben; die Verbindung zu den großen jüdischen Zentren im Zweistromland blieb aufrecht. Dieses pluralistische Rechtssystem führte zum Grundsatz des persönlichen Rechts, wonach jeder Freie nach seinem eigenem Stammesrecht, die unfreien Bauern jedoch nach dem Recht ihres Grundherrn gerichtet wurden. Die F. führten in der Karolingerzeit ihre eigenen (im Vergleich zur römischen Landwirtschaft fortschrittlichen) Techniken des Ackerbaus (Dreifelderwirtschaft, Wassermühlen) ein. Politisch gesehen rivalisierten die Teilreiche untereinander; die Geschichte der Merowinger besteht zum großen Teil aus andauernden Bürgerkriegen und Adelsaufständen. Im Laufe des 6. und 7. Jh.s verschwand die alte Aristokratie der Zeit vor und während der fränkischen Landnahme. Zu verschiedenen Zeitpunkten wurde das Merowingerreich wieder vereint und aufgeteilt. Die letzte Union unter Chlotar II. (zu Beginn des 7. Jh.s) und die damit verbundene Kodifizierung der fränkischen Verfassungen gelten als Wendepunkt vom archaischen zum vorfeudalen Regierungssystem.

Chlotars Sohn *Dagobert I. war der letzte Merowingerkönig, dessen Herrschaft tatsächlich Gewicht besaß. Das durch die andauernden Kämpfe geschwächte Königshaus wurde mehr und mehr von der neuen Oberschicht abhängig, die aus Dienern der Königspaläste und den Leibwachen der *antrustiones* entstanden war. Diese hatten für ihre Dienste große, aus dem Krongut abgelöste Ländereien erhalten, auf die sie dann ihre eigenständige Macht aufbauten. Ihre Führer waren die Hausmeier der Merowinger, deren Macht im 7. Jh. in den alten Frankenreichen *Neustrien, Burgund und *Austri-

Spätmittelalterliche Gebäude in Frankfurt am Main

en erstarkt war. Die Hausmeier waren die eigentlichen Herrscher, obwohl die Person der durch das wallende Haar ausgezeichneten Könige weiter als sakrosankt galt. Unter den Hausmeiern besaß die arnulfinisch-pippinische Familie, die späteren *Karolinger von Austrasien, das meiste Gewicht. 689 vereinte der austrasische Pippin II. das gesamte Reich. *Karl Martels Macht, die besonders durch den Sieg von *Poitiers (732) gestärkt war, ging soweit, daß er in völliger Ignorierung der Merowinger das Frankenreich unter seinen Söhnen *Pippin III. und *Karlmann aufteilen konnte (741). Pippin III. entthronte den letzten Merowingerkönig *Chilperich III. und rief sich mit Unterstützung des Papstes 751 zum König aus. Die letzte Phase des Frankenreiches ist mit der Geschichte der Karolinger identisch und zeichnet sich durch die Entwicklung des Lehnswesens aus. Auch im karolingischen Reich nahmen die F. die Führungsrolle ein und gaben ihrer Identität und Tradition weiter Ausdruck.

E. Zöllner, *Geschichte der Franken bis zur Mitte des 6. Jahrhunderts*, 1970.

FRANKFURT AM MAIN Deutsche Stadt, die aus einer im 7. Jh. von den *Franken am Main erbauten Siedlung entstand. *Karl d.Gr. baute am Ort eine Pfalz, die er mit seinem Hof oft als Residenz benutzte und zur Abhaltung von Hoftagen und Kirchenversammlungen in Anspruch nahm. Im 9. Jh. war F. einer der Mittelpunkte des Herzogtums *Franken. Das Wachstum der Stadt setzte im 12. Jh. unter der Herrschaft eines kaiserlichen Burggrafen ein. 1311 erhielt F. volle städtische Freiheit und die Erlaubnis zur Errichtung eines Rates. Im 13. und 14. Jh. war F. Tagungsort zahlreicher Fürstentage und Wohnsitz einer reichen Kaufmannschicht. *Karl IV. bestimmte F. in der *Goldenen Bulle von 1356 zum Ort der Königswahl. Im Verlauf des Wachstums der Stadt wurde auch die alte jüdische Wohnsiedlung eingemeindet. 1375 erlangte F. den Rang einer freien Reichsstadt, im 15. Jh. galt sie als eine der reichsten Städte Deutschlands mit bedeutender Messe.

F. Bothe, *Geschichte der Stadt Frankfurt am Main*, (Neudruck) 1966.

FRANKFURT AN DER ODER Stadt am Westufer der Oder, die zu Beginn des 13. Jh.s von Ansiedlern *fränkischer Herkunft am Schnittpunkt der Verkehrswege zwischen *Brandenburg und Polen gegründet wurde. Im Jahre 1253 erhielt F. städtische Freiheiten und das Recht zur Selbstregierung, 1368 trat F. dem Hansebund bei. Trotzdem konnten die Kurfürsten von Brandenburg im Laufe des 15. Jh.s die Stadt ihrer Herrschaft unterwerfen. Im Jahre 1506 wurde an Stelle der alten Synagoge die Universität von F. gegründet.

H. Bauer, *Die Mark Brandenburg*, 1954; F. Schilling, *Die erste Einwanderung und Ansiedlung von Deutschen in Frankfurt an der Oder*, 1926.

FRANKREICH Das den größeren Teil des römischen Gallien einnehmende und nach den *fränkischen Eroberern benannte Land. Im Frühmittelalter deckte sich die Geschichte F.s mit der des *Frankenreiches;

unter den *Merowingern und frühen *Karolingern (bis zur Zeit *Ludwigs d. Frommen) bestand keine klare ethnische Scheidung zwischen den verschiedenen Reichsteilen. Diese wurde erst im 7. und 8. Jh. zwischen dem hauptsächlich germanischen *Austrasien und den in verschiedenem Ausmaß romanisierten Provinzen fühlbar. Unter den letzteren entwickelte sich *Aquitanien zu einer gesonderten ethnisch-sprachlichen Einheit, in der die *langue d'Oc*, das Occitanische, vorherrschte. Im 9. Jh., zur Zeit der Straßburger Eide *Ludwigs d. Deutschen und *Karls des Kahlen (842), konnten sich die beiden Brüder ihren jeweiligen Lehnsleuten gegenüber nur in der germanischen bzw. romanischen Sprache verständlich machen. Durch den Vertrag von *Verdun (843) wurde F. zu einer gesonderten politischen Einheit, deren Grenzen sich im Laufe des Mittelalters nur geringfügig änderten. Im Norden und Westen bildete das Meer die natürliche Grenze; im Süden ebenso die Pyrenäen, die jedoch keineswegs stabile Grenzen schufen; im Osten trennten die Flüsse Rhône, Saône, Maas und Eschau F. von *Lothringen und später vom Deutschen Reich. Innerhalb dieser Grenzen war das Land zu Beginn in drei geschichtliche Herzogtümer geteilt (Francia im Norden, Burgund im Osten und Aquitanien im Südwesten), in denen in verschieden Graden noch immer der Schmelzprozeß zwischen gallo-römischen und germanischen Völkern vor sich ging.

Im 9.-11. Jh. zerfiel das Königreich unter Einwirkung der Einfälle der Normannen im Norden und Westen sowie der Moslems im Süden als auch durch das Erscheinen von feudalen Abenteurern, die allesamt ein Element der Instabilität und der Schwächung königlicher Autorität mit sich brachten. Der chronische Kriegszustand zwischen den Adeligen im späten 9. und im 10. Jh. beschleunigte den Niedergang der karolingischen Verwaltung und führte zur Errichtung von *châtelennies* (von Burgen beherrschte Landgüter) als niedrigster Verwaltungs- und Herrschaftseinheiten. Das Wiederaufleben des bretonischen Separatismus im 9. Jh. und die Niederlassung der *Normannen in der Normandie (911) erhöhten die Tendenz zur Anarchie. Außerhalb einer begrenzten Gegend in der Picardie und der Champagne, wo sich die karolingischen Güter konzentrierten, hatte der König kaum Autorität.

Nach dem Tod des letzten Karolingers *Ludwig V. (987) wählte eine Versammlung von Prälaten und Adeligen Nord-F.s unter dem Vorsitz von *Adalbero, Erzbischof von Reims, Hugo *Capet, den Herzog von Francien, zum König. Dieser nutzte eine günstige Gelegenheit und ließ seinen Sohn *Robert zum Mitkönig wählen, wodurch er sich die Anerkennung der Erbfolge schaffen konnte. Dieser Präzedenzfall war von Bedeutung, da im weiteren die *Kapetinger auf diese Weise bis ins 12. Jh. Thronstreitigkeiten verhindern konnten. Dennoch war die Herrschaft der Kapetinger von einem dauernden Kampf um die Verwirklichung königlicher Vormacht gekennzeichnet. Das feudale System schuf einen chronischen Zustand des Bürgerkriegs; die regional wirksamen und von der Kirche initiierten Versuche, den Frieden herzustellen (hauptsächlich durch das Instrument des *Gottesfriedens) berührten das Königtum nicht. Die Entwicklung neuer sozialer und wirtschaftlicher Bedingungen im 11. Jh. begünstigte die Errichtung größerer Feudalherrschaften wie Normandie, Flandern, Blois-Troyes, Anjou, Burgund, Aquitanien und

Französischer oder flämischer bronzener Leuchter; 14. Jh.

Toulouse-Languedoc, deren Existenz die königliche Handlungsfreiheit beschnitt. Deshalb zogen es die Kapetinger vor, sich auf die Errichtung der unmittelbaren Herrschaft über ihre Grafschaften Paris und Orléans zu konzentrieren, was die Dynastie rettete und die Bedingungen für den späteren Aufstieg F.s als einer geeinten Nation schuf. Ein erster Schritt zur Errichtung eines königlichen Machtbereichs in der Île de France war demnach die Schaffung des Krongutes Paris und Orléans entgegen der Pläne übermächtiger Nachbarn wie der Grafen von Blois und Troyes und den durch die Existenz der Burgen von kleineren Lehnsleuten geschaffenen Hindernisse. Erst in der ersten Hälfte des 12. Jh.s konnte *Ludwig VI. unter Ausnutzung der Waffenruhe (*Treuga Dei) die kleineren Feudalherren besiegen. Durch die Verleihung von Vorrechten an die städtischen *Kommunen des Nordostens schwächte er die größeren Herren. Die Zeit des 10.-12. Jh.s war politisch zerrissen, sah jedoch den Aufstieg der französischen Kultur und Zivilisation, die sich hauptsächlich um das kirchliche Leben bewegte, aber zum erstenmal auch die Laien ansprach. Die Gelehrsamkeit blühte besonders in burgundischen und normannischen Klosterschulen und Kathedralen: in Auxerre, Poitiers, Laon, Reims, Tours sowie besonders Chartres und Paris. Nun entwickelte sich auch eine Literatur in den Volkssprachen, mit einem reichen Sagenkreis von Heiligen und Wundertaten, epischen Heldenliedern zum Lobe Karls d.Gr. und dessen Helden, in denen sich das Selbstgefühl der großen Adelshäuser spiegelte. Das französische nationalereligiöse Gefühl fand Ausdruck in den Idealen des Adels und des *Rittertums und wurde durch die normannischen Eroberungen, die Teilnahme französischer Ritter an den Feldzügen der Reconquista sowie die stark französisch beeinflußte Kreuzzugsbewegung über ganz Europa und bis in die Kreuzfahrerstaaten verbreitet. In England, Süditalien und im Heiligen Land wurde Französisch die Sprache der oberen Klassen; die französische Kultur durchdrang auch die französischsprechenden Teile des Deutschen Reiches von der Provence bis in das wallonische Belgien. F. entwickelte auch die künstlerischen Konzeptionen, die dem romanischen Bau- und Kunststil zugrunde liegen und im 11.-13. Jh. das künstlerische Schaffen ganz Europas beherrschten.

Ludwig VII. (1137-80) ebnete den Weg zur Umwandlung F.s von einer feudalen Monarchie in einen starken und zunehmend zentralisierten Staat. Seine andauernden Kriege gegen *Heinrich II. verhinderten die Ausdehnung der Plantagenetherrschaft auf F. und führten sogar in Heinrichs eigener Familie zu Differenzen. Ludwig erwarb sich den Respekt und den Gehorsam seiner mächtigen Lehnsleute und genoß auf internationaler Ebene einen hohen Ruf. In Zusammenarbeit mit dem Papsttum stärkte er seine Kontrolle über die Kirche. Im Jahre 1163 verlieh ihm Papst *Alexander III. den Titel des "christlichsten Königs", welcher bis 1789 eine übliche Anrede für die französischen Könige blieb. Er profitierte von dem Wiederaufleben des Handels und der Blüte der Städte und bereicherte seine Schatzkammer. Sein Sohn Philipp wurde wegen seiner mütterlichen Herkunft als Abkömmling Karls d.Gr. gefeiert, was den theoretischen Erwägungen über die Rechtmäßigkeit der Kapetingerherrschaft ein Ende setzte. Philipp baute auf den von seinem Vater gelegten Fundamenten auf und machte aus F. eine führende Macht. Er organisierte die Verwaltung, besiegte seinen Rivalen *Johann Ohneland, eroberte und annektierte die Normandie, Anjou und eine große Zahl von Grafschaften an der Loire, die sich unter der Oberhoheit von Anjou befunden hatten und nun zur Krondomäne geschlagen wurden. Sein Sieg bei *Bouvines (1214) festigte seine Eroberungen und vertiefte den französischen Einfluß in Flandern. Seine Zustimmung zur Teilnahme der nordfranzösischen Barone an dem von Papst *Innozenz III. ausgerufenen *Albigenserkreuzzug befreite ihn von Unruhestiftern in der ihn am meisten interessierenden Gegend. Indem er 1218 seinen Sohn *Ludwig VIII. an die Spitze eines Feldzuges in den Süden schickte, konnte er die Früchte des Kreuzzugs für sich ernten und seinen Einfluß in Languedoc vertiefen. Unter *Ludwig IX. erreichte die französische Monarchie den Höhepunkt ihrer Macht und ihres Ansehens. Dank der glatt funktionierenden Provinzverwaltung konnte er seine Bemühungen auf andere Gebiete konzentrieren. Ludwig wandte die von Philipp II. ausgearbeiteten Grundsätze der Monarchie in der Außenpolitik an, erkannte Heinrichs Herrschaft in der Gascogne an, bestand aber darauf, daß dieser die Provinz als Lehnsmann des Königs von F. regierte (Friede von Paris, 1258). Im Frieden

von *Corbeil (1259) verzichtete er auf die Oberhoheit über *Katalonien, legte damit den langen Konflikt mit *Aragón bei und machte sich zum Schiedsrichter von Europa.

Die sozialen und wirtschaftlichen Tendenzen der Periode begünstigten das monarchische Regierungssystem auf Kosten des feudalen Systems. Der wachsende Reichtum der Stadtbürger und deren ansteigende wirtschaftliche Bedeutung schwächten den Feudaladel, der sich mehr und mehr auf den Königsdienst angewiesen sah. In diese Periode fällt auch der Aufstieg der *noblesse de robe*, der in den Städten ansässigen und auf Universitäten ausgebildeten Beamtenschaft. Die Leibeigenschaft verschwand zusehends, da sich die ebenfalls vom wirtschaftlichen Aufstieg profitierenden Bauern vom hörigen Verhältnis zum Grundherrn loskaufen konnten. Trotz des allgemeinen wirtschaftlichen Wohlergehens aller Sozialschichten wurden die Klassenunterschiede immer stärker ausgeprägt. Das Klassenbewußtsein der früher allmächtigen Adeligen wurde noch durch das ritterliche Ethos verschärft; die hierarchische Struktur der französische Gesellschaft besaß nicht jenes hohe Maß an sozialer Mobilität, das England in dieser Periode auszeichnete.

F. blühte auch kulturell in dieser Zeit. Die *Scholastik fand ihren höchsten Ausdruck in der Schule von Chartres (12. Jh.) und gegen Ende des Jh.s in der neugegründeten Universität von Paris, die Studenten und Gelehrte aus ganz Europa anzog und im 13. Jh. mit ihren großen Geistern (wie *Thomas v. Aquin) und ihren hochentwickelten aristotelischen Philosophiestudien zum Vorbild für andere Universitäten wurde. Die volkssprachliche Dichtung der Heldenepen, die das Ethos des Rittertums widerspiegeln, und der von den *Troubadouren Süd- und West-F.s entwickelten Lyrik trug wesentlich zur Entkirchlichung der französischen Kultur bei. Der Kern dieser Kultur war jedoch die Champagne des 12. Jh.s, das Mutterland der Romanzen und der *Artussagen, die in der französischen Literatur des 13. Jh.s dominierten. Unter dem Eindruck der Werke des *Bernhard von Clairvaux bildete sich auch die Mystik aus. Auf dem Gebiet der Kunst wurde die Periode von der französischen Gotik beherrscht, die sich von Paris aus über ganz Europa ausbreitete. Im späten 13. und im 14. Jh. wich das wirtschaftliche und kulturelle Wachstum der Stagnation und der Krise. F. wurde wie das restliche Europa von einer Reihe von Epidemien heimgesucht, von denen der *Schwarze Tod die schwerste Wirkung hatte. Die Krise hatte auch politische Nachwirkungen. Unter *Philipp IV. dem Schönen (1285-1314) wurden die zentralisierenden Tendenzen weitergeführt und die Champagne an die Krondomäne angeschlossen. Außerdem wandte der König einige drakonische Maßnahmen zur Auffüllung seiner leeren Kasse an, wie die Abwertung der Währung, die Ausplünderung und Ausweisung der Juden (1306) und der Mitglieder des *Templerordens. Seine Versuche, auch den Klerus zu besteuern, führten zur Auseinandersetzung mit Papst *Bonifaz VIII. Zur Rechtfertigung seiner Anschauung von der königlichen Machtvollkommnis berief Philipp die Generalstände ein, deren Unterstützung er auch gewinnen konnte. Die Nachfolgekrise nach seinem Tod führte zur Formulierung der später als *Salisches Recht bekannten Erbregelungen, nach denen nur männliche Nachkommen der Manneslinie des Königshauses die

Erbfolge antreten können. Dadurch folgte das Haus
*Valois nach. Die Zurückweisung der Ansprüche
*Eduards III. von England, der sich auf seine Mutter
Isabella, die Tochter Philipps IV. berief, trug unmittel-
bar zum Ausbruch des *Hundertjährigen Krieges bei
(1339-1453).

In der ersten Phase errang England in den Schlachten
von *Crécy (1346) und *Poitiers (1356) wichtige Siege,
die ihren Höhepunkt in der Gefangennahme des französischen Königs *Johann II. bei Poitiers fanden. Die
französischen Niederlagen fielen mit der Verheerung
des Schwarzen Todes von 1348 zusammen. Unter der
Regierung des Dauphin Karl war die eine Hälfte des
Reiches von den Engländern erobert und die andere
Hälfte von entlassenen Söldnerbanden, den *Grandes
Compagnies, bedroht. Adelsaufstände unter *Karl
dem Bösen von Navarra, Revolten der Pariser Bürgerschaft unter Etienne *Marcel, der Bauernaufstand der
*Jacquerie waren die gefährlichsten Aspekte der mißli-
chen Lage. Die Notwendigkeit, große Summen für das
Lösegeld des gefangenen Königs aufzutreiben, zwang
Karl, unpopuläre Maßnahmen zu ergreifen. Er konnte
dennoch die Schwierigkeiten meistern und sich nach
dem Abschluß des Vertrags von *Brétigny (1362) den
inneren Problemen zuwenden. Als *Karl V. setzte der
Dauphin seine frühere Politik fort und führte F. auf den
Weg zur Wiederherstellung. Mit Hilfe seines Heerführers
*Du Guesclin sandte er die Grandes Compagnies nach
*Kastilien, wo sie im Bürgerkrieg zwischen *Peter dem
Bösen und *Heinrich von Trastamare kämpften. Er füllte seine Schatzkammer mit Einkünften aus den dem
Deutschen Reich abgenommenen Gebieten (Lyon
1301, Dauphiné 1349) und durch die Erhebung neuer
Steuern wie der *gabelle. Die meisten der an England
verlorenen Provinzen wurden nach und nach durch Du
Guesclin und Olivier du *Clisson zurückgewonnen; die
wirtschaftliche Tätigkeit erholte sich. Diese Verhältnisse bestanden auch in der ersten Periode der Regierung
von *Karl VI., dem Sohn Karls V., weiter. Die Onkel
des Königs übten jedoch im großen und ganzen einen
unverantwortlichen Einfluß aus; die Geisteskrankheit
Karls gab den auseinanderstrebenden Tendenzen freien
Lauf. Im frühen 15. Jh. steigerte sich die Rivalität
zwischen *Armagnaken und Burgundern zu offenem
Bürgerkrieg, den politische Mordtaten und Revolten in
Paris einschloß und sich am Ende mit dem Hundertjährigen Krieg verband. Die Burgunder taten sich mit
*Heinrich V. von England zusammen, der 1415 in F.
einfiel. Die Engländer vernichteten das französische
Heer bei *Azincourt und machten sich zu Herren des
gesamten nördlichen F. Karl VI. mußte den Vertrag
von Troyes (1419) unterschreiben, der Heinrich infolge
dessen Heirat mit Katherina, der Tochter Karls, als
französischen Thronerben anerkannte. Das Parlament
und die Universität von Paris stimmten der Regelung zu;
die von dem Dauphin, dem späteren *Karl VII. geführte
Opposition lehnte sie jedoch ab. Nach Karls VI. Tod
im Jahre 1422 wurde der Dauphin in Bourges (Mittelfrankreich) zum rechtmäßigen König ausgerufen.
Nach dem Tode Heinrichs V. führte der Herzog von
*Bedford als Regent die englische Offensive fort, wäh-
rend Karl untätig blieb. Das Geschick des Krieges kehrte
sich mit dem Auftritt der *Jeanne d'Arc. 1429 zwang
sie die Engländer zum Abbruch der Belagerung von
Orléans und eroberte Reims, wo Karl feierlich gekrönt

wurde. Ihre militärischen Erfolge hoben die Moral und
das Nationalbewußtsein der Franzosen. So konnten die
französischen Heere trotz der Niederlage der d'Arc bei
Paris, trotz ihrer Gefangennahme, ihres Prozesses und
ihrer Hinrichtung weiter siegen. Mit der Einnahme von
Bordeaux (1453) war ganz Frankreich befreit, mit der
einzigen Ausnahme von Calais, das auch weiterhin in
englischer Hand verblieb.

In der zweiten Hälfte der Regierungszeit Karls VII.
erholte sich F. wirtschaftlich und kulturell. Mit Hilfe
des geschickten Geschäftsmannes Jacques *Coeur wurden die Finanzen wieder geordnet. Das Kulturleben
erholte sich unter der Patronage von Fürsten wie denen
von Berry und Burgund. Die letzte Periode des mittelalterlichen F., die Regierungszeit *Ludwigs XI., betonte
die bereits unter Karl VII. vorhandenen Tendenzen. Der
König schlug eine Reihe von Adelsrevolten nieder und
ließ nach einigen Schauprozessen viele der führenden
Adeligen hinrichten. Nach der Niederlage seines gefährlichsten Gegners, des Herzogs *Karl des Kühnen von
Burgund, konnte Ludwig ohne weiteren Widerstand
seine Macht durchsetzen. Er erweiterte durch den Anschluß der Provence (1482) das Königreich bis zum
Mittelmeer und den Alpen und begründete die Grenzen
des modernen F.s.

R. Holtzmann, *Französische Verfassungsgeschichte*,
1910;
P. E. Schramm, *Der König von Frankreich*, 2 Bde., 1939;
G. Duby, R. Mandrou, *Histoire de la Civilisation Fran-
çaise*, 1958;
W. Kienast, *Deutschland und Frankreich in der Kaiserzeit (900-1270)*, 3 Bde., 1974².

FRANZISKA Siehe *FRANCESCA.
FRANZISKANERORDEN (Ordo Fratrum Minorum,
Minderbrüder) Im Jahre 1209 vom hl. *Franziskus von
Assisi als Rahmen für die Verwirklichung des Ideals
der apostolischen Armut gegründet. Dieses Ideal war
bereits von verschiedenen Reformatoren des 11. Jhs.
aufgestellt worden. Im Gegensatz zu diesen versuchten
jedoch die Franziskaner die Armut mit Hilfe einer Regel
im tagtäglichen Leben zu verwirklichen. Die Verbreitung des Ordens über ganz Europa und das Anwachsen
der Mitgliederzahlen führten bald zur Anpassung der
Regel an die neuen Bedürfnisse. Im Jahre 1221 verfaßten Franziskus und sein Freund Elias von Cortona die
regula prima, die nach der Genehmigung durch Papst
*Honorius III. (1223) zur Verfassung des Ordens wurde.
Danach durften weder der Orden noch dessen einzelne
Mitglieder irgendeine Art von Reichtum besitzen; die
Brüder sollten dem Volk predigen und sich von den
Gaben der Gläubigen ernähren. Davon stammt ihr
Beiname "Bettler" (Mendikanten). Das Armutsideal
verhinderte anfänglich die Errichtung von Klöstern.
Statt dessen entstand eine Organisation nach geographischen Linien der Provinzen, mit Häusern in den
wichtigsten Städten. Trotzdem war bereits ein Abwei-
chen vom Grundsatz der extremen Armut gegeben;
Franziskus, der sich nicht mehr in der Lage fühlte, den
Orden zu leiten, übergab Elias die Führungsrolle. Unter
diesem entstanden unter ausgedehnten Diskussionen
zwei Richtungen. Die "Konventualen" akzeptierten die
üblichen Erfordernisse des Lebens und versuchten,
mit der Kirche einen modus vivendi zu finden, während
die "Spiritualen" sich weigerten, etwas von den ursprünglichen Idealen der extremen Armut aufzugeben. Nach

dem Tod von Franziskus drohte der Streit zwischen den beiden Richtungen die Einheit des Ordens zu sprengen. Erst durch die Führungsqualitäten des hl. *Bonaventura gelang es, ein Zusammenleben der beiden Strömungen zu erreichen.

Die Franziskaner erlangten rasch große Beliebtheit als Prediger und Kämpfer für eine intensive Frömmigkeit. Einzelne Brüder, wie etwa der hl. *Antonius von Padua, wurden wegen ihrer Missionartätigkeit verehrt. Ihren größten Ruhm errangen die Franziskaner jedoch dank ihrer gelehrten Tätigkeit an den Universitäten, wo sie Theologie unterrichteten und das Studium der Philosophie und der Wissenschaften betrieben. Persönlichkeiten wie der hl. Bonaventura, *Duns Scotus (in Paris) und Wilhelm von *Ockham (in Oxford) trugen wesentlich zur Entwicklung der Universitäten und der Wissenschaft bei.

Der Streit zwischen Konventualen und Spiritualen lebte zu Beginn des 14. Jh.s von neuem auf. Die Lehren der letzteren betrachtete man jetzt als zersetzend und als für die Gesellschaft gefährlich; die *fraticelli (die italienischen Spiritualen) wurden von den kirchlichen Autoritäten verurteilt. 1318 unterstützte der Papst offen die Konventualen und erließ Bullen, die den gemeinsamen Besitz erlaubten. *Johann XXIII. verurteilte die Spiritualen als Ketzer und befahl die Verbrennung vier ihrer Führer. Trotz der Unterdrückungsmaßnahmen lebte das Gedankengut der Spiritualen weiter und führte im 14. Jh. zu wiederholten Forderungen nach Reform des Ordens. Diese Dispute brachten einen Niedergang der Franziskaner mit sich; Schriftsteller wie *Boccaccio und *Chaucer verurteilten sie wegen ihres irregulären Lebensstils. Im 15. Jh. erlebten sie wieder eine Hochblüte, waren jedoch in zahlreiche Gruppen gespalten, von denen die Observanten als Bewahrer der ursprünglichen Regel die bedeutendsten waren. Im 14. und 15. Jh. vertraten die Franziskaner die katholische Kirche im Heiligen Land, wo sie am Berg Zion (Jerusalem) einen Konvent unterhielten.

K. Esser, *Der Orden des hl. Franziskus*, 1952[2];
K. Esser, *Anfänge und ursprüngliche Zielsetzung des Ordens der Minderbrüder*, 1966.

FRANZISKUS VON ASSISI (hl.; 1181-1226) Gründer des *Franziskanerordens. F. wurde in *Assisi (Mittelitalien) als Sohn eines reichen Kaufmanns geboren. Bis zum Alter von zwanzig Jahren half er bei der Geschäften seines Vaters mit. 1202 wurde er in einem Krieg mit Perugia gefangengenommen. Nach seiner Heimkehr entschloß er sich, das weltliche Leben hinter sich zu lassen und sich der Hilfe für die Armen und Kranken zu widmen. Nach einer Pilgerfahrt nach Rom nahmen seine Ideen klarere Form an. 1208 gründete er in seiner Heimatstadt eine kleine Kongregation zum Beistand für die Aussätzigen. Für diese verfaßte er eine einfache Regel, die 1209 von Papst *Innozenz III. mündlich genehmigt wurde. Die Gemeinde bestand aus einer Gruppe von Schülern, die sich zur Betonung ihrer Demut Minderbrüder (*fratres minores*) nannten. Im Jahre 1212 übernahm die hl. *Klara, die eine ähnliche Frauengemeinde gegründet hatte, die Regel des F. 1214 reiste F. durch Südfrankreich und Spanien, wurde aber durch eine Krankheit gehindert, die *Mauren Afrikas zu erreichen, die er bekehren wollte. Als Ergebnis der Reisen wurde der Orden 1217 in Provinzen organisiert, deren Vorsteher von einem Generalkapitel ernannt wurden.

Der hl. Franziskus von Assisi; *Wandmalerei des 14. Jh.s*

Im Jahre 1219 predigte F. in Osteuropa und Ägypten einen "spirituellen Kreuzzug", wiederum mit dem Ziel der Bekehrung der Moslems. Während dieser Reise gab er die Leitung des Ordens auf, da er nicht die nötige Begabung für die Verwaltung zu besitzen glaubte. Er blieb aber bis zu seinem Tod das geistige Haupt der Franziskaner. Seine Freigebigkeit, sein einfacher Glaube, seine Liebe zur Natur und seine tiefe Demut machten ihn noch zu Lebzeiten zum Heiligen. 1228, zwei Jahre nach seinem Tod, wurde er offiziell heilig gesprochen. Außer seinem Testament und Briefen ist vor allem sein "Sonnengesang" erhalten. F. ist der erste Träger von Stigmen (d.h. den Wundmalen Christi am eigenen Leib).

Werk (dt.): W. von den Steinen, *Opuscula S. Francisci*, 1958;
J. Jöngensens, *Der hl. F. v. A.*, 1952 u.ö.

FRANZ VON MEYRONNES (gest. um 1326) Franziskanischer Wissenschaftler und Lehrer an der Universität Paris, der als einer der ersten in Europa die vom *Aristotelismus übernommene Meinung erwähnt, daß die Erde losgelöst vom Himmel existiere. In späteren Jahren wurde F. an den Papsthof in Avignon berufen, wo er versuchte, seine wissenschaftlichen Theorien auf das Gebiet der politischen Theorie anzuwenden. Im Gegensatz zu Dantes Auffassung von der Universalmonarchie entwickelte F. eine Theorie der päpstlichen Universalherrschaft über die christlichen Monarchien. Er verfaßte auch viele theologische und philosophische Abhandlungen.

P. Duhem, *François de Meyronnes*, 1913.

Der Uhrturm in Freiburg im Breisgau; 14. Jh.

FRATERHERRN Siehe *BRÜDER VOM GEMEIN-SAMEN LEBEN.

FRATICELLI Die im späteren 13. Jh. in Italien den *Franziskanern und anderen Armutsbewegungen verliehene Bezeichnung. Im beginnenden 14. Jh. wurde sie gleichbedeutend mit den spiritualen Franziskanern, die den Konformismus ihres Ordens anfochten. Im Jahre 1317, nach der Verurteilung der Spiritualen durch Papst Johannes XXIII. organisierte der italienische Franziskaner Angelo Clareno (gest. 1337) die F. als getrennte Richtung mit mystischer Prägung.
E. Benz, *Ecclesia spiritualis,* 1934.

FRAU Die mittelalterliche Gesellschaft machte sich in Bezug auf die F. die Traditionen des römischen und germanischen Rechts zu eigen. Danach besaß die F. keinen eigenen rechtlichen Status und durfte wegen ihrer Unfähigkeit, das Schwert zu führen, weder für sich vor Gericht erscheinen noch die Herrschaft ausüben. Sie stand unter Schutz und Macht ihres Vaters oder Gatten, als Witwe und Mutter minderjähriger Söhne unter Vormundschaft. Tatsächlich besaßen viele F.en großen Einfluß, besonders auf wirtschaftlichem Gebiet. Im Frühmittelalter war die Verwaltung des Landgutes hauptsächlich Angelegenheit der F., die auch dem *Kämmerer vorstand. Zusätzlich führte sie den Haushalt und erzog die Kinder. In gewissen Fällen, wie etwa dem *Theodoras, der Gattin *Justinians, oder dem *Brunhildes, war ihre politische Herrschaft öffentlich anerkannt. Bis ins 14. Jh. war die weibliche Erbfolge an Gütern und Rechtstiteln üblich, solange keine männlichen Erben vorhanden waren; in diesen Fällen durften F.en auch die Rechtsprechung ausüben. Dies galt jedoch nicht auf dem Gebiet des *Heiligen Römischen Reiches und seit dem 13./14. Jh. durch die Entwicklung *salischen Rechts auch nicht mehr in Frankreich.

Die F. spielte auch in der mittelalterlichen Kultur und besonders im Rahmen des *Rittertums eine wichtige Rolle. Seit dem 12. Jh. war sie der Mittelpunkt des höfischen Lebens und wurde von *Troubadouren und *Minnesängern besungen. Um 1160 unterschied *Andreas Capelanus zwischen F.en edler und unedler Geburt und legte je nach der Klassenzugehörigkeit unterschiedliche Gesetze für die Liebe und das soziale Benehmen fest. Als Patronin der Künstler und Dichter war die F. weitgehend für die Entwicklung einer weltlichen Ritterkultur verantwortlich (siehe *Rittertum, *Minnehöfe), wobei die Marienverehrung eine gewisse Rolle spielte. Die in den Regeln der Ritterorden formalisierten Vorschriften korrekten Benehmens gegenüber der F. gingen im Spätmittelalter in den allgemeinen Ehrenkodex der Oberklassen über.

Innerhalb der Kirche war die F. vom Priestertum ausgeschlossen und konnte auch nicht an intellektuellen Betätigungen der Universität teilnehmen. Dagegen spielten Äbtissinen in der kirchlichen Hierarchie und Mystikerinnen im Geistesleben eine starke Rolle, die auch im Heiligenwesen des 13.-15. Jh.s Ausdruck fand.
K. Bücher, *Die Frauenfrage im Mittelalter,* 1910[2];
S. M. Stuart, *Women in Medieval Society,* 1976.

FREDEGAR (7. Jh.) Angeblich Chronist fränkischer Abstammung, der in Austrasien am Hof der Hausmeier beschäftigt war. Sein Werk *Historia Francorum* summiert im ersten Teil die Chronik des *Gregor von Tours und beschreibt in zwei weiteren Büchern die fränkische Geschichte bis zu seiner Zeit. Seiner Ansicht nach war die Geschichte auf die Taten der als auserwähltes Volk bezeichneten Franken begründet. Ein unbekannter Verfasser fügte dem Werk F.s ein viertes Buch bei, das den Aufstieg der *Karolinger behandelt. Doch stammt auch F.s Werk in Wirklichkeit von mehreren Autoren.

FREDEGUND (um 545-97) Frankenkönigin. Als Geliebte *Chilperichs I., des Königs von Soissons, machte man sie für den Tod der westgotischen Gattin des Königs verantwortlich. Nach ihrer Heirat mit Chilperich (573) führten die Rachepläne der *Brunhilde, der Schwester der ermordeten Königin und Herrscherin von Austrasien, zu langen Kämpfen, in deren Verlauf F. die Ermordung mehrerer Frankenkönige veranlaßte.
M. Brion, *Fredegonde et Brunehaut,* 1935.

FREIBRIEF 1) Das vom Feudalherrn bei der Befreiung von Leibeigenen ausgestellte Dokument, seit dem 12. Jh. auch den Stadtbürgern bei der Befreiung von der grundherrlichen Gewalt kollektiv verliehen. 2) Die an ganze Gruppen (meistens die höheren Gesellschaftsklassen) verliehenen "Freiheiten", das heißt Vorrechte, wie oftmals im Fall der von Königen und Kaisern beschworenen Wahlkapitulationen, die die Freiheiten des Adels und der Kirche erhalten sollten.
Der bekannteste F. dieser Art ist die *Magna Charta Libertatum Englands (1215).

FREIBURG IM BREISGAU Stadt in Südwestdeutschland, 1120 von Herzog Berthold III. von Zähringen als Marktzentrum der Grafschaft Breisgau gegründet. Dank seiner Lage an Schnittpunkt von Verkehrswegen entwickelte sich F. im 12. Jh. rasch. 1218 ging die Stadt an die Grafen von Urach, 1368 an die Habsburger über. Letztere machten F. zum Mittelpunkt ihrer westdeutschen Güter. Die Blüte der Stadt im 13. Jh., die wesentlich auch auf dem Silbererzabbau im Schwarzwald beruhte,

ist durch die großen Dimensionen des gotischen
Münsters (1220 ff.) bezeugt. 1457 wurde die Universität
von F. gegründet.
F. Laubenberger, *Freiburg im Breisgau*, 1963.
FREIBURG IM UECHTLAND Stadt in der Schweiz,
1157 von Herzog Berthold IV. v. Zähringen gegründet,
1277 von den Habsburgern gekauft, hatte die Stadt sich
gegen die Nachbarn Bern und Savoyen durchzusetzen.
1478 wurde sie Freie Reichsstadt, 1481 Teil der Eidgenossenschaft.
P. de Zurich, *Les origines du Fribourg*, 1924.
FREQUENS Ein vom Konzil von *Konstanz herausgegebenes Dekret, das als wichtigstes verfassungsrecht-
liches Dokument der *konziliaren Bewegung gilt. Nach
dem F. waren fünf Jahre nach Abschluß des Konstanzer
Konzils ein neues Konzil und danach in regelmäßigen
Abständen weitere Konzile abzuhalten. Die Frequenz
der Zusammenkünfte sollte die Idee der Vormacht des
Generalkonzils ausdrücken.
A. Franzen-W. Müller (Hg.), *Das Konzil von Konstanz*,
1964.
FRESCOBALDI Bankier- und Kaufmannsfamilie aus
Florenz, die gemäß ihrer *guelfischen Überzeugung
1266 *Karl von Anjou bei der Finanzierung seines
Heerzugs nach Sizilien beistand und dafür im Angevinen-
reich Handelsprivilegien erhielt. Zu Beginn des 14. Jh.s
wurden die F. in der Geldprägung von Neapel tätig.
Kurz davor waren sie auch in die Finanzierung der
englischen Exporte eingestiegen und zu Bankiers des
Herrscherhauses geworden. Infolge der Krise des Jahres
1340 mußten die F. Bankrott machen. Dino F. (um
1272-1315) war ein bekannter Minnelyriker des *Dolce
stil nuovo.
A. Sapori, *La Compagnia dei Frescobaldi in Inghilterra*,
1946.
FRIAUL Gegend im nordöstlichen Italien zwischen
Venedig und Istrien. F. war im Frühmittelalter haupt-
sächliches Aufmarschgebiet von Eroberern Italiens wie
der Westgoten, Langobarden und Awaren. Die Langobarden errichteten in F. eine Grafschaft, die jedoch
nicht die Verteidigung der Gegend wahrnehmen konnte.
*Karl d.Gr. schuf nach seiner Eroberung Italiens (774)
in F. eine *Mark und verlieh dem Markgrafen Erich
(gest. 779) große Güter in Norditalien, um ihn in die
Lage zu versetzen, sowohl die *Bayern wie auch die
Awaren zu beaufsichtigen. *Ludwig der Fromme benutzte die Mark als Ausgangsbasis gegen die Kroaten
und Slawen (819) und fügte ihr weitere Gebiete hinzu.
Die Bedeutung der Mark von F. in der Karolingerzeit
drückte sich auch in den Heiratsverbindungen aus.
Eberhard von F. heiratete die Tochter Ludwigs des
Frommen und spielte später eine aktive Rolle in den
Verhandlungen zwischen den Königssöhnen, die dann
zur Teilung des Reiches (843) führten. Im späteren 9.
Jh. waren Eberhards Nachkommen unter den Anwärtern
auf die italienische Krone und den Kaisertitel. Nach
der Errichtung des Römischen Reiches verlor F. an Be-
deutung und wurde in mehrere Herrschaften aufge-
teilt, die sich bis zur venezianischen Eroberung im 15.
Jh. an die deutschen Kaiser anlehnten.
L. M. Hartmann, *Geschichte Italiens im Mittelalter*, 4
Bde., 1903-15.
FRIEDRICH I., BARBAROSSA (1122-90) Deutscher
Kaiser (1152-90). Sohn *Friedrichs, des Herzogs von
Schwaben aus dem Haus der *Hohenstaufen. Im Jahre

Friedrich I. Barbarossa und Söhne, *Miniatur, 12. Jh.*

1147 folgte er seinem Vater im Amt nach und begleitete seinen Onkel, König *Konrad III. auf dem zweiten
Kreuzzug. 1152 wurde er gemäß Konrads Designation
zum deutschen König gewählt, die Kaiserkrönung fand
1155 statt. Die zeitgenössischen Quellen beschrieben
F. als einen eindrucksvollen jungen Mann mit ritterlichen Tugenden. In Bewußtsein der Würde seines Amtes
war er entschlossen, das Kaisertum zur Höhe *Karls
d.Gr. zurückzuführen. Dies sprach er 1164 in Aachen
öffentlich aus. Um sein Ideal zu verwirklichen, mußte
er erst den deutschen Fürsten seine Herrschaft aufzwingen und den Widerstand des Papsttums überwinden,
das seit der Zeit *Gregors VII. eine eigene Theorie der
Universalherrschaft entwickelt hatte. Auf dem Reichstag von *Besançon (1157) verkündete F. die Vorherrschaft des Reiches und definierte die Vorrechte und
Privilegien des Adels als vom Kaiser, dem einzigen Inhaber der Regalien, gegeben. 1158 kam F. nach Italien,
wo er die unabhängigen lombardischen Städte und besonders Mailand unterwerfen wollte. Diese Politik führte
zum Krieg in Norditalien; 1162 wurde Mailand erobert
und zerstört. Statt sich zu unterwerfen, organisierten
die Städte mit Unterstützung des Papsttums und der
innerdeutschen *welfischen Opposition den *Lombardenbund, der den Kampf weiterführte und 1176 die kaiserliche Armee bei Legnano besiegte.
Von noch größerer Bedeutung war der Zusammenstoß mit dem Papsttum, der 1159 nach der Papstwahl
*Alexanders III., des früheren Kardinals Bandinelli

und eines erklärten Gegners der in Besançon verkündeten Regalienpolitik, offen ausbrach. Friedrich versuchte, die Wahl seines eigenen Kandidaten (*Viktor IV.) zu erlangen, und Alexander war gezwungen, Rom zu verlassen. Er konnte sich die Unterstützung der englischen und französischen Könige sichern; Friedrichs Kandidat blieb ohne Rückhalt. 1166 konnte Alexander nach Rom zurückkehren, die Auseinandersetzung wurde jedoch erst mit der Kompromißlösung von Venedig (1177) beendet. Der Vergleich ebnete den Weg zum Waffenstillstand mit dem Lombardenbund und endlich zum Friede von Konstanz (1183), der die Freiheiten der norditalienischen Städte anerkannte.

In Deutschland baute F. seine territoriale Basis in Schwaben aus und annektierte unter Berufung auf seine Heirat mit der Erbin von Burgund 1156 das Königreich. Mit Hilfe seines Kanzlers *Rainald von Dassel konnte er der deutschen Kirche seine Autorität auferlegen. Dazu benutzte er die *Ministerialen als Träger seiner Verwaltung, um die Macht des Feudaladels zu schwächen. Das schwerwiegendste Problem war jedoch die wachsende Macht des Welfenhauses, mit dem er über seine Mutter verwandt war. 1157 verlieh er *Heinrich dem Löwen das Herzogtum *Bayern, trennte *Österreich von Bayern ab und gab es als eigenes Herzogtum an die Babenberger. Nach dem Vertrag von Venedig ließ er jedoch das Lehnsrecht von Heinrich zu Gericht bringen, da dieser sich geweigert hatte, 1176 in den lombardischen Krieg mitzuziehen, und damit die Niederlage von Legnano verschuldet hatte. Das Urteil von 1180 nahm Heinrich alle seine kaiserlichen Lehen und ließ ihm nur den welfischen Eigenbesitz in der Gegend von *Braunschweig, wodurch auch das welfische Herzogtum Sachsen aufgeteilt wurde.

In seinen letzten Regierungsjahren konnte F. seine Herrschaft in ganz Deutschland geltend machen. Seine nunmehr guten Beziehungen mit dem Papsttum schufen den Anschein, als ob der große Konflikt zwischen Kirche und Staat endlich beigelegt sei. 1184 trafen sich F. und Papst *Lucius III. in Verona, um Schritte gegen die Ketzerbewegungen zu beraten. Im Jahre 1186 schloß F. die Heirat seines Sohnes und Erben Heinrich mit Konstanz, der Erbin von Sizilien, ab. Er stellte sich an die Spitze des dritten *Kreuzzugs, ertrank aber in Kleinasien auf dem Weg ins Heilige Land im Salef.

K. Jordan, *Friedrich Barbarossa, 1967[2];
M. Pacaut, *Friedrich Barbarossa, 1969.

FRIEDRICH II. (Friedrich Roger; 1194-1250) Deutscher Kaiser (1212-50), König von Sizilien (1197-1250) und Jerusalem (1226-50). Er wurde in Sizilien als Sohn *Heinrichs VI. und der Konstanze von Sizilien und Enkel *Friedrichs I. geboren und nach seines Vaters Tod, im Alter von drei Jahren, zum König ausgerufen. Nach dem Tod seiner Mutter (1198) verblieb er unter der Vormundschaft Papstes *Innozenz III. und unter der Regentschaft der deutschen und sizilianischen Räte seines Vaters. Trotz seiner Abstammung von dem deutschen Haus der *Hohenstaufen betrachtete sich der in Palermo aufgewachsene F. als Sizilianer. Er galt als einer der gescheitesten Männer seiner Generation und erntete großen Ruhm für sein breites Wissen und seine Gelehrsamkeit. Intellektuell war F. tief beeinflußt von dem kulturellen Hintergrund Siziliens, dem Treffpunkt der lateinischen, griechischen und arabischen Erbschaft.

Im Jahre 1212 sandte Innozenz III., der gerade

Kaiser *Otto IV. gebannt hatte, F. als Thronanwärter nach Deutschland. Nach seiner Wahl schlug F. als Verbündeter *Philipps II. von Frankreich Otto in der Schlacht von *Bouvines. Um sich die Stimmen der Fürsten bei der Wahl zu erkaufen, mußte F. sowohl der Kirche wie auch den weltlichen Herren Zugeständnisse machen. In der Goldbulle von Eger 1213 erkannte er die kirchlichen Vorrechte an und erlangte 1215 die Krönung als römischer König zu Aachen. Weitere Verhandlungen mit dem Papst und das Versprechen, auf den Kreuzzug zu gehen, führten 1220 zur Kaiserkrönung. Gleichzeitig wurde sein älterer Sohn Heinrich in Deutschland zum König gekrönt und unter der Leitung eines Kronrats von Fürsten und Prälaten als Herrscher zurückgelassen. F. zögerte den Auszug ins Heilige Land hinaus, eilte nach Sizilien zurück und schlug eine Adelsrevolte nieder. Daraufhin machte er sich an die Errichtung eines zentralistischen, auf eine Bürokratie von königlichen Beamten gegründeten Regimes. Die in den Konstitutionen von *Melfi (1231) eingeschlossenen Reformen ließen Sizilien zum fortgeschrittensten Staat des mittelalterlichen Europa werden.

Inzwischen hatten sich jedoch F.s Beziehungen zur Kirche grundlegend geändert. Seine Politik in Sizilien und Italien hatte gezeigt, daß Innozenz' Hoffnungen, den Kaiser in Kontrolle halten zu können, unrealistisch gewesen waren. Der Kirchenstaat war nunmehr von den Besitzungen eines mächtigen Herrschers umgürtet. Seit 1225 ermutigten deshalb die Päpste die *Guelfen Italiens, sich gegen F. aufzulehnen; gleichzeitig übten sie Druck aus, um F. zur Erfüllung seines Kreuzzugsgelübdes zu bewegen. Um F. weiter zu interessieren, arrangierte Papst *Honorius III. eine Heirat mit Isabella von Brienne, der Thronerbin von Jerusalem. Sobald die Heirat gesichert war, befahl F. Isabellas Vater, dem König *Johann von Brienne, in Italien zu bleiben und Friedrich die Regierung des Königreiches Jerusalem zu überlassen (1226). Damit schuf sich F. einen weiteren Feind in Italien.

Papst *Gregor IX. entschied sich dafür, den offenen Zusammenstoß herbeizuführen. 1228 bannte er den Kaiser und verlieh damit den Aufständen in Italien, wo der *Lombardenbund wieder ins Leben gerufen worden war, volle Legitimität. F. entschloß sich darauf, den Kreuzzug auszuführen und begab sich per Schiff 1229 nach Akkon, nicht ohne jedoch vorher geheime Absprachen mit dem *Ejjubidensultan Ägyptens, Al-Malik Al-Kamel, getroffen zu haben, wonach die Christen die Aufsicht über die heiligen Städte Jerusalem und Nazareth erhalten sollten. Der gebannte Kaiser wurde auf seinem Kreuzzug von der französischen Aristokratie des Königreiches Jerusalem, den *Johannitern und den Templern, sowie dem Klerus des Heiligen Landes gemieden und nur von den *Deutschen Ordensrittern, den deutschen Kreuzzugsteilnehmern und einem italienischen Kontingent unterstützt. In Jerusalem krönte sich F. selbst zum König. Seine diplomatischen Manöver hatten trotz des lateinischen Boykotts mehr erreicht als irgendein anderer Kreuzzug des 13. Jh.s. F. hatte aber sein Reich in einem Zustand der Anarchie zurücklassen müssen. Nach seiner Rückkehr schlug er Aufstände in Italien nieder und festigte seine Führungsposition im Vertrag von San Germano, nachdem der Papst ihn vom Bann gelöst hatte.

In Deutschland befand sich F.s Sohn vollkommen

unter dem Einfluß des Adels. Dort hatte F. die Stellung des Herrschers nämlich durch zwei Reichsgesetze, die "Confoederatio cum principibus ecclesiasticis" (Bündnis mit den Kirchenfürsten, 1220) zu Gunsten der geistlichen und das "Statutum in favorem principum" (Statut zum Vorteil der Laienfürsten, 1231/32) zu Gunsten der weltlichen Fürsten sehr geschwächt, in dem er ihnen wichtige *Regalien verlieh. Im Jahre 1233 lehnte sich Heinrich gegen seinen Vater auf, wurde aber ein Jahr später von diesem entthront und auf Lebzeiten eingesperrt. Während seines Deutschlandaufenthaltes reformierte F. die Verfassung zu Gunsten der Fürsten und setzte seinen zweiten Sohn *Konrad IV. als König ein. Auf der Rückkehr nach Norditalien besiegte er den Lombardenbund bei *Cortenuova (1237). Im Jahre 1238 schien F.s Herrschaft voll gefestigt. Er ernannte seinen unehelichen Sohn Enzo zum König von Sardinien und befriedete fast das gesamte Italien. Gregor IX., der um die Unabhängigkeit des Papsttums besorgt war, sprach einen neuen Bann aus; der Kampf zwischen Kaiser und Kirche wurde wiederum mit Feindseligkeiten in Norditalien eröffnet. Im Jahre 1245 fügte Papst *Innozenz IV. dem Bann noch die Absetzung hinzu und bezeichnete jeden Aufstand gegen F. als rechtmäßig. Sogar ein Kreuzzug gegen den Kaiser wurde erwogen. In Deutschland wurde der thüringische Landgraf *Heinrich Raspe als Gegenkönig aufgestellt, starb aber schon im Jahre 1246. Der neue Führer der Opposition, *Wilhelm von Holland, konnte gegen Konrad IV. keinen Erfolg erzielen. In Italien erhob sich 1247 wiederum der Lombardenbund und besiegte erst F. bei Parma und dann Enzo bei Bologna. Sogar F.s alter Berater und sizilianischer Großhofrichter *Petrus von Vines plante eine Mordverschwörung, wurde aber festgenommen und beging im Gefängnis Selbstmord. In diesen schwierigen Jahren stand F. ein weiterer unehelicher Sohn, *Manfred, bei. Im Jahre 1250 starb der Kaiser in seinem Palast bei Luccera und wurde im Dom von Palermo beerdigt.

Trotz seines voll ausgefüllten politischen und militärischen Lebens fand F. auch Zeit für geistige Beschäftigungen und führte einen der glänzendsten Höfe Europas. Der Lebensstil an diesem Hof orientierte sich an den rationalistischen Anschauungen des Kaisers und besaß einen ausgesprochen kosmopolitischen Charakter, der auch moslemischen und jüdischen Intellektuellen ein Mitspracherecht verlieh. F. verfaßte auch selbst eine Abhandlung über die Kunst der Falkenjagd (*De arte venandi cum avibus) und einige italienische Gedichte.
E. Kantorowicz, *Kaiser Friedrich der Zweite*, 2 Bde., 1963²;
G. Wolf (Hg.), *Stupor Mundi. Zur Geschichte Friedrichs II. von Hohenstaufen*, 1966;
Atti del Convegno di studi su Federico II., 1976 (Sammelband).

FRIEDRICH III. (1415-93) Deutscher Kaiser (1440-93). Der Habsburger wurde 1424 als Friedrich V. Herzog von Steiermark, 1440 deutscher König. 1452 zog er nach Rom und war der letzte deutsche König, der vom Papst die Kaiserkrönung empfangen sollte. 1437 ging er in seiner Eigenschaft als Erzherzog ins Heilige Land und wirkte dort zum Wohl der deutschen Pilger. F. war zwar ein begabter Verwalter, besaß jedoch nicht die Kraft, sich in Deutschland durchzusetzen; er begnügte sich mit einer Hausmachtpolitik, die

die Interessen seiner Dynastie durch wohlarrangierte Heiraten wie die seines Sohnes Maximilian mit der Erbin Burgunds förderte. Eine Koalition seiner österreichischen und ungarischen Gegner vertrieb F. aber sogar 1485 aus Wien; auch Böhmen ging an Georg *Podiebrad verloren. In seinen späteren Jahren beschäftigte sich F. auch mit der Alchemie und der Astrologie.
F. Tremel, *Studien zur Wirtschaftspolitik Friedrichs III.*, in: Carinthia I, 146, 1956;
B. Haller, *Kaiser F. III. im Urteil der Zeitgenossen*, 1965.

FRIEDRICH II. von Aragón (1272-1337) König von Sizilien (1296-1337). Dritter Sohn *Peters III. von Aragón und der Konstanze von Sizilien, wurde als Gegenmaßnahme gegen den päpstlichen und französischen Druck auf Aragón zum König von Sizilien gemacht. Mit Hilfe der *Katalanischen Kompanie schlug er *Karl II. von Anjou und wurde 1302 im Vertrag von Caltabellotta als rechtmäßiger König von Sizilien anerkannt.
E. S. Haberkern, *Der Kampf um Sizilien 1302-1337*, 1921.

FRIEDRICH II. VON BABENBERG (gest. 1246) Letzter *Babenberger Herzog von *Österreich. Er wurde auch der "Streitbare" genannt und führte wiederholt Krieg gegen Böhmen und Ungarn. 1234 nahm er an der Revolte *Heinrichs, des Sohnes *Friedrichs II., teil, wurde vom Kaiser besiegt und seines Herzogtums entloben. Nach Friedrichs Rückkehr nach Italien konnte F. wieder Wien einnehmen (1239) und seinen Frieden mit dem Kaiser machen. 1245 nahm er am Aufstand *Heinrich Raspes teil, wurde aber bald in einer Schlacht gegen die Ungarn getötet.
1000 Jahre Babenberger in Österreich (Ausstellungskatalog Lilienfeld), 1976.

FRIEDRICH (gest. 1189) Herzog von Böhmen (1173-89), Sohn Wladislaws II., nach dessen Abdankung er Herzog wurde. Der Kandidat Kaiser *Friedrichs I., Sobeslav II., konnte sich nicht gegen F. halten; am Ende mußte der Kaiser F. anerkennen, beschnitt aber dessen Macht durch die Unterstützung, die er dem Markgrafen von Böhmen gab, und durch die direkte Unterstützung des Bistums Prag unter das Reich (1187).
K. Bosl (Hg.), *Handbuch der Geschichte der böhmischen Länder* I, 1967.

FRIEDRICH I. VON HOHENZOLLERN (1371-1440) Markgraf und Kurfürst von Brandenburg (1417-40). Als einer der treuen Anhänger *Sigismunds von Luxemburg wurde er 1397 Burggraf von Nürnberg und half nach der Königswahl Sigismunds bei der Niederschlagung von Adelsrevolten (1410, 1414) mit. Er wurde mit der Herrschaft über das niedergeworfene Brandenburg belohnt, das er mit großer Kraft regierte. 1427-31 war F. Führer des Reichsheeres gegen die *Hussiten.
O. Hintze, *Die Hohenzollern und ihr Werk*, 1916[8].

FRIEDRICH II. VON BRANDENBURG (1413-71) Kurfürst von Brandenburg (1440-70). Sohn Friedrichs I., dessen Politik er weiterführte. Er mußte jedoch der Teilung des *Hohenzollernerbes zwischen ihm und seinem Bruder zustimmen. In Brandenburg kämpfte er gegen den Einfluß der *Hanse an und zog die Freiheiten der Stadt Berlin zurück. Anderen Städten verbot er die Mitgliedschaft im Hansebund. Sein Versuch, die deutsche Herrschaft an der baltischen Küste durch die Besetzung Holsteins zu festigen, schlug fehl. F. dankte 1470 ab.
O. Hintze, *Die Hohenzollern und ihr Werk*, 1916[8].

FRIEDRICH I. VON MEISSEN DER FREIDIGE (1257-1323) Landgraf von Thüringen. Sohn des Heinrich von Meissen und der Margarete, der Tochter des Kaisers *Friedrich II., wurde 1268, nach dem Tode von *Konradin als nächster Verwandter des *Hohenstaufenhauses zum Kandidaten für die sizilianische Krone aufgestellt. Mit der Unterstützung der italienischen *Ghibellinen plante er für das Jahr 1270 einen Italienzug, der jedoch nicht zur Ausführung kam. 1272 kandidierte er erfolglos gegen *Rudolf von Habsburg für die deutsche Königskrone und kehrte dann nach Thüringen zurück. 1301 schloß er die Mark Meißen an seine Herrschaft an.
H. Wagenführer, *Friedrich der Freidige*, 1936.

FRIEDRICH I. VON SACHSEN (1370-1428) Kurfürst von Sachsen (1423-28). Nachkomme des *Friedrich von Thüringen-Meißen, wurde 1381 Markgraf von Meißen. Als Vertrauter König *Sigismunds diente er in den *Hussitenkriegen und wurde nach dem Erlöschen der Wittenbergerdynastie von Sachsen zum Kurfürsten von Sachsen ernannt. Zusammen mit seiner an Erz reichen Markgrafschaft war Sachsen das reichste deutsche Fürstentum der Periode.
I. v. Broenicke, *Friedrich der Streitbare*, 1938.

FRIEDRICH I. (um 1050-1105) Herzog von Schwaben (1079-1105). F. war Abkömmling der süddeutschen Adelsfamilie Büren und verlieh mit seiner 1077 erbauten Burg Staufen seinen Nachkommen den Namen *Hohenstaufen. Während der Rebellion der Herzöge von Bayern, Kärnten und Schwaben blieb F. Kaiser *Heinrich IV. treu und erhielt nach der Absetzung *Rudolfs von Schwaben 1079 das Herzogtum und des Kaisers Tochter Agnes. Gegen die Ansprüche Bertholds von *Zähringen, des Sohnes Rudolfs, festigte F. seine Herrschaft mit Hilfe unfreier Beamter, der *ministeriales.
H. Heuermann, *Die Hausmachtpolitik der Staufer von Herzog Friedrich I. bis Konrad III.*, 1939.

FRIEDRICH II. (1090-1147) Herzog von Schwaben (1105-47), Sohn *Friedrichs I. und enger Verbündeter seines Onkels *Heinrichs V. Er konzentrierte sich auf den Ausbau seines Herzogtums, in dem er eine starke Regierung aufbaute. Nach Heinrichs Tod (1025) wäre er der Verwandtschaft nach der nächste Kandidat gewesen, erkannte aber die Wahl *Lothars von Supplinburg an. Dennoch gab er nicht seine Ansprüche auf Heinrichs fränkische Güter auf. Des Königs Weigerung, diese Ansprüche anzuerkennen, da sie Reichsgut beträfen, führte zu einem langen Krieg zwischen beiden. Nach Lothars Tod (1137) setzte sich F. für die Königswahl seines Bruders Konrad ein.
I. Dietrich, *Herzog Friedrich II. von Schwaben*, 1943.

FRIEDRICH III. Herzog von Schwaben Siehe *FRIEDRICH I. BARABAROSSA.

FRIEDRICH I. DER SIEGREICHE (1425-75) Kurfürst von der Pfalz, Pfalzgraf bei Rhein. Bei seinem Regierungsantritt war sein Fürstentum durch die seit 1410 stattgefundenen Erbteilungen gespalten. F. widmete sich der Wiedervereinigung der Pfalzgrafschaft und dem Aufbau ihrer Institutionen (Universität Heidelberg, Hofgericht).

FRIEDRICH Erzbischof von Köln (1100-31) Er wurde von Kaiser *Heinrich IV. infolge seiner treuen Haltung während des *Investiturstreites zum Erzbischof erhoben, wechselte aber 1114 die Seite und wandte sich gegen *Heinrich V., den er bei Andernach besiegte. Später floh er nach Sachsen und belegte Köln mit dem Interdikt. Im Verlauf des Investiturstreits konnte er die Macht des Kölner Erzbistums auf weitere Gebiete ausdehnen. 1125 trat er für die Kandidatur *Lothars von Sachsen ein.
T. Ingen, *Die Entstehung der Städte des Erzstifts Köln.* 1902.

FRIEDRICH Erzbischof von Mainz (937-54) Als Sohn einer westfränkischen Adelsfamilie stellte er sich wiederholt gegen die Politik Kaiser *Ottos I. und kann als typischer Vertreter der turbulenten feudalen Prälatenschaft der ersten Hälfte des 10. Jh.s angesehen werden. Der Fehlschlag des fränkischen Aufstands gegen Otto isolierte ihn politisch und zwang ihn, seinen Frieden mit dem Kaiser zu machen. 951 wurde er als Vertreter Ottos nach Italien gesandt, handelte dort aber nicht nach dessen Weisungen in Bezug auf *Berengar II. F. zog sich nach dem daraus resultierenden Verlust seiner Reichsämter (Erzkaplan und -kanzler) aus der Politik zurück.
W. Norden, *Erzbischof Friedrich von Mainz und Otto der Große*, 1912.

FRIESLAND Das Land der Friesen an der Nordseeküste zwischen dem Ausfluß der Weser und des Rheins. Die zu den Westgermanen gehörenden Friesen waren in der Gegend seit prähistorischen Zeiten ansässig und hatten eine Kultur entwickelt, die eine eigene Sprache und Tradition besaß. Sie beschäftigten sich hauptsächlich mit Fischfang und Tierzucht. Im 1. Jh. kamen die Friesen mit den Römern in Kontakt, die Gallien erobert hatten und ihre Herrschaft auf F. auszudehnen versuchten. Der römische Einfluß, auch über die in der kaiserlichen Armee dienenden Friesen, war jedoch nur oberflächlich, trug aber zur Entwicklung des Handels bei. Nach dem Fall des Römischen Reiches dehnten sich die Friesen über den Rhein in die heutigen Niederlande aus und errichteten Groß-F., ein wohlhabendes Staatsgebilde (5.-8. Jh.), das besonders die Textilerzeugung entwickelte. Im 7. Jh. versuchten christliche Missionare hauptsächlich angelsächsischer Herkunft die Friesen zu bekehren, stießen jedoch auf Widerstand. Als einige von ihnen getötet wurden, wandten sich die Missionare an die Franken mit der Bitte um Hilfe; der Hausmeier *Pippin II. gab seine Zustimmung zur Entsendung von Truppen zu deren Schutz. Der darauffolgende Tod Pippins und die Wirren im Reich verzögerten die Ausführung des Plans, und erst 734 konnte *Karl Martel die Sache wiederaufnehmen. Er eroberte Groß-F. und schloß es an das Frankenreich an (*Bonifatius). Unter *Karl d.Gr. lief die mit der Christianisierung verbundene politische Durchdringung im nördlichen Teil F.s weiter. Im Jahre 802 ordnete Karl die Aufzeichnung der Friesenrechte an. Die Normanneneinfälle des 9. Jh.s isolierten F. vom Rest des *Karolingerreiches und erst im 10. Jh. waren die Friesen jedoch wiederum in den *ottonischen Staat integriert.

Die Feudalisierung F.s war Teil der kaiserlichen Politik und stieß bei den stark ihren stämmischen Traditionen und dörflichen Dorfgemeinschaften verhafteten Friesen auf harten Widerstand. Die deutschen Grafen von Emden konnten in Ost-F., wo die Eindeutschung im 11. Jh. begonnen hatte, ihre Herrschaft festigen. Dagegen führten die Bemühungen der Grafen von Holland, der Bischöfe von Utrecht, und deren Vasallen in West- und Mittel-F. zu langen und letztlich erfolglosen Kriegen. Den Friesen gelang es, ihre alten Sitten und die dörfliche Selbstverwaltung aufrechtzuerhalten, während

sie gleichzeitig die Oberhoheit des Kaisers anerkannten. Im 12.-14. Jh. bauten sie zur Beschützung ihrer Dörfer und Felder vor den Meeresfluten ein System von Dämmen, dessen Ausmaß im alten Sprichwort "Gott schuf die See und die Friesen die Küste" zum Ausdruck kam. Im Jahre 1457 erkannte Kaiser *Friedrich III. endgültig die friesische Autonomie an und enthob sie aller Herrschaft von Grafen und Fürsten. Der Versuch seines Sohnes Maximilian, den Herzog von Sachsen als Statthalter von F. einzusetzen, traf auf heftigen Widerstand und mußte 1498 mit der erneuten Garantie der väterlichen Privilegien zurückgenommen werden.
P. J. Blok, *Friesland im Mittelalter*, 1891;
G. Teschke, *Studien zur Sozial- und Verfassungsgeschichte Frieslands im Hoch- und Spätmittelalter*, 1966.

FRITIGERN Siehe *WESTGOTEN.

FROISSART, JEAN (1335-1405) Chronist. Er wurde in Valenciennes (Flandern) geboren und am Grafenhof erzogen, wo er sich mit den ritterlichen Sitten und politischen Angelegenheiten vertraut machte. 1361 ging er nach England und diente als Sekretär der Königin Philippa, der Gattin *Eduards III. In dieser Eigenschaft begann er mit der Materialsammlung für seine Chronik und bereiste mehrere Fürstenhöfe in Westeuropa. Sein Hauptwerk sind die "Chroniken", deren Niederschrift die Zeit von 1373-1400 in Anspruch nahm und die die Geschichte von 1127 bis 1400 beschreiben. Sie gelten als eine der wichtigsten Quellen für das 14. Jh., obwohl das Werk unsystematisch und in Bezug auf die Sichtung der Tatsachen wenig wählerisch ist. Ein großer Teil des Buches behandelt alle möglichen Rittergeschichten und Hofanekdoten, die jedoch einen nicht unwichtigen Beitrag zum Studium des täglichen Lebens darstellen. F. verfaßte auch einen Artusroman (*Méliador*).
M. Wilmotte, *Froissart*, 1942.

FRONDIENSTE (Corvada, corvée, boon-works) Die Bezeichnung für die Arbeitsdienste auf den Feldern des Grundherrn, die den hörigen Bauern aufgezwungen und ein Teil der dem Herrn schuldigen Dienste und Abgaben waren. Der Umfang der F. variierte von 3 Tagen pro Woche bis zu 21 Tagen im Jahr und war vom örtlichen Brauch und den rechtlichen Status des Bauern abhängig. Die F. schlossen eine weite Reihe von Tätigkeiten ein, am üblichsten waren die Feldarbeit auf dem Herrengut und die Instandhaltung der Pflugausrüstung, daneben auch die von den Bäuerinnen unter Aufsicht der Burgherrin geleistete Spinn- und andere Arbeit. In der zweiten Hälfte des 12. Jh.s wurde die große Zahl der im F. beschäftigten Bauern zur Last, da sie auch verpflegt werden mußten. Darum wurden die F. zunehmend von Geldzahlungen abgelöst, die wiederum die Beschäftigung von Lohnarbeitern, den sog. *famuli*, ermöglichten. Nach den Bevölkerungsverlusten der 14. Jh.s, insbesonders nach dem *Schwarzen Tod, bemühten sich die Grundherren, die F. wieder einzuführen, was zu dem großen Aufstand der *Jacquerie in Frankreich und dem *Großen Englischen Bauernaufstand von 1381 führte.
F. Lütge, *Geschichte der deutschen Agrarverfassung*, 1967[2].

FUERO Spanische Bezeichnung, die ursprünglich auf die von Königen oder anderen großen Herren herausgegebenen Freiheitsbriefe angewandt wurde, die die Neubesiedlung der im 10.-12. Jh. von den Mauren eroberten Gebiete bezweckten. In der Form *F. Real* (Kö-

nigsurkunde) wurde die Bezeichnung in Kastilien im 13.-14. Jh. weiter in der ursprünglichen Bedeutung gebraucht. Im Königreich Aragón fand sie auf die vom König einberufenen Ständeversammlungen Anwendung, die sich besonders mit Fragen der Besteuerung befaßten. Im 15. Jh. wurde F. als Synonym für Ständeversammlung gebraucht.
E. N. v. Kleffens, *Hispanic Law until the End of the Middle Ages*, 1968.

FUGGER Kaufmanns- und Bankiersfamilie aus Augsburg, die von Hans F. begründet wurde, der 1367 in der Stadt ein Textilunternehmen aufmachte. Sein Sohn Jakob wurde Haupt der Leinenzunft, und im 15. Jh. waren die F. im süddeutschen Textilhandel vorherrschend. Sie beschäftigten sich auch mit der Finanzierung fürstlicher Vorhaben; Ulrich F. (1441-1510) diente als finanzieller Berater Kaiser *Friedrichs III. und wurde für seine Verdienste geadelt.
G. v. Pölnitz, *Die Fugger*, 1970.

FULBERT VON CHARTRES (hl.; um 960-1028) Bischof von Chartres (1007-28). Er wurde in Italien geboren und studierte unter *Gerbert von Aurillac in Reims. Danach zog er nach Chartres, wo er zum Kanzler des Bistums und Vorsteher der Domschule ernannt wurde (990). F.s Werk machte die Domschule zum wichtigsten Zentrum der Gelehrsamkeit in ganz Europa, das Wissenschaftler besonders durch die am Ort gelehrten arabischen Studien anzog. F. selbst besaß in allen zu seiner Zeit bekannten Zweigen der Gelehrsamkeit ein breites Wissen. Als Bischof von Chartres pflegte er weiter seine Schule, wandte sich jedoch auch politischen Angelegenheiten aufmerksam zu und genoß als Staatsmann das Vertrauen des Königs von Frankreich, des Herzogs von Aquitanien und des Grafen von Blois. Er schlichtete zahlreiche örtliche Auseinandersetzungen und verfaßte auf Bitte des Herzogs von Aquitanien den berühmten Brief, der die Grundsätze des *Lehnswesens definiert. Er war auch ein großer Baumeister und errichtete die Kathedrale von Chartres, von der jedoch nur mehr die Krypta erhalten ist.
Werk: *PL* Bd. 141;
H. Johnstone, *Fulbert of Chartres*, 1926.

FULCHER VON CHARTRES (um 1058-1127) Chronist. F. war an der Domschule von Chartres Priester und nahm 1095 am Kreuzzugskonzil von *Clermont teil. Im weiteren begleitete er *Balduin von Boulougne auf dem Ersten Kreuzzug, diente am Königshof von Jerusalem und war Kanoniker der Grabeskirche in Jerusalem. Seine Chronik des ersten Kreuzzugs und der ersten 25 Jahre nach der Eroberung Jerusalems ist eine der wichtigsten Geschichtsquellen des Kreuzfahrerstaates.
Werk: H. Hagenmeyer (Hg.), Engl. Übers.: H. S. Fink (Hg.), 1969.

FULDA Deutsche Stadt, anfänglich *Benediktinerabtei in Nordfranken, die 744 vom hl. *Bonifatius und dessen Schüler, dem hl. Sturm, zur Förderung der Sachsenmission gegründet wurde. Als Bestattungsort des Bonifatius wurde F. zur Pilgerstätte und häufte großen Reichtum an. Unter dem Abt *Hrabanus Maurus (822-44) entwickelte sich F. zu einem der bedeutendsten geistigen Mittelpunkte Europas. F.s Bibliothek war für seltene Handschriften, darunter Abschriften seltener klassischer Texte, bekannt. Im späten 10. Jh. erhielten die Äbte von F. gewisse Überwachungsrechte über die ansonsten unabhängigen Benediktinerklöster Deutschlands. Neben der Abtei entwickelte sich die Stadtsiedlung F. zu einer bedeutenden Stadt (1019 Marktrecht).

E. E. Stengel, *Die Reichsabtei Fulda in der deutschen Geschichte*, 1948.

FULK I. DER ROTE, Graf von Anjou (909-45) Einer der Feudalabenteurer des frühen 10. Jh.s, der sich als Lehnsmann *Hugos d.Gr. nach der Eroberung von Nantes eine Feudalherrschaft in Anjou aufbaute.

FULK III., NERRA Graf von Anjou (987-1040) Der eigentliche Gründer des Feudalstaats der *Angevinen. Er nutzte die Wahl seines Lehnsherren *Hugo Kapet zum König von Frankreich und die Auflösung des Herzogtums *Francia zur Übernahme mehrerer Feudalherrschaften aus, die bishin vom Herzog abhängig waren. Gleichzeitig vergrößerte er seine Herrschaft Anjou durch Erbfall, Heirat und Eroberung im Territorium von Aquitanien und errichtete im Saintonge eine angevinische Feudalherrschaft. Er war Vogt zahlreicher großer Abteien in Nordwestfrankreich, darunter des neugegründeten Klosters *Vendôme, wo er Stifterrechte genoß. Dadurch kontrollierte er deren Ländereien und Lehnsleute zu seinem Vorteil. In seinen letzten Jahren führte er. einen langen Kampf gegen den Grafen von Blois und versuchte als Verbündeter König *Heinrichs I. die Grafschaft von Tours zu erobern.

L. Halphen, *Le Comte d'Anjou au XIe siècle*, 1906.

FULK IV. Graf von Anjou (1068-1109) Jüngerer Sohn des Grafen *Gottfried Martel, dessen angevinische Besitzungen in Aquitanien er bei seines Vaters Tod (1060) erbte. Nachdem er in örtlichen Kämpfen Saintonge verloren hatte, begab er sich nach Anjou, wo er sich gegen seinen Bruder auflehnte und 1068 gewaltsam die Regierung übernahm. König *Philipp I., der Herzog von Aquitanien, und der Graf von Blois mußten nach Kämpfen F.s Herrschaft anerkennen. 1094 erlangte er auch von Papst *Urban II. die Aufhebung des über ihn verhängten Banns. F. bändigte seine Lehnsleute und kämpfte mit *Wilhelm d. Eroberer von England und Normandie um die Grafschaft Maine, die er 1100 ergreifen konnte. Drei Jahre später erhob sich sein älterer Sohn Gottfried mit Unterstützung des aquitanischen Herzogs gegen F., starb aber 1106 auf der Höhe des Erfolgs. Neben seinen politischen Tätigkeiten verfaßte F. auch eine "Geschichte der Taten der Grafen von Anjou" (bzw. ließ sie unter seinem Namen veröffentlichen).

O. Guillot, *le Comte d'Anjou et son entourage au XIe siècle*, 1972.

FULK V. (1095-1143) Graf von Anjou (1109-28) und König von Jerusalem (1131-43). F. war der Sohn *Fulks IV. und der Bertrade von Montfort, die ihn mit sich an den französischen Königshof nahm, als sie Geliebte des Königs *Philipp I. wurde. 1101 wurde er vom Herzog von Aquitanien nach Anjou gesandt und saß bis 1108 im Gefängnis. Danach vertraute ihm sein Vater die Regierung von Anjou an. Als Graf konnte F. in geduldiger Verwaltungsarbeit, die auch den Bau von Burgen zur Bewahrung des Friedens unter seinen unruhigen Lehnsleuten einschloß, Anjou zur bestgeordneten Feudalherrschaft Westeuropas machen. Seine auswärtigen Beziehungen konzentrierten sich um das Problem seines mächtigen Nachbarn in der Normandie, König Heinrichs I. von England. F. unterstützte deshalb die Ansprüche *Wilhelm Clitos, änderte jedoch nach 1125

seine Politik und verhandelte mit Heinrich. Dies führte zur Erbregelung zwischen Heinrich und F., wonach Heinrichs Tochter Mathilde, die kinderlose Witwe Kaiser *Heinrichs V., F.s Sohn *Gottfried Plantagenet heiratete. Eine der Bedingungen war, daß das Paar sofort die Grafschaft Anjou und nach Heinrichs Tod England und die Normandie erhalten sollte. Damit war die Grundlage für das angevinische (Plantagenet) Reich gelegt, das später von F.s Enkel *Heinrich II. verwirklicht werden sollte. Nach dem Tod seiner ersten Gemahlin ging F. auf Pilgerfahrt ins Heilige Land. 1128, nachdem er in Anjou abgedankt hatte, entschied er sich, seine restlichen Jahre im Kreuzfahrerstaat zu verbringen.

F. kam 1129 in einer Zeit von Thronstreitigkeiten in Jerusalem an. König Balduin, der keine männlichen Erben hatte, gab F. seine Tochter Melisande zur Frau, um Zwiste zwischen seinen Baronen zu vermeiden. Trotz des großen Altersunterschieds zwischen beiden und trotz Melisandes Neigung für den Grafen von Jaffa wurde die Heirat verwirklicht und F. zum Thronerben ausgerufen. 1131 krönte man ihn zum König von Jerusalem. Er begann seine Regierung mit der Niederwerfung eines Adelsaufstands, der von Graf Hugo von Jaffa angeführt wurde. Den Rädelsführer ließ er aus dem Königreich verbannen (1132). Er setzte seine Autorität auch in Bezug auf die nördlichen Kreuzfahrerstaaten durch, die er vor der wachsenden Macht der Moslemprinzen von Mosul und Aleppo beschützte. F.s Regierungszeit gilt als Höhepunkt des Königreichs von Jerusalem. Er bewahrte den Frieden, unterhielt gute Beziehungen mit Damaskus und konnte dadurch seine Herrschaft im Inneren stärken. Er baute das Burgenwesen aus und organisierte die Rechtsprechung des Oberen Gerichtshofs.

H. E. Mayer, *Studies in the History of Queen Melisande*, 1972.

FULK VON BENEVENTO (12. Jh.) Mönch im Kloster der Hl. Sophia in Benevento und Chronist der normannischen Eroberung Süditaliens, der er sehr kritisch gegenüberstand.

Werk: *RIS*, L. Muratori (Hg.), 1778.

FULK VON MARSEILLE (um 1151-1231) Bischof von Toulouse (1205-31). F. war ein vielgereister Kaufmann in Marseille, der sich auch der Liebesdichtung in der provenzalischen Sprache der *Troubadours widmete. Im Jahre 1196 gab er das weltliche Leben auf und trat dem Kloster Toronet bei. Nach erstaunlich raschen Fortschritten in der Theologie wurde er zum Abt gewählt und 1205 zum Bischof von Toulouse erhoben. In dieser Eigenschaft griff er den Hof der Toulouser Grafen wegen der laxen Haltung gegenüber den *Albigensern an. Im folgenden wirkte er als eifriger Helfer im Albigenserkreuzzug und verwandelte die Universität von Toulouse in einen Mittelpunkt katholischer Studien.

J. Laffont, *Foulque, évêque de Toulouse*, 1948.

FULK VON NEUILLY (gest. 1201) Prediger. F. diente als Pfarrpriester des Dorfes Neuilly-sur-Marne (bei Paris) und besuchte die Pariser Schulen, wo er sich als Schüler *Petrus Cantors und begabter Prediger auszeichnete. Unter Ermunterung seines Lehrers begann er im ganzen Land zu predigen (1195) und zog bald große Scharen von Zuhörern an. Papst *Innozenz III. beauftragte ihn mit der Predigt des Vierten *Kreuzzugs in Frankreich. F. betrachtete den Kreuzzug als eine geistige Aktivität, die die Teilnehmer zur Buße und zur Annahme

eines reinen Lebensweges führen würde.
H. Roscher, *Papst Innozenz III. und die Kreuzzüge*, 1969.

FULRAD VON ST. DENIS (hl.; gest. 784) Abt von *St. Denis und Erzkaplan *Pippins d. Kurzen, der ihn 750 zusammen mit Bischof *Burchard von Würzburg nach Rom sandte, um die Krönung Pippins als König der Franken vorzubereiten. 755 ging er im Dienste des Königs nach Italien, um Papst *Stephan II., der vor den Langobarden geflohen war, nach Rom zurückzuführen. 756 war F. an der Wahl des Pippin treuen Desiderius zum König der Langobarden beteiligt. Auch unter *Karl d.Gr. behielt F. seine Vertrauensstellung bei. Er nutzte seine Position zur Bereicherung seines Klosters und Gründung neuer Mönchszellen aus und baute mit den Einkünften aus Elsaß, Franken und Bayern eine neue Klosterkirche, die sich bis ins 12. Jh. erhalten hatte. Überreste sind heute in der romanisch-gotischen Basilika inkorporiert.
J. Fleckenstein, *Fulrad von St. Denis und der fränkische Ausgriff in den süddeutschen Raum*, in: G. Tellenbach (Hg.), *Studien und Vorarbeiten zur Geschichte des groß-fränkischen und frühdeutschen Adels*, 1957.

FÜNF BOROUGHS Eine Konföderation der dänischen *boroughs* Leicester, Lincoln, Nottingham, Stamford und Derby, die in den Institutionen des *Danelaw vertreten war, und im 10. Jh. die Grundlage für die Organisation der *shires* durch die Könige von *Wessex bildete.

FURSEUS (FURSA) (hl.; gest. um 649) Missionar in Irland, England und Frankreich, wo er bei Paris mit Hilfe *Chlodwigs II. die Abtei Lagny gründete. In England hatte er eine berühmte *eschatologische *Vision, in der er den Streit der Engel und Teufel um die Seele und auch das Straffeuer schaute.   (Din)
P. Dinzelbacher, *Vision und Visionsliteratur im Mittelalter*, 1980.

FUSTAT Ägyptische Stadt am Nil, Teil der Altstadt des modernen *Kairo. Die Stadt entwickelte sich aus einem 642 errichteten Militärlager, das in der Frühzeit des Islams in Ägypten auch als Regierungszentrum diente. Im 8. Jh. verschwand die ursprüngliche Teilung nach Stammeszugehörigkeit; neue Einwohner, darunter auch islamisierte Ägypter, Kopten und Juden ließen sich in F. nieder. Unter den *Tulunidenstatthaltern Ägyptens blühte F. Neue Wohnviertel für die Aristokratie und ein bedeutender Umschlagsmarkt für Waren aus dem Fernen Osten und nach Europa wurden errichtet.
M. Hassan, *Les Tulunides*, 1933.

FYRD Angelsächsische Bezeichnung für den Militärdienst der Freien und im weiteren für die Volksmiliz der englischen Königtümer. Die F. war nach Grafschaften (*shires*) und *Hundertschaften organisiert. *Wilhelm der Eroberer behielt die F. auch nach der normannischen Eroberung für Steuerzwecke bei.
B. Lyon, *A Constitutional and Legal History of Medieval England*, 1960.

G

GABELLE (franz.) Ursprünglich jede Art indirekter Steuer. Die Bezeichnung scheint sizilianischen Ursprungs zu sein (arab. *quabala,* Steuer). Seit dem 13. Jh. wird die G. in Frankreich für Umsatzsteuern auf Lebensmittel gebraucht. Im 15. Jh. wurde G. auf die auf den Salzverbrauch gelegte Steuer eingeengt und entwickelte sich zu einer außerordentlich ergiebigen Einnahmequelle, da das Salz auch von den unteren Bevölkerungsklassen gebraucht wurde. Klerus, Adel und andere privilegierte Gruppen und Einzelpersonen waren von der G. befreit.
G. Dupont-Ferrier, *Études sur les institutions financières de la France à la fin du Moyen Age* II, 1932.

GABIROL, SALOMON (lat. Avencebrol, Aricebron; ca. 1021-58) Jüdischer Dichter und Philosoph. Der aus Malaga gebürtige G. durchwanderte das moslemische Spanien und verfaßte dabei u.a. das "Buch von der Vervollkommnung der Seele" (in der mittelalterlichen lateinischen Übersetzung *Liber de anima*) und den "Lebensquell" (*Fons vitae*). Die Welt ist nach ihm eine harmonische Vereinigung von Stoff und Form, wobei die geistige Form dem Stoff durch die Vernunft formt, die von der Seele ausgeht. Der Glaube hilft beim Verständnis des göttlichen Willens. Während G.s philosophische Werke in arabisch verfaßt wurden, sind seine weltlichen und religiösen Gedichte, die sich großer Beliebtheit erfreuen, in Hebräisch geschrieben. (Din)
F. P. Burgebuhr, *S. ibn G.,* 1970.

GADDESDEN, JOHN OF (gest. 1361) Englischer Arzt, der in Kenntnis der byzantinischen und arabischen Zahnmedizin bahnbrechend auf diesem Sektor wirkte (u.a. Entwicklung neuer Instrumente) und als Vater der europäischen Zahnmedizin gilt. (Din)
C. J. S. Thompson, *The History and Evolution of Surgical Instruments,* 1942.

GADDI, TADDEO (um 1300-66) Italienischer Maler. G., ein florentinischer Schüler *Giottos, übernahm dessen Darstellungsweise, bemühte sich aber um weitere Plastizität und Belebung des Raumes. Neben der Schaffung von Tafelbildern freskierte er Sakralräume in Florenz und Pisa. (Din)
P. P. Donati, *T. G.,* 1966.

GAETA Hafenstadt zwischen Rom und Neapel. Sie wurde gegen Ende des 5. Jh.s von den *Ostgoten und zur Mitte des 6. Jh.s von den *Byzantinern erobert. Gemäß dem byzantinischen Systems der Ortsverwaltung wurde die Verwaltung einer Gruppe von Honoratiorenfamilien übergeben, die die städtischen Beamten ernannten. G. besaß eine eigene Flotte, die im 7.-9. Jh. die arabischen Eindringlinge vertrieb. In dieser Zeit diente der Hafen als einer der wichtigsten Schnittpunkte des Handelsverkehrs zwischen Italien, Byzanz und der arabischen Welt. Im Jahre 877, nach einer Periode politischer Unruhe, ergriff eine örtliche Familie aus dem Haus der Herzöge von *Benevent die Macht und erkannte die byzantinische Oberhoheit an. Im 10. Jh. eroberten die Herren von G. die umliegende Landschaft und legten sich den Herzogtitel zu. In der 2. Hälfte des 11. Jh.s wurde G. von den *Normannen erobert, bewahrte aber seine städt. Autonomie unter den Grafen von *Aversa bis zur Annexion durch *Roger II. von Sizilien (1136). Im Jahre 1225 ließ Kaiser *Friedrich II. die alte Burg wieder aufbauen, um die in der Stadt tätige papstfreundliche Partei zu kontrollieren. Im 13. und 14. Jh. war G. zwischen dem Papsttum und den Königen von Sizilien-Neapel strittig, 1435 kam es an Neapel.
O. Gaetani di Aragone, *Memori Storici della Città di Gaeta,* 1879.

GAETANI Römische Adelsfamilie, die seit dem 12. Jh. große Güter um Rom besaß und starken Einfluß auf das politische Leben der Stadt und das Papsttum ausübte. Im 13. Jh. wurden Mitglieder der Familie zu Kardinälen ernannt. Die G. kämpften gegen die *Colonna und die *Orsini um die Kontrolle der Stadt und des Papsttums. Unter dem Pontifikat Benedikt G.s, der als Papst den Namen *Bonifaz VIII. annahm, erreichten die G. den Höhepunkt ihrer Macht. Sie vermehrten ihre Güter und erlangten die Würde von Grafen von Anagni (eine der päpstlichen Residenzen). Im 14. Jh., als sich die Päpste in *Avignon befanden, waren die G. eine der wichtigsten Mächte in der italienischen Politik. Die Rückkehr der Päpste nach Rom (1378) begrenzte die Handelsfreiheit der G., die nunmehr als Unruhestifter angesehen wurden. Im Jahre 1400 wurden sie von einer Koalition ihrer Feinde besiegt, verloren die Grafenwürde von Anagni und damit einen guten Teil ihrer Macht.
F. Munzer, *Adelsparteien und Adelsfamilien in Rom,* 1920.

GAINAS (Gotenhäuptling; gest. 401) Er befehligte den Einfall der Goten auf dem Balkan und machte sich nach dem Tod Kaiser Theodosius' (395) zum eigentlichen Herrscher des römischen Ostreiches. 401 wurde er von den von Kaiser *Arkadius zu Hilfe gerufenen *Hunnen besiegt und getötet.

GALATA Vorort *Konstantinopels am Nordufer des Goldenen Horns. Bis zum 11. Jh. entwickelte sich G. als Niederlassung der italienischen Kaufleute; im 12. Jh. waren die *Venezianer vorherrschend, danach erhielt auch Genua Handelsprivilegien und das Recht der Selbstverwaltung in G.

GALBERT VON BRÜGGE (12. Jh.) Kleriker, Verfasser eines genauen Berichtes über die Ermordung des flandrischen Grafen Karl d. Guten (1127) im Rahmen der Geschichte der umliegenden Jahre, der viele kulturgeschichtlich wichtige Einzelheiten enthält.
Werk: H. Pirenne (Hg.), 1891.

GALILÄA Nordpalästinensische Landschaft zwischen dem Mittelmeer und dem Jordan, dem Litani im Norden

Marmorstatue der hl. Genoveva; 13. Jh., Louvre, Paris

und zeitweise der Ebene Esraelon im Süden. Unter den Byzantinern war G. Teil der Provinz Altpalästina und besaß eine starke jüdische Bevölkerung, die sowohl die Städte wie auch Dörfer bewohnte und sich immer wieder gegen die Kaisermacht auflehnten. Der Aufstand des Jahres 529 wurde von *Justinian blutig unterdrückt, 614 unterstützten die Juden die persische Invasion Königs *Chosroes. Nach der Wiedereroberung Palästinas durch *Heraklius schlachteten die Byzantiner einen Großteil der Juden ab. 636 eroberten die Araber das Land und machten G. zum Teil der Provinz Jordan mit der Hauptstadt Tiberias. Im späten 7. und im 8. Jh. wurden große Teile der Bevölkerung G.s islamisiert, die Christen und Juden stellten aber auch weiterhin einen wichtigen Teil der Bevölkerung dar. 1071 eroberten die *Seldschuken das Innere des Landes, während die Küstengegend weiterhin in der Hand der *Fatimiden blieb.

Die Kreuzritter erschienen 1099 in G. *Tankred eroberte das Innere und errichtete um Tiberias das Fürstentum G. Die Küstenstädte fielen später und gingen zumeist an den König (wie *Akkon 1104 und *Tyrus 1123) oder wurden (wie Haifa 1100) an Barone verliehen. Das Fürstentum G. wurde nach Tankreds Abgang nach *Antiochien an eine Ritterfamilie aus St. Omer (Flandern) verliehen, die in Tiberias residierte. Andere Städte wurden von deren Lehnsleuten gehalten, Kirchen und Klöster wie die Kluniazenserabtei vom Berg Tabor erhielten große Ländereien. Die strategische Lage des Fürstentums machte den Bau zahlreicher Burgen nötig, die sich zum Teil in den Händen der Ritterorden befanden. In der zweiten Hälfte des 12. Jh.s erbten die Grafen von *Tripoli G. Von diesen war *Raimund III. als einer der wichtigsten Führer des gemäßigten Flügels des Adels bekannt. Mit der Niederlage von *Hittin fiel auch G. Erst zu Beginn des 13. Jh.s konnte ein Teil des Landes wiedergewonnen werden, reichte jedoch nur bis Tiberias. Die wichtigste Stadt des G.s der Kreuzfahrer im 13. Jh. war Safed, wo die Templer eine starke Burg bauten. In der zweiten Hälfte des Jh.s fiel G. stückweise an die *Mamluken.
S. Klein, *Beiträge zur Geographie und Geschichte Galiläas*, 1909.
GALILÄA In der Symbolik der Kirchengebäude wurde das Außenportal und der Eingangsraum von Dom- und Klosterkirchen G. genannt, da diese den Eingang ins Heilige Land symbolisierten. Gewöhnlich wurde an dieser Stelle eine Kapelle gebaut, die für die Sünder vor ihrem Eintritt in die Hauptkirche bestimmt war.
J. Sauer, *Symbolik des Kirchengebäudes*, 1924[2].
GALIZIEN Russisches Fürstentum nördlich der Karpaten zwischen der oberen Weichsel und dem oberen Dnjestr, das im 6.-9. Jh. von Slawenstämmen besiedelt wurde. Der Name G. stammt von der befestigten Stadt Halitsch, die im Frühmittelalter ein Handelszentrum war. Zu Beginn des 10. Jh.s wurde G. von den Polen, 981 von *Wladimir d.Gr. von Kiew erobert. Nach dessen Tod wurde G. Schlachtfeld zwischen Polen und russischen Fürsten bis zur endgültigen russischen Eroberung im Jahre 1087. Nach den Erbteilungen der Wladimirsöhne zu Beginn des 12. Jh.s herrschte in G. andauernde Unruhe, bis Roman aus dem Haus Rurik zu Beginn des 13. Jh.s vom Rat der Fürsten die Herrschaft in G. erhielt. Roman unterwarf die ruthenischen Fürsten und baute zwischen Kiew, Polen und Ungarn einen mächtigen Staat auf. Sein Sohn Daniel machte sich zum Fürsten

von Wladimir-Halitsch und konnte seine Herrschaft auch während der mongolischen Invasion (1241-42) aufrechterhalten. 1340 starb das Haus Rurik aus. Unter diesen hatte sich das Land entwickelt; es wurden Städte gegründet wie Lemberg, das Handelszentrum und seit dem 14. Jh. Residenz G.s war. 1370 erbte *Ludwig von Ungarn das Land und gliederte es als eigenständiges Staatswesen in sein Reich ein.
G. Rhode, *Die Ostgrenze Polens* I, 1955.
GALIZIEN Nordwestspanische Provinz, die im 5. Jh. von dem Germanenstamm der *Sueven besiedelt wurde und im 7. Jh. an das *Westgotenreich kam. Nach der arabischen Eroberung der iberischen Halbinsel blieb G. unter örtlichen Dynastien unabhängig und wurde im 9. Jh. Teil des Königreichs *Asturien. Die *Normanneneinfälle des 9. und 10. Jh.s zerstörten die politische Einheit des Landes und ermöglichten 997 die Eroberung durch *Al-Mansur, den *Omajjadenwesir von Córdoba, der sich in der feindlichen Umgebung jedoch nicht halten konnte. Nach dem Rückzug der Mauren wurde G. Ausgangsstellung der *Reconquista. Der Aufstieg des Pilgerortes *Santiago de Compostela machte G. im ganzen christlichen Europa bekannt. In den nachfolgenden Jahrhunderten besaß G. nur zeitweise die Unabhängigkeit und wurde im 13. Jh. integraler Bestandteil des Königreichs Kastilien.
P. David, *Etudes historiques sur la Galicie*, 1947.
GALLIKANISMUS Sammelname für die Doktrinen, die die Befreiung der katholischen Landeskirchen, besonders in Frankreich, von der päpstlichen Autorität zum Inhalt haben. Die Grundlagen dieser Ansichten, die in der Neuzeit verschiedene Formen annahmen, liegen im Mittelalter, wurden an der *Sorbonne seit deren Anfängen (1257) gelehrt und konzentrierten sich auf die Forderung, daß der französischen Kirche in ihren Beziehungen zum Papsttum eine bevorzugte Stellung zukommen müsse. Zu Beginn des 14. Jh.s gaben die Rechtsgelehrten König *Philipps IV. in dessen Streit mit Papst *Bonifaz VIII. den "Freiheiten der gallikanischen Kirche" Ausdruck und meinten damit hauptsächlich das Vorrecht des Königs, den Klerus ohne päpstliche Einmischung versammeln und für seine Zwecke verwenden zu können. Während des *Großen abendländischen Schismas und der *konziliaren Periode (1378-1439) gaben Theologen wie *Johannes Gerson und Peter von *Ailly dem G. auch theologisch-historische Stützen, indem sie selbständige Zusammenkünfte der französischen Kirche zur Diskussion von Problemen dogmatischer Natur bejahten. Diese Ansicht hielt sich jedoch nicht, und seit dem 15. Jh. wurde die Bezeichnung G. für das königliche Vorrecht der Nominierung von Bischöfen verwendet. In seiner mittelalterlichen Form war demnach der G. Ausdruck der Idee der Souveränität des französischen Königs und seiner Kirche.
V. Martin, *Les Origines du Gallicanisme*, 1939;
H. Jedin (Hg.), *Handbuch der Kirchengeschichte* III, 1967.
GALLIPOLI Stadt an den europäischen Dardanellen. Ihr Schicksal verläuft mit dem von *Konstantinopel parallel; 1304-11 war sie von der *Katalanischen Kompanie besetzt, schon 1354 von den Türken erobert.
GALLUS (hl.; ca. 555-645) Irischer Missionar und einer der Schüler des hl. Kolumban in Gallien, der sich seit 612 selbständig der Missionsarbeit unter den Alemannen in der heutigen deutschen Schweiz widmete.

In seinen späteren Jahren lebte G. als Einsiedler, der Überlieferung nach in der Gegend des nach ihm benannten Klosters *St. Gallen.

H. Helbling, *Der hl. Gallus in der Geschichte*, in: Schweiz. Zeitschrift für Geschichte 12, 1962.

GANDERSHEIM Sächsisches Nonnenkloster, das von *Otto I. d.Gr. gegründet wurde und unter kaiserlichem Patronat von Äbtissinen aus dem Ottonenhaus geleitet wurde. G. entwickelte sich zu einem der wichtigsten kulturellen Zentren der *ottonischen Renaissance und war Rahmen für das Werk der Nonne *Hrotswith.

A. Hauck, *Kirchengeschichte Deutschlands* 3, 1952[6].

GAON (hebr. "Exzellenz") Titel der Vorsteher jüdischer Talmudakademien hauptsächlich im Mesopotamien des 6. Jh.s, wo die Akademien von Sura und Pumbadita als höchste religiöse Autorität des Gesamtjudentums anerkannt waren. Der G. wurde von den Mitgliedern der Akademie mit Zustimmung des *Exilarchen ernannt und wirkte sowohl durch seine Gesetzgebung wie auch durch die von ihm auf spezifische Fragen verfaßten Antworten. Das mesopotamische Gaonat erreichte im 10. Jh. den Höhepunkt seines Einflusses, danach beschnitt die politische Spaltung der arabischen Welt die Kommunikationsmöglichkeiten mit den großen jüdischen Zentren. Mit der Entwicklung der Talmudakademie im Heiligen Land entstand auch ein palästinensisches Gaonat, das jedoch nicht den gleichen Grad an Einfluß erreichte. Nach dem Niedergang des Gaonats wurde der Titel G. hervorragenden Rabbinern verliehen.

S. A. Poznanski, *Babylonische Geonim*, 1914.

GARCIA IV. König von Navarra (1035-54). Zweiter Sohn *Sanchos d.Gr., erbte das Reich von Navarra, das er neu gestaltete und aufbaute. Er nahm an der *Reconquista führend teil und bekriegte die Mauren im oberen Ebrotal.

GARCIA V. König von Navarra (1134-50). Sohn des Prinzen Ramiro und Enkel Garcias IV., erneuerte die Unabhängigkeit Navarras von Aragón.

GARIOPONTUS (11. Jh.) Arzt, der in Süditalien tätig war und an der medizinischen Fakultät Salernos lehrte (ca. 1030-50). Von jüdischen, arabischen und griechischen Ärzten eignete er sich die Errungenschaften östlicher Heilkunde und Anatomie an und verfaßte eines der ersten ärztlichen Handbücher auf Latein (*Panionarius*).

J. J. Walsh, *Medieval Medicine*, 1920.

GARLAND, JOHN VON (gest. 1252) Sohn einer französischen Adelsfamilie, studierte in Oxford und ließ sich einige Jahre nach 1209 in Paris als Lehrer der Grammatik nieder. G. ist der Verfasser der *Morale scholarium* (Die Moral der Scholaren) und der *Parisiana Poetria*, in denen er fein satirisch die Welt der Õariser Lehrer und Studenten beschreibt.

Werk: L. J. Paetow (Hg.), *Two Medieval Satires on the University of Paris*, 1927.

GARLANDE, STEPHAN VON (gest. 1150) Kanzler König *Ludwigs VI. von Frankreich. Sohn einer ritterlichen Familie aus der Île-de-France, die im Königsdienst aufgestiegen war. Er wurde 1101 Kanoniker am Pariser Dom und diente von 1106-37 als Kanzler des Königs. In dieser Eigenschaft konnte er seinen Familienbesitz vergrößern und die königliche Kanzlei als öffentliche Einrichtung organisieren.

A. Grabois, *Le Personel de la Chancellerie capétienne au XIIe siècle*, 1973.

GASCOGNE Südwestfranzösisches Herzogtum zwischen den Pyrenäen, der Garonne und der Bucht von Biskaya. G. war Teil des Königreiches und Herzogtums *Aquitanien. Die ursprüngliche Bevölkerung der Vascones (Gaskonen) war mit den anliegenden Basken verwandt, assimilierte sich jedoch allmählich an die romanisierte Bevölkerung und nahm den aquitanisch-französischen Dialekt an. 602 merowingisch, war G. ab 768 ein eigenes Herzogtum, in dem jedoch örtliche Dynastien vorherrschend und praktisch unabhängig waren. 1052 ging G. durch Heirat an Aquitanien, in dessen Rahmen es bis zur Mitte des 13. Jh.s verblieb. Gemäß des Friedens von Paris (1258) wurde *Heinrich III. von England als Herzog von *Guyenne, das hauptsächlich aus der G. bestand, anerkannt und mußte dem französischen König den Lehnseid leisten. Nur der Westteil der G. wurde jedoch von englischen Beamten regiert, das Innere verblieb weiterhin unter der Herrschaft mächtiger Feudalherren wie der Grafen von Comminges, der Vicomte von *Béarn und der Herren von *Albret und *Armagnac. Diese Herren wechselten gegen Ende des 13. und im frühen 14. Jh. je nach Umständen über, und verursachten im Lande chronische Unsicherheit und Bürgerkrieg, was schließlich in den *Hundertjährigen Krieg mündete. In der Zeit des Krieges war die G. eine der wichtigsten Stellungen der Engländer, litt jedoch weiterhin unter der Eigenmacht der Feudalherrn. Der Süden des Herzogtums wurde in dieser Zeit unter der Herrschaft der Grafen von *Foix vereinigt.

S. Dartigue, *Histoire de la Gascogne*, 1951.

GASTON VII. (1229-90) Letzter Vicomte von *Béarn, das er seit seiner Mündigkeitserklärung (1240) zu einer der mächtigsten Feudalherrschaften Südwestfrankreichs aufbaute. Er unterwarf die Lehnsleute umliegender Gegenden und kämpfte mit den Herren von *Armagnac um die Oberhoheit über die Grafschaften Bigorre und Comminges. 1240 erhielt er durch die Heirat mit der Erbin von Marsan wichtigen Gebietszuwachs, der ihn in die Lage setzte, das vereinigte Fürstentum der Garonne zu errichten. Seine Tochter und Erbin Margarete heiratete Roger-Bernard II. von *Foix, mit dessen Herrschaft Béarn nach G.s Tod (1290) vereinigt wurde.

J. P. Laborde, *Précis d'Histoire du Béarn*, 1942.

GASTON III. FÉBUS (1331-91) Graf von Foix (1343-91), der neben seiner Grafschaft auch die Vicomtur Béarn von seiner Mutter Eleonore von Comminges geerbt hatte. Während Foix traditionell mit Frankreich verbunden war, gehörte Béarn zum Einflußbereich der englischen Herzöge der *Gascogne. Der Interessenkonflikt wurde durch den *Hundertjährigen Krieg komplizierter. 1352 schlug sich G. als Verbündeter des Schwarzen Prinzen auf die englische Seite, bewahrte sich aber durch ein Bündnis mit *Aragón ein gewisses Maß an Handlungsfreiheit. Auch nach dem englischen Sieg von Poitiers (1356) blieb G. distanziert und half sogar dem Dauphin *Karl V. in dessen Notlage. Im selben Jahr schlug G. den Bauernaufstand der *Jacquerie in Meaux nieder. Danach beschäftigte ihn der andauernde Krieg gegen die Herren von *Armagnac, die er 1360 schlug. Sein Sieg machte ihn zu einer Macht in Südfrankreich, deren Freundschaft sowohl Frankreich wie auch England suchten. G.s Hof wurde von *Froissart als einer der glänzendsten Europas beschrieben.

P. Tucoo-Chala, *Gaston-Phébus et la Vicomte de Béarn*, 1960.

GASTON-FEBUS (1362-81) Sohn des Grafen Gaston III. von Foix, gegen den er 1380-81 mit Unterstützung *Karls von Navarra konspirierte. Die Verschwörung wurde aufgedeckt und G. von seinem Vater erschlagen. Diese Affäre wurde von *Froissart dichterisch umgewandelt und den Schablonen der Rittererzählungen angepaßt. Danach wurde der junge Prinz von dem teuflischen Karl verführt, sein Tod als Unfall dargestellt.

GASTON IV. VON FOIX (1436-72) Nach einem von 1436-44 dauernden Konflikt mit König *Karl VII. wegen seiner Selbsternennung zum Grafen fand G. gute Beziehungen zum Hof und wurde sogar Mitglied des königlichen Rats. Selbst durch Heirat im Besitz von Navarra, führte er die französische Armee, die 1462 Roussillon und Cerdagne für Frankreich gewann. Die Verbindung G.s mit den Valois resultierte aus der gemeinsamen Gegnerschaft zu den Armagnacs.
H. Courteault, *G. IV.*, 1895.

GAUT(H)IER Siehe *WALTER.

GAUTIER VON COINCY (um 1177-1236) Französischer Dichter. G. trat 1193 dem Kloster Saint Medard bei, diente als Prior von Vic-sur-Aisne (1214-33) und Prior von Saint-Medard. Als sein Hauptwerk gelten die *Miracles Notre Dame* (1218-27), eine Beschreibung einer Reihe von Wundertaten, die G. aus mehreren lateinischen Prosawerken sammelte und in französische Verse umsetzte.

GAVESTON, PIERS (gest. 1312) Earl von Cornwall. Sohn eines Ritters aus Béarn, trat in den Dienst *Eduards I. und kam gegen Ende des 13. Jh.s an den englischen Hof, wo er nach 1307 als Günstling *Eduards II. Karriere machte. Seine fremde Abstammung und überhebliche Art machten ihn unbeliebt, er konnte sich aber dank Eduards Unterstützung, das Kusine er geheiratet hatte, am Hofe halten. 1309 kommandierte er einen Teil der Armee im Krieg gegen die Schotten, nach der Ernennung der *Ordainers wurde er seines Besitzes enthoben und verbannt. Nach einem Versuch, sich wieder am Hof festzusetzen, wurde er 1312 von den Ordainers gefangengenommen und hingerichtet.
T. F. Tout-H. Johnstone, *The Place of the Reign of Edward II in English History*, 1936.

GAZA Stadt im südlichen Palästina am Schnittpunkt der Verkehrswege zwischen der arabischen und der Negevwüste und Ägypten. Die günstige Lage verlieh G. im Frühmittelalter bedeutenden Wohlstand. Nach der arabischen Eroberung (635) sank G. zu einer Provinzstadt ab. Um 1130 wurde sie von den Kreuzfahrern erobert; 1136 befestigte *Fulk von Anjou die Stadt und übergab sie den *Templern. 1187 fiel G. in *Saladins Hand und wurde Sitz eines von Ägypten abhängigen Statthalters. 1239 wurde ein Kreuzfahrerheer unter *Thibaud von Champagne bei G. von den Ejjubiden geschlagen. Ein ähnliches Schicksal ereilte 1244 ein weiteres christliches Heer, das bei G. auf die *Chwarismer traf. Unter den Mamluken war G. eine der Provinzhauptstädte Palästinas, konnte aber nicht mehr seine frühmittelalterliche Stellung erlangen.
M. Meyer, *History of the City of Gaza*, 1907.

GEBHARD VON SALZBURG (hl.; gest. 1088) Erzbischof von Salzburg (1060-88). Sohn einer schwäbischen Adelsfamilie, studierte in Chartres und Reims, wurde 1055 zum Priester geweiht und diente als Kaplan *Heinrichs III. G. setzte sich zwar für die Kirchenreform ein und bekämpfte die *Simonie, nahm aber im *Investiturstreit eine gemäßigte Position ein. Nach der Bannung *Heinrichs IV. erkannte er *Rudolf von Schwaben als Gegenkönig an und hielt diesem sogar nach der Absolvierung von *Canossa (1077) die Treue. Seine Versuche nach Rudolfs Tod (1080), zwischen Heinrich und *Gregor IX. zu vermitteln, schlugen fehl. Im Jahre 1081 wurde er Führer der gregorianischen Partei in Deutschland. Seinen Überzeugungen gab er in dem berühmten Brief an *Hermann von Metz Ausdruck; denen zufolge war der Umgang mit gebannten Personen verboten und die Erhebung gegen den Kaiser legitim. In Kärnten gründete G. das Bistum Gurk und in der Steiermark das Kloster Admont.
L. Spohr, *Die politische und publizistische Wirksamkeit Gebhards von Salzburg*, (Diss. Halle) 1890.

GEDYMIN Großfürst von Litauen (1316-41). Er vereinigte die Stämme des Landes und errichtete einen mächtigen Staat zwischen dem *Deutschordensstaat und Moskau mit der neugegründeten Hauptstadt Wilna. Er nutzte die Schwäche der *Goldenen Horde der *Mongolen aus und unterwarf Polozk, Minsk und Kiew. Mit Polen unterhielt G. gute Beziehungen und legte durch die Heirat seiner Tochter mit König *Kasimir III. von Polen die Grundlage für die Union Litauens und Polens, die von seinem Enkel *Jagiello verwirklicht wurde. Ohne selbst Christ zu werden erlaubte er in seinem Land die Mission und holte zur wirtschaftlichen Entwicklung Deutsche in sein Land.
G. R. Bächtold, *Südwestrußland im Spätmittelalter*, 1951;
M. Hellmann, *Grundzüge der Geschichte Litauens*, 1966.

GEISERICH (GENSIRIX) *Wandalenkönig (428-77). G. begann seine Herrschaft zur Zeit des vom *westgotischen Druck verursachten Zugs der Wandalen nach Südspanien. Er organisierte seinen Stamm und fiel 429 in Nordafrika ein. Innerhalb eines Jahres gelang es den Wandalen, die Römer und Mauretanier zu schlagen und das gesamte Gebiet von Gibraltar bis zur libyschen Grenze zu erobern. Die wenigen weiterhin Widerstand leistenden Städte schlossen sich bis 439; der Fall Karthagos schloß die Eroberung ab, die 442 vom römischen Kaiser *Valentinian III. anerkannt wurde. Die Eroberung der Küstenstädte lieferte den Wandalen auch die Flotte aus, mit deren Hilfe sie sich rasch zu erfolgreichen Seeräubern im westlichen Mittelmeer entwickelten. G. konnte damit die Getreidelieferungen aus Sizilien nach Rom kontrollieren. 455 plünderte er die Reichshauptstadt und entführte die Kaiserin Eudoxia, die er seinem Sohn *Hunerich zur Frau gab. Dazu erwies sich G. auch als begabter Staatsmann; er führte die Praxis des Erstgeburtsrechts ein, entgegen dem sonst bei den Germanen üblichen Brauch, den Staat als Privateigentum zu betrachten, das unter den Söhnen aufgeteilt werden kann. Damit eignete sich G. die römische Idee des Staats als einer öffentlichen Körperschaft an. Die Güter des römischen Adels und der Kirche wurden enteignet, der Landadel durfte jedoch zum Teil nach der Bezahlung einer Steuer seinen Besitz behalten. Als Arianer verfolgte G. die katholische Kirche.
H. J. Diesner, *Das Wandalenreich. Aufstieg und Untergang*, 1966.

GELASIUS I. (hl.; gest. 496) Papst (492-96). G. wurde in Rom geboren, diente der Kirche, der Stadt und wurde einer der engsten Mitarbeiter des Papstes *Felix III., zu dessen Nachfolger er 492 gewählt wurde. G. war ein eifriger Verfechter des römischen Primats, das auf der Idee aufbaute, daß der Papst als Nachfolger des Apostelfürsten Petrus in der Kirche volle Macht besitze. Diese Anschauung führte zum Zusammenstoß mit dem Patriarchen von Konstantinopel, Akakios. Größte Berühmtheit erlangte G. durch die in einem Brief an Kaiser *Anastasius ausgedrückte Zweischwerterlehre, die die Unabhängigkeit der königlichen und der priesterlichen Gewalt zum Inhalt hat (*Zwei Gewalten). E. Caspar, *Geschichte des Papsttums* II, 1933.

GELASIUS II. (Johannes von Gaeta; um 1058-1119) Papst (1118-19). G. wurde als einer der aktivsten Kardinäle zum Nachfolger von *Paschal II. gewählt, mußte aber Rom verlassen, als Kaiser *Heinrich V. seinen Gegenpapst *Gregor VIII. erhob, und starb im Exil in Cluny.

GELIMIR Letzter König der Wandalen (530-34), konnte den byzantinischen Angriff nicht aufhalten, ergab sich und bekam von *Justinian Länder in Kleinasien.

GELLÉE, JACQUEMART (zweite Hälfte des 13. Jh.s) Schriftsteller und Satiriker; 1288 Verfasser des *Renard le Nouvel* (Der neue Fuchs), einer klugen Satire auf die Sitten der Oberklassen, die in der Form eines Tierepos verfaßt ist.

GELLONE Benediktinerkloster in Südfrankreich, gegen 804 von *Wilhelm, Graf von Toulouse und Gründer der spanischen Karolingermark, als Familienkloster gestiftet. Im Jahre 806 zog sich Wilhelm als Mönch nach G. zurück, das nach seinem Tod auch als St. Guilhelmdu-Désert bekannt wurde. Die reich ausgestattete Abtei besaß eine große Büchersammlung mit seltenen Handschriften, darunter auch das um 772 verfaßte Sakramentar von G., eine bedeutende Primärquelle für die frühe römische Liturgie. P. Tisset, *L'Abbaye de Gellone au diocèse de Lodève des origines au XIIIe siècle*, 1933.

GELMIREZ, DIEGO (gest. 1139) Erzbischof von *Santiago de Compostela (1100-39). Sohn einer Adelsfamilie aus *Galizien, diente als Priester in der Kathedrale von Compostela und begann nach seiner Wahl zum Bischof durch eine großzügige Baukampagne den Rang seiner Kirche zu erhöhen. Zwar gelang es ihm nicht, dem Papst glaubhaft zu machen, ihm komme auf Grund der Tradition, wonach der hl. Jakob von Compostela Bruder Jesus' gewesen sein soll, ein Kardinalskollegium zu. Er erhielt jedoch die Erzbischofwürde (1120). Auf seine Veranlassung wurde ein Pilgerführer nach Santiago verfaßt. W. M. Whitehill, *Liber Sancti Jacobi*, 1944.

GELNHAUSEN, Reichstag (1180) Siehe *FRIEDRICH I., HEINRICH DER LÖWE.

GENF Grafschaft und Stadt zwischen Alpen und Juragebirge. Sie wurden im 5. Jh. von den *Burgundern und 534 von den *Franken erobert. Bis ins 8. Jh. besaß G. wenig Bedeutung. Mit dem wachsenden Interesse der Karolingerkönige an Italien begann wiederum der Aufstieg G.s, das nunmehr als wichtige Wegstation für die Heere *Pippins III. und *Karls d.Gr. diente. Dazu kam im 9. Jh. das Wiederaufleben des Handels, das dem am Kreuzweg zwischen Frankreich, Lothringen, Deutschland und Italien liegenden G. zugute kam. Die Könige von *Burgund (seit 888) ernannten Grafen zur Regierung der Grafschaft, die reich ausgestatteten Bischöfe besaßen dazu noch Anteil an der Regierung der Stadt.

Die Burg der Grafen von Flandern zu Gent, romanisch

Im 11. Jh. unterwarfen die Grafen von *Savoyen G. ihrer Oberhoheit. Seit 1032 waren die Bischöfe den deutschen Kaisern lehenspflichtig, 1162 wurden sie in den Rang von Reichsfürsten erhoben. Die Teilung der öffentlichen Gewalt führte zu zahlreichen Zusammenstößen zwischen Bischof und Graf, schwächte beide Seiten und begünstigte die Stärkung der Macht der Grafen von Savoyen. Auch die Stadtbürger nutzten diese Situation zum Erwerb von Vorrechten und der Errichtung eigener Organe der Selbstregierung (1309) aus. Im 14. Jh. verbündete sich die Stadt mit dem Bischof gegen den Grafen von Savoyen. Mit der Verrückung des Schwerpunkts der *Luxemburgermacht zur Zeit *Karls IV. nach Böhmen wurde der Einfluß der zum Herzogsrang aufgestiegenen Grafen von Savoyen übermächtig; 1401 erwarben sie die Grafschaft Genevois. R. Montadon (Hg.), *Histoire de Genève* I., 1951; A. Babel, *Histoire économique de Genève*, 1963.

GENOVEVA (GENEVIÈVE) (hl.; ca. 422-500) Schutzheilige von Paris, die der Überlieferung nach die Stadt vor den herannahenden *Hunnen beziehungsweise *Franken rettete. Mit 15 Jahren soll sie ein Nonnenkloster in Paris gegründet haben.

GENT Flandrische Stadt, die sich aus zwei 630 gegründeten Klöstern entwickelte und im 8. Jh. als Stadt erscheint. Im folgenden Jh. zerstörten die Normannen den größeren Teil der Stadt, gegen Ende des Jh.s befestigten es die Grafen von *Flandern und im Jahre 900 wurde in G. eine Burg errichtet. Im 10. und 11. Jh. diente G. zusammen mit *Brügge als Residenz der Grafen, was zur Entwicklung eines Regierungsbezirks um die Burg führte. Um diese Zeit begann auch der Aufstieg der Woll- und Tuchgewerbe der Stadt, die auf die Einfuhr englischer Rohwolle angewiesen waren. Im 12. Jh. entwickelte sich G. zu einer der wohlhabendsten und größten

Der Hafen von Genua nach einem Stich des 16. Jh.s

Städte Europeas nördlich der Alpen; 1180 entstand auf einem großen Felsen eine neue Grafenresidenz, der s'Gravensteen. Die Verfassung der Stadt garantierte dem patrizischen "Rat der 39" volle Macht über die Bürgerschaft und freie Verfügungsgewalt in allen Angelegenheiten. Zu Beginn des 13. Jh.s, als sich gegen die bisher ausschließlich englische Orientierung auch der französische Einfluß fühlbar machte, lehnte sich die demokratische Partei der Zunftvorsteher gegen das Regime der reichen Kaufleute auf. Als sich 1337 Graf *Ludwig mit der französischen Partei verbündete und England mit einem Wollembargo reagierte, ergriff die Volkspartei unter Jakob von *Artevelde die Macht. Nach dem Tod des Führers brach der Konflikt aufs neue aus und ein weiterer Aufstand (1379) unter Philip, Jakobs Sohn, wurde 1383 von den vereinten Kräften Frankreichs, Burgund und des Adels unter dem neuen Grafen *Philipp d. Kühnen von Burgund niedergeworfen. Gent wurde in den burgundischen Staat eingegliedert und verlor viele der alten Privilegien, behielt aber weiter die frühere Bedeutung.

GENUA Norditalienische Hafenstadt. Die alte ligurisch-römische Siedlung diente unter der *Ostgoten- und *Byzantinerherrschaft als Provinzhauptstadt und sank nach der *langobardischen Eroberung (641) zu einem Fischerdorf herab. Im 10. Jh. begann der Wiederaufstieg als Handels- und Schiffahrtszentrum, nachdem sich die Einwohner erfolgreich gegen maurische Raubzüge verteidigt hatten (931-35) und der Hafen befestigt worden war. Mitte des 10. Jh.s setzten die Gegenangriffe Genuesischer Schiffe ein und in der zweiten Hälfte des Jh.s unternahm G. die Verteidigung der ligurischen und provençalischen Küste. Im 11. Jh. landeten die Flotten der Stadt in *Korsika und *Sardinien, wo sie zusammen mit den *Pisanern die Mauren zum Rückzug zwangen. Mit der Eroberung *Mahdiyas in Nordafrika (1088) war G. die bedeutendste Seemacht im westlichen Mittelmeer.

In der gleichen Zeit erlangte die Stadt volle Autonomie im Rahmen des *Römischen Reiches. Die letzten karolingischen Grafen hatten bereits 888 ihre Macht über die Stadt verloren, als die Campagna (Vereinigung der waffentragenden Freien) errichtet wurde. Zur Mitte des 11. Jh.s entwickelte sich das Konsulat als ausführendes Organ, 1098 etablierte sich die Stadt auch offiziell als freie *Kommune.

Der eigentliche Aufstieg G.s fällt in die Zeit der *Kreuzzüge. Die Flotten von G. und Pisa nahmen am Ersten Kreuzzug teil und versorgten das Kreuzfahrerheer bei der Belagerung Jerusalems (1099). 1105 erhielt G. das Recht, in Akkon eine fast gänzlich von Zöllen befreite Handelssiedlung zu unterhalten. Zu dieser Zeit brachte das nahezu vollständige Monopol G.s über den Orienthandel Reichtum und politische Macht ein. Als Hauptstadt eines Kolonialreiches wuchs die Stadt im 12. Jh. und besaß um die 100.000 Einwohner. Die gesamte Provinz von Ligurien wurde besetzt und diente als landwirtschaftliches Versorgungsgebiet G.s. Ein Krieg gegen Pisa endete mit der Eroberung Elbas und Korsikas. Im Königreich Sizilien wurden wertvolle Handelsprivilegien erworben. Die Stadt selbst befand sich unter der Herrschaft einer Gruppe von reichen Adels- und Kaufmannsfamilien, unter ihnen die *Doria und die Spinola, deren Einfluß anwuchs. Als Verbündete *Friedrich Barbarossas erwarb sich G. auch in Deutschland Handelsprivilegien, im Heiligen Land waren neben Akkon auch in Jerusalem, Jaffa, Tyrus, Arsuf, Caesarea, Haifa, Tripoli und Antiochia Kolonien entstanden, die von aus G. gesandten Konsuln regiert wurden. In der Heimatstadt entstanden Glas- und Seidengewerbe, die ihre Produktionstechniken im Orient erworben hatten.

Auch im 13. Jh. dauerte der Wohlstand G.s, der nunmehr stärksten Macht im westlichen Mittelmeer, weiter an, nicht zuletzt infolge der engen Verflechtung mit Sizilien. 1284 wurde die alte Rivalität mit Pisa durch den genuesischen Seesieg bei Meloria beendet; der Wettbewerb mit Venedig eskalierte jedoch im Heiligen Land in dem sog. "Krieg des hl. Sabbas". G. erlitt eine schwere Niederlage und verlor sämtliche Handelsstützpunkte im Osten. Darauf wurde ein Bündnis mit dem byzantinischen Teilstaat *Nikäa geschlossen, dessen Frucht im Jahre 1261 geerntet wurde, als G. nach der Wiedereroberung *Konstantinopels weitgehende Handelsprivilegien in *Galata und im ägäischen Meer (Chios) erhielt. Von Konstantinopel aus drangen die Genuesen auf die Krim ein, wo sie in Kaffa ihr Hauptquartier für den Handel mit dem Mongolenreich errichteten und die Donaumündung unter Kontrolle hatten. Gegen Ende des 13. Jh.s gewann G. auch den Zypernhandel. Diese Errungenschaften machten die Verluste wett, die G. im westlichen Mittelmeer, in Aragón, Katalonien, Sizilien, Sardinien und Korsika, erlitten hatte.

Um 1300, als das genuesische Kolonialreich seinen größten Umfang erreicht hatte, wurden die ersten Zeichen des Niedergangs sichtbar. Die oligarchische Herrschaft der aristokratischen Kaufmannsfamilien forderte den Widerstand der Volkspartei heraus. Die Kompromißlösung des Jahres 1310 schuf einen Rat von 13

Männern, zur Hälfte von jeder Partei und mit einem "Abt des Volkes" als Zünglein an der Waage. Ein Jahr später versagte dieses Arrangement, und die Stadt mußte die Herrschaft Kaiser *Heinrichs VII. anerkennen. Im folgenden wechselten sich Unabhängigkeit und fremde Herrschaft (wie die des Papstes *Johannes XXII. und des Königs von Neapel, Robert von Anjou (1318-35) ab. Mailand wurde im Landesinneren zum Rivalen G.s, Venedig griff die genuesischen Besitzungen an und fügte der städt. Flotte 1379 bei Chiogga eine schwere Niederlage zu, in deren Folge ein Teil des Kolonialreichs verloren ging. Die inneren Konflikte wurden durch diese außenpolitischen Rückschläge nur verschärft. Die früher reiche Stadt litt unter einer schweren Finanzkrise und konnte ihre Söldnerführer nicht mehr bezahlen. 1396 wurde sie *Karl VI. von Frankreich untertan, dessen Statthalter sie bis 1409 regierten. Auch die Wiedererlangung der Unabhängigkeit entschärfte nicht die sozialen Konflikte; der lange Kampf zwischen Aristokraten und Volkspartei ging weiter. G. mußte mailändische und französische Herrschaft anerkennen. Mit dem Fall von Konstantinopel 1453 verlor die Stadt auch ihre östlichen Besitzungen.

G. Caro, *Genua und die Mächte am Mittelmeer 1257-1311*, 2 Bde., 1895/99;
R. F. Lopez, *Storia delle colonie Genovesi*, 1938;
E. Bach, *La cité de Gênes au XIIe siècle*, 1955;
T. O. De Negri, *Storia de Genova*, 1968.

GEOFFREY Siehe *GOTTFRIED.

GEOGRAPHIE Im Mittelalter gerieten die Errungenschaften der griechischen G. allmählich in Vergessenheit; man beschränkte sich vor allem auf Länderbeschreibungen. So beginnt z.B. *Orosius sein Werk "Gegen die Heiden" mit einer geographischen Schilderung des Römerreiches, die ganz aus früheren Texten kompiliert ist; das Gleiche gilt von den beiden geographischen Büchern in *Isidor v. Sevillias *Etymologiae*. Nach der Vorstellung des christlichen Mittelalters war die Erde eine Scheibe mit Jerusalem als Mittelpunkt. Phantastische, mit Ungeheuern bevölkerte Länder bildeten die Außenzonen. Im östlichen Christentum dagegen hielt sich teilweise die ptolemäische Tradition, wovon die "Weltbeschreibung" (*Scariphos D'Tevel*) aus Syrien Zeugnis ablegt (Mitte 6. Jh.). Jakob v. Eddessa (gest. 708) betrachtete die Erde nach ihren klimatischen Zonen (sieben Regionen). Der Islam übernahm auch hier die antiken Lehren und entwickelte sie weiter. Im frühen 9. Jh. entstanden unter dem Kalifen *Al-Mamun auf genauer Vermessung basierende Landkarten, die Klimakunde wurde weitergeführt, und es entstanden Ansätze zu einer Bevölkerungsgeographie namentlich der Städte. Im Hochmittelalter wurde die Theorie mehr und mehr durch Augenzeugenberichte (Reiseschilderungen) ergänzt, wobei man im Westen vor allem für das Heilige Land als Schauplatz der Leidensgeschichte Christi Interesse zeigte, im arabisch-persischen Bereich dagegen weniger an den religiösen als an den physischen Gegebenheiten. Als Beispiel wäre hier die Länderbeschreibung des Yaqut (1179-1229) zu nennen. Für die theoretische Entwicklung wichtig wurden die Werke *Alidrisis, *Abul Fidas und Ibn Battutas (gest. 1377?), der seine Beschreibungen mit astronomischen Elementen verband. Seit dem späten 12. Jh. übernahm man auch im lateinischen Westen die islamische G.; dies zeigt sich etwa in der Arbeit des Guido v. Pisa (um 1188),

der u.a. die Kugelgestalt der Erde in Erwägung zog (wie in Byzanz *Blemmydes). Im Spätmittelalter erforderte besonders der immer ausgedehntere Seehandel eine weitere Verbesserung der geographischen Kenntnisse; *Heinrich der Seefahrer legte mit seiner Marineschule auch den Grundstein für eine wissenschaftliche G. zur Vorbereitung der portugiesischen Entdeckungsfahrten.

J. K. Wright, *Geographical Lore at the Time of the Crusades*, 1925;
J. Schmithüsen, *Geschichte der geographischen Wissenschaft*, 1970.

GEORG I. TERTER Bulgarischer Zar (1280-92) kumanischer Herkunft und einer der Führer des Bulgarenadels, der sich gegen *Johannes Asen III. auflehnte. G. verbündete sich mit dem sizilianischen König *Karl von Anjou gegen die byzantinischen Beschützer Johannes. Infolge der Sizilianischen *Vesper (1282) mußte er seine außenpolitischen Pläne aufgeben und sich auf die inneren Probleme seines Landes konzentrieren.

W. N. Slatarsky, *Geschichte der Bulgaren* I, 1918.

GEORG *Georgische Könige aus der armenischen Dynastie der Bagratiden:

GEORG II. (1156-84) kämpfte gegen die feudalen Tendenzen im georgischen Adel und errang 1180 einen wichtigen Sieg über die *Seldschukenfürsten Nordpersiens und Kleinasiens.

GEORG IV. (1212-23), dessen Regierungszeit als goldenes Zeitalter Georgiens gilt. Er beherrschte ein Großreich, das vom Schwarzen bis zum Kaspischen Meer reichte und den Hauptteil Groß-*Armeniens einschloß. Kulturell war G.s Zeit ein Höhepunkt in der Entwicklung Georgiens.

GEORG VI. (1299-1346) begann seine Regierungszeit als Lehensmann der Türken und Mongolen und konnte sein Land um 1360 von der Fremdherrschaft befreien. G. war stark von dem Mönchsklerus beeinflußt und unterhielt enge Verbindungen mit dem georgischen Kloster in Jerusalem.

W. E. D. Allen, *A History of the Georgian People*, 1932.

GEORG PISIDES (7. Jh.) Byzantinischer Dichter und Schöpfer des mittelalterlichen griechischen Versmaßes, des Zwölfsilblers. Seine Hauptwerke sind panegyrische Dichtungen auf Kaiser *Herakleios, dessen Vertrauter G. war, sowie religiöse Hymnen u.a. auf die Erschaffung der Welt.

Werk: A. Pertusi (Hg.), *Giorgio di pisidia Poemi* I, 1960.

GEORG SYNKELLOS (um 800) Byzantinischer Geschichtsschreiber, der seine Jugend in Palästina verbrachte und danach als Beamter des Patriarchen von Konstantinopel diente. G. schrieb eine wichtige "Weltchronik", die jedoch unvollendet geblieben ist und nur bis 284 reicht.

Werk: W. Dindorff (Hg.), 1828.

GEORGIEN Im Mittelalter ein Königreich in den Bergen des Kaukasus, dessen Anfänge in einem zu Beginn des 4. Jh.s von den Sassaniden errichteten Fürstentum liegen, das in gemeinsamer Anstrengung mit der neugegründeten georgischen Nationalkirche im 5. Jh. seine Unabhängigkeit gewann. 455 gründete König Wakhtang I. die Hauptstadt Tblisi (Tiflis). Das Georgierreich war Schauplatz dauernder Kriege zwischen Byzanz und Persien und wurde in der Zeit *Justinians in zwei Einflußzonen aufgeteilt. Die Kriege hatten den Zerfall des

Landes in zahlreiche Kleinfürstentümer zufolge, deren Herrscher die Oberhoheit der Großmächte anerkannten (6.-8. Jh.). Ost-G. mit der Hauptstadt Tblisi fiel 643 in die Hände der Araber. Im 10. Jh. konnte die armenische Bagratidendynastie das Land einigen. Bagrat III. (gest. 1014) gründete die neue Hauptstadt Kutais und baute seine Herrschaft auf die Zusammenarbeit mit dem Niederadel auf.

Der *seldschukische Angriff in den Jahren 1064-72 schuf neue Unsicherheit und erst David III. (der Erneuerer, 1090-1125) konnte die Unabhängigkeit G.s wiederherstellen. Seine Nachkommen und besonders Georg III. schufen im Kampf gegen die Unabhängigkeitsbestrebungen des georgischen Adels die Vorbedingungen für das "Goldene Zeitalter" G.s unter Königin Thamar (1184-1212) und deren Sohn *Georg IV. Die *Mongolenwelle der Jahre 1234-42 vernichtete dieses Aufbauwerk und machte G. bis zum 15. Jh. zur Einflußsphäre der Mongolen und Türken.

Die Kultur G.s ist eng mit dem christlichen Glauben verbunden. Die ersten Schriftwerke stammen aus dem 5. Jh. und behandeln volkstümliche christliche Erzählungen. Sie waren in einem besonderen Alphabet von 38 Buchstaben, dem sog. Kirchenalphabet, geschrieben, das erst im 12. Jh. durch das sog. "Ritteralphabet" ersetzt wurde. Auch die Bibelübersetzungen (seit dem 5. Jh.) trugen zur Entwicklung der Schriftsprache bei. Der Höhepunkt dieses Werkes war die Übersetzung des hl. Georg, eines Mönches, der auf dem Berg Athos lebte. Seit dem 9. Jh. übte Byzanz über die georgischen Klöster auf dem heiligen Berg, in Sinai und später in Jerusalem einen nicht unbedeutenden Einfluß auf die georgische Kultur aus. Die theologischen Errungenschaften der griechisch-orthodoxen Kirche dienten als Grundlage für dogmatische Abhandlungen in Georgien. Im goldenen Zeitalter G.s, im späten 12. und frühen 13. Jh., entwickelte sich neben der bisherigen rein religiösliturgischen Dichtung ein weltliches Epos wie das Nationalepos des Schote Rustaveli: "Der Mann in der Pantherhaut". Die Mongoleneinfälle des späten 12. Jh.s führten zum Niedergang der georgischen Kultur, die erst im 17. Jh. zu neuem Leben erwachen sollte.

Auch auf dem Gebiet der Kunst war Byzanz bis zum 7. Jh. maßgebend. Da in dieser Zeit G. aber durch die arabischen Eroberungen isoliert wurde, konnten sich eigenständige Schöpfungen entfalten. Im Sakralbau herrschte der Kreuzgrundriß und der achteckige Kirchturm vor (z.B. Kloster von Gelati, 12. Jh.). In den plastischen Künsten entwickelte G. mit byzantinischen Techniken eigene Inhalte und Formen; sie kamen auch in der Abbildung von Heiligen zur Anwendung, die nach dem Vorbild kaukasischer Herrscherdarstellungen geformt wurden. Goldschmiedekunst sowie Buchillustration und -verzierung erreichten einen hohen künstlerischen Rang.

W. E. D. Allen, *A History of the Georgian People*, 1932;
J. Karst, *Littérature Géorgienne Chrétienne*, 1934;
A. Sanders, *Kaukasien*, 1942.

GEPIDEN Germanischer Stamm, der mit den *Goten verwandt war und ursprünglich aus Skandinavien kam. Im 4. Jh. ließen sich die G. in Dakien nieder, wo sie jedoch von den *Hunnen unterworfen wurden. Nach dem Tode *Attilas, an dessen Kriegszügen sie teilgenommen hatten, erlangten sie wieder ihre Unabhängigkeit.

Im 6. Jh. versuchten sie im Balkan einzufallen, wurden aber von *Justinian geschlagen und verblieben in Dakien. 586 folgte ein Teil der G. den *Langobarden nach Italien, mit denen sie allmählich verschmolzen. Den in Dakien verbliebenen Teil des Stammes traf nach der Ankunft der *Awaren das gleiche Schicksal. Die letzten Nachrichten über eine selbständige Existenz der G. stammen aus dem 9. Jh.

H. Sevin, *Die Gebiden*, 1955.

GERALD Siehe *GIRALDUS.

GERBERT VON AURILLAC Siehe *SYLVESTER II.

GERHARD (GIRARD) Graf von Vienne (851-70) der sich an der Rhône ein mächtiges Fürstentum schuf und seit 855 als Beschützer Karls, des schwachen *Karolingerkönigs der Provence, wirkte. 870 wurde er von *Karl d. Kahlen von Frankreich besiegt und seiner Grafschaft beraubt. G. diente im 12. Jh. als Vorbild für mehrere Heldengedichte, in denen er u.a. gegen den Islam kämpft.

R. Louis, *De l'Histoire à la Légende (Girart de Roussilon)*, 1946.

GERHARD VON BORGO SAN DONNINO (gest. um 1260) Ein Führer der *spiritualen Franziskaner, der 1254 in seinem Werk "Einführung in das ewige Evangelium" seinen *joachimitischen Überzeugungen von der Apokalypse Ausdruck gab und damit an der Pariser Universität und innerhalb des Franziskanerordens einen Sturm der Entrüstung erregte. Er wurde wegen Ketzerei schuldig gesprochen und zur Einkerkerung in Anagni verurteilt. G. starb kurz danach im Gefängnis, seine Lehre wurde jedoch weiter unter den Spiritualen verbreitet.

P. Glorieux, *Les Polémiques contra Geraldino*, 1935.

GERHARD VON CREMONA (1118-87) Übersetzer. Er bereiste Spanien, wo er die arabische Wissenschaft entdeckte und während eines langen Aufenthaltes in Toledo mit philosophischen und astronomischen Werken vertraut wurde. Unter seinen Übersetzungen befinden sich Werke des *Alfarabi und der *"Almagest" (1175).

GERHO(C)H VON REICHERSBERG (1093-1169) Einer der bedeutendsten Vorkämpfer der gregorianischen Kirchenreform in Deutschland. G. studierte in Freiburg und Hildesheim und wurde 1119 zum Probst der Augsburger Domkirche gemacht. 1121 mußte er wegen einer Auseinandersetzung mit dem Bischof seinen Posten verlassen. Ein Jahr später, nach der offiziellen Verkündung des *Wormser Konkordats, versöhnte er sich mit seinem Vorgesetzten und nahm sein Amt wieder auf. 1123 nahm er an der *Lateransynode teil, der von ihm vorgeschlagene Plan zur Reform des Klerus wurde jedoch abgelehnt, worauf er 1124 den Augustinerchorherren von Rottenbuch beitrat. Dort verfaßte er 1130 sein "Buch vom Gebäude Gottes", in dem er seinen Ideen über die richtige Kirchendisziplin Ausdruck verlieh. Im Jahre 1132 war er Probst der Augustinerchorherrn von Reichersberg. In dieser Funktion setzte er seine Reformbemühungen fort, reiste nach Rom und predigte in ganz Deutschland. Seine Tätigkeit schuf ihm neben Anhängern auch viele Feinde; G. wurde sogar ungerechtfertigt der Ketzerei beschuldigt. 1161 schrieb G. gegen Friedrich Barbarossa eine Streitschrift *De investigatione Antichristi* (Über die Untersuchung des Antichrist). 1166 ließ ihn der Kaiser bannen, da er sich weigerte, den kaiserlichen Gegenpapst anzuerkennen.

P. Classen, *Gerhoh von Reichersberg, eine Biographie,*
1960.

GERICHTSHOF DER KETTE Bezeichnung für die
Hafengerichtshöfe, die oft in dem zur Aufbewahrung
der Hafenkette benutzten Haus zusammentraten.

GERICHTSVERFAHREN Das mittelalterliche G. war
durch eine Vielfalt von *Rechtssystemen gekennzeichnet und von Ort zu Ort verschieden. Das byzantinische
und kirchliche G. beruhte auf der Beweiserbringung,
wie auch das G. des Islams und der Juden. Dagegen
war das G. des feudalen Europas eine Fortführung der
germanischen Tradition, wonach der Beschuldigte durch
eigenen Eid oder den seiner Schwurhelfer seine Unschul-
digkeit zu bekräftigen hatte. Andere Mittel zur Reinigung von der Anklage lagen im Zweikampf oder im
*Gottesgericht, wobei Schuld oder Unschuld durch
Gott selbst an den Tag kommen sollte. Seit der Zeit
*Heinrichs II. entwickelte sich in England das *Schwur-
gericht, das auch auf Kontinentaleuropa übergriff.

GERMANEN Der Sammelname für eine Anzahl von
Stämmen und Volksgruppen, die der indoeuropäischen
Rasse angehören und einen gemeinsamen ethnischen
und sprachlichen Ursprung besitzen. Seit altersher
waren die G. über weite Gebiete nördlich der Donau und
östlich des Rheins verstreut. Gewöhnlich unterscheidet
man zwischen den mitteleuropäischen und den skandinavischen G. Erstere waren den Römern seit dem 1. Jh.
v. Chr. bekannt und verschwanden teilweise durch As-
similierung und Wanderung im 3. und 4. Jh., der End-
phase der prähistorischen Epoche der G. Die aus Skandinavien und dem Baltikum ausgewanderten G. verbreiteten sich seit dem 2. Jh. über Mittel- und Osteuropa.
Sie werden gewöhnlich nach ihren Niederlassungsgebie-
ten eingeteilt. Die West-G. umfassen die *Franken,
*Burgunder, *Alemannen und *Angelsachsen. Die Süd-
oder Mittel-G. bestehen aus den *Bayern, den *Thüringern und weiteren kleineren Stämmen, die Ost-G.
aus den *Ost- und *Westgoten, den *Wandalen, *Gepiden und *Langobarden, die Nord-G. aus den Skandinaviern oder *Wikingern. Im 4. Jh. bewegten sich alle
diese Gruppen, mit Ausnahme der letzten, nach Süden
und Westen und überschritten die römische Reichsgrenze entweder als Eindringlinge wie die Goten, die
372 die Römer bei *Adrianopel besiegten, oder als Verbündete und zur Ansiedlung zugelassene *foederati.*
Diese dienten in der römischen Armee und erlangten im
5. Jh. besonders im Westteil des Reiches hohe Stellungen und großen Einfluß. Die Eroberung des Römischen
Reichs durch die G. war demnach ein allmählicher
Vorgang, in dessen Verlauf sie sich kulturell an die örtliche Bevölkerung anglichen. Im späten 6. Jh. wurde die
germanische Völkerwanderung mit der Eroberung Italiens durch die Langobarden abgeschlossen. Unter den
von den G. gegründeten Staaten besaßen die angelsächsischen Königreiche und die Reiche der Franken, der
Westgoten, der Wandalen und der Langobarden dauerhafte Bedeutung.

L. Schmidt, *Allgemeine Geschichte der germanischen
Völker bis zur Mitte des 6. Jh.s,* 1909;
L. Schmidt, *Geschichte der deutschen Stämme bis zum
Ausgang der Völkerwanderung,* 2 Bde., 1938-41[2];
R. Wenskus, *Stammesbildung und Verfassung. Das Wer-
den der frühmittelalterlichen Gentes,* 1961.

GERMANUS I. (hl.; 634-733) Patriarch von Konstantinopel (715-30). Der Sohn einer aristokratischen byzantinischen Familie erhielt eine ausgezeichnete Erziehung und trat als Priester der Kathedralkirche der hl.
Sophia bei (668). Er zeichnete sich im kirchlichen
Dienst aus und wurde um 700 zum Erzbischof von Ky-
zikus erhoben. Im Jahre 715 erwählte man ihn zum
Patriarchen von Konstantinopel. Als Kaiser *Leo III.
725 den Kampf gegen die Ikonenverehrung aufnahm,
erwies sich G. als eifriger Gegner des *Ikonoklasmus,
mußte 730 seinen Posten aufgeben und sich in das Kloster Platonium zurückziehen. Von dort führte er trotz
seines hohen Alters den Kampf weiter und verfaßte die
Abhandlung über "Ketzer und Synoden", die sich nur
in einer lateinischen Übersetzung erhalten hat, da alle
griechischen Exemplare von den Bilderstürmern vernichtet worden sind. G. wurde von seinen Anhängern als
Heiliger verehrt; sein Kult wurde im 8. Jh. offiziell von
der Ost- und der Westkirche anerkannt.

J. List, *Studien zur Homiletik Germanus I. von Konstantinopel und seiner Zeit,* 1939;
H. G. Beck, *Kirche und theologische Literatur im byzantinischen Reich,* 1959.

GERMANUS II. Patriarch von Konstantinopel-Nikäa
(1222-40). Er organisierte die durch die lateinische
Eroberung von Byzanz demoralisierte Ostkirche und
zwang dem griechischen und zypriotischen Klerus
Einigkeit auf. Zugleich führte er mit Papst *Gregor IX.
Unionsverhandlungen, die jedoch keine Ergebnisse
brachten. G. förderte die Wissenschaft und gründete in
Nikäa in Fortsetzung der Tradition von Konstantinopel
eine bedeutende höhere Schule.

H. G. Beck, *Kirche und theologische Literatur im byzantinischen Reich,* 1959.

GERMANUS VON PARIS (hl.; um 496-576) Mönch,
Bischof von Paris (555). G. war eifrig bemüht, die ewi-
gen Bürgerkriege und die Frivolität der Frankenkönige
einzuschränken. G. wurde bald nach seinem Tod als
Heiliger verehrt und im 7. Jh. über seinem Grab ein
Denkmal errichtet, das den ältesten Teil der späteren
Kirche *St. Germain-des-Prés darstellt.

A. Wilmart, *Saint Germain de Paris,* 1924.

GERONA Katalonische Stadt an der Hauptstraße von
Spanien nach Frankreich. Unter den Westgoten behielten die Bischöfe der Stadt die Regierungsmacht bei,
und G. diente als Sitzungsort mehrerer Kirchensynoden.
Zwischen 713-85 war G. in arabischen Händen, danach
kam es unter die Verwaltung eines fränkischen Grafen
und die Hoheit des spanischen Markgrafen. Seit der
Mitte des 9. Jh.s waren die nunmehr als Dynastie etablierten Grafen Teil der katalanischen Aristokratie und
leisteten den Grafen von *Barcelona den Lehenseid.
Damit war die Verbindung zu Frankreich unterbrochen.
Mit der Vereinigung Kataloniens mit *Aragón (1135)
wurde die Grafschaft abgeschafft, und die Stadt wurde
selbständig. Zwei ihrer Vertreter erhielten Sitze in den
katalonischen *cortes.* Die Verleihung der städt. Autonomie förderte das wirtschaftliche Wachstum, das auch
von französischen Einfällen (1285) nicht gestört wurde.
Der *Schwarze Tod forderte in G. zahlreiche Opfer und
im folgenden sank die Stadt zu einem unbedeutenden
Provinzzentrum herab. 1351 verlieh sie König *Peter
IV. als Herzogtum an seinen Sohn Johannes. Die jüdische Gemeinde G.s wurde durch die *kabbalistische Tätigkeit ihrer Mitglieder bekannt und diente als Kern der
mystischen Bewegung des 12. Jh.s.

J. Pla Cargol, *Gerona historica,* 1962[5].

GERSCHOM ("Das Licht der Diaspora"; um 960-1028)
Rabbiner. G. wurde in Metz geboren und studierte in
Mainz, wo er dann zum größten Lehrer an der berühmten Akademie und einem der bedeutendsten Rabbiner
des *aschkenasischen Judentums wurde. In seinen Werken behandelte er vorwiegend die Auslegung und Rechtsprechung des Talmuds. Der *Herem de Rabbenu G.*
("Die Satzung unseres Rabbi G."), eine ihm zugesprochene rechtliche Sammlung des 12. Jh.s, ist eines der
wichtigsten Dokumente des europäischen Judentums.
Es untersagte die Polygamie und beschränkte das Scheidungsrecht des Gatten, stärkte die Gerichtshöfe und
führte das Prinzip der Mehrheitsentscheidung in den
Gemeindegremien ein.
S. Eidelberg, *Responsa of Rabbi Gershom*, 1956.

GERSON, JOHANNES (1363-1429) Französischer
Theologe. Er wurde in der Grafschaft Rethel geboren,
studierte seit 1377 unter seinem Freund *Petrus von
*Ailly am Kollegium von Navarra in Paris, erhielt 1394
den Doktor der Theologie und wurde 1395 Kanzler
der Universität Paris. Zwischen 1397 und 1401 hielt er
sich in *Brügge auf, wo er die Schrift verfaßte "Über die
Art, sich in einer Zeit des Schismas zu verhalten", ein
Aufruf zur Beendigung des *Großen abendländischen
Schismas. In einer weiteren Schrift rief er das französische Volk auf, seine Treue zu dem Avignoner Papst
*Benedikt XIII. zu erneuern. Später gelangte G. zur
Überzeugung, daß nur ein Generalkonzil die Einheit
der Kirche erringen könnte und billigte deshalb die
Beschlüsse der Konzile von *Pisa (1409) und *Rom
(1413). Am Konzil von *Konstanz (1415) nahm er persönlich teil und war dort eine der führenden Persönlichkeiten. Er stimmte für die Vormacht des Konzils über
den Papst und forderte, daß den Theologiegelehrten
zusammen mit den Bischöfen das Stimmrecht verliehen
werde. Er wirkte auch an der Verurteilung von *Hus
und *Petit mit. G.s Rückkehr nach Paris wurde verhindert durch die Spannung zwischen ihm und dem burgundischen Hof, den er für die Ermordung des Herzogs
von Orléans verantwortlich machte. Er zog sich daraufhin in das Kloster Melk (Österreich) zurück, wo er seine
dem Werk des *Boethius nachempfundene "Tröstung
der Theologie" schrieb. 1420 kehrte G. nach Frankreich
zurück und verbrachte in Lyon seine letzten Lebensjahre.
G.s Werk weist drei hauptsächliche Aspekte auf: auf
theologischem Gebiet die Theorie, daß nichts Sündiges
bestehe, da alle Tätigkeit von Gott abhänge; auf politischem Gebiet das Eintreten für den *Konziliarismus und
den *Gallikanismus; auf mystischem Gebiet die eigene
Mystik, die vom hl. *Augustinus, *Dionysius Areopagitus, dem hl. *Bernhard, den *Viktorinen und dem hl.
*Bonaventura geprägt und beeinflußt war.
Werk: *Oeuvres complètes*, (Hg.) P. Glorieux, 1960ff.;
J. Stelzenberger, *Die Mystik des Johannes Gerson*, 1928;
W. Dress, *Die Theologie Johannes Gersons*, 1931.

GERSONIDES Siehe *LEVI BEN GERSCHON.

GERTRUD, DIE GROSSE (hl.; 1256-1302) Deutsche
Mystikerin. Die Tochter einer thüringischen Adelsfamilie
wurde im Kloster Helfta erzogen. Im Alter von 25 Jahren wurde Nonne und begann ein Leben der Kontemplation. Ihr "Bote der göttlichen Frömmigkeit" ist einer
der besten literarischen Formulierungen christlicher
Mystik und basiert auf G.s Visionen. G. verfaßte auch
eine Gebetsammlung mit dem Titel "Die geistige
Übung".

A. Vollmer, *Die heilige Gertrud die Große*, 1937;
P. Dinzelbacher, *Vision und Visionsliteratur im Mittelalter*, 1980.

GERVASIUS VON CANTERBURY (gest. um 1200)
Geschichtsschreiber, Mönch und Bibliothekar von
Christ-Church in Canterbury, Verfasser einer auf Dokumenten basierenden Chronik der letzten Jahre der Regierung *Heinrichs II. und der Zeit *Richards I. (1189-
99).
Werk: W. Stubbs (Hg.), 1880.

GESCHICHTSSCHREIBUNG Die G. fand in der mittelalterlichen Zivilisation weite Verbreitung. Dies ist
zu erklären u.a. durch den Willen der Herrscher, sich
verherrlicht zu sehen, und auch durch das Weiterleben der
antiken Tradition, wonach die G. ein Mittel zur Erziehung der Menschen und zur Erlernung der Erfahrungen
vergangener Generationen sei. In diesem Rahmen soll
nur die europäische G. behandelt werden, die außereuropäische und byzantinische G. wird in den jeweiligen
Einträgen erörtert.
Die europäische G. basierte auf dem biblischen und
dem römischen Geschichtskonzept. Im Christentum
schenkte man dem Einfluß des göttlichen Willens auf
das menschliche Vorgehen besondere Aufmerksamkeit
und vermerkte zur gleichen Zeit auch die Tatsache, daß
der Mensch die Fähigkeit besitze, zwischen Gut und
Böse zu wählen. In dieser Hinsicht besaß das Werk des
hl. *Augustinus größte Bedeutung. Die Schriften des
*Orosius, eines der besten Interpreten des Aufstiegs
und Niedergangs von Rom, wurden Vorbild für die spätere G. *Gregor von Tours mit seinen Sachinformationen, Dokumentenauszügen und Beobachtungen übernatürlicher Vorgänge und volkstümlicher Verhaltensweisen ist ein sehr typisches Beispiel für die mittelalterliche G. Das vielleicht beste Werk des Frühmittelalters ist die angelsächsische Geschichte des *Beda.
Infolge des Bildungsmonopols der Kirche war die
G. im allgemeinen Sache der Geistlichen und besonders
der Mönche. Seit der zweiten Hälfte des 8. Jh.s kommt
die *Annalenform auf, die bis zum 12. Jh. blühte. Die
strenge chronologische Einteilung war ungünstig für die
Erstellung des Gesamtbildes und ermöglichte auch kaum
die Analyse einzelner Ereignisse. Dazu kam noch die
offiziöse Tendenz mancher Annalen wie etwa der sonst
sehr wertvollen fränkischen Königsannalen, die die für
das Karolingerhaus unangenehmen Tatsachen unter den
Tisch fallen ließen. Die *ottonische Geistesbewegung
und die Errichtung des *Römischen Reiches führten,
erst in Deutschland und dann in Frankreich, zum Wiederaufleben der *Chronik, die die beliebteste Form der
G. im Hochmittelalter darstellte. Man unterscheidet
zwischen der Universalchronik, der Nationalchronik
und der Ortschronik. Alle drei Typen waren vorwiegend
didaktischen Charakters und beabsichtigten, Vorzüge
und Sünden der Vergangenheit zur Besserung des Menschen mitzuteilen. Diese Ansicht fundierte auf einer
statischen Sicht der geschichtlichen Entwicklung, die
keine Neuerung anerkannte, und auf einem Blickwinkel, der sich auf das politisch handelnde Individuum,
den Helden der Geschichte, konzentrierte. Gerade dies
fand künstlerischen Ausdruck in der Heldendichtung der
*chansons de geste. Auch hier hatten übernatürliche
Ereignisse freizügigen Eintritt in die geschichtliche Analyse. In der mittelalterlichen G. lassen sich einige Schulen feststellen. In Deutschland, bei begabten Autoren

Der Dom von Durham, England, 12.-14. Jh.

wie *Otto von Freising oder den Niederländern *Sigbert von Gembloux und *Helinand von Froidmont, besteht ein klarer Einfluß der kaiserlichen Perspektive und ein Zug zur Universalgeschichte, und zwar auch dort, wo fremde Länder oder örtliche Ereignisse behandelt werden. Die französischen Geschichtsschreiber waren dagegen mehr an lokalen Begebenheiten interessiert und erweiterten nur langsam ihr Blickfeld auf das gesamte Land. Im anglo-normannischen Umfeld wurden die Taten der Könige zu beiden Seiten des Ärmelkanals behandelt; dies ermöglichte bei Historikern wie etwa *Matthäus Paris ein breiteres Blickfeld, das sich bis zur Universalgeschichte entwickeln konnte. Im späteren 12. Jh. entstand die historische Schule der Kreuzfahrerchroniken, deren bester Repräsentant *Wilhelm von Tyrus eine national-religiöse Geschichte schrieb. Die im 13. Jh. einsetzende Benutzung des Französischen durch die Chronisten ebnete den Weg zur G. in der Volkssprache, die im angelsächsischen England schon viel früher verwendet wurde. An der päpstlichen Kurie entwickelte sich eine besondere G. in dem offiziell verfaßten *Liber Pontificalis, der seit dem 7. Jh. biographisches Material über die Päpste zusammenstellte.

Die Biographie war schon im 9. Jh. mit *Einhards *Leben Karls d.Gr. zur Anwendung gekommen. Im 12. Jh. kamen als ein Zweig der Biographie die auf Anweisung hochstehender Familien geschriebenen *Genealogien auf. Im Spätmittelalter erschien eine neue Art der G., die zusammen mit dem politischen Geschehen auch Geschichten und mündlich überlieferte Anekdoten aufzeichnete. Diese gewöhnlich umfangreichen Zusammenstellungen stützten sich zumeist auf nationale oder regionale Chroniken und wurden in den Volkssprachen verfaßt. Im ganzen Mittelalter war die unkritische Übernahme kürzerer oder längerer Passagen früherer Geschichtsschreiber üblich.
L. Böhm, *Der wissenschaftstheoretische Ort der historia im frühen Mittelalter*, In: Festschrift für J. Spörl, 1965; B. Smalley, *Historians in the Middle Ages*, 1974.

GESTES DE CHIPROIS ("Die Taten der Zyprioten") Anonymes, anscheinend aus Werken mehrerer Autoren zusammengesetztes Geschichtswerk in französischer Sprache aus dem frühen 14. Jh., das die letzten Generationen des *Lateinischen Königreiches (1243-91) sowie das Kreuzfahrerreich *Zypern zum Gegenstand hat.
G. Raynaud (Hg.), 1887.

GEZA I. (GEISA) Herzog der Ungarn (970-97) aus dem Hause Arpad, der die verschiedenen magyarischen Stämme einte und in einem langen Kampf den Stammesadel vernichtete. Er pflegte Beziehungen zu Kaiser *Otto II. und förderte die Christianisierung seines Landes. 974 nahm er selbst das Christentum an.
M. Hellmann, *Die Ostpolitik Kaiser Ottos II.*, 1956.

GEZA II. König von Ungarn (1141-62), trat nach seiner Mündigkeitserklärung 1146 die Regierung an und konnte den Frieden im Lande wiederherstellen. In G.s Zeit wurde der deutsche Einfluß besonders in den Städten fühlbar. G. kämpfte gegen *Manuel Komnenos von Byzanz. Ihm zwang er 1155 einen Friedensvertrag auf, der ihn unter den verschiedenen Kronanwärtern als rechtmäßigen König anerkannte.
E. B. Homan, *Geschichte des ungarischen Mittelalters* I, 1941.

GHANA Schwarzafrikanisches Reich. Im 3. Jh. vereinigte der G.-Klan die Stämme in der Gegend des heutigen Timbuktu und breitete im Laufe der Zeit seine Herrschaft über die Stämme des Westsudans im Senegaltal aus. Die Geschichte dieses Teiches ist bis heute nicht geklärt, es bestehen jedoch archäologische und andere Zeugnisse dafür, daß G. im 8. Jh. einen hohen Stand der Zivilisation erreicht hatte. Die von der arabischen Eroberung nach Süden gedrängten Berberstämme bedrohten im 9. und 10. Jh. das Reich von G., dessen Herrscher eine starke Verteidigung errichteten. Die kriegerischen Zusammenstöße fielen günstig für G. aus, das sich nach Norden ausbreitete und die Berberstaaten des Sudan unterwarf. Im Jahre 990 erreichte das Reich mit der Eroberung Audaghosts (Mauritanien) den Höhepunkt seiner Ausdehnung. Nach arabischen Zeugnissen waren im 11. Jh. in G. die Landwirtschaft sowie der Gold-, Elefanten- und Sklavenhandel hoch entwickelt. Die Zunahme der Handelsverbindungen brachte G. in enge Berührung mit der moslemischen Welt und führte zum Eindringen des Islams in das Land. Zur Mitte des 11. Jh.s wurde G. von Norden aus angegriffen und fiel in die Hände der *Almoraviden, die 1076 die Hauptstadt G. eroberten.
R. Oliver, J. D. Face, *A History of Africa*, 1964.

GHAZNI Stadt in Khorasan (Ostpersien, im heutigen Afghanistan), im 10. Jh. um eine Burg entstanden und bis ins 13. Jh. Hauptstadt eines bedeutenden Moslemstaates. Während der Zeit seiner Hochblüte war G. wegen üppiger Paläste und von einem hochentwickelten Bewässerungssystem versorgter Gärten berühmt. G. wurde im 13. Jh. von den *Mongolen zerstört und im folgenden Jh. als kleine Provinzstadt wieder aufgebaut.

Das nach der Hauptstadt benannte Sultanat von G. wurde von dem türkischen *Mamluken *Mahmud geschaffen, der sich in der zweiten Hälfte des 10. Jh.s in der *Abbasidenarmee hochgedient hatte. 994 wurde er zum Statthalter von Khorasan ernannt und ließ sich in G. nieder. 997/98 vertrieb er seine persischen und türkischen Rivalen und machte sich selbständig. Sein Reich erstreckte sich bis 1026 auf weite Gegenden Indiens, Persiens und Turkestans. Unter den Gelehrten und Künstlern, die sich an seinem glänzenden Hof zusammenfanden, war auch der persische Nationalpoet *Firdusi, der sein "Buch der Könige" zu Ehren des Herrschers verfaßte. Mahmuds Sohn und Nachfolger Massud konnte das Reich nicht zusammenhalten; um die Mitte des 11. Jh.s wurden die Ghaznaviden von den Ghoriden ersetzt, die das zusammengeschrumpfte Fürstentum bis zur Eroberung durch die Mongolen (1221) regierten.
C. E. Bosworth, *The Ghaznavids and their Empire in Afghanistan*, 1963.

GHAZZALI, AL- (Abu Hamid Mohammed ibn Mohammed Al Tusi Alshaf'i; 1058-1111) Moslemischer Gelehrter. Er wurde in der Stadt Tus (Khorasan) geboren und nahm seit seiner Jugend an der Auseinandersetzung zwischen den *Sunniten und deren Widersachern aus dem *schiitischen und dem philosophischen Lager teil. Er studierte zu Nischapur und erwarb sich großen Ruhm als hervorragender Theologe. 1091 wurde er als Lehrer an die neugegründete Bagdader Schule berufen. Nach der Ermordung seines Patrons, des *seldschukischen Wesirs Nissam Al-Mulk (1092) kam G. unter den Einfluß der *sufischen Mystik. 1095 verließ er die Hauptstadt und verbrachte zwölf Jahre als wandernder Derwisch.

Der Jerusalemer Felsendom, im 7. Jh. von Kalif Al-Malik erbaut

In dieser Zeit erreichte seine Schaffenskraft neue Höhen; der legendenumwobene G. wurde als höchste geistige und gelehrte Autorität in der moslemischen Welt angesehen. In seinen Werken verband sich eine hohe Gelehrsamkeit mit einer mystischen Schau. Unter seinen zahlreichen Werken war eine Enzyklopädie der islamischen Religion am meisten verbreitet. Der Westen lernte G. im 13. Jh. in lateinischen Übersetzungen und Kommentaren unter dem Namen "Algazel" kennen.

W. M. Watt, *The Life and Practice of Al-G.*, 1953.

GHIBELLINEN Die Bezeichnung einer Reihe von politischen Parteien in den nord- und mittelitalienischen Städten. Sie entstand aus dèm Rufnamen der kaiserfreundlichen Kräfte und leitet sich von der italienischen Aussprache der *Hohenstaufenburg *Waiblingen ab. Die Bezeichnung G. erschien erstmals gegen Ende des 12. Jh.s und wurde im 13. Jh. mit den Anhängern *Friedrichs II. und dessen Abkömmlingen verbunden. Die G. standen meist im Gegensatz zu den papstfreundlichen *Guelfen, die ideologische und politische Unterscheidung war jedoch nur ein (und nicht immer das wichtigste) Aspekt des Kampfes um die Herrschaft in den italienischen Städten des 13. und 14. Jh.s. Lokale Gegensätze und persönliche Feindschaften spielten eine mindest ebenso bedeutende Rolle. Auch nach dem Fall der Hohenstaufen, als die deutschen Kaiser in Italien kaum mehr eine Rolle spielten, wurde die Bezeichnung G. weiter verwendet. Erst gegen Ende des 14. Jh.s, als das kommunale Regime längst überholt war und die Macht bereits in den Händen von örtlichen Signorien lag, kam der Name G. großteils außer Gebrauch.

Ch. Paulet, *Guelfes et Ghibelins*, 2 Bde., 1922.

GIANO DELLA BELLA (gest. 1305) Politiker aus Florenz. Der Sohn einer reichen *Guelfenfamilie diente als Haupt der *Calimala, der ältesten und reichsten der aristokratischen Kaufmannsgilden, trat aber wegen Meinungsverschiedenheiten mit seinen Genossen der demokratischen Partei bei und führte 1290 die *Arti Minori* (unteren Handwerkerschichten) gegen die Regierung der Stadt. 1292 ergriff er die Macht und erließ die "Verordnungen der Justiz", die die Macht der Aristokratie stark beschränkten. 1293 wurde er zum *Prior* (Stadtoberhaupt) gewählt, mußte jedoch einer Koalition der Florentiner Aristokratie, Papst *Bonifatius VIII. und *Karls von Anjou weichen und 1295 ins Exil nach Frankreich gehen.

R. Davidsohn, *Forschungen zur Geschichte von Florenz* IV, 1908.

GIBELET (JUBAIL, Byblos) Stadt im Libanon. G. wurde 565 durch ein Erdbeben zerstört und ein Jh. später von den Arabern neu erbaut, die auch den Hafen errichteten. Zur Zeit der Kreuzfahrer war G. eine bedeutende Feudalherrschaft unter der Oberhoheit des Grafen von *Tripoli.

GILBERT FOLIOT Siehe *FOLIOT.

GILBERT VON LA PORÉE (Gilbert von Poitiers, Gillebertus Porretanus; um 1076-1154) Scholastischer Theologe. Er studierte unter Meister *Bernhard zu *Chartres, wurde Haupt der Domschule von *Poitiers und 1142 Bischof der Stadt. In der Theologie war G. Anhänger des *Universalismus, vermied jedoch pantheistische Anschauungen und lehrte, daß nur die Personen der Gottheit wirklich sind. Seine Ansichten riefen die heftige Kritik des hl. *Bernhard von Clairvaux hervor, der ihn 1148 auf dem Konzil von Reims des Irrglaubens

beschuldigte. Es erging jedoch keine offizielle Verurteilung G.s. Seine ausgezeichneten Kommentare zu *Boethius verliehen ihm einen bedeutenden Platz in der *Renaissance des 12. Jh.s.

S. Gammersbach, *Gilbert von Poitiers und seine Prozesse im Urteil der Zeitgenossen*, 1959.

GILBERT VON SEMPRINGHAM (hl.; um 1083-1189) Gründer des Gilbertinerordens. G. war Pfarrpriester von Sempringham (Bistum Lincoln, England) und propagierte den Eintritt von Frauen in Nonnenklöster. Die wachsende Zahl seiner Anhängerinnen führte zur Gründung des 1146 bestätigten Ordens. Nachdem die *Zisterzienser nicht die Verantwortung für G.s Kongregationen übernehmen wollten, verfaßte er eine eigene Regel.

D. Knowles, *The Monastic Order in England*, 1950.

GILDAS (hl.; ca. 500-570) Erster britischer Geschichtsschreiber, der Überlieferung des 11. Jh.s nach ein Mönch, der infolge der *angelsächsischen Eroberung aus Wales fliehen mußte und Irland, Rom und die Bretagne bereiste. Seine keltische Geschichte der angelsächsischen Eroberung Britanniens umfaßt die Zeit von der römischen Eroberung im 1. Jh. bis zu seiner Epoche und ist ein wichtiges Zeugnis für die Tragödie der Kelten.

Werk: *MGH AA* 13, 1898.

GILDE Siehe *ZUNFT.

GILES VON ROM (AEGIDIUS ROMANUS; 1247-1316) Philosoph. Er wurde in Rom möglicherweise als Sohn der *Colonnafamilie geboren und studierte unter *Thomas v. Aquin in Paris (1269-71). 1295 wurde er Erzbischof von Bourges. Sein Werk besteht aus Kommentaren zu den aristotelischen Philosophen, deren Ansichten er mit dem katholischen Dogma zu vereinen suchte. Seine beiden Hauptwerke sind das für seinen Schüler *Philipp IV. zu dessen Krönung 1285 geschriebene *De Regimine Principum* ("Über die Herrschaft der Fürsten") und das *De Summi Pontificis potestate* ("Über die Macht des Papstes"), das *Bonifatius VIII. als Grundlage für die berühmte Bulle *Unam Sanctam* diente.

G. Bruni, *Le opere di Egidio Romano*, 1936.

GIORDANO RUFFO (JORDANUS RUFUS; 13. Jh.) Kalabrischer Ritter, Marschall am Hofe Kaiser *Friedrichs II. und Verfasser des ersten tierärztlichen Buches über Pferdekrankheiten.

Werk: H. Molin (Hg.), 1818.

GIOTTO DI BONDONE (1266-1337) Maler. G. wurde in Colle bei Florenz geboren und war in Florenz, Rom, Neapel, Assisi und weiteren italienischen Städten tätig. 1330 ernannte ihn König *Robert von Neapel zum Mitglied des königlichen Haushalts, 1334 ging G. als Leiter der Kunstwerke nach Florenz. G. schuf Wandmalereien biblischen Inhalts in Florenz und Rom, entwickelte neue Techniken der Tafelmalerei und betrat stilistisch Neuland mit seiner realistischen Darstellung menschlicher Formen, die den bis dahin in Italien vorherrschenden byzantinischen Stil hinter sich ließ. G. setzte sich auch mit dem Problem der Raumgestaltung auseinander, ohne jedoch die Perspektivtechniken der Renaissance zu erreichen. Er gilt als wichtigster Wegbereiter für die Neuerungen der Renaissancemalerei. Seine Hauptwerke sind die heilsgeschichtlichen Fresken in der Arenakapelle in Perdua (1305/06), die Johannes- und Franziskuslegenden in Florentiner Kapellen (1317/26), die Franziskus-Fresken in Assisi (1296/99; um 1310) und die Pläne für den Glockenturm des Domes von Florenz.

Die Anbetung der drei Weisen aus dem Morgenland, *Malerei Giottos in der Arenakapelle, Padua*

M. Gosebruch, *Giotto und die Entwicklung des neuzeitlichen Kunstbewußtseins,* 1962;
G. Vigorelli, E. Baccheschi, *Das Gesamtwerk von G.,* 1970.

GIOVANNI PISANO Siehe *PISANO.

GIOVANNI VON SAN GIMIGNANO (gest. 1323) Dominikanerprediger und Verfasser eines enzyklopädischen Handbuchs der Predigttechnik, das nebenbei wichtige Informationen liefert über den Stand technologischen Wissens im frühen 14. Jh. (Landwirtschaft, Wind- und Wassermühlen, Maltechniken, Befestigungsanlagen, Waffen, *Griechisches Feuer, Schmelzwesen, *Glasherstellung, Maße und Gewichte).

GIRALDUS CAMBRENSIS V. BARRI (Gerald von Wales; 1147-1223) Walisischer Geschichtsschreiber, in Pembrokeshire geboren, studierte in Paris und wurde nach seiner Rückkehr Erzdiakon von Brecon (1175). 1176 und 1198 kandidierte er für den Posten des Bischofs von St. David in Wales, wurde aber wegen seiner walisischen Abstammung vom Erzbischof von Canterbury abgelehnt. 1188 predigte er in Wales den *Kreuzzug. G. schrieb eine Geschichte der englischen Eroberung Irlands und Beschreibungen Irlands und Wales'.
Werk: J. S. Brewer (Hg.), 8 Bde., 1861-91;
F. M. Powicke, *Gerald of Wales,* 1935;
M. Richter, *G. v. Wales,* 1976.

GIRARD Siehe *GERHARD VON VIENNE.

GIRART DE ROUSSILLON Französisches Heldenepos aus dem 12. Jh., das einen legendären Helden behandelt, der in Spanien für *Karl d.Gr. kämpfte, durch

Grüner Glasbecher; Deutschland, 15. Jh.

seinen sagenhaften Stolz berühmt wurde und die Klosterkirche Madelaine bei Vezelay errichtete.
Werk: W. M. Hachett (Hg.), 3 Bde., 1935-56.

GIUSTINIANI Genueser Kaufmannsfamilie, die im 14. Jh. die Mahonna, eine im Orienthandel tätige Gesellschaft, kontrollierte. Seit der Etablierung der Mahonna in *Chios (1346) waren die G. die eigentlichen Herren der genuesischen Besitzungen in der Ägäis und stiegen auch in der Mutterstadt zu einer hervorragenden Stellung auf. Giovanni G. befehligte 1450 die päpstlich-genuesische Flotte zur Unterstützung *Konstantinopels.
C. Hopf, *Storia di Giustiniani di Genova*, 1882.

GLABER, RADULF (gest. um 1050) Geschichtsschreiber unbekannter Herkunft, der in jungen Jahren Mönch wurde und sich seit Anfang des 11. Jh.s in verschiedenen burgundischen Klöstern aufhielt. In St. Benigne (Dijon) näherte er sich dem Kreise des *Wilhelm von Volpiano, dem er bis zu dessen Tod (1030) verbunden blieb. 1031 war er in Cluny, wo er die Gunst des Abtes *Odilo gewann, dem er 1048 seine "Historien" widmete. Dann ging er nach Auxerre, wo er wohl bis zu seinem Tod blieb. G.s umfangreiches Geschichtswerk enthält neben Tatsachen auch Sagen und Geschichten und ist durch das Fehlen jeglicher Systematik gekennzeichnet. Dennoch ist sein Werk die beste bestehende Quelle für die Zustände um das Jahr 1000.
Werk: M. Prou (Hg.), 1886.

GLANVILLE, RANULF (gest. 1190) Großrichter von England. G. stammt aus einer normannischen Familie und trat in den Dienst *Heinrichs II., wirkte als Sheriff von Lancashire und Befehlshaber gegen die Schotten, wurde zum Richter erhoben und an den königlichen Hof geholt. 1180 erhielt er den Posten des Obersten Justitiars des Königreiches, der in seiner Macht nur hinter dem König zurückstand. 1190 begleitete er *Richard I.

auf dem Kreuzzug; unterwegs starb G. Er ist der Verfasser der 1188 fertiggestellten "Abhandlung über die Gesetze und Gebräuche Englands", der bis *Bracton wichtigsten englischen Untersuchung zum Recht. Sie beruht auf seinen eigenen Erfahrungen und war als Handbuch für Richter und königliche Beamten gedacht. G. betonte besonders die Rolle des königlichen Hofes als Organ der Justiz und förderte das Konzept der königlichen Prärogativen als höchste Instanz im Rechtssystem des Landes.
Werk: G. D. Hall (Hg.), 1965;
Richardson-Sayles, *Governance of Medieval England*, 1963.

GLAS Wie viele andere technologische Errungenschaften war die Kunst der Glaserzeugung in der Antike bekannt und wurde von den Byzantinern und den Moslems weiterentwickelt. In diesen Ländern fand G. nicht nur zur Verglasung von Fenstern, sondern auch für Gefäße und Verzierungen Anwendung. Auf dem Balkan und in Kleinasien wurde G. in verschiedenen Rot- und Weißschattierungen durch die Mischung von Mineralien mit Sand und Pottasche erzeugt. In der islamischen Welt waren Tyrus und Andalusien für ihr G. bekannt. Im Westen wurde bis ins 11. Jh. nur minderwertiges G. für Fenster erzeugt, danach führten die Anforderungen der romanischen Kirchenbaukunst zur Suche nach Techniken, die die Ausglasung weit größerer Fenster ermöglichten. Die Lösung dieses Problems wurde im frühen 12. Jh. in der von *Theophilus beschriebenen Blastechnik gefunden: die Materialien, Sand, Karbonat und Blei wurden in einem Schmelzofen bearbeitet und die genügend abgekühlte Mischung dann am Ende eines hohlen Stabes gedreht oder geblasen, bis die gewünschte Form erreicht war.

Im 12. Jh. machte die G.-Technik einen weiteren Fortschritt: mit Hilfe der Mischung von Kupfer- und Eisenverbindugnen wurde Buntglas erzeugt, z.B. gegen Ende des Jh.s das (nach den wundervollen Glasfenstern von Chartres benannte) Chartres-Blau.

Seit dem 13. Jh. wurde G. mehr und mehr für die Erzeugung von Haushaltsgefäßen gebraucht. Die Kreuzzugsbewegung brachte die Produktionsgeheimnisse der G.-Industrie von Tyrus nach Europa; auf der venezianischen Insel Murano entstand ein großes G.gewerbe. 1285 erschienen die ersten Brillen aus Glass; seit dem 14. Jh. wurde G. wegen seiner chemieneutralen Eigenschaften in Laboratorien gebraucht.
F. Rademacher, *Das deutsche Glas des Mittelalters*, 1963[2].

GLASTONBURY ABBEY Das älteste Kloster Englands keltischen Ursprungs wurde 708 von Sachsen besiedelt, im 9. Jh. von den Dänen zerstört und 944 von König *Edmund wieder aufgebaut. Im 12. Jh. wurde G. dank der angeblichen Gräber König *Artus' und des hl. Dunstan zum Pilgerort.

GLAUBE Das christliche Denken des Mittelalters kannte zwei verschiedene Bedeutungen des G.s. Die erste bezog sich auf den objektiven G., der in den Glaubensbekenntnissen, den Lehren der Kirchenväter und vor allem in der biblischen Offenbarung gefunden wurde und als "das, was man glaubt" (*fides quae creditur*) definiert wurde. Der subjektive G., der in den theologischen Tugenden, die Hoffnung und Liebe in sich barg, wurde als "das, wodurch man glaubt" (*fides qua creaditur*) definiert und als die menschliche Antwort auf die göttliche Wahrheit angesehen. Für die Theologen war die zweite Bedeutung bei weitem die wichtigere. Für sie war der G. ein Geschenk Gottes an die Würdigen, das durch die Sakramente und die Reinheit des Herzens erlangt wurde. Durch den G. konnte sich der Gläubige die dem menschlichen Verstand zugängliche Wahrheit aneignen beziehungsweise die nur durch den G. erreichbare Wahrheit, wie etwa das Verständnis der hl. Dreifaltigkeit.

GLOCKEN Die G. wurden zu Beginn des Mittelalters in der christlichen Kirche eingeführt und hatten sich zur Zeit *Gregors von Tours (6. Jh.) so weit verbreitet, daß sie der Chronist nicht mehr als Neuerung ansah. Seit dem 8. Jh. war die Segnung der G. in einem "G.-Taufe" genannten Akt üblich. Die G. wurden mit Inschriften zum Lobe von Stiftern verziert und an besonderen, anfänglich frei stehenden und später dem Kirchengebäude eingegliederten Türmen angebracht. Die gotische Kirche besaß gewöhnlich zwei Türme, von denen einer die Hauptglocke beherbergte, die nur für besonders feierliche Zeremonien gebraucht wurde. Seit dem 11. Jh. wurden die G. zur Zeitanzeige geläutet.
A. Weisenbäck, J. Pfundner, *Tönendes Erz*, 1961.

GNESEN (GNIEZNO) Westpolnische Stadt, seit dem 10. Jh. Mittelpunkt der Güter der herrschenden *Piastendynastie und seit dem frühen 11. Jh. Hauptstadt des polnischen Staates und Sitz des polnischen Erzbischofs. Bis 1320 ist die Geschichte der Stadt mit der Polens verbunden, danach trat *Krakau an G.s Stelle als politischer Mittelpunkt. Die städt. Entwicklung in Polen hatte auf G. keinen Einfluß; die Stadt behielt ihren hochadeligen-kirchlichen Charakter. Als Erzbistum wurde G. im Jahre 1000 von *Otto III. errichtet.
A. Warschauer, *Geschichte der Stadt Gnesen*, 1918.

GNOSTIZISMUS Die vom griech. *gnosis* (Wissen) abgeleitete Bezeichnung für eine frühchristliche und mittelalterliche außerkirchliche Bewegung. Im Frühchristentum war der G. von heidnischen Theorien beeinflußt und suchte den Weg zu Gott in der in den Schriften der Apostel verborgenen und nur den wahren Gläubigen zugänglichen Botschaft. Die im 3. Jh. von dem Priester *Mani entwickelte Lehre vom Dualismus war vom G. beeinflußt und erschien im Mittelalter in verschiedener Form und auch in verschiedenen Gegenden (siehe auch *Albigenser, *Bogomilen).
H. Leisegang, *Die Gnosis*, 1955[4].

GODEHARD (GOTTHARD) (hl.; gest. 1038) Bischof von Hildesheim (1022-38). Ein Bayer von Geburt, wurde 990 Mönch und später Abt des Klosters Niederaltaich. G. wurde dank seines Rufes als eines energischen und frommen Manns an den Hof Kaiser *Heinrich II. berufen. Nachdem er große Erfolge in der Reformierung der deutschen Klöster und der Verbesserung des Schulwesens erzielt hatte, wurde er zum Bischof von Hildesheim ernannt. Der St. G.-Paß in den Alpen soll nach einem seiner Rückzugsorte benannt sein.
O. G. Blecher, *Der heilige Gotthard*, 1931.

GODFRED Siehe *GOTTFRIED.

GOLDENE BULLE (Bulla Aurea) Bezeichnung für besonders bedeutsame Staatsdokumente (hauptsächlich der Kaiser), die mit einer goldenen Bulle besiegelt wurden. Unter diesen waren vier von besonderer Wichtigkeit.
Die G. von Eger *Friedrichs II. (1213) bestätigte die Vormachtstellung des Papstes und die Übergabe weiter

Teile des Reichsbesitzes in Mittelitalien an den *Kirchenstaat sowie den Verzicht auf die seit dem Investiturstreit strittigen Herrschaftsrechte des Königs über die deutsche Kirche. Die G. *Karls IV. (1356) bestimmte die Prozedur der Kaiserwahl und bestätigte das Wahlrecht der sieben *Kurfürsten: der Erzbischöfe von Mainz, Trier und Köln, des Königs von Böhmen, des Herzogs von Sachsen, des Markgrafen von Brandenburg und des Pfalzgrafen bei Rhein. Den Kurfürsten wurden weitgehende politische Vorrechte und volle Souveränität in ihren Territorien verliehen. In der G. König *Andreas' II. v. Ungarn (1222) erhielt der hohe weltliche und kirchliche Adel des Königreiches ähnliche Vorrechte wie die englischen Barone 1215 in der *Magna Charta (Sicherheit vor königlicher Willkür).
In der G. von Rimini (1226) vergab *Friedrich II. *Preußen an den *Deutschen Orden unter *Hermann v. Salza.
H. Näf, *Herrschaftsverträge des Spätmittelalters*, 1951;
H. Angermeier, *Königtum und Landfriede im deutschen Spätmittelalter*, 1966.

GOLDENE HORDE Der von *Batu-Khan 1241 in Rußland und Nordturkestan gegründete Mongolenstaat, der den westlichen Teil des großen Mongolenreichs der Dynastie des *Dschingis-Khan ausmachte. Der Süden und Osten der G., die Ukraine, das alte Reich Kiew, die Steppen der Wolgagegend bis *Bolgar und *Riazan, der Nordteil des Kaukasus und Landstriche östlich des Urals waren unter direkter Herrschaft der Mongolen. Die russischen Fürstentümer standen unter der Oberhoheit der G. und mußten hohen Tribut zahlen. 1242 begann Batu-Khan an der Wolga die Errichtung seiner Hauptstadt Sarai, die von seinem Bruder und Nachfolger Barka-Khan (1257-66) vollendet wurde. Dieser organisierte das Reich und machte es praktisch von den Großkhanen unabhängig. Genua erhielt Handelsprivilegien an der Krim und errichtete die Kolonie Caffa (Kaffa), was zur Intensivierung des Handelsverkehrs zwischen Innerasien, der Schwarzmeergegend und dem Westen führte. Barka-Khan bekehrte sich zum Islam, und mit ihm sein Reich. Diese Entwicklung schnitt die Mongolen und deren türkische Untertanen (die zusammen mit den Europäern '*Tataren genannt wurden) von der russischen Bevölkerung ab und hatte zur Folge, daß die G. als einziges Mongolenreich nicht von der umgebenden Kultur assimiliert wurde. Thronwirren im letzten Viertel des 14. Jh.s ermöglichten den Aufstand der Herrscher von *Moskau; 1380 besiegte Großfürst *Dimitrij Donskoj die Mongolenarmee bei Kulikowo und machte sich unabhängig. Der neue Khan *Tuktamisch konnte jedoch in einem geglückten Feldzug Rußland für ein weiteres Jh. die Mongolenherrschaft aufzwingen. Dennoch war der Staat geschwächt und wurde 1395 an das Reich *Timur-Lengs angeschlossen. Im 15. Jh. brach die G. endgültig auseinander, die Westgebiete wurden von Litauen erobert, im Norden vergrößerten die Großfürsten von Moskau ihre Macht, auf der Krim, in Astrachan und in *Kasan entstanden neue Khanate. 1480 erfolgte die förmliche Unabhängigkeitserklärung Rußlands durch Iwan III. von der G., die 1502 den Nachbarreichen erlag.
B. Spuler, *Die Goldene Horde. Die Mongolen in Rußland 1223-1502*, 1965[2].

GOLDENE LEGENDE (Legenda Aurea) Ein zwischen 1255-66 von *Jakob von Voragine verfaßtes Handbuch von Heiligenviten und kurzen Beschreibungen der Kirchenfesttage. Das zur Erbauung geschriebene Buch verbreitete sich auch in volkssprachlichen Bearbeitungen von Norditalien rasch über ganz Europa und war auch unter dem Titel *Lombardica Historia* bekannt.

P. Butler, *Legenda aurea-Légende Dorée-Golden Legend,* 1899.

GOLDENE ROSE Eine seit dem 11. Jh. jährlich vom Papst verliehene Auszeichnung an Herrscher, die sich um die Kirche verdient gemacht hatten.

GOLDENES VLIES, ORDEN VOM Der 1429 von *Philipp d. Guten, dem Herzog von *Burgund, gegründete Ritterorden. Seit seiner Frühzeit war der Orden der prachtvollste Ausdruck des westeuropäischen Rittertums und nahm neben dem burgundischen und niederländischen Adel auch Monarchen und Fürsten aus den übrigen Ländern Europas auf.

J. Kervyn de Lettenhove, *La Toison d'Or,* 1907.

GOLIARDEN Eine Bezeichnung für die vagabundierenden Sänger und Dichter, die als Söhne des legendären Golias, eines gelehrten Bischofs (?), betrachtet wurden. Das Erscheinen der G. ist mit dem Aufstieg der städtischen Schulen und Universitäten verbunden. Die Mehrzahl der G. ist anonym geblieben, der berühmteste von ihnen war der *Archipoet. Die *Carmina Burana stellen die bekannteste Sammlung der G.- oder *Vagantenliedern dar, die sich um Wein, Weib und Gesang drehen, aber auch scharfe Spottlieder u.ä. beinhalteten.

H. Waddell, *The Wandering Scholars,* 1935.

GÖLLHEIM Siehe *ALBRECHT I.

GONDOBALD Siehe *GUNDOBAD.

GONZAGA Adelsfamilie aus *Mantua, die seit Ende des 13. Jh.s durch ihren Reichtum Anhang aus dem Volk erwarb und 1328 die Macht in der Stadt an sich riß. Als Inhaber der *Signoria* und im Bündnis mit verschiedenen lombardischen Machthabern, darunter gegen Ende des 14. Jh.s auch die *Visconti von Mailand, errangen sie eine Schlüsselposition in Norditalien.

Mantova, La Storia, Le Lettere, 6 Bde., 1958-63.

GORM DER ALTE König von Dänemark (ca. 936-50). G. war einer der tatkräftigsten dänischen Häuptlinge seiner Zeit, ergriff das nach einem Angriff König *Heinrichs I. von Deutschland (934) isolierte Jütland und unterwarf die anderen Stammeshäuptlinge. Er begründete eine große Dynastie, die unter anderen auch *Knut d.Gr. zu ihren Söhnen zählte. G. leistete den Christianisierungsversuchen von Deutschland aus Widerstand, ohne dem Christentum aus sich feindlich zu sein.

P. Lauring, *Geschichte Dänemarks,* 1924.

GORZE Benediktinerkloster bei Metz, 749 vom hl. *Chrodegang gegründet. 933 von Bischof *Adalbero I. v. Metz reformiert. In der Folge wurde G. Ausgangspunkt der oberlothringischen (Gorzer) Reformbewegung, die bis ins 12. Jh. in ca. 70 Abteien durchgeführt wurde, darunter *Fulda, *Reichenau, *St. Gallen. Die Klöster bildeten einen lockeren Verband mit gleichen "Gewohnheiten" (*consuetudines*), Gebetsgemeinschaft u.a. (Din)

K. Hallinger, *G.-Kluny,* (Neudruck) 1971.

GOTEN Germanisches Volk aus Südschweden, das im 1. Jh. von Gotland aus das baltische Meer überquerte und sich im heutigen Preußen niederließ, wo es zweihundert Jahre verblieb. Im 3. Jh. begannen die G. unter dem Druck anderer Stämme und wegen des demographischen Wachstums eine neue Wanderbewegung, die sie südwärts in die Gegend der heutigen Ukraine und Rumäniens führte. Dort teilten sie sich in zwei Stammes-

gruppen, die *Ostgoten, die sich zwischen Don und Dnjestr, und die *Westgoten, die sich zwischen Dnjestr und Donau ansiedelten. Im 3. Jh. begannen auch die militärischen Zusammenstöße mit dem Römischen Reich. Im 4. Jh. häuften sich die Übergriffe auf den Balkan; die G. wurden zu einer ernsten Gefahr für das Reich. In diese Zeit fällt auch der Beginn ihrer Christianisierung durch *Ulfilas, den ersten Bischof der Goten, der in Konstantinopel von arianischen Priestern erzogen worden war. Die Übersetzung der Bibel ins Gotische förderte den Prozeß der Christianisierung. Im Jahre 376 mußten die G. vor den *Hunnen nach Westen ausweichen, fielen im Balkan ein und siegten bei *Adrianopel über die Römer. Zwischen 376 und 400 teilten sich dann in zwei verschiedene Völker, die Ost- und die Westgoten. Ihre gemeinsame Geschichte hörte mit der Invasion Italiens durch die Westgoten (405) auf.

A. A. Vasiliev, *The Goths in the Crimea,* 1936; N. Wagner, *Genetica. Untersuchungen zum Leben des Jordanes und zur früheren Geschichte der Goten,* 1967; R. Hachmann, *Die Goten und Skandinavien,* 1970.

GOTIK Siehe *BAUKUNST, *KUNST.

GOTLAND Insel in der Ostsee. G., von *Olav II. von Norwegen christianisiert, war im Mittelalter ein wichtiger Handelsknotenpunkt zwischen dem Westen, dem Norden und Rußland. Nach 1161 entstand, vor allem von Lübeck aus, die "Gemeinschaft der Gotlandfahrer", eine deutsche Kaufmannsgenossenschaft, die eine der Keimzellen der *Hanse werden sollte. Die Stadt Visby war das Zentrum der schwedischen Insel, bis sie 1361 von den Dänen erobert wurde, die sie (abgesehen von einer kurzen Besetzung durch die *Vitalienbrüder und den *Deutschen Orden) bis 1645 in Besitz hatten. (Din)

U. Lemke, *G.,* 1970.

GOTTESFRIEDEN (Pax Dei) Eine religiöse Bewegung, die sich in Westfrankreich im 10. Jh. als Reaktion gegen die feudale Anarchie entwickelte. Die Kirche nahm den G. unter ihre Obhut; 987 trat in Charroux ein Konzil zusammen, das ihn unter Androhung des Bannes verkündete. Die Idee des permanenten Friedens stellte sich als unverwirklichbar heraus und wurde im 11. Jh. in die "Waffenruhe Gottes" (*Treuga Dei*) umgewandelt, die Angriffe auf Kleriker und andere Nichtkombattanten verbot und die Kriegsführung auf gewisse Jahreszeiten und drei Tage in der Woche einschränkte. In Frankreich und Italien, wo die Königsmacht schwach war, verbreitete sich die Bewegung schnell, in Deutschland und in England blieb die Wahrung des Landfriedens weiter Sache der Herrscher. Nach der Bestätigung durch den Papst (1058) wurden besondere Friedensgerichtshöfe und Truppen zur Durchsetzung des Friedens aufgestellt. Mit der Stärkung der Königsmacht im 12. Jh. benutzten die französischen Könige die Einrichtung des G.s zur Verstärkung ihrer Position und nahmen seit 1156 die Ausrufung des G.s in ihre Hand.

H. Hoffmann, *Gottesfrieden und Treuga Dei,* 1964.

GOTTESURTEIL (Ordal) Die im Mittelalter weitverbreitete Praxis, wonach ein Beschuldigter seine Unschuld beweisen konnte durch das Bestehen des G.s in Feuerprobe (Tragen eines glühenden Eisens, rasche Heilung der Wunden "bewies" die Unschuld), in Wasserprobe (Der gefesselt ins Wasser Geworfene mußte untergehen, wenn er schuldlos war, da ihn das "reine" Element aufnahm) oder in einem Zweikampf. Die Ursprünge des G.s liegen in den germanischen Rechtsbräuchen; es wurde trotz des kirchlichen Widerstands im ganzen Mittelalter angewandt.

H. Nottarp, *Gottesurteilstudien*, 1956.

GOTTFRIED König von Dänemark (800-10). Häuptling der Stämme von Jütland und Nachfolger König *Sigfrids, dessen Politik der Zusammenarbeit mit den *Sachsen gegen *Karl d.Gr. er weiterführte. Zwischen 803 und 806 griff G. die Franken in Sachsen direkt an, nachdem er vorher die slawischen Abodriten bekämpft hatte, und befehligte Seeraubzüge nach Friesland und in die Niederlande. G. erbaute auch in der Gegend von Schleswig, am Ort des heutigen Kieler Kanals, eine starke Befestigungsanlage.

P. Lauring, *Geschichte Dänemarks*, 1964.

GOTTFRIED IV. VON BOUILLON (um 1060-1100) Erster Herrscher des *Lateinischen Kreuzfahrerreiches von Jerusalem (1099-1100). G. kam aus der Familie der Grafen von Boulogne-Ardennes und erbte 1076 das Herzogtum Niederlothringen, das er von der Burg *Bouillon aus regierte. Trotz seiner angesehenen Stellung im Römischen Reich überließ die wachsende Macht der Grafen im Herzogtum nur den mittleren Teil des Landes (das spätere Brabant) G.s direkter Herrschaft. G. war einer der wichtigsten Persönlichkeiten im Ersten *Kreuzzug und kommandierte bei der Eroberung Jerusalems den Nordsektor, der aus seinen eigenen Truppen, aus Nordfranzosen sowie aus einem süditalienisch-normannischen Kontingent unter *Tankred von Hauteville zusammengesetzt war. G. drang mit seinen Truppen als erster in die Stadt ein. Als man ihm die Krone anbot, schlug er sie jedoch aus, da er lieber den bescheideneren und seiner Ansicht nach dem kirchlichen Staat im Heiligen Land gemäßeren Titel "Vogt des Heiligen Grabes" annehmen wollte. Nach dem Abzug des größeren Teils des Kreuzfahrerheeres schlug G. mit Tankred und einer venezianischen Flotte 1099 einen ägyptischen Gegenangriff zurück, holte sich jedoch in den Sommerkampagnen im Küstenstreifen eine Krankheit und starb im Jahre 1100. G.s tiefe religiöse Überzeugung stand seinem politischen Geschick im Wege. Seine Rolle bei der Errichtung des Königreiches wurde von späteren Generationen übertrieben; seine Figur wurde Vorbild für viele Legenden, die ihm auch königliche Urahnen zuschrieben.

M. Lobet, *Godefroi de Bouillon*, 1943; G. H. Hagspiel, *Die Führerpersönlichkeit im Kreuzzug*, 1963.

GOTTFRIED II., der Bärtige Herzog von Oberlothringen (1044-45), Spoleto (1057-69) und Niederlothringen (1065-69). G. erbte von seinem Vater, dem Herzog beider Teile Lothringens, nur Oberlothringen. Um sein gesamtes Erbe zu erringen, erhob er sich gegen Kaiser *Heinrich III., der G.s jüngeren Bruder Gozelo II. mit Niederlothringen belehnt hatte. Der Aufstand schlug fehl; G. wurde ins Gefängnis geworfen. Nach der Aussöhnung mit dem Kaiser wurde er 1046 wieder in sein Amt eingesetzt, erhob sich aber 1047 abermals und konnte erst nach schweren Kämpfen unterworfen werden. Daraufhin ging er 1054 nach Italien, wo er Beatrix, die Witwe des Markgrafen Bonifaz von Tuszien, heiratete und sich des Landes bemächtigte. Heinrich, der dies nicht hinnehmen konnte, begab sich nach Italien, so daß G. nach Lothringen flüchtete (1055). Der plötzliche Tod des Kaisers (1056) setzte G. in die Lage, ganz Mittelitalien zu beherrschen; sein Bruder Friedrich

wurde als *Stephan X. 1057 Papst. G. machte sich auch zum Herrn des Herzogtums Spoleto und gab 1059 bei der Papstwahl Nikolaus II. den Ton an. Er nützte die Minderjährigkeit *Heinrichs IV. aus, um auch Niederlothringen seinen Besitzungen hinzuzufügen (1065).

H. Glaesener, *Une mariage fertile en consequences (Godefrois la barbu et Beatrice)*, in: Revue d'histoire ecclésiastique 40, 1944/45; 42, 1947.

GOTTFRIED DER BÄRTIGE Graf von Anjou (1060-68), Neffe des G. Martel und im ganzen ein unglücklicher Herrscher, der von den Herzogen von Aquitanien und Normandie besiegt wurde, durch seine Gewalttätigkeit mit der Kirche in Konflikt kam und mit dem päpstlichen Bann belegt wurde. Sein Bruder *Fulk IV. erhob sich 1068 gegen ihn und hielt ihn bis zu seinem Lebensende gefangen.

O. Guillot, *Le Comte d'Anjou et son entourage au XIe siècle*, 1972.

GOTTFRIED GRISOGONELLE Graf von Anjou (960-87), Sohn und Nachfolger *Fulks d. Guten, war treuer Lehnsmann *Hugo Kapets und stützte sich auf die großen Abteien, die ihn mit Truppen und Beratern versorgten.

GOTTFRIED MARTEL (1006-60) Graf von Anjou (1040-60). Sohn des *Fulk Nerra, nahm seit 1030 als Graf von Vendôme an der Regierung seines Vaters teil. Als Graf von Anjou war G. einer der mächtigsten Feudalherren Westeuropas. Seine Stieftochter Agnes verheiratete er mit Kaiser *Heinrich III. Mit König *Heinrich I. von Frankreich ging er ein Bündnis gegen den gefährlichsten Feind der Krone, *Thibaut von Blois, ein. 1044 eroberte er Tours, womit er die Hauptstraßen Frankreichs und die wichtigste Münzstätte des Landes kontrollierte.

In seinen Beziehungen zum König wechselte er je nach vorliegenden Bedingungen die Seite.

GOTTFRIED PLANTAGENET, der Schöne (1113-51) Graf von Anjou (1128-51). Sohn *Fulks V. (von Jerusalem). Nach seiner Heirat mit der Kaiserin Mathilde, der Tochter *Heinrich I. von England und Witwe *Heinrichs V., erhielt er die Grafschaften Anjou und Maine, die er im Sinne seines Vaters regierte. Die Einführung adeliger Beamten erlaubte es ihm, seine Macht über die Lehnsleute zu erhöhen. Nach dem Tode Heinrichs I. forderte er im Namen seiner Frau die englische Krone, verließ aber England, als *Stephan von Blois die Macht ergriff; G. führte in der Normandie, die seiner Interessensphäre näher lag, erfolgreich Krieg. G. war der Gründer der Plantagenetdynastie, die England von 1154 bis zum Ende des Mittelalters regierte.

J. Chartrou, *L'Anjou sous Geoffroir le Bel*, 1928.

GOTTFRIED VON MONMOUTH (um 1100-54) Walisischer Chronist und Verfasser, ließ sich 1129 in Oxford nieder, kehrte aber als Bischof von *St. Asaph 1151 in seine Heimat zurück. G. ist der Verfasser der zwischen 1136 und 1139 geschriebenen *Historia Regum Britanniae* ("Geschichte der Könige von Britannien"), die die Frühgeschichte Englands bis zur *angelsächsischen Niederlassung behandelt. Darin vermischt G. historische Tatsachen mit keltischen Sagen und betont die Bedeutung der Kelten sowie König *Arturs. 1150 schrieb G. das "Leben des Merlin", eine romantische Historie und ein didaktisches Gedicht zugleich.

H. Richter, *Englische Geschichtsschreiber des 12. Jahrhunderts*, 1938.

Ritter auf der Suche nach dem Heiligen Gral, *aus einer Bilderhandschrift des 14. Jh.s*

GOTTFRIED VON PARIS (14. Jh.) Chronist. In Paris geboren und erzogen, diente als Beamter am Königshof und verfaßte eine Reimchronik über die Periode 1314-28.

GOTTFRIED VON STRASSBURG (Anfang 13. Jh.) Dichter. Über G.s Jugend sind kaum Einzelheiten bekannt. Er scheint Sohn einer Straßburger Bürgerfamilie gewesen zu sein und erhielt seine Erziehung wohl in Deutschland und Frankreich. Seine in der deutschen Sprache verfaßten Gedichte, darunter zahlreiche Liebesgedichte, machen ihn zu einem der bedeutendsten Dichter des Mittelalters. Sein Meisterwerk ist der um 1200-1210 geschriebene und 20.000 Verse umfassende Roman "Tristan und Isolde", der sich auf die französische Romanzenliteratur stützt und als höchste dichterische Erungenschaft dieser Literaturgattung gilt. Die Personen sind psychologisch eindringlich geschildert; die Minneproblematik ist genau untersucht.
Text: G. Weber (Hg.), 1967;
G. Weber, *Tristan und Isolde*, 1949;
G. Weber, *G. v. S. Tristan und die Krise des hochmittelalterlichen Weltbildes um 1200*, 1953, 2 Bde.

GOTTFRIED VON VITERBO (ca. 1125-1203) Mittellateinischer Schriftsteller. Der Kaplan und Notar G. an der kaiserlichen Hofkapelle der Staufer wurde 1184 Bischof von Viterbo. Zu seinen Werken gehört eine Genealogie aller Könige (*Speculum regum*), eine Weltgeschichte (*Liber memorialis*), die "Taten Friedrichs" *(Gesta Frederici;* d.i. eine Geschichte Barbarossas von 1162-80) sowie das *Pantheon*, eine Universalgeschichte mit sagenhaften Zügen in Prosa und Versen. (Din)
Werk: *MGh SS* 22, 1872.

GOTTHART Siehe *GODEHARD.

GOTTSCHALK VON ORBAIS (VON FULDA) (ca. 805-68) Sächsischer Mönch und Theologe. G. wurde von seinem Vater, dem sächsischen Grafen Bruno, gezwungen, dem Kloster *Fulda beizutreten, entfloh im Jahre 829, wurde von seinem Abt *Hrabanus Maurus zurückberufen und in das Kloster Orbais (bei Soissons, Frankreich) versetzt. Dort widmete er sich dem Studium der Theologie und entwickelte eine Theorie der doppelten göttlichen Prädestination, die von *Hinkmar von Reims als ketzerisch angegriffen wurde. 848 wurde G.s Lehre auf einem Konzil zu Mainz und 849 nochmals auf der Synode der fränkischen Kirche zu Quierzy verurteilt. G. wurde seiner Priesterwürde entkleidet und im Kloster Hautvillers gefangen gehalten, von wo er seine Auseinandersetzung mit Hinkmar fortsetzte. Neben seinen theologischen Werken befaßte sich G. auch mit der lateinischen *Grammatik.
K. Vielhaber, *Gottschalk der Sachse*, 1965.

GOWER, JOHN (um 1330-1408) Englischer Dichter. G. schrieb seine frühen Werke in Latein und Französisch (z.B. die *Vox Clamantis*, "Stimme eines Rufenden" über die englische Bauernerhebung von 1381; *Mirour de l'Omme*, "Menschenspiegel" über Todsünden und Laster), die späteren in Englisch (*Confession Amantis*, "Bekenntnis eines Liebenden", eine Sammlung moralischer Geschichten unter dem Einfluß Ovids).
J. H. Fisher, *J.G.*, 1964.

GRADENIGO, PIETRO Doge von Venedig (1289-1311). Einer der bedeutendsten Reformer der wichtigsten Institution der Stadt, des "Großen Rates". Dessen Bedeutung wertete er durch das als "Schließung" des Großen Rates *(Serrata)* von 1297 bekannte Gesetz auf, bei dem nur ein Kreis adeliger Familien für die Regierung der Stadt als wählbar bestimmt wurde. 1310 errichtete G. nach einem Umsturzversuch Bajamonte *Tiepolos' den berühmten "Rat der Zehn" als höchstes Organ Venedigs. Er begann auch mit der territorialen Expansion Venedigs in Norditalien.
H. Kretschmayer, *Geschichte von Venedig*, 1920.

GRAF (lat. comes) Die spätrömische Bezeichnung für die Befehlshaber militärischer Einheiten wurde im Frühmittelalter von den germanischen Stämmen für die engen Begleiter des Königs und die aus diesen gewählten höchsten Beamten gebraucht. Zur Zeit *Karls d.Gr. war der G. Haupt des *comitatus (*Grafschaft), einer territorialen Einheit, in der er den Kaiser repräsentierte und die öffentliche Macht einschließlich des Heereskommandos, der Rechtsprechung und der Steuereinhebung besaß. Daneben gab es am Kaiserhof Personen, die den Titel *comes palatinus* (Pfalzgraf) trugen und verschiedene Aufgaben wahrnahmen. Im 9. Jh. machten die Grafen ihre öffentlichen Rechte und ihre Gebietseinheiten zum vererbbaren Privateigentum. Ein ähnlicher Prozeß ging mit den angelsächsischen *earls vor

sich. Mit der Neuorganisierung der Feudalherrschaften
Westeuropas im 11. Jh. wurde der G. zu einem der höchsten Ränge des Adels.

K. Bosl, *Staat, Gesellschaft und Wirtschaft im deutschen
Mittelalter,* in: Gebhardt, Handbuch der deutschen
Geschichte I, 1970[9].

GRAFSCHAFT Die feudale Grafschaft, die in Westeuropa im 11. Jh. entstanden ist, war formal gesehen die
Weiterführung des karolingischen *comitatus,* hatte
jedoch mit letzterem nur wenig gemeinsam. Um das Jahr
1000 wurden die Versammlungen der Freien (der *mallus*) von den Zusammenkünften der Lehnsleute des
Grafen ersetzt, deren Befugnisse in der Rechtsprechung
nicht mehr mit den alten Grenzen des *comitatus* zu-
sammenfielen. Mit wenigen Ausnahmen (hauptsächlich
der Verfassung der englischen *shires*) waren die neuen
G.en Ausdruck der unabhängigen Grafenmacht. Es gab
Grafen, deren Macht durch ihre Vasallen beschränkt
war, in anderen Fällen entwickelten sich G.en zu voll-
ausgebildeten Staaten wie z.B. *Flandern oder *Barcelona. Die G.en des 12. Jh.s besaßen ihre eigenen Institutionen, die sich aus den Vasallenversammlungen entwickelt hatten, ihre eigene Verwaltung und ihre eigenen
Rechtssysteme. Im Spätmittelalter entwickelten sich
unter dem Druck der Lehnsleute und Städte Standes-
versammlungen mit Befugnissen in Bezug auf das Steuerwesen und die Verwaltung.

In England blieb die G. in den meisten Fällen der
vom *sheriff geleitete königliche Bezirk; nur wenige
G.en wurden feudalen Familien verliehen.

A. Erler u.a. (Hgg.), *Handwörterbuch zur deutschen
Rechtsgeschichte* I, 1971.

GRAL, HEILIGER Das Gefäß, in dem nach mittelalterlichen Romanen das Blut von Jesus bzw. eine
Hostie aufbewahrt wurde. Der G. sollte dem Betrachter
zu mystischen Erleuchtungen verhelfen. Deshalb war der
G. das Ziel der Suche zahlreicher Helden. Der G. kommt

zuerst im *Perceval* des *Chrétien de Troyes vor. Im 13.
Jh. wurde die Suche nach dem Gral auch als ein Gleich-
nis für den nach Vollendung strebenden Ritter dargestellt.

K. O. Brogsitter, *Artusepik,* 1971[2].

GRAMMATIK Das Erbe der klassischen G. wurde im
Mittelalter in den verschiedensten Formen wirksam.
Im Byzantinerreich wurde die G. zur Aufrechterhaltung
der Regeln des klassischen Griechischen benutzt und
wirkte hemmend auf die Entwicklung der Sprache.
Im Westen wurde die lateinische G. in den ersten Jahr-
hunderten des Mittelalters sehr frei behandelt, was der
Verwandlung der Sprache zum Romanischen entsprach.
Die Araber besaßen dagegen ein lebendiges Interesse
am Studium der G. und legten in wichtigen Werken des
8. und 9. Jh.s die Grundlage für den späteren Neubeginn
im Lateinischen. Mit Ausnahme *Alkuins fanden diese
Bemühungen im Westen bis zum 12. Jh. keine Nachahmung. Danach wurde auch in Europa das Studium der
G. an den Universitäten als Teil des Curriculums der
Artes-Fakultäten wieder aufgenommen.

R. H. Robins, *Ancient and Medieval Grammatical Theory,*
1951.

GRAN (ESZTERGOM) Das kirchliche Zentrum
Ungarns, gegen Ende des 10. Jh.s nördlich von Budapest
gegründet. Seit 995 besteht in G. ein vom hl. Adalbert
von Prag am Ort der Bekehrung König *Stephans er-
richtetes Kloster. Im Jahre 1000 wurde Adalberts Schüler Anastasius zum Erzbischof und Primas von Ungarn
ernannt. Die kleine Stadt blieb vollständig im Schatten
des großen Doms und des nahegelegenen politischen
Zentrums Buda.

B. Homan, *Geschichte Ungarns im Mittelalter* I, 1940.

GRANADA Südspanische Stadt, die im Frühmittelalter keine Bedeutung besaß und nach der arabischen
Eroberung (711) infolge ihres gemäßigten Klimas Sommerresidenz der *Omajjadenkalifen *Córdobas wurde.

Allgemeine Ansicht der Alhambra, *Granada*

Mit dem Fall des Kalifats von Córdoba (1031) wurde G. Hauptstadt eines kleinen *Taifasreiches, das gegen Ende des 11. Jh.s von den *Almoraviden erobert und von maurischen Beamten unter der Aufsicht der Provinzstatthalter von *Jaén regiert wurde. 1230 erhoben sich die Taifas Westandalusiens gegen die Almohaden und eroberten unter ihrem Führer Al-Nasir G. (1237). Dieser rief sich zum Emir aus, nannte sich *Mohammed I. und gründete die Dynastie der Nasiriden, die den letzten Maurenstaat Spaniens bis 1492 regieren sollten. Er nutzte den Zusammenbruch des Almohadenregimes und die Kämpfe zwischen den Taifas Südspaniens aus und eroberte Almeria sowie die gesamte Südküste bis Gibraltar. Danach konzentrierten sich die Nasiriden auf die Neuordnung ihrer Besitztümer, was *Kastilien die Möglichkeit gab, die restlichen Maurenstaaten zu unterwerfen. 1270 war G. das letzte moslemische Reich auf spanischem Boden. Mohammed I. begann den Bau der *Alhambra, des wichtigsten Baudenkmals der moslemischen Kunst in Spanien. Mohammed II. (1302-09) erbaute die große Moschee der Stadt und schuf die Gärten der Alhambra. Bis zum 13. Jh. besaß die Stadt einen ausgeprägt kosmopolitischen Charakter, der jedoch 1232 durch die Ausweisung der Juden und Christen verloren ging. Unter den Nasiriden, die sich als Nachkommen des Propheten betrachteten, wurde die maurische Bevölkerung durch marokkanische Einwanderer verstärkt. Im 15. Jh. verloren die Nasiriden durch innere Konflikte zwischen den beiden Hauptlinien des Hauses an Kraft und mußten allmählich den größten Teil der außerhalb der Stadt gelegenen Gebiete abgeben. Seit 1490 war die Stadt selbst unter Belagerung, 1491 floh der letzte König nach Marokko, und 1492 kapitulierte G.

E. A. Peers, *Granada*, 1929.

GRAND ASSIZE Gesetz *Heinrichs II. von England (1179), wonach Gerichtsfälle in Sachen Landbesitz vor zwölf Geschworenen ausgetragen wurden. Damit wurde die archaische Gerichtsprozedur des Zweikampfes hinfällig.

GRANDES CHRONIQUES DE FRANCE Umfangreiche Zusammenstellung von *Chroniken, das Werk der Mönche von *St. Denis bei Paris und eine wichtige Geschichtsquelle zur Erforschung des französischen ·Königtums vom 12.-15. Jh.

J. Viard (Hg.), 10 Bde., 1920-53.

GRANDES COMPAGNIES Aus der englischen Armee nach dem Sieg bei Poitiers (1456) entlassene Söldnerbanden, die Frankreich ausplünderten und in der Regierungszeit des Dauphin Karl (V.) zu einer Gefahr für den öffentlichen Frieden wurden. Karl wurde die G. dadurch los, daß er sie für die französische Armee anwarb und in den spanischen Krieg sandte (1369).

E. Perroy, *The Hundred Years' War*, 1958.

GRANDMONT, ORDEN VON Mönchsorden, der in Frankreich im 12. Jh. aus der von Stephan von Muret (um 1054-1124) errichteten Mönchsgemeinde von Grandmont (Normandie) entstand. 1143, als einige westfranzösische und englische Klöster der Gemeinschaft beitraten, wurde eine Regel verfaßt. Seit 1184 war der Orden gespalten und verlor in Frankreich an Bedeutung. In England blühte er im 13. Jh.

M. Heimbucher, *Die Orden und Kongregationen der katholischen Kirche*, 1966[6].

GRATIAN (gest. um 1179) Kanonist, über dessen Lebensumstände trotz seines berühmten Werkes nur wenig bekannt ist. Er war italienischer Abstammung und Mönch, studierte und lehrte um 1140 zu Bologna Kirchenrecht. Unter dem Einfluß der in Bologna blühenden Pflege des römischen Rechts verfaßte er eine umfangreiche Sammlung von kirchlichen Gesetzen, die *Concordantia Discordantium Canonum* ("Konkordanz der nicht übereinstimmenden Bestimmungen"), die unter dem Titel *Decretum Gratiani* bekannt wurde. Sein Werk ist eine systematische, nach Themen geordnete und in Frage- und Antwortform aufgebaute Sammlung des Kirchenrechts bis zu seiner Zeit und wurde um 1150 abgeschlossen. Danach errang das *Decretum* in kürzester Zeit den Rang eines verbindlichen Handbuches des kanonischen Rechts. G. wurde von Papst *Alexander III. zum Kardinal gemacht.

Text: E. Friedberg (Hg.), 1878, (Neudr.) 1953; H. E. Feine, *Kirchliche Rechtsgeschichte* I, 1964[4].

GRAZ Hauptstadt der Steiermark. Den Siedlungskern von G. bildete eine kleine Burg des 10. Jh.s, um die herum ein Marktflecken anwuchs. Im 13. Jh. zur Stadt geworden, machten es 1379 die *Habsburger zu einer ihrer Residenzen.

GREGOR I. der Große (hl.; um 540-604) Papst (590-604). G. war Sohn einer römischen Senatorenfamilie und Erbe großer Güter in Sizilien und Rom. 573 wurde er Präfekt Roms, entschloß sich aber nach einiger Zeit, das weltliche Leben aufzugeben und einen Teil seines Besitzes zu verkaufen, um den Armen zu helfen. 574 gründete er sieben Klöster, davon sechs in Sizilien und eines in Rom, dem er selbst als Mönch beitrat. 577 verließ er auf Befehl des Papstes sein Kloster und wurde zu einem der sieben Diakone Roms erhoben, 578 vertraute ihm *Pelagius II. die päpstliche Vertretung am Kaiserhof von Konstantinopel an. In dieser Eigenschaft erwarb er sich intime Kenntnis des byzantinischen Lebens sowie diplomatische Erfahrung. Nach seiner Rückkehr nach Rom (585) diente er als Abt seines Klosters und Berater an der päpstlichen Kurie, 590 wurde er zum Papst gewählt. In dieser Eigenschaft mußte er sich mit dem Notstand in Rom und mittelitalien auseinandersetzen, wo Hunger, Überschwemmungen und die Bedrohung durch die Langobarden zu wachsender Armut und schweren inneren Konflikten geführt hatten. G. versorgte Rom mit Nahrungsmitteln aus seinem sizilianischen Landbesitz und verteidigte die Stadt. Diese Maßnahmen führten zur Errichtung der päpstlichen Herrschaft in Rom und Umgebung und zur Gründung des *Kirchenstaats, der durch die Existenz des Langobardenherzogtums *Spoleto vom direkten Druck des byzantinischen Exarchen von Ravenna befreit und 592 in einem Friedensvertrag von den Langobarden anerkannt wurde. In seinen Beziehungen mit Byzanz leistete er dem Kaiser Anerkennung als weltlichem Oberhaupt, bestand aber auf der Unabhängigkeit der Kirche in Fragen des Glaubens. Daneben vertrat er den Primat Roms innerhalb der Kirche, was ihn mit den Patriarchen von Konstantinopel in Konflikt brachte und einen Schritt zur Trennung der katholischen und der orthodoxen *Kirchen bedeutete. Im Westen erlangte er Anerkennung als geistiges und administratives Oberhaupt der Kirche. Er setzte Mönche zur Bekehrung der heidnischen Germanen ein und wies *Augustin von Canterbury 600 die englische Mission zu. In seinen kirchlichen Schriften schlug G. eine praktische Linie ein. Sein Buch "Hirtenregel" gab Anweisungen

für die Tätigkeit der Priester, die er als Seelenhirten betrachtete; es wurde zum Handbuch des mittelalterlichen Priesters. Die "Dialoge" (593) spiegeln die Wundergläubigkeit seiner Zeit wider und wurden Vorbild für die hagiographische Literatur des Mittelalters. Als Theologe folgte G. dem hl. Augustin, dessen Ansichten er der zeitgenössischen Denkweise anpaßte. G. führte auch wichtige liturgische Neuerungen ein und wird als Vater der Kirchenmusik angesehen.
Werke: *PL* 85-88;
R. Manselli, *Gregorio Magno*, 1967;
D. Hofmann, *Die geistige Auslegung der Schrift bei Gregor dem Großen*, 1968.

GREGOR II. (hl.; 669-731) Papst (715-31). Sohn einer römischen Adelsfamilie, wurde Diakon in Rom und begleitete 710 Papst *Konstantin I. nach Konstantinopel. Als Papst widersetzte er sich der *ikonoklastischen Politik Kaiser *Leos III. In Italien verteidigte er den Kirchenstaat gegen das byzantinische Exarchat von Ravenna und gegen die Langobarden. Er förderte die Mission des hl. *Bonifatius in Deutschland und ernannte diesen zum Bischof von Mainz.
A. Dahmen, *Das Pontifikat Gregorius II.*, 1886.

GREGOR III. (hl.; gest. 741) Papst (731-41). Berater und Nachfolger *Gregors II., dessen byzantinische Politik er fortsetzte. 739 wandte er sich vergeblich an *Karl Martel mit der Bitte um Hilfe gegen die Langobarden.

GREGOR IV. (gest. 844) Papst (827-44). Sohn einer römischen Adelsfamilie, war an den Thronkämpfen im *Karolingerreich beteiligt und versuchte, im Aufstand der Söhne *Ludwigs d. Frommen gegen ihren Vater eine Mittlerrolle zu spielen, um seine Abhängigkeit vom Kaiser zu vermindern.

GREGOR V. (Brun von Kärnten; 972-99) Papst (996-99). G. war über seinen Vater, den Herzog Otto von Kärnten, mit Kaiser *Otto I. verwandt und wurde von seinem Vetter *Otto III. trotz seiner Jugend (23 Jahre) zum Papst erhoben, um die kaiserliche Aufsicht über das Papsttum zu festigen. Er konnte sich jedoch nur mit Hilfe kaiserlicher Truppen gegen den heftigen Widerstand Roms halten.
H. Jedin, *Handbuch der Kirchengeschichte* 3, 1, 1966.

GREGOR VI. (Johannes Gratian; gest. um 1048) Papst (1045-46). Ein Römer und bekannter Gelehrter, wurde als Papst wegen der Ablösung, die er *Benedikt IX. gezahlt hatte, der *Simonie beschuldigt, von Kaiser *Heinrich III. abgesetzt und nach Deutschland exiliert.
H. Zimmermann, *Papstabsetzungen im Mittelalter*, 1968.

GREGOR VII. (hl.; Hildebrand, um 1021-85) Papst (1073-85). Sohn einer armen Familie aus Sovana (Toskana), Mönch, seit 1045 im Dienst *Gregors VI., den er in sein Exil nach Deutschland begleitete. 1048 kehrte er nach Rom zurück und diente bis 1073 unter mehreren Päpsten als Diplomat und treibende Kraft der kirchlichen Reformbewegung (siehe *Reform), die später nach ihm "gregorianische Reform" benannt wurde. Als Papst setzte er mit großer Energie seine frühere Politik fort und befaßte sich mit dem Ausschluß korrupter Kleriker, dem Kampf gegen die Priesterehe und die *Simonie sowie der Union mit der orthodoxen Kirche und dem heiligen Krieg gegen die Moslems in Spanien und im Heiligen Land. Diese Ziele und seine Vorstellung von ihrer Verwirklichung erläuterte G. 1075

im *Dictatus Papae*, das ein zentralisiertes päpstliches Regime in der Kirche und die geistige Gewalt des Papsttums über die weltlichen Herrscher vorsieht. G. stellte sich heftig gegen die Praxis der *Laieninvestitur, die er und seine Mitkämpfer als Ausdruck der Simonie ansahen. All dies war im krassen Gegensatz zu dem in Deutschland tief verankerten Reichskirchensystem und führte 1076 zum Ausbruch der Polemik zwischen G. und Kaiser *Heinrich IV., die sich rasch zum *Investiturstreit ausweitete. Höhepunkte dieser Auseinandersetzung zwischen Kirche und Staat waren die Absetzung G.s durch Heinrich (1076), die darauffolgende Bannung des Kaisers, der Aufstand der Sachsen, der Gang nach *Canossa (1077), die zweite Bannung Heinrichs, die Invasion Italiens und die Erhebung des Gegenpapstes *Clemens III. sowie die Flucht G.s aus Rom nach Salerno (1084), wo er enttäuscht und gebrochen starb (siehe *Investiturstreit, *Heinrich IV., *Canossa).

Trotz des politischen Fehlschlages seines Kampfes gegen Heinrich IV. gilt G. als der vielleicht bedeutendste mittelalterliche Papst neben *Innozenz III. Sein Reformprogramm wurde von der Mehrzahl der europäischen Staaten, zu denen seine Beziehungen flexibler waren, positiv aufgenommen. Seine größte Errungenschaft war der Aufbau eines zentralistischen Regierungssystems in der Kirche, das dem Papsttum die leitende Rolle zuwies.
G. Tellenbach, *Libertas Ecclesiae. Kirche und Weltordnung im Zeitalter des Investiturstreits*, 1936;
C. F. Meulenberg, *Das Primat der römischen Kirche im Denken und Handeln Gregors VII.*, 1965;
Studi Gregoriani, 1947ff.

GREGOR VIII. (Alberto de Morra, gest. 1187) Papst (1187), dessen einzige Amtshandlung die Ausrufung des Dritten *Kreuzzugs war.

GREGOR IX. (Ugelino di Segni, um 1170-1241) Papst (1227-41). G. war Sohn der mächtigen römischen Familie der Grafen von Segni und diente seit seiner Jugend der päpstlichen Kurie. Er wurde von seinem Verwandten *Innozenz III. gefördert und endlich zum Kardinal gemacht. G. war ein erbitterter Gegner Kaiser *Friedrichs II., den er mehrere Male mit dem Bann belegte. Er zwang G. auf den Kreuzzug zu gehen, um in dessen Abwesenheit freie Hand in Italien zu haben, mußte sich aber nach des Kaisers Rückkehr im Frieden von San Germano (1230) mit Friedrich versöhnen, nachdem er die Unterstützung der lombardischen Städte verloren hatte und im Felde geschlagen wurde. Im Jahre 1237 wurde der Kampf wieder aufgenommen, wobei jedoch G. durch Friedrichs Sieg über den *Lombardenbund bei *Cortenuova, die Invasion des Kirchenstaates und den Fehlschlag seiner Intrigen in Deutschland ins Hintertreffen kam. Ein für das Jahr 1240 einberufenes Kirchenkonzil, auf dem Friedrich abgesetzt werden sollte, trat nicht zusammen, da die kaiserlichen Kräfte die Teilnehmer gefangengesetzt hatten. G. starb im folgenden Jahr und hinterließ ein Papsttum in schwieriger Situation.

Andere Maßnahmen G.s stärkten eher die päpstliche Gewalt. So nahm er die Universität von Paris 1231 von der bischöflichen Autorität aus, förderte die *Bettelorden, organisierte die Inquisition, steigerte die Tätigkeit der päpstlichen *Legaten und gab die *Dekretalen, die Zusätze zum *kanonischen Recht, heraus.
S. Sibilia, *Gregorio IX*, 1961.

GREGOR X. (Tebaldo Visconti; 1210-76) Papst (1271-76). Diente in Frankreich und England in zahlreichen Krichenämtern und begleitete 1270 *Eduard I. von England auf dem *Kreuzzug. In Akkon hörte G., daß er zum Papst gewählt sei; dieser Wahl waren dreijährige Beratungen vorausgegangen. Zur Vermeidung ähnlicher Situationen bei künftigen Papstwahlen verbesserte G. das Wahlrecht durch die Einrichtung der *Konklave. Seine Anstrengungen, einen neuen Kreuzzug in Bewegung zu setzen, hatten nur geringen Erfolg. 1275 leitete G. das zweite Konzil von *Lyon, das eine Union mit der Ostkirche behandelte.

Er unterstützte auch die Kandidatur *Rudolfs von Habsburg für die deutsche Krone.

J. Müller, *Studien zur Geschichte Gregorius X.*, 1929.

GREGOR XI. (Peter Roger von Beaufort; 1329-79) Papst (1370-78). Franzose und Neffe Papst *Clemens VI., der ihm verschiedene Ämter an der Kurie zu Avignon verlieh. Als Papst bemühte er sich, die Könige Frankreichs und Englands miteinander zu versöhnen, förderte die Mission und griff persönlich gegen Florenz ein, das eine gegen den Kirchenstaat gerichtete Revolte unterstützte (1376). G. kehrte nicht mehr nach Avignon zurück; er war der letzte Papst vor Ausbruch des *Großen Abendländischen Schismas.

A. Pléssier, *Gregoire XI. ramène la Papauté à Rome,* 1962.

GREGOR XII. (Angelo Corrèr; 1335-1417) Papst in Rom (1406-15). Er wurde unter der Bedingung gewählt, daß er beim Rücktritt des Gegenpapstes, *Benedikts III. von Avignon, ebenfalls zurücktrete und damit die Wahl eines einzigen Papstes ermögliche. G. weigerte sich, seine Würde aufzugeben; er wurde auf dem Konzil von *Konstanz zum Rücktritt gezwungen und als Papstlegat in die Mark von Ancona gesandt, wo er dann starb.

H. Jedin (Hg.), *Handbuch der Kirchengeschichte* III, 2, 1968.

GREGOR DER SINAITE (gest. 1346) Byzantinischer Mönch, der gegen Ende des 13. Jh.s sein Kloster am Berg *Sinai verließ; die *hesychastische Lehre predigend zog er durch die Provinzen des byzantinsichen Reiches. Besonders die Mönche des *Berg Athos nahmen ihn und seine Lehre wohlwillend auf.

J. Bois, *Grégoire le Sinaite et l'hésichasme à l'Athos au XVe siècle,* 1902.

GREGOR PALAMAS (hl.; 1296-1359) Griechischer Theologe, studierte am Berg *Athos, wurde 1326 in *Thessalonike zum Priester geweiht, kehrte aber 1331 zum Athos zurück, wo er einer der führenden Vertreter des *Hesychasmus wurde. Sein starkes Engagement führte zur Kritik seitens der Kirche sowie 1344 zu seiner Bannung und seinem erzwungenen Rücktritt. Unter Kaiser *Johannes Kantakuzenos wurde er freigelassen und zum Bischof von Thessalonike ernannt, konnte aber die Stadt nur mit Hilfe kaiserlicher Truppen betreten. 1351 wurde die Rechtgläubigkeit seiner Lehre anerkannt; 1368 sprach man ihn heilig.

J. Meyendorff, *Grégoire Palamas: Défense des saints hésychastes,* 1959;

H. G. Beck, *Kirche und theologische Literatur im byzantinischen Reich,* 1959.

GREGOR VON TOURS (um 538-95) Geschichtsschreiber. Sohn einer aristokratischen gallo-römischen Familie aus Auvergne und seit 573 Bischof von Tours. Seine *Historia Francorum* ("Geschichte der Franken") ist das wichtigste Geschichtswerk des Frühmittelalters und reicht von der Schöpfung der Welt bis zum Jahr 591. Sie behandelt ausführlich und mit didaktischer Zielsetzung die zeitgenössische Geschichte der fränkischen Könige und deren Thronwirren, die G. aus eigener Erfahrung sehr gut kannte. Daneben verfaßte G. u. a. acht Bücher über Heilige und Märtyer.

Werk (lat.-dt.): R. Buchner (Hg.), 1970/72[5];

K. Langosch, *Profile des lateinischen Mittelalters,* 1965.

GREGOR II. (VON ZYPERN; 1241-90) Patriarch von Konstantinopel (1281-89). Einer der eifrigsten Gegner der Union der orthodoxen und katholischen Kirchen. Seine Ernennung zum Patriarchen von Konstantinopel hatte die Vertiefung der Rechtgläubigkeit des byzantinischen Klerus zum Ziel. Dennoch war Kaiser *Andronikos II. wegen des Widerstandes gegen G. gezwungen, dessen Rücktritt anzuordnen. Er hinterließ ein vielseitiges theologisches und profanes schriftstellerisches Werk.

GRENOBLE Stadt in der *Dauphiné, im frankischen Reich zu Burgund, ab 1032 zum Römischen Reich gehörig; wichtiges kirchliches Zentrum. Im 13. Jh. wurde G. Hauptstadt der Dauphiné und erhielt 1399 eine Universität.

GRIECHENLAND Kulturell war G. im Mittelalter mit *Byzanz, religiös mit der *orthodoxen Kirche identisch, politisch war G. bis 1204 Teil des byzantinischen Reiches. Danach entwickelten sich in den verschiedenen Teilen G.s selbständige politische Einheiten; 1460 wurde das Land wiederum unter der Herrschaft der *osmanischen Türken vereinigt. Unter der byzantinischen Herrschaft (395-1204) besaß G. nur begrenzte Bedeutung und war mit Ausnahme der reichen Provinz *Thessalonike rückständig. Die wiederholten Einfälle germanischer und slawischer Stämme hatte die Auswanderung der Oberklassen und die Verödung großer Landstriche zur Folge. Die slawische Ansiedlung im 8. Jh. machte diese Verluste zum Teil wett; die Neusiedler vermischten sich mit der griechischen Bevölkerung. Im 9. und 10. Jh. litt G. unter arabischen Angriffen, im 11. und 12. Jh. war der Westen und besonders Epiros Ziel normannischer Einfälle. Die klassischen Zentren des Landes gingen unter, Thessalonike dagegen wurde die zweite Stadt des Reiches und entwickelte Handelsbeziehungen zum Balkan. Der vierte *Kreuzzug spaltete G. in zwei Teile: in die griechische Hälfte mit dem Despotat *Epirus und in die vom *Lateinischen Kaiserreich Konstantinopel abhängigen lateinischen Staaten, in denen besonders der venezianische Einfluß sehr stark war. Unter diesen war das von der italienischen Familie *Montferrat regierte Königreich *Thessalonike von großer, wenn auch nur zeitweiliger (1204-24) Bedeutung. Daneben bestanden das Herzogtum *Athen und das Fürstentum Achaia oder *Morea. Nach 1204 beherrschte auch Venedig einen Teil des griechischen Territoriums. Kreta und Euböa wurden direkt von venezianischen Beamten verwaltet, andere Teile wie Naxos, Cephalonia und die Ionischen Inseln waren in den Händen von Adelsfamilien aus Venedig. An der Küste der Ägäis besaß Genua eine wichtige Kolonie, deren Zentrum in *Chios lag.

Die Wiederherstellung des byzantinischen Reiches betraf G. nur teilweise, da der größte Teil des Landes weiter in den Händen westlicher Mächte verblieb. In den letzten Jahren des 14. Jh.s waren die herrschenden Fürsten allesamt Italiener und von Venedig, Neapel oder

Florenz abhängig. Im folgenden Jh. wurde das Land schrittweise von den Türken erobert.

G. Ostrogorsky, *Geschichte des byzantinischen Staates*, 1963.

GRIECHISCHES FEUER   Eine chemische Mischung aus Erdöl u:.d Schwefel, die auch auf Wasser brannte. Das G. wurde in Byzanz in der zweiten Hälfte des 7. Jh.s erfunden und zum ersten Mal 674-77 bei der Belagerung Konstantinopels gegen die arabische Flotte mit verheerender Wirkung eingesetzt.

G. Zenghelis, *Le Feu Grégeois et les Armes à Feu des Byzantins*, in: Byzantion 7, 1932;
K. Frischler, *Wunderwaffen*, 1965.

GRIMOALD (ca. 620-67)   Fränkischer Hausmeier (seit 642), regierte für den unmündigen Merowinger *Sigibert III., den er zur Adoption seines Sohnes veranlaßte. Doch glückte G. die Begründung einer neuen Dynastie nicht: er wurde von der merowingischen Partei ermordet.   (Din)

GRIMOALD   Langobardenkönig (662-71). Er kämpfte gegen die Unabhängigkeit der Langobardenherzogtümer. G. unterwarf Spoleto, Friaul und Benevent, wehrte die Angriffe des byzantinischen Kaisers *Konstans II. ab und festigte die langobardische Herrschaft über den Großteil Italiens im Kampf gegen Franken und Awaren.
N. Aberg, *Lombard Italy*, 1945.

GRIMOALD III.   Langobardenherrscher und Herzog von Benevent (787-806) von Gnaden *Karls d.Gr., der ihn als Puffer zwischen den Byzantinern und dem *Adalgis von Pavia benutzte. Denoch erlangte G. ziemliche Unabhängigkeit; der von ihm errichtete Staat existierte bis ins 11. Jh.
O. Bertolini, *Carlomagno e Benevento*, in: W. Braunfels (Hg.), Karl der Große I., 1965.

GRÖNLAND   Die größte Insel der Welt, zwischen dem 5. und 9. Jh. von Eskimostämmen aus dem Westen besiedelt und gegen Ende des 10. Jh.s von den *Wikingern entdeckt. Unter *Erich dem Roten (982-86) errichteten diese im Süden mehrere Ansiedlungen, die sich bis 1261 selbst regierten. In jenem Jahr nahmen die Einwohner G.s die norwegische Oberhoheit auf sich; bis Mitte des 14. Jh.s wurde G. von norwegischen Statthaltern regiert. In dieser Periode bekannten sich die Skandinavier sich zum Christentum. 1126 wurde in G. ein Bistum errichtet. Die Zahl der Siedler wird auf ungefähr 3000 Seelen geschätzt, die etwa 300 Höfe bewohnten. In der zweiten Hälfte des 14. Jh.s nahm die skandinavische Bevölkerung durch Epidemien und Auswanderung ab und hatte bis 1400 gänzlich die Insel verlassen.
P. Nörlund, *Viking Settlers in Greenland*, 1936.

GROOTE, GERT (1340-84)   Mystiker. In Deventer (Holland) als Sohn einer reichen Familie geboren, studierte in Paris Theologie, Medizin, Astronomie und Kirchenrecht, bereiste das Rheintal und Avignon und kehrte 1374 nach Hause zurück, wo er sich dem Studium und dem Gebet widmete. 1380 begann er in der Volkssprache zu predigen, vertrat die Rückkehr zum einfachen Leben der Urchristen und rief zur Buße und Vereinfachung des kirchlichen Lebens auf. Er gründete im Rahmen der *Devotio moderna die Gemeinschaft "Brüder des Gemeinsamen Lebens. Sein steigender Einfluß bereitete der Kirche Sorgen; kurz vor seinem Tod wurde ihm die Predigt verboten unter dem Vorwand, daß er nicht ordiniert worden sei.
T. P. van Zijl, *Gerard G.*, 1963.

GROSSER   ENGLISCHER   BAUERNAUFSTAND (1381)   Der G. war einer der bedeutendsten sozialen Bewegungen im mittelalterlichen England und war offensichtlich als Reaktion gegen die Kopfsteuer ausgebrochen. Die Lage des Bauerntums hatte sich nach dem *Schwarzen Tod bedeutend verschlechtert, da die Landbesitzer die Knappheit der Arbeitskräfte durch erneute Eintreibung der Arbeitsdienste und die Einzäunung der Weideflächen ausgleichen wollten. Soziale Unruhe und religiöse Agitation der Anhänger *Wycliffs und der Oxforder *Lollarden vermischten sich im südöstlichen England und in der Gegend von London zu einer Bewegung, die das Land nicht ruhen ließ. Sie war von Predigern wie John *Ball und Wat *Tyler gelenkt, konnte in Kent, Sussex und angrenzenden Grafschaften erste Erfolge verzeichnen und machte sich im Sommer 1381 für kurze Zeit zur Herrin Londons. Ein Bündnis zwischen Adel und Stadtbürgern führte zum Gegenangriff und infolge ungenügender Organisation der Aufständischen zur raschen Unterwerfung des G.
G. Lessing, *Der englische Bauernaufstand von 1381*, 1953.

GROSSES ABENDLÄNDISCHES SCHISMA (1378-1417)   Die Zeit, in der die Kirche in zwei Lager gespalten war und Päpste sowohl in *Rom als auch in *Avignon residierten. Als 1378 *Gregor XI. in Rom starb, bevor er nach Avignon zurückkehren konnte, wurde auf die zumeist französischen Kardinäle öffentlicher Druck ausgeübt, einen italienischen und in Rom residierenden Papst zu wählen. Als sich *Urban VI. weigerte nach Avignon zurückzukehren, wurde an seiner Stelle *Clemens VII. gewählt. Die beiden Päpste bannten einander gegenseitig und verlangten den Gehorsam der christlichen Welt. Die Staaten Europas reagierten auf diese Situation gemäß ihrer jeweiligen, sich stets ändernden politischen Bedingungen, so daß infolge der internationalen Beziehungen und Bündnissysteme auch der Übergang von einem zum anderen Papst erfolgen konnte. Innerhalb der Kirche entwickelte sich als Antwort auf das öffentlich zerfallene Papsttum die *konziliare Bewegung. Die Weigerung des römischen Papstes *Gregor XII. und des Avignoner Papstes *Benedikt XIII. führte 1409 zur Einberufung des Konzils von *Pisa, das *Alexander V. zum Papst wählte. Da die beiden ersteren weiter ihren Rücktritt verweigerten, gab es nunmehr drei Päpste. Auf dem Konzil von *Konstanz triumphierte die konziliare Bewegung endlich: anstelle der drei abgesetzten Päpste wurde 1417 *Martin V. gewählt.
W. Ullmann, *The Origins of the Great Schism*, 1967;
H. Jedin (Hg.), *Handbuch der Kirchengeschichte* III, 2, 1968.

GROSSETESTE, ROBERT (um 1175-1253)   Gelehrter und Bischof von Lincoln (1235-53). Sohn einer armen Familie aus Suffolk, wurde Geistlicher und studierte in Oxford und möglicherweise auch in Paris. Seit Beginn des 13. Jh.s lehrte er in Oxford, wo er an der Umwandlung der Schule in die Universität mitwirkte und Kanzler der Universität war. 1224 trat er dem neugegründeten Kollegium der *Franziskaner bei, obwohl er nicht Mitglied des Ordens war, und lehrte dort bis zu seiner Wahl zum Bischof von Lincoln. Als Bischof war er mit der Verwaltung der umfangreichsten Diözese Englands betraut, die auch Oxford einschloß. Er bekämpfte die Ernennung italienischer Geistlicher auf Posten in England und vertrat diese Position auch auf den Konzilen von Lyon (1245) und Rom (1250) in einer berühmten Rede gegen die Korruption der Kirche. Als Gelehrter interessierte sich G. für die aristotelische Philosophie, die er ins Lateinische übersetzte und kommentierte; er war auch in den experimentellen Naturwissenschaften tätig. G. ist der Verfasser theologischer Werke über die Seele, die Wahrheit und den freien Willen. G.s wissenschaftstheoretische Anwendung des *Aristotelismus wurde bahnbrechend für die Entwicklung der Naturwissenschaften (bes. der Optik).

L. Baur, *Die philosophischen Werke des Robert Grosseteste*, 1922;
D. A. Callus (Hg.), *Robert Grosseteste, Scholar and Bishop*, 1955.

GUELFEN Politische Parteien in den italienischen Städten des 12.-14. Jh.s, die nach dem deutschen Haus der *Welfen benannt waren, sich gegen die kaiserfreundliche Partei der *Ghibellinen sowie gegen die *Hohenstaufenkaiser stellten und meistens mit dem Papsttum verbündet waren. Nach dem Tode *Friedrichs II. (1250) verlor die Bezeichnung G. ihre ursprüngliche Bedeutung, wurde aber weiterhin als Parteiname verwendet.

GUERRIC VON IGNY (gest. 1154) Prediger und Abt, war vorher Kanoniker und Vorstand der Domschule von Tournai und trat unter dem Einfluß des hl. *Bernhard von Clairvaux dem *Zisterzienserorden bei (1131). Er war als Prediger tätig und gründete 1138 die Zisterzienserabtei Igny bei Reims.

D. de Wilde, *Guerricus d'Igny*, 1935.

GUESCLIN, BERTRAND DU Siehe *DU GUESCLIN, BERTRAND.

GUIBERT VON NOGENT (1053-um 1130) Abt und Geschichtsschreiber. Der vaterlos aufgewachsene G. wurde von Privatlehrern und dann als Mönch in St. Germer erzogen, wo er die klassische Literatur und Geschichte kennenlernte. 1104 wurde er Abt von Nogent. Er ist der Verfasser der *Gesta Dei per Francos,* einer Geschichte des Ersten *Kreuzzugs, die auf den Erinnerungen der Kriegsteilnehmer beruht und als eines der besten Geschichtswerke des 12. Jh.s gilt. Seine Autobiographie (1115) stellt eine wichtige Quelle zur Erforschung der Mentalität und Gesellschaft seiner Zeit dar. Ein drittes Werk ist *De Pignoribus Sanctorum,* eine Abhandlung über den volkstümlichen Reliquienglauben.

G. Misch, *Geschichte der Autobiographie* III, 2, 1, 1959;
J. Kantor, *A Psycho-historical Source: The Memoirs of Abbot G. of N.,* in: Journal of Medieval History 2, 1976.

GUIDO I. VON LA ROCHE Herzog von *Athen (1225-63) und Neffe des *Odo von La Roche, dessen Besitz er nach Odos Rückkehr nach Frankreich erbte. G. verbrachte seine lange Regierungszeit im Kampf gegen die Fürsten von *Morea, deren Oberhoheit er 1258 anerkennen mußte.

GUIDO II. VON LA ROCHE Der letzte Burgunderherzog von *Athen (1287-1308), Enkel des *G. I., war trotz seiner körperlichen und gesundheitlichen Schwäche ein tatenkräftiger Herrscher und Herr eines der glänzendsten Höfe Griechenlands.

GUIDO-GOTTFRIED (1030-87) Herzog von Aquitanien (1058-87), auch unter dem Namen Wilhelm VIII. bekannt. Enkel *Wilhelms des Gr. und über seine Mutter Sanchia Erbe des Herzogtums *Gascogne (1044), das er mit Aquitanien vereinigte. Er setzte seine Herrschaft über seine eigenmächtigen Lehnsleute durch und errichtete zu Poitiers das Zentrum einer wohlgeordneten Verwaltung. 1063 besiegte er auf einem Kreuzzug nach Spanien die *Almoraviden.

A. Richard, *Histoire des Comtes de Poitiers, ducs d'Aquitaine,* 1908.

GUIDO VON AREZZO (ca. 990-1050) Musiker. G. war Mönch im Kloster St. Maur (bei Paris), kehrte um 1030 nach Italien zurück und lebte in den Benediktinerklöstern Ferrara und *Fonte Avellana. G. ist der Erfinder der Solmisation, eines Sechstonsystems, das eine bedeutende Neuerung in der gregorianischen Kirchenmusik darstellte. Auf ihn geht auch die Notenschrift auf Linien im Terzabstand zurück.

H. Oesch, *G. v. A.,* 1954.

GUIDO VON BAZOCHES (gest. 1203) Chronist. G. war Geistlicher an der Kathedrale von Châlons-sur-Marne und nahm am dritten Kreuzzug teil. G. ist u.a. der Verfasser der *Cosmographia,* einer eingehenden Beschreibung der Welt, dann der *Apologia contra malignos* ("Verteidigung gegen Bösartige"), einer etwas sonderbaren Abhandlung, die Geschichte, Geographie und Moralpredigt kurios zusammenmischt, und schließlich der *Chronographia,* einer Universalgeschichte bis 1199, die klassischen Einfluß zeigt.

J. de Ghellinck, *L'Essor de la Littérature latine au XIIe siècle,* 1955.

GUIDO VON LUSIGNAN (1129-94) König von Jerusalem (1186-92) und Zypern (1192-94). Mitglied des Hauses von *Lusignan aus Poitou, ging als Abenteurer ins Kreuzfahrerreich und heiratete 1179 Sybille, die Schwester König *Balduins IV. G. wurde mit der Grafschaft Jaffa-Askalon ausgestattet und nach dem Tod *Balduins V. trotz des Widerstands einiger Barone zum König gekrönt. Seine militärische Unfähigkeit führte zu der verheerenden Niederlage von *Hattin (1187), wo er in Gefangenschaft fiel. Nach seiner Freilassung gelang es ihm nicht, in Tyrus Einlaß zu finden; 1192 zwang ihn *Richard I. von England zur Aufgabe des Königstitels, wofür G. mit Zypern abgefunden wurde.

H. Meyer, *Geschichte der Kreuzzüge,* 1965.

GUIDO VON SPOLETO Siehe *WIDO.

GUIGUES I. (gest. 1137) Prior der *Kartäuserordens (1109-37). Ein Sohn der Dauphinégegend, war seine Amtszeit hauptsächlich auf dem Gebiet der Organisierung des Ordens und der Festlegung von dessen Regel tätig und förderte die Errichtung von wohlausgestatteten Bibliotheken.

Werk: *PL* 153;
A. Wilmart, *Le Recueil des Pensées de Guigue le Chartreux,* 1936.

GUILLAUME Siehe *WILHELM.

GUILLAUME D'ORANGE Zyklus nordfranzösischer Heldenepen des Hochmittelalters und Typus eines Kreises von Werken über *Wilhelm, den Markgrafen von Gothia und Toulouse und Gründer der Spanischen Mark (gest. 812).

GUILLAUME DE DIGULLEVILLE (um 1293-1380) Französischer Dichter, Prior in Chaalis. G. verfaßte drei allegorische, gereimte *Pèlerinages* ("Pilgerfahrten"). Im Traum nach Jerusalem unterwegs, trifft er viele allegorische Personifikationen wie Natur, Vernunft, Weisheit, Gnade . . . und ihre Gegenteile, mit denen er symbolische Abenteuer erlebt. Die "Seelenpilgerschaft" ist die Kopie einer visionären Jenseitsreise (*Visionslite-

ratur), die "Jesuspilgerschaft" eine Beschreibung von Christi Erdenleben.   (Din)
R. Tuve, *Allegorical Imagery,* 1966.

GUILLAUME DE MACHAU(L)T (um 1300-77) Französischer Komponist und Dichter. Der weitgereiste Musiker verfaßte neben einem autobiographischen Versroman und zahlreicher Lyrik 142 Kompositionen. Er ist der Meister der isorhythmischen Motette und Hauptvertreter des neuen, polyphonen (instrumental begleiteten) Gesanges.   (Din)
A. Machabey, *G. de M.,* 1955.

GUILLAUME LE MARÉCHAL Französische Verschronik aus dem 13. Jh. über das abenteuerliche Leben des *William Marshal.
P. Meyer (Hg.), 1891.

GUIOT Siehe *GUYOT.

GUNDERICH Siehe *WANDALEN.

GUNDOBAD Burgunderkönig (480-516). Wurde unter seinem Onkel *Rikimer Armeekommandant in Gallien und folgte diesem später als höchster Machthaber des weströmischen Reiches nach. Nachdem der von ihm ernannte Kaiser Glycerius von Kaiser Nepos besiegt worden war, kehrte G. nach Burgund zurück, wo er seinem Bruder Chilperich als König nachfolgte. Er bewahrte durch ein Bündnis mit *Chlodwig die Unabhängigkeit seines Reiches. Seit 501 ließ er die Gewohnheitsrechte seines Volkes schriftlich niederlegen; 506 gab er das volkstümlich *Gombette* genannte Burgunderrecht heraus.
M. Beck, *Bemerkungen zur Geschichte des ersten Burgunderreiches,* in: Schweizerische Zeitschrift für Geschichte 13, 1963.

GUNTHCHRAMN (um 545-92) Frankenkönig (561-92). Sohn *Chlotars I., von dem er das Königreich *Burgund erbte. Er nutzte den langen Konflikt zwischen *Brunhild und *Fridegund aus und erhöhte seine Macht im Frankenreich. Nach seinem Tod verfiel das Reich in Bürgerkrieg.
E. Ewig, *Die fränkischen Teilungen und Teilreiche 511-613,* 1952.

GUTHRUM (gest. 880) Dänenhäuptling und einer der Führer der dänischen Invasion in England (874). Er wurde von seinen Männern zum König gewählt und führte sie 875 tief nach Mittel- und Südengland; aber *Alfred d.Gr. warf ihn aus Wessex zurück. G. nahm im Friedensvertrag von 877 das Christentum an und wurde als König von Ost-Anglia anerkannt.
F. Stenton, *Anglo-Saxon England,* 1947.

GUY Siehe *GUIDO.

GUY, BERNHARD Siehe *BERNHARD.

GUYENNE Südwestfranzösisches Herzogtum. Der Name ist eine volkstümliche Zusammenziehung des Wortes *Aquitanien, und bis 1258 wurden beide Begriffe synonym gebraucht. Seit der Teilung Aquitaniens durch den Frieden von Paris (1258) bedeutet G. der südliche Teil des Herzogtums einschließlich der *Gascogne, der unter der Herrschaft der englischen Könige in ihrer Eigenschaft als Lehnsleute des französischen Königs stand. Nach dem Tod König *Ludwigs IX. veränderten sich die Grenzen der G. rasch unter der intensiven Tätigkeit französischer Beamter, die ein Herrschaftsrecht nach dem anderen für Frankreich in Anspruch nahmen. Im *Hundertjährigen Krieg stellte G. einen wichtigen englischen Stützpunkt dar, und die innere Geschichte der G. war eng mit der Gascogne verbunden. Zu Beginn des 14. Jh.s ging der Herzogtitel an den französischen Thronfolger über, die eigentliche Macht lag aber in den Händen englischer und gascognischer Beamter.
H. Stein, *Charles de France, frère de Louis XI,* 1921.

GUYOT (GUIOT) DE PROVINS (gest. um 1230) Dichter. Er war in seinen jüngeren Jahren Mitglied des literarischen Zirkels um den Grafen von *Champagne und verfaßte eine Parsivaldichtung. Sein Hauptwerk ist die "Bibel von Guiot", eine Schrift der moralischen Ermahnung, die die Unsitten der verschiedenen Gesellschaftsklassen und besonders der Mönche geißelte und die als Modell für spätere Satiren diente.
A. Luchaire, *Social France at the Time of Philip August,* 1967.

Unterirdisches Wasserreservoir in Ramlah, 789 von Harun Al-Raschid erbaut

Der hl. Franziskus verjagt die Dämonen aus Arezzo, Fresko von Giotto in der Kirche von Assisi

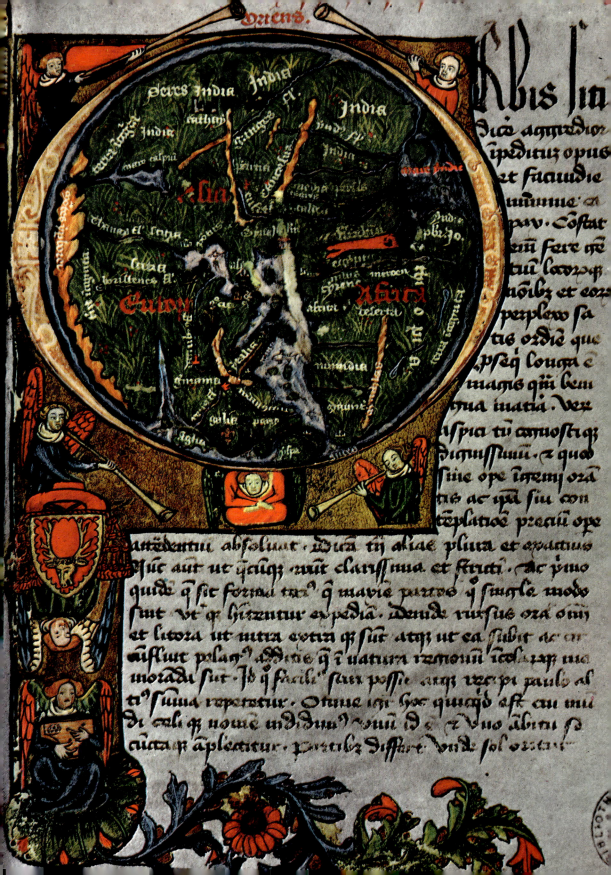

Rbis ſiꝗ
dicō aggrediox
ſ ipeditur opus
ſ et facundie
uidine ea
pꝟ. Coſtat
ū fere gē
tiū latoꝛ
ūoibʒ et eoꝛ
perplexi ſa
tis oꝛdīe que
pſeq̃ longa e
magis qꝓ̃ bui
na inatiā. Ver
aſpia tū cōuoſtꝗ
dignuſſimū. e q̃o
ſiue ope īreinꝗ oꝛa
tis ac ipſi ſiū cō
teplatioē preciū ope
antedentiū abſoluit. dicō tū aliae plura et expatiꝰ
nūc aut ut gcūꝗ ruit clariſſima. et ſtricti. ac ỹmo
quide q̃ ſit foꝛſit̃ tꝛ° q̃ maxie parteß ꝗ ſiugl̃e modo
ſuit ut q̃ liꝛentur expedia. deinde rurſus oꝛa oiū
et litoꝛa ut nitꝛa eotiꝛ q̃ ſuit atꝗ ut ea ſubit ac ei
uiſluit pelag°. Addie q̃ ī natura rxmouiū icōlꝛꝗ ma
moꝛadū ſuit. Id q̃ facili° ſciri poſſit atꝗ txxipi paulo al
ti°ſuma repetatur. Onuie igꝛ hec quicꝗd aſt cū mu
di cxli q̃ noīe indidiuuꝰ xuiī q̃ e e uno ãbitu ſꝗ
cuitatx ãpcātitur. partibʒ diffext unde ſol oxitur

H

HAAKON I., DER GUTE (um 925-61) König von Norwegen (947-61). Jüngster Sohn König Haralds, erhielt in England eine christliche Erziehung und ergriff die Macht nach seines Vaters Tod unter Ausnutzung der Adelsrivalitäten. Seine Rechtsprechung, die auf die Errichtung eines gerechten und mit dem Brauchtum des Volkes in Einklang stehenden Regierungssystems abzielte, verlieh ihm den Beinamen "der Gute". 960 warf er eine dänische Invasion seines Landes zurück und griff Dänemark an.
M. Gebhardt-W. Hubatsch, *Norwegische Geschichte,* 1963.

HAAKON IV. König von Norwegen (1217-63). Sohn Haakons III. Seine Regierungsperiode war eine Zeit wirtschaftlicher Hochblüte und des Friedens, und sein Hof galt als einer der glänzendsten in ganz Nordeuropa. Er unterwarf die skandinavischen Siedlungen auf den *Färö-Inseln und machte *Grönland und *Island zu Teilen seines Reiches.
M. Gebhardt-W. Hubatsch, *Norwegische Geschichte,* 1963.

HAAKON V. König von Norwegen (1299-1319). Seine Versuche, die königliche Herrschaft zu stärken, stießen auf den Widerstand des von der deutschen *Hanse unterstützten Landadels, dessen Lehen er 1308 an sich brachte. Die Tatsache, daß H. keinen männlichen Erben besaß, stärkte jedoch die Position des Adels.
M. Gebhardt-W. Hubatsch, *Norwegische Geschichte,* 1963.

HAAKON VI. König von Norwegen (1345-80). Jüngster Sohn *Magnus II. von Schweden und Norwegen. Seine Heirat mit Margarete von Dänemark ebnete den Weg zur Union der skandinavischen Königreiche.

HABSBURGER ÖSTERREICHISCHE DYNASTIE Der Begründer der H. war wahrscheinlich Guntram der Reiche, der Mitte des 10. Jh.s große Güter im südlichen Elsaß besaß. Sein Enkel Radbot, dessen Bruder Werner als Bischof von Straßburg fungierte, erbaute die Familienburg Hab(icht)sburg am Ostufer der Aare in der heutigen Nordschweiz und erweiterte die Familienbesitzungen in Schwaben. 1090 werden die H. als Grafen erwähnt, im 12. Jh. stiegen sie im Dienst der *Hohenstaufen auf. Seit 1135 besaßen sie die erbliche Würde des Landgrafen vom Elsaß, seit 1170 die Grafschaft von Zürich. Zu Beginn des 13. Jh.s waren die H. eine der mächtigsten und reichsten Familien Südwestdeutschlands mit Besitzungen in weiten Teilen des Elsaß und der Nordschweiz. *Rudolf I. machte sich während des Interregnums (1354-73) zum Führer eines Teiles des deutschen Adels, wurde 1273 zum König gewählt und besiegte seinen Rivalen *Ottokar II. von Böhmen, der 1278 bei der Schlacht auf dem Marchfeld (bei Wien) sein Leben und damit für seine Erben die Herzogtümer Österreich und Steiermark verlor. Diese erhielt Rudolfs Sohn *Albrecht I., der damit die Grundlagen der späteren H.-Dynastie besaß und seine Residenz nach Wien verlegte. Der Erwerb Österreichs entschädigte die H. für ihren Verlust schweizerischer Familiengüter im Unabhängigkeitskrieg mit den siegreichen Kantonen. Die österreichischen Besitzungen der H. wurden im 14. Jh. durch den Erwerb von *Kärnten und *Krain (1335), Tirol und (teilweise) Vorarlberg (1363), Teilen von Istrien (1374) und der Stadt Triest mit dem Zugang zur Adria (1383) erweitert. Nach dem Tod Herzog *Albrechts II. (1397) wurden die habsburgischen Lande zwischen *Albrecht III. und Leopold geteilt. Ersterer erbte Österreich und die östlichen Gebiete, letzterer Kärnten und die westlichen Gebiete. Damit entstanden die Albertinische und die Leopoldinische Linie der H. Nach dem Aussterben der Luxemburger fällt die deutsche Krone mit Ungarn und Böhmen von 1438-1806 an die H. (*Albrecht II., *Friedrich III.).
K. und M. Uhlirz, *Handbuch der Geschichte Österreich-Ungarns* 1, 1963[2];
A. Wandruszka, *Das Haus Habsburg,* 1978[2];
Die Zeit der frühen H. (Austellungskatalog Wiener Neustadt), 1979.

HADEWIJCH VON ANTWERPEN (1. Hälfte 13. Jh.) Mystikerin und Dichterin. Beim Fehlen aller chronologischen Angaben über H. läßt sich nur sagen, daß sie offenbar in einer *Beginengemeinschaft zu Antwerpen lebte. Ihre Werke sind der Höhepunkt der altflämischen Literatur: 16 vermischte Gedichte, 45 strophische Lieder, 31 Briefe und ein Buch Visionen. In leidenschaftlichen, nicht selten dunklen Worten berichtet H. über ihre mystischen Erlebnisse, die in der Begegnung mit dem ihr erscheinenden Gottessohn und der Entraffung in die andere Welt gipfeln. Ihr hohes Selbstbewußtsein spiegelt sich u.a. in ihrer Benennung "Braut und Mutter" Christi infolge ihrer mystischen Liebesbeziehung zu ihm und ihrem Mitleiden mit Mariae Schmerzen bzw. der Fürsorge für den Kreis ihrer Vertrauten. (Din)
P. Dinzelbacher, *Hadewijchs mystische Erfahrungen in neuer Interpretation,* in: Ons Geestelijk Erf 54, 1980.

HADRIAN I. (gest. 795) Papst (772-95). Sohn einer römischen Adelsfamilie, hielt wichtige Ämter an der Kurie inne und war aktiv an der Politik Papst *Stephans III. (Zusammenarbeit mit den Franken) beteiligt. Als Vertrauter *Karls d.Gr. nahm er an des Königs Feldzug gegen die Langobarden teil (774). Gleichzeitig widersetzte er sich der Absicht Karls, auf die theologischen und innerkirchlichen Angelegenheiten einzuwirken, wie etwa auf die bei der Frankfurter Synode von 794 gefällte Verurteilung der Beschlüsse des Konzils von *Nikäa (784) in Sachen des *Ikonoklasmus. H. war auch beim Wiederaufbau der zerstörten Stadt Rom tätig.

Die drei Kontinente Europa, Afrika und Asien, Weltkarte aus einer Handschrift des 15. Jh.s

Passah; aus der Haggadah *von Sarajewo, 14. Jh.*

E. Caspar, *Das Papsttum unter fränkischer Herrschaft,* in: Zeitschrift für Kirchengeschichte 54, 1935; H. Jedin (Hg.), *Handbuch der Kirchengeschichte* 3, 1, 1966.

HADRIAN II. (792-872) Papst (867-72). Römer von Geburt, stieg H. während der Amtszeit Leos IV. und Nikolaus I. in den inneren Kreis der Kurie auf. Als Papst wirkte er in der schweren Zeit des Niederganges der *Karolinger zur Sicherung der Stadt Rom und ihres Landgebiets. Er unterstützte die Missionstätigkeit von *Kyrillus und *Methodius in Mähren, gab seine Zustimmung zur Benutzung slawischer Gebetsbücher, stand aber vielfach in Gegnerschaft zur Ostkirche. H. Jedin (Hg.), *Handbuch der Kirchengeschichte* 3, 1, 1966.

HADRIAN III. (gest. 885) Papst (884-85). In der von den Anwärtern auf das karolingische Erbe in Rom und Italien verursachten Anarchie wandte H. sich vergeblich an *Karl III. d. Dicken um Hilfe.

HADRIAN IV. (Nikolaus Breakspear; um 1110-59) Der einzige englische Papst (1154-59). Er studierte in Paris, war Mönch und Abt der Abtei St. Ruf (bei Avignon) und wurde um 1150 von *Eugen III. als Kardinal an die Kurie geholt. Als Papstlegat war er in Skandinavien tätig, wo er die Kirche reformierte und das

Erzbistum von Trondheim errichtete. Als Papst schlug er die von *Arnold von Brescia geführte stadtrömische Revolte nieder und ließ Arnold hinrichten. H. gilt als einer der Schöpfer der theokratischen Politik des Papsttums. 1155 ließ er als Bedingung zur Kaiserkrönung Friedrich Barbarossa den Treueid schwören; die daraus abgeleitete Ansicht, daß die Kaiserkrone ein päpstliches *Lehen (*beneficium*) sei, führte zur ersten Auseinandersetzung Friedrichs mit dem Papsttum und wurde auf dem Reichstag von Besançon (1157) scharf zurückgewiesen. H. mußte nach einer militärischen Niederlage die Rechtmäßigkeit der Regierung *Wilhelms I. in Sizilien anerkennen und diesen mit dem Königreich belehnen. Mit *Ludwig VII. von Frankreich unterhielt H. gute Beziehungen, ebenso mit *Heinrich II. von England. Die Ansicht, H. habe dem englischen König Vollmacht über *Irland erteilt, stützt sich auf die wahrscheinlich gefälschte Bulle *Laudabiliter*. W. Ullmann, *The Pontificate of Adrian IV,* in: Cambridge Historical Journal 11, 1955.

HADRIAN V. (Ottoboni Fieschi; gest. 1276) Papst (1276). Ein Neffe *Innozenz' IV., der ihn an die Kurie brachte. H. gehörte zur frankreichfeindlichen Partei, die *Gregor X. unterstützt hatte, und starb kurz nach seiner Wahl zum Papst.

HADRIAN VON CANTERBURY (hl.; gest. 709)
Mönch. In Nordafrika geboren, ließ sich H. bei Neapel
nieder und wurde Haupt eines Klosters. Die ihm ange-
botene Würde eines Erzbischofs von Canterbury lehnte
er zwar ab, ging aber dennoch nach England und diente
dort als Vertrauter Erzbischof Theodors (668). Der
hochgelehrte H. errichtete in Canterbury eine bedeutende Schule, die unter seiner Leitung für vierzig Jahre der
geistige Mittelpunkt der Angelsachsen war.
N. K. Chadwick, *Studies in the Early British Church*,
1958.

**HAFIS, SCHAMS AD-DIN MOHAMMED (um 1325-
89)** Persischer Dichter. Er wurde in Schiras als Sohn
einer armen Familie geboren und verdiente sich in seiner
Jugend als Bäckergehilfe sein Brot. Seine 693 Gedichte,
die sich hauptsächlich mit den angenehmeren Seiten des
Lebens befaßten und sich durch Kürze, klare Sprache
und eine reiche Gedankenwelt auszeichnen, machten ihn
schon zu seinen Lebzeiten berühmt. H. wurde jedoch
von den fanatischen *Schiitenführern seiner Stadt verfolgt, die ihm sogar die Beerdigung verweigerten. Nach
seinem Tod wurden seine Gedichte in einer Liedersamm-
lung (*Diwan*) zusammengestellt.
Werk (pers.-dt.): V. R. v. Rosenzweig-Schwannau, 1858-
64;
M. Farzaad, *Hafiz and his Poems*, 1949.

HAGGADAH Eine Sammlung von Gebeten, Liedern
und Auszügen aus Geschichten zur Erinnerung an den
Auszug der Juden aus Ägypten. Die H. wird bei dem feierlichen Passahmahl vorgetragen. Der älteste erhaltene
Text der H. stammt aus dem 10. Jh. Seit dem 13. Jh.
wurden die H.-Handschriften reich verziert.
M. Zobel, *Das Jahr des Juden in Brauch und Liturgie*,
1936.

HAI BEN SCHERIRA (939-1038) *Gaon von *Pum-
beditha (Mesopotamien) und eine der höchsten religiösen Autoritäten des Judentums. In den vierzig Jahren
seines Gaonats leitete H. eine wachsende geistige Bewegung, die sich über das gesamte Judentum erstreckte und
Schüler aus verschiedenen Ländern Europas anzog.
Seine *Responsa wurden allgemein als bindend angesehen. H. trug wesentlich zur Stärkung der örtlichen
Gemeindegerichtshöfe und zur einheitlichen Auslegung
des talmudischen Rechts bei.
E. E. Hildesheimer, *Mystik und Agada im Schrifttum
der Geonen R. Sherira und R. Hai*, 1931.

HAINAULT Siehe *HENNEGAU.

HAITHABU Wikingerstadt im südöstlichen Jütland,
nahe dem heutigen Kiel. Sie wurde anscheinend im 8. Jh.
aus dem Zusammenschluß mehrerer Fischer- und Seeleu-
tesiedlungen geschaffen und entwickelte sich um 800 zu
einem der bedeutendsten Handelszentren der nördlichen Welt. H. diente als Verbindungsknoten des *Karolingerreiches mit den Ostseegebieten und über die
großen Flüsse Rußlands mit Byzanz und dem arabischen
Kalifat. Zu Beginn des 9. Jh.s wurde die Stadt durch
eine Ringmauer befestigt. Sie war in separate Fischer-,
Seeleute- und Kaufmannsviertel aufgeteilt und wurde vor
dem 10. Jh. durch die Eingemeindung der Sachsensied-
lung Sleswik vergrößert. 934-83 gehörte H. zum *Ot-
tonenreich. Im 9.-11. Jh. war die Hafenstadt Streitobjekt zwischen den *Wenden und den Königen von Dänemark und Norwegen. Um 1050 wurde es anscheinend
von König Harald von Norwegen niedergebrannt, und
die Einwohner zerstreuten sich.

H. Jankuhn, *Haithabu, ein Handelsplatz der Wikingerzeit*, 1963.

HAKIM, BIAMRALLAH AL-   *Fatimidenkalif von
Ägypten (996-1021). H. gilt als einer der grausamsten
Herrscher des Islams. Sein Versuch, in Ägypten die
extremen Grundsätze der *Schiiten in Anwendung zu
bringen, führte zum Konflikt mit den *sunnitischen
Moslems und zur Verfolgung der Christen und Juden
(Zerstörung der heiligen Grabeskirche in Jerusalem,
1011) und zum offenen Aufstand in Ägypten, Palästina
und Syrien. Darauf änderte H. seine Politik und erließ
1017 ein Edikt der Toleranz. Gleichzeitig ließ er sich als
Gottheit proklamieren, was von den *Drusen akzeptiert
wurde.
F. Wüstenfeld, *Geschichte der Fatimidenchalifen*, 1881.

HALES, ALEXANDER Siehe *ALEXANDER VON
HALES.

HALI ABBAS (gest. 994) Persischer Arzt, der in Bagdad am Hofe der *Abbasiden wirkte und dort mit den
Errungenschaften der philosophisch-naturwissenschaftli-
chen Akademie vertraut wurde. H. verfaßte eine medizinische Enzyklopädie, die neben eigenen Beobachtungen
hauptsächlich das Wissen der Antike zusammenfaßt.
Über Süditalien gelangte das Werk nach Europa und
diente an der medizinischen Fakultät Salernos als
Lehrbuch.
B. Spuler (Hg.), *Handbuch der Orientalistik, Ergänzungsband* 6, 1, 1970.

HALLE Südostsächsische Stadt an der Saale, die sich
aus einer 806 von *Karl d.Gr. erbauten Festung entwickelte. Um 1064 war H. bereits ein wichtiges Handelszentrum im Erzbistum *Magdeburg. Im 13. Jh. diente
H. als einer der Mittelpunkte des *Dominikanerordens
in Deutschland. In der zweiten Hälfte des 13. Jh.s entstanden die Organe der städt. Selbstverwaltung, 1281
trat H. der *Hanse bei. Als Hansestadt erlebte H. eine
Zeit der wirtschaftlichen Hochblüte, die durch die zu
Beginn des 15. Jh.s einsetzende Ausbeutung der Kohlen-
bergwerke noch erhöht wurde. 1478 fiel die Stadt wiederum unter die Herrschaft der Erzbischöfe von Magdeburg.
R. Hünicken, *Geschichte der Stadt Halle* 1, 1941.

HAMADAN Westpersische Stadt an der Hauptstraße
von Bagdad nach Teheran, diente zu Beginn des Mittelalters als Sommerresidenz der *Sassaniden und wurde
644 von den Arabern erobert. Bis zur Mitte des 9.
Jh.s erlebte die Stadt eine wirtschaftliche Blüte, danach
verlor sie durch die politische Instabilität des *Abbasi-
denreichs an Bedeutung, blieb aber weiterhin ein bedeutendes kulturelles Zentrum. Im 12. Jh. war H. Hauptstadt eines *seldschukischen Fürstentums und erlebte
eine Hochblüte der Baukunst. Die *Mongolen verbrann-
ten 1221 die Stadt und schlachteten den Großteil der
Bevölkerung ab. Was danach wieder aufgebaut werden
konnte, fiel 1386 einem neuen Einfall der Mongolen
unter *Tamerlan zum Opfer.
P. Schwarz, *Iran im Mittelalter*, 1936.

HAMBURG Norddeutsche Hafenstadt, um 825 als
Bollwerk gegen die Einfälle der Slawen und Dänen an
der Elbemündung gegründet. 834 war die Siedlung
bereits groß genug für die Errichtung eines Bistums, das
von *Ludwig d. Frommen reich ausgestattet wurde.
Der erste Bischof von H., *Anskar, befaßte sich hauptsächlich mit der Slawen- und Skandinavienmission.
Die Einfälle der Normannen und Slawen trafen H. hart;

Handel in Brügge im 15. Jh.

in der zweiten Hälfte des 9. Jh.s verlegte man das Erzbistum nach *Bremen. Unter *Otto I. wurde der Frieden in der Gegend wiederhergestellt, H. und Bremen teilten sich jedoch weiterhin das Erzbistum. Seit dem 11. Jh. war H. ein wichtiges Zentrum für den Handel mit dem Norden und Ausgangsbasis für die Missionare, die Skandinavien christianisierten. Unter Erzbischof *Adal-

bert (1043-72) führten die Vorrangsstellung der Stadt und ihre Feindschaft zu den Herzögen von *Sachsen zur Errichtung der unabhängigen Grafschaft H. unter der Herrschaft der Erzbischöfe.

1188 gründete Graf Adolf III. von *Holstein die Hamburger Neustadt, die nach raschem wirtschaftlichem Fortschritt 1215 mit der zwischen Elbe, Alster und Bille gelegenen Altstadt vereinigt wurde. Neben Lübeck war H. nun das bedeutendste Mitglied der *Hanse. Trotzdem blieb die Regierung der Stadt weiterhin in der Hand des Erzbischofs und des Grafen von Holstein; das 13. Jh. sah andauernde Kämpfe der Bürgerschaft um das Recht zur Selbstregierung, die 1301 mit gewissem Erfolg beendet wurden. Im folgenden vergrößerte der aus Söhnen der großen Kaufmannsfamilien zusammengesetzte Senat seine Macht. Das eindrucksvolle gotische Senatsgebäude (14.-15. Jh.) und der neue Titel H.s "Freie und Hansestadt H." verdeutlichten das neue Selbstgefühl und den Rang der Stadt gegen Ende des Mittelalters.

E. Baasch, *Forschungen zur Hamburgischen Handelsgeschichte*, 3 Bde., 1889-1902;
B. Studt-H. Ohlsen, *Hamburg, Geschichte einer Stadt*, 1951.

HAMDANIDEN Arabisches Herrscherhaus in Nordsyrien und Irak (10. Jh.). Gegen Ende des 9. Jh.s war der Beduinenhäuptling Hamdan Ibn Hamdun Statthalter in Nordirak. Im Jahre 905 ergriffen seine Söhne in *Mosul die Macht, 944 eroberte Ali *Saif Al-Daulah *Aleppo und schuf ein mächtiges Staatswesen, das auch mit Erfolg gegen Byzanz kämpfte. Sein glänzender Hof zu Aleppo war auch unter seinen Nachfolgern berühmt. 1003 wurde die Dynastie bei einem Aufstand örtlicher Beamter gestürzt.

M. Canard, *Histoire de la dynastie des Hamdanides*, 1953.

HANDEL Der H. war im frühmittelalterlichen Westen eher eine Nebenbeschäftigung der vorwiegend agrarisch strukturierten mittelalterlichen Gesellschaft. Im Osten wurde nach dem Fall des Römischen Reiches die Handelstätigkeit weitergeführt, zuerst durch die Byzantiner und dann auch durch die Araber. Das Weiterbestehen der staatlichen Organisation und Macht hielt die Karawanenstraßen aufrecht, auf denen Güter zwischen Europa, dem Mittleren Osten, Zentralasien und dem Fernen Osten bewegt wurden. Die Einfallswege der großen Invasionen der *Hunnen, *Awaren, *Türken und anderer *Mongolenstämme waren diese Handelsstraßen. Im Mittelmeer und im Schwarzen Meer, im Roten Meer und im Indischen Ozean verkehrten weiter Handelsschiffe. Im europäischen Westen führte der Niedergang der Städte im 5.-9. Jh. zu abnehmender Handelstätigkeit, was im 6. und 7. Jh. durch die Errichtung von jüdischen und syrischen Kaufmannssiedlungen in Italien und Gallien etwas ausgeglichen wurde. Die Verringerung des H.s im Westen wirkte auch auf den Ost-West-H. ein, und das Golddefizit Europas hatte die Beschränkung der Einfuhr orientalischer Luxusgüter zur Folge. Dennoch kann nicht von einem Stillstand des H.s gesprochen werden. Die Mittelmeerhäfen waren weiter in Betrieb; im Norden entwickelte sich ein intensiver H. zwischen Europa und Skandinavien sowie Skandinavien, Rußland, Byzanz und dem arabischen Kalifat. Bis zum 9. Jh. waren wandernde Kaufleute und kleine Messen an verkehrsgünstigen Orten oder nahe den Mittelpunkten von Gutsherrschaften die einzigen Träger des H.s

Gegen Ende des 9. Jh.s nahm der Umfang des H.s besonders in Italien und den Niederlanden zu; der wachsende Güteraustausch zwischen Deutschland und den slawischen Stämmen führte zur Errichtung von Stapelplätzen an der Elbe und der Donau. Diese Entwicklung ging mit dem Wiedererwachen des Stadtwesens Hand in Hand und führte zu einer festeren Organisation des Warenaustausches. Im Mittelmeerraum, wo der H. immer noch ausschließlich in den Händen der Byzantiner und Araber lag, kam es durch die steigende Unsicherheit zur Zeit des Niedergangs der *Abbasiden zur Errichtung von Gesellschaften, die neben dem Gütertransport auch die Sicherung der Schiffe gegen Seeräuber durchführten. Eine solche Gesellschaft war die der jüdischen *Rhadaniten (9.-10. Jh.), wie die Juden überhaupt dank ihrer weitverzeigten Familienverbindungen und dem einheitlichen *talmudischen Recht führend auf dem Gebiet der Bildung von Partnerschaften für Handelszwecke waren. Die Papiere der Kairoer *Genizah dokumentieren die weltweite Verzweigung des Ost-West-H.s. Auch italienische Städte wie *Amalfi brachten Handelsgesellschaften hervor. Amalfi und seit dem 11. Jh. auch Venedig, *Pisa und *Genua entwickelten das System des *Fondacco, eines kompakten Handelszentrums mit Unterkünften, Magazinen, Kirche, Verwaltung sowie Überseekolonien. In Venedig war der kollektive Schiffsbesitz üblich. Dank der *Kreuzzüge erlangten die italienischen Städte im 12. Jh. die Vorherrschaft im internationalen H. und errichteten in den Kreuzfahrerstaaten autonome Handelskolonien, die von aus der Mutterstadt gesandten Konsuln regiert wurden und weitgehende steuerliche und verwaltungstechnische Vorrechte besaßen.

Nördlich der Alpen förderte den H. die Entwicklung ständiger *Messen, von denen die der *Champagne die größte Berühmtheit erlangten. Andere wichtige Handelsrouten verliefen von Venedig über Norditalien und das Rheintal zu den Niederlanden und von dort nach England oder auf der berühmten Pilgerroute nach *Santiago de Compostela von Nord- und Mitteleuropa über Paris, das Loiretal und Westfrankreich nach Spanien. Von geringerer Bedeutung war die Weinroute, die das Rheinland, Champagne und andere französische Gegenden mit Nordeuropa und England verband. Ein wichtiger Schritt vorwärts war die Errichtung der deutschen *Hanse, deren Handelsverbindungen die Nordsee- und Baltikküste mit Skandinavien und Rußland und diese wiederum mit den Niederlanden verband.

Die Errichtung des von China bis Rußland reichenden *Mongolenreiches im 13. Jh. führte zur Neuerschließung der alten eurasischen Handelsrouten. Die genuesischen Kolonien im Schwarzen Meer übernahmen die Weiterverteilung des Güterstroms aus dem Fernen Osten. In Mittel- und Osteuropa hatte sich das Stadtwesen im Laufe der deutschen Ostkolonisation rasch entwickelt; in den meist mit dem *Magdeburger Recht versehenen

Kaufleute beim Geldzählen; *Holzschnitt von Jost Amman, 16. Jh.*

Städten waren die Kaufleute führend. Nach der Auflösung des Mongolenreichs im späten 14. Jh. wurden die Handelsrouten nach Süden verlegt. Der Seehandel gab italienischen und portugiesischen Schiffern den Anstoß zu den großen Entdeckungen auf der Suche des Weges nach Indien.

Die Weiterentwicklung der Handelstechniken wie Kreditwesen und Buchführung führte im 14. und 15. Jh. zur Entstehung verschiedener Wirtschaftstheorien wie auch zur Errichtung von Handelsschulen sowie zur Verfassung von Abhandlungen praktischer Natur, die von Italien aus über ganz Europa verbreitet wurden.
R. S. Lopez, I. W. Raymond, *Medieval Trade in the Mediterranean World*, 1955;
A. Schulte, *Geschichte des mittelalterlichen Handels und Verkehrs zwischen Westdeutschland und Italien*, 1900.

HANSE Ursprünglich althochdeutsch für eine bewaffnete Genossenschaft und im weiteren für die Vereinigungen der im Ausland wirkenden Kaufleute gebraucht. Seit dem 13. Jh. wird die Bezeichnung H. nur mehr für den Hansischen Bund, eine Gemeinschaft der deutschen Städte in Norddeutschland und im Baltikum, gebraucht. Die Ursprünge der H. scheinen in der Verbindung der deutschen Kaufleute in London zu liegen, die bereits im 11. Jh. bestand und 1157 einen Rat errichtete. Diese verband sich mit der ein Jahr vorher in Lübeck gegründeten Gesellschaft der *Gotlandhändler, die von *Heinrich dem Löwen, dem sächsischen Herzog, einen Freibrief erhalten hatte. Die deutschen Kaufleute zu Visby (Gotland) drangen zu dieser Zeit in den bisher schwedisch gelenkten Rußlandhandel ein. In der zweiten Hälfte des 12. Jh.s stieg die Bedeutung der Kaufleute Lübecks im baltischen Handelsverkehr. 1200 machte sich die in Lübeck ansässige Gesellschaft der "Kaufleute des heiligen römischen Reiches" zum Hauptelement der H. und ließ den Gotlandhändlern nur den zweiten Platz. Im gleichen Jahr nahmen sie die Verbindung mit *Nowgorod in Rußland auf; 1201 gründeten sie in dem noch heidnischen Riga eine deutsche Kaufmannssiedlung. Im 13. Jh. wurde die Lübecker H. auch in Dänemark, Norwegen, Brügge und London aktiv, meistens im Verein mit den Hansen von Hamburg, Bremen und den Elbe- und Weserstädten. 1226 wurde Wismar, 1218 Rostock, 1234 Stralsund, 1243 Stettin gegründet. Andere Städte wurden durch die H. germanisiert. Im 13. Jh. vereinigten sich die verschiedenen Gesellschaften unter der Führung von Lübeck, Hamburg und Bremen zur Deutschen H., deren Zentrum in Lübeck lag. Mit der Errichtung der politisch-kommerziellen Verbindung der H., die auf die Macht der Mitgliederstädte gegründet war, begann die goldene Periode des Wohlstands. Eine große Zahl von Städten trat der H. bei, die ihren Mitgliedern "aristokratische" Verfassungen sowie den Ausschluß der Handwerkszünfte und geringeren Händler aus den Ratsgremien aufzwang. Am H.-Tag des Jahres 1347 nahmen 160 Städte teil, darunter die niederländischen Städte Groningen, Nijmegen und Arnheim, das schwedische Stockholm, das norwegische Bergen und aus Polen Breslau und Krakau. Die großen Linien der H.-Politik wurden auf den jährlichen Versammlungen aller Mitgliederstädte diskutiert und festgelegt, die Ausführung lag in der Hand des in Lübeck sitzenden ständigen Rates. Widerstand gegen die Beschlüsse wurde mit Entzug der Mitgliedschaft und der Aufhebung des Schutzes

bestraft, was den Kaufleuten der betreffenden Stadt sowohl den Gebrauch der von Rußland bis England verbreiteten H.-Kontore als auch die Nutzung der weitgehenden Handelsprivilegien der H. unmöglich machte. Die Flotte der H. war die stärkste Seemacht in der Ost- und Nordsee und wurde hauptsächlich in Fällen verletzter Handelsprivilegien, wie etwa durch König *Waldemar IV., eingesetzt. In diesem Fall war den Schiffen der H. die Durchfahrt durch den Sund verboten worden, was 1367 zur Kriegserklärung führte. Die H.-Flotte eroberte *Kopenhagen, und Waldemar mußte sich im Frieden von Stralsund (1370) zur Wiederherstellung sämtlicher Vorrechte der H. verpflichten. Gegen Ausgang des 14. Jh.s erreichte die H. den Gipfel ihrer Macht und war die bedeutendste politische und wirtschaftliche Körperschaft im nördlichen Europa mit einer Einflußsphäre, die weite Gebiete Deutschlands einschloß.
Ph. Dollinger, *Die Hanse*, 1966;
E. Daenell, *Die Blütezeit der deutschen Hanse*, (Neudr.) 1973;
H. in Europa (Ausstellungskatalog Köln), 1973.

HARALD BLAUZAHN König von Dänemark (um 950-86). Sohn des *Gorm d.A. und der erste Herrscher des Landes, der ganz *Dänemark regierte. Er eroberte auch Norwegen, konnte aber keinen Erfolg im Kampf gegen *Otto I. und *Otto II. um die Herrschaft über die Gebiete zwischen Jütland und der Elbe erzielen. 960 bekannte er sich zum Christentum; seine Versuche, seinen Untertanen den neuen Glauben aufzuzwingen, stießen aber auf heftigen Widerstand des Adels, zu dem sich auch sein Sohn *Sven gesellte. Im Jahre 986 zwang ihn ein allgemeiner Aufstand zur Abdankung und zur Flucht zu den *Wenden, wo er einige Jahre später starb.
P. Lauring, *Geschichte Dänemarks*, 1964.

HARALD I. HASENFUSS König von England (1035-40). Unehelicher Sohn *Knuts d.Gr., wurde von einer Partei dänischer Adeliger in England zum König des Landes ausgerufen und konnte sich trotz der Angriffe seines Halbbruders *Hardeknut sowie der Schotten und Waliser als Herrscher halten.

HARALD II. von Wessex (um 1022-66)   König von England (1066). Sohn des Angelsachsen Godwin, der von *Knut dem Gr. zum Earl von Wessex erhoben worden war. H. erbte 1053 seines Vaters Titel und war zur Zeit *Eduards d. Bekenners die einflußreichste Persönlichkeit des Landes. Nach dem Tod von Eduards Sohn wurde H. von den angelsächsischen Magnaten entgegen der Kandidatur *Wilhelms von der Normandie zum König ausgerufen. Er konnte einen norwegischen Einfall in Yorkshire zurückschlagen, wurde aber von Wilhelm in der Schlacht von *Hastings besiegt und getötet. H. war der letzte angelsächsische König Englands.
F. M. Stenton, *Anglo-Saxon England*, 1947.

HARALD I., Schönhaar (um 850-933)   König von Norwegen (863-933). Sohn einer schwedischen Adelsfamilie, wurde 860 zum König ausgerufen, unterwarf in einer langen Reihe von Kriegen die Wikingerstämme seiner Heimat und begründete das erste Königshaus des vereinigten Norwegen, das bis ins 14. Jh. herrschte. 890 führte er einen Seezug zu den Orkney- und Shetlandinseln, die er ebenso wie die *Färöerinseln unterwarf. Zu Beginn des 10. Jh.s schlug er einen Aufstand des Landadels gegen die hohe Besteuerung nieder. In seinen letzten Jahren steigerten sich die Auseinandersetzungen zwischen seinen ca. 20 Söhnen. Im Alter von 80 Jahren überließ er seinem Sohn Erik den Thron; nach seinem Tod fiel das Land jedoch in den Bürgerkrieg.

M. Gerhardt-W. Hubatsch, *Norwegische Geschichte,* 1963.

HARALD III. König von Norwegen (1047-66). Der jüngere Bruder König *Olafs II. ging 1030 als Abenteurer nach Rußland, gelangte nach Byzanz, wo er in der *Warägerwache großen Ruhm und Reichtum erwarb. 1045 ließ er sich als Verbündeter König Amunds in Schweden nieder. 1047 rief er sich nach dem Tode seines Neffen Magnus zum König von Norwegen aus und unterwarf das Land einer strengen Herrschaft. Seine Intervention in England (1066) ging unglücklich aus; H. wurde von *Harold II. von Wessex bei York besiegt und fiel in der Schlacht.

M. Gerhardt-W. Hubatsch, *Norwegische Geschichte,* 1963.

HARDEKNUT (1018-42) König von Dänemark (1035-42) und England (1040-42). Er wurde als einziger ehelicher Sohn *Knuts d.Gr. 1026 nach Dänemark gesandt, um dort seinen Vater zu vertreten. 1035 erbte er die dänische Krone, konnte jedoch nicht den Abfall *Norwegens verhindern. Nach dem Tod seines Halbbruders *Harald I. von England versuchte er dessen Erbe anzutreten, erwies sich aber als untauglich und starb wahrscheinlich an Trunksucht.

P. Lauring, *Geschichte Dänemarks,* 1964.

HÄRESIE (Ketzerei) Die Bezeichnung für Leugnung oder Zweifel an offiziell festgelegten Dogmen der katholischen bzw. orthodoxen Kirche. In der Frühkirche wurde H. als Bezeichnung für jene Glaubenslehren gebraucht, die nicht mit der Schrift übereinstimmten. In der Debatte mit den *Manichäern wurde die Bedeutung der H. breiter ausgelegt und orientierte sich schließlich an der in *Nikäa 325 erreichten Definition der Rechtgläubigkeit. Das Mittelalter kannte zahlreiche H.n, von *Pelagianismus, *Donatismus und *Adoptianismus im Frühmittelalter über die *Albigenser und *Waldenser im Hochmittelalter bis zu den nonkonformistischen Sekten des Spätmittelalters. Gleichzeitig wurden oft auch Einzelpersonen, die aus irgendwelchem Grund als Gefahr für die bestehende Ordnung angesehen wurden, mit dem Kainszeichen des Häretikers belegt.

Die H. galt sowohl als Sünde wie auch als Krankheit; die Kirche besaß die Aufgabe, den Körper der Christenheit von der H. zu reinigen. Wenn sich die Predigt des wahren Glaubens als unwirksam herausgestellt hatte, wurden die Anhänger der H. verfolgt und in vielen Fällen auch verbrannt. Im Hochmittelalter wurde die *Inquisition zur Ausmerzung der H. errichtet, die sich zum wichtigsten Instrument im Kampf der Kirche gegen Abweichungen entwickelte.

H. Grundmann, *Ketzergeschichte des Mittelalters,* 1963[2].

HAROLD Siehe *HARALD.

HARTMANN VON AUE (gest. Anfang 13. Jh.) Mittelhochdeutscher Dichter. Der gebildete Ritter H., von dem wir keine gesicherten Lebensdaten haben, hinterließ neben einer Reihe von Minne- und Kreuzzugsliedern das "Büchlein", eine Minnelehre in Form eines allegorischen Dialogs zwischen Seele und Körper, sowie die ältesten deutschen *Artusromane. Diese sind Bearbeitungen der Dichtungen des Franzosen *Chrétien de Troyes: "Erec", die Geschichte eines Ritters, der seine Standespflichten hinter die Minne setzt und in vielen Abenteuern lernen muß, beides zu vereinen, sowie

"Iwein", der Roman über einen in der Minne versagenden Ritter. Des weiteren sind erhalten die Verslegenden "Der arme Heinrich" (ein vom Aussatz befallener Ritter soll durch das Blut einer Jungfrau geheilt werden, wird aber von Liebe zu ihr ergriffen und heiratet sie schließlich) und "Gregorius" (das Motiv von dem durch unwissentlichen Inzest unschuldig-schuldigen Büßer). Hartman war mit seinem klaren Versstil der führende, viel nachgeahmte Epiker seiner Zeit, dessen Ruhm auch von *Gottfried v. Straßburg anerkannt wurde. (Din)

P. Wapnewski, *H. v. A.,* 1972[5].

HARUN AL-RASCHID (766-809) Abbasidenkalif (786-809). H. war Sohn des Al-*Mehdi und wurde seit seiner Jugend für eine politische Karriere ausgebildet. 782 war er der nominelle Befehlshaber einer Armee, die die Byzantiner besiegte; er wurde zum Statthalter der westasiatischen Provinzen ernannt, die er mit Hilfe Ihias des Barmakiers regierte. Dieser half ihm, die Kalifenwürde zu erlangen und nahm bis zum Fall seiner Familie (803) das Amt des Hauptwesirs ein. Die Regierungszeit H.s gilt als die glanzvollste Epoche des arabischen Kalifats und ist von zahlreichen Legenden umwoben, die jedoch nur wenig mit der Wirklichkeit gemeinsam haben. H. errichtete das Regierungssystem der Wesire, er selbst war kaum anzutreffen. Der lange Frieden brachte dem Reich Wohlstand und große Einkünfte aus dem Handel. Dieser Reichtum ermöglichte den glänzenden Hof H.s, der in den Erzählungen aus 1001 Nacht beschrieben ist. Die zunehmende Beschäftigung der Araber mit der Verwaltung und dem Handel zwang sie, ihre Soldaten aus afrikanischen Sklaven und Steppentürken zu rekrutieren. H. konnte die *Omajjadenherrscher Spaniens nicht mehr bezwingen; die häufigen "Kriege" gegen Byzanz waren hauptsächlich Grenzgefechte örtlicher Befehlshaber. Um seine spanischen und byzantinischen Rivalen zu beeindrucken, nahm H. Verbindung mit *Karl d.Gr. auf. Das wichtigste Ergebnis dieses Bündnisses war die Entwicklung des Handels mit den Franken.

H. S. B. Philby, *Harun Al-Rashid,* 1934.

HASCHEMITEN Arabische Dynastie von Mekka, Nachfahren der Familie des Propheten, die nach der Gründung des Damaskener Kalifats in Mekka aufstieg und sich um 8. Jh. zum Statthalter der heiligen Stadt machte. Diese Position hatten die H. bis 1922 inne.

HASDAI IBN SCHAPRUT (10. Jh.) Jüdischer Staatsmann in Dienste des *Omajjadenkalifen *Abd-Al-Rachman III., dem er als Arzt, Sprachkundiger, Diplomat und Schatzmeister zur Seite stand. Diese Vorzugsstellung machte ihn zum Führer des spanischen Judentums und zum Patron von jüdischen Gelehrten und Naturwissenschaftlern.

E. Ashtor, *Histoire des Juifs en Espagne Musulmane,* 1969.

HASDAI KRESKAS (um 1340-1410) Jüdischer Philosoph und Rabbiner. H. ließ sich um 1380 in Saragossa nieder und wurde Rabbiner der örtlichen jüdischen Gemeinde. Seine Philosophie, die im Gegensatz zur *maimonidischen Anschauung stand, beruht auf der göttlichen Erleuchtung, die als einzige Quelle des Verstandes angesehen wird. Sein Buch "Das Licht Gottes" steht unter dem Schatten der Judenverfolgungen 1391, denen auch sein einziger Sohn zum Opfer fiel, und postuliert die Unergründlichkeit des göttlichen Willens.

I. Baer, *Die Juden im christlichen Spanien,* 1956[2].

Harun al-Raschid spricht Recht; Miniatur des 13. Jh.s aus der Schule von Bagdad

HASSAN IBN AL-SABBAH (gest. 1124)   Führer der
*Assassinen. Er wurde als Sohn einer streng schiitischen
Familie in Kum (Persien) geboren und lernte in Tehe-
ran die Schriften der Ismaili kennen. 1072 wurde er
von Gesandten der *Fatimiden zum Prediger bestimmt.
Im folgenden Jahr mußte er vor der Verfolgung der
*Seldschuken in die nordostpersischen Berge fliehen, wo
er sich 1090 zum Herrn der auf einem Felsen gelegenen
Festung Alamuth machte, die Mittelpunkt seiner Sekte
wurde.
 H. war nicht nur Führer in der Bewegung der Assassinen, sondern auch ein hochgebildeter und begabter
Denker. Seinem Modell der schiitischen Gesellschaft,
die nur auf den Vorschriften des Islams beruht, war er
auch unter persönlichem Opfer getreu, als er einen seiner
Söhne wegen Verdachts des Weintrinkens hinrichten
ließ.

HASTINGS   Südostenglische Stadt und Ort der Schlacht
von 1066, in der *Wilhelm der Eroberer die berittenen Normannen zum Sieg über die zu Fuß kämpfenden
Angelsachsen führte. Die Schlacht von H. leitete die
normannische Eroberung Englands ein.

HATTIN   Name eines Hügels im östlichen Galiläa (nahe
bei Tiberias) und Schauplatz der Schlacht vom 4. Juli
1187, in der die moslemischen Armeen unter Saladin
das von *Guido von Lusignan geführte Kreuzritter-
heer vernichtend schlugen. König Guido wurde mit
einem Großteil seiner Ritter gefangengenommen; das
Königreich Jerusalem, das von allen Streitkräften
entblößt war, fiel fast gänzlich in die Hände der Moslems.
F. Groh, *Der Zusammenbruch des Reiches Jerusalem*,
1909.

HAUSMEIER (majordomus)   Fränkisches Amt, das im
7. Jh. von den *Merowingerkönigen eingeführt wurde
und in der Leitung der Leibgarde und der Königspfalz
bestand. Im Laufe des 7. Jh.s nahm die Bedeutung des
H.s zu, der zunehmend als erster Minister angesehen
wurde. Nach dem Tode *Dagoberts und dem Niedergang der Merowinger machten sich die H. zu den eigentlichen Herrschern der fränkischen Teilreiche und gaben
ihr Amt in der Familie weiter (*Grimoald). Die H. von
*Austrasien konnten den fränkischen Adel unterwerfen
und ihren Landbesitz vergrößern. Seit *Pippin von
Landen waren sie die stärkste Kraft im Frankenreich.
*Pippin von Herstal, der austrasische H. und Gründer
des *Karolingerhauses, besiegte den *neustrischen H.
Ebroin und machte sich zum Herrn des gesamten Frankenreiches.
L. Dupraz, *Le Royaume des Francs et l'ascension politique des maires du palais*, 1948.

HAUTEVILLE   Normannische Dynastie in Süditalien
und Antiochia. Im frühen 11. Jh. wanderten die zahlreichen Söhne des normannischen Adeligen Tankred
von H. nach Süditalien aus, wo sie sich als Freibeuter
und Söldner betätigten. Der älteste Sohn Wilhelm "Eisenarm" holte nach ersten Erfolgen seine jüngeren Brüder zu sich.
 Nach seinem Tod übernahm *Robert Guiscard die
Führung und legte die Grundlagen für den normannischen Staat in Süditalien. Er wurde von Robert, dem
Herzog von Apulien (1057-85), und nach dessen Tod
von dem jüngsten Bruder Roger beerbt. 1096 führte
Roberts Sohn *Bohemund das italienisch-normannische
Kontingent auf dem ersten *Kreuzzug. 1098 eroberte
er *Antiochia, das seine Nachkommen bis 1268

beherrschten. Zu Beginn des 12. Jh.s teilten sich die H.
in die bis 1194 regierende sizilianische und die orientalische Linie.
C. Cahen, *Le Régime Féodal de L'Italie Normande*,
1940.

HAWKWOOD, JOHN (gest. 1394)   Englischer Abenteurer, der seit etwa 1360 als Söldnerführer in Italien wirkte und als Kommandant der Truppen von Pisa und ab
1377 von Florenz großen Ruhm erlangte.
G. T. Leader, *Giovanni Acuto, storia di un condottiere*,
1899.

HEBRIDEN   Inselgruppe nordwestlich von Schottland,
im Frühmittelalter von Pikten und Schotten keltischer
Abstammung bevölkert, im 9. Jh. Ziel mehrerer Wikin-
gerüberfälle und norwegischer Stützpunkt auf dem Seeweg nach Irland. Die H. blieben bis zum 13. Jh. unter norwegischer Oberhoheit. 1266 kamen sie zu Schottland.

HEDSCHAS   Westarabische Provinz an der Küste des
Roten Meers zwischen Mekka und Idumaea. Zu Beginn
des Mittelalters war H. von nomadischen Beduinenstämmen bevölkert und besaß eine Anzahl kleinerer
Städte wie Mekka und Jathrib (das spätere Medina),
die als Handelszentren dienten. *Mohammeds Tätigkeit
brachte die Vereinigung von H. 628 unter dem neuen
Glauben; die Provinz wurde mit den zwei heiligen Stätten Mekka und Medina Mittelpunkt und Pilgerland des
Islams. Die großen Kriege des 7. Jh.s, in denen sich der
Islam über den ganzen mittleren Osten ausbreitete,
führten zur Auswanderung führender Familien der Provinz. Nach der Errichtung des Damaskener Kalifats
(660) war H. politisch gesehen von geringer Bedeutung.
Auch die Aufstände im späteren Mittelalter, die die
Restaurierung von H. als Mittelpunkt des moslemischen
Lebens zum Ziel hatten, schlugen fehl; die Geschichte
von H. ging in die *Arabiens ein.

HEDSCHRA (arab. "Auswanderung")   Die Bezeichnung für die Flucht *Mohammeds und seiner Anhänger
von Mekka nach Medina (622), die als Beginn der
mohammedanischen Zeitrechnung gilt.

HEIDELBERG   Deutsche Stadt am Neckarfluß, die in
der zweiten Hälfte des 12. Jh.s gegründet wurde und
erstmals in einem Dokument aus dem Jahr 1196 als zum
Fürstbistum Worms gehörig erwähnt wird. 1214 ging H.
an die *Pfalzgrafschaft am Rhein, der es als Residenzstadt diente. 1386 gründete Kurfürst Ruprecht die Universität von H., die sich zu einem der bedeutendsten
Zentren der Gelehrsamkeit im Deutschen Reich entwickelte.
H. Schrade, *Heidelberg*, 1936.

HEILIGE LANZE   Eine Reliquie, von der angenommen
wurde, es sei die von dem römischen Soldaten benutzte
Waffe gewesen, die er zur Durchbohrung des toten Körpers Christi benutzt hatte. Die H. wird zum ersten Mal
im 6. Jh. erwähnt, wonach sie sich in der Berg-Zion-
Kirche von Jerusalem befände. Von den Persern 614
zurückerobert, wurde sie nach Konstantinopel überführt
und in der Kirche der hl. Sophia aufbewahrt. 1241
erhielt sie König *Ludwig IX. von Frankreich. Ein weiterer Teil wurde von den Türken nach der Eroberung
Jerusalems (1492) als Geschenk an den Papst gesandt.
Eine andere H. mit Nägeln vom Kreuz Christi gehörte
seit ihrer Erwerbung durch *Heinrich I. 926 zu den
Reichsinsignien.
A. Hofmeister, *Die heilige Lanze, ein Abzeichen des
alten Reichs*, 1908;

HEILIGER KRIEG (Dschihad) Nach der Lehre des Korans und der ersten Kalifen eine der wichtigsten Pflichten des moslemischen Glaubens. Die Theologie des Islam unterscheidet zwischen dem "kleinen" H., dem tatsächlichen Kampf um die Ausbreitung des Glaubens, und dem "großen H.", der in der Moraltheologie des 8. und 9. Jh.s mit Hilfe entsprechender Predigten und Übungen als Vorbereitung des Gläubigen auf das Paradies gilt. In dieser Bedeutung war der H. lediglich eine Reformbewegung, die unter Berufung auf die religiöse Lehre den idealen religiösen Staat zu verwirklichen suchte.
A. Noth, *Heiliger Krieg und Heiliger Kampf in Islam und Christentum*, 1966.

HEILIGES GRAB Die Höhle, in der nach einer frühen Überlieferung Christus begraben wurde und von den Toten auferstanden ist. Das H. wurde im 4. Jh. von der hl. Helena entdeckt, die am Ort eine Kirche errichtete; diese wurde zu einem der wichtigsten christlichen Heiligtümer und ein vielbesuchter Pilgerort. *Justinian baute die Kirche um, und die Jerusalemer Patriarchen machten sie zu ihrer Kathedralkirche. Unter den Kreuzrittern wurde an der Kirche des H. das lateinische Patriarchat von Jerusalem errichtet. Es war von einem Kanonikerkapitulum geleitet und von Europa aus reichstens ausgestattet. Zu dieser Zeit stand am H. die dritte Kirche, die um 1050 nach den Zerstörungen des Kalifen *Hakim erbaut worden war. Im frühen 14. Jh. erhielt das H.

Eingang zur Heiligen Grabeskirche, Jerusalem

seine endgültige Form und steht seitdem allen christlichen Kirchen offen. Der Westteil der Kirche ist rund um die Gruft gebaut und enthält das Grab Christi; der östliche Teil ist in Nachempfindung byzantinischer Baukunst in der Form der Basilika gebaut.
C. Kopp, *Die heiligen Stätten der Evangelien*, 1964[2].

HEILIGES LAND   Siehe *PALÄSTINA.

HEILIGES RÖMISCHES REICH   Die ursprünglich nur "Römisches Reich" genate politische Einheit wurde 962 mit der Kaiserkrönung des deutschen Königs *Otto I. geschaffen. Das wichtigste Kennzeichen war die universalistische Orientierung, die für das mittelalterliche politische Denken sowohl römischer als auch christlicher Natur war. Ein weiteres Kennzeichen war die ständige Union Deutschlands und Norditaliens unter einer Herrschaft, die multinational galt. Unter *Otto III. wurde dieses Konzept auf das Reich der "vier Nationen" der Deutschen, Italiener, Slawen und Franzosen ausgedehnt. Die Idee des H. war auch mit dem Konzept des vom Kaiser der Universalkirche verliehenen Schutzes verbunden. Dieser Sachverhalt hatte nicht wie in Byzanz die kaiserliche Kontrolle und Vormacht über die Kirche zur Folge, sondern eine gegenseitige Abhängigkeit, die entsprechend der verschiedenen Auslegungen von der *Zweigewaltentheorie jeweils unterschiedlich interpretiert wurde. Demnach konnte kein deutscher König ohne päpstliche Zustimmung Kaiser werden; auch die Papstwahl bedurfte der kaiserlichen Zustimmung. Dieser Zustand machte eine dauernde Beschäftigung der deutschen Kaiser mit Italien nötig; dies führte zu einer gewissen Vernachlässigung der innerdeutschen Angelegenheiten und brachte den deutschen Fürsten größere Unabhängigkeit.

Die Zeit der Minderjährigkeit *Heinrichs IV. schien günstig zu sein für die Befreiung des Papsttums von der kaiserlichen Bevormundung. Das Dekret Papst *Nikolaus II. (1059), das die Papstwahl zum ausschließlichen Vorrecht des Kardinalkollegiums machte, eröffnete den großen Kampf zwischen Kaiser- und Papsttum, den *Investiturstreit. Kein Kaiser konnte sich mit einer eingeschränkten Kontrolle über den Episkopat begnügen, die ihm seine wichtigsten politischen und wirtschaftlichen Machtmittel genommen hätte. Das Konkordat von Worms (1122) löste zwar das Problem theoretisch, brachte aber keine grundsätzliche Lösung des Kampfes um die Vorherrschaft in der christlichen Welt. Deshalb brach der Konflikt nach kurzer Zeit wieder aus, als *Friedrich Barbarossa sich daran machte, die kaiserlichen Vorrechte aufs neue in Anspruch zu nehmen. Der Widerstand der Päpste, die mit den englischen und französischen Königen und den norditalienischen Städten verbündet waren, führte zu einem allgemeinen Krieg. Der Versuch *Innozenz' III., in den deutschen Thronwirren nach dem Tode *Heinrichs VI. das Papsttum zum entscheidenden Faktor der Königswahl zu machen, hatte keine weitere Folgen. In der Zeit *Friedrichs II. bestand ein fast ununterbrochener Kriegszustand zwischen dem Kaiser, dem Papsttum und den italienischen Städten, die mit dem Papst verbündet waren. Auf Friedrichs Tod (1250) folgte der Fall des Hauses *Hohenstaufen und das Interregnum im H.; aber auch das erschöpfte Papsttum wurde von neuem abhängig, diesmal von der französischen Königsmacht. Mit der Königswahl des Habsburgers *Rudolf (1272) begann eine neue Epoche in der Geschichte des H.

Nur wenige deutsche Könige konnten und wollten sich der Verpflichtung des Romzugs und den damit verbundenen Zugeständnissen an das Papsttum unterziehen. Gleichzeitig blieb im Prinzip die Kaiserwürde bis 1806

Kaiser und Untertanen; *Relief in byzantinischem Stil*

TRACTANDO IUSTUM·DISCERNITE SEMPER HONESTU
UTILE CONUENIAT·CONSULTUM LEGIS U·OPTAT·

SOLUIMUS·ECCE TIBI·REX CENSUM·IURE PERENNI
CLEMENS ESTOTUS·NOS REDDIMUS ISTA QUOTANNIS·

Christus krönt Heinrich II.; *Miniatur des 11. Jh.s*

an das deutsche Königtum gebunden. Die Könige konzentrierten sich im Spätmittelalter auf ihre jeweilige Hausmacht (*Luxemburger, *Habsburger); das H. war in eine Vielzahl weltlicher und geistlicher Territorien zersplittert und praktisch kaum regierbar. Der Ausdruck "H." stammt erst aus dem Ende des 15. Jh.s.
K. Zeumer, *Heiliges Römisches Reich Deutscher Nation*, 1910;
A. Dempf, *Sacrum Imperium*, 1962[3];
F. Heer, *Das Heilige Römische Reich*, 1967.
HEINRICH I. (um 876-936) Deutscher König (919-36). Sohn von Herzog Otto dem Erlauchten von Sachsen, dessen Würde er 912 erbte. 919 wurde er von den sächsischen und fränkischen Adeligen zum König gewählt, konnte aber seine Autorität erst nach langen Kämpfen durchsetzen. Gegen *Karl d. Einfältigen und *Rudolf, die Könige von Frankreich, führte er einen langen Krieg, der mit der Wiedererrichtung deutscher Herrschaft über Lothringen endete (925). Unter H. begann die sächsische Expansion nach Norden und Osten gegen die Slawen. Ein teuer bezahlter Waffenstillstand mit den Ungarn ermöglichte H. die Aufrüstung (Burgenbau, Reiterheer) und den Sieg von Riade (933) über die ungarischen Truppen.
W. Mohr, *König Heinrich I.*, 1950.
HEINRICH II. (hl.; 973-1024) Deutscher Kaiser (1002-24). Ein Mitglied des sächsischen Königshauses und Sohn Herzog *Heinrichs von Bayern, der ihn ursprünglich für die Kirche bestimmt hatte. 995 erhielt H. jedoch die bayerische Herzogswürde und wurde einer der engsten Vertrauten seines Neffen, des Kaisers *Otto III. Als Kaiser befaßte sich H. hauptsächlich mit den innerdeutschen Angelegenheiten und bemühte sich unter

Mithilfe der Kirche um die Errichtung des Friedens. Das 1005 mit *Boleslaw I. von Polen unterzeichnete Abkommen sicherte die Ostgrenzen des Reiches. H. weilte 1004, 1014 und 1021-22 in Italien, wo er sein Augenmerk auf die Befriedung des Landes und auf die Reform des Papsttums richtete. Auch in Deutschland beschäftigte ihn das Problem der Kirchenreform; er ernannte Bischöfe und Äbte, die ihres Amtes würdig waren. 1007 gründete er das Missionsbistum Bamberg zur Christianisierung der Slawen.
L. Mikoletzky, *Heinrich II. und die Kirche*, 1946.
HEINRICH III. (1017-56) Deutscher Kaiser (1039-56). Sohn *Konrads II. und der größte Kaiser des Hauses der *Salier. Er wurde um 1035 von seinem Vater an der Regierung beteiligt und war bei seinem eigenen Regierungsantritt bereits in den Geschäften des Reiches erfahren. In Deutschland setzte er den allgemeinen Frieden durch, *Böhmen und Ungarn mußten nach einem harten Krieg (1042-45) seine Oberhoheit anerkennen. Im Westen konnte er jedoch *Gottfried, dem Herzog von Lothringen, der nach einer Niederlage den Kampf in Italien neu aufnahm, kaum beikommen. In seinen Beziehungen zur Kirche war H. ein überzeugter Anhänger der Kirchen- und besonders der Klosterreform und erhob zahlreiche Mönche aus *Cluny zu Bistümern im Reich. Der Niedergang des Papsttums, das unter dem Einfluß der römischen Adelsfraktionen stand, brachte ihn zum Grundsatz der Reform durch die Ernennung geeigneter Päpste. Dies verwirklichte er 1046 auf seinem Romzug, als er drei rivalisierende Päpste absetzen ließ und an ihrer Stelle nachfolgend deutsche Bischöfe zu Päpsten erhob. 1047 wurde H. zum Kaiser gekrönt. Zur Mitte des 11. Jh.s besaß H. in Europa eine Position, die nur der *Karls d.Gr. und *Ottos I. vergleichbar ist. Seine plötzliche Krankheit und sein Tod im Alter von 39 Jahren hatten für die Geschichte *Deutschlands, des *Heiligen Römischen Reiches, des *Papsttums und *Italiens große Bedeutung.
Th. Schieffer, *Heinrich III.*, in: Die großen Deutschen, 1956.
HEINRICH IV. (1050-1106) Deutscher Kaiser (1056-1106). Sohn *Heinrichs III., dessen Nachfolge er als Kind unter der Regentschaft seiner in deutschen Angelegenheiten unerfahrenen Mutter Agnes von Poitou sowie der Bischöfe *Anno von Köln und *Adalbert von Bremen antrat. Seine Minderjährigkeit gab den deutschen Fürsten Gelegenheit, ihre eigene Macht zu erweitern. Auch das Papsttum löste sich mit der Wahl *Nikolaus II. (1058) und dem Papstwahldekret von 1059 von der kaiserlichen Bevormundung. H.s eigentliche Herrschaft setzte 1065 ein; in den ersten zehn Jahren mußte er gegen den Widerstand der Fürsten seine Autorität festigen, wobei er mehrere neue Herzöge, darunter auch Verwandte, einsetzte. Besonders die Sachsen bekämpften ihn heftig bis zu seinem Sieg bei Homburg (1075). Als Papst *Gregor VII., der 1075 seine *Dictatus Papae* verfaßt hatte, die Laieninvestitur verbot, widersetzte sich H. den päpstlichen Ansprüchen und stieß nach einer kurzen schriftlichen Auseinandersetzung in voller Härte mit Gregor zusammen. Damit war der *Investiturstreit eröffnet, der der fürstlichen Opposition durch die päpstliche Bannung H.s die Gelegenheit für einen neuen Aufstand gab. Sie erhob *Rudolf von Schwaben zum Gegenkönig und ersuchte Gregor, sich mit ihr in Deutschland zu verbinden. H. eilte nach

Italien, wo er in *Canossa den Papst um Vergebung bat und diese auch erhielt (1077). Die Lösung H.s vom Bann entzog dem Aufstand die Legitimität; H. konnte unter Aufbietung der Bischöfe seine Widersacher 1080 vernichtend schlagen. Damit war H. frei, den Kampf gegen den Papst neu aufzunehmen. 1083 eroberte er Rom und erhob den Gegenpapst *Clemens III., der ihn 1084 zum Kaiser krönte. Clemens erhielt jedoch nicht die Anerkennung der Kirche und der westeuropäischen Könige. Gregor floh nach Salerno (wo er kurz darauf starb), als die von ihm gegen H. zu Hilfe gerufenen Normannen die Stadt plünderten. Der Kampf ging jedoch weiter, und *Urban II. konnte mit Hilfe der Reformbewegung der *Hirsauer die öffentliche Meinung in Deutschland gegen H. mobilisieren. 1093 erhob sich auch H.s ältester Sohn *Konrad und wurde erst 1098 bezwungen. 1105 revoltierte auch der zweite Sohn und Erbe *Heinrich V. 1106 starb H. inmitten des Kampfes.

H. F. Haefele, *Fortuna Heinrici IV. Imperatoris. Untersuchungen zur Lebensgeschichte des dritten Saliers*, 1954; H. L. Mikoletzky, *Der "fromme Kaiser" Heinrich IV.*, in: Mitteilungen des Instituts für österreichische Geschichtsforschung 68, 1960.

HEINRICH V. (1086-1125) Deutscher Kaiser (1106-25). Sohn *Heinrichs IV., gegen den er sich ein Jahr vor seiner Thronbesteigung erhoben hatte. Erst im Jahre 1110 konnte er den durch den *Investiturstreit verursachten Wirrungen in Deutschland ein Ende setzen und das Land befrieden. Danach zog er nach Rom, wo er 1111 den Papst gefangen setzte und dessen Zustimmung zu seiner Politik erzwang (Vertrag von Sutri). Damit forderte er aber den Widerstand der Kirche heraus; die Folgen waren der erneute Ausbruch des Investiturstreits und ein neuer Bürgerkrieg in Deutschland. 1121 zwangen die deutschen Fürsten H. und dem Papst einen Kompromiß auf, der als das Konkordat von *Worms bekannt wurde. In den letzten Jahren seiner Regierung versuchte H., seine Autorität neu aufzubauen, ohne jedoch nennenswerten Erfolg zu erzielen. 1124 unternahm er einen Heerzug in die Niederlande als Machtdemonstration gegen Frankreich, das 1119 den Papst unterstützt hatte. Mit seinem Tod starb das salische Herrscherhaus aus.

H. Banitza, *Die Persönlichkeit Heinrichs V.*, 1927; A. Waas, *H. V.*, 1967.

HEINRICH VI. (1165-97) Deutscher Kaiser (1190-97), König von Sizilien (1194-97). 1169 war H. zum deutschen König gewählt worden, 1186 heiratete er auf Wunsch seines Vaters *Friedrich I. Barbarossa die Konstanze, Tochter und Erbin *Rogers II. von Sizilien. Zur Zeit der Abwesenheit seines Vaters auf dem dritten *Kreuzzug lag die Regentschaft in H.s Händen, nach Friedrichs Tod in Kleinasien übernahm er selbst die Herrschaft. Seit 1189 war H. in den Kampf um das sizilianische Thronerbe verwickelt, 1192 kehrte er nach Deutschland zurück, um sich den inneren Angelegenheiten des Landes und den Problemen um die Gefangenschaft *Richards I. von England zu widmen. Seine Gegner, wie z.B. Bischof Albert v. Löwen, ließ H. dabei rücksichtslos beseitigen. 1194, nachdem er Deutschland befriedet hatte, zog er wieder nach Sizilien, wo ihn der Tod mehrerer einheimischer Fürsten in die Lage versetzte, die Regierung anzutreten. 1196 führte er einen

*Kreuzzug deutscher Ritter ins Heilige Land und eroberte Sidon. Bei seinem Tod (1197) hinterließ er seinen siebenjährigen Sohn und Erben, *Friedrich II.

J. Haller, *Heinrich VI.*, 1944.

HEINRICH VII. (um 1269-1313) Deutscher Kaiser (1308-13). Sohn des Grafen Heinrich von Luxemburg, dessen niederländische Güter er 1288 erbte. Seine Königswahl verdankte H. dem Einfluß seines Bruders *Balduin, des Erzbischofs von Trier. 1310 nutzte er die Vakanz in Böhmen aus und verheiratete seinen Sohn *Johann mit der Kronerbin. Zur Erlangung der Kaiserkrone begab sich H. 1311 nach Italien, wo er von *Dante als Wiederhersteller des Friedens und der italienischen Einheit gefeiert und 1312 in Rom von zwei Papstlegaten aus Avignon gekrönt wurde. Sein Eingriff in die Angelegenheiten Italiens verwickelte ihn jedoch lediglich in die Kriege der Stadtstaaten. 1313 erkrankte er und starb nahe Siena.

F. Schneider, *Kaiser Heinrich VII., Dantes Kaiser*, 1940.

HEINRICH I. (1068-1135) König von England (1100-35). Der dritte Sohn *Wilhelms d. Eroberer und Nachfolger seines Bruders *Wilhelms II. Seine Regierungszeit ist durch die Wiederaufnahme der Praktiken seines Vaters charakterisiert. H. unterwarf das Land einer strengen Justiz und erhöhte die Königsmacht beträchtlich. 1106 besiegte er seinen älteren Bruder *Robert, den Herzog der Normandie, und schlug das Herzogtum zu seinem Reich. Als Verbündeter der Grafen von Blois und Anjou befand er sich mit Frankreich in ständigem Kriegszustand und zwang 1120 den französischen König *Ludwig VI., ihm die Normandie lehnsrechtlich zu verleihen. In England beschäftigte er Angehörige des Niederadels als Beamte und organisierte die Finanzverwaltung (*Exchequer). Seine rechtsprecherische Tätigkeit ist in den "Gesetzen H.s I." zusammengefaßt. Nach dem Tod seines einzigen Sohnes und seines Schwiegersohnes Kaiser *Heinrichs V. verheiratete er seine verwitwete Tochter Mathilde mit *Gottfried Plantagenet von Anjou; nach deren Tod brach jedoch ein Bürgerkrieg zwischen Mathilde und *Stephan von Blois aus.

P. E. Schramm, *Geschichte des englischen Königtums im Lichte der Krönung*, 1937; A. L. Poole, *From Domesday Book to Magna Charta*, 1951.

HEINRICH II., Plantagenet (1133-89) König von England (1154-89). Sohn des *Gottfried Plantagenet von *Anjou und der Mathilde, Tochter *Heinrichs I. von England. Nach seines Vaters Tod (1151) erbte er die Normandie, Anjou, Maine und Touraine und erhob Ansprüche auf England. 1152 heiratete er *Eleonore von Aquitanien, die geschiedene Königin von Frankreich, und ergriff ihr Herzogtum. Damit war H. Herr über zwei Drittel des *Kapetingerreiches. 1154 wurde er nach dem Tode des *Stephan von Blois als König von England anerkannt. H. war einer der tatkräftigsten und größten englischen Könige, und seine Regierungszeit zeichnet sich durch sein ständiges Pendeln zwischen den englischen und den französischen Besitzungen aus sowie durch den dauernden Krieg gegen König Ludwig VII. von Frankreich. Der Kampf zwang H., alle seine Machtmittel zu organisieren, und trieb die konstitutionelle und verwaltungstechnische Entwicklung Englands voran.

Als König von England schuf H. das System der bürokratisch-feudalen Monarchie, die in der Theorie auf dem Lehnsrecht basierte, in der Praxis jedoch von einem abhängigen Beamtenstab und nach dem gemeinen Recht (*Common Law*) des Landes regiert wurde. Die zentralen Organe kontrollierten die *Sheriffs und *Shire-Gerichte mit Hilfe der Wanderrichter und *Justitiare. Das Geschworenengericht diente als Mittel zur Durchsetzung des Friedens und beteiligte die örtliche Bevölkerung aktiv am Gemeinwohl. H.s Bemühungen, die königliche Macht über alle Gesellschaftsgruppen zu errichten, brachten ihn mit der Kirche und besonders Thomas *Becket, dem Erzbischof von Canterbury, in Konflikt. Vierzehn Jahre lang (1156-70) kämpfte H. gegen den exilierten Erzbischof, dessen englische Anhänger, das Papsttum und den französischen König, mußte jedoch infolge der Ermordung Beckets einige Zugeständnisse machen. Er konnte dank des Konflikts seine Herrschaft auch über *Irland ausbreiten. In den letzten Jahren seiner Regierung erhoben sich seine Söhne *Heinrich, *Richard und *Gottfried, denen er die Normandie, Aquitanien und die Bretagne übergeben hatte, im Bunde mit den französischen Königen *Ludwig VII. und *Philipp II. H. konnte ihrer jedoch, auf die neue Organisation Englands gestützt, Herr werden. 1189 entschloß er sich, an Seite *Friedrichs I. Barbarossa und Philipps II. am dritten *Kreuzzug teilzunehmen, mußte aber wegen eines neuen Aufstands seiner Söhne zurückeilen und starb im Loiretal.

G. Hardegen, *Imperialpolitik Heinrichs II. von England* (1905);

H. A. Davies, *Henry II. Plantagenet*, 1967.

HEINRICH III. (1207-72) König von England (1216-72). Sohn des *Johann ohne Land, regierte bis 1232 unter der Vormundschaft des *William Marshal (gest. 1219) und des Hubert von Burgh, den er 1232 beim Antritt seiner eigentlichen Herrschaft entließ. 1236 heiratete er Eleonore von Provence, in deren Gefolge einige provenzalische Adelige an den Hof kamen. Deren Einfluß, seine Niederlagen gegen Frankreich (1241), der Verlust von Poitou und Angouleme und seine Unterstützung der päpstlichen antistaufischen Politik (*Richard von Cornwall) führten zu einem allgemeinen Aufstand des englischen Adels (1258). Die Barone zwangen H. zur Herausgabe der Provisionen von *Oxford, in denen die Adelsrechte der *Magna Charta bestätigt wurden und H. einer vom Adel kontrollierten Regierung zustimmen mußte. Als H., der durch den Frieden von Paris (1258) als Herzog von *Guyenne und *Gascogne anerkannt wurde, sich weigerte, die Bestimmungen von Oxford auszuführen, erhoben sich die Barone unter Simon von *Montfort erneut, besiegten 1263 bei *Lewes die königliche Armee und nahmen H. gefangen. Erst H.s Sohn, der Prinz *Eduard, konnte die Revolte niederwerfen und 1265 die Barone vernichtend schlagen.

F. M. Powicke, *King Henry III. and the Lord Edward*, 1947.

HEINRICH IV. (1367-1413) König von England (1399-1413). Enkel *Eduards III. und Sohn des *John von Gaunt und der Blanche von Lancaster, Gründer des Hauses *Lancaster. H. kämpfte an Seite der Schwertritter in Livland, reiste nach Italien und ins Heilige Land und schlug sich 1396 an die Seite der Opposition gegen König *Richard II., obwohl er den König vorher unterstützt hatte. Nach der Revolution von 1399 wurde er vom Parlament zum König ausgerufen und besiegte seine englischen und walisischen Gegner. H. nahm in

geistlichen Angelegenheiten eine strikt orthodoxe Linie ein und verfolgte die *Lollarden, war aber *Chaucer günstig gesinnt.

J. D. G. Davies, *King Henry IV*, 1935.

HEINRICH V. (1387-1422) König von England (1413-22). Sohn und Nachfolger *Heinrichs IV., auf dessen Feldzügen er sich militärische Erfahrungen aneignete. 1414 schlug H. den Aufstand der *Lollarden nieder. Gegenüber Frankreich verfolgte er in Ausnutzung der Geisteskrankheit *Karls VI. und des Krieges zwischen den *Burgundern und *Armagnaken eine aggressive Politik und fiel 1415 in das Land ein. Er vernichtete die französische Ritterarmee bei *Azincourt, verbündete sich mit *Johann d. Furchtlosen von Burgund, eroberte 1417-19 die Normandie und belagerte Paris. 1420 erhielt er im Vertrag von Troyes die Hand der Königstochter Katherine und das Erbrecht auf die französische Krone. Sein Plan eines großen *Kreuzzugs, der anläßlich seiner Krönung die vereinigten Kräfte Englands und Frankreichs ins Heilige Land führen sollte, kam wegen seines frühen Todes nicht zur Ausführung. Er hinterließ ein Kind als Erbe seiner beiden Reiche.

E. F. Jacob, *Henry V and the Invasion of France*, 1947.

HEINRICH VI. (1421-71) König von England (1422-71). Da H. schon als Zweijähriger König von England und Frankreich wurde, übernahm ein Kronrat die Regierung. Dieser spaltete sich jedoch im Verlauf des *Hundertjährigen Krieges in zwei Parteien, den der König nicht zu vereinen vermochte. In der Folge kam es in England zum Bürgerkrieg (*Rosenkriege). Seine Interessen lagen mehr auf religiösem und wissenschaftlichem Gebiet. 1453 fiel er in geistige Umnachtung, wurde 1465 gefangengenommen und schließlich im Tower ermordet. (Din)

R. L. Storey, *The End of the House of Lancaster*, 1966.

HEINRICH I. (1008-60) König von Frankreich seit 1031. Sohn *Roberts II. d. Frommen, mußte bei seiner Thronbesteigung der Abtrennung des Herzogtums *Burgund und dessen Verleihung an seinen jüngeren Bruder Hugo zustimmen. Während H.s Regierungszeit wurde die Königsmacht allmählich auf die Ile-de-France, das Gebiet zwischen Paris und Orléans, begrenzt. Seine gefährlichsten Gegner waren die Grafenhäuser *Blois und *Troyes, deren Union unter Eudes von Blois zur Umkreisung der königlichen Domäne führte. Als Gegengewicht verbündete sich H. mit den Grafen von *Anjou, mit der Kirche und Kaiser *Konrad II.

J. J. Lemarignier, *Le Gouvernement royal aux Premiers Temps des Capétiens*, 1965.

HEINRICH I. (1204-17) König von Kastilien. Sohn des *Alfonso VIII. und der Eleonore von England, wurde im Alter von zehn Jahren König und überließ die Regierung seinem Schwager *Alfons IX. von León.

HEINRICH II. VON TRASTÁMARA (1333-79) König von Kastilien (1369-79). Er war ein unehelicher Sohn *Alfons XI. und erhob sich im Bund mit Aragón und Frankreich gegen seinen Halbbruder *Peter d. Grausamen. Trotz seiner Niederlage bei *Najera (1367) gelang es ihm schließlich, Peter zu besiegen und mit eigener Hand zu töten (1369). Als König war er gezwungen, große Landgüter an seine Anhänger auszugeben, deren Hilfe er auch gegen die Ansprüche des englischen Prinzen *John von Gaunt, des Ehemanns von Peters Tochter, brauchte. H.s Regierungszeit stand im Zeichen der Schwächung königlicher Macht, seine Nachkommen regierten Kastilien jedoch bis zum Ausgang des Mittelalters.

W. C. Atkinson, *Geschichte Spaniens und Portugals,* 1962.

HEINRICH III. (1379-1406) König von Kastilien (1390-1406). Enkel *Heinrichs II., erreichte durch seine Heirat mit Katherine von Gaunt, der Enkelin *Peters d. Grausamen, die Versöhnung beider Linien des Herrscherhauses und brachte dem Land den Frieden. Seine Verfolgung der Juden und Mauren fügte Kastilien schweren wirtschaftlichen Schaden zu. Unter H. wurde der Einfluß der Kirche im Lande vorherrschend.

W. C. Atkinson, *Geschichte Spaniens und Portugals,* 1962.

HEINRICH I. VON LUSIGNAN (1217-53) König von Zypern (1218-53). Sohn *Hugos I., wurde als neunmonatiges Kind unter der Regentschaft seiner Mutter Alix und seines Onkels Philipp von Ibelin zum König ausgerufen. Als König versuchte H. im Bunde mit der *Ibelinenpartei die kaiserliche Oberhoheit *Friedrichs II. abzuschütteln. 1248 begleitete er König *Ludwig IX. von Frankreich auf dessen *Kreuzzug nach Ägypten.

K. Herquet, *Cyprische Königsgestalten des Hauses Lusignan,* 1881.

HEINRICH II. (1271-1324) König von Zypern (1284-1324) und Jerusalem (1285-91). Sohn des *Hugo von Antiochia und ein von Krankheiten gelähmter Mann, dem es nicht gelang, das Heilige Land zu halten. In Zypern war sein jüngerer Bruder Aymerich der eigentliche Machthaber, der 1306 die Regierung ergriff und H. ins Exil nach Armenien schickte. 1310 wurde H. nach der Ermordung seines Bruders zurückgerufen und führte einen Vernichtungskampf gegen die *Ibelinen.

F. G. Maier, *Cypern, Insel am Kreuzweg der Geschichte,* 1964.

HEINRICH I. DER ERLAUCHTE Siehe *HETTIN.

HEINRICH II. JASOMIRGOTT (gest. 1177) Markgraf (seit 1141) und Herzog von Österreich (1156-77), Pfalzgraf bei Rhein (1139-41), Herzog von Bayern (1143-56). Bruder und Erbe des Markgrafen Leopold IV. Nach dem Tod *Heinrichs d. Stolzen, dessen Witwe H. geheiratet hatte, machte König *Konrad III. seinen treuen Verbündeten H. zum Herzog von Bayern. H. begleitete Konrad auf dem zweiten *Kreuzzug, wo er sich auszeichnete und die byzantinische Prinzessin Theodora Komnena heiratete. Nach der Aussöhnung *Friedrichs I. Barbarossa mit den *Welfen (1156) mußte H. Bayern herausgeben, wurde aber mit der Erhebung Österreichs zum Herzogtum entschädigt (*Privilegium minus*). Unter seiner Regierung wurde Wien zu einer der bedeutenden Städte des Reiches.

H. Fichtenau, *Von der Mark zum Herzogtum,* 1965[2].

HEINRICH II., der Zänker (951-95) Herzog von Bayern (955-76; 985-95). Sohn Heinrichs I., erhob sich nach Erreichung der Volljährigkeit gegen *Otto II., um auch Herr des Herzogtums Schwaben zu werden; er stellte im Bund mit den Herzögen von Böhmen und Polen eine ernste Gefahr für den Kaiser dar, die auch nach H.s Absetzung noch nicht gebannt war. H. bemächtigte sich nach Ottos Tod des Kindes *Otto III., mußte es aber wieder herausgeben. In Gegenleistung wurde ihm das Herzogtum Bayern wieder verliehen, das er in seinen letzten zehn Lebensjahren friedlich regierte.

M. Spindler (Hg.), *Handbuch der bayerischen Geschichte* I, 1967.

HEINRICH IX., der Schwarze Herzog von Bayern (1120-26). Bruder und Erbe Herzog *Welfs II. und in den letzten Jahren Kaiser *Heinrichs V. einer der stärksten Machthaber in Deutschland. Als Gegner der *Hohenstaufen unterstützte er die Königswahl *Lothars III. Durch seine Heirat mit Wilfild, der Tochter des sächsischen Herzogs *Magnus, legte er die Grundlagen für die welfische Herrschaft über Bayern und Sachsen.

M. Spindler (Hg.), *Handbuch der bayerischen Geschichte* 1, 1967.

HEINRICH X., der Stolze (um 1108-39) Herzog von Bayern (1126-39) und Sachsen (1137-39). H. erbte die großen Welfengüter in Deutschland und Sachsen und heiratete 1127 Gertrude, die einzige Tochter Kaiser *Lothars III. Er war der führende Widersacher der Hohenstaufen *Friedrich von Schwaben und dessen Bruders *Konrad (III.). Mit seiner Erhebung zum Herzog von Sachsen durch den Kaiser (1137) war H. der mächtigste aller deutschen Fürsten, erlangte aber nicht die Königswürde, die an Konrad ging. Dieser nahm H. das Herzogtum Bayern und verlieh es an seinen Verbündeten, den Babenberger Leopold IV. von Österreich.

M. Spindler (Hg.), *Handbuch der bayerischen Geschichte* 1, 1967.

HEINRICH XII., der Löwe (um 1129-95) Herzog von Bayern (1156-80) und Sachsen (1142-80). Sohn *Heinrichs d. Stolzen, von dem er Sachsen erbte. 1154 versöhnte sich mit Kaiser *Friedrich I. und erhielt 1156 das Herzogtum Bayern. H. war die treibende Kraft der deutschen Ostbewegung, für die er in Sachsen eine ausgezeichnete Ausgangsbasis besaß. Er bekämpfte und besiegte die Slawenstämme östlich der Elbe in sieben Feldzügen zwischen 1157 und 1177, siedelte in den eroberten Gebieten deutsche Kolonisten aus dem Westen des Reiches an und gründete zahlreiche Städte, darunter auch Lübeck und München. 1162 heiratete er Mathilde, die Tochter König *Heinrichs II. von England, und erlangte eine Macht, die ihn zu einem der bedeutendsten Fürsten Europas machte.

1176 weigerte er sich, an dem geplanten Italienfeldzug Friedrichs teilzunehmen, was zu dessen Niederlage in den italienischen Kämpfen beitrug. Daraufhin strengte der Kaiser gegen ihn ein Verfahren nach dem Lehnsrecht an, das sich in mehreren Instanzen von 1179 bis 1180 hinzog, zur Achterklärung und dem allgemeinen Reichskrieg gegen den Rechtsverweigerer führte und 1180/81 mit dem Einzug der bayerischen und sächsischen Reichslehnen H.s endete. H. verblieben nur seine ausgedehnten Familiengüter um Lüneburg und Braunschweig, für die ihm nach seiner Unterwerfung und Rückkehr aus dem englischen Exil von Kaiser *Heinrich VI. der Herzogtitel zugestanden wurde.

H. Mau, *Heinrich der Löwe,* 1943;

Th. Mayer, *Friedrich I. und Heinrich der Löwe,* 1958.

HEINRICH I., der Freigiebige Graf von Champagne (1152-81). Er erbte von seinem Vater *Thibaut von Blois die Grafschaften Troyes und Meaux sowie weitere Güter, die er mit der Grafschaft Champagne vereinigte. H. war mit Maria, der Tochter König *Ludwigs VII. von Frankreich verheiratet. Als geschickter Politiker war er ein wertvoller Verbündeter des Königs, für den er mit Kaiser *Friedrich I. verhandelte. H. errichtete auch eine wohlorganisierte Verwaltung, mit deren Hilfe er seine Lehnsleute kontrollieren und die Einkünfte aus den *Messen der Champagne nutzen konnte. Mit Troyes besaß H. den glänzendsten Hof seiner Zeit, den seine Gemahlin durch die Patronage von Dichtern und Schriftstellern zum Zentrum der literarischen Aktivitäten des Jahrhunderts machte. Der Hof von H. galt als Inbegriff des Ideals des *Rittertums.

J. F. Benton, *The Court of Champagne as Literary Center in the 12th Century*, 1960.

HEINRICH HEIMBUCHER VON LANGENSTEIN (1325-97) Theologe. Er studierte und lehrte (seit 1363) Philosophie in Paris und wurde 1383 an die Universität von Wien berufen, wo er bis zu seinem Lebensende Theologie lehrte. H. verfaßte Kommentare zu den Werken des *Petrus Lombard und zum Buch der Schöpfung sowie ca. 100 weitere Abhandlungen aus verschiedenen Bereichen. Seit 1378 war er für die Einberufung eines Generalkonzils zur Beendigung des *Großen Abendländischen Schismas tätig.

J. Lang, *Die Christologie bei Heinrich von Langenstein*, 1966[5].

HEINRICH RASPE (gest. 1247) Landgraf von Thüringen und deutscher Gegenkönig (1246-47). 1244 nahm H. an dem Aufstand deutscher Fürsten gegen *Friedrich II. teil und wurde von *Konrad von Hochstaden, dem Erzbischof von Köln, zum König ausgerufen. 1246 bestätigte Papst *Innozenz IV. die Wahl; H. schlug *Konrad IV. in einer Schlacht bei Frankfurt am Main und bereitete einen Einfall in die Hochburg der Hohenstaufen, nach Schwaben, vor, starb aber vor dem Feldzug.

R. Malsch, *Heinrich Raspe*, 1911;

E. Caemmerer, *Zur Charakteristik Heinrich Raspes*, in: Blätter für deutsche Landesgeschichte 89, 1952.

HEINRICH VON BLOIS (gest. 1171) Bischof von Winchester (1129-71). H. war der Bruder König *Stephans von Blois, wurde in *Cluny erzogen, 1126 von *Heinrich I. zum Abt von Glastonbury und 1129 zum Bischof von Winchester erhoben. 1135 krönte er seinen Bruder und diente ihm als wichtige Stütze in England. 1139 ernannte ihn Papst *Innozenz III. zum Legaten in England; nach Stephans Tod (1154) unterstützte er *Heinrich II. und nahm im Streit des Königs mit Thomas *Becket eine vermittelnde Position ein.

M. D. Knowles, *The Episcopal Colleagues of Thomas Becket*, 1951.

HEINRICH VON BURGUND (1057-1114) Fürst von Portugal (1097-1114). Er leitete 1096 einen Kriegszug französischer Ritter nach Spanien, heiratete 1097 *Urraca, die Tochter König *Alfons' VI. von Kastilien, und baute die ihm verliehene Grafschaft Oporto zum Kern des späteren *Portugal aus.

HEINRICH VON CHAMPAGNE König von Jerusalem (1192-97). Einer der Führer des dritten *Kreuzzugs, wurde nach dem Tod König *Konrads von Montferrat auf Vorschlag *Richards I. zum König gewählt und heiratete Konrads Witwe Isabella. H. festigte das Königreich von Akkon unter Ausnützung der Atempause, die der Vertrag von Ramleh 1192 den Kreuzrittern gegeben hatte.

H. Bettin, *Heinrich II. von Champagne, seine Kreuzfahrt und Wirksamkeit im Heiligen Lande*, 1910.

HEINRICH VON FLANDERN (1176-1216) Lateinischer Kaiser von Konstantinopel (1206-16). H. war der Bruder Kaiser *Balduins, den er 1205 zur Zeit dessen Gefangenschaft als Regent vertrat und dessen Erbe er nach Balduins Tod übernahm. H. verbesserte die Lage seines Reiches durch die Siege über die *Bulgaren und

über *Theodor I. Laskaris, den Kaiser von Nikaia; H. unterwarf die lateinischen Fürstentümer Griechenlands seiner Oberhoheit und konnte dank seiner militärischen Begabung die Grenzen des Reiches stabilisieren. Gegenüber der einheimischen Bevölkerung entwickelte er eine Politik der Zusammenarbeit und tolerierte im Gegensatz zu dem päpstlichen Legat Pelagius den orthodoxen Klerus.

E. Gerland, *Geschichte der Fremdherrschaft in Griechenland* 2, 1, 1905.

HEINRICH VON GENT (um 1217-93) Theologe. Er diente als Kanoniker in Tournai und Erzdiakon von Brügge und Tournai, trat 1280 in Paris für die Lehren *Augustins ein und griff 1282 *Thomas v. Aquin und die *Bettelorden an. Seine theologischen Werke (*Quodlibeta; Summa questionum*) brachten ihm den Titel eines *Doctor solemnis* ("hochgefeierter Lehrer") ein.

J. Paulus, *Henri de Gand*, 1938.

HEINRICH (VII.) VON HOHENSTAUFEN (1211-42) Ältester Sohn *Friedrichs II., war seit 1220 unter der Obhut des Erzbischofs von Köln Römischer König und übernahm 1229 in Vertretung seines Vaters die Regierung in Deutschland. 1234 erhob er sich gegen Friedrich, wurde jedoch von diesem ein Jahr später unterworfen und gefangen nach Italien gebracht, wo er 1242 anscheinend von eigener Hand starb.

E. Franzel, *König Heinrich VII. von Hohenstaufen*, 1929.

HEINRICH VON KÄRNTEN (gest. 1335) König von Böhmen, dessen Krone er 1307 zusätzlich zu seinem Kärntner Herzogtum und zur Grafschaft Tirol erbte. H. war als Herrscher ungeeignet. 1310 beschlagnahmte König *Heinrich VII. Böhmen zugunsten seines Sohnes Johann.

K. Bosl (Hg.), *Handbuch der Geschichte der böhmischen Länder* I, 1967.

HEINRICH VON LAUSANNE (12.Jh.) Mittelalterlicher Sektierer, ein französischer Mönch, der sein Kloster verlassen hatte und 1101 in Le Mans zu predigen begann. Mit seinen Angriffen auf den verweltlichten Klerus und seinen Ansichten von der völligen Armut errang er große Beliebtheit, doch zog dies auch die Verfolgung durch die kirchlichen Autoritäten nach sich. 1135 wurde er vor dem Konzil von Pisa zur Widerrufung gezwungen, nahm aber seine antikirchliche Predigt wieder auf. 1145 wurde er festgenommen und starb im Gefängnis. H. gilt als Vorläufer der *Waldenser.

H. Grundmann, *Ketzergeschichte des Mittelalters*, 1963.

HEINRICH VON MELK (12. Jh.) Dichter. Wahrscheinlich Laienbruder im niederösterreichischen Kloster Melk, verfaßte *Von des todes gehugede* (Gedenken) und *Vom Priesterleben* (um 1160), zwei leidenschaftliche Aufrufe zum Rückzug aus der Welt und zur Meidung ihrer Laster, die scharf kritisiert werden (Mode, Sinnlichkeit, Herrschsucht usf.). (Din)

H. J. Gernetz, *H. v. M.*, in: Weimarer Beiträge 6, 1960.

HEINRICH VON MORUNGEN (gest. Anfang 13. Jh.) Dichter. H. war wohl ein thüringischer Ritter im Dienste des Markgrafen v. Meißen, der 33 Minnelieder hinterlassen hat, in der die geliebte Dame fast mystisch verklärt erscheint. H. dürfte die entsprechende französische Lyrik gekannt und benutzt haben. (Din)

Werk (mittelhochdt.-neuhd.): H. Tervooren, 1978.

HEINRICH VON SEGUSIO (SUZA) Siehe *HOSTIENSIS.

Das Osttor Genuas, 13. Jh.

Festung Najac, Südfrankreich, 13. Jh.

HEINRICH VON VELDEKE (2. Hälfte des 12. Jh.s)
Dichter. H., der u.a. am Hofe des Landgrafen Herrmann
v. Thüringen wirkte, hinterließ neben Minne-, Tanz- und
Spruchlyrik eine Heiligenlegende (*Sanct Servatius*)
und das Epos *Eneit*, eine Bearbeitung der Äneassage,
in der das ritterliche Leben und die höfische Minne
vorbildlich dargestellt sind.   (Din)
W. Schröder, *Veldeke-Studien*, 1969.

HELENA (hl.; starb 330) Mutter Kaiser *Konstantins
d.Gr. und eine eifrige Christin, die 326 ins Heilige Land
pilgerte und dort die Kirchen Bethlehems und des
Olivenberges gründete. Der Überlieferung nach war es
H., die das *Heilige Kreuz fand. Ihre Pilgerreise gab
den Anstoß für die mittelalterliche Pilgerbewegung ins
Heilige Land und die damit verbundene Entwicklung
der heiligen Stätten des Christentums in Palästina.
J. Straubinger, *Kreuzauffindungslegende*, 1913.

HELINAND VON FROIDMONT (ca. 1160-1230)
Zisterzienserschriftsteller. Nach ungefähr 25 Jahren
weltlichen Lebens, in dem H. zu einem berühmten
Trouvère geworden war, trat er dem strengen Reform-
orden bei und dichtete nunmehr religiöse Lyrik wie
die "Verse vom Tod" (altfranzösisch). In ihnen sendet
H. den Tod zu seinen Freunden, damit er sie rechtzeitig
warne, und zeichnet ein faszinierendes Bild seiner alle
gleichmachenden Macht. Außerdem sind von H. Predigten, persönliche Schriften, eine Weltchronik (643-
1204) u.a. erhalten.
Werk: *PL* 212;
E. Dubruck, *The Theme of Death*, 1964.

HELMOLD VON BOSAU (um 1112-77)   Geschichtsschreiber. Er wurde in Nordsachsen geboren, war Mönch
im Benediktinerkloster Neumünster und wurde 1155
Priester in Bosau. 1172 schloß er sein großes Werk,
die *Chronica Slavorum*, ab. In diesem wichtigen Bericht
zur deutschen Kolonisierung des Nordostens stellte H.
die Ostbewegung als Kreuzzug gegen die heidnischen
Slawen dar, deren Vernichtung er als notwendig in dem
seit Karl d.Gr. andauernden Prozeß der Christianisierung
und Germanisierung Norddeutschlands ansah.
Werk (lat.-dt.): H. Strob, 1963.

HELOISE (1101-64) Äbtissin von Paraclete und Gattin
*Abälards. Sie wurde in Paris geboren und stand unter
der Obhut ihres Onkels Fulk, eines einflußreichen Kanonikers an der Notre-Dame Kirche. Als das an intellektuellen Problemen interessierte junge Mädchen von
ihrem Hauslehrer Abälard schwanger wurde, floh das
Paar zu seiner Familie in die Bretagne, wo sie ihren
Sohn Astrolab gebar. Danach überredete sie ihren Geliebten, seine Lehrtätigkeit in Paris wieder aufzunehmen, während sie dem Nonnenkloster Argenteuil beitrat. Als die Nonnengemeinde 1129 zerstreut wurde,
übergab ihr Abälard seine Klause "Paraclete" in der
Champagne, wo sie ein Kloster gründete und leitete.
Abälard wurde geistiger Berater der Nonnen und verfaßte eine Regel, die vom Papst *Innozenz II. bestätigt
wurde. H. ist durch ihre (echten?) Briefe an Abälard
berühmt geworden, aus denen Charakterstärke, fester
Glaube und die Ermutigung ihres ehemaligen Liebhabers
genauso sprechen wie ihre nie aufgegebene Liebe. Später
wurde ihr Bild Symbol der idealen Geliebten.
E. Gilson, *Heloise und Abälard*, 1955;
R. Pernoud, *Heloise and Abelard*, 1973.

HENGIST und HORSA (5. Jh.) Nach der von *Beda
weitergegebenen Überlieferung zwei Brüder, die aus

Hilfe für einen britischen König die angelsächsische Eroberung Englands eingeleitet haben sollen.
K. Schreiner, *Die Sage von H. u. H.*, 1921.

HENNEGAU Mittelalterliche Grafschaft, deren größerer Teil sich im heutigen südwestlichen Belgien befand.
Sie wurde im 10. Jh. unter der Oberhoheit *Lothringens
gegründet und war dadurch Teil des Deutschen Reiches.
Seit dem 12. Jh. war das Geschick H.s mit dem *Flanderns verflochten, die Lehnshoheit des Reiches blieb
jedoch erhalten. Um den damit verbundenen Schwierigkeiten der mehrfachen Lehnstreue Herr zu werden, erhielt eine Juniorenlinie der Grafen von Flandern den
Titel Grafen von H. 1404 ging H. durch Heirat an *Johann den Furchtlosen von Burgund über.
W. Kienast, *Deutschland und Frankreich in der Kaiserzeit*, 3 Bde., 1975[2].

HENOTIKON Das 482 von dem byzantinischen Kaiser
*Zenon zur Beendigung des Streites zwischen der ortho-
doxen und der *monophysitischen Kirche herausgegebene Unionsdekret, das zwar die Glaubensbekenntnisse
von *Nikaia und Konstantinopel wiederholte, jedoch
als Zugeständnis an die Monophysiten die "Natur"
Christi nicht erwähnte. Das H. wurde im Osten im allgemeinen günstig aufgenommen, stieß jedoch in Rom
auf heftigen Widerstand.
H. Jedin (Hg.), *Handbuch der Kirchengeschichte* 2, 2,
1975.

HEPTARCHIE (griech.: Siebenherrschaft) Die gemeinsame Bezeichnung für die sieben *angelsächsischen Königreiche im frühmittelalterlichen England: Wessex,
Sussex, Essex, Kent, Ostanglia, Mercia und Northumbrien.

HERAKLEIOS I. (575-641)   Byzantinischer Kaiser
(610-41). Der in Kappadokien geborene Militärführer
schlug 610 den Thronprätendenten Phokas und wurde
zum Kaiser ausgerufen. Seine Nachfahren regieren bis
717. In H.' Regierungszeit wurde Byzana an allen Grenzen angegriffen; Spanien ging an die Westgoten und
Jerusalem an die Perser verloren (614). Letztere
konnten erst 628 zurückgeworfen werden, 5 Jahre
später begann jedoch schon der arabische Großangriff,
der 636 mit der Niederlage am Jarmukfluß zum Verlust
Palästinas und 640-42 Ägyptens führte. Auch die verspä-
teten religiösen Zugeständnisse an die nichtgriechischen Untertanen des Reiches (638) konnten das Blatt
nicht mehr wenden. Innenpolitisch wurde Kleinasien
in Miltärbezirke eingeteilt ("Themenverfassung"), die
unter einem die militärische und zivile Gewalt ausübenden Strategen standen. Griechisch löste Latein als Amtssprache ab.
G. Ostrogorsky, *Geschichte des byzantinischen Staates*,
1963[2].

HERAKLEIOS II. (Herakleonas; 618-45)   Byzantinischer Kaiser (641). Zweiter Sohn des *Herakleios I.,
wurde nach dessen Tod zum Kaiser ausgerufen und bald
darauf von Konstanz II. gestürzt.

HERALDIK (Wappenkunde) Die H., ein Zweig der
mittelalterlichen Geschichtswissenschaft, nahm ihren
Ausgang vom Studium der Wappen feudaler Adelsfamilien, deren Symbole allen Linien einer Familie
gemeinsam waren. Seit dem späten 12. Jh. wurden die
Wappen auf Schilder gemalt und auf Münzen geprägt.
Neben den adelig-ritterlichen Wappen bestanden auch
jene der kirchlichen Würdenträger und der Städte. Seit
dem 14. Jh. festigen sich die Wappen auch des Nieder-

adels, ein Zeichen für die Erhärtung des sozialen Systems und die endgültige Herauskristallisierung des Adels.

D. L. Galbreath, *Handbüchlein der Heraldik,* 1948²;
W. H. Rüdt de Collenberg, *Héraldique Médiévale,* 1972.

HERBALE (lat. herbarius; Pflanzenbuch) Im Mittelalter wurden die meist von klassischen Quellen wie dem griechischen Pseudo-Aristoteles und dem lateinischen Pseudo-Apuleus abgeleiteten H. weithin benutzt. Das H. klassifizierte Pflanzen und Kräuter sowohl nach ihrer Morphologie als auch nach ihrer Anwendung und ihrem praktischen Nutzen. Zum klassischen Erbe fügten die Araber (besonders *Rases mit seinen botanischen Studien) neue Erkenntnisse hinzu. Die Rezeption der arabischen Werke und die allgemeinen Fortschritte des medizinischen Wissens führten im 13. Jh. dazu, daß *Rufinus ein H. verfaßte, das gegenüber den bisherigen H.s, die nicht über den Stand der klassischen Antike hinauskamen, einen bedeutenden Fortschritt darstellte. Seit dem ausgehenden 13. Jh. wurden auch illustrierte H.s verbreitet.

A. Arber, *Herbals,* 1938.

HERBERT VON BOSHAM (gest. um 1194) Bibelkommentator. Engländer von Geburt, diente als Sekretär Thomas *Beckets, dem er ins Exil nach Frankreich folgte. In Paris wurde H. mit den Schriften der jüdischen Bibelkommentatoren vertraut. Sein wichtigstes Werk ist ein Kommentar zu den Psalmen, den er unter Zuhilfenahme hebräischer Werke als Mönch im Kloster Ourscamp (Artois) verfaßte. Daneben schrieb H. über das Leben des Erzbischofs von Canterbury, was im Kanonisierungsprozeß Beckets zur Anwendung kam.

B. Smalley, *The Study of the Bible in the Middle Ages,* 1952.

HERBERT II. VON VERMANDOISE (902-42) Einer der Feudalherren Frankreichs in der ersten Hälfte des 10. Jh.s, der sich des Erzbistums von Reims bemächtigte und seine Verwandten zu Erzbischöfen erhob. Trotz eines Bündnisses mit *Karl III. d. Einfältigen lieferte er diesen an *Rudolf von Burgund aus. Seine Differenzen mit Rudolf von Cambrai waren der Hintergrund zum Heldenepos des *Raoul de Cambrai* (12. Jh.).

H. Zimmermann, *Frankreich und Reims in der Politik der Ottonen,* in: Mitteilungen des Instituts für österreichische Geschichtsforschung, Ergänzungsband 20, 1962/63.

HERDSTEUER (fouage) Eine bis zum 13. Jh. von den Feudalherren und in Frankreich seit 1362 vom König eingenommene Steuer, die wegen ihrer Unbeliebtheit 1380 von *Karl V. von Frankreich abgeschafft wurde.

HEREM HA-JISCHUW (Bann der Gemeinde) Eine Rechtsauffassung, die dem 10. Jh. im *aschkenasischen Judentum ausbreitete, wonach die Gerichtshöfe der örtlichen jüdischen Gemeinden die Möglichkeit besaßen, aufsässige Personen aus der Gemeinde und deren Territorium auszuweisen.

E. L. Rabinowicz, *Herem Hayishub,* 1945.

HERMANDAD (kastilianisch: Bruderschaft) Die Bezeichnung für die bewaffneten städt. Vereinigungen, die in Spanien seit dem 12. Jh. mit dem Ziel der Friedenssicherung auf Landstraßen und innerhalb der Städte entstanden sind. Die erste H. wurde in der Zeit König *Alfons' VIII. in *Toledo errichtet. Die Struktur der H. von Toledo wurde von späteren Vereinigungen nachgeahmt und glich der der mittelalterlichen Gilden, Zünf-

te und *Kommunen. 1295 wurden die H. offiziell anerkannt, 1325 von *Alfons IX. wegen ihrer Macht abgeschafft, unter *Heinrich II. in dessen Kampf gegen *Peter d. Grausamen jedoch wieder anerkannt (1369). Zur gleichen Zeit schlugen die H. auch in *Aragón Wurzeln. Auch hier dienten sie dem Königtum als Miliz im Kampf gegen den Adel.

W. C. Atkinson, *Geschichte Spaniens und Portugals,* 1962;
P. E. Russel, *A Companion to Spanish Studies,* 1967.

HERMANN BILLUNG (gest. 973) Gründer des Herzogshauses der Billunger in Sachsen. Der Verwandte von König *Heinrich I. war Markgraf im Raum der unteren Elbe und einer der treuesten Anhänger *Ottos I., der ihm 961 das Herzogtum Sachsen verlieh. 940 hatte H. das sächsische Heer gegen die Slawen geführt.

H. J. Freytag, *Die Herrschaft der Billunger in Sachsen,* 1951.

HERMANN DER LAHME VON REICHENAU (Herimannus Contractus; 1013-54) Dichter und Geschichtsschreiber. Er wurde am Kloster *Reichenau erzogen, dem er als Mönch beitrat. H. war ein hochgebildeter Intellektueller und verfaßte wichtige Abhandlungen zur Mathematik und Astronomie sowie eine annalistische Weltchronik, Musiktheoretisches und Gedichte.

Werk: *PL* 163;
H. Hansjacob, *Hermann der Lahme,* 1875;
R. Buchner, *Geschichtsbild und Reichsbegriff Hermanns von Reichenau,* in: Archiv für Kulturgeschichte 42, 1960.

HERMANN VON KAPPENBERG (gest. 1198) Ein bekehrter Jude aus Köln, der den *Prämonstratensern beitrat und polemische Schriften wie den fiktiven "Dialog des *Rupert von Deutz" gegen das Judentum verfaßte. Von besonderem Interesse ist seine "Geschichte meiner Bekehrung". H. wurde auch Abt des Prämonstratenserklosters Scheda.

G. Misch, *Geschichte der Autobiographie* III, 2, 1, 1959.

HERMANN VON KÄRNTEN (erste Hälfte 12. Jh.) In Kärnten von Eltern slawischen Ursprungs geboren, studierte unter *Thierry in Chartres, reiste in Südfrankreich und Spanien und trat hervor als Übersetzer naturwissenschaftlicher und philosophischer Werke aus dem Arabischen. Abt *Petrus d. Ehrwürdige von Cluny ließ ihn 1141 Teile des Korans ins Lateinische übersetzen.

C. H. Haskins, *Studies in the History of Medieval Science,* 1924.

HERMANN VON METZ Bischof von Metz (1073-90), einer der treuesten Anhänger *Gregors VII. in Deutschland und Führer der westdeutsch-lothringischen Reformbewegung. H. war der Empfänger des berühmten Briefes vom Papst zur Frage der *Investitur.

HERMANN VON SALM (gest. 1088) Deutscher Gegenkönig (1081-82), der von den deutschen Feinden Heinrichs IV. aufgestellt und von Papst *Gregor VII. bestätigt wurde. Nach einem nicht geglückten Versuch, Schwaben zu erobern, kehrte er in seine lothringische Grafschaft Salm zurück.

HERMANN VON SALZA (um 1170-1239) Vierter Hochmeister des *Deutschen Ordens (seit 1209) und eine der einflußreichsten politischen Persönlichkeiten seiner Zeit. H. unternahm die Verlagerung des Ordens nach Osteuropa. 1211 nahm er die Einladung König *Andreas' II. von Ungarn an, im siebenbürgischen Burgenland gegen die heidnischen Kumanen zu kämpfen

und eine Niederlassung des Ordens zu gründen. 1225 ließ er die siebenbürgische Niederlassung räumen, nachdem seine Forderung nach vollen Herrschaftsrechten über das eroberte Gebiet nicht erfüllt wurde. Im folgenden Jahr begannen Verhandlungen mit *Konrad, dem polnischen Herzog von Masowien, über gemeinsame Kampfaktionen gegen die Pruzzen. Diesmal erhielt er die Zustimmung, daß das gesamte eroberte Gebiet dem Orden übergeben werden sollte. Die Bestätigung des Abkommens durch Kaiser *Friedrich II. in der *Goldbulle von Rimini 1226 wurde zur rechtlichen Grundlage der deutschen Besiedlung *Preußens. 1229 begleitete H. den Kaiser auf dessen *Kreuzzug und nahm an den Krönungsfeierlichkeiten zu Jerusalem teil. Während seines Aufenthaltes im Kreuzfahrerreich ließ H. den Bau der Festung *Montfort beginnen, die zum Hauptquartier des Deutschen Ordens im Heiligen Land werden sollte.
H. Heimpel, *Hermann von Salza*, 1955.

HERMANN I. VON THÜRINGEN   Landgraf von Thüringen (1190-1217), der im Bürgerkrieg zwischen den *Welfen und den *Hohenstaufen seine Besitzungen erweitern konnte. H.s Berühmtheit stammt hauptsächlich von seinem Hof auf der Wartburg, der als einer der bedeutendsten literarischen Mittelpunkte seiner Zeit galt. H. war Schwiegervater der hl. *Elisabeth.

HERRAD VON LANDSBERG (um 1125-95)   Äbtissin von Hohenburg (Elsaß) und Schriftstellerin. Sie war eine Tochter der Herren von Landsberg und wurde im Kloster Hohenburg aufgezogen, zu dessen Vorsteherin sie später berufen wurde. Die in den Klassikern und der zeitgenössischen Literatur weit belesene H. stellte Auszüge aus den Werken ihrer Lieblingsautoren in dem *Hortus Deliciarum* ("Der Lustgarten") zusammen. Das Buch war zur geistlichen und intellektuellen Erbauung ihrer Nonnen gedacht und erlangte innerhalb kurzer Zeit besonders in Klöstern und unter Adelsfamilien große Beliebtheit und Verbreitung. Es zeichnete sich aus durch eine Reihe allegorischer Miniaturen von großem kulturgeschichtlichen Interesse.
Werk: J. Walter, 1954;
O. Giller, *Ikonographische Studien zum Hortus Deliciarum*, 1931.

HERSTAL   Mittelpunkt eines großen Landbesitzes nördlich von Lüttich und einer der Lieblingsaufenthaltsorte *Karls d.Gr. 789 gab er in H. das berühmte *Kapitular heraus, das den Aufbau des Frankenreichs veränderte.

HERULER   Germanischer Stamm, der bis zur Mitte des 5. Jh.s nördlich der Donau saß und sich dann in mehrere Einheiten aufteilte, die sich an die *Wandalen, *Alemannen und *Bayern anschlossen. Der Hauptteil der H. nahm unter König *Odoaker mit anderen Stämmen an der Eroberung Italiens teil, wo sie 476 den letzten weströmischen Kaiser Romulus Augustulus absetzten. Danach gingen die H. in anderen Germanenstämmen auf.
S. Gutenbrunner-H. Jahnkuhn, *Völker und Stämme Südostschleswigs im frühen Mittelalter*, 1952.

HESSEN   Land in Mitteldeutschland, benannt nach den Hessen, einem germanischen Stamm, der sich in der Gegend noch vor dem 2. Jh. niedergelassen hatte. Die Hessen konnten im 6. Jh. dem merowingischen Angriff widerstehen, wurden jedoch im 8. Jh. von den Karolingern besiegt, die im Südwesten des Landes Franken ansiedelten.

Die Klöster *Fulda und Hersfeld wurden zur Verbreitung des Christentums in H. gegründet. Im 9. Jh. wurde das Land zum Herzogtum *Franken geschlagen, in dessen Rahmen es bis zum Tode *Heinrichs V. (1125) verblieb. Im 12. Jh. ging H. an die Landgrafen von *Thüringen über, 1264 wurde es als Grafschaft an Heinrich, den Sohn des Herzogs von Brabant und Enkel der hl. *Elisabeth von Thüringen, verliehen. Dieser war der Gründer des Herzogshauses, das H. von der Hauptstadt Kassel aus bis 1918 regierte.
K. Demandt, *Geschichte des Landes Hessen*, 1959.

HESYCHASTEN   Eine Gruppe von mönchischen Mystikern, die im 14. Jh. u.a. den Berg *Athos bewohnten. Sie glaubten, daß der Mensch durch ein System asketischer und meditativer Praktiken die Vision des göttlichen Lichtes erlangen könne. Die Ideen der H., die im Grunde auf Johannes Hesychastes (gest. 559) zurückgehen, wurden um 1339 unter den Mönchsgemeinden des Berges verbreitet und fanden rasch Anklang. Gegen die Einwände des kalabrischen Mönches Barlaam verteidigte *Georgios Palmas den Hesychasmus und konnte 1341 die Verurteilung der Lehre als ketzerisch verhindern. Bis 1347 wurden die H. dennoch verfolgt, danach verbreiteten sich unter der Förderung Kaiser *Johannes Kantakuzenos' rasch im ganzen Reich; in der zweiten Hälfte des 14. Jh.s wurde die Lehre trotz des Widerstandes konservativer Kreise in die offizielle Lehre der orthodoxen Kirche aufgenommen.
L. Hausherr, *La méthode d'oraison des H.*, 1927.

HETHUM I. (gest. 1273)   König von *Armenien (1226-69). Er wurde von seinem Vater Konstantin von Lampron, dem Führer eines Adelsaufstands in Kleinarmenien, zum König ausgerufen und war der Begründer des Hauses der Hethumiden. H. war ein begabter Verwalter und baute das durch Anarchie und Bürgerkrieg zerissene Land von neuem auf. Gegen die *Mamluken verbündete er sich mit dem Kreuzfahrerstaat *Antiochia (1254); dem *Mongolenkhan *Hülagü stand er in den Feldzügen gegen die *Ejjubiden in Syrien bei. Die Niederlage der Mongolen bei Ain Dschalud (1261) brachte die Armeen *Baibars bis an die armenische Grenze. 1266 fielen die Mamluken nach der Niederlage H.s bei Darbsack in Armenien ein. H. mußte abdanken und verbrachte den Rest seines Lebens in einem Kloster.
F. Tournebise, *Histoire politique et réligieuse de L'Arménie*, 1900.

HETHUM II. (gest. 1307)   König von Armenien (1289-1301) gegen seinen Willen. Wegen der mamlukischen und mongolischen Bedrohung konnte er erst 1301 seine Absicht verwirklichen, abzudanken und in ein Kloster zu gehen, von wo er seinen Neffen und Nachfolger *Leo IV. treu beriet.

HEURES DU DUC DE BERRY   Die Bezeichnung zweier Gebetsbücher ("Stundenbücher"), die an der Wende vom 14. zum 15. Jh. für Johann, den Herzog von Berry, angefertigt und von *Jacquemart von Hesdin und den Brüdern von *Limburg reich verziert wurden.

HIDALGOS   Siehe *ARAGÓN.

HIDE   Siehe *HYDE.

HIERONYMUS (hl.; um 342-420)   Bibelforscher und -übersetzer. Er wurde in Norditalien geboren, in Rom erzogen und zum Priester geweiht und erfreute sich als Prediger großer Beliebtheit in Frauenklöstern. Im Jahre 381 verließ er Italien und ließ sich nach jahrelangen

Die Zelle des hl. Hieronymus in Bethlehem

Reisen zu den christlichen Stätten des Ostens in einer Höhle bei *Bethlehem nieder. Dort verfaßte er die *Vulgata* genannte Übersetzung des Alten Testaments ins Lateinische, wobei er sich des hebräischen Originals bediente. Dieser Text war der im ganzen Mittelalter allein gültige.

HIERONYMUS VON PRAG (1360-1416) Böhmischer Reformer und Schüler des Johann *Hus, bei dem er in Prag Theologie studiert hatte. 1398 hielt er sich in Oxford auf, zwischen 1401 und 1406 besuchte er weitere Universitäten und verbreitete seine Ideen über die Kirchenreform. Er soll auch eine Pilgerfahrt nach Jerusalem unternommen haben. Nach seiner Rückkehr nach Prag nahm er 1407 an den theologischen Disputen teil und wurde an der Universität einer der Führer der böhmischen Nationalpartei. Seit 1410 wurde er als verdächtiger Ketzer verfolgt. 1415 ging er mit Hus zum Konzil von *Konstanz, wo er zum Tode durch den Scheiterhaufen verurteilt wurde.
R. R. Betts, *Jerome of Prague*, 1947.

HILALI (Banu Hilal) Beduinenstamm, der um 1050 von dem Fatimidenkalifen Al-Mustansir zur Unterdrükkung eines örtlichen Aufstands nach Nordafrika entsandt wurde. Die Greueltaten der H. führten zur Ausrottung der nubischen Bevölkerung und zur Arabisierung eines Teiles des nördlichen Sudan.

HILDEBERT VON LAVARDIN (ca. 1056-1133) Bischof von Le Mans (1096-1125), Erzbischof von Tours (1125-33), Dichter und Kanonist. H. wurde an der Domschule von Le Mans erzogen, wo er 1096 gegen den Widerstand König *Wilhelms II. von England Bischof wurde. Dieser nahm ihn 1099 gefangen; nach seiner Freilassung ging H. nach Rom und erhielt die päpstliche Bestätigung seiner Wahl. H. war ein eifriger Verfechter der kirchlichen Freiheit im Sinne der *gregorianischen Reformbewegung. Als Erzbischof von Tours stieß er

mit König *Ludwig VI. von Frankreich wegen der Vorrechte seines Bistums zusammen. Als Anhänger Papst *Anaklets II. im Schisma des Jahres 1130 verlor er bedeutend an Einfluß. H. ist hauptsächlich für seine anmutigen Gedichte und Briefe bekannt, die Vorbilder für sakrale und weltliche Werke wurden. H. orientierte sich besonders an den Dichtungen Ovids.
Werk: *PL* 171;
F. K. Barth, *Hildebert von Lavardin,* 1906;
P. v. Moos, *H. v. L.,* 1965.

HILDEBOLD (HILDEBALD) Erzbischof von Köln und Erzkaplan *Karls d.Gr. (791-815). H. stammte aus einer bedeutenden *austrasischen Familie, wurde an der fränkischen Hofkapelle erzogen und 791 von Karl zum Erzkaplan gemacht. In den Jahren 796-97 nahm er teil an den Verhandlungen mit Papst *Leo III., den er in Paderborn im Namen des Königs empfing. Als enger Vertrauter Karls in der Zeit vor dessen Kaiserkrönung dürfte H. bedeutenden Einfluß auf die Gestaltung des karolingischen Kaiserreichs gehabt haben.
J. Fleckenstein, *Die Hofkapelle der deutschen Könige* 1, 1959.

HILDEBRAND Siehe *GREGOR VII.

HILDEBRANDSLIED Heldenepos, um 800 verfaßt, das erste bekannte deutsche literarische Werk. Die überlieferte Version des H.s stammt zwar aus dem frühen 11. Jh., birgt aber ältere Teile. Das H. behandelt die Abenteuer eines alten Kriegers, dessen weitberühmte Treue ihn sogar gegen seinen eigenen Sohn kämpfen ließ. Es ist das einzige erhaltene germanische Heldenlied in Althochdeutsch.
Text: E. Steinmeyer (Hg.), (Neudr.) 1963;
H. van der Kolk, *Das Hildebrandslied,* 1967.

HILDEGARD VON BINGEN (hl.; 1098-1179) Mystikerin. Wohl Tochter einer Adelsfamilie aus Böckelheim, wurde schon in ihrer Kindheit durch ihre ekstaselosen Visionen bekannt. 1116 trat sie dem Kloster Rupertsberg (bei Bingen) bei, dessen Äbtissin sie 1136 wurde. In dieser Zeit begann sie, ihre Visionen niederzuschreiben. Diese wurden zwischen 1141-51 unter dem Titel *Scivias* ("Das Wissen um die Wege") veröffentlicht. H. übte einen starken Einfluß auf ihre Zeitgenossen wie etwa den hl. *Bernhard von Clairvaux und Kaiser *Friedrich I. aus. In ihren Visionen wandte sie sich gegen die Laster und empfing rätselhafte Vorwarnungen anstehender Katastrophen. H. besaß einen wissenschaftlich geschulten Intellekt und ein breites Wissen, wie ihre medizinischen Abhandlungen ausweisen. Neben weiteren mystischen Schriften sind von ihr auch historische, theologische und naturkundliche Werke sowie 70 Lieder erhalten.
A. Führkotter, *H. v. B.,* 1972.

HILDERICH (gest. 532) Wandalenkönig (523-31). H. war der Sohn König *Hunerichs und der byzantinischen Prinzessin Eudoxia, wurde in Konstantinopel erzogen und versuchte als König, seine Landsleute vom arianischen Christentum abzubringen. Dies und militärische Mißerfolge führten zu einem Aufstand des Adels und 531 zu seiner Absetzung und Hinrichtung durch seinen Neffen *Gelimer.
J. H. Dieser, *Das Wandalenreich. Aufstieg und Untergang,* 1966.

HILDESHEIM Stadt in Sachsen, die aus einer um 700 von den Sachsen zwischen Rhein und Elbe errichteten Marktsiedlung entstand. Sie wurde 787 von *Karl d.Gr.

erobert und zur Ausgangsbasis der fränkischen Sachsenmission gemacht. Das 815 errichtete Bistum nahm unter
Bischof *Bernward (993-1022) an Bedeutung zu.
Die Stadt stand unter der Herrschaft der Bischöfe, die
selbst der Oberhoheit der Herzöge von Sachsen-Braun-
schweig untertan waren, bis 1235 Kaiser *Friedrich II.
das Bistum direkt dem Reich unterstellte und die Erlaubnis zur Errichtung eines Marktes und der Einhebung
von Steuern erteilte. Der Kampf zwischen Herzögen und
Bischöfen ging jedoch weiter; in der zweiten Hälfte
des 13. Jh.s erhielten die Stadtbürger von den Herzögen
Unterstützung gegen die bischöfliche Autorität. Im
Jahre 1300 errang die Bürgerschaft das Recht zur Selbstregierung sowie weitgehende Privilegien. Diese wurden
allmählich ausgeweitet und brachten 1367 mit dem
Beitritt zur *Hanse die volle Autonomie.
A. Bertram, *Geschichte des Bistums Hildesheim,* 3 Bde.,
1899-1925;
J. Lindenberg, *Stadt und Kirche im spätmittelalterlichen
Hildesheim,* 1963.

HILDUIN (806-42) Mönch und Abt von *St. Denis,
karolingischer Erzkaplan und eine wichtige Persönlichkeit in der karolingischen Renaissance. H. diente seit
822 als Erzkaplan an der Hofkapelle *Ludwigs d. Frommen und war außer als Abt von St. Denis noch als Abt
von *St. Germain-des-Prés und St. Medard in Soisson
tätig. Nachdem er die Revolte *Lothars unterstützt
hatte, wurde er von Ludwig seiner Ämter enthoben und
nach Paderborn ins Gefängnis gesteckt, 831 jedoch
wieder als Abt von St. Denis eingesetzt. In seinen letzten Lebensjahren übersetzte er die Werke des *Dionysius Areopagita, um dessen Verbindung zum hl. Denis
zu beweisen; außerdem verfaßte er die wichtige historische Abhandlung "Das Leben des Königs Dagobert",
die die Bedeutung von H.s Kloster als Hauptheiligtum
des Frankenreichs unterstreichen sollte. Die von H. an
das Kloster St. Denis herangezogenen gelehrten Mönche
waren maßgebend an der Geistesbewegung des 9. Jh.s
beteiligt.
J. Fleckenstein, *Die Hofkapelle der deutschen Könige* 1,
1959.

HILLEL BEN SAMUEL VON VERONA (um 1220-91)
Jüdischer Philosoph, der unter dem Einfluß der christli-
chen Scholastik das Werk des *Maimonides gegen die
Angriffe der *Averroisten verteidigte und bedeutenden
Einfluß auf die italienischen Rabbiner im Streit um die
Philosophie des Maimonides ausübte. Unter seinen
Werken ist von größter Bedeutung die Abhandlung über
die Seele, in der er seiner Bevorzugung des rationalisti-
schen Glaubens Ausdruck gab.
I. Elbogen, *Hillel da Verona e la lotta per M. Maimonide,*
1935.

HINKMAR VON REIMS (um 806-82) Erzbischof von
Reims (845-82) und karolingischer Staatsmann. Er wurde in *St. Denis unter Abt *Hilduin erzogen, der ihn
822 an den kaiserlichen Hof brachte. Dort verschaffte
er sich allmählich aus eigenem Verdienst Ansehen, bis
er 830 zwischen *Ludwig dem Frommen und seinem
Abt vermitteln konnte. Als treuer Diener des Kaisers
wurde er von *Karl d. Kahlen zum Erzbischof von
Reims erhoben. In dieser Eigenschaft war H. eifrig
mit der Umgestaltung seiner Kirchenprovinz und der
Gesamtkirche der drei fränkischen Teilreiche im Sinne
der karolingischen Staatskirche beschäftigt, die er auf
von ihm einberufenen alljährlichen Synoden kraftvoll

Mosaikboden im Palast Hischams zu Jericho

vertrat. 876 war H. wesentlich daran beteiligt, daß
die Regierung an Ludwig II. überging. H. diente als
enger Berater und dann als Regent der Söhne Ludwigs.
Er zeichnete sich nicht als spekulativer Theologe aus.
Seine schriftlichen Werke sind hauptsächlich historischer
Natur, daneben ist seine Beschreibung des Regierungs-
systems des Karolingerreiches von hohem historischen
Wert.
Werk: *PL* 125-126;
J. Beckmann, *Hincmar von Reims,* 1933;
J. Schmidt, *Hinkmars "De ordine palatii" und seine
Quellen,* 1962.

HIRSAU Kloster im Schwarzwald, 830 gegründet
und von den *Karolingern und den Herzögen von
*Schwaben reich ausgestattet. Der Niedergang H.s im
11. Jh. wurde 1069 beendet, als der in *Cluny ausgebildete Mönch *Wilhelm aus St. Emmeram (Regensburg)
mit der Leitung des Klosters betraut und 1071 zum Abt
erhoben wurde. Wilhelm schuf unter Benutzung der
Gewohnheiten (*consuetudines*) von Cluny die Hirsauer
Regel und setzte eine deutsche Klosterreform in Gang,
die vom Adel bereitwillig unterstützt wurde. Als Anhänger der gregorianischen Kirchenreform waren die Hirsauer Mönche besonders zur Zeit *Urbans II. aktiv an
den polemischen Auseinandersetzungen des *Investiturstreits beteiligt; sie trugen mit ihren Predigten zur
Diskreditierung der kaiserlichen Partei bei. Im 12. Jh.
war H. Ausgangspunkt einer künstlerischen Schule, die
im Bauwesen als Hirsauer Romanik bekannt wurde und
sich auf zahlreiche deutsche Klosterbauten ausbreitete.
B. Hoffmann, *Hirsau und die Hirsauer Bauschule,* 1950;
K. Schmid, *Kloster Hirsau und seine Stifter,* 1959;
H. Jakobs, *Die Hirsauer, ihre Ausbreitung und Rechtsstellung im Zeitalter des Investiturstreits,* 1961.

HISCHAM IBN ABD-AL-MALIK (691-743) Zehnter
Kalif der *Omajjadendynastie (724-43). Unter seiner

Wand um das Freibad in Hischams Palast zu Jericho

Regierung hatte das arabische Kalifat seine größte Ausdehnung und reichte von Indien bis nach Südfrankreich. Gleichzeitig deuteten die wiederholt auftretenden Aufstände der nordafrikanischen *Berber sowie der persischen *Schiiten und *Abbasiden die künftige Teilung der islamischen Welt an, konnten aber von H. noch unterdrückt werden. H. unternahm eine Reihe von Feldzügen gegen Byzanz (739-40), ohne jedoch Konstantinopel einzunehmen. Eine von ihm 732 nach Spanien ausgesandte Truppe gelangte in Frankreich bis *Poitiers, wurde aber von den Franken unter *Karl Martel zurückgeworfen. H. war auch ein begabter Administrator, der eine Reihe von Verbesserungen des Verwaltungsapparats einführte.
F. Gabrielli, *Il Califato di Hisham*, 1935.

HISCHAM I. (757-96) Omajjadenkalif von *Córdoba. Er war ursprünglich Emir von Córdoba (788), stürzte 789 seinen älteren Bruder, der Toledo regierte, und machte sich zum Herrscher des gesamten maurischen Spaniens.

HISCHAM II. (um 964-1013) Kalif von Córdoba (967-1013), unter dessen Regierung die eigentliche Macht jedoch in den Händen von Wesiren und seit 981 in denen seines Ministers *Al-Mansur lag.

HISCHAM III. (975-1036) Kalif von Córdoba (1027-31). Sohn einer Nebenlinie der spanischen *Omajjaden, wurde von den Mauren Córdobas zum Kalifen ausgerufen, überließ die Regierung jedoch seinen Ministern und wurde 1031 gestürzt. H. war der letzte Kalif von Córdoba.

HISPERICA FAMINA Anonymes Gedicht aus dem südwestlichen England des 6. Jh.s, das in einer aus Lateinisch, Keltisch, Griechisch und Hebräisch zusammengesetzten Sprache geschrieben ist und neben sprachlicher Experimente mehrere Aspekte des gesellschaftlichen Lebens der Briten zur Zeit der angelsächsischen Eroberung zum Inhalt hat.
F. H. Jenkinson (Hg.), *Hisperica Famina*, 1908.

HISTOIRE D'ERACLES Französische Chronik, die zwischen 1228 und 1275 von mehreren Verfassern im *Kreuzfahrerreich zusammengestellt wurde. Die Nachrichten über die Zeit zwischen 1187 und 1275 sind von großem Wert; für die Periode bis zum dritten *Kreuzzug wurden andere Quellen, hauptsächlich die Chronik *Wilhelms von Tyrus, benutzt.

HOFKAPELLE Siehe *KAPELLE.

HOHENSTAUFEN Deutsches Herrscherhaus des 12. und 13. Jh.s, dessen Zeit als Glanzperiode des mittelalterlichen Deutschlands gilt. Der Name H. stammt vom Schloß Staufen in *Schwaben, der Heimat der H., die im 10. Jh. als Grafen von Waiblingen zum mittleren Adel gehörten. 1079 heiratete das Haupt der Familie, *Friedrich I., die Schwester Kaiser *Heinrichs IV. und wurde nach der Niederwerfung des Aufstandes *Rudolfs von Schwaben zum Herzog ernannt. Friedrich sowie seine Söhne *Friedrich II. und Konrad waren treue Verbündete des Kaisers und dessen Sohnes *Heinrich V. Sie leiteten den Widerstand gegen *Lothar III. und besaßen bereits genügend Macht, um sich auch nach ihrer Niederlage in ihrer Position halten zu können, nicht zuletzt dank ihres breiten Rückhalts, den unter anderem das Haus Babenberg (*Österreich) bot. 1137 erlangte der jüngere Bruder Konrad als *Konrad III. die Königswürde. Er wie auch sein Nachfolger *Friedrich I. Barbarossa waren sich der Bedeutung des schwäbischen Herzogtums bewußt und behielten auch nach ihrem Aufstieg zur Königswürde die herzogliche Stellung bei. Unter Friedrich Barbarossa erreichte das Haus H. den Höhepunkt seiner Macht. Sein Sohn *Heinrich VI. fügte Sizilien zu den Besitzungen der Dynastie. In den Thronwirren nach Heinrichs Tod verlor dessen Bruder *Philipp, der Herzog von Schwaben, durch die päpstlichen Intrigen die deutsche Krone (1202) an *Otto IV. Dessen eigenwillige Politik erneuerte jede Verbindung zwischen dem Papsttum und den H.; *Innozenz III. holte Heinrichs jungen Sohn *Friedrich II. aus Sizilien und verhalf ihm zur Königswürde. Seit 1220 befaßte sich Friedrich hauptsächlich mit den Angelegenheiten Italiens und Siziliens und überließ seinem Sohn *Heinrich (VII.) die Regierung Deutschlands. Dieser verlor jedoch 1234, nachdem er sich gegen seinen Vater erhoben hatte, die Krone an seinen jüngeren Bruder *Konrad IV. Der lange Konflikt mit dem Papsttum schwächte die Stellung der H. in Deutschland. Nach Friedrichs Tod im Jahre 1250 verlor Konrad die Kontrolle. In Italien kämpften Friedrichs uneheliche Söhne mit *Manfred an der Spitze weiter für die Sache der H. Mit Manfreds Tod (1266) und der Ermordung des jungen Konradin, des Sohnes Konrads IV., durch *Karl von Anjou (1268) brach die Hohenstaufen-Herrschaft in Italien und Deutschland zusammen; das Haus der H. hörte auf zu existieren.
E. Orthbrandt, *Die Staufer*, 1977;
Die Zeit der Staufer (Ausstellungskatalog Stuttgart), 5 Bde., 1977/78.

HOHENZOLLERN Deutsches Adelshaus, das zu Beginn des 15. Jh.s als Herrscher *Brandenburgs in den Rang der Kurfürsten aufstieg. Die H. stammten ursprünglich aus Schwaben, wo sie die Burg Zollern besaßen. Das erste bekannte Haupt des Hauses war Friedrich von Zollern, der zu Beginn des 12. Jh.s ein treuer Bundesgenosse des Hohenstauferherzogs *Friedrich von Schwaben war. In der Zeit *Friedrich Barbarossas wurde auf dem Gipfel des Zollernberges das neue Schloß Hohenzollern erbaut. 1191 heiratete Friedrich III. die Erbin des Burggrafen von *Nürnberg. Vor seinem Tod teilte er die Besitzungen seines Hauses zwischen seinen beiden Söhnen (1204) auf und schuf damit die schwäbische und die fränkische Linie der H. In der Folge gewann die fränkische Linie an Bedeutung. Burggraf Friedrich IV. (1220-97) war ein enger Verbündeter *Rudolfs von Habsburg und errang eine hohe Stellung im Reich, die den Weg für den Erwerb der Grafschaften Ansbach und Bayreuth zu Beginn des 14. Jh.s ebnete. Auch die Allianz mit den Luxemburgern in der zweiten Hälfte des 14. Jh.s stärkte die H.; 1415 belohnte Kaiser *Sigmund den Burggrafen *Friedrich VI. für dessen Unterstützung mit der Kurfürstenwürde von Brandenburg.

O. Hintze, *Die Hohenzollern und ihr Werk*, 1916[3];
R. Schneider, *Die Hohenzollern*, 1953.

HOLLAND Grafschaft im Rahmen des mittelalterlichen Herzogtums *Lothringen auf dem Boden *Frieslands zwischen dem Rhein und der Amstel. Die Grafschaft wurde zu Beginn des 10. Jh.s von dem Friesenführer Dirk auf dem von den *Normannen wiedergewonnenen Territorium gegründet. Im Jahre 922 erhielt Dirk die Anerkennung des Frankenkönigs *Karl d. Einfältigen. Seine Nachkommen regierten ein Land, dessen Umfang durch Trockenlegung und Heiratsallianzen mit den Grafenhäusern von *Seeland und Flandern allmählich wuchs. Unter Graf *Wilhelm II. (1234-56), der 1247 unter dem Namen Wilhelm von Holland als Gegenkönig aufgestellt wurde, griff H.s Macht auf Deutschland über, was jedoch infolge des frühen Todes von Wilhelm nur Episode blieb. Im Jahre 1296 starb die friesische Grafenlinie aus, und H. ging über an Johann von Avesnes, den Grafen des *Hennegau, der als Reichsfürst eine ganze Gruppe von Grafschaften in den Niederlanden regierte. Unter den Grafen von Avesnes und ihren Nachfolgern, dem bayerischen Haus *Wittelsbach (1296-1417), erlebte H. eine Periode des Wohlstands, die 1417 mit dem Eindringen der burgundischen Macht beendet wurde. 1433 wurde H. an den burgundischen Staat *Philipps d. Guten angeschlossen.

O. Oppermann, *Untersuchungen zur nord-niederländischen Geschichte im 10.-13. Jahrhundert*, 2 Bde., 1921/22;
B. H. Slicher van Bath, *The Economic and Social Conditions in the Frisian Districts 900-1500*, 1965.

HOLSTEIN Norddeutsches Land zwischen der Elbe und der dänischen Grenze, das ursprünglich von dem slawischen Stamm der Obodriten bewohnt wurde, die gegen *Karl d.Gr. Widerstand geleistet hatten und bis ins 12. Jh. das wichtigste Element der Bevölkerung H.s bildeten. In der *Ottonenzeit kam H. unter die Oberhoheit des Reiches und wurde an die Nordmark der *Billunger angeschlossen. Seit Beginn des 12. Jh.s setzte die deutsche Missionstätigkeit ein, die mit deutscher Ansiedlung und Kolonisation verbunden war. Unter der rücksichtslosen Herrschaft des Grafen Adolf (gest. 1162) wurden die Slawen unterworfen oder vernichtet. Adolf fiel im Kampf gegen die Wenden; seine Politik aber wurde von *Heinrich d. Löwen, dem Herzog von Sachsen fortgesetzt, der H. seiner Herrschaft unterwarf. In der zweiten Hälfte des 12. Jh.s wurde der dänische Einfluß in H. fühlbar, der von der welfenfeindlichen Politik *Friedrichs I. ermutigt wurde. Im 13. Jh. wandelte sich der dänische Einfluß zur indirekten Herrschaft unter der unbestimmten kaiserlichen Oberhoheit. Im Spätmittelalter wurde H. dann formal an Dänemark angeschlossen, wobei zeitweise holsteinische Grafen im Königreich eine führende Rolle spielten.

V. Pauls, *Geschichte Schleswig-Holsteins*, 1939ff.

HOMAGIUM, HOMINIUM Siehe *MANNSCHAFT.

HOMS Stadt im mittleren Syrien am Ufer des Orontes, die infolge der arabischen Eroberung (636) allmählich ihren byzantinischen Charakter verlor. Der Aufstand der christlichen Einwohner (855) wurde blutig unterdrückt. Die am Leben gebliebenen Christen mußten fliehen, und sämtliche Kirchen der Stadt wurden eingeebnet. 1070 fiel H. in die Hände der *Seldschuken und diente als Hauptstadt eines türkischen Emirats. Nach dem ersten *Kreuzzug und der Errichtung der Grafschaft *Tripoli (1102) war H. eine christliche Grenzstadt, die vom *Krak des Chevaliers, einer der stärksten Burgen der Kreuzritter, verteidigt wurde. 1150 fiel H. in die Hände *Nuredins, 1281 wurde es von den Mamluken erobert.

HONORIUS I. (gest. 638) Papst (625-38). Sohn einer Adelsfamilie aus der römischen Campagna, trat unter *Gregor I. in den Dienst der Kurie. Als Papst verstärkte er die Missionstätigkeit im angelsächsischen England und unterwarf den italienischen Klerus, der zum Teil noch unter der Aufsicht des Patriarchen von Aquileia stand, seiner Autorität. Zu diesem Zweck mußte er die Hilfe des byzantinischen Kaisers gewinnen, was ihn von diesem abhängig machte. Auf dem Gebiet der Theologie nahm er die Lehre des Patriarchen *Sergius von Konstantinopel an; dies brachte ihn wiederum mit *Sophronius, dem Patriarchen von Jerusalem, in Konflikt. 681 wurde er auf dem 6. ökumenischen Konzil als Ketzer verurteilt.

HONORIUS II. (Lambert Scannabecchi; gest. 1130) Papst (1124-30). Als Kardinal war Lambert an der Ausarbeitung des Konkordats von *Worms beteiligt und erwies sich als geschickter Diplomat. Als Papst mußte er gegen den wachsenden Einfluß der römischen Adelsfamilien und *Rogers II. von Sizilien ankämpfen. H. sah sich wachsender Kritik seitens der Reformpartei in der Kirche ausgesetzt, die eine aggressivere Politik gegenüber den weltlichen Mächten forderte. Die Gegensätze innerhalb der Kurie spitzten sich nach seinem Tod zum *Schisma des Jahres 1130 zu.

F. J. Schmale, *Papsttum und Kurie zwischen Gregor VII. und Innocenz II.*, in: Historische Zeitschrift 193, 1961.

HONORIUS III. (Cencio Savelli; gest. 1227) Papst (1216-27). H. wurde in Rom geboren, 1188 zum Kämmerer und 1193 zum Kardinal erhoben. 1197 vertraute ihm Papst *Innozenz III. die Erziehung *Friedrichs II. an. Als Papst führte er Innozenz' Politik mit geringerer Energie fort. 1220 führte er die Kaiserkrönung Friedrichs durch, auf die der von ihm seit Antritt seines Pontifikats geplante *Kreuzzug folgen sollte. Auch H.s Versuche, zwischen den Königen von Frankreich und England zu vermitteln, hatten die Mobilisierung der Macht Europas für den Kreuzzug zum Ziel. H. ermutigte die Mönchsorden und verlieh den *Dominikanern, *Franziskanern und *Karmelitern wichtige Privilegien. Als Kämmerer der Kurie hatte er 1192 den *Liber Censuum*, eine wichtige Aufstellung der päpstlichen Einkünfte, verfaßt. Auch eine Krönungsordnung der römischen Kaiser ist sein Werk.

A. Keutner, *Papsttum und Krieg unter dem Pontifikat des Papstes Honorius III.*, 1935.

HONORIUS IV. (Giacomo Savelli; 1210-87) Papst (1285-87). Sohn einer römischen Adelsfamilie, wirkte als Kardinal (seit 1261) und Papst am Aufbau des *angevinischen Staates in Italien und Sizilien mit.

HONORIUS AUGUSTODENSIS (ca. 1090-1156) Gelehrter aus der Gegend um Regensburg, der zahlreiche Abhandlungen über Theologie, Philosophie, Naturwissenschaften und Geschichte aus Werken früherer Autoren zusammenstellte. Unter seinen Schriften erfreuten sich die *Imago Mundi* ("Bild der Welt") und das *Elucidarium,* eine volkstümliche Darlegung der katholischen Theologie, großer Popularität. Seine Schriften zur Liturgie, Dogmatik, Bibelexegese u.s.w. tragen einen stark *allegorischen Charakter.
M. Sanford, H. Menhardt, *Der Nachlaß des H. A.,* in: Zeitschrift für deutsches Altertum 89, 1959.

HÖRIGKEIT Siehe *LEIBEIGENSCHAFT.

HORMISDAS (hl.; gest. 523) Papst (514-23), der in der Ostkirche eine Beilegung der Schismen und Stärkung der römischen Autorität erreichte. Mit den Goten unter *Theoderich stand er in gutem Einvernehmen.
L. Duchesne, *L'église au VIe siècle,* 1925.

HORMISDAS IV. Perserkönig (579-90), konnte sich erfolgreich gegen Byzanz behaupten, wurde aber 590 von einem rebellischen Heerführer entthront.

HOSENBANDORDEN Englischer Ritterorden, 1348 von König *Eduard III. angeblich nach dem bekannten Zwischenfall gestiftet, wo der König ein von der Gräfin von Salisbury fallengelassenes Strumpfband aufhob und an sein Knie band. Der H. orientierte sich an der idealen Ritterbruderschaft der Tafelrunde des König *Artus und an dem Ehrenkodex des *Rittertums. Die Versammlungen des H.s entwickelten sich zu großen Hoffesten, bei denen berühmten Kämpfern und politisch bedeutenden Persönlichkeiten die Mitgliedschaft verliehen wurde.
K. B. McFarlane, *The English Nobility 1290-1521,* 1972.

HOSPITALER Ritterorden, die sich der Krankenpflege widmeten, wie die *Johanniter.

HOSPITES Lat. Bezeichnung, die seit dem 12. Jh. für die freien Bauern angewandt wurde, die sich unter bedeutenden Vergünstigungen wie Befreiung von Steuern und Frondiensten auf neugewonnenem Ackerland niederließen.

HOSTIENSIS (Heinrich von Suza, Heinrich von Segusia; gest. 1271) Dekretalist. Studierte und lehrte Rechtswissenschaft zu *Bologna und gilt als einer der bedeutendsten Kanonisten des 13. Jh.s. Seine *Summa aurea* (um 1250) diente als wichtiges Lehrbuch des Kirchenrechts und betont die volle Autorität des Papstes in der Auslegung göttlichen Rechts.
A. Rivera Damas, *Pensiamento politico de Hostiensis,* 1964.

HÔTEL-DIEU Berühmtes Pariser *Spital, das 1162 nahe der Kathedrale Notre-Dame gegründet und vom Domkapitel verwaltet wurde. Das von den Stadtbürgern reich dotierte H. besaß Häuser und Gärten in der Stadt, deren Vermietung große Einnahmen brachten. Seit dem 14. Jh. war es Brauch, daß die Königin dem H. zeremonielle Besuche machte, die die Pflicht zur Wohltätigkeit betonten.
L. Brièle, *Le Hôtel-Dieu de Paris,* 1893.

HÔTEL DU ROI Sektion der französischen Verwaltung, deren Aufgabe die Ordnung des königlichen Haushalts war. Das H. entstand in der zweiten Hälfte des 13. Jh.s und wurde unter *Philipp IV. (1285-1314) als eigenes Ministerium mit speziell zugeteilten Einnahmequellen organisiert. Damit bildete sich die Unterscheidung zwischen der staatlichen und der königlichen Verwaltung aus; es verschwand das feudale Staatskonzept, das keinen Unterschied zwischen der Person des Herrschers und dem Reich machte.
F. Lot-R. Fawtier, *Histoire des Institutions Françaises,* 1958.

HRABANUS MAURUS (um 776-856) Abt von Fulda und Erzbischof von Mainz (847-56), Theologe und politischer Denker. H. war Schüler *Alkuins und leitete die Klosterschule von Fulda, die er zu einem der einflußreichsten intellektuellen Zentren Europas machte. Als Abt von Fulda (seit 822) verlieh er seinem Kloster gesamteuropäische Bedeutung; als Erzbischof von Mainz und Haupt der deutschen Kirche förderte er die Ausbreitung des Christentums unter anderem mit seiner Schrift "Über die Erziehung der Kleriker". Sein tiefes Wissen breitete er in seiner Enzyklopädie *De Universo* aus, die auf *Isidor von Sevilla basierte. H. war auch in der Debatte um die Lehren *Gottschalks und *Paschasius Radbertus' tätig.
S. Hilpisch, *Der hl. Rabanus Maurus,* 1956.

HRADBERT Siehe *RUPERT.

HROSWIT (ROSWITHA) VON GANDERSHEIM (10. Jh.) Deutsche Dichterin. Die Tochter einer sächsischen Adelsfamilie war Nonne im Kloster Gandersheim (Sachsen), wo sie eine breite klassische und kirchliche Bildung erwarb. Ihre Dramen – ein Unikum im 10. Jh. – orientieren sich an klassischen lateinischen Autoren wie Terenz, gegen dessen Ansicht von der Leichtsinnigkeit des Weibes H. die Keuschheit der christlichen Jungfrauen und Büßerinnen vertrat. Viele ihrer Verslegenden befassen sich mit dem Leben der Heiligen, andere behandeln den andauernden Kampf zwischen Geist und Fleisch und die spirituale Überlegenheit des christlichen Glaubens. Auch zwei historische Gedichte sind erhalten,

Illustration aus der Enzyklopädie des Hrabanus Maurus

die von *Otto I. bzw. der Gründung ihres Klosters handeln.

Werk (dt.): H. Hohmeyer (Hg.), 1970; J. Schneiderhan, *Roswitha*, 1912.

HUBERT VON BURGH (gest. 1234) Großrichter und Regent von England. Er begann unter *Richard I. seine Karriere in der königlichen Verwaltung, wurde von *Johann gefördert, den er im Kampf gegen die Barone unterstützte, war als Großrichter in der Zeit der Minderjährigkeit *Heinrichs III. eine wichtige politische Persönlichkeit und wurde 1219 Regent des Königreiches. 1232 wurde er von Heinrich III., der ihn für die Niederlage in der Bretagne verantwortlich machte, entlassen.

C. Ellis, *Hubert de Burgh. A Study in Constancy*, 1952.

HUBERT WALTER (gest. 1205) Großrichter von England und Erzbischof von Canterbury (1193-1205). H. war Kaplan *Glanvilles, Bischof von Salisbury (1180), Begleiter *Richards I. auf dem Dritten Kreuzzug und seit seiner Rückkehr Großrichter von England. Dank Richards Einfluß wurde er zum Erzbischof von Canterbury gewählt und führte, während der König sich auf dem Kontinent aufhielt (1194), die Regierungsgeschäfte mit großem Geschick weiter.

J. Appleby, *England without Richard*, 1969.

HUCBALD (um 840-930) Musikwissenschaftler. H. war Mönch im nordfranzösischen Kloster St. Aman und wurde zu Beginn des 10. Jh.s zum Abt erwählt. Er widmete sich der Schule seines Klosters, wo er das *quadrivium* lehrte, und befaßte sich mit Problemen der Liturgie und ihren musikalischen Aspekten. Aus dem klassischen Erbe der Musiktheorie entwickelte er neue Anschauungen, die er in mehreren Werken ("Über die Regeln der Harmonie", "Neuordnung des griechischen Erbes", "Die andere Musik") niederlegte.

H. Müller, *Hucbalds echte und unechte Schriften über Musik*, 1884.

HUESCA Stadt in Aragón. Provinzhauptstadt unter den *Westgoten, 718 von den Arabern erobert, 787 von *Karl d.Gr. befreit, seit Ende des 8. Jh.s wiederum in maurischen Händen und seit der Eroberung durch König Peter I. (1096) bis 1118 Hauptstadt von Aragón. Danach diente H. als Residenzstadt; 1354 wurde die Landesuniversität Aragóns in H. errichtet.

R. del Arco, *Huesca*, 1950.

HUFE (lat. mansus) Die Bezeichnung für das für den Unterhalt einer Bauernfamilie ausreichende Maß von Ackerland, nachdem die Abgaben an den Grundherrn bestritten wurden. Die H. blieb über die Jahrhunderte eine unveränderte rechtliche Einheit, deren Inhaber je nach dem rechtlichen Status der H. benannt wurden. So mußte der auf einem *mansus servilis* lebende Bauer die Pflichten des Leibeigenen erfüllen, auf dem *mansus lidilis* die des freigelassenen Leibeigenen und auf dem *mansus liberis* die des freien Bauern. Daraus entstand im Früh- und Hochmittelalter ein nach den verschiedenen Typen der H. gestaffeltes Abhängigkeitssystem. Mit der Entwicklung des *Lehnswesens in der Zeit der *Karolinger wurden die den Lehnsleuten verliehenen Güter und deren militärische Verpflichtung nach der Zahl der H., die das Lehen umfaßte, berechnet.

H. Aubin-W. Zorn (Hg.), *Handbuch der deutschen Wirtschafts- und Sozialgeschichte* 1, 1971.

HUGO I. VON LUSIGNAN (1195-1218) König von Zypern (1205-18). Während seiner Minderjährigkeit lag die Regierung der Insel in der Hand seines Vormundes und Schwagers Walter von Montbeliard, dessen strenge Politik H. nach seiner Großjährigkeit fortsetzte.

HUGO II. VON LUSIGNAN (1253-67) König von Zypern unter der Regentschaft seines Onkels Hugo von Antiochia.

HUGO III. VON LUSIGNAN (gest. 1284) König von Zypern (1267-84) und Jerusalem (1269-76). Enkel *Hugos I. von Zypern und des *Bohemund IV. von Antiochia, erhielt 1262 die Regentschaft Zyperns und 1267 die Krone des Inselreiches als nächster Verwandter *Hugos II. 1269 wurde er auch zum König des Kreuzfahrerreiches Jerusalem ausgerufen und zu Akkon gekrönt. Seine Bemühungen, die beiden Staaten zu vereinigen und deren gemeinsame Kräfte zu mobilisieren, scheiterten am Widerstand der Ritterorden und eines Teiles des Jerusalemer Adels, die sich weigerten, H.s Autorität anzuerkennen. 1276 verließ er enttäuscht Akkon und verzichtete auf die Krone zugunsten *Karls v. Anjou. In einem letzten Versuch, das lateinische Kreuzfahrerreich vor den Angriffen der *Mamluken zu retten, landete er 1284 in Tyros, starb aber nach ganz kurzer Zeit.

R. Röhricht, *Der Untergang des Königreichs Jerusalem*, in: Mitteilungen des Instituts für österreichische Geschichtsforschung 15, 1894.

HUGO IV. VON LUSIGNAN (gest. 1359) König von Zypern (1324-59). Neffe *Heinrichs II. Als weiser Herrscher, der durch seine Bündnispolitik mit dem Papsttum und Venedig gegen die kleinasiatischen Türken (1343) die Eroberung Izmirs ermöglichte, stärkte er durch die Errichtung friedlicher Beziehungen mit Ägypten den Handel und Wohlstand der Insel.

G. Hill, *History of Cyprus* III, 1948.

HUGO IX. VON LUSIGNAN (gest. 1219) Verlobter der Erbin von Angoulême, Isabelle, die jedoch von *Johann ohne Land, dem König von England (und als Herzog von Aquitanien Lehnsherren H.s) selbst zur Frau genommen wurde. H.s Aufruf an den königlichen Gerichtshof *Phillips II. setzte diesen in die Lage, Johann zu verurteilen und dessen französische Besitzungen einzuziehen.

HUGO X. (gest. 1254) Sohn *Hugos IX., heiratete die frühere Braut seines Vaters und Witwe Johanns ohne Land von England, Isabelle von Angoulême. Zur Zeit der Regentschaft *Blanches von Kastilien versuchte H., sich von der französischen Oberheit zu lösen, wurde jedoch von König *Ludwig IX. besiegt und mußte sich *Alphons von Poitiers, dem Bruder des Königs, als Lehnsmann unterwerfen.

S. Painter, *Feudalism and Liberty*, 1961.

HUGO II., der Friedfertige (1102-43) Einer der fähigsten Herzöge des mittelalterlichen Burgunds, befriedete das Land und errichtete von seiner neuen Hauptstadt Dijon aus eine starke Regierung, die sich auf die großen Klöster Burgunds stützte.

HUGO IV. (1218-72) Ein treuer Anhänger der französischen Könige *Ludwig VIII. und *Ludwig IX., der als idealer Ritter galt und Herr eines glänzenden Hofes war.

J. Richard, *Les Ducs de Bourgogne*, 1953.

HUGO CAPET (um 941-96) König von Frankreich (987-96). Sohn *Hugos d. Großen und der Hedwig, der Schwester Kaiser *Ottos I., wurde nach seines Vaters Tod (956) Herzog von Franzien. Der mächtige

Feudalherr verbündete sich 978 mit seinem Neffen Kaiser *Otto II. und mit dem Erzbischof von Reims *Adalberon gegen König Lothar. Nach dem Tod *Ludwigs V. wählten ihn die Adeligen gegen die Kandidatur des letzten Karolingers *Karls von Lothringen zum König von Frankreich. H. ist der Gründer des *Kapetingerhauses.

W. Kienast, *Deutschland und Frankreich in der Kaiserzeit* I, 1974[2];
E. Pognon, *Hugues Capet, Roi de France,* 1966.

HUGO (gest. 1171) Rechtsgelehrter. Einer der besten Schüler des *Irnerius zu Bologna und bedeutender Rechtsgelehrter, der seit 1158 als Berater Kaiser *Friedrichs I. Barbarossa diente.

HUGO DER ABT (gest. 886) Deutsch-französischer Feudalherr. H. war ein Sohn der bayerischen *Welfenfamilie und Verwandter der Kaiserin *Judith, der letzten Gemahlin *Ludwigs d. Frommen. Er war für die Kirche bestimmt und pflegte enge Verbindungen zu Lothar II. von Lothringen, der ihn 864 zum Erzbischof von Köln machte. Zwei Jahre später wurde er seines Amtes beraubt und ging nach Frankreich, wo ihn sein Verwandter *Karl d. Kahle zum Grafen von Tours und Laienabt zahlreicher Klöster machte. H. heiratete die Erbin der Grafschaft und erbte nach dem Tode *Roberts d. Tapferen das Herzogtum Franzien. In dieser Eigenschaft kämpfte er gegen die *Normannen und diente als enger Berater *Ludwigs II. und dessen Söhne.

W. Kienast, *Deutschland und Frankreich in der Kaiserzeit* I, 1974[2].

HUGO ETERIANUS (gest. 1182) Theologe und Übersetzer. Er wurde zu Pisa geboren, studierte in Frankreich Dialektik und war nach 1160 Mitglied einer Pisaner Gesandtschaft in Konstantinopel, wo er mit den wissenschaftlichen und theologischen Werken der Griechen vertraut wurde und dogmatische Dispute mit dem orthodoxen Klerus führte. Seine 1173 auf Ersuchen der Pisaner Kirche angefertigte Abhandlung über die Natur der Seele enthält lange Auszüge aus den Werken der griechischen Philosophen. Die 1177 Papst *Alexander III. gewidmete Abhandlung "Über den Heiligen und Unsterblichen Gott" ist eine Verteidigung des lateinischen Glaubens und eine Widerlegung der griechisch-orthodoxen Lehren; sie fand weite Verbreitung. 1181 ernannte ihn *Lucius III. zum Kardinal.

A. Dondaire, *Hugues Etherien et Leon Tuscus,* in: Archives d'histoire doctrinale et littéraire du moyen âge 19, 1952.

HUGO LE DESPENSER Siehe *DESPENSER.

HUGO MAGNUS (gest. 956) Herzog von Franzien. Sohn König *Roberts I. erbte nach seines Vaters Tod (923) dessen Besitzungen zwischen Seine und Loire (*Neustrien), einschließlich der Grafschaften Paris, Orléans und Tours und der Oberhoheit über mächtige Lehnsleute wie die Grafen von Blois und Anjou. Die Heirat mit Hedwig, der Tochter *Heinrichs I. von Deutschland, erhöhte sein Ansehen in Frankreich; H. war die eigentliche Macht hinter dem Karolingerkönig *Ludwig IV. Die Auseinandersetzung mit *Lothar führte zum Bündnis H.s mit seinem Schwager *Otto I. von Deutschland.

W. Kienast, *Deutschland und Frankreich in der Kaiserzeit* I, 1974[2].

HUGO VON ARLES (von Niederburgund, von der Provence; gest. 947) König von Italien (923-46). Enkel des Karolingers *Lothar II. und Sohn des Grafen Thibaut von Arles, eine der einflußreichsten Gestalten am Hofe *Ludwigs d. Blinden, des Königs der Provence, dessen Herrschaft er 927 erbte. Im Jahre 923 machte er seinen Anspruch auf die italienische Krone geltend und fiel in Norditalien ein, wo er zwar 927 gekrönt wurde, jedoch weiter gegen die rivalisierenden Könige der Häuser Spoleto und Burgund kämpfen mußte. Um seine Stellung in Italien zu stärken, übergab er 933 die Provence an *Rudolf II. von Burgund und heiratete Marozia, die Tochter des römischen Senators *Theophylactus. H.s Despotenherrschaft in Italien führte 946 zu seinem Sturz durch *Berengar II. von Ivrea.

G. Fasoli, *I Re d'Italia,* 1949.

HUGO VON AVALON (hl.; 1140-1200) Bischof von Lincoln (1186-1200). Ein Kartäusermönch, der 1175 von *Heinrich II. zur Gründung des ersten Priorats der Kartäuser nach England berufen wurde, sich als enger Freund des Königs bewährte und mit diesem nach langem Widerstreben zum Bischof von Lincoln erhoben wurde. In dieser Eigenschaft bewies H. seinen unabhängigen Geist und verteidigte das Volk gegen die steuerlichen Forderungen König *Richards. Nach H.s Tod wurde sein Grab zu Lincoln Anziehungspunkt einer großen Wallfahrt, die in ihrer Bedeutung nur der Thomas *Beckets nachstand.

J. Clayton, *St. Hugh of Lincoln,* 1931[1].

HUGO VON AVRANCHES (gest. 1098) Earl von Chester und einer der bedeutendsten Anhänger *Wilhelms d. Eroberers. Zur Zeit des Normannenangriffs auf England (1066) wurde ihm die Obhut über die Normandie anvertraut; nach der Eroberung Englands ließ er sich auf der Insel nieder und erhielt als Earl von Chester die Obhut der walisischen Grenze und große Besitzungen. H. war führend an der anglo-normannischen Kolonisation von Wales beteiligt.

HUGO VON ORLÉANS (Hugo Primas; ca. 1093-1161) Satiriker. Er scheint ein Wanderleben geführt zu haben und weilte längere Zeit zu Orléans. Seine Gedichte zum Preis des fröhlichen Lebens und seine spitzen Angriffe auf die Kirche und die Obrigkeit seiner Zeit (in einem sehr persönlichen Stil geschrieben) verschafften ihm den Ehrentitel des Primas ("Ersten").

F. J. E. Raby, *A History of Secular Latin Poetry,* 1934.

HUGO VON PAYENS (um 1070-1136) Gründer und erster Großmeister des *Templerordens (1119). Auf H.s Veranlassung verfaßte der hl. Bernhard von Clairvaux 1128 die berühmte Schrift "Zum Ruhm der neuen Ritterschaft".

P. Cousin, *Les débuts de l'ordre des Templiers et Saint Bernhard,* in: Melanges Saint-Bernard, 1954.

HUGO VON SEMUR (hl.; Hugo d. Gr.; 1024-1109) Abt von Cluny (1040-1109). Ein Sohn der französischen Grafenfamilie von Semur, trat mit 14 Jahren dem Kloster *Cluny bei und wurde mit 25 Jahren Abt. Als Führer der cluniazensischen Klösterfamilie war er einer der ersten Kämpfer für die Kirchenreform, die er vor allem durch die Erhebung von Cluniazensermönchen zum Bischofsamt und zu den Aufgaben an der päpstlichen Kurie vorwärtstrieb. Unter diesen waren auch drei zukünftige Päpste: *Gregor VII., *Urban II. und *Paschal II. Durch seine Förderung wurde *Hirsau zum Mittelpunkt der deutschen Klosterreform; es entstanden neue Klöster in den von den Moslems eroberten Gebieten in Spanien und im Vorderen Orient. Zur Zeit des Todes von H. zählte der Cluniazenserorden etwa tausend Klöster und Prioreien und zog reiche Stiftungen an, die ihn zu einem der größten Grundherrn in Westeuropa machten. H. ließ in Cluny das neue romanische Klostergebäude errichten, das 1090 von Papst Urban II. eingeweiht wurde und im weiteren als Vorbild für die Kirchenarchitektur im Westen diente. H. gilt als der größte Abt in der Geschichte von Cluny.

A. L'Huilier, *Vie de Saint Hugues, Abbé de Cluny*, 1888; G. Tellenbach (Hg.), *Neue Forschungen über Cluny und die Cluniazenser*, 1959.

HUGO VON ST. VICTOR (gest. 1141) Gelehrter und Theologe. Er wurde in Deutschland oder Flandern geboren, in Halberstadt erzogen und trat 1118 dem Kloster von St. Victor (Paris) bei, wo er sich rasch einen Namen als hervorragender Lehrer verschaffte. 1133 wurde er Abt der gelehrten Gemeinschaft, die sich unter seiner Führung zu einem der bedeutendsten intellektuellen Zentren Europas entwickelte. Als Theologe bemühte sich H., die mystische Auslegung des Glaubens mit der Philosophie Platos in Einklang zu bringen; dies brachte ihn in seinem *Didascalion* zu einer Klassifizierung des Wissens in drei Kategorien. Das theoretische Wissen schließt die Theologie, die Mathematik und die Physik ein; das angewandte Wissen die Moral, die Politik und die Ökonomie; und die "außerordentlichen Wissenschaften" die Mechanik, die Handwerke und die Künste. Alle Zweige werden von der Logik zusammengefaßt. Als Bibelkommentator beschäftigte sich H. mit den hebräischen Quellen und wandte die rationalistischen Methoden *Abälards an, jedoch ohne dessen laute Polemik.

Werk: B. Hauréau (Hg.), 1886; H. R. Schlette, *Die Nichtigkeit der Welt. Der philosophische Horizont des Hugo von St. Viktor*, 1961.

HUGO VON TRIMBERG (gest. Anfang 14. Jh.) Dichter. Rektor der Stiftsschule St. Gangolf bei Bamberg, Verfasser von Predigtlegenden, einer Literaturgeschichte u.a. Werken in Latein. Am bekanntesten ist jedoch die moralische Lehrdichtung der "Renner" in Deutsch (um 1295). Das mehr als 20.000 Verse umfassende Gedicht *allegorischen Charakters richtet sich gegen die 7 Todsünden, ist aber gleichzeitig eine enzyklopädische Wissensanhäufung von Bibel, Kirchenvätern und Spruchsammlungen. (Din)

Werk: G. Ehrismann (Hg.), 1908-11. F. Vomhof, *Der Renner H.s v. T.* (Diss. Köln), 1959.

HUGUCCIO (gest. 1210) Kanonist. Er studierte an der Universität von *Bologna Recht und kehrte nach einem kurzen Aufenthalt in Paris zu einer Professur nach Bologna zurück. Unter seinen aus allen europäischen Ländern stammenden und meistens für hohe Kirchenämter bestimmten Schülern war der zukünftige Papst *Innozenz III. Auch als Bischof von Ferrara (seit 1190) führte er seine Rechtsstudien fort und verfaßte eine *summa* zu *Gratian, in der er seine Ideen über die Theokratie als eines politisch-gesellschaftlichen Systems Ausdruck verlieh. Unter dem Eindruck des Werkes des *Isidor von Sevilla entwickelte er eine etymologische Untersuchungstechnik von Texten, die er in seinen einflußreichen Studien über die Hierarchie der Rechtsquellen selbst anwandte.

G. Catalano, *Impero, regni e sacerdozio nel pensiero di Uguccio da Pisa*, 1959.

HÜLAGÜ (1217-65) *Mongolenkhan Persiens (1251-65). Enkel des *Dschingis-Khan und Bruder Mangus, des mongolischen Großkhans, der ihm den Auftrag verlieh, die *Assassinen zu vernichten. H. eroberte deren Festung Alamuth und unterwarf mehrere persische Provinzen. 1258 begann sein Marsch nach Osten, in dessen Verlauf er Bagdad einnahm und zerstörte, das *Abbasidenkalifat stürzte (1258) und den Irak an sein Reich anschloß. Danach unterwarf er Syrien und Teile Palästinas, wurde aber vor der entscheidenden Schlacht gegen die *Mamluken in die Hauptstadt des Mongolenreiches berufen, wo sein Bruder verstorben war. In seiner Abwesenheit besiegten die Mamluken sein Heer bei Ain-Dschalud und retteten dadurch Ägypten vor den Mongolen. H., der selbst Buddhist war und eine nestorianische Christin zur Frau hatte, war ein Gegner des Islams und Freund der Christen. Er empfing den Lehenseid des Königs von Armenien und des Fürsten von Antiochia. Botschafter des Königs *Ludwig IX. von Frankreich und des Papstes verkehrten an seinem Hof. H. ist der Gründer der mongolischen Herrscherdynastie Persiens, die bis ins 14. Jh. regierte.

B. Spuler, *Geschichte der Mongolen nach östlichen und europäischen Zeugnissen des 13. und 14. Jahrhunderts*, 1968.

HUMBERT VON SILVA CANDIDA (gest. 1061) Kirchenreformer und Staatsmann. Er wurde in Lothringen geboren, trat dem Kloster Moyenmoutier bei und ging nach Rom zusammen mit Bischof Friedrich von Toul, der ihn als Papst (Leo IX.) zum engen Ratgeber in Fragen der geplanten Kirchenreform und 1050 zum Kardinalbischof von Silva Candida machte. H.s Schrift *Adversus Simoniacos* ist eines der eindringlichsten Manifeste der Reformbewegung. 1054 leitete H. eine Delegation von Prälaten nach Konstantinopel, die mit Patriarch *Michael Cerularius das Problem der Kirchenunion verhandeln sollte. H.s Überzeugung, daß der byzantinische *Cäsaropapismus ein Übel sei, das die Kirche unter die weltliche Herrschaft zwinge, führte zur Bannung des Patriarchen im Namen des Papstes und machte den Bruch zwischen den Kirchen endgültig.

A. Michel, *Die folgenschweren Ideen des Kardinals Humbert und ihr Einfluß auf Gregor VII.*, in: Studi Gregoriani 1, 1947.

HUMILIATI (die "Demütigen") Ein im 12. Jh. gegründeter Büßerorden, dessen Mitglieder der *Benediktinerregel folgten, sich der Selbstkasteiung und der Armenpflege widmeten und große Beliebtheit im Volke errangen. Zu Beginn des 13. Jh.s spielten die H. eine bedeutende Rolle im Kampf gegen die *Albigenser; im Spätmittelalter nahm ihre Bedeutung ab, und sie gingen in den verschiedenen Bewegungen der apostolischen Armut wie in der der spirituellen *Franziskaner auf.

H. Grundmann, *Religiöse Bewegungen im Mittelalter*, 1961[2].

HUMPHREY Herzog von Gloucester (1391-1447). Dritter Sohn König *Heinrichs IV. war seit dem Tod seines Bruders *Heinrich V. (1422) Regent von England, während sein älterer Bruder, der Herzog von *Bedford, in Frankreich tätig war. H. entließ die Räte seines Bruders und setzte eine aktivistische Politik gegen Frankreich durch, die die Wiederaufnahme des *Hundertjährigen Krieges zum Ziele hatte. Seine Ansprüche auf *Holland machten ihm den Herzog *Philipp von Burgund zum Feind, der daraufhin aus dem Bündnis mit England austrat und 1435 den Vertrag von *Arras mit *Karl VII. von Frankreich abschloß. Damit hatte H.

den wichtigsten Baustein der Politik seines Bruders, das Bündnis mit Burgund (das England in die Lage setzte, Nordfrankreich zu kontrollieren) zerstört und dem französischen Sieg den Weg geebnet.
E. Perroy, *The Hundred Years' War*, 1958.

HUNDERTJÄHRIGER KRIEG Die Bezeichnung für die Reihe von bewaffneten Auseinandersetzungen zwischen England und Frankreich, die sich von 1337 bis 1453 hinzogen und die politische Karte Europas im Spätmittelalter wesentlich beeinflußten. Die unmittelbare Ursache zum Ausbruch des H. war der Anspruch *Eduards III. auf die französische Krone als Enkel König *Phillips IV.; die eigentlichen Gründe liegen jedoch bedeutend tiefer und sind darin zu sehen, daß es geopolitisch gesehen für England unmöglich war, die Herrschaft über das an England im Frieden von Paris (1258) verliehene Herzogtum *Guyenne auszuüben. Nicht nur war der König von England als Herzog von Aquitanien Lehnsmann des Königs von Frankreich; die übereinandergreifenden Jurisdiktionen der Gerichtshöfe der Grenzgegend erlaubten den französischen Beamten Übergriffe in den englischen Herrschaftsbereich. Die daraus entstandenen Konflikte häuften sich und entzündeten sich in militärischen Zusammenstößen örtlichen Umfangs, die zusammen mit der wirtschaftlich begründeten Rivalität zwischen England und Frankreich wegen *Flanderns dann die Beziehungen beider Länder zunehmend erschwerten. In dieser Situation machte Eduard III. seine Ansprüche auf den französischen Thron geltend und zog 1337 seinen Lehnseid zurück.

Der Krieg begann mit einer englischen Wirtschaftsblockade Flanderns und mit mehreren Seeschlachten, in denen die Franzosen unterlagen. 1340 fiel eine englische Armee in Nordfrankreich mit der Absicht ein, Paris von Flandern abzuschneiden. Unter Jakob van *Artevelde erhoben sich die flämischen Stadtbürger gegen den frankreichfreundlichen Grafen von Flandern. Die erste Phase des Kriegs schloß mit dem aufsehenerregenden englischen Sieg von *Crecy (1346), wo walisische Bogenschützen die französischen Ritter größtenteils vernichteten. Daraufhin folgte die Belagerung und Einnahme von *Calais. Das Wüten des *Schwarzen Todes schwächte beide Seiten derartig, daß in Nordfrankreich ein Waffenstillstand in Kraft trat. Im Süden führte Eduards Sohn, der Schwarze Prinz, den Krieg weiter, und nahm 1356 in der Schlacht von Poitiers den französischen König *Johann II. gefangen.

Die Situation Frankreichs war denkbar schlecht. Ein großer Teil war von den Engländern besetzt; deren entlassene Söldnerbanden, die sog. *Grandes Compagnies, verheerten die restlichen französischen Lande. Die Regierung des Dauphin *Karl war von Adels-, Bürger- und Bauernaufständen bedroht (*Karl von Navarra, Etienne *Marcel, *Jacquerie). Dennoch konnte der Dauphin die Ordnung wiederherstellen und das Lösegeld für seinen Vater aufbringen, der aber in London in luxuriöser Gefangenschaft starb (1364). Die Verhandlungen mit England wurden mit dem Friedensvertrag von *Bretigny-Calais (1362) abgeschlossen, der praktisch den gesamten Südwesten Frankreichs in englischen Händen beließ. Karl V. wurde die Grandes Compagnies los, indem er sie von Du *Guesclin im kastilianischen Krieg einsetzen ließ, wo Frankreich nach der anfänglichen Niederlage von *Najera (1367) siegreich war und Kastilien 1369 als Verbündeten gewann.

konnte. Du Guesclin gelang es, mit Hilfe von Guerillataktiken die meisten der von England besetzten Territorien wiederzugewinnen. Bis Ende der Regierungszeit Karls V. (1380) hatte sich Frankreich wirtschaftlich und militärisch erholt, während England durch innere Schwierigkeiten geschwächt wurde.

Der *Große Bauernaufstand von 1381 und die religiösen Schwierigkeiten lähmten die Regierung und verminderten die königliche Autorität. Aus dem nachfolgenden Thronstreit ging 1399 das Haus *Lancaster siegreich hervor. Frankreich konnte die günstige Lage jedoch nicht ausnutzen, da auch hier die Regierung unter dem geistesgestörten *Karl VI. nicht funktionsfähig war. Dagegen unterwarf *Philipp der Kühne von Burgund Flandern und die Niederlande. In Paris brach infolge der Kämpfe zwischen den Anhängern des Burgunders und den *Armagnaken die Anarchie aus, und Burgund verbündete sich mit England.

Die dritte Phase des Krieges begann mit der Invasion Frankreichs durch *Heinrich V. (1414), der entscheidenden Niederlage der Franzosen bei *Azincourt (1415) und dem Einmarsch der englisch-burgundischen Kräfte in Paris. Im Friedensvertrag von *Troyes (1419) mußte Karl VI. seinen Sohn Karl enterben und den englischen König durch die Heirat mit seiner Tochter Katherine zum Thronerben machen. Nordfrankreich war völlig unter englischer Kontrolle; die Anhänger des Dauphins Karl, der sich in Bourges (Mittelfrankreich) festsetzte, waren zerstreut und nicht organisiert. Auch nach dem Tod Karls VI. und Heinrichs V. konnte der nunmehr zum König ausgerufene Dauphin Karl VII. nicht mit der Hilfe des demoralisierten Adels rechnen. Der Herzog von *Bedford führte die englischen Kontingente im Loiretal nach Norden und belagerte *Orléans. In diesem Augenblick erschien die Jungfrau von Orléans, *Jeanne d'Arc, stärkte die Moral der französischen Truppen, befreite die Stadt und in kurzer Zeit die ganze Champagne. Damit wurde auch die Krönung Karls zu Reims, Ausdruck der Rechtmäßigkeit seiner Herrschaft, möglich. Es gelang jedoch nicht, Paris zu nehmen; Jeanne d'Arc fiel in die Hände der anglo-burgundischen Kräfte, wurde der Hexerei beschuldigt und 1431 zu Rouen auf dem Scheiterhaufen verbrannt. Das von ihr erweckte französische Nationalgefühl gab Karl die Möglichkeit, seine Heere zu mobilisieren. Der Burgunderherzog Philipp, der bereits mit *Humphrey von Gloucester zusammengestoßen war, verließ das englische Bündnis und trat im Vertrag von Arras (1435) auf die Seite Frankreichs. Karl konnte nunmehr den Gegenangriff wagen und eroberte in einer langen Reihe von Schlachten Nordfrankreich von den (nach der Rückkehr Bedfords nach England führerlosen) Engländern. Die Eroberung der Normandie erlaubte den Franzosen, auch im Süden die Initiative zu ergreifen und 1453 den entscheidenden Sieg von Libourne zu erringen, der der englischen Beherrschung der Gascogne ein Ende setzte.

Der H. begann als einer von zahlreichen feudalen Kriegen, die von Reitern und Bogenschützen ausgetragen wurden. Er endete mit dem Aufstieg der Nationalstaaten, mit Berufsarmeen und Feuerwaffen.
E. Perroy, *The Hundred Years' War*, 1958.

HUNDERTSCHAFT Ursprünglich die Bezeichnung der altgermanischen Gruppen von hundert Kriegern, die mit ihren Familien zusammenwohnten und als eine Einheit kämpften. In der Zeit der Völkerwanderung war die H.

Johann Hus; Holzschnitt 16./17. Jh.

Grundeinheit der germanischen Landnahme. Im 8. Jh. lösten sich die kontinentaleuropäischen H.en auf und wurden vom System des Lehnswesens ersetzt. Im angelsächsischen England erhielt sich die H. als territoriale Basis des Verwaltungssystems und wandelte sich zur örtlichen Gemeinde der Freien mit eigenem Gerichtshof und klar definierten militärischen Verpflichtungen. Die Normannen übernahmen nach ihrer Eroberung Englands das System der H. als Fiskal-, Gerichts- und Verwaltungseinheit, an deren Spitze seit der Zeit *Heinrichs II. der Sheriff stand.
Cl. von Schwerin, *Die altgermanische Hundertschaft*, 1907;
H. Cam, *The Hundred and the Hundred Rolls*, 1930.
HUNERICH *Wandalenkönig (477-84). Sohn des *Genserich, der ihn mit Eudoxia, der Witwe des weströmischen Kaisers Valentinian III., verheiratete. H. schlug einen Stammesaufstand in Mauritanien nieder und festigte das Wandalenreich. 484 erließ er ein Edikt zur Austreibung des katholischen Klerus aus seinem Königreich.
HUNGERSNÖTE Die H. waren ein konstanter Faktor in der Sozialgeschichte des Mittelalters. In Asien hatten sie die großen Wanderungen der Steppenvölker zwischen dem 4. und dem 13. Jh. zur Folge, die wiederum zum Angriff dieser Stämme auf die seßhafte Bevölkerung und zu Unruhen und Revolutionen führten. In Europa waren die Konsequenzen der H. weniger schwerwiegend, bis zu den H.n des 14. Jh.s, die als Ergebnis von klimatischen Veränderungen und besonders von der zu Beginn des 14. Jh.s fühlbaren Unausgeglichenheit der Niederschläge ganz Europa heimsuchten. Die H. der Jahre 1314-15 und 1316-17 forderten Tausende von Opfern und führten auch zu Epidemien,

die sich weithin ausbreiteten. Eine Reaktion darauf waren Massenbewegungen von Büßern und Schwärmern, die die H. als Strafe für die Verworfenheit der Christen und die Sünden der geistlichen und weltlichen Herrscher geißelten.
W. Abel, *Agrarkrisen und Agrarkonjunktur*, 1966².
HUNNEN Nomadenvolk türkisch-ugurischer Abstammung aus der Altaigegend in Mittelasien, das im 3. Jh. zum ersten Mal als organisierte politische Einheit erschien und sich von der Mongolei rasch nach Süden und Westen ausbreitete. Dieses erste H.-Reich war nur von kurzer Lebensdauer, und nach dem Zusammenstoß mit China teilten sich die H. in zwei Gruppen. Die östlichen H. verblieben in der Mongolei unter der chinesischen Schutzherrschaft, während die West-H. nach Zentralasien und in die osteuropäischen Steppen gedrängt wurden. Um 370 überquerten sie unter ihrem Führer Balamir die Wolga und griffen die *Goten an, die in Richtung römische Grenze auswichen. Zu Beginn des 5. Jh.s eroberten die H. Pannonien (Ungarn), wo sie ihren Zeltring mit dem königlichen Prunkzelt im Zentrum errichteten. Von hier aus unternahmen sie neue Beutezüge bis nach Zentralasien. Die oströmischen Kaiser zahlten den H. Tribut, um solche Einfälle zu vermeiden. Im Jahre 446 errichtete der berühmteste H.-König, *Attila, sein Reich das sich von der Donau über den Dnjepr, den Don und die Wolga bis zur chinesischen und persischen Grenze erstreckte. Er wurde jedoch 451 von einer römisch-fränkischen Armee unter *Aetius aus Gallien zurückgeworfen. Im folgenden Jahr fiel er in Italien ein und ließ sich von Papst *Leo I. den Rückzug teuer bezahlen.
Der Rückschlag in Gallien war das erste Zeichen für den Niedergang der H. In einer Revolte der *Gepiden verlor Attila das Leben (454); das Reich wurde unter seinen Söhnen aufgeteilt. Neue Aufstände der Gepiden zwangen sie, Ungarn zu verlassen. Die *Kotriguren und *Utriguren, europäische Splittergruppen der H., verblieben in der Ukraine, wo sie sich nachweisbar bis ins 6. Jh. erhalten haben. Die Weißen H. aus Zentralasien wanderten in der zweiten Hälfte des 4. Jh.s unter dem Druck anderer türkischer Stämme südwärts und griffen Indien an. 485 zerstörten sie das Guptareich. Ihr Reich bestand bis zur Mitte des 6. Jh.s, als sie vor dem Angriff König Chosroes von Persien (557) in die Steppen fliehen mußten, wo sie sich mit anderen Stämmen vermischten und ein Teil der *Mongolen wurden.
F. Altheim, *Geschichte der Hunnen*, 5 Bde., 1959-64;
O. J. Maenchen-Helfen, *Die Welt der Hunnen*, 1978.
HUON DE BORDEAUX Französisches Heldenepos aus dem frühen 13. Jh., dessen Held Huon als treuer Ritter Karls d.Gr. sich im Krieg gegen die Sarazenen auszeichnet, weisen Rat spendet und dazu noch die Ehre seiner Familie verteidigt.
HUS, JOHANN (um 1369-1415) Tschechischer Reformer und religiöser Führer. Er wurde in der Kleinstadt Hussinec geboren, studierte an der Universität Prag und erwarb 1396 den Doktor der Philosophie. 1400 erhielt er die Priesterweihen, lehrte aber weiter und wurde 1401 zum Dekan der Fakultät und 1409 zum Rektor der Universität gewählt. Im gleichen Jahr erreichte H. zu Gunsten der böhmischen Professoren auch die Änderung der Gründungsurkunde, die den ausländischen Professoren die Dreiviertelmajorität verliehen hatte.

H. theologische Ansichten waren von der Lehre *Wyclifs beeinflußt. Nach seiner Anschauung war die wahre Kirche aus jenen Gläubigen zusammengesetzt, deren Lebenswandel sie der göttlichen Gnade würdig machte. 1403 veröffentlichte er eine Verteidigung der Thesen Wyclifs, die die Kirche verurteilt hatte. 1409 griff er die Praxis des *Ablaßverkaufs an und kam damit in Konflikt mit der Kirche und mit dem Kaiser, der einen Teil der Einkünfte erhielt. 1411 wurde er vom Papst exkommuniziert, worauf H. mit der scharfen Schrift *De Ecclesia* ("Über die Kirche") antwortete (1413). Darin griff er das Prinzip der päpstlichen Unfehlbarkeit an, warf dem Papst Sünde vor und betonte die Heilige Schrift als höchste Autorität in jedem theologischen Disput. 1414 wurde er vor das *Konstanzer Konzil zitiert, um seine Lehren zu verteidigen. Kaiser *Sigmund sprach ihm freies Geleit für den Fall der Verurteilung zu, H. wurde jedoch in Konstanz festgenommen. Da er sich weigerte, seine Lehre zurückzunehmen, wurde er angeklagt, verurteilt und als Ketzer verbrannt.
M. Vischer, *Jan Hus*, 2 Bde., 1940;
R. Friedenthal, *Ketzer und Rebell*, 1972.

HUSSITEN Die böhmische revolutionäre Bewegung der Anhänger des Johannes *Hus (15. Jh.). Die H.-Bewegung entstand noch zu Hus' Lebzeiten als religiöse Gemeinschaft, die sich durch ihre "Heiligen Abendmahle", der Einnahme von Brot und Wein, d.h. der Kommunion in "beiderlei Gestalt" (*sub utraque specie*), auszeichnete. Deshalb wurden sie auch Utraquisten genannt. Nach dem Tode des Hus entwickelten sich die H. zu einer böhmischnationalen und sozialen Bewegung, ohne jedoch ihre religiösen Grundsätze aufzugeben. 1417 genehmigte die Universität von Prag den Brauch des Utraquismus und drückte damit ihren Beitritt zur Bewegung aus. 1419 weigerten sich die Adeligen Böhmens, der Nachfolge *Sigmunds als König von Böhmen zuzustimmen, wenn er nicht den religiösen Forderungen der H. nachgebe. Die Weigerung des Kaisers führte zum offenen Aufstand (1420), auf den Papst und Kaiser mit der Ausrufung des *Kreuzzugs antworteten. Zu diesem Zeitpunkt spalteten sich die H. in zwei Parteien: der Hochadel und die Universitätsprofessoren betonten die Notwendigkeit kirchlicher Reformen und forderten die Anerkennung der nationalen Rechte der "böhmischen Krone"; die radikale Partei, die zusätzlich zu den kirchlichen auch soziale Forderungen stellte, hatte ihren Mittelpunkt auf einem

Berg nahe Prag, den sie Berg Tabor nannte (*Taboriten). Beide Parteien kämpften unter der Führung von Johannes *Ziska gegen die Kreuzfahrerheere und besiegten diese in den Jahren 1423, 1426, 1427 und 1431. Unter Ziskas Nachfolger *Prokop gingen die H. zum Gegenangriff über und fielen in Deutschland ein. 1432 erreichten sie sogar die Ostsee. Seit 1424 bestanden jedoch Meinungsverschiedenheiten zwischen den Adeligen, die zu einem Kompromiß mit Kaiser Sigmund bereit waren, und Ziska, der diese Absichten mit Gewalt verhinderte. Nach Ziskas Tod (1424) nahm das Gewicht der Taboriten in der Bewegung zu; die Utraquisten, wie die aristokratische Partei nun genannt wurde, verhandelten mit dem Konzil von *Basel über eine Kompromißlösung der kirchlichen Probleme. In Böhmen konnten sie zunehmend die Stadtbürger für sich gewinnen. 1434 brach der Bürgerkrieg erneut aus; die Adeligen besiegten die Taboriten in der entscheidenden Schlacht von Lipani, in der Prokop umkam. Die Zerstörung der radikalen Partei ermöglichte die Lösung des religiösen Problems und die Verständigung mit dem Konzil (1435).
F. Seibt, *Hussitica. Zur Struktur einer Revolution*, 1965;
R. Kalivoda, A. Kolesnyk, *Das hussitische Denken*, 1969.

HYDE (hide, lat. hida) Ein angelsächsisches Bodenmaß, dessen Umfang die Ernährung einer Bauernfamilie und die Ableistung der dem Grundherrn schuldigen Rente ermöglichen sollte und deshalb je nach Beschaffenheit des Landes verschieden groß sein konnte. Nach der normannischen Eroberung wurde die H. eine Unterteilung der feudalen *Grundherrschaft.

HYGELAC (6. Jh.) Gotenhäuptling. Der erste Wikingerführer, der das Reich der *Franken angriff. Nach *Gregor von Tours gelangte H. mit einer starken Flotte an die Nordküste Frankreichs und wurde um 565 in einer Schlacht gegen die *Friesen getötet.

HYMNEN Die zu Musik gesetzten und im öffentlichen Gottesdienst gesungenen christlichen Dichtungen. Das Christentum übernahm das *Psalmensingen vom Judentum und machte es zur Grundlage der griechischen und lateinischen H. Seit dem 4. Jh. wurden die von den Kirchenvätern verfaßten H. allgemein an bestimmten Festtagen gesungen; seit der Zeit *Gregors I. sind sie Teil der Liturgie, im 9. Jh. fanden sie in die Messe Eingang.
J. Szöverffy, *Die Annalen der lateinischen Hymnendichtung* 1, 2, 1964/65.

I

IBELINEN *Kreuzfahrerfamilie, die in den Lateinischen Königreichen Jerusalem und *Zypern den höchsten Rang erlangte. Barisan, der Gründer des Hauses trat im Heiligen Land als Konstabler in den Dienst des Herrn von Jaffa, heiratete die Erbin von *Ramlah und machte sich zu einem der einflußreichsten Barone des Königreiches. 1132 unterstützte er König *Fulk gegen seinen eigenen Herrn und erhielt die Güter von Jabneh (Ibelin 1136). Er war unter dem Namen "Balian der Alte von Ibelin" bekannt. Seine Söhne verheirateten sich mit den großen Häusern des Landes, und 1175 nahm der jüngste Sohn, Balian, die byzantinische Prinzessin Maria Komnena, die Witwe König *Aymerichs, zur Frau. Um 1180 besaßen die I. Heiratsverbindungen zu allen Adelsfamilien Jerusalems. In der Zeit König *Balduins IV. führten sie den gemäßigten Flügel der Aristokratie und waren aktiv an der Regierung des Landes beteiligt. Zusätzlich zum südwestlichen Palästina erwarben sie Güter um Ramlah, Samaria und *Beirut. Nach dem dritten *Kreuzzug wuchs ihre Macht; die I. galten als erste Familie des Königreichs Akkon. Unter der Führung Johanns d. Alten von Beirut dehnten sie sich weiter aus. Zu Beginn des 13. Jh.s wurde Philipp I. Regent von *Zypern. Andere Mitglieder der Familie standen an der Spitze des in der "Gemeinschaft vom hl. Andreas" organisierten Widerstands gegen *Friedrich II. und vertraten eine aristokratische Staatsauffassung, die dem König nur den Rang eines Primus inter pares verlieh (siehe die 1245 von *Johann von Ibelin geschriebenen *Assisen von Jerusalem). Im 14. Jh. starb die männliche Linie der I. aus, die weiblichen Erben heirateten die Fürsten von Zypern und die des lateinischen Griechenland.
W. H. Rüdt de Collenberg, *Les Premiers Ibelins,* 1965.

IBN-AL-ATHIR (1160-1233) Geschichtsschreiber. Zu Mosul geboren und erzogen, Verfasser zweier wichtiger Geschichtswerke. Sein "Historisches Kompendium" behandelt aus dem Blickwinkel des Aufstiegs des *Sengiden die Jahre 1098-1230, die auch Gegenstand seiner "Geschichte der Attabeghs von Mosul" sind.
F. Gabrielli, *Arab Historians of the Crusades,* 1969.

IBN-BAJJAH (BADDSCHA, AVEMPACE; gest. 1138) Arzt. In Andalusien geboren, studierte und praktizierte er Medizin in Sevilla. Die in klinischen Studien gesammelten Erfahrungen legte I. in einer Reihe von wichtigen Abhandlungen nieder, die auch ins Lateinische übersetzt wurden.
B. Spuler (Hg.), *Handbuch der Orientalistik, Ergänzungsband* 6, 1970.

IBN-CHALDUN (1332-1406) Geschichtsschreiber. Sohn einer Familie, die vom Jemen über Sevilla (9. Jh.) nach Tunesien gelangt war. I. erhielt eine breite Erziehung und diente als hoher Beamter an mehreren Höfen des maurischen Spaniens, Nordafrikas und Ägyptens.

In Kairo verfaßte er eine Universalgeschichte, die sowohl durch die Nachrichten über die Welt des Islams als auch durch die in der langen Einleitung enthaltene methodologische Abhandlung von Bedeutung ist. Darin versuchte I. auf der Grundlage der geschichtlichen Entwicklung zu einer nicht mehr religiös gefärbten Anschauung von der Gesellschaft zu gelangen.
H. Simon, *Ibn Khalduns Wissenschaft von der menschlichen Kultur,* 1959.

IBN JUBAIR (1145-1217) Arabischer Reisender aus Valencia und Verfasser einer Reisebeschreibung vom maurischen Spanien nach Ägypten, Syrien, Palästina und Mekka.
Werk: W. Wright (Hg.), 1907.

IBN NAGRELA Siehe *SAMUEL HANAGID HALEVI.

IBN RUSD (AVERROES; 1126-98) Philosoph. I. war in Córdoba geboren, wo er auch studierte. 1169 wurde er zum Kadi von Sevilla und zwei Jahre später zum Kadi seiner Heimatstadt ernannt. Seit 1182 lebte er als Hofarzt am *Almohadenhof von *Marrakesch. I. verfaßte Kommentare zu dem meisten Werken des Aristoteles, die ihm als Vorbereitung zu seinen eigenen philosophischen Studien dienten. Sein Ziel war die Verbindung der Philosophie mit dem Glauben und der Gesellschaft. I. lehnte die Bevormundung der Philosophie durch die Religion und damit auch die Lehre des *Ibn Sina ab. Seit Beginn des 13. Jh.s übten I.s Werke in der lateinischen Übersetzung großen Einfluß an den europäischen Universitäten aus und trugen wesentlich zur Entdeckung und Entwicklung des *Aristotelismus bei. Die zu Paris von der Gruppe um *Suger von Brabant ausgedrückten averroistischen Ideen wurden jedoch 1270 von der Kirche verurteilt.
Werk (dt.): S. van den Bergh, *Die Epitome der Metaphysik des Averroes, übersetzt und mit einer Einleitung und Erläuterung versehen,* 1924;
L. Gautier, *Ibn Rochd,* 1948.

IBN SINA (AVICENNA; 980-1037) Philosoph und Arzt. In Buchara geboren, stand während seiner Kindheit unter dem Einfluß *ismailitischer Lehren und studierte die Werke *Alfaribis und die Medizin. I. verbrachte sein Leben an mehreren persischen Höfen und starb zu Hamadan. In seinen philosophischen Studien ging er der Lehre der Neuplatoniker nach, die sich mit der Verbindung zwischen den physischen und chemischen Elementen des Universums beschäftigten. Auf diesem Gebiet steuerte er eine pantheistisch gefärbte Lehre bei, die besonders die mystische Einheit der Schöpfung betonte und sich unter dem aristotelischen Einfluß auch mit der Funktion des Individuums in der Gesellschaft befaßte. Unter dem Eindruck der aristotelischen Lehren reflektierte I. auch besonders über die Stellung des Individuums in der Gesellschaft. Seine Werke übten einen außerordentlich starken Einfluß auf die islamische und indirekt auch auf die christliche Philosophie aus, die ebenfalls den religiösen Eingang zur Philosophie suchte.

Sein ärztliches Handbuch "Die Gesetze der Medizin" war das maßgebende Werk für die gesamte islamisch-christlich-jüdische Medizinwissenschaft.

M. Horten, *Die Metaphysik Avicennas*, 1907; A. M. Goichon, *La philosophie d'Avicenne et son influence en Europe medievale*, 1951.

IDRISI Siehe *AL-IDRISI.

IGNATIOS (hl.; gest. 877) Patriarch von Konstantinopel (847-58; 867-77). Sohn Kaiser *Michaels I., wurde nach seines Vaters Sturz (813) in ein Kloster gesteckt und erwarb durch seinen religiösen Eifer und sein Eintreten für die Verehrung der *Ikonen große Berühmtheit. Als Patriarch (847) ging er scharf gegen die Bilderstürmer vor; 858 wurde er von Kaiser *Michael III. abgesetzt und in das Kloster *Studion verbannt. *Photias wurde sein Nachfolger. Ein wichtiger Teil der byzantinischen Kirche, so auch Papst *Nikolaus I weigerte sich, die Absetzung anzuerkennen. Kaiser *Basilios I. setzte ihn wieder in sein Amt ein. Danach war er ein treuer Vertreter der kaiserlichen Politik und weihte die ersten *bulgarischen Metropoliten und Bischöfe. Seine liberale Politik gegenüber der neugegründeten bulgarischen Kirche diente später als Vorbild bei der Errichtung neuer slawischer Kirchen.

F. Dvornik, *The Photian Schism*, 1948.

IGOR Fürst von Kiew (912-45). Sohn des *Rjurik von Nowgorod, verbrachte seine Kindheit am Kiewer Hof und wurde Nachfolger des *Oleg als Fürst von Kiew. Während seiner langen Regierungszeit kämpfte er gegen Byzanz und wurde allmählich von den *Warägerfürsten als erster Herr der Reiche von Rus, dem frühmittelalterlichen Rußland, anerkannt. 945 wurde er während eines Unterdrückungszuges gegen einen Slawenstamm getötet.

K. Stählin, *Geschichte Rußlands* 1, 1923.

IKONE Das hauptsächlich auf Holz gemalte Heiligenbild, das in der Ostkirche als gegenständliche Anwesenheit des Abgebildeten besonders verehrt und darum in einer streng konservativen Technik gemalt wurde. Zu Beginn des 7. Jh.s wurde der spätrömische I.-Stil von einem "hierarchischen" Stil abgelöst, der sich in den Wirren des *Ikonoklasmus weiter versteifte, bis das I.-Malen ausschließlich zur Aufgabe der Mönche und eine geheiligte Kunst wurde.

K. Onasch, *Die I.-malerei*, 1968.

IKONOGRAPHIE (Bildinhalte) Die mittelalterliche I. Europas und des Mittleren Ostens war wesentlich von der Religion bestimmt. Ihr Gegenstand war die abbildhafte oder symbolische Repräsentation von Ideen, Gestalten und Ereignisse der Heilsgeschichte. Die islamische und jüdische Gesellschaft zog wegen des Verbots der Gottesabbildung die symbolische Form vor und entwickelte abstrakte Techniken; das Christentum schuf dagegen auch figurative Werke, hauptsächlich von Heiligen und von biblischen Themen. Im Ostchristentum nahm die I. infolge des *Ikonoklasmus und der engen Verbindung mit der Liturgie steife und konservative Züge an. Im Westen war das liturgische Moment weniger ausgebildet, und die Darstellung weitgehend dem individuellen Künstler anvertraut. Dazu besaß die westliche I. noch die didaktische Aufgabe, der Bevölkerung in Bildform die Grundinhalte des Glaubens und die mora-

lischen Prinzipien der Kirche beizubringen. Im 14. Jh. begann die I. jedoch schon, die ersten Anzeichen der weltlichen I. der Renaissancezeit zu entwickeln.

E. Kirschbaum (Hg.), *Lexikon der christlichen Ikonographie*, 1968ff.

IKONOKLASMUS (Bilderstreit) Die Debatte um die Funktion und den Wert der *Ikone, die die griechisch-orthodoxe Kirche in den Jahren 725-842 erregte. Gegen Ende des 7. Jh.s hatten ikonenfeindliche Ideen im byzantinischen Reich und besonders in Kleinasien an Boden gewonnen, wo der *Manichäismus und eine streng monotheistische, abstrakte Tendenz in den Kreisen um die *Isaurierfamilie lebendig waren. Der Bilderstreit wurde von Kaiser *Leo III. ausgelöst, der in der Ikonenverehrung ein schweres Hindernis zur Bekehrung der Juden und Moslems erblickte, 726 alle Ikonen zu Götzenbildern erklärte und deren Zerstörung anordnete. Gegen diesen Schritt stellten sich das Mönchtum und ein Teil der kirchlichen Hierarchie unter der Führung des Patriarchen *Germanos, der 730 beim Ausbruch der Verfolgungen der Bilderverehrer abgesetzt wurde. Die Kaiser *Konstantin V. und *Leo IV. setzten die Politik des I. fort und zwangen den byzantinischen Priestern ihren Willen auf, konnten jedoch nicht den Widerstand der von den Massen unterstützten Mönche brechen. Als die Witwe Leos IV., *Irene, 780 Regentin wurde, hörte die Verfolgung auf. 787 gestattete das 7. ökumenische Konzil von *Nikäa ein gewisses Maß an Verehrung für die nunmehr wieder zugelassenen Ikonen.

Der I. blieb jedoch weiterhin eine starke Kraft in der Armee; der Streit flammte nach Irenes Tod von neuem auf. 814 wurden der General *Leo der Armenier zum Kaiser ausgerufen und die ikonoklastische Politik erneut aufgenommen. Der wichtigste Verteidiger der Ikonenverehrung, der hl. *Theodor von Studion, mußte ins Exil gehen. Unter Leos Nachfolgern verschärften sich die Verfolgungen und führten zu gewalttätigen Exzessen. 843 setzte die Kaiserin Theodora mit Hilfe des früheren Mönchen und Patriarchen Methodios dem I. ein Ende, schaffte die gesamte bilderstürmerische Gesetzgebung ab und führte das später unter dem Namen "Feiertag der Orthodoxie" bekannte Fest zu Ehren der Ikonen ein.

G. Ostrogorsky, *Studien zur Geschichte des byzantinischen Bildersturms*, 1929; H. G. Beck, *Kirche und theologische Literatur im byzantinischen Reich*, 1959.

ILKHANE Siehe *PERSIEN.

IMRE (EMMERICH) König von Ungarn (1196-1203), Sohn *Belas III., befaßte sich während seiner Regierungszeit mit der Errichtung der ungarischen Oberhoheit über *Kroatien und versuchte, die Schwäche des *Bulgarenreichs für einen Vorstoß gegen Belgrad auszunutzen. Um diese Ziele zu erlangen, verlieh er dem Adel weitgehende Vorrechte, was die Königsmacht schwächte.

G. Homan, *Geschichte des ungarischen Mittelalters* 2, 1942.

INDIEN Im 5. Jh. war I. in zwei politische Regionen geteilt. Die südlichen und zentralen Gegenden wurden von den Satawhana, einem mächtigen Herrscherhaus aus dem Dekkan, beherrscht; der Norden stand unter der Herrschaft der Guptadynastie, deren Schwerpunkt im Gangestal lag. Letztere breiteten ihren Machtbereich nach Süden aus, und unter Buddha-Gupta, dem letzten der Dynastie, waren die Dekkanfürstentümer den Gupta

Hochgotisches Kircheninnere; Kathedrale von Amiens, Frankreich, 13. Jh.

tributpflichtig (496). Nach seinem Tod verlor das Guptareich an Kraft, Aufstände von Feudaladeligen trugen zur weiteren Schwächung bei. 530 begann mit den Einfällen der Weißen *Hunnen der Auflösungsprozeß, der vor 550 abgeschlossen war. Trotz ihrer kurzen Dauer war die Zeit der Gupta eine glanzvolle Periode Indiens, das von einer nationalen Dynastie vereint wurde.

Nach einer kurzen Zeit der Hunnenherrschaft wurde I. zwischen zahlreichen Kleinkönigreichen geteilt, die sich gegenseitig bekämpften und eine Periode der Anarchie (6.-8. Jh.) einleiteten. Im 8. Jh. entstanden aus den Trümmern dieser kurzlebigen Reiche drei große Staaten: Rastrakuta im Süden, Rajputana im Nordwesten und Bengalen im Nordosten. Auch diese hielten nur mit Mühe das Gleichgewicht der Macht; die andauernden Kriege und Fürstenaufstände erleichterten das Eindringen fremder Kräfte. Im Nordwesten setzten sich 704 die Araber fest und machten sich an die Eroberung der Grenzländer am Indusfluß, vom Nordosten begann das Einsickern der buddhistischen Chinesen, und im Norden errichteten türkische Stämme das Panjabreich. Gegen Ende des 10. Jh.s war I. wiederum in zehn Reiche geteilt. Die Angriffe *Mahmuds von Ghazni (Wende vom 10./11. Jh.) trafen auf ein geschwächtes Land und hatten die leichte Eroberung des gesamten Nordostens zur Folge (1021). Seine Einfälle führten tief in den indischen Subkontinent und schufen völlige Anarchie, mit Ausnahme des Dekkans. Gleichzeitig setzte die Islamisierung des Nordostens ein, die dem Lauf des Ganges-flusses entlang vorrückte. So wurden im 11. Jh. die Grundlagen des modernen pakistanischen Staates gelegt.

In den Hinduländern und besonders in Bengalen und im Dekkan konnte sich teilweise ein Prozeß der Befreiung vom Joch der Ghaznisultane entwickeln. Im 12. Jh. wurde Bengalen unter der örtliche Dynastie der Schahamana vereint; deren größter König, Pritthawiraja III. (1177-92) führte die Könige (Radschas) Nord-I.s gegen die Türkenherrscher von Ghazni. Nach seinen Erfolgen wurde er jedoch besiegt und getötet. Damit war der moslemischen Eroberung des ganzen Subkontinents das Tor geöffnet. 1206 eroberte der türkische General Kutb Al-Din Eijbak Delhi und errichtete das Sultanat von Delhi, das bis zum Mongolensturm des 16. Jh.s existierte. Seine Söhne machten die Eroberung des gesamten nördlichen Indiens vollständig (1252) und errichteten in Lahore und Delhi große theologische Zentren zur Islamisierung der örtlichen hinduistischen Bevölkerung. Damit waren sie jedoch nur in Ostbengalen erfolgreich, wo die Stadt Dakka eine Hochburg des Islams wurde. Im 14. Jh. drangen die Moslemarmeen Mohammed ibn Tughluqs, des letzten großen Sultans von Delhi, in Mittel- und Südindien ein, eroberten die geschwächten Dekkanstaaten und erreichten die Vereinigung des gesamten Subkontinents. Nur in der Südecke blieben drei Hindustaaten unabhängig. Diese Kraftprobe schwächte auf lange Sicht das Sultanat, das gegen Ende des 14. Jh.s praktisch in Hunderte mehr oder weniger von Delhi abhängige Fürstentümer geteilt war. Auch die Verwaltungsreformen des Wesirs Mohammed Gawan (1405-84) konnten die Grundtendenz zur Auflösung nicht aufhalten, die letzten Endes Indien hilflos dem Mongolenangriff auslieferte.

Die ethnische Verschiedenheit der indischen Bevölkerung war eine der Hauptmomente der geschichtlichen Entwicklung. Durch einen Prozeß der Angleichung waren bis Beginn des Mittelalters zwei Hauptgruppen der hauptsächlich im Norden konzentrierten Hindus und der mittel- und südindischen Drawiden entstanden. Trotz aller inneren Unterschiede und der andauernden Niederlassung von Hinduelementen im Süden kann von zwei großen Volksgruppen gesprochen werden. Daneben bestanden Hunderte, teils einheimische und teils eingewanderte Stämme verschiedensten Ursprungs, die jedoch nur zum Teil eine eigenständige politische Entwicklung durchmachten.

Die Sprachunterschiede durchbrachen auch die Einheit der beiden großen Volksgruppen. Zu Beginn des Mittelalters bestand die Hindi-Sprachgruppe bereits aus Sanskrit und dem Mittelhindi, die sich im weiteren zu einer Vielzahl von Sprachen entwickelten. Sanskrit blieb die klassische Sprache, die Palisprache der Brahmanen erfreute sich als Sprache Buddhas besonderen Ansehens, daneben bestanden die von der zweiten großen Sprachgruppe des Drawidanischen abgeleiteten Sprachen. Dagegen war die auf die Buchstaben des Sanskrit basierende Schrift ganz I. gemein, im Spätmittelalter entwickelte Urdu eine arabische Schrift.

Die eigenartigste Erscheinung der indischen Gesellschaft im Mittelalter ist das Kastensystem. Der Hinduismus teilte die Gesellschaft in die vier Kasten der Brahmanen (Priester), Ksattrija (Krieger), Vaisija (Kaufleute) und Sudrija (Arbeiter). Dazu kam die niedrigste Kaste der Unberührbaren. Das Kastensystem war von unvergleichbarer Strenge und blieb im ganzen Mittelalter in Kraft. Dennoch führten regionale Besonderheiten zu örtlichen Entwicklungen, wie etwa im Norden, wo 15-20 Kasten entstanden.

Die moslemischen Eroberungen des 11. und 13. Jh.s berührten dieses System kaum; die islamisierte Bevölkerung blieb in der Minderheit. In Bezug auf den gesamten Subkontinent waren die Moslems nur eine herrschende Oberschicht; Neueinwanderer nichtindischer Herkunft wie etwa in den großen Handelsstädten und den Grenzgegenden blieben außerhalb des Kastensystems.

Das religiöse Leben des mittelalterlichen I.s war eine Fortsetzung der alten einheimischen Religionen des Brahamismus und Buddhismus. In alter Zeit hatte der erstere eine Vereinigung der Vielgötterei mit einer kontemplativen Religion bewirkt. Die spätantike Form des Brahamismus blieb dank der starren Kastenstruktur und trotz der großen politischen Veränderungen im Laufe des Mittelalters unverändert. Dazu breitete er sich in Gegenden aus, die traditionell buddhistisch waren, wie etwa in Bengalen und entlang des Ganges.

Im Frühmittelalter kam die dualistische persische Religion vom westlichen Grenzgebiet nach Indien und erhielt nach der Islamisierung Persiens neue Anstöße. Die gesamte Gegend zwischen dem Indus und Bombay wurde eine Hochburg weitgehend divergierender dualistischer Lehre, die jedoch nach dem Eindringen des Islams an Kraft verloren.

Die Islamisierung I.s begann im 11. Jh. und war das Werk *schiitischer Prediger aus *Khorazan, während die islamischen Eroberer I.s der *sunnitischen Richtung anhingen. Das Ergebnis war ein besonderer indischer Islam, der die arabische Schrift, sunnitisch-schiitischen Kult, die örtlichen Sprachen und eine vom Kalifat und dem Arabertum der sunnitischen Moslems unabhängige indische Organisation einschloß. Die in I. vorhandenen

Bronzestatuette eines französischen Ritters, 14. Jh.

jüdischen und christlichen Gemeinden besaßen keine Bedeutung, obwohl die Legende von *Priester Johannes bis nach Europa drang.

Die goldene Zeit der eigenständigen indischen Kultur lag in der Periode der Gupta, die die größten Dichter wie Bharawi (6. Jh.), Magha (7. Jh.), Bhartrhari (7. Jh.) hervorbrachte. Im Spätmittelalter entstand auf der klassischen Grundlage eine literarische Renaissance der Marathiliteratur. Im Süden schuf die hinduistische Tradition eigenständige Werke, besonders auf dem Gebiet der Dichtung (9.-12. Jh.). Auf dem Gebiet der Philosophie hatte das Mittelalter den klassischen Errungenschaften nur wenig hinzuzufügen. Es entwickelte sich eine quietistische Tradition, die in der Form der Askese in den Lehren des Sankara (9. Jh.) und des Ramanuja (11. Jh.) zur Vollendung gebracht wurde und sich mit der Natur der Gottheit und dem Verhältnis zwischen Seele und Körper beschäftigte. Daneben scheint sie auch nicht wenig zur passiven Hinnahme der moslemischen Eroberung beigetragen zu haben.

Die Kunst I.s war zutiefst von der brahamistischen und buddhistischen Religion beeinflußt, so in den pyramidenförmigen Tempelbauten des Gangestals (6.-9. Jh.) und den Götterskulpturen naturalistischen Ausdrucks sowie den Wandgemälden der Tempel, die vom 3. Jh. bis zum Eindringen der tibetanisch-chinesischen Malkunst im 10. Jh. ganz eigenständige Formen entwickelten (besonders auch auf dem Gebiet der Miniatur und der Buchillumination).

H. Goetz, *Epochen der indischen Kultur,* 1929; St. Kramrisch, *Grundzüge der indischen Kunst,* 1956[2]; H. Mode, *Das frühe Indien,* 1959.

INE Der wichtigste der frühen Könige von *Wessex (688-726). Er stärkte die Königsmacht im Kampf gegen die Adeligen seines Reiches und die Könige von Essex und Sussex und gab 694 das erste Korpus des angelsächsischen Rechts heraus. Er legte den *Witan als höchste Institution des Reiches fest und organisierte die Rechtsprechung unter Einbezug der Freien in die Arbeit der Gerichtshöfe.

F. M. Stenton, *Anglo-Saxon England,* 1947.

INGE DER ALTE (gest. 1110) König von Schweden (1066-90). Seine Regierungszeit stand unter dem Schatten der Thronkämpfe. Der Überlieferung nach soll er 12 Könige getötet haben, bis er die Macht ergreifen konnte. Die von ihm begangenen Grausamkeiten ließen auch nach seiner Machtergreifung die Opposition nicht zur Ruhe kommen; 1090 wurde er von einer Adelsverschwörung gestürzt und verjagt.

G. Jones, *A History of the Vikings,* 1968.

INKLUSEN Siehe *EINSIEDLER.

INNOZENZ I. (hl.; gest. 417) Papst (401-17). Ein Mann von großer Fähigkeit, Tatkraft und hochmoralischem Charakter, der die Position des Papstes als Richter der theologischen Dispute in der Ostkirche bedeutend stärkte und die Unterstützung der weströmischen Bischöfe, wie die des hl. *Augustin von Hippo, besaß.

J. Haller, *Das Papsttum* I, 1950[2].

INNOZENZ II. (Gregorio Papareischi dei Guidoni; gest. 1143) Papst (1130-43). Sohn einer bedeutenden römischen Familie, wurde unter *Calixtus II. Kardinal, diente als Legat in Frankreich und England, wo er die großen Mönchsführer der *Cluniazenser und *Zisterzienser kennenlernte. 1130 wurde er in einer zweifelhaften

Bronzestatuette eines stehenden Buddha, 6. Jh.

Wahl von einer Minderheit der Kardinäle zum Papst erhoben. Da sein Widersacher *Anaklet II. in Rom starken Rückhalt besaß, mußte I. nach Frankreich gehen, wo er sich der Unterstützung *Peters d. Ehrwürdigen von Cluny, *Bernhards von Clairvaux und König *Ludwigs VI. versicherte. Mit der Hilfe der Mönche erlangte er auch die Anerkennung durch König *Heinrich I. von England und Kaiser *Lothar III. Dessen militärische Hilfe ermöglichte ihm 1134 die Rückkehr nach Rom. Er begann entgegen dem Rat seiner Vertrauten die ehemaligen Anhänger Anaklets zu verfolgen und beschwor Konflikte in der Kirche herauf, die zu einem langen Streit mit *Ludwig VII. führten. Sein Tod wurde von vielen Seiten mit Erleichterung aufgenommen.

F. J. Schmale, *Studien zum Schisma des Jahres 1130,* 1961.

INNOZENZ III. (Lothar von Segni; 1160-1216) Papst (1198-1216). Sohn der römischen Adelsfamilie Segni, studierte in Paris Theologie und in Bologna Rechtswissenschaft und machte an der päpstlichen Kurie rasch Karriere. Mit dreißig Jahren wurde er zum Kardinal erhoben; unter dem Pontifikat *Cölestins galt er als einer der einflußreichsten Persönlichkeiten an der Kurie. Als Papst bemühte er sich um die Verwirklichung der kirchenrechtlichen Theorie von der *plenitudo potestatis* (der vollen Macht des päpstlichen Stuhles) in der christlichen Gesellschaft. Damit war er einer der wichtigsten Vorkämpfer für die Idee der Priesterherrschaft, d.h. der päpstlichen Vorherrschaft. Die besonderen Umstände der Zeit und die Vakanz des Kaiserthrones ermöglichten es, daß I. diese Ideen in Wirklichkeit umsetzen konnte.

Als Oberlehensherr Siziliens wurde I. bald nach seiner Wahl Vormund des verwaisten *Friedrich II. und benützte diese Stellung, um die von Kaiser *Heinrich VI. auf der Insel stationierten deutschen Beamten und Truppen auszuweisen. Dieser Schritt war Teil seiner unerschütterlichen Politik, Sizilien vom *Heiligen Römischen Reich zu trennen. Die Vereinigung der beiden Reiche nördlich und südlich des Kirchenstaats wurde als ernste Bedrohung der päpstlichen Unabhängigkeit angesehen. Mit diesem Ziel griff I. in die deutsche Königswahl ein, eigentlich das Vorrecht der deutschen Fürsten, und widersetzte sich der Wahl *Philipps von Schwaben, des jüngeren Bruders Heinrichs VI. und nach dessen Tod Haupt des Hauses der *Hohenstaufen. Sein Eintreten für den welfischen Kandidaten *Otto von Braunschweig war dazu noch von den Erwägungen geleitet, daß der Papst die Pflicht hätte, sich der Würdigkeit des erwählten Königs zu vergewissern. Als Otto nach der Ermordung Philipps (1208) zu mächtig wurde und sich an die Verwirklichung der alten Hohenstaufenpolitik in Norditalien machte, ließ I. den Welfen fallen und zog statt dessen den jungen Friedrich ins Spiel, von dem er treuen Gehorsam erwartete. Friedrich versprach auch tatsächlich, die Trennung zwischen Sizilien und dem Reich aufrecht zu halten. I. starb, bevor Friedrich seine Ideen von der Kaisergewalt klar gestalten konnte, und der nächste große Konflikt zwischen Kirche und Staat wurde auf die nachkommenden Pontifikate vertagt.

Außerhalb des Reiches konnte I. seiner Macht weiten Ausdruck verleihen. Unter seinem Druck erkannten ihn die Könige von Sizilien, Aragón und Ungarn als obersten Lehnsherren an; das gleiche geschah in England, nachdem *Johann ohne Land durch seine französischen Niederlagen Macht und Ansehen eingebüßt hatte. In Frankreich führte I. die Aussöhnung *Philipps III. mit dessen Gattin Ingeborg von Dänemark herbei (1202), stieß aber in seinem Bemühen, die Lehnsgerichtshöfe unter kirchliche Aufsicht zu stellen, auf den entschlossenen Widerstand des französischen Königs (1205).

Der von I. ausgerufene vierte Kreuzzug verfehlte sein Ziel, da nicht die Ungläubigen im Osten, sondern das christliche Land Byzanz angegriffen wurde. Nach der Errichtung des Lateinischen Kaiserreichs von Konstantinopel mußte I. die Affäre als Mittel zur Beilegung des Schismas mit der Ostkirche gutheißen.

Dagegen sah I. keine Mängel in dem von ihm nach der Ermordung des Papstlegaten *Petrus von Castelnau ausgerufenen *Albigenserkreuzzug. Er verlieh den *Dominikanern und *Franziskanern als geistigen Vorkämpfern gegen das Ketzertum seine Anerkennung und erwarb sich damit das große Verdienst, diese mächtigen Bewegungen im Rahmen der Kirche gehalten zu haben.

Das vierte *Laterankonzil (1215) war die Krönung von I.' Pontifikat. Die breite Vertretung von Kirchenmännern und Laien symbolisierte die unter ihm geeinte Christenheit; die Beschlüsse des Konzils spiegelten die Breite seines Interesses wider.

A. Luchaire, *Innozenz III.*, 6 Bde., 1904-08;
H. Tillmann, *Papst Innozenz III.*, 1954;
F. Kempf, *Papsttum und Kaisertum bei Innozenz III.*, 1954.

INNOZENZ IV. (Sinibaldo Fiesco; um 1195-1254) Papst (1243-54). Er stammte aus Genua, erwarb sich als Professor der Rechtswissenschaft in Bologna großen Ruhm und wurde 1227 zum Kardinal erhoben. I. wurde als Kompromißkandidat nach *Gregor IX. zum Papst gewählt. Er versuchte anfänglich, mit *Friedrich II. zu einem gütlichen Vergleich zu gelangen, berief dann aber 1245 das Konzil von *Lyon, wo er den Kaiser bannte und absetzte. Zur Zerschlagung der *Albigenser entwickelte er die *Inquisition und machte sie direkt vom Papst abhängig. In seiner Bulle *Ad extirpandam* gestatte er den Inquisitoren den Gebrauch der Folter.
G. von Puttkamer, *Papst Innozenz IV.*, 1930.

INNOZENZ V. (hl.; Peter von Tarantasia; um 1225-76) Papst (1276). Ein Sohn Savoyens, diente als Erzbischof von Tarantasia und war als begabter Diplomat und Förderer des Mönchtums bekannt. I. bemühte sich besonders um Unionsverhandlungen mit der Ostkirche.

INNOZENZ VI. (Etienne Aubert; gest. 1362) Papst in Avignon (1352-62). In Limousin (Westfrankreich) geboren, studierte Rechtswissenschaft und lehrte in Toulouse Kirchenrecht, wo er auch als Richter diente. Seit 1342 weilte er als Kardinal an der päpstlichen Kurie in Avignon. Als Papst gelang es ihm nicht, die machtvollen Kardinäle seiner Autorität zu unterwerfen. I. ging gegen die *Spiritualen im *Franziskanerorden vor und reformierte die päpstliche Finanzverwaltung. Sein Versuch, die Könige Englands und Frankreichs zu einer Aussöhnung zu bewegen, hatte keinen Erfolg.
W. Scheffler, *Karl V. und Innozenz VI.*, 1911.

INNOZENZ VII. (Cosimo Migliorati; um 1336-1406) Papst (1404-06). Er verbrachte in Neapel den größeren Teil seines Lebens, wurde von seinem Landsmann *Urban VI. zum Kardinal gemacht und war während seines kurzen Pontifikats mit der Niederschlagung eines Aufstands in Rom beschäftigt.

INNSBRUCK Die Hauptstadt *Tirols erhielt um 1200 das Stadtrecht, wurde 1363 habsburgisch und seit 1420 Residenz der Grafschaft.

INQUISITION Die Bezeichnung der päpstlichen Behörde, deren Aufgabe die Bekämpfung der Ketzerei war. Der Name und die Arbeitsmethode der I. stammen vom strafrechtlichen Inquisitionsverfahren. Bis zur zweiten Hälfte des 12. Jh.s bekämpfte die Kirche Ketzer hauptsächlich mit der Waffe des Banns, dessen Ausführung zuweilen den weltlichen Behörden übergeben wurde, was die strafrechtliche Verfolgung der beschuldigten Person zur Folge hatte. Als im zweiten Hälfte des 12. Jh.s die Aufstände der Textilarbeiter Flanderns und Nordfrankreichs die öffentliche Ordnung zu untergraben drohten, verlangte Erzbischof Heinrich von Reims mit Unterstützung König *Ludwigs VII. und der örtlichen Grafen eine Reihe von Untersuchungen über die Aktivitäten der Häresie beschuldigten Personen sowie die Exekution der Überführten durch den weltlichen Arm. Als sich im weiteren die herkömmlichen Maßnahmen auch gegen die großen Ketzerbewegungen der *Albigenser und *Waldenser als unwirksam erwiesen, gewann die Idee der I. auch an der päpstlichen Kurie an Boden. 1184 beschlossen Papst *Lucius III. und Kaiser Friedrich I. auf einem Treffen zu Verona die Errichtung der I.

Diese lag bis zu Beginn des 13. Jh.s in der Hand der Bischöfe, erst im Verlauf des *Albigenserkreuzzugs ging die Verantwortung für die I. an die *Dominikaner über. *Friedrich II. übernahm den Gedanken und wies seine Beamten an, die Ketzer aufzuspüren (1232), was jedoch von Papst *Gregor IX. mit der Betonung des päpstlichen Aufsichtsrechts und der endgültigen Überweisung der I. an die Dominikaner beantwortet wurde. Die Inquisitoren hatten ihren Bezirk nach Ketzern abzusuchen und diese zum freiwilligen Widerruf zu bewegen. Im Fall des Bekenntnisses wurde eine *Buße wie etwa Fasten oder Pilgerfahrt angeordnet. Diejenigen, die nicht bekannten, wurden nach einer Gnadenfrist vor den Gerichtshof geladen, der gewöhnlich aus Laien und Kirchenmännern zusammengesetzt war und geheime Zeugenaussagen hörte. Seit 1252 durfte auch die Folter zur Erlangung des Geständnisses benutzt werden. Nach Rücksprache mit den Geschworenen wurde im feierlichen *sermo generalis* oder *auto da fe* (Glaubensakt) das Urteil verkündet. In schwerwiegenden Fällen konnte dies Konfiszierung von Eigentum, Einkerkerung oder Übergabe an die weltliche Macht (d.h. Feuertod) bedeuten. Die I. richtete sich nur gegen Christen und durfte nicht gegen Nichtchristen angewandt werden.
H. Ch. Lea, *Geschichte der I.*, 1905ff.;
R. Leiber, *Die mittelalterliche Inquisition*, 1963.

INTERDIKT Eine kirchliche Bestrafung von Einzelpersonen und ganzen Gemeinschaften, Ortschaften und sogar Ländern, die den oder die Gläubigen von der Teilnahme an geistlichen Akten und besonders den Sakramenten ausschloß. Das allgemeine I. wurde vom Papst über ein ganzes Reich verhängt, meistens um die Bevölkerung zu einem Aufstand gegen einen gebannten Herrscher zu bewegen.
A. Haas, *Das Interdikt nach geltendem Recht mit geschichtlichem Überblick*, in: A. M. Koeniger (Hg.), Kanonistische Studien 2, 1929.

INVESTITURSTREIT Die Bezeichnung für eine Phase im Konflikt zwischen dem Papsttum und den feudalen Staaten Europas (hauptsächlich jedoch dem *Heiligen

Römischen Reich) in der Zeit zwischen 1075 und 1122. Das eigentlich ursächliche Problem war zwar die Frage der Vormacht in der christlichen Gesellschaft, dem Anlaß nach handelte es sich jedoch um die Praxis, mit der ein weltlicher Herrscher Bischöfe und Äbte in einer religiösen Zeremonie mit Ring und Stab in ihr Amt einführte. Eine solche Situation, in der sich der kirchliche Würdenträger in einer dem Lehnsrecht nachgebildeten Zeremonie seinem Herrn verpflichtete, war für die gregorianische Reformbewegung nicht annehmbar; gleichzeitig war kein Monarch gewillt, sich unter die Kontrolle der Bistümer und Abteien mit ihren reichen politischen und wirtschaftlichen Mitteln zu begeben.

Nachdem Gregor VII. die Laieninvestitur verboten hatte (1075), war der Zusammenstoß besonders mit dem Deutschen Reich unvermeidbar.

Als Heinrich IV. sich widersetzte, wurde er von Gregor gebannt (1076), was die deutschen Fürsten zum Aufstand ermutigte. Heinrich wandte seine bevorstehende Niederlage durch den Bußgang nach *Canossa ab, erhielt die Lösung vom Bann, ohne jedoch in der Sache des I.s spezifische Zusagen zu geben, und gewann in Deutschland und Rom die Oberhand. Dagegen führten Gregors Nachfolger (besonders *Urban II.) den Kampf weiter fort.

Zu Beginn des 12. Jh.s schien sich eine Lösung abzuzeichnen. In den Abkommen mit England und Frankreich (1105, 1107) wurde die königliche Investitur weiter erlaubt, jedoch ohne Gebrauch kirchlicher Symbole. Im Reich ging der Kampf weiter; auch der dem Papst *Paschal II. aufgezwungene revolutionäre Gedanke Heinrichs V., daß gegen seinen Verzicht auf die Laieninvestitur Bischöfe und Äbte keine weltlichen Güter mehr erhalten sollten, stieß innerhalb der Kirche auf nachdrückliche Ablehnung.

Die Wahl *Calixtus II. zum Papst (1119) demonstrierte den Willen der Reformpartei, eine Lösung zu finden. Nach dem Fehlschlag des Konzils von Reims (1119) und einer weiteren Phase des Bürgerkriegs in Deutschland zwangen die zu Würzburg versammelten Fürsten 1120 Kaiser und Papst zum Kompromiß, der dann im Konkordat von *Worms in Kraft trat. Danach verzichtete der Kaiser auf die Investitur mit Ring und Stab, behielt aber das Verleihungsrecht für die weltlichen Güter. Dazu sollte er noch die *Mannschaft des erwählten Bischofs vor dessen Weihe entgegennehmen. In anderen Teilen des Reiches (Italien, Burgund) fand die Mannschaft erst nach der Weihe statt. Damit behielt der Kaiser in Deutschland weiter seine Einflußmöglichkeit auf die Bischofs- und Abtwahl.

G. Tellenbach, *Libertas. Kirche und Weltordnung im Zeitalter des Investiturstreits*, 1936; K. Jordan, *Investiturstreit und frühe Stauferzeit*, 1973.

IONA (HY) Kleine Insel der Inneren Hebriden nahe der Westküste Schottlands, Ort eines 563 vom hl. Columba gegründeten Klosters. Es entwickelte sich zum Kernpunkt des keltischen Christentums und sandte Mönche nach Schottland und Nordengland und von dort aus nach Kontinentaleuropa (7. Jh.). Bis zur Verheerung durch die Wikinger im 9. Jh. war I. ein wichtiger Pilgerort.

T. Hannan, *Iona and Some of its Satellites*, 1928.

IQT'AAH Die moslemische Abart des Lehnswesens, die unter den *Abbasidenherrschern begründet wurde und sich auf die Verleihung von Landgütern an die Mili-

tärkommandanten stützte, die ihrerseits mit den nötigen Truppen Festungs- und genau definierten Kriegsdienst zu leisten hatten.

IRAN Siehe *PERSIEN.

IRENE (um 752-803) Byzantinische Kaiserin (797-802). Tochter einer Adelsfamilie aus Athen, heiratete Kaiser *Leo IV. und wurde nach dessen Tod (780) Regentin für ihren Sohn *Konstantin VI. 784 ordnete sie die Wiedereinführung der *Ikonenverehrung an. 790 wurde sie infolge einer ikonoklastischen Gegenreaktion des kleinasiatischen Heeres aus dem Palast vertrieben. 797 rief sie ihr schwacher Sohn zurück; sie ließ ihn jedoch blenden und nahm nach dessen Tod (780) den Kaisertitel an. 802 wurde sie in der Palastrevolution des *Nikephorus gestürzt.

W. Ohnsorge, *Das Zweikaiserproblem im früheren Mittelalter*, 1947.

IRLAND Insel westlich Britanniens, die am Ausgang der Antike von keltischen Stämmen besiedelt war, die sich dort im 4. Jh. v. Chr. niedergelassen hatten. Diese Stämme hatten fünf Reiche gegründet: Ulster, Nordleinster, Südleinster, Munster und Connaught. Im 4. Jh. unterwarf Connaught die anderen Reiche, gleichzeitig dehnte es sich auf das römische Britannien aus. Irische Christen reisten in dieser Periode nach Gallien; 432 wurde der hl. Patrick nach Hause gesandt, um das Christentum zu predigen. Er gewann die Unterstützung der Herrscherfamilien und konnte vollen Erfolg verzeichnen. Eine seiner wichtigsten Errungenschaften war die Errichtung von Klöstern, die die Basis für die gesamte Kirchenorganisation der Insel bildeten. Die Könige lernten im Laufe der Zeit, ihr Amt mit dem des Bischofs und Abts zu verbinden. Daneben entwickelte sich auch die Gelehrsamkeit und Frömmigkeit des irischen Mönchtums, das im weiteren vom hl. *Columba gefördert wurde.

Die Konföderation unter den Connaughts brach im 6. Jh. auseinander; die Folgezeit war eine Periode dauernden Krieges zwischen Kleinkönigen und Stammesführern. Das geschwächte Land war eine lockende Beute für die Wikinger, die im 8. und 9. Jh. die Küstenstriche der Insel besetzten sowie im Süden ein dänisches und im Westen ein norwegisches Reich mit der Hauptstadt *Dublin gründeten. Nur im Landesinneren konnten die Kelten in permanentem Kampf ihre Unabhängigkeit bewahren. 1014 schlugen sie die Normannen bei Clontarf und machten der Besetzung, mit Ausnahme einer Enklave um Dublin, ein Ende. Die alten Königreiche entstanden aufs neue, setzten sich aber in den von den Wikingern gegründeten Städten Cork, Limerick und Waterford fest. Nach der normannischen Eroberung Englands wurde deren Einfluß in I. erneut fühlbar und zwar hauptsächlich durch die irischen Prinzen, die in England ihre Erziehung erhalten hatten. Gleichzeitig gingen die alten dynastischen Kämpfe weiter.

Im Jahre 1168 nutzte *Heinrich II. von England den Bürgerkrieg in I. aus und setzte auf die Insel über. Seine Intervention begründete er mit der Sorge um die katholische Rechtgläubigkeit; er erhielt tatsächlich den päpstlichen Segen für seinen Heereszug (1170). In einem langen Krieg eroberten Heinrichs Truppen die Insel und errichteten ein feudales Regime nach anglo-normannischem Vorbild. Dublin und Umgebung gingen an den König, und der Großteil des restlichen Landes wurde englischen Baronen verliehen. Nur ein Teil der Insel verblieb unter der Herrschaft jener keltischen Könige, darunter auch der Connaughts, die sich unterworfen und Heinrich als Lehnsherrn anerkannt hatten. Unter *Johann ohne Land verstärkte sich die englische Macht auf I.; aus den führenden anglo-irischen Familien entstand eine neue Aristokratie. In der ersten Hälfte des 13. Jh.s wurde die einheimische Bevölkerung zum Status von Leibeigenen herabgedrückt, wobei eine große Zahl von Menschen bei den Unterdrückungsmaßnahmen der Regierung zugrundeging. *Eduard I. errichtete eine zentralisierte Herrschaft unter einem Vizekönig, der in Dublin residierte. Der englische Adel war seit 1297 im Parlament I.s vertreten; die Kirche wurde unter dem Erzbischof von Dublin neu organisiert, und die alten keltischen kirchlichen Anstalten verloren ihren Besitz.

Die englische Eroberung konnte jedoch nicht die Sozialstruktur I.s zerstören, die auf Stämme und Klans aufbaute und bis ins 14. Jh. existierte. Diese Gruppen unternahmen mehrere Aufstände, besonders zur Zeit *Eduards II. Die englischen Gegenmaßnahmen zerstörten das Land und führten zur Entstehung dreier gesondert lebender Klassen: des englischen Hochadels, der große Landgüter besaß und von einer englischen städtischen Mittelklasse unterstützt wurde; der "Anglo-Iren", die sich aus englischem und irischem Kleinadel zusammensetzten und trotz allerlei Vorrechten von den hohen Ämtern ausgeschlossen waren; und der zu Hörigen reduzierten Iren, die zum Teil in autonomen Klans lebten.
L. Bieler, *I.*, 1961;
A. J. Otway-Ruthven, *A History of Medieval Ireland*, 1968.

IRMINION Abt von St. Germain-des-Prés bei Paris (806-29), ließ das *Polyptichon* des Klosters, ein wichtiges Dokument zur Struktur der Landwirtschaft und Gutsherrschaft seiner Zeit, aufzeichnen.
A. Longnon, *Polyptique de l'Abbaye de Saint-Germain-des-Prés*, 1886.

IRNERIUS (gest. um 1130) Jurist aus *Bologna, wo er gegen Ende des 11. Jh.s Rechtswissenschaften lehrte und grossen Ruhm als Kommentator des römischen Rechts erwarb. Er wirkte auch am Hofe der Markgräfin Mathilda von Tuszien, *Heinrichs V. und *Lothars III. und gilt als einer der Begründer der Rechtsschule und Universität Bologna.
Werk: E. Besta, *L'opera d'Irnerio*, 2 Bde., 1896.

ISAAK I. KOMNENOS (um 1005-61) Byzantinischer Kaiser (1057-59). Er stammte aus dem kleinasiatischen Militäradel, wurde nach einer langen militärischen Karriere General und war 1057 Haupt eines Aufstandes gegen die Aristokratie Konstantinopels, der Kaiser *Michael VI. zur Abdankung zwang. 1059 wurde er von einer Palastrevolution gestürzt und ging ins Kloster.
G. Ostrogorsky, *Geschichte des byzantinischen Staates*, 1963[2].

ISAAK II. ANGELOS (1155-1204) Byzantinischer Kaiser (1185-92; 1203-04). Als Verwandter der Komnenoi wurde er nach dem Tod des *Andronikos Komnenos zum Kaiser ausgerufen. In inneren Angelegenheiten war I. ein schwacher Herrscher, gegen die Serben und Bulgaren zeichnete er sich als harter Kämpfer aus. 1192 wurde er von seinem Bruder *Alexios III. gestürzt und geblendet, konnte aber 1203, gestützt auf Venedig und die Teilnehmer des vierten *Kreuzzugs, den Thron wieder einnehmen.
G. Ostrogorsky, *Geschichte des byzantinischen Staates*, 1963[2].

ISAAK BEN ASCHER HALEVI (gest. 1133) Einer der größten Bibelkommentatoren des rheinischen Judentums, auch als "Raba" bekannt. Er studierte zu Troyes und Mainz, wirkte als reisender Kaufmann und ließ sich dann in Speyer nieder, wo er großen Ruhm als Lehrer des Talmuds gewann.
G. Kisch, *The Jews in Germany*, 1954.

ISAAK BEN JAKOB ALFASI (1013-1103) Einer der größten Gelehrten und Bibelkommentatoren des mittelalterlichen Judentums. Er wurde in Algerien geboren, studierte an der berühmten Akademie von Kairuan und ließ sich um 1040 in Fez (Marokko) nieder. Dort lehrte er bis zu seiner Flucht nach Spanien (1088). Den Rest seines Lebens verbrachte er in Lucena. I. verfaßte Hunderte von *Responsa, die weithin Rechtskraft erhielten, sowie das *Sefer Hahalachoth* ("Buch der Gesetze"), das die talmudische Rechtssprechung in einem handlichen und systematischen Rahmen den jüdischen Gerichtshöfen zur Verfügung stellte. Daneben gelang es I., mit diesem Buch auch die talmudische Gelehrsamkeit zu vereinfachen zu popularisieren, so daß das Werk oft der "Kleine Talmud" genannt wurde.
S. W. Baron, *A Social and Religious History of the Jews*, 4, 1957.

ISAAK BEN JOSEPH VON CORBEIL (gest. 1280) Jüdischer Gelehrter, studierte in Paris und wirkte als Gemeinderabbiner in Corbeil. Er schrieb für die einfachen, ungelehrten Juden das *Sefer Mitswoth Katan* ("Kleines Buch der religiösen Pflichten"), das rasch als Zusammenfassung der Rituallehre verbreitet wurde.
R. Chazan, *The Jews in Northern France*, 1971.

ISAAK BEN SAMUEL VON DAMPIERRE (Rabbi Isaak d. Ältere; 12. Jh.) Jüdischer Gelehrter, studierte zu Troyes und ließ sich vor 1150 in Dampierre (Nordfrankreich) nieder, wo er eine wichtige *Tosafistenschule gründete.

ISAAK IBN EZRAH (gest. 1121) Jüdischer Dichter. In Granada geboren, diente bis zur Eroberung der Stadt durch die *Almoraviden (1090) am Hof, ließ sich dann in Toledo nieder und wurde einer der Gründer der kulturellen Hochblüte der Juden in Kastilien. Seine hebräisch geprägte Dichtung zeichnet sich durch Reinheit der Sprache und Naturempfinden aus.
I. Baer, *Geschichte der Juden im christlichen Spanien*, 1962[2].

ISAAK KOMNENOS (gest. 1192) Kaiser von Zypern (1185-91). Mitglied des kaiserlichen Komnenoihauses, wurde von Kaiser *Andronikos zum Statthalter von Kilikien erhoben, ergriff 1185 *Zypern und rief sich zum Kaiser aus. Er baute ein starkes Regime auf, nahm hohe Steuern ein und wurde daher von der Bevölkerung gehaßt. 1191 wurde er von *Richard I. von England besiegt und gefangen genommen.
G. Hill, *A History of Cyprus*, 1944.

ISAAK VON NINIVE (gest. um 700) *Nestorianischer Bischof von Ninive, der als Mönch durch seine Werke über die Askese in den nestorianischen Gemeinden des Nordiraks und Syriens berühmt geworden war. Sein Hauptverdienst war die Errichtung einer theologischen Grundlage für das sich unter arabischer Herrschaft befindende nestorianische Christentum, doch wurden seine Werke auch aus dem Syrischen ins Lateinische, Griechische und Arabische übersetzt.
A. J. Wensinck, *Mystic Treatises of Isaak of Niniveh*, 1923.

ISAAK VON STELLA (de l'Étoile; gest. 1165) Zisterziensermönch und Prediger englischer Abstammung, trat 1145 dem Kloster *Cîteaux bei, wurde dank seiner Predigergabe Abt von La Stella (Poitou), wo er neben Predigten auch theologische Werke verfaßte. Darunter ist von größter Bedeutung das *De Officio Missae* ("Über das Messeamt"), ein Versuch der Synthese des zisterziensischen Mystizismus mit der scholastischen Theologie seiner Zeit.
W. Meuser, *Die Erkenntnislehre des Isaac von Stella*, 1934.

ISABELLA VON BAYERN (1371-1435) Königin von Frankreich, seit 1385 mit *Karl VI. verheiratet und seit dessen Geisteskrankheit eine der einflußreichsten Persönlichkeiten am Hof. Allmählich gelangte sie unter den Einfluß der burgundischen Partei, was von den *Armagnaken mit einer Diffamierungskampagne gegen I. beantwortet wurde, deren Einzelheiten nicht alle erfunden waren. In den Jahren 1418-19 spielte sie eine wichtige Rolle bei den Vorbereitungen für die Heirat ihrer Tochter Katherina mit *Heinrich V. von England. Nach dem Tod ihres Gatten fiel sie ganz in die Macht der englischen Regierung Frankreichs.
E. Perroy, *The Hundred Years' War*, 1957.

ISAURIER Byzantinische Herrscherfamilie, die aus Kleinasien stammte und im 7. Jh. im Heer aufstieg, als sie die östlichen Reichsgrenzen gegen die Araber halten konnte. 717 erlangte *Leo III. den Thron; seine Nachkommen regierten bis 802. Ihre Herrschaftszeit fällt mit der Periode des *Ikonoklasmus zusammen. Die I. machten die Reichsgrenzen sicher und stoppten die Vorrükken der *Bulgaren und *Awaren. In Kleinasien hielten sie entlang dem Taurusgebirge und der armenischen Grenzen das Gleichgewicht aufrecht.
G. Ostrogorsky, *Geschichte des byzantinischen Staates*, 1963².

ISFAHAN Westpersische Stadt an der Hauptstraße zwischen dem Kaspischen Meer und dem persischen Golf. Eine Altstadt, die angeblich von jüdischen Flüchtlingen im 5. Jh. v. Chr. errichtet wurde, ergänzte man im 10. Jh. um die von den Statthaltern Persiens gegründete Neustadt. Bis 1055 war I. Provinzhauptstadt, danach diente es als einer der Mittelpunkte der *Seldschukenherrschaft und erlebte eine Zeit der wirtschaftlichen Blüte, die auf der politischen Rolle der Stadt, dem Handel und der Teppichindustrie gründete. 1222 wurde I. von den *Mongolen unter *Dschinghis-Khan zerstört und Tausende der Einwohner wurden niedergemetzelt. In der zweiten Hälfte des 13. Jh.s erholte sich I. langsam unter der Herrschaft der *Hülagü-Dynastie. 1387 wurde die Stadt wieder von *Timur-Leng zerstört und die Einwohnerschaft massakriert. Danach verlor I. jegliche Bedeutung.
K. Würfel, *I.*, 1974.

ISIDOR VON SEVILLA (hl.; um 560-636) Bischof von Sevilla. Sohn einer Adelsfamilie, verwaiste früh und wurde von seinem Bruder *Leander religiös erzogen. 600 folgte I. seinem Bruder im Amt des Bischofs von Sevilla nach und wirkte hauptsächlich zur Verbreitung des katholischen Christentums unter den Juden, die einen bedeutenden Teil der spanischen Gesellschaft ausmachten. Sein breites Wissen und seine Persönlichkeit machten ihn zum natürlichen Führer der spanischen Kirche, bei deren Zusammenkünften zu Toledo er im Alter den Vorsitz führte.

I. war einer der fruchtbarsten Autoren seiner Zeit und errang sich den Ehrentitel des "letzten westlichen Kirchenvaters". Als sein bedeutendstes Werk gelten die *Etymologiae*, eine enzyklopädische Zusammenfassung des Wissens seiner Zeit. Die Bedeutung des Werkes liegt nicht nur in seinem Inhalt, der neben den Klassikern auch die frühen christlichen Schriften einschließt, sondern auch in der Art der Darstellung. I.s Werk diente vielen späteren Generationen von Gelehrten, die nicht mehr des Griechischen mächtig waren.

Als Theologe folgte I. der Lehre des hl. *Augustin und Papst *Gregors I. Seine Sammlung kirchlicher Gesetze lieferte die Grundlage für die spätere Fälschung der Pseudoisidorischen Dekretalen des 9. Jh.s. In seiner *Chronica Majora*, einer Universalchronik, sind die Spanien betreffenden Passagen wichtig. Seine "Geschichte der Könige der Goten, Wandalen und Sueven" ist die Hauptquelle zur Geschichte Spaniens von der Auflösung des Römischen Reiches bis zu seiner Zeit.
Werk: *PL* 81-84.
H. J. Diesner, *Isidor von Sevilla und seine Zeit*, 1973.

ISLAM (arabisch, wörtlich: "sich Gottes Willen unterwerfen") Die Bezeichnung für die von *Mohammed gegründete Religion, die sich auf die Erleuchtung des Propheten durch das im *Koran aufgezeichnete Wort Gottes stützt. Daneben besteht die *Sunna, die mündliche Überlieferung. Beide beinhalten arabische, jüdische, christliche und *gnostische Elemente. Das zentrale Dogma ist die absolute Einheit Gottes (Allahs), der alle Dinge vorbestimmt hat und zu verschiedenen Zeiten Propheten wie Moses, Jesus und Mohammed, den bedeutendsten von allen, zur Verkündung seines Wortes ausgesandt hat. Die Elementarpflichten für den Gläubigen wurden bereits früh definiert und beinhalten das Aufsagen des Glaubensbekenntnisses, fünf Gebete pro Tag, Almosengeben, Fasten im Ramadanmonat, mindestens einmal im Leben eine Pilgerfahrt nach Mekka und die Entrichtung der Zakat-Steuer.

Aus politischen Gründen, die in der Rivalität zwischen *Ali und den *Omajjaden begründet lagen, spaltete sich der I. Die *Sunniten machten sich die von den Kalifen weitergegebene Tradition zu eigen, die *Schiiten glaubten dagegen nur an den Koran. Der sunnitische I., der von der Mehrzahl der Moslems aufgenommen wurde, entwickelte im 8.-9. Jh. in der Hadith ein autoritatives System der Auslegung des Glaubens, dessen Entwicklung stark von der griechischen philosophischen Tradition beeinflußt war. Damit bildete sich das kanonische Recht des I.s, das von den Uleimah (den "Weisen"), gelehrt wurde. Der Mystizismus kam im sunnitischen I. als Frömmigkeitsbewegung zum Ausdruck.

Die Schiiten entwickelten ihre eigenen Glaubenspraktiken, die in einem größeren Ausmaß von gnostischen und mystischen Tendenzen beeinflußt waren und sich in Persien und den östlichen Teilen des Kalifats erhielten. Der Tod der Söhne Alis beraubte sie einer geordneten Nachfolge und führte zu Versuchen, indirekte Nachkommen des Propheten wie etwa die *Fatimiden als Führerpersönlichkeiten zu finden. Die geographische Zerstreuung und die Feindschaft des offiziellen sunnitischen I.s riefen mehrere Spaltungen im schiitischen I. hervor, wie etwa die Gruppe der *Ismailiten.
B. Spuler (Hg.), *Handbuch der Orientalistik*, 6, 1-2; 8, 2, 1952-61;
H. A. R. Gibb, *Mohammedanism*, 1953².

ISLAND Insel in der Nordsee zwischen Norwegen und Grönland. I. wurde erstmals im 7. Jh. von irischen Mönchen besiedelt, deren kleine Einsiedlerklausen von der großen Ansiedlungswelle des 9. Jh.s zerstört wurden. Die große Mehrzahl der Neusiedler kam aus Norwegen und gelangte zwischen 870 und 930 nach I. Sie errichteten große Bauernhöfe nahe der Landungsbuchten, säten Getreide und zogen Rinder auf, betrieben aber auch weiterhin die Seefahrt, die sie nach Westen, nach Grönland und Nordamerika, führte. Die Siedler waren freie Männer, die ihr traditionelles System der dörflichen Selbstverwaltung nach I. übertrugen. Seit Beginn des 10. Jh.s sind Organe der öffentlichen Ordnung bekannt; um 1030 wurde ein Mann nach Norwegen gesandt, um dort das Recht kennenzulernen und den örtlichen Bedingungen I.s anzupassen.

Die jährliche Versammlung der Freien entwickelte sich zum Organ der Rechtsprechung; die ausführende Gewalt verblieb in der Hand von örtlichen Häuptlingen. Das Anwachsen der Bevölkerung und der Aufstieg einer Oberschicht reicher Landbesitzer machten die allgemeine Versammlung zu einem veralteten Organ, an dessen Stelle 1065 eine Viertelorganisation trat. Darin besaß jedes Viertel der Insel seine eigene Versammlung und ein ausführendes Organ von drei Häuptlingen (*gothar*). Die Versammlung der Häuptlinge, das Althing, ist das älteste Parlament der westlichen Welt. Das Fehlen einer zentralen Exekutive förderte das Wachstum der örtlichen Mächte, beließ die Insel aber unter der Oberhoheit der Könige von Norwegen. Das Christentum breitete sich unter der königlichen Obhut, nachdem *Olaf Tryggvason 996 eine Mission ausgesandt hatte, die 999 vor dem Althing predigte. Dabei machte die neue Religion, die 1000 offiziell angenommen wurde, nur langsame Fortschritte; der alte heidnische Glaube wurde noch lange geheim praktiziert. Die eigentliche Organisation der isländischen Kirche begann erst mit der Ernennung des Isländers Isleif zum Bischof der Insel (1056).

Das 11. Jh. sah die Anfänge eines isländischen kulturellen Erwachens, das sich in den Sagas des 11.-13. Jh.s erhalten hat. Im 12. Jh. blühte bereits das lateinische Schrifttum. Ari der Weise, der Geschichtsschreiber I.s, gilt als einer der besten Chronisten der westlichen Welt.

Im Spätmittelalter war I., das 1262 durch Vertrag die Hoheit des Königs von Norwegen anerkannt hatte, Teil der in der *Kalmarer Union vereinigten skandinavischen Staaten.

F. Nieder, *I.s Kultur zur Wikingerzeit*, 1912;
P. G. Foote–D. M. Wilson, *The Viking Achievement*, 1970.

ISMAILITEN *Schiitensekte, die im 9. Jh. entstand und nach Ismail Ibn Jafr Al-Sadek, einem der Nachkommen *Alis, benannt wird. Die I. glaubten, daß das Amt des Imam, des Vertreters des Propheten, rechtmäßig Alis Nachfahren und besonders seinem Sohn Mohammed gehöre. Dieser Mohammed würde zur gegebenen Zeit aus seinem Versteck auftauchen. Unter dem Einfluß persischer gnostischer Theorien und des östlichen Mystizismus interpretierten die I. den Koran auf allegorische Weise und betrachteten die geistigen Übungen als wesentlichen Teil des Glaubens. Ihr religiöser und politischer Radikalismus führte zur konspirativen Gliederung der Sekte und zur Entwicklung schlagkräftiger propagandistischer Techniken. Im 10. Jh. konnten sie mit der Errichtung des Staates der *Karmatianer, die sich zum I. bekehrt hatten, einigen Erfolg erringen, gleichzeitig machten sich auch die gemäßigteren *Fatimiden zu den Herren Nordafrikas und Ägyptens. Letztere wurden von den I. im 12. Jh., nach dem Fall der Karmatianer, als rechtmäßige Imame anerkannt. Die persischen Nizamiden, eine weitere Sekte, lehnten jedoch die Fatimiden als zu kompromißbereit ab, ebenso die *Assassinen des 12.-13. Jh.s. Im 12. Jh. verbreiteten sich die I. über den gesamten islamischen Osten, blieben aber wegen ihrer Spaltung in zahlreiche Sekten ungeeint und letzten Endes erfolglos.

B. Lewis, *The Origins of the Isma'ilism*, 1940.

ITALIEN Halbinsel in Südeuropa. Als Kern des Römischen Reiches und Mittelpunkt der katholischen Kirche war I. einer der wichtigsten Brennpunkte der mittelalterlichen Zivilisation; gleichzeitig wurde seine Geschichte durch partikularistische Tendenzen geprägt, die nur ganz selten die Einheit des Landes zuließen. Nach dem Fall des Weströmischen Reiches (476) wurde I. von mehreren germanischen Stämmen beherrscht, die sich teilweise bereits unter den letzten Kaisern im Lande niedergelassen hatten. 490 fielen die *Ostgoten unter *Theoderich d.Gr. in Italien ein, besiegten den Herulerführer und offiziellen Oberherrn des Landes, *Odoaker, und errichteten 493 in I. einen ostgotischen Staat. Dieser war auf die Zusammenarbeit zwischen den Eroberern und den Unterworfenen gegründet, die sowohl auf politischem wie auch auf kulturellem Gebiet zum Ausdruck kam und in ganz Europa keine Parallele besaß. Nach Theoderichs Tod (525) nutzte der byzantinische Kaiser die Thronwirren in I. zur Wiedereroberung und Wiederherstellung der byzantinisch-römischen Herrschaft aus. Der Krieg dauerte von 533 bis 555 und wurde mit der Eingliederung I.s in das byzantinische Reich und der Errichtung der Provinzstatthalterschaft des Exarchen von Ravenna abgeschlossen. Auch Rom wurde wie andere Städte von einem byzantinischen Beamten regiert. Das byzantinische Regime war wegen der hohen Steuerlast und der fremden Herkunft der Regierenden unbeliebt. Die italienische Bevölkerung blieb von der *langobardischen Eroberung des Jahres 568 unberührt.

Die Niederlassung der Langobarden führte zur Teilung I.s in einen byzantinischen (Ravenna und große Teile Süditaliens) und einen langobardischen Herrschaftsbereich (der Norden I.s, der daher den Namen "Lombardei" erhielt). Zwischen den beiden Blöcken konnte das Papsttum Rom zu seinem Herrschaftsbereich machen. Das langobardische Königtum war schwach und ließ seine Macht nur im Norden fühlen. Daneben entwickelten sich die langobardischen Fürstentümer *Benevent im Süden, *Spoleto im Zentrum und *Friaul im Nordosten zu eigenständigen Staatsgebilden. Mitte des 8. Jh.s brach das byzantinische Exarchat mit Ravenna zusammen. An dessen Stelle akzeptierte das Papsttum die Herrschaft durch die *Franken, um eine Ausweitung des langobardischen Machtbereichs zu verhindern. *Pippin d. Kurze erkannte die territorialen Ansprüche des Papstes über die Gegend zwischen Rom und Ravenna (755) an.

Erst unter *Karl d.Gr. begann das fränkische Eindringen in I. 774 eroberte er das Langobardenreich und machte es zu einem wichtigen Bestandteil seines Staates. Unter dem von Karl zum König von I. erhobenen *Pippin ging die Verwaltung des Landes auf fränkische und schwäbische Grafen über. Die karolingischen Kaiser regierten I. von ihren Pfalzen nördlich der Alpen, mischten sich in die Angelegenheiten des Papsttums ein und setzten ihre ungestümen Adeligen als Statthalter und Grafen ein. Das Ergebnis war politische Anarchie und Zerrissenheit. *Venedig machte sich unabhängig, nördliche Provinzen wie Verona wurden an die deutschen Herzogtümer angeschlossen und wieder von diesen abgetrennt, und die Lombardei und Mittelitalien waren Streitobjekt zwischen den fränkischen Herzögen und den Angehörigen des karolingischen Herrscherhauses. Auch im Langobardenreich Benevent wirkten ähnliche Kräfte, die arabischen Überfälle auf die Küstengegenden vergößerten nur die Unruhe, führten jedoch im Süden zur Eroberung Siziliens und Apuliens durch die nordafrikanischen *Aghlabiden. Im späten 9. und im 10. Jh., mit dem Niedergang der Karolinger, wurde die italienische Königswürde Streitobjekt der Herzöge von Spoleto und Friaul und der Könige der Provence. Das Papsttum fiel unter den Einfluß von Adelsfamilien und besonders unter den des Hauses *Theophylactus. Die Intervention *Ottos I. setzte 951 ein und führte nach seiner Kaiserkrönung (962) zur Errichtung der deutschen Herrschaft in I. und zur Integration des Landes in das *Heilige Römische Reich. Im Verlauf des 11. Jh.s wuchsen die Städte zu einer politischen Kraft heran, in der die kommunale Bewegung zur Loslösung von der Kaisergewalt drängte. Die städtischen Aufstände, wie etwa in *Mailand, wurden von kaiserlichen Heereszügen beantwortet, was jedoch nur zur Verschärfung des Widerstands beitrug. In der zweiten Hälfte des 11. Jh.s führte der Aufschwung des internationalen Handels zu einem bedeutenden Machtgewinn der Städte, die zu Stadtstaaten nach dem Beispiel *Genuas, *Pisas und *Amalfis anwuchsen. Gleichzeitig profitierten sie vom *Investiturstreit, der die Feudalherrschaften I.s zerstörte. Während im nördlichen und im mittleren Italien im 11. und 12. Jh. die partikularistischen Tendenzen weiter anwuchsen, wurde der Süden unter der Herrschaft der *Normannen vereinigt. Die seit 1018 im Süden siedelnden normannischen Freibeuter machten sich unter *Robert Guiscard zu Herren des gesamten Süd-I.s. Zwischen 1060 und 1071 nahmen sie Sizilien und Apulien von den Arabern bzw. Byzantinern, und am Ende des 11. Jh.s wurde dieser Staat von *Roger I. fest organisiert. 1059 hatten die Normannen den Papst als ihren Lehensherren anerkannt. Im Jahre 1130 errichtete dessen Enkel *Roger II. das Reich der beiden Sizilien, das sich zu einem der wohlhabendsten Staatswesen des 12. Jh.s entwickelte. In die lehnsrechtliche Struktur integrierte Roger eine starke königliche Zentralregierung, die dem byzantinischen und arabischen Regierungssystem nachgebildet war.

Das Jahrhundert der *Hohenstaufenherrschaft (1137-1268) war eine der bedeutungsreichsten Perioden in der Geschichte I.s. Der Versuch, das Universalreich wieder zu errichten, führte die Hohenstaufenkaiser in den langen Kampf gegen das Papsttum, der fast ausschließlich auf dem Boden I.s ausgetragen wurde. Die 1158 von *Friedrich I. Barbarossa auf dem Reichstag zu Roncaglia geäußerten Grundsätze forderten den Widerstand der in ihrer Freiheit bedrohten Städte heraus. Auf Friedrichs Feldzug und die Zerstörung Mailands folgte die Errichtung des *Lombardenbundes, der sich der Unter-

stützung des Papsttums erfreute. Zwanzig Jahre lang tobten die Schlachten, ohne daß eine Seite einen entscheidenden Sieg erlangen konnte. Der Kompromiß, der den Städten einen hohen Grad an Autonomie unter der kaiserlichen Oberhoheit erlaubte, war keine Lösung des Problems. Unterdessen hatte Friedrichs Erbe *Heinrich VI. durch seine Heirat mit Konstanze von Sizilien, der Tochter Rogers II., die Halbinsel unter seiner Herrschaft vereinigt, was vom Papsttum als tödliche Drohung empfunden wurde. Der Tod Heinrichs und die Minderjährigkeit seines Sohnes *Friedrich II. erlaubte es Papst Innozenz III., Sizilien vom Reich zu trennen und gleichzeitig in Deutschland das Hohenstaufengeschlecht zu stürzen. Als jedoch der Gegenkandidat des Papstes *Otto IV., die italienische Politik seiner Vorgänger aufnahm, war Innozenz gezwungen, auf den jungen Friedrich zurückzugreifen und diesem zur Kaiserkrone zu verhelfen. Friedrich entwickelte sich rasch zum Gegner des Papsttums und machte sich daran, Italien erneut der Hohenstauferherrschaft zu unterwerfen, wobei er jedoch den Rückhalt seines starken sizilianischen Staates besaß.

Er konnte die Städte unter Ausnutzung der inneren Spaltungen zwischen den Parteien der *Guelfen und *Ghibellinen mehrmals besiegen; nach seinem Tod (1250) zerbrach der Traum eines vereinigten I.s jedoch endgültig an den partikularen Interessen einer Vielzahl von Stadtstaaten und ausländischen Verbündeten. Sizilien wurde vom Papst und *Karl von Anjou verliehen, der im Süden eine neue Dynastie errichtete, sich jedoch nach der Sizilianischen *Vesper (1282) auf das Festland um Neapel beschränken mußte, während die Insel zum Besitz der *Aragoner wurde. Der Konflikt zwischen *Angevinen und Aragoner lieferte bis zum Ausgang des Mittelalters immer wieder neuen Zündstoff und Vorwände für fremde Interventionen. Das vom langen Kampf gegen die Kaiser erschöpfte Papsttum fiel unter französischen Einfluß, der endlich zur Überführung des Heiligen Stuhles nach *Avignon in Südfrankreich führte (1305). Die vollkommene Unabhängigkeit der nord- und mittelitalienischen Stadtstaaten hatte in der zweiten Hälfte des 13. und zu Beginn des 14. Jh.s einen dauernden Zustand politischer und sozialer Konflikte zur Folge. Politische Denker und Intellektuelle wie *Marsilius von Padua und *Dante äußerten öffentlich ihre Hoffnung, daß die Restaurierung der Kaiserherrschaft der Zersplitterung ein Ende setzen werde. Gleichzeitig praktizierten die wirtschaftlich reich gewordenen Städte oft eine gesellschaftlich konservative Politik und versuchten mit Hilfe ausländischer Söldnerführer, der *condottieri*, der sozialen Unruhe Herr zu werden. Damit waren die Bedingungen für die politische Entwicklung des Regimes der *signorien*, der Herrschaft von großen Familien (wie etwa der Visconti in Mailand) gegeben, die für die Renaissance typisch sind. Auf gesellschaftlichem und kulturellem Gebiet war die Saat zur Renaissance schon im 14. Jh. in den großen Städten Florenz, Mailand, Venedig usw. gelegt worden.

L. M. Hartmann, *Geschichte Italiens im Mittelalter*, 4 Bde., 1897-1911; E. Mayer, *Italienische Verfassungsgeschichte*, 2 Bde., 1909; W. Goetz, *Italien im Mittelalter*, 2 Bde., 1942; M. Seidlmayer, *Geschichte Italiens*, 1962.

ITIL Stadt an der südlichen Wolga. I. wurde im 7. Jh. Hauptstadt des *Chasarenreichs und erreichte bis zu seiner Zerstörung durch die Russen 965 große Ausmaße.

IVO (hl.; um 1040-1116) Bischof von Chartres (1090-1116). In Nordostfrankreich geboren, studierte in Paris und Bec (Normandie) und erwarb als Kirchenrechtsgelehrter großen Ruhm. Auf diesem Gebiet war er auch als Vorsteher von St. Quentin und Bischof von Chartres tätig. Als gemäßigter Gregorianer förderte er das Verständnis zwischen Kirche und Staat; er vermittelte zwischen dem Papst und König *Ludwig VI. sowie *Heinrich V. im *Investiturstreit. I. war der wichtigste Gelehrte des Kirchenrechts vor *Gratian und verfaßte zwei bedeutende Kanonessammlungen.
Werk: *PL* 161-162;
R. Sprandel, *Ivo von Chartres und seine Stellung in der Kirchengeschichte*, 1962.

IWAN I. ASEN (Kalojan; gest. 1207) Bulgarenzar (1197-1207). I. war Sohn des Herrscherhauses der Asen und erneuerte die Unabhängigkeit Bulgariens vom byzantinischen Reich. Mit Grausamkeit und militärischem Geschick erlangte er die Provinzen des 1014 zerstörten Ersten Bulgarischen Reiches wieder (1197). 1203 eröffnete er Verhandlungen mit Rom und ließ Innozenz III. durch einen Legaten den ersten bulgarischen Erzbischof weihen: ein Schritt, der wiederum Bulgariens Unabhängigkeit von Byzanz ausdrückte. I. war auch gegen die Teilnehmer des vierten *Kreuzzugs siegreich und wurde auf Anstiften seiner Frau von einem seiner Beamten ermordet.
W. N. Slatarski, *Geschichte der Bulgaren*, 1918.

IWAN II. Asen (gest. 1241) Bulgarenzar (1218-41). Er war Neffe Iwans I. und floh nach dessen Ermordung zu den Kumanen. Da auch die Manichäer I.s Ansprüche auf den Thron unterstützten, wurde er von der Kirche als Ketzer verfemt. Mit Hilfe russischer Soldaten und unter Ausnutzung der steigenden Unbeliebtheit des Zaren *Boril konnte er 1218 die Hauptstadt Tirnowo erobern und sich zum Zaren ausrufen lassen. I. war einer der größten Herrscher Bulgariens. Er machte Tirnowo zum kulturellen Zentrum, ordnete die Verwaltung von neuem, befriedete das Land und förderte die wirtschaftliche Entwicklung. In den auswärtigen Beziehungen ging er eine Reihe von Bündnissen mit *Ungarn, dem Kaiserreich von *Nikäa und *Epiros ein, ohne sich jedoch zu schämen, diese nach Bedarf zu brechen. Nach seinem Sieg über Epiros (1230) vergrößerte er sein Territorium von den Karpaten bis zum ägäischen Meer. Sein ständiger Streit mit dem Papsttum führte zur Abtrennung des Bulgarenpatriarchats von Rom.
W. N. Slatarski, *Geschichte der Bulgaren*, 1918.

IWAN I. (Kalita; 1304-41) Fürst von Moskau (1328-41). Ein Nachkomme des Herrscherhauses des *Rurik, erbte von seinem Vater Daniel das Fürstentum Moskau und schwor seinem Oberlehnsherrn, dem Mongolenkhan der *Goldenen Horde, Treue. Dadurch erhielt er das Vorrecht, den von den russischen Fürsten der Mongolen geschuldeten Tribut einzusammeln, was ihm eine starke Position verlieh. Unter strenger Beachtung der von den Mongolen niedergelegten Politik entwickelte er sein Fürstentum durch die Förderung der Kolonisierung und des Handels. Damit wurde er zum Begründer der Moskauer Macht.
J. L. I. Fennell, *The Emergence of Moscow, 1304-1359*, 1968.

IWAN II. (1326-59) Fürst von Moskau (1353-59). Zweiter Sohn *Iwans I., folgte seinem älteren Bruder Simeon als Fürst nach. In Weiterführung der Politik seines Vaters machte er Moskau zum stärksten der russischen Fürstentümer.

IWANKO BESARABA Fürst der Walachei (1310-30), die er im Kampf gegen die Ungarn und unter Annahme der bulgarischen Sozial- und Kirchenstruktur aufbaute.

J

JACOPO DA LENTINO (gest. um 1250) Sizilianischer Dichter, der durch seine Lieder und Sonette großen Ruhm gewann, als Sekretär am Hofe Kaiser *Friedrichs II. diente und auch mehrere höfische Lieder zum Lobe seines Herrn verfaßte.

JACOPONE DA TODI (1230-1306) Italienischer Dichter. Unter dem Einfluß der *Franziskaner gab er das weltliche Leben auf und trat 1268 nach dem Tod seiner Gattin dem Orden bei, wo er sich rasch zu einem der Führer des spirituellen Flügels machte. Er wurde auf Befehl von Papst *Bonifatius VIII. ins Gefängnis geworfen, wo er seine bekannten religiösen Gedichte, die *Laudi*, schrieb.
I. Steiger, *Jacopone da Todi*, 1949.

JACQUEMART VON HESDIN (14. Jh.) Maler. Ein Sohn Flanderns, wirkte seit 1370 unter der Leitung André *Beauveneus in Paris. Seit 1380 war er für den Herzog von *Berry tätig und wurde durch die Illustrationen des Buches *Grandes Heures* berühmt. Sein Werk steht unter dem Einfluß des spätgotischen Realismus.
R. de Lasteyrie, *Les Miniatures d'André Beauveneu et de Jacquemart de Hesdin*, 1896.

JACQUERIE Französischer Bauernaufstand (nach dem Spitznamen für die französischen Bauern "Jacques" benannt), der 1358 in Nordfrankreich ausbrach. Die Ursachen der J. liegen in den allgemeinen Schwierigkeiten Frankreichs nach der Niederlage von *Poitiers (1356), wodurch die auf den Bauern lastenden Steuern bedeutend erhöht wurden, sowie in den Nachfolgen des *Schwarzen Todes, die den Druck der Grundherren auf die Bauernschaft verstärkten. Unter ihrem Führer Guillaume Cale griffen die gewalttätigen Bauern Paris an, wo sie sich mit dem Bürgeraufstand des Etienne *Marcel zu verbinden hofften, erreichten aber nur die Solidarisierung der Stadtbürger mit dem Adel und wurden grausam niedergeworfen.
S. Luce, *Histoire de la Jacquerie*, 1894[2].

JAÉN Nordandalusische Stadt. Unter den Mauren war J. ein wichtiges Handelszentrum zwischen Südspanien und Toledo und diente seit dem frühen 11. Jh. als Hauptstadt eines unabhängigen Maurenstaates. Unter der Oberhoheit der *Almoraviden und *Almohaden genossen die Herrscher J.s ein weites Maß an Selbständigkeit. Nach der Niederlage der Almohaden bei *Las Navas de Tolosa (1211) wurde J. zur Grenzstadt. 1246 wurde es von König *Ferdinand III. von Kastilien erobert.

JAFFA Palästinensische Hafenstadt, die sich unter den Arabern besonders durch den Pilgerverkehr von einem kleinen Fischerdorf zum Haupthafen des Landes entwickelte. 1099 wurde J. von den Kreuzrittern eingenommen. In der Folge diente es als Versorgungsbasis für die italienischen Flotten, speziell bei der Eroberung von Jerusalem und bis zur Eroberung *Akkons, als wichtigstes Verbindungsglied des Kreuzfahrerstaates mit Europa. Danach wurde die Stadt an die französische Familie *Ouiset verliehen. 1132 kam sie an die königliche Domäne. 1187 eroberte *Saladin die Stadt, verlor sie aber 1191 an *Richard I. von England. Danach war J. in der Hand der *Ibelinen, die es bis zur Eroberung durch die *Mamluken (1268) besaßen.
S. Tolkowsky, *The Gateway to Palestine. A History of Jaffa*, 1924.

JAGD Ein wichtiger Zeitvertreib des mittelalterlichen Adels, der seit dem 9. Jh. das Recht auf das Jagdregal usurpiert hatte. Bis dahin war die J. integraler

Hirschjagd, *aus dem Queen Mary's Psalter, 14. Jh.*

Teil der bäuerlichen Wirtschaft gewesen. Seit dem 11. Jh. wird die J. als standesgemäße Beschäftigung für den Ritter betrachtet, seit dem späten 12. Jh. nahmen auch Damen an der J. teil. Für den Adel entstanden gelehrte Abhandlungen, wie etwa das "Falkenbuch" *Friedrichs II.

K. Lindner, *Die Jagd im frühen Mittelalter*, 1940; K. Lindner, *Quellen und Studien zur Geschichte der Jagd*, 11 Bde., 1954-67.

JAG(I)ELLONEN   Siehe *LITAUEN, *POLEN.

JAKOB I., der Eroberer (1208-76)   König von Aragón (1213-76). Sohn *Peters II., regierte erst unter der Vormundschaft seiner Mutter Maria von Montpellier und seit 1227 alleine. J. wurde durch die Fortführung der *Reconquista berühmt, die ihn zum Herren der *Balearischen Inseln sowie *Valencias, *Murcias und der Länder südlich des Ebro machte. Als geschickter Diplomat erreichte er 1258 mit König Ludwig IX. von Frankreich ein Einverständnis (Vertrag von Montpellier), wonach er seine Ansprüche auf die Languedoc (mit Ausnahme seines mütterlichen Erbes Montpellier) aufgab und dafür südlich der Pyrenäen freie Hand bekam. J. förderte das Stadtwesen und den Handel, gab ein neues Seerecht heraus und errichtete die *Cortes von Aragón als Ständeversammlung des Klerus, Adels und der Städte.

F. Soldevilla, *Life of James I. the Conqueror*, 1968.

JAKOB II., der Gerechte (1264-1327)   König von Aragón (1291-1327). Zweiter Sohn Peters III., dessen Erbe

Falkenjagd; *französischer Spiegel (Rückseite) aus Elfenbein, 14. Jh.*

in Sizilien er 1285 antrat. 1291 erhielt er nach dem Tod seines älteren Bruders *Alfons' III. auch die Krone von Aragón. Der Krieg gegen die *Angevinen von Neapel schwächte seine Macht; 1296 trat er von der Regierung Siziliens zurück, um sich den Angelegenheiten Aragóns widmen zu können. 1297 eroberte und annektierte er *Sardinien. Auf Korsika wurde seine Oberhoheit durch die Ansprüche *Genuas in Frage gestellt.
W. C. Atkinson, *Geschichte Spaniens und Portugals*, 1962.

JAKOB I. König von Zypern (1385-98). Onkel von König *Peter II., wurde 1274 bei der Verteidigung von Famagusta von den Genuesen gefangengenommen und mußte seine Freilassung durch die Herausgabe der Stadt mit einem hohen Lösegeld erkaufen. Seine Regierung stand unter wirtschaftlicher Abhängigkeit von *Genua.

JAKOB I. König von *Mallorca (1276-1311). Jüngerer Sohn *Jakobs I. von Aragón, der ihm die Königswürde von Mallorca zusammen mit den Balearischen Inseln sowie Roussilon und Montpellier verlieh. Im Kampf Aragóns gegen die *Angevinen um Sizilien nahm J. eine neutrale Stellung ein.

JAKOB II. König von *Mallorca (1324-49). In den Thronstreitigkeiten mit den Königen von Aragón verlor er Teile seines Königreichs. Vor seinem Tod verkaufte er *Montpellier an Frankreich; nach seinem Tod gingen die Reste des Reiches an die aragonische Krone über.

JAKOB ANATOLI (gest. 1237) Jüdischer Philosoph und Übersetzer. Er stammte aus Spanien und lebte in der Provence, 1232 wurde er an den Hof *Friedrichs d. II. nach Sizilien geladen, wo er den *Almagest* des Ptolemäus für den Kaiser übersetzte. Er arbeitete auch mit Michael Scotus zusammen und galt als einer der wichtigsten Übersetzer arabischer naturwissenschaftlicher Texte ins Lateinische und Hebräische.

JAKOB BARADAIOS (um 500-78) Syrischer Gründer der *Jakobiten. Er war monophysitischer Mönch und wurde 528 an den Kaiserhof gesandt, um vor Kaiserin Theodora die Probleme seiner Brüder darzulegen. J. verblieb bis 540 in der Hauptstadt und wurde zum Bischof von Edessa geweiht. Nach seiner Flucht (540) durchwanderte er den Osten und gründete monophysitische Gemeinden in Syrien, Ägypten und Mesopotamien.
A. Kugener, *Jacob Baradeus*, 1902.

JAKOB BEN ASCHER (ca. 1270-1340) Jüdischer Bibelkommentator. Sohn des *Ascher ben Iechiel, wurde in Deutschland geboren und aufgezogen und folgte seinem Vater nach Toledo. Dort schrieb er seine bekannten Kommentare zur Bibel und zum Talmud und registrierte die *Responsa seines Vaters. Unter dem Titel *Arba Turim* faßte er alle geltenden Gesetze zusammen.
A. Freimann, *Ascher ben Iechiel*, 1918.

JAKOB BEN MEIR TAM (1100-71) Der größte jüdische Gelehrte Frankreichs im 12. Jh. Enkel des *Raschi, wuchs in Troyes auf und ließ sich als Erwachsener in der Kleinstadt Ramerupt (Champagne) nieder. Dort war er als Weinhändler und Geldverleiher tätig, machte ein Vermögen und kehrte 1146 nach Troyes zurück, wo er Vorsteher der Gemeinde wurde. In seinem Kommentaren zum Talmud bemühte er sich die verschiedenen Quellen in Übereinstimmung zu bringen. Auch seine *Responsa wurden weithin als Meisterwerke der Interpretation von Autoritäten gerühmt. Von 1160 bis zu seinem Tod war J. Vorsteher von Synoden, deren Wir-

kungskreis sich von der Champagne auf ganz Nordfrankreich erweiterte.
L. Finkenstein, *Jewish Self-Government in the Middle Ages*, 1924.

JAKOB VON EDESSA (um 640-708) *Monophysitischer Gelehrter und Bischof von Edessa (684-90). Nachdem er sein Amt verlassen hatte, um sich ganz dem Schreiben zu widmen, verfaßte J. eine Reihe von Kommentaren zur syrischen Bibel, für die er griechische und ältere syrische Quellen wie auch den hebräischen Text des Alten Testaments gebrauchte. J. schrieb auch eine Fortsetzung der "Chronik" des Eusebius von Cäsarea, die eine Geschichte der syrischen Kirche darstellt, sowie eine Anzahl von *Hymnen.
E. Tisserant, *Jacques d'Édesse*, 1924.

JAKOB VON MOLAY (um 1234-1314) Letzter Hochmeister des *Templerordens, den er nach dem Verlust des Heiligen Landes in den europäischen Besitzungen organisierte. 1311 wurde er im Verlauf des politischen Schauprozesses Philipps IV. gegen die Templer der Ketzerei beschuldigt, verurteilt und 1314 in Paris auf dem Scheiterhaufen verbrannt.

JAKOB VON VENEDIG (erste Hälfte 12. Jh.) Übersetzer. Er bereiste das byzantinische Reich, lernte Griechisch und übersetzte die Abhandlungen des Aristoteles ins Lateinische (1128, 1136).

JAKOB VON VITERBO (gest. um 1308) Theologe, Augustinerchorherr und Schüler des *Egidus Romanus. Im Jahre 1301 schrieb er *De regimine Christiana* ("Über das christliche Regime"), in dem er seiner Überzeugung Ausdruck gab, daß die christliche Gesellschaft von der weisen und richtig handelnden Kirche zu leiten sei.
M. Grabmann, *Die Lehre des Jakob von Viterbo*, 1930.

JAKOB VON VITRY (um 1170-1240) Geschichtsschreiber. In Vitry (bei Paris) geboren, wirkte er als Professor an der Universität Paris und ging 1209 ins Heilige Land, wo er als Bischof von Akkon den Titel des Patriarchen von Jerusalem trug. 1229 wurde er an die päpstliche Kurie berufen und zum Kardinal erhoben. J. ist der Verfasser der *Historia Occidentalis* und der *Historia Orientalis*, in denen er dem Niedergang des Westens den von der *Kreuzzugsbewegung verursachten Aufstieg des Ostens gegenüber stellt.
Werk: R. B. C. Huygens (Hg.), *Lettres*, 1960;
Pl. Funk, *Jakob v. Vitay*, 1909;
J. F. Hinnebusor (Hg.), *The Historia Occidentalis*, 1972.

JAKOB VON VORAGINE (um 1229-98) Erzbischof von Genua (seit 1292). Der Dominikanerprediger J. verfaßte neben einer Chronik Genuas und vielen Predigten die *Legenda Aurea*, eine äußerst beliebte Sammlung von Heiligenbiographien (*"Goldene Legende").

JAKOBITEN Eine nach *Jakob Baradaios benannte Kirche im christlichen Osten, die sich im 6.-7. Jh. mit den *Monophysiten vereinigte. Die J. litten als Anhänger des Monophysitismus und Verfechter der syrischen Unabhängigkeit unter der Verfolgung sowohl der kirchlichen als auch der weltlichen Obrigkeiten des byzantinischen Reiches, konnten jedoch dank ihres Mönchtums dem Druck standhalten. Zur Zeit der arabischen Eroberung Syriens stellten sie sich auf die Seite der Moslems, danach genossen sie Religionsfreiheit, verloren jedoch allmählich ihren Anhang. Im 8. Jh. wurden die J. durch innere Streitigkeiten geschwächt, was die Zahl ihrer Anhänger schwinden ließ. Sie hielten sich hauptsächlich in Nordsyrien, um Edessa und in Palästina.

C. Petri, *The Jacobite Movement*, 2 Bde., 1949/50;
B. Spuler, *Die morgenländischen Kirchen*, 1964.

JAKUBI (gest. 897) Arabischer Geschichtsschreiber. Lebte am Hof der *Tahiriden zu Khorasan (Persien) und wurde nach dem Sturz der Dynastie vertrieben. Er bereiste Indien und den Maghreb und ließ sich in Ägypten nieder, wo er seine "Geschichte der Welt" zu Ende schrieb. Das Kapitel über die islamische Welt ist eine wichtige Quelle über den Aufstieg der neuen Religion und des Kalifats.

JAKUT (1179-1229) Arabischer Geograph, in *Mosul geboren, bereiste die verschiedenen moslemischen Länder und diente unter *Saladin und den *Ejjubiden. Seine Beschreibung der Welt (um 1225) ist einer der genauesten Berichte über Städte, Völker und Sitten der moslemischen Welt.
Werk: F: Wüstenfeld (Hg.), *Geographisches Wörterbuch*, 6 Bde., (Neudruck) 1924.

JALAL AL-DIN *Chwarismerschah (1220-31). Sohn und Nachfolger des *Ala Al-Din Mohammed, stellte sich gegen *Dschinghis-Khan und führte mehrere Kriege in Indien. Mit seinem Tod in der Schlacht fiel auch das Chwarismerreich.

JALAL AL-DIN AL-RUMI (1207-73) Persischer Dichter und Denker, floh mit seiner Familie vor den Mongolen nach Kleinasien. J. wurde durch seine persische Hofdichtung berühmt, wandte sich aber 1244 nach einer Begegnung mit *Schams Al-Din dem sufischen Mystizismus zu.
A. Iqbal, *The Life and Thought of Jalal Al-Din*, 1964.

JAPAN Inselreich in Ostasien, dessen geschichtliche Entwicklung mit der Vereinigung der j. Völker unter dem mythologischen Herrscherhaus der "Sonnenkaiser" einsetzte und unter den Yamato-Kaisern (4. Jh.) erstmals quellenmäßig greifbar wird. Die Expansionsversuche in Korea setzten J. dem chinesischen Einfluß aus; 593 bildete der erste Minister und Fürst Schotoku das Reich nach chinesischem Muster um. Seine Verfassung von 604 verlieh dem Adel besondere Vorrechte, die J. zu einem aristokratischen Staat machten. Die Zeit kulturellen Erwachens (7.-9. Jh.) brachte die Einführung der chinesischen Schrift und des Buddhismus sowie wirtschaftliche Blüte und den Aufstieg des Adels, der das Kaisertum schwächte und J. zu einer Fürstenföderation machte. Auch die Reformen des Kronprinzen Taikwa (646) konnten die Macht des als Gott angebeteten Kaisers nicht stärken.

Mit der Einsetzung *Fudschiwaras zum Regenten (858) begann die Zeit der Vorherrschaft dieser Fürstenfamilie, die ihre Töchter mit den Kaisern verheiratete und auf der Grundlage des Verleihs steuerfreier Länder als Gegenleistung für den Militärdienst einen typisch japanischen Feudalismus aufbaute. Ihre Herrschaft endete 1159, als eine der großen Grundbesitzerfamilien, die Taira, die Hauptstadt Kyoto eroberte und sich zur Herrin des Landes machte. Die darauffolgenden Bürgerkriege zwischen den großen Adelsfamilien führten 1192 zur Errichtung des Schogunats, der Herrschaft des vom Kaiser ernannten erblichen Kronfeldherrn, der als oberster Militärbefehlshaber auch die Zivilverwaltung unter sich hatte. Dieses neue Doppelregime existierte 700 Jahre. Neben dem Kaiser, dem göttlichen Symbol der Einheit des Landes, regierte der Schogun, der die Provinzstatthalter als Vasallen an sich band. Auch dieses System konnte auf Dauer nicht die politische Stabilität garantieren. Besonders im 13. Jh. waren die Kämpfe um die Schogunwürde eine gewohnte Erscheinung und führten zum Aufstieg der ritterlichen Klasse der Samurai aus den Reihen der reichen Bauern. Der Ehrenkodex der Samurai wurde von Schriftstellern und Dichtern propagiert und verbreitet; die Samurai erlangten eine Vorrangstellung, nachdem sie zwei Versuche der *Mongolen, in J. einzufallen, zurückgeschlagen hatten (1274, 1281).

1318 versuchte Daigo II., der neue Kaiser, die Macht des Kaiserhauses wiederaufzurichten. 1331 konnte er unter Mithilfe eines großen Teils der Samurai eine fünf Jahre währende direkte kaiserliche Herrschaft aufbauen und ein neues Schogunat errichten. Die Zweiteilung in ein nördliches und südliches Amt sollte die Macht der Feldherrn beschneiden. 1392 konnte jedoch Yoschimitsu aus dem Hause Aschikaga das Schogunat wieder vereinigen. Seine Familie blieb bis ins 16. Jh. an der Macht. Er schuf den Daimyo, ein neues Militäramt, das zur Zurückdrängung der militärischen Provinzstatthalter an jene reichen Grundbesitzer übergeben wurde, die eigene Armeen halten konnten.

Die japanische Kultur gründet sich auf die ethnischsprachliche Einheit des japanischen Volkes, das trotz der Einführung der chinesischen Schrift (7. Jh.) seine Traditionen bewahrte. Die nationale Literatur entwickelte sich im 8. Jh. um den Kaiserhof und behandelte in Gedicht und Prosa den Kult des Kaisers und die Verherrlichung moralischer Vorzüge. Seit dem 13. Jh. war der Großteil der japanischen Literatur mit dem Schogunat verbunden und betonte die ethischen Werte und den Verhaltenskodex der Samurai.

Die darstellende Kunst war stark vom chinesischen Vorbild beeinflußt. Bis zum 13. Jh. waren ihr wichtigstes Medium die Architektur und die Bildhauerei, danach entwickelte sich die hauptsächlich von buddhistischen Mönchen betriebene Seidenmalerei. Wie die Kunst standen auch Religion und Philosophie unter dem vorherrschenden chinesischen Einfluß.
E. Naberfeld, *Grundriß der japanischen Geschichte*, 1964;
J. W. Hall, *Das japanische Kaiserreich*, 1968.

JARMUK Fluß in Palästina, an dessen Ufer im Jahre 636 eine Entscheidungsschlacht zwischen den Arabern und den Truppen des byzantinischen Kaisers *Herakleios unter dem General Theodor Thrithyrios ausgetragen wurde. Als sich das große Hilfskontingent monophysitischer syrischer Araber auf die Seite der Moslems schlug, war die Schlacht entschieden; Syrien und Palästina lagen den Arabern offen.

JAROPOLK I. Fürst von *Kiew (972-77). Ältester Sohn des *Swjatoslaw, regierte zusammen mit Svereld, dem Heerführer seines Vaters. 976 entledigte er sich seiner Brüder Oleg und Wladimir und beherrschte Rußland für kurze Zeit als Haupt der christlichen Partei. Durch den Verrat seines Beraters Blud fiel J. in die Hände Wladimirs, der ihn von seiner Warägerleibwache töten ließ.

JAROSLAW DER WEISE Großfürst von Nowgorod (1019-54) und Kiew (endgültig nach dem Tode seines Bruders Mjistislaw 1036). Er machte Kiew zur Hauptstadt seines Reiches, das nunmehr ganz Rußland umfaßte, und nahm den Titel eines Kagan an. Um 1038 normalisierte er die Verbindungen mit dem Patriarchen von

Der Jarmukfluß, an dessen Ufer im Jahr 636 die Entscheidungsschlacht um Syrien und Palästina geschlagen wurde

Konstantinopel und stimmte der Weihe des Erzbischofs von Kiew durch den Patriarchen zu. Nach der Ermordung einiger russischer Kaufleute in Konstantinopel (1042) sandte er gegen Byzanz eine große Flotte unter seinem Sohn Wladimir aus, die jedoch keine Erfolge verzeichnen konnte. Eine neue Krise in den Beziehungen mit Byzanz (1051) führte zur selbständigen Wahl des Hilarios zum Metropoliten von Kiew.

G. Vernadsky, *Kievan Russia*, 1948.

JARROW UND WEARMOUTH Benediktinisches Doppelkloster, 674/84 nahe dem Fluß Wear in Durham (England) vom hl. *Benedikt Biscop auf von Egfrid, König von Northumbrien, geschenktem Land gegründet. Benedikt weihte J. dem hl. *Paulus und W. dem hl. *Petrus und ließ von französischen Bauleuten und Arbeitern zu W. eine prächtige Klosterkirche errichten. J. und W. wurden zum Mittelpunkt der englischen Kunst und Gelehrsamkeit; Persönlichkeiten wie *Beda erhielten am Ort ihre erste Ausbildung. Die Klöster litten unter den *dänischen Einfällen (um 860) und nach der normannischen Eroberung unter *Malcolm von Schottland. Nach ihrem Neubau wurden sie dem Domkapitel von Durham unterstellt.

JASSAK Die Bezeichnung für den von *Dschinghis Khan für sein Mongolenreich herausgegebenen Rechtskodex.

JATZISLAW Fürst von Kiew (1054-78). Ältester Sohn des *Jaroslaw d. Weisen, erbte Kiew, das er jedoch erst nach 1071 gegen die von seinem Bruder *Swjatoslaw inzenierten Aufstände unter seine Macht bekommen konnte.

JAUFRÉ RUDEL (12. Jh.) Französischer Troubadour und Verfasser mehrerer Gedichte, die seine Liebe zu einer fernen Dame besingen; teilweise wohl eine religiös zu verstehende *Allegorie.

L. Th. Topsfield, *Troubadours and Love*, 1975.

JAVA Indonesische Insel, die sich seit der Antike unter dem Einfluß indischer Kaufleute befand. Diese errichteten im Lande Handelskolonien und verbreiteten ihre verschiedenen Religionen. Die ersten Fürstentümer, die auf solche Weise im 7. Jh. entstanden, entfalteten ihren Machtbereich von der Küste ins Landesinnere, wo sich eine hindu-malayische Aristokratie als herrschende Klasse herausbildete. Im 8. Jh. wurde das Landesinnere von der Dynastie der Sailendra vereint, die auch eine hohe, auf Buddhismus, Sanskrit und örtliche Traditionen basierende Kultur entwickelte. Der Gewürzhandel der Küstenfürstentümer machte J. im Mittelalter berühmt. Im Jahre 1293 vereinigte die Majapahitdynastie nach einer Periode von Bürgerkriegen die Insel wieder unter einer Herrschaft und errichtete ein mächtiges Reich, das den Gewürzhandel kontrollierte und die mongolisch-chinesischen Eroberungsversuche der zweiten Hälfte des 14. Jh.s zurückwies.

D.G.E. Hall, *A History of South-Eastern Asia*, 1955.

JEANNE D'ARC (JOHANNA VON ORLÉANS; um 1411-31) Französische Nationalheldin. Die aus einer bäuerlichen Familie in dem kleinen Vogesendorf Domrémy stammende J. hatte mit 14 Jahren Erscheinungen von Heiligen, die sie zur Rettung ihrer von den Engländern bedrängten Heimat (*Hundertjähriger Krieg) aufriefen. Nachdem sie tatsächlich die Zustimmung *Karls VII. erlangt hatte, führte sie dessen Truppen zur Entsetzung von *Orléans, und Karl konnte in Reims gekrönt werden. 1430 fiel J. in die Hände der mit Eng-

land verbündeten Burgunder, wurde ausgeliefert und nach einem zweifelhaften Ketzerprozeß unter Bischof Pierre Cauchon in Rouen verbrannt. Da wenig später jedoch mehrere J.s wieder auftauchten, ist es umstritten, ob es tatsächlich sie war, die 1431 in Rouen verbrannt wurde.   (Din)

R. Schirmer-Imhoff, *J. d'A., Dokumente*, 1956.

JECHIEL BEN JOSEPH VON PARIS (gest. um 1265) Jüdischer Gelehrter. Schüler und Nachfolger des Jehudah ben Isaak als Leiter der Talmudakademie von Paris. 1240 war er der führende Sprecher auf der jüdischen Seite in dem berühmten Pariser Glaubensgespräch über die Rolle des Talmuds. Als danach die Talmudbücher öffentlich verbrannt wurden, lehrte J. seine Schüler aus dem Gedächtnis. Um 1260 wanderte er mit einer großen Schar von Schülern ins Heilige Land aus und errichtete in Akkon eine große Akademie.

JEHUDAH BAR KALONYMUS (gest. 1200) Jüdischer Dichter und Mystiker. Zu Mainz geboren, studierte in Speyer, wirkte wieder in Mainz und war 1189-93, in der schweren Zeit der Verfolgungen des dritten *Kreuzzugs, Vorsteher der jüdischen Gemeinde von Mainz. J. ist einer der Väter der *Kabbalah des 13. Jh.s.

JEHUDAH BEN MEIR (Leo Leonte; 10. Jh.) Haupt der italienischen Talmudschule, die sich unter seiner Leitung von der Vorherrschaft der babylonischen *Gaonim befreite. Seine Werke über rechtliche Probleme im Talmud fanden in Europa weite Verbreitung.

JEHUDAH DER CHASSID (gest. 1217) Jüdischer Mystiker. Zu Speyer geboren und erzogen, ließ er sich gegen Ende des 12. Jh.s in Regensburg nieder. J. war Bibelkommentator und hauptsächlich Mystiker. Er entwickelte die Anschauung, daß die alltägliche moralische Haltung den Heilsprozeß beschleunigen könne, und gab diesem Gedanken in seinem "Buch der Responsa über die Moral" und dem "Buch der Ehre" Ausdruck. Sein wichtigstes Werk ist das *Sefer Chassidim* ("Buch der Pietisten"), ein Handbuch für das Verhalten; das Buch gewann später großen Einfluß auf das deutsche Judentum. J. gilt als einer der Vorläufer der *Kabbalahbewegung.

G. Scholem, *Ursprünge und Anfänge der Kabbalah*, 1962.

J(EH)UDAH HALEVI (1075-1141) Jüdischer Dichter und Philosoph. In Toledo als Sohn einer reichen Familie geboren, erhielt eine breite Erziehung, die auch arabische Studien einschloß, und verbrachte einige Jahre in *Andalusien, wo er bekannte jüdische Gelehrte, darunter auch den berühmten Dichter *Abraham Ibn Esrah, kennenlernte. Wegen des unduldsamen Regimes der *Almohaden kehrte J. 1096 in seine christliche Heimatstadt zurück, wo er freundlich aufgenommen und zum Leibarzt König *Alfons' VI. bestellt wurde. Die wachsenden Verfolgungen von Juden und besonders die Ermordung des großen Staatsmanns Solomon ibn Ferruzziel (1108) ließen in ihm jedoch die Entscheidung reifen, sich im Heiligen Land niederzulassen, das er in seiner Ode an Zion besungen und in der Streitschrift *Kusari* theoretisch behandelt hatte. In diesem Dialog (in Arabisch) wird ein Chasarenherrscher zum Judentum bekehrt. J. starb 1141 auf dem Weg dorthin.

Werk (dt.): S. D. Goitein, *The Biography of Rabbi Jehudah Halevi in the Light of the Cairo Geniza Documents*, 1959;

F. Rosenzweig, *Jehudahs Zionslieder*, 1933.

Siegel der Kreuzfahrerkönige von Jerusalem mit Johann von Brienne (Vorderseite) und den Stadtmauern (Rückseite)

JEMEN Land im südwestlichen Arabien. Es wurde im späten 4. Jh. von der Himjarendynastie vereinigt, die zur gleichen Zeit das Judentum angenommen hatte. Der J. entwickelte sich zu einem mächtigen Königreich, das den Seehandel des Roten Meeres beherrschte. 550 fiel es unter dem Angriff der christlichen Äthiopier, die versuchten, das Christentum einzuführen (allerdings mit nur oberflächlichem Erfolg). 570 wurde der J. von den Persern erobert. Die andauernden Kriege führten zum Niedergang der Himjarenkultur und zur Zerstörung des Süd-J.s. Nach dem Zusammenbruch der Perserherrschaft (620) entstanden kleine Stammesreiche, die sich aber nicht gegen das Eindringen der Beduinen und den Islam wehren konnten. 633 wurde der J. von *Abu Bakr an das Kalifat angeschlossen. Die weiterbestehenden Stammestraditionen erleichterten die Festsetzung des *schiitischen Islams. 820 machten sich die Reiche des Nord- und Süd-J.s endgültig vom Kalifat unabhängig. 893 errichteten die schiitischen Zaiditen in Sa'ada ihre Herrschaft, im Laufe des 10. Jh.s dehnten sie ihren Machtbereich auf den ganzen J. aus. Im 12. Jh. zerbrach auch dieses Reich unter dem Druck des Separatismus der Stämme, daneben gründeten die Kaufleute von Aden einen autonomen Stadtstaat. 1174 baten sie *Saladin um seine Intervention im J.; bis 1229 war das Land Teil des *Ejjubidenreichs. Unter den sunnitischen Rassuliden, die 1229 als Beamte der Ejjubiden an die Macht gekommen waren, erlebte der J. eine der ruhigsten Perioden seiner Geschichte und erwarb durch die intensiven Handelsbeziehungen mit dem Fernen Osten und Ostafrika großen Reichtum.
H. v. Wissmann, *Zur Geschichte und Landeskunde von Alt-Südarabien*, 1964.

JERUSALEM Hauptstadt von *Palästina und die heilige Stadt der Juden, Christen und Moslems. Für die Byzantiner war J. eine der wichtigsten religiösen Stätten des Reiches und Schauplatz großer Bauwerke unter *Justinian (6. Jh.). Die Wohlhabenheit der von Pilgern und dem Patriarchen begünstigten Stadt ging 614 mit der persischen Eroberung zu Ende. Nach der Rückeroberung durch Kaiser Herakleios (628) wurden die Zerstörungen der Perser repariert und die Regierungsgewalt an den neuen Patriarchen *Sophronius übertragen. Die arabische Eroberung J.s (638) leitete tiefgreifende Veränderungen ein. Der christliche Charakter der Stadt erhielt sich nur um die hl. Grabeskirche, während der Berg Moriah zu einem islamischen Heiligtum umgestaltet wurde, dem Haram asch-Scharif mit Felsendom und Al-Akzah-Moschee. Die Juden besaßen nahe der Klagemauer ihre eigene Gemeinde. Die politische Hauptstadt Palästinas war jedoch *Ramleh.
Die Eroberung Palästinas durch die *Fatimiden und mehrere Beduinenaufstände (10.-11. Jh.) brachten den Niedergang J.s, das mehr und mehr von den Einwohnern verlassen wurde und immer schwerer für Pilger zu erreichen war. Dieser Prozeß wurde durch die Unterdrückungsmaßnahmen des Fatimidenkalifen *Hakim sowie durch ein Erdbeben noch beschleunigt. Zur gleichen Zeit wurde der christliche Charakter der Stadt durch das Pilgerwesen und die Errichtung von Hospitälern stärker betont. Die Teilung des Landes in einen seldschukischen Herrschaftsbereich mit Jerusalem und einen Fatimidenbereich in der Küstengegend (1071) erschwerte den Zugang der Pilger zu J. Am 15. Juli 1099 eroberten die *Kreuzfahrer J., ermordeten die Juden und den Großteil der moslemischen Bevölkerung und machten die leere Stadt zum Sitz ihres Reiches. Erst 1113 erlaubte König Balduin I. die Neubesiedlung von J. mit Christen (auch mit Anhängern der ostchristlichen Sekten). Die Regierung residierte um den Davidsturm; die wichtigste, eigentlich einzige Einnahmequelle lag im Pilgerstrom. Die Kreuzfahrer fügten dem Stadtbild J.s die kirchlichen Gebäude im Norden (darunter die romanische St. Annakirche) hinzu und errichteten an den bestehenden Kirchenbauten und den zu Kirchen gemachten Moscheen neue Bauteile. Mit dem Wachstum des Kreuzfahrerreiches im 12. Jh. blühte auch J. und zwar trotz der Tatsache, daß sich der Schwerpunkt des wirtschaftlichen und sozi-

alen Lebens in der Küstenebene befand. Die Juden und Moslems erhielten als Handwerker allmählich erneuten Zutritt zu J.; *Saladin, der die Stadt 1187 nahm, erlaubte wiederum die Ansiedlung von Juden in der Stadt.

Die Versuche, im dritten *Kreuzzug J. den *Ejjubiden zu entreißen, schlugen fehl; Akkon wurde zur Hauptstadt des christlichen Reststaates. In Jerusalem verblieben nur einige Klöster. 1229 erreichte jedoch Kaiser Friedrich II. die Herausgabe der Stadt durch diplomatische Verhandlungen mit dem ägyptischen Sultan *Al-Kamil. Friedrich ließ sich in der hl. Grabeskirche zum König von J. krönen und kehrte nach Europa zurück. J. war auch weiterhin im Rahmen des Königreiches Akkon von geringer Bedeutung. 1244 zerstörten die *Chwarismer die Stadt, die erst zwanzig Jahre später nach der mamlukischen Eroberung wieder bevölkert wurde. Unter den Mamluken wurde J. geteilt in ein moslemisches, christliches, jüdisches und armenisches Viertel.

K. M. Kenyon, *Die Heilige Stadt von David bis zu den Kreuzzügen*, 1968.

JESID I. *Omajjadenkalif (680-83). Sohn des Muawiya, zeichnete sich im Syrienfeldzug aus, befehligte 669 die Belagerungstruppen vor Konstantinopel und schlug nach seiner Ausrufung zum Kalifen Aufstände im Irak und in Mekka nieder.

JESUATEN Siehe *COLUMBINI.

JEU D'ADAM (franz. "Spiel vom Adam") Anonymes Schauspiel (12. Jh.) im nordfranzösischen Dialekt, das die biblische Geschichte von Adam und Eva als höfische Liebeshandlung schildert, in der der Teufel als Verführer dargestellt wird.

JOACHIM VON FIORE (hl.; um 1132-1202) Mystiker, über den mehr Sagen als historische Tatsachen bekannt sind. Er soll in seiner Jugend als Pilger nach Jerusalem gegangen sein; er trat nach seiner Rückkehr den *Zisterziensern bei. 1177 wurde er Abt von Corazzo, trat wenige Jahre später von seinem Amt zurück und widmete sich der Niederschrift seiner Geschichtstheologie. Sein Wohnort Fiore (Kalabrien) zog zahlreiche Schüler an. J. teilte die Geschichte in drei Hauptperioden unter dem Vater (Altes Testament), dem Sohn (Neues Testament) und dem Heiligen Geist (die Zeit der Mönchsorden) ein. Der Anfang der dritten Periode lag nach J.s Berechnung im Jahre 1260, das das Zeitalter der Erlösung einleiten sollte. Seine Schüler entwickelten J.s Lehre weiter und prophezeiten eine politische und soziale Revolution, die unter dem Namen "Joachimitismus" im 13. Jh. alle möglichen politischen Anliegen befeuerte.

H. Grundmann, *Neue Forschungen über Joachim von Fiore*, 1950.

JOBST (1351-1411) Markgraf von Mähren und deutscher König (1410/11). J. war Neffe von Kaiser *Karl IV., der ihm 1376 Mähren verlieh. Nach dem Tode Karls war er der mächtigste aller Luxemburger Fürsten, schlug *Brandenburg und die Grafschaft Luxemburg zu seinem Besitz und dominierte in der Regierungszeit *Wenzels. 1410 wählte in der Mehrheit der Kurfürsten gegen seinen Vetter *Sigismund zum deutschen König. J. aber starb vor der Annahme der Wahl (möglicherweise an Gift).

K. Bosl (Hg.), *Handbuch der Geschichte der böhmischen Länder* 1, 1967.

Aragón:

JOHANN I. (1350-95) König von Aragón (1387-95). Sohn und Nachfolger König *Peters IV., eroberte *Sar-

dinien und ging mit Karl VI. von Frankreich ein Bündnis ein, das dem französischen Einfluß in Aragón die Tore öffnete.

Berry:

JOHANN (1340-1416) Herzog von Berry (1360-1416). Dritter Sohn *Johanns II. von Frankreich, stand seinem Bruder *Karl V. bei der Neuordnung der französischen Regierung bei, schlug als Regent für seinen minderjährigen Neffen *Karl VI. einen Aufstand nieder (1381). Er ist als Förderer der Künste bekannt.

F. Lehoux, *Jean de France, duc de Berry*, 1966.

Böhmen:

JOHANN DER BLINDE VON LUXEMBURG (1296-1346) König von *Böhmen (1310-46). Der Sohn Kaiser *Heinrichs VII. erbte Böhmen und Luxemburg, nicht aber die deutsche Königswürde. J. war ein begeisterter Freund Frankreichs und weilte öfters am Hofe der französischen Könige. Als König von Böhmen eroberte er 1327-1330 Schlesien, im Kampf zwischen *Johannes XXII. und *Ludwig d. Bayern stellte er sich auf die Seite des Papstes. Trotz seiner Blindheit nahm er 1346 an französischer Seite an der Schlacht von Crecy teil und fiel im Kampf. Zwar hatte er noch die Wahl seines Sohnes *Karl IV. zum römischen König durchsetzen können.

J. Schlötter, *Johann Graf von Luxemburg und König von Böhmen*, 2 Bde., 1865;
R. Gazelles, *Jean l'Aveugle*, 1974.

Bretagne:

JOHANN I. Herzog der Bretagne (1237-86). Sohn des Peter *Mauclerc, treuer Lehnsmann König *Ludwigs IX. von Frankreich, formte die Verwaltung des Herzogtums nach französischem Beispiel um.

JOHANN II. Herzog der Bretagne (1286-1305), festigte die herzögliche Macht.

JOHANN III. DER GUTE Herzog der Bretagne (1312-41). Er organisierte die Rechtsprechung, setzte anstelle der alten feudalen Beamten herzögliche *Seneschalle ein und bemühte sich, zu Beginn des *Hundertjährigen Krieges seine Neutralität zu bewahren.

JOHANN IV. VON MONFORT (1293-1345) Herzog der Bretagne (1341-45). Rivale Karls von Blois im Kampf um die Herzogswürde, kam mit Hilfe der Armee *Eduards III. von England an die Macht und zog die Bretagne in den *Hundertjährigen Krieg.

JOHANN V. Herzog der Bretagne (1346-99). Sohn Johanns IV., wurde nach einer Reihe von Kriegen gegen Karl von Blois, die er mit englischer Unterstützung führte, als Herzog anerkannt.

E. Durtelle de Saint-Sauveur, *Histoire de Bretagne*, 1946.

Burgund:

JOHANN OHNE FURCHT (1371-1419) Herzog von Burgund (1404-19). Sohn *Philipps des Kühnen, war seit seiner Großjährigkeit an der Regierung des Großherzogtums beteiligt und seit Beginn des 15. Jh.s für die Niederlande verantwortlich. Als Herzog spielte er eine bedeutende Rolle in der französischen Politik, erwarb sich die Unterstützung der Bürger von Paris (der sog. *Burgundier) und nahm am Kampf gegen die *Armagnaken teil. Dadurch kam das Bündnis mit *Heinrich V. von England zustande. J. führte einen der glänzendsten Höfe Europas. Er wurde 1419 bei einem Treffen mit dem künftigen *Karl VII. von Frankreich zu *Montereau ermordet.

R. Vaughan, *John the Fearless*, 1966.

Weltkarte mit Jerusalem im Mittelpunkt; um 1270

England:
JOHANN I. OHNE LAND (1167-1216) König von England (1199-1216). Vierter Sohn *Heinrichs II. und *Eleonores von Aquitanien und der einzige, der kein Herzogtum erhielt, weswegen er diesen Beinamen erhielt. J. war der Lieblingssohn Heinrichs und stand anfänglich auf der Seite seines Vaters, konspirierte aber 1189 aus bisher ungeklärten Gründen mit seinem Bruder *Richard gegen Heinrich. Auch gegen Richard führte J. Intrigen, besonders zu der Zeit, da dieser im Heiligen Land und in der deutschen Gefangenschaft war. Schon in dieser Periode machte J. sich durch seine Hartnäckigkeit bei den im Ideal des *Rittertums erzogenen englischen Adeligen extrem unbeliebt. Nach Richards Tod wurde er zum König von England, Herzog der Normandie und Aquitaniens sowie Grafen von Anjou ausgerufen. Durch seine Heirat mit Margarete von Angoulême stieß J. mit dem Haus *Lusignan zusammen, das beim französischen König *Philipp II., dem Oberlehnsherrn J.s für die französischen Besitzungen, Berufung einlegte. Durch sein Nichterscheinen vor Gericht verlor J. seine Lehen. Philipp unterstützte die Ansprüche, die *Arthur von der Bretagne, der Neffe J.s, auf die verfallenen Länder geltend machte. Als J. Arthur gefangennahm und im Gefängnis ermordete, hatte Philipp keine Schwierigkeiten, den aufgebrachten Adel der Normandie und Anjous auf seine Seite zu ziehen und diese Länder fast kampflos zu erobern (1204-06). Auch mit dem Papst befand· sich J. im Streit, nachdem er die Wahl Stephan *Langtons zum Erzbischof von Canterbury nicht anerkennen wollte. Papst *Innozenz III. belegte England mit dem *Interdikt, und der bedrängte J. mußte den Papst als Lehnsherrn anerkennen. Daraufhin konnte J. mit päpstlicher Unterstützung den Widerstand der Barone überwinden (1208), seine Position in Aquitanien halten und einen Feldzug gegen Philipp vorbereiten. In der Schlacht von *Bouvines (1214) wurden J. und sein welfischer Verbündeter *Otto IV. von Philipp und *Friedrich II. von Hohenstaufen geschlagen. Die Niederlage schwächte J. in England derart, daß die Stadt London gegen ihn revoltierte und er 1215 die *Magna Charta unterzeichen mußte, die zur Basis der parlamentarischen Regierungsform Englands wurde.
J. T. Appleby, *Johann "Ohneland", König von England* 1965.
Frankreich:
JOHANN II. DER GUTE (1319-64) König von Frankreich (1350-64). Sohn *Philipps VI. von Valois, wurde mehr im Sinne des Ritterethos und weniger als König erzogen. 1356 fiel er in der Schlacht von *Poitiers in die Hand *Eduards des Schwarzen Prinzen und wurde im Tower von London gefangen gehalten. 1363 wurde er gegen ein enorm hohes Lösegeld und unter Geiselstellung seines Sohnes Philipp freigelassen, kehrte aber nach dessen Flucht freiwillig in die Gefangenschaft zurück und starb im London.
E. Perroy, *The Hundred Years War,* 1957.
Jerusalem:
JOHANN VON BRIENNE (1148-1237) König von Jerusalem (1210-25) und Lateinischer Kaiser von Konstantinopel (1231-37). J. nahm am dritten *Kreuzzug teil und wurde durch seine Heirat mit Maria, der Königin von Jerusalem, Herrscher des Kreuzfahrerreiches. Als solcher nahm er am fünften *Kreuzzug gegen Damiette (1218-20) teil, ohne daß seinem Rat Gehör geschenkt

wurde. 1225 verheiratete er seine Tochter Isabella mit Kaiser *Friedrich II., wurde aber von diesem außer Landes geschickt und mit Landbesitz in Italien versehen, wo J. einer der gefährlichsten Feinde Friedrichs wurde. 1228 wurde er als Kenner des Orients als Regent für den unmündigen *Balduin II. nach Konstantinopel gerufen. Nach dessen Tod erhielt er die Kaiserwürde und kämpfte noch als alter Mann gegen die Bulgaren.
S. Runciman, *Geschichte der Kreuzzüge* 3, 1966.
Kastilien:
JOHANN I. (1358-90) König von Kastilien (1397-90). Sohn *Heinrichs II. von Trastámare, nutzte seine Heiratsverbindungen mit Portugal und Aragón zur Ausweitung seiner Macht, wurde jedoch aus Portugal, wo er sich 1383 zum König gemacht hatte, durch eine nationale Revolution vertrieben.
W. G. Armando, *Geschichte Portugals,* 1966.
Portugal:
JOHANN I. DER GROSSE (1357-1433) König von Portugal (1385-1433). Der uneheliche Sohn *Peters I. wurde 1383 Führer der vaterländischen Partei, die sich gegen die Heirat der Königin Eleonore mit *Johann I. von Kastilien stellte. 1385 wurde J. nach dem Zurückwerfen eines kastilianischen Einfalls König. 1415 eroberte er Ceuta in Marokko und sandte Expeditionen zum Atlantik, die 1432 die Azoren entdeckten und besiedelten.
W. G. Armando, *Geschichte Portugals,* 1966.
Schottland:
JOHANN BALLIOL (gest. 1315) König von Schottland (1292-96). Der Sohn des Grafen Johann von Harcourt und in der weiblichen Linie Nachkomme König *Davids I. wurde mit Unterstützung *Eduards I. von England zum König ausgerufen. Er nutzte die Kriege in Wales aus, um sich von der englischen Lehensherrschaft zu befreien, wurde jedoch 1296 geschlagen und seitdem in England gefangen gehalten.
Zypern:
JOHANN I. (gest. 1285) König von Zypern (1284-85). Ältester Sohn *Hugos III., starb wenige Monate nach Antritt seiner Regierung.
JOHANN VON CAPESTRANO Siehe *CAPESTRANO.
JOHANN VON CHELLES (13. Jh.) Baumeister aus Nordostfrankreich, der zur Entwicklung rechteckiger Pfeiler beitrug, die die Errichtung der hohen gotischen Kathedralen möglich machten.
JOHANN VON DAMASKUS (hl.; ca. 660-753) Griechischer Theologe. In Damaskus geboren, war J. wie sein Vater Beamter in der Finanzverwaltung des Kalifats und diente als Vertreter der christlichen Belange am Hof. 716 verließ er das öffentliche Leben und zog sich in das Kloster St. *Sabas (Palästina) zurück. Sein Buch "Der Brunnen der Weisheit" behandelt in einem der drei Teile die Grundsätze des orthodoxen Glaubens und die Lehren der griechischen Kirchenväter und machte ihn weithin berühmt. Es diente als wichtiges Handbuch der griechisch-orthodoxen Kirche und wurde im 12. Jh. ins Lateinische übersetzt. J. war auch ein fruchtbarer *Hymnendichter und Verteidiger der Bilderverehrung.
H. G. Beck, *Kirche und theologische Literatur im byzantinischen Reich,* 1959.
JOHANN VON GARLAND Siehe *GARLAND.
JOHANN VON GENT (John of Gaunt; 1340-99) Herzog von Lancaster. Dritter Sohn *Eduards III., nahm

unter dem Kommando seines Vaters und seines Bruders *Eduards, des Schwarzen Prinzen, am Hundertjährigen Krieg teil. In den letzten Regierungsjahren seines Vaters und in der Anfangszeit seines Neffen *Richard II. war J. der mächtigste Mann in England. Er unterdrückte den *Großen Bauernaufstand von 1381, stritt sich aber später mit Richard und verließ den Hof. Seine Ansprüche auf die kastilianische Krone (als Gatte der Tochter *Peters d. Grausamen) wurden nicht verwirklicht, 1389 kehrte er nach England zurück und vermittelte zwischen dem König und seinem Bruder Thomas von *Gloucester.
S. Armitage-Smith, *John of Gaunt*, 1904.

JOHANN VON JANDUN (ca. 1286-1328) Philosoph und Naturwissenschaftler. J. studierte in Paris und war am Kolleg von Navarra (Paris) als Lehrer der aristotelischen Philosophie tätig (um 1310). In seinen Kommentaren zu Aristoteles Abhandlungen über das Tierleben verarbeitete er seine eigenen Beobachtungen. Im Konflikt zwischen *Johannes XXII. und *Ludwig d. Bayern nahm er eine dem Papsttum gegenüber kritische Stellung ein und wurde 1327 vom Papst gebannt. J. war enger Mitarbeiter des *Marsilius.
L. Schmugge, *Johann von Jandun, Untersuchung zur Biographie und Sozialtheorie eines lateinischen Averroisten*, 1966.

JOHANN VON LANCASTER Siehe *BEDFORD.

JOHANN VON MARIGNOLA Siehe *MARIGNOLA.

JOHANN VON MATHA (hl.; um 1160-1213) Gründer des *Trinitarierordens. In der Provence geboren, studierte in *Aix-en-Provence, war Einsiedler, und dann wiederum Student in Paris. Im Jahre 1197 gründete er den Trinitarierorden, der es sich zum Ziel setzte, die in moslemischer Gefangenschaft sich befindenden Christen zu befreien.
N. Schumacher, *Der heilige Johannes von Matha*, 1936.

JOHANN MAUROPOS (11. Jh.) Byzantinischer Dichter, gebrauchte als letzter den epigrammatischen Stil und vereinigte in seinem Werk christliche und heidnische Motive.

JOHANN VON MEUNG (ca. 1240-1305) Französischer Schriftsteller. Er studierte an der Pariser Universität, wo er an den Disputen mit den Bettelorden teilnahm. J. ist der Verfasser des zweiten Teils des *Roman de la Rose* (um 1297).

JOHANN GUIDORT VON PARIS (1225-1306) Politischer Denker. J. war *Dominikaner, studierte unter *Thomas von Aquin in Paris Theologie und lehrte später an der Universität. Seine Lehre von der Trennung der kirchlichen und der weltlichen Gewalt wurde 1289 verurteilt, J. durfte jedoch weiter lehren. In seinem Hauptwerk *De Potestate Regia et Papali* ("Über die königliche und päpstliche Gewalt") entwickelte er eine Theorie, die das Konzil über den Papst stellte, wohingegen der Papst in Gewissensangelegenheiten den Königen Anweisungen erteilen könne.
J. Leclercq, *Jean de Paris et l'ecclésiologie au XIIIe siècle*, 1942.

JOHANN VON PARMA (1209-89) Generalmeister des *Franziskanerordens (1247-57). J. war Lehrer der Logik in Parma, wo er dem Orden beitrat. Er wurde zur Weiterführung seiner Studien nach Paris gesandt und machte sich als Lehrer und Prediger einen Namen. Als General der Franziskaner bemühte er sich auf zahlreichen Reisen, die Disziplin und die Einfachheit des frühen Ordens wiederherzustellen. Als er 1257 der Ket-

zerei beschuldigt wurde, trat er von seinem Posten zurück und zog sich in die Einsiedlerklause Greccio zurück.
R. de Nantes, *Le Bienheureux Jean de Parme*, 1906.

JOHANN VON PIANO DI CARPINE (gest. 1252) Reisender. Der Franziskanermönch, der im Orden hohe Ränge bekleidete, wurde 1237 an den Hof des Großkhans zu *Karakhorum gesandt, um die Mongolen zu bekehren.
Sein in Piano Carpine verfaßtes Buch ist eine der ersten Beschreibungen des Mongolenreichs.
Werk (dt.): F. Risch, 1930.

JOHANN VON PROCIDA (1210-99) Arzt und sizilianischer Patriot. Er wurde in Salerno geboren, wo er Medizin studierte und Leibarzt Kaiser *Friedrichs II. wurde. Daneben unterhielt er auch mit der päpstlichen Kurie, wo er ebenfalls als Arzt wirkte, gute Beziehungen. Nach der Eroberung Siziliens durch *Karl von Anjou (1266) mußte er die Flucht ergreifen. Von nun an sann er nur mehr auf die Vertreibung des Eroberers. Nachdem es ihm nicht gelang, *Friedrich von Thüringen nach Sizilien zu bringen, wandte er sich an König *Peter III. von Aragón, der ihn 1276 zu seinem Kanzler machte. J. wird als einer der Drahtzieher der Sizilianischen *Vesper von 1282 angesehen, die er von ferne anschürte.
S. Runciman, *Die sizilianische Vesper*, 1959.

JOHANN VON RUPELLA (LA ROCHELLE; gest. 1245) Theologe. Er war Franziskanermönch und Theologieprofessor am Franziskanerkolleg von Paris. In seiner Abhandlung "Über die Seele und den Geist" versuchte er den aristotelischen Rationalismus mit dem *augustinischen Spiritualismus zu vereinigen. J. verfaßte auch einen Kommentar der Regel des hl. *Franziskus.
G. Manser, *Johann von Rupella*, 1912.

JOHANN VON RUPESCISSA Siehe *RUPESCISSA.

JOHANN VON SACRO BOSCO (HOLYWOOD) Siehe *SACROBOSCO.

JOHANN VON SALISBURY (um 1115-80) Philosoph und Historiker. In Salisbury geboren, studierte J. zwischen 1130 und 1140 in Paris und Chartres und war als Lehrer tätig. Zwischen 1145-53 diente er an der päpstlichen Kurie. Nach seiner Rückkehr nach England war er Sekretär *Theobalds und Thomas *Beckets, der Erzbischöfe von Canterbury. J. war ein treuer Anhänger Beckets in dessen Streit mit König *Heinrich II. und folgte ihm nach Frankreich ins Exil. Nach der Versöhnung mit dem König kehrte auch J. nach England zurück, verließ das Land aber nach der Ermordung Beckets (1170) und ließ sich in Frankreich nieder, wo er Bischof von Chartres wurde (1176). J. verfaßte unter dem Einfluß des *Aristotelismus sein *Metalogicon* über die Logik und die Metaphysik. Im *Policraticus* beschrieb er die Kirche als Organ des sozialen und politischen Pluralismus und als Bollwerk gegen die königliche Despotie. In seinen Erinnerungen an die Zeit an der Kurie gibt J. ein detailliertes Bild der Periode.
Werk: R. L. Poole (Hg.), 1927;
H. Liebeschütz, *Medieval Humanism in the Life and Writings of John of Salisbury*, 1950;
M. Kerner, *Natur und Gesellschaft bei J. v. S.*, in: Miscellanea Mediaevalia 12, 1979.

JOHANN VON SPANIEN (de Luna, von Sevilla; gest. 1157) Übersetzer jüdischer Abstammung und eine bis heute rätselhafte Persönlichkeit, übertrug Abhandlungen über die Astronomie aus dem Arabischen ins Lateinische.

Seine Übersetzungen dienten im Westen als Handbücher.
M. Alonso, *Juan Sevillani*, 1953.

JOHANN VON TOLEDO (gest. 1166) Übersetzer.
Sohn der jüdischen Familie des *Ben Daud aus Toledo,
bekehrte sich zum Christentum (um 1140), war Priester in Toledo und später Bischof von Segovia. Er übersetzte arabische philosophische Werke aus dem Kastilianischen ins Lateinische, darunter die Arbeiten *Ibn
Sinnas und Ibn *Gabirols. Er entwickelte auch eine
astronomische Theorie des für das Ende des 12. Jh.s
errechneten Weltendes.
M. Steinschneider, *Die europäischen Übersetzungen aus
dem Arabischen*, 1904.

JOHANN VON VARENNES Siehe *VARENNES.

JOHANN VON VIENNE (um 1341-96) Französischer
Admiral. Er wurde nach treuen Diensten in den Feldzügen *Du Guesclins von König *Karl V. zum Admiral ernannt und mit dem Wiederaufbau der zerstörten
französischen Flotte beauftragt. In den Jahren 1373-77
befehligte er geglückte Operationen an der Küste der
Normandie und Poitous.

JOHANN VON WORCESTER (12. Jh.) Geschichtsschreiber, Verfasser einer Chronik von England, die die
Zeit von 1117-41 behandelt.

JOHANN VON WÜRZBURG (gest. um 1170) Reisender. Er war Kanoniker an der Domkirche von Würzburg
und unternahm 1160 eine Pilgerreise ins Heilige Land,
die er in einem interessanten Bericht beschrieb.
A. Grabois, *Le pélerinage de Jean de Wurzbourg*, 1973.

JOHANNA Legendärer weiblicher Papst. J. soll in der
Zeit des Niedergangs des Papsttums im 8.-9. Jh. gelebt
haben. Nach einer volkstümlichen Überlieferung des
13. Jh.s verkleidete sie sich als Mann, erwarb sich den
Ruf eines ausgezeichneten Gelehrten, wurde zum Papst
erwählt und nahm den Namen Johann an. Nach zwei
Jahren soll sie bei einer Prozession an der Geburt eines
Kindes gestorben sein.
J. J. Döllinger, *Die Papst-Fabeln des Mittelalters*, 1863.

JOHANNA I. VON ANJOU (1326-82) Königin von
Neapel (1343-82). Sie erbte von ihrem Vater *Karl von
Kalabrien 1340 die Grafschaft Provence und 1343 von
ihrem Großvater *Robert die neapolitanische Krone.
J. heiratete nacheinander Andreas von Ungarn, Ludwig
von Tarento, *Jakob III. von Mallorca und Otto von
Braunschweig. 1347 schenkte sie Papst *Innozenz VI.
die Stadt Avignon und wurde dafür vom Verdacht befreit, ihren ersten Gemahl ermordet zu haben. Sie regierte durch ihre Favoriten, von denen einige ihre Liebhaber waren, und erregte damit in Neapel ständigen
Aufruhr. 1371 wurde sie von ihrem Neffen *Karl von
Durazzo abgesetzt und im Gefängnis getötet.
E. Léonard, *Histoire de Jeanne I, reine de Naples,
comtesse de Provence*, 1937.

JOHANNA II. VON ANJOU (1371-1435) Königin von
Neapel, schwankte zwischen der Allianz mit Frankreich
bzw. Spanien, um Neapel unabhängig zu erhalten.

JOHANNA VON ORLÉANS Siehe *JEANNE.

Päpste:

JOHANNES I. (470-526) Papst (523-26). Seit 484 als
Theologe und Diplomat an der päpstlichen Kurie tätig,
diente einige Jahre als Gesandter am Kaiserhof zu Konstantinopel, wo er zwischen Päpsten und Patriarchen
vermittelte. Als Papst wurde er 525 von König *Theoderich d.Gr. nach Konstantinopel gesandt, um die Zurücknahme des kaiserlichen Ediktes gegen die Arianer

zu erlangen, hatte aber keinen Erfolg und wurde nach
seiner Rückkehr von Theoderich ins Gefängnis geworfen, wo er verhungerte.
H. Löwe, *Theoderich der Große und Papst Johann I.*,
in: Historisches Jahrbuch 72, 1953.

JOHANNES II. (Mercurius; 470-535) Papst (533-35).
Der erste Papst, der bei seiner Wahl den Namen änderte.
Auf Ersuchen Kaiser *Justinians verurteilte er die
*Nestorianer.

JOHANNES III. (Catelinus; gest. 574) Papst (561-74).
Sein Pontifikat fällt in die Zeit der *langobardischen
Eroberung Italiens. Er überzeugte *Narses, Rom zu verteidigen, mußte sich aber wegen örtlichen Widerstandes
bis zum Tode des Narses (573) in die Katakomben zurückziehen.

JOHANNES IV. (um 580-642) Papst (640-42). Er
wuchs an der römischen Kurie auf, diente als Erzdiakon
und genehmigte als Papst die griechisch-orthodoxe
Verurteilung der *Monotheliten.

JOHANNES V. (gest. 686) Papst (685-86). Diente als
Gesandter in Konstantinopel und bemühte sich als Papst
um die Armen.

JOHANNES VII. (gest. 707) Papst (705-07). Von grie-
chisch-italienischer Herkunft, war als großer Kenner der
lateinischen und griechischen Kirchenväter bekannt und
mußte sich als Papst mit den auf die Kampania gerichteten Angriffen des Langobardenherzogs Gisolfo von
Benevent auseinandersetzen.

JOHANNES VII. (gest. 707) Papst (705-07). Von griechischer Herkunft, förderte den *Marienkult und die
Restauration römischer Kirchen.

JOHANNES VIII. (gest. 882) Papst (872-82). Sohn
einer römischen Adelsfamilie, war als Diakon von Rom
und als Papst im Kampf gegen die maurischen Überfälle
auf die italienische Küste tätig. Zur Verteidigung Italiens
bemühte er sich, unter den *Karolingerkönigen einen
Kaiser zu finden. 875 krönte er *Karl d. Kahlen und
nach dessen Tod *Karl d. Dicken zum Kaiser; er mobilisierte aber auch die Ritter der päpstlichen Armee,
die *militia* des hl. Petrus, sowie eine Kriegsflotte. Gegenüber Byzanz schlug J. eine versöhnliche Politik ein und
erkannte *Photius als Patriarchen von Konstantinopel
an. Er wurde 882 in Rom in einem Mordanschlag
getötet.
J. Haller, *Das Papsttum* 2, 1965^2.

JOHANNES IX. (840-900) Papst (898-900). Sein Pontifikat wurde durch Parteikämpfe innerhalb der römischen Kirche getrübt, die er mit Hilfe der weltlichen
Macht zu überwinden suchte.

JOHANNES X. (840-928) Papst (914-28). Erzbischof
von Verona, wurde mit Hilfe des mächtigen Herrschers
von Rom *Theophylactus zum Papst gewählt. Er krönte
*Berengar von Friaul zum Kaiser und besiegte die Ara-
ber bei *Garigliano. J. nahm die universalkirchliche
Tätigkeit des Papsttums wieder auf, machte seinen Einfluß in Deutschland und Frankreich geltend und förderte die Klosterreform unter anderem durch die Bestätigung der Regel von Cluny. Er wurde auf Befehl von
*Marozia, der Tochter des Theophylactus, ermordet.
Sie empfand J.' Bündnis mit *Hugo von der Provence
als Drohung.

JOHANNES XI. (906-35) Papst (931-35). Unehelicher
Sohn des Papstes *Sergius II. und der *Marozia, wurde
von seiner Mutter zum Papst gemacht und in einem Aufstand seines Halbbruders *Alberich II. von Spoleto zu-

sammen mit ihr gefangengenommen. Er starb zwei Jahre später im Gefängnis.

JOHANNES XII. (Octavian; 937-64) Papst (955-64). Er wurde im Alter von 18 Jahren auf Befehl seines Vaters *Alberich II. von Spoleto zum Papst erhoben. 962 krönte er *Otto I. zum Kaiser, lehnte sich aber gegen diesen auf, wurde 963 abgesetzt und ließ sich nach dem Auszug des Kaisers wiederum zum Papst einsetzen.

JOHANNES XIII. (gest. 972) Papst (965-72). Bischof von Narni (Italien) und durch seine Frömmigkeit berühmt, wurde von Kaiser *Otto I. zum Papst gemacht, um die Stellung des römischen Adels zu brechen.

JOHANNES XIV. (gest. 984) Papst (983-84). Bischof von Pavia, wurde von *Otto II. gegen *Bonifatius VII., den Kandidaten der mächtigen römischen Adelsfamilie der *Crescenti, als Papst eingesetzt und während eines Aufstandes in Rom ermordet.

JOHANNES XV. (gest. 966) Papst (985-96). Sohn einer römischen Adelsfamilie, bemühte sich als Papst, die durch die Ermordung der Päpste *Benedikt VI. und *Johannes XIV. erhitzten Gemüter in Rom zu beruhigen. Andererseits verschaffte er seinen Verwandten hohe Posten an der Kurie. In Rom war seine Macht durch *Crescentius II. beschränkt; in Deutschland, Frankreich und England machte J. jedoch seine Stellung als Haupt der Kirche geltend.

JOHANNES XVI. (Giovanni Philagatus; gest. 1013) Gegenpapst (966-98). Ein Kalabrier griechischer Abstammung, wurde von *Crescentius zum Papst erhoben, nachdem Kaiser *Otto III. Rom verlassen hatte und Papst *Gregor VI. abgesetzt war. Nach der Rückkehr des Kaisers wurde J. mißhandelt und starb im Gefängnis oder in einem Kloster.

JOHANNES XVII. (Giovanni Siccone; gest. 1003) Papst (1003) von Gnaden der *Crescenti, starb nach wenigen Monaten im Amt.

JOHANNES XVIII. (Giovanni Fasano; gest. 1009) Papst (1104-09) von Gnaden der *Crescenti, war auch Kaiser *Heinrich II. in Angelegenheiten der deutschen Kirche willfährig.

JOHANNES XIX. (Romanus von Tuskulum; gest. 1032) Sohn des Grafen Gregor von Tuskulum, war Senator und Statthalter von Rom und folgte 1024 seinem Bruder *Benedikt VIII. als Papst nach. Sein Pontifikat war eine Zeit des schlimmsten Niedergangs des Papsttums.

JOHANNES XXI. (Peter Juliani, Petrus Hispanus; um 1220-77) Papst (1276-77). In Portugal geboren, studierte in Paris und Siena (1240), lehrte in Siena Medizin und wurde Leibarzt des Papstes *Gregor X. 1272 wurde er zum Erzbischof von Braga (Portugal) und 1273 zum Kardinal erhoben. Sein kurzes Pontifikat ließ ihm keine Zeit, die Kirchenunion mit der Ostkirche weiterzutreiben. J. verfaßte auch eine Summa der Logik, die an den Universitäten weithin benutzt wurde.
R. Stapper, *Papst Johannes XXI.*, 1898.

JOHANNES XXII. (Jacques d'Euse; 1249-1334) Papst (1316-34). Zu Cahors geboren, studierte in Paris, seit 1300 Bischof von Fréjus. 1310 wurde er an den Bischofssitz von Avignon berufen. 1312 zum Kardinal erhoben, ließ er sich als Papst in Avignon nieder. 1317 verurteilte er die Lehren der spiritualen *Franziskaner. Sein Streit mit *Ludwig d. Bayern entwickelte sich zu einem weitläufigen Propagandakrieg zwischen Papsttum und Reich. J. fand aber mit seinem Standpunkt wenig An-

klang. Unter seinen Kritikern war auch *Marsilius von Padua. J. war ein fähiger Administrator, der die Kurie neuorganisierte und die päpstlichen Finanzen auf festen Boden stellte. Daneben wurde er durch seinen Nepotismus bekannt.
G. Frotscher, *Die Anschauungen Papst Johannes XXII. über Kirche und Staat*, 1933.

JOHANNES XXIII. (Baldassare Cossa; gest. 1419) Gegenpapst (1410-15). Neapolitaner, studierte zu Bologna Rechtswissenschaft und spielte als Kardinal (seit 1402) eine wichtige Rolle in der Politik der päpstlichen Kurie. Seine Wahl wurde als rechtswidrig bestritten; 1413 berief er das Konzil von *Konstanz ein mit dem Versprechen, bei Abdankung der anderen Päpste ebenfalls zurücktreten zu wollen. 1414 entwich er aus Konstanz, wurde aber von König *Sigismund gefangen und vom Konzil abgesetzt.
R. Haumer (Hg.), *Das Konstanzer Konzil*, 1977.

Byzanz:

JOHANNES I. TZIMISKES (um 925-76) Kaiser von Byzanz (969-76). Sohn einer armenischen Adelsfamilie, diente in der Armee unter *Nikephorus Phokas und zeichnete sich im Krieg gegen die Araber aus. J. war der Liebhaber der Theophanu, der Gattin des Kaisers, und nahm 969 an der Verschwörung gegen Nikephorus teil. Unter der Bedingung, für die Ermordung des Kaisers Buße zu tun und sich von Theophanu zu trennen, konnte er dann auch die Kaiserwürde erlangen. 971 schlug er die Bulgaren und Russen, 974-75 führte er einen Krieg gegen die Araber, der seine Armee zwar bis nach Syrien brachte, aber sonst nichts erreichte.
G. Ostrogorsky, *Geschichte des byzantinischen Staates*, 1963³.

JOHANNES II. KOMNENOS (1088-1143) Kaiser von Byzanz (1118-43). Sohn des *Alexios Komnenos. J. bemühte sich, die an die *Seldschuken verlorenen Länder in Kleinasien wiederzugewinnen und eine Reform der kaiserlichen Finanzen durchzuführen. 1120 schlug er die Ungarn, seit 1130 befand er sich in dauerndem Kriegszustand mit dem sizilianischen König *Roger II., der Albanien, Epiros und die ionischen Inseln zu unterwerfen suchte.
G. Ostrogorsky, *Geschichte des byzantinischen Staates*, 1963³.

JOHANNES III. DUKAS BATATZES (1193-1254) Byzantinischer Kaiser von Nikäa (1222-54). Sohn einer byzantinischen Adelsfamilie, die sich 1205 in Nikäa niederließ, heiratete die Tochter des Kaisers *Theodor I. Laskaris, dessen Nachfolger er 1222 wurde. J. warf einen Bürgerkrieg in Nikäa nieder und ging dann an die Wiederherstellung des byzantinischen Reiches. Er vergrößerte seine Besitzungen in Kleinasien und besiegte 1225 die Armeen des Lateinischen Kaiserreichs Konstantinopel. Im Bund mit dem Bulgarenzar *Johannes II. Asen belagerte er 1235 Konstantinopel, ohne jedoch die Stadt einnehmen zu können.
G. Ostrogorky, *Geschichte des byzantinischen Staates*, 1963³.

JOHANNES IV. LASKARIS (1250-61) Byzantinischer Kaiser von *Nikäa (1258) unter der Regentschaft des Georg Muzalon und nach dessen Ermordung unter der des Generals *Michael *Palaeologus, der ihn im Gefängnis umkommen ließ.

JOHANNES V. PALAIOLOGOS (1332-91) Kaiser von Byzanz (1341-54; 1355-76; 1379-91). Sohn des *Andro-

Rittersaal in der Johanniterburg zu Akkon

nikos III., war Mitkaiser unter *Johannes VI. Kantakuzenos und wurde 1354 nach einem fehlgeschlagenen
Versuch, im Bund mit Venedig die Macht zu ergreifen,
abgesetzt. Ein Jahr später gelang ihm die Rückkehr. Im
Laufe seiner zweiten Regierungsperiode rückten die
*Türken auf dem Balkan vor. J.s Bereitschaft, die Kir-
chenunion mit dem Westen voranzutreiben, erregte den
Widerstand des orthodoxen Klerus, der 1376 die Revolte seines Sohnes *Andronikus IV. unterstützte. Wiederum wurde J. abgesetzt und eingesperrt, konnte aber
1379 mit Hilfe der Türken, die er als Oberherren anerkannte, erneut die Macht ergreifen. Er mußte große
Tributsummen zahlen und seinen Sohn Manuel als Geisel übergeben. J. konnte auch nicht durch den Bau von
Festungen um Konstantinopel seine Handlungsfreiheit
bewahren, da diese von den Türken zerstört wurden.
G. Ostrogorsky, *Geschichte des byzantinischen Staates*,
1963³.

JOHANNES VI. KANTAKUZENOS (1293-1383)   Byzantinischer Kaiser (1341-55). J. war Befehlshaber in
der byzantinischen Armee, Hauptberater Kaiser *Andronikus' III. und die stärkste Persönlichkeit im Reich zu
dessen Regierungszeit. Im Jahre 1341 trat er die Regentschaft für *Johannes V. an und nahm den Kaisertitel
an. 1347 ergriff er mit Hilfe der Türken die Macht in
Konstantinopel, mußte aber 1355 abdanken, als sich
der von ihm abgesetzte *Johannes V. wieder an die
Spitze setzte. Er zog sich in ein Kloster zurück, wo er
als Historiker tätig war und bald großen Ruf genoß.
G. Ostrogorsky, *Geschichte des byzantinischen Staates*,
1963³.

JOHANNES VII. PALAIOLOGOS (1366-1420) Byzantinischer Kaiser (1399-1402). Sohn von *Andronikus
IV., war Kandidat der Türken für den Kaiserthron nach
dem Tod seines Großvaters *Johannes V. (1391), mußte
sich aber seinem Onkel *Manuel II. unterwerfen. 1399
wurde er Regent während der Reise Manuels nach Westeuropa und verteidigte mit großem Geschick Konstantinopel gegen die Türken. Danach diente er als Statthalter von Thessalonike, wo er 1420 starb.
G. Ostrogorsky, *Geschichte des byzantinischen Staates*,
1963³.

JOHANNES VIII. PALAIOLOGOS (1392-1448) Byzantinischer Kaiser (seit 1425). Der Sohn Manuels II.
unterzeichnete wegen des Drucks der *Osmanen auf
sein Reich die Union mit dem Westen, die jedoch vom
Volk nicht akzeptiert wurde.

JOHANNES VON NEPOMUK (hl.; gest. 1393)   Der
Priester und Jurist J. war seit 1389 Generalvikar des
Prager Erzbischofs Johannes v. Jenzenstein, der in heftigem Konflikt mit dem brutalen und unbelehrbaren
König *Wenzel von Böhmen stand. Als Geste der Einschüchterung überfiel der König J. und einige andere
Unliebsame, um ihn eigenhändig zu Tode zu foltern.
J. wurde dann von der Moldaubrücke in den Fluß
gestürzt. Der Bericht, daß er Beichtvater der Königin
gewesen wäre, weswegen ihn Wenzel verfolgte, gehört
in den Bereich der Legende. J. wurde der Landespatron
Böhmens.   (Din)
250 Jahre hl. J. v. N. (Ausstellungskatalog Salzburg),
1979.

JOHANNES VON SAAZ (VON TEPL) (gest. 1414)
Dichter. J. war Stadtschreiber im böhmischen Saaz
(Zatec), ab 1411 Notar in Prag. Nach dem Tode seiner
Gattin schrieb er das erschütternde Streitgespräch des

Menschen mit dem Tode: "Der Ackermann aus Böhmen".
Das Werk gehört zu der im Spätmittelalter so umfang-
reichen Literatur über die Letzten Dinge (*Eschatologie)
und führt von den heftigen Angriffen des Ackermannes
(d.h. des Menschen schlechthin) wider den "grimmigen
Vertilger aller Menschheit" zum versöhnenden Urteil
Gottes und dem Gebet des Ackermannes für die Seele
seiner Frau.
Werk: E. G. Kolbenheyer, A. Doppler, 1957;
G. Hahn, *J. v. S.*, 1964.

JOHANNES SCOTUS ERIGENA   Siehe *ERIGENA.

JOHANNITERORDEN (HOSPITALITER)   Ritterorden, der in der *Kreuzzugsbewegung Berühmtheit erlangte. Der Ursprung der J. ist mit der Pflege kranker
Pilger im Heiligen Land und in Jerusalem verknüpft.
Nach einigen Theorien geht der J. noch auf die Zeit
*Karls d.Gr. zurück; gesichert ist jedoch, daß im Jahre
1050 eine Gruppe von Kaufleuten aus Amalfi in Jerusalem ein Pilgerspital und eine Kirche auf den Namen des
hl. Johannes errichteten. Gegen Ende des 11. Jhs. stieß
zu ihnen eine Gruppe von Rittern, die die Pilgerwege
nach Jerusalem sicherte. Mit der Errichtung des Kreuzfahrerstaates im Heiligen Land änderte sich die gesamte
Struktur des Ordens. Das Krankenhaus (*Domus Infir-
morum*) blieb weiterhin bestehen, das kämpferische Element gewann aber die Oberhand; der J. weitete seine
Tätigkeit auf die Verteidigung der heiligen Stätten und
des Kreuzfahrerreiches aus. Die Ritter ließen sich in
einer Reihe von Festungen entlang der Reichsgrenzen
nieder und warben Verstärkungen in Westeuropa an.
Stiftungen von Boden und Einkünften in Europa blieben
nicht aus und setzten die Ritter in die Lage, ihre
Festungen weiter auszubauen.
     Zur Mitte des 12. Jh.s war der J. eine der mächtig-
sten Körperschaften der Kreuzfahrerstaaten. Obwohl
sie Teil des militärischen Systems des Königreichs
waren, besaßen sie praktisch volle Unabhängigkeit und
waren von der Autorität der Könige und Patriarchen
ausgenommen, da sie direkt dem Papst unterstanden.
Diese Lage führte zu Reibereien und disziplinären Problemen und war einer der Gründe für die sich mehren-
den militärischen Niederlagen, da die Könige von Jerusalem bei jedem Feldzug erneut die Bedingungen der
Teilnahme der J. aushandeln mußten. Im 13. Jh. errichteten die J. ihr Hauptquartier in *Akkon, wo sie einen
eindrucksvollen Gebäudekomplex bauten. Dank ihrer
europäischen Einkünfte konnten sie auch wichtige
Grundherrschaften wie etwa den Berg *Tabor und
*Arsuf erwerben und ihrer eigenen Politik nachgehen.
Dazu errichteten sie neue Niederlassungen in *Zypern.
Nach dem Fall des Kreuzfahrerreichs ließen sie sich auf
der Insel *Rhodos nieder (1309), die sie bis zur türki-
schen Eroberung (1522) innehatten. 1530 wurde ihr
Hauptsitz nach Malta verlegt.
H. Prutz, *Die geistlichen Ritterorden*, 1908;
J. Riley-Smith, *The Knights of St. John in Jerusalem
and Cyprus, c. 1050-1310*, 1967.

JOINVILLE, JOHANN VON (1225-1317)   Geschichtsschreiber. Er stammte aus der Familie der Herren von
Joinville (Champagne), trat 1241 als Ritter in den königlichen Dienst und folgte *Ludwig X. auf dessen *Kreuzzug und in die ägyptische Gefangenschaft. In dieser Zeit
entstand eine enge Freundschaft zwischen beiden.
Später diente J. als *Seneschall der Champagne, war
aber weiter am Königshof häufiger Gast. Er verfaßte

die "Geschichte des hl. Ludwig", eine der besten Biographien des Mittelalters.

Werk (dt.): E. Mayser, 1969.

JONAH IBN JANAH (um 990-1050) Philologe. In Andalusien geboren, studierte in Marokko und *Córdoba, wo er die Werke der arabischen Grammatiker kennenlernte. Obwohl er Medizin studiert hatte, befaßte sich J. hauptsächlich mit der hebräischen Sprache.

JONAS VON ORLÉANS (gest. 843) Politischer Denker. Ein ausgezeichneter Gelehrter, wurde unter *Ludwig d. Frommen Bischof von Orléans und errichtete an seiner Kathedrale eine berühmte Schule. J. war auch politisch tätig, besonders auf dem Konzil von Paris (825), das sich mit dem Aufstand der Söhne Ludwigs gegen ihren Vater befaßte. Die von ihm formulierten Beschlüsse des Konzils entwickelte er in seiner Abhandlung *De Institutione Regia* ("Über das Königsamt") weiter, die als eine der wichtigsten Arbeiten der politischen Theorie des Mittelalters angesehen wird. Darin vereinigte er die *Zweischwertertheorie des *Gelasius mit der Anschauung vom "christlichen Monarchen", der zur Ausübung seiner vollen Herrschaftsrechte in moralischen Angelegenheiten von der Kirche geleitet werden müsse.

H. H. Anton, *Fürstenspiegel und Herrscherethos in der Karolingerzeit,* 1968.

JONGLEURS In den französischsprechenden Ländern des Mittelalters die Bezeichnung für die volkstümlichen Unterhaltungskünstler und Akrobaten, die unter Begleitung von Liedern und Witzen Volkserzählungen zum Besten gaben. Im 13. Jh. wurden die J. fester Bestandteil der *Ritterhöfe und -feste.

JORDAN Fürst von Capua (1058-91). Sohn des *normannischen Abenteurers *Richard von Aversa, wurde 1058 Herzog von Gaeta und rief sich 1062 zum Fürsten von Capua aus. J. war ein ständiger Widersacher *Robert Guiscards und *Rogers I. von Sizilien und verbündete sich mit Kaiser *Heinrich IV. gegen Papst *Gregor VII., der auf der Seite der *Hauteville-Brüder stand.

J. Deér, *Papsttum und Normannen, Untersuchungen zu ihren lehnsrechtlichen und kirchenpolitischen Beziehungen,* 1973.

JORDANES (6. Jh.) Geschichtsschreiber von gotischer Herkunft. J. lebte in der römischen Donauprovinz und begann 551 mit der Niederschrift einer lateinischen Geschichte seines Volkes, den *Getica.* Der erste Teil über die Frühzeit der Goten ist voller Legenden und historisch unbrauchbar; der zweite Teil, der die Ereignisse des 5. Jh.s vom *Hunneneinfall und bis zum Tode *Theoderichs d. Großen beschreibt, ist eine bedeutende Geschichtsquelle.

N. Wagner, *Getica. Untersuchungen zum Leben des Jordans,* 1967.

JORDANUS NEMORARIUS (gest. 1220) Mathematiker. J. war ein deutscher Dominikanermönch, der unter dem Einfluß der griechischen Schule die Wissenschaft von der Mechanik studierte und die Gesetze der Gewichte entdeckte. Seine Werke, die er anscheinend von seinen Schülern niederschreiben ließ, waren bis ins 17. Jh. im Umlauf.

E. A. Moody, M. Clagett, *The Medieval Science of Weights,* 1952.

JORDANUS RUFUS Siehe *GIORDANO.

JOSEPH KARO BEN EPHRAIM (gest. um 1130) Jüdischer Bibelkommentator, ein Schüler des *Raschi

und in Paris tätig. J. unterhielt intellektuelle Beziehungen zu Mitgliedern der Schule von *St. Victor, in denen er die christliche Bibelinterpretation kennenlernte, die er in seinen Werken zu widerlegen suchte.

JOSEPH KASPI (1297-1340) Jüdischer Philosoph und Bibelkommentator. Der Sohn einer reichen Familie aus der Provence bereiste nach Abschluß seiner Studien Frankreich, Spanien, Ägypten und Marokko auf der Suche nach den Quellen der jüdischen und besonders der *maimonidischen Philosophie. Seine philosophischen Werke sind vor allem von Maimonides und in zweiter Hinsicht vom aristotelischen Rationalismus beeinflußt, ermangeln aber der streng philosophischen Methode. In seinen auch von *Abraham Ibn Esrah beeinflußten Bibelkommentaren entwickelte J. die Antithese als Mittel der Textkritik. Er befaßte sich auch mit dem Problem der Erlösung der Juden und sah in der Heimkehr zum Gelobten Land einen politischen, nicht aber einen messianischen Prozeß, weswegen er von seinen Zeitgenossen angegriffen wurde.

W. Bacher, *Joseph Kaspi,* 1906.

JOUARRE Französisches Kloster bei Meaux (Champagne). Es wurde 624 gegründet, war eine der ältesten Benediktinerabteien und ein bedeutendes Heiligtum im *Merowingerreich. J. stand unter dem direkten Schutz der Merowinger und der *Karolinger; seine Äbte spielten bis zum 12. Jh. eine bedeutende Rolle im politischen Leben Frankreichs. Im 11. Jh. wurden in der Nähe des Klosters eine Stadtsiedlung gegründet und ein Markt errichtet.

JUBEL(JOBEL)JAHR Bezeichnung für die besonderen Jahre, an denen der Papst allen Rompilgern einen besonderen *Ablaß gewährt. Es wurde 1300 von Papst *Bonifatius VIII. eingeführt, um angesichts der politischen Kämpfe des Papsttums die Solidarität der Gläubigen mit Rom zu demonstrieren; das J. sollte alle hundert Jahre stattfinden. Im 14. Jh. wurde dies auf 50, dann auf 33 und 1470 auf 25 Jahre verkürzt. Eines der Hauptereignisse des J.s war die feierliche Öffnung der Heiligen Tore der St. Peterskirche durch den Papst.

JUDENTUM "J." bezieht sich sowohl auf die Kultur als auch auf die Geschichte der Juden und gründet sich auf gemeinsame Glaubensartikel und religiöse Praktiken, die sich bereits im Altertum herausgebildet hatten und im Mittelalter unverändert eingehalten wurden. Ein zweiter Hauptfaktor in der Geschichte des J.s ist die Abwesenheit eines staatlichen oder politisch zentralen Rahmens und die Verstreuung (Diaspora) der Juden über Asien, Afrika und Europa. Das mittelalterliche J. war demnach durch autonome Gemeinden gekennzeichnet. Die geistige Führerrolle lag bei den Meistern des talmudischen Rechts, den späteren Rabbinern. Das Gemeindesystem konnte sich in der mittelalterlichen Gesellschaft infolge der vielfältigen Rechtssysteme entwickeln. Die jüdische Gemeinde, die durch die Privilegien der Herrscher anerkannt wurde, bestand bereits in der spätrömischen Zeit und war der einzig mögliche Rahmen für den Juden, der seinen Glauben bewahren wollte. Zu Beginn des Mittelalters lag der Schwerpunkt des J.s in den babylonischen Gemeinden in Mesopotamien. Unter der weltlichen Aufsicht des *Exilarchen unterhielten diese Gemeinden zwei große Akademien zu Sura und Pumbedita, wo das Talmudrecht ausgelegt wurde. Die *Geonim, die Häupter dieser Akademien, wurden bis ins 10. Jh. als die geistigen Führer der gesamten jüdischen

Welt angesehen. Versuche der Akademie Palästinas, diese Vorzugsstellung zu erringen (9.-10. Jh.), schlugen fehl. In Folge des Falls der *Ommajjadenkalifen (750) und der Errichtung eines unabhängigen arabischen Staates in dem von Juden stark besiedelten Spanien entstanden in Westeuropa und Nordafrika autonome Zentren des J.s, die ihre eigenen Schulen und Organe entwickelten. Diese brachen seit dem frühen 11. Jh. von der babylonischen Führung los, ein Prozeß, der durch den Zusammenbruch des *Abbasidenkalifats, die Machtergreifung der *Fatimiden in Ägypten und die Erschwerung der Verbindungswege beschleunigt wurde.

Die neuen Schwerpunkte des J.s entwickelten ihre eigenen Traditionen. Anstelle einer zentralisierten religiösen Führung trat die Verbreitung schriftlicher Auslegungen der Rechtsprechung, die von den einzelnen Gemeinden als verbindend angenommen wurden. Die damit geschaffene Einheit überbrückte auch die historische Teilung in das *sephardische und das *aschkenasische J., die sowohl sozio-geographischer als auch mentaler und intellektueller Natur war.

Das sephardische J. entwickelte sich im 11.-13. Jh. (dem "goldenen Zeitalter des J.s") im hebräisch-arabischen Rahmen. Die Renaissance der hebräischen Sprache war das Werk von sephardischen Sprachwissenschaftlern, die die palästinensischen Traditionen des 6.-8. Jh.s neu aufnahmen. Die hebräische Literatur erreichte in den religiösen und weltlichen Werken der sephardischen Dichter, besonders des *Jehudah Halevis, ihren Höhepunkt. Die arabische Sprache wurde in theologischen und philosophischen Abhandlungen sowie in Werken der Naturwissenschaft und Medizin gebraucht. Philosophen wie Ibn *Gabirol und *Maimonides wandten auch die Exegese auf die rationalistische Auslegung des jüdischen Gesetzes an, gleiches geschah auf dem Gebiet der Naturwissenschaft und besonders der Astronomie. Seit dem 13. Jh. blühte im christlichen Spanien eine jüdische Mystik, die den Keim der *Kabbalah bildete; ein anderer Mittelpunkt des J.s lag im 11.-13. Jh. in der Languedoc-Provence. Arabisch geschriebene Werke wurden zur weiteren Verbreitung ins Hebräische übersetzt.

In Frankreich und Deutschland fanden sephardische Tradition und Philosophie wenig Anklang, dafür lebten die rechtlichen Auslegungen und die Exegese der babylonischen Schule weiter. Unter der Führung von *Gerschom, dem "Licht des Exils" (11. Jh.), formte sich die Grundstruktur der aschkenasischen Gemeinde, während die Kommentare des *Raschi die autoritative Interpretation der Heiligen Schrift lieferten. Die Tätigkeit der französischen *Tosafisten bewegte sich auf der gleichen Linie. Die aschkenasische Gemeindestruktur war besser organisiert als die sephardische und entwickelte seit dem 12. Jh. überörtliche und überregionale Führungsorgane.

Die Verfolgungen der Kreuzzugszeit in Westeuropa festigten zwar den inneren Zusammenhalt der Gemeinden, versetzten jedoch der wirtschaftlichen Tätigkeit und dem rechtlichen Status der Juden einen schweren Schlag. Seit dem 13. Jh. beginnt die Wanderung nach Osten. 1291 wurden die Juden Englands, 1306 die Frankreichs ausgewiesen; die Gemeinden des Rheintals verloren ihre zentrale Position. Sie gingen an die des Donautals über, gleichzeitig verstärkte sich die jüdische

Ansiedlung in Osteuropa, wo die Herrscher günstige Bedingungen boten. Im sephardischen J. führten die Kriege der *Reconquista im 14. Jh. zu Pogromen und Verfolgungen, nachdem die christlichen Monarchien nicht mehr der finanziellen Hilfe des kastilianischen J.s bedurften. Nach den Verfolgungen des Jahres 1381 begann die Auswanderung der sephardischen Juden nach Nordafrika. Auf die endgültige Ausweisung aus Spanien (1492) folgte die Ansiedlung in Italien, im osmanischen Reich und im mittleren Osten.

Die gemeinsame Sprache des jüdischen Volkes ist das Hebräische, das sich im Mittelalter als Schriftsprache nach Hunderten von Jahren des Gebrauchs des Aramäischen einer Wiedergeburt erfreute. Diese setzte im Heiligen Land im 6.-7. Jh. ein und war eng mit der Entwicklung der Dichtung verbunden, die wiederum zur *Midrasch*-Literatur der Erbauung und Tröstung in Zeiten der Verfolgungen führte. Auch in der Liturgie fand das Hebräische neuen Gebrauch; das Studium der Sprache erblühte wiederum in den von den arabischen Philologen beeinflußten Schulen Palästinas und Spaniens (8. bzw. 10.-12. Jh.). Auf die spanische philologische Renaissance folgte eine Blütezeit der nunmehr ausschließlich in Hebräisch verfaßten Dichtung, die in ihren sublimsten Ausdrücken Eingang in die Liturgie fand. Gleichzeitig blieb die Dichtung Ausdruck der Sehnsucht des jüdischen Volkes nach Erlösung und Heimkehr nach Zion. Im Gegensatz zur europäischen Literatur entwickelte das mittelalterliche Hebräische keine epischen Formen und blieb dem Lyrischen verhaftet. Die meisten Dichter wirkten gleichzeitig auch als Philosophen und Wissenschaftler, dies jedoch hauptsächlich in der arabischen Sprache.

Im christlichen Europa verfaßten die jüdischen Gelehrten ihre Bibel- und Talmudabhandlungen wie auch ihre Korrespondenz in Hebräisch. Das rabbinische Hebräisch war anfänglich stark vom aramäischen Wortschatz durchdrungen; im 11. Jh. entwickelte sich unter Einfluß der aus Spanien über Südfrankreich rezipierten philosophischen Abhandlungen ein mehr dem liturgischen näherstehendes Hebräisch.

Die jüdische Geschichtsschreibung, die sehr stark von den historischen Büchern der Bibel beeinflußt war, wurde von Anfang an auf Hebräisch verfaßt und diente als Bindeglied zwischen der dichterischen und der rabbinischen Sprache.

S. Dubnow, *Weltgeschichte des jüdischen Volkes*, 1925-29;

W. Baron, *A Social and Religious History of the Jewish People* IV-XIII, 1952-62;

Judentum im Mittelalter (Ausstellungskatalog Schloß Halbturn), 1978.

JUDITH VON BAYERN (800-43)   Kaiserin. Sie war die Tochter des Grafen Welf von Bayern und heiratete 819 gegen den Widerstand der Kaisersöhne aus erster Ehe *Ludwig d. Frommen. Im Jahre 822 gebar sie *Karl den Kahlen, dessen Ansprüche auf einen Reichsteil sie im weiteren bis ihrem Gemahl unterstützte. Eine Hofpartei beschuldigte sie erotischer Beziehungen mit hohen Würdenträgern am Hof; 830 wurde sie im Verlauf eines Aufstands gegen den Kaiser festgenommen und in ein Kloster gesteckt. 831 berief sie Ludwig zurück.

JULIANA VON CORNILLON (VON LÜTTICH; 1193-1258)   Augustiner-Chorfrau, kämpfte nach entsprechenden Erscheinungen (1208) erfolgreich für die Einführung des Fronleichnamsfestes. Wegen zu großer Strenge

Kaiser Justinianus und sein Hof; Mosaik des 6. Jh.s zu San Vitale, Ravenna

aus dem Kloster vertrieben, beendete sie ihr Leben als Einsiedlerin. (Din)
G. Simernon, *J.*, 1946.

JULIANA VON NORWICH (um 1342-1413) Englische Mystikerin. Über ihr Leben ist außer der Tatsache, daß sie viele Jahre als Einsiedlerin bei der St. Juliankirche von Norwich verbrachte, nur wenig bekannt. 1373 hat sie in einem Zustand der Ekstase mehrere Erleuchtungen gehabt, die sie auf Englisch in ihren "Offenbarungen der göttlichen Liebe" beschrieb. Das Werk beschreibt die Liebe als Allheilmittel für die existentiellen Probleme des Menschen.
Werk (dt.): A. M. Reynolds, *Eine Offenbarung göttlicher Liebe*, 1960;
B. Pelphrey, *J. of N.*, 1979.

JURIJ DOLGORUKIJ VON SUSDAL (1125-57) Er war der jüngste Sohn des Fürsten von Kiew *Wladimir Monomach, der für ihn das Fürstentum *Susdal im nordöstlichen Rußland schuf. J. entwickelte sein Reich, gründete die Hauptstadt Wladimir und brachte aus den bevölkerten Gegenden des Südwestens Neusiedler ins Land. Unter Ausnutzung des Niedergangs der Kiewer Linie ließ er sich 1154 zum Großfürsten von Kiew ausrufen, residierte aber weiter in Susdal. Dank seiner Bemühungen war Susdal im 13. Jh. nach dem mongolischen Eroberung Kiews der Mittelpunkt Rußlands.
G. Vernadsky, *Kievan Russia*, 1952.

JUSTIN I. (um 450-527) Byzantinischer Kaiser (518-27). Sohn einer Bauernfamilie illyrischer Herkunft, trat 470 der kaiserlichen Leibgarde bei und diente sich in vierzig Jahren bis zum General hoch. Als Kaiser schritt er gegen die *Monophysiten und Arianer ein und kämpfte gegen die *Perser vom Roten Meer aus, wo er im Bund mit den Äthiopiern eine eindrucksvolle Flotte baute.
A. A. Vasiliew, *Justin The First*, 1950.

JUSTIN II. (gest. 578) Byzantinischer Kaiser (565-78). Zu Beginn seiner Regierungszeit schlug er eine tolerantere Politik gegenüber den *Monophysiten ein und führte Steuerreformen durch. Nach mehreren militärischen Niederlagen nahm er den repressiven Kurs auf, der die Politik seines Vorgängers und Onkels *Justinian I. gekennzeichnet hatte. 568 gelang es ihm nicht, die *langobardische Eroberung Italiens zu verhindern; die Awaren waren gegen ihn siegreich und erhielten hohe Tributzahlungen (574). J. verlor den Verstand. Seit 573 lag die eigentliche Herrschaft in der Hand seines Neffen *Tiberius.
G. Ostrogorsky, *Geschichte des byzantinischen Staates*, 1963[3].

JUSTINIAN I. (483-565) Byzantinischer Kaiser (527-65). Neffe *Justins I., der ihn 525 zu seinem Nachfolger ernannte. Er war mit der früheren Prostituierten und Zirkusartistin *Theodora verheiratet, die mit ihm die

Regierung ausübte und mit ihren religiösen Anschauungen großen Einfluß auf ihn ausübte. J. setzte die repressive Politik seines Onkels in kirchlichen Angelegenheiten fort und ließ zur Durchsetzung des orthodoxen Glaubens die berühmte heidnische Akademie von Athen schließen, womit auch auf kulturellem Gebiet die klassische Periode endgültig beendet war. Seine Politik führte zu Widerständen. 532 ließ er den *Nika-Aufstand in Konstantinopel blutig niederwerfen. Er ernannte ein Kommittee von Rechtsgelehrten unter der Leitung des *Tribunianus zur Kodifizierung des römischen Rechts; das Ergebnis ihrer Arbeit war der 534 herausgegebene *Codex Justinianus*, der zur verfassungsmäßigen Grundlage des Reiches wurde. J.s Regierungszeit war eine Periode dauernder Kriege. Er kämpfte gegen die Perser, vergrößerte sein Herrschaftsgebiet in Armenien und schuf ein Verteidigungsnetz an den östlichen Grenzen. 533 begann der von seinen Generälen *Belisarius und *Narses geleitete Feldzug zur Wiedergewinnung der verlorenen römischen Provinzen im Westen, in dessen Verlauf die *Wandalen Nordafrikas besiegt, das *Ostgotenreich in Italien zerstört und Südspanien (Andalusien) erobert wurden. Derselbe Wunsch nach Wiederherstellung der römischen Einheit lag auch J.s Kirchenpolitik zugrunde, die ihn zum Kampf gegen die *Monophysiten der östlichen, nichtgriechischen Reichsprovinzen führte, in dessen Verlauf sich die religiös-ethnischen Unterschiede noch weiter vertieften.

J. war ein großer Förderer der Künste; während seiner Regierungszeit erreichten byzantinische Kunst und Architektur ihre höchsten Errungenschaften. Unter den zahlreichen Bauwerken, die er errichten ließ, sind die Sophienkirche in Konstantinopel, die Geburtskirche zu Bethlehem, die hl. Grabeskirche zu Jerusalem, San Vitale zu Ravenna und das Kloster der hl. Katherina auf dem Sinaiberg: charakteristische Zeugnisse der Epoche.

B. Rubin, *Das Zeitalter Justinian*, 1960;
R. Browning, *J. and Theodora*, 1971.

JUSTINIAN II. (669-711) Byzantinischer Kaiser (685-95; 705-11). Er konnte dank eines Abkommens mit den Arabern 685 seine Bemühungen auf den Kampf gegen die Slawen konzentrieren, die in Thrakien eingefallen waren. Nach dem Sieg des Jahres 688 eroberte J. Teile des Balkans wieder zurück. Nach einer Niederlage gegen die Araber (692) in Armenien wurde seine Lage gefährlich; 695 wurde er abgesetzt, verstümmelt und auf die Krim verbannt. Er entfloh aus dem Gefängnis, verbrachte einige Jahre unter den Chasaren und *Bulgaren und erlangte 705 mit deren Hilfe wieder die Macht, wurde dann aber wegen seiner Unterdrückungsmaßnahmen 711 ermordet.

JUSUF IBN TASCHFIN *Almoravidensultan (1061-1106). Er wurde 1061 zum Sultan gewählt, eroberte Marokko (1061-69) und machte die neugegründete Stadt Marrakesch zur Hauptstadt. Auf Wunsch der *Abbaden von Sevilla landete er in Spanien (1085), um den Mauren des Landes gegen *Alfons VI. von Kastilien beizustehen. Im folgenden Jahr besiegte er die kastilianische Armee bei *Zallaca. Von seiner Rolle als Hilfskraft unbefriedigt, eroberte er die Emirate der spanischen Mauren und annektierte sie.

JÜTLAND Halbinsel nördlich von Deutschland, der kontinentale Teil *Dänemarks. Zu Beginn des Mittelalters war J. von den germanischen Stämmen der Jüten, Angeln und Sachsen besiedelt. Nach der Auswanderung der Angelsachsen nach England stießen skandinavische Stämme, besonders die *Dänen, nach J. vor und siedelten sich neben den Jüten an. Sie entwickelten von ihren Städten Arhus im Norden und *Haithabu im Süden Landwirtschaft und Seehandel und besaßen seit dem 8. Jh. eine politische Organisation, wie die Runensteine des nördlichen J.s aufweisen. Zu Beginn des 9. Jh.s wurde J. Teil des dänischen Königreiches.

Die Kaaba von Mekka

K

KAABA Das höchste Heiligtum des Islams zu Mekka. Die K. ist ein großer, schwarzer und würfelförmiger Stein, der seit frühester Zeit als Mittelpunkt eines heidnischen Kultes der arabischen Stämme diente. Die Pilgerfahrten zur K. erhöhten die Bedeutung Mekkas und trugen zum Reichtum der Stadt bei. *Mohammed übernahm den K.-Kult in seinen neuen Glauben und machte die Hadsch, die Wallfahrt zur K., zur Elementarpflicht des Islams.

E. Esin, *Mekka und Medina*, 1964.

KABBALAH ("Überlieferung") Die von den jüdischen Mystikern seit dem 12. Jh. für die esoterische Art der theosophischen Betrachtung gebrauchte Bezeichnung, die sowohl die Suche nach der Erlösung, den "praktischen Aspekt" der K., als auch das Eindringen in die Geheimnisse der Schöpfung und der göttlichen Offenbarung einschloß. Die Vorbedingungen für das Erscheinen der K. liegen zu Beginn der christlichen Periode Palästinas und Ägyptens in der Entwicklung einer jüdischen apokalyptischen Literatur, die wiederum theosophische und *gnostische Elemente einschloß, sowie im Aufstieg der pietistischen Bewegung der Chassidim in Frankreich, Deutschland und Spanien (12. Jh.). Erst dann verbreitete sich die allegorische Bibelauslegung, die eine wichtige Vorbedingung für die K. darstellt.

Dies erschien in den rabbinischen Zirkeln der Languedoc und der Provence, in Narbonne, Lunel und Posquières unter der Führung von Rabbi Jakob (dem "Mönch") von Lunel. Die philosophischen und theosophischen Lehren der jüdischen Mystiker kristallisierten sich in der Abhandlung des *Sefer Habahir* ("Das Buch der Erleuchtung"), das selbst älteren Ursprungs ist und im 12. Jh. mehrmals umgeschrieben und herausgegeben wurde. Zu diesen mystischen Erzählungen über die Schöpfung und die Natur Gottes gesellte sich die wissenschaftliche Dimension der neuplatonischen Sphärenlehre. Unter der Führung von Isaak Sagi-Nahor (gest. 1235), dem eigentlichen Begründer der K., verbreitete sich die K. in den jüdischen Gemeinden Westeuropas rasch weiter, die durch Verfolgungen des beginnenden 13. Jh.s messianischen Lehren zugetan waren. Isaak führte die philosophischen Techniken der Neuplatoniker in die K. ein und brachte sie in seinen Bibelkommentaren zur Anwendung; seine Schüler machten die K. in den rationalistischen Gelehrtenzirkeln des jüdischen Spaniens populär.

Unter diesen besaß der Kreis von *Gerona (Katalonien) die größte Bedeutung und entwickelte sich im 13. Jh. unter *Azriel von Gerona und *Nachmanides zum Mittelpunkt der K. Zur komplexen Lehre dieser Gruppe über die Gottheit, den Kosmos und das Judentum kamen mythologische und gnostische Elemente sowie ein historischer Stammbaum der K., wonach diese von dem Propheten Elijah den Gelehrten der Mischnazeit und besonders Rabbi Simon Bar-Jochai verkündet wor-

den sei. All dies wurde von Moses De Leon aus Guadalajara (Kastilien) zu dem wichtigsten Text der Bewegung, dem Buch *Sohar* (um 1280-85), zusammengefügt, das in einem archaisch klassizierenden Stil zur Betonung der uralten Herkunft geschrieben ist. Die rasche Verbreitung des Werkes trug zur weiteren Popularisierung der K. bei. Im 14. Jh. wurden in Italien die mythologisch-gnostischen Lehren und das philosophische System von Gerona zu einem System vereinigt. Die Verfolgungen des späten 14. und beginnenden 15. Jh.s führten zu einer Teilung der kabbalistischen Bewegung in einen traditionalistischen Flügel, der wieterhin die Geheimnisse der Gottheit, die Phänomene des Kosmos und das Geschick Israels in der Mythologie und der Philosophie zu ergründen suchte, und in einen "praktischen" Flügel, der sich mit der Spekulation über die Zeit des Kommens des Messias und der Erlösung Israels beschäftigte, die er in der Position der kosmischen Sphären und Äonen und in den geschichtlichen Ereignissen zu ergründen suchte.

G. Scholem, *Die jüdische Mystik in ihren Hauptströmungen*, 1957;

E. Bens, *Die christliche Kabbalah*, 1958;

G. Scholem, *Ursprünge und Anfänge der Kabbalah*, 1962.

KABUL Stadt in Afghanistan, die ihre Entwicklung der günstigen Lage an der Hauptroute zwischen Indien und Turkistan verdankt. Im 5. und 6. Jh. gehörte K. den Weißen *Hunnen und nach deren Niederlage den Persern. Unter der arabischen Herrschaft diente K. als Hauptstadt des östlichen Khorasan (8. Jh.), verlor aber nach der Errichtung des Reiches durch *Machmud von Ghazni an Bedeutung. 1223 wurde K. von *Dschinghis-Khan erobert, im 15. Jh. war es eine der Hauptstädte der *timuridischen Mongolen.

H. Hahn, *Die Stadt Kabul*, 2 Bde., 1964/65.

KADISIJA, SCHLACHT VON Sie wurde 637 zwischen der arabischen Armee unter *Saad Ibn Abi-Wakas, dem moslemischen Statthalter Iraks, und den Persern unter Rustem ausgefochten. Des ersteren Sieg führte zur Eroberung der Sassanidenhauptstadt Persiens und zum Fall des persischen Reiches.

KAIRO Die Hauptstadt von Ägypten. Die Stadt wurde 969 von dem *Fatimidenkalifen Al-Mu'izz gegründet und schloß die ältere Stadt *Fustat (Alt-K.) ein. K. wurde als Siedlung mit getrennten Vierteln für Araber, Berber, Juden, Griechen, Kurden und Neger geplant, die alle ihre eigenen Institutionen der Selbstverwaltung besaßen. Mit der Ausbreitung der Fatimidenherrschaft über ganz Ägypten und große Teile Syriens und Palästinas wuchs auch die Bedeutung von K. 970 wurde die Al-Azhar Moschee errichtet, die K. zu einem bedeutenden geistigen Mittelpunkt des Islams machte. Dank des Durchgangsverkehrs zum Fernen Osten über das Rote Meer und das Mittelmeer war K. auch ein wichtiges

Die große Moschee von Kairuan, im 10. Jh. erbaut

Die 1179 von Saladin erbaute Zitadelle von Kairo

Handelszentrum. Der Aufstieg der *Ejjubiden trug zum weiteren Aufblühen K.s bei. Im 13. Jh. wurden neue Viertel errichtet; am Nilufer entstand die Kaserne der mamlukischen Soldaten, der Brennpunkt der Mamlukenmacht, die 1250 an die Regierung kam. Im 14. Jh. litt die Stadt unter sozialen Unruhen, die sich unter der Führung von Predigern und Herrschern gegen die christlichen und jüdischen Gemeinden wandten. Der Auszug zahlreicher Juden und Christen sowie der *Schwarze Tod führten im 14. Jh. zum Niedergang von K.

J. Abu-Lughod, *Cairo*, 1971.

KAIRUAN Stadt in Tunesien, 664 von den Arabern als Hauptquartier während der Eroberung Nordafrikas gegründet, diente als Verwaltungszentrum und war seit 801 Hauptstadt der *Aghlabiden. In dieser Epoche entwickelten sich die berühmten Textil- und Teppichgewerbe der Stadt, die mit ihren bekannten zwei Moscheen auch zahlreiche Pilger aus dem gesamten moslemischen Nordafrika anzog. Gegen Ende des 9. Jh.s siedelten sich unter Förderung der Aghlabiden auch zahlreiche Gelehrte in K. an. Die Miniaturzeichnungen und verzierten Korane von K. gelten als Höhepunkt der moslemischen Malkunst. 909 fiel die Stadt in die Hand der *Fatimiden; 969 errichteten die Ziriden, eine örtliche Dynastie,

Ludwig IX., König von Frankreich; Reliquienkästchen des 14. Jh.s zu Notre Dame, Paris

+HAS·PRESVL·XPI·VITE·SOCIAS·HABVISTI

ihre Herrschaft über K. und Umgebung. Im 11. Jh. begann unter den Angriffen der Beduinen und Berber der Abstieg von K.

P. Penet, *Kairouan*, 1911.

KAISERTUM Das mittelalterliche K. ist geistesgeschichtlich eine Verschmelzung der römischen Kaisertradition und der biblischen Idee des erwählten Volkes. Die Errichtung des westlichen Kaiserreiches durch Karl d.Gr. (800) unter Berufung auf das biblische Konzept des christlichen Reiches durchbrach die fiktive Einheit von einem gemeinsamen ost- und weströmischem Reich. Die universalistische Anschauung fand aber weiteren Ausdruck im *Heiligen Römischen Reich, dessen Haupt als Führer der Christenheit angesehen wurde. Als solcher bestand er gegen die Ansprüche des Papsttums auf der Führungsrolle, die in der Theorie der universalen Souveränität des Kaisers gipfelte. Der darauffolgende Kampf zwischen Kaisertum und Papsttum (1059-1254) schwächte beide Seiten und führte zum Niedergang der universalistischen Anschauungen, die im Spätmittelalter der Idee der nationalen Monarchien den Platz räumen mußten.

P. E. Schramm, *Kaiser, Rom und Renovation*, 2 Bde., 1929.

KALABRIEN Süditalienische Provinz, die nach der *ostgotischen Beherrschung des 6. Jh.s bis ins 11. Jh. in byzantinischen Händen war. Die abgelegene Landschaft diente in dieser Zeit als Zufluchtsort von Einsiedlern und beherbergte zahlreiche Klostergemeinden. Seit 1054 gehörte K. zum normannischen Staat in Süditalien. Die normannische Ansiedlung entlang der Verbindungsstraßen zwischen Sizilien und Neapel gab K. neue Bedeutung, in den Bergen bestanden die kleinen Schafzüchterdörfer weiter. Nach 1282 war K. Teil des Königreichs *Neapel, im 14. Jh. wurde es zum Herzogtum erhoben und an die Königssöhne verliehen.

C. A. Willemsen, *Kalabrien*, 1966.

KALAUN (Al-Mansur Al-Din Kalaun Al-Alfi; gest. 1290) Mamlukensultan von *Ägypten. Er war ein Sklave des letzten *Ejjubidensultans Al-Salich und stieg in den Reihen der Mamluken auf, bis er 1280 Sultan wurde. Er zeichnete sich als tatkräftiger Herrscher aus und unterwarf mit dem Sieg über die *Mongolen und *Armenen seiner Herrschaft. In Fortsetzung der Politik *Baibars eroberte er 1289 den Kreuzfahrerstaat *Tripoli und belagerte kurz vor seinem Tod *Akkon.

KALENDER Die mittelalterliche Gesellschaft bediente sich kirchlicher K. Die jüdischen und moslemischen K. richteten sich nach dem Umlauf des Mondes, während der christliche K. auf dem julianischen K. der spätrömischen Zeit beruhte. Dieser befriedigte zwar die meisten Anforderungen, konnte jedoch nicht das Problem der Festrechnung lösen, da die christlichen Feiertage mit den altjüdischen der Bibel verbunden waren. Die Diskussion dieses Problems im Frühmittelalter führte zu wichtigen Fortschritten wie etwa den Festtafeln des *Beda, die die Festlegung des Oster- und Pfingstdatums nach dem Frühlingsbeginn ermöglichten. Byzanz und die slawischen Länder benutzten auch weiterhin den julianischen K., im Westen bürgerten sich seit dem 9. Jh. zwei neue Systeme ein. Der "Pisanische K." wurde hauptsächlich in den Mittelmeerländern und im Römischen Reich benutzt und beruhte auf dem Weihnachtszyklus, wonach das Jahr am 25. Dez. begann. Dagegen wurde im Osterzyklus das Osterfest als Jahresbeginn angesetzt. Dies fand in England, Frankreich, Nordeuropa, den Niederlanden und einigen deutschen Provinzen Anwendung.

H. Grotefend, *Zeitrechnung des deutschen Mittelalters und der Neuzeit*, 1891 u.ö.

KALLINIKOS (7. Jh.) Byzantinischer Ingenieur, der nach der arabischen Eroberung Syriens (640) in Konstantinopel Zuflucht fand und beschäftigt wurde. K. gilt als Erfinder des *griechischen Feuers, das in der Seeschlacht 674 die arabische Flotte zerstörte.

KALLISTOS (gest. 1363) Patriarch von Konstantinopel (1350-54; 1355-63) und als Vertreter des konservativen Flügels im byzantinischen Klerus entschiedener Gegner der Kirchenunion mit dem Westen. Als er gegen Kaiser *Johannes Kantakuzenos auftrat, setzte ihn dieser ab. Auch nach seiner Restauration durch *Johannes V. Palaiologos widersetzte er sich der Verständigungspolitik mit Rom. Dagegen förderte K. die Unterstellung der Patriarchen der Bulgaren und Serben unter die Autorität von Konstantinopel.

H. G. Benz, *Kirche und theologische Literatur im byzantinischen Reich*, 1959.

KALMAR Südostschwedische Stadt an der Ostsee, im 13. Jh. gegründet, und hauptsächlich durch die "Union von K." bekannt, die von 1397 bis 1523 die skandinavischen Staaten *Dänemark, *Norwegen und *Schweden vereinigte.

KALONYMUS Eine bedeutende Familie jüdischer Gelehrter (9.-12. Jh.), deren Mitglieder wichtige Rabbiner in Norditalien und im Rheintal stellten. Nach der Familienüberlieferung sollen die K. ursprünglich aus Mesopotamien gekommen sein und die Geheimnisse der Schöpfung mit sich gebracht haben. Es gibt auch einen K.-Klan, der zu der Nassi-Dynastie von *Narbonne zählt (10.-13. Jh.).

A. Grabois, *L'Ecole Juive de Narbonne*, 1977.

KALONYMUS BEN KALONYMUS (1286-1328) Jüdischer Gelehrter, Sohn einer wichtigen Familie aus der Provence, studierte in Arles und verbrachte viele Jahre auf Reisen in Spanien und der Provence. Sein Hauptwerk *Ewen Habochan* ("Der Prüfstein") behandelt das moralische Leben und gilt als ausgezeichnete Beschreibung der jüdischen Gemeinden Südfrankreichs. 1324 ließ er sich auf Einladung *Roberts von Anjou als Übersetzer am Hof von Neapel nieder, zwei Jahre später ging er nach Rom, wo er seine Übersetzertätigkeit weiterführte.

M. Steinschneider, *Gesammelte Schriften* I, 1925.

KAMA-SUTRA (Die Regeln der Liebe) Indische Abhandlung in Sanskrit, die in der Guptazeit (5.-6. Jh.) entstanden ist, die neben zahlreichen erotischen Abhandlungen auch wertvolle Informationen über die indische Gesellschaft bringt, und Kama, dem Gott der Liebe, gewidmet ist. (Siehe *Indien).

KAMIL, MALIK-AL (1180-1238) Sultan von Ägypten (1218-38). Neffe *Saladins und Sohn Malil Al-Adils, dessen Sultanswürde er bei seinem Tod erbte. K. erreichte den Rückzug der Teilnehmer des fünften Kreuzzugs aus Ägypten; auch der von *Franz von Assisi unternommene geistige Kreuzzug schlug fehl. Dagegen ging K. mit *Friedrich II. einen Vertrag ein, der den Christen die Kontrolle über Jerusalem und Nazareth verlieh (1229). 1237 eroberte K. Syrien.

C. Brockelmann, *Geschichte der islamischen Völker und Staaten*, 1943[2].

Reliquienschrein, 13. Jh., Limoges, Frankreich

KAMMER (lat. camera) Bezeichnung für die Schatz-kammer des Feudalherrn, die sich im Privatquartier des Herrn befand, auch Privatbesitz wie die Juwelen der Gemahlin beinhaltete und vom *Kämmerer verwaltet wurde. Mit dem Aufstieg der feudalen Fürstentümer und Monarchien wurde die K. aus dem Privathaushalt gelöst; sie entwickelte sich zu einem der wichtigsten Ämter am Hof, um die Güter des Herrschers zu verwalten. Die K. trug die Verantwortung für sämtliche direkten Untertanen. Die geldverleihenden Juden wurden als Kammerknechte bezeichnet. Seit dem 13. Jh. ist das Schatzamt von der K. getrennt.
H. Mitteis, *Deutsche Rechtsgeschichte*, 1971[12].

KÄMMERER (lat. camerarius) Der mit der Leitung der *Kammer beauftragte Beamte. Bis zum 10. Jh. war der K. Hofmeister im königlichen Haushalt. Mit dem Aufstieg der feudalen Herrschaften kam der K. aus dem Rang des Niederadels und galt als Inhaber einer der vier kaiserlichen Erzämter. Seit dem 13. Jh. stand der K. einer weitausgebreiteten Behörde vor, die mit einem Finanzministerium zu vergleichen ist. In England ver-blieb der K. weiterhin Verwalter des königlichen Privat-schatzes, während der Staatsschatz anderen Beamten (*exchequer*) übergeben wurde.

KANARISCHE INSELN Inselgruppe im Atlantischen Ozean nordwestlich der nordafrikanischen Küste. Die K. wurden 1402 im Namen Portugals von dem normanni-schen Seemann Jean von Bethencourt und 1424 von Portugiesen besiedelt.

KANON (griech. "Richtschnur") Die Bezeichnung K. wurde in der griech. und lat. Kirchensprache in mehre-ren Bedeutungen gebraucht. Die älteste bezieht sich auf die Liste der Heiligen Bücher des Alten und Neuen Testaments, der liturgischen Bücher sowie der Schriften der Kirchenväter. Später wurde das Wort K. auf *Hym-nen und seit dem 6. Jh. auf die kirchliche Gesetzgebung (kanonisches Recht) angewandt. Die Quellen des k. Rechts waren die Bibel, die Beschlüsse der Kirchen-konzile und die Schriften der Kirchenväter. Im 6. Jh. wurde das k. Recht zum ersten Mal kodifiziert und blieb im Rahmen des byzantinischen Reichs bis zum 15. Jh. Teil der kaiserlichen Gesetzgebung. Im Westen hat sich die Entwicklung des k. Rechts nach einem kurzen Zwi-schenspiel unter *Karl d.Gr. von der weltlichen Gewalt gelöst. Zusätzlich zu den bereits angeführten Quellen wurden im Westen auch die päpstlichen Entscheidungen als Teil des k. Rechts angesehen. Weitverbreitete Samm-lungen privater Natur waren die fränkischen Dekre-talen (*Pseudo-Isidor) des mittleren 9. Jh.s und das Dekretum des *Burchard von Worms (11. Jh.). Im 11. Jh. kamen noch die Dekretsammlungen des *Anselm von Lukka und des *Ivo von Chartres dazu, die vom Geist der gregorianischen Reformbewegung erfüllt waren. Die einflußreichste Sammlung des Kirchenrechts war das Dekretum des *Gratian, der das gesamte frühere k. Recht kodifizierte.

In der Form des Kanonikers fand die Bezeichnung K. auch Anwendung auf die verschiedenen Teile des Klerus. Bis zum 10. Jh. meint Kanoniker den gesamten Weltklerus, seit dem 11. Jh. zunehmend nur mehr die an den Domkirchen tätigen Mitglieder des *Kapitels. Die meisten Domkapitel nahmen die Augustinische Regel an, die das gemeinsame Leben nach dem Vorbild der Mönchsgemeinden zum Inhalt hatte. Unter dem Einfluß der gregorianischen Reformbewegung wurden im späten

11. und im 12. Jh. reformierte Gemeinden von Regular-kanonikern gegründet, von denen die *Prämonstraten-ser die meiste Bedeutung besaßen. Im späteren Mittel-alter wurde der Titel Kanoniker gewöhnlich für die hö-heren Ränge des Klerus an den Domkirchen reserviert.
H. E. Feine, *Kirchliche Rechtsgeschichte*, 1964[4].

KANONISATIONSPROZESS Die in der katholischen Kirche übliche Prozedur der Heiligsprechung, die sich seit dem 12. Jh. herausgebildet hat. Im Gegensatz zu früheren Zeiten, als hauptsächlich die volkstümliche Verehrung zur Heiligsprechung ausschlaggebend war, besaß nunmehr nur der Papst das Recht, einen K. ein-zuleiten. Dieser beruhte auf der Erstellung einer kriti-schen Biographie des Heiligen, die auch vor und nach dem Tod stattgefundene Wunder aufzuweisen hatte.

KANZLEI (lat. cancellaria) Das vom *Kanzler gelei-tete Amt an den mittelalterlichen Höfen. Bis zum 12. Jh. war die Organisation der K. rudimentär und bestand aus dem Kanzler, dem königlichen *Kapellan und ein bis zwei Schreibern, gewöhnlich Mönche oder Kleriker, die vor allem die Urkunden auszustellen hatten. Seit dem 12. Jh. entwickelte sich die K. zu einem wichtigen Amt, das sämtliche schriftlichen Dienste für den Tätigkei-ten des Hofes ausführte. Dementsprechend wuchs ihr Personal an; es entstanden mehrere Abteilungen, von denen die des Siegelhalters die meiste Bedeutung besaß. Seit dem ausgehenden 13. Jh. wurden verstärkt aka-demisch ausgebildete Kräfte angestellt. Die Arbeits-teilung bereitete den Weg zur Entwicklung der späte-ren Ministerien vor.

KANZLER (lat. cancellarius) Der an den mittelalter-lichen Höfen mit der Erledigung der Korrespondenz, der Niederschrift offizieller Dokumente und der Haltung von Hofregistern beauftragte Beamte. Im Frühmittel-alter wurde diese Funktion noch von den römischen Notaren wahrgenommen; mit dem Niedergang der klassischen Rechtsschulen ging das K.-Amt an Kleriker über, die die nötige Ausbildung und Schriftkenntnis besaßen. Im 8. Jh. wurde das Schriftwesen oft unter die Aufsicht eines Bischofs oder Abtes gestellt, der den Titel K. erhielt. Unter *Karl d.Gr. wurde das Kanzler-amt neu organisiert: die tägliche Schreibarbeit wurde von dem königlichen bzw. kaiserlichen *Kapellan und bei festlichen Anlässen von einem Bischof erledigt. Seit dem 10. Jh. war das K.-Amt eine Würde, die dem höchstrangigen Prälaten des Reiches (in Deutschland dem Erzbischof von Mainz und in Frankreich dem von Reims) verliehen wurde, der den Titel Erzkanzler führte. Seit dem 12. Jh. steht der K. einer andauernd wachsenden Behörde, der *Kanzlei, vor. Gleichzeitig entwickelte sich der bischöfliche K., der mit der Verwaltung der Domschule und der Ernennung von Lehrern beauftragt war, mit dem Aufstieg der aus den Domschulen erwach-senen *Universitäten zum Haupt dieser Institutionen. Oft übertrug er seine Residenz aufs Universitätsgelände und löste sich zunehmend vom bischöflichen Hof. An der päpstlichen Kurie war der K. einer der Kardinäle.

KAP(EL)LAN Der mit der Führung der *Kapelle be-auftragte Priester, der als gewöhnlicher Kleriker ohne Pfarrdienste ausschließlich dem Herren der Kapelle diente und von diesem unter Zustimmung des Bischofs ernannt wurde. An den meisten Feudalhöfen kam der K. aus den niederen Volksschichten oder war ein unehe-licher Sohn des Herrn. An den kaiserlichen und könig-lichen Kapellen diente das Amt des K. begabten Klerikern und Adelssöhnen als Sprungbrett für das Bischofs-amt oder zu einem der hohen Hofämter wie etwa dem des *Kanzlers. Unter den *Karolingern war der Erz-K. einer der engsten Vertrauten des Kaisers.

J. Fleckenstein, *Die Hofkapelle der deutschen Könige*, 2 Bde., 1959-66.

KAPELLE Die seit dem 7. Jh. übliche Bezeichnung leitet sich ab von der *capella*, einem Raum zur Aufbe-wahrung des Mantels (lat. *cappa*) des hl. Martin am Hof der *Merowinger, und wurde dann auf weitere Schreine heiliger Reliquien und allgemein auf Kultorte angewandt. Die kaiserliche oder königliche K. diente aus-schließlich dem Monarchen, seiner Familie und seinem Hof. Die erste dieser K.n entstand an der karolingischen Pfalz zu *Aachen und beschäftigte eigene *Kapellane, die auch als Schreiber und Sekretäre dienten. Diese wurden für ihre Treue oft mit der Bischofswürde belohnt. Die K. diente bis ins 14. Jh. auch als Schwurort für die Lehnstreue des Herrschers.

Die bischöflichen, äbtlichen und päpstlichen K.n waren dem örtlichen Schutzheiligen geweiht und dien-ten dem privaten Gottesdienst der Prälaten, die wegen ihrer Arbeitslast nicht mehr am öffentlichen Gottesdienst teilnahmen. Seit dem 12. Jh. entwickelten sich diese K. zu reich verzierten Gotteshäusern, die auch den Mit-gliedern der bischöflichen Kurie Platz boten.

Die K.n von Kollegen, Spitälern und religiösen Orden waren weiträumige Gebäude nahe (oder anschließend) an dem Hauptgebäude der betreffenden Körperschaft und wurden von speziell ernannten Kapellanen geleitet.

K.n in Kirchen wurden für die private Andacht von Adels- und Patrizierfamilien gestiftet und dienten auch als Begräbnisstätten.

J. Fleckenstein, *Die Hofkapelle der deutschen Könige*, 2 Bde., 1959-66;
W. Liebenwein, *Privatoratorien*, in: A. Legner (Hg.), *Die Parler* III, 1978.

KAPETINGER Das dritte Königshaus Frankreichs, nach *Hugo Capet (987-97) benannt. Gründer der K. war *Robert d. Starke, Graf von Tours und Herzog von Franzien, der 867 die Normannen aus dem Loiretal zurückwarf. Seine Nachkommen wechselten sich mit den letzten *Karolingern als Könige von Frankreich ab (spätes 9. und frühes 10. Jh.). Mit der Krönung Hugos waren die K. als Königshaus etabliert; bis zum 12. Jh. besaßen sie jedoch nur wenig Macht und mußten sogar ihre Güter zwischen Paris und Orléans gegen die kleinen Lehnsleute verteidigen (*Frankreich). Im 12. Jh. konn-ten sie unter Ausnutzung günstiger wirtschaftlich-sozialer Umstände und dank der Unterstützung der Kirche und Städte die Lehnsleute unterwerfen und die eigene Macht erhöhen. Unter *Ludwig IX. erreichte das Haus der K. den Höhepunkt seiner Macht und seines Ansehens. 1328 starb mit dem Tod *Karls IV. die direkte Linie der K. aus; die Regierung Frankreichs ging an die Nebenlinie der Valois (die Nachkommen Karls von Valois, dem jün-geren Sohn *Philipps III.) über. Weitere Nebenlinien, die der Herzöge von *Burgund, *Anjou und der *Bour-bonen, herrschten in den Provinzen Frankreichs.

R. Fawtier, *The Capetian Kings of France*, 1957;
L. Mexandreau, *Die K.*, 1969.

KAPITEL (lat. **capitulum**) Kirchenlateinischer Aus-druck mit mehreren Bedeutungen:

1) Ein Teil einer Mönchsregel, aus dem täglich vorge-lesen wird.

2) Die zur Anhörung dieser Vorlesung zusammen-berufenen Mönche eines Klosters, später die Vollver-sammlung der Mönche, die den neuen Abt wählt und Entscheidungen anderer Art trifft. Des weiteren die Vollversammlung der Äbte oder ihrer Vertreter im Rah-men eines gesamten Mönchordens (General-K.) oder einer Provinz desselben.

3) Die Körperschaft der *Kanoniker einer Domkirche, ursprünglich deren Versammlung zur Anhörung der bischöflichen Instruktionen oder zur Bischofswahl. Seit dem 11. Jh. trennte sich das K. vom Bischof, erhielt einen Teil der Einkünfte und befaßte sich mit der Ver-waltung eigener Güter. Es wählte einen Dekan, verteilte die Einkünfte (*Präbenden) unter den Mitgliedern, be-saß besondere Sitzplätze neben dem Hauptaltar und nahm an der Seite des Bischofs an festlichen Umzügen teil.

4) Im Spätmittelalter bezeichnet K. auch die Ver-sammlung der weltlichen ritterlichen Orden.

KAPITULARIEN Die Gesetzgebung der *Karolinger, gültig für das ganze Reich, einzelne Teile oder die Königs-boten, siehe *CAPITULARE.

F. L. Ganshof, *Was waren die K.?*, 1961.

KAPPADOKIEN Kleinasiatische Provinz, bis zur Er-oberung durch die *Seldschuken Teil des byzantinischen Reiches. Im 4.- 6. Jh. war K. unter der Führung des hl. *Basilios, des hl. *Gregorios von Nanzianus und des hl. *Gregorios von Nyssa ein wichtiges Zentrum des Christentums und Ursprungsort des basilianischen Mönchtums.

KARÄER Ein jüdische Sekte, die sich seit dem 8. Jh. hauptsächlich im Nahen Osten ausbreitete. Der Ursprung der K. liegt in einer der häufigen Thronstreitigkeiten im Hause der mesopotamischen *Exilarchen, der Herr-scher der Juden im moslemischen Kalifat. Als 765 die Ansprüche Anan ben Davids zurückgewiesen wurden, organisierte dieser eine Oppositionspartei gegen die *Gaonim. Unter seinen Anhängern befanden sich Grup-pen, die die Autorität des Talmuds leugneten und sich einzig zur Heiligen Schrift bekannten. Bei den Unter-drückungsmaßnahmen der jüdischen Führung organi-sierten sich die K. als eigene Sekte. Unter der Führung *Benjamins Nahahindi (800-50) trat die ursprüngliche dynastische Aspekt gegenüber der strikten Bibelausle-gung und wörtlichen Beachtung des Gesetzes zurück. Im 9. Jh. wurden neben den mittelöstlichen Gemeinden, von denen besonders die palästinensische Gruppe der messianischen "Trauerer Zions" Bedeutung besaß, auch im byzantinischen Reich Gemeinden gegründet. Im Kampf gegen die "Rabbaniten" bildeten die K. Predi-ger aus, die dem talmudischen Gelehrtentum volkstüm-lich entgegentraten. Im 10. Jh. verloren die K. unter den heftigen Angriffen *Saadias Gaon an Anhang, bewahr-ten aber weiter in Palästina, Ägypten und Byzanz ihre Organisation. Die ursprünglichen Schwerpunkte in Mesopotamien und Persien verloren an Kraft und ver-schwanden allmählich.

S. Szyszman, *Die K. in Ost- und Mitteleuropa*, in: Zeitschrift für Ostforschung 6, 1957;
Z. Ankori, *The Karaites in Byzantium*, 1965.

KARDINAL Kirchliche Würde im katholischen Westen. Seit der christlichen Frühzeit wurden die Diakone der sieben geschichtlichen Hügel Roms (Kern der päpstlichen Verwaltung) K. genannt. Seit dem 7. Jh. pflegten die Päpste K.-Priester an den Hauptkirchen der Stadt zu ernennen, die hauptsächlich aus der päpstlichen Verwaltung rekrutiert wurden und damit ihren Kirchen den Titel von K.-Kirchen verliehen. Die sieben Bischöfe der Vorstädte Roms waren ebenfalls an der Kurie tätig und erhielten den K.s-Titel. Im 11. Jh. wurde das K.s-Kollegium als höchster päpstlicher Rat konstituiert und enthielt die folgenden drei Körperschaften: die 6 K.-Bischöfe von Albano, Ostia, Porto, Preneste, Sabina und Tusculum, die K.-Priester und die K.-Diakone. Nach dem Dekret des *Nikolaus II. von 1059 war ihre Hauptpflicht die Papstwahl. Die Ernennung der K.e war und blieb Vorrecht des Papstes, der sie auch ständig oder zumindest zeitweise in Verwaltungs- und diplomatischen Ämtern beschäftigte. Als Legat war der K. auf die Dauer seiner Mission trotz seines etwaigen niedrigeren kirchlichen Ranges mit Machtbefugnissen über die örtlichen Kirchenfürsten ausgestattet. Seit dem 14. Jh. gab es auch K.-Priester, die nicht in Rom residierten.

C. G. Fürst, *Cardinalis, Prolegomena zu einer Rechtsgeschichte des römischen Kardinalkollegiums*, 1967.

KARKASSANI, JAKOB BEN ISAAK (10. Jh.) *Karäer-führer und Verfasser eines Berichtes über seine Reise durch die Karäergemeinden des Nahen Ostens zu Beginn des 10. Jh.s, der ein wichtiges Zeugnis zur Geschichte und Struktur der Sekte darstellt.

KARL I. DER GROSSE (gest. 814) König der Franken (768) und Kaiser (800-14). Sohn *Pippins d. Kurzen und der Bertha, wurde 753 zusammen mit seinem Bruder *Karlmann zum König gekrönt und teilte sich nach seines Vaters Tod mit dem Bruder das Reich. Bald traten zwischen den beiden Spannungen auf, doch 771 wurde K. nach Karlmanns Tod alleiniger Herrscher. Er schaltete des Bruders Familie aus und nutzte den Bündnis mit *Desiderius, dem Langobardenkönig Italiens, als Vorwand zur Eroberung des Landes, die erklärterweise in Hilfeleistung für das Papsttum stattfand. 774 eroberte K. Pavia und ließ sich zum König der Langobarden krönen. Papst *Hadrian I. verlieh ihm mit dem Titel des römischen Patricius auch das Aufsichtsrecht über die weltlichen Angelegenheiten Roms. Im Frankenreich trat K. einen Feldzug gegen die *Sachsen an, die ihm unter ihrem Führer *Widukind 30 Jahre widerstanden. Sachsen wurde Stück für Stück niedergeworfen, und die Bevölkerung zwangsweise christianisiert. 787 führte er in Antwort auf den Hilferuf der nordspanischen moslemischen Herrscher gegen die *Omajjaden von Córdoba einen Heerzug nach Spanien, der jedoch nur die Zerstörung von Pamplona, der Hauptstadt des Christenreiches *Navarra, und die kriegerische Reaktion der Basken brachte. Diese vernichteten am Pyrenäenpaß *Roncesvalles die Nachhut seiner Armee. Nachdem K. die Unruhen in Sachsen niedergeschlagen hatte, ging er an die Strukturumwandlung seines Königreichs. Auf der Grundlage der biblischen Idee vom "heiligen Volk und der heiligen Monarchie" stellte er im Kapitular von Herstal (789) die Franken als Nachfolger des alten Israel und als erwähltes Volk dar und sich selbst als neuen König David. Seine Untertanen mußten dem König Treue schwören; jeder Aufstandsversuch oder nur das Zeichen von Untreue wurden als Vergehen gegen die Religion angesehen. Auch die Kirche wurde in das königliche Herrschaftssystem eingebaut und war dem Herrscher zum Gehorsam verpflichtet.

Unter K.s Eroberungen waren auch das Herzogtum Bayern (788) und die Grenzmarken der Bretagne und

der Slawen an der Elbe, was jedoch lediglich die Anerkennung der Oberhoheit der Franken, nicht jedoch die vollkommene Unterwerfung zur Folge hatten. In den Jahren 797-99 vernichtete K. das Reich der *Awaren und bereicherte sich an den großen Schätzen. Nach all diesen Eroberungen und Errungenschaften war es nur verständlich, daß an Karls Hof die Idee des christlichen Kaiserreiches zur Sprache kam, die dann 794 auf der Frankfurter Synode zum ersten Mal öffentlich erörtert wurde. Hier erschien K. auch durch die Verurteilung der spanischen *Adoptianisten und der Entscheidungen des zweiten Konzils von Nikäa als Führer und Verteidiger des Christentums. Die Veröffentlichung der *Libri Carolini* zielte darauf, Byzanz und Kaiserin *Irene in Mißkredit zu bringen und den neuen Rang Karls zu verbreiten. Nach dem Tod von Hadrian I. erkannte K. den neuen Papst *Leo III. an und wies ihn in einem Brief die Aufgabe des Gebetes für ihn zu. 799 führte K. nach Fertigstellung der neuen, nach byzantinischem Vorbild errichteten Pfalz von *Aachen seine Armee nach Rom, um in der Sache der Beschuldigungen gegen den Papst Klarheit zu schaffen. Leo sich jedoch der Anschuldigungen entledigen. Während der Weihnachtsmesse des Jahres 800 krönte er Karl zum Kaiser der Römer, was bei diesem große Enttäuschung hervorrief, da er möglicherweise auf einen allgemeineren Titel (wie etwa "Kaiser der Christen") abgezielt hatte. Erst 812 konnte K. Byzanz zur Anerkennung seines Kaisertitels bewegen. Unterdessen hatten sich Beziehungen zum Kalifen *Harun-al-Raschid von Bagdad angebahnt, mit dem er Botschaften und Geschenke austauschte.

In den letzten Regierungsjahren K.s waren bereits die ersten Anzeichen der Krise spürbar. Da das Reich keine ausgebildete Verwaltung besaß, versuchte K., seine Herrschaft auf den Lehnseid seiner Vasallen und Grafen zu stützen, was jedoch nur eine Verlegenheitslösung darstellte und nicht den aufsteigenden Partikularismus zurückdrängen konnte. Die langen und andauernden Kriege richteten den freien Bauern zugrunde; diese begannen, sich der Militärpflicht zu entziehen. Die ersten skandinavischen Überfälle hatten verheerende Auswirkungen auf die Küstengegenden Nordfrankreichs und der Niederlande.

K. selbst war ein ungewöhnlicher Mann. Er übernahm Lebensstil und Sitten seiner germanischen Vorfahren, sprach die fränkische Mundart Austriens und trug traditionelle Kleidung. Als Patron der Künste und Literatur förderte er die Gelehrsamkeit im Reich. Er zog Gelehrte und Intellektuelle an seine Pfalz zu Aachen (*karolingische Renaissance). Er forderte von seiner Familie ein vorbildliches christliches Leben und schloß die Sünder in Klöster ein, hielt aber selbst Konkubinen. K. war für Jahrhunderte eine sagenumwobene Figur.

W. Braunfels (Hg.), *Karl der Große*, 4 Bde., 1956-67; F. Heer, *K. d. Gr.*, 1978.

KARL III., der Dicke (839-88) König von Deutschland (Ostfranken) (876-87) und Kaiser (881-87). Sohn *Ludwigs d. Deutschen, der ihm das Kernland Schwaben verlieh. Nach dem Tod seines Vaters und seines Onkels *Karl d. Kahlen war er in den italienischen Angelegenheiten tätig. 880 bot ihm Papst *Johannes VIII. die Kaiserkrone an. Gleichzeitig verstarben seine beiden Brüder *Karlmann, König von Bayern, und *Ludwig, König von Sachsen, wodurch K. ganz Deutschland unter seiner Herrschaft vereinigen konnte. 881 wurde er in

Rom zum Kaiser gekrönt, verließ aber kurz darauf Italien, ohne etwas gegen die moslemischen Überfälle unternommen zu haben. 884 wählten ihn die Adeligen Frankreichs nach dem Tod *Karlmanns zum König von Frankreich in der Erwartung, daß K. seine Kräfte gegen die *Normannen mobilisieren würde, was jedoch nicht eintraf. Als die Normannen 887 bis nach Paris gelangten, ohne auf Widerstand zu stoßen, wurde K. von den französischen Adeligen abgesetzt. Bei seinem Tod ein Jahr später befand sich das Reich in einem Zustand völliger Zerrüttung.

G. Tellenbach, *Europa im Zeitalter der Karolinger*, 1956.

KARL IV. VON LUXEMBURG (1316-78) Römischer König (seit 1346), König von Böhmen (seit 1347), König von Burgund (seit 1365), deutscher Kaiser (1355-78). Sohn des Königs von Böhmen, *Johann von Luxemburg, für den er die Regierung führte. 1347 folgte er seinem Vater als König von Böhmen, im gleichen Jahr wurde er als deutscher Gegenkönig von der fürstlichen Opposition gegen *Ludwig d. Bayern aufgestellt und erlangte ein Jahr später, nach dem Tod Ludwigs, allgemeine Anerkennung. K.s Hauptaugenmerk galt auch nach seinem Regierungsantritt in Deutschland weiterhin seinem geliebten Böhmen. In Deutschland suchte er durch Förderung der Landsfriedenbewegung die Ordnung wiederherzustellen und beschnitt die Macht des Hauses *Wittelsbach von Bayern und Brandenburg. K. konnte nicht die im Gefolge des *Schwarzen Todes auftretenden Judenpogrome (an denen er selbst verdiente) niederhalten. 1355 wurde er in Rom zum Kaiser gekrönt und nutzte den Aufenthalt in Italien, um örtlichen Abenteurern kaiserliche Würdetitel zu verkaufen. K.s wichtigste Errungenschaft war die *Goldene Bulle (1356), die zur neuen Verfassung des Reiches wurde. Sie regelte die Prozedur der Königswahl und schuf die Körperschaft der sieben Kurfürsten, die zahlreiche Vorrechte und den Rechtsstatus praktischer Unabhängigkeit erhielten. K. entfaltete eine rege Bautätigkeit, besonders in *Prag und Böhmen, war ein hervorragender Förderer aller Künste und selbst literarisch tätig (er verfaßte eine Autobiographie).

F. Seibt (Hg.), *Karl IV. und sein Kreis*, 1978;
K. Stejskal, *K. d. IV.*, 1978.

KARL II. der Kahle (823-77) König von Frankreich (843-77), Kaiser (875-77). Sohn *Ludwigs d. Frommen und der *Judith von Bayern. Da jeder seiner drei älteren Halbbrüder bereits einen Teil des Reiches zugesprochen bekam, führten die Versuche seiner Mutter, auch für K. eine Erbregelung zu treffen, zu Aufständen und Bürgerkriegen. Nach Ludwigs Tod (840) erkannten die Westfranken Karls Autorität an und unterstützten ihn auf dem Treffen von Straßburg. Im Vertrag von *Verdun (843) erlangte K. dann die volle Anerkennung seiner Herrschaft über Frankreich. Gegen die *normannischen Einfälle, die partikularistischen Bestrebungen in Aquitanien und den Landhunger der Lehnsleute mobilisierte K. die Kirche. *Hinkmar, Erzbischof von Reims und ein enger Vertrauter, versuchte im Bund mit zahlreichen Geistlichen die karolingische Tradition der jährlichen Kirchensynoden aufrechtzuerhalten, die die weitergehende Existenz des Kaiserreiches unter Beweis stellen sollte. Um sich die Treue seiner Vasallen zu sichern, erlaubte er 875 auf dem Konzil von *Quierzy die Vererbung der Lehen, womit die Ausbildung des *Lehnswesens abgeschlossen war. K. unterstützte die

Gelehrten und Intellektuellen seiner Zeit: sie war eine der letzten Phasen der *karolingischen Renaissance. 875 ging er auf Einladung Papst *Johannes' VIII. nach Rom und erhielt die Kaiserkrone, starb aber kurz darauf. K. war einer der letzten Herrscher, die im gesamten Karolingerreich effektiv Macht besaßen.

P. Zumthor, *Charles le Chauve*, 1957.

KARL III. der Einfältige (879-929) König von Frankreich (898-929). Dritter Sohn von *Ludwig III., wurde 898 zum König von Frankreich gewählt und begann seine Regierung nach dem Tode des Robertiners Odo. Seine Zeit war durch Schwierigkeiten und Revolten gekennzeichnet. Um den normannischen Einfällen ein Ende zu setzen, erkannte er *Rollo, den Herzog der Seinenormannen, als Lehnsmann an und verlieh ihm 911 das Herzogtum *Normandie. Dies führte zu erneuten Aufständen fränkischer Adeliger unter Herzog *Hugo d.Gr., der K. besiegte und 923 absetzte. Karl floh nach Wessex, wo er 929 starb.

W. Kienast, *Frankreich und Deutschland in der Kaiserzeit* I, 1975[2].

KARL IV. der Schöne (1294-1328) König von Frankreich (1322-28). Dritter Sohn *Philipps IV. und Nachfolger seines Bruders *Philipp V. Seine Regierungszeit ist durch Schwierigkeiten in *Flandern und *Gascogne gekennzeichnet, die die Vorbedingungen für den Ausbruch des *Hundertjährigen Krieges schufen. K. hatte keinen Sohn und war der letzte Kapetingerkönig Frankreichs.

R. Fawtier, *The Capetan Kings of France*, 1960.

KARL V. der Weise (1338-80) König von Frankreich (1364-80). Sohn von *Johannes II., seit der Gefangennahme seines Vaters in der Schlacht von *Poitiers (1356) Regent. Seine Herrschaft fiel in die Periode des *Hundertjährigen Krieges, der Raubzüge der *Grandes Compagnies, des von Etienne *Marcel geführten Pariser Aufstandes und der Bauernrevolte der *Jacquerie. Daneben hatte K. mit *Eduard III. über das Lösegeld für seinen Vater zu verhandeln. Mit Unterstützung des französischen *Generalstände konnte er die Rebellen isolieren und *Karl von Navarra in die Normandie zurückdrängen. Die Verhandlungen mit England wurden im Frieden von *Bretigny-Calais abgeschlossen, der England fast die Hälfte Frankreichs verschaffte (1362). Als König gelang es K. mit Hilfe seines Befehlshabers *Du Guesclin die Grandes Compagnies loszuwerden und in Kastilien gegen England siegreich zu bleiben. Teile des an England verlorenen Gebietes wurden zurückgewonnen; das Reich fand wieder Ruhe. Die Finanzen wurden neu geordnet, und die Salzsteuer (*Gabelle) brachte dem Reich die Einkünfte ein. Gegen Ende der Regierungszeit K.s kehrte der Wohlstand nach Frankreich zurück. In Paris wurden die neuen Geschäftsviertel durch einen Mauerring umgeben und das Marais, ein neues Palastviertel, errichtet. K. gründete die königliche Bibliothek und förderte die Künstler zusammen mit seinen Brüdern. Er unterstützte die *Avignoner Päpste auch nach der Wahl eines römischen Papstes im Jahre 1378. Seinen Beinamen der "Weise" erhielt er von seiner Biographin *Christina von Pisa.

J. Calmette, *Charles V.*, 1945.

KARL VI. der Wahnsinnige (1368-1422) König von Frankreich (1380-1422). Sohn *Karls V., dessen Brüder während seiner Minderjährigkeit die Regentschaft ausübten. Besonders die Herzöge von *Burgund und *Berry gingen ihren eigenen Interessen nach und verschleuderten das von K.s Vater hinterlassene Vermögen. Nach Erreichung seiner Großjährigkeit berief K. die Marmousets, die alten Ratgeber seines Vaters, an den Hof und versuchte die zerrütteten Finanzen in Ordnung zu bringen. Ein Jagdunfall im Jahre 1392 hatte für K. dauernde Geistesgestörtheit zur Folge; im weiteren lag die Regierung in den Händen seiner Verwandten, die durch ihre Streitigkeiten Frankreich in den Bürgerkrieg stürzten. Nach der Wiederaufnahme des *Hundertjährigen Krieges und der Niederlage von *Azincourt mußte K. *Heinrich V. von England als Erben anerkennen (Vertrag von *Troyes 1419).

M. Rey, *Le Domaine du Roi sous Charles VI.,* 1965.

KARL VII. (1403-61) König von Frankreich (1422-61). Zu Beginn seiner Regierung war der Großteil Frankreichs in den Händen der Engländer, erst die Taten *Jeanne d'Arcs setzten das Signal zur Rückeroberung, die 1453 fast abgeschlossen war. Hatte K. in der "Pragmatischen Sanktion" von 1438 die Oberhoheit der Krone über die Landeskirche erlangt, so war das aufblühende burgundische Zwischenreich eine dauernde Bedrohung im Osten.   (Din)

G. Dodu, *Les Valois,* 1934.

KARL MARTEL VON ANJOU-SIZILIEN (gest. 1295) Ältester Sohn *Karls II. von Neapel und über seine Mutter Enkel des Stephan V. von Ungarn. Nach dem Aussterben des Hauses der *Arpaden (1290) meldete er seinen Anspruch auf den ungarischen Thron an, wurde jeodch von *Andreas III. besiegt.

KARL I. (Karl Robert, Carobert) VON ANJOU (1288-1342) König von Ungarn (1308-42). Sohn *Karl Martels, konnte sich 1307 die Unterstützung eines wichtigen Teils des ungarischen Adels sichern und Kroatien erobern. Ein Jahr später wurde er zum König gekrönt. Seine Regierungszeit begann mit dem Kampf gegen die großen Adelshäuser, die erst nach 15 Jahren unterworfen wurden. Danach errichtete er eine zentralisierte Regierung, in der die niedrigeren Adeligen (die *banderia*) in der Ortsverwaltung Anstellung fanden. Die Städte behielten ihre früheren Privilegien bei. Nach der Errichtung eines königlichen Gerichtshofs (1324) hörte K. auf, das Parlament, das Organ des Hochadels, einzuberufen. Seine Finanzreformen brachten Ungarn Wohlstand.

B. Homan, *Geschichte des ungarischen Mittelalters* 2, 1943.

KARL I. VON ANJOU (1226-85) König von Sizilien und Neapel (1266-85). Zehnter Sohn König *Ludwigs VIII. von Frankreich, der ihm die Grafschaft *Anjou verlieh. Durch Heirat erwarb er die Grafschaft Provence (1246) und wurde über die Wirtschaftspolitik von Marseille in die italienischen Angelegenheiten hineingezogen. Im Jahre 1266 bot ihm Papst *Clemens IV. den sizilianischen Thron an, und K. zog gegen Manfred und Konradin von *Hohenstaufen in den Krieg. Nach der Eroberung Siziliens versuchte er, seine Herrschaft auf dem Balkan auszubreiten und erwarb Nachfolgerechte im Kreuzfahrerreich Jerusalem. Unter seinem Einfluß richtete *Ludwig IX. seinen Kreuzzug gegen Tunis. K.s Politik beschwor in Sizilien den offenen Aufstand herauf, der von Aragón unterstützt wurde. In der "Sizilianischen *Vesper" von 1282 wurde die gesamte Besatzung K.s vertrieben; K. mußte sich auf Neapel zurückziehen.

K. Sternfeld, *Karl von Anjou als Graf der Provence,* 1888; S. Runciman, *Die Sizilianische Vesper,* 1959.

KARL II. (der Lahme) VON ANJOU (1248-1309) König von Neapel und Graf der Provence (1285-1309). Er war Sohn *Karls I. und setzte seines Vaters Politik fort. Er führte in Neapel die französischen Herrschaftsformen ein und spielte an der päpstlichen Kurie eine wichtige Rolle. Seine Bemühungen, Sizilien wiederzuerobern, brachten einen langen Krieg mit Aragón, der jedoch keine Ergebnisse erzielen konnte. Im Frieden von *Caltabellotta (1302) wurde die Teilung der beiden Königreiche endgültig bestätigt.

E. G. Leonard, *Les Angevins de Naples,* 1954.

KARL III. VON ANJOU-DURAZZO (1345-86) König von Neapel (1381-86) und Ungarn (1385-86). Sohn einer Nebenlinie der Angevinen, erbte die Grafschaft Durazzo (Albanien) und wurde 1381 von Papst *Urban VI. gegen *Johanna I. zum König von Neapel berufen. Er marschierte mit einer ungarisch-albanischen Armee in Neapel ein und wurde vom Papst gekrönt. 1385 erhielt er auch die ungarische Krone.

KARL I. König von Navarra (1322-28). Dritter Sohn *Philipps IV. von Frankreich und der Johanna von Navarra, erbte die Krone von Navarra (1322) und den französischen Thron. Da er kinderlos war, erkannte er Johanna, die Tochter seines Bruders *Ludwig X., als Erbin an.

KARL II. der Böse (1332-87) König von Navarra und Graf von Evreux (1349-87). Der Enkel *Ludwigs X. wurde in Frankreich erzogen; er verbündete sich nach der Schlacht von *Poitiers (1356) mit *Etienne Marcel und führte einen Aufstand gegen den Dauphin mit der Forderung nach der französischen Krone. Nach Fehlschlägen in Paris führte er den Aufstand in der Normandie weiter. 1364 wurde er von *Du Guesclin bei Cocherel besiegt, floh nach Navarra und war weiter auf der englischen Seite tätig.

S. Honoré-Duvergier, *Charles le Mauvais, Roi de Navarre,* 1969.

KARL VON BLOIS (gest. 1364) Herzog der Bretagne (1341-64). Sohn der Grafenfamilie von Blois, heiratete die Tochter des Guido von der Bretagne und beanspruchte nach dessen Tod 1341 das Herzogtum. Er wurde von der französischsprechenden Bevölkerung anerkannt; die Bretonen stellten sich dagegen auf die Seite Johanns von Montfort. Mit der Unterstützung des französischen Königshofes konnte er sich in Rennes halten. 1364 wurde er von Johannes in der Schlacht getötet.

E. Durtelle de Saint-Sauveur, *Histoire de la Bretagne,* 1935.

KARL VON KALABRIEN (gest. 1328) Sohn König *Roberts von Neapel, der ihm das Herzogtum Kalabrien verlieh. K. war eifrig an seines Vaters Seite in Italien tätig und versuchte, den angevinischen Einfluß zu vertiefen. Sein früher Tod führte zu einer Nachfolgekrise in Neapel, da er nur eine Tochter, die zukünftige Königin *Johanna I., hinterlassen hatte.

E. G. Leonard, *Les Angevins de Naples,* 1954.

KARL DER KÜHNE (Charles le Téméraire; 1433-77) Herzog von Burgund (seit 1467). K.s Politik stellte den Höhepunkt und die Überspannung der Expansionspolitik des Zwischenreiches Burgund dar. Durch den Vertrag von Péronne mit Frankreich (1468) und den von St. Omer mit den Habsburgern (1469) gewann K. Unabhängigkeit von den beiden Großmächten und konnte mit Kaiser *Friedrich III. über den Königstitel für sich verhandeln. Als Friedrich nicht nachgab, versuchte Karl es mit Gewalt und fiel ins Reich ein, mußte aber aufgeben und dem Kaiser versprechen, seine Tochter mit dessen Sohn Maximilian zu verheiraten. Da die Schweizer das an K. verpfändete Elsaß bei dem Aufstand gegen die rücksichtslose Verwaltung der Burgunder unterstützt hatten, wandte sich K. in einem Rachefeldzug gegen Süden, wurde aber 1476 bei Grandson und Murten geschlagen und fiel 1477 in der Schlacht von Nancy gegen die vereinigten Schweizer, Elsässer, Tiroler und Lothringer. Burgund, das fast zu einer neuen Großmacht in Europa geworden wäre, fiel damit an die Habsburger.   (Din)

O. Cartellieri, *Geschichte der Herzöge von Burgund*, 1910.

KARL VON LA CERDA (gest. 1354) Konstabler von Frankreich. K. war ein Sohn des kastilianischen Fürstenhauses La Cerda, ließ sich 1346 in Frankreich nieder und wurde Vertrauter König *Johanns II., der den begabten Soldaten in seiner Armee einsetzte. 1351 erlangte er mit dem Titel Konstabler den Oberbefehl über das französische Heer. Er wurde 1354 von *Karl d. Bösen von Navarra ermordet.

KARL DER GUTE (1081-1127) Graf von Flandern (1119-27). Sohn *Knuts von Dänemark und der Adele von Flandern. Nach der Ermordung seines Vaters (1086) kehrte er mit seiner Mutter nach Flandern zurück, das er 1119 von seinem Neffen *Balduin VII. erbte. K. war ein begabter Administrator und mußte sich mit dem raschen Wachstum der Städte auseinandersetzen, das die feudale Ordnung zu sprengen drohte. Er wurde 1127 in Brügge ermordet.

F. L. Ganshof, *La Flandre sous les Premiers Comtes*, 1949.

KARL VON LOTHRINGEN (953-91) Herzog von Niederlothringen (977-91). Er war ein jüngerer Sohn *Ludwigs IV. und einer der letzten *Karolinger. 977 ernannte ihn *Otto II. zum Herzog von Niederlothringen. Nach dem Tod seines Neffen *Ludwig V. forderte er die französische Krone, wurde aber mit dem Hinweis auf seine Dienste für den Kaiser als unwürdig zurückgewiesen. 978 griff er *Hugo Capet in Frankreich an, wurde aber 990 gefangengenommen. Mit dem Tod seines Sohnes Otto starb das Karolingerhaus aus.

W. Braunfels (Hg.), *Karl der Große* 4, 1967.

KARL VON NEUSTRIEN (gest. 811) Ältester Sohn *Karls d.Gr., war seit 784 in den Angelegenheiten des Reichs tätig und spielte in den *Sachsen- und *Dänenkriegen eine aktive Rolle als Heerführer. Er regierte im Namen seines Vaters *Neustrien und sollte nach dem Erbteilungsplan von 806 einen großen Teil des Reiches erben.

KARL VON DER PROVENCE (gest. 863) König von Burgund (855-63). Jüngster Sohn Kaiser *Lothars I., der ihm das Königreich Burgund-Provence vererbte. K. war ein untüchtiger Herrscher; die eigentliche Regierung lag in der Hand von Girard, des Grafen von Vienne.

KARL VON ROCHEFORT (15. Jh.) Dichter. Er wirkte an den Höfen Renés von Anjou und *Philipps d. Guten von Burgund. Sein *Abuse en Court* ("Mißbrauch am Hofe") ist ein allegorischer Angriff auf die Verdorbenheit der Beamten seiner Zeit.

KARL VON VALOIS (gest. 1325) Graf von Valois (1284-1325). Jüngerer Sohn *Philipps III. von Frank-

reich und Gründer des Hauses *Valois. K. war ein tapferer Ritter mit großen Ambitionen, aber wenig politischer Begabung. Er ließ sich auf den von Papst *Martin 1284 gegen Aragón ausgerufenen Kreuzzug ein; sein Heerzug von 1285 schlug jedoch fehl. Darauf war er in Italien auf Seite *Karls II. von Anjou-Neapel tätig, konnte aber Sizilien nicht wiedergewinnen und erhielt als Entschädigung die Grafschaft Anjou. 1301 beanspruchte er mit Hilfe seines Bruders *Philipp IV. den Kaisertitel, wiederum ohne Erfolg. Als Befehlshaber der französischen Armee unterwarf er Flandern. Sein Sohn Philipp erlangte 1328 die Königswürde.

L. Neser, *Studien zur Biographie Karls von Valois*, 1911.

KARL DAS KIND (847-66) König von Burgund. Zweiter Sohn *Karls d. Kahlen, der ihn 855 zur Beschwichtigung der Aquitanier zum König ernannte. 862 erhob er sich auf Anstiftung der Adeligen gegen seinen Vater, wurde 865 geschlagen, danach wieder eingesetzt und starb kurz darauf. Karl war der letzte karolingische König von Burgund.

KARL MARTEL (um 690-741) Fränkischer Hausmeier (714-41). Er war ein unehelicher Sohn *Pippins II. und zeigte bereits in seiner Jugend militärische Führungsqualitäten. Nach seines Vaters Tod kämpfte er gegen seine Halbbrüder und andere Familienmitglieder und zwang ihnen seine Herrschaft auf. 716 schlug er die *Neustrier und vereinigte die drei merowingischen Teilreiche Austrien, Neustrien und Burgund unter seiner Herrschaft. Später zwang er auch Odo, den Herzog von Aquitanien, zur Unterwerfung. Er ordnete das Heerwesen von neuem und schuf Einheiten von berittenen Kämpfern, die als Lehnsleute Landgüter verliehen bekamen, die K. von der Kirche beschlagnahmt hatte. Seine neue Armee bewährte sich 732 gegen die Moslems in den Schlachten von *Poitiers und Tours, die den Vorstoß des Islams in Europa beendeten. In Ausnutzung dieses Erfolges eroberte K. die Provence. Er unterhielt freundliche Beziehungen zum Papsttum, weigerte sich jedoch in Italien für den Papst zu kämpfen.

Sh. Miller, *The Hammer of Gaul. The Story of Charles Martell*, 1964.

KARL-KONSTANTIN VON VIENNE (gest. 963) Graf von Vienne (960-63). Sohn *Ludwigs d. Blinden, beanspruchte das Königreich Burgund, konnte aber infolge der feudalen Anarchie seine Herrschaft nur in der Grafschaft Vienne durchsetzen.

KARLISCHE SCHENKUNG Die mehrere Male von *Karl d.Gr. Papst *Hadrian verbriefte Bestätigung der *pippinischen Schenkung, die die päpstliche Herrschaft über Gegenden Mittelitaliens anerkannte (774, 781, 787). Die k. Schenkung wird als die Grundlagen des späteren *Kirchenstaates angesehen.

P. Classen, *Karl d. Große, das Papsttum und Byzanz*, in: W. Braunfels (Hg.), Karl der Große 1, 1965.

KARLMANN (715-54) Sohn des *Karl Martel, wurde nach dem Tod seines Vaters zusammen mit seinem Bruder *Pippin d. Kurzen Hausmeier und Herrscher *Austriens (741-47). Infolge seiner starken religiösen Überzeugungen überließ er seinem Bruder die Regierung. 747 zog er sich gänzlich zurück und ging in das Kloster Monte Cassino.

KARLMANN (751-71) Sohn *Pippins d. Kurzen, König der Franken (768-71), erbte mit seinem Bruder *Karl d.Gr. das Königreich, überwarf sich mit diesem und mußte 771 an den Hof des Langobardenkönigs *Desiderius fliehen. Er starb auf dem Weg nach Pavia. Die Affaire diente Karl als Vorwand zur Eroberung des Langobardenreichs.

KARLMANN (828-80) Sohn *Ludwigs d. Deutschen, König von Ostfranken (865-80). Nach der Teilung des Karolingerreiches (843) erhielt er von seinem Vater die Regierung Bayerns, zwang diesen aber 867 mit Hilfe seiner Brüder, ihn als König anzuerkennen. Er festigte die östlichen Marken *Kärnten, *Krain und *Österreich, kämpfte gegen die *Mähren, konnte sich aber nicht gegen die *Kroaten durchsetzen. Als seine Hoffnungen, auch die Kaiserkrone zu erhalten, 875 mit der Wahl *Karls d. Kahlen enttäuscht wurden, kehrte er in sein Königreich zurück. Die nach seines Vaters Tod (876) verstärkt auftretenden zentrifugalen Tendenzen ebneten den Weg für die Wiedervereinigung Deutschlands durch seinen Bruder *Karl d. Dicken.
G. Tellenbach, *Königtum und Stämme in der Werdezeit des deutschen Reiches*, 1939.

KARLMANN (886-84) König von Frankreich (879-84). Nach dem Tod seines Vaters *Ludwig II. regierte er gemeinsam mit seinem Bruder *Ludwig III. und erhielt die Verantwortung für den Südteil des Königreiches. Trotz seiner Jugend belagerte er *Boso in der Stadt Vienne und schlug nach seines Bruders Tod 882 einen normannischen Einfall im Norden zurück. Seine Tapferkeit und Führungsgabe brachten ihm die Achtung der Krieger und inspirierten das französische Epos *Gormond et Isembert*. Er starb bei einem Jagdunfall.

KARMATEN Beduinenstämme aus dem östlichen *Arabien, die sich zu Beginn des 9. Jh.s gegen die *Abbasidenkalifen auflehnten und die *ismailitische Version des *schiitischen Islams annahmen. Sie waren wegen ihrer Angriffe auf die Pilgerkarawanen nach Mekka berüchtigt. Unter ihrem Führer Abu-Saad (894-913) gründeten sie in der Gegend von Bachrain einen Staat und begannen die systematische Unterwerfung Arabiens, wobei sie sogar Irak bedrohten (927). Im Jahre 929 griffen sie Mekka an und raubten den schwarzen Stein der *Kaaba. Diese Tat rief in der islamischen Welt große Empörung hervor; die K. wurden sowohl von den Sunniten als auch von den Schiiten zu Ketzern erklärt. Gegen Ende des 10. Jh.s kontrollierten die K. einen großen Teil der arabischen Halbinsel einschließlich Mekkas. 951 gaben sie den schwarzen Stein wieder zurück. Im dauernden Kampf mit den *Fatimiden verloren die K. im 11. Jh. an Macht.
M. Farsi, *Le Quarmatisme*, 1960.

KARMELITER Mönchsorden, der 1154 vom hl. Berthold am Berg Karmel im Heiligen Land gegründet wurde. Die K. betrachteten sich als Nachfolger der alten Einsiedler der Gegend bis zurück zum Propheten Elijah und befürworteten eine extreme Askese, absolute Armut, Enthaltsamkeit von Fleischgenuß und Einsamkeit. Nach den *Kreuzzügen wanderten die K. nach Westeuropa aus, wo sie im 14. Jh. vom hl. Simon Stock nach dem Vorbild der *Bettelorden neu organisiert wurden.
G. Mesters, *Geschichte des Karmeliterordens*, 1958.

KÄRNTEN Gebiet im Südosten des Deutschen Reiches, im heutigen *Österreich. Im 6.-8. Jh. war K. von slawischen Stämmen bevölkert und gehörte zum *Awarenreich. In der zweiten Hälfte des 8. Jh.s drangen bayerische Missionare in K. ein, deren Tätigkeit die Eroberung durch *Karl d.Gr. und den Anschluß an Bayern

(794) erleichterte. Im 9. Jh. erlebte K. einen Prozeß der Eindeutschung. 876 errichtete *Karlmann, der König von Ostfranken, das Herzogtum K. und verlieh es seinem Sohn, dem künftigen Kaiser *Arnulf. Im 10. Jh. verwüsteten die *Ungarn das Land. Kaiser *Heinrich II. trennte es von Bayern, um die Macht der bayerischen Herzöge zu beschränken, und verlieh es an den Markgrafen Adalbero von Eppenstein. *Heinrich III. zog K. wieder ans Reich, seine Witwe Agnes übergab es dem schwäbischen Grafen *Berthold von *Zähringen. Bis zum 13. Jh. wurden die Herzöge von K. direkt von den Kaisern ernannt; keiner Dynastie gelang es, sich des Landes erblich zu bemächtigen. Im 13. Jh. bestanden enge Beziehungen zwischen Österreich und K. *Rudolf von Habsburg ernannte nach seiner Thronbesteigung (1272) Mitglieder seines Hauses zu Herzögen. K. wurde allmählich in die Habsburgergüter eingegliedert, blieb aber weiterhin rechtlich ein getrenntes Staatswesen.
H. Braunmüller, *Geschichte Kärntens*, 1949.

KAROLINGERREICH Das von *Karl d.Gr. gegen Ende des 8. Jh.s geschaffene Staatswesen, das von seinen Nachkommen, den Karolingern, bis ins 9. und 10. Jh. regiert wurde. Die Geschichte dieses Staates, der sich auf Frankreich, Westdeutschland, Österreich, Schweiz, die Niederlande und den größeren Teil Italiens erstreckte, umfaßt drei Perioden: die Wachstumszeit (751-800), das vereinte Kaiserreich (800-43) und die Zeit der Teilung und des Niedergangs (843-951).

Die Zeit des Wachstums: Mit der Krönung *Pippins d. Kurzen wurde die Herrschaft der karolingischen Hausmeier des Frankenreichs auch kirchlich legitimiert. Dieses Ereignis kennzeichnet den Übergang vom Stammeskönigtum der *Merowinger zum christlichen Reich. Unter Pippin (751-68) wurde das Lehnswesen als integrales Element des monarchischen Staatsaufbaus anerkannt, wobei sich die entsprechenden militärischen und administrativen Strukturen stetig weiterentwickelten. Die missionarischen Tätigkeiten der angelsächsischen Mönche in Deutschland und Friesland trugen zur Ausbreitung des fränkischen Einflusses und Machtbereichs im Norden und Osten bei. Die vorherrschende Persönlichkeit der formativen Periode des K.s war jedoch *Karl d.Gr., Pippins Sohn, der das *Langobardenreich eroberte (774), *Bayern annektierte, in einem über 30 Jahre währenden Krieg die *Sachsen und ganz Norddeutschland unterwarf, 779 das *Awarenreich in der Donaugegend zerschlug und sich unter Ausnutzung der Notlage des Papstes gegenüber den Langobarden (und der Tatsache, daß in Byzanz eine Frau, die Kaiserin Irene, herrschte) am Weihnachtsfest 800 in Rom zum Kaiser der Römer krönen ließ.

Die Zeit des vereinigten Kaiserreichs: Nach Karls Willen orientierte sich das Frankenreich nunmehr an den religiösen Idealen des biblischen Königtums. Die Verwaltung der verschiedenen Gebietseinheiten wurde den Grafen anvertraut, die Lehnsleute des Kaisers waren. Ihr Verhalten wurde der jährlichen Inspektion der *missi dominici* ("Delegierte des Herren", Königsboten) unterworfen, die aus Grafen, Bischöfen und Äbten zusammengesetzt waren, Berufungen anhörten und dem Kaiser Bericht erstatteten. Die Söhne Karls wurden als Könige zur Hilfe an die Seite des Herrschers gestellt: Pippin in Italien, Karl am Hof und Ludwig in Aquitanien. Letzterer führte Feldzüge in Nordspanien und errichtete die kaiserliche Herrschaft in Barcelona und Katalonien. Die Entscheidung, das Reich zur leichteren Verwaltung unter die Söhne aufzuteilen (806), wurde durch den Tod Pippins und Karls hinfällig. So erbte 814 *Ludwig der Fromme ein vereintes Reich, in dem jedoch bereits starke zentrifugale Kräfte spürbar waren, die nur mit Mühe durch die steigende Beanspruchung der Kirche und der Prälaten ausgeglichen werden konnten. Ludwig mußte noch zu seinen Lebzeiten die verschiedenen Reichsteile seinen Söhnen zuweisen, was jedoch durch die Geburt Karls, des vierten Sohns (822) in Frage gestellt wurde. Auch die Krönung des ältesten Sohnes *Lothar in Rom und das Versprechen der Kaiserwürde konnten nicht den Ausbruch des Aufstands (829) gegen Ludwig verhindern, der in den letzten Regierungsjahren des Kaisers die Einheit des Reiches praktisch zunichte machte. Einzig die alljährlichen Synoden der fränkischen Bischöfe erinnerten noch an die Einheit des K.s. Die Söhne Ludwigs besaßen jeder ein eigenes Königreich: Ludwig auf dem Gebiet des späteren Deutschland; Karl Neustrien, Pippin Aquitanien, und Lothar zahlreiche Provinzen von den Niederlanden bis nach Italien. Inzwischen hatten die kulturellen und ethnischen Entwicklungen neue Volkseinheiten geschaffen; die deutschsprechenden Ostfranken hoben sich klar von den romanischsprechenden Westfranken ab. Als sich Ludwig und Karl 842 zu Straßburg gegen ihren Bruder Lothar verbündeten, mußten sie in beiden Sprachen schwören, um sich der jeweils anderen Gefolgschaft gegenüber verständlich zu machen.

Die Zeit der Teilung und des Niedergangs: Nach dem Tod Ludwigs d. Frommen brach unter seinen Söhnen ein dreijähriger Krieg aus, der durch den Teilungsvertrag von *Verdun (843) beendet wurde. Dieser hat die politische Karte Europas bis heute bestimmt. Das K. wurde nun endgültig geteilt: Kaiser Lothar erhielt das Königreich Italien und das mittlere Frankenreich mit den Niederlanden, das nach ihm benannte Lothringen und die Provence; Ludwig das östliche Reich, Deutschland; und Karl das westliche Reich, Frankreich, und die Oberhoheit über das unabhängige Aquitanien. Auch diese Teilung konnte angesichts der Invasionen der Normannen, nordafrikanischer Araber und Ungarn nicht den Frieden und die Stabilität sichern. Die militärische Notwendigkeit, Kriegern zum Burgenbau Landgüter zu verleihen, führte zu Aufständen von Grafen und andern Lehnsleuten, die sich in der Vererbbarkeit ihrer Ämter und Länder bedroht fühlten und gleichzeitig ihre Macht erhöhen wollten. Die häufigen Kriege zwischen den Karolingerbrüdern machten die Könige noch abhängiger von ihren Lehnsleuten. Lothar teilte sein Reich unter seinen Söhnen auf. Dies führte zum endgültigen Bruch des mittleren Reiches. Ludwig d. Deutsche tat das gleiche mit Deutschland, sein Sohn *Karl d. Dicke vereinigte das Land wiederum im Jahre 880. Das Königreich Frankreich blieb zwar als solches bestehen, war aber beim Tod *Karls d. Kahlen in zahlreiche kleine Feudalherrschaften aufgesplittert und äußerst geschwächt. Politisch bestand das K. seit der Mitte des 10. Jh.s nicht mehr; der Kaisertitel wurde jedoch nach wie vor im Haus der Karolinger weitergegeben, auch wenn der Kaiser die Macht nur mehr dem Namen nach besaß. Gegen Ende des 9. Jh.s ging der Titel an eine Reihe von unbedeutenden Fürsten über, im 10. Jh. besaßen ihn italienische Machthaber fränkischer Herkunft. Als der deutsche König *Otto I. 951 Kaiser *Berengar II. entthronte, stand hinter dem karolingischen Kaisertum keine reale Gewalt mehr.

H. Fichtenau, *Das karolingische Imperium*, 1949; G. Tellenbach, *Europa im Zeitalter der Karolinger*, 1956; W. Braunfels, *Die Welt der Karolinger und ihre Kunst*, 1968.

KAROLINGISCHE RENAISSANCE Die Bezeichnung für das kulturelle Wiederaufleben Westeuropas im 8. und 9. Jh., gefördert von den Aktivitäten der angelsächsischen Missionare auf dem Kontinent. Eine hervorragende Figur in der K. war *Alkuin von York, der sich 782 an Karls Hof niederließ und an der Hofakademie von Aachen tätig war. Diese wurde Sammelpunkt für Schriftsteller, Dichter und Geschichtsschreiber und Brennpunkt der Wiederbelebung klassischer lateinischer Tradition und der Verbesserung des barbarischen Lateins der Zeit.

Auf dem Gebiet des *Erziehungswesens war Karl der erste, der eine systematische Politik vornahm. 787 ordnete er für alle Klöster und Domkirchen an, eigene Schulen zu errichten. In späteren *Kapitularien befaßte er sich mit dem Lehrplan, der die sieben freien Künste, Gebete und etwas Theologie einschloß. Alkuin selbst errichtete eine Klosterschule zu St. Martin in Tours, der spanische Bischof *Theodulf von Orléans an seiner Kathedralkirche. Obwohl die Großzahl dieser Schulen nicht über das elementare Niveau hinauskam, trugen sie dennoch zur Verbreitung der Schriften bei. Andere Schulen, wie die von Orléans, Reims, Fulda, Corbie, Ferrieres, St. Riquier, St. Wandrille und St. Gallen entwickelten sich in der ersten Hälfte des 9. Jh.s zu hochbedeutenden Zentren der Gelehrsamkeit. Die Selbständigkeit des Denkens war kein Hauptvorzug der K. Diese betonte vielmehr die Wiederbelebung und Erhaltung des klassischen Erbes, wobei es jedoch auch Ausnahmen gab. Die Systematisierung der Erziehung schuf einen Bedarf nach Büchern. Eine eigenständige Errungenschaft der K. ist die Einführung des neuen Schrifttyps der Minuskelbuchstaben. Die Abschrift von Handschriften wurde in den *scriptoria* der Klöster und Domkirchen in großem Umfang organisiert.

Die Wiedererweckung des antiken Erbes befruchtete hauptsächlich im 9. Jh. neue Entwicklungen auf dem Gebiet der Theologie, der Dichtung, der Geschichtsschreibung und der Philosophie. Ein herausragender Philosoph der Zeit war Johannes Scotus *Erigena. J. Fleckenstein, *Die Bildungsreform Karls des Großen*, in: W. Braunfels (Hg.), Karl der Große, Bde. II, III, 1965; W. Ullmann, *The Carolingian Renaissance*, 1969.

KAROLINGISCHER EPENZYKLUS Bezeichnung für jene epischen Dichtungen des 12.-15. Jh.s, die in der Thematik auf die Zeit *Karls d.Gr. konzentriert sind und meistens die Heldentaten von Rittern behandeln, die im Namen des Kaisers (oft gegen die Sarazenen) kämpften. Als Geschichtsquelle sind sie hauptsächlich für die Zeit ihrer Abfassung, aber nur in ganz geringem Maß für die Karolingerzeit von Bedeutung.

KARTÄUSERORDEN Ein Mönchsorden, der 1084 vom hl. *Bruno in der *Grande Chartreuse gegründet wurde. Zu Beginn besaßen die K. keine besondere Regel, sondern lebten in Demut, ohne Güter und in Schweigen. Nach den Instruktionen Brunos bewohnte jeder Mönch eine separate Zelle; die Brüder trafen sich nur bei der Messe und beim gemeinsamen Mahl an Feiertagen. Zu Beginn des 12. Jh.s nahm der Orden zahlreiche Novizen auf und verbreitete sich rasch. Zur Aufrechterhaltung des einheitlichen Verhaltens verfaßte 1127 Guigues von Chatel, der Prior der Großen Chartreuse, eine Regel, die in den folgenden Jahrhunderten mehrmals ergänzt wurde, ohne jedoch die strenge Einfachheit der frühen K. zu verlieren. Überhaupt behielt der Orden trotz der verhältnismäßig großen Zahl von Mitgliedern in großem Ausmaß seinen ursprünglichen asketischen Charakter bei und überstand die allgemeine Krise des Mönchtums zu Ausgang des Mittelalters besser als viele andere Mönchsorden.

M. Picard, *Die Welt des Schweigens*, 1959[3].

KASAN Stadt in Rußland, gegen Ende des 13. Jh.s von den *Mongolen nahe den Ruinen der alten Stadt *Bulgar gegründet, diente als eine der wichtigsten Städte der *Goldenen Horde. K. blühte im 14. und 15. Jh. wirtschaftlich als Handelszentrum des Mongolenreiches. 1445 machte es Ulu-Kuhammed zu einem unabhängigen Khanat, 1487 brachte es *Iwan III. von Moskau unter seine Schutzherrschaft.

B. Spuler, *Die Mongolenzeit*, 1953.

KASCHMIR Nordindische Provinz, gehörte zu Beginn des Mittelalters zum Reich der Gupta und war eines der Bollwerke der indo-arischen Zivilisation. Um 1000 wurde es von *Machmud von Ghazni erobert und änderte seine ethnisch-kulturelle Zusammensetzung. Im 11.-14. Jh. genoß K. Unabhängigkeit, 1398 wurde es von *Timur-Leng erobert.

KASIMIR I. der Erneuerer (1016-58) Herzog von Polen (1039-58). Sohn des *Mieszko, war für eine kirchliche Laufbahn bestimmt und floh nach einem Streit mit seinem Bruder *Boleslav 1034 nach Deutschland. Zur gleichen Zeit stürzte ein allgemeiner Aufstand das Land in die Anarchie und erleichterte den Einfall der *Böhmen. 1039 wurde K. an den Thron berufen und konnte mit Hilfe Kaiser *Heinrichs III. die Ordnung und die Königsmacht wieder herstellen. Er errichtete die polnische Hauptstadt *Krakau und eroberte Masowien und Schlesien zurück.

P. David, *Casimir le Moine et Boleslav le Pénitent*, 1932.

KASIMIR II. der Gerechte (1138-94) Herzog von Polen (1177-94). Jüngster Sohn *Boleslavs III., der ihm das Fürstentum Sandomir verlieh. Während eines Adelsaufstands ergriff K. mit Unterstützung der von ihm mit Gütern und Vorrechten gekauften Prälaten die Macht. Papst *Alexander III. und Kaiser *Friedrich I. erkannten die Rechtmäßigkeit von K.s Regierung an. K. setzte die Ausdehnung Polens nach Osten in Gang.

G. Rhode, *Kleine Geschichte Polens*, 1965.

KASIMIR III. der Große (1310-70) König von Polen (1333-70). Sohn *Wladislaws I., zeigte bereits als junger Herrscher großes politisches Geschick. Sein Hauptziel, die Macht Polens auf friedliche Weise geltend zu machen, konnte er im Ganzen erreichen. Er verbündete sich mit *Karl Robert von Ungarn und *Johann von Böhmen, sicherte sich die Unterstützung des Adels von Kleinpolen und der Städte und verlieh den Juden 1334 mehrere Vorrechte. In den Statuten von Wislica (1346) versuchte er, die Verwaltung zu zentralisieren und das Rechtssystem zu vereinheitlichen. Er errichtete 1356 zu Krakau einen besonderen Gerichtshof, der nach dem Magdeburger Recht die städtischen Belange ordnen sollte. In Austausch für den Verzicht auf Schlesien (1343) erlangte er die Kontrolle über die tschechischen Gebiete um Krakau, im selben Jahr unterzeichnete er

auch einen Friedensvertrag mit den *Deutschherren, wonach beide Seiten auf ihre territorialen Ansprüche verzichteten. Im Osten annektierte er die Stadt Lemberg (1340), das Fürstentum Halicz sowie weite Gegenden in der Ukraine und verdoppelte damit das Territorium des polnischen Königreichs. K. ermutigte die kulturelle und wissenschaftliche Entwicklung und gründete 1364 auf der Höhe seines Ruhmes die Universität *Krakau. An den Eröffnungsfeierlichkeiten nahmen Kaiser *Karl IV. und König *Ludwig I. von Ungarn teil, die K. als Schiedsrichter in ihrem Streit akzeptierten.

C. Rhode, *Kleine Geschichte Polens*, 1965.

KASIMIR IV. (1427-92) König von Polen (seit 1447). Errang 1471 die Krone Böhmens, 1490 auch die Ungarns für seinen Sohn Wladislaw. K. konnte den *Deutschorden zwar besiegen und lehensabhängig machen, mußte den polnischen Fürsten aber größere Zugeständnisse machen. (Din)

D. Halecki u.a., *The Cambridge History of Poland* 1, 1950.

KASTILIEN Das bedeutendste der Reiche der iberischen Halbinsel im Mittelalter und Ausgangspunkt für die Vereinigung Spaniens gegen Ausgang der Periode. K. befindet sich im mittleren Teil Spaniens und besteht aus Alt-K. im Norden und Neu-K. im Süden. Beide trennt der Fluß Tagus. Die Gegend wurde im 5. Jh. von den *Westgoten erobert und war im folgenden Jahrhundert (mit Toledo als Hauptstadt) Kern des Königreiches. Zwischen 711 und 718 wurde das gesamte Land von den Arabern besetzt; die überlebende christliche Bevölkerung wanderte nach Norden, wo sie gegen Ende des 8. Jh.s das Königreich *Asturien errichtete. Im 10. Jh. eroberten die Herrscher von Asturien und León die Gegend um *Burgos von den Mauren und errichteten zahlreiche Burgen, die K. den Namen verliehen. Unter *Ferdinand Gonzales (930-70) erlangte K. erhöhte Bedeutung und den Rang eines Königreichs; im 11. Jh. machte es *Ferdinand I. zum zentralen Staat des christlichen Spanien und annektierte die angrenzende Reiche León und Asturien. Das territoriale Wachstum K.s war eng mit der *Reconquista verbunden; 1064 begann die Expansion K.s südlich des Flusses Duero. Mit der Eroberung Toledos, der alten westgotischen Hauptstadt mit dem Erzbischofssitz, erreichte es den Tagus. Die annektierten Gebiete wurden mit Einwanderern aus dem südwestlichen Frankreich besiedelt; die *hidalgos entstammten dagegen ethnisch verschiedenen Gruppen aus Frankreich, Nordspanien und der Provence. Sie besaßen weitgehende Vorrechte und erkämpften sich zur Zeit *Alfons' VI. die Teilnahme an den Sitzungen der *Cortes (königliches Hochgericht). In der gleichen Zeit errichteten die burgundischen Grafen von Oporto das unabhängige Königreich *Portugal im westlichen Teil K.s, das nach einem Bürgerkrieg 1118 endgültig anerkannt wurde. Diese Krise schwächte K. derart, daß die Mauren unter den *Almoraviden und *Almohaden das Land angreifen und zeitweise auch Toledo erhalten konnten. Mitte des 12. Jh.s wurde die Reconquista von neuem aufgenommen; die Ausdehnung nach Süden ging unter der aktiven Teilnahme der neuen Ritterorden von *Calatrava und Alcantara weiter. Auch die Ausrufung mehrerer *Kreuzzüge mobilisierte Ritter aus dem gesamten Westeuropa und stärkte K.s Macht. Der große Sieg von *Las Navas de Tolosa (1212), der von den vereinigten Christenstaaten Spaniens mit französischen und provenzalischen Verstärkungen gewonnen wurde, brach die Macht der Almohaden und machte K. zum stärksten Staat Spaniens. *Ferdinand III. nutzte diesen Sieg zur systematischen Eroberung Südspaniens. 1228 nahm er Badajoz, 1236 Córdoba, 1248 Sevilla sowie Cadiz und erreichte die Küste. Nur *Granada verblieb in der Hand der Mauren. Ferdinand ordnete sein Reich erneut und errichtete 1230 ein permanentes Bündnis mit León. Sein Sohn *Alfons X. führte diese Politik weiter, verlieh aber auch den Cortes und dem Adel weitere Machtbefugnisse. Die Annektion der neuen Gebiete brachte K. eine große maurische und jüdische Bevölkerung, die auf wirtschaftlichem und kulturellem Gebiete Wesentliches beitrug. Daneben ergab sich das Problem des rechtlichen Pluralismus, das Alfons X. in einer Reihe von Rechtskodifikationen zu lösen versuchte. Die Thronwirren nach Alfons' Tod (1284) entzweiten den Adel und führten zu Allianzen mit den Maurenstaaten Granada und Marokko; die Reconquista stand für ein Jahrhundert still. Zur Erhaltung ihrer Position mußten die Könige den Cortes und dem Adel immer weitere Privilegien zugestehen, versuchten aber auch mit Hilfe der Städte und besonders unter Heranziehung der Städtebünde (*hermandades*) ein Gegengewicht zu schaffen. Diese besaßen in der Zeit der Bürgerkriege zwischen dem Herrscherhaus und der Nebenlinie der La Cerda besondere Bedeutung als Organe zur Wahrung des Friedens (Ausgang des 13.- Mitte des 14. Jh.s). Die Bürgerkriege, die nach *Alfons' XI. Tod (1250) von neuem ausbrachen, schwächten K.; in der Zeit *Peters d. Grausamen führten England und Frankreich den *Hundertjährigen Krieg auch auf k. Boden.

Das letzte Jahrhundert der selbständigen Existenz K.s sah den Niedergang der Königsmacht sowie den Aufstieg des Adels und der Städte. Die Könige mußten sich auf die Kirche und die Ritterorden stützen; diese suchten wiederum, K. in eine streng katholische Gesellschaft zu verwandeln. Seit dem Ausgang des 14. Jh.s häuften sich die Verfolgungen der Juden und Mauren sowie eine Zwangstaufen.

R. Mendendez Pidal, *Das Spanien des Cid*, 2 Bde., 1936/37;
W. C. Atkinson, *Geschichte Spaniens und Portugals*, 1962.

KATALANISCHE KOMPANIE, GROSSE Ursprünglich eine Vereinigung katalanischer Kaufleute, die zwischen Barcelona, Sizilien und anderen italienischen Provinzen tätig waren und allmählich unter die Kontrolle der zum Schutz des Handels beschäftigten Söldner geriet. Gegen Ende des 13. Jh.s hatte sich die K. zu einer Truppe katalanischer *Almogavares* (leichte Infanterie) entwickelt, die sich in den sizilianischen Kämpfen großen Kriegsruhm erwarb. Nach dem Frieden von *Caltabellotta (1302) wurde sie ausgemustert, trat in byzantinischen Dienst und kämpfte gegen die *Osmanen, wobei sie wegen ihrer Gewalttätigkeit und Disziplinlosigkeit ihrem Dienstherrn große Sorgen bereitete. Von ihrer Garnison in Gallipoli aus unternahm sie Plünderzüge durch ganz Thrakien und Makedonien; in Gallipoli bot sie ihre Menschenbeute auf einem großen Sklavenmarkt feil, der auch von Moslems besucht wurde. 1310 heuerte sie *Walter von Brienne, der Herzog von Athen, an, um Thessalien erobern zu lassen, was sie jedoch auch auf eigene Rechnung tat. 1311 ließ sie sich in der eroberten Provinz nieder, ließ ihre

Mitglieder die Witwen der Widersacher heiraten und stellte ihr Fürstentum unter die Oberhoheit der katalonischen Könige von Sizilien. Ihre Herrschaft dauerte bis 1388.

K. M. Setton, *Catalan Domination of Athens*, 1948.

KATALONIEN Nordostspanische Provinz zwischen den Pyrenäen und dem Ebro. Unter der Herrschaft der *Westgoten (418-711) unterhielt K. enge Beziehungen mit Septimanien, der anliegenden französischen Provinz; die Bevölkerung entwickelte einen ethnisch-sprachlichen Charakter, der sich deutlich von dem der umliegenden spanischen Gegenden unterschied. Die arabische Herrschaft (seit 711) hinterließ keine dauernden Ergebnisse, da seit 778 fränkische Armeen im Lande operierten. Die systematische Eroberung K.s durch die Franken fand jedoch erst zu Beginn des 9. Jh.s statt und wurde 801 mit der Errichtung der spanischen Mark durch Wilhelm von Gothia abgeschlossen. In der zweiten Hälfte des 9. Jh.s wurde K. von zahlreichen örtlichen Machthabern beherrscht und mehrere Male von den Mauren angegriffen, die auch zeitweilig *Barcelona einnahmen. Unter diesen Machtbereichen war Barcelona der bedeutendste und konnte zu Beginn des 10. Jh.s die gesamte Provinz unter seiner Herrschaft vereinigen, wobei es den französischen König als Oberlehnsherren anerkannte. Infolge der Schwäche des französischen Königtums blieben die Grafen von Barcelona jedoch praktisch unabhängig.

Die Lage der Provinz zwischen dem maurischen Spanien und dem christlichen Europa trug wesentlich zur kulturellen und wirtschaftlichen Entwicklung bei. Der Hof von Barcelona war ein wichtiges Verbindungsglied zur Aufnahme der griechischen Philosophie und der arabischen Naturwissenschaft im Westen. Die kommerzielle Expansion des 11. Jh.s verschuf den Grafen von Barcelona erhöhte Macht. 1068 ließ Graf Ramon Berenguer I. das katalanische Gewohnheitsrecht in den *Usatges de Barcelona* kodifizieren und schuf damit die Grundlage für die "katalanischen Freiheiten" des Adels und der Stadtbürger. Er begann auch den Prozeß der territorialen Ausdehnung in die *Languedoc, wo er die Grafschaft *Carcassonne geerbt hatte. Zu Beginn des 12. Jh.s wurde die *Provence erobert: die Grafen von Barcelona begannen den langen Kampf mit den Grafen von Toulouse über die Herrschaft im Lande. 1154 wurde Graf *Ramon Berenguer IV. zum König von Aragón gekrönt, das er 1137 durch die Heirat mit der Thronerbin erworben hatte. Seitdem ist die politische Geschichte K.s mit der Aragóns verbunden.

Die wirtschaftlichen Interessen K.s im Mittelmeer, eine der Haupteinnahmequellen des Königtums, übten den bedeutenden Einfluß auf die aragonische Außenpolitik aus. Der Kampf in der Provence weitete sich zu Beginn des 13. Jh.s aus, und *Peter I. wurde 1214 in der Schlacht von Muret getötet. Die Kaufleute und Seemänner Barcelonas veranlaßten 1282 die Intervention der aragonischen Krone in der *Sizilianischen Vesper, was zur Eroberung Siziliens und zur Errichtung einer Einflußsphäre in Sardinien führte. Die Aktivitäten im Mittelmeer brachten K. bis ins 14. Jh. Wohlstand und Reichtum, das 15. Jh. war jedoch eine Zeit der Krise. Die Nachfolge einer kastilianischen Dynastie in Aragón, die dazu noch eine zentralisierende Politik einschlug, erregte den Widerstand des Landes. Die alten katalanischen Freiheiten wurden am Ende zwar bestätigt, der Mittelmeerhandel hatte aber in der Krisenzeit schwer gelitten.

J. Carrera Pujal, *Historia Politica y Economica de Catalunia*, 4 Bde., 1946/47;
O. Engels, *Schutzgedanke und Landesherrschaft im östl. Pyrenäenraum*, 1970.

KATHEDRA Der bischöfliche Sitz oder Thron in der Domkirche, von dem der Bischof zu festlichen Gelegenheiten predigte. Diese Predigten wurden, besonders im Falle des Papstes, als nicht bezweifelbare Feststellungen der Rechtgläubigkeit angesehen (*ex cathedra*). Seit dem 12. Jh. bezieht sich der Begriff K. auch auf das Lehrpult des Universitätsprofessors.

KATHEDRALE Eigentlich eine Kirche mit einer *Kathedra, seit dem Mittelalter die Hauptkirche einer *Diözese, d.h. eines Bischofs oder Erzbischofs. Mit wenigen Ausnahmen (Rom, Aachen) besaß die Diözese nur eine K. Diese war seit dem Frühmittelalter gewöhnlich einem Heiligen geweiht, nach der Jahrtausendwende wurden infolge des verstärkten Marienkultes jedoch zahlreiche K.n auf den Namen der Gottesmutter umgetauft. Im Frühmittelalter unterstand die K. dem Bischof, dessen Residenz sich immer nahe daran befand. Seit dem Anwachsen der politischen Aufgaben des Episkopats im 8. und 9. Jh. und der Entwicklung der Gemeinden traten eindrucksvolle Gebäude im romanischen und gotischen Baustil an Stelle der alten kleinen Kirchen. Die Bischöfe gewöhnten sich an, in eigenen *Kapellen den Gottesdienst abzuhalten und erschienen nur mehr an hohen Feiertagen in der K. Diese wurde Körperschaften von Priestern und Diakonen, den Dom-*Kapiteln anvertraut, deren Struktur und Rechtsstellung im weiteren die Entwicklung der K. bestimmte.

KATHERINA VON SIENA (hl.; um 1347-80) *Dominikanermystikerin. Sie wurde als Catherina Benincasa, Tochter eines Färbers, in Siena geboren. Seit ihrer Kindheit war sie für ihre mystischen Visionen und ihr frommes Leben bekannt. 1360 trat sie dem dritten Orden der Dominikaner bei und widmete sich der Kranken- und Armenpflege und der Bekehrung der Sünder. In kurzer Zeit war sie von zahlreichen Schülern und Verehrern aus allen Bevölkerungsschichten umgeben. 1376 reiste sie nach *Avignon, um den Papst zur Rückkehr nach Rom zu bewegen. Im *Großen Abendländischen Schisma unterstützte sie *Urban VI. Ihr literarisches Werk umfaßt neben 381 Briefen das "Libro", das Buch ihrer Visionen und Auditionen, die um Christus und das rechte christliche Leben kreisen.

E. Sommer von Seckendorff, *Die kirchenpolitische Tätigkeit der heiligen Katherine von Siena*, 1917;
P. Dinzelbacher, *Vision und Visionliteratur im Mittelalter*, 1980.

KATHOLIKOS Ein *armenischer Titel, der ursprünglich für hohe Beamte in der Finanzverwaltung benutzt und dann erst auf die Vorsteher einer Anzahl von Klöstern und im weiteren auf die hohen Kirchenämter übertragen wurde. Seit dem 7. Jh. wurde er ausschließlich von den beiden Patriarchen der armenisch-orthodoxen und der *nestorianischen Kirche benutzt.

B. Spuler, *Die morgenländischen Kirchen*, 1964.

KATHOLISCH Aus dem griech. *katholikos*, allgemein, universal. Im Wortschatz der griechischen Kirchenväter bedeutete K. sowohl die Allgemeingültigkeit des Glaubens wie auch dessen "Orthodoxie" (der rechte gegenüber dem falschen Glauben). Seit dem 7. Jh. bevor-

zugte die westliche Kirche den Begriff "k.", die byzantinische Kirche den gleichbedeutenden Ausdruck "orthodox". Nach der endgültigen Spaltung wurde K. zur Bezeichnung der westlichen verwendet.

KELTEN Ein indoeuropäisches Volk, das sich im 10. vorchristlichen Jahrhundert in Mittel- und Westeuropa niedergelassen hat. Die Mehrheit der K. wurde von den Römern unterworfen und assimiliert, eine nicht geringe Zahl führte jedoch zu Beginn des Mittelalters ein eigenständiges Leben. Am bedeutendsten waren die englischen *Briten, andere Gruppen lebten in Irland und Schottland und im nordwestlichen Gallien. Durch die angelsächsische Eroberung Englands wurden die Briten nach Westen gedrängt, zu Beginn des 6. Jh.s endgültig besiegt und zum Verlassen ihres Landes gezwungen. Ein Teil ging in den örtlichen keltischen Stämmen von Wales und Cornwall auf, andere siedelten sich auf dem Kontinent in der *Bretagne an, der sie den Namen gaben. Dort konvertierten sie zum Christentum, behielten aber ihre Sprache bei. In Irland bestand das primitive Sozialsystem der K. auch nach der Christianisierung und bis zur englischen Eroberung von 1172 weiter. Die Kirche war an dieses System angepaßt und trug zu seiner Erhaltung in der Krisenzeit der Wikingereinfälle (9.-10. Jh.) bei. Auch nach dem Zusammenbruch der Klans unter dem Druck des englischen Feudal- und Kirchensystems bewahrte die keltische Bevölkerung ihren ethnisch-sprachlichen Charakter. In *Schottland errichteten die K. auf der Grundlage des Stammes- und Klanssystems ein Königreich. Die südlichen Teile absorbierten das Feudalsystem des anglo-normannischen England, während der kaledonische Norden weiter seine ursprüngliche Sozialstruktur bewahrte.

M. Dillon-N. K. Chadwick, *Die Kelten*, 1966.

KEMAL ED-DIN (1192-1262) Geschichtsschreiber. In Aleppo geboren und erzogen, Verfasser einer bedeutenden Geschichte seiner Heimatstadt, die das 12. und 13. Jh. einschließt und als wichtige Geschichtsquelle für die nördlichen *Kreuzfahrerstaaten gilt. Nach 1254 diente er am Hof der ägyptischen *Mamluken.

F. Gabrieli, *Arab Historians of the Crusades*, 1969.

KEMPE, MARGERY (ca. 1373-1439) Mystikerin. Die wohlhabende Bürgerstochter, Mutter von 14 Kindern, führte ein Leben besonderer Christusfrömmigkeit und Bußstrenge. Sie berichtet in ihrem englischen *Book* ("Buch") von ihren Pilgerreisen und Visionen und gibt wertvolle Schilderungen des religiösen Klimas ihrer Zeit. (Din)

D. Knowles, *Englische Mystik*, 1967.

KENT Englische Grafschaft und eines der sieben angelsächsischen Königreiche. K. war eine der am stärksten romanisierten Gegenden Englands und diente als Tor für die angelsächsische Eroberung der Insel zur Mitte des 5. Jh.s. Das von den jütischen Germanen besiedelte K. war im 7. Jh. der mächtigste Staat im südlichen England; seine Könige wurden als Oberherrn der anderen Reiche anerkannt. König *Ethelbert von K. öffnete der christlichen Mission des hl. *Augustin die Tore und machte K. zum Mittelpunkt des englischen Christentums. Zur Mitte des 8. Jh.s wurde K. von *Offa, dem König von Mercien, erobert; es erlangte aber nach dessen Tod wieder die Unabhängigkeit. Dennoch waren seine glorreichen Tage vorbei, und das Reich kam unter den Einfluß von Wessex, dessen Provinz es 825 wurde.

F. M. Stenton, *Anglo-Saxon England*, 1947.

Der große Tempel der Khmer-Zeit zu Angkor Wat

KHARADJITEN Eine fanatisch-radikale Sekte im Islam, die ursprünglich Anhänger *Alis waren, diesen aber
wegen seiner Verhandlungen mit Muawijah ermordeten.
Die K. predigten eine strenge Befolgung des Islams,
waren als geheime Sekte organisiert und schreckten
nicht vor Terrormaßnahmen gegen ihre Gegner zurück.
Ihre meisten Anhänger befanden sich in Nordafrika.
Die K. bekämpften sämtliche Kalifen und erkannten
nur Abu Bakr und Omar an. Ihren Imam wählten sie
nach persönlicher Eignung und ohne Rücksicht auf
Herkunft oder sozialen Rang.

KHMER Südostasiatisches Reich, das im 8. Jh. im
Gebiet des heutigen Kambodscha gegründet wurde.
König Jayawarman II. (802-50) errichtete die Hauptstadt Angkor, rief sich zum Gott aus und verwandelte
die Königspaläste in Heiligtümer. Mit Hilfe der im vorhergehenden Jh. eingewanderten brahmanischen Priester
führte er im Land das indische Kastensystem ein. Seine
Politik der territorialen Ausbreitung wurde im 9. und
10. Jh. von seinen Nachfolgern fortgesetzt und machte
K. zum Herrscher des größeren Teils von Hinterindien.
Die einzigartigen Bauwerke und die kolossalen Skulpturen Angkors sind Zeugen dieser Blütezeit. Im 12. Jh.
schwächte das Eindringen des Buddhismus die Macht

der Brahmanen; im 13. Jh. nahmen auch die Könige von
K. den Buddhismus an. Die Entfernung des brahmanischen Elements hatte nachteilige Einwirkung auf die
Stabilität des Reiches, in dem bereits dynastische
Rivalitäten zwischen den Adelshäusern ausgebrochen
waren. Die häufigen Bürgerkriege des 14. Jh.s führten
zu Aufständen der Thai- und Annambevölkerung.
Die *Mongolen Chinas zerstörten im 15. Jh. endgültig
die politische Einheit des K.-Reiches.

L. P. Briggs, *The Ancient Khmer Empire,* 1951.

KIEW Stadt am Dnjeprfluß und russisches Fürstentum des Mittelalters. Der Ort war seit alten Zeiten
besiedelt und diente im 3. Jh. als Festung der *Goten.
Im 7. Jh. gehörte K. zum Reich der *Chasaren, die
eine wichtige Handelsniederlassung mit dem Namen
Kuj-Ev ("Fluß-Ufer") errichteten. Nach einer anderen Überlieferung soll die Stadt von drei Slawenhäupt-
lingen gegründet worden sein, von denen einer den
Namen Kij trug. Im 9. Jh. war K. Brennpunkt des Handels zwischen Skandinavien, Nordeuropa und Konstantinopel und dem Mittelmeerraum. Die Niederlassung von
byzantinischen und *Warägerkaufleuten führte zur
Schwächung des chasarischen Einflusses. Nach der
Errichtung des russischen Staates *Nowgorod durch

*Rjurik wurde K. Ziel russischer Angriffe und 882 von Fürst *Oleg erobert, der es zu seiner Hauptstadt machte. Im 10. Jh. machte das Haus Rjurik K. zu seinem Mittelpunkt und wurde nach dem Zusammenbruch der Chasaren zu einem der mächtigsten Herrscher von ganz Osteuropa. 998 bekehrte sich Fürst *Wladimir d. Hl. zum Christentum. Unter *Jaroslaw d. Weisen erlangte K. den Höhepunkt seiner politischen Macht und unterwarf sämtliche Slawenreiche östlich Polens seiner Herrschaft. Jaroslaws Ruhm gelangte bis nach Westeuropa; seine Tochter Anna heiratete *Heinrich I. von Frankreich. Die Bürgerkriege nach Jaroslaws Tod schwächten den Staat, und erst *Wladimir Monomachos (1113-25) konnte die Macht des Herrschers wiederherstellen. Gleichzeitig erfuhr K. eine zweite Periode des Wohlstands. Nach Wladimirs Tod ging die Führungsrolle in Rußland allmählich auf die nördlichen Fürstentümer *Smolensk und *Susdal über, die Kontrolle der Stadt Kiew blieb aber weiterhin Vorbedingung für die legitime Herrschaft. 1240 wurde K. von den *Mongolen unter *Batu-Khan erobert, der Großteil der Stadt zerstört, und das Reich an die *Goldene Horde angeschlossen.
O. K. Kassimenko, *History of Kiev,* 1960.

KILIDSCH ARSLAN I. Seldschukensultan (1092-1106). Sohn des *Suleiman, reorganisierte das von seinem Vater in Kleinasien gegründete Sultanat und machte es vom großen persischen *Seldschukenstaat unabhängig. Er wurde 1097 von den *Kreuzfahrern besiegt und mußte den Byzantinern seine Hauptstadt *Nikaia überlassen, worauf er in Konija (Iconium) eine neue Hauptstadt errichtete, die seinem Reich den Namen verlieh.

KILIDSCH ARSLAN II. Seldschukensultan von Konija (1156-88). Er war einer der begabtesten islamischen Herrscher des 12. Jh.s und mußte sich mit der aufsteigenden Macht der *Senghiden in Syrien und Irak und der Wiedergewinnung kleinasiatischer Territorien durch die Komnenenkaiser von *Byzanz auseinandersetzen. Er führte eine Friedenspolitik und stärkte seine eigene Macht unter Ausnutzung der Konflikte zwischen seinen Nachbarn. Sein entscheidender Sieg über *Manuel I. Komnenos bei *Myriocephalum (1176) sicherte die türkische Beherrschung Kleinasiens.

KILIKIEN Provinz im Osten Kleinasiens, zwischen dem Mittelmeer und dem Taurusgebirge. K. war Teil des byzantinischen Reiches und erlebte im 5.-8. Jh. dank seiner günstigen Lage an den Handelsrouten zwischen Konstantinopel und Syrien eine Blütezeit. In der zweiten Hälfte des 7. Jh.s fielen immer weitere Teile der Provinz den arabischen Angriffen zum Opfer, bis sie zu Beginn des 8. Jh.s gänzlich unter der Herrschaft der *Omajjaden stand. 962 führte Kaiser *Romanos II. einen Feldzug zur Wiedereroberung K.s; zwei Jahre später nahm sein Sohn *Basileios II. die Stadt Adama. Die byzantinische Herrschaft wurde 1071 durch den Einbruch der *Seldschuken beendet, die aus K. ein türkisches Fürstentum mit dem Schwerpunkt um Tarsus machten. In der gleichen Periode errichteten armenische Flüchtlinge auf dem Boden K.s mehrere Staaten, die zu Beginn des 12. Jh.s als Klein-*Armenien zusammengefaßt wurden. 1359 wurde die Provinz von den *Mamluken, und später in 1515 von den *Osmanen erobert.
W. M. Ramsay, *Historical Geography of Asia Minor,* 1890.

KILWARDBY, ROBERT (gest. 1297) Theologe. Er studierte in Paris, wo er auch dem *Dominikanerorden beitrat, und lehrte in Paris und Oxford Theologie. 1261 wurde er Prior der englischen Ordensprovinz und machte sich einen Namen durch seinen Kommentar zu den "Sentenzen", die die aristotelischen Methoden seines Kollegen und Freundes *Thomas von Aquin in Frage stellten. 1273 wurde er Erzbischof von Canterbury und schrieb mehrere (unveröffentlichte) Abhandlungen auf dem Gebiet der Metaphysik. 1278 wurde er zum Kardinalbischof von Porto erhoben und ließ sich in Italien nieder.
E. M. F. Sommer-Seckendorf, *Studies in the Life of Robert Kilwardby,* 1937.

KINDERKREUZZUG Eine Bewegung in Frankreich, Deutschland und den Niederlanden, in deren Verlauf Kinder aus verschiedenen Sozialschichten unter dem Einfluß der *Kreuzzugspredigt das Kreuz nahmen und sich auf den Weg zur Befreiung Jerusalems von den Moslems begaben (1212/13). Es scheint, daß der K. ca. zehntausend Teilnehmer, darunter auch zahlreiche Erwachsene, einschloß. Die Mehrzahl der Kinder kehrte auf Drängen der Obrigkeit nach Hause zurück, andere starben bei Schiffbrüchen im Mittelmeer; eine weitere Zahl wurde als Sklaven nach Ägypten und Nordafrika verkauft.
N. P. Zacour, *The Childrens' Crusade,* in: K. M. Setton (Hg.), History of the Crusades 2, 1962.

KIPTSCHAK Eine Konföderation türkischer Stämme in Zentralasien, die auch mehrere *Mongolenstämme einschloß. Im 11. Jh. verbreiteten sie sich über die Länder der *Chasaren. Die *Polowtsi, der bekannteste Stamm der K., siedelten sich zwischen dem Ural und dem Don an. 1237 wurden die K. von den Mongolen besiegt und schlossen sich diesen an. Unter *Batu-Khan entwickelten sie sich zu einer eigenen "Horde" (Armee) im Rahmen der *Goldenen Horde. Die K. waren Moslems.

KIRCHE (vom griech. ekklisia: Versammlung) Die Bezeichnung für das Gebäude des christlichen Gottesdienstes und die Institution der christlichen Religion. Die lateinische Bezeichnung *ecclesia* schloß im 4. Jh. bereits die Gesamtheit der Gläubigen ein. Infolge des arianischen Schismas über das Wesen der hl. Dreifaltigkeit wurden im 4. Jh. und besonders am Konzil von *Nikäa die institutionellen Grundlagen der K. gelegt, das Glaubensbekenntnis festgelegt und die offizielle Hierarchie der Bischöfe als Regenten der Kirche gefestigt. Der weiterlaufende Disput mit den Arianern führte zur Betonung der *kanonischen Autorität, die sich auf die Bibel, die Kirchenväter und die Entscheidungen der Kirchenkonzile gründete. Am zweiten ökumenischen Konzil von Konstantinopel (381) wurde das Christentum als Staatsreligion des Römischen Reiches und Teil des kaiserlichen Herrschaftsgefüges anerkannt. Die K.norganisation wurde mit der Errichtung der Patriarchensitze von Rom, Konstantinopel, Alexandrien und Antiochia abgeschlossen. Im 5. Jh. kam noch Jerusalem dazu, dessen Einfluß jedoch unbedeutend blieb. Diese Struktur wurde auch im Mittelalter beibehalten, ebenso die institutionelle und theologische Konzeption der K. als Körperschaft der Gläubigen, die zu Beginn des 5. Jh.s vom hl. *Augustinus festgelegt wurde.

Die griechisch-orthodoxe K. war integraler Teil des *byzantinischen Reiches und baute vornehmlich auf der Tradition der griechischen Kirchenväter auf. Sie befand sich unter der Regierung des Kaisers und des Patriarchen von Konstantinopel und zeichnete sich vor allem durch den Gebrauch der griechischen Liturgie und die kaiserliche Organisation aus. Später kam zu diesen Kennzeichen noch die *Ikonenverehrung, der die große Auseinandersetzung mit dem *Ikonoklasmus entsprang. Im Verein mit der politischen Lage der Zeit führten diese Glaubensverschiedenheiten zur allmählichen Trennung von der westlichen, lateinischen Kirche. Gleichzeitig verursachten theologische Dispute innerhalb der griechischorthodoxen K. die Spaltung zwischen den griechischen, semitischen und koptischen Gläubigen. Diese formten im 6. Jh. eigene K.n, in denen die Volkssprachen und eigenständige Glaubenstraditionen zur Anwendung gelangten. Die orthodoxe K. weitete ihre Missionstätigkeit auf das Gebiet der *Slawen aus und konnte im 8.-11. Jh. den Großteil der slawischen Völker Osteuropas zum orthodoxen Ritus bekehren. In der Zwischenzeit wuchs die Kluft zwischen der griechischen und der lateinischen K., hauptsächlich auf Grund der Unterschiede in der institutionellen Organisation, die noch durch die Rivalität zwischen Papsttum und Patriarchen weiter verschärft wurde. Mit der Bannung des Patriarchen *Michael Cerularius durch Papst *Leo IX. im Jahre 1054 war der Bruch endgültig. Auch die Unionsversuche in den letzten Jahrhunderten des Mittelalters, die von den Kaisern aus politischen Gründen unterstützt wurden, brachten angesichts des hartnäckigen Widerstands des griechisch-orthodoxen Klerus keinen Erfolg. Gleichzeitig verlor der Patriarch von Konstantinopel durch die Errichtung unabhängiger Landeskirchen in den slawischen Königreichen an Einfluß.

Die katholische K. war nach dem Fall des weströmischen Reiches die letzte Hüterin des alten römischen Erbes. Die Verbreitung des Arianismus in den neuen germanischen Reichen trug wesentlich zur Stärkung der Führerrolle der K. im Rahmen der römischen und gallischen Bevölkerung bei. Die wichtigste Entwicklung in dieser Hinsicht war der Aufstieg des Bischofs von Rom zum Rang des Papstes. Zwischen dem Pontifikat *Leos I. (Mitte des 5. Jh.s) und dem *Gregors I. (Beginn des 7. Jh.s) erlangte der Bischof von Rom auf der Grundlage der *petrinischen Doktrin volle Macht über die Hierarchie der K. im Westen. Auch die Bekehrung der Franken, die byzantinische Eroberung Italiens und die Versuche der byzantinischen Kaiser, sich das Papsttum untertan zu machen, konnten diese Führungsrolle nicht erschüttern. Im ganzen bewahrte sich die katholische K., auch zu Zeiten völliger politischer Dienstbarkeit unter starken Kaisern, wie etwa unter Karl d.Gr., Otto I. oder Otto II., immer ihre geistige Unabhängigkeit. Der Prozeß der Feudalisierung im 9. Jh. ergriff auch die K. und führte zu einer Minderung der geistlichen Bemühungen. Ämter wurden für Geld verkauft (*Simonie), und Priester und Mönche führten einen weltlichen Lebenswandel. Nur einige Klöster, wie etwa *Cluny, bewahrten die Reinheit ihrer Ideale.

Die Umordnung der K. im 11. Jh., die auch als gregorianische Reformbewegung bekannt ist, versuchte diese Situation radikal zu ändern und wandte sich gegen die Mißstände innerhalb der K. und besonders gegen die Einmischung des Laientums bei der Ernennung von kirchlichen Würdenträgern. Der lange Kampf zwischen K. und Staat, der *Investiturstreit (1076-1122), wurde durch eine Kompromißlösung beendet. Das Papsttum

Gottesdienst in der Westminster Abtei

konnte innerhalb der K. seine zentralistische Regierung durchsetzen und wandte sich im Kampf um die Vorherrschaft im Christentum gegen das *Heilige Römische Reich (1150-1250). Beide Seiten wurden durch den langen Kampf geschwächt, der den Weg zum Aufstieg der nationalen Monarchien ebnete. Die Könige konnten (wie in Frankreich) dem Klerus des Landes ihren Willen aufzwingen. Die "Gefangenschaft" des Papsttums zu *Avignon und das darauffolgende *Große Abendländische Schisma führten zum Aufstieg nonkonformistischer Bewegungen innerhalb der Kirche und stärkten wesentlich den weltlichen Geist.

Ketzerbewegungen gab es innerhalb der K. seit dem Frühchristentum. Diese wurden jedoch nur zum Teil von theologischen Meinungsverschiedenheiten verursacht. Besonders im 12.- 13. Jh. war oft das soziale Moment ausschlaggebend, das jedoch in der aristokratisch-hierarchischen Gesellschaft des Mittelalters in antikirchlichen Begriffen artikuliert werden mußte. Zur Unterdrückung solcher Bewegungen bediente sich die K. der *Bettelorden, die den wahren Glauben predigten, des *Kreuzzugs und der *Inquisition, ohne jedoch immer das gewünschte Ziel zu erreichen. So konnte sich *Wycliff gegen Ausgang des 14. Jh.s offen gegen die etablierte K. wenden; die *Hussitenbewegung in Böhmen wurde niemals zerstört.

Im Osten wurden im 5. Jh. an den Grenzgegenden des byzantinischen Reiches von einer Anzahl örtlicher Bischöfe eigene K.n gegründet, die der Verurteilung

Ecclesia und Synagoge; *gotische Plastik vom Portal des Straßburger Münsters, um 1235*

Überreste der Kreuzfahrerfestung Montfort in Galiläa, 12. Jh.

durch die K.-Konzile trotzten. In *Armenien entstand eine National-K., ebenso in *Äthiopien und in Ägypten. Andere Ostkirchen erlangten dagegen nur die Entwicklungsstufe von Sekten, wie die *Nestorianer, die sich in kleinen Gemeinden bis China ausbreiteten, und die *Jakobiten.

H. Jedin (Hg.), *Handbuch der Kirchengeschichte* 1-3, 1962-72.

KIRCHENSTAAT (Patrimonium Sancti Petri) Die in Besitz und unter der weltlichen Herrschaft des Papsttums stehenden Provinzen in Mittelitalien. Der Ursprung des K.s liegt im 5. und 6. Jh., als einige Päpste ihren persönlichen Besitz in und um Rom an das Papsttum vererbten. Als sich die *Langobarden 590 der Stadt näherten und der byzantinische *Exarch von Ravenna keine Hilfe senden konnte, ließ Papst *Gregor I. das Zeichen des hl. Petrus an die Stadtmauern hängen und symbolisierte dadurch den Hoheitswechsel. Damit war der K. gegründet. Als im 7. Jh. das byzantinische Herzogtum Rom aufgelöst wurde, gingen seine Herrschaftsfunktionen an das Papsttum über, das damit zum Herren von *Latium wurde. Im Kampf gegen die Langobarden wandten sich die Päpste an die *Franken mit der Bitte um Hilfe. 754 bestätigte *Pippin d. Kurze im Austausch gegen die päpstliche Anerkennung seines Königstitels die territorialen Ansprüche des Papsttums in Italien und schloß darin neben dem alten Herzogtum Rom auch die byzantinischen Besitzungen von Ravenna und eine Reihe von Langobardengütern zwischen Rom und dem Po ein. 774 bestätigte *Karl d.Gr. seines Vaters Bestimmungen, übernahm aber kraft seiner Eigenschaft als "Patrizier von Rom" die Verwaltung des K.s im Rahmen seines Reiches. Mit der Teilung des *Karolingerreiches wurde der K. rechtlich dem Papsttum zurückerstattet; tatsächlich verblieb aber nur Latium unter der päpstlichen Herrschaft, während die nördlichen Provinzen unter örtlichen Machthabern aufgeteilt wurden. Im 10. Jh. durchlief der K. den Prozeß der Feudalisierung; der Adel suchte nicht nur die päpstlichen Länder, sondern auch das Papsttum selbst unter seine Kontrolle zu bringen. Nach dem Fall der Hohenstaufen (zweite Hälfte 13. Jh.s) waren die Päpste bestrebt, ihre Hoheit wieder geltend zu machen und den Lehnseid der verschiedenen *Guelfenführer in den Provinzen Ravenna und Bologna zu bekommen. Mit der Niederlassung der Päpste in *Avignon (1305) erlangten die örtlichen Machthaber und sogar die Stadt Rom wieder ihre Unabhängigkeit; in Avignon und Umgebung entstand dagegen durch die Schenkung der Königin *Johanna I. von Neapel ein neuer südfranzösischer K. 1350 sandte Papst *Clemens VI. den spanischen Kardinal *Albornoz als Statthalter Roms und des K.s nach Italien. Dieser unterwarf die örtlichen Machthaber und erneuerte die Verfassung des K.s. Nach der Rückkehr des Papsttums nach Rom und den Wirren der *Konzilszeit in der ersten Hälfte des 15. Jh.s wurde der Prozeß der Rekuperation durch die Päpste und ihre Heerführer in Latium, Umbrien, Ancona, Ravenna und Bologna fortgesetzt.

H. Fuhrmann, *Quellen zur Entstehung des Kirchenstaats*, 1968; A. Esch, *Bonifaz IX. und der Kirchenstaat*, 1969.

KLARA (hl.; 1194-1253) Gründerin des Klarissenordens. 1212 gab sie unter dem Einfluß der Lehre des hl. *Franziskus alle ihre Güter in Mittelitalien auf, um sich dem Leben in Armut zu widmen. Mit einer Gruppe von Anhängerinnen, den sog. Klarissen, gesellte sie sich zur Schar des hl. Franziskus und gründete 1215 das Nonnenkloster der Franziskaner zu *Assisi. Der Orden verbreitete sich rasch und wurde 1229 von Papst *Gregor IX. genehmigt. K. wurde in der Gruft der Franziskanerkirche von Assisi begraben und bald in ganz Europa verehrt.

E. Gilliat-Smith, *Saint Clare of Assisi*, 1913.

KLAUS Siehe *NIKOLAUS.

KLEINASIEN (Anatolien) Die westlichste Halbinsel des asiatischen Kontinents, zu Beginn des Mittelalters das Kernland des oströmischen Reiches, das sich zum byzantinischen Staat entwickelte. Die Inlandsgebiete K.s waren unterentwickelt und nach Stämmen organisiert, die Küstengegenden dagegen erreichten einen hohen Entwicklungsstand und waren bedeutende Zentren des christlichen Hellenismus. Zur Zeit der Völkerwanderung blieb K. von den Einfällen der germanischen, slawischen und asiatischen Nomadenvölker verschont, diente als wichtigste Quelle von Steuereinkommen und stellte viele Menschen für Byzanz zur Verfügung. Im Jahre 716 ergriff die aus den Bergen K.s stammende *Isaurierfamilie die Macht im Reich und trug im folgenden die Verteidigung des Landes gegen die arabischen Eroberungsversuche. Im 8. Jh. wurde K. durch den Bilderstreit geschwächt, im 10. und 11. Jh. vernachlässigten die Kaiser K. zugunsten des Balkans; im Lande entstanden partikularistische Bewegungen, die die Unterschiede zwischen den einzelnen Teilen K.s scharf betonten. Diese Teilung und besonders die Kluft zwischen den griechisch-orthodoxen Bewohnern im Westen und den *Armeniern im Osten K.s erleichterten die *seldschukische Eroberung des Landes nach der Niederlage bei *Mansikert. Die Errichtung des Seldschukenstaats in K. mit der Hauptstadt Iconium (Konia) bedrohte sogar Nikäa, die zentrale Stadt des Byzantinerreiches. Die Armenier konnten jedoch ihre Unabhängigkeit bewahren, und die Heere des ersten *Kreuzzugs besiegten die Seldschuken bei *Dorylaeum (1097). Dies führte zur Teilung zwischen dem byzantinischen K. in den Küstengegenden und dem Seldschukenreich im Zentrum der Halbinsel. Nach dem vierten *Kreuzzug und der Errichtung des *Lateinischen Kaiserreichs von Konstantinopel zogen sich die Byzantiner nach K. zurück, wo sie das Reich von Nikäa (*Byzanz) und das Reich von Trapezunt errichteten. Gegen Ende des 13. Jh.s setzten sich die *osmanischen Türken im östlichen K. fest, von wo sie im 14. Jh. die gesamte Halbinsel eroberten.

K. Bittel, *Kleinasiatische Studien*, (Neudr.) 1967.

KLERUS (Kleriker) Die Bezeichnung für die Mitglieder des kirchlichen Standes, die seit Beginn des Mittelalters als Teile der bischöflichen Familie einen privilegierten Status besaßen und von der weltlichen Gerichtsbarkeit ausgenommen waren. Diese Position fand ihren Ausdruck im Begriff der *Immunität, der Befreiung kirchlicher Anstalten von der Gerichtsbarkeit und Besteuerung der Könige und Feudalherren. Die Immunität, die bis dahin nur einzelnen Kirchen verliehen worden war, wurde unter den *Karolingern auf den gesamten K. ausgedehnt, der sich damit zu einem privilegierten Stand innerhalb der Gesellschaft entwickelte. Dabei bemühten sich kirchliche Denker von *Hinkmar von Reims bis *Adalbert von Laon (11. Jh.), dem K. einen Platz im politischen Aufbau zuzuweisen, und entwickel-

Dom von Monreale, im 12. Jh. im romanisch-normannischen Stil Siziliens gebaut

ten das Konzept, wonach der K. als erster Stand über dem Adel und den Bauern stehe. Seit dem 11. Jh. bestand eine weitere Bedeutung des Begriffs *clericus* für eine des Lateinischen mächtige Person, die Dokumente niederschreiben konnte und deshalb an den königlichen und feudalen Höfen als Schreiber wirkte. Weitere Teile der Bevölkerung, wie die niedrigen Ränge der Priesterschaft, Universitätsstudenten und -lehrer besaßen ebenfalls einen Teil der Vorrechte des K. wie etwa die Prozeßführung vor dem kirchlichen Gerichtshof, besaßen jedoch nicht die politischen Privilegien der Bischöfe und Äbte.

KLOSTER Siehe *ABTEI.

KLUNY Siehe *CLUNY.

KNOWLES (KNOLLES), SIR ROBERT (um 1325-1407) Englischer General von niedriger sozialer Herkunft, der sich im *Hundertjährigen Krieg große Verdienste erwarb und geadelt wurde. Als Besitzer von reichen Landgütern in der Bretagne führte er die kleinen berittenen Banden der chevauchées und bedrohte 1370 sogar Paris. 1381 befehligte er die königliche Armee, die in London, Essex und Kent den *Großen Englischen Bauernaufstand niederwarf. M. H. Keen, *England in the Later Middle Ages,* 1973.

KNUT DER GROSSE (995-1035) König von Dänemark (1018-35), England (1016-35) und Norwegen (1028-35). Sohn König *Svens, vollendete die dänische Eroberung Englands, die sein Vater begonnen hatte, und wurde 1016 zum König ausgerufen. Seine Herrschaft kann allgemein als wohltätig bezeichnet werden. 1018 folgte er seinem Bruder *Harold auf den dänischen Thron und errichtete ein starkes Nordseereich, an das er 1028 das innerlich uneinige Norwegen anschloß. K.s Herrschaft gründete sich auf die Respektierung der Traditionen und Institutionen seiner Reiche. Er baute eine starke Flotte, die ihm die Beherrschung der Nordsee ermöglichte und unterhielt freundliche Beziehungen mit Kaiser *Konrad II. Mit ihm begann das dänische Vordringen in Schleswig. L. M. Larson, *Canute the Great,* 1912; P. Lauring, *Geschichte Dänemarks,* 1964.

KNUT IV. (hl.; um 1040-86) König von Dänemark (1080-86). Sohn des Sven Esthritson, führte Heerzüge nach England und in das Baltikum, bekämpfte die Macht des Adels und begünstigte die Kirche, die er auch in der Verwaltung des Landes benutzte. Die hohen Steuern führten zu häufigen Bauernaufständen; 1086 mußte K. vor einer allgemeinen Revolte nach Odense fliehen, wo er in seinem Klosterasyl ermordet wurde. K. war ein tiefreligiöser Mann und wurde im Jahre 1100 heiliggesprochen. E. Hoffmann, *K. d. Hl.,* in: Historische Zeitschrift 218, 1974.

KNUT VI. (1163-1202) König von Dänemark (1182-1202). Sohn und Nachfolger *Waldemar Knudssons, regierte mit Hilfe seines Bruders und Nachfolgers *Waldemar II. und des Erzbischofs von Lund, *Absalon. Nach seiner Heirat mit der Tochter *Heinrichs d. Löwen weigerte er sich, die Oberhoheit Kaiser *Friedrichs I., des Rivalen Heinrichs, anzuerkennen. Er unterstützte Absalons Expeditionen nach Pommern und Mecklenburg gegen die wendischen Slawen und nannte sich nach Beendigung "König der Wenden". Darauf eroberte er Holstein, Hamburg und Lübeck und errichtete die dänische Herrschaft über die Ostsee. Seine wichtigste Errungen-

schaft war der Aufbau der feudalen Monarchie in Dänemark, die die Wikingerperiode abschloß. P. Lauring, *Geschichte Dänemarks,* 1964; N. Skyvum-Nielsen, *Kvinde og Slave,* 1971.

KNUT I. Eriksson (gest. 1195) König von Schweden (1168-95). Nachfolger seines Onkels Karl VII. Nach langen Jahren der Thronwirren war seine Regierungszeit eine Periode des Friedens. Er ließ seinen Vater *Erik heiligsprechen und machte dessen Begräbnisstätte *Uppsala zur politischen und geistlichen Hauptstadt Schwedens. Er bekämpfte die estnischen Piraten und befestigte die Küste mit einer Reihe von Burgen, von denen *Stockholm die wichtigste war. I. Anderson, *A History of Sweden,* 1952.

KNUT LAVARD (um 1096-1131) Dänischer Fürst, Neffe von König Niels, dank seiner gewinnenden Persönlichkeit und seiner erfolgreichen Feldzüge gegen die *Wenden besonders in Schleswig und im südlichen Jütland beliebt und der natürliche Kandidat für die Nachfolge von König Niels. Dieser ließ ihn 1131 ermorden, was zur Thronbesteigung von K.s Sohn *Waldemar I. und zur Gründung eines neuen dänischen Herrscherhauses führte. P. Lauring, *Geschichte Dänemarks,* 1964.

KOBLENZ Deutsche Stadt am Zusammenfluß der Mosel und des Rheins, wurde von den Römern als Kastell gegründet, das auch den Kern der mittelalterlichen Stadt darstellt. Im 6. Jh. wurde K. von den *Merowingern befestigt und diente später als wichtiges Zentrum im fränkischen Königreich Austrasien. Bei der Reichsteilung 843 ging K. zuerst an Lothar, wurde aber nach 860 an Deutschland angeschlossen. Das Wiederaufleben des Rheinhandels machte K. zu einer blühenden Stadt, über die sich die anliegenden Grafen stritten. 1018 wurde die Stadt dem *Trierer Erzbischof zugesprochen, im 13.-15. Jh. diente sie als erzbischöfliche Residenz und wurde eindrucksvoll ausgebaut. 1343 errichtete man die große Rheinbrücke. F. Michel, *Geschichte der Stadt Koblenz im Mittelalter,* 1963.

KOLLEG (KOLLEGIUM) Ursprünglich eine kirchliche Bezeichnung für eine Körperschaft von Klerikern mit besonderem rechtlichen Status, meistens für die gemeinschaftlich lebenden *Kanoniker gebraucht. Das wichtigste K. in der katholischen Kirche war und ist das *Kardinals-K. zu Rom. Seit der zweiten Hälfte des 12. Jh.s bezeichnet K. auch eine Gruppe von Studenten und Professoren, die zusammen in einer Stiftung wie etwa der *Sorbonne zu Paris leben. An den Universitäten Oxford und Cambridge war das K. die gebräuchlichste Organisationsform. Sie wurden seit dem 12. Jh. durch königliche oder private Stiftungen gegründet und unterhielten und deckten die Kosten für das Studium, die Mahlzeiten und die Unterkunft. Das K. war in der Form des *Kapitels organisiert; die Studenten waren verpflichtet, an den gemeinschaftlichen Aktivitäten, wie Mahlzeiten, Gebete und Umzüge, teilzunehmen.

KÖLN Deutsche Stadt am Rhein, von den Römern als Colonia Agrippinensis gegründet und seit dem ausgehenden 4. Jh. ein wichtiges christliches und jüdisches Zentrum inmitten der ripuarischen Besitzungen der *Franken. Unter *Karl d.Gr. wurde K. zum Erzbistum erhoben; zu Beginn des 9. Jh.s erstreckten sich die Besitzungen der Erzbischöfe über die gesamte Rheinprovinz. Die

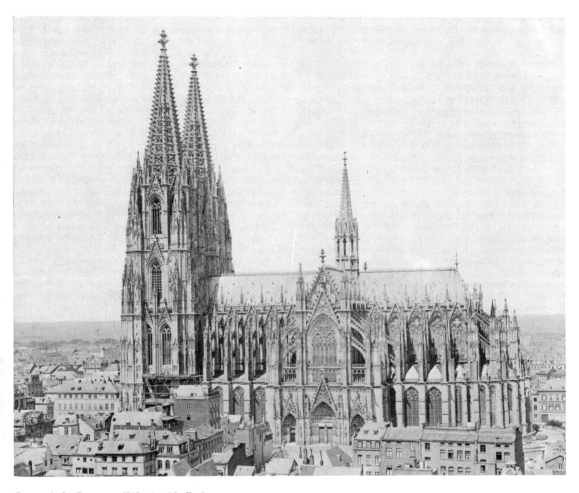

Der gotische Dom von Köln, im 13. Jh. begonnen

Erzbischöfe standen im Rang nur *Mainz nach und erhielten das Vorrecht, den deutschen König zu Aachen zu krönen. Kaiser *Otto I. ernannte seinen Bruder *Bruno zum Erzbischof von K.; dessen Nachfolger spielten eine bedeutende Rolle in der deutschen Reichspolitik. Das Wiederaufleben des Handels im 11. Jh. trug zu K.s Wachstum und dem Entstehen einer Aristokratie von Stadtbürgern bei, in der die Handelsgilden führend waren. Im 12. und 13. Jh. entwickelten diese Gilden den Handel mit den Niederlanden und England, was auch zu einer politischen Annäherung an England und die anderen Rheinstädte führte und nicht immer mit den Interessen des Erzbischofs übereinstimmte. Im 13. Jh. ließen die wiederholten Zusammenstöße mit den Stadtbürgern die Macht des Erzbischofs sinken, ohne daß K. jedoch seinen Charakter als religiöser Mittelpunkt verlor. Dieser wurde durch den Bau des großen gotischen Doms (begonnen 1248) sowie die Niederlassung der *Dominikaner und deren Studium unter *Albertus Magnus eher noch betont. Die Machtergreifung der Stadtbürger (1288) behielt den Erzbischof als nominellen Stadtherren, die eigentliche Macht

lag jedoch in den Händen der Patrizier. K. trat dem Rheinischen Städtebund und der *Hanse bei. 1388 wurde die erste städtische Universität Deutschlands in K. gegründet. Die Handwerkerzünfte erlangten 1396 den Zugang zum Stadtrat und regierten im Laufe des 15. Jh.s gemeinsam mit den Kaufleuten. Die in der *Goldenen Bulle Karls IV. als geistliche Kurfürsten anerkannten Erzbischöfe bauten im westlichen Deutschland einen großen Fürstenstaat auf; die Stadt Köln entwickelte sich dagegen zur freien *Reichsstadt, deren Status 1475 rechtliche Anerkennung fand.

E. Ennen, *Geschichte der Stadt Köln*, 5 Bde., 1869-80; R. Koebner, *Die Anfänge des Gemeinwesens der Stadt Köln*, 1922.

KOLOMAN (KALMAN) I. (um 1074-1116) König von Ungarn (seit 1095). Sohn des *Wladislaus I., führte die strenge Innenpolitik und die territoriale Ausdehnung auf dem Balkan fort, die die Herrschaft seines Vaters kennzeichneten. 1096-97 beschleunigte er den Durchzug des *Kreuzfahrerheeres durch Versorgungslieferungen. 1101 eroberte er *Kroatien und 1105 *Dalmatien, wo er die Slawen dem Katholizismus unterwarf. Seine letzten Regierungsjahre standen im Zeichen von Thronwirren, an denen sein Bruder Almos beteiligt war.

G. Homan, *Geschichte des ungarischen Mittelalters*, 1940.

KOMMENDATION Begriff aus dem *Lehnswesen zur Bezeichnung des Aktes, mit dem sich eine Person in den Schutz (die "munt") eines Grundherrn begibt.

KOMMENDE, KOMTUR Bezeichnung der Ordenshäuser und -güter der Ritterorden (*Johanniter, *Templer, *Deutschherren usw.) in Europa.

KOMMUNE (communitas) Bis zum Ende des 11. Jh.s Bezeichnung für Körperschaften von Klerikern wie der *Kanoniker; im 11. Jh. auch für die *Friedensvereinigungen gebraucht. Seit dem späten 11. und dem 12. Jh. mehr und mehr auf die Schwurvereinigungen von Stadtbürgern angewandt, die sich zur Erlangung des Rechts auf Selbstregierung gegen die kirchlichen und weltlichen Stadtherren (Bischöfe, Grafen . . .) zusammentaten. Im 12. Jh. erwarben sich die K.n oft die königliche Anerkennung ihrer Privilegien und waren deshalb direkt von der Königsmacht abhängig. Die von den Mitgliedern beschworene K. entwickelte sich in fast allen europäischen Län 1ern und spielte im 13. Jh. eine bedeutende Rolle. In England zum Beispiel wurde die K. von London in der *Magna Charta als privilegierte Körperschaft anerkannt. Mit der Entwicklung der Ständeversammlungen und Parlamente wurde auch die K. in die ständischen Institutionen integriert, meistens im Rahmen einer besonderen Kammer der K. In Italien profitierten die K.n vom Kampf zwischen Papsttum und Reich und erlangten volle Unabhängigkeit sowie den Rang von Stadtstaaten. In Frankreich wurde die K. durch das Wachstum der Königsmacht, besonders in der Zeit *Ludwigs IX., geschwächt. Die königliche Regierung nutzte die inneren Streitigkeiten in den K.n und verlieh einzelnen einflußreichen Persönlichkeiten den Status *bourgeois du roi*. Trotzdem wurden sie wegen ihrer wirtschaftlichen Bedeutung als "Dritter Stand" an die *Generalstände angeschlossen (*Städte).

E. Ennen, *Die europäische Stadt im Mittelalter*, 1972.

KOMNENEN Siehe *BYZANZ.

KOMPASS Instrument, dessen magnetisierte Nadel sich freihängend auf den Nord- und Südpol einpendelt. Die chinesische Erfindung wurde von arabischen Seefahrern übernommen und war im Westen bereits im 12. Jh. bekannt. Alexander *Neckam erwähnte den K. in seiner Abhandlung *De Naturis Rerum*. 1269 beschrieb Petrus *Peregrinus von Maricourt die magnetischen Eigenschaften des K.es; seit dieser Zeit fand das Instrument beim Kartenzeichnen Verwendung.

E. O. von Lippmann, *Geschichte der Magnetnadel bis zur Erfindung des Kompasses*, 1932.

KÖNIGSBERG Preußische Stadt am Ufer der Ostsee, die um eine 1255 von den *Deutschherren erbaute Festung entstand. Sie wurde von deutschen Einwanderern besiedelt und erlangte 1286 das Stadtrecht. 1340 trat K. der Deutschen *Hanse bei und wurde eines der wichtigen Mitglieder des Städtebundes. 1451 übernahmen die Deutschherren die Stadt und machten sie zum Mittelpunkt des Ordens und zur Hauptstadt ihres preußischen Staates.

F. Gause, *Geschichte der Stadt Königsberg*, 1966ff.

KÖNIGSBOTEN Siehe *MISSI.

KONKLAVE Seit dem späten 13. Jh. die Bezeichnung des verschlossenen Raumes, in dem das *Kardinalskollegium zur Papstwahl zusammentritt; in weiterer Bedeutung die Bezeichnung des Papstwahlaktes. 1274 ordnete Papst *Nikolaus nach einer Papstvakanz die noch heute gültige Form des K. an, um die Kardinäle durch Abschließung zur raschen Wahl zu zwingen.

KONKORDAT Ein Abkommen zwischen der kirchlichen und der weltlichen Gewalt in wichtigen Fragen. Unter den zahlreichen K.en zwischen dem Papsttum und den Kaisern und Königen ist das K. von *Worms, das den *Investiturstreit beendete, am bekanntesten.

KONRAD I. (gest. 918) König von Deutschland (911-18). Der Sohn der westfränkischen Grafenfamilie der Konradiner wurde nach dem Aussterben der deutschen *Karolinger vom Adel zum König gewählt. Er bekam den Widerstand des *lothringischen Adels zu spüren, der *Karl III. d. Einfältigen vorgezogen hatte, und bemühte sich, den Stammesherzogtümern die königliche Gewalt aufzuzwingen, konnte jedoch trotz der Unterstützung des Episkopats kein Königshaus gründen.

G. Tellenbach, *Die Entstehung des deutschen Reiches*, 1943.

KONRAD II. (um 990-1039) Deutscher Kaiser (1024-39). Sohn Heinrichs, des Grafen von Speyer, und Gründer des *salischen Königshauses. Nach der Befriedung Deutschlands wandte er sich 1026 nach Italien, wo er die Lombardei unterwarf und im folgenden Jahr zum Kaiser gekrönt wurde. 1032 erbte er das Königreich *Burgund und schloß es an das Römische Reich an. Seine Aktivitäten an der deutschen Ostgrenze ermöglichten die Anfänge der deutschen Ostbewegung. K. bediente sich der *Ministerialen (Beamte unfreier Herkunft) zur Festigung der kaiserlichen Verwaltung und stärkte das *Lehnswesen durch die Verleihung der vollen Befehlsgewalt an die Lehnsherren. Er kehrte 1038 von Italien zurück, um einen Aufstand Mailands niederzuschlagen, mußte aber wegen einer Seuche im Heer die Belagerung der Stadt aufheben.

K. Hampe, *Deutsche Kaisergeschichte in der Zeit der Salier und Staufer*, 1949[10].

KONRAD III. von Schwaben (um 1093-1152) Deutscher König (1138-52). Sohn des Herzogs Friedrich von Schwaben und der Agnes, Tochter Kaiser *Heinrichs IV., und Gründer des Königshauses der *Hohenstaufen. 1117 wurde er von *Heinrich V. zum Herzog von Franken ernannt, wirkte im folgenden als Gegenkönig und Führer des Widerstands gegen *Lothar III., versöhnte sich aber 1135 mit diesem. Seine Wahl zum König rief den Aufstand *Heinrichs d. Stolzen, des Hauptes der *Welfen, hervor. K. mußte nach anfänglichen Erfolgen dem Erbfall Sachsens an das Welfenhaus zustimmen. 1147 nahm er trotz des Widerstands Papst *Eugens III. am zweiten *Kreuzzug teil, verlor aber den größeren Teil seines Heeres durch Seuchen und im Kampf gegen die *Seldschuken in Kleinasien. 1148 traf er mit den Überresten des Heeres in Akkon ein und nahm an dem Angriff auf Damaskus teil, der ebenfalls fehlschlug. Nach seiner Rückkehr nach Europa bereitete er im Verein mit Kaiser *Manuel Komnenos einen Angriff auf *Roger II. von Sizilien vor, mußte aber wegen eines neuen Welfenaufstandes nach Deutschland zurückkehren.

W. Bernhardi, *Konrad III.*, 1883;

O. Engels, *Beiträge zur Geschichte der Staufer im 12. Jh.*, in: Deutsches Archiv 27, 1971.

KONRAD IV. (1228-54) Deutscher König (1250-54) und König von Jerusalem (1228-54), Sohn *Friedrichs

II. und der Isabella von Brienne, Königin von Jerusalem. K. wurde bei seiner Geburt zum König des Kreuzfahrerreichs ausgerufen, ohne es später je tatsächlich regiert zu haben. 1237 wurde er auf Drängen seines Vaters zum Römischen König gewählt, um seine Erbfolge zu sichern, konnte sich nach Friedrichs Tod jedoch nicht an der Macht halten und ging nach Sizilien, das er zwischen 1252 und 1254 zusammen mit seinem Halbbruder *Manfred regierte. Mit seinem Tod im Jahre 1254 starb die legitime Linie der Hohenstaufen aus.

K. G. Kugelmann, *Die Wahl Konrads IV.*, 1914.

KONRAD V. (KONRADIN) von Hohenstaufen (1252-68) Titularkönig von Deutschland, Sizilien und Jerusalem (1254-68). Der Sohn *Konrads IV. wurde in Palermo im Alter von zwei Jahren von *Manfred gekrönt und führte nach dessen Tod (1266) die Kräfte der italienischen *Ghibellinen gegen *Karl von Anjou und die *Guelfen. Er wurde 1268 in der Schlacht von Tagliacozzo von Karl besiegt und als Verräter hingerichtet.

K. Hampe, *Geschichte Konradins von Hohenstaufen*, 1940².

KONRAD I. (gest. 993) König von Burgund (973-93). Der Sohn *Rudolfs II. wurde gegen den Widerstand Hugos von Arles zum König ausgerufen, mußte vor diesem an den Hof *Ottos I. fliehen und konnte 942 mit deutscher Hilfe wiederum die Macht ergreifen.

KONRAD VON ANTIOCHIA (gest. 1290) Der außereheliche Enkel Kaiser *Friedrichs II. wurde mit Gütern in Mittelitalien ausgestattet und stand nach 1260 seinem Onkel *Manfred als einer der Führer der *Ghibellinenpartei bei. 1266 konnte er trotz der Niederlage und dem Tod Manfreds seine Güter in den Abruzzenbergen behalten und begleitete *Konradin von Deutschland nach Italien. Er wurde in der Endschlacht von Tagliacozzo 1268 gefangen genommen, konnte aber entfliehen und war weiter als Verbündeter der Aragonier gegen *Karl von Anjou tätig. 1282 spielte er eine wichtige Rolle in der *Sizilianischen Vesper.

S. Runciman, *Die sizilianische Vesper*, 1959.

KONRAD VON BAYERN (gest. 1055) Der Enkel Kaiser *Heinrichs III. wurde 1049 zum Herzog von Bayern ernannt und geriet mit dem unter kaiserlichem Schutz stehenden Bischof von Regensburg in einen heftigen Machtstreit. Von 1053 bis zu seinem Tod war K. Führer des Widerstandes gegen den Kaiser.

KONRAD BUSARUS (13. Jh.) Jurist und Berater Herzog Ludwigs von Bayern, wurde 1260 von diesem an die päpstliche Kurie gesandt, um für die Sache *Konradins gegen *Manfred von Sizilien einzutreten. Seine Mission brachte keine Erfolge, führte aber zur Aufsplitterung der *ghibellinischen Partei in Italien und half deren Widersachern, den *Guelfen und *Karl von Anjou.

K. Hampe, *Geschichte Konradins von Hohenstaufen*, 1940².

KONRAD CAPECE (gest. 1270) Ghibellinenführer in der Toskana, wurde von *Manfred von Sizilien zum Vikar von Ancona, der Toskana und Sizilien bestellt. 1267 berief er *Konradin nach Italien; nach der Schlacht von Tagliacozzo leitete er in Sizilien den Widerstand gegen *Karl von Anjou. Dieser ließ ihn 1270 exekutieren.

KONRAD I. DER GROSSE Markgraf von Meissen (1123-57). Sohn des sächsischen Wettinerhauses, wurde von *Lothar von Supplinburg gegen den Wunsch Kaiser *Heinrichs V. zum Markgrafen ernannt. K. errichtete in

der Mark eine wirksame Verwaltung und war eine der führenden Persönlichkeiten der deutschen Expansion jenseits der Elbe.

KONRAD VON HOCHSTADEN (gest. 1261) Einer der größten Erzbischöfe Kölns (1238-61) und eine wichtige Figur in der Reichspolitik seiner Zeit. 1240 verließ er das Lager *Friedrichs II. und war als Führer der Oppositionspartei tätig. Während des *Interregnums (1250-75) war er führend an der Wahl der verschiedenen Könige, darunter auch *Richards von Cornwall beteiligt. Er nutzte seine Stellung zur Stärkung seines Fürstentums aus, förderte die Errichtung des *Dominikanerstudiums in Köln und erbaute den berühmten gotischen Dom der Stadt.

M. Kettering, *Der Kölner Erzbischof Konrad von Hochstaden*, 1951.

KONRAD I. VON KÄRNTEN (Herzog; 1104-11) Ein Verwandter des sächsischen Kaiserhauses über seine Mutter Liutgard, die Tochter *Ottos I. K. regierte sein Herzogtum als ergebenes Werkzeug *Heinrichs II.

KONRAD II. VON KÄRNTEN, der Jüngere (Herzog; 1036-39) Sohn K.s I., zog sich 1011, nachdem ihm Heinrich II. Kärnten nicht verleihen wollte, nach Franken zurück und nahm enge Beziehungen mit dem Haus der Salier auf. 1036 machte ihn *Konrad II. zum Herzog von Kärnten, wo er die Germanisierung förderte.

KONRAD III. VON KÄRNTEN (Herzog; 1056-61) Neffe K.s II., ein begabter Administrator, der Stadtgründungen und die deutsche Einwanderung in Kärnten förderte.

KONRAD VON MARBURG (um 1180-1233) Päpstlicher Inquisitor in Deutschland. Der Sohn Marburgs studierte wahrscheinlich in Bologna und führte danach ein asketisches Leben. 1213 predigte er den von Papst *Innozenz III. ausgerufenen Kreuzzug. Er wirkte als geistlicher Lehrer der hl. *Elisabeth. 1231 ernannte ihn *Gregor IX. zum Leiter der Inquisition in Deutschland mit direkter Verantwortlichkeit vor dem Papst. K.s rücksichtsloses Vorgehen führte zu seiner Vorladung vor eine Bischofsversammlung in Mainz, wo er sich wegen seiner irregulären Gerichtsprozedur verantworten sollte. Auf dem Weg nach Marburg wurde er von der aufgebrachten Bevölkerung ermordet.

B. Kaltner, *Konrad von Marburg und die Inquisition in Deutschland*, 1882.

KONRAD I. VON MASOWIEN (um 1187-1247) Herzog von Masowien (Nordpolen), berief zur Bekämpfung der heidnischen Preußen den *Deutschherrenorden nach Preußen (1230), wofür er dem Orden das Culmer Land übergab.

KONRAD VON MEGENBERG (um 1309-74) Deutscher Naturwissenschaftler, studierte in seinem Heimatland und besuchte die bekannten Studienorte Westeuropas. 1350 vollendete er die erste bedeutende naturwissenschaftliche Abhandlung in deutscher Sprache: das "Buch der Natur". Darin schrieb er neben einer freien Übersetzung der *De Rerum Natura* des Thomas von *Cantimpré auch über eigene Beobachtungen zu Regenbogen, Tieren, Pflanzen und Seuchen; so findet sich dort zum Beispiel die Feststellung, daß Quellen, Brunnen und Flüsse durch den Regenfall frische Wasserzufuhr erhalten. Das Buch wurde weit verbreitet und schon 1475 gedruckt. K. verfaßte noch ca. 30 weitere Schriften.

H. Ibach, *Leben und Schriften des Konrad von Megenburg*, 1938.

KONRAD VON MONTFERRAT (gest. 1192) König von Jerusalem (1190-92). Onkel des Kinderkönigs *Balduin V., gelangte nach der Niederlage von *Hattin ins Heilige Land und organisierte die Verteidigung von Tyrus, des letzten Bollwerks des Kreuzfahrerreiches, zu dessen Herrn er 1187 ausgerufen wurde. Er weigerte sich, König Guido von Lusignan anzuerkennen, und schlug bei der Belagerung von *Akkon eine selbständige Politik ein. K. wurde 1190 durch die Heirat mit Prinzessin Isabelle König von Jerusalem, fiel aber 1192 dem Anschlag der *Assassinen zum Opfer.
S. Runciman, *Geschichte der Kreuzzüge* 3, 1959.

KONRAD DER ROTE (gest. 955) Herzog von *Lothringen. Sohn einer einflußreichen fränkischen Familie, wurde 944 von *Otto I. mit dessen Tochter verheiratet und zum Herzog von Lothringen ernannt. K.s Hauptaufgabe war die Befriedung der großen Provinz, in der die *Karolinger noch zahlreiche Freunde besaßen. 951 erledigte er für Otto eine diplomatische Mission in Italien, danach kehrte sich die Freundschaft zur Rivalität um. K. verbündete sich mit weiteren deutschen Herzögen und Grafen und den *Ungarn in einer Verschwörung gegen den König, mußte aber 954 den Kampf aufgeben und verlor Lothringen. Das Herzogtum wurde darauf in Ober- und Niederlothringen geteilt.
G. Tellenbach, *Königtum und Stämme in der Werdezeit des deutschen Reiches,* 1939.

KONRAD DER SALIER (gest. 1101) Sohn Kaiser *Heinrichs IV., wurde von seinem Vater zum Herzog von Lothringen und König von Italien erhoben, um in diesen Gebieten die kaiserliche Politik auszuführen. In Italien angelangt, erhob er sich jedoch gegen seinen Vater, wurde im Jahr 1100 seines Amtes enthoben und schließlich enterbt. Er starb in Florenz.

KONRAD VON SOEST (ca. 1370-1425) Maler. Ein Hauptvertreter des "Internationalen Stils" um 1400, von dem ein Passionsaltar in Bad Wildungen und ein Marienaltar in Dortmund erhalten sind. Einflüsse der flämischen Malerei führten ihn zu einem ersten Realismus, der für die norddeutsche und Kölner Malerei stilbildend werden sollte. (Din)
Conrad v. Soest und sein Kreis (Ausstellungskatalog Schloß Cappenberg), 1950.

KONRAD VON URSLINGEN (gest. 1201) Herzog von Spoleto (1183-98). K. zeichnete sich in Italien im Dienste *Friedrichs I. aus und wurde 1183 zum Herzog von Spoleto erhoben, um Rom unter Kontrolle zu halten. *Heinrich VI. machte den treuen Statthalter zum Vikar von *Sizilien und übertrug ihm 1197 die Vormundschaft über seinen Sohn *Friedrich II. Ein Jahr später mußte sich K. Papst Cölestin III. unterwerfen und das Kind an Heinrichs Witwe Konstanze ausliefern. *Innozenz III. zwang ihn zur Herausgabe Spoletos, das zum *Kirchenstaat geschlagen wurde.
K. Hampe, *Deutsche Kaisergeschichte in der Zeit der Salier und Staufer,* 1949.

KONRAD VON WITTELSBACH (gest. 1200) Erzbischof von Mainz. Bruder des bayerischen Herzogs Otto I., wurde 1161 von *Friedrich Barbarossa zum Erzbischof von Mainz erhoben. K. versuchte, den Kaiser mit dem Papst zu versöhnen, floh aber nach Friedrichs Weigerung an die Kurie und verlor sein Bistum. 1176 erlangte er das Erzbistum Salzburg, konnte dann nach Mainz zurückkehren und seinen Rang als einer der wichtigsten Persönlichkeiten der deutschen Kirche wieder einnehmen. K. nahm am Kreuzzug *Heinrichs VI. teil und war nach seiner Rückkehr ins Reich mit der Befriedung des Landes beschäftigt. Diesem Ziel glaubte er durch die Förderung der *Hohenstauferherrschaft zu dienen und unterstützte deshalb nach Heinrichs Tod die Ansprüche *Philipps von Schwaben auf die Krone. Dafür suchte er auch Papst *Innozenz III. zu gewinnen.
K. Hampe, *Deutsche Kaisergeschichte in der Zeit der Salier und Staufer,* 1949.

KONRAD VON WÜRZBURG (um 1225-87) Deutscher Dichter. Er bereiste in seiner Jugend das Rheintal und hielt sich besonders in Straßburg und Basel auf, wo er sich ein weites theologisches und juristisches Wissen erwarb. Seine von klassischer Eleganz geprägte Dichtung in deutscher Sprache wurde besonders von Adel und Klerus der Rheinprovinz geschätzt. Sein Werk schließt Heldenepen, Moraldichtung und Lyrik ein, darunter den "Trojanerkrieg", das Märchen vom gegessenen Herzen (*Herzmaere*) und *Der Werlte Lohn* ("Über die Nichtigkeit des Erdengutes").
Werk: E. Schröder (Hg.), *Konrad von Würzburg, Die goldene Schmiede,* 1969; *Kleinere Dichtungen,* 1968[4]ff.

KONRAD VON ZÄHRINGEN Siehe *ZÄHRINGEN.

KONRADIN Siehe *KONRAD V.

KONSTANS I. Kaiser von Rom (337-50). Erbte nach dem Tod seines Vaters *Konstantin d.Gr. die Provinzen Italien, Afrika und Illyrien. Im Jahre 340 besiegte er seinen Bruder *Konstantin II., den Kaiser von Gallien, Spanien und Britannien und annektierte das weströmische Reich.

KONSTANS II. (630-68) Kaiser von Byzanz (641-68). Der Sohn *Konstantins III. wurde durch einen Volksaufstand in Konstantinopel zum Kaiser erhoben. Im Jahre 648 erließ er den *Typos,* ein kaiserliches Edikt zur Beilegung des Streites mit den *Monophysiten, das die orthodoxen und katholischen Elemente im Reich gegen ihn aufbrachte. Seine Ausweisung Papst *Martins I. aus Rom vertiefte die Kluft zu den Katholiken. K.' Regierungszeit fiel mit den aufsehenerregenden Eroberungen der Araber zusammen; Byzanz verlor in kürzester Zeit Ägypten, Libyen, Zypern und Rhodos, dazu wurde noch die byzantinische Flotte 655 schwer geschlagen. Im Jahre 660 mußte K. auf Druck seiner kirchlichen Widersacher Konstantinopel verlassen. Er hatte vor, die Hauptstadt in den Westen (nach Syrakus) zu verlegen, wurde aber 668 in Sizilien ermordet.
G. Ostrogorsky, *Geschichte des byzantinischen Staates,* 1963[3].

KONSTANTIN I. d. Große (Flavius Valerius Constantinus Magnus; 280-337) Kaiser von Rom (306-37). Obwohl die Regierungszeit K.s in die antike Periode gehört, wird seine Herrschaft von manchen Geschichtsforschern als Übergangsphase zum Mittelalter angesehen. Diese These stützt sich auf zwei Faktoren: die Anerkennung des Christentums als einer erlaubten Religion (313) und die Schaffung des hierarchischen Aufbaus der Kirche; zweitens seine Bestimmungen zur Bindung der Kolonen an die Scholle, die die Beziehungen der Abhängigkeit schufen, die wiederum Grundgerüst des *Feudalismus waren.
M. A. Yonah, I. Schatzman, *Illustrierte Enzyklopädie des Altertums,* 1979.

KONSTANTIN II. Kaiser von Rom (337-40). Sohn *Konstantins I., erbte das weströmische Reich (Gallien,

Spanien und Britannien) und wurde von seinem Bruder *Konstans ermordet.

KONSTANTIN III. (612-41) Byzantinischer Kaiser (641), starb kurz nachdem er das Erbe seines Vaters *Heraklius angetreten hatte.

KONSTANTIN IV. Progonatus (652-85) Byzantinischer Kaiser (668-85). Sohn von *Konstans II. Unter seiner Regierung verschaffte der Gebrauch des *griechischen Feuers der byzantinischen Flotte wiederum die Seeherrschaft und setzte den arabischen Angriffen auf Kleinasien und Konstantinopel (672-78) ein Ende. K. kämpfte auch gegen die Bulgaren, die die Donau überschritten hatten; sein Heer blieb aber wegen K.s Krankheit ohne Führung. 680 mußte er die Herrschaft des Bulgarenkhans *Asperuch anerkennen. Unter K. verbreitete sich das Griechische als Amtssprache an Stelle des Lateinischen weiter. Er unterwarf die Generäle seiner Gewalt und beschnitt die Vollmachten der Vizekaiser. Im Jahre 680 berief er das sechste Ökumenische Konzil nach Konstantinopel, das unter seinem Vorsitz die bisherige Praxis der Toleranz gegenüber den *Monophysiten beendete und den religiösen Frieden im Kaiserreich neu begründete.
G. Ostrogorsky, *Geschichte des byzantinischen Staates,* 1963³.

KONSTANTIN V. (718-75) Byzantinischer Kaiser (741-75). Sohn Leos III. und einer der extremsten *ikonoklastischen Herrscher. Auf sein Drängen verbot eine 754 zu Nikäa abgehaltene Synode den Gebrauch der *Ikone. K. ließ zahlreiche Verteidiger des Bilderkults hinrichten und stieß heftig mit dem byzantinischen Mönchtum zusammen, dessen Besitz er beschlagnahmte und dessen Gemeinschaften er zerstreute.

KONSTANTIN VI. (771-805) Byzantinischer Kaiser (780-97). Der Sohn *Leos IV. regierte unter der Vormundschaft seiner Mutter *Irene. Diese ließ ihn festnehmen, was zu einem Aufstand gegen sie führte. Im Jahr 792 berief Irene als Mitkaiserin zurück und 797 ließ sie K. entthronen und blenden.

KONSTANTIN VII. PORPHYROGENITOS (905-59) Byzantinischer Kaiser (913-59). Sohn *Leos VI., regierte anfänglich unter der Vormundschaft seiner Mutter Zoe und des *Romanos I. Seine Bemühungen, den Bauern einen freien Status wiederzugeben, hatten keinen Erfolg. K. kämpfte in Syrien gegen die *Hamdaniten und vertiefte den byzantinischen Einfluß in Rußland. Er war ein Mann von breiter Bildung und förderte Gelehrte, verfaßte selbst bedeutende Werke über die politische Struktur des Reiches ("Die Zeremonien", "Die kaiserliche Verwaltung", "Die Themenverfassung"). K. sammelte auch die antike und frühbyzantinische Literatur aus praktischem Interesse und ließ sie zu mehreren Enzyklopädien zusammenstellen.
Werk (dt.), K. Dieterich, *Hofleben in Byzanz,* 1912.

KONSTANTIN VIII. (960-1028) Byzantinischer Kaiser (1025-28). Sohn von *Romanos II., wurde 963 als Mitkaiser seines Bruders *Basil II. ausgerufen. K. zog die weltlichen Vergnügen der Regierungsarbeit vor und überließ Basil die Herrschaft. Nach dessen Tod wurde er alleiniger Kaiser.

KONSTANTIN IX. Monomachus (gest. 1054) Byzantinischer Kaiser (1042-54). Der Sohn einer adeligen Familie aus Konstantinopel diente als hoher Beamter und später als Senator und erlangte 1042 durch die Heirat mit Kaiserin Zoe die Kaiserwürde. Seine Thronbesteigung war Ausdruck des Aufstiegs der zivilen Aristokratie und führte in den Jahren 1043 und 1047 zu Militäraufständen, die K. niederwerfen konnte. Seine Schritte zur Entmachtung der Generäle schwächten die Armee; fast sofort erlitt Byzanz auf dem Balkan, in Süditalien und an der Ostgrenze militärische Niederlagen gegen Normannen, Kumanen und Seldschuken. K. war ein feinfühliger Mensch und Patron der Gelehrten, die an der Akademie von Konstantinopel wirkten, wie etwa *Psellus.
G. Ostrogorsky, *Geschichte des byzantinischen Staates,* 1963³.

KONSTANTIN X. DUKAS (gest. 1067) Byzantinischer Kaiser (1059-67). Sohn einer Adelsfamilie in Konstantinopel, erlangte die Kaiserwürde durch einen gemeinsamen Aufstand von kirchlichen Würdenträgern und dem von *Psellos geführten Ziviladel, in dessen Verlauf *Isaak Komnenos und dessen Militärregierung gestürzt wurde. K. schwächte die Macht der Armee, stärkte die Senatorenklasse und verlieh einer großen Zahl von Bürgern aus Konstantinopel das Recht des Zutritts zum Senat.

KONSTANTIN I. (gest. 715) Papst (708-15). Sohn einer Familie von syrischen Kaufleuten, die in Rom ansässig war. Er wurde von *Sergius I. gefördert und war zu Beginn des 8. Jh.s an der päpstlichen Kurie tätig. Als Papst unterhielt er gute Beziehungen mit dem byzantinischen Kaiser *Justinian II. und verstärkte die päpstliche Macht in Italien.

KONSTANTIN (gest. 766) Patriarch von Konstantinopel (754-66). Ein Mönch, wurde von Kaiser *Konstantin V. zu Ausgang des Konzils von Konstantinopel zum Patriarchen bestellt, um die *ikonoklastische Politik des Kaisers in der Kirche durchzusetzen.

KONSTANTIN DER AFRIKANER (um 1020-87) Arzt und Übersetzer. Der Überlieferung nach wurde er im moslemischen Karthago (Nordafrika) als Sohn einer Christenfamilie geboren. Er bereiste Asien und Afrika und erwarb von arabischen Ärzten und schriftlichen Abhandlungen sein medizinisches Wissen. Um 1040 ließ er sich in Salerno (Süditalien) nieder, wo die erste medizinische Schule im christlichen Europa war. In Salerno diente er als Sekretär *Robert Guiscards, des süditalienischen Normannenführers. Um die Mitte des Jahrhunderts wurde er Mönch zu *Monte Cassino, wo er arabische medizinische Abhandlungen ins Lateinische übersetzte.
M. Steinschneider, *Konstantinus Africanus und seine arabischen Quellen,* 1866.

KONSTANTIN TICH Bulgarischer Zar (1257-77). Erhob sich gegen Zar *Michael Asen, entthronte ihn und heiratete Irene, die Tochter des byzantinischen Kaisers *Theodor II. Mit Hilfe dieses Bündnisses ergriff er die Macht in Bulgarien und versuchte, seinen Einfluß auf den Balkan auszudehnen. Nach dem Regierungsantritt der Palaiologen in Byzanz verbündete er sich mit *Karl von Anjou (1270).
F. Dölger, *Bulgarien und Byzanz,* 1940.

KONSTANTIN-KYRILL Mährischer Missionar. Siehe *KYRILLOS.

KONSTANTIN KEPHALAS (10. Jh.) Byzantinischer Dichter und satirischer Schriftsteller. Er war ein Protegé Kaiser *Konstantins VII. und zeichnete sich durch die Weiterentwicklung des griechischen Epigramms aus. Seine *Anthologia Palatina* (um 900) ist die umfangreichste bestehende Epigrammsammlung und enthält 3700 Einträge und Gedichte.

KONSTANTINISCHE SCHENKUNG (Constitutum Constantini) Gefälschtes Dokument, das anscheinend aus der Mitte des 8. Jh.s stammt, wonach Kaiser *Konstantin I. seine Hauptstadt nach Konstantinopel übertragen und Papst *Silvester I. die Herrschaft über Rom, Italien und das weströmische Reich übergeben haben soll. Die K. diente im Mittelalter zur Legitimierung des päpstlichen Anspruchs auf weltliche Herrschaft, besonders im Rahmen des Kampfes gegen die deutschen Kaiser. Sie wurde zum ersten Mal von Papst *Stephan II. im Jahre 754 angewandt, um *Pippin zum Eingreifen gegen die *Langobarden zu bewegen und das Primat des Papsttums gegenüber den byzantinischen Kaisern zu stärken. Die K., die sich auf die Legende des hl. Silvesters aus dem 5. Jh. stützt, scheint deshalb an der päpstlichen Kurie angefertigt worden zu sein. Bereits im Mittelalter wurde das Dokument von Juristen und weltlichen Obrigkeiten scharf angegriffen, hauptsächlich mit der Begründung, daß der Kaiser nicht das Recht besessen habe, Herrschergewalt und Land aufzugeben. H. Fuhrmann, *Konstantinische Fälschung und Silvesterlegende,* in: Deutsches Archiv 22, 1966.

KONSTANTINOPEL Die Hauptstadt des byzantinischen Reiches auf der europäischen Seite des Bosporus. Die antike Stadt Byzantium wurde von Konstantin d.Gr. 330 zum neuen Sitz der kaiserlichen Regierung erwählt und erhielt den Namen K. Die Ansiedlung der römischen Aristokratie machte aus K. eine zweisprachige Stadt; erst im 6. Jh. war der griechische Charakter K.s voll ausgebildet. Der Kaiser suchte auch im Bauwesen die alte Reichshauptstadt nachzuahmen: K. wurde auf sieben Hügeln errichtet, in 14 Viertel geteilt und erhielt Päläste und städtische Einrichtungen, die sich nach dem römischen Vorbild richteten. Wie in Rom erhielten die Einwohner K.s freie Brotversorgung. Seit seiner Gründung besaß K. einen ausgesprochen christlichen Charakter, und seine Bischöfe standen nur denen Roms nach. Das ökumenische Konzil von K. (381) trug wesentlich zum Aufstieg der Stadt zu einem der wichtigsten Mittelpunkte der Kirche bei. Mit der endgültigen Reichsteilung im Jahre 395 wurde K. Hauptstadt des oströmischen und dann des byzantinischen Reiches. Im 4. und 5. Jh. entwickelte sich die Stadt beträchtlich; 413 wurde ein neuer Mauerring errichtet, der das Stadtgebiet verdoppelte.

Die Einwanderung aus dem lateinischen Westen und aus dem Umland verlieh K. einen kosmopolitischen Charakter, schuf aber auch Spannungen innerhalb der Bevölkerung. Während der Regierungszeit *Justinians wurden die städtischen Institutionen neu geordnet und zahlreiche Bauwerke errichtet. Der Bau der Kathedrale der Hl. *Sophia und des kolossalen Kaiserpalastes bezeugen den Aufstieg der byzantinischen Baukunst. Die Schule von K., die 425 gegründet und unter Justinian nahe an den Kaiserpalast verlegt wurde, entwickelte sich nach der Schließung der Akademie *Athens zur wichtigsten erzieherischen Einrichtung des Reiches. Die Entwicklung des Handels machte K. im 6. Jh. zum bedeutendsten Wirtschaftszentrum des Mittelmeerraums.

Die starken Befestigungen der Stadt ließen die Angriffsversuche der Perser (616), Awaren (626), Araber (669, 672-78, 717) und Bulgaren scheitern. Doch litt K. nach Justinians Tod an den häufigen Aufständen und Zusammenstößen zwischen den Parteien des Zivil- und Militäradels. Infolge des Verlustes der östlichen Provinzen an die Araber (7. Jh.) und des Niedergangs des germanischen Westens erfuhren der griechische Charakter und die wirtschaftliche, kulturelle und kirchliche Führungsrolle K.s eine entscheidende Stärkung. Der Höhepunkt der Stadt lag im 10. Jh. und besonders in der Regierungszeit *Konstantins VII., als die kulturelle und künstlerische Renaissance des byzantinischen Reiches zu großem Maß in der Hauptstadt stattfand. Auch der politische und verwaltungstechnische Zentralismus des byzantinischen Reiches wirkte auf die Entwicklung K.s ein. Die aus hohen Beamten und Landbesitzern zusammengesetzte Senatorenklasse ließ sich in

Hagia Sophia, Konstantinopel

der Stadt nieder und trug zur architektonischen und künstlerischen Blüte bei. Die Ansiedlung von venezianischen Kaufleuten, die 1082 Handelsprivilegien und ein eigenes Viertel erhielten, machte K. zu einem blühenden Handelszentrum. Die Größe und der Reichtum der Stadt hinterließen auf Ausländer (besonders die Kreuzfahrer) einen tiefen Eindruck.

Die Eroberung und die Plünderung durch die Teilnehmer des vierten *Kreuzzugs (1204) brachten schwere Zerstörungen. Dies endete in der völligen Beherrschung durch katholische, venezianische und fränkische Kräfte. Auch nach der Wiederaufrichtung des byzantinischen Reiches im Jahre 1261 erlangte die Stadt nicht mehr die frühere Größe. Das Vorrücken der *osmanischen Türken im 14. Jh. machte K. zur Grenzstadt, 1453 fiel sie nach heftiger Gegenwehr in die Hände der Türken.

A. M. Schneider, *Konstantinopel*, 1956; N. Choniates, *Die Kreuzfahrer erobern K.*, 1958; W. Hotz, *Byzanz, K.*, 1971.

KONSTANZ Stadt am Bodensee in Südwestdeutschland, seit dem 6. Jh. Bischofssitz. Die Bischöfe von K. erhielten im 10.-13. Jh. große Landgüter. *Friedrich I. Barbarossa schloß hier 1153 einen Vertrag mit *Eugen III. zur Wahrung der gegenseitigen Interessen und 1183 den Frieden mit den lombardischen Städten. Die Stadt hat durch das Konzil von K. Berühmtheit erlangt, das in den Jahren 1414 bis 1418 tagte und von Papst *Johannes XXIII. unter Druck Kaiser Sigmunds zur Beendigung des *Großen Abendländischen Schismas einberufen wurde. Die wichtigste Persönlichkeit des Konzils war der französische Kardinal Pierre d'Ailly, der mit dem Rückhalt Sigmunds und der theologischen Autorität Johannes *Gersons die Absetzung der drei Päpste Johannes XXIII., *Gregor XII. und *Benedikt XIII. forderte. 1415 nahm das Konzil unter Abstimmung aller Nationen die vier Artikel Aillys an, die die Grundzüge der *konziliarischen Bewegung aufdeckten: das Konzil erhob sich zum Generalkonzil, das seine Autorität direkt von Gott erhielt und dessen Entscheidungen für alle Christen bindend waren. Trotz des Widerstandes der Italiener verlieh das Konzil mit Unterstützung des Kaisers den Artikeln Rechtskraft; Johannes und Benedikt wurden abgesetzt (1415, 1417), Gregor trat zurück, und der Weg war frei für die Wahl eines neuen Papstes. Das aus 23 Kardinälen und 30 Abgeordneten des Konzils zusammengesetzte Konklave wählte 1417 Odo Colonna (*Martin V.). Das Konzil setzte sich sich auch mit der Frage der Ketzerei auseinander und verurteilte John *Wycliff und Johannes *Hus. Letzterer wurde trotz des kaiserlichen Geleitbriefs an die weltliche Macht ausgeliefert und auf dem Scheiterhaufen verbrannt. Das Konzil trat ohne bindende Entschlüsse in der Frage der Kirchenreform auseinander, was als einer der Beweggründe für die Reformation des 16. Jh.s angesehen wird.

R. Bäumer (Hg.), *Das Konstanzer Konzil*, 1977.

KONSUL Bezeichnung aus der altrömischen Zeit für die höchsten Ämter der Republik. Im Mittelalter veränderte sich die Bedeutung des Begriffs: in der Übergangszeit des 5.- 6. Jh.s wurde er auf die vom byzantinischen Kaiser den germanischen Königen verliehenen Würden angewandt, im 7. Jh. verlor er allmählich die antike Bedeutung. In Italien, Südfrankreich und im christlichen Spanien war der K. Mitglied einer Körperschaft von städtischen Führungspersönlichkeiten (mei-

stens 8 bis 12 an der Zahl), die die Stadt regierten und sie vor der jeweiligen politischen Obrigkeit repräsentierten. In den lateinischen Chroniken des 9.-13. Jh.s wird der Begriff K. wesensgleich für den *Grafen gebraucht.

E. Ennen, *Die mittelalterliche Stadt*, 1972.

KONUNGSKUGGSJA ("Königsspiegel") Eine altnordische Beschreibung (Mitte 13. Jh.) der skandinavischen Länder unter Einbezug Islands und Grönlands, die, in der Absicht Siedler anzuziehen, eine etwas idealisierte Beschreibung Grönlands liefert. Hauptzweck der Abhandlung ist jedoch die Unterweisung junger Adeliger und der Entwurf eines idealen Herrscherhofes.

Werk (dt.): A. E. Wolheim, *Die Nationalliteratur der Skandinavier* I, 1875.

KONVERSEN (conversi) Die hauptsächlich im Mönchswesen gebrauchte Bezeichnung für jene Personen, die das Klosterleben gewählt, jedoch noch nicht die Mönchseide abgelegt hatten. In Ausdehnung des Begriffs wurden als K. auch die Laienbrüder der Klöster und Ritterorden bezeichnet. Die Rechtsstellung der K. war je nach Orden verschieden.

KONZILIARE BEWEGUNG Die erst unter den Intellektuellen und an den Universitäten entstandene Bewegung zur Einberufung eines Konzils, das das *Große Abendländische Schisma beenden sollte. Nach dem Zusammenbruch der Verhandlungen zwischen den Päpsten von Avignon und Rom gewann die K. allgemeinen Rückhalt und erreichte 1409 die Einberufung des Konzils von *Pisa. Darauf folgte das Konzil von *Konstanz (1417), das beide Päpste absetzte und *Martin V. zum Papst wählte. Die zu Konstanz versammelten Theologen entwickelten eine Theorie der Überlegenheit des Konzils über den Papst; dies wurde auf dem Konzil von *Basel weiter diskutiert. Die Uneinigkeit innerhalb der K. und die langen Beratungen setzten Papst *Eugenius in die Lage, die päpstliche Autorität wieder aufzurichten und das Konzil aufzulösen. Die K. fand jedoch noch bis zur Mitte des 15. Jh.s ihre Verteidiger.

K. A. Fick, *Die konziliare Theorie im späten Mittelalter*, in: Die Welt zur Zeit des Konstanzer Konzils, 1965.

KOPENHAGEN (Mitteldänisch, copmandshavn: "Kaufmannshafen") Dänische Stadt auf der Insel Seeland am Öresund. K. war bis zum 11. Jh. ein kleines Fischerdorf und entwicklelte sich dann zu einem Handelszentrum. Die 1167 von Erzbischof *Absalon von Lund errichtete Befestigung wird als Grundlage der Stadt betrachtet. Im Jahre 1254 erhielt die Kaufmannsgemeinde Privilegien, die auch das Recht zur kommunalen Selbstregierung einschlossen. Das 13. und 14. Jh. war eine Zeit des dauernden Krieges gegen die deutsche *Hanse. Die Nähe K.s zur politischen und kirchlichen Hauptstadt Dänemarks, Roskilde, ließ das königliche Interesse an K. erwecken, das 1443 zur Hauptstadt des Landes wurde.

S. Andersen, *Copenhagen in the Middle Ages*, 1949.

KOPTEN Die Nachkommen der alten Ägypter, die auch nach der Hellenisierung Ägyptens ihre ethnische und kulturelle Identität bewahrten. Die K. bekehrten sich in der zweiten Hälfte des 3. Jh.s zum Christentum und entwickelten im 4. Jh. die Überlieferung, daß ihre Kirche vom hl. Markus gegründet worden sei. Die Aneignung des *Monophysitismus im 5. Jh. war Ausdruck der kulturellen Selbstbewahrung gegenüber den Griechen. Nach der Verurteilung der Monophysiten durch das Konzil von *Chalkedon (451) errichteten

Detail eines koptischen Tuches aus dem 5. Jh.

die K. ihre eigene Kirche und wurden von der byzantinischen Obrigkeit, besonders unter *Justinian, unterdrückt. Ihre Treue zum byzantinischen Reich schwand rasch, und 641 begrüßten die K. die Eroberung Ägyptens durch die Araber als Befreiung. Unter den Moslems erhielten die K. religiöse Freiheit, waren jedoch wie alle *dhimmi* in ihren Rechten begrenzt. Im 7. und 8. Jh. brachten die Steuerlast und einige Verfolgungswellen teilweise den Übertritt zum Islam. Dies lichtete die Reihen der K., stärkte jedoch den inneren Halt der K., die in Gemeinschaften unter der geistigen Führerschaft des *abbuna* ("Vater") organisiert waren. Sie errichteten eine Kirchenhierarchie, an deren Spitze der koptische Patriarch von Alexandrien stand. In der wirtschaftlichen Blütezeit Ägyptens unter den *Fatimiden gewann die Koptengemeinde in *Kairo und in anderen Städten an Bedeutung.

Die K. entwickelten ihre eigene Liturgie, verfaßten theologische Werke und übersetzten die Bibel sowie die Schriften der frühen Kirchenväter in ihre Sprache. Im 5. Jh. verbreitete sich ihr Ritus auch nach *Äthiopien, wo eine eigene Kirche entstand, die mit dem Patriarchen von Alexandrien verbunden war.

F. Heiler, *Urkirche und Ostkirche*, 1937;
W. H. Worrell, *A Short Account of the Copts*, 1945.

KORAN Die Heilige Schrift des Islams, die aus den mündlichen Offenbarungen Gottes an *Mohammed besteht. Diese wurden vom Mohammed seit 613 an seine Schüler weitergegeben. Auf der Grundlage der Bibel und anderer Überlieferungen entwickelte der K. die Grundsätze des moslemischen Monotheismus. Das Buch ist in Kapitel (Suren) aufgeteilt und wurde erst nach des Propheten Tod niedergeschrieben. Der heute gebräuchliche Text beruht auf der durchgearbeiteten Sammlung, die um 655 auf Befehl des Kalifen *Othman zusammengestellt wurde. Diese Version blieb für den *sunnitischen Islam verbindlich, wurde aber von den

*Schiiten abgelehnt. Sie enthält ein Eingangsgebet und 114 Suren, die dem Umfang nach angeordnet sind. Werk (dt.): R. Paret, 2 Bde., 1966/71; R. Paret, *Mohammed und der Koran*, 1966.

KORFU Insel im Ionischen Meer nahe der Westküste Griechenlands. K. gehörte zum byzantinischen Reich und wurde 1078 von den süditalienischen Normannen unter *Robert Guiscard angegriffen. Danach blieb die Insel weiterhin ständiges Angriffsziel der normannisch-sizilianischen Könige. Infolge des vierten *Kreuzzugs ging die Herrschaft über K. auf Venedig über, ohne daß jedoch Byzanz und das Königreich Sizilien-Neapel ihre Ansprüche aufgaben. Seit Anfang des 14. Jh.s war K. Teil des venezianischen Kolonialreiches.

KORINTH Griechische Stadt im nordöstlichen Peloponnes. Teil des byzantinischen Reiches und bis ins 12. Jh. eine kleine Provinzstadt. 1147 wurde es von *Roger II. von Sizilien verheert, 1204 fiel es in die Hände der Kreuzfahrer, die es zu einem Bistum im Rahmen des fränkischen Fürstentums *Morea machten. In dieser Zeit war K. ein kultureller Treffpunkt der griechischen und lateinischen Gelehrten. 1430 fiel es in die Hände der *osmanischen Türken.

KORSIKA Mittelmeerinsel westlich von Italien. K. wurde 430 von den *Wandalen erobert, die es zu einer Provinz in ihrem Königreich machten. 522 fiel es in die Hände der Byzantiner, die mit den Ostgoten um den Besitz von K. kämpfen mußten. Im 8. Jh. ging die Insel an die Langobarden über. *Pippin d. Kurze versprach sie dem Papsttum als Teil des *Kirchenstaats, sein Sohn *Karl d.Gr. verwirklichte 774 das Versprechen. Die päpstliche Herrschaft auf K. war wenig wirksam; im 9.

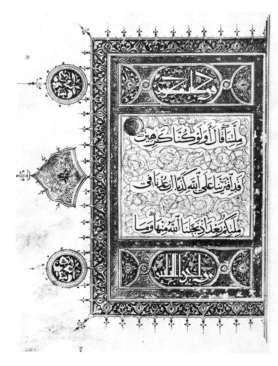

Seite aus einem Koran des 13. Jh.s

und 10. Jh. wurde die Insel mehrere Male von den Arabern und den nordafrikanischen Berbern verheert. Im
11. Jh. kämpften Genua und Pisa um die Vorherrschaft
über K. 1077 verlieh es Papst *Gregor VII. an den Erzbischof von Pisa. Der genuesische Einfluß war aber weiterhin fühlbar, und im 12. Jh. war die Insel in zwei
Herrschaftszonen geteilt. Der Sieg der Genuesen in der
Schlacht von Melloria (1284) machte diese zu Herren
der gesamten Insel. Im Gegensatz zu den Stadtbürgern
und Bauern von K. erhob sich jedoch der Adel gegen
die genuesische Herrschaft und rief König *Jakob II.
von Aragón zu Hilfe. 1296 eroberte der König mit der
Zustimmung Papst *Bonifatius' VIII. die Insel, die nach
einem langen Krieg wiederum zwischen Genua und Aragón geteilt wurde. Ein neuer Krieg im Jahre 1420
brachte Aragón den Sieg, 1434 gelang es jedoch Genua,
die Aragonier zu vertreiben.

F. Gregorovius, *Corsika*, 1870[2];
J. Arrighi (Hg.), *Histoire de la Corse*, 1971.

KOSMOLOGIE Die mittelalterliche K. beruht auf der
biblischen Anschauung der Schöpfung, wie sie von den
christlichen Kirchenvätern, der griechischen Philosophie
und Naturwissenschaft und den arabischen Werken
interpretiert wurde. Das griechische Element fand über
die Schriften des älteren Plinius und des hl. *Augustinus Eingang. Ausschlaggebend blieb jedoch die biblische
Grundanschauung, nach der der Kosmos durch den göttlichen Willen aus dem Nichts geschaffen wurde. In der
mittelalterlichen K. besteht keine logische Anordnung
der kosmischen Elemente, die begriffen werden müssen,
wie sie sind. Das Verstehen der kosmischen Ordnung
ist deshalb Sache der göttlichen Erleuchtung. Diese Ansicht wurde vom hl. Augustin in der Polemik gegen Klemens von Alexandrien herausgearbeitet und 1215 vom
vierten *Laterankonzil als bindend erklärt. Andererseits entwickelten seit dem 13. Jh. christliche Astro-
nomen unter dem Einfluß der arabischen Naturwissenschaft eine wissenschaftliche K., die von Thomas von
*Cantimpré den Beinamen "aristotelisch" erhielt.
Die Grundzüge dieser Anschauung wurden bereits von
Roger *Bacon angedeutet; sie wurde im 12. Jh. vorweg-
genommen in der Theorie vom "Makrokosmos", der nur
durch göttliche Erleuchtung erfaßt werden könne, und
vom "Mikrokosmos", der der menschlichen Untersuchung zugänglich sei. Diese Anschauungen waren bis
zu den Theorien des Kopernikus in der Renaissancezeit
vorherrschend.

E. J. Dijksterhuis, *Die Mechanisierung des Weltbilds*,
1956.

KRAIN Grafschaft und Grenzmark im südöstlichen
Österreich. Sie wurde im 6.-7. Jh. von Slawen besiedelt,
gehörte zum *Awarenreich und wurde gegen Ausgang
des 8. Jh.s von *Karl d.Gr. erobert. Im 9. Jh. war K.
Schlachtfeld im Kampf zwischen Deutschen und Kroaten; 865 wurde es als eigene Grenzmark an das Herzogtum Bayern angegliedert. Seit dem 11. Jh. waren die
Markgrafen direkte Lehnsleute der *Römischen Kaiser,
richteten aber ihr Augenmerk nicht auf die innerdeutschen politischen Kämpfe, sondern waren mit dem
Kampf gegen Kroaten und Ungarn beschäftigt. Ein
großer Teil der Bevölkerung war weiterhin slawisch. Im
Norden von K. entwickelte sich im 12.-14. Jh. jedoch
durch die Einwanderung von Bayern, Kärntnern und
Österreichern das deutsche Element. Diese gründeten
auch die Stadt Klagenfurt. Seit 1335 war K. Teil des

Krak des Chevaliers

*Habsburgerbesitzes, 1394 Herzogtum; zu Ende des
Mittelalters wurde es zu Österreich geschlagen.

A. Dimitz, *Geschichte Krains*, 4 Bde., 1874-96.

KRAK *Kreuzfahrerfestung in Transjordanien östlich
des Toten Meeres. Sie wurde 1143 von den Kreuzfahrern
befestigt und schloß eine kleine Stadt sowie die eindrucksvolle Burg ein. K. war Mittelpunkt des Kreuz-
fahrerfürstentums Transjordanien und beherrschte den
Hauptweg von Syrien nach Ägypten über den Hedschas.
Nach der Thronbesteigung *Saladins in Ägypten und
Syrien (1174) wurde K. mehrere Male angegriffen,
konnte jedoch erst 1189 (zwei Jahre nach dem Fall
Jerusalems) nach einer langwierigen Belagerung genommen werden. Im 13. Jh. diente die Festung als Gefängnis
für die Feinde der ägyptischen *Ejjubiden.

R. Hartmann, *Die Herrschaft von al-Karak*, in: Der Islam
2, 1911.

KRAK DES CHEVALIERS Eine der größten *Kreuz-
fahrerfestungen im Mittleren Osten, am Westufer des
Orontes in der Grafschaft *Tripoli und gegenüber der
wichtigen Stadt *Homs. Der K. wurde 1142 begonnen,
nachdem die *Johanniter das alte byzantinisch-arabische
Festungsgebäude erhalten hatten. Der neue Festungsbau
gilt als hervorragendes Beispiel der romanischen Wehr-
baukunst. Der K. wurde erst 1271 von *Baibars, dem
*Mamlukensultan von Ägypten, nach einer kurzen Bela-
gerung genommen.

P. Deschamps, *Le Krak des Chevaliers*, 1936.

KRAKAU Südwestpolnische Stadt, im 9. Jh. von den
slawischen Ansiedlern in Kleinpolen gegründet. K. war
in der Einflußzone Großmährens ein politischer und

Ritter ziehen gegen Nuraddin in den Kampf; *Wandmalerei des 13. Jh.s in der Kapelle von Cressac, Frankreich, um 1175*

kirchlicher Mittelpunkt. Im 10. Jh. stritten sich die Herzöge von Böhmen und Polen um die Gegend; seit der Zeit *Boleslaws I. war die polnische Herrschaft unbestritten. K. wurde eine der bedeutendsten Städte des Reiches (seit 1000 Bistum). Unter *Boleslaw III. (1102-38) diente K. als Knotenpunkt des Handels zwischen Deutschland und den slawischen Ländern. Nach der Teilung Polens durch Boleslaw war K. unter seinen Söhnen Hauptstadt eines der vier Fürstentümer des Landes. In der zweiten Hälfte des 12. Jh.s legten sich die Fürsten von K. den Titel "Großfürsten" zu. Die *Mongolen zerstörten die Stadt im Jahre 1241. Nach ihrem Rückzug zu Beginn des 14. Jh.s begann der Wiederaufbau, der die der schönsten gotischen Städte Europas hervorbrachte. Die Entwicklung von Handel und Gewerbe zog deutsche und jüdische Ansiedler an. Unter *Wladislaw IV. (1305-33) war K. die eigentliche Hauptstadt des Königreichs Polen. Offiziell wurde diese Stellung in der Zeit *Kasimirs III. anerkannt, als das königliche Hochgericht nach K. überführt wurde und die Stadt das Stadtrecht nach *Magdeburger Vorbild erhielt. 1364 gründete Kasimir die Universität von K.
G. Rhode, *Kleine Geschichte Polens*, 1965;
A. Wolfensberger, *K.*, 1974.
KREUZWEG Siehe *VIA DOLOROSA.
KREUZZÜGE Eine große geschichtliche Bewegung (1096-1291), die im Westen entstand und sich die Be-

freiung der hl. Grabeskirche von Jerusalem und später die Verteidigung dieses Besitzes gegen die Moslems zum Ziel setzte. Die Bezeichnung K. ist späteren Ursprungs und stammt von dem Brauch, die Teilnehmer der K. durch das auf die Kleider aufgenähte Symbol der Kirche auszuzeichnen. Während der Auszug zum K. je nach individueller Persönlichkeit und nationaler und sozialer Zugehörigkeit verschieden motiviert war, lassen sich für die Bewegung insgesamt religiöse, politische, soziale, demographische und wirtschaftliche Gründe feststellen. Der religiöse Faktor war mit der Verbreitung der Bibelkunde und -predigt im Westen verbunden, in deren Verlauf die geistige Verbindung mit den heiligen Stätten im Land Israel und den Lebens- und Passionsstationen Christi betont wurde. Diese Gefühle erfuhren durch Pilgerreisen, deren Zahl und Häufigkeit im 11. Jh. anstieg, und durch die Erzählungen der heimgekehrten Pilger eine Konkretisierung, die der priesterlichen Predigt klarere Konturen verlieh. Orte wie Jerusalem, Nazareth, Bethlehem, Galiläa und Judäa fanden damit einen Platz in der Vorstellungswelt der europäischen Massen.
    Die politischen Beweggründe hinter den K. haben folgende Aspekte: Erstens die spektakulären Eroberungen der *Seldschuken im christlichen Osten (1071 Jerusalem, Niederlage der Byzantiner bei *Mantzikert), die Byzanz zum verzweifelten Hilferuf an den Westen

zwangen. Das Bild der "Brüder im Osten", die unter
der Moslemherrschaft Verfolgungen erduldeten, gesellte
sich zur geistigen Verbundenheit mit den heiligen Stätten. Zweitens schuf im Westen die Auseinandersetzung
zwischen Kirche und Staat (der Investiturstreit) das
Band zwischen Papsttum und Rittertum (*Urban II.
wandte sich ja an diese besonders) sowie die Idee, daß
sich der Papst durch die Führung einer alleuropäischen
Heerfahrt tatsächliche Macht verschaffen könnte.

Die sozialen und demographischen Faktoren berühren hauptsächlich Frankreich und die französischspre-
chender Länder, wo die Entwicklung des *Lehnswesens
zu einem dauernden Zustand des inneren Krieges geführt
hatte. Der demographische Anstieg des 11. Jh.s machte
zahlreiche Bauern und Niederadelige landlos und schuf
den Zwang zur Auswanderung.

Vom wirtschaftlichen Blickpunkt her waren hauptsächlich die italienischen Hafenstädte von Bedeutung,
die für ihren Orienthandel gesicherte Stützpunkte
brauchten und sich nicht mit dem von den seldschukischen Eroberungen verursachten instabilen politischen
Gleichgewicht im Mittelmeerraum zufrieden geben
konnten.

Allgemein waren die K. regionale oder örtliche Bewegungen, die sich je nach den besonderen Umständen
entwickelten. Ihre Einteilung und Zählung ist das Werk
moderner Geschichtsforscher, die nicht in Betracht
zogen, daß es kaum ein Jahr ohne Kreuzzug gab,
sondern die vielmehr ihr Hauptaugenmerk auf die neun
großen K. richteten:

Der erste Kreuzzug war das Ergebnis des Aufrufes
Papst *Urbans II. auf dem Konzil von *Clermont
(1095), der vorangehende Vorbereitungen in Italien
und Verhandlungen mit den französischen Fürsten abschloß. Clermont fand jedoch weiteren Widerhall als
der Papst beabsichtigt hatte und führte zur sofortigen
Organisierung eines volkstümlichen Kreuzzugs durch
die Predigt Peters d. Eremiten. Die militärisch unorganisierten Massen griffen in deutschen und französischen
Städten die Judenviertel an, mordeten, plünderten und
erwarben sich bis zu ihrer Ankunft in Konstantinopel
den Ruf eines anarchischen Haufens. Der byzantinische
Kaiser *Alexios I. ließ sie rasch nach Kleinasien über-
führen, wo sie bei Nikäa von den Seldschuken vernichtend geschlagen wurden.

Der Kreuzzug der Ritter war besser geplant. Der Graf
von Toulouse, Raymond von St. Gilles, führte die provenzalischen Ritter, Gottfried von Bouillon die Lothringens, Deutschlands und Belgiens, *Bohemund von Tarant
und *Tankred die normannischen Süditaliener. Auch
Hugo von Vermandois und *Robert von der Normandie
befehligten Kontingente. 1097 erreichten die Teilnehmer Konstantinopel, wo ihnen Kaiser Alexius I. den
Lehnseid abverlangte. Dies sollte später schwerwiegende
Folgen haben. Der Sieg über die Seldschuken bei *Dory-
läum erlaubte Byzanz die Wiedereroberung des westlichen Kleinasien. Unter großen Schwierigkeiten durch-
zogen die Kreuzfahrer Kleinasien und griffen 1098
*Antiochia an, das nach der Eroberung unter Bohemund
der erste Kreuzfahrerstaat im Osten wurde. Gleichzeitig
überquerte *Balduin von Boulogne, der Bruder Gottfrieds von Bouillon, den Euphrat und errichtete in der
Provinz Edessa ein weiteres Fürstentum. Der größere
Teil des Heeres zog mit den Überresten des Volkskreuz-
zugs nach Palästina weiter. Im April 1099 fiel die Stadt

Ramleh, im Juli Jerusalem. Mit der Errichtung des
Kreuzfahrerstaates Jerusalem war der erste Kreuzzug
abgeschlossen.

Der zweite Kreuzzug wurde von Papst *Eugen III.
nach der Eroberung Edessas durch *Senghi (1144)
ausgerufen und vom hl. *Bernhard von Clairvaux
gepredigt. Die Könige *Konrad III. von Deutschland
und *Ludwig VII. von Frankreich standen an seiner
Spitze. Die Wahl des Landwegs führte zu militärischen
Schwierigkeiten, nachdem Teile der Streitkraft in den
Hochebenen Kleinasiens verlorengegangen waren. 1148
wurde in einer Beratung zu Akkon der Angriff auf
Damaskus, den Verbündeten Jerusalems, beschlossen,
der jedoch auch keinen Erfolg hatte. Das einzige Ergebnis des Kreuzzugs war die Eroberung von Damaskus
durch *Nureddin und die Vereinigung Syriens zum
Nachteil der Kreuzfahrerstaaten im Osten.

Der dritte Kreuzzug war die Reaktion Europas auf
die Katastrophe von *Hattin (1187). Unter der Führung
von Kaiser *Friedrich I. Barbarossa und der Könige
*Philipp II. von Frankreich und *Richard I. von Eng-
land verließ 1189 eine eindrucksvolle Armee Europa,
um das Lateinische Königreich Jerusalem wiederaufzurichten. Friedrich wählte die Landroute und ertrank in
Kleinasien (1190), die westlichen Könige gelangten auf

Kreuzfahrerkarte von Jerusalem, um 1170

dem Seeweg ins Heilige Land, wo sie ihren alten Streit weiterführten. Der eigentliche Führer war Richard, der unterwegs Zypern eroberte. 1191 wurde Akkon nach einer Belagerung eingenommen; das Königreich entstand im engen Küstenstreifen erneut.

Der vierte Kreuzzug wurde von Papst *Innozenz III. zur Stärkung des schwachen Königreichs Akkon ausgerufen. Das Heer segelte unter der Führung *Wilhelms von Montferrat und *Balduins von Hennegau 1202 in venezianischen Schiffen nach Osten. Venedig unter dem Dogen *Dandolo gelang es, den Kreuzzug gegen Konstantinopel zu lenken; die Stadt wurde unter Ausnutzung der Thronwirren im byzantinischen Reich erobert und geplündert. Das Ergebnis des Kreuzzugs war die Errichtung des *Lateinischen Kaiserreichs von Konstantinopel und der fränkischen Fürstentümer in Griechenland sowie die Absicherung der wirtschaftlichen und politischen Hegemonie Venedigs im östlichen Mittelmeer. Der *Kinderkreuzzug des Jahres 1212/13 war mit dem K. nur durch die Zielsetzung verbunden.

Der fünfte Kreuzzug, der von Papst Innozenz zur Erreichung der ursprünglichen Ziele des vierten Kreuzzugs ausgerufen wurde, war eine komplexe Bewegung. Einige der Teilnehmer, wie etwa König *Andreas von Ungarn, erreichten 1217 das Heilige Land und kämpften tatsächlich um die Ausdehnung des Kreuzfahrerstaates. Andere fielen unter der Führung des Kardinals *Pelagius sowie der Könige *Johann von Brienne und *Hugo von Zypern in Ägypten ein (1218) und eroberten 1219 Damietta. Auf dem Weg nach Kairo wurden sie jedoch von den Ägyptern besiegt, nachdem zuvor Pelagius einen Vorschlag des Sultans Al-Kamil zurückgewiesen hatte, Jerusalem und einen Teil des Heiligen Landes an die Kreuzfahrer auszuliefern.

Der Kreuzzug *Friedrichs II. (1229): Friedrich hatte sich bereits 1216 zum Kreuzzug verpflichtet und 1225 Isabella von Brienne, die Erbin des Kreuzfahrerreiches, geheiratet. Der Kreuzzug selbst wurde erst nach langwierigen diplomatischen Unterhandlungen zwischen den Höfen Siziliens und Ägyptens ausgeführt und von dem durch den Papst gebannten Kaiser als Krönungsreise nach Jerusalem gestaltet. Der diplomatische Erfolg der erneuten christlichen Herrschaft in Jerusalem war jedoch zeitlich begrenzt und brachte tiefe Zerwürfnisse innerhalb des Kreuzfahreradels und im Westen hervor.

Der Kreuzzug *Thibaults von Champagne-Navarre und *Richards von Cornwall wurde als Abenteuer der beiden Feudalherren begonnen und übte durch die Eroberung Askalons und der Gegend zwischen Jaffa und Jerusalem eine bedeutende Wirkung auf das territoriale Wachstum des geschwächten Königreiches aus.

Der Kreuzzug *Ludwigs IX. von Frankreich (1248-52) wurde nach der Eroberung Jerusalems durch die *Chwarismer (1244) ausgerufen und war die letzte Anstrengung Europas, dem Kreuzfahrerstaat zu Hilfe zu kommen. Ludwig mobilisierte eine große Armee und entschied sich für einen Angriff auf Ägypten, um den Druck der Sultane auf Palästina zu brechen. Nach anfänglichen Erfolgen an der Küste wurde die französische Armee bei Mansurah geschlagen und Ludwig selbst gefangengenommen. Nach seiner Freilassung begab er sich mit dem Rest seines Heers nach Akkon. Von dort aus unternahm er beträchtliche Anstrengungen zur Befestigung der Kreuzfahrerstädte und zur Errichtung eines Verteidigungssystems. Dies kam praktisch der

Einsicht in die Tatsache gleich, daß Jerusalem und die heiligen Stätten nicht mehr zu erobern waren.

Der Kreuzzug Ludwigs IX. nach Tunis (1270) wurde auf Betreiben *Karls von Anjou, des Königs von Sizilien und Bruders von Ludwig, unternommen und hatte kaum Berührung mit den militärisch-politischen Problemen der K. und des Kreuzfahrerreiches. Der König starb während der Belagerung von Tunis, danach verlor der Kreuzzug an Schwungkraft.

Die späteren Kreuzzüge: Nach dem endgültigen Fall Akkons (1291) verbreitete sich die Kreuzzugsidee von neuem in Europa. Theoretiker und politische Denker wie Wilhelm *Dubois und Geschichtsschreiber wie Marino *Sanudo behandelten sie in ihren Werken; die Anstrengungen des Papstes, England und Frankreich auszusöhnen, beruhten auf dem Gedanken, die Kräfte der Christenheit für einen neuen Kreuzzug zu mobilisieren. Dieser große Plan wurde nie mehr Wirklichkeit, dagegen zogen mehrere K. auf Drängen des *Johanniter von Rhodos gegen die Türken aus. Unter diesen war der Kreuzzug von *Nikopolis (1396) der bedeutendste. Die Könige von Ungarn und Böhmen kämpften zusammen mit französischen und burgundischen Fürsten und Adeligen gegen *Bajasid, wurden aber vernichtend geschlagen; der Balkan lag den Türken offen.

Ab dem 13. Jh. wurde die Bezeichnung "Kreuzzug" auch auf die Feldzüge gegen Ketzerbewegungen wie die *Albigenser oder die *Hussiten angewandt. Dazu riefen die Päpste des 13. Jh.s mehrere Kreuzzüge gegen ihre politischen Feinde wie etwa *Friedrich II. aus.
C. Erdmann, *Die Entstehung des Kreuzzugs-Gedankens*, 1961²;
S. Runciman, *Geschichte der Kreuzzüge*, 3 Bde., 1957-60;
H. E. Mayer, *Geschichte der Kreuzzüge*, 1965.

KREUZZUGSDICHTUNG Bezeichnung für eine Reihe von Heldenepen aus dem 13.-14. Jh., die in Französisch geschrieben sind und Themen aus der *Kreuzzugszeit behandeln. Ein Epenzyklus hat *Gottfried von Bouillon zum Helden, andere die Eroberung Antiochias und Jerusalems und den Durchzug des Kreuzfahrerheers durch Kleinasien (*Les Chétifs*). Die geschichtlichen Führer bleiben zumeist im Hintergrund der Handlung; die Dichter betonten die Rolle niedrig gestellter Persönlichkeiten, die als die wahren Helden dargestellt wurden. Der Grund dafür scheint darin zu liegen, daß die einfachen Ritter mit ihren Vorzügen und Schwächen bessere Modelle für die Romanhelden abgaben als die aus der Ferne und majestätisch dargestellten großen Herrscher. Zur K. gehört auch das "Kreuzlied" (Werbelyrik für die Teilnahme an Kreuzzügen) bes. in Französisch und Deutsch (z.B. von *Bertrand oder *Hartmann).
F. W. Wentzlaff-Eggebert, *Kreuzzugsdichtung des Mittelalters*, 1960.

KRIEG Das Mittelalter war eine Zeit dauernden K.s. Bei den germanischen und türkischen Stämmen war die Kriegsführung eine so legitime und geachtete Tätigkeit, daß sich junge Krieger nach einer Zeit des Friedens gegen ihren Häuptling auflehnen und in den Dienst eines tatenfreudigeren Führers treten konnten. Deshalb war der Krieg gegen äußere und innere Feinde in den Königreichen des Frühmittelalters eine konstante Erscheinung, trotz des von der Kirche propagierten Konzeptes des *Gottesfriedens. In der gleichen Periode erhoben die arabischen Stämme ihre kriegerischen Traditionen zur Lehre vom *heiligen Krieg, d.h. von der Verbreitung des neuen islamischen Glaubens durch das Schwert – eine Idee, die die großen Eroberungskriege des 7. Jh.s beflügelte. Der Prozeß der Seßhaftwerdung führte im 8. Jh. sowohl bei den Arabern als auch bei den Germanen zum Vergessen alter Bräuche. Die urbanisierte Gesellschaft des Ostens übertrug die Kriegsführung an Söldner; im Westen wurden die Bauern von der Militärpflicht befreit, um ungestört der Feldarbeit nachgehen zu können. Die kriegerische Tätigkeit wurde Monopol einer eigenen Klasse, der Inhaber von Lehnsgütern, der späteren *Ritter. Inzwischen hatte auch die christliche Anschauung vom unrechtmäßigen Krieg (*werra, guerra, gwere*) innerhalb des Christentums und vom rechtmäßigen K. (*bellum*) gegen Heiden und gebannte Christen Wurzel geschlagen. Diese Anschauung entwickelte sich allmählich im 9.-11. Jh. und gab Anstoß zur Konzeption des *Kreuzzugs und der *Reconquista Spaniens. Die Unterscheidung zwischen legitimem K. und unrechtmäßiger feudaler Auseinandersetzung war im Westen bis zum Ausgang des 13. Jh.s vorherrschend und fand ihren höchsten Ausdruck in der Gottesfrieden-Bewegung. Dennoch war der K. nicht gänzlich zu unterdrücken, sondern erhielt im Gegenteil durch das ritterliche Ethos neuen und sublimeren Ausdruck.

Spätmittelalterliche Rüstung aus Stahl, Leder und Samt

Der Einfluß der christlichen Idee des Friedens führte dazu, daß die Frage des *casus belli* an Bedeutung gewann, da jede Seite den Widersacher als Angreifer oder Vertragsbrecher beschuldigen wollte.

In der Welt des Islams stand trotz der sozialen Veränderungen sowie dem erhöhten Gewicht und Ansehen der Zivilbehörden und -gruppen die Ideologie vom heiligen K. weiter im Vordergrund. Der Soldatenberuf war dagegen nicht angesehen, wie sich aus dem Status der Berber- und Türkensoldaten als *Mamluken (Sklaven) ergibt. Dabei gewannen diese Kämpfer seit dem 9. Jh. erhöht an Bedeutung, bis sie sich am Ende zu Herrschern der islamischen Welt aufschwangen (siehe *Seldschuken, *Ejjubiden, *Mamluken, *osmanische Türken).

Die Kriegsführung im mittelalterlichen Westen war durch die steigende Bedeutung der Kavallerie gekennzeichnet. Die römische Infanterie war bereits 375 von den berittenen *Goten vernichtend geschlagen worden. Seitdem entwickelte sich die berittene Kriegsführung durch technische Neuerungen (Steigbügel, Rüstung) und die Übernahme östlicher Taktiken von den *Hunnen und Awaren. Kein Bauer konnte sich die Pferde, Lanzen und Rüstungen leisten, die der berittene Kämpfer nunmehr benötigte, und er besaß auch nicht die Zeit zur Ausbildung. Darum wurde die berittene Kriegsführung zum Monopol der mit Gütern und Lehen versehenen Vasallen, der späteren Ritter und niedrigen Adeligen.

Neben der berittenen Kriegsführung bestanden jedoch auch weiterhin K.s-Arten, in denen die aus dem Bauern- und Stadtbürgertum rekrutierten Fußtruppen eingesetzt wurden, hauptsächlich bei der Verteidigung und im Angriff auf Burgen und Städte (Belagerung). Eine wichtige Neuerung bestand in dieser Hinsicht in der Einführung von Langbogenschützen, deren Wirksamkeit gegen Reiterheere die Engländer in Wales am eigenen Körper kennengelernt und dann mit großem Erfolg gegen die französischen Ritter im *Hundertjährigen Krieg ausgenutzt hatten. Das Schießpulver und der Einsatz der Kanonen seit dem 14. Jh. versetzte der ritterlichen Kriegsführung einen schweren Stoß. Bis zur Ausbildung der neuen Infanterieeinheiten und -taktiken gegen Ende des 15. Jh.s wurden Fußtruppen und Artillerie jedoch immer noch gegenüber der Reitertruppe als zweitrangig betrachtet.

C. W. C. Oman, *The Art of War in the Middle Ages*, 1952;
J. A. Rasin, *Geschichte der Kriegskunst* II, 1961;
Ph. Contamine, *La guerre au moyen âge,* 1980.

KRIM Halbinsel im Norden des *Schwarzen Meeres. Zu Beginn des Mittelalters war die K. Teil des byzantinischen Reiches und wurde zu einer eigenen Militärprovinz (Theme) erhoben. Im 7.-8. Jh. wurde ihr Nordteil allmählich von den *Chasaren besetzt, die mit den Byzantinern im Süden und in den Hafenstädten gute Beziehungen unterhielten. Dadurch blieb die Handelsroute von China offen, die durch die Steppen Mittelasiens und Südrußlands verlief und an der die K. ihren Endpunkt hatte. Dies wiederum sicherte den Wohlstand der Hafenstädte und entschädigte Byzanz für den Verlust der Kontrolle über die Seerouten. Im Jahre 989 übergab *Basileios II. *Wladimir, dem russischen Prinzen von Kiew, die Provinz als Mitgift und erhielt dafür als Gegenleistung militärische Unterstützung. Unter der Herrschaft von Kiew verlor die K. durch den Abbruch des Chinahandels an Bedeutung. Diese Situation hielt bis zur Er

oberung durch die *Mongolen im Jahre 1240 an. Die Mongolenzeit brachte der Provinz großen Wohlstand. Die Handelswege wurden wieder eröffnet, und die genuesischen Kaufleute erhielten in Kaffa, das sich zu einem der wichtigsten Handelszentren Osteuropas entwickelte, weitgehende Vorrechte. Als wichtige Provinz im Reich der *Goldenen Horde erlangte die K. 1395 die Unabhängigkeit unter der Herrschaft einer örtlichen Mongolenfamilie. 1430 errichtete Hadschis-Gerei, ein Abkömmling von *Dschingis-Khan das Khanat der K. Die Gereidkhane unterhielten gute Beziehungen mit der genuesischen Kolonie Kaffa bis zu deren Eroberung durch die *osmanischen Türken im Jahre 1477. Im weiteren regierten die Khane als Vasallen der Osmanen.
B. Spuler, *Die goldene Horde*, 1965².

KROATIEN Land auf dem nordwestlichen Balkan und auf dem Gebiet der alten römischen Provinz Illyrien, das seinen Namen von den Kroaten erhalten hat. Diese waren ein Slawenstamm, der ursprünglich in der Gegend von Krakau ansässig war, im 7. Jh. in K. einfiel und 620 als Sperre gegen die *Awaren vom byzantinischen Kaiser *Herakleios die Erlaubnis zur Niederlassung erhielt. Im 8. Jh. dehnten sich die Siedlungsgebiete der Kroaten auf das heutige Österreich aus. Die Stämme waren in mehreren Fürstentümern organisiert, die zum Teil die Oberhoheit von Byzanz anerkannten und zum anderen Teil von den Awaren abhängig waren. Nach der Zerstörung des Awarenreiches durch *Karl d.Gr. drang der fränkische Einfluß in K. ein, wo die Fürsten *Borna und *Ljudevit um die Vorherrschaft kämpften. Ljudevits Sieg (819) fiel mit seinem Aufstand gegen die fränkische Oberhoheit zusammen. Nachdem er 822 von einem Heer *Ludwigs d. Frommen besiegt wurde, griffen auch die Bulgaren K. an. In der zweiten Hälfte des 9. Jh.s eroberten die Deutschen das nordwestliche K. und errichteten die *krainische Mark. Dagegen gelang es den Markgrafen von *Friaul nicht, den fränkischen Einfluß auf dem Balkan auszubreiten; das Land besaß ein hohes Maß an Unabhängigkeit unter der formalen Oberhoheit der Bulgaren und seit dem 10. Jh. der von Byzanz. Herzog Trpimir (Mitte 9. Jh.) begründete eine einheimische Dynastie, die 924 die Königswürde erlangte. Gegen Byzanz nahmen die Kroaten das römisch-katholische Christentum an. Fürst *Brahimir erreichte die Anerkennung des kroatischen Episkopats durch die römische Kurie, die Verhandlungen über die Einführung der lateinischen Liturgie wurden 925 gegen die päpstliche Anerkennung des Königtums von *Tomislaw abgeschlossen. Die Könige von K. erhielten sich im Kampf gegen Bulgarien mit Hilfe des byzantinischen Bündnisses die Unabhängigkeit, breiteten unter *Stephan Drzislaw (969-97) ihre Herrschaft über die Serbier aus und erreichten durch den Anschluß von Dalmatien die adriatische Küste. Im 11. Jh. verlor K. den langen Kampf gegen die Ungarn, die 1097 das Land eroberten.
St. Guldescu, *History of Medieval Croatia*, 1964.

KRÖNUNGSEIDE Die vom Kaiser bei seiner Krönung abgelegten Eide. Mit der Ausbreitung des Lehnswesens und der Vertiefung des kirchlichen Einflusses im 9. Jh. wurde der byzantinische Brauch der K. unter wichtigen Abänderungen auch im Westen eingeführt. *Ludwig II. mußte 877 unter dem Druck *Hinkmars von Reims die Erhaltung der Freiheiten und Vorrechte der Kirchen und Lehnsleute beschwören. Der im Verlauf der Krö-

nung ausgesprochene K. wurde von der Ausstellung einer "Freiheitsurkunde" begleitet, die die erste des neuen Herrschers war.
E. Eichmann, *Die Kaiserkrönung im Abendland*, 2 Bde., 1942.

KRUM Bulgarenkhan (802-14), führte die große Wanderung der Bulgaren aus der Dobrudscha (zwischen der Donau und dem Schwarzen Meer) in den Balkan und gründete den mächtigen Bulgarenstaat auf dem Gebiet des heutigen Bulgariens. Diese Bewegung brachte ihn mit Byzanz in Konflikt: der Krieg dauerte von 805 bis 814. K. konnte trotz anfänglicher Erfolge seiner Feinde und der Zerstörung seiner Hauptstadt Pliska sein Volk zusammenhalten und 811 Kaiser *Nikephoros entscheidend schlagen. Der Sieg öffnete ihm den Weg nach Konstantinopel; K. zerstörte die meisten Städte zwischen dem Balkan und der byzantinischen Hauptstadt. Er belagerte zweimal Konstantinopel (813, 814) und starb während der zweiten Belagerung. K. wird als Gründer des bulgarischen Staates angesehen.
S. Runciman, *The First Bulgarian Empire*, 1930.

Maurische Verzierungen im Alhambrapalast, Granada

KTESIPHON Stadt in Persien, war seit der Errichtung der *Sassanidendynastie (5. Jh.) Hauptstadt des Reiches und überflügelte die älteren hellenistischen und parthischen Zentren. Nach der arabischen Eroberung (637) wurde K. von den Einwohnern verlassen und verfiel.

K(H)UB(I)LAI KHAN (1214-94) Gründer des Mongolenreiches China (1260-94). Er war Enkel *Dschinghis-Khans und wurde von seinem Onkel *Ogodai als Statthalter von *Honan (1240) nach China gesandt. Dort bewies er sein militärisches Können und vollendete die von Dschingis-Khan begonnene Eroberung des nördlichen Chinas. Unter der Aufsicht seines Bruders *Manga erlangte er ein beträchtliches Maß an Unabhängigkeit und begann die Unterwerfung des Sungreiches in Südchina. Nach dem Tod von Manga (1257) strebte er den Titel des Großkhans an, den er aber erst 1260 mit Hilfe seines in Persien befindlichen Bruders *Hülagü erlangte. K. verlegte seine Hauptstadt nach Peking und errichtete ein mongolisch-chinesisches Reich, das er auf der Zusammenarbeit mit den Chinesen aufbaute. Er schloß die Eroberung Südchinas ab und drang nach Hinterindien ein. Seine Regierung wurde von Marco *Polo beschrieben.
B. Spuler, *Die Mongolenzeit,* 1953.

KUFA Militärlager und Stadt im Irak, die aus einer 638 vom Kalifen *Omar errichteten Kaserne entstand. Omar siedelte zur Beherrschung des eroberten Landes in K. südarabische Stämme an; mit der Ansiedlung von persischen Administratoren wuchs das Lager rasch zur Stadt an. Zwischen 655 und 661 diente K. als Hauptstadt für *Ali und wurde zu einem der wichtigen Brennpunkte des *Schiitentums. Mit der Errichtung des *Omajjadenkalifats verlor K. an Bedeutung und diente als Provinzhauptstadt. Die Schiiten wurden auf Befehl des Omajjadenstatthalters aus der Stadt ausgeschlossen. Nach der erfolgreichen Revolution der *Abbasiden diente K. bis zur Erbauung *Bagdads (649-63) als Hauptstadt des Kalifats. Der darauffolgende Niedergang wurde durch den Einfall der *Karmatier (924, 927, 937) beschleunigt, der die Überreste der Bevölkerung nach Bagdad fliehen ließ.

KUMANEN Siehe *POLOWZER.

KUNST Die mittelalterliche K. entwickelte sich auf der Grundlage der Antike und der monotheistischen Religionen. Die Haupttendenzen und Stilrichtungen der *Baukunst, Malerei und Bildhauerei waren allesamt miteinander verbunden, obwohl ideologische, geographische und klimatische Bedingungen im Mittelmeerraum und im kontinentalen Europa eine Vielfalt künstlerischer Ausdrucksformen schufen. Die mittelalterliche K. kann in fünf Bereiche eingeteilt werden: die byzantinische, islamische, romanische, gotische und Früh- oder Vorrenaissance-K.

Die K. von Byzanz erbte die klassischen Traditionen, schuf aber seit dem 6. Jh. unter dem vereinten Einfluß orientalischer, hauptsächlich *persischer Formgebung und der christlichen Weltanschauung einen eigenen Stil. Die Geburtsstunde der eigentlich byzantinischen K. fällt in die Zeit *Justinians, und sie blühte auch unter den Komnenoi (9.-11. Jh.) und den Palaiologen (14.-15. Jh.). Die beiden Hauptelemente dieser K. waren Mosaik und *Ikonenmalerei. Das Mosaik führte die klassische Technik und Formgebung weiter, die im ersten vorchristlichen Jh. im Mittleren Osten entwickelt worden war.

Weltgericht; *romanisches Relief, 12. Jh., Conques*

Stück eines Maja-Palastes zu Uxmal, Mexiko

Weltgericht, *romanisches Relief aus der 1. Hälfte des 12. Jh., Klosterkirche der hl. Maria Magdalene zu Vezelay, Burgund*
Giebelfeld (Tympanon) aus dem 12. Jh., Kathedrale von Bourges, Frankreich

Die umfangreiche Kirchenbautätigkeit unter Justinian verlieh der Mosaik-K. einen starken Anstoß und betonte neben Motiven aus der Natur besonders die ikonographischen Elemente des Heiligenwesens. Sogar weltliche Figuren wie der Kaiser und die Kaiserin *Theodora wurden mit dem Heiligenschein dargestellt. Diese Mischung von kaiserlichen und sakralen Zügen verlieh der Darstellung menschlicher Figuren den Charakter der Unbeweglichkeit oder Majestät, der zwar unrealistisch war, aber Normen setzte. Seit dem 6. Jh. verbreitete sich die Mosaik-K. über Italien (Ravenna!), den Balkan, Kleinasien und den Mittleren Osten und beeinflußte die Ikonenmalerei, die im 7. Jh. in Kleinasien in Ersatz der klassischen Skulptur als Objekt der Verehrung entstanden war. Nach dem *Ikonoklasmus im 8. Jh. wurde die *Ikone die hauptsächliche Ausdrucksform der byzantinischen religiösen K. Das Bild der Heiligen wurde auf Holz und unter Benutzung von Mineralfarben und Gold gemalt. Zur Erhaltung der Farbfrische, die der Hitze von Tausenden Kerzen widerstehen mußte, diente Öl. Diese Technik wurde von Mönchen des Berges *Athos perfektioniert. Im Westen wurde die Malkunst von dem deutschen Mönch *Theophilus in der Abhandlung *De diversis artibus* beschrieben.

Die islamische Kunst war im Gegensatz zur byzantinischen K. grundsätzlich nichtfigurativ, da der Islam die Darstellung des menschlichen und tierischen Abbildes verbot. Der wichtigste Einfluß auf die islamische K. kam aus Persien und schloß die dekorative Anwendung von Skulpturen und den Gebrauch von Stuck ein. Die nichtfigurative Verzierung bestand aus Koranversen und anderen Inschriften sowie abstrakten Mustern (den "Arabesken"). In der *Omajjaden- und *Abbasidenzeit wurden weiter Mosaiken geschaffen, die hauptsächlich Blumenmuster aufwiesen, während sich unter dem persischen Einfluß die realistischere Abbildung von Tieren durchsetzte. In den östlichen Provinzen haben sich die schönsten Beispiele der mittelalterlichen islamischen Kunst in Isfahan (Persien) und am Felsendom (Jerusalem) erhalten, im Westen im Alhambrapalast von *Granada (Spanien). Auch die Töpferei für häusliche Zwecke und zur Dekoration war in der islamischen Kunst hochentwickelt. Die Bilderhandschrift (hauptsächlich des heiligen *Korans) setzte im 9. Jh. unter dem Einfluß byzantinischer und europäischer Künstler ein, entwickelte jedoch unter Ausschluß der menschlichen Figur rein islamische Formen. Die abstrakte Arabeske und Blumenmotive wurden von der *Kairuanschule zum Höhepunkt gebracht.

In Europa führte die Ausbreitung des Christentums im Westen und Norden (6.-10. Jh.) zur Ausbreitung des Einflusses der byzantinischen K. In Osteuropa konzentrierte sich dieser Einfluß hauptsächlich auf die Ikonenverehrung, die im Westen, mit Ausnahme Venedigs, nicht Fuß faßte. Das Mosaik verschwand im Westen in der Karolingerzeit; da keine Ikonen bestanden, fand die Malkunst hauptsächlich in den Handschriftenilluminationen und der Wand- und Deckenmalerei Ausdruck. Auf diesem Gebiet machte das 9. Jh. mit der unabhängigen Entwicklung der Miniaturen bedeutende Fortschritte. In den *scriptoria* der Klöster entstand eine Zierschrift (die karolingische Majuskel), die bereits künstlerische Züge aufwies: Der Anfangsbuchstabe (die Initiale) und gesamte Blätter wurden mit Szenen aus den heiligen Schriften und den Heiligenviten verziert. Das

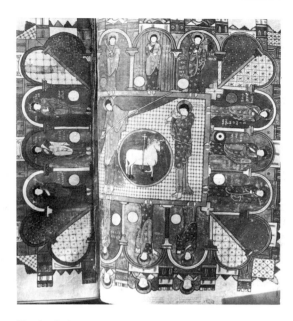

Die Apokalypse von St. Sever; *Handschrift des 12. Jh.*

schönste Beispiel dieser neuen karolingischen Kunst ist die Bibel Karls d. Kahlen, die die byzantinische Darstellungsweise der Heiligen abgeschüttelt, jedoch die majestätischen Züge der Herrscher beibehalten hatte. Die karolingische Kleinplastik (Elfenbeinreliefs als Bucheinbände) fand zur klassischen Form zurück und führte im 10. Jh. zur Entstehung der deutschen ottonischen Bildhauerschule, die auch Säulen in der Darstellung von biblischen Figuren anwandte (*Bernward). Eine weitere wichtige Form der ottonischen Plastik war das Relief, das hauptsächlich bei Altaren Anwendung fand und sich auch der Goldschmiedekunst bediente. Diese Reliefs bereiteten den Weg zur romanischen K. Daneben (und

Adam und Eva; *Katalanische Wandmalerei, um 1260*

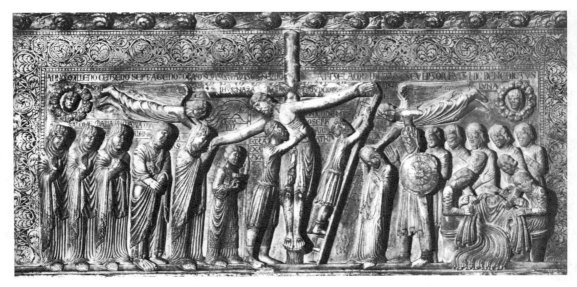

Die Kreuzabnahme *von Antelami, Kathedrale von Parma (1179)*

Antichrist; *Wandteppich aus Angers, 14. Jh.*

auch in Verschmelzung mit byzantinischen Traditionen) existierte eine auf den keltischen und germanischen Ornamenten basierende K., in der die menschliche Figur ganz in Wirbel- und Rankenformen eingesponnen und jeder Plastizität beraubt wird (*Book of Kells* usw.).

Die romanische Kunst entstand im 11. Jh. in Nordspanien und Südfrankreich und verbreitete sich rasch im ganzen Westen. Sie entzog sich teilweise dem antiken Muster und entwickelte eigene Motive und Techniken. Ein bedeutender Faktor in dieser Entwicklung waren die großen Pilgerfahrten nach *Santiago de Compostela, Rom und Jerusalem, die Tausende von Gläubigen zu den am meisten verehrten Heiligtümern des Christentums führten. Die romanische K. vereinigte die verschiedenen Traditionen zu einem neuen Kunststil. Obwohl die Künstler für die kirchlichen und weltlichen Oberklassen arbeiteten, waren ihre Werke vielfach Ausdruck der volkstümlichen Anschauungen und beinhalteten ein gutes Stück Volkskunst. Ikonographisch gesehen war das Jüngste Gericht ein Leitmotiv der frühromanischen K. Der Glaube daran fand besonders an den Kirchenportalen plastischen Ausdruck in der Abbildung des Weltendes, der Auferstehung der Toten und des Jüngsten Gerichts unter dem in feierlicher Majestät abgebildeten Christus (z.B. von *Gislebertus). In diesen Darstellungen kam eine gewisse Bewegung in die Figuren, die der starren Abbildungsweise ein Ende setzte. Die neue Richtung zum Realismus und der Volksglauben, der Elemente aus der mittelalterlichen Dämonen- und Tierwelt einfließen ließ, manifestierten sich nicht nur in der Plastik, sondern auch in der Malerei. Die romanische K. intensivierte die Wandmalerei und erreichte im Fresko große Meisterschaft. Der Zwang, direkt auf die Wand und nicht nur auf Holz zu malen, führte zur Erfindung neuer Farbstoffe, die gegen Feuchtigkeit beständig waren. Die Verbesserung der Wohnbedingungen und die Errichtung größerer Kirchen und Burgen stimulierte die Entwicklung weiterer Dekorationsmittel wie Wandteppiche und farbige Glasfenster. Der Wandteppich wurde meistens von den Frauen am Ritter- und Fürstenhof angefertigt und verband den künstlerischen Entwurf der Szenerie mit der Handarbeit der Stickerei. Auch wenn er als kirchliche Anstalt geschenkt wurde, bewegte sich die Thematik des Wandteppichs gelegentlich auf weltlichem Boden und war oft von den Heldenepen beeinflußt. Das berühmteste dieser Werke ist der Wandteppich von *Bayeux, der auf Befehl Mathildas, der Gemahlin *Wilhelms des Eroberers, zur Erinnerung an die Schlacht von Hastings (1066) und die normannische Eroberung Englands angefertigt wurde. Die Kunst der Buntglasfenster entstand als Mittel zur Ausschmückung der Kirchenfenster und wurde Mitte des 12. Jh.s in der gotischen Periode) perfektioniert.

Die gotische K. seit Mitte des 12. Jh.s war wie die *Baukunst eine Weiterentwicklung der romanischen K. In der sog. "Renaissance des 12. Jh.s" wurden biblische Themen wie auch klassische Legenden (etwa von Alexander d. Großen) sowie Heldenepen bearbeitet. Die an den Kirchenportalen angebrachten Statuen der Propheten und Könige des Alten Testaments waren von majestätischer Ausdrucksform. Andere Plastikgruppen innerhalb und außerhalb des Kirchengebäudes waren freier gestaltet, ließen aber dennoch den Eindruck der Größe und Verehrung erkennen. Die Buntglasfenster waren eine Erneuerung und schufen eine Atmosphäre

der Mystik. Ihre Gegenstände waren der Bibel und den Heiligenlegenden entnommen, erstreckten sich daneben auch auf den Normalmenschen, wie etwa in den Glasfenstern von *St. Denis oder *Chartres, der höchsten Errungenschaft der Buntglaskunst. Hier erscheinen neben biblischen und kirchlichen Szenen Könige und Königinnen, Adelige, Handwerker und Bauern mit ihren Werkzeugen. Eine humanistische Anschauung der Gesellschaft fand hier künstlerischen Ausdruck. Dieselbe Tendenz läßt sich in der Buchmalerei finden, in der mit der allmählichen Verbreitung des Buches und der Lesekunst neben den üblichen kirchlichen Themen immer stärker weltliche Motive in den Vordergrund treten. Der *Livre des Heures* des Herzogs von Berry (um 1415) ist ein schönes Beispiel dieser Entwicklung. Auch auf der jüdischen Seite wurden die Buchhandschriften reich verziert; das Wormser Gebetbuch (12. Jh.) und die Sarajewo-Haggadah gelten als reichste Errungenschaften dieses Gebiets. Der gotische Stil drang auch in das Goldschmiede- und Möbelgewerbe ein.

Die K. der Vorrenaissance entstand in Italien gegen Ausgang des 13. Jh.s aus dem gotischen und byzantinischen Stil. Die Schule von Pisa mit Andrea *Pisano kennzeichnet die Tendenz zum Realismus in der Skulptur und fand Nachahmer in Siena und Florenz, wo diese Grundsätze auch in der Malkunst Anwendung fanden. Gewisse byzantinische Elemente der Farb- und Heiligenscheingestaltung wurden mit den traditionellen westlichen Motiven kombiniert und ergaben zusammen mit einer neuen Auffassung der Formgestaltung einen menschennäheren künstlerischen Ausdruck, der die Renaissance ankündigte (*Giotto). Der Übergang war in den Gebieten Italiens zeitlich verschieden. So blieb in der Lombardei bis ins 15. Jh. die Gotik vorherrschend; dann, nach nur kurzer Vorrenaissance, kam man gleich zur eigentlichen Renaissance. In Mittelitalien (besonders in Pisa, Florenz, Siena, Rimini und mit Einschränkung auch in Rom) dauerte die Vorrenaissance vom 14. bis zur Mitte des 15. Jh.s, obwohl Elemente der Renaissance bereits zu Beginn des 15. Jh.s auftauchten. Der Schwarze Tod von 1348 war in diesem Übergangsprozeß von Bedeutung. Das menschliche Leiden wurde anschaulich wiedergegeben, und der Wille zur Darstellung des gesamten Spektrums der menschlichen Gefühle führte zum endgültigen Bruch mit der eher steifen gotischen Majestät. Die Vorrenaissance entwickelte sich im 15. Jh. auch in den Niederlanden, hauptsächlich auf dem Gebiet der Malerei, wo im Gegensatz zu Italien schärfere Farben und eine dem bürgerlichen Klima angepaßte realistische Ausdrucksform üblich waren.

R. Hamann, *Deutsche und französische Kunst im Mittelalter*, 1923;

A. Hauser, *Sozialgeschichte der mittelalterlichen Kunst*, 1957;

W. v. d. Steinen, *Homo Caelestis*, 1965;

B. Spuler, J. Sourdel-Thomine (Hg.), *Die Kunst des Islams*, 1973.

KURAISCH Der wichtigste der vier Stämme *Mekkas. Die K. hatten jahrhundertelang die öffentlichen Ämter, darunter die Obhut der *Kaaba, inne. Der Prophet *Mohammed gehörte zum Haschemitenklan, einer der ärmeren Zweiglinien der K. Die K. stellten im 7. Jh. die meisten Führerpersönlichkeiten des Islams, darunter die Begründer der Herrscherhäuser der *Omajjaden und *Abbasiden.

KURALTAI Die mongolische Bezeichnung für die Versammlung der Prinzen des Königshauses, nach der Verfassung von *Dschinghis-Khan die höchste Instanz des Mongolenreiches. Die K. trat in Karakorum, der Reichshauptstadt, zum Zweck der Wahl des Großkhans oder je nach Einberufung durch den Großkhan zusammen. Die Teilnahme an solchen Versammlungen war heilige Pflicht, wie der plötzliche Abzug *Batu-Khans nach der Eroberung Polens und Ungarns im Jahre 1241 beweist.

KURDISTAN Das Land der Kurden in den Bergen Westpersiens. Die Kurden wurden schon von den klassischen griechischen Historikern erwähnt und waren halbnomadische Stämme persischen Ursprungs. Unter den Sassaniden zeichneten sie sich als hervorragende Soldaten und Generäle aus, waren jedoch nicht am politischen Leben des Reichs beteiligt und behielten ihre Stammesstruktur und alten Gebräuche bei. Unter den Arabern bekehrten sich die Kurden zum Islam und durften ein gewisses Maß an Unabhängigkeit bewahren. Die *Abbasiden beschäftigten sie in der Armee; im 9. Jh. stellten sie zusammen mit den Türken das Gros des Heeres. Unter dem Einfluß von Bagdad nahmen die Kurden allmählich die moslemische Kultur an, ohne jedoch ihre Nationalsprache zu verlieren, die nunmehr in arabischen Buchstaben geschrieben wurde. Der Aufstieg der kurdischen Kultur schloß Werke der Epik und der Lyrik, wie etwa des begabten Dichters Ali Hariri, ein. Eine Anzahl von Stammeshäuptlingen erbaute nach dem Vorbild der persischen Statthalter eigene Höfe. Die Kurden nahmen an Seite der *Seldschuken am Kampf gegen die *Fatimiden und Byzantiner teil. Im 12. Jh. ließen sich einige ihrer Führer an den Mittelpunkten der Seldschukenreiche Syriens, Persiens und Kleinasiens nieder. Unter diesen spielte besonders das Haus der Emirs Al-Ajjub, des Großvaters *Saladins, im militärischen und politischen Leben Nordsyriens eine hervorragende Rolle. Die Kurden zeichneten sich auch im Kampf gegen die Mongolen aus und besiegten 1251 *Hülagü. Bis zum Ende des Mittelalters lebten sie in K. weiter ihr selbständiges Leben, ohne jedoch ein Staatswesen zu schaffen.
H. Arfa, *The Kurds; A Historical and Political Study*, 1966.

KURFÜRSTEN (electores) Die deutschen Fürsten, die den Römischen König wählten. Das Recht zur Wahl besaßen ursprünglich alle Freien, doch schränkte es sich im Lauf des Mittelalters zunächst auf die Reichsfürsten ein, ab der Zeit der Thronstreitigkeiten nach dem Tode Heinrichs VI. (1197) auf die drei geistlichen K. (die Erzbischöfe von Mainz, Köln und Trier) sowie die drei weltlichen K. (Pfalzgraf bei Rhein, Herzog von Sachsen, Markgraf von Brandenburg). Dazu trat seit der Doppelwahl von 1257 der König von Böhmen. 1338 wurde im Weistum von *Rhense die Mehrheitswahl für gültig erklärt. 1356 verbriefte *Karl IV. den K. ihre weitgehenden Rechte.   (Din)
R. Mitteis, *Die deutsche Königswahl*, (Neudr.) 1972.

KYRILLOS UND METHODIOS (hl.) Apostel der Slawen. Die Brüder waren Söhne einer griechischen Adelsfamilie aus Thessalonike. Der jüngere Konstantin (826-69) übte auf M. (um 815-85) einen starken Einfluß aus und lenkte ihn zur kirchlichen Laufbahn. Beide studierten und wurden auch zusammen zu Priestern geweiht. Sie ließen sich dann in Konstantinopel nieder, wo Konstantin dank seines breiten theologischen Wissens Bibliothekar der Kathedrale der hl. *Sophia wurde. Beide wurden als Missionare in das Reich der *Chasaren gesandt und begannen 862 mit Erlaubnis Kaiser *Michaels III. die Mission der *Mähren. In ihrer Arbeit bedienten sie sich der Volkssprache; Konstantin, der den Kirchennamen K. annahm, gelang es, das griechische Alphabet an die slawische Sprache anzupassen ("Kyrillisch"). Die beiden Brüder entwickelten auch eine christliche Liturgie in slawischer Sprache und verbreiteten eine slawische Bibel. Im Jahre 867 reisten sie nach Rom, wo K. starb. Danach wurde M. zum Bischof der Mähren geweiht (869), stieß aber trotz der päpstlichen Autorisierung mit den deutschen Bischöfen zusammen, die ihn einsperren ließen. Die päpstliche Intervention erreichte seine Freilassung; die Erlaubnis, die slawische Sprache in der kirchlichen Liturgie zu verwenden, wurde aber zurückgezogen (872). Seit diesem Entschluß ist unter den westlichen Slawen der lateinische Ritus, unter den östlichen und südlichen Slawen die Volkssprache üblich.
F. Grievec, *Konstantin und Method, Lehrer der Slawen*, 1960.

KYRILL VON ALEXANDRIEN (hl.; gest. 444) Patriarch von Alexandrien (412-44) und einer der bedeutendsten Kämpfer für die Orthodoxie. Im Jahre 430 stritt er gegen die Anschauungen des Patriarchen von Konstantinopel, Nestorius, über die Auslegung des Begriffes *Theotokos* (Gottesgebärerin). Die innerkirchliche Auseinandersetzung breitete sich gesellschaftlich und ethnisch aus; Nestorius fand seine Anhänger im antigriechisch eingestellten Osten (*Nestorianer), während Rom die Stellung Kyrills verteidigte. Das Problem wurde auf dem dritten ökumenischen Konzil von Ephesos (431) diskutiert, und der Nestorianismus streng verurteilt. K. war einer der größten Theologen seiner Zeit und arbeitete die von der griechisch-orthodoxen und der katholischen Kirche angenommene Anschauung aus, daß die hl. Jungfrau die Mutter des menschlichen Christus gewesen sei.

KYRILL VON SKYTHOPOLIS (ca. 524-69) Mönch und Einsiedler (unter dem Einfluß des hl. *Sabas), verfaßte in volkstümlichem Griechisch jene Legenden der palästinensischen Heiligen, die seit ihrer weiten Verbreitung für dieses Genre vorbildlich wurden.

KYRIOTES, JOHANNES (Johannes Geometres; 10. Jh.) Byzantinischer Dichter. Er wurde am Kaiserhof in Konstantinopel beschäftigt und erwarb sich mit seinen Epigrammen einen Namen. Kennzeichnend für sein Werk ist die Mischung von heiligen und profanen Gegenständen. Seine Epigramme behandeln die Kaiser und andere Würdenträger, die großen griechischen Philosophen Plato und Aristoteles sowie die Kirchenväter.

KYROS PATRIARCH VON ALEXANDRIEN (631-42) Er wurde von Kaiser *Herakleios ernannt und versuchte in seiner Amtszeit, die verschiedenen Ketzersekten mit der Kirche auszusöhnen. Diese Bemühungen brachten ihm mehr Schwierigkeiten als Dank ein. Die Orthodoxie unter der Führung des Patriarchen von Jerusalem, *Sephronius, griff ihn als Häretiker an und versuchte seine Absetzung zu erlangen. Auch die *Kopten Ägyptens waren K. gegenüber mißtrauisch eingestellt. Er war der letzte Zivilstatthalter Ägyptens. Da sich der Aussichtslosigkeit des Widerstandes gegen die arabische Eroberung des Landes bewußt war, unterzeichnete er 642 die Kapitulationsurkunde Alexandriens.

L

LADISLAUS Siehe *WLADISLAUS.
LAHORE Nordwestindische Stadt, im 3. oder 4. Jh. gegründet und im 7. Jh. als Handelszentrum erwähnt. Zu Beginn des 11. Jh.s wurde die Stadt von den Sultanen von *Ghazni erobert und entwickelte sich zu einem der wichtigen Mittelpunkte des Ghaznawiden- und *Ghoridenreichs. Die Bevölkerung nahm den Islam an, und das Stadtbild wurde nach dem moslemischen Muster ausgebaut. Im 13. Jh. wurde L. von den *Mongolen und 1389 von *Timur-Leng verwüstet. 1422 wurde sie als Hauptstadt Mubarek Schahs, einer der Herrscher des *Timuridenhauses, wieder aufgebaut.
LAIENABT Siehe *ABT.
LAIENINVESTITUR Siehe *INVESTITURSTREIT.
LAMBERT (hl.; ca. 635-705) Missionär. Er wurde als Sohn einer *austrasischen Adelsfamilie geboren, trat eine kirchliche Laufbahn an und wurde Bischof von Maastricht. Im Jahre 675 mußte er aus politischen Gründen sein Bistum verlassen und war als Missionär in den Niederlanden tätig. Im Verlauf einer Auseinandersetzung mit dem Hausmeier *Pippin III. wurde er 700 ermordet. Seine Verehrung breitete sich rasch aus, und L. wurde zum Schutzheiligen von *Lüttich.
G. Kurth, *Le Vita Sancti Lamberti,* 1919.
LAMBERT VON ARDRE (gest. um 1200) Geschichtsschreiber. Er diente als Priester von Ardre (Südflandern) und war auch am Hof der Grafen von *Guines beschäftigt, deren vorbildliche Familiengeschichte er verfaßte.
Text: *MGH SS* 24.
LAMBERT VON HERSFELD (ca. 1024-87) Geschichtsschreiber. Als Mönch im Benediktinerkloster Hersfeld (seit 1058) wurde ihm die Niederschrift der Klosterannalen anvertraut, die er unter Einfügung wertvoller Informationen aus mehreren Quellen in eine Geschichte der christlichen Welt umarbeitete. Besonders wertvoll ist seine Behandlung der Jahre 1040 bis 1077, die Einblick in die Anfänge des *Investiturstreits verschafft.
Werk: W. D. Fritz-A. Schmidt (Hg.), *Annales,* 1957.
LAMBERT VON SPOLETO Kaiser (894-98). Sohn *Guidos von Spoleto, dessen Kaisertitel er erbte. Nach dem Einfall *Arnulfs von Kärnten in Italien nahm ihm Papst *Formosus den Kaisertitel. 897, nachdem sein Rivale nach Deutschland zurückgekehrt war und L. *Berengar von Friaul besiegen konnte, nahm er wieder die Kaiserwürde an, starb aber ein Jahr später an einem Unfall.
C. G. Mor, *L'Età Feudale,* 1952.
LAMBETH HOUSE Der Palast der Erzbischöfe von *Canterbury in London. Er befindet sich am Südufer der Themse und wurde 1185 von Erzbischof Baldwin II. erworben. Seit dem 13. Jh. diente die L. als einer der wichtigsten Treffpunkte des kulturellen und politischen Lebens und besaß eine berühmte und reiche Bibliothek von Handschriften.
S. R. Maitland, *Lambeth Palace,* 1932.

LANCASTER Nordenglische Grafschaft. Der normannische Graf Roger von Poitou erbaute nach der Eroberung Englands (1066) in L. eine Burg, um die herum sich die Stadt L. entwickelte. Im Jahre 1193 verlieh König *Johann an L. das Stadtrecht; im 13. Jh. wurde es zur Grafschaft erhoben.
LANCASTER, Haus von Bezeichnung der Juniorenlinien des englischen Königshauses der Plantagenet, nach der Grafschaft L. benannt. Der Titel erscheint zum ersten Mal im Jahre 1267, nachdem Edmund, der jüngere Sohn *Heinrichs III. die Grafschaft zusammen mit Leicester und Derby erhalten hatte. Seine Linie starb mit dem Tod seines Enkels Heinrich 1361 aus. 1359 wurde L. anläßlich der Heirat von Heinrichs Tochter Blanche mit *Johann von Gent, dem vierten Sohn *Eduards III., zum Herzogtum erhoben; Johann wurde Gründer der zweiten Linie des Hauses L. Sein Sohn *Heinrich wurde 1399 König von England und Begründer des Herrscherhauses von Lancaster (bis 1471). R. Somerville, *History of the Duchy of Lancaster,* 1953.
LANCELOT, ROMAN DE Einer der beliebtesten Romane des *Artuszyklus. Bis zum beginnenden 13. Jh. wurde Lancelot als vorbildlicher Ritter am Hofe König *Artus' dargestellt. Danach entwickelte er sich zum Mittelpunkt eines eigenen Romanzyklus und symbolisierte die Treue des Lehnsmannes zu seinem Herrn, die in ihrer Intensität sogar die Gefühle für die Geliebte in den Schatten stellt.
LANDFRIEDEN Siehe *FRIEDEN GOTTES.
LANDWIRTSCHAFT Die Landwirtschaft war die Hauptstütze der mittelalterlichen Wirtschaft und deshalb eng mit den politischen und sozialen Strukturen des mittelalterlichen Lebens verbunden. Das Studium der L. kann darum nur im Verein mit der Erforschung des Lehns- und Feudalwesens vonstatten gehen. Vom methodologischen Standpunkt aus besteht ein tiefgehender Unterschied zwischen der west- und mitteleuropäischen L., der L. von Byzanz und der L. der moslemischen Staaten. Es ist allgemein anerkannt, daß römische Technologie und L.s-struktur auch nach dem Fall des Römischen Reiches in Gallien und Italien für Jahrhunderte weiter bestanden. Dennoch führte die Abwesenheit von Sklaven besonders im Westen zur Entwicklung von Agrartechniken, die den neuen Sozialstrukturen angepaßt waren. Im byzantinischen Reich bestanden die großen weltlichen und kirchlichen Landgüter weiter, die in der Art der alten römischen Latifundien geleitet wurden und auf Sklavenarbeit basierten. Neben diesen Gütern entwickelte sich auf dem Balkan und in Kleinasien eine bedeutende Klasse von freien Bauern, die ihre eigenen Landstücke bebauten. Zu Beginn des 8. Jh.s war diese Klasse zahlenmäßig und qualitativ bedeutend genug, um in dem Rechtskodex Kaiser *Leos I. einen eigenen rechtlichen Status zu erhalten. Die feudalen Tendenzen in der byzantinischen L. waren auf die

großen Güter beschränkt; vom wirtschaftlichen Standpunkt her war die byzantinische L. vom Anfang an in die Handels- und Geldwirtschaft integriert. Die Errichtung des arabischen Kalifats schuf in den moslemischen Ländern ein neues Konzept der L. Die arabischen Eroberer zogen es vor, sich in den Städten niederzulassen und im Handel tätig zu sein; sie überließen die Bebauung des Landes der unterworfenen Bevölkerung, die ihre traditionellen Techniken und Bräuche beibehielt. Diese Kontinuität erklärt den nur langsamen Fortschritt der Islamisierung auf den Dörfern, was sich in Ländern wie Syrien und Ägypten darin äußern konnte, daß die Bauern den besser dem agrarischen Zyklus angepaßten julianischen Kalender bis Ausgang des Mittelalters beibehielten. Dennoch waren die Landbesitzer seit dem 7. Jh. gezwungen, den Islam anzunehmen oder ihren Besitz zu verlassen. Die Bauern mußten sowohl an den Staat als auch an die Grundherren Steuern zahlen. Die Einführung des Iqt'aah-Systems im 11. Jh. bedeutete eine gewisse Feudalisierung der L., die sich jedoch nur auf fiskalischem Gebiet ausdrückte, während die Ausübung des Gerichts weiter in den Händen der von der Regierung ernannten Kadis lag. Wie in Byzanz basierte die moslemische L. auf kommerziellen Überlegungen. Der persische Einfluß brachte die große Erneuerung der Blumenzucht hervor, die in den exquisiten Gärten Persiens, Mesopotamiens und Spaniens perfektioniert wurde.

Im Gegensatz zur byzantinischen und moslemischen L. sah sich der Westen seit dem 4. Jh. einem wachsenden Mangel an Sklaven konfrontiert. Im letzten Jh. des Römischen Reiches wurden die freien Bauern an die Scholle gebunden und zur Arbeit an den Gütern der Aristokratie gezwungen, um die Lebensmittelversorgung des Heeres zu garantieren. Mit der Zeit entstanden drei Klassen von Bauern: eine kleine Gruppe von Sklaven, die an die Scholle gebundene Bauernschaft und eine Anzahl von Freibauern. Diese Teilung bestand auch nach der germanischen Eroberung und bis ins 6.-8.

Jh. weiter. Neue Techniken und hauptsächlich die Dreifelderwirtschaft (Wechsel von Sommer-, Wintergetreide, Brache) an Stelle der Zweifelderwirtschaft (Getreide, Brache) halfen dem Mangel an versklavten Arbeitskräften ab, ebenso die Verbreitung der Wassermühle. Die ländliche Wirtschaft verlor ihren kommerziellen Charakter, und der Großteil der Erzeugnisse wurde auf den Gütern selbst verbraucht oder zwischen den Fronhöfen ausgetauscht. Seit dem 9. Jh. ist der Einfluß des Lehns- und Feudalwesens auf die L. voll zu erkennen. Das Gut verwandelte sich in die Grundherrschaft; sie wurde von einem Herrn regiert, der sie wiederum von seinem Oberherrn als Lehen hielt, über seine niedrigen Vasallen und Bauern die Gerichtsbarkeit ausübte und die freien Bauern zur Übergabe ihres Bodens zwang. *Allodiales Gut wurde selten und war nach der *normannischen Eroberung Englands, die der freien Bauernschaft der Angelsachsen ein Ende setzte, nur mehr in Randgebieten Europas zu finden. Das endgültige Verschwinden der Sklaverei im 9. Jh. machte die große Masse der Bauern zu *Leibeigenen, die kaum Rechte besaßen. Die Grundherrschaft war nach der "Villikationsverfassung" in zwei Teile gegliedert: zum einen der Herren- oder Fronhof mit der Burg und dem herrschaftlichen Besitz, der von den Bauern als Teil der Frondienste bebaut wurde, sowie die Wälder, Seen, Mühlen, Schmieden und Backöfen; zum anderen die den Bauern verliehenen Landstücke, die Hofgüter, die meistens zur leichteren Bearbeitung durch die Ochsengespanne in langen Streifen angeordnet waren. Der Bauer war verpflichtet, dem Grundherrn einen Teil seiner Erträge abzuliefern, Kopfsteuer zu zahlen und Frondienste (Pflügen, Transportieren, Weben...) zu leisten. Seit dem 12. Jh. wurden infolge wiederbelebten Handels und Wachstums der Städte Teile dieser Verpflichtungen durch Geldzahlungen abgelöst, womit auch im Westen die Rückkehr zur kommerziellen L. möglich wurde. Die Bauerngemeinde (das Dorf) errang weitgehendere Autonomie, und zahlreiche Bauern konnten

Bauern arbeiten unter der Aufsicht des herrschaftlichen Gutsverwalters; aus dem Queen Mary's Psalter, 14. Jh.

sich ihre Freiheit erkaufen. Diese Bewegung wurde durch die Kolonisierung neuen Ackerlandes unter der Leitung von Adeligen und kirchlichen Institutionen gefördert, da diese zur Anziehung von Neusiedlern bessere Bedingungen bieten mußten. In Ostdeutschland wurde dieser Prozeß mit Hilfe von "Lokatoren" oder Schultheißen ausgeführt, die landlose Bauern aus den überbevölkerten Gebieten des Rheinlandes und der Niederlande rekrutierten und mit diesen neue Dörfer errichteten. Die Ablösung der Frondienste führte seit dem 13. Jh. zur verstärkten Beschäftigung von bezahlten Arbeitskräften auf dem Fronhof, der sich allmählich in das Landgut entwickelte. Auf diesem griffen frühkapitalistische Formen der Beschäftigung und Planung um sich, die auf den höchstmöglichen Profit der verkauften Erzeugnisse abzielten. Im 13. Jh. wurde auch eine Anzahl von Handbüchern für die L. verfaßt, wie etwa das des *Walter von Henley. Die großen Epidemien und Hungersnöte des 14. Jh.s wirkten stark auf die europäische Landwirtschaft ein; die Grundherren drängten infolge des Mangels an Arbeitskräften wiederum auf Erschwerung und volle Ausnutzung der grundherrschaftlichen Rechte, daneben auch auf das Abschließen der Felder für die Schafzucht (in England). Die Aufstände der Bauern (Frankreich 1355-60, England 1381) wurden blutig niedergeschlagen.

G. Franz, *Deutsche Agrargeschichte,* 1967[2];
H. Aubin-W. Zorn, *Handbuch der deutschen Wirtschafts- und Sozialgeschichte* 1, 1971.

LANFRANC (1005-89) Erzbischof von Canterbury (1070-89). L. wurde in Pavia (Norditalien) geboren, wo er auch Rechtswissenschaften studierte. 1035 ging er nach Frankreich, studierte in Dijon Theologie und ließ sich 1039 in der Normandie nieder, wo er die Schule von Avranches gründete. 1042 trat er dem Kloster *Bec bei, dessen Prior und Leiter der Klosterschule er 1045 wurde. Unter seiner Obhut entwickelte sich die Schule zu einem der berühmtesten Zentren der Gelehrsamkeit in ganz Europa. Nach vorübergehenden Spannungen mit *Wilhelm I. wurde er einer der engsten Berater des Herzogs, der ihn 1070 zum Erzbischof von Canterbury ernannte und mit der Aufgabe der Neuorganisierung der englischen Kirche betraute. L. unterhielt sowohl mit dem König als auch mit dem Reformpapsttum ungetrübte Beziehungen und zeichnete sich als Erzbischof, Lehrer und als einer der hervorstechendsten Gelehrten seiner Generation aus. Er verfaßte einen Kommentar zur Sakramentaltheologie und zur *Benediktinerregel.

A. J. Macdonald, *Lanfranc,* 1944.

LANGBOGEN Kriegswaffe, die anscheinend aus *Wales stammt und dort im 13. Jh. gegen die englischen Reitertruppen verwendet wurde. Der L. war 1,80 Meter lang, besaß eine effektive Schußweite von 180 Metern und erlaubte Fußtruppen, den Zusammenstoß mit den schwerbewaffneten und gepanzerten Reitern zu vermeiden. König *Eduard I. übernahm den L.; unter *Eduard III. wurde die Waffe Standardausrüstung der englischen Infanterie. Sie wurde mit bedeutendem Erfolg im *Hundertjährigen Krieg eingesetzt.

W. Erben, *Kriegsgeschichte des Mittelalters,* 1929.

LANGLAND WILLIAM (ca. 1332-1400) Wahrscheinlich Verfasser des *Piers Plowman*. Seine Biographie ist ungesichert.

LANGOBARDEN Germanenstamm, der im 4. Jh. aus seinem Siedlungsgebiet in Nordostdeutschland südwärts

wanderte. In Böhmen formte sich das Stammeskönigtum der L., und im 5. und 6. Jh. besetzten sie große Teile Österreichs. Unter dem Druck der *Awaren verließen sie dann ihr Gebiet und fielen unter der Führung König *Ebroins in Italien ein, wo sie den Großteil der byzantinischen Provinzen im Norden und Zentrum des Landes eroberten. Die örtliche Bevölkerung, die sich von den Byzantinern unterdrückt fühlte, leistete der l. Eroberung kaum Widerstand. In der Folge war die byzantinische Herrschaft in Italien auf isolierte Landstriche um *Ravenna und im Süden begrenzt, während sich im Rom und in Latium der päpstliche *Kirchenstaat ausbildete. Die Integration der L. mit den eingeborenen Römern nahm mehrere Generationen in Anspruch. In der Zwischenzeit wurden die L. wegen ihres arianischen Glaubens als Feinde des Papsttums angesehen. Das Königreich der L. beruhte auf dem Wahlprinzip, wurde nach den Stammesgesetzen regiert und war in Verwaltungseinheiten (Herzogtümer) aufgeteilt. Die Herzogtümer schlossen kleinere, nach militärischen und verwandschaftlichen Grundsätzen gegliederte Einheiten (*farae*). Die Herzogtümer rings um das Königsgut (die *Lombardei mit dem Mittelpunkt *Pavia), hauptsächlich *Benevent, *Spoleto und *Friaul, genossen ein großes Maß an Selbständigkeit. Im 7. Jh., nach dem Niedergang der Königsmacht und der Entwicklung feudaler Gesellschaftsformen, erlangten einige Herzöge, die mit dem Haus *Ebroins verwandt waren, die Königswürde. Im 8. Jh. war das von *Liutprand neuorganisierte Königreich der L. ein wichtiger europäischer Machtfaktor. Trotz ihres Übertritts zum Katholizismus bildeten die L. wegen ihrer andauernden Versuche, Restitalien zu erobern, immer noch eine Gefahr für das Papsttum. Die zahlreichen Appelle der Päpste an die *Franken führten zuletzt zum Bündnis zwischen dem Papsttum und *Pippin d. Kurzen, der 757 die päpstliche Herrschaft über Bologna anerkannte. Im Jahre 774 marschierte *Karl d.Gr. auf Bitten Papst *Hadrians I. in Italien ein, besiegte König *Desiderius und schlug das L.-Reich zu seinem Königreich. Benevent blieb jedoch bis ins 11. Jh. ein eigenständiges langobardisches Herzogtum.

G. Bognetti, *L'eta longobarda,* 4 Bde., 1966-68.

LANGRES Ostfranzösische Stadt. Die alte römische Siedlung verfiel im Frühmittelalter und bestand in der *Karolingerzeit nur mehr aus dem Bischofssitz. Im 12. Jh. begann die erneute Blüte von L. unter den Herzögen von *Burgund, die L. als Lehen der Bischöfe besaßen. Seit dem 13. Jh. wurden die Bischöfe von L. als *Peers von Frankreich betrachtet.

LANGTOFT, PETER (gest. 1307) Geschichtsschreiber. L. war *Kanoniker an *Augustinerstift Bridlington (England), als dessen Schatzmeister er von 1271-86 diente. Er schrieb eine Geschichte Englands, deren wichtigster Teil sich mit den letzten Jahren *Heinrichs III. und der Regierungszeit *Eduards I. befaßt.

LANGTON, STEPHAN (um 1150-1228) Erzbischof von Canterbury (1207-28). In England geboren, studierte an der Universität von Paris, wo er 1181 den Lehrberuf aufnahm. Zur gleichen Zeit wurde er enger Freund Lothars von Segni, des späteren Papstes *Innozenz III. In seinen 25 Jahren an der Universität erwarb sich L. großen Ruhm als Theologe und Bibelexeget. Unter seinen zahlreichen Werken befindet sich auch ein hebräisches Wörterbuch. 1206 machte ihn Innozenz zum Kardinal und 1207, gegen den Widerstand König

*Johanns, zum Erzbischof von Canterbury. Die anschließende Auseinandersetzung mit dem König zögerte L.s Amtsantritt bis 1213 hinaus. Der Erzbischof nahm gegenüber der Baronenrevolte eine wohlwollende Stellung ein, ohne jedoch selbst aktiv Teil zu nehmen, und riet Johann zur Gewährung der *Magna Charta. Seit 1216 unterstützte L. die Regentschaft *Heinrichs III. Er stellte die Disziplin des englischen Klerus wieder her und legte den Primat von Canterbury fest. Im Jahre 1222 gab er für die englische Kirche eine Reihe von Statuten heraus, die unter anderem auch die Entscheidungen des vierten *Laterankonzils einschlossen.

F. M. Powicke, *Stephen Langton*, 1928.

LANGUEDOC Südfranzösische Region am Mittelmeer. Die römische Provinz Narbonensis wurde zu Beginn des 5. Jh.s von den *Westgoten erobert, unter deren Herrschaft sie sich bis zum 8. Jh. befand. In dieser Zeit trug sie auch den Namen Septimanien. Nach dem Zusammenbruch des Westgotenstaats fielen Teile von L. in die Hände der Araber, die jedoch von den *Franken unter *Karl Martel und *Pippin d. Kurzen 754 verdrängt wurden. Die L. hieß nun Gothia, war Teil des Frankenreichs und diente in der Zeit *Karls d.Gr. als Ausgangsbasis für die spanischen Kriege und seit 810 als Teil der Spanischen Mark. Im 9. Jh. wurde die Mark geteilt, und L. war vorübergehend Teil der Mark von Gothia, 924 wurde sie endgültig mit der Grafschaft *Toulouse vereinigt.

Unter der Herrschaft der Toulouser Grafen zerfiel L. in eine Anzahl von Feudalherrschaften, von denen die Grafschaft Melgueil mit der Herrschaft von *Montpellier, die Vizegrafschaft *Narbonne und die Herrschaften des Hauses *Trencavel die meiste Bedeutung besaßen. Im 12. Jh. stiegen die Trencavel zur stärksten Macht in Südfrankreich auf. Diese Periode ist durch die rasche wirtschaftliche und kulturelle Entwicklung L.s gekennzeichnet (die kulturelle hauptsächlich durch die weltliche Literatur der *Troubadoure). Im 12. Jh. gewannen die *Albigenser im Lande Anhang und stellten zu Beginn des 13. Jh.s dank der Unterstützung des Adels einen bedeutenden Machtfaktor dar. Der Albigenserkreuzzug versetzte der L. einen schweren Schlag und führte zu tiefgreifenden Veränderung der politischen und sozialen Strukturen. Die Macht der lokalen Dynastien, besonders der Toulouser Grafen und der Trencavels, wurde bedeutend geschwächt; ein großer Teil des Landes wurde als Seneschallerie von Beaucaire an das französische Königsgut angeschlossen. Andere Teile gingen an *Aragón, der Rest wurde der Herrschaft *Alfons' von Poitiers, des jüngeren Bruders König *Ludwigs IX., unterstellt (1249). Der 1215 in L. gegründete *Dominikanerorden erhielt die Aufgabe, die Ketzer aufzuspüren und vor Gericht zu bringen. Nach Alfons' Tod (1270) wurde L. an das Krongut angeschlossen und seitdem von einem königlichen Statthalter verwaltet.

P. Wolff (Hg.), *Nouvelle Histoire du Languedoc*, 1967.

LANZE, HEILIGE Siehe *HEILIGE LANZE.

LAODICEA Siehe *LATAKIA.

LAON Nordostfranzösische Stadt, seit dem 5. bis ins 10. Jh. hauptsächlich als Bischofssitz von Bedeutung. Im 10. Jh. gewann L. als Regierungssitz der letzten Karolingerkönige Frankreichs an Gewicht. 987 verlieh *Hugo Capet den Bischöfen die Königspfalz und den Grafentitel. Danach entwickelte sich L. zum Mittelpunkt einer bedeutenden kirchlichen Grundherrschaft.

Im Jahre 1113 erhoben sich die Stadtbürger gegen den Bischof, wurden aber von *Ludwig VI. niedergeworfen. Dieser verlieh L. dennoch 1128 das Stadtrecht, und die Stadt war im weiteren Verlauf weitgehend unabhängig. L. besitzt eine der bedeutendsten frühgotischen Kathedralen.

LAS NAVAS DE TOLOSA Schlachtfeld an der Nordgrenze *Andalusiens, wo es zwischen den Truppen der christlichen Könige Spaniens (Kastilien, Aragón, Navarra, Portugal, mit Teilnahme französischer Ritter) und den *Almohaden 1212 zu einem entscheidenden Treffen kam. Der christliche Sieg war ein bedeutender Schritt in der Geschichte der *Reconquista und kennzeichnet den endgültigen Niedergang maurischer Macht in Spanien.

LATAKIA (LAODICEA) Nordsyrische Stadt an der Mittelmeerküste. Unter der byzantinischen Herrschaft brachte der Hafen der Stadt Wohlstand; nach der arabischen Eroberung (638) ging der Handel L.s an *Antiochia über, und die Stadt verlor an Bedeutung. Im Jahre 1103 fiel sie in die Hände der *Kreuzfahrer und wurde der Oberhoheit der Grafen von *Tripoli unterstellt. 1188 wurde L. von *Saladin und 1198 wieder von den Christen erobert, deren Herrschaft 1268 durch die *Mamluken beendet wurde. Die aus dem 13. Jh. stammende gotische Kathedrale von L. ist eines der interessantesten Bauwerke des Mittelalters.

J. Richard, *Le Comté de Tripoli à l'époque des Croisades*, 1943.

LATEINISCHES KAISERREICH von Konstantinopel Der Staat, der 1204 von den Teilnehmern des 4. Kreuzzugs nach der Eroberung Konstantinopels und der Zerstörung des *byzantinischen Kaiserreiches errichtet wurde. Er schloß unter der formalen Oberhoheit *Balduins von Flandern alle fränkischen Eroberungen in Griechenland, d.h. das Königreich *Thessalonike, das Herzogtum *Athen und das Fürstentum *Morea ein. Tatsächlich waren diese Gebiete jedoch unabhängige Staaten; das eigentliche Machtgebiet des Kaisers erstreckte sich nur auf Thrakien. Das L. war von *Venedig abhängig und gab der Lagunenstadt ein eigenes Viertel in Konstantinopel sowie das Handelsmonopol in den Häfen des Reiches.

Die Geschichte des L. ist durch die andauernden Kämpfe gegen die *Bulgaren und die Kaiser von *Nikaia gekennzeichnet. Daneben fanden mit der örtlichen Bevölkerung Auseinandersetzungen hauptsächlich über kirchliche Fragen statt. Das Reich besaß einen ausgesprochen lateinischen Charakter und unterstand dem Papst. Dazu wurde noch der Venezianer Thomas *Morosini zum Patriarchen ernannt. Dies erregte den heftigen Widerstand des griechisch-orthodoxen Klerus und besonders der Mönche, die die Kirchenunion mit Rom ablehnten und gegen die Eroberer predigten. Im Jahre 1261 nahm Kaiser *Michael Palaiologos mit Hilfe der *Genuesen Konstantinopel ein und stellte das byzantinische Kaiserreich wieder her.

Trotz der Auslöschung des L. wurde der Kaisertitel bis zum Ausgang des Mittelalters durch Heirat und Erbfall unter verschiedenen italienischen Fürsten weitergegeben.

E. Gerland, *Geschichte des lateinischen Kaiserreichs von Konstantinopel*, 1905.

LATERANKONZILIEN Die im *Lateranpalast zusammengetretenen Kirchensynoden, von denen vier als ökumenische Konzilien bezeichnet werden:

Das erste L. (1123) wurde von *Calixtus II. nach dem *Konkordat von *Worms einberufen und ist das erste ökumenische Konzil der lateinischen Kirche.

Das zweite L. (1139) wurde von *Innozenz II. zur Reformierung der Kirche einberufen und verurteilte die Anhänger *Anaklets II. und die Theorien des *Arnold von Brescia.

Das dritte L. trat 1179 unter dem Vorsitz *Alexanders III. nach der Unterzeichnung des Friedensvertrages mit Kaiser *Friedrich I. als Demonstration kirchlicher Einheit zusammen. Unter den verabschiedeten Entschlüssen waren die Regelung der Papstwahlprozedur und die Pflicht der Errichtung von Schulen sehr bedeutsam.

Das vierte L. (1215) unter dem Vorsitz von *Innozenz III. war das wichtigste aller L. und behandelte eine Reihe von Gegenständen auf dem Gebiet der Theologie, Liturgie und des Kirchenrechts sowie das Problem der Unterdrückung der *Häresie.
H. Jedin (Hg.), *Handbuch der Kirchengeschichte* 3/2, 1973[2].

LATERANPALAST Kirche und Papstpalast in Rom, auf den Ruinen des antiken Palastes der Lateranifamilie erbaut und von Kaiser *Konstantin II. an die Bischöfe von Rom geschenkt. Seit der Mitte des 4. Jh.s bis 1305 war der L. die offizielle Residenz der Päpste. Seine Kirche, die Kathedrale von Rom, wurde im 10. Jh. neu erbaut und Johannes d. Täufer geweiht, nachdem die alte Basilika von einem Erdbeben zerstört worden war. Im 14. Jh. wurde die Kirche mehrere Male durch Feuer beschädigt, jedoch wiederaufgebaut. Der L. war Sitzungsort zahlreicher Kirchensynoden, die durch die Anwesenheit des Papstes besondere Bedeutung erhielten. 1059 wurde auf einem solchen Konzil die Papstwahl durch die *Kardinäle festgelegt.

LATINI, BRUNETTO (ca. 1220-94) Gelehrter und Politiker. Er wurde in Florenz geboren und erzogen, stieg zum Führer der *Guelfenpartei auf und machte sich als radikaler Politiker einen Namen. Durch die Entmachtung seiner Partei im Jahre 1260 mußte er die Stadt verlassen und ging nach Frankreich ins Exil. 1266 kehrte er zurück und wurde in den Stadtrat gewählt. L. verfaßte eine Übertragung der rhetorischen Werke Ciceros ins Italienische (*La Rettorica*), mehrere Gedichte in der toskanischen Mundart und während seines Frankreichaufenthaltes die *Livres dou Tresor*, eine Enzyklopädie des zeitgenössischen naturwissenschaftlichen, philosophischen und theologischen Wissens. L. war einer der ersten westlichen Gelehrten, der sich zu wissenschaftlichen Zwecken der Landessprache bediente. *Dante hat viel von L. übernommen.
F. J. Carmody, *Brunetto Latini's Tresor; Latin Sources on Natural Sciences*, 1937.

LATIUM Mittelitalienische Provinz nahe Rom. Sie wurde erst mit der Gründung des *Kirchenstaates durch *Gregor I. zur eigenständigen territorialen Einheit, diente als Kerngebiet des Kirchenstaates und wurde von einem päpstlichen Grafen verwaltet. Im 9. Jh. übernahmen die Adeligen der Gegend das *Lehnswesen, und unter den Landbesitzern traten mehrere Dynastien hervor. Diese bauten Burgen und unterwarfen die Lehnsleute und Bauern ihrer Gewalt. Die wichtigsten Adelshäuser waren die der Grafen von *Tuskulum und der Herren von *Anagni. Im 10.-11. Jh. konnten diese Herren das Papsttum unter ihre Gewalt bringen; ihre Macht wurde erst von Kaiser *Heinrich III. gebrochen.

Auch später war das Feudalsystem in L. vorherrschend, die neuen Herren kamen jedoch aus den Reihen römischer Familien, die in der Gegend Landgüter besaßen.
H. Kühner, *Latium. Land im Schatten Roms*, 1967.

LAUDES Das traditionelle Morgengebet der römisch-katholischen Kirche, das um den Beistand Gottes und der Heiligen bittet. Seit dem 8. Jh. bürgerte sich der Brauch ein, L. als Zeichen der Treue für den Papst, Kaiser, König oder andere weltliche Herrn aufzusagen.

LAUSANNE Stadt am Nordufer des Genfer Sees. Die frühere römische Siedlung wurde im 5. Jh. von den *Burgundern erobert. Im Jahre 590 wurde ein Bischofssitz errichtet, danach entwickelte sich die Stadt rasch. Im 10. Jh. unterwarfen die Bischöfe Stadt und Grafschaft ihrer Herrschaft und 1032 erhielten sie ihr großes Territorium als Reichslehen. 1159 verlieh Kaiser *Friedrich I. den Bischöfen den Titel des Reichsfürsten, den sie bis Ausgang des Mittelalters innehatten. Im 14. Jh. verfiel die Macht der Bischöfe von L., die große Teile ihres Besitzes an die Grafen von *Savoyen abgeben mußten. 1434 wurde L. freie Reichsstadt.
G. A. Chevallez, *Lausanne*, 1960.

LAUSITZ Deutsche Grenzmark am Ostufer der Elbe. Sie wurde im 8. und 9. Jh. von dem Slawenstamm der Sorben bevölkert und 928 von den Deutschen erobert. Diese errichteten die Mark, die von Sachsen abhängig war. 1002 annektierte König *Boleslaw von Polen die L., verlor sie aber 1033 an die Deutschen. Später wurde der Landstrich durch Deutsche besiedelt und zwischen *Brandenburg und *Meißen aufgeteilt.

LAYAMON (um 1200) Englischer Dichter, nach eigenem Zeugnis Pfarrpriester in Worcestershire. Er verfaßte eine gereimte Version des *Brut*, des Brutus von Troja (legendärer erster König Englands und angeblicher Vorvater König *Artus'). Das Werk, eine weitschweifige Bearbeitung der Erzählungen *Bedas und *Waces, fand Eingang in den Artuszyklus und wurde im 13. Jh. oft nachgeahmt.
H. Pilch, *L.s "Brut"*, 1960.

LAZARITERORDEN VON JERUSALEM Ein 1120 gegründeter religiöser Orden, der sich die Sorge für die Aussätzigen des *Lateinischen Königreichs von Jerusalem zum Ziel setzte. Namengebend war der Bettler Lazarus aus dem Neuen Testament, im Mittelalter der Schutzheilige der Aussätzigen. Wie die *Johanniter entwickelte sich die L. zu einem Ritterorden, ohne jedoch die Position der drei großen militärischen Orden zu erlangen. Nach 1187 kehrten die L. zu ihrer ursprünglichen Berufung zurück und verbreiteten sich über Westeuropa, wo sie nahe der großen Städte ihre Spitäler, die sog. "Lazarette", errichteten.
P. Bertrand, *Histoire des chevaliers-hospitaliers de St. Lazare*, 1932.

LAZARUS (1329-89) König von Serbien (1387-89) unter der Oberhoheit der ungarischen Könige. 1387 sagte er sich von Ungarn los. Er wurde im Kampf gegen die Türken in der Schlacht von *Kossowo getötet. Mit seinem Tod hörte die Geschichte des unabhängigen Serbien auf.

LEANDER (hl.; ca. 550-600) Erzbischof von Sevilla (584-600). L. war älterer Bruder *Isidors von Sevilla und ging 582 als Vertreter der spanischen Kirche an den Kaiserhof von Konstantinopel. Dort machte er die Bekanntschaft Papst *Gregors I. Nach seiner Rückkehr wurde er zum Bischof von Sevilla ernannt und stieg rasch zum Führer der spanischen Kirche auf. Er spielte eine wichtige Rolle in der Bekehrung des Westgotenkönigs *Rekkared zum katholischen Glauben. Im Jahre 589 leitete L. die Synode von Toledo, die die Grundlinien für die Kirchenorganisation des Westgotenreiches legte.

F. Görres, *Leander Bischof von Sevilla und Metropolit der Kirchenprovinz Baetica*, in: Zeitschrift für wissenschaftliche Theologie 29, 1886.

LECHFELD, SCHLACHT AM Der Kampf zwischen den *Ungarn, die bis zum Ufer der bayerischen Lech vorgerückt waren, und den deutschen Kräften unter *Otto I. (955). Der Sieg des Königs bedeutete den Endpunkt der ungarischen Einfälle in Deutschland. Er erhöhte auch bedeutend das königliche Ansehen und bereitete den Weg für die Kaiserkrönung Ottos vor.

B. Eberl, *Die Ungarnschlacht auf dem L.*, 1955.

LEGAT (legatus) Ein persönlicher Vertreter des Papstes, der für die Dauer seiner Mission volle päpstliche Machtbefugnisse erhält. Bis zum 11. Jh. waren die L.en Mitglieder der römischen Kurie, die speziell für bestimmte Missionen ausgesandt wurden. *Gregor VII. war der erste Papst, der ständige L.en für Kirchenprovinzen oder Länder ernannte. Diese wurden aus den Reihen der bewährten Anhänger des Reformpapsttums am Ort gewählt. Seit dem 12. Jh. bestehen beide Systeme, wobei der erstere zur besseren Unterscheidung *legatus a latere* genannt wird. Ein dritter Typ de L.en ist der Prälat (wie etwa der Erzbischof von Canterbury), der zusätzlich zu seinen kirchlichen Würden den Ehrentitel L. erhält.

LEGNANO Stadt nördlich von Mailand, wo *Friedrich I. 1176 von den Truppen des *Lombardenbundes schwer geschlagen wurde.

LEHEN (lat. feudum, feodum) Im Lehnsrecht das Gut, das der Vasall von seinem Herren erhält. Das L. wurde nach Ablegen des Lehnseids und der *Mannschaft übergeben und ermöglichte dem Vasallen die Nutzung des Landes sowie die Befehlsgewalt über die ansässigen Bauern. Es verpflichtete ihn zur Leistung edler Dienste (*consilium, *auxilium) an den Lehnsherren. Das L. wurde nach Regeln gehandhabt, die in der Praxis von Ort zu Ort verschieden waren. Mit der Differenzierung des Lehnswesens seit dem 13. Jh. erhielt die Bezeichnung L. mehrere Bedeutungen. Das *feodum de bursa* ("das L. der Börse") bestand aus Geldzahlungen des Königs oder hoher Feudalherren an ihre Vasallen für deren Militärdienst. Das *feodum de camera* ("das L. der Kammer"), eine Abart des Geldlehens, bezeichnet die vom *Kämmerer verwalteten Einnahmen der königlichen Schatzkammer. Das *feodum de dignite* ("das L. der Ehre") entstand im 9. Jh. als Lehen für Beamte und wurde seit dem 13. Jh. an verschiedene Hofwürdenträger gegeben. Das *feodum francum* ("das freie L.") befreite den Lehnsmann von verschiedenen Diensten an den Herrn. Das *feodum ligium* ("das gebundene L.") war das Lehen, das im Falle der Doppel- oder Mehrfachvasallität vom "Hauptherrn" gegeben wird, der deshalb Vorrang auf die Dienste des Vasallen besitzt.

Seit dem 13. Jh. wurde in Frankreich und England jedes vom König gehaltene Land ohne Rücksicht auf Größe oder Bedeutung als *feodum ligium* betrachtet. Das *feodum militum* oder *feodum loricae* ("Ritterlehen") war ein kleines Stück Land, das dem einzelnen Ritter zum Erwerb einer Rüstung genügen sollte. Das *feodum*

vavassoris ("das L. des Unterlehensmann") war besonders in Deutschland verbreitet und bedeutete die Belehnung kleiner Lehnsleute mit Land, ohne daß damit Herrschaftsrechte übertragen wurden. *Feodum solis* ("das L. der Sonne" = niemandes) ist gleichbedeutend mit *Allod.

F. Ganshof, *Was ist das Lehnswesen?*, 1961.

LEHENSVERWIRKUNG Bezeichnung aus dem Lehnsrecht für die Rückgabe des Lehens an den Herrn, nachdem der Vasall am Gerichtshof des Herrn für schuldig befunden wurde. Berühmte Beispiele für die L. waren die Konfiszierung der französischen Güter König *Johanns ohne Land im Jahre 1200, nachdem dieser nicht am Hof des französischen Königs erschienen war, sowie der Verlust der Lehen, den *Heinrich der Löwe aus dem selben Grunde 1180 hinnehmen mußte.

LEHNSWESEN Siehe *FEUDALISMUS.

LEIBEIGENSCHAFT (lat. servitium) Der Zustand des größten Teils der europäischen Bauernschaft im Mittelalter, der sich zusehends mit dem Niedergang der *Sklaverei verbreitete. Der Leibeigene schuldete seinem Herren zahlreiche Dienste. Diese beinhalteten ursprünglich die Übergabe vieler seiner Arbeitserträge sowie die Frondienste am Herrenhof. Seit dem 10. Jh. ist das wichtigste Kennzeichen der L. jedoch die Tatsache, daß der Leibeigene im Gegensatz zum Freien nicht im Gerichtshof bezeugen durfte.

LEIDRAD (gest. um 816) Erzbischof von Lyon (798-814). Ratgeber *Karls d.Gr., der ihn zum Erzbischof erhob. L. war an der Unterdrückung der *Adoptianisten beteiligt. Nach dem Tod Karls zog er sich in das Kloster St. Medard in Soissons zurück, wo er das "Leben des Kaisers" schrieb.

LEIF ERIKSON (um 970-1021) Wikingerführer. Sohn des norwegischen Häuptlings *Erik d. Rote, wurde um das Jahr 1000 an den Hof König *Olafs I. von Norwegen gesandt, um die Siedler *Grönlands zu repräsentieren. In Norwegen wurde er zum Christentum bekehrt und vom König zur Ausbreitung des Glaubens nach Grönland gesandt. Auf dem Weg wich er wegen eines Sturmes vom Kurs ab und landete in Nordamerika, das er Vinland taufte.

M. Magnusson, H. Pálsson, *The Vinland Sagas*, 1965.

LEINSTER Königreich im südöstlichen Irland. Es wurde im 8. Jh. durch die Union des keltischen Klans unter der Führung des Hauses Ui-Nell gegründet, dessen Mitglieder bis in die Mitte des 9. Jh.s regierten. Zu diesem Zeitpunkt wurde L. von den norwegischen *Wikingern erobert, die es bis zur Wiedergewinnung durch die irischen Klans im 11. Jh. beherrschten. Im Jahre 1171 wurde L. von König *Heinrich II. von England erobert und eine Grafschaft unter der englischen Regierung.

A. J. Othway-Ruthven, *A History of Medieval Ireland*, 1968.

LEIPZIG Deutsche Stadt, die 1015 von deutschen Siedlern an einem Ort einer früheren slawischen Siedlung mit dem Namen Lipsk gegründet wurde. Die Stadt wuchs allmählich an und erhielt 1170 das Stadtrecht. Der für die Märkte günstige Standort am Schnittpunkt der Handelsrouten verlieh L. im Hoch- und Spätmittelalter großen Wohlstand. Anfang des 14. Jh.s kam L. unter die Herrschaft der Wettiner. 1409 erfolgte die Gründung der Universität.

G. Wustmann, *Geschichte der Stadt Leipzig* 1, 1905.

LELIAERTS Eine politische Partei im Flandern des 14. Jh.s, die Frankreich die Treue hielt. Sie bestand aus Angehörigen des Adels und einigen Mitgliedern der städtischen Oberschicht und entwickelte sich im Gefolge der französischen Feldzüge unter *Philipp IV. in Flandern. Der Einfluß der L. wurde durch die Aufstände der englandfreundlichen Volksparteien in den Städten gemindert.

LENDIT Eine berühmte Handelsmesse, die seit dem 7. Jh. zu *St. Denis nahe Paris abgehalten wurde und bis Ausgang des Mittelalters stattfand. Die Geschäfte auf der L. waren für den Wollpreis in ganz Frankreich bestimmend und beeinflußten daneben auch den Getreide- und Pergamenthandel.

Päpste:

LEO I., der Große (hl.; gest. 461) Papst (440-61). In Rom geboren, wo er auch als Diakon diente, errichtete als erster den päpstlichen Primat in der lateinischen Kirche. Er übte auf Kaiser Valentinian III. großen Einfluß aus und erlangte von diesem die Bestätigung des römischen Primats. Im Jahre 453 traf er mit dem *Hunnen *Attila in Florenz zusammen und erreichte als Gegenleistung für die Zahlung einer großen Geldsumme den Rückzug der Hunnen aus Italien. Dank dieser als Wunder gefeierten Tat blieb Italien von den Überfällen der Hunnen verschont. L. war auch als Theologe tätig und sandte Delegierte zum Konzil von *Chalkedon, um den orthodoxen Glauben gegen die *Monophysiten zu verteidigen. Seine Abhandlungen und Briefe dienen der Festlegung des rechten Glaubens. L. wird sowohl von der römisch-katholischen als auch von der griechisch-orthodoxen Kirche als Heiliger verehrt.

H. Jedin (Hg.), *Handbuch der Kirchengeschichte*, 1973.

LEO II. (hl.) Papst (682-83). Sein Pontifikat stand unter dem Einfluß des byzantinischen Kaiserhofes, der ihn mit Hilfe des Exarchen von Ravenna zu einer der griechisch-orthodoxen Kirche genehmen Politik zwang.

LEO III. (hl.; 750-816) Papst (795-816). In Rom als Sohn einfacher Leute geboren, wurde Priester und erwarb sich dank seines tugendhaften Charakters das Vertrauen Papst *Hadrians I., der ihn an der päpstlichen Kurie förderte. 795 wurde er zum Nachfolger Hadrians gewählt; die Wahl aber von römischen Adeligen bestritten, die ihn des Mordes und eines sündhaften Lebens beschuldigten. 796 wurde er in einem Aufstand in Rom gefangengenommen und floh darauf zum fränkischen Grafen von Spoleto. L. ging an den Aufenthaltsort *Karls d.Gr. zu Paderborn (Sachsen), um sich von den Beschuldigungen zu reinigen (797); er erlangte die königliche Anerkennung und seine Wiedereinsetzung mit Hilfe fränkischer Truppen. Trotzdem wollte Karl persönlich nach Rom kommen, um in der Sache zu entscheiden. L. bereitete für den König einen würdigen Empfang in Rom vor, saß mit ihm in einer Synode und krönte endlich Karl zum Kaiser (800). Damit war seine Position gerettet, und im Westen konnte künftighin nur der Papst die Kaiserkrone verleihen. L. bewahrte die geistige Unabhängigkeit des Papsttums und verhinderte die Entfremdung der griechisch-orthodoxen Kirche.

P. Classen, *Karl der Große, das Papsttum und Byzanz*, in: W. Braunfels (Hg.), *Karl der Große* 1, 1965.

LEO IV. (hl.) Papst (847-55). L. war Benediktinermönch und wurde von *Gregor IV. an der päpstlichen Kurie beschäftigt. Sein Vorgänger *Sergius II. machte ihn zum Kardinal. L. wirkte an der Wiedererbauung des

zerstörten Roms, errichtete eine neue Mauer und eine Festung zur Verteidigung der Tiberbrücke und der Basilika des hl. Petrus. Die von ihm wiederaufgebauten Viertel erhielten den Namen "leoninische Stadt". Er rief *Ludwig, den ältesten Sohn Kaiser *Lothars I., zur Verteidigung Italiens gegen die arabischen Überfälle nach Rom und krönte ihn 850 zum Kaiser, ohne daß dieser ihn jedoch von der Verantwortung für die Sicherheit der Stadt befreite.

J. Haller, *Das Papsttum* 2, 1952.

LEO V. Papst (903). Sein zwei Monate dauerndes Pontifikat stand im Zeichen von Unruhen in Rom, die zu seiner Absetzung und Ermordung führten.

LEO VI. Papst (928). Er wurde von *Marozia, der Herrin Roms, dank seiner politischen Erfahrung und Treue zum Papst erhoben, starb jedoch bereits nach sieben Monaten im Amt.

LEO VII. Papst (936-39). L. war Benediktinermönch und wurde dank seiner Frömmigkeit zum Papst erwählt, um in Rom Frieden zu stiften. Er lud den hl. *Odo, den Abt von Cluny, ein, ihm in der von ihm geplanten Kirchenreform beizustehen, die hauptsächlich in Deutschland Auswirkung fand.

LEO VIII. Papst (963-65). Er wurde dank des Einflusses Kaiser *Ottos I., der *Johannes XII. absetzte, zum Papst gewählt. Um sich gegen die Restaurationsversuche von Johannes und dessen Anhängern zu wehren, machte sich L. auch weiter von der militärischen Hilfe des Kaisers abhängig.

LEO IX. (hl.; Bruno von Toul; 1002-54) Papst (1049-54). L. stammte aus dem elsässischen Hochadel und wurde von seinem Vater für eine kirchliche Laufbahn bestimmt und zum Studium nach Toul gesandt. 1026 zum Bischof von Toul erhoben, zeichnete er sich in diesem Amt als eifriger Kirchenreformer und Anhänger der *cluniazensischen Bewegung aus. Er wurde von *Heinrich III. 1048 zum Papst erhoben. Seine Weihe fand 1049 statt. L. machte sich zum Führer der kirchlichen Reformbewegung und erhöhte das Ansehen des Papsttums. Er begann sein Pontifikat mit der Einberufung der Synode von Reims (1049), an der eine große Zahl von europäischen Kirchenfürsten teilnahm und die Grundsätze des päpstlichen Reformprogramms vernahm. Um das Papsttum vom Einfluß der römischen Adelsfamilien zu befreien, holte sich L. seine Berater aus Deutschland und erhob diese zu Kardinälen. Ebenso beachtete er die Ratschläge hervorragender Persönlichkeiten aus dem Mönchtum wie etwa von Hildebrand, dem zukünftigen Papst *Gregor VII. L.s energisches Eintreten gegenüber der griechisch-orthodoxen Kirche führte 1054 zum endgültigen Schisma. Er kämpfte in Süditalien erfolglos gegen die Normannen und mußte nach einer militärischen Niederlage *Robert Guiscard als Lehnsmann und Herren *Apuliens anerkennen.

L. Sittler, *St. Léon IX, le Pape Alsacien*, 1950.

Armenien:

LEO I. König von Armenien (1129-37). Bruder von *Thoros I., vergrößerte das Königreich durch die Eroberung der Städte Mamistra, Adana und Tarsus (1132).

LEO II. der Große, König von Armenien: (1187-1219) Der größte Herrscher Kleinarmeniens, das er durch außenpolitische Erfolge und die Verbesserung der sozialen und kirchlichen Strukturen stärkte. Im Austausch für das Versprechen, die *armenische Kirche mit Rom zu vereinigen, erhielt er von Kaiser *Heinrich VI. die

Königswürde, brach mit Byzanz und errichtete das weitgehend autonome katholische Patriarchat Armeniens. L. war mit den *Kreuzfahrerstaaten verbündet und heiratete eine fränkische Prinzessin. Er verhinderte jede Einmischung in die inneren Angelegenheiten seines Landes und versuchte sogar, Antiochia zu unterwerfen. S. Der Nersessian, *Armenia and the Byzantine Empire*, 1945.

LEO III. König von Armenien (1269-89). Sohn *Hethums, in dessen letzten Regierungsjahren die *mamlukischen Einfälle in Armenien begonnen hatten. Er verbündete sich gegen die Mamluken mit den persischen *Mongolen und nahm an deren Invasionen in Syrien teil, wurde jedoch von den Mamluken geschlagen.

LEO IV. König von Armenien (1301-07). Er kämpfte gegen die *Mamluken, wurde aber von diesen geschlagen und 1307 von den persischen Mongolen getötet, die sich mit den Siegern verbündet hatten.

LEO V. (1310-41) König von Armenien (1320-41). Die Regierung des Königreiches lag bis 1329, dem Jahr der Mündigkeit L.s, in der Hand eines Regentenrats. L. verbrachte seine Regierungszeit nahezu im Krieg gegen die *Mamluken und *Mongolen, die das Land verwüsteten. Er verbündete sich mit den *Lusignanerkönigen von *Zypern, denen er im Falle seines kinderlosen Todes die Nachfolge versprach. L. wurde 1341 von örtlichen Adeligen ermordet, die sich seiner zypernfreundlichen Politik widersetzten.

LEO VI. von Lusignan (gest. 1393) König von Armenien (1374-75). L. wurde nach der Eroberung weiter Teile des Landes durch die *Mamluken von den Baronen zum König gewählt, hatte mit seinem Ruf nach einem neuen Kreuzzug jedoch keinen Erfolg und mußte 1375 die Hauptstadt Sis an die Mamluken ausliefern. Dies war das Ende des unabhängigen Staates Armenien. Der verwundete L. wurde bis 1382 in Kairo gefangen gehalten und erst nach Zahlung eines Lösegeldes freigelassen, das durch den Verkauf seiner zypriotischen Besitzungen zusammengebracht wurde. Danach ging er nach Frankreich, wo er am Königshof Aufnahme fand. Seine Begleiter behielten auch in Frankreich die Traditionen des armenischen Hofes, wie in der Chronik seines Sekretärs Johannes Dardel beschrieben ist.

Byzanz:

LEO I. Byzantinischer Kaiser (457-74). In Thrakien geboren, diente im oströmischen Reich als General, kämpfte als Kaiser gegen die *Wandalen und bediente sich des Gotenführers *Aspar, der ihm später zu mächtig wurde und den er 471 ermorden ließ.

LEO II. Byzantinischer Kaiser (474). Sohn und Erbe *Leos I., wurde von seiner Leibgarde ermordet.

LEO III. der Isaurier (um 675-741) Byzantinischer Kaiser (717-40). Er stammte aus dem kleinasiatischen Herzland und war der Begründer des syrischen Isaurierhauses. Er war ein begabter General und wurde von seinem Heer zum Kaiser ausgerufen, mußte jedoch die Hauptstadt Konstantinopel vor seinem Regierungsantritt erobern. L. ordnete das Reich von neuem, gab den neuen Rechtskodex *Ecloga heraus und reformierte die Verwaltung. Sein Edikt gegen die Verehrung der *Ikonen (725) setzte das Zeichen zum Ausbruch des Bilderstreits. Gegen die Araber in Kleinasien konnte L. militärische Erfolge erzielen. G. Ostrogorsky, *Geschichte des byzantinischen Staates*, 1963[3].

LEO IV. der Chasar (750-80) Byzantinischer Kaiser (775-80). Sohn *Konstantins V. und einer Chasarenprinzessin, mußte eine Revolte im Herrscherhaus niederschlagen und erhielt vom *Bulgarenkhan *Telerig Waffenhilfe (776). Auf Druck des Heeres änderte er seine ursprünglich ikonenfreundliche Haltung und kehrte zur Politik des Isaurierhauses zurück.

LEO V. der Armenier (gest. 820) Byzantinischer Kaiser (813-20). Von armenischer Herkunft, diente als General in der byzantinischen Armee und zeichnete sich in den Kriegen gegen die Araber aus. Zu Beginn des 9. Jh.s war L. der eigentliche Herrscher hinter mehreren Kaisern. 813 rief er sich nach einem Feldzug gegen die Bulgaren zum Kaiser aus, zwei Jahre später erneuerte er die *ikonoklastischen Verordnungen und setzte den Patriarchen *Nikephoros ab. L. wurde von den Anhängern seines von ihm entlassenen Vorgängers *Michael I. ermordet.

LEO VI. der Philosoph (um 866-912) Byzantinischer Kaiser (886-912). Nachfolger seines vorgeblichen Vaters *Basil I. Er wurde vom Patriarchen *Photios erzogen, galt als einer der gebildetsten Männer seiner Zeit und schrieb auch noch nach seiner Thronbesteigung theologische und philosophische Abhandlungen. Er zog Gelehrte und Intellektuelle an seinen Hof und legte die Grundlagen für die kulturelle Renaissance von Byzanz im 10. Jh. L. ist durch sein gesetzgeberisches Werk bekannt geworden, das aus einzelnen Gesetzen und dem Rechtskodex *Basilikai* besteht, in dem die kaiserliche Gesetzgebung modernisiert wurde. Des Kaisers Schwäche war die Außenpolitik: er wurde wiederholt von den Arabern und Bulgaren besiegt, und die Macht des Kaiserreiches schwand beträchtlich. G. Ostrogorsky, *Geschichte des byzantinischen Staates*, 1963[2].

LEODEGAR (LÉGER) (hl.; um 610-79) Bischof von Autun (663-79). Einer der hervorragenden Prälaten der *Merowingerzeit, begann seine Laufbahn am Hof König *Chlothars II. und wurde nach dem Tod des Königs zum Erzdiakon von Poitiers ernannt. Er setzte sich bes. für die allgemeine Einführung der Regel des hl. *Benedikt ein. Als Bischof von Autun (seit 663) war er einer der Führer des Widerstands gegen den *neustrischen Hausmeier *Ebroin, der 678 L.s Ermordung anstiftete. K. Voigt, *Staat und Kirche von Constantin d.Gr. bis zur Karolingerzeit*, 1936.

LEON Siehe *LEO.

LEÓN Stadt und Königreich (914-1230) im nordwestlichen Spanien. Das frühere römische Heerlager wurde zu Beginn des 6. Jh.s vom *Westgoten erobert und sank damit in seiner Bedeutung. Zwischen 716 und 850 war es in arabischer Hand, wurde dann von den christlichen Rittern *Asturiens erobert und diente als Mittelpunkt einer von den jüngeren Königssöhnen regierten Grafschaft. Im Jahre 914 errichtete König Garcia I. in L. seine Hauptstadt und gründete das Königreich L. Seit dem 10. Jh. ist die Geschichte L.s mit der *Kastiliens verbunden, das ursprünglich eine Grafschaft im Rahmen des Königreiches L. war und sich zum bedeutendsten Teil des Landes entwickelte. Bis zum 13. Jh. blieben die Kronen von L. und Kastilien getrennt, obwohl die beiden Länder gemeinsam regiert wurden. Die formale Vereinigung erfolgte im Jahre 1230. R. Konetzke, *Geschichte des spanischen und portugiesischen Volkes*, 1939.

LEONINISCHE STADT Der auf dem rechten Ufer des Tibers befindliche Teil *Roms, der 842 von Papst *Leo IV. befestigt wurde. Die L., heute Teil des Vatikans, schloß die Basilika des hl. Petrus und die Burg St. Angelo ein.

LEONTIOS (gest. 705) Byzantinischer Kaiser (695-98). L. war der Befehlshaber des byzantinischen Heeres in Kleinasien, nahm 695 an der Revolte gegen *Justinian II. teil und nutzte die Anarchie in der Hauptstadt aus, um sich zum Kaiser auszurufen. Er wurde 698 von *Tiberius III. gestürzt und zog sich in ein Kloster zurück. 705 wurde er nach der Restauration Justinians II. auf Befehl des Kaisers enthauptet.
G. Ostrogorsky, *Geschichte des byzantinischen Staates*, 1963[2].

LEONTIOS VON BYZANZ (485-543) Theologe. Er wurde zu Beginn des 6. Jh.s Mönch in Konstantinopel und bereiste Italien; um 510 tat er sich als Theologe in Rom hervor. Im Jahre 520 ließ sich L. in Jerusalem nieder. Unter dem Einfluß der Schriften des *Kyrill von Alexandrien gab er seine pro-*nestorianischen Ansichten auf und nahm eine streng anti-*monophysitische Stellung ein.
B. Altaner, *Der Griechische Theologe Leontius*, 1950.

LEOPOLD III. (hl.; Markgraf von Österreich, 1095-1136) L. unterstützte Kaiser *Heinrich V. und war mit dessen Schwester Agnes verheiratet. Er ordnete die soziale und verwaltungstechnische Struktur Österreichs und wurde durch seine zahlreichen frommen Stiftungen bekannt (u.a. Kloster Heiligenkreuz bei Wien).

LEOPOLD V. Herzog von Österreich (1177-94). L. nahm am dritten *Kreuzzug teil und ergriff nach dem Tode *Friedrichs I. die Führung des deutschen Lagers. Sein Zusammenstoß mit dem englischen König *Richard während der Belagerung *Akkons führte zur Gefangennahme Richards in der Wachau auf der Heimkehr nach England (1192). L. erbte 1192 die Steiermark, die ihm der kinderlose Herzog Ottokar IV. in der *Georgenberger Handfeste* (Urkunde) 1180 gab. L. machte *Wien zur Hauptstadt seines Herzogtums.
1000 Jahre Babenberger in Österreich (Ausstellungskatalog Lilienfeld), 1976.

LEOPOLD I. VON HABSBURG (1293-1326) Herzog von *Österreich (1308-26) und Sohn König *Albrechts I. Während sich seine älteren Brüder um die deutsche Königswürde bemühten, widmete sich A. dem Ausbau seiner Familiengüter. Im Jahre 1314 kämpfte er bei Morgarten erfolglos gegen die Schweizer. 1322 wurde er auch von *Ludwig dem Bayern bei Mühldorf geschlagen.

LEOPOLD III. (1351-86) Herzog von Österreich (1365-86). Gründer der leopoldinischen Linie des *Habsburgerhauses. Er regierte bis zur Teilung von 1379 zusammen mit seinem Bruder Albrecht, danach erhielt er *Kärnten, *Krain, *Steiermark, *Tirol, *Elsaß und Istrien. Im Kampf gegen *Venedig eroberte er Triest, das er zum Haupthafen der Habsburgerländer ausbaute. Sein Versuch, die Habsburgerherrschaft in der Schweiz wieder aufzurichten, brach in der Schlacht von Sempach (1386) zusammen, in der er sein Leben verlor.
Die Zeit der frühen Habsburger (Ausstellungskatalog Wiener Neustadt), 1979.

LEOW(I)GILD Westgotenkönig (567-96). Er war der letzte arianische Herrscher der *Westgoten und vereinte die gesamte iberische Halbinsel durch die Eroberung des *Suevenreichs und der *Basken unter seiner Herrschaft. Sein Versuch, den romanischen Völkern seines Reiches den arianischen Glauben aufzuzwingen, führte zum allgemeinen Aufstand im Süden der Halbinsel. Seine grausame Niederwerfung der Revolte (580) trieb zahlreiche Westgoten auf die katholische Seite.
K. F. Strohecker, *Germanentum und Spätantike*, 1965.

LERINS Benediktinerabtei, die im Jahre 410 vom hl. Honoratus auf einer verlassenen Mittelmeerinsel bei Cannes (Provence) gegründet wurde. Sie entwickelte sich zu einem berühmten Zentrum der lateinischen Kultur im Frühmittelalter und war Erziehungsort zahlreicher bekannter Missionare. Im Jahre 660 übernahm L. die Benediktinerregel. 732 wurde es von den Arabern erobert, und die überlebenden Mönche zerstreuten sich. Das Kloster wurde im 10. Jh. neu erbaut.
L. H. Labande, *L'Abbaye de Lérins, 1923*.

LE ROY Siehe *VIET.

LETTLAND Land an der Ostküste der Ostsee. Das mittelalterliche L. wurde von vier Stammesgruppen gegründet, den Lettgallen, Semgallen, Liven und Kuren, die sich im 6. Jh. in Stämmen organisierten. Nach ausgedehnten Kriegen formte sich im 7. Jh. eine Konföderation der Stämme, die jedoch keinen ausgeprägten Schwerpunkt besaß. Im 10. Jh. wurde dieser Staat von den russischen Fürsten von *Nowgorod zerstört. Im 12. Jh. ließen sich deutsche Missionare und Kolonisten in L. nieder. 1201 wurde die Stadt Riga in Livland gegründet. Das Land wurde vom Orden der *Schwertbrüder regiert und stand bis Ausgang des Mittelalters unter deutschem Einfluß.
A. Spelke, *History of Lettonia*, 1951.

LEVI BEN GERSCHON (Gersonides; 1288-1344) Jüdischer Philosoph, Naturwissenschaftler und Exeget. In Montpellier geboren und erzogen, ließ sich in Orange (Provence) und später in *Avignon nieder, wo er am päpstlichen Hof als Astronom diente. In dieser Funktion entwickelte er mathematische Theorien und besonders die Trigonometrie. Als Philosoph war L. ein strenger Anhänger des Aristotelismus. In seinem Hauptwerk "Die Kriege des Herrn" (1317-29) bediente er sich der *scholastischen Methode zum Beweis der Rationalität göttlicher Offenbarung und jüdischen Glaubens. Er verfaßte auch astronomische Werke und Kommentare zu philosophischen und theologischen Klassikern.
N. Alderblum, *A Study on Gersonides*, 1926.

LEWES Stadt in Sussex (England), Schauplatz der Schlacht von 1264, in der *Simon von Montfort und die Barone *Heinrich III. besiegten und gefangennahmen.

LIBER PONTIFICALIS ("Buch der Päpste") Eine offizielle Sammlung von päpstlichen Biographien, die seit dem 6. Jh. nach festen Formen in Rom zusammengestellt wurde. Von historischem Wert sind hauptsächlich die Biographien *Gregors I. und der Päpste des 8. Jh.s. Der L. wird mit der Lebensgeschichte *Stephans V. (891) abgeschlossen, enthält jedoch auch später hinzugefügte Biographien.
Werk: L. Duchesne (Hg.), 1886-92.

LIBERTAS (lat. "Freiheit") Das Wort wurde von den Theologen des 11. und 12. Jh.s in zwei Bedeutungen gebraucht: 1) *L. Ecclesiae* ("Freiheit für die Kirche") drückt den Kampf der Kirchenreformer und Denker der *gregorianischen Bewegung zur Befreiung von der weltlichen Herrschaft und besonders von den deutschen Kaisern aus. 2) Im theologischen Sinn die Tatsache, daß die eigentliche Freiheit nur innerhalb der Kirche und in strengem Gehorsam zu deren Vorschriften erreicht werden kann. Diese Bedeutung führte zum Konzept der päpstlichen Vorherrschaft in der Kirche und im erweiterten Sinn in der christlichen Gesellschaft.

G. Tellenbach, *Libertas,* 1936;
H. Raab, *Kirche und Staat,* 1966.

LIBRI CAROLINI ("Karolingische Bücher") Eine um 791 zusammengestellte und *Karl d.Gr. zugeschriebene Streitschrift, die das Werk eines geschulten Theologen, anscheinend *Theodulfs (oder *Alkuins?), war. Die L. hatten einen heftigen Angriff auf das *ikonoklastische Konzil von 754 sowie das Konzil von Nikäa des Jahres 787 zum Inhalt und versuchten den Beweis zu erbringen, daß die theologischen Standpunkte der griechisch-orthodoxen Kirche irrig seien. Aufgrund der schlechten Griechischkenntnisse im Westen mißdeutete man die byzantinische Bilderverehrung als Bilderanbetung.
W. v. d. Steinen, *Karl d.Gr. und die L.C.,* in: Neues Archiv 49, 1931.

LICHFELD Stadt im Königreich *Mercien (England). Sie wurde im 7. Jh. gegründet und 787 von König *Offa zum Erzbistum erhoben, um die kirchliche Unabhängigkeit seines Reiches von Canterbury unter Beweis zu stellen. Das Erzbistum wurde 803 abgeschafft, das Bistum von L. blieb aber im Verlauf des gesamten Mittelalters (und trotz der Übertragung nach Chester und Coventry im Verlauf der normannischen Eroberung) einer der wichtigsten kirchlichen Mittelpunkte Englands.
A. B. Clifton, *Lichfield and its Cathedral Church,* 1898.

LIEGNITZ, SCHLACHT BEI (1241) Sie wurde ausgetragen zwischen der *mongolischen Armee unter *Batu-Khan und jener Allianz polnischer und deutscher Ritter unter dem Herzog von Niederschlesien, die nach dem Mongoleneinfall in *Krakau hergestellt worden war. Der Sieg der Mongolen in der Schlacht legte Mitteleuropa weithin offen, die gefürchtete Invasion fand jedoch infolge der plötzlichen Abreise Batus zur Großkhanwahl in Karakorum nicht statt.
H. Aubin, *Die Schlacht auf der Wahlstatt bei Liegnitz,* 1941.

LIGUGÉ Abtei. 361 gegründet, eines der ältesten Klöster Galliens. Der Überlieferung nach war der hl. *Martin, der Schutzheilige Frankreichs, ihr Gründer. L. wurde ein hochangesehenes und kulturell führendes Zentrum des Mönchtums bis zur Zerstörung durch die Normannen im 9. Jh.

LILLE Flandrische Stadt, aus einem frühmittelalterlichen Dorf gewachsen, das Graf *Balduin IV. von Flandern 1030 als Amtssitz der Verwaltung im Südteil seiner Grafschaft befestigt hatte. Im 11.-13. Jh. entwickelte sich L. zu einem blühenden Textilzentrum. Der Handel wurde jedoch durch den *Hundertjährigen Krieg zerstört, in dessen Verlauf die Stadt nacheinander von der französischen, englischen und flämischen Armee erobert wurde. 1383 machte Herzog *Philipp L. zum Teil seines *burgundischen Staates und baute die Stadt, die ein Zentrum seiner Finanzverwaltung wurde, wieder auf.
L. Trénard (Hg.), *Histoire de L.,* 1970 ff.

LIMBURG a.d. Lahn Stadt in Hessen. Die schon seit der Merowingerzeit bestehende Siedlung wechselte im Mittelalter des öfteren die Herrschaft und kam im 14. Jh. unter den Einfluß Triers. Der Dom, eine siebentürmige Emporenbasilika (nach 1211), ist ein bemerkenswertes Beispiel des romanisch-gotischen Übergangsstils (in der rekonstruierten farbigen Fassung des 13. Jh.s).
J. Hensler, *Der Dom zu L.,* 1967[3].   (Din)

LIMBURG, BRÜDER VON Name dreier Brüder aus der Hennequinfamilie von L. (Flandern) (Pol, Hermann und Jan), die sich um 1400 als Maler und Miniaturisten im Dienste der Herzöge von Burgund und Berry einen Namen machten. Ihr *Stundenbuch des Herzogs von Berry gilt als das schönste Miniaturwerk der Internationalen Gotik. Die Brüder v. L. vereinigen den weichen Fluß von Bewegung und Gewandfalten mit genauen Hintergrundschilderungen und Genreszenen.
M. Meiss, *French Painting in the Time of Jean de Berry,* 1974.

LIMERICK Stadt im südwestlichen Irland. Mittelpunkt eines keltisch-irischen Klans, wurde 812 von den norwegischen Wikingern erobert und gegen Ende des 10. Jh.s von dem irischen Nationalhelden Brian Boru wiedergewonnen. Im 11. Jh. wechselte L. mehrmals den Herrn, bis es Hauptstadt der Thomondkönige wurde (1127-74). Seit der Eroberung durch *Heinrich II. (1174) wurde die Stadt von englischen Adeligen regiert; zu Beginn des 13. Jh.s gab ihr König *Johann I. das Stadtrecht.
E. Curtis, *The History of Medieval Ireland,* 1938.

LIMOGES Westfranzösische Stadt und Mittelpunkt des Limousin. Im Frühmittelalter bestand die Stadt nur mehr aus dem alten Kirchensitz. Mit der Gründung der Abtei St. Martial im 9. Jh. begann das erneute Wachstum von L. Zu diesem Zeitpunkt lag die Herrschaft in den Händen einer Familie von Vizegrafen, die Lehnsleute des Herzogs von Aquitanien waren. Die Gold-, Emailund Tuchgewerbe der Stadt trugen wesentlich zu ihrem Wohlstand bei. Am bekanntesten war die Emaillierindustrie, deren Erzeugnisse in ganz Europa gesucht waren und die L. trotz der inneren Wirrungen und dem dauernden Kriegszustand in der Gegend zu einem wichtigen künstlerischen Zentrum machte.
F. Delage, *L. à travers les siècles,* 1946.

LIMOUSIN Grafschaft in Westfrankreich. Die Gegend wurde im 6. Jh. von den *Franken erobert und war seit dem 8. Jh. Teil der Grafschaft und des Königreichs *Aquitanien, gleichzeitig zersplittert in eine große Zahl von Feudalherrschaften. Die weltliche Kultur machte in L. große Fortschritte; im 12. Jh. wurde die Grafschaft "das Land der Troubadoure" genannt. Die feudale Zergliederung machte große Anstrengungen seitens der Herzöge nötig, um die Regierungsgewalt zu verwirklichen. *Heinrich II. Plantagenet, der durch die Heirat mit *Eleonore von Aquitanien Oberherr des L. wurde, mußte englische Söldnertruppen ins Land bringen. Sein Sohn *Richard I. starb 1199 bei dem Versuch, die Herren der Burg Le-Chalus zu unterwerfen. Im 13. Jh. stritten sich die Könige von Frankreich und England über die Lehnshoheit; die Macht der Feudalherren wurde erst durch *Alfons von Poitiers gebrochen. Im *Hundertjährigen Krieg wechselte in L. mehrere Male die Herrschaft. 1386 kam es endgültig an Frankreich.
L. Perche, *Limousin,* 1960.

LINCOLN Englische Stadt. Sie entwickelte sich um eine römische Festung, die Mittelengland beherrschte, und wurde im 6. Jh. von den *Mercien erobert. Unter deren Herrschaft entwickelte sich L. als kirchliches Zentrum und erhielt den Rang eines Bistums. Nach der dänischen Eroberung war L. eine der fünf befestigten Städte des *Danelaw (876). Seit dem 11. Jh. war die

Stadt einer der Mittelpunkte des englischen Wollhandels. Die Kathedrale im normannisch-romanischen Baustil wurde 1083 begonnen und ist zusammen mit der normannischen Burg (1068) eines der ältesten Bauwerke des normannischen Englands. 1154 erhielt die Stadt einen Freibrief mit den gleichen Privilegien wie London. 1216 war L. Schauplatz der Niederlage der Invasionsarmee Prinz *Ludwigs VIII. von Frankreich im Kampf mit *Wilhelm Marschal. Seit dem 13. Jh. übten die Bischöfe von L. das Rektorenamt der Oxforder Universität aus. Im Jahre 1254 wurde die reiche jüdische Gemeinde von L. Opfer einer Anklage wegen Ritualmordes und erduldete auch weiterhin viele Verfolgungen.

J. N. F. Hill, *History of Lincoln*, 1966.

LINDISFARNE (HOLY ISLAND) Insel in der Nordsee nahe der Küste von Yorkshire, wurde durch die 635 vom heiligen Aidan gegründete Abtei berühmt, die als Missionszentrum für *Northumbrien dienen sollte. Es wurde 875 von dänischen Wikingern zerstört; die Mönche siedelten nach Durham über. Das Kloster wurde 1082 wieder aufgebaut und entwickelte sich unter der Bezeichnung "Heilige Insel" zu einem Wallfahrtszentrum.

J. Wordsworth, *Lindisfarne*, 1899.

LIPPE Nordwestdeutsche Grafschaft, die um eine von *Otto I. in Südsachsen erbaute Burg entstand. Diese wurde später an einen Lehnsmann übergeben, der auch im Lippetal im südlichen Westfalen Land besaß. Die Familie stieg allmählich in sozialer Hinsicht auf; 1100 verlieh *Heinrich V. ihren Mitgliedern zur Schwächung der sächsischen Herzogsmacht die Grafenwürde. *Lothar III. zog diese Verleihung zurück. Die Herren von L. waren dennoch ein beachtenswerter Machtfaktor und galten seit 1180 als direkte kaiserliche Lehnsleute. 1270 erhielten sie den Rang von Reichsfürsten. Im 14. und 15. Jh. blühte L. und war durch den glänzenden Fürstenhof bekannt, an dem die Künste freigiebig gefördert wurden.

E. Kittel, *Geschichte des Landes Lippe*, 1957.

LISSABON Hauptstadt von Portugal. Die römische Stadt wurde 468 von den *Sueben erobert, war dann seit dem 7. Jh. Teil des Westgotenreichs. Die Araber eroberten sie 717 und nannten sie Al-Uschbuna, woraus sich die Form Lischbona entwickelte. Unter der arabischen Herrschaft, die bis ins 12. Jh. dauerte, blühte L.; ihr natürlicher Hafen war Zentrum des gesamten Handelsverkehrs der westlichen iberischen Halbinsel. 1147 wurde es von einer portugiesischen Armee und Flotte mit Hilfe englischer und skandinavischer Kreuzfahrer erobert. 1256 machte es König *Alfons III. zu seiner Hauptstadt. Eine Universität wurde 1290 gegründet, jedoch 1357 nach *Coimbra übertragen. Die Hauptblüte der Stadt lag im 15. Jh.

T. D. Kendrick, *Lisbon, Past and Present*, 1957.

LITANEI (griech.: "demütige Bitte") Bezeichnung für eine sowohl in der Ost- wie auch in der Westkirche übliche Art des Gebets, das aus einer Reihe von Bitten und Anrufungen besteht. Die L. war besonders im privaten Gebet beliebt und diente zur Anrufung des vom Betenden, seiner Familie und seiner Sippe verehrten Heiligen. Öffentlich wurde die L. an kirchlichen Feiertagen gebraucht.

LITAUEN Osteuropäisches Herzogtum. Die Litauer waren ein baltischer Stamm, der bis ins 10. Jh. eng mit den *Pruzzen und Letten verbunden war. Gemäß

der Annalen von Quedlinburg hatten sich die Litauer Anfang des 11. Jh.s als Stammesfürstentum organisiert, betrieben weiterhin ihren heidnischen Kult und lehnten ost- und westkirchliche Missionsversuche ab. Im 12. Jh. widerstanden sie erfolgreich den Angriffen russischer Fürsten. Gegen Ende des Jahrhunderts begann sich der Stamm nach Osten und Süden auszudehnen, und eroberte Grodno. Im Laufe des 13. Jh.s entstand im Kampf gegen die *Deutschherren und unter Einbeziehung slawischer Flüchtlinge aus Preußen und *Lettland der litauische Staat. Sein Gründer war Mindowe, der sich 1251 zum katholischen Christentum bekehrte und unter Ausnutzung der mongolischen Eroberung Rußlands und des Niedergangs der Deutschherren eine Ausdehnungspolitik betrieb und den größeren Teil Weißrußlands eroberte. Seine Nachfolger kämpften gegen Deutschherren, Polen und Mongolen und konnten ihren Staat weiter stärken. Unter *Gedymin (1316-41) wurde das neugegründete *Wilna Hauptstadt von L., das sich auch nach den Thronwirren im Anschluß an Gedymins Tod weiter entwickelte. Sein Sohn *Olgierd eroberte die Gebiete zwischen Dnjepr und Bug von den Mongolen, erreichte das Schwarze Meer und schuf ein mächtiges Fürstentum östlich von Polen. Olgierds Bruder Kestutis, der das eigentliche L. regierte, konnte jedoch nicht den Angriffen der Deutschherren widerstehen, die 1362 Kowno (Kaunas) eroberten. 1377 forderte nach Olgierds Tod dessen Sohn Jagiello die Oberherrschaft über ganz L. und tötete 1382 seinen Onkel Kestutis bei dem Versuch, das ganze Land zu vereinigen. Seine Vettern lehnten sich aber weiter auf und wurden von den Deutschherren unterstützt.

Gegenüber der deutschen Bedrohung wich Jagiello dem Bündnis mit Moskau aus, das für ihn die Annahme des orthodoxen Glaubens bedeutet hätte, und verständigte sich mit Polen. 1386 heiratete er Hedwig, die Erbin Polens, und erlangte damit zusätzlich zu L. auch die polnische Krone. Obwohl beide Staaten konstitutionell und verwaltungstechnisch getrennt blieben, verlieh ihm diese Doppelherrschaft große Macht in Osteuropa. Seit dem Ausgang des 13. Jh.s umfaßte das Großfürstentum L. zahlreiche Volksgruppen; die Litauer waren neben den Russen, Ukrainern und Ruthenen in der Minderheit. Auch lebten römisch-katholische, orthodoxe und heidnische Religionsgruppen nebeneinander. Die wirkungsvolle Herrschaft der Großfürsten beruhte auf einer Politik der religiösen Toleranz, einem leistungsfähigen Steuersystem, einer starken und mobilen Reiterarmee und der Tatsache, daß der Landadel keine feudalen Herrschaftsrechte über die Bauern erwerben konnte.

M. Hellmann, *Grundzüge der Geschichte Litauens*, 1966.

LIUDOLF Herzog von Sachsen (850-66). Neffe des *Widukind und einer der Stammesfürsten der Sachsen im 9. Jh. Durch seine Heirat mit einer fränkischen Prinzessin erlangte er eine einflußreiche Stellung im deutschen Reich. 850 erhielt er den Titel Herzog der Ostsachsen. L. ist der Gründer des Liudolfingerhauses und war der Großvater König *Heinrichs I.

G. Tellenbach, *Königtum und Stämme in der Werdezeit des deutschen Reiches*, 1939.

LIUDOLF VON SCHWABEN (930-57) Sohn *Ottos I., wurde 950 von seinem Vater zum Herzog von Schwaben ernannt. Zwei Jahre später verbündete er sich mit den lothringischen Fürsten und erhob sich gegen Otto, mußte sich aber 955 unterwerfen.

LIUTPOLDINGER *Bayerisches Herzogshaus der ersten Hälfte des 10. Jh.s. Sie erlangten nach dem Fall der *Karolingerkönige die Herrschaft über Bayern und stützten sich auf den örtlichen Adel. 947 entzog ihnen *Otto I. zu Gunsten seines Bruders *Heinrich die Herzogswürde.

LIUTPRAND Langobardenkönig (713-44). Sohn eines langobardischen Fürstenhauses, führte einen Aufstand gegen das schwache Königshaus und wurde von den Langobardenherzögen als König anerkannt. Er ordnete die Verwaltung, stärkte die Armee und revidierte den langobardischen Rechtskodex. In Ausnützung eines Aufstands gegen Kaiser *Leo III. (727) eroberte er den Großteil der byzantinischen Provinzen in Italien. Zwischen 730 und 742 griff er mehrere Male Rom an, was zu einem päpstlichen Appell an die Franken führte.
G. Bonfante, *Latini a Germani in Italia,* 1965.

LIUTPRAND VON CREMONA (ca. 912-72) Staatsmann und Geschichtsschreiber. Sohn einer adeligen Langobardenfamilie, wuchs am Hofe *Hugos von der Provence auf, trat einem Kloster bei und wurde zum Priester geweiht. *Berengar II. ernannte ihn zu seinem Kanzler und sandte ihn 949 nach Konstantinopel, um ein Bündnis mit Byzanz auszuarbeiten. Nach einem Streit mit dem König verließ L. 956 Italien und trat in den Dienst *Ottos I., der ihn 961 zum Bischof von Cremona machte. 963 verhandelte er mit Byzanz über die Heirat der byzantinischen Prinzessin Theophano mit Ottos Sohn, dem künftigen *Otto II. L. schrieb eine Geschichte Italiens der Jahre 890-950 und einen Bericht über seine Mission nach Byzanz, die eine lebensnahe Beschreibung des Kaiserhofes und des Lebensstils im byzantinischen Reich darstellt.
Werk (dt.), K. v.d. Osten-Sacken, *Aus L.s Werken,* 1940[5]; M. Litzel, *Studien über Liutprand von Cremona,* 1933.

LIVLAND Gebiet in Osteuropa, das sich auf das moderne Estland und das nördliche Lettland erstreckt und von den finnisch-ugrischen Liven bevölkert war. Diese waren bis ins 12. Jh. als Stammesföderation organisiert und konnten die skandinavischen und russischen Angriffe zurückweisen. 1160 gründeten Kaufleute aus *Lübeck am Fluß Düna eine Handelsniederlassung, die Ausgangspunkt der christlichen Mission wurde. Der deutsche Einfluß drang in L. jedoch erst mit der Gründung des *Schwertbrüderordens im Jahre 1202 ein. Der Orden eroberte L. und errichtete eine mächtige Konföderation, die auch das südliche Lettland einschloß.
R. Wittram, *Baltische Geschichte,* 1954.

LJUDEWIT (gest. 823) Kroatenherzog. Er war Führer der Kroaten von Pannonien, erhob sich 819 gegen Kaiser *Ludwig d. Frommen, vereinigte die Kroaten unter seiner Führung und gewann die Unabhängigkeit vom Frankenreich.

LLEWELYN I. der Große (1173-1240) Regierte Wales 1194-1240 und nutzte die Unruhe in der Regierungszeit *Johanns I. und *Heinrichs III. zur Stärkung seiner Macht aus. Ihm gelang die Vereinigung der keltischen Fürstentümer von Nordwales.

LLEWELYN II. Regierte Wales 1246-82, kämpfte seit 1254 gegen die englischen Eroberungsversuche, erklärte sich 1256 zum Lehnsmann *Eduards, revoltierte aber öfters und wurde in der Schlacht gegen die Engländer getötet. Dies bedeutete das Ende der walisischen Unabhängigkeit.
J. E. Lloyd, *History of Wales to the Edwardian Conquest,* 1939.

LOBBES Abtei und Stadt in Belgien. Sie wurde 640 gegründet und entwickelte sich zu einem Kultur- und Bevölkerungsmittelpunkt im fränkischen Königreich *Austrien. Das Kloster nahm im 9. Jh. die Benediktinerregel an; seine Bibliothek war bis ins 12. Jh. für die reiche Handschriftensammlung berühmt.
E. Moreau, *Histoire de l'Eglise en Belgique,* 1936.

LODI Stadt in der Mailänder Provinz (Norditalien). Die alte römische Stadt war im 8. Jh. unter den Lombardenkönigen ein wohlhabendes Handelszentrum. Nach 774 wurde die Gegend, die auf einem die Lombardei beherrschenden Plateau lag, eine karolingische Grafschaft. Im 9. Jh. ging die Grafenwürde an die Bischöfe der Stadt über. Seit Ausgang des 11. Jh.s befand sich L. im dauernden Kriegszustand mit Mailand. Es wurde 1111 und 1158 von Mailand zerstört, 1161 von Kaiser *Friedrich I. wiederaufgebaut und ging nach der Machtergreifung der *Guelfen auf die Seite des *Lombardenbundes gegen den Kaiser über. Innere Machtkämpfe im 13. Jh. führten zum Niedergang der Stadt und zu Beginn des 14. Jh. zur Eroberung durch Mailand.
L. Cremascoli, *Lodi,* 1955.

LOLLARDEN Alte Bezeichnung für Ketzer, die in England im späten 14. Jh. für die Anhänger Johann *Wycliffs (und im allgemeinen für Kritiker an der bestehenden Kirche) gebraucht wurde. Die L. entstanden aus einer Gruppe von Intellektuellen an der Oxforder Universität, die sich unter Nikolaus von Hereford, einem Schüler Wycliffs, organisiert hatten. Sie verbreiteten Wycliffs Lehre und gewannen in verschiedenen Teilen Englands zahlreiche Anhänger. Nach der Niederwerfung des *Großen Bauernaufstands von 1381, der nach Meinung der Oberklassen von den L. inspiriert wurde, waren die L. auch politisch verdächtig, erfreuten sich aber trotz der kirchlichen Repression starken Anhangs unter den Stadtbürgern und einfachen Leuten. Nach der grausamen Unterdrückung eines L.-Aufstands unter der Führung John Oldcastles durch *Heinrich V. 1414 verlor die Bewegung ihre Bedeutung.
M. E. Aston, *Lollardy and Sedition 1381-1431,* in: Past & Present 17, 1960.

LOMBARDEI Norditalienische Region, die nach den *Langobarden benannt ist, die im späten 6. Jh. den Großteil Italiens eroberten. Im 7. und 8. Jh. wurde die Bezeichnung L. auf Nord- und Mittelitalien begrenzt, das direkt vom Langobardenkönig regiert wurde. Die Hauptstadt der L. war Pavia. Das Königreich wurde 774 an das Reich *Karls d.Gr. angeschlossen.

LOMBARDENBUND Vereinigung norditalienischer Kommunen und Städte, die 1161 mit dem Ziel des Widerstands gegen *Friedrich I. ins Leben gerufen wurde. Unter der Führung *Mailands und mit Unterstützung Papst *Alexanders III. mobilisierte der L. Geld und Söldnertruppen im Kampf gegen den Kaiser. 1166 war die nach dem Papst benannte Stadt Alessandria erbaut worden, um den Zugang zum Po-Tal zu befestigen. Die Liga konnte bis zum Abkommen zwischen Kaiser und Papst (1179) mehrere Erfolge in der Verteidigung buchen. Friedrichs Hoffnung, den L. zu zerstören, wurde durch seine Niederlage bei *Legnano (1176) enttäuscht: er mußte die kommunale Freiheit in Norditalien anerkennen. 1208 wurde die Liga gegen *Otto IV. erneuert, jedoch nach dessen Abzug aus Italien wieder aufgelöst. Mit dem Beginn der Intervention *Friedrichs II. in Norditalien (1226) wurde der L. wieder einmal ins Leben gerufen und verblieb trotz mehrerer militärischer Niederlagen die stärkste Kraft des *Guelfenlagers. Nach dem Tod des Kaisers (1250) und dem Aufstieg unabhängiger Stadtstaaten führten die inneren Kämpfe in den einzelnen Städten und die Rivalitäten innerhalb des L.s zur endgültigen Auflösung der Liga.

Popolo e stato in Italia nell'età di Federico Barbarossa, Alessandria e la lega lombarda (Sammelband d. "33. congresso storico subalpino"), 1970; G. Fosoli, in: *Probleme des 12. Jh.*, 1968.

LONDON Die Hauptstadt von England. Im Mittelalter war L. auf die Gegend nördlich der Themse begrenzt. Die ehemalige römische Stadt erlebte im 5. Jh. eine kurze Periode des Niedergangs, erholte sich aber im 6. Jh. und stieg dank des Handelsverkehrs bis zum 7. Jh. zur Hauptstadt der Grafschaft *Middlesex auf. Im 8. Jh. war L. Streitobjekt der Könige von *Essex, *Kent und *Mercien und wurde am Ende von letzterem erobert. Im 9. Jh. ging sie an *Wessex über. Als einer der wichtigsten Häfen Englands war L. Ziel zahlreicher dänischer Überfälle und wurde in der zweiten Hälfte des 9. Jh.s verwüstet. Im Jahre 886 eroberte *Alfred d.Gr. die Stadt, baute ihre Befestigungen wieder auf und brachte ihr erneuten Wohlstand. Danach wuchs L. stetig und war bereits Mitte des 11. Jh.s die größte Stadt Englands. Weitere Faktoren in ihrer Entwicklung waren die Errichtung des Hofes *Edwards d. Bekenners in benachbarten *Westminster und die Erbauung des Towers von L. durch *Wilhelm d. Eroberer nach 1066. Wilhelm verlieh den Stadtbürgern einen Freibrief, dessen Bestimmungen 1133 durch *Heinrich I. mit der Gewährung einer eigenen Polizeikraft und Gerichtsanstalten erweitert wurden. Zu dieser Zeit lag die Regierung bereits in den Händen der reichen Kaufleute. Der Bürgermeister von L. galt 1215 als einer der Fürsten des Landes und war unter den Empfängern der *Magna Charta, die in einem eigenen Paragraphen die Wünsche der Stadt berücksichtigte. L. schlug sich auf die Seite der Barone im Aufstand gegen *Heinrich III. und war ein Bollwerk *Simons von Montfort. Der Handel mit Norddeutschland führte im 13. Jh. zur Errichtung des *Hansekontors und der deutschen Kaufmannssiedlung im Steelyard. Das Bevölkerungswachstum machte die Ausdehnung über die Themse nach Süden und die Eingemeindung einiger Dörfer in Middlesex (wie Soho) nötig. Mit etwa 35.000 Einwohnern war L. im Jahre 1377 eine der größten Städte Europas. Im 15. Jh. wurde sie offizielle Hauptstadt Englands.

G. A. Williams, *Medieval London, from Commune to Capital*, 1963.

LÓPEZ DE AYALA, PEDRO (1332-1407) Spanischer Staatsmann, Dichter und Chronist. Er begann seine politische Laufbahn am Königshof von *Kastilien, diente als Befehlshaber der Flotte (seit 1354), Botschafter in Frankreich (seit 1379) und königlicher Kanzler (seit 1398). In seinen letzten Lebensjahren widmete er sich hauptsächlich dem Schreiben. Zu seinen berühmtesten Werken zählen der *Rimado de Palacio,* eine gereimte Satire über die zeitgenössische Gesellschaft, dann eine Abhandlung über die Falkenjagd und schließlich eine Chronik, die eine wertvolle Geschichtsquelle für Spanien in der zweiten Hälfte des 14. Jh.s darstellt.

A. D. Deyermond, *The Middle Ages. A Literary History of Spain*, 1971.

LORENZETTI Name zweier Brüder, Ambrogio (ca. 1290-1348) und Pietro (ca. 1280-1348), beide Maler aus der Schule von Siena. Pietros bekanntestes Werk ist der Tryptichon der "Geburt der Jungfrau" (Uffizi, Florenz). Ambrogios Gemälde in der "Friedenshalle" des Palazzo von Siena ist eine allegorische Darstellung des guten und schlechten Regiments.

E. Carli (Hg.), *P. e A. L.*, 1971.

LORSCH Kloster in Franken (Deutschland). Es wurde im 8. Jh. als Ausgangsbasis für die Missionsarbeit unter den Thüringern und Sachsen gegründet. Unter den *Karolingern nahm es einen bedeutenden Platz in der Reichskirche ein. Die Klosterkirche wurde im 9. Jh. kostbar ausgestattet, und das Kloster diente als Begräbnisstätte der Karolingerkönige von Deutschland.

Laurica Jubilans (Festschrift Lorsch), 1964.

LOTHAR I. (795-855) Kaiser (840-55). Als ältester Sohn *Ludwigs d. Frommen war er als Nachfolger in der Kaiserwürde bestimmt und ab 817 Mitkaiser seines Vaters. 828 erhob er sich gegen Ludwig und besiegte ihn 831. Die ersten Jahre seines Kaisertums waren durch die Kämpfe mit seinen Brüdern *Ludwig dem Deutschen und *Karl d. Kahlen gekennzeichnet, bis 843 in Verdun der Teilungsvertrag des Reiches ausgearbeitet wurde. Zusätzlich zum Kaisertitel erhielt L. Italien und Francia

Italienische Kaufleute; Wandmalerei, A. Lorenzetti, 14. Jh.

Marmorstatuette eines Königs; Lothringen, 14. Jh.

*Innozenz' II. gegen Papst *Anaklet II. und eroberte 1133 Rom im Namen des Innozenz'. L. förderte auch die deutsche Ausbreitung jenseits der Elbe.

K. Hampe, *Deutsche Kaisergeschichte im Zeitalter der Salier und Staufer,* 1949.

LOTHAR I. (941-86) König von Frankreich (954-86). Sohn Ludwigs IV., wurde als König erst von *Hugo dem Großen, Herzog von Franzien, und dann von seinem Schwiegervater *Otto I. beherrscht. In der Zeit L.s verloren die französischen Karolinger ihre Macht und wurden auf ein enges Gebiet in Nordostfrankreich eingeschränkt; jedoch stieg die Macht des Feudaladels.

F. Lot und L. Halphen, *Annales du regne de Lothaire,* 1899.

LOTHAR VON DER PROVENCE König von Italien (937-50). Sohn des *Hugo von der Provence, wurde nach seines Vaters Rückkehr nach Südfrankreich zum König von Italien ausgerufen, konnte aber trotz des Bündnisses mit König *Rudolf von Burgund, der auch sein Schwiegervater war, nicht seiner Herrschaft Nachdruck verleihen. Sein Rivale *Berengar von Friaul ließ ihn offensichtlich 950 ermorden.

G. Fasoli, *I re d'Italia 888-962,* 1949.

LOTHRINGEN Historische Region zwischen Frankreich und Deutschland, die im 9. Jh. die Niederlande und das moderne Elsaß-Lothringen umfaßte. Als Teil des Frankenreiches ging L. im Vertrag von *Verdun (843) an Kaiser *Lothar, den ältesten Sohn *Ludwigs d. Frommen, und war als *Francia Media* bekannt. Nach

Media, einen Streifen Land von der Provence bis Friesland. Kurz vor seinem Tod teilte er sein Reich unter seinen drei Söhnen auf und dankte ab.

W. Schlesinger, *Die Auflösung des Karlsreiches,* in: W. Braunfels (Hg.), *Karl d. Große* 1, 1964.

LOTHAR II. (um 835-69) König von Lothringen (855-69). Zweiter Sohn *Lothars I., erhielt bei der Erbteilung des Reiches das Land zwischen dem Juragebirge und der Nordsee. Er kämpfte gegen seine Onkel, die Könige von Frankreich und Deutschland und stieß auch mit dem Papst zusammen, der sich weigerte, L.s Scheidung gutzuheissen. L. starb kinderlos.

R. Parisot, *Le royaume de Lorraine sous les Carolingiens,* 1898.

LOTHAR III. von Supplinburg (1075-1137) Römischer König (1125-37) u. Kaiser (1133-37). Er war ein Sohn der sächsischen Grafenfamilie Supplinburg, wurde 1106 Herzog von Sachsen und 1125 deutscher König. Seine Kaiserkrönung fand erst 1133 statt. Er mußte gegen *Friedrich und *Konrad III. von Hohenstaufen ankämpfen, die gemäß des Geblütsrechts die Königswürde forderten. Mit Hilfe der bayerischen *Welfen konnte L. seine Herrschaft in Deutschland durchsetzen, nachdem er seine Tochter Gertrud *Heinrich d. Stolzen zur Frau gegeben hatte. 1130 stellte er sich auf Seite Papst

Falkner; Wasserbehälter aus Lothringen, 14. Jh.

Lothars Tod (855) ging L. an dessen Sohn *Lothar II. über und wurde auf *Regnum Lotharii* ("Königreich Lothars") umgetauft. Seit 869 war L. Streitobjekt zwischen den ost- und westfränkischen Königen; 925 wurde es als Herzogtum Teil des Deutschen und später des *Heiligen Römischen Reiches. Der starke Partikularismus der Lothringer, die sich als echte Nachkommen der Franken fühlten, führte unter der Leitung der Stammesherzöge zu vielen Aufständen gegen die deutschen Könige. Otto I., der 956 eine solche Revolte niederschlug, verlieh das Herzogtum seinem Bruder *Bruno, dem Erzbischof von Köln. Bruno teilte L. in zwei Herzogtümer; Nieder-L. im Norden und Ober-L. im Süden. In beiden wurden die Herzöge an der Wende vom 10. zum 11. Jh. nach kaiserlichem Willen ernannt. Dazu schwächten die starken Grafschaften die herzogliche Macht. So versuchten die Herren von Verdun-Ardennes, die im 11. Jh. als Herzöge von Nieder-L. herrschten, im Kampf gegen die Grafen von Löwen, Hennegau, Namur und Luxemburg sowie gegen die mächtigen Bsichöfe von Lüttich ihre Autorität zu erhöhen. Sie erhoben sich auch gegen die Kaiser und versuchten erfolglos über Heiratskontrakte mit den Markgrafen von Canossa-Tuszien ein italienisches Fürstentum zu errichten. Mit dem Auszug des letzten Herzogs von Nieder-L., *Gottfried von Bouillon, zum ersten *Kreuzzug wurde sein Herzogtum unter den Grafen aufgeteilt.

In Ober-L. stellte Gerhard von Chatenois 1055 die herzogliche Macht wieder her und gründete eine Dynastie, die L. bis ins 15. Jh. regieren sollte. Die Macht des Herzogs wurde jedoch durch die Errichtung großer Kirchenherrschaften (unter diesen die Bistümer Metz, Toul und Verdun und zahlreiche Abteien) eingeschränkt, die zudem noch vom Kaiser abhängig waren. Auch die Grafen von Luxemburg, Bar und Elsaß befreiten sich von der herzoglichen Aufsicht. Zur Erhaltung ihrer Macht lehnten sich die Herzöge an die deutschen Kaiser an und bewährten sich als treue Lehnsleute. Seit dem 14. Jh. war jedoch in L. der französische Einfluß entscheidend. Die Herzöge waren mit den französischen Prinzenhäusern verwandt und dienten sogar in der französischen Armee. Trotzdem machten sie Anstrengungen, ihre Unabhängigkeit zu bewahren. Der Herzogshof von Nancy, der als einer der glänzendsten Höfe Europas galt, stand sowohl der deutschen wie auch der französischen Kultur offen. 1431 ging die Herzogswürde nach dem Tod Herzog Karls an dessen Schwiegersohn *Rainer von Anjou über. Er und sein Sohn, der 1453 Herzog wurde, waren entschlossene Gegner der *Burgunder, die L. annektieren wollten.
J. Schneider, *Histoire de la Lorraine*, 1951.

LÖWEN (LEUVEN, LOUVAIN) Stadt und Grafschaft in den Niederlanden. Sie wurde im frühen 9. Jh. um eine von *Karl d. Dicken gegen die Normannen erbaute Burg gegründet. Die Herren von L. waren Lehnsleute der Herzöge von Nieder-Lothringen. Sie erhöhten allmählich ihre Macht und erlangten als wichtige Vasallen des Herzogs im 11. Jh. die Grafenwürde. In der gleichen Periode schritt die rasche wirtschaftliche Entwicklung der Stadt vorwärts, die von ihrer günstigen Lage an den Hauptrouten der Niederlande profitierte. Nach der Aufspaltung Lothringens gegen Ende des 11. Jh.s wurden die Grafen von L. direkte Lehnsleute der deutschen Kaiser. 1106 erhielt Graf Gottfried den Herzogstitel, der dann in seinem Haus erblich wurde. 1190 wurde L. der Kern des Herzogtums *Brabant. Die Herzöge zogen im 13. Jh. nach *Brüssel; L. blieb wohlhabende Provinzstadt und Sitz einer Textil- und Wollindustrie. 1379 erhoben sich die Stadtbürger gegen den Herzog und die Adeligen, ermordeten 17 Adelige und riefen die Kommune aus. Diese wurde 1383 von der herzoglichen Armee unterdrückt; 1405 wurde L. an den Burgundischen Staat angeschlossen. Mit der Errichtung der ersten Universität der Niederlande in L. (1425) verwandelte sich die Industriestadt in ein Zentrum der Gelehrsamkeit, das Lehrer und Studenten aus den gesamten Niederlanden und Norddeutschland anzog.
H. Van der Linden, *Histoire de la constitution de Louvain*, 1892.

LÜBECK Norddeutsche Hafenstadt an der Ostsee. Die kleine slawische Siedlung wurde 1143 von *Heinrich d. Löwen, Herzog von Sachsen, erobert und als deutsche Stadt mit weitgehenden Vorrechten für die Neusiedler wiederaufgebaut. In der zweiten Hälfte des 12. Jh.s entwickelte sich die Kaufmannsgilde von L. zur stärksten Macht in der Stadt und übte in Verein mit der *Hanse einen überwältigenden Einfluß auf den Ostseehandel aus. 1226 verlieh Kaiser *Friedrich II. der Stadt die Reichsunmittelbarkeit und erkannte die Führungsrolle des städtischen Patriziats an. L. wurde als wichtigster Ostseehafen Hauptsitz der Hanse. Im 14. Jh. erreichte die Stadt ihre Blüte als Zentrum eines der größten Handelsimperien des späteren Mittelalters. Der Reichtum von L. fand Ausdruck im Neubau des Stadtzentrums und in den glänzenden Bürgerhäusern, die um den Markt und das Rathaus entstanden. Das lübische Recht wurde für mehr als 100 andere Städte Vorbild.
F. Endres, *Geschichte der Freien und Hansestadt Lübeck,* 1926;
E. Raiser, *Städt. Territorialpolitik im Mittelalter,* 1969.

LUCCA Stadt in der Toskana (Italien). Im Frühmittelalter besaß die ehemals römische, dann langobardische Stadt wenig Bedeutung. 774 wurde sie Sitz einer fränkischen Grafschaft, die im 9. und 10. Jh. die Markgrafschaft über Tuszien ausübte, diese jedoch im späten 10. Jh. an Florenz verlor. Im 11. Jh. entwickelte sich eine Auseinandersetzung mit dem Bischof um die Herrschaftsrechte über Stadt und Umland in eine kommunale Bewegung, die 1088 unter der Führung der reichen Kaufmannsschicht die Stadtregierung an sich nahm. Der 1181 von Kaiser *Friedrich I. gewährte Freibrief diente als Sprungbrett zur formalen Unabhängigkeit von L., die im 13. Jh. erreicht wurde. Im 12. und 13. Jh. war L. eines der vornehmsten Zentren der italienischen Kunst und zeichnete sich besonders auf dem Gebiet der Bildhauerei aus.
H. Schwarzmier, *Lucca und das Reich bis zum Ende des 11. Jh.s,* 1972.

LUCERA Süditalienische Stadt. Die alte römische Siedlung wurde 663 von den *Langobarden zerstört. Kaiser *Friedrich II. erbaute an dem der Grenze zum Kirchenstaat nahe gelegenen Ort 1233 eine neue Stadt mit starker Burg und besiedelte sie mit seinen moslemischen Untertanen. Nach dem Fall des Königreiches Sizilien widerstand L. lange Jahre dem angevinischen Angriff, bis es von *Karl von Anjou erobert wurde. Der Großteil der moslemischen Einwohner wurde ermordet, der Rest zwangsgetauft.
G. Catapano, *Lucera nei secoli,* 1966[2].

Szene aus dem Leben des hl. Nikolaus in einem romanischen Relief vom Portal der Kathedrale von Lucca, um 1180

LUCIUS II. (Gerhard von Bologna; gest. 1145) Papst (1144-45). In Bologna geboren, wirkte an der päpstlichen Kurie, wurde 1124 zum Kardinal erhoben und diente als Kanzler Papst *Innozenz' II. Sein Pontifikat stand im Schatten der Unruhen in Rom und der Auseinandersetzungen mit *Roger II.
J. Haller, *Das Papsttum* 3, 1951.

LUCIUS III. (Ubaldo Allucingoli; um 1097-1185) Papst (1181-85). In der Toskana (Mittelitalien) geboren, trat dem *Zisterzienserorden bei und wurde 1141 von Papst *Innozenz II. zum Kardinal erhoben. 1159 erhielt er das Bistum Ostia. Nach seiner Papstwahl mußte er vor der stadtrömischen Bewegung aus Rom fliehen. 1184 wurde in einem Treffen von L. und Kaiser *Friedrich I. in Verona die Errichtung der *Inquisition vereinbart.
J. Haller, *Das Papsttum* 3, 1951.

LUDOLF VON SACHSEN (Ludolf der Kartäuser; um 1300-78) Deutscher Mystiker, über dessen Lebensumstände nur wenig bekannt ist. 1340 trat er in Straßburg dem *Kartäuserorden bei, 1343 wurde er Prior der Kartäuse von Koblenz. Seit 1348 widmete er sich dem Gebet, der Meditation und dem Schreiben. Von seinen Werken war das "Leben Christi", ein Handbuch der moralischen und geistigen Unterweisung, weit verbreitet.
Werk: L. M. Rigollot (Hg.), 1878[2].

Römisch-deutsch:
LUDWIG I. der Fromme (778-840) Kaiser (814-40). Jüngster Sohn *Karls d.Gr., war seit seiner Kindheit zum König von *Aquitanien bestimmt, erbte aber als einziger überlebender Sohn des Kaisers das Frankenreich.

L. unterdrückte anfangs eisern jeden Widerstand und ließ sogar seinen Neffen König *Bernhard von Italien, der sich 815 gegen ihn erhoben hatte, hinrichten. Unter dem Druck der Normanneneinfälle und angesichts der starken zentrifugalen Kräfte, die sein Riesenreich auseinanderzubrechen drohten, wandte sich L. an die Kirchenfürsten mit der Bitte um Unterstützung. Er überließ ihnen weitgehende Vorrechte und große Teile des Kronbesitzes. Nach dem Vorbild seines Vaters teilte L. sein Reich unter seinen drei Söhnen *Lothar, *Pippin und *Ludwig d. Deutschen auf. Die Geburt des vierten Sohns *Karl aus seiner zweiten Ehe (822) und die darauffolgenden Abänderungen des Erbteilungsplanes führten zu einigen Revolten der drei älteren Söhne, die von Teilen des Adels unterstützt wurden. Im Jahre 829 war das Reich vollkommen in Verwirrung geraten; die von Karl d.Gr. errichteten Regierungs- und Verwaltungsorgane funktionierten nicht mehr. 830 und nochmals 833 gelang es seinen aufständischen Söhnen, L. abzusetzen. Mit Hilfe der Kirche und des Adels konnte er den Kaisertitel wiedergewinnen, mußte aber seinen Söhnen in ihren jeweiligen Herrschaftsgebieten die tatsächliche Regierungsgewalt zugestehen. L. förderte die Tätigkeit von Gelehrten und Intellektuellen, und unter seiner Herrschaft erreichte die *karolingische Renaissance ihren Höhepunkt. In seiner persönlichen Frömmigkeit stand L. den monastischen Reformern, bes. *Benedikt v. Aniane, nahe.
H. Kuhn, *Das literarische Porträt Ludwigs des Frommen*, (Diss. Basel) 1930;
P. Charanis, *Son of Charlemagne*, 1965.
Th. Schieffer, *Die Krise des Karolingischen Imperiums*, in: Festschrift f. G. Kallen, 1957.

LUDWIG II. (um 825-75) Kaiser (855-75). Ältester Sohn *Lothars I., wurde 844 von seinem Vater zum König von Italien gemacht und als Erbe der Kaiserwürde ausersehen. Es gelang ihm nicht, gegen die Unabhängigkeitsbestrebungen des Papsttums seine Herrschaft in Italien wirksam zu machen. Seine Lage wurde auch durch die Einbrüche der *Sarazenen erschwert. Nach seinem Tod wurde der Kaisertitel Streitobjekt der karolingischen Könige; in Italien nahmen die feudalen Tendenzen überhand.
L. M. Hartmann, *Geschichte Italiens im Mittelalter* 3/1, 2, 1908-11.

LUDWIG III. der Blinde (um 880-928) Kaiser (901-05). Sohn des *Boso, wurde 888 König der Provence. 901 ging er als Kandidat für die Kaiserwürde nach Italien, wo er gegen *Berengar I. von Friaul, einen weiteren Anwärter, zu kämpfen hatte. Dieser besiegte L., nahm ihn in Gefangenschaft und ließ ihn blenden. Nach seiner Rückkehr in die Provence übte L. nur mehr eine Schattenherrschaft aus.
L. M. Hartmann, *Geschichte Italiens im Mittelalter* 3, 1908-11.

LUDWIG IV. der Bayer (um 1287-1347) Deutscher Kaiser (1328-47). Sohn des bayerischen Herzoghauses der *Wittelsbach, wurde 1314 nach seinem Sieg über die *Habsburger bei Gammelsdorf (1313) zum deutschen König gewählt. 1322 besiegte er den habsburgischen Gegenkönig Friedrich den Schönen bei Mühldorf. Zur gleichen Zeit begann L.s Kampf gegen Papst *Johannes XXII., der weder L.s Wahl noch dessen Ansprüche auf die kaiserlichen Herrschaftsrechte über Italien anerkennen wollte. Der Streit, der 1324 nach L.s Bannung durch den Papst ausbrach, war eine Fortsetzung früherer Konflikte zwischen Kaiser- und Papsttum über die Vorherrschaft in Europa, die ohne Berücksichtigung jener neuen Staatenwelt ausgetragen wurden, die sich bis zum 14. Jh. entwickelt hatte. L. wurde gebannt und mußte 1325 Friedrich III. als Mitkönig akzeptieren. Mit Unterstützung der italienischen *Ghibellinen wurde L. 1328 in Rom von Sciarra Colonna als Vertreter des römischen Volkes in einer weltlichen Zeremonie zum Kaiser gekrönt. Zahlreiche zeitgenössische politische Denker wie *Marsilius von Padua und Wilhelm *Ockham standen in dieser Polemik auf L.s Seite. Die Unnachgiebigkeit des Papstes sicherte L. auch die Unterstützung der deutschen *Kurfürsten; 1338 erklärten sie in *Rheuse das Prinzip der Kaiserwahl durch die Kurfürsten, wonach keine päpstliche Bestätigung dazu nötig sei. Die letzten Jahre von L.s Regierung waren der Sicherung der Wittelsbacher Interessen gewidmet. Er annektierte *Brandenburg, Niederbayern, *Tirol und *Kärnten zu seinen Familiengütern. Sein Versuch, in Holland einen Wittelsbacher zum Grafen einzusetzen, erregte Mißtrauen und Widerstand der deutschen Fürsten. 1346 wählten die Kurfürsten *Karl von Luxemburg, den König von Böhmen, zum deutschen König. L. starb ein Jahr darauf.
C. Müller, *Der Kampf Ludwigs des Bayern mit der römischen Curie*, 2 Bde., 1879/80;
O. Bornhack, *Staatskirchliche Anschauungen und Handlungen Ludwigs des Bayern*, 1933.

LUDWIG DER DEUTSCHE (804-76) König des Ostfränkischen Reiches (Deutschland) (843-76). Sohn *Ludwigs d. Frommen, erhielt 817 Bayern zugesprochen und begann seine eigentliche Herrschaft im Namen seines Vaters im Jahr 826. Später gesellte er sich zu seinen Brüdern *Lothar und *Pippin bei deren Revolte gegen den Vater (829-33). Nach ihres Vaters Tod und Lothars Kaiserkrönung, die dieser mit dem Anspruch auf das gesamte Reichsgebiet verband, tat sich L. mit *Karl d. Kahlen gegen Lothar zusammen und besiegte diesen. Im Vertrag von Verdun (843) erhielt L. Ostfranken mit der Herrschaft über die Stammesgebiete der Sachsen, Ostfranken, Bayern und Schwaben, die sich später zu Deutschland entwickeln sollten. L. teilte sein Königreich unter seinen Söhnen auf und versuchte erfolglos die Eroberung *Lothringens und Frankreichs. Trotz seiner patrimonalen Herrschaftsauffassungen und seiner Restaurationsversuche des *Karolingerreiches wird L. als der Gründer des mittelalterlichen Deutschlands angesehen.
H. Zatschek, *Ludwig der Deutsche*, in: Th. Mayer (Hg.), *Der Vertrag von Verdun*, 1943.

LUDWIG III. der Jüngere (822-82) Ostfränkischer König (876-82). Sohn *Ludwigs d. Deutschen, erhielt bei der Erbteilung durch seinen Vater Sachsen, Franken und Thüringen. Er stand seinem Vater bei dem Versuch bei, Lothringen zu erobern, und annektierte den Ostteil des Landes im Jahre 876. Im gleichen Jahr erbte er die Königskrone, hielt sich aber an die väterlichen Teilungsbestimmungen. Als Gegenleistung für die Hilfe seines Bruders in Bezug auf Lothringen, das durch den Vertrag von Ribemont an Deutschland kam, unterstützte er 880 die Kandidatur *Karls d. Dicken für die Kaiserkrone.
E. Dümmler, *Geschichte des ostfränkischen Reiches* 3, 1888[2].

LUDWIG III. das Kind (893-911) Der letzte *Karolingerkönig Deutschlands (900-11), regierte unter der Vormundschaft Haithons, des Erzbischofs von Mainz. Seine Zeit wurde durch die *Ungarneinfälle tiefst erschüttert.

Frankreich:
LUDWIG I. König von Frankreich. Siehe *LUDWIG DER FROMME.

LUDWIG II. der Stammler (846-79) Westfränkischer (französischer) König (877-79). Sohn und Erbe *Karls d. Kahlen, regierte unter kirchlichem Einfluß (besonders des *Hinkmar von Reims) und der weltlichen Magnaten, die für ihre Häuser weitgehende Vorrechte erwarben.

LUDWIG III. (863-82) König von Frankreich (879-82). Sohn *Ludwigs II., regierte zusammen mit seinem Bruder *Karlmann. Er mußte sich mit einer Adelsrevolte auseinandersetzen. Diese richtete sich gegen seine mangelnden Führungsqualitäten, die er in seiner Jugendlichkeit im Kampf gegen die Normannen vermissen ließ. Im weiteren Verlauf der Revolte berief der Adel König *Ludwig II. von Ostfranken in den Westen. L. erreichte ein Abkommen mit den Adeligen, in dem er seine Ansprüche auf *Lothringen aufgab und statt dessen seine Anstrengungen auf den Kampf gegen die Normannen konzentrierte, die er auch 881 bei Saucourt schlug. Dieser Sieg machte ihn zur Figur von Heldenliedern wie dem deutschen Ludwiglied und dem französischen "Gormond und Isembert". L. starb bei einem Jagdunfall.

LUDWIG IV. der Überseeische (921-54) König von Frankreich (936-54). Der Sohn *Karls III. wurde in England erzogen, was ihm den Beinamen einbrachte. Er wurde nach dem Tod König *Rauols von den Magnaten unter der Führung Herzog *Hugos d.Gr. von Franzien, dem eigentlichen Machthaber im Königreich, zum König gewählt. L. verlieh den Adeligen weitgehende Vorrechte; seine Regierungszeit gilt als Geburtsstunde der Feudalherrschaften Frankreichs.

P. Lauer, *Le règne de Louis IV. d'Outremer*, 1900.

LUDWIG V. (967-87) Der letzte Karolingerkönig Frankreichs (986-87). Sohn *Lothars I., starb wenige Monate nach seiner Krönung bei einem Jagdunfall.

LUDWIG VI. der Dicke (1081-1137) König von Frankreich (1108-37). Sohn *Philipps I., der ihn seit 1100 an seiner Regierung beteiligte. In den letzten Jahren Philipps und nach seiner eigenen Krönung vereitelte L. Unabhängigkeitsbestrebungen von Feudalherren und stärkte seine Königsmacht. L. erfreute sich der Unterstützung der Kirche und benutzte die *Gottesfriedenbewegung zur Niederwerfung aufsässiger Vasallen. Er nutzte auch das wiederauflebende Städteleben in Nordfrankreich zur Ausbreitung seiner Macht und verlieh verschiedenen Städten das Stadtrecht. L. unterstützte das Papsttum gegen Kaiser *Heinrich V. und wurde als Erbe *Karls d.Gr. gefeiert. 1124 ordnete er als Gegenmaßnahme zu deutschen Truppenbewegungen die Mobilisierung der gesamten Armee an, bei der er als Oberhaupt des ganzen Reiches handelte. Seine Intervention in *Flandern nach der Ermordung *Karls d. Guten (1127) hatte zwar wenig praktische Konsequenzen, erhöhte aber sein Ansehen und half ihm, Unterstützung für Papst *Innozenz II. zu bekommen, den er als erster Monarch anerkannte (1130). An L.s Seite stand eine Gruppe fähiger Berater und Minister, darunter sein Freund, der Abt *Suger von Saint-Denis. L.s Macht erreichte 1137 ihren Höhepunkt, als ihn Herzog *Wilhelm X. von Aquitanien zum Vormund seiner Tochter *Eleonore und zum Regenten seines Herzogtums machte. Kurz vor seinem Tod konnte L. noch die Heirat Eleonores mit seinem Sohn und Erben *Ludwig VII. arrangieren.

A. Luchaire, *Louis VI le Gros*, 1890;
A. Grabois, *De la Trève de Dieu à la Paix du Roi*, 1966.

LUDWIG VII. der Junge (1120-80) König von Frankreich (1137-80). Zweiter Sohn *Ludwigs VI., wurde nach dem Tod seines älteren Bruders Philipp 1131 zum Thronerben erklärt. 1137 heiratete er *Eleonore von Aquitanien und begann seine Regierung als König von Frankreich und Herzog von Aquitanien. Die ersten Regierungsjahre waren eine Zeit der Unsicherheit. Unter dem Einfluß seiner Frau entließ er die Räte seines Vaters und hatte einige Konfrontationen mit dem Papsttum und einigen Feudalherren, darunter besonders mit *Theobald, dem Grafen von Champagne. L. mußte jedoch infolge der allgemeinen Entrüstung über die von seiner Armee als Vergeltungsakt begangene Zerstörung des Dorfes Vitry (Champagne) zur Politik seines Vaters zurückkehren. L. war Führer des zweiten *Kreuzzugs (1147-49) und erwarb trotz seiner Jugend den Ruf eines vollendeten Ritters. Seine Herrschaft, die auf Gerechtigkeit und guten Beziehungen zur Kirche gegründet war, brachte ihm die Achtung des Adels. 1152 wurden er und Eleonore, die ihm zwei Töchter geboren hatte, geschieden, wodurch Aquitanien an ihren zweiten Gemahl *Heinrich von Anjou, den zukünftigen König von England verlorengingen. Ein großer Teil Frankreichs vom Ärmelkanal bis zu den Pyrenäen kam dadurch unter die Herrschaft eines machtvollen Vasallen, der auch ein geschickter Politiker war. In der langen Reihe von Kriegen zwischen den beiden Monarchen hatte L. die ande-

ren Lehnsleute, die Städte und die Kirche hinter sich. Er unterstützte *Alexander III. gegen *Friedrich I. und erhielt als Gegenleistung den Ehrentitel des "Allerchristlichsten Königs". L. war auch ein Förderer der Gelehrsamkeit; unter seiner Regierung entwickelten sich die Schulen von Paris zur Universität, die die Stadt zum Mittelpunkt des europäischen Geisteslebens machte.

M. Pacaut, *Louis VII. et son royaume*, 1965;
W. Kienast, *Deutschland und Frankreich in der Kaiserzeit* 2, 1975[2].

LUDWIG VIII. der Löwe (1187-1226) König von Frankreich (1223-26). Sohn *Philipps II., heiratete 1200 Blanche von Kastilien im Rahmen der politischen Abmachung zwischen den Königen von Frankreich und England. Seit 1212 war er in Staatsangelegenheiten und als Flottenbefehlshaber tätig. Sein Versuch, 1216 England zu erobern, schlug fehl. Darauf befehligte er den *Albigenserkreuzzug, den er nach seiner Krönung fortsetzte und mit der Beschlagnahme der *Languedoc zu Ende führte.

C. Petit-Dutaillis, *Louis VIII.*, 1899.

LUDWIG IX. (hl.; 1214-70) König von Frankreich (1226-70). Der Sohn Ludwigs VIII. begann seine Herrschaft unter der Regentschaft seiner Mutter *Blanche von Kastilien, die ihn im strenggläubig christlichen Geist erzogen hatte. 1241 warf er eine Adelsrevolte in Mittelfrankreich nieder und vergrößerte die königliche Domäne, aus der er an seine Brüder große *Apanagen verlieh. Im Jahr 1244, nach den Eroberungen von Jerusalem durch die *Chwarism und von Damaskus durch die Ägypter, begab er sich auf den siebten *Kreuzzug, den er als religiöse und moralische Heerfahrt zur Rettung der belagerten Christenreiche des Ostens ansah. Von dem eigens erbauten Hafen *Aigues-Mortes aus gelangte er über *Zypern nach *Ägypten, das er mit einer großen Flotte (bei genau geplanten Versorgungslinien) angriff. Nach anfänglichen Erfolgen wurde er geschlagen und mit einem beträchtlichen Teil seiner Armee bei *Mansurah gefangengenommen (1249). Nach seiner Freilassung gegen ein hohes Lösegeld gelangte er nach Akkon und widmete sich der Befestigung der Christenstädte. Er kehrte wegen der Unruhen der *Pastoreaux nach Frankreich zurück und ließ in Paris die *Sainte Chapelle, die Verkörperung des himmlischen Jerusalem auf Erden, errichten. L. war als Staatsmann für seine Zeit nicht unbedingt typisch. Seine Handlungen waren von den zwei Idealen christlicher Glaube und ritterliches Ethos inspiriert. In seiner Zeit wurde zwar das *Parlament von Paris als Hochgerichtshof organisiert. L. selbst fühlte sich aber unter den Rechtsanwälten fremd. Nach der volkstümlichen Überlieferung saß er bei seiner Rechtsprechung unter einer Eiche im Garten seines geliebten Schlosses Vendôme. Seine zahlreichen Edikte wurden in den *Etablissements de St. Louis kodifiziert. L. liebte den Frieden und war bereit, dafür weitgehende territoriale Zugeständnisse zu machen. 1258 ging er mit *Heinrich III. von England den Frieden von Paris ein, der Heinrichs Besitzungen vergrößerte. Als Gegenleistung erklärte sich der englische König bereit, für die *Guienne L.s Lehnsmann zu werden. Im Jahr 1259 unterzeichnete er den Vertrag von Montreil, der den Frieden mit Aragón brachte. Sein Ruf als gerechter Herrscher, der durch die Idee des Königtums von Gottes Gnaden inspiriert war, machte

ihn zum natürlichen Schiedsrichter bei den Streitigkeiten der europäischen Herrscher, wie etwa in der Auseinandersetzung zwischen Heinrich III. und den englischen Baronen. L. war jedoch zu einem gewissen Maß
von den praktischen politischen Schachzügen seiner
Brüder, besonders *Karls von Anjou, beeinflußt. Dieser
überzeugte L., seine Expeditionen nach Italien und Sizilien im Jahr 1266 unterstützen zu müssen; L.s zweiter Kreuzzug nach Tunis (1270), bei dem er den Tod
fand, war gänzlich von Karl angeregt. Jean de *Join-
villes Biographie von L.s Leben, Taten und Charakter
diente als Grundlage für die Entwicklung des Kults der
französischen Monarchie.
M. W. Labarge, *Saint Louis*, 1968;
J. Levron, *Saint Louis ou L'apogée du Moyen Age*, 1969.

LUDWIG X. der Hartnäckige (1289-1316)   König von
Frankreich (1314-16). Er erbte von seinem Vater *Philipp IV. ein unruhiges Reich. Zur Beschwichtigung der
Adeligen verlieh er zahlreiche Privilegien in den meisten
französischen Provinzen.

LUDWIG XI. der Grausame (1423-83)   König   von
Frankreich (1461-83). Verschwor sich schon als
Dauphin gegen seinen Vater *Karl VII.; als König schloß
er mit seinem Bruder Karl, der sich an einem Aufstand
gegen ihn beteiligte, 1465 Frieden. Es gelang ihm durch
eine raffinierte Politik eine für seinen Gegner *Karl d.
Kühnen tödliche Koalition seiner Feinde zu vermitteln.
L. schlug viele bedeutende Lehen in Frankreich zum
Kronbesitz und legte so den Grundstein zum zentrali-
stischen Königreich der Neuzeit.   (Din)
A. Bailly, *Louis XI.*, 1960.

LUDWIG I. von Anjou (1326-82)   König von Ungarn
(1342-82) und Polen (1370-82). Sohn *Karls I., der
größte Monarch des Hauses Anjou-Neapel in Ungarn.
Er arbeitete mit dem Adel zusammen und bestätigte
dessen Vorrechte, wußte aber auch, seine eigene Herrschaft durchzusetzen. Dies sicherte zwar die innere
Ruhe und das wirtschaftliche Wohlgedeihen der Städte,
schuf aber auch die Vorbedingung zur Unterdrückung
der Bauernschaft. L. kämpfte gegen *Venedig und eroberte nach einem Rückschlag bei Zara (1347) die meisten venezianischen Städte in Dalmatien (1358) und bis
1381 den Großteil von Dalmatien. Seit 1351 unterstützte er die *Serben und Bulgaren gegen die osmanischen
*Türken, konnte aber deren Vormarsch auf dem Balkan
nicht aufhalten. 1347 begann seine Intervention in *Neapel, wo er die gegen *Königin *Johanna I. gerichtete
Oppositionspartei unterstützte. 1350 und nochmals
1378 nahm seine Armee Neapel. 1370 wurde er von
König *Kasimir III. von Polen als Sohn angenommen
und nach dessen Tod zum König gewählt.
G. Homan, *Geschichte des ungarischen Mittelalters* 2,
1943.

LUDWIG VON TARENT (1320-62)   König von Neapel
(1347-62). Sohn einer Nebenlinie des angevinischen
Hauses von Neapel, heiratete 1347 Königin *Johanna I.
Infolge der Invasion über das Königreich durch seinen
Verwandten *Ludwig I. von Ungarn (der die Ermordung
seines Bruders Andreas, des ersten Gatten Johannas,
rächen wollte), flohen L. und seine Frau nach Avignon,
wo sie sich unter den Schutz von Papst *Klemens VII.
begaben. Von dort aus versuchten sie mit Hilfe ihrer
Lehnsleute aus der Provence das Reich wiederzugewinnen (1352). 1359 unternahm L. eine Invasion Siziliens,
mußte aber wegen einer Adelsrevolte in Neapel das

bereits eroberte Palermo aufgeben. Er starb kurz nach
Niederschlagung des Aufstands.
E. Léonard, *Les Angevins de Naples,* 1954.

LUDWIG I. von Anjou (1339-84)   Nomineller König
von Neapel (1383-84). L. erhielt von seinem Vater
*Johann II. von Frankreich die Grafschaft *Anjou,
deren dritte Grafenlinie er begründete; er half seinem
Bruder *Karl V. bei der Wiederherstellung der Königsmacht in Frankreich und vergaß darüber auch nicht
seine eigenen territorialen Interessen. Nach dem Tod
der Königin *Johanna I. von Neapel (1383) nannte er sich
selbst König von Neapel, erreichte aber nur die Eroberung und Annektion der *Provence.

LUDWIG II. von Anjou (1377-1417)   Nomineller König
von Neapel (1384-1400). Sohn *Ludwigs I., wurde nach
seines Vaters Tod zum König von Neapel ausgerufen
und fand bei der Oppositionspartei gegen *Karl III.
Unterstützung. 1386 wurde er nach Neapel gebracht,
1400 aber von *Wladislaus von Durazza besiegt und abgesetzt. Er kehrte nach Frankreich zurück, wo er das
Herzogtum Anjou regierte.

LUDWIG VON NEVERS (um 1304-46)   Graf von
Flandern (1322-46). Sohn des Grafenhauses Nevers,
erbte nach dem Aussterben des Hauses Dampierre die
Grafschaft *Flandern. In seinen Versuchen, den Widerstand der flämischen Städte zu brechen, erhielt. L. die
Unterstützung des französischen Königshofes. Seine
frankreichfreundliche Politik führte zur Wirtschaftsblockade Flanderns durch König *Eduard III. von
England und zu einer scharfen Wirtschaftskrise, auf die
städtische Aufstände folgten.

LUDWIG VON MALE (1330-84)   Sohn *Ludwigs von
Nevers und letzter Graf von Flandern (1346-84). Seine
Regierungszeit war durch Wirtschaftskrisen und städti-
sche Erhebungen gekennzeichnet. Zur Stärkung seiner
Macht verheiratete er seine Tochter Margarete mit
*Philipp d. Kühnen, Herzog von Burgund (1369), und
legte damit die Grundlage für die Union beider Länder.

LUDWIG, Herzog von Orléans (1372-1407)   Zweiter
Sohn König *Karls V. von Frankreich. L. war seit 1392,
der Zeit der Unzurechnungsfähigkeit seines Bruders
*Karls VI., in der französischen Politik tätig. Er wider-
setzte sich dem Einfluß Königin Isabellas von Bayern.
Dadurch stieß er mit *Johann dem Furchtlosen, Herzog
von Burgund, sowie mit der Pariser Bevölkerung zusammen, gewann aber auch teilweise die Unterstützung des
Adels unter Bernhard von *Armagnac. Seit 1405 befand
sich Frankreich in einem Zustand ständiger Erregung.
L. wurde 1407 in Paris ermordet.
E. D'Avout, *La Querelle des Armagnacs et des Bourguignons,* 1951.

LULL (LLULL), RAMON (ca. 1232-1316)   Gelehrter
und Mystiker. In Katalonien geboren, trat in den Dienst
König *Jakobs I. von Aragón und nahm an dessen Hof
eine Frau. Im Alter von 30 Jahren verließ er plötzlich
das höfische Leben und trat in den Franziskanerorden
ein, mit dem Ziel, die Moslems zum Übertritt zum
Christentum zu bewegen. Als Missionar gelangte er nach
Nordafrika und bis an die Grenzen Indiens. Zwischen
seinen Reisen studierte und lehrte er in Montpellier.
Dort entwickelte er auch seine neuplatonische Lehre
von der Einheit des Glaubens und der Moral, die der
*averroistischen Lehre entgegengesetzt war. Der Über-
lieferung nach soll er zu Bougie (Nordafrika) den Märtyrertod durch Steinigung erlitten haben. L. hinterließ

ein reiches literarisches Werk in den drei Sprachen Latein, Katalanisch und Arabisch. Er verfaßte unter dem Einfluß der *augustinischen Lehre die *Ars Magna* ("Die große Kunst"), eine Enzyklopädie des Allgemeinwissens gemäß seiner Auffassung von der absoluten Wahrheit. Danach konnte jedes Wissen auf einige Grundsätze reduziert bzw. von diesen abgeleitet werden. Als Mystiker entwickelte er das Ideal der Betrachtung Gottes durch die Reinigung des Gedächtnisses, des Verstehens und des Wollens, was zum gottesgefälligen Handeln führen sollte. Daneben verfaßte L. auch den philosophischen Roman *Blanquerna* und Gedichte in der katalanischen Sprache; dies verschaffte ihm einen Ehrenplatz in der nationalen Literatur. L. schrieb eine Abhandlung über das Rittertum, das die moralischen und religiösen Ideale mit der weltlichen Praxis verbinden sollte. Das Buch fand weite Verbreitung, wurde in mehrere Sprachen übersetzt und diente als Lehrbuch zur Ausbildung junger Ritter.

E. W. Platzeck, *Raimund Lull,* 2 Bde., 1962/63.

LULLUS (hl.; Lull, um 710-86)   Bischof von Mainz. In England geboren, stand mit dem hl. *Bonifaz in Verbindung und folgte diesem als Missionar nach Deutschland, wo er dessen enger Mitarbeiter und Nachfolger wurde. Sein Briefwechsel ist eine wertvolle Quelle für die Geschichte des *Frankenreichs, des Papsttums und der Missionstätigkeit im Deutschland des 8. Jh.s.

Werk: *MGh, Epistolae* 3;
W. Levinson, *Aus rheinischer und fränkischer Frühzeit,* 1948.

LUNA, PETER VON   Siehe *BENEDIKT XIII.

LUND   Stadt in der südschwedischen Provinz Schonen, 1019 von dem Dänenkönig *Knut d.Gr. als Provinzhauptstadt gegründet. 1048 wurde L. zum Bistum und 1103 zum Erzbistum für das gesamte Skandinavien erhoben. Die von lombardischen Baumeistern errichtete Kathedrale aus dem 12. Jh. ist eines der interessantesten Beispiele für die Ausbreitung des romanischen Baustils in die nördlichen Länder.

W. Seegrün, *Das Papsttum und Skandinavien bis zur Vollendung der nordischen Kirchenorganisation,* 1967.

LUPUS (SERVATUS; ca. 805-62)   Abt von Ferrières (Frankreich). Er wurde in der Provinz Sens geboren, in jugendlichem Alter Mönch und studierte in Ferrières und in Fulda unter *Hrabanus Maurus. Im Jahr 836 kehrte er nach Ferrières zurück und erwarb sich die Gunst Kaiser *Ludwigs d. Frommen. 837 wurde er Abt von Ferrières, das er zu einem der Mittelpunkte der *karolingischen Renaissance machte. L. war mehr Humanist als Theologe und führte an seiner Klosterschule klassische Studien ein. Er war auch politisch zur Erhaltung der Einheit des *Karolingerreiches tätig. Seine Sammlung von 132 Briefen ist eine gute Quelle für die Geschichte seiner Zeit.

E. v. Severus, *Lupus von Ferrières,* 1940.

LUSIGNAN   Feudalfamilie von Poitou (Westfrankreich). Ihr Name stammt von einer Burg des 10. Jh. im westlichen Poitou. Als Herren von L. waren sie Lehnsleute der Herzöge von Aquitanien. Der Gründer des Hauses Hugo von L. erhielt in der Mitte des 10. Jh.s um seine Burg herum weite Landgüter. Seine Nachfolger stärkten allmählich den Besitz, und Mitte des 12. Jh.s galten die Herren von L. als machtvolles Adelshaus in Westfrankreich. Sie waren mit den Grafen von Le Marche verwandt. Zwei Mitglieder des Hauses nahmen in der zwei-

ten Hälfte des 12. Jh.s an der *Kreuzzugsbewegung teil. *Amalrich wurde Konstabler des Lateinischen Königreichs von Jerusalem; sein von ihm ins Land gerufener jüngerer Bruder *Guido heiratete die Erbin des Königreiches, war König von Jerusalem und nach der Niederlage von *Hattin König von *Zypern, das seine Nachkommen bis ins 15. Jh. regierten. In Frankreich ging unterdessen die Entwicklung des Fürstentums von L. weiter. *Hugo X. versuchte durch die Heirat mit der Gräfin Isabelle das *Angoulême zu erwerben, wurde aber durch König *Johann von England an der Ausführung des Plans gehindert, als dieser selbst 1198 Isabelle heiratete. Darauf verbündeten sich die Herren von L. mit *Philipp II. von Frankreich gegen Johann; nach dessen Tod heiratete Hugos Sohn *Hugo XI. Isabelle. Er mußte sich sowohl gegen *Heinrich III. als auch gegen *Ludwig IX. zur Wehr setzen. Nach dem Sieg Ludwigs (1241) verlor das Haus L. an Bedeutung.

S. Painter, *Feudalism and Liberty,* 1949.

LÜTTICH (LUIK, LIÉGE)   Stadt in Belgien an der Maas. L. wurde als kleine Handelssiedlung im 6. Jh. gegründet, erhielt um 717 einen Bischofssitz und entwickelte sich rasch unter den letzten *Merowingern und ersten *Karolingern. *Pippin d. Kurze verlieh den Bischöfen die Herrschaft über Stadt und Umgebung. Im 10. und 11. Jh. wurde die Kathedrale der Stadt zu einem wichtigen geistigen und künstlerischen Mittelpunkt, dessen Einfluß sowohl im Westen als auch im Osten greifbar war. Nach der Auflösung des niederlothringischen Herzogtums wuchs das Bistum beträchtlich an; im 12. Jh. zählten die Bischöfe zu den Reichsfürsten. Sie befanden sich stets in Konflikt mit den nach Unabhängigkeit drängenden Stadtbürgern.

G. Kurth, *La cité de Liège au Moyen Age,* 3 Bde., 1920.

LUXEMBURG   Grafschaft in Lothringen. Die Landschaft wurde von *Lothar II. an die Abtei St. Maximin von Trier verliehen, deren Äbte sie im 9. und 10. Jh. als Feudalherren regierten. Zur Sicherung der Gegend wurde die Lützelburg errichtet, die L. den Namen verlieh. Im Jahre 963 erwarb der deutsche Ritter Siegfried die Burg des Klosters und wurde von *Otto I. mit dem Grafentitel beliehen. Sein direkter Lehnsherr war der Bruder des Kaisers, Bruno, der Erzbischof von Köln und Herzog von *Lothringen. Siegfrieds Nachkommen nutzten den Niedergang der Herzogsmacht zur Festigung ihrer Herrschaft aus. Im 12. Jh. stiegen sie in den Reichsfürstenstand auf, nachdem sie sich mit Familien aus dem Hochadel der Niederlande und Deutschlands verheiratet hatten. 1308 wurde Graf Heinrich IV. zum König gewählt (siehe *Heinrich VII.) und begründete das Haus L., aus dem bis ins 15. Jh. deutsche Könige und Kaiser kamen. Das Schwergewicht ihres Interesses verlegten die Luxemburger nach *Böhmen; L. selbst wurde Territorium einer Juniorenlinie. 1354 übergab *Karl IV. L. an seinen Bruder *Wenzel und erhob es in den Rang eines Herzogtums. 1411 ging es durch Heirat an *Burgund über.

H. Renn, *Das erste Luxemburger Grafenhaus 963-1136,* in: Rheinisches Archiv 39, 1941;
J. Gade, *Luxemburg in the Middle Ages,* 1951.

LUZERN   Stadt und Kanton in der Mittelschweiz. Sie entstand aus einem im 8. Jh. gegründeten Fischerdorf, dessen Einwohner Leibeigene des Murbach angeschlossenen Benediktinerklosters St. Leodegard waren. Im 10. und 11. Jh. wuchs die Siedlung zu einer wohlhabenden Stadt heran, die von ihrer Lage am Handelsweg zwischen Deutschland und Italien profitierte. Zur Förderung des Handels verliehen die Äbte L. Vorrechte; diese wurden 1178 in einem Freibrief ausgedehnt, der den Einwohnern das Recht zur Errichtung des Stadtrats verlieh. Im Jahre 1291 wurde L. trotz des Widerstandes der Stadtbürger an *Rudolf I. von Habsburg verkauft.

Die Bürger schlossen sich den Schweizer Kantonen im Aufstand gegen die *Habsburger an und verbündeten sich 1332 mit der *Schweizerischen Eidgenossenschaft. Nach der Schlacht von *Sempach (1386) erlangte L. die Unabhängigkeit und wurde Hauptstadt des gleichnamigen Kantons, der viele eroberte Territorien der Habsburger einschloß.

Geschichte des Kantones L. (Festschrift Luzern), 1932; H. Büttner, *Waadtland und Reich im Hochmittelalter,* in: Deutsches Archiv 7, 1944.

LYON Stadt in Gallien, als römische Kolonie im Jahr 43 v. Chr. gegründet, diente als römische Hauptstadt Galliens und wurde auch im Mittelalter von der Kirche als solche betrachtet. Der Erzbischof von L. trug den Titel "Primas von Gallien". Unter der *fränkischen Herrschaft war die Stadt hauptsächlich auf kirchlichem Gebiet von Bedeutung. Mit der Teilung des Karolingerreiches (843) wurde L. Teil des Mittelfränkischen Reiches *Lothars I.; nach der Auflösung des Königreichs *Lothringen gegen Ende des 9. Jh.s war sie Teil Burgunds. 1033 wurde sie zusammen mit dem Königreich Burgund zum *Heiligen Römischen Reich geschlagen. Das Wiederaufleben des Handels und die günstige Lage am Schnittpunkt der Verkehrswege zwischen Frankreich und Italien, der Nordsee und dem Mittelmeer, brachten im 11. und 12. Jh. Wachstum und Wohlstand. Die Stadt breitete sich auf beiden Ufern der Rhône und der Saône aus. *Friedrich I. gab ihr weitgehende Vorrechte, die die Entwicklung des Handels und die Errichtung des Tuchgewerbes begünstigten. Der besondere Rang der Erzbischöfe, die auch weiterhin Herren der Stadt waren, sowie der Niedergang der kaiserlichen Macht in der Provence und im Königreich Burgund machten L. praktisch unabhängig. 1245 und 1274 diente L. als Sitz zweier ökumenischer Kirchenkonzile. Nach 1250 war der französische Einfluß vorherrschend. Die Stadtbürger verteidigten ihre Beziehungen zu Frankreich, und eine starke Bewegung innerhalb der Stadt sprach sich für einen französischen Schutz aus. Im Jahre 1307 annektierte *Philipp IV. der Schöne L. zu Frankreich und nahm den Erzbischöfen ihren unabhängigen Status als Herren der Stadt. Unter der französischen Herrschaft blühte die Stadt weiter; im 15. Jh. wurde die berühmte Messe errichtet, und L. wurde nach Paris die zweitwichtigste Stadt Frankreichs.

G. Hüffer, *Die Stadt Lyon und die Westhälfte des Erzbistums in ihren politischen Beziehungen zu Deutschland und zur französischen Krone 897-1312,* 1878; A. Latreille (Hg.), *Histoire de Lyon et du Lyonnais,* 1975.

M

MACBETH König der Schotten (1044-57). Der Enkel König Kenneth's II. erbte 1031 die Grafschaft Moray in Nordschottland von seinem Vater. 1040 erhob er sich gegen seinen Neffen, König Duncan I., tötete ihn und beanspruchte die Krone. Er konnte jedoch seine Regierung erst nach einem vier Jahre dauernden Bürgerkrieg antreten. Seine Herrschaft war auch weiter durch Bürgerkrieg und Thronwirren gekennzeichnet. Der Widerstand gegen M. wurde von *Malcolm III. mit englischer Unterstützung geführt, M. wurde 1057 von Malcolms Soldaten erschlagen.
A. A. Duncan, *Scotland. The Making of the Kingdom,* 1975.

MACHAUT, GUILLAUME Siehe *WILHELM VON MACHAUT.

MACHMUD (967-1030) Sultan von .*Ghazni (998-1030). Von unfreier türkischer Geburt, folgte seinem Vater als Statthalter von Khorasan nach, befreite sich von der *abbasidischen Oberhoheit und stieg zum mächtigsten Herrscher im Asien seiner Zeit auf. Von seiner Hauptstadt Ghazni aus führte er eine Reihe von Kriegszügen nach Indien (999-1020), eroberte den Nordwesten des Subkontinents und beherrschte daneben auch Afghanistan, Khorasan und große Teile Mittelasiens bis zum Aralsee. M. war ein begabter Administrator und ein Herrscher, der Dichter, Denker und Literaten an seinen Hof zog. Unter seiner Förderung erlebten die moslemische Kultur Persiens und die persische Sprache eine Hochblüte.
C. E. Bosworth, *The Ghaznavids,* 1963.

MACHSOR (hebr. "Zyklus") Bezeichnung für das jüdische Gebetsbuch, das die Liturgie der hohen Feiertage enthält. Die ältesten Handschriften des M.s stammen aus dem 9. Jh. und weichen voneinander ab. Die endgültige Festlegung der im M. eingeschlossenen Gebete fand erst gegen Ausgang des Mittelalters statt. Die weite geographische Zerstreuung des Judentums hat nur geringen Niederschlag in örtlichen Abweichungen des M.s gefunden, im ganzen sind die M.e der verschieden Gemeinden gleich gehalten. Seit dem 11. Jh. wurden sie manchmal illustriert. Schönstes Beispiel des illuminierten M.s ist der M. von Worms.
I. Elbogen, *Der jüdische Gottesdienst in seiner geschichtlichen Entwicklung,* 1967[4].

MACON Ostfranzösische Stadt an der Saône, besteht seit der römischen Epoche und entwickelte sich unter der fränkischen Herrschaft zu einem wichtigen kirchlichen Mittelpunkt. Im 9. Jh. wurde es zur Grafschaft erhoben und kam mit dem Vertrag von Verdun (843) zum westfränkischen Königreich. Im 10. Jh. beanspruchten die Herzöge von Burgund die Grafschaft, was zum Machtkampf mit den örtlichen Grafen führte. Diese konnten zwar ihre Unabhängigkeit bewahren, wurden aber zunehmend ·von ihren eigenen Lehnsleuten abhängig, die endlich die Grafenmacht an sich nahmen. Im 11. und 12. Jh. brach die Grafschaft in mehrere Feudalherrschaften auseinander und verfiel der politischen Anarchie. Die mächtigsten unter diesen Herrschaften waren die des Klosters *Cluny und die der Bischöfe von M., die auch die Stadtherren waren. 1166 griff die französische Krone in die Wirren der Gegend ein und unter *Philipp II. wurde der gesamte Mâconnais an die französische Krondomäne angeschlossen.
G. Duby, *La société aux XIe et XIIe siècles au Mâconnais,* 1953.

MAEL SEACHLAIN Irischer Stammeshäuptling und König von Meath zur Zeit eines nordischen Einfalls unter dem Häuptling Turgeis (838). In einem siebenjährigen Kampf, der 845 mit der Gefangennahme und Tötung Turgeis endete, schlug er die Normannen zurück und machte sich zum Nationalheld der Insel, dem das Landesinnere seine Unabhängigkeit zu verdanken hatte.

MAGDEBURG Deutsche Stadt am linken Elbeufer. Sie wird zum ersten Mal 805 als fränkischer Vorposten für den Slawenhandel und Sitz eines von *Karl d.Gr. mit der Aufsicht über den Handel beauftragten fränkischen Beamten erwähnt. Nach einer Zerstörung erfolgte unter *Otto I. die Neugründung um 936. 968 errichtete Otto zu M. ein Erzbistum, das als Ausgangspunkt der deutschen Ostsiedlung im nordöstlichen Sachsen und in Ostdeutschland wie auch als Mittelpunkt der Missionierung der Slawen und Polen diente. Im Freibrief *Ottos d. II. wird auch eine jüdische Ansiedlung innerhalb der Stadt erwähnt. Unter der Herrschaft der Erzbischöfe entwickelte sich M. zu einem angesehenen Zentrum des wirtschaftlichen und politischen Lebens Nordostdeutschlands. Das Wachstum der Stadt erlitt 1188 durch ein Großfeuer, das den größeren Teil der Holzhäuser der Stadt einäscherte, einen empfindlichen Rückschlag. Im 13. Jh. wurde M. in Stein wiederaufgebaut und begann eine neue Blütezeit. In der ersten Hälfte des 13. Jh.s erlangten die Stadtbürger vom Erzbischof eine Reihe von Zugeständnissen, die sich endlich zur städtischen Autonomie steigerten. Gegen Ende des Jahrhunderts trat M. der *Hanse bei.
Seit etwa 1250 dient das aus den verschiedenen Freibriefen zusammengesetzte M.er Recht, das 1188 kodifiziert worden war, als Vorbild für die Stadtrechte der meisten osteuropäischen Städte, und seine Übernahme war oft Kennzeichen für die Eindeutschung dieser Städte, deren Gerichtshöfe nach dem M.er Recht richteten und sich auch öfters an M. als Oberhof wandten.
F. Rörig, *Magdeburgs Entstehung und die ältere Handelsgeschichte,* 1952;
H. Asmus, *Geschichte der Stadt M.,* 1975.

Die Öffnung der himmlischen Tore der Barmherzigkeit; *Seite aus dem* Machsor *von Worms, 13. Jh.*

MAGHREB Siehe *MAROKKO.

MAGIE Die Lehre des Okkulten, mit deren Hilfe die Menschheit versuchte, die übernatürlichen Kräfte in den Dienst des Einzelnen zu stellen. Die mittelalterliche Gesellschaft übernahm die Idee der M. von den alten Stammesreligionen sowie von den östlichen Kulten. Die von den großen monotheistischen Religionen als Form des Heidentums und der Zauberei bekämpfte M. fand dennoch Eingang in das religiöse Leben, in die Heiligenverehrung und in die Entwicklung transzendentaler Theorien, mit deren Hilfe Wunder erklärt werden sollten. Seit dem 7. Jh. befaßten sich arabische Naturwissenschaftler unter dem Einfluß ägyptischer Lehren mit der Verwandlung der Elemente und deren Anwendung in der *Alchimie. Auf der volkstümlichen Ebene fand diese Beschäftigung Ausdruck im Glauben an die magischen Eigenschaften von Talismanen und verschiedenen Elixieren wie *aquavitae* (Lebenswasser), Liebestränke usw. Sämtliche Gesellschaftsklassen benutzten diese Gebräuche, wie die volkstümliche Literatur ausweist. Im Gegensatz zu ihrer Einstellung zur Alchimie bekämpfte die Kirche die M. als Werk des Teufels.
L. Thorndyke, *A History of Magic and Experimental Science,* 1934 ff.;
F. Döbler, *Magie, Mythos, Reliquien,* 1972.

MAGNA CHARTA LIBERTATUM ("Große Urkunde der Freiheiten") 1215 wurde König *Johann ohne Land von England durch die Drohung der Barone, ihn abzusetzen und einen allgemeinen Aufstand hervorzurufen, zur Ausstellung der M. gezwungen. Die Barone lehnten sich wegen der Willkürherrschaft Johanns und seiner Beamten sowie wegen der englischen Niederlagen auf dem Kontinent auf. Auf einem Treffen zu Runnymede (bei London), mußte sich J. zur M. bereiterklären. Mehrere seiner Zugeständnisse reihten sich in die feudale Tradition der Einschränkung der Königsmacht ein. Die Bedeutung der M. lag jedoch in einer zusätzlichen Klausel, Beschwerden vorzubringen, zu deren Genugtuung ein Baronenrat aufgestellt werden sollte. Damit war in der M. die Grundlage des englischen Parlaments gelegt. Im Laufe des 13. Jh.s erkämpften sich die Barone Englands mehrere Male die erneute Anerkennung der Gültigkeit der M.
W. S. McKechnie, *Magna Charta,* 1914;
J. E. A. Joliffe, *Magna Charta,* in: Schweizerische Beiträge zur allgemeinen Geschichte 10, 1952.

MAGNATEN (lat. magnus; "groß") Die mittelalterliche Bezeichnung für die Mitglieder des Hochadels. Im Früh- und Hochmittelalter bezeichnete sie die wichtigen Personen des Reiches einschließlich der Inhaber der höheren Hofämter, die nicht unbedingt zum Hochadel gehören mußten. Seit dem 12. Jh. und bis zum Ausgang des Mittelalters war die Bezeichnung M. auf den Hochadel eingeengt. Zu dieser Zeit besaßen die M. Mitteleuropas, besonders Ungarns und Polens, weitgehende politische Vorrechte wie die Königswahl und die Teilnahme am Kronrat, was die Königsmacht empfindlich schwächte.

MAGNUS I. der Gute (um 1024-47) König von Norwegen (1035-47). Sohn des hl. *Olaf, wurde zusammen mit seinem Vater durch *Knut d.Gr. aus Norwegen vertrieben und verbrachte seine Jugend unter den russischen Warägern. Nach Knuts Tod wurde er nach Norwegen zurück berufen und zum König unter der Vormundschaft seines Onkels *Harold III. ausgerufen. 1042 erhielt er als Nachfolger *Hardiknuts auch die dänische Krone. In Norwegen erfreute sich M. großer Beliebtheit, in Dänemark mußte er gegen den Adel und die Wenden kämpfen. Er wurde 1047 in einer Schlacht in Dänemark getötet.
M. Gebhardt–W. Hubatsch, *Norwegische Geschichte,* 1963.

MAGNUS König von Norwegen (1066-69). Sohn *Harolds III., regierte zusammen mit seinem Onkel Olaf III.

MAGNUS II. Nacktfuß (1073-1103) König von Norwegen (1093-1103). Sohn Olafs III., erneuerte die norwegische Ausdehnung auf den Hebriden- und Orkneyinseln, in Wales und Irland. Zur Zeit seines Unfalltodes erstreckte sich sein Reich über die gesamte nordische Welt in der Nordsee, von Grönland und Island bis zu den norwegischen Niederlassungen in Nordschottland und Irland. 1102 setzte er seinen Sohn Sigurd als Führer eines Seezugs ins Heilige Land ein.
M. Gebhardt–W. Hubatsch, *Norwegische Geschichte,* 1963.

MAGNUS III. der Blinde König von Norwegen (1130-35). M. regierte unter der Regentschaft seines Onkels *Harold IV., trat 1135 wegen schwacher Gesundheit zurück und starb 1139.

MAGNUS IV. König von Norwegen (1162-84). Unter seiner Regierung fand das von vorhergehenden Thronwirren erschütterte Land Ruhe.

MAGNUS VI. der Rechtsstifter (1238-80) König von Norwegen (1263-80). Im Jahr 1266 schloß er mit *Alexander III., dem König der Schotten, einen Friedensvertrag ab, in dem er die Hebriden und die Isle of Man herausgab und damit der norwegischen Herrschaft in Britannien ein Ende setzte. Seine wichtigste Errungenschaft war die Reformierung des norwegischen Rechtes; im Jahr 1274 gab er einen neuen Rechtskodex heraus, der die Provinzrechte abschaffte und das Reich zu einer verfassungsrechtlichen Einheit machte. 1277 folgte eine Reihe von Verordnungen, die sich die Schaffung einer einheitlichen Verwaltung zum Ziel setzte. Im gleichen Jahr erreichte M. ein Abkommen mit der Kirche, die im Austausch für die Bestätigung des unabhängigen Kirchenrechts ihre Vorrechte bei der Königswahl preisgab.
M. Gebhardt–W. Hubatsch, *Norwegische Geschichte,* 1963.

MAGNUS VII. Eriksson (1316-74) König von Norwegen (1319-43) und Schweden (1319-65). Er war sowohl von norwegischer als auch von schwedischer Seite ein Abkömmling der Königshäuser und erbte 1319 im Alter von drei Jahren beide Kronen. Bis 1330 stand er unter der Vormundschaft seiner Mutter Margarethe. M. widmete seine meiste Zeit dem Königreich Schweden, wo er unter dem Namen M. II. der Gute bekannt war, und vernachlässigte die Angelegenheiten Norwegens. 1343 erhoben sich die norwegischen Adeligen gegen seine Herrschaft und erlangten eine separate Regierung ihres Landes unter seinem Sohn *Haakon VI., für den er jedoch bis zur Erlangung der Großjährigkeit im Jahre 1355 die Regierungsgeschäfte führte. 1350 versuchte M., seine Reiche durch die Herausgabe eines gemeinsamen Rechtes und die Schaffung des Rates der vier Stände (Kirche, Adel, Stadtbürger und Bauernschaft) zu vereinigen. Seine Absicht war, im Bund mit den unteren Ständen stärkere Macht zu gewinnen; tatsächlich rief er jedoch nur weitere Erhebungen hervor. 1365 wurde er von den aufständischen schwedischen Adeligen abgesetzt und bis 1371 gefangengehalten. Danach ließ er sich in Norwegen nieder, wo er 1374 starb.

L. Musset, *Les peuples Scandinaves au Moyen Âge*, 1951.

MAGNUS LADULÅS (1240-90) König von Schweden (1277-90). Er wurde nach dem Erfolg seines Aufstands gegen seinen Bruder Waldemar zum König ausgerufen und gründete seine Herrschaft auf das Bündnis mit der Kirche und dem Niederadel gegen die Magnaten, denen er die politischen Vorrechte nehmen wollte. 1280 befreite er die berittenen Soldaten von der Besteuerung, um sich die Unterstützung der Ritter zu sichern, und förderte damit die Entwicklung des *Feudalismus in Schweden.

MAGYAREN Siehe *UNGARN.

MAHARAM Siehe *MEIR BEN BARUCH.

MAHDI Siehe *SAID IBN HUSSAIN.

MAHDIA Nordtunesische Stadt an der Mittelmeerküste, 912 von den *Ismailiten gegründet und nach ihrem Führer, dem Mahdi, benannt. 921 wurde M. Hauptstadt der *Fatimiden und blieb bis zur Eroberung Ägyptens und Gründung *Kairos (969) deren Hauptfestung und politischer Mittelpunkt. Als Provinzhauptstadt (seit 973) wurde M. von den Fatimiden vernachlässigt und verlor an Bedeutung. Erst die *Ziridstatthalter gaben gegen Ausgang des 11. Jh.s der Stadt wiederum ihr altes Gewicht und machten sie zu einem der wichtigsten Häfen Nordafrikas. 1150 eroberte König *Roger II. von Sizilien M. Unter der sizilianischen Herrschaft, die bis Ende des Mittelalters währte, sank durch die dauernden Kriege und die Tatsache, daß die italienischen Hafenstädte direkte Beziehungen zu den moslemischen Zentren besaßen, M.s Bedeutung.

MAHONNO Siehe *GIUSTINIANI.

MÄHREN Mitteleuropäisches Land im Osten der tschechischen Hochebene. M. war im Frühmittelalter vorübergehend von durchwandernden germanischen Stämmen besiedelt und wurde dann Heimat von Slawenstämmen, die zu Beginn des 7. Jh.s unter die Herrschaft der *Awaren kamen. 822 leisteten die slawischen Häuptlinge Kaiser *Ludwig d. Frommen den Treueid, die fränkische Oberhoheit war jedoch nur formaler Natur. 840 wurden die mährischen Stämme von Prinz *Moimir vereinigt, der den Kampf gegen die deutschen *Karolinger aufnahm. Sein Nachfolger *Rostislaw wurde zwar von König *Ludwig d. Deutschen ernannt, führte aber den Kampf weiter und unterstützte die Missionstätigkeit von *Kyrill und Methodius zur Vermeidung der deutschen Kolonisierung M.s. Nach dem Tode des Methodius (885) setzte die bayerische Kirche mit Gewalt die Einsetzung der römischen anstelle der slawischen Liturgie durch.

Der größte Führer M.s im 9. Jh. war *Swatopluk, der Nachfolger Rostislaws. Unter Ausnutzung der politischen Wirren in Deutschland riß er sich vom Reich los und eroberte das gesamte tschechische Territorium, die Slowakei und große Teile Polens, aus denen er das großmährische Reich errichtete. Dieses war gegen Ausgang des 9. Jh.s eine der stärksten Mächte Mitteleuropas und zog aus der Beherrschung des Handelsroute zwischen West- und Osteuropa erheblichen Wohlstand. Dagegen besaß es keine richtige Verwaltungsstruktur und wurde durch den noch wirksamen Stammestraditionen ge-

schwächt. Nach Swatopluks Tod (894) gingen die *böhmischen Länder verloren, in Mähren selbst brach ein Bürgerkrieg unter den Söhnen des Königs aus. Der großmährische Staat wurde durch den Ungarneinfall um 906 vollständig zerstört; ein Großteil seines Territoriums kam an Böhmen, mit dessen Geschick M. von nun an verbunden war.

K. Bosl, *Das großmährische Reich in der politischen Welt des 9. Jahrhunderts*, 1966.

MAIEUL (MAIOLUS) (hl.; um 906-94) Vierter Abt von *Cluny (965-94). Aus Avignon stammend, trat als junger Mann dem Kloster *Cluny bei und zeichnete sich durch seine Frömmigkeit und Rednergabe aus. Als Abt setzte er die Reformen seines Vorgängers Odo fort und baute in seiner langen Amtszeit den weitverzweigten Orden von Cluny auf.

E. Sackur, *Die Cluniazenser in ihrer kirchlichen und allgemeingeschichtlichen Wirksamkeit* 1, (Neudr.) 1965.

MAILAND Norditalienische Stadt, ein wichtiges politisches und kirchliches Zentrum in der spätrömischen Zeit, das bis zum 5. Jh. seine Bedeutung beibehielt. Die häufigen Machtwechsel zwischen den verschiedenen Eroberern Italiens im 5. und 6. Jh. und besonders die Errichtung der Langobardenherrschaft mit der Hauptstadt im benachbarten *Pavia trugen zum Niedergang M.s bei. In der *Karolingerzeit (9. Jh.) wurden die Erzbischöfe von M. Herren der Stadt und Umgebung und konnten die Übergriffe anderer Feudalherren in Zusammenarbeit mit der städtischen Bevölkerung abwehren. 936 wurde eine neue Mauer erbaut, um den Feudaladel aus der Stadt zu halten. Dies bezog sich jedoch nicht auf diejenigen Adeligen, die sich bereits in der Stadt niedergelassen und die städtische Oberschicht gebildet hatten. Im 10. und 11. Jh. vereinigte sich die Aristokratie mit den reichen Kaufleuten, was zum Aufblühen von Handel und Gewerbe und zum Wachstum der Stadt beitrug. Der Wohlstand der Patrizier erweckte soziale Unzufriedenheit und führte zum Aufstieg der Volkspartei *Pataria*, die Anteil an der Stadtregierung sowie kirchliche Reformen forderte. Im 11. Jh. bemühten sich die deutschen Kaiser, die blühende und reiche Stadt zu unterwerfen; M. wurde mehrere Male ohne sichtliche Folgen belagert.

Infolge des äußeren Drucks und der inneren Spannungen teilten sich die späten 11. und im 12. Jh. Erzbischof und Kommune die Stadtregierung. Zur Mitte des 12. Jh.s erlangte M. großen Einfluß auf die benachbarten lombardischen Städte. Als Verbündete Papst *Alexanders III. wurde sie 1162 von Kaiser *Friedrich I. belagert und erobert, der die Befestigungen zerstörte. 1167 baute man diese jedoch bereits wieder auf. M. wurde zur Führerin des *Lombardenbundes, der 1176 die kaiserliche Armee bei Legnano besiegte. Unter der Herrschaft der *Guelfen war M. auch in der ersten Hälfte des 13. Jh.s das Zentrum des Widerstandes gegen Kaiser *Friedrich II. Der lange Kampf schwächte jedoch zusammen mit den Bürgerkriegen und dem sozialen Unzufriedenheit die Kommune. Bereits 1246 hatte die örtliche Adelsfamilie *Visconti ihre Macht in der Stadt bedeutend erhöhen können; die guelfische Familie Della Torre besaß jedoch immer noch die Vormacht. 1277 besiegte Erzbischof Ottone Visconti seine Widersacher und machte sich zum *signore* der Stadt.

Mitglieder seiner Familie bekamen Schlüsselpositionen in der Stadtregierung, die Kommune wurde abgeschafft und die Herrschaft des Hauses Visconti errichtet.

In der Folge entwickelte sich M. zum bedeutendsten Stadtstaat Norditaliens, der seine Herrschaft über den größeren Teil der Lombardei und gegen Ende des 14. Jh.s sogar auf die mächtige *genuesische Republik ausdehnen konnte. In dieser Periode gingen die Visconti je nach politischen Umständen Bündnisse mit Venedig, Florenz, Savoyen, dem Kirchenstaat und anderen italienischen Fürstentümern ein. Unter den Visconti wurde M. durch sein Seidengewerbe, den Handel und das Bankenwesen berühmt, und die Stadtbevölkerung wuchs stetig. Der zwischen den Mauern der Stadt konzentrierte Reichtum wurde von den Visconti als Machtmittel eingesetzt und diente zur Anheuerung eines der stärksten Söldnerheeres der Zeit.

Fondazione Treccani degli Alfieri (Hg.), *Storia di Milano*, 16 Bde., 1956-66;
H. Keller, *Die soziale und politische Verfassung Mailands in den Anfängen des kommunalen Lebens*, in: Historische Zeitschrift 211, 1970.

MAIMONIDES, MOSES (1135-1204) Jüdischer Philosoph und Arzt, auch unter dem Namen "Rambam" (die Anfangsbuchstaben von Rabbi Moses ben Maimon) bekannt. In *Córdoba geboren, wurde von seinem Vater, einem bekannten Talmudgelehrten, erzogen, floh nach Fez (Marokko) während der Judenverfolgung durch die Almohaden nach Eroberung der Stadt (1149). Dort verfaßte er seine Schrift "Glaubensabfall", in der er die Moslems angriff und den spanischen Juden geistige Tröstung spendete. 1165 mußte er Marokko verlassen und ließ sich nach einem kurzem Aufenthalt in Palästina zu Fustat-Kairo nieder, wo er als Arzt in den Dienst *Saladins trat und gleichzeitig als Haupt der jüdischen Gemeinden Ägyptens wirkte (1169). Dort vollendete er seinen Kommentar zur Mischna, einem der wichtigsten Werke der Bibelexegese. Die dabei angewandten philosophischen Methoden dienten ihm später in dem um 1180 vollendeten *Mischne Torah*, einem nach Gegenständen geordneten Talmudkodex, der sämtliche Grundsätze der jüdischen Religion sowie deren Auslegung und moralische und philosophische Bedeutung klassifiziert. 1190 stellte er seinen "Führer der Schwankenden" fertig, sein arabisch geschriebenes Hauptwerk, das später ins Hebräische und Lateinische übersetzt wurde und ihm den Ruf des größten jüdischen Philosophen verschaffte. Darin versuchte M. die Übereinstimmung zwischen Vernunft und Offenbarungsglauben zu begründen. Der erste Teil des Werkes behandelt Gott, der zweite die Argumente für seine Existenz in der körperlosen und in der geschaffenen Welt, und der dritte die Auslegung der Vision des Propheten Hesekil, das Problem des Bösen, den Endpunkt der Schöpfung, die göttliche Vorsorge und das göttliche Wissen.

M.s Versuch der Synthese zwischen Glaube und Vernunft rief eine der schwerwiegendsten Polemiken im mittelalterlichen Judentum hervor, die bis ins frühe 14. Jh. andauerte und die jüdische Welt in zwei Lager teilte. M.s Widersacher verdammten seine Ansichten als heterodox. Am Ende wurde die Rechtgläubigkeit des Philosophen annerkannt, die Lektüre des "Führers" zur Vermeidung von Mißverständnissen jedoch jungen Männern verboten.

Als Führer des ägyptischen Judentums besaß M. starken politischen Einfluß, den er zur Verbesserung der Lage der Armen anwandte. Seine Responsa wurden weithin als autoritativ anerkannt. Sein "Brief an die

Porträt des Maimonides, Holzschnitt (19. Jh.)

jemenitischen Juden" (in Hebräisch) ist ein Meisterwerk der geistigen Beratung und der messianischen Hoffnung. M. übte auch auf das moslemische und christliche Denken großen Einfluß aus; Männer wie *Albert d.Gr. und *Thomas von Aquin benutzten die lateinische Übersetzung des "Führers" für ihre Werke.

Werk (dt.): A. Weiß, 1923/24;
W. Bacher (Hg.), *Moses ben Maimon,* 2 Bde., 1908/14.

MAINE Französische Provinz im Süden der Normandie, die bereits in der gallo-römischen Zeit als Einheit bestand. Unter den Franken war M. Teil *Neustriens; *Karl d.Gr. schlug es zur bretonischen Mark. Im 9. Jh. wurde M. unter der Herrschaft einer örtlichen Familie eine getrennte Grafschaft. Im 11. Jh. war die Oberhoheit über die Grafen von M. Streitgegenstand der Herzöge der *Normandie und der Grafen von *Anjou, letztere annektierten 1101 die Grafschaft. In der zweiten Hälfte des 12. Jh.s war M. als Brennpunkt zwischen England, Normandie, Anjou und Aquitanien eines der wichtigsten Teile des Angevinenreichs. 1203 wurde es von *Philipp II. von Frankreich erobert und an die Krondomäne gefügt. Im Testament vermachte *Ludwig VIII. M. zusammen mit der Grafschaft Anjou als *Apanage seinem Sohn *Karl. Bis 1481 ist die Geschichte M.s mit den Anjous verbunden, danach wurde es wieder Teil der Krondomäne.

R. Philippe, *Le Maine et le pays manceau,* 1976.

MAINZ Deutsche Stadt am Zusammenfluß des Mains und des Rheins, ursprünglich unter dem Namen Mogentium eine römische Siedlung, die im 4. Jh. verlassen wurde. Im 6. Jh. wurde M. als Wirtschaftszentrum der

Ostprovinzen Frankreichs, des späteren *Franken, neu erbaut. 747 errichtete der hl. *Bonifatius in M. ein Bistum, das seit 755 als Kirchenmetropole Deutschlands dient. Zwanzig Jahre später verlieh *Karl d.Gr. Stadt und Umgebung an die Erzbischöfe. In der zweiten Hälfte des 10. Jh.s war M. ein bedeutender kultureller Mittelpunkt des *Ottonenreichs. Auch die jüdische Gemeinde der Stadt war geistig stark produktiv und entwickelte sich zum Mittelpunkt der Gelehrsamkeit des aschkenasischen Judentums, wie die Gestalt Rabbi *Gerschoms ausweist. Im 11. und 12. Jh. entstand im Gefolge des anwachsenden Rheinhandels ein starkes Stadtbürgertum, dessen kaufmännische Führungsschicht die Forderung nach Autonomie stellte. Diese wurde 1118 mit der Erlaubnis zur Errichtung eines Rates und Gerichts unter der Aufsicht erzbischöflicher Beamter begrenzt gewährt. Seit Beginn des 13. Jh. richtete sich der Kampf der Bürger auf die vollständige Ablösung der erzbischöflichen Herrschaft. 1244 nutzten sie den Bürgerkrieg in Deutschland aus, erlangten die Reichsunmittelbarkeit und traten dem Rheinischen Städtebund bei, dessen zentrale Organe seit 1254 in der Stadt tagten. Nach den Verwüstungen des *Schwarzen Todes Mitte des 14. Jh.s führten die demographische und wirtschaftliche Krise sowie soziale Unruhen zum Niedergang von M. Dieser Zustand brachte im 15. Jh. die Stadt erneut unter die erzbischöfliche Regierung (1462). Die Universitätsgründung erfolgte 1476.

A. Ph. Brück, L. Falck (Hgg.), *Geschichte der Stadt M.,* 1972 ff.

MAIOLUS Siehe *MAIEUL.

MAJORDOMUS Siehe *HAUSMEIER.

MAKEDONIEN Balkanprovinz. Sie wurde nach den Barbareneinfällen der ersten Hälfte des 5. Jh.s von den Byzantinern wiedergewonnen und als Provinz organisiert. In der zweiten Hälfte des 6. Jh.s verloren die Nordteile infolge der slawischen Niederlassungen ihren griechischen Charakter, der sich im Süden um die Hauptstadt *Thessalonike erhielt. Diese ethnische Veränderung wirkte sich politisch erst im 9. Jh. aus, als sich die *Bulgaren auf dem Balkan niederließen, ihr Reich errichteten und die slawischen Teile M.s an sich nahmen. Das Missionswerk *Kyrills und Methods bekehrte in der zweiten Hälfte des 9. Jh.s die Einwohner M.s zum orthodoxen Christentum und führte zur Errichtung des kirchlichen Zentrums *Ochrid im Nordwesten des Landes. 971 ergriff der Bulgarenfürst *Samuel nach dem Fall des ersten Bulgarenreichs in M. die Macht und rief sich in Ochrid zum Zaren aus. Damit wurde M. zum Herz des zweiten bulgarischen Staates, der bis zur Zerstörung durch den byzantinischen Kaiser *Basil II. (1014) existierte. Die erneute byzantinische Herrschaft ermutigte die Ansiedlung von Griechen und anderen Gruppen, die sich mit dem makedonischen Volk vermischten. 1204 wurde M. nach dem Zusammenbruch des byzantinischen Reiches wiederum geteilt. Thessalonike fiel in die Hände der Lateiner, während die Bulgaren den Rest M.s an sich rissen und versuchten, das ganze Land zu erobern. 1246 wurde Thessalonike nach einer kurzen Zeit unter der Herrschaft der Despoten von *Epiros vom Kaiserreich *Nikaia erobert und kehrte unter die byzantinische Oberhoheit zurück, während der Norden Streitobjekt der Bulgaren und *Serben wurde. Die Serben konnten ihn 1345 erobern und ihre Hauptstadt in Skopje errichten, wurden aber bereits 1371 vom Vor-

marsch der *osmanischen Türken weggefegt. Bis 1423 hatten die Türken auch Thessalonike und die Umgebung erobert und M. zu einem Teil des Osmanenreichs gemacht.

E. Barker, *Macedonia and Its Place in Balkan Power Politics,* 1950.

MAKRISI, ACHMED IBN ALI (1364-1442) Ägyptischer Geschichtsschreiber. M. war Prediger in Kairo, dort gründete er eine Schule zur Lehre des *Hadith und wirkte als Inspektor der städtischen Märkte im Dienste der *Mamluken. M. verfaßte eine Beschreibung Ägyptens (Beginn des 15. Jh.s). Das Werk war weit verbreitet und wurde als das beste Handbuch der historischen Topographie des Landes gepriesen. Viele von M.s Quellen haben sich nur in seinem Buch erhalten. Sein Hauptwerk war jedoch die Geschichte Ägyptens von der Zeit Saladins bis 1436, eine wichtige Quelle für die spätere *Ejjubiden- und die Mamlukenzeit.

Werk: Quatremère (Hg.), 1874.

MALACHIAS (hl.; 1094-1148) Erzbischof von Armagh und irischer Primas (1129-48), eine der bedeutendsten Persönlichkeiten des mittelalterlichen Irlands. Als eifriger Verfechter der römischen Kirche war er in einen langen Kampf mit den Anhängern der traditionellen irischen Gebräuche verwickelt. 1139 ging er nach Rom, um von Papst *Innozenz II. das *pallium* zu erhalten, und traf auf dem Weg den hl. *Bernhard von Clairvaux, mit dem er später eng befreundet wurde. Unter Bernhards Einfluß führte M. den *Zisterzienserorden in Irland ein. 1148 starb M. auf dem Weg nach Rom zu Clairvaux. Bernhard verfaßte darauf eine Biographie, die zur Heiligsprechung M.' diente.

Werk: *PL* 182.

MALAGA Südandalusische Stadt an der Mittelmeerküste. Die an einer kleinen Bucht gelegene Stadt blühte im Mittelalter dank ihres Hafens und ihres berühmten Exportweines. Unter den *Westgoten war M. Provinzhauptstadt, seit der arabischen Eroberung von 711 zog sie zahlreiche Neueinwanderer aus dem islamischen Nordafrika an, die bald den Großteil der Bevölkerung ausmachten. 1015 entstand in M. ein unabhängiges Emirat, das durch Tributzahlungen auch unter der Oberherrschaft der *Almoraviden und *Almohaden seine Autonomie bewahren konnte; 1253 wurde M. vom Königreich *Granada abhängig, dem es als Haupthafen diente. In dieser Zeit erlebte die Stadt ihre höchste Blüte. 1487 wurde sie von den aragonisch-kastilianischen Armeen erobert.

M. Fitton, *M.,* 1971.

MALATESTA Adelshaus aus *Rimini (Italien). Der Aufstieg der M. fand im Rahmen des *ghibellinisch-guelfischen Kampfes um die Herrschaft in Rimini statt (2. Hälfte des 13. Jh.s), in dem die M. als Führer der Guelfenpartei dienten. 1295 ergriff M. da Verruchio die Macht und wurde *signore* der Stadt. Bis zum Beginn des 14. Jh.s war die Macht des Hauses so weit gefestigt, daß der Weg zu einem Despotenregime frei geworden war. Nach dem Umzug des Papsttums nach *Avignon machten sich die M. an die systematische Eroberung der Provinz und errichteten im Nordteil des Kirchenstaates ein großes Fürstentum. 1353 wurden sie von Kardinal *Albornoz geschlagen und mußten den Großteil ihrer Eroberungen aufgeben, behielten aber die Herrschaft in Rimini und Umgebung sowie das päpstliche Vikariat.

P. J. Jones, *The Vicariate of Malatesta of Rimini,* 1952.

MALCOLM I. König der Schotten (943-54). Sohn König Donalds IV., wurde 912 König von Albany und kämpfte gegen seinen Neffen Konstantin, den er 942 besiegte und stürzte. Damit ergriff er die Macht über die schottischen Klans. Im Bündnis mit dem angelsächsischen König *Edmund von Wessex vergrößerte er sein Reich durch die Eroberung Cumberlands von den Normannen und großer Teile Südschottlands.
A. A. Duncan, *Scotland. The Making of the Kingdom* 1975.

MALCOLM II. König der Schotten (1005-34). Er setzte die Politik der Ausbreitung nach Süden fort, die die schottischen Könige des 10. Jh.s eingeschlagen hatten, und belagerte *Durham. Seine schwere Niederlage im Jahr 1006 zwang ihn sich nach Norden zurückzuziehen und führte zur Aufgabe der südlichen Territorien. Nach der Thronbesteigung *Knuts d.Gr., den er als Oberherr anerkannte, versuchte er, seine Ausdehnungspolitik fortzusetzen, wurde aber von dem englischen Earl Siwurg geschlagen. Damit war der Fluß Tyne endgültig als Grenze zwischen England und Schottland festgelegt.
A. A. Duncan, *Scotland, The Making of the Kingdom,* 1975.

MALCOLM III. (um 1031-93) König der Schotten (1058-93). Sohn König Duncans I., wurde von *Macbeth entthront und führte seit 1049 die legitimistische Partei. Nachdem er seine Herrschaft 'aufs neue errichtet hatte, nahm er 1066 zahlreiche angelsächsische Flüchtlinge in seinem Land auf, darunter die Familie *Edgar Aethelings, dessen Schwester Margarete er heiratete. Nach dem Mißerfolg des letzten angelsächsischen Aufstands in England mußte er die Oberhoheit *Wilhelms d. Eroberer anerkennen (1072), weigerte sich aber, seine Verpflichtungen als Lehnsmann zu erfüllen, und zog fünfmal gegen *Wilhelm II. von England ins Feld. Auf seinem letzten Feldzug in Northumbrien wurde er vom König getötet.
W. C. Dickinson, *Scotland, from the Earliest Times to 1603,* 1961.

MALCOLM IV. (1141-65) König von Schottland (1153-65). Er erbte im Alter von zwölf Jahren von seinem Großvater *David I. die schottische Krone. Seine Regierung begann mit einer Reihe von Aufständen und Intrigen, die *Heinrich II. von England in die Lage setzten, die Herrschaft über bisher schottische Gebiete auszudehnen. 1157 gab M. den Anspruch auf diese Gebiete auf und wurde treuer Lehnsmann Heinrichs. M.s Beinamen "der Keusche" bezieht sich auf seinen frommen Lebenswandel.
W. C. Dickinson, *Scotland, from the Earliest Times to 1603,* 1961.

MALI Afrikanisches Reich des 13.-17. Jh.s zu beiden Seiten des Niger. Es entwickelte sich aus der Sammesföderation der Malinke, eines Negervolkes, das Oberniger bewohnte. Es wurde 1230 von dem Häuptling Sundiata vereinigt, der mit Unterstützung der Goldhändler eine starke Regierung aufbaute. Bis zu seinem Tod im Jahre 1255 hatte er das Gebiet der Nachbarstämme erobert und seine Herrschaft nach Norden bis zur Saharawüste erweitert. Diese Entwicklung ging unter seinen Abkömmlingen weiter, und zu Beginn des 14. Jh.s stand der Großteil Westafrikas einschließlich der Länder des Gambitals unter M.s Herrschaft. Unterdessen hatten auch moslemische Missionare den Islam eingeführt. Unter Mansa-Musa, dem größten Herrscher M.s (1312-

37), erreichte das Reich den Gipfel der Macht und des Wohlstandes und beherrschte sämtliche Goldrouten zwischen Schwarzafrika und der Mittelmeerküste. Mansa-Musas Besuch in Kairo (1324) kennzeichnet diesen Höhepunkt M.s und brachte das Land in den Gesichtskreis der islamischen Welt. Mansa gründete seine Regierung auf das vereinte Königshaus und beschäftigte in der Verwaltung und Armee Sklaven.

Zu Beginn des 15. Jh.s wurde das Reich durch innere Kämpfe und dauernde Revolten geschwächt. Auf den Aufstand der beiden wichtigsten Städte Gao und Timbuktu (1400, 1431) folgte eine allgemeine Erhebung der nördlichen Stämme sowie die Errichtung des Reiches Songai. Gegen Ausgang des 15. Jh.s gehörte nur noch der Südwesten zu M., dessen Niedergang sich im 16. Jh. fortsetzte und im 17. Jh. mit der Auflösung und Aufteilung endete.
N. Levtzion, *Ancient Ghana and Mali,* 1972.

MALIK-SCHAH (1055-92) Der dritte *Seldschukensultan (1073-92). Der Beginn von M.s Regierung fällt mit dem Ende der großen seldschukischen Eroberungszüge in Kleinasien und Syrien zusammen. Seine Aufgabe war deshalb die Schaffung eines Verwaltungssystems. M. setzte sich in Westpersien fest und entwickelte nach der Niederwerfung einiger örtlicher Aufstände in Khorasan ein Regierungssystem, das sich auf die aktive Teilnahme der Mitglieder des Herrscherhauses stützte. Diese dienten als Provinzstatthalter und wurden von dem *Atabeg, dem örtlichen Militärkommandanten, unterstützt. Unter der Aufsicht M.s bewährte sich dieses System, auf lange Sicht führte es jedoch zur Feudalisierung und Teilung des Seldschukenreichs und begünstigte den Aufstieg der Atabeks. M. breitete seine Herrschaft auf den *Hedschas und die heiligen Städte Mekka und Medina aus und errichtete in *Isfahan seine Hauptstadt. Sein Hof entwickelte sich zu einem glänzenden Kulturzentrum. Die Bürgerkriege nach M.s Tod trugen wesentlich zur Teilung des Seldschukenreichs bei und erleichterten das Eindringen der *Kreuzfahrer in den Mittleren Osten.

MALLORCA Die größte Insel der balearischen Inselgruppe im westlichen Mittelmeer, nahe der spanischen Küste. Sie war erst Teil des *Westgoten- und dann des arabischen Reiches von Spanien. 1229 eroberte König *Jakob I. von Aragón die Insel und machte sie zu einer Provinz Kataloniens. In der Erbteilung vor seinem Tod ging M. zusammen mit der Königswürde an seinen jüngeren Sohn Jakob, den Herren von Roussillon, Cerdagne und Montpellier. Die unabhängige Herrschaft des Hauses Jakob wurde fortwährend durch die in Aragón regierende Seniorenlinie bedroht. In einem der Kriege zwischen den beiden Reichen besiegte und tötete *Jakob II. von M. *Peter IV. von Aragón. Nach Jakobs II. Tod fiel das Reich auseinander; M. ging an die aragonische Krone, unter deren Regierung es sich zu einer wohlhabenden Provinz und zur Hauptstadt Aragóns entwickelte. Als Wirtschafts- und Kulturzentrum unterhielt M. enge Beziehungen zu Barcelona.
H. J. Chaytor, *History of Aragon and Catalonia,* 1933.

MALMESBURY Stadt im nordwestlichen *Wessex, die um das 635 gegründete berühmte Kloster entstand. Die Abtei war eines der wichtigsten Zentren des Mönchswesens und der Gelehrsamkeit im angelsächsischen England und wurde im 10. Jh. von König Ethelstan sehr reich ausgestattet. Der Markt von M. diente seit dem

8. Jh. als hauptsächlicher Handelsknotenpunkt zwischen Wessex und Wales. Diese Funktion erfüllte M. auch nach der normannischen Eroberung Englands, die sich auf das Kloster in der Reformierung von Mönchen und der Ernennung normannischer Äbte auswirkte.

F. M. Stenton, *Anglo-Saxon England,* 1947.

MALOUEL, JOHANNES (um 1370-1415) Holländischer Maler. In Nijmegen geboren, studierte in Flandern und trat um 1400 zu Paris in den Dienst der Königin *Isabelle von Bayern, Gattin König *Karls VI. 1412 ging er nach Dijon an den *burgundischen Hof. Sein Portrait Isabellas wird als eines der Meisterwerke der spätmittelalterlichen flämischen Malkunst angesehen. M. war Oheim der Brüder von *Limburg.

MALTA Mittelmeerinsel zwischen Sizilien und der tunesischen Küste. M. diente als Ausgangsbasis für die Raubzüge der *Wandalen, ging nach deren Niederwerfung an die Byzantiner über und wurde an die Provinz Sizilien angegliedert. 870 wurde die Insel von den nordafrikanischen Arabern unter der Führung der *Aghlabidenemire erobert und diente als Ansiedlung einer starken nordafrikanischen Kolonie, die die weitere ethnische und sprachliche Zusammensetzung M.s entscheidend beeinflußte. 1091 eroberte *Roger I. von Sizilien die Insel, die sich unter den normannischen Königen zu einem wichtigen Handelszentrum entwickelte. *Friedrich II. ordnete 1220 die Ausweisung der Sarazenen an, und M. wurde rein christlich. Nach der *Sizilianischen Vesper (1282) wurde das seit 1266 den Anjous gehörige M. von den Aragoniern erobert und von Sizilien abgetrennt. Es war nunmehr eine aragonische Provinz und Teil der Krondomäne.

B. Blouet, *The Story of Malta,* 1967.

MALTESERORDEN Siehe *JOHANNITER.

MAMLUKEN Die Bezeichnung für die Soldaten unfreier Abstammung, die seit dem 9. Jh. in der Armee der *Abbasiden dienten, sowie für die türkischen Söldner, die seit der Mitte des 9. Jh.s die Offiziersränge im Heer des Kalifen bekleideten. Im 13. Jh. wurde die Bezeichnung M. in Ägypten für die türkischen und turkmanischen Söldner in der Armee der *Ejjubiden verwendet. Diese waren seit 1250 in Kairo stationiert und galten als stärkste Truppe des Landes. 1252 ergriffen sie die Macht und errichteten in Ägypten ihren eigenen Staat (Bacchariten-Dynastie 1250-1382). Der M.-Staat war ein Militärregime, das nur an Eroberungen interessiert war. Die Zivilverwaltung wurde örtlichen Beamten überlassen, denen die Verantwortung über die Erhebung der für den Militäretat nötigen Steuern aufgebürdet wurde. Unter ihrem größten Sultan *Baibars gingen die M. an die systematische Eroberung Palästinas und Syriens. Baibars erntete Ruhm und Anerkennung nach seinem Sieg über die Mongolen bei Ain Dschalud (1261), der ihn in die Lage setzte, die letzten Ejjubidenstaaten Syriens seiner Herrschaft zu unterwerfen und die Kreuzfahrerstaaten zu vernichten. Sein Werk wurde 1291 von *Kalawan mit der Eroberung *Akkons beendet. Das zu Beginn des 15. Jh.s ausgearbeitete Verwaltungssystem der M. sah die Teilung Ägyptens, Palästinas und Syriens in Militärprovinzen vor, die von einem auf einer Burg oder in einer befestigten Stadt residierenden M.-*Statthalter regiert wurden. Die Armee der M. bestand hauptsächlich aus Reitertruppen und war durch ihre Mobilität stets zu raschen Interventionen bereit. In Ägypten errichteten die M. eine

Brücke, 1273 von den Mamluken in Palästina erbaut

starke Flotte, die im Krieg gegen das Kreuzfahrerkönigreich Zypern eingesetzt wurde. Die vollkommene Vernachlässigung der Wirtschaft durch die M. ging (zusammen mit den Verlusten durch den *Schwarzen Tod im 14. und 15. Jh.) mit dem allgemeinen Niedergang des Mittleren Ostens einher.

S. Lane-Poole, *Egypt in the Middle Ages,* 1925.

MAMUN, ABU AL-ABBAS ABDALLAH, AL (786-833) *Abbasidenkalif (813-33). Er leitete 813 eine Verschwörung gegen seinen Bruder Al-Amin, eroberte Bagdad und wurde zum Kalifen ausgerufen. M. versuchte, seine Regierung durch die Absprache mit den verschiedenen Fraktionen zu stützen, konnte aber sein Ziel des inneren Friedens gegen den Widerstand der Parteien nicht durchsetzen. In seinem Liberalismus förderte er auch die Bagdader Akademie, die sich zu seiner Zeit zum bedeutendsten Zentrum der Philosophiestudien in der ganzen Welt entwickelte.

C. Brockelmann, *Geschichte der islamischen Völker und Staaten,* 1939.

MANDEVILLE Englische Adelsfamilie. Ihr Gründer Gottfried von M. war ein normannischer Ritter, der *Wilhelm d. Eroberer nach England folgte, zum Aufseher des Towers von London ernannt wurde und in Essex Landgüter erhielt. Seine Dienste für den Eroberer und für *Heinrich I. wurden mit weiteren Landverleihungen und Geldrenten belohnt. Zur Zeit von Heinrichs Tod galt Gottfried von M., der Enkel des ersten M., als einer der einflußreichsten Barone Englands. Da er im Bürgerkrieg zwischen *Stephan von Blois und *Mathilde die Seite wechselte, erhielt er die Earlwürde von Essex. Dieser Titel wurde in der Familie erblich; die Nachkommen hielten als enge Vertraute der Könige *Heinrich II. und *Richard I. ihre Position. 1214 war Gottfried von M. einer der Führer der baronialen Bewegung gegen *Johann I. Im 13. Jh. verlor die Familie an Bedeutung.

J. H. Round, *Geoffrey of Mandeville,* 1892.

MANDEVILLE, SIR JOHN (gest. um 1372) Englischer Schriftsteller. M. wurde nach eigenem Zeugnis zu St. *Albans geboren, bereiste Europa und den Mittleren Osten und legte in einem 1356 auf Französisch verfaßten Buch seine Eindrücke von der Reise nieder. Seine Beschreibung stützte sich auch auf frühere Quellen und enthält zahlreiche geschichtliche und völkerkundliche Beobachtungen sowie Geschichten und Legenden. Sie gilt als eine der lebendigsten Beschreibungen der

Minarett der Weißen Moschee von Ramleh, 1318 von den Mamluken erbaut

Welt und fand in England, Frankreich und den Niederlanden rasch Verbreitung.

W. C. Seymour, *Mandeville's Travels*, 1967.

MANEGOLD VON LAUTENBACH (ca. 1035-1104) Schriftsteller. Er wurde im Elsaß geboren, studierte 1070-80 in Frankreich und trat dem elsässischen Kloster Lautenbach bei. Dort zeichnete er sich als Theologe aus, dessen Meinung von Bischöfen und Äbten erbeten wurde. M. war in der Frage der Laieninvestitur ein eifriger Anhänger Papst *Gregors VII. und mußte 1086 bei der Ausweisung der Gregorianer das Elsaß verlassen. M. verbrachte sein Exil in Bayern, wo er in der Form eines Briefes an Erzbischof *Gebhardt von Salzburg eine berühmte Abhandlung schrieb, die den Standpunkt der Anhänger der gregorianischen Reform zusammenfaßt und die gegen die kirchlichen Anhänger Kaiser *Heinrichs IV. polemisiert. Seiner Meinung nach war das Amt des Bischofs keine Würde, sondern eine rein geistliche Funktion; jegliche Unterordnung unter die Gewalt der Laien bedeute eine Wertminderung. 1090 kehrte M. ins Elsaß zurück und gründete die Abtei Marbach, die eines der Zentren der gregorianischen Propaganda wurde. 1098 wurde er von Heinrich IV. festgenommen und nach einem kurzen Gefängnisaufenthalt entlassen.

T. A. Stead, *Manegold of Lautenbach*, 1914.

MANESSISCHE HANDSCHRIFT Eine der bedeutendsten Sammelhandschriften deutscher Minnelieder, wahrscheinlich um 1300 von dem Züricher Patrizier Rüdiger Manesse (gest. 1304) angelegt, befindet sich heute in der Universitätsbibliothek Heidelberg. Die kunstgeschichtliche Bedeutung der M. liegt in den 138 Miniaturen des Bandes (bis ca. 1340), einer Meisterleistung der gotischen Malerei, die verschiedene Dichter darstellen.

E. Jammers, *Das königliche Liederbuch des deutschen Minnesanges, Eine Einführung in die sogenannte Manessische Handschrift*, 1965.

MANFRED VON HOHENSTAUFEN (1232-1366) König von Sizilien (1258-66). Ein außerehelicher Sohn Kaiser *Friedrichs II., spielte in den letzten Kriegen seines Vaters gegen das Papsttum eine bedeutende Rolle und befehligte seit 1246 die kaiserliche Armee in Mittelitalien. 1250 ernannte ihn Friedrich bis zur Ankunft seines Halbbruders *Konrad IV. zum Regenten von Sizilien. In dieser Eigenschaft führte M. das kaiserliche Lager in Italien im Kampf gegen die *Guelfen und *Karl von Anjou. Als Konrads Sohn *Konradin in Deutschland blieb, ließ sich M. von den Baronen seines Reiches und den italienischen Kaisertreuen zum König von Sizilien ausrufen. Er verbündete sich mit *Peter III. von Aragón. 1266 wurde M. von der Armee Karls von Anjou in der Schlacht von Benevent geschlagen und getötet.

E. Momigliano, *Manfredi*, 1963.

MANGU (MONGKE) KHAN (1208-59) Großkhan der *Mongolen (1252-59). Enkel des *Dschinghis-Khan. Er war der letzte Großkhan, dessen Autorität von allen Mitgliedern des Herrscherhauses und den verschiedenen Horden anerkannt wurde. Während seiner Regierungszeit führten seine Brüder *Kublai-Khan und *Hülagü ihre großen Eroberungszüge aus.

B. Spuler, *Die Mongolenzeit*, 1953.

MANICHÄISMUS Eine *Häresie, die nach Mani, einem mesopotamischen Priester des 3. Jh.s, benannt ist. Er entwickelte den persischen Glauben vom Kampf zweier Grundmächte, des Lichts und der Dunkelheit, des Guten und des Bösen. Trotz seiner Verurteilung als Ketzer verbreitete sich seine Lehre unter den Christengemeinden. Im Mittelalter diente sie als ideologische Grundlage für verschiedene Ketzerbewegungen wie *Paulikaner, *Bogomilen und (möglicherweise) *Albigenser, die alle von der christlichen Kirche im Osten und Westen offiziell verurteilt wurden.

S. Runciman, *The medieval Manichee*, 1947.

MANNSCHAFT (lat. hominium, homagium) Bezeichnung aus dem *Feudalwesen für den vom *Vasallen geleisteten Eid, die die Beziehung zum Lehnsherrn zum Inhalt hat. Mit der M. nimmt der Vasall in Gegenleistung für den Schutz und die Hilfe des Herrn eine Reihe von Verpflichtungen auf sich: diese sind in erster Linie Militärdienst und Erscheinen am Herrenhof. Bis zum 8. Jh. war die M. noch nicht genau festgelegt; sie konnte entweder die Form einer mündlichen Erklärung des Freien bedeuten, Mann (lat. *homo*) des Herrn sein zu wollen, oder sie konnte die Form eines schriftlichen Kontraktes annehmen. Seit dem 8. Jh. erscheint die M. mit dem Eid, der öffentlich, meist in der *Kapelle des Herrenhofes, auf die heiligen Reliquien abgelegt wird. Wesen und Umfang der Verpflichtung wurden erst im 11.-12. Jh. definiert. Dennoch war die M. im Gegensatz zum *Treueid von Anfang an eine beiderseitige Verpflichtung, die Herrn und Lehnsmann in gleicher Weise band.

L. Ganshof, *Was ist das Lehnswesen?*, 1961.

MANOELLO Siehe *EMMANUEL BEN SALOMON.

MANOR Bezeichnung für ein Feudalgut, die sich vom lat. *mansus* ableitet. Auf dem europäischen Kontinent entwickelte sich das Feudalgut zur *Grundherrschaft, so daß der Terminus M. eigentlich nur auf England nach der normannischen Eroberung anwendbar ist. Der M. bestand aus dem von den Bauern bearbeiteten Land, aus dem Herrengut (das den Herrenhof und Äcker einschloß) und aus den nötigen Geräten, Arbeitstieren und Werkstätten. Die Ableistung der bäuerlichen Verpflichtungen, ob Arbeitsdienste oder Zahlungen, wurde auf dem M.-Hof ausgeführt. Der M. wurde von einem Meier im Namen des oft abwesenden Herrn geleitet. Auf dem englischen M. war die Gerichtsbarkeit des Herrn durch die Entwicklung der königlichen Grafschafts- und *Hundertschaftsgerichte begrenzt, was den M. von der kontinentalen Grundherrschaft unterschied, wo der Grundherr viele gerichtliche Vorrechte besaß.

H. S. Benett, *Life on an English Manor*, (Neudr.) 1962.

MANSE Siehe *HUFE.

MANSUR, ABU-DSCHAFAR, AL (712-75) Der zweite *Abbasidenkalif (754-75). M. war der eigentliche Begründer des Abbasidenkalifats und errichtete das Regierungs- und Verwaltungssystem des Kalifats. In seinen ersten Regierungsjahren kämpfte M. gegen seine Widersacher, die Anhänger der *Omajjaden und die *Schiiten, deren Aufstände er blutig unterdrückte und deren Führer er töten ließ. Bis 762 wurde seine Macht im ganzen Kalifat, mit Ausnahme Spaniens, anerkannt. Von diesem Zeitpunkt an widmete sich M. den Verwaltungsreformen und erbaute die neue Hauptstadt des Kalifats in *Bagdad. M.s Regime basierte auf persischen Verwaltungstraditionen und einer starken Bürokratie.

T. Nöldeke, *Caliph Mansur*, 1892.

MANSUR, MOHAMMED IBN ABI AMIR, AL- (939-1002) Arabisch-spanischer General und Staatsmann.

Luftansicht von Haddon Hall, Derbyshire; 12. bis 15. Jh.

Sohn einer alten und vornehmen arabischen Familie, die sich zu Beginn des 8. Jh.s in Spanien niedergelassen hatte, errang in seiner Heimatstadt Algeciras hohe Ämter und wurde 967 als Güterverwalter an den Kalifenhof von *Córdoba berufen. Neben seinem verwaltungstechnischen bewies er sein militärisches Können und wurde zu einem der Regenten während der Minderjährigkeit des Kalifen *Hischam II. ernannt. 977 führte er einen erfolgreichen Feldzug gegen die Christenreiche in Nordspanien und konnte nach seiner Rückkehr seine Mitregenten absetzten, den Kalifen praktisch als Gefangenen in dessen Palast halten und die Macht ergreifen. Gestützt auf ein Söldnerheer von *Berbern und Christen machte er sich zum alleinigen Herrscher des maurischen Spaniens und rief den heiligen Krieg gegen die Christen aus. 985 eroberte er Barcelona und 987 Santiago de Compostela, das er jedoch gegen jährliche Tributzahlungen den christlichen Fürsten überließ. Als strenger Anhänger des Islam machte M. die Observanz des Islam zur Pflicht, baute eine Anzahl von Moscheen, vergrößerte die Hauptmoschee von Córdoba und ließ die in der Palastbibliothek befindlichen weltlichen Bücher verbrennen.

E. Levi-Provencal, *Histoire de l'Espagne Musulmane*, 1950.

MANSURAH Stadt am Nil nördlich vón Kairo, Schauplatz einer Schlacht, in der König *Ludwig IX. von Frankreich entscheidend von den *Ejjubiden geschlagen und gefangengenommen wurde (1248).

MANTUA Lombardische Stadt im Potal. Sie wurde von den *Westgoten unter *Alarich verwüstet (409) und dann von den *Ostgoten, *Byzantinern und *Langobarden erobert. Unter den Franken war M. Mittelpunkt einer Grafschaft und kam allmählich unter den Einfluß der benachbarten Feudalherren. 1012 wurde es von *Bonifatius, dem Markgrafen von Canossa und Tuszien, erobert und verblieb bis zum Tod der Gräfin *Mathilde (1115) unter der Herrschaft seiner Nachkommen. Im 12. Jh. erlangte M. die kommunale Freiheit, 1167 trat es dem *Lombardenbund bei und nahm am Kampf gegen Kaiser *Friedrich I. teil. Im 13. Jh. war die Stadt in ein *Guelfen- und ein *Ghibellinenlager geteilt und verlor infolge der Bürgerkriege die kommunale Freiheit. 1276 ergriff die Familie Bonacolsi die Macht und errichtete ein Regime der Willkür. 1328 wurde sie von Luigi di *Gonzaga geschlagen, der M. zum Mittelpunkt seines Fürstentums machte.

G. Coniglio (Hg.), *Mantova, La Storia, Le lettere*, 6 Bde., 1958-63.

MANUEL I. KOMNENOS (1120-80) Byzantinischer Kaiser (1143-80). Sohn und Erbe des *Johannes II., widmete sich dem diplomatischen und militärischen Kampf gegen das normannische Königreich *Sizilien. Zu diesem Zweck verbündete er sich mit König *Konrad

III., dessen Schwägerin Bertha er heiratete. Er versuchte, den Auszug des zweiten *Kreuzzugs aufzuhalten, mußte sich aber mit dem Versuch begnügen, die Könige Deutschlands und Frankreichs von *Roger II. von Sizilien zu isolieren. 1149 eroberte er die von den Normannen in Griechenland genommen Landstriche zurück; 1155 landete er in Italien, eroberte Ancona und Apulien und wurde nur durch das Eingreifen der venezianischen Flotte bei Brindisi (1157) von weiteren Eroberungen abgehalten. Nach dem Fehlschlag des zweiten Kreuzzugs war M. der einzige, der die Kreuzfahrerstaaten beschützen konnte. Er verbündete sich mit König *Balduin III., der seine Schwester Maria heiratete, und unterstützte die Kreuzfahrerfeldzüge gegen Ägypten. M. vergrößerte auch seine Besitzungen in Kleinasien und erlangte die Anerkennung als Oberherr der Kreuzfahrerfürstentümer. Er griff auf dem Balkan als Oberherr der *Bulgaren und *Serben ein und nutzte die Schwäche *Ungarns zur Eroberung Kroatiens, Bosniens und Dalmatiens (1167). Sein Plan, das von inneren Wirren geschüttelte *Seldschukensultanat *Konia zu nehmen, wurde durch seine Niederlage gegen Kilij-Arslan hinfällig (1176).

G. Ostrogorsky, *Geschichte des byzantinischen Staates,* 1963[2].

MANUEL II. PALAIOLOGOS (1350-1425) Byzantinischer Kaiser (1391-1425). Sohn des *Johannes VII., der ihm einen Platz in der Regierung und in den Kriegen gegen die Türken einräumte. M. bestieg den Thron als Lehnsmann *Bajezids II. und mit türkischer Zustimmung. 1399 bereiste er den Westen, um Hilfe gegen die Türken zu erlangen. Bajezids Niederlage gegen *Timur-Leng verschaffte Byzanz einige Friedensjahre, die der gelehrte Herrscher mit theologischen Studien verbrachte. Als jedoch 1422 die Türken unter Murad II. ihren Vormarsch wiederaufnahmen, dankte M. nach einem dreijährigen Kampf ab und ging in ein Kloster.

J. W. Barker, *Manuel II. Palaeologus,* 1969.

MANUUM IMMIXTIO (lat.: "Vereinen der Hände") Eine der wichtigsten Gesten, die im Verlauf der *Mannschaftszeremonie ausgeführt werden. Der sich seinem Herrn nähernde Lehnsmann legt seine Hände in die des Herrn und zeigt damit seine Unterwerfung und seine Bitte um Verteidigung und Schutz an. Daraus entstand unsere Gebetsgeste der gefalteten Hände.

F. L. Ganshof, *Was ist das Lehnswesen?,* 1961.

MANZIKERT Stadt im östlichen Anatolien (Armenien), die durch die Schlacht des Jahres 1071 Berühmtheit erlangte. In dieser wurde die von Kaiser *Romanos IV. geführte byzantinische Armee durch die *Seldschuken unter *Alp-Arslan geschlagen und der Kaiser selbst gefangengenommen; ganz Kleinasien stand der seldschukischen Eroberung frei. Der von M. aus Konstantinopel gesandte Hilferuf an den Westen war einer der Beweggründe für den Auszug des ersten *Kreuzzugs.

MARBOD (um 1035-1123) Bischof von Rennes (1096-1123). Ein Sohn der östlichen Bretagne, studierte und lehrte an der bekannten Schule von *Angers. M. war ein begabter Dichter und schrieb in lateinischen Hexametern. Sein Hauptwerk, der *Liber de Gemmis* ("Buch der Juwelen"), hatte er in Rennes vollendet; es behandelt die symbolischen Bedeutungen und Kräfte der Juwelen. M. verfaßte auch Heiligenleben u.a.
Werk: *PL* 171;
J. de Ghellinck, *L'Essor de la litterature latine au XIIe siècle,* 1954.

MARCEL, ETIENNE (um 1317-58) Pariser Volksführer. Sohn einer reichen Pariser Bürgerfamilie, war Tuchhändler und wurde Haupt der Kaufmannsgilde der Stadt. 1355 widersetzte er sich der Einführung neuer königlicher Steuern zur Finanzierung des Kriegs gegen England. Nach der französischen Niederlage bei *Poitiers (1356) erhob er sich gegen die Regierung. Als Delegierter der Stadt zu den vom Dauphin *Karl (V.) 1357 einberufenen *Generalständen stimmte der Zustimmung zu neuer Besteuerung (für das Lösegeld des gefangenen Königs *Johannes II.) von der Entlassung unfähiger Beamter und der Kontrolle der Regierung durch die Stände abhängig. Als Karl diese Vorschläge zurückwies, trat M. auf die Seite des Aufstands *Karls d. Bösen von Navarra und stachelte die Pariser Bevölkerung zur Revolte an. 1358 verbündete er sich gegen die Interessen der Pariser Bürger mit der Bauernrevolte der *Jacquerie. Dies versetzte den Dauphin in die Lage, mit einem Gegenangriff in Paris einzudringen. M. wurde dabei getötet.

J. d'Avout, *Le Meurtre d'Etienne M.,* 1960.

MARGARETE I. VON DÄNEMARK (1353-1412) Tochter König *Waldemars IV. von Dänemark, erbte 1387 die Reiche Dänemark, Norwegen und Schweden und regierte sie als Vormund ihres Sohnes Olav, später ihres Neffen *Erich von Pommern. Die skandinavische Einheit wurde 1397 durch die Union von Kalmar gefestigt, die unter der vereinten Krone jedem Land seine eigenen Regierungsorgane beließ. Die sehr geschickte Herrscherin stützte sich auf eine Beamtenverwaltung.

MARGARETE VON SCHOTTLAND (hl.; 1045-93) Gemahlin des Schottenkönigs *Malcolm III. Sie floh 1066 mit ihrer Familie von England nach Schottland, wo sie 1070 Malcolm heiratete. Die tiefgläubige Frau war in der Reform der schottischen Kirche tätig und förderte die Errichtung von Klöstern. Sie wurde von ihrem Volk als Heilige verehrt und 1250 von der Kirche heiliggesprochen.

T. R. Barnett, *St. Margarete of Scotland,* 1925.

MARIA VON DER CHAMPAGNE (1145-98) Älteste Tochter *Ludwigs VII., heiratete 1164 *Heinrich den Freigiebigen von der Champagne und errichtete an ihrem Hof eines der bedeutendsten kulturellen und literarischen Zentren Westeuropas. Als Patronin von Schriftstellern, Dichtern und Künstlern übte sie einen starken Einfluß auf die Entwicklung des mittelalterlichen Literaturlebens sowie der höfischen und ritterlichen Kultur aus.

MARIA VON FRANKREICH (MARIE DE FRANCE) Dichterin. Sie lebte in der 2. Hälfte des 12. Jh.s, davon einige Zeit am englischen Hofe *Heinrich Plantagenets, wo sie ein Gedicht mit der Anfangszeile "Mein Name ist Maria und ich bin aus Frankreich" verfaßte. Sie schrieb neben der ältesten französischen Fabelsammlung *Esope* Gedichte (*Lais*) in französischer Sprache, die die Liebe nach bretonischer Tradition darstellten. Aus dem Lateinischen übersetzte sie die Fegefeuerwanderung des irischen Ritters Owen im Purgatorium S. Patricii in Nordirland. M. wird als die erste französische Dichterin angesehen.

R. Baum, *Recherches sur les oeuvres attribuées à Marie de France,* 1968.

MARIA LAACH Benediktinerkloster nördlich von Koblenz, 1093 von Kaiser *Heinrich IV. errichtet. Es wurde besonders durch seine romanische Kirche be-

Kreuzfahrerkirche der Maria in Jerusalem, gotisch

kannt, die mit fünf Türmen und der 1156 vollendeten Kuppel als eines der schönsten und originellsten romanischen Bauwerke gilt.

A. Schipper, *Das Laacher Münster*, 1927.

MARIA-MAGDALENENKULT Die in dem galiläischen Dorf Magdala geborene Anhängerin Jesu Christi war als reuige Sünderin eine der am meisten verehrten Heiligen des mittelalterlichen Christentums. Nach einer bereits im 6. Jh. bezeugten Überlieferung soll sie ihre späteren Jahre in Gebet und Einsamkeit in der Provence verbracht haben. Die Grundlage für den M. im Westen war die von Papst *Gregor I. verfaßte Biographie. Als Schutzheilige der Büßer und besonders der ehemaligen Prostituierten wurden zu ihrer Ehre zahlreiche Kirchen und Klöster errichtet, von denen das burgundische *Vezalay vielleicht am bedeutendsten war. In zahlreichen europäischen Städten entstanden Schwesternschaften von Magdalenen (bekehrten Prostituierten), die sich der Betreuung verirrter Frauen widmeten.

V. Saxer, *Le culte de Marie Madelaine en occident, des origines à la fin du moyen âge*, 1959.

MARICOURT, PETRUS Siehe *PETRUS, DER PILGER VON MARIECOURT.

MARIENBURG Preußische Burg, 1274 vom *Deutschen Orden gegründet, entwickelte sich rasch zu einer der wichtigsten deutschen Niederlassungen im Preußenland. 1276 erhielt der südwestlich von der Burg gelegene Ort M. das Stadtrecht. Die unter der direkten Aufsicht des Deutschen Ordens stehende Festung wurde weiter ausgebaut und galt als eines der stärksten Befestigungswerke Osteuropas (1309 Hauptsitz des Ordens). Nach der Niederlage der Deutschherren im Jahre 1457 kam M. an das Königreich Polen.

G. Berg, *Geschichte der Stadt Marienburg*, 1921; H. Wolfrum, *Die M.*, 1972.

MARIENVEREHRUNG Die Mutter Christi wurde im Mittelalter auch als "Madonna", "hl. Jungfrau" sowie mit anderen Namen bezeichnet. M. erhielt in der mittelalterlichen christlichen Kirchenpraxis und Theologie als Mutter des Erlösers einen Ehrenplatz. Sie wurde auch von Sündern als Fürsprecherin verehrt, die Verzeihung

und Seelenheil vermitteln konnte. Die Verehrung M.s war bereits im 5. Jh. weit verbreitet und baute auch auf heidnischen Glaubensvorstellungen von einer Muttergottheit auf. 431 definierte das Konzil von *Ephesos den Marienkult und gab ihm die offizielle Sanktion seitens der Kirche. M. wurde sowohl in der Ost- wie in der Westkirche bei der Hierarchie der Heiligen als führend angesehen und stand in der Liturgie und im Volksglauben gleich hinter Christo. Zahlreiche Prozessionen und Feiergottesdienste fanden zu ihrer Ehre statt und entwickelten sich, wie etwa Mariä Himmelfahrt, zu einem festen Datum für die Einberufung großer Reichsversammlungen. Seit Beginn des Hochmittelalters ist eine rasche Vermehrung der M. festzustellen; zahlreiche Kirchen wurden der Gottesmutter geweiht bzw. auf ihren Namen umgetauft. In der romanischen Kunst nimmt das M.-Motiv einen hervorragenden Platz ein; bis Ausgang des Mittelalters übte die M. einen sehr wichtigen Einfluß auf das Kunstleben des Westens aus (alle großen französischen Kathedralen sind Mariendome). Die Verbreitung des Marienkultes ist auch durch die Entwicklung des individuellen Gebetes in der Volkssprache bezeugt, das gegen Ende des Mittelalters in die Alltagssprache überging. In den Oberklassen wirkte der Marienkult auf das ritterliche Benehmen ein.

St. Beissel, *Geschichte der Verehrung Marias in Deutschland während des Mittelalters*, 1909.

MARIGNOLA, JOHANNES VON (ca. 1290-1356) Reisender und Chronist. Zu Marignola (Italien) geboren, trat dem *Franziskanerorden bei und wurde 1338 als Papstlegat zum *Mongolenkaiser von China, Togon Temur, gesandt. Auf seiner Reise (1338-53) besuchte er die zahlreichen Mongolenkhanate Rußlands, Mittelasiens, Chinas, Indiens und Ceylons. Nach seiner Rückkehr nach Avignon verfaßte er eine Reisebeschreibung, die ein weites Publikum fand und als besonders informationsreich gilt. 1354 lud ihn Kaiser *Karl IV. zu seinem Hof ein und machte ihn zum kaiserlichen Kaplan. Während seines zweijährigen Aufenthaltes in Prag gab er die Böhmischen Annalen unter dem Titel "Die Geschichte des Böhmischen Königreiches" neu heraus.

A.-D. v. den Brincken, *Die universalhistorischen Vorstellungen des Johannes von Marignola*, in: Archiv für Kulturgeschichte 49, 1967.

MARIGNY, ENGUERRAN DE (1260-1315) Französischer Staatsminister. Er wurde nach Abschluß seines Studiums der Rechte am französischen Königshof beschäftigt. 1302 erhob ihn König *Philipp IV. zum Hofkämmerer und wichtigsten Berater in außenpolitischen und wirtschaftlichen Angelegenheiten. M. war nicht nur ein treuer Diener seines Herrn, sondern nahm auch aktiven Anteil an der Formulierung der königlichen Politik. Er war einer aus der Gruppe von Juristen, die in den Jahren 1302 bis 1308 die Theorie von der vollen Souveränität des Königs von Frankreich entwickelten. M. wurde von Mitgliedern des Königshauses und großen Teilen des Adels gehaßt. Nach Philipps Tod wurde er gestürzt, des Hochverrats angeklagt und gehängt.

F. Merzbacher, *Enguerran de Marigny, Minister Philipps des Schönen von Frankreich*, in: Speculum historiale (Festschrift), 1965.

MARINIDEN (Banu Marin) Berberdynastie, die *Marokko in den Jahren 1269 bis 1472 regierte. Ihr Gründer Ab Al-Hack nutzte die Niederlage der *Almohaden bei *Las Navas de Toloso (1212) zur Errichtung eines

Eine typische skandinavische Stabkirche des 12. Jh.s, Borregond, Norwegen

Fürstentums im westlichen Marokko aus. Sein Sohn Abu Jussuf eroberte 1269 Marrakesch, die Hauptstadt der Almohaden, und rief sich zum Sultan des Maghreb aus. Die M. beherrschten Marokko und bis 1358 auch große Teile Algeriens und wurden als Beschützer der Maurenemire Spaniens angesehen. Sie förderten den Handel sowie das wirtschaftliche Wachstum und steckten den Profit in die Errichtung exquisiter Paläste in den Königsstädten (besonders Marrakesch). Thronwirren und Bürgerkriege, die in Marokko nach 1358 ausbrachen, führten zum Verlust Algeriens. Die Kriege wurden auch im 15. Jh. fortgesetzt, und die M. verloren ihre Macht. 1472 starb die Dynastie aus.

J. Brington, *Histoire du Maroc*, 1968.

MARINO SANUDO   Siehe *SANUDO.

MARINUS   Siehe *MARTIN II./III.

MARK   Seit der *Karolingerzeit die Bezeichnung eines Grenzterritoriums. Der Markgraf besaß als Verantwortlicher für die Verteidigung seiner M. weitgehende militärische und zivile Befugnisse. M.en wurden zur inneren Stärkung oft mit Franken (Deutschen) besiedelt. *Karl d.Gr. schuf eine Reihe von M.en: darunter die Awarenmark (das heutige Österreich), die auch Ostmark genannt wurde; die böhmische M. an der Ostgrenze Bayerns; die bretonische M. mit den Grafschaften *Anjou, *Maine und *Nantes; die Mark von Gothien und Toulouse an der Grenze zum maurischen Spanien; die Mark der *Lausitz an der Oberelbe; die Nordmark, die im 12. Jh. den Namen *Brandenburg erhielt; die spanische oder nordkatalonische Mark. Im 9. und 10. Jh. entstanden besonders in Deutschland und Norditalien weitere M.en. Diese waren meist formal von den Herzögen abhängig und wurden durch den Prozeß der Feudalisierung oft erbliches Eigentum. Im Spätmittelalter war die M. keine Grenzgegend mehr, und der Titel des Markgrafen wurde wie andere Ehrentitel an Adelige verliehen.

E. Klebel, *Herzogtum und Marken*, in: Deutsches Archiv 2, 1938.

MARKWARD VON ANNWEILER (gest. 1202)   Reichstruchseß und Regent von Sizilien. Von unfreier Herkunft war M. einer der *Ministerialen *Friedrichs I. und diente unter dessen Sohn *Heinrich VI. in Italien. Dieser ernannte ihn zum Grafen der *Abruzzen und Markgraf von Ancona. Nach dem Tod Heinrichs stand er dessen Witwe Konstanze bei der Regierung Siziliens bei und handelte nach deren Tod (1198) trotz des Widerstands von Papst *Innozenz III. und der gegen ihn geschmiedeten Verschwörungen päpstlicher Agenten als Vormund und Regent *Friedrichs II.

Th. C. van Clere, *M. of A. and the Sicilian Regency*, 1937.

MARMOUSETS   Spottname der Minister *Karls V. von Frankreich, die während der Minderjährigkeit *Karls VI. dienten. Ihre Versuche, die zur Zeit Karls V. errichtete wirksame Verwaltung und gesunde Finanzentwicklung aufrecht zu erhalten, trafen auf den Widerstand der Prinzen, die einen größeren Anteil an der Macht und an den Einkünften forderten.

MARMOUTIER   Benediktinerkloster bei Tours, in dem die Reliquien des französischen Schutzheiligen *Martin aufbewahrt wurden. Es wurde im 4. Jh. gegründet und entwickelte sich zu einem weit verehrten Pilgerzentrum. Die Mönchsgemeinde wurde in der Zeit *Karls d.Gr. reformiert und erhielt *Alkuin zum Abt (796). In der zweiten Hälfte des 9. Jh.s übernahmen mächtige Laien die Abtwürde und die Verwaltung des ausgedehnten Klosterbesitzes. Die Mönche wurden von einem Prior regiert. *Hugo d.Gr., Herzog von Franzien, wurde Mitte des 10. Jh.s Laienabt und vererbte diesen Titel an seinen Sohn *Hugo Capet. Mit dessen Thronbesteigung (987) ging die Abtwürde an das französische Königshaus über. Die Tatsache, daß die Kapetinger die in strategischer Position zwischen *Anjou und *Blois liegenden Klostergüter beherrschten, war im 12. Jh. mit der Wiederherstellung der Königsgewalt von großer Bedeutung.

L. de Grandmaison, *L'abbaye royale de Marmoutier*, 1889.

MAROKKO (Maghreb: "der Westen")   Nordwestafrikanisches Land. Weder die römische noch die *Wandalen- und die *Byzantinerherrschaft (429-534; 534-680) übten einen wirklichen Einfluß auf die Mauren- und *Berberstämme des Landesinneren aus. Die 680 begonnene und infolge des heftigen Widerstandes der Berber erst 790 zu Ende geführte arabische Eroberung konnte jedoch die örtlichen Sozialstrukturen berühren. Auch nach Abschluß der Eroberung erhoben sich die Berber häufig gegen die *Omajjaden. Die Revolte des Jahres 740 entwickelte sich in einen allgemeinen Aufstand gegen das Kalifat; die zur Niederschlagung der Berber ausgesandte Armee wurde 742 besiegt. Der Partikularismus der Berber fand seinen Ausdruck sogar im Rahmen der Islamisierung. So wurde nach dem Fall der Omajjaden in Ost-M. ein Berberfürstentum auf der Grundlage des karijitischen Islams errichtet (771-958). Andererseits faßte der orthodoxe Islam unter der Führung der *Idrisiden im größeren Teil M.s Fuß (788-985). 791 gründete Idris II. die Hauptstadt Fez. Er stand unter der formellen Oberhoheit der *Abbasidenkalifen von Bagdad, genoß aber praktisch volle Unabhängigkeit. Die Islamisierung wurde im 10. Jh. abgeschlossen. Wirtschaftlich blühte das Land dank seines Goldhandels durch die Saharawüste.

Im 10. Jh. stritten sich die spanischen Omajjaden und die *Fatimiden um die Oberhoheit über M. Ihre Kämpfe ruinierten die politischen Strukturen und brachten 985 das Land an den Rand des Chaos. Die eigentlichen Sieger waren die *Almoraviden, die M. gegen Ausgang des 10. Jh.s eroberten und zum Mittelpunkt ihres Reiches machten. Infolge der Eroberungen wurden die Berber in die Berge gedrängt; die Bauern und Städter nahmen den orthodoxen Islam der Eroberer an. Die Niederlassung der beduinischen Hilalitämme im Westen des Landes führte zur Arabisierung der Bevölkerung. Die großen Städte Fez und *Marrakesch wurden Orte des Kultes, der Gelehrsamkeit und der Baukunst.

1243 wurden die Almoraviden von den *Almohaden besiegt. Obwohl die Almohaden den Mittelpunkt ihres afrikanisch-spanischen Reiches in Algerien hatten, besuchten die Herscher oft die beiden großen Städte M.s. Bis Ausgang des 13. Jh.s verlegte sich der Schwerpunkt der Regierung nach M. 1348 wurde die *Marinidendynastie, ein Zweig der Almohaden, in Tunesien geschlagen; sie verlor die eigentliche Herrschaft an die Watassi, behielt aber bis 1415 den Königstitel bei. Danach ergriffen die Watassi auch offiziell die Macht. Sie waren das letzte mittelalterliche Herrscherhaus M.s und mußten sich mit dem Einfluß Portugals und Spaniens auseinandersetzen, die beide in den größeren Häfen M.s Kolonien errichtet hatten.

H. Terrasse, *History of Morocco*, 1965.

(vorhergehende Seiten) Genesis-Szenen; Deckenfresko des 11. Jh.s aus dem Kloster St. Savin, Frankreich (gegenüber) König; Buntglasfenster des 13. Jh.s (Musée Marmottan, Paris)

MARONITEN Christliche Kirche syrischen Ursprungs, benannt nach dem hl. Maro (5. Jh.), dem Gründer der M. Die M.-Kirche entstand im 7. Jh. im Gefolge der *monothelitischen Kontroverse und wurde von der orthodoxen Kirche als ketzerisch verurteilt. Im Verlauf der Kreuzzüge verbündeten sich die M. mit der katholischen Kirche und wurden mit ihrer eigenen Hierarchie und der syrischen Liturgie anerkannt. Der Patriarch unterstellte sich dem Papst; unter ihm amtierten mehrere Bischöfe im Libanon und in Galiläa, den Zentren der M.
B. Spuler, *Die morgenländischen Kirchen,* 1964.

MAROZIA (ca. 886-932) Römerin. Die Tochter des *Theophylactus war Geliebte von Papst *Sergius III., dem sie einen Sohn gebar. Nach ihres Vaters Tod (911) regierte sie die Stadt Rom mit Hilfe der Armeen ihrer verschiedenen Gemahle und durch die Ernennung ihrer Kandidaten zu Päpsten. 931 ließ sie ihren Sohn unter dem Namen *Johannes XI. von Sergius zum Papst erheben. Nach ihrer Heirat mit *Hugo von der Provence (932) erhob sich ihr zweiter Sohn *Alberich mit dem Volk von Rom gegen seinen neuen Stiefvater. M. wurde in dem Zusammenstoß getötet. Ihre Herrschaft kennzeichnet den Tiefpunkt des Papsttums im 10. Jh.
B. Hamilton, *Marozia, Daughter of Theophylactus,* 1955.

MARSEILLE Stadt in der Provence und einer der wichtigsten Häfen im westlichen Mittelmeer. Die alte Stadt wurde 480 von den *Westgoten, wenig später von den *Ostgoten Italiens und 543 von den *Franken erobert. Unter der fränkischen Herrschaft ging der Handel der Stadt zurück, erholte sich im 8. und im beginnenden 9. Jh., wurde aber durch die moslemischen Überfälle Mitte des 9. Jh.s fast gänzlich abgeschnitten. Dazu wurde noch der Großteil der Stadt zerstört. Im 11. Jh. entwickelte sich M. zum wichtigsten Hafen der Provence und unterhielt Handelsbeziehungen mit Barcelona und den italienischen Hafenstädten. M. wurde von den Grafen von der Provence gefördert, die einen Großteil ihrer Einkünfte von der Stadt erhielten. Stadtherren waren der Bischof und der Abt des bedeutenden Saint-Victor-Klosters (bis 1192). In der *Kreuzzugszeit blühte M. weiter, wurde im Osthandel tätig und errichtete Kolonien in den Kreuzfahrerstaaten. Im 13. Jh. wurde der Hafen neu gebaut und befestigt. Unter *Karl von Anjou, Graf von der Provence, erhielt M. das Stadtrecht und die Autonomie (1258). 1482 wurde es mit der übrigen Provence an Frankreich angeschlossen.
E. Baratier (Hg.), *Histoire de Marseille,* 1973.

MARSILIUS VON INGHEN (um 1330-96) Deutscher Philosoph. Ein Sohn Inghens in Westdeutschland, studierte in Paris unter *Buridan Philosophie und war Anhänger des *Aristotelismus. Er lehrte in Paris und wurde 1385 als Rektor an die neugegründete Universität Heidelberg berufen. M. entwickelte eine Theorie, die zwischen dem logischen (oder mathematischen) und dem metaphysischen Gottesbeweis unterschied. Seine Folgerung war, daß dem Glauben der erste Platz zukomme und daß dieser durch die Metaphysik gestärkt werden könne.
G. Ritter, *Marsilius von Inghen und die okkamistische Schule in Deutschland,* 1921.

MARSILIUS VON PADUA (ca. 1275-1343) Italienischer politischer Denker. M. studierte in seiner Heimatstadt Padua Medizin und in Paris Philosophie und Theo-

logie. 1313 wurde er zum Rektor der Pariser Universität ernannt. Später kehrte er nach Italien zurück, wo ihn die politischen Bedingungen und die Errichtung des Papsttums in Avignon zu Reflexionen über das politische System Europas verleiteten. Diese Gedanken gab er in dem 1324 fertiggestellten *Defensor Pacis* ("Verteidiger des Friedens") Ausdruck. Darin bezog er eine ausgesprochen papstfeindliche Stellung, trat für eine feste kaiserliche Regierung ein und unterstützte *Ludwig den Bayern bei dessen Kampf gegen Papst *Johannes XXII. M.' Anschauungen beinhalteten eine Betrachtungsweise über die Ursprünge der Macht, die die mittelalterliche Teilung der Macht zwischen kirchlichen und weltlichen Gewalten grundsätzlich ablehnte. Für ihn ist der Klerus nur einer (nicht der leitende) der Stände innerhalb der Gesellschaft. Damit schuf er eine neue Richtung im politischen Denken, die ihren Endpunkt in der modernen Staatsidee hatte.
Werk (lat.-dt.): H. Kusch, 1958;
R. Scholz, *Marsilius von Padua und die Genesis des modernen Staatsbewußtsein,* in: Historische Zeitschrift 156, 1937;
F. Prinz, *M. v. P.,* in: Zeitschrift f. bayerische Landesgeschichte 39, 1976.

MARTIN I. (hl.; gest. 655) Papst (649-53). Ein bekannter Theologe, wurde während des in Byzanz ausgebrochenen *Monotheletenstreits zum Papst gewählt. Er verurteilte den Monotheletismus als Irrlehre und wandte sich scharf gegen Kaiser *Konstans und dessen Einigungsdokument mit der Begründung, daß der Kaiser kein Recht besitze, sich in theologische Fragen einzumischen. Darauf wurde M. auf Konstans' Befehl verhaftet, nach Konstantinopel gebracht und wegen Majestätsbeleidigung zum Exil auf der Krim verurteilt. M. wurde in Rom als Heiliger und Märtyrer verehrt.
H. Jedin (Hg.), *Handbuch der Kirchengeschichte* 2/2, 1975.

MARTIN II. (MARINUS; gest. 884) Papst (882-84). Von adeliger römischer Herkunft, war an der päpstlichen Kurie tätig und vertrat 869 das Papsttum zu Konstantinopel in der Diskussion um *Photius. Auch als Papst war er ein Gegner der Photianer.

MARTIN III. (MARINUS; gest. 946) Papst (942-46). Er wurde von *Alberich II., dem Herrn Roms, zum Papst ernannt und diente dessen willfähriges Werkzeug. Sein Pontifikat gilt als absoluter Tiefpunkt des Papsttums. Dennoch war M. ein Freund der Klosterreform.

MARTIN IV. (Simon von Brion; um 1210-85) Papst (1281-85). Studierte an der Universität von Paris, zu deren Förderern er später zählte. Nach Abschluß seiner Studien wurde er am französischen Königshof beschäftigt; *Ludwig IX. machte ihn 1260 zum Kanzler und Mitglied des Kronrats. 1261 wurde M. zum Kardinal erhoben. Als Papst gab er *Karl von Anjou seine Unterstützung, was ihn mit Byzanz in Konflikt brachte und zum Abbruch der Unionsverhandlungen beider Kirchen führte. Auch nach der *Sizilianischen Vesper stand M. Karl durch die Bannung *Aragóns bei.
N. Backes, *Kardinal Simon de Brion,* 1910.

MARTIN V. (Oddo Colonna; 1368-1431) Papst (1417-31). Mitglied der bekannten römischen Familie der Colonna, wurde vom *Konstanzer Konzil zum Papst gewählt, womit das *Große Abendländische Schisma abgeschlossen wurde. Nach der Auflösung des Konzils

Die Verkündigung, *Malerei von Simone Martini*

bemühte er sich um die Stärkung der päpstlichen Autorität sowie die Wiederherstellung der päpstlichen Herrschaft in Rom und im *Kirchenstaat (letzteres mit Hilfe von Söldnerführern). Sein Amt hatte er zur Förderung seiner Familieninteressen benutzt. M. rief den Kreuzzug gegen die böhmischen *Hussiten aus und versuchte vergeblich, im *Hundertjährigen Krieg zwischen England und Frankreich zu vermitteln.

G. Schwaiger, *Konzil und Papst,* 1975.

MARTIN I. König von Aragón (1395-1410). Der Sohn *Peters IV. trat seine Regierung in einer Zeit der schweren Wirtschaftskrise an. Sie traf besonders die katalanischen Provinzen, deren Handel empfindlich abgenommen hatte. Um den Verlust an Einnahmen auszugleichen, versuchte M. die Bauernschaft zu besteuern, schuf damit aber nur soziale Unruhe.

MARTIN (hl.; um 316-97) Bischof von Tours und Schutzheiliger Frankreichs. Ursprünglich Heide, diente bis zu seiner Bekehrung in der römischen Armee, ging 360 nach Gallien, um das Christentum zu predigen, und gründete *Ligugé. Auch als Bischof veranlaßte er die Errichtung mehrerer Klöster. Nach seinem Tod wurde sein Grab Gegenstand der Volksverehrung und Ort von Wundern. Sein Kult verbreitete sich im ganzen Frankenreich; Kirchen und Klöster wurden auf seinen Namen geweiht. Sein Mantel wurde als Reliquie angesehen und in einer nach ihm benannten Kapelle aufbewahrt.

E. Ewig, *Der Martinskult im Frühmittelalter,* in: Archiv für mittelrheinische Kirchengeschichte 14, 1962.

MARTIN VON CANALE Siehe *CANALE.

MARTINI, SIMONE (um 1284-1344) Maler. M. war in seiner Heimatstadt Siena tätig und hatte bis zum Beginn des 14. Jh.s den Ruf eines bedeutenden Künstlers. Seine *Maesta* (1315) brachte ihm eine Einladung an den Angevinenhof von Neapel. Nach einigen Reisejahren in Italien und Frankreich ließ er sich in Avignon nieder (1340), wo er am Papsthof empfangen wurde und unter den Einfluß *Petrarcas geriet. M. malte in scharfen Umrissen, von *Duccio ausgehend, individuelle Menschen und perspektivische Räume – Themen der anbrechenden Renaissance.

G. Contini, M. C. Gozzoli, *L'opera completa di Simone Martini,* 1970.

MARTINO DELLA TORRE Siehe *TORRE.

MARWAN II. (688-750) Der letzte Kalif (744-50) des *Omajjadenhauses. Er diente in seiner Jugend in der Armee, wurde zum Statthalter von *Armenien ernannt und sammelte in dieser Eigenschaft verwaltungstechnische und militärische Erfahrung. Diese versuchte er nach seiner Thronbesteigung bei der Umgestaltung des Araberreiches anzuwenden. Seine wichtigste Maßnahme war die Umorganisation der Stammeskrieger zu einer regulären Armee. M. wurde 750 zusammen mit den Mitgliedern seines Hauses von den *Abbasidenaufständischen besiegt und getötet.

MASOWIEN Gegend in Mittelpolen nahe der Weichsel. Sie wurde im 10. Jh. zu Polen geschlagen und entwickelte sich zur Herzregion des polnischen Königreichs. *Boleslaw III. machte sie 1138 zu einem der vier Herzogtümer des Landes. In der zweiten Hälfte des 13. Jh.s wurde M. in mehrere Feudalherrschaften aufgeteilt; die politische Zersplitterung erleichterte das Eindringen der preußischen *Deutschherrenritter in die nördlichen Teile M.s. Erst nach 1350 konnte die Provinz wieder unter die königliche Herrschaft gebracht werden.
G. Rhode, *Kleine Geschichte Polens*, 1965.

MASSE Die mittelalterliche Gesellschaft übernahm oft die römischen Maßeinheiten, die für Längemaße auf dem Fuß und für Volumen auf Gefäßeinheiten basierten. Im byzantinischen Osten erhielt sich das römische System vollständig, im Westen entwickelten sich viele Variationen. Die von den verschiedenen Feudalherren gebrauchten M. waren oft sehr voneinander verschieden. Der Aufstieg der Städte seit dem 11. Jh. brachte eine gewisse Vereinheitlichung mit sich, da die M. der bedeutenden Handelszentren über größere Gebiete hin Anklang fanden. So zwangen etwa die italienischen Kommunen den *Kreuzfahrerstaaten ihre M. auf. Mit der Entwicklung des mathematischen und astronomischen Denkens im 13. Jh. entstand auch der Wunsch nach einheitlichen M.n, die allmählich in der Kartographie und Geographie Anwendung fanden. Nikolaus *Oresme schlug im 14. Jh. Grundsätze zur Vereinheitlichung der M. vor, die das moderne metrische System vorausahnten.
H. J. von Alberti, *Maß und Gewicht. Geschichtliche und tabellarische Darstellungen von den Anfängen bis zur Gegenwart*, 1957.

MATHEMATIK Die mittelalterliche M. gründete auf den griechischen Errungenschaften, die in Asien weit verbreitet waren und in *China, *Indien und der arabischen Welt zum Aufstieg voneinander unabhängiger Schulen führten. Die arabische M. hat ihre Anfänge im Bagdad des 8. Jh.s, wo die Werke der Griechen, Perser und Inder ins Arabische übersetzt wurden. Besonders wichtig war die *Chwarismersammlung früherer Studien, die in Handbuchform gehalten und *Al Jaber* ("Algebra") betitelt war (825). Die arabischen M.er verfaßten geometrische, astronomische und trigonometrische Tafeln und entwickelten im 9. und 10. Jh. die Algebra sowie das Dezimalsystem.

Die Errungenschaften der Araber fanden im Westen im 10. Jh. über Spanien und Süditalien Eingang und wurden durch Übersetzungen und Abschriften arabischer Texte verbreitet. Einer der ersten großen Mathematiker des Westens war Gerbert von Aurillac (*Silvester II.), der in Spanien studiert hatte und den Anstoß zur Entwicklung und Benutzung des Abakus gab. Dies war ein Rechenbrett mit verschiebbaren Perlen und wurde bis in die Neuzeit gebraucht. Übersetzungen arabischer Werke häuften sich im 11. und 12. Jh.; daneben war auch die Entwicklung der Studienpläne an den

Universitäten (siehe *Quadrivium) von Bedeutung. Neben anderen Zentren der M. in Deutschland, Lothringen und Italien war in dieser Hinsicht besonders die Schule von *Chartres führend. Im 13. und 14. Jh. blühte das Studium der M. an den neuen Brennpunkten naturwissenschaftlicher Studien wie etwa Oxford. Die Errungenschaften der europäischen und arabischen M. wurden im späten 13. oder frühen 14. Jh. von *Leonardo von Pisa (Fibonnaci) in seinem *Liber abaci* summiert, das besonders für die Einführung der arabischen Ziffern in Europa verantwortlich wurde. Weiteren Fortschritt erzielte Nikolaus *Oresme (14. Jh.) in der Untersuchung mathematischer Funktionen und deren graphischer Darstellung.
J. Hofmann, *Geschichte der M.*, 1957 ff.

MATHILDE (MAUD) VON ENGLAND (1102-67) Tochter König *Heinrichs I. von England, heiratete 1114 Kaiser *Heinrich V. und kehrte nach dessen Tod nach England zurück. 1128 heiratete sie *Gottfried Plantagenet, Grafen von Anjou, dem sie 1131 den künftigen *Heinrich II. von England gebar. 1135 wurde sie von ihrem Vater zur Erbin eingesetzt; ein großer Teil der englischen Barone widersetzte sich jedoch der Herrschaft einer Frau und unterstützte die Thronansprüche *Stephans von Blois. Der daraufhin ausbrechende Bürgerkrieg endete mit dem Fehlschlag ihrer persönlichen Pläne, dagegen wurde die Thronfolge ihres Sohnes Heinrich gesichert. Sie zog sich aus dem öffentlichen Leben zurück und widmete sich frommen Werken.
F. Barlow, *The Feudal Kingdom of England*, 1961.

MATHILDE VON FLANDERN (gest. 1083) Tochter *Balduins V., Graf von Flandern, heiratete 1051 *Wilhelm d. Eroberer und wurde fünfzehn Jahre später Königin von England. Während der normannischen Invasion Englands (1066) war sie Regentin der Normandie. Sie wurde durch den *Bayeux-Teppich berühmt, der auf ihre Anweisung hergestellt wurde und die Eroberung Englands durch ihren Gatten darstellt.
D. C. Douglas, *William the Conqueror*, 1964.

MATHILDE VON TUSZIEN (1046-1115) Markgräfin von Tuszien. Tochter des Markgrafen Bonifatius, heiratete nach dem Tod ihres Stiefvaters *Gottfried von Lothringen (1069) dessen Sohn Gottfried. Nachdem auch dieser starb, erhielt sie die Regierungsgewalt. Im Verlauf ihrer langen Herrschaft war sie eine feste Stütze des Reformpapsttums und besonders *Gregors VII. im Kampf gegen die deutschen Kaiser Heinrich IV. und Heinrich V. 1077 beherbergte sie Gregor auf ihrer Burg *Canossa und war Zeugin der Unterwerfung Heinrichs IV. Nach dem erneuten Ausbruch des Kampfes unterstützte M. das Papsttum finanziell, militärisch und diplomatisch und ermutigte die innerdeutsche Opposition gegen die Kaiser. Ihre ausgedehnten Besitzungen ("Mathildische Güter") in Norditalien schenkte sie 1079 dem Papst und 1111 dem Kaiser, so daß sich der Streit um diese bis zum Verzicht Friedrichs II. (1213) hinzog.
A. Overmann, *M. v. T.*, 1895.

MATTHÄUS VON AQUASPARTA (um 1240-1302) *Franziskanischer Philosoph. Er wurde in Umbrien (Italien) geboren, trat dem Orden bei und wurde zum Studium nach Paris gesandt. 1281 wurde er General des Ordens, 1288 Kardinal. Als solcher war er einer der engsten·Mitarbeiter des Papstes *Bonifatius VIII. Sein Werk schließt Predigten und Bibelkommentare ein. Am bedeutendsten waren seine kritischen Studien des *Aristotelismus, in denen er die augustinische Erkenntnislehre verteidigte.

M. Grabmann, *Die philosophische und theologische Erkenntnislehre des Kardinals Matthäus von Aquasparta*, 1906.

MATTHÄUS (DER ARMENIER) VON EDESSA (VON URHA; 12. Jh.) Ein armenischer Christ, der im Kreuzfahrerreich *Edessa lebte und um 1140 eine Chronik verfaßte, die Syrien in der Zeit 950-1132 beschreibt und die von ihm gehaßten Byzantiner herabsetzt sowie die Geschichte des ersten *Kreuzzugs und der Grafschaft Edessa erzählt.

Werk (französ.): E. Dulaurier (Hg.), 1858.

MATTHÄUS PARIS (um 1199-1259) Englischer Geschichtsschreiber. Er trat 1217 dem Kloster St. *Albans bei, wurde dank seiner Schreib- und Malkunst 1236 zum Annalisten des Klosters gemacht und verfaßte eine Universalgeschichte bis zum Jahre 1259. Besonders die zeitgenössische Geschichte wird methodisch und kritisch auf Grund von Dokumenten und M.' Umgang am Hof dargestellt.

K. Schnith, *England in einer sich wandelnden Welt (1189-1259). Studien zu Roger Wendover und Matthäus Paris*, 1974.

MATTHÄUS VON VENDÔME (12. Jh.) Dichter. M., in Paris, Tours und Vendôme lebte, schrieb eine mittellateinische Anleitung zur Dichtkunst, Gedichte über biblische und antike Stoffe, einen Briefsteller sowie die Komödie *Milo* (um 1165), ein Lesedrama nach griechischem Vorbild. (Din)

Werke: *PL* 205.

MATTHIAS I. CORVINUS (HUNYADI) (1440-90) König von Ungarn (seit 1458) und Böhmen (seit 1469). M., der Sohn des ungarischen Reichsverwesers Johann Hunyadi wurde 1458 zum König gewählt, 1459 als Gegenkönig Kaiser *Friedrichs III. Dieser mußte M. aber 1463 anerkennen, 1479 verständigte er sich auch mit dem böhmischen Gegenkönig Wladislaw II. von Polen. Es gelang M. seit 1477, den Kaiser aus seinen Erblanden zu verdrängen und Wien, Niederösterreich, Steiermark sowie Kärnten zu besetzen. Auch in der Türkenabwehr zeigte sich M. erfolgreich, doch brach sein ungarisches Großreich nach seinem Tode zusammen. (Din)

K. Nehring, *M. C., Kaiser Friedrich III. und das Reich*, 1975.

MAUD Siehe *MATHILDE.

MAURCLERC Siehe *PETER VON DREUX.

MAURETANIEN Alte römische Provinz in Nordafrika, 429-30 von den *Wandalen erobert, die sie bis 533 beherrschten. Im Mittelalter bestand M. aus dem von den Berbern bevölkerten und nahe der Sahara gelegenen Land. Die arabische Eroberung hatte kaum Bedeutung für die eingeborene Bevölkerung, die erst im Laufe des 8.-10. Jh.s den Islam annahm.

MAURIKIOS (539-602) Kaiser von Byzanz (582-602). Offizier in der byzantinischen Armee, wurde 578 zum Kommandant der östlichen Provinzen ernannt und kämpfte mit Erfolg gegen die *Perser. Seine Siege brachten Kaiser *Tiberius II. dazu, ihn als Erben einzusetzen. Auch als Kaiser kämpfte M. weiter an allen Grenzen, besonders gegen die Perser, *Awaren und *Langobarden, konnte aber die letzteren nicht an der Eroberung des Großteils von Italien hindern. Seine Versuche, neue

Steuern zu erheben, waren unbeliebt; 602 wurde er bei der Verschwörung des *Phokas gestürzt.

G. Ostrogorsky, *Geschichte des byzantinischen Staats*, 1963².

MAURUS (hl.; 6. Jh.) Ein Schüler des hl. *Benedikt von Nursia. Die Überlieferung nach ging er nach Gallien, wo er das nach ihm benannte Kloster Maur bei Glanfeuil an der Loire gründete und danach ein Leben der Zurückgezogenheit und des Studiums führte. Im 9. Jh. nahm infolge der Verbreitung einer gefälschten Biographie der Kult um ihn in Frankreich zu, und zahlreiche Klöster wurden nach ihm benannt. Die Mauristen betonten das Studium; ihre Klöster waren im späteren Mittelalter als Mittelpunkte der Gelehrsamkeit bekannt.

H. Delehaye, *Les légendes hagiographiques*, 1923.

MAXIMUS CONFESSOR ("der Bekenner") (hl.; um 580-622) Byzantinischer Theologe. Sohn einer alten byzantinischen Adelsfamilie, war unter *Herakleios kaiserlicher Sekretär, verließ aber um 614 den Hof, um Mönch zu werden. Er floh vor der persischen Bedrohung nach Afrika, wo er sich im Kampf gegen die *Monotheliten hervortrat. Als er sich weigerte, den Typos Kaiser *Konstans II. anzuerkennen, wurde er nach Thrakien verbannt. Als er auch unter der Marter nicht nachgab (661), wurde er in die Kaukasusberge exiliert, wo er starb. M. hinterließ eine große Zahl von Schriften zu allen möglichen kirchlichen Fragen.

E. v. Ivanka u.a., *Handbuch der Ostkirchenkunde*, 1971.

MEAUX Stadt in der *Champagne (Frankreich). Sie wurde im 9. Jh. Sitz einer Grafschaft ging im späten 10. Jh. durch Heirat und Erbfall an die Grafen von *Troyes über, die sie zu einem Teil der großen Grafschaft der Champagne machten. Seit dem 11. Jh. wurden in der Stadt regelmäßig Messen abgehalten, die von der Nähe zu Paris und der zentralen Position an der Marne profitierten. Der 1229 in Meaux unterzeichnete Vertrag zwischen dem französischen König und *Raimund VI. von Toulouse beendete den *Albigenserkreuzzug und führte zum Anschluß des Languedoc an Frankreich.

R. Crozet, *La Champagne*, 1953.

MECHANIK Die M. wurde in der Antike als die Wissenschaft von der Bewegung physikalischer Körper definiert und als solche auch im Mittelalter aufgefaßt. Die Werke des Aristoteles, "Physik" und "Über die Himmel", waren wichtig für das Studium der M. im Mittelalter. Bis zum 13. Jh. hatten die Nachfolger der arabischen Akademie von *Bagdad (9. Jh.) die antiken Grundsätze weiterentwickelt. Ihre Errungenschaften wurden im 11. und 12. Jh. ins Lateinische übersetzt. Seit Beginn des 13. Jh.s fand auch in Europa ein bemerkenswerter Fortschritt statt, besonders durch die Oxforder Schule in der Nachfolge *Bacons und durch *Albert d.Gr. Diese Gelehrten betonten auf Grund ihrer Beobachtungen des Vogelflugs die beiden hauptsächlichen aristotelischen Arten der Bewegung, die lineare Bewegung der vier Grundelemente und die vollendete Kreisbewegung. Diese Theorie fand in der Technologie des 14. Jh.s Anwendung in der Radbewegung von Maschinen.

A. S. Crombie, *Augustinus bis Galilei. Die Emanzipation der Naturwissenschaft*, 1959.

MECHELN (Mechelen, Malines) Stadt im heutigen Belgien, seit dem 6. Jh. als Siedlung bezeugt, die zu Beginn als Mittelpunkt einer großen Grundherrschaft diente. 915 wurde M. an den Bischof von *Lüttich ver-

Arztpraxis des 15. Jh.s

liehen und entwickelte sich in den nachfolgenden Jahrhunderten zu einer wohlhabenden Textilproduktions- und Ausfuhrstadt. Die wirtschaftliche Entwicklung führte zur Verbindung mit Flandern, dessen Einfluß im 13. Jh. auch politisch sichtbar wurde. 1333 wurde M. offiziell Teil der Grafschaft Flandern, 1369 kam es an Burgund. In dieser Periode wurde die Innenstadt neu erbaut. Die Kirche des hl. Romuald wurde zu dieser Zeit im niederländisch-gotischen Stil errichtet.

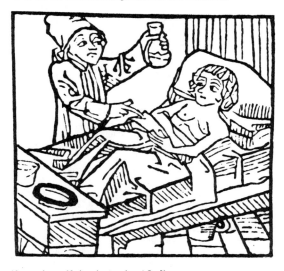

Harnschau; Holzschnitt des 15. Jh.s

MECHTHILD VON HACKEBORN (um 1241-99) Mystikerin. Die aus adeligem Geschlecht stammende M. trat mit 7 Jahren dem Zisterzienserorden bei, wo sie im Kloster Helfta bes. als Vorsängerin wirkte. Oftmals krank und bettlägerig, erlebte sie viele Visionen und andere Offenbarungen, die zunächst ohne ihr Wissen aufgeschrieben wurden. In ihnen begegnet sie Christus zu dem sie in leidenschaftlicher Minne steht, und empfängt viele Erklärungen über geistliche Probleme und Tröstungen. (Din)
P. Dinzelbacher, *Vision und Visionsliteratur im Mittelalter*, 1980.

MECHTHILD VON MAGDEBURG (ca. 1210-82) Mystikerin. Etwa dreiundzwanzigjährig entfloh M. ihren ritterlichen Eltern, um in einer *Beginengemeinschaft zu leben. Nach 40 Jahren trat sie in das Kloster Helfta ein, wo sie mit *Mechthild von Hackeborn und *Gertrud d.Gr. bekannt wurde. In niederdeutscher Sprache verfaßte M. das Buch vom "fließenden Licht der Gottheit", in dem sie ihre Visionen, Auditionen, Betrachtungen, Allegorien, Gebete ... teils in Prosa, teils in Vers, oft in Dialogform, zusammenstellte. Hauptthema des Werkes, das zu den großen mittelalterlichen Dichtungen der Mystik zählt, ist die Beziehung der minnenden Seele zu Christus, die bis in den erotischen Bereich geht. M.s "Fließendes Licht" ist eines der abwechslungsreichsten und ergreifendsten Zeugnisse der *Visionsliteratur. (Din)
P. Dinzelbacher, *Vision und Visionsliteratur im Mittelalter*, 1980.

MECKLENBURG Norddeutsches Herzogtum an der Ostsee. Bis zum 7. Jh. war die Gegend vorübergehender Aufenthaltsort mehrerer germanischer Stämme auf der Durchwanderung zum Süden. Nach dem Abzug der *Langobarden ließen sich die slawischen Obodriten und Liutizen in M. nieder, wo sie später von den Dänen, Sachsen und karolingischen Franken angegriffen wurden. Im 10. Jh. war der dänische Einfluß in M. vorherrschend; seit dem frühen 12. Jh. begann jedoch die deutsche Kolonisierung und Christianisierung. 1147 und 1160 führte *Heinrich der Löwe Feldzüge nach M., in deren Verlauf der heidnische Obodritenfürst Niklot getötet wurde (1160). Dessen Sohn Pribislaw nahm sowohl das Christentum als auch Heinrich zum Lehnsherrn an und gründete das m.ische Herrscherhaus. Im 13. Jh. wurde das Land unter den verschiedenen Linien der Dynastie aufgeteilt; der fremde Einfluß, hauptsächlich Dänemarks, wurde wieder vorherrschend. 1436 wurde das Land nach einem langen Kampf gegen Dänemark wieder vereinigt und von den 1348 zu Herzögen erhobenen Grafen von M. regiert.
M. Hamann, *Mecklenburgische Geschichte*, 1968.

MEDICI Eine der berühmtesten Familien des spätmittelalterlichen Italiens, die den Höhepunkt ihrer Macht in der Renaissancezeit erreichte. Der Ursprung der M. geht auf eine Familie von Tuchhändlern im Florenz des späten 12. Jh.s zurück. Im 13. Jh. vergößerten sie ihre Handelstätigkeit außerhalb der Stadt und wurden im Bankwesen tätig. Obwohl ihre Bank nicht zu den größten der Zeit zählte, konnten die M. die Krise des frühen 14. Jh.s, die andere Banken zu Fall gebracht hatte, heil überstehen und ihre Geschäfte in Westeuropa weiter aufbauen. Ihr Erfolg gründete sich auf die Verteilung der Investitionen. Neben ihrer Tätigkeit als Bankiers des Papsttums und des Königreichs Neapel

unterhielten die M. Filialen in den größeren italienischen Städten sowie in Brügge, London, Genf und Avignon. Ihre Wirtschaftsmacht gestattete es seit dem 13. Jh., auch in die Politik von Florenz einzusteigen. Jedoch erst seit der Mitte des 14. Jh.s hielten sie wichtige Staatsämter inne. Salvestro M. (1331-88) wurde 1351 *gonfaloniere* ("Bannerherr") von Florenz und Haupt der Volkspartei. Der Höhepunkt seiner Macht lag in den späten Siebziger Jahren des Jahrhunderts, als er nach der Revolte der *Ciompi als einziger die Ruhe in der Stadt wiederherstellen konnte. 1382 wurde er von der Oligarchenpartei verbannt; seine Familie verlor vorübergehend ihren politischen Einfluß, den sie erst in der Mitte des 15. Jh.s wiedergewinnen konnte.
M. Brion, *M.*, 1970.

MEDINA Stadt im Hedschas (Arabien). Sie wurde ursprünglich Jathrib genannt und war ein wohlhabendes Handelszentrum im Range *Mekkas. Im Jahre 622 floh *Mohammed aus Mekka nach M. und predigte den Einwohnern seine neue Religion. Er gab der Stadt den Namen M. Bis zur Übertragung des Kalifats nach Damaskus (661) war M. Hauptstadt des neuen arabischen Reiches; danach brachen aus Protest dagegen Revolten aus, die von den *Omajjaden 683 grausam unterdrückt wurden. In der Folge verlor M. an Bedeutung.
E. Essin, *Mekka und Medina*, 1964.

MEDIZIN Das Studium der Medizin war im wesentlichen Fortsetzung der in der Antike begonnenen Ent-

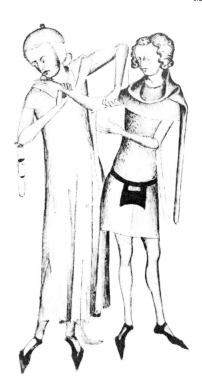

Pulsfühlen, *aus der* Anatomie *des G. Vigerano, 1345*

Schädeloperation, *aus einer Bilderhandschrift von 1335*

wicklungen. Die medizinische Überlieferung wurde u.a. durch die autoritativen Werke des *Isidor von Sevilla bewahrt. Im Osten wurden die Schriften griechischer Ärzte wie des Hippokrates ins Arabische übersetzt. Zusammen mit persischen, indischen und jüdischen Texten über Anatomie und Krankheiten dienten diese Schriften als Grundlage für das Studium und die Weiterentwicklung der M. in den Werken von *Haly Abbas, *Ibn Sinna und *Rhases. Seit dem 11. Jh. wurde diese Überlieferung auch im Westen und besonders in Süditalien bekannt. Bis dahin war die Praxis der M. auf die chirurgische Behandlung und Wundheilung beschränkt gewesen. Mit der Errichtung der medizinischen Schule von *Salerno (um 1030) wurde das systematische M.-Studium auf Grundlage der arabischen Schriften und unter Zuhilfenahme jüdischer Ärzte auch im Westen aufgenommen. Jedoch erst im 13. Jh. wurde die M. integraler Teil der Universitätslehrpläne. Zur gleichen Zeit begann auch das Experiment über die alten normativen Theorien Oberhand zu gewinnen. Im 14. Jh. verbreitete sich das Sezieren als Teil des Lehrplans an den Medizinschulen Italiens und des südfranzösischen *Montpelliers, gegen Ende des Jahrhunderts auch nördlich der Alpen. Die Entwicklungen in der Chemie und den anderen Zweigen der Naturwissenschaften trugen im 13. und 14. Jh. zum Studium der Arzneikunde bei und führten zur systematischen Erforschung der Wirkung von Pflanzen, Kräutern und Chemikalien.

In dieser Zeit entstand die Unterscheidung zwischen wissenschaftlicher und volkstümlicher Medizin. Letztere

Pilger bei der Kaaba von Mekka

besaß im Westen eine lange Tradition und war in allen Volksschichten weit verbreitet. Wegen ihrer Verbindung zum Aberglauben und zur *Magie wurden die oft weiblichen Praktikanten seit dem frühen 14. Jh. von der Kirche als Hexen verfolgt.

Das Spätmittelalter sah auch die Entwicklung von Zweigen wie Zahnheilkunde und Optik, die mit der Medizin verwandt sind. Unter deren Neuerungen ist besonders die Einführung der Brillen zu nennen (seit dem späten 13. Jh.).
Ch. Lichtenthaeler, *Geschichte der M.*, 1974.

MEHMED Siehe *MOHAMMED II.

MEINHARD II. VON TIROL (gest. 1295) Herzog von Kärnten (1286-95), heiratete die Witwe König *Konrads IV. M. war einer der wichtigsten Anhänger *Rudolfs von Habsburg vor und nach dessen Königswahl, weswegen er 1286 von ihm mit *Kärnten belehnt wurde. Vor seinem Tod übergab M. sein Herzogtum, dessen Adelige er in der Schlacht am Wallersberg 1293 unterworfen hatte, an des Königs Sohn *Albrecht von Österreich, um damit seine eigenen Söhne belehnen zu lassen, und festigte so die habsburgische Macht.

MEIR BEN BARUCH VON ROTHENBURG (Maharam; 1215-93) Rabbiner und Führer des deutschen Judentums. Er wurde in Worms geboren, studierte an den Talmudakademien im Rheintal und in Frankreich und ließ sich 1242 im bayerischen Rothenburg nieder. Tagsüber wirkte er in seinem Kaufmannsberuf, nachts ging er seinen Studien nach, die ihm weiten Ruhm verschafften und ihn zum wichtigsten Interpreten des jüdischen Gesetzes in seiner Zeit machten.

Obwohl M. keinerlei offizielle Stellung einnahm, wurde er als der eigentliche Führer der jüdischen Gemeinden Deutschlands anerkannt. Zu einem unbekannten Zeitpunkt nach 1272 verteidigte er die Rechte der Juden vor *Rudolf I. und erregte die Feindschaft des Königs. Im Jahre 1286 floh er aus Deutschland mit der Absicht, sich im Heiligen Land niederzulassen. In der Lombardei wurde er jedoch erkannt und festgenommen. Als Preis für seine Freilassung verlangte der König immense Geldsummen von den jüdischen Gemeinden Deutschlands. M. verbat jedoch die Zahlung jeglichen Lösegelds und starb im elsässischen Gefängnis.
I. A. Agus, *Rabbi Meir of Rothenburg*, 1947.

MEISSEN Deutsche Stadt und *Mark am Westufer der Elbe. Die Stadt war ursprünglich von dem Slawenstamm der Misni bevölkert, der im Laufe des 10. Jh.s germanisiert wurde. 929 wurde am Ort eine deutsche Siedlung errichtet, die von *Heinrich I. einen Freibrief erhielt. 965 wurde M. Mittelpunkt der von *Otto I. gegründeten Markgrafschaft. Unter der Regierung der Markgrafen entwickelte sich M. zu einem bedeutenden Wirtschaftszentrum und diente als Rahmen für den Aufstieg des Wettinerhauses in den Rang der Reichsfürsten.
W. Schlesinger, *Mitteldeutsche Beiträge zur deutschen Verfassungsgeschichte des Mittelalters*, 1961.

MEKKA Stadt im *Hedschas und der heiligste Ort des *Islams. Dank der in M. befindlichen *Kaaba war die

Stadt bereits in vormohammedanischer Zeit ein wichtiges wirtschaftliches und religiöses Zentrum. Als Heimatstadt des Propheten war sie in den Jahren 619 bis 622 Schauplatz von dessen ersten Aktivitäten. Infolge des Widerstands der führenden Familien M.s mußte Mohammed die Stadt verlassen und floh nach *Medina. 624 rief er M. zur heiligen Stadt aus und begründete den Hadsch, die religiöse Pflicht aller Anhänger des Islams, nach M. eine Wallfahrt zu unternehmen. Ebenso mußten alle Gebete in Richtung M. aufgesagt werden. 630 eroberte Mohammed die Stadt und machte sie zum religiösen Mittelpunkt des Islams, während Medina als politische Hauptstadt des Reiches diente. Die Überführung des Kalifats nach Damaskus (661) schuf Unruhe in M. und führte zur Revolte gegen die *Omajjaden. 930 wurde M. von den *Karmatinern erobert, die sich bis 950 des heiligen schwarzen Steins bemächtigten. Seit Ende des 10. Jh.s wurde die Stadt durch eine örtlichen Dynastie von Scherifen (Abkömmlinge des Propheten) beherrscht.
E. Esin, *Mekka und Medina*, 1964.

MELFI Stadt in Apulien (Süditalien). Sie wurde seit dem 6. Jh. von den Byzantinern beherrscht und war seit dem 10. Jh. ein Treffpunkt der byzantinischen und der westlichen Kultur. 1041 wurde sie von den *Normannen erobert, die sie zur Hauptstadt ihrer süditalienischen Besitzungen machten. 1071 wurde die Residenz nach Palermo verlegt; M. verblieb aber weiterhin eine der bevorzugten Aufenthaltsorte der Könige von *Sizilien, die am Ort einen Palast erbauten. Im Jahre 1231 versammelte Kaiser *Friedrich II. in M. die Stände seines Reiches und verkündigte die Konstitutionen von M., die die Grundlage seiner zentralisierten Monarchie schufen.

MELISANDE (1110-61) Königin von Jerusalem. Tochter König *Balduins II., heiratete 1129 *Fulk von Anjou und wurde 1131 zur Königin gekrönt. Nach der Niederwerfung der Revolte ihres vermeintlichen Liebhabers Hugo von Puiset (1132) griff sie selbst in die Politik des Kreuzfahrerreiches ein; seit 1144 war sie Regentin im Namen ihres Sohnes *Balduin III. und

spielte eine bedeutende Rolle im zweiten *Kreuzzug. Als Balduin 1150 versuchte, selbst die Regierung zu führen, brach ein Bürgerkrieg aus. 1152 wurde M. geschlagen und nach Nablus verbannt, von wo sie jedoch bis zu ihrem Tod immer noch einigen Einfluß ausübte.

MELKITEN (syrisch: "Royalisten") Bezeichnung für einige syrische Christengemeinden des 6. und 7. Jh.s, die die religiöse Autorität des byzantinischen Kaisers anerkannten und sich mit der Staatskirche verbanden. kirche verbanden.

MELUN Französische Stadt südlich von Paris. Sie entstand aus einer um ein königliches Schloß gewachsenen Siedlung (11. Jh.) und blühte im 12.-15. Jh. als beliebte Residenz des französischen Königshauses. Im späten 14. und im 15. Jh. war M. auch als Mittelpunkt der vom Hof geförderten Künste von Bedeutung.

MENACHEM BEN SARUK (10. Jh.) Hebräischer Grammatiker, lebte in Córdoba und diente als Sekretär von *Chesdai Ibn Schapruts. M. verfaßte ein Wörterbuch des biblischen Hebräisch, das sich unter den jüdischen Gelehrten Europas großer Beliebtheit erfreute.

MENANDER PROTEKTOR (6. Jh.) Byzantinischer Geschichtsschreiber. Er wirkte am Hof Kaiser *Murikios, der ihn beauftragte, eine Geschichte des Reiches des 6. Jh.s zu schreiben. Sein Werk, das hauptsächlich die Zeit 558-82 schildert, ist eine wertvolle Geschichtsquelle und enthält wichtiges ethnographisches Material. Werk (dt.): E. Doblhofer, *Byzantinische Diplomaten und östliche Barbaren*, 1955.

MENDIKANTEN Bezeichnung für die *dominikanischen und *franziskanischen Bettelmönche.

MERCANZIE Italienische Bezeichnung für Gerichtshöfe, die sich mit den aus Handelsgeschäften ergebenden Streitfällen befaßten. Die Einrichtung der M. ist erstmals im 13. Jh. bezeugt, erst in Form privater, von den *Zünften gebildeter Gerichtshöfe, dann im 14. Jh. als eine offizielle Funktion, in der sie der Stadtregierung gegenüber verantwortlich waren. Die Mercanzia von Florenz, die 1307 öffentlich anerkannt wurde, diente als Vorbild für ähnliche Einrichtungen in mehreren italienischen und westeuropäischen Städten.

Predigt eines Bettelmönchs; *aus einer Handschrift des 14. Jh.s*

MERCEDARIER Siehe *PETRUS NOLASCUS.

MERCIEN Angelsächsisches Königreich in Mittelengland nördlich der Themse. Es wurde im 6. Jh. von den *Angeln gegründet und dehnte sich im späten 6. und frühen 7. Jh. auf Kosten der Briten nach Norden und Osten aus. Unter seinem letzten heidnischen König *Penda (gest. 654) entwickelte sich M. zu einem der bedeutendsten Reiche der *Heptarchie. Nach Pendas Tod gewann das Christentum in M. an Boden, was den Einfluß des Landes auf die übrigen englischen Reiche weiter stärkte. Der Höhepunkt von M.s Macht liegt im 8. Jh., als die Könige *Ethelred und *Offa London eroberten und die anderen angelsächsischen Reiche ihrer Oberherrschaft unterwarfen. Offa, der fast ganz England regierte, wurde mit *Karl d.Gr. verglichen und errichtete an seinem Hof ein wichtiges Zentrum der Gelehrsamkeit und der Künste. Nach seinem Tod versetzten die Thronwirren in M. die Könige von *Wessex in die Lage, Unabhängigkeit zu gewinnen und sich im 9. Jh. zur vorherrschenden Macht Englands aufzuschwingen. Seit 858 war M. dänischen Überfällen ausgesetzt, 877 wurde es teilweise von den Dänen erobert. Mit der Aufteilung des Landes in einen dänischen und einen von Wessex annektierten angelsächsischen Teil ging die eigenständige Existenz M.s zu Ende.
F. M. Stenton, *Anglo-Saxon England,* 1947.

MERLEE, WILHELM (14. Jh.) Englischer Meteorologe. M. lehrte an der Universität von Oxford und machte sich durch seine Wettervoraussagen einen Namen. Niederschriften seiner monatlichen Beobachtungen, die er zwischen 1337 und 1344 in der Gegend von Oxford unternahm, haben sich erhalten und zeugen von einem revolutionären Zugang zur Meteorologie. Neben den üblichen Konstellationen der Himmelskörper prüfte M. auch die Lösbarkeit von Salz sowie die Entfernung, aus der Glockengeläute gehört werden kann, und auch die Schmerzen von Wunden: seiner Ansicht nach alles Kennzeichen erhöhter Luftfeuchtigkeit.
A. C. Crombie, *Von Augustinus bis Galilei,* 1959.

MERLIN Eine der beliebtesten Figuren des mittelalterlichen *Artuszyklus. M. stammt aus der keltischen Mythologie, wo er als Prophet und Wundertäter erscheint. Im Artuszyklus nahm M. die Gestalt eines Magiers an, der den Willen Gottes übermittelt.

MEROWECH (gest. 456) König der salischen *Franken (448-57). M. war einer der fränkischen Häuptlinge, die in der römischen Armee dienten, wo er im Kampf gegen die von *Attila geführten *Hunnen Berühmtheit erlangte. M. war zwar nicht der eigentliche Armeekommandant, wie in späteren Legenden behauptet wird, besaß jedoch die Fähigkeit und das Prestige, sich zum Herrscher der Franken von Tournai zu machen; dadurch wird er als Gründer des *Merowingerhauses angesehen.
E. Zöllner, *Geschichte der Franken bis zur Mitte des 6. Jh.s,* 1970.

MEROWINGER Fränkisches Herrscherhaus, das sich von König *Merowech ableitet. Mitte des 5. Jh.s regierten die M. das flandrische Königreich von Tournai. Merowechs Sohn *Chilperich I. organisierte das Reich und legte die Grundlagen für die Macht der M. Dessen Sohn *Chlodowech I. unterwarf die anderen fränkischen Stämme und eroberte Gallien, das seine Nachfolger bis 751 regierten. Wie die übrigen Stammeskönige besaßen die M. eine patrimonale Staatsauffassung und waren gewöhnt, ihr Reich unter den Söhnen aufzuteilen. Das Königreich wurde jedoch im 6. und 7. Jh. infolge des frühen Todes einiger Söhne des Hauses mehrere Male wiedervereinigt. Die M. regierten bis zum Tode König *Dagoberts (639) ihr Reich. Seit diesem Zeitpunkt ging die eigentliche Macht jedoch verstärkt an die *Hausmeier über, und die M.-Könige wurden zu ihren Marionetten. Dank des hohen Ansehens des Hauses und seines legendenumsponnenen Ursprungs wurden sie jedoch erst Mitte des 8. Jh.s von den *karolingischen Hausmeiern gestürzt.
E. Salin, *La civilisation merovingienne,* 4 Bde., 1950-59; J. M. Wallace-Hadrill, *The Long-Haired Kings,* 1962.

MERW Stadt in Khorasan (Ostpersien). Die antike Stadt befand sich zu Beginn des Mittelalters im Abstieg, wurde nach der arabischen Eroberung (660) neu erbaut, diente als Hauptstadt Khorasans und Ausgangspunkt der arabischen Expansion in Zentralasien. Unter den *Abbasiden wurde in M. eine wichtige Religionsschule errichtet; die Stadt blühte wirtschaftlich und kulturell. 1181 machte sie der *Seldschukensultan Sandschar zu seiner Hauptstadt. 1221 wurde M. von den *Mongolen zerstört.

MESCHULLAM BEN KALONYMOS VON LUCCA (Rabbi M. der Große; 11. Jh.) Jüdischer Gelehrter. Er lebte in Lucca (Toskana), wo er eine wichtige Talmudakademie leitete und sich einen Namen als einer der ersten Autoritäten in der Auslegung talmudischen Rechts erwarb. Seine Anweisungen erhielten im ganzen westeuropäischen Judentum Rechtskraft. Zu Beginn des 11. Jh.s ließ er sich auf Einladung der jüdischen Gemeinde in Mainz nieder, wo er zur führenden Figur der rheinischen Rabbinerschule wurde. Er verfaßte mehrere religiöse Dichtungen, die Eingang in die jüdische Liturgie gefunden haben.
C. Roth, *The World History of the Jewish People: The Dark Ages,* 1966.

MESOPOTAMIEN Siehe *IRAK.

MESSEN (Handelsmessen) Die mittelalterliche M. entstanden im Frühmittelalter, einer Zeit des Abstiegs von Stadt- und Handelswesen. Ursprünglich waren die M. gelegentliche Zusammenkünfte von Bauern und Händlern an Straßenkreuzungen oder in der Nähe von Brücken, bei denen beide Seiten Güter austauschten. Die M. der *Karolingerzeit waren eine Weiterentwicklung der Frühform und schlossen an den östlichen und nordöstlichen Reichsgrenzen in einem bescheidenen Maß bereits internationalen Handel ein. Die Einfälle und Bürgerkriege des 9. Jh.s schufen die Notwendigkeit. die M. an befestigen Plätzen abzuhalten. Die demographischen und wirtschaftlichen Entwicklungen übten einen entscheidenden Einfluß auf die Gestaltung der M. aus: diese waren im 11.-14. Jh. große internationale Treffen von Kaufleuten, Geldwechslern und Bankiers. Dadurch begannen sich auch die politischen Behörden für die M. zu interessieren und diese durch Einräumung wichtiger Vorrechte zu fördern. Besonders wichtig war dabei die Einrichtung eigener Gerichtshöfe, an denen Streitfälle aus den Handelsgeschäften beschleunigt abgewickelt wurden. Die Sorge um freien Zugang für die M.-Besucher war eine Aufgabe der örtlichen Gewalten.

Unter den mittelalterlichen M. waren die der *Champagne von besonderer Bedeutung. Sie blühten im 12.-14. Jh. als Treffpunkt von Handelsgütern und Ideen zwischen dem Mittelmeerraum und Nordeuropa. In dieser Hinsicht beeinflußten die M. auch die Entwicklung einer einheitlichen europäischen Zivilisation.

Daneben förderten sie die Entwicklung von fortgeschrittenen Handelstechniken wie dem Geldwechsel, der dann internationale Kreditgeschäfte möglich machte.

Einige M. spezialisierten sich auf besondere Zweige, wie etwa die M. von *St. Denis auf das Gebiet der Textilien. Seit dem 13. Jh. wurden die M. auch von den Vertretern der großen Handelsgesellschaften, wie der der norddeutschen *Hanse, besucht. Im Rheinland unterhielt der Rheinische Städtebund (siehe *Deutschland) M. ab und sorgte für freies Geleit und schnelle Abwicklung von Gerichtsfällen. Im 14. und 15. Jh. nahmen die italienischen Kaufleute und Banken aktiv an den zahlreichen M. Europas teil.

W. Jähl, *Die Entwicklung und Bedeutung der Handelsmessen*, 1922.

MESSINA Sizilianische Stadt. Die wohlhabende Stadt wurde im Frühmittelalter von den *Wandalen und dann von den Byzantinern regiert. 842 wurde M. von den Arabern erobert. 1061 machte sich *Robert Guiscard zum Herrn der Stadt, die sich unter ihm zu einem der bedeutendsten Handelszentren des Königreichs Sizilien entwickelte.

MESTA Vereinigung kastilianischer Schafherdenbesitzer, die im 13. Jh. zur Verteidigung gemeinsamer Interessen gegründet wurde und aus regionalen Vereinigungen ähnlicher Natur entstand. Sie wurde 1273 von König *Alfons X. anerkannt und als allgemeine Organisation im gesamten Königreich aufgebaut. Die M. übte die Kontrolle über die Schafhirten und den Wollhandel des Landes aus, war im 14. und 15. Jh. eine der mächtigsten Organisationen des Königreiches und besaß auch große politische Macht.

K. Klein, *The Mesta*, 1964.

METALLURGIE Die mittelalterliche M. befaßte sich vornehmlich mit der Herstellung von Eisen. Nördlich der Alpen wurden die klassischen Techniken der Mittelmeerwelt im Frühmittelalter übernommen. Dazu wurde in Deutschland und in den Niederlanden dank der reichlich als Brennstoff vorhandenen Wälder die Ausbeutung von Eisenerzminen entwickelt. Im Osten eignete man sich zu Beginn des Mittelalters die indischen Techniken an, die die Qualität von Eisen verbesserten. Seit dem 8. Jh. produzieren Damaskus und Zentralasien Stahl. Bis zum 12. Jh. besaßen die Araber einen Vorsprung in der M., danach wurden im Westen Schmelzöfen entwickelt, deren Eigenschaften im 13. Jh. durch die Verwendung von Kohle verbessert wurden. Im 14. Jh. produzierten Italien, Spanien und Deutschland hochqualitatives Eisen und Stahl, was zur Erzeugung besserer Waffen benutzt wurde. Auch in der Kupfer- und Edelmetallproduktion wurden diese Errungenschaften nutzvoll angewandt.

R. Sprandel, *Das Eisengewerbe im Mittelalter*, 1968.

METHODIOS Siehe *KYRILL.

METROPOLITAN Der in der Metropolis (Provinzhauptstadt) residierende Bischof, der ein gewisses Maß an Autorität über die Bischöfe der Provinz besaß. Seit dem 9. Jh. wird der M. auch als Erzbischof bezeichnet.

METZ Lothringische Stadt, am Zusammenfluß der Seille und Mosel von den Römern erbaut und einer der wohlhabendsten Städte Galliens bis zur Zerstörung durch die *Hunnen im Jahre 451. Im 6. Jh. wurde M. als Bistum und fränkische Pfalz neu erbaut, im folgenden Jh. war es Hauptstadt von *Austrien und ein wichtiges kulturelles Zentrum. Mit der Teilung des *Karo-

Der Schmied, *aus Caxtons* Schachspiel; *Holzschnitt 15. Jh.*

lingerreiches im Jahr 843 kam M. zu *Lothringen und 870 zusammen mit dem gesamten Herzogtum zu Deutschland. Im 10. Jh. stand M. unter der Herrschaft der Bischöfe und diente als Mittelpunkt ihrer großen Grundherrschaft, die auch den Annektionsplänen der lothringischen Herzöge widerstehen konnte. Die Stadt-

Schmiedewerkstatt; *Holzschnitt, Ende des 15. Jh.s*

bevölkerung wuchs, und im 12. Jh. wurden kommunale Einrichtungen unter der Herrschaft einer städtischen Aristokratie errichtet. Die Handwerker waren vom Regime ausgeschlossen. Im 13. und 14. Jh. wurde die Innenstadt im gotischen Baustil neu aufgebaut. Damals besaß M. das größte Territorium aller Reichsstädte.
P. Schneider, *La ville de Metz aux XIIIe et XIVe siècles*, 1950.

MICHAEL I. Rangabe (gest. 845) Byzantinischer Kaiser (811-13). Er war Nachfolger seines Schwiegervaters *Nikephoros I. und kämpfte gegen die Bulgaren, die unter ihrem Khan *Krum Konstantinopel angegriffen hatten. Trotz seines Sieges im Jahre 813 wurde er von General *Leo d. Armenier gestürzt und in ein Kloster bei Konstantinopel gesteckt, wo er den Rest seines Lebens verbrachte.
G. Ostrogorsky, *Geschichte des byzantinischen Staates*, 1963².

MICHAEL II. der Amorier (der Stammler; gest. 829) Byzantinischer Kaiser (820-29). Von niedriger Geburt, stieg in der Armee auf Grund seiner Fähigkeiten auf und galt zu Beginn des 9. Jh.s als einer der besten Generale des Reiches. 813 unterstützte er den Staatsstreich seines Kollegen *Leo d. Armeniers und erhielt den Posten des Oberstkommandierenden. Seine wachsende Macht führte dazu, daß Leo ihn 820 einsperren ließ. Im gleichen Jahr wurde M. durch einen Militärputsch an die Macht gebracht. Nach Unterdrückung innerer Aufstände (820-23) bemühte sich M. um die Lösung des Bilderstreits. In auswärtigen Angelegenheiten konnte er nicht den Verlust Kretas an die Araber (826-29) verhindern.
G. Ostrogorsky, *Geschichte des byzantinischen Staates*, 1963.

MICHAEL III. der Trinker (836-67) Byzantinischer Kaiser (842-67). Er wurde mit vier Jahren zum Kaiser ausgerufen; die Führung der Regierungsgeschäfte lag in den Händen seiner Mutter Theodora. 855 beanspruchte er die Regierungsmacht und erwarb sie 856 nach einem Konflikt mit seiner Mutter und nach der Ermordung ihres Ministers Theoktistos. Obwohl seine Amtszeit durch eine Reihe von siegreichen Schlachten gegen die Araber und Russen gekennzeichnet war, verlor er durch seine schwankende Religionspolitik gegenüber dem von ihm eingesetzten und 863 wieder abgesetzten Patriarchen *Photius an Macht. Seit 860 stand M. unter dem Einfluß *Basils des Makedoniers, der 866 als Mitkaiser eingesetzt wurde und ein Jahr später M. ermordete und alleiniger Kaiser wurde.
G. Ostrogorsky, *Geschichte des byzantinischen Staates*, 1963.

MICHAEL IV. der Paphlagonier (gest. 1041) Byzantinischer Kaiser (1034-41). Von niedriger Herkunft, stieg als hochbegabter Offizier rasch in der Armee auf, heiratete 1034 Kaiserin *Zoe und wurde zum Kaiser ausgerufen. 1037 schloß er mit den ägyptischen *Fatimiden einen Friedensvertrag, der ihn in die Lage setzte, seine gesamte Macht auf Sizilien zu konzentrieren, wo er dann 1037 Messina und 1040 Syrakus eroberte.

MICHAEL V. KALAPHATES Byzantinischer Kaiser (1041-42). Neffe *Michaels IV., wurde von Kaiserin *Zoe als Erbe ihres Gatten eingesetzt. M. verbannte die Kaiserin, wurde aber von deren Anhängern gestürzt und geblendet und danach in ein Kloster gesandt, wo er den Rest seines Lebens verbrachte.

MICHAEL VI. Stratiotikos (gest. 1059) Byzantinischer Kaiser (1056-57). Er wurde von Kaiserin Theodora adoptiert und zum Kaiser ausgerufen, konnte aber nicht die Heerführer unterwerfen, die an seiner Stelle *Isaak Komnenos zum Kaiser wählten. M. wurde abgesetzt und in ein Kloster verbannt, wo er zwei Jahre später starb.

MICHAEL VII. Dukas (1059-78) Byzantinischer Kaiser (1071-78). Sohn *Konstantins X., regierte in den Jahren 1068-71 als Mitkaiser von *Romanos IV. und wurde nach dessen Niederlage bei *Manzikert zum alleinigen Herrscher ausgerufen. Er bemühte sich, eine neue Armee zur Wiedergewinnung Kleinasiens von den *Seldschuken aufzubauen. Zu diesem Zweck mußte er hohe Steuern erheben, was ihn äußerst unbeliebt machte. M.s Schwierigkeiten wurden noch verschärft durch Ungarn- und Petschenegeneinfälle sowie Militärrevolten, so daß er sich 1078 entschloß, abzudanken und in ein Kloster zu gehen, wo er kurz darauf starb.
G. Ostrogorsky, *Geschichte des byzantinischen Staates*, 1963.

MICHAEL VIII. Palaiologos (1224-82) Byzantinischer Kaiser (1258-82). Sohn einer alten nikäischen Familie, wurde 1258 Kaiser und Gründer des *Palaiologenhauses. Als Kaiser konzentrierte er seine Bemühungen auf den Kampf gegen das *Lateinische Kaiserreich von Konstantinopel. 1261 konnte er tatsächlich seine Hauptstadt von Nikaia nach Konstantinopel verlegen. Seine Anstrengungen zur Wiedererrichtung des byzantinischen Kaiserreiches brachten ihn in Konflikt mit *Karl von Anjou, der Teile Griechenlands erobert hatte. M. nahm Beziehungen zum Westen auf und trat in Unionsverhandlungen mit dem Papsttum (1274), die jedoch infolge des Widerstands des byzantinischen Klerus zu keinem Ergebnis führten.
D. J. Geneakoplos, *Emperor Michael Palaeologus and the West*, 1959.

MICHAEL IX. Palaiologos (1277-1320) Byzantinischer Kaiser (1295-1320). Er wurde von seinem Vater *Andronikos II. zum Mitkaiser gemacht und mit der Bekämpfung der *Osmanen beauftragt. Zu diesem Zweck heuerte er 1303 die Große *Katalanische Kompanie an, die jedoch dann eine handgreiflichere Bedrohung als die Türken darstellte. Deshalb sandte er sie 1305 nach Griechenland; zuvor hatten sie jedoch noch Thrakien verwüstet.

MICHAEL KERULARIOS (um 1000-58) Patriarch von Konstantinopel (1043-58). Der politisch gerade aufstrebende M. zog sich 1040 unter dem Eindruck des Selbstmordes seines Bruders in ein Kloster zurück, wo er Theologie studierte und sich die romfeindlichen Grundsätze der orthodoxen Kirche aneignete. 1043 wurde er zum Patriarchen von Konstantinopel gewählt und übte in dieser Eigenschaft am Hof großen Einfluß aus. Er stieß heftig mit der von Kardinal *Humbert von Silva-Candida 1053 geleiteten päpstlichen Delegation in Konstantinopel zusammen und wurde 1054 gebannt. Dieser Schritt führte zur endgültigen Trennung beider Kirchen. M. nahm den Titel des ökumenischen Patriarchen an und weigerte sich, die Vorherrschaft des Papsttums anzuerkennen.
W. Norden, *Das Papsttum und Byzanz*, 1903.

MICHAEL I. Angelos Komnenos Despot von *Epiros (1204-15). Er war ein Sohn des byzantinischen Kaiserhauses und zur Zeit der Eroberung Konstantinopels durch die Teilnehmer des vierten *Kreuzzugs Statthalter von Epiros. Dort errichtete M. einen unabhängigen Staat und beanspruchte das Erbe des gestürzten byzantinischen Kaiserreiches. Er festigte seinen Staat im Kampf gegen das Frankenreich *Thessalonike.

MICHAEL II. Despot von Epiros (1237-71). Nach seinem Amtsbeginn mußte er sich gegen die Bulgaren wehren und die Angriffe der Kaiser von *Nikaia abweisen, die die Vorherrschaft im byzantinischen Reich beanspruchten. In den Jahren 1250-61 verlor er den Großteil seines Territoriums und mußte die Oberhoheit *Michaels VIII. anerkennen.

MICHAEL SCOTUS (gest. 1235) Astrologe und Übersetzer. Er wurde im späten 12. Jh. in Schottland geboren, studierte in England, lernte in Spanien Arabisch und wurde mit den aristotelischen Schriften über die Astronomie bekannt. 1233 ging er nach Italien und diente an der päpstlichen Kurie, wo er die Gunst *Gregors IX. gewann, der ihn auch als Erzbischof von Canterbury in Betracht zog. Nach einem Aufenthalt in Pisa, wo sein Interesse an der Mathematik erwachte, ging M. an den Hof Kaiser *Friedrichs II. und wurde zum kaiserlichen Hofastrologen ernannt. Neben seinen Übersetzungen aus dem Arabischen und Hebräischen führte M. auch eine Untersuchung der Vulkaninseln Lipari durch.
M. Grabmann, *Mittelalterliches Geistesleben*, 1936.

MIDDLESEX Angelsächsisches Königreich, zu Ausgang des 6. Jh.s gegründet, schloß die Stadt London ein. Im 7. Jh. kam M. unter den Einfluß von *Essex und zu Beginn des 8. Jh.s wurde es an *Mercien angeschlossen und verlor seine eigenständige Geschichte. Von diesem Zeitpunkt an war M. eine Grafschaft, erst von Mercien und dann seit dem 9. Jh. von *Wessex abhängig. Mit der Entwicklung Londons nahm auch die Macht der Grafen (*earls*) ab. Nach der *normannischen Eroberung (1066) war M. ein *shire;* 1130 erhielt London jedoch von König *Heinrich I. das Vorrecht, einen eigenen Sheriff zu ernennen. Mit Ausnahme einiger königlicher Güter, von denen Hampton Court das wichtigste war, wurde M. seitdem von dem Bürgermeister und Ratsherren Londons beherrscht.
F. M. Stenton, *Anglo-Saxon England*, 1947.

MIESZKO I. (um 930-92) Fürst von Polen aus der *Piastendynastie (963-92), einigte die polnischen Stämme unter seiner Herrschaft und wird als Gründer des polnischen Staates betrachtet. 966 nahm er das Christentum an, lud aber zur Vermeidung des deutschen Einflusses direkt aus Rom Missionare ein. Gegen Ende seiner Regierungszeit unterstellte er Polen dem Papst.
A. Gieysztor, *Die Entstehung des polnischen Staates im Lichte neuer Forschungen*, 1956.

MIESZKO II. (990-1034) König von Polen (1025-34). Sohn Boleslaws I., verlor die Kontrolle über die von seinem Vater eroberten Länder und mußte weite Territorien im Südosten an Böhmen und Deutschland zurückgeben.

MILIC, JOHANNES VON KREMSIER Tschechischer Prediger und Reformer (gest. 1374). In Prag erzogen, wirkte als aufrüttelnder Prediger, der in seinen tschechischen Predigten Klerus und Laien zum gottgefälligen Leben aufrief, da er für 1367 die Ankunft des Antichrists erwartete. M. besaß auch praktische Gaben; nach 1360 gründete er in Prag eine reformierte Gemeinde. Seine Tätigkeit erregte die Feindschaft der Kirche, und M. mußte sich zur Rechtfertigung mehrere Male an die

Kurie nach Avignon begeben. M. wird als Vorläufer der *Hussiten angesehen.
Herold, Mráz, *Jan M. v. K.*, 1974.

MILITIA CHRISTI (lat.: "Armee Christi") Bezeichnung für diejenigen Ritter, die im Dienste der Kirche und dabei besonders gegen die Moslems kämpften. Die M. umfaßte die französischen Ritter in den Feldzügen der spanischen *Reconquista, die in Italien kämpfenden Ritter und die *Kreuzfahrer. Seit Beginn des 12. Jh.s wurde die Bezeichnung mehr auf die Mitglieder der militärischen Ritterorden wie *Johanniter, *Templer und *Deutschherren angewandt.

MILLENIARISMUS Eine mystisch-messianische Bewegung, die sich seit der zweiten Hälfte des 10. Jh.s immer wieder über ganz Westeuropa verbreitete. Ihre Anhänger glaubten, daß das Jahr 1000 (1033, 1260, 1348 usw.) Endpunkt der irdischen Welt sein werde und das 1000-jährige Friedensreich der Geheimen Offenbarung des Johannes vor dem Jüngsten Gericht beginnen werde. Sie predigten deshalb Reue und Buße sowie die Annahme eines mönchischen Lebensstils. Der M. beeinflußte die künstlerische Entwicklung Europas, das mystische Denken und das Wiederaufleben der Pilgerreisen ins Heilige Land.
N. Cohn, *The Pursuit of the Millennium*, 1970[3].

MINDERBRÜDER Siehe *FRANZISKANER.

MINDOWE (Mindowg; 1219-63) Großfürst von Litauen. Sohn eines Stammeshäuptlings, einigte die Litauer und errichtete den litauischen Staat mit der Hauptstadt Wilna. Seine Expansionsversuche in Richtung Westen wurden von dem Russenfürsten *Alexander Newkij aufgehalten, der ihn 1258 besiegte. Größeren Erfolg hatte M. gegen die *Deutschherren zu verzeichnen, die er 1260 besiegte. Daraufhin annektierte er *Livland. Im Süden erwarb M. Teile Weißrußlands.
M. Hellmann, *Grundzüge der Geschichte Litauens*, 1966.

MINISTERIALEN (lat.: "Diener") Bezeichnung für eine Klasse kaiserlicher Beamter, die im Deutschland des 11. bis 13. Jh.s gängig war. Die M. waren ursprünglich unfreier Geburt und stiegen durch ihren Hofdienst, ihre Verwaltungstätigkeit (z.B. als Burgvögte) u.ä. sozial auf. Sie wurden für ihre Dienste mit Land belohnt und fanden allmählich Eingang in den Adel. Unter den Hohenstaufen wurden die Reichs-M. sowohl in Deutschland als auch in Italien an Schlüsselpositionen eingesetzt. Einige der M. stiegen an der Wende vom 12. zum 13. Jh. in den Hochadel auf.
K. Bosl, *Die Reichsministerialität der Salier und Staufer*, 2 Bde., 1950/51.

MINNE (mittelhochdt.: "Liebe") Bezeichnet nicht nur das Gefühl der Liebe zu Gott (bes. in der Mystik) und zu Personen des anderen Geschlechts, sondern auch ein bestimmtes Verhalten dabei, das in der Überhöhung der Dame (*vrouwe*) und dem M.dienst der Verehrers besteht. Dieser konnte bis zu grotesken Selbsterniedrigungen gehen (*Ulrich v. Lichtenstein) und wurde in "M.lehren" (wie der lateinischen des *Andreas Capellanus) theoretisch behandelt. Unter dem Einfluß der provenzalischen Lyrik der *Troubadours entwickelte sich in Deutschland der "Minnesang" (ca. 1150-14. Jh.), der zunächst stark formelhaft die ideale Dame, die Sehnsucht nach ihr sowie den Frauendienst besingt ("hohe M."), und ab *Walther von der Vogelweide sich auch der Partnerin aus niederen (und konkret eher zugänglichen) Schichten zuwendet ("niedere M."). In der M.ideologie

Musiker; *aus einem Fresko von Simone Martini*

zeigt sich in Europa zum ersten Mal das Verhalten der Galanterie des Mannes gegenüber der Frau. Ihr Aufkommen ist Zeugnis einer veränderten Einstellung der Menschen zueinander, die im Frühmittelalter noch nicht existierte. (Din)

Werke: G. Schweikle (Hg.), *Die mittelhochdeutsche Minnelyrik*, 1977 ff.; R. Boase, *The Origins and Meaning of Courtly Love*, 1977; P. Dinzelbacher, *Über die Entdeckung der Liebe im Hochmittelalter* (im Druck).

MINNEHOF (Cour d'amour) Der M. entstand in Südfrankreich im Herzogtum *Aquitanien und fand in der zweiten Hälfte des 12. Jh.s am Hof von *Champagne glänzenden Ausdruck. Er war soweit nicht nur literarische Fiktion – eine gesellige Zusammenkunft unter dem Vorsitz der Dame der Burg, bei der die versammelten Ritter und Damen sich in der höflichsten Weise zu benehmen hatten und sich mit dem Verfassen und der Wiedergabe von Liebesgedichten vergnügten. Formelle Regeln des Benehmens am M. wurden um 1170 von Maria von Frankreich, der Gräfin der Champagne, aufgestellt.

J. Lafitte-Houssat, *Troubadours et Cour d'amour*, 1966[3].

MINORES MILITES (lat.: "kleine Ritter") Bezeichnung, die hauptsächlich im Rheintal, in Nordostfrankreich und in den Niederlanden für die Klasse der armen Ritter benutzt wurde. Die Landgute der M. erlaubten ihnen keinen standesgemäßen Lebensstil, so daß sie in

den Dienst von Fürsten und anderen Herren treten mußten. Die M. lebten am Hof ihrer Herren und erhielten gewöhnlich Geldrenten.

MINSK Russische Stadt. M. wird in den Urkunden erstmals 1067 als Provinzhauptstadt Weißrußlands erwähnt. 1101 wurde M. Sitz eines russischen Fürstentums, das *Kiew untertan war. Nach dem Zusammenbruch des Kiewer Staates im Jahre 1240 entging M. der mongolischen Eroberung; M.s Fürsten zahlten an die Khane der *Goldenen Horde Tribut. M. wurde in den Überfällen *Mindowes von Litauen verwüstet und 1301 an Litauen angeschlossen. Im 14. und 15. Jh. war M. ein bedeutendes Handelszentrum.

A. Florinsky, *Medieval Russia*, 1954.

MISSI DOMINICI (lat.: "Gesandte des Herrn", Königsboten) Regierungseinrichtung des *karolingischen Reiches. Die M. waren Delegationen von Grafen, Bischöfen und Äbten, die seit 789 alljährlich von *Karl d.Gr. in die Reichsprovinzen entsandt wurden, um die Tätigkeit der örtlichen Verwaltungen zu überprüfen. Weitere Aufgaben der M. waren die Verkündung kaiserlicher Gesetze und Verordnungen in den Grafschaften, die Einberufung der Versammlung der Freien (*mallus*) und die Untersuchung von Beschuldigungen des Rechtsbruches. In vielen Fällen waren die M. bevollmächtigt, im Namen des Kaisers Recht zu sprechen. Nach ihrer Rückkehr an den Hof gaben sie dem Kaiser einen Reisebericht und wurden deshalb seine "Augen und Ohren" genannt. Die Institution der M. bestand auch nach Karls Tod weiter, wurde aber nach 820 weniger häufig angewandt. Oft steckten auch die untersuchten Grafen mit den untersuchenden M. unter einer Decke. Nach der Rebellion der Söhne *Ludwigs d. Frommen (829) existierte die Institution praktisch nicht mehr.

V. Krause, *Geschichte des Institutes der Missi dominici*, in: Mitteilungen des Instituts für österreichische Geschichtsforschung 11, 1890; F. L. Ganshof, *Carolingian Institutions*, 1970.

MISTRA Stadt in *Morea (Griechenland). Sie wurde 1204 von den Kreuzfahrern erobert und war Teil des fränkischen Fürstentums Morea. Am Ort wurde eine Festung erbaut, die die Gegend um Sparta beherrschte. 1262 fiel M. in die Hände der Byzantiner und wurde Sitz der Provinzregierung. Die Bedeutung der Stadt war durch die Tatsache ersichtlich, daß die Statthalter von M. aus der Kaiserfamilie der *Palaiologi genommen wurden. Unter deren Herrschaft erlangte M. einen hohen politischen, kulturellen und künstlerischen Rang, der M. zum Ort machte, an dem die letzten Errungenschaften der byzantinischen Zivilisation geschaffen wurden. Nach dem Fall *Konstantinopels (1453) war M. das letzte Bollwerk von Byzanz. Es wurde 1460 von den *osmanischen Türken erobert.

M. Khatchidakis, *Mistra*, 1956.

MODENA Stadt in Norditalien. Nach der Zerstörung der Stadt durch die *Hunnen (453) wurde M. teilweise wiederaufgebaut und danach von den Herulern, Ostgoten, Byzantinern und dann von den Langobarden beherrscht. In dieser Zeit besaß sie nur wenig Bedeutung. Im 9. Jh. wurde M. von den Bischöfen neu aufgebaut und zum Mittelpunkt ihrer Grundherrschaft gemacht. 1115 wurde im Gefolge der regionalen Entwicklung die Kommune errichtet. In der zweiten Hälfte des 12. Jh.s waren die führenden Familien M.s durch innere Machtkämpfe zerstritten; im 13. Jh. war die Stadt Schlacht-

feld der *Guelfen und der *Ghibellinen. 1289 fiel die zerrüttete Stadt unter die Herrschaft der Herren von *Este, die M. bis Ausgang des Mittelalters beherrschten.
G. Bertoni, *Storia di Modena*, 1934.

MOHAC (MOHI), SCHLACHT VON (1241) Eine zwischen den von *Batu-Khan geführten *Mongolen und König *Bela IV. von Ungarn ausgetragene Schlacht, in der die letztere vernichtend geschlagen wurde. Danach lag den Mongolen Pest weit offen, und der größere Teil des ungarischen Reiches wurde zerstört.

MOHAMMED IBN ABDULLAH IBN ABD AL-MUTTALIB (um 570-632) Der Gründer des *Islams. Ein Sohn der Haschemitenfamilie aus dem *Kuraischklan von Mekka, wurde als Kind Waise und lebte als Kaufmannslehrling bei seinem Onkel. Danach trat er in den Dienst der Witwe *Khadija, für die er im Hedschas und in Syrien als Karawanenführer arbeitete. Dabei traf er allerlei Menschen und konnte deren Glauben und Traditionen kennenlernen. Um 600 heiratete er seine 15 Jahre ältere Dienstherrin. Sie gebar ihm sechs Kinder. Später widmete er sich der Meditation in einer Höhle nahe Mekka. Um 610 begann M., seinen Anschauungen öffentlich Ausdruck zu verleihen und einen monotheistischen Glauben zu predigen, der ihm von Gottes Stimme vermittelt worden sei. Seine Gemahlin und ein Kreis von Anhängern nahmen diese Lehre auf und wurden damit zum Kern der neuen Religionsgemeinschaft. Die Aristokratie von Mekka unter der Führung des *Omajjadenklans stellte sich gegen sie und beschuldigte M. der Verletzung alter Sitten. Nach Khadijas Tod (619) verschärften sich die Spannungen; 622 mußte M. nach Jathrib flüchten, dem er den Namen *Medina verlieh. Die *Hedschra (d.h. "Auswanderung") M.s nach Medina kennzeichnet die Geburtsstunde der neuen Religion und ist der Anfang der islamischen Zeitrechnung.

In Medina konnte M. eine führende Position gewinnen und als Vermittler zwischen den örtlichen Stämmen auftreten. Dort entwickelte er seine Ideen zu einer zusammenhängenden Lehre, die auf seinen Erleuchtungen, dem *Koran und moralischen Vorschriften basierte. Er organisierte eine starke Armee und konnte die Mekkaner 624 in der Schlacht von Badr besiegen. Ein Gegenangriff Mekkas (627) schlug fehl, und ein Jahr später fiel die Stadt in M.s Hand. Damit war er unbestrittener Führer des Hedschas; seine Prophetenfunktion wurde nicht mehr angezweifelt. In der Hoffnung auf weiteres Waffenglück plante M. einen Angriff auf die byzantinischen Territorien in Transjordanien, der jedoch zu seinen Lebzeiten nicht mehr ausgeführt wurde. Der neue Glaube verbreitete sich rasch über die arabische Halbinsel; zur Erinnerung an die Siege M.s wurde die große Pilgerfahrt (*Hadsch*) zur Kaaba von Mekka unternommen. 632 erkrankte M. in Mekka und starb nach kurzer Zeit.
T. Andrae, *M.*, 1932;
M. Rodinson, *M.*, 1975.

MOHAMMED (MEHMED) I. (1380-1421) Osmanensultan (1413-21). Jüngster Sohn *Bajezids II., konnte die seit der Niederlage seines Vaters gegen *Timur-Leng (1402) nun unabhängigen türkischen Fürstentümer unter seiner Herrschaft vereinigen. 1413 wurde M. Sultan des wiedererstandenen Osmanenreichs. Seine bedeutendste Errungenschaft war die Festigung seines Reiches in Kleinasien und auf dem Balkan.
P. Wittek, *The Rise of the Ottoman Empire*, 1938.

MOHAMMED II. (MEHMED), der Eroberer (1429-81) Sultan des Osmanenreiches (ab 1451). Seit früher Jugend an den Regierungsgeschäften seines Vaters Murads II. beteiligt, machte sich M. nach dessen Tod sofort an die Eroberung von *Konstantinopel, das er nach heftigem Kampf mittels seiner Artillerie einnahm und zur Hauptstadt machte. M. konnte weiter den gesamten Balkan, die Krim und Trapezunt unterwerfen. Er übernahm byzantinische Staatstraditionen; baute die osmanische Bürokratie auf und legte eine Gesetzessammlung an.   (Din)
F. Babinger, *Mehmed d. Eroberer und seine Zeit*, 1953.

MOIMIR Herzog von Mähren (830-46). Seit 830 kämpfte M. gegen die anderen tschechischen Stammeshäuptlinge um die Vorherrschaft in Mähren, die er zehn Jahre später erlangte. Er erhob sich auch gegen seinen Oberherrn *Ludwig d. Deutschen, der ihn 846 absetzte und an seiner Stelle seinen Neffen Rostislaw einsetzte.
K. Bosl, *Das großmährische Reich in der politischen Welt des 9. Jh.s*, 1966.

MOISSAC Südfranzösische Stadt bei Toulouse, ursprünglich eine um das berühmte Kloster des 7. Jh.s gewachsene Siedlung. Das Kloster wurde 1076 reformiert und trat dem Orden von *Cluny bei. Es war ein wichtiges Zentrum der Erziehung und Gelehrsamkeit und besaß bis zum 12. Jh. eine der größten Bibliotheken Europas. Die Klosterkirche und das Abteigebäude wurden im späten 11. und im 12. Jh. umgebaut und enthalten einige der schönsten Kunstwerke romanischer Bildhauerei und Malkunst.
A. Anglès, *L'abbaye de M.*, 1926.

MOLDAU Rumänisches Fürstentum an der Donau zwischen dem Fluß Dnjestr und dem Karpatengebirge. Im Früh- und Hochmittelalter wurde das Land von den Goten, Awaren, Kumanen und anderen Stämmen beherrscht und war Durchzugsgebiet für die Invasionen der asiatischen und russischen Steppenvölker. 1359 errichtete eine Gruppe von "Wlachen" (Rumänen) aus dem Karpatengebirge am Ufer der Moldau ein eigenes Fürstentum, das vom Woiwoden Bogdan geleitet wurde. Ein Jahr später erhob sich Bogdan gegen seinen Lehnsherrn König *Ludwig von Ungarn und erlangte die Unabhängigkeit. Die nachfolgenden Herrscher M.s konnten ungarischen und polnischen Eroberungsversuchen widerstehen und ihre Herrschaft in Richtung Mündungsgebiete des Dnjestr und der Donau ausdehnen. Alexander der Gute (1400-32) stellte das Fürstentum verfassungsmäßig auf feste Grundlagen, regierte in Zusammenarbeit mit den großen Landbesitzern (Bojaren) und förderte die Entwicklung des Handels.
H. Weczerka, *Das mittelalterliche und frühneuzeitliche Deutschtum im Fürstentum M.*, 1960.

MONACO Fürstentum in der *Provence. Der alte Tempel des Herakles Monoecus war zu Beginn des Mittelalters Mittelpunkt einer gallo-römischen Siedlung, deren Einwohner sich seit dem 8. an die in dieser Gegend wohnende gotische und fränkische Bevölkerung assimilierten. Im 9. Jh. war die Stadt Teil der Grafschaft *Nizza. Zur Mitte des 11. Jh.s wurde sie von *Genua erobert; seit dem Jahr 1070 regierten sie Mitglieder der Grimaldifamilie, die zu Ende des 11. Jh.s die Lehnshoheit der Grafen von der Provence anerkannten. 1297 nutzten die Herren von M. den Kriegszustand zwischen den Angevinen von Neapel-Provence, Genua und Aragón aus und machten sich unter der Schutzherrschaft der

Lazarus und der Geizhals; *Relief des 12. Jh.s aus der Abtei Moissac*

Republik Genua selbständig. Im Spätmittelalter bemühten sich die Grimaldi um den Aufbau ihres kleinen Fürstentums.
J.-B. Robert, *Histoire de M.*, 1973.

MONASTIR Makedonische Stadt. Die griechisch-byzantinische Siedlung erhielt im 7. Jh. slawischen Charakter. Zwischen dem 9. und dem 13. Jh. stritten sich Byzantiner und Bulgaren um die Herrschaft über M. Die Bulgaren errichteten um das gleichnamige Kloster M. ein Provinzzentrum. Zu Beginn des 14. Jh.s wurde die Stadt Teil des *serbischen Königreichs und 1366 von den *osmanischen Türken erobert.

MONATPERTI Ort einer Schlacht (1260), in der die *Ghibellinen Sienas die *Guelfen von Florenz besiegten. Der Sieg setzte *Siena in die Lage, bis ins 14. Jh. eine wichtige Stellung in der Wirtschaft und Kultur Toskanas beizubehalten.

MÖNCHTUM Das christliche M. entstand im 3. Jh. in Ägypten und war ein Rückzug einzelner frommer Menschen in die Wüste. Dort widmeten sie sich der Anbetung Gottes, dem Kampf gegen die Dämonen sowie der Meditation, ohne der körperlichen Tätigkeit eine Funktion im Tagesablauf zu geben. Dieses frühe M. war sowohl individuell als auch kollektiv und breitete sich bis zum 6. Jh. bis zur Sinaiwüste und zum Heiligen Land aus.

Das byzantinische und das römische M. besaßen einen anderen Charakter. Die Mönchsgruppen organisierten sich als Gemeinschaften, in denen Theologie und anderes studiert wurde und deren Mitglieder im Dienste der Kirche als Missionare, Theologen und in anderen Funktionen wirkten. Der Rückzug von der Gesellschaft war rein physischer Natur, da der Geistliche weiter enge Beziehungen mit den Laien unterhielt. Das M. des Frühmittelalters erforderte das strenge Zölibat, eine Pflicht, der der Weltklerus dieser Zeit noch nicht unterworfen war. Mit der Errichtung des Klosters Subiaco und dann *Monte Cassinos durch den hl. *Benedikt von Nursia wurden die Ziele des M.s (die in der Benediktinerregel definiert waren) verwirklicht. Auf der Grundlage des Strebens nach einem Leben der Vollkommenheit und geistigen Befriedigung machte Benedikt die persönliche Besitzlosigkeit, den Rückzug von Familie und Gesellschaft, die körperliche und geistige Arbeit sowie den Gehorsam gegenüber dem Abt zur Pflicht. In den griechisch-orthodoxen und den östlichen Kirchen war der byzantinische Typus des M.s vorherrschend, der den Platz des Individuums innerhalb der Gemeinschaft betont. Das benediktinische M. war dagegen auf die Prädominanz des Kollektivs, der Mönchsgemeinde, gegründet und war seit dem 8. Jh. im Westen vorherrschend. Mit der Gründung von *Cluny (910) entwickelte sich eine reformierte Art des benediktinischen M.s, die mehr das Gebet und die Liturgie als den Weg zur Erlösung nicht nur des einzelnen Mönches, sondern auch der gesamten christlichen Gesellschaft betrachtete. Seit dem ausgehenden 11. Jh. entstanden neue Reformbewegungen wie die der *Zisterzienser, *Kartäuser und anderer, die die Askese betonten. Mit der Entwicklung der *Bettelorden im frühen 13. Jh., für die die Selbstheiligung nicht durch Rückzug, sondern durch den Gewinn auch anderer Seelen mittels der Predigt erfolgte, trat ein entscheidender Wandel im westlichen M. ein. Die Mönche besonders der Städte und Universitäten wurden stark in das tägliche Leben der allgemeinen Gesellschaft einbezogen. Mit wenigen Ausnahmen wie den Wüstenklöstern in Palästina oder Sinai (St. Katharina, Mar Saba und anderen) und den Gemeinden des Berges *Athos im byzantinischen Bereich mißlang es dem M., das Ideal des totalen Rückzugs von den irdischen Angelegenheiten zu erreichen. Durch die Verleihung von Landgütern kamen die Klöster in den Besitz von großen Landstrichen und wurden in die feudale Gesellschaft integriert, während die Äbte als weltliche Würden- und Amtsträger ins politische Leben hineingezogen wurden.

M. Heimbucher, *Die Orden und Kongregationen der katholischen Kirche*, 2 Bde., 1933/34[3];
G. G. Coulton, *Five Centuries of Religion*, 1923-50;
F. Prinz, *Frühes Mönchtum im Frankenreich*, 1965.

Spätgotische Skulptur eines Mönchs aus Burgund, 15. Jh.

MONDEVILLE, HEINRICH VON (ca. 1260-1325) Wundarzt. Ein Sohn Frankreichs, studierte in Bologna, kehrte zu Beginn des 14. Jh.s in seine Heimat zurück und wurde Wundarzt im französischen Heer. Als solcher entwickelte er Instrumente zur Extraktion von Pfeilspitzen. Um 1304 wurde er als Lehrer der Medizin nach *Montpellier berufen, wo er durch seine Sezierungen Berühmtheit erlangte. Seine Forschungen trugen erheblich zum Studium der Anatomie und besonders des Nervensystems bei.
Werk (frz.): E. Nicaise, *Maître Henri de Mondeville, Chirurgie*, 1893.

MONDINO DEI LIUCCI (um 1275-1326) Wundarzt. In Bologna geboren, studierte dort Medizin und wurde später an der gleichen Universität Professor. Dort führte er von neuem die Praxis des Sezierens ein. In seinen Forschungen beschäftigte sich M. besonders mit der menschlichen Anatomie. Sein 1316 vollendetes Werk *Anatomia* war bis zum 16. Jh. das Standardwerk auf diesem Gebiet.

MONGKE Siehe *MANGU.

MONGOLEN (TATAREN) Gruppenbezeichnung der asiatischen Stämme, die bis zum 13. Jh. als Nomaden in den Steppen Nord- und Westchinas lebten. Die meisten dieser Stämme waren ugrisch-altaischen Ursprungs und einige Türken, aber nur wenige waren echte M. Die Quellen zur Frühgeschichte der M. sind äußerst spärlich. Die M. hatten eine Naturreligion; Teile der Bevölkerung übernahmen auch buddhistische, christlich-nestorianische und islamische Glaubensgrundsätze. Die Stammesstruktur war durch zwei Oberklassen gekennzeichnet: durch die mit besonderen Vorrechten ausgestatteten Priester und durch die Krieger und Häuptlinge.

Im Frühmittelalter nahmen die M. an Seite anderer ugrisch-altaischer und türkischer Stämme an den Invasionen Europas und des Mittleren Ostens teil. Die östlichen Stämme griffen periodisch China an und stellten sich manchmal in den Dienst der Kaiser. Erst mit dem Aufstieg *Dschinghis-Khans im späten 12. Jh. wurden die M. vereinigt; sie errichteten ihre Hauptstadt in *Karakorum. Seit Beginn des 13. Jh.s befanden sich permanent auf Kriegs- und Eroberungszügen, wobei sie massenhaft durch Plünderungen, Morde und Verwüstungen wüteten.

Bis zu seinem Tod hatte sich Dschinghis-Khan zum obersten Herrscher Zentralasiens, Chinas, Persiens und des Kaukasus gemacht. Er hinterließ seinen kollektiv regierenden Nachfahren ein wohlorganisiertes Reich; sie hatten auf einer besonderen Versammlung (*Kuraltai*) zu Karakorum einen Großkhan oder obersten Herrscher zu wählen. Die Nachkommen der vier Söhne Dschinghis' setzten die Expansionspolitik seit der Mitte des 13. Jh.s fort. *Batu-Khan eroberte Rußland, fiel in Polen und Ungarn ein (Schlachten bei Liegnitz und am Sajo-Fluß 1241) und errichtete das Reich der *Goldenen Horde. Andere Enkel eroberten Turkestan und die Reste Chinas. Ein weiterer Enkel, *Hülagü, eroberte Persien und Irak, stürzte das *Abbasidenkalifat (1258) und gelangte bis zur Grenze Syriens und Palästinas, wo seine Armee bei Ain Dschalud von *Baibars, dem Mamlukensultan Ägyptens, geschlagen wurde. Das M.-reich erreichte seinen Höhepunkt unter *Kublai-Khan (1258-94), der ganz China unterwarf und seine Einflußsphäre auf Hinterindien, Korea, Japan und Java ausdehnte. Unter seiner Herrschaft durften Europäer das M.-reich besu-

Mongolischer Streitwagen

chen; der Reisende Marco *Polo hinterließ eine detaillierte Beschreibung von Land und Leuten und ihren Sitten. Kublai verlegte seine Hauptstadt von Karakorum nach Peking, wo der Hof unter den Einfluß der chinesischen Kultur geriet. Die starke Verwaltungsstruktur des Reiches und seine Kontrolle über die Haupthandelswege zwischen West und Ost brachten den M. großen Reichtum. Andererseits führte die ungeheure Ausdehnung (vom Pazifischen Ozean bis zur Donau) zur Teilung (Ende des 13. Jh.s). Das ursprüngliche Reich der M. blieb weiterhin ein Nomadenland; in China, Persien, Zentralasien und Rußland wurden unabhängige Reiche ("Horden") errichtet. Im 14. Jh. übernahmen die M.-herrscher Chinas die Kultur des Landes. Die persischen Khanate verloren allmählich an Macht, und ihre Herrscher nahmen den Islam an. In Turkestan waren die verschiedenen Horden miteinander verfeindet. Nur in Rußland konnte die Goldene Horde bis Ende des 14. Jh.s ihre Vorrangstellung beibehalten.

Die letzte Phase der mittelalterlichen Geschichte der Mongolen setzt mit dem Aufstieg der Timuriden zu Ausgang des 14. Jh.s ein. Unter der Führung *Timur-Lengs (Tamerlan) wurde der Versuch unternommen, ein Reich nach dem Vorbild Dschinghis-Khans aufzubauen. Timur unterwarf Persien und Zentralasien und machte sich nach dem Sieg über den Osmanensultan *Bajasid (1301) zum Oberherr aller Mongolenreiche mit Ausnahme Chinas. Wie zur Zeit Dschinghis-Khans wurden Greueltaten begangen (der Irak z.B. wurde vollkommen verwüstet). Die Timuriden, Timurs Nachkommen, regierten im 15. Jh. Persien und unternahmen häufig Einfälle nach Indien, das sie im 16. Jh. eroberten.

Allgemein kann nach Timurs Tod von einem Abstieg des M.-reichs gesprochen werden. Die Goldene Horde verlor die Kontrolle über die früher hörigen Russenfürsten, die unter der Führung Moskaus ihre Unabhängigkeit gewannen. Die Großfürsten von *Litauen erlangten die Herrschaft über die Ukraine und eroberten Kiew. Innere Konflikte führten dann zum Zusammenbruch der Goldenen Horde. China erlangte seine Unabhängigkeit, und in der Krim und zu Chasan entstanden unabhängige Khanate.

B. Spuler, *Geschichte der Mongolen,* 1968.

MONOPHYSITISMUS Christliche Häresie, die sich auf die Lehre von einer einzigen göttlichen Natur Christi stützt und die orthodoxe Lehre der doppelten (göttlichen und menschlichen) Natur ablehnt. Der M. entstand im 5. Jh. und gewann im 6. Jh. in den Ostkirchen an Boden. In Antwort auf den festen Widerstand der östlichen und westlichen Kirche und auf die Unterdrückungsmaßnahmen Kaiser *Justinians gaben die Monophysiten ihren byzanzfeindlichen Gefühlen Ausdruck und errichteten ihre eigenen kirchlichen Organisationen. Die *Kopten, *Jakobiter und zahlreiche weitere östliche Sekten übernahmen den M. als Kern ihrer Lehre.

W. H. C. Frend, *The Rise of the Monophysite Movement,* 1975.

MONOTHELETISMUS Eine Häresie des 7. Jh.s, die innerhalb der byzantinischen Kirche entstanden war und den *einen* Willen Christi trotz seiner zwei (göttlichen und menschlichen) Naturen lehrte. Der M. war eine Weiterführung des *Monophysitismus und im Grunde Ausdruck der Ablehnung politischer Beherrschung des Ostens durch Byzanz. Der M. entwickelte sich trotz der Unterdrückungsmaßnahmen von Kaiser *Herakleios hauptsächlich in Ägypten; dies führte angesichts der herannahenden arabischen Gefahr zur Suche nach einer Kompromißlösung (638), die aber letztlich erfolglos blieb. 680/81 wurde der M. offiziell verurteilt (6. ökumenisches Konzil).

V. Grumel, *Recherches sur l'histoire du Monothélisme,* in: Echos d'Orient 27-29, 1928-30.

MONREALE Sizilianische Stadt nahe Palermo, die sich um eine von dem normannischen König *Wilhelm II.

Kirche zu Monreale, 12. Jh. und später

Das Benediktinerkloster Monte Cassino, im 6. Jh. gegründet und mehrmals umgebaut

von Sizilien 1174 errichtete Benediktinerabtei entwikkelte und 1182 Sitz des Erzbistums von Sizilien wurde. Der Dom von M. wurde im 12. Jh. errichtet und gilt als eines der schönsten Bauwerke Siziliens. Er vereinigt die romanische, byzantinische und arabische Baukunst in vollendeter Einheit. Der vollständig mit Goldmosaik ausgekleidete Innenraum ist die eindringlichste Verkörperung des "himmlischen Jerusalem" auf Erden.
E. Kitzinger, *The Mosaics of Monreale*, 1960.

MONS LACTANTIUS Schauplatz einer 522 nahe Neapel ausgetragenen Schlacht, in der die byzantinische Armee unter *Narses die *Ostgoten besiegte und deren italienisches Königreich zerstörte.

MONSTRELET, ENGUERRAND VON (um 1390-1453) Chronist, diente am Hof der Großherzöge von *Burgund, und verfaßte eine Chronik, die die letzten Phasen des *Hundertjährigen Krieges behandelt (1400-44).
Werk: Douet d'Arcq (Hg.), 6 Bde., 1857-62.

MONTANISTEN Eine der frühesten häretischen Bewegungen der christlichen Kirche, im 2. Jh. von dem Propheten Montanus gegründet. Die M. glaubten an die Verbreitung des Gotteswortes durch Propheten, die das Wiedererscheinen Christi vorbereiten würden. Die Bewegung verbreitete sich trotz ihrer Verurteilung durch die Kirche zu Beginn des Mittelalters und verlor ihre Anhänger erst infolge der Unterdrückungsmaßnahmen Kaiser *Justinians.
H. Jedin (Hg.), *Handbuch der Kirchengeschichte* I, 1973[3].

MONTE CASSINO Benediktinerkloster in Mittelitalien südöstlich von Rom. Es wurde 529 vom hl. *Benedikt von Nursia auf den Ruinen eines alten römischen Tempels gegründet. M. wurde Vorbild für das gesamte benediktinische *Mönchtum. Die Benediktinerregel wurde in M. verfaßt; das Kloster diente als Mutter zahlreicher Neugründungen. Seine berühmte Bibliothek enthält auch Abschriften klassischer Texte, die ohne die Mühen der Mönche verloren gegangen wären. Durch den Besitz großer Landgüter beherrschte M. die Wirtschaft der gesamten Gegend zwischen Rom und Benevent. Im *Investiturstreit stand M. auf der Seite der Päpste. Die wirtschaftlichen Mittel wurden für eine ausgedehnte Bautätigkeit und den Unterhalt der Klosterschule genutzt, die im 11.-12. Jh. blühte. Seit dem 14. Jh. ging es mit M. abwärts, seine Äbte besaßen aber weiterhin nicht geringen politischen Einfluß.

H. Bloch, *M. in the Middle Ages,* (im Druck).

MONTEFELTRO Adelsfamilie aus Urbino (Italien), die in der zweiten Hälfte des 12. und im 13. Jh. die ghibellinische Partei der Stadt gegen die päpstlichen Beamten führte. Die Herrschaft über Urbino versetzte die M. in die Lage, auch Söldnerheere anzuheuern. Im 14. Jh. errichteten die M. ein großes Fürstentum, das starken Einfluß auf die Politik Mittelitaliens ausübte. Zu dieser Zeit verband sich die Familie durch Heirat mit den größten Adelsfamilien Italiens.

MONTEIL, Schlacht von (1369) Siehe *HEINRICH VON TRASTAMARE.

MONTE MORRONE Einsiedlerklause, im 11. Jh. im mittelitalienischen Apenninengebirge gegründet. M. wurde 1262 Heim einer Gemeinschaft von *Franziskaner-Spiritualen, die sich nach M. zur Meditation zurückzogen. Eines ihrer Mitglieder, Bruder Pietro, der durch sein streng asketisches Leben bekannt war, wurde 1294 unter dem Namen *Cölestin V. Papst.

MONTFERRAT Nordwestitalienische Markgrafschaft. Sie entwickelte sich aus dem späten 9. Jh. von einer fränkischen Familie am Südufer des Po errichteten Festung, die die Straße zwischen Mailand, Genua und Turin beherrschte. Die Herren der Burg nutzten den Niedergang der *karolingischen Herrschaft in Italien, riefen sich 943 zu Grafen aus und unterwarfen den Osten des heutigen Piemont. 954 erhob *Otto I. M. zur Markgrafschaft und verlieh den Burgherren als königlichen Lehnsleuten die Markgrafschaft. Im 11.-13. Jh. entwickelte sich diese weiter und erlangte besonders durch die Heirat Wilhelms IV. von M. (1140-88) mit Sophia, Tochter *Friedrichs I., eine bedeutende Stellung im Deutschen Reich. Wilhelms Söhne *Konrad und *Bonifatius nahmen an den Kreuzzügen teil. Konrad wurde Herr von Tyrus und König von Jerusalem (1192); Bonifatius war Führer des vierten *Kreuzzugs und wurde König von *Thessalonike (1204-07). Im 13. und 14. Jh. wuchs die Hausmacht der M. durch eine Reihe von Heiratsallianzen mit dem Haus von Savoyen, den spanischen Dynastien und den byzantinischen *Palaiologen. Die Markgrafen wurden als Reichsfürsten anerkannt. Gegen Ausgang des 14. Jh.s verloren sie jedoch an Macht und mußten sich bei der Abwehr der Angriffe der mailändischen *Visconti unter den Einfluß der Herzöge von Savoyen-Mantua begeben.

A. Bozzola, *Il Monteferrato,* 1923.

MONTMORENCY Französische Familie. Ihr Ursprung liegt im 10. Jh., als der Gründer des Hauses eine Burg nördlich von Paris errichtete. Im 11. Jh. waren die Herren von M. in ihrer Gegend ein Faktor der feudalen Anarchie und stellten sich gegen die Autorität des Königshauses. Sie sammelten große Ländereien und stiegen in die höheren Ränge des Adels auf. 1102 wurden sie von König *Ludwig VI. unterworfen und traten in den königlichen Dienst.

MONTPELLIER Stadt in der Languedoc (Südfrankreich). Sie wurde im 8. Jh. als Festung der Guilhems, einer kleinen Feudalfamilie aus der Grafschaft Melgueil, gegründet und gewann im 10. Jh. als Handelszentrum Bedeutung. Die von den Stadtbürgern 1141 errichtete Kommune wurde vom Stadtherrn unterdrückt. In der zweiten Hälfte des 12. Jh.s erlangte die Stadt,

Mont-Saint-Michel, Normandie

unter anderem auch durch den Handel mit dem Kreuzfahrerreich von Jerusalem, großen Reichtum. 1204 ging M. durch Heirat an das Königreich Aragón über und wurde zum Bistum erhoben. Die 1229 gegründete Universität machte sich rasch einen Namen als eine der wichtigsten medizinischen Schulen des Westens. Viele ihrer Lehrer waren Juden, die überhaupt einen wichtigen Teil der Stadtbevölkerung ausmachten und eines der bedeutendsten Zentren jüdischen Geisteslebens der Zeit errichteten. 1276 wurde M. Hauptstadt des Königreichs *Mallorca; 1349 wurde es von König *Philipp VI. erworben und an Frankreich angeschlossen.

L. J. Thomas, *Montpellier,* 1936.

MONTREAL Festung im Lateinischen Königreich Jerusalem. M. wurde 1113 von König *Balduin I. als vorgeschobene Basis in Transjordanien errichtet und beherrschte die Gegend südlich des Toten Meeres sowie die Hauptstraße zwischen Syrien, Ägypten und dem Hedschad. Im Laufe des 12. Jh.s wurde M. weiter ausgebaut; *Saladin konnte es erst nach einer vierjährigen Belagerung erobern (1190). Arabische Siedler bauten auf den Ruinen M.s im 13. Jh. die Stadt Al-Schaubak.

MONT-SAINT-MICHEL Insel und Abtei an der normannisch-bretonischen Küste. Im 8. Jh. wurde am Ort eine Kapelle errichtet, die dem hl. *Michael geweiht war. Im Jahr 966 errichteten normannische Mönche ein *Benediktinerkloster, das sich zu einem bedeutenden Zentrum der Geistlichkeit und der Wallfahrt entwickelte.

G. und V. de Miré, *Le Mont-Saint-Michel,* 1953.

MONTSEGUR Burg in Südfrankreich im Pyrenängebirge, die 1203 von den vor den französischen Kreuzrittern flüchtenden *Albigensern besiedelt und 1244 von der französischen Armee erobert und zerstört wurde. Mit der Niedermetzelung der Insassen versetzten sie dem Albigensertum den Todesstoß.

MONTSERRAT Berg, der die Stadt *Barcelona beherrscht. Der M. wurde durch eine Reihe von Legenden berühmt, die ihn mit dem "Schloß des heiligen Grals" identifizierten. Im 10. Jh. wurden am Ort ein Benediktinerkloster und im 12. Jh. eine romanische Kirche errichtet. Letztere gilt als eine der besten Errungenschaften katalanischer Kunst. Nach einer Periode des Niedergangs wurde das Kloster 1410 reformiert und diente dann als wichtige Bildungsanstalt.

M. Muntades, *Montserrat,* 1967.

MONUMENTA GERMANIAE HISTORICA Name einer der angesehensten und wissenschaftlich herausragendsten Sammlungen von Dokumenten zur Geschichte germanischer Stämme und deutschen Mittelalters. Sie wurde auf Anregung des Freiherrn von Stein unter der Leitung von G. Pertz zu Beginn des 19. Jh.s von einer Gruppe deutscher Geschichtsforscher begonnen und entwickelte neue Methoden der Textkritik und Herausgabe, die auch von anderen nationalen Quellensammlungen übernommen wurden. Seit 1825, dem Jahr des ersten Bandes, wurden über 300 Bände herausgegeben; die Arbeit ist bis heute nicht abgeschlossen.

MOREA Fränkisches Fürstentum in Griechenland. Die *Kreuzfahrer eroberten 1205 die byzantinische Peloponnes, die dann von *Bonifatius von Montferrat, dem König von Thessalonike, als Lehen an *Wilhelm von Champlitte verliehen wurde. Dessen Genosse und Nachfolger Gottfried von *Villehardouin errang die Unabhängigkeit M.s und gründete das erste Fürstenhaus. Im Laufe des 13. Jh.s wurde in M. ein Feudalregime eingeführt, das die westlichen Anschauungen von Adel und Rittertum übernahm, jedoch die byzantinischen Formen des Landbesitzes beibehielt und deshalb das Vertrauen der örtlichen Bauernschaft genoß. In der zweiten Hälfte des 13. Jh.s wuchs der Druck des wiedererrichteten byzantinischen Kaiserreichs; M. mußte die Burg *Mistra und einen Teil der Peloponnes herausgeben. Der Rest des Landes fiel unter den Einfluß *Karls von Anjou. Die Ehen zwischen den neapolitanischen *Angevinen und den letzten Fürsten von M. führten gegen Ausgang des 13. Jh.s zur Errichtung der neapolitanischen Herrschaft. Im 14. Jh. erwarb *Venedig große Teile des Landes und wurde zur dominierenden Macht. Inzwischen hatten navarrische Söldnerbanden 1385 weite Teile der Provinz erobert. Zu Beginn des 15. Jh.s war M. in einen neapolitanischen, venezianischen und navarrischen Sektor geteilt, während der französischsprechende Adel weiterhin die Fiktion des französischen (fränkischen) Feudalfürstentums aufrechthielt. 1430 eroberten die byzantinischen Statthalter von Mistra M.; 1460 fiel es an die *osmanischen Türken.

J. Longnon, *L'empire Latin de Constantinople et la Principauté de Morée,* 1949.

MORGARTEN, SCHLACHT VON Eine der Hauptschlachten im Unabhängigkeitskrieg der Schweizer, die 1315 zwischen den Schweizer Kantonen und *Leopold von Habsburg, dem Herzog von Österreich, ausgetragen wurde. Der Schweizer Sieg setzte die Kantone Schwyz und Uri in die Lage, ihre Unabhängigkeit zu festigen.

Das Benediktinerkloster Montserrat; Spanien, 12. Jh.

MORILEGUS Siehe *DANIEL VON MORLEY.

MORIMOND *Zisterzienserabtei in der Champagne. 1115 als viertes Tochterhaus von *Cîteaux gegründet, stieg innerhalb weniger Jahre zu einem der aktivsten Klöster des Ordens auf. M.s Mönche übten in Deutschland großen Einfluß aus, und im 12. und 13. Jh. wurde die Autorität des Abtes von M. durch die deutschen Zisterzienser verbindlich anerkannt. Der Einfluß des Klosters erstreckte sich bis Polen und Skandinavien.

MOROSINI Aristokratische Familie aus Venedig. Eines der ältesten Adelshäuser der Stadt, trat im 10. Jh. auf die politische Bühne und erwarb sich großen Ruhm als Verteidiger der venezianischen Unabhängigkeit gegen die *Ottonenkaiser. Während des 10. bis 14. Jh.s hielten Mitglieder der Familie zahlreiche Staatsämter inne und zeichneten sich als Politiker, Generäle und Gelehrte aus. Die wichtigsten M. waren der Doge Domenico (1148-56), der die venezianische Herrschaft in der Adria auf Istrien, Dalmatien und Teilen von Albanien errichtete; Michele M., Doge im Jahr 1382, der mit Genua Frieden schloß; Antonio M. (1366-1434), der Verfasser einer dokumentierten Geschichte Venedigs; und Tomasso M., der erste lateinische Patriarch Konstantinopels (1205-11).

H. Kretschmayer, *Geschichte von Venedig,* 1920.

MOSAIKEN Siehe *KUNST.

MOSER, LUCAS (1. Hälfte 15. Jh.) Maler, schuf den Magdalenenaltar im schwäbischen Tiefenbrunn (1432). In seiner "modernen" Detailrealistik und Räumlichkeit bedeutet dieses Werk einen großen Schritt in der deutschen Malerei und verrät französische Schulung. (Din)

H. May, *L. M.,* 1967[2].

MOSES BEN MAIMON Siehe *MAIMONIDES.

MOSES BEN NACHMAN Siehe *NACHMANIDES.

MOSES IBN ESRAH (1055-1135) Hebräischer Dichter. In Granada (Spanien) geboren, diente als Beamter der Maurenregierung in seiner Heimatstadt, verlor nach der *almoravidischen Eroberung (1090) seine Stellung und mußte nach Kastilien fliehen. In der Zeit seiner Wanderung verfaßte er den Großteil seiner Dichtung, die religiöse Hymnen und weltliche Lieder einschließt. Seine Sprache gilt als Meisterleistung des mittelalterlichen Hebräischen.

M. Sachs, *Die religiöse Poesie der Juden in Spanien,* 1845.

MOSES IBN TIBON (um 1190-1250) Übersetzer. Sohn des *Samuel Ibn Tibon, dem er bei seinen philosophischen und naturwissenschaftlichen Übersetzungen vom Arabischen ins Hebräische half. Nach seines Vaters Tod wurde seine eigene Begabung als Übersetzer anerkannt. Er ist hauptsächlich als Übersetzer des *Ibn Ruschd bekannt.

H. Blumberg, *Moses Ben Samuel Ibn Tibon,* 1954.

MOSES KIMCHI (1120-90) Grammatiker, lehrte an der Talmudakademie von *Narbonne und war hauptsächlich am Studium der Zeitworte interessiert. In einer Reihe von Abhandlungen versuchte er, die hebräischen Konjugationen logisch zu erklären.

J. B. Sermonetta, *Il Libro delle forme verbale,* 1967.

MOSES VON BERGAMO (12. Jh.) Übersetzer. Ein Sohn Bergamos (Süditalien), ließ sich im venezianischen Viertel Konstantinopels nieder und wurde nach 1130 Sekretär von Kaiser *Johannes Komnenos. Seine hohen Einkünfte verbrauchte M. zum Ankauf von seltenen griechischen Manuskripten, die er auf Reisen durch Thessalonike und den Balkan erwarb. M. war als großer Kenner der griechischen und lateinischen Sprache und Übersetzer griechischer theologischer Werke ins Lateinische bekannt.

MOSES VON LEÓN (um 1240-1305) Jüdischer *Kabbalist. Er wurde in León geboren und als Sohn einer reichen Familie von Privatlehrern erzogen. Als er Interesse an der Philosophie zeigte, ließ ihm sein Vater eine eigene Abschrift der Werke des *Maimonides herstellen (1267). Später erwachte M.' Interesse an kabbalistischen Gedanken, die in *Gerona entwickelt wurden. Aus der großen Menge der kabbalistischen Werke konzentrierte er in dem 1268 verfaßten Buch *Sohar* die wichtigsten Gedanken. Dieses Buch ist im aramäischen Dialekt geschrieben (um ein ehrwürdiges Alter vorzutäuschen) und wurde rasch zum Handbuch der gesamten kabbalistischen Bewegung.

G. Scholem, *Die jüdische Mystik in ihren Hauptströmungen,* 1957.

MOSKAU Stadt und Fürstentum in Rußland. M. wurde zum ersten Mal im Jahr 1147 schriftlich erwähnt; 1156 erbaute Fürst *Jurij Dolgoruki am Ort die Festung des Kreml, die den Handel zwischen *Nowgorod und dem Wolgagebiet kontrollierte. Im späten 12. und im 13. Jh. diente die Festung als strategischer Mittelpunkt der südlichen Grenzen *Susdals. 1228-29 wurde M. von den *Mongolen zerstört, einige Jahre später bereits wieder aufgebaut. Nach dem Fall des Staates Kiew im Jahr 1240 war M. eine der Städte, die durch jährliche Tributzahlungen an die *Goldene Horde ihre Unabhängigkeit bewahren konnten. Nach einer Periode ruhiger Beziehungen mit den Mongolenkhanen erhob sich M. gegen die Mongolen und wurde 1293 zum zweiten Mal zerstört. Ein Jahr später baute Fürst Daniel (gest. 1303) aus dem Haus Rjurik die Stadt wieder auf und machte sich von Susdal unabhängig. Die Fürsten von M. übernahmen für die Goldene Horde die Einsammlung des Jahrestributs der russischen Fürstentümer und konnten dadurch im 14. Jh. ihre Bedeutung erhöhen. Besonders *Alexander Newski, einer der Helden des russischen Mittelalters, stärkte die Macht M.s. 1326 wurde der Metropolitensitz Rußlands von *Wladimir nach M. überführt, das damit kirchliche Hauptstadt Rußlands wurde. 1328 nahm Fürst *Iwan I. Susdal ein, nannte sich Großfürst und machte M. zu einer Großmacht in Rußland. Seine Nachfolger unterwarfen weitere russische Fürstentümer und kämpften gegen Litauen und die Mongolen. Der Sieg bei *Kolikowo sicherte die Vorherrschaft M.s in Rußland.

G. Vernadsky, *Medieval Russia,* 1953; W. Knacksted, *M.,* 1975.

MOSUL Stadt im nördlichen Irak. M. wurde von den persischen *Sassaniden am Ufer des Tigris gegründet und kontrollierte die Handelsroute zwischen Persien und Syrien. Am Vorabend der arabischen Eroberung (641) war M. eines der wichtigsten Zentren des Christentums im Osten. Viele der siegreichen arabischen Soldaten ließen sich mit ihren Familien in M. nieder, das im 8. Jh. Hauptstadt des nördlichen Iraks war. Daneben entwickelte es sich auch zu einem der bedeutendsten Textilzentren des Kalifats; der Musselinstoff von M. war auch im Westen hochgeschätzt. Im 10. Jh. wurde M. von örtlichen Herrscherfamilien regiert; 1095 eroberten die *Seldschuken die Stadt und ernannten *Attabege zu

Statthaltern. Einer dieser Attabege war *Sengi, der sich 1127 unabhängig machte und ein machtvolles Fürstentum errichtete. Es diente als Ausgangspunkt für den Gegenangriff auf die *Kreuzfahrerstaaten. Als Teil des *Ejjubidenreichs blühte M. auch im 12. und 13. Jh. weiter, bis es von den *Mongolen unter *Hülagü-Khan erobert und zerstört wurde. Nach dem Wiederaufbau blieb M. eine arme Provinzstadt.

MOUSKES, PHILIPP (gest. um 1241) Französischer Chronist. Er diente als Geistlicher am Reimser Dom und begleitete gewöhnlich die Erzbischöfe an den Königshof. Dort lernte er prominente Persönlichkeiten und die neuesten politischen Ereignisse kennen. Diese Erfahrungen verarbeitete er in seiner "Reimchronik Frankreichs", die die erste Hälfte des 13. Jh.s bis 1241 umfaßt.

MOZARABER Bezeichnung der spanischen Christen, die unter der arabischen Herrschaft lebten, ihre eigene Liturgie und Riten besaßen und ihren Glauben wie im frühen 8. Jh. (vor dem Fall des *Westgotenreichs) ausübten. Mit der Wiedereroberung großer Teile Kastiliens und Aragóns im 8. Jh. wurden die Bräuche der M. als heterodox verurteilt, und im Laufe des 11. und 12. Jh.s die mozarabischen Bischöfe und Geistlichen aus ihren Ämtern entfernt. Eine intensive Propagandakampagne wurde zur Einschränkung ihrer halbarabischen Bräuche in Bewegung gesetzt.
H. Jedin, *Handbuch der Kirchengeschichte* 3/1, 2, 1973.

MSTISLAW Großfürst von Kiew (1125-32). Ältester Sohn *Wladimir Monomachs, konnte seine Herrschaft nach dauernden Kriegen seinen russischen Verwandten auzwingen. Er verteidigte das Land gegen die Einfälle der *Polowzer (Kumanen); während seiner Regierungszeit war *Kiew der Mittelpunkt Rußlands. Seine Nachfolger konnten diese Vorherrschaft nicht aufrechterhalten; die Führungsrolle ging in der zweiten Hälfte des 12. Jh.s an *Susdal über.
G. Vernadsky, *Kievan Russia*, 1952.

MSTISLAW DER TAPFERE Fürst von Smolensk (1167-1204). Sohn einer Juniorenlinie des Hauses *Rjurik. M. war in die Thronstreitigkeiten Kiews verwickelt und wurde zusammen mit seinem Rivalen Mstislaw dem Waghalsigen 1204 von den *Mongolen bei Kalka geschlagen.

MUAWIJA IBN ABU SUFJAN (um 603-80) Kalif (661-80). Er gehörte zum aristokratischen Klan der *Omajjaden von Mekka, trat nach Mohammeds Eroberung der Stadt (626) zum Islam über und diente in der Armee des Propheten. Unter der Regierung des Kalifen *Omar zeichnete sich M. als begabter Feldherr aus und wurde mit dem Befehl über die syrische Front vertraut, die er seit 640 auch als Statthalter regierte. Nach der Ermordung seines Verwandten *Othman kämpfte M. gegen *Ali, den er 661 schlagen konnte. Daraufhin wurde er zum Kalifen ausgerufen und errichtete in Damaskus seine Hauptstadt. Unter seiner Regierung wurde das byzantinische Verwaltungssystem übernommen, das M. in die Lage versetzte, eine starke Zentralregierung in seinem großen Reich aufzubauen. M. kämpfte gegen die Byzantiner, konnte jedoch nicht *Zypern und *Konstantinopel gewinnen. Dagegen gelangen ihm Eroberungen in Nordafrika und Ostpersien.

MÜHLDORF AM INN Bayerisches Dorf und Schauplatz einer Schlacht (1322) zwischen Kaiser *Ludwig IV. d. Bayern und *Friedrich von Habsburg. Ludwigs Sieg brachte ihm ungestörte Herrschaft in Deutschland und den Anschluß *Brandenburgs an die *wittelsbachischen Güter. Die *Habsburger blieben für über ein Jahrhundert vom deutschen Königtum entfernt.

MÜHLEN Zu Beginn des Mittelalters wurde überall in Kontinentaleuropa die Errichtung von Wassermühlen in Angriff genommen. Dies ist aus dem Mangel an Sklavenarbeitskraft zu erklären, die bisher die Getreidemühlen betrieben hatte (obwohl Rom die Wassermühle kannte). Errichtung und Betrieb der M. wurden Vorrecht der Feudalherren, die ihre Bauern zur alleinigen Benutzung herrschaftlicher Mühlen zwingen konnten. Seit dem 8. Jh. finden sich überall in Europa Wassermühlen. In trockenen Ländern wie etwa Persien war diese Lösung nicht möglich, und seit dem 10. Jh. erscheinen in solchen Gegenden Windmühlen. Von dort verbreiteten sie sich westwärts nach Nordafrika und Spanien, 1167 erschienen sie in Westeuropa. Im 13. Jh. gehörte die Windmühle zum Landschaftsbild zahlreicher Länder (besonders der Niederlande).
C. Singer, E. J. Holmyard, *History of Technology* 2, 1966.

MÜNCHEN Stadt in Bayern am Westufer der Isar. Sie wurde 1158 von *Heinrich d. Löwen an einer wichtigen Wegkreuzung gegründet und entwickelte sich zum Messeort und Handelszentrum. 1255 machten die *Wit-

Wassermühle; aus dem gotischen Luttrel-Psalter

telsbacher, das Herrscherhaus Bayerns seit 1180, M. zu ihrer Hauptstadt. M. nahm eine rasche Entwicklung als politischer und verwaltungstechnischer Mittelpunkt und übte mit der Errichtung eines Bistums wichtige kirchliche Funktionen aus. Im 14. Jh. wurde das Stadtzentrum im gotischen Baustil neu erbaut und stand im Schatten des neuen Liebfrauendoms.

K. Bosl, *München. Bürgerstadt-Residenz-heimliche Hauptstadt Deutschlands,* 1971.

MUNDEBURDIUM (MUNT) Herrschaftsrecht und Schutzpflicht des germanischen Hausherrn; auch Bezeichnung aus den fränkischen Königreichen des 7. Jh.s für Schutz und Verteidigung, die der Herr dem Freien verlieh. In Gegenleistung akzeptierte der Freie die Hoheit des Herrn und übergab ihm seine Güter. Die M. war eine Vorform der feudalen Beziehungen zwischen Herr und Lehnsmann und Vorläufer des Lehnseides.

F. L. Ganshof, *Was ist das Lehnswesen?,* 1961.

MÜNSTER Stadt in Westfalen. die sächsische Stadt Mimigernaford wurde 787 von *Karl d.Gr. erobert und zu einem fränkischen Bollwerk im Sachsenland ausgebaut. 804 gründete der Kaiser in M. ein Bistum. Die Stadt entwickelte sich zum Handelszentrum und blühte im 11.-13. Jh. 1137 verlieh ihr Kaiser *Lothar III. das Stadtrecht und die Bewilligung zur Errichtung städtischer Institutionen. Im 12. und 13. Jh. wuchs der Englandhandel, der M. großen Reichtum und schließlich die Mitgliedschaft in der *Hanse brachte. Die Bürgerschaft nutzte ihre Wirtschaftsmacht zur Lösung von bischöflicher Herrschaft aus.

W. Hager, *Münster in Westfalen,* 1966².

MUNT Siehe *MUNDEBURDIUM.

MUNTANER, RAMON (1265-1336) Schriftsteller. Er wurde in Perelada (Katalonien) geboren und war am *aragonischen Königshof beschäftigt. Seine "Chronik der Könige von Aragón", die die Zeit vom 13. bis zum frühen 14. Jh. umfaßt, gilt als Meisterwerk der katalanischen Literatur.

E. Pears, *Catalonia Infelix,* 1937.

MÜNZWESEN Die Ursprünge des mittelalterlichen M.s liegen in der Währungsreform des römischen Kaisers Diokletian am Ausgang des 3. Jh.s. Er legte die Goldmünze des Solidus fest, der den zwanzigsten Teil eines Pfundes Gold ausmachte und 12 Silberdenare wert war. Dieses System wurde vom Mittelalter übernommen und bestand noch bis vor kurzem in Großbritannien. Der wahre Wert der Münzen fluktuierte natürlich mit den wirtschaftlichen Veränderungen. Während in *Byzanz das Verhältnis zwischen Gold- und Silberwert gewöhnlich kaum Veränderungen erfuhr, führte der wirtschaftliche Niedergang des Westens dazu, daß das Gold nach Osten strömte, was sich auf das M. auswirkte. Im 7. Jh. wurde ein Solidus für 40 Silberdenare verkauft. Die islamische Welt übernahm das byzantinische System; bis zum 12. Jh. läuft die Geschichte des Dinar parallel mit der des byzantinischen Besants. Die Konzentrierung des Goldes in den Märkten des Ostens führte zu Beginn des 8. Jh.s zu einer Knappheit von Silber in den moslemischen Ländern. Allmählich stabilisierte sich der Silber-Gold-Kurs um den Wert 1:18. Mit der karolingischen Währungsreform wurde das Silber für Jahrhunderte zur Grundlage des westlichen M.s. Das M. wurde Goldschmieden und großen Lehnsleuten übergeben, die ihre eigenen Münzen prägten. Im Gegensatz zu Byzanz und der moslemischen Welt, wo die Regierung weiterhin die Kontrolle über Wert und Einheitlichkeit des M.s ausübte, verloren die Könige Europas im 9.-12. Jh. vollkommen die Aufsicht. Die feudalen Münzstätten produzierten Münzen verschiedensten Gewichtes und Gehaltes, was die Wertschwankungen erhöhte und ihre Verbreitung auf kleinere Gebiete einschränkte. Geldwechsler, die sich an Brücken und Stadttoren niederließen, spielten eine wichtige Rolle bei der Festlegung der Wechselkurse, die nicht nur Gewicht und Feingehalt der Münzen, sondern auch deren wirtschaftliche Stärke oder Schwäche widerspiegelten. So erhöhten die *Champagnemessen den Wert der Münzen von Provins und vergrößerten deren Umlaufgebiet, da die Messen von Kaufleuten aus ganz Europa besucht wurden. Der von den Grafen von Melgueil (Languedoc) gemünzte Solidus war wegen seines hohen Silbergehalts und festen Wertes in ganz Südfrankreich und Nordspanien gesucht.

Die Wiederbelebung des Mittelmeerhandels und die *Kreuzzugsbewegung übten einen revolutionären Einfluß auf das M. aus. Die Goldwährung des Ostens wurde von neuem entdeckt, als wichtiges Hilfsmittel zur Durchführung großer Geschäfte anerkannt und im Westen eingeführt. Mit dem Niedergang der feudalen Zersplitterung im 13. Jh. wurde die Münzprägung wiederum Sache der Könige. Gleichzeitig drangen aus Italien die neue Goldmünzen (der Florin aus Florenz und die Goldmünzen aus Venedig) nördlich der Alpen ein und wurden Grundlage der rheinischen, böhmischen und ungarischen Goldgulden. In den Nationalstaaten im Westen erschienen wiederum die Sinnbilder der königlichen Autorität auf den Münzen, die dementsprechend *scudi, crown* usw. genannt wurden. Infolge der Wirtschaftskrise die 14. Jh.s begannen die Herrscher, ihre Münzen abzuwerten, und minderten den Edelmetallgehalt der Währung, was zu einer Anarchie in den Wechselkursen und zu Diskussionen über die Wege führte, zur guten alten Währung zurückzugelangen. Das 15. Jh. sah den Aufstieg nationaler Währungen. In England münzte *Eduard III. den stabilen Sterling, in den Niederlanden trat der Florin an Stelle des schlechten französischen *livre tournois*.

A. Suhle, *Deutsche Münz- und Geldgeschichte von den Anfängen bis zum 15. Jahrhundert,* 1970⁴.

MURAD I. (um 1319-89) Osmanensultan (1359-89). Unter ihm setzte die osmanische Expansion auf dem Balkan ein, die die politische Karte Europas entscheidend veränderte. 1360 fiel er in *Thrakien ein und eroberte *Adrianopel, das er zu seiner Hauptstadt machte. Der vom byzantinischen Kaiser *Johannes V. gezahlte Tribut versetzte M. in die Lage, durch das Anheuern von Söldnern seine Armee zu stärken. Nach der Einnahme Gallipolis setzte M. 1371 den Vormarsch auf dem Balkan fort, schlug einen Bund serbischer und bulgarischer Fürsten und ergriff den Großteil der Städte *Makedoniens. 1385 eroberte er Sofia und machte die bulgarischen Herrscher zu seinen Lehnsleuten. Gleichzeitig griff er die Seldschukenstaaten in Kleinasien an und eroberte Gebiete bis *Ankara. 1388 kehrte er mit frischen Truppen nach Europa zurück und schlug bei *Kossowo die Serben, wurde jedoch auf dem Schlachtfeld getötet.

P. Wittek, *The Rise of the Ottoman Empire,* 1938.

MURCIA Stadt im südöstlichen Spanien. Sie war unter den *Westgoten von geringer Bedeutung und entwickelte sich erst unter der arabischen Herrschaft seit 825. Nach dem Fall des Kalifats von *Córdoba wurde M. Mittelpunkt eines maurischen Fürstentums. Die *Almoraviden konnten M. erst 1170 erobern, nachdem sich die Bevölkerung gegen den Emir aufgelehnt und kapituliert hatte. 1238 eroberte König *Jakob I. von Aragón die Stadt, wenige Jahre später kam sie unter kastilianische Herrschaft. 1272 verlieh König *Alfons X. von Kastilien M. das Stadtrecht unter der Bedingung, daß die Stadt in ein christliches, jüdisches und maurisches Viertel geteilt werde. Ein Bistum wurde 1291 am Ort errichtet; 1285 begann der Bau der Kathedrale auf dem Platz einer früheren Moschee.

A. Castro, *The Structure of Spanish History*, 1954.

MUSIK Die zentrale Rolle, die die Religion und die kirchliche Liturgie im täglichen Leben des Mittelalters einnahmen, war für die Entwicklung der mittelalterlichen M. bestimmend. In Übereinstimmung mit der griechischen Tradition wurde die M. als eine der Disziplinen des *Quadriviums betrachtet und als metrische Wissenschaft studiert. Die meiste Bedeutung wurde dem Gesang und besonders der Chor-M. zugemessen, die in den *Scholae Cantorum* der Kathedralen gelehrt wurde. Der verbreitete Stil im Frühmittelalter war der einstimmige Choralgesang. Der Wille zur Vereinheitlichung führte zur Einführung des Gregorianischen Gesanges, der von Papst *Gregorius I. kodifiziert wurde. Die Melodie des Gregorianischen Gesanges beruht auf einer begrenzten Tonleiter und kann dem ungeschulten Ohr monoton erscheinen. Der Gregorianische Gesang verbreitete sich im 7.-9. Jh. im *benediktinischen Mönchtum und wurde zum verpflichtenden Maßstab, wie die *Kapitularien *Karls d.Gr. ausweisen. Die Einführung der Orgel im 8. Jh. lieferte dem Gesang die passende instrumentale Begleitung. Seit dem 10. Jh. wurde der einstimmige Chorgesang auch im liturgischen Schauspiel angewandt, im 12. und 13. Jh. von den *Goliarden und in den *Carmina Burana gesungen und dadurch an weltliche Dichtungen angeglichen. Weltliche Vokalmusik in der Volkssprache sangen auch die Jongleure, *Troubadoure und Minnesänger. Ihre Lieder legten die Grundlage für den Aufstieg der Ballade im 12. Jh.

Die vielstimmige Musik (Polyphonie) entwickelte sich erstmals im Verlauf der *karolingischen Renaissance (9. Jh.) und wurde im 11. und 12. Jh. von Theoretikern wie *Guido von Arezzo, Leonin und Perotin ausgebaut. Höhepunkt der vielstimmigen Vokalmusik ist das Werk des Theoretikers *Franco von Köln (13. Jh.). Die Zufügung von Stimmen zum *cantus firmus* (die hauptsächliche melodische Linie) erregte den Widerstand der Gregorianer, die die "alte Kunst" der "neuen" vorzogen. 1324 wurde die neue Kunst, die sich rasch in Italien und Frankreich ausgebreitet hatte, von Papst *Johannes XXII. verboten. Damit war die Polyphonie in die weltlichen Kreise abgedrängt. Daneben wurden aber weiter vielstimmige Werke wie die vierstimmige Messe des Franzosen Wilhelm von Machaut (um 1305-77) verfaßt. Der führende Meister des 15. Jh.s war der niederländische Komponist Guillaume Dufay (gest. 1474), von dem über 200 Werke erhalten sind.

G. Reese, *Music in the Middle Ages*, 1940; K. G. Fellerer (Hg.), *Geschichte der katholischen Kirchenmusik* 1, 1972.

MUSSATO, ALBERTINO (1261-1329) Italienischer Staatsmann und Geschichtsschreiber. Er wurde in Padua als Sohn einer Adelsfamilie geboren, 1296 zum Ritter geschlagen und war seit 1299 in der Politik seiner Heimatstadt tätig. Er diente als Mitglied des Rates und Führer der örtlichen *Guelfenpartei, repräsentierte Padua am Hofe des Papstes *Bonifatius VIII. (1302) und erschien 1311 vor Kaiser *Heinrich VII. Infolge der politischen Situation in Italien trat er zur kaiserlichen Seite über und vertrat die Pläne Heinrichs zu Italien. Diesen Ideen gab er in seinen Schriften Ausdruck. Unter ihnen befindet sich eine Geschichte über den Heerzug des Kaisers in Italien, die als wichtige Geschichtsquelle für das beginnende 14. Jh. gilt. Auch war M. ein begabter Dichter.

I. Siciliano, *Medioevo e Rinascimento*, 1936.

MUSTAIN, AL- Abbasidenkalif (862-66). Er wurde in Samarra von seinen türkischen Leibwachen zum Kalifen gemacht, versuchte sich durch die Flucht nach Bagdad ihres Einflusses zu entziehen, wurde aber festgenommen und nach Samarra zurückgebracht, wo er als Strohmann in den Händen der türkischen Offiziere regierte.

MUTASIM, AL- Abbasidenkalif (833-42). Jüngerer Sohn des *Harun-al-Raschid, wurde nach dem Tod seines Bruders Al-*Mamun zum Kalifen ausgerufen. Seine Regierung begann mit einer Reihe von Palastintrigen und Umsturzversuchen der Wesire, denen M. mit Hilfe türkischer Leibwachen zu entziehen suchte. Diese Soldaten erregten den Haß der Armee und der Zivilbevölkerung Bagdads. 836 wurden die türkischen Leibwachen aus Bagdad vertrieben, nahmen aber bei ihrem Rückzug den Kalifen mit sich und ließen sich in Samarra nieder. In seinen letzten Regierungsjahren verlor M. jegliche Macht.

MUTASIM, AL- Abbasidenkalif (1242-58). M. war der letzte Kalif von Bagdad und wurde 1258 von dem *Mongolenkhan *Hülagü enthront.

MUTAWAKKIL, AL- (822-61) Abbasidenkalif (847-61). Sohn des Al-*Mutasim, wurde an der Bagdader Akademie in philosophischen Studien erzogen. Als Kalif schlug er trotz des starken Einflusses der türkischen Leibwache eine unabhängige Politik in den religiösen Angelegenheiten des Reiches ein und begünstigte die *Sunniten. Dagegen verfolgte er die *Schiiten, Christen und Juden, gegen die er ein grundlegendes Gesetz zur Regelung des *Dhimmistatus herausgab (855), das die Weichen für die religiöse Intoleranz des Islams stellte. Die Freiheit, die er in religiösen Angelegenheiten besaß, und die Tatsache der dauernden Kriege gegen Byzanz erregten in ihm die Hoffnung, allein regieren zu können. Dagegen stellte sich jedoch die türkische Leibgarde von Samarra, die sich gegen ihn erhob und ihn ermordete.

MYSTERIENSPIELE Die M. waren eine geläufige Form des religiösen Dramas der mittelalterlichen Christenheit. Sie wurden vor den Toren der Kirchen bzw. auf Stadtplätzen aufgeführt und stellten in der Regel im Zusammenhang mit Festtagen Szenen aus der Bibel dar. Sie erscheinen zuerst im 11. Jh. und entwickelten sich im folgenden Jahrhundert zu vollständigen Stücken. Am bedeutendsten waren die Passionsspiele, die am Osterabend aufgeführt wurden.

E. Hartl, *Das Drama des Mittelalters*, in: W. Stammler (Hg.), *Deutsche Philologie im Aufriß* 2, 1956².

MYSTIK Das Streben zur Vereinigung mit Gott, das in der persönlichen religiösen Erfahrung begründet ist. Diese kann hauptsächlich durch Gebet und in verschiedenen Graden, von dem vorübergehenden mystischen

Zustand bis zur langen, ekstatischen Union mit Gott, der sogenannten "mystischen Hochzeit", erlangt werden. Die M. wurde wie in den meisten mittelalterlichen Religionen (so *Buddhismus, Taoismus, Hinduismus) auch in den großen monotheistischen Religionen des *Islams (Sufisten), *Judentums (*Kabbalah) und Christentums praktiziert. Die christliche M. ist durch zwei Charakteristika gekennzeichnet, die den anderen Religionen meistens fehlen. Die christliche Mystik bewertete die Wirklichkeit ihrer Erfahrungen stärker als Seele und Kosmos. Anstelle der Idee von der Aufnahme der Seele in das Göttliche sah es eine Union der Liebe und des Willens, in der die Trennung zwischen Schöpfer und Kreatur dauernd aufrecht erhalten werde.

Psychosomatische Phänomene wie Träume, Verzückungen, Visionen und Zustände der Ekstase begleiteten oft die mystische Erfahrung ("praktische M."). Die asketischen Mönchsbewegungen wie die *Zisterzienser im 12. Jh. und besonders *Bernhard von Clairvaux sowie die *Franziskaner des 13. Jh.s betrachteten die M. als Schritt zur Erlösung. Visionäre Frauen spielten eine bedeutende Rolle in der Entwicklung der spätmittelalterlichen Mystik. Das Auftreten des Schwarzen Todes führte zu einem Wiederaufleben der M. im 14. und im 15. Jahrhundert. Ausdruck dafür sind z.B. die Schriften Meister *Eckharts oder der Angehörigen der *Devotio Moderna, in denen der Weg zur Gotteseinigung gelehrt wird ("theoretische Mystik").

J. Bernhard, *Die philosophische M. des Mittelalters*, 1922;

W. Oehl, *Deutsche Mystikerbriefe des Mittelalters*, (Neudr.) 1972;

H. H. Hofstätter (Hg.), *Mystik am Oberrhein* (Ausstellungskatalog Augustinermuseum Freiburg/Br.), 1978.

N

NACHMANIDES (Rabbi Moses Ben Nachman, Ramban; 1194-1270) Jüdischer Gelehrter, Dichter und Arzt. Er wurde in Gerona (Katalonien) als Sohn einer Familie von Rabbinern und Gelehrten geboren, studierte in seiner Heimatstadt die *Kabbala und Medizin und ernährte sich von der ärztlichen Praxis. Seine exegetischen Werke machten ihn im spanischen Judentum berühmt; 1232 bat man ihn sogar am Hofe König *Jakobs I. von Aragón um Rat. Als geistiger Führer der jüdischen Gemeinden Kataloniens nahm N. im großen Disput um die philosophischen Werke des *Maimonides eine vermittelnde Stellung ein. 1263 verteidigte er in einem öffentlichen Streitgespräch gegen christliche Theologen (unter ihnen auch der konvertierte Jude Pablo Christiani) die jüdische Religion mit großem Geschick und errang die Achtung des Königs. Gleichzeitig wurde jedoch seine Position erschüttert, da die *Mendikanten ihn der Gotteslästerung beschuldigten und eine offizielle Petition des Papstes zur Verfolgung N.' erwirkten. Er mußte Spanien verlassen und ließ sich in Palästina nieder, wo er sich um die Wiederbelebung der jüdischen Ansiedlung in Jerusalem bemühte. N. starb in Akkon im Jahr 1270.

Unter seinen Werken ist der Bibelkommentar von besonderer Bedeutung. N. versuchte, unter Benutzung der aristotelischen Methode die logischen Aspekte des Glaubens zu beweisen. Seine Dichtung dagegen spiegelt seinen bedingungslosen Glauben wider und enthält einige mystische Elemente, die er als junger Mann in Gerona aufgenommen hatte. N. entwickelte jedoch keine eigene Mystik; sein Werk ist eher für die realistische Tendenz des jüdischen Denkens im 13. Jh. charakteristisch.

H. Chone, *Nahmanides,* 1930.

NÄFELS, Schlacht von (1388) Sie wurde zwischen den *Habsburgern und dem Schweizer Kanton Glarus ausgetragen. Die Männer aus Glarus waren 1352 der *Schweizer Eidgenossenschaft beigetreten, die Habsburger konnten jedoch drei Jahre später die Oberhoheit über das Land wiedergewinnen. Deren Versuche, die Herrschaft wieder zur Geltung zu bringen, hatten im Kanton wiederholt Aufstände hervorgerufen. Als diese größeres Ausmaß erreicht hatten, entsandte Herzog *Albrecht III. von Österreich eine Armee zur Niederwerfung der Aufständischen, die bei N. geschlagen wurde. Damit war der Weg zum erneuten Eintritt von Glarus in die Eidgenossenschaft frei.

W. Erben, *Kriegsgeschichte des Mittelalters,* 1929; A. Strnad, *Herzog Albrecht III.,* (Diss. Wien) 1961.

NAJERA (NAVARETTE), Schlacht bei (1367) Eine der wichtigsten Auseinandersetzungen im Bürgerkrieg zwischen *Peter d. Grausamen, König von Kastilien, und *Heinrich von Trastamare, dem Anwärter auf die Krone. Sie wurde nahe der Stadt N. im nordöstlichen

Kastilien ausgefochten. Eine französische Armee unter Bertrand *Du Guesclin kämpfte mit Heinrich, während Peter von den englisch-gascognischen Kräften unter *Edward, dem Schwarzen Prinzen, unterstützt wurde. Trotz des englischen Sieges konnte Heinrich zwei Jahre später die kastilianische Krone erlangen.

E. Perroy, *The Hundred Years' War,* 1957.

NAMUR Belgische Stadt. Sie war unter den *Karolingern ein Verwaltungszentrum, gehörte zum mittelfränkischen Reich (843) und später zum Königreich und Herzogtum *Lothringen. 908 wurden Stadt und Umgebung zur Grafschaft erhoben, und im 11. Jh. erhielten die Grafen die Reichsunmittelbarkeit. 1420 kam N. durch Erbschaft unter die Herrschaft der Herzöge von *Burgund.

L. Genicot, *L'Économie Namuroise au Moyen Âge,* 1935.

NANCY Lothringische Stadt. Sie entwickelte sich seit der Mitte des 11. Jh.s um eine von den Herzögen von Lothringen errichtete Burg. Im 12. Jh. wuchs die Stadt und erhielt einen Mauernring. Die Herzöge von Lothringen machten N. 1180 zu ihrer Hauptstadt. 1218 wurde N. von Graf Theobald von Bar niedergebrannt, später aber wieder aufgebaut. N. entwickelte sich als Verwaltungszentrum weiter und beherbergte den herzöglichen Hof.

C. Pfister, *Histoire de Nancy,* 1902.

NARBONNE Stadt und kirchlicher Mittelpunkt der Languedoc. Sie wurde 417 von den *Westgoten erobert, diente vorübergehend als deren Hauptstadt und fiel 719, nach dem Zusammenbruch des spanischen Westgotenreichs, in die Hände der Araber. Die moslemische Herrschaft konnte sich nicht behaupten; die eigentliche Macht in der Stadt lag in den Händen der westgotischen Aristokratie. 757 eroberte *Pippin d. Kurze N. und die Provinz und schloß sie an das *fränkische Reich an. Die große jüdische Gemeinde der Stadt erhielt weitgehende Vorrechte, was im Gegensatz zum sonst in Europa üblichen Brauch stand. Tatsächlich wurden die Führer der Gemeinde von der christlichen Bevölkerung "Könige der Juden" genannt. Unter *Karl d.Gr. wurde N. Teil der Mark *Gothien; im 9. Jh. gehörte es den Grafen von *Toulouse, die die Territorialherrschaft in Languedoc ausübten. Im 11. Jh. ergriffen die Vizegrafen von N., die ihre Autorität von den Grafen als Lehen innehatten, die Macht in der Stadt. Damit gerieten sie in ständigen Konflikt mit den Erzbischöfen, die ebenfalls die Herrschaft beanspruchten. Die Vizegrafen erreichten zur Mitte des 12. Jh.s infolge ihrer Beziehungen zu den Grafen von *Barcelona und ihrer Lehnstreue zu König *Ludwig VII. von Frankreich den Höhepunkt ihrer Macht. Im Verlauf des *Albigenserkreuzzugs wurde N. 1212 von Simon von *Montfort erobert und kam 1218 an die französische Krone. Der Handel blühte weiter, und der an der Mündung des Audeflusses errichtete

Hafen spielte eine wichtige Rolle im Mittelmeerhandel. Zu Beginn des 14. Jh.s versandete jedoch der Hafen; *Montpellier errang die Position N.s als Handels- und Verkehrszentrum.

E. Carbonnel, *Histoire de Narbonne,* 1923.

NARSES (ca. 478-568) Byzantinischer General. Der Eunuch N. war ursprünglich Beamter in der Finanzverwaltung des Kaiserpalastes von Konstantinopel, nahm an der Unterdrückung des Nikeaufstands (532) teil und begann eine militärische Laufbahn. Nachdem er das Vertrauen Kaiser *Justinians erworben hatte, wurde er als Statthalter von *Alexandrien eingesetzt und mit der Unterdrückung religiöser Unruhen beauftragt (535). 538 wurde er nach Italien gesandt, um *Belisar beizustehen, den er 552 als Oberstkommandierender ersetzte. N. besiegte die *Ostgoten und gewann Italien als byzantinische Provinz. Von 555 bis zu seinem Tod diente er als Stadthalter von Italien, wo er eine starke Verwaltung aufbaute.

J. W. Barker, *Justinian and the Later Roman Empire,* 1966.

NASIR, AL-MALIK AL- (1284-1340) *Mamlukensultan von Ägypten. Sohn des *Kalawun, wurde nach seines Vaters Tod (1293) zum Sultan ausgerufen, ein Jahr später jedoch in einer Palastrevolution der Sklaven seines Vaters gestürzt. 1298 wurde er wieder eingesetzt, regierte bis 1308 und wurde durch eine neue Palastrevolution unter der Führung von Baibars II. zur Abdankung gezwungen. 1309 erlangte er abermals den Thron und widmete sich dann wirtschaftlichen Reformen, die auf lange Sicht Ägypten Wohlstand brachten. 1323 arbeitete er einen Friedensvertrag mit den persischen *Mongolen aus, der ihm erlaubte, seine Macht in Syrien zu stärken.

NATIONEN Innere Teilung der mittelalterlichen *Universitäten nach Herkunftsländern der Studenten und Lehrer. Die N. erscheinen zum ersten Mal im 13. Jh. an der Pariser Universität, wo Engländer und Deutsche, Franzosen, Normannen und Pikarden (die auch Niederländer einschlossen) entsprechend eingeteilt wurden. Die Einrichtung der N. beschäftigte sich gewöhnlich mit praktischen Angelegenheiten wie der Verteilung von Stipendien, Unterbringung und sozialen Zusammenkünften und wurden öfters von eigens gewählten Vorsitzenden zu Entscheidungen zusammenberufen. Die N. wurden fester Bestandteil der Universitätsstruktur und nahmen auch an der Wahl des Rektors teil. Im Lauf der Zeit gründeten einzelne N. *Kollegien, deren Vorsitzende auch Lehrveranstaltungen abhielten. Das Pariser Modell wurde von anderen Universitäten übernommen.

P. Kibre, *The Nationes in the Medieval Universities,* 1948.

NATURWISSENSCHAFTEN Der Kern der mittelalterlichen N. war die griechische philosophische Tradition in der byzantinischen und arabischen Überlieferung. Dazu kamen die Experimente und Messungen der arabischen, jüdischen und persischen Gelehrten auf dem Gebiet der Astronomie, Geographie, Physik, Alchemie, Medizin und Mathematik. Im christlichen Europa begnügte man sich bis zum 12. Jh. mit dem theoretischen Studium auf diesen traditionellen Linien. Ausnahmen waren z.B. die Berechnungen des *Beda, die zur Festlegung eines genauen Kalenders führten, oder die Herbarien, die Beschreibungen und Klassifizierungen von Pflanzen und Kräutern enthielten. Die Übersetzungen der griechischen und arabischen n.lichen Schriften ins Lateinische, die im 11. und 12. Jh. in Süditalien, Spanien und *Lothringen unternommen wurden, führten zu wichtigen Neuerungen, die im 13. Jh. mit der Einführung experimenteller Methoden in den verschiedenen Fächern ihren Höhepunkt fanden. Die Entwicklung der *Alchemie und die Versuche etwa des *Arnold von Villanova waren die ersten Schritte in der neuen N. Das Sezieren trug wesentlich zum Fortschritt der Anatomie und Chirurgie bei. Das Studium der *aristotelischen Werke an den westlichen Universitäten förderte die n.liche Tätigkeit auch auf anderen Gebieten und gestattete Denkern wie *Albert d.Gr., Robert *Grosseteste und Roger *Bacon, bei den N. neue philosophische Dimensionen zu entdecken.

Zu Beginn des 14. Jh.s befanden sich die bedeutendsten Zentren der N. in Persien und Spanien-Provence (Astronomie), Italien (Medizin und die verwandten Gebiete der Chemie und Pharmazie) und besonders in England am Merton College von *Oxford, wo Mathematik und Physik auf hoher Ebene praktiziert wurden. In Kontrast zur steten Entwicklung im spätmittelalterlichen Europa stand der Niedergang der Zentren des Mittleren Ostens, der durch die Invasionen der *Türken und *Mamluken verursacht wurde. Die islamischen N. standen still und verloren ihre frühere Vorrangstellung. Das Werk der Humanisten im 15. Jh. bildete den Übergang zu den N. der Renaissance und der Frühneuzeit.

A. C. Crombie, *Von Augustinus bis Galilei: Die Emanzipation der Naturwissenschaft,* 1959.

NAVARETTE Siehe *NAJERA.

NAVARRA Königreich im nördlichen Spanien zwischen den Pyrenäen und dem oberen Ebrotal. Grundlage für das Königreich N. war der starke Partikularismus der *baskischen und ibero-romanischen Bevölkerung aus der Stadt *Pamplona und Umgebung, die im 5. und 6. Jh. gegen die Herrschaft der *Westgoten erhob und im 8. Jh. die Araber vertrieb. Ebenso konnte das kleine christliche Land den Eroberungsversuchen *Karls d.Gr. (787) widerstehen. Trotz der Zerstörung ihrer Stadtmauern griffen die Einwohner die Nachhut des fränkischen Heeres an und vernichteten sie in der Schlacht von *Roncevalles. N. war jedoch ohne staatliche Organisation und bestand aus einer ungeordneten Konföderation von Gruppen, Stämmen und kleinen Städten. Erst im 9. Jh. konnten die Herren von Pamplona allmählich die verschiedenen Gruppierungen unter ihrer Herrschaft zusammenbringen. Die Vereinigung N.s machte unter *Sancho I. (905-25), dem ersten König N.s, rasche Fortschritte. Seine Nachfolger bekämpften die Mauren und nahmen an den ersten *Reconquistakriegen teil. Das Königreich erreichte den Höhepunkt seiner Macht unter *Sancho III. (1000-35), der *Kastilien eroberte (1029) und die *Cluniazenser nach N. rief. Nach seinem Tod brachen Thronstreitigkeiten aus, und N. verlor die Kontrolle über Kastilien. Auch *Aragón erlangte als separates Königreich seine Unabhängigkeit. Damit wurde das Territorium von N. auf die Gegend nördlich des Ebro beschränkt; das Königreich verlor die direkte Berührung mit dem maurischen Spanien und verblieb als kleiner Staat zwischen Frankreich, Aragón und Kastilien. Dazu wurde der aragonische Einfluß vorherrschend, und in den Jahren 1076-1134 wurde N. von den Königen von Aragón regiert. Garcia V. (1134-50) erneuerte die Unabhängigkeit des Landes. Nach dem Tod

Gerhard von Vaudemont und seine Gemahlin; Skulptur des 12. Jh.s in der Chapelle des Cordeliers, Nancy

Kapitell aus den Überresten der Kreuzfahrerkirche der Verkündigung zu Nazareth, 12. Jh.

*Sanchos VII., der *Jakob I. von Aragón zu seinem Nachfolger ernennen wollte, brach das Streben nach Unabhängigkeit von neuem aus; eine Reihe von örtlichen Aufständen führte dazu, daß 1234 Graf *Thibaut von Champagne, der Sohn einer Nebenlinie des Königshauses, die Krone erhielt. Für die französischen Könige, die weiterhin in Nordfrankreich residierten, war N. nicht mehr als eine ferne Provinz. 1328 erlangte es jedoch seine Selbständigkeit zurück und wurde 1425 mit Aragón durch die Ehe der Tochter König *Karls mit *Johann II. vereinigt.

W. C. Atkinson, *Geschichte Spaniens und Portugals,* 1962.

NAVAS Siehe *LAS NAVAS.

NAVIGATION ACTS ("Schiffahrtsakten") Eine Reihe von Verordnungen der Könige von England, die seit dem frühen 14. Jh. zum Schutz der englischen Handelsflotte herausgegeben wurden. Der N. von 1381 *Richards

II. ist die erste zusammenhängende Gesetzgebung auf diesem Gebiet und gab englischen Schiffen Vorrang im Gütertransport zwischen den Häfen des Landes. Auf lange Sicht trugen die N. zur Festigung der englischen Handelsflotte bei.

B. Lyon, *A Constitutional and Legal History of Medieval England,* 1960.

NAZARETH Stadt im südlichen Galiläa. Das Dorf wurde als Heimatort Marias, Josefs und des Jesukindes berühmt. Bereits zu Beginn der byzantinischen Periode wurden in N. Schreine errichtet, und das Dorf entwikkelte sich zu einem der wichtigsten Pilgerzentren des Heiligen Landes. Die arabische Eroberung (637) vernichtete diese frühen Schreine; die andauernden Pilgerfahrten und das Anwachsen der *hagiographischen Überlieferung führten jedoch zum raschen Wiederaufbau. Unter den *Kreuzfahrern wuchs das Dorf zu einer Stadt an; sie besaß eine romanische Kathedrale. 1263 wurde

N. von *Mamluken unter *Baibars erobert und zerstört.

C. Kopp, *Beiträge zur Geschichte Nazareths*, 1948.

NEAPEL Stadt in Süditalien. Nach dem Fall des Römischen Reiches ging es mit N., einer der größten Städte Süditaliens, bergab. 493 wurde es von den *Ostgoten erobert, im 6. Jh. war es eines der Hauptziele der byzantinischen Reconquista Italiens und fiel 536 in die Hand *Belisars. Von 543 bis zur erneuten Eroberung durch die Byzantiner 553 war N. in der Hand des Ostgotenkönigs Totila. Unter der byzantinischen Herrschaft diente N. als Mittelpunkt und Residenz der herzöglichen Verwaltung, deren Häupter von 661 bis 755 vom byzantinischen Kaiserhof ernannt wurden. 763 erlangte das Herzogtum seine Unabhängigkeit, und die örtliche Dynastie hielt sich bis 1027 an der Macht. Sie schlug Einbrüche der *Langobarden, *Normannen und Byzantiner zurück. Im 9. Jh. wurde die Stadt von den nordafrikanischen *Arabern angegriffen, die den Hafen zerstörten und dem Handel schweren Schaden zufügten. 1027 wurde das Herzogtum mit dem Fürstentum Capua vereinigt und von einem Herrscherhaus byzantinischer Abstammung regiert. 1139 eroberte es *Roger II., der normannische König *Siziliens; N. blieb bis 1282 Teil des sizilianischen Königsreiches. In dieser Zeit stieg N. allmählich zum Mittelpunkt des kontinentalen Teils des Reiches auf; in der zweiten Hälfte des 12. Jh.s wurde in der Stadt eine Königsburg (*Castel dell'Ovo*) errichtet. *Friedrich II. gründete 1224 in N. eine Universität und begann die Errichtung einer neuen Festung (*Castello Nuovo*), die nach seinem Tod fertiggestellt wurde. Diese Burg beherrscht den Hafen und gilt als eines der schönsten Beispiele der gotischen Baukunst. 1266 wurde N. von *Karl von Anjou erobert und 1282 Hauptstadt des *angevinischen Königreichs N. Unter der Angevinenherrschaft war N. eine der wohlhabendsten Städte Italiens und wurde bedeutend ausgebaut. *Boccaccio rühmte die Schönheit N.s, beschrieb jedoch auch das leichtfertige Verhalten ihrer Einwohner.

E. Pontieri (Hg.), *Storia di Napoli*, 1966 ff.;
G. Doria, *Napoli, Storia di una Capitale*, 1968[5].

NEAPEL, KÖNIGREICH Es wurde 1282 nach der *Sizilianischen Vesper errichtet, die das Königreich *Sizilien gespalten hatte. Die früher sizilianischen Teile auf dem italienischen Festland blieben unter der Herrschaft *Karls von Anjou und konzentrierten sich nunmehr um die neue Hauptstadt Neapel. Bis zum Beginn des 14. Jh.s waren die Bemühungen der *angevinischen Könige von N. hauptsächlich auf den Kampf gegen die *Aragonier gerichtet. Der Friede wurde erst 1302 gestiftet, und N. als eigenes Staatswesen anerkannt. Unter König *Robert (1309-43) gewann N. an Macht und übte einen starken Einfluß auf die Politik Roms und der norditalienischen Staaten aus. Dazu war es auch weiterhin politisch in der Tradition Karls von Anjou in Griechenland und auf dem Balkan tätig. Roberts Verwandtschaft zu den Angevinern *Ungarns ermöglichte es ihm, seine Interessen auf dem Balkan zu verfolgen, was zum Konflikt mit Byzanz, Venedig und Aragón führte. In der ersten Hälfte des 14. Jh.s galt der Hof von N. als einer der glänzendsten Europas und zog Adelige, Gelehrte, Schriftsteller und Künstler an.

Die Kriege in der Fremde und die Hofausgaben trugen jedoch zur Verarmung des Landes bei, das keine Mittel zur wirtschaftlichen Entwicklung besaß. Durch das Fehlen eines starken Mittelstandes befand sich der

Castel Nuovo, Neapel, im 13. bis 15. Jh. erbaut

gesamte Handel in den Händen von Ausländern (Toskanern, Genuesen, Venezianern und Leuten aus Marseille). In der Regierungszeit der Tochter Roberts, *Johanna I. (1343-82), brachen Thronwirren und Bürgerkriege aus, die das Land an den Rand der Anarchie führten. Nur äußere Umstände wie der Ausbruch des *Großen Abendländischen Schismas und das Fehlen jeglicher politischer Stabilität in Mittelitalien erlaubten König *Weadislaus (1399-1414) die Wiederherstellung der Position N.s in Italien und der königlichen Macht im Lande. Nach seinem Tod brach die Anarchie erneut aus; verschiedene Thronanwärter wie *Rainer von Anjou und *Alfons von Aragón beanspruchten das Erbe *Johannas II. Letztere eroberte 1442 N. und vereinigte es wieder mit Sizilien.

B. Croce, *Historia dell'Regno di Napoli*, 1953.

NECKAM, ALEXANDER (1157-1217) Englischer Gelehrter. N. wurde in Paris für eine kirchliche Laufbahn ausgebildet und begann dort um 1180, Theologie zu lehren. 1186 kehrte N. nach England zurück, wurde *Augustinerchorherr und lehrte weiter. 1213 wurde er zum Abt von Cirenster erhoben. Seine Hauptwerke sind: *De Naturis Rerum* ("Über die Natur der Dinge"), eine Sammlung des zeitgenössischen Wissens in den Naturwissenschaften, und *De Nominibus Utensilium* ("Über die Namen der Werkzeuge"), ein Katalog von Instrumenten und deren technischer Anwendungen.

NEGROPONTE Siehe *EUBÖA.

NEIDHART VON REUENTHAL (1. Hälfte 13. Jh.) Deutscher Dichter. Sohn einer Ritterfamilie, begann seine literarische Tätigkeit als Satiriker um die Wende des 12. zum 13. Jh. Er begründete die "höfische Dorfpoesie", eine Parodie der höfischen Liebesdichtung im österreichischen Dorfmilieu. N.s naturalistischer Stil machte ihn zu einem der wichtigen und beliebtesten deutschen Dichter der *Hohenstaufenzeit. Nach dem Natureingang unterscheidet man Sommer- und Winterlieder.

Werk (Mittelhochdt.-neuhochdt.): S. Beyschlag, 1975.

NENNIUS (9. Jh.) Walisischer Geschichtsschreiber. Er war Mönch in York und verfaßte eine detaillierte Geschichte *Northumbriens. Sein Hauptwerk, die *Historia*

Britonum, behandelt die Sitten und Überlieferungen der Briten vor und während der angelsächsischen Eroberung Englands. N. erwähnte als erster König *Artus.

Text: E. Faral, *Le légende Arthurienne* 3, 1929.

NEPOTISMUS Im Mittelalter als Bezeichnung für rechtswidrige Ernennung von Familienangehörigen zu hohen kirchlichen Ämtern gebraucht. Im Gegensatz zur weltlichen Gesellschaft, in der feudale Konzepte von Verwandschaft und Familiensolidarität den N. als positive Eigenschaft und fast als heilige Pflicht erscheinen ließen, wurde der N. in der Kirche als Hindernis zur Einsetzung geeigneter Kandidaten angegriffen. Die *gregorianische Reformbewegung stellte den N. mit der Sünde der *Simonie gleich, konnte jedoch keine nennenswerten Erfolge erzielen. Äbte, Bischöfe und Päpste ernannten weiter ihre Verwandten zu den verschiedenen Würden und Ämtern. Der N. ermöglichte in Rom den Aufstieg der *Gaetani, *Colonna und *Orsini. Er war in der Zeit, wo sich das Papsttum in *Avignon aufhielt (14. Jh.), am stärksten verbreitet. In dieser Periode wurden zahlreiche Familienangehörige zu Kardinälen, päpstlichen Beamten und Bischöfen gemacht.

W. Ullmann, *Kurze Geschichte des Papsttums im Mittelalter,* 1978.

NESAMI Siehe *NISAMI.

NESTORIANER Christliche Sekte. Sie beruhte auf der Lehre von der zweifachen aber unvermischten Person Christi (eine göttlich und eine menschlich) und wurde von der christlichen und der *monophysitischen Kirche bekämpft. Der Gründer der Sekte war Nestorius (gest. 451), ein Syrer, der 428 Patriarch von Konstantinopel wurde. Seine Lehren erregten in der Stadt offenen Widerstand und stießen auf die Ablehnung des Patriarchen Kyrill von Alexandrien, des erklärten Führers der Orthodoxie. Nestorius wurde 430 von der *römischen Kirche verurteilt, 431 vor das Konzil von *Ephesos zitiert, abgesetzt und nach Oberägypten verbannt. Einige östliche Bischöfe hielten jedoch seiner Lehre die Treue und organisierten sich als eigene Kirche, die ihren Schwerpunkt in Persien und im östlichen Mesopotamien hatte. Im 5. und 6. Jh. verbreiteten sich die N. durch aktive missionarische Tätigkeit nach Zentralasien. Unter der Herrschaft des Islams genossen die N. religiöse Toleranz, und 775 wurde ihr Patriarchat nach Bagdad verlegt. Im Kalifat wurden die Patriarchen als hohe Würdenträger betrachtet. Im 9.-13. Jh. gelangten nestorianische Missionare bis nach China und zu den Ländern der Mongolen. Im byzantinischen Reich dagegen wurden sie verfolgt und hingerichtet. Im allgemeinen blieben die N. eine kleine und lose zusammengesetzte Sekte; im 9. Jh. ging ihr Einfluß im Irak zurück. Obwohl einige Nachkommen Dschinghis-Khans den Nestorianismus übernahmen, wurde dieser vom Prozeß der Islamisierung, der in der zweiten Hälfte des 13. Jh.s unter den Mongolen stattfand, schwer getroffen.

A. R. Vine, *The Nestorian Churches,* 1937;
B. Spuler, *Die morgenländischen Kirchen,* 1961.

NEUSTRIEN Fränkische Provinz und Teilreich. Das Territorium war im 6.-8. Jh. großteils mit dem Nordwesten des *Frankenreichs identisch und lag zwischen der Somme und der Loire und hatte als Mittelpunkt Paris. Die wiederholten Teilungen des Frankenreiches gaben N. eine eigene politische Identität. Es besaß seine eigenen *Merowingerkönige und *Hausmeier. Der letzte Hausmeier *Ebroin wurde von *Pippin II. geschlagen,

wodurch N. wiederum mit dem Frankenreich vereinigt wurde. Im 9. und 10. Jh. wurde N. Franzien genannt und im Rahmen des westfränkischen Reiches von Herzögen regiert. Der Norden fiel in die Hände der *Normannen und wurde später Teil der Normandie. Nach der Thronbesteigung der *Kapetinger als Könige von Frankreich (987) hörte N. auf, als politische Einheit zu existieren, und wurde in mehrere Grafschaften und Feudalherrschaften aufgeteilt.

F. Lot, *Naissance de la France,* 1953.

NEVA, Schlacht an der (1240) Bei dieser Schlacht schlug das Heer von *Nowgorod unter Fürst *Alexander eine starke schwedische Invasionsarmee, die versucht hatte, Nordwestrußland und Nowgorod zu erobern. Der Kampf wurde am Ufer der Neva ausgetragen und gilt als eines der wichtigsten Ereignisse bei der Staatswerdung Rußlands. Die erfolgreiche Verteidigung russischen Bodens und orthodoxen Glaubens machte den Fall Kiews unter die Mongolenherrschaft wett.

NEVERS Stadt in Mittelfrankreich. Seit dem 11. Jh. war N. Mittelpunkt einer mächtigen Grafschaft. Das Grafenhaus verband sich mit den Kapetingerherzögen von Burgund, im 14. Jh. mit den Herzögen von *Bourbon und erlangte den Aufstieg in den französischen Hochadel des Spätmittelalters.

NEWCASTLE UPON TYNE Nordenglische Stadt an der schottischen Grenze. Sie entwickelte sich um eine 1080 von *Wilhelm d. Eroberer zur Verteidigung der Nordgrenze errichteten Festung. Unter *Heinrich II. wurde N. Handelszentrum zwischen Ostengland und Schottland. 1172 errichtete man nahe der Tynebrücke eine neue Festung und verlegte das Stadtzentrum dorthin. 1216 erhielt die Stadt einen Freibrief mit dem Recht auf Selbstregierung. Im 14. Jh. war N. wirtschaftlicher Mittelpunkt der nordenglischen Schafzucht und Wollherstellung.

S. Middlebrook, *Newcastle: Its Growth and Achievement,* 1968[2].

NIBELUNGENLIED Anonymes deutsches Heldenepos, um 1200 gedichtet und eines der größten Werke der mittelalterlichen Dichtung. Das N. beruht auf den reichen volkstümlichen Überlieferungen der Stammesperiode sowie auf legendär verarbeiteten historischen Begebenheiten. Der Held des N.s, der niederländische Fürst Siegfried, hat den Schatz der Nibelungen erworben und sich zum Rheinkönig gemacht. Um Krimhilde zu gewinnen, hilft er ihrem Bruder König Gunther von Burgund bei dessen Werben um Königin Brunhilde, die sich nur einem Manne geben will, der sie besiegt — was Siegfried gelingt. Aus Rache läßt Brunhilde Siegfried durch den Ritter Hagen ermorden. Siegfrieds Witwe Krimhilde wiederum heiratet den *Hunnenkönig Attila, um ihren ermordeten Gatten zu rächen. In dem darauf ausbrechenden totalen Kampf fallen die Recken auf beiden Seiten. Der historische Hintergrund des N.s liegt im Einfall der Hunnen in Mitteleuropa und deren Sieg über die Burgunder bei Worms (436).

Text (mittelhochdt.-neuhochdt.): A. Heusler, 1965;
F. Neumann, *Das Nibelungenlied in seiner Zeit,* 1967.

NICOLO (1. Hälfte 12. Jh.) Bildhauer, Schöpfer der vielfigurigen Trichterportale der romanischen Kirchen von Ferrara und Verona.

NIEDERBURGUND Siehe *PROVENCE.

NIELS König von Dänemark (1104-34). Fünfter Sohn *Swen Estrithsons, erlangte die dänische Krone in einer

Zeit starker partikularistischer Tendenzen seitens des Adels. Er bemühte sich, das Wahlrecht durch das Erbrecht zu ersetzen und ließ zu diesem Zweck seinen Neffen *Knut Lavard ermorden. N. wurde auf der Flucht vor einem allgemeinen Aufstand in Schleswig getötet.
P. Lauring, *Geschichte Dänemarks,* 1964.

NIKAIA Stadt im nordwestlichen Kleinasien und eine der kaiserlichen Residenzen vor Errichtung der Hauptstadt in Konstantinopel. N. wurde als Sitzungsort des ersten ökumenischen Kirchenkonzils berühmt, das 325 von Kaiser Konstantin einberufen wurde. In N. wurden die arianische Ketzerei verurteilt und das orthodoxekatholische Glaubensbekenntnis angenommen. N. blieb unter der byzantinischen Herrschaft eine wichtige Stadt. Sie wurde 1075 von den *Seldschuken erobert, zwanzig Jahre später wieder von den Byzantinern und den Teilnehmern des ersten *Kreuzzugs genommen. 1204 wurde nach der Eroberung Konstantinopels durch die Kreuzfahrer das Kaiserreich von N. (siehe unten) errichtet.

NIKAIA, Kaiserreich von (1204-61) N. wurde von *Theodor I. Laskaris gegründet, der die Überreste der byzantinischen Verwaltung, der Kirche und des Adels in der Stadt N. und deren Umgebung konzentrierte. Theodors Anspruch auf die Vorherrschaft in der byzantinischen Welt wurde von den Despoten von *Epiros und den Kaisern von *Trapezunt bestritten; N.s Primat wurde nur allmählich anerkannt. Dies konnte dann dank der Errichtung eines griechisch-orthodoxen Patriarchats in der Stadt erreicht werden, das N. zu einem in der gesamten griechisch-orthodoxen Welt geachteten kulturellen Zentrum machte. Theodor und seine Nachfolger unternahmen mehrere Versuche, das lateinische Kaiserreich von Konstantinopel zu zerstören. 1230 begann die Wiedereroberung Thrakiens und Griechenlands. Trotz der nicht zentralen Lage blieb die Hauptstadt des Reiches weiterhin in N. Der Kampf gegen die Lateiner in Konstantinopel führte auch zur Verhärtung der romfeindlichen Gefühle innerhalb des orthodoxen Klerus. 1261 gelang es Kaiser *Michael VIII. Palaiologos, Konstantinopel wiederzugewinnen, wodurch die Hauptstadt an ihren alten Ort kam. N. blieb eine Provinzstadt und wurde 1329 von den *osmanischen Türken erobert.
A. Gardner, *The Laskarids of Nicaea,* 1912.

NIKEPHOROS I. (hl.; ca. 758-829) Patriarch von Konstantinopel (806-15) und Geschichtsschreiber. Sohn einer Adelsfamilie aus Konstantinopel, nahm hohe Ämter am Kaiserhof wahr und vertrat 787 den Kaiser auf dem Konzil von Nikaia, das die *ikonoklastische Kontroverse abschließen sollte. Nach dem Konzil zog er sich vom öffentlichen Leben zurück und gründete ein Kloster. 806 wurde er zum Patriarchen ernannt, weigerte sich jedoch, die ikonoklastische Politik Kaiser *Leos V. zu unterstützen, der ihn dann auch 815 absetzte. Viele der Schriften von N. befassen sich mit dem Bilderstreit und sind polemischer Natur. Er schrieb auch eine Geschichte des byzantinischen Reiches in den Jahren 602-770, die wegen ihrer Genauigkeit hohen Ruhm besaß.
P. J. Alexander, *The Patriarch Nicephoros of Constantinople,* 1958.

NIKEPHOROS I. (um 765-811) Byzantinischer Kaiser (802-11). Er war General in der byzantinischen Armee und wurde nach einem erfolgreichen Aufstand gegen Kaiserin *Irene zum Kaiser ausgerufen. Seine Herrschaft war jedoch durch die Revolten anderer Militär-

kommandanten bedroht. Im Jahr 806 besiegte eine Armee des *Harun Al-Raschid N. in Kleinasien, weshalb er hohen Tribut zahlen mußte. Seit 807 war N. hauptsächlich mit dem Problem der Verteidigung Konstantinopels gegen die *bulgarischen Einfälle beschäftigt. Anfängliche Erfolge verleiteten ihn zu seiner Entscheidung, in Bulgarien einzumarschieren, wo er 811 in der Schlacht besiegt und getötet wurde.
G. Ostrogorsky, *Geschichte des byzantinischen Staates,* 1963.

NIKEPHOROS II. PHOKAS (912-69) Byzantinischer Kaiser (963-69). Der Sohn der vornehmen Phokasfamilie zeichnete sich als Feldherr aus und wurde 955 zum Hauptbefehlshaber der östlichen Armee im Kampf gegen die Araber ernannt. 963 heiratete er Theophano, die Witwe Kaiser *Romanos' II., und wurde zum Kaiser ausgerufen. Seine Regierungszeit gilt als glänzende Periode in der Geschichte von Byzanz. 961 gelang es ihm, mit der Eroberung *Kretas die byzantinische Vorherrschaft im Mittelmeer wieder herzustellen. Vier Jahre später nahm er *Zypern und begann mit Vorbereitungen für eine Invasion Syriens, die die früheren byzantinischen Provinzen im Osten wiedergewinnen sollte. 969 ergriff er Antiochaia und Aleppo. Die Großoffensive wurde jedoch jäh durch eine Palastintrige unterbrochen, bei der N. durch *Johannes Tsimiskes, seinen Nebenbuhler in der Gunst der Kaiserin, ermordet wurde.
G. Ostrogorsky, *Geschichte des byzantinischen Staates,* 1963.

NIKEPHOROS III. BOTANEIATES (gest. um 1082) Byzantinischer Kaiser (1078-81). Er war Befehlshaber in Kleinasien und wurde von den Aufständischen gegen *Michael VII. Dukas zum Kaiser ausgerufen. Mit Hilfe der *Seldschuken gelangte er nach Konstantinopel und besiegte zwei weitere Thronanwärter. Es gelang ihm jedoch nicht, die Ordnung wiederherzustellen; 1081 zog er sich in ein Kloster zurück.

NIKETAS CHONIATES (AKOMIANTOS; gest. 1213) Byzantinischer Gelehrter. Er war ursprünglich kaiserlicher Beamter und floh 1204 nach *Nikaia, wo er sich aktiv an der Wiederaufrichtung des Kaiserreichs und dessen kultureller Anstalten beteiligte. Er verfaßte den "Schatz der Orthodoxie", in dem er die zeitgenössischen Häresien verurteilte, sowie eine Geschichte des byzantinischen Reiches von 1118 bis zu dessen Fall. Diese Geschichte sollte die Geister der byzantinischen Führerschaft nach dem Fall von Konstantinopel stärken.
Werk (dt.): F. Grabler, *Byzantinische Geschichtsschreiber* 7-9, 1958.

NIKETAS DER KATHARER Siehe *NIKITA.

NIKETAS STETHATOS ("der Beherzte") (ca. 1000-80) Byzantinischer Theologe. Er war Mönch in dem berühmten konstantinopolitanischen Kloster *Studion, wo er seine Ideen über die mystische Orthodoxie niederschrieb. In den Jahren 1053-54 nahm er an der Seite von Patriarch *Michael Kerullarios an den Debatten der Delegation teil, die Papst *Leo IX. nach Konstantinopel gesandt hatte. N.' Schriften enthalten antilateinische theologische Argumente und zeugen von einem scharfen polemischen Charakter sowie großem theologischen Wissen.
A. Michel, *Humbert und Kerullarios,* 2 Bde., 1924/30.

NIKITA (11. Jh.) *Katharenführer bulgarischer Abstammung und einer der Häupter der *Manichäer auf dem Balkan. N. hielt sich einige Zeit in Konstantinopel auf und kam im Jahr 1167 in die *Languedoc, wo er die *Albigenser organisierte und auf dem Gründungskonzil von St. Felix den Vorsitz führte.

NIKLI Stadt in *Morea, berühmt durch das "Parlament der Damen", das 1260 vom fränkischen Adel am Ort abgehalten wurde. Das Treffen sollte die Friedensverhandlungen mit Kaiser *Michael VIII. nach dessen Sieg bei *Pelagonia vorbereiten. Durch die Tatsache, daß die meisten der Herren in der Schlacht gefangen oder getötet wurden, spielten die Damen bei diesem Treffen eine vorherrschende Rolle.

NIKOLAUS (hl.; 4. Jh.) Einer der populärsten Heiligen der westlichen und östlichen Kirche, über dessen Leben nur wenig bekannt ist. N. diente als Bischof von Myra (Kleinasien) und nahm 325 am Konzil von *Nikaia teil. Die zahlreichen Überlieferungen und Legenden über N. enthalten meist unhistorische Angaben. Sein Kult verbreitete sich im 6. Jh.; 565 nahm *Justinianus an einem Umzug zu Ehren des Heiligen teil. Im 11. Jh. wurde eine Legende von der Überführung der Gebeine des N. in den Westen verbreitet, wo er seit 1087 an dem angeblichen Bestattungsort Bari verehrt wurde. N. wird als Schutzheiliger der Seeleute und Kinder angesehen und soll den Kindern von Myra Geschenke überreicht haben. Er ist auch Schutzheiliger Rußlands.
G. Anrich, *Hagios Nikolaos II.*, 1917;
E. Crozier, *The Life and Legend of St. Nicholas*, 1949.

NIKOLAUS I. (hl.; um 800-67) Papst (858-67). Sohn einer römischen Adelsfamilie, trat 845 in den Dienst der Kurie und stieg allmählich auf, bis er eine der einflußreichsten Stellungen erlangte. Als Papst führte er dann einen langen Kampf gegen die Ostkirche und weigerte sich, die Absetzung des Patriarchen Ignatius von Konstantinopel und die Einsetzung des *Photios anzuerkennen. Um seinen Primat unter Beweis zu stellen, entsandte er eine Mission zur Bekehrung der Bulgaren, die bereits unter der kirchlichen Aufsicht des Patriarchen von Konstantinopel standen. Photios antworte mit einer Bannung des Papstes (867). Im Westen bemühte sich N., die päpstliche Autorität über die fränkische Kirche und seine geistige Führungsrolle über die *Karolingerkönige zu stärken.
J. Haller, *Nikolaus I. und "Pseudo-Isidor"*, 1936.

NIKOLAUS II. (um 980-1061) Papst (1059-61). In Burgund geboren, Mönch, Bischof von Florenz und 1059 ohne die kaiserliche Zustimmung zum Papst gewählt. N. berief im Lateranpalast ein Konzil der römischen Kirche ein, das die Prozedur der Papstwahl regelte, den Kardinälen das alleinige Wahlrecht verlieh und die kaiserliche Teilnahme am Wahlakt ignorierte. Das Dekret wurde 1061 erfolglos vom deutschen Episkopat angegriffen und regelte seitdem die Papstwahl.
A. Michel, *Papstwahl und Königsrecht*, 1936.

NIKOLAUS III. (Giangaetano Orsini; um 1220-80) Papst (1277-80). Sohn der mächtigen römischen Familie der *Orsini, trat in den Dienst der römischen Kurie und wurde 1244 zum Kardinal erhoben. Als Papst nahm er in politischen Angelegenheiten eine realistische Position ein. Er wollte die päpstliche Position in Italien stärken und ein neues politisches Gleichgewicht zwischen *Karl von Anjou (dessen italienische Macht die päpstliche Stellung bedrohte) und König *Rudolf von Habsburg schaffen.
A. Demski, *Papst Nikolaus III.*, 1903.

NIKOLAUS IV. (Girolamo Masci; um 1227-92) Papst (1288-92). Ein Sohn der Stadt Ascoli (Italien), wurde *Franziskaner, diente 1272 in Konstantinopel bei den Unionsverhandlungen zwischen der Ost- und der Westkirche und nach seiner Rückkehr als General des Franziskanerordens. 1278 wurde er zum Kardinal erhoben und 1288 nach langen Auseinandersetzungen zwischen den französischen und italienischen Kardinälen als Kompromißkandidat zum Papst gewählt. Er unterstützte die *Colonnafamilie und erhob ihre Mitglieder zu hohen Posten an der Kurie. N. vermittelte einen Kompromiß zwischen Frankreich und Aragón und begann nach dem Fall von Akkon mit den Vorbereitungen für einen neuen *Kreuzzug.
O. Schiff, *Studien zur Geschichte Papst Nikolaus IV.*, 1897.

NIKOLAUS V. (Tommaso Parentucelli; 1397-1455) Papst (1447-55). N. schloß 1448 mit *Friedrich III. das Wiener Konkordat ab und krönte ihn 1452 zum Kaiser. Der humanistisch gebildete N. gründete die Vatikanische Bibliothek. Nach dem Fall von Konstantinopel bemühte er sich erfolglos um einen neuen Kreuzzug. (Din)
K. Pleyer, *Die Politik N.s V.*, 1927.

NIKOLAUS KREBS VON KUES (CUSANUS) (1401-64) Theologe. Nach umfangreichen Studien bei den *Brüdern vom gemeinsamen Leben in Deventer (später in Heidelberg, Padua und Köln), wurde N. Bevollmächtigter des Trierer Erzbischofs am Basler Konzil, dessen Stellung über dem Papst er 1433/34 in der *Concordantia Catholica* ("Kircheneinheit") verteidigte. 1437 trat er jedoch zur päpstlichen Seite über. Für die Vermittlung zwischen Kaiser und Papst 1448 (Wiener Konkordat) wurde er zum Kardinal ernannt, jedoch von dem Tiroler Herzog *Sigismund aus seinem Bistum Brixen verdrängt. Seine Schriften haben sich vor allem in dem von ihm gegründeten Stift Kues an der Mosel erhalten. Sie führen auf vielen Gebieten von der Mathematik, Sprachwissenschaft, Anthropologie bis zur Erkenntnisphilosophie und Theologie zu das mittelalterliche Weltbild sprengenden Denkformen. Hauptbegriffe sind dabei die *coincidentia oppositorum* ("Zusammenfall der Gegensätze": im Unendlichen, in Gott, lösen sich alle Widersprüche) und die *docta ignorantia* ("gelehrtes Nichtwissen": die menschlichen Erkenntnismittel sind dem absoluten Gott unangemessen, so daß man nur sagen kann, was man *nicht* über ihn weiß). (Din)
E. Hoffmann, *Das Universum des N. v. C.*, in: Sitzungsberichte d. Heidelberger Akademie, phil. hist. Kl. Abhandlung 3, 1929/30;
A. Lübke, *N. v. K.*, 1968.

NIKOLAUS VON BASEL (gest. 1395) Ketzer. N. war ein *Begarde, der in der Gegend von Basel predigte. Gemäß seiner Lehre waren seine Anhänger von der Sünde frei und direkt von Gott inspiriert. Er wurde von der *Inquisition festgenommen, nach Wien gebracht und dort verbrannt.

NIKOLAUS VON FLÜE (BRUDER KLAUS) (hl.; 1417-87) Mystiker. Der Bauer N. vom schweizerischen Kanton Unterwalden war zwischen 1439 und 1460 Soldat, Fähnrich und Rottmeister der Truppenkontingente seiner Heimat, dann Richter und Anwalt. Aus seiner 1444 geschlossenen Ehe entstammten 10 Kinder. 1467 verließ er plözlich seine Familie, um in der nahen Ranftschlucht ein Einsiedlerleben zu führen. Es gelang ihm 1481, den drohenden Bruderkrieg der Schweizer untereinander zu verhindern und die Fundamente für

den Bestand der Eidgenossenschaft zu legen. Für sein religiöses Leben war die Führung durch Erscheinungen und Visionen entscheidend. (Din)
J. Hemleben, *N. v. F.*, 1977.

NIKOLAUS VON LYRA (um 1270-1349) Gelehrter. N. wurde in Lyra (Normandie) geboren, trat dem Franziskanerorden bei und studierte in Paris. Dort wurde er 1308 Professor der Theologie, konzentrierte sich auf das Bibelstudium und erlernte die hebräische Sprache, um sich die hebräischen Bibelkommentare aneignen zu können. N.' Werk war weit verbreitet; er erwarb den Ruf, einer der besten Bibelkommentatoren des westlichen Christentums zu sein.
H. Rosl, *Die Bibel im Mittelalter*, 1939.

NIKOLAUS VON ORESME Siehe *ORESME, NIKOLAUS.

NIKOLAUS VON VERDUN (um 1200) Goldschmied, einer der besten Künstler an der Wende von der Romanik zur Gotik, schuf den Verduner Altar in Klosterneuburg bei Wien (Emailplatten mit Darstellungen aus der Heilsgeschichte, 1181) sowie den Marienschrein von Tournai (1205) und den Dreikönigeschrein im Kölner Dom. (Din)
Rhein und Maas (Ausstellungskatalog Köln), 1972.

NIKOMEDEIA Stadt in Kleinasien. N. war eine der bedeutenden Residenzstädte des spätrömischen Reiches und diente im byzantinischen Reich als Provinzhauptstadt. N. verlor allmählich an Bedeutung und war im Hochmittelalter nur noch eine Kleinstadt.

NIKOPOLIS Stadt in Bulgarien und Schauplatz einer Schlacht zwischen den *osmanischen Türken unter *Bajasid und den west- und mitteleuropäischen *Kreuzrittern (1396). Letztere waren auf den Apell des Papstes den Byzantinern zu Hilfe gekommen, um Konstantinopel vor der türkischen Belagerung zu befreien. Der osmanische Sieg versetzte Bajasid in die Lage, seine Angriffe auf Konstantinopel und den Balkan fortzusetzen. Die Kreuzzugsidee erhielt einen empfindlichen Schlag.

NIKOSIA Hauptstadt von *Zypern. Unter der byzantinischen und arabischen Herrschaft war N. eine kleine Provinzhauptstadt. Sie wuchs und blühte unter der Regierung des Hauses *Lusignan. Die Lusignanerkönige erbauten in der Stadt zahlreiche gotische Bauwerke, darunter die Domkirche (1209-1325), die auch Elemente der byzantinischen Baukunst enthält. Die Errichtung des königlichen Hofes in N. führte im 13. und 14. Jh. zur Vermischung französischer und griechischer Kultur und zur Entwicklung eines "überseeischen" Adels, der durch einen kosmopolitischen Lebensstil gekennzeichnet war.
F. G. Maier, *Cypern, Insel am Kreuzweg der Geschichte*, 1964.

NILUS VON GROTAFERRATA (um 910-1005) Einsiedler. In Kalabrien als Sohn der Adelsfamilie Rossano geboren, wurde Mönch und war wegen seines asketischen Lebens und seiner Gelehrsamkeit berühmt. N. versuchte, eine Übereinstimmung zwischen dem byzantinischen und *benediktinischen *Mönchtum zu erlangen. 995 verließ er seine Klostergemeinde und ging als strengasketischer Einsiedler nach Grotaferrata. Seine Gelehrsamkeit und Heiligkeit brachten ihm zahlreiche Anhänger (darunter auch Adelige und Könige wie *Otto III.), die seinen Rat suchten.
J. Décarreaux, *Normands, Papes et Moines en Italie*, 1974.

NINIVE, Schlacht von (628) Schlacht zwischen der byzantinischen Armee unter Kaiser *Herakleios und den Persern unter *Chosroes II. nahe der persischen Hauptstadt Ktesiphon am Tigris. Die Schlacht kennzeichnet den Höhepunkt der byzantinischen Gegenoffensive, die die Perser zum Rückzug aus Syrien und Palästina zwang und deren Armee von Kleinasien abschnitt. Herakleios' Sieg stürzte Persien in die Anarchie, schwächte aber auch Byzanz und trug wesentlich zum Zerfall der einzigen Mächte bei, die der arabischen Ausbreitung im Mittleren Osten Einhalt hätten gebieten können.

NIŠ Stadt im nördlichen Makedonien. Sie diente bis zum 8. Jh. als byzantinische Provinzhauptstadt, erhielt aber zunehmend durch die Ansiedlung von Slawen einen veränderten ethnischen Charakter. 817 wurde N. von den Bulgaren erobert, 1014 kam es wieder an Byzanz. Im Jahre 1096 zogen die Teilnehmer des ersten *Kreuzzugs über N. in den Orient. Im 13. und 14. Jh. gehörte es zu den Staaten der Bulgaren und Serben, 1386 wurde es von den *osmanischen Türken erobert.
H. W. V. Temperley, *History of Serbia*, 1919.

NISAM AL-MULK (um 1018-92) Persischer Staatsmann und *Seldschukenwesir. N. begann seine Laufbahn am Hof der Sultane von *Ghazni und trat nach der seldschukischen Eroberung Persiens (Mitte des 12. Jh.s) in deren Dienst über. 1072 wurde er Hauptwesir (erster Minister) *Malik Schahs. In dieser Eigenschaft organisierte er den Seldschukenstaat und dessen Verwaltung und verwirklichte das feudale *Iqt'aah-System. N. verfaßte auch eine Schrift über die Regierungskunst und war in theologischen und kulturellen Angelegenheiten tätig; weiter versuchte er den orthodoxen Islam mit dem persischen Brauchtum auszusöhnen und gründete Akademien, die nach ihm *Nisamija genannt wurden. Von diesen war die Akademie von Bagdad die berühmteste. 1092 wurde N. von den *Assassinen ermordet, die er verfolgt hatte.

NISAMI, HAKIM DSCHAMAL AL-DIN (1141-1209) Persischer Dichter. N. wurde Waise im Kindesalter, wanderte von Hof zu Hof und verfaßte Gedichte, die er den ihn fördernden Statthaltern und Fürsten widmete. Seine fünf Epen wurden nach seinem Tod unter dem Titel *Chamsah* ('Fünf") gesammelt; sie befassen sich mit dem höfischen Leben der persischen *Sassanidenkönige. N. führte mystische und asketische Ideale des Islams sowie Motive der höfischen Liebe in die Dichtung ein.
J. Rypka, *Iranische Literaturgeschichte*, 1959.

NISAMIJA Bezeichnung der Anstalten höherer Erziehung im Seldschukenreich des späten 11. und 12. Jh.s, die nach den von *Nisam Al-Mulk gegründeten Schulen gerichtet wurden. Die N. befanden sich in vielen Provinzhauptstädten, und die berühmteste war in Bagdad. Das wichtigste Ziel der N. war die Erziehung junger Beamter im Geiste des orthodoxen Islams und ihre Vorbereitung auf eine Beamten- und Richterlaufbahn. Es wurden besonders die praktischen Aspekte des Studiums betont, die spekulative Geistestätigkeit fand kaum Beachtung. Weiteres Ziel der N. war die Bekämpfung des Einflusses des *Ismailismus.

NISCHAPUR Stadt in *Khorasan (Ostpersien). Sie wurde im 3. Jh. als Königsstadt und Residenz gegründet und diente nach der arabischen Eroberung Khorasans (660) als Provinzhauptstadt. Im 9. und 10. Jh. war N. Mittelpunkt örtlicher iranischer und türkischer Herr-

scherfamilien. 1037 wurde die Stadt von den *Seldschuken erobert und zur Hauptstadt des Staates von
Seldschukenführer *Tughril Beg gemacht. Unter den
Seldschuken blühte N. und erlangte eine starke wirtschaftliche Stellung. Der Wesir *Nisam Al-Mulk gründete
in N. eine Akademie, die im gesamten islamischen Osten
Berühmtheit erlangte. Im 12. Jh. wurde die Stadt durch
Erdbeben verwüstet und 1221 von den *Mongolen zerstört.
G. le Strange, *The Lands of the Eastern Caliphate*,
1905.

NISCHNI NOVGOROD (GORKI) Russische Stadt am
Zusammenfluß der Oka und Wolga. Sie wurde im 13.
Jh. von den Fürsten von *Susdal gegründet, besaß im
14. Jh. eine gut besuchte Messe und war wegen ihres
Pelz- und Holzhandels berühmt. 1378 wurde die Stadt
von den *Mongolen niedergebrannt. *Dimitrij Donskoi,
der Großfürst von Moskau, gewann sie wieder, baute sie
von neuem auf und schloß sie an sein Fürstentum an.
G. Vernadsky, *Medieval Russia*, 1954.

NISSIM BEN JAKOB (um 990-1062) *Gaon von Kairuan. N. war der geistige Führer des nordafrikanischen
Judentums und fand allgemeine Anerkennung durch
seine wissenschaftlichen und rechtlichen Abhandlungen
über die Bibel und den Talmud, die das Werk der babylonischen Schule und der nordafrikanischen Rabbiner
zusammenfaßten. N. ist auch unter seinem arabischen
Namen Ibn Schahin bekannt.
J. Oberman, *The Arabic Original of Ibn Shahin's Book
of Comfort*, 1933.

NITHARD (gest. 844) Fränkischer Chronist. N. war
über seine Mutter Bertha Neffe *Karls d.Gr. Er wurde
in der nordfranzösischen Abtei *St. Riquier erzogen.
In der Zeit *Ludwigs d. Frommen hielt er sich oft
am Kaiserhof auf und besaß eine intime Kenntnis der
politischen Entwicklungen. N. verfaßte eine vierbändige
Geschichte der Regierungszeit Ludwigs.
Werk (lat.-dt.): R. Rau (Hg.), *Quellen zur Karolingischen Reichsgeschichte*, 1955.

NOMINALISMUS Erkenntnistheorie, die das Konzept
ablehnte, wonach die *Universalien real seien. Der N.
entwickelte sich im 11. Jh. in Westeuropa aus den Debatten der Philosophen, die anfangs gemäß der platonischen realistischen Theorie glaubten, daß Universalien
eine eigenständige, von den konkreten Eigenschaften
des Einzelobjekts getrennte Existenz besäßen. Die nomi-
nalistische Kritik der Universalien wurde zuerst von
*Roscelin geäußert, der bis zum *Tritheismus gelangte.
Im 12. Jh. entwickelte *Abälard eine gemäßigtere Kritik an der Lehre von der separaten Existenz der Universalien, ebenso im 14. Jh. *Ockham.
H. Obermann, *Der Herbst der mittelalterlichen Theologie*, 1965.

NOMINOE (gest. 851) König der *Bretagne (841-51).
N. war Führer eines bretonischen Klans und errang in
der Zeit *Ludwigs d. Frommen im Kampf gegen seine
Rivalen eine Vorrangstellung. In Ausnutzung der Bürgerkriege im Karolingerreich errichtete er in den Jahren
833-40 seine eigene Herrschaft. Nach der Thronbesteigung *Karls d. Kahlen erklärte er die Bretagne als unabhängig und nahm die Königswürde an. Er breitete seine
Herrschaft nach Osten aus und ergriff die Grafschaften
Nantes und Maine.
E. Durtelle du Saint-Sauveur, *Histoire de la Bretagne*,
1946.

NORBERT VON XANTEN (hl.; um 1080-1134) Erzbischof von Magdeburg. Sohn einer Adelsfamilie aus Xanten, wurde in seiner Jugend für eine kirchliche Laufbahn
bestimmt, verbrachte einige Jahre in mehreren Priester-
und Kanonikerstellen und führte nach der Priesterweihe
1115 ein Mönchsleben, das er mit der Predigt verband. Im
Jahr 1118 gab ihm Papst *Gelasius II. die Erlaubnis,
die kirchliche und weltliche Reform zu predigen;
N. wurde dann rasch durch die Predigten bekannt, die
er in den Städten und Dörfern Frankreichs abhielt. 1120
gründete er in Prémontré ein *Laon den *Prämonstratenserorden der Regularkanoniker. Die ersten Tochterhäuser wurden anläßlich seiner Missionsreise gegen die
Häresie des *Tanchelm in den Niederlanden errichtet.
1126 erhielt er die Anerkennung seines Ordens durch
Papst *Honorius II. und wurde zum Erzbischof von
*Magdeburg ernannt. In dieser Eigenschaft gewann er
die Gunst König *Lothars III.
A. Zak, *Norbert von Xanten*, 1930.

NORMANDIE Herzogtum in Nordfrankreich an der
Seinemündung. Bis zum 9. Jh. war die Gegend Teil des
*fränkischen Teilreiches *Neustrien. In der zweiten
Hälfte des Jh.s fielen die *Normannen wiederholt in die
N. ein; Norwegen und Dänen ließen sich vorübergehend
an der Küste nahe den Ankerplätzen ihrer Schiffe nieder. Gegen Ausgang des Jh.s nahmen diese Ansiedlungen
dauerhaften Charakter an und begannen, das französische Königreich zu bedrohen. 911 mußte König *Karl
III. den Normannenführer von Rouen, *Rollo, als seinen
Lehnsmann und Herzog der N. anerkennen. Rollo nahm
den christlichen Glauben an und baute ein starkes
Herzogtum auf, in dem sich die normannischen Eroberer
mit der örtlichen Bevölkerung vermischten.
Im 10. und 11. Jh. wurde die N. zum bestorganisierten feudalen Fürstentum Europas. Die Herzöge hatten
eine starke Stellung, die von den verhältnismäßig macht-
losen Lehnsleuten nicht bedroht werden konnte. Nicht
einmal die Regierung Herzog *Wilhelm d. Eroberers,
dessen außereheliche Geburt bei seiner Thronbesteigung
zu einem Aufstand führte, hatte Änderungen in der
Grundstruktur der Regierung zur Folge. Wilhelm konnte
den schlecht organisierten Widerstand unterdrücken
und die Expansionspolitik seiner Vorgänger weiterführen, die auf die Eroberung *Vexins und *Maines zielte.
Dabei stieß er mit den französischen Königen und den
Grafen von Anjou zusammen. Wilhelm war auch in die
Angelegenheiten Englands verwickelt, wo sich der normannische Einfluß bereits seit 1051 bemerkbar machte.
Im Jahre 1066 eroberte er England und machte sich
zum König.
Das anglo-normannische Königtum besaß einen
außerordentlichen Charakter; dieser beruhte auf der
Doppelrolle des Herrschers, sowohl englischer Souverän
als auch Lehnsmann des französischen Königs für seine
kontinentalen Besitzungen zu sein. Solche Schwierigkeiten voraussehend teilte Wilhelm vor seinem Tod sein
Reich unter seinen Söhnen auf (1087). Sein ältester
Sohn *Robert erhielt die N., der zweitälteste *Wilhelm
II. England. Diese Abmachung lag jedoch nicht im Interesse des Adels, der gegen Robert revoltierte und sich
1107 auf die Seite des jüngsten Bruders und Königs von
England, Heinrich I. stellte, wodurch dieser die N.
erobern konnte. Die Vereinigung beider Länder begünstigte zwar die Entwicklung des Handels, öffnete jedoch
auch das Tor für die historische Rivalität zwischen

Frankreich und England. Diese wurde in der Zeit der *angevinischen Plantagenets (Mitte des 12. Jh.s) noch verschärft. Unter *Heinrich II. war die N. Eckstein eines mächtigen Staates, und ihre politische Struktur diente als Modell für das gesamte Reich. Nur die schweren Fehler König *Johanns (besonders die Ermordung seines Neffen *Arthur von der Bretagne) setzten der Einheit des Adels ein Ende und ermöglichten König *Philipp II. von Frankreich die Eroberung der N. (1204). Unter der Herrschaft der französischen Könige besaß die N. keinen eigenen Herzog mehr, sondern wurde von königlichen Beamten regiert. Die Verwaltungsstruktur der N. wurde jedoch beibehalten und sogar in den anderen französischen Provinzen übernommen.

Die französischen Könige bewahrten im 13. und 14. Jh. auch die Vorrechte des Adels und der Städte; bis zum Ausbruch des *Hundertjährigen Krieges genoß die N. eine Periode des Wohlstandes. Im Verlauf des Krieges war sie Kampfgebiet und wechselte mehrere Male den Herren. In Übereinstimmung mit dem Abkommen von *Bretigny 1360 ging die N. an Frankreich, wurde aber zu Beginn des 15. Jh.s von den Engländern wiedererobert. Diese regierten bis zum Jahr 1450.
R. Musset, *La Normandie*, 1960.

NORMANNEN (lat. nortmanni: "Männer des Nordens") Die Gruppenbezeichnung der *karolingischen Chronisten des 9. Jh.s für die skandinavischen Völker. Sie bezieht sich gewöhnlich auf die *Norweger und *Dänen, deren Einfälle im Verlauf des 9. Jh.s das *Karolingerreich bedrohten und sein Auseinanderbrechen beschleunigten. Die N. wurden darum als furchterregend und grausam dargestellt und ihre Bedeutung meistens übertrieben. Tatsächlich waren die N.einfälle das Werk kleiner Gruppen von Kriegern, die unter dem Druck der Überbevölkerung gewisser Gegenden und lokaler Fehden ihre Heimat verlassen hatten. Sie plünderten das Karolingerreich von Deutschland bis Bordeaux entlang der Wasserwege. Das Fehlen einer Flotte und einer schlagkräftigen militärischen Organisation machte die Verteidigung ausgesprochen schwierig. Obwohl der tatsächliche Schaden nicht völlig unheilbar war, schufen die dauernden Einfälle eine Atmosphäre des Schreckens. Die Invasionen gingen in der zweiten Hälfte des 9. Jh.s weiter und führten zur Errichtung von Normannenfürstentümern an den Mündungen der Loire und der Seine, aus denen sich dann das Herzogtum *Normandie entwickelte.

Im 10. Jh. ging die Bezeichnung N. auf die ehemals skandinavische Führungsschicht der Normandie über. Diese N. waren nunmehr feudale Grundherren, suchten aber weiter kriegerische Abenteuer. Zu Beginn des 11. Jh.s gelangten Gruppen normannischer Ritter nach Süditalien, wo sie dann unter dem Haus *Hauteville das mächtige Königreich *Sizilien errichteten. Eine andere Wanderungswelle unter Herzog *Wilhelm d. Eroberer führte die N. nach England, das 1066 erobert wurde. Die Eroberungen in Italien und England fanden durch N. statt, die bereits die französische Kultur angenommen hatten und die französische Sprache, Zivilisation, Sozial- und Verwaltungsstruktur in diese Länder trugen.
L. von Heinemann, *Geschichte der Normannen in Unteritalien und Sizilien*, 1894;
W. Vogel, *Die Normannen und das fränkische Reich*, 1906;
D. Ch. Douglass, *The Norman Achievement*, 1969.

NORTHAMPTON Stadt in Mittelengland an der *Watling Street. N. wurde ein wichtiger Handelsknotenpunkt zwischen London und Chester. Nach der *normannischen Eroberung wurde dort ein königlicher Palast mit einer schönen romanischen Kirche erbaut. Während des 12. bis 14. Jh.s war N. in der Jagdsaison königliche Residenz und Tagungsort der Hofversammlungen. 1460 schlugen die Truppen des Hauses *York bei N. *Lancaster.

NORTHUMBRIEN Angelsächsisches Königreich nördlich des Humberflusses an der schottischen Grenze und größtes Reich der *Heptarchie. N. wurde zu Beginn des 7. Jh.s durch die Union von *Bernicia und *Deira gegründet. Sein erster bekannter König Aethelstan aus dem Königshaus von Bernicia eroberte eine Reihe von keltischen Provinzen nahe der Mündung des Clyde. Sein Sohn *Edwin, der das Christentum angenommen hatte, eroberte Yorkshire und errichtete seine Hauptstadt in *York. Seine Nachfolger *Oswald und Oswiu (gest. 670) kämpften gegen *Mercien und führten das Reich auf den Gipfel seiner Macht. Unter ihrer Förderung wurden Klöster und Schulen errichtet, die sich unter der Leitung von Gelehrten wie *Beda zu einem wichtigen Brennpunkt der europäischen Zivilisation und Gelehrsamkeit entwickelten (Ausgang des 7. und 8. Jh.s). Unter den zahlreichen Gelehrten, die an diesen Schulen ausgebildet wurden, befand sich auch *Alkuin. Im 8. Jh. begann der Niedergang von N.; 867 wurde es von den *Dänen erobert, die es zum Mittelpunkt ihres englischen Reiches machten.
F. Stenton, *Anglo-Saxon England*, 1947.

NORWEGEN Skandinavisches Land an der Nordseeküste. N. war mit germanisch-skandinavischen Stämmen bevölkert und seit prähistorischer Zeit eines der Zentren der *Wikingerkultur. Bis zum 9. Jh. war das Land unter zahlreichen Stämmen und Klans aufgeteilt. Damals häuften sich die Kriege zwischen diesen Gruppen, und die Besiegten waren gezwungen auszuwandern, was zur Besiedlung der Nordseeinseln (Orkney, Shetland, Färö, Island) und zu häufigen Plünderungsfahrten führte. Die Plünderungen wurden zusammen mit den Dänen gegen England, Irland und das *Karolingerreich ausgeführt. Die inneren Kriege führten auch zur Errichtung erster politischer Einrichtungen in N. Diese besaßen den Charakter von Stammeskonföderationen und schlossen die Versammlungen der freien Krieger unter der Führung der örtlichen Könige ein. Die bedeutendsten Herrscher waren die Könige des Oslofjords und des Südostens. Gegen Ende des 9. Jh.s vereinigte König *Harald I. die verschiedenen Stammesbünde und gründete das Königreich N. Nach seinem Tod (940) brach jedoch unter seinen Söhnen erneut ein Bürgerkrieg aus, der bis zum Ende des 10. Jh.s andauerte. *Olaf I. (995-1000) vereinigte dann wiederum die Reiche N.s und führte das Christentum ein. Er errichtete seine Hauptstadt im Norden des Landes (Trondheim) und kämpfte gegen die Dänen, die Teile des Südens erobert hatten. Durch Olafs Tod in einer Schlacht fiel N. unter die Herrschaft der Dänenkönige (1000-16). Unter *Olaf II. erlangte das Land wiederum seine Unabhängigkeit; 1028 wurde es jedoch von König *Knut von Dänemark-England erobert und an dessen Reich angeschlossen. Nach Knuts Tod (1035) erhoben sich die Norweger gegen die dänischen Statthalter, und *Magnus I. stellte N.s Unabhängigkeit ein weiteres Mal her.

Magnus' Regierungszeit war eine Periode des Friedens. Er konzentrierte seine Bemühungen auf die Ordnung seines Reiches und der Institutionen sowie auf die Ausbreitung der norwegischen Herrschaft über die Nordseeinseln. Die norwegischen Niederlassungen in diesen Gegenden wurden unter die königliche Kontrolle gestellt, regierten sich aber weiterhin selbst. Trotz der Thronwirren konnte im 12. Jh. der politische und soziale Zusammenhalt des Königreiches erreicht werden. Mit der Errichtung des Erzbistums Trondheim (1152) wurde auch die kirchliche Einheit erlangt. Unter *Haakon IV. (1217-63) war N. ein mächtiger Staat, der sowohl kulturell als auch wirtschaftlich blühte. Die Entwicklung des Handels infolge einer Reihe von Abkommen mit der *Hanse führte jedoch zum Eindringen deutschen Einflusses in N. und machte das Land wirtschaftlich von dem norddeutschen Städtebund abhängig. *Bergen, das wirtschaftliche Zentrum N.s, wurde zu einer deutschen Stadt; die deutschen Kaufleute erwarben weitgehende Vorrechte. Damit war auch die königliche Schatzkammer weitgehend von den guten Beziehungen zur Hanse abhängig. Die norwegischen Könige sahen sich gezwungen, auch weiterhin den fremden Kaufleuten bedeutende Zugeständnisse zu machen. Diese Lage war für das Königshaus nicht unangenehm, da sie zur Einschränkung des Einflusses des Adels beitrug. Dennoch verlegte König *Haakon V. (1299-1319) wegen des deutschen Einflusses in Bergen seine Hauptstadt nach Oslo.

Mit dem Tod Haakons V. ging die Periode der politischen Stabilität in N. zu Ende. Da keine direkten Nachkommen vorhanden waren, stritten sich mehrere Seitenlinien um die Krone. *Haakon VI. (1343-80) war der letzte Nationalkönig N.s. Er heiratete *Margarethe, die Erbin Dänemarks, und ebnete damit den Weg zur Vereinigung der beiden Reiche, was 1397 in der Kalmarer Union erreicht wurde. Dänemark war der dominierende Teil der vereinigten Monarchie, und N. als ärmeres der beiden Reiche wurde praktisch an die dänische Krone annektiert.

M. Gebhardt-W. Hubatsch, *Norwegische Geschichte*, 1967³.

NORWICH Hafenstadt in *Ostanglia. Sie wird schriftlich erstmals im Jahr 1004 anläßlich ihrer Verheerung durch die *Dänen erwähnt. Nach der *normannischen Eroberung war N. eine Königsstadt und eines der Zentren des englischen Wollhandels. 1093 begann die Errichtung der im normannisch-romanischen Baustil gehaltenen Domkirche. Im 12. Jh. wurde die normannische Burg errichtet. Seit dem 13. Jh. gilt N. als einer der Mittelpunkte englischer Stoffindustrie.

B. Green, R. M. R. Young, *Norwich, the Growth of a City*, 1963.

NOTAR Juristische Amtsperson. Die römische Institution des Schriftführers hatte sich im Mittelalter sowohl in Byzanz als auch in den romanisierten Teilen Westeuropas erhalten. Aufgabe der alten N.e war die Herausgabe und Bewahrung amtlicher Dokumente an den Herrscherhöfen. Seit dem 10. Jh. änderte sich der Charakter der Einrichtung, und N.e ließen sich in den Städten nieder. Dort übernahmen sie die Aufzeichnung privater Rechtshandlungen wie Testamente, Übereinkommen und Kontrakte. Nach römischem Brauch mußte der N. von der öffentlichen Autorität (d.h. dem Kaiser oder dem Papst) ernannt werden. Da der N. juristische Amts-

person war, besaßen seine Aufzeichnungen Rechtskraft. H. Breslau, *Handbuch der Urkundenlehre* 1, 2, 1912, 1931².

NOTKER (sel.; um 940-1008) Bischof von Lüttich (972-1008). Sohn einer schwäbischen Adelsfamilie, wurde wohl in St. *Gallen erzogen. 969 machte ihn Kaiser *Otto I. zum kaiserlichen Kaplan für Italien. 972 erhielt das Bistum Lüttich. In beiden Ämtern war N. ein treuer Diener, der sich um die Stärkung der kaiserlichen Position in Italien und Lothringen bemühte. Nach Ottos Tod konzentrierte N. seine Bemühungen auf den Aufbau seines Bistums und ebnete den Weg für die spätere Vorrangstellung *Lüttichs. Er wurde auch als Gründer der bedeutenden Schule von Lüttich bekannt.

G. Kurth, *Notker de Liège et la Civilisation du Xe siècle*, 1905.

NOTKER BALBULUS ("Der Stammler"; um 840-912) Gelehrter und Dichter. N. trat in seiner Jugend dem Kloster St. *Gallen (Schweiz) bei, an dessen Schule er studierte und dann als Lehrer wirkte. 890 wurde er Bibliothekar und war als Verfasser tätig. Er schrieb über liturgische Themen sowie eine Dichtung über das Leben des hl. Gallus und eine legendäre Geschichte *Karls d.Gr. N. brachte die Sequenz musikalisch und literarisch zur Vollendung.

W. von den Steinen, *Notker der Dichter*, 2 Bde., 1948.

NOTKER LABEO ("Der Großlippige"; um 950-1022) Mönch zu St. *Gallen. Nach Abschluß seiner Studien an der Klosterschule wurde er zu deren Vorsteher ernannt und unterrichtete Latein. Als Lehrhilfe übersetzte er einige Klassiker ins Deutsche, eine bis dahin kaum geübte Methode. Er übersetzte als erster die Psalmen und *Boethius ins Deutsche, schrieb eine deutsche Abhandlung über die Chormusik und eine Reihe von kurzen lateinischen Abhandlungen über Themen der Liturgie.

I. Schröbler, *Notker III. von St. Gallen als Übersetzer*, 1953.

NOVARA Stadt in der westlichen Lombardei. Die an der Straße *Mailand-Turin gelegene Kleinstadt wuchs im 11. Jh. zu einem bedeutenden Handelszentrum an der Grenze der Markgrafschaft *Montferrat heran. Infolge ihrer Handelsinteressen lag sie im 12. Jh. mit *Mailand im Streit. N. wurde von den *Ghibellinen regiert, die mit Kaiser *Friedrich I. im Bund standen. Im 13. Jh. war N. eines der Bollwerke der spiritualen *Franziskaner. Zu Beginn des 14. Jh.s war N. an das Fürstentum Mailand angeschlossen.

NOWGOROD Stadt und Fürstentum im nordwestlichen Rußland. N. wurde zu Beginn des 9. Jh.s von skandinavischen Kaufleuten gegründet und lag als "Neustadt" außerhalb der "Altstadt", einer schwedischen Siedlung am Ladogasee. Die Gründer von N. vermischten sich mit der slawischen Bevölkerung, und im späten 9. Jh. besaß die Stadt bereits slawischen Charakter. N.s Lage am Wasserweg von der Ostsee zum Schwarzen Meer machte sie zu einem blühenden Handelszentrum zwischen Skandinavien, Konstantinopel und der islamischen Welt. 862 errichtete der Warägerhäuptling *Rurik aus dem Stamme der *Rus in N. ein unabhängiges Reich, das nach ihm Rußland genannt wurde. Seine Nachfolger breiteten sich nach Süden aus; 912 wurde die Hauptstadt nach *Kiew verlegt, N. wurde jedoch auch weiterhin als wichtiges Zentrum und zweite Hauptstadt angesehen.

Der wirtschaftliche Wohlstand und die soziale Entwicklung der Stadt ließen den Willen nach Autonomie entstehen. 1136 wurden bei einem Aufstand der Herrscher abgesetzt und die städtische Selbstverwaltung errichtet. Die Stadtrepublik war nunmehr als "Großherrschaft N." bekannt und beherrschte den Großteil des nordwestlichen Rußlands von der Ostsee bis zum Weißen Meer. Seit dem 13. Jh. war N. wichtiges Mitglied der *Hanse und besaß nach westlichem Vorbild Kaufleute- und Handwerkszünfte, deren Meister in den gewählten Einrichtungen der Republik tätig waren.

Die Versuche der Fürsten von *Susdal, N. unter ihre Kontrolle zu bringen, wurden 1169 und 1216 erfolgreich abgewehrt. Trotzdem konnten die Susdaler Fürsten im 13. Jh. Einfluß auf N. gewinnen und wurden Mitglieder der "Großherrschaft". *Alexander Newski wurde sogar zum Fürsten erwählt und besiegte als Führer des N.er Heeres 1240 die Schweden an der *Newa und 1242 die deutschen Ritter am Peipussee. Als Alexander jedoch 1252 die Herrschaft in Susdal antrat, gab er sein Amt im weiterhin unabhängigen N. auf. Obwohl die Stadt nicht von der *mongolischen Eroberung Rußlands berührt wurde, verlor sie gegen Ende des 13. Jh.s an Macht und Kraft. Die Volksversammlung trat weiterhin zusammen; seit der Mitte des 14. Jh.s ging jedoch die eigentliche Macht von den Zünften an die Landbesitzer (Bojaren) über. 1416 ergriffen die Bojaren die Macht und errichteten einen aristokratischen Rat, in dem der Erzbischof den Vorsitz führte. Diese Änderung beschleunigte wesentlich den Niedergang N.s.
M. W. Thompson, *Novgorod the Great*, 1967;
K. Dnasch, *Groß-N.*, 1969.

NUR-ED-DIN, MAHMUD Sultan von Syrien (1146-74). Zweiter Sohn des Imad Al-Din *Sengi und der bedeutendste Herrscher des Sengidenhauses. Nach dem Tod seines Vaters wurde er zum *Attabeg von Aleppo ausgerufen, während sein älterer Bruder Schams Al-Din die Herrschaft über *Mosul erhielt. Mit der Hilfe zweier kurdischer Offiziere, Schirkuh und *Ejjub, festigte er seine Herrschaft über Aleppo und eroberte dann Mosul (1152). Er nutzte den zweiten *Kreuzzug zur Annektion der türkischen Emirate in Syrien (1150-52) und eroberte 1154 *Damaskus, wo er sich zum Sultan des vereinten Syriens ausrief. In Vorbereitung auf den heiligen Krieg gegen die Kreuzfahrerstaaten unterwarf er sein Land einem strengen Regime nach den Leitlinien der *sunnitischen Anschauungen. Die *Schiiten wurden verfolgt, und eine Erziehungsreform setzte den philosophischen und naturwissenschaftlichen Studien ein Ende. Auch die Einführung des feudalen *Iqt'aah-Regimes trug zur Vorbereitung auf den Krieg bei. N.s erste Angriffe auf *Galiläa (1157) waren erfolglos; 1163 konnte er jedoch *Banias erobern und eine empfindliche Bresche in die Verteidigungslinie der Kreuzritter am Jordan schlagen. N.s Angriff auf *Antiochia wurde wegen seiner schweren Krankheit abgebrochen. Die Krankheit hinderte N. die Aktivitäten seines Generals *Saladin zu kontrollieren, der nach N.s Tod den Sengidenstaat übernahm.
V. Eliseeff, *Nur Ad-Din*, 1966.

Kathedrale der hl. Sophia, Nowgorod, 11. Jh.

NÜRNBERG Fränkische Stadt. Sie entstand um 1040 nahe der älteren Stadt Fürth unterhalb der Burg und entwickelte sich in eine Handels- und Messestadt. *Friedrich Barbarossa verlieh N. nach dem Fall der *Welfen den Status Reichsstadt und übergab ihre Regierung einem Burggrafen. Im Jahr 1192 ging dieses Amt an Mitglieder der *Hohenzollernfamilie über, die es bis 1427 innehatten. 1219 erhielt N. einen Freibrief, 1256 trat es dem Rheinischen Städtebund bei. Die zentrale Lage N.s im deutschen Reich trug wesentlich zu ihrem Wohlstand im 14. und 15. Jh. bei; ihre Gewerbeartikel wurden überall in Deutschland und im östlichen Mitteleuropa verkauft. Seit der Goldenen Bulle *Karls IV., der die Stadt damit fördern wollte, mußte jeder neugewählte römische (deutsche) König in N. seinen ersten Reichstag abhalten.
G. Pfeiffer (Hg.), *Nürnberg, Geschichte einer europäischen Stadt*, 2 Bde., 1971.

Der Altar der Jungfrau *von Andrea Orcagna zu Or San Michele, Florenz*

OBADIAH DER PROSELYT (gest. um 1118) In Apulien geboren, studierte Theologie und diente als Priester an der Domkirche von *Bari. Um 1092 trat er zum Judentum über und änderte seinen Namen Andreas in O. um. Aus Angst vor Verfolgung verließ er seine Heimat und ließ sich in Syrien nieder, wo er in Aleppo starb. Nach seinem Übertritt war O. im geistigen Leben des Judengesanges tätig und trug zur Entwicklung des Gebetsgesanges bei.
N. Golb, in: Proceedings of the American Academy for Jewish Research, 1962.

OBSERVANTEN Bewegung innerhalb des italienischen Franziskanerordens mit dem Ziel der Rückkehr zur ursprünglichen Regel des hl. *Franziskus.

O(C)HRID Westmakedonische Stadt. O. wurde nach dem Abzug der Römer von wallachischen Ansiedlern und seit dem 8. Jh. von Slawen besiedelt. Im 9. Jh. wurde O. von den *Bulgaren erobert, denen es im 10. Jh. zeitweise als Hauptstadt diente. Die Eroberung durch den byzantinischen Kaiser *Basil II. war ein Zeichen für den Fall des ersten Bulgarenreichs und die Wiederrichtung der byzantinischen Herrschaft auf dem Balkan. Im Jahre 1187 wurde diese durch einen Aufstand der Wallachen und Bulgaren O.s beendet. Die autonome Stellung, die die Erzbischöfe von O. im 13. Jh. von den Patriarchen Konstantinopels erwarben, ebnete den Weg für die Errichtung des serbischen Patriarchats. Im 14. Jh. war O. Teil des *Serbenreiches; nach der Schlacht von *Kossowo (1386) wurde es von den Türken erobert. Die Kathedrale der Stadt gilt als eines der schönsten Beispiele der byzantinisch-slawischen Baukunst.

OCKHAM, WILHELM Siehe *WILHELM VON OCKHAM.

ODILO Herzog von Bayern (737-47). O. widersetzte sich dem *fränkischen Einfluß in *Bayern und bemühte sich, die Unabhängigkeit seines Herzogtums aufrechtzuerhalten. Zu diesem Zweck förderte er die Errichtung des Erzbistums von *Augsburg, an dessen Spitze er den angelsächsischen Missionar Viktor stellte.

ODILO (hl.; um 962-1048) Abt von Cluny (994-1048). O. trat 991 dem Kloster bei und erwarb sich rasch durch seine Tugenden Berühmtheit. Drei Jahre später wurde er zum Abt gewählt. In dieser Eigenschaft zeichnete er sich als fähiger Verwalter und Führer mit erstaunlichem politischen Verständnis aus. Unter seiner Regierung wuchs der Cluniazenserorden von 37 auf 65 Häuser an und verbreitete sich über ganz Europa. O. war häufig im Dienste seines Ordens und der Kirche auf Reisen und unterhielt gute Beziehungen zu den Päpsten, Kaisern und den französischen Königen. Er war aktiv an der Ausbreitung der *Gottesfriedenbewegung beteiligt und Verfasser eines Großteils der diesbezüglichen kirchlichen Gesetzgebung. Die Einführung des

Allerheiligenfestes (erst im Orden von Cluny und dann im gesamten katholischen Christentum) war hauptsächlich sein Werk.
L. Coté, *St. Odilon, un moine de l'an mille,* 1949.

ODO (Eudes; 875-98) König von Frankreich (888-98). Er war Sohn *Roberts d. Starken und zur Zeit König *Ludwigs II. Graf von Paris. In den Jahren 887-88 zeichnete er sich bei der Verteidigung von Paris gegen die *Normannen aus. Nach der Absetzung *Karls III. wurde er vom französischen Adel zum König gewählt, obwohl er nicht aus dem *Karolingerhaus stammte. Die Rechtmäßigkeit seiner Herrschaft wurde jedoch bestritten, und O. war gezwungen, den Karolinger *Karl d. Einfältigen als seinen Erben anzuerkennen.
E. Favre, *Eudes, Comte de Paris et roi de France,* 1893.

ODO Graf von Blois (995-1037). Sohn des Grafen Odo I. und treuer Lehnsmann *Hugo Kapets, galt als einer der mächtigsten Feudalherren in Frankreich. Infolge seiner Bemühungen, seine Herrschaft zu vergrössern, befand er sich seit Beginn des 11. Jh.s in ständigem Konflikt mit den Grafen von *Anjou wegen der Oberhoheit über das Loiretal. 1017 wurde er von *Fulk Nerra besiegt und wandte sich daraufhin nach Osten, wo ihn seine Ansprüche auf die Herrschaft von *Troyes militärisch und gerichtlich mit König *Robert II. zusammenstoßen ließen. In diesem Konflikt behielt er die Oberhand: eine Tatsache, der er in seinem berühmten Lehnsbrief des Jahres 1023 Ausdruck verlieh. Der König verlor das Recht, Lehen an sich zu nehmen; die Vereinigung von Blois und Champagne brachte infolge der Einschließung der königlichen Domäne für die *Kapetinger schwere Probleme. Seit 1026 beanspruchte O. als Neffe *Rudolfs III. das burgundische Erbe gegen Kaiser *Konrad II. 1032 ergriff er Arles, mußte sich jedoch zwei Jahre später vor einer kaiserlichen Armee zurückziehen.
L. Lex, *Eudes, Comte de Blois,* 1892.

ODO I. BOREL Herzog von Burgund (1079-1102). O. unterwarf in Zusammenarbeit mit den Äbten von Dijon das zentrale Burgund der herzöglichen Gewalt und nahm am ersten *Kreuzzug teil.

ODO II. Herzog von Burgund (1142-62). Einer der größten Herren von Burgund, das er unter Unterdrückung der Enklaven der Feudalherren (besonders der Bischöfe von Langres) seiner Herrschaft unterwerfen und zu einem festen Feudalstaat zusammenfügen konnte.

ODO III. Herzog von Burgund (1193-1218). Er nahm am *Albigenserkreuzzug teil und ergriff im Konflikt zwischen *Philipp Augustus und *Johann ohne Land des ersteren Partei.

ODO IV. Herzog von Burgund (1315-50). Stand in den französischen Thronwirren nach dem Tod König *Philipps IV. d. Schönen auf der Seite der *Valois, heiratete die Tochter *Philipps VI. von Valois und

war dessen treuer Verbündeter. 1330 erbte er die Freigrafschaft Burgund und legte die Grundlagen für das
spätere große burgundische Herzogtum der Valois.

ODO (hl.; um 879-942) Abt von *Cluny (927-42).
Sohn einer Ritterfamilie von Tours, wuchs im Haushalt
der Herzöge von Aquitanien auf, wurde 898 Kanoniker
zu Tours und erwarb sich an verschiedenen Orten eine
theologische Ausbildung. Im Jahr 909 verließ er Tours
und wurde vom Hl. *Berno in das Kloster Baume aufgenommen. Dieser übergab ihm nach der Gründung
Clunys die Leitung der Klosterschule von Baume. 972
wurde O. Bernos Nachfolger als Abt von Cluny. Dank
O.s Bemühungen erlangte das Kloster eine hohe Stellung
in der katholischen Kirche. Er brachte weitere Klöster
unter seine Autorität und gewann die Unterstützung des
Papsttums für seine Reformen. Daneben verfaßte O.
mehrere Schriften moralischen und monastischen Inhalts.
E. Amman, *Odon de Cluny,* 1931.

ODO VON BAYEUX (1036-97) Ein Halbbruder *Wilhelms d. Eroberers, der ihn trotz seiner Jugend um 1050
zum Bischof von Bayeux (Normandie) machte. Sein
Leben war jedoch das eines Staatsmannes und Kämpfers:
O. nahm 1066 an der Schlacht von *Hastings teil, wurde
ein Jahr später zum Earl von Kent ernannt und diente
als enger Berater Wilhelms. 1082 verlor er infolge eines
von ihm geplanten Heereszugs nach Italien dessen Vertrauen und wurde erst nach Wilhelms Tod aus dem
Gefängnis entlassen. Daraufhin kehrte er nach Kent
zurück, wo er einen Aufstand gegen seinen Neffen *Wilhelm II. Rufus anstachelte, um seinem anderen Neffen
*Robert von der Normandie zum Thron zu verhelfen.
Nach dem Fehlschlag dieses Planes ging er in sein Bistum
zurück, dem er sich bis zu seinem Tod widmete und
dessen Domkirche er neu erbaute. 1097 starb er als
Kreuzfahrer auf dem Weg nach Palermo.
C. D Douglas, *William the Conqueror,* 1966.

ODO VON DUEIL (gest. 1162) Geschichtsschreiber.
Zu Dueil nahe Paris geboren, trat dem Kloster *St.
Denis bei, wo er die Aufmerksamkeit des Abtes *Suger
erweckte, der ihn 1147 zum Kaplan König *Ludwigs
VII. machen ließ. An Seite des Königs nahm O. am
zweiten *Kreuzzug teil. Nach seiner Rückkehr (1149)
war er in den Angelegenheiten seines Klosters tätig,
1152 wurde er Sugers Nachfolger als Abt. Die Rechtmäßigkeit seiner Wahl wurde jedoch von Sugers Familie
bestritten. O. ist der Verfasser eines Berichtes über
"Die Reise Ludwigs VII. in den Osten", die aus den
im Auftrag Sugers gesammelten Notizen im Verlauf des
Kreuzzugs entstand. Das Werk gilt als wichtige Quelle
für die Geschichte des zweiten Kreuzzugs.
Werk: V. G. Berry (Hg.), 1948.

ODO VON MONTREUIL (um 1220-89) Baumeister,
der unter der Leitung Peters von Montreuil an der Klosterkirche von *St. Denis arbeitete und danach das bis
heute erhaltene gotische Bauwerk fertigstellte. Später
war er im Dienst *Ludwigs IX. tätig, für den er bei dessen *Kreuzzug in *Caesarea und *Jaffa Befestigungen
errichtete.

ODO VON MEUNG (11. Jh.) Botaniker. O. wird in
späteren Quellen (wie des Botanikers *Rufinus) als
Autor des *Macer Floridus* bezeichnet. Dieses Werk ist
eine Beschreibung der Blumen Nordfrankreichs und der
Niederlande und stammt aus dem späten 11. Jh.
Text: L. Choulant (Hg.), 1832.

ODOWAKAR (um 434-93) König von Italien (seit
476). O. war ein germanischer Stammeshäuptling, der
470 nach Italien kam und sich zum König der *Heruler machte. Wie andere Germanenhäuptlinge diente er
zuerst in der römischen Armee, erhob sich jedoch 476
erfolgreich gegen seinen vorgesetzten General Orestes.
Danach zog O. in Rom ein, entthronte den letzten weströmischen Kaiser Romulus Augustulus und rief sich
unter der Oberhoheit des oströmischen Kaisers von Konstantinopel zum Herrn Italiens aus. O. widersetzte sich
den oströmischen Versuchen, seine Herrschaft zu be-
einflussen und fiel im Balkan ein. Der *ostgotischen Invasion Italiens versuchte er, durch Verhandlungen mit
*Theoderich zu entgehen. O. wurde jedoch in Ravenna
belagert und von Theoderich ermordet.
W. Ennslin, *Zu den Grundlagen von Odowakers Herrschaft,* in: Serta Hofmilleriana, 1940.

OFFA (gest. 796) König von Mercien (757-96). O.
ergriff nach einem kurzen Bürgerkrieg die Herrschaft,
ordnete das angelsächsische Königreich Mercien und
machte es zur stärksten Kraft in Britannien. Durch Eroberungen in *Ostanglien und Essex weitete er seine
Herrschaft südlich des Flusses Humber aus. 776 besiegte
er das Heer Kents bei Oxford. In Bezug auf *Wessex
und *Kent begnügte O. sich jedoch mit der Oberhoheit
über die weiterhin unabhängigen Reiche. Als "König
der Engländer" und "König des gesamten englischen
Vaterlandes" erntete er den Respekt *Karls d.Gr. und
unterhielt gute Beziehungen mit dem Papsttum. In inneren Angelegenheiten war O. ein tüchtiger Herrscher, der
den Handel förderte und Befestigungswerke (darunter
eine bis heute bestehende Mauer zur Verteidigung gegen
Wales) erbaute.
F. M. Stenton, *Anglo-Saxon England,* 1947.

OGIER DER DÄNE Französisches Heldenepos, im
12. Jh. in Nordfrankreich verfaßt, das die Abenteuer
eines der Ritter *Karls d.Gr. behandelt. O. begibt sich
nach einem langen Kampf gegen den Kaiser, der seine
Rechte eingeschränkt hatte, in ein Kloster, wo er sein
Leben als heiliger Mann und Verächter der Eitelkeit
irdischer Dinge beschließt. Das Epos spiegelt die feudale
Auffassung von den Vorrechten der Lehnsleute wider,
deren Verletzung die Revolte gegen den Lehnsherrn
legitimiert.

OLAV I. (1052-95) König von Dänemark (1086-95).
Seine Regierungszeit ist durch Thronwirren gekennzeichnet, die den Adel teilten und das Land schwächten.
Dänemark verlor die Kontrolle über die Obroditensla-
wen, womit der Weg für die deutsche Kolonisierung der
nördlichen Teile jener Länder jenseits der Elbe geebnet
wurde.

OLAV II. HAAKONSON (1370-87) König von Dänemark (1376) und Norwegen (1380). Sohn *Haakons VI.
von Norwegen und der dänischen Thronerbin *Margarete, regierte unter der Regentschaft seiner Mutter.
Nach O.s Tod blieben Schweden, Dänemark und Norwegen durch die *Kalmarer Union vereinigt, die beiden
letzteren bis 1814.

OLAV I. TRYGGVASON (um 964-1000) König von
Norwegen (995-1000). O. wurde nach der Ermordung
seines Vaters, des Königs Tryggva, geboren und in Rußland aufgezogen, wo er als *Warägerabenteurer lebte.
991 trat er in den Dienst des dänischen Königs *Sven I.,
mit dem er Raubzüge nach England unternahm. 995
kehrte O. nach Norwegen zurück, wurde zum König

ausgerufen und führte gewaltsam das Christentum in seinem Reich ein. Von den vereinten Dänen und Schweden wurde er in einer Seeschlacht besiegt.

OLAV II. HARALDSON (hl.; um 995-1030) König von Norwegen (1015-30). In den Jahren 1009-11 befehligte O. eine norwegische Armee in England, danach stand er den Angelsachsen in Kampf gegen die Dänen bei. 1013 nahm er bei einem Aufenthalt in Frankreich das Christentum an. Als König zwang O. mit Hilfe englischer und deutscher Missionare seinem Land die neue Religion auf. Seine rauhen Methoden führten zum Aufstand des Adels, der *Knut d.Gr. von Dänemark-England zum König ausrief. O. wurde geschlagen und mußte nach Rußland fliehen (1029), kehrte ein Jahr später wieder zurück, wurde aber dann in der Schlacht von Stiklestad getötet. O. wird als Schutzheiliger Norwegens verehrt.

M. Gebhardt-W. Hubatsch, *Norwegische Geschichte,* 1963.

OLAV III. Kyrre ("der Friedvolle"; gest. 1093) König von Norwegen (1066-93). Sohn *Haralds III., mit dem er in England einfiel, wobei Harald den Tod fand. O. schloß einen Friedensvertrag mit König *Harald von England ab und kehrte nach Norwegen zurück, dem er nunmehr seine Bemühungen widmete. O. unterhielt gute Beziehungen zu Papst *Gregor VII. und förderte die Errichtung der norwegischen Kirche. 1070 gründete er die Stadt *Bergen, daneben unterstützte er die Entwicklung anderer Städte und des Handels.

M. Gebhardt–W. Hubatsch, *Norwegische Geschichte,* 1963.

OLAV IV. Magnusson (gest. 1115) König von Norwegen (1103-15). Sohn des *Magnus II., regierte nach dessen Tod zusammen mit seinen Brüdern Eystein und *Sigurd I. und widmete sich hauptsächlich den inneren Angelegenheiten.

OLDENBURG Stadt und Grafschaft im nordwestlichen Deutschland. Die Stadt wird erstmals 1108 als Siedlung um die Burg eines Feudalherrn erwähnt. Im 12. Jh. waren die Herren von O. zur Förderung des Handels und der Ansiedlung in der Gegend tätig und erhielten 1180 von Kaiser *Friedrich I. den Grafentitel. Die Stadt entwickelte sich zu einem Handelszentrum und erhielt 1345 einen Freibrief. Im 14. Jh. schlugen die Grafen von O. Heiratsverbindungen zu den Familien des norddeutschen Hochadels und dem dänischen Königshaus ein. Graf *Christian wurde endlich zum dänischen König gewählt und gründete das dänische Königshaus O., das bis 1863 regierte.

D. Kohl, *Geschichte der Stadt Oldenburg,* 1925.

OLEG (gest. um 912) Fürst von Kiew. O. war ein Wikingerhäuptling, der *Rurik nach *Nowgorod folgte und möglicherweise mit diesem verwandt war. Nach Ruriks Tod übernahm O. die Herrschaft in Nowgorod, machte sich aber 882 an die Eroberung von Smolensk und *Kiew, das er dann zu seiner Hauptstadt erhob. O. vereinte die Slawenstämme des Dnjeprtales unter seiner Führung und machte sich nach einer Reihe von Siegen über die *Chasaren zum Herrscher eines bedeutenden russischen Fürstentums, das Kiew und Nowgorod einschloß. 907 führte er einen Heerzug gegen Konstantinopel und zwang die Byzantiner zur Bestätigung eines Abkommens, das die Handelsbeziehungen zwischen den beiden Ländern regelte (911).

G. Vernadsky, *Kievan Russia,* 1953.

OLGA (hl.; um 890-969) Fürstin von *Kiew. O. war Witwe *Igors I. und erlangte 945 die Regentschaft des Fürstentums Kiew. In dieser Eigenschaft setzte sie die Politik ihres Gemahls fort und pflegte die Handelsbeziehungen mit Byzanz. 957 ging O. nach Konstantinopel, um einen neuen Vertrag auszuhandeln; dort wurde sie zum Christentum bekehrt. Nach ihrer Rückkehr wirkte sie zur Verbreitung der neuen Religion unter den Russen.

A. M. Ammann, *Abriß der ostslawischen Kirchengeschichte,* 1956.

OLGIERD (ALGIRDAS) Großfürst von *Litauen (1345-77). Sohn des *Gedymin, hielt (offiziell zusammen mit seinem jüngeren Bruder Kestutis) die eigentliche Macht in der Hand. O. setzte die Politik seines Vaters (Expansion nach Süden) fort, gelangte bis zum Schwarzen Meer und nahm *Kiew. Bei inneren Angelegenheiten pflegte er eine liberale Politik, entwickelte jedoch auch eine schlagfertige Armee.

OLIVER Legendäre Figur in den mittelalterlichen französischen Heldenepen, treuer Begleiter des Haupthelden *Roland.

OLIVI, PETRUS JOHANNIS (um 1248-98) Haupt der spiritualen *Franziskaner. O. wurde in Südfrankreich geboren, trat im Alter von 12 Jahren dem Franziskanerorden bei, studierte in Paris und möglicherweise auch in Oxford. O. lehrte in Florenz und Montpellier. Als eifriger Anhänger der strengen Beobachtung der Ordensregel wurde er 1270 von Papst *Nikolaus III. bei Fragen des franziskanischen Armutsideals zu Rat gezogen. Seine anfänglich auch innerhalb des Ordens bekämpften Ideen fanden allmählich Anklang. Seit 1287 wirkte O. als Lektor in mehreren Franziskanerhäusern, wo er seine Gedanken verbreitete. Seine Lehre von der Geistseele wurde im 14. Jh. mehrfach verurteilt.

L. Hödl, *Die Lehre des Petrus Olivi von der Universalgewalt des Papstes,* 1958.

OMAJJADEN (Umajjaden) Ein aristokratischer Klan von Kaufleuten aus Mekka, der die erste moslemische Dynastie Syriens (641-750) und ein spanisches Königreich (756-1031) gründete. Die O. waren das Haupt der vorislamischen Oligarchie von Mekka und widersetzten sich mit Ausnahme *Othmans der Lehre des Propheten. Um die Ermordung des ersten Kalifen Othman zu rächen, stürzte *Muawija, der Statthalter Syriens, Ali und errichtete die Dynastie der O. Von ihrem Zentrum *Damaskus aus erweiterten die O. das arabische Kalifat bis Ostpersien und führten eine rasche Umstellung in den Regierungstraditionen der Araber herbei. Sie besaßen eine rein weltliche Staatsauffassung, zogen syrische Christen als Mitarbeiter heran, behielten die byzantinischen und persischen Regierungstraditionen der eroberten Provinzen bei und ersetzten das Wahlrecht im Kalifat durch die Erbfolge. Sie provozierten die nationalen und religiösen Gefühle der Araber, die sich mit dem nationalen Widerstand der Iraker und Perser zur Bewegung der *Schiiten verbanden. Dies wie auch die Stammeskriege zwischen den Arabern und der frühe Tod der Herrscher der Sufianidenlinie führten zur Übertragung der Macht auf die Marwenidenlinie der O., deren erster Vertreter *Marwan I. (684-85) war. Unter der Herrschaft von *Abd Al-Malik und Al-Walid I. erreichte das arabische Reich seine größte Ausdehnung und umfaßte Ostpersien, *Transoxanien, das untere

le temple de iherusalem   heracle le roys   darabe

es anciennes histoires
dient que Eracles
qui fu monlt bon cre
stien gouuernoit le
pire de romme. Mais
en son temps mahommet y auoit
ia este qui fu messatgier au deable
et fist entendant quil estoit pro
phete e moye de dieu. En terre
Eracle estoit ia sa desloyaute 2
faulse soy que il sema espandue
par toute la terre de oriant et
nommeement en Arabe. tellemt
que les princes de la terre ne ve
oient en chose que len leur enser
tgnast ou admonnestast. Aincois
contraintgnoient par force 2 par
espee tous leurs subgiez a obeir
aux commandemens Mahomet
et a croire en sa loy. Quant Era
cles ost conquiz perse et oult
ocriz Cosdroe qui estoit si puissat

soy il en emporta sa vraye croix
en iherlm. Auquel lieu il auoit
vnit patriarche monlt preudo
me qui auoit nom Modestes
par seconseil duquel il faisoit
reffaire ses eglises et ordonner
ses sains lieux que ses desloyaulx
princes de perse qui auoient
nom Cosdroes auoient destruiz
2 abatuz. Monlt y mettoit Era
cles tant entente 2 tant coust
a ces choses reparer. En deme
tres quilz entendoient a ces cho
ses. homar filz katap qui est
prince darabe tiers apres Ma
hommet vint en la terre qui
a nom palestine asi tgrant
plante de gent que toute sa
terre en estoit couuerte et y
prinst par force vne forteresse
qui a nom Ladre. Dillec se
tray vers damas et assailly

Hindustal und das ehemals *westgotische Spanien. Der Versuch, auch Konstantinopel zu erobern (716), schlug jedoch fehl. Anstelle der bisherigen Duldung anderer Religionen trat nunmehr die Islamisierung und Arabisierung auf dem Gebiet der Sprache, der Verwaltung und des Münzwesens. Die massenhaften Übertritte zur Zeit des Pietisten *Omar II. (717-20) waren politischer Sprengstoff, nachdem im Anschluß an Omars Tod die arabisierende Politik wiederaufgenommen wurde. Geldmangel, militärische Niederlagen (Poitiers 732, Anatolien 740) und die Herausforderung der Haschimitensekte mit den großen Aufständen in Syrien, Irak und *Khorasan (745-56) führten dann zum Fall der O. (Schlacht am Großen *Zabfluß 750). Abd al Rachman konnte der Niedermetzelung des O.-Hauses entkommen und gründete in *Córdoba einen neuen O.-Staat. Dieser erlangte große kulturelle Bedeutung und politische Macht. Seine Herrscher trugen seit 929 den Titel eines Kalifen. Der zweite O.-Staat brach 1031 infolge innerer Schwäche und Bürgerkriege zusammen.

J. Wellhausen, *The Arab Kingdom and Its Fall*, 1973.

OMAR I. (Umar), IBN AL-CHATTAB (um 581-664) Kalif (633-44). Sohn einer aristokratischen Familie aus Mekka, einer der ersten Schüler *Mohammeds und Mitglied des inneren Kreises um den Propheten, der nach 622 die Führerschaft des Islam bildete. O. zeichnete sich in den Schlachten um die Vorherrschaft des Islam in Arabien aus und wurde mit allgemeiner Anerkennung 634 zum zweiten Kalifen gewählt. Unter seiner Regierung wurden Palästina, Syrien, Ägypten und Irak arabisch; die Eroberung Persiens wurde in Angriff genommen. Die Schlachten von *Jarmuk und *Kadisijah brachen die militärische Macht von Byzanz und Persien und sicherten die arabische Vorherrschaft im Mittleren Osten. O. ernannte seine Generäle zu Statthaltern der eroberten Provinzen, während er weiterhin in der Kalifatshauptstadt Medina residierte. Er wurde von einem christlich-persischen Sklaven ermordet.

OMAR II. Kalif (717-20). Ein Mitglied des *Omajjadenhauses, regierte in Damaskus zu einer Zeit der Thronwirren. In seiner Regierungszeit wurde die große Omar-Moschee von Jerusalem vollendet.

OMAR CHAIJAM (1048-1123) Persischer Dichter und Mathematiker. In Nischapur geboren, wurde in seiner Heimatstadt und in Samarkand erzogen und erwarb sich einen Namen als Astronom. Dank seines breiten Wissens wurde er an den Hof des Seldschukenherrschers Persiens, *Malik Schah, berufen und mit der Verbesserung des Kalenders beauftragt. Nach dem Tod Maliks unternahm er eine Pilgerfahrt nach Mekka und kehrte in seine Heimatstadt zurück, wo er sein dichterisches Werk, den *Rubaijat*, verfaßte, das ihm den Ruhm einbrachte, einer der größten Dichter des Mittelalters zu sein. Sein Grab zu Isfahan ist Symbol des persischen Nationalgefühls geworden.

H. Lamb, *O. Chajjam*, 1949.

OMAR IBN AL-AAS (gest. 649) Arabischer Heerführer. O. trat *Mohammeds Armee bei und zeichnete sich in den Schlachten im Hedschas aus. In den letzten Jahren des Propheten leitete er mehrere blitzschnelle Invasionen in Palästina und Syrien. Unter *Omar diente er als Befehlshaber einer Armee, der Teile Syriens, Palästina und Agypten eroberte. Gipfel seiner Laufbahn war die Eroberung Ägyptens, die er mit 4000 Mann und

gegen den Rat des Kalifen begann. Sein Heerlager *Fustat wurde anstelle *Alexandriens die neue Hauptstadt des Landes. Alexandrien fiel 642. Als Statthalter ordnete er die Verwaltung des Landes und legte die Grundlagen für die Islamisierung und Arabisierung Ägyptens.

OMURTAG Bulgarenzar (814-29). Er festigte die bulgarische Herrschaft auf dem Balkan und erhielt die Unabhängigkeit seines Landes von Byzanz. 822 griff er in die Angelegenheiten Konstantinopels ein und half Kaiser *Michael II., die Stadt gegen den aufständischen General Thomas zu verteidigen.

S. Runciman, *The First Bulgarian Empire*, 1930.

OPICINUS DE CANISTRIS (1296-ca. 1335) Kartenzeichner. Er studierte die neo-ptolemäischen Methoden der Kartographie und wandte sie in seinen genau gezeichneten Landkarten Norditaliens an. O.' auf Messungen begründetes Werk trug wesentlich zur Entwicklung der Kartographie im Spätmittelalter bei. Manche seiner Karten identifizieren den Menschen (sich selbst) in merkwürdigen astrologischen Bezügen mit geographischen Gegebenheiten.

R. V. Tooley, *Maps and Map-Makers*, 1949.

ORANGE Stadt in der Provence. O. war eines der wichtigsten römischen Zentren, wurde im 5. Jh. von den Ostgoten verwüstet, diente aber als Messeort. Dank seiner günstigen Lage war O. Veranstaltungsort mehrerer Konzile der westlichen Kirche (441, 529). 543 kam O. an das *Frankenreich, im 9. Jh. wurde es Teil des Königreichs *Provence. 1049 wurden Stadt und Umgebung zur Grafschaft erhoben, die sich dann allmählich von den Grafen von der Provence freimachte. 1365 stiftete Kaiser *Karl IV. die Universität.

M. Demayeur, *Orange: Vie d'une cité*, 1962.

ORCAGNA, ANDREA (um 1308-68) Florentiner Maler, Bildhauer und Baumeister. O. lernte in seiner Heimatstadt und wurde 1354 Mitglied der Steinmetzzunft. Nach erfolgreicher Ausführung der Strozzi-Kapelle (1354-57) wurde er 1357 als Baumeister des Doms von Florenz bestellt, an dem er bis 1367 arbeitete. In der Zwischenzeit entwarf er auch den Neubau der Kathedrale von Orvieto. Bekannt ist sein erschütterndes Fresko "Triumph des Todes" (um 1355) in Santa Croce (Florenz).

ORDAINERS Rat von 21 Lords, die versuchten, eine Adelsregierung neben dem König zu errichten. Provoziert von dem Günstling *Eduards II., Peter Gaveston, konstituierten sie sich 1310 und konnten eine Zeitlang die faktische Macht in England ausüben.   (Din)

ORDEN (lat. Ordo: "Stand") Im weiteren Sinne die Bezeichnung für die gewöhnlich auch *Stände genannten drei großen Körperschaften, in die die hochmittelalterliche Gesellschaft theoretisch aufgeteilt war: Klerus, Adel und Bauernschaft. Im engeren Sinn, der sich im täglichen Gebrauch einbürgerte, bezieht sich die Bezeichnung auf die Ordnung der Kirche und besonders der Mönchsorden. Klöster mit einer gemeinsamen Regel waren als *O. organisiert, so die *Benediktiner, *Cluniazenser, *Zisterzienser und seit dem 13. Jh. die *Bettelorden. Der tiefgehende Einfluß des Mönchswesens führte auch zur Errichtung von militärischen Ritterorden, die im Namen des Christentums erst im Heiligen Land und dann in Spanien gegen den Islam kämpften. Die berühmtesten dieser O. waren die *Johanniter, *Templer und *Deutschherren, in Spanien die O. von *Alcantara, *Cal-

Kalif Omar befiehlt den Wiederaufbau des Tempels; französische Handschrift, 15. Jh.

trava und *Santiago. Seit dem 13. Jh. breiteten sich die Ritter-O. auch in anderen Teilen der Welt aus. So waren die Deutschherren in Preußen und den baltischen Ländern sowie die Johanniter auf Rhodos und dann Malta zu finden. Die Bezeichnung O. wurde im Spätmittelalter auch auf Rittervereinigungen wie den *Hosenband-O. und den O. vom Goldenen Vlies angewandt, die keinerlei Beziehung zu klassischen Mönchs-O. besaßen. Sie waren mehr Rahmen für die gesellschaftliche Betätigung des Hochadels und Ausdruck des *ritterlichen Ethos.

M. Heimbucher, *Die Orden und Kongregationen der katholischen Kirche*, (Neudr.) 1966; S. Painter, *French Chivalry*, 1940.

ORDERICUS VITALIS (1075-1143) Geschichtsschreiber. Von anglo-normannischer Herkunft, wuchs in Shrewsbury (England) auf und wurde 1085 zum Studium ins Kloster St. Evreuil gesandt, wo er Mönch wurde. Im Kloster war er mit dem Abschreiben alter Bücher beschäftigt und erweiterte sein historisches Wissen. Von 1109 bis zu seinem Tod schrieb O. an der *Historia ecclesiastica*, deren größerer Teil den zeitgenössischen Ereignissen gewidmet ist und eine unschätzbare Quelle für die englisch-französische Geschichte der ersten Hälfte des 12. Jh.s darstellt.

H. Walter, *Ordericus Vitalis. Ein Beitrag zur kluniazensischen Geschichtsschreibung*, 1955.

ORESME, NIKOLAUS (um 1321-82) Französischer Philosoph und Wirtschaftstheoretiker. Er studierte in Paris, nahm mehrere Kirchenämter ein und wurde 1377 Bischof von Lisieux. Daneben diente er als Rat König *Karls V. Seine lateinischen und französischen Schriften befassen sich mit Fragen der Politik, der Wirtschaft und der Naturwissenschaft. Am bekanntesten ist seine Abhandlung über die Währung, die die mittelalterlichen Geldtheorien tief beeinflußt hat. Sein "Buch über den Himmel und die Welt" nahm einige der Theorien des Kopernikus vorweg.

C. Johnson, *Nicholas d'Oresme, De Moneta*, 1956.

ORKHAN Osmanischer Sultan (1326-59). Der zweite Sultan der *osmanischen Türken, trieb nach dem Tod seines Vaters *Osman I. den Angriff auf Byzanz vorwärts und eroberte Brussa (1326), Nikaia (1331) und Nikomedia (1337). O. vertrieb die Byzantiner aus Kleinasien und errichtete einen mächtigen Staat im nordwestlichen Teil des Landes. 1346 wurde er als Verbündeter und Schwiegersohn Kaiser *Johannes' VI. in byzantinischen Angelegenheiten tätig. Unter angeblicher Hilfeleistung für Johannes fiel er auf dem Balkan ein, eroberte 1354 Gallipoli und ebnete damit den Weg für den türkischen Vormarsch auf dem Balkan. O. stellte auch die osmanische Armee auf eine dauerhafte Basis.

P. Wittak, *The Rise of the Ottoman Empire*, 1958; R. Spuler (Hg.), *Handbuch der Orientalistik* 1/6, 1959.

ORLÉANS Französische Stadt. Die alte gallo-römische Stadt wurde 487 von *Chlodwig erobert und an das Frankenreich angeschlossen. Die günstige Lage im Mittelpunkt des Frankenreichs machte O. zu einer wichtigen Stadt im Frankenreich, während der häufigen Reichsteilungen diente O. als Hauptstadt des südwestlichen Teilreiches. Unter den *Karolingern (8.-9. Jh.) war O. auch ein wichtiges Zentrum der Gelehrsamkeit; seine Schulen besaßen weiten Ruhm. Gegen Ende des 9. Jh.s kam die Grafschaft O. zum Besitz der *Robertiner und damit zum Herzogtum Franzien, der späteren Ile

de France. Als *Hugo Kapet 987 den französischen Thron bestieg, gab er den größeren Teil des Herzogtums an seine Lehnsleute, behielt jedoch die Grafschaft O. unter seiner direkten Verwaltung. Dadurch wurde O. zu einem wichtigen Bestandteil des kapetingischen Königsgutes. Ein Aufstand der Stadtbürger zu Beginn des 11. Jh.s wurde als Ketzerei von König *Robert d. Frommen streng unterdrückt (1025). Das Wachstum der Stadt gründete in ihrer Residenzfunktion und dem Anwachsen des Handels; daneben bewahrten die Schulen der Stadt auch nach der Gründung der Pariser Universität ihren hohen Ruf. Im 13. Jh. wurde in O. das römische Recht gelehrt, das in Paris verboten war. 1229 befand sich die Pariser Universität nach dem Auszug des Lehrkörpers vorübergehend in O. Bis zum 14. Jh. wurden Stadt und Umgebung von königlichen Beamten verwaltet. 1392 wurde für *Ludwig, den jüngeren Sohn *Karls V., das Herzogtum O. errichtet. 1429 belagerten die Engländer die Stadt; aber *Jeanne d'Arc befreite O.

L. d'Illiers, *L'histoire de O.*, 1954².

ORSEOLO Venezianische Adelsfamilie, seit dem 10. Jh. am politischen Leben der Lagunenstadt beteiligt, stellte im 10. und 11. Jh. vier Dogen. Ihre wirtschaftlichen Interessen in Istrien und Dalmatien beeinflußten die Ausdehnungspolitik Venedigs, wie die Eroberung Dalmatiens durch Peter II. O. im Jahr 999 ausweist. Nach dem 12. Jh. nahm die Bedeutung der Familie ab.

J. Kretschmayr, *Geschichte von Venedig* 1, 1905.

ORSINI Einflußreiche römische Adelsfamilie, die zum ersten Mal 998 urkundlich erwähnt wird. Im 11. und 12. Jh. nahm durch die Ausbreitung ihres Landbesitzes um die Stadt und den Dienst an der päpstlichen Kurie ihre Bedeutung zu. Mit der Wahl eines O., *Cölestins III., zum Papst brach die Feindschaft zu den papstfeindlichen *Colonna aus. Im 13. Jh. stellten sich die O. an die Spitze der papstfreundlichen *Guelfenpartei Roms gegen Kaiser *Friedrich II., bauten eine schlagkräftige Armee auf und machten sich zu Herren weiterer Güter im südlichen Latium. Im Kampf gegen die Colonna standen die O. an der Seite von Papst *Bonifatius VIII., waren aber nach dessen Tod maßgeblich an der Wahl des Franzosen *Klemens V. beteiligt, um den Frieden wieder herzustellen.

J. Haller, *Das Papsttum* II-IV, 1953-55.

ORVIETO Stadt in Mittelitalien zwischen Rom und Florenz. 588 wurde sie Mittelpunkt eines langobardischen Herzogtums, das jedoch bald mit *Spoleto vereint wurde. Nach der Eroberung Italiens durch *Karl d.Gr. (774) wurde O. Grafschaft; seit dem 9. Jh. waren die Grafen von den tuszischen Markgrafen abhängig. Nach dem Tod der Markgräfin *Mathilde (1115) erlangte die Stadt einen kommunalen Freibrief sowie die Unabhängigkeit, die sie bis zum Anschluß an den Kirchenstaat im Jahr 1448 bewahren konnte. Der berühmte Dom von O., ein Meisterstück der italienischen Spätgotik, wurde in den Jahren 1290-1370 errichtet, die Mosaiken der Frontseite sind das Werk Andrea *Orcagnas.

D. Waley, *Medieval Orvieto. The Political History of an Italian City-State 1157-1334*, 1952.

OSLO Stadt in Norwegen. O. wurde um 1050 von König *Harald III. als Flottenbasis im Süden des Landes gegründet und sicherte dank ihrer starken Festung die Königsherrschaft gegen die Aufstandsversuche der örtlichen Adeligen. Die weitere Entwicklung des Hafens war mit dem Fischereiwesen verbunden. Der Königs-palast Akershus, eines der schönsten Werke der welt-lichen skandinavischen Baukunst, wurde um 1300 errichtet, als O. als Hauptstadt Norwegens eine erste Blüte erlebte.

M. Gebhardt–W. Hubatsch, *Norwegische Geschichte*, 1963.

OSMAN I. (1258-1326) Osmanensultan (1281-1326). Ein türkischer Stammeshäuptling, der ein kleines Für-stentum geerbt hatte, das von *Seldschukensultanen aus *Konija gegründet worden war. O. baute eine schlag-kräftige Armee auf, festigte sein Fürstentum, unternahm Angriffe auf seine byzantinischen Nachbarn und unter-warf mehrere Festungen in der Gegend. 1290 nahm er den Titel des "Sultans der Türken" an, und der von ihm gegründete türkische Staat wurde nach ihm benannt. 1304 versuchte er, Gallipoli zu nehmen, wurde aber von der Großen *Katalanischen Kompanie entscheidend geschlagen und zog sich nach Kleinasien zurück. Von dort war er weiterhin (unter Vermeidung größerer Schlachten) an der Vergrößerung seines Landes auf Kosten des geschwächten byzantinischen Reiches tätig.

B. Spuler (Hg.), *Handbuch der Orientalistik* 1/6, 1959.

OSMANEN (OTTOMANEN) Von *Osman I. begrün-dete türkische Dynastie, die ab 1326 in Bursa residierte und ihr Reich bis an die Grenzen Mitteleuropas aus-dehnte (*Türken).

OSMUND (hl.; gest. 1099) Bischof von Salisbury (England). O. war Sohn der Grafenfamilie von Séez, ging mit *Wilhelm d. Eroberer nach England, und diente als einer der wichtigsten Berater des Königs sowie als Kanzler Englands. O. stand Wilhelm beim Erstellen des *Domesday-Buches vor und wurde 1078 mit dem Bis-tum Salisbury belohnt. O. widmete seine letzten Jahre seinem kirchlichen Amt und dem Ausbau seiner Diözese.

W. J. Torrance, *St. Osmund of Salisbury*, 1921.

OSTANGLIA (East Anglia) Eines der sieben angel-sächsischen Königreiche, im Osten der Insel und nord-östlich von London gelegen. Die Angeln, die sich in der Gegend im 5. Jh. niedergelassen hatten, organisier-ten um 500 ihr Reich und konnten fast zweihundert Jahre lang ihre Unabhängigkeit aufrechterhalten. Im 7. Jh. geriet O. endgültig unter den Einfluß von *Mercien, blieb aber weiterhin als Vasallenstaat eine eigenstän-dige politische Einheit. Im 8. Jh. wurde O. in das große Reich König *Offas integriert. Seit dem Ausgang des 8. Jh.s war O. eine eigene Provinz; im 10. Jh. wurde es zusammen mit Mercien und *Northumbrien von den *Dänen erobert und regiert.

F. M. Stenton, *Anglo-Saxon England*, 1947.

OSTERRECHNUNGSDEBATTEN Eine Reihe von Dis-puten innerhalb der Kirche über die Festlegung des Osterdatums, die hauptsächlich im 3. Jh. stattfanden und mit der Entscheidung endeten, daß Ostern immer auf einen Sonntag falle. Eine weitere O. fand im 7. Jh. in Britannien statt, wo die archaische Festberechnung der keltischen Kirche mit dem römischen Ritus der Angelsachsen zusammenstieß. Dieser Disput währte über ein halbes Jahrhundert, bis der römische Brauch 669 Überhand gewann.

J. Schmid, *Die Osterfestberechnung in der abendlän-dischen Kirche*, 1907.

ÖSTERREICH Land im Südosten des *Heiligen Rö-mischen Reiches, entstand im Mittelalter als deutsche

Mark. Gegen Ende des Mittelalters war Ö. Mittelpunkt des Reiches.

Im 6. Jh. wurde die Gegend von *Langobarden- und Slawenstämmen überlaufen, die dann im 7. Jh. von den *Bayern (im Westen) und den *Awaren (im Osten) abgelöst wurden. 798 wurden die Awaren von *Karl d.Gr. geschlagen, der deren Königreich an das Franken-reich angliederte und um 800 in Ö. die Ostmark errich-tete. Ab Mitte des 9. Jh.s wurde das Land von den *Un-garn verwüstet; die letzten Karolinger verloren ihren Halt in Ö. Erst nach dem Sieg *Ottos I. über die Ungarn auf dem *Lechfeld wurde die Ostmark von neuem auf-gebaut und erlebte infolge des Wiederauflebens des Handels und des Stadtwesens (besonders in *Wien) eine Blütezeit. *Otto II. verlieh Ö. 976 an die Baben-berger, die es bis 1246 regierten. Diese dehnten ihren Herrschaftsbereich nach Norden und Osten aus. 1046 wurde in etwa die heutige Grenze mit Ungarn erreicht.

Im 11. Jh. errichtete eine Nebenlinie des Babenber-gerhauses die *Kärntner Mark. Beide Marken waren politisch, wirtschaftlich und gesellschaftlich von den bayerischen Herzögen abhängig. Der bayerische Landes-ausbau des 11. und 12. Jh.s trug durch Einwanderer zum Bevölkerungswachstum der österreichischen Gebie-te bei und stärkte das deutsche Volkselement. 1156 erhielt *Heinrich II. von Babenberg von Kaiser *Fried-rich I., der die welfische Macht schwächen wollte, den Herzogstitel sowie andere Vorrechte. Die Babenberger standen meist auf der kaiserlichen Seite. 1192 ging Her-zog Leopold V. mit Friedrich auf den dritten *Kreuzzug. Nach des Kaisers Tod führte er das deutsche Heer nach Akkon, wo es an der Seite *Richards I. von England kämpfte. 1192 erbte Leopold das Herzogtum Steier-mark und machte Wien zu einem der glänzendsten Höfe des Reiches. Dort wirkte *Walther von der Vogel-weide und soll auch das *Nibelungenlied verfaßt worden sein. 1246 ging Ö. nach dem Aussterben der Babenber-ger an *Ottokar II. von Böhmen über. Dieser widersetzte sich der Wahl *Rudolfs von Habsburg zum deutschen König und wurde 1278 in der Schlacht am Marchfeld geschlagen und getötet. 1282 machte Rudolf seinen Sohn *Albrecht zum Herzog von Ö., das von nun an bis 1918 von den *Habsburgern regiert wurde. Seit Albrechts Tod bis zum Ausgang des 14. Jh.s war das neue Herzogshaus hauptsächlich mit den innerösterrei-chischen Angelegenheiten beschäftigt. 1335 kam Kärnten, 1363 Tirol als Landbrücke zwischen den Habs-burgergütern in Ö. und der Schweiz sowie 1382 der Adriahafen Triest zu Ö. Die von den Habsburgern in Ö. durchgesetzte Ordnung wirkte sich günstig auf die wirt-schaftliche Entwicklung und das Wachstum der Städte aus. Wien wurde unter *Rudolf IV. eine der großen Städte Mitteleuropas und erhielt zahlreiche neue Bau-werke sowie eine Universität. An der Wende zum 15. Jh. war eine gewisse Schwächeperiode durch die Nieder-lagen gegen die Schweiz (*Sempach, *Näfels) und die Spaltung der Dynastie in mehrere Linien erreicht. Hauptprobleme wurden nun unter *Friedrich III. der innere Widerstand der Stände und Städte gegen die Lan-desherrschaft sowie die böhmischen und ungarischen Nachbarn. Der Gewinn Burgunds 1477 machte Ö. zum stärksten Staat innerhalb des Reichs.

K. u. M. Uhlirz, *Handbuch der Geschichte Ö.s*, 1963[2]; *Friedrich III.* (Ausstellungskatalog Wiener Neustadt), 1966:

Ostgotische Spange, goldbedecktes Silber und Juwelen

manenvölkern weiter und vermischten sich mit der italienischen Bevölkerung.

N. Aberg, *Die Goten und Langobarden in Italien*, 1923;
L. Schmidt, *Geschichte der deutschen Stämme* 1, 1941[2].

OSWALD (hl.; 605-42) König von Northumbrien (633-42). O. floh 616 nach dem Tod seines Vaters und der Machtergreifung *Edwins nach Schottland. Dort wurde er von den Mönchen aus *Iona zum Christentum bekehrt. Im Anschluß an Edwins Tod kehrte er 633 nach Northumbrien zurück und verbreitete mit Hilfe irischer Mönche das Christentum unter seinen Untertanen. O. wurde von dem Heidenkönig *Penda von Mercien in der Schlacht getötet. O. wird als Heiliger verehrt.

F. M. Stenton, *Anglo-Saxon England*, 1947.

OSWALD (hl.) Erzbischof von York (972-92). Däne von Geburt, studierte in Canterbury und *Fleury (Frankreich). 959 kehrte O. nach England zurück und widmete sich der Reform des Welt- und Ordensklerus, erst als Bischof von Worcester und dann als Erzbischof von York.

H. Böhmer, *Kirche und Staat in England im 10. und 11. Jahrhundert*, 1899.

OSWALD VON WOLKENSTEIN (1376-1445) Dichter. Der Sohn einer Tiroler Adelsfamilie verließ mit 10

1000 Jahre Babenberger in Österreich (Ausstellungskatalog Lilienfeld), 1976;
Die Zeit der frühen Habsburger (Ausstellungskatalog Wiener Neustadt), 1979.

OSTGOTEN Die *gotischen Stämme, die sich im 3. Jh. in der Ukraine niedergelassen und nach dem Fall des *Hunnenreiches im 5. Jh. ihre Selbständigkeit wiedergewonnen hatten. Sie ließen sich daraufhin in der Donaugegend nieder und führten einige Angriffe auf das oströmische Reich, bei deren Verlauf sie Illyrien eroberten und gegen Ausgang des Jh.s unter ihrem König *Theoderich in Italien eindrangen. 493 besiegten sie die *Heruler unter *Odowaker und nahmen Ravenna; ein Jahr später war ganz Italien in ihrer Hand. Theoderichs mächtiger Staat gründete sich auf die Zusammenarbeit zwischen den örtlichen Bewohnern und den Eroberern und weitete sich auch auf die Provence aus. Obwohl sich Theoderich bemühte, die ethnische Eigenart seines Volkes zu erhalten, war der Assimilierungsprozeß bereits vor seinem Tod erkennbar. 533 sandte der byzantinische Kaiser *Justianian seinen General *Belisar nach Italien, um das Ostgotenreich zu erobern, was jedoch erst 555 nach heftigem Widerstand erreicht werden konnte. Die O. zerstreuten sich, zogen mit anderen Ger-

Ostgotischer Gürtelverschluß, Bronze mit Juwelen; 7. Jh.

Turnier; Miniaturbild von Jean Fouquet

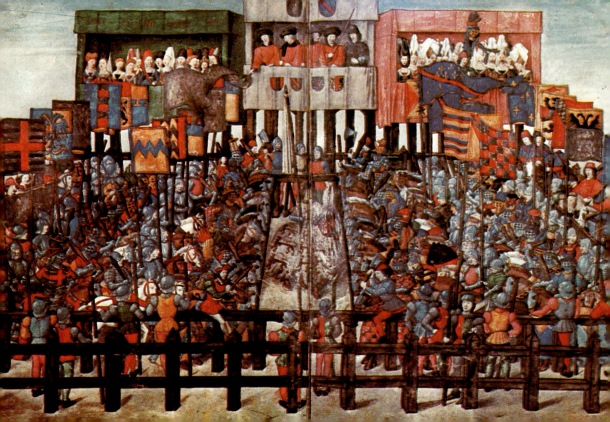

Jahren das Elternhaus, um als Knappe erzogen zu werden. Nach weiten Reisen kehrte er um 1400 heim und wurde in der Verwaltung des Bischofs von Brixen tätig. 1414 besuchte er das Konzil zu *Konstanz, wo er in den Dienst König *Sigmunds trat. Von dessen Gegner, dem österreichischen Herzog Friedrich, wurde er 1421-23 gefangen gehalten. Nach weiteren Reisen in Deutschland und Italien spielte O. eine Schlüsselrolle in der Brixener Landespolitik. Aus seinem Werk sind ca. 130 Lieder mit Melodien meist weltlichen Inhalts überliefert, in denen persönliche Erlebnisse von großer Bedeutung sind. Viele von ihnen gehören zur politischen Lyrik. (Din)
Werk (mittelhochdt.-neuhochdt.): K. J. Schönmetzler (Hg.), 1979.

OSWIN (hl.) König von Deira (642-51). O. floh nach der Ermordung seines Vaters (634) nach Wessex, kehrte nach dem Tod seines Vetters *Oswald nach Northumbrien zurück und stellte das Königreich *Deira wieder her, dessen letzter König er war. O. starb bei einem Zusammenstoß mit einem anderen Vetter, *Oswy von Bernicia. O. wird als Heiliger verehrt.

OSWY (gest. 670) König von Northumbrien (655-70). Ein Neffe König *Oswalds, wurde 641 unter der Oberhoheit von *Penda, des Herrschers von Mercien, zum König von *Bernicia ausgerufen. O. hielt auch weiterhin seinem Oberherrn die Treue; dieser unterstützte ihn im Konflikt mit der hl. *Oswin, dem König von *Deira. Als Penda jedoch 655 in Bernicia einfiel, wurde dieser von O.s Armee bei Winwaed (Yorkshire) getötet. O. machte sich darauf zum Herrn des gesamten Northumbrien, annektierte einen großen Teil von *Mercien und verlieh einiges als Lehen an Pendas Sohn. Damit breitete er seine Einflußsphäre bis zur Themse in Südengland aus. 657 wurde O. jedoch von aufständischen Adeligen gezwungen, auf die Oberhoheit über Mercien zu verzichten und sich auf Northumbrien zu beschränken. 664 führte O. den Vorsitz auf dem Konzil von Whitby, das die Vereinigung der keltischen und angelsächsischen Kirchen vorantreiben sollte.
F. M. Stenton, *Anglo-Saxon England*, 1947.

OTBERT (gest. 1119) Bischof von Lüttich. Einer der hervorragendsten Vertreter der Gelehrtenschule von Lüttich in der zweiten Hälfte des 11. Jh.s. Nach seiner Bischofswahl erwies sich O. als fähiger Administrator und Politiker. Seine wichtigste Tat war die Umwandlung des Bistums in ein territoriales Fürstentum durch den Erwerb der Burg von *Bouillon und der Besitzungen *Gottfrieds von Bouillon, nach dem dieser zum Kreuzzug (1096) ausgezogen war.

OTFRI(E)D VON WEISSENBURG (9. Jh.) Dichter. Der Schüler des *Hrabanus dichtete zwischen 863 und 871 eine Evangelienharmonie, in der das Neue Testament im mehrfachen Schriftsinn der *Allegorie gedeutet wird. O.s Lehrdichtung ist das älteste größere Werk in deutschen Reimen. (Din)
J. Belkin, J. Meier, *Bibliographie zu O. v. W.*, 1975.

OTHLOH ST. EMMERAN (ca. 1010-70) Geistlicher Schriftsteller, seit 1032 Mönch im Regensburger Emmerankloster. O. verfaßte mehrere Heiligenleben und theologische Werke; von besonderem Interesse sind die autobiographischen Bücher seiner Versuchungen und die Sammlung von Visionserzählungen. (Din)
Werk (dt.): W. Blum, 1977;
H. Schauwecker, *O. v. St. E.*, 1965.

OTHMAN (UTHMAN) IBN AFFAN (gest. 656) Dritter Kalif (644-56). Der Sohn der aristokratischen *Omajjadenfamilie von Mekka war der erste des Klans, der sich auf die Seite *Mohammeds schlug und eine von dessen Töchtern heiratete. Nach Omars Tod wurde O. gegen die Kandidatur *Alis zum Kalifen gewählt. O. nahm die Eroberungskriege seiner Vorgänger auf und erweiterte das arabische Kalifat in Nordafrika und Asien. Im Gegensatz zu Omar überließ er jedoch die Kriegsführung gänzlich seinen Generälen und blieb in Medina, wo er sich Fragen der Religion und Verwaltung widmete. O. ordnete die Rezension der offiziellen Version des *Korans und die Verbrennung der zahlreichen abweichenden Handschriften an. Unter seiner Leitung wurde die Provinz- und Zentralverwaltung geschaffen. Die einflußreichsten und lukrativsten Ämter verteilte er unter seiner Familie. Die benachteiligten Generäle erhoben sich darauf 650 in Ägypten und im Irak. 656 wurde O. in seinem Palast von einer Gruppe ägyptischer Aufständischer (möglicherweise unter Mitwirkung seines Rivalen Ali) ermordet.

OTHO VON LA ROCHE (gest. 1234) Herzog von Athen (1205-25). Sohn einer burgundischen Adelsfamilie, ging mit Bonifatius von *Montferrat auf den vierten *Kreuzzug und wurde nach der Eroberung von *Thessalonike von ihm zum Herren von Athen gemacht. O. eroberte die Stadt und ihre Umgebung und errichtete das fränkische Fürstentum Athen. 1225 dankte er zugunsten seines Sohnes ab und kehrte in die Heimat zurück.
W. Miller, *The Latins in Greece*, 1908.

OTHRIC (10. Jh.) Gelehrter. O. war Vorstand der Domschule von Magdeburg und wurde als Kritiker der Erkenntnislehre des Gerbert von Aurillac berühmt. Der Disput zwischen den beiden auf dem Konzil von Ravenna (980) gilt als eine der großen intellektuellen Auseinandersetzungen des 10. Jh.s (Siehe *Silvester II.).

OTTO I. d. Große (912-73) deutscher König (936-73) und römischer Kaiser (seit 962). O. war ein Sohn *Heinrichs I., der ihn mit der Regierung des Herzogtums *Sachsen betraute, wo er politische und militärische Erfahrungen sammelte. Nach seiner Königswahl unterdrückte O. eine Reihe von Herzogsaufständen (936-41) und setzte seine Brüder und Verwandten als Herzöge ein. Zur Einschränkung der stammesherzoglichen Macht verlieh er große Teile der Herzogtümer an Bischöfe und Äbte, die direkt von ihm abhängig waren; er schuf damit die Grundlage für die spätere territoriale Machtstellung der Kirchenfürsten. Dazu mußten die Bischöfe ihm auch ihre Truppen zur Verfügung stellen, die einen wichtigen Teil des Reichsheeres ausmachten. 951 erforderten die politische Anarchie in Italien und die das Papsttum gefährdenden Ambitionen *Berengars II. von Friaul O.s Eingreifen. Im Verlauf des Heerzugs befreite er Adelheid von Burgund, die Witwe *Lothars von der Provence, aus der Gefangenschaft und heiratete sie. Nachdem er Berengar unterworfen hatte, kehrte er zur Unterdrückung eines Aufstandes in Lothringen zurück. O.s entscheidender Sieg über die *Ungarn auf dem Lechfeld (955) befreite Deutschland von den verheerenden Einfällen aus dem Osten und verhalf O. zu hohem Ansehen. Von nun an war seine Herrschaft von keinerlei Aufständen mehr bedroht. 962 rief ihn Papst *Johannes XII., der sowohl von Berengar wie auch von Rivalen in Rom bedroht war, nach Italien zurück. Bei seiner Ankunft in

Otto II.; Miniatur des 11. Jh.s

Rom wurde O. vom Papst zum Kaiser gekrönt; dadurch wurde das *Heilige Römische Reich der Deutschen gegründet. Kurz danach unterwarf O. ganz Italien der kaiserlichen Herrschaft, sandte Berengar ins deutsche Exil und ließ 963 Johannes, der sich geweigert hatte, den Treueid zu leisten, durch ein römisches Konzil absetzen. Norditalien wurde nach lehnsrechtlichen Richtlinien umgewandelt und erhielt eine eigene kaiserliche Kanzlei. O., der sich nunmehr auf dem Gipfel der Macht und des Ansehens befand, intervenierte in den Angelegenheiten anderer Länder, besonders Frankreichs, wo er das gefährdete Gleichgewicht zwischen König Lothar und Herzog *Hugo d.Gr. bewahrte. 972 sandte er Bischof *Liutprand von Cremona als Unterhändler nach Konstantinopel, um die Heirat seines Sohnes *Otto II. mit der byzantinischen Prinzessin Theophano zu arrangieren.

Die kaiserliche Majestät fand unter O. auch in der besonderen ottonischen Kultur und Baukunst Ausdruck. O. war Förderer der Künste und Schriftstellerei, unterstützte Gelehrte und gründete wichtige Schulen. All dies nennt man die "ottonische Renaissance", die in der Zeit seines Enkels *Otto III. ihren Höhepunkt fand.

G. Tellenbach, *Otto der Große*, in: Die großen Deutschen 1, 1956[2]; *Festschrift zur Jahrtausendfeier der Kaiserkrönung O.s d.Gr.* (MIÖG Ergänzungsbd. 20), 1962.

OTTO II. (955-83) König (seit 961) und Kaiser (967-83). Sohn Ottos I., begann seine Regierung mit Hilfe seiner Mutter Adelheid und mußte sich mit dem Aufstand seines Neffen Herzog *Heinrichs II. von Bayern auseinandersetzen. Die bayerische Revolte konnte erst 978 unterdrückt werden; im folgenden Jahr unterwarfen

sich auch die Herzöge von Böhmen und Polen. Nach der Befriedung Deutschlands wandte er sich nach Italien (980), wo er gegen die Araber kämpfte, die Sizilien und Apulien erobert hatten. O. erlitt 982 eine Niederlage und starb inmitten der Vorbereitungen für einen neuen Heerzug.

K. Uhlirz, *Untersuchungen zur Geschichte Kaiser Ottos II.*, 1901.

OTTO III. (980-1002) König (983-1002) und Kaiser (seit 996). Während seiner Minderjährigkeit lag die Reichsregierung in den Händen seiner Mutter Theophano (983-91) und Großmutter Adelheid (991-94), die ihn zusammen mit den besten Gelehrten der Zeit im Sinn des antiken römischen Reiches aufzogen. Deutschland war unter einer erfahrenen Regierung sicher, während in Italien die Kaisermacht absank. Dort setzten die örtlichen Fürsten und besonders die *Crescenti von Rom ihren Unabhängigkeitswillen durch. Nach Erreichen der Volljährigkeit ging O. 996 nach Italien, setzte Papst *Johannes XV. ab, besiegte die Crescenti und setzte seinen Neffen Bruno von Kärnten (*Gregor VI.) als Papst ein. Nach O.s Abzug erhoben sich die Crescenti gegen Gregor und vertrieben diesen. O. kehrte 998 nach Italien zurück und eroberte Rom. 999 machte er nach dem Tod Gregors VI. seinen früheren Lehrer Gerbert von Aurillac zum Papst (*Silvester II.). Dieser unterstützte O.s Vorstellungen von einem Universalreich, das über den Königreichen stehe und bereits vier Nationen (Deutsche, Italiener, Gallier-Lothringer und Slawen) umfaßte. Im Jahr 1000 unternahm O. eine Pilgerfahrt nach Gnesen (Polen), wo er ein Erzbistum errichtete. Seine direkte Herrschaft zu Rom erregte den Widerstand des örtlichen Adels. Eine erste Revolte konnte 1001 niedergeschlagen werden; eine zweite unter der Führung der Crescenti brach 1002 aus. O. starb jedoch vor der Ankunft der deutschen Truppen.

P. E. Schramm, *Kaiser, Rom und Renovatio*, 1957[2]; R. Folz, *La Naissance du Saint-Empire*, 1968.

OTTO IV. VON BRAUNSCHWEIG (um 1175-1218) König (seit 1198) und Kaiser (seit 1209). Der Sohn

Das Kaiserreich der vier Völker Ottos III., *10. Jh.s*

*Heinrichs des Löwen wuchs im englischen Exil auf und wurde Earl von York (1190). Bei der Doppelwahl von 1198 gegen *Philipp von Schwaben gekürt, konnte er sich als König erst nach dessen Tod 1208 durchsetzen. Da O. sich nicht an seine Versprechen dem Papst gegenüber hielt, sondern die kaiserliche Italienpolitik wiederaufnahm, wurde er 1210 exkommuniziert, verlor seinen Anhang und 1214 die Schlacht von *Bouvines. Damit war die Herrschaft seines Gegners *Friedrich II. von Hohenstaufen gesichert.   (Din)
E. Winkelmann, *Philipp v. Schwaben und O. v. B. IV.,* (Neudr.) 1963.

OTTO VON FREISING (um 1112-58) Historiker. Sohn *Leopolds III. von Österreich und Onkel *Friedrich Barbarossas. O. studierte in Paris, wurde um 1132 Zisterzienser und 1137 Abt von Morimond. Ein Jahr später wurde er bereits Bischof von Freising und dann in verschiedenen kirchenpolitischen Angelegenheiten tätig. Seine "Chronik oder Geschichte der zwei Staaten" stellt die historischen Ereignisse als Teile des Kampfes zwischen Gut und Böse nach Augustinus dar und ist von einer pessimistischen Grundstimmung geprägt, wogegen "Die Taten Friedrichs" (von O.s Schüler Rahewin vollendet) die Entwicklung unter seinem Neffen positiver beurteilen.   (Din)
Werk (lat.-dt.): W. Lammers (Hg.), *Chronik,* 1974³;
F.-J. Schmale (Hg.), *Die Taten Friedrichs,* 1974².

OTTO VON NORTHEIM (gest. 1083) Herzog von Bayern (1061-70). Agnes, die Witwe *Heinrichs III., machte O. zum bayerischen Herzog; während der Minderjährigkeit *Heinrichs IV. spielte O. eine führende Rolle in der Regierung. Die Anklage wegen Verschwörung gegen den König führte 1070 zu O.s Absetzung, doch erhielt er zwei Jahre später seine Besitzungen in Sachsen zurück. Trotzdem wurde O. einer der Führer des Sachsenaufstandes und unterstützte *Rudolf von Rheinfelden.   (Din)

OTTOKAR I. Přemysl (um 1155-1230) Herzog und König von Böhmen (1192-1230). O. begann seine Regierung unter chaotischen Zuständen und konnte erst 1198 nach dem Tod Kaiser *Heinrichs VI., der ihn 1193 abgesetzt hatte, seine Herrschaft festigen. In Ausnutzung der deutschen Thronwirren sicherte O. weitgehend die Autonomie Böhmens und das Erbrecht seines Hauses auf die Herzogwürde sowie im Jahre 1212 auch den Königstitel, den ihm *Friedrich II. verlieh. O. ordnete sein Land nach den Bürgerkriegen erneut, stärkte die Zentralregierung und förderte das Stadtwesen. K. Bosl (Hg.), *Handbuch der Geschichte der böhmischen Länder* 1, 1967.

OTTOKAR II. Přemysl (1230-78) König von Böhmen (1253-78). Der Sohn Wenzels I. war Herzog von Mähren und erbte 1251 das Herzogtum *Österreich. Als König von Böhmen war er einer der mächtigsten Fürsten im Reich; die Zeit des Interregnums (1254-73) gab ihm die Gelegenheit, seine Macht weiter auszubauen. Mit Hilfe einer starken Armee und auf eine Reihe von Bündnissen gestützt eroberte O. Steiermark und Kärnten (1260) und schuf einen deutsch-slawischen Staat, der von Schlesien bis zur Adria reichte. Seine Ansprüche auf den Königsthron wurden jedoch enttäuscht, als die deutschen Fürsten 1273 aus Angst vor O.s Übermacht nicht ihn, sondern *Rudolf von Habsburg wählten. O. weigerte sich, die Entscheidung anzuerkennen und erhob sich 1274 gegen Rudolf. Dieser entzog ihm auf dem Reichs-

tag von Regensburg die Reichslehen Österreich, Steiermark und Kärnten. In dem darauf ausbrechenden Krieg wurde O. besiegt; und die konfiszierten Länder gingen an die Habsburger. O.s Versuch, in Österreich einzufallen (1278), endete mit seinem Tod in der Schlacht von Dürnkrut.
K. Bosl (Hg.), *Handbuch der Geschichte der böhmischen Länder* 1, 1967.

OTTOMANEN Siehe *OSMANEN.

OTTONEN Sächsische Königsdynastie in Deutschland 919-1024, Siehe *Heinrich I., II., *Otto I., II., III.

OUEN (AUDOIN) (hl.; 610-84) Bischof von Rouen. Sohn einer fränkischen Adelsfamilie, diente am Hof *Chlotars II. und *Dagoberts I. 641 wurde er Bischof von Rouen, tat sich in der Kirchenreform des fränkischen Klerus hervor und erlangte großes ansehen, das ihn zum Vermittler zwischen den verschiedenen Königen Neustriens und Austriens machte.

OURSCAMP Zisterzienserkloster in Nordfrankreich, berühmt durch seine 1184 errichtete Bibliothek und die Klosterkirche, die die im Orden verbreiteten Grundsätze der Einfachheit und Demut widerspiegelt.

OVIEDO Nordspanische Stadt. O. wurde 757 um ein kleines Kloster gegründet und 810 Hauptstadt von *Asturien. König *Alfons II. erbaute am Ort eine Kapelle, die zur Aufnahme seiner Schatzkammer, seiner Reliquien und des Staatsarchivs bestimmt war.

OXFORD Stadt in England. O. entwickelte sich im 7. Jh. als Rindermarkt an der Grenze zwischen *Mercien und *Wessex. Im 8. Jh. erweiterte sich die Siedlung um den Schrein der hl. Frideswida, der Pilger und Kaufleute zur Messe von O. anzog. Nach der normannischen Eroberung wurde in O. eine Anzahl von Klöstern und Stiften errichtet, von denen einige auch Klosterschulen besaßen. Im 12. Jh. genossen die Einwohner von O. den besonderen Königsfrieden, der sie unter die direkte Regierung königlicher Beamter stellte.

Als 1167 *Heinrich II. den englischen Studenten den Besuch von Paris verbot, wurde in O. das *Studium Generale,* der Kern der späteren *Universität, errichtet. Die Anstalt entwickelte sich allmählich weiter und erhielt 1215 ihre volle Ausbildung mit der Ernennung des Kanzlers als Haupt der Universität durch den Bischof von Lincoln. Bereits 1230 galt O. nach Bologna und Paris als drittwichtigste Universität Europas. Sie spezialisierte sich auf Theologie, Philosophie und Naturwissenschaft. In der zweiten Hälfte des 13. Jh.s wurden die ersten Colleges gegründet, zunächst University College, dann Merton und Balliol, im 14. und 15. Jh. kamen weitere dazu. In der zweiten Hälfte des 14. Jh.s war die Universität ein Mittelpunkt des intellektuellen und religiösen Nonkonformismus, der sich von den Lehren *Wycliffs und seiner Kollegen an der Universität nährte und in der *Lollardenbewegung Ausdruck fand.
Ch. E. Mallet, *History of the University of Oxford,* 3 Bde., 1924/26;
H. E. Salten, *Medieval Oxford,* 1936.

OXFORD, PROVISIONEN VON (1259) Ein wichtiges konstitutionelles Dokument, das *Heinrich III. von England den Baronen seines Landes ausstellte. Es bestätigte die *Magna Charta und bestimmte die Errichtung eines Rates, dessen Zustimmung zur Erhebung neuer Steuern für den König unerläßlich werden sollte. Die Provisionen von O. waren der Kern des englischen Parlaments.

Pisa: der schiefe Turm, Kathedrale und Taufkirche; vom 11. bis zum 13. Jh. erbaut

P

PACHER, MICHAEL (um 1435-98) Maler und Bild-schnitzer. Der Südtiroler Meister P. gehört zusammen mit seinem Bruder Friedrich (gest. 1510) zu den wichtig-sten Schöpfern spätgotischer *Flügelaltäre. Seine Haupt-werke sind die Altäre in Gries bei Bozen (1471-75) und in St. Wolfgang in Oberösterreich (1481 vollendet) sowie der Kirchenväteraltar (1483 vollendet) aus Neu-stift (Alte Pinakothek, München). P.s Stil ist typisch für die Reichhaltigkeit und Minuziosität der Schmuck-formen süddeutscher Spätgotik; im Malerischen entwik-kelte er eine virtuose Beherrschung der Perspektive, Stoffdarstellung und Psychologisierung.   (Din)
N. Rasmo, *M. P.*, 1969.

PADERBORN Westfälische Stadt, 777 von *Karl d.Gr. als Militärlager und Versorgungsbasis für die Sach-senkriege gegründet. Die Stadt wuchs allmählich an und wurde 805 zum Bistum erhoben. *Otto I. verlieh den Bischöfen von P. die Herrschaftsrechte über Stadt und Umgebung, aus denen sich dann das kirchliche Fürsten-tum P. entwickelte. Dieses wurde 1180 im Rahmen des Kampfes gegen die *Welfen von *Friedrich I. for-mell anerkannt. Ende des 13. Jh.s war P. Mitglied der *Hanse.
W. Richter, *Geschichte der Stadt Paderborn*, 2 Bde., 1899/1903.

PADUA (PADOVA) Nordostitalienische Stadt. Sie wurde 493 von den *Ostgoten erobert, war 540 für ein Jahr in den Händen der Byzantiner, fiel dann wieder unter die Ostgotenherrschaft und wurde 563 von dem Byzantiner *Narses zurückerobert. 601 zerstörten die *Langobarden die alte römische Stadt, und nur ein klei-nes Viertel erhielt sich um die Domkirche. 774 machte *Karl d.Gr. P. zum Sitz einer Grafschaft. 897 nahm Bischof Peter nach einem Kampf gegen die Grafenfa-milie die Grafenwürde an sich; diese blieb bis 1125 in den Händen seiner Nachfolger. Mit der Errichtung kommunaler Einrichtungen machte sich P. unabhängig und wurde von *Guelfenhäusern regiert. 1237 fiel P. in die Gewalt *Friedrichs II., der sie an seinen treuen General *Ezzelino da Romano übergab. Die Ghibellinen beherrschten P. bis 1256, danach wurde die Kommune wieder errichtet. Innere Streitigkeiten führten zum Auf-stieg örtlicher Tyrannen und der Herrschaft verschie-dener Söldnerführer. Dazu stritten sich die anliegenden Staaten *Mailand und Venedig über P., bis es schließlich 1405 von Venedig annektiert wurde.
    Die Universität von P. wurde im Jahre 1222 errich-tet und war wegen ihrer Rechts- und Medizinfakultät berühmt, die zahlreiche fremde Gelehrten und Studen-ten beherbergte.
A. Simioni, *Storia di Padova dalle origini al secolo* XVIII, 1967.

PAIRS (lat. pares) Bezeichnung aus dem Lehnswesen für die Vasallen eines Herrn, die untereinander als auf gleichem Fuß stehend betrachtet wurden. Diese recht-liche Gleichheit gab ihnen das Recht, zusammen im Na-men ihres Herren zu beraten und als Gerichtshof ihrer Kol-legen zu fungieren. Das *ritterliche Ethos des 12. Jh.s erhob den Gedanken der P. zum Ideal eines obersten Gerichtshofes des Reiches unter dem Vorsitz des Königs und mit der Funktion einer obersten moralischen Instanz. Daraus flochten die Dichter die Geschichten der zwölf P. *Karls d.Gr. oder des Königs Artus. Indirekt war die Idee der zwölf P. von den zwölf Aposteln beeinflußt. Im 13. Jh. entwickelte sich in Frankreich tatsächlich die Institution der P. von Frankreich als feudaler Ge-richtshof und oberste ritterliche Leitinstanz. Sie war aus sechs weltlichen Fürsten, den Herzögen von Normandie, Aquitanien und Burgund, den Grafen von Flandern, Champagne und Toulouse sowie sechs Bischöfen zusam-mengesetzt, besaß aber infolge der Entwicklung des Pariser *Parlaments und der Einverleibung der alten Feudalherrschaften durch die zentralistische Monarchie einen hauptsächlich zeremoniellen Charakter, wie sich besonders bei der Königskrönung ausdrückte. In England wurde das Haus der Lords auch "Haus der P." genannt.
R. Holtzmann, *Französische Verfassungsgeschichte*, 1910.

PALAIOLOGEN Byzantinische Kaiserfamilie, Nach-kommen einer Adelsfamilie aus Konstantinopel, die sich 1204 nach der Errichtung des *Kreuzfahrerreiches in *Nikaia niedergelassen hatte. Ihre Söhne hielten wichti-ge Positionen in der Verwaltung und im Heer des Kaiser-reichs Nikaia inne. *Michael VIII. P. wurde 1258 Kai-ser zu Nikaia und gründete das Kaiserhaus der P., erober-te Konstantinopel wieder und restaurierte das byzan-tinische Kaiserreich, das bis zur Eroberung Konstanti-nopels durch die Türken (1453) von seinen Nachkom-men regiert wurde.
G. Ostrogorsky, *Geschichte des byzantinischen Staates*, 1963.

PALÄSTINA (Heiliges Land) Land an der Ostküste des Mittelmeers und das Heilige Land der Juden, Christen und Mohammedaner. Im Frühmittelalter gehörte P. zum byzantinischen Kaiserreich und war in drei Provinzen geteilt, während die Stadt Jerusalem wegen ihrer reli-giösen Bedeutung unter dem Patriarchen stand. In der Zeit *Justinians, der den Kirchen- und Klosterbau för-derte, wurde P. Ziel christlicher Pilgerfahrten. Anderer-seits führte die strenge Unterdrückung der jüdischen und Samariteraufstände zur Verödung ehemals bewohn-ter Gebiete. 612 wurde das Land von den *Persern angegriffen, die der aktiven Unterstützung der Juden

Die Basilika des hl. Anton, Padua, im 13. Jh. im gotisch-byzantinischen Stil erbaut

und der passiven Zusammenarbeit der monophysitischen syrischen Christen sicher waren. Erst 629 konnte Kaiser *Herakleios die Perser besiegen und die byzantinische Herrschaft in P. wiederherstellen. Kurz darauf begannen jedoch die Angriffe der Mohammedaner auf die südliche Grenze; 636 fiel mit der Niederlage am Jarmuk das gesamte Land in die Hände der Moslems, mit Ausnahme der Hauptstadt *Caesarea, die bis 642 widerstand. Die arabische Eroberung zog tiefgehende demographische Veränderungen nach sich: der Großteil der Griechen wanderte aus, und zahlreiche Ostchristen, deren Religion offiziell anerkannt war, traten zum Islam über und wurden arabisiert. Der Rest der christlichen Bevölkerung teilte sich unter mehrere Kirchen auf. Dazu ließen sich Beduinen aus dem Hedschas und weitere moslemische Bewohner des Kalifats im Land nieder. Die *Omajjadenkalifen, die im nahen Damaskus residierten, teilten P. in zwei neue Provinzen auf: die Provinz Jordan mit der Hauptstadt Tiberias und die Provinz Falastin mit dem Mittelpunkt Ramlah. Eine Anzahl Juden konnte sich in Jerusalem niederlassen, nachdem ihnen dies unter der römischen und byzanti-

nischen Herrschaft verboten war; sie durften jedoch nicht am Tempelberg beten, der den Moslems vorbehalten war. Zwei Moscheen (Felsendom und Al-Akzah) wurden am Ort erbaut, und Jerusalem, das auch weiterhin arm und dünn besiedelt blieb, wurde in drei Viertel geteilt. Bei den *Abbasidenkalifen von Bagdad lag die Regierung P.s in der Hand der Statthalter von Ägypten. Das 9. Jh. war eine schwere Zeit für P.: Aufstände und Beduinenüberfälle stellten eine dauernde Bedrohung der Handelsrouten dar und führten zur Verarmung des Landes. Gegen Ausgang des Jh.s hatten alle dynamischen Bevölkerungselemente P. verlassen. Die Anarchie fand nach 970 ein Ende, als die *Fatimiden P. an ihr ägyptisches Kalifat anschlossen. Mit der Ausnahme des Regimes von *Hakim war ihre Herrschaft großzügig; die Küstenstädte erlebten infolge wiederauflebenden Mittelmeerhandels eine Blütezeit. Mit der Machtergreifung der *Seldschuken (1071) ging auch dieser Zustand zu Ende. Das Landesinnere fiel in deren Hand, während die Küstengegend weiterhin fatimidisch blieb. Das Angrenzen zweier feindlicher Staaten betraf zwar nicht die örtlichen Bauern, wirkte sich aber hemmend auf den Pilgerstrom vom Westen aus; die Berichte aus dem Heiligen Land erweckten in der öffentlichen Meinung Europas den Wunsch nach Eroberung P.s.

Das Bibelstudium der Kleriker und Mönche, die Bibelzitate in öffentlichen Predigten, die Darstellung von Bibelszenen und heiligen Plätzen in den romanischen Kirchen sowie die ansteigende Beliebtheit der Pilgerreise im Laufe des 11. Jh.s – all dies machte das Heilige Land Adeligen und Bauern bekannt, so daß sie über dieses manchmal mehr als über ein Nachbarland zu wissen schienen. Die Kreuzfahrer erreichten P. im Frühjahr 1099, vermieden die Belagerung der Küstenstädte und gelangten direkt in das verlassene Ramlah, wo sie sich auf die Belagerung Jerusalems vorbereiteten. Die heilige Stadt wurde am 15. Juli 1099 erobert. Die jüdische Bevölkerung brachte man um, und die Moslems wurden vertrieben. Gottfried von Bouillon wurde zum "Verteidiger des Heiligen Grabes". Nach seinem Tod im Jahr 1100 und der Wahl seines Bruders *Balduin zum Nachfolger erhielt das Kreuzfahrerreich einen weltlichen Charakter, und Balduin gründete als König das "Lateinische Königreich von Jerusalem". Die Kreuzfahrerzeit zeichnete sich durch die Tatsache aus, daß zum ersten Mal seit dem Königreich Judäa und zum letzten Mal vor der Errichtung des Staates Israel die politische Hauptstadt im Lande selbst befindlich war. Sie hinterließ deshalb einen tieferen Eindruck als andere Perioden, in denen P. nur eine Provinz im Rahmen größerer Reiche war. Die Kreuzfahrerherrschaft dauerte von 1099 bis 1291 und läßt sich in zwei Unterperioden teilen: das Königreich Jerusalem bis 1187 und das Königreich von *Akkon 1187-1291. Die erste Periode war eine Zeit der Expansion. Nach dem Fehlschlag der fatimidischen Gegenangriffe vollendete Balduin I. die Eroberung P.s einschließlich des südlichen Transjordaniens und errichtete ein *feudales Regime, das die westeuropäischen Gebräuche zum Vorbild nahm, nicht aber die bäuerliche und dörfliche Infrastruktur Westeuropas besaß. Zur Entwicklung der Wirtschaft P.s verlieh er den italienischen Hafenstädten, die in den Häfen des Landes Kommunen errichteten, zahlreiche Vorrechte, die P. zum Knotenpunkt des Ost-Westhandels machten. Balduin gestattete auch den Juden Niederlassung und Aktivität in den Städten. Diese Maßnahmen wurden von seinen Nachfolgern fortgesetzt, die das Land durch Burgbau befestigten und damit Wohnsitze für den Adel schufen, während die Dörfer weiterhin von arabischen Bauern bevölkert waren. Die Kreuzfahrer waren jedoch zahlenmäßig gering und zur Verteidigung des Landes auf weitere Kreuzzüge und die Rekrutierung von Rittern aus dem Westen angewiesen. Letzteres geschah in gewissem Ausmaß im Rahmen der militärischen *Orden, der *Johanniter und der 1119 gegründeten *Templer. Fehlende Menschen waren auch der Grund für die defensive Strategie der Kreuzfahrer, die sich auf Burgen stützte, sowie für die steten Aufforderungen zu neuen Kreuzzügen, da auch kleine Niederlagen als Katastrophen empfunden wurden. Zur Mitte des 12. Jh.s wurde das Land durch den Bürgerkrieg zwischen *Balduin III. und seiner Mutter Melisande zerrissen, der den Adel spaltete und auf längere Sicht zu dessen Stärkung beitrug. Die Assise *Amalrichs I. verlieh den Vasallen das Recht, am Hohen Gericht teilzunehmen, und schuf die Bedingungen für die Institutionalisierung einer von den Adeligen regierten oligarchischen Republik. In der

darauffolgenden Zeit der Anarchie teilte sich der Adel in eine gemäßigte Partei, die friedliche Beziehungen zu den Moslems suchte, und die Radikalen, die den dauernden Krieg predigten. Dieser Zustand führte zusammen mit der Radikalisierung der islamischen Gesellschaft zum Untergang des Königreiches. Nachdem *Saladin Ägypten und Syrien vereinigt hatte, griff er 1177 das Königreich an. Trotz anfänglicher Niederlagen konnte er die Zwistigkeiten unter den Kreuzrittern und vor allem die provokative Expedition am Roten Meer zur Anfachung des *Dschihad-Geistes ausnutzen. 1187 zerstörte er die Kreuzritterarmee bei *Hattin in Galiläa und eroberte mit Ausnahme von Tyrus das gesamte Königreich.

Die Katastrophe von Hattin löste den dritten Kreuzzug aus, der von Kaiser *Friedrich Barbarossa, *Richard I. von England und *Philipp II. von Frankreich geführt wurde. Nach dem Tod Friedrichs in Kleinasien eroberte der Rest des Kreuzzugs 1191 Akkon und nahm unter Richards Führung den Küstenstreifen zwischen Akkon und *Askalon. Da der Versuch, Jerusalem zu erobern, fehlschlug, wurde als Hauptstadt des Reiches Akkon ernannt. Damit war P. zwischen den Kreuzrittern und den Ejjubiden von Ägypten und Damaskus geteilt. Die Geschichte des Königreichs Akkon ist durch politische Instabilität, die Begrenzung der Königsmacht durch den Hochgerichtshof und die totale Abhängigkeit von Europa gekennzeichnet. Die verschiedenen Kreuzzüge des 13. Jh.s brachten einige territoriale Gewinne sowie die Mittel, die Lebensdauer des Reiches zu verlängern. Der diplomatische Kreuzzug *Friedrichs II. erreichte 1229 auf friedlichem Weg die Rückgewinnung des entmilitarisierten Jerusalems, führte aber auch zum Bürgerkrieg, bei dem die Adeligen unter der Führung der "Kommune" des Hl. Andreas siegreich waren. Der *Chwarismereinfall des Jahres 1244 hatte den Fall Jerusalems und die verheerende Niederlage der Kreuzritter bei Forbie zur Folge; das Reich war nunmehr hauptsächlich auf Galiläa und einen dünnen Landstreifen zwischen Akkon und Jaffa begrenzt. Der Kreuzzug *Ludwigs IX. von Frankreich (1247-52) brachte nur die Befestigung der Städte mit sich und drängte das Reich vollständig in die Defensive. Unterdessen begannen die *Mamluken, die 1250 die *Ejjubiden als Herrscher Ägyptens abgelöst hatten, ihren Angriff. Nach *Baibars Sieg über die *Mongolen (Ain-Dschalud 1261) widmete er sich der systematischen Eroberung P.s, die 1291 mit der Einnahme Akkons abgeschlossen wurde.

Das 13. Jh. war auch eine Zeit der verstärkten jüdischen Einwanderung nach P., sowohl aus Westeuropa als auch aus Nordafrika. Diese Bewegung stand unter dem starken Einfluß der messianischen Ideen, wonach die seßhafte Anwesenheit des jüdischen Volkes im Heiligen Land das Kommen des Messias beschleunige.

Die letzte Periode des mittelalterlichen P. stand im Zeichen der Mamlukenherrschaft. Um die Rückkehr der Kreuzritter zu verhindern, verwüsteten die Mamluken die Küstengegend und Städte P.s vollständig. Gemäß ihrer Auffassung von der Rolle P.s als Korridor zwischen Ägypten und Syrien vernachlässigte man die Zivilverwaltung; lediglich einige strategisch gelegene Städte wie Ramlah und Safed wurden befestigt. Im 14. und 15. Jh. verfielen die Bewässerungswerke des Landes, und die Ausnutzung der Wälder für militärische Zwecke zerstörte die Vegetation. Nur Jerusalem stellte eine Ausnahme

Die Capella Palatina *im Schloß von Palermo, 12. Jh.*

dar. Die noch von Balduin befestigte Stadt verdankte ihre Weiterentwicklung der Tatsache, heilige Stadt der drei Religionen zu sein. Die neuerrichtete islamische Akademie trug zum Ausbau des moslemischen Viertels bei. Im jüdischen errichteten die Neueinwanderer neue Synagogen und Schulen. Auch das Christenviertel blühte dank der Ansiedlung von Ostchristen, Georgiern und Armeniern sowie der Errichtung von orthodoxen und katholischen Klöstern.
M. Avi-Yonah (Hg.), *Geschichte des Hl. Landes,* 1971.
PALERMO Hauptstadt von Sizilien. Die alte römische Stadt entwickelte sich im Frühmittelalter zu einem wichtigen Hafen, wurde erst von den *Wandalen, dann von den *Byzantinern und 829 von den arabischen *Aghlabiden Nordafrikas besetzt. Diese machten P. zum Amtssitz ihres Statthalters von Sizilien, des *Amir Al-Bahr* ("Herr der Meere", woraus sich der moderne "Admiral" entwickelte). Die arabische Herrschaft wurde 1072 durch die Eroberung P.s durch *Roger von Hauteville beendet, der dazu von seinem Bruder *Robert Guiscard beauftragt wurde und die Grafschaft von Sizilien erhielt. Nach dem Tod seines Bruders wurde Roger Haupt der Familie und Herr eines mächtigen Staates, als dessen Hauptstadt er P. benannte. Unter seiner und

Rogers II. Regierung blühte P. und wurde großzügig ausgebaut. Die königliche Palastfestung enthält eine schöne romanische Kapelle, die die Stilelemente der byzantinischen, arabischen und westlichen Baukunst integriert. Die Entwicklung des Königreichs Sizilien und der Aufbau einer großen Verwaltung führten dazu, daß P. sich zu einem der bedeutenden kulturellen Mittelpunkte Europas entwickelte, an dem besonders Übersetzungen griechischer und arabischer Werke der Naturwissenschaften und Philosophie vorgenommen wurden. Mitte des 12. Jh.s errichtete Roger II. in P. die erste Seidenindustrie des Westens, deren Ausfuhren zum Wohlstand der Stadt beitrugen. Unter *Friedrich II. war die Stadt eines der reichsten und glänzendsten Zentren Westeuropas; an ihrem Hof trafen sich die Kulturen der Griechen, Araber, Juden mit der Frankreichs und Deutschlands. In der Zeit *Karls von Anjou setzte der Niedergang ein. Karls Unterdrückungsmaßnahmen führten zum Ausbruch der *Sizilianischen Vesper (1282), der Vertreibung der Franzosen und der Errichtung der *aragonischen Herrschaft. P. war nunmehr Hauptstadt eines unbedeutenden Königreiches, dessen Herrscher in Aragón residierten.
N. Basile, *Palermo felicissima,* 2 Bde., 1929-37.
PALLAVICINI, GUIDO (gest. 1218) Markgraf von Bodonitze (1205-18). Sohn einer lombardischen Adelsfamilie, nahm am vierten *Kreuzzug als Lehnsmann des *Bonifatius von *Montferrat teil. Dieser ernannte ihn nach der Eroberung von *Thessalonike zum Markgrafen von Bodonitze (Griechenland), das er 1205 eroberte. P. organisierte sein Fürstentum gemäß der feudalen Bräuche der Lombardei.
PALLAVICINI, UBERTO (1197-1269) Ghibellinenführer in Norditalien. Sohn einer lombardischen Adelsfamilie, trat 1238 in den Dienst Kaiser *Friedrichs II. und diente bis 1254 als Befehlshaber der kaiserlichen Armee in der westlichen Lombardei. 1254 ergriff er die Macht in Pavia, Cremona und Piacenza und errichtete eines der mächtigsten Fürstentümer Norditaliens. P. weitete seine Besitzungen aus und machte sich 1260 unter dem Titel des "Generalkapitäns" zum eigentlichen Herren Mailands. P. wurde 1265 von *Karl von Anjou besiegt und mußte Mailand aufgeben; nach P.s Tod zerfiel auch sein Fürstentum.
J. K. Hyde, *Society and Politics in Medieval Italy,* 1973.
PALLIUM Ein rundes Band mit zwei herunterhängenden Streifen, aus weißer Wolle, das vom Papst während des Gottesdienstes getragen wird. Im Frühmittelalter wurde es vom Papst als Zeichen der Auszeichnung an Erzbischöfe und Bischöfe verliehen. Seit dem 9. Jh. wurde die Übersendung des P.s geregelt und als Zeichen päpstlicher Anerkennung der erzbischöflichen Wahl gebraucht.
PAMPLONA Nordwestspanische Stadt. P. wurde von den *Westgoten erobert und diente dann als Hauptstadt eines kleinen *Baskenstaates. Nach der arabischen Eroberung Spaniens war P. Hauptstadt eines Christenstaates, und da die Mauren widerstand und sich später zum Königreich *Navarra entwickele. 778 griff *Karl d.Gr. die Stadt an und zerstörte ihre Befestigungen. Im 11. und 12. Jh. war P. wichtige Station auf dem Wallfahrtsweg nach *Santiago de Compostela, seit dem 13. Jh. teilte es den Niedergang Navarras.
A. Castro, *The Structure of Spanish History,* 1954.
PANNONIEN Siehe *UNGARN.

PAPSTTUM Die Bezeichnung für das Amt des Oberhauptes des Katholizismus im Bistum von Rom, an dessen Spitze der Papst steht. Sie stammt von lat. *pater,* im volkstümlichen Spätlatein *papa* ("Vater"). In dieser Bedeutung wurde sie zuerst für den Priester im allgemeinen gebraucht; seit den Ansprüchen *Leos I. auf den römischen Primat wurde die Bezeichnung im Westen auf den Bischof von Rom eingeengt. Im Osten wurde sie weiterhin für den Priester allgemein verwendet.

Als kirchliche Institution entstand das P. im 5. Jh. hauptsächlich infolge der Tatsache, daß mit Ausnahme Roms im ganzen weströmischen Reich kein Patriarchensitz bestand. Der Glaube an den römischen Primat über die restlichen Kirchen und die Gläubigen im allgemeinen beruht auf der petrinischen Doktrin, wonach der Bischof von Rom als Nachfolger des hl. Petrus angesehen wird, der wiederum von Jesus Christus als Apostelfürst und Stellvertreter auf Erden benannt wurde und die römische Kirche gegründet hat. Ein wichtiger Schritt in der Festigung der päpstlichen Position wurde von *Gregor I. d.Gr. unternommen, der es auf sich nahm, Bischöfe zu bestätigen, das Kirchenrecht auszulegen und Konzilbeschlüsse zu approbieren. Er schaffte auch durch die Errichtung des *Kirchenstaates die Grundlage für die weltliche Unabhängigkeit des P.s. Von der Theorie her haben die Päpste nie den Anspruch auf die Universalherrschaft über die Gläubigen aufgegeben, und sogar ein *Karl d.Gr. so abhängiger Papst wie *Leo III. konnte aussprechen: *Papa a nemine judicatur* ("der Papst kann von niemanden abgeurteilt werden"). In der Praxis war ihre Macht oft begrenzt. In der Zeit der *Karolinger und *Ottonen war es üblich, daß der Papst nach seiner Wahl die Bestätigung durch den Kaiser erhalten mußte. Außerdem waren im 10. und 11. Jh. die Päpste von den Führern des römischen Adels abhängig. Diese erhoben oft ihre eigenen Kandidaten zum Papst, was die Kaiser *Otto I., *Otto II. und *Heinrich III. zum Eingriff in die Papstwahl und zur Einsetzung ihrer eigenen, meist geeigneteren Anwärter veranlaßte. Heinrich III. brachte durch die Erhebung deutschlothringischer Bischöfe die *kluniazensische Reformbewegung nach Rom, die wiederum im Geiste der "Freiheit der Kirche" auf dem *Laterankonzil von 1059 das Recht der Papstwahl auf das *Kardinalskollegium begrenzte. Dadurch wurde das P. in nicht geringem Ausmaß von der weltlichen Einmischung befreit. Unter *Nikolaus II., seinen Nachfolgern und besonders in der Zeit *Gregors VII. entwickelte das P. eine zentralistische Kirchenregierung, die es mit deutschen Kaisern erneut in Konflikt brachte, was fast zwei Jh.e währte (1077-1250). Obwohl es sich in der ersten Phase der Auseinandersetzung (in der Zeit des *Investiturstreits) um die technische Frage der Bischofswahl handelte, war die eigentliche Frage die, ob Kaiser oder Papsttum die westliche Christenheit beherrschen sollten. Im Verlauf der Auseinandersetzung entwickelte das P. eine theokratische Ideologie, die im Denken und Wirken *Innozenz' III. ihren vollen Ausdruck fand. Dieser stellte sich nicht nur als Stellvertreter Christi, sondern auch als Herr der katholischen Welt dar. Bei Ende des Konfliktes war das hochmittelalterliche Deutsche Reich zerstört, in Italien und Deutschland herrschte politische Anarchie, und das P. selbst war so geschwächt, daß es den anderen weltlichen Herrschern des Westens nicht mehr seinen Willen aufzwingen konnte. Im Gegenteil verfiel es der

Der hl. Petrus, Papst Leo III. und Karl d.Gr.; Rom, Lateran, vor 800

Bronzestatue des hl. Petrus in der S. Pietro-Basilika zu Rom, Arnolfo di Cambio zugeschrieben

Paris im 15. Jh., *von Jean Fouquet*

französischen Herrschaft, und nach dem Tod von
*Bonifatius VIII. siedelten die Päpste in die Stadt
*Avignon über, wo sie die Jahre 1305-78 in der soge-
nannten "babylonischen Gefangenschaft" verbrachten.
Das *Große Abendländische Schisma, das sich aus der
Wahl eines französischen und eines römischen Papstes
ergab, führte zum Niedergang des P.s, dann zum
Aufstieg nonkonformistischer religiöser Lehren, die in
die Reformation mündeten, und schließlich zur Ent-
wicklung der *konziliaren Theorie durch Theologen und
Prälaten, wonach das Konzil über dem P. stehe. Das
Versagen der Konzile, sich in handlungsfähige Körperschaften umzuwandeln, trug im 15. Jh. zur Restaurierung des päpstlichen Primats bei. Doch sein Ansehen
war tief gesunken, und die Päpste der zweiten Hälfte
des 15. Jh.s waren oft eher Renaissancefürsten.
J. Haller, *Das Papsttum*, (Neudr.) 1965;
W. Ullman, *Kurze Geschichte des Papsttums*, 1978.

PARACLETE ("Heiliger Geist") Kapelle in der nordwestlichen Champagne und Zufluchtsort *Abälards im
Jahre 1122. Er lebte und lehrte in P. bis 1129, als er
P. seiner Geliebten *Héloise übergab, die gerade mit
ihren Nonnen aus der Abtei Argenteuil vertrieben worden war. Héloise gründete in P. ein Nonnenkloster,
dessen Regel von Abälard verfaßt und von Papst *Innozenz II. bestätigt wurde. Nach seinem Tod (1142)
wurde Abälard in P. beigesetzt.

PARAGIUM (Parage) Ein System des kollektiven und
unteilbaren Lehnsbesitzes, das sich im 11. Jh. in der
Normandie entwickelte und die Aufspaltung kleiner
Güter verhinderte. Danach leistete nach des Vaters
Tod einer von mehreren Brüdern dem Herrn im Namen
der gesamten Familie den Lehnseid und übernahm
gleichzeitig die Verpflichtung, seine Brüder standes-
gemäß zu unterhalten.

PARENS SCIENTIARUM ("Mutter der Wissenschaften")
Eine von Papst *Gregor IX. im Jahr 1231 herausgegebene Bulle an die Professoren und Studenten der Pariser
Universität, in der das Recht zur Korporation bejaht
wird. Dies erlaubte ihnen, Lehrplan und Universitäts-
leben ohne Einmischung des Bischofs von Paris zu bestimmen. Die P. gilt zwar als früheste Äußerung zur aka-
demischen Freiheit der Universitäten, was jedoch nicht
mit der Tatsache übereinstimmt, daß die P. eindeutig
eine religiöse Konformität festlegte.

PARIS Hauptstadt von Frankreich. Die gallo-römische
Stadt auf dem Gebiet der heutigen *Cité* wurde von der
hl. Genoveva vor den Verwüstungen der *Hunnen gerettet. Unter den Franken war P. Hauptstadt des *neu-
strischen Teilreiches, dessen Könige zum Wachstum der
Stadt beitrugen; so förderte *Dagobert I. die Messe von
P. In der gleichen Periode verschuf ihr der wachsende
Kult des hl. *Dionysius verstärkte religiöse Bedeutung,
und ihre Bischöfe gewannen an Ansehen und Macht.
Unter den *Karolingern verlor P. die Funktion der
Hauptstadt und wurde von Grafen regiert. Das 8. und
9. Jh. sah die Errichtung zahlreicher Klöster ringsum
die Stadt (etwa wie St. Geneviève und *St. Germain-des-
Prés), und die Abtei St. Denis erlebte eine Zeit der
Hochblüte. P. wurde 887-88 von den *Normannen angegriffen und durch das Eingreifen des Robertinergrafen
*Odo vor der Vernichtung bewahrt. Dieser wurde nach
der Abdankung *Karls d. Dicken zum König von Frankreich gewählt; seine Nachkommen schufen im 10. Jh.
zwischen Seine und Loire die mächtige Feudalherrschaft
von Franzien. Mit der Königskrönung des letzten Herzogs *Hugo Kapet (987) erlangte die Stadt wiederum
Residenzfunktion. Dank der Lage am Schnittpunkt
von Handelsrouten genoß P. wirtschaftlichen Wohlstand,
und zu Beginn des 12. Jh.s wurden am rechten und linken Seineufer neue Wohnviertel errichtet. Gleichzeitig
erwarb P. mit der Entwicklung der königlichen Verwaltung unter *Ludwig VI. und Ludwig VII. auch offiziell
die Position der Hauptstadt Frankreichs und beherbergte auf der Ile de la Cité die Verwaltungsbehörden. Im
12. Jh. erlangte die Stadt auch wegen ihrer geistigen
Berühmtheit. Die Kathedralschule von St. Geneviève
und die Schule des neugegründeten Klosters *St. Victor
beschäftigten Lehrer wie *Wilhelm von Champeaux,
*Abälard, *Hugo und *Richard von St. Victor, *Adelard
von Bath und *Petrus Lombardus, die eine Vielzahl
von Studenten aus ganz Europa anzogen. Aus diesen
hauptsächlich am linken Seineufer sich befindenden
Schulen entwickelte sich im 12. Jh. die Universität von
P. (siehe unten). Das Wohnviertel der untereinander
lateinisch sprechenden Studenten am linken Seineufer
wurde *Quartier Latin* genannt. Die Ausdehnung der
Stadt erreichte ihren Höhepunkt zu Beginn des 13.
Jh.s mit der Errichtung der gotischen *Kathedrale auf
der Cité und der Vergrößerung des königlichen Palastes.
König *Philipp II. befahl den Bau einer neuen Stadtmauer um die neuen Viertel. Zu dieser Zeit hatte P.
etwa 50 bis 80.000 Einwohner. Unter *Ludwig IX.
wurde es eine der größten Städte Europas und konnte
zahlreiche Stadthäuser von Adelsfamilien und Kloster-
äbten sowie die *Sainte Chapelle, eines der schönsten
Bauwerke der Gotik, vorweisen. Auch später ging das

Wachstum der Stadt weiter; es war eng mit der wachsenden Rolle der Monarchie verbunden. Infolge ihrer politischen Bedeutung erlangte P. nie kommunalen Status und besaß keinen Stadtrat, sondern wurde von einem königlichen *Provost regiert. Andererseits hatten die Gilden eigene Organe und Vorsteher; der Provost der Gilde der Seinekaufleute (die bedeutendste Vereinigung der Stadt) besaß eine dem königlichen Provost nahekommende Stellung. Beim Aufstand des Etienne *Marcel (1358-60) wurde der Versuch unternommen, die Monarchie zur Verleihung des Stadtrechts zu zwingen, allerdings ohne Erfolg, da *Karl V. die Revolte niederschlug. Zu Beginn des 15. Jh.s litt die Stadt unter dem Kampf zwischen den *Armagnaken und *Bourguignonen. Nach der englischen Eroberung (1422) folgte ein Teil des Parlaments und der Universität *Karl VII. nach Poitiers. Seit 1436 war P. wieder im Besitz des französischen Königs.

Die Universität entstand in der zweiten Hälfte des 12. Jh.s aus einer größeren Anzahl von Schulen, von denen einige Klosterschulen und andere private Unternehmungen der Lehrer waren. Die Notwendigkeit, vom Bischof von Paris die Lehrlizenz zu erhalten, führte zur ersten Organisation. Zur Vereinfachung der Prozedur und der nötigen Prüfungen schufen die Professoren eine Vereinigung, der der Kanzler *Petrus Comestor, ein bekannter Gelehrter, vorstand. Im Jahr 1200 gab König *Philipp II. der Korporation, die als *Universitas Societas Magistrorum et Scholarium* ("Vereinigung der Lehrer und Studenten") bekannt war, ein Privileg, das dem Provost von P. die Einmischung verbot. Papst *Innozenz III., ehemaliger Student in Paris, bestätigte 1208 und nochmals 1215 die Statuten. *Gregor IX. vergrößerte die Privilegien der Universität nach dem Zusammenstoß zwischen Bischof und den Professoren, die nach *Orléans ausgewandert waren. Die Universität war in die vier *Nationen Franzosen, Normannen, Pikardier (auch Niederländer) und Engländer (auch Deutsche) geteilt, deren Vorsteher die Leitung der Universität bildeten und den gemeinsamen Besitz verwalteten. Eine weitere Phase in der Entwicklung der Universität war die Entstehung der vier Fakultäten Künste, Medizin, Recht und Theologie. Schwierigkeiten bei der Beschaffung der Unterkünfte führten zur Errichtung von Kollegien, die aus frommen Stiftungen finanziert wurden und im Laufe der Zeit die Lehrtätigkeit übernahmen. Das berühmteste Kollegium war die *Sorbonne mit der theologischen Fakultät. Der Höhepunkt der Pariser Universität lag im 13. Jh., als die bekanntesten Lehrer (darunter zahlreiche Mitglieder der *Mendikantenorden) in P. tätig waren. Die Teilnahme der Mendikanten an der Lehrtätigkeit brachte einen langen Konflikt mit den anderen Professoren, der durch einen päpstlichen Rechtsspruch zu Gunsten der Mendikanten abgeschlossen wurde. Die Krisen des 14. Jh.s und der *Hundertjährige Krieg wirkten sich auch auf die Univeristät aus; das Ansehen der theologischen Fakultät war aber weiterhin groß und erhöhte sich noch in der Zeit des *Großen Abendländischen Schismas. Zu Beginn des 15. Jh.s wurden die Thesen der Sorbonne zugunsten der *Konziliaren Autorität von einem Großteil der Kirche übernommen. Der Fehlschlag der konziliaren Bewegung sowie die ansteigende Zahl der europäischen Universitäten führten im 15. Jh. zum Niedergang der Pariser Univeristät.

Y. Renovard (Hg.), *Paris, Croissance d'une capitale,* 1961;
Nouvelle Histoire de P., 1970 ff.

PARIS, MATTHÄUS Siehe *MATTHÄUS PARIS.

PARLAMENT Bezeichnung von Versammlungen der Juristen bzw. Stände seit dem 13. Jh. Sie leitet sich aus der französischen Sprachwendung für den Platz ab, an dem Menschen reden. Trotz ihres verächtlichen Beigeschmacks wurde die Bezeichnung auch in der höheren Gesellschaft gebraucht. Das Mittelalter kannte zwei grundsätzliche Formen des P.s: die englische und die französische.

Das englische P. entwickelte sich in der Regierungszeit *Eduards I. aus den Versammlungen der Barone und Prälaten, die nach der Erlassung der *Magna Charta zur Ordnung der Angelegenheiten des Reiches zusammentraten. Eduard fügte diesen Körperschaften noch die Vertreter der Ritterschaft hinzu, die von den Sheriffs aufgeboten wurden. Es gab in dieser Phase noch keine festen Regeln über die Art der Zusammenkunft, die Anzahl der Mitglieder, die Tagesordnung oder die Dauer der Sitzungen des P.s. Seine wichtigste Funktion war Beratung der königlichen Steuerforderungen; der König allein entschied, wann und unter welchen Umständen er sich mit der "Gemeinschaft des Reiches" beraten wollte. Die Gesetzgebung Eduards betonte jedoch die konsultative Funktion des P.s in öffentlichen Angelegenheiten. Das P. wurde jeweils zur Beratung einer Angelegenheit zusammenberufen und ging nach der Beschlußfassung auseinander. Es diente auch als feudaler hoher Gerichtshof und besaß als solcher richterliche Vollmachten, die jedoch für die Barone allein bestimmt waren. Die Praxis des 14. Jh.s führte zur Teilung des P.s in zwei Versammlungen: der Lords (Prälaten und Barone) und der Gemeinen (Commoners, Commons) als Vertreter der Ritter und *Boroughs. Gegenüber dem König, der als Vorsitzender der Lords fungierte, wählten die Gemeinen einen Sprecher (*speaker*), der sie vor König und Rat repräsentierte. Im 14. und 15. Jh. behandelten die Versammlungen der Lords auch politische Angelegenheiten und Gerichtsfälle und klagten gelegentlich auch gegen die königlichen Räte, während sich die Gemeinen mit finanziellen und wirtschaftlichen Problemen befaßten. Die englische Form des P.s als Repräsentativversammlung der Stände und Freien wurde später von verschiedenen europäischen Staaten übernommen.

Das französische P. oder *Parlement* war im Gegensatz dazu ein Organ der königlichen Gewalt. Es entwickelte sich aus dem feudalen hohen Gerichtshof, an dem in der Zeit *Ludwigs IX. Berufsjuristen Rechtsprozeduren anstelle des Billigkeitsrechts eingeführt hatten. Allmählich wurde dieser Gerichtshof den beruflichen Prokuratoren überlassen, die König und Adel repräsentierten. Das Pariser P. war das erste P. Frankreichs und beeinflußte im 13. und 14. Jh. die Organisation der Provinz-P.e. Es befaßte sich mit vielen Gegenständen und diente als Berufungsinstanz. Die Gerichtsprozedur stützte sich auf das *factum*, wonach der Kläger durch seinen Rechtsbeistand ein schriftliches Dossier mit allen relevanten Dokumenten übergeben mußte. Dieses *factum* verblieb in den Archiven des P.s, während das Urteil in einer Sammlung (*olim*) eingeschrieben wurde.

A. Marongiu, *Medieval Parlaments: A Comparative Study,* 1969.

Sitzung des englischen Parlaments zu Westminster; aus einer Bilderhandschrift des frühen 15. Jh.s

PARLER Führende Künstlerfamilie in der 2. Hälfte des 14. Jh.s. Heinrich P. schuf ab 1351 das Heiligenkreuzmünster in Schwäbisch Gmünd, ein Bau, der als Hallenkirche mit Chorumgang vorbildlich für die deutsche Architektur der späten Gotik werden sollte. Dort arbeitete auch Johann P. mit, der Werkmeister des Freiburger und Basler Münsters wurde. Dessen Sohn Heinrich war Bildhauer in Prag. Der Hauptmeister Peter P. (1330-99) wurde von Karl IV. zur Vollendung des Domes am Hradschin nach Prag berufen, den er u.a. mit den berühmten Triforiumsbüsten der kaiserlichen Familie ausstattete. Auch die Karlsbrücke und die Barbarakirche in Kuttenberg sind Werke Peters.   (Din)
A. Legner (Hg.), *Die P. und der schöne Stil 1350-1400,* 1978.

PARLOIR AUX BOURGEOIS Im mittelalterlichen Französisch die Bezeichnung für das "Parlament der Bürger", ein im 13. Jh. in Paris errichteter Gerichtshof, der sich mit kommerziellen Fällen befaßte. Sein Vorstand, der Provost der Kaufleute, hielt eine wichtige Stellung in der Stadt inne und wurde seit Ausgang des 13. Jh.s als inoffizieller Bürgermeister betrachtet.
F. Lot und R. Fawtier, *Histoire des institutions françaises au moyen âge 2,* 1958.

PARMA Norditalienische Stadt, wurde wie der Rest des Landes nacheinander von den *Herulern, *Ostgoten,

*Byzantinern und *Langobarden regiert und 774 von *Karl d.Gr. erobert, der sie 807 an die Bischöfe verlieh. Im Jahre 1081 zwang eine feudale Revolte Bischof Eberhard zur Aufgabe der weltlichen Herrschaft. An seine Stelle traten ein Graf und 1115 eine Kommune. Später blühte die Stadt und wurde eine der wichtigsten Stationen auf dem Weg von der Lombardei nach Rom. Ihr Wohlstand spiegelt sich in der künstlerischen Blüte wider, von der die berühmte Taufkapelle bezeugt, die *Antalemi entworfen hatte (Ausgang des 13. Jh.s). Zu dieser Zeit führte die Feindschaft zwischen den führenden Familien zum Zusammenbruch des kommunalen Regimes und zur Machtergreifung Bernardo Rossis (1244). Als ergebener Verbündeter Kaiser *Friedrichs II. führte Rossi P. in das *ghibellinische Lager; dadurch wurde die Stadt in den Kampf zwischen Papsttum und *Hohenstaufen verwickelt. Nach dem Fall der Hohenstaufen behielt die Rossifamilie die Macht in P. Mitte des 14. Jh.s wurde P. von den Mailänder *Visconti erobert.
P. Bernini, *Storia di Parma,* 1952.

PARSIVAL Dichtung, deren ursprüngliche Fassung aus der Feder von *Chrétien de Troyes stammt. Zu Beginn des 13. Jh.s verfaßte *Wolfram von Eschenbach eine deutsche Fassung, die als beste Wiedergabe der Legende vom vollendeten Ritter auf der Suche nach dem heiligen *Gral gilt.

PASCHALIS I. (hl.) Papst (817-24). Sohn der römischen Familie Massimi, diente unter Papst *Leo III. an der Kurie und verdankte die Wahl seinem heiligen Leben. 822 krönte er auf Bitte *Ludwigs d. Frommen *Lothar I. zum Kaiser.

PASCHALIS II. (Rainer von Șan Lorenzo; um 1050-1118) Papst seit 1099. Er wurde in Ravenna geboren, trat dem Kluniazenserkloster San Lorenzo bei und wurde dessen Abt. 1080 erregte er auf einem Rombesuch die Aufmerksamkeit Papst *Gregors VII., der ihn zum Kardinal machte. P. wurde nach dem Tod *Urbans II. zum Papst gewählt und setzte die *gregorianische Reform fort. Mit der Wiederaufnahme des *Investiturstreits stellte er sich entschieden gegen *Heinrich IV. und *Heinrich V. 1106 ging er nach Frankreich, um Verbündete gegen den Kaiser zu gewinnen. Auf dieser Reise löste er das Problem der Investitur in Bezug auf England und Frankreich. 1111 weigerte er sich, Heinrich V. die Kaiserkrönung zu erteilen und wurde gefangengenommen. In Sutri mußte er sich Heinrichs Diktat beugen; die Abmachung wurde aber auf dem im Lateran nach seiner Befreiung abgehaltenen Konzil für ungültig erklärt.

W. Kratz, *Der Armutsgedanke im Entäußerungsplan des Papstes Paschalis II.*, 1933.

PASCHALIS III. (Guido von Crema; 1100-68) Gegenpapst. Er war 1159 unter den führenden Opponenten der Wahl *Alexanders III. und unterstützte den kaiserfreundlichen Kandidaten Oktavian. Nach dessen Tod

Die Taufkapelle von Parma; Werk Antelamis, um 1200

Weltgericht; *romanisches Relief von Antelami an der Kathedrale von Parma, Italien, um 1200*

ließ *Friedrich Barbarossa P. zum Gegenpapst wählen, der aber nie Anhang in der katholischen Welt erlangte. 1165 sprach er *Karl d.Gr. heilig.

PASCHASIUS RADBERTUS (hl.; ca. 785-860) Theologe. P. war Mönch und später Abt im nordfranzösischen Kloster Corbie und besaß eine breite theologische Bildung. 853 legte er seine Abtwürde nieder, um sich dem Studium zu widmen. Sein wichtigstes Werk ist ein Kommentar zu Matthäus (831 verfaßt und 844 revidiert): das *De Corpore et Sanguine Domini* ("Über den Körper und das Blut des Herren"), die erste doktrinäre Abhandlung über die Eucharistie. Darin nahm P. eine realistische Stellung ein, die die Kritik seines Zeitgenossen *Hrabanus Maurus erregte. Die Abhandlung ist auch von polemischem antijüdischem Geist erfüllt und trug zur Verbreitung antisemitischer Ideen im christlichen Europa bei.
Werk: *PL* 120;
H. Peltier, *Paschase Radbert*, 1938.

PASSAU Westbayerische Stadt an der Donau. Ihr Wachstum begann im 8. Jh. mit der Errichtung eines Bistums durch Herzog *Odilo. Dieses war Ausgangspunkt missionarischer Aktivitäten im *Awaren- und Tschechenland. Unter *Karl d.Gr. wurde P. ein wichtiges Handelszentrum zwischen dem Frankenreich und den Donauländern. Seit dem 10. Jh. übten die Bischöfe auch die weltliche Herrschaft aus. 1217 wurden sie von *Friedrich II. in den Reichsfürstenstand aufgenommen.
M. Houwieser, *Geschichte des Bistums P.*, 1939.

PASSIONSSPIELE (lat. passio: "Leiden") Das Leiden Christi in der letzten Woche seines irdischen Lebens, die Heilige Woche mit dem Höhepunkt des Osterabends, wird "Passion" genannt. Seit dem 4. Jh. wurden die zu diesem Zeitpunkt in den Kirchen rezitierten Evangelienteile von Instrumental- und Chormusik begleitet. Daraus entwickelten sich im Westen die Oster- und P., die vor den Kirchen auf öffentlichen Plätzen stattfanden. Diese Schauspiele hatten oft Gewalttätigkeiten gegen die örtlichen Juden zur Folge. Seit dem 13. Jh. umfaßten die P. besonders in Deutschland und Frankreich Hunderte von Mitspielern und dauerten mehrere Tage.
R. Steinbach, *Die deutschen Oster- u. P. des Mittelalters*, 1970.

PASTOUREAUX Französischer Bauernaufstand des 13. Jh.s gegen die hohe Steuerlast. Unter der Führung einer Gruppe von Schäfern, die der Bewegung den Namen gaben, verlangten die P. die Rückkehr König *Ludwigs IX. vom *Kreuzzug, in der Hoffnung, daß dieser ihnen Gerechtigkeit verschaffen werde. Die P.

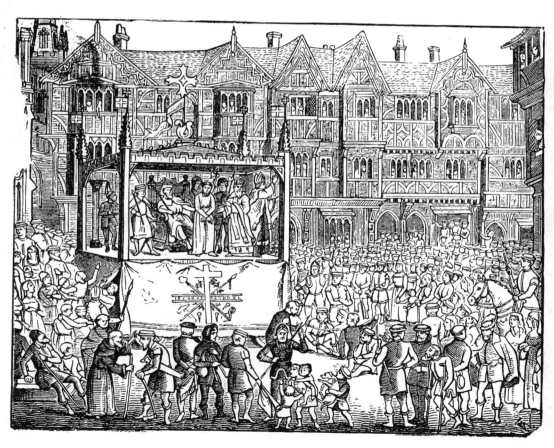

Mirakelspiel in Coventry; Rekonstruktion

Passionsspiel, Rekonstruktion

wurden 1251 von der Regentin Blanche von Kastilien niedergeschlagen.

PATARIA Politisch-religiöse Bewegung in Mailand, nach dem Patariaviertel der Stadt benannt, in dem im frühen 11. Jh. die Forderung nach inneren Reformen der Kirche erhoben wurde. Seit 1045 verband sich diese Forderung mit dem Kampf der Stadtbürger um politische Unabhängigkeit vom Stadtherrn, dem Erzbischof von Mailand. 1061 zwang die P. Erzbischof Guido zum Rücktritt und stellte sich gegen das Vorrecht Kaiser *Heinrichs IV., Guidos Nachfolger zu ernennen. Die P. wurde um 1075 niedergeschlagen; ihre Gedanken lebten jedoch weiter und fanden im 12. Jh. Ausdruck in einer papstfreundlichen, aber kaiserfeindlichen Grundhaltung der Stadt.
C. Violante, *La Pataria milanese,* 1955 ff.

PATRIARCH, PATRIARCHAT Eine Amtswürde der kirchlichen Hierarchie, die im 4. Jh. entstanden ist. Das Konzil von Konstantinopel (381) verlieh vier Städten die P.enwürde: Alexandria, Antiochia und Rom (die von den Aposteln gegründet worden waren) sowie Konstantinopel, der Reichshauptstadt. Im 5. Jh. kam noch der P.ensitz von Jerusalem dazu. Die P.en übten seit dem 6. Jh. disziplinäre und moralische Gewalt über die ihnen unterstehenden Bistümer aus. In den doktrinären Disputen des Frühmittelalters spielten sie eine bedeutende Rolle; ihre theologischen Entscheidungen bedurften jedoch der Bestätigung durch die byzantinischen Kaiser und die Konzile. Die bedeutendsten P.en waren der Bischof von Rom (*Papsttum) und der P. von Konstantinopel, der, unterstützt von den byzantinischen Kaisern, den Titel des ökumenischen P.en und den Primat über seine Amtsgenossen beanspruchte. Die arabischen Eroberungen und die Errichtung neuer P.en in den dissidenten Ostkirchen minderten das Ansehen der östlichen P.en.
C. Andresen, *Die Kirchen der alten Christenheit,* 1971.

PATRICK (hl.; um 389-461) Der Apostel und Schutzheilige von Irland. Von römisch-britischer Herkunft, wurde im Alter von 16 Jahren von Piraten gefangen und als Sklave nach Irland verkauft, konnte entkommen und in seine Heimat zurückkehren. Dort befahl ihm eine Vision, als Missionar nach Irland zurückzukehren. P. ging erst nach Gallien, wo er studierte und zum Priester geweiht wurde, dann 431 nach Irland, wo er anscheinend in Leinster seine Missionstätigkeit aufnahm. 442 weilte er in Rom und wurde zum Bischof von Irland geweiht. Nach seiner Rückkehr (444) errichtete er die Kathedrale von Armagh, die sich zum Mittelpunkt der irischen Kirche entwickelte. P. organisierte die verstreuten Christengemeinden Nordirlands und gewann weitere Konvertiten in anderen Gegenden der Insel. Er förderte das Lateinstudium und die Entwicklung des örtlichen Klerus. Sein Kult wurde Teil des irischen nationalen und religiösen Erbes; berühmt war im Mittelalter das "Fegefeuer des hl. P.", eine Höhle in Ulster (Nordirland), in der viele Ritter Jenseitsvisionen erlebten.
R. P. G. Hanson, *Saint P.,* 1968.

PATRIMONIUM S. PETRI Siehe *KIRCHENSTAAT.

PAULIKIANER Byzantinische Sekte des 7. Jh.s, anscheinend von früherem kleinasiatischen Ursprung. Die P. glaubten an die Grundsätze des *Manichäismus und wurden 684 von der Kirche zu Häretikern erklärt und von den kaiserlichen Behörden verfolgt. In Kleinasien standen Teile der P. auf der Seite der Araber, von denen sie sich Errettung von den Byzantinern erhofften. Die P. traten später zum Islam über. Andere Strömungen waren im Laufe des 8. und 9. Jh.s im byzantinischen Reich aktiv und errichteten Gemeinden in Bulgarien, die ihrerseits auf die *Albigenser Südfrankreichs einwirkten.
J. v. Döllinger, *Beiträge zur Sektengeschichte* I, 1890.

PAULINUS VON AQUILEJA (hl.; gest. 802) Bischof von Aquileja. Ein Sohn Friauls und ein bekannter Gelehrter, wurde 776 von *Karl d.Gr. an dessen Hof eingeladen, wo er ein herausragendes Mitglied der Palastakademie wurde. 787 ernannte ihn Karl zum Bischof von Aquileja und verlieh ihm den Patriarchentitel. P. betrieb zusammen mit dem Salzburger Erzbischof Arn die *Awarenmission.
W. Ullmann, *The Carolingian Renaissance,* 1969.

PAULINUS VON YORK (hl.; gest. 644) Bischof von York. P. wurde 601 von Papst *Gregor I. zur Unterstützung des Missionswerkes des hl. *Augustin nach England gesandt. 625 bekehrte er den König mit Hilfe Ethelburgs von Kent, der Braut König *Edwins von Northumbrien, zum Christentum. 627 begann P. die Errichtung der Kathedrale von York, mußte aber nach Edwins Niederlage bei Cadwallon (633) nach Rochester fliehen, wo er den Rest seines Lebens verbrachte.

PAULO NICOLETTI VON VENEDIG (gest. 1429) Philosoph. Er studierte am Merton College von *Oxford, wo er mit den naturwissenschaftlichen Studien der Gelehrten von Merton und den Werken *Wilhelms von Ockham bekannt wurde. Später ließ er sich in Padua nieder, wo er an der Universität Logik und Physik lehrte und eine Lehre der Geologie entwickelte.
F. D. Adams, *The Birth and Development of the Geological Sciences,* 1938.

PAULOS VON AEGINA (um 625-90) Arzt. P. studierte und praktizierte in Alexandria Medizin und schrieb eine Zusammenfassung der klassischen Medizin (Die

Sieben Bücher des Abrisses der Medizin), die in der arabischen Übersetzung lange Zeit in dem Fach als Handbuch galt.

PAULUS I. (hl.; 700-67) Papst (seit 757). Römer, diente als wichtigster Berater *Stephans III. und wurde nach dessen Tod zum Papst gewählt. In seinem dauernden Kampf gegen den Langobardenkönig *Desiderius appellierte P. an den Frankenkönig *Pippin d. Kurzen und gab diesem den Titel *patricius Romanus*, um ihn zum Eingreifen zu veranlassen.

PAULUS DIAKONUS (ca. 720-800) Geschichtsschreiber. Von adeliger langobardischer Herkunft, wurde am Königshof von *Pavia erzogen und trat um 775 dem Kloster *Monte Cassino bei. 782 besuchte er den Hof *Karls d.Gr., wo er freundlich aufgenommen wurde und bis 786 blieb. Dort verfaßte P. eine Geschichte der Bischöfe von Metz sowie einige didaktische Werke. Nach seiner Rückkehr nach Monte Cassino schrieb P. sein Hauptwerk, eine Geschichte der Langobarden in den Jahren 568-744.
Werk: *MGH, Scriptores, Rerum Lang. et Italicarum*, 1878;
(dt.): D. Abel u.a., 1939-40[3].

PAVIA Stadt in der Lombardei am Ufer des Po. P. wurde 452 von *Attila verheert und zu Beginn des 6. Jh.s von den *Ostgoten wieder aufgebaut, die es zu einem der Mittelpunkte in Norditalien machten. 586 wurde P. von den *Langobarden erobert und zur Hauptstadt ernannt. Unter der Langobardenherrschaft blühte P. als kultureller und politischer Mittelpunkt. 774 eroberte es *Karl d.Gr., der P. zur Hauptstadt seines italienischen Königreiches und Residenz seines Sohnes *Pippin machte. Auch nach dem Fall des *Karolingerreiches galt P. weiterhin als Hauptstadt Italiens und wurde deshalb häufig von Thronanwärtern zu deren Krönung erobert. 952 nahm *Otto I. die Stadt, die nach der Errichtung des *Heiligen Römischen Reiches als Amtssitz der italienischen Kanzlei diente. Im Jahr 1110 errichteten die Stadtbürger in P. die Kommune, 1154 zwang ihr Kaiser *Friedrich I. einen kaiserlichen Statthalter auf. Im 13. Jh. war P. Teil des Fürstentums der *Pallavicini, die es jedoch bereits 1268 verloren. Nach einer kurzen Periode der Unabhängigkeit kam es 1315 an die Mailänder Visconti, unter deren Herrschaft es mit der Stadt trotz der 1361 gegründeten Universität bergab ging.
P. Vaccani, *Profilo storico di Pavia*, 1950.

PECKAM, JOHN (um 1215-92) Franziskanergelehrter. In Patcham (Sussex) geboren, trat 1250 dem *Franziskanerorden bei und studierte in Oxford und Paris. 1272 kehrte er als berühmter Theologe und Lehrer nach Oxford zurück, 1276 wurde er als Lektor an die römische Kurie berufen. 1279 ernannte ihn der Papst gegen den Willen König *Eduards I. zum Erzbischof von Canterbury, die Verstimmung wurde jedoch rasch beigelegt. P. widmete sich der Überwachung und Verbesserung des Klerus und verfaßte mehrere naturwissenschaftliche Abhandlungen (darunter eine Theorie der Planeten) sowie das berühmte scholastische Werk der *Quaestiones Quodlibeta*. Auch Hymnen und Briefe sind erhalten.
D. L. Douie, *Archbishop Peckam*, 1952.

PECS (Fünfkirchen) Südwestungarische Stadt, Sitz eines Bistums, das 1009 von König *Stephan I. errichtet wurde, und eines der ältesten Zentren des Stadtwesens in Ungarn. Seit dem 13. Jh. nahm P. auch eine bedeutende kulturelle Rolle ein, 1367 gründete König *Ludwig I. von Anjou in P. die erste Universität Ungarns.

PEDRO Siehe *PETER, *PETRUS.

PEDRO ALFONSO (gest. um 1113) Gelehrter. Ein konvertierter Jude, ließ sich als Domkanoniker in der aragonischen Hauptstadt Huesca nieder. Dort verfaßte er Streitschriften gegen den jüdischen Glauben, wirkte jedoch hauptsächlich als Übermittler des arabischen naturwissenschaftlichen Erbes an seine christlichen Gelehrtenkollegen. In einem berühmten Brief an die Gelehrten Frankreichs lenkte er deren Aufmerksamkeit auf die arabischen Werke und lud sie nach Spanien zum Studium ein.

PEGOLOTTI, FRANCESCO DI BALDUCCIO (gest. 1340) Kaufmann im Dienste des Florentiner Handelshauses *Bardi, in dessen Auftrag er zwischen 1315 und 1340 in London, Brügge und Antwerpen sowie im Mittelmeerraum tätig war. P. wurde durch seine *Prattica della Mercatura* ("Praxis des Handelswesens") berühmt, das eine genaue und originelle Beschreibung der Handelsmethoden und der wirtschaftlichen Lage seiner Zeit darstellt.
Werk: A. Evans (Hg.), 1936.

PEIPUSSEE, SCHLACHT AM Siehe *ALEXANDER NEWSKI.

PEIRE VIDAL (ca. 1175-1210) Provenzalischer *Troubadour, der nach vielen Reisen auch am dritten Kreuzzug teilnahm. Von ihm sind ca. 50 Gedichte erhalten.
(Din)

PEKING Stadt in Nordchina und eine der Hauptstädte des Reiches. Bis zur Zeit des Kin-Reiches war P. Provinzhauptstadt und hatte durch die Große Mauer auch strategische Bedeutung. Im 12. und 13. Jh. diente P. als Mittelpunkt des Nordreiches und nach der Eroberung durch *Dschinghis-Khan als Zentrum des *mongolischen Khanats. Nach der Errichtung des Mongolenreiches von China wurde P. als Hauptstadt ausgebaut und verschönert und erhielt die mongolische Innere Stadt, zu der für Fremde der Zugang verboten war.

PELAGIANISMUS Christliche Häresie des 4.-6. Jh.s (benannt nach ihrem "Gründer" Pelagius, gest. um 420), wonach der Mensch durch seine eigenen Bemühungen und ohne göttliche Gnade das Heil erlangen könne. Diese Lehre wurde von der katholischen Kirche als Gefahr für die sakramentale Auffassung heftig angegriffen. Besonders der hl. *Augustin von Hippo führte 415 die Verurteilung des P. herbei, die dann 417 von Papst *Innozenz I. bestätigt wurde. Die verbliebenen Anhänger des P. nahmen im westgotischen Spanien Zuflucht, wo sie ein gewisses Maß an Glaubensfreiheit genossen. Im 6. Jh. verschwand der P.
H. Barth, *Die Freiheit der Entscheidung im Denken Augustins*, 1935.

PELAGIUS I. (um 500-61) Papst seit 556. P. war seit 535 auf theologischem und politischem Gebiet tätig und wurde auf Empfehlung seines Förderers Kaiser Justinian zum Papst gewählt. P. widmete sich dem Wiederaufbau Roms; sein weiter Landbesitz diente später als Grundlage des Kirchenstaats.
J. Haller, *Das Papsttum* 1, 1965.

PELAGIUS II. (um 520-90) Papst seit 579. P. wurde nach der *langobardischen Eroberung großer Teile Italiens zum Papst gewählt und begann sein Pontifikat ohne die übliche kaiserliche Zustimmung, wodurch ein Präzedenzfall geschaffen wurde. 580 schuf er einen weiteren Präzedenzfall, als er nach Ausbleiben der kaiserlichen Truppen die *Franken um Hilfe gegen die Langobarden bat. 585 wandte er sich wiederum an Konstantinopel und entstandte den zukünftigen *Gregor I. zu Verhandlungen mit Kaiser *Maurikios. P. starb 590 an der Pest.

PELAGIUS (gest. 1224) Kardinal von Albano und Führer des fünften *Kreuzzugs. P. wurde 1218 zum päpstlichen Kreuzzugslegaten ernannt und entschied sich für den Angriff auf Ägypten. Gegen den Rat König *Johanns von Brienne belagerte er Damiette und weigerte sich, mit dem *Ejjubidensultan Al-Malik Al-Kamel zu verhandeln, der den Kreuzfahrern im Austausch für den Abbruch der Belagerung Jerusalem angeboten hatte. P. eroberte die Stadt, seine Armee wurde jedoch geschlagen. Das Scheitern des fünften Kreuzzugs ist großteils seine Schuld.
S. Runciman, *Geschichte der Kreuzzüge* 3, 1959.

PELAGIUS (PELAYO) (gest. 737) Spanischer Christenführer. Nach dem Fall des *Westgotenreiches in Spanien und den arabischen Eroberungen zog P. sich nach Norden zurück und errichtete in den Bergen ein christliches Fürstentum, das sich noch vor seinem Tod zum Königreich *Asturien entwickelte. P. war in der spanischen Legende eine bekannte Figur und Sinnbild des Widerstandes gegen die islamische Eroberung.

PELAGONIA, SCHLACHT VON (1259) Sie wurde zwischen dem Heer *Michaels VIII. Palaiologos und den fränkischen Feudalherren Griechenlands ausgefochten. Die Kreuzfahrer wurden von den Byzantinern entscheidend geschlagen. Michaels Sieg ebnete den Weg für die Wiedergewinnung Konstantinopels im Jahre 1261.

PELOPONNES Siehe *MOREA.

PENDA (gest. 655) König von *Mercien. Der letzte Heidenkönig von Mercien, unter dem sich das angelsächsische Königreich auf dem Höhepunkt seiner Macht befand. 628 besiegte P. das Heer von *Wessex in der Schlacht von Circester und eroberte das Reich der Westsachsen. Dann wandte er sich gegen *Northumbrien und besiegte und tötete 632 dessen König *Edwin. P. unterwarf die Adeligen Merciens seiner Herrschaft und ordnete das Reich von neuem. Darauf unternahm er den Kriegszug gegen *Ostanglia, das er 645 eroberte. 655 führte er eine Strafexpedition gegen seinen Vasallen Edwy nach Northumbrien, wurde aber in der Schlacht von Winwaed getötet.
F. M. Stenton, *Anglo-Saxon England*, 1947.

PERCY Englische Adelsfamilie aus Northumberland. Sie ließ sich nach der *normannischen Eroberung in Nordengland nieder und stieg als Behüter der schottischen Grenze zu einer hohen Position auf. Unter *Eduard III. erhielt sie die Earlwürde von Northumbrien. Sir Henry Percy (1364-1403) war einer der führenden Barone Englands und stellte sich gegen *Heinrich IV.
K. L. MacFarlane, *The English Nobility*, 1972.

PEREJASLAW Stadt in der Ukraine unweit von Kiew. Sie wurde im 10. Jh. als Kaufmannsiedlung gegründet; die Einwohner handelten mit Kiew, Konstantinopel und den Fürstentümern der *Chasaren in der östlichen Ukraine. 1054 wurde P. Mittelpunkt eines Fürstentums des *Rurikhauses, das P. bis zur Eroberung durch *Batu-Khan (1240) beherrschte.
G. Vernadsky, *Kievan Russia*, 1953.

PERIGORD Grafschaft in Aquitanien. P. wurde im 10. Jh. errichtet. Die Grafenfamilie spielte dank der günstigen Lage an der Hauptstraße zwischen den Hauptstädten Poitiers und Bordeaux eine bedeutende Rolle im politischen Leben des Herzogtums. Die Grafen von P. weiteten ihre Herrschaft aus und profitierten im 13. Jh. von den ständigen Konflikten zwischen Frankreich und England.
E. Jarry, *Provinces et pays de France*, 1945.

PERPIGNAN Südfranzösische Stadt. Sie entstand im 10. Jh. um die Burg der Grafen von *Roussillon und wuchs dank ihrer Lage zwischen *Katalonien und *Languedoc rasch an. 1272 kam P. zusammen mit der Grafschaft an die Krone von *Aragón und diente bis 1344 als Hauptstadt von *Mallorca. Im 14. Jh. wurde sie als wichtige königliche Militärbasis stark befestigt.

PERSIEN (IRAN) Asiatisches Land, das im Mittelalter die gesamte iranische Hochebene, den Süden des heutigen Turkistans sowie Länder vom Hindus bis zum Aralsee einnahm. Diese geographische und ethnischkulturelle Gegend bestand aus unabhängigen Provinzen, die erst zu Beginn des Mittelalters vereint wurden.

Im 5. Jh. befand sich P. unter der Herrschaft des *Sassanidenhauses, die das zum Teil hellenisierte Reich der Parther geerbt hatten. Ihr Machtzentrum lag im Westen; die am Tigris gelegene Hauptstadt *Ktesiphon war lediglich eine Grenzstadt. Die Orientierung nach Westen führte im 5. und 6. Jh. zu dauernden Kämpfen mit Byzanz um die Vormacht in Armenien und seit dem Ausgang des 6. Jh.s um Mesopotamien und Syrien. Die Sassaniden führten eine Reihe von Kriegen gegen *Justinian, und König *Chosrau I. konnte die Angriffe der byzantinischen Generäle abwehren, bis es endlich zu einer friedlichen Teilung Armeniens in zwei Einflußsphären kam. Zur Sicherung ihrer Südflanke gegen die Einfälle der Araberstämme aus der Wüste siedelten die Sassaniden die Beduinenstamm der Lachmiden im Euphrattal an und konnten sich auf den Kampf gegen Byzanz konzentrieren. *Chosrau II. nahm den Krieg gegen Kaiser *Herakleios wieder auf; der gesamte Mittlere Osten wurde zum Schlachtfeld. Im Verlauf dieses Krieges eroberten die Perser Syrien und Teile Palästinas einschließlich Jerusalem (614) und stießen nach Kleinasien und Ägypten vor. Der byzantinisch-äthiopische Gegenangriff im Persischen Golf zerstörte das mit P. verbündete Reich Jemen und zwang P. zur Aufgabe der eroberten Gebiete. Am Ende des Krieges (629) war P. (wie auch Byzanz) völlig erschöpft und wurde 641 mit Leichtigkeit von den Arabern unter den Kalifen *Omar und *Othman erobert.

Die Schlacht von Kadisija (636) setzte der Unabhängigkeit P.s und seiner alten Zivilisation ein Ende. Die Eroberung wurde 657 mit dem Fall von *Khorasan abgeschlossen. Daraufhin folgten die Islamisierung des Landes mit Waffengewalt und das Verbot der persischen Sprache, an deren Stelle das Arabische als Amtssprache trat. Persien wurde eine Provinz im arabischen Kalifat und wurde seit 661 von Statthaltern und Heerführern regiert. Diese setzten auch die Ausdehnung nach Osten fort und eroberten die letzte persische Provinz Sind im Jahre 704. Die Perser fühlten tiefe Abneigung gegen die *Omajjadenherrschaft und schlossen sich als Zeichen des Widerstands gegen Damaskus der *Schiitensekte und deren arabischen Führern, den *Abbasiden, an.

Die Abbasidenrevolution besaß in P. starken Rückhalt; nach der Errichtung des neuen Kalifats im Irak gewannen die Perser großen Einfluß auf die Regierung.

P. selbst verblieb zwar weiterhin Teil des Kalifats und erlangte nicht die Unabhängigkeit, die Einrichtungen des Staates wurden jedoch nach der alten persischen Verwaltungstradition und unter persischen Beamten umgeformt. Der Einfluß persischer Kultur und Wissenschaft war auch an der Bagdader Akademie zu spüren, die zahlreiche Perser anzog. Daneben erhielt das Reich durch die Nähe Bagdads zu P. eine östliche Orientierung. Die Wiederbelebung des Handels innerhalb P.s und auch mit Khorasan, Transoxanien, den Steppenvölkern, *Chasaren, Skandinaviern und *Bulgaren gab dem Land neuen Wohlstand. Im 9. Jh. mußten die Abbasiden die eigentliche Macht örtlichen Dynastien überlassen. Diese Herrscherhäuser, die zum Teil iranischen und zum Teil türkischen Ursprungs waren, besaßen keine wirkliche Stabilität; das Land verfiel der Anarchie und dem Bürgerkrieg, in dem türkische Söldner eine immer be-

deutendere Rolle spielten. Das P. des 10. Jh.s zerfiel in zahlreiche rivalisierende Fürstentümer und war nur geographisch und kulturell gesehen eine Einheit. Die Wiederbelebung der persischen Sprache und Kultur war das Werk der Sultane von *Ghazni. Am Hof des *Machmud von Ghazni fanden sich an der Wende vom 10. zum 11. Jh. Dichter, Schriftsteller und Künstler ein, die in persischer Sprache (jedoch mit arabischen Buchstaben) arbeiteten. Das Werk des *Firdousi, die epische Geschichte der alten persischen Könige, diente als Brennpunkt des neuerwachten persischen Nationalgefühls und führte zu einer Renaissance des literarischen, philosophischen und naturwissenschaftlichen Schaffens.

Mit dem Fall des Ghaznawidenreichs war der Weg offen für eine neue Invasion P.s aus Zentralasien, die von den *Seldschuken ausgeführt wurde. Unter *Tughrul-Beg wurde P. in den Jahren 1044-55 erobert; an Stelle

Chosrau II., Sassanidenkönig von Persien, bei der Jagd; dekorierter Silberteller des 7. Jh.s

der kleinen Lokaldynastien trat ein Großreich, das auch Irak, Syrien und den Großteil Kleinasiens einschloß. Nach der Zeit der Eroberung errichteten die Seldschuken in P. den Mittelpunkt ihres Reiches. Das Land erlebte eine neue Zeit wirtschaftlicher Blüte. Dabei mußten die sunnitischen Seldschuken jedoch das Problem der religiösen Einheit lösen, was zum Zusammenstoß mit den *Ismailiten und besonders mit deren militantem Zweig der *Assassinen führte. Nach dem Aussterben der direkten Herrscherlinie der Seldschuken gegen Ausgang des 12. Jh.s verfiel P. wieder in politische Anarchie. Im Norden um den Aralsee bauten die iranisch-türkischen *Chwarismer ihre Macht auf, die unter *Mohammed Ala Ad-Din ihren Höhepunkt erreichte. Im Süden und Osten entstanden wiederum örtliche Fürstentümer.

Der Einfall der Mongolen führte zur Zerstörung P.s. Im Laufe der Invasion (1220-21) wurden die meisten Städte verheert und ein Großteil der Bevölkerung getötet. Ein Teil des Nordens von P. (darunter auch antike Zentren der Zivilisation wie Transoxanien) wurde völlig zerstört und verlor seinen persischen Charakter. Die endgültige Eroberung P.s durch *Hülagü (1256) stieß auf keinen Widerstand der demoralisierten Kleinfürsten. Die Eroberung und darauffolgende Errichtung der Mongolendynastie der Ilkhane gab P. wiederum die Unabhängigkeit. Die Herrscher traten um 1280 zum Islam über, organisierten das Land und förderten das Wiederaufleben von Landwirtschaft, Stadtwesen, Gewerbe und Handel. Zur Mitte des 14. Jh.s hatte sich P. fast wieder erholt; der Wohlstand des 11. und 12. Jh.s könnte jedoch nicht erreicht werden.

Die Ilkhane wurden 1380 von *Timur-Leng gestürzt, der sein eigenes Reich mit dem Schwerpunkt in Samarkand aufbaute. Bis 1381 überrannte er P., und wiederum wurden die Städte zerstört. Nach seinem Tod wurde das verarmte und entvölkerte Land unter verschiedenen Zweigen der Timuridendynastie aufgeteilt. Nur ganz wenige Städte, wie Isfahan und Hamadan, behielten noch etwas vom Glanz der früheren Zivilisation bei.

Nach der Sassanidenzeit spiegelte die Kultur P.s den Einfluß des Islams wider. Während das alte literarische Erbe bis zum Ausgang des 10. Jh.s vernachlässigt wurde und die religiösen Traditionen vollständig verschwanden, übernahm der Islam das künstlerische und wissenschaftliche Erbe P.s und verbreitete es über die gesamte islamische Welt. Seit dem 8. Jh. war P. dazu noch die leitende Kraft bei der Entwicklung philosophischer und naturwissenschaftlicher Tätigkeiten des arabischen Kalifats.

Das literarische Leben P.s belebte sich gegen Ausgang des 10. Jh.s, was sich auf sehr glänzende Weise im Werk *Firdousis niederschlug. Nach der Dichtung hielt die Prosaliteratur den zweiten Platz. Im späten 11. und 12. Jh. wirkten neben zahlreichen anderen die beiden großen Dichter *Omar Chaijam und Al-*Hariri. Der nationalen Tradition folgend blühte die Dichtkunst erst in der Epik und dann in der religiösen Dichtung.

In den Künsten war die persische Architektur mit ihren zierlichen Bogen für die Entwicklung der arabischen Baukunst von größter Bedeutung und fand ihren schönsten Ausdruck in Isfahan und im *Alhambrapalast von Granada.

A. J. Arbey (Hg.), *The Legacy of Persia,* 1953.

PERUGIA Mittelitalienische Stadt. Sie wurde 592 von den *Langobarden erobert und war Mittelpunkt eines Herzogtums, das dann im 8. Jh. mit *Spoleto vereinigt wurde. 774 verlieh sie *Karl d.Gr. im Sinne der *Pippinischen Schenkung an das Papsttum, und die Stadt blieb Teil des *Kirchenstaats. Im 11. bis 14. Jh. besaß P. ein kommunales Regime. Um 1200 wurde die Universität gegründet.

G. Innamorati (Hg.), *Storia di P.* 1, 1959.

PERUZZI Eine der ältesten führenden Familien von *Florenz und im 13. Jh. Haupt der *Guelfenpartei in der Stadt. Ihr Palast im Santa Croce-Viertel (der 1284 befestigt wurde) gilt als eines der eindrucksvollsten weltlichen Bauwerke Italiens im 13. Jh. Die P. traten um 1275 in das Bankgeschäft ein, eröffneten Zweigstellen in allen größeren Zentren Westeuropas und waren nach der Gesellschaft der *Bardi die zweitgrößte Bankfirma Europas. Zu Beginn des 14. Jh.s wickelten sie einen wichtigen Teil der Kreditoperationen von England, Frankreich, Neapel und anderen Ländern ab. In den Jahren 1330-37 gerieten die P. in Schwierigkeiten, als König *Eduard III. von England für den *Hundertjährigen Krieg weitere Anleihen benötigte. 1340 brach die Bank zusammen; Angehörige der Familie wurden arrestiert, während die französische Niederlassung von der Regierung konfisziert wurde. Der Fall der P. führte 1345 in Florenz zu einer allgemeinen Krise und sozialen Unruhen.

PER VENERABILEM Dekret von Papst *Innozenz III. (1205). Es war an *Philipp II., den König von Frankreich, adressiert und befaßte sich mit den päpstlichen und königlichen Vorrechten. Dabei wurde auch ausgesprochen, daß "der König von Frankreich in seinem Reich keinen Übergeordneten besitzt". Dies war die erste Bestätigung der Idee königlicher Souveränität.

PEST Ungarische Stadt am Westufer der Donau gegenüber der Königsstadt *Buda. Sie wuchs im 11. bis 14. Jh. zu einem Handelszentrum heran.

PEST Siehe *SCHWARZER TOD.

PETACHIA (PETAHYA) VON REGENSBURG (12. Jh.) Reisender. In Regensburg geboren und erzogen, unternahm um 1170 eine Reise nach Palästina, Syrien und Irak, die er in seinem Buch *Sibub* ("Rundfahrt") beschrieb. Sein Werk ist ein wichtiges Zeugnis für das Leben der jüdischen Gemeinden der Zeit, besonders im Mittleren Osten.

Werk: A. Grünhutt (Hg.), 1914.

Aragón:
PETER I. (um 1070-1104) König von Aragón (1094-1104). P. nahm sofort nach seiner Thronbesteigung die *Reconquistakriege gegen die Mauren auf und eroberte 1096 Huesca, das er zu seiner Hauptstadt machte, sowie Barbastro; dadurch wurde die Fläche seines Königreiches verdoppelt.

PETER II. (1174-1213) König von Aragon (1196-1213). Sohn von *Alfons II., dessen Herrschaftsrechte in Südfrankreich er erbte. 1204 schlug P. die Feudalherrschaft *Montpellier zu seinem Besitz. Auf einem Rombesuch im gleichen Jahr erkannte er den Papst als Lehnsherren des Königreiches Aragón an. 1212 nahm er an der Schlacht von *Las Navas de Tolosa teil und wurde kurz darauf in Südfrankreich in der Schlacht von Muret getötet.

PETER III. (1236-85) König von Aragón (1276-85). P. war Gemahl der Konstanze, Tochter des sizilianischen Königs *Manfred, und erbte die Ansprüche der Hohenstaufen auf das Königreich Sizilien. 1282 unterstützte er die *Sizilianische Vesper und wurde in Palermo zum König ausgerufen. Dadurch geriet P. in Konflikt mit Frankreich, das er in den Pyrenäen militärisch schlug. P. unterdrückte Aufstände der Adeligen und Stadtbürger, die gegen seine hohen Kriegssteuern protestierten, mußte aber die Privilegien der *Cortes neu bestätigen. S. Runciman, *Die Sizilianische Vesper,* 1959.

PETER IV. (1319-87) König von Aragón (1336-87). Sohn von *Alfons IV., beabsichtigte die Vereinigung der aragonischen Reiche unter seiner Regierung. 1344 eroberte P. die Balearischen Inseln und Roussillon, 1377 annektierte er *Sizilien und 1381 das Herzogtum *Athen. P. machte Aragón zu einer starken Macht im Mittelmeer. 1348 schlug er einen Adelsaufstand nieder und errichtete im Land ein autoritäres Regime.

Bulgarien:

PETER I. Zar der Bulgaren (927-69). Sohn und Nachfolger des *Symeon d.Gr., dessen Ausdehnungspolitik auf dem Balkan er fortsetzte. P. eroberte Serbien und gab dem *Bulgarenreich eine neue Verwaltungsstruktur.

PETER II. ASEN Zar der Bulgaren (1185-97). P. führte 1185 einen Aufstand der Bulgaren zu Tirnowo an und erreichte die Unabhängigkeit von Byzanz. P. regierte zusammen mit seinem Bruder *Johann I. Asen, der den Aufstand zu *Ochrid geleitet hatte und die dominierende Figur war. 1197 wurde P. von den Adeligen ermordet.

Kastilien:

PETER I. DER GRAUSAME (1334-69) König von Kastilien (1350-69). Sohn von *Alfons XI., errichtete in seinem Land ein autokratisches Regime, das sich auf maurische Minister und eine Söldnerarmee stützte und gegen die von seinem Halbbruder *Heinrich von Trastamare angeführte Adelsopposition kämpfte. Heinrich war mit Aragón und Frankreich verbündet, P. (der Schwiegervater *Johanns von Gaunt) mit England. 1366-69 wurde Kastilien von den französischen *Grandes Compagnies unter Bertrand *Du Guesclin verwüstet. Trotz des englischen Sieges von *Najera wurde P. bei Montiel von Heinrich und den Franzosen besiegt und getötet. W. C. Atkinson, *Geschichte Spaniens und Portugals,* 1962.

Kroatien:

PETER König von Kroatien (1090-97). P. war der letzte Herrscher des unabhängigen Kroatiens und kämpfte in Dalmatien gegen die Venezianer. 1094 errichtete er in seiner neuen Hauptstadt Zagreb ein Bistum.

Portugal:

PETER I. (1320-67) König von Portugal seit 1357. P. erhob sich 1355 gegen seinen Vater *Alfons IV., den er der Ermordung seiner zweiten Gattin Ines beschuldigte. Als König hatte sich P. mit Adelsaufständen und dem kastilischen Krieg zwischen *Peter d. Grausamen und *Heinrich von Trastamare auseinanderzusetzen. W. G. Armando, *Geschichte Portugals,* 1966.

Zypern:

PETER I. VON LUSIGNAN (1329-69) König von Zypern seit 1359. Nach seiner Thronbesteigung bemühte sich P., in Frankreich einen neuen *Kreuzzug zu organisieren. Auf der Rückreise unternahm P. einen kurzen Überfall auf seldschukische Festungen in Armenien, 1365 eroberte und plünderte er Alexandrien, mußte aber vor den *Mamluken zurückweichen. 1369 wurde er mitten bei den Vorbereitungen für eine neue Expedition von einem seiner Ritter ermordet. G. Hill, *A History of Cyprus,* 1945.

PETER II. VON LUSIGNAN (1354-82) König von Zypern seit 1369. Sohn *Peters I., wurde schon als Knabe gekrönt. Während seiner Minderjährigkeit wüteten auf der Insel Bürgerkriege, die durch einen Krieg zwischen *Venedig und *Genua kompliziert wurden. 1373 brachte P. der genuesischen Flotte, die Famagusta, den Haupthafen der Insel, erobert hatte, keinen Widerstand entgegen.

PETER (Peire) Kardenal (13. Jh.) Provenzalischer Dichter, dessen Natur- und Liebesgedichte in Südfrankreich sehr beliebt waren.

PETER VON ASPELT (um 1245-1320) Bischof von Basel (seit 1297) und Erzbischof von Mainz (seit 1306). Der Ministeriale P. stieg im Königsdienst zum Reichskanzler auf und war die entscheidende Figur bei den Wahlen der Könige *Heinrich VII. und *Ludwig IV. Auch die Erhebung von Heinrichs Sohn *Johann (d. Blinden) zum böhmischen König (1310) war P.s Werk.

(Din)

M. Arens, *Die Reichspolitik des Erzbischofs von Mainz P. v. A.* (Diss. Freiburg/Br.), 1949.

PETER VON CASTELNAU (gest. 1208) Mönch und Prediger. Aus südfranzösischer Herkunft und katholischer Überzeugung, wurde 1205 von Papst *Innozenz III. als Prediger und päpstlicher Legat für den *Albigenserkreuzzug nach Languedoc gesandt. Seine Ermordung (1208) durch einen Söldner *Raimunds VI., des Grafen von Toulouse, gab das Zeichen für die blutige Erstürmung des Südens durch die nordfranzösischen Ritter.

H. Maisonneuve, *Etudes sur les origines de l'Inquisition,* 1960[2].

PETER VON COURTENAY (um 1167-1217) Lateinischer Kaiser von Konstantinopel (1217). Enkel König *Ludwigs VI. von Frankreich, Graf von Courtenay. Er erbte 1216 die Grafschaft Flandern. 1217 wurde er als Kaiser nach Konstantinopel berufen und in Rom von *Innozenz III. gekrönt. P. wurde während der Belagerung von *Thessalonike gefangengenommen und ermordet.

PETER (MAUCLERC) VON DREUX (1190-1250) Herzog der Bretagne (1213-37). Sohn einer Nebenlinie des *Kapetingerhauses, heiratete die Erbin der Bretagne und erhielt 1213 von König *Philipp II. die Herzogswürde. P. kämpfte gegen den Klerus und die herzöglichen Lehnsleute und machte sich damit unbeliebt. 1229 erhob er sich gegen die Regentin *Blanche von Kastilien und erklärte sich zum Lehnsmann des englischen Königs. 1234 versöhnte sich P. mit dem französischen König, 1237 zwangen ihn seine Vasallen, zugunsten seines Sohnes abzudanken. Seine wiederholten Zusammenstöße mit dem Klerus brachten ihn unter den Kirchenbann. 1247 begleitete P. jedoch *Ludwig IX. auf dessen Kreuzzug und starb an seinen Wunden in Ägypten.

PETER VON ROCHES (gest. 1238) Regent von England. P. stammte aus Poitou, trat als Kleriker in den Dienst König Johanns von England und wurde 1205 Bischof von Winchester. 1214 ernannte ihn Johann zum Großhofrichter; P. war jedoch extrem unbeliebt und mußte 1215 zurücktreten. Nach des Königs Tod war er einer der Regenten des Landes und wurde mit der Erziehung des jungen Königs *Heinrich III. beauftragt. Seine Rivalität zu *Hubert von Burgh kennzeichnete das politische Leben Englands in den letzten Jahren der Regentschaft. 1224 mußte P. das Land verlassen, 1229 begleitete er Kaiser *Friedrich II., den er mit Papst *Gregor IX. zu versöhnen suchte, auf dem Kreuzzug. 1231 kehrte P. nach England zurück und erneuerte mit des Königs Unterstützung den Kampf gegen Hubert, den er 1232 stürzen konnte. P.s Methoden riefen Proteste der Barone hervor, und 1234 mußte ihn Heinrich III. entlassen.

F. M. Powicke, *The 13th Century*, 1951.

PETERBOROUGH Kloster an der südöstlichen Grenze von *Mercien (England). P. wurde 655 gegründet, 870 von den Dänen zerstört, 970 neu errichtet und dem hl. Petrus geweiht. Die angelsächsische Mönchgemeinde überstand die *normannische Eroberung und existierte bis 1154. Die Mönche verfaßten die "Angelsächsische Chronik", eine jährliche Zusammenfassung der englischen Ereignisse, die vom 10. Jh. bis 1154 reicht. Die in Kreuzform begonnene Klosterkirche wurde nach acht Bauperioden 1237 im gotischen Baustil vollendet.

W. D. Sweeting, *The Cathedral Church of Peterborough*, 1898.

PETERSDOM Die auf dem Vatikanhügel über dem Grab des hl. *Petrus erbaute Kirche, die als eine der vier Patriarchenkirchen von Rom betrachtet wird. Bis zum 15. Jh. unterstand sie der *Lateranbasilika, diente jedoch an gewissen Feiertagen als Ort festlicher Gebete sowie als päpstliche Begräbnisstätte. Im Jahre 800 krönte Papst *Leo III. *Karl d.Gr. während der Weihnachtsmesse im P. zum Kaiser. Im 9. Jh. ließ *Leo IV. den P. vor den arabischen Einfällen befestigen. Im 12. Jh. erhielt die ursprüngliche Basilika zusätzliche Bauwerke. Nach der Rückkehr des Papsttums aus *Avignon wurde der P. die Hauptkirche von Rom.

PETERSPFENNIG Volkstümliche Bezeichnung für eine Steuer, die in England an das Papsttum gezahlt wurde. Sie wurde zuerst von König *Offa 787 und dann von seinen Nachfolgern erhoben. *Wilhelm der Eroberer erneuerte den P., der bis 1534 regelmäßig bezahlt wurde.

O. Jensen, *Der englische Peterspfennig im Mittelalter*, 1907.

PETIT, JEAN (Johannes; 1360-1411) Französischer politischer Denker. P. studierte Theologie und Medizin und war zu Beginn des 15. Jh.s Sprecher der Pariser Stadtbürgerschaft. 1407 wandte er sich am Hof gegen das *Große Abendländische Schisma und wurde einer der Führer der *Bourguignonenpartei in der Stadt. 1408 rechtfertigte P. öffentlich die Ermordung des Herzogs *Ludwig von Orléans und propagierte die Idee des Tyrannenmordes.

F. Schoenstedt, *Der Tyrannenmord im Spätmittelalter, besonders in Frankreich*, 1938.

PETRARCA, FRANCESCO (1304-74) Italienischer Dichter und Humanist. P. verbrachte einen Teil seiner Jugend in Carpentras (nahe *Avignon), wo sein Vater sich nach der Exilierung aus *Florenz niederließ. P. studierte Recht in Montpellier und Bologna (1319-23, 1323-25). 1327 traf er zum ersten Mal Laura, die ihn zu seinen berühmtesten Gedichten inspirierte. In den Jahren 1330 bis 1337 reiste P. in Frankreich, Deutschland und Italien, besuchte Gelehrte und kopierte klassische Handschriften. Für seine "Gedichte an Laura" und sein Epos *Africa* über Scipio Africanus wurde er 1341 in Rom zum Dichterfürsten gekrönt. 1342 schrieb P. *De Contemptu Mundi*, einen imaginären Dialog mit dem hl. *Augustinus. 1347 gesellte sich P. zur republikani-

schen Bewegung des *Cola di Rienzi und wurde begeistert in Rom aufgenommen. 1350 begann seine berühmte Freundschaft mit *Boccaccio. Nach einer kurzen Periode politischer Tätigkeit und diplomatischer Missionen im Dienst des Papsttums zog sich P. nach Padua zurück, wo er den Rest seines Lebens mit Schreiben und Meditation verbrachte. Seine religiöse Natur stieß oft mit seiner Sinnlichkeit und dem Streben nach Ruhm sowie der Bewunderung der heidnischen Kultur des Altertums zusammen. Dies erklärt die Vielseitigkeit seines Werkes, das vom Theologischen bis zum rein Weltlichen reicht. P. gilt als wichtiger Vorläufer der Renaissance.

Werk (dt.): H. Meintze, 1968.

U. Bosco, *F. Petrarca*, 1946;

F. Schalk (Hg.), *P.*, 1975.

PETRUS ALFONSI Siehe *PEDRO.

PETRUS CANTOR (gest. 1197) Gelehrter. Einer der berühmtesten Lehrer an der Domschule von Paris, wo er Theologie lehrte. Sein Werk enthält zahlreiche Beobachtungen über das soziale und wirtschaftliche Leben des 12. Jh.s. P. gilt als einer der wichtigen *Scholastiker seiner Zeit.

J. Baldwin, *Peter the Cantor*, 1969.

PETRUS COMESTOR (um 1100-79) Französischer Gelehrter. Er wurde in Troyes geboren, wo er als Kanoniker an der Kathedralkirche diente, ging 1164 nach Paris und wurde zum Kanzler der Kathedrale ernannt. P. schrieb eine *Historia Scholastica*, die Geschichte des Studiums der biblischen bis zu seiner Zeit, die als Standardwerk zur Geschichte der Bibel galt und ihm den Ruhm einbrachte, einer der wichtigsten Gelehrten zu sein. Als Kanzler regelte D. den Lehrplan der Pariser Schulen und das Prozedur der Verleihung der Lehrlizenzen an die Professoren. Unter seiner Führung entstand die *Pariser Universität.

E. Bekler, *Die Entstehung der mittelalterlichen Universität von Paris*, in: Festschrift für Thomas Niehals, 1963.

PETRUS DAMIANUS (hl.; 1007-72) Kirchenreformer. P. wurde in Ravenna als Sohn einer armen Familie geboren und diente als Schweinehirt, bis er von einem reichen Freund zum Studium gesandt wurde. 1035 trat P. der Einsiedlerklause *Fonte Avellana bei, wo er wegen seiner extremen Strenge berühmt wurde. 1057 wurde P. zum Kardinalbischof von Ostia erhoben und nahm prominenten Anteil an der *gregorianischen Kirchenreform. Seine Schriften behandeln die Mönchsdisziplin, Probleme des moralischen Lebens, die *Simonie und andere kirchliche Mißstände.

Werk: *PL* 144-145;

F. Dresler, *Petrus Damianus*, 1954.

PETRUS DELLA VIGNA (gest. 1249) Sizilianischer Dichter und Großhofrichter. Von niedriger Herkunft, gewann mit seinen eleganten lateinischen Versen das Herz *Friedrichs II. und wurde am Hof von *Palermo aufgenommen. P. errang das Vertrauen des Kaisers, der ihn zum Großhofrichter und einflußreichen politischen Berater machte. Im letzten Lebensjahr Friedrichs wurde P. als Opfer der Atmosphäre des Mißtrauens am Hof wegen angeblichen Hochverrats ins Gefängnis gesteckt und geblendet, wo er dann Selbstmord beging.

A. Huillac-Brebolles, *Vie et correspondance de Pierre de la Vigne*, 1966.

PETRUS DER EINSIEDLER (um 1050-1115) Priester und geistiger Führer des ersten *Kreuzzugs. In der Ge-

gend von Amiens (Nordfrankreich) geboren, wurde Einsiedler und scheint als Pilger Palästina besucht zu haben. Nach der Ausrufung des ersten Kreuzzugs durch Papst *Urban II. (1095) warb er im Volk für den Kreuzzug und wurde als sprachgewandter Prediger bekannt. 1096 führte er ein Bauernheer über das Rhein- und Donautal in Richtung Jerusalem. Auf dem Weg griff der Pöbel zahlreiche jüdische Gemeinden an. P. überlebte mit einigen anderen die Abschlachtung des Haufens durch die *Seldschuken bei Nikaia und stieß 1097 zur Ritterarmee. Während der Belagerung von Antiochia trat P. in den Hintergrund und versuchte sogar, nach Frankreich zu entkommen. Er war bei der Eroberung Jerusalems anwesend, kehrte 1100 nach Europa zurück und diente dann als Prior eines belgischen Augustinerstiftes.
Y. Le Febvre, *Pierre l'Hermite et la Croisade*, 1946.

PETRUS DIACONUS (1107-59) Geschichtsschreiber. P. war Mönch und Hüter der Bibliothek im Kloster *Monte Cassino. Seit 1138 arbeitete er an der Chronik von Monte Cassino.
Werk: *PL* 173.

PETRUS LOMBARDUS (um 1100-60) Gelehrter und Bischof von Paris (seit 1059). P. wurde in Novara (Lombardei) geboren, studierte in Bologna, Reims und Paris und lehrte seit 1140 an der Domschule von Paris. Neben seinen Kommentaren zum hl. Paulus verfaßte er eines der bedeutsamsten scholastischen Werke des Jh.s: die *Summa Sententiarum*, die die Dreifaltigkeit, Schöpfung, Erbsünde, Fleischwerdung sowie Tugenden und Sakramente behandelt. Trotz einiger Kritik durch seine Zeitgenossen galt das Buch als Standardwerk der katholischen Theologie des Mittelalters.
Werk: *PL* 192;
F. Stegmüller, *Repertorium commentatorium in Sententias Petri Lombardi*, 2 Bde., 1947;
Miscellanea Lombardiana, 1957.

PETRUS MARTYR (hl.; 1205-52) Inquisitor. P. wurde in Verona geboren, trat 1221 in Bologna, seinem Studienort, dem *Dominikanerorden bei und scheint als Prior mehrerer Ordenshäuser in Norditalien gewirkt zu haben. 1241 ernannte ihn Papst *Gregor IX. zum Inquisitor von Norditalien. In dieser Funktion zeichnete sich P. als eifriger Verfolger der Häretiker und gleichzeitig als versöhnlicher Helfer der Reuevollen aus. P. wurde 1251 von Banditen umgebracht.
G. Meersman, *Les confrèries de St. Pierre Martyr*, 1951.

PETRUS NOLASCUS (hl.; um 1189-1256) Gründer des Mercedarierordens. P. scheint sich zu Beginn des 13. Jh.s in Aragón niedergelassen zu haben und diente als einer der Lehrer König *Jakobs I. Um 1230 gründete er den Orden der Mercedarier, der sich die Befreiung von Christen aus der maurischen Gefangenschaft zum Ziel setzte. Zu diesem Zweck bereiste P. die Königreiche Valencia, Granada und Nordafrika.
P. N. Perez, *San Pedro Nolasco*, 1915.

PETRUS ORSEOLO Siehe *ORSEOLO.

PETRUS VENERABILIS (1092-1156) Abt von *Cluny seit 1122. Sohn einer Adelsfamilie von Montboissier (Mittelfrankreich), wurde 1109 Mönch in Cluny. P. diente als Prior von Vezelay und wurde 1122 in einer für Cluny schwierigen Zeit zum Abt gewählt. Der begabte Verwalter und Menschenführer unterwarf die Mönche einer Reform und wurde zu einem der machtvollsten Per-

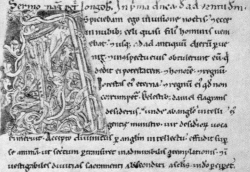

Seite aus den Predigten des Petrus Lombardus, 12./13. Jh.

sönlichkeiten in der katholischen Welt. P.' Eintreten für *Innozenz II. gewann 1130 den französischen König *Ludwig VI. für die Sache des Papstes. P. führte einen freundlichen Disput mit der hervorragendsten kirchlichen Persönlichkeit der Zeit, dem hl. *Bernhard von Clairvaux, ohne jedoch seinen Standpunkt aufzugeben. So gewährte P. dem von Bernhard verfolgten Petrus *Abälard in Cluny Asyl. P. reiste zum Zweck der Wiederaufrichtung des Christentums in die neueroberten spanischen Provinzen und ließ den Koran ins Lateinische übersetzen, um diesen in Glaubensgesprächen zu benutzen. Er verfaßte eine Streitschrift gegen den Islam, eine gegen die Juden und eine gegen *Petrus von Bruys sowie Predigten und Briefe.
Werk: *PL* 189;
J. Leclercq, *Pierre le Vénérable*, 1946.

PETRUS VIDAL Siehe *PEIRE.

PETRUS VON AILLY Siehe *AILLY, PETRUS VON.

PETRUS VON BLOIS (ca. 1135-1212) Dichter und Gelehrter. P. diente als Erzieher *Wilhelms II. in Palermo und Sekretär König *Heinrichs II. von England, den er mit Bewunderung beschrieb. Nach Heinrichs Tod (1189) ließ er sich in Paris nieder, wo er englischen Studenten Grammatik beibrachte, lateinische Gedichte und ein Handbuch der Grammatik, die *Ars dictaminis*, verfaßte. Seine gesammelten Briefe sind eine wichtige Geschichtsquelle.

PETRUS VON BRUYS (gest. um 1140) Ketzer. P. predigte seit 1110 in Südwestfrankreich gegen die kirchlichen Mißstände (besonders gegen den Kirchenbesitz) und ließ sich auch trotz wiederholter Verurteilungen durch die Obrigkeiten nicht von seiner Überzeugung abbringen, die im Volk großen Anklang fand. Seine Anhänger, die Petrobrusianer, waren Gegenstand einer heftigen Attacke des *Petrus Venerabilis. Als P. die Messe abschaffen wollte und Kreuze zu verbrennen begann, wurde er selbst in St. Gilles verbrannt.

R. Marselli, *Studi sulle eresie del sec. XII.*, 1953.

PETRUS VON CELLE (1115-83) Bischof von Chartres seit 1180. Nach seiner Studienzeit in Paris trat er dem *Benediktinerkloster La Celle bei, zu dessen Abt er 1150 gewählt wurde. Als enger Freund *Johannes von Salisbury war P. aktiv an der Auseinandersetzung um *Becket beteiligt und mobilisierte die öffentliche Meinung Frankreichs gegen König *Heinrich III. Seine Briefe stellen P. als einen der Humanisten des 12. Jh.s dar.

J. Leclerq, *Pierre de La Celle*, 1951.

PETRUS VON MARIECOURT (13. Jh.) Philosoph und Naturwissenschaftler. Er wurde in Mariecourt in Ostfrankreich geboren und studierte und lehrte in Paris, wo er mit der *aristotelischen Philosophie vertraut wurde. Seine Studien auf dem Feld des Magnetismus legte P. in der Abhandlung *Epistola de Magnete* (1269) nieder, die bis 1600 die wichtigste Arbeit auf diesem Gebiet blieb.

PETRUS VON MONTREUIL (um 1200-66) Baumeister, eine der berühmtesten Figuren der gotischen Baukunst. 1231 wurde ihm die Fertigstellung der Klosterkirche von *St. Denis anvertraut. P. arbeitete auch an *St. Germain-des-Prés und der Notre Dame-Kathedrale von Paris. Sein Hauptwerk war die Pariser *Sainte-Chapelle.

PETRUS VON PISA (gest. um 800) Grammatiker. Ein Sohn Pisas, wurde als lateinischer Dichter, Bibelkommentator und Grammatiker berühmt und galt als eine der wichtigsten Figuren der Palastakademie *Karls d.Gr. und der karolingischen Renaissance.

PETRUS VON POITIERS (gest. 1205) Gelehrter. P. studierte in Paris unter *Petrus Lombardus und lehrte dort in der zweiten Hälfte des 12. Jh.s Theologie in Fortsetzung des Werkes seines Professors. P.' Werke sind scholastischer, exegetischer und homiletischer Natur.

PETSCHENEGEN Gruppenbezeichnung türkischer Stämme aus Zentralasien, die sich vor dem 9. Jh. in der Gegend des Uralgebirges niedergelassen hatten und von dort die Siedlungen der *Chasaren überfielen. Im 9. Jh. zogen die P. in die ukrainische Steppe weiter und waren Verbündete der Russen gegen die Chasaren. Diese trieben sie nach Westen weiter; die P. ließen sich in der Westukraine und in Rumänien nieder und kamen bis zur Donau. Im 11. Jh. brachten die Überfälle der P. südlich der Donau Konflikte mit Byzanz. Die P. wurden zu Beginn des 12. Jh.s von *Alexios Komnenos besiegt, verloren ihre Macht und assimilierten sich allmählich an die anderen Stämme.

R. Grousset, *Die Steppenvölker*, 1970.

PFALZ (lat. palatium: "Palast") Residenz des Königs bzw. Feudalherrn. Da das frühe und hohe Mittelalter keine Hauptstädte im modernen Sinn kannte, die den Hof eines Herrschers hätten wirtschaftlich versorgen können, zogen die Könige und anderen Große von P. zu P., wo sie jeweils einige Wochen blieben ("Reisekönigtum"). (Din)

PFALZ (PFALZGRAFSCHAFT BEI RHEIN, RHEINPFALZ) Deutsches Fürstentum am Rhein. Die Bezeichnung P. stammt vom Amt des Pfalzgrafen, der den kaiserlichen Palast führte und im Karolingerreich gerichtliche und organisatorische Aufgaben besaß. Die deutschen Könige und Kaiser verliehen das Amt der P. bei Rhein, das wegen seiner strategischen Lage größte Bedeutung besaß, an treue Lehnsleute. Seit der zweiten Hälfte des 12. Jh.s war die P. in der Hand der *Wittelsbacher, ohne jedoch mit deren bayerischem Herzogtum vereint zu werden. Die *Goldene Bulle *Karls IV. machte den Pfalzgrafen bei Rhein zu einem der sieben *Kurfürsten des Reiches.

R. Haas, *Die deutschen Kaiserpfalzen und Königshöfe vom 8. bis 16. Jh.*, 1905.

PFARRE (griech. parochie) Der kleinste kirchliche Verwaltungsbezirk. Die P. besteht aus einer Gemeinde von Gläubigen mit einer Kirche und einem eigenen Priester. Die Organisierung der P. im Mittelalter war ein langer und regional ungleicher Prozeß. In den meisten italienischen Städten war die P. bereits vor Beginn des Mittelalters voll ausgebildet. Nördlich der Alpen dauerte dies infolge niedergehenden Stadtwesens und der Existenz privater Kapellen (Eigenkirchen) bedeutend länger, bis zum 11., auf dem Land bis ins 12. Jh. Die P.-Kirche war der gesellschaftliche Mittelpunkt der Gemeinde.

PFERD Als hauptsächliche nichtmenschliche Energiequelle das wichtigste Tier der mittelalterlichen Zivilisation, eng mit der Kriegskunst und dem Adelswesen verbunden. Der Gebrauch des P.s im Kriegswesen durch die germanischen und östlichen Stämme führte zu Beginn des Mittelalters zu einer Revolution in der Kriegskunst. Bis zum 8. Jh. wurde das Pferd von den Germanen jedoch vordringlich für Transportzwecke gebraucht; zum eigentlichen Kampf wurde oft abgesessen. Im 8. Jh. führte *Karl Martel den berittenen Kampf stärker ein. Die militärische Bedeutung erforderte eine besondere Aufzucht des P.s und erhöhte seinen Wert im Vergleich zu anderen Arbeitstieren wie etwa *Rindern. Gegen Ende des 8. Jh.s erhielten berittene Kämpfer 12 *mansi Land, der Infanterist dagegen nur vier. Am Königshof wurde ein hoher Beamter im Grafenrang mit der Obhut der Ställe betraut: der *comes stabuli* und spätere *Konstabel. Seit dem 10. Jh. war das P. Sinnbild des *Rittertums und beliebter Gegenstand in der epischen Dichtung. Seit dem 12. Jh. ersetzte das P. mehr und mehr den Ochsen als Pflug- und Zugtier. Von nun an wurden zwei Arten von P.en aufgezogen: das Kriegs- und Arbeitsroß.

PFRÜNDE Siehe *PRÄBENDE.

PHILARTUS Siehe *VAHRAM.

Burgund:

PHILIPP II. DER KÜHNE (1342-1404) Herzog von Burgund und der Niederlande seit 1363. Sohn *Johanns III. von Frankreich, zeichnete sich in der Schlacht von *Poitiers (1356) aus, wo er sich den Beinamen "der Kühne" erwarb. 1363 erhielt P. das Herzogtum *Burgund. Durch die Heirat mit Margarete, der Erbin von Flandern (1369), gewann er Artois; 1384 erhielt P. die Großgrafschaft *Flandern, zu der zahlreiche Ländereien in Nordostfrankreich gehörten. P. war als Mitregent am französischen Hof tätig und benutzte die bewaffnete Macht Frankreichs zur Vergrößerung seines Besitzes in den Niederlanden.

R. Vaughan, *Philip the Bold*, 1962.

PHILIPP III. DER GUTE (1396-1467) Herzog von Burgund (seit 1419).

Dem Sohn und Nachfolger Herzog *Johanns ohne Furcht gelang es, eine relativ unabhängige Politik zwischen Frankreich und England zu führen; 1435 konnte er sich sogar aus der französischen Lehnsabhängigkeit lösen. Seit 1447 forderte P. von *Friedrich III. den Königstitel. Der Erwerb vieler neuer Territorien (darunter Holland, Brabant, Limburg und Luxemburg) machten Burgund zu einer der wichtigsten europäischen Mächte. Gegen Ende seines Lebens versuchte P. erfolglos, einen neuen Kreuzzug zu organisieren. (Din)
R. Vaughan, *P. the Good*, 1970.

Frankreich:

PHILIPP I. (1052-1108) König von Frankreich (seit 1060).

Sohn *Heinrichs I., begann seine Regierung unter der Regentschaft *Balduins V., des Grafen von Flandern. P. gab den Gedanken auf, den praktisch unabhängigen großen Kronvasallen seine Herrschaft aufzuzwingen, und konzentrierte statt dessen seine Bemühungen auf seine eigenen Besitzungen zwischen Paris und Orléans, wo er die kleinen Lehnsleute unterwarf. Der Krondomäne fügte er einige Güter, darunter die Vizegrafschaft Bourges, hinzu. 1095 wurde P. infolge seiner unerlaubten Heirat mit Bertrade von Montford, der Gattin *Fulks V. von Anjou, gebannt, weigerte sich jedoch, sich dem Papst zu unterwerfen. Dies wurde 1105 geregelt, als das Papsttum seiner Hilfe gegen Kaiser *Heinrich V. bedurfte.
W. Kienast, *Deutschland und Frankreich in der Kaiserzeit*, 1975².

PHILIPP II. Augustus (1165-1223) König von Frankreich (seit 1180).

Sohn *Ludwigs VII. und der Adele von Champagne, stand anfangs unter dem Einfluß der Grafen von Champagne und Flandern, kehrte aber bald seine politischen Talente hervor. 1183 trieb P. aus finanziellen Gründen die Juden aus Paris, rief sie aber bald zurück. Er unterstützte die Revolten der Söhne *Heinrichs II. von England und verhandelte gleichzeitig mit dem König über die Organisierung eines großen Kreuzzugs. 1189 nahm er am dritten *Kreuzzug teil, kehrte aber sofort nach der Eroberung *Akkons (1191) nach Frankreich zurück, um sich des Problems der *flandrischen Erbschaft und der Sicherung des königlichen Interesses anzunehmen. Er nutzte die Abwesenheit *Richards I. von England in Palästina und dann in der Gefangenschaft in Deutschland aus, um dessen französische Güter zu ergreifen. Nach der Rückkehr Richards wurde P. jedoch entscheidend bei Freteval geschlagen (1194) und mußte sich mit Flandern begnügen, wo er die Grafschaft Artois erhielt. Gleichzeitig unterstützte er den jungen *Arthur von der Bretagne gegen dessen Onkel *Richard I. von England und nach Richards Tod gegen dessen anderen Onkel *Johann. 1200 nutzte P. die Feindschaft zwischen den *Lusignans und Johann aus, um Johanns französische Besitzungen zu konfiszieren. Als Johann durch die Ermordung Arthurs den Adel gegen sich aufbrachte, sprach das Hofgericht Johann, der ja Lehnsträger der französischen Krone für seine kontinentalen Güter war, diesen Besitz ab. P. verwirklichte dieses Urteil und eroberte die Normandie (1202), die Plantagenetgüter an der Loire sowie die Grafschaft Anjou (1206). Er widersetzte sich den Vermittlungsversuchen Papst *Innozenz' III. und verwies diesen auf seine souveränen Rechte (*Per Venerabilem). P. unterstützte den Kreuzzug gegen die *Albigenser, nahm

jedoch selbst nicht daran teil. Statt dessen organisierte er die neugewonnenen Länder, die er der königlichen Verwaltung unterstellte und an die Krondomäne anschloß. P. verbündete sich mit dem jungen *Friedrich II. gegen Johanns Alliierten *Otto IV. und besiegte diese beiden 1214 in der Schlacht von *Bouvines (Flandern). Zur gleichen Zeit war an der Loire eine weitere französische Armee unter Prinz Ludwig, dem Sohn und Erben P.s, wo sie Johanns Truppen schlug und die Eroberung von Poitou vorbereitete. P.s territoriale Gewinne änderten die politische Landkarte Europas und machten den französischen König zur stärksten Kraft des Kontinents. P. konnte nunmehr die großen Barone und Städte seiner Herrschaft unterwerfen. Mit Hilfe des Lehnsrechtes und feudaler Prozeduren gelang es ihm, die Kräfte des *Feudalismus zu untergraben. In seinen letzten Regierungsjahren änderte er seine Politik gegenüber dem ketzerischen Süden und erlaubte seinem Sohn Ludwig, einen neuen Heerzug gegen die Albigenser in Bewegung zu setzen. Dies endete mit der Errichtung einer königlichen Enklave in Languedoc.
A. Cartellieri, *Philipp II. August*, 2 Bde., 1906.

PHILIPP III. der Kühne (1245-85) König von Frankreich (seit 1270).

P. war der Sohn *Ludwigs IX., den er auf dem *Kreuzzug nach Tunis begleitete, wo er zum König ausgerufen wurde. 1271 annektierte P. große Ländereien seines Onkels *Alfons von Poitiers, die er während seiner ersten Regierungsjahre in die königliche Verwaltungsstruktur integrierte. P. war von seinem Onkel *Karl von Anjou beeinflußt und unterstützte dessen Mittelmeerpolitik. 1284 unternahm P. deshalb eine Invasion *Aragóns, allerdings erfolglos.

PHILIPP IV. der Schöne (1268-1314) König von Frankreich seit 1285.

P. überließ seinem Bruder *Karl von Valois die italienischen und *angevinischen Angelegenheiten und konzentrierte sich auf die Regierung Frankreichs. P. unternahm eine Verwaltungsreform, die auf Erhöhung der königlichen Macht und Vermehrung der Einkünfte abzielte, und umgab sich mit im Recht ausgebildeten Funktionären (*legistes*). Viele von diesen waren gleichzeitig auch kirchliche Würdenträger. Diese Juristen trugen zur Entwicklung jener Doktrin bei, die die Souveränität des Königs von Frankreich, des "Kaisers in seinem Königreich", erklärte. Die Verwirklichung dieser Anschauungen führte zu ausgedehnten Konflikten mit *Eduard I. von England über die *Gascogne und mit den flandrischen Städten, die im Aufstand von 1302 P.s Heer bei Courtrai besiegten. Der schwerste dieser Konflikte war der Kampf gegen *Bonifatius VIII., der seinerseits die Doktrin von der Universalmacht des Papstes betonte. Dieser Zwist brach 1296 als Auseinandersetzung über die Besteuerung des Klerus aus und entwickelte sich rasch zu einer Konfrontation geistiger und weltlicher Macht, unter scharfer Polemik auf beiden Seiten und Mobilisierung der öffentlichen Meinung in Frankreich. Ein Teil des französischen Klerus stellte sich unter Berufung auf die *gallikanischen Freiheit gegen den Papst. P. berief die General-*Stände zur Beeinflussung der einheitlichen öffentlichen Meinung Frankreichs ein. Daneben verbündete er sich mit den *Colonna, den italienischen Feinden des Papstes, und sandte 1303 seinen Berater *Wilhelm von Nogaret nach Italien, um die Bulle *Unam Sanctam zurückzuweisen. In *Anagni wurde Bonifatius von den Colonna angegriffen und P. daraufhin gebannt. Mit dem Tod des Papstes

entstand eine neue Krise, die 1305 mit P.s Einverständnis durch die Wahl des Erzbischofs Bertrand von Got von Bordeaux zum Papst (*Clemens V.) beigelegt wurde. Der neue Papst hielt sich im Rhônetal auf und ließ sich dann in *Avignon nieder, womit auch diese Angelegenheit zu P.s Gunsten und mit Gewinn des königlichen Einflusses auf das Papsttum abgeschlossen wurde. Weniger glücklich waren P. und seine Berater in dem Bemühen, die Wirtschaftskrise zu lösen, die seit Ausgang des 13. Jh.s auftrat. Höhere Besteuerung, Austreibung der Juden aus Frankreich (1306), Maßnahmen gegen die italienischen Kaufleute, Entrechtung des *Templerordens und Beschlagnahme von dessen Besitzungen: all dies konnte nicht die Krise lösen; P. sah sich zu einer Minderung des Edelmetallgehalts der Münzen gezwungen. P. gilt als der letzte große König des *Kapetingerhauses.
J. Riviere, *Le problème de l'Eglise et de l'Etat au temps de Philippe le Bel*, 1926;
J. P. Strayer, *Medieval Statescraft*, 1971.

PHILIPP V. (1294-1322) König von Frankreich (seit 1316). Zweiter Sohn *Philipps IV., wurde nach dem Tod seines Bruders *Ludwig X. und dessen kleinem Sohn *Johann I. König. Eine Versammlung von Baronen, Klerikern und Doktoren der Sorbonne wies die Thronansprüche seiner Nichte Johanna mit der Begründung zurück, daß "die Krone von Frankreich nicht auf weibliche Personen übertragen werden kann". Damit war ein Präzedenzfall geschaffen, der später gegen P.s eigene Töchter angewandt wurde und als "Salisches Recht" in die Geschichte Frankreichs eingegangen ist.

PHILIPP VI. von Valois (1293-1350) König von Frankreich seit 1328. Sohn des *Karl von Valois und Enkel *Philipps III., wurde nach dem Tod des letzten direkten Kapetingerkönigs *Karls IV. zum Herrscher ausgerufen. Dabei wies man die Thronansprüche der Töchter Karls zurück. Eduard III. von England erhob als Sohn der Isabella, Tochter *Philipps IV., ebenfalls Ansprüche auf die französische Krone, wodurch ein dynastisches Element in den englisch-französischen Konflikt eingebracht wurde, der dann im *Hundertjährigen Krieg ausbrach (1377). P. begann seine Regierung mit einem Sieg über die Flamen bei Cassel (1328), der den französischen Einfluß in Flandern wiederherstellte. P. zog jedoch im Krieg gegen Eduard III. mehrmals den Kürzeren. In der Seeschlacht von Sluys wurde die französische Flotte zerstört. Die Schlacht von *Crecy (1346) war eine wahre Katastrophe für Frankreich und erlaubte Eduard die Besetzung von Calais und der Normandie. In den letzten Regierungsjahren P.s griffen Epidemien um sich, die im *Schwarzen Tod (1348-49) ihren Höhepunkt fanden.
R. Cazelles, *La royauté de Philippe VI. de Valois*, 1951.

Lateinisches Kaiserreich von Konstantinopel:
PHILIPP I. von Courtenay (1243-83) Titularkaiser des *Lateinischen Kaiserreichs von Konstantinopel (1273-83). Sohn des letzten Kaisers *Balduins II., heiratete Beatrice, die Tochter *Karls von Anjou. Auch dessen Hilfe brachte keine Verwirklichung der Thronansprüche P.s.

PHILIPP II. von Anjou-Taranto (1280-1332) Titularkaiser des *Lateinischen Kaiserreichs von Konstantinopel (1313-32). Sohn *Karls II. von Neapel, erwarb durch die Heirat mit der Enkelin *Philipps I. den Anspruch auf die Kaiserkrone. P. war seit 1307 Fürst von Morea, fügte durch seine Bemühungen um die Kaiserkrone jedoch nur dem von den *osmanischen Türken angegriffenen byzantinischen Reich Schaden zu.

PHILIPP III. von Anjou (1323-73) Titularkaiser des *Lateinischen Kaiserreichs von Konstantinopel (1364-73). Jüngerer Sohn von *Philipp II., dessen Ansprüche er erbte.

PHILIPP VON ELSASS (1143-91) Graf von Flandern seit 1168. P. setzte die Neuordnung der Grafschaft fort, wie sie sein Vater *Thierry begonnen hatte. 1177 führte P. einen *Kreuzzug nach Jerusalem und zeichnete sich in der Schlacht von Montgisard aus. 1180 diente er als Regent von Frankreich während der Minderjährigkeit *Philipps II., mit dem er seine Tochter Isabella von Hennegau verheiratete. P. starb auf dem dritten *Kreuzzug während der Belagerung von Akkon.

PHILIPP VON MÉZIÈRES (1327-1405) Französischer Schriftsteller. Sohn einer Ritterfamilie aus Nordostfrankreich, ging 1345 mit Humbert II. von Viennois auf den *Kreuzzug. P. blieb im Osten und wurde 1360 Kanzler des zypriotischen Königs *Peter I. von Lusignan. 1373 kehrte P. nach Frankreich zurück und wurde von König *Karl V. zum Rat ernannt. Nach des Königs Tod trat P. dem Pariser *Cölestinenkloster bei, wo er sich dem Schreiben und dem Entwurf neuer Kreuzzugspläne widmete. Sein berühmtestes Werk ist "Der Traum des Alten Pilgers" (1389), ein Bericht über sein Leben und seine Gedanken sowie ein gelungener Spiegel der religiös-ritterlichen Ideale des 14. Jh.s.
N. Jorga, *Philippe de Mézières et la croisade au XIVe siècle*, 1896.

PHILIPP VON NOVARA (gest. 1264) Geschichtsschreiber und Jurist. P. stammte aus der Lombardei, ließ sich im Lateinischen Königreich Jerusalem nieder, war dort gegen *Friedrich II. tätig und mußte in Zypern Zuflucht suchen. Neben Gedichten und Briefen verfaßte P. eine Chronik seiner Zeit und stellte einen Kodex über die Feudalrechte des lateinischen Ostens zusammen.

PHILIPP VON ROUVRES (gest. 1361) Herzog von Burgund seit 1349. P. war der letzte *Kapetingerherzog *Burgunds und fügte die kaiserliche Freigrafschaft Burgund (Franche-Comte) zu seinen Gütern hinzu.

PHILIPP VON SCHWABEN (1178-1208) Deutscher König seit 1198. P. war der jüngere Sohn *Friedrichs I. und erhielt von seinem Bruder *Heinrich VI. das Herzogtum *Schwaben. Nach Heinrichs Tod wurde er 1198 von einem Teil der deutschen Fürsten zum König gewählt und trotz des Widerstands von Papst *Innozenz III., der *Otto von Braunschweig unterstützte, in Mainz gekrönt. P.s Regierung stand im Zeichen des Bürgerkriegs; P. konnte jedoch allmählich seine Autorität stärken. 1208 wurde er von Innozenz anerkannt und zur Kaiserkrönung nach Rom eingeladen. P. wurde jedoch knapp zuvor von dem rheinischen Pfalzgrafen Otto von Wittelsbach aus persönlichen Gründen ermordet.
W. Winkelmann, *König Philipp von Schwaben, 1197-1208*, (Neudr.) 1963.

PHILIPP VON TRIPOLI (13. Jh.) Übersetzer. P. wurde in Frankreich erzogen, ließ sich in Toledo nieder und übersetzte aus dem Arabischen naturwissenschaftliche Werke der Astronomie und Medizin.

PHILIPP VON VITRY (1290-1361) Musiker. P. begann seine Laufbahn als Chormeister in seiner Heimat Champagne und verfaßte liturgische *Musik. P. war einer der Theoretiker der mehrstimmigen Musik, der sogenannten *Ars Nova.* Ab 1340 hatte er hohe Hofämter inne und wurde 1351 Bischof von Meaux. 13 seiner Motetten sind erhalten.

Werk: G. Reaney u.a. (Hgg.), 1964.

PHILIPPIKOS BARDANES Kaiser von Byzanz (711-13). Von armenischer Herkunft, wurde nach dem Fall *Justinians II. zum Kaiser ausgerufen. P. konnte jedoch nicht das Reich vor der *bulgarischen Bedrohung und dem arabischen Vormarsch in Kleinasien bewahren und wurde in einem Militärputsch abgesetzt.

G. Ostrogorsky, *Geschichte des byzantinischen Staates,* 1963.

PHOKAS Byzantinischer Kaiser (602-10). P. ergriff die Macht mit einem Militärputsch, bei dem er *Maurikios tötete, und versuchte seine Stellung durch den Erkauf von Friedensverträgen zu stärken, wie er dies mit den *Awaren (604) tat. Die hohen Steuern, die P. zu diesem Zweck einnehmen ließ, machten ihn unbeliebt; nach dem mühelosen Einmarsch König *Chosraus II. von Persien in Kleinasien wurde er von *Herakleios gestürzt und hingerichtet.

G. Ostrogorsky, *Geschichte des byzantinischen Staates,* 1963.

PHOKAS Byzantinisches Adels- und Kaiserhaus. Es stammte aus Kappadokia (Kleinasien) und erwarb in den Araber- und Bulgarenkriegen des 9. und 10. Jh.s großen militärischen Ruhm. Der erste P. auf dem Kaiserthron war *Nikephoros. Im 11. Jh. waren die P. eine der führenden Adelsfamilien des byzantinischen Reiches.

PHOTIOS (ca. 820-95) Patriarch von Konstantinopel (858-67, 877-86). Von adeliger Herkunft, trat in Konstantinopel in den Kaiserdienst und erwarb Freundschaft und Schutz Kaiser *Michaels III. Als Michael 858 den Patriarchen *Ignatius absetzte, erhielt P. die Würde. Papst *Nikolaus I. weigerte sich jedoch, die Absetzung und Neuwahl anzuerkennen und bannte 863 P. 865 schien ein Ausweg gefunden zu sein, der jedoch an dem neuen Problem der *bulgarischen Kirche scheiterte. P. stellte sich gegen die päpstlichen Missionare in Bulgarien und verurteilte den päpstlichen Zusatz des Wortes *Filioque im Glaubensbekenntnis.

Außerdem rief er noch zur Absetzung des Papstes auf. Mit der Thronbesteigung des neuen Kaisers *Basil I. änderte sich die Lage. Basil setzte Ignatius wieder ein und sandte P. in ein Kloster. Die andauernde päpstliche Intervention in Bulgarien eröffnete wieder den Konflikt, und Ignatius wurde 870 vom Papst gebannt. 877 wurde P. nach Ignatius Tod wiederum zum Patriarchen gemacht; das darauffolgende Schisma mit Rom konnte auch durch mehrere Kirchenkonzile nicht vermieden werden. Insgesamt war die Auseinandersetzung kein Zusammenstoß von Persönlichkeiten, sondern Ausdruck des zugespitzten theologischen Konflikts zwischen der Ost- und Westkirche. Das Schisma wurde auch nach P.' erneuter Absetzung durch Kaiser *Leo VI. nicht beendet. P. war ein großer Gelehrter von nahezu enzyklopädischem Wissen und verfaßte theologische Abhandlungen zur Verteidigung der griechisch-orthodoxen Praktiken.

F. Dvornik, *The Photian Schism,* 1948; H. Jedin (Hg.), *Handbuch der Kirchengeschichte,* 1973.

PHRYGIUM Die vom Papst als Symbol seines Amtes getragene Kappe. Sie wurde bis zum 11. Jh. benutzt und dann durch die majestätischere Tiara abgelöst.

PIACENZA Stadt in der Lombardei (Italien). Nach dem Fall des *Langobardenreiches (774) wurde P. von fränkischen Grafen regiert. Gegen Ausgang des 9. Jh.s verloren die Grafen an Macht, und nach verschiedenen Kämpfen fiel die Stadt 997 in die Hand der Bischöfe. P. wurde damit ein wichtiges kirchliches Zentrum und stand auf der Seite des Papsttums. 1095 hielt Papst *Urban in P. ein Kirchenkonzil ab, auf dem zum ersten Mal die Idee eines *Kreuzzugs erwähnt wurde. Im 12. Jh. war P. eine unabhängige Kommune und besaß eine starke Position im *Lombardenbund. In der zweiten Hälfte der 14. Jh.s wurde es von den Mailänder *Visconti erobert.

PIANO DEI CARPINI, GIOVANNI Siehe *JOHANNES VON PIANO CARPINI.

PIASTEN Die Herrscherfamilie, die im 10. Jh. das Königreich *Polen gründete und es bis zu ihrem Aussterben im Jahre 1370 beherrschte.

PICARDIE Provinz in Nordfrankreich. Die P. wurde im 5. Jh. von den salischen *Franken erobert und war zur Zeit *Chlodwigs zentraler Teil des Frankenreiches. Die Mischung der gallo-römischen und fränkischen Elemente in der P. brachten eine besonders frühe Form des Französischen hervor. Als einer der letzten Schwerpunkte der *Karolinger wurde die P. unter zahlreichen Feudalherren aufgeteilt, von denen die Grafen von *Vermandois die bedeutendsten waren. Die Grafschaft wurde 1185 von *Philipp II. zur Krondomäne genommen. Im Spätmittelalter kamen Teile an England bzw. Burgund.

R. Fossier (Hg.), *Histoire de la P.,* 1974.

PIEMONT Nordwestitalienische Provinz, bestand bis zum 15. Jh. aus verschiedenen Feudalherrschaften und war bis 774 vom *Langobardenreich, dann von den Karolingern und schließlich vom Deutschen Reich abhängig. Die bedeutendste Feudalherrschaft in P. war die Markgrafschaft *Montferrat. Im 15. Jh. wurde P. von den Grafen von Savoyen erobert.

PIERLEONE Römische Familie. Sie leitet sich von Pietro Leone, einem konvertierten jüdischen Finanzmann ab, der im Dienste Papst *Leos IX. wirkte. In der zweiten Hälfte des 11. Jh.s erwarben die P. politische Macht, die sie in den Dienst des Reformpapsttums stellten. Pietro P. war kluniazensischer Mönch, Kardinal und seit 1130 unter dem Namen Anaklet II. Gegenpapst. In der zweiten Hälfte des 12. Jh.s verloren die P. an Einfluß.

F. J. Schmale, *Studien zum Schisma des Jahres 1130,* 1961.

PIERS PLOWMAN Englische, allegorische Traumdichtung, die Wilhelm *Langland (um 1330-um 1400) zugeschrieben wird. Das religiöse Werk behandelt allegorisch die personifizierte Kirche, die Wahrheit, den Verstand u.s.w. und ist in einfacher alltäglicher Sprache geschrieben, jedoch reich an Anspielungen und gelehrten Zitaten. Es dient auch als nützliche Quelle für das alltägliche Leben und die materielle Kultur des dörflichen England im 14. Jh.

Werk: W. W. Skeat (Hg.), 1886; (dt.): W. Klett, 1935; S. S. Hussey (Hg.), *P. P.,* 1969.

PIKTEN Keltischer Stamm in Schottland. Die P. wurden nie von den Römern unterworfen und besaßen eine Gesellschaft, die auf von Kriegerhäuptlingen geführten Klans aufgebaut war. Seit Ausgang des 5. Jh.s wurden sie von Königen regiert. Im 6. Jh. verbreiteten irische Mönche das Christentum in Schottland; zur gleichen Zeit drangen *schottische Stämme aus Irland im Süd-

Das Heilige Land zwischen Paradies und Hölle; *aus einem Bühnenbild der Renaissance*

westen des Königreichs ein. Im 8. Jh. wurden die P. von den Schotten absorbiert.

I. Henderson, *The Picts,* 1967.

PILGERFAHRT Reise zu einem Heiligen- oder Reliquienschrein, die seit dem 4. Jh. in Europa üblich wurde. Bis zum 6. Jh. war diese Praxis bereits fest verankert und theologisch in der *augustinischen Interpretation des lat. *peregrinus* ("Fremder") begründet: dies war der Gläubige, der alle weltlichen Angelegenheiten hinter sich ließ, um sein Ziel, das Himmelreich, zu finden. Die P. wurde als fromme Tat angesehen, bei deren Verlauf der Pilger seiner Familie, seinem Beruf und seiner Umwelt zum Fremden wurde. Er trug am Weg einfache Kleider, nahm in Klöstern Unterkunft und aß das Brot der Armut. Es bestanden vier Arten der P.: die lokale, die Einwohner einer Gegend zu einem Schrein von örtlich begrenzter Bedeutung führte; die allgemeine und multinationale P., wie etwa nach *Santiago de Compostela; die zu den *limina apostolorum,* zum Grab des hl. Petrus in Rom, die auch eine Audienz beim Papst einschloß; und die P. nach Jerusalem und ins Heilige Land. P.en nahmen nach dem 10. Jh. bedeutend zu; die P. ins Heilige Land bereitete den Weg für die *Kreuzzüge, die ebenfalls als bewaffnete Art der P. angesehen wurden.

Unter dem Einfluß der christlichen P. wie auch des jüdischen Brauches, an Festtagen zum Tempel von Jerusalem aufzusteigen, bestand auch im Islam die P. nach Mekka (*Hadsch).

H. Dünninger, *Processio peregrinationis,* 1962;
A. Kendall, *Medieval Pilgrims,* 1972[2].

PIPE ROLLS Die Rechnungen des Gerichtshofes des englischen *Exchequers, die sich in großer Zahl erhalten haben und als wichtige Quelle zur Wirtschaftsgeschichte des mittelalterlichen Englands dienen.

PIPPIN I. (der Ältere, von Landen; um 580-640) *Austrischer Hausmeier. P. war im politischen Leben des *Frankenreichs tätig, vergrößerte seinen Besitz und war der eigentliche Herr des Landes nach dem Tod König *Dagoberts I. P. ist einer der Ahnherren des *Karolingerhauses.

PIPPIN II. (der Mittlere, von Herstal; um 640-714) Fränkischer Hausmeier. P. war Enkel *Pippins I. und *Arnulfs von Metz und einer der reichsten und mächtigsten Herren *Austriens. Er intervenierte in Neustrien und wurde nach seinem Sieg über *Ebroin (687) gesamtfränkischer Hausmeier und eigentlicher Herrscher des Frankenreichs. P. unterstützte die Missionarstätigkeit der angelsächsischen Mönche in Deutschland und besonders in *Friesland, das er zu erobern beabsichtigte.

PIPPIN III. (der Kurze, der Jüngere; 714-68) Hausmeier (741-51) und König der *Franken (751-68). Sohn von *Karl Martel, dessen Amt als Hausmeier er zusammen mit seinem Bruder *Karlmann erbte. Dieser überließ P. die Regierung und zog sich als Mönch nach *Monte Cassino zurück. P. war ein Förderer des hl. *Bonifatius, dessen missionarische Aktivitäten in Deutschland er unterstützte. Mit Rückhalt der Kirche und seiner Lehnsleute und nach Erhalt der Zustimmung des Papstes sandte er den letzten *Merowingerkönig *Chilperich III. in ein Kloster und wurde von Bonifatius zum König geweiht. 754 salbte Papst *Stephan II. P. in Reims, wofür er 755 in der *Pippinischen Schenkung den Kern des späteren *Kirchenstaates erhielt. P. setzte die Eroberungen seines Vaters in Südfrankreich fort, nahm den Arabern und Westgoten *Languedoc und führte 767 aus Hilfe für den Papst einen Heerzug gegen die *Langobarden. P. hinterließ seinem Erben *Karl d.Gr. das Frankenreich als den weitaus stärksten Staat Europas.

E. Caspar, *Pippin und die römische Kirche,* 1914;
W. Mohr, *Fränkische Kirche und Papsttum zwischen Karlmann u. P.,* 1966.

PIPPIN I. (777-810) König von Italien seit 781. P. war der zweite Sohn *Karls d.Gr., der ihm Italien verlieh. Nach seiner Großjährigkeit wurde P. nach *Pavia gesandt, wo er im Namen seines Vaters regierte.

PIPPIN I. (803-38) König von Aquitanien seit 817. Sohn *Ludwigs d. Frommen, erhielt bei der Reichsteilung von 817 das Königreich *Aquitanien. In den Jahren 829-31 nahm er an der Revolte seiner Brüder *Lothar und *Ludwig d. Deutschen teil, nach seiner Niederlage

Die Anbetung der drei Weisen aus dem Morgenland; *aus der Marmorkanzel in der Taufkirche von Pisa, Niccolò Pisano*

kehrte P. in sein Reich zurück, wo er noch vor seines Vaters Tod starb.

PIPPIN II. (ca. 823-65) König von Aquitanien (838-56). Sohn und Erbe *Pippins I., konnte die Regierung seines zum Teil von *Karl d. Kahlen besetzten Königreiches effektiv erst nach seinem Sieg bei Angoulême (844) antreten. 851 marschierte Karl wiederum in Aquitanien ein; P. suchte in der Burg Sanchos des Herzogs von der *Gascogne Zuflucht. Dieser lieferte ihn 852 an Karl aus, der P. absetzte und ins Kloster steckte. 854 gelang es P., mit Hilfe des aquitanischen Adels zu entkommen und in sein Reich zurückzukehren; P. konnte jedoch nicht die Erwartungen seiner Lehnsleute erfüllen, die zu Karl überliefen und diesen zum König ausriefen. P. entfloh im Jahr 856 und führte bis zu seinem Tod ein Wanderleben.

A. Ausias, *L'Aquitaine Carolingienne*, 1931.

PIPPINISCHE SCHENKUNG Ein nicht mehr erhaltenes Dokument *Pippins III. aus dem Jahr 755, das jene Territorien im Besitz der *Langobarden aufzählt, die Pippin befreien und der päpstlichen Regierung unterstellen wollte. Diese Ländereien schließen das Exarchat von *Ravenna, Ancona und 23 weitere Städte ein. Die P. ist die Geburtsurkunde des frühen *Kirchenstaates und Ergebnis der Zusammenarbeit zwischen Pippin und Papst *Stephan II., der ihn 754 zum König der Franken gesalbt hatte.

PISA Stadt in der Toskana (Italien), am Ufer des Tyrrhenischen Meers. P.s Autonomie ist bereits im 5. Jh. belegt, die Stadt war jedoch weiterhin von den politischen Entwicklungen in der Toskana beeinflußt. P. entwickelte ihren Seehandel im westlichen Mittelmeer und wurde im 9. Jh. zur wichtigsten Stadt der Toskana. Die Errichtung eines Kolonialreiches begann bereits im 10. Jh. mit der Eroberung *Korsikas; im 11. Jh. nahmen die Flotten von P. und *Genua das arabische *Sardinien. 1163 standen sie den *Normannen bei der Eroberung *Siziliens bei. Gegen Ausgang des 11. Jh.s fingen die Kaufleute von P. mit Aktivitäten im östlichen Mittelmeer an, wo sie in kurzer Zeit *Amalfi überflügelten. Nach der Errichtung des *Lateinischen Königreiches von Jerusalem war P. zusammen mit *Venedig und Genua in Akkon tätig. Die wachsende Macht P.s führte zu wiederholten Zusammenstößen mit Genua sowie den toskanischen Nachbarstädten Florenz und Lucca. Im 12. Jh. war P. gezwungen, zur Erhaltung der Armee große Steuermittel aufzuwenden. Im 13. Jh. wurde in P. eine Seiden- und Wollindustrie errichtet, die die Sozialstruktur der Stadt veränderte. Die niederen Klassen erhoben sich mehrere Male gegen die Kaufleute, die das Regiment innehatten. Von P.s innerer Unruhe profitierten hauptsächlich Genua und Florenz. 1284 verlor P. mit der Niederlage in der Seeschlacht von Meloria die letzten Überreste ihres Handelsreiches, und

Die Tore der Taufkapelle S. Giovanni in Florenz, von Andrea Pisano

Kanzel der Taufkapelle von Pisa, von Niccoló Pisano

die florentinischen Händler und Bankiers konkurrierten mit ihren Pisaner Kollegen. Die inneren Kämpfe und die außenpolitischen Niederlagen schufen ein Klima der Anarchie. 1348 fiel die Stadt unter die Herrschaft von Tyrannen und Heerführern. 1406 unterwarf sich P. Florenz.

Auf der Höhe ihres Wohlstands (im 12. Jh.) war P. ein wichtiger kultureller Mittelpunkt. Die neue Kathedrale mit der berühmten Taufkapelle und dem Turm gilt als eines der schönsten Bauwerke Italiens. Das 1409 einberufene Konzil von P., das das *Große Abendländische Schisma beenden sollte, eröffnete die *konziliare Epoche in der Kirchengeschichte. Es löste nicht das Problem der beiden Päpste, berief aber ein neues Konzil ein, das dann in *Konstanz abgehalten wurde. Da nach den Entschlüssen des Konzils die beiden Päpste bereits als abgesetzt galten, wurde ein neuer Papst, *Alexander V., gewählt.
G. Caciagli, *Pisa*, 2 Bde., 1970.
PISANO ANDREA (um 1290-1348/49) Bildhauer und Architekt, schuf u.a. die Tür des für das Baptisterium in Florenz vergoldeten Bronzereliefs (unter Anlehnung an *Giotto). Ab 1347 war er Dombaumeister in Orvieto.
(Din)
Becherucci L., *A. P. nel campanile di Giotto*, 1965.
PISANO GIOVANNI (gest. 1320?) Ein Hauptmeister der gotischen Plastik in Italien, Sohn und Mitarbeiter von Nicola *Pisano. Zu seinen wichtigsten Werken zählt die Bauplastik der Fassade des Doms von *Siena,

die Kanzel von Sant 'Andrea in Pistoia und vom Pisaner Dom (1302-11) sowie das Grab der Margarete von Luxemburg (1312, Genua, Palazzo Bianco). Unter seiner Großplastik finden sich Figuren von aufregender Bewegtheit und Ausdruckskraft.   (Din)
M. Ayrton, *G. P.*, 1970.
PISANO NICOLA (ca. 1220-78) Bildhauer, schuf mit der Kanzel im Baptisterium von Florenz (bis 1260) einen neuen Typ: sechseckig, auf löwengetragenen Säulen, mit von antiken Sarkophagreliefs inspirierter Plastik. P. entwickelte einen über die herkömmliche (byzantinische) Tradition hinausgehenden Sinn für Räumlichkeit.   (Din)
J. Serra Raspi, *I Pisano e il Gotico*, 1968.
PIUS II. (Aeneas Silvius Piccolomini; 1405-64) Papst seit 1458. In Siena geboren, studierte in Siena und Florenz unter den besten Humanisten und diente seit 1432 am Konzil von *Basel als Sekretär mehrerer Kardinäle. Bis 1442 war P. ein zunehmend einflußreicherer Vertreter der *konziliaren Theorie. P. erlangte durch seine Dichtungen Berühmtheit; 1442 krönte ihn König *Friedrich III. zum Reichspoeten und machte zu seinem Sekretär. 1444 schrieb P. die Liebesgeschichte "Euryalus und Lucretia". In jenem Jahr versöhnte er sich mit Papst *Eugen IV. und änderte seine Ansichten über die konziliare Bewegung. 1447 wurde P. zum Bischof von Triest ernannt, 1450 erhielt er das Bistum Siena. Nach dem Fall von Konstantinopel betrieb P. die Ausrufung eines neuen Kreuzzugs und erlangte die Kardinalswürde (1456). Als Papst rief er zur Organisierung eines Türkenkreuzzugs in Mantua einen Fürstentag aus (1460), zu dessen Ausgang er eine antikonziliare Bulle herausgab. P. war einer der herausragenden Humanisten seiner Zeit und verfaßte wichtige Geschichtswerke.
Werk (dt.): B. Widmer, *Enea Silvio Piccolomini, Papst Pius II. Ausgewählte Texte*, 1960.
PLANTAGENET Englisches Königshaus. Die P. kamen durch die Heirat des Grafen *Gottfried von Anjou mit Mathilda, Tochter König *Heinrichs I., im Jahre 1128 mit England in Berührung. Sie regierten ununterbrochen von der Zeit *Heinrichs II. (1154) bis zum Tod *Richards II. (1399). Die Häuser *Lancaster und *York waren Nebenlinien der P.; die Dynastie starb 1485 aus.
PLATEARIUS, MATTHÄUS (12. Jh.) Botaniker. P. lehrte in Salerno Medizin und studierte die medizinischen Eigenschaften von Pflanzen und Kräutern. Sein Buch *Circa Instans* enthält eine Klassifizierung der Pflanzen und galt im 12. Jh. als führendes Werk auf diesem Gebiet.
PLATON (gest. 799) Abt von Studion. Ein herausragender griechisch-orthodoxer Theologe, war der berühmteste Prediger Konstantinopels in der zweiten Hälfte des 8. Jh.s und als Abt des kaiserlichen Klosters Studion in die politischen Angelegenheiten des Reiches verwickelt. 795 widersetzte er sich der Scheidung *Konstantins VI. und dessen Heirat mit einer Hofdame seiner Mutter *Irene. P. wurde festgenommen und eingesperrt, was die Mönche Konstantinopels empörte und die Machtergreifung durch Irene erleichterte.
G. Ostrogorsky, *Geschichte des byzantinischen Staates*, 1963.
PLATON VON TIVOLI (12. Jh.) Übersetzer. P. stammt aus Rom, studierte in Süditalien und ging um 1120 nach Spanien, wo er mit den Werken der arabischen

Philosophen und Naturwissenschaftler vertraut wurde.
P. ließ sich in Toledo nieder; dort übersetzte er arabische
Werke ins Lateinische.

PLATONISMUS Das auf dem Werk Platons von Athen
beruhende philosophische System, das über Jh.e an
den hellenistischen Akademien von Athen und Alexandrien entwickelt wurde. Im 2. und 3. Jh. wurde der P.
von den Kirchenvätern wie Klemens von Alexandrien
und Origenes studiert und danach von den frühchristlichen Theologen hoch geschätzt. Der P. war im Denken
des hl. *Augustins sehr ausgeprägt und fand deshalb
allgemeine Anerkennung als die Methode, die die Einheit der Kirche und der Gesellschaft erkläre. Die Vorherrschaft des P. führte zur Vernachlässigung der
*aristotelischen Methode, die erst über die arabischen
Philosophen im 12. Jh. erneute Aufmerksamkeit gewann.
Auch nachher übte der P. auf Aristoteliker wie *Thomas
von Aquin einen starken Einfluß aus. Das 15. Jh. belebte wieder das Interesse an Platon, das Teil der humanistischen Bewegung war.
R. Klibansky, *The Platonist Tradition during the Middle
Ages*, 1939.

PLISKA Stadt in Bulgarien, im 7. Jh. von den *Bulgaren erobert, die es zu ihrer ersten Hauptstadt machten.
870 beschloß der eben zum Christentum übergetretene
Zar *Boris I. zur Ausmerzung aller Überreste des Heidentums seine Hauptstadt von P. nach Preslaw zu verlegen; seitdem verfiel die Stadt.

PODESTA Der Titel der höchsten Beamten in den
mittelalterlichen italienischen Kommunen, leitet sich
von *potestas* (lat. "Macht") ab.

PODIEBRAD, GEORG (1420-71) König von Böhmen
(seit 1458). Nach den Wirrungen der *Hussitenkriege
wurde P. während der Minderjährigkeit König Ladislaus'
zum Reichsverweser gewählt. Nach dessen Tod 1458
zum König gewählt, stand er dauernden innen- und
außenpolitischen Problemen gegenüber sowie dem
Gegensatz von Utraquisten und Katholiken, der Feindschaft der Päpste und den Angriffen der Nachbarländer. Sein Plan zur Gründung eines europäischen Fürsten-
bundes zur Osmanenabwehr scheiterte. Als er 1466 von
Papst Paul II. als Ketzer verurteilt und ihm der Verlust
der Krone erklärt wurde, trat *Matthias Corvinus
als Gegenkönig gegen seinen Schwiegervater P. auf.
Trotzdem erreichte Böhmen unter P. einen Höhepunkt
an Selbständigkeit und Stabilität.   (Din)
O. Odložilik, *The Hussite King*, 1965.

POITIERS Westfranzösische Stadt. P. war im letzten
Jh. des weströmischen Reichs und im Frühmittelalter
eines der wichtigsten kulturellen Zentren des Westens
und Sammelpunkt von Dichtern, Denkern und Theologen. Unter der Herrschaft der *Franken (seit 507)
wurde die Stadt auch durch ihre Klöster bekannt, die
Gläubige aus dem ganzen Reich anzogen. 732 betraten
die Araber P., wurden aber in der Nähe durch *Karl
Martel geschlagen. Im 9. Jh. war P. Hauptstadt und kultureller Mittelpunkt des Herzogtums *Aquitanien mit
hochentwickelten und im 11. Jh. weitberühmten Schulen. Zu Beginn des 12. Jh.s erlebte P. unter der tatkräftigen Förderung Herzog *Wilhelms IX. den Aufstieg
einer weltlichen Kultur, die ihren Ausdruck in den Werken der Troubadours sowie in der romanischen Kunst
und Architektur fand. Mit den Heiraten *Eleonores von
Aquitanien wurde der Herzogshof aus P. entfernt, das
nun zu einer Provinzstadt herabsank. Im 13. Jh. diente

P. als Verwaltungszentrum für *Alfons von Poitiers, der
von dort aus die nördlichen und westlichen Teile Aquitaniens zusammenschloß. 1356 war P. Schauplatz einer
der entscheidenden Schlachten des *Hundertjährigen
Krieges, in der der Schwarze Prinz *Eduard die französische Armee schlug und König *Johann II. gefangennahm. P. blieb bis zur Wiedereroberung durch Bertrand
*Du Guesclin im Jahre 1370 unter englischer Herrschaft.
1423-36 war P. Residenz des Dauphins.
G. Dez, *Histoire de P.*, 1969.

POITOU Grafschaft in Westfrankreich mit der Hauptstadt *Poitiers. Im 9. Jh. erlangten die Grafen von P.
die aquitanische Herzogswürde, und bis ins 13. Jh. war
die Geschichte P.s mit der Aquitaniens verknüpft. Im
11. und 12. Jh. entwickelten sich einige der Lehnsleute
der Grafen von P. (besonders die Herren von *Lusignan)
zu mächtigen Feudalherren. 1244 verlieh *Ludwig IX.
P. als *Apanage an seinen Bruder *Alfons, der dann
französische Verwaltungsmethoden einführte und die
Grafschaft in die französische Krondomäne integrierte.
Nach 1270 hörte die separate Existenz von P. auf.
R. Crozet, *Histoire du P.*, 1970².

POLEN Osteuropäisches Königreich zwischen Deutschland und Rußland. In den ersten Jh.en des Mittelalters
war P. Durchgangsland west- und südwärts wandernder
germanischer Stämme. Seit dem 7. Jh. machten die
örtlichen slawischen Stämme (Polen oder Polanii) die
hauptsächliche Volksgruppe aus und begannen, sich
politisch zu organisieren. Der wichtigste Schritt wurde
im späteren 9. Jh. vollzogen, als der Häuptling *Piast
die Polen vereinte und ein Herzogtum errichtete. Sein
Nachkomme *Mieszko I. (um 960-92) war der eigentliche Gründer P.s; er stellte sich unter die Oberhoheit
*Ottos I. In seiner Regierungszeit breitete sich das
von böhmischen Missionaren eingeführte Christentum
im Land aus; in *Gnesen wurden die Hauptstadt und ein
Bistum errichtet. Sein Nachfolger *Boleslaw Chrobry
(992-1025) rief sich nach dem Tod *Ottos III. (1002)
zum König und trennte sich von der deutschen Oberhoheit. Er eroberte *Pommern, Schlesien, die Slowakei
und Ruthenien, ergriff auch Böhmen, Mähren und die
Lausitz, mußte aber die drei letzteren an *Heinrich II.
herausgeben. Nach seinem Tod zerfiel das große polnische Reich, und die eroberten Länder gingen an die
Nachbarn P.s. Die Piastenkönige konzentrierten sich auf
die Regierung ihres Landes, gründeten Städte und kämpften gegen den Adel, der immer noch stammesmäßigen
Charakter besaß. Im 11. Jh. schwand die Königsmacht,
und erst zu Beginn des 12. Jh.s wurde das Reich von
*Boleslaw III. erneut geordnet. Dieser führte das Lehns-
wesen in P. ein und zerstörte die letzten Überreste des
Stammeswesens. Die Teilung des Reiches unter seinen
Söhnen führte zur politischen Anarchie und zum Aufstieg
mächtiger Feudalherrschaften. An der Westgrenze über-
rollte die deutsche Kolonisierung die Gebiete östlich
der Elbe und kam über die Oder. Dieser Prozeß setzte
sich im 13. Jh. mit der Niederlassung deutscher Siedler
in den polnischen Städten fort. Diese brachten den Handel in ihre Hand. 1228 setzten sich die *Deutschherren
in *Preußen fest und eroberten Teile Nordpolens. Der
Mongoleneinfall des Jahres 1241 führte zur politischen
Teilung und zum wirtschaftlichen Niedergang. Mitte des
13. Jh.s regieren die Piastenkönige eigentlich nur noch
*Krakau, während sich das übrige Königreich in einem
Zustand der Anarchie befand, in dem sich der Adel mit

gegenseitigem Krieg und Ausbeutung der Landgüter befaßte; keine zentrale Gewalt war erkennbar.

Das 14. Jh. war eine Zeit der Renaissance für P. In der Regierungszeit *Wladislaws I. und seines Sohnes *Kasimirs III. konnte die Monarchie ihre Macht nach ausgedehnten Zusammenstößen mit dem Adel und den Deutschherren sowie durch Bündnisse mit den Nachbarkönigen von *Ungarn und *Litauen wiederherstellen. In dieser Hinsicht war die Regierungszeit Kasimirs III. (1333-70) von höchster Bedeutung. Kasimir reformierte die Verfassung des Reiches, gab den ersten Rechtskodex heraus und errichtete den hohen Gerichtshof von Krakau. Zur Senkung der Adelsmacht gründete er seine Herrschaft auf die Städte, die nach dem deutschen Muster des *Magdeburger Stadtrechts neu geordnet wurden und zum Ansporn der Wirtschaftsentwicklung deutschen und jüdischen Ansiedlern die Tore öffneten. Er verbesserte auch die Lage der Bauernschaft und gründete 1364 mit der Universität von Krakau das kulturelle Zentrum P.s. Sein Nachfolger *Ludwig I. von Anjou, der König von Ungarn, zeigte für P. wenig Interesse und verlieh 1374 den Adeligen weitgehende Privilegien, die sie von der Besteuerung ausnahmen und die ihnen das Königswahlrecht gaben. Seine Tochter Hedwig, die 1384 gewählt wurde, heiratete den Großfürsten Jagiello von Litauen, den Gründer des polnischen Jagiellohauses. Dieser mußte den Adeligen weitere Zugeständnisse machen, erlangte aber durch seinen Sieg über die Deutschherren bei Tannenberg (1410) großes Ansehen und konnte schließlich die königlichen Herrschaftsrechte als Wladislaw II. (1386-1434) über den Adel ausüben.

G. Rhode, *Kleine Geschichte Polens*, 1965;
P. W. Knoll, *ne Rise of the Polish Monarchy . . . 1320-1370*, 1972.

POLENTA, DA Italienische Adelsfamilie, die 1275 unter Guido P. in *Ravenna die Macht ergriff und diese bis 1441 ausübte. Als Heerführer und Condottieri waren sie in die großen Kämpfe Mittel- und Norditaliens verwickelt. 1441 verloren sie die Macht mit der Niederlage gegen Venedig.

POLIGNAC, HAUS VON Französische Adelsfamilie, die in der zweiten Hälfte des 13. Jh.s in Westfrankreich in den Vordergrund trat. Im frühen 14. Jh. sicherten sie sich das Erbrecht auf die Vizegrafschaft Polignac. Sie dienten im *Hundertjährigen Krieg im französischen Heer und stiegen im 15. Jh. in den Rang des Hochadels auf.

POLO, MARCO (1254-1324) Venezianischer Kaufmann und Reisender. P. verließ 1271 mit seinem Vater und Onkel Venedig, um in das *Mongolenreich zu reisen, wo er sich 17 Jahre aufhielt. In dieser Zeit bereiste er China, erwarb die Gunst des Khans und lebte an dessen Pekinger Hof. Von dort ging er nach Persien und kehrte 1297 nach Italien zurück. Er wurde von den Genuesen gefangengenommen und schrieb in der Gefangenschaft einen Bericht über seine Reisen und Abenteuer.

Seine genaue Beschreibung Asiens und Chinas sowie des Pekinger Hofes bildet eine Hauptquelle für die Geschichte des Ostens in dieser Periode.

Werk (dt.): H. E. Rübesam, 1963;
M. Rugoff, *Marco Polo's Adventures in China*, 1964.

POLOWZER (KUMANEN) Nomadische türkische Stämme. Sie wurden im 5.-8. Jh. von anderen Stämmen aus ihrer Heimat in Mittelasien gedrängt. Ein Teil der P. assimilierte sich an die *Mongolen, andere wanderten im 10. Jh. in die südrussische Steppe ab, die früher von den *Chasaren besiedelt war. Dort wurden sie von den Russen besiegt und zerstreuten sich. Die Geschichtsquellen erwähnen die P. als gefährliche und mobile Gegner der Byzantiner, Russen, *Petschenegen und Ungarn.

Teile der P. ließen sich in *Moldau nieder, wo *Batu-Khan 1237 ihre Armee besiegte, den *Bachman* ("Häuptling") tötete und sie zur Integration in die *Goldene Horde zwang.

POLOZK Westrussische Stadt an der Düna. Sie wird 862 zum ersten Mal als Handelsknotenpunkt zwischen *Nowgorod und dem Schwarzen Meer erwähnt. In der zweiten Hälfte des 11. Jh.s war sie Hauptstadt eines russischen Fürstentums, das von *Kiew abhängig war. Im 13. und 14. Jh. war P. ein wichtiges Handelszentrum zwischen Rußland, der *Goldenen Horde und der *Hanse. *Gedymin eroberte P. im 14. Jh.; P. wurde Teil des *litauischen Staates.

POMMERN Landschaft an der Südküste der Ostsee, zwischen den Mündungen der Oder und der Weichsel. Im 5. Jh. ließen sich in P. die slawischen Pommeranen nieder, die dann im 10. Jh. dem Polenherzog *Mieszko I. tributpflichtig erschienen. Dessen Sohn und Nachfolger *Boleslaw I. eroberte 1000 P., berief deutsche Missionare ins Land und errichtete ein von *Gnesen abhängiges Bistum.

Die Missionare trafen auf heftigen Widerstand der heidnischen Stämme, die sich vereinigten und ihr eigenes Fürstentum errichteten. Erst nach 1107 konnten sie für die neue Religion gewonnen werden. Im 12. Jh. wurde P. eingedeutscht; Ost-P. wurde 1225 von den *Deutschherren erobert und war danach als Westpreußen bekannt. Gleichzeitig wurden die Bistümer P.s dem Erzbischof von *Magdeburg unterstellt. West-P. blieb weiterhin unter der Herrschaft der polnischen Könige.

M. Wehrmann, *Geschichte von Pommern*, 2 Bde., 1919/21[2];
H. Heyden, *Kirchengeschichte Pommerns*, 2 Bde., 1957[2].

PONTIGNY Französisches *Zisterzienserkloster, 1115 gegründet. P. war eines der vier Tochterhäuser von *Cîteaux, und sein Abt hielt eine hohe Position im Orden inne. Im 12. Jh. war P. in der christlichen Welt hoch angesehen; Thomas à Becket suchte dort 1164 Zuflucht. Die Mönche waren stark an der Ausbreitung des Zisterzienserordens, besonders in Deutschland, beteiligt.

POORE, RICHARD (gest. 1237) Bischof von Salisbury (1217-28). P. errichtete die neue Kathedrale von Salisbury und arbeitete die Konstitutionen von Salisbury aus, die Vorbild der englischen Diözesanverfassung wurden. 1228 übernahm er das Bistum Durham, wo er sich durch die Errichtung von Nonnenklöstern auszeichnete.

C. R. Cheney, *The English Synodals of the 13th Century*, 1941.

POPPO (987-1048) Abt von Stablo. P. war einer der wichtigen Klosterreformer im belgischen Raum und verfaßte unter dem Einfluß der Regel von *Cluny eine Regel für seine Mönche. P. war durch seine Gelehrsamkeit weit bekannt und trug zu den intellektuellen Erneuerungen der Lütticher Schule bei.

Marco Polo segelt von Venedig aus; *aus einer Bilderhandschrift des 15. Jh.s*

H. Glaesener, *Saint Poppon, abbé de Stavelot-Malmedy,* in: Revue bénédictine 60, 1950.

PORETE, MARGARETE (gest. um 1390) Seherin. P. trat der Sekte der *Brüder vom Freien Geist bei und bekannte öffentlich, daß ihre Seele in Gott aufgegangen sei. Sie wurde als Ketzerin in Paris verbrannt.
K. Ruh, *Beginenmystik,* in: Zeitschrift f. dt. Altertum 106, 1977.

PORTO VENERE Hafen an der ligurischen Mittelmeerküste östlich von *Genua. Der alte Fischerhafen war im 8. Jh. Knotenpunkt des Handels zwischen Europa und Nordafrika und wird 802 in den fränkischen Königsannalen als Ankunftspunkt der Schiffe erwähnt, die *Karl d.Gr. Geschenke von *Harun Al-Raschid brachten. Im 12. Jh. wurde P. von Genua erobert.

PORTUGAL Land im Westteil der iberischen Halbinsel. Im 5. Jh. wurde das römische Land von Germanenstämmen überfallen, von denen die *Sueben den Norden, die *Westgoten das Zentrum und die *Wandalen den Süden besetzten. Im 6. Jh. eroberten die Westgoten das gesamte P. und machten es zum Teil ihres spanischen Reiches. 711-14 wurde P. von den Arabern erobert und dem *Omajjadenkalifat von Córdoba einverleibt. Nach dem Fall des Kalifats im 11. Jh. fiel P. unter die Herrschaft der Könige von *Sevilla. 1097 eroberte *Alfons VI. von Kastilien den Norden des Landes und verlieh ihn als Grafschaft seinem Schwiegersohn Heinrich von Burgund. Die Grafschaft wurde 1109 unabhängig und breitete sich im Kampf gegen die Mauren nach Süden aus. 1139 wurde Heinrichs Sohn *Alfons I. zum König ausgerufen und errichtete den neuen Staat P. 1148 eroberte er mit Hilfe englischer und skandinavischer Kreuzritter Lissabon und legte die Südgrenze des Landes am Fluß Tagus fest. In der zweiten Hälfte des 12. und zu Beginn des 13. Jh.s weitete sich P. auf Kosten der Mauren nach Süden aus, ein Prozeß, der mit der Eroberung von *Algarve abgeschlossen wurde. Die Könige des 13. Jh.s konzentrierten ihre Anstrengungen auf die Festigung ihres Reiches sowie die Unterwerfung der Kirche und des Adels unter die königliche Herrschaft.

Der Prager Hradschin

Darin wurden sie von den Stadtbürgern unterstützt, die 1254 zu den *Cortes (Repräsentativversammlung) zugelassen wurden. 1280 gründete König *Dionysius die Universität von Lissabon, die später nach *Coimbra umsiedelte. Im 14. Jh. war P. mit den politischen Angelegenheiten Kastiliens verflochten. Infolge der Ehen zwischen den beiden Herrscherhäusern drang der kastilianische Einfluß nach P., wurde jedoch durch den König und die Cortes unter Kontrolle gehalten. Gegen Ende des Jh.s begann die Zeit der Expansion P.s nach Übersee. Unter Ausnutzung des politischen Vakuums in Nordafrika drangen die Könige von P. in Marokko ein; die Seefahrten, die seit 1415 entlang der afrikanischen Küste unternommen wurden, eröffneten die Periode der Entdeckungen.

W. G. Armando, *Geschichte Portugals*, 1966.

POSEN Westpolnische Stadt. P. entwickelte sich als Handelsplatz um eine Festung aus dem 9. Jh. *Mieszko I. machte es zur Hauptstadt von Polen. Im 13. Jh. entwickelte sich P. als wichtiges Zentrum für den Handel mit Deutschland; 1253 erhielt es einen Stadtbrief nach dem *Magdeburger Recht. Seit der Regierungszeit *Kasimirs III. waren die Deutschen und Juden in P. tonangebend.

G. Rhode, *Kleine Geschichte Polens*, 1965.

PRÄBENDE (Pfründe) Das *Kanonikern und anderen Amtsinhabern an Domkirchen zugewiesene feste Einkommen. Bis zum 12. Jh. wurden Zahl und Umfang der P.n von den Domkapiteln und dem Bischof festgelegt. Später geriet die P. außer Gebrauch, kam jedoch in der Zeit der Avignonpäpste noch einmal auf.

PRAEMUNIRE Name von Statuten der englischen Könige, die zur Wahrung ihrer Position vor Anfechtungen des Papsttums erlassen wurden. Die Statuten stammen aus den Jahren 1353, 1365 und 1393. Das erstere verbat die Anrufung des päpstlichen Gerichtshofs in Fällen, die zur königlichen Jurisdiktion gehören. Das letztere verbat den Bann oder die Herausgabe päpstlicher Bullen ohne königliche Zustimmung.

B. Lyon, *A Constitutional and Legal History of Medieval England*, 1960.

PRAEPOSTINUS VON CREMONA (ca. 1140-1210) Theologe und Prediger. P. studierte und lehrte später Theologie und Recht in Paris. 1194 wurde er Kanoniker an der Mainzer Domkirche und war als Prediger unter den *Albigensern tätig. 1206 wurde P. zum Kanzler der Pariser Universität ernannt. Er schrieb Streitschriften gegen die Ketzer und Abhandlungen über die Kirchenämter und deren sakralen Sinn. Seine Werke geben Einblick in die Lehrmethoden der Theologie in Paris.

G. Lacombe, *La vie et les oeuvres de Prevosyin*, 1927.

PRAG Hauptstadt von Böhmen. P. wurde in der zweiten Hälfte des 9. Jh.s als Sitz der herzöglichen Regierung von *Böhmen gegründet und wuchs rasch an. Die Errichtung des Bistums (973) sicherte die kirchliche

Unabhängigkeit von der bayerischen Missionskirche. Die Stadt blühte im 12. und 13. Jh. und wurde eine der reichsten Siedlungen im Deutschen Reich. Der Höhepunkt ihrer Entwicklung lag im 14. Jh., als die *Luxemburgerkönige Deutschlands P. zu ihrer Hauptstadt machten. Unter *Karl IV. war P. eine deutsch-slawische Stadt und wurde unter des Kaisers persönlicher Leitung ausgebaut. 1348 gründete er die Karolinische Universität, die sich bald zum geistigen und kulturellen Zentrum Böhmens entwickelte. Die Tätigkeiten ihrer Gelehrten ließen das böhmische Nationalgefühl erwachen. 1349 wurde das Prager Bistum zum Erzbistum erhoben. In der zweiten Hälfte des 14. Jh.s zog der Wohlstand der Stadt deutsche, italienische und tschechische Neusiedler an, letztere zum großen Teil aus der umliegenden ländlichen Bevölkerung. P. war vielleicht die führende Großstadt östlich von Paris. Zu Beginn des 15. Jh.s waren Stadt und Universität Mittelpunkt der *hussitischen Bewegung. Die dauernden Kriege des 15. Jh.s führten zum Niedergang P.s und zum Auszug der fremden Bewohner.
K. Bosl (Hg.), *Handbuch der Geschichte der böhmischen Länder* 1, 1967;
A. Legner (Hg.), *Die Parler* 2/3, 1978.

PRÄLATEN Bezeichnung für die Mitglieder der oberen Ränge in der kirchlichen Hierarchie wie Erzbischöfe, Bischöfe und Äbte.

PREDIGERORDEN (PRAEDICATORES) Siehe *DOMINIKANER.

PRÉMONTRÉ Abtei bei Laon (Nordfrankreich), 1120 durch den hl. *Norbert von Xanten gegründet. Seine Regel für die *Kanonikergemeinde war auf die Mönchsregel gegründet, dazu betonte sie den Dienst in den Pfarrkirchen und die Predigt gegen die Ketzerei. Im gleichen Jahr wurde auch der Prämonstratenserorden gegründet, der sich rasch über ganz Europa verbreitete.
N. Backmund (Hg.), *Monasticon Praemonstratense,* 3 Bde., 1949/56.

PŘEMYSLIDEN Das erste Herrscherhaus *Böhmens (um 870-1306). Der Überlieferung nach war Přemyslid ein Stammeshäuptling, der die Stämme Böhmens einigte und ein Fürstentum mit der Hauptstadt *Prag errichtete. Unter den P. entwickelte sich Böhmen von einem Stammesfürstentum ohne dauerhafte politische Strukturen zu einem mächtigen Königreich, das im Rahmen des *Heiligen Römischen Reichs praktisch selbständig war.

PRESLAW Ostbulgarische Stadt und Hauptstadt des *Bulgarischen Reiches. P. wurde im 9. Jh. als Jeschi Stamboluk gegründet und änderte ihren Namen nach dem Übertritt der Bulgaren zum Christentum. 970 machte Zar *Symeon P. zu seiner Hauptstadt und verließ das alte heidnische Zentrum *Pliska. P. diente bis zur Vernichtung des bulgarischen Reiches durch den byzantinischen Kaiser *Basil II. als Hauptstadt.

PRESSBURG (Bratislava) Slowakische Stadt, von slawischen Siedlern gegründet, entwickelte sich im 9. Jh. zu einem Handelszentrum an der Donau. 1291 erhielt P. nach *Magdeburger Vorbild das Stadtrecht, im 14. Jh. ließen sich deutsche Kaufleute in der Stadt nieder.

PREUSSEN Land an der Südküste der Ostsee, zwischen der Mündung der Weichsel und der Memel. P. war im 6. Jh. von den Stämmen der Pruzzen bewohnt, die mit den *Litauern verwandt waren. Trotz der Kontakte mit den Polen konnten sie ihre Stammesstruktur und heidnische Religion bewahren. 1220 eroberte *Hermann von Salza,

der Meister der Deutschherrenordens, mit Zustimmung Friedrichs II. P. und zwang den Pruzzen das Christentum auf. Der Orden besiedelte P. mit deutschen Bauern und machte das Land zum Ordensstaat, der von Beamten der Deutschherren regiert wurde. Die Ritter vergrößerten im Laufe des 13. Jh.s ihren Besitz entlang der Ostseeküste in Richtung *Livland und *Pommern und südwärts mit den masowischen Fürstentümern. Der Prozeß der Eindeutschung und die Aktivitäten der *Hansestädte machten P. wohlhabend; dies führte zur Errichtung neuer Städte, die seit dem 14. Jh. kommunale Vorrechte forderten. Der Zusammenstoß zwischen den Städten und dem Orden schwächte den Halt der Deutschherren; zu Beginn des 15. Jh.s setzte die polnische Intervention in P. ein, die 1410 mit der Niederlage der Ritter bei *Tannenberg einen Höhepunkt fand. (siehe auch *Brandenburg).
B. Schumacher, *Geschichte Ost- und Westpreußens,* 1958[3].

PREVOTS (lat. praepositi) Titel französischer Beamter aus dem 12. Jh., die mit der Verwaltung königlicher Güter beauftragt waren. Seit dem 13. Jh. die Bezeichnung für alle königlichen Beamten, die einem Amtsbezirk oder einer Region vorstanden.

PRIBISLAW Wendenfürst (12. Jh.). P. war einer der letzten Führer der slawischen *Wenden, die das Land zwischen Elbe und Oder bewohnten. Nachdem P. 1147 einen Wendenaufstand gegen den deutschen Einfluß in seinem Land geleitet hatte, wurde ein *Kreuzzug gegen die Wenden ausgerufen. Trotz militärischer Erfolge gegen die sächsischen Kreuzfahrer mußte P. 1150 die *Brandenburg an *Albrecht d. Bären herausgeben.
H. D. Kahl, *Slawen und Deutsche in der Brandenburg des 12. Jh.s,* 1964.

PRIESTER (griech. presbyteros: "der Ältere") In der Frühkirche die Bezeichnung der Führer der örtlichen Christengemeinde, die deren Gebetsversammlungen und gemeinsamen Mahle leiteten. Mit der Entwicklung der Kirche und der Institutionalisierung der bischöflichen Funktionen wurden die Aufgaben des P. zwischen ihm und dem Bischof aufgeteilt. Der P. wurde dem Bischof unterstellt und mit der Aufsicht über die *Pfarrkirchen, der Spendung der *Sakramente und der Durchführung der Gebete und der *Messe betraut. Die P. hörten auch die Beichte. Sie wurden von den Massen als Vertreter Gottes angesehen, in deren Macht es stand, für den Gläubigen göttliche Gnade zu erbitten.

PRIESTERKÖNIG JOHANNES Legendärer christlicher Priester und König eines reichen Landes im Osten, der angeblich die Moslems besiegt haben soll. Die Überlieferung vom P. entstand in der christlichen Welt zu Beginn der *Kreuzzugszeit und war besonders im 13. Jh. weit verbreitet. Sie scheint in Zusammenhang zu stehen mit einem *nestorianischen Türkenreich in Mittelasien oder mit den *Mongolenkhanen des 13. Jh.s, von denen mehrere Nestorianerchristen waren. Einige Forscher verbinden den P. auch mit dem Christenreich *Äthiopien. Diese Theorie gründet sich auf portugiesische Quellen des 15. Jh.s, steht jedoch im Widerspruch, daß Papst *Alexander III. im Jahre 1177 auf ein Schreiben des P.s eine Antwort an den "König von Indien, den hochheiligen Priester", abgesandt hat, was darauf hinweist, daß P. asiatischer Herrscher gewesen sein wird.
R. Hennig, *Terrae incognitae* 2, 1950[2].

PRIMAS Titel der Innhaber des ersten (meistens ältesten) Erzbistums eines Landes. So waren die Erzbischöfe von Canterbury Primaten von England, der von Lyon P. Galliens, der von Mainz P. Deutschlands, der von Toledo P. Spaniens. Die Bezeichnung wird auch als persönlicher Ehrentitel (*primas ad personam*) angewandt und vom Papst verliehen.
H. E. Feine, *Kirchliche Rechtsgeschichte*, 1955[3].

PRIMAT D'ORLÉANS Siehe *HUGO VON ORLÉANS.

PRIVATSIEGEL (Privy Seal) Das P. wurde in England von *Petrus von Roches um 1220 eingeführt und ermöglichte es dem König, die Regierungsgeschäfte ohne Beratung mit dem Kronrat auszuführen, in dem die Barone eine beherrschende Stellung innehatten. Der Gebrauch des P.s bezog sich vor allem auf die Geschäfte des Schatzamtes (*exchequer) sowie der Kanzlei und blieb auch im weiteren als königliches Vorrecht in Kraft.
B. Lyon, *Constitutional and Legal History of Medieval England*, 1960.

PRIVILEG Das auf ein Individuum oder eine Körperschaft bezogene Privatrecht, d.h. ein besonderes Zugeständnis für einzelne "Privilegierte." Das P. ist im Prinzip des rechtlichen Pluralismus (siehe *Recht) verankert und fand nach dem Fall des Römischen Reiches breite Anwendung in den germanischen Königreichen. Das P. war integraler Bestandteil des *Feudalismus.
R. Stammler, *Privileg und Vorrechte*, 1903.

PRIVILEGIO GENERAL Eine Konzession, die die Adeligen *Aragóns 1283 König *Peter III. abrangen. Im P. versprach der König, die alten Gebräuche des Landes zu respektieren, die die Verurteilung ohne richtige Gerichtsprozedur sowie den Militärdienst außerhalb des Königreiches verboten. Zusätzlich sah das P. die Berücksichtigung sämtlicher Gesellschaftsschichten in den königlichen Beratungen vor.

PRIVILEGIO DE LA UNION Diplom König *Alfons' III. an die Union der Adeligen und Stadtbürger bei den *Cortes von 1287. Das P. schränkte die königliche Macht ein und verlieh den Cortes die Befugnis, königliche Räte ein- und den König abzusetzen.

PROCHEIRON Ein von dem byzantinischen Kaiser *Basil I. herausgegebenes Handbuch der Rechtsstudien.

PRODROMOS, THEODOROS (gest. um 1166) Byzantinischer Schriftsteller, der in der *Komnenenzeit Berühmtheit erlangte. Seine Stücke schrieb P. zum Lob seiner Patrone. Er verfaßte einen Roman, religiöse, astrologische und satirische Gedichte, philosophische und grammatikalische Traktate u.v.m.
K. Neumann, *Griechische Geschichtsschreiber*, 1888.

PROKOPIOS VON GAZA (um 475-538) Rhetoriklehrer und Bibelforscher, die leitende Figur in der Wiederbelebung der griechischen Rhetorik im Rahmen der "Schule von Gaza", die im 5. und 6. Jh. blühte. Sein Werk besteht aus Kommentaren zu den Bibelforschungen der Kirchenväter, denen er eigene Forschungen hinzufügte.

PROKOPIOS VON KAISAREIA (6. Jh.) Byzantinischer Geschichtsschreiber. P. wurde im palästinensischen Kaisareia geboren, wurde 527 Sekretär von *Belisar und nahm an dessen Seite an den Kriegen gegen die Perser, Wandalen und Ostgoten teil. P. scheint sich 542 in Konstantinopel aufgehalten zu haben. P. schrieb eine Geschichte der Kriege seines Meisters sowie einen Bericht über die öffentlichen Gebäude, die in der Zeit *Justinians errichtet wurden. Beide stellen Geschichts-

quellen ersten Ranges dar. Was er in der offiziellen Geschichte an Lob verteilt hatte, verkehrte er in seiner "Geheimgeschichte" ins Gegenteil: sie ist eine Sammlung bösartiger Gerüchte über das Kaiserpaar und Belisar.
Werk (griech.-dt.): O. Veh (Hg.), 1966-76.

PROSPER VON AQUITANIEN (hl.; ca. 390-463) Theologe, Dichter und Geschichtsschreiber, der durch seine Verteidigung des hl. *Augustin Berühmtheit erlangte. P. bemühte sich, die augustinischen Lehren unter den Mönchsgemeinden der Provence und Galliens zu verbreiten, traf aber besonders mit der Lehre von der göttlichen Gnade auf heftigen Widerstand. P. diente als Sekretär Papst *Leos I. (seit 435) und nahm Textkritiken zu den Werken der Kirchenväter vor. P.s Geschichte über seine Zeit ist eine wichtige Quelle für den Niedergang des weströmischen Reiches.
L. Valentin, *St. Prosper d'Aquitaine*, 1900.

PROVENCE Region an der Nordküste des Mittelmeers, zwischen der Rhône und den Alpen gelegen. Sie wurde zu Beginn des 5. Jh.s von den *Westgoten erobert, ging 476 an die *Heruler und 493 an die *Ostgoten über, die sie bis zum Fall ihres italienischen Königreiches beherrschten. In dieser Zeit war die P. ein Mittelpunkt der christlichen Kirche; das Kloster *Lerins übte sowohl in Bezug auf die Erhaltung antiken Erbes wie auch auf die Verbreitung des Christentums eine hochbedeutende Funktion aus. Im 6. Jh. kam die P. an das fränkische Königreich *Burgund, 843 wurde sie Teil des Reiches *Lothars I. und nach dessen Tod im Jahr 855 erlangte sie als Reich Karls, des jüngeren Sohnes Lothars, die Unabhängigkeit. Karl wurde jedoch durch die mächtigen Adeligen des Landes daran gehindert, die tatsächliche Regierung auszuüben. Im späten 9. Jh. führte die Feudalisierung des Landes zu einem Zustand politischer Anarchie, dem auch die Könige aus dem Hause *Bosos von Vienne nicht beikommen konnten. Die Herrscher waren hauptsächlich an der Kaiserkrone und an Italien interessiert und vernachlässigten die P., die dann von den nordafrikanischen Moslems angegriffen und verwüstet wurde. Im 10. Jh. war die P. Teil des burgundischen Königreichs des Arelats und ging an die deutschen Kaiser über. Beide Herrscherhäuser übten nur geringen Einfluß auf das Geschehen der P. aus. Bis zum Ausgang des 12. Jh.s war die eigentliche Macht in der Grafenwürde begründet, die wiederum Streitobjekt zwischen den Grafen von Toulouse und den Grafen von Barcelona war. Letztere herrschten seit 1154 auch als Könige von *Aragón und konnten schließlich die Macht ergreifen. Mit dem Wiederaufleben des Handels im Mittelmeer begann auch die Blüte der provenzalischen Städte. *Marseille beherrschte den Handel des westlichen Mittelmeers und entwickelte Beziehungen zu *Barcelona und Genua sowie direkt mit dem Mittleren Osten. Eine Kolonie ihrer Kaufleute ließ sich im Lateinischen Königreich Jerusalem nieder. Nach dem Aussterben der katalanischen Grafenfamilie ging die Grafschaft an *Karl von Anjou über, den Bruder König *Ludwigs IX. von Frankreich. Dieser organisierte die Verwaltung und Finanzen des Landes, errichtete Gerichtshöfe, deren höchste Instanz in Aîx tagte, und förderte die Entwicklung der Städte und deren wirtschaftliche Interessen. Er verließ 1266 die P., ging erst nach Neapel und dann nach Palermo und überließ die Regierung der P. seinen Beamten. Da es in der P. keine großen Feudalherrschaften gab, gelang es Karls Verwaltung, die Ordnung aufrecht zu erhalten. Die Aufnahme von Handelsbeziehungen zu Neapel und die Überführung des Papsttums nach *Avignon erhöhter den Wohlstand der P., die im 14. Jh. als eines der reichsten Länder Europas galt. 1481 erbte der König von Frankreich die P.

E. Baratier (Hg.), *Histoire de la P.*, 1969.

PROVINS Stadt in der Champagne (Frankreich). Die ursprünglich kleine Stadt entwickelte sich seit dem 11. Jh. durch die berühmten *Messen der Champagne, die Kaufleute aus ganz Europa anzogen. P. war bald der Bevölkerungsstärke und Handelstätigkeit nach die drittgrößte Stadt der Champagne. Im 12. und 13. Jh. errichteten die Grafen von Champagne eine Mauer zum Schutz von Stadt und Messe, da ihnen aus der Messe hohe Einnahmen zuflossen. Der monumentale Cäsarturm aus dem 12. Jh. war Sinnbild des Wachstums und Wohlstands der Stadt sowie Ausdruck der gräflichen Macht. Die Münzstätte von P. produzierte die in ganz Champagne gebrauchte Münze, die durch die Messen einen internationalen Umlauf hatte. Mit ihren ungefähr 80.000 Einwohnern zur Mitte des 13. Jh.s war P. eine der größten Städte Westeuropas und erreichte die Einwohnerzahl von Paris. Die Wirtschaftskrise des ausgehenden 13. Jh.s und deren Auswirkungen im 14. Jh. führten zum Niedergang der Champagnemessen und der Stadt P. Zum Ausgang des Mittelalters war P. eine kleine Provinzstadt, von deren früherer Größe nur noch die Mauern und der Cäsarturm zeugten.

E. Bassermann, *Die Champagnemessen*, 1911.

PROVISIONEN VON OXFORD Siehe *OXFORD, PROVISIONEN.

PRUDENTIUS, GALINDO (gest. 861) Bischof von Troyes. Von spanischer Abstammung, wurde Kaplan am Hofe *Ludwigs des Frommen und erhielt um 843 das Bistum von Troyes. Als gelehrter Anhänger des Augustinus führte P. einen langen Disput mit *Hinkmar von Reims und Johannes Scotus *Erigena über die Interpretation der augustinischen Lehre. P. schrieb auch eine Fortsetzung der Annalen von St. Bertin für die Jahre 835-61, die eine wertvolle Quelle über die Zeit des niedergehenden *Karolingerreichs darstellt.

Werk (lat.-dt.): R. Rau, *Ausgewählte Quellen zur dt. Geschichte des Mittelalters* 6, 1958.

PRZEMYŚL Stadt im südöstlichen Polen. Sie wurde 1340 an der Handelsroute zwischen dem Westen, Ruthenien und Rußland gegründet und war in der Zeit *Kasimirs III. königlicher Verwaltungsmittelpunkt der Gegend. 1389 erhielt P. einen Freibrief; zu Ausgang des Mittelalters war P. eine blühende Stadt.

PRZEMYSL (gest. 1296) König von Polen seit 1295. P. konnte als Großfürst von Posen (seit 1272) inmitten allgemeiner Anarchie in Polen in seinem Fürstentum die Ordnung wieder herstellen. Es gelang ihm auch, dem ansteigenden deutschen Einfluß Einhalt zu gebieten. Auf Anregung des Erzbischofs Jakob Swinka wurde P. zum König von Polen ausgerufen. P.s Versuch, die königliche Macht zu restaurieren, traf auf den hartnäckigen Widerstand des Adels. P. starb, bevor er Erfolge verzeichnen konnte.

G. Rhode, *Kleine Geschichte Polens*, 1965.

PSALMEN Ein Buch des Alten Testaments, das 150 Gedichte zur Lobpreisung Gottes enthält. Die P. waren im Mittelalter unter Juden und Christen äußerst beliebt und wurden sowohl in private Gebete wie auch in den

Seite aus dem Utrecht-Psalter, um 830

Gottesdienst einbezogen. Sie waren auch Gegenstand eines weitgestreckten interpretativen Werkes christlicher und jüdischer Gelehrter; die symbolischen und allegorischen Auslegungen der P. waren eine wichtige Grundlage für die Entwicklung der mittelalterlichen *Mystik. Die weite Verbreitung der P. unter dem kirchlichen und weltlichen Publikum führte zur Schaffung reich ausgeschmückter und illustrierter Bände wie der Psalter *Karls d. Kahlen, der Utrechter Psalter oder der Luttrell-Psalter aus dem 14. Jh.

PSELLOS, MICHAEL (ca. 1019-78) Byzantinischer Schriftsteller und Staatsmann. P. wurde 1041 zum Sekretär Kaiser *Michaels V. ernannt und diente auch unter dessen Nachfolger *Konstantin IX. P. war eine der führenden Persönlichkeiten der literarisch-künstlerischen Renaissance von Byzanz im 11. Jh. und wurde 1045 Professor der Philosophie an der neugegründeten Universität von Konstantinopel. 1054 ging er in ein Kloster und verbrachte seine Zeit zwischen Schreiben und der Tätigkeit am Hof. P. schrieb Bibelkommentare, Reden, Briefe, Gedichte und Abhandlungen über Philosophie, Theologie, Recht, Grammatik, Medizin und Naturwissenschaften. Seine Geschichte des byzantinischen Reiches für die Jahre 976-1077 ist eine unentbehrliche Quelle für die Geschichte von Byzanz im 11. Jh.

Werk: E. Renauld (Hg.), *Michel Psellos, Chronographia*, 2 Bde., 1926/28;

E. Kurtz-F. Drexl (Hgg.), *Michaelis Pselli scripta minora*, 2 Bde., 1936/41;

Pauly-Wissowa, *Realencyclopädie der classischen Altertumswissenschaften*, Supplement 11, 1968.

PSEUDOISIDORISCHE DEKRETALEN Eine Sammlung des Kirchenrechts, die kurz vor 850 in Nordfrankreich zusammengestellt, jedoch fälschlich dem *Isidor von Sevilla (7. Jh.) zugeschrieben wurde. Sie hatte zum Ziel die Verteidigung der bischöflichen Vorrechte gegen die Metropoliten und Synoden sowie in weiterer Hinsicht die Stärkung der päpstlichen Macht. Die Verfasser der P. besaßen Zugang zu Archivmaterial und zeigten in der Zusammenstellung ihrer Argumentation großes Geschick. Papst *Nikolaus I. machte 865 von den P. Gebrauch. Später genossen die P. den Ruf eines echten Dokuments von hoher Autorität; die Fälschung wurde erst im 16. Jh. aufgedeckt.

Text: P. Hinschius (Hg.), 1863 (Neudr.) 1963; J. Haller, *Nikolaus I. und Pseudoisidor*, 1936.

PSKOV (Pleskau) Stadt im nordwestlichen Rußland. P. wurde im späten 9. Jh. von *Warägern aus dem Haus Rurik erobert und 903 an den neugegründeten russischen Staat *Nowgorod angeschlossen, in dessen Rahmen P. sich zu einem hochbedeutenden Handelszentrum entwickelte. 1136 erhielten die Kaufleute der Stadt nach einem Aufstandsversuch das Recht zur Bildung eines Stadtrates, der einen Prinzen als Heerführer wählte. In der zweiten Hälfte des 12. Jh.s war P. Ausgangspunkt einer religiösen Bewegung, die zur Errichtung von Klöstern in der Umgebung führte. P. wurde von dem *Mongolensturm verschont, fiel aber 1240 einem Angriff der *Deutschherren zum Opfer. Diese mußten sich jedoch zwei Jahre später infolge ihrer Niederlage gegen *Alexander Newskij zurückziehen. Die in den Kämpfen zerstörten Mauern und die Burg wurden 1266 wieder aufgebaut, als P. erneut seine Unabhängigkeit erlangte. Die Stadt wurde 1248 zur Republik und blieb in diesem Status bis zum Anschluß an Moskau im frühen 16. Jh.

PTOLEMÄISCHES SYSTEM Siehe *GEOGRAPHIE.

PUISET, HAUS VON Eine aus Chartres (Frankreich) stammende Adelsfamilie. Im 11. und frühen 12. Jh. zettelten sie Aufstände an, die die Gegend zwischen Paris und Chartres in einen Zustand der Anarchie stürzten. Erst ihre Niederlage gegen *Ludwig VI. im Jahre 1111 und die Zerstörung ihrer Burg stellten die Ordnung wieder her. Einige Söhne der P. nahmen am Ersten *Kreuzzug teil und ließen sich im Heiligen Land nieder, wo sie die Grafschaft von *Jaffa erhielten. 1132 wurden sie nach einem Aufstandsversuch gegen den König aus den Königreich ausgewiesen und kehrten nach Europa zurück. Eine andere Linie der P., die mit den Grafen von Blois verwandt war, ließ sich im anglo-normannischen England nieder, wo Hugo von Puiset (1125-91) zum Bischof von Durham und Berater König *Richards aufstieg.

G. V. Scammell, *Hugh of Puiset, Bishop of Durham*, 1956.

PULLEN, ROBERT (gest. um 1146) Theologe. P. lehrte seit 1133 in Oxford, ging dann als Logik- und Theologielehrer nach Paris und wurde 1144 als Kardinal nach Rom berufen. 1145 wurde P. Kanzler der Kurie und kämpfte gegen die Thesen *Abälards.

F. Courtney, *Cardinal Robert Pullen*, 1954.

PURGATORIUM Nach der katholischen Anschauung der Zustand der Seelen, die zwar in der Gnade Gottes verstorben sind, aber noch ihre Sünden abzubüßen haben, bevor sie in den Himmel gelangen können. P. bezeichnet auch den Ort, an dem sich diese Reinigung der Seelen vollzieht. Die frühe Lehre der Kirchenväter vom P. wurde von Papst *Gregor I. bestätigt und im 13. Jh. von *Thomas von Aquin gegen die Angriffe verschiedener Ketzersekten erweitert. Die offizielle Definition des P.s wurde 1274 auf dem Konzil von *Lyon angenommen. 30 Jahre später zeichnete *Dante sein unsterbliches Bild vom P. Viele Jenseitsvisionen (*Visionsliteratur) berichten vom ekstatischen Besuch in diesem eschatologischen Raum.

J. Bautz, *Das Fegefeuer*, 1883.

PUY, LE Stadt in Mittelfrankreich. Die alte römische Stadt Anicium erlangte große Bedeutung als eines der wichtigen Kultzentren der hl. Maria, die der Überlieferung nach auf der Bücke der Stadt erschienen war. Demnach wurde der Name der Stadt in "Brücke der hl. Maria" und im lokalen Dialekt in "P." geändert.

Q

QUADRIVIUM Bezeichnung der vier wichtigsten der *Sieben Freien Künste, nämlich Arithmetik, Geometrie, Astronomie und Musik.

QUATRE FILS AYMON Französische Heldendichtung des 12. Jh.s aus dem Liederkreis um *Karl d.Gr. Sie behandelt die Abenteuer der vier Söhne Aymons, eines vornehmen Südfranzosen, die Karl als Kämpfer und treue Ritter dienten.

U. T. Homes, *History of the Old French Literature*, 1948.

QUEDLINBURG Ostsächsische Stadt, 922 als herzogliche Festung von König *Heinrich I. gegründet, wurde 930 Königsresidenz und war eigentlicher Hauptort der *Ottonenkaiser.

QUERCY Südwestfranzösische Grafschaft. Q. war im 9. Jh. als Teil *Aquitaniens unter der Grafenfamilie eine starke Feudalmacht und bezog einen wichtigen Teil ihrer Einkünfte aus der Handelstätigkeit in *Cahors. Im 11. und 12. Jh. war Q. Streitobjekt der Herzöge Aquitaniens und der Grafen von Toulouse. Letztere erhielten Q. 1230 von *Richard I., dem aquitanischen Herzog und englischen König. Im 13. Jh. legten die reichen Kaufleute von Cahors ihr Vermögen in den Landgütern von Q. an. Im Frieden von Paris (1259) gab *Ludwig IX. Q. an *Heinrich III. von England, der es an sein Herzogtum *Guienne angliederte. Im späten 13. Jh. unterwarfen französische Beamten die Gegend der Herrschaft ihres Königs, was zur Verschärfung der Beziehungen zwischen Frankreich und England beitrug. Im Vertrag von Bretigny (1360) kam Q. an England, gegen Ende des *Hundertjährigen Krieges wurde es von Frankreich wiedergewonnen.

QUIERZY Karolingische Pfalz in Nordostfrankreich nahe *Laon und Ort wichtiger Reichsversammlungen in der Zeit *Karls d. Kahlen. Darunter waren die Synode von 849, auf der *Hinkmar die Lehren *Gottschalks bekämpfte, sowie der Tag von 875, an dem *Karl die Vererbung der *Lehen anerkannte und damit dem Lehnswesen die rechtliche Grundlage schuf.

QUO WARRANTO Titel einer Verordnung *Eduards I. von England (1290), die zur Wahrung königlicher Gerichtsrechte die privaten Gerichtshöfe der Adeligen nur in jenen Fällen zuließ, in denen eine ausdrückliche königliche Erlaubnis oder eine alte Gewohnheit bewiesen werden konnte.

B. Lyon, *A Constitutional and Legal History of Medieval England*, 1960.

R

RABANUS Siehe *HRABANUS.
RADAK Siehe *DAVID KIMCHI.
RADANITEN Siehe *RHADANITEN.
RADBOD (gest. 719) König von *Friesland. R. vereinigte die verschiedenen Stämme des Landes und verbündete sich mit dem *austrischen Hausmeier *Pippin II. Das Bündnis brach 689 auseinander; im darauffolgenden Krieg eroberte Pippin Westfriesland. R., der ursprünglich die Aktivitäten der angelsächsischen Missionare in seinem Land unterstützt hatte, verfiel nach Pippins Tod (714) wieder ins Heidentum und eroberte Westfriesland zurück.
RADEGUNDE (hl.; 518-87) Königin der Franken. R. war die Tochter eines Thüringerfürsten und heiratete *Chlotar I. Sie lebte ein Leben der Frömmigkeit und Tugend, das nicht zum weltlichen Treiben des Hofes paßte, und entschloß sich, ihren Gemahl zu verlassen und in ein Kloster einzutreten. Die Ermordung ihres Bruders durch Chlotar im Jahr 550 gab ihr die Gelegenheit, ihren Plan zu verwirklichen. R. gründete bei Poitiers ein Frauenkloster, wo sie sich dem Gebet, dem Studium und frommen Werken widmete.
K. Schmid, *Radegunde*, 1940.
RADULF Siehe *GLABER.
RADULF VON CAEN (12. Jh.) Chronist. R. war Kanoniker zu Caen und Verfasser einer Chronik des ersten *Kreuzzugs, die die Rolle der normannischen Barone besonders betont.
RADULF VON DICETO (gest. 1206) Chronist. R. war Dekan von St. Paul's (London) und unter *Richard I. am königlichen Hof beschäftigt. Sein Buch *Imagines Historiarum* ist die offizielle Version der englischen Geschichte im 12. Jh. Der letzte Teil für die Jahre 1183-1202 stellt eine wichtige Geschichtsquelle für die letzten Regierungsjahre *Heinrichs II. und die Zeit *Richards I. dar.
RAFFELSTETTEN Ort in Oberösterreich an der Donau, durch den im 9. Jh. eine wichtige Handelsroute zu den Slawenländern verlief. Die *Karolinger errichteten in R. eine Zollstätte zur Kontrolle und Besteuerung des Handels. Die R.er Zollordnung ist eine anschauliche Quelle zur karolingischen Wirtschaftsgeschichte.
RAGUSA Stadt in Dalmatien an der adriatischen Küste, das moderne Dubrovnik. R. wurde nach dem Fall von Rom durch die Byzantiner regiert, verteidigte sich im 9. Jh. gegen Angriffe der *Kroaten und blieb bis ins 11. Jh. unter byzantinischer Herrschaft. Danach war R. Streitobjekt zwischen Kroatien und *Venedig, bis R. 1082 als erste Festlandbesitzung von der Lagunenrepublik erobert wurde. Unter der venezianischen Herrschaft genoß R. als Stadtstaat weitgehende Autonomie.
H. Kretschmayr, *Geschichte von Venedig*, 1905.
RAHEWIN (gest. um 1170) Geschichtsschreiber. R. war Probst zu St. Veit im Bistum Freising und Vertrau-

ter des Bischofs *Otto. Nach dessen Tod setzte R. seines Meisters Chronik für die Jahre 1156-60 fort, konnte jedoch nicht das hohe Niveau Ottos erreichen. R. schrieb auch Gedichte.
Werk: F. J. Schmale-H. Schmidt (Hgg.), *Ausgewählte Quellen zur deutschen Geschichte des Mittelalters* 17, 1965.
RAIMUND Erzbischof von Toledo (1125-51). R. beherrschte selbst die arabische Sprache und ermutigte Gelehrte aus dem Westen, zum Studium des Arabischen nach Toledo zu kommen. R. war Patron der berühmten Übersetzerschule von Toledo, die philosophische und naturwissenschaftliche arabische Werke ins Lateinische übertrug.
RAIMUND IV. (um 1041-1105) Graf von Toulouse (seit 1093). R. kam aus der St. Gilles-Linie der Grafenfamilie und erbte 1063 den Titel des Markgrafen von *Provence. R. war Rivale der Grafen von Barcelona und einer der Führer des ersten *Kreuzzugs. R. zeichnete sich auf dem Weg ins Heilige Land aus und nahm an der Eroberung *Jerusalems teil, weigerte sich jedoch, den Königstitel anzunehmen. 1101 errichtete er die Grafschaft von *Tripoli.
J. H. Hill, L. L. Hill, *Raymond IV of St. Gilles*, 1959.
RAIMUND V. (1130-94) Graf von Toulouse (seit 1149). R. versuchte, in seiner riesigen Herrschaft seine Macht gegen die aufstrebenden Lehnsleute und Kirchenfürsten zu bewahren. R.s Bemühungen wurden durch die Intervention König *Ludwigs VII. von Frankreich zunichte gemacht, da dieser die Vasallen unter seinen Schutz nahm. R. wurde von den Päpsten, den byzantinischen Kaisern und den seine Hilfe erwartenden Herrschern der Kreuzritterstaaten im Osten hoch geschätzt.
P. Wolff (Hg.), *Horizons de France: Le Languedoc*, 1965.
RAIMUND VI. (1156-1222) Graf von Toulouse seit 1194. Seine tolerante Einstellung zu den *Albigensern erregte den Zorn der Kirche, und 1209 mußte sich R. zum Beweis seiner Rechtgläubigkeit an den *Kreuzzug gegen die Albigenser anschließen. 1213 stellte er sich gegen den Kreuzzugführer *Simon von Montfort, wurde jedoch bei Muret geschlagen. Darauf wurde R. 1215 seiner Grafschaft enthoben, die das vierte *Laterankonzil Simon zusprach. R. konnte jedoch 1218 Toulouse und den größeren Teil der Grafschaft zurückerobern.
Z. Oldenburg, *The Albigensian Crusade*, 1968.
RAIMUND VII. (1197-1249) Graf von Toulouse seit 1222. Sohn *Raimunds VI. und letzter Graf des Raimundinerhauses von Toulouse. R. unterwarf mehrere Provinzen, die sein Vater im Verlauf des *Albigenserkreuzzugs verloren hatte, und mußte sich mit dem neuen Kreuzzug König *Ludwigs VII. von Frankreich auseinandersetzen. Im Vertrag von Meaux (1229) war er gezwungen, die königliche Herrschaft zu *Beaucaire und damit den

Die gotische Kathedrale von Reims, die Krönungskirche der französischen Könige, 13. Jh.

Verlust der Küstenprovinzen anzuerkennen sowie weitere Maßnahmen gegen die Albigenser einschließlich der *Inquisition gutzuheißen. Sein Aufstandsversuch von 1242 schlug fehl, und er mußte der Heirat seiner Tochter und Erbin Johanna mit dem Bruder *Ludwigs IX., *Alfons von Poitiers, zustimmen. Letzterer erhielt nach R.s Tod die Grafschaft.

Z. Oldenburg, *The Albigensian Crusade*, 1968.

RAIMUND III. (um 1140-87) Graf von Tripoli (seit 1152). Während seiner Minderjährigkeit wurde die Grafschaft durch König *Balduin III. regiert, der auch R.s Heirat mit der Erbin von Galiläa arrangierte. R. wurde damit einer der mächtigsten Barone der Kreuzfahrerstaaten und war zweimal Regent von Jerusalem. R. schlug eine gemäßigte Politik ein und sah das Interesse der Kreuzritter im Verständnis mit *Saladin begründet, stellte sich deshalb gegen die radikale Linie *Rainalds von Châtillon und die Berufung *Guidos von Lusignan zum König von Jerusalem. R. wurde in der Schlacht von *Hattin verwundet und starb kurz darauf in seiner Grafschaft Tripoli.

J. Baldwin, *Raymund III of Tripoli*, 1936.

RAIMUND BERENGAR Siehe *RAMON.

RAIMUND DU PUY Großmeister des *Johanniterordens (1120-60). Er wandelte den Orden von einer krankenpflegerischen Körperschaft nach dem Vorbild der *Templer in einen militärischen Ritterorden um. Unter seiner Führung wuchs der Johanniterorden stark an und wurde zu einer militärischen Macht in den *Kreuzritterstaaten. R. war Vertrauter der Könige *Fulk von Anjou und *Balduin III. und nahm an den Beratungen am Königshof teil. R. betrieb auch die Errichtung von Festungen wie Beth-Dschubrin oder *Belvoir, die eine wichtige Funktion in der Verteidigung des Lateinischen Königreichs Jerusalem erfüllten.

H. Prutz, *Die geistlichen Ritterorden*, 1908.

RAIMUND VON ARGUILERS Chronist. R. diente als Kaplan *Raimunds IV. von Toulouse und begleitete diesen auf dem ersten Kreuzzug. R.s Chronik des Kreuzzugs, die um 1100 verfaßt wurde, ist ein wichtiger Augenzeugenbericht.

RAIMUND VON BURGUND (gest. 1106) Mitglied der Grafenfamilie von *Burgund. Im späten 11. Jh. nahm R. an den *Reconquistakriegen in Spanien teil, heiratete *Urraca, die Tochter und Erbin König *Alfons' VI. von Kastilien, und wurde zum Prinzen von *Galizien erhoben.

RAIMUND VON PEÑAFORTE (hl.; um 1175-1275) Kirchenrechtsgelehrter. R. wurde in Barcelona geboren, wo er Rhetorik und Logik studierte und lehrte. 1210 gab R. seinen Lehrposten auf, um in *Bologna Rechtswissenschaft zu studieren. 1216 erhielt er die Doktorwürde und lehrte bis zu seinem Eintritt in den *Dominikanerorden im Jahr 1222. 1230 wurde er von Papst *Gregor IX. zu dessen Beichtvater gemacht und erhielt den Auftrag, die päpstlichen *Dekretalen zu sammeln. Die 1234 abgeschlossene Kodifizierung wurde Handbuch des Kirchenrechts. In der gleichen Zeit schrieb R. eine *Summa de Poenitentia* ("Summe über die Buße"), die einen tiefen Einfluß auf die Entwicklung des kirchlichen Bußwesens im Spätmittelalter ausübte. R. kehrte 1236 nach Spanien zurück, wurde 1238 General seines Ordens und revidierte dessen Statuten. 1240 trat er von seinem Posten zurück und widmete sich der Bekehrung der Juden und Mauren. Zu diesem Zweck gründete R.

Hebräisch- und Arabischschulen für die Missionare. R. erfreute sich großer Wertschätzung durch seine Zeitgenossen.

T. M. Schwertner, *St. Raymond of Peñafort*, 1935.

RAIMUND VON POITIERS (1099-1149) Fürst von Antiochia (1136-49). Bruder des Herzogs *Wilhelm X. von Aquitanien, organisierte nach 1130 einen privaten Kreuzzug und ließ sich in *Antiochia nieder. Durch seine Heirat mit der Thronerbin Konstanze erhielt R. die Herrschaft über das Kreuzfahrerfürstentum. Seine Regierungszeit war durch dauernden Krieg mit dem byzantinischen Kaiser *Johannes Komnenos gekennzeichnet, der seine Herrschaft auf Antiochia ausbreiten wollte. Zur Zeit des zweiten *Kreuzzugs versuchte R. erfolglos, König *Ludwig VII. von Frankreich zum Angriff auf *Aleppo zu bewegen. Des Königs Weigerung mag von den Gerüchten um eine Affäre zwischen R. und der Königin *Eleonore von Aquitanien beeinflußt worden sein. R. fiel 1149 nahe Aleppo in der Schlacht.

S. Runciman, *Geschichte der Kreuzzüge*, 1959.

RAIMUND VON SEBONDE Siehe *SABUNDE, RAIMUND.

RAINALD VON CHÂTILLON (gest. 1187) Kreuzritter. R. wurde in der Champagne geboren, nahm am zweiten *Kreuzzug teil und ließ sich 1147 in Antiochia nieder, wo er erst im Dienste des Fürsten *Raimund von Poitiers und nach dessen Tod der Prinzessin Konstanze stand, die er 1153 heiratete. Als Fürst von Antiochia (1153-60) und Vormund des Erben *Bohemund III. übte er eine autokratische Regierung aus, die auch dem Patriarchen und dem Adel keine Vorrechte ließ. Gegenüber seinen Nachbarn und besonders König *Thoros II. von Kleinarmenien schlug R. eine aggressive Politik ein und wurde von Thoros besiegt. 1157 ging R. ein Bündnis mit ihm ein und verwüstete die byzantinische Provinz *Zypern. 1160 wurde R. von *Nureddin gefangengenommen und erst 1176 befreit. Danach ließ er sich in Jerusalem nieder und wurde einer der Führer der radikalen Adelspartei. Sein persönlicher Verdienst in der Schlacht von Montisgard (1177), in der er *Saladin besiegte, verschuf ihm großes Prestige. Auf Befehl König *Baldins IV. heiratete R. die Erbin von Transjordanien und machte sein neues Fürstentum zur Ausgangsbasis für militärische Unternehmungen gegen die Moslems. 1182 überfiel R. die Häfen des Roten Meers, störte die Schiffahrt zwischen Aden und Ägypten und bedrohte sogar Mekka. Ein allgemeiner heiliger Krieg (*Dschihad) wurde gegen ihn ausgerufen und seine Flotte zerstört. Als Befehlshaber der vorgeschobenen Burgen Transjordaniens konnte R. seine radikalen Anschauungen über das Verhältnis zu den Moslems direkt verwirklichen und trug damit zur Verschärfung der Lage bei. R. wurde in der Schlacht von *Hattin gefangengenommen und von Saladin hingerichtet.

G. Schlumberger, *Renaud de Châtillon*, 1898.

RAINALD VON DASSEL (um 1120-67) Kaplan *Kaiser Friedrichs I., dessen *Kanzler er 1156 wurde. 1159 wurde R. zum Erzbischof von Köln erhoben. R. war einer der einflußreichsten Staatsmänner seiner Zeit und arbeitete die Grundsätze der kaiserlichen Vorherrschaft aus, die Friedrich auf den Reichstagen von *Besançon (1156) und *Roncaglia (1158) verkündete. Er war ein scharfer Gegner Papst *Alexanders III.

R. M. Herkenrath, *Reinald von Dassel, Reichskanzler und Erzbischof von Köln*, 1962.

RAINULF VON AVERSA (gest. 1045) Normannischer Abenteurer, der das erste normannische Fürstentum in Italien errichtete. Der Überlieferung nach pilgerte er ins Heilige Land und besuchte auf der Rückreise den Schrein des hl. Michael zu Monto Gargano (Italien), wo ihn angeblich ein exilierter Langobardenfürst um seine Hilfe gegen die Byzantinern bat. 1018 kehrte R. an der Spitze eines Haufens normannischer Krieger nach Süditalien zurück. Er wechselte mehrere Male die Seiten, verbündete sich abwechselnd mit *Sergius IV, dem Herzog von Neapel, der ihm Aversa verlieh, dann mit dessen Neffen, der einen Aufstand gegen Sergius führte. 1038 verlieh ihm Kaiser *Konrad II. die Grafenwürde von Aversa.

F. Chalandon, *Histoire de la Domination Normande en Italie du Sud,* 1908;
L. Buisson, *Formen normannischer Staatsbildung,* in: Vorträge und Forschungen 5, 1960.

RALPH VON COGGESHALL (gest. 1227) Chronist. R. war Mönch an der englischen Zisterzienserabtei Coggeshall und wurde 1207 deren Abt. 1218 trat er aus Gesundheitsgründen zurück und widmete sich dem Studium der Geschichte. R. schrieb eine Chronik seines Klosters für die Jahre 1187-1224 sowie eine Chronik der Regierungszeit *Heinrichs II. Plantagenet, die eine wichtige Geschichtsquelle (unter anderem für die Affäre *Becket) darstellt.

L. A. Poole, *From Domesday Book to Magna Charta,* 1953.

RALPH VON VERMANDOIS (gest. 1152) Graf von Vermandois. R. diente seinem Neffen *Ludwig VI. und wurde 1132 zum Seneschall von Frankreich ernannt. Zu Beginn der Regierungszeit *Ludwigs VII. war R. einer der einflußreichsten Männer am Hof. Seine Liebesgeschichte mit Petronilla, der jüngeren Schwester Königin *Eleonores von Aquitanien, und die Verstoßung seiner Frau, der Tochter *Theobalds von Champagne, beschworen eine große Fehde herauf, in der R. die volle Unterstützung des Königs besaß (1140-42). Zur Zeit des Kreuzzugs Ludwigs (1147-48) war R. zusammen mit *Suger Regent von Frankreich.

Ch. Petit-Dutaillis, *La monarchie féodale en France et en Angleterre,* 1933.

RAMBAM Siehe *MAIMONIDES.

RAMIRO I. Erster König von *Aragón (1035-63) und Gründer des ersten Herrscherhauses. R. war Sohn *Sanchos d.Gr. von Navarra, erhielt nach seines Vaters Tod das Reich von Aragón, kämpfte gegen die Mauren und eroberte einige von deren Ländern.

RAMIRO II., der Mönch (gest. 1154) König von Aragón (1134-37). R. war ein wegen seines asketischen Lebens berühmter Mönch und wurde nach dem Tod seines Bruders *Alfons I. zum König ausgerufen. R. heiratete Agnes von Aquitanien und warf 1135 mit Hilfe *Raimund Berengars IV. von Barcelona einen Aufstand der Adeligen nieder, die eine Beteiligung an der Regierung gefordert hatten. Nach der Geburt seiner Tochter Petronilla, die er dem Grafen von Barcelona zur Gattin versprach, dankte R. ab und zog sich in ein Kloster zurück. Sein Land hinterließ er der Regentschaft seines Schwiegersohns.

W. C. Atkinson, *Geschichte Spaniens und Portugals,* 1962.

RAMLAH (RAMLEH) Palästinensische Stadt südöstlich vom modernen Tel-Aviv. Als einzige von den Arabern in Palästina errichtete Stadt bestand R. seit dem 8. Jh. und blühte in der *Omajjaden- und *Abbasidenzeit als wirtschaftliche und administrative Hauptstadt der palästinensischen Provinz. R. wurde 1099 von den *Kreuzfahrern erobert und diente diesen als Versorgungsbasis für den Angriff auf Jerusalem. Seit 1099 war R. auch Ziel *fatimidischer Gegenangriffe und wurde 1102 verwüstet. *Balduin I. ernannte einen fränkischen Adeligen zum Stadtherrn; im 12. Jh. war R. Mittelpunkt der *ibelinischen Besitzungen und zog zahlreiche Neusiedler an. Mitte des Jhs. wurde in der Stadt eine Kathedrale im romanischen Baustil errichtet. Seit der Eroberung durch *Saladin 1187 blieb R. unter moslemischer Herrschaft. Unter den *Mamluken diente R. wiederum als Provinzhauptstadt; der von diesen im späten 13. Jh. als Minarett der großen Moschee (8. Jh.) errichtete weiße Turm steht noch bis heute. Im 14. Jh. errichteten die Mamluken in R. eine Festung.

RAMON BERENGUER III. (gest. 1134) Graf von Barcelona (seit 1089). R. nahm aktiv an den *Reconquistakriegen teil und vergrößerte seine Grafschaft durch die Eroberung von Tarragona. Zur gleichen Zeit wurde R. als Erbe der Grafschaft *Provence und der Herrschaft von *Carcassonne in die Angelegenheiten Südfrankreichs verwickelt.

RAMON BERENGUER IV. Der letzte unabhängige Graf von Barcelona (1134-62). Durch seine Heirat mit Petronilla, der Erbin von *Aragón, erhielt R. die Königswürde und vereinigte Aragón und Barcelona.

RAMON LULL Siehe *LULL, RAIMUND.

RAMSEY Englisches Kloster, im 10. Jh. von *Benediktinermönchen gegründet und Kern einer Stadtsiedlung, die sich um die Abtei entwickelte. Nach der *Normannischen Eroberung (1066) wurde R. eines der wichtigsten monastischen Zentren des Königreiches und überreich mit Gütern und Einkünften ausgestattet. Die Aufzeichnungen des klösterlichen Landbesitzes von R. dienen als wichtige Quelle für die Erforschung der Gutsverwaltung und des dörflichen Lebens Englands.

A. Raftis, *The Estates of the Ramsey Abbey,* 1965.

RANIERI (NERI) ACCIAIUOLI (gest. 1394) Herzog von Athen (1388-94). R. war ein Sohn des Florentiner Acciaiuolihauses, das im 14. Jh. zu den einflußreichsten Familien Italiens zählte. R. wurde von seinem Onkel Nicolo, dem Großseneschall von Neapel, erzogen und am Hof von Neapel mit den Beziehungen zu Griechenland betraut. 1378 erlangte R. im Rahmen der Auseinandersetzungen zwischen den Navarresern und den Katalanen eine einflußreiche Position im lateinischen Griechenland. Nach dem Fall der *Großen Katalanischen Kompanie wurde R. Herzog von Athen, das seine Nachkommen bis 1456 regierten.

J. W. Miller, *The Latins in Greece,* 1914.

RASCHBA Siehe *SALOMON BEN ADERETH.

RASCHBAM Siehe *SAMUEL BEN MEIR VON RAMERUPT.

RASCHI (Rabbi Salomon ben Isaak; 1040-1105) Der bedeutendste jüdische Exeget der Bibel und des Talmuds im Mittelalter. R. wurde in Troyes als Sohn einer Weinbauernfamilie geboren und an den besten jüdischen Schulen Frankreichs und Lothringens erzogen. R. setzte sein Studium an der berühmten Wormser Akademie fort, wo die bekanntesten Meister lehrten. Nach seiner Rückkehr nach Troyes wurde R. rasch als hervorragender Talmudgelehrter bekannt, und seine Werke erlangten

Die im byzantinischen Stil erbaute Basilika S. Vitale, Ravenna; 6. Jahrhundert

noch zu seiner Lebzeit eine autoritative Stellung. Seine Bibelkommentare vereinigen die buchstäbliche und allegorische Auslegungsmethode und erschienen in allen Ausgaben des Pentateuch. R.s Talmudkommentare leiteten eine neue Phase im Talmudstudium ein und führten zum Aufstieg der *Tosafistenbewegung, die von seinen Enkeln geleitet wurde. R.s *Responsa, die Antworten auf religiöse und rechtliche Anfragen, wurden in der rabbinischen Literatur als beispielgebend angesehen.

S. W. Baron (Hg.), *Raschi, Memorial Volume,* 1945.

RASCHI A-DIN Siehe *ASSASSINEN.

RASPE, HEINRICH Siehe *HEINRICH RASPE.

RATHERIUS (um 887-974) Bischof von Verona. R. wurde nahe Lüttich geboren und war Mönch zu Lobbes. 924 reiste er mit seinem Abt nach Italien, 931 ernannte ihn König *Hugo zum Bischof von Verona. R. mußte aber kurz danach seinen Posten verlassen und wurde daraufhin im politischen Leben Deutschlands tätig. Er erhielt 953 von *Otto I. das Bistum Lüttich, das er aber zwei Jahre später aufgeben mußte. Nachdem R. 962 Otto zur Kaiserkrönung nach Rom begleitet hatte, erlangte er das Bistum Verona wieder. Sein Werk umfaßt Autobiographisches, Briefe, Predigten und einen satirischen Sittenspiegel (*Praeloquia*).

A. Vogel, *Ratherius von Verona und das 10. Jh.,* 1854.

RATISLAW Fürst von Groß-*Mähren (846-70). R. führte die Einigungspolitik seines Hauses fort und kämpfte gegen *Ludwig d. Deutschen und dessen Sohn *Karlmann wie auch gegen den kulturellen Einfluß der Deutschen in Mähren. Zu diesem Zweck förderte er die Missionstätigkeit von *Kyrill und Methodius.

RATISLAW VON SMOLENSK Großfürst von *Kiew (1159-68). R. erbte 1132 das kleine russische Fürstentum *Smolensk und dehnte unter Ausnutzung der politischen Wirren in *Rußland nach 1154 seine Herrschaft auf *Nowgorod aus. 1159 wurde er als Fürst von Kiew anerkannt, womit er fast ganz Rußland vereinigt hatte. Zu R.s Zeit setzte der Niedergang des alten Zentrums Kiew ein.

G. Vernandsky, *Kievan Russia,* 1952.

RAVENNA Die an einem strategisch wichtigen Ort am Po gelegene alte norditalienische Stadt blühte im Frühmittelalter. Seit 402 diente R. als Hauptstadt der weströmischen Kaiser und seit 476 der Ostgotenkönige *Odowaker und *Theoderich. R. wurde 540 von den *Byzantinern zurückgewonnen und entwickelte sich unter *Justinian zur politischen und künstlerischen Hauptstadt Italiens. Nach der *langobardischen Eroberung wurde R. Sitz des byzantinischen Exarchen, der die verbliebenen byzantinischen Territorien in Italien regierte. 752 fiel das Exarchat an die Langobarden, zwei Jahre später wurden diese von dem Frankenkönig *Pippin vertrieben, der R. an das Papsttum verlieh. Als Teil des *Kirchenstaates wurde die Stadt nunmehr im Namen des Papstes vom Erzbischof von R. regiert. Sie wurde häufig von den *karolingischen und *ottonischen Kaisern besucht und besaß sowohl dem Kirchenstaat wie auch dem *Heiligen Römischen Reich gegenüber einen besonderen Status. 1218 ergriffen die in einer Kommune organisierten und unter einem gewählten "Herzog" stehenden Stadtbürger die Macht. 1240 wurde R. von Kaiser *Friedrich II. erobert und blieb bis zu dessen Tod unter kaiserlicher Herrschaft. Die päpstliche Oberhoheit wurde zwar im späten 13. Jh. wiederhergestellt, tatsächlich aber beherrschten die Stadt mehrere Adelsfamilien, die untereinander verfeindet waren, bis R. 1438 unter Venedigs Regime kam. Die zahlreichen mit Mosaiken ausgeschmückten Kirchen R.s spiegeln den byzantinischen Baustil wider, der im Frühmittelalter vorherrschte und im 9.-12. Jh. die örtlichen Stilentwicklungen beeinflußte. Daneben ist auch die italienische Gotik des 13. und 14. Jh.s vertreten.

F. W. Deichmann, *R.*, 1968-76;
A. Torre, *Ravenna, Storia di tremila anni*, 1971.

RECHT Das R. wurde im Mittelalter als ein grundlegender Rahmen des gesellschaftlichen und politischen Lebens angesehen, ohne den die Gesellschaft nicht bestehen könne. Das R. wurde nach Anschauung der damaligen Zeit vom göttlichen Willen diktiert. Seit dem Frühmittelalter war die Rechtspraxis in starkem Ausmaß mit früheren Rechtstraditionen verknüpft, und die ideale Rechtsfindung wurde als Bewahrung alter Überlieferungen betrachtet.

Im byzantinischen Reich war das römische Erbe Grundlage aller mittelalterlichen Gesetzgebung. Daher setzte Byzanz die Praktiken des römischen R.s (Zivilrecht) fort; seit dem 6. Jh. war jegliche neue Gesetzgebung alleiniges Vorrecht des Kaisers. Die Grundlage dieser Politik legten *Justinian und seine Juristen in der Kodifizierung des römischen Rechts in den Artikeln des *Corpus Juris Civilis; die gleiche Anschauung ist in allen späteren Rechtssammlungen bis zum 12. Jh. sichtbar. Damit war die Überlegenheit des staatlichen R.s über alle anderen rechtlichen Autoritäten anerkannt, was auch die kirchliche Gesetzgebung einschloß.

Im Westen waren kirchliche und weltliche R. voneinander unabhängig, was zur Entwicklung zweier paralleler Systeme der Rechtssprechung und Gesetzgebung führte. Das weltliche R. entstand aus der Kodifizierung der germanischen Stammesrechte im Rahmen der germanischen Staaten des Frühmittelalters (6.-9. Jh.). Diese *leges barbarorum* ("Volksrechte") waren in alten Traditionen begründet und setzten einen grundsätzlichen rechtlichen Pluralismus fest, der auch das Prinzip des persönlichen R.s einschloß, das jeder Freie seiner Stammeszugehörigkeit nach besitzt. So lebten z.B. die südostfranzösischen *Burgunder nach ihrem eigenen Stammesrecht, während die sich am selben Ort befindende gallo-römische Bevölkerung nach dem römischen R. und fränkische Neusiedler nach dem salischen oder ripuarischen R. beurteilt wurden. Ebenso handelten die jüdischen Gemeinden nach dem jüdischen, d.h. talmudischen R.

Der Grundsatz des rechtlichen Pluralismus erleichterte im 9. Jh. die Einführung des feudalen R.s (Lehns-

recht), das an die Stelle der Stammesrechte trat. Auch das Lehnswesen bewegte sich im Rahmen des rechtlichen Pluralismus, so daß der Lehnsmann das R. seines Lehnsherren übernahm. Im späteren Mittelalter führte dies zur Entwicklung von (nach territorialen Merkmalen abweichenden) regionalen Rechtssystemen, die im 19. Jh. von den Rechtsgelehrten als "Landrechte" bezeichnet wurden und neben bzw. zusammen mit dem eigentlichen Lehnsrecht bestanden. Das Lehnsrecht war regional begrenzt, durch verschiedene Traditionen und Gebräuche gekennzeichnet und durch das *Privilegienwesen durchbrochen. Daneben bestanden überregional gemeinsame Praktiken, die im Kriegsrecht und dem *ritterlichen Ethos gemeinsames Erbe Europas wurden.

Das Rechtssystem der Kirche war das kanonische R., das als Ausdruck des göttlichen Willens angesehen wurde und sich auf die Offenbarung und Bestätigung in der Heiligen Schrift gründete. Daneben wurde es durch die Schriften der Kirchenväter, die Dekrete der Kirchenkonzile und die Anordnungen der Päpste ergänzt. Das kanonische R. wurde im 11. und 12. Jh. kodifiziert, wobei dem Werk *Gratians die höchste Bedeutung zukam. Das Kirchenrecht wurde auf den durch das *privilegium fori* von der zivilen und feudalen Rechtssprechung befreiten Klerus angewandt, daneben voll oder teilweise auch auf verwandte Berufsgruppen, besonders die Lehrer und Studenten an den Universitäten. Zusätzlich war die gesamte Gemeinde der Gläubigen in Fragen, die mit der Anwendung der *Sakramente verbunden waren (wie etwa Heirat), dem Kirchenrecht unterworfen.

Das mittelalterliche Rechtsdenken war eng mit politischen und theologischen Theorien verbunden. Es entwickelte sich aus den Lehren des hl. *Augustins, der das R. hierarchisch nach drei Ebenen anordnete: das göttliche Recht als höchste und unbestreitbare Autorität; das Naturrecht, dessen Grundsätze von allen Kreaturen verstanden werden könne, das aber der Vollendung durch den Glauben bedürfe und mit Hilfe der Philosophie zu verbessern sei; und das zeitliche R. (besonders das Roms), das Menschenwerk ist und sich mit dem allgemeinen Wohl zu befassen habe. Diese hierarchische Anschauung wurde im 13. Jh. von *Thomas von Aquin weiter ausgebaut.

Die Renaissance des römischen R.s im Westen beginnt im späten 11. Jh. in *Bologna, wo *Irnerius die Auslegung des Justinianischen Kodex nach den Bedürfnissen der Zeit lehrte. Der Einfluß des römischen R.s verstärkte sich im frühen 12. Jh. und war auch in der Sammlung Gratians erkennbar, wo die kaiserlichen Gesetze, sofern sie nicht mit dem kanonischen Recht zusammenstießen, als rechtsgültig erklärt wurden. Es wirkte auch auf die Juristen von Kaiser *Friedrich I. ein, die die verfassungsmäßige Grundlage des *Heiligen Römischen Reiches ausarbeiteten. Trotz des Widerstands der Feudalreiche und Kirchenmänner wie *Bernhard von Clairvaux (demzufolge überall, "wo Justinian eindringt, der hl. Petrus weggehen muß") verwurzelte sich das römische Recht im Westen und diente seit dem 14. Jh. als Modell für jede weltliche Gesetzgebung.

H. Mitteis, *Lehnrecht und Staatsgewalt*, 1933;
H. E. Feine, *Kirchliche Rechtsgeschichte* 1, 1964[4];
K. Kroenschell, *Deutsche Rechtsgeschichte* 1/2, 1972.

RECONQUISTA (spanisch: "Wiedereroberung") Die Bezeichnung für die Kriege der spanischen Christenreiche gegen die Moslems, die mit dem Ziel geführt wurden, die zwischen 711 und 728 verlorenen Gebiete wiederzugewinnen; sie dauerten vom 9. Jh. und bis zur Eroberung *Granadas 1492. Die Heerfahrt *Karls d.Gr. nach Spanien (787) wird als Beginn der R. angesehen, richtete sich jedoch nicht gegen die Moslems, sondern gegen das christliche *Navarra. Der eigentliche Beginn der R. waren deshalb der seit 801 von den südfranzösischen *Franken gegen die Araber *Kataloniens geführte Krieg und die Errichtung der spanischen *Mark durch die *Karolinger (812). In der zweiten Hälfte des 9. Jh.s waren die Könige von *Asturien in der R. führend, die ihren Besitz durch die Eroberung *Galiziens und im 10. Jh. *Leóns erweiterten. Gleichzeitig wurde das Königreich Aragón durch die Eroberung der oberen Ebroprovinzen in Nordostspanien errichtet. Ein entscheidender Schritt in der R. war die Vereinigung der Christenreiche unter *Sancho III. von Navarra, was durch den Niedergang des arabischen Kalifats *Córdoba erleichtert wurde. Unter Sancho wurde das gesamte Nordspanien wiedererobert. Seine Söhne, die jeder für sich *Kastilien, León und Aragón regierten, führten im 11. Jh. die R. weiter und erreichten den Fluß Tagus und das untere Ebrotal. Höhepunkt dieser Phase war die Eroberung von Toledo (1085). Die Eroberungen der *Almoraviden und Almohaden in Südspanien brachten die R. zu einem vorübergehenden Stillstand, mit Ausnahme des neugegründeten Königreichs *Portugal.

Die Schlacht von *Las Navas de Tolosa (1212) mit dem entscheidenden Sieg der christlichen Könige zerstörte das Almohadenreich und ermöglichte das Eindringen der Christen nach Südspanien (13. Jh.) und die Eroberung von Valencia, den balearischen Inseln und Andalusien. Zu Ausgang des 13. Jh.s war nur noch das Königreich *Granada maurisch. Im 14. Jh. wurde die R. jedoch durch innere Schwierigkeiten und Kämpfe in den Christenreichen unterbrochen. Erst die Heirat *Isabellas von Kastilien mit *Ferdinand von Aragón und die Wiedererrichtung der Königsherrschaft im vereinten Königreich ermöglichte die Wiederaufnahme der R. und die Eroberung Granadas im Jahre 1492.

Teil der R. war seit dem 11. Jh. die Ansiedlung von Christen in den eroberten Gebieten, die sog. *poblacion*. Viele der Neusiedler kamen aus Frankreich und wurden allmählich in die spanische Gesellschaft integriert.
R. B. Merriman, *The Rise of the Spanisch Empire*, 1918; W. C. Atkinson, *Geschichte Spaniens und Portugals*, 1962.

RECUEIL DES HISTORIENS DES GAULLES ET DE LA FRANCE Sammlung von Quellen zur Geschichte des mittelalterlichen Frankreichs, die seit Beginn des 18. Jh.s von M. Bouquet (1685-1754) und den *Benediktinermönchen von *St. Germain-des-Prés unternommen und im 19. Jh. von professionellen Geschichtsforschern unter der Aufsicht des *Institut de France* weitergeführt wurde. Sie enthält bis heute 23 Bände.

REGALIA Bezeichnung aus dem 11.-13. Jh. für die Verleihung von königlichen Vorrechten, hauptsächlich auf den Gebieten der Rechtsprechung, Besteuerung und Heeresmobilisierung an die Kronvasallen, als De-Facto-Anerkennung von früher unternommenen Usurpationen.

REGENSBURG Bayerische Stadt. R. wurde im frühen 6. Jh. gegründet und diente seit 530 als Hauptstadt des *bayerischen Stammesherzogtums. Seit 739 besaß R. ein Bistum und war ein bedeutendes kirchliches und kulturelles Zentrum. Im 9. Jh. wurde R. eine Residenz der deutschen *Karolinger und seitdem als Königsstadt bekannt. Der Handel mit Böhmen und den Donauländern veränderte seit dem 10. Jh. die Sozialstruktur R.s; im 11. und 12. Jh. wurden neue Kaufmanns- und Handwerkerviertel errichtet. Im 13. Jh. wurden die Kaufleute zur stärksten Sozialgruppe der Stadt und erlangten 1245 von Kaiser *Friedrich II. einen Freibrief, der R. zur freien Reichsstadt machte. Im Spätmittelalter verlor R. seine wirtschaftliche Position.
K. Bosl, *Die Sozialstruktur der mittelalterlichen Residenz- und Fernhandelsstadt Regensburg*, 1966.

REGGIO DI CALABRIA Stadt im süditalienischen *Kalabrien. R. wurde 411 von den *Westgoten erobert und war danach unter der Herrschaft *byzantinischer Statthalter und der *Araber Siziliens. Nach der Zerstörung durch die Araber wurde R. neu erbaut und diente in der zweiten Hälfte des 10. Jh.s als Hauptstadt des Herzogtums und Mittelpunkt der kalabrischen Mönchsbewegung. 1060 wurde es von *Robert Guiscard erobert und an dessen *normannisches Reich angeschlossen. Seit der *Sizilianischen Vesper von 1282, in der die Stadt *Karl von Anjou die Treue bewahrte, war sie Teil des Königreichs *Neapel.
D. Spano-Bolani u.a. (Hgg.), *Storia di R. d. C.,* 1957 ff.

REGINALD VON PIPERNO (um 1230-90) Dominikanermönch, seit 1259 Beichtvater und Vertrauter *Thomas von Azuins. R. sammelte die Schriften von Thomas und verfaßte eine Ergänzung der Summa Theologiae.

REGINO VON PRÜM (gest. 915) Geschichtsschreiber von adeliger Herkunft, war Mönch im Benediktinerkloster Prüm, wo er Theologie und Kirchenrecht studierte. In den Jahren 892-99 war er Abt des Klosters, mußte aber infolge der Intrigen seiner Mönche fliehen und ließ sich in St. Martin in Trier nieder. Dort reformierte er die Mönchsgemeinde und verfaßte eine Universalchronik, die die Zeit der Frühkirche bis zum ausgehenden 9. Jh. behandelt. Er verfaßte auch eine Musiktheorie und ein kirchenrechtliches Handbuch.
H. Löwe, *Regino von Prüm und das historische Weltbild der Karolingerzeit*, in: Rheinische Vierteljahrblätter 17, 1952.

REICHENAU Bayrisches Kloster auf einer Insel im Bodensee. In der Zeit *Karl Martells 724 vom hl. Pirmin gegründet, unter *Karl d.Gr., *Ludwig d. Frommen und *Ludwig d. Deutschen einer der Mittelpunkte der *Karolingischen Renaissance. R. beherbergte auch eine wichtige Schule von Geschichtsschreibern. Seit dem 13. Jh. verlor die R. ihre Bedeutung.
H. Maurer (Hg.), *Die Abtei R.,* 1974.

REICHSSTÄDTE Die Bezeichnung einiger deutscher Städte, die vom Kaiser das Stadtrecht erhalten hatten und diesen als ihren einzigen Herrn anerkannten. Die Anfänge der R. liegen in der Verleihung von Privilegien an rheinische Städte durch die *salischen Kaiser des 11. Jh.s. Kaiser *Friedrich I. machte in der zweiten Hälfte des 12. Jh.s die R. zur Stütze seiner deutschen Politik und versuchte mit ihrer Hilfe, in den Herrschaftsgebieten der Herzöge und anderer Herren kaiserliche Enklaven zu schaffen. Zur Verwaltung der kaiserlichen Herrschaft in den R.n wurde gewöhnlich ein Burggraf als Statthalter ernannt, der sich mit Bürgergemeinden die Macht teilte..
A. M. Ehrentraut, *Untersuchungen über die Frage der Frei- und Reichsstädte,* 1902; G. Möncke, *Bischofsstadt und R.* (Diss. Berlin), 1971.

Die heilige Ordnung der Gesellschaft; *Auschnitt eines Reliefs am Portal der Kathedrale von Reims, 13. Jh.*

REIMS Stadt in Nordostfrankreich. Die alte gallo-
römische Stadt wurde 483 von den *Franken erobert und
hielt ihre Stellung dank des Episkopats des hl. *Remigius, der die Franken zum Christentum bekehrte.
Im 6.-8. Jh. verlor R. an Bedeutung. Erst die Krönung
*Pippins d. Kurzen und *Ludwigs d. Frommen in R.
rückten die Stadt wiederum in den Vordergrund und
machten sie zum Krönungsort der französischen Könige.
Mitte des 9. Jh.s erklärte *Hinkmar, der Erzbischof
von R., daß erst die Krönung in R. Legitimität verschaf-
fe. Mit dem Niedergang der *Karolinger beanspruchten
die Grafen von *Vermandois im 10. Jh. die Herrschaft
über R.; diese wurde jedoch von mehreren energischen
Erzbischöfen ergriffen, die eine starke Feudalherrschaft
errichteten. Dank *Gerbert von Aurillac war die Domschule von R. im 10.-12. Jh. eines der wichtigsten Zentren der Gelehrsamkeit im Westen und zog zahlreiche
Studenten aus dem übrigen Frankreich an. In der Zeit
*Ludwigs IX. wurde die gotische Kathedrale von R.,
eine der schönsten Europas, errichtet.
G. Boussineso, G. Laurent, *Histoire de Reims depuis
les origines jusqu'à nos jours,* 3 Bde., 1933.

REINHARD DER FUCHS Volkstümlicher Liederzy-
klus, der sich im 13. Jh. in Frankreich und England entwickelte und dann über ganz Europa verbreitete. Die
Geschichten des R. sind sowohl satirischer als auch
moralischer Natur und personifizieren im Fuchs einen
Schlaukopf, der die Welt der verschiedenen Sozialschichten und besonders der Bauern durchwandert.
R. erfreute sich besonders im städtischen Milieu großer
Beliebtheit.

REINIGUNGSEID Rechtliche Prozedur, die aus dem
germanischen   Stammesrecht   des   Frühmittelalters

Reliquiarbüste der hl. Juliane, 14. Jh.

stammt: man beschwor vor Gericht seine Unschuld.
Der R. konnte von Männern freier Geburt und guten
Namens abgelegt werden, die auch Schwurgenossen
vorbringen mußten. Letztere mußten für die Wahr-
haftigkeit des R.s bürgen. Dahinter steht die Vorstellung,
daß die Gottheit den falsch Schwörenden selbst strafen
werde.

REKKARED (gest. 601) Westgotenkönig (586-601).
R. bekehrte sich 589 zusammen mit seinem Volk zum
römischen Christentum und begann mit Verfolgungen
gegen Arianer und Juden.

REKKESWINTH Westgotenkönig (652-72). R.s fried-
volle Regierungszeit ermöglichte ihm die Erbauung von
Kirchen und die Führung eines frommen Lebens. In R.s
Periode verringerte sich die Königsmacht, die von der
anwachsenden Macht des Adels und der Bischöfe in
Frage gestellt wurde.

REKLUSE Siehe *EINSIEDLER.

RELIQUIAR Behälter zur Aufnahme von *Reliquien.
Die R.e wurden gewöhnlich aus kostbaren Metallen wie
Gold oder Silber angefertigt und künstlerisch gestaltet.
Seit dem 11. Jh. wurde oft Email aus Limoges zur
Verzierung der R.e gebraucht. Vielfältig sind die For-
men: Haus-, Börsen-, Kreuz-, Fuß-, Hand-, Kopf-R.e
(je nach Inhalt).
J. Braun, *Die Reliquiare,* 1940.

RELIQUIEN Bezeichnung für die von den Gläubigen
verehrten Reste der Heiligen (Knochen, Kleidungsstücke usw.). Der Ursprung der R.-Verehrung liegt in
den über den Gräbern der Heiligen und Märtyrer erbauten Kapellen und Klöstern des 4. Jh.s. Mit der Ausbreitung des Christentums über Europa und dem Beginn der
Pilgerfahrten ins Heilige Land verstärkte sich die Verehrung der R. Dies schloß nunmehr auch Bekleidungsstü-
ke und andere Gegenstände der Heiligen ein. Gleichzeitig wurde es üblich, ein neugegründetes Kloster oder eine

Reliquiarfigur der hl. Foy, Abtei Conques; 10. Jh.

Kirche mit einer R. auszustatten. So wurden z.B. die R. des hl. *Nikolaus von Bari aus Kleinasien nach Bari (Italien) gesandt und von dort aus auf den ganzen Westen verteilt. Die größte Verbreitung fanden die R. Christi. Neben körperlichen Überresten wie den Zähnen wurden sein Kleid, das im 8. Jh. in Jerusalem aufgefunden wurde, und sogar die Dornen seiner Krone als R. verehrt. Die Schenkung von R. war im 9.-13. Jh. eine wichtige religiöse Tätigkeit. Jeder katholische Altar mußte eine R. umschließen.

St. Beissel, *Verehrung der Heiligen und ihrer Reliquien in Deutschland*, 2 Bde., 1890/92; P. J. Geary, *Furta Sacra*, 1978.

REMIGIUS (hl.; ca 438-533) Bischof von *Reims. R. verbreitete den katholischen Glauben unter den *Franken und taufte um 497 *Chlodwig. Bei den folgenden Generationen und besonders im 9. Jh. wurde diese Handlung in Verbindung mit der Königsweihe dargestellt, was das Vorrecht des Erzbischofs von Reims auf die französische Königskrönung begründete.

W. v. den Steinen, *Chlodwigs Übergang zum Christentum*, 1963[2].

REMIGIUS VON AUXERRE (um 841-908) Theologe, R. war Leiter der Domschule von Auxerre (Frankreich) und einer der letzten Vertreter der *karolingischen Renaissance. Seine Werke fassen die Errungenschaften der französischen theologischen Schule des 9. Jh.s zusammen und enthalten auch eigenständige Gedanken.

M. Manitius, *Geschichte der lateinischen Literatur des Mittelalters* 1, 1911.

RENNES Stadt in der westlichen *Bretagne. R. wurde im späten 8. Jh. von den *Franken erobert und Teil der von *Karl d.Gr. errichteten bretonischen *Mark. Mit der Errichtung des bretonischen Reiches durch *Nominoe wurde R. von den Bretonen zurückerobert. Im 10. Jh. war es Mittelpunkt einer Grafschaft, deren Herren um die Vorherrschaft in der Bretagne kämpften und seit dem frühen 11. Jh. als Herzöge regierten. Die Stadt wuchs im 12.-13. Jh. dank wiederauflebenden Handels an. Die Tätigkeit der Bischöfe *Hildebert von Lavardin, *Marbod und *Stephan von Fougieres machte sie auch zu einem bedeutenden Zentrum der lateinisch-französischen Kultur. Im Spätmittelalter war R. der administrative und gerichtliche Mittelpunkt des Herzogtums.

J. Meyer u.a., *Histoire de Rennes*, 1972.

RERUM ITALICARUM MEDII AEVI SCRIPTORES Name einer großen Sammlung von Chroniken zur italienischen Geschichte im Mittelalter, die in der zweiten Hälfte des 18. Jh.s von Luigi Muratori herausgegeben wurde und gewöhnlich unter dessen Namen bekannt ist.

RESPONSA Bezeichnung der rabbinischen Abhandlungen in Form von Antworten auf von Einzelnen oder ganzen Gemeinden eingeschickte Fragen. Im Rahmen der R. legten die Rabbiner nach gründlicher Diskussion an ihren Akademien und unter Heranziehung der relevanten Bibel- und Talmudquellen sowie früherer rabbinischer Entscheidungen die autoritative Auslegung des talmudischen Rechtes fest, die dann nach Zusammenfassung der Diskussion in der rechtlichen Entscheidung festgehalten wurde. Bereits die mesopotamischen *Gaonim des Frühmittelalters und nach ihnen die Rabbiner des Westens benutzten die Form der R. zur Verbreitung des Rechtes. Gesammelt dienten die R. als Handbücher der rabbinischen Rechtsprechung und Grundlage für die Rechtsauslegung.

S. W. Baron, *A Religious and Social History of the Jews* V, 1958.

RETHEL Grafschaft in Ostfrankreich. R. bildete sich aus einer Gruppe von Lehen, die die Herren von R. durch den Erzbischof von *Reims innehatten. Im 11. und 12. Jh. entwickelte sich die Grafschaft zu einer mächtigen Feudalherrschaft. Die Grafen unterwarfen ihre Vasallen und behandelten die Erzbischöfe als Untergebene. Infolge der Heerzüge König *Ludwigs VI. gegen die Erzbischöfe (1106-12) kam auch R. unter die königliche Autorität. Der Grafentitel ging im 14. Jh. durch Heirat und Erbfall an die Grafen von *Flandern und nach 1385 an die Herzöge von *Burgund. Nach dem Tod *Karls d. Kühnen schloß König *Ludwig XI. R. an das französische Krongut an.

RET(H)RA Heidnisches Heiligtum im Slawenland zwischen der Elbe und Oder. 983 versammelten sich die Slawenhäuptlinge zu R. und vereinten sich zum Aufstand gegen Kaiser *Otto II. und die deutschen Magnaten, die die Elbe überquert hatten. Nach den militärischen Erfolgen wurde der R.-Bund aufgelöst.

W. Drüske, *Untersuchungen zur Geschichte des Lutizenbundes*, 1955.

REVAL Stadt in Estland. R. wurde 1220 von der *Hanse an der Ostseeküste gegründet und entwickelte sich zu einer der wichtigsten Kolonien im Ostbaltikum. Das Bistum von R. war im 13. und 14. Jh. Mittelpunkt für die Christianisierung und Germanisierung der Region. In der zweiten Hälfte des 15. Jh.s kam R. unter schwedischen Einfluß.

H. v. zur Mühlen, *Die Bevölkerung Revals im Spätmittelalter*, in: Hansische Geschichtsblätter 75, 1957.

RHADANITEN Bezeichnung einer Gruppe jüdischer Kaufleute aus dem Irak oder aus Südpersien, die im späten 9. und im 10. Jh. eine bedeutende Rolle im Handelswesen spielte. Die R. waren in Mitelasien, Osteuropa und besonders im Mittelmeer tätig. Sie transportierten Waren auf eigenen Schiffen und besuchten die Häfen Spaniens, der Provence, des Rhônetales, Italiens, Ägyptens und Nordafrikas.

M. Gill, *On the Rhadanite's Origins*, 1972.

RHASES (Al-Rasi; ca. 865-930) Moslemischer Philosoph und Arzt. R. wurde in Ray (Persien) geboren, studierte und praktizierte in seiner Heimatstadt und in Bagdad Medizin und wurde Mitglied der Bagdader Akademie. Sein Interesse an der *Alchemie führte ihn zum Studium der Philosophie; seine Werke fanden weite Verbreitung. In der lateinischen Übersetzung des 12. Jh.s trugen sie zur Entwicklung der europäischen Alchemie bei.

B. Spuler (Hg.), *Handbuch der Orientalistik, Ergänzungsband* 6/1, 1970.

RHEINISCHER STÄDTEBUND Ein Wirtschaftsbund der deutschen Städte des Rheintals, der zu Beginn des 13. Jh.s gegründet wurde und im Verlauf des Großen *Interregnums (1250-72) zur Erhaltung des Landfriedens eine eigene militärische Organisation schuf. 1381 wurde ein zweiter R. gegen die Ritterbünde gegründet.

RHENSE AM RHEIN Versammlungsort der *Kurfürsten, die 1338 in einem *Weistum festlegten, daß ihre Königswahl keiner Bestätigung durch den Papst bedürfe.   (Din)

RHODOS Insel im ägäischen Meer. R. gehörte zum byzantinischen Reich und war zweimal, von 653-58 und 717-18, in der Hand der Araber. Nach der Wiedereroberung durch Byzanz diente R. als wichtiger Flottenstützpunkt. Kaiser *Leo III. bestätigte das alte Seerecht von R. als gültig für das gesamte Kaiserreich. Nach der Eroberung durch die Teilnehmer des vierten *Kreuzzugs kam R. unter den Einfluß Venedigs, das jedoch nicht seine Herrschaft festigen konnte, so daß die Insel mehrfach den Herrn wechselte. 1308 wurde R. Hauptstützpunkt des *Johanniterordens, der R. befestigte und gegen die türkischen Angriffe verteidigte. Die Ummauerung des 15. Jh.s ist großteils erhalten geblieben.

RIBA Siehe *ISAAK BEN ASCHER HALEVI.

RIBE (RIPEN) Stadt im südöstlichen Jütland (Dänmark). R. war eine der ältesten Städte des Landes und wird seit 862 erwähnt. Seit dem 10. Jh. war R. aktiver Hafen und königliche Residenz, 948 Bistum. In dem hier 1460 geschlossenen Vertrag wurde Dänemark mit Schleswig und Holstein vereint.

RICHARD I. Löwenherz (Coeur de Lion; 1157-99) König von England (seit 1189). R. war Sohn *Heinrichs II. und der *Eleonore von Aquitanien und erhielt das mütterliche Erbe Aquitanien. R. wurde als französischer Ritter, Krieger und aquitanischer Edelmann mit Liebe zur lyrischen Dichtung und den *Troubadourliedern erzogen und galt als eine der schillerndsten Persönlichkeiten des späteren 12. Jh.s. 1172 erhielt R. das Herzogtum *Poitiers, wo er einen glänzenden Hof errichtete. R. erhob sich mehrere Male zusammen mit seinen Brüdern gegen seinen Vater, aber ihm wurde immer wieder verziehen. Nach dem Tod seines älteren Bruders Heinrich d. Jüngeren wurde er Thronerbe und konspirierte im Bund mit *Philipp II. von Frankreich gegen seinen Vater bis zu dessen Tod. 1189 wurde R. in London zum König gekrönt, wenige Monate darauf ging er nach Erhebung einer Steuer auf den *Kreuzzug. England überließ er den Beamten seines Vaters. R. segelte 1190 nach Sizilien, wo die erste Auseinandersetzung mit Philipp ausbrach. Auf dem Weg ins Heilige Land eroberte R. *Zypern von dem byzantinischen Kaiser *Isaak Komnenos. R. leitete die Belagerung *Akkons, wobei er durch sein militärisches Können und seinen Mut den Beinamen "Löwenherz" errang. Gleichzeitig bestritt er sich mit Philipp und dem österreichischen Herzog *Leopold von Babenberg, der nach Kaiser *Friedrichs I. Tod die deutschen Kreuzfahrer befehligte. Nach der Eroberung Akkons (1291) marschierte R. nach Süden, besiegte bei Arsuf *Saladin und eroberte Jaffa. Seine Versuche, auch Jerusalem einzunehmen, schlugen fehl. Das 1192 zwischen R. und Saladin unterzeichnete Abkommen schuf die Grundlage für die Errichtung des zweiten Kreuzfahrerstaates im Heiligen Land (siehe *Palästina).

Auf dem Rückweg wurde R. von Leopold von Österreich gefangengenommen und an Kaiser *Heinrich VI. ausgeliefert, der ihn erst nach Zahlung eines hohen Lösegelds freisetzte. Unterdessen hatte Philipp den *Vexin ergriffen und versucht, die französisch-normannische Grenze zu befestigen. Sofort nach seiner Freilassung griff R. an und schlug die Franzosen bei Freteval (1194). 1196 errichtete R. zur Sicherung der Seine und der normannischen Grenze die Burg *Château-Gaillard. Daraufhin wandte er sich nach Aquitanien, wo er aufsässige Lehnsleute unterwarf. In einer der Schlachten wurde er verwundet und starb kurz darauf in *Limousin. Als König von England leistete R. keinen eigenen Beitrag zur Regierung seines Reiches, das er seinem treuen

Justitiar *Hubert Walter überließ. Seine Aufenthalte in England waren gezählt und galten nur der Erhebung von Steuern. Die Regierung und Verwaltung des Landes, wie sie von seinem Vater Heinrich errichtet worden war, bewährte sich jedoch auch unter der ständigen Abwesenheit R.s; das Land gewöhnte sich an eine Regierung, die auf den Grundsätzen des *Common Law aufgebaut war.
Ph. Henderson, *Richard Coeur de Lion,* 1958;
J. Appleby, *England Without Richard,* 1965.

RICHARD II. (1367-1400) König von England (1377-99). Sohn *Edwards, des Schwarzen Prinzen, und Nachfolger seines Großvaters *Eduard III. Während seiner Minderjährigkeit wurde das Königreich von seinem Onkel *Johann von Gaunt, dem Herzog von *Lancaster, regiert. Nach seiner Großjährigkeit förderte R. seine Günstlinge wie die Mitglieder der De La *Pole-Familie, die von den Adeligen verabscheut wurden. Johann von Gaunt, der großen Einfluß besaß, ging zur Förderung seiner eigenen dynastischen Ansprüche nach Spanien (1386); die durch den *Großen Bauernaufstand von 1381 erschwerte Lage in England geriet vollkommen außer Kontrolle. Intrigen und Aufstände führten zum Abbau der Königsmacht. 1399 wurde R. abgesetzt und ein Jahr später hingerichtet.
J. M. Melsack, *The Fourteenth Century,* 1955.

RICHARD III. (1452-85) König von England (seit 1483). R. führte nach dem Tode seines Bruders *Eduard IV. (dessen Sohn er wahrscheinlich ermorden ließ) eine Gewaltherrschaft, die mit seinem Tod in der Schlacht gegen Heinrich VII. endete. Dadurch wurde das Haus York von den Tudors abgelöst.   (Din)
A. Kalkhoff, *R. III.,* 1980.

RICHARD II. Herzog der Normandie (gest. 1076). R. führte 1018-20 eine Pilgerfahrt normannischer Ritter nach Jerusalem, von denen einige auf dem Rückweg in Süditalien blieben, wo sie die normannischen Fürstentümer errichteten.

RICHARD DER JUSTITIAR Herzog von Burgund (887-921). R. war ein jüngerer Bruder *Bosos von Vienne, von dem er die Grafschaft Autun erbte. Im Kampf gegen die *Normannen (888-89) vergrößerte R. sein Herrschaftsgebiet und errichtete das Herzogtum *Burgund. Den Beinamen erwarb er, weil er einige Grafschaften und Feudalherrschaften seinem Recht unterwarf.
J. Richard, *Les Ducs de Bourgogne,* 1953.

RICHARD FITZNEALE Siehe *DIALOGUS.

RICHARD MARSCHAL Earl von Pembroke. Sohn *Wilhelm Marschals und einer der Führer der Opposition der Barone gegen *Heinrich III. von England (siehe *Simon von Montfort, Earl von Leicester).

RICHARD VON AVERSA Graf von Aversa (1047-78). Der normannische Abenteurer landete 1045 in Süditalien und wurde Schwager *Robert Guiscards und Nachfolger *Rainulfs, des Grafen von Aversa. Zu Beginn seiner Regierung bemühte er sich, seine Herrschaft nördlich von *Neapel auszudehnen. Durch einen Bündniswechsel zwischen Guiscard und dem Papsttum konnte R. *Capua einnehmen und die letzten Überreste der *Langobardenherrschaft in Süditalien zerstören.
L. Buisson, *Formen normannischer Staatsbildung,* in: Vorträge und Forschungen 5, 1960.

RICHARD II. VON CAPUA (gest. 1112) R. war der Sohn Wilhelms des jüngeren Bruder *Robert Guiscards.

In seinem Herrschaftsbereich führte R. die normannischen Bräuche ein. 1096 nahm er an Seite seines Neffen *Bohemund von Tarent am ersten *Kreuzzug teil.

RICHARD VON CHICHESTER (hl.; 1197-1253) Bischof von Chichester. R. studierte in Oxford und Paris und wurde 1235 zum Kanzler der Oxforder Universität gewählt. Seine Lehre der Moraltheologie brachte ihm großen Ruhm ein. 1244 wurde R. gegen den Willen König *Heinrichs III. und unter starkem Druck von Papst *Innozenz IV. zum Bischof von Chichester erhoben. Als Bischof befaßte sich R. mit der Verwaltung seiner Diözese und gab neue Statuten heraus. Dank seiner großen geistigen Qualitäten wurde er rasch hochgeschätzt und kurz nach seinem Tod als Heiliger verehrt.
E. F. Jacob, *St. Richard of Chichester*, 1950.

RICHARD VON CLARE (gest. 1176) Earl von Pembroke. R. war ein Sohn des Hauses Clare, das sich nach der normannischen Eroberung in England niedergelassen hatte, und diente *Heinrich II., der ihn zum Earl von Pembroke machte und 1168 mit der Eroberung Irlands beauftragte. R. nahm Dublin ein, das zum Schwerpunkt der englischen Herrschaft in Irland wurde.

RICHARD VON CORNWALL (1209-72) Römischer König (seit 1257). R. war ein jüngerer Bruder König *Heinrichs III. von England, wurde im Sinne der *ritterlichen Ideale erzogen und führte 1240-41 einen *Kreuzzug, der zur Eroberung von Gebieten zwischen Askalon und Jerusalem führte. Nach dem Tod *Konrads IV. (1254) war R. Kandidat für die deutsche Königswürde und wurde vom Erzbischof von Köln unterstützt.

Um die Gunst der deutschen Fürsten zu gewinnen, benötigte R. große Geldsummen, die ihm sein Bruder verschaffte. Dies führte zum Ausbruch einer Baronenrevolte in England und zur Gewährung der Provisionen von *Oxford. R. konnte die Herrschaft in Deutschland nicht ausüben.
N. Denholm-Young, *Richard of Cornwall*, 1954.

RICHARD VON DEVIZES (12 Jh.) Chronist. R. begleitete *Richard I. von England auf dem Kreuzzug und verfaßte eine detaillierte Chronik der Taten des Königs bis zum Jahr 1192. Zu diesem Zeitpunkt zog R. sich in das Benediktinerkloster St. Swithun's in *Winchester zurück. Dort schrieb R. die "Annalen von Winchester".

RICHARD VON HEXHAM (gest. um 1160) Chronist. R. verfaßte eine Chronik über den ersten Teil der Regierungszeit des englischen Königs *Stephan, die sich hauptsächlich mit den Ereignissen in Nordengland befaßt.

RICHARD VON MIDDLETON (gest. um 1305) Englischer Mathematiker, lehrte Theologie in Paris. R. arbeitete eine Theorie der unendlichen Zahlen aus und studierte das physikalische Problem des leeren Raumes. R. war der erste Gelehrte, der den leeren Raum als absolut frei (auch von Gott) ansah. Diese Gedanken brachten ihm scharfe Kritik seitens der Kirche ein.
H. Feldner, *Geschichte der wissenschaftlichen Studien im Franziskanerorden*, 1904.

RICHARD VON SAN GERMANO (13. Jh.) Chronist. R. diente bis 1250 als Notar am Hof Kaiser *Friedrichs II. R.s Chronik zu den Jahren 1189-1254 ist eine wichtige Quelle für die Geschichte der Stauferregierung Italiens in der Zeit *Heinrichs VI. und Friedrichs II.
Werk: Garufi (Hg.), *Rer. Ital. script.* 7, 2, 1937/38.

RICHARD VON ST. VICTOR (gest. 1173) Theologe. R. trat der Schule von *St. Victor in Paris bei und war Schüler *Hugos. Seit Mitte des 12. Jh.s war R. einer der Lehrer der berühmten Pariser Schule. Seine Bibelkommentare trugen ihm großen Ruhm ein. In seiner Abhandlung über die Dreifaltigkeit versuchte er, Glauben und Verstand in Einklang zu bringen. R. betonte die Bedeutung der Liebe für den Aufstieg der Seele.
C. Kirchberger, *Richard of St. Victor*, 1957.

RICHEMONT, KONSTABEL VON Siehe *ARTHUR III.

RICHER (10. Jh.) Geschichtsschreiber. R. studierte um 980 an der Domschule von *Reims als Schüler *Gerberts von Aurillac. Später war R. Mönch im Kloster *St. Remi zu Reims. Seine um 996 verfaßten Geschichtswerke beschrieben die Regierungszeit der letzten *Karolinger (888-995) und die Errichtung des *robertinisch-kapetingischen Königshauses.
Werk (dt.): K. v. d. Osten-Sacken, W. Wattenbach, *Geschichtsschreiber d. dt. Vorzeit* 37, 1941[3].

RIDDAHKRIEGE Bezeichnung für einige politisch-religiöse Aufstände der *Araberstämme gegen die Herrschaft der Kalifen *Abu Bakr in *Medina (632-34). Die R. begannen durch die Revolte der *Jemenitenstämme gegen die Kalifenherrschaft mit der Begründung, daß der von ihnen abgelegte Treueid einzig für den Propheten gelte. Einige Führer der R. bezeichneten sich selbst als Propheten. Der bedeutendste von ihnen war Mussailimah, der eine neue Sekte aufbauen wollte. Die Aufständischen wurden von *Khalid Ibn Al *Walid, einem der fähigsten Generäle Abu Bakrs, besiegt, der 633 Mussailimah schlug und den Jemen eroberte.

RIDUAN (gest. 1112) Sultan von Aleppo. R. bemühte sich vergeblich, die Eroberung *Antiochias durch die *Kreuzfahrer zu verhindern, und versuchte zu Beginn des 12. Jh.s, die Stadt zurückzugewinnen. Sein Fehlschlag trug zum Aufstieg des Atabeg *Sengsi bei.

RIENZO Siehe *COLA.

RIEVAULX Zisterzienserkloster in England, zur Mitte des 12. Jh.s gegründet und zur Zeit *Heinrichs III. und *Richards I. Mittelpunkt des Ordens in England. Im späten 12. Jh. beherbergte R. eine wichtige historische Schule. Kloster und Klosterkirche wurden im 13. Jh. im gotischen Stil umgebaut.

RIGA Stadt in Lettland, zu Beginn des 13. Jh.s als freie Stadt an der Dünamündung gegründet. R. war Verbündete des Deutschherrenordens, ein Mittelpunkt der katholischen Mission im Baltikum und Hauptquartier des Ordens der *Schwertbrüder, der sich 1237 mit den Deutschherren vereinigte. 1282 trat die Stadt der *Hanse bei. Die Deutschherren machten R. zum Mittelpunkt einer Ordensprovinz und ließen sich in der 1328-40 neuerbauten Stadtfestung nieder. Die Stadtbürger konnten ihre kommunalen Einrichtungen behalten; bis Ausgang des Mittelalters war R. der wichtigste Hansehafen im Baltikum- und Rußlandhandel. Die Stadt selbst besaß einen ausgesprochen deutschen Charakter.
F. Benninghoven, *Rigas Entstehung und der frühhansische Kaufmann*, 1961.

RIGORD (ca. 1150-1208) Geschichtsschreiber. 1189 gab R. seine Karriere als Hofarzt in Paris auf und trat dem Kloster *St. Denis bei. Dort wurde R. mit den historischen Werken *Sugers und anderer Mönche vertraut und stellte die erste Fassung der Chroniken von St. Denis zusammen, aus denen sich später die *Grandes

Chroniques de France entwickeln sollten. Sein Hauptwerk ist die Biographie *Philipps II. Augustus, die 1190 begonnen wurde.

Werk: H. Delaborde (Hg.), *Les Chroniques de Rigord et de Philippe le Breton,* 1890.

RIMINI Norditalienische Stadt an der Adriaküste. Bis zum 9. Jh. teilte R. das Los der anliegenden Provinzen und besonders *Ravennas. Als Teil des *Kirchenstaates wurde die Stadt im 9.-11. Jh. im Namen des Papstes von den Erzbischöfen von Ravenna regiert. 1115 wurde ein kommunales Regime errichtet, und die Stadt machte sich selbständig. Im 12. Jh. wuchs und blühte R., nach 1220 brachen Bürgerkriege zwischen den *Ghibellinen und *Guelfen aus, was 1239 mit der neuen Herrschaft des *Malatesta di Veruccio endete. Unter den Malatesta wurde R. eines der wichtigen politischen Zentren Italiens.

RINDER In der Landwirtschaft des mittelalterlichen Westens waren die R. einer der wichtigsten Schätze des Herren und des Bauern. Die der Dorfgemeinde gehörenden oder von ihr aufgezogenen R. durften auf dem herrschaftlichen Land grasen; die im direkten herrschaftlichen Besitz befindlichen R. wurden im Frondienst gepflegt. *Karl d.Gr. wies die Aufseher der kaiserlichen Güter an, den R.n besondere Aufmerksamkeit zu widmen. In mittelalterlichen Aufzeichnungen wie etwa dem englischen *Domesday Book wurden R. und deren Weideflächen gesondert und genau aufgezeichnet. Seit dem 12. Jh. mußte der Bauer seinem Herren die besten R. als Teil der Steuern übergeben. Im spätmittelalterlichen England wurde infolge des *Schwarzen Todes das *Enclosuresystem eingeführt, um das Weideland für die herrschaftlichen R. zu erhalten. Damals spielte auch der Ochsenhandel oft über weite Strecken eine wichtige Rolle für die Versorgung der wachsenden Städte.

G. Dyby, *Rural Economy and Agrarian Life in the Medieval West,* 1970;
E. Westermann (Hg.), *Internationaler Ochsenhandel (1350-1750),* 1979.

RINIO BENEDETTO (frühes 15. Jh.) Botaniker. R. wurde im nordöstlichen Italien geboren, reiste durch Deutschland, Italien und die nordwestlichen Balkanländer und sammelte botanische Beobachtungen. 1410 ließ sich R. in Venedig nieder, wo er seinen *Liber de Simplicibus* vollendete. Das illustrierte Pflanzenbuch enthält weitgestreutes Material über die Pflanzenwelt, die medizinischen Eigenschaften der Pflanzen und deren Namen in Lateinisch, Griechisch, Arabisch, Deutsch, den italienischen Dialekten und Slawisch.

RIPON Abtei in *Northumbrien (Nordengland). R. wurde um 650 von König Aldfrith von Northumbrien gegründet und enthielt eine keltische Mönchsgemeinde, die nach den Regeln des *irischen Mönchstums lebte. Die Bemühungen des Königs, R. zur Annahme des römischen Ritus zu veranlassen, spalteten die Gemeinde in zwei Lager und führten 661 zur Errichtung einer neuen Gemeinde, die Ausgangspunkt zur Verbreitung des römischen Brauchtums in England wurde. R. wurde im 10. Jh. in den *dänisch-angelsächsischen Kriegen zerstört und im 11. Jh. neu aufgebaut, erlangte aber nicht mehr seine frühere Bedeutung.

F. M. Stenton, *Anglo-Saxon England,* 1947.

RIPUARISCHE (RIBUARISCHE) FRANKEN Die ostfränkischen Stämme, die sich von den *salischen Franken abheben und im 3. Jh. in der Rheingegend um Köln und im 4.-5. Jh. im Moseltal seßhaft wurden. Die R. zeichnen sich durch die stärkere germanische Kontinuität aus und entwickelten ihre eigenen Gebräuche, die sie auch nach der Vereinigung mit den salischen Franken in der Zeit *Chlodwigs erhielten. In der Merowingerzeit bestimmten sie den Charakter *Austriens.

E. Ewig, *Die Civitas Ubiorum, die Francia Rinensis und das Land Ribuarien,* in: Rheinische Vierteljahrsblätter 19, 1954.

RISHANGER (gest. 1312) Englischer Chronist. R. trat 1271 dem Kloster *St. Albans bei, wo er als Geschichtsschreiber Nachfolger des *Matthäus Paris wurde. R. verfaßte eine Chronik Englands, die die Jahre 1259-1306 behandelt und als wichtige Quelle zur Zeit *Eduards I. dient.

RITTERTUM Soziale Klasse und eigener Lebensstil im mittelalterlichen Westen. Der Aufstieg des R.s ist

Grundherr an der Tafel, *aus dem Lutrell-Psalter, 14. Jh.*

Ritter stellen vor dem Turnier ihre Fahnen zur Schau; *aus einer Bilderhandschrift des 15. Jh.s*

mit technischen Entwicklungen und dem darauffolgenden Einsatz berittener Kämpfer in der fränkischen Armee *Karl Martels zu Beginn des 8. Jh.s verbunden. Die Einführung des orientalischen Steigbügels erlaubte den berittenen Kampf, was wiederum erhöhte Investitionen in der Ausrüstung nötig machte, die die Möglichkeiten des Bauern überstiegen. Außerdem mußte der Reiter eine längere Ausbildungsperiode als der Fußsoldat absolvieren. So erhielten die berittenen Kämpfer auch größere Landgüter, die mindestens 12 *Hufen umfaßten. Mit der Ausdehnung des *Karolingerreiches unter *Pippin d. Kurzen und *Karl d. Großen wuchs die Bedeutung der berittenen Kämpfer, die zur wichtigsten und eigentlich einzigen Streitmacht wurden, so daß im Mittellateinischen *miles* ("Soldat") gleichbedeutend mit "Ritter" wurde. Seit dem 9. Jh. ist das R. die Grundlage des Feudaladels, obwohl es in dieser Beziehung regionale Unterschiede gab. In Frankreich wurden die Ritter in den Adel integriert, in Lothringen und Deutschland unterschied man zu einem gewissen Maß zwischen den beiden. Erst im 12. Jh. wurden die Ritter als unterste Stufe der Aristokratie betrachtet, blieben aber weiterhin von den die Gerichtsbarkeit ausübenden Herren abhängig.

Mit der zunehmenden Teilnahme französischer und burgundischer Ritter in den spanischen Kriegen und anderen militärischen Unternehmungen des 11. Jh.s begann sich das R. durch einen eigenen Ethos von anderen Gesellschaftsklassen zu unterscheiden. Dieser Ethos gründete sich auf die Kampffähigkeit (besonders im Namen des Christentums und gegen die Moslems und

Heiden), fand Ausdruck in den Heldenliedern (*Chansons de Geste) und den in diesen erscheinenden Vorzügen wie Tapferkeit, Kühnheit, Treue gegenüber dem Herren und den Mitkämpfern sowie Bereitschaft, sein Leben aufs Spiel zu setzen. Um sich diese Eigenschaften anzueignen, mußte der Ritter die richtige Herkunft besitzen, im 12. Jh. Vorbedingung für die Zulassung zur ritterlichen Klasse, und er mußte eine entsprechende Ausbildung erhalten. Deshalb entstand zwischen dem 11. und 13. Jh. ein Erziehungssystem, das den zukünftigen Ritter bereits im Kindesalter aus seiner Familie löste und an den Hof eines befreundeten Ritters als Knappe holte. Dort sollte er sich die in der ritterlichen Burg üblichen Verhaltensweisen aneignen. Etwas später setzte die eigentliche Waffenübung sowie das Erlernen ritterlichen Benehmens unter der Aufsicht eines älteren Ritters ein. Am Ausgang der Ausbildungszeit wurde der junge Mann in einer besonderen Zeremonie, die religiöse und weltliche Elemente einschloß, zum Ritter geweiht. Der Ritter mußte nicht nur sein kämpferisches Können unter Beweis stellen, sondern auch in Übereinstimmung mit seinem gehobenen sozialen Status handeln. Er nahm an Jagdpartien, Turnieren und dem Hofleben teil und unterschied sich in seinem Lebensstil deutlich von den Stadtbewohnern und Bauern.

Seit dem 12. Jh. fanden die Ideale des R.s Ausdruck in der mittelalterlichen Dichtung. Die Wiederbelebung der legendären Vergangenheit in den Heldenliedern der Kreuzzugs- und Karolingerzyklen ebenso wie in der Dichtung der *Troubadours und den *Artusromanen spiegelte das zeitgenössische Leben des R.s und dessen

Ritterliche Liebe; flämisches Prunkschild des 15. Jh.s

Spätmittelalterlicher Ritter mit Schwert und Schild

Anschauungen deutlich wieder. Diese (vorgetragene, weniger gelesene) Literatur war integraler Teil der Erziehung, die der junge und erwachsene Ritter an den Hofversammlungen der Zeit erfuhr. Das an den Höfen *Aquitaniens und der Champagne ausgerichtete ritterliche Leben verbreitete sich über die Fürsten- und Herrenhöfe ganz Europas.

Ein wichtiger Aspekt des R.s war der religiöse Kodex, der in gewissen Hinsichten den Idealen des Mönchtums ähnelte. Das religiöse R. war in der *Kreuzzugsbewegung des beginnenden 12. Jh.s begründet und wurde zuerst im Rahmen des *Johanniterordens praktiziert. Dieser Orden diente als Vorbild für eine religiös beeinflußte Anschauung, die den dauernden Krieg gegen die Moslems sowie ein asketisch-mönchisches Leben betonte. Die Gründung des *Templerordens im Jahre 1119 und die Festlegung seiner Regel 10 Jahre später gaben der Vereinigung von R. und Mönchtum verstärkt Ausdruck und wurden vom hl. *Bernhard von Clairvaux in seiner Schrift "Zum Ruhm des neuen R.s" ideologisch untermauert. Das religiöse R. breitete sich in der zweiten Hälfte des 12. Jh.s nach Spanien aus, wo die Orden von *Calatrava, *Alcantara und *Santiago errichtet wurden, und ebenso nach Deutschland in Form des *Deutschherrenordens. Dieser war seit dem 13. Jh. nicht mehr im Heiligen Land, sondern hauptsächlich in Norddeutschland und den Ostseeländern tätig und diente als wichtiges Instrument der Christianisierung und Germanisierung Preußens und Livlands. Das religiöse R. repräsentierte das Ideal des vollendeten Ritters, der seine gesamten Bemühungen auf den Kampf für das Christentum konzentrierte und vom weltlichen Hofleben und familiären Band befreit war.

Im 14. Jh. gründeten Könige und Fürsten weitere Ritterorden, die jedoch eher weltlich orientiert waren und als Rahmen für die Auszeichnung politisch bedeutender Persönlichkeiten sowie als Gelegenheit für die Abhaltung glänzender Feste dienten. In dieser Hinsicht förderten sie die Entwicklung der Künste und wirkten auf die Verbreitung ritterlicher Ideale über weitere Gesellschaftsschichten ein.

Im 13. Jh. entstand in England eine besondere Form des R.s in den Rittern des *Shire, die als Niederadel ihr Betätigungsfeld in der Verwaltung ihrer Güter, der Grafschaften und Shires sahen und sich vom Hauptkörper des R.s trennten. Gleiches geschah in Deutschland mit den Junkern, die sich administrativen Aufgaben widmeten.

P. Kluckhohn, *Die ritterliche Kultur in Deutschland,* in: Das Mittelalter in Einzeldarstellungen, 1930; H. Kallfelz, *Das Standesethos des Adels im 10. und 11. Jh.,* 1960; A. Borst (Hg.), *Das Rittertum im Mittelalter,* 1976.

RJASAN Stadt in Mittelrußland am Okafluß, südöstlich von Moskau. R. wurde um 1100 gegründet, war auch unter dem Namen *Perejaslawl bekannt und wurde von einer Seitenlinie des Hauses *Rurik regiert. Die Mongolen zerstörten 1237 die Stadt, die dann im 14. Jh. an einem neuen Ort wieder aufgebaut wurde. Bis zur Schlacht von *Kulikovo wetteiferte das Fürstentum von R. mit *Moskau um die Vorherrschaft in Rußland; 1521 kam es an Moskau.

G. Vernadsky, *Medieval Russia,* 1953.

ROBERT Earl von Chester (1080-1124). Einer der mächtigsten Barone Englands in der Zeit *Wilhelms d. Eroberers, *Wilhelms II. und *Heinrichs I. R. vollendete die normannische Eroberung der walisischen Grenzgebiete und baute im Nordosten des Reiches eine starke Grafschaft auf. Seine Tätigkeit trug zur Besiedlung der Gegend bei und förderte deren wirtschaftliche Entwicklung.

F. M. Stenton, *The First Century of English Feudalism,* 1938.

ROBERT I. BRUCE (1274-1329) König von Schottland (seit 1306). R. beanspruchte den Thron gegen die Wünsche des englischen Königs und mit Unterstützung eines Großteils der schottischen Adeligen und galt als Vorfechter der nationalen Unabhängigkeit. Nach Eduards Tod (1307) erhob sich R. gegen die englische Herrschaft, nahm 1314 *Edinburgh und schlug *Eduard II. bei *Bannockburn. R. verbündete sich mit Frankreich gegen England. Er gründete seine Regierung auf die Zusammenarbeit mit den Ständen; R. ist einer der schottischen Nationalhelden.

G. W. S. Barrow, *Robert Bruce and the Community of the Realm of Scotland,* 1965.

ROBERT I. von Courtenay Lateinischer Kaiser von Konstantinopel (1221-28). R. war Erbe *Philipps von Courtenay und mußte sich als Kaiser mit den Anfängen der byzantinischen Wiedereroberung auseinandersetzen. Es gelang R. nicht, den Fall *Thessalonikes zu verhindern; er konzentrierte seine Kräfte gegen das Kaiserreich von *Nikaia, die *Bulgaren und *Epiros.

ROBERT I. (von Franzien; um 865-923) König von Frankreich (seit 922). Bruder des Robertiner Königs *Odo, dem er militärisch beistand. 898 erbte R. das gesamte Fürstentum der Robertiner zwischen der Seine und der Loire, unterwarf die Lehnsleute und kämpfte gegen die *Normannen, die er 911 bei Chartres besiegte. Dank seines erhöhten Ansehens und seiner Macht konnte R. nun gegen den schwachen *Karolingerkönig

*Karl III. auftreten und wurde 922 von den Magnaten des Landes zum König gewählt. R. besiegte Karl 923 bei Soissons, wurde aber in der Schlacht getötet.

F. Lot, *Naissance de la France,* 1947.

ROBERT II. der Fromme (um 970-1031) König von Frankreich seit 996. R. war Sohn des *Hugo Capet und wurde von *Gerbert von Aurillac in *Reims aufgezogen. 987 teilte sein Vater mit ihm die Königsherrschaft, um spätere Wahlen zu vermeiden. R. stand mit der Kirche wegen seiner verbotenen Heirat mit Bertha von Burgund in Konflikt und mußte am Ende der Annullierung der Ehe zustimmen. Seinen Beinamen "der Fromme" erlangte R. wegen seines entschiedenen Vorgehens gegen Ketzerbewegungen und besonders wegen der grausamen Unterdrückung der Ketzer von *Orléans. 1015 eroberte R. *Burgund, konnte es aber infolge des Widerstandes der Magnaten nicht mit den königlichen Grafschaften Paris und Orléans vereinigen, sondern war gezwungen, das Herzogtum an seinen jüngeren Sohn *Hugo, den Gründer des Kapetingerherzoghauses von Burgund, als Lehen zu geben. R. verlieh auch dem Orden von *Cluny seine Unterstützung.

R. Pfister, *Le règne de Robert le Pieux,* 1899.

ROBERT II. Graf von Flandern (1093-1109). R. förderte die Entwicklung der flämischen Städte und deren Handel. 1096 stellte sich R. an die Spitze des flandrischen Teilnehmer des ersten *Kreuzzugs und nahm 1099 an der Eroberung Jerusalems teil.

ROBERT III. Graf von Artois. Siehe *ARTOIS.

ROBERT COURTEHEUSE ("Kurzhose"; um 1054-1134) Herzog der Normandie (1087-1106). R. war der älteste Sohn *Wilhelms d. Eroberers, von dem er die Normandie erbte. Unter R.s Regierung stärkte sich der Adel des Landes auf Kosten der Herzogsgewalt. R. nahm am ersten *Kreuzzug teil, nachdem er sein Herzogtum an seinen Bruder *Wilhelm II. von England verkauft hatte. 1100 kehrte R. in die Normandie zurück und versuchte nach seines Bruders Tod vergeblich, den englischen Thron gegen den jüngsten Bruder *Heinrich I. zu beanspruchen. Die anglo-normannischen Adeligen erhoben sich gegen R.; 1106 wurde er von Heinrich bei Tinchebray geschlagen und bis zu seinem Tod gefangengehalten.

C. H. Haskins, *Norman Institutions,* 1918.

ROBERT DER JERUSALEMER (um 1031-93) Graf von Flandern (seit 1071). 1085 ging R. auf eine Pilgerfahrt nach Jerusalem, was ihm den Beinamen einbrachte. Auf dem Rückweg machte R. in Konstantinopel Station (1090) und diente dem byzantinischen Kaiser *Alexios I. Komnenos bei dessen Kriegen gegen die *Seldschuken Kleinasiens. Diese Intervention war für die Entwicklung des *Kreuzzugsgedankens von großer Bedeutung.

S. Runciman, *Geschichte der Kreuzzüge* 1, 1959.

ROBERT DER MÖNCH (12. Jh.) Geschichtsschreiber, über dessen Leben kaum Nachrichten bestehen. R. schrieb eine Chronik des ersten *Kreuzzugs, die eine wertvolle Quelle für die Untersuchung der Beweggründe zum Kreuzzug ist.

Text: *PL* 155.

ROBERT DER STREITBARE (le Fort; gest. 866) R. war einer der feudalen Abenteurer, die in der Zeit *Karls d. Kahlen aufgestiegen waren und Grafschaften und sonstige Reichtümer zusammengetragen hatten. 864 kämpfte R. gegen die Normannen, die in das Loiretal eingedrungen waren, und beschützte Tours. Karl

beauftragte R. mit der Verteidigung der Gegend zwischen der Loire und der Seine, wo R. die Grafschaften Tours und Paris erwarb. R. fiel in der Schlacht nahe Tours, seine Nachkommen regierten jedoch Frankreich. R. war der Gründer des *Robertiner- oder *Kapetingerhauses.
F. Lot, *Naissance de la France,* 1946.

ROBERT DER TEUFEL (um 1006-35) Herzog der Normandie (1027-35). R. unterwarf das Herzogtum einem strengen Regime und unterdrückte den Hochadel. 1027 vermittelte R. in einem Lehnskonflikt zwischen König *Robert d. Frommen und *Odo von Blois. R. war der Vater *Wilhelms d. Eroberers.

ROBERT DER WEISE (1278-1343) König von Neapel (seit 1309). Sohn *Karls II. von Anjou, war als Thronerbe in die Kriege mit *Aragón verwickelt und nahm an den Verhandlungen teil, die 1302 zum Vertrag von *Caltabellotta führten. Nach dem Tod von Papst *Bonifatius VIII. wurde sein Einfluß in Rom vorherrschend. Nach seiner Krönung war R. weiterhin bemüht, einen starken italienischen Staat aufzubauen. 1319 schlug er eine norditalienische Koalition unter der Führung eines Mailänder *Visconti und machte sich zum Herrscher großer Landstriche in Mittelitalien. Im Konflikt zwischen Papst *Johannes XXII. und Kaiser *Ludwig d. Bayern nahm R. eine neutrale Stellung ein und wurde 1330 gebannt, nachdem der Papst den böhmischen König *Johann von Luxemburg zum Eingreifen in Italien veranlaßt hatte. 1326 hatte R. Johannes geschlagen und sich zur führenden Persönlichkeit Italiens gemacht. R.s Fehlschlag, Sizilien zu erobern, war ein schwerer Schlag für die Sache der *Angevinen und schuf große Schwierigkeiten im Königreich *Neapel und für dessen Wirtschaft.
W. Goetz, *König Robert von Neapel, seine Persönlichkeit und sein Verhältnis zum Humanismus,* 1910.

ROBERT GROSSETESTE Siehe *GROSSETESTE.

ROBERT GUISCARD VON HAUTEVILLE (1016-85) Herzog von Apulien (seit 1059). R. war ein Sohn der normannischen Ritterfamilie von *Hauteville und gesellte sich zu seinen Brüdern und anderen normannischen Abenteurern, die bereits in Süditalien waren. Bis 1050 hatte R. die Führung der normannischen Kräfte in *Kalabrien und *Apulien errungen und war Verbündeter der Grafen von Aversa. 1153 eroberte er *Benevent und nahm Papst *Leo IX. gefangen, den er zur Anerkennung seines Herzogstitels als Lehnsmann des Papsttums zwang. Im weiteren war er ein treuer Verbündeter des Reformpapsttums. R. ergriff *Sizilien, das er seinem Bruder *Roger übergab. 1071 übernahm R. mit der Eroberung von Bari die restlichen byzantinischen Besitzungen in Süditalien. R. war der Gründer des normannischen Staates von Süditalien, den er als Feudalmonarchie gestaltete. In seinen letzten Lebensjahren führte R. Kriegszüge gegen die Byzantiner in *Albanien und *Epiros.
J. Déer, *Papsttum und Normannen, Untersuchungen zu ihren lehnsrechtlichen und kirchenpolitischen Beziehungen,* 1973.

ROBERT VON ARBRISSEL (um 1060-1117) Einsiedler. Im Jahr 1091 zog R. sich in die Wälder von Anjou zurück, wo er als Wanderprediger tätig war. 1098 fanden sich zahlreiche Büßer bei ihm ein, mit denen R. 1101 das Kloster *Fontevrault gründete, dessen geistiger Führer er bis zu seinem Tod blieb.
J. Walter, *Die ersten Wanderprediger Frankreichs,* 1903.

ROBERT VON ARTOIS (1216-50) Zweiter Sohn König *Ludwigs VII., erhielt 1240 die Grafschaft *Artois als Apanage. Er ging mit seinem Bruder *Ludwig IX. auf den *Kreuzzug nach Ägypten und fand in der Schlacht von *Mansurah den Tod.

ROBERT VON BURGUND Siehe *ROBERT II. DER FROMME.

ROBERT VON CLERMONT (1256-1318) Sechster Sohn König *Ludwigs IX. von Frankreich, der ihm die Grafschaft von Clermont in Valois (Nordostfrankreich) verlieh. Durch seine Heirat mit Beatrice von Burgund, der Herrin von Bourbon, wurde R. Gründer des Hauses *Bourbon.

ROBERT VON COURCON (um 1160-1219) Theologe. R. studierte in Paris zusammen mit dem späteren Papst *Innozenz III. und lehrte Theologie. 1208 stieg R. zu einem der ersten Lehrer der Universität auf und wurde von seinem früheren Studienkameraden 1212 zum Kardinal gemacht. 1215 erhielt R. das Kanzleramt der Pariser Universität und verfaßte in dieser Eigenschaft die Statuten der Universität.

ROBERT VON GLOUCESTER (um 1260-1300) Geschichtsschreiber. Seine mittelenglische Reimchronik behandelt die frühmittelalterliche Geschichte Englands. Neben zahlreichen Legenden und Geschichten bringt R. für das 12.-13. Jh. echte geschichtliche Nachrichten.

ROBERT VON JUMIÈGES (gest. 1055) Erzbischof von Canterbury (1051-52). R. wurde in der Normandie geboren, trat dem Kloster Saint-Ouen zu Rouen bei und wurde 1037 Abt von Jumièges. *Edward der Bekenner berief ihn zur Reformierung der englischen Kirche in sein Reich und machte ihn 1044 zum Bischof von London und einem seiner wichtigsten Berater. 1051 erhielt R. das Erzbistum Canterbury. Sein Einfluß führte zur Exilierung *Godwins, des Earls von Essex. Nach dessen Rückkehr nach England mußte R. fliehen. R. starb in Jumièges.
H. Böhmer, *Kirche und Staat in England im 10. und 11. Jh.,* 1899.

ROBERT VON LUZARCHES (13. Jh.) Baumeister. Gegen Ende des 12. Jh.s im Dorf Luzarches geboren, erwarb sich als Baumeister von Kirchen einen Namen und erhielt 1219 den Auftrag, die gotische Kathedrale von *Amiens zu errichten. R. arbeitete bis 1236 an dem Bauwerk, das 1269 fertiggestellt wurde und als eine der schönsten Errungenschaften der gotischen Baukunst gilt.

ROBERT VON MELUN (gest. 1167) Philosoph. R. studierte in Paris unter *Abälard, ohne jedoch dessen nonkonformistische Lehren zu übernehmen. Nach 1140 lehrte er an der Pariser Schule von *St. Geneviève, war zur Mitte des 12. Jh.s der ersten Pariser Gelehrten und Gegner *Beckets.
H. Horst, *Die Trinitäts- und Gotteslehre des Robert de Melun,* 1963.

ROBERT VON MOLESME (hl.; um 1027-1111) Gründer von *Cîteaux. Er war Mönch und Abt des burgundischen Klosters Molesme, das er einer strengen, gregorianischen Regel unterwarf. 1098 errichtete R. zu Cîteaux eine neue Mönchsgemeinde, wurde aber vom Papst gezwungen, nach Molesme zurückzukehren.
G. Spahr, *Das Leben des hl. R. v. M.,* 1944.

ROBERT VON SORBON (gest. 1256) Theologe. In dem nordostfranzösischen Dorf Sorbon geboren, studierte in Paris, wurde Kanoniker an der Domkirche und

Beichtvater König *Ludwigs IX. R. verfaßte eine Abhandlung über das Gewissen. Seine berühmteste Errungenschaft war die Errichtung des nach ihm benannten Kollegs der *Sorbonne.

ROBERT VON TORIGNY (1110-86) Geschichtsschreiber. Sohn einer normannischen Adelsfamilie, trat 1128 dem Kloster Le Bec bei und wurde 1149 dessen Prior. 1154 wurde R. zum Abt von *Mont St. Michel erwählt. Neben seiner administrativen Tätigkeiten und politischen Beschäftigungen am Hofe König *Heinrichs II. von England verfaßte R. Chroniken, die zu den wichtigsten Quellen für die Periode 1154-86 gehören.

ROBERT VON VERRE Siehe *VERRE.

ROBERT VON WINCHELSEY Siehe *WINCHELSEY.

ROBERTINER Französisches Herrscherhaus, das nach *Robert dem Streitbaren benannt ist. Seine Söhne *Odo und *Robert I. regierten Frankreich in den Jahren 888-98 und 922-23. Deren Nachkommen waren im 10. Jh. Herzöge von Franzien und sind seit der Thronbesteigung *Hugo Kapets im Jahre 987 als *Kapetinger bekannt.

ROBIN HOOD Legendärer englischer Held und Gegenstand zahlreicher Balladen, von denen einige noch im 14. Jh. verfaßt wurden. Der klassische R. des 12. Jh.s ist ein edler Räuber, der die Agenten der neu errichteten *normannischen Herrschaft angriff und die Beute zur Hilfe für die armen Bauern nutzte. Obwohl es wahrscheinlich keinen geschichtlichen R. gab, ist sein Bild das eines angelsächsischen Herren und dessen Reaktion auf die normannische Eroberung und den Prozeß der Feudalisierung Englands.
P. V. Harris, *The Truth about R. H.*, 1969[2].

ROCHESTER Stadt in Kent (England). R. entstand um eine alte römische Festung und war ein wichtiger Mittelpunkt des Königreichs *Kent. 604 wurde in R. ein Bistum errichtet, das im 8. Jh. als Ausgangsbasis für missionarische Tätigkeiten diente. *Wilhelm der Eroberer machte R. zum Mittelpunkt einer Grafschaft (1066-87). Im 12. und 13. Jh. wuchs die Stadt an und erhielt von *Heinrich III. die Erlaubnis zur Errichtung kommunaler Einrichtungen. Im Spätmittelalter bestand sie aus der Bischofsstadt und dem Borough, eine Unterscheidung, die 1446 mit der Abschaffung der bischöflichen Herrschaftsrechte und der Erhebung von R. zur königlichen Stadt verschwand.

ROCHUS (hl.; um 1295-1327) In Montpellier geboren, wo er anscheinend auch Medizin studiert hatte, wurde R. als Heiler der Pestkranken bekannt und verehrt. Auf einer Italienreise (um 1320-25) soll R. zahlreiche Opfer der Krankheit durch das Zeichen des Kreuzes geheilt haben. Seine Verehrung als volkstümlicher Heiliger verbreitete sich rasch über Europa.
M. Bessodes, *Saint Roch, histoire et légendes*, 1931.

RODERICK (gest. 1198) König von Connaught (Irland, 1156-68). R. war der letzte unabhängige irische König. 1156 erbte R. die Krone von Connaught, mußte jedoch gegen andere Thronanwärter kämpfen, bis er 1166 als Hochkönig von Irland anerkannt wurde. 1170 wurde R. mit der englischen Invasion Irlands durch *Richard von Clare und der Eroberung Dublins konfrontiert. Nach seinem Mißerfolg, die Stadt zurückzuerobern (1171), unterwarfen sich die irischen Stammeshäuptlinge den Engländern. R. kämpfte jedoch bis 1175 weiter, als er die Oberhoheit *Heinrichs II. von England auf sich nahm und man ihn als Lehnsmann des

Robin Hood, 19. Jh. (Phantasiebild)

Königreichs Connaught bestätigte. 1186 wurde R. bei einer Familienintrige gestürzt und mußte fliehen. 1191 trat R. in ein Kloster ein und starb vergessen.
E. Curtis, *A History of Medieval Ireland*, 1938[2].

RODERICK VON BETICA (gest. 711) Spanischer *Westgotenkönig seit 710. R. war der südspanischen Betica und wurde 710 vom westgotischen Adel zum König gewählt. 711 wurde er von den arabischen Eroberern geschlagen und auf der Flucht getötet. R. war der letzte Westgotenkönig Spaniens.

RODRIGO DIAZ DE VIVAR Siehe *CID.

ROGER (gest. 1119) Fürst von Antiochia (seit 1112). Neffe und Nachfolger *Tankreds, errichtete in der Stadt eine starke Regierung, die er 1115 durch seinen Sieg über die Herren von *Aleppo festigte. R.s Versuch, Aleppo zu erobern (1119), schlug fehl; R. wurde in der Schlacht getötet.

ROGER (1031-1101) Graf von Sizilien (seit 1062). Jüngster Sohn des normannischen Ritters Tankred von *Hauteville, ging 1157 nach Süditalien, um seinem Bruder *Robert Guiscard zu helfen. 1062 wurde R. mit der Eroberung Siziliens beauftragt und erhielt den Grafentitel. 1072 eroberte R. Palermo und machte sich an den Aufbau seiner Herrschaft. Nach Roberts Tod wurde R. von seiner Familie als Haupt des Hauses und Erbe Roberts betrachtet.

ROGER II. (1095-1154) König von Sizilien (seit 1130). R. wurde 1105 Graf von Sizilien und war der eigentliche Nachfolger *Rogers I. In Ausnutzung der schwachen Position seiner *Hauteville-Neffen erwarb R. deren Ländereien in Süditalien und wurde 1127 als Herzog von Apulien, Kalabrien und Sizilien Herrscher eines mächtigen Staates, den er von Palermo aus regierte. 1130 erhielt R. die Königswürde im Austausch für seine Unterstützung des Gegenpapstes *Anaklet II. R. baute eine leistungsfähige Verwaltung auf, setzte byzantinische und arabische Beamte und deren verwaltungstechnische Traditionen im Rahmen des normannischen Feudalsy-

Roland ruft nach Hilfe und zerbricht sein Schwert; aus einem Buntglasfenster in der Kathedrale von Chartres, 13. Jh.

stems ein. R. hatte eine starke Armee und Flotte, die das Mittelmeer kontrollierte. Diese Macht bewog Papst *Innozenz II. zur Anerkennung von R.s Königstitel (1139). Als Herrscher eines blühenden Staates konnte R. die Orientpolitik *Robert Guiscards fortsetzen. R.s Hof zu Palermo war Treffpunkt der griechischen, arabischen und lateinischen Kultur und einer der Mittelpunkte der Renaissance des 12. Jh.s.
E. Caspar, *Roger II. und die Gründung der normannisch-sizilianischen Monarchie*, 1904.

ROGER BORSA (um 1060-1111) Jüngerer Sohn des *Robert Guiscard, der ihn zum Erben des Herzogtums *Apulien machte. R. mußte gegen andere Anwärter aus dem Haus *Hauteville (besonders gegen seinen Halbbruder *Bohemund) kämpfen und wurde erst 1095 als Herzog anerkannt. R.s Schwäche führte zu Aufständen des normannischen Adels und erleichterte die Errichtung der sizilianischen Herrschaft über die Normannenreiche Süditaliens.

ROGER FITZOSBORN (11. Jh.) Earl von Norfolk. Ein normannischer Baron, begleitete *Wilhelm d. Eroberer 1066 nach England und bewährte sich bei der Eroberung und Organisierung des Landes. Als Earl von Norfolk, wo er großen Landbesitz hatte, besaß R. ein

großes Maß an Unabhängigkeit und führte Baronenaufstände gegen *Wilhelm II.
D. C. Douglas, *William the Conqueror and the Norman Conquest*, 1965.

ROGER MORTIMER (1287-1330) Earl von March und ein Führer der Opposition gegen *Eduard II. von England. R. war ein enger Verwandter Isabellas von Frankreich, der Gemahlin Eduards.

ROGER VON HOVEDEN (gest. um 1201) Geschichtsschreiber. R. studierte in Durham und lehrte danach Theologie in Oxford. 1175 trat R. in den Dienst *Heinrichs II. und später in den *Richards I., den er auf dem dritten *Kreuzzug begleitete. R. schrieb eine Chronik der Taten beider Könige, die den offiziellen Standpunkt zum Ausdruck brachte.
Text: W. Stubbs, 1868-71.

ROGER VON LORIA (um 1245-1304) Admiral. R. wurde in Loria (Italien) geboren, machte im Dienste *Genuas Erfahrungen in der Seekriegsführung, kämpfte 1265-68 gegen die Eroberungszüge *Karls von Anjou in Sizilien und diente seit 1276 als Admiral *Peters III. von Aragón. Im Rahmen der *Sizilianischen Vesper befehligte R. die aragonisch-sizilianische Flotte, die 1283 in der Schlacht von Reggio die Neapolitaner schlug.

Ein Jahr später wurde R. zum Großadmiral von Sizilien befördert und kämpfte bis 1302 gegen die französische und neapolitanische Flotte.
S. Runciman, *Die sizilianische Vesper,* 1959.

ROGER VON SALERNO (Ende des 12. Jh.s) Wundarzt, der in *Salerno praktizierte und an der dortigen Medizinschule lehrte. R. war die erste westliche Autorität auf diesem Gebiet und stützte sich mehr auf die byzantinische Chirurgieschule als auf die Araber. R. faßte seine Erfahrungen in der *Practica Chirurgica* zusammen.
Text: K. Sudhoff, *Beiträge zur Geschichte der Chirurgie im Mittelalter* 2, 1918.

ROGER VON WENDOVER (gest. 1236) Geschichtsschreiber. Sein Hauptwerk, die "Blüten der Geschichten", ist eine Zusammenstellung englischer Chroniken aus dem 12. Jh., die bis zum Tode von *Johann ohne Land reicht. Der letzte Teil über die Minderjährigkeit und Jugend *Heinrichs III. ist R.s eigene Leistung und behandelt neben der üblichen politischen Geschichte auch soziale und geistesgeschichtliche Aspekte. Er kann als früher Versuch integraler Geschichtsschreibung gewertet werden.
F. Schnith, *England in einer sich wandelnden Welt (1189-1259), Studien zu Roger Wendover und Matthäus Paris,* 1974.

ROLANDSLIED (Chanson de Roland) Das berühmteste französische Heldenepos. Das R. behandelt die Taten Rolands, des Grafen der bretonischen Mark, der in der Schlacht von *Roncesvalles (Roncevaux, 787) fiel. Im R. wird der Hauptheld als vollendeter Ritter und Verwandter *Karls d.Gr. geschildert, der den Auftrag erhält, die Nachhut des ersten großen Kriegszuges der Christen gegen die spanischen Moslems zu befehligen. Zusammen mit seinem Freund Oliver, einem weiteren idealisierten Ritter, rettet Roland durch seinen Opfermut das Gros des Heeres und weigert sich bis zu seinem Tod, Hilfe herbeizurufen. Die ersten Fassungen des R.s stammen aus dem 10. Jh. In der zweiten Hälfte des 11. Jh., hatte es bereits eine derartige Beliebtheit errungen, daß Teile davon am Vorabend der Schlacht von *Hastings vor der Armee *Wilhelms d. Eroberers rezitiert wurden. Die in der Oxforder Handschrift erhaltene vollständigste Version wurde anscheinend in der Normandie verfaßt und stammt aus der Zeit *Heinrichs II. Plantagenet.
Text (franz.-dt.): H.-W. Klein, 1963;
R. Rütten, *Symbol und Mythos im altfranzösischen R.,* 1970.

ROLLE VON HAMPOLE, RICHARD (um 1295-1349) Einsiedler und Mystiker. R. studierte in Oxford Theologie und zog sich um 1330 nach Hampole zurück, wo er als Einsiedler lebte. Er verfaßte Übersetzungen von Büchern der Heiligen Schrift sowie Gedichte und moralische Unterweisungen in der englischen Sprache. Seine Hauptwerke sind der "Gewissensstachel für Sünder" und der "Liebesbrand".
D. Knowles, *Englische Mystik,* 1967.

ROLLO (gest. um 930) Herzog der Normandie (seit 911). R. war der Führer der skandinavischen Abenteurer, die sich gegen Ausgang des 9. Jh.s nahe der Seinemündung niederließen. 911 zwang R. nach mehreren Heerzügen gegen Frankreich König *Karl III., ihn als Herzog der *Normandie anzuerkennen. R. nahm das Christentum an, unterwarf die anderen Normannen-

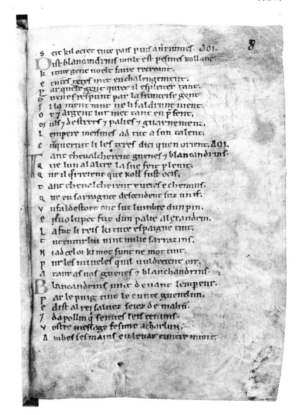

Seite aus dem Rolandslied, *12. Jh.*

häuptlinge und errichtete das Herzogtum *Normandie.
W. Vogel, *Die Normannen und das fränkische Reich (799-901),* 1906.

ROLLS SERIES Bezeichnung einer Sammlung von Chroniken und anderen Dokumenten zur Geschichte des mittelalterlichen Englands, die im 19. Jh. in 251 Bänden publiziert wurde (auch *Rerum Brittannicarum medii aevi Scriptores* genannt).

ROM Die Hauptstadt des antiken Römischen Reiches war auch im Mittelalter das wichtigste Zentrum des Westens und wurde im Gegensatz zur traurigen Lage vieler anderer Städte als *Civitas Aeterna* ("Ewige Stadt") bezeichnet. Einer der Hauptgründe für diese Kontinuität war die Errichtung der weströmischen Hauptstadt in *Ravenna, wodurch R. alleiniger Besitz des Papsttums blieb und seit dem 5. Jh. zum Zentrum der Christenheit und der katholischen Kirche aufsteigen konnte. Die verschiedenen Herrscher Italiens in der darauffolgenden Zeit regierten allesamt von anderen Mittelpunkten aus. Dagegen zog R. Pilger zum Grab des hl. *Petrus und Besucher der päpstlichen Kurie an, ohne daß es Verpflichtungen politischer Natur gegenüber dem byzantinischen Reich besaß. 590 wurde diese Autonomie mit der Errichtung des *Kirchenstaats durch *Gregor I. zur Unabhängigkeit; eine örtliche Verwaltungsstruktur unter päpstlicher Aufsicht trat an Stelle des byzantinischen Beamten. Dieser stand der "Senator" als Haupt der aristokratischen Familien vor. Seit 756 übertrug das

Papsttum an die fränkischen Könige *Pippin d. Kurzen und *Karl d.Gr. in Gegenleistung für den Schutz vor den *Langobarden den Titel des *Patricius Romanorum* ("Patrizier der Römer"), der den Königen die Stadtherrschaft verlieh. Im Jahre 800 wurde R. anläßlich der Kaiserkrönung Karls d.Gr. Reichshauptstadt, ohne daß die *Karolinger jedoch jemals tatsächlich in der Stadt residiert hätten.

Im 9. Jh. nahm das Papsttum mit dem Niedergang der Karolingermacht die Verteidigung R.s auf sich, besonders gegen die aus Nordafrika angreifenden Araber. Dabei waren die Errichtung der Città Leonina durch Papst *Leo IX. und die Mobilisierung einer Armee (*militia St. Petri*) durch *Johannes VII. von besonderer Bedeutung. Diese Maßnahmen führten zusammen mit der politischen Anarchie, die in Italien herrschte, zur Feudalisierung der Gegend und zum Aufstieg von Adelsfamilien, die die Stadt und sogar das Papsttum unter ihre Herrschaft brachten. Gegen Ausgang des 9. und im ersten Drittel des 10. Jh.s spielte das Haus *Theophylactus eine herausragende Rolle in der römischen Politik und hatte das Papsttum inne. Nach der Revolution von 934, die die Regierung der *Marozia beendete, nahmen die Grafen von *Tusculum deren Platz ein. Die Errichtung des *Heiligen Römischen Reiches durch *Otto I. (962) setzte der direkten Herrschaft der Tuskulaner ein Ende; zur Zeit der Minderjährigkeit der Ottonen und ihrer Abwesenheit von R. erlangten die örtlichen Familien jedoch wieder ihre alte Macht. So beherrschten die *Crescenti bis 1016 Rom und führten einen Aufstand gegen *Otto III. Diese Lage änderte sich erst nach der Thronbesteigung *Heinrichs III., der deutsche Kirchenfürsten zu Päpsten erhob, um die Abhängigkeit von der römischen Aristokratie ein für alle Mal aus der Welt zu schaffen. Die im Sinne der *Cluniazensischen Reformbestrebungen erzogenen deutschen und lothringischen Päpste führten die Ideen der Kirchenreform in R. ein; 1059 verlieh Papst *Nikolaus II. im berühmten Papstwahldekret dem *Kardinalskollegium das alleinige Wahlrecht. Die Kirchenreform, die unter *Gregor VII. (1075-92) ihren Höhepunkt erreichte, führte einerseits zum dauernden Zusammenstoß mit dem Kaiserreich, gab jedoch andererseits den Anstoß für die Zentralisierung der Kirchenverwaltung in Rom und für den Aufstieg der päpstlichen Kurie zum unbestrittenen Mittelpunkt der Macht. Dies führte wiederum zum militärischen Eingreifen der Kaiser. Von der Zentralisierung der Kirche um die päpstliche Kurie profitierte R. Seit der Mitte des 11. Jh.s besaßen die Finanzagenten des Papsttums große Macht in Rom; der Aufstieg der wichtigen Familien *Pietroleone und Frangipani, die für ein Jh. die römische Innenpolitik dominierten, ist direkt auf deren Positionen am päpstlichen Hof zurückzuführen. Zur Mitte des 12. Jh.s wurde die Stadt durch den Volksaufstand unter der Führung *Arnolds von Brescia erschüttert; die Niederschlagung der Rebellion verlieh der päpstlichen Kurie erhöhte Macht. Die Kurie wurde ihrerseits von kirchlichen Juristen dominiert, die von den aristokratischen Familien *Colonna, *Gaetani und *Orsini unterstützt wurden. Der Kampf gegen *Friedrich II. und die *Hohenstaufen machte das Papsttum von Frankreich abhängig, stärkte die französische Partei an der Kurie, die auf der Seite *Karls von Anjou stand. Die Bemühungen von *Bonifatius VIII., die päpstliche Autorität zu stärken, führten zum direk-

ten Zusammenstoß mit König *Philipp IV. von Frankreich, aus dem das Papsttum geschwächt hervorging.

Mit der Errichtung der Kurie in *Avignon (1308-78) verlor R. die Stellung als Hauptstadt der katholischen Welt. Die Stadt selbst geriet verstärkt unter den Einfluß der angevinischen Könige von *Neapel, während sich durch die Auswirkungen der Wirtschaftskrise eine kommunale Bewegung herausbildete, deren intellektuelle Führer wie *Cola de Rienzi die alten kaiserlichen Traditionen wiederbeleben wollten.

Die Ankunft des spanischen Kardinals und Papstlegaten *Albornoz in R. (1350) war ein Vorzeichen für die Rückkehr des Papsttums nach R., die jedoch erst nach Beilegung des *Großen Abendländischen Schismas ausgeführt werden sollte; eine päpstliche Regierung in R. war aber wieder, wenn auch nur teilweise, erkennbar. Durch den *Schwarzen Tod wurde jedoch ein bis zur Renaissance dauernder Niedergang eingeleitet.

F. Gregorovius, *Geschichte der Stadt Rom im Mittelalter*, (Neudr.) 1978.

ROMAGNA Nordostitalienische Provinz. Die R. wurde 754 von *Pippin d. Kurzen zusammen mit anderen Überresten des Exarchats von *Ravenna an das Papsttum verliehen. Die R. war Streitobjekt feudaler Fürsten im 9.-15. Jh. sowie des Papsttums und der deutschen Kaiser im 12.-13. Jh. Dadurch erlangten die Städte der R. ihre Unabhängigkeit, und nach dem Versagen des kommunalen Regimes wurden in einigen Städten wie Ferrara, Modena und Parma Fürstentümer errichtet. Der Name R. verlor seine politische Bedeutung und wurde nur noch als geographische Bezeichnung gebraucht.

ROMANA MATER Bulle von Papst *Bonifatius VII. (1297), die als Versuch der Versöhnung mit König *Philipp IV. von Frankreich herausgegeben wurde. Sie war an den Klerus adressiert und forderte diesen auf, den Herrschern Hilfe anzubieten.

ROMAN DE RENART Siehe *REINHARD.

ROMANE Bezeichnung für die ersten literarischen Werke in der Volkssprache, die erstmals im 12. Jh. in den französisch sprechenden Ländern erscheint. Im Gegensatz zu den *Chansons de geste (den Heldenepen) bedeuten die R. höfische Werke. Gewöhnlich waren die R. in Versform gehalten. Sie behandeln die verschiedenen Aspekte der *ritterlichen Tradition und ihre Ideale und enthalten sowohl religiöse als vor allem auch weltliche Auffassungen. Eine der berühmtesten R.zyklen ist die *Artusdichtung; andere erschienen im Rahmen der Renaissance des 12. Jh.s, wie etwa die Alexanderdichtung. Den Höhepunkt der R. des 13. Jh.s bildet der *Roman de la Rose*. Er wurde von zwei Autoren, *Wilhelm von Lorris (um 1236) und *Johann von Meung (um 1275-80), verfaßt und spiegelt die Gesellschaft des 13. Jh.s mit ihren Sozialschichten und Werten wider.

ROMANOS I. Lekapenos (gest. 948) Byzantinischer Kaiser (920-44). R. war ein hoher Würdenträger in Konstantinopel und diente nach dem Tode *Basils I. zusammen mit Kaiserin *Theodora als Regent. Nachdem R. diese 920 geheiratet hatte, wurde R. Kaiser und befaßte sich mit der Verwaltung des Reiches. Durch R.' militärische Unfähigkeit mußte Byzanz die Errichtung des *bulgarischen Reiches hinnehmen; R. wurde von seinen Söhnen abgesetzt.

S. Runciman, *Emperor Romanus Lecapenus*, 1932.

ROMANOS II. (939-63) Byzantinischer Kaiser seit 959. Sohn *Konstantins VII. und ein schwacher Herrscher, der *Nikephoros Phokas das eigentliche Regieren überließ.

ROMANOS III. Argyros (um 970-1034) Byzantinischer Kaiser seit 1028. R.s Regierungszeit kennzeichnet den Übergang von der makedonischen Dynastie zu der der *Komnenoi.

ROMANOS IV. Diogenes (gest. 1072) Byzantinischer Kaiser (1068-71). R. stammte aus dem kleinasiatischen Kappadokien und stieg als Soldat zum Befehlshaber des Heeres Kaiser *Konstantins X. auf. Nach dessen Tod heiratete R. dessen Witwe Eudokia (1068) und wurde zum Kaiser ausgerufen. 1070 begann R. einen Kriegszug gegen die *Seldschuken, die in Kleinasien eingefallen waren. R. wurde bei *Manzikert besiegt und gefangengenommen; die Seldschuken eroberten ganz Kleinasien. Nach seiner Freilassung regierte R.' Stiefsohn *Michael VIII., der ihn blenden und verbannen ließ.
G. Ostrogorsky, *Geschichte des byzantinischen Staates*, 1963.

RÖMISCHES RECHT Siehe *RECHT.

ROMUALD (hl.; um 950-1027) Gründer des *Camaldulenserordens. R. war Sohn einer mittelitalienischen Adelsfamilie und für eine kirchliche Laufbahn bestimmt. R. wurde von seinen Zeitgenossen wegen seiner Frömmigkeit und seines Wissens hoch geehrt und gab 999 seine Position als Abt in Ravenna auf, um sich als Einsiedler nach Camaldoli (nahe Ravenna) zurückzuziehen. dort gründete er eine Kolonie von Einsiedlern.
W. Franke, *Romuald von Camaldoli und seine Reformtätigkeit zur Zeit Ottos III.*, 1913.

ROMUALD VON SALERNO Bischof von Salerno (1153-81) und Chronist. R. ist der Verfasser einer Universalchronik von besonderer Qualität, die die Gründung und Entwicklung des normannischen Königreiches Sizilien im breiteren Rahmen der europäischen Geschichte des 11. und 12. Jh.s behandelt.

RONCAGLIA, Reichstag von (1158) Er wurde unter dem Vorsitz Kaiser *Friedrichs I. in der norditalienischen Stadt R. abgehalten. Dort veröffentlichte Friedrich seine Ansprüche auf die kaiserlichen Rechte (*regalia) in Norditalien (die sich inzwischen die Städte angeeignet hatten), was zum Zusammenstoß mit den lombardischen Städten führte. Andere Bestimmungen von R. betrafen die Ausrufung des kaiserlichen Friedens und ein Privileg für die Universität von *Bologna.
P. W. Finsterwalder, *Die Gesetze von Roncaglia*, in: Zeitschrift für Rechtsgeschichte, Germanistische Abteilung 51, 1931.

RONCESVALLES (RONCEVAUX) Tal in den westlichen Pyrenäen, das einen Durchgang zwischen Frankreich und Spanien darstellt. Im Jahre 787 war die Armee *Karls d.Gr. nach der Zerstörung der Mauern von *Pamplona auf dem Rückzug in R. angelangt, als ihre Nachhut von den *Basken in einem Hinterhalt angegriffen und zerstört wurde. Die Niederlage schien, nach zeitgenössischen Berichten und der Zahl der dabei umgekommenen hohen Herren zu urteilen, ein ernster Schlag gewesen zu sein. Die Begebenheit wurde über Generationen in Heldenliedern besungen und fand im Chanson de *Roland Unsterblichkeit. Im 11. Jh. wurde an der Stelle eine Kapelle errichtet.

ROOSEBEKE, SCHLACHT VON (1382) Sie wurde zwischen der königlichen französischen Armee unter Herzog *Philipp d. Kühnen von Burgund und den Genter Aufständischen unter Philipp van *Artevelde ausgefochten. Der französische Sieg gab Philipp die Herrschaft über die Niederlande und war ein Schritt zur Errichtung des *burgundischen Staates des späteren Mittelalters.

ROQUETAILLADE Siehe *RUPESCISSA.

ROSALIA (hl.; gest. um 1160) Schutzheilige von Palermo. Nach einer streng religiösen Erziehung verließ R. im Alter von 16 Jahren ihr Heim, um der Heirat zu entgehen; sie ließ sich am Pellegrinoberg oberhalb Palermos nieder, wo sie ihr Leben in Einsamkeit verbrachte. R. wurde bereits zu Lebzeiten vom Volk als Heilige verehrt und nach ihrem tragischen Tod als Märtyrerin betrachtet.

ROSA VON VITERBO (hl.; 1235-52) Tochter einer Bürgerfamilie aus Viterbo, trat im Alter von zehn Jahren dem *franziskanischen Nonnenorden bei, nachdem sie eine Reihe von Visionen erlebt hatte. 1246 begann R. "auf Befehl der hl. Maria" gegen Kaiser *Friedrich II. zu predigen. 1250 zog sich R. in eine Zelle in ihres Vaters Haus zurück und erlangte volkstümliche Verehrung. 1457 wurde R. heiliggesprochen.

ROSCELIN VON COMPIÈGNE (ca. 1045-1125) Philosoph. R. lehrte in der zweiten Hälfte des 11. Jh.s in Tours und entwickelte eine nonkonformistische Methode der Philosophie, die ihn zu einer logischen Interpretation der Natur führte. Unter seinen Schülern war auch *Abälard. R. wurde heftig von *Anselm von Canterbury angegriffen, der seine Lehre als Abweichung von der Rechtgläubigkeit verdammte. Da nach R. nur Einzeldinge Wirklichkeit haben, nicht aber *Universalien, kam er zu einer Aufspaltung der Dreifaltigkeit in 3 Götter.

ROSENKRIEGE (1455-85) Englischer Bürgerkrieg der beiden *Plantagenet-Nebenlinien *York (weiße Rose) und *Lancester (rote Rose als Wappen). Mit Heinrich VII. setzte sich 1485 Lancester durch; er heiratete eine York und begründete die Tudordynastie.   (Din)
J. R. Lander, *The Wars of the Roses*, (Neudr.) 1966.

ROSKILDE Stadt in *Seeland (Dänemark). Sie wurde im späten 10. Jh. am Ort eines *Wikingerhafens aus dem 8. Jh. gegründet und wurde 1020 Hauptstadt Dänemarks, nachdem *Knut d.Gr. seinen Hof in R. errichtet hatte. R. diente bis 1416 als Hauptstadt Dänemarks. Seit 1060 war R. auch Sitz eines Bischofs sowie Krönungs- und Begräbnisort der dänischen Könige. Die gotische Kathedrale wurde im 13. Jh. errichtet.

ROSTOW Nordwestrussische Stadt. R. wurde erstmals 862 als städtische Siedlung erwähnt und war im 11. Jh. Hauptstadt eines russischen Fürstentums, das von *Kiew abhängig war. Nach der mongolischen Eroberung Rußlands (1240) verblieb R. bis zum Aufstieg *Moskaus eine der bedeutendsten unabhängigen russischen Städte. In dieser Zeit wurde R. ausgebaut und erhielt einen großen Dom im byzantinisch-russischen Baustil. Nach 1380 verlor R. an Bedeutung.
G. Vernadsky, *Medieval Russia*, 1955.

ROSWITHA Siehe *HROSWIT.

ROUCY Nordostfranzösische Herrenfamilie, die durch Raub sowie Angriffe gegen das kirchliche Eigentum ihre Herrschaft ausdehnte (10.-11. Jh.). Sie wurden von *Ludwig VI. besiegt und in das feudale System integriert, in dessen Rahmen sie zum Aufstieg der französischen Monarchie beitrugen.

Mittelalterliche Gebäude zu Rouen, Frankreich

ROUEN Hauptstadt der *Normandie. Die gallisch-römische Stadt Rotomagum verlor nach der Eroberung Galliens durch die Franken an Bedeutung, blieb aber Sitz eines Erzbischofs. Sie wurde im 9. Jh. von den *Normannen verwüstet und dann 876 wegen ihrer günstigen Lage an der Seinemündung von diesen erobert. Unter der Herrschaft der normannischen Herzöge, deren Legitimität 911 von *Karl III. anerkannt wurde, entwickelte sich die Stadt und erhielt im 10. und 11. Jh. herzögliche Verwaltungsbehörden. Der Hafen R.s wurde zum wichtigen Knotenpunkt zwischen dem Fluß- und Meerhandel der Gegend und teils Zwischenstation des Weinexports von Paris, Burgund und Champagne. Nach der Eroberung Englands durch die Normannen (1066) wuchs die kaufmännische Bedeutung R.s, und der Englandhandel verdrängte die anderen Berufssparten. 1204 wurde R. von *Philipp II. von Frankreich erobert und von einem französischen Beamten regiert, der jedoch dem Stadtrat weite Vollmachten ließ.
A. DeBoüard, *La Normandie (Histoire des institutions Françaises au moyen âge)*, 1957.

ROUSSILLON Südfranzösische Provinz an der spanischen Grenze. R. war seit 462 Teil des Westgotenreiches, wurde um 720 von den Arabern erobert und war Ausgangsbasis für Invasionen in die *Languedoc. 750 eroberte *Pippin d. Kurze die Provinz und schloß sie an das *Frankenreich an. Die Grafschaft von R. war bis 865 in der Hand einer örtlichen Adelsfamilie und ging dann an die spanische *Mark über. Wie die anderen katalanischen Grafschaften wurde R. 1278 Teil des Königreichs

*Mallorca; ihre größte Stadt *Perpignan war bis 1340 Hauptstadt des Königreiches. Im gleichen Jahr kam R. an *Aragón, 1480 wurde es von Ludwig XI. für Frankreich erworben.
Ph. Wolff, *Histoire du Languedoc*, 1968.

RUBRUK Siehe *RUYSBROECK.

RUDAKI (um 859-940) Persischer Dichter, der früheste bekannte moslemische Poet *Persiens. Sein Werk war vom Hofleben geprägt und feierte Fürsten und hohe Würdenträger. R. diente bis 937 als Hofpoet des Samanidenherrschers Nasser II., fiel dann in Ungnade und beendete sein Leben in Armut.

RUDEL, JAUFRÉ Siehe *JAUFRÉ, RUDEL.

RUDOLF (gest. 936) König von Frankreich (923-36). Ein Sohn des nordwestfranzösischen *Robertinerhauses, erbte 921 das Herzogtum *Burgund und half 922 seinem Schwiegervater *Robert I., Karl III. zu stürzen. 923 wurde R. zum König von Frankreich gewählt und zu Soissons gekrönt, ohne jedoch die Anerkennung aller Magnaten zu erhalten. Seine Regierungszeit war durch dauernde Kriege mit dem Feudaladel und besonders mit *Herbert von Vermandois gekennzeichnet.
W. Kienast, *Deutschland und Frankreich in der Kaiserzeit*, 1975.

RUDOLF I. König von Hochburgund (888-912). R. war ein Sohn der bayerischen *Welfenfamilie, ergriff die Macht 888 mit dem Fall des Karolingerreiches *Karls III. in den transjuranischen Provinzen Burgunds (in der heutigen Westschweiz und der Freigrafschaft Burgund) und rief sich zum König aus. Bis zu seinem

Tod war R. bemüht, seinen Herrschaftsbereich südwärts auszudehnen.

A. Hofmeister, *Deutschland und Burgund im früheren Mittelalter*, (Neudr.) 1963.

RUDOLF II. König von Hochburgund (912-37). R. setzte die Politik seines Vaters *Rudolf I. fort und baute zwischen Frankreich und Deutschland einen starken Staat auf, wobei er sich in seiner persönlichen Energie auf die Schwäche der älteren Nachbarreiche stützen konnte. 921 begann seine Intervention in Italien; im folgenden Jahr wurde er in Pavia zum König gewählt und gekrönt. 923 besiegte R. seinen Rivalen *Berengar von Friaul. Im italienischen Teil seines Reiches war R. jedoch von der Unterstützung des Adels abhängig und mußte 926 nach dem Aufstieg *Hugos von Arles die italienische Krone aufgeben, nach Burgund zurückkehren und sich *Heinrich I. kommendieren. 933 folgte R. dem Appell einer Adelsfraktion nach Italien, begann Verhandlungen mit Hugo und erkannte diesen als König von Italien und Anwärter auf die Kaiserkrone an, wofür er das Königreich Arles-Provence erhielt und damit seine Herrschaft zwischen dem Juragebirge und dem Mittelmer, der Saône, Rhône und den Alpen vergrößern konnte. R.s Tochter Adelheid war zuerst mit Hugos Sohn Lothar und dann mit *Otto I. verheiratet.

R. Poupardin, *Histoire du royaume de Bourgogne*, 1912.

RUDOLF III. König von Burgund (993-1032). Siehe *BURGUND.

RUDOLF I. von Habsburg (1218-91) Deutscher König (seit 1273). R. war seit 1231 Graf von Habsburg mit ausgedehntem Besitz im oberen Elsaß, dem Aargau und im Breisgau und wurde für seine treuen Dienste für *Friedrich II. und *Konrad IV. mit weiteren Gebieten belohnt. In der Zeit des Großen Interregnums war R. bereits einer der mächtigsten Fürsten Deutschlands und wurde 1272 entgegen der Kandidatur König *Ottokars II. von Böhmen zum deutschen König gewählt. In den Jahren 1274-76 führten die beiden einen offenen Krieg, in dem R. Ottokar besiegen konnte. R. verlieh die österreichischen Herzogtümer (Österreich, Steiermark und Kärnten) an seinen Sohn *Albrecht und schuf damit die territoriale Grundlage der *Habsburgermacht. 1278 schlug Ottokars Versuch der Wiedereroberung Österreichs fehl. R. war der erste deutsche König, der nicht in Rom zum Kaiser gekrönt wurde und der sein Hauptaugenmerk auf die Ordnung der inneren Angelegenheiten und die Wahrung des Friedens in Deutschland richtete.

O. Redlich, *Rudolf von Habsburg*, 1903.

RUDOLF IV. VON HABSBURG (DER STIFTER; 1339-65) Herzog von Österreich (seit 1358). Der Schwiegersohn *Karls IV. versuchte vergeblich, durch eine Fälschung von Urkunden (*privilegium maius*) sein Prestige zu erhöhen und sich den *Kurfürsten gleichzustellen. R. schloß aber *Tirol an *Österreich an, gründete die Wiener Universität (1365) und begann den Neubau des Stephansdomes.   (Din)

E. K. Winter, *R. IV. und Österreich*, 1934-36.

RUDOLF VON LÜTTICH (11. Jh.) Astronom. R. war Kanoniker an der Domkirche von Lüttich und Schüler *Gerberts von Aurillac. R. war einer der ersten westlichen Gelehrten, die das Astrolabium erwähnten.

RUDOLF VON SCHWABEN (VON RHEINFELDEN) (gest. 1080) Gegenkönig (seit 1077). R. war Herzog von Schwaben und ein Führer der deutschen Oppositionspartei gegen Kaiser *Heinrich IV. und damit Verbündeter Papst *Gregors VII. 1077 wurde R. von den aufständischen Fürsten zum König gewählt, jedoch von Heinrich besiegt und in der Schlacht getötet.

RUFINUS (um 1191) Kirchenrechtler. R. studierte in *Bologna die Rechtswissenschaften und war Schüler *Gratians. Nach dessen Tod lehrte R. in Bologna und Paris Kirchenrecht und verfaßte einen Kommentar auf das Dekret Gratians. Diese *Summa* steht am Beginn der neuen kirchenrechtlichen Anschauungsweise und beeinflußte die Kanonisten des 12. und 13. Jh.s.

RUM Arabisch-türkische Verballhornung Roms und Bezeichnung der byzantinischen Hauptstadt. Außerdem wurde auch das *Seldschukensultanat, das nach 1071 in Kleinasien errichtet wurde, R. genannt.

RUMELI-HISAR Festung nahe Konstantinopel, die der Osmanensultan *Baijasid I. zur Belagerung der byzantinischen Hauptstadt errichtet hatte. R. ist die erste bekannte Osmanenburg und war in ihrem Baustil von den Bauwerken der kleinasiatischen *Seldschuken beeinflußt.

RUNNYMEDE Kleine Insel in der Themse nahe London, auf der König *Johann 1215 die aufständischen Barone traf und die *Magna Charta herausgab.

RUPERT (HRUODBERT; hl., gest. um 718) Apostel der *Bayern. Der Überlieferung nach war er von *merowingischer Abstammung, was jedoch nicht bewiesen werden konnte. R. war Bischof von *Worms, ging als Missionar nach Bayern und gründete 696 *Salzburg neu, indem er zwei Klöster stiftete.

R. Bauernreiss, *Kirchengeschichte Bayerns*, 1958[2].

RUPERT VON DEUTZ (gest. 1129) Abt des Benediktinerklosters Deutz bei Köln und einer der großen konservativen Reformer des benediktinischen Mönchswesens. Er stellte sich gegen die neuen asketischen Tendenzen und sah die Aufgabe des Mönchs im *Opus Dei* ("Anbetung Gottes"), die durch das Gebet die Errettung der christlichen Gesellschaft ermögliche. R. betonte den mystischen Sinn in der *allegorischen Schrifterklärung und stellte die Kontinuität der Heilsgeschichte dar.

R. Haacke, *Die Überlieferung der Schriften Ruperts von Deutz*, in: Deutsches Archiv 16, 1960; W. Kahles, *Geschichte als Liturgie*, 1960.

RUPESCISCA, JOHANNES VON (gest. 1362) Alchimist. R. trat in seiner Jugend dem *Franziskanerorden bei und hielt sich in Italien auf. Er erlangte Berühmtheit durch seine Methode, die Qualität destillierter Getränke mit Hilfe eines Kühlapparats zu verbessern. R. verfaßte viele Prophezeihungen und theologische Werke.

RUPRECHT III. von Wittelsbach (1352-1410) Pfalzgraf bei Rhein und deutscher König (1400-10). Nach der Absetzung König *Wenzels durch die deutschen *Kurfürsten wurde R. zum König gewählt. 1401 versuchte er vergeblich, Böhmen zu erobern. Auch seine Bemühungen, mit dem Romzug die kaiserliche Herrschaft über Italien zu errichten, stießen auf heftigen Widerstand. R.s Heer wurde von den mailändischen *Visconti entscheidend geschlagen. Seit 1402 und bis zu seinem Tod beschränkte R. seine Aktivitäten hauptsächlich auf die Rheingegend.

A. Winkelmann, *Der Romzug Ruprechts von der Pfalz*, 1892.

RURIK (gest. 879) Skandinavischer *Warägerführer und Haupt des Klans der Rus. R. und seine Brüder führten eine Warägerarmee nach *Rußland und ließen sich um 869 in *Nowgorod nieder. R.s Leben, Taten und Daten sind ungewiß; die Überlieferung späterer Generationen vermischt Wirklichkeit und Legende.

RURIKIDEN. Herrscherhaus, das seit Ausgang des 9. Jh.s und bis 1614 *Rußland regierte. Die Nachkommen *Ruriks machten *Kiew zu ihrer Hauptstadt und teilten sich 1050 unter der Oberhoheit von Kiew in mehrere Fürstentümer auf. 1167 wurde das Fürstentum *Susdal errichtet, das nach Kiew die meiste Bedeutung erlangte und nach dem *Mongoleneinfall von 1240 (der Kiew zerstörte) die Hauptlinie der R. wurde. Im 14. Jh. erlangten die Fürsten von *Moskau, die wiederum von den R. Susdals abstammten, die Vorherrschaft.

RUSSLAND Osteuropäisches Land. Im 7. Jh. begannen die Ostslawen ihre Wanderungen von der Gegend des Flusses Pripet entlang den Flußläufen Osteuropas und ließen sich in der weiten Gegend nieder, die von der *chasarischen und *bulgarischen Besetzung im Süden und Nordosten frei geblieben war. Allmählich übernahmen sie die seßhaften Lebensformen und bauten eine Agrargesellschaft auf, errichteten auch einige Städte wie *Nowgorod und *Kiew, die als Handelspunkte dienten. Im allgemeinen hatten sie nur einen niedrigen Grad an politischer Organisation; die Nachkommen der Häuptlinge waren kaum mehr als große Landbesitzer. Diese Lage änderte sich erst nach der Ankunft der skandinavischen Abenteurer und Kaufleute, die gewöhnlich *Waräger genannt werden.

Diese waren im 9. Jh. ein wichtiger Faktor und unterhielten Handelsbeziehungen mit dem Byzantiner- und Abbasidenreich. Besonders der schwedische Klan der Rus erlangte im Nordwesten R.s eine beherrschende Position, organisierte die Slawenstämme und baute in der zweiten Hälfte des 9. Jh.s ein Heer und einen Staat auf. Ihre Soldaten marschierten am Dnjepr südwärts, erreichten das Schwarze Meer und griffen 860 *Konstantinopel an. Die Berichte über die Taten der Rus sind großteils von Legenden durchsetzt, so daß ein Abriß der Entstehung R.s nur schwer durchzuführen ist. Nach Überlieferung des 10. Jh.s sollen die drei Rusbrüder *Rurik, *Sinius und *Truvor 875 bei Nowgorod gelandet sein, wo sie unter der Herrschaft des Ältesten ein Fürstentum gründeten. Nach Ruriks Tod (879) breiteten sie sich über den Süden aus, eroberten unter *Oleg (um 880-912) Kiew, griffen Konstantinopel an und erreichten 911 ein neues Handelsabkommen mit günstigeren Bedingungen. Der neue Staat dehnte sich von der Ostsee bis zum Schwarzen Meer und im Osten bis zum Don aus und umfaßte die gesamte Volksgruppe der Ostslawen. Die skandinavischen Führungsschichten assimilierten sich mit dem slawischen Volk, ein Prozeß, der in der Regierungszeit *Igors, des Sohn Olegs, stattfand (912-45). In seinen letzten Regierungsjahren teilte er mit seiner Gemahlin *Olga die Regierung, so daß sie nach seinem Tod als Regentin für den unmündigen *Swjatoslaw die Politik der Handelsverbindung mit Byzanz weiterführen konnte. 975 erhielt Olga auf einem Konstantinopelbesuch die Taufe und führte das Christentum in R. ein. Ihr Sohn Swjatoslaw hielt jedoch am Heidentum fest, erneuerte die russische Expansionspolitik, besiegte die *Bulgaren und nahm deren Hauptstadt *Preslaw. Er mußte jedoch vor Kaiser *Johannes Zsimiskes, der sich mit den *Petschenegen verbündet hatte, zurückweichen (972). Nach Thronwirren trat

Swjatoslaws jüngerer Sohn *Wladimir (979-1015) die Regierung an, der das Christentum zur Staatsreligion R.s machte. Er organisierte die Kirche und paßte die byzantinische Kultur den slawischen Gegebenheiten an. Seine Hauptstadt Kiew wurde mit ihren Kirchen und Klöstern oft das neue Konstantinopel genannt. Durch seine Bekehrung sicherte Wladimir die steten Handelsbeziehungen mit Byzanz, und seine Heirat mit einer byzantinischen Prinzessin brachte ihm die *Krim ein. Er begann einen heiligen Krieg gegen die Chasaren, deren Reich er gegen Ausgang des 10. Jh.s zerstörte. Wladimir ernannte seine Söhne zu Fürsten der wichtigen Städte des Reiches. Das Fehlen einer klaren Erbregelung führte nach seinem Tod zum Bürgerkrieg und zur zeitweiligen Eroberung Kiews durch den Polenkönig *Boleslaw I. Mit der Thronbesteigung *Jaroslaws des Weisen (1019-54) wurde der polnischen Ausdehnung Einhalt geboten; R. erreichte den Gipfel innerer und außenpolitischer Macht. Kiew wurde zu einer wichtigen europäischen Stadt und war ein berühmtes kulturelles und künstlerisches Zentrum. Jaroslaw verfaßte den ersten russischen Rechtskodex, der Byzanz zum Vorbild nahm, und verschaffte der landbesitzenden Aristokratie (den Bojaren) starken Einfluß. Er bemühte sich auch, durch Erbregelungen künftige Kriege und Thronwirren zu vermeiden. Demmach sollte das älteste Mitglied des Herrscherhauses als Fürst von Kiew und Herrscher von R. dienen. Jarowlaw spielte auch in den Angelegenheiten Europas eine nicht unbedeutende Rolle. Seine Töchter waren mit den Königen Norwegens, Ungarns und Frankreichs, seine Söhne mit byzantinischen und deutschen Prinzessinen, seine Schwester mit König *Kasimir von Polen und er selbst mit einer schwedischen Prinzessin verheiratet.

Der Tod Jaroslaws führte trotz seiner Vorsorge doch zu Thronwirren; die zweite Hälfte des 11. Jh.s ist durch den Aufstieg der autonomen Fürstentümer seiner Söhne und deren Nachfolger gekennzeichnet, während sich die Macht Kiews ständig verminderte. Dieser Prozeß wurde während der Regierungszeit *Wladimir Monomachs, der 1113 zum Großfürsten gewählt wurde und seine Herrschaft durchsetzen konnte, vorübergehend gebremst. Nach seinem Tod (1125) setzten seine Söhne die Kämpfe fort. Eine der wichtigsten Konsequenzen dieser Auseinandersetzungen war die Errichtung des neuen Fürstentums *Susdal durch Wladimirs jüngsten Sohn *Juri Dolgoruki, der den Nordosten R.s unterwarf. Zur gleichen Zeit gewann die Stadt Nowgorod die Autonomie und errichtete kommunale Einrichtungen. Der Niedergang von Kiew wurde durch die Eroberungen der *Polowzer, die die Handelsrouten der Ukraine abschnitten und Kiew zur Grenzstadt machten, noch beschleunigt. Als dann die Fürsten von Susdal in der zweiten Hälfte des 12. Jh.s zu Großfürsten gewählt wurden, weigerten sie sich, ihre Hauptstadt nach Kiew zu verlegen; sie regierten R. von ihrer eigenen Hauptstadt aus. Das Fehlen einer zentralen Gewalt erhöhte wiederum die Macht der seit jeher völlig zerstrittenen Fürsten. 1223 schlugen die *Mongolen bei Kalka eine Koalition russischer Fürsten. Die Niederlage enthüllte die Schwäche R.s; in den Jahren 1238-40 konnte *Batu-Khan die Überreste des alten Reichs zerstören, Kiew und den Süden erobern und die nördlichen Fürsten von Susdal, *Rjasan, *Rostov und *Tver zu hohen Tributzahlungen und zur Anerkennung der mongolischen Oberhoheit zwingen.

Innenhof der Laterankirche, Rom, 15. Jh.

Das nachfolgende Jh. war eines der schwersten in der Geschichte R.s. Kiew wurde zerstört, und die *Goldene Horde beherrschte direkt den Süden und indirekt den Norden, wo die Thronbesteigung neuer Fürsten von ihrer Zustimmung abhängig war. Die *litauischen Herzöge eroberten große Teile West-R.s zwischen der Dwina und dem Dnjepr. Die Versuche der *Deutschherrenritter, Nowgorod zu erobern, wurden jedoch von *Alexander Newskij zurückgewiesen; die Stadt blieb unabhängig und wurde zum östlichen Knotenpunkt der *Hanse. Auf die mongolische Eroberung folgte auch der kulturelle Rückgang. Abgetrennt von Byzanz zog sich die russiche Kirche auf Frömmigkeit und Mystizismus zurück.

Der Wiederaufbau R.s war das Werk der Fürsten von Susdal, die weniger von ihren städtischen Versammlungen (Veche) als andere Fürsten abhängig waren. Der Held des 13. Jh.s war Alexander Newskij, der 1246 Großfürst von Wladimir-Susdal wurde und von den Mongolen als Haupt der russischen Vasallenfürsten anerkannt wurde. Er blieb der Tradition seiner Vorfahren treu und schuf für seine Söhne Fürstentümer. Der Kleinstaat *Moskau ging an seinen jüngsten Sohn Daniel, dessen Nachkommen zum Kern des Wiederaufstiegs R.s wurden. Daniels Sohn *Iwan I. (1325-40) erlangte 1328 in Gegenleistung für sein Versprechen, höhere Tributzahlungen einzunehmen, den Titel des Großfürsten. Iwan nutzte seine Stellung aus, um die anderen Fürsten des Susdaler Hauses zu unterwerfen, und machte seine Würde erblich. Der Aufstieg der Moskauer Fürsten begann unter dem Schutz der Mongolen und nahm seinen Fortgang unter Ausnutzung der inneren Streitigkeiten der Goldenen Horde. *Dimitrij Donskoj (1359-89) war bereit, in Bezug auf Rjasan und Tver für die Mongolen als Richter tätig zu sein, wies aber hinsichtlich seines Reiches jegliche mongolische Einmischung zurück. Als er sich 1380 weigerte, Tribut zu zahlen, wurde die mongolische Strafexpedition 1381 bei *Kulikovo vernichtend geschlagen, womit er sich praktisch unabhängig machte. Dieser Sieg über die Mongolen war der bedeutendste; die Goldene Horde wurde von *Timur-Leng abhängig. Dies versetzte Dimitris Sohn *Wassilij I. (1389-1425) in die Lage, mit der Wiedereroberung der russischen Länder zu beginnen.

K. Stählin, *Geschichte Rußlands* 1, 1923;
G. Vernadsky, *Kievan Russia*, 1952;
G. Vernadsky, *Medieval Russia*, 1953;
G. Vernadsky, *Russia under the Mongols*, 1955.

RUSTICHELLO (ROSTICIANO) VON PISA (zweite Hälfte des 13. Jh.s) Dichter. R. wurde in Pisa geboren und schrieb nach französischem Vorbild Ritterromane. Unter diesen wurde besonders sein *Meltadus* (1270) bekannt. Als Gefangener der *Genuesen war R. in den Jahren 1298-99 Zellengenosse *Marco *Polos, der ihm seine Abenteuer diktierte. Später schrieb R. eine französische Fassung der Reisen Polos.
G. Del Guerra, *R. da P.,* 1955.

RUTEBEUF (gest. um 1285) Französischer Dichter, über dessen Herkunft und Leben wenig bekannt ist. R. war ein Wanderdichter, der in seinen Werken die zeitgenössische Gesellschaft kritisierte. In Paris nahm R. an den gelehrten Debatten zwischen den Mendikanten und den weltlichen Lehren der Universität teil (1277). Von ihm sind scharfe Gesellschaftssatiren, religiöse Lieder und Kreuzzugslieder bekannt. R. verfaßte auch ein Mirakelspiel über den Teufelsbündler Theophilus.
G. Lafeuille, *R.,* 1966;
U. T. Holmes, *A History of French Medieval Literature,* 1948.

RÜTLISCHWUR (1291) Der von den Kantonen Schwyz und Uri abgelegte Eid, sich zu vereinigen und gegen die *Habsburger zu kämpfen. Der R. gilt als erster Schritt zur Gründung der *Schweizer Eidgenossenschaft.

RUYSBROECK (RUUSBROEC), JOHANNES VAN (1293-1381) Mystiker. R. wurde in Holland geboren und war ein bekannter Prediger und Vertreter der *Devotio moderna. Sein Buch "Zierde der geistigen Hochzeit" ist ein Versuch, die Beziehungen zwischen dem Gläubigen und der Gottheit in Begriffen der katholischen Ehe zu erklären. Nachfolge Christi, stufenmäßiger Aufstieg zu Gott und Ekstase als höchster Zustand sind Hauptelemente seiner Mystik.
G. Dolezich, *Die Mystik Johannes van Ruysbroecks des Wunderbaren,* 1926.

RUYSBROECK (RUBRUK), WILHELM VON (ca. 1220-70) In den Niederlanden geboren, trat dem Dominikanerorden bei und wurde nach Paris gesandt, wo er König *Ludwig IX. vorgestellt wurde. R. zog mit ihm nach Palästina. 1253 kam R. als Haupt einer Gesandtschaft nach *Karakorum, wo er den Großkhan der Mongolen zum Christentum bekehren und zur Aussendung eines *Kreuzzugs bewegen sollte. R.s Reisetagebuch ist die erste westliche Beschreibung des Mongolenreiches.
Werk (dt.): F. Risch, 1934.

(vorhergehende Seite) Der mongolische Kaiserpalast von Peking (gegenüber) Wikingerschiff aus Oseberg, Norwegen

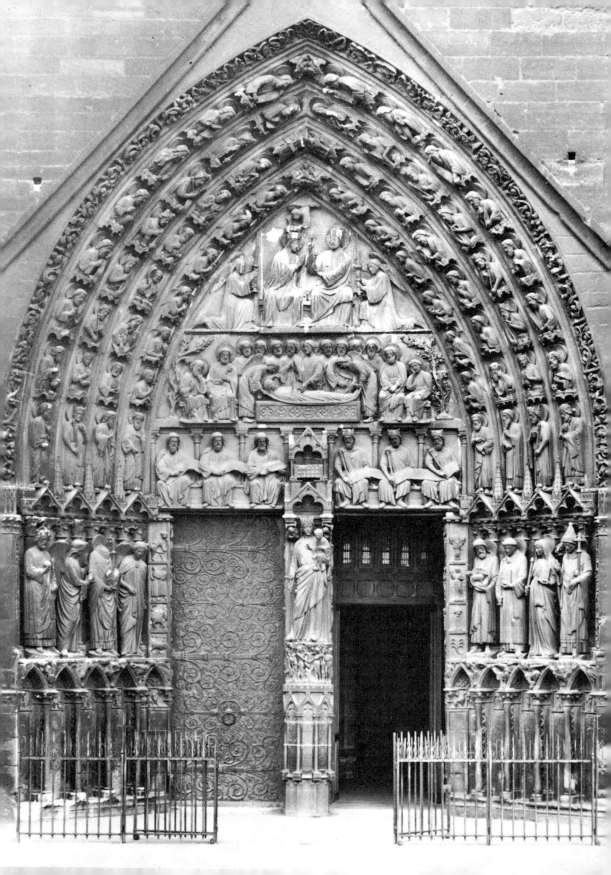

S

SAAD IBN ABI WAKAS (um 600-70) Arabischer General. S. verließ im Alter von siebzehn Jahren seine Familie in Mekka und wurde Anhänger *Mohammeds in Medina. S. zeichnete sich zu des Propheten Lebzeit in den Schlachten im *Hedschas aus und wurde einer der ersten Feldherrn des Islams. 636 wurde S. vom Kalifen *Omar als Hauptbefehlshaber in den Irak gesandt, gewann 637 die Schlacht von *Khadisija und begann mit der Eroberung Persiens. Als Statthalter von Irak gründete S. die Stadt *Kufa. S. wurde wegen Amtsmißbrauchs von seinem Posten entfernt, blieb aber weiterhin Mitglied des Kalifenrats zu Medina. 645 wurde er von Kalif *Othman wieder als Statthalter eingesetzt, stieß aber auf heftigen Widerstand. 657 nahm sich S. gegen *Alis Ansprüche die Kalifenwürde und zog sich vom öffentlichen Leben zurück.

SAADIA GAON (882-942) Jüdischer Führer, Gelehrter und Philosoph. S. wurde in Ägypten geboren, studierte in Alexandrien und wurde dort mit den arabischen Übersetzungen der griechischen Philosophen vertraut. Bereits zu Beginn des 10. Jh.s war S. für seine Gelehrsamkeit bekannt. 905 veröffentlichte er in Briefform eine Kampfschrift gegen die *Karäer, die ihn zu einem der führenden Gelehrten der jüdischen Orthodoxie machte. S. verließ um 910 Ägypten und hielt sich einige Jahre in Palästina und Aleppo auf. 921 intervenierte er im Streit zwischen den *Gaonen Jerusalems und Babylons über die Frage des jüdischen Kalenders. Sein Werk "Über die Feiertage" (923) setzte dem Disput ein Ende und lieferte eine autoritative Methode zur Festlegung des Kalenders. 922 ließ sich S. in Bagdad nieder; 928 wurde er zum Leiter der weltberühmten Akademie von Sura ernannt. Er führte eine Reihe von Kämpfen gegen den *Exilarchen und andere einflußreiche Juden in Bagdad um die geistige Unabhängigkeit des Gaonats. 934 war er gezwungen, zu entfliehen und verborgen zu leben, um der Verfolgung zu entgehen. In dieser Zeit schrieb er sein wichtigstes Werk, das *Emunoth veDeoth* ("Glaubenssätze und Meinungen"). Der Hauptgegenstand des Werkes ist die Frage nach dem Unterschied zwischen der göttlichen und der menschlichen Natur. S. stimmte in seinem philosophischen Rahmen mit der talmudischen Scholastik überein.

H. Malter, *S. G.*, 1921;
G. Vajde, *Jüdische Philosophie*, 1950.

SABAS (hl.; 439-532) Mönch. Ein Sohn Kappadokiens (wo er auch Mönch wurde), zog sich in die judäische Wüste im Heiligen Land zurück und gründete nahe dem Toten Meer eine *lavra* ("Einsiedelei"), die zahlreiche Schüler anzog und als Kloster von Mar Sabas bekannt wurde. 492 wurde S. zum Archimandriten der palästinensischen Mönche bestellt, nachdem er das Bischofsamt zurückgewiesen hatte.

St. Schiwietz, *Das morgenländische Mönchtum* 1, 1904;
G. Heydock, *Der hl. S.*, 1970.

SABETAI DONOLO (913-82) Jüdischer Arzt und Gelehrter. In Oria im byzantinischen Italien als Sohn einer bedeutenden jüdischen Familie geboren, studierte Medizin und Talmud. Seine Kenntnis der hebräischen, griechischen und lateinischen Sprache sowie mehrerer italienischer Dialekte ermöglichte es ihm, die medizinische Literatur des Westens und Ostens kennenzulernen. S. schrieb ein hebräisches Medizinhandbuch ("Das Buch der Kuren") sowie talmudische Abhandlungen, die auf den Lehren des *Saadia Gaon basierten.

S. W. Baron, *A Social and Religious History of the Jews* 6, 1957.

SACCHETTI, FRANCO (um 1330-1400) Schriftsteller. Sohn einer adeligen *Guelfenfamilie aus Florenz, war Kaufmann und im öffentlichen Leben seiner Stadt tätig. S. bereiste Italien und das Ausland und schrieb auf der Grundlage seiner Reisenotizen die "Dreihundert Erzählungen", eine Sammlung von Anekdoten und Satiren, sowie kleinere Gedichte.

Werk (dt.): H. Floerke, 1907.

SACHSEN Norddeutsches Land zwischen Elbe und Rhein. Es wurde nach der Weiterwanderung anderer germanischer Stämme im 5. Jh. von den Sachsen besiedelt; sie bauten allmählich eine Stammesföderation auf, deren König von den Stammeshäuptlingen gewählt wurde. Im 8. Jh. wehrten sich die S. gegen die missionarische Tätigkeit der christlichen Mönche, was den Hl. *Bonifatius zu einem Hilferuf an die Hausmeier der Merowinger veranlaßte. Damit wurde die Christianisierung S.s eine politische Angelegenheit, die zu einem langanhaltenden Krieg zwischen S. und den Franken in der Zeit *Karls d.Gr. eskalierte. Er wurde erst nach 30 Jahren mit der Niederwerfung und zwangsweisen Bekehrung der S. zum Christentum beendet (802). *Widukind, der nationale Führer der S., wurde gefangengenommen und nach Neustrien verbannt. Die fränkische Herrschaft wurde von neuen städtischen Zentren wie *Paderborn, *Fulda und *Korvey, die um Bistümer und Abteien errichtet worden waren, ausgeübt. Im 9. Jh. entwickelte sich das Land schnell weiter, Bremen und zahlreiche neue militärische und landwirtschaftliche Siedlungen wurden aufgebaut. Der politische Status S.s war aber immer noch unbestimmt: Karl d.Gr. und *Ludwig d. Fromme ernannten Grafen zur Verwaltung des Landes, und die Elbegrenze stand unter dem Befehl der Grafen der Nordmark. 843 erhielt *Ludwig der Deutsche das Land; er behandelte es als eigenes Königreich, das für seinen Sohn *Ludwig reserviert war. Zu Ausgang des 9. Jh.s erwarb S. dann den Rang eines Herzogtums unter der Herrschaft einer örtlichen Dynastie, die 911 Anerkennung fand. Als Herzog *Heinrich I. 919 zum deutschen König gewählt wurde, entschied er sich für die Beibehaltung des Herzogtums als einer territorialen Machtbasis und übergab die Regierung seinem ältesten Sohn *Otto I. Otto war auch nach seiner Königs-

Marienportal; frühgotische Plastik von Saint Denis, Paris

wahl im Jahre 936 noch Herzog. Unter den ottonischen Kaisern des 10. Jh.s blühte S. wirtschaftlich und kulturell; die Stadt *Magdeburg wurde Ausgangspunkt der deutsch-christlichen Expansion im Osten. Im 11. Jh. dienten einheimische Fürsten als Herzöge, und in der Zeit des Saliers *Heinrich IV. erhielt der sächsische Partikularismus verstärkten Auftrieb. Die meisten Aufstände gegen den Kaiser nahm in S. ihren Ausgang.

1125 wurde Herzog *Lothar von Supplinburg zum König gewählt, der das Herzogtum an den *Welfen *Heinrich d. Stolzen verlieh. Unter den Welfenherzögen erlangte S. seinen höchsten Wohlstand und wurde Ausgangspunkt der großen deutschen Expansion im slawischen Osten. Herausragendste Gestalt dieser Bewegung war Herzog *Heinrich der Löwe, in dessen Zeit die Macht S.s bereits eine Bedrohung für die kaiserliche Gewalt *Friedrichs I. darstellte. Der Kaiser nutzte Heinrichs Nichterscheinen im italienischen Krieg aus, um ihn 1180 vor Gericht zu stellen und Sachsen einzuziehen. Das große Herzogtum wurde daraufhin in mehrere Einheiten geteilt: die Herzogswürde mit Territorien im Südosten S.s ging an *Bernhard von Anhalt; die Grafschaften und Marken östlich der Elbe wurden zu direkten Reichslehen erhoben, und Lübeck erhielt den Status der Reichsstadt. Im Westen gingen die Grafschaften von *Westfalen an die Erzbischöfe von Köln; die großen kirchlichen Grundherrschaften wurden der kaiserlichen Aufsicht unterstellt. Der nach England verbannte Heinrich d. Löwe durfte am Ende den persönlichen Herzogstitel und seine Familiengüter um Braunschweig und Lüneburg beibehalten. Eine Anzahl von Grafschaften im Südwesten S.s wurde unabhängig.

Das neue Herzogtum S., das an der Wende vom 12. zum 13. Jh. errichtet und vom Haus Anhalt im 13. Jh. aufgebaut wurde, war im späteren Mittelalter ein wichtiges feudales Fürstentum. Es stützte sich auf die Ausbeutung der reichen Bodenschätze und die Wirtschaftskraft seiner Städte. 1356 erhielten die Herzöge von S. die *Kurfürstenwürde. Nach dem Aussterben der Askanier 1422 fiel das Land an das Haus Wettin.

R. Kötzschke, H. Kretzschmar, *Sächsische Geschichte*, 2 Bde., (Neudr.) 1965;
R. Schölkopf, *Die sächsischen Grafen (919-1024)*, 1957.

SACROBOSCO (Johannes von Hollywood; 13. Jh.) Mathematiker. In Hollywood (England) geboren, studierte und lehrte Mathematik in Oxford und dann in Paris. Seine Abhandlung *De Sphaera* wurde zum Handbuch der Astronomiestudien im späteren Mittelalter.

SAFADIN (Al-Malik Al-Adin, Saif Al-Din; 1143-1218) Ejjubidensultan (1198-1218). S. diente unter seinem Bruder *Saladin als Statthalter von Ägypten (seit 1182) und später von Aleppo, war 1193 Regent im Namen seines Neffen Al-Asis und wurde nach dessen Tod im Jahr 1198 Sultan von Ägypten. In den Jahren 1200-02 eroberte er Syrien und konnte vor seinem Tod fast das gesamte Reich Saladins wiederherstellen.

SAFFAH (Abu Al-Abbas Al-; gest. 754) Kalif (749-54). S. wurde 749 in Kufa zum ersten *Abbasidenkalifen ausgerufen, schlug 750 die *Omajjaden und verfolgte und tötete nach seinem Übertritt zum *sunnitischen Islam die Mitglieder und Anhänger des gestürzten Herrscherhauses.

SAFFARIDEN Moslemisches Herrscherhaus in Persien (873-902). Es wurde von Jakub Ibn Al-Laith Al-Saffar, einem früheren Kaufmann und Milizführer in Khorasan,

gegründet. Bis 873 hatten die S. den Großteil Khorasans erobert. Sie wurden 902 von den *Samaniden (Emir Amar) gestürzt.

SAGA (Sage) Bezeichnung der volkstümlichen Erzählungen und Geschichten über mythische und authentische Helden sowie deren Taten. Die S.s wurden vor allem in den skandinavischen Ländern von Barden rezitiert und enthielten oft eigene Zusätze des Erzählers. Seit dem 12. Jh. wurden sie besonders in Island und Norwegen schriftlich niedergelegt. Die nordischen S.s gehören zu den ausdrucksreichsten und besten Beispielen dieser Literaturgattung, die im 13. Jh. ihren Höhepunkt erreichte. Neben der wikingischen Mythologie und den skandinavischen Herrscherpersönlichkeiten waren auch Figuren wie *Karl d.Gr. Gegenstand der S.
W. Baetke, *Über die Entstehung der Island-Sagas*, 1956.

SAHEL BEN MAZLIACH (10. Jh.) Karäer, Gelehrter und Prediger. S. wurde in Persien geboren, ließ sich in Jerusalem nieder und war einer der Leiter der dortigen *Karäergemeinde. S. verfaßte Streitschriften gegen das orthodoxe Judentum, dessen Führer (besonders *Saadia Gaon) er des Materialismus und der Vernachlässigung jüdischer Gemeinden im Heiligen Land beschuldigte.
Z. Ankori, *Karaites in Byzantium*, 1957.

SAID IBN HUSSAIN (ABDULLAH AL-MAHDI) Gründer des *Fatimidenhauses (909-34). S. gab sich als Nachkomme der *Fatima und des *ismailitischen Mahdis aus. 909 gelangte S. nach Tunis, sicherte sich die Unterstützung der nordafrikanischen Schiiten und ließ sich in *Kairuan nieder, was bis zur Errichtung von *Mahdiah seine Hauptstadt war. S. schuf einen großen Staat, der sich von Marokko bis zur ägyptischen Grenze erstreckte.

SAIF AL-DIN Sultan von Mosul (1145-76). Jüngerer Sohn des *Sengi, wurde von seinem Vater zum Erben von *Mosul ernannt. Unter dem Einfluß seines Bruders *Nureddin organisierte S. die Verwaltung seines Staates nach syrischem Modell. 1173 versuchte S., die Regentschaft seines Neffen Salich zu erlangen, wurde aber von *Saladin besiegt.

SAINT ALBANS Kloster und Stadt in England. Das Kloster wurde am Todesort des hl. Alban, des ersten christlichen Märtyrers Englands (gest. 304), im 8. Jh. von König *Offa errichtet. Die normannische Klosterkirche, die heute als Kathedrale dient, wurde 1077 im romanischen Baustil begonnen und im 13. Jh. im gotischen Stil beendet. Unter den Normannen blühte das Kloster; es wurde reich ausgestattet. Seine Äbte spielten eine wichtige Rolle in der englischen Geschichte des 12. und 13. Jh.s. 1213 wurde die erste Fassung der *Magna Charta vor einer Baronen- und Prälatenversammlung zu S. verlesen. Im 13. Jh. war S. durch seine Schule der Geschichtsschreiber bekannt. 1381 erhielt die Stadt im Verlauf des *Großen Bauernaufstands das Stadtrecht, das jedoch nach der Niederschlagung der Revolte wieder eingezogen wurde. Während der *Rosenkriege wurde 1455 bei S. eine Lancaster-Armee geschlagen, 1461 eine Armee von York.

SAINT ANDREWS Schottische Stadt, die sich um ein im 6. Jh. gegründetes und im 8. Jh. dem hl. Andreas geweihtes Kloster entwickelt hat. 908 wurde S. Bistrum und kirchliche Hauptstadt Schottlands. Ein neuer Dom entstand im 12. Jh.; die Stadt erhielt 1160 den Status der Königsstadt. Die Universität von S. ist die älteste Schottlands und wurde 1410 gegründet.

SAINT ASAPH (LANELLI) Stadt in Wales, seit dem 12. Jh. Sitz eines Bischofs. Die Domkirche war dem hl. Asaph geweiht, der im 6. Jh. als Bischof amtiert hatte und als Apostel des Landes angesehen wird. Im 13. Jh. war S. Mittelpunkt des Widerstandes gegen die Engländer.

SAINT-BERTIN Abtei in Flandern. Im 7. Jh. gegründet, wurde unter den Schutz der *Merowingerkönige gestellt und reich ausgestattet. *Karl d.Gr. führte in S. die *Benediktinerregel ein. Im 9. und 10. Jh. blühte die Abtei und wurde eines der bekanntesten kulturellen Zentren Flanderns. Die Grafen von Flandern, die als Vögte des Klosters dienten, nutzten dessen Landbesitz zur eigenen Bereicherung. Die Abtei war auch ein wichtiger Mittelpunkt der Geschichtsschreibung; die "Annalen von S." gelten als eine der besten Geschichtsquellen für das karolingische Frankreich des 9.-10. Jh.s.

SAINT DENIS Kloster nahe Paris und eines der berühmtesten Zentren des fränkischen und französischen Mönchswesens. Es wurde im 6. Jh. über dem Grab des hl. *Dionysius, des Märtyrers und Bischofs von Paris, errichtet und erlangte unter König *Dagobert eine wichtige Position im Frankenreich. Dagobert verlieh S. weitgehende Vorrechte und Landgüter in der Nähe von Paris. Dazu ließ er noch eine große Kirche errichten, die als Begräbnisstätte der Merowingerkönige diente. Die Karolinger begünstigten S. weiter; so wurde *Karl Martel in S. beerdigt. Unter *Karl d.Gr. erhielt es Landgüter in verschiedenen Teilen des Reiches sowie Fulrad, eine der führenden Persönlichkeiten am Hof, zum Abt. Die Verehrung des hl. Dionysius wurde im gesamten Reich verbreitet. Fulrad machte das Kloster zu einem kulturellen Mittelpunkt, wo die Verehrung des Schutzheiligen mit der des *Dionysius Areopagita von Athen identifiziert wurde. Fulrads Schüler *Hilduin folgte als Abt nach und setzte seines Meisters Tätigkeit fort. Unter Hilduins Führung entwickelte sich S. dann zum wichtigsten religiösen und kulturellen Zentrum Frankreichs im 9. Jh. und beherbergte Lehrer wie *Hinkmar von Reims und Johannes Scotus *Erigena. Im 10. und 11. Jh. verlor S. an Bedeutung und erholte sich erst in der Amtszeit des Abtes *Adam (1096-1122). Adam errichtete um das Kloster eine städtische Siedlung, die ein wirtschaftlicher Mittelpunkt und im 12.-15. Jh. ein vielbesuchter Messeort wurde. S. erreichte unter dem Abt *Suger den Gipfel seines Ruhms. Suger baute in seiner von 1122-51 währenden Amtszeit die erste gotische Kirche Frankreichs; das Kloster wurde zur königlichen Kirche und zum Ort königlicher Geschichtsschreibung. Im 13. Jh. wurde die Kirche vergrößert und zur Begräbnisstätte der Könige umgebaut.
F. M. MacKormick, *The Abbey Church of St. Denis*, 1962.

SAINTE-CHAPELLE Eine berühmte Kirche aus dem 13. Jh., die im Pariser Königspalast auf Befehl *Ludwigs IX. errichtet wurde, um darin die aus Konstantinopel mitgebrachten Reliquien der Dornenkrone Christi aufzubewahren. Sie ist im Obergeschoß völlig verglast und damit das real gewordene Ideal der gotischen Wandauflösung.

SAINT-GENEVIÈVE Pariser Stift am linken Seineufer, bestand als Kloster bereits im 6. Jh. und war der Schutzheiligen von Paris geweiht. Nach einer Periode des Niedergangs wurde S. an eine Gruppe von Regularkanonikern übergeben, die sich dem Studium widmeten (11. Jh.). Seit dem frühen 12. Jh. war das Stift das

Die Sainte Chapelle, Paris, Mitte des 13. Jh.s

wichtigste Pariser Zentrum der Gelehrsamkeit und erlangte durch die Lehrtätigkeit von *Abälard Berühmtheit. Es sammelten sich Schulen und Kollegien an, die sich dann zur Pariser *Universität entwickelten. Als Vögte von S. besaßen die Könige von Frankreich das Recht, die Äbte einzusetzen.
H. Grundmann, *Vom Ursprung der Universität im Mittelalter*, 1960[2].

SAINT-GERMAIN-DES-PRÈS Pariser Kloster, im 6. Jh. am linken Seineufer gegründet und bald eines der am meisten verehrten Heiligtümer des *Merowingerreiches. Durch fromme Stiftungen wurde es eines der reichsten Klöster des Frankenreiches. Unter *Karl d.Gr. und *Ludwig d. Frommen spielten die Äbte von S. eine wichtige Rolle in der Reichsregierung. Im 9. Jh. ließ der Abt Irminion Besitz und Einkünfte des Klosters aufzeichnen; das daraus entstandene Dokument (Diptychon) ist eine der wichtigsten Quellen zur Wirtschafts- und Agrargeschichte der Karolingerzeit. Im 12. Jh. war S. als Mittelpunkt der Gelehrsamkeit Teil des *Quartier Latin. Obwohl es innerhalb der von *Philipp II. 1212 erweiterten Stadtmauer von Paris lag, gehörte die städtische Siedlung S. bis Ausgang des Mittelalters dem Kloster.
G. Lehoux, *Le bourg St. Germain*, 1964.

SAINT-GILLES-DE-PROVENCE Kloster an der Mündung der Rhône, am Ort des Märtyriums des legendären Heiligen Ägidius (Gilles) errichtet. Es bestand bereits im 8. Jh., die Mönche zerstreuten sich jedoch im 9. Jh. infolge der *normannischen und arabischen Überfälle.

S. wurde als angebliche Grabstätte des hl. Ägidius im 10. Jh. Pilgerort. Um das Kloster entstand eine kleine Stadt, die im 11. Jh. einen Hafen besaß. Das Wachstum der Stadt wurde von den Grafen von *Toulouse gefördert. 1080 wurde S. an Cluny tradiert, das im Kloster die Reform einführte. Die Kirche mit ihrer antikisierenden Bauplastik gehört zu den bedeutendsten der südfranzösischen Romanik.

R. Hamann, *Die Abteikirche von St. Gilles,* 1955/56.

SAINT-MARTIN Abtei zu Tours (Frankreich). Sie wurde im 5. Jh. gegründet und war dem Schutzheiligen von Gallien geweiht. S. wurde von den *Merowingern und *Karolingern überreich ausgestattet und war als Zentrum der Gelehrsamkeit Heim *Alkuins, der 796-804 als Abt diente. Im 9. Jh. setzte der Niedergang von S. ein; die reichen Besitzungen wurden zur Verteidigung des Loiretals gegen die *Normanneneinfälle geopfert. Mehrere Abenteurer wie Hugo der Abt und *Robert der Starke wurden Laienäbte. Danach wurde die eigentliche Mönchsgemeinde von einem Prior geführt, während die Abtwürde erbliches Eigentum der *Robertiner und *Kapetinger blieb. Von 987 bis 1789 wurden die Könige von Frankreich auch Äbte von S. genannt.

L. de Grandmaison, *St. Martin de Tours,* 1892.

SAINT-OMER Stadt in Südflandern. Sie wurde im 11. Jh. zu einem der bedeutendsten Mittelpunkte der nordeuropäischen *Tuchproduktion. Die Handwerkszünfte von S. waren Vorbild für die Vereinigungen der Handwerker in anderen europäischen Städten des 12. und 13. Jh.s.

SAINT-QUENTIN Stadt in Nordostfrankreich. Sie war im 10.-12. Jh. Hauptstadt der Grafschaft *Vermandois. Im 15. Jh. stritten sich die Könige von Frankreich mit den Herzögen von *Burgund um die Oberhoheit über S.

SAINT-VICTOR Pariser Regularkanonikerstift, 1108 von *Wilhelm von Champeaux am linken Seineufer gegründet, nachdem Wilhelm seine Position als Lehrer an der Pariser Domschule aufgegeben hatte. Die Gründung und reiche Ausstattung von S. wurden 1113 mit der Ernennung Wilhelms zum Bischof von Châlons-sur-Marne offiziell bestätigt. Unter seiner Leitung wurde im Stift eine bedeutende Schule errichtet, deren als *Viktoriner bekannte Gelehrten (bes. Hugo und Richard von S.) zu den wichtigsten Theologen von Paris zählten. Die Schule zog Studenten aus ganz Westeuropa an und schloß sich im 13. Jh. an die Pariser Universität an.

SAISSET, BERNHARD (gest. 1314) Bischof von Pamiers. S. war Anhänger von Papst *Bonifatius VIII., wurde 1299 festgenommen und wegen Nichtbezahlung von Steuern am königlichen Hof *Philipps IV. von Frankreich angeklagt. Seine Festnahme erregte den Zorn des Papstes und führte zur Bulle *Ausculta filii (1301), in der die Frage der Souveränität angeschnitten wurde.

SAKRAMENTE Die Bezeichnung für die sichtbaren Zeichen, mit denen die Kirche den Gläubigen göttliche Gnade gewährt. Zu Beginn des Mittelalters schwankte die Anzahl der S.; die Frage, wer sie administrieren sollte, war noch nicht geklärt. So wurden in der Frühkirche als hauptsächliche S. die Taufe und das Abendmahl betrachtet, an dem die Gläubigen Brot und Wein als Symbol des Körpers und Blutes Christi zu sich nahmen. Allmählich wurde die Zahl der S. auf sieben festgelegt, die nun die *Sieben Tugenden symbolisierten. In der Praxis erhielt der normale Gläubige zu seiner Lebzeit jedoch nur fünf Sakramente. Die S.n-lehre und

das Vorrecht der Priester zur Administrierung der S. wurden auf dem vierten *Laterankonzil (1215) weiter ausgebaut und verpflichtend festgelegt. Seit dem 13. Jh. wurden in der katholischen Kirche die folgenden S. verabreicht: Taufe, Firmung, Kommunion oder Eucharistie, Ehe, Buße, Krankenölung und die letzte Ölung vor dem Tod. Besonders die Eucharistie war Gegenstand mehrerer theologischer Kontroversen und wurde von Ketzersekten abgelehnt.

M. Schmaus u.a. (Hgg.), *Handbuch der Dogmengeschichte* 4, 1973.

SALADIN (Salah Al-Din Jussuf; 1138-93) Sultan von Ägypten und Syrien (1173-93). S. war von kurdischer Abstammung und Sohn des El-Ejjub, der Minister von *Sengi und *Nureddin war. S. trat in seiner Jugend in den Dienst der Sengidenherrscher und zeichnete sich als Offizier aus. 1169 wurde S. als Befehlshaber eines Teils der Armee zur Unterstützung der *Fatimiden gegen die Invasion der *Kreuzfahrer nach Ägypten gesandt. Dank seiner militärischen Erfolge konnte S. die Macht ergreifen und die Fatimiden stürzen. Trotz der formellen Oberhoheit Nureddins war S. praktisch unabhängig. Nach des Sultans Tod wurde S. mit der Vormundschaft über dessen Söhne beauftragt, entfernte diese jedoch vom Thron und rief sich zum Sultan von Ägypten und Syrien aus (1173). Der neue Staat war durch die Existenz des Lateinischen Kreuzfahrerreiches von Jerusalem geteilt. S.s Ziel war, die beiden Teile zu vereinigen, was zum Zusammenstoß mit den Kreuzrittern führte. Sein Invasionsversuch vom Jahr 1177 war ein Fehlschlag, und nach seiner Niederlage bei Montgisard (nahe *Ramleh), mußte er sich nach Ägypten zurückziehen. Ausgerechnet die Politik der radikalen Partei unter den Kreuzrittern und besonders die *Rainalds von Châtillon versetzte ihn in die Lage, sein Ziel zu erreichen. Die Expeditionen Rainalds am Roten Meer (1182) führten S. eine große Zahl von Freiwilligen aus der gesamten moslemischen Welt zu und erlaubten ihm, den *Hedschas sowie die Länder vom Jemen bis zu den transjordanischen Grenzen des Kreuzfahrerstaats zu unterwerfen. Seit 1183 belagerte er alljährlich die transjordanischen Burgen und führte Angriffe in Galiläa. 1187 gelang es ihm, das Kreuzfahrerheer bei *Hattin vernichtend zu schlagen. In den Monaten Juli und August eroberte S. mit Ausnahme von *Tyrus das gesamte Lateinische Königreich. Der Verlust Jerusalems führte zum dritten *Kreuzzug. S. konnte nicht die Landung des Kreuzfahrerheeres und die Eroberung *Akkons (1191) verhindern. S. wurde von *Richard I. von England bei *Arsuf geschlagen und mußte die Küstenebene aufgeben, nachdem er zuvor *Askalon zerstört hatte.

S. hielt jedoch Jerusalem und schloß 1192 mit Richard einen Vertrag ab, der das neue Königreich Akkon anerkannte. Nach S.s Tod wurde sein Reich unter den Mitgliedern des *Ejjubidenhauses aufgeteilt.

S. wurde von seinen Zeitgenossen und späteren Generationen als Held des Islams gefeiert und war für seine religiöse Toleranz gegenüber den nichtmoslemischen Untertanen seines Reiches bekannt. Gleichzeitig bekämpfte er jedoch den *schiitischen Islam. Es gelang ihm nicht, seine Länder zu vereinigen; er mußte in Anerkennung des provinziellen Partikularismus Mitglieder seiner Familie zu Statthaltern ernennen.

H. Möhring, *Saladin und der dritte Kreuzzug,* 1979.

SALADINZEHNT Eine 1187 von den Königen von Frankreich und England eingeführte Steuer zur Finanzierung des dritten *Kreuzzugs.

SALAMANCA Stadt in León (Spanien). S. wurde im 8. Jh. von den Arabern erobert und 1085 von *Alfons VI. wiedergenommen und an dessen Königreich León angeschlossen. Die Stadt entwickelte sich im 12. und 13. Jh. 1254 gründete *Alfons X. in S. eine Universität, die durch ihre Astronomiestudien bekannt wurde.

SALBUNG Die religiöse Handlung der Salbung mit geweihtem Öl. Dieses ist eine Mischung aus Olivenöl und Balsam, die seit dem Frühchristentum zur S. der Gläubigen benutzt wird. Die S. gründet sich auf die Überlieferung des Alten Testaments (Salbung König Davids, des Stammvaters Christi). Seit dem Frühmittelalter wird sie bei den *Sakramenten, der Weihe von Kirchen und der königlichen S. angewandt. Im Mittelalter wurde die S. von der Kirche für eine Anzahl verschiedener Zwecke benutzt. Die S. mit Öl und das Beten für den Kranken hatten sich bis zum 12. Jh. zur "Letzten Ölung", dem *Sakrament vor dem Tode, entwickelt. Die S. war auch Teil der Tauf-, Firmungs- und Priesterweihesakramente sowie der Weihe von Kirchen, Glocken und Altaren. Die S. von Königen war weit verbreitet; sie wurde sowohl von den Königen als Verleihung der sakralen Ebene ihrer Herrschaft wie auch von der Kirche als Betonung ihrer Kontrolle über die Könige angesehen. In allen ihren Erscheinungsformen ist die S. ein physischer Prozeß, der in geistiger Sicht Gnade und in körperlicher Gesundheit, Erfolg und Macht vermitteln soll.
E. Müller, *Die Anfänge der Königssalbung im Mittelalter*, in: Historisches Jahrbuch 58, 1938;
C. A. Bouman, *Sacring and Crowning*, 1957.

SALERNO Süditalienische Stadt. Die römische Stadt verlor zu Beginn des Mittelalters an Bedeutung. Nach der *langobardischen Eroberung war sie Teil des Herzogtums *Benevent (646). Mit der Spaltung Benevents im 9. Jh. wurde S. ein eigenes Herzogtum unter der Herrschaft einer langobardischen Familie (893-1057). Unter Gaimar II. (901-46) war das Herzogtum eine der wichtigsten politischen Kräfte Süditaliens. Nach Gaimars Tod wurde die Herzogsmacht durch den Feudaladel eingeschränkt. 1057 eroberte *Robert Guiscard S. und machte es zu einer der wichtigsten Städte seines normannischen Reiches in Sizilien. S. wurde 1194 von *Heinrich VI. geplündert und in der Zeit *Friedrichs II. neu aufgebaut. Eines der bedeutendsten Baudenkmäler von S. ist die Kathedrale des San Matteo, die im 10.-11. Jh. in byzantinisch-romanischem Baustil errichtet wurde.
    S. war im Westen für seine Medizinschule bekannt, die um 1030 errichtet wurde. Einer ihrer Gründer, *Konstantin der Afrikaner, verbreitete dort das medizinische Wissen der Araber; die Lehrer von S. entwickelten die experimentelle Anatomie. 1224 wurde S. als einzige Medizinschule im Königreich Sizilien zugelassen.
N. Acocella, *Salerno medievale e altri saggi*, 1971.

SALICETO, WILHELM (13. Jh.) Wundarzt. S. studierte und lehrte in *Bologna Medizin und übte die Chirurgie aus. Sein Buch der Cyrurgia (1275) wird als erstes westliches Handbuch der Anatomie angesehen und enthält eigene Beobachtungen S.s.

SALIER Fränkische Königsdynastie in Deutschland (1024-1125). Siehe *KONRAD II., *HEINRICH III., IV., V.

SALIMBENE VON PARMA (1221-88) Geschichtsschreiber. In Parma (Italien) geboren, trat 1238 dem Franziskanerorden bei, studierte 1247-49 in Frankreich und war nach seiner Rückkehr in Italien als Prediger tätig. Seine 1287 fertiggestellte *Cronica* ist eine wichtige Geschichtsquelle für Italien im 13. Jh.
Werk (dt.): A. Doren, *Geschichtsschreiber der dt. Vorzeit 93/94*, 1914.

SALINGUERRA Adelsfamilie aus *Ferrara (Italien). Sie erlangte im 13. Jh. den Höhepunkt ihrer Macht und war der bedeutendste Rivale des Hauses *Este. Zu Beginn des 14. Jh.s wurden die S. von den Este besiegt und verloren ihren Einfluß.

SALISBURY Englische Stadt am Zusammenfluß von Wiley und Avon. S. war ein berühmtes Kirchen- und Handelszentrum der *Angelsachsen (Searoburh) und besaß im 11. Jh. eine eigene Münzstätte. Unter den Normannen diente S. als Verwaltungszentrum. 1086 versammelte *Wilhelm der Eroberer die Vasallen des Reiches in S. zur Ableistung des Lehnseides. Die erste Kathedrale wurde 1092 vom hl. *Osmund in Old Sarum, ca. drei Kilometer nördlich von S. errichtet und 1107-39 von Bischof *Roger umgebaut. Streitigkeiten zwischen den Besitzern der Festung von Old Sarum und den Bischöfen machten die Überführung des Bistums nach S. nötig. Die bis heute bestehende Kathedrale mit dem höchsten Turm Englands wurde 1220-70 errichtet und stellt einen ausnehmend einheitlichen Bau der Hochgotik dar.

SALISBURY, JOHANNES VON Siehe *JOHANNES.

SALISBURY, WILHELM LANGSCHWERT (gest. 1226) Außerehelicher Sohn *Heinrichs II., wurde von *Richard I. zum Earl von Salisbury gemacht. Als Soldat und Politiker spielte S. eine wichtige Rolle in der Regierungszeit *Johanns. 1214 befehligte S. die englische Armee in der Schlacht von *Bouvines, wo er von *Philipp II. von Frankreich gefangengenommen wurde. S. wurde 1215 freigelassen, trat der Oppositionspartei der Barone bei, machte aber 1216 seinen Frieden mit dem König und war während der Minderjährigkeit *Heinrichs III. im Kronrat.
J. C. Holt, *The Magna Charta*, 1965.

SALISCHES RECHT Die Zusammenstellung der rechtlichen Überlieferungen der salischen *Franken (6.-8. Jh.).

SALOMON BEN ADERETH (Raschbah; 1235-1310) Rabbiner und geistiger Führer des spanischen Judentums. S. wurde in Barcelona geboren und war bereits als junger Mann ein führender Talmudgelehrter. Seine über 3000 *Responsa an Gemeinden überall in Europa bezeugen seinen hohen Ruf als Exeget des Gesetzes. S. wandte sich gegen das Studium der Philosophie, da es eine Gefahr für den Glauben darstelle, und verurteilte die Lehre des *Maimonides. Diese Auffassung wurde jedoch von anderen Gelehrten abgelehnt und führte zu einer heftigen Debatte über die maimonidische Lehre (1285).
S. W. Baron, *A Social and Religious History of the Jews* 8, 1959.

SALOMON BEN ISAAK Siehe *RASCHI.

SALONIKI Siehe *THESSALONIKE.

SALZBURG Stadt im mittelalterlichen *Bayern. Ihre Gründung ist mit der Missionstätigkeit des hl. *Rupert von Worms und der Errichtung von zwei Klöstern im Jahre 696 verbunden. Die Stadt entwickelte sich um das Kloster, wurde 739 zum Bistum und 798 zum Erzbistum erhoben. Seit 767 baute Bischof Virgil an der ersten Domkirche. Arno, der erste Erzbischof, diente vorher als wichtiger Berater Karls d.Gr. Im 9. Jh. erhielten die Erzbischöfe die Herrschaftsrechte über die Stadtsiedlung und bauten 1077 eine starke Festung mit dem Namen Hohensalzburg in einer beherrschenden Position über der Stadt. Die Schenkungen *Ottos II. von 977 legten die Basis der S.er Territoriums. 1278 erhielt S. den Rang des Reichsfürstentums. Durch die Neugründung von Städten verstärkte sich die politische und wirtschaftliche Stellung der Kirchenfürsten (14. Jh.).

H. Widmann, *Geschichte S.s.*, 1907-14;
F. Martin, *Salzburg*, 1952.

SAMANIDEN Moslemisches Herrscherhaus in Persien (902-1004). Die S. stammten aus *Transoxanien und waren ursprünglich Landbesitzer in Balkh. 875 machten sie sich die Statthalterschaft von Transoxanien im Namen der Bagdader Abbasidenkalifen zueigen. 902 schlugen sie die *Saffaniden und eroberten *Khorasan, wo sie ein den Kalifen treues, aber praktisch unabhängiges Fürstentum errichteten. Wie andere arabische und persische Machthaber beschäftigten sie in ihrer Armee türkische *Mamluken. Diese erlangten in der zweiten Hälfte des 10. Jh.s die Kontrolle über das Heer und schwächten die Macht der S. 998 wurden die S. von *Machmud von Ghazni gestürzt und nach erfolglosen Restaurationsversuchen 1004 endgültig vertrieben.

SAMARKAND Mittelasiatische Stadt. S. wurde 712 von den Arabern ihren ursprünglich türkischen Besitzern entrissen und entwickelte sich im 8.-10. Jh. zu einem wichtigen Handels- und Gewerbezentrum, das wegen seiner Stahl- und Teppicherzeugnisse berühmt war. Unter der Herrschaft der *Samaniden war S. ein glänzender Mittelpunkt kulturellen und künstlerischen Lebens. Es wurde 1220 von *Dschinghis-Khan zerstört und im Laufe des 13. Jh.s wieder aufgebaut. Unter der Herrschaft *Tamerlans erreichte S. den Höhepunkt seiner Geschichte als Hauptstadt und Ort üppiger Moscheen.

SAMO Herzog von Mähren (ca. 620-60). S. war ein fränkischer Kaufmann und Abenteurer, der um 620 in die Slawenländer des Elbetals gelangte und zwischen *Mähren und der Mittelelbe mit einer privaten Armee umherzog. Nach einigen Jahren gelang es ihm, die verschiedenen Slawenstämme der Gegend zu vereinigen und einen mächtigen Staat von Böhmen bis Kärnten aufzubauen. 630 begann S. seine Einfälle in die östlichen Provinzen der *Franken und schlug mehrere gegen ihn ausgesandte Heere. Sein Staat zerfiel jedoch mit seinem Tod.

F. Graus-H. Ludat (Hgg.), *Siedlung und Verfassung Böhmens in der Frühzeit*, 1967.

SAMSON BEN ABRAHAM VON SENS (gest. um 1216) *Tosafist. S. studierte in der Mitte des 12. Jh.s unter *Jakob Tam und *Isaak von Dampierre und war ein Meister des talmudischen Rechts. Um 1200 wurde S. als eine der höchsten Autoritäten des zeitgenössischen Judentums angesehen. 1202 sprach sich S. gegen die Lehre des *Maimonides aus, ohne ihn jedoch selbst persönlich anzugreifen. S. wanderte gegen 1211 nach Palästina aus und starb in *Akkon.

E. E. Urbach, *The Tossaphists*, 1972.

SAMUEL (gest. 1014) Bulgarenzar (990-1014). S. war Sohn eines Provinzstatthalters in Makedonien, errichtete erneut das bulgarische Reich, das *Johannes Tzimiskes

zerstört hatte, und ernannte als Hauptstädte Preslav und Ochrida. Seine Herrschaft erstreckte sich über weite Teile des Balkans und des griechischen Thessaliens. Seit 1005 sah sich S. den systematischen Angriffen Kaiser *Basils II. ausgesetzt, der dann 1014 mit dem Sieg über die Bulgaren deren Reich wieder zerstörte.

S. Runciman, *The First Bulgarian Empire*, 1932.

SAMUEL BEN JEHUDAH IBN TIBBON (um 1150-1230) Jüdischer Übersetzer und Arzt. S. wurde in Lunel (Frankreich) in einer jüdischen Übersetzerfamilie geboren. Sein Hauptwerk war die Übersetzung "Führer der Ratlosen" von *Maimonides aus dem Arabischen ins Hebräische (um 1190). S.s Text diente als Grundlage für die lateinische Übersetzung des Werkes und spielte innerhalb des Judentums eine wichtige Rolle in der Polemik um die Lehre des Maimonides. Im frühen 13. Jh. ließ sich S. als Arzt in Marseille nieder.

S. W. Baron, *A Social and Religious History of the Jews* 8, 1959.

SAMUEL BEN MEIR HALEVI ABULAFIA (1320-61) Jüdischer Gemeindeführer zu Toledo. S. war Schatzmeister König *Peters d. Grausamen von Kastilien, dessen Steuersystem er reformierte. 1360 fiel S. in Ungnade und wurde zu Tode gefoltert. S. baute die berühmte Synagoge von Toledo im jüdisch-maurischen Baustil.

SAMUEL BEN MEIR VON RAMERUPT (Raschbam; um 1080-1158) Jüdischer Gelehrter. S. studierte unter seinem Großvater *Raschi in Troyes und war ein geistiger Führer der Gemeinde, ernährte sich aber von Schafzucht und Weinbau. S. unterhielt enge intellektuelle Beziehungen mit den christlichen Gelehrten von Troyes und Paris; sein Werk beeinflußte die Schule der *Viktoriner. Seine Kommentare zur Bibel und dem Talmud bilden eine Ergänzung des Werkes von Raschi.

S. W. Baron, *A Social and Religious History of the Jews* 6, 1957.

SAMUEL HALEVI ABULAFIA (13. Jh.) Wissenschaftler. Ein Sohn der berühmten jüdischen Abulafiafamilie von Toledo, stand im Dienst König *Alfons' X. von Kastilien, für den er eine Wasseruhr baute. Auf Wunsch des Königs übersetzte S. ein Handbuch der Erzeugung und Anwendung von Wasseruhren aus dem Arabischen ins Kastilianische.

SAMUEL HANAGID HALEVI (Ibn Nagrela; 993-1055) Gelehrter, Dichter, Kriegs- und Staatsmann. S. war einer reichen jüdischen Familie aus Córdoba, erhielt eine breite arabische und jüdische Erziehung und war ein bekannter Kenner der arabischen Kalligraphie. Nach der Plünderung Córdobas durch die Berber (1013) floh S. nach Malaga, wo er als Sekretär in den Dienst des Wesirs von *Granada trat. Um 1020 wechselte S. zum Hof des Kalifen Kasim ben Hammud über und wurde 1030 zum Wesir Granadas mit direkter Verantwortung für politische und militärische Angelegenheiten erhoben. Von 1037 bis zu seinem Tod war S. der eigentliche Herrscher im Staat. S. schrieb Abhandlungen zur hebräischen Philologie, Gedichte und vor allem eine Einführung in den Talmud. S. diente auch als Nagid (Haupt) der jüdischen Gemeinde und errichtete ein Schreibbüro, dessen Talmudabschriften im ganzen westlichen Judentum Verbreitung fanden.

S. W. Baron, *A Social and Religious History of the Jews* 5-6, 1953-57.

SANCHO I. König von Kastilien. Siehe *SANCHO III. der Große.

Die Türme von San Gimignano, Toskana

Aragón:

SANCHO I. RAMIRES (gest. 1094) König von Aragón (1063-94) und Navarra (als S. V. 1076-94), Sohn *Ramiros' I., verbündete sich mit *Alfons VI. von Kastilien gegen die Mauren und verdoppelte durch seine Eroberungen im Ebrotal das Territorium von *Aragón. 1076 erbte S. das Königreich *Navarra. Die Personalunion wurde nach seinem Tod wieder aufgelöst.

Kastilien:

SANCHO II. König von Kastilien seit 1065. Seine. Regierungszeit stand im Zeichen eines Konflikts mit dem Adel, der seinen jüngeren Bruder *Alfons VI. von León unterstützte. Nach dem Tod des kinderlosen S. (1072) erbte Alfons Kastilien.

SANCHO III. König von Kastilien (1157-58). Sohn von *Alfons VII., starb kurz nach seiner Thronbesteigung.

SANCHO IV. König von Kastilien (1284-95). Zweiter Sohn von *Alfons X., wurde nach dem Tod seines älteren Bruders *Ferdinand von La Cerda gegen seines Vaters Willen vom Adel zum Thronerben erwählt. Seine Regierungszeit stand im Zeichen von Thronwirren.

Navarra:

SANCHO I. König von Navarra (905-25) und Gründer des Herrscherhauses Garcia, das bis 1234 regierte. Er legte mit seinen dauernden Kriegen gegen die Mauren die Grundlage für die *Reconquista. Ein Gegenschlag der Moslems führte 924 zur Zerstörung der Hauptstadt *Pamplona.

SANCHO II. (gest. 1000) König von Navarra (970-94). Er war gegen die Mauren erfolglos und dankte 994 zugunsten seines Sohnes Garcia ab.

SANCHO III. DER GROSSE (um 965-1035) König von Navarra seit 1000. Er unterwarf nach einer Reihe von erfolgreichen Kriegen gegen die Mauren (was in der Eroberung des oberen Ebrotales gipfelte) die nordspanischen Christenstaaten *Asturien, *Galizien und *León und schuf einen mächtigen Staat, der sich bis zum Fluß Duero erstreckte. Um 1020 nahm S. den Titel "König von ganz Spanien" an. S. betrachtete sein Reich als Familienbesitz und schuf für seine jüngeren Söhne die beiden neuen Königreiche *Aragón und *Kastilien, die später eine zentrale Rolle in der spanischen Geschich-

te spielen sollten. Die Teilung des Reiches nach S.s Tod und die darauf ausbrechenden Bürgerkriege beendeten Navarras Traum von der Funktion, oberster Ordnungsfaktor in Spanien zu sein.

W. C. Atkinson, *Geschichte Spaniens und Portugals,* 1962.

SANCHO IV. König von Navarra (1054-76). S. bemühte sich um die Organisierung seines Reiches und die Festigung der königlichen Institutionen.

SANCHO VI. König von Navarra (1150-94). S. erkannte *Alfons VII. von Kastilien als seinen Oberherrn an und heiratete Alfons' Tochter, um die Teilung seines Königreiches unter seinen mächtigeren Nachbarn *Aragón und Kastilien zu vermeiden.

SANCHO VII. König von Navarra (1194-1234). Sohn *Sanchos VI. und für fast 300 Jahre der letzte König Navarras von spanischer Herkunft. S.s Erbe war sein Neffe *Thibaut III. von der Champagne, mit dessen Thronbesteigung Navarra an Bedeutung verlor.

Portugal:

SANCHO I. (1154-1211) König von Portugal seit 1185. S. beendete die *Reconquista mit der Eroberung von *Algarve und legte die endgültigen Grenzen *Portugals fest. Seine Bemühungen, die volle Unabhängigkeit zu erlangen, brachten ihn mit *Kastilien in Konflikt und waren der Grund für die Anerkennung der päpstlichen Oberhoheit von *Innozenz III. über Portugal (1204).

W. G. Armando, *Geschichte Portugals,* 1962.

SANCHO II. König von Portugal (1223-45). Es gelang ihm nicht, den Feudaladel zu unterwerfen; er wurde von Papst *Innozenz IV. abgesetzt.

SAN GERMÁNO, VERTRAG VON (1230) Abkommen zwischen dem vom *Kreuzzug zurückgekehrten Kaiser *Friedrich II. und Papst *Gregor IX., wonach der Kaiser bei Räumung des *Kirchenstaats vom Bann gelöst werde. Das Abkommen machte Friedrich zum Herrn von Italien und erlaubte es ihm, seine Bemühungen auf die Beseitigung des *Lombardenbundes zu konzentrieren.

SAN GIMIGNANO Toskanische Stadt in Mittelitalien. Sie erlangte im 10. Jh. mit der Niederlassung von Familien aus dem Feudaladel ein weites Maß an Unabhängigkeit und entwickelte sich zu einer Adelsrepublik. S. wurde von 73 Adelstürmen beherrscht, von denen heute noch 13 stehen. Im 13. Jh. war S. ein wichtiges künstlerisches Zentrum. Von besonderer Bedeutung ist der 1288-1323 errichtete Palazzo del Popolo. 1354 wurde die Stadt von *Florenz erobert.

E. Fiumi, *Storia economica e sociale di S. Gimignano,* 1961.

SANJAR Seldschukensultan (1117-57). Dritter Sohn des *Malik-Schah und Nachfolger seines Bruders Mohammed. S. führte viele Kriege gegen die *Chwarismer und die *Turkmenenstämme von Turkistan und konnte trotz einiger Mißerfolge die Zersplitterung .des Reiches verhindern. In den westlichen Provinzen trug S. zum Aufstieg der *Atabege bei.

SAN JUAN DELLA PEÑA *Cluniazensisches Kloster in Kastilien, 1025 gegründet. Die Errichtung des Klosters war Ausdruck des Eindringens der Cluniazenser nach Spanien, die sich die Wiederbekehrung der mozarabischen Christen und die Besiedlung der neueroberten Gebiete zum Ziel gesetzt hatten.

SANKT GALLEN Kloster im Nordosten der Schweiz. Es wurde im 8. Jh. am Ort der Einsiedelei des hl. *Gallus gegründet und entwickelte sich in der Zeit *Karls d.Gr. mit seiner Klosterschule zu einem der bedeutendsten Mittelpunkte des fränkischen Mönchswesens. Im 9. und 10. Jh. zog die St. Gallener Schule Mönche und Studenten aus ganz Europa an. Die ersten Übersetzungen der Bibel aus dem Lateinischen ins Deutsche fanden in S. statt (siehe *Ekkehard von S.). Im 12. Jh. entstand um das Kloster eine Stadt gleichen Namens. Die Äbte wurden im 13. Jh. Reichsfürsten, und S. schloß sich Mitte des 15. Jh.s an die Schweiz an.

H. Büttner-J. Duft, *Lorsch und St. Gallen in der Frühzeit,* 1965.

SAN MARCO Die Domkirche von *Venedig. Sie enthält den Schrein des Schutzheiligen der Stadt und ist eng mit der Geschichte der Lagunenstadt verbunden. S. steht am Nervenzentrum der Republik und wuchs im 9.-12. Jh. von einem kleinen Gebäude zu einer großen, im byzantinischen Baustil entworfenen Kathedrale, die 1094 eingeweiht wurde. Die großartige Architektur war auch Ausdruck des venezianischen Anspruchs auf ein eigenes *Patriarchat.

SAN MARINO Bergrepublik in Mittelitalien. Sie erreichte im 4. Jh. als Zufluchtsort des hl. Marinus und einer Gruppe von Christen Berühmtheit. Im 6. Jh. wurden dort ein Kloster und eine kleine Siedlung errichtet. In den italienischen Kriegen nach dem Fall des *Karolingerreiches (9.-10. Jh.) baute die Gemeinde um die Stadt eine Mauer. Im 11. Jh. wurde ein Regierungsrat eingesetzt. Die abgelegene Lage der Bergfestung trug zur Erhaltung der dauernden Unabhängigkeit von S. bei.

V. Rossi, *La repubblica di San Marino,* 1965.

SANTAREM Nordportugiesische Stadt und Hauptstadt der arabischen Provinz S. im 8.-10. Jh. S. wurde gegen Ausgang des 11. Jh.s von *Alfons VI. erobert und damit Teil der Grafschaft *Portugal. 1111 nahmen die *Almoraviden die Stadt, machten sie zur Hauptstadt eines maurischen Fürstentums und befestigten am Ort einen *Alcazar. 1147 wurde sie von den Portugiesen wiedererobert und zur königlichen Residenz erhoben.

SANTIAGO DE COMPOSTELA Nordwestspanische Stadt in der Provinz *Galizien. Nach örtlicher Überlie-

ferung war Compostela die Begräbnisstätte des hl. Jakobs d. Ä., dessen Körper von den Aposteln aus Furcht vor Verfolgung heimlich aus Jerusalem entfernt und später nach Compostela gebracht worden sein soll. Seit Ausgang des 10. Jh.s zog der Schrein Jakobs viele Pilger aus ganz Europa an; S. entwickelte sich zu einem großen Pilgerort, der in seiner Heiligkeit nur Jerusalem und Rom nachstand. Im 11. und 12. Jh. trugen die auf den Pilgerrouten nach S. errichteten *Spitäler und Abteien wesentlich zur Wiederbelebung des Handelsverkehrs bei. Die Heiligkeit von S. war auch von Bedeutung bei der Rekrutierung französischer Ritter für die Kriege der spanischen *Reconquista. Unter Bischof Diego *Gelmirez wurden die verschiedenen Überlieferungen und Erzählungen in einem Werk zusammengestellt, das fälschlicherweise Papst *Kalixt II. (1119-23) zugeschrieben wurde und zur Erhebung Compostelas zum Erzbistum beitrug. Daraufhin wurden auch eine neue vornehme Kathedrale errichtet und der Name der Stadt auf Santiago umgetauft.

V. u. H. Hell, *Die große Wallfahrt des Mittelalters,* 1964.

SANTIAGO, RITTER VON Militärischer Mönchsorden, der, 1164 gegründet, unter den Schutz des hl. Jakob von Compostela gestellt wurde. Wie die anderen spanischen Ritterorden verpflichtete sich S. zur Keuschheit und zum steten Krieg gegen die Mauren. Die Ritter waren besonders im Westen der iberischen Halbinsel tätig und dienten als Grenzschutz. 1482 wurde der Orden unter königliche Kontrolle gestellt.

SANUDO Venezianische Adelsfamilie, die im 13. Jh. an Bedeutung gewann. Unter ihren Söhnen ist Marino S. d. Ältere (um 1270-1343) am bekanntesten. Er be-

Portal der Kathedrale von Santiago de Compostela

reiste den Osten im Dienste der Republik und besuchte zu Beginn des 14. Jh.s Palästina. Nach seiner Rückkehr setzte er sich für einen neuen *Kreuzzug ein und schrieb zu diesem Zweck "Das Buch der Geheimnisse der Treuhänder des Hl. Kreuzes", das er Papst *Johannes XXII. widmete.

SARAGOSSA Spanische Stadt am Südufer des Ebro. S. wurde 712 von den Arabern erobert und diente als Provinzhauptstadt. 754 unterstellten sich die Emire von S. den Bagdader *Abbasiden und zogen gegen den spanischen *Omajjaden *Abd Al-Rachman aus. 787 rief Emir Jussuf *Karl d.Gr. gegen die Omajjaden zu Hilfe, ohne jedoch den Anschluß S.s an das Kalifat Córdoba verhindern zu können. Mit dem Zusammenbruch des Kalifats im Jahre 1031 war S. eines der *Taifasreiche des maurischen Spaniens. 1118 wurde S. von *Alfons I. von Aragón erobert und zur Hauptstadt gemacht.
E. Levi-Provençal, *Histoire de l'Espagne musulmane,* 1946.

SARAWI, AL (gest. 1013) Moslemischer Wundarzt und einer der größten Mediziner des maurischen Spaniens. Im späten 10. Jh. entwickelte er die Kunst des Sezierens. Seine Abhandlung über die Chirurgie war in der lateinischen Übersetzung Handbuch der westlichen Medizinschulen des 11. und 12. Jh.s.
B. Spuler (Hg.), *Handbuch der Orientalistik, Ergänzungsband* 6/1, 1970.

SARAZENEN Mittelalterliche europäische Bezeichnung für die Araber und Moslems, die sich aus dem ursprünglichen Namen des Beduinenstammes Banu Sara ableitet.

SARDINIEN Insel im westlichen Mittelmeer. S. wurde 457 von den *Wandalen, dann von den Byzantinern und 711 von den Arabern erobert. Die letzteren plünderten die Insel und forderten von den Einwohnern einen hohen Jahrestribut. Im 9. Jh. wurde S. von den *Aghlabiden erobert und verblieb bis 1016 unter moslemischer Herrschaft. Die eigentliche Regierung wurde jedoch von vier Richtern ausgeübt, die in ihren Provinzen ein weites Maß an Unabhängigkeit besaßen, solange sie die Tributgelder pünktlich ablieferten. Im 11. Jh. wurde S. von den Flotten *Pisas und *Genuas angegriffen, die um die Herrschaft und die wirtschaftliche Ausbeutung der Insel wetteiferten. Gegen Ausgang des Jh.s erhielten in einer Kompromißlösung Genua den nördlichen und westlichen Teil und Pisa den Süden und Osten. Diese Lösung konnte jedoch nicht weitere Zusammenstöße im 12. und 13. Jh. verhindern. 1239 erhob *Friedrich II. für seinen unehelichen Sohn *Enzo S. zum Königreich. Zur gleichen Zeit entwickelten sich die Städte; sie erhielten kommunale Einrichtungen. Enzos Herrschaft endete 1248 mit seiner Gefangennahme in Bologna, und S. war wiederum der alten Feindschaft zwischen Pisa und Genua ausgeliefert. Durch den Seesieg zu *Meloria (1284) kam S. an Genua. 1322 ging die Oberhoheit über S. an *Aragón, dessen König *Jakob II. mit der Eroberung der Insel begann; dies wurde jedoch erst 1348 vollendet. Unter den Aragonesen wurden örtliche *Cortes mit weitgehender Autonomie errichtet. Eine allgemeine Revolte gegen die aragonische Regierung führte zur Herrschaft der Königin Eleonore von Aroborea (gest. 1421), die als Nationalheldin S.s angesehen wird. Sie zeichnete sich als Kriegerin und weise Verwalterin aus und gab 1392 die *Carta de legu,* die erste Verfassung S.s, heraus. Nach ihrem Tod brach

die sardinische Unabhängigkeit zusammen; S. fiel wieder unter die Herrschaft Aragóns.
M. Delane, *Sardinia,* 1968.

SAVAS (hl.; 1176-1235) Schutzheiliger *Serbiens. S. war ein Sohn *Stephan Nemanjas und wurde 1191 Mönch am Berg *Athos. Auf Ruf seines Bruders kehrte S. nach Serbien zurück, krönte diesen 1217 als Stephan I. zum König und baute die serbische Kirche unabhängig von Konstantinopel auf.

SAVELLI Römische Adelsfamilie, die im 13. Jh. als Rivalin der *Colonna und *Orsini an Einfluß gewann. Die S. stellten zwei Päpste, *Honorius III. und *Honorius IV.

SAVONA Stadt im nordwestitalienischen Ligurien. Die Feudalherrschaft von S. war im 12. Jh. Streitobjekt mehrerer italienischer Fürsten. 1146 wurde S. von *Genua annektiert.

SAVOYEN Alpenregion zwischen Frankreich und Italien. S. war im Frühmittelalter als Sapaudia bekannt, wurde 443 von den *Burgundern besiedelt und 534 von den Franken erobert. Im Vertrag von Verdun (843) kam S. an Kaiser *Lothar, 888 wurde es Teil des Königreichs *Burgund. Im 10. Jh. entstanden in S. Feudalherrschaften, von denen die Herren von Genua und die Humbertianer den Grafentitel führten. Mit dem Anschluß Burgunds an das Deutsche Reich (1032) stiegen die Humbertianer im Rang auf; 1040 wurde Humbert I. als Graf von S. anerkannt und errichtete seine Hauptstadt zu Chambéry. Seine Enkelin Bertha heiratete 1066 Kaiser *Heinrich IV., und ihr Bruder Peter erhielt die Markgrafschaft von Turin. Zu Ausgang des 11. Jh.s setzte die territoriale Expansion des Hauses S. in der Alpengegend ein. Im 12. und 13. Jh. erwarben sie Grafschaften und Feudalherrschaften im oberen Rhônetal und in *Piemont. Durch Heiraten mit den Königshäusern von Frankreich, England und Zypern gewannen sie europäisches Ansehen. Nachdem ihre weitere Ausbreitung im Westen durch das französische *Dauphiné blockiert war, wandten sich die Grafen von S. nach Italien. Graf Amadeus VI. (der "Grüne Graf" 1343-83) machte sich zu einem wichtigen Machtfaktor, dessen Freundschaft von *Venedig, Mailand und anderen italienischen Herrschaften gesucht wurde. Amadeus vollendete den Anschluß von Piemont. Amadeus VII. (1383-91) erwarb mit Nizza einen Mittelmeerhafen. 1416 verlieh König *Sigmund dem Grafen Amadeus VIII. (dem zukünftigen Papst *Felix V.) die Herzogswürde. Die Verfassung von 1430 begründete die Regierungseinrichtungen von S.
C. Lequin, J. Y. Mariotte, *Le Savoie du Moyen Age,* 1970;
E. L. Cox, *The Eagles of Savoy,* 1974.

SAXO GRAMMATIKUS (ca. 1150-1220) Historiker. Der am erzbischöflichen Hof zu *Lund lebende S. verfaßte in kompliziertem Latein eine dänische Geschichte, in der auch viel von der altnordischen Volksüberlieferung bewahrt ist. S. schrieb um 1200, sein Werk reicht bis 1187.   (Din)
Werk (dt.): P. Herrmann, *Erläuterungen zu den ersten neun Büchern der dänischen Geschichte des S. G.,* 1901-22.

SCALIGER (DELLA SCALA) Adelsfamilie aus *Verona (Italien). Sie stiegen als Führer der *Ghibellinenpartei in der Zeit *Ezzelinos auf. Nach dessen Tod (1279) ergriff Mastino I. die Macht in Verona und unterwarf die untereinander zerstrittenen örtlichen Adelsfamilien seiner Herrschaft, die er dann seinen Nachkommen ver-

erbte. Der bedeutendste S. war Cangrande (1291-1329), der 1311 Herr von Verona wurde. Er errichtete in der Stadt einen glänzenden Hof, an dem unter anderen auch *Dante Zuflucht fand. Cangrandes militärische Unternehmungen führten zur Gründung eines großen Fürstentums in Nordostitalien zwischen den *Visconti von Mailand und *Venedig. Nach seinem Tod wurden das Herrscherhaus und die Stadt Verona durch Nachfolgekämpfe geschwächt.
Verona e il suo territorio, 3 Bde., 1960-69.

SCHACH Das S.-Spiel wurde im Mittelalter von den Persern eingeführt, die die ursprüngliche chinesische Form verbesserten. Die Araber verbreiteten es im 8. Jh.; im 9. Jh. ist es an den Herrscherhöfen des Westens zu finden. Die S.-Figuren des Spätmittelalters sind erlesene Kunstgegenstände aus Edel- oder bearbeiteten Steinen, Holz und Walroßzahn.

SCHAH NAMA Siehe *FIRDOUSI.

SCHAISAR Nordsyrische Stadt. S. war im 11. Jh. Zentrum eines von der arabischen Familie Al-Munkidh regierten Emirats. S. bewahrte seine Unabhängigkeit gegen die Angriffe der *Fatimiden und *Seldschuken und besaß auch innerhalb von *Saladins Reich eine weitgehende Autonomie. Im 12. Jh. war der Hof von S. ein wichtiges kulturelles Zentrum (siehe *Usamah Ibn Munkidh).

SCHAUSPIEL Das mittelalterliche S. war im 9. Jh. Teil der Liturgie bei der Feier des Todes und der Auferstehung Christi und fand nach der Messe statt. Allmählich wurden auch andere Begebenheiten aus der Hl. Schrift, die sich auf weitere Feste bezogen, dargestellt. Das liturgische S. schloß dann Szenen aus der Weihnachts-, Dreikönigs- und Krippenerzählung ein. Diese bis ins 13. Jh. in lateinisch geschriebenen S.e entwickelten sich zu den *Mysterienspielen in der Volkssprache, von denen das früheste, *Le Mystère d'Adam,* aus dem Jahr 1175 stammt.

Mit der Zeit wurden die S.e immer weiter ausgebaut und bekamen auch weltliche Szenen. Obwohl sie nun von Laien außerhalb der Kirchen vorgeführt wurden, waren sie immer noch durch ihre Thematik mit der Kirche verbunden. Lebhafte und komische Passagen nahmen im Spätmittelalter breiten Raum ein. Das Repertoire erweiterte sich zu 30-40 Stücke, die die gesamte Heilsgeschichte vom Garten Eden bis zum Jüngsten Gericht behandelten. Später wurden auch nichtbiblische Themen wie die Heiligenlegenden eingeführt; diese schlugen eine Brücke zu den Moralstücken des Spätmittelalters, in denen Personifikationen im Zentrum standen (z.B. "Jedermann").
K. Young, *The Drama of the Medieval Church,* 1933; E. Hartl, *Das Drama des Mittelalters,* in: W. Stammler (Hg.), Deutsche Philologie im Aufriß 2, 1956[2]; H. Kindermann, *Theatergeschichte Europas* 1, 1966[2].

SCHERIRA GAON (um 910-1006) *Gaon von Pumbadita (Mesopotamien). S. war ein Sohn des *Exilarchenhauses und wurde 968 nach dem Niedergang der Akademie von Pumbadita zum Gaon bestellt. S. reformierte die Akademie und stärkte ihre Autorität über die jüdische Diaspora. S. war ein bekannter Talmudlehrer und schrieb 987 *Iggereth Rav Scharira Gaon* ("Brief des R. S. Gaon"). Darin behandelte er die Geschichte der jüdischen Gelehrsamkeit.

SCHIFF Infolge der differenzierten mittelalterlichen Welt wurden zahlreiche Schiffstypen benutzt, die nur

Gedächtnisstatue des Cangrande Scaliger; 14. Jh.

teilweise bereits im Altertum gängig waren. Kennzeichen der S.e des Mittelmeers war der flache Boden, der in der Küstenschiffahrt von Nutzen war und mehr Raum für Ladung und Passagiere bot. Die Byzantiner und Wandalen wandten zu Beginn des Mittelalters die antiken griechischen und römischen Schiffbaumethoden an, die dann im 7.-10. Jh. von den islamisierten Völkern weiter entwickelt wurden. Seit dem 10. Jh. fanden diese modifizierten S.e in den italienischen Hafenstädten Verwendung.

Das italienische S. besaß einen gesonderten Laderaum und ein Passagierdeck und wurde von Seefahrern in Katalonien, Languedoc und Provence übernommen. Seit dem 13. Jh. erfuhr das südliche S. für die Hochseeschiffahrt weitere Änderungen und erhielt bessere Segel und einen Aussichtsturm. Im Norden wurde das römische S. im 8. Jh. vom *Wikingerschiff abgelöst, das dann bis zum 9. Jh. infolge der Anforderungen der Hochseeschiffahrt eine längere und schmalere Form erhielt. Das weiterentwickelte Wikinger-S. wurde allgemein in Nordeuropa und besonders in England, der Normandie und den *Hansestädten benutzt. Das Gedeihen des Flußverkehrs führte zum Bau von flachen Flußschiffen mit großem Frachtraum. Die spätmittelalterlichen S.e sind breiter und mit hohem Heckaufbau versehen.

W. Vogel, *Geschichte der deutschen Seeschiffahrt* 1, 1915;
J. Merrien, *La Vie Quotidienne des Marins au Moyen Age,* 1969.

SCHIITEN Moslemische Sekte, die ursprünglich aus den Anhängern *Alis bestand. Sie formierte sich beim Konflikt zwischen Ali und den *Omajjaden über das Kalifat, entwickelte dann nach Alis Tod (661) religiösen Widerstand gegen die offizielle Auslegung des *Hadith (islamische Theologie) und hielt ausschließlich am *Koran fest. Die S. gewannen in Persien, Irak und Jemen an Anhang und wurden zu Beginn des 8. Jh.s von den *Abbasiden geführt. Nach dem Übertritt der Abbasiden zum *sunnitischen Islam brachten die S. das Konzept des verborgenen Führers hervor, der sich am Ende enthüllen werde (*Mahdi). Die S. splitterten sich in mehrere Sekten auf, darunter die radikalen ostarabischen *Karmatianer und die *Ismailiten. Im 10. Jh. wurden die *Fatimiden zu Führern der S., ohne sich jedoch allgemein durchsetzen zu können. Die radikalen Sekten bestanden im Osten des Kalifats weiter und waren propagandistisch und zuweilen auch terroristisch (siehe *Assassinen) tätig. Ihre Macht wurde im 12. Jh. durch die *Senghidensultane beschnitten und dann von den *Mongolen im 13. Jh. zerstört. In Persien konnten jedoch die geistigen Führer der S. ihren Einfluß auf die Bevölkerung bewahren.

C. Brockelmann, *Geschichte der islamischen Völker und Staaten,* 1939.

SCHILDBERGER, HANS-JOHANN (1380-1440) Reisender. S. nahm am Kreuzzug von *Nikopolis (1396) teil, wurde gefangengenommen und als Sklave verkauft. S. gelangte nach Mittelasien, konnte entkommen und kehrte nach langen Reisejahren in Asien 1427 nach Deutschland zurück. Er berichtete über seine Abenteuer und beschrieb die von ihm besuchten Länder.

SCHIRAS Persische Stadt. S. war eines der berühmtesten Zentren des alten Persiens, verlor aber nach der arabischen Eroberung (747) an Bedeutung. Im 9. Jh. machte die mächtige Dynastie der Buwajiden S. zu ihrer Hauptstadt; die Stadt wurde zum moslemisch-persischen Kulturzentrum, das mit Bagdad wetteiferte. Unter den *Mongolen blühte S. weiter, und die Khane bauten Paläste und Moscheen. In dieser Zeit war S. Mittelpunkt der Miniaturmalkunst.

SCHIRKUH, ASAD AL-DIN (gest. 1169) Moslemischer General kurdischer Abstammung, war Onkel *Saladins und diente im syrischen Heer *Nureddins. 1168 wurde S. nach Ägypten gesandt, um das Land gegen die *Kreuzfahrer verteidigen zu helfen. Als Wesir machte er sich zum eigentlichen Herrscher Ägyptens.

SCHISCHMAN (SISMAN) Bulgarisches Herrscherhaus (13.-14. Jh.). Die S. waren Herren von Ostbulgarien, meldeten 1246 ihren Anspruch auf den Thron an und nannten sich seit 1271 Könige. Unter ihrer Herrschaft verlor *Bulgarien an Bedeutung und wurde im 14. Jh. Vasallenstaat von *Serbien. Nach 1371 leiteten die S. den bulgarischen Widerstand gegen die *Türken, wurden jedoch 1387 bei *Kossovo geschlagen und verloren das Land an *Bajasid I.

SCHLESIEN Land an der oberen Oder, seit der Gründung *Polens gegen Ende des 10. Jh.s ein zentraler Teil des Königreiches. 1137 wurde S. ein von einer Neben-

linie der *Piasten regiertes Fürstentum, das sich weigerte, die Oberhoheit des polnischen Königs anzuerkennen. Kaiser *Friedrich Barbarossa nahm S. unter seine Obhut; das Land und besonders die Städte durchliefen den Prozeß der Germanisierung. Auch das Herrscherhaus assimilierte sich an die umliegenden deutschen Fürstentümer. 1354 annektierte *Karl IV. S. an sein Königreich Böhmen.

H. Aubin (Hg.), *Geschichte Schlesiens* 1, 1961³.

SCHLESWIG Herzogtum. Das südlich von *Jütland gelegene S. war im 9. Jh. Teil Dänemarks. Es wurde unter *Otto II. von den Deutschen erobert und als Grafschaft im Rahmen des Herzogtums *Sachsen konstituiert. 1025 trat Kaiser *Konrad II. S. an *Knut d.Gr. ab; im 12. Jh. entwickelte sich S. unter der Regierung von Mitgliedern des Herrscherhauses zu einem der wichtigsten Fürstentümer Dänemarks. 1149 wurde S. von *Heinrich d. Löwen erobert und an dessen sächsischen Staat angegliedert. Im Spätmittelalter war das Land Streitobjekt zwischen den anliegenden Grafen von *Holstein und der *Hanse, die die Errichtung einer starken Herrschaft nahe ihrem Nervenzentrum *Lübeck verhindern wollten. 1386 mit Holstein vereinigt, annektierte König *Erich von Pommern S. endgültig an Dänemark.

H. Windmann, *Schleswig als Territorium,* 1954.

SCHÖFFEN (Scabini) Bezeichnung der ehrenhaften Männer in Gemeinden, die als Mitglieder des S. gerichtes fungierten. Seit dem 12. Jh. auch Name der Mitglieder von Stadträten in Deutschland und Frankreich.

SCHOLA CANTORUM Chor von Priestern und jungen Geistlichen, der seit dem 6. Jh. in der Kirche Roms die Liturgie besorgte. Papst *Gregor I., der Reformer des liturgischen Gesanges, gab der S. eine zentrale Rolle in der Entwicklung des *gregorianischen Musik.

SCHOLASTIK Die Philosophie und Theologie des hoch- und spätmittelalterlichen christlichen Europas. Die S. beruhte auf der Annahme, daß die gesamte Wahrheit bereits in der Bibel, in der patristischen Theologie, in der griechischen Philosophie und im römischen Denken Ausdruck gefunden hat, die es im Weiteren zu bewahren gilt. Die Früh-S. ist durch Sammlung, Auslegung und Diskussion der Werke der Alten (besonders des hl. *Augustinus, *Platons und *Aristoteles') gekennzeichnet. Sie fand ihren Höhepunkt im 13. Jh. in dem Versuch, ein einheitliches Bild der gesamten Wahrheit, so im Werk des Thomas von *Aquin, zu finden. Einer der Vorläufer der S. war der Gelehrte *Boethius (6. Jh.), der in seiner "Tröstung der Philosophie" den Glauben mit dem Verstand versöhnen wollte. Im 11. Jh. übernahmen die hl. *Anselm und *Berengar von Tours sowie ein Jh. später *Abälard die Lehre von Boethius, wonach der Verstand das Instrument zum Verstehen aller Geheimnisse des Glaubens sei. Dagegen sahen *Peter Damiani und *Bernhard von Clairvaux mehr die Grenzen des Verstandes. Zur gleichen Zeit wurden die bisher im Westen nicht gekannten Werke des Aristoteles ins Lateinische übersetzt und fanden als Maßstab des Wissens allgemeine Anerkennung. Besondere Bedeutung für die Verbreitung des *Aristotelismus besaßen *Albert d.Gr. und dessen Schüler *Thomas von Aquin. Die Spät-S. negierte den Versuch, eine Brücke zwischen Verstand und Glaube schlagen zu wollen. Duns *Scotus und *Wilhelm von Ockham wiesen insofern den Versuch Aquins zurück und betonten die Notwendigkeit des Glaubens in der Behandlung theologischer Probleme, während die anderen Wissenschaften nur vom Verstand her zu untersuchen seien.

B. Geyer, *Die patristische und scholastische Philosophie*, 1951;

Ph. Delhaye, *Die Philosophie des Mittelalters*, 1960.

SCHOTTLAND Königreich im Norden der britischen Inseln. S. wurde seit dem 5. Jh. von Pikten, Schotten, Briten und Angeln bewohnt. Die Pikten, offenbar bereits seit der präkeltischen Zeit ansässig, nahmen die Gegend nördlich des Flusses Forth ein; die aus Nordirland stammenden Schotten kolonisierten wohl im späten 5. Jh. die Gegend von Argyll; die Briten im Süden verloren im frühen 7. Jh. das südöstliche S. an die Angeln, behielten aber ihr Königreich *Strathclyde im Südwesten; die Angeln, die im 5 Jh. nach S. eingewandert waren, schufen zwischen den Flüssen Humber und Forth im 7. Jh. das Königreich *Northumbrien. Das Christentum wurde im 7. Jh. von irischen Mönchen eingeführt. Im 8. Jh. ist bereits ein Verschmelzen der vier Stammeselemente erkennbar, während sich die politische Organisation immer noch im Rahmen der Stämme bewegte. Die Klans blieben mit ihren Häuptlingen die häufigste Form politischer Organisation im Hochland. Die Einfälle der *Normannen im 9. Jh. trugen zur Vereinigung der Stammeskönigreiche bei. 844 machte sich der Schottenkönig Kenneth I. MacAlpin zum Führer der Pikten und vereinte beide Gruppen in der sog. Terea Scotiae. Im 10. Jh. dehnte sich S. nach Süden aus, eroberte die Gegend von Lothian mit der Stadt *Edinburgh; König *Malcom von S. bekam 938 das alte Königreich Strathclyde von *Wessex. In der zweiten Hälfte des 11. Jh.s drang die angelsächsische Kultur in S. ein, besonders infolge der Aktivitäten der hl. Margarete, der sächsischen Gattin *Malcoms III. Zur Regierungszeit *Davids I. erhielten anglo-normannische Neusiedler große Landgüter und Ämter, womit eine Form des *Feudalismus begründet wurde. Die permanenten Kriege mit England beschleunigten die Anglisierung S.s, besonders nachdem der englische König *Heinrich II. *Wilhelm den Löwen zwang, den Lehnseid abzulegen.

1266 mußten im Vertrag von *Perth (1266) die *Hebriden an Norwegen abgegeben werden. Nach dem Tod des kinderlosen *Alexander III. bedrohten Thronwirren die Unabhängigkeit S.s. John *Balliol konnte die Unterstützung *Eduards I. von England gewinnen, der als Oberherr zwischen den Thronanwärtern richtete. Balliol stimmte zu, für Schottland den Lehnseid abzulegen. Die schottischen Barone errichteten darauf ihren eigenen Regierungsrat und zwangen ihren König, England den Krieg zu erklären (1295). Darauf eroberte Eduard S. und bildete eine neue Regierung. Trotz der alljährlichen englischen Kriegszüge und des schweren Schadens, den das Land davontrug, war der nationale Widerstand unter der Führung von William *Wallace weiter aktiv. Nach der Hinrichtung von Wallace (1305) ging die Führung an *Robert Bruce, den schottischen Nationalhelden. Im Bündnis mit Frankreich brachte er 1314 *Eduard IV. bei *Bannockburn eine schwere Niederlage bei, die die schottische Unabhängigkeit sicherte. Im 14. Jh. blühte S. unter der Robertinerdynastie auf. Mit der Rückgabe der Okneyinseln und Shetlands im späten 15. Jh. wurden die letzten Reste der fremden Beherrschung ausgelöscht. Die Errichtung der nationalen Universität zu *St. Andrews war ein wichtiger Ausdruck schottischer Unabhängigkeit.

G. Barrow, *A History of Medieval Scotland*, 1961.

SCHWABEN Herzogtum in Südwestdeutschland, dessen Territorium ungefähr mit dem Siedlungsgebiet der *Alemannen übereinstimmt. Der Ursprung von S. liegt in dem von *Ludwig d. Deutschen für seinen Sohn *Karl d. Dicken errichteten Herrschaftsraum. Mit der Organisierung Deutschlands durch *Arnulf gegen Ausgang des 9. Jh.s wurde S. ein Herzogtum, dessen Häupter vom König ernannt wurden. *Otto I. setzte eine neue, mit dem sächsischen Haus verwandte Herzogsfamilie ein. Im 11. Jh. wurde S. durch Bürgerkriege zerrissen; die Macht der Grafen und Herren wuchs an, bis das Herzogtum 1060 von *Rudolf von S. erneut geeint wurde. Rudolfs Widerstand gegen *Heinrich IV. belebte wieder die inneren Kämpfe, und 1079 ernannte Heinrich seinen Verwandten *Friedrich von Hohenstaufen zum Herzog. Damit wurde das Land zur territorialen Grundlage der Hohenstaufen. Erst Kaiser *Friedrich I. verlieh einigen seiner Lehnsleute weitgehende Vorrechte. Darunter war auch *Rudolf von Habsburg, der in Süds. wichtige Besitzungen bekam (die sich später zur *Schweiz entwickelten). Der Norden wurde in mehrere Grafschaften und Feudalherrschaften aufgeteilt. Nach dem Tod *Konrads IV. wurde der Herzogtitel abgeschafft; S. hörte auf, als eigene politische Einheit zu existieren. Neben dem Reichsbesitz war nun der der Grafen von Württemberg der umfangreichste.

K. S. Bader, *Der deutsche Südwesten in seiner territorialstaatlichen Entwicklung*, 1950;

B. Thum, *Aufbruch und Verweigerung*, 1980.

SCHWABENSPIEGEL Eine Zusammenstellung deutscher Rechte, die im späten 13. Jh. von einem Augsburger Franziskaner in Reaktion auf den *Sachsenspiegel unternommen wurde. Der S. schloß kaiserliche Ordnungen *Friedrich Barbarossas, *Heinrichs VI. und *Friedrichs II. sowie Gewohnheitsrechte ein und beruhte auf dem Grundsatz des Vorzugs kaiserlicher Gesetzgebung.

SCHWARZER PRINZ Siehe *EDUARD.

SCHWARZER TOD Die Beulenpest, die aus dem Osten stammte und 1348-50 in Europa wütete. Die moderne

Büßer tanzen und beten zur Zeit des Schwarzen Todes

Forschung hat für die gleiche Zeit neben der Beulenpest noch andere Pestarten festgestellt, die die Wirkung des S. noch steigerten. Die Bazillen wurden anscheinend im Spätsommer 1347 von einem genuesischen Schiff aus der Krim eingeschleppt und verbreiteten sich bis zum Herbst in allen größeren italienischen Städten. 1348 wurden Frankreich, England, Deutschland und Spanien angesteckt, und in Italien begann eine zweite Welle der Krankheit. Nur Osteuropa entging dem S. Die Chronisten der Zeit scheinen in ihrem Entsetzen die Auswirkung des S. übertrieben dargestellt zu haben. Genauere Nachforschungen haben ergeben, daß die direkte Sterblichkeit in West- und Mitteleuropa bei ungefähr einem Drittel der insgesamt 20 Millionen Einwohner lag, während die indirekten demographischen Verluste natürlich weit höher waren. Diese Verluste wurden erst zu Ausgang des 15. Jh.s ausgeglichen. Die Massenhysterie im Gefolge und manchmal noch vor dem Auftreten des S. manifestierte sich oft in der Suche nach Sündenböcken (meistens den Juden, die der Brunnenvergiftung beschuldigt wurden) oder in Massenbewegungen, die in Prozessionen göttliche Gnade erflehten. Die wichtigste dieser Bewegungen war die der *Flagellanten (Geißler). Eine andere Auswirkung des S. war die Agrarkrise des Spätmittelalters, in deren Rahmen der Mangel an Arbeitskräften die Bedingungen der Bauernschaft erschwerte und die Leibeigenschaft wiederaufleben ließ. Daraus entstanden wiederum die Bauernaufstände der späteren 14. Jh.s wie die französische *Jacquerie und der englische *Große Bauernaufstand von 1381, die grausam niedergeschlagen wurden. Im *Hundertjährigen Krieg führte der Mangel an Menschen in den Heeren zur Änderung der Kriegstaktiken.

E. H. Ackerknecht, *Geschichte und Geographie der wichtigsten Krankheiten*, 1963;
F. Ziegler, *The Black Death*, 1969.

SCHWEDEN Ostskandinavisches Königreich. Zu Ausgang des Altertums war der Süden des Landes von den *Goten und anderen germanischen Stämmen bevölkert, die später auswanderten. Im Norden lebten die Nomadenstämme der Finnen. Im 4. Jh. entstand in Mittelschweden in der Gegend des Mälarsees eine Konföderation von Häuptlingen, die sich im *Thing trafen. Trotz seiner losen Organisation konnte das Mälarkönigreich einige Ordnung schaffen; dies versetzte die Kaufleute von *Birka in die Lage, ihren Handel mit *Rußland zu entwickeln, wo sie im 8. Jh. mit den *Chasaren, Moslems und Byzantinern in Verbindung traten und als *Waräger bekannt waren. Das Königreich wurde im 9. Jh. gefestigt und erhielt eine Hauptstadt in *Uppsala, von wo aus deutsche Missionare das Christentum verbreiteten. In der gleichen Zeit wurde Südschweden von Dänemark erobert. Die dänische und norwegische Expansion führte im 10. und 11. Jh. zu dauernden Konflikten und gab den Anstoß zur Vereinigung der schwedischen Stämme, deren Häuptlinge zu Beginn des 11. Jh.s die Autorität der Könige von Uppsala anerkannten.

Im 11. Jh. erstreckte sich das Königreich S. mit Ausnahme Schonens auf das gesamte Land. Die Christianisierung S.s begann 1020, wurde aber erst in der Mitte des 12. Jh.s vollendet. Wegen einer Nachfolgekrise erlangte der Thing 1060 eine beherrschende Stellung im Lande. Erst 1120 wurde nach einem Angriff des Norwegerkönigs *Sigurd die Monarchie wiederhergestellt. *Erich IX. d. Hl. (1156-60) führte offiziell das Christentum ein; seine Ermordung stieß S. aber wieder in die Anarchie zurück. Erst Mitte des 13. Jh.s, als *Birger Jarl die Regentschaft ergriff und das Herrscherhaus Folkung begründete, fand sich wieder eine starke Zentralmacht in S. Birger erbaute die neue Hauptstadt *Stockholm, verlieh der *Hanse weitgehende Vorrechte, trug damit zum Wachstum der Städte bei und begann eine Expansionspolitik nach Finnland. König *Magnus Ladulas (1275-90) hoffte, durch die Einführung des Lehnswesens die Macht des Things zu zerstören, erreichte aber nur die aktive Teilnahme der Barone am Thing und dessen Umwandlung in eine Adelsversammlung. Im 14. Jh. erlangte der Adel auf Kosten der Monarchie die Vormacht in S., worauf sich das Königreich in der *Kalmarer Union mit den anderen skandinavischen Dynastien verbündete (1397). Nach den Bedingungen der Union sollten die Bräuche und Vorrechte S.s respektiert werden. Da die Dänen jedoch der mächtigste Partner waren, regierten und beuteten sie die anderen Länder aus. Diese Lage führte zum Aufstand der schwedischen Bauern und Bergarbeiter unter der Führung *Engelbrekts (gest. 1436), was zur Bedrohung der dänischen Herrschaft heranwuchs. Die schwedischen Adeligen vereitelten die Revolte im Austausch für die Garantie der schwedischen Freiheiten durch König *Erich von Pommern.

I. Andersen, *Schwedische Geschichte*, 1960;
M. Gerhardt, W. Hubatsch, *Deutschland und Skandinavien*, 1977[2].

SCHWEIZ Mitteleuropäisches Land. Der Name S. stammt von der Gemeinschaft der freien Bauern und Schäfer des Schwyztales, die 1291 der erste Kanton der

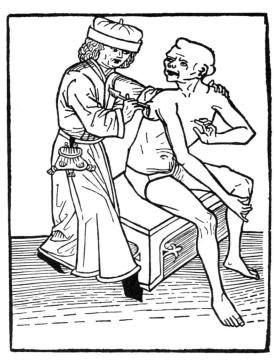

Ein Pestdoktor schneidet ein Geschwür auf; 15. Jh.

Der hl. Johannes der Evangelist, *aus der Lambeth-Bibel*

Schweizer Eidgenossenschaft wurde. Diese Gemeinschaft, deren Ursprünge unbekannt sind, dürfte schon im 10. Jh. als eine der Dorfgemeinschaften existiert haben, die sich im Rahmen des Herzogtums *Schwaben befanden und von Feudalherren regiert wurden. Die Festigung der *Habsburgergüter und deren Expansion in Richtung der Berggegenden südlich der Aarau bedrohte Schwyz sowie die Gemeinden des Uri- und Unterwaldentals, in denen die Steuereintreiber der Habsburger tätig wurden. Die von den drei Gemeinden 1291 geschlossene Genossenschaft und deren Aufstand gegen *Albrecht von Österreich sind der Beginn der S.er Eidgenossenschaft. Ihr Sieg über *Leopold von Österreich bei Morgarten (1315) war ein wichtiger Schritt zur Errichtung des neuen Staates, der auch Städte wie Zürich und Luzern einschloß. Im 14. Jh. gelangte das gesamte Territorium bis zur Aare unter die Herrschaft der S., die ihren Schwerpunkt in *Bern, der Hauptstadt des größten Kantons, hatte. Die Schlacht von *Sempach 1386 sicherte die Unabhängigkeit der S. und brachte den Fußtruppen der Kantone den Ruf, die besten Infanteriesoldaten Europas im Spätmittelalter zu haben. Die Siege der Eidgenossen über Burgund (1476/77) bewiesen dies abermals.
E. Gagliardi, *Geschichte der Schweiz* 1, 1939⁴;
Handbuch der Schweizer Geschichte 1, 1972.
SCHWERTBRÜDERORDEN VON LIVLAND Militärischer Mönchsorden, der 1202 auf Anstoß von Papst *Innozenz III. zur Einführung des Christentums in *Liv-

land gegründet wurde. Die Ritter waren hauptsächlich deutscher Herkunft und errichteten ihr Hauptquartier in Riga. Von dort machten sie sich an die systematische Ausrottung der heidnischen Stämme und erregten durch ihre Ausschreitungen den Haß der einheimischen Bevölkerung. 1236 wurden sie von den Litauern vernichtend geschlagen; ein Jahr später schlossen sie sich dem Orden der *Deutschherren an.
F. Benninghoven, *Der Orden der Schwertbrüder,* 1964.
SCHWURGERICHT Die allgemeine Form der Rechtsprechung im Mittelalter, die in der Tradition der germanischen Stämme begründet war, von den germanischen Königreichen des Frühmittelalters übernommen wurde und in der Teilnahme der Freien an der Gerichtsverhandlung bestand. Diese Versammlungen (*mallus, placetum*) wurden vom Häuptling oder König und seit dem 8. Jh. vom Grafen einberufen. Mit der Feudalisierung Westeuropas im 10.-11. Jh. wurden die Versammlungen der Freien von feudalen Gerichtshöfen ersetzt, an denen Herr und Lehnsleute als Richter wirkten. In England erhielt sich das alte S. auch nach der *normannischen Eroberung in den Versammlungen des *Shire und der *Hundertschaft. Im 12. Jh. wurde die Anwesenheit beim S. auf eine begrenzte Zahl von Freien beschränkt, die vor dem Sheriff als königlichem Bevollmächtigten schwörten. Diese Freien wurden deshalb Juroren und zusammen Jury genannt.
B. Lyon, *A Constitutional and Legal History of Medieval England,* 1960.
SCOTTI Bankiersfamilie aus Piacenza (Lombardei). Sie traten gegen Ausgang des 12. Jh.s ins Bankgeschäft ein und schufen im Laufe des 13. Jh.s eine Bankfirma, die in Frankreich, England, Deutschland und Katalonien tätig war.
SCOTUS ERIGENA, JOHANNES Siehe *ERIGENA, JOHANNES SCOTUS.
SCRIPTORIUM Die Stube der *Benediktinerklöster, die zum Abschreiben von Büchern diente. Gewöhnlich schrieben die Mönche nach dem Diktat eines ihrer Kameraden. Im 9. Jh. war ein S. in fast allen westlichen Klöstern zu finden; es spielte eine beachtliche Rolle in der Erhaltung und Verbreitung der klassischen und zeitgenössischen Werke.
SCROPE, RICHARD (um 1346-1405) Erzbischof von York. S. war für seine naturwissenschaftlichen Kenntnisse bekannt und wurde 1378 zum Kanzler der Universität *Cambridge berufen. *Richard II., der ihn auch als Berater beschäftigte, machte S. zum Bischof von Coventry (1386) und Erzbischof von York (1398). 1403 stieß S. mit *Heinrich IV. zusammen, unterstützte den Aufstand Northumbriens und predigte gegen die königliche Gewaltherrschaft. S. wurde 1405 festgenommen und zum Tode verurteilt.
J. Solloway, *Archbishop Scrone,* 1928.
SCUTAGIUM (lat. scutum; franz. écouage) Eine im Austausch für den Militärdienst von den Rittern eingenommene Steuer. Der Ausdruck besaß in der *Karolingerzeit ursprünglich einen verächtlichen Beiklang und wurde für die Geldstrafe verwendet, die bei Pflichtvergessenheit gefällt wurde. Im 12. Jh. wurde das S. als königliche Einnahmequelle betrachtet und von fortgeschrittenen Monarchen wie *Heinrich II. zur Rekrutierung von Söldnern verwendet, was die Krone weniger abhängig von den Diensten der Lehnsleute machte.
F. L. Ganshof, *Was ist das Lehnswesen?,* 1961.

Schriften, Früh-Hochmittelalter

SEDULIUS SCOTUS (9. Jh.) Dichter und politischer Denker irischer Herkunft. Er ließ sich in Lüttich nieder, wo er um die Jahre 848-58 lebte. Sein Werk besteht aus einer Sammlung von Zitaten älterer Autoren, den *Collectanea*. In seiner Schrift *De Rectoribus Christianis* ("Über die christlichen Herrscher") entwickelte S. die Idee des sakralen Königtums, das in der biblischen Monarchie begründet und an die Gegebenheiten des 9. Jh.s angepaßt ist.

SEELAND Grafschaft in den Niederlanden in der Gegend zwischen der Maas- und Scheldemündung. S. wurde im 12. Jh. auf dem vom Meer gewonnenen Boden errichtet (woher ihr Name stammt) und von einer mit den Grafen von *Holland verwandten Familie regiert. Im 14. Jh. ging die Grafenwürde an die *Wittelsbacher und 1419 durch einige Ehen an *Philipp d. Guten von Burgund.

SEFER Siehe *JEHUDA DER CHASSID.

SEGARELLI, GERHARD (gest. 1300) Ketzer. S. war ein Spiritualer *Franziskaner aus Parma, predigte ohne Erlaubnis die strengen religiösen Ideale und gründete unter den Bauern von Parma die Sekte der Apostelbrüder. 1290 wurde S. von Papst *Nikolaus IV. als Ketzer verurteilt und gefangengesetzt. S. weigerte sich, Abbitte zu leisten, und starb im Gefängnis.
B. Töpfer, *Die Apostelbrüder und der Aufstand des Dolcino*, in: Deutsche Historiker-Gesellschaft (Hg.), Städtische Volksbewegungen des 14. Jh.s, 1960.

SEGOVIA Stadt in Kastilien. S. wurde 1079 durch *Alfons VI. von den Mauren erobert. Dank ihrer Lage am Kreuzungspunkt der Handelsrouten Nordspaniens genoß die Stadt im 12. und 13. Jh. Wohlstand. Im 13. Jh. diente sie als königliche Residenz, nachdem ihr Palast nach dem Vorbild des maurischen *Alcazar umgebaut worden war.

SELDSCHUK Häuptling eines Klans von ughusischen *Türken, der im 10. Jh. im Dienst der *Samaniden stand. S. organisierte seinen Klan als schlagfähige militärische Einheit, in der die Krieger der Schwarzen Türken aufgingen.

SELDSCHUKEN Herrscherhaus der Türkenstämme Zentralasiens, anscheinend die Nachkommen von *Seldschuk. Die S. wurden von *Tughril-Beg (1037-63) organisiert und begannen mit der systematischen Eroberung der Länder ihrer bisherigen Brotherren, der *Abbasidenstatthalter der östlichen Provinzen des Kalifats. 1037 eroberte Tughril-Beg Merv, besiegte die *Ghaznaviden und dehnte seinen Herrschaftsbereich auf *Khorasan und Persien aus. 1055 ergriff er *Bagdad, wo ihn der Kalif als Befreier begrüßte, und marschierte nach Westen, wo seine Armee bereits 1044 (in *Armenien) eingefallen war. Tughrils Neffe und Nachfolger *Alp Arslan I. (1063-72) erweiterte die Eroberungen, besiegte 1071 die Byzantiner bei *Mantzikert und nahm Kaiser *Romanos IV. gefangen. Unter seinem Sohn *Malik-Schah (1072-92) erreichte die Ausdehnung der S. ihren Höhepunkt. Sie eroberten das gesamte Kleinasien sowie den Großteil Syriens und Palästinas, wo die *Fatimiden nur den Küstenstreifen hielten. Malik errichtete seine Hauptstadt zu *Isfahan (Persien) und gab die westlichen Provinzen als Lehen an Mitglieder seines Hauses. Er führte das Feudalsystem der *Iqt'aah ein, nach dem die Statthalter und Soldaten anstelle eines Gehalts Landgüter erhielten. Die eigentliche Organisation des S.-Reiches war das Werk des persischen Wesirs

*Nissam Al-Mulk, der auch kulturelle Tätigkeiten förderte. Nach Maliks Tod wurden Auflösungstendenzen sichtbar. Seine Söhne wurden zwar formell als Herrscher anerkannt (1092-1157); die eigentliche Macht ging aber auf Fürsten der Nebenlinien über, die ihre eigenen Staaten errichteten und sich gegenseitig befehdeten. Die Rivalität zwischen den Herrschern von Rum und Syrien führte zum Niedergang beider Staaten und erleichterte in den Jahren 1096-97 das Eindringen der *Kreuzritter in Kleinasien sowie die Eroberung von Nikaia und *Antiochia. Die Streitigkeiten zwischen *Ridwan von Aleppo und *Dukak von Damaskus ermöglichten 1099 die Eroberung von Jerusalem. Im frühen 12. Jh. baute *Kilidsch-Arslan I. zu *Konijah das unabhängige S.-Reich Rum auf, das bis 1307 bestand. In Syrien und Irak herrschten praktisch unabhängige *Atabegs. Nach dem Tod *Sanjars (1157) fiel das persische Sultanat an die *Turkmenen und *Chwarismer. Danach bestand nur mehr Rum als S.-Sultanat. Auch dieses war von Thronwirren und der erstarkten byzantinischen Macht unter den *Komnenoi bedroht, wurde jedoch durch den Sieg von Kilidsch-Arslan II. bei Myriocephalon gerettet. Erst in der Regierungszeit Kaikobads (1219-36) konnte die Krise überwunden werden; das Sultanat erlebte eine Periode des Wohlstands und der Stabilität. Zur Mitte des 13. Jh.s lösten die Derwischaufstände und dann die *mongolischen Einfälle den Niedergang von Rum aus. 1302 verurteilte der mongolische Regent Sultan Kaikobad II. zum Tod, worauf der letzte S.-Staat unter viele Herrschaften aufgeteilt wurde, die dann im 14. Jh. in die Hände der osmanischen Türken fielen.
B. Spuler (Hg.), *Handbuch der Orientalistik* 5/1, 1963; G. L. Klausner, *The Seljuk Vezirate*, 1973.

SEMPACH, SCHLACHT VON (1386) Sie wurde von den *Schweizer Kantonen gegen die *Habsburger ausgefochten und sicherte die Unabhängigkeit der Eidgenossenschaft.

SENESCHALL Hoher Funktionär an den feudalen Höfen des Mittelalters. Der S. befehligte in Abwesen-

Seldschukenprinz auf einem Keramikteller des 12. Jh.s

heit des Herrn das Heer und war mit der Ausübung der Gerichtsbarkeit beauftragt. Im 11. Jh. wurde das Amt auch von den Monarchen übernommen, jedoch bald wegen Bedrohung der königlichen Autorität abgeschafft. In Frankreich wurden zur Zeit *Philipps II. die Statthalter von Grenzprovinzen als S.e bezeichnet.

SENGI, IMAD AL-DIN (1084-1146) Sohn eines türkischen Offiziers der *Seldschukenarmee von *Aleppo, entfloh 1094 nach der Ermordung seines Vaters und wurde in Persien erzogen. S. trat in den Dienst der Seldschuken und wurde zum Atabeg des südirakischen Basra und 1128 *Mosuls ernannt, wo er dann die Macht ergriff. 1130 eroberte S. *Aleppo und unterwarf die türkischen und arabischen Fürsten Nordsyriens und Nordiraks. S. rief zum heiligen Krieg gegen die *Kreuzfahrer auf; seine Eroberung *Edessas war die erste bedeutsame Gegenoffensive des Islams.
H. E. Mayer, *Geschichte der Kreuzzüge*, 1973[3].

SENGIDEN (ZENGHIDEN) Das von *Sengi gegründete Herrscherhaus Syriens und Nordiraks im 12. Jh. Sein bedeutendstes Mitglied war Sengis Sohn und Erbe *Nureddin (1146-73), der Syrien unter seiner Herrschaft einte. Nach dessen Tod verloren die S. an Macht; ihre Besitzungen gingen an *Saladin über. In Mosul herrschten S. noch bis 1234.

SENS Französische Stadt. Die gallo-römische Stadt verlor in der *Merowingerzeit trotz der Errichtung eines Erzbistums an Bedeutung. Im 9. Jh. gehörte die Grafschaft S. zum Herzogtum *Burgund; 1015 nahm sie König *Robert d. Fromme zur Krondomäne. Die Kathedrale von S. (12. Jh.) ist ein schönes Beispiel der romanischen und gotischen Baukunst. Bis zum Ausgang des Mittelalters blieb S. eine kleine Provinzstadt.

SEPHARDIM Die jüdischen Gemeinden des maurischen und christlichen Spaniens (Hebräisch: Sepharad), die innerhalb des *Judentums eine eigenständige Kultur besaßen. Die Bezeichnung findet sich bereits in der biblischen Literatur und war im 8. Jh. allgemein verbreitet. In weiterer Bedeutung schloß sie auch die jüdischen Gemeinden außerhalb der iberischen Halbinsel ein, die sich durch sephardische Lebensart auszeichneten. Hauptzüge dieser Lebensart sind eine tiefe Anteilnahme an der Kultur des Gastlandes sowie eine ausgebildete Kenntnis des Hebräischen, Arabischen und Kastilianischen. Daneben sind die Kenntnis des philosophischen und wissenschaftlichen Erbes der Antike und dessen Integration in das eigene geistige Schaffen zu erwähnen.

SEPTIMANIEN Siehe *LANGUEDOC.

SERBIEN Land auf dem Balkan. Es wurde im 8. Jh. von den slawischen Serben besiedelt und als lose Konföderation von kleinen Fürstentümern unter der Herrschaft von Stammesfürsten (Zupan) aufgebaut. Im 9.-11. Jh. wurde S. erst von *Bulgaren und dann von den *Byzantinern beherrscht. Seit 875 waren die Serben orthodoxe Christen. Zur Zeit der Komnenoi begannen die Zupane von Skopje mit der Einigung S.s Der Gründer des Reiches war *Stephan Nemanja (um 1170-95), der 1180 die Unabhängigkeit errang, ohne jedoch den Königstitel anzunehmen. Sein Sohn *Stephan I. wurde von Papst *Honorius III. 1216 als König anerkannt, zog aber die orthodoxen Krönungsriten vor, die sein Bruder *Savas ausführte. 1219 errichtete er eine autonome Kirche und organisierte sein Reich nach byzantinischer Tradition, behielt jedoch die Versammlung der Adeligen und Freien (*Sabor*) bei. Unter *Stephan IV. Uros

(1243-76) wurden große Teile Makedoniens und des nördlichen Epiros an S. angeschlossen. Die Thronwirren nach dessen Tod schwächten S. und wurden erst von *Stephan IX. Dusan (1331-55) beigelegt, der als Gründer des serbischen Kaiserreiches gilt. Er dehnte seine Herrschaft in Epiros und Bulgarien aus und zielte auf die Errichtung eines serbisch-byzantinischen Staates, der sich gegen die *türkische Bedrohung verteidigen könne. Sein Tod verhinderte die Erreichung dieses Zieles, und die darauf folgenden neuen Thronstreitigkeiten führten zum Niedergang S.s und zur Niederlage gegen die Türken bei *Kossovo (1389), die den Großteil des Landes tributpflichtig machte. Der Widerstand wurde von *Stephan Lasarowitsch (1389-1427) und Georg Brankowitsch (1427-56) bis zum endgültigen Zusammenbruch und zur Eroberung durch *Mohammed II. weitergeführt.
M. Jericek, *Geschichte der Serben*, 2 Bde., 1911/18.

SERGIOS (gest. 636) Byzantinischer Statthalter Palästinas. Im Jahre 636 organisierte er die Verteidigung des Landes gegen die arabischen Angriffe, wurde aber von *Omar am Fluß Jarmuk geschlagen.

SERGIOS (gest. 638) Patriarch von Konstantinopel (610-38). Eine der bedeutsamsten Persönlichkeiten des byzantinischen Reiches im frühen 7. Jh., war an den politischen Ereignissen beteiligt, die *Herakleios 610 auf den Thron brachten. Er erkannte die zerstörerischen Eigenschaften des *Monophysitenstreits und suchte nach einer Kompromißformel zur Wiederherstellung der religiösen Einheit des Reiches. S. formulierte die Lehre des *Monothelitismus, die zwar vom Kaiser unterstützt, jedoch von den Monophysiten sowie den griechisch-orthodoxen und den katholischen Kirchen abgelehnt wurde.
J. L. van Dieten, *Geschichte der Patriarchen von Sergius I. bis Johannes VI.*, 1972.

SERGIOS VON RADONEZ (hl.; 1314-92) Russischer Mystiker. S. wurde in Rostow geboren und gründete nahe Moskau ein Kloster der Hl. Dreifaltigkeit. Dieses trug wesentlich zur Wiederbelebung des orthodoxen Mönchswesens nach der Zerstörung des religiösen Zentrums *Kiew durch die *Mongolen bei. S. war ein begabter Prediger, der einen bedeutenden Einfluß auf das Volk und die Herrscher ausübte. Er half, die verfeindeten russischen Fürsten um den Moskauer Großfürst *Dimitri Donskoi zu einen. Unter der Aufmunterung von S. führte Donskoi das russische Heer zur Vertreibung der Mongolen an. In seinen Predigten stellte S. Rußland als das heilige Land und die Russen als das auserwählte Volk dar. S. nahm zwar nicht das ihm angetragene Amt des Metropoliten an, war aber das eigentliche Haupt der russischen Kirche.
I. Smolitsch, *Das altrussische Mönchtum, Gestalter und Gestalten*, 1940.

SERGIUS I. (hl.; gest. 701) Papst (687-701). Sohn einer syrischen Familie, die sich nach der arabischen Eroberung in Rom niedergelassen hatte, erlangte nach einem heftigen Kampf gegen zwei andere Anwärter und mit Hilfe byzantinischer Unterstützung die Papstwürde. In seinem Pontifikat führte er liturgische Neuerungen ein. S. betrieb die Friesen- und Frankenmission (*Willibrord).

SERGIUS II. Papst (844-47). Römer von Geburt, wurde ohne kaiserliche Zustimmung zum Papst gewählt und mußte *Lothar I. den Treueeid schwören. Sein

Pontifikat stand unter dem Zeichen heftiger Abneigung seitens der Römer, die ihn der fiskalen Ausbeutung beschuldigten.

SERGIUS III. Papst (904-11). In Rom geboren, stand als Papst unter der Herrschaft des *Theophylaktus, dessen Tochter *Marozia seine Geliebte war und ihm einen Sohn, den zukünftigen Papst *Johannes XI., gebar.

SERGIUS IV. (Petrus Buccaporci) Papst (1009-12). Sohn einer vornehmen römischen Familie, wurde mit Hilfe des Tuskulanergrafen *Alberich Papst. S. war wegen seiner Frömmigkeit bekannt. 1011 veröffentlichter er einen Appell zum Heiligen Krieg gegen die Moslems, der den *Kreuzzugsgedanken vorwegnahm.
A. Gieysztor, *The Encyclica of Sergius IV*, in: Mediaevalia et Humanistica 5, 1948, 6, 1950.

SERRATA DEL GRAN CONSIGLIO (Ausschluß vom Großen Rat) Ein 1297 in Venedig verordnetes Gesetz, das die Teilnahme an den Debatten des Großen Rates auf die Mitglieder derjenigen aristokratischen Familien beschränkte, die bereits im Rat vertreten waren. Damit wurde das politische Leben der Stadt das Monopol einer kleinen Anzahl von Familien, die in Beherrschung des Rates nun die ausführenden Organe und darunter auch den Dogen kontrollieren konnten.
M. Merores, *Der große Rat von Venedig und die sogenannte Serrata vom Jahre 1297*, in: Vierteljahrschrift für Sozial- und Wirtschaftsgeschichte 21, 1928.

SERVIENTES (SERGEANTEN) Die Diener im herrschaftlichen Haushalt, die die Frondienste der Bauern zu überwachen hatten und diese auch im Krieg kommandierten. Im 11. Jh. wurden Teile der S.-Klasse als Vasallen betrachtet, erhielten für ihre Dienste Land und stiegen in die oberen Ränge der Bauernschaft auf.

SERVUS SERVORUM DEI (lat.: "Diener der Diener Gottes") Einer der Titel des Papstes. Er wurde von *Gregor I. als Ausdruck der Demut eingeführt, jedoch auch zur Bestätigung päpstlicher Überlegenheit als Diener der Apostel (der Diener Gottes) benutzt.

SESLAV (Zdeslav) *Kroatenherzog (867-79). S. streifte 876 die Oberhoheit des Karolingerkönigs *Ludwig d. Deutschen ab und verbündete sich mit dem byzantinischen Kaiser *Basil I. Die Politik von S. führte zum Aufstieg einer byzanzfeindlichen Bewegung unter den Kroaten und zu seiner Absetzung bei der Intrige seines Rivalen *Branimir (879).
St. Guldescu, *History of Medieval Croatia*, 1964.

SEUSE (SUSO), HEINRICH (sel.; 1295-1366) Mystiker. Der Sohn einer ritterlichen Familie wurde in Konstanz geboren, wo er mit 13 Jahren ins Dominikanerkloster kam. In Köln studierte er unter Meister *Eckhart und wirkte dann in der Schweiz und im Elsaß als Prediger und Seelsorger, bis er ca. 1350 nach Ulm versetzt wurde, wo er auch starb. Seine mystischen Werke in Deutsch und Latein versuchen trotz des Bewußtseins der Unsagbarkeit solcher Erlebnisse (S. hatte Visionen und Erscheinungen) seine eigene Askese, sein Leid, seine Frömmigkeit als Beispiele vorzuführen, wobei er das Bild der geistlichen Ritterschaft verwendet. Neben der von einer befreundeten Religiösen zusammengestellten Selbstbiographie sind vor allem das "Büchlein der ewigen Weisheit" und das ältere "Büchlein der Wahrheit" zu nennen. (Din)
Werk (dt.): G. Hofmann, 1967;
G. Misch, *H. Seuse*, 1967.

SEVILLA Stadt in Andalusien (Spanien). S. wurde im späten 4. Jh. von den *Wandalen erobert und diente nach deren Fall Mitte des 6. Jh.s als Mittelpunkt der byzantinischen Herrschaft in Spanien. 580 wurde S. von den *Westgoten erobert. Die kurze byzantinische Periode machte S. zum Mittelpunkt der Gelehrsamkeit und der Vermittlung des klassischen Erbes, wie sich dies eine Generation später bei *Isidor von S. zeigte. 712 fiel die Stadt an die Araber und wurde Teil des Kalifats *Córdoba. Nach dessen Sturz (1031) kam das unabhängige Herrscherhaus der *Abbadiden an die Macht, die um S. einen mächtigen Staat aufbauten. 1088 wurde S. an das *Almoravidenreich angeschlossen, unter es sich zu einer der wohlhabendsten Hafenstädte des Westens entwickelte. Dieser Wohlstand spiegelt sich im *Alcazar von S. wider, der eines der größten Bauwerke Spaniens ist. 1248 wurde die Stadt von König *Ferdinand III. von Kastilien erobert und damit königliche Residenz.
Historia del urbanismo sevillano, 1972.

SEWAL BOVILL (1206-58) Erzbischof von York (1252-58). S. diente als Dekan der Yorker Domkirche und wurde Nachfolger Erzbischof Walter Greys. S. erlangte durch seinen Streit mit Papst *Innozenz IV. über die Vorrechte des Yorker Erzbistums Berühmtheit. Nachdem S. den Papst der unrechtmäßigen Geldforderung beschuldigt hatte, wurde er im Jahre 1257 suspendiert.

SHERIFF Der Verwaltungsbeamte eines englischen *Shire. In der angelsächsischen Periode war er hauptsächlich mit der Einsammlung von Steuern und der Führung der Miliz der freien Bauern beauftragt. Nach der *normannischen Eroberung wurde das Amt geändert und schloß nun die Aufgaben des normannischen Vizegrafen ein, der als Repräsentant des Herzogs in den Grafschaften fungierte. Damit erhielt der S. auch gerichtliche Autorität; er wurde beauftragt mit der Vertretung der königlichen Gerechtigkeit im Rahmen des Shire, der Aufrechterhaltung der öffentlichen Ordnung, der Verwaltung der direkten, nicht zu Lehen ausgegebenen königlichen Landbesitzes sowie der Einsammlung von Steuern. Zur Zeit *Heinrichs I. und *Heinrichs II. wurden die Aufgabenbereiche des S.s festgelegt. Gewöhnlich wurden die S.e aus dem Kreis der Lehnsleute des niedrigeren Adels genommen und dadurch fest an den König gebunden. Der S. stand den Versammlungen des Shire und den *Hunderschaften vor; er war den *Justitiaren und dem Gerichtshof des *Exchequers unterstellt. Mit der Einrichtung des *Schwurgerichts war er auch diesem vorgeordnet.
B. Lyon, *A Constitutional and Legal History of Medieval England*, 1960.

SHIRE Englische Verwaltungseinheit parallel zur kontinentalen Grafschaft und nicht mit dem Earldom zu verwechseln. Letzteres wurde von einem *Earl regiert, während die S. in den Bereich der königlichen Verwaltung gehörte und von örtlichen Versammlungen unter dem Vorsitz des *Sheriffs geleitet wurde. Nach der *normannischen Eroberung waren die S.s territoriale Einheiten, wohingegen die Earldoms gewöhnlich Teile mehrerer S.s umfaßten. Zu diesem Zeitpunkt wurde der S. auch zu einer sozialen Einheit mit eigenen Gerichtshöfen der Freien, über die der Sheriff präsidierte. Die Teilnahme an diesen Gerichtshöfen war auf jene Pächter oder Besitzer von Gütern beschränkt, die ein jährliches

Mindesteinkommen von 20 Pfund (etwa die Einkünfte eines Ritters) besaßen. Damit wurde der S. zur grundlegenden Einheit der englischen Lokalverwaltung und diente seit der Zeit *Eduards I. als Grundeinheit bei der Vertretung der Gentry und der Gemeinen im *Parlament.
B. Lyon, *A Constitutional and Legal History of Medieval England,* 1960.

SHREWSBURY, SCHLACHT VON (1403) Einer der entscheidendsten Schritte zur Festigung der Herrschaft *Heinrichs IV. von England, der zu S. seine Gegner aus Northumberland schlug.

SICARD (um 1160-1215) Bischof von Cremona (1185-1215). In Cremona geboren, seit seiner Jugend für eine kirchliche Laufbahn bestimmt, diente um 1179 Kaiser *Friedrich Barbarossa in der Lombardei und wurde mit einer Kanonikerstelle in Mainz (1183) und mit dem Bistum Cremona (1185) belohnt. S. unterhielt enge Verbindung mit dem Kaiser bis zu dessen Tod, diente dann *Heinrich VI. und unterstützte in den Jahren 1212-13 auf Bitten Papst *Innozenz' III. die Kandidatur *Friedrichs II. um die deutsche Königswürde. S. verfaßte eine Chronik, die bis 1213 reicht. Außerdem sind liturgische und kirchenrechtliche Schriften erhalten.
Werk: *MGh SS* 31, 1903.

SIDON Stadt in der syrischen Küstenebene. S. wurde 565 von einem Erdbeben zerstört und nur teilweise aufgebaut. 638 wurde S. von den Arabern erobert, unter deren Herrschaft sie Provinzstadt und seit der fatimidischen Eroberung (994) Sitz einer örtlichen Emirendynastie war. S. wurde 1110 von den *Kreuzfahrern genommen; sie wurde Bistum und Hauptstadt einer der wichtigsten Feudalherrschaften, des Lateinischen Königreichs von Jerusalem. 1268 wurde S. von den *Mamluken erobert und verlor danach an Bedeutung.

SIEBENBÜRGEN Fürstentum im Karpatengebirge und Teil des Königreichs *Ungarn. S. war von Rumänen bevölkert, die nach dem Fall des römischen Reiches in den Bergen Zuflucht gesucht hatten; es wurde im 5.-9. Jh. von den *Goten, *Gepiden, *Hunnen, *Awaren, *Slawen und *Bulgaren beherrscht. Im 10. Jh. wurde S. von Ungarn erobert und teilweise besiedelt. Im 11. Jh. bestand die Provinz aus sieben Grafschaften, die König *Stephan I. 1003 errichtete. Das Land wurde adligen Ungarn übergeben; die ungarische und rumänische Bauernschaft verlor im Laufe der 12. Jh.s ihre Freiheit. 1224 setzte die deutsche Kolonisierung durch sächsische Bauern ein, die damit eine dritte Volksgruppe darstellten. Gegen Ende des 13. Jh.s ließen sich auf königliche Einladung auch Juden in S. nieder. Die Grafschaften standen unter der zentralen Herrschaft eines *Voijwoden (Fürsten), der seit Beginn des 14. Jh.s als Vizekönig amtierte. Der berühmteste dieser Herrscher war *Johannes Hunyady.

SIEBEN FREIE KÜNSTE Die mittelalterliche Tradition des Studiums übernahm (gestützt auf die Lehren des hl. Augustins und den Lehrplan des *Cassiodorus) die lateinische Auffassung von den freien Künsten, unterstellte diese aber der kirchlichen Kontrolle. Die S. wurden als Inbegriff der Gelehrsamkeit angesehen und mit den sieben Tugenden in Verbindung gebracht. Diese Auslegung hatte *Hugo von Andely zu Beginn des 13. Jh.s in seinem berühmten Buch "Schlacht der Sieben Freien Künste" als Ideal erhoben. Die S. bestanden aus zwei Gruppen: dem *Trivium (Grammatik, Dialektik und Rhetorik) und dem *Quadrivium (Arithmetik, Geometrie, Astronomie und Musik).
J. Koch, *Artes Liberales,* 1959.

SIEBEN GABEN DES HEILIGEN GEISTES waren: Weisheit, Verständnis, Rat, Stärke, Wissen, Frömmigkeit und Gottesfurcht.

SIEBEN TODSÜNDEN wurden von den Kirchenvätern definiert und bestanden aus: Stolz, Habsucht, Wollust, Neid, Völlerei, Zorn, Faulheit.

SIEBEN TUGENDEN waren: Glaube, Liebe, Hoffnung, Gerechtigkeit, Vorsicht, Mäßigkeit und Stärke. Die ersten drei wurden als theologische Tugenden und die restlichen als Kardinaltugenden betrachtet.

SIEGFRIED Der legendäre Held des *Nibelungenlieds.

SIENA Stadt in der Toskana (Italien). S. war Teil der Feudalherrschaft Tuszien und erlangte nach Langobardischer und deutscher Herrschaft zu Beginn des 12. Jh.s ihre Freiheit. 1147 erhoben sich die Zünfte gegen die Feudaladligen und riefen nach einem kurzen Kampf die Republik aus, die von einer oligarchischen Körperschaft der reichen Kaufleute geführt wurde. Im 13. Jh. wurde S. dank der Tätigkeit der *Buonsignori zu einem internationalen Finanzzentrum und wetteiferte mit *Florenz. Dieser Kampf besaß auch ideologische Untertöne, da S. *ghibellinisch und Florenz *guelfisch war. Im 14. Jh. dehnte die Stadt ihre Herrschaft über den südlichen Teil der Toskana aus.
F. Schevill, *Siena, The History of a Medieval Commune,* 1964[3].

SIETE PARTIDAS Der von König *Alfons X. 1261 herausgegebene Rechtskodex *Kastiliens.

SIGEBERT I. (535-75) Frankenkönig (561-75). Sohn *Chlotars I., regierte Austrien und errichtete zum Zweck des Kampfes gegen die *Awaren seine Hauptstadt in Metz. Im Jahr 566 heiratete S. die Westgotenprinzessin *Brunhilde und stieß danach wiederholt mit seinem Bruder *Chilperich I. zusammen, der ihn der Ermordung von Brunhildes Schwester beschuldigte. Nach S.s Ermordung durch Agenten der *Friedegund wurde das Frankenreich in einen langwährenden Bürgerkrieg gestürzt, der von Brunhildes Rachegelüsten angefacht wurde (575-613).
E. Ewig, *Die fränkischen Teilungen und Teilreiche 511-613,* 1952.

SIGEBERT II. (um 601-13) Frankenkönig (613). S. wurde von Brunhilde eingesetzt und von *Chlotar II. festgenommen und ermordet.

SIGEBERT III. (631-56) Frankenkönig (634-56). S. war der Sohn *Dagoberts I., der ihn zum Herrscher von *Austrien machte. S. stand während seiner Regierung lange Zeit unter dem Vormund des Hausmeiers *Grimoald.

SIGEBERT VON GEMBLOUX (um 1030-1112) Chronist. In Brabant geboren, trat dem *Benediktinerkloster Gembloux bei und erhielt in Lüttich eine breite Erziehung. Gegen Ausgang des 11. Jh.s begann S. mit der Niederschrift seiner Universalchronik; diese sollte die gemeinsame Grundlage der westlichen christlichen Zivilisation darstellen, Erbe Roms und der Bibel zu sein. Für frühere Perioden stellte S. nur Material zusammen; seine Beschreibung zeitgenössischer Ereignisse war dagegen ausgesprochen genau. Seine Chronik diente im 12. Jh. als Quelle zahlreicher Geschichtswerke. S. schrieb im *Investiturstreit für die kaiserliche Partei.
Werk: *PL* 160.

SIGER VON BRABANT (ca. 1235-82) Philosoph. S. studierte an der Pariser Universität und war danach einer ihrer bedeutendsten weltlichen Lehrer. Seine Studien des *Aristotelismus, die von der *averroistischen Lehre beeinflußt waren, führten ihn zur Unterscheidung zwischen Theologie und Philosophie. 1270 wurde seine Lehre von Bischof Stephan Tempier von Paris verurteilt, und S. sah sich Verfolgungen ausgesetzt. Nachdem S. sich weigerte, seine Lehre zurückzuziehen, wurde er 1277 zur Gefängnishaft verurteilt.
F. van Steenberghen, *Siger de Brabant d'après ses oeuvres inédités*, 2 Bde., 1931/42.

SIGISMUND (hl.; gest. 524) König von Burgund (516-24). S. war der Sohn Gundobalds und trat vom Arianismus zum Katholizismus über. Gegen die Bedrohung durch die Söhne *Clodwigs verbündete er sich trotz religiöser Unterschiede mit dem Ostgotenkönig *Theoderich. S. wurde 523 von den Franken gefangengenommen und zusammen mit seiner Familie von *Chlodomir umgebracht. Gleichzeitig wurde das Burgunderreich an das Frankenreich annektiert. S. wurde als Märtyrer verehrt und vom Volksglauben zum Heiligen erhoben.
E. Zöllner, *König Sigismund und die historischen Voraussetzungen der Völsungensage,* in: Mitteilungen des Instituts für österreichische Geschichtsforschung 64, 1956.

SIGISMUND VON LUXEMBURG (1368-1437) König von Ungarn (seit 1387), Deutschland (seit 1410) und Böhmen (seit 1419), Kaiser (seit 1433). Er war der jüngere Bruder König *Wenzels und erhielt 1387 durch Heirat die ungarische Krone. Seine Interessen galten jedoch Deutschland, wo er einen wichtigen Teil der *Luxemburgergüter und darunter auch *Brandenburg besaß. 1410 folgte S. seinem Bruder als deutscher König nach, obwohl die Mehrheit der Kurfürsten sich zunächst für seinen Vetter Jobst v. Mähren (gest. 1411) entschieden hatte. S. berief das Konzil von *Konstanz zur Beendigung des *Großen Abendländischen Schismas ein und wirkte dabei als Vorsitzender. S. lud Johannes *Hus vor und versprach ihm freies Geleit, stimmte aber dann nach der Verurteilung durch das Konzil doch der Verbrennung von Hus als Ketzer zu. Seit 1417 war S. gegen die Hussiten tätig und leitete nach seiner Thronbesteigung in Böhmen die militärischen Aktionen. Vergebens war er um eine Union der West- und Ostkirche zur *Osmanenabwehr bemüht. S. war der letzte König des Luxemburgerhauses, das nach seinem Tod ausstarb.
J. Aschlah, *Geschichte König Sigismunds,* 4 Bde., 1838-45.

SIGMUND DER MÜNZREICHE (1427-96) Erzherzog von Österreich (seit 1477) und Graf von Tirol (seit 1439). Nachdem S. lange von seinem Vormund, Kaiser *Friedrich III., in Abhängigkeit gehalten worden war, konnte er ab 1446 seine eigene Politik betreiben. Zunächst verbündete er sich mit *Burgund gegen die Schweiz; 1474 wurde das Bündnis umgekehrt und trug zum Fall *Karls d. Kühnen bei. (Din)
H. Kramer, *Die äußere Politik des Herzogs Sigmund v. Österreich-Tirol,* in: Tiroler Heimat 11/12, 1947/49.

SIGURD JORSALAFAR König von Norwegen (1103-30). Sohn von *Magnus II., regierte zusammen mit seinen Brüdern, denen er die inneren Angelegenheiten überließ. S. bereitete 1107 eine starke Flotte für einen Kreuzzug gegen die Moslems vor, mit der er 1108 Portugal angriff und dann über Sizilien nach Palästina gelangte,

wo er seine Flotte König *Balduin I. zur Verfügung stellte und 1110 *Sidon eroberte. Im nächsten Jahr kehrte S. nach Norwegen zurück; dort erhielt er den Beinamen "Jerusalemfahrer". In Skandinavien bemühte sich S. um die Verbreitung des Christentums und führte zu diesem Ziel Kriege gegen *Schweden.
M. Gebhardt-W. Hubatsch, *Norwegische Geschichte,* 1963.

SILVESTER I. (hl.) Papst (314-35). Nach der Übersiedlung von Kaiser *Konstantin d.Gr. nach Konstantinopel errichtete S. auf dem *Lateranhügel in einer ehemals kaiserlichen Villa, die ihm als fromme Stiftung geschenkt wurde, den Sitz des Papsttums. In späteren Generationen wurde S. die Bekehrung Konstantins zugeschrieben; die Konstantinische *Schenkung, eine Fälschung des 8. Jh.s, stellte ihn als Empfänger der kaiserlichen Macht im Westen dar.
J. Haller, *Das Papsttum* 1, 1950[2].

SILVESTER II. (Gerbert von Aurillac; um 940-1003) Papst (999-1003). S. wurde in Auvergne (Mittelfrankreich) geboren, trat dem Kloster Aurillac bei und wurde zum Studium nach Spanien gesandt. Dort erwarb er weite Kenntnisse der arabischen Wissenschaft und Philosophie. Nach Abschluß seiner Studien ließ sich S. in *Reims nieder, wo er die Domschule zu einem der wichtigsten Zentren der Gelehrsamkeit in Europa machte. Daneben wirkte er auch als Lehrer des zukünftigen Kaisers *Otto III. und des späteren Königs von Frankreich *Robert II. Als Belohnung für seine Dienste ernannte ihn Otto II. zum Abt von *Bobbio, wodurch S. die ausgezeichnete Klosterbibliothek für seine Studien benutzen konnte. 987 unterstützte er zusammen mit seinem Erzbischof *Adalberon die Thronbesteigung *Hugo Kapets und diente nach dessen Krönung als königlicher Sekretär. 944 versuchte S. (allerdings ohne Erfolg) das Erzbistum Reims zu erlangen und ließ sich dann in Italien nieder, wo ihn Otto III. 996 zum Erzbischof von Ravenna und 999 zum Papst machte. In dieser Eigenschaft entwickelte S. zusammen mit Otto die Ideologie des neuen Christlichen Römischen Reiches und dessen Anspruchs auf die Universalherrschaft. S. war auch ein begabter Mathematiker und befaßte sich in seinen jüngeren Jahren mit dem Abakus.
P. E. Schramm, *Kaiser, Rom und Renovatio,* 1957[2].

SIMEON I. (gest. 927) Bulgarenkhan (893-927). S. wurde in Konstantinopel erzogen und war eifriger Christ. Zur endgültigen Ausmerzung des Heidentums verlegte er seine Hauptstadt an den Metropolitansitz Bulgariens, *Tirnovo. Seit Beginn des 10. Jh.s war S. um die Neuordnung des Bulgarenreiches bemüht und errichtete ein von Konstantinopel unabhängiges Patriarchat in Tirnovo. S. stand des öfteren im Krieg gegen Byzanz.
S. Runciman, *The First Bulgarian Empire,* 1930.

SIMEON (Der Neue Theologe; 949-1022) Byzantinischer Mystiker. S. war ein hoher Beamter am Kaiserhof und in der Zeit *Johannes Tzimiskes politisch tätig. 977 verließ S. den Hof und wurde Mönch zu *Studion. 980 ernannte man ihn zum Abt des Klosters St. Mamas in Konstantinopel. S. entwickelte eine Lehre vom Christozentrismus der Welt sowie eine mystische Auslegung der Offenbarung. S. dichtete ausgezeichnete Hymnen vom Gotteslieben.
H. G. Beck, *Kirche und theologische Literatur im byzantinischen Reich,* 1959.

SIMEON DER STOLZE (1316-53) Fürst von *Moskau (1340-53). S. wurde von den Mongolen als russischer Großfürst anerkannt und erhielt die Aufgabe, die Tributzahlungen der Russen an die *Goldene Horde einzusammeln, was seine Macht über die anderen russischen Fürsten erhöhte.

SIMEON VON DURHAM (um 1060-1130) Geschichtsschreiber. S. war einer der Väter der anglo-normannischen Chronistik. Sein Hauptwerk war eine Universalchronik, zu deren Niederschrift ihn *Sigbert von Gembloux ermutigte. Der der Regierung *Heinrichs I. von England (1101-29) gewidmete Teil ist sein eigenes Werk und stellt eine wichtige Geschichtsquelle für England im frühen 12. Jh. dar.

SIMEON STYLITES d.Ä. (hl.; 5. Jh.) Einsiedler. S. wurde Mönch und verbrachte 30 Jahre in vollkomener Isolation auf einer Säule. Er wurde zum Inbegriff des idealen asketischen Mönchtums und oft von westlichen und östlichen Moralpredigern erwähnt. Er ist der Bergründer des Stylitentumes (der Säulenheiligen).
H. Delehaye, *Les saints stylites,* 1923.

SIMON VON MONTFORT (1150-1218) Französischer Ritter und Heerführer. S. war ein Sohn der Ritterfamilie von Montfort an der Grenze zwischen der Normandie und der französischen Krondomäne. S. nahm am *Albigenserkreuzzug teil, dessen militärische Führung er 1208 übernahm. Dabei war er wegen seiner Grausamkeit gegen die Bevölkerung der *Languedoc gefürchtet; er schlachtete neben Ketzern auch Unschuldige ab. In den Jahren 1209-10 eroberte S. die Länder der *Trencavel zu Beziers, Albi und Carcassonne und machte sich zum Herrn einer großen Feudalherrschaft. Nach der Schlacht von *Muret und der Absetzung Graf *Raimunds VI. von Toulouse übernahm S. die Grafenwürde von Toulouse, die er bis zu seinem Tod innehatte.
Z. Oldenburg, *The Albigensian Crusade,* 1968.

SIMON VON MONTFORT (1208-65) Earl von Leicester. S. war ein Sohn der englischen Linie der Montfort und wurde als Führer der Baronopposition gegen *Heinrich III. berühmt. 1258 zwang er diesen zur Bewilligung der Provisionen von *Oxford, 1263 besiegte er ihn bei *Lewes. S. war Haupt der baronalen Regierung, die 1263-65 in England herrschte.
F. M. Powicke, *The Thirteenth Century,* 1951.

SIMON VON SUDBURY (gest. 1381) Erzbischof von Canterbury (1375-81). S. diente Mitte des 14. Jh.s an der päpstlichen Kurie von *Avignon und wurde 1359 von Papst *Innozenz VI. nach England gesandt, um bei den Friedensverhandlungen mit Frankreich (siehe *Hundertjähriger Krieg) mitzuwirken. S.s Rolle in der Ausarbeitung des Friedens von *Bretigny bewegte *Eduard II., ihn 1361 zum Bischof von London zu ernennen. 1375 machte *Richard III. S. zum Erzbischof von Canterbury. S. lud 1378 *Wycliff vor und beschuldigte ihn der Ketzerei. 1380 wurde S. Kanzler von England; 1381 wurde er im Verlauf des *Großen Bauernaufstands in London getötet.

SIMONIE Bezeichnung für Kauf und Verkauf kirchlicher Ämter; sie erhielt ihren Namen von Simon Magnus (Apg. 18 ff.), der geistige Kräfte kaufen wollte. Die Praxis der S. war im westlichen Mittelalter weit verbreitet und bestand meistens aus Geldgeschenken, die der neugewählte Amtsinhaber jenen Wohltätern (Papst, Kaiser, König oder Fürst) übergab, die ihm zum Amt verholfen hatten. Die Verurteilung der S. war demnach meistens rhetorischer Natur, obwohl die Tat eigentlich als Sünde betrachtet wurde. Erst die *gregorianische Reformbewegung (Mitte des 11. bis Mitte des 12. Jh.s) trat energischer gegen die S. auf, die in ihrer Anschauung mit dem Eingriff weltlicher Mächte in das Leben der Kirche verbunden war. Tatsächlich wurden nur wenige Bischöfe und Geistliche wegen S. angeklagt und abgesetzt.
A. Leinz, *Die Simonie,* 1902.

SINAI, BERG Berg im südlichen Teil der gleichnamigen Wüste zwischen Ägypten, Palästina und Saudiarabien. Seit dem 4. Jh. sah die christliche Überlieferung den S. als Ort der Offenbarung Gottes gegenüber Moses, als Ort der Erteilung der Zehn Gebote und auch als Zufluchtsort des Propheten Elijah an. In der Gegend entstanden Klostergemeinschaften, die im 6. Jh. nach der Errichtung des Klosters St. Katharina unter der Aufsicht des Abtes standen. Dieser war als Patriarch von S. bekannt. Nach der arabischen Eroberung unterstand der S. dem Patriarchensitz von Alexandrien und blühte als Zentrum der mönchischen Gelehrsamkeit und Bibelauslegung, wie seine Bibliothek ausweist. Die *Kreuzfahrer beanspruchten die Oberhoheit über den S. und ernannten katholische Äbte, die jedoch in Jerusalem residierten.

SINBAD DER SEEFAHRER Arabische Volkssage aus dem 11. Jh. und Name ihres Haupthelden. Der Seemann und Abenteurer S. war Gegenstand zahlreicher Balladen und Erzählungen, die dann in Bagdad zusammengefaßt wurden.
Die Sage basiert auf Geschichten der Seefahrer zur *Abbasidenzeit und enthält darum Beschreibungen verschiedener asiatischer Länder, die S. auf seinen Reisen besucht haben soll.

SINIUS (9. Jh.) Warägerführer. S. war einer der schwedischen Häuptlinge, die sich in Rußland niedergelassen hatten und mit Konstantinopel Handel trieben. Nach einer russischen Überlieferung war S. ein Bruder *Ruriks, mit dem er 855 *Nowgorod eroberte.

SISEBUT Westgotenkönig (612-21). S. brachte durch seine Eroberung des Stammesreiches Cantabria (*Asturien) und des byzantinischen Südens die gesamte iberische Halbinsel unter die Herrschaft der *Westgoten. Als eifriger Katholik verfolgte S. die Juden und versuchte, sie zum Glaubenswechsel zu zwingen. S. war auch einer der wenigen germanischen Herrscher, die sich als Schriftsteller auszeichneten. Sein Buch über das Leben des hl. Desiderius widmete er *Isidor von Sevilla.
D. Claude, *Geschichte der Westgoten,* 1970.

SIVAS Stadt in Kleinasien. S. wurde 1071 von den *Seldschuken genommen und zur Provinzhauptstadt im Reich von Konya erhoben. Mitte des 13. Jh.s wurde sie von einem Turkmenenstamm erobert und diente bis zu ihrer Zerstörung durch die *Osmanen unter *Bajasid (1392) als Mittelpunkt eines unabhängigen Fürstentums.

SIZIALIANISCHE VESPER Aufstand gegen die Herrschaft *Karls von Anjou in Sizilien (1282), der zur Vesperstunde ausbrach. Die S. war letztlich eine Reaktion auf die Eroberung der Insel im Jahre 1266 und auf den Fall der *Hohenstaufen. Sie wurde von den Beratern und früheren Ministern König *Manfreds geführt, die seiner Tochter Konstanze, der Gemahlin König *Peters III. von Aragón, treu geblieben waren. Die örtliche Bevölkerung stellte sich erst nach einer Reihe von

Das Evangelium des hl. Johannes, aus dem Codex Sinaiticus, *eine am Berg Sinai gefundene Handschrift des 4. Jh.s*

Unterdrückungsmaßnahmen durch Karl auf die Seite der Verschwörer. Trotz der Unterstützung des Papstes und seines Neffen Philipps III. von Frankreich konnte Karl den Aufstand nicht niederschlagen, und Peter III. wurde zum König von Sizilien ausgerufen.

S. Runciman, *Die sizilianische Vesper,* 1959.

SIZILIEN Insel im Mittelmeer und mittelalterliches Königreich. S. wurde 442 von den nordafrikanischen Wandalen erobert, womit die Getreidezufuhr Roms abgeschnitten wurde. 535 nahm *Belisar die Insel und machte sie zur byzantinischen Provinz. Unter der byzantinischen Hoheit, die bis zum 9. Jh. dauerte, blühte S. dank seiner günstigen Lage im Mittelmeer. 827 wurde S. von den tunesischen *Aghlabiden erobert und danach von arabischen Emiren regiert. Während der arabischen Herrschaft ließen sich Moslems auf der Insel nieder; die Bevölkerungsstruktur nahm pluralistische Züge an und schloß nunmehr Katholiken, Griechen, Moslems und Juden ein. Die Handelsverbindungen mit Italien, Westeuropa, Nordafrika und der moslemischen Welt wurden ausgebaut; die Stadt *Palermo entwickelte sich zu einem internationalen Treffpunkt. Zur Wiederherstellung der Christenherrschaft und gemäß des Wortlautes seines Abkommens mit Papst *Leo IX. nahm der Normannenführer *Robert Guiscard die Eroberung der Insel auf sich. Er übertrug die Aufgabe seinem jüngeren Bruder *Roger I., der den Titel eines Grafen von S. erhielt und von 1061, dem Beginn der Eroberung, bis 1101 herrschte. Palermo fiel im Jahr 1070, und 1091 war ganz S. in seiner Hand. S. wurde Lehen des normannischen Herzogtums von Süditalien. Nachdem jedoch zu Beginn des 12. Jh.s die Seniorenlinie der *Hauteville auf dem Kontinent die Regierungskraft verlor, dehnte Graf *Roger II. seine Herrschaft auf das normannische Süditalien aus und hatte bis 1127 die gesamten Besitzungen der Hauteville unterworfen. 1130 erhielt er die Königswürde als Gegenleistung für seine Anerkennung des schismatischen Papstes *Anaklet II.

Roger II. (1130-54) war eine der größten Herrschergestalten des Mittelalters. Er errichtete in Süditalien einen mächtigen Staat und konnte sich auch gegen die Allianz seiner aufständischen Barone mit Papst *Innozenz II. und Kaiser *Lothar III. halten. Mit einer neugebauten starken Flotte griff er Nordafrika an und eroberte die Küstenebene von *Tunis bis *Tripoli. Im Osten fiel er im byzantinischen Reich ein, plünderte *Athen und *Theben und hielt sich in der Gegend von Albanien. Hinzu kam, daß er seine unterschiedliche

Bevölkerung richtig zu behandeln wußte. Er gestattete den Moslems, nach ihren eigenen Gesetzen zu leben, schenkte aber gleichzeitig den feudalen Bräuchen der Normannen Beachtung. Die königliche Kanzlei wurde vielsprachig geführt und gab Dokumente auf Lateinisch, Griechisch und Arabisch heraus. Seine Regierung baute Roger nach byzantinischem Muster mit einer nichtfeudalen Beamtenschaft auf, die ihm weitgehende Vorrechte beließ. Der ehemals arabische oberste Emir (*amiral*) wurde erster Minister; die Finanzen wurden nach dem byzantinischen System geordnet, um den Adel straff zu halten. Der *Catalogus Baronum enthielt die genaue Niederschrift der feudalen Pflichten der Barone gegenüber dem König. Die Regierung Rogers brachte S. und besonders den Städten Wohlstand. Die Hauptstadt *Palermo entwickelte sich rasch und wurde Ort einer blühenden Seidenindustrie sowie Handelszentrum. Ihr Reichtum wurde weit gerühmt, und 1155 sollen die Einkünfte der Stadt die des gesamten Königreichs England überstiegen haben. Auf kulturellem Gebiet wurde S. Treffpunkt zwischen Osten und Westen, in dem die Werke der Griechen und Araber ins Lateinische übersetzt wurden. Roger förderte auch die Künste; sein Palast in Palermo wurde in einer Mischung von romanischem, byzantinischem und arabischem Baustil erbaut. Auch die neue Kathedrale von *Monreale (bei Palermo) wurde sehr bewundert. Obwohl S. in der zweiten Hälfte des 12. Jh.s einer der bestorganisierten und mächtigsten Staaten Europas blieb, trat nach Rogers Tod doch ein gewisser Abschwung ein. Von Bedeutung war die Heirat von Rogers Tochter Konstanze mit *Heinrich VI. (1188), dem Erben *Friedrich Barbarossas, die nach fast hundert Jahren von Feindschaft den Frieden zwischen S. und dem Reich befestigen sollte. Unvorhergesehen war jedoch die Tatsache, daß Konstanze statt ihres jungen Neffen König *Wilhelm II. den Thron erben würde. Dieser entschloß sich nach der Sicherung des Friedens in Italien, die Orientpolitik seines Großvaters fortzusetzen und fiel 1185 in Byzanz ein. Er bereitete auch eine Expedition gegen Ägypten vor, starb aber 1192 plötzlich und kinderlos. Um die Nachfolge kämpften *Tankred von Lecce, ein außerehelicher Enkel Rogers II., und Heinrich VI., der Gemahl Konstanzes. 1194 eroberte Heinrich S. und errichtete eine Herrschaft deutscher *Ministerialen, an deren Spitze *Markward von Anweiler stand. Nach dem Tod Heinrichs VI. (1197) übte Markward für den Infanten Friedrich Roger (*Friedrich II.) die Regentschaft aus, bis er von Papst *Innozenz III. kraft dessen Oberhoheit über das Königreich S. abgelöst wurde. Innozenz nutzte seine Vormundschaft aus, die konstitutionelle Trennung zwischen S. und dem Heiligen Römischen Reich herbeizuführen, mußte aber infolge der inneren Entwicklungen in Deutschland 1212 Friedrichs Königsanwärterschaft unterstützen. Friedrich, der in Palermo aufgewachsen war, war ein gänzlich sizilianischer Fürst. Seine Regierungszeit (1197-1250) gilt als goldenes Zeitalter S.s und ähnelte in vielerlei Hinsicht der Zeit Rogers II. Der Hof von Palermo wurde wiederum eines der ersten politischen und kulturellen Zentren Europas; Friedrichs Toleranz gegenüber Christen, Moslems und Juden zog Männer aller Religionen an seinen Hof. Die dauernden Kriege gegen das Papsttum in Italien hatten keinen Einfluß auf das Wohlergehen S.s und die Treue der Bevölkerung. Friedrichs Herrschaft trug stark zen-

tralistische Züge; die Konstitutionen von *Melfi (1231) spiegeln sein fast aufgeklärt-absolutistisches Regiment wider. Der König war die alleinige Quelle der Macht, und die Verwaltung wurde sowohl im Zentrum als auch auf örtlicher Ebene von Bürokraten ausgeführt. Die Vorrechte des Adels und der Städte wurden beschnitten und streng von kaiserlichen Beamten kontrolliert. Friedrichs Tod war ein schwerer Schlag für S., obwohl sein unehelicher Sohn Manfred die Ordnung aufrechthielt, und zwar erst als Regent für seinen Halbbruder (*1250-54) und dann selbst als König (1254-56). Manfreds Thronansprüche wurden vom Papst zugunsten *Karls von Anjou, des Grafen der Provence und Bruders König *Ludwigs IX. von Frankreich, zurückgewiesen. Die Eroberung Siziliens durch Karl, der Tod Manfreds und die Hinrichtung *Konradins leiteten eine neue Epoche in der Geschichte S.s ein.

Karls Regierungszeit unter Fortführung der traditionellen Ausrichtung auf das Mittelmeer war in Wahrheit ein Bruch in der Geschichte der Insel. Palermo hörte auf, das wahre Zentrum des sizilianischen Reiches zu sein, und Karl führte die Regierungsgeschäfte von seinen nördlichen Provinzen aus, so daß der Wohlstand der Hauptstadt für die Interessen der provenzalischen Städte wie *Marseille geopfert wurde. Lombardische und toskanische Bankiers, die Karls Eroberung finanziert hatten, erhielten hohe Einkommen und führende Positionen im Königreich. Die Unzufriedenheit mit der Angevinenregierung wuchs allmählich an und explodierte 1282 in der *Sizilianischen Vesper, die der Herrschaft Karls ein jähes Ende setzte. Die Aufständischen riefen daraufhin *Peter III. von Aragón zum König von S. aus. Der darauffolgende Krieg dauerte bis 1302 und umfaßte S., Neapel, Aragón, Frankreich und das Papsttum. Die Versuche der Angevinen, mit Hilfe Frankreichs und des Papsttums S. zurückzugewinnen, blieben erfolglos; Aragón und S. wurden jedoch von zwei getrennten Herrscherhäusern regiert. Der Frieden von *Caltabellotta (1302) legitimierte die Trennung zwischen S. und Neapel, das in der Hand der Angevinen blieb. Der lange Krieg zerstörte das Werk Rogers II. und führte zum Niedergang beider Länder. S. wurde politisch von Aragón und wirtschaftlich von *Katalonien beherrscht. Der *Schwarze Tod trug zum Niedergang S.s bei. Zur Zeit der Wiedervereinigung mit Aragón (1409) war S. ein armes und rückständiges Land, in dem nur noch die Bauten der Normannen und Hohenstaufen an die frühere Größe erinnerten.

E. Caspar, *Roger II. und die Gründung der normannisch-sizilianischen Monarchie*, 1904;
W. Heupel, *Der sizilianische Großhof unter Kaiser Friedrich II.*, 1940;
M. I. Finley, D. Mack Smith, *A History of Sicily*, 1968.

SKLAVEREI Die S. wurde aus der Antike übernommen, in der sie die wirtschaftliche Grundlage der sozialen Struktur bildete, änderte im Westen zunehmend ihre Züge und verschwand am Ende ganz. In Schwarzafrika und im Fernen Osten ist dagegen eine starke Kontinuität festzustellen; in der islamischen Welt erfüllte die S. die verschiedensten Funktionen. In diesem Zusammenhang sollen nur die europäische und die islamische S. behandelt werden.

Die Wirtschaftskrise der Spätantike, die zum Niedergang und Fall des Römischen Reiches führte, war ein Ergebnis des Fehlens von Kriegsgefangenen und der unzulänglichen Nachfuhr von Sklaven. Im 4. und 5. Jh. wurde die Sklavenarbeit zunehmend teurer, und seit Beginn des Mittelalters war die Beschäftigung von *Leibeigenen billiger als die Sklavenhaltung. Außerdem widersetzte sich die Kirche aus moralischen und religiösen Gründen der S., zumindest was Christen anbelangte. So verschwand die S. mehr und mehr aus Europa, mit Ausnahme der Randgebiete des angelsächsischen Englands, Skandinaviens und Spaniens, wo sie weiter praktiziert wurde. Sklaven wurden ursprünglich aus den *Slawengegenden gebracht, wo sie von Skandinaviern zusammengetrieben wurden. Mit der Errichtung des vollen feudalen Regimes und der Bekehrung der Slawen zum Christentum bestand in Europa praktisch keine S. mehr.

In den Ländern des Islam wurde die S. auf zwei verschiedenen Ebenen praktiziert. Schwarzafrikaner und Gefangene wurden in Palästen und auf Landgütern beschäftigt. Angehörige der zentralasiatischen und osteuropäischen Steppenvölker wurden dagegen unter der Bezeichung *Mamluken als Soldaten verwendet. Letztere waren zumeist türkischer Abstammung; sie wurden zwar als Sklaven betrachtet, erlangten jedoch allmählich hohe Positionen, übernahmen im 11. Jh. das Kalifat und machten sich zu den Herrschern der islamischen Welt.

R. Pfaff-Giersberg, *Geschichte der Sklaverei*, 1954;
G. Verlinden, *L'Esclavage dans l'Europe médiévale*, 2 Bde., 1955.

SKYLITZES, JOHANNES (11. Jh.) Byzantinischer Chronist. S. erhielt seine Ausbildung an der Akademie von Konstantinopel und wurde am Kaiserhof beschäftigt, wo er die Gunst von *Konstantin X. Dukas und von dessen Sohn *Michael VII. gewann. Als hoher Würdenträger hatte S. freien Zugang zu den kaiserlichen Archiven. Seine Chronik, die das Werk des *Theophanes fortsetzt, behandelt die Jahre 811-1057 und gilt als ausgezeichnete Beschreibung der Geschichte der makedonischen Dynastie.

SLATA KORUNA Südböhmisches Benediktinerkloster. Es wurde im frühen 13. Jh. von *Ottokar I. gegründet und als Hauskloster der böhmischen Könige üppig ausgestattet. Die Ergreifung des Klosters und seines Besitzes durch die *Hussiten (1419-20) schuf einen Präzendenzfall für spätere Konfiszierungen von Kirchenbesitz.

SLAWEN Sammelbezeichnung für eine Anzahl Stämme indo-europäischer Herkunft, die zu Beginn des Mittelalters in der Gegend von Pripet, westlich des Dnjeprflusses und in Richtung Karpatengebirge seßhaft waren. Nach den großen Wanderungen der Germanen bewegten sich diese Stämme nach Westen und Süden, nachdem sie im 6.-7. Jh. von den *Awaren aus ihren Siedlungsräumen vertrieben wurden. Sie ließen sich in den Grenzgegenden des Byzantiner und Germanen nieder. Die S. waren in drei Hauptgruppen geteilt: die West-S. mit den Polen, Böhmen, Mähren und den zwischen Oder und Elbe seßhaften Obodriten, Sorben, Wenden und Pommern; die Süd-S., die sich allmählich mit den *Bulgaren zum bulgarischen Volk vermischten und aus den Serben, Kroaten und Slowenen bestanden (sie drangen im 8. Jh. in den Balkan und nach Griechenland ein); und die Ost-S. aus Russen, Ukrainern und Ruthenen, die gegen Ausgang des 9. Jh.s unter der Führung der skandinavischen *Waräger *Rußland aufbauten. Im 9. Jh. waren alle S. bereits im Besitz von politisch organi-

sierten Staaten; zur gleichen Zeit setzte auch der Prozeß der Christianisierung ein, der im 11. Jh. zu Ende geführt wurde.

C. Halecki, *Grenzraum des Abendlandes. Eine Geschichte Ostmitteleuropas*, 1957;
R. Portal, *Die S.*, 1971.

SLOWAKEN Eine Gruppe von *slawischen Stämmen, die sich im 7. Jh. im Machtbereich der *Awaren südlich der Karpaten niederließen. Später wanderten sie in den Norden des heutigen Ungarns aus. Nach dem Zusammenbruch des Awarenreichs wurden die S. den *Franken tributpflichtig, im 9. Jh. standen sie unter der Kontrolle Groß-*Mährens. Nach der Eroberung Pannoniens durch die *Ungarn wurden die S. nach Norden gedrängt und kamen unter die Herrschaft ungarischer Adliger.

K. Bosl (Hg.), *Die Slowakei als mitteleuropäisches Problem in Geschichte und Gegenwart*, 1965.

SLOWENEN Slawische Stämme, die sich im 7. Jh. im Südwesten des *Awarenreiches niederließen. Im 8.-10. Jh. lag der Großteil ihres Siedlungsgebietes im Osten des heutigen Österreichs. Die Mehrzahl der S. wurde im 11. und 12. Jh. germanisiert. Nur die südliche Gruppe der S. im heutigen nordwestlichen Jugoslawien erhielt ihre ethnische Eigenart. Diese Süd-S. besaßen jedoch keine politische Organisation und kamen unter die Herrschaft fränkischer und italienischer Herren.

SLUIS, Schlacht von Seeschlacht zwischen den Flotten Englands und Frankreichs zu Beginn des *Hundertjährigen Krieges. Der englische Sieg (1339) ermöglichte *Eduard I. die Invasion in Frankreich.

SLUTER, CLAUS (ca. 1355-1405) Bildhauer. S. wurde in den Niederlanden geboren, gilt als eine der führenden Persönlichkeiten der flämischen Künstlerschule in der zweiten Hälfte des 14. Jh.s. S. schuf für *Philipp d. Kühnen von Burgund das berühmte Grabmal zu *Champmol, das als schönstes Werk der spätgotischen Bildhauerei gilt. An Eigenständigkeit und Realismus geht S. weit über den internationalen Stil der höfischen Gotik um 1400 hinaus.

W. Voge, *Bildhauer des Mittelalters*, 1950;
H. David, *C. S.*, 1951.

SMARAGDUS (gest. um 830) Gelehrter. S. stammte möglicherweise aus Irland, wanderte ins *Karolingerreich aus und wurde 819 Abt von Saint-Mihiel bei Verdun. S. verfaßte eine Abhandlung über die lateinische Grammatik, einen Kommentar zur *Benediktinerregel, Gedichte und Fürstenspiegel für die *Karolinger. Er gilt als einer der führenden Intellektuellen der Zeit *Ludwigs d. Frommen.

H. H. Anton, *Fürstenspiegel und Herrscherethos in der Karolingerzeit*, 1968.

SMOLENSK Russische Stadt am Dnjeprfluß. Ihre Lage nahe der Verkehrsroute zwischen der Ostsee und dem Schwarzen Meer brachte der Stadt im 9. Jh. großen Wohlstand ein. Zwischen 890 und 900 wurde sie von den *Rurikiden erobert und war Teil des Fürstentums *Nowgorod und seit dem 10. Jh. *Kiews. Im 12. Jh. errichtete eine Juniorenlinie der Rurikiden in der Stadt ein Fürstentum. Mit dem Niedergang von Kiew spielten die Fürsten von S. eine bedeutendere Rolle in den Angelegenheiten Rußlands. 1223 führten sie eine Koalition zur Verteidigung des Landes gegen die *Mongolen, wurden aber bei *Kalka geschlagen. Seit 1240 stand S. unter der Oberhoheit der Goldenen Horde und mußte jährli-

chen Tribut zahlen. 1398 wurde die Stadt von *Litauen erobert und die Rurikidendynastie abgesetzt.
K. Stählin, *Geschichte Rußlands* 1, 1923.

SNORRI STURLUSON (um 1179-1241) Norwegischer Schriftsteller. S. wurde in Hvamm geboren, lebte in Island als einer der mächtigsten Männer der Republik und wurde durch seine Umarbeitungen der nordischen *Sagas berühmt. Anhänger des norwegischen Königs *Haakon IV. ermordeten ihn. Sein wichtigstes Werk, die *Heimskringla,* ist eine dichterische Biographie legendärer und geschichtlicher norwegischer Häuptlinge und Helden. Das Werk war im 13. Jh. in Skandinavien weit verbreitet und diente als Vorbild der gesamten Literaturgattung. S. ist auch Autor der Prosa-Edda (jüngere Edda), eines Skaldenlehrbuches, das viele altnordische Mythen enthält.
Werk (dt.): *Sammlung Thule* 14-16, 20, (Neudr.) 1965.

SOCA, SOCCA Siehe *SOKE.

SOFIA Bulgarische Stadt. Die klassische Stadt Serdica verlor im Frühmittelalter an Bedeutung und änderte ihren Namen und ihre Bevölkerungsstruktur mit der Niederlassung von Slawen und Bulgaren im 7. Jh. Unter der Herrschaft des Hauses Sisman war S. Provinzhauptstadt. 1371 von den *osmanischen Türken erobert, wurde sie Hauptstadt des westlichen Bulgariens.

SOISSONS Französische Stadt. Nach dem Zusammenbruch des weströmischen Reiches war S. Hauptstadt des Reiches des Syagrius. 487 wurde S. von *Chlodwig erobert und diente danach als Hauptstadt eines fränkischen Teilreichs (6. Jh.). Danach verlor sie allmählich an Bedeutung. S. wuchs im 11. Jh. wieder an. 1126 wurde in S. eine Kommune errichtet, deren Einrichtungen als Vorbild für andere Städte Nordostfrankreichs dienten. Die Stadt erlangte auch als Veranstaltungsort mehrerer Kirchenkonzile Berühmtheit.
G. Bourgin, *Soissons et le groupe communal soissonais,* 1912.

SOKE (lat. soca) Angelsächsische Bezeichnung für den freien Landbesitz (*socage*) von Bauern. In England waren die *sokemen* die obere Sozialschicht der Bauernschaft und zu keinen Frondiensten verpflichtet.

SOLIDUS (lat.: "Schilling") Die im Mittelalter übliche byzantinische Goldmünze. Ursprünglich ca. 4,5 g. Gold.

SOMERSET Südwestenglische Stadt. Sie kam im 7. Jh. zu *Wessex und entwickelte sich dann zu einem bedeutenden städtischen Zentrum. Nach der normannischen Eroberung wuchs die Stadt weiter, erhielt im 12. Jh. eine Festung und wurde Mittelpunkt eines Earldoms.

SOPHIENKIRCHE Die Kathedrale von Konstantinopel wurde in der Regierungszeit *Justinians (528-65) in eindrucksvoller geometrischer Form errichtet (Kreuzkuppelkirche) und gilt als wichtigste Errungenschaft der byzantinischen *Baukunst. Ihre Architektur und die Mosaiken wurden Vorbild für die gesamte sakrale Kunst von Byzanz.

SOPHRONIOS (hl.; um 560-638) Patriarch von Jerusalem. S. zeichnete sich in den religiösen Disputen der Zeit Kaiser *Herakleios' als einer der eifrigsten Verteidiger der Orthodoxie aus. 636 verhandelte er nach der byzantinischen Niederlage am *Jarmuk mit den Arabern über die Kapitulation Jerusalems und erlangte für seine Gemeinde Sicherheit und Glaubensfreiheit.
Ch. v. Schönborn, *Sophrone de Jerusalem,* 1972.

SORBON, ROBERT VON Siehe *ROBERT VON SORBON.

Inneres der Hagia Sophia, Konstantinopel

SORBONNE Kollegium an der Pariser Universität, das zwischen 1254-57 von *Robert von Sorbon, dem Kaplan König *Ludwigs IX., gegründet wurde. Sein Ziel war, den Studenten die zur Entwicklung theologischen Denkens notwendigen Kenntnisse zu vermitteln. Bis Ausgang des 13. Jh.s hatte sich die S. zur wichtigsten Schule der Universität und zum Mittelpunkt der theologischen Studien im Westen entwickelt. Im 14. Jh. gewann die S. weiter an Ansehen; die Doktoren der S. wurden oft gemeinsam von den Päpsten und den französischen Königen in Fragen der Theologie und der Kirche konsultiert. Unter Johannes *Gerson erreichte die S. den Höhepunkt ihres Einflusses, und ihre Meinung wurde als Ausdruck der Rechtgläubigkeit angesehen.
P. Glorieux, *Aux origines de la Sorbonne,* 1967.

SPAHI Die osmanische Kavallerie, die in der ersten Hälfte des 14. Jh.s von Ala-al-Din, dem Bruder Sultan *Orkhans, organisiert wurde. Die S. bestanden aus besonders hoch bezahlten und streng ausgebildeten Kriegern und hatten im 14. und 15. Jh. den Ruf der Unbesiegbarkeit.

SPALATO (SPLIT) Stadt in *Dalmatien. S. wurde 615 auf den Ruinen eines Palastes des Diokletian gegründet und diente als byzantinische Festung. Im 9. Jh. errichteten *kroatische Herrscher in S. ein unabhängiges Fürstentum, das dann von *Tomislaw I. an das Königreich Kroatien annektiert wurde. S. wurde 1133 von *Ungarn und 1420, nach einer langen Periode wirtschaftlicher Beherrschung durch Venedig, von der Lagunenstadt erobert.

SPANIEN Im größeren Teil des Mittelalters war S. nur ein geographischer Begriff, der sich mit der iberischen Halbinsel deckte. Die römische Herrschaft über S. ging im 5. Jh. mit der Eroberung des Landes durch die *Westgoten, *Sueben und *Wandalen zu Ende. Nach der Zerstörung des Wandalenreiches wurde ein Teil *Andalusiens von den *Byzantinern erobert. Die Westgoten nahmen das Suebenreich (585) und die byzantinischen Regionen (640), verloren aber 711 fast das gesamte S. an die *Araber. Nur im Norden errichteten die

Christen die Fürstentümer *Asturien und *Navarra. Nach dem Fall der *Omajjadenkalifen von Bagdad errichtete eine Nebenlinie das Kalifat von *Córdoba, das bis 1004 bestand. Danach entstanden die unabhängigen *Taifasreiche, die jedoch nicht den Aufstieg der Christenreiche *Aragón, Kastilien und *León aufhalten konnten und ebensowenig die Wiedereroberung (*Reconquista) der Grafschaften *Barcelona und *Portugal durch die Christen. Damit kam Nord-S. bis zum Fluß Tago unter christliche Herrschaft. Der Einfall der *Almoraviden schuf ein starkes afrikanisch-andalusisches Maurenreich, zu dessen Herrscher sich 1144 die *Almohaden machten. Die Fortführung der *Reconquista wurde im Jahre 1211 vom christlichen Sieg bei *Las Navas de Tolosa gekrönt, der die maurische Herrschaft in S. auf das Königreich *Granada beschränkte. Bis Ausgang des 15. Jh.s war die Halbinsel in die drei großen Königreiche Aragón, Kastilien und Portugal sowie das Kleinreich Navarra geteilt.

W. C. Atkinson, *Geschichte Spaniens und Portugals*, 1962;

D. F. O'Callaghan, *A History of Medieval Spain*, 1975.

SPECULUM REGALE (Konungs Skuggsja: "Königsspiegel") Anonyme norwegische Enzyklopädie aus dem 13. Jh. Sie wurde zur Erziehung der Königssöhne zusammengestellt und enthält auch interessante geologische und geographische Beobachtungen.

SPECULUM VIRGINUM (lat.: "Jungfrauenspiegel") Anonyme Abhandlung aus dem Rheingebiet (12. Jh.) über die Frömmigkeit und das rechte Benehmen der Jungfrauen. Sie fand in den Nonnenklöstern weite Verbreitung.

SPEYER Deutsche Stadt am Rhein. Die römische Siedlung wurde im 5. Jh. von den *Alemannen zerstört, später wiederaufgebaut und war seit dem 7. Jh. Bistum. 843 kam S. an das Deutsche Reich *Ludwigs d. Deutschen. Es wurde Teil des Herzogtums *Franken und in dessen Rahmen Mittelpunkt der Grafschaft der *Konradiner, die selbst die Herzogswürde beanspruchten. Deren Nachfolger, die *salischen Kaiser, stellten die Stadt unter die Herrschaft der Bischöfe, machten sie zum Mittelpunkt ihrer Dynastie und den Dom von S. zu ihrer Begräbnisstätte. Im 13. Jh. wuchs S. infolge der kommerziellen Entwicklung des Rheintals bedeutend an. Die Stadtbürger, die sich dauernd in Konflikt mit den Bischöfen befanden, traten dem *Rheinischen Städtebund bei und erlangten 1294 den Status der freien Reichsstadt. Der große Kaiserdom wurde unter *Konrad II. begonnen und unter *Heinrich IV. vollendet.

E. Maschke, *Die Stellung der Reichsstadt Speyer in der mittelalterlichen Wirtschaft Deutschlands*, in: Vierteljahrsschrift für Sozial- und Wirtschaftsgeschichte 54, 1967;

H. E. Kubach, *Der Dom zu S.*, 1974.

SPINOLA Familie aus Genua. Die S. waren eines der vier Adelshäuser, die im 12.-14. Jh. die Stadt beherrschten. Nach der Familienüberlieferung waren die S. Abkömmlinge des Vizegrafen Ido, der im Namen des Kaisers im 10. Jh. die Gegend regierte. Im 13. Jh. dienten die S. als Führer der *Ghibellinen der Stadt und zeichneten sich stets als Herrscher, Befehlshaber, Diplomaten, Kirchenfürsten und Literaten aus.

SPIRITUALEN Siehe *FRANZISKANER.

SPITAL (HOSPITAL) Das mittelalterliche S. war eine rein kirchliche Angelegenheit und breitete sich zusammen mit dem Mönchtum aus, zu dessen Pflichten die Betreuung der Kranken zählte. Gewöhnlich wurde ein Teil der Pilgerherbergen an den Klöstern für die Kranken reserviert; das lat. *hospitium* bedeutete sowohl Herberge als auch S. Bis zum 12. Jh. wandte sich die Kirche gegen die eigentliche medizinische Tätigkeit der Mönche und befürwortete lediglich die Pflege der Kranken. Seit der zweiten Hälfte des 12. Jh.s wurden infolge anwachsender Städte einige S.er aus Stiftungen reicher Einzelpersonen errichtet. Sie befanden sich meist nahe des Doms oder einer anderen Kirche. Das berühmteste dieser S.er war das Quinze Vingts ("Dreihundert") von Paris, das unter dem Schutz König *Ludwigs IX. stand. Eine Anzahl von Mönchsorden, wie die *Lazarener, befaßten sich ausschließlich mit der Krankenpflege.

U. Cramer, *Das Hospital als Bautyp des Mittelalters*, 1963;

D. Jetter, *Geschichte des deutschen Hospitals*, 1966.

SPLIT Siehe *SPALATO.

SPOLETO Stadt in Umbrien (Mittelitalien). S. war bis zum 7. Jh. von geringer Bedeutung, erlangte aber nach der *langobardischen Eroberung Italiens dank ihrer Lage an der Hauptstraße zwischen *Ravenna und Rom und zwischen Norditalien und dem langobardischen *Benevent strategisches Interesse. S. wurde Sitz eines langobardischen Herzogtums, das eine ständige Bedrohung Roms darstellte. 774 machten die *Franken S. zur Garnisonsstadt und behielten ihren herzöglichen Status auch in der *Karolingerzeit bei. Gegen Ende des 9. Jh.s waren die Herzöge von S. unter den Anwärtern auf die Kaiserkrone. Im 10. Jh. verfiel das Herzogshaus, und S. sank zu einer Provinzstadt im Rahmen des Kirchenstaates ab.

D. Angelo, *La città e il ducato di Spoleto*, 1956.

STÄDTE Zu Beginn des Mittelalters verloren die S. Europas mit dem Niedergang des Handels an Wohlstand, und die Mehrheit der früheren römischen Städte waren einfache Bischofssitze. Im byzantinischen und moslemischen Osten nahmen die S. dagegen weiterhin eine bedeutende Rolle ein. Italien stellte in dieser Beziehung eine Übergangszone dar; einige seiner S. entwickelten sich weiter, während besonders die nördlichen und zentralitalienischen S. der allgemein westlichen Entwicklung folgten. Im späteren 9. Jh. trat mit dem Wiederaufleben des Handels auch eine Belebung des Stadtwesens ein, obwohl die S. nicht mehr als politische Zentren fungierten. Im 10. bis 12. Jh. wurden um Klöster sowie an Brücken und Wegkreuzungen neue Stadtsiedlungen gegründet. Der Austausch von landwirtschaftlichen Produkten und der Verkauf von Handwerksartikeln führten zur Errichtung von Märkten und *Messen, die wiederum die S. stärkten. In den ersten Phasen ihrer Neuentwicklung wurden die Stadtgemeinden von Vertretern der weltlichen oder kirchlichen Herren regiert, deren Machtbefugnisse jedoch mit der Entwicklung von Kaufmanns- und Handwerkerzünften auf deren Vorsteher und allgemein auf die reiche Kaufmannsschicht überging. Diese erkämpften von den Obrigkeiten Vorrechte und bald volle oder teilweise Autonomie. In Italien wurde diese Auseinandersetzung durch die Verschmelzung der landbesitzenden Aristokratie mit den reichen Kaufmannsschichten erleichtert.

E. Ennen, *Die europäische Stadt des Mittelalters*, 1972.

STADTPLANUNG Das Konzept der S. erfuhr im Mittelalter verschiedene Auslegungen. In Byzanz war weiterhin die Struktur -der spätrömischen Stadt vorherrschend; es kam zu einigen Änderungen, die dem nun christlichen Charakter mehr Rechnung trugen. So verwandelte sich das alte Forum in das Regierungs- und Kirchenzentrum. Im Fernen Osten wurden ebenfalls die alten Formen der S. weitergeführt. Im Gefolge der großen Eroberungen des 7. Jh.s führten die *Araber neue Arten der S. ein, die sich aus den Notwendigkeiten der militärisch-stammesmäßigen Niederlassung ergaben. Die neugegründeten Städte wie *Fustat und *Kufa waren aus den Vierteln von Stammes- und Religionsgruppen zusammengesetzt und mit einem Stadtzentrum von Verwaltungsgebäuden, Gärten (in Spanien sog. *Alcazar) sowie der großen Moschee versehen. Die wirtschaftlichen Gegebenheiten des 8. und 9. Jh.s führten zu einer radikalen Änderung des arabischen Konzepts der S. Die Stammesviertel wuchsen allmählich zusammen, die Wohnviertel der Juden- und Christengemeinden blieben jedoch weiterhin segregiert. Die neuen Stadtzentren gruppierten sich um die Märkte (suk), bei denen das wirtschaftliche Leben pulsierte.

Die westeuropäische Stadt, die nach dem Niedergang des Frühmittelalters zu neuem Leben erwachte, wuchs ohne jegliche Planung an. Die Straßenzüge ergaben sich nach dem Bau der Häuser auf dem freigebliebenen Raum. Außerdem engten die Stadtmauern den Wohnraum ein und ließen keinen freien Platz für spätere Bautätigkeit. Trotzdem hielt sich die städtische Bauentwicklung des 11.-13. Jh.s an einige Regeln. Das Zentrum der alten römischen Städte wurde vom Forum zur Domkirche verlegt. In den neuen Stadtsiedlungen war der Markt Mittelpunkt des Lebens und demnach auch der Ort des Rathauses und der Zunfthäuser. Im 14. und 15. Jh. führte besonders in den Hauptstädten Europas die Ansiedlung des Adels zur Errichtung neuer Wohnviertel um den Königs- oder Fürstenpalast. Diese bestanden aus weitläufigen Festungen mit Innenhöfen und Gartenanlagen, wie zum Beispiel das Maraisviertel von Paris. Demnach sind in den meisten europäischen Städten des Spätmittelalters drei verschiedene Elemente festzustellen: die aristokratischen und patrizischen Wohnviertel, die Wirtschaftszentren mit Markt und Gewerbeviertel und die Wohnviertel der niedrigen Sozialschichten, meistens vor den Mauern.
H. Stoob, *Forschungen zum Städtewesen in Europa* 1, 1968.

STAMFORD Ostenglische Stadt. An der nahegelegenen Brücke von S. besiegte *Harold von Wessex im Jahre 1066 die norwegischen Invasoren unter König *Harald. Im 13. Jh. wurde S. wegen seiner Messe berühmt.

STÄNDE Bezeichnung der sozialen Klassen Europas im Mittelalter und in der Frühneuzeit. Sie leitet sich vom lat. *status* ab, das den Platz einer Personengruppe in der sozialen Ordnung bezeichnet, und gründet sich auf das im 10. und 11. Jh. entwickelte theoretische Konzept, wonach die Gesellschaft in drei große Gruppen zu teilen sei: die betenden Geistlichen, die kämpfenden Adligen und die arbeitenden Bauern. Der Aufstieg der Stadtbürger im 12. und 13. Jh. veränderte die Zusammensetzung des dritten Standes, der nun neben den eher passiven Bauern eine aktive Gruppe reicher Stadtbürger einschloß. Die frühmittelalterlichen Versammlungen der Freien zur Beschlußfassung in politischen und rechtlichen Angelegenheiten sowie die feudalen Versammlungen der Vasallen unter Vorsitz des jeweiligen Herrn führten zum Aufstieg der Repräsentativversammlungen des 12. Jh.s, die unter *Heinrich II. in England ihre volle Ausbildung erfuhren und im englischen *Parlament des 13. und 14. Jh.s sowie den spanischen *Cortes große Macht besaßen.

In Frankreich entwickelten sich die Repräsentativversammlungen in der Zeit *Philipps IV. d. Schönen in Form der Generalstände, die vom König zur Unterstützung der Monarchie und zur Beratung in Steuerfragen einberufen wurden. Dieses System wurde in mehreren anderen Staaten übernommen und abgeändert. Gewöhnlich nahmen die Kirchenfürsten und Barone (der erste und zweite St.) persönlich sowie der Niederadel und die Stadtbürger (der dritte Stand auf dem Kontinent und die *Commons* in England) durch ihre gewählten Vertreter teil. In England, Spanien, Skandinavien und Osteuropa entwickelten sich die S. zu permanenten Institutionen, in Frankreich und Deutschland wurden sie nur gelegentlich einberufen und besaßen keine ausführende Gewalt.
O. Hintze, *Staat und Verfassung* 1, 1941;
W. Scheier, *Stand und Ständeordnung*, 1952[2].

STANISLAUS (hl.; 1030-79) Schutzheiliger Polens. S. war weithin für seine Frömmigkeit bekannt und wurde 1072 Bischof von Krakau. Sein Auftreten gegen die fiskalischen Erpressungen *Boleslaws II. führte zu einem bitteren Konflikt mit dem König, der ihn des Hochverrats beschuldigte und 1079 hinrichten ließ. Die Ermordung war Anlaß für einen allgemeinen Aufstand in Polen.

STATUT DER ARBEITER (Statute of Labourers; 1351) Das S. wurde vom englischen Parlament als Reaktion auf das Fehlen von Arbeitskräften nach dem *Schwarzen Tod erlassen und legte fest, daß Arbeiter nur im Jahre 1346 (vor der Pest) bezahlten Löhne erhalten durften. Da keine Regelungen in Bezug auf die Preise getroffen wurden, brachte das S. Unzufriedenheit, die sich dann im *Großen Bauernaufstand von 1381 entlud.
B. Wilkinson, *England in the Later Middle Ages,* 1968.

STATUT DER KAUFLEUTE (1285) Es wurde von *Eduard I. zum Schutz der englischen Kaufleute vor fremdem Wettbewerb herausgegeben und gilt als das erste Gesetz des englischen Hauses der Commons.

STATUT VON MERTON Das S. wurde 1236 von König *Heinrich III. auf Forderung der Barone herausgegeben und verpflichtete die *Sheriffs, die von den Baronen bearbeiteten Felder einzuzäunen. Das S. begrenzte die Rechte der Bauern, trug aber wesentlich zur Entwicklung der Schafzucht und Wollerzeugung, des wichtigsten Ausfuhrartikels des mittelalterlichen England, bei.
E. Carus-Wilson, *The English Wool Trade in the Middle Ages,* 1954.

STATUT VON WALES (1284) Das S. wurde nach dem Tod des walisischen Führers *Llewelyn und dessen Bruders David herausgegeben, legte den Anschluß *Wales an die englische Krondomäne, die Teilung in Shires und die Einführung des englischen Rechts fest.

STATUT VON YORK (1322) Es traf die Unterscheidung zwischen der Person des Königs und der Institution der Monarchie und erklärte die Bindung des Königs durch den Krönungseid.

STATUTUM IN FAVOREM PRINCIPUM Urkunde *Friedrichs II. zugunsten der deutschen Fürsten (1231). Das S. bestätigte die Herrschaftsrechte der Fürsten in ihren jeweiligen Territorien und ist als endgültiges

Versagen der Bemühungen der *Hohenstaufen anzusehen, in Deutschland eine starke Zentralregierung aufzubauen. Die unmittelbare Veranlassung zur Herausgabe der S. war die Unzufriedenheit des Fürstenstandes mit der Regierung König *Heinrichs VII., des Sohnes und Vertreters Friedrichs in Deutschland.
E. Klingelhöfer, *Die Reichsgesetze von 1220, 1231/32 und 1235*, 1955.

STAUFER Siehe *HOHENSTAUFEN.

STAURACIUS Byzantinischer Kaiser (811). Sohn des *Nikephoros I., wurde wenige Wochen nach seiner Thronbesteigung infolge von Gerüchten, wonach er Byzanz zu einer Republik machten wolle, von seinem Schwager *Michael I. abgesetzt.

STAVELOT (STABLO) Kloster in Belgien. Es wurde 651 gegründet und diente als Ausgangspunkt der *Friesenmission. In der *Karolingerzeit waren S. und seine Schule von kultureller Bedeutung. Im 13. Jh. wurde die Klosterkirche im gotischen Stil umgebaut.

STEIERMARK Mark und Herzogtum in Österreich. Im 6.-8. Jh. war die Gegend Teil des *Awarenreichs und von den slawischen *Slowenen bevölkert. Sie wurde im späten 8. Jh. von den *Bayern erobert und von *Karl d.Gr. in die Mark *Kärnten eingeschlossen. Nach den Invasionen der Ungarn (um 960) wurde die S. von Feudalherren germanisiert. Unter diesen erlangten die Herren von Steyr die größte Macht, erhielten 1050 von Kaiser *Heinrich III. die Markgrafschaft und 1180 von *Friedrich I. Barbarossa die Herzogswürde. Nach ihrem Aussterben ging das Herzogtum 1192 an die österreichischen *Babenberger über und es wurde 1282 Teil des *Habsburgerbesitzes.
H. Pirchegger, *Geschichte der Steiermark*, 1931 ff.

Päpste:
STEPHAN II. Papst (752-57). Sohn einer alten römischen Familie, setzte gegen die *langobardische Bedrohung die Bündnispolitik mit den *Karolingern fort. 754 salbte er in Reims *Pippin d. Kurzen und kehrte nach Rom unter fränkischem Geleit und mit der Anerkennung des *Kirchenstaates durch die *Pippinische Schenkung zurück.

STEPHAN III. Papst (768-72). In Sizilien geboren, wurde mit Hilfe der *Franken Herr über die stadtrömische Opposition gegen sein Pontifikat. 769 berief S. zu Rom eine Synode ein, die sich mit dem *Bilderstreit in Byzanz befaßte und in dieser Frage eine gemäßigte Haltung einnahm.

STEPHAN IV. Papst (816-17). S. war einer der Vertrauten Papst *Leos III. Als Papst legte er die Kaiserkrönung als ein päpstliches Vorrecht fest und ging zu diesem Zweck nach Reims, um den vorher von *Karl d.Gr. gekrönten *Ludwig d. Frommen nochmals zu krönen.

STEPHAN V. Papst (885-91). S. setzte den Disput mit Byzanz über die Frage des *Photios und dessen Lehre fort. In Italien bemühte sich S., eine Koalition gegen die Moslems aufzubauen; er unterstützte die Versuche Kaiser *Basils II., Süditalien wiederzuerobern, sowie die kaiserliche Kandidatur *Guidos II. von Spoleto.

STEPHAN VI. Papst (896-97). Seine Wahl stieß in Rom auf heftigen Widerstand und löste einen Aufstand aus. S. wurde von den Rebellen festgenommen und starb im Gefängnis.

STEPHAN VII. Papst (928-31). Sein Pontifikat stand unter der Herrschaft der *Marozia, deren Befehle er treu ausführte. S.s Zeit gilt als Tiefpunkt des Papsttums.

STEPHAN VIII. Papst (938-42). Er wurde von Graf Alberich von *Tuskulum, dem Sohn der *Marozia, ernannt und betrieb in Treue dessen italienische Politik.

STEPHAN IX. (Friedrich von Lothringen; gest. 1058) Papst (1057-58). S. war Sohn von Herzog Gozelo II. von Niederlothringen und begleitete Papst *Leo IX. nach Italien, wo er Abt von Monte Cassino wurde. S. war im Kreis der Kirchenreformer tätig. Seine Papstwahl wurde ohne Erhalt der üblichen kaiserlichen Zustimmung ausgeführt. S. unterstützte seinen Bruder Gottfried, den Markgrafen von *Tuszien, bei dessen Widerstand gegen *Heinrich IV.

Serbien:
STEPHAN NEMANJA (gest. um 1220) Gründer des Serbenreiches (1170-96). Er war einer der Serbenfürsten und wurde 1170 von *Manuel Komnenos von Byzanz als Großfürst anerkannt. 1180 deklarierte S. seine Unabhängigkeit von Byzanz und machte sich an die Vereinigung der serbischen Fürstentümer. Bis 1187 konnte S. einen starken Staat auf dem Balkan errichten. S. förderte den Handel und ging Abkommen mit Venedig und Ragusa ein. Seine tiefe religiöse Überzeugung ließ ihn 1196 abdanken, um sich in ein Kloster am Berg *Athos zurückzuziehen, wo sich sein Sohn *Savas bereits seit 1191 befand.
K. Jiricek, *Geschichte der Serben* 1, 1911.

STEPHAN I. NEMANJC (gest. 1228) König von Serbien (1196-1227). Jüngerer Sohn des *Stephan Nemanja, wurde von seinem Vater zum Großfürsten erhoben, als dieser sich in ein Kloster zurückzog. S. schuf ein mächtiges Reich im Westen des Balkans. 1217 machte ihn Papst *Honorius III. zum König. Der orthodoxe S. weigerte sich jedoch, die katholische Krönung anzunehmen, und wurde 1219 von seinem Bruder *Savas nach dem orthodoxen Ritus gekrönt. S. errichtete eine orthodoxe serbische Kirche und zog sich nach dem Beispiel seines Vaters 1227 in ein Kloster zurück, wo er starb.

STEPHAN IV. UROS (gest. 1280) König von Serbien (1243-76). Dritter Sohn *Stephans I. Nemanjc. S. vereinigte das Serbenreich nach einer Periode innerer Schwierigkeiten erneut, dehnte seine Herrschaft auf den *Epirus aus und unterwarf die bulgarischen Fürsten. Er trug zur Entwicklung der Hauptstadt Skopje bei, die er zum Mittelpunkt der serbischen Kultur machte. 1276 dankte S. ab und zog sich in ein Kloster zurück.

STEPHAN IX. DUSAN (d.Gr.; um 1308-55) König von Serbien (1331-55). S. verbrachte seine Jugend im Exil zu Konstantinopel. 1331 wurde er zum König gekrönt, unterwarf die *Bulgaren und verbündete sich 1335 mit *Venedig gegen die Bedrohung des Angeviners *Carobert von Ungarn. Dadurch konnte er in den Jahren 1342-45 Makedonien, *Epiros und *Thessalien erobern, was ihn in direkten Kontakt mit den *osmanischen Türken brachte. Um gegen deren Macht zu bestehen, entschloß er sich zum Aufbau eines slawischen Großreiches, zu dessen Kaiser er sich 1246 in Skopje krönte. Zusätzlich errichtete S. ein unabhängiges serbisches Patriarchat. 1349 gab S. einen Rechtskodex heraus, der die Verfassung des Reiches neu ordnete. Nach einem kurzen Krieg gegen Ungarn und der Eroberung Belgrads (1354) mobilisierte S. ein großes Heer gegen die Türken und nahm 1355 *Adrianopel. S. marschierte auf Konstantinopel zu, starb jedoch vor Erreichen seines Ziels. S. wird als Nationalheld Serbiens betrachtet.
K. Jiricek, *Geschichte der Serben* 1, 1911.

STEPHAN LASAROWIC (gest. 1427) König von
Serbien (1389-1427). Er setzte den serbischen Widerstand gegen die *osmanischen Türken fort, nachdem
*Bulgarien an *Bajasid gefallen war. Trotz der Nieder-
lage von *Nikopolis (1396), bei der er einen Großteil
seines Heeres verlor, konnte er zu Beginn des 15. Jh.s
sein Land erfolgreich regieren.

Ungarn:

STEPHAN I. (hl.; um 975-1038) König von *Ungarn
(997-1038). Sohn *Gesas I., nahm das Christentum
an und machte es im Jahre 1000 zur Staatsreligion.
Im folgenden Jahr übersandte ihm Papst *Silvester in
Anerkennung seiner Bekehrung die Königskrone, die
als "Stephanskrone" bekannt wurde und die Unabhängigkeit Ungarns vom Deutschen Reich symbolisierte.
B. Homan, *König St. I. d. Hl.,* 1941.

STEPHAN II. (1101-31) König von Ungarn (1116-31).
Seine Regierungszeit stand im Zeichen der inneren Ruhe,
so daß S. in Rußland intervenieren konnte, wo er *Galizien zu unterwerfen suchte.

STEPHAN III. (1147-72) König von Ungarn (1162-
72). S. wurde nur von einem Teil des Adels anerkannt,
während ein anderer Teil seinen älteren Bruder unterstützte, der unter dem Namen *Stephan IV. König
wurde. Erst nach seines Bruders Tod konnte S. die Regierung antreten.

STEPHAN IV. (1132-65) König von Ungarn (1163-65).
Infolge von Adelsaufständen ging sein Erbrecht 1162
an seinen Bruder *Stephan III. über. Ein wichtiger Teil
des Adels unterstützte jedoch S.s Thronansprüche und
vollzog 1163 seine Krönung. 1165 wurde S. besiegt und
starb.

STEPHAN V. (1239-72) König von Ungarn (ab 1270).
S. war mit einer *kumanischen Prinzessin verheiratet
und wurde von den Adeligen verabscheut, die sich gegen
den kumanischen Einfluß am Hof auflehnten. 1271
schlug er *Ottokar I. von Böhmen.

STEPHAN (um 870-93) Patriarch von Konstantinopel.
S. war jüngerer Sohn Kaiser *Basils I. und wurde 886
trotz seiner Jugend von seinem Bruder *Leo VI. zum
Patriarchen erhoben. Seine Amtszeit kennzeichnete
den geistigen Niedergang des Patriarchats von Konstantinopel.

STEPHAN (gest. 1102) Graf von Blois. S. heiratete
Adele, eine Tochter *Wilhelms d. Eroberers, unterwarf
die Grafschaften Troyes und Meaux, und machte sich
zu einem der mächtigsten Feudalherren Frankreichs.
Er nahm am ersten *Kreuzzug teil, verließ das Heer aber
bei der Belagerung von *Antiochien und kehrte nach
Frankreich zurück. 1101 befehligte S. einen neuen
Kreuzzug und fiel in der Schlacht von Ramleh. Sein
jüngerer Sohn *Stephan wurde König von England.

STEPHAN HARDING (hl.; gest. 1134) Abt von
Cîteaux. Von englischer Herkunft, trat dem Kloster
*Cîteaux bei und wurde Abt nach dem Rücktritt
*Roberts von Molesme. S. baute den *Zisterzienser-
orden durch Statutengebung auf, für den er nach Rück-
sprachen mit einem jüdischen Rabbiner auch eine eigene Bibel herausgab. S. trat nach 1120 von seinem Amt
zurück und verbrachte den Rest seines Lebens in Zurückgezogenheit.
G. Müller, *Vom Zisterzienserorden,* 1927.

STEPHAN LANGTON Siehe *LANGTON.

STEPHAN VON BLOIS (um 1097-1154) König von
England (1135-54). S. war Sohn der Adele, Tochter
*Wilhelms d. Eroberers, und des Grafen Stephan von
Blois, und wurde am Hof seines Onkels *Heinrich I.
von England erzogen. 1135 wählte ihn nach Heinrichs
Tod die Mehrheit des Adels zum König und stellte sich
gegen Heinrichs Tochter Mathilde. S.s Regierungszeit
begann mit einem langen Bürgerkrieg, in dem einige
der wichtigsten Barone die Seiten wechselten, um sich
zu bereichern. Nach 1142 konnte sich S. durchsetzen,
verlor aber die *Normandie an Mathildes Gemahl *Gottfried von Anjou und mußte einige Vorrechte der Krone
an die Barone abgeben. Der Bürgerkrieg endete 1150 mit
der Zustimmung S.s, daß nach seinem Tod die englische Krone an Mathildes Sohn *Heinrich Plantagenet
übergehen würde.
C. A. Davies, *Stephen of Blois,* 1964.

STEPHAN VON BONNEUIL Siehe *BONNEUIL,
STEPHAN VON.

STEPHAN VON BURGUND Mitglied des *burgundischen Herzogshauses, war einer der Führer des *Kreuzzugs von 1101 und zeichnete sich durch seine Tapferkeit und Klugheit aus.

STEPHAN VON PISA (12. Jh.) Übersetzer. S. wurde
in Pisa geboren und war im Dienst seiner Heimatstadt in
den lateinischen Staaten des Mittleren Ostens tätig.
1127 übersetzte S. bei einem Aufenthalt in *Antiochien
das medizinische Lexikon des Arabers Ali Ibn Abbas ins
Lateinische. Nach seiner Rückkehr nach Europa ließ
er sich in *Salerno nieder, wo er als Übersetzer wissenschaftlicher und speziell medizinischer Werke aus dem
Arabischen ins Lateinische tätig war.
C. H. Haskins, *Studies in Medieval Science,* 1928.

STERLING-BRÜCKE, SCHLACHT BEI DER (1297)
Sie wurde zwischen den aufständischen Schotten unter
William *Wallace und den Engländern ausgefochten und
von den Schotten gewonnen, was *Eduard I. von Eng-
land zur Konzentrierung seiner gesamten Macht gegen
*Schottland zwang.

STETTIN Stadt in *Pommern an der Odermündung.
S. wurde von den polnischen Eroberern des Landes als
Verwaltungs- und Missionszentrum gegründet und 1147
von den Deutschen unter *Heinrich d. Löwen an das
Herzogtum *Sachsen angeschlossen. 1180 wurde S.
Hauptstadt der deutschen Fürstentümer Pommerns.

STEUERWESEN Das mittelalterliche S. besaß gegenüber seinem klassischen Vorgänger einen grundlegend
anderen Charakter. Es bestanden keine allgemeinen
Steuern, und gewisse Bevölkerungsgruppen waren von
der Steuerzahlung befreit. In der islamischen Welt waren
dies die Moslems und im christlichen Westen die Kirche.
Im Frühmittelalter trat in Europa die Ablieferung von
Agrargütern bzw. die Ableistung von Diensten an die
Stelle der bar bezahlten Steuer. Seit dem 7. Jh. wurden
die Steuern der Lehnsleute durch deren Militärdienst
ersetzt. Erst seit der zweiten Hälfte des 11. Jh.s erscheinen in einigen Ländern Westeuropas wiederum
Geldsteuern von nichtadeligen Untertanen; die volle
Ausbildung des monetären S.s dauerte bis ins 12. und 13.
Jh. Die lange Zeit des bargeldlosen S.s und die Ausbildung feudaler Herrschaftsstrukturen führten zur Über-
handnahme von indirekten Steuern auf Güter, Dienst-
leistungen und andere wirtschaftliche Tätigkeiten. Abgaben wie das *Teloneum, die Mahlsteuer usw. wurden
Teil des Gewohnheitsrechtes (*consuetudines*) und waren
von Ort zu Ort und Herr zu Herr verschieden. Mit Ausnahme des normannischen Englands bestanden bis ins

13. Jh. keine königlichen Steuern, und die Herrscher waren auf die Bewilligung besonderer Beiträge sowie die Einträge ihrer eigenen Güter beschränkt. Mit der Zeit übernahmen die Höfe Europas jedoch das englische und sizilianische S. und ließen durch ihre Beamten die sog. *Taille einnehmen. Sie bedurften weiterhin der Zustimmung ihrer großen Lehnsleute. Diese Bewilligung war in England, Island und Aragón Vorrecht des *Parlaments, in anderen Ländern nur bedingt Sache der *Stände.
Th. Mayer, in: *Handbuch der Finanzwirtschaft* 1, 1952[2].

STIGAND (gest. 1072) Erzbischof von Canterbury (1052-70). Von angelsächsischer Abstammung, war Berater des Earl *Godwin von Wessex, der ihn 1043 zum Bischof von Elmham und 1052 an Stelle des Normannen *Robert von Jumièges zum Erzbischof von Canterbury machte. Als Erzbischof erlangte S. jedoch nicht die Anerkennung des Papstes, der Robert weiterhin als rechtmäßigen Inhaber des Erzbistums betrachtete. Nach der normannischen Eroberung Englands wurde S. von *Wilhelm d. Eroberer abgesetzt (1070).
H. Böhmer, *Kirche und Staat in England im 10. und 11. Jh.*, 1899.

STOCKHOLM Hauptstadt *Schwedens. S. entstand aus einer Festung, die im 13. Jh. am Ausgang des Mälarsees errichtet wurde. 1252 gründete *Birger Jarl angeblich um die Burg eine Stadtsiedlung und machte diese zum politischen Mittelpunkt seines Reiches. *Uppsala blieb jedoch weiterhin die kirchliche und geistige Hauptstadt Schwedens. Bis ins 15. Jh. war S.s Bevölkerung überwiegend deutsch.

STÖRTEBEKER Siehe *VITALIENBRÜDER.

STRALSUND, FRIEDEN VON (1270) Abkommen zwischen der *Hanse und *Waldemar IV. von Dänemark, Norwegen und Schweden, nachdem Waldemar im Krieg von 1362-69 unterlegen war. Gemäß den Bedingungen von S. erhielt die Hanse in Dänemark und Schweden ihre früheren Vorrechte sowie weitere Handelsbegünstigungen. Eine weitere Klausel betraf die Errichtung einer Regentschaft für *Schweden.

STRASSBURG Stadt im Elsaß. Die römische Stadt Argentoratum wurde 451 von den *Hunnen zerstört. Im 6. Jh. ließen sich am Ort die *Alemannen nieder, die die gesamte Region germanisierten und der Stadt den neuen Namen gaben. In der *Karolingerzeit wurde S. zu einem der bedeutendsten Handelszentren des Rheintals. Dank ihrer Lage am Kreuzpunkt des Verkehrs zwischen Deutschland und Frankreich war sie Ort zahlreicher Reichsversammlungen, von denen das Treffen *Ludwigs d. Deutschen und *Karls d. Kahlen mit ihren Lehnsleuten (842) die berühmteste war. Dabei wurden die S.er Eide geschworen, die als erstes Zeugnis der sprachlichen Trennung des Reiches in einen französischen und deutschen Teil gelten.

843 wurde S. Teil des *Lothringischen und 925 des Deutschen Reiches. 982 wurden die Stadt und die Umgebung zum kirchlichen Herrschaftsraum unter der Leitung des Bischofs gemacht und damit von der Grafschaft Elsaß und dem Herzogtum Schwaben getrennt. Die Entwicklung der Stadtbürgerschaft im 12. Jh. führte zu steten Konflikten mit dem Stadtherrn, der dann die Freiheiten der Bürger anerkennen mußte. 1201 erlangte S. den Status der freien Reichsstadt im Rahmen der bischöflichen Herrschaft. Auch diese Errungenschaft beendete nicht den Kampf, der erst 1262 mit dem Rückzug des Bischofs auf sein Schloß Saverne zugunsten der vollen Autonomie der Bürgerschaft entschieden wurde. Zu dieser Zeit war S. eine der höchstentwickelten Städte Deutschlands und ein wichtiger Mittelpunkt des literarischen und künstlerischen Lebens. Das gotische Münster S.s galt als Vorbild für die Baukunst und Bildhauerei der Zeit. Im 14. Jh. litt die Stadt an inneren Unruhen und Kämpfen zwischen den Handwerkerzünften und dem Patriziat. Erstere konnten 1332 die Macht ergreifen, waren aber durch die dauernde Zusammenstöße gezwungen, 1482 einer Kompromißlösung zuzustimmen, die bis 1648 in Kraft war. Seit der Mitte des 15. Jh.s war S. auch ein Zentrum des Humanismus und der *Buchdruckerkunst.
E. v. Borries, *Geschichte der Stadt S.*, 1909;
G. Wunder, *Das Straßburger Landgebiet*, 1967.

STRATHCLYDE Keltisches Königreich in England. Es wurde von den Briten nach der *angelsächsischen Eroberung Englands mit befestigten Grenzen gegen die Pikten aufgebaut. Die Geschichte S.s ist durch den dauernden Konflikt mit *Northumbrien gekennzeichnet (7.-9. Jh.). Gegen die dänischen und norwegischen Eroberungen in Northumbrien und Schottland (9. Jh.) konnten die Herrscher von S. ihre Unabhängigkeit durch Tributzahlungen an die Dänen und das Bündnis mit den angelsächsischen und schottischen Fürsten bewahren. Zu Beginn des 10. Jh.s geriet S. unter den starken Einfluß des Königreichs *Wessex und wurde 937 von *Aethelstan zum Vasallstaat gemacht. Nach 960 verlor S. seine eigenständige Verfassung und ging im Herrschaftsbereich der Schotten auf.
F. M. Stenton, *Anglo-Saxon England*, 1947.

STUDION (STUDIOS) Eines der berühmtesten Klöster *Konstantinopels. Seit seiner Gründung im Jahr 463 zeichneten sich die Mönche von S. als eifrige Verteidiger der Orthodoxie aus. Die Schule von S. bildete Beamte und künftige Prälaten aus. In der Zeit des *Ikonoklasmus litt es unter den Verfolgungen der *Isaurier und verlor an innerem Halt. Unter der Führung *Theodors von S., der 799 zum Abt ernannt wurde und die Gemeinde nach der Regel des hl. *Basilios reformierte, wurde S. wiederum zum wichtigen geistigen Zentrum und diente als Vorbild für die Klöster des Berges *Athos. Im 9. bis 11. Jh. waren die Mönche stark am politischen Leben des byzantinischen Reiches beteiligt und trugen wesentlich zur Absetzung mehrerer Kaiser bei. 1204 wurde S. bei der Eroberung Konstantinopels durch die *Kreuzfahrer zerstört. 1290 wurde es von den *Palaiologen wieder erbaut.
R. Janin, *Les églises et les monasteries de Constantinople*, 1953.

STUDIUM GENERALE (lat.: "allgemeiner Unterricht") Einrichtung zum Unterricht der *Sieben Freien Künste, die in den meisten Teilen Europas im 12. und 13. Jh. errichtet wurde und als Frühform der mittelalterlichen *Universität gilt. Sie war "generell", d.h. allen Nationen gleichermaßen zugänglich.

STURLA THORDARSON (1214-84) Isländischer Dichter. Neffe des *Snorri Storluson, von dem er die Überlieferung der *Sagas erlernte. S. ist der Verfasser der "Islandsaga", die als schönste dichterische Gestaltung der Geschichte der Insel, der Legenden der nordischen Kolonisierung Islands, Grönlands und Nordamerikas gilt, sowie der "Hákonssage" über den norwegischen König *Haakon IV.
W. Baetke, *Über die Entstehung der Island-Sagas*, 1956.

SUBIACO Italienisches Kloster bei Rom. S. wurde um 525 nahe der Einsiedelei des hl. *Benedikt von Nursia gegründet und entwickelte sich im 6. Jh. zu einem wichtigen Mittelpunkt des *Mönchtums, an dem spätere Päpste wie *Gregor I. ihre Ausbildung erhielten. Mit der Zeit entstand um S. eine städtische Siedlung. 1464 wurde in S. die erste Druckerei Italiens errichtet.

SUBODAI (gest. 1244) Mongolengeneral. S. war Gefährter *Dschinghis-Khans und zeichnete sich als Krieger und Heerführer aus. In den Jahren 1208-14 eroberte er Korea und 1219 befehligte er das Heer, das die *Chwarismer aus *Khorasan und Persien verjagte. S. fiel von der Gegend des Kaspischen Meers aus in Europa ein und besiegte 1223 die Russen bei *Kalka. Nach großen Beutezügen kehrte er an den Khanhof zurück, wo er mit der Erziehung *Batu-Khans, des Enkels von Dschinghis-Khan, beauftragt wurde. In den Jahren 1237-41 fiel S. zusammen mit seinem Schützling in Rußland ein und führte das Heer an, das Ungarn verwüstete. Er gelangte bis Dalmatien, als er von Batu zurückberufen wurde. S. war ein Feldherr von ungewöhnlicher Begabung.
B. Spuler, *Die Mongolenzeit,* 1953.

SUDA LEXIKON Anonyme byzantinische Enzyklopädie, die im 11. Jh. zusammengestellt wurde und eine große Anzahl von Biographien sowie sprachwissenschaftliches Material enthält.

SUDAN Afrikanisches Land zwischen Sahara und dem Äquator. Es ist in den West-S. nahe dem Nigertal und den Ost-S. zwischen Äthiopien und Ägypten geteilt, wurde von Negerstämmen bewohnt und befand sich an den Haupthandelsrouten Afrikas. Die arabische Eroberung Ägyptens und Nordafrikas führte seit Ausgang des 7. Jh.s zum Eindringen des arabischen politischen und wirtschaftlichen Einflusses im S. Dazu begann auch die Islamisierung, die besonders im Osten Erfolge brachte. Die Entdeckung und Ausbeutung von Goldvorkommen im S. zu Beginn des 8. Jh.s trug erheblich zur wirtschaftlichen Vorrangstellung der islamischen Welt bis zum 11. Jh. bei. Der S. diente auch als Lieferant von Negersklaven, die in den Mittelpunkten des Kalifats eine der wichtigsten Arbeitskräfte darstellten. Im Westen des S.s war der moslemische Einfluß auf den äußersten Norden beschränkt, der im 10. Jh. Siedlungsort der *Almoraviden war. Dagegen war der Osten politisch im Rahmen des Kalifats organisiert und von Arabern besiedelt, was wiederum zur politischen Organisierung der nubischen Stämme beitrug. In der *Fatimidenzeit wurde Ost.-S. Teil Ägyptens, und seine Stämme machten die Mehrheit des Fatimidenheeres aus. Auch nach dem Fall des arabischen Kalifats war der S. weiterhin wirtschaftlich von den Arabern abhängig, die seine Goldminen, Gewerbeerzeugnisse und Arbeitskräfte ausbeuteten. Ohne Verbindung zu Europa gelang es den Großreichen des West-S.s (*Ghana und *Mali) nicht, sich wirtschaftlich unabhängig zu machen.
R. Cornevin, *Etudes soudanaises,* 1953.

SUEBEN (SWEBEN) Germanischer Volksstamm. Die S. betraten gegen Ausgang des 4. Jh.s das Römische Reich, überschritten den Rhein, vertrieben die *Burgunder und gelangten bis nach Gallien, wo sie von römischen Generälen besiegt wurden. Im Jahr 409 kamen die S. nach Spanien und siedelten sich im Nordwesten, dem späteren *Galizien und *Portugal an, wo sie ihren Staat errichteten. Zu Beginn des 6. Jh.s traten sie zum katholischen Christentum über und begannen, sich mit der örtlichen Bevölkerung zu vermischen. Ihre Hauptstadt Braga war ein wichtiger religiöser und kultureller Mittelpunkt. Nach dem Aussterben ihrer Stammeskönige wurde das S.-Reich von Bürgerkriegen geschwächt und dann von den *Westgoten erobert.
K. Schäferdieck, *Die Kirche in den Reichen der Westgoten und Sueben bis zur Errichtung der westgotischen katholischen Staatskirche,* 1967.

SUFFOLK, EARLS VON Siehe *POLE, HAUS VON.

SUFFRAGAN Ein einem Erzbischof kirchenrechtlich unterstellter Bischof. Seit dem 5. Jh. waren die Bistümer des Christentums in Provinzen organisiert, denen der Metropolit oder Erzbischof vorstand. Demnach war jeder Bischof ein S. des Erzbischofs. In der katholischen Kirche besitzt der Papst das Vorrecht, einen Bischof von seinen S.-Pflichten zu befreien.

SUFIS Mystisch-asketische Sekte des mittelalterlichen Islams, die im 8. Jh. unter dem Einfluß des östlichen Mönchtums und dessen Einsiedler in Syrien, Südirak und Saudiarabien entstand. Das christliche Vorbild bezog sich jedoch nur auf die religiöse Askese; die S. zogen sich nicht von Familie und Gesellschaft zurück. Sie organisierten sich in den größeren Städten der moslemischen Welt zu Brüderschaften, die sich zum Studium der heiligen Schrift und ihrer mystischen Auslegung zusammenfanden. Die Bewegung gewann im 9. Jh. starken Auftrieb und gelangte bis nach Spanien. Die S. wurden von den *Sunniten bekämpft und als Ketzer von den Obrigkeiten verfolgt. Im 11. Jh. änderte sich das Wesen ihrer Anschauungen; ihr Denker Al-Rhazal entwickelte eine Lehre des Lebens, die die S. zu einer anerkannten frommen Bruderschaft im Rahmen des Islam machte.
B. Spuler (Hg.), *Handbuch der Orientalistik* 8/2, 1961.

SUGER (um 1081-1151) Französischer Staatsmann und Abt von *Saint-Denis (1122-51). S. trat als Kind dem Kloster Saint-Denis bei und studierte an der Klosterschule gemeinsam mit dem zukünftigen König *Ludwig VI., dessen Freund er wurde. Die verwaltungstechnische und politische Begabung von S. wurde von Abt Adam bemerkt, der ihn in verschiedenen Ämtern beschäftigte. S. konnte dadurch Bande zum königlichen Hof, dem Papsttum und den meisten Feudalhöfen Nordfrankreichs knüpfen und wurde Berater König Ludwigs VI. 1122 wurde S. zum Abt seines Klosters erwählt und bemühte sich, dessen Besitzungen wiederzugewinnen sowie sein Ansehen zu heben. Zu diesem Zweck brachte er der französischen Monarchie seine Unterstützung entgegen. 1124 entfaltete S. gegen einen deutschen Einfall in Frankreich die *Oriflamme*, das Banner des Klosters, das zum Sinnbild der königlichen Souveränität und der nationalen Solidarität wurde. In den ersten Jahren der Regierung *Ludwigs VII. hielt sich S. vom Hof fern und konzentrierte seine Bemühungen auf die Angelegenheiten seiner Abtei. Seine Verwaltungsreformen lieferten ihm das nötige Geld zur Errichtung der neuen Klosterkirche, des ersten gotischen Bauwerks Frankreichs, die er reich ausstattete und 1144 weihte. S. verfaßte in dieser Zeit eine Biographie seines königlichen Freundes. Auch als er sein Dasein zurückgezogen vom öffentlichen Leben verbrachte, galt S. als weiser Staatsmann, dessen Rat von den wichtigsten Persönlichkeiten seiner Zeit gesucht wurde. 1144 wurde S. an den Hof zurückgerufen und diente dann als treuer Berater des Königs.

Während des *zweiten Kreuzzugs übte S. die Regentschaft des Reiches aus, reorganisierte die königlichen Finanzen und bewahrte den inneren Frieden in Abwesenheit des Königs.
M. Aubert, *Suger*, 1950.

SULEIMAN *Omajjadenkalif (715-17). Einer der letzten großen Herrscher des Omajjadenhauses. Nach seiner Thronbesteigung bemühte er sich um die Neuaufnahme der großen Eroberungszüge und baute eine starke Armee und Flotte auf, mit der er 716 *Konstantinopel belagerte. Die Belagerung wurde nun abgebrochen; der Niedergang der Omajjaden setzte nun ein.

SULEIMAN Osmanensultan (1402-13). S. war einer der vier Söhne *Bajazids und ergriff nach der Gefangennahme seines Vaters durch *Timur-Leng die Macht auf dem Balkan. Nach seines Vaters Tod wurde er in Adrianopel zum Sultan ausgerufen, was jedoch auf den Widerstand seiner Brüder stieß. In den darauffolgenden Bürgerkriegen verloren die *Türken *Thessalonike und weitere Balkanprovinzen. S. wurde von seinem Bruder *Mohammed I. besiegt und abgesetzt.

SULEIMAN IBN KUTLUMISCH Seldschukensultan von Rum (1077-85). S. diente als Statthalter der eroberten Gebiete in Kleinasien, wurde in *Nikaia zum Sultan von Rum ausgerufen und von *Alp Arslan, dem Haupt des Seldschukenreiches, in dieser Würde bestätigt. S. machte *Ikonium (Konija) zur Hauptstadt seines Staates und fiel 1085 bei dem Eroberungsversuch von *Aleppo.

SUNNA Der orthodoxe islamische Glaube, der auf den in der *Hadith ausgelegten Glaubenssätzen des *Korans beruht. Die S. wurde von den *Schiiten bekämpft, wodurch der Islam in zwei religiöse Lager gespalten wurde. Die Sunniten erlangten mit der Bekehrung der *Abbasiden (750) die Oberhand und schlossen die große Mehrheit der arabischen Bevölkerung des Kalifats ein. Die theologischen Zentren der S. in Bagdad und Ägypten waren auch nach der formativen Periode des 8. Jh.s an der Weiterentwicklung des moslemischen theologischen Denkens beteiligt und seit dem 10. Jh. in der neugegründeten Al-Azhar-Akademie Kairos konzentriert.
B. Spuler (Hg.), *Handbuch der Orientalistik* 8/2, 1961.

SUSCEPTUS (lat.: "angenommen") Bezeichnung, die zwischen dem 4. und 7. Jh. im Westen für die in den Schutz eines Herrn aufgenommenen Personen angewandt wurde. Sie bezog sich auch auf die Besitzer kleinerer Güter (die späteren Lehnsleute und Freibauern) in ihrer Eigenschaft als Untertanen eines Herrn.

SUSDAL Russisches Fürstentum, das 1125 von dem *Kiewer Fürsten *Wladimir Monomach für seinen Sohn *Juri Dolgoruki (1125-57) errichtet wurde. Dieser bevölkerte das im Nordosten des Kiewer Staates gelegene S. mit russischen Neusiedlern. Sein Sohn und Nachfolger *Andrej Bogolibskij (1157-74) machte aus S. eine Großmacht, baute nahe der Stadt S. die neue Hauptstadt *Wladimir und plünderte 1169 Kiew. Im Neuland S. konnte Andrej die traditionelle Vorrechte der Stadträte Westrußlands (Veche) ignorieren und die Adligen seiner Herrschaft unterwerfen. Er wurde von unzufriedenen Bojaren ermordet, die seinen jüngeren Bruder *Wsewolod zum Fürsten wählten. Unter dessen Herrschaft (1174-1212) erreichte S. den Gipfel seiner Macht. Nach seinem Tod führten die Teilung der Macht unter seinen Söhnen und dauernde Bürgerkriege zur Schwächung S.s, bis angesichts der *mongolischen Einfälle kein Widerstand mehr geleistet wurde. *Batu-

Khan machte S. zum Vasallenreich der *Goldenen Horde (1238). Die inneren Zwistigkeiten der Fürsten von S. wurden erst 1246 beendet, als der Sobor (die Versammlung der Prinzen, Prälaten und Bojaren) den angesehenen *Alexander Newskij, einen Enkel Wsewolods, zum Herrscher berief. Er wurde von den Mongolen als Großfürst anerkannt, reorganisierte das Land und unterwarf die nordrussischen Fürsten. Seine Hauptstadt wurde zum neuen kirchlichen Mittelpunkt Rußlands. Nach Alexanders Tod wurde S. wiederum von Thronstreitigkeiten geschwächt; 1238 wurde es von *Iwan I. von Moskau, einem Angehörigen einer Juniorenlinie von S., unterworfen.
G. Vernadsky, *Russia under the Mongols*, 1955.

SUSO Siehe *SEUSE.

SUSSEX Angelsächsisches Königreich in Südengland zwischen *Kent und *Wessex. Laut der örtlichen Überlieferung wurde nach der sächsischen Eroberung der Gegend (477) das Königshaus errichtet, und im 6. Jh. soll sich das Reich in Südengland ausgedehnt haben. Das 7. Jh. ist besser dokumentiert; in dieser Zeit war S. ein Kleinreich, das von Wessex hart bedrängt wurde. 680 bekehrte sich S. zum Christentum, 769 wurde es von *Offa von *Mercien erobert, nach 770 werden nur noch lokale Machthaber erwähnt. Im 9. Jh. wurde S. an Wessex annektiert und existierte als Grafschaft weiter.
F. M. Stenton, *Anglo-Saxon England*, 1947.

SUTRI, KONKORDAT VON (1112) Ein dem gefangengesetzten Papst *Paschalis II. von Kaiser *Heinrich V. aufgezwungener Vertrag zur Lösung des *Investiturstreits. Danach sollte die Kirche in Gegenleistung für den kaiserlichen Verzicht auf die Laieninvestitur sich allen Landbesitzes begeben. Das S. wurde von den Kirchenfürsten als Erpressung verdammt und auf dem Laterankonzil von 1112 ungültig erklärt.

SUZERÄN Die Bezeichnung des höchsten Lehnsherrn, jedoch nicht unbedingt des Königs. Die Suzeränität war nicht mit der Souveränität identisch und bedeutete nur die Eigenschaft des höchsten Herrn, an den ein Lehnsmann appellieren konnte.

SVERRE Geistlicher auf den Färöerinseln und König von Norwegen (1177-1202). S. gab sich als Abkömmling König *Sigurds aus, wurde als Geistlicher auf den Färöern in die norwegische Politik verstrickt und führte 1174 den Volksaufstand der "Birkebeiner" gegen *Magnus IV. Nach seinem Sieg 1184 und der Thronbesteigung widersetzte er sich dem Einfluß der Kirche und kämpfte gegen die Kirchenfürsten des Landes an. Seine kirchenfeindliche Politik, die auf die Einspannung des örtlichen Klerus in den Dienst der Monarchie abzielte, verschaffte ihm große Beliebtheit und versetzte ihn in die Lage, Papsttum und Bischöfen zu widerstehen. S. war auch an Literatur interessiert und förderte die *Sagadichtung.
M. Gebhardt-W. Hubatsch, *Norwegische Geschichte*, 1963.

SWATOPLUK (ZWENTIBOLD) I. (um 830-94) Herzog von Mähren (870-94). S. war Nachfolger *Rostislaws und der letzte Großfürst von *Mähren. Nach seinem Sieg über *Ludwig d. Deutschen (871) befreite er Mähren von der karolingischen Oberhoheit. Gegen das Eindringen des deutschen Einflusses unterstützte S. die Missionstätigkeit des hl. *Methodius und unterhielt direkte Beziehungen zum Papsttum. 884 mußte er aber *Karl III. als Vasall huldigen.

SWATOPLUK I. Fürst von *Kiew (1015-19). Sohn des hl. *Wladimirs und Erbe des Kiewer Thrones, fachte infolge eigener Unfähigkeit einen Bürgerkrieg an, nach dem sich sein Bruder *Jaroslaw d. Weise zum Herrscher machte.

SWATOPLUK II. Fürst von Kiew (1097-1113). S. war in einige Nachfolgekriege um den Kiewer Thron verwickelt (1078-97) und wurde auf einem Treffen der Fürsten des *Rurikidenhauses (1097) anerkannt. Unter seiner Regierung nahm die Autorität der Fürsten von Kiew beträchtlich ab.

SWEN I. Gabelbart König von Dänemark (986-1014). Sohn des *Harold Blauzahn, reorganisierte die dänische Monarchie und stärkte die Macht seines Landes. Seit 994 fiel S. mehrere Male in England ein und begann 1003 die Eroberung der Insel, nachdem er um 1000 die Oberhoheit über Norwegen erlangt hatte. 1014 nahm er auch den Titel König von England an.
P. Lauring, *Geschichte Dänemarks*, 1964.

SWEN II. Estrithson König von Dänemark (1047-74). S. wurde von den dänischen Adligen, die sich gegen *Magnus von Norwegen erhoben hatten, zum König ausgerufen und richtete Dänemarks Unabhängigkeit wieder auf. Dank seiner guten Beziehungen zum Papsttum konnte S. die dänischen Bischöfe aus ihrer Abhängigkeit von den Erzbischöfen von *Bremen befreien und eine nationale Kirche schaffen, die direkt dem Papst unterstellt war.

SWEN III. König von Dänemark (1146-57). Seine Regierungszeit war durch innere Kämpfe und Thronstreitigkeiten gekennzeichnet. Bis 1152 regierte S. zusammen mit seinem Schwager *Knut. 1154 erlangte er von *Friedrich I. Barbarossa die Anerkennung als einziger König. Die Bürgerkriege tobten jedoch bis zu seiner Niederlage gegen *Waldemar d.Gr. weiter.
P. Lauring, *Geschichte Dänemarks*, 1964.

SWEN (gest. 1034) König von Norwegen (1031-33). S. wurde von seinem Vater *Knut d.Gr. zum König ernannt, jedoch von den norwegischen Adligen gestürzt.

SWEN GODWINSON (gest. 1052) Earl von Oxford. S. war ältester Sohn *Godwins von Wessex; dieser erlangte von *Eduard d. Bekenner die Ernennung S.s zum Earl von Oxford (1043). Nachdem S. eine Äbtissin verführt hatte, wurde er vom König verbannt und floh nach Dänemark. 1051 ließ ihn Eduard auf Godwins Betreiben zurückrufen. Im folgenden Jahr wurde S. jedoch vom *Witan geächtet. S. ging auf Pilgerfahrt nach Jerusalem und starb auf dem Heimweg.
F. M. Stenton, *Anglo-Saxon England*, 1947.

SWJATOSLAW (944-72) Fürst von Kiew (964-72). S. Sohn *Igors (gest. 945), wurde von seiner Mutter Olga, die während seiner Minderjährigkeit als Regentin herrschte, zum Fürsten ausgerufen. S. besiegte die *Chasaren und verbündete sich 968 mit Kaiser *Nikephoros Phokas von Byzanz gegen die *Bulgaren. Er fiel auf dem Balkan ein und eroberte Ostbulgarien und die Hauptstadt Preslaw. Nach seiner Weigerung, die eroberten Territorien an Byzanz herauszugeben, zwang ihn Kaiser *Johannes Tzimiskes im Bunde mit den *Petschenegen zum Rückzug. Auf dem Weg nach Kiew wurde S. im Kampf mit den Petschenegen getötet. S. war der letzte heidnische Fürst Rußlands.
G. Vernadsky, *Kievan Russia*, 1951.

SWJATOSLAW Fürst von Tschernigow (1054-75). S. wurde von seinem Vater *Jaroslaw d. Weisen zum Herrscher von *Tschernigow erhoben und war nach dem Fürsten von Kiew im *Rurikidenhaus zweitrangig. Sein Versuch, Kiew zu erobern, wurde von seinen Brüdern vereitelt.

SYMMACHUS (hl.; um 450-514) Papst (498-514). S. konzentrierte seine Bemühungen auf die Bewahrung der Unabhängigkeit des Papsttums. Zu diesem Zweck unterhielt er enge Verbindungen mit dem arianischen Ostgotenkönig *Theoderich und spielte die religiösen Differenzen mit den Arianern herunter.

SYNAGOGE (griech.: "Versammlungshaus") Die im hellenistischen Ägypten des ersten vorchristlichen Jh.s den jüdischen Gebets- und Studienhäusern verliehene Bezeichnung, die das hebräische *beth ha-knesseth* wörtlich übersetzt. Die Bezeichnung wurde von den lateinischen Verfassern übernommen und ging in die großen europäischen Sprachen über. Im islamischen Osten war jedoch der hebräische Name üblich. Die mittelalterliche S. war nicht nur Ort des Gebets, sondern auch Versammlungsplatz der Gemeinde sowie örtliche Schule, wovon die mittelhochdeutsche *schul* ins Jiddische überging. Die S. war gewöhnlich ein größerer Raum und mußte Platz für die Bundeslade, die Kanzel des Vorsängers und einen Tisch zur Ausbreitung der Textrolle besitzen. In Spanien und im Osten waren die Sitze der Gläubigen entlang der Wände, im Westen ähnlich der Kirche im Zentrum des Raumes angeordnet. Der Frauenraum schloß sich als Balkon über dem Hauptraum oder als Nebenzimmer an. Das Innere der S. war mit den Symbolen des Glaubens wie Gesetztafeln und Davidstern ausgeschmückt. Die mittelalterliche S. unterschied sich architektonisch von der klassischen S. und übernahm (besonders in Italien) die in den Gastländern üblichen baulichen Formen.
R. Krüger, *Die Kunst der Synagoge*, 1966;
D. M. Cassutto, *Medieval Synagogues*, 1976.

SYRAKUS Hafenstadt im Osten Siziliens. Sie diente im Frühmittelalter als wichtigster Getreideversorgungshafen *Roms, nahm unter der byzantinischen Herrschaft eine wichtige Stellung ein, verlor aber nach der arabischen Eroberung (829) an Bedeutung.

SYRIEN Das nach der Stadt Tyrus (syrisch: Sour) benannte Land an der Ostküste des Mittelmeers, dessen genaue Grenzen nie umrissen wurden. Die Bezeichnung S. bezieht sich auf eine kulturelle Einheit, die von syrisch sprechenden Völkern gebildet wird und sich von den Grenzen Kleinasiens und dem oberen Tigris über den größeren Teil Palästinas hinzieht. Dieses Territorium hatte jedoch für die administrative Unterteilung der römischen und byzantinischen Herrschaft in S. keine Bedeutung. Unter den Byzantinern wurden die Syrier mit den Ostchristen zusammengeworfen, deren Sprache ebenfalls Syrisch war. Nach der arabischen Eroberung (634-40) wurde S. Mittelpunkt des neuen Kalifats. 661 machte *Muawijah *Damaskus zu seiner Hauptstadt. Der Islam brachte S. großen Wohlstand; die Islamisierung machte besonders in der Gegend von Aleppo und Damaskus rasche Fortschritte, berührte jedoch die stark christlichen Küstenstädte und Palästina weniger. Mit dem Aufstieg der *Abbasiden (750) sank S. zu einer Provinz ab. In Damaskus bestand ein starkes *sunnitisches Element, und im Norden waren Minderheitsgruppen von *Schiiten tätig. Gegen Ausgang des 10. Jh.s wurde der Westen S.s von den *Fatimiden erobert. Zu dieser Zeit erlangten örtliche arabische Fürstentümer ein großes Maß an Unabhängigkeit, die sie bis zur Eroberung durch die *Seldschuken im Jahre 1071 bewahren konnten.

Gegen Ausgang des 11. Jh.s wurde S., das unter der formalen Hoheit des persischen Seldschukensultans stand, in die Fürstentümer *Aleppo, *Hamah, Homs und *Damaskus aufgeteilt, von denen jedes seine eigenen Monarchen besaß. Dank der Uneinigkeit dieser Staaten konnten die *Kreuzfahrer *Antiochien, *Edessa, Jerusalem und Palästina und Tripoli erobern. Zu Beginn des 12. Jh.s fielen diese Staaten unter die Macht der *Atabegs, die von den Seldschukenfürsten die Regierung übernahmen. *Sengi, einer dieser Atabegs, vereinigte 1128 Aleppo und *Mosul und schuf in Nord-S. einen mächtigen Staat, der die Kreuzfahrerstaaten bedrohte. 1144 nahm er Edessa; sein Sohn und Nachfolger

Nureddin nützte den Fehlschlag des zweiten Kreuzzugs aus, um die Fürstentümer S.s unter seine Herrschaft zu bringen. Mit der Eroberung von Damaskus (1154) war das gesamte Land in seiner Hand vereint. Nureddin schuf in S. eine neue Verwaltung, die sich auf den sunnitischen Islam stützte und die Islamisierung der Dörfer vorwärtstrieb. Seine Politik des Heiligen Kriegs wurde von seinem Nachfolger *Saladin, dem Gründer des *Ejjubidenhauses, fortgesetzt. Nach Saladins Tod wurde S. unter seinen Verwandten aufgeteilt, und 1258 fiel es ohne große Kämpfe in die Hand der Mongolen. *Baibars eroberte nach seinem Sieg bei Ein Dschalud den Großteil S.s; die *Mamluken machten es zu einer Militärprovinz. 1321 fiel das letzte Ejjubidenfürstentum Hamah, und S. verlor gänzlich seine Unabhängigkeit.

P. Hitti, *A History of Syria and Lebanon*, 1947.

T

TABARI, ABU DSCHAFAR MOHAMMED, AL (um 839-923) Chronist. T. wurde in *Tabaristan (Persien) geboren, studierte die Rechte und bereiste die Länder des arabischen Kalifats. Um 880 ließ sich T. als Rechtslehrer in Bagdad nieder. T. wurde berühmt durch seine "Chronik der Propheten und Könige", eine historische Abhandlung über die arabische und moslemische Vergangenheit.

TABARISTAN Nordpersische Provinz. 818 ergriff eine örtliche Dynastie in T. die Macht und sagte sich von den *Abbasidenkalifen los. Das von radikalen *Schiitensekten bewohnte Land war seit der zweiten Hälfte des 9. Jh.s starken politischen Schwankungen ausgesetzt. Im 11. Jh. wurden die *Ismailiten vorherrschend; im Jahre 1092 machten die *Assassinen T. zu ihrer Hochburg.

TABORITEN Der radikale Flügel der böhmischen *Hussiten, die ihren Namen von ihrer Hochburg am Berg Tabor hatten.

TAGENO VON PASSAU (12. Jh.) Chronist. T. war Kanoniker an der Domkirche von Passau und verfaßte eine Chronik des *Kreuzzugs *Friedrichs I., in der er den Kaiser mit großer Ehrfurcht beschreibt.
M. Kaufmann, *Das Tagebuch des T.*, 1924.

TAGLIACOZZO, SCHLACHT VON (1268) Schlacht in Süditalien, in der *Karl von Anjou endgültig die *Hohenstaufen besiegte.

TAHIRIDEN Persisches Herrscherhaus (820-72), das von Tahir Ibn Hussain in Merv (*Khorasan) errichtet wurde. Seine Nachfolger regierten Khorasan bis zur Machtergreifung der *Saffariden.

TAIFAS Maurenfürstentümer, die zu Beginn des 11. Jh.s in Spanien entstanden waren und nach dem Fall des Kalifats von *Córdoba (1031) unabhängig wurden. Ihre gegenseitigen Kämpfe stürzten das maurische Spanien in Anarchie; dies versetzte die Christenkönige von *Kastilien und *Aragón in die Lage, ihre Besitzungen im Norden auszuweiten, und ermöglichte den *Almoraviden die Eroberung des Südens. Das wichtigste T.-Reich war das *abbadidische Sevilla.

TAILLE (lat.: tallia) Steuer, die die königliche Finanzverwaltung oder die Feudalherren von den Besitzungen oder Einkünften ihrer Untertanen einnahmen. Die T. wurde ursprünglich nach Willkür auferlegt. Seit dem 13. Jh. entwickelten sich jedoch feste Steuersätze und die alljährliche Kollektion.

TAILLEBOURG, SCHLACHT VON (1242) Sie wurde zwischen der englisch-gascognischen Armee *Heinrichs III. und den Franzosen unter König *Ludwig IX. um die Herrschaft über *Poitou ausgefochten. Der französische Sieg führte zum endgültigen Rückzug der Engländer aus dem nördlichen *Aquitanien und der Errichtung des englischen Herzogtums *Guienne bei Bordeaux.

TAKKANOTH (hebr.: "Bestimmungen, Statuten") Die von den jüdischen Gemeinden besonders des Westens herausgegebenen und von berühmten Rabbinern bestätigten Regeln. Sie betrafen praktische Fragen des täglichen Gemeindelebens und schrieben Verhaltensformen für den Verkehr der Juden untereinander sowie mit den christlichen Obrigkeiten und Nachbarn vor. Die T. befaßten sich auch mit Problemen des Familienlebens wie Monogamie und Abwesenheit des Familienvaters, wirtschaftlichen Fragen und sozialen Verhältnissen. Die ältesten erhaltenen T. stammen aus dem 11. Jh. und werden *Gerschom zugeschrieben; sie wurden von Gemeinden in ganz Europa übernommen. Im 13. Jh. gaben die rheinischen Gemeinden allgemein bindende T. heraus.
L. Finkelstein, *Jewish Self-Government in the Middle Ages*, 1924.

TAM, RABBENU Siehe *JAKOB BEN MEIR TAM.

TAMERLAN Siehe *TIMUR-LENG.

TANCHELM (gest. 1115) Ketzer. T. stammte aus Flandern und zog sich offenbar als Einsiedler in den Koog bei *Antwerpen zurück. 1112 erschien er in der Stadt und begann, gegen die Geistlichen zu predigen. T. wurde von zwölf Schülern und einer als "Jungfrau Maria" bezeichneten Frau begleitet, T. selbst soll sich als Christus gesehen haben. Er hatte in Antwerpen und den anliegenden Dörfern großen Erfolg. Trotz der Verurteilung als Ketzer predigte er weiter das einfache Leben und brandmarkte den kirchlichen Reichtum. T. wurde 1115 ermordet, seine Bewegung breitete sich jedoch unter Ausnutzung der sozialen Spannungen in den Niederlanden aus. Zur Unterdrückung der Ketzerei T.s wurde der *Prämonstratenserorden ins Leben gerufen, und um 1130 verschwand die Bewegung.
J. B. Russel, *Dissent and Reform in the Early Middle Ages*, 1965.

TANKRED (um 1076-1112) Fürst von Galiläa und Antiochien. T. war ein Sohn des süditalienisch-normannischen Hauses *Hauteville und Neffe *Bohemunds von Tarento, den er auf dem ersten *Kreuzzug begleitete. Nach der Eroberung Antiochias marschierte T. nach Jerusalem weiter, wo er sich dem Heer *Gottfrieds von Bouillon anschloß. 1099 befehligte T. die Einheiten, die Streifzüge um Jerusalem unternahmen; nach der Eroberung der Stadt wandte er sich nach Norden, wo er *Tiberias nahm. Als Lehnsmann Gottfrieds errichtete T. das Fürstentum Galiläa. 1100 leitete er die Belagerung und Eroberung Haifas. Nach Gottfrieds Tod versuchte T. mit Hilfe des Patriarchen Daimbert, den Thron von Jerusalem zu erlangen, was jedoch durch die Wahl *Balduins I. vereitelt wurde. 1102 berief ihn sein Onkel als Regent nach Antiochien, wo er gegen die Moslems von Aleppo kämpfte.
H. Nicholson, *Tancred*, 1941.

TANKRED VON HAUTEVILLE (11. Jh.) Normannischer Baron und Vater des *Robert Guiscard, der in Süditalien einen normannischen Staat und das Haus *Hauteville gründete.

TANKRED VON LECCE König von Sizilien (1189-94). T. war ein unehelicher Sohn Rogers von Apulien und Neffe König *Wilhelms von Sizilien. 1190 stand er an der Spitze einer einflußreichen Adelspartei; diese stellte sich gegen den Thronanspruch von Konstanze, deren Anerkennung Sizilien unter die deutsche Herrschaft Kaiser *Heinrichs VI. bringen sollte. T. konnte jedoch nicht die Eroberung Siziliens durch Konstanzes Gatten Heinrich verhindern (1194).
D. Clementi, *The Circumstances of Count Tancreds Accession to the Kingdom of Sicily,* in: Melanges Marongiu, 1967.

TANNENBERG, SCHLACHT VON (1410) Sie wurde zwischen den *Polen und den Rittern des *Deutschherrenordens ausgefochten. Der polnische Sieg schwächte die Beherrschung Preußens durch den Orden.

TANNHÄUSER (ca. 1205-68) Deutscher Dichter. Sohn einer alten bayrischen Familie, war für eine militärische Laufbahn bestimmt, und ging 1229 mit Kaiser *Friedrich II. auf den *Kreuzzug. Nach seiner Heimkehr gab er das Heeresleben auf und wurde ein wandernder Dichter. Er schrieb Tanz- und Liebeslieder sowie weltliche Gedichte. In der volkstümlichen Legende erscheint T. als Liebhaber der irdischen Freuden, dem Papst *Urban IV. die Absolution verweigert, bis T.s Wanderstab als Zeichen der göttlichen Gnade zu blühen beginnt.
F. Tschirch, *Das Selbstverständnis des mittelalterlichen deutschen Dichters,* 1964.

TARASIOS (gest. 806) Patriarch von Konstantinopel (784-806). T. wurde in Athen geboren und erhielt eine breite Erziehung. Er folgte Kaiserin *Irene nach Konstantinopel und diente als Sekretär am kaiserlichen Hof. 784 ernannte ihn Irene trotz seines weltlichen Status zum Patriarchen, und T. erlangte erst danach die Priesterweihen. Er unterstützte Irenes Politik gegen die Bilderstürmer und erwies sich als fähiger religiöser Führer. Das große Vertrauen, das er sich als Patriarch erwerben konnte, trug dazu bei, daß er sich auch nach Irenes Fall im Amt halten konnte.
K. Schwarzlose, *Der Bilderstreit,* 1890.

TARENT Stadt in Apulien (Süditalien). Ihre Geschichte war bis ins frühe 9. Jh. mit der der Provinz identisch. 927 wurde T. von den *Arabern erobert und an den *Aghlabidenstaat angegliedert. Nach der Rückeroberung durch Byzanz diente T. als wichtiges Handelszentrum. 1063 kam T. an den normannischen Staat *Robert Guiscards, der T. vor seinem Tod für seinen Sohn *Bohemund zum Fürstentum erhob. Als wichtiger Einschiffhafen der *Kreuzfahrer blühte T. in der Zeit *Rogers II. Im späten 13. Jh. wurde das Fürstentum als *Apanage einer Juniorenlinie des *Angevinenhauses von *Neapel neu errichtet.

TARIFA Südspanische Stadt nahe Gibraltar. Ihre strategische Lage an der Meerenge zwischen Spanien und Nordafrika führte im 8. Jh. zum Bau einer Festung, um die sich die Stadt T. entwickelte. Diese wurde im 10. Jh. von den *Omajjadenkalifen befestigt. Die Eroberung T.s durch die *Almoraviden (1088) gab diesen den Weg nach Spanien frei. Im 13. und 14. Jh. war T. in der Hand der Sultane von Marokko.

Ansicht aus Tarent, Italien

TARIK IBN-SIJAD (gest. um 720) Moslemischer Heerführer. T. war von berberischer Herkunft, diente als Sklave Musas Ibn Nusajr, der ihm die Freiheit schenkte und ihn in Nordafrika als Soldat beschäftigte. 711 wurde T. von seinem Herrn nach Spanien gesandt, überkreuzte die bis heute nach ihm benannte Meerenge (Gibraltar: "Dschebel al Tarik"), besiegte den *Westgotenkönig *Roderich und stürzte die Westgotenherrschaft in Spanien.

TARRAGONA Ostspanische Stadt südlich der Ebromündung. T. war Erzbistum, wurde 614 von den Arabern erobert, diente als Provinzhauptstadt und war im 11. Jh. Mittelpunkt eines *Taifas-Staates. 1092 eroberte *Raimund Berenguer II. von Barcelona die Stadt und machte sie zum kirchlichen Zentrum seines Staates.

TARSUS Stadt in Kilikien (Kleinasien). T. war bis ins 7. Jh. ein berühmtes Zentrum der byzantinischen Kultur in Kleinasien und erfreute sich als Geburtsort des hl. Paulus großen Ansehens. 613 wurde T. von den Persern, 629 wiederum von Byzanz erobert, verlor danach an Bedeutung und fiel 640 in arabische Hand. Danach war es vorgeschobener Militärstützpunkt nahe der Grenze und fiel 1073 an die *Seldschuken und 1097 an die *Kreuzritter. Im 12. Jh. war T. Teil des *armenischen Reiches Kilikien, 1378 kam es an das Mamlukenreich.

TASSILO I. Herzog von Bayern. T. wurde 592 von dem fränkischen König *Childebert II. ernannt, konnte jedoch die Unabhängigkeit des Stammesherzogtums erhalten.

TASSILO III. (ca. 742-94) Herzog von Bayern (748-88). T. bemühte sich, durch eine Reihe von Bündnissen mit der *Awaren und unter Stützung auf die einheimische Kirche die Unabhängigkeit seines Herzogtums gegenüber den Franken zu bewahren. 757 wurde er Lehnsmann *Pippins d. Kurzen, dessen Sohn *Karl d.Gr. ihn jedoch als Eidbrüchigen zur Unterwerfung zwang (784) und 788 absetzte. Danach wurde Bayern an das Frankenreich angeschlossen, und T. mußte in ein Kloster gehen, wo er starb.
H. Löwe, *Die karolingische Reichsgründung und der Südosten,* 1937.

TATAREN Siehe *MONGOLEN.

TAUFKAPELLE Die oft in runder oder achteckiger Form gebauten und dem hl. Johannes d. Täufer geweihten Kapellen oder Kirchenteile, die zur Abhaltung des Taufakts bestimmt waren. Die gotischen T.n wurden oft mit Skulpturen und Wandmalereien aus dem Leben des Johannes ausgeschmückt.

TAULER, JOHANNES (um 1300-61) Deutscher Mystiker. T. wurde in Thüringen geboren, trat dem *Dominikanerorden bei und war wohl Schüler Meister *Eckharts. T. war Mittelpunkt der "Gottesfreunde", einer Vereinigung von Laien und Klerikern, die durch die Wiederherstellung des wahren christlichen Lebens die Kirche reformieren wollten. T.s Ziel war es, Christus als den Mensch gewordenen Gott im eigenen Gemüt zu finden. T. verließ nie den Rahmen der Rechtgläubigkeit; einige seiner Schüler und Anhänger gelten jedoch als Wegbereiter Martin Luthers. Ca. 80 seiner Predigten sind erhalten.
E. Filthaut (Hg.), *Johannes Tauler Gedenkschrift zum 600. Todestag,* 1961.

TECHNIK Der Fall des weströmischen Reiches und das fast gänzliche Verschwinden der *Sklaverei führten zum kulturellen Niedergang, der das Frühmittelalter kennzeichnet, andererseits aber auch zu einem Neubeginn der T., die das Problem der besonders in der Landwirtschaft mangelnden Arbeitskräfte lösen mußte. Bis zum Hochmittelalter sah der Westen zwei wichtige Neuerungen: die Einführung des Dreifeldersystems, das eine bessere Ausnutzung des Bodens erlaubte, und die Wassermühle, die menschliche Arbeit durch Naturenergie ersetzte. Auf militärischem Gebiet wurden an der Wende vom 7. zum 8. Jh. orientalische Techniken der Reiterei übernommen, die zum Aufstieg des *Rittertums führten. Eine weitere wichtige Neuerung lag in der verbesserten Eisenproduktion nördlich der Alpen, die nach dem 9. Jh. erst Waffen und dann im 10. und 11. Jh. auch landwirtschaftliche Geräte besserer Qualität (vor allem Pflüge) schuf. Seit dem 12. Jh. wird das Rad verstärkt in Wind- und Wassermühlen, der Metallurgie und dem Textilgewerbe angewandt, seit dem 13. Jh. auch im Bergbau. Die Fortschritte der *Alchemie führten zur Entwicklung der chemischen T. hinsichtlich der Destillierung und Gärung sowie der Errichtung von Laboratorien und Heizsystemen. Seit dem 13. Jh. ist die mittelalterliche T. verstärkt an die Fortschritte der Naturwissenschaft gebunden, was besonders bei der Übernahme des Schießpulvers und dem Entwurf immer besserer ballistischer Waffen zum Ausdruck kam. Trotz der mechanischen Entwicklungen des Spätmittelalters war die T. der Zeit stark durch die Vorherrschaft der menschlichen Arbeitskraft gekennzeichnet.
C. Singer, *A History of Technology* 3, 1954;
L. White Jr., *Die mittelalterliche Technik,* 1968.

TEIA Ostgotenkönig in Italien (552). T. wurde nach dem Tod *Totilas zum König gewählt und von dem byzantinischen General *Narses besiegt und getötet.

TELERIG Bulgarenkhan (770-86). Seine Regierungszeit stand im Zeichen des dauernden Krieges mit Byzanz und den Chasaren. T. wurde 772 besiegt, nahm aber 777 den Krieg erneut auf. Nach seiner Niederlage gegen *Leo IV. mußte sich T. unterwerfen und das Christentum annehmen.

TELETZ Bulgarenkhan (763-70). Seine Regierung setzte mit einer Niederlage gegen die Byzantiner unter *Konstantin V. ein (764) und war durch innere Kämpfe gekennzeichnet, die das Bulgarenreich schwächten.

TELL Siehe *WILHELM TELL.

TELONEUM ("Zoll") Eine Steuer auf Handelsware, die seit dem 6. Jh. erst im Frankenreich und dann auch in anderen Ländern an Brücken und Wegkreuzungen erhoben wurde. In der Frühzeit waren königliche Agenten (die sog. *vicarii*) mit der Einnahme des T. beauftragt und für die Aufrechterhaltung der Straßen und Brücken verantwortlich. Mit der Feudalisierung des Westens verwandelte sich das T. in eine Steuer, die die Territorialherren von den ihr Land besuchenden Kaufleuten forderten. Einer der wichtigsten Gründe für die Organisierung der städtischen *Kommunen im 11. und 12. Jh. war der Wunsch nach Abschaffung der herrschaftlichen Zollstationen.

TEMPLER Ritterorden, der 1119 von Hugo von Payns in Jerusalem gegründet wurde. Er und seine neun Gefährten schworen am Ort des Tempels, sich ganz dem Kampf gegen die Moslems und der Verteidigung des *Kreuzfahrerreiches Jerusalem zu widmen. Auf Hugos Bitte verfaßte *Bernhard von Clairvaux 1128 die Regel des Ordens, der vom Papsttum offiziell anerkannt

Der Eingang zur Hölle, *von Jacobus de Teramo; 1473*

wurde. Zur Propagierung der T. schrieb Bernhard auch *De laude novae militiae* ("Das Lob der neuen Ritterschaft"), worin er die T. als wahres Inbild des *Rittertums pries, das sich dem heiligen Krieg und dem Lebensweg des Mönchtums widme. Der Orden wuchs rasch an und erhielt große Landgüter in Westeuropa; die entsprechenden Einkommen wurden zur Aufrechterhaltung von Festungen sowie einer stehenden Armee in den Kreuzfahrerstaaten des Ostens verwendet. In der zweiten Hälfte des 12. Jh.s hatten sich die T. auch auf das Bankgeschäft spezialisiert und besaßen in den großen Städten Europas Schatzkammern, die als Finanzzentren fungierten. Im Heiligen Land vertraten die T. eine militante Politik, die die Könige in Zwangslagen brachte und Reaktionen der Moslems heraufbeschwor. 1191 erwarben die T. *Zypern, konnten jedoch nicht die erforderliche Kaufsumme aufbringen, worauf *Richard I. die Insel an *Guido von Lusignan übergab. Im 13. Jh. diente die neugebaute Festung *Château-Pélerin (1219 fertiggestellt) mit einem eigenen Hafen als Hauptquartier der T. Dazu besaßen sie auch den Hafen der Hauptstadt *Akkon. Mit der Eroberung ihrer Burg durch die Mamluken (1291) übersiedelten die T. nach Europa, wo sie Paris zu ihrem Mittelpunkt machten. Ihr Reichtum wurde allerseits beneidet, und sie sahen sich bald öffentlichen Angriffen ausgesetzt. 1307 ließ König *Philipp IV. die führenden Persönlichkeiten des Ordens und eine große Zahl von Rittern festnehmen und der Häresie beschuldigen. Der Hochmeister *Jakob von Molay wurde hingerichtet, der Orden aufgelöst und das Vermögen beschlagnahmt. 1312 bestätigte das von Papst *Clemens einberufene Konzil von Vienne die Auflösung der T. und legte die Übernahme ihres Vermögens durch die *Johanniter fest.
G. A. Campbell, *Die Tempelritter*, 1938;
H. Neu, *Bibliographie des Templer-Ordens*, 1965.

TEMUJIN Siehe *DSCHINGHIS-KHAN.

TENANTS-IN-CHIEF Die Gruppe der englischen Barone, die ihre Lehen direkt von der Krone erhielten und deshalb nur von ihren Gleichgestellten (*peers*) am Gericht des Königs verurteilt werden konnten.

TENURA Das feudale Konzept des Landbesitzes, wonach der Lehnsmann seine *Lehen vom Herrn, dieser wiederum seine Güter von einem höheren Herrn usw. erhielt. Daraus ergab sich das Konzept des Adels, das die Inhaber von T. einschloß, sich jedoch nicht auf den einfachen Landbesitz der nichtadeligen Freibauern bezog. In Erweiterung dieses Gedankens drückten die Juristen des 14. Jh.s das Prinzip der Souveränität aus, wonach der König sein Reich von Gott allein erhalte. Die T. gingen gewöhnlich mit der Übergabe von Herrschaftsrechten einher.

TERBEL (um 690-718) Bulgarenkhan (702-18). Nachfolger des *Asparuch. T. festigte die Niederlassung der Bulgaren auf dem Balkan. 705 half er *Justinian II., dessen Herrschaft in Konstantinopel wiederherzustellen. Nach des Kaisers Tod fiel T. in Thrakien ein und annektierte 716 Territorien südlich des Balkangebirges an sein Reich.
S. Runciman, *The First Bulgarian Empire*, 1931.

TEUFEL (hebr. Satan; griech. Diabolos: "Beschuldiger") Das Haupt der gefallenen Engel, die sich gegen Gott erhoben hatten; der T. wird in der christlichen Tradition als Versucher des Menschen charakterisiert. Im Mittelalter beschäftigten der T. und die Idee des Bösen einige der besten Denker. Die Frage war Teil der scholastischen Diskussion und wurde oft in den Schulen der Bettelorden besprochen. *Albert d.Gr. und *Thomas von Aquin meinten, daß der T. wie alle anderen Engel in einem Zustand der Gnade geschaffen wurde und die Sünde selbst gewählt habe, da sonst Gott Ursprung des Bösen sei. Die Idee des T.s spielte eine beträchtliche und eigentliche rätselhafte Rolle im Denken und Fühlen des einfachen Volkes. Der T. wurde in den Moralstücken der Kirche und in den darstellenden Künsten als häßliches, behörntes Wesen mit Schwanz dargestellt, als bedrohende und verräterische Kreatur, die immerzu den Menschen versuchen und durch die Sünde in die Hölle ziehen will. Die Kirche dagegen beanspruchte die Kraft, den T. kontrollieren und die Widerstandskraft des Menschen durch ihre Sakramente stärken zu können.
G. Roskoff, *Geschichte des T.s*, 1869/73;
M. Rudwind, *The Devil in Legend and Literature*, 1931.

THABIT IBN KURRAI (836-901) Wissenschaftler. T. war Sohn einer vornehmen arabischen Familie aus Harran (Syrien), studierte in Bagdad, wo er sich mit den philosophischen und naturwissenschaftlichen Werken der Griechen vertraut machte. Er wurde zum Hofastronomen in Bagdad ernannt und entwarf ein mathematisches System zur Erklärung des Einflusses der Gestirne auf das menschliche Geschick. Seine Werke wurden im 10.-12. Jh. weit verbreitet.
B. Spuler (Hg.), *Handbuch der Orientalistik, Ergänzungsband* 6/2, 1972.

THAILAND Südostasiatisches Königreich. Seine Einwohner, die Thai, stammen aus Südchina und ließen sich im 8. Jh. in Siam nieder. Sie behielten ihre primitive Stammesstruktur bei und wurden im 11. und 12. Jh. von den *Khmer dominiert. Im 13. Jh. entwickelten die Thai unter dem Einfluß der Khmer und unter der Oberhoheit der Khmer-Kaiser kleine Fürstentümer. 1299 unterwarf einer der nördlichen Reiche Zentral-T. seiner Herrschaft und schuf das Reich der Haripunjaja. 1250 erlangten die Thai ihre Unabhängigkeit von den Khmer und bauten eine Konföderation der freien Fürstentümer auf, die unter der Autorität von Königen stand. Die zweite Hälfte des 13. Jh.s war eine Zeit des Kampfes gegen das geschwächte Khmerreich. Die dauernden Kriege führten zum Wandel der politischen und sozialen Struktur der Thai. Das Königshaus vereinigte die Fürstentümer und entwickelte sich zu einer Klasse feudaler Krieger. Dieser Prozeß wurde 1292 mit der Errichtung des Königreichs T. abgeschlossen, das auf dem Bündnis zwischen König und Feudalherren basierte. Im 14. Jh. nahmen die Thai den Buddhismus an, der 1405 offizielle Staatsreligion wurde.

R. S. Le Hay, *Buddhism in Siam*, 1938.

THAMAR Königin von *Georgien (1184-1212). T. war Tochter *Georgs III. und wird als eine der bedeutendsten Persönlichkeiten Georgiens im 12.-13. Jh. betrachtet. Unter ihrer Regierung breitete sich Georgien über den Großteil des Kaukasus aus, erreichte den Höhepunkt seiner Macht und entwickelte eine blühende Kultur. T. unterstützte Künstler, Schriftsteller und Wissenschaftler, die sich an ihrem Hof zusammenfanden.

THANES Siehe *ANGELSACHSEN.

THEATER Siehe *SCHAUSPIELE.

THEBEN Griechische Stadt. T. war unter der Herrschaft von Byzanz ein wichtiges Zentrum der Seidenindustrie. 1147 wurde T. von *Roger II. von Sizilien verwüstet, der einige der Handwerker nach *Palermo mitnahm und dort eine große Seidenindustrie aufbaute. 1205 fiel T. in die Hand der Teilnehmer des vierten *Kreuzzugs und wurde Teil des fränkischen Herzogtums *Athen. Seit Mitte des 13. Jh.s residierten die Herzöge zu T., wo bis ins 15. Jh. ein glänzender fränkisch-italienischer Hof blühte.

THEMEN Die Militärprovinzen des byzantinischen Reiches. Sie wurden von *Leo III. zur besseren Verteidigung des Reiches errichtet. Im Rahmen der Themenverfassung unterstanden die Zivilstatthalter den Heeresbefehlshabern; die T. waren verpflichtet, die Grenzheere mit den nötigen Gütern zu beliefern. Die Rechtsprechung blieb aber weiterhin zivil, so daß das Militär nicht allzuviel Macht gewinnen konnte.

THEOBALD (gest. 1161) Erzbischof von Canterbury (1139-61). T. war normannischer Mönch, Abt von Le Bec und dann Erzbischof von Canterbury. In dieser Eigenschaft bemühte er sich, seinem Vorgänger *Lanfranc nachzueifern. Im Bürgerkrieg zwischen *Stephan und *Mathilde nahm er eine neutrale Stellung ein, um die Einheit der englischen Kirche zu bewahren. 1142 rief T. zur Beendigung des Bürgerkrieges den *Gottesfrieden aus.

A. Saltman, *Archbishop Theobald of Canterbury*, 1960.

THEOBALD (DIEBOLT, THIBAUT) VON THANN (VON PROVINS) (hl.; um 1033-66) Aus gräflicher Familie, wurde Einsiedler in Luxemburg. Seine Mutter zog bald zu ihm. 1065 Kansaldulensermönch, kurz nach seinem Tode heilig gesprochen. (Din)

THEODERICH Sohn des Ostgotenhäuptling Strabo. 474 trat T. gegen seinen Vetter *Theoderich d.Gr. als Kandidat für die Königswürde an. Die Rivalität wurde 478 mit dem Tod T.s beendet.

THEODERICH I. *Westgotenkönig (418-51) nach der Niederlassung seines Volkes in Südgallien und Spanien und der Errichtung der Hauptstadt Toulouse. T. befaßte sich als König hauptsächlich mit der Festigung des neuen Reiches.

THEODERICH II. Westgotenkönig (453-66). T. vergrößerte seine Herrschaft in Spanien und bekämpfte die gallisch-römische Aristokratie, die in *Auvergne konzentriert war. Seine arianische Religionspolitik machte ihn unter der Bevölkerung Galliens und Spaniens verhaßt.

THEODERICH DER GROSSE (um 455-526) *Ostgotenkönig (474-526). T. wurde von den Stammeshäuptlingen der Ostgoten des nordwestlichen Balkans zum König ausgerufen und versuchte, seinen Herrschaftsbereich auf dem Balkan auszudehnen. Unter dem Einfluß der Oströmer, die um das Geschick Konstantinopels Sorge trugen, wandte er sich nach Westen und marschierte 493 in Italien ein. Dort besiegte und tötete er den Herulerkönig *Odowaker und machte sich zum König von Italien sowie Teilen Galliens bis zur Rhône und der heutigen Ostschweiz. T.s großes Ansehen wurde durch eine Reihe von Heiratsallianzen mit den Herrscherhäusern der *Westgoten, *Franken und *Thüringer gefestigt, was ihm die Stellung eines Vermittlers in den Streitigkeiten Europas verschaffte. Sein italienisches Königreich versuchte T. auf die germanischen Stammestraditionen und das römische kulturelle Erbe zu gründen. Zu diesem Zweck ernannte er Italiener zu hohen Hofämtern. Unter seinen wichtigsten Beratern befanden sich der Philosoph *Boethius sowie der Jurist und spätere Mönch *Cassiodorus. Allerdings legte T. ein unbeständiges Verhalten an den Tag und ließ seine Berater verschiedener Verbrechen beschuldigen: Boethius starb im Gefängnis, und Cassiodorus wurde verbannt.

W. Enßlin, *Theoderich der Große*, 1959[2].

THEODOR I. LASKARIS (gest. 1222) Byzantinischer Kaiser (1204-22). Nach der Eroberung *Konstantinopels durch die *Kreuzfahrer und der Errichtung des *Lateinischen Kaiserreichs ließ sich T. in *Nikaia nieder, rief sich zum Kaiser aus und organisierte seinen Staat im Nordwesten Kleinasiens. Er kämpfte gegen die Lateiner sowie die rivalisierenden Despoten von *Epiros und baute seine Hauptstadt als Verwaltungs- und Kulturzentrum auf, das die alten byzantinischen Traditionen bewahrte.

G. Ostrogorsky, *Geschichte des byzantinischen Staates*, 1963[3].

THEODOR II. Dukas Laskaris (1222-58) Byzantinischer Kaiser (1254-58). Während seiner Regierungszeit lag die eigentliche Macht in der Hand des Heerführers *Michael Palaiologos, der sich gegen ihn erhob.

THEODOR I. (gest. 649) Papst (642-49). T. wurde in Jerusalem geboren, studierte in Rom, wohin seine Familie geflüchtet war, und trat der Kirche bei. Als Papst bekämpfte T. den *Monothelitismus und war für seine Freigiebigkeit bekannt.

THEODOR II. Papst (897). T. war Papst für zwanzig Tage. T. ließ den profanierten Körper Papst *Formosus' aus dem Tiber holen und mit Ehren beerdigen und berief eine Synode ein, die die Entschlüsse der vorhergehenden "Kadaversynode" ungültig machte.

THEODOR ANGELOS Despot von *Epiros (1214-30). T. war Nachfolger seines Bruders *Michael und machte Epiros zu einem mächtigen Staat. T. besiegte die *Bulgaren, eroberte 1224 das fränkische Königreich Thessalonike und annektierte Durazzo, einen großen Teil Albaniens, Thessalien und Teile Makedoniens. 1230 wurde T. von *Johann II. Asen, dem König der Bulgaren und Walachen, besiegt und in der Schlacht getötet.

THEODOR VON ANTIOCHIA (13. Jh.) Wissenschaftler. T. wurde in Antiochia als Sohn syrisch-griechischer Eltern geboren, trat in den Dienst der *Ejjubiden und wurde von Sultan Al-Kamil von Ägypten als Übersetzer beschäftigt. 1226 wurde T. an den sizilianischen Hof *Friedrichs II. gesandt, wo er sich als Übersetzer griechischer und arabischer zoologischer Schriften einen Namen machte.

THEODOR VON STUDIOS (hl.; 759-826) Abt von Studios (799-826). T. war einer der einflußreichsten Mönche und Prediger in Konstantinopel und wurde von Kaiserin *Irene zum Abt von *Studios ernannt. Er reformierte das angesehene Kloster und führte die Regel *Basils ein. T. war in der byzantinischen Gesellschaft wegen seines breiten Wissens und literarischen Könnens geachtet. Seit 802 war er auch politisch tätig und stellte sich gegen die Versuche des Kaiserhofes, die Kirche unter Kontrolle zu stellen. Konflikte mit den Kaisern *Nikephoros I. und Leo V. führten zu seiner Verbannung; nach Protesten der Mönche von Konstantinopel wurde T. jedoch 820 von *Michael II. zurückberufen. T. war Führer des Widerstands gegen die Bilderstürmer.

THEODOR VON TARSUS (hl.; 602-90) Erzbischof von Canterbury (669-90). In Tarsus geboren und in Kleinasien erzogen, ließ sich in Rom nieder und wurde 669 von Papst *Vitalien als Erzbischof von Canterbury nach England gesandt. T. baute die Bistümer und Kirchenschulen des Landes auf und berief 673 die erste Nationalsynode nach Hertford.
F. M. Stenton, *Anglo-Saxon England,* 1947.

THEODORA I. (um 500-48) Byzantinische Kaiserin. T. war Schauspielerin und Prostituierte und heiratete *Justinian vor dessen Thronbesteigung. Als Kaiserin zeigte sie große politische Begabung, die Justinian in die Lage versetzte, den *Nikeaufstand zu überwinden. Sie trug auch wesentlich zur Entwicklung der griechisch-orthodoxen Kirche bei und unterstützte die *Monophysiten. T. förderte die Künste und trug bis zu ihrem eigenen Tod einen Teil der Verantwortung für die Regierung von Byzanz.

THEODORA II. (hl.) Byzantinische Kaiserin (842-56). Tochter einer Beamtenfamilie aus Kleinasien, wurde 838 von Kaiser *Theophilos in einem Schönheitswettbewerb zur Gemahlin erkoren. Nach ihres Gatten Tod ergriff T. die Macht im Namen ihres dreijährigen Sohnes *Michael III. 843 stellte sie die *Ikonenverehrung wieder her, ließ aber keine Verfolgungsmaßnahmen gegen die Bilderstürmer zu. In Kleinasien unterdrückte sie die *Paulikaner. T. regierte zusammen mit ihrem Bruder Cäsar *Bardas, der sie 856 absetzte und in ein Kloster sandte.
G. Ostrogorsky, *Geschichte des byzantinischen Staates,* 1963[3].

THEODORA III. Byzantinische Kaiserin (1028-56). T. war Tochter Kaiser *Konstantins VIII. und teilte den Thron mit ihrer Schwester Zoe. Als Kaiserin symbolisierte sie die dauernde Herrschaft des makedonischen Hauses, das mit ihrem Tod ausstarb.

THEODOSIOS II. (401-50) Byzantinischer Kaiser (seit 408). T. stand unter dem Einfluß seiner gelehrten Gattin Athenais; 438 wurden die Gesetze seit Konstantin I. kodifiziert (*Codex Theodosianna*). Mit Persien schloß T. einen hundertjährigen Frieden.   (Din)

THEODOSIOS III. (gest. 722) Byzantinischer Kaiser (716-17). T. war ein unbekannter Steuerkollektor im südwestlichen Kleinasien, wurde von Seeleuten gefangen und nach Konstantinopel gebracht, wo ihn die gegen *Anastasios rebellierenden Truppen zum Kaiser ausriefen. Während seiner Regierungszeit wurde Konstantinopel vom Omajjadenkalifen *Suleiman belagert. T. wurde von *Leo III. abgesetzt und in ein Kloster gesteckt.

Inneres der Kirche des Theodulf von Orl

THEODOTOS MELISSENOS Patriarch von Konstantinopel (814-22). T. begann seine Laufbahn als Beamter am Kaiserhof und wurde von Kaiser *Leo V. zum Patriarchen ernannt, um die Kirche unter die Kontrolle des Herrschers zu bringen. T. fand in *Theodor von Studios einen erbitterten Widersacher.

THEODULF (um 750-821) Bischof von Orléans. Von spanisch-gotischer Abstammung, ließ sich 788 im Karolingerreich nieder und wurde bald durch seine Gelehrsamkeit bekannt. T. war einer der aktivsten Mitglieder des kaiserlichen Intellektuellenkreises, Dichter und Spezialist für Erziehungsfragen. Karl d.Gr. machte ihn zum Bischof von Orléans, wo er eine Domschule errichtete, die im 9. Jh. große Bedeutung erlangte. *Ludwig d. Fromme verbannte ihn als angeblichen Verschwörer. Von T. sind Gedichte und theologische Schriften erhalten.
G. Duckett, *The Carolingian Renaissance,* 1958.

THEOLOGIE Die Wissenschaft von Gott wurde im Mittelalter als philosophisches Studium der Religion und Suche nach dem wahren Glauben betrachtet. Dieses Studium schloß die Exegese der Heiligen Schriften ein, um zu einer genauen Interpretation des Textes zu gelangen; es beinhaltete auch die Suche nach der Offenbarung und der Erklärung des Glaubens als Bindeglied zwischen Mensch und Gottheit. Die monotheistische T. betonte die Allgegenwärtigkeit der göttlichen Gnade im Universum und sah daher kosmische Ereignisse als legitime Objekte der T. an. Die verschiedenen Schulen der mittelalterlichen christlichen, islamischen und jüdischen T. unterschieden sich in vielerlei Hinsicht. Der große Unterschied lag jedoch überall zwischen den Traditionalisten, die den Glauben als Vorbedingung des Verstehens ansahen, und den Rationalisten, die über den Verstand zu festerem Glauben gelangen wollten.

M. Grabmann, *Die Geschichte der katholischen Theologie seit dem Ausgang der Väterzeit*, 1933.

THEOPHANES DER BEKENNER (hl.; um 758-817)
Chronist. T. war Freund des *Theodor von Studios und Gegner der *ikonoklastischen Gesetzgebung *Leos V., der ihn auch 817 verbannte. T. schrieb eine Geschichte des byzantinischen Reiches der Jahre 284-813.

Werk (dt.): L. Breyer, 1964[2].

THEOPHANO Byzantinische Kaiserin (959-69). Tochter eines Gastwirts, gewann die Zuneigung des Romanos II., Sohn Kaiser *Konstantins VII., der sie auch heiratete. Auf ihr Anstiften vergiftete Romanos seinen Vater. Nach seiner Thronbesteigung nahm T. jedoch die Macht selbst in ihre Hand. Nach dem Romanos starb, heiratete sie *Nikephoros Phokas, der zum Kaiser ausgerufen wurde. Die Heirat fand gegen die Einwände der Kirchenfürsten statt, die T. der Vergiftung ihres Gatten verdächtigten. Enttäuscht über das spartanische Leben ihres Gatten versuchte T., seinen Vetter, den General *Johannes Tzimiskes, zur Ermordung des Kaisers zu überreden (969); dafür würde er ihre Hand und die Kaiserkrone erhalten. Die vom Patriarchen geführte Opposition gegen T. bezichtigte sie öffentlich des Ehebruchs und Verbrechens. Johannes sagte sich von ihr los und verbannte sie in ein Kloster.

G. Ostrogorsky, *Geschichte des byzantinischen Staates*, 1963[3].

THEOPHANO (942-91) Deutsche Kaiserin (973-91). Tochter (?) des *Romanos II. und der *Theophano, heiratete 972 nach einem Abkommen zwischen *Otto I. und *Johannes Tzimiskes den küftigen Kaiser *Otto II. Sie machte den sächsischen Hof ihres Gatten zu einem wichtigen kulturellen Zentrum und unterstützte Theologen, Gelehrte und Künstler. Nach Ottos Tod (983) übte sie im Namen ihres minderjährigen Sohns *Otto III. die Regentschaft aus und bewahrte die kaiserliche Macht in Deutschland.

M. Uhlirz, *Studien über Theophanu*, in: Deutsches Archiv 6, 1943; 13, 1957.

THEOPHILOS Byzantinischer Kaiser (829-42). Sohn *Michaels II. und einer der wichtigsten Förderer der kulturellen Renaissance von Byzanz. T. verstärkte die *ikonoklastische Gesetzgebung und verfolgte die Mönche. Im Bund mit den *Chasaren und den spanischen *Omajjaden besiegte er die Abbasiden und befriedete die Grenzgegenden (983). T. reformierte die Verwaltung und die Finanzen des Reiches, befestigte die Grenzen und schmückte Konstantinopel mit neuen Palästen aus, deren mechanische Anlagen fremde Besucher tief beeindruckten.

G. Ostrogorsky, *Geschichte des byzantinischen Staates*, 1963[3].

THEOPHILOS DER PRIESTER (7. Jh.) Byzantinischer Arzt. T. schrieb mehrere Abhandlungen über die Krankheiten, die das griechische, römische und byzantinische medizinische Wissen zusammenfaßten und bis zum 11. Jh. in Byzanz und Süditalien als Handbuch dienten.

THEOPHILUS (11.-12. Jh.) Mönch, über dessen Abstammung und Leben nur wenig bekannt ist. T. kam offenbar aus dem Rheintal und lebte in Lüttich oder Utrecht. Sein Werk, die *Schedula diversarum artium* ist das erste mittelalterliche Handbuch der Technologie der Kunst und beschreibt das Bau-, Mal-, Bildhauer- und Buntglashandwerk.

Text (lat.-dt.): A. Ilg, *Quellenschriften f. Kunstgeschichte* 7, 1884.

THEOPHYLAKT (gest. um 925) Senator von Rom. Sohn einer reichen römischen Familie, war um 900 stärkste Kraft in der Stadt und machte sich das Papsttum untertan. Seine Tochter *Marozia war Geliebte des Papstes *Sergius III., der T. seinen Einfluß zu Verfügung stellte. Nach Sergius Tod ließ T. seinen Sohn zum Papst ernennen.

G. Fulco, *The Holy Roman Republic*, 1962.

THEOPHYLAKTOS (918-56) Patriarch von Konstantinopel (933-56). T. war ein jüngerer Sohn von Kaiser *Romanos I. und wurde mit 15 Jahren zum Patriarchen ernannt, um seinem Vater die Kontrolle der byzantinischen Kirche zu ermöglichen.

THESSALONIKE (Saloniki) Byzantinische Stadt und Hauptstadt der Provinz Makedonien. Nach der Errichtung des byzantinischen Reichs nahm T. nach Konstantinopel die zweitwichtigste Stellung im Reich ein. T.s Bedeutung lag in dem Hafen und der Stellung an der Kreuzung der balkanischen Verkehrswege. Außerdem war T. ein wichtiges Zentrum der griechisch-orthodoxen Kirche, dessen Schulen und Klöster weit berühmt waren. Die *slawischen und *bulgarischen Invasionen des 8.-10. Jh.s führten zu einem gewissen Niedergang der Stadt, die zunehmend von ihrem Hinterland abgeschnitten wurde. Unter den *makedonischen Kaisern erlangte T. die frühere Bedeutung und diente als Stützpunkt für die Bulgarenkriege. 1204-05 wurde T. von den Teilnehmern des vierten *Kreuzzugs erobert und von *Bonifatius von Montferrat zum Königreich erhoben. Trotz ihrer Ansprüche gelang es Bonifatius und seinem Sohn *Demetrius nicht, ihre Macht über die unmittelbare Umgebung der Stadt auszuweiten; sie mußten sich gegen die Angriffe der Bulgaren verteidigen. 1224 fiel das Königreich T., und die Stadt kam unter die Herrschaft der Despoten von *Epiros (1224-39). 1239 eroberte die Stadt Kaiser *Johannes III. von Nikaia, der sich bereits vorher zum Oberherrn von T. gemacht hatte. Trotz andauernder Handelsbeziehungen mit *Venedig und *Genua stieg T. im 13.-15. Jh. zur Provinzstadt ab.

G. Ostrogorsky, *Geschichte des byzantinischen Staates*, 1963[3].

THEUDAHAD Ostgotenkönig (534-36). Seine Regierungszeit stand im Zeichen der byzantinischen Invasion Italiens, die er nicht verhindern konnte. T. wurde von *Belisarius in Apulien besiegt und starb 536.

THEUDEBALD Frankenkönig (548-55). T. regierte in Metz und befaßte sich hauptsächlich mit der Verwaltung seiner deutschen Provinzen und der Eingliederung *Thüringens in das Frankenreich.

THEUDEBERT (504-48) Frankenkönig (534-48). Sohn des *Theuderich I., erhielt nach dessen Tod

*Austrien. T. war einer der tatkräftigsten *Merowinger des 6. Jh.s und nahm an der endgültigen Eroberung *Burgunds teil. 539 führte T. einen ausgedehnten Heerzug nach Italien, wo er die *Ostgoten besiegte und die Länder zwischen den Alpen und der Donau eroberte.
E. Zöllner, *Geschichte der Franken bis zur Mitte des 6. Jh.s*, 1970.

THEUDEBERT II. (586-612) Frankenkönig (595-612). T. wurde unter der Aufsicht seiner Großmutter *Brunhilde zum König ausgerufen. Um sich von ihrem Einfluß zu befreien, nahm er an einem Aufstand der Adligen *Austriens teil (599). Daraufhin sandte Brunhilde gegen ihn gedungene Mörder aus, die ihn 612 gefangennahmen und töten.

THEUDEMIR (gest. 474) Ostgotenhäuptling. T. organisierte seinen Stamm und wurde nach einem Sieg über die *Gepiden von der Mehrzahl der Ostgoten als König anerkannt. T. führte sein Volk nach Illyrien im Westbalkan und hinterließ seinem Sohn *Theoderich d.Gr. eine starke Armee.

THEUDERICH I. (gest. 534) Frankenkönig (511-34). T. wurde von seinem Vater *Chlodwig zum Herrscher des fränkischen Nordostens gemacht und besaß als ältester Sohn starken Einfluß. T. konzentrierte seine Bemühungen auf Deutschland, wo er gegen die *Thüringer kämpfte.

THEUDERICH II. (587-613) Frankenkönig (595-613). Sohn *Childeberts II., erhielt das Königreich Burgund und regierte unter der Vormundschaft seiner Großmutter *Brunhilde. Ihr Einfluß führte zu dauernden Zusammenstößen mit *Chlotar II. von Neustrien, der 612 Burgund eroberte. Brunhilde rief T. zum König von *Neustrien aus, nachdem sie 612 *Theudebert ermordet hatte. T. selbst wurde ein Jahr später umgebracht.

THEUDERICH III. (gest. 690) Frankenkönig (673-90). T. wurde von dem neustrischen Hausmeier *Ebroin zum König ernannt und nach einem Versuch, mit Hilfe des Adels tatsächlich zu regieren, 674 abgesetzt. Im folgenden Jahr wurde T. wiederum eingesetzt. Nach der Schlacht von *Tertry und Ebroins Tod kam T. unter die Herrschaft *Pippins II., der ihn zum König des gesamten Frankenreichs ausrief.

THEUDERICH IV. (gest. 737) Frankenkönig (721-37), der unter der Herrschaft *Karl Martels eine Schattenregierung ausübte.

THIBAUT I. (908-78) Graf von Blois. In Ausnutzung der politischen Anarchie in Frankreich baute er zur Mitte des 10. Jh.s ein mächtiges Feudalfürstentum auf, das sich über die Grafschaften Blois, Chartres und Tours erstreckte. T. terrorisierte die Einwohner des Loiretals und gründete eine Dynastie, die bis ins 14. Jh. herrschte.

THIBAUT II. Graf von Blois, Chartres und Tours (994-1004). T. intervenierte in der Champagne, wo er die Grafschaft Meaux geerbt hatte, und schuf die Grundlagen für die Ansprüche seiner Familie in *Burgund.

THIBAUT III. (1010-89) Graf von Blois (1037-89) und Champagne (als T. I., 1063-89). T. war ein Gegner König *Heinrichs I. von Frankreich und konnte dessen Krongut isolieren. Im Bündnis mit *Gottfried Martel, dem Grafen von Anjou, nahm Heinrich 1044 *Tours, was für T. einen schweren Schlag bedeutete. 1063 konnte T. mit der Eroberung der Grafschaft Troyes seine Herrschaft in der Champagne ausdehnen. Nach T.s Tod wurden die Besitzungen unter seinen Söhnen aufgeteilt.

THIBAUT DER GROSSE (1093-1152) Graf von Blois (als T. IV., 1102-52) und Champagne (als T. II., 1125-52). T. galt in den Jahren 1108-20 als gefährlichster Gegner des französischen Königs *Ludwig VI. und mächtiger Verbündeter seines Onkels *Heinrich I. von England. Nach dem plötzlichen Tod von Heinrichs Sohn Wilhelm entschied sich T. zur Beendigung der feudalen Kriege. Er wurde fromm, förderte das Mönchtum und die Gelehrten und widmete sich der Verwaltung seines Fürstentums, wobei er der *Champagne und deren Messen besondere Aufmerksamkeit schenkte. T. machte Troyes zur Hauptstadt seiner Herrschaft. 1135 stand er seinem Bruder *Stephan von Blois bei dem Versuch zur Seite, die englische Krone zu erlangen. In den Jahren 1140-42 stellte sich T. gegen *Ludwig VII., der in die Champagne eingefallen war; T. wurde dabei von Papst *Innozenz II. und dem hl. *Bernhard von Clairvaux unterstützt. Der Friedensvertrag von 1144 schuf die Grundlage für die friedlichen Beziehungen zwischen der Monarchie und dem Haus Blois-Champagne.

THIBAUT V. (gest. 1191) Graf von Blois (1152-91). Jüngerer Sohn *Thibauts d.Gr., erhielt die Grafschaft Blois, war Verbündeter *Ludwigs VII. und in ihm zum *Seneschall von Frankreich und Berater seines Neffen *Philipp II. ernannte.

THIBAUT III. (1179-1201) Graf von Champagne (1197-1201). T. war in die Angelegenheiten Spaniens verwickelt und heiratete Blanche, die Tochter König *Sanchos VI. von Navarra.

THIBAUT IV. (1201-53) Graf von *Champagne und König von Navarra (1234-53). T. war eine der interessantesten Persönlichkeiten Frankreichs im 13. Jh. Der Feudalherr, vollendete Ritter, Abenteurer und lyrische Dichter stand in den Jahren 1228-53 Königin *Blanche von Kastilien, zu der er eine tiefe Zuneigung hegte, in der Regentschaft bei und widmete ihr auch Gedichte. Gleichzeitig arbeitete T. gegen die königliche Verwaltung in der Champagne, wo er einen glänzenden Hof hielt. Als König von Navarra, das er 1234 erbte, war er nicht allzusehr um sein Königreich besorgt und ließ es von seinen Beamten verwalten. 1239 führte T. einen *Kreuzzug ins Heilige Land und eroberte die Gegend zwischen Askalon und Jerusalem.

THIERRY (THEODERICH) VON CHARTRES (gest. um 1151) Philosoph. T. war Bruder *Bernhards von Chartres und einer der bekanntesten Lehrer an der berühmten Schule von *Chartres. T. spezialisierte sich auf die *Sieben Freien Künste. 1142 wurde T. Kanzler der Schule und behielt die Stellung bis zu seinem Tod bei. Sein *Heptateuchon* diente im 12. Jh. als Handbuch der Sieben Freien Künste.
A. Clerval, *Les Ecoles de Chartres au moyen âge*, (Neudr.) 1965.

THIERRY VON ELSASS (1100-68) Graf von Flandern (1128-68). T. forderte 1127 gegen *Wilhelm Clito, den Kandidaten König *Ludwigs VI. von Frankreich, die Grafschaft *Flandern, allerdings ohne Erfolg. Nach dem Zusammenbruch der Herrschaft Wilhelms (1128) erlangte T. die Grafenwürde mit Hilfe der Städte. Er förderte die Wirtschaft des Landes und brachte ihm Wohlstand. 1156 annektierte T. das nordostfranzösische *Vernadius durch die Heirat seines Sohnes *Philipp mit der Erbin der Grafschaft.

THIETMAR VON MERSEBURG (975-1018) Chronist. T. war Sohn des Grafen Siegfried von Walbeck und wurde

1009 Bischof von Merseburg. Seine Chronik der Regierungen *Heinrichs I. bis *Heinrichs II. ist besonders für die Zeit der *Ottonen von Wert.

Werk (lat.-dt.): W. Trillmich, *Ausgewählte Quellen zur dt. Geschichte des Mittelalters* 9, 1957.

THING (DING) Die Versammlung der freien Germanen. Im mittelalterlichen *Schweden entstand sie aus den Zusammenkünften der Stammeshäuptlinge und besaß im 12. Jh. weitgehende Vorrechte, darunter die Königswahl und die Bestätigung von königlichen Anordnungen. Im 13. Jh. schwand die Bedeutung des T.

THOMAS BECKET Siehe *BECKET, THOMAS.

THOMAS VON AQUIN (hl.; um 1225-74) Philosoph und politischer Denker. T. wurde im italienischen Aquino geboren, trat in seiner Jugend dem *Dominikanerorden bei und wurde nach Paris zum Studium gesandt. Dort zeichnete er sich als hervorragender Schüler *Alberts d.Gr. aus und wurde zum Lehrer der Philosophie an der Universität ernannt. T. erwarb sich rasch den Ruf, wichtigster Philosoph der Zeit zu sein. Seine *aristotelische Methode, die auch als *Thomismus bezeichnet wird, war von höchster Bedeutung. Seine Werke nehmen zahlreiche Bände ein. Darunter ist die 1266-74 geschriebene *Summa theologiae* der bisher und seither umfassendste Versuch, die gesamte christliche Theologie in einem Werk zu behandeln. T. unterschied zwischen Glaube und Verstand nur aus didaktischen Gründen, um deren innere Beziehung zu betonen. Obwohl seine Lehre von manchen Philosophen kritisiert wurde, liefert sie doch ein vollständiges Bild der theologischen Errungenschaften bis zum 13. Jh. T. schrieb auch eine *Summa contra gentiles* ("Summe gegen die Heiden"), eine Abhandlung für die christlichen Missionare, die kurz die Grundsätze des christlichen Glaubens umreißt. In *De regimine principum* ("Über die Herrschaft der Fürsten") drückte er seine politischen Anschauungen aus und differenzierte zwischen göttlichem, natürlichem und menschlichem Recht. Gemäß dieser Unterscheidung kam er zu dem Schluß, daß die sozialen Zustände seiner Zeit in einem christlichen Staat notwendig seien. Er entwickelte auch die Idee, daß die Monarchie an das Recht gebunden sei, obwohl sie in dessen Rahmen volle Souveränität genieße. In dieser rechtlichen Sicht gelangte T. zur Unterscheidung zwischen König und Tyrann, wobei der letztere die Gnade Gottes verloren habe und deshalb nur Verurteilung durch die Kirche getötet werden dürfe.

M. Grabmann, *Thomas von Aquin*, 1949; M. Grabmann, *Die Werke des hl. Thomas von Aquin*, 1949; W. Holz, *Th. v. A. und die Philosophie*, 1975.

THOMAS MOROSINI (gest. 1211) Lateinischer Patriarch von Konstantinopel (1204-11). T. war ein Sohn der bekannten *Morosinifamilie von Venedig und trat den *Kamalduensern bei. 1204 nahm T. am vierten *Kreuzzug teil und wurde nach der Eroberung Konstantinopels auf Druck Venedigs zum Patriarchen gewählt. Seine Behandlung des griechisch-orthodoxen Klerus, den er der katholischen Disziplin unterwerfen wollte, schuf wachsenden Widerstand gegen die Zusammenarbeit mit den lateinischen Katholiken.

THOMAS VON CANTILUPE (hl.; um 1218-82) Bischof von Hereford (1275-82). Sohn einer Adelsfamilie aus Hambleden, studierte in Oxford, Paris und Orléans. Als Kanzler der Universität Oxford (1262) unterstützte T. die Baronenrevolte gegen *Heinrich III. und wurde nach dem Sieg der Aufständischen bei *Lewes Kanzler von England. Nach der Unterdrückung des Aufstands ging er nach Paris, wo er an der Universität lehrte. 1272 wurde T. zum Bischof von Hereford erwählt und diente als enger Berater König *Eduards I. Sein Eintreten gegen den Nepotismus und sein Beharren auf den Privilegien seines Bistums brachten ihn mit John *Peckham, dem Erzbischof von Canterbury, in Konflikt. Dieser bannte ihn 1282; T. appelierte an die Kurie, wo seine Berufung jedoch erst nach seinem Tode behandelt wurde. Trotz des Bannes wurde T. als Heiliger betrachtet und 1320 heilig gesprochen.

THOMAS VON CELANO (um 1190-1260) Hymnendichter. T. wurde im italienischen Celano geboren, schloß sich um 1214 *Franziskus v. Assisi an und schrieb die Musik für einige der berühmtesten religiösen Hymnen des 13. Jh.s, darunter auch das bekannte *Dies Irae*. Wichtig sind auch seine beiden Biographien des hl. Franziskus.

THOMAS VON CHANTIMPRE (ca. 1201-70) Naturwissenschaftler und Dominikaner, in Brabant geboren. Seine wissenschaftlichen Beobachtungen legte er in Werken über Botanik und Zoologie nieder. Seine Zusammenfassung *De Natura Rerum* ("Über die Natur der Dinge") erreichte zwar nicht das Niveau der Werke Roger *Bacons, war aber im Mittelalter weitaus beliebter, genauso sein "Bienenstaat" (ein Vergleich zwischen Bienen- und Klostergemeinschaft).

THOMAS VON MARGA (9. Jh.) Geschichtsschreiber. T. war ein nordsyrischer *Nestorianer und trat 832 einem Kloster nahe Mosul bei. Seine Gelehrsamkeit brachte ihn mit dem Patriarchen Abraham in Verbindung, der ihn 837 zu seinem Sekretär und 850 zum Bischof von Marga machte. Um 840 verfaßte T. das "Buch der Regenten", das als Geschichte seines Klosters entworfen war und wichtige Nachrichten über die Frühgeschichte der Nestorianerkirche und deren theologische Entwicklung im 4.-7. Jh. lieferte.

B. Spuler (Hg.), *Handbuch der Orientalistik*, Bd. 8/2, 1961.

THOMAS VON MARLE (gest. 1130) Baron in Nordostfrankreich. T. war ein Sohn des pikardischen Hauses *Concy und als grausamer Räuber bekannt. 1096 war er einer der Führer des Bauernkreuzzugs und Anstifter von Judenverfolgungen und -morden. Seine Tätigkeit im Osten blieb im Dunkeln, eine Familientradition bezeichnete ihn jedoch als ersten Ritter, der Jerusalem betrat. Nach seiner Rückkehr stahl T. weiter und wurde zweimal von der Kirche gebannt. 1130 zerstörte König *Ludwig VI. die Burg von T. und ließ ihn töten.

THOMAS VON WOODSTOCK (1355-97) Herzog von Gloucester. T. war siebter Sohn *Eduards III. und spielte nach der Abreise seines älteren Bruders Johann von Gaunt eine wichtige Rolle in der Regierung seines Neffen *Richard II. 1385 verlieh dieser ihm das Herzogtum Gloucester. 1386 begann sein bitterer Konflikt mit den Favoriten des Königs, an deren Spitze *Michael De La *Pole stand. T. war einer der führenden Beschuldiger ("Appellanten") der Günstlinge. Mit Unterstützung des Parlaments ergriff T. die Macht und ließ einige der Berater Richards hinrichten. 1389 befreite ihn Richard von seinen Ämtern und sandte ihn als königlichen Stellvertreter nach Irland (1392-97). Danach wurde T. des Verrats beschuldigt und 1397 zu Calais festgenommen und ermordet. Sein Tod beschleunigte den Fall Richards.

THOMASIN VON ZERCLAERE (ca. 1186-1235) Dichter. Der aus einem norditalienischen Adelsgeschlecht stammende T. war Domherr in Aquileja und schrieb um 1215 in Deutsch den *Wälschen Gast*, eine höfische Sittenlehre, die weite Verbreitung fand. (Din)
Werk: H. Rückert (Hg.), (Neudr.) 1965.

THOMISMUS Das philosophisch-theologische System von *Thomas von Aquin und dessen Schülern, das bis zur Gegenwart grundlegend für die katholische Philosophie wurde.
E. Gilson, *Le Thomisme*, 1936.

THORESBY, JOHANNES (gest. 1373) Erzbischof von York (1351-73). T. war Geistlicher am Hofe *Eduards III., Archivar und enger Berater des Königs, der ihn 1345 zum Bewahrer des Privatsiegels und 1349 zum Kanzler machte. T. war in diplomatischen Verhandlungen mit Schottland und Frankreich tätig und trug wesentlich zum Vertrag von *Bretigny bei. Nach 1362 befaßte sich T. nur noch mit seinem Erzbistum.

THORFINN KARLSEFNI (Wende vom 10. zum 11. Jh.) Entdecker. T. lebte in Island und fuhr 1004 nach Nordamerika, wo er offenbar in Labrador die erste europäische Siedlung gründete. Die Kolonie zerfiel nach einem Jahr.

THORGEST (9. Jh.) Norwegischer Häuptling. T. landete um 851 in *Irland, besiegte die örtlichen Könige und gründete in *Dublin ein norwegisches Reich, das sich zu einem der wichtigsten und reichsten Wikingerstaaten entwickelte.

THORISMUND *Westgotenkönig (451-53). Sohn König *Theoderichs I., dessen feindliche Politik gegenüber den römischen Beamten in Gallien er fortführte. T. vertiefte auch die Westgotenherrschaft in *Auvergne.

THORN (TORUN) Nordpolnische Stadt. Sie wurde im 13. Jh. von den *Deutschherren gegründet und besaß eine überwiegend polnische Bevölkerung. 1410 eroberte *Jagiello die Stadt und annektierte sie nach dem Vertrag von 1411 an Polen. 1466 trat hier der Deutsche Orden Westpreußen an *Kasimir IV. ab.

THÜRINGEN Mitteldeutsches Land, nach dem Stamm der Thüringer benannt, die sich im 5. Jh. niedergelassen und ein Fürstentum errichtet hatten. Der Stamm konnte trotz des fränkischen Drucks seine Unabhängigkeit bewahren und stand bis 526 im Bund mit dem mächtigen Ostgotenkönig *Theoderich d.Gr. 530 wurde das Fürstentum von Thronwirren geschwächt, die 541 die fränkische Eroberung erleichterten. T. wurde Teil des Frankenreiches im 8. Jh. und Ausgangspunkt der Sachsenmission. T. wurde von fränkischen und örtlichen Grafen regiert und als Teil des Herzogtums *Franken betrachtet. Im 12. Jh. erhielt eine lokale Dynastie die Landgrafenwürde, und T. wurde von Franken abgetrennt. Friedrich I. erhob es zum Reichslehen. Im 13. Jh. wuchs die Macht der Landgrafen an, die gute Beziehungen mit den Königen von *Ungarn und dann mit *Friedrich II. unterhielten. Im 14. Jh. zerfiel T. in mehrere Fürstentümer und blühte dank seiner reichen Bergwerke.
H. Patze, W. Schlesinger u.a., *Geschichte Thüringens*, 5 Bde., 1967 ff.

TIBERIAS Stadt in Galiläa (Palästina). Die byzantinische Stadt wurde 636 von den Arabern erobert und war Hauptstadt der nördlichen Provinz Jordan. Sie blühte in der *Omajjadenzeit und verlor unter den *Abbasiden an Bedeutung. T. wurde 1099 von den *Kreuzfahrern unter *Tankred erobert, befestigt und zur Hauptstadt

des Fürstentums Galiläa gemacht. 1187 nahm *Saladin nach seinem Sieg bei *Hattin die Stadt. Seit dem 13. Jh. ging es mit T. bergab. T. blieb aber für die Juden ein wichtiges palästinensisches Zentrum.

TIBERIOS II. Byzantinischer Kaiser (578-82). Einer der fähigsten byzantinischen Generäle, wurde 574 infolge des Wahnsinns *Justins II. Regent und 578 Kaiser. T. zeichnete sich als Verwalter aus und erwarb sich durch Steuersenkungen Beliebtheit. T. setzte *Justinians Kriegspolitik gegen die Perser fort, die er 575 und 581 besiegte. Darüber vernachlässigte er jedoch die Donaugrenze, die die *Bulgaren dann überschritten.
G. Ostrogorsky, *Geschichte des byzantinischen Staates*, 1963[3].

TIBERIOS III., Apsimar Byzantinischer Kaiser (698-705). T. war Flottenbefehlshaber und Kaiser durch eine Intrige gegen *Leontios. Ein Großteil des Ziviladels betrachtete jedoch seine Regierung als unrechtmäßig. T. kämpfte in Kleinasien gegen die Araber. 705 wurde er von *Justinian II. gestürzt und getötet.

TIBET Mittelasiatisches Land. T. wurde von überwiegend nomadischen Stämmen bewohnt und stand bis zum 7. Jh. unter chinesischem Einfluß. China benutzte T. als Pufferzone gegen die Einfälle der *Hunnen und Türken. Im 7. Jh. traten die Einwohner T.s zu dem aus Indien importierten Buddhismus über. Die Stammeshäuptlinge (Lamas) wurden zu Priestern und leiteten im 8. Jh. den Unabhängigkeitskampf gegen China. Zur gleichen Zeit knüpften sie Handelsverbindungen mit dem arabischen Kalifat an, widersetzten sich jedoch jeglichem Eindringen des Islams. Im 11. Jh. entwickelte sich eine Stammeskonföderation unter der Führung eines gewählten Dalai Lama. 1253 wurde T. von dem Mongolenkhan *Kublai erobert und an das Khanat China angeschlossen. Das Land besaß jedoch ein weites Maß an Autonomie und wurde von buddhistischen Mönchen dominiert.
G. Tucci, *T.*, 1973.

TIHANY Ungarisches Kloster, im 11. Jh. von König *Andreas als Doppelhaus von *Benediktinern und orthodoxen Mönchen gegründet und mit großen Gütern um den Balatonsee ausgestattet. Die Klosterkirche zeichnete sich durch eine Mischung der ottonischen und byzantinischen Baustile aus.

TIMAR Das *Lehen der osmanischen Türken. Es wurde als bescheidenes Einkommen an Soldaten vergeben. Seine Inhaber, die Timarioten, galten als die schlagkräftigste Truppe des Osmanenheers im 14. Jh.

TIMUR-LENG (Tamerlan, Timur der Lahme; 1336-1405) Mongolenkhan (1370-1405). T. war von türkischer oder turkmenischer Herkunft, zeichnete sich im Dienste der *Mongolen in Mittelasien aus und wurde Statthalter von Transoxanien. 1370 ergriff T. die Macht und rief sich zum Khan Mittelasiens aus. Mit einer starken mongolisch-türkischen Armee griff er Persien an, unterwarf 1385 die *Goldene Horde und fiel in *Indien ein, wo er das Königreich Delhi zerstörte. 1400 marschierte er in Kleinasien ein, 1402 schlug er in der Schlacht von *Ankara die Osmanen. Deren Sultan *Bajasid hielt er bis zu dessen Tod in einem Käfig gefangen. T. schuf ein mächtiges Reich, das nach seinem Tod unter seinen Söhnen, den sog. Timuriden, in die Reiche Persien, Transoxanien und Indien zerfiel.
B. Spuler, *Handbuch der Orientalistik*, Bd. 6/2, 1953; H. Hookham, *Tamburlaine the Conquerer*, 1962.

Der hl. Laurentius und die Pilger; *Schnitzrelief aus Tirol, 15. Jh.*

TINCHEBRAY, SCHLACHT VON (1107) Sie wurde
zwischen König *Heinrich I. von England mit Unterstützung des Adels der Normandie und *Robert Curt-
house ausgetragen und führte zur Wiedervereinigung
Englands und der Normandie unter der Herrschaft
Heinrichs.

TIRNOVO Mittelbulgarische Stadt, die Zar *Simeon
als christliche Hauptstadt seines Reiches festlegte und
zum Sitz des autonomen bulgarischen Patriarchats erhob. T. diente bis zum Ende des 10. Jh.s als Hauptstadt.

TIROL Süddeutsche Grafschaft an den Alpenpässen.
T. war im Frühmittelalter Teil des *Bayernreiches und
wurde im 9. Jh. zur Grafschaft erhoben. Im 11. Jh.
fiel T. unter die Herrschaft der Bischöfe von Brixen
und Trient. Bis Mitte des 13. Jh.s hatten die Grafen von
Tirol (als Vögte der Bischöfe) Heiratsverbindungen zu
den großen Häusern Süddeutschlands hergestellt und
beanspruchten die Herzogswürde. Nach ihrem Aussterben 1253 übernahmen die Görzer das Land. Nach Aussterben des Grafenhauses wurde T. Steitobjekt zwischen
den *Luxemburgern und den *Wittelsbachern. Die
Bemühungen *Ludwigs d. Bayern, einem seiner Söhne
T. zu verschaffen, erregten den Widerspruch der Luxemburger, die von anderen deutschen Fürsten unterstützt
wurden. Auch eine Kompromißlösung hielt nicht, und
1363 annektierte Herzog *Leopold von Österreich T. an
seine *habsburgischen Güter.
O. Stolz, *Geschichte des Landes Tirol* 1, 1955.

TLEMCEN Stadt im westlichen Algerien. T.s Geschichte war eng mit der der Umgebung verbunden. Im 11.
Jh. wurde sie ein islamisches Pilgerzentrum. Unter der
Herrschaft der *Almoraviden, *Almohaden und *Mariniden wuchs die Stadt an, im 14. Jh. setzte jedoch
ihr rascher Niedergang ein.

TMUTARAKAN Südrussische Stadt an der Ostküste
der Meerenge von Asow. Unter der Herrschaft der Byzantiner und *Chasaren war sie ein wichtiges Handelszentrum zwischen dem Schwarzen Meer, der Krim, dem
Nordkaukasus und den südrussischen Steppen. Im 9.
Jh. wurde T. Sitz eines kleinen Fürstentums, das unter
den Einfluß von Kiew geriet und 1223 von den *Mongolen zerstört wurde.

TNUGDAL Siehe *TUNDAL.

**TODROS BEN JOSEPH HALEVI ABULAFIA (1225-
um 1285)** *Kabbalist. T. war ein Sohn der vornehmen
Abulafiafamilie aus Toledo und geistiger Führer der
jüdischen Gemeinden Kastiliens. T. erlange auch Einfluß
am Hof König *Alfons' X. T. war ein hervorragender
Kabbalist, versuchte die Lehren der *gnostischen Kreise
von *Gerona und *Kastilien zu vereinigen und leistete
wichtige Vorarbeiten für die spätere Blüte der Kabbalah.
G. Scholem, *Die jüdische Mystik in ihren Hauptströmungen*, 1957.

TODROS BEN JUDAH ABULAFIA (1247-95) Hebräischer Dichter. In seiner Frühzeit schuf T. weltliche
Dichtungen, nach seiner Einkerkerung in Pogrom
(1280) wandte er sich der Moralistik zu und verfaßte
religiöse Werke. Über 1000 seiner Gedichte sammelte
er im *Gan Hameschalim ve-Hachidoth* ("Garten der
Legenden und Rätsel").

TOGHRUL Siehe *WANG-KHAN.

TOKTAMISCH Khan der *Goldenen Horde (1383-95).
T. wurde 1391 und 1395 von *Timur-Leng besiegt und
zum Vasallenkönig gemacht. T. war der letzte Mongolen-
herrscher Rußlands.

TOLEDO Spanische Stadt. Dank ihrer Lage am Fluß
Tago in der Mitte der iberischen Halbinsel war sie ein
wichtiges Handelszentrum. Um 520 verlegten die *Westgoten ihre Hauptstadt nach dem Verlust von Toulouse
an die Franken nach T. Die Stadt blühte und wurde
Zentrum der katholischen Kirche und Sitz des erzbischöflichen Primas von Spanien. T. war Ort regelmäßig
abgehaltener Kirchenkonzile, von denen das Konzil von
589 mit der Bekehrung König *Rekkareds die höchste
Bedeutung besaß. Im 7. Jh. übten diese Konzile auch
einen bedeutenden politischen und juristischen Einfluß
auf das Königreich aus. Nach der arabischen Eroberung
(711) wurde das politische Zentrum des Landes südwärts nach Andalusien verlegt. T. hatte jedoch auch weiterhin großes wirtschaftliches Gewicht und erhielt zusätzlich zum Handel auch Handwerksberufe. 1085
eroberte König *Alfons VI. von Kastilien T. und
machte es zu seiner Hauptstadt. Trotz eines kurzen
Raubzugs der *Almoraviden blieb T. auch weiterhin
eine kastilische Stadt. Das 12. Jh. war die goldene
Periode T.s, das sich zu einem der ersten Industriezen-
tren Europas entwickelte und besonders für seine Stahler-
zeugnisse berühmt war. Dazu war es auch Mittelpunkt
für die Übersetzungen der arabischen philosophischen
und naturwissenschaftlichen Werke ins Lateinische.
Unter der Förderung Erzbischof *Raimunds zog die
Übersetzerschule Intellektuelle aus zahlreichen europäischen Ländern an. Die mächtige und wohlhabende jüdische Gemeinde T.s spielte eine wichtige Rolle in den
kulturellen Errungenschaften des 12. und 13. Jh.s und
war ein wichtiger Mittelpunkt des *sephardischen
Judentums. Die dauernde Abwesenheit der Könige
und die Bürgerkriege des 14. und 15. Jh.s führten allmählich zum Niedergang T.s. Die Stadt wird von der
gotischen Kathedrale beherrscht, die im 14. Jh. errichtet
wurde.
P. Pourot, *Tolède*, 1910;
Jimenez de Gregorio, F., *Los pueblos de la provincia de
Toledo*, 3 Bde., 1962-70.

TORRE, DELLA Aristokratische Familie aus Mailand.
Ihr Aufstieg fand im Rahmen ihrer führenden Rolle in
der *Guelfenpartei und des Widerstands gegen Kaiser
*Friedrich II. statt. 1240 wurde das Familienhaupt
Pagano als Führer der Stadt anerkannt. Diese Positon
hielten die T. bis 1278 inne. 1263 dehnte Filippo T.
seine Herrschaft auf die Nachbarstädte aus und schuf
ein mächtiges Fürstentum. Napoleon T. mußte sich mit
der wachsenden Macht der *Ghibellinen Mailands auseinandersetzen, an deren Spitze die *Visconti standen.
1278 verloren die T. die Macht.
Treccani degli Alfieri (Hg.), *Storia di Milano*, 1956-66.

TOSAFISTEN ("Ergänzer") Jüdische Verfasser religiöser Werke, die in Deutschland und Frankreich im 11.-13.
Jh. geschrieben wurden. Ihre Werke erlangten Autorität
als Ergänzungen des Talmuds und modernisierten und
interpretierten dessen Rechtsnormen auf Grund der
Entscheidungen der *Gaonim und der späteren Rabbiner. Im Gegensatz zu den Weisen des sephardischen Judentums besaßen die T. keine philosophische Ausbildung.
E. E. Urbach, *The Tossaphists*, 1972.

TOSKANA Provinz in Mittelitalien. Bis zum 9. Jh. verlief die Geschichte der T. parallel zur italienischen Entwicklung. Nach dem Fall des *Karolingerreichs ergriffen
feudale Familien die Macht und kämpften untereinander. In der daraus entstandenen Anarchie fiel die

Küstengegend unter die Herrschaft der Stadt *Pisa. Im 10. Jh. konnten die Grafen von *Canossa ihre Macht über die T. und die anliegenden Territorien ausdehnen und im Rahmen des *Heiligen Römischen Reichs eine mächtige Markgrafschaft (Tuszien) aufbauen. Im späten 11. Jh. war Markgräfin *Mathilde von Tuszien treue Verbündete Papst *Gregors VII. und des Reformpapsttums. 1077 beherbergte sie Gregor in ihrer Burg *Canossa, wo der berühmte Bußgang *Heinrichs IV. stattfand. Nach dem Tod Mathildes (1115) brach die Markgrafschaft zusammen, und die Städte der T. erlangten die Unabhängigkeit. Die Großstädte *Florenz und *Siena folgten dem Beispiel Pisas und bauten große Herrschaftsgebiete auf, die die T. in mehrere Einflußzonen teilten (14. Jh.). Erst in der zweiten Hälfte des 15. Jh.s wurde die Einheit der T. unter der Herrschaft von Florenz verwirklicht.
W. Braunfels, *Mittelalterliche Stadtbaukunst in Toskana*, 1953.

TOTENTANZ (franz. Danse Macabre) Ein spätmittelalterliches Motiv in Literatur, Drama und darstellender Kunst, das der Unvermeidbarkeit des Todes Ausdruck gab. Der T. wurde gewöhnlich als Prozession der Lebenden (von Kaiser und Papst über die verschiedenen Sozial- und Berufsschichten bis hin zum kleinen Kind) mit Skeletten auf dem Weg zum Grab dargestellt. Dabei ist zu bedenken, daß infolge der dauernden Kriege, Hungersnöte und Epidemien im 14. Jh. der Tod alltäglich und sichtbar war. Die Ursprünge des T.es scheinen in den Moralgedichten Frankreichs aus dem 13. Jh. zu liegen, von denen *Les dits de trois morts et de trois vifs* ("Dialog zwischen drei Toten und drei Lebenden") das älteste war. Ein Vorläufer waren auch die Verse *Helinands.
H. Rosenfeld, *Der mittelalterliche Totentanz*, 1968[2].

TOTILA Ostgotenkönig (541-52). T. war der letzte Ostgotenkönig Italiens, der bis 550 das ganze Land unterwerfen konnte. Er mußte seit seiner Thronbesteigung gegen den byzantinischen General *Narses ankämpfen, der ihn 552 besiegte und in der Schlacht tötete.

TOULOUSE Südfranzösische Stadt. T. wurde 416 von den *Westgoten erobert, die sie zur Hauptstadt ihres gallisch-spanischen Königreiches machten. 507 wurde T. vom Frankenkönig *Chlodwig erobert. Unter den *Merowingern verlor die Stadt an Bedeutung und blieb nur noch Bischofsitz. Im 9. Jh. wurde T. unter der Regierung des fränkischen Grafen *Bernhard von Gothia (um 860) wiederum politischer Mittelpunkt. Er machte die Stadt zum Herz eines großen Fürstentums, das das südöstliche *Aquitanien und *Languedoc umfaßte. Im 10. Jh. versuchten die Grafen von T., die aquitanische Herzogswürde zu erlangen, wurden aber von den Grafen von *Poitiers geschlagen. Daraufhin wandten sie sich dem Mittelmeer zu und wurden in Dynastiekämpfe gegen die Grafen von *Barcelona verwickelt, die hauptsächlich um die Herrschaft über die Provence gingen (11.-12. Jh.). T. wuchs zu einem wichtigen Wirtschaftszentrum an den südfranzösischen Handelsrouten heran. Die städtischen Einrichtungen wurden nach dem Vorbild des altrömischen Konsulats errichtet. Im 13. Jh. litt T. unter dem *Albigenserkreuzzug und wurde 1213 von *Simon von Montfort erobert. 1218 wurde T. Hauptstadt des Fürstentums *Raimunds VII., verlor aber die Vorherrschaft in Languedoc. 1229 wurde in der Stadt eine Universität errichtet, um die katholischen Führungskräfte der Provinz auszubilden. Die *Domini-

kaner waren die treibende Kraft der Schule. 1249 erlangte *Alfons von Poitiers, der Bruder König *Ludwigs IX. von Frankreich, die Stadt durch Erbschaft. Alfons führte eine der königlichen Administration nachgebildete Verwaltung ein. Nach Alfons' Tod (1270) ging T. an das französische Krongut über und wurde von königlichen Beamten aus Paris verwaltet. Als Mittelpunkt der *Languedoc beherbergte es die Generalstände und das Provinzparlament. Die wirtschaftliche Blüte der Stadt lag dank ihres Handels im 15. Jh.
Ph. Wolff, *Histoire de Toulouse*, 1974.

TOURNAI Stadt in Flandern. T. war im 5. Jh. Hauptstadt eines Kleinreiches der salischen *Franken. *Chilperich I. (460-83) unterwarf die anderen Salierreiche, und bis zu seinem Tod wurde T. als Hauptstadt der salischen Franken anerkannt. Nach der Eroberung Galliens durch *Chlodwig und der Schwerpunktbildung des Reiches in der Gegend zwischen Paris und Soissons verlor T. an Bedeutung. Es blieb bis zum 9. Jh. eine Kleinstadt und wuchs dann unter der Leitung der Bischöfe zum kirchlichen Mittelpunkt der neuen Grafschaft *Flandern an. Im 11.-13. Jh. entwickelte sich die Stadt zu einem der Zentren der flandrischen Tuchindustrie. Seit der zweiten Hälfte des 12. Jh.s dienten einige der größten Gelehrten des Westens als Bischöfe von T. und erhöhten das Ansehen der Stadt. Die flandrischen Grafen und die Stadtbürger vereitelten jedoch alle Versuche, in und um T. ein kirchliches Fürstentum aufzubauen. Im 14. und 15. Jh. waren die Wandteppiche von T. weithin berühmt.
H. Pirenne, *The Early Democracies in the Low Countries*, 1923.

TOURNUS Burgundische Abtei. T. wurde 875 von den Mönchen von St. Philibert, die vor den *Normannen geflohen waren, besiedelt. 937 zerstörten die Ungarn T. Im 10. Jh. wurde es gegen die ungarischen Einfälle befestigt. Die Klosterkirche von T. gilt als eines der interessantesten Werke der frühromanischen Baukunst (10.-11. Jh.), das ein Westwerk (1008 ff.) sowie ein tonnengewölbtes Hauptschiff (um 1070) besitzt.

TOURS Französische Stadt an der Loire. Sie spielte seit Beginn des Mittelalters eine wichtige Rolle dank ihrer Lage am Kreuzpunkt zwischen Nord-, Süd-, Ost- und Westfrankreich. Die religiöse Tradition ihres Bischofs Martin, des Schutzheiligen von Frankreich, trug zu ihrer wachsenden Bedeutung bei; Volksversammlungen wurden am Grab des Heiligen im Kloster *Marmoutier abgehalten. Die Legenden von den dort geschehenen Wundern zogen Pilger aus dem ganzen Land an. Im 9. Jh. wurde T. Bollwerk gegen die *normannischen Invasionen; Graf *Robert der Starke errichtete eine Dynastie, die später Frankreich regieren sollte. Nach der Thronbesteigung *Hugo Kapets wurde die Stadt (mit Ausnahme der Herrschaft von Marmoutier, die eine königliche Enklave blieb) Lehen des Hauses *Blois. In deren Besitz blieb T. bis zur Eroberung durch *Gottfried Martel (1054), danach war es Teil des *angevinischen Besitzes. Während der Herrschaft *Heinrichs II. Plantagenet besaß T. eine Schlüsselstellung im Angevinenreich und besaß hohe Einnahmen, die aus der Besteuerung der Handelstätigkeit, den Brückenzöllen und den Pilgerzügen nach *Santiago de Compostela stammten. Dank der Tätigkeit *Roscelins und Erzbischofs *Hildeberts von Lavardin war T. auch ein wichtiges Zentrum der Gelehrsamkeit. 1204 wurde es von *Philipp II. er-

obert und an die französische Krondomäne angeschlossen. Im 13.-15. Jh. war T. weiterhin von wirtschaftlicher Bedeutung und auch Münzstätte des weitverbreiteten *Livre tournois*, verlor aber an strategischem Gewicht.
E. Giraudet, *Histoire de la ville de Tours*, 2 Bde., 1873.

TRANCAVEL Siehe *ALBI.

TRAPEZUNT, KAISERREICH Es wurde 1204 im nordöstlichen Kleinasien nahe der Hafenstadt T. durch *Alexios Komnenos gegründet. Dieser war ein Neffe des letzten byzantinischen Kaisers und rief sich nach der Flucht aus den von den Franken eroberten Konstantinopel zum Kaiser aus. In den ersten drei Jahren wetteiferte er mit dem Kaiser von *Nikaia um die rechtmäßige Nachfolge des byzantinischen Kaiserhauses. Infolge ihrer ungünstigen Lage mußten sich jedoch dann die Herrscher von T. mit dem Aufbau ihres Staates begnügen, der bis 1461 bestand und nach Asien orientiert war. Entsprechend intervenierten sie in *Georgien und im *Seldschukenreich. Unter den Komnenoi war T. ein wichtiger Treffpunkt der griechisch-byzantinischen, armenischen und georgischen Kultur. Zur Mitte des 14. Jh.s erreichte T. den Höhepunkt seiner territorialen Ausdehnung und beherrschte die gesamte Gegend an der Südküste des Schwarzen Meeres. 1395 eroberte der *Osmanensultan *Bajasid I. einen großen Teil der kleinasiatischen Regionen T.s und unterwarf das Reich. Trotz der Atempause, die T. durch die Siege *Timur-Lengs gewann (1401), konnte es sich nicht mehr erholen und wurde 1461 von den *Osmanen erobert.
J. Ph. Fallerayer, *Geschichte des Kaisertums von Trapezunt*, 1827, (Neudr.) 1964;
W. Miller, *The Empire of Trebizond*, 1920.

TRASAMUND (gest. 523) Wandalenkönig (496-523). Einer der gelehrtesten Germanenkönige, studierte in Konstantinopel, wo er seine Jugend verbrachte. Als eifriger Arianer verfolgte T. die katholischen Bischöfe seines Reiches (502). T.s wichtigstes Anliegen war die Niederwerfung der Aufstände in Mauretanien.

TRASTAMARE, HEINRICH Siehe *HEINRICH II., König von Kastilien.

TRAVE Norddeutscher Fluß und Bezeichnung der in der Gegend ansässigen *Slawen, die 1147 von Graf Adolf von Holstein besiegt und germanisiert wurden.

TREUEID (lat. fidelitas) *Karl d.Gr. ließ 789 alle christlichen Untertanen seines Reiches den T. leisten, der (infolge seines sakralen Königtums) auch der Kirche galt. Seit 802 mußte der Eid von allen männlichen Personen über 12 Jahre abgelegt werden, war hauptsächlich negativer Natur und bestand im Versprechen, nicht den Kaiser zu verraten und keine Feinde des Kaisers zu beherbergen. Die aktive Form des T.s schloß den Dienst im Heer und in der Verwaltung sowie die Zahlung von Steuern ein. Im 9. Jh. wurde der T. auf die passive Form beschränkt, im Gegensatz zur *Mannschaft, die beiderseitige Verpflichtungen zwischen Herrn und Lehnsmann einschloß. Mit dem Niedergang der Karolingerstaaten im feudalen Europa zwangen die Herren ihre Lehnsleute und die anderen Freien zur Ablegung des T.s, der in diesem Fall mit der Mannschaft identisch war. Im 10. Jh. lebte die religiöse Bedeutung des T.s wieder auf, als die Monarchen den T. als Vorbedingung für ihre Krönung durch die Kirche ablegen mußten. Später wurde dieser Eid auch anderen Würdenträgern bei Antritt ihrer Ämter abverlangt.
F. L. Ganshof, *Was ist das Lehnswesen?*, 1961.

TREUGA DEI ("Waffenstillstand Gottes") Eine Kompromißlösung im Rahmen des *Gottesfriedens, die im 11. Jh. von der Kirche zur Unterdrückung der feudalen Kriege gefunden wurde und den Krieg für vier Tage in der Woche und an gewissen Festzeiten verbot.

TREVET, NIKOLAUS (gest. 1328) Geschichtsschreiber. T. war Dominikanermönch und lehrte in Oxford Theologie. Er verfaßte eine Geschichte der "Sechs Regierungszeiten Englands, 1135-1307", wobei das Kapitel über die Zeit *Eduards I. von besonderem Wert ist.

TREVISO Nordostitalienische Stadt. Bis zum 13. Jh. war das Geschick der kleinen Stadt mit dem der Umgebung verbunden. 1236 wurde T. Mittelpunkt einer mächtigen Markgrafschaft unter der Regierung *Ezzelinos da Romano. Um 1250 wurde in T. eine der ersten Papiermühlen Europas errichtet. Nach Ezzelinos Tod (1259) unterwarfen die *Scaliger von Verona T. Die erste Hälfte des 14. Jh.s war eine Zeit dauernder Kriege mit Venedig, die 1338 mit dem Sieg Venedigs endeten.
A. A. Michiel, *Storia di Treviso*, 1958[2].

TRIBONIANUS, GAIUS (gest. um 545) Byzantinischer Jurist und rechtlicher Berater *Justinians, der ihn und eine Gruppe von Gelehrten mit der Ausarbeitung des *Justinianischen *Kodex' beauftragte.

TRIER Deutsche Stadt an der Mosel. T. war ein römisches Zentrum, wurde 413 von den *ripuarischen *Franken verbrannt und existierte als Kleinstadt um den Bischofssitz herum weiter. 475 annektierten die Franken T. Das Aufleben T.s setzte im 9. Jh. mit der Errichtung einer Stadtsiedlung um die Klöster und den Bischofssitz ein. 902 machten sich die Erzbischöfe zu Stadtherren, und ihr Hof war ein wichtiger Mittelpunkt der ottonischen Renaissance. Der Aufstieg des Erzbischofs zu einer politischen Kraft zog auch den Aufstieg der Stadt mit sich. Das Kurfürstentum der Erzbischöfe von T. nahm im 13. und 14. Jh. weite Gebiete westlich des Rheins ein. Das wirtschaftliche Wachstum der Stadt führte Mitte des 13. Jh.s zu Aufständen der Stadtbürger, die kommunale Freiheiten forderten und diese 1301 mit der Erlaubnis zur Errichtung eines Stadtrats teilweise erlangten.
G. Kentenich, *Geschichte der Stadt Trier*, 1915;
E. Ewig, *Trier im Merowingerreich, Civitas, Stadt, Bistum*, 1954.

TRIEST Nordostitalienische Stadt. T. war im Früh- und Hochmittelalter eine Kleinstadt, wurde 1202 von Venedig erobert, erhob sich im 13. und 14. Jh. mehrmals gegen die venezianische Beherrschung und blühte seit 1382 als Haupthafen der *Habsburger.

TRINITARIER Ein von *Augustinern in Ostfrankreich gegründeter Orden, der hl. Dreifaltigkeit geweiht war, sich dem Freikauf von Kriegsgefangenen widmete und eine strenge Form der Augustinerregel befolgte. 1198 wurde er vom Papst bestätigt.

TRIPOLI Nordafrikanische Stadt. T. war im 5. und 6. Jh. Streitobjekt zwischen den *Wandalen und Byzantinern und wurde 532 von den letzteren erobert. In der Zeit *Justinians war sie mehrmals Opfer der Überfälle von Nomadenstämmen. 645 fiel T. in die Hand der Araber, 1150 nahm es *Roger II. von Sizilien. Nach dessen Tod zogen sich die Sizilianer zurück.

TRIPOLI Stadt im Libanon. T. war bis zur arabischen Eroberung (640) Teil des Byzantinerreichs. Kalif *Muawijah siedelte in T. Moslems an und islamisierte in kurzer Zeit Stadt und Umgebung. Zu Beginn des 11. Jh.s fiel T. unter die *Fatimiden und wurde von einem Emir regiert, der Kairo unterstand. 1104 belagerte *Raimund IV. von Saint-Gilles die Stadt, nachdem er nahe daran die Burg Mont Pèlerin erbaut hatte. T. fiel jedoch erst 1109 und wurde dann Hauptstadt einer autonomen Grafschaft, die von einer Nebenlinie des Hauses *Toulouse regiert wurde und eines der drei Kreuzfahrerfürstentümer war. Die Verfassung von T. wurde im Sinne der occitanischen und provenzalischen Tradition geformt. Im 13. Jh. wurde in der Stadt eine *Kommune errichtet. Die provenzalischen Grafen wurden von den Fürsten von *Antiochia abgelöst. 1289 fiel T. an die *Mamluken.

J. Richard, *Le Comté de Tripoli sous les Croisés*, 1943.

TRISTAN UND ISOLDE Mittelalterliche Legende und Romanstoff. Diese basierte auf einer keltischen Volkserzählung und war eine der beliebtesten Liebesgeschichten des 12. Jh.s. Die Dichtung behandelt die Liebe zwischen dem Ritter Tristan und der Königin Isolde sowie die Probleme der Leidenschaft und des Schicksals im Rahmen der ehelichen und ritterlichen Treue. Beroul und Maria v. Frankreich schrieben eine französische und Gottfried von Straßburg eine deutsche Fassung; im 13. Jh. erschienen auch englische Versionen.

K. O. Brogsitter, *Artusepik*, 1971[2].

TRIVIUM Die drei ersten Disziplinen der *Sieben Freien Künste: Grammatik, Rhetorik und Dialektik.

TRONDHEIM Norwegische Stadt. T. bestand als kleiner Flecken bereits im 9. Jh. und wird als Mittelpunkt des Landes der Jarls von Lade erwähnt. 997 gründete König *Olav I. T. als seine Hauptstadt. Als Mittelpunkt der norwegischen Mission wurde T. 1152 zum Erzbistum Norwegens erhoben und diente bis 1391 als Hauptstadt des Landes.

TROUBADOUR Wandernder Sänger und Dichter. Die T.s stammen aus der Provence des 11. Jh.s und erlangten ihre beste Wirkung im *Aquitanien des 12. Jh.s, wo sie am Herzogshof des Landes tätig waren. Herzog *Wilhelm IX. war selbst ein bekannter T. Die T.s verfaßten und sangen ihre eigenen Lieder, die meistens Liebesgeschichten oder Heldengestalten behandelten, und drückten (wenn auch vielfach formelhaft) ihre eigenen Gefühle aus. Gegen Ausgang des 13. Jh.s traten an Stelle der T.s die nördlichen *Minnesänger.

E. Lommatzsch-F. Gernrich, *Leben und Lieder der Provenzalischen Troubadours*, 2 Bde., 1957-59.

TROYES Ostfranzösische Stadt. T. wurde 483 von den Franken erobert und war in der *Merowingerzeit Bistum. Seit der Herrschaft der *Karolinger war sie Sitz eines Grafen, gegen Ausgang des 9. Jh.s kam sie an das Herzogtum Burgund und wurde weiter von Grafen als Lehnsleuten der Herzöge regiert. 1023 ging die Grafschaft durch Erbfall an das Haus *Blois über und wurde von einer Juniorenlinie gehalten. Im 12. Jh. nahm die wirtschaftliche Bedeutung dank der Entwicklung der *Champagne-*Messen zu und übertraf die der von Blois. Daher verlegte Graf *Thibaut IV. von Blois seine Hauptstadt nach T. Unter seinem Sohn *Heinrich d. Freigiebigen wurde der Hof von T. zu einem der bedeutendsten und glänzendsten kulturellen und literarischen Zentren Westeuropas. Dank dem Werk des *Chrétien von Troyes gilt T. als Heimat der französischen *Romane. Im 13. Jh. entwickelte sich T. weiter, verlor aber mit dem Niedergang der Messen und dem Anschluß der Champagne an die Krondomäne die zentrale Position und wurde zu

einer Provinzstadt. Im hier 1420 abgeschlossenen Vertrag machte *Karl VI. *Heinrich V. von England zum Erben Frankreichs.

Th. Boutiot, *Histoire de la ville de T.*, 1870-80.

TRUVOR (9. Jh.) Warägerführer. Einer der Häuptlinge des Klans der Rus, war in der zweiten Hälfte des 9. Jh.s in *Nowgorod aktiv. Nach einer russischen Überlieferung war T. ein Bruder *Ruriks.

TSCHAGATAI (gest. 1242) Zweiter Sohn des *Dschingis-Khan, diente unter seinem Vater als Richter und war für die Aufrechterhaltung der Disziplin in der Mongolenarmee verantwortlich. 1226 wurde T. zum Khan der zentralasiatischen Provinz Transoxanien ernannt. Seine Nachkommen regierten das nach ihm benannte Khanat *T.

B. Spuler, *Handbuch der Orientalistik*, 6/2, 1953.

TSCHAGATAI, KHANAT VON Mongolenstaat in Transoxanien, 1226 von *Tschagatai errichtet und nach ihm benannt. Im 13. Jh. erreichte T. den Höhepunkt seiner Entwicklung, im 14. Jh. verfiel es infolge der Teilung unter verschiedenen Mongolenfürsten.

TSCHASLAU Siehe *CZASLAU.

TSCHECHEN Gruppenbezeichnung der Westslawen, schließt die *Böhmen, *Mähren und mehrere kleinere Stämme ein. Im Mittelalter kam der Bezeichnung T. keine politische Bedeutung zu, sondern drückte nur die ethnisch-sprachliche Einheit dieser Gruppe aus.

TSCHERNIGOW Russische Stadt nördlich von *Kiew an der Hauptstraße zwischen *Nowgorod und Kiew. T. war ein wichtiges Handelszentrum; ihre Kaufleute bereisten Konstantinopel und Nowgorod. Mitte des 11. Jh.s wurde T. zu einem Fürstentum, das in seiner Macht nur Kiew nachstand und von einer Seitenlinie des Hauses Rurik regiert wurde. Bei dem Aufstieg weiterer Fürstentümer im 12. Jh. war T. weiterhin eine wichtige Stadt, verlor aber teilweise an Bedeutung. 1240 wurde T. von den *Mongolen erobert und stand danach als tributpflichtige Vasallenstadt unter dem Einfluß der *Goldenen Horde.

TSCHINGIS-KHAN Siehe *DSCHINGIS-KHAN.

TUCHERZEUGUNG Die mittelalterliche T. schlug im Osten und Westen getrennte Wege ein. Byzanz und die moslemische Welt setzten die Traditionen des spätrömischen Reichs und des Orients fort, indem sie sich auf städtische Handwerke, den Gebrauch von Leinen, Seide und Wolle als Rohmaterial sowie auf die alten Färbungstechniken stützten. Im Westen dagegen führte der Niedergang des Stadtwesens zur Zerstörung des Handwerks; die Prunkgewänder der Kirchenfürsten und Könige mußten aus Byzanz eingeführt werden. Die normalen Kleidungsstücke wurden gewöhnlich von den Bäuerinnen als Teil der Arbeitsdienste am Hof des Grundherren hergestellt. Im 11. Jh. kam mit wiederauflebendem Stadtwesen die T. in die Städte (besonders Flanderns und Norditaliens) zurück und wurde auf geschäftlicher Grundlage organisiert. Die Wolle wurde aus den Dörfern und bei unzulänglicher Zufuhr auch aus dem Ausland (besonders aus England) eingeführt. Die Erzeugnisse wurden dann von den Kaufmannsgilden exportiert und vermarktet. Neben den relativ wenigen qualifizierten Meistern, die in den Niederlanden und in Italien den Kern der oberen Zünfte ausmachten, wirkten Tausende von Arbeitern aus verschiedenen Produktionssparten an der T. mit; sie waren in den niederen Zünften organisiert. Im Gefolge der *Kreuzzüge wurde die Seidener-

Tuchfärberei; *aus einer englischen Handschrift, 15. Jh.*

Ausschnitt aus einem flämischen Wandteppich, 15. Jh.

zeugung in Europa eingeführt und entwickelte sich besonders in der Lombardei. Das wirtschaftliche Gewicht der T. wirkte sich auch auf politischem Gebiet aus. So waren für Flandern die wirtschaftlichen Beziehungen zu England wichtiger als die politischen Beziehungen zu Frankreich (siehe *Flandern, *Hundertjähriger Krieg, Van *Artevelde).

H. Amman, *Deutschland und die Tuchindustrie Nordwesteuropas im Mittelalter,* in: Hansische Geschichtsblätter 72, 1954.

TUDELA Spanische Stadt. 713 von den Arabern erobert, wurde im 10. Jh. Provinzhauptstadt, 1114 von *Alfons I. von Aragón beherrscht und im 12. Jh. zusammen mit einem großen Landgebiet befestigt.

TUGHRIL-BEG (gest. 1063) Seldschukensultan (1037-63) und Gründer des *Seldschukenreichs. T. unterwarf mehrere Türkenstämme und begann 1037 mit der Eroberung Persiens und des *Abbasidenkalifats. Nach dem Sieg über die *Ghaznaviden nahm er 1040 *Khorasan und errichtete seine Hauptstadt zu *Nischapur. 1051 eroberte T. *Isfahan und Westpersien und marschierte im Irak ein, wo er die Araberstämme besiegte. 1055 nahm T. *Bagdad und beließ Kalif Al-Muktadi als geistiges Haupt des Islam und formellen Herren der Stadt. Ein Gesetz des Jahres 1058 bezeichnete T. als "König des Ostens und Westens".

C. Brockelmann, *Geschichte der islamischen Völker und Staaten,* 1939.

TULUI (gest. 1245) Mongolenkhan. T. war der vierte Sohn *Dschinghis-Khans und wurde 1227 Stellvertreter seines Bruders *Ogadai, des neuen Großkhans. 1230-32 befehligte T. einen Feldzug nach *China, wo er das Kin-Reiches zerstörte. Seine Söhne *Mangu, *Kublai und *Hülagü, und ihr Neffe *Batu-Khan nahmen nach seinem Tod führende Positionen im Mongolenreich ein.

TULUNIDENHAUS (868-905) Siehe *ACHMED IBN TULUN.

TUNDAL Irischer Ritter, fiel 1149 plötzlich in Ekstase und wurde von einem Engel durch das *Purgatorium über die Jenseitsbrücke zum Paradies geführt, um zu sehen, was die bösen bzw. guten Menschen nach dem Tode erwarte, und um sich zu bessern. T. berichtete ausführlich über seine Jenseitsreise; sie wurde von einem Mönch ins Lateinische übersetzt und verbreitete sich über ganz Europa. In allen Volkssprachen finden sich Übersetzungen dieser Vision, die wohl das bekannteste Beispiel der *Visionsliteratur des Mittelalters darstellt und auch früh gedruckt wurde. (Din)

Text (dt.): K. Falke, 1921;
H. Spilling, *Die Visio Tnugdali,* 1975;
P. Dinzelbacher, *Vision und Visionsliteratur im Mittelalter,* 1980.

TUNIS Nordafrikanische Stadt. T. wurde von den Arabern nahe *Karthago gegründet, war im 8.-12. Jh. von den Herrschern von *Kairuan abhängig und diente als wichtiger Hafen für die *Aghlabiden. 1150 fiel T. in die Hand *Rogers II.; der sizilianische Einfluß blieb bis Mitte des 13. Jh.s erhalten. In den Jahren 1217-20 waren die Franziskaner in T. als Missionare tätig. *Karl von Anjou versuchte nach seiner Eroberung Siziliens die Herrschaft über T. wiederherzustellen und lenkte den zweiten *Kreuzzug seines Bruders *Ludwig IX. nach T. Der Tod des französischen Königs und die *Sizilianische Vesper (1282) sicherten der Stadt die Unabhängigkeit von Sizilien.

TURIN Nordwestitalienische Stadt. T. verlor nach dem Fall des weströmischen Reichs an Bedeutung, wurde 569 von den *Langobarden erobert und gewann mit der Errichtung eines langobardischen Herzogtums neues Leben. Nach der Eroberung durch *Karl d.Gr. (774) wurde T. Amtssitz eines fränkischen Grafen. Im 9. Jh. ergriff das Grafenhaus die Macht in der gesamten Pro-

Tuchweberei; *aus einer englischen Handschrift, 15. Jh.*

vinz und erhielt von *Berengar I. von Friaul die Markgrafenwürde. Die Dynastie starb 1034 aus; 1048 verlieh
Kaiser *Heinrich III. T. an die Grafen von *Savoyen,
die in T. durch eine Juniorenlinie herrschten. Durch die
dauernden Kriege zwischen Kaisern, Grafen, Bischöfen
und Feudalherren im 12. Jh. herrschten unsichere politische Verhältnisse, die von den Zünften der Stadt
zur Errichtung einer Kommune ausgenutzt wurden.
Diese erhielt 1139 von *Konrad III. einen Freibrief.
1159 gab Kaiser *Friedrich I. Barbarossa T. zusammen
mit den Regalien an die Bischöfe der Stadt. Die bischöfliche Herrschaft dauerte bis 1225, danach fiel T. unter
die Herrschaft der nachbarlichen Herren von *Montferrat. Bis 1276 kämpften diese gegen *Karl von Anjou,
bis die Auseinandersetzung durch *Thomas von Savoyen
beendet wurde, der T. 1280 an seine Güter annektierte
und politische Ruhe schaffte. Die Gründung der T.er
Universität (1404) machte die Stadt zum geistigen Mittelpunkt Savoyens.
Fr. Cognasso, *Storia di Torino,* 1969².
TÜRKEN Gruppenbezeichnung zentralasiatischer Völker und Stämme, die seit dem 4. Jh. unter einer Vielzahl
von Namen bekannt wurden. Die wichtigsten der T.-
Völker waren die *Hunnen, *Awaren und *Chasaren.
Die nomadischen T. verbreiteten sich über die asiatischen
Steppen, von den Grenzen Chinas im Altaigebirge bis
zum Schwarzen Meer und von Transoxanien bis zur
Mongolei, wo sie sich mit den *Mongolenstämmen ver-

mischten. Im 8. Jh. drang der *sunnitische Islam in Zentralasien ein; ein Teil der T. konvertierte zur neuen Religion, ohne jedoch Mitglieder des arabischen Kalifats
zu werden. Angehörige der islamischen T., die als *Mamluken bekannt wurden, traten in den Militärdienst der
*Abbasiden und der Statthalter der östlichen Provinzen
(9.-10. Jh.). Diese Soldaten stiegen in hohe Stellungen
auf und errichteten zum Teil auch Herrscherhäuser,
wie etwa die *Ghaznaviden, deren mächtiges Reich sich
von Afghanistan und Khorasan bis Nordwestindien und
Transoxanien ausdehnte.
    Die Steppenstämme waren in zwei große Konföderat-
tionen geteilt; die Weißen und Schwarzen T. Gegen
Beginn des 11. Jh.s machten sich die letzteren zu einer
starken Macht, die die Hauptverkehrswege zwischen
Asien und Europa kontrollierte. Unter dem Häuptling
*Seldschuk unterwarfen die vereinten Schwarzen T. die
Völker des Oxus. Unter *Tugril-Beg unternahmen die
*Seldschuken im Laufe des 11. Jh.s einige große Erobe-
rungszüge, die sie zu Herrschern des Abbasidenkalifats
machten und an die Tore Konstantinopels brachten.
Im Laufe des 12. Jh.s verloren sie an Macht und konnten sich nicht mehr den Mongolen widersetzen, die ihre
Staaten zerstörten.
    Eine weitere Gruppe der T., die *Uiguren, vereinig-
te sich mit den Mongolen und wurde hauptsächlich auf
kulturellem und verwaltungstechnischem Gebiet zu
einem wichtigen Element in deren Reich.
    Die wichtigste Gruppe der T. waren die *Osmanen.
Sie waren ursprünglich Rinderhirten, die auf Druck der
*Chwarismer und Mongolen Mitte des 13. Jh.s nach Klein-
asien wanderten. Dort scheinen sie eine militärisch-
religiöse Bruderschaft zur Bekehrung der Ungläubigen
errichtet zu haben. Dank der Schwäche der Seldschuken
konnten sie sich in der zweiten Hälfte des 13. Jh.s unabhängig machen und wurden zu einer Bedrohung für
das byzantinische Reich. Unter *Osman (1290-1326),
der dem Volk den Namen gab, begann der Krieg
gegen Byzanz. Gleichzeitig setzte ihre Expansion nach
Osten ein. 1337 beendeten sie mit der Eroberung von
*Nikaia, Brusa und Nikomedia die byzantinische Herr-
schaft in Kleinasien. Auf Vorschlag *Johannes' VI.
setzten sie nach Europa über und eroberten 1357
*Adrianopel. Dann wandten sie sich gegen die *Serben,
die sie 1387 unter Verwendung von Kanonen bei *Kossowo schlugen. Unter der Führung von *Bajasid nahmen
sie Bulgarien, schlugen 1396 ein starkes europäisches
Kreuzzugsheer bei Nikopolis, belagerten Konstantinopel
und machten sich an die systematische Eroberung Kleinasiens. Die Niederlage gegen *Timur-Leng in der Schlacht
von Ankara (1401) führte zur Erschütterung des Osma-
nenstaates. Die militärische Organisation der Osmanen erwies sich jedoch als standfähig genug, und mit der
Machtergreifung *Mohammeds I. (1413-21) wurden die
Eroberungszüge wieder aufgenommen.
B. Spuler (Hg.), *Handbuch der Orientalistik,* 5/1, 1963.
TURKESTAN Steppenland in Zentralasien. T. war von
mehreren *türkischen und *turkmenischen Stämmen
bevölkert, die von dort aus Einfälle nach Osteuropa
und den Mittleren Osten unternahmen. T. diente auch
als wichtiges Handelszentrum an den Hauptstraßen zwischen dem Fernen Osten, Indien, Persien und Osteuropa. T. wurde von den *Mongolen unter *Dschinghis-
Khan erobert und war Mittelpunkt der Weißen Horde.
1379 annektierte *Timur-Leng das Land an sein Reich.

TURKMENEN Stammesgruppe in *Turkestan, die hauptsächlich türkischer Abstammung ist. Im Gegensatz zu den *Türken erlangten die T. keine eigenen Staatsformen und gingen in der persischen und mongolischen Zivilisationen auf, denen sie als Kämpfer dienten. Unter dem Druck der *Chwarismer und Mongolen fielen einige der T. in das *Seldschukenreich ein und ließen sich in Kleinasien nieder, wo sie sich mit den *osmanischen Türken vermischten. Ein anderer Teil der T. wurde in das Mongolenreich integriert und errichtete im 15. Jh. einige Fürstentümer in Zentralasien.
B. Spuler (Hg.), *Handbuch der Orientalistik*, 5/1,1963.

TURNIER *Ritterliches Fest, das seit der zweiten Hälfte des 12. Jh.s in Europa weit verbreitet war und aus Zweikämpfen oder Gruppenwettbewerben zwischen Rittern bestand. Das T. war Teil der Ausbildung des jungen Ritters und wurde gewöhnlich zu Ehren einer vornehmen Dame ausgetragen. Ursprünglich wurde das T. in aller Strenge bis zum Tod oder der ernsten Verwundung eines der Teilnehmer fortgesetzt; mit der Zeit bildeten sich jedoch Spielregeln aus, die es zu einer militärisch-sportlichen Übung verwandelten.
F. Nieder, *Das deutsche T.*, 1881.

TUSCULUM Stadt in Latium, nahe Rom. T. war Teil des *Kirchenstaats und mit den umliegenden Ländereien an eine römische Familie verliehen, die sich zu Beginn des 10. Jh.s den Grafentitel von T. zulegte. 932 unterwarfen sie die Stadt und machten sich bald zu Herrschern des Papsttums. 962 konnte *Otto I. ihre Macht brechen; sie behielten jedoch ihre Lehen bei, übernahmen 1015 nochmals das Papsttum und ernannten mehrere ihrer Mitglieder zu Päpsten. Mit der Erhebung deutscher Bischöfe zu Päpsten leitete Kaiser *Heinrich III. den endgültigen Niedergang der Grafen von T. ein.

TUSZIEN Siehe *TOSKANA.

TUTUSCH *Seldschukensultan Syriens (1079-95). T. war ein jüngerer Bruder *Malik-Schahs, der ihm den Auftrag erteilte, Syrien zu erobern. Nach einigen Schlachten gegen die *Fatimiden nahm T. 1086 *Aleppo, verlor es aber wieder, als die Fatimiden eine große Gegenoffensive in der Küstengegend Syriens und Palästinas in Gang setzten. Nach seines Bruders Tod (1092) versuchte T., die Macht im Seldschukenreich zu ergreifen, wurde aber von seinem Neffen Barkijarok geschlagen und getötet. T.s Söhne regierten aber Syrien weiter.

TWER Mittelrussisches Fürstentum (1209-1485). T. wurde von einer Juniorenlinie der *Rurikiden regiert. 1238 wurde T. von den *Mongolen geplündert; die Fürsten von T. wurden zu jährlichen Tributzahlungen an die *Goldene Horde verpflichtet. Gegen Ende des 13. Jh.s erhielten einige Herrscher aus T. von den Mongolen die Großfürstenwürde. Im 14. Jh. verloren sie an Bedeutung; 1485 annektierte Ivan III. T. an *Moskau.

TYLER, WAT (gest. 1381) Englischer Aufständischer. T. verließ unter dem Einfluß von John *Ball seine Arbeit in Kent und organisierte den *Großen Bauernaufstand von 1381 in Kent und Essex. Im Frühling und Sommer des Jahres stand er an der Spitze des Aufstands und ergriff London. Die Gewalttätigkeit der Aufständischen führte zu einer Gegenreaktion der Stadtbürger, die sich gegen T. auflehnten, ihn töteten und dem Aufstand ein Ende setzten.
R. H. Hilton, H. Fagan, *The English Rising of 1381*, 1950.

TYPOS Ein 648 vom byzantinischen Kaiser *Konstans II. herausgegebenes Edikt, das religiöse Kontroversen im Reich verbot. Sein Ziel war die Erlangung des religiösen Friedens. Papst *Martin I. stellte sich gegen das Edikt, da es von der Rechtgläubigkeit abweiche. Er wurde daraufhin festgenommen, in Konstantinopel abgeurteilt und auf die Krim verbannt, wo er 655 starb.

TYRUS Stadt im Libanon. In der Byzantinerzeit war T. eine der wichtigsten Hafenstädte an der Ostküste des Mittelmeers und ein wichtiges Erzbistum. Nach der arabischen Eroberung (638) wanderte die griechische Bevölkerung aus, und die Stadt verfiel. 1123 wurde T. von den *Kreuzfahrern mit der Flottenunterstützung *Venedigs erobert, das in der Folge ein Drittel des Hafens verliehen bekam. Unter den Kreuzfahrern stand der Hafen von T. nur dem *Akkons nach. Nach dem Zusammenbruch des Lateinischen Königreichs Jerusalem im Jahre 1187 widerstand T. unter der Führung von *Konrad von Montferrat als einzige Stadt den Angriffen *Saladins und wurde Stützpunkt des dritten *Kreuzzugs. Im 13. Jh. wurde in T. eine *Kommune errichtet, die unter venezianischem Einfluß stand. Venedig verlagerte die Glasindustrie von T. nach Murano. 1291 wurde die Stadt von den *Mamluken erobert und verlor im Spätmittelalter an Bedeutung.
H. E. Mayer, *Die Kreuzzüge*, 1965;
N. Jidejian, *Tyre through the Ages*, 1969.

U

UBAIDALLAH AL-MAHDI (gest. 934) Führer der revolutionären Bewegung der *Ismaili und Gründer des nordafrikanischen *Fatimidenreichs. Nach erfolglosen Aufstandsversuchen gegen die *Abbasiden in Syrien ging U. nach Nordafrika, wo er zuerst eingesperrt und 909 von seinen erfolgreichen Anhängern befreit wurde und dann sich selbst zum *Mahdi und legitimen Kalifen (dank seiner Abstammung von *Fatima und *Ali) ausrief. U. errichtete seine Hauptstadt in *Mahdia an der Ostküste Tunesiens, von wo aus seine Nachkommen Ägypten, Mekka und Medina eroberten (10. Jh.).
C. Brockelmann, *Geschichte der islamischen Völker und Staaten*, 1939.

UBALDINI Feudale Familie aus der *Toskana. Trotz ihres angeblich *langobardischen Ursprungs werden sie erst 1105 als Herren von Mugello und umliegender Güter im apenninischen Bergland erwähnt. Dank ihrer Kontrolle über die oft benutzte Handelsroute zwischen Toskana und Romagna stiegen die U. im 13. Jh. auf. Prominente Mitglieder des Hauses U. waren der *Ghibellinenführer Ubaldino della Pila (gest. 1285); sein Bruder Ottaviano (gest. 1272), Bischof von Bologna und Kardinal; ein weiterer Ottaviano, Bischof von Bologna (gest. 1295); Straccia, Bischof von Bologna (gest. 1298) und Ruggieri, Erzbischof von Pisa (gest. 1295).

UBALDO VON GUBBIO (hl.; gest. 1160) Sohn einer Adelsfamilie aus Gubbio (Umbrien) und früh verwaist, wurde an der örtlichen Domschule aufgezogen und von seinem Onkel, dem Bischof von Gubbio, zum Kanoniker gemacht. U. wurde 1129 von Papst *Honorius II. zum Bischof erhoben, nachdem er einige Jahre vorher das Bistum *Perugia abgelehnt hatte. U. war in seiner Heimatstadt durch sein frommes Leben sowie seine Bemühungen zur Kirchenreform und Friedensstiftung berühmt. U. soll nach seinem Tod wiederholt Wunder gewirkt haben und wurde 1192 heiliggesprochen.
P. Cenci, *Vita di S. Ubaldo*, 1924.

UBERTI Führende florentinische Adelsfamilie des 12.-14. Jh.s. Sie zogen sich von jeder kaufmännischen Tätigkeit zurück und standen im Zentrum der adligen Fraktion der Stadt. 1171 waren sie an der Spitze eines Bürgerkriegs gegen eine rivalisierende Familiengruppe. Mit der Festigung der Parteien der *Guelfen und *Ghibellinen wurden die U. natürliche Führer der letzteren. Nach dem Tod *Friedrichs II. und der Errichtung des demokratischen Regimes (1250) führte *Farinata degli U. die Ghibellinen zum Sieg und nahm 1260 die Stadt, wobei er sie vor der Zerstörung durch seine fremden Bundesgenossen bewahrte. Nach dem Zusammenbruch des ghibellinischen Regimes (1267) ging die Familie ins Exil und hegte noch lange Zeit Pläne zur Wiederherstellung ihrer Macht.
R. Davidsohn, *Geschichte von Florenz* 1, 1896.

UBERTINO VON CASALE (ca. 1259-1329) Schriftsteller und Führer der Spiritualen *Franziskaner. Er studierte in Paris Theologie und kam nach seiner Rückkehr nach Italien unter den Einfluß der mystischen Lehre der *Joachimiten und besonders des Petrus Johannes *Olivi. U. predigte und wurde zeitweise von den Kardinälen Napoleone Orsini und Giacomo Colonna beschützt, 1304 aber wegen seiner Angriffe auf die "fleischliche Kirche" und die Rechtmäßigkeit der Papstwahl seiner Ämter enthoben. Sein in Zurückgezogenheit geschriebener, antipäpstlicher *Arbor vitae crucifixae Jesu* ("Lebens- und Kreuzesbaum Jesu") ist kraftvoller Ausdruck der Standpunkte der Spiritualen Franziskaner. Nachdem U. weiter in der Auseinandersetzung im Orden aktiv war, wurde er zuerst in den Benediktinerorden übernommen und dann verfolgt, scheint sich aber zu seinen Meinungsgenossen am Hof *Ludwigs d. Bayern gerettet zu haben.
E. Benz, *Ecclesia spiritualis. Kirchenidee und Geschichtstheologie der franziskanischen Reformation*, 1934.

UCLES Dorf im Tagustal östlich von Toledo. U. besaß eine strategisch günstige Lage und erschien als Kampfplatz bereits im Gefecht des *Alfons VI. von Kastilien um Toledo (1085) sowie 1108 in der Schlacht, bei der die *Almoraviden Alfons vernichtend schlugen. 1174 verlieh Alfons VIII. Dorf und Kirche an den Orden von *Santiago, der am Ort ein Kloster und eine Festung baute, die im frühen 13. Jh. Hauptquartier und Ausgangsbasis für den Vorstoß ins Maurenland südlich von U. wurde.
P. Quintero, *Ucles, residencia de la ordren de Santiago*, 1904.

UDALRICH VON BÖHMEN (gest. 1034) Herzog von Böhmen seit 1010, nachdem sein Bruder Jaromir von *Boleslaw Chrobry aus Böhmen vertrieben worden war. U. versuchte, das Gleichgewicht zwischen seinem Lehnsherrn, dem deutschen Kaiser, und seinem aggressiven und mächtigen Nachbarn in Polen aufrechtzuerhalten. 1013 nahm U. Boleslaws Sohn und Gesandten gefangen, wurde aber durch *Heinrich II. von Deutschland seiner wertvollen Geisel beraubt. 1031 stieß U. mit Kaiser *Konrad II. zusammen, als er sich weigerte, Truppen für einen Polenfeldzug zu stellen. U. wurde zu einem Reichstag nach *Merseburg bestellt, blieb aber abwesend. In einem kurzen Feldzug schlug und richtete *Heinrich III., der junge Sohn des Kaisers, U. und verurteilte ihn zur Verbannung und zum Verlust seiner Lehen (1033). 1034 erlangte U. Vergebung und griff seinen inzwischen an die Macht gekommenen Bruder Jaromir an, den er blenden ließ. Im gleichen Jahr starb U. selbst, offenbar an Gift.
K. Bosl (Hg.), *Handbuch der Geschichte der böhmischen Länder* 1, 1967.

ÜGEDAI (1185-1241) Großkhan der *Mongolen (1229-41). Dritter Sohn des *Dschinghis-Khan, dem er als Großkhan nachfolgte. U. residierte zu *Karakorum, das er ausschmückte und zur wahren Hauptstadt des Mongolenreiches machte. U. festigte seine Kontrolle über die Mitglieder des Herrscherhauses, die er auf weite Eroberungszüge aussandte. Unter seiner Leitung wurden die Angriffe auf China, die Eroberung Rußlands und die Einfälle in Polen und Ungarn ausgeführt.
B. Spuler, *Geschichte der Mongolen*, 1953.

UGOLINO DELLA GHERARDESCA (gest. 1289) Ghibellinenführer Pisas. U. stammte aus der großen Feudalfamilie Gherardesca und war von dem Ehrgeiz erfüllt, sich zum Tyrannen Pisas aufzuschwingen. U.s Staatsstreich wurde aufgedeckt, und er mußte in die Verbannung gehen. Danach verbündete sich U. mit Florenz und Lucca, die mit Pisa im Krieg standen, und machte sich mit Gewalt zum Herrn der Stadt. Nach militärischen Rückschlägen gegen Florenz und Genua wurde seine Regierung zur nackten Gewaltherrschaft; 1288 wurde U. gestürzt. Dessen trauriges Ende (U., seine Söhne und seine Enkel starben eingemauert an Hunger) berichtet *Dante im Inferno.

UHR Der Gebrauch der U. zur Zeitmessung war bereits in klassischer Zeit üblich. Wasser-U.en finden sich bei den Ägyptern und Griechen und wurden von den Arabern verbessert. Im Westen stießen sie auf große Bewunderung, als *Harun-al-Raschid *Karl d.Gr. 802 eine solche U. sandte. Im 10. Jh. war die Wasser-U. in den Kirchen und Klöstern des Westens üblich. Bis ins 14. Jh. war die Sonnen-U. jedoch das beliebteste Mittel zur Zeitmessung. Ihre Stundeneinteilung war je nach Jahreszeit verschieden. Die Stunden wurden durch Glockenläuten verkündet und bezogen sich anfangs nur auf die kirchlichen Gebetsstunden, seit dem 12. Jh. auch auf Anfang und Ausgang des Arbeitstages in den Städten. Die mechanische U. wurde im 13. Jh. aus orientalischen Vorbildern weiterentwickelt und zunächst an großen Kirchen angebracht. Bald fanden sie auch Eingang an den Königshöfen. Mit der Verbreitung der mechanischen U. im 14. und 15. Jh. wurde deren Format verkleinert. Trotz der mechanischen Fortschritte war zu Ausgang des Mittelalters die alte Wasser-U. immer noch das genaueste Mittel zur Zeitmessung. Daneben gab es die Sand-U. und Kerzen, deren Niederbrennen durch eingeritzte Markierungen die Zeit angab.
A. P. Usher, *A History of Mechanical Inventions*, 1954; J. Abeler, *Ullstein Uhrenbuch*, 1975.

UIGURENTÜRKEN Ein Volk *mongolischer Abstammung, das 745 die Osttürken als oberste Schicht die sich vom Altaigebirge und der Gobiwüste bis zum Fluß Amur erstreckenden Reiches ersetzte. Mittelpunkt dieses Reiches war die Stadt Kara Balgasun am Fluß Orkon, wo der Khagan (Fürst) als Haupt der neuen U.-Stämme residierte. Die U. nahmen den *Manichäismus an und entwickelten friedliche Beziehungen mit China, dem sie Kriegspferde lieferten und von dessen Reichtümern sie in Gegenleistung profitierten. Ihr Reich wurde 840 mit der Ankunft der nomadischen Kirgisen zerstört. Die U. zogen sich nach Ostturkestan und Nordwestchina zurück und errichteten um Khocho (das moderne Karakoja) ein neues Reich, wo sie eine bemerkenswert hohe Zivilisation entwickelten, die auf religiöser Duldsamkeit und dem Schriftwesen beruhte. Nach der mongolischen Eroberung (1250) dienten die U.

ihren Herren als Schreiber und konnten ihr kulturelles Erbe bewahren.
B. Spuler (Hg.), *Handbuch der Orientalistik*, 5/3, 1968.

ULFILAS (WULFILA) (ca. 311-82) Apostel der *Goten. U. stammte aus *Kappadokien, erhielt eine christliche Erziehung und wurde 341 vom *arianischen Bischof Konstantinopels zum Bischof der noch heidnischen Westgoten gemacht, die seine Heimat beherrschten. Nach seiner Rückkehr bemühte sich U. angesichts wachsender Verfolgung um die Bekehrung der Goten. Um 375 führte U. seine Gemeinde über die Donau in das oströmische Territorium. U.' und der Goten Christentum bestand aus der *arianischen Form, die später als Ketzerei verurteilt wurde. U.' große Leistung war die Übersetzung der Bibel ins Gotische. Zu diesem Zweck erfand er die erste deutsche Schrift, das sog. gotische Alphabet, das aus griechischen und lateinischen Buchstaben bestand.
K. D. Schmidt, *Die Bekehrung der Ostgermanen zum Christentum*, 1939; G. Haendler, *Wulfila und Ambrosius*, 1961.

ULM Schwäbische Stadt am Zusammenfluß von Donau, Ill und Blau. U. wird erstmals 854 als Königsgut erwähnt, war im 12. Jh. Ausgangsbasis der *staufischen Territorialpolitik in Schwaben und erhielt von *Friedrich I. das Stadtrecht. Im Spätmittelalter war U. eine der wichtigsten freien *Reichsstädte Deutschlands. U.s Verfassung war bereits 1397 demokratisch, und die Zünfte besaßen im Stadtrat die Mehrheit. Mit seiner Herrschaft über ein großes landwirtschaftliches Hinterland war U. ein beträchtlicher Faktor in der Politik der schwäbischen Städtebünde des 14. Jh.s. Von architektonischer Bedeutung sind das gotische Münster (1377 ff.), das Rathaus (1370) sowie andere Bauwerke des Mittelalters und der Renaissance aus der Zeit der wirtschaftlichen und politischen Hochblüte.
Festschrift 1100 Jahre Ulm, 1954; H. E. Specker, *U.*, 1977.

ULRICH (hl.; um 890-973) Bischof von Augsburg. U. war Sohn einer Adelsfamilie, wurde im Kloster *Sankt Gallen erzogen und diente danach unter seinem Onkel, dem Bischof von Augsburg, als Kanoniker. Nach einem 15-jährigen Zwischenspiel, bei dem er die Familiengüter bei Zürich verwaltete, wurde U. 924 Bischof von Augsburg. Er war mit Kaiser *Otto I. verbunden und galt als Inbegriff der ottonischen Reichskirche. U. war als Staatsmann und Kirchenhirte tätig, verteidigte 955 seine Stadt gegen die *Ungarn und vermittelte im Konflikt zwischen dem Kaiser und dessen aufständischem Sohn. U. war hochgeachtet und wurde als erster Bischof feierlich vom Papst heilig gesprochen (933).[2]
H. Kohl, *Bischof Ulrich von Augsburg*, 1963.

ULRICH VON LICHTENSTEIN (ca. 1200-76) Dichter. U., aus steirischem Ministerialengeschlecht stammend, hinterließ neben Minnelyrik den minnetheoretischen Disput "Frauenbuch" und den autobiographischen "Frauendienst". Hier beschrieb er den idealen "Frauenritter", der der hohen *Minne auf extreme Weise folgte (z.B. indem er den beim Turnier gebrochenen Finger abhackte und seiner Dame sandte usw.). (Din)
Werk: R. Bechstein (Hg.), 1888; U. Peters, *Frauendienst*, 1971.

UMAJJADEN Siehe *OMAJJADEN,
UMAR Siehe *AMIRIDEN.

UNAM SANCTAM Bulle von Papst *Bonifatius VIII. (1302) über den Anspruch der päpstlichen Vorherrschaft. Die U. war ein Ergebnis des Kampfes mit König *Philipp IV. von Frankreich über die Besteuerung des Klerus und die allgemeinere Frage nach der Loyalität der französischen Geistlichkeit. Die Bulle gilt als Höhepunkt der 200 Jahre währenden Bemühungen zum Aufbau der päpstlichen Macht und führt auch jedes Argument an, das im Laufe dieser Zeit zur Begründung der Macht herangezogen wurde: "Zum Heil jedes Menschen ist es nötig, dem römischen Papst untertan zu sein".
H. Finke, *Aus den Tagen Bonifatius' 8,* (Neudr.) 1964.

UNCILEN (587-um 614) Herzog von Alemannien unter *merowingischer Oberhoheit. U. bemühte sich, durch das Eingreifen in einen Bürgerkrieg der Merowingerkönige deren Oberhoheit abzuschütteln (610), und errichtete 613 in Konstanz ein eigenständiges Bistum. Sein Werk verschuf den alemannischen Herzögen ein weiteres Maß an Unabhängigkeit.
H. Büttner, *Christentum und fränkischer Staat in Alemannien und Raetien,* in: Zeitschrift für Schweizerische Kirchengeschichte 43, 1949.

UNGARN Mitteleuropäisches Land in der Donauebene, von den Alpen, den Karpaten und dem Balkan eingegrenzt. Es war ursprünglich die römische Provinz Pannonien, die zu Beginn des 5. Jh.s im Verlauf der Völkerwanderung zerstört wurde. Mitte des Jh.s machten es die *Hunnen unter *Attila zu ihrem Mittelpunkt. Nach deren Fall siedelten sich slawische Stämme in den Ebenen an und wurden von den *Awaren unterworfen. Mit der Zerstörung des Awarenreichs durch *Karl d.Gr. gegen Ausgang des 8. Jh.s zerfiel U. in mehrere Teile. Der Westen zwischen der Donau und der heutigen österreichischen Grenze kam an *Karolingerreich und war Teil der Ostmark mit nur oberflächlich fränkischem Einfluß. In den anderen Teilen vermischten sich die Slawen mit den Überresten der Awaren, ohne jedoch zu politischen Organisationsformen wie ihre mährischen und kroatischen Nachbarn zu gelangen. Deshalb wurde das Land leicht Beute der Bulgaren und danach der magyarischen Ungarn.

Die Ungarn waren ein finnisch-ugrischer Nomadenstamm, der anscheinend aus Nordosteuropa oder Westsibirien stammte. Im 8. Jh. ließen sie sich in der Dongegend nieder; zu Beginn des 9. Jh.s errichteten sie einen "Bund der zehn Stämme". In der zweiten Hälfte des 9. Jh.s wanderten sie unter Druck der *Petschenegen nach Westen und 862 fielen sie zum ersten Mal in Deutschland ein. 895 heuerte sie der byzantinische Kaiser *Leo IV. zum Kampf gegen die Bulgaren an, worauf sie sich an die Eroberung des Donau- und Theißtales machten. Dort ließen sie sich 896 unter der Führung des Fürsten *Arpad endgültig nieder. Nach Ausschaltung der Bulgaren wandten sie sich dem Westen zu und wurden wegen ihrer Einfälle in Deutschland gefürchtet, die sie zeitweise sogar bis Frankreich und Italien führten. 955 wurden sie von *Otto I. auf dem *Lechfeld entscheidend geschlagen und nach U. zurückgedrängt, wo die Arpaden allmählich ihren Staat aufbauten. Mit der Zeit kam U. unter den Einfluß Deutschlands. Unter *Geza I., der zum Christentum übertrat, machten deutsche Missionare große Fortschritte (975). Der eigentliche Begründer des Königreichs U. war *Stephan I. der Hl. (997-1038). Er war mit Gisele, der Tochter *Heinrichs II., verheiratet, baute seinen Staat nach deutschem Vorbild auf und wurde 1001 von Papst *Silvester I. mit der Übersendung der Krone als König anerkannt.

Die direkte Linie der Arpaden herrschte bis Ausgang des 11. Jh.s und unterwarf den Adel mit Unterstützung der Kirche. Gegen Ende des 11. Jh.s begann die Monarchie eine Expansionspolitik zu Slowenien, Kroatien und Dalmatien. Die Eroberungen (1091-1105) schufen Spannungen mit Byzanz, was sich wiederum auf die Thronstreitigkeiten in U. auswirkte. Erst in der Zeit *Belas III. (1172-96) konnten die Byzantiner aus dem nordwestlichen Balkan vertrieben werden; Kroatien und Dalmatien wurden Teile U.s. Gleichzeitig zwang U. die eroberten Slawen die katholische Religion auf. Bela III. befaßte sich auch mit der Wirtschaft des Landes, förderte den Donauhandel sowie die Städte, in denen Juden und Deutsche zu dominierenden Elementen wurden. Diese Politik wurde von den Monarchen des 13. Jh.s fortgeführt, die auf die wachsende Macht des Hochadels stießen. *Andreas II. gab 1220 eine *Goldene Bulle heraus, die dem mittleren und niedrigen Adel weite Vorrechte sowie Landgüter verlieh. Auf längere Sicht konnte jedoch keine Stärkung der Königsmacht erreicht werden; die feudalen Vorrechte des Adels ein Teilnahme an der Regierung blieben bis ins 19. Jh. Teil der ungarischen Verfassung. Auf kurze Sicht konnten die Könige jedoch die Magnaten kontrollieren, wie die lange Regierungszeit *Belas IV. (1235-70) ausweist. Auch während des *Mongoleneinfalls von 1241 konnte die innere Einheit erhalten werden, und nach dem Rückzug der Mongolen wurde die Ordnung wiederhergestellt. Belas weise Politik brachte dem Land Wohlstand, der sich auf das Wachstum der Städte und des Handels gründete. Die kolonisatorischen Aktivitäten schufen eine pluralistische Gesellschaft, die aus magyarischen Adligen, einer gemischten Bauernschaft sowie deutschen oder germanisierten und mit deutschem Stadtrecht versehenen Städten bestand.

Nach dem Tod Belas IV. verlor die Monarchie an Macht; die letzten Arpaden konnten nicht mehr der Adligen Herr werden. Zu Beginn des 14. Jh.s teilte ein Bürgerkrieg um die Nachfolge das Land. 1308 gewann *Karl-Robert von *Anjou-Neapel die Unterstützung des Adels und gründete das angevinische Herrscherhaus von U., das bis 1382 regierte. Die Angevinenzeit war eine Periode des Wohlstands und der kulturellen Entwicklung. Italiener und Franzosen machten den Königshof von *Buda zu einem der großen kulturellen Zentren Europas. Die Angevinen waren auch auf dem Balkan tätig und intervenierten öfters in den Krisen Neapels. 1377 konnte König *Ludwig d.Gr. den türkischen Einfällen Einhalt gebieten, indem er die gesamte Kraft seines Landes mobilisierte und den *Kreuzzugsgedanken erneuerte. Nach dem Aussterben der Angevinen übten die Adligen ihr Vorrecht der Königswahl aus und brachten *Sigismund und die polnischen *Jagellonen an den Thron. Diese waren hauptsächlich mit ihren eigenen Ländern beschäftigt und überließen dem Adel die Regierung U.s sowie die Verteidigung gegen die Türken. Die Türkenkriege brachten einige Nationalhelden wie Johannes Hunyady und *Matthäus Corvinus hervor.
B. Homan, *Geschichte des ungarischen Mittelalters,* 2 Bde., 1941/43.

UNGER Zweiter Bischof von *Posen (992-1012). U. war offenbar Abt von Memleben (Sachsen) und wur-

Deutscher Universitätshörsaal; Miniatur des 14. Jh.s

de vom Kaiser zum Bischof von Posen ernannt. Als Außenposten der Mission genoß Posen ein weites Maß an Autonomie und wurde nicht dem neuerrichteten Erzbistum *Gnesen unterstellt. Die Deutschen erhoben dagegen Anspruch auf Posen als Suffragan *Magdeburgs, wodurch U. in den deutsch-polnischen Konflikt der Zeit verstrickt wurde. Das Problem wurde durch die Tatsache verschärft, daß Posen zeitweilig Hauptstadt Polens war. Im Jahr 1000 stellte sich U. gegen die Ernennung von Gaudentius zum Erzbischof von Gnesen und wurde auf dem Weg nach Rom, wo er Berufung gegen die Schmälerung der Rechte seines Postens einlegen wollte, von deutschen Agenten entführt. U.s Sitz blieb bis zu seinem Tod vakant.

G. Sappok, *Die Anfänge des Bistums Posen und die Reihe seiner Bischöfe 968-1498*. 1937.

UNIGENITUS Päpstliche Bulle aus dem Jahr 1343, die die Lehre Hugos von Saint-Cher (um 1230) bezüglich der Frage des *Ablasses kanonisierte. Hugo fügte die übliche Praxis des Ablasses zum kirchlichen Schatz der guten Werke, der von Christus, der Jungfrau und den Heiligen aufgehäuft worden war.

UNIVERSALIEN Begriff der mittelalterlichen Philosophien: "Allgemeinbegriffe". Die heftige Diskussion, ob sie im Verhältnis zum konkret Einzelnen existierten oder nicht (U.streit) endete am Ausgang des Mittelalters mit dem Sieg der Nominalisten (die in den U. bloße Namen sahen) über die Realisten (die die U. als reale, als Gedanken Gottes auffaßten). (Din)

M. Grabmann, *Die Geschichte der scholastischen Methode*, 1909.

UNIVERSITÄT Die Einrichtung der hohen Schulen, deren volle Bezeichnung *Universitas Societas Magistrorum et Scholarium* ("Gemeinschaft der Lehrer und Schüler") im Laufe der Zeit zu U. abgekürzt wurde. Bis ins 12. Jh. bestanden im Westen nur zwei Arten der hohen Schule: die Dom- und die Klosterschule. In den Städten entwickelten sich noch dazu Privatschulen bekannter Lehrer, die die Studenten zum Studium bestimmter Fächer anleiteten, so etwa die Rechtsschule des *Irnerius in *Bologna und die philosophisch-theologische Schule *Abälards in Paris. Die Schule Bolognas, die auch die *Sieben Freien Künste lehrte, wurde Mitte des 12. Jh.s berühmt und von Studenten aus ganz

Europa aufgesucht. Diese bildeten eine fremde Gruppe in der Stadt, was besondere Regeln für die Tätigkeit des Lehrkörpers erfordete. Dies geschah mit der *Autentica Habita, einem Diplom *Friedrichs I. (1158), das der U. von Bologna Freiheit von der gewöhnlichen Gerichtsbarkeit der Stadt (ähnlich dem *privilegium fori der Geistlichkeit) verlieh. Später erhielt die U. von Bologna noch eine medizinische Fakultät; die Dreiteilung der U., das sog. *Studium generale, wurde Vorbild für die italienische U. des 13. und 14. Jh.s.

In Paris entwickelte sich ein anderes Modell, das als Beispiel für die Länder nördlich der Alpen diente. Im Verlauf der Auseinandersetzung über die Lehre Abälards entschlossen sich die Kanoniker von Notre Dame 1128 zur Aussperrung der Lehrer und Studenten aus dem Gelände des Domes. Damit erhielten die bisher nicht permanenten Privatschulen auf dem linken Seineufer eine dauerhafte Basis und zogen eine Vielzahl von Studenten (darunter auch künftige Päpste) an. Unter der Leitung des bischöflichen Kanzlers von Paris entstand eine Körperschaft der Lehrer, die die *licentio docendi* ("Lizenz zur Lehre") besaßen, sowie Studenten, die 1200 von König *Philipp II. offiziell anerkannt und von der weltlichen Gerichtsbarkeit ausgenommen wurden. 1208 und 1213 regelte die U. ihre eigenen Gesetze, die dann vom Papst *Innozenz III. bestätigt wurden. Die U. von Paris war in die vier *Nationen Franzosen, Normannen, Pikarden und Engländer/Deutsche sowie in vier Fakultäten (Künste, Recht, Medizin und Theologie) geteilt. Sie unterstanden den Dekanen und dem Rektor, der von den Nationen gewählt wurde. Zusammenstöße zwischen der U. und dem Bischof von Paris gegen das Aufsichtsrecht des Bischofs führten zu einem ausgedehnten Streik (1229-31), der durch die Bulle *Parens scientiarum von *Gregor IX. beendet wurde. Die Bulle

gab der U. akademische Freiheit im Sinn der Selbstregierung, jedoch nicht in Bezug auf Gedanken und Wort, die weiterhin im Rahmen der kirchlichen Doktrin blieben. Zur Lösung des Unterkunftsproblems entstanden *Kollegien, von denen die *Sorbonne am berühmtesten wurde. Von Bedeutung war auch der Eintritt der *Bettelmönche in den Lehrköper, der trotz des Widerstands der weltlichen Lehrer stattfand.

Die U.s-struktur von Paris wurde zu Beginn des 13. Jh.s auch von Oxford übernommen und verbreitete sich nördlich der Alpen. Im 12.-14. Jh. war die U. das wichtigste intellektuelle Zentrum. In Philosophie und Theologie herrschte die *scholastische Methode vor, in den Wissenschaften die griechisch-arabischen Lehren. Daneben wurden jedoch auch neue Entwicklungen und Entdeckungen (bes. auf dem Gebiet der Naturwissenschaften) eingeleitet. Trotz der kirchlichen Kontrolle war die U. auch Brutstätte nonkonformistischer Anschauungen wie die von *Wycliff in Oxford und von *Hus in Prag. Das *Große Abendländische Schisma und die *konziliare Epoche, an denen die U.en führenden Anteil besaßen, führten im 15. Jh. zum Niedergang der mittelalterlichen U. Trotz des Aufstiegs neuer Denkformen wie Humanismus und Renaissance blieb die Struktur der U. bis zu den wissenschaflichen Revolutionen des 17. Jh.s unverändert.

H. Wühr, *Das abendländische Bildungswesen im Mittelalter,* 1950;
H. Wiernszobski, *Medieval Universities,* 1968.

UNSTRUT Fluß in Thüringen, an dessen Ufer im Sommer 1075 eine Schlacht zwischen König *Heinrich IV. und den aufständischen *Sachsen ausgetragen wurde. Der entscheidende Sieg des Kaisers und eine Invasion Sachsens im gleichen Herbst führten zur bedingungslosen Kapitulation der Sachsen.

UNTERWALDEN Waldkanton in der Mittelschweiz, der durch den Kernwald in das östliche Obwalden und das westliche Nidwalden geteilt ist. U. stand politisch unter Herrschaft der *Habsburger. Deren territoriale Expansion in *Luzern und Unterwalden führte zum "Ewigen Bund von 1291", an dem *Schwyz, *Uri, Nidwalden und später Obwalden teilnahmen. Die administrativen Tätigkeiten der Habsburger (1305, 1309) vereinigten beide Teile U.s, die 1315 an der Schlacht von *Morgarten teilnahmen und zu den Gründungsmitgliedern der Schweizer Eidgenossenschaft zählten.

G. Guggenbühl, *Geschichte der schweizerischen Eidgenossenschaft* 1, 1947.

UNZIALSCHRIFT Eine in der Antike entwickelte und im Mittelalter (4.-8. Jh.) gebräuchliche Schriftform, die hauptsächlich in griechischen und lateinischen kirchlichen Schriftwerken zu finden ist. Ihre runde Form eignete sich zum Schreiben mit der Feder auf Pergament, eine Technik, die zu dieser Zeit an Boden gewann. Die Buchstaben der U. waren alle von einer Größe. Eine besondere Variation der U., die Semi-U., benutzte mehr kursive Formen und führte zur vorkarolingischen Schrift. Beide Arten wurden nach dem 8. Jh. nur noch für Überschriften angewandt.

E. Chatelain, *Uncialis scriptura,* 1901-02.

UPPSALA Die geistige Hauptstadt *Schwedens seit der Wikingerzeit. Der heidnische Tempel von Alt-U., ein zentraler Ort des Stammeskults, wurde um 1070 von *Adam von Bremen als ein prächtiges Gebäude beschrie-

Der gotische Dom von Uppsala, 13. Jh.

ben und war Kern des Widerstands gegen die Christianisierung des Landes. Gegen Ende des 11. Jh.s wurde Alt-U. Sitz eines Bischofs und 1164 Residenz des schwedischen Erzbischofs. Im 13. Jh. wurde der erzbischöfliche Sitz nach Neu-U., zwei Meilen südlich, verlegt; 1260 begann der Bau der Domkirche. Der Erzbischof war eine zentrale Kraft in der schwedischen Politik; er gründete seine Macht auf sein geistiges Ansehen wie auch auf seine riesigen Landgüter und die Gruppen bewaffneter Begleiter.

H. Lund u.a. (Hg.), *Uppsala stads historia*, 1953-58.

URBAN II. (Odo von Lagery; um 1042-99) Papst seit 1088. U. wurde in Châtillon-sur Marne geboren, studierte in Reims, trat um 1070 dem Kloster *Cluny bei und wurde dessen Prior. Um 1080 wurde U. zum Kardinal erhoben und diente unter *Gregor VII. am Höhepunkt des *Investiturstreits als Legat in Deutschland und Frankreich. Als Papst setzte U. Gregors Politik der Kirchenreform fort und förderte die Mönchsorden. U. berief drei Synoden ein (1095 *Piacenza und *Clermont, 1098 *Bari), an denen er unter anderem den Geistlichen verbot, feudale Eide abzulegen. Seine Versuche, das von Heinrich IV. verursachte Schisma zu überwinden, hatten nur teilweise Erfolg. U. erlangte die Loyalität der Kirche, konnte jedoch nicht den Gegenpapst *Clemens III. aus Rom vertreiben. Gegenüber den weltlichen Herrschern nahm er eine kompromißbereitere Linie als sein Vorgänger Gregor ein. U.s wichtigster Schritt war die Ausrufung des *Kreuzzugs auf dem Konzil von Clermont (1095), dessen Ausgang er jedoch nicht mehr erlebte.

Sein Programm der Kirchenunion mit dem Osten, für die der Kreuzzug nur eine Stütze sein sollte, wurde nicht verwirklicht.

A. Becker, *Papst Urban II.*, 1964.

URBAN III. (Uberto Crivelli; um 1120-87) Papst (seit 1185). U. war Erzdiakon von Bourges und Mailand sowie Kardinal (1182) und Erzbischof von Mailand (1185).

Er führte die traditionelle Feindschaft zum Reich der *Hohenstaufen weiter fort, die noch dadurch erschwert wurde, daß Heinrich VI., der Sohn Friedrichs I., die sizilianische Kronerbin heiratete (1186). Der offene Krieg wurde durch einen Streit über die Besetzung eines kirchlichen Postens in Trier ausgelöst; Friedrich sandte seinen Sohn mit einem Heer in den *Kirchenstaat, wo Urban in Verona eingeschlossen wurde. Ein Verhandlungsversuch wurde durch Urbans Tod vereitelt.

H. Kauffmann, *Die italienische Politik Kaiser Friedrichs I.*, 1933.

URBAN IV. (Jacques Pantaléon; um 1200-64) Papst (1261-64). U. wurde in Troyes als Sohn eines Schuhmachers geboren, wurde Lehrer des Kirchenrechts, diente in Laon und Lüttich, war Papstlegat in Deutschland, Erzdiakon von Laon (1249), Legat bei den deutschen Fürsten (1251), Bischof von Verdun (1253) und lateinischer Patriarch von Jerusalem (1255). Als Papst zog er die logische Konsequenz aus dem langen päpstlichen Kampf gegen die Hohenstaufen, enterbte *Manfred, den Sohn Kaiser *Friedrichs II., und lud *Karl von Anjou ein, sich Siziliens als eines päpstlichen Lehens zu bemächtigen. U. intervenierte in den deutschen Verhandlungen über das königliche Erbe und unterstützte *Heinrich III. von England bei dessen Kampf gegen die Barone. Seine Verhandlungen mit

Kaiser *Michael VIII. von Byzanz über die Kirchenunion brachten keine Ergebnisse.

K. Hampe, *Urban IV. und Manfred (1261-64)*, 1905.

URBAN V. (sel.; Wilhelm von Grimoard: um 1310-70) Papst (seit 1362). U. wurde in Grisac (Languedoc) geboren, war Mönch, studierte und lehrte Kirchenrecht, diente als Abt von St. Germain (Auxerre, 1352) und St. Victor zu Marseille (1361), Papstlegat in Italien, ein Mann von persönlicher Integrität und ernstem Charakter. Er wird als der Beste der Päpste von Avignon angesehen. U. bekämpfte das Übel der mehrfachen Pfründe und begann einen neuen Kreuzzug, der aus der zeitweiligen Eroberung *Alexandriens durch *Peter von Lusignan resultierte, und führte Unionsverhandlungen mit der Ostkirche, die 1369 die bald zurückgenommene Anerkennung des Papsttums durch *Johannes V. von Byzanz brachten. U.s ernstgemeinte Versuche, das Papsttum auf Drängen der hl. *Birgitta, Kaiser *Karls IV. u.a. von Avignon nach Rom zurückzuführen (1367), wurden durch den dauernden Kriegszustand in Italien vereitelt. 1370 kehrte U. nach Avignon zurück.

G. Mollat, *The Popes at Avignon*, 1963.

URBAN VI. (Bartolomeo Prignano; um 1318-89) Papst (seit 1378). U. wurde in Neapel geboren, war Erzbischof von Acerenza (1363) und Bari (1377) und Kanzler Papst *Gregors XI. nach dessen Rückkehr von Avignon nach Rom. U. wurde unter starkem Druck des Volks zum Papst gewählt; die zum großen Teil französischen Kardinäle äußerten jedoch bald Zweifel an der Rechtmäßigkeit seiner Wahl und fühlten sich durch U.s stürmischen Charakter beleidigt. Ihre Rückkehr nach Avignon und die Wahl eines französischen Gegenpapstes waren Zeichen für den Ausbruch des *Großen Abendländischen Schismas. U.s Pontifikat stand im Zeichen des unermüdlichen Kampfes mit dem Gegenpapst, wobei er auch nicht vor der Ausrufung eines Kreuzzugs gegen die weltlichen Anhänger seines Gegners sowie vor Anwendung von Tortur und Hinrichtung gegen die abtrünnigen italienischen Kardinäle zurückschreckte, die es gewagt hatten, den beinahe geistesgestörten U. unter Aufsicht stellen zu wollen.

W. Ullmann, *The Origins of the Great Schism*, 1948.

URBI ET ORBI ("für die Stadt Rom und die Welt") Formel, die vom ersten *Kardinaldiakon bei der Bekleidung des neuerwählten Papstes ausgesprochen wird. Sie wurde im Papstwahldekret *Gregors X. (1274) vorgeschrieben und drückte die Identität der Stadt Rom als petrinische Hauptstadt mit der Universalfunktion des Papstes aus. Heute wird das U. als Segnung des Papstes an die versammelten Gläubigen gebraucht.

URBINO Stadt in der Mark *Ancona. Seit dem 6. Jh. Bistum, wurde durch die *pippinische Schenkung von 756 Teil des *Kirchenstaats. Im 12. Jh. war die Stadt Streitobjekt der Päpste und deutschen Kaiser und ihrer örtlichen Anhänger aus dem Haus *Montefeltro. Letztere erlangten U. erst als Vikariat (1155) und 1213 als Lehen und wurden damit zu Grafen von U. Im 14. Jh. wechselten die Montefeltro auf die *guelfische Seite über und wurden von den Stadtbürgern zurückberufen.

G. De Carlo, *Ubino*, 1966.

URGEL Grafschaft und deren größte Stadt in Katalonien. Ein Bistum von U. wurde seit dem 6. Jh. erwähnt. Im 9. Jh. war U. Teil der spanischen *Mark; nach dem Zerfall des Karolingerreichs kam es an Barcelona, im 12. Jh. wurde es Teil des Königreichs *Aragón. 1347 diente U. als Basis für die Angriffe Graf Jaumes gegen seinen Bruder *Peter IV. von Aragón. 792 mußte Bischof Felix von U. vor einer Synode seine *adoptianistischen Ansichten zurückziehen. Im frühen 12. Jh. waren zahlreiche Feudalherren in der Diözese U. *Katharer. Seit dem Vertrag von *Corbeil (1258) dienten der Bischof von U. und der französische Graf von *Foix als gemeinsame Herren von *Andorra.

URI Waldkanton in der mittleren *Schweiz. U. wurde seit 732 erwähnt. Die Unabhängigkeit der Bauerngemeinden in ihren unzugänglichen Bergtälern, die nur den deutschen König als Oberherrn anerkannten, wurde 1231 von *Heinrich VII. und 1274 von *Rudolf von Habsburg bestätigt. Ein gemeinsames Siegel bezeugte bereits 1243 ein hohes Maß an politischer Organisation unter den Bergdörfern. U. war Mitglied der "Ewigen Bundes von 1291" und nahm an den Schlachten von *Morgarten und *Sempach teil. Im 13. Jh. erhielt U. durch die Erschließung des Sankt-Gotthard-Passes besondere Wichtigkeit.
G. Guggenbühl, *Geschichte der schweizerischen Eidgenossenschaft* 1, 1947.

URKUNDEN Schriftliche Zeugnisse über einen Rechtsvorgang, entweder die Bestätigung eines schon gegebenen Verhältnisses oder die Schaffung einer neuen Rechtslage. Sie wurden in bestimmter Form, in besonderer Schrift und mit den Unterschriften der Zeugen ausgestellt und besiegelt. Fälschungen waren im Mittelalter außerst häufig. (Din)
H. Breßlau, *Handbuch der U.lehre*, 1968-69⁴.

URRACA (um 1077-1126) Königin von *León und *Kastilien. U. war Witwe Graf *Raimunds von Burgund und folgte 1109 ihrem Vater *Alfons VI. als Herrscherin nach. Im gleichen Jahr gab sie dem Drängen der Adligen nach und heiratete *Alfons I. von Aragón. Die beiden zerstritten sich rasch, und Alfons geriet mit den kastilianischen Magnaten in Konflikt. Die Auflösung der Ehe wegen Blutsverwandtschaft (1114) änderte nichts an der mißlichen Lage, da Alfons nicht von seinen Versuchen abließ, das Land unter seine Kontrolle zu bringen. Gleichzeitig mußte U. die Versuche ihrer Stiefschwester Therese abwehren, die Grafschaft *Portugal unabhängig zu machen. Außerdem suchten noch Diego *Gelmirez (der Bischof und spätere Erzbischof von *Compostela) und die galizianischen Adligen, U. zu Gunsten ihres Sohnes *Alfons (VII.) zu enthronen. Diese Konflikte wurden durch die städtisch-aristokratischen und inneraristokratischen Rivalitäten sowie die Feindschaft zwischen den Erzbistümern Toledo und Compostela noch komplizierter, so daß auch U.s Tod dem wütenden Bürgerkrieg kaum Einhalt gebot.
W. C. Atkinson, *Geschichte Spaniens und Portugals*, 1966.

URSEL Siehe *BAILLENT.

URTUKIDEN Turkmenendynastie in Syrien und Irak. Ihr Gründer Urtuk Ibn Aksab diente als Soldat der Seldschuken und Statthalter von *Jerusalem, ein Amt, das seine Söhne von ihm erbten. Mit der Rückeroberung Jerusalems durch die *Fatimiden (1096) erhielten die U. Landgüter im Irak und in Nordsyrien und bauten ihre eigenen Fürstentümer auf. Sie steigerten ihre Macht im Verlauf der Kriege gegen die *Kreuzfahrer von *Antiochia und *Edessa.
Nach dem Tod, im Jahre 1119, von Il Ghazni, des Herrschers von *Aleppo, übernahm der Atabeg

*Sengi die Macht. Im Irak regierten die U. ein kleines Fürstentum bis ins 13. Jh.

USAMA IBN MUNKID (1095-1188) Höfling und Literat. U. stammte von einer Fürstenfamilie aus Schaiser ab, verbrachte sein Leben in den hohen Kreisen von Damaskus und Kairo und nahm an zahlreichen Feldzügen gegen die Kreuzfahrerstaaten teil. Daneben unterhielt U. friedliche Beziehungen zu einigen Mitgliedern des *Templerordens. Er mußte zweimal ins Exil gehen und verlor dabei auf dem Weg seine 4000 Manuskripte starke Bibliothek. 1157 wurde sein Haus in Damaskus bei einem Erdbeben zerstört. U. verbrachte seine letzten Jahre am Hof von Kara Arslan mit literarischen Beschäftigungen. Nur wenige seiner zahlreichen Werke haben sich erhalten. Seine Erinnerungen liefern ein lebendiges Bild seiner Zeit in Krieg und Frieden.
·H. Derenbourg (Hg.), *Ousâma Ibn Mounkidh*, 1889.

USATGES VON BARCELONA Zusammenstellung des feudalen und öffentlichen Rechts Kataloniens aus dem 11.-12. Jh. Sie besteht vor allem aus Gesetzen der Zeit *Raymond Berengars I. und *Raymond Berengars IV.

UTIGUREN Hunnisch-bulgarischer Stamm an der Ostküste des Asowischen Meeres. Kaiser *Justinian benutzte die U. 558 gegen deren Blutsverwandte, die Kotriguren, die in den Balkan eingedrungen waren. 568 unterwarfen sich die U. den Türken. Trotz der Auslöschung ihrer Führungsschichten scheinen sich die U. erhalten zu haben; sie wurden zum ethnischen Substrat des alten Groß-*Bulgariens, das *Kubrat um 584 am Niederdon und südlich des Kaukasus errichtete.
S. Runciman, *A History of the First Bulgarian Empire*, 1930.

UTRAQUISTEN Siehe *HUSSITEN.

UTRECHT Stadt und Bistum in den Niederlanden. Die bereits in vorrömischer Zeit bestehende Siedlung diente als *friesische und *fränkische Festung sowie als Mark. *Pippin II. übergab U. dem hl. *Willibrord, der 695 das Bistum errichtete. U. fiel im 9. Jh. an die *Normannen, wurde 918 von Bischof Balderich neu erbaut und diente als Stützpunkt der deutschen Kaiser in den Niederlanden. Das Bistum wurde von den Kaisern reich beschenkt, erlangte 1060 die Grafschaft und entwickelte sich zu einem mächtigen Fürstentum. Um 1122 erlangte die bürgerliche Siedlung um die bischöfliche *civitas* einen Freibrief und machte sich an die Errichtung ihrer eigenen Mauern. U. ist seit dem 9. Jh. als wichtiges kommerzielles und textilproduzierendes Zentrum belegt. Das soziale Gleichgewicht zwischen Adligen, reichen Kaufleuten und Handwerkern wurde im späten 13. Jh. durch den Verlust der wirtschaftlichen Führungsrolle in den nördlichen Niederlanden gestört. Durch den Sieg der Handwerker mußten alle Stadtbürger einer Zunft beitreten (1304-41), und die Regierung ging auf die Vertreter der Zünfte über. Trotz der Wirtschaftskrise des späten Mittelalters wurde in dieser Zeit die bis heute berühmte Stadtlandschaft von U. geschaffen, die sich durch die Ringkanäle, die Kathedrale St. Martin und prachvolle Privat- und Gemeindebauten auszeichnet.
R. Blijstra, *2000 jaar Utrecht*, 1968.

UTRECHTPSALTER Eine um 830 geschaffene Handschrift aus der Schule von Reims, möglicherweise aus dem Kloster Hautvillers. Sie ist durch die feinen nervösen Federzeichnungen biblischer Szenen gekennzeichnet.
F. Wormald, *The Utrecht Psalter*, 1953.

UZÈS Stadt und Bistum nördlich von *Avignon, seit dem 5. Jh. bezeugt. U. gehörte zwar formell zur Grafschaft *Toulouse, besaß aber seit 1065 unter der Führung der Bischöfe eine praktisch unabhängige Position. Die Stadtbürger besaßen eine *Konsularverfassung sowie begrenzte Autonomie gegenüber dem Bischof, der jedoch die Münzstätte und die Gerichtsbarkeit innehatte. Im 14. Jh. wurde U. Sitz eines königlichen Vizegrafen.

C. Téraube, *Histoire d'Uzès*, 1879.

Teller mit spanisch-maurischen Motiven; Valencia, um 1420

VACARIUS, MEISTER (ca. 1120-1200) Lehrer und Glossator des Zivilrechts. In der Lombardei geboren, studierte in *Bologna und wirkte in England als Rechtsberater des Erzbischofs von Canterbury (1146), las als erster in Oxford römisches Recht und verfaßte mehrere Handbücher des Zivilrechts sowie Theologisches.

VAGANTEN Die wandernden Studenten, Gelehrten und Geistlichen des Mittelalters. Das Auftreten der V. war das Ergebnis eines kirchlichen Systems, in dem nicht jeder Geistlicher ein *Beneficium besaß, sowie eines Systems der *Universitäten, deren Lehrer (und in ihrem Gefolge auch die Studenten) mit Leichtigkeit den Ort wechseln konnten. Das V.tum war seit dem späten 12. Jh. weitverbreitet und entwickelte sich von Zeit zu Zeit zu einer echten Gefahr für die öffentliche Ordnung. Trotz zahlreicher Verbote durch Kirchensynoden konnten die V. nicht kontrolliert werden. Ein Nebenprodukt des V.tums war die Dichtung, die nicht mit der der *Goliarden zu verwechseln ist. Sie war meist auf lateinisch verfaßt, beschrieb das V.leben und kritisierte die Übel der Kirche und die der weltlichen Gesellschaft. Die wichtigste Sammlung der V.dichtung sind die *Carmina Burana.
M. Bechthun, *Beweggründe und Bedeutung des Vagantentums in der lateinischen Kirche des Mittelalters*, 1941.

VAHRAM (Philaretus Brachamius; 11. Jh.) Armenischer Fürst. V. war Offizier unter Kaiser *Romanos IV. und errichtete nach dem Fall *Kappadokiens (1074) das erste, Kleinarmenien genannte armenische Fürstentum im Exil. Auch Edessa, Melitene und Kilikien unterstanden seiner Herrschaft.

VAISON-LA-ROMAINE Bistum und Stadt in Südfrankreich, nördlich von Carpentras. Das alte gallo-römische Dorf wurde 450 anläßlich seiner Subordination unter das Erzbistum *Arles als Bistum erwähnt. Es wurde in der Völkerwanderung zerstört und in der *Merowingerzeit offenbar als Festung am rechten Ufer der Ouvèze neu erbaut. Im 12. Jh. errichteten die Grafen von *Toulouse am gegenüberliegenden Flußufer eine Burg, die die Stadt beherrschte und verteidigte. 1229 wurde das Bistum unabhängig, 1475 jedoch dem Erzbistum *Avignon unterstellt. Die berühmte Kathedrale wurde im 11.-12. Jh. errichtet.
J. Sautel, *V., Sites, Histoire et Monuments*, 1953.

VAL D'ARAN Kleinstadt in Südfrankreich und Sitz einer radikal-dualistischen *Katharergemeinde und eines Ketzerbistums, das während der großen Synode der europäischen Katharer zu St. Felix de Caraman 1167 errichtet wurde. Der erste Bischof war der 1167 erwähnte Raimund von Casals, der zweite Raimund von Baimiac. Nach 1181 wurde die Gemeinde oder das Bistum V. nicht weiter erwähnt.
A. Borst, *Die Katharer*, 1953.

VAL-DES-DUNES Südöstlich von *Caen, Schauplatz einer Schlacht (1047), in der Wilhelm der Jüngere (d. Eroberer), unehelicher Sohn Herzog Roberts I. von *Normandie, eine Rebellion der Barone aus der Normandie niederschlug und sich zum Herzog der Normandie machte. Ein zehnjähriger Kampf mit dem französischen König Heinrich I. folgte.

VALENCIA Königreich und dessen Hauptstadt in Ostspanien. V. wurde seit 413 von den *Westgoten beherrscht, 714 von den Arabern erobert und bestand seit 1021 als unabhängiges Maurenfürstentum. 1065 griff es *Ferdinand I. von Kastilien an und zwang es in das Protektorat der Maurenherrscher von Toledo. 1094 fiel V. in die Hände des *Cid und 1102 in die der *Almoraviden, nachdem es von den flüchtenden Christen in Brand gesteckt worden war. In den 30 Jahren der Almoravidenherrschaft erlangte V. teilweise Autonomie und wurde 1041 Sitz einer lokalen Herrscherfamilie, die mit den *Almohaden verbündet war. 1238 gingen Königreich und Stadt V. in den Besitz *Jakobs I. von Aragón über, behielten jedoch eine gewisse Selbstregierung einschließlich einer eigenen Verwaltung und Gesetzgebung sowie eigenem Parlament, was bis 1707 aufrechterhalten wurde. Die Stadt war seit der Antike wegen ihrer landwirtschaftlichen Produkte (hauptsächlich Südfrüchte) bekannt, die von einem hochentwickelten Bewässerungssystem abhängig waren. Der "Wassergerichtshof" von V. ist seit dem 10. Jh. bekannt und behandelte Streitfälle, die aus den komplizierten Wasserrechten über die Bewässerungsanlagen entstanden. 1474 wurde die erste spanische Druckerei in V. errichtet.
T. F. Glick, *Irrigation and Society in Medieval Valencia*, 1970;
R. J. Burns, *Medieval Colonialism*, 1975.

VALENCIENNES Nordfranzösische Stadt. V. wird 691 als merowingischer *Fiscus und 695 als Kaufmannssiedlung erwähnt und war Ort des ersten Reichstages *Karls d.Gr. *Otto II. errichtete im Rahmen seiner Militärgrenze gegen Frankreich in V. eine Grafschaft. Um 1011 kam V. an Flandern; 1047 ging es an die Grafen des *Hennegau, die V. zu ihrer Hauptstadt machten. V. besaß eine starke Kaufmannsgilde (deren Statuten aus dem Jahr 1050 überliefert sind) und ein Tuchgewerbe, das 1067 gesetzlich geregelt wurde. 1418 kamen Stadt und Region an eine Nebenlinie der *Burgunder, 1433 wurden sie Teil des Staates *Philipps d. Guten.
H. Lancelin, *Histoire de Valenciennes depuis ses origines*, 1934.

VALENTINIAN III. (419-55) Weströmischer Kaiser (425-55), der unter der Herrschaft seiner Mutter Gallia Placidia und des Generals *Aetius ein Schattenregime führte. Zu seiner Zeit gingen Afrika, Britannien und große Teile Spaniens an die Germanen verloren. Sein General Aetius besiegte 451 die *Hunnen unter *Attila.

Aus Angst und Neid ließ ihn V. ermorden (454) und fiel ein Jahr später dessen Anhängern selbst zum Opfer.

VALLADOLID Nordwestspanische Stadt. Sie wurde im 10. Jh. von den Christen erobert und 1074 von König *Alfons VI. von Kastilien an Graf Pedro Ansurez verliehen, der sie zu seiner Hauptstadt machte und die Kirche freigiebig ausstattete. 1124 und 1137 wurden in V. Kirchensynoden abgehalten; König *Alfons VII., der einen jährlichen Markt autorisierte, hielt sich öfters in der Stadt auf. 1208 kam V. an die Krondomäne *Alfons' VIII. und blieb bis ins 14. Jh. königliche Residenz. Die Universität von V. wurde im frühen 13. Jh. gegründet, erhielt 1346 ein päpstliches Diplom und war wegen ihrer medizinischen Fakultät berühmt. Im 14. Jh. beherbergte V. den obersten Gerichtshof von Kastilien sowie zahlreiche Ständeversammlungen (*cortes).

VALOIS Französisches Herrscherhaus, das seinen Namen von der Grafschaft V. nördlich von *Paris erhielt. 1076 kam die Grafschaft an eine Nebenlinie der *Kapetinger und nach deren Aussterben an die Krondomäne (1213). 1285 verlieh König *Philipp III. V. an seinen Sohn Karl. Dessen Sohn *Philipp VI. wurde 1328 König und gründete das Königshaus V., das Frankreich direkt bis 1498 und indirekt über die Linien *Orléans und *Angoulême bis 1598 regierte. Unter den V. wurde die Grafschaft Besitz des Herzogs von Orléans und 1406 Herzogtum.
J. Martin, *Die Valois*, 1969.

VAN ARTEVELDE Siehe *ARTEVELDE.

VANDALEN Siehe *WANDALEN.

VANNES Stadt und Bistum in der *Bretagne. Sie war bereit im Altertum besiedelt, wird seit dem 5. Jh. als Bistum und bis zur *fränkischen Eroberung als Sitz unabhängiger Grafen erwähnt. Mit dem Sieg *Nominoës über König *Karl d. Kahlen (845) und der Errichtung des bretonischen Herzogtums erlangte V. wiederum die Unabhängigkeit. 980 wurde V. an das Herzogtum angeschlossen. Seit 1425 versammelten sich hier die bretonischen Stände.
P. Thomas-Lacroix, *Vannes*, 1949.

VARENNES, JOHANNES VON (14. Jh.) Prediger. Sein Ursprung und sein frühes Leben sind unbekannt. Nach einer erfolgreichen Laufbahn als Volksprediger begleitete V. den Kardinal an Luxemburg nach Avignon (um 1376), wo er als Mystiker berühmt wurde. Gegen Ausgang des Jh.s bereiste er als Wanderprediger den Norden Frankreichs und griff in seinen Predigten oft in fanatischer Weise die weltlichen und kirchlichen Potentaten an. 1392 wurde V. vor den erzbischöflichen Gerichtshof von Reims geladen, jedoch freigelassen.

VASALL (VASALLITÄT) Bezeichnung keltischen Ursprungs für einen jungen Knaben. Vasallität wurde zunehmend für die Bindung zwischen den Kämpfern und Adligen des Mittelalters verwendet. Der V. ist demnach jemand, der durch einige symbolische Handlungen (*Mannschaft, *Treueid, Kuß) der "Mann eines anderen" wird und sich in Gegenleistung für die Verleihung eines *Lehens in den Dienst eines Herrn begibt. Diese Beziehung verläuft parallel zu der zwischen Grundherrn und Hörigen, ist aber nicht mit dieser identisch. Unter den Bedingungen des 9. und 10. Jh.s bezog sich die V. von Anfang an auf die Nutzung der Kampfkraft und der Loyalität der Kämpfer für den Dienst des Herrschers (des Königs oder örtlichen Potentaten), wodurch der grundsätzlich militärische Charakter der V.en-dienste geprägt wurde. Diese bestanden zunächst aus dem Militärdienst als berittener Kämpfer (*auxilium*), dessen Dauer mit der Zeit auf 40 Tage beschränkt wurde.

Der zweite V.en-dienst war der Rat (*consilium*), den der V. bei den Versammlungen des Herrenhofes und Gerichts beisteuerte, woraus sich dann im Laufe der Zeit die parlamentarischen Einrichtungen entwickelten. In den mehr geordneten Lebensbedingungen seit dem 11. Jh. schwächte sich das ursprünglich stark persönliche Element der V. in jenem Maße ab, in dem das materielle Element des Lehens in den Vordergrund trat. Lehen wurden vererbt, und die Praxis der mehrfachen V. nahm Überhand. Damit räumte die V. anderen Formen der sozialen Organisation den Platz.
F. L. Ganshof, *Was ist das Lehnswesen?*, 1961.

VASILIJ (1371-1425) Großprinz von Moskau seit 1389. V. regierte einen Staat, der durch Erbteilungen stark verkleinert war, konnte aber seine Macht stärken. Von seinen großen Nachbarmächten wurde die Expansion der *Goldenen Horde durch deren innere Schwächung gebremst, während V. die Pläne der *Litauer erst durch seine Heirat mit der Herrschertochter Sophia (1392) und dann durch einen 1408 ausgehandelten Waffenstillstand stören konnte. Andere anliegende Fürstentümer wie *Nischnij-Nowgorod, Muram, Wologoda und Welikij Upstig wurden friedlich annektiert. Mit *Nowgorod befand sich V. in dauerndem Kriegszustand (1397-1417), der ihm zwar wenig Territorium einbrachte, aber Nowgorods Ausdehnung verhinderte.
G. Vernadsky, *The History of Russia* 3, 1953.

VATIKAN Der päpstliche Palast in Rom (erst in der Neuzeit der exterritoriale Stadtstaat der Kirche in Rom). Auf und um den Vatikanhügel herum erwuchs ein Labyrinth von kirchlichen Bauwerken, dessen Mittelpunkt das Grab und die Basilika des hl. Petrus sowie der *Lateranpalast, die frühe Residenz der Päpste, waren. Teile des V.palastes wurden unter *Innozenz III. begonnen; das Hauptgebäude stammt aus der Zeit *Nikolaus' III. (1278). Das 13. und 14. Jh. sah weitere Bauvorhaben, von denen sich einige Wandbilder erhalten haben. In der Schismazeit hörte die Bautätigkeit auf; erst *Nikolaus V. nahm sie wieder auf. Seine grandiosen Pläne wurden jedoch nicht verwirklicht. Seit ungefähr 1200 beherbergte der V. auch die päpstlichen Archive, die bis heute eine unerschöpfliche Quelle an Geschichtsdokumenten darstellen.
F. Ehrle-E. Egger, *Der vatikanische Palast in seiner Entwicklung bis zur Mitte des 15. Jh.s*, 1935.

VENANTIUS FORTUNATUS (hl.; um 535-600) Dichter, Hagiograph und Bischof von *Poitiers. V. wurde nahe bei *Treviso geboren, studierte in Ravenna und wurde 565 Hofdichter König *Sigeberts, mit dem er das *merowingische Gallien bereiste. In Poitiers traf V. Königin Radegunde (567) und trat in ihren und ihrer Tochter Dienst. Zwischen den dreien entwickelte sich eine literarische Freundschaft, aus der zahlreiche Werke hervorgingen. Nach dem Tod der beiden Frauen (um 587) nahm er seine Reisen wieder auf und traf *Gregor von Tours, der ihn ermutigte, seine Gedichte zu veröffentlichen. V. wurde Priester und um 599 Bischof von Poitiers. Seine Gedichte, besonders die "Mosellieder", geben eine packende Beschreibung des christlichen Lebens in der harten und brutalen Merowingerzeit.
S.A. Blomgren, *Studia Fortunatiana*, 1933-34.

VENDOME Stadt und Grafschaft an der Loire in Westfrankreich. Mittelpunkt einer reichen Agrarlandschaft, stieg im 11. Jh. mit der Gründung des Benediktinerklosters von der hl. Dreifaltigkeit als Pilgerort und manoriales Zentrum auf. Im 12. Jh. blühte das Kloster unter der Herrschaft von Abt Gottfried. 1129 kam die Stadt durch die Heirat von *Mathilde, der Tochter *Heinrichs I. von Frankreich, mit *Gottfried *Plantagenet-Anjou an England und kehrte mit der Konfiszierung der französischen Güter von *Johann ohne Land an Frankreich zurück.

VENEDIG Stadtstaat im nordöstlichen Italien und die einzige italienische Großstadt, die ganz im Mittelalter entstand. Im Verlauf der Kriege zwischen Byzanz und den Ostgoten im 6. Jh. floh ein Teil der Bevölkerung der alten römischen Provinz Venetien auf die Inseln an der Pomündung und errichtete dort Fischerdörfer. Mit der Ankunft neuer vor der langobardischen Eroberung (586) Flüchtender wurde eine Stadt errichtet, die von einem byzantinischen Herzog regiert wurde. Seit Mitte des 7. Jh.s übten örtliche Führer dieses Amt aus, das den Befehl über die Flotte und die Verwaltung der Inseldörfer einschloß. Im 8. Jh. wurden die Rialtoinseln zum Mittelpunkt dieser Gemeinden; einige der führenden Familien bereicherten sich dank der Vermittlerrolle zwischen Byzanz und Norditalien. Im 9. Jh. schlugen die Dogen (Herzöge) der Partecipaziofamilie eine Politik ein, die die Unabhängigkeit von Byzanz erreichen sollte. Seit 840 wurden die Dogen gewählt; das Wahlrecht wurde Vorrecht einer Anzahl von reichen Bürgern, die sich zum Kern der Stadtregierung entwickelten und im Rat saßen. Die Stadt entwickelte sich im 10. Jh. zur wichtigsten Handelsmacht in der Adria. 922 verbündete sich V. mit Byzanz gegen die Araber von Apulien, 1002 verteidigte V. Bari gegen die arabische Flotte. Der venezianische Sieg war Zeichen für den Aufstieg der Stadt zu einer politischen Macht und gab den Weg für die Expansion in der Adria frei. Das Bündnis mit Byzanz wurde in der zweiten Hälfte des 11. Jh.s gegen die süditalienischen Normannen erneuert, und V. erhielt wichtige Handelsprivilegien in Konstantinopel (1081). Diese Vorrechte gaben ihr ein Monopol über den byzantinischen Handel mit Osteuropa. Eine der Vorbedingungen für diesen raschen Aufstieg war die Organisation der Handels- und Kriegsflotte sowie der in städtischer Regie vollzogene Schiffbau.

Das 12. Jh. war eine Zeit der raschen Entwicklung, was zum Aufbau eines Kolonialreichs führte. In Fortführung des traditionellen Bündnisses mit Byzanz und der ebenso traditionellen Feindschaft mit *Sizilien errichtete V. seine Herrschaft in der Adria und eroberte Istrien sowie Teile Dalmatiens. Seit der Errichtung des Kreuzfahrerreiches Jerusalem dehnte V. seine Tätigkeit auf den Mittleren Osten aus und erlangte zusammen mit *Genua und *Pisa weitgehende Vorrechte in den palästinensischen Häfen, besonders in *Akkon, wo ein Viertel der Stadt venezianische *Kommune wurde. 1122 besiegten die Venezianer die Flotte der *Fatimiden bei *Askalon und gewannen die Vorherrschaft im Mittelmeer. Nach der Eroberung von *Tyrus erhielt V. ein Drittel der Stadt sowie weitere Vorrechte; diese machten die Stadt zur exterritorialen Körperschaft im Kreuzfahrerstaat und brachten V. einen wichtigen Teil des Ost-Westhandels ein. Die Balkanpolitik von *Manuel Komnenos führte dagegen zu einem Bruch mit Byzanz.

1171 wurden die venezianische Kaufleute im Kaiserreich festgenommen und ihre Güter konfisziert. Daraufhin brachen Gegenaktionen und Angriffe auf griechische Städte aus; die Komnenoi stellten sich auf die Seite der Gegner V.s. Diese Feindschaft führte 1202 dazu, daß V. auf die Teilnehmer des vierten *Kreuzzugs Druck ausübte, die dann 1202 die dalmatische Stadt Zara und 1204 Konstantinopel eroberten. V. erhielt dabei einen wichtigen Stützpunkt in Konstantinopel, griechische Inseln und andere Besitzungen in Griechenland, die ihr die volle Herrschaft im Mittelmeer gaben (*Dandolo).

Die Errichtung des östlichen Kolonialreichs brachte wichtige Veränderungen in der Verfassung der Republik mit sich. Grundsätzlich wurden die Überseebesitzungen von V. aus regiert; das Hauptanliegen der Stadt blieb die Sicherung ihrer wirtschaftlichen Interessen. Dies bedeutete Wettbewerb mit Genua und Pisa. In Venedig wurde ein Ausfuhrverbot gewisser Güter wie Gewürze, Tuch und Luxusartikel erlassen und am *Rialto ein Einkaufszentrum für die fremden Kaufleute errichtet. Dieses Zentrum, zu dem der Fondacco dei Tedeschi gehörte, besaß alle nötigen Dienstleistungsgewerbe und war eine wichtige Einnahmequelle.

Der Stadtrat wurde 1134 neu organisiert und besaß sehr viel Kontrolle über die auf Lebenszeit gewählten Dogen. Seit 1230 war dieser Große Rat das höchste Organ der Republik. Seine 480 Mitglieder, die aus den Vierteln der Stadt genommen wurden, bestätigten die Gesetzgebung und wählten die Beamten, darunter sechs Berater des Dogen. Der aus 123 gewählten Mitgliedern bestehende Senat war zusammen mit dem Dogen und dessen Beratern die Legislative und oberster Gerichtshof. Dazu bestanden noch ein kompliziertes System von Gerichten sowie ein Komitee der sechs *savii grandi* (hohe Herren) zur Überwachung des Apparats. Der Doge war Haupt der Regierung und repräsentierte Glanz und Majestät der Republik; er wurde in einem komplizierten Verfahren durch 41 Wahlmänner gewählt. Die Verfassung V.s sicherte den großen aristokratischen Familien, deren Mitglieder auch als Verwalter der Provinzen dienten, das Monopol auf die politische Macht. Andererseits gestattete sie die Ernennung fähiger Amtsinhaber und konnte durch effektive Kontrolle den Aufstieg von Tyrannen vermeiden, die die restlichen italienischen Stadtstaaten beherrschten. An der Wende vom 13. zum 14. Jh. wurde die Verfassung nochmals reformiert. Die *Serrato (Ausschluß vom Großen Rat) begrenzte die Mitgliedschaft auf diejenigen Familien, die seit 1176 die Ratssitze innehatten. Seit 1314 wurden alle Geburten in den ratsfähigen Familien in einem besonderen Register, dem Goldenen Buch, festgehalten, womit sich die regierende Oligarchie endgültig legalisiert hatte. 1310 wurde nach der Verschwörung des *Tiepolo der Rat der Zehn als oberste Behörde errichtet, die bald wegen ihrer geheimen Beschlüsse gefürchtet war.

Eines der Kennzeichen der außenpolitischen Verhältnisse V.s im 13. Jh. war die dauernde Rivalität mit Genua. Der 1254-56 zu *Akkon geführte Krieg endete mit der Niederlage Genuas und dessen Ausschluß aus den Kreuzfahrerstaaten. Daraufhin verbündete sich Genua mit *Nikaia; nach der Wiedereroberung Konstantinopels durch *Michael Palaiologos verlor V. seine privilegierte Stellung, das Monopol auf den Schwarzmeerhandel mit den *Mongolen sowie einige Inseln (wie etwa *Chios), die an Genua übergingen. Doge

Pietro Gradenico suchte Entschädigung auf dem italienischen Festland und eroberte 1308 *Treviso. Ein weiterer Seekrieg gegen Genua begann im Schwarzmeer im Jahr 1330 und dauerte 50 Jahre. Nach anfänglichen Rückschlägen wurde dieser "Chioggiakrieg" 1378 mit dem entscheidenden Sieg V.s beendet, der zum Niedergang Genuas führte. Seit 1388 kämpfte V. auch gegen *Mailand und eroberte bis 1432 *Padua, *Verona, *Vicenza und deren Territorien. Der damit errichtete venezianische Festlandstaat bestand bis 1797. Durch das Vordringen der Türken verlor V. im 15. Jh. die Balkanbesitzungen mit Ausnahme von Kreta und Naxos.

A. Kretschmayr, *Geschichte von Venedig*, 2 Bde., 1905/ 1920;
M. Hellmann, *Grundzüge der Geschichte V.s*, 1976.
VER Ort nahe *Compiègne nördlich von Paris und Veranstaltungsort einer Synode des westfränkischen Königreichs (844), an der die versammelten Bischöfe die Ambitionen des Erzbischofs *Drogo von Metz zurückwiesen, als apostolischer Vikar nördlich der Alpen volle Disziplinargewalt ausüben zu können.
C. Pfister, *L'Archevêque de Metz, Drogon*, in: Melanges Paul Fabre, 1902.
VERCELLI Stadt und Bistum in *Piemont (Nordwestitalien). In vorrömischer Zeit gegründet, seit 370 ein Bistum und Sitz eines *langobardischen Herzogtums. 899 metzelten die *Ungarn den Bischof, seinen Klerus und die gesamte Bevölkerung nieder. Zu Ausgang des 10. Jh.s begann die lange Zusammenarbeit der Bischöfe mit den deutschen Kaisern, als die Bischöfe mit Arduin von Ivrea wegen des Problems der von Kaiser *Otto III. verliehenen *Immunität zusammenstießen. 1014 wurde V. von einer Liga lombardischer Barone zerstört, deren Aufstand jedoch von den kaiserlichen Bischöfen unter der Führung des Markgrafen von *Canossa 1016 niedergeworfen werden konnte. Im frühen 11. Jh. erlangte die Feudalmacht der Bischöfe ihren Höhepunkt und wurde mit der wachsenden Opposition der Stadtbürger konfrontiert. Im 12. Jh. war V. Teil des *Lombardenbundes, 1335 fiel die Kommune in die Hand der *Mailänder *Visconti, 1427 ging V. an *Savoyen über. Das Domarchiv beherbergt den berühmten "Vercelli Codex", der als früheste altenglische Fassung der Evangelien gilt. 1388 wurde in der Stadt ein *Studium generale errichtet.
Medioevo vercellese, 1926.
VERDEN a.d. ALLER Stadt und Bistum in Niedersachsen und Ort einer Massenhinrichtung von 4500 aufständischen *Sachsen durch *Karl d.Gr. (782). 810 wurde der Ort als Flußübergang erwähnt, an dem sich eine Kaufmannssiedlung (Wik) entwickelte. Deren Kirche wurde 849 zum Bistum erhoben. *Otto II. verlieh V. das Münz- und Marktrecht, und die Siedlung entwickelte sich zu einer Stadt. Bis 1235 hatten sich die Stadtbürger von der bischöflichen Herrschaft befreit und kommunale Einrichtungen aufgebaut.
R. Drögereit, *Dom und Bistum Verdens*, 1970.
VERDUN Stadt und Bistum in Ostfrankreich. V. entwickelte sich in der Frankenzeit zu einem Handelszentrum. V. wurde durch den 843 abgeschlossenen Vertrag zwischen den drei Söhnen Kaiser *Ludwigs I. berühmt. Danach erhielt *Lothar Francia Media, von der Nordsee aus über Teile Frankreichs und Deutschlands bis hin zur Schweiz und Italien; *Ludwig der Deutsche

den östlichen und *Karl d. Kahle den westlichen Teil des Karolingerreiches: Länder, die sich später zu Deutschland und Frankreich entwickelten.
VERE, ROBERT VON (1362-92) Neunter Earl von Oxford, Günstling *Richards II. von England. V. war ein Sohn des Königshauses und folgte seinem Vater als *Earl und Großkämmerer nach (1371). Mit der Thronbesteigung seines engen Freundes Richard wurde V. Rat, Ritter des Hosenbandordens und Herzog von Irland. Er wurde wegen seiner Macht und seines etwas unverantwortlichen Einflusses auf den König gehaßt und war das erste Angriffsziel der Feinde Richards. Nach seiner Niederlage gegen den Herzog von *Gloucester (1387) ging V. ins Exil in die Niederlande.
R. H. Jones, *The Royal Policy of Richard II*, 1968.
VERKEHRSWESEN Der Niedergang des Handels im 5.-8. Jh. wirkte sich auch auf das V. aus. Die römischen Straßen wurden vernachlässigt, und der Großteil des Verkehrs wurde über den See- und Flußweg abgewickelt (siehe *Schiffe). Der Landverkehr war auf den Bereich der großen Landgüter und deren Umgebung beschränkt und bediente sich großer, von Ochsen gezogener Wagen. Ein organisiertes V. kam in Europa erst im 9. Jh. auf. Die *Rhadaniten versandten Waren von Hafen zu Hafen. Die italienischen Städte (*Amalfi, *Pisa, *Genua) entwickelten Handelsgesellschaften, die Schiffe mieteten; Venedig vermietete seinen Bürgern Frachtraum auf den staatlichen Galeeren. Der Landverkehr erhielt erst im 13. Jh. neuen Auftrieb. Im *Mongolenreich organisierte man Poststationen, an denen Kamele und Pferde gemietet werden konnten. Eine der wichtigsten Funktionen der *Hansebehörden war die Verbesserung des V.s für die Mitgliederstädte.
VERMANDOIS Französische Grafschaft in der östlichen *Pikardie, die ihren Namen von dem belgischen Stamm der Viromandui trägt. Der *karolingische *pagus Veromanuensis* entwickelte sich seit dem 9.Jh. unter kraftvollen Führerpersönlichkeiten zu einer mächtigen Grafschaft. Herbert I. (gest. 902) stand 893 *Karl d. Einfältigen bei; sein Sohn *Herbert II. war dagegen einer der hartnäckigsten Feinde des Karolingerkönigs. Im 10. Jh. zählten die Herren von V. zu den großen Feudalherren Nordfrankreichs. Nach 1076 ging V. zusammen mit *Valois an Hugo über, den Bruder *Philipps I. von Frankreich. 1186 lieferte *Eleonore von Aquitanien V. an König *Philipp Augustus aus; dieser fügte es als Teil der Pikardie zum Krongut.
M. Thiery, *Histoires du Vermandois*, 1895-97.
VERONA Nordostitalienische Stadt an der Etsch. Sie verlor im 5. Jh. an Bedeutung, wurde 489 von den Ostgoten erobert und diente als Residenz *Theoderichs d.Gr. 568 fiel sie an die *Langobarden und wurde im 7. Jh. Mittelpunkt eines langobardischen Herzogtums. 774 errichtete *Karl d.Gr. zu V. eine Markgrafschaft, deren Herrscher im 9. und 10. Jh. im Bund mit den Markgrafen von Friaul standen und deren Thronansprüche unterstützten. Nach *Ottos I. Italienzug (952) wurde die Markgrafschaft aufgelöst, und V. kam als Grafschaft unter die Herrschaft der *bayrischen Herzöge. Die Bischöfe von V. waren dagegen direkt vom Kaiser abhängig. Bis 1164 wurde die Mehrzahl der Grafen vom Kaiser ernannt, und eine Dynastie konnte sich in V. halten. Zu diesem Zeitpunkt wurde die Kommune der Stadtbürger errichtet, die bald Haupt eines Städtebundes gegen Kaiser *Friedrich I. (*Lombardenbund) werden

sollte. Nach Errichtung der Selbstregierung entstanden in V. Kämpfe zwischen den Adelsfraktionen, die im 13. Jh. im Rahmen des *guelfisch-ghibellinischen Konflikts weitergeführt wurden. Um 1220 brach die Kommune zusammen; zwei Jahre später verlieh Friedrich II. die Stadt an *Ezzelino da Romano, der sie bis zu seinem Tod (1259) im Rahmen seines Fürstentums regierte. Die Rivalität zwischen den Zünften brachte ein kurzes Intermezzo einer erneuten Selbstregierung (1259-61) zu Fall; die Herrschaft über V. ging an die *Scaliger über (bis 1387). Das 14. Jh. gilt als Glanzperiode V.s, das zu einem wichtigen kulturellen Zentrum und Mittelpunkt eines mächtigen Fürstentums zwischen Mailand und Venedig heranwuchs. Nach dem Tod Cangrandes I. wurde V. von Mailand erobert (1387), wechselte dann mehrmals den Herren und kam 1405 endgültig an Venedig, dem es als Mittelpunkt der Festlandsbesitzungen diente. Venedig gestattete die weitere Ausübung der inneren Herrschaft durch die örtlichen Adelsfamilien. In künstlerischer Hinsicht ist V. besonders durch den Dom und S. Anastasia mit einer Vielzahl von Fresken bedeutsam.
P. Gazzola, *Verona*, 1963.

VESPER Der abendliche Gottesdienst der christlichen Kirche. Der Name stammt von der lateinischen Bezeichnung der letzten Stunden des Tageslichtes. Das V.-Gebet entwickelte sich aus dem jüdischen und frühchristlichen Brauch der Segnung der gegen Abend angezündeten Lampe und symbolisiert das abendliche Weihrauchopfer, das im Tempel zu Jerusalem dargebracht wurde. Bis zum 6. Jh. hatte sich die V. zu einer kurzen Einleitung, fünf Psalmen, einer kurzen Bibellesung, einer Hymne, dem Höhepunkt des Magnifikats, verschiedenen Gebeten, einer kurzen Predigt und dem Abschlußvers ausgeprägt. Diese Form hat sich im ganzen bis heute erhalten.

VEXIN, VESQUESIN Nordfranzösische Grafschaft westlich von Paris. Mit der Verleihung der *Normandie an *Rollo (911) wurde der karolingische *pagus* in eine normannische und eine französische Gegend geteilt. 1149 erkaufte sich *Gottfried von Plantagenet-Anjou die Hilfe *Ludwigs VII. durch die Übergabe des normannischen V., erhielt es aber 1166 als Brautschatz wieder zurück. *Philipp II. August eroberte V. 1193 und annektierte die Gegend an das französische Krongut. Das französische V., das im 10. Jh. mit Amiens und *Valois ein feudales Herzogtum bildete, wurde 1077 an das französische Krongut angeschlossen.

VÉZELAY Benediktinerabtei in Burgund. V. wurde 864 von Herzog *Gerhard von Roussillon als Nonnenkloster unter direkter päpstlicher Aufsicht gegründet. 877 traten Mönche an die Stelle der Nonnen. Die Normannen zerstörten 886/7 das Kloster völlig; ein Jahr später wurde es neu erbaut. Unter dem reformfreudigen Abt Gottfried (1037) wurde V. dank der Reliquien der *Maria Magdalena zum Pilgerort. 1058 wurde es *Cluny unterstellt, und 1096 begann die Errichtung der herrlichen Klosterkirche der Madeleine. Da V. ein berühmtes Pilgerzentrum in Burgund war, predigte dort *Bernhard von Clairvaux 1146 den zweiten *Kreuzzug. 1106 und 1152/55 erhoben sich die Bürger der Stadtsiedlung V. gegen die Abtsherrschaft. 1159 wurde die Subordination unter Cluny aufgehoben. Trotz einer päpstlichen Bulle, die die Echtheit der Reliquien V.s bezeugte, mußte das Kloster einen langen Kampf

Die Via Dolorosa, Jerusalem

führen gegen die neuerliche Auffindung der Reliquien der Maria Magdalena in der Provence; es verlor seine Anziehungskraft auf die Pilger.
R. B. C. Huygens, *Monumenta Viceliacensia*, 1976.

VIA DOLOROSA Der Weg, den Christus in Jerusalem vom Ort seiner Verurteilung am Hof des Pilatus zum Kreuzigungsberg ging. Die Kreuzwegstationen der V. bezeichnen die, an denen er anhielt. Im Spätmittelalter wurde die Idee der V. unter Einfluß der *franziskanischen Frömmigkeit im Westen aufgenommen; dies führte an oder innerhalb von Kirchen zur Errichtung von 7 und später 14 Kreuzstationen, die oft in künstlerischer Form gestaltet waren.

VICELIN (hl.; um 1090-1154) Apostel der *Wenden und später Bischof von Oldenburg. V. war Geistlicher an der Kirche von *Bremen und wurde von seinem Erzbischof *Adalbert zur Predigt unter die *Wagrier gesandt (1126), wo er in dem christlichen Herzog Heinrich von Altlübeck einen mächtigen Freund besaß. Nach dessen Tod (1127) errichtete V. in der Landpfarre Faldera an der sächsisch-slawischen Grenze einen neuen Stützpunkt und erbaute innerhalb einiger Jahre das Stift Neumünster. V. konnte Kaiser *Lothar III. zu einem Besuch bewegen und erlangte den Bau einer Festung zur Verteidigung seines neuen Stiftes Segeberg. 1149 wurde ihm das wiederbelebte Bistum Oldenburg anvertraut. Die eigentliche Missionstätigkeit begann jedoch erst ein Jahr später, nachdem sich V. bereit erklärt hatte, von Herzog *Heinrich dem Löwen die Investitur zu erhalten.

V. Pauls, in: *Geschichte Schleswig-Holsteins* 3, 1937.

VICH Stadt, Grafschaft und Bistum in *Katalonien. V. wurde von den Sarazenen zerstört und teilweise neuerbaut, in der Zeit *Ludwigs d. Frommen von den Christen erobert, 826 nochmals von den Mauren überrannt und dann an den Besitz Graf Wilfrids von Barcelona (873-98) angeschlossen. Der Graf gründete das berühmte Kloster Ripoll (888) und erhielt die Weihe eines Bischofs von V. 1137 kam V. zusammen mit den übrigen katalanischen Grafschaften an das Königreich *Aragón. Der Streit zwischen den Bischöfen und der Adelsfamilie Monacada über die Stadtherrschaft zog sich bis 1315 hin, als beide Seiten ihre Rechte an König *Jakob I. abtraten.

VIDIN Stadt und Festung an der Donau im nordöstlichen *Bulgarien. V. beherrschte die Donaugrenze von Byzanz gegen die Bulgaren, wurde Mitte des 9. Jh.s von diesen erobert und Mitglied eines unabhängigen Fürstentums unter *Sisman. Sein Enkel trennte V. vom bulgarischen Reich (nach 1344); 1365 machte *Ludwig I. von *Ungarn V. zum Mittelpunkt seiner "Provinz der Bulgarier". Nach der Schlacht von *Nikopolis (1396) fiel mit V. das letzte Relikt des mittelalterlichen bulgarischen Staats an die *Türken.

VIEH Siehe *RINDER.

VIENNE Stadt und Erzbistum am Westufer der Rhône (Südfrankreich). V. war eine keltische und römische Siedlung, wurde im 3. Jh. Erzbistum und forderte gegen *Lyon den gallischen Primat. V. wurde von den *Burgundern und Franken erobert (483, 534) und von den *Langobarden und *Sarazenen geplündert (558, 737). 869 wurde V. Teil des Königreichs der *Provence; die Stadtherrschaft blieb aber in der Hand des Erzbischofs, was 1157 von *Friedrich I. legitimiert wurde. Erst 1449 kam V. als Teil des *Dauphiné an Frankreich.

V. war Schauplatz eines wichtigen Kirchenkonzils, das in der katholischen Kirche als ökumenisches Konzil gezählt wird. Es wurde 1311 von Papst *Klemens V. unter starkem Druck *Philipps des Schönen von Frankreichs einberufen. Auf des Königs Forderung stimmte das Konzil der Abschaffung des *Templerordens zu, weigerte sich jedoch, Papst *Bonifatius VIII. als Ketzer posthum abzuurteilen. Das Konzil befaßte sich auch mit dem Kampf, der damals im *Franziskanerorden um die Frage des apostolischen Armut bestand, und wandte sich gegen die *Beginen.

G. Mollat, *The Popes at Avignon, 1305-1378*, 1963.

VIETNAM Reich in Hinterindien. Die Völker und Stämme Hinterindiens standen bis ins Frühmittelalter unter chinesischer Herrschaft. Nach dem Fall der T'ang-Dynastie (907) brachen in V. einige Revolten aus, und die Stämme erhoben sich gegen die chinesischen Statthalter. 939 wurde das unabhängige Champa-Reich errichtet, das die nördlichen Kleinfürstentümer unterwarf, unter der Li-Dynastie (1010-1225) nach semifeudalen und chinesischen Formen organisiert war und nahe dem modernen Hanoi seine Hauptstadt besaß. Es war in Provinzen unter Prinzen aus dem Königshaus aufgeteilt und wurde von Beamten verwaltet, die als Gelehrte und Literaten ausgebildet waren. 1013 wurde ein allgemeines Steuersystem eingeführt, um die Armee, den Straßenbau und die Bewässerungssysteme zu finanzieren. In dieser Zeit blühte V. und breitete sich südwärts auf das Gebiet der *Khmer aus. 1257 versuchten die *Mongolen unter *Kublai-Khan erfolglos, V. zu erobern; ein Jahr später mußte jedoch die Oberhoheit Pekings anerkannt werden. Trotz neuer Versuche in den Jahren 1285 und 1287 blieb V. unerobert, verlor jedoch an Kraft; im 14. Jh. brachen Bürgerkriege und Bauernaufstände aus. 1413 wurde der chinesische Einfluß in V. vorherrschend, und das Land verlor seine politische Unabhängigkeit und gesellschaftliche Stabilität. Ein Bauernaufstand, der 1428 in Annam ausbrach, entwickelte sich zu einer allgemeinen Rebellion gegen die chinesische Herrschaft; ihr Führer Le Loy stellte sich als Kaiser an die Spitze des wiederum unabhängigen Landes. Er führte eine Agrarreform durch und teilte die großen Landgüter unter den Bauern auf. Zu Ausgang des Mittelalters war V. eine Agrargesellschaft kleiner Landbesitzer.

G. Maspero, *Le Royaume de Champa*, 1928.

VIGILIUS Papst (537-55). Sohn einer vornehmen römischen Familie, kandidierte 532 als designierter Nachfolger von *Bonifatius II. für die Papstwürde, mußte aber wegen des entschlossenen Widerstandes des römischen Klerus seine Kandidatur zurücknehmen und ging als päpstlicher Botschafter nach *Konstantinopel. Dort sicherte sich V. die Unterstützung der Kaiserin *Theodora und wurde 537 Papst anstelle des abgesetzten Silverius. V. stieß mit Kaiser *Justinian wegen der *Monophysitenfrage zusammen und wurde 545 nach Konstantinopel gebracht, wo er als Gefangener gehalten wurde, bis er sich bereit erklärte, seine Meinung zu ändern. V. starb 555 auf dem Rückweg nach Rom.

H. Jedin (Hg.), *Handbuch der Kirchengeschichte*, 2/2, 1975.

VIKAR Altrömische Bezeichnung für einen Beamten, der stellvertretend für seinen Vorgesetzten wirkte. Im *fränkischen Königreich war der V. unter dem *Grafen tätig oder direkt dem König unterstellt. Später verstand man unter einem V. einen Beamten des Grundherrn oder allgemein einen Stellvertreter. In der Kirche wurde der Ausdruck V. in verschiedenen Bedeutungen benutzt, erstens und hauptsächlich jedoch für den Papst. Ursprünglich wurde der Papst als "V. des hl. Petrus", mit dem Anwachsen der päpstlichen Macht im Hochmittelalter jedoch als "V. Jesu Christi" bezeichnet. In der Überspitzung durch *Bonifatius VIII. fiel die Wendung "V. Gottes". Auch temporäre oder permanente Papstlegaten wurden als V.e bezeichnet, ebenso Erzbischöfe und Bischöfe, die einen vakanten Sitz verwalteten. Schließlich wurde der Begriff auch für verschiedene Personen verwendet, die ein Amt verwalteten, das gewöhnlich nicht ihr eigenes war. Die weite Verbreitung der Einrichtung des Vikariats im Mittelalter zeigt sowohl den bürokratischen Einfluß der Kirche als auch die typisch mittelalterliche Neigung, Ämter als privates Eigentum zu betrachten.

VIKTOR II. (Gebhart von Dollnstein-Hirschberg; gest. 1057) Papst (1055-57). Sohn einer fränkisch-schwäbischen Adelsfamilie und Verwandter des Kaiserhauses, wurde 1042 Bischof von *Eichstätt und diente als wichtiger Berater Kaiser *Heinrichs III. V. wurde 1055 vom Kaiser zum Papst erhoben und trat für die Fortführung der päpstlichen Reform ein. Zu diesem Zweck hielt V. 1055 in *Lyon und 1056 in *Toulouse Reformsynoden ab. V. arbeitete auch eng mit dem Kaiser zusammen und diente in Italien als dessen Stellvertreter, besonders im Herzogtum *Spoleto. Nach Heinrichs Tod sicherte V. die Krönung *Heinrichs IV. und beriet die regierende Kaisermutter. V.s Pontifikat wird als Höhepunkt der kaiserlich-päpstlichen Zusammenarbeit angesehen.

L. Santifaller, *Zur Geschichte des ottonisch-salischen Reichskirchensystems,* 1964[2].

VIKTOR III. (sel.) Papst (1086-87). Sohn des lombardischen Herzoghauses *Benevent, wurde um 1047 Einsiedlermönch, lebte in den Klöstern St. Sophia, Benevent und *Monte Cassino und wurde 1068 dessen Abt. Unter seiner Führung blühte das literarische Schaffen in Monte Cassino. V. war aktiv an der Ausarbeitung des Friedensvertrags zwischen Papst *Nikolaus II. und dem Normannenführer *Robert Guiscard beteiligt. Dafür erlangte V. die Kardinalswürde und das päpstliche Vikariat für die süditalienischen Klöster. Nachdem er zwei Jahre lang die Papstwürde zurückgewiesen hatte, nahm er 1087 das Amt an. V. schlug gegenüber Kaiser *Heinrich IV. eine militante Politik ein.

A. Fliche, *Le pontificat de Victor III,* in: Revue d'histoire ecclésiastique 20, 1924.

VIKTOR IV. (Gregor Conti) Gegenpapst von März bis Mai 1138. Er war Kardinal und diente als Vertreter König *Rogers II. von Sizilien und der *Pierleonifamilie bei deren Kampf gegen Papst *Innozenz II. Unter Druck *Bernhards von Clairvaux gab er seine Würde auf.

VIKTOR IV. (Ottavian von Monticello) Gegenpapst von 1159-64. Er wurde von einer Minderheit seiner Kardinalskollegen gegen *Alexander III. zum Papst erhoben. Seine bewaffneten Anhänger zwangen diesen zur Flucht aus Rom. V. wurde von Kaiser *Friedrich I. unterstützt, hatte jedoch die Mehrheit der europäischen Kirche (darunter auch deutsche Kirchenfürsten) gegen sich.

P. Kehr, *Zur Geschichte Victors IV.,* in: Neues Archiv 46, 1926.

VIKTOR VON KARTHAGO Geschichtsschreiber. V. war Bischof von Vita im nordafrikanischen *Wandalenreich. In seinem Werk beschrieb er die Verfolgungen der Katholiken durch die Wandalen und prägte den Ausdruck "Wandalismus".

VIKTORINER Regularkanoniker und Mitglieder einer theologischen Schule, die wegen ihrer besonderen Art der Spiritualität Berühmtheit erlangte. Die 1108 von *Wilhelm von Champeaux gegründete Gemeinschaft konstituierte sich unter dem ersten Abt Gilduin (1135-55), nahm die *Augustinerregel an und fügte dieser ihr eigenes "Buch der Regeln" hinzu. Die V. verbrachten ihr Leben in würdevoller Betrachtung mit Seelsorge und nahmen an allen bedeutenden intellektuellen Auseinandersetzungen der Zeit teil. Ihre Schule zog einige der besten Denker wie *Hugo und *Richard von St. Victor, Andreas von Wigmore und Thomas Gallus an. Sie hielten an der traditionellen Theologie ihrer Zeit fest, bemühten sich aber dabei um eine Synthese von Scholastik und Mystik. Auf der Grundlage der symbolischen Auslegung der Welt sahen sie das Ziel von Wissenschaft und Leben in einer mystischen Theologie der Liebe und Gottesanschauung. Die V. übten einen steten Einfluß auf die spätere Theologie der *Franziskaner und die spätmittelalterliche Mystik aus.

P. Wolff (Hg.), *Die Viktoriner, Mystische Schriften,* 1936.

VILLA Ursprünglich das Landhaus und im Mittelalter zur Beschreibung einer Vielzahl von Siedlungsformen gebraucht. In der *Frankenzeit war die V. eine allgemeine Bezeichnung für jede Art von Siedlung, vom Einzelhof bis zum gesamten Dorf einschließlich der Felder und der Weide. Mit der Zeit verengte sich dies auf das Wirtschaftszentrum eines königlichen, kirchlichen oder adligen Gutes und dadurch auf die königliche Pfalz oder Residenz. Davon leiten sich auch Bedeutungen wie gerichtliche Einheit, Burg, Bischofsstadt, Stadtteil außerhalb der Bischofsstadt, Stadt (im juristischen Sinn als Inhaberin von Besitzungen und Vorrechten) und Einwohner einer Stadt ab. Parallel dazu wurden weiterhin das Dorf und seine Einwohner als V. bezeichnet.

VILLA FRANCA (VILLE FRANCHE) Kategorie französischer (besonders mittelfranzösischer) und holländischer Städte, die sich gegenüber der *Ville libre durch einen besonderen rechtlichen Status auszeichneten. Die V. genoß eine gewisse Autonomie und erhielt in einem königlichen oder herrschaftlichen Diplom (*carta franchisiae*) eine Anzahl klar definierter Rechte wie Steuersenkung, Befreiung vom Militärdienst, Handelsvorrechte usw., nicht jedoch das Recht der Selbstregierung oder die Gerichtsbarkeit, die einem *prevot oder anderen Beamten vorbehalten blieb. Neugründungen (*villes neuves) besonders der Könige erhielten gewöhnlichen den Status der V.

C. Petit-Dutaillis, *Les Communes Françaises,* 1947.

VILLANI, GIOVANNI (um 1275-1348) Chronist. Sohn einer Florentiner Kaufmannsfamilie, bereiste Italien, Frankreich und die Niederlande (um 1304-12), wurde in seiner Heimatstadt im öffentlichen Leben tätig, war in den Zusammenbruch der *Buonaccorsifirma verwickelt und starb 1348 am *Schwarzen Tod. Seine "Geschichte von Florenz" oder "Universalchronik" reicht von der Vorzeit bis zum Jahr seines Todes und dient als wichtigste Quelle zum Studium der frühen florentinischen Geschichte und seiner Zeit. Eine Fortsetzung wurde von seinem Bruder Matteo (gest. 1363) und dessen Sohn Filippo verfaßt.

Werk (dt.), W. Friedenburg, *Geschichtsschreiber der dt. Vorzeit* 80/81, 1882;

E. Mehl, *Die Weltanschauung des G. V.,* 1928.

VILLARD VON HONNECOURT (um 1225-50) Französischer Baumeister. V. war weit gereist und gelangte 1245 bis nach Ungarn; dennoch sind kaum Werke von ihm bekannt. V. hinterließ ein Notizbuch von 33 Folioblättern mit 325 Zeichnungen und kurzem französischen Text. Darin erforschte er die praktischen Probleme der Bauplanung und gab genau Anweisungen zur Ausführung spezieller Bauwerke. Seine Skizzen bezeugen auch seinen Versuch, abstrakten Problemen nachzugehen, was eine Parallele zum Werk *Robert Grosse-testes darstellt.

T. Bowie (Hg.), *The Sketchbook of Villard de Honne-court*, 1959;
R. Hahnloser, *V. de H.*, 1972².

VILLEHARDOUIN, GOTTFRIED VON (um 1160-1213) Der herausragende Chronist des vierten *Kreuzzugs. V. war Ritter und Beamter des Grafen von Champagne und führend an der Organisierung des Kreuzzugs und an den diplomatschen Verhandlungen nach der Eroberung Konstantinopels beteiligt. Er diente als Marschall der Balkanbesitzungen und führte einige Kriegszüge gegen die *Bulgaren. Sein *Conquête de Constantinople* ist das erste Geschichtswerk in der Volkssprache und eine erstklassige Geschichtsquelle. Sein halbpoetischer Stil ist dem Vokabular der französischen *chanson de geste verpflichtet. V.s Darstellung der Ereignisse spiegelt die Mentalität der französischen Ritter wider.

J. Dufournet, *Les écrivains de la IVe Croissade: Villehardouin et Clori*, 1973.

VILLEHARDOUIN, GOTTFRIED (gest. 1228) Fürst von *Morea. V. war Neffe seines Namensgenossen, des Chronisten, und eroberte zusammen mit Wilhelm von Champlitte und 500 Reitern im Jahre 1205 Morea. Nach Wilhelms Tod (1209) erlangte V. die Anerkennung als Herr des Fürstentums, mußte aber die Oberhoheit *Venedigs über einen Teil des Landes anerkennen. Er organisierte ein in 12 Herrschaften unterteiltes feudales Fürstentum und errichtete in seiner Hauptstadt Andravida ein großes Baronenparlament. Seine wiederholten Zusammenstöße mit dem lateinischen Klerus wegen Fragen der Besteuerung brachten V. mehrmals unter den Kirchenbann.

J. Longon, *Recherches sur la vie de Geoffroy de Villehardouin*, 1939.

VILLE LIBRE Bezeichnung der französischen Stadt, die sich durch volle Autonomie auszeichnete. Im Norden Frankreichs wurde die V. *commune jurée,* im Süden *ville de consulat* genannt. Es gab auch Städte, deren rechtlicher Status dem der V. nahekam. Seit Ausgang des 13. Jh.s schwächten die französischen Könige in den meisten Fällen den Status der V., bis er praktisch dem der *villa franca ähnelte.

VILLE NEUVE Bezeichnung für die in Frankreich in unbewohnten Gegenden zwischen Mitte des 11. und Mitte des 13. Jh.s gegründeten Dörfer. Die V. war Teil der großen Kolonisationswelle der Zeit. Die große Mehrheit der V. wurde durch einen Willensakt des Herrn (König, Graf, Burgherr, Kloster oder wie in Norditalien Stadtgemeinde) geschaffen und zielte neben der Besiedlung der Wildnis auf politische und fiskale Zwecke ab. Um Neusiedler anzuziehen, wurden in schriftlichen Verträgen günstige Bedingungen versprochen und ein Teil der Kapitalauslagen übernommen. Die V. war ein wichtiger Schritt zu einem offeneren Wirtschaftssystem.

G. Duby, *Rural Economy and Country Life in the Medieval West*, 1968.

VILLIKATION Siehe *LANDWIRTSCHAFT.

VILLON, FRANÇOIS (Mitte 15. Jh.) Dichter. Der studierte Pariser lebte ein unstetes Leben zwischen Verbrechen, Genuß und Gefängnis; nachdem sein Todesurteil 1463 in Verbannung umgewandelt worden war, blieb er verschollen. Seine Balladen (bes. "Das große Testament") drehen sich um Liebe, Wein, Haß und Tod

und sind von bis dahin unbekannter Unmittelbarkeit und Ausdruckskraft. (Din)

Werk (franz.-dt.): W. Küchler, M. L. Bulst, 1972³.

VINLAND Eine von nordischen Kolonisten an der Ostküste Amerikas entdeckte Region. Um 992 landete als erster Leif, Sohn *Erichs d. Roten, in V. Sein Bruder Thorwald versuchte daraufhin, in V. eine Siedlung zu errichten, die jedoch nicht von Dauer war. Auch ein weiterer Versuch des Isländers *Thorfin Karlsefni blieb erfolglos (1003). Trotz reicher Jagdmöglichkeiten litten die Siedler unter Angriffen der Eingeborenen und verließen V. Der genaue Ort der Entdeckung Leifs und der Siedlungen konnte bis heute nicht festgestellt werden. Labrador, Neufundland und Novia Scotia werden als mögliche Gegenden angesehen.

G. M. Gathorne-Hardy, *The Norse Discoveries of America*, 1921.

VINZENT FERRER (hl.: um 1350-1419) Sohn eines Engländers und einer Spanierin, trat 1367 dem *Dominikanerorden bei und machte sich rasch als Prediger einen Namen. V. war besonders unter Juden und Mauren tätig, diente Papst *Benedikt XIII. als Berater und Beichtvater und verließ 1399 Avignon, um sich wiederum der Predigt zu widmen. Mit ihm zog eine große Menge von Geißlern und Büßern. Sein Ruf, Bewirker von Wundern zu sein, erhöhte die Wirksamkeit seiner leidenschaftlichen Appelle zur Buße vor dem anstehenden Untergang. Die Rückziehung seiner Unterstützung Benedikts war für die Beendigung des *Großen Abendländischen Schismas von großer Bedeutung. V. starb auf einer neuen Predigttour in *Vannes und wurde 1455 heilig gesprochen.

H. Gheon, *St. Vincent Ferrer*, 1939.

VINZENT VON BEAUVAIS (um 1190-um 1264) V. war offenbar Dominikanermönch in Paris und Beauvais, wurde als Vorleser im Kloster Royaumont (bei Paris) beschäftigt und kam dort mit der Familie König *Ludwigs IX. in Kontakt. Er schrieb auch das *Speculum Majus* ("Großer Spiegel"), eine Zusammenfassung des mittelalterlichen Wissens aus sämtlichen Gebieten, ein Vorläufer des heutigen Universallexikons. Außerdem ist er Autor einer Erziehungslehre für junge Adlige.

VINZENZ MAUGER (MADELGAIRE; hl.; gest. 677) Gründer und Abt von Hautmont und Soignies. Sohn einer Adelsfamilie aus dem *Hennegau, war in Irland als Missionar tätig und gründete nach seiner Heimkehr das Kloster Hautmont, dem er selbst als Mönch beitrat (um 642). V.' Stiftung wurde geistiger Mittelpunkt für den Adel der Gegend. Auf der Suche nach größerer Abgeschiedenheit gründete V. um 670 ein neues Kloster zu Soignies.

VIRGIL VON SALZBURG (hl.; gest. 784) In Irland geboren, wo er Mönch wurde, ging V. auf den Kontinent und wurde um 745 Abt und Bischof zu *Salzburg. Infolge unterschiedlicher kosmologischer Ansichten und auch aus anderen Gründen stieß er mit dem hl. *Bonifatius von Mainz zusammen und wurde zweimal nach Rom gesandt. V. war vor allem an der Christianisierung *Kärntens beteiligt.

P. Karner, *Die Heiligen und Seligen Salzburgs*, 1913.

VISCONTI Italienische Adelsfamilie, die von 1277 bis 1447 Stadt und Fürstentum *Mailand regierte. Sie stammte aus Norditalien, leitete sich von den *Langobarden ab und nahm seit dem späten 11. Jh. als Parteigängerin *Heinrichs IV. in Mailand eine bedeutende

Stellung ein. Erzbischof Ottone gewann den Machtkampf zwischen den Mailänder Adelsfamilien und machte vor seinem Tod (1295) seinen Neffen Matteo zum Volkskapitän. Nach einem kurzen Zwischenspiel der Herrschaft der rivalisierenden Della *Torre (1302-10) wurde Matteo von Kaiser *Heinrich VII. als *Vikar eingesetzt. Matteo eroberte eine Anzahl von Nachbarstädten und legte die Grundlagen für das Herzogtum Mailand. Als ein Zusammenstoß mit dem Papsttum unmittelbar bevorstand, dankte er zugunsten seines Sohnes Galeazzo ab (1322). Dieser schlug 1325 die päpstliche Armee mit Hilfe *Ludwigs d. Bayern und dehnte seinen Herrschaftsbereich durch freiwillige Unterwerfung seiner Gegner, durch Heirat und gelegentlich auch durch Eroberung aus. Zur Zeit des Todes von Erzbischof Giovanni (1354) regierte die Familie das gesamte Norditalien mit Ausnahme von *Piemont, *Verona, *Mantua, *Ferrara und *Venedig. Die V. verheirateten sich mit den Königshäusern von England und Frankreich und nahmen eine politische Stellung ein, in der sie niemandes Werkzeug waren. Nach einer Periode von Erbteilungen konnte Gian Galeazzo V. die gesamten Besitzungen des Hauses in seiner Hand vereinigen (1385). Er kaufte für 100.000 Gulden von *Wenzel IV. die Herzogswürde, regierte ein von einem hochentwickelten Beamtenapparat verwaltetes Land und schien durch nichts und niemanden mehr in seinem Eroberungszug über ganz Italien aufhaltbar zu sein. Er starb bei der Belagerung von Florenz am *Schwarzen Tod (1402). 1447 ging das Herzogtum nach dem Tod des letzten männlichen V., Filippo Maria, an dessen Schwiegersohn, den Heerführer Francesco Sforza über.

D. Muir, *A History of Milan under the Visconti.* 1924.

VISIONSLITERATUR Von vielen mittelalterlichen Heiligen, Mystikern, Sektierern, aber auch einfachen Bauern und Nonnen wurden in Ekstase (oder im Traum) erlebte Visionen berichtet. Diese Aufzeichnungen bilden die V., meist von Klerikern und Mönchen verfaßt. Dabei lassen sich zwei Typen von Visionen und dementsprechend zwei Phasen der V. unterscheiden: vom 6.-frühen 13. Jh. dominieren Visionen, in denen der Seher (meist Männer) das Jenseits (Fegefeuer, Paradies, Hölle, Himmel) durchwandern müssen (z.B. *Wetti 824, *Tundal 1149, Gottschalk 1198); beim zweiten Typ (Mitte 12.-16. Jh.) spielt der Raum eine geringe Rolle im Vergleich zu der persönlichen Beziehung zu den Gestalten des Jenseits (bes. Christus, Maria). Es waren vor allem Frauen, die solche Visionen erlebten, und zwar oftmals, nicht nur ein Mal, wie die älteren Visionäre. Hier sind zu nennen etwa *Birgitta v. Schweden, *Katharina v. Siena, Margery *Kempe. Typisch für die Seherinnen des Spätmittelalters ist es, daß sie das Geschaute sogleich *allegorisch interpretierten und außerdem auch mit anderen übersinnlichen Gaben wie Telepathie, Zukunftsschau u.ä. begabt waren. Während die ältere V. meist innerhalb von Chroniken, Briefen oder als Einzeltexte überliefert wurde, fand sich die jüngere vor allem in Lebensbeschreibungen und Visionsbüchern, die viele Schauungen eines Sehers vereinigten.   (Din)

P. Dinzelbacher, *Vision und Visionsliteratur im Mittelalter,* 1980.

VISITATION Ein periodischer Besuch einer meist kirchlichen Anstalt durch einen Vorgesetzten und eines der wichtigsten Mittel, zuchtlose Klöster der kirchlichen Disziplin zu unterwerfen.

VITALIAN Papst (657-72). V. bemühte sich, den Konflikt zwischen Papsttum und byzantinischen Kaisern über die Frage des *Monothelitismus zu entschärfen und sandte *Theodor von Tarsus als Erzbischof von Canterbury nach England.

VITALIENBRÜDER Eine Gruppe von Seeleuten und Piraten, die während der Belagerung *Stockholms durch Königin *Margarete von Dänemark und Schweden die Stadt mit Viktualien versorgten (1389). Danach betrieben sie Seeräuberei in der Ostsee von ihrem Stützpunkt auf Gotland aus, bis sie von den Deutschherren unter Winrich von Kniprode von der Insel vertrieben wurden. Unbekümmert gingen sie daraufhin unter ihren Führern Klaus Störtebeker und Godecke Michels in der Nordsee der gleichen Beschäftigung nach; sie wurden von einer Hanseflotte bei Helgoland und an der Wesermündung gestellt, niedergekämpft und gefangengenommen. Die Anführer wurden hingerichtet (1401).

F. Teichmann, *Die Stellung und Politik der hansischen Seestädte gegenüber den Vitalienbrüdern in den nordischen Thronwirren,* 1931.

VITALIS VON SAVIGNY (hl.; um 1060-1122) Normannischer Mönch. V. war Priester und Kaplan Roberts von Mortain, des Bruders *Wilhelms d. Eroberer. Auf der Suche nach religiöser Vollkommenheit zog sich V. 1095 in eine Einsiedelei im Wald von Craon zurück, wo er sich der Rechtlosen und Banditen annahm. 1112 errichtete V. das Kloster *Savigny und zwischen 1105 und 1120 das Nonnenkloster Mortain, dem seine Schwester, die hl. Adeline, vorstand.

VITERBO Stadt und Bistum in der südlichen *Toskana, nordwestlich von Rom. Die alte römische Siedlung wurde vom Langobardenkönig Desiderius befestigt. V. lag im Mittelpunkt der Gegend, die 1115 Markgräfin Mathilde von Tuszien dem Papsttum als *Patrimonium Sancti Petri verlieh. Die mit einem angenehmen Klima und einer herrlichen Landschaft gesegnete Stadt wurde zweite Hauptstadt des Papsttums und war Zeugin zahlreicher dramatischer Ereignisse sowie Wahl- und Bestattungsort mehrerer Päpste. 1232 wurde V. von einer kaiserlichen Armee gegen die Römer verteidigt, 1241 aber von den Truppen *Friedrich II. besetzt. Im Vertrag von V. (1266) überließ William II. v. Villehardouin Achaia *Karl v. Anjou.

M. Signorelli, *Storia breve di V.,* 1964.

VITIGES (gest. 543) Ostgotenkönig (536-40). Der geachtete Krieger wurde angesichts der Landung der byzantinischen Invasionsflotte Belisars und dessen Eroberung Neapels und Roms anstelle des unfähigen *Theudehad zum König gewählt. Es gelang V., eine Invasion der *Franken durch die Herausgabe der Provence zu verhüten, woraufhin er sich mit seinen ganzen Kräften an die Belagerung Roms machte. Hier vergeudete er seine Armee gegen die überlegene Taktik Belisars, mußte sich zurückziehen und schließlich aufgeben. V. wurde nach Konstantinopel geführt und mit dem Patriziertitel sowie einem sicheren Einkommen bis zu seinem Lebensende geehrt.

L. M. Hartmann, *Geschichte Italiens im Mittelalter* 1, 1923[2].

VITTORIA Eine Lagerstadt, die *Friedrich II. bei Parma errichtete, nachdem er geschworen hatte, die aufständische Stadt Parma dem Erdboden gleichzumachen (1248). Das befestigte Lager war genau geplant, besaß einen künstlichen Fluß, Wassermühlen und sogar eigene Münzen. Friedrich richtete sich in V. für den Winter ein und gedachte, Parma auszuhungern. Am 18. Februar 1248, als der König auswärts auf Falkenjagd war, wurde die Garnison von den Bürgern Parmas überrascht und zerstreut und die Zeltstadt eingeäschert. Friedrich konnte nur noch die Überlebenden sammeln und sich nach *Cremona zurückziehen, wo er auf frische Truppen aus Sizilien wartete.

E. Kantorowicz, *Kaiser Friedrich II.*, (Neudr.) 1963.

VIVARIUM Ein 555 von *Cassiodorus am Golf von Squillace (Kalabrien) gegründetes Kloster. Es war als Ort für systematisches Bibelstudium gedacht und wurde von Cassiodorus mit einer außerordentlich großen Bücherei und einem *scriptorium ausgestattet. Der Gründer entwarf auch einen Studienplan, der theologische und weltliche Fächer einschloß. Cassidorus wurde zwar nicht Mönch, nahm aber als Patron an den Gottesdiensten teil. Nach seinem Tod fiel die intellektuelle Tätigkeit der Mönche ab. Dank der Tatsache, daß die Bibliothek auch weltliche Werke einschloß, die von den Mönchen abgeschrieben wurden, blieben wichtige Werke der antiken Kultur erhalten.

G. Ludwig, *Cassiodor. Über den Ursprung der abendländischen Schule*, 1967.

VOCLADIS Siehe *VOUILLE.

VOUILLE (VOCLADIS) Schlachtort nahe *Poitiers, an dem 507 die *Westgoten unter *Alarich II. die Invasion der salischen Franken unter *Chlodwig zurückweisen wollten, jedoch vernichtend geschlagen wurden. Danach unterwarfen die Franken den Großteil des gotischen Gallien und drängten die Westgoten in die Gegend um *Narbonne zurück.

VOX IN EXCELSO Bulle von Papst *Clemens V. (1311), die die Auflösung des *Templerordens anordnete und dessen Besitz an die *Johanniter übertrug.

VULGATA Die im mittelalterlichen Westen allgemein benutzte lateinische Fassung der Bibel in der Übersetzung des hl. *Hieronymus. Infolge der großen Textunterschiede zwischen den bis dahin gebräuchlichen lateinischen Fassungen übersetzte Hieronymus große Teile des Alten Testaments aus der griechischen Septuaginta und den hebräischen Büchern sowie die Evangelien. Das Ergebnis seiner Bemühungen fand allgemein Anerkennung und wurde in einer Bibel vereint, die wegen ihrer weiten Verbreitung den Namen V. ("allgemein gebraucht") erhielt. Erst das Konzil von Trient (1546) verlieh der V. offizielle Anerkennung als der einzigen authentischen Fassung. Die älteste Handschrift ist der Codex Amiantionus aus *Wearmouth (um 700).

H. Rost, *Die Bibel im Mittelalter*, 1939.

W

UNTER W VERMISSTE EINTRÄGE SUCHE MAN AUCH UNTER V.

WACE, ROBERT (ca. 1100-75) Dichter und Chronist. In Jersey als Sohn einer Adelsfamilie geboren, war für eine kirchliche Laufbahn bestimmt und studierte in Caen und Paris. Um 1130 kehrte W. nach Caen zurück, wo er von König *Heinrich I. als Vorleser beschäftigt und später zum Kanoniker gemacht wurde. W. schrieb einige Heiligenviten und zwei Reimchroniken im normannischen Französisch. Sein *Roman de Brute* (oder *Geste des Bretons)* ist eine freie Übersetzung der lateinischen *Historia Britonum* des *Gottfried von Monmouth. Der *Roman du Rou* ist eine Chronik der normannischen Herzöge und basiert auf den Werken des Dudo und *Wilhelm von Jumièges.
J. H. Philpot, *Maistre Wace, a Pioneer in Two Literatures,* 1925.

WACHO (WACCHO) König der *Langobarden (um 510-39) in Pannonien nördlich der Donau. W. erlangte nach der Ermordung seines Onkels den Thron und verbündete sich 539 mit Kaiser *Justinian gegen den Nachbarstamm der *Gepiden. Deshalb weigerte sich W., an dem von den Goten *Vitiges gegen die Byzantiner in Italien geplanten Angriff teilzunehmen. Seine Töchter waren mit einem *Frankenkönig und einem *Bayernherzog, er selbst mit den Töchtern der Nachbarkönige verheiratet.
J. Werner, *Die Langobarden in Pannonien,* in: Abhandlungen der Bayrisch. Akademie der Wissenschaften, Phil.-Hist. Klasse, N.F. 55A, 1962.

WAGRIER Obodritischer Slawenstamm in Ostholstein (Nordostdeutschland). Im 10. und 11. Jh. konnten sich die W. gegen die Angriffe der Dänen aus Schleswig verteidigen und ihre Unabhängigkeit aufrechterhalten. 1147 wurden sie vom sächsischen Heer *Heinrichs d. Löwen besiegt und danach rasch germanisiert.

WAIBLINGEN Württembergische Stadt und Name einer Festung, die von den *Karolingerkönigen in das Eigentum der Herzöge von *Schwaben überging. W. wurde Heim der *Hohenstaufen und sein Name Schlachtruf des Hauses und seiner Anhänger. Als solcher erschallt W. erstmals bei der Belagerung von Weinsberg am Neckar (1140). In den italienischen Kriegen des 12. Jh.s wurde W. zu "*Ghibellinen" verballhornt und als Bezeichnung der kaiserfreundlichen Kräfte gebraucht.

WAIFAR (WAIFRE) Herzog von *Aquitanien (745-68). W. war Sohn und Nachfolger Herzog *Hunalds und gab Grippon, dem Bruder *Pippins, Asyl, worauf ein Krieg mit den Franken ausbrach, der 17 Jahre dauerte und Aquitanien verwüstete. Vor der Übermacht der Franken mußte sich W. in die Berge der Dordogne und dann nach *Auvergne zurückziehen. Der Krieg endete erst mit der Ermordung des unbezähmbaren W. im Wald von *Ver.

W. Kienast, *Studien über die französischen Volksstämme des Frühmittelalters,* 1968.

WAKIDI IBN 'UTMAN, AL- (ca. 747-823) Arabischer Geschichtsschreiber. W. verbrachte einige Zeit am Hof Harun-al-Raschids und diente unter Kalif Al-*Mamun als Richter. W.s Hauptwerk ist der *Kitab al-Maghazi,* eine Biographie des Propheten.

WALACHEI Name von zwei politischen Einheiten, die im Mittelalter von *Walachen bevölkert waren. Im zweiten *bulgarischen Reich war die Provinz *Thessalien als Groß-W. und *Epiros als Ober-W. bekannt. Zu Beginn des 14. Jh.s entwickelte sich südlich der Karpaten unter der Führung des Wojwoden Basarab I. ein großer Staat, der sich in zwei Kriegen (1336, 1369) von der ungarischen Herrschaft befreien konnte und eine autonome orthodoxe Kirche unter einem Metropolen sowie ein von *Byzanz beeinflußtes Regierungssystem besaß. Seit Ausgang des 14. Jh.s geriet die W. verstärkt unter den Einfluß der Osmanen, behielt aber ihre Institutionen bei.

WALAHFRID STRABO (um 808-49) Deutscher Mönch, Dichter und Theologe. W. war ein Schwabe niederer Herkunft, wurde auf der *Reichenau und später in *Fulda erzogen, wo er Schüler des *Hrabanus Maurus war. W. diente als Lehrer *Karls d. Kahlen, der ihn 838 zum Abt der Reichenau machte. Nachdem W. die Seite *Lothars ergriffen hatte, mußte er 842 entfliehen, wurde aber zwei Jahre später wieder in sein Amt eingesetzt. W. starb auf einer Reise im Dienste Karls. Seine sehr persönlich gehaltenen Gedichte behandeln das Jenseits (*Visio *Wettini*), die Freuden und Nutzen des Gartenbaus (*Hortulus*) sowie den Dichter und seine innere Stimme (*De imagine Tetricii*). Er verfaßte auch einige Heiligenviten in Reimen und Prosa. Unter seinen theologischen Werken ist die große *Glossa ordinaria* (ein Kommentar der Heiligen Schrift) von Bedeutung; sie diente bis in die Frühneuzeit als Handbuch, wird jedoch W. allgemein abgesprochen.
K. H. Mistele, *Walafrid Strabo,* 1962.

WALBURGA (hl.; ca. 710-99) In Wessex geboren Nonne zu Winborne, ging mit ihren Brüdern, dem hl. *Willibald und Wunibald, als Missionarin nach Deutschland. 761 wurde sie Leiterin des Doppelklosters Heidenheim bei Augsburg, das sie bis zu ihrem Tod leitete. Ihr Grab zu Eichstätt wurde zum Pilgerort infolge des wundersamen Öls, das aus der Grabstätte herausgetreten sein soll.

WALCHEN Die byzantinische und slawische Bezeichnung für das rumänische Volk. Der Ursprung der W. ist noch heute Gegenstand von Diskussionen. Die rumänischen Historiker sehen in den W. Nachkommen der im 2. Jh. in Illyrien angesiedelten römischen Kolonisten, die ungarischen hingegen in ihnen Nachkommen von nomadischen Schäfern aus der Gegend südlich der Donau. Im 12. Jh. waren die W. ein Element in mehreren politischen Einheiten, von denen die bedeutendsten das bulgarisch-walachische Reich nördlich der Donau (1185-1257), die Großwalachei in den Bergen von Thessalien (2. Hälfte des 11. Jh.s-1393), das Fürstentum Oberwalachei und das Fürstentum *Moldau waren.

WALCHER VON MALVERN Mönch und Prior von Malvern, Wissenschaftler. W. war an Astronomie interessiert, erwarb einen Astrolabus und beobachtete in Italien (1091) und England (1092) Sonnenfinsternisse. Um 1100 traf W. den bekannten Arzt und Astronom Pedro Alfonso, der ihm aus seiner großen praktischen Erfahrung berichtete. W. verfaßte eine Abhandlung "Über den Drachen", in der er Methoden zur Voraussage von Finsternissen sowie die Berechnung der Position von Sonne und Mond mitteilte. W.s Werk führte zusammen mit anderen Leistungen zum Aufbau der wissenschaftlichen englischen Tradition, deren beste Vertreter Robert *Grosseteste und Roger *Bacon sind.
A. C. Crombie, *Von Augustinus zu Galilei*, 1959.

WALDEBERT Abt von Luxeuil (620-32). Sohn einer hohen fränkischen Familie, trat dem nach der irischen Tradition geführten Kloster *Luxeuil bei, wo er die Gunst des hl. *Columban erwarb. Als Abt führte W. die *Benediktinerregel ein. Er diente auch als Berater König *Dagoberts.

WALDEMAR I. DER GROSSE (1131-82) König von Dänemark (1157-82). Sohn *Knut Lavards und nach dem Tod Erik Lams (1147) einer der drei Thronanwärter. Bis 1157 konnte W. seine Rivalen aus dem Feld schlagen und amtierte danach unbestritten als König. Er kämpfte zehn Jahre gegen die *wendischen Piraten von Rügen, nahm 1169 deren Insel, zerstörte das Götzenbild und zwang ihnen das Christentum auf. W. erkannte die Oberhoheit Kaiser *Friedrichs I. an (1162), auf dessen Hilfe gegen seinen aggressiven Nachbarn *Heinrich d. Löwen er angewiesen war. Nach Heinrichs Fall (1180) und der Festigung von W.s Herrschaft bewegten sich ihre Beziehungen auf die Ebene von Gleichgestellten; 1182 trafen die beiden Herrscher in Anwesenheit ihrer Heere zusammen und arrangierten eine Doppelheirat ihrer Kinder.
P. Lauring, *Geschichte Dänemarks*, 1964.

WALDEMAR II. DER SIEGER (1170-1241) König von Dänemark (1202-41). Zweiter Sohn *Waldemars I. und Herzog von *Schleswig, war als König Nachfolger seines Bruders *Knut VI. (1202). W. hatte bereits *Holstein erobert und zwang *Otto IV. zur Bestätigung seiner Oberhoheit über die deutschen Länder nördlich der Elbe einschließlich des wichtigen Handelszentrums *Lübeck. Dafür erkannte W. Otto als Kaiser an. W.s Herrschaft wurde durch Papst *Innozenz III. gestürzt, den W. durch seine Kreuzzüge gegen die heidnischen *Esten (1206) und *Pommern (1210) erfreute. 1215 vereitelte W. einen deutschen Versuch, Nordalbing wiederzugewinnen, mit Leichtigkeit. Auf dem Höhepunkt seiner Macht wurden er und seine Söhne 1223 von ihrem Gast, dem Grafen Heinrich von *Schwerin, entführt und erst zwei Jahre später gegen ein hohes Lösegeld und die Herausgabe Nordalbings und aller Eroberungen im Wendenland freigelassen. 1227 wurde W. in der Schlacht von Bornhöved geschlagen, konnte aber im Frieden von Stensby (1238) den größeren Teil des dänischen Estland behalten. Gegen Ausgang seiner Herrschaft gab W. den großen Rechtskodex von Jütland heraus.

WALDEMAR IV. AFTERDAG König von Dänemark (1340-75). Jüngster Sohn *Christophs II. von Dänemark, wurde am Hofe *Ludwigs d. Bayern erzogen und mußte nach seiner Königswahl sieben Jahre um die Wiedervereinigung des zerrissenen dänischen Staates kämpfen. Dabei fand W. beim Kaiser und den *Hansestädten Unterstützung. Sein phantastischer Plan, im Bund mit Frankreich England zu erobern, wurde durch einen Aufstand der Adligen Jütlands vereitelt, den er 1357 niederschlug. Seine Eroberung Schonens, des Mittelpunkts der nördlichen Fischerei, führte 1361 zum Zusammenstoß mit den Hansestädten und dann nach seiner Ergreifung in *Wisby zum offenen Krieg. In der Schlacht von Hälsingborg fügte W. der hanseatisch-schwedischen Flotte eine entscheidende Niederlage zu und konnte einem allgemeinen Angriff der Hanse und der aufständischen dänischen Adligen (1368) durch diplomatische Manöver entgehen. Der Frieden von 1370 war zwar demütigend, aber W. konnte die Ausführung der meisten Klauseln verhindern.
P. Lauring, *Geschichte Dänemarks*, 1964.

WALDEMAR VON SCHWEDEN König (1250-67). Sohn des Birger Jarl und Neffe des Erik Erikson, wurde nach Eriks Tod zum König gewählt und gilt als Gründer des Königshauses Folkung. Bis zu seines Vaters Tod (1266) übte W. gemeinsam mit ihm die Regierung aus. Kurz danach verlor W. den Thron in einem Streit mit seinem jüngeren Bruder *Magnus Ladulas, der sich der Unterstützung *Dänemarks erfreute.

WALDENSER Sekte, die nach der Verurteilung der "Armen von Lyon", der Anhänger Petrus *Waldes, entstand. Die Bewegung erhielt Verstärkung durch eine Gruppe Mailänder Tucharbeiter (die sog. *Humiliati oder Armen Lombarden) und verbreitete sich rasch über die Städte des südlichen französisch-deutschen Grenzlandes und die Alpentäler von *Savoyen, *Dauphiné und *Piemont. Die Sekte konnte jedoch nicht die verschiedenen Anschauungen und Traditionen in Bezug auf die offizielle Kirche und die *Sakramente unter einen Hut bringen und teilte sich in zahlreiche Gruppierungen, von denen einige im frühen 13. Jh. ihren Frieden mit der Kirche machten. Unter diesen waren jene um Durandus von Huesca und Bernhard Prim von Bedeutung. Die eigentlichen W. wurden durch die ansteigende Verfolgung verstärkt in extreme Positionen getrieben und verschärften ihre Kritik an den Übeln der Kirche bis zur vollkommenen Leugnung der geistigen Rolle der Kirche im Erlösungsprozeß. So verneinten sie die Wirksamkeit der meisten *Sakramente: die Rolle des Priesters, die *Heiligenverehrung, den *Ablaß, die gesamten Institutionen der Erlösung, die sich in der Hand der Kirche befanden. In dieser Hinsicht unterschieden sie sich deutlich von anderen Bewegungen der apostolischen Armut dieser Periode, wie etwa den *Franziskanern. Andererseits blieben die W. in ihrem Glauben christlich und widersetzten sich der ebenfalls zu dieser Zeit weit verbreiteten dualistischen Anschauung der *Katharer. Wo immer sie Fuß faßten, bildeten die W. eine meistens unorganisierte Gemeinde, die in der Mehrheit aus einfachen Gläubigen bestand; der Rest war eine kleine Gruppe von Amtsinhabern. In einigen Gegenden gab es auch Bischöfe, Priester und Diakone; die W. aber erlangten nie die überregionale und internationale Organisation der Katharer. Außerdem bestand eine klare Unterscheidung zwischen dem radikalen und sozialrevolutionären italienischen Flügel und den französischen Gruppen, die mehr von Waldes spiritueller Lehre beeinflußt waren. Von all den zahlreichen W.-Gruppen überlebten nur die aus Piemont und Savoyen in ihren abgelegenen Bergtälern die Unterdrückungsmaßnahmen der weltlichen und kirchlichen Obrigkeiten im Laufe des 13.-15. Jh.s.

K. V. Selge, *Die ersten W.*, 2 Bde., 1967;
W. Erk (Hg.), *W.*, 1971.

WALDES, PETRUS (Wende 12./13. Jh.) Gründer der ketzerischen *Waldensersekte. W. war ein reicher Kaufmann aus *Lyon und machte einen geistigen Prozeß durch, der ihn zur Suche nach religiöser Vollkommenheit führte. Um 1170 ließ W. Übersetzungen der Heiligen Schriften und Werke der Kirchenväter anfertigen, um zu einem tieferen Verständnis des Wortes Gottes zu gelangen. Er folgte dem Ruf Christi und verließ seine Familie, verteilte seinen Besitz unter den Armen und leistete 1176 den Eid der Armut. W. fand unter den Armen von Lyon Anhänger und errichtete eine Brüderschaft zur Praxis der apostolischen Armut, die von Papst *Alexander III. bestätigt wurde. Ausgerüstet mit einer provenzalischen Übersetzung der Bibel machten sich er und seine Anhänger auf den Weg und erklärten dem Volk die Bibel nach ihrem eigenen Verständnis. Daraufhin wurde ihm 1179 vom Papst die unautorisierte Predigt verboten. Als sich W. auch dadurch nicht von seiner Berufung abhalten ließ, wurden er und seine Anhänger zu den Ketzern gerechnet, die 1184 auf dem Konzil von *Verona von Papst *Lucius III. verurteilt wurden. Das weitere Geschick W.' ist unbekannt, bis auf die Tatsache, daß er nach Böhmen entfloh, wo er möglicherweise 1216 starb.

K. V. Selge, *Die ersten Waldenser*, 2 Bde., 1967.

WALES Provinz in Britannien. Nach dem Rückzug der Römer wurde W. von keltischen Fürsten regiert, deren Macht durch die Ausdehnung der Angelsachsen zunehmend beschränkt wurde. Im späten 9. Jh. konnte Roderick d.Gr. (Rhodri Mawr) die Invasionen der *Wikinger und die Expansion *Merciens abwehren. Unter seinen Söhnen wurde W. in drei Fürstentümer geteilt, die auf Stammeseinheiten beruhten, während die Fürsten von Gwynedd als Großfürsten angesehen wurden. Llewelyn ap Seissylt (gest. 1002) konnte ganz W. unter seiner Herrschaft vereinigen, danach zerfiel es wiederum unter der Anstiftung *Harolds, des Earls von Wessex. Nach der normannischen Eroberung Englands nahm Robert Fitz-Hamon, der Earl von *Gloucester, den Süden von W. Weitere normannische Versuche wurden 1136 von Griffith ap Rhys in der Schlacht bei Cardigan zurückgewiesen. Nach der Thronbesteigung *Heinrichs II. wurde ein Friedensvertrag unterzeichnet. 1196 machte sich das Fürstenhaus Gwynedd zum unbestrittenen Herrn des freien W. Llewelyn der Große (gest. 1240) konnte zwar seine Unabhängigkeit von der englischen Oberhoheit, nicht jedoch die kirchliche Integrität des Landes bewahren. Die vier Bistümer von W. wurden 1203 dem Erzbischof von *Canterbury unterstellt. Sein Neffe Llewelyn verbündete sich mit den aufständischen englischen Baronen und wurde 1282 von König *Eduard besiegt. Damit wurde das Land englischer Kronbesitz und Apanage des Kronprinzen. Englische Kolonisten bevölkerten die Städte und erhielten weitgehende Privilegien, während die Entwicklung der Dörfer behindert wurde. In der unruhigen Zeit nach der

Thronbesteigung *Heinrichs IV. setzte sich der fürstliche Abenteurer Owen Glendover an die Spitze von W., besiegte die Engländer und regierte das Land in den Jahren 1402-08. Nach seinem geheimnisvollen Verschwinden machten sich der englische König und die Kolonisten wiederum zu Herren des Landes.

A. W. Wade-Evans, *The Emergence of England and Wales*, 1959.

WALHALLA In der Religion der germanischen Stämme der Ort in der jenseitigen Welt, an dem die Walkyren die gefallenen Krieger mit Getränken laben; oft auch der künftige Schlachtort zwischen den Kräften des Guten und Bösen.

WALID BEN ABD AL-MALIK Omajjadenkalif (705-15). W. wurde durch seinen religiösen Eifer und seine ausgedehnte Bautätigkeit bekannt. Er beschlagnahmte die Basilika Johannes d. Täufers in Damaskus und baute sie in eine großartige Moschee um. Unter W.s Regierung wurde die Verwaltung aus der Hand der syrischen Christen genommen; das arabische Kalifat erreichte seine größte Ausdehnung.

WALID BEN JASID Omajjadenkalif (743-44). Ein künstlerisch begabter Mann, wurde durch sein phantastisches Bauprojekt des Palastes von Mshatta in der Mitte der Wüste bekannt, der mit allen Raffinessen der Zivilisation ausgestattet war. Sein grausames und kapriziöses Vorgehen führte dazu, daß sich Syrien (bis dahin die Hochburg der *Omajjaden) erhob. W. wurde in dem Aufstand getötet, der der Omajjadenherrschaft ein Ende setzte.

J. Wellhausen, *The Arab Kingdom and its Fall*, 1973.

WALLACE, WILLIAM (um 1270-1305) Rebell und Nationalheld *Schottlands. Von adliger Herkunft, tötete wegen einer Beleidigung einen jungen Engländer und wurde für vogelfrei erklärt. Von seinen Verstecken aus setzte er einen Guerillakrieg in Gang, fand Anhang unter den patriotischen Adligen, die sich jedoch angesichts eines großen englischen Heeres zurückzogen, so daß er 1297 um Frieden bitten mußte. W. baute nördlich des Firth of Ford eine neue Armee auf, schlug im gleichen Jahr die Engländer bei Abbey Craig und vertrieb sie aus Schottland. Daraufhin wurde W. zum Schutzherrscher von Schottland gewählt, 1298 jedoch von König *Eduard bei Falkirk geschlagen. Nach der Unterwerfung der schottischen Adligen (um 1303) führte W. weiter Überfälle auf die Engländer, wurde aber gefangen, nach London gebracht und im August 1305 als Verräter hingerichtet.

J. Ferguson, *William Wallace, Guardian of Scotland*, 1938.

WALLIA Westgotenkönig (415-19). W. wurde König nach der Ermordung *Athaulfs und konnte die römische Blockade nicht brechen; dadurch wurde er gezwungen, 416 ein Abkommen zu treffen, das in Gegenleistung für Getreidelieferungen an sein ausgehungertes Volk die Befreiung der Geisel Galla Placidia sowie die Eroberung Spaniens von den *Wandalen, *Alanen und *Sueben vorsah. Nach grimmigen Kämpfen (416-18) konnten die Westgoten tatsächlich die Wandalen und Alanen schlagen, wurden dann aber von den römischen Herren zurückgerufen und in der Provinz Aquitanica Secunda angesiedelt, da sie zu mächtig geworden waren.

D. Claude, *Geschichte der Westgoten*, 1970.

WALLINGFORD Stadt am Westufer der Themse westlich von London. W. war vor der normannischen Erobe-

rung ein befestigter Ort und während des 11. Jh.s die größte Stadtsiedlung in Berkshire. W.s Bedeutung rührte von seiner Lage an der Hauptstraße zwischen London und *Gloucester her. Die Normannen erbauten in W. eine neue große Festung. Die Stadt war für vierzehn Jahre Brennpunkt des Widerstandes gegen König *Stephan; 1154 wurde in W. der Erbvertrag zwischen Stephan und dem künftigen König *Heinrich II. unterzeichnet. Die Umleitung des Verkehrs zwischen London und Gloucester durch zwei neue Brücken bei Abingdon führte im frühen 15. Jh. zum Niedergang der Stadt.
T. K. Hedges, *The History of Wallingford*, 1881.

WALLONEN Volksgruppe von gallisch-römischer Herkunft, die in Nordostgallien und besonders an der Maas ansässig war und sich auch während der fränkischen Eroberung ihren Volks- und Sprachcharakter bewahren konnte. Im 8.-9. Jh. assimilierten sie die fränkische Volksgruppe und schufen inmitten der germanisch sprechenden Nachbarn eine französische Sprachgruppe. Im 11. Jh. entwickelten sie eine eigene Zivilisation, die auf mündlichen Überlieferungen beruhte und sich in Kunstwerken sowie lateinischen Schriften ausdrückte.

WALSINGHAM, THOMAS (ca. 1360-1422) Englischer Geschichtsschreiber. W. war Schreiber im Kloster *St. Albans, Prior der Zelle Wymondham (1394) und wiederum Mönch zu St. Albans, wo er auch starb. Zwischen 1380 und 1394 schrieb W. die *Chronica maiora*, eine Fortsetzung zu *Matthäus Paris, dann eine Geschichte der Äbte seines Klosters und schließlich die "Chronik von St. Albans", sein Hauptwerk, das als wichtige Quelle für die anglo-normannische und kirchliche Geschichte Englands bis 1419 gilt.
V. H. Galbraith (Hg.), *St. Alban's Chronicle*, 1937.

WALTER I. von Brienne Herzog von Athen (1301-11). Sohn der französischen Grafenfamilie von *Brienne, erbte 1301 das Herzogtum Athen. 1310 heuerte W. die *Große Katalanische Kompanie zur Eroberung Thessaliens an. Nachdem er ihnen den Sold schuldig blieb, wurde er im folgenden Jahr von den Söldnern getötet.

WALTER II. von Brienne Graf von Brienne und Titularherzog von Athen (1311-56), eine Würde, die er von seinem Vater *Walter I. geerbt hatte. W. wurde in Italien erzogen, wo er als Condottiere tätig war. 1342 machte er sich als Haupt einer Volksbewegung zum Herrn von *Florenz und wurde im folgenden Jahr mit der Machtergreifung der aristokratischen Partei vertrieben. Daraufhin ging W. nach Frankreich, um seine Grafschaft in der Champagne zu verwalten, begab sich in den Dienst König *Johanns II. und fiel in der Schlacht von *Poitiers (1356).

WALTER MAP (ca. 1140-1209) Satiriker. Studierte in Paris, diente unter König *Heinrich II. von England als Wanderrichter und Botschafter an der päpstlichen Kurie, sprach auf dem dritten *Laterankonzil (1179) gegen die *Waldenser und stieg rasch in der englischen Kirche auf. Seine höchste Position war die des Erzdiakons von *Oxford (1197); es gelang ihm jedoch nicht, das Bistum Hereford zu erlangen (1199). W. besaß intime Kenntnisse der kirchlichen und königlichen Affären und schrieb eine Sammlung aller Arten von Klatsch, Legenden und echten Informationen: die *De nugis curialium* ("Über die Torheiten der Höflinge"), in der er alle Einrichtungen, Persönlichkeiten und sogar sein eigenes walisisches Volk bitter geißelte.
Werk: J. E. Lloyd, E. S. Hartland (Hgg.), 1923.

WALTER SANS AVOIR ("der Pfenniglose"; gest. 1096) Französischer Ritter und einer der Führer des Bauernkreuzzugs von 1096. W. zog mit einigen Tausend Franzosen von Köln Richtung Orient, ohne auf den Rest der Volksarmee unter *Peter dem Einsiedler zu warten. Nach einigen Zwischenfällen mit den Byzantinern gelangte W. nach Konstantinopel, wo er Peters Ankunft erwartete. W. starb mit dem Rest des Bauernhaufens am 21. Oktober 1096 im Hinterhalt der Türken.
S. Runciman, *Geschichte der Kreuzzüge* 1, 1957.

WALTER VON CHÂTILLON (ca. 1135-1204) Französischer Dichter. In Lille geboren, studierte in Paris und Reims und lehrte an der Schule von Châtillon. Später studierte W. in *Bologna Rechtswissenschaften. Er diente König *Heinrich II. von England und danach als Sekretär des Erzbischof von Reims. W. ist der Verfasser einer lateinischen Fassung der Taten Alexanders d.Gr., einiger moralischer und satirischer Werke, eines antijüdischen Traktats und einer Abhandlung über die hl. Dreifaltigkeit.
K. Strecker (Hg.), *Die Lieder Walters von Châtillon in der Handschrift 351 von St. Omer*, 1925.

WALTER VON COVENTRY (Ausgang des 13. Jh.s) Chronist. W. lebte als Mönch in der Kirchenprovinz York und ist allein durch sein Werk *Memoriale fratris Walteri de Coventria* bekannt, dessen Abhandlung über die Regierungszeit von *Johann ohne Land von besonderem Wert ist.

WALTER VON HENLEY (um 1250) Englischer Bettelmönch und Verfasser der *Housebondrie*, eines Handbuches der Gutsverwaltung, das genaue Nachrichten über die landwirtschaftlichen Methoden seiner Zeit liefert.

WALTER VON ODINGTON (Walter von Evesham?) Mathematiker und Musiktheoretiker des 14. Jh.s. W. war in *Oxford tätig und verfaßte *De speculatione musicae*, worin er als erster das Konzept der Konsonanz entwickelte. Unter anderem beschrieb er mehrere Formen der um 1300 üblichen polyphonen Musik und weist auf die Existenz besonderer englischer Traditionen hin.

WALTER VON PALERMO (gest. um 1188) Sizilianischer Geistlicher. W. war Engländer von Geburt und wurde von König *Heinrich II. als Lehrer des jungen *Wilhelm II. von Sizilien, des Bräutigams von Heinrichs Tochter, nach Sizilien gesandt. Dort wurde W. Erzdiakon von Cefalù, Dekan von Girgenti und gegen den Willen der Kanoniker Erzbischof von *Palermo (1168). Wieder gegen die Proteste der Kanoniker sowie einer Hofpartei unter der Königin wurde W. von Papst *Alexander III. in seinem Amt bestätigt. W. diente als einer der ersten Minister des Königreiches sowie als Kanzler und war an den Verhandlungen über die Nachfolge *Heinrichs VI. von Deutschland beteiligt.

WALTER VON ROUEN (COUTAINCES) (1140-1207) Englischer Kirchenfürst und Staatsmann. W. wurde mit Hilfe König Heinrichs II. Erzbischof von Rouen (1184) und ging 1189 mit *Richard I. auf den dritten *Kreuzzug; er wurde jedoch zurückgesandt, um die Beschuldigungen gegen seinen Feind, den Kanzler *William Longchamp, zu untersuchen. Nach dessen Entlassung wurde E. Großjustitiar und Haupt der Regierung; ein Posten, den er bis 1193 innehatte.

WALTER VON SAINT-VICTOR (gest. nach 1180) Philosoph, Mystiker und Theologe. W. war Prior von St. *Victor in Paris und Verfasser einer berühmten Streitschrift *Contra quattuor labyrinthos Franciae* ("Gegen die vier Labyrinthe Frankreichs"), in der er scharf gegen die vier Meister der Scholastik seiner Zeit *Abälard, *Gilbert de la Porrée, *Petrus Lombardus und *Petrus von Poitiers vorging. Seine Attacke beruhte auf der mystischen Tendenz der *Viktoriner und richtete sich gegen die dialektische Methode in der Theologie, erreichte aber wegen ihrer Schärfe genau das Gegenteil und konnte nicht die Welle der Scholastik zurückdrängen. R. Glorieux (Hg.), *Le Contra quattuor labyrinthos Franciae de Gauthier de Saint-Victor*, in: Archive d'histoire doctrinale et littéraire du Moyen Age 27, 1952.

WALTER VON DER VOGELWEIDE (um 1170-1230) Deutscher Dichter. Offenbar von österreichischer Abstammung und adliger Geburt, verbrachte einige Zeit am Hof des Babenbergerherzogs Friedrich I. in Wien, wo er von Reinmar d. Älteren die Dichtkunst lernte und Schützling des Herzogs war. Nach Reinmars Tod (1198) wurde W. wandernder Dichter und Minnesänger. Seine festen Überzeugungen und beißenden Verse ließen ihn jedoch nirgends lange zur Ruhe kommen. Von seinen Aufenthaltsorten sind die Höfe des Landgrafen von Thüringen und des Grafen von Meißen belegt. W. nahm an den öffentlichen Auseinandersetzungen seiner Zeit teil und unterstützte zunächst *Otto IV. und dann *Friedrich II. Erst um 1224 scheint er sich endlich auf einem Lehen in Franken niedergelassen zu haben, das ihm der Kaiser geschenkt hatte. Der eigentliche Wert der Dichtung W.s liegt weniger in den Tageskämpfen als in ihrer Frische und Schönheit. Einige seiner Liebeslieder der "niederen *Minne" zählen zu den rührendsten und spontansten Werken des Mittelalters. In seinen späteren Jahren schrieb W. über religiöse und didaktische Themen. F. Maurer (Hg.), *Die Lieder des Walter von der Vogelweide*, 1969-74[4]; H. F. Friedrich, *W. v. d. V.*, 1978.

WAMBA König der spanischen *Westgoten (672-80). Nachfolger König Rekkeswinths. W.s Regierungszeit war durch dauernden Krieg gekennzeichnet. W. unterdrückte Aufstände des Generals Paulus, der im Bund mit den Würdenträgern von *Tarragona, *Nîmes und *Narbonne stand. W. wehrte die moslemischen Eindringlinge ab, die sich an der Südküste Spaniens um die Stadt *Algeciras festgesetzt hatten, und zerstörte deren Flotte. 673 gab W. ein umstrittenes Gesetz zur allgemeinen Wehrpflicht heraus, das den Widerstand des Adels erregte. Trotz seines militärischen Ruhmes und seiner anerkannten Staatskunst wurde W. Opfer einer Verschwörung des Adligen *Erwig und des Erzbischofs von *Toledo und mußte sich in ein Kloster zurückziehen. D. Claude, *Geschichte der Westgoten*, 1970.

WANDALEN Germanischer Volksstamm und Gründer eines nordafrikanischen Königreiches. Die W. stammten aus Dänemark, wanderten nach *Schlesien und Ostpolen weiter, wo sich ihre Hauptgruppen, die Silingi und Asdingi, trennten. Die W. wurden von den *Hunnen nach Westen getrieben, durchquerten Gallien und betraten Spanien (406-09). Dort wurden die Silingi von den *Westgoten angegriffen und in einem dreijährigen Krieg fast vollkommen ausgerottet (415-18). Die Überlebenden vereinigten sich mit den Asdingi, deren Führer Gunderich den Königstitel annahm. Sein Bruder und Nachfolger *Geiserich führte sein 80.000 Mann starkes Volk um 428 nach Nordafrika, wo es mit großem Unwillen von den Römern als Verbündeter aufgenommen wurde. 439 vertrieb Geiserich die Römer und errichtete ein unabhängiges Wandalenreich mit der Hauptstadt *Karthago. Die W. beschlagnahmten zwar die Ländereien um die Hauptstadt, bewahrten aber im restlichen Land die römischen Bräuche und hielten sich als Arianer vom Kontakt mit der einheimischen katholischen Bevölkerung zurück. Von Nordafrika aus besetzten sie die *Balearischen Inseln, sowie *Sardinien, *Korsika und Teile *Siziliens und gelangten 455 bis nach Rom, das sie ausplünderten. Dabei entstand unbeabsichtigt und eigentlich unberechtigt die Legende von der Raublust der W., die nicht geringer oder größer war als die anderer Germanenstämme. Unter Geiserichs Nachfolgern nahm die Kriegslust der W. ab, und ihre Herrschaft wurde liberaler. König *Hilderich hielt friedliche Beziehungen mit Byzanz. Seine Absetzung durch *Gelimer (534) diente als Vorwand für die byzantinische Invasion in das W.reich. General *Besilar konnte die W. mit Leichtigkeit besiegen und die Mehrheit des Volkes zu Sklaven machen. Damit verschwanden die Kultur und das Erbe der W. L. Schmidt, *Geschichte der Wandalen*, 1942[2]; H. J. Diesner, *Das Vandalenreich*, 1966.

WANG-KHAN Der chinesische Nahme Toghruls, des christlichen Häuptlings des Keraitenstammes, der oft mit dem legendären *Priesterkönig Johannes identifiziert wird. W. wurde von seinen Verwandten abgesetzt und von *Dschinghis-Khan wieder eingesetzt (1197). Zusammen kämpften die beiden gegen Nachbarstämme und machten sich bis 1202 zu Herren der Nomaden Asiens. Die gegenseitige Treue wurde durch den alternden W. erschüttert, der sich weigerte, dem ältesten Sohn des Waffengenossen seine Tochter zur Frau zu geben. In dem daraufhin ausbrechenden Krieg hatte W. anfänglich die Oberhand (1203). Die von ihm geformte Stammeskoalition brach jedoch bald auseinander; ein Überraschungsangriff der Mongolen endete mit der völligen Niederlage W.s, der auf der Flucht getötet wurde. Sein Volk zerstreute sich unter den Mongolenstämmen. B. Spuler, *Handbuch der Orientalistik* 6/2, 1953; J. J. Saunders, *The History of the Mongol Conquests*, 1971.

WARÄGER (die geschworenen Männer) Die slawische und byzantinische Bezeichnung für die *Wikinger aus *Schweden, die im 9. Jh. die Fürstentümer *Nowgorod und *Kiew gründeten. Im 10. Jh. kamen diese Piraten, Krieger und Kaufleute in ihren schnellen Schiffen auf dem Dnjepr und der Wolga nach Süden, errichteten auf dem Weg Handelsstationen und plünderten die Städte des byzantinischen Reiches aus.

Im engeren Sinn waren die W. das Elitekorps und die Leibgarde der byzantinischen Kaiser. Diese wurde 988 von *Wladimir von Kiew gegründet und bestand bis zum Fall Konstantinopels (1453). Sie war ursprünglich aus Männern von Kiew und seit dem 11. Jh. aus Normannen und englischen Sachsen zusammengesetzt und wurde wegen ihrer Grausamkeit gefürchtet. Sie besaßen die Neigung, sich von Zeit zu Zeit an der Ein- und Absetzung von Kaisern zu versuchen.

WARANTIA Die Verpflichtung einer angeklagten Person, Fürsprecher für sein Erscheinen bei der *Gerichtsverhandlung und für seine Unschuld zu stellen. Dies waren gewöhnlich bei einem Adligen der Herr und die Familienmitglieder des Angeklagten, bei Nichtadligen der Schultheiß und wohlgestellte Freie. Ein Mann ohne W. konnte vogelfrei erklärt werden. Die Praxis der W. trug zur Feudalisierung der Gesellschaft bei.

WARDROBE Die Kammer an feudalen Höfen, in der der Herr seine kostbaren Metalle, Juwelen und wertvolle Kleider aufbewahrte. Mit der Errichtung feudaler Monarchien im 11. und 12. Jh. wurde die W. Teil des Schatzamtes, das in England vom *Exchequer kontrolliert wurde. In der Zeit der Minderjährigkeit *Heinrichs III. von England war die W. als eigenes Amt organisiert und wurde Privatschatz des Königs, der außerhalb der Aufsicht des Exchequers und der Barone stand.
B. Lyons, *A Constitutional and Legal History of Medieval England,* 1960.

WAZO VON LÜTTICH (um 980-1048) Bischof und früher Vertreter der Reformbewegung. W. wurde an den Schulen von *Lobbes, Lüttich und *Chartres ausgebildet, wurde 1008 Lehrer an der Domkirche und 1042 Bischof von Lüttich. W. war in politischen Fragen ein treuer Diener des Kaisers, wagte es aber, die Absetzung Papst *Gregors VI. durch Kaiser *Heinrich III. als unrechtmäßig zu bezeichnen. W. betonte die Unterscheidung zwischen der geistigen und weltlichen Macht sowie die Überlegenheit der kirchlichen über die königliche Salbung. Solche Ansichten bei einem sonst typischen Vertreter der salischen Reichskirche weisen auf ein Reifen der reformistischen Tendenzen unter den hohen kirchlichen Würdenträgern noch vor *Gregor VII. hin.
E. Hörschelmann, *Bischof Wazo von Lüttich und seine Bedeutung für den Beginn des Investiturstreites,* 1955.

WEEDON BECK Feudale Grundherrschaft in England, deren genau geführten Rechnungen tiefgehende Untersuchungen der Landwirtschaft des 13. Jh.s ermöglichten.
E. A. Kosminsky, *Studies in the Agrarian History of England in the 13th Century,* 1956.

WEIHE Das christliche Ritual, bei dem eine Person oder ein Gegenstand dem göttlichen Amt geweiht wird. Im Mittelalter bestand z. B. die Weihe eines Bischofs nach seiner Wahl. Die Zeremonie wurde von einem Erzbischof im Beisein weiterer Bischöfe ausgeführt. Es gab aber auch die W. einer Kirche, eines Altars oder einiger heiliger Gefäße, die dem Bischof vorbehalten blieb. Die W. wurde durch Salbung mit geweihtem Öl ausgeführt. In Ausdehnung des Begriffs konnte auch die Salbung des Königs als W. angesehen werden, jedoch nicht im streng theologischen Sinn.

WEISSENBURG IM ELSASS Benediktinerkloster im ostfränkischen Reich. Es spielte eine bedeutende Rolle bei der Verbreitung des Christentums in Franken und Thüringen. Das Bistum Erfurt wurde von W. aus gegründet.

WEISTÜMER Rechtsfindung durch eine Gruppe angesehener Männer (z.B. durch die *Kurfürsten in *Rhense 1338), meist aber im bäuerlichen Bereich.   (Din)

WELF VI. von Tuszien (1115-91) Sohn Herzog *Heinrichs des Schwarzen, hatte die *welfischen Besitzungen in *Schwaben inne und war nach dem Tod seines Bruders *Heinrich d. Stolzen (1139) Leiter des Hauses. Sein Aufstand gegen König *Konrad III. (1150) schlug fehl; dagegen unterhielt er gute Beziehungen zu dessen Nachfolger Kaiser *Friedrich I., der ihm das Herzogtum *Spoleto und die Markgrafschaft *Tuszien (siehe *Toskana) verlieh. Später geriet W. wegen seiner Unterstützung für Papst *Alexander III. in Streit mit dem Kaiser.

Der Tod seines einzigen Sohnes Welf VII. (1167) bekümmerte ihn sehr; 1174 zog er sich von seinen italienischen Lehen zurück. W. hatte Differenzen mit seinem Neffen *Heinrich d. Löwen und war stets in Geldnot; daher verkaufte er seine weiten schwäbischen Besitzungen an den Kaiser.
S. Adler, *Herzog Welf VI. und sein Sohn,* 1881.

WELFEN Bayerisches Adelshaus. Das früheste urkundlich belegte Mitglied ist Graf Welf I. (gest. um 820), der seine Tochter Judith mit Kaiser *Ludwig d. Frommen und seine zweite Tochter Emma mit König *Ludwig d. Deutschen verheiratete. W.s Sohn Konrad (gest. 863) wurde der erste König von Hochburgund. Welf III. (gest. 1055) erhielt das Herzogtum Kärnten und die Mark *Verona als Lehen. Welf IV. (um 1035-1101), Sohn des Markgrafen Azzo II. von *Este, gründete die Juniorenlinie der W. und erhielt von *Heinrich IV. das Herzogtum *Bayern. Nach dem Tod Welfs V. (1120) kam der gesamte Familienbesitz in die Hand *Heinrichs d. Schwarzen, der durch Heirat bereits die Hälfte des Landes der *Billungerherzöge besaß. Heinrichs Sohn *Heinrich d. Stolze heiratete die Tochter Kaiser *Lothars III. und erbte des Kaisers Besitz in *Braunschweig, Supplinburg und Niederrhein. Dazu erhielt er noch das Herzogtum Sachsen. Diese Machtstellung brachte die W. mit den Hohenstaufen in Konflikt. Der Aufstand von *Heinrich d. Löwen wurde von *Friedrich I. niedergeworfen, und Heinrich wurde in einem lehnsrechtlichen Verfahren seiner Herzogtümer enthoben. Den W. blieben lediglich noch ihre Familienbesitzungen um Braunschweig und Lüneburg, die dann 1235 zum Herzogtum erhoben wurden. In späterer Zeit regierten Nachkommen der W. das Königreich Hannover sowie zwischen 1714 und 1837 Großbritannien und Irland.
G. Schnalh, *Streifzüge durch Niedersachsens Vergangenheit,* 1968.

WELLS Bischofsstadt in Somerset (England), die hauptsächlich durch ihre kirchliche Geschichte und ihre Domkirche bekannt ist. W. war in der sächsischen Periode eine wichtige Stadt, besaß seit 704 ein Kloster und wurde um 905 von König *Edward d. Älteren zum Bistum erhoben. Die Überführung des Bistums nach Bath (um 1091) führte zu einem langen Kampf zwischen den Geistlichen beider Städte, der 1139 durch eine Kompromißlösung beendet wurde. Vor 1160 erhielten die Stadtbürger vom Bischof einen Freibrief, seit 1295 waren sie im Parlament vertreten. Die von 1171 bis 1242 gebaute Domkirche gilt als eines der großartigsten Bauwerke Englands, hauptsächlich dank der über 600 meist lebensgroßen Statuen und Reliefs, die von hohem künstlerischen Wert sind.
H. E. Reynolds, *Wells Cathedral,* 1892.

WENDEN Gruppenbezeichnung für die *Slawenstämme, die sich im 6.-8. Jh. östlich der Elbe und Saale niederließen. Sie schlossen die Sorben, Obodriten, Lausitzer, Veletier, *Pommern, *Wagirer und andere ein. Im 9. Jh. waren die W. in losen Bünden organisiert, die auf feste Stammes- und Sippenstrukturen aufbauten. Die aus Deutschland kommenden Missionare hatten wenig Erfolg, bis im 10. Jh. die sächsischen Kaiser Deutschlands die Mission in Verbindung zur Eroberung stellten. Seit dem frühen 11. Jh. kam noch der immer stärker anwachsende Einfluß deutscher Kaufleute und Ansiedler hinzu. Die großen Aufstände der Jahre 983 und 1066 brachten die deutsche Eroberung nur vorübergehend zum Stillstand. 1147 predigte *Bernhard von Clairvaux einen besonderen W.kreuzzug im Sinne der "Bekehrung oder Ausrottung". Bis zum späten 12. Jh. war die heidnische Widerstandkraft gebrochen, und die W. gingen in der Flut der hochmittelalterlichen deutschen Ostsiedlungen unter.

H. D. Kahl, *Slawen und Deutsche in der brandenburgischen Geschichte des 12. Jh.s*, 1964.

WENZEL (hl.; gest. 935) Herzog von Böhmen (seit 922). W. nahm unter dem Einfluß seiner Großmutter, der hl. Ludmilla, eine christenfreundliche Politik ein, brachte Geistliche, Gebetsbücher und Reliquien aus Deutschland ins Land und unterwarf sich 929 ohne jeden Widerstandsversuch einem Heerzug *Heinrichs I. nach *Prag. Dies führte zu einer national-heidnischen Reaktion unter der Führung seines Bruders *Boleslaw I., der W. ermorden ließ. Obwohl W.s Tod nur entfernt mit religiösen Angelegenheiten verbunden war, wurde W. als Märtyrer gefeiert und gilt als Nationalheld Böhmens.

K. Bosl (Hg.), *Handbuch der Geschichte der böhmischen Länder* 1, 1967.

WENZEL I. (1205-53) König von Böhmen (seit 1228). Sohn *Ottokars I. Seine Regierungszeit ist durch den Kampf um *Österreich gekennzeichnet. Im Bund mit *Bela IV. von Ungarn und Otto von Bayern fiel W. 1237 in Österreich ein, versöhnte sich auf Druck der päpstlichen Kurie mit *Friedrich II. von Babenberg. 1241 konnte W. Böhmen vor den Zerstörungen durch die *Mongolen bewahren; *Mähren wurde dagegen vollkommen verwüstet. 1246 versuchte W. nochmals, sich durch die bevorstehende Heirat seines Sohnes mit der Nichte Friedrichs von Babenberg Österreich eigen zu machen, was jedoch dann durch den Tod seines Sohnes vereitelt wurde. Auch ein Heerzug (1250) brachte keinen Erfolg.

WENZEL II. (1271-1305) König von Böhmen (1278-1305) und Polen (1300-05). Sohn *Ottokars II. wurde im Alter von sieben Jahren König. Seine Minderjährigkeit endete 1282. Unter der Leitung seines mächtigen Ministers und Schwiegervaters Zavis von Falkenstein beanspruchte W. die Länder, die seinem Vater genommen worden waren. 1300 erlangte W. für sich die polnische und 1301 für seinen zwölf Jahre alten Sohn *Wenzel III. die ungarische Krone. Den päpstlichen und deutschen Widerstand überwand er durch ein Bündnis mit König *Philipp IV. von Frankreich (1303) und durch die Aufnahme von Verbindungen mit England. Als die ungarischen Adligen ihre Unterstützung für seinen Sohn zurückzogen, marschierte W. in das Land und nahm das Kind und die Kroninsignien mit nach Hause. In inneren Angelegenheiten trug W. wesentlich zum Wachstum der Städte bei und reformierte das Münzwesen durch die Prägung des Prager Groschens (1300). Nach seiner Anweisung wurde ein berühmter Bergbaukodex zusammengestellt, nicht jedoch der geplante Kodex aller Rechte des Königreichs.

K. Bosl (Hg.), *Handbuch der Geschichte der böhmischen Länder* 1, 1967.

WENZEL III. (1289-1306) König von Ungarn (1301-06) und Böhmen (1305-06). Sohn *Wenzels II., dem er im Alter von 17 Jahren nachfolgte. W. schloß mit König *Albrecht einen Friedensvertrag, bei dem er die umstrittenen Gebiete *Eger und *Meißen herausgab und dafür eine feierliche Bestätigung der Freiheiten und Vorrechte

Böhmens erhielt. Er gab den hoffnungslosen Kampf um Ungarn auf und überließ seine Ansprüche Otto von Bayern. W.s Plan, Polen zu unterwerfen, wurde durch seine Ermordung durch einen unbekannten Täter vereitelt. W. war das letzte männliche Mitglied des Hauses *Přemysl.

WENZEL IV. von Luxemburg (im Reich: WENZEL DER FAULE; 1361-1410) Sohn Kaiser *Karls IV., wurde 1376 zum König der Römer gewählt und erbte bei seines Vaters Tod (1378) die Kaiserwürde sowie das deutsche und böhmische Königreich. Seine Herrschaft stand im Zeichen des *Großen Abendländischen Schismas und des Zusammenstoßes mit der *burgundischen Macht im Westen sowie der Konflikte mit fast jeder politischen und sozialen Kraft in seinen Ländern, die noch durch sein unbesonnenes Temperament verschärft wurden. W.s Versuche, das Schisma zu überbrücken, führten Papst *Bonifatius IX. ins Lager seines deutschen Feindes *Ruprecht. W. verärgerte die deutschen Fürsten durch sein Versagen, die Westgrenze zu schützen. Er schwächte die deutschen Städte durch die Auflösung ihrer Bünde beim Landfrieden von *Eger (1389). Im Jahr 1400 wurde W. von einigen Kurfürsten als deutscher König abgesetzt. In Böhmen stieß W. mit Erzbischof Johannes von Jenstein und dessen Vikar *Johann v. Nepomuk zusammen (1393), konnte für einige Zeit die Oberhand behalten, bis infolge seiner Absetzung in Deutschland wiederum ein Aufstand ausbrach (1402). 1410 übergab W. seinen Anspruch auf die Kaiserwürde an seinen Bruder *Sigismund ab und widmete sich den Angelegenheiten Böhmens, wo er jedoch bei den *hussitischen Wirren hilflos blieb.

Th. Lindner, *Geschichte des deutschen Reichs unter König Wenzel*, 2 Bde., 1875/80.

WERGELD Germanische Bezeichnung für das von einem Mörder an die Verwandten des Ermordeten bezahlte Bußgeld. Das W. war Teil des germanischen Gewohnheitsrechtes und Entschädigung anstelle der Blutrache. Als solches ist das W. ein klares Anzeichen für die steigende Macht der Gemeinschaft im Stammesleben. In den Kodifizierungen der Stammesrechte im Frühmittelalter sind die W.er genau nach sozialem Rang des Ermordeten abgestuft und dienen daher als wichtige Quelle für die Kenntnis der Sozialstruktur der Germanen. Mit dem Niedergang der stämmischen Organisationsformen wurde das W. nur noch in entfernten Regionen wie *Friesland und Teilen Spaniens angewandt. Die Entschädigung für Verletzung und Totschlag wurde nun in jedem Fall durch Abkommen, Vermittlung oder Gerichtsverhandlung festgelegt.

B. Hillinger, *Ursprung und Wert des Wergelds im Volksrecht*, in: Historische Vierteljahrschrift 29, 1935.

WESSEX Königreich im angelsächsischen Britannien. Die Ursprünge von W. liegen offenbar im Zusammenwachsen zweier westsächsischer Siedlungsgruppen, die gemeinsam von der oberen Themse und der Küste Hampshires nach Westen expandierten. Auf dem Weg nach Westen trafen sie auf den Widerstand der Briten von *Devon, den sie in einer Reihe von Schlachten zwischen dem Beginn des 6. Jh.s und 577 besiegten. Die letzte Schlacht bei Durham gab den Sachsen die Herrschaft über die römischen Städte Cirencester, *Gloucester und Bath sowie Zugang zur Westküste, womit die Briten aus Cornwall von ihren Stammesgenossen in *Wales abgeschnitten wurden. Nach einer Pause zu Be-

Westminster Abtei; London, 13.-15. (Türme 18.) Jh.

ginn des 7. Jh.s, die anscheinend auf Zusammenstöße mit *Penda, dem König von Mercien zurückzuführen ist, wurde die Expansion um 650 erneut aufgenommen. Innerhalb zweier Generationen wurden die Kelten von *Somerset und Devon besiegt und zu einem großen Teil über den Ärmelkanal in die *Bretagne gedrängt. Zu Ausgang des 7. Jh.s war ein bedeutender Teil von Devonshire sowie das gesamte Somerset und Dorset in der Hand der Könige von W. Offensichtlich ist jedoch die Ausdehnung des Reiches im Verhältnis zur Menschenkraft, die W. zur Verfügung stand, zu rasch vonstatten gegangen. Das mittlere Hampshire und Wiltshire wurden nur langsam besiedelt. Nach einer Periode der Thronwirren und Kämpfe zwischen verschiedenen Thronanwärtern dehnte sich W. unter der Herrschaft König *Egberts wiederum aus (825). Egbert stürzte den Mercierkönig Beornwulf (825) und annektierte *Sussex, Surrey, *Kent und *Essex. Nach seinem Tod (839) wurde das Reich geteilt und 858 von *Ethelbert wiederum vereinigt. *Alfred d.Gr. wehrte die große dänische Invasion von 878 ab, und nach dem Aussterben der Mercierkönige (886) wurde seine Herrschaft in allen Teilen Englands, die sich nicht in dänischer Hand befanden, anerkannt. Seit diesem Zeitpunkt ist die Geschichte W.' mit der Englands identisch.
W. G. Haskins, *The Westward Expansion of Wessex,* 1960.
WESTFALEN Nordwestdeutsche Region. W. war Teil des frühmittelalterlichen Siedlungsgebietes der *Sachsen und seit Ausgang des 7. Jh.s Ziel christlicher Missionstätigkeit. Die Bekehrung W.s und der Sachsen wurde

jedoch erst durch die Eroberungskriege *Karls d.Gr. erreicht. Durch den Aufstieg der sächsischen Kaiser und die Errichtung des neuen sächsischen Herzogtums unter *Hermann Billung (10. Jh.) blieb W. Königsgut. Nach dem Aussterben der Ottonen erhöhten die zahlreichen weltlichen und kirchlichen Herren ihre Macht mit den Billungern als leitende Kraft. Bis 1124 war die Mehrzahl der Herrenhäuser ausgestorben, und 1142 wurden das Herzogtum und die Erbschaft der weltlichen Herren in der Hand des *Welfen *Heinrich d. Löwen vereinigt. Entgegen der territorialen Aspirationen des Erzbischofs von Köln gelang es ihm, die Herzogsmacht zu stärken; in seiner Machtfülle stand er nur Kaiser *Friedrich I. nach. Nach dem Sturz Heinrichs (1180) wurde das südliche Sauerland als Herzogtum W. an den Erzbischof von Köln verliehen, unter dessen Herrschaft es bis 1803 als unabhängiger Staat bestand. W. besaß seine eigenen politischen und verwaltungstechnischen Organe; Hauptstadt war erst Arnsberg und seit 1434 Werl. Die Pläne der Erzbischöfe zur Schaffung eines großen rheinisch-westfälischen Staates wurden jedoch durch den Widerstand der örtlichen Adligen vereitelt. Im Norden wurde die Ausdehnung der Erzbischöfe durch das Bestehen zahlreicher territorialer Kräfte abgeblockt (so durch die Bischöfe von *Münster, *Osnabrück und *Paderborn, durch mehrere weltliche Grafschaften und die freie Reichsstadt *Dortmund sowie durch die alte Abtei *Corvey und eine Vielzahl von Kleinstherrschaften weltlicher Ritter). Diese Lage wurde noch durch die kirchliche Rivalität zwischen Köln und Münster verschärft. Im Vergleich zur relativ ausgeprägten Stabilität des Südens bot der Norden W.s im späteren Mittelalter ein Bild der extremen politischen Aufspaltung.
F. Uhlborn, *Der Westen,* in: F. Uhlborn, W. Schlesinger, *Die deutschen Territorien,* Gebhardt, Handbuch der deutschen Geschichte, 1970[9].
WESTGOTEN Der Teil der nomadischen *Goten, der sich um 230 nördlich des Schwarzen Meeres niedergelassen hatte. Im Jahr 238 begannen ihre Einfälle ins oströmische Reich. Zwischen 341 und 380 nahmen sie (mit Ausnahme des Adels) dank der Mission *Ulfilas das arianische Christentum an. 376 flohen die W. vor den *Hunnen nach Westen und ließen sich unter der Führung von Fritigern in Thrakien nieder. Ein Jahr später erhoben sich die W. gegen die ihnen von den Römern aufgezwungenen Bedingungen und vernichteten bei *Adrianopel die kaiserliche Armee (378). Nachdem sie den westlichen Balkan verwüstet hatten, führte sie Alarich nach Italien (401), wo sie 410 Rom plünderten. 412 erreichten die W. Gallien und ließen sich unter König *Athaulf in *Aquitanien nieder. Dort errichteten dessen Nachfolger *Wallia und *Theoderich I. das Königreich *Toulouse. Die Stammesführer wurden zu landbesitzenden Adligen; das W.heer kämpfte im Dienste der Römer gegen *Attila (451) und in Spanien. Unter *Eurich erlangte der Gotenstaat den Höhepunkt seiner Macht und festigte seinen Halt in Spanien und Südfrankreich. Nach der katastrophalen Niederlage gegen die *Franken bei *Vouillé (507) und dem Beginn der antiarianischen Verfolgungen in Gallien unternahmen die W. einen Massenauszug von Aquitanien nach Altkastilien. Dort vergrößerten sie ihre früheren Eroberungen und schufen das Königreich *Toledo, das bis zur arabischen Eroberung von 711 bestand. Mit Ausnahme

Westgotische Königskronen aus Gold und Halbedelsteinen, 7. Jh.

Dom von San Marco, Venedig, 11.-14. Jh.

der gnadenlos verfolgten, zahlenmäßig starken jüdischen Gemeinde ihres Reiches vermischten sich die W. nach der Annahme des katholischen Christentums (587) mit der spanischen Bevölkerung zu einer gemeinsamen Zivilisation. Als einziges Germanenreich, das das intellektuelle Leben förderte, konnte sich der Westgotenstaat auf die verwaltungstechnische Erfahrung des Klerus stützen und stellte seine Talente bei den Synoden von Toledo in den Dienst der Monarchie.

D. Claude, *Geschichte der W.*, 1970.

WESTMINSTER Benediktinerabtei am Nordufer der Themse in London. Sie steht offenbar am Ort eines von den *Dänen zerstörten Klosters und wurde um 958 vom hl. *Dunstan von Canterbury neu errichtet. *Edward d. Bekenner baute W. um, stattete es reich aus und ließ sich später in der Klosterkirche begraben (wie auch einige seiner Nachfolger auf dem englischen Thron). Damit entstand eine Tradition königlichen Schutzes, die W. zum Nervenzentrum der englischen Politik machte. Seit der Zeit *Harolds II. und *Wilhelms I. d. Eroberer wurde die Königskrönung in W. abgehalten. Die Abtei beherbergte die königliche Schatzkammer und war Veranstaltungsort für die Versammlungen des Parlaments; die Äbte dienten als königliche Sekretäre und Botschafter. Abt Gilbert Crispin (ca. 1085-1117) galt als bedeutender Gelehrter. Im 13. und 14. Jh. scheint W. an einer mehr und mehr nachlassenden Disziplin der Mönche gelitten zu haben; statt der 80 Mönche des späten 11. Jh.s war es Mitte des 14. Jh.s nur noch die Hälfte, immerhin noch eine hohe Zahl für die Verhältnisse des Spätmittelalters.

F. Bond, *Westminster Abbey*, 1909.

WETTI (gest. 824) Lehrer auf der *Reichenau, verfaßte ein Leben des hl. Gallus. Vor seinem Tod erlebte er eine Jenseitsvision, die *Walahfrid in Verse brachte. (Din)

WETTIN Deutsches Adelshaus. Sein Gründer war Diedrich (gest. 982), dessen Söhne das frühere *Wendenland W. am Ostufer der Saale zu ihrem Heim machten. Die Nachkommen Dedos I. (gest. 1009) zeichneten sich in langen Grenzkriegen aus; Heinrich I. wurde 1089 Markgraf von *Meissen. Konrad I. (gest. 1157) erhielt von Kaiser *Lothar III. noch die Niederlausitz hinzu. Zur Zeit Heinrichs III. d. Erlauchten (um 1221-88) hatten die Besitzungen der W. ihren größten Umfang erreicht und erstreckten sich von der Oder zur Werra und vom Erzgebirge zum Harz. Darüber hinaus war das Haus vom Markgrafen in der Zeit des Investiturstreits in den unabhängigen Fürstenrang aufgestiegen. Im Spätmittelalter zählten die W. von Meißen zu den drei oder vier höchsten Herrscherhäusern des östlichen Deutschland und gründeten ihre Macht auf ihre reiche Bergschätze, ihre Führerrolle in der Ostsiedlung und das Fehlen der kaiserlichen Autorität.

O. Posse, *Die Markgrafen von Meißen und das Haus Wettin bis zu Konrad dem Großen*, 1881.

WEXFORD Stadt und Grafschaft in der Provinz *Leinster (Irland). W. war im 12. Jh. von *Dänen bewohnt und diente als Einfallstor für die englische Eroberung Irlands, nachdem der abgesetzte König von Leinster *Heinrich II. zu Hilfe gerufen hatte. W. war die erste von Robert Fitzstephen eingenommene Stadt (1169) und wurde von den Nachkommen der englischen Unterwerfer besiedelt. Stadt und Grafschaft wurden zunächst von den Eroberern Fitzstephen und Fitz-

Münster von York, im 12.-15. Jh. errichtet

gerald, dann von Strongbow und später vom Haus Talbot regiert.

A. J. Otway-Ruthven, *A History of Medieval Ireland*, 1968.

WHITBY Benediktinerkloster und Stadt an der Küste von Yorkshire (England). W. wurde um 657 vom König von Northumberland als Doppelkloster gegründet. W.s erste Äbtissin war die hl. *Hilda. 664 wurde zu W. eine Synode abgehalten, die sich mit der *Osterkontroverse befaßte. Das Kloster wurde um 867 von den Dänen zerstört, der Ort anschließend von Dänen besiedelt, deren Siedlung dann im Lauf der normannischen Eroberung unterging. Wilhelm von Percy gründete das Kloster erneut, stattete es üppig aus und ernannte Reinfrid von Evesham zum Prior. *Heinrich I. erhob das Priorat zur Abtei.

H. Williams, *Christianity in Early England*, 1912.

WICHING (gest. nach 889) Bischof von Neitra in Mähren. W. war von schwäbischer Abstammung, wurde als Missionar nach Mähren und Ungarn gesandt und mit Hilfe *Swatopluks von Mähren zum Bischof von Neitra erhoben. In dieser Funktion stand er unter Autorität des griechischen Erzbischofs *Methodius. Nach dessen Tod (885) wurde W. vom Papst zum Verwalter des Erzbistums ernannt und agierte gegen die griechischen Priester mit dem Ziel, Mähren auf die römische Seite zu bringen. Nachdem er sich mit seinem Patron zerstritten hatte, ging W. an den Hof König *Arnulfs nach *Regensburg (893) und wurde zum Bischof von Passau erklärt, konnte jedoch nicht die Anerkennung seines Vorgesetzten, des Erzbischofs von *Salzburg, erringen.

M. Hellmann (Hg.), *Cyrillo-Methodiana*, 1964.

WIDIMIR Name dreier *Ostgotenkönige: W., Vater des Widerich, fiel in der Schlacht gegen die *Alanen und *Hunnen (um 376).

Ein weiterer W. nahm an den Feldzügen *Attilas in Gallien teil und führte nach dem Sturz des Hunnenreichs (454) sein Volk nach Pannonien und von dort über Noricum nach Italien (um 469).

Ein dritter W., Sohn des letzteren, ließ sich von Rikomer überzeugen, sein Volk nach Gallien zu führen, wo er *Theoderich gegen *Odoaker beistand.

WIDO II. VON SPOLETO Kaiser (891-94). Sohn Herzog Widos von Spoleto und durch seine Mutter Rothildis Enkel *Lothars I., Mitglied der fränkischen Herzogsfamilie von Spoleto, die durch die Verbindung mit dem *Karolingerhaus ihre Macht stärkte. 880 trat W. die Nachfolge seines Vaters an und forderte nach dem Tod *Karls d. Dicken (887), aus dessen Gefangenschaft er 883 entkommen war, die Kaiserwürde gemäß des mütterlichen Erbrechts. 888 wurde W. in Langrei zum westfränkischen König gekrönt, konnte sich aber nicht gegen *Odo durchsetzen. 891 wählten ihn die fränkischen Magnaten Italiens zum Kaiser und ließen ihn vom Papst krönen.

L. Hartmann, *Geschichte Italiens im Mittelalter* 3/2, 1911.

WIDUKIND (gest. um 807) Sächsischer Adliger westfälischer Herkunft und Führer seines Volkes im Kampf gegen *Karl d.Gr. 777 ging er ins Exil nach *Dänemark, kehrte ein Jahr später zurück und unternahm sächsische Raubzüge entlang des Rheins, bei denen er bis nach *Fulda gelangte. Nach dem fränkischen Sieg bei Laisa und dem Blutbad von *Verden (782) floh W. wiederum, kehrte nochmals zurück und zog andere heidnische

Stämme wie die *Wenden und *Friesen mit in den Kampf gegen die fränkisch-christliche Expansion. 785 änderte Karl d.Gr. seine Taktik und führte in *Attigny mit W. persönliche Verhandlungen; diese endeten mit der festlichen Taufe des Sachsen, bei der Karl als Taufpate auftrat und W. mit Geschenken überschüttete. Tatsächlich wurde W. bei den späteren sächsischen Aufständen nicht mehr erwähnt. Spätere Generationen bauten ihn zum sächsischen Nationalhelden auf.

M. Lintzel, *Widukind*, in: Westfälische Lebensbilder 5, 1, 1935.

WIDUKIND VON CORVEY (ca. 925-75) Sächsischer Geschichtsschreiber und Mönch. Seine "Geschichte der Sachsen" schrieb er um 968; sie behandelt den Ursprung seines Volkes, den Aufstieg des sächsischen Kaiserhauses und besonders die Regierungszeit *Ottos I. d.Gr., für die sein Werk eine der Hauptquellen war. Trotz seiner Anlehnung an das Werk Sallusts ist W.s Stil oft schwer und manchmal kaum verständlich.

Werk (lat.-dt.): A. Bauer, R. Rau (Hgg.), *Quellen zur Geschichte der sächsischen Kaiserzeit*, 1971.

WIELECZKA Berühmtes Salzbergwerk in Polen, dessen Einkünfte seit dem 13. Jh. zu den wichtigsten Geldquellen der polnischen Könige zählten. Die Übernahme neuer Schürfmethoden von Kohlebergwerken führte im 14. Jh. zu erhöhter Produktion. Das Salz von W. wurde von den *Hansekaufleuten nach Westeuropa verschifft.

WIEN Hauptstadt von *Österreich. Eine keltische und römische Siedlung, führte im Frühmittelalter angesichts der nahen *Ungarn eine gefährdete Existenz als Donauhafen und kirchliches Zentrum. Die älteste bestehende Kirche wurde im 9. Jh. errichtet. Um 1135 kam W. an die *Babenbergerherzöge, die es 1156 zu ihrer Residenz machten. Dank dieser Residenzfunktion und der Lage an der Donau entwickelte sich die Stadt rasch. Neue Mauern und Kirchen wurden erbaut; 1221 erhielt W. von Herzog Leopold VI. das Stadt- und Stapelrecht. Unter der wohlwollenden Regierung König *Ottokars II. von Böhmen steigerte sich die wirtschaftliche Entwicklung weiter. 1276 fiel W. an die *Habsburger und verlor ihren Status als freie *Reichsstadt, nachdem einige Aufstände gegen die neuen Herrscher niedergeschlagen worden waren. Auch das 14. Jh. war eine Zeit des Bevölkerungswachstums, das den Handwerkern gleiche Macht im Stadtrat brachte (1396) und eine neue Baukonjunktur auslöste (Stephansdom). 1365 errichtete Herzog Rudolf IV. die Universität von W. Seit 1438 diente die Stadt als Residenz der römischen Kaiser. Erst 1469 bekam sie ein Bistum. 1485-90 gehörte W. zum Reich des *Matthias Corvinus.

K. Oettinger, *Das Werden Wiens*, 1951; R. Perger, W. Brauneis, *Die mittelalterlichen Kirchen und Kloster in Wien*, 1977.

WIKINGER Die Männer aus Skandinavien, die zwischen dem ausgehenden 8. und dem ausgehenden 14. Jh. ihre Heimat verließen, um in Übersee Raubzüge auszuführen und Siedlungen zu errichten. Ursprünglich waren die Plünderungen der W. eine Angelegenheit der jüngeren Adelssöhne, die nicht auf einen Teil des väterlichen Erbes hoffen konnten und die die bewaffneten Begleiter in schnellen Segel- und Ruderbooten zu Abenteuern, Ruhm und Beute führten. Seit der zweiten Hälfte des 9. Jh.s wurden die W.-Züge genau geplant und von hochstehenden Persönlichkeiten befehligt. Ihre Strategie bestand darin, in die Flußläufe der Zielgebiete einzu-

Galionsfigur eines Wikingerschiffes; spätes 9. Jh.

dringen, wo sie dann befestigte Lager errichteten, von denen aus sie später Raubzüge ins Landesinnere unternahmen. Zu einem gewissen Zeitpunkt verzichteten sie dann ganz auf die Heimkehr, unterwarfen die besetzten Gebiete und vermischten sich gewöhnlich rasch mit der einheimischen Bevölkerung. Nach vereinzelten Plünderungen (wie etwa die des alten monastischen Zentrums *Lindisfarne von 793) begannen sie mit jährlichen Invasionen nach *Irland, bis sie dann 832-47 die Insel eroberten und besiedelten. England wurde seit 838 beraubt, und in den Jahren 865-66 eroberten die W. den Osten der Insel, der als *Danelaw bekannt wurde. Die Thronbesteigung von *Knut (1016) war das Zeichen für die Errichtung eines dänisch-norwegisch-englischen W.-Reiches; bis zur normannischen Eroberung von 1066 hatten sich die W. jedoch bereits mit der

angelsächsischen Bevölkerung vermischt. In Kontinentaleuropa verlief die Entwicklung ähnlich. Die Raubzüge entlang der Nordseeküste und in den Flußtälern von Elbe, Schelde, Rhein, Seine, Loire und Garonne begannen 810 und stießen gewöhnlich kaum auf Widerstand. Die dadurch ausgelöste Anarchie trug wesentlich zum Niedergang und Sturz des *Karolingerreichs bei. 844 erreichten die W. *Sevilla, 860 nahmen sie *Pisa. In ihrem Siedlungsgebiet in der *Normandie paßten sie sich rasch an das christlich-feudale Staatsleben an (911-12), wurden zu einem bedeutenden Machtfaktor in Frankreich und brachen im 11. Jh. zu neuen Eroberungen nach England und *Sizilien aus. Die schwedischen W. wagten sich in das östliche und südöstliche Europa, gelangten bis zum Kaspischen Meer und errichteten in *Rußland die *Warägerfürstentümer. Die W. *Norwegens besegelten den Nordantlantik bis nach *Island, *Grönland und Nordamerika und verbreiteten dort ihre nordische Zivilisation, die noch bestand, als die W.-Siedlungen in Rußland, Kontinentaleuropa und England bereits in die örtlichen Gesellschaften integriert waren.
E. Graf Oxenstierna, *Die Wikinger*, 1959;
D. M. Wilson, *The Viking Achievement*, 1970.

WILCHARIUS (WILCHER) Erzbischof von Sens (769-78). Einer der festesten Stützen *Karls d.Gr. im Kampf gegen *Karlmann sowie Hauptberater des Königs bis zu seinem Tod. W. übte einen (nicht zu überschätzenden) Einfluß auf die Organisierung des *Langobardenreiches aus (774-75).

WILFRIED (hl.; 634-709) Bischof von *York. In *Northumbrien geboren, wurde im Kloster *Lindisfarne aufgezogen und verbrachte einige Jahre in Lyon und Rom, wo er die Kultur der römischen Kirche schätzen lernte und deren Osterberechnung in *Whitby verteidigte. Als Abt von *Ripon trug er wesentlich zur Einführung des römischen Ritus in Nordengland bei, wo bis dahin die irischen Riten vorgeherrscht hatten. Als Bischof von York (seit 669) war W. der erste Engländer, der gegen eine Entscheidung des Erzbischofs von Canterbury in Rom Berufung einlegte. Die päpstliche Entscheidung zu W.s Gunsten führte dazu, daß W. durch König Egfrid verfolgt wurde. W. nahm in Selsey (Sussex) Zuflucht; von dort bemühte er sich um die Bekehrung der heidnischen Südsachsen, bis er 686 als Bischof von Hexham wieder in den Norden ging.
W. Levison, *England and the Continent in the 8th Century*, 1946.

Aquitanien:
WILHELM I. DER FROMME Herzog von Aquitanien (909-18). Sohn von *Bernhard Plantevelue, erbte großen Besitz in Toulouse, Auvergne und Mâcon sowie 886 die Grafenwürde von Toulouse. 909 wurde der Konflikt mit den Grafen von *Poitiers um die Herrschaft in Aquitanien zu seinen Gunsten entschieden; W. erbte die Grafschaft Poitiers und nahm den Herzogtitel an. 910 gründete er das Kloster *Cluny und stattete es mit Gütern aus, was ihm seinen Beinamen einbrachte. Nach seinem Tod wurden seine weiten Besitzungen unter seinen Söhnen aufgeteilt.
L. Auzias, *L'Aquitaine Carolingienne*, 1931.

WILHELM III. Herzog von Aquitanien (951-63). W. erbte das Herzogtum in einer Zeit politischer Anarchie und mußte gegen die Usurpation der Herzogswürde durch *Hugo d.Gr. von Franzien kämpfen. W. machte *Poitiers zur Hauptstadt des Herzogtums.

WILHELM IV. DER GROSSE (um 960-1030) Herzog von Aquitanien (989-1030). Einer der großen Krieger und Staatsmänner seiner Zeit, unterwarf nach einigen Schlachten seine Lehnsleute und ließ sich von *Fulbert von Chartres um 1020 die Verpflichtungen des Lehnsmanns schriftlich definieren. W. förderte Künstler und Gelehrte und machte die Schule von Poitiers zu einem der wichtigsten Zentren der Gelehrsamkeit in Frankreich.
J. Dhondt, *La naissance des Principautés territoriales en France*, 1948.

WILHELM VIII. (1027-86) Herzog von Aquitanien (1058-86), unterwarf die *Gascogne und beteiligte sich 1063 und 1080 an der *Reconquista.

WILHELM IX. (1071-1127) Herzog von Aquitanien (1086-1127). Eine der schillerndsten Persönlichkeiten des Mittelalters, Fürst, Abenteurer und Dichter. W. versuchte zweimal, Toulouse zu annektieren (1099, 1119), konnte sich aber nicht in der eroberten Stadt halten. 1101 nahm er am *Kreuzzug des *Stephan von Blois teil. Seine Liebesaffäre mit der schönen Maubegeon, Gattin des Vizegrafen von Châtellerault (den er gleichzeitig an seinem Hof beherbergte), brachte ihm den päpstlichen Bann ein. Das hinderte W. jedoch nicht, weiter seine Liebeslieder zu schreiben, die er selbst vortrug. Die Forschung betrachtet ihn als "ersten Troubadour". Sein Hof zu *Poitiers galt als glänzender Mittelpunkt der weltlichen Kultur.
E. Lommatsch-F. Gennrich, *Leben und Lieder der provenzalischen Troubadoure*, 2 Bde., 1957-59.

WILHELM X. (1099-1137) Herzog von Aquitanien (1127-37) und letzter Herrscher seines Hauses. Wie sein Vater *Wilhelm IX. war W. Patron der *Troubadoure und führte in *Poitiers einen imposanten Hof. 1137 starb W. auf einer Pilgerfahrt nach *Santiago di Compostela. Er vertraute seine Tochter *Eleonore der Obhut König *Ludwigs VI. von Frankreich an, der sie mit seinem Sohn, dem zukünftigen *Ludwig VII., vermählte.

England:
WILHELM I. DER EROBERER (um 1027-87) Herzog der Normandie und erster normannischer König Englands (ab 1066). Er wurde als unehelicher Sohn Herzog Roberts I. von Normandie in *Falaise geboren und erbte 1035 die Herzogswürde. Die extreme feudale Anarchie während seiner Minderjährigkeitszeit beendete er mit einigen tatkräftigen Feldzügen gegen die aufständischen Barone (1042-47). In den nächsten zwei Jahrzehnten besiegte W. die Franzosen und *Angevinen (1054, 1057) und dehnte seine Herrschaft auf *Maine und *Bretagne aus (1063, 1064). W. ignorierte ein päpstliches Verbot und heiratete die mit ihm verwandte Mathilde, eine Tochter *Balduins V. von Flandern (um 1053), erlangte aber 1059 von Papst *Nikolaus II. einen Dispens. Als Vorwand für seine Invasion nach England (1066) nahm er ein unklares Versprechen auf die englische Krone, das ihm *Eduard der Bekenner geleistet hatte. W. erwarb für seinen Angriff auch den päpstlichen Segen. Nach dem Sieg von *Hastings unterwarf er England in einem fünf Jahre dauernden Kampf, mußte aber 1075 einen neuen Aufstand niederwerfen. W. errichtete in England einen zentralisierten Staat, den er auf eine genau definierte feudale Hierarchie aufbaute, deren verschiedene Stufen unter königlicher Kontrolle standen. Der alte Adel wurde von den Normannen abgelöst, und die königliche Regierung schuf durch ihre Beamten direkten Kontakt mit der angelsächsischen Bauernschaft. Alle

Wilhelm der Eroberer schickt Boten zur Vorbereitung der Invasion Englands aus; Teil eines Wandteppich, Bayeux, 11. Jh.

Landgüter wurden im *Domesday Book schriftlich erfaßt. Der Klerus stand unter der strikten Aufsicht des Königs; der päpstliche Anspruch auf die Oberhoheit wurde eindeutig zurückgewiesen. Dennoch delegierte W. die Regierung Englands weitgehend an Erzbischof *Lanfranc und verbrachte nach 1072 die meiste Zeit in der Normandie. W. besaß im Mittelalter den Ruf, einer der größten Kämpfer zu sein; er war ein energischer und rücksichtsloser Herrscher mit genauen Vorstellungen über seine Ziele und gleichzeitig ein generöser und frommer Mann.

K. Schnith, *Die Wende der englischen Geschichte im 11. Jh.*, in: Historisches Jahrbuch 86, 1966; D. C. Douglas, *W. d. E.*, 1966.

WILHELM II. RUFUS (um 1056-1100) König von England (1087-1100). Dritter (und Lieblings-)Sohn *Wilhelms I., der ihm England vererbte. Nach der Niederschlagung eines Aufstands der normannischen Adligen, der von seinem Bruder Robert von der Normandie aus unterstützt wurde, fiel W. in dessen Herzogtum ein (1090, 1094), konnte aber erst nach Roberts Teilnahme am *Kreuzzug (1096) Fuß gewinnen. W. eroberte auch *Maine und plante einen Krieg im Vexin. In Schottland erhob er *Edgar zum König, konnte aber in *Wales keine Fortschritte machen. W. machte sich durch seine fiskalen Auspressungen verhaßt und stieß mit *Anselm von Canterbury wegen der Herrschaft über die Kirche zusammen. W. war ein willensstarker und energischer Mann, jedoch kein wirklicher Herrscher. Der Pfeil eines unbekannten Schützen setzte im New Forest seinem Leben ein Ende.

H. W. C. Davis, *England under the Normans and Angevins*, 1949.

Montferrat:

WILHELM IV. DER ÄLTERE Markgraf von *Montferrat (1155-90). Als Reichsfürst vergrößerte W. seine Herrschaft durch die Eroberung großer Teile *Piemonts. W. war treuer Gefährte *Friedrichs I. bei dessen Kriegen gegen den *Lombardenbund.

WILHELM VII. DER GROSSE (1235-92) Markgraf von Montferrat (1259-92). W. erbte die Ansprüche seines Hauses in der Lombardei, machte sich 1254

zum Herrn mehrerer Städte und diente auch nach Erhalt der Markgrafenwürde als *Podesta von Turin, Ivrea und Cremona. Aus persönlichen Überlegungen heraus stellte er sich 1265 auf die Seite der *Guelfen und sah dem Eindringen *Karls von Anjou in Italien zu. 1276 stellte sich W. gegen Karl in Norditalien, wo er in Piemont und der Lombardei ein Fürstentum aufbaute. Als Volkskapitän ergriff er in Mailand, Pavia, Novara, Vercelli, Como, Casale, Mantua, Alessandria und Verona die Macht und wurde dann Führer der italienischen *Ghibellinen. Nach seinem Tod zerfielen sein Staat und mit ihm der Traum von der italienischen Einheit. W.s Zerstörung der kommunalen Städteverfassung ermöglichte im 14. Jh. den Aufstieg der Fürstentümer.

Normandie:

WILHELM I. LANGSCHWERT Herzog der Normandie (932-42). Sohn *Rollos, vereinte die Normandie und errichtete ein zentralistisches Herzogtum, das sich statt auf Grafen vielmehr auf Beamte und deren Befehle über die Burgen und die Rechtsprechung stützte. W. wurde 942 von einem seiner Lehnsleute ermordet, den er beleidigt hatte.

Schottland:

WILHELM DER LÖWE (1143-1214) König von Schottland (1165-1214). W. wurde nach dem Tod seines Bruders *Malcolm IV. König und widmete seine Regierungszeit der Erhaltung der schottischen Unabhängigkeit. Zu diesem Zweck ging W. ein Bündnis mit *Ludwig VII. von Frankreich ein (1168) und intervenierte in der Revolte gegen *Heinrich II. von England (1173). W. wurde ein Jahr später gefangengenommen und nach seiner Zustimmung zum Vertrag von *Falaise, der Englands Oberhoheit festlegte, freigelassen. 1198 gab *Richard I. für 10.000 Mark seine Ansprüche auf Schottland auf. *Johann konnte den Frieden erhalten. W. stieß mit Papst *Alexander III. in der Frage der Besetzung des Bistums St. Andrews zusammen, erhielt aber 1188 eine päpstliche Bulle, die die schottische Kirche von der Subordination unter den englischen Erzbischof befreite. W. stärkte seine Macht durch die Unterwerfung der bis dahin praktisch unabhängigen

Häuptlinge entlegener Regionen und förderte das Wachstum der Städte.

A. A. M. Duncan, *Scotland, The Making of the Kingdom,* 1978.

Sizilien:

WILHELM I. DER BÖSE König von *Sizilien (1154-66). W. trug seinen Beinamen offenbar zu Unrecht, war aber ein Mann mittelmäßiger Qualitäten und stand ganz im Schatten seines Vaters *Rogers II. Nach seiner Thronbesteigung wurde W. von einem Adelsaufstand, einer byzantinischen Invasion in Bari und Brindisi sowie dem politischen Widerstand Papst *Hadrians IV. und Kaiser *Friedrichs I. bedroht. 1156 erlangte W. die päpstliche Bestätigung als Lehensträger von Sizilien, Apulien und Capua; 1158 vereitelte er mit Heeresmacht und mit diplomatischen Verhandlungen die byzantinische Bedrohung. 1160 verlor W. jedoch die sizilianischen Besitzungen in Nordafrika an die *Almohaden. Im gleichen Jahr fiel sein mächtiger Minister *Maio von Bari einem Adelsaufstand zum Opfer; W. konnte sich jedoch retten und in kurzer Zeit den Aufstand ersticken. Seine späteren Regierungsjahre verliefen dann sehr ruhig.

B. MackSmith, *A History of Sicily* 1, 1969.

WILHELM II. DER GUTE König von Sizilien (1166-89). Der Sohn *Wilhelms I. heiratete Johanna, die Tochter *Heinrichs II. von England, und sicherte durch die Heirat seiner Tante *Konstanze mit Heinrich, Sohn Kaiser *Friedrichs I., den Frieden mit dem deutschen Reich. Darauf begann W. ein großes Expansionsprogramm, wurde 1174 bei *Alexandrien von *Saladin geschlagen und nahm 1185 *Durazzo und *Thessalonike, wurde aber noch im gleichen Jahr besiegt und mußte einem Frieden zustimmen. W.s letzter Plan war die Ergreifung der Führung beim dritten *Kreuzzug, was sein Admiral Margarito durch die Errichtung der Seeherrschaft im östlichen Mittelmeer vorbereitete. Auch dieser Plan kam nicht zur Ausführung, da W. bereits 1189 starb.

WILHELM III. König von Sizilien (1194). W. wurde als Kind Nachfolger seines Vaters *Tankred von Lecce, hatte aber keine Aussicht, der Eroberung der Insel durch Kaiser *Heinrich VI. (1194) widerstehen zu können. W. und seine Familie ergaben sich nach Erhalt freien Geleits, wurden aber sofort eingesperrt. W. wurde wahrscheinlich im Kerker ermordet.

WILHELM AETHELING (ADELING) (1102-20) Der einzige eheliche Sohn *Heinrichs I. von England, war für seinen Vater hauptsächlich durch die für ihn arrangierten Heiraten nützlich. W.s Verlobung mit der Tochter des mächtigen *Fulk V. von Anjou (1113) beendete Frankreichs Versuche, Heinrichs Macht auf die *Normandie zu beschränken. Kurz nach Segnung der Heirat (1119) siegte Heinrich bei Bremule. Im folgenden Jahr diente W. als Vertreter seines Vaters in England und erhielt die normannische Herzogswürde. W. starb 1120 bei einem Schiffbruch.

F. Barlow, *The Feudal King of England,* 1955.

WILHELM BONNE-ÂME Erzbischof von Rouen (1078-1109). Einer der engsten Freunde *Wilhelms I. d. Eroberer, besaß bis zum Tod des Königs großen Einfluß. 1092 überzeugte W. *Anselm, den Erzbischofssitz von Canterbury anzunehmen. W. organisierte die normannische Kirche und kämpfte für deren Unabhängigkeit.

WILHELM CLITO VON NORMANDIE (1101-28) Sohn Roberts, des Herzogs der Normandie, war nach der Niederlage und Gefangennahme seines Vaters (1106) Geisel *Heinrichs I. von England. Nach seiner Freilassung wurde W. nach Frankreich gebracht, wo ihn *Ludwig VI. als Symbol des normannischen Widerstands gegen Heinrich benutzte. Ludwigs Ansprüche auf das Herzogtum der Normandie waren zweimal Vorwand für Adelsaufstände gegen Heinrich (1112-20, 1123), die von Frankreich angefacht, aber von Heinrich erstickt wurden. Um 1122 erhielt W. durch seine Heirat mit der Tochter des *Fulk von Anjou die Grafschaft *Maine. Heinrich ließ aber die Heirat vom Papst wegen Blutsverwandtschaft annullieren. 1127 erhielt W. von Ludwig VI. die Hand der Erbin von *Flandern, beschwor aber durch sein hartes Regime die Rebellion des *Thierry von Elsaß herauf und fiel selbst in der Schlacht.

WILHELM DER BRETONE (ca. 1160-1225) Chronist und Dichter. W. wurde in Nantes und Paris erzogen, diente als Kaplan für König *Philipp Augustus von Frankreich und als Erzieher dessen unehelichen Sohns. W. ist der Verfasser des lateinischen Gedichtes "Philippide", das den König in drei verschiedenen Fassungen feiert. Sein zweites Werk, die "Taten Philipps II. von Frankreich", ist von ähnlicher Natur und faßt das Werk Rigords über die Jahre 1207-20 mit einem eigenen Zusatz von W. zusammen. Beide Werke sind wegen W.s Kenntnisse des Themensubjekts von Bedeutung.

H. F. Delaborde (Hg.), *Oeuvres de Rigord et de Guillaume le Breton,* 1882.

WILHELM DER GROSSE VON AQUITANIEN (hl.; um 755-812) Graf von Narbonne, Markgraf von Gothien und Spanien (790-806). W. war über seine Mutter, die Tochter von *Karl Martel, mit den *Karolingern verwandt und war unter seinem Neffen *Karl d.Gr. als Befehlshaber der Franken im Krieg gegen die spanischen Sarazenen. 801 eroberte W. Barcelona. Unter dem Einfluß seines Freundes *Benedikt von Aniane gründete W. die Abtei Gellone, in die er sich 806 zurückzog. W. wurde im Heldenepos *Guillaume d'Orange* verewigt.

WILHELM DES ROCHES (13. Jh.) *Seneschall von Anjou. W. war einer der großen Barone von Poitou und übte in der Zeit *Richards I. großen Einfluß aus. Nach des Königs Tod (1199) unterstützte W. die Thronansprüche *Arthurs. Als erklärter Feind von *Johann ohne Land unternahm W. gemeinsam mit *Philipp II. von Frankreich die Eroberung des Loiretals (1204), und wurde darauf königlicher Seneschall von Anjou.

WILHELM LONGCHAMP (gest. 1197) Kanzler von England und Bischof von Ely. W. begann seine Laufbahn als Beamter bei *Heinrichs II. Sohn *Gottfried zu Rouen, wechselte dann auf die Seite *Richards über, zum Kanzler des Herzogtums *Aquitanien machte. Als gewiefter Botschafter vereitelte er Heinrichs Plan, mit Frankreich Frieden zu schließen (1189). Mit der Thronbesteigung Richards wurde W. Kanzler des Königreichs und Bischof von Ely (1189) sowie 1190 päpstlicher Legat. W. schuf sich zahlreiche Feinde und mußte England nach einem Aufstand während Richards Abwesenheit auf dem *Kreuzzug verlassen. 1193 ging W. zu Richard nach Deutschland und wurde bis zum Ende der Regierung des Königs in vertraulichen Missionen in ganz Europa beschäftigt.

J. H. Round, *The Commune of London and other Studies,* 1899.

Statue von Wilhelm Tell und seinem Sohn, 19. Jh.

WILHELM MARSCHAL (um 1146-1219) Englischer Feldherr und Statsmann. W. war ein jüngerer Sohn John Fitzgilberts (gest. 1165), trat im Alter von 19 Jahren in den Dienst seines Onkels Earl Patrick von Salisbury. 1170 wurde der dann bekannte Soldat Erzieher Heinrichs, des ältesten Sohnes von *Heinrich II. 1187 trat W. in den Dienst des Königs und erwarb bis zu dessen Tod den Ruf, erster Ritter der Zeit zu sein. Er vollzog den Ritterschlag *Richards I. und war in dessen Abwesenheit (1190-94) Mitglied des Kronrats. Während des Königs Gefangenschaft bewahrte W. ihm unbeirrt die Treue; nach dessen Tod stand er *Johann bei und wurde 1199 formell als Earl von Pembroke anerkannt. Den Titel und die dazugehörigen ausgedehnten Landgüter hatte W. bereits von seiner Frau Isabella, der Tochter *Richards von Clare, erhalten. Von 1200 bis 1207 kämpfte W. in England und der Normandie, bis 1213 hielt er sich in seiner großen Herrschaft *Leinster (Irland) auf, wo er die irischen Adligen auf Johanns Seite zu ziehen versuchte. W. stand dem König in seiner schwersten Stunde in *Runnymede (1215) bei und war zur Zeit des Bürgerkriegs nach Johanns Tod Regent von England; er schlug die Aufständischen sowie Ludwig VIII. von Frankreich und bewahrte Johanns Sohn *Heinrich III. die Krone. W. legte weise Zurückhaltung an den Tag, als er eine Amnestie ausrief und die geordnete Regierung wiederherstellte. In seiner ganzen langen öffentlichen Laufbahn war W.s Politik durch einen ausgeprägten Sinn für Ehre und Verantwortlichkeit gegenüber König und Land gekennzeichnet.

J. Crosland, *William the Marshal: The Last Great Feudal General,* 1962.

WILHELM TELL Der sagenumwobene Held des Kampfes der *Schweizer Kantone gegen die Beherrschung durch die *Habsburger. Er war ein Führer der Bauern von *Uri und weigerte sich, dem Befehl des tyrannischen Landvogts Gessler Gehorsam zu leisten, einem am Marktplatz von Altdorf aufgehängten Hut die Ehrerbietung zu erweisen. Als Bestrafung zwang ihn Gessler, den auf den Kopf von T.s Sohn gelegten Apfel zu durchschießen, und nahm ihn wegen Beleidigung fest. W. konnte jedoch bei der Überquerung des Luzerner Sees entkommen und Gessler aus einem Hinterhalt bei der Hohlen Gasse von Küßnacht töten. Damit machte sich W. zum Führer des schweizerischen Unabhängigkeitskampfes. Die Legende von W. ist erstmals in einer Ballade des 14. Jh.s erwähnt und konnte bis heute nicht historisch verifiziert werden.

H. Fehr, *Die Entstehung der Schweizer Eidgenossenschaft,* 1929;
L. Stunzi (Hg.), *Tell,* 1973.

WILHELM VON AUVERGNE (um 1180-1249) Philosoph und Theologe. W. studierte und lehrte in Paris Künste und Theologie (um 1220) und zeigte auch als Bischof von Paris (seit 1228) ein reges Interesse an höheren Studien und an der Universität. W. verfaßte mehrere Werke der praktischen Theologie und der Philosophie und bemühte sich um eine Synthese zwischen dem aristotelischen Denken und dem christlichen Dogma der augustinischen Überlieferung. W. richtete sich gegen die *Katharer und die arabische Lehre von der Ewigkeit der Welt. Seine hauptsächliche Bedeutung liegt darin, daß er die aristotelische Lehre von ihren arabischen Zusätzen reinigte. Damit bereitete W. den Weg zur vollen Assimilation der griechischen Philosophie an das christliche Denken.

A. Masnovo, *Da Guglielmo d'Auvergne a San Tomaso d'Aquino* I, 1945.

WILHELM VON AUXERRE (gest. 1231) Theologieprofessor in Paris. W. studierte in Paris unter *Praepositinus von Cremona und wurde Erzdiakon von Beauvais. 1231 war W. Mitglied eines Komitees dreier Theologen, denen Papst *Gregor IX. den Auftrag erteilte, eine neue Ausgabe der naturwissenschaftlichen und metaphysischen Werke des *Aristoteles vorzunehmen, wie sie nach dem Verbot von 1210 notwendig geworden war. W. schrieb eine *Summa aurea,* die zwar stark von *Petrus Lombardus beeinflußt war, aber einen Ehrenplatz als eine der ersten Summen nach dem Eindringen des Aristotelismus erhielt. W. war Lehrer des Johannes von Treviso, eines der wichtigen Theologen der Dominikaner. Vielleicht aus diesem Grunde bemerkte der Franziskaner *Salimbene über W., daß er ein vollkommen unfähiger Lehrer sei, der keine Ahnung habe, was er von sich gebe.

C. Ottaviano, *Guglielmo d'Auxerre. La vita, le opere, il pensiero,* 1929.

WILHELM VON CHAMPEAUX (um 1070-1121) Philosoph und Theologe. W. war Schüler *Anselms von Laon und wurde Lehrer an der Pariser Domschule (1103). W.s extrem realistische Position in der Frage der *Universalien fand die zerstörerische Kritik *Abälards, und W. mußte seine Lehrstelle aufgeben (1108). Er zog sich in die Abtei St. Victor zurück, wo er einen bedeutenden Einfluß auf die mystische Lehre

der *Viktoriner ausübte. 1113 wurde W. zum Bischof von Châlons-sur-Marne erhoben. Er hatte die Position des Sprechers der konservativen Rechtgläubigkeit inne und genoß den Ruf großer Gelehrsamkeit und Heiligkeit; er wurde vom französischen König nach Deutschland gesandt, um *Heinrich V. das Problem der *Investitur vorzutragen. W.s wichtigster Beitrag zur Philosophie liegt in seiner Schöpfungslehre, wie er sie in *De origine animae* entwickelte, wonach jede Kreatur dem göttlichen Schöpfungsakt entstamme.
L. Ott, *Untersuchungen zur theologischen Briefliteratur der Frühscholastik,* 1937.

WILHELM VON CHAMPLITTE (gest. 1209) Lateinischer Eroberer in Griechenland. W. war Enkel des Grafen Hugo I. von Champagne, nahm am vierten *Kreuzzug teil und machte sich 1205 mit seinem Freund Gottfried von *Villehardouin an die Eroberung von *Morea im westlichen Peloponnes. Nach einer schweren Schlacht gegen lokale Gruppen und gegen Michael Dukas von Epiros war der Eroberungszug im Herbst des gleichen Jahres abgeschlossen; die beiden Eroberer begannen mit dem Aufbau ihres Staates. 1209 wurde W. in die Heimat zurückgerufen, um das Erbe seines älteren Bruders in Burgund zu erhalten. Ein von ihm als Erbe eingesetzter Neffe starb kurz darauf; nach W.s im gleichen Jahr ging die Herrschaft in Morea auf Gottfried über.

WILHELM VON CONCHES (um 1100-54) Philosoph und Theologe. W. war Schüler *Bernhards von Chartres, wurde um 1122 Tutor für *Heinrich Plantagenet. Als Theologieprofessor in Paris vertrat W. einen neuplatonischen Realismus und Humanismus und war an den Naturwissenschaften interessiert. Damit repräsentierte er die vorherrschende Geistesrichtung in der Schule von *Chartres. W. wurde später wegen seiner Haltung zu den antiken Göttern der Ketzerei beschuldigt. Deren allegorische und moralische Behandlung in seiner "Weltphilosophie" (um 1130) konnte nur allzuleicht auf den christlichen Gott und die Heiligen übertragen werden. W. schrieb auch Glossen zu Platons *Timeus* und einen Kommentar zu *Boethius' "Tröstung der Philosophie"
T. Gregory, *Anima Mundi: La filosofia di Guglielmo di Conches e la scuola di Chartres,* 1955.

WILHELM VON HAUTEVILLE (Eisenarm; gest. 1046) Normannischer Soldat und Abenteurer. W. war der älteste der zwölf Söhne *Tankreds von Hauteville und zusammen mit seinen Brüdern *Drogo und *Humphrey als erster der Familie in Süditalien als Söldner tätig. Nachdem W. um 1035 auf den Ruf *Rainulfs von Aversa hin in Süditalien angelangt war, wurde er Befehlshaber der Normannen, die zusammen mit den Langobarden *Apulien eroberten, zu dessen Graf er sich 1042 ausrief. 1044 fiel W. zusammen mit seinem lehnsrechtlichen Herrn, dem Langobarden Gaimar von *Salerno, in *Kalabrien ein und machte sich zur stärksten Kraft des Südens. Seine Position ging nach seinem Tod auf Drogo und wenige Jahre später auf einen weiteren Bruder, *Robert Guiscard, über.
E. Curtis, *Roger of Sicily and the Normans in Lower Italy,* 1912;
L. Buisson, *Formen normannischer Staatsbildung,* in: Vorträge und Forschungen 5, 1960.

WILHELM VON HIRSAU (sel.; gest. 1091) Abt von Hirsau. W. war Mönch zu St. *Emmeran in *Regensburg und wurde um 1070 zum Abt von Hirsau ernannt. W.

erlangte von Papst *Gregor VII. die Befreiung von der bischöflichen Autorität und die direkte Subordination unter den Papst (1075). Als ergebener Anhänger Gregors war er einer der führenden Sprecher der päpstlichen Reformbewegung in Deutschland. W. übernahm die *kluniazensischen Gebräuche in seinem Kloster, verbreitete sie in Deutschland und schuf eine neue Kategorie von Mönchen (die Laienbrüder *fratres exteriores*), die mit körperlicher Arbeit beschäftigt wurden. Diese Einrichtung bedeutete eine wichtige Errungenschaft für die niedrigeren Sozialschichten, die bis dahin kaum Gelegenheit hatten, den aristokratischen Benediktinerklöstern beizutreten. W. verfaßte in seinen jüngeren Jahren in Regensburg Werke über Astronomie und Musik, nahm aber später gegenüber der weltlichen Wissenschaft eine ablehnende Haltung ein.
H. Jacobs, *Die Hirsauer,* 1961.

WILHELM VON HOLLAND (um 1227-56) Graf von Holland (1233-56) und König von Deutschland (1247-56). W. wurde nach dem Tod seines Vaters Floris IV. bei einem Turnier Graf und hatte zwei seiner Onkel als Regenten. 1247 erwählten ihn Kirchenfürsten an Stelle des gebannten Kaisers *Friedrich II. zum deutschen König. Zu seiner Krönung mußte W. ein halbes Jahr lang die Stadt *Aachen belagern und konnte erst nach Friedrichs Tod (1250) einigen Anhang in Deutschland gewinnen. 1252 erlangte W. durch seine Heirat mit einer Tochter Ottos von Braunschweig die Anerkennung der Herzöge von *Braunschweig, Sachsen und *Brandenburg. Nach dem Tod *Konrads IV. wechselten auch die *Reichsstädte, bis dahin die treuesten Anhänger der *Hohenstaufen, auf seine Seite über. Beim Reichstag von Worms (Februar 1255) stellte er sich an die Spitze des großen Rheinischen Bundes und war dabei, sich zum wahren Führer Deutschlands zu machen. Er mußte jedoch den Großteil seiner Zeit und Energie auf unentschieden endende Kämpfe in Holland verschwenden, wo er an einem Zug gegen die *Friesen den Tod fand.
O. Hintze, *Das Königtum Wilhelms von Holland,* 1885.

WILHELM VON JUMIÈGES (Calculus; gest. um 1090) Geschichtsschreiber. Offenbar von Geburt ein Normanne, war Mönch im königlichen Kloster *Jumièges (Normandie) und schrieb eine *Historia Normannorum,* die in sieben Büchern und einem Nachtrag von fremder Hand die Geschichte des normannischen Volkes von 851 bis 1087 behandelt.
Werk: J. Marx (Hg.), 1914.

WILHELM (GUILLAUME) VON LORRIS (gest. 1240) Französischer Dichter und Autor einer frühen Fassung des *Roman de la Rose,* die von einer besonderen Lebendigkeit und Schönheit der Sprache gekennzeichnet ist.

WILHELM (GUILLAUME) VON MACHAUT (1284-1377) Französischer Dichter und Musiker. Sohn einer Adelsfamilie der *Champagne, trat in den Dienst des böhmischen Königs *Johann von Luxemburg, den er von 1316 30 Jahre lang als Sekretär auf allen seinen Kriegszügen begleitete. Nach Johanns Tod diente er an verschiedenen Fürstenhöfen und seit 1350 als königlicher Notar *Karls V. von Frankreich. W. verfaßte eine Vielzahl von Gedichten in allen möglichen Stilformen sowie zahlreiche Musik- und Gesangsstücke, darunter die bei Karls Krönung zu Reims aufgeführte Messe.
Werk: E. Hoepffner (Hg.), 1908.

WILHELM VON MALMESBURY (ca. 1080-1143) Englischer Geschichtsschreiber. W. verbrachte die überwiegende Zeit seines Lebens als Schüler, Mönch und Bibliothekar am Kloster *Malmesbury und lehnte es 1140 ab, Abt zu werden. Seine Hauptwerke sind: die *Gesta Regum* ("Taten der Könige"), die in fünf Büchern auf eine Vielzahl von Quellen gestützt die Jahre 449-1127 Englands behandeln; dann die *Gesta pontificum*, eine Geschichte der englischen Bistümer von ihren Anfängen bis ca. 1120; und schließlich *Historia novella*, eine Fortsetzung seiner Königsgeschichte, hauptsächlich für die Regierungszeit *Stephans. Trotz einiger chronologischer Fehler und seiner Gepflogenheit, die Erzählung mit irrelevanten Anekdoten zu unterbrechen, gilt W. als der beste englische Geschichtsschreiber seiner Zeit, hauptsächlich dank seiner klugen Beurteilung der Personen und Ereignisse.

H. Farmer, *W. of M.'s Life and Works,* in: Journal of Ecclesiastical History 13, 1962.

WILHELM VON MOERBEKE (um 1215-86). Übersetzer und Gelehrter. W. stammte aus dem belgischen Raum, war Dominikanermönch und einer der echten Kosmopoliten des Mittelalters. W. hielt sich an der päpstlichen Kurie auf, erschien auf dem Konzil von *Lyon und hatte seit 1278 und bis zu seinem Tod das Erzbistum *Korinth inne. W. war der wichtigste Übersetzer des *Aristoteles aus dem Griechischen ins Lateinische und übertrug mehrere mathematische Abhandlungen der alten Griechen.

M. Grabmann, *Guglielme di Moerbeke, O.P., il traduttore delle opere di Aristotele,* 1946.

WILHELM VON NANGIS (NANCY) (gest. um 1300) Französischer Chronist. W. war Mönch zu *Saint Denis (Paris) und bewahrte die Handschriften. Seine Geschichtswerke sind hauptsächlich Zusammenstellungen aus den Schriften früherer Chronisten wie etwa *Sigebert von Gembloux, der das meiste Material für W.s Universalchronik lieferte. Die Jahre 845-1300 behandelte W. in seinem *Chronicon abbreviatum regum Francorum* ("Gekürzte Chronik der französischen Könige"). Er verfaßte auch Biographien von *Ludwig VIII. und dem IX. und *Philipp III.

Werk: H. Gerand (Hg.), 2 Bde., 1843.

WILHELM VON NEWBURGH (Willelmus Parvus; 1136-um 1198) Englischer Chronist. W. trat als Knabe dem *Augustinerstift Newburgh in Yorkshire bei, wo er später Kanoniker wurde. W. schrieb für die Jahre 1066-1198 eine "Geschichte Englands" in fünf Büchern, die sich durch ihre unparteiische Beurteilung der handelnden Personen auszeichnet.

J. Taylor, *Medieval Historical Writing in Yorkshire,* 1961.

WILHELM VON NOGARET (um 1265-1313) Jurist und Minister König *Philipps IV. von Frankreich. W. war seit 1296 Mitglied des Kronrats, Siegelbewahrer (1307) und seit dem Tod *Peter Flottes der mächtigste und einflußreichste Berater des Königs. W. stand zusammen mit Sciarra *Colonna an der Spitze der Truppen, die 1303 beinahe Papst *Bonifatius VIII. entführten, und wurde vom König trotz des gegen ihn ausgesprochenen Bannes unterstützt. W. leitete das Verfahren gegen die *Templer mit Brutalität (1308) und bereitete die Anklage wegen Ketzerei gegen den verstorbenen Bonifatius vor (1310). W. war in seiner bürgerlichen Herkunft und Treue zum König ein Paradebeispiel der neuen Generation königlicher Juristen, für die die Interessen des Königs und der Nation identisch waren.

M. Melville, *Guillaume de Nogaret et Philip le Bel,* in: Revue d'Histoire de l'Église de France 36, 1950.

WILHELM VON NORWICH (gest. 1144) Ein 12-jähriger Knabe, dessen verstümmelter Körper 1144 in einem Wald bei Norwich (England) aufgefunden wurde. 1149 wurde die Nachricht verbreitet, daß W. das Opfer eines jüdischen Ritualmordes gewesen sein soll. Obwohl die Obrigkeit dem Gerücht kein Gewicht beimaß, wurde W. in dieser Gegend als Heiliger verehrt. Dies war die erste überlieferte Blutbeschuldigung gegen Juden, die nach der volkstümlichen Anschauung ihrem alten Zorn gegen Jesus durch die Entführung und Tötung unschuldiger Kinder und durch den Gebrauch deren Blutes zum Passabrot Ausdruck verliehen haben sollen.

C. Roth, *The Ritual Murder Libel and the Jews,* 1935;
W. P. Eckert, *Die mittelalterlichen Beschuldigungen gegen die Juden,* in: Judentum im Mittelalter (Austellungskatalog Schloß Halbturn), 1978.

WILHELM VON OCKAM (OCCAM; ca. 1285-1349) Theologe und Philosoph. In England geboren, trat in seiner Jugend dem *Franziskanerorden bei, studierte und lehrte Theologie in Oxford. Er mußte infolge eines Disputes über seinen Kommentar zu den "Sentenzen" von *Petrus Lombardus Oxford verlassen, ohne seinen Magistertitel erhalten zu haben.

W.s Lehre war auf die Logik und den Glauben an den Verstand und die grunsätzlich gute Natur des Menschen gegründet, bestritt aber nicht die Allmacht Gottes. Diese Meinung wurde von Johannes Lutterell kritisiert; Papst *Johannes XXII. ordnete eine Untersuchung der Lehre von W. an. Tatsächlich wurde W.s Werk nie offiziell verurteilt.

1328 stellte sich W. auf die Seite der spiritualen *Franziskaner im Streit um die apostolische Armut und kam dadurch mit dem Papst in Konflikt. Im Verlauf der langen Auseinandersetzung schrieb W. zahlreiche Abhandlungen gegen das Papsttum und stellte sich auf die Seite des gebannten Kaisers *Ludwig d. Bayern, dem er 1330 nach München folgte. 1339 verteidigte W. das Recht des englischen Königs, den Klerus zu besteuern.

W.s metaphysische und kirchenpolitische Werke wurden weit verbreitet. Eines seiner Hauptwerke ist das *Opus nonaginta dierum* ("Neunzig-Tage-Werk", 1330). Er starb 1349 bei einem Franziskanerkonvent in München. W. legte mit seiner Betonung des Nominalismus in der *Universalienfrage die Grundlage für das Denken der Neuzeit.

L. Baudry, *Guillaume d'Occam,* 1950;
W. Kölmel, *Wilhelm Ockham und seine kirchenpolitischen Schriften,* 1962.

WILHELM VON POITIERS (um 1020-90) Normannischer Chronist. Von adliger Herkunft, studierte in Poitiers und wurde Kaplan Herzog *Wilhelms I. des Eroberers. W. schrieb belobigend die "Taten Wilhelms von Normandie" auf, eine Biographie des Eroberers, deren überlieferte Teile die Jahre 1047-68 behandeln und wegen der persönlichen Kenntnis des Verfassers von einigem Wert sind.

Werk (lat.-franz.): R. Foreville (Hg.), 1952.

WILHELM VON PUY-LAURENS (ca. 1217-72) W. war Kaplan Graf *Raimunds VII. von Toulouse und Verfasser einer wichtigen Beschreibung des *Albigenserkreuzzugs.

Werk: P. Meyer (Hg.), *La Chanson de la Croisade contre les Albigènes,* 2 Bde., 1875-79.

WILHELM VON REIMS (1135-1202) Französischer Kirchenfürst, auch als "Kardinal der Champagne" oder als "W. mit den weißen Händen" bekannt. W. war vierter Sohn *Thibauts II. d.Gr. von Blois und Champagne und Schützling *Bernhards von Clairvaux; er wurde Bischof von *Chartres (1165) und Erzbischof von *Sens (1168). 1168 diente W. auch als päpstlicher Legat *Alexanders III. im Konflikt zwischen Thomas *Becket und *Heinrich II. 1176 wurde W. Erzbischof von *Reims und krönte drei Jahre später *Philipp II. Augustus. W. zerstritt sich mit dem König und ging nach Rom, wo er zum Kardinal erhoben wurde. Zur Zeit des *Kreuzzugs Philipps war W. Haupt der Regierung. 1193 annullierte er die Ehe des Königs mit Ingelburg, weshalb er sich eine schwere Rüge des Papstes zuzog.

WILHELM VON RUYSBROECK Siehe *RUYS-BROECK.

WILHELM VON ST. THIERRY (sel.; um 1085-1148) Mystiker und Theologe. Sohn einer französischen Adelsfamilie, wurde im Benediktinerkloster St. Nicaise zu *Reims erzogen und 1119 zum Abt von St. Thierry (bei Reims) erhoben. W. spielte eine wichtige Rolle beim ersten Generalkapitel der Benediktiner zu St. Médard (1140). 1145 legte W. sein Amt nieder und ging ins *Zisterzienserkloster Signy, um ein Leben der Zurückgezogenheit und Gottesanschauung zu führen. W. ist wegen seiner Korrespondenz mit seinem engen Freund *Bernhard von Clairvaux (dessen Biographie er begann) und einer Reihe theologisch-mystischer Werke bekannt geworden. Er trat als erster öffentlich gegen *Abälard auf.

M.-M. Davy, *Théologie et Mystique de Guillaume de Saint-Thierry,* 1954;
J. Dechanet, *Guillaume de Saint-Thierry,* 1980.

WILHELM VON TYRUS (ca. 1130-90) Geschichtsschreiber der *Kreuzfahrer im Heiligen Land. W. war offenbar Sohn einer französischen Adelsfamilie und in *Palästina geboren, studierte in Europa und kehrte 1167 als Erzdiakon der Kirche von *Tyrus nach Hause zurück. 1170 wurde W. Lehrer des zukünftigen Königs *Balduin IV. und nach dessen Thronbesteigung Kanzler des Königreiches *Jerusalem (1174) sowie Erzbischof

Siegel des Erzbischofs Wilhelm von Tyrus

von Tyrus (1175). W. reiste mehrere Male nach Europa, um Militärhilfe für das belagerte Königreich zu mobilisieren. W. beherrschte die griechische, lateinische und arabische Sprache. Seine Geschichte der Kreuzzüge und des Königreichs von Jerusalem (1169-73) in 23 Büchern ist die wichtigste Quelle über das lateinische Kreuzfahrerreich. W. schrieb auch einen Bericht vom *Laterankonzil des Jahres 1179 und eine "Geschichte der östlichen Könige", die in Fragmenten bei *Jakob von Virty überliefert ist.
B. C. Schwinger, *Kreuzzugsideologie und Toleranz. Studien zu Wilhelm von Tyrus*, 1977.

WILHELM VON VALENCE (gest. 1296) Englischer Soldat. W. war Halbbruder *Heinrichs III. und nach seiner Ankunft in England (1247) prominentes Mitglied des Hofes. W. mußte nach einem Angriff der Baronenpartei 1258 das Land verlassen, kehrte aber 1261 als Befehlshaber der königlichen Armee gegen *Simon von Montfort zurück. W. begleitete *Eduard als Heerführer auf dem Kreuzzug, kämpfte in Aquitanien und Südwales und erwarb trotz seiner fremden Herkunft den Respekt der Barone.
F. R. Lewis, *William of V.*, in: Aberystwyth Studies 13/14, 1934/36.

WILHELM VON WYKEHAM (1324-1404) Bischof von *Winchester und Kanzler von England. W. wurde in Winchester erzogen und diente dem Sekretär des Konstabels des Schlosses Windsor zum Verantwortlichen für die königlichen Bauwerke, zum Bewahrer des Privatsiegels, zum Bischof von Winchester (1366) und zum Kanzler (1367) hoch. Nach den Rückschlägen im Krieg mit Frankreich mußte W. als Sündenbock das Kanzleramt aufgeben (1372), wurde aber bei der Thronbesteigung *Richards II. (1389) wieder in seine Ämter und Würden eingesetzt. W. errichtete das New College in Oxford und die St. Mary's Grammar School in Winchester.
G. H. Moberley, *Life of William of Wykeham*, 1893.

WILHELM VON YORK (William Fitzherbert; hl.; gest. 1154) Offenbar ein Neffe König *Stephans von England, diente als Schatzmeister der Domkirche von York und wurde 1142 zum Erzbischof gewählt. Die *Zisterziensermönche der Kirchenprovinz lehnten sich gegen die Wahl als einer *simonischen und vom König begünstigten auf; W. mußte nach heftigen Angriffen *Bernhards von Clairvaux auf Befehl Papst *Eugens III. sein Amt aufgeben (1147). W. verbrachte daraufhin einige Zeit am Hof seines einflußreichen Onkels *Heinrich von Blois, des Bischofs von *Winchester und päpstlichen Legaten in England. W. erlangte 1154 nach dem Tod seiner hauptsächlichen Widersacher seine erneute Einsetzung durch Papst *Anastasius IV., starb aber nach einigen Monaten wohl an Gift.
R. L. Poole, *The Appointment and Deprivation of St. William*, in: English Historical Review 45, 1930.

WILIGELMUS (Anfang 12. Jh.) Bildhauer, Schöpfer der Bauplastik am Westportal des Doms in Modena mit Darstellungen aus dem Alten Testament; stilistisch von antikrömischen Werken angeregt.   (Din)
A. G. Quintavalle, *W.*, 1967.

WILLEHAD (um 745-89) Priester und Missionar in Sachsen. W. stammte aus *Northumbrien (Nordengland) und wurde um 767 als Missionar nach Nordfriesland gesandt, wo er von Dokkum aus tätig war. W. verbrachte danach einige Zeit im Kloster *Echternach,

bis ihn *Karl d.Gr. zum Leiter der Sachsenmission für das Gebiet zwischen Niederweser und Elbe ernannte. W. wurde nach verschiedenen Rückschlägen zum Bischof von Bremen erhoben (787), wo er dann zwei Jahre später starb.
G. Niemeyer, *Die Vitae des ersten Bremer Bischofs Willehad und seine kirchliche Verehrung*, 1953.

WILLIBALD (hl.; um 700-86) Missionar und Reisender. Sohn einer angelsächsischen Adelsfamilie und Verwandter des hl. *Bonifatius, pilgerte 722 nach Rom und bereiste in den Jahren 724-30 die heiligen Orte in Palästina und die Länder des östlichen Mittelmeers. Nach seiner Heimkehr wurde er Mönch zu Monte Cassino. 740 sandte ihn Papst *Gregor II. auf Ersuchen des hl. *Bonifatius als Missionar nach Deutschland. Als Bischof von Eichstätt festigte W. das Christentum in Franken und wurde bereits zu Lebzeiten als Heiliger verehrt.
W. Levison, *England and the Continent in the 8th Century*, 1946.

WILLIBRORD (hl.; um 658-739) Missionar und Bischof von *Utrecht. Sohn eines englischen Adligen, wurde im Kloster *Ripon erzogen und ging 678 nach Irland, wo er zehn Jahre später die Priesterweihen erhielt. 690 gelangte W. unter dem Schutz *Pippins von Herstal mit einigen anderen Engländern ins fränkische *Friesland. W. wurde von Papst *Sergius I. 695 zum Erzbischof von Utrecht geweiht und wirkte von Utrecht und dem Kloster *Echternach (seinem zweiten englischen Missionsstützpunkt auf dem Kontinent) aus. Der unter seiner Führung errungene Fortschritt der Christianisierung wurde zeitweise durch den Aufstand der Friesen gegen deren fränkische Herren bedroht (715-19). W. konnte aber seine Missionstätigkeit bis *Dänemark und *Thüringen ausdehnen.
C. Wampach, *St. Willibrord. Sein Leben und Lebenswerk*, 1953.

WILLIGIS (hl.; gest. 1011) Reichskanzler und Erzbischof von *Mainz (seit 975). Wurde in Schöningen (Braunschweig) als Sohn einfacher Eltern geboren und diente seit 971 als Reichskanzler unter den Kaisern *Otto II., *Otto III. und *Heinrich II. In der Zeit der Kämpfe während der Minderjährigkeit Ottos III. (983-86) trug W. wesentlich zur Erhaltung des Reiches bei und sammelte die deutschen Fürsten um die Regentschaft der Königsmutter *Theophano. Seine späteren Jahre standen im Zeichen eines ausgedehnten Konflikts mit *Bernward von Hildesheim wegen des reichen Nonnenklosters *Gandersheim; der Streitpunkt wurde erst 1007 mit W.' Verzicht beigelegt.
H. Böhner, *Willigis von Mainz*, 1895.

WILNA Bistum und Hauptstadt von *Litauen. Zum erstenmal 1128 erwähnt; W. wurde 1223 von Fürst Gedymin zur Hauptstadt gemacht und 1383 von den deutschen Rittern auf einem ihrer alljährlichen *Kreuzzüge gegen die heidnischen Litauer zerstört. Die Blütezeit W.s begann drei Jahre später mit der Zerstörung des heidnischen Götzen der Stadt anläßlich der Heirat von Großfürst *Jagiello mit der polnischen Königin Hedwig und seiner Bekehrung zum Christentum. Auf Initiative von Papst *Urban VI. wurde unter der Leitung des Erzbischofs *Gnesen das römisch-katholische Bistum W. errichtet. 1447 kam die Stadt anläßlich der Wahl des Litauerfürsten Kasimir IV. zum polnischen König an Polen.

WINCHELSEY, ROBERT VON (gest. 1313) Erzbischof von *Canterbury seit 1293. W. war Student und Lehrer in Paris und Oxford, Rektor und Kanzler der Universität Oxford, Erzdiakon von Essex und seit 1293 Erzbischof von Canterbury. Als eifriger Vertreter der Vorrechte der Geistlichen und als Anhänger des Papstes *Bonifatius VIII. stieß W. 1297 mit König *Eduard I. wegen der königlichen Besteuerung des Klerus zusammen und trat 1301 auf dem Parlament von *Lincoln auf die Seite der Barone. 1305 ließ Eduard durch seinen Freund Papst *Klemens V. W. suspendieren. Nach seiner Wiedereinsetzung (1308) kämpfte W. mit den Baronen gegen *Eduard II. und machte ausgiebigen Gebrauch von den geistlichen Waffen der Kirche. Trotz seiner Heiligsprechung und seiner Asketik ist W. hauptsächlich als Politiker bekannt.
F. M. Powicke, *The Thirteenth Century*, 1962.

WINCHESTER Stadt in Hampshire (England). Die keltisch-römische Siedlung war im Mittelalter Hauptstadt des Königreiches *Wessex und seit 635 Sitz eines Bischofs, zeitweise Hauptstadt ganz Englands, Begräbnisstätte mehrerer Könige und Krönungsort *Eduards d. Bekenner (1043). *Alfred d.Gr. machte W. zu einem Mittelpunkt der Gelehrsamkeit. Nach der *normannischen Eroberung blieb W. weiterhin mit der Monarchie verbunden und hatte durch seine Nähe zum New Forest und zum Hafen Southampton große Bedeutung als Zentrum für das Handels- und Tuchgewerbe. Die Kaufmannsgilde von W. ist seit der normannischen Frühzeit bezeugt; die Stadt besaß eine blühende Messe und eine zahlenmäßig starke jüdische Gemeinde. Die Selbstregierung der Stadtbürger stammt noch aus der angelsächsischen Periode und wurde von mehreren Königen neu bestätigt. Die Hochblüte von W. war im frühen 12. Jh.; in der Zeit König *Stephans wurde die Stadt jedoch verbrannt und litt danach unter dem Verlust der *Normandie an Frankreich, was für W. eine Verschlechterung der günstigen Lage in Bezug auf die Kontinentalbesitzungen der englischen Könige bedeutete.
M. D. Lobel (Hg.), *Historic Towns* 2, 1970.

WINCHESTERBIBEL Eines der hervorragendsten Werke der englischen Buchmalerei des 12. Jh.s, im Alten Münster von *Winchester hergestellt und durch vielfältige Farben bei den Illustrationen gekennzeichnet. Fünf Hände von Miniaturisten lassen sich unterscheiden.
W. Oakeshott, *The Artists of the Winchester Bible*, 1945.

WINDESHEIM *Augustinerchorherrenstift in Holland und Mutterhaus einer Kongregation von Regularkanonikern. W. wurde um 1386 von einer Gruppe von Schülern des Gerhard *Groote gegründet. Unter Florenz Radewyns nahmen die Brüder die Augustinerregel an und errichteten Stift und Kirche W. Unter dem zweiten Prior Johann Vos (1391-1424) nahm die Zahl der Brüder bedeutend zu, und es entstanden zahlreiche neue Häuser. Am Höhepunkt ihrer Verbreitung zu Ausgang des 15. Jh.s zählte die Kongregation von W. 86 Kanoniker- und 16 Nonnenhäuser. Ihre Organisation war der der *Kartäuser nachgebildet. Sie lebten ein striktes Leben und zeichneten sich als Abschreiber und Buchmaler von Erbauungsliteratur aus. Ihre berühmtesten Mitglieder waren *Thomas a Kempis, Gabriel *Biel und der Klosterreformer Johann Busch.
L. Schmitz-Kallenberg, *Die Windesheimer Kongregation*, in: Historisches Jahrbuch 36, 1915.

Inneres der Kathedrale von Winchester, um 1100

WINDSOR Stadt und Festung an der Themse in Berkshire (England) und seit dem Mittelalter einer der Mittelpunkte der englischen Monarchie. Die römische Siedlung Alt-W. diente *Eduard d. Bekenner als Residenz und wurde an *Westminster Abbey geschenkt. *Wilhelm I. d. Eroberer erlangte W. im Gütertausch wieder und errichtete die Festung Neu-W., um die sich die Stadt bildete. Die normannischen Könige Englands hielten in W.-Castle ihre Hofversammlungen ab. Die von *Eduard IV. errichtete Kapelle von W. diente als Hauptquartier des Hosenbandordens.
R. R. Tighe-J. E. Davies, *Annals of Windsor*, 1858.

WINIFRED (hl.) Englische Adlige und Heilige des 7. Jh.s. Einer spätmittelalterlichen Überlieferung nach war sie eine Nichte des hl. Bruno, der sie wieder zum Leben erweckt haben soll, nachdem sie von einem Adligen umgebracht worden war dessen Zudringlichkeiten sie zurückgewiesen hatte. Am Ort ihres Todes und ihrer Auferstehung soll eine Quelle erschienen sein, die zum Pilgerort wurde.

WINKELRIED, ARNOLD VON (gest. 1386) Schweizerischer Volksheld. W. war wohl Sohn einer Ritterfamilie aus Stans (*Unterwalden), der den siegreichen Ausgang der Schlacht von *Sempach gegen die Habsburger bewirkt haben soll. In einem kritischen Moment, als es den Schweizern nicht gelang, die Reihen der österreichischen Ritter zu brechen, soll W. seine Frau und Kinder seinen Kameraden anvertraut haben und unter Opferung seines eigenen Lebens eine Bresche in die Linien des Feindes geschlagen haben. Die historische Kritik bezweifelt allerdings die Glaubwürdigkeit dieses Berichts.
P. Zweifel, *Über die Schlacht von Sempach. Zur Aufklärung der Winkelriedfrage*, 1927.

WIPO (gest. um 1046) Geschichtschreiber. Ein Sohn Burgunds aus Solothurn, diente als Kaplan Kaiser *Konrads II., dessen Biographie *Gesta Chuonradi II imperatoris* er 1046 dessen Sohn Heinrich III. widmete. Trotz seines begabten und meist objektiven Stils leidet das Werk unter der verengten Perspektive, die die Geschichtsschreiber der damaligen Zeit kennzeichnet. Andere Werke W.s sind ein Buch über Maxime (um 1027), eine Lobpreisung Heinrichs (um 1041), eine Klageschrift auf Konrads Tod und die liturgische Ostersequenz *Victimae paschali laudes* ("Lob dem Osterlamm"). Werk (lat.-dt.): R. Buchner (Hg.), *Quellen des 9. und 11. Jh.s zur Geschichte der hamburgischen Kirche und des Reiches*, 1961.

WISBY (VISBY) Stadt und Bistum auf der Ostseeinsel *Gotland. W. beherbergte einen heidnischen Tempel und diente seit prähistorischer Zeit als Handelszentrum. Im Mittelalter war W. Sitz einer blühenden Gemeinde von *Wikingerkaufleuten, die in einer Kultgemeinschaft organisiert waren. Der Wohlstand von W. basierte auf dem Asienhandel, der was über die Insel weiter ging. Die Skandinavier W.s verloren allmählich gegenüber den deutschen Kaufleuten an Gewicht und wurden im 12.-13. Jh. vollständig von diesen ersetzt. Die Deutschen waren im 13. Jh. als "Hanse der deutschen Gotlandfahrer" organisiert, die sich zum Kern der deutschen *Hanse entwickelte und der Stadt großen Wohlstand brachte. Die massiven Befestigungen des 13. Jh.s vergrößerten das Stadtgebiet bedeutend, und die Mönchsorden erbauten in W. zahlreiche Kirchen. Mit dem allmählichen Niedergang der Hanse im 14. Jh. verlor auch W. an Bedeutung; 1361 wurde es von *Waldemar von Dänemark erobert. F. Rörig, *Reichssymbolik auf Gotland*, in: Hansische Geschichtsblätter 64, 1940.

WISMAR Deutsche Stadt in *Mecklenburg an der Ostseeküste. W. wurde von deutschen Kaufleuten gegründet, die mit *Nowgorod, *Riga und *Wisby handelten, und erhielt 1226 das Stadtrecht nach *Lübecker Vorbild. 1293 verbündete sich W. mit Rostock, Lübeck, Greifswald und *Stralsund; im 14. Jh. war es eine wichtige *Hansestadt, deren Wirtschaft auf dem Tuchgewerbe, der Biererzeugung und dem Ostseehandel beruhte. Trotz der Verwüstungen durch die Epidemien des 14. Jh.s blieb W. auch nach dem Niedergang der Hanse einigermaßen wohlhabend und bis zum 16. Jh. politisch von den Fürsten von Mecklenburg unabhängig. F. Techen, *Geschichte der Seestadt Wismar*, 1929.

WITAN (WITENAGEMOT) Der Rat der Könige in der angelsächsischen Periode. Der W. entwickelte sich offenbar aus der Versammlung der Freien (*folkmoot*) und findet sich im 7. und 8. Jh. in allen größeren Königreichen des Landes. Mit der Vereinigung des angelsächsischen England im frühen 9. Jh. enstand ein einziger W. für das gesamte Land. Er wurde bei besonderen Gelegenheiten zur Annahme oder Verwerfung der königlichen Vorschläge einberufen und bestand aus dem König, seinen Söhnen, den Bischöfen, Äbten, Unterkönigen, *Aldermännern der *Shires und einer Anzahl von königlichen Günstlingen. Mit der Zeit verlor der W. an Bedeutung und verfiel in der Normannenzeit vollständig. T. J. Oleson, *Witenagemot in the Reign of Edward the Confessor*, 1955.

WITELO (ca. 1220-78) Polnischer Mathematiker und Philosoph. Ein Sohn *Schlesiens, studierte um 1260-

Stadtmauer von Wisby, 13. Jh.

68 Philosophie und Naturwissenschaften in Padua und wurde in Viterbo mit dem Übersetzer *Wilhelm von Moerbeke bekannt, dem er sein wichtigstes erhaltenes Werk, die *Perspectiva,* widmete. Das Buch übte einen wichtigen Einfluß auf spätere Forscher der Optik aus und basierte auf den Erkenntnissen des Arabers *Alhasan und auf eigenen Beobachtungen W.s. G. Baeumker, *W.*, 1908.

WITHAM Grafschaft in Somerset (England) und das erste Haus der *Kartäuser in England. Das Kloster wurde um 1178 von *Heinrich II. im Rahmen der Sühne für die Ermordung Thomas *Beckets gegründet und blühte nach anfänglichen Schwierigkeiten unter der Leitung des hl. Hugo von Avahen (1180-1200).

WITHIMER Siehe *VIDIMER.

WITIGIS Siehe *VITIGES.

WITOLD (VYTAUTAS) (1350-1430) Großfürst von Litauen (seit 1392). W. zwang seinen Onkel *Jagiello, den König von Polen und Litauen, ihn als Großfürst von Litauen anzuerkennen, und machte sein Land zu einer der stärksten Mächte in Osteuropa. Bis 1396 hatte W. der *Moldau, *Walachei und Bessarabien seine Oberhoheit aufgezwungen. Trotz seiner Niederlage gegen die *Mongolen (1399) intervenierte W. mit Hilfe verbündeter Khane weiter in den Angelegenheiten der *Goldenen Horde. 1410 führte W. die vereinten Kräfte Litauens und Polens gegen die *Deutschherren an und fügte diesen eine schwere Niederlage zu. J. Pfitzner, *Großfürst Witold von Litauen als Staatsmann*, 1930.

WITTELSBACHER Deutsches Adelshaus, Herzöge von Bayern seit 1180. Die W. stammen vom bayrischen Herzog Luitpold (gest. 907) ab, dessen Nachkommen zur Mitte des 10. Jh.s das Herzogtum verloren und als Grafen von Scheyern bekannt wurden. Otto V. wurde *Pfalzgraf in Bayern und errichtete den Familiensitz W. Sein Sohn Otto VI. war enger Verbündeter Kaiser *Friedrichs I. und erhielt als Lohn für seine Dienste in Italien das 1180 von *Heinrich d. Löwen genommene Herzogtum Bayern. Unter Ausnutzung des permanenten staufisch-welfischen Konflikts und des Aussterbens mehrerer Adelshäuser gelang es den W.n, in Bayern einen verhältnismäßig hochintegrierten Staat aufzubau-

Inneres der spätgotischen Kathedrale von Winchester, England

en. Ihre Macht wurde nur durch die Existenz der Territorien von *Salzburg, der *Hohenzollern und der Reichsstadt *Nürnberg geschmälert. 1214 wurden die W. auch Pfalzgrafen bei Rhein. *Ludwig II. von W. war 1273 Kandidat für die deutsche Krone; 1314 wurde ein weiterer W. als *Ludwig IV. König. 1329 teilten sich die W. in zwei Linien. Ludwigs Nachkommen regierten bis 1918 Bayern, und seine Neffen erhielten die Rheinpfalz und kurz darauf auch die *Kurfürstenwürde.
M. Spindler, *Die Anfänge des bayrischen Landesfürstentums,* 1937.

WITZ, KONRAD (ca. **1400-45**) Maler. Der möglicherweise aus Rottweil stammende W. arbeitete an verschiedenen *Flügelaltären in der Schweiz. Wie die gleichzeitig lebenden Niederländer und wie *Moser fand er zu einem zukunftsweisenden Realismus bei der Erfassung von Raum, Körper und Detail. Er schuf die erste identifizierbare Landschaftsdarstellung als Hintergrund einer Szene am Petrusaltar (1444). (Din)
P. L. Ganz, *Meister K. W.,* 1947.

WJACHESLAW Name zweier russischer Fürsten. W. I. war Sohn *Jaroslaws d. Weisen und erhielt von seinem Vater *Smolensk. W. II., jüngerer Sohn *Wladimirs II. Monomachs, regierte nach seines Vaters Tod (1125) das Fürstentum Turow.

WLADIMIR Russische Stadt. 1108 von *Wladimir II. Monomach gegründet, unter *Andrej Bogolubski 1157 Hauptstadt des Fürstentums W.-Susdal, des stärksten russischen Staates, und unter *Wsewolod III. Großfürstentum und Oberherr ganz Rußlands. Nach 1216 wurde W. durch Erbteilungen zunehmend geschwächt, blieb aber immer noch eine starke Macht; dies wurde auch von den *Mongolen anerkannt, die *Jaroslaw von W. zum Großprinzen Rußlands machten. Nach dem Tod *Alexander Newskis (1263) verlor W. infolge der Familienstreitigkeiten seine Macht und fiel hinter *Twer und Moskau zurück. Der Baustil und die Malschule von W. übten einen großen Einfluß auf die Entwicklung der russischen Kunst aus und enthielten östliche und westliche Elemente. 1238 und 1293 wurde W. von den Mongolen zerstört, jedoch jedesmal rasch wiederaufgebaut. Im 15. Jh. sank W. zu einer kleinen Provinzstadt ab.
G. Vernadsky, *Kievan Russia,* 1948;
G. Vernadsky, *The Mongols and Russia,* 1953.

WLADIMIR VON KIEW (hl.; **956-1015**) Herrscher von *Kiew (980-1015), der das Christentum in Rußland eingeführt haben soll. W. erlangte die Macht mit Hilfe des byzantinischen Kaisers *Basil II. und rettete diesen vor der Erhebung des Bardas *Phokas, als er 989 mit 6.000 Kämpfern nach Konstantinopel eilte. In Gegenleistung erhielt W. die Hand der Kaiserschwester Anna (eine bisher nicht gekannte Ehre), leistete den Treueid und wurde getauft. Seine neue Religion suchte W. den Russen zuweilen mit Gewalt aufzuzwingen; die hauptsächliche Kraft bei der Christianisierung *Kiews und dessen Umgebung waren jedoch byzantinische Missionare, die W. freigiebig unterstützte. Später wurden W. und seine christliche Großmutter *Olga als Heilige verehrt.
N. de Baumgarten, *Saint Vladimir et la conversion de la Russie,* 1932.

WLADIMIR II. Monomach (**1053-1125**) Fürst von *Tschernigow (1078-94) und Perejaslawl sowie Großfürst von *Kiew (1113-25). W. war Sohn *Wsewolods

und über seine Mutter Enkel des byzantinischen Kaisers *Konstantin IX. Monomachus. W. organisierte die Verteidigung des Kiewer Reichs und führte einige siegreiche Feldzüge gegen die *Kumanen. Er war beim Volk beliebt und wurde nach heftigen Unruhen, die unterschwellig einer Sozialrevolution nahe kamen, Großfürst von Kiew, worauf er die Ordnung wiederherstellte. Seine "Instruktion" (eine Abhandlung der Staatskunst, die er für seine Söhne verfaßte) birgt auch biographische Nachrichten und stellt W. als würdigen und christlichbescheidenen Herrscher dar.
G. Vernadsky, *Kievan Russia,* 1948.

WLADISLAUS (um **1376-1414**) König von Neapel (1390-1414). Sohn *Karls III. von Durazzo-Ungarn, mußte bis 1404 gegen die Thronansprüche *Ludwigs II. von Anjou kämpfen. W. verbündete sich mit Florenz und machte seine Macht in *Rom geltend, das zur zweiten Hauptstadt seines Staates wurde. Nach 1409 erlangte er dank seiner starken Armee erhöhten Einfluß in ganz Italien und begann Pläne zur Einigung des Landes zu schmieden. Sein Tod vereitelte die Ausführung, und Neapel ging an seine Schwester *Johanna II. über.
A. Cutolo, *Re Ladislao d'Angio-Durazzo,* 1936.

WLADISLAUS (hl.; **1040-95**) König von Ungarn (1077-95). W. schlug weite Gebiete Siebenbürgens zu Ungarn und dehnte seine Herrschaft bis zu den Karpaten aus. 1091 wandte sich W. nach Süden, eroberte *Kroatien und führte im Land das katholische Christentum ein. W. unterstützte im *Investiturstreit Papst *Gregor VII. gegen *Heinrich IV. und führte in seinen letzten Regierungsjahren in Ungarn Reformen ein, die dem Land wirtschaftlichen Wohlstand brachten.
G. Homan, *Geschichte des ungarischen Mittelalters* 1, 1941.

WLADISLAUS II. König von Ungarn (1162). W. ergriff nach einem Bürgerkrieg die Macht und setzte den rechtmäßigen König *Stefan III. ab, starb aber kurz nach seiner eigenen Krönung.

WLADISLAUS III. König von Ungarn (1204-05), regierte unter der Regentschaft seines Onkels *Andreas II.

WLADISLAUS IV. (**1262-90**) König von Ungarn (1272-90). Während seiner Minderjährigkeit wurde das Land durch Bürgerkriege zerrissen; erst 1278 konnte W. die ungarischen Magnaten unterwerfen. Im gleichen Jahr verbündete er sich mit dem deutschen König *Rudolf von Habsburg gegen *Ottokar II. von Böhmen. 1282 kämpfte W. gegen die Kumanen und eroberte deren Besitz in der Moldau. Im Verlauf des Kriegs verliebte er sich in eine Kumanenprinzessin, verließ seine Gattin Isabella von *Anjou-Neapel und umgab sich mit kumanischen Adligen. 1288 rief Papst *Nikolaus IV. einen Kreuzzug gegen W. aus, was in Ungarn einen Bürgerkrieg heraufbeschwor. W. wurde 1290 von seiner kumanischen Leibgarde ermordet.
G. Homan, *Geschichte des ungarischen Mittelalters* 2, 1943.

WLADISLAW I. (Lokietek: "der Kurze"; um **1260-1333**) König von Polen (1296-1333). W. war bis zu seiner Thronwahl Fürst von Kujawien. Nach dem Wechsel des Adels zur Seite *Wenzels von Böhmen (1300) machte sich W. Papst *Bonifatius VIII. und Ungarn zu Verbündeten. Nach Wenzels Tod (1305) unterwarf W. Kleinpolen und bis 1314 auch Großpolen. 1320 ließ er sich zu *Krakau krönen. Er mußte den Widerstand der deutsch bevölkerten Städte und des Klerus, den er besteuern wollte, überwinden. W. halste sich und seinen Nachfolgern die *Deutschherrenritter auf, die er zur Eroberung *Danzigs (von den Markgrafen von *Brandenburg) einlud. In der Folge war er gezwungen, zwischen 1327 und 1333 einen blutigen Krieg auszufechten, in den alle größeren Mächte Mitteleuropas verwickelt waren. Die inneren Bedürfnisse seines Landes wurden darüber fast vollkommen vernachlässigt; die alten Grenzen Großpolens waren jedoch wiederhergestellt.

G. Rhode, *Kleine Geschichte Polens*, 1965.

WLASTIMIR VON SERBIEN Häuptling und König der *Serbenstämme im westlichen Makedonien (um 840). Es gelang ihm im Gefolge des Widerstandes, der sich gegen die Ausbreitung des *Bulgarenreiches breit machte, die Stämme zu vereinigen, wobei er auch auf die Hilfe seines Oberherrn, des byzantinischen Kaisers, zählen konnte. Im Jahr 839 fielen die Bulgaren in Serbien ein und wurden in einem drei Jahre währenden Krieg besiegt. 852 nahmen W.s Söhne den Krieg erneut auf, schlugen nochmals die Bulgaren, nahmen *Boris' Sohn und zwölf Hochadlige in Gefangenschaft und zwangen Boris zum Frieden. Diese Siege versetzten W. und seine Söhne in die Lage, die Unabhängigkeit der Serben zu bewahren und die bulgarische Expansion zurückzudrängen; dies ermöglichte Byzanz, seine Verteidigung gegen die Bulgaren zu organisieren.

K. Jiricek, *Geschichte der Serben* 1, 1871.

WOJWODINA Provinz zwischen der Donau und den Karpaten, die im 4.-7. Jh. Durchgangsraum germanischer, mongolisch-altaischer und slawischer Stämme war. Seit dem 6. Jh. war die W. von Slawen besiedelt und befand sich unter der Herrschaft der *Awaren. Im 10. Jh. wurde sie von Ungarn erobert und an deren Reich annektiert. Im 12. Jh. war die von mehreren Grafen beherrschte Gegend als Grenzmark organisiert und unter die Regierung eines Prinzen des Herrscherhauses gestellt, der als Woiwide bezeichnet wurde und der Region den Namen gab.

WOLDEMAR VON BRANDENBURG (um 1281-1319) Markgraf von Brandenburg. W. war jüngster Sohn des Markgrafen *Konrads I. und zusammen mit Otto IV. Herrscher von Brandenburg. Nach dessen Tod (1308) wurde W. zur zentralen Gestalt der Senioren- und Juniorenlinie des Askanierhauses, dessen Besitzungen er 1317 in seiner Hand vereinigte. Er kämpfte ohne augenscheinliche Ergebnisse gegen die *dänische Expansion. Nach seinem Tod und dem seines Neffen und Erben Heinrich (1320) erschien ein falscher W.; er gab vor, von einer langen Pilgerreise zurückgekehrt zu sein, fand großen Anhang und wurde 1348 sogar von Kaiser *Karl IV. mit Brandenburg belehnt. Der Schwindel wurde dann 1350 aufgedeckt.

H. Krabbo, *Woldemar von Brandenburg*, in: Brandenburgica 27/28, 1919.

WOLFGANG (hl.; um 925-94) Bischof von *Regensburg. W. wurde in *Schwaben geboren, im Kloster *Reichenau erzogen und diente später als Lehrer an den Domschulen von *Würzburg und *Trier. 964 trat er dem Kloster Einsiedeln als Mönch bei. Bischof *Pilgrim von Passau sandte ihn als Missionar nach Ungarn, ohne daß W. jedoch dort Erfolge erzielen konnte. Nach seiner Heimkehr (972) wurde er Bischof von *Regensburg und war bei den Missions- und Kolonisationstätigkeiten

in der Gegend des Böhmischen Waldes jenseits der Donau beteiligt. W. diente auch zeitweilig als Lehrer des künftigen Kaisers *Heinrichs II.

R. Zinnhobler, *Der hl. W.*, 1975.

WOLFRAM VON ESCHENBACH (ca. 1170-1220) Einer der größten mittelalterlichen Dichter Deutschlands. W. war Sohn einer bayrischen Ritterfamilie und führte ein Wanderleben. Nach 1203 hielt er sich wiederholt am *Minnesängerhof des Landgrafen Hermann von Thüringen auf. W. hinterließ zwei lange Dichtungen, den "Parzival" und den "Willehalm", sowie einige ("Titurel" genannte) Fragmente und eine Gruppe Liebeslieder ("Tagelieder"). Sein Hauptwerk "Parzival" wurde zwischen 1200 und 1216 verfaßt und zeichnet sich im Vergleich zu anderen Bearbeitungen des gleichen Stoffes durch die Hereinnahme historischer Einzelheiten aus, die in früheren Versionen nicht auftraten. W. gab seinem Thema eine tiefe geistige Dimension, und seine Moral unterscheidet sich radikal von der anderer Versionen. Statt der asketischen Enthaltsamkeit und des Rückzugs von der Welt feiert W. die keusche Ehe und die Erfüllung der weltlichen Pflichten des Helden. W. hat von den deutschen Dichtern der höfischen Epoche die größte Nachwirkung erzielt.

H. de Boor, *Die höfische Literatur*, 1969[8].

WOLHYNIEN Region in Südwestrußland, die in der Antike und im Frühmittelalter von Slawenstämmen der Wolhynen und Bushanen besiedelt war. Im 9. Jh. kam W. unter die Herrschaft der *Rurikiden und 1241 unter die der *Goldenen Horde. 1336 wurde W. Teil des großen *litauischen Staates des Großfürsten *Gedymin.

WORCESTER Stadt und Bistum am Fluß Severn in Worcestershire (England). W. war wohl schon in der keltisch-römischen Zeit besiedelt und wird im Mittelalter erstmals um 680 und erneut im Jahr 780 als Bistum erwähnt. Bis 983 entstand der große Klosterdom von W., der nach der normannischen Eroberung von Bischof *Wulfstan im normannischen Baustil umgebaut wurde. Die Heiligsprechung Wulfstans machte W. zum Pilgerort und brachte den Mönchen hohe Einkünfte. Die weltliche Siedlung W. wurde in der Zeit König *Alfreds vom Bischof gegründet und war wegen ihrer Lage an der walisischen Grenze vielbesuchter Aufenthaltsort der englischen Könige.

WORMS Bischofsstadt am Westufer des Rheins. W. bestand bereits in prähistorischer und römischer Zeit und hielt sich dank seiner strategisch günstigen Lage auch im Frühmittelalter. W. wurde 346 Bistum, 413 Hauptstadt des *burgundischen Königreichs und war Mittelpunkt des Aufstands der Burgunder gegen die Römer. Die Zerstörung des Reiches und der Hauptstadt durch die *Hunnen ist Gegenstand des *Nibelungenlieds. Danach wurde W. von den *Alemannen und seit ungefähr 500 von den *Franken beherrscht. Um 600 wurde das Bistum neu errichtet. In der Frankenzeit entwickelte sich W. zu einer der wichtigsten Städte des Reiches und beherbergte eine Königspfalz, die im 8. Jh. errichtet wurde. Unter den deutschen Kaisern des 10. Jh.s wuchs die Macht der Bischöfe von W. beträchtlich an, und 979 erhielten sie die Grafschaft von W. Bischof *Burchard I. (1000-25) schuf die Grundlagen der territorialen Macht der Fürstbischöfe. Im Verlauf des *Investiturstreites erfuhr auch das stadtbürgerliche Element eine entscheidende Stärkung; die Bürger kämpften an Seite Kaiser *Heinrichs IV. gegen Bischof und

Der romanische Dom von Worms, 12. Jh.

Papst. Spätere kaiserliche Privilegien (1156 und 1184) festigten die Unabhängigkeit der Bürgerschaft vom Bischof und machten W. zu einer der ersten freien *Reichsstädte. Die Versuche der Bischöfe, die Uhr zurückzudrehen, schlugen fehl; 1273 wurde die Reichsunmittelbarkeit von W. erneut bestätigt. W. war zusammen mit *Mainz und *Speyer Gründungsmitglied des *Rheinischen Städtebundes (1254) und diente als Veranstaltungsort zahlreicher Reichs- und Fürstentage, von denen zwischen dem 8. und 16. Jh. über 100 in W. stattfanden. Unter diesen ist jener Reichstag der berühmteste, der 1122 zum *Konkordat von W. führte, was den *Investiturstreit beendete.

H. Boos, *Geschichte der rheinischen Städtekultur mit besonderer Berücksichtigung der Stadt Worms*, 4 Bde., 1897-1901[2].

WRATISLAW II. Herzog (1061-92) und König von Böhmen (seit 1085). W. setzte die traditionell enge Verbindung mit Deutschland fort und wurde für seine Teilnahme an den Italienfeldzügen Kaiser *Heinrichs IV. mit der Königswürde belohnt und der Mark *Meißen belehnt. Aus hauptsächlich politischen Gründen errichtete W. wieder den mährischen Bischofssitz *Olmütz und machte seinen unbequemen Bruder Jaromir zum Bischof von Prag (1068). Nachdem es ihm nicht gelang, diesen im Zaum zu halten, mußte er ihn 1073 nach Rom senden.

K. Bosl (Hg.), *Handbuch der Geschichte der böhmischen Länder*, 1967.

WSEWOLOD Fürst von Perejaslawl (1054-93). W. war ein jüngerer Sohn *Jaroslaws d. Weisen und erhielt nach dem Erbregelungsplan seines Vaters das Fürstentum Perejaslawl. Er spielte von 1078 und bis zu seinem Tod eine Schlüsselrolle in den dynastischen Kriegen Rußlands und unterstützte seinen Neffen *Swjatopluk.

WSEWOLOD Großfürst von *Wladimir (1176-1212), der wegen seiner zahlreichen Söhne den Beinamen "Großnest" erhielt. W. kam an die Macht nach dem Tod von *Andrej Bogulubski (1174) und einem zweijährigen Kampf gegen andere Thronanwärter. W.s Regierungszeit war der Höhepunkt der Macht der Großfürsten von Wladimir. W. zwang seine Nachbarn von Murom und Rjsan unter seine Oberhoheit, womit er die Grundlage für den Staat an der oberen Wolga legte. Nach W.s Tod wurde das Land unter den zahlreichen Söhnen aufgeteilt und konnte erst nach zwei Jh.en harter Arbeit durch die Fürsten von *Moskau wieder vereinigt werden.

G. Vernadsky, *Kievan Russia*, 1948.

WUCHER Die mittelalterliche Kirche übernahm das alttestamentliche und kirchenväterliche Zinsverbot als Schutz der Armen vor Ausbeutung. Den Geistlichen wurde der W. bereits im Frühmittelalter und den restlichen Gläubigen auf dem dritten *Laterankonzil (1179), dem zweiten Konzil von *Lyon (1274) sowie dem Konzil von *Vienne (1311) verboten. In Vienne wurde auch angeordnet, daß der Wucherer dem Ketzer gleichgesetzt werden solle. Zur gleichen Zeit führte der Aufstieg der Geldwirtschaft zu steigender Nachfrage nach Kredit für Konsumptions- und Handelszwecke und damit zur weiteren Verbreitung des W.s. Das Problem des Konsumptionskredits wurde hauptsächlich durch die Existenz jüdischer Geldleiher gelöst, die auf dem vierten Laterankonzil (1215) vom Zinsverbot ausgenommen wurden. Die Nachfrage nach Handelskapital ließ mehr und mehr ausgeklügelte Methoden entstehen, um die Zinsklauseln der Geschäftsverträge zu verstecken. Gleichzeitig befaßte sich auch die scholastische Philosophie mit dem Problem des W.s. Anstelle der bis dahin üblichen Überprüfung der Motive der Geldleiher und der Zwangslage der Borger konzentrierte sie sich auf das Verhältnis zwischen beiden Parteien. Auf der Grundlage der römischen Rechtsnormen und der aristotelischen Anschauung von der "Sterilität" des Geldes verurteilte die Scholastik unter Führung des *Thomas von Aquin den W. aufgrund der Natur des Leihverhältnisses. Damit wurde die Möglichkeit offen gelassen, unter besonderen Umständen (wie z.B. bei Gefahr für das Kapital) den W. dennoch zu praktizieren. So ging die Kirche auf den Druck der weltlichen Gesellschaft ein und nahm eine zunehmend liberale Haltung zum W. an; sie erlaubte diesen mehr und mehr bei ständig erweiterten Ausnahmefällen, ohne dabei die grundsätzliche Ablehnung fallenzulassen. Der letzte Schritt wurde im 15. Jh. nach der Austreibung der meisten Judengemeinden mit der Autorisierung städtischer Pfandleihanstalten unternommen, die Konsumptionskredite an die Armen ausliehen.

F. Schaub, *Der Kampf gegen den Zinswucher, ungerechten Preis und unlauteren Handel im Mittelalter*, 1905.

WULFHERE (gest. 675) König von *Mercien. W. war jüngerer Sohn König *Pendas, überlebte die Niederlage seines Vaters und wurde nach der Auflehnung der Mercier gegen Oswio, den König von *Northumbrien, König. W. unterstützte die Ausbreitung des Christentums

tatkräftig, eroberte Teile von Northumbrien und *Wessex und wurde *Bretwalda* ("Herrscher von Britannien").
F. Stenton, *Anglo-Saxon England*, 1947.

WULFRIC (hl.; gest. 1154) Einsiedler. W. war ein Priester angelsächsischer Herkunft, zog sich 1125 nach Somerset zurück und verbrachte sein Leben in vollkommener Zurückgezogenheit. W. wurde volkstümlich verehrt, obwohl er nie offiziell heiliggesprochen wurde.

WÜRTTEMBERG Gegend und Grafschaft in Südwestdeutschland. W. war seit dem ersten Jh. unter römischer Herrschaft, wurde im 3. Jh. von den *Alemannen und 496 von den *Franken erobert. Im Frankenreich stand W. unter der Herrschaft eines Grafen; im 9. Jh. ging die Oberhoheit über W. und der Großteil seiner Länder an die Herzöge von *Schwaben über. Die Ursprünge der Grafen von W. liegen in der Zeit Konrads von Bertelsbach (um 1080), der den Namen seiner väterlichen Burg W. bei Stuttgart annahm. Seine Nachkommen hatten verstreuten Landbesitz im Rems- und Neckartal und dehnten ihre Besitztümer unter Ausnutzung des Niedergangs der Hohenstaufenherzöge Schwabens aus. Ihre erste Aneignung, die Grafschaft von Urach, verdoppelte ihren Besitz (um 1260), brachte sie jedoch mit den *Habsburgern in Konflikt. König *Rudolf I. zwang sie, die strategisch günstig gelegene Stadt *Ulm aufzugeben. Graf Eberhard (gest. 1325) verzichtete auf die Ausdehnung im Süden und erwarb dafür im Norden und Nordwesten zahlreiche Güter. 1321 wurde Stuttgart Residenzstadt der Grafen von W., deren Staat 1361 durch das "Haushaltsgesetz" eine verfassungs- und verwaltungsmäßige Grundlage erhielt. 1388 siegten die Grafen im Kampf gegen den Städtebund und den Adel; im 15. Jh. zählte W. zu den großen deutschen Mächten. 1442 teilte sich die Dynastie in eine Stuttgarter und eine Uracher Linie.
K. Weller, *Württembergische Geschichte*, 1963.

WÜRZBURG Stadt und Bistum in Franken. Der Ort wird 704 zum ersten Mal erwähnt und 741 vom hl. *Bonifatius zum Bistum erhoben. Um 752 erhielt die Kirche von W. die Immunität, die Gerichtsbarkeit und ausgedehnte Landgüter. Weitere königliche und kaiserliche Privilegien begründeten die Herzogsgewalt der Bischöfe von W. in Ostfranken, die dann 1168 offiziell anerkannt wurde. Ihre Herzogswürde verwickelte die Bischöfe in alle politischen Auseinandersetzungen des mittelalterlichen Deutschland. Die Stadtbürger waren bereits im 11. Jh. mit den Bischöfen zusammengestoßen, deren Residenz in der die Stadt beherrschenden Festung Leistenberg die Verstimmung erhöhte. Erste Schritte zur Befreiung von der Bischofsherrschaft wurden in der Zeit des *Investiturstreits unternommen; ihre Fortsetzung wurde jedoch von *Friedrich Barbarossa vereitelt. Nach des Kaisers Tod trat W. als unabhängige Stadt dem *Rheinischen Städtebund bei. Die Bürger wurden 1400 von Bischof Gerhard von Schwarzburg geschlagen, womit der Autonomie der Stadt ein Ende gesetzt war.
T. Kramer (Hg.), *Quellen und Forschungen zur Geschichte des Hochstiftes Würzburg*, 1948;
W. Schich, *W. im Mittelalter*, 1977.

WÜSTUNGEN Aufgegebene Siedlungen und Wirtschaftsflächen, besonders häufig nach den Epidemien des Spätmittelalters zu beobachten (*Schwarzer Tod). Die Erforschung der W. liefert wichtige Beiträge zur Siedlungs- und Wirtschaftsgeschichte, da hier archäologisch an später nicht mehr überbauten Objekten gearbeitet werden kann.   (Din)
W. Abel, *Die W. des ausgehenden Mittelalters*, 1976³.

WYCLIFFE (WICLIF), JOHANNES (um 1330-84) Englischer Theologe und Kirchenreformer. W. wurde in Yorkshire geboren, studierte in Oxford und wurde dort Lehrer am *Merton College (1356) und Meister von Balliol (1360-61). Nach 1371 war W. im Dienste des Schwarzen Prinzen *Eduards und Johns von Gaunt tätig und vertrat die beiden an der päpstlichen Kurie. W. wurde rasch als Philosoph bekannt und kehrte in Reaktion auf den in Oxford vorherrschenden geistigen Skeptizismus zum Realismus des hl. *Augustins und Robert *Grossetestes zurück. W. verfaßte in dieser Geisteshaltung eine Reihe von Bibelkommentaren, in denen er zwischen der ewigen idealen Kirche und der materiellen Kirche unterschied. 1376 veröffentlichte er *De civili dominio* ("Über die weltliche Herrschaft"), worin er die weltliche und geistliche Autorität vom Besitz der göttlichen Gnade abhängig machte. Dies brachte ihn zu der Anschauung, daß der nicht in Besitz dieser Gnade befindliche Geistliche der weltlichen Gewalt seiner Ämter beraubt werden könne. Diese nonkonformistische Ansicht wurde 1377 von Papst *Gregor XI. verurteilt. W. gab seinen Auffassungen jedoch weiterhin in einigen Abhandlungen Ausdruck, betonte den Vorrang der Bibel als einzige Quelle der Autorität und bestritt die des Papstes, da sie nicht in der Heiligen Schrift festgelegt sei. 1380 entwickelte W. eine neue Theorie der Eucharistie und griff die Doktrin der Transsubstantiation an. Dies wurde 1381 von der Universität öffentlich verurteilt; W. weigerte sich jedoch, seine Ansichten zurückzuziehen und wurde ohne Berechtigung im gleichen Jahr mit dem *Großen Bauernaufstand in Verbindung gebracht. 1382 wurden einige seiner Anhänger vor Gericht gestellt, und W. mußte sich nach Lutterworth zurückziehen. Dort verfaßte er weitere Streitschriften gegen seine Gegner. Seine als *Lollarden bekannten Anhänger setzten W.s Linie nach dessen Tod fort. Seine Werke übten großen Einfluß auf spätere Kirchenreformer und Nonkonformisten wie Johannes *Hus aus.
J. Stacey, *W. and Reform*, 1964;
G. A. Benrath, *Wyclifs Bibelkommentar*, 1966.

X

XANTEN Stadt im Rheintal, im späten 4. und im 5. Jh. eines der Zentren der *ripuarischen Franken, im 6. Jh. *merowingische Königspfalz. Danach nahm X. unter der Herrschaft der Erzbischöfe von Trier den Rang einer nicht unbedeutenden Provinzstadt ein.

XIPHILINOS, JOHANNES (um 1010-75) Patriarch von Konstantinopel (1063-75). X. galt als einer der gelehrtesten Männer des byzantinischen Reiches im 11. Jh., unterrichtete Recht an der kaiserlichen Akademie von Konstantinopel und wurde 1045 Vorstand der Schule, an der er unter Förderung *Konstantins IX. eine wichtige Reform durchführte. Nach des Kaisers Tod (1054) zog sich X. vom öffentlichen Leben zurück und wurde Mönch. Seine Schriften zur Verteidigung der griechisch-orthodoxen Tradition veranlaßten Kaiser Konstantin X., ihn zum Patriarchen zu ernennen. In dieser Funktion widersetzte sich X. heftig allen Unionsversuchen mit Rom.

H.-G. Beck, *Kirche und theologische Literatur im byzantinischen Reich,* 1959.

Y

YORK Stadt und Bistum, später Erzbistum, in Yorkshire (England). Y. war britische Siedlung, nördlichster Vorposten der Römer in England und seit 314 Sitz eines Bischofs. Die frühchristliche Siedlung wurde von den *Sachsen zerstört und vom hl. *Paulinus (625-33) und 664 vom hl. *Wilfrid für kurze Zeit neu errichtet. Egbert, der Bruder König Edberts von *Northumberland, errichtete 735 das Erzbistum Y. Unter ihm und unter *Alkuin entwickelte es sich zu einem der bedeutendsten Mittelpunkte der Erziehung in Europa. Die Unabhängigkeit des Erzbistums war dadurch noch nicht gesichert. Von 1071 bis ca. 1350 tobte ein permanenter Kampf mit den Erzbischöfen von Canterbury, der von widersprüchlichen päpstlichen Entscheidungen begleitet und am Ende mit einer Kompromißlösung aus der Welt geschafft wurde, die Y. auf einem praktisch gleichen, formell jedoch etwas niedrigeren Status beließ.

Die Stadt war in der dänischen Periode Mittelpunkt eines nordischen Königreichs und spielte eine wichtige Rolle im Kampf Nordenglands gegen die Herrschaft *Wilhelms I. d. Eroberer, wofür sie dann in Brand gesteckt wurde. Bis zum späten 14. Jh. hatte die Stadt die Selbstregierung erhalten. Seit dem 11. Jh. war Y. ein wichtiges Handelszentrum sowie Sitz eines Tuchgewerbes und einer stark bevölkerten, blühenden jüdischen Gemeinde, die 1190 Opfer eines Pogroms wurde. Das Münster St. Peter gilt als eine der schönsten englischen Kathedralen.

P. M. Tillot, *The City of York,* 1961;
G. E. Aylmer u.a. (Hgg.), *A History of York Minster,* 1978.

YORK Englische Dynastie, ein Zweig der *Plantagenets, seit 1385 Herzöge. In den *Rosenkriegen wurde 1461 *Eduard IV. König. Mit dem Tode seines Bruders *Richards III. 1485 kamen die Tudors auf den Thron. (Din)

YUAN Die von *Kublai-Khan begründete Mongolendynastie, die *China in den Jahren 1257-1368 regierte.

YÜN-NAN Südchinesische Provinz. Sie gehörte zwar immer schon zum chinesischen Reich, war aber von einer Vielzahl ethnischer und religiöser Gruppen bevölkert, die zwischen dem 8. und 14. Jh. ein Hindernis zur vollen staatlichen Kontrolle bildeten. Die autonomen *Thai revoltierten mehrere Male und wurden schließlich nach Süden gedrängt; andere Stämme drangen in Hinterindien ein. Die buddhistischen Aufstände des 9. Jh.s hielten bis zum Fall der Dynastie an. Die Einwanderung von Moslems und Nestorianern verschärfte die Spannungen und führte zu dauernden Bürger- und Religionskriegen. 1257 wurde Y. von den *Mongolen erobert, die die Provinz zerstörten und sich ihrer Reichtümer bemächtigten.

Z

ZACCARIA, BENEDETTO (um 1240-1307) Admiral und Abenteurer aus Genua. Z. wurde durch seine Verteidigung der Insel Chios bekannt (1262-70) und erhielt das Kommando der genuesischen Flotte im ägäischen Meer. Er unterhielt enge Verbindungen mit dem byzantinischen Kaiser *Michael Palaiologos, der ihn zu seinem Vertreter in Italien ernannte. Später trat Z. in den Dienst *Aragóns und 1302 in den Frankreichs, um die Flotte *Philipps IV. gegen England zu befehligen.

ZACHARIAS (hl.; gest. 752) Papst seit 741. Z. war von Geburt Kalabrier und der letzte griechische Papst für fast 700 Jahre. Sein Pontifikat symbolisiert das Auseinanderbrechen der östlichen und westlichen Christenheit. Z. mußte es als Papst hinnehmen, daß die Kirchenprovinzen Kalabrien und Sizilien mit ihren reichen päpstlichen Gütern an das Patriarchat von Konstantinopel verloren gingen; auch hatte er sich mit dem aggressiven *Langobardenkönig Luitprand auseinanderzusetzen. Dies sollte zur Kaiserkrönung *Karls d.Gr. und dem Übertritt des Papstes auf die Seite der Franken und gegen Byzanz führen. Z. verurteilte den byzantinischen *Ikonoklasmus. Sein Versuch, die kulturelle Kluft zwischen Ost und West durch die Übersetzung der "Dialoge" seines Vorgängers *Gregors I. ins Griechische zu überbrücken, hatte keinerlei Erfolge. In Deutschland unterstütze er *Bonifatius bei dessen Missionen.
H. Jedin (Hg.), *Handbuch der Kirchengeschichte* 2/2, 1975.

ZÄHRINGEN Südwestdeutsches Adelshaus, das seinen Namen von der Burg Z. nahe *Freiburg im Breisgau erhielt. Die Z. waren Abkömmlinge des alemannischen Herzogshauses der *Agilolfinger und breiteten von ihrem Besitz bei Villingen allmählich ihre Herrschaft über die anliegenden Territorien aus. *Berthold I. (gest. 1087) wurde Titularherzog von Kärnten (1053) und Markgraf von Verona (1061) und gab dafür seinen Anspruch auf das Herzogtum *Schwaben auf. Beim *Investiturstreit standen die Z. auf der päpstlichen Seite und verstärkten ihre Herrschaft über *Zürich und weite Gebiete in der Westschweiz. Konrad (gest. 1152) erbte Güter in *Burgund und wurde 1127 von Kaiser *Lothar III. zum Rektor des Königreichs *Arles ernannt. Als *Friedrich I. 1169 die kaiserlichen Herrschaftsrechte in Burgund erneuerte, wurden die Z. mit ausgedehnten Vogteien in den Bistümern *Genf, *Lausanne und *Sitten entschädigt, was jedoch nicht zu einer Annäherung an die *Hohenstaufen führte. Zu Ausgang des 11. Jh.s hatte sich das Haus in zwei Linien, die Markgrafen von *Baden und die Herzöge von Z., geteilt. Die letzteren bauten im Schwarzwald und in der Schweiz ein hochorganisiertes Staatswesen auf, das zusammen mit dem süditalienischen *Normannenreich der erste moderne Staat des Mittelalters war. Dies war das Ergebnis einer scharfsichtigen Ausnutzung der Kirchen- und Klöster-

vogtei, der Errichtung von Burgen an strategischen Orten und der geplanten Kolonisierung noch nicht beherrschten Landes. Mit dem Tod des kinderlosen Berthold V. (1218) starb die Herzogslinie der Z. aus, und ihr Staat zerfiel.
Th. Mayer, *Der Staat der Herzöge von Zähringen*, 1935.

ZALLACA, SCHLACHT VON (1086) Sie wurde zwischen den *Almoraviden unter *Jussuf Ibn Taschfin und den Kastilianern unter *Alfons VI. ausgefochten und endete mit dem Rückzug der Christen nördlich des Tagus und der Errichtung der Almoravidenherrschaft über das maurische Spanien.

ZARAGOSSA Siehe *SARAGOSSA.

ZDESLAW Siehe *SESLAV.

ZEHNT (lat. decima, franz. dime, engl. tithe) Der biblische zehnte Teil der Ernte, der an die Priester ging, wurde im Mittelalter von der Kirche eingenommen und ist nicht mit den durch weltliche oder kirchliche Grundherren erhobenen Grundsteuern zu verwechseln. Grundsätzlich war der örtliche Bischof Empfänger des Z.s; im 9.-11. Jh. wurde der Z. jedoch oft von mächtigen Laien erworben oder usurpiert.

ZENGI Siehe *SENGI.

ZENO Oströmischer Kaiser (474-75; 476-91). Er war Häuptling der Isaurier, wurde ursprünglich Tarasikodissa genannt und erschien auf Einladung des hart von den *Goten bedrängten Kaisers *Leo im Jahr 466 in Konstantinopel. Dort heiratete er die Kaiserschwester Ariadne und änderte seinen Namen in Z. um 474 wurde er Mitherrscher und später im gleichen Jahr Kaiser. Die Herrschaft der von den Byzantinern als Barbaren betrachteten Isaurier führte jedoch zu einem Aufstand; Z. mußte in seiner Heimat Zuflucht suchen (475). Er konnte jedoch dank der Unfähigkeit seines Nachfolgers Basilios ein Jahr später wieder die Macht ergreifen. Unter seiner Herrschaft wurde Byzanz die *Ostgoten los, litt aber unter einem langen Krieg zwischen Z. und seinen früheren Heerführern. In kirchlichen Angelegenheiten versuchte Z., die *monophysitische Frage durch das Unionsedikt des *Henotikon* ("Einigungsformel") zu lösen (482), fachte aber nur die Leidenschaften der östlichen Monophysiten und deren byzantinischer Gegner an.
G. Ostrogorsky, *Geschichte des byzantinischen Staates*, 1963[3].

ZEREMONIEN, BUCH DER Eine in der ersten Hälfte des 10. Jh.s vom byzantinischen Kaiser *Konstantin Porphyrigenitos geschriebene Abhandlung über das Hof- und Provinzprotokoll. Der Verfasser nahm eine historische Perspektive ein, um zu den Wurzeln der byzantinischen Staatsordnung zu gelangen, und zitierte alte Quellen und Bräuche. Das Werk wurde bis zum Fall Konstantinopels als praktische Anleitung gebraucht.
A. Vogt (Hg.), *De ceremoniis*, 3 Bde., 1935-40.

ZINS Siehe *CENSUS, *WUCHER.

ZISTERZIENSERORDEN Westeuropäischer Mönchsorden, der nach der Abtei *Cîteaux (Cistercium) benannt ist, um 1120 von *Stephan Harding gegründet wurde und sich rasch als Ostfrankreich durch Tochterhäuser in ganz Europa verbreitete. Der Z. erlangte unter der Persönlichkeit des hl. *Bernhard von Clairvaux Mitte des 12. Jh.s seinen größten Einfluß. Die Z. repräsentieren den streng asketischen Zweig des *Mönchtums und errichteten ihre Klöster an entlegenen Orten in der Wildnis, wodurch sie zu Pionieren des Landausbaus wurden. Im Gegensatz zu den traditionell schwarz gekleideten *Benediktinern trugen die Z. weiße Gewänder und wurden dadurch als "weiße Mönche" bekannt. Sie konnten ihre Mitglieder zu Bischöfen machen, und 1145 wurde ein Schüler Bernhards als *Eugen III. Papst. Der Orden wurde von einer jährlichen Generalversammlung der Äbte regiert, die unter dem Vorsitz des Gründerhauses Cîteaux zusammentraten. Die Z. erfreuten sich der Unterstützung zahlreicher Könige und Feudalherren; unter dem Einfluß Bernhards wurden auch an diesem Orden orientierte Ritterorden wie die *Templer und die spanischen Orden errichtet. Diese führten in ihre Regeln Grundsätze aus der Regel der Z., der *Charta Caritatis* ("Regel der Liebe"), ein, wie sie 1119 von Stephan Harding zusammengestellt worden war. Im 13. Jh. ist eine gewisse Abweichung von der ursprünglichen *Askese zu bemerken, und der Orden verlor auch an Bedeutung.

Die Kunst der Z. war eine besondere Form der Gotik, die aus der Ablehnung der reichverzierten Architektur und Ornamentierung erwuchs und sich in einem einfachen Stil ausdrückte.

A. Schneider (Hg.), *Die Cistercienser, Geschichte, Geist, Kunst,* 1977[2].

ZITA (hl.; gest. 1278) Z. war Dienerin im Haus einer wohlhabenden Weberfamilie in Lucca und zeichnete sich durch ihren verantwortlichen Dienst aus. Ihre späteren Jahre verbrachte sie mit der Pflege der Kranken und erwarb durch ihren frommen Lebenswandel den Ruf einer Heiligen.

ZIZKA, JAN (um 1376-1424) Militärischer Führer der *Hussiten. Sohn einer Adelsfamilie, verlor in den Bürgerkriegen der Zeit *Wenzels IV. ein Auge und stand als eifriger Anhänger von *Hus 1419 an der Spitze des Prager Fenstersturzes. Z. organisierte die Armee der Hussiten am Berg *Tabor, besiegte 1421 das deutsche Heer *Sigismunds und schlug 1421 und 1422 weitere Invasionen Böhmens zurück. Im Kampf gegen die einheimischen Anhänger Sigismunds und Roms verlor er auch noch sein zweites Auge. Trotz innerer Spannungen führte Z. 1423 das Heer von Tabor gegen Prag und unternahm im Sommer des gleichen Jahres eine waghalsige und militärisch geniale invasion Ungarns, die aber wegen der zahlenmäßigen Überlegenheit des Gegners fehlschlug. 1424 schlug Z. die utraquistischen Adligen sowie die Truppen der Stadt Prag und starb inmitten der Vorbereitungen eines Angriffs auf *Mähren.

F. G. Heymann, *John Zizka and the Hussite Revolution,* 1955;

F. Seibt, *Hussitica,* 1965.

ZOLL Siehe *TELONEUM.

ZONARAS, JOHANNES (1042-um 1130) Byzantinischer Beamter und Chronist. Z. war Befehlshaber der kaiserlichen Leibgarde, Privatsekretär *Alexios I. Kom-

nenos', erster Sekretär der kaiserlichen Kanzlei, und zog sich dann als Mönch nach Hagia Glykeria zurück. Z. verfaßte eine Weltgeschichte in 18 Büchern, die bis 1118 reicht. Im Rahmen des Werkes benutzte er ausführlich das Werk von Dio Cassius, dessen erste 200 Bücher sonst nirgendwo erhalten sind.

C. Krumbacher, *Geschichte der byzantinischen Literatur,* 1897.

ZOSIMUS (um 500) Geschichtsschreiber. Z. war Sohn einer alten römischen Paganenfamilie und vertrat in der Zeit *Theoderichs d.Gr. die altrömische, nichtchristliche Tradition. Z. schrieb eine Geschichte Roms von der Gründung bis zur Eroberung durch *Alarich im Jahr 410. Darin geißelte er die Römer wegen ihrer Loslösung von den alten Göttern und kritisierte *Konstantin d.Gr. wegen seiner Duldung des Christentums. Den Niedergang Roms schrieb er der Vernachlässigung der alten Traditionen und Werte zu.

Werk (dt.): D. C. Seybold, K. Gh. Heyler, 1802-04.

ZUG Kanton und dessen Hauptstadt in der Mittelschweiz. Die Stadt wird erstmals 1240 schriftlich als befestigter Ort erwähnt und ging zusammen mit ihrem Landbezirk, dem "Äußeren Amt" 1273 durch Kauf an die *Habsburger über, die sie durch Schultheisse verwalten ließen. 1352 wurden Stadt und Äußeres Amt unabhängig voneinander Mitglieder der Eidgenossenschaft, mußten aber noch im gleichen Jahr die Habsburger als Herren anerkennen. 1364 trat Zug dem Schwäbischen Städtebund bei und nahm am Sieg bei *Sempach teil. 1389 verzichteten die Habsburger auf ihre Ansprüche auf Z.; 1415 wurde auch ihre formale Oberhoheit beendet. Im frühen 15. Jh. stritten sich Stadt und Landgebiet über das Vorrecht, Flagge und Siegel von Z. aufzubewahren; die Angelegenheit wurde 1414 zugunsten der Stadt entschieden, die im Laufe des 15. Jh.s auch nördlich und westlich weitere Landgebiete erwarb.

E. Gruber, *Geschichte des Kantons Zug,* 1968.

ZUNFT (Gilde) Die mittelalterlichen Vereinigungen von Kaufleuten und Handwerkern. Der Ursprung der Z. liegt in den beruflichen Korporationen des Römischen Reiches, die in Byzanz weiterbestanden. Im Gegensatz zur byzantinischen Z. war die des Westens, die in der zweiten Hälfte des 11. und im 12. Jh. entstand, keine staatliche Einrichtung. Ihre Gründung war Ergebnis des Zwanges, das städtische Berufsleben nach sichtbaren Richtlinien der Arbeitsqualität und der geschäftlichen Ethik zu regeln. Mit der Weiterentwicklung des europäischen Stadtwesens wurde die Z. zu einem lebenskräftigen und wichtigen Element der inneren Selbstregierung, das auch religiöse (z.B. Stiftungen) und militärische Funktionen (z.B. Stadtverteidigung) wahrnahm. Die Korporation war nicht nur eine wirtschaftliche Organisation, sondern erhielt auch Gewalt über ihre Mitglieder und wurde von ihren Vorständen im Stadtrat vertreten. Der mittelalterliche Brauch, die verschiedenen Gewerbe in einem besonderen Viertel oder einer Straße zu konzentrieren, führte dazu, daß die Z. auch für das stadtbürgerliche Leben ihrer zusammenwohnenden Mitglieder verantwortlich war. Die wichtigsten Aspekte der Z. waren jedoch wirtschaftlicher Natur: die Z. regelte den Status der Meister, Arbeiter und Gesellen, dann die Arbeitsteilung unter ihren Mitgliedern, die weiteren Preise und Löhne und schließlich die zulässige Zahl der Meister in jeder Sparte. Im 13. Jh. bestand eine Unter-

scheidung zwischen den oberen Z.en (wie Kaufleute und Goldschmiede) und den niederen Z.en (z.B. Müller). Gewöhnlich befan⌐ sich die Stadtregierung in der Hand der ersteren, während den letzteren der Zugang zum Stadtrat verweigert wurde. Diese Situation führte in zahlreichen Städten zu den sog. Zunftkämpfen und im 14. Jh. zu häufigen Revolten und Änderungen der Stadt-verfassungen. Diese Kämpfe schwächten die innere Kraft der Städte und waren neben anderen Faktoren dafür verantwortlich, daß in zahlreichen Städten die königli-che oder fürstliche Macht (und in Italien die Tyrannen) die Stadtregierung an sich rissen. Die Organisation der Z. wurde von diesen politischen Veränderungen kaum beeinflußt; die Macht der Z. über ihre Mitglieder ver-stärkte sich sogar gegen Ausgang des Mittelalters. Die Z. war auf dem Gebiet der Religion tätig und för-derte durch die Verehrung von Schutzheiligen, durch gemeinsame Gottes- und Totendienste und die Teil-nahme an Umzügen das Solidaritätsgefühl ihrer Mit-glieder, die ihren Mittelpunkt im Zunfthaus hatten.
H. Aubin-W. Zorn (Hgg.), *Handbuch der deutschen Wirt-schafts- und Sozialgeschichte* 1, 1971;
O. G. Oexle, *Die mittelalterlichen Gilden,* in: Miscella-nea Mediaevalia 12, 1979.

ZÜRICH Stadt und Kanton in der nordöstlichen Schweiz. Z. war bereits in keltisch-romanischer Zeit besiedelt und entstand im 9. Jh. aus der Verbindung zwischen einer Königspfalz, den dort tätigen Unfreien, den Bauern zweier Kirchen, des Groß- und Frauenmün-sters und einer Gemeinde freier *Alemannen. Die Herr-schaftsrechte über die Stadt wurden erst den Grafen von Lenzburg, dann den Herzögen von *Zähringen und schließlich 1218 den Stadtbürgern selbst verliehen, womit Z. zur freien *Reichsstadt wurde. Die Gerichts-barkeit ging im 13. Jh. von der Äbtissin von Frauen-münster auf den Stadtrat über. Diese Körperschaft, die aus den Vertretern der patrizischen Familien zusammen-gesetzt war, hatte 1304 die volle Regierungsgewalt erworben. 1336 wurde den Handwerkern der Zugang zum Stadtrat zugestanden. Z. war Gründungsmitglied der *Schweizer Eidgenossenschaft, schlug aber bis un-gefähr 1380 gegenüber der Eidgenossenschaft und den *Habsburgern eine schwankende Politik ein. 1380 erlangten die Handwerker die Mehrheit im Rat und be-gannen mit der territorialen Ausdehnung und Loslö-sung vom Deutschen Reich, was bis 1400 praktisch ab-geschlossen war.
A. Langiader, *Geschichte von Stadt und Landschaft Zürich,* 2 Bde., 1945;
W. Widmer, *Z.,* 1975 ff.

ZWEIGEWALTENTHEORIE Die im Mittelalter ver-breitete politische Theorie, die sich auf die Ansichten von Papst *Gelasius I. stützte. Dieser hatte in der Aus-einandersetzung mit dem byzantinischen Kaiser eine Trennung der politischen (kaiserlichen) und kirchlichen Obrigkeit befürwortet, die symbolisch durch die "beiden Schwerter" ausgedrückt wurde; die Gewalt beider Mächte stamme von Gott und sei voneinander unab-hängig. Aus der Defensivhaltung der Päpste des Frühmit-telalters, in der sie ihre Autonomie vor dem Zugriff des byzantinischen Cäsaropapismus schützen mußten, entwickelte sich im Hochmittelalter die Z. zu einer Lehre vom Vorrang des kirchlichen Schwertes, die in der Auseinandersetzung zwischen Papsttum und Reich im 11. bis 13. Jh. eine bedeutende Rolle spielte.

Zunftmeister mit Handwerkern; *Miniatur des 15. Jh.s*

C. Knabe, *Die gelasianische Zweigewaltenlehre bis zum Ende des Investiturstreits,* 1936.
ZWENTIBOLD Siehe *SWATOPLUK.
ZWENTIBOLD König von Lothringen (888-99). Un-ehelicher Sohn Kaiser *Arnulfs, wurde von seinem Vater zur Unterwerfung der aufständischen Feudalherren Lothringens zum König gemacht. Z. konnte jedoch nicht dem Adel seine Regierung aufzwingen; nach seinem Tod verloren die *Karolinger die Kontrolle über Lothringen.
E. Hlawitschka, *Lothringen und das Reich,* 1968.
ZYPERN Insel im östlichen Mittelmeer. Z. gehörte zu Beginn des Mittelalters zum byzantinischen Reich und unterstand dem "Grafen des Orients", der in Antiochia residierte. Trotz des Widerstandes des örtlichen Klerus (der sich auf die Gründung der zypriotischen Kirche durch Barnabas, einen der Jünger Christi, berief) war die Insel auch auf kirchlichem Gebiet Byzanz untertan. Die Verbindung mit Antiochia wurde 341 durch Entschei-

dung des Konzils von Ephesus und 488 durch ein Dekret von Kaiser *Zeno unterbrochen; Z. wurde direkt von Konstantinopel abhängig. Bis zur Mitte des 7. Jh.s genoß Z. eine wirtschaftliche Hochblüte, die jedoch durch den Einfall *Muawijahs (647) und die Invasion und Zweiteilung der Insel in einen arabischen und einen byzantinischen Teil (653) beendet wurde. Von diesem Zeitpunkt an bis zum 10. Jh. waren im griechischen Z. die Bischöfe und Äbte vorherrschend und handelten als weltliche Herren. 965 wurde Z. von *Nikephoros II. Phokas zurückerobert und dann wegen seiner strategischen Bedeutung von hochgestellten Beamten (darunter auch Verwandten des Kaisers) regiert. Obwohl die Kirche die politische Macht verloren hatte, blieb sie als größte Landbesitzerin ein wichtiger Faktor im wirtschaftlichen und sozialen Leben der Insel. Im 10.-12. Jh. blühte das zypriotische Mönchtum, und es gab zahlreiche Neugründungen von Klöstern. Im ersten *Kreuzzug verpflegte der Statthalter von Z. das Kreuzfahrerheer bei der Belagerung von *Antiochia mit Lebensmitteln und sandte 1101 Militärhilfe zur Errichtung der Grafschaft *Tripoli. Die freundlichen Beziehungen wurden jedoch 1156 abgebrochen, als der Fürst von Antiochia, *Raimund von Châtillon, in Z. einfiel und den Statthalter gefangennahm. Das Erdbeben von 1157 trug weiter zu den Schwierigkeiten Z.s bei. 1183 ergriff Isaak Komnenos, der Statthalter von Kilikien und Verwandte des Kaisers, die Macht und rief sich 1185 zum Kaiser von Z. aus. Wegen seiner hohen Steuern wurde er von der Bevölkerung gehaßt, was 1191 die Eroberung der Insel durch *Richard I. von England erleichterte. Richard verkaufte die Insel an die Templer, erhielt jedoch nicht den Kaufpreis ausgezahlt und nahm Z. 1192 wieder an sich. Zur Schlichtung einer dynastischen Krise im Königreich Jerusalem übergab Richard die Insel an *Guido von Lusignan, der daraufhin seine Ansprüche auf die Krone von Jerusalem aufgab (1192). 1194 ging Z. durch Erbfall an *Amalrich von Lusignan über, der als Lehnsmann Kaiser *Heinrichs VI. die Königswürde von Z. in voller Legitimation erhielt. Amalrich war der eigentliche Begründer des Lateinischen Königreiches Z., das ähnlich wie Jerusalem nach lehnsrechtlichen Grundsätzen regiert wurde. Die griechisch-orthodoxe Kirche verlor ihre zentrale Stellung, und in Nikosia wurde ein katholisches Patriarchat errichtet. Ein Großteil der griechischen Kirchengüter wurde beschlagnahmt und unter den neuen Herrschern aufgeteilt. Die Versuche, die Bevölkerung dem katholischen Glauben zu unterwerfen, brachten jedoch keinen Erfolg; die ihrer politischen Position beraubten Griechen bewahrten ihren kirchlichen Führern, die sich in Klöster zurückzogen, die Treue. Der Adel der Insel wurde vom Königreich Jerusalem importiert, was eher zur Schwächung des Kreuzfahrerstaates beitrug. Diese Einwanderung wurde auch im 13. Jh. fortgesetzt und brachte einige der wichtigsten Adelshäuser des lateinischen Ostens, wie etwa die *Ibelinen, nach Z. 1233 konnten diese einen entscheidenden Sieg über die anderen Adelsfraktionen erringen und standen nur dem Königshaus der Lusignan nach.

Nach dem Fall der lateinischen Staaten (1291) siedelten sich die Überlebenden in Z. an, das gegen Ausgang des 13. Jh.s zu einem "kleinen Frankreich des Ostens" wurde. Wirtschaftlich befand sich die Insel unter der Kontrolle *Genuas. Seit 1233 war auch der Druck Venedigs spürbar.

Im 14. Jh. befanden sich die Könige von Z. unter den allerersten Führern der späten *Kreuzzüge, kämpften gegen die ägyptischen *Mamluken und die kleinasiatischen Türken. Sie wurden dabei von den *Johannitern und den Königen von Kleinarmenien unterstützt, während sich der Adel der Insel diesen Kriegen widersetzte. Nach dem Tod *Peters I. (1369), des letzten mächtigen Monarchen aus dem Haus Lusignan, brach eine politische Krise aus: Genua unterwarf den Haupthafen Famagusta, und der Bürgerkrieg erlaubte den Mamluken, 1426 Z. zu ihrem Protektorat zu machen.

F. G. Maier, *Cypern, Insel am Kreuzweg der Geschichte,* 1964;

D. Alastos, *Cyprus in History,* 1977[2].

KARTEN

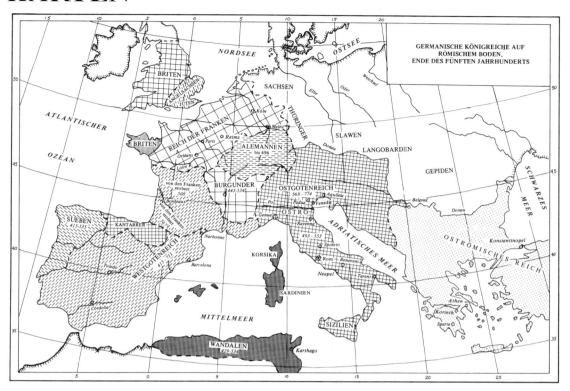

GERMANISCHE KÖNIGREICHE AUF
RÖMISCHEM BODEN,
ENDE DES FÜNFTEN JAHRHUNDERTS

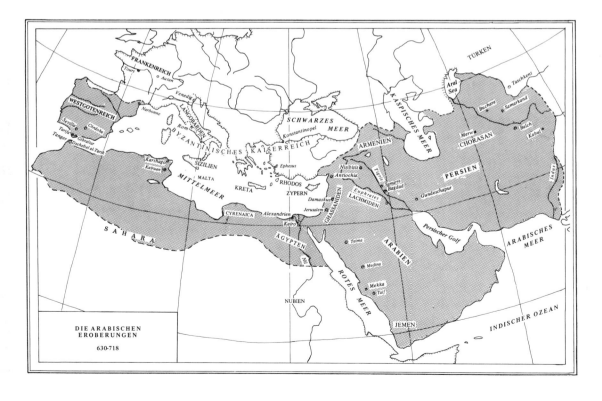

DIE ARABISCHEN
EROBERUNGEN

630-718

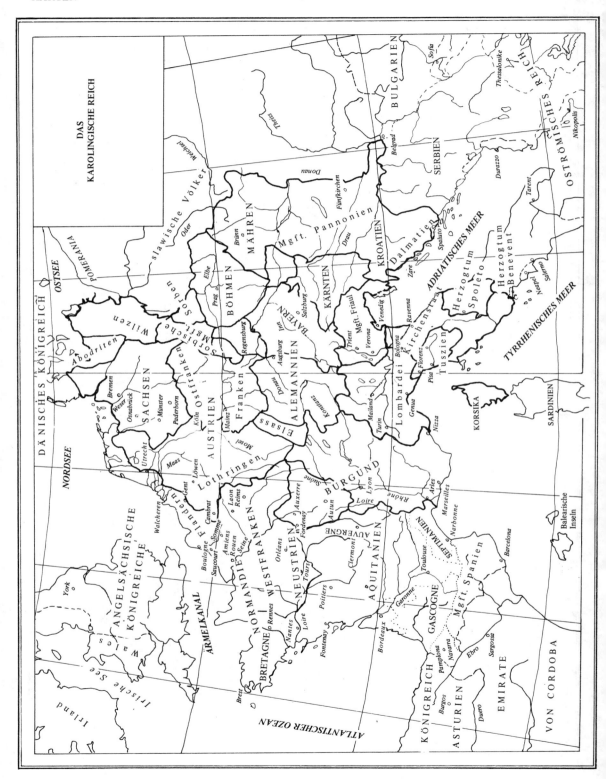

DAS

KAROLINGISCHE REICH

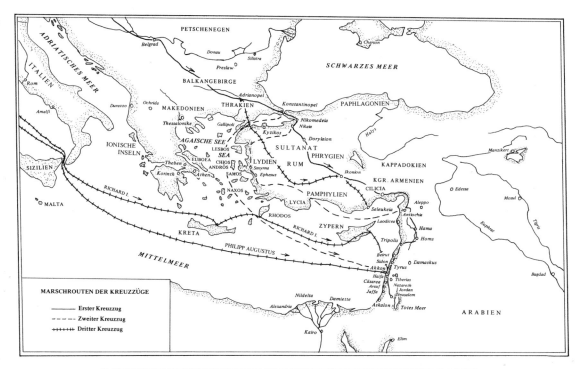

MARSCHROUTEN DER KREUZZÜGE

——————— Erster Kreuzzug
– – – – – Zweiter Kreuzzug
+++++ Dritter Kreuzzug

MITTELPUNKTE DER WESTLICHEN KUNST (11.-12. Jahrhundert)

○ 1   ● 2   ◪ 3   □ 4
■ 5   * 6   _Pablet_ 7

1. Romanische Kunst; 2. Gotische Kunst; 3. Karolingische Traditionen; 4. Romanische Traditionen; 5. Byzantinische Einflüsse; 6. Buchmalerei; 7. Zisterziensische Kunst.

DAS RÖMISCHE REICH
ZUR ZEIT DER
HOHENSTAUFEN

―――― Grenze des
Heiligen Römischen Reiches

ZEITTAFEL

Datum/Jahrhundert	Westeuropa	Osteuropa	Islamische Welt	Ferner Osten und Afrika	Gesellschaft, Wirtschaft, Künste, Literatur und Wissenschaft
395	Teilung des Römischen Reiches			Gupta Reich in Indien	
406	Vandalen und Sueben überkreuzen den Rhein	Ostgoten fallen im Balkan ein		Wei Dynastie in Nordchina	
410	Alarich und die Westgoten erobern Rom				
412-30	Wirken des hl. Augustinus			Eindringen des Buddhismus in China	
430	Eroberung Nordafrikas durch die Wandalen				
um 450	Invasion der Hunnen. Hl. Patrick in Irland. Westgotenreich in Gallien und Spanien. Wandalenfälle in Italien	Konzil von Chalkedon			Schiffahrt im westlichen Mittelmeer durch die Wandalen gestört. Einführung des chinesischen Alphabets in Japan
476	Fall des Weströmischen Reiches	Aufbau des byzantinischen Reiches		Fall des Guptareiches in Indien	
483-511	Chlodwig und das Frankenreich in Gallien. Bekehrung der Franken zum Christentum		Hemyjarreich in Jemen		
493-526	Theoderich und das Ostgotenreich in Italien				
527-65	Benediktinerkloster Monte Cassino (um 530)	Regierungszeit Justinians; Perserkriege und byzantinische Rückeroberung Italiens, Nordafrikas und Südspaniens; Kodifizierung des Römischen Rechts	Sassanidenherrschaft in Persien und Südarabien		
6. Jh.	Angelsachsenreiche in Britannien				Vorfeudale Wirtschaft in Westeuropa
568	Langobardische Eroberung Italiens	Awarenreich			
590-604	Gregor d. Große und den Kirchenstaat zu Rom; Augustinus zu Canterbury				
610-41		Regierungszeit Herakleios		Feudalismus in Japan	
618			Mohammed zu Mekka	Tangdynastie in China	Isidor von Sevilla in Spanien
622			Hedschra; Mohammed in Medina; Aufstieg des Islams		
634-50		Verlust Syriens, Palästinas und Ägyptens	Eroberung des Mittleren Ostens durch die Araber		
630-700	Fränkische Hausmeier			Chinesische Expansion in Ostasien	Aufstieg des Feudalismus in Westeuropa
660			Omajjadenkalifat; Eroberung Nordafrikas, Spaniens und Chorasans		Kulturelles Erwachen in China und Japan
711	Arabische Eroberung Spaniens				
717	Karl Martel Hausmeier	Belagerung Konstantinopels durch die Araber			Bede d. Ehrwürdige in England
8. Jh.	Mercien beherrscht England	Bilderstreit in Byzanz. Bulgarische Niederlassung auf dem Balkan; Chasarreich in Rußland		Chinesisch-arabisches Zusammentreffen	Goldminen im arab. Kalifat; Aufstieg der arab. Phil. und Wissenschaft; wirtschaftliche Blüte Asiens und Osteuropa
732	Schlacht von Poitiers				
			Abbasidenkalifat.	Beginn des Niedergangs der Tang	
751	Pippin Frankenkönig		Arab. Eroberung Mittelasiens		
762			Gründung Bagdads	Javareich	
765					Buddhistische Bücher in Japan gedruckt
768	Karl der Große Frankenkönig				

Datum/ Jahrhundert	Westeuropa	Osteuropa	Islamische Welt	Ferner Osten und Afrika	Gesellschaft, Wirtschaft, Künste, Literatur und Wissenschaft
774	Karl d.Gr. erobert das Langobardenreich				Bagdad kulturelles Zentrum
778	Schlacht von Roncevalles			Bürgerkriege in China	
782				Fudschiwaraperiode in Japan	Alkuin in Gallien
800	Kaiserkrönung Karls d.Gr.	Irene byzantinische Kaiserin	Harun Al-Raschid Kalif	Gründung des Khmerreiches	Karolingische Renaissance
9. Jh.	Normanneneinfälle in Westeuropa. Arabische Einfälle und Eroberungen in Südwesteuropa.	Bürgerkriege in Byzanz. Bekehrung der Slawen und Bulgaren.	Niedergang der Abbasiden, Aufstieg lokaler Dynastien in Persien und Nordafrika	Verfolgung der Buddhisten in China	Feudale Landwirtschaft in Westeuropa
843	Vertrag von Verdun; Teilung des Karolingerreiches; Gründung der Citta Leonina durch Leo IV		Türken treten in den Dienst des Kalifats		
858	Dänische Eroberung Englands			Ghanareich in Afrika	
871	Alfred d.Gr. König von Wessex	Photisches Schisma in Byzanz; Mission Kyrills und Methodius	Tuluniden in Ägypten, Samaniden in Chorasan		
875		Rurik gründet einen rus-Irischen Staat zuNowgorod			Feudalismus als pol. System in Westeuropa; Vererbbarkeit der Lehen
885		Errichtung des Reiches Georgien			
888	Endgültige Teilung des Karolingerreiches			Chondareich in Indien. Gründung von Angkor	Goldenes Zeitalter des arab. Spaniens
893		Symeon Zar der Bulgaren			Ausgang der karoling. Renaissance
900-55	Ungarische Einfälle	Makedonische Dynastie Kiew Hauptstadt Rußlands	Aufstieg der Fatimiden. Kharmatinerreiche in Arabien	Teilung Chinas in 5 Reiche	Konfuzianismus in China; Tod Tabaris
955	Ottos I Sieg am Lechfeld				
960				Sungdynastie in China	Blüte der arabischen Wissenschaft
962	Kaiserkrönung Ottos				
969			Fatimiden erobern Ägypten		
972				Aufteilung Indiens	Gerbert zu Reims
976		Basil II byzantinischer Kaiser			Ottonische Renaissance; Schule von Lüttich
987	Hugo Kapet König von Frankreich				
989	Gottesfriedenbewegung	Bekehrung Stephans von Ungarn und Wladimirs von Kiew zum Christentum	Machmud von Ghazni	Nordwestindien von den Muslims erobert	Al-Azhar Univers. zu Kairo
998	Reichsideologie Ottos III				
1010					Aufleben des Handels in Italien; Schah-Nama und persische Renaissance
1014:18		Basil II erobert Bulgarien			Kulturelle Renaissance in Byzanz; Kommunale Bewegung in Norditalien
1015-35	Nördliches Reich Knuts d.Gr.	Byzantinische Eroberung Armeniens		China von den Gelehrten regiert	Medizinschule zu Salerno
1044-77	Reform des Papsttums; Normannenfürstentümer in Süditalien		Seldschuken erobern das Abbasidenkalifats	Feudale Kriege in Japan	Blüte der Gelehrsamkeit in Westeuropa
1054	Endgültige Trennung der katholischen und orthodoxen Kirche				
1055			Tughrul-Beg in Bagdad		Romanische Kunst in Westeuropa
1066	Normannische Eroberung Englands				
1071		Schlacht von Manzikert; Seldschuken erobern Kleinasien			Ausdehnung des venezianischen Handels im östl. Mittelmeer
1077	Gregor VII und Heinrich IV zu Canossa				

Datum/ Jahrhundert	Westeuropa	Osteuropa	Islamische Welt	Ferner Osten und Afrika	Gesellschaft, Wirtschaft, Künste, Literatur und Wissenschaft
1085	Eroberung Toledos durch Alfons VI von Kastilien		Assassinen		Entwicklung des westeurop. Handels
1086			Almoraviden in Spanien	Aufstieg des Burmareichs	Blüte der buddhistischen Kunst
1088					Raschi zu Troyes; jüdische Exegese; römisches Recht in Bologna gelehrt; Irnerius
1095	Urbans II Apell zum Kreuzzug		Teilung des Seldschuken-reiches		
1096-1125		Höhepunkt der Kiewer-reiche Rußlands			Wilhelm IX. von Aquitanien und die Troubadouren
1099			Eroberung Jerusalems durch die Kreuzfahrer		
100				Einigung Chinas durch Hwei-Tsong	Blüte der arab. Wissenschaft in Spanien
1100-40			Niedergang der Seldschu-ken, Aufstieg der Atabegs		Italienische Beherrschung des Mittelmeers; Abälard in Paris
1115	Bernhard von Clairvaux			Blüte des Khmereiches	Romanische Kunst in West-europa
1124-36	Kommunale Bewegung in Frankreich und England	Gründung von Susdal (Rußland)			Ritterliche Kultur in West-europa
1128	Templerregel		Sengi Herrscher von Mosul	Nanking Hauptstadt Chinas	Übersetzerschule von Toledo
1140				Niedergangs Indiens	Aufstieg der städtischen Gesellschaft in Westeuropa
1143	Gründung Lübecks				Dekret Gratians
1144			Eroberung Edessas durch Sengi		Gotische Kunst in Westeuropa
1147	Zweiter Kreuzzug	Manuel Komnenos und Renaissance Byzants		Kindynastie in China. Expansion Vietnams in Hinterindien	
1152-90	Friedrich Barbarossa Kaiser				Ibn-Ruschd (Averroes) und Maimonides
1154-89	Heinrich II. König von England		Einigung Syriens durch Nur Al-Din		
1162-82					Chretien von Troyes; Cham-pagne als Kulturzentrum
1170	Ermordung Thomas Beckets				
1171			Saladin beendet die Fatimidenherrschaft in Ägypten	Schogunat in Japan	Pariser Gelehrtenschule
1175-93			Saladin Sultan Ägyptens und Syriens		Höhepunkt der Renaissance des 12. Jh.
1180-1223	Philipp II. König von Frankreich	Tod Manuel Komnenos			
1187		Stephan Namanja gründet das serbische Königreich	Schlacht von Hattin; Fall Jerusalems		
1189-92			Dritter Kreuzzug; Erobe-rung Zyperns		
1196				Dschinghis-Khan und der Aufstieg des Mongolen-reichs	
1198-1216	Innocent III. Papst				
1202-06	Französische Eroberung der Normandie und Anjous				
1204		Eroberung Konstantinopels durch den 4. Kreuzzug und Venedigs; Byz. Reich Nikee	Chwarismreich in Persien		Deutsche Hanse. Reich Venedigs in Griechen-land
1207					Einigung der Mongolen- und Türkenstämmer durch Dschinghis-Khan
1208	Albigenserkreuzzug				
1209	Franziskaner				Erster Einfall Dschinghis-Khans in China
1212				Schlacht von Las Navas de Tolosa. Niedergang der Almohaden.	

Datum/ Jahrhundert	Westeuropa	Osteuropa	Islamische Welt	Ferner Osten und Afrika	Gesellschaft, Wirtschaft, Künste, Literatur und Wissenschaft
1214	Schlacht von Bouvines; Friedrich II. deutscher König				
1215	Magna Charta in England			Organisierung des Mongolenreichs	Statuten der Univ. Paris
1216-18			Teilung des Ejjubidenreichs	Mongolen erobern Nordchina	Gründung der Univ. Oxford
1220-23				Mongolen erobern Persien Muslim. Sultanat Delhi	Robert Grosseteste zu Oxford
1223		Schlacht von Kalka; mongolischer Einfall in Rußland		Gründung Karakorums	Niedergang der feudalen Wirtschaft
1226-70	Ludwig IX. König von Frankreich	Niedergang des Latein. Kaiserreichs Konstantinopel			Blüte der französischen Kultur
1227				Tod Dschinghis-Khans	
1229		Kreuzzug Friedrichs II.			Päpstliche Privilegierung der Univ. Paris
1231	Konstitutionen von Melfi Friedrich II. Herr von Italien				Ausdehnung der Hanse in der Ostsee
1236					Roman de la Rose
1237-41	Krieg zwischen dem Papsttum und Friedrich II.	Eroberung Rußlands durch Batu-Khan. Mongoleneinfälle in Polen und Ungarn; Goldene Horde in Rußland			Papiergeld der Mongolen in China; mongol. Beherrschung des internat. Handels
1243		Alexander Newski Herr von Nowgorod	Seldschukenstaat von den Mongolen zerstört		Blüte der gotischen Kunst
1244			Chwarism zerstören Jerusalem		Albert d.Gr.; Fortschritte der Wissenschaften
1248			Kreuzzug Ludwigs IX.		
1249			Mamluken ergreifen die Macht in Ägypten	Wohlstand in Karakorum	Dispute zwischen Sekulären und Mendikanten zu Paris
1250	Tod Friedrichs II.; Großes Interregnum in Deutschland				Goldflorin zu Florenz; Blüte des italienischen Bankwesens
1258	Provisionen von Oxford in England		Mongolen erobern Bagdad und schaffen das Kalifat	Mongolen erobern China Khanat von Persien	Gründung der Sorbonne. Nikolo Pisano.
1261		Wiedereroberung Konstantinopels durch Michael Palaiologos	Sieg Baibers bei Ain-Dschalud; Niedergang der Kreuzritter	Kulbai-Khan gründet in China die mongolische Tuandynastie	'Boke of Housebondrie'. Erbauung der Pekinger Innenstadt
1263-70					Thomas Aquinas zu Paris; Roger Bacon; Siger von Brabant
1266	Eroberung Siziliens durch Karl von Anjou				
1282	Sizilianische Vesper			Fehlschlag der Mongolen in Java und Japan	
1284			Aufstieg der osmanischen Türken in Kleinasien		Niedergang Pisas nach der Schlacht von Meloria; Vorherrschaft Genuas im Mittelmeer
1291	Schweizer Eidgenossenschaft	Aufstieg Litauens	Fall von Akkon und Ende des Kreuzfahrerreiches	Assimilierung der Mongolen in China	
1298-1303	Konflikt zwischen Philipp IV und Bonifaz VIII.	Die Große Katalanische Kompanie	Fall des Seldschukenreichs Rum		Giotto
1305-78	Das Papsttum in Avignon				Wirtschaftskrise in Westeuropa
1308	Auflösung des Tempelordens				Dante
1315					Epidemien und soziale Unruhe in Westeuropa. Wilhelm von Ockham zu Oxford
1327	Eduard III. König von England	Bürgerkrieg in Byzanz			Marsilius von Padua
1328	Philipp VI. von Valois König von Frankreich	Aufstieg des Fürstentums Moskau			Epidemien in Italien
1337	Ausbruch des Hundertjährigen Kriegs	Niedergang der fränkischen Staaten in Griechenland			Soziale Unruhe in Flandern; Mystische Tendenzen in Westeuropa
1341	Cola di Rienzo und die Republik zu Rom		Osmanen Herren Kleinasiens		Petrarch

Datum/Jahrhundert	Westeuropa	Osteuropa	Islamische Welt	Ferner Osten und Afrika	Gesellschaft, Wirtschaft, Künste, Literatur und Wissenschaft
1346	Schlacht von Crecy			Marinidendynastie in Marokko	Fortschritte der Chirurgie. Zusammenbruch der Bardibank
1347	Eroberung von Calais durch die Engländer				Der Schwarze Tod
1354		Osmanen erobern Gallipoli		Aufstand Südchinas gegen Yuan	Gründung der Univ. Prag
1355		Tod Stephan Duschans von Serbien			Ritterorden im Westen
1356			Machthöhepunkt der Mamluken		Verbreitung des Zündpulvers. Siena künstlerisches Zentrum
1358	Aufstände in Frankreich			Malireich in Schwarzafrika	
1360	Vertrag von Bretigny zw. England und Frankreich				
1362		Osmanen erobern Adrianopel		Niedergang Yuans in China	
1368				Mingdynastie in China	
1378	Ausbruch des Großen Schismas				Johannes Wycliff
1380	Frieden von Stralsund	Dimitri Donskoj besiegt die Mongolen bei Kolokowo	Reich Timur Lengs		Genuesische Beherrschung Zyperns; Beherrschung der Nordsee durch die Hanse
1381	Bauernaufstand in England	Moskau beherrscht Rußland			
1389	Visconti in Mailand	Schlacht von Kossowo; Osmanen erobern den Balkan			Blüte der nordfranzösischen und flämischen Kunst
1397	Union von Kalmar	Fehlschlag des Kreuzzugs von Nikopolis		Entdeckung der Kanarischen Inseln	Hus Rektor der Univ. Prag
1402	Anfänger der konziliaren Bewegung		Timur-Leng besiegt Bajasid	Bauernreich in Vietnam	Ghibarti und Vorrenaissance in Italien
1409	Konzil von Pisa	Niedergang der Goldenen Horde	Anarchie im türkischen und mongolischen Reich		
1410	Streit der Armagnaken und Burgunder in Frankreich	Polnischer Sieg über die Deutschherrenritter bei Tannenberg		Timuriden in Indien	
1415	Schlacht von Azincourt; Hus zu Konstanz verbrannt			Portugesischer Eroberung Ceutas. Anarchie in Nordafrika.	
1420	Vertrag von Troyes	Hussitenaufstand in Böhmen			Messen von Lyon; Wohlstand in Westeuropa
1425					Orden vom Goldenen Vließ; Thomas Kempis
1429	Jean d'Arc und der Aufstieg des französischen Nationalgefühls				Höhepunkt der burgundischen Zivilisation; Humanismus in Italien

AUSGEWÄHLTE LITERATUR

Im folgenden findet der Leser eine kurze Auswahl von Werken über die Geschichte und Zivilisation des Mittelalters. Im Gegensatz zu den den Einträgen beigefügten bibliographischen Angaben, die auch Werke und Aufsätze in Fremdsprachen aufführen, beruht die allgemeine Bibliographie auf deutschen Büchern neueren Datums.

W. Abel, *Geschichte der deutschen Landwirtschaft*, 1967[2].
W. Abel, *Agrarkrisen und Agrarkonjunktur*, 1966[2].
H. Angermeier, *Königtum und Landfriede im deutschen Spätmittelalter*, 1966.
W. G. Armando, *Geschichte Portugals*, 1966.
W. C. Atkinson, *Geschichte Spaniens und Portugals*, 1962.
H. Aubin-W. Zorn (Hgg.), *Handbuch der deutschen Wirtschafts- und Sozialgeschichte* I, 1971.

H.-G. Beck, *Kirche und theologische Literatur im byzantinischen Reich*, 1959.
H. Beumann (Hg.), *Karl der Große*, 4 Bde., 1965-69.
A. Borst, *Lebensformen im Mittelalter*, 1973 u.ö.
K. Bosl, *Die Gesellschaft in der Geschichte des Mittelalters*, 1969[2].
K. Bosl, *Europa im Mittelalter*, 1970.
K. Bosl (Hg.), *Handbuch der Geschichte der böhmischen Länder* I, 1967.
C. Brockelmann, *Geschichte der islamischen Völker und Staaten*, 1939.
J. Bühler, *Die Kultur des Mittelalters*, 1941[3] u.ö.

G. Caro, *Sozial- und Wirtschaftsgeschichte der Juden im Mittelalter und in der Neuzeit* I, II, 1908-20.
H. Conrad, *Deutsche Rechtsgeschichte* I, 1962[2].
A. C. Crombie, *Von Augustinus bis Galilei. Die Emanzipation der Naturwissenschaft*, 1959.

Chr. Dawson, *Die Gestaltung des Abendlandes*, 1961.
Ph. Dollinger, *Die Hanse*, 1966.
A. Dopsch, *Die Wirtschaftsentwicklung der Karolingerzeit*, 1962[2].
G. Duby, *Grundlegung eines neuen Humanismus 1280-1440*, 1966.

E. Ennen, *Die europäische Stadt des Mittelalters*, 1972.
E. Ennen, *Frühgeschichte der europäischen Stadt*, 1953.
J. Evans, *Das Leben im mittelalterlichen Frankreich*, 1960.

H. E. Feine, *Kirchliche Rechtsgeschichte. Die katholische Kirche*, 1964[4].
H. Fichtenau, *Das karolingische Imperium*, 1949.
R. Foerster, *Das Leben in der Gotik*, 1969.

F. L. Ganshof, *Was ist das Lehnswesen?*, 1961.
G. Gebhardt-H. Grundmann, *Handbuch der deutschen Geschichte* I, 1970[9].
M. Gebhardt-W. Hubatsch, *Norwegische Geschichte*, 1963.
E. Gilson-Ph. Böhner, *Die Geschichte der christlichen Philosophie bis zu Nikolaus von Cues*, 3 Bde., 1952[4].

M. Grabmann, *Die Geschichte der katholischen Theologie seit dem Ausgang der Väterzeit,* 1933.
H. Grundmann, *Religiöse Bewegungen im Mittelalter,* 1977[4].
H. Grundmann, *Ketzergeschichte des Mittelalters,* 1963.

J. Haller, *Das Papsttum. Idee und Wirklichkeit,* 5 Bde., 1950-53.
K. Hampe-F. Baethgen, *Deutsche Kaisergeschichte in der Zeit der Salier und Staufer,* 1949[10].
L. M. Hartmann, *Geschichte Italiens im Mittelalter,* 1897.
F. Heer, *Mittelalter (Kindlers Kulturgeschichte),* 1978.
F. Heer, *Das Heilige Römische Reich,* 1967.
Historische Kommission der Bayerischen Akademie der Wissenschaften (Hg.), *Jahrbücher der deutschen Geschichte,* 1862ff.
P. Hoffmann, *Der mittelalterliche Mensch,* 1922.
R. Holtzmann, *Französische Verfassungsgeschichte,* 1910.
G. Homan, *Geschichte des ungarischen Mittelalters,* 2 Bde., 1941-43.
J. Huizinga, *Herbst des Mittelalters,* 1975[11].

F. Irsigler, *Untersuchungen zur Geschichte des frühfränkischen Adels,* 1969.

K. Jacob u.a., *Quellenkunde der deutschen Geschichte im Mittelalter,* 1952ff.
H. Jedin (Hg.), *Handbuch der Kirchengeschichte* I-III, 1973-75.

W. Kienast, *Deutschland und Frankreich in der Kaiserzeit (99-1270),* 3 Bde., 1975[2].
R. Konetzke, *Geschichte des spanischen und portugiesischen Volkes,* 1939.
B. Kuttner, *Repertorium der Kanonistik,* 1937.

P. Lauring, *Geschichte Dänemarks,* 1969.
H. Ley, *Geschichte der Aufklärung und des Atheismus* II, 1970f.

F. G. Maier, *Cypern, Insel am Kreuzweg der Geschichte,* 1964.
M. Manitius, *Geschichte der lateinischen Literatur des Mittelalters,* 3 Bde., 1911-31.

Th. Mayer (Hg.), *Adel und Bauern,* 1967[2].
Th. Mayer (Hg.), *Studien zu den Anfängen des europäischen Städtewesens,* 1958.
Th. Mayer (Hg.), *Untersuchungen zur gesellschaftlichen Struktur der mittelalterlichen Städte Europas,* 1966.

A. Nibchke, *Naturerkenntnis und politisches Handeln im Mittelalter,* 1967.

G. Ostrogorsky, *Geschichte des byzantinischen Staates,* 1962[3].

H. Pirenne, *Sozial- und Wirtschaftsgeschichte Europas im Mittelalter,* O. J.
R. Pörtner, *Die Erben Roms,* 1967.
R. Pörtner, *Das Römerreich der Deutschen,* 1970.
F. Prinz, *Frühes Mönchtum im Frankenreich,* 1965.

G. Rhode, *Kleine Geschichte Polens,* 1965.
F. Rörig, *Wirtschaftskräfte im Mittelalter,* 1959.
H. Rost, *Die Bibel im Mittelalter,* 1939.
St. Runciman, *Geschichte der Kreuzzüge,* 3 Bde., 1957-60.

Th. Schieder, *Handbuch der europäischen Geschichte* I, 1976.
E. Schoper, *Geschichte des Judentums im Orient,* 1960.
E. Schoper, *Geschichte des Judentums im Abendland,* 1961.
P. E. Schramm, *Geschichte des englischen Königtums im Lichte der Krönung,* 1937.
P. E. Schramm, *Kaiser, Rom und Renovatio,* 1957[2].
P. E. Schramm, *Der König von Frankreich,* 2 Bde., 1939.
P. E. Schramm, *Herrschaftszeichen und Staatssymbolik,* 3 Bde., 1954/56.
G. Schreiber, *Gemeinschaften des Mittelalters,* 1948.
J. Schultz, *Wandlungen der Seele im Hochmittelalter,* 3 Bde., 1940[2].
P. Schwarz, *Iran im Mittelalter,* 1936.
M. Seidlmeyer, *Geschichte Italiens,* 1962.
R. W. Southern, *Die gestaltenden Kräfte des Abendlandes,* 1960.
R. Sprandel, *Mentalitäten und Systeme,* 1962.
B. Spuler (Hg.), *Handbuch der Orientalistik,* 1952ff.
L. Stern u.a., *Deutschland in der Feudalepoche,* 1964ff.

G. Tellenbach, *Libertas, Kirche und Weltordnung im Zeitalter des Investiturstreits,* 1936.

K. und M. Uhlirz, *Handbuch der Geschichte Österreichs und seiner Nachbarländer Böhmen und Ungarn* I, 1963[2].

W. Ullmann, *Kurze Geschichte des Papsttums im Mittelalter,* 1978.

F. Valjavec (Hg.), *Historia Mundi,* Bde. V, VI, 1956, 1958.

R. Wenskus, *Stammesbildung und Verfassung. Das Werden der frühmittelalterlichen Gentes,* 1961.

F. W. Wentzlaff-Eggbert, *Kreuzzugsdichtung des Mittelalters,* 1960.

L. White Jr., *Die mittelalterliche Technik und der Wandel der Gesellschaft,* 1968.

P. Wilpert-W. D. Eckert (Hg.), *Judentum im Mittelalter,* 1966.

W. Wühr, *Das abendländische Bildungswesen im Mittelalter,* 1950.

INDEX

BILDNACHWEISE

Der Verlag dankt allen nachstehenden Personen und Institutionen für die freundliche Erlaubnis, die Abbildungen wiedergeben zu dürfen:

Fratelli Alinari, S.p.A., Firenze 72, 83, 96, 147, 181, 226, 422, 423, 464, 465, 484, 533, 562; La Ville de Bayeux 612; Bettmann Archive, Inc., New York 28, 56, 60, 77, 95, 114, 179, 183, 204, 219, 246, 247, 261, 282, 320, 350, 354, 392, 410, 411, 415, 422, 470, 471, 513, 564, 610, 619, 620; Biblioteca Medicea Laurenziana, Firenze 196; Bibliothèque Municipale de Reims 256; Bibliothèque Nationale, Paris 7, 105, 264; Bodleian Library, Oxford 413, 489; Reproduced by permission of the British Library, London 303 (Roy. MS 2B, vii, f. 50v), 368 (Roy. MS 2B, vii, f. 78v), 427 (Add. MS 42130, f. 181), 468 (MS Harley 1319, f. 57), 508 (MS Add. 4.230, ff. 206v, 207), 510 (Roy. MS 18 E.i., f. 165), 576 (Roy. MS 15 EIII, f. 263), 577 (MS Add. 42130, f. 158), 629 (Roy. MS 15 EIII, f. 265); Elsevier Publishing Projects, Amsterdam 1, 2, 11, 13, 23, 34, 36, 45, 46, 59, 61, 63, 64, 70, 71, 74, 76, 77, 78, 79, 86, 89, 90, 97, 100, 108, 111, 112, 115, 116, 119, 121, 122, 123, 124, 128, 143, 148, 149, 150, 154, 156, 158, 168, 194, 195, 198, 205, 207, 210, 213, 217, 231, 232, 237, 241, 246, 255, 273, 274, 279, 280, 287, 291, 322, 324, 325, 326, 339, 341, 344, 347, 355, 361, 362, 364, 398, 401, 412, 418, 420, 424, 425, 432, 435, 444, 448, 453, 454–455, 456, 458, 460, 462, 464, 469, 483, 490, 493, 496, 500, 509, 514, 515, 518, 521, 522–523, 524, 529, 534, 540, 541, 548, 551, 566, 582, 583, 604, 606–607, 608, 614, 617, 621; Hirmer Fotoarchiv, München 12, 98, 267, 268, 342, 352, 362, 363, 402–403, 503, 526, 605; Jerusalem Publishing House, Ltd., 24, 37, 68, 69, 120, 167, 200, 201, 238, 254, 266, 278, 309, 310, 316, 343, 357, 395, 400, 474, 591; Jewish National and University Library, Jerusalem 389; The Metropolitan Museum of Art, New York 91, 118, 132, 162, 214, 242, 294, 304, 359, 380, 421, 452, 466, 504, 542, 571, 576, 586; Musée de Dijon 106; Musée des Monuments Français 356; Musée des Tapississeries, Angers 42; Musée Marmottan, Paris 404; Museo Bargello, Firenze 292; Palazzo Publico di Siena 379; Sarajevo National Museum 258; Galleria degli Uffizi, Firenze 407; Universitätsbibliotek, Heidelberg 193; By courtesy of the Victoria and Albert Museum, London 206.

Die Verleger waren bemüht, alle Copyright-Verpflichtungen genauestens einzuhalten. Angesichts der großen Zahl der Abbildungen in diesem Band müssen sich jedoch die Verleger für alle etwaigen Fehler oder Versäumnisse schon an dieser Stelle entschuldigen. Die Verleger ersuchen alle betroffenen Personen und Institutionen, sich mit ihnen in Verbindung zu setzen.